V&R

Horst Teltschik

DIE 329 TAGE ZUR DEUTSCHEN EINIGUNG

Das vollständige Tagebuch mit Nachbetrachtungen, Rückblenden und Ausblicken

Herausgegeben und eingeleitet von
Michael Gehler

Vandenhoeck & Ruprecht

Gedruckt mit freundlicher Unterstützung
der Bundeskanzler-Helmut-Kohl-Stiftung.

BUNDESKANZLER
HELMUT KOHL STIFTUNG

Bibliografische Information der Deutschen Nationalbibliothek:
Die Deutsche Nationalbibliothek verzeichnet diese Publikation in der Deutschen Nationalbibliografie; detaillierte bibliografische Daten sind im Internet über https://dnb.de abrufbar.

Umschlagabbildung: Horst Teltschik, © Bertelsmann-Stiftung, Foto: J. H. Darchinger

Umschlaggestaltung: Guido Klütsch, Köln
Satz: textformart, Göttingen
Druck und Bindung: Hubert & Co, Ergolding
Printed in the EU

Vandenhoeck & Ruprecht Verlage | www.vandenhoeck-ruprecht-verlage.com

ISBN 978-3-525-30265-1

Inhalt

Editorisches Vorwort 9

I. Horst Teltschik – Begleiter und Ratgeber des »Kanzlers der Einheit« 13

1. Die deutsche Einigung als Forschungsgegenstand 13
2. Horst Teltschik: vom Flüchtlingskind zum Politikberater und weiterer Werdegang 16
3. Urteile von Beobachtern, Mitgestaltern und Zeitzeugen 19
4. Urteile der Fachwissenschaft 22
5. Entscheidungslagen und Schlüsselmomente für den Berater, Mitgestalter und Verhandler 27

5.1 Die Gemeinsame deutsch-sowjetische Erklärung von Bonn, 13.6.1989: Beschleuniger auf dem Weg zu einem geeinten und selbstbestimmten Europa 27
5.2 »Freiheit vor Einheit«: ein wegweisendes Interview mit Klarstellung, 6.7.1989 29
5.3 Antizipatorische Unterstützung Polens als Dosenöffner und die ungarisch-österreichische Grenzöffnung als parteipolitische Rettungsmaßnahme für Kohl, 10./11.9.1989 31
5.4 Erregung, Freude und Beunruhigung, 9.11.1989 32
5.5 Ein sowjetischer Emissär als Auslöser für eine neue Deutschlandpolitik, 21.11.1989 34
5.6 Ideengebung und Inspiration für eine deutschlandpolitische Offensive, 28.11.1989 42
5.7 Erfolgreiche argumentative Abwehr von Kritik und Vorbehalten, 6.12.1989 ... 45
5.8 Die schwierigste Rede der Kanzlerschaft, Dresden, 19.12.1989 46
5.9 Hilfe für die Sowjetunion zur Solidaritätsbekundung und Vertrauensbildung, 7.1.1990 47
5.10 »Genscherismus«, Währungsunion als Initialzündung, Vorabstimmung mit Washington und »grünes Licht« in Moskau, 10.2.1990 ... 48
5.11 Ringen um NATO-Ausdehnung und Forcierung der Einigungspolitik, 2.4.1990 51
5.12 Die Hängepartie der polnischen Grenzfrage und die Abwehr eines Friedensvertrags mit Reparationsforderungen 54
5.13 Grenzen der Kommunikation in der polnischen Grenzfrage und ihre vorläufige Lösung 55
5.14 Der Emissär als Ausdruck sowjetischer Schwäche und Beratung des Ratgebers durch einen baltendeutschen Osteuropa-Experten, 28.3./4.4.1990 57

5.15 Die Gleichzeitigkeit des Ungleichzeitigen: westeuropäische Integrationsimpulse und deutsch-deutsche Koordinierungsnotwendigkeiten, 4./5.4.1990 ... 58
5.16 Deutsche Kredite für sowjetische NATO-Zugeständnisse: Geheimmission nach Moskau mit deutschen Bankiers, 14.5.1990 ... 60
5.17 Einigung über die NATO-Gipfelerklärung, 18.6.1990 ... 61
5.18 Von einem Gipfel-Marathon zum letzten Durchbruch in Moskau, 14./15.7.1990 ... 62
Exkurs: Vorentscheidung zur Nuklearbewaffnung ... 64
5.19 Gezielte Erpressungsversuche und unvermeidliche Zahlungsbereitschaft ... 67
5.20 Bonn geht bei neuen Moskauer Zahlungsforderungen an die Grenzen ... 69

6. Der Gegner, Konkurrent und Rivale aus Sicht des Auswärtigen Amtes ... 70

7. Das baldige Ende einer langjährigen Berater-Partnerschaft ... 73

8. Erträge des Tagebuchs und der Nachbetrachtungen ... 73
8.1 Die begriffliche Akzeptanz der »Wiedervereinigung« ... 73
8.2 Europäische Gegner, Nachbarn und Partner der Einigung ... 74
8.3. Die überragende Unterstützung für die deutsche Einigung durch die amerikanische Führung ... 74
8.4 Der doppelte Integrationsimperativ und Delors als Mediator ... 74
8.5 Entschieden-uneinsichtig mit zutreffender Voraussicht: Margaret Thatcher ... 75
8.6 Gesprächs- und Verhandlungsprozeduren im organisierten Mehrebenensystem ... 75
8.7 Geheimdiplomatie der fortgesetzten »dreifachen Eindämmung« ... 75
8.8 Öffentliche Meinung und internationale Regierungspolitik ... 76
8.9 Diplomatisch-politischer Kompromiss und pragmatischer Interessenausgleich im Berater-Netzwerk ... 76

9. Fazit ... 77

II. Das vollständige Tagebuch vom 9. November 1989 bis zum 3. Oktober 1990 ... 81

1. Die Mauer ist offen ... 81

2. Kohls Zehn-Punkte-Plan ... 140

3. Die DDR vor dem Zusammenbruch ... 194

4. Grünes Licht in Moskau ... 254

5. Die heiklen Punkte: NATO, Oder-Neiße, Nachbarn ... 267

6. Der Westen macht seinen Frieden mit der Einheit ... 352

7. Kredite und Kooperation als Katalysatoren ... 372

8. Positive Signale von drei Gipfeln ... 449

9. Das Wunder von Moskau ... 482

10. Diplomatisches Nachspiel ... 515

III. Nachbetrachtungen und Rückblenden: Gespräche in Rottach-Egern über die 329 Tage 569

1. Von Kindheit, Jugend und Studium zum Politik-Berater in Mainz und Bonn 569
2. Helmut Kohls Außen- und Europapolitik vor dem 9. November 1989 582
3. Hintergründe und Informationen zum Tagebuch 642
4. Der Abend des 9. November 1989, der alles in und um Deutschland änderte 646
5. Vom Besuch Portugalows zum »Zehn-Punkte-Programm« 680
6. Vom »Zehn-Punkte-Programm« zum Gipfel in Straßburg 685
7. Von Irritationen über den Drahtseilakt in Dresden zur Verständigung mit Frankreich 701
8. Zuspitzung der Krisen in der DDR und der UdSSR 714
9. Ein langer Schatten: Genschers Vorstoß – keine Ausdehnung der NATO nach Ostdeutschland und darüber hinaus? 725
10. Der Schritt zur Währungsunion und grünes Licht von Moskau 733
11. Europa und der Westen machen ihren Frieden mit der deutschen Einigung 746
12. Geld als Schrittmacher: D-Mark für Ostdeutsche und Kredite für Moskau als Katalysatoren der inneren und äußeren Einigung 759
13. Gorbatschow und die Frage der deutschen NATO-Mitgliedschaft 764
14. Die Frau an der Seite und deutliche Anklänge in Richtung Abschied 769
15. Kairos: vom Kaukasus-Erlebnis zu diplomatisch-politischen Nachspielen 775
16. Finalisierung der inneren und äußeren Einheit 796
17. Rückblicke auf die Entscheidungsjahre 1989/90 und Ausblicke bis zum Ukrainekrieg seit 2014/22 814
18. Charakterisierungen von Akteuren, Counterparts, Entscheidungsträgern, Mitgestaltern, Weggefährten und Zeitgenossen 833

IV. Dokumente 862

Dokument 1: Inoffizielle Übersetzung des Briefs von Miklós Németh an Horst Teltschik, Abteilungsleiter im Bundeskanzleramt Bonn, 4.3.1988 862

Dokument 2: »Die deutsche Frage stellt sich neu«. Interview mit Horst Teltschik, dem außenpolitischen Berater von Bundeskanzler Helmut Kohl im *General-Anzeiger*, 6.7.1989 862

Dokument 3: Presse- und Informationsamt der Bundesregierung, 6.7.1989, Nr. 326/89 ... 866

Dokument 4: Persönliches Schreiben von Horst Teltschik an Österreichs Bundeskanzler Wolfgang Schüssel, 2.1.2006 ... 867

Dokument 5: Horst Teltschik, Gedanken zu Europa. Braucht Europa eine neue Vision? [Januar 2006] ... 867

Dokument 6: Persönlich-vertraulicher Brief von Horst Teltschik an Bundeskanzlerin Angela Merkel, 1.6.2006 ... 870

Dokument 7: Brief von Professor Dr. Dr. h. c. Hans-Peter Schwarz an Horst Teltschik, 9.9.2012 ... 873

Dokument 8: Feierstunde aus Anlass der Verleihung des Bayerischen Verdienstordens am Mittwoch, 13.7.2016, 11.00 Uhr, im Antiquarium der Residenz München ... 873

Dokument 9: Brief von Michail S. Gorbatschow, Internationale Stiftung für sozioökonomische und politische Forschung (Gorbatschow-Stiftung), an Horst Teltschik, 14.6.2020 ... 878

Dokument 10: Brief von Horst Teltschik an Michail Gorbatschow, 25.6.2020 ... 879

Dokument 11: Wolfgang Thierse: Laudatio auf Horst Teltschik zur Verleihung des Preises der Deutschen Gesellschaft, 9.11.2021 ... 880

Dokument 12: Horst Teltschik, Zum Tod von Michail Gorbatschow (September 2022) ... 883

V. Persönliche Daten zum Lebenslauf, Auszeichnungen und Orden ... 889

VI. Abbildungsverzeichnis ... 893

VII. Abkürzungsverzeichnis ... 896

VIII. Bibliografie zur deutschen Einigung im Kontext der Umbrüche in Mitteleuropa 1989/91 ... 899

IX. Chronologie zur Zeit der Beratertätigkeit von Horst Teltschik für Bundeskanzler Kohl 1982–1990 mit einem Ausblick auf 1991 ... 925

X. Ortsverzeichnis ... 950

XI. Sachverzeichnis ... 955

XII. Personenverzeichnis mit Funktionsangaben ... 965

Editorisches Vorwort

Kontakt zu Professor Horst Teltschik besteht seit mehr als 15 Jahren. Eine erste Begegnung fand vom 9. bis 11. November 2007 im Rahmen einer Konferenz statt, die von der Bayerischen Landeszentrale für politische Bildung organisiert war und im Veranstaltungsraum des Dokumentationszentrums Reichsparteitagsgelände in Nürnberg im obersten Stock mit gigantischem Blick auf das Areal inklusive Frankenstadion mit etabliertem Zweitligisten stattfand.

Folglich war Herr Teltschik zu einer großangelegten Konferenz im Rahmen der Österreichischen Akademie der Wissenschaften nach Wien zum Thema »The Revolutions 1989« vom 1. bis 3. Oktober 2008 geladen, die mit Kollegen Arnold Suppan und Wolfgang Mueller organisiert werden konnte, und zwar zu einem faszinierenden Zeitzeugen-Panel mit Jiří Dienstbier, Rainer Eppelmann, Tadeusz Mazowiecki, Paul Schulmeister und Philip Zelikow. In beiden Fällen skizzierte Teltschik den Gang der Dinge der bundesdeutschen Deutschland- und Vereinigungspolitik vom 9. November 1989 bis zum 3. Oktober 1990 auf eindrucksvolle und nachvollziehbare Weise.

Im Rahmen der öffentlichen Vortragsreihe »Europagespräche« des Instituts für Geschichte der Stiftung Universität Hildesheim sprach Horst Teltschik am 25. Juni 2014 über »Frieden und Sicherheit in ganz Europa – Chancen und Versäumnisse«. Bei dieser Gelegenheit trug er sich auch ins Goldene Buch der Stadt Hildesheim ein.

Am 28. September 2017 konnte im Kontext einer Buchvorstellung der Bundesstiftung Aufarbeitung SED-Diktatur gemeinsam mit dem Berliner Kolleg Kalter Krieg und dem Institut für Zeitgeschichte in Berlin erstmals ein Sammelwerk zum Thema deutsche Einheit aus gesamteuropäischer Perspektive, herausgegeben gemeinsam mit Maximilian Graf, präsentiert werden. Bei dieser Gelegenheit war Horst Teltschik dankenswerter Weise bereit, sich als ehemaliger Berater von Bundeskanzler Helmut Kohl und Sonderbeauftragter für die deutsch-polnischen Verhandlungen 1989/90 am Podium zu beteiligen. Im Anschluss an die Veranstaltung konnten wir uns intensiv und offen austauschen.

Eine weitere Begegnung fand in Salzburg im Rahmen der öffentlichen »Zeitgespräche« der Dr. Wilfried-Haslauer-Bibliothek am 6. Oktober 2022 statt. Das Thema der Abendveranstaltung lautete »Zwischen Freundschaft und Entfremdung. Deutschland, Russland und die USA. Von den 1980er Jahren bis zur Gegenwart«. Nach Ende der Veranstaltung sprach ich Teltschiks Gattin Gerhild auf das Buch ihres Mannes »329 Tage. Innenansichten der Einigung« an, bei dem es sich um tagebuchartige Aufzeichnungen vom 9. November 1989 bis 3. Oktober 1990 handelt. Ich sagte ihr, dass es eine sehr aufschlussreiche Quelle ist. Darauf antwortete sie spontan, dass das gar nicht die vollständige Fassung sei. Bei dem 1991 im Verlag Siedler erschienenen Buch handle es sich nur um ein besseres Drittel der gesamten Fassung. Der Verlag wollte kein größeres Buch mit weit über 300 Druckseiten veröffentlichen. Meine Nachfrage bei Teltschik, ob die Langversion einsehbar wäre, wurde bejaht.

Bald war die Einsichtnahme in zwei Ordner Tagebuch-Transkripte gewährt. Bei der Kurzversion wurde offenbar auf noch lebende Personen Rücksicht genommen. Brisante Details sowie offene und unerledigte Themen blieben ausgespart – die russische Truppenpräsenz währte in Ostdeutschland noch bis 1994. In der gedruckten Ursprungsfassung fehlen Aufzeichnungen zahlloser Seiten, die aus der Originalversion herausgenommen worden sind. Zahlreiche Aspekte wurden ausgeklammert: die Differenzen und Unstimmigkeiten im Vorfeld des Polen-Besuchs im November 1989, innerparteiliche Fragen, die Rolle der CDU-Bundestagsfraktion und des Kabinetts wie auch die koalitionsinternen Reibungsverluste, sprich die Rivalität zwischen dem Auswärtigen Amt und dem Vizekanzler um Deutungshoheit und Mitteilungsschnelligkeit, nicht zuletzt aber auch die Rolle der SPD-Opposition, die nicht geschlossen agierte. Auf den Koalitionspartner FDP und insbesondere Genscher musste wiederholt Rücksicht genommen oder reagiert werden.

Das Tagebuch von Horst Teltschik hält auch mit leiser Kritik an Journalisten nicht hinterm Berg, v. a. was ihre Einschätzungen und Urteilsfähigkeit zum außen- und deutschlandpolitischen Agieren der Bundesregierung anging. Als brisant erwies sich die strittige Zugehörigkeit des vereinen Deutschlands zum atlantischen Bündnis, die kontroverse Frage zu dessen Ausdehnung darüber hinaus sowie das Thema der Modernisierung der Kurzstreckenraketen, das in der gedruckten Ursprungsfassung bei Seite gelassen wurde. Die virulenter werdende Litauen-Frage, die mit erheblichen Schwierigkeiten für Bundeskanzler Kohl und US-Präsident Bush senior verbunden war, fehlt in den 329 Tagen fast völlig wie auch größtenteils Aufzeichnungen zur schwelenden Krise im Vorfeld des Zweiten Golfkriegs. All das war Grund genug, um eine Veröffentlichung des gesamten Werks in Angriff zu nehmen.

Das nun vollständig vorliegende Tagebuch beginnt mit dem historischen Tag des 9. November 1989. Es endet mit dem Tag der deutschen Einheit am 3. Oktober 1990, gleichwohl die deutsch-sowjetischen Verträge erst beim Besuch Gorbatschows am 9. November 1990 in Bonn unterzeichnet und im Frühjahr 1991 im Obersten Sowjet ratifiziert werden konnten. Ebenfalls erst vom 19. bis 21. November 1990 fand in Paris der KSZE-Gipfel der Staats- und Regierungschefs statt, als die deutsche Vereinigung unter dem europäischen Dach vollendet wurde. Schließlich könnte auch noch der EG-Gipfel drei Wochen später in Rom genannt werden, der die Regierungskonferenzen zur Politischen Union und zur Wirtschafts- und Währungsunion für die zukünftig gedachte Europäische Union eröffnete.

Teltschik hat sich auf jene 329 historischen Tage konzentriert und berichtet über die alltägliche Arbeit im Bundeskanzleramt, wie er sie als Leiter der Abteilung II »Auswärtige und innerdeutsche Beziehungen; Entwicklungspolitik; äußere Sicherheit« persönlich erleben und mitgestalten konnte. Im Mittelpunkt stehen die Überlegungen und Entscheidungen des Bundeskanzlers und seiner Mitarbeiter soweit sie sich auf den deutsch-deutschen Einigungsprozess bezogen. Auch das nun vollständig vorliegende Tagebuch kann angesichts neuerer Editionen und neuester Forschungen zur deutschen Einigung nicht den Anspruch erheben, die gesamte Komplexität der Außen-, Deutschland-, Europa- (Frankreich, Polen, etc.) und Sicherheitspolitik im Rahmen der Bundesregierung zu erfassen.

Zentrale politische Akteure wie die Minister Hans-Dietrich Genscher, Rudolf Seitens, Wolfgang Schäuble, Gerhard Stoltenberg und viele andere auf den verschiedenen Ebenen scheinen nur dann in diesem Werk auf, sofern sie von Teltschik beobachtet und unmittelbar selbst erlebt worden sind. Die Unzahl von Begegnungen und Gesprächen des Bundeskanzlers mit Staats- und Regierungschefs sowie führenden internationalen Persönlichkeiten konnten in dem Tagebuch daher auch keine Berücksichtigung finden, wenn sie nicht mit dem deutschen Vereinigungsprozess in Berührung gekommen und mit Teltschik in Verbindung waren. Das gilt auch für weite Teile des innenpolitischen Geschehens und die deutsch-deutschen Entwicklungen auf allen Ebenen mit all ihren Facetten.

Neben dem Bundeskanzler treten in Teltschiks Tagebuch vor allem seine internationalen Partner in Erscheinung, die den Ablauf und Kurs des Einigungsprozesses maßgeblich mitbestimmt haben: US-Präsident George H. W. Bush, Frankreichs Staatspräsident François Mitterrand, die britische Premierministerin Margaret Thatcher (die im Tagebuch immer als »Premierminister« bezeichnet wird) und wiederholt in den entscheidenden Begegnungen: Michail Gorbatschow – nicht zuletzt aber die wichtigen Berater auf der Ebene von Horst Teltschik und die Botschafter der Vier Mächte.

Das nunmehr komplett freigegebene Tagebuch lag dem Herausgeber zur editorischen Gesamtbearbeitung vor, dem er sich eingehend gewidmet hat. In Folge wurde mit Horst Teltschik die Herausgabe als Edition sowie zusätzliche Nachbetrachtungen in Aussicht genommen. Die Vorgeschichte des 9. November 1989 in allen Details darzustellen, war in dieser Edition nicht möglich. Sie hätte den Rahmen des ohnehin schon umfangreich gewordenen Buches völlig gesprengt. Es wurde jedoch mit dem Tagebuch-Verfasser vereinbart, seine Aufzeichnungen rückblickend Tag für Tag durchzugehen, Erinnerungen wachzurufen, Rückblenden zu ermöglichen und neue Überlegungen einzubringen. Nach eingehendem Studium des Tagebuchs fand ein fünftägiger Besuch im Hause Teltschiks in Rottach-Egern zu einer insgesamt 45stündigen Befragung statt. Dabei wurde über das Tagebuch hinaus auch die Kanzlerschaft Kohls (1982–1990) hinsichtlich Außen-, Deutschland- und Europapolitik bilanziert sowie die längere Vorgeschichte zum 9. November eingehend rekapituliert. Das umfassende Zeitzeugengespräch sollte zudem als nachträgliche Kommentierung und rückblickende Rekonstruktion der Tagebuch-Einträge, sozusagen als eine doppelte Edition dienen, sowie zusätzliche Hintergrundinformationen bieten und zuletzt auch Ausblicke auf die Zeit danach bis in die Gegenwart eröffnen. In den Nachbetrachtungen wurden wenige Wiederholungen in Kauf genommen, um den Erzählfluss nicht zu stören sowie gegen Ende alle denkbaren Akteure, Counterparts, Entscheidungsträger, Mitgestalter, Weggefährten und Zeitgenossen abgefragt, d. h. Beurteilungen, Charakterisierungen und Einschätzungen von Teltschik erbeten, nicht immer einfach zu erfüllende Wünsche, denen er auch noch nachgekommen ist. Die Gesprächsaufzeichnungen wurden gleich nach dem Tagebuch platziert. Bei Diplomatiegeschichte trifft man gelegentlich auf Vorbehalte, was den angeblich geringen Wert der Oral History angeht. Das Beispiel Teltschik legt das Gegenteil nahe. Er war aber auch kein klassischer Diplomat.

Wie ist die wissenschaftliche Aufbereitung und editorische Begleitung erfolgt? Eine Gliederung des Tagebuchs war wie bei den Nachbetrachtungen geboten. Letztere hat der Verfasser selbst übernommen, erstere aus einer für private Zwecke im Dezember 1992 einmalig und einzigartig hergestellten gebundenen Fassung der Tagebuch-Transkripte übernehmen können, die Horst Teltschik nach seiner Zeit bei der Bertelsmann-Stiftung als Geschenk gemacht worden ist. Der dankenswerte Aufraggeber ist ihm bis heute unbekannt geblieben. Die Langfassung des Tagebuchs blieb abgesehen von diesem Unikat bis heute unveröffentlicht.

Der Herausgeber hat es sich zur Aufgabe gemacht und entschlossen, alle im Tagebuch genannten bedeutsamen Begebenheiten zu relevanten innen-, deutschlandpolitischen, europäischen und internationalen Ereignissen und Entwicklungen durch Hintergrundinformationen mit einem eigens angelegten umfassenden Anmerkungsapparat auszustatten, um so Teltschiks Aufzeichnungen für den Leser verständlicher zu machen. Es handelt sich um Erläuterungen zu erklärungsbedürftigen Inhalten des Tagebuchs. Darin wurde auf weiterführende Hinweise zur Forschungsliteratur weitgehend verzichtet, die dafür in der Einleitung verwertet und in der Bibliografie angeführt worden ist.

Durch zahlreiche wechselseitige inhaltliche Querverweise zwischen Einleitung, Tagebuch und Nachbetrachtungen in den jeweiligen Anmerkungen kann ein größerer Verständniskontext des Denkens und Handelns von Teltschik gewährleistet werden.

Zusätzlich wurde eine Chronologie erstellt, um den Ablauf der komplexen Geschehnisse in der zeitlichen Abfolge besser nachvollziehen zu können. Die alte Rechtschreibung des Tagebuchs wurde beibehalten, Tippfehler stillschweigend beseitigt sowie Orts-, Sach- und Personenverzeichnisse von im Tagebuch genannten Informationen erstellt.

Im Laufe der Bearbeitung stellte Herr Teltschik zur Begleitung Zug um Zug auch wertvolle zusätzliche Dokumente bereit, die in einem eigenen Anhang aufgenommen werden konnten. Fotos wurden zudem aus dem Privatbesitz zur Verfügung gestellt, die in den Fließtext eingebaut werden konnten. Dabei fiel auf, dass nur sehr wenige Aufnahmen von Teltschik im Vereinigungsprozess 1989/90 existieren, was nicht verwundert, weil er sich im Unterschied zu anderen, die sich nach vorne drängten, im Hintergrund aufhielt.

Dank abzustatten ist Jörg Beining, dem audiovisuellen Medienbeauftragten des Instituts für Geschichte, der mich an den Tegernsee begleitet sowie die gesamten Ton- und Videoaufnahmen durchgeführt und technisch aufbereitet hat, Jessica Ludwig für die ersten und sodann das Institutssekretariat Eva Löw für den Löwenteil der sorgfältig zu besorgenden Interview-Transkriptionen. Frank Binkowski hat bei den Erläuterungen der Anmerkungen sowie Korrektur- und den Registerarbeiten mitgeholfen.

Zu danken ist Staatssekretär a. D. Dr. Michael Jansen für Perspektiven des Auswärtigen Amtes sowie Kanzleramtsminister a. D. Rudolf Seiters für die Beantwortung von Nachfragen. Größter Dank gebührt Horst Teltschik, der in einem einwöchigen wahrlichen Gesprächsmarathon für alle Fragen zur Verfügung gestanden hat, v. a. für seine authentischen und offenherzigen Antworten, und dabei auch so ehrlich war, wenn er manchmal passen musste. Zahllose E-Mails hat er zudem noch im Nachhinein beantwortet, als verschiedene Zusatzfragen aufkamen. Ein herzlicher Dank gebührt besonders Gerhild Teltschik, die ihrem Mann bei der Materialrecherche und wiederholten Nachfragen begleitet und unterstützt hat, ebenso Frau Dr. Jacquelin Boysen von der Helmut-Kohl-Stiftung für eine großzügige Abnahme von Belegexemplaren sowie nicht zuletzt Daniel Sander für die verlegerische Betreuung und Matthias Ansorge für die Besorgung des Satzes sowie letzter Korrekturwünsche. Für verbleibende Fehler und Irrtümer bin ich allein verantwortlich! Möge diese vollständige Tagebuch-Edition den weiteren Forschungen zur deutschen Einigung 1989/90 nützlich sein.

Hildesheim, 17.6.2024 Michael Gehler

I. Horst Teltschik – Begleiter und Ratgeber des »Kanzlers der Einheit«

Michael Gehler

1. Die deutsche Einigung als Forschungsgegenstand

Bevor auf die Biografie von Horst Teltschik eingegangen wird und eine Auswertung seines Tagebuchs erfolgt, wird der Forschungsstand zum deutsch-deutschen Einigungsprozess rekapituliert. In all den Publikationen zur äußeren Einigungsgeschichte taucht Teltschik auf, was sich besonders an ihren Wendepunkten zeigt. Dabei wurde auf sein früher erschienenes, stark gekürztes Tagebuch oder Interviews mit ihm verwiesen.[1]

Die zumeist üblichen Sperrfristen von 30 Jahren für den Zugang zu staatlichen Quellen standen zunächst noch einer raschen Erforschung entgegen. Doch hat die Öffnung der Archive der Staaten des ehemaligen sozialistischen Lagers und der DDR für Untersuchungen einen Türöffner bedeutet. In den 1990er Jahren dominierten Sammlungen zeitgenössischer Dokumente und Memoiren, die bereits die unterschiedlichen deutsch-deutschen Entwicklungen, zunächst hingegen weniger ihre internationalen Wahrnehmungen der Jahre 1989/90 sichtbar machten.[2]

Anlässlich der 10-, 15-, 25- und 30jährigen Erinnerung an die Öffnung der Grenzübergangsstellen an der sowjetischen Sektorengrenze in Berlin und der Jubiläen der vollzogenen deutschen Einheit fanden Konferenzen statt und erschienen Publikationen zum 9. November 1989 – dieser Tag gilt als »Mauerfall«, obwohl das gestürmte monströse Gebilde noch nicht gefallen war – und zum Ende der DDR am 3. Oktober 1990, dem »Tag der deutschen Einheit«.[3]

1 Der Historiker und Politikwissenschaftler Rafael Biermann hat bereits in seiner frühzeitig erschienenen und fundamentalen Studie: Zwischen Kreml und Kanzleramt. Wie Moskau mit der deutschen Einheit rang (Studien zur Politik Bd. 30), Paderborn – München – Wien – Zürich 1997, S. 29, die seinerzeitige Kurzversion des Tagebuchs Teltschik so charakterisiert: »Das Buch – wohl der aufschlußreichste Insiderbericht über die äußeren Aspekte der Einheit – gewährt eine Fülle von Informationen über die Verhandlungen in Moskau und die Formulierungen der bundesdeutschen Deutschlandpolitik.«

2 Siehe die Bibliografie im Anhang; u.a.: Gerd-Rüdiger Stephan (Hrsg.), »Vorwärts immer, rückwärts nimmer!« Interne Dokumente zum Zerfall von SED und DDR 1988/89, Berlin 1994; Hans-Hermann Hertle, Der Fall der Mauer. Die unbeabsichtigte Selbstauflösung des SED-Staates, Opladen 1996; in mehreren Auflagen: Ders., Chronik des Mauerfalls. Die dramatischen Ereignisse um den 9. November 1989, Berlin 1996, 11. Auflage 2009; Martin Sabrow/Tilman Siebeneichner/Peter Ulrich Weiß (Hrsg.), 1989. Eine Epochen-Zäsur? (Geschichte der Gegenwart Bd. 27), Göttingen 2021.

3 Für eine umfassende internationale Perspektive: Wolfgang Mueller/Michael Gehler/Arnold Suppan (Eds.), The Revolutions of 1989. A Handbook (Internationale Geschichte 2), Wien 2015.

Bereits 1998 erschien in der Reihe *Dokumente zur Deutschlandpolitik* eine Sonderedition von Akten des deutschen Bundeskanzleramts 1989/90, die sowohl die deutsch-deutsche als auch die internationale Dimension abdeckte.[4] Analysen zur Erosion des SED-Systems und Bilanzen zur Geschichte der deutschen Einigung erfolgten,[5] bis westeuropäische Akten zur Haltung der betroffenen Staaten freigegeben wurden. Eine internationale Edition auf Basis von Dokumenten der Sowjetunion, zahlreicher weiterer mittel- und osteuropäischer Staaten sowie der Vereinigten Staaten und ihrer Alliierten ist unter dem Titel *Masterpieces of History* erschienen.[6] Auf Grundlage freigewordener Akten und Quellensammlungen entstanden Monografien.[7] Über die deutsch-deutsche Entwicklung und den Rahmen der vier Siegermächte des Zweiten Weltkriegs hinausgehend wurde der internationalen Dimension sowie insbesondere den vielfältigen europäischen Perzeptionen der Entwicklungen hin zur deutschen Einheit zunächst nur wenig Aufmerksamkeit zuteil. Eine erste Publikation dazu stellte eine umfassende Dokumentation der Medienreaktionen in Europa und darüber hinaus dar.[8]

In den 2010er Jahren folgten eine umfangreiche Dokumentation zur DDR-Außenpolitik 1989/90, aber auch Interviews mit Akteuren und Beteiligten.[9] Pünktlich zum 25. Jahrestag

4 Hanns Jürgen Küsters/Daniel Hofmann (Bearb.) Bundesministerium des Innern unter Mitwirkung des Bundesarchivs (Hrsg.), Deutsche Einheit. Sonderedition aus den Akten des Bundeskanzleramtes 1989/90 (Dokumente zur Deutschlandpolitik), München 1998; Karl-Rudolf Korte, Deutschlandpolitik in Helmut Kohls Kanzlerschaft: Regierungsstil und Entscheidungen 1982–1989 (Geschichte der Deutschen Einheit in vier Bänden, Bd. 1), Stuttgart 1998; Dieter Grosser, Das Wagnis der Währungs-, Wirtschafts- und Sozialunion. Politische Zwänge im Konflikt mit ökonomischen Regeln (Geschichte der Deutschen Einheit in vier Bänden, Bd. 2), Stuttgart 1998; Wolfgang Jäger, Die Überwindung der Teilung. Der innerdeutsche Prozeß der Vereinigung 1989/90 (Geschichte der Deutschen Einheit in vier Bänden, Bd. 3), Stuttgart 1998; Werner Weidenfeld, Außenpolitik für die deutsche Einheit. Die Entscheidungsjahre 1989/90 (Geschichte der Deutschen Einheit in vier Bänden, Bd. 4), Stuttgart 1998; Hanns Jürgen Küsters, Der Integrationsfriede. Viermächte-Verhandlungen über die Friedensregelung mit Deutschland 1945–1990 (Dokumente zur Deutschlandpolitik Studien 9), München 2000; Ders., Das Ringen um die deutsche Einheit. Die Regierung Helmut Kohl im Brennpunkt der Entscheidungen 1989/90, Freiburg/Breisgau – Basel – Wien 2009.

5 Klaus-Dietmar Henke (Hrsg.), Revolution und Vereinigung 1989/90. Als in Deutschland die Realität die Phantasie überholte, München 2009; Monopolwahrer, Sachwalter und Scharfrichter zur DDR-Geschichte in einem, ohne größere europäische und internationale Kontexte einzubeziehen: Ilko-Sascha Kowalczuk, Endspiel. Die Revolution von 1989 in der DDR, München 2009; Tilman Mayer (Hrsg.), 20 Jahre Deutsche Einheit. Erfolge, Ambivalenzen, Probleme (Schriftenreihe der Gesellschaft für Deutschlandforschung 97), Berlin 2010; als Kritiker am Ablauf des Einigungsprozesses aus ostdeutscher Perspektive eines DDR-Historikers: Ilko-Sascha Kowalczuk, Die Übernahme. Wie Ostdeutschland Teil der Bundesrepublik wurde, München 2019.

6 Svetlana Savranskaya/Thomas Blanton/Vladislav Zubok, Masterpieces of History. The peaceful end of the Cold War in Eastern Europe, 1989, Budapest – New York 2010.

7 Andreas Rödder, Deutschland einig Vaterland. Die Geschichte der Wiedervereinigung, München 2009; Mary Elise Sarotte, 1989. The Struggle to Create Post-Cold War Europe, Princeton – Oxford 2009; Dies., 1989: The Struggle to Create Post-Cold War Europe, rev. ed., Princeton/N. J. 2014; Kristina Spohr, Wendezeit. Die Neuordnung der Welt nach 1989, München 2019.

8 Ines Lehmann, Die deutsche Vereinigung von außen gesehen. Angst, Bedenken und Erwartungen in der ausländischen Presse, 4 Bde., Frankfurt am Main et al. 1996, 1997, 2001, 2004.

9 Ines Lehmann, Die Außenpolitik der DDR 1989/1990. Eine dokumentierte Rekonstruktion, Baden-Baden 2010; zu Zeitzeugen: Ed Stuhler, Die letzten Monate der DDR. Die Regierung de Maizière und ihr Weg zur deutschen Einheit, Berlin 2010; Michael Gehler/Andrea Brait (Hrsg.), Am Ort des Geschehens in Zeiten des Umbruchs. Lebensgeschichtliche Erinnerungen aus Politik und Ballhausplatzdiplomatie vor und

lag eine Edition der wichtigsten Akten der beiden deutschen Außenministerien zum Vereinigungsprozess im Rahmen der Zwei-plus-Vier-Verhandlungen vor.[10]

Die bisherige deutsche Forschung war sowohl aus ost- wie westdeutscher Sicht auf die inneren Ursachen und deutsch-deutschen Vorgänge des Untergangs der SED-Diktatur konzentriert, wie den »Zentralen Runden Tisch«, die Volkskammerwahl vom 18. März, die Währungs-, Wirtschafts- und Sozialunion vom 1. Juli 1990, die Reorganisation von Recht und Verwaltung im Beitrittsgebiet, die Neuordnung der Eigentumsverhältnisse und v.a. den Umgang mit dem Komplex der Stasi (der eine Hypothek für das Fortleben des ostdeutschen Staats gebildet hatte und als Ablenkungsmanöver vom SED-System und Handeln seiner belasteten Funktionäre diente), die Mauerschützenprozesse und die Unrechtshandlungen an der deutsch-deutschen Grenze etc. Es dominierten Binnenfokussierung und Deutschlandzentrierung. Die Gesellschaftsgeschichtsschreibung der ausklingenden Bielefelder Schule fand noch einmal Anwendung auf die DDR-Geschichte, was mit einer anhaltenden Absage an Diplomatie- und Politikgeschichte Hand in Hand ging, so dass Fragenkomplexe wie »Europa und die deutsche Einheit« kaum Beachtung fanden. Dabei war einer der Auslöser für den Prozess des ostdeutschen Staatszerfalls das massenhafte Fluchtverhalten von DDR-Urlaubern aus Ungarn über Österreich in die Bundesrepublik.[11]

Zu den europäischen Reaktionen auf die deutsche Einigung ist von allen europäischen Ländern[12] besonders Frankreich – ungefähr gleichrangig mit der ehemaligen Sowjetunion[13] –

nach 1989 (Historische Europa-Studien 17), Hildesheim – Zürich – New York 2018; Michael Gehler/Oliver Dürkop (Hrsg.), Deutsche Einigung 1989/90. Zeitzeugen aus Ost und West im Gespräch, Reinbek 2021.

10 Heike Amos/Tim Geiger (Bearb.), Die Einheit. Das Auswärtige Amt, das DDR-Außenministerium und der Zwei-plus-Vier-Prozess, hrsg. v. Horst Möller/Ilse Dorothee Pautsch/Gregor Schöllgen/Hermann Wentker/Andreas Wirsching, Göttingen 2015; Michael Gehler/Maximilian Graf (Hrsg, unter Mitarbeit von Philipp Greilinger, Sarah Knoll/Sophie Bitter-Smirnov), Österreich und die deutsche Frage. Vom Honecker-Besuch in Bonn bis zur Einheit 1987–1990, Göttingen 2018; zuletzt: Daniela Taschler/Tim Szatkowski/Christoph Johannes Franzen (Bearb.), Akten zur Auswärtigen Politik der Bundesregierung Deutschland 1989, 2 Teilbände, hrsg. im Auftrag des Auswärtigen Amtes vom Institut für Zeitgeschichte, hauptherausgegeben von Andreas Wirsching/Hélène Miard-Delacroix/Gregor Schöllgen, Berlin – Boston 2020; Tim Geiger/Michael Ploetz/Jens Jost Hofmann (Bearb.), Akten zur Auswärtigen Politik der Bundesrepublik Deutschland 1990, hrsg. im Auftrag des Auswärtigen Amtes vom Institut für Zeitgeschichte, hauptherausgegeben von Andreas Wirsching/Stefan Creuzberger/Hélène Miard-Delacroix, Berlin – Boston 2021; Michael Gehler/Andrea Brait (Hrsg.), Von den Umbrüchen in Mittel- und Osteuropa bis zum Zerfall der Sowjetunion 1985–1991. Eine Dokumentation aus der Perspektive der Ballhausplatzdiplomatie, 2 Bde. (Historische Europastudien 18/1–2), Hildesheim – Zürich – New York 2023.

11 Andreas Oplatka, Der Eiserne Vorhang reißt. Ungarn als Wegbereiter, Zürich 1990; Ders., Der erste Riss in der Mauer. September 1989 – Ungarn öffnet die Grenze, Wien 2009; Michael Gehler, Eine Außenpolitik der Anpassung an veränderte Verhältnisse: Österreich und die Vereinigung Bundesrepublik Deutschland-DDR 1989/90, in: Ingrid Böhler/Michael Gehler (Hrsg.), Verschiedene europäische Wege im Vergleich. Österreich und die Bundesrepublik Deutschland 1945/49 bis zur Gegenwart, Innsbruck – Wien – Bozen 2007, S. 493–530; Maximilian Graf, Österreich und die DDR 1949–1990. Politik und Wirtschaft im Schatten der deutschen Teilung (Internationale Geschichte 3), Wien 2016, zur deutschen Einheit: S. 570–607.

12 Siehe die Einleitung: Michael Gehler/Maximilian Graf (Hrsg.), Europa und die deutsche Einheit. Beobachtungen, Entscheidungen und Folgen, Göttingen 2017, S. 9–23 sowie Michael Gehler, Die Unvermeidbarkeit einer politischen Entscheidung. Europa und die deutsche Einheit: Bilanz und zukünftige Forschungsaufgaben, in: ebd., S. 791–830.

13 Andreas Hilger, Diplomatie für die deutsche Einheit. Dokumente des Auswärtigen Amtes zu den deutsch-sowjetischen Beziehungen 1989/90, München 2011; Stefan Karner/Mark Kramer/Peter Ruggenthaler/Manfred Wilke u. a. (Hrsg.), Der Kreml und die »Wende« 1989. Interne Analysen der sowjetischen Führung zum Fall der kommunistischen Regime, Innsbruck – Wien – Bozen 2014; Stefan Karner/Mark

einer der am besten dokumentierten Staaten,[14] was sich in dreifacher Form erklären lässt: Deutschlands Einigung traf wie keine andere Nation Europas den Nerv der französischen. Dabei sind offenkundige Auffassungsunterschiede zu bemerken.[15] Die Kontroverse hielt an, was nicht verwundert, da sich die Sachlage nicht so eindeutig darstellt wie bei Margaret Thatcher, über die es in ihrer ablehnenden Haltung gegenüber der deutschen Einheit – entgegen der Auffassungen im Foreign Office[16] – keinen Zweifel gibt.[17] Dagegen stand der Präsident der USA (abgesehen von leicht abweichenden Nuancen im State Department) ganz stark hinter der deutschen Einigung.[18]

2. Horst Teltschik: vom Flüchtlingskind zum Politikberater und weiterer Werdegang

Herkunft und Geschichte der Familie lassen sich bis in die Anfänge des 14. Jahrhunderts zurückverfolgen. Im Untergeschoss des Hauses des Ehepaars Teltschik in Rottach-Egern hängt eine übergroße Stammtafel. Das Geschlecht besaß bis Kriegsende 1945 zwei Erb-

Kramer/Peter Ruggenthaler/Manfred Wilke u. a. (Hrsg.), Der Kreml und die deutsche Wiedervereinigung 1990. Interne sowjetische Analysen (Veröffentlichungen des Ludwig-Boltzmann-Instituts für Kriegsfolgen-Forschung Sonderband 16), Berlin 2015; Hanns Jürgen Küsters (Hrsg.), Der Zerfall des Sowjetimperiums und Deutschlands Wiedervereinigung/The Decline of the Soviet Empire and Germany's Reunification, Köln – Weimar – Wien 2016.

14 Valérie Guérin-Sendelbach, Frankreich und das vereinigte Deutschland. Interessen und Perzeptionen im Spannungsfeld, Opladen 1999; Tilo Schabert, Wie Weltgeschichte gemacht wird. Frankreich und die deutsche Einheit, Stuttgart 2002; Elke Bruck, François Mitterrands Deutschlandbild – Perzeption und Politik im Spannungsfeld deutschland-, europa- und sicherheitspolitischer Entscheidungen 1989–1992, Frankfurt/Main u. a. 2003; Hans Stark, Kohl, l'Allemagne et l'Europe. La politique d'intégration européenne de la République fédérale 1982–1998, Paris – Budapest – Torino 2004; Tilo Schabert, Mitterrand et la réunification allemande. Une histoire secrète (1981–1995), Paris 2005; Frédéric Bozo, Mitterrand, la fin de la guerre froide et l'unification. De Yalta à Maastricht, Paris 2005; Ulrich Lappenküper, Mitterrand und Deutschland. Die enträtselte Sphinx (Quellen und Darstellungen zur Zeitgeschichte 89), München 2011; Maurice Vaïsse/Christian Wenkel (eds.), La diplomatie française face à l'unification allemande. D'après des archives inédites, Paris 2011; Michèle Weinacher (ed.), L'Est et l'Ouest face à la chute du mur. Question de perspective, Cergy Pontoise 2013; Anne Kwaschik/Ulrich Pfeil (Hrsg.), Die DDR in den deutsch-französischen Beziehungen/La RDA dans les relations franco-allemande, Frankfurt/Main u. a. 2013; Tilo Schabert, France and the Reunification of Germany. Leadership in the Workshop of World Politics, Cham 2021.

15 Zuletzt zusammenfassend Tilo Schabert, Vom Geschehen zur Geschichte. Sechs Kapitel zur Historiographie der Wiedervereinigung Deutschlands (Zeitgeschichtliche Forschungen 63), Berlin 2023.

16 Documents on British Policy Overseas (DBPO), Series III, Vol. VII: German Unification, 1989–1990, ed. von Keith Hamilton/Patrick Salmon/Stephen Twigge, London – New York 2010.

17 Norbert Himmler, Zwischen Macht und Mittelmaß. Großbritanniens Außenpolitik und das Ende des Kalten Krieges, Berlin 2001; Klaus R. Jackisch, Eisern gegen die Einheit. Margaret Thatcher und die deutsche Wiedervereinigung, Frankfurt/Main 2004; Hinnerk Meyer, Participation on limited cooperation – Großbritanniens schwierige Rolle im deutschen Einigungsprozess 1989/90, in: Europa und die Einheit, S. 141–159; zum *Wall Street Journal*-Interview von Thatcher, siehe Tagebuch Horst Teltschik, 26.1.1990, S. 228; Nr. 148: Vorlage des Ministerialdirektors Teltschik an Bundeskanzler Kohl, 25.1.1990, in: Deutsche Einheit. Sonderedition, S. 719–720; Sarotte, Struggle, S. 100–101.

18 Als Beispiel frühen Datums: Wolfgang-Uwe Friedrich (Hrsg.), Die USA und die Deutsche Frage 1945–1990, Frankfurt 1991; jünger: Christian F. Ostermann, The United States and German Unification, in: Europa und die deutsche Einheit, S. 93–116 (mit weiterer Literatur und Quellenbasis); Mary Elise Sarotte, The Collapse. The Accidental Opening of the Berlin Wall, New York 2014.

richterhöfe in den sudetendeutschen Gemeinden Kunzendorf und Zauchtel, ehe es im Zuge des Kriegsausgangs vertrieben wurde. In Deutschland und in Texas leben Geflohene, Vertriebene und Überlebende der Teltschiks bis heute. Regelmäßig treffen sich die Angehörigen und Nachfahren.[19]

Horst Teltschik wurde am 14. Juni 1940 im nordmährischen Klantendorf im »Reichsgau Sudetenland« geboren. Gegen Ende des Zweiten Weltkriegs flüchtete wie die Mehrzahl der Heimatvertriebenen seine Mutter mit ihren Kindern – einem Zwillingsbruder Teltschiks und zwei weiteren Brüdern – nach Bayern. Der Vater war in beiden Weltkriegen eingezogen und schwer verwundet gewesen. Nur mit Glück konnte er überleben. Nach der Kriegsgefangenschaft folgte er seiner Familie und kam in Tegernsee als Arbeiter unter.

Horst Teltschik engagierte sich als junger Bub im Bund der Deutschen Katholischen Jugend (BDKJ) und »Bund Neudeutschland« – einer christlich-katholischen und naturverbundenen Jugendbewegung, die den demokratischen Frühling nach Kriegsende mittrug. Im Jahr der Machtübernahme der Nationalsozialisten 1933 hatte »Neudeutschland« rund 21.000 Mitglieder. Die Aktivitäten standen in Folge unter stärkeren Einschränkungen des Verbands bis zum Verbot am 30. Juni 1939. Trotz der Auffassung des deutschen Episkopats, diese katholische Vereinskultur nach dem Krieg nicht mehr fortsetzen zu wollen, wurde seit 1947 der Bund wieder aufgebaut und am Bundestag in Bad Brückenau 1948 neu begründet. Er umfasste eine »Jungengemeinschaft«, einen »Hochschul-« und einen »Männerring«.[20] In dieser Zeit erfuhr Teltschik eine modern und neu ausgerichtete durchaus deutsch-bewusste Prägung. Eine weitere erlebte er über eine christlich-katholische Sozialisation. So engagierte er sich auch als Dekanatsjugendführer.[21]

Zur Ausbildung und Erziehung lässt sich berichten, dass Teltschik das Gymnasium Tegernsee besuchte und 1960 dort sein Abitur ablegte. Nach dem Grundwehrdienst bei der Bundeswehr im Rang eines Reserveoffizieranwärters von 1960 bis 1962 bei einem Panzerbataillon in Wolfhagen/Kassel hatte Teltschik zuletzt den Dienstgrad eines Oberleutnants der Reserve inne.[22]

Er begann ein Studium der Politikwissenschaft, der Neueren Geschichte und des Völkerrechts an der Freien Universität (FU) Berlin, setzte in dieser Zeit seine Aktivitäten im Vereinswesens fort und avancierte zum Vorsitzenden des Rings Christlich-Demokratischer Studenten (RCDS). Nach Gründung der Freien Deutschen Jugend (FDJ) als monopolartige studentische Interessenvertretung in der Sowjetischen Besatzungszone (SBZ) wandten sich christlich und demokratisch ausgerichtete Studenten davon ab. Sie gingen nach Berlin oder in die westdeutschen Besatzungszonen und riefen dort neue Hochschulorganisationen ins Leben. 1951 verbündeten sie sich im RCDS, dessen Bundesverband sich auf einer Versammlung vom 25. bis 27. August im gleichen Jahr in Bonn konstituierte.[23] In diesem

19 Walter Teltschik (Hrsg.), Chronik der Familie Teltschik, Wilhelmsfeld 1986.

20 Rolf Eilers, Konfession und Lebenswelt. 75 Jahre Bund Neudeutschland 1919–1994, Mainz 1998; Matthias Werth, Abschied vom Rittertum. Von der Jungengemeinschaft im Bund Neudeutschland zur Katholischen Studierenden Jugend 1945–1968, Paderborn 1997.

21 Siehe auch Nachbetrachtungen, S. 569–570, 652.

22 Siehe Nachbetrachtungen, ebd.

23 Johannes Weberling, Für Freiheit und Menschenrechte. Der Ring Christlich Demokratischer Studenten 1945–1986. Düsseldorf 1990; Holger Thuß/Mario Voigt, 50 Jahre RCDS. Fünf Jahrzehnte gelebte Studentenpolitik, Erlangen 2001.

studentischen Milieu ist auch der Hochschüler Teltschik zu verorten. Er wurde Landesvorsitzender des RCDS in Berlin und stellvertretender Bundesvorsitzender von 1965 bis 1966.

Schwerpunkt seines Studiums war der Ost-West-Konflikt. Seine Diplomarbeit von 1967 trägt den Titel »Politik des albanischen kommunistischen Regimes in ihrer Wechselwirkung mit dem sowjetisch-chinesischen Konflikt 1956–1961«.[24] Teltschik war zudem von 1968 bis 1970 am Lehrstuhl für Internationale Beziehungen am Otto-Suhr-Institut der FU als Assistent für den profilierten Politikwissenschafter Richard Löwenthal tätig, einem Sozialdemokraten, der auch Mitglied der SPD und Berater von Willy Brandt war. Zur »Studentenbewegung« verhielt sich Teltschik distanziert-kritisch und ging auf Abstand. Er hatte kein Verständnis dafür, dass angesichts der Toten an der Berliner Mauer, der Millionen Toten der chinesischen Kulturrevolution und des blutigen Vietnamkrieges linke Studentenverbände mit »Mao!«-, »Mao!«- und »Ho, Ho, Ho Chi-Minh«-Rufen auf dem Kurfürstendamm und an der FU demonstrierten. Er wollte lieber dissertieren. Thema war »Die Interdependenz zwischen der Politik der DDR und der Sowjetunion«, wozu er Russisch lernte. Die Ungewissheiten und Unwägbarkeiten einer universitären Laufbahn führten dazu, ein Angebot der CDU in Bonn anzunehmen. Heiner Geißler, später Generalsekretär der CDU, hatte Absolventen der FU und RCDS-Mitglieder an den Rhein gelockt. Von 1970 bis 1972 konnte Teltschik bereits als Leiter der Gruppe »Außen- und Deutschlandpolitik« in der CDU-Bundesgeschäftsstelle im Konrad-Adenauer-Haus in Bonn tätig werden. Anschließend wurde er Mitarbeiter des Ministerpräsidenten von Rheinland-Pfalz, Helmut Kohl. Als sich Teltschik im Frühherbst 1972 in Mainz vorstellte, eröffnete ihm der Pfälzer Regent seine Zukunftsplanung: »Sie werden für mich arbeiten, weil ich eines Tages Parteivorsitzender der CDU und Kanzler sein werde. Wenn ich das bin, werden Sie an meiner Seite sein.«[25]

Kohl vermittelte das Bild eines aufstrebenden und ehrgeizigen Politikers. Teltschik sollte ihn darin noch bestärken. In der Staatskanzlei in Mainz konnte er in der Funktion eines leitenden Ministerialrats aktiv werden. Seither gehörte er zum engsten Beraterkreis. Kohls Biograph Hans-Peter Schwarz nennt ihn einen »Intimus von Helmut Kohl«.[26] Fünf Jahre später wechselte Teltschik mit ihm nach Bonn und wurde Leiter des Büros des Vorsitzenden der CDU/CSU-Bundestagsfraktion, eine Funktion, die Kohl von 1976 bis 1982 als Oppositionsführer im Deutschen Bundestag innehatte. Nach dessen Wahl zum Regierungschef am 1. Oktober 1982 wurde Teltschik Ministerialdirektor und Leiter der Abteilung »Auswärtige und innerdeutsche Beziehungen, Entwicklungspolitik, Äußere Sicherheit« im Bundeskanzleramt. Im Jahr darauf wurde er Stellvertreter von Waldemar Schreckenberger sowie des sodann von Wolfgang Schäuble und Rudolf Seiters geleiteten Bundeskanzleramts.[27]

In den deutschlandpolitischen Entscheidungsjahren 1989/90 war Teltschik u. a. Sonderbeauftragter für die Verhandlungen mit Polen sowie v. a. mit jenen der Vier Mächte maßgeblich beteiligt. Von 1991 bis 1992 wechselte Teltschik zur Bertelsmann Stiftung in Gütersloh, wo er als Geschäftsführer fungierte und ihrem Beirat angehörte. In Ostwestfalen hielt es ihn nicht lange. Im Anschluss war er von 1993 bis 2000 Vorstandsmitglied

24 Bastian Matteo Scianna, Horst Teltschik. Politikwissenschaftler, stv. Chef des Bundeskanzleramtes, Wirtschaftsmanager, Professor Dr. h. c., June 14, 1940 Klantendorf/Nordmähren, https://www.kas.de/en/web/geschichte-der-cdu/biogram-detail/-/content/horst-teltschik-v1 (Abruf 29.2.2024).

25 Hans-Peter Schwarz, Helmut Kohl. Eine politische Biographie, München 2012, S. 183.

26 Ebd., S. 176.

27 Für die weitere Vita und das Folgende: Scianna, Horst Teltschik (Abruf 29.2.2024), siehe auch die Laudatio von Wolfgang Thierse, Dokument 11 im Anhang Dokumente, S. 880–883.

der BMW Group für das neu geschaffene Ressort »Wirtschaft und Politik« und folglich Beauftragter des Vorstands für Zentral- und Osteuropa, Asien und den Mittleren Osten. Von 1993 bis Ende 2003 wirkte Teltschik als Vorsitzender der firmeneigenen BMW Stiftung Herbert Quandt in München. Im Anschluss fungierte er als Präsident von Boeing Deutschland und Vizepräsident von Boeing International. Sodann kam ihm die reizvolle Aufgabe der Leitung der Münchner Sicherheitskonferenz von 1999 bis 2008 zu. In dieser Phase begegnete Teltschik führenden Staats- und Regierungschefs der Welt. Mit Michail Gorbatschow blieb er bis zu seinem Tod freundschaftlich verbunden.[28] Teltschik baute auch Kontakt zu Wladimir Putin auf und entwickelte eine eigene Russland-Diplomatie. Er traf ihn in Moskau, gab Ratschläge für seine Rede im Bundestag in Berlin am 25. September 2001 und besuchte ihn in Sotschi 2006, um ihn für die Münchner Sicherheitskonferenz zu gewinnen. Teltschik berichtete im Anschluss Bundeskanzlerin Angela Merkel über sein Treffen mit Putin. Die Reaktion war jedoch gleich Null.[29] Mit seiner stillen Diplomatie war er kein offizieller Gesandter aber ein geschickter Vermittler.[30] Dass Putin den Krieg gegen die Ukraine begonnen hat, bedauerte Teltschik zutiefst als schwerwiegenden Fehler, sah mit Blick auf die längere und kürzere Vorgeschichte allerdings auch den Westen in der Verantwortung für die Eskalation der Entwicklung.[31]

In der Zwischenzeit nahm Teltschik auch einen Ruf als Honorarprofessor an der neuen Fakultät für Wirtschaftswissenschaften der Technischen Universität München an, wo er bereits seit November 1996 als Lehrbeauftragter gewirkt hatte. Die vielen Auszeichnungen, Ehrenämter, Funktionen und Orden finden sich im Anhang dieser Edition.[32]

3. Urteile von Beobachtern, Mitgestaltern und Zeitzeugen

Bevor auf das Tagebuch eingegangen wird, stellt sich die Frage, wie Mitgestalter und Weggefährten Teltschik erlebten und rückblickend beurteilen. Helmut Kohl äußerte sich in seinen Erinnerungen mehrfach: »mein wichtigster außenpolitischer Berater«[33] und »einer meiner engsten Mitarbeiter«: »Die Außen- und Sicherheitspolitik sowie die Europa- und die Deutschlandpolitik waren seine Leidenschaft. Gerade in den Jahren 1989/90 hat er diskret, mit Verantwortungsgefühl und Verhandlungsgeschick eine Reihe heikler und wichtiger Missionen in meinem persönlichen Auftrag erledigt.«[34]

In Bonner Journalistenkreisen sprach sich bald die außen- und deutschlandpolitische Rolle Teltschiks herum. *Der Spiegel*, mit dem den Bundeskanzler eine Todfeindschaft ver-

28 Dokumente 9, 10 und 12 in Anhang Dokumente, S. 878–879, 879–880, 883–888.

29 Dokument 6 im Anhang Dokumente, S. 870–872; Nachbetrachtungen, S. 826–827.

30 Teltschik mit Erdgaslobbyisten und Publizisten in einen Topf zu werfen und mit Kreml-Apologie zu belegen, ist etwas zu vereinfachend und undifferenziert: Stefan Creuzberger, Das deutsch-russische Jahrhundert. Geschichte einer besonderen Beziehung, Hamburg 2022, S. 544.

31 Horst Teltschik, Russisches Roulette. Vom Kalten Krieg zum Kalten Krieg, München 2019, S. 159–204, 211–220; zur warnenden Kritik an der westlichen Politik gegenüber Putins Russlands und der Ukraine:»Das ist ein verdammt gefährliches Spiel«, in: *Der Spiegel*, 9.3.2019, Nr. 11, S. 25–26.

32 Siehe Persönliche Daten zum Lebenslauf, Auszeichnungen und Orden im Anhang, S. 889–892.

33 Helmut Kohl, Erinnerungen 1982–1990, München 2005, S. 43, 872.

34 Helmut Kohl, »Ich wollte Deutschlands Einheit«. Dargestellt von Kai Diekmann und Ralf Georg Reuth, Berlin 1996, S. 407.

band, hatte bereits vier Jahre nach Übernahme der Regierung seinen Berater als »Kissinger Kohls« bezeichnet.[35]

Dem seit 1987 im Parlamentsbüro der *Süddeutschen Zeitung* tätigen Journalisten Stephan-Andreas Casdorff waren die Fähigkeiten Teltschiks nicht entgangen. Die genauen Charakterisierungen verdienen eine weitgehende Wiedergabe: »Der 48 Jahre alte Politologe ist mehr als nur der Berater des Kanzlers. Er formuliert die Außenpolitik Kohls vor, er ist für ihn auf Posten, wenn es gilt, Informationen aus den anderen Hauptstädten einzuholen, er empfängt die Besucher, die Kohls Meinung direkt von der Quelle erfahren wollen. Teltschik ist der Ideenlieferant Helmut Kohls. Häufig ist der Kanzler dann am besten, wenn er die Texte seines Chefberaters unverändert vorträgt. Teltschiks Vorstellungen sind oft kühner als die Kohls, er braucht indessen auch nicht die politischen Rücksichten zu nehmen, zu denen sich der Kanzler gelegentlich genötigt fühlt. Vor allem aber kann Horst Teltschik es sich erlauben, Helmut Kohl zu kritisieren. Von seinen anderen engen Beratern Wolfgang Bergsdorf und Eduard Ackermann würde sich der Bundeskanzler das nicht gefallen lassen. Es ist kein Vater-Sohn-Verhältnis, was ihn mit Teltschik verbindet, obwohl oft behauptet wurde, Teltschik sei ›Kohls dritter Sohn‹. Der Kanzler respektiert Teltschik wegen seiner Leistungsfähigkeit und seiner Loyalität. Als Kohls Karriere während der Zeit in der Opposition schon zu enden schien, harrte Teltschik – er war damals Büroleiter des CDU/CSU-Fraktionsvorsitzenden – an seiner Seite aus, er übernahm oft genug die Funktion des Blitzableiters. Das hat ihm Kohl nicht vergessen.«[36]

Der couragierte, selbstbewusste und vorausschauende Leiter der Politischen Abteilung an der bundesdeutschen Botschaft in Moskau Joachim von Arnim nannte in seinen Erinnerungen Teltschik »so etwas wie der Harry Hopkins des Bundeskanzlers«.[37] Hopkins war Berater des US-Präsidenten Franklin D. Roosevelt gewesen.

Ein Beobachter und Zeitzeuge des Geschehens wie Timothy Garton Ash kam zu folgendem Urteil: »Ausgestattet mit detaillierten Kenntnissen und größerem analytischen Raffinement als Kohl, verstand und akzeptierte Teltschik das Gesamtsystem der Ostpolitik, das sie von Brandt und Schmidt geerbt hatten, und wollte es weiterentwickeln: das zentrale Dreieck (Bonn-Moskau-Berlin) innerhalb des größeren Dreiecks (Amerika-Deutschland-Sowjetunion), die Priorität der Beziehungen zu Moskau und der Imperativ der Synchronisierung.«[38] Der »Bahr von Kohl«, so Garton Ash, nannte das Motto so zutreffend wie unverblümt: »Moskau allen voran«.[39] Er wusste, dass der Schlüssel zur deutschen Einheit dort lag, dass es aber auch die Unterstützung durch Washington brauchte, um den Status quo der Teilung Deutschlands und Europas aufzubrechen.

35 »Kohls Kissinger, wie die Amerikaner den ehrgeizigen jungen Beamten gezielt auf seine Eitelkeit nennen«: »Ich wirke oft farblos und nüchtern«. SPIEGEL-Reporter Jürgen Leinemann über den Kanzler-Berater Horst Teltschik, in: *Der Spiegel*, 17.11.1985, https://www.spiegel.de/politik/ich-wirke-oft-farblos-und-nuechtern-a-d2e92e49-0002-0001-0000-000013515494 (Abruf 29.1.2024); Bonner Köpfe: Horst Teltschik – Kohls Kissinger (Filmbericht Erhard Thomas und Jutta Bielig), in: BPA-Nachrichtenabt. Ref. II 5, Rundf.-Ausw. Deutschland (Privatbesitz Horst Teltschik).

36 Stephan-Andreas Casdorff, Horst Teltschik. Redenschreiber und Berater Bundeskanzler Kohls, in: *Süddeutsche Zeitung*, 28.7.1988.

37 Joachim von Arnim, Zeitnot. Moskau, Deutschland und der weltpolitische Umbruch, Bonn 2012, S. 266.

38 Timothy Garton Ash, Im Namen Europas, Deutschland und der geteilte Kontinent, München – Wien 1993, S. 153.

39 Ebd. S. 156.

Es nimmt nicht Wunder, dass die Opposition die Deutschlandpolitik Kohls aufs Korn nahm. Die SPD-Bundestagsfraktion hatte sich im Zeichen des NATO-Doppelbeschlusses gegen ihren eigenen Kanzler Helmut Schmidt gestellt. Für die Atlantische Allianz sah sie keine Zukunft und wünschte sie durch ein umfassendes politisches Bündnis sowie ein europäisches Sicherheitssystem abgelöst. Am Programm-Parteitag am 28. September 1990 in Berlin attackierte Oskar Lafontaine Teltschik in scharfer Weise, der für einen Verbleib eines geeinten Deutschlands in der NATO plädiert hatte, was der SPD-Führung wenig originell erschien. Der saarländische Sozialdemokrat reagierte auf die Position des Kanzlerberaters mit dem Ausruf: »Welch ein historischer Schwachsinn!« Das Protokoll verzeichnete »lebhaften Beifall«.[40]

Es gab aber auch politische Lager übergreifend-denkende und patriotische Sozialdemokraten wie Egon Bahr, der erfahrungsgemäß festhielt: »Die inneren Ansichten der Macht zeigen, daß jeder Regierungschef in jedem Land Mitarbeiter braucht, die mehr sind als Untergebene. Nixon nannte mich bei einem Essen Brandts Kissinger, und Teltschik hatte für Kohl ähnliche Bedeutung. Voraussetzung eines derartigen Verhältnisses ist auch die Gewißheit des Chefs, daß die Mitarbeiter ihre Grenzen kennen und den Stuhl des Amtsinhabers nicht wollen, ihn nicht einmal anstreben können. Wenn das nicht sicher ist, empfiehlt sich, solche Kombattanten mehr oder weniger auf Abstand zu bringen, wie im Fall von Schäuble, Rühe oder Biedenkopf.«[41] An anderer Stelle seiner Erinnerungen hält Bahr fest: »Die Konstruktion, die Kissinger, mich und später Teltschik an ihre Chefs band, frei zur Behandlung von Schwerpunkten, ungebunden durch die Verwaltung, aber sie nutzend, im Namen der Chefs, durch sie gedeckt und kontrolliert, war ideal. Ohne diese Konstruktion wären geschichtlich wichtige Entwicklungen zwischen 1970 und 1990 nicht eingetreten, für die einige Friedensnobelpreise vergeben wurden.«[42]

Positiv lauten Einschätzungen aus dem eigenen Lager wie von Rudolf Seiters: »Horst Teltschik war mein Stellvertreter als Chef des Bundeskanzleramtes. Wir haben uns immer gut verstanden und respektiert.«[43] Er spielte »für die Politik der Achtziger- und Neunzigerjahre als Steuermann im Hintergrund eine wichtige Rolle«.[44] Das Urteil, wonach er und Schäuble als Akteure für die innere und Teltschik für die äußere Einigung aktiv und beratend tätig waren, hält Seiters für grundsätzlich richtig: Das Bundeskanzleramt hatte nach dem Grundlagenvertrag von 1972 die Verhandlungszuständigkeit mit der DDR und das Innenministerium die Federführung beim Einigungsvertrag. Seiters sieht darin die »ganz große Leistung« von Schäuble während Teltschik »der wichtigste und kompetenteste Berater von Helmut Kohl« war. Das Erfolgsrezept lautete: »Wir waren ein gutes Team und haben uns ständig ausgetauscht.«[45]

Für den Wirtschaftsberater des Kanzlers, Johannes Ludewig, steht das Urteil über Teltschik fest: Er war »eine tragende Säule der Arbeit in der Regierungszentrale« und besaß »nicht nur eine ungewöhnliche Fähigkeit zur Analyse politischer Vorgänge und Probleme sowie

40 Daniel Friedrich Sturm, Uneinig in die Einheit. Die Sozialdemokratie und die Vereinigung Deutschlands 1989/90 (Willy Brandt Studien), Bonn 2006, S. 447.

41 Egon Bahr, Zu meiner Zeit, München 1996, S. 122.

42 Ebd., S. 350–351.

43 Freundliche Auskunft Rudolf Seiters für den Verfasser, 22.2.2024; Rudolf Seiters, Vertrauensverhältnisse. Autobiographie (Unter Mitarbeit von Carsten Tergast), Freiburg – Basel – Wien 2016, S. 98.

44 Seiters, Vertrauensverhältnisse, S. 95.

45 Freundliche Auskunft Rudolf Seiters für den Verfasser, 29.2.2024.

zur Entwicklung weiterführender politischer Konzepte«, er gehörte »darüber hinaus auch zu den ganz wenigen, die mit großer und gleichbleibender Ruhe der Meinung des Bundeskanzlers erforderlichenfalls ihre eigene entgegensetzen«. Umgekehrt war »in allen Besprechungen und Gesprächen spürbar, dass seine Einschätzung und sein Rat für den Bundeskanzler erhebliches Gewicht« hatten: »Die Zusammenarbeit mit Horst Teltschik hätte nicht besser sein können.« Das »vertrauensvolle, offene und effiziente Zusammenwirken« blieb – laut Ludewig – auch unter Teltschiks Nachfolger Peter Hartmann »unverändert«.[46]

4. Urteile der Fachwissenschaft

Laut Hanns Jürgen Küsters, einem der besten Kenner der Deutschland-, Einigungs- und Europapolitik der CDU und Helmut Kohls,[47] stand dem Kanzler in außenpolitischen Fragen 1989/90 »ein schlagkräftiges Team beiseite«. Die genannten Politikbereiche koordinierte die Abteilung 2 »Auswärtige und innerdeutsche Beziehungen; Entwicklungspolitik; äußere Sicherheit«. Ihr Leiter Ministerialdirektor Teltschik war »einer seiner treuesten Mitarbeiter der Zeit, als Kohl Ministerpräsident von Rheinland-Pfalz war«. Angelehnt an dessen Worte hält Küsters fest: »Mit Leidenschaft widmet sich Teltschik vor allem den Fragen der Außen- und Sicherheitspolitik. Diskret, verantwortungsvoll und mit Verhandlungsgeschick, wenn es gilt, heikle Gespräche zu führen oder im Auftrag des Kanzlers Missionen zu erfüllen.« Im Auswärtigen Amt erfreute sich Teltschik, wie Küsters jedoch ergänzt, »keiner besonderen Beliebtheit«, wo eine »verfestigte Meinung« vorherrschte, »mit Teltschik, dem ersten Nicht-Berufsdiplomaten auf dem wichtigen Posten des Abteilungsleiters für Außenpolitik im Bundeskanzleramt, sei ein »›Amateur‹ am Werk«. Doch würden solche Einschätzungen – laut Küsters »Eifersüchteleien« – den Kanzler nicht tangieren. »Friktionen« im Verhältnis mit dem Auswärtigem Amt seien »auf diese besondere Konstellation zurückzuführen«.[48]

Die Leitung der Abteilung 2 stand traditionell einem Mann des Auswärtigen Amtes zu. Kohl hielt sich nicht an diese Gepflogenheit, entband nach seiner Regierungsübernahme den Berufsdiplomaten Otto von der Gablentz seiner Aufgabe und beauftragte auf Anraten von Kanzleramtschef Philipp Jenninger damit Teltschik, der bereits als Redenschreiber für den Pfälzer in Oppositionszeiten zuständig war. Er war laut Karl-Rudolf Korte »auf Teltschiks Sachverstand um so mehr angewiesen, als Kohl eine eigene außenpolitische Profilierung bis dahin fehlte. Kohl signalisierte damit gegenüber dem Auswärtigen Amt seine Unabhängigkeit. Für den Bundeskanzler war es gleich zu Beginn wichtig, eigene Gestaltungsmacht zu dokumentieren, besonders gegenüber dem traditionell einflußreichen Auswärtigem Amt.«[49]

46 Johannes Ludewig, Unternehmen Wiedervereinigung. Von Planern, Machern, Visionären, Hamburg 2. Auflage 2015, S. 217.

47 Hanns Jürgen Küsters, Helmut Kohl, die CDU und die Wiederherstellung der deutschen Einheit, in: Europa und die Einheit, S. 27–42.

48 Hanns Jürgen Küsters, Das Ringen um die deutsche Einheit. Die Regierung Helmut Kohl im Brennpunkt der Entscheidungen 1989/90, Freiburg – Basel – Wien 2009, S. 15–16; Ders., Küsters, Integrationsfriede, S. 804–805; siehe auch Heike Amos/Tim Geiger, Das Auswärtige Amt und die Wiedervereinigung 1989/90, in: Europa und die Einheit, S. 65–90.

49 Korte, Deutschlandpolitik, S. 37.

Wesentlich unterstützt wurde Teltschik vom Ministerialdirigenten Peter Hartmann, dem Leiter der Gruppe 21 Auswärtiges Amt, einem gelernten Diplomaten, der mit Dieter Kastrup, dem Leiter der Politischen Abteilung 2 im Auswärtigen Amt, und Frank Elbe, dem Leiter des Büros von Außenminister Hans-Dietrich Genscher in den 1970er Jahren im Grundsatzreferat »Fragen, die Berlin und Deutschland als Ganzes betreffen« gearbeitet hatte. Hartmann war Kenner deutschlandpolitischer Sachfragen und sicher in der Beurteilung anzugehender Ziele. In Ost-West-Angelegenheiten war Legationsrat Uwe Kaestner eingesetzt und für Fragen der europäischen Integration, v.a. der deutsch-französischen Beziehungen, Legationsrat Joachim Bitterlich zuständig. Neben der Gruppe 23 (Bundesministerium der Verteidigung) waren der Arbeitsstab 20 »Deutschlandpolitik« mit Ministerialdirigent Claus-Jürgen Duisberg an der Spitze und die Gruppe 22 »Bundesministerium für innerdeutsche Beziehungen, Beziehungen zur DDR, Berlin-Fragen«, geleitet von Ministerialdirigent Ernst Stern, die zentrale Arbeitseinheit für Beziehungen der Bundesrepublik zur DDR. Darunter fielen Kontakte zur »Ständigen Vertretung der Bundesrepublik bei der DDR« in Berlin (Ost) wie auch zur Ständigen Vertretung der DDR in Bonn. Innerstaatliche Angelegenheiten wurden in der Abteilung 3 »Innere Angelegenheiten, Soziales, Umwelt« und von der Gruppe 33 »Recht, staatliche Organisationen« unter Leitung von Ministerialdirigent Volker Busse bearbeitet. Die Themen der Bundeswehr und der NATO oblagen Generalstabsoffizierren wie General Hans-Lothar Domröse, General Rainer Glatz, Konteradmiral Rudolf Lange, Vize-Admiral Ulrich Weißer u.a. [50]

Teltschik hatte – laut Karl-Rudolf Korte – »den Ruf eines politisch-strategischen Kopfes. Er urteilte, was für Kohl besonders wichtig war, nicht ausschließlich nach der sogenannten Aktenlage. Unabhängig von Vorlagen, die er in seiner Abteilung erarbeiten ließ, hatte er sich ein internationales Netzwerk aufgebaut und konnte sich so auch sein eigenes Bild von internationalen Entwicklungen machen. Er organisierte Kontakte am Auswärtigen Amt vorbei direkt in die Hauptstädte der Macht [...] Teltschik artikulierte sich zumeist nicht im Vokabular der übervorsichtigen, abwägenden Diplomatensprache, sondern urteilte eindeutig, was ihm auch seine Beliebtheit bei den Medien einbrachte.« Er hatte schon zur Zeit des Ministerpräsidenten Kohl einen »eigenen sogenannten ›Kreativ Braintrust‹ gebildet«, zu dem er unregelmäßig Wissenschaftler, Publizisten und Politiker einlud, »um unkonventionell und informell Ideen auszutauschen, ein Versammlungstyp, den Kohl später im Kanzlerbungalow fortsetzte«.[51]

Philip Zelikow und Condoleezza Rice, die mit ihrem Buch »Sternstunde der Diplomatie« zu ihrer Zeit das beste Werk zur internationalen Diplomatie und Politikgeschichte der deutschen Einigung und zum Ende der Ost-West-Teilung geschrieben haben, kamen zum Ergebnis, dass Kanzleramtschef Rudolf Seiters »ein wichtiger Berater« in allen inneren und äußeren Aspekten der deutschen Frage, aber in internationalen Angelegenheiten der 49-jährige Horst Teltschik »zweifelsohne Kohls wichtigster Ratgeber« war. Da der Außenminister und das Auswärtige Amt sowohl von den deutsch-deutschen Einigungsverhandlungen als auch von einigen diplomatischen Entwicklungen auf höchster Ebene ausgeschlossen waren, avancierte Kohl 1989/90 zur »zentralen Figur auf Seiten der Bun-

50 Ebd., S. 16; Hinweis Teltschik, 3.7.2024; s. u.a. Jacqueline Boysen, Das »weiße Haus« in Ost-Berlin. Die Stände Vertretung der Bundesrepublik bei der DDR (Forschungen zur DDR-Gesellschaft), Berlin 2010.
51 Korte, Deutschlandpolitik, S. 38.

Organisationsplan des Bundeskanzleramtes

Stand: 10. April 1990

Bundeskanzler
Dr. Helmut Kohl

Kanzlerbüro
Leiter: **MinDirig. Dr. Neuer**

- Persönliches Büro — **VAe Weber**
- Eingaben und Positionen — **VA Dr. Gundelach**

Staatsminister
Dr. Lutz G. Stavenhagen
Persönlicher Referent: **MinR Kindler**

Chef des Bundeskanzleramtes
Bundesminister
Rudolf Seiters
Leiter des Büros: **VA Speck**

Parl. Staatssekretär
zugleich Bevollmächtigter der Bundesregierung in Berlin
Günter Straßmeir
Persönlicher Referent:
VA Dr. Konietzki

Vorprüfungsstelle
Reg Dir Hellingrath

Abteilung 1
Zentralabteilung
MinDir Dr. Kabel

- Gruppe 11 — Leiter: **VA Dr. Reckers** — Personalangelegenheiten der Bundesregierung
- Referat 111 — Personalangelegenheiten des Bundeskanzleramtes und der Ständigen Vertretung — **MinR Maurer**
- Referat 112 — Organisation und Haushalt des Bundeskanzleramtes und der Ständigen Vertretung — **MinR Dr. Fischer**
- Referat 113 — Innerer Dienst — **MinR Großkopf**
- Referat 114 — Geheimschutzbeauftragter, Sicherheitsbeauftragter — **RegDir Hoffmann**
- Referat 115 — Ressortübergreifende und internationale Personalangelegenheiten, Organisation der Bundesregierung; Zivile Verteidigung — **MinR Dr. Guddat**

Abteilung 2
Auswärtige und innerdeutsche Beziehungen; Entwicklungspolitik; äußere Sicherheit
MinDir Teltschik

- Gruppe 21 — Leiter: **MinDirig Dr. Hartmann** — Auswärtiges Amt; BM für wirtschaftliche Zusammenarbeit
- Referat 211 — Europäische Einigung: bilaterale Beziehungen zu westeuropäischen Staaten und der Türkei; Kabinettausschuß für Europapolitik — **VLR I Bitterlich**
- Referat 212 — Ost-West-Beziehungen, bilaterale Beziehungen zu osteuropäischen Staaten, zur UdSSR und zu Nordamerika, Abrüstung und Rüstungskontrolle — **VLR I Dr. Kaestner**
- Referat 213 — Weltweite internationale Organisationen, bilaterale Beziehungen zu Asien, Afrika und Lateinamerika — **VLR I Dr. Ueberschaer**
- Referat 214 — Entwicklungspolitik, Nord-Süd-Fragen — **MinR Frhr Leuckart von Weißdorf**

Abteilung 3
Innere Angelegenheiten, Soziales, Umwelt
MinDr. Wagner

- Gruppe 31 — Leiter: **MinR Schulte** — Grundsatzfragen der Sozial- und Gesellschaftspolitik, Kontakte zu den Gewerkschaften und Arbeitgeberverbänden
- Referat 311 — BM für Arbeit und Sozialordnung — **RegDir Boldorf**
- Referat 312 — BM für Jugend, Familie, Frauen und Gesundheit, Sport; Vertriebenenfagen — **MinR Krannich**
- Referat 313 — BM für Bildung und Wissenschaft — **MinR Dr. Schulte**
- Gruppe 32 — Leiter: **MinDirig Dr. Glatzel** — Umwelt, Technologie, Verkehr, Medienfragen

Abteilung 4
Wirtschafts- und Finanzpolitik
MinDr. Dr. Grimm

- Gruppe 41 — Leiter: **MinDirig Dr. Thiele** — Europäische Wirtschaftsintegration; Europäischer Binnenmarkt
- Referat 411 — Wirtschaftliche Aspekte der europäischen Integration — **MinR Dr. Kaiser**
- Gruppe 42 — Leiter: **MinR Dr. Ludewig** — Wirtschaftspolitik, BM für Wirtschaft, internationale Währungsordnung und -politik, Geld-, Kredit- und Kapitalmarktpolitik
- Referat 421 — Wettbewerbs-, Struktur-, Industrie-, Energie- und Unternehmenspolitik, Handwerk und Handel, ERP-Vermögen, Außenwirtschaft, Kabinettausschuß für Wirtschaft — **VA Dr. Westerhoff**
- Referat 422 — Gesamtwirtschaftliche Entwicklung, Grundsatzfragen, Sonderaufgaben — **RegDir Dr. Nehring**

Abteilung 5
Gesellschaftliche und politische Analysen, Kommunikation und Öffentlichkeitsarbeit
MinDir Dr. Ackermann

- Gruppe 51 — Leiter: **VA Dr. Gotto** — Gesellschaftliche und politische Analysen
- Referat 511 — Auswertungen von Programmen und Modellen politischer Problemlösung — **VA Dr. Dr. Laitenberger**
- Referat 512 — Verbindung zu gesellschaftlichen Gruppen, zu den Kirchen sowie zum Bereich von Kunst und Kultur — **MinR Dr. Stukenberg**
- Referat 513 — Analyse des wirtschaftlich-technischen und des sozialen Wandels; Auswertung der Meinungsforschung, Sozialindikatoren — **MinR Sykora**
- Referat 514 — Sonderaufgaben — **VA Dr. Schmoeckel**
- Gruppe 52 — Leiter: **VA Dr. Prill** — Kommunikation und Öffentlichkeitsarbeit; politische Planung

Abteilung 6
Bundesnachrichtendienst, Koordinierung des Nachrichtendienstes des Bundes
Min Dirig Dr. Jung

- Gruppe 61 — Leiter: **MinDirig Staubwasser** — Bundesnachrichtendienst, Grundsatzangelegenheiten der Dienstaufsicht, Haushalt, parlamentarische Angelegenheiten
- Referat 611 — Bundesnachrichtendienst Organisation, Personal, Recht Informationsgewinnung, Sicherheit — **MinR Dr. Kämmer**
- Referat 612 — nachrichtendienstliche Lageinformation, Auftragssteuerung des Bundesnachrichtendienstes — **MinRin Dr. Vollmer**
- Gruppe 62 — Leiter: **MinR Dr. Borglet** — Koordinierung der Nacrichtendienste, Organisation und Haushaltsangelegenheiten, Verwatung, Technik, G-10-Verfahren
- Referat 621 — Allgemeine Zusammenarbeit, Informationsaustausch, Staatssekretärausschuß für das geheime Nachrichtenwesen, Parlamentarische Kontrollkommission, Bundesamt für Verfassungsschutz, Militärischer Abschirmdienst — **MinR Radau**

Gruppe 12
Leiter: **MinDir Ordolff**
Aufgabenplanung
der Bundesregierung

Referat 121
Kabinett- und Parlamentreferat:
Ständiger Protokollführer
VA Wormit

Referat 122
Bund-Länder-Verhältnis;
Bundesrat und Vermittlungs-
ausschuß Besprechungen
des Bundeskanzlers mit den
Regierungschefs der Bundesländer
MinR Annecka

Referat 123
Ablaufplanung; Planungsbeauftragter
Informationssystem zur Vorhaben-
planung der Bundesregierung
automatisierte Datenverarbeitung
RegDir Hüper

Gruppe 23
Leiter: **K. z. S. Lange**
BM der Verteidigung
Sicherheitspolitik
(Verteidigungsfragen)
Bundessicherheitsrat

Arbeitsstab 20
Deutschlandpolitik
MinDir Dr. Duisberg

Gruppe 22
Leiter: **MinDirig Stern**
BM für innerdeutsche Beziehungen,
Beziehungen zur DDR; Berlin-Fragen

Referat 221
Allgemeine Fragen der Beziehungen
zur DDR, Ständige Vertretungen,
Beziehungen zur DDR sowie Berlin-
Fragen in den Bereichen Außen-
politik, Staatsrecht und Verwaltung
MinR Germelmann

Referat 222
Beziehungen zur DDR sowie
Berlin-Fragen in den Bereichen
Justiz, Verkehr, Wirtschaft
MinR Zilch

Referat 223
Allgemeine Berlin-Fragen,
Beziehungen zur DDR sowie
Berlin-Fragen in den Bereichen
Kultur, Bildung, Medien
MinR Dr. Kass

Referat 224
Kabinettausschuß „Deutsche
Einheit“; Bund-Länder-Verhältnis in
bezug auf Deutschlandpolitik, Beziehungen zur DDR und Berlin-Fragen in
den Bereichen Arbeit und Soziales
MinR Dr. Malina

Referat 321
BM für Umwelt, Naturschutz
und Reaktorsicherheit;
Kabinettausschuß für Umwelt
und Gesundheit
MinR Dr. Hanning

Referat 322
BM für Forschung und Technologie;
Kabinettausschüsse für Zukunfts-
technologien und Raumfahrt
MinR Dr. Eschelbacher

Referat 323
BM für Verkehr, BM für Post
und Telekommunikation
MinR Harting

Gruppe 33
Leiter: **MinDirig Dr. Busse**
Recht, staatliche Organisation

Referat 331
BM der Justiz; Justiziariat;
öffentliche und innere Sicherheit;
Angelegenheiten der Polizei und
des Bundesgrenzschutzes
MinR Hegerfeldt

Referat 332
Verfassungsrecht;
Geschäftsordnung der Bundes-
regierung, Statistik, Öffentlicher
Dienst, Kommunalwesen
RegDir Dr. Lehnguth

Gruppe 43
Leiter: **MinDirig Dr. Michels**
BM der Finanzen; Finanz-
verfassungs- und Haushaltsrecht,
Steuerpolitik

Referat 431
Finanzplanung des Bundes,
Aufstellung des Bundeshaushalts,
Finanzbeziehungen zu Ländern
und Gemeinden, Wieder-
gutmachung, Lastenausgleich,
Bundesrechnungshof
MinR Nowak

Gruppe 44
Leiter: **MinR Dr. Feller**
Agrar- und Raumordnungspolitik;
BM für Ernährung, Landwirtschaft
und Forsten

Referat 441
BM für Raumordnung, Bauwesen,
Städtebau, Raumordnuung und
Regionalplanung, soziales Mietrecht
RegDir Dr. Vogel

Pressestelle
Reg Dir Gärtner

Referat 521
Mitwirkung bei der Öffentlichkeits-
arbeit des Bundeskanzlers
RegDir Mertes

Referat 522
Akutelle Dokumentation;
Pressematerialien
VA Wagenknecht

Referat 523
Lagezentrum
MinR Dahms

Referat 53
Zeitgeschichtliche Dokumentation
und Information
MinR Winkel

desrepublik, flankiert von seinem wichtigsten diplomatischen Helfer Teltschik«. Zelikow und Rice charakterisieren unseren Protagonisten auf folgende Weise: »Teltschik hatte die Folgen des Zweiten Weltkriegs am eigenen Leib erlebt. Er war sechs Jahre alt, als seine Familie aus dem Sudetenland vertrieben wurde und nach Bayern floh. Er studierte Politologie und schlug eine akademische Laufbahn ein. Seine Dissertation wurde nie abgeschlossen, nachdem er frühzeitig in die Politik einstieg«. Mit Kohl ging er durch dick und dünn von Mainz bis Bonn: »Im Kanzleramt galt er aufgrund seiner analytischen Schärfe und seines herausragenden politischen Instinkts als das ›As‹.«[52] Für Mary Elise Sarotte ist Teltschik auch »eine Art nationaler Sicherheitsberater« des Bundeskanzlers gewesen.[53]

Für den Mainzer Historiker, Insider der Geschichte der CDU und Kenner der deutschen Regierungspolitik, Andreas Rödder, war Teltschik eine so elementare wie integrale Figur im Machtapparat des Bundeskanzleramts und Herrschaftssystems von Helmut Kohl: »An der Spitze der Regierungszentrale stand seit der Kabinettsumbildung im April 1989 Rudolf Seiters als Chef des Bundeskanzleramts im Rang eines Ministers: ein umsichtiger, nüchtern-analytischer Koordinator und ein Mann der effizienten Administration. Von ganz anderem Schlage war sein Stellvertreter Horst Teltschik, der Leiter der außenpolitischen Abteilung und Kohls engster politischer Berater. Wie Kohls engste Umgebung insgesamt entstammte er nicht dem Apparat der Karrierebeamten, sondern dem parteipolitischen Umfeld, aus dem Kohl den inneren Zirkel der Macht im Kanzleramt rekrutierte: die ›politische Familie‹ des Patriarchen, informell in der Zusammensetzung und ebenso informell im Umgang untereinander, auf der Grundlage persönlichen Vertrauens, absoluter Vertraulichkeit und bedingungsloser gegenseitiger Loyalität. Strategisch und leidenschaftlich im politischen Denken, im Vereinigungsprozess an den entscheidenden Stellen bei der Einschätzung kritischer Sachverhalte optimistischer und unbefangener als die Vertreter von Bürokratie und Diplomatie, trieb Teltschik die im Vergleich zum Auswärtigen Amt oftmals forschere, offensivere Politik der Regierungszentrale voran.«[54] Die Berufsdiplomaten im Auswärtigen Amt blickten dagegen verächtlich auf den »Laienschauspieler« herab,[55] was Teil der notorischen Konkurrenz bis hin zur krankhaften Rivalität zwischen Genscher und Kohl war.

Beim Verfassen der Lebensgeschichte von Kohl ist dem namhaften Politikwissenschaftler Hans-Peter Schwarz klar geworden, was er Teltschik wissen ließ: »wie viel Sie geleistet haben. Ich glaube, ohne Ihre unorthodoxe Munterkeit wäre der große Patron nicht soweit gekommen, das nicht nur 1989/90.«[56]

52 Philip Zelikow/Condoleezza Rice, Sternstunde der Diplomatie. Die deutsche Einheit und das Ende der Spaltung Europas, München 2. Auflage 2001, S. 120–121 (Zitat hier).

53 Mary Elise Sarotte, Nicht einen Schritt weiter nach Osten. Amerika, Russland und die wahre Geschichte der Nato-Osterweiterung, München 2023, S. 59.

54 Rödder, Deutschland einig Vaterland, S. 131.

55 Ebd.

56 Dokument 7: Brief von Professor Dr. Dr. h. c. Hans-Peter Schwarz an Horst Teltschik, 9.9.2012, in Anhang Dokumente, S. 873.

5. Entscheidungslagen und Schlüsselmomente für den Berater, Mitgestalter und Verhandler

Im Rahmen dieser Einleitung können nicht alle Etappen und Stationen des gesamten komplexen deutsch-deutschen Einigungsgeschehens detailliert nachgezeichnet werden, das auf außenpolitischer, deutsch-deutscher, internationaler, sicherheits-, wirtschafts- und währungspolitischer Ebene verlief. Es werden lediglich entscheidende Aktivitäten der Beratertätigkeit Teltschiks der Jahre 1989/90 herausgegriffen, die zudem zeigen, dass er nicht alleiniger Akteur, aber wohl effizienter Mitgestalter im Rahmen der Einigungspolitik des Kanzlers war.

5.1 Die Gemeinsame deutsch-sowjetische Erklärung von Bonn, 13.6.1989: Beschleuniger auf dem Weg zu einem geeinten und selbstbestimmten Europa

Der Bundeskanzler hatte nach dem äußerst missglückten Interview für *Newsweek* im Herbst 1986 sein Urteil über Gorbatschow zum Positiven geändert, was wesentlich mit seinem Besuch in Moskau vom 24. bis 27. Oktober 1988 zusammenhing. Mehr Verständnis kam dabei für die unterschiedlichen Interessen auf, was die Vertrauensbildung förderte. Das gemeinsame Empfinden für die Verantwortung gegenüber der Geschichte war für das Aufeinanderzugehen beider politischer Akteure eine wichtige Basis. Der Gegenbesuch Gorbatschows in Bonn vom 12. bis 15. Juni schlug laut Teltschik nicht nur »ein neues Kapitel« in den Beziehungen zwischen Bonn und Moskau auf, sondern besaß auch eine neue »Qualität«.[57] Es kam zu einer denkwürdigen Zusammenkunft am Rheinufer am 14. Juni 1989 mit einem Vieraugen-Gespräch, dessen Bedeutung gemäß Küsters »für die folgenden Ereignisse kaum zu überschätzen« gewesen ist.[58]

Am Tag zuvor wurde eine fundamentale Deklaration über die Beziehungen zwischen der Bundesrepublik und der Sowjetunion verabschiedet. Für Garton Ash ist Teltschik »einer der Architekten der Bonner Erklärung«, die als »Richtlinie für den Kurs der europäischen Politik in den kommenden Jahrzehnten gelten« konnte, womit die Bundesrepublik ihre politische Stellung gegenüber den USA und der UdSSR platziert hatte.[59] Dieses Dokument hatte eine kürzere Vorgeschichte.

Auf Anregung Teltschiks besuchten mit dem Ziel der Kooperationsbereitschaft und zum Zweck der Vertrauensbildung sowjetische Generäle, die sich mehrere Tage in der Bundesrepublik aufhielten und Einrichtungen der Bundeswehr besichtigen konnten, im März das BKA in Bonn, was alles geheim blieb. Im April paraphierten die Bundesrepublik und die Sowjetunion in der Gemischten Wirtschaftskommission einen Vertrag zur Investitionsförderung und zum Investitionsschutz, dessen Unterzeichnung beim Gegenbesuch Gorbatschows in Bonn erfolgte. Ein Haus der Deutschen Industrie in Moskau wie eine entsprechende sowjetische Einrichtung in der Bundesrepublik standen zur Verhandlung. Im Zentrum des bundesdeutschen Interesses befand sich die erwähnte gemeinsame politische

57 Zum Bonn-Besuch Gorbatschows in Bonn als »Schlüsselerlebnis«: Hermann Wentker, Die Deutschen und Gorbatschow. Der Gorbatschow-Diskurs im doppelten Deutschland 1985–1991, Berlin 2020, S. 512–529, hier S. 520, 523 (Zitate); zum *Newsweek*-Interview: Nachbetrachtungen, S. 596–598.

58 Nachbetrachtungen, S. 620–622; Küsters, Ringen, S. 28.

59 Ash, Im Namen Europas, S. 175.

Erklärung, die am 13. Juni im Bundeskanzleramt unterzeichnet werden konnte. Sie wurde zwischen den Fachreferaten beider Außenministerien verhandelt, wobei Teltschiks für die UdSSR zuständiger Referatsleiter Uwe Kaestner einbezogen und in enger Abstimmung mit ihm war. Das verlief aufgrund der Vorgespräche Kohls mit Gorbatschow in Moskau, an denen Teltschik als einziger Mitarbeiter des Kanzlers beteiligt war, reibungslos. Kohl beabsichtigte v.a., von Gorbatschow persönlich eine Bestätigung des geltenden Völkerrechts und des Selbstbestimmungsrechts der Völker zu erhalten. Der vom Auswärtigen Amt vorgelegte erste Entwurf wies diese Hinweise nicht auf. Es war Teltschik, der insistierte, dass der Spitzen-Diplomat im Auswärtigen Amt und Genschers wichtigster Mann im Hintergrund, Dieter Kastrup, in den Verhandlungen mit Alexander Bondarenko, dem Leiter der 3. westeuropäischen Abteilung des sowjetischen Außenministeriums, die Benennung der Anerkennung des Selbstbestimmungsrechts in diesem Dokument durchsetzte. Teltschik intendierte dabei, alle Aspekte sowjetischer Deutschlandpolitik zusammenzuführen, um die Kontinuität der wechselseitigen Beziehungen zu demonstrieren und damit aber auch die andere Seite möglichst daran zu hindern, den Vorstoß für eine gemeinsame Deklaration abzuwehren. So sollten sich darin auch Elemente wiederfinden, die ursprünglich die sowjetische Seite als ihre Position vertreten hatte.[60]

Teltschik war sich völlig im Klaren, dass die Bonner Erklärung »politische Brisanz« in sich barg. Verstand man das Ziel der deutschen Einigung als Mittel zur Realisierung von Menschenrechten und des Selbstbestimmungsrechts für alle Deutschen, so konnte dies nur Aussicht auf Erfolg und Bestand haben, »wenn solche Rechte auch in der Sowjetunion durchgesetzt werden und diese Entwicklung sich dann auf ihre Verbündeten ausdehnt«.[61] So gesehen bewegte sich Teltschik in mancherlei Hinsicht auf den Spuren des Konzepts »Wandel durch Annäherung« von Egon Bahr.[62]

Die sowjetische Führung hatte ihrerseits mit der Erklärung zum Ausdruck gebracht, dass die Geschichte noch nicht das letzte Wort zur Teilung des Kontinents und somit auch zur deutschen Frage gesprochen habe. Die Verlautbarung verstand sich als Fortentwicklung des Moskauer Vertrages von 1970, der von einer Festschreibung des europäischen Status Quo ausgegangen war. Nun schien allerdings ein neues Element der Dynamik hinzugekommen und zwar im Sinne des Bewusstseins einer europäischen Identität und Gemeinsamkeit im Zeichen der Überwindung der Spaltung Europas und Schaffung einer gesamteuropäischen Ordnung, was unausgesprochen auch das Verhältnis der beiden deutschen Staaten berührte. In der Erklärung war das Recht auf Selbstbestimmung zweimal angesprochen – ohne dass Deutschland explizit erwähnt worden ist. Teltschik wusste nur zu gut, dass derartige Feststellungen in diesem singulären bilateralen Dokument für deutsche Interessen geltend gemacht werden konnten, zumal das Selbstbestimmungsrecht für alle Staaten und Völker galt und gefordert werden konnte. Die Betonung der Vorrangigkeit des Völkerrechts, dessen Bestandteil das Selbstbestimmungsrecht ist, blieb zudem Domäne der Deutung durch die Vereinten Nationen. Für Teltschik war dies »ein bedeutender substantieller Fortschritt«, um im Rahmen der KSZE »auch in der deutschen Frage weiterzukommen«.[63]

60 Mitteilung Teltschiks für den Herausgeber vom 20.5.2024; Küsters, Ringen, S. 42–43.

61 Ash, Im Namen Europas, S. 187, siehe auch Nachbetrachtungen, S. 863.

62 Zu Bahr siehe auch Nachbetrachtungen, S. 581, 654-655.

63 »Teltschik warnt vor Maximalforderungen. GA-Interview mit dem kanzler-Berater«/»Die deutsche Frage stellt sich neu«. Interview mit Horst Teltschik, dem außenpolitischen Berater von Bundeskanzler Helmut·Kohl, in: *General-Anzeiger*, 6.7.1989, Nr. 30240, S.1, 13, siehe auch Nachbetrachtungen, S. 627-628, 819.

5.2 »Freiheit vor Einheit«: ein wegweisendes Interview mit Klarstellung, 6.7.1989

Bereits Ende Mai gab Teltschik der *Wirtschaftswoche* ein Interview, in dem er die europäische Integration und eine gemeinsame Ostpolitik des Westens in einer »Wechselwirkung« begriff, um damit auch westliche Sorgen wegen der Bündnistreue der Deutschen zu zerstreuen. Er behauptete: »Die deutsche Frage ist wahrscheinlich schon lange nicht mehr so aktuell gewesen wie heute.«[64]

Im Juli stand Teltschik in einem bemerkenswerten Interview dem Bonner *General-Anzeiger* Rede und Antwort, das bereits auf der Titelseite angekündigt worden war. Es erfolgte auf offenherzige Art und unmissverständliche Weise. Auf die Frage, ob die deutsche Frage im neuen Licht zu sehen sei, antwortete er, dass es entscheidende und grundlegende Veränderungen gebe. Er meinte die revolutionäre Umgestaltung der sowjetischen Politik. Gorbatschows Reformen könnten nur zum Erfolg führen, wenn er sein Land öffne und die Zusammenarbeit mit dem Westen suche. Er müsse nach »Koalitionen« Ausschau halten, wobei die Vereinigten Staaten entscheidende Partner bleiben würden, gefolgt von den Westeuropäern und insbesondere der Bundesrepublik. Das »Gefüge Gesamteuropas« sei, so Teltschik, erstmals in Bewegung geraten. Er war überzeugt, dass die deutsche Frage künftig verstärkt auf der Tagesordnung der West-Ost-Gespräche stehen würde, und verwies auf Gorbatschows Bonner Besuch, bei dem er »überraschend unbefangen und in ganz neuem Stil gesprochen« habe.[65]

Der Kanzlerberater stellte klar, dass es »uns nicht in erster Linie um eine territoriale Lösung« gehe, weil man die Staatlichkeit der DDR anerkannt habe, weshalb sie einer künftigen Lösung auch als Staat zustimmen müsse. Es gehe auch in der deutschen Frage primär um Freiheit, Pluralität und Freizügigkeit. Die Einheit könne, aber sie müsse nicht das Ergebnis eines solchen Prozesses sein. Deutsche Ziele und Wünsche seien mit den Entwicklungen in Gesamteuropa in Einklang zu bringen, was als »ganz entscheidender Punkt« betrachtet wurde. Wer darüber hinaus gehe und Maximalforderungen stelle, behindere diesen Prozess zum Nachteil der deutschen Interessen. Teltschik machte in diesem Interview aber auch klar, dass die Deutschen nicht Zuschauer, sondern Mitgestalter sein müssten.[66]

Zur Umsetzung einer neuen Politik empfahl er gegenüber der DDR »eine Politik der kleinen Schritte«. Was die Sowjetunion anging, hielt er es für möglich, ihren Partnern »wirkliche Eigenständigkeit gegenüber Westeuropa ein[zu]räumen«. Sie könnten sich dann »dem Vorbild der EFTA-Staaten mit einem Sonderstatus der EG anschließen«. In Anspielung auf Ideen Gorbatschows meinte Teltschik, dass so »vom Atlantik bis zum Bug ein geeintes Europa mit einer föderalen Struktur entstehen« könne, ein »Europäisches Haus, in dem die USA und die Sowjetunion ständige, gern gesehene Gäste wären«. Voraussetzung sei »zunächst ein innerer Wandel in der DDR selbst«. Bonn sei aber auch »nicht daran interessiert, daß die DDR destabilisiert wird« – gegenwärtig isoliere und destabilisiere sie sich selbst. Teltschik war sich ganz sicher, »sie wird sich den Veränderungen auf die Dauer

64 Hans Jakob Ginsburg/Friedrich Thelen [Horst Teltschik], »An uns liegt es nicht«, in: *Wirtschaftswoche*, 26.5.1988; diese Gedanken weitergesponnen hat Horst Teltschik, Auf dem Weg zu einem neuen Europa? Perspektiven einer gemeinsamen westlichen Ostpolitik, in: *Frankfurter Allgemeine Zeitung*, 9.9.1989.

65 Ebd (General-Anzeiger).

66 Ebd.

gar nicht entziehen können«: »Wir wollen gemeinsam mit der DDR eine für Europa stabilisierende Politik betreiben.«[67]

Wenn Gorbatschow von der Schlüsselrolle der Bundesrepublik spreche und gleichzeitig US-Präsident Bush von »Führungspartnerschaft« oder Frankreichs Staatspräsident Mitterrand von einer »deutsch-französischen Schicksalsgemeinschaft«, dann bedeute das für alle »Mitverantwortung der Deutschen«. Veränderungen in Europa würden nur konstruktiv verlaufen, »wenn die deutsche Frage in einer vernünftigen Weise eingebunden bleibt«. Die Bundesrepublik habe nicht das Ziel, »aus der Westbindung auszuscheiden«. Priorität in der deutschen Frage seien die Menschenrechte. Die territoriale Frage stehe nicht vor der Freiheit und Neutralität sei nicht anzustreben.[68]

Teltschiks freimütige Aussagen lösten in Bonn einen politischen Aufruhr aus. Das Interview erregte Unmut im Auswärtigen Amt und in Oppositionskreisen: Der Außenminister war aufgebracht und ließ den Rücktritt Teltschiks fordern. SPD-Oppositionsführer Hans-Jochen Vogel zeigte sich empört und verlangte ebenfalls die Entlassung. Der gescholtene Ministerialdirektor sah sich noch am gleichen Tag gezwungen, kein Dementi, aber eine Stellungnahme abzugeben: »Aufgrund von verkürzten und widersprüchlichen Agenturfassungen« schob er umgehend eine »Klarstellung« nach, indem er nur Fakten und Tatsachen anführte: Es sei »ein großartiger Erfolg der Bundesregierung, daß die deutsche Frage wieder auf der Tagesordnung der West-Ost-Gespräche« stünde. Nicht ungeschickt verwies er auf das gemeinsame Dokument des NATO-Gipfels vom 30. Mai in Brüssel und die Diskussion auf der KSZE-Menschenrechtskonferenz in Paris vom Juni. Gorbatschow und seine wichtigsten außenpolitischen Berater hätten selbst davon gesprochen, »daß die deutsche Frage auch für Moskau noch offen sei«. Die Präambel des Grundgesetzes spreche ausdrücklich von der »freien Selbstbestimmung«, im Rahmen derer das gesamte deutsche Volk aufgefordert bleibe, »die Einheit und Freiheit Deutschlands zu vollenden«. Zum ersten Mal habe sich Gorbatschow in der »Gemeinsamen Erklärung«, die er und Bundeskanzler Kohl unterzeichnet hatten, zum »Recht aller Völker und Staaten« bekannt, »ihr Schicksal frei zu bestimmen«. Es bleibe Voraussetzung dafür, »die Einheit und Freiheit Deutschlands zu vollenden«. Teltschik war »zutiefst davon überzeugt, daß sich die überwältigende Mehrheit der Deutschen in der DDR für die Einheit entscheiden, wenn sie selbst völlig frei über ihr politisches Schicksal bestimmen können«.[69] Damit war alles gesagt und kein Wort aus dem Interview zurückgenommen. Seine Gegner dürfte er damit zur Weißglut getrieben haben.

67 Ebd.; Deborah Cuccia, The European Common House: The Soviet Prescription for Reshaping Europe, in: Michael Gehler/Wilfried Loth (Eds.), Reshaping Europe. Towards a Political, Economic and Monetary Union, 1984–1989 (Publications of the European Liaison Committee of Historians, Volume 20), Baden-Baden 2020, S. 443–459.

68 Ebd. (Generalanzeiger); zum Befund Teltschiks vom September 1989 im Rahmen des Bergedorfer Gesprächskreises, wonach sich die UdSSR in einer »Systemkrise« befinde, worauf Gorbatschow mit einer »Revolution von oben« reagiere, siehe Wentker, Die Deutschen und Gorbatschow, S. 474.

69 Presse- und Informationsamt der Bundesregierung, 6.7.1989, Nr. 326/89; Dokumente, S. 866.

5.3 Antizipatorische Unterstützung Polens als Dosenöffner und die ungarisch-österreichische Grenzöffnung als parteipolitische Rettungsmaßnahme für Kohl, 10./11.9.1989

Am 24. August 1989 wählte der polnische Sejm Tadeusz Mazowiecki zum Vorsitzenden des Ministerrats. Damit gehörte erstmals nach dem Zweiten Weltkrieg der erste Regierungschef Polens nicht einem kommunistischen Regime an. Zuvor war Mazowiecki als Berater von Lech Wałęsa Teilnehmer an den Gesprächen am Runden-Tisch gewesen, die zwischen dem 6. Februar und dem 5. April 1989 in Warschau stattfanden. Kohl war in dieser Phase um koordinierte Finanzspritzen für die noch bestehende Volksrepublik bemüht. Mit seiner bewussten Politik der Unterstützung der Demokratisierung Polens zielte er gleichzeitig darauf ab, politisch und psychologisch einen Durchbruch im zwischenstaatlichen Verhältnis zu erzielen und die Grundlage für bessere Kommunikation zu schaffen.[70] Die Gespräche für eine neue Verständigung nach der deutschen Ostpolitik der sozial-liberalen Koalition führten die beiden Regierungsbeauftragten, Horst Teltschik, sowie der polnische Journalist und Politiker Mieczysław Pszon. Kohl bezeichnete beide als »die wichtigsten Verhandlungen seit Abschluss des Warschauer Vertrages vor 16 Jahren«. Sie sollten die wechselseitigen Beziehungen beleben, v. a. durch einen gestärkten Jugendaustausch. Nach Abschluss der Vertragsverhandlungen plante Kohl eine Polen-Visite. Der Kanzler setzte auf die polnische Reformbewegung in der Erwartung positiv rückwirkender Effekte auf Gorbatschows Politik, was in Folge den Druck auf das SED-System erhöhen würde, falls es sich im Unterschied zu Polen und der UdSSR Reformen verweigern sollte.[71] Als der in der unmittelbaren Vorbereitung nicht frei von Komplikationen verlaufende Polen-Besuch startete,[72] sollten sich ungeahnte Dinge in der Vier-Sektoren-Stadt Berlin ereignen. Zuvor geschah allerdings noch eine bemerkenswerte Duplizität der Ereignisse, die im Zusammenhang mit Teltschiks Tätigkeit für den Kanzler besondere Erwähnung verdient.

Vom 11. bis 13. September 1989 stand der CDU-Bundesparteitag in Bremen auf dem Programm. Kurt Biedenkopf, Heiner Geißler, Rita Süssmuth, Lothar Späth und Norbert Blüm planten die Abwahl Kohls als Parteivorsitzenden, d. h. seinen politischen Sturz. Seine Wiederwahl als Kanzler hielten sie bei den anstehenden Bundestagswahlen 1990 für unwahrscheinlich. Die Brisanz der virulent gewordenen deutschen Einigungsfrage ignorierten oder unterschätzten sie. Es galt, das genaue Datum der offiziellen ungarisch-österreichischen Grenzöffnung für DDR-Urlauber und Flüchtlinge in Ungarn mit dessen Premier Miklós Németh abzustimmen. Teltschik regelte das auf telefonischem Wege in englischer Sprache. Ursprünglich wollte Németh aufgrund der angespannten Lage und von Zwischenfällen im Grenzraum sowie vorzeitiger Indiskretionen in Budapest die Grenzöffnung schon am 6. September veranlassen. Der Termin wurde aber auf Wunsch von Kohls Chefberater auf die Nacht vom 10. auf 11. September verlegt.[73] Für die Verschiebung gab es laut Teltschik nur einen zwingenden Grund: den Parteitag und die bevorstehende Palastrevolution. Die

70 Dominik Pick, Deutsch-polnische Beziehungen und die deutsche Einheit, in: Europa und die deutsche Einheit, S. 599–626, hier S. 606–608.

71 Küsters, Ringen, S. 46; Nachbetrachtungen, S. 608–609.

72 Tagebuch, 9.11.1989, 10.11.1989, 14.11.1989, S. 81–105, 117–121, Nachbetrachtungen, S. 646–662.

73 Andreas Oplatka, Der erste Riss in der Mauer. September 1989 – Ungarn öffnet seine Grenze, Wien 2009, S. 212–213.

Bekanntgabe mit Beginn des Parteitages durch Kohl sollte dessen Position als Parteivorsitzenden stärken.[74] Die Frondeure gerieten in die Defensive und ins Hintertreffen. Kohl gewann den Kampf um den CDU-Vorsitz. Sein Erfolg war dank Teltschiks Arrangement mit Németh im Vorfeld von Bremen möglich geworden und ein Geniestreich gelungen.

5.4 Erregung, Freude und Beunruhigung, 9.11.1989

Der Chefberater war »bald im engsten Umfeld Kohls die wohl wichtigste Stimme für eine energische Wiedervereinigungspolitik«.[75] Schon Anfang Oktober 1989 hatte »der pfiffige Teltschik«, so Hans-Peter Schwarz, den sowjetischen Botschafter Julij Kwizinskij aufmerksam gemacht, dass Kohl auf dem Bremer Parteitag darauf hingewiesen habe, dass die Teilung Deutschlands »widernatürlich« sei, weil es »wider die Natur des Menschen ist, ihm Freiheit und Selbstbestimmung zu verweigern«.[76]

Der 9. November 1989 sollte sodann eine völlig neue Ausgangslage für die Deutschlandpolitik schaffen. Sowohl die Gefühlswelt des Bundeskanzlers wie auch die seiner Begleiter beim Besuch in Warschau waren von »innerer Erregung« gekennzeichnet, als sie von den Ereignissen in Berlin am Abend des geschichtsträchtigen Datums erfuhren.[77] Der zum Leidwesen des Auswärtigen Amtes und Ärger Genschers von Kohl zum Beauftragten für die Verhandlungen über ein Kooperationsabkommen mit Polen bestimmte Teltschik erinnerte sich: »Wir waren aufgewühlt, wir waren freudig erregt, denn es war klar, daß sich ein historisches Ereignis vollzieht, dessen Dimensionen allerdings noch nicht absehbar waren. Aber wir wußten, daß für den Bundeskanzler ein historischer Glücksfall eingetreten war. Und da wir alle am Erfolg des Bundeskanzlers interessiert waren, waren wir schlichtweg begeistert.« Gleichzeitig legten sich alle Delegationsmitglieder äußerliche Zurückhaltung auf, denn neue Aufgaben waren zu erwarten, deren Ausmaße angesichts eines eingeschränkten Informationsstandes in Warschau noch nicht bekannt waren. Viele Fragen waren völlig offen: Wie würde die Führung im Kreml reagieren, wie die der DDR und wie jene der westlichen Partner? Gorbatschow hatte von der Öffnung der Grenzübergangsstellen erst am Vormittag des 10. November erfahren, was Kohl und seine Mitreisenden nicht wussten: Gorbatschow hätte ja das Ereignis noch in der gleichen Nacht erfahren und sofort Gegenmaßnahmen einleiten können, weshalb Teltschik die Lage so schildert: »Und wir hätten in Warschau gesessen, ohne rechtzeitig informiert zu werden und ohne handeln zu können. Das war schon ein beunruhigendes Gefühl. In unsere Freude mischte sich deshalb auch Besorgnis.«[78] Keinesfalls sollte sich das wiederholen, was sich am 13. August 1961 in Berlin beim Mauerbau ereignet hatte, als Bundeskanzler Konrad Adenauer in Bayern CDU-Wahlkampf führte und sich nicht gleich nach Berlin begab. Das Gegenteil sollte nun mit Kohl und seinen Mannen geschehen. Bei einem Pfeifkonzert und Störern einer Kundgebung am Abend des 10. November vor dem Schöneberger Rathaus in Berlin teilte Teltschik Kohl einen über Kwizinskij übermittelten besorgten Anruf Gorbatschows mit, der ein Chaos ver-

74 Nachbetrachtungen, S. 631–633.
75 Schwarz, Kohl,, S. 514.
76 Ebd. S. 515.
77 Tagebuch, 9.11.1989, S. 81–97; Nachbetrachtungen, S. 650–661.
78 Hans Hermann Hertle/Kathrin Elsner (Hrsg.), Der Tag, an dem die Mauer fiel. Die wichtigsten Zeitzeugen berichten vom 9. November 1989, Berlin 2009, S. 102–103; Nachbetrachtungen, S. 609, 649 ff.

Kiebitz Teltschik: Können sie nicht, oder wollen sie nicht, Herr Honecker ... ? SZ-Zeichnung: E. M. Lang

»Kiebitz Teltschik« zur fehlenden Reformpolitik in der DDR durch Erich Honecker, E. M. Lang in der *Süddeutschen Zeitung*, 27.7.1988, Nr. 171

mieden sehen wollte und dem folglich ein friedlicher Verlauf sowie Schutz der sowjetischen Denkmäler und Militäreinrichtungen versichert wurden.[79]

Am 9. November taucht das Wort »Wiedervereinigung« in Teltschiks Notizen auf.[80] Acht Tage später hielt er fest, dass Gorbatschow zum ersten Mal offiziell den Begriff »Wiedervereinigung« vor Studenten in Moskau verwendet hatte.[81] Es sollte nicht allzu viel Zeit vergehen, bis Teltschik aufgrund seiner Beobachtungen die Unumkehrbarkeit einer Entwicklung erfasste: Die internationale wie die innenpolitische Diskussion über die Chancen einer Wiedervereinigung Deutschlands sind »voll entbrannt« und »nicht mehr aufzuhalten«. »Mehr und mehr sind wir uns dessen bewußt, doch die Weisung des Bundeskanzlers bleibt, in der öffentlichen Diskussion Zurückhaltung zu üben.«[82] Weder innerhalb der Koalition, und damit innenpolitisch, noch außenpolitisch will er Angriffsflächen bieten.

79 Tagebuch, 9.11.1989, S. 97; 10.11.1989, S. 102; Nachbetrachtungen, S. 653, 656. Mitteilung Elmar Brok vom 9.5.2024.

80 Tagebuch, 9.11.1989, S. 84.

81 Tagebuch, 17.11.1989, S. 133.

82 Tagebuch, 20.11.1989, S. 138.

5.5 Ein sowjetischer Emissär als Auslöser für eine neue Deutschlandpolitik, 21.11.1989

In der ersten Hälfte 1989 hatte sich der äußere Druck auf die DDR-Regierung durch die Reformen in der Sowjetunion und Polen sowie die Schlusserklärung der Wiener KSZE-Folgekonferenz erhöht. Der innere Druck auf die nicht nur erratisch wirkende sondern tatsächlich auch unbewegliche SED-Führung wurde aufgrund von Fälschungen bei den Kommunalwahlen im Mai, rühriger gewordener Bürgerrechtsgruppierungen und dann einsetzende Massendemonstrationen im Oktober 1989 immer stärker. Berichte des »Ständigen Vertreters der Bundesrepublik bei der DDR« Franz Bertele[83] bestätigten das Bundeskanzleramt in dieser Wahrnehmung, ohne zu ahnen, wie rasant die ostdeutsche Parteidiktatur in wenigen Wochen zerfallen würde. Mängel bei Konsumgütern, Infrastruktur und der Kommunikation, behördliche Kontrollen und staatspolizeiliche Unterdrückung taten ein Übriges. Kanzleramtschef Seitens war mit Fragen des innerdeutschen Handels und der Transitpauschalen beschäftigt. Seit dem Besuch des Staatsratsvorsitzenden Erich Honeckers in der Bundesrepublik im September 1987 hatte sich nicht nur die Zahl der DDR-Besucher unterhalb des Rentenalters erhöht, auch die Welle der Ausreiseanträge war sprunghaft angestiegen. Rund drei Wochen nach dem »Fall der Mauer« sollten acht von 17 Millionen Ostdeutschen die Bundesrepublik besucht haben. Gleichzeitig hielten die Massendemonstrationen in Städten der DDR mit Sprechchören »Wir sind das Volk« an. Sollte sich Kohl öffentlich weiter zurückhalten, lief er gleichzeitig Gefahr, die Deutungshoheit in der Kommunikation zu verlieren.[84]

In dieser Konstellation meldete sich Nikolai Portugalow, deutschlandpolitischer Berater und Mitarbeiter der Internationalen Abteilung des ZK der KPdSU, bei Teltschik. Er war als Vertrauter Falins bekannt. Der wendige KGB-Offizier zählte zu den »Germanisten« Moskaus, jenen Leuten, die für eine orthodoxe Einstellung in der Deutschlandfrage zuständig schienen. Auf Falins Instruktion sollte der Emissär sondieren, welche Vorstellungen im Bundeskanzleramt über die deutsche Frage bestanden.[85]

Mit seinem Besuch gab Portugalow unbeabsichtigt Anstöße, die für den Kreml zu diesem Zeitpunkt noch zu einer ungewollten Entwicklung führten. Er überreichte Teltschik nach dessen Aufforderung eine handschriftlich verfasste Aufzeichnung, deren erster Teil, so Portugalow, amtlichen Charakter trug und angeblich mit Valentin Falin und Anatoli Tschernajew koordiniert worden sein sollte. Daraus wurde ersichtlich, dass die Kremlführung die Folgen ihrer Reformpolitik für die DDR hinnahm und deren Transformation sich erst im Anfangsstadium befand. Portugalows Hauptsorge schien darin zu bestehen, die Entwicklung nicht mehr kontrollieren zu können. Vorrangig sei eine gesamteuropäische Friedensordnung auf Grundlage der Ostverträge und des Grundlagenvertrags zwischen der Bundesrepublik und der DDR. Der Vorstoß des ostdeutschen Ministerpräsidenten Hans Modrow vom 17. November zu einer »Vertragsgemeinschaft« sei eine Infragestellung

83 Dok. 165: Drahtbericht des Ständigen Vertreters in Ost-Berlin, Bertele, 2.10.1990, in: Amos/Geiger (Bearb.), Die Einheit S. 745–753, hier S. 751; zum Zaungast ohne Entscheidungsmöglichkeiten: Boysen, Das »weiße Haus«, S. 283, 295.

84 Küsters, Ringen, S. 88–89.

85 Portugalow, in: Ekkehard Kuhn, Gorbatschow und die deutsche Einheit. Aussagen der wichtigsten russischen und deutschen Beteiligten, Bonn 1993, S. 81; Sarotte, Schritt, S. 60–61; Nachbetrachtungen, S. 680–681.

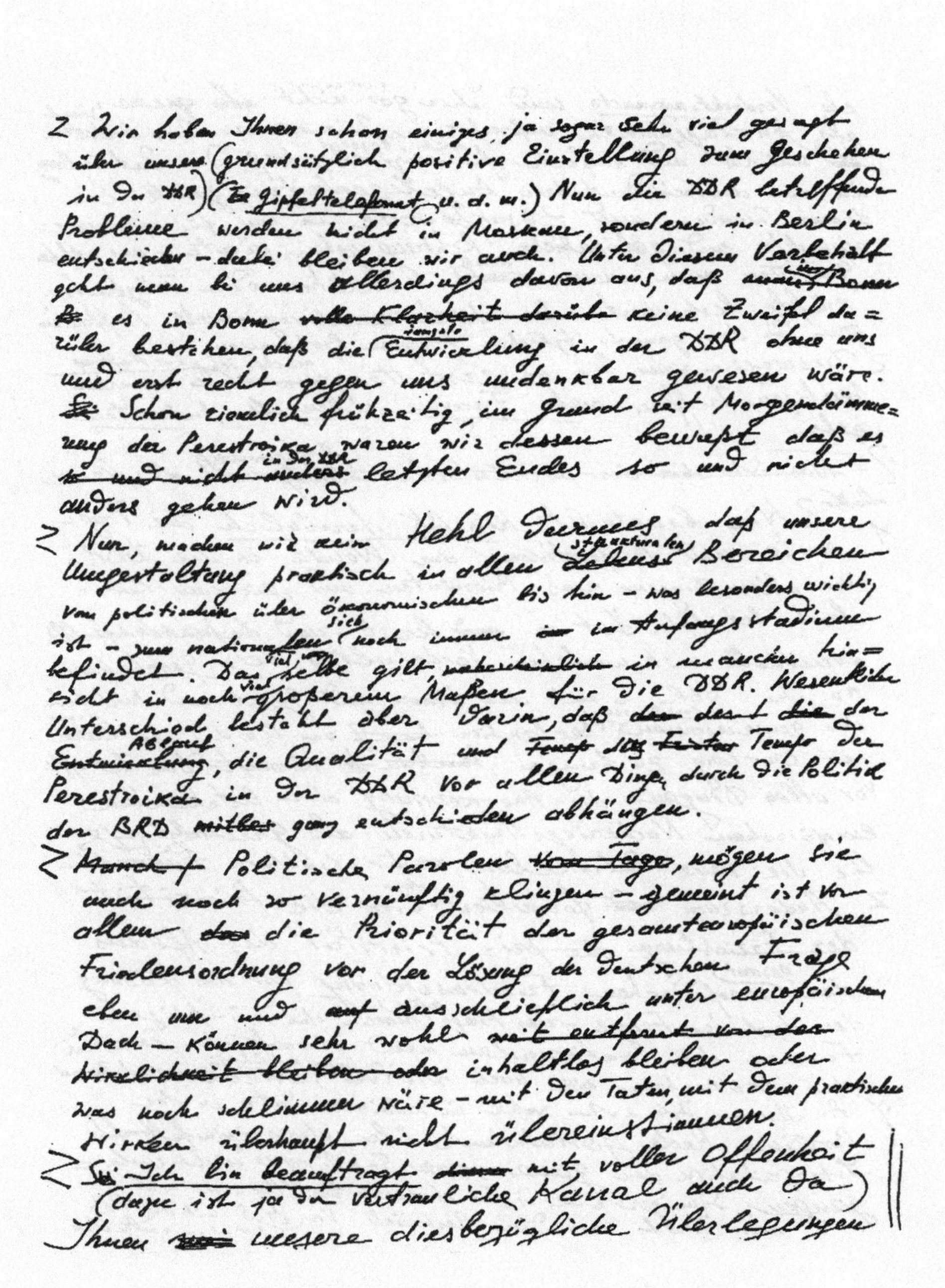

Z Wir haben Ihnen schon einiges, ja sogar sehr viel gesagt über unsere (grundsätzlich positive Einstellung zum Geschehen in der DDR) (~~Ein~~ Gipfeltelefonat u. d. m.) Nun die DDR betreffende Probleme werden nicht in Moskau, sondern in Berlin entschieden – dabei bleiben wir auch. Unter diesem Vorbehalt geht man bei uns allerdings davon aus, daß ~~[illegible]~~ Bonn es in Bonn ~~volle Klarheit darüber~~ keine Zweifel darüber bestehen, daß die (jüngste) Entwicklung in der DDR ohne uns und erst recht gegen uns undenkbar gewesen wäre. Schon ziemlich frühzeitig, im Grunde seit Morgendämmerung der Perestroika waren wir dessen bewußt, daß es ~~so und nicht anders~~ in der Tat letzten Endes so und nicht anders gehen wird.

Z Nun, machen wir kein Hehl daraus, daß unsere Umgestaltung praktisch in allen strukturellen ~~Lebens~~ Bereichen von politischen über ökonomischen bis hin – was besonders wichtig ist – zum nationalen sich noch immer ~~im~~ im Anfangsstadium befindet. Das viel selbe gilt, ~~wahrscheinlich~~ in manchen Hinsicht in noch viel größerem Maßen für die DDR. Wesentlicher Unterschied besteht aber darin, daß ~~der~~ dort ~~die~~ der Ablauf ~~Entwicklung~~, die Qualität und ~~Tempo~~ ~~[illegible]~~ Tempo der Perestroika in der DDR vor allem Dinge durch die Politik der BRD ~~mitbes~~ ganz entschieden abhängen.

Z ~~Manch /~~ Politische Parolen ~~vom Tage~~, mögen sie auch noch so vernünftig klingen – gemeint ist vor allem ~~das~~ die Priorität der gesamteuropäischen Friedensordnung vor der Lösung der deutschen Frage eben nur ~~und auf~~ ausschließlich unter europäischem Dach – können sehr wohl ~~weit entfernt von der Wirklichkeit bleiben oder~~ inhaltlos bleiben oder was noch schlimmer wäre – mit den Taten, mit dem praktischen Wirken überhaupt nicht übereinstimmen.

Z ~~[illegible]~~ ~~Ich bin beauftragt~~ ~~diese~~ mit voller Offenheit (dazu ist ja der vertrauliche Kanal auch da) Ihnen ~~[illegible]~~ unsere diesbezügliche Überlegungen

Ausschnitte von Notizen des Vortrags von Nikolai Portugalow für Horst Tektschik, 21.11.1989 (Privatbesitz Teltschik)

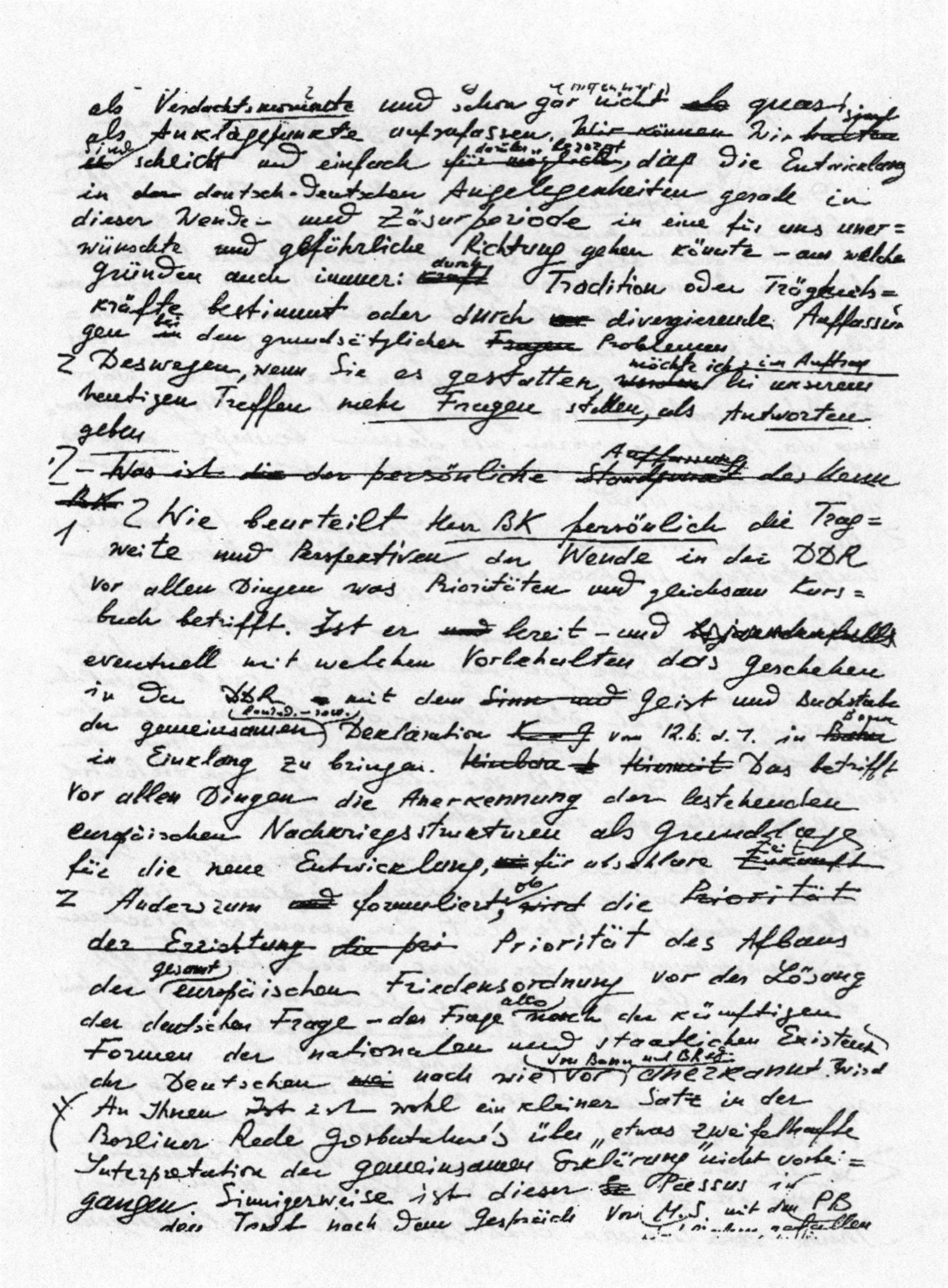
als Verdachtsmomente und schon gar nicht quasi als Anklagepunkte aufzufassen. Wir sind schlicht und einfach darüber besorgt, daß die Entwicklung in den deutsch-deutschen Angelegenheiten gerade in dieser Wende- und Lösungsperiode in eine für uns unerwünschte und gefährliche Richtung gehen könnte – aus welchen Gründen auch immer: durch Tradition oder Trägheitskräfte bestimmt oder durch divergierende Auffassungen bei den grundsätzlichen Problemen.

2 Deswegen, wenn Sie es gestatten, möchte ich im Auftrag bei unserem heutigen Treffen mehr Fragen stellen, als Antworten geben.

1 2 Wie beurteilt Herr BK persönlich die Tragweite und Perspektiven der Wende in der DDR vor allem Dingen was Prioritäten und gleichsam Kursbuch betrifft. Ist er bereit – und eventuell mit welchen Vorbehalten das Geschehen in der DDR mit dem Geist und Buchstabe der gemeinsamen (Sowjet.-sow.) Deklaration vom 12.6. d. J. in Bonn in Einklang zu bringen. Das betrifft vor allen Dingen die Anerkennung der bestehenden europäischen Nachkriegsstrukturen als Grundlage für die neue Entwicklung, für absehbare Zeit.

2 Anders formuliert, ob die Priorität des Aufbaus der gesamteuropäischen Friedensordnung vor der Lösung der deutschen Frage – der Frage also der künftigen Formen der nationalen und staatlichen Existenz der Deutschen noch wie (von Bonn und Bkt) anerkannt wird

X An Ihnen ist wohl ein kleiner Satz in der Berliner Rede Gorbatschow's über „etwas zweifelhafte Interpretation der gemeinsamen Erklärung" nicht vorbeigangen. Sinngemäß ist dieser Passus in den Text nach dem Gespräch von M. G. mit dem PB [illegible]

für das weitere Geschehen gegeben hat. Gemeint ist damit nicht etwa das gemeinsame Verständnis der menschlichen Werte. Das steht für uns nicht zur Disposition. Hingegen regen sich bei uns gewisse Besorgnis, ob im Bonner Verständnis, die gesamteuropäische Friedensordnung vor der endgültigen Lösung der deutschen Frage nicht nur Vorrang hat, sondern auch als unabdingbare Voraussetzung für diese Lösung weiterhin aufgefaßt wird.

2) Nun hat Herr BK sich in diesem Sinne in seinen Stellungnahmen zur Entwicklung in der DDR geäußert – aber, wie es üblich zu sein – andere führende Politiker in Bonn (so v. W. und Genscher) waren da deutlicher. Unsere Frage: Ist es auch in der Vorstellung d. BK strikte und uneingeschränkte, vorbehaltlose Einhaltung der Ostverträge incl. Grundvertrag (Grenzen) mit der DDR solange eine Selbstverständlichkeit bis die neue gesamteuropäische Friedensordnung und Stabilität nicht hergestellt und gesichert sind?

3.) Wir stellen fest, ohne darüber wertfrei und gleichsam zum Fenster hinaus zu reden, daß das Bestehen und Einhalten des Grundvertrages bis dato von Bonn gleichsam beim „Existenzminimum" gehalten worden war. Heute, wenn sage ich das, ist eine völlig neue Lage entstanden, ein neuer Ausgangspunkt, wenn Sie wollen. Es gilt aus unserer Sicht einen neuen Modus vivendi mit der DDR auf der Grundlage des Grundvertrages zu finden, der es erlauben wird den Alleinvertretungsanspruch im praktischen, unterhalb des Verfassungsniveaus restriktiv zu behandeln (Bismarck-Zitat – Ich finde seine Juristen ...

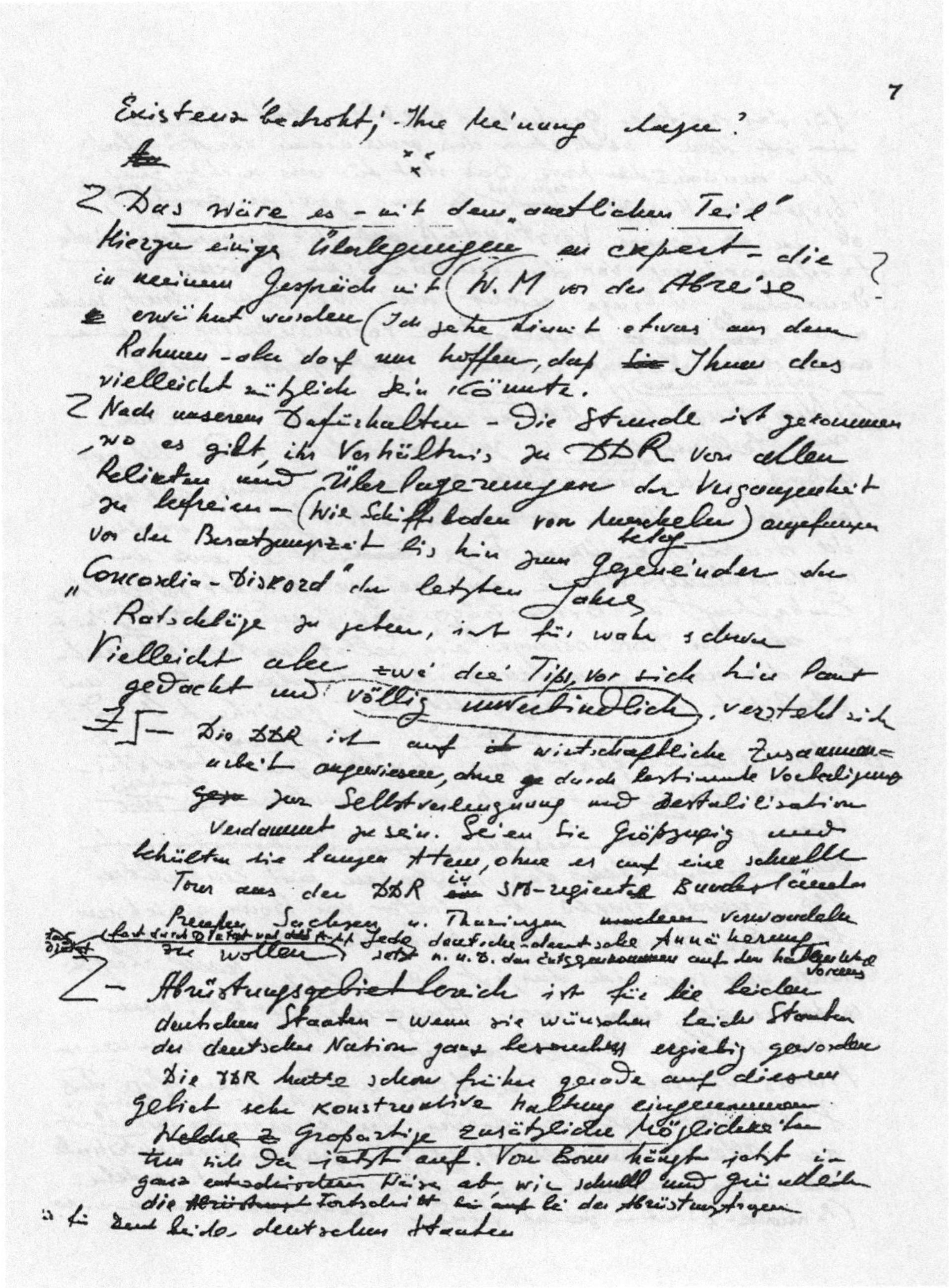

7

Existenz bedroht; – Ihre Meinung dazu?

Z Das wäre es – mit dem östlichen Teil
Hierzu einige Überlegungen als expert – die
in meinem Gespräch mit W. M vor der Abreise
erwähnt wurden (Ich gehe damit etwas aus dem
Rahmen – aber darf nur hoffen, daß Ihnen das
vielleicht nützlich sein könnte.

Z Nach unseren [illegible] – Die Stunde ist gekommen
wo es gilt, im Verhältnis zu DDR von allen
Relikten und Überlagerungen der Vergangenheit
zu befreien – (Wie Schiffsboden von Muscheln) angefangen
von der Besatzungszeit bis hin zum Gegeneinander der
„Concordia – Diskord" der letzten Jahre

Ratschläge zu geben, ist für wahr schwer
Vielleicht aber zwei drei Tips, vor sich hin laut
gedacht und völlig unverbindlich, versteht sich

Z I – Die DDR ist auf wirtschaftliche Zusammenarbeit angewiesen, ohne durch bestimmte Vorbedingungen zur Selbstverleugnung und Destabilisation verdammt zu sein. Seien Sie großzügig und behalten Sie langen Atem, ohne es auf eine schnelle Tour aus der DDR in SPD-regierte Bundesländer Preußen Sachsen u. Thüringen machen verwandeln zu wollen [illegible] Jede deutsch-deutsche Annäherung setzt u. a. das Entgegenkommen auf den [illegible] voraus

Z – Abrüstungsbereich ist für die beiden deutschen Staaten – wenn sie wünschen beide Staaten der deutschen Nation ganz besonders ergiebig geworden
Die DDR hatte schon früher gerade auf diesem Gebiet sehr konstruktive Haltung eingenommen
Welche großartige zusätzliche Möglichkeiten tun sich da jetzt auf. Von Bonn hängt jetzt in ganz entscheidender Weise ab wie schnell und gründlich die Abrüstung Fortschritt bei den Abrüstungsfragen
für diese beiden deutschen Staaten

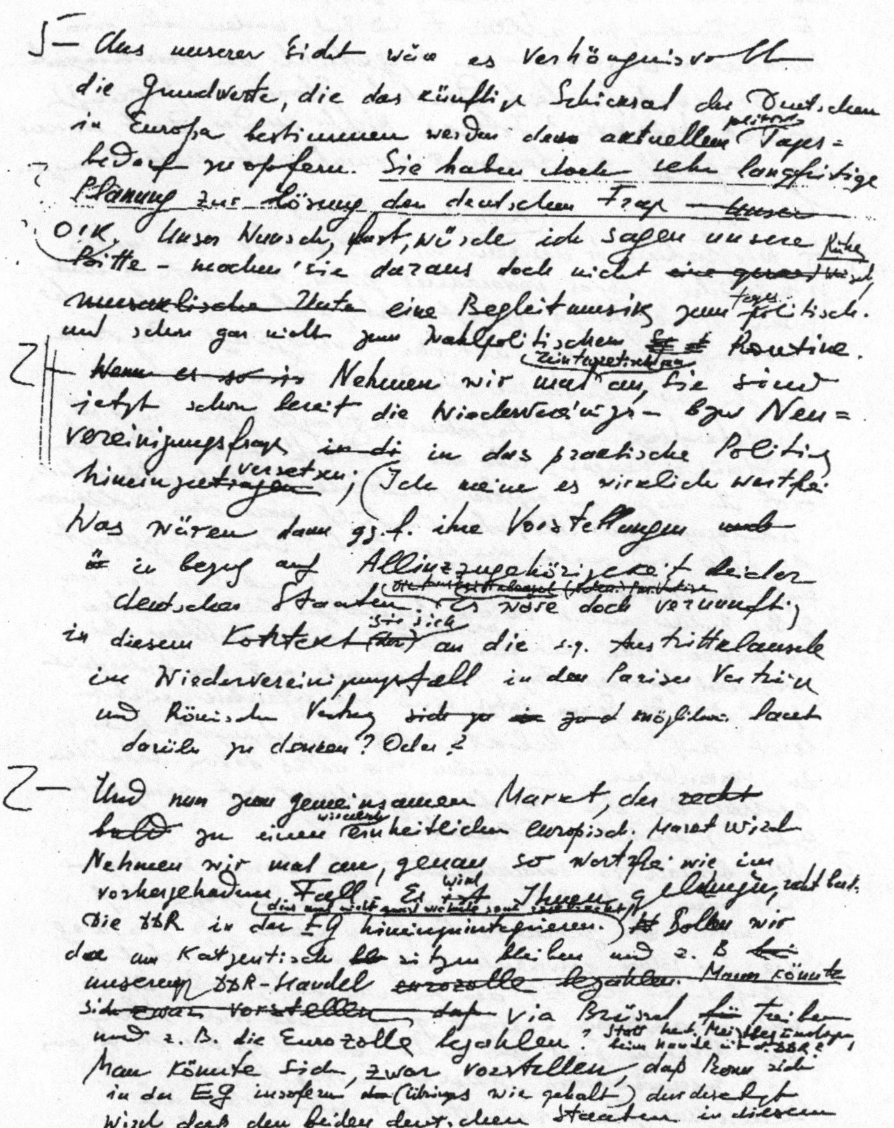

5 – Aus unserer Sicht wäre es verhängnisvoll
die Grundwerte, die das künftige Schicksal der Deutschen
in Europa bestimmen werden dem aktuellen politischen Tages-
bedarf zu opfern. Sie haben doch sehr langfristige
Planung zur Lösung der deutschen Frage ~~unsere~~
O.K. Unser Wunsch, fast, würde ich sagen unsere ~~Bitte~~
Bitte – machen Sie daraus doch nicht ~~eine ganz~~ ~~unerwartete Note~~ eine Begleitmusik zum tagespolitischen
und schon gar nicht zum wahlpolitischen Routine.

Z ~~Wenn es so ist~~ Nehmen wir mal an, Sie sind
jetzt schon bereit die Wiedervereinigungs- bzw. Neu-
vereinigungsfrage ~~in di~~ in das praktische Politik
hineinzu~~tragen~~ versetzen; (Ich meine es wirklich wertfrei.
Was wären dann ggf. ihre Vorstellungen ~~und~~
in Bezug auf Allianzzugehörigkeit beider
deutschen Staaten. Es wäre doch vernünftig,
in diesem Kontext sie sich an die sog. Austrittklausel
im Wiedervereinigungsfall in den Pariser Verträgen
und Römischen Vertrag sich zu möglichen. Lasst
darüber zu denken? Oder?

Z – Und nun zum Gemeinsamen Markt, der ~~recht~~
~~bald~~ zu einem wirklich einheitlichen europäischen Markt wird.
Nehmen wir mal an, genau so wertfrei wie im
vorhergehenden Fall: Es wird ~~ist~~ Ihnen gelungen, recht bald
die DDR in der EG hineinzuintegrieren. Sollen wir
dann am Katzentisch sitzen bleiben und z. B.
unseren DDR-Handel ~~Eurozölle bezahlen~~. ~~Man könnte~~
~~sich zwar vorstellen, daß~~ via Brüssel treiben
und z. B. die Eurozölle bezahlen? Statt ...
Man könnte sich zwar vorstellen, daß Rom sich
in der EG insofern (übrigens wie gehabt) durchsetzt
wird, daß den beiden deutschen Staaten in diesem

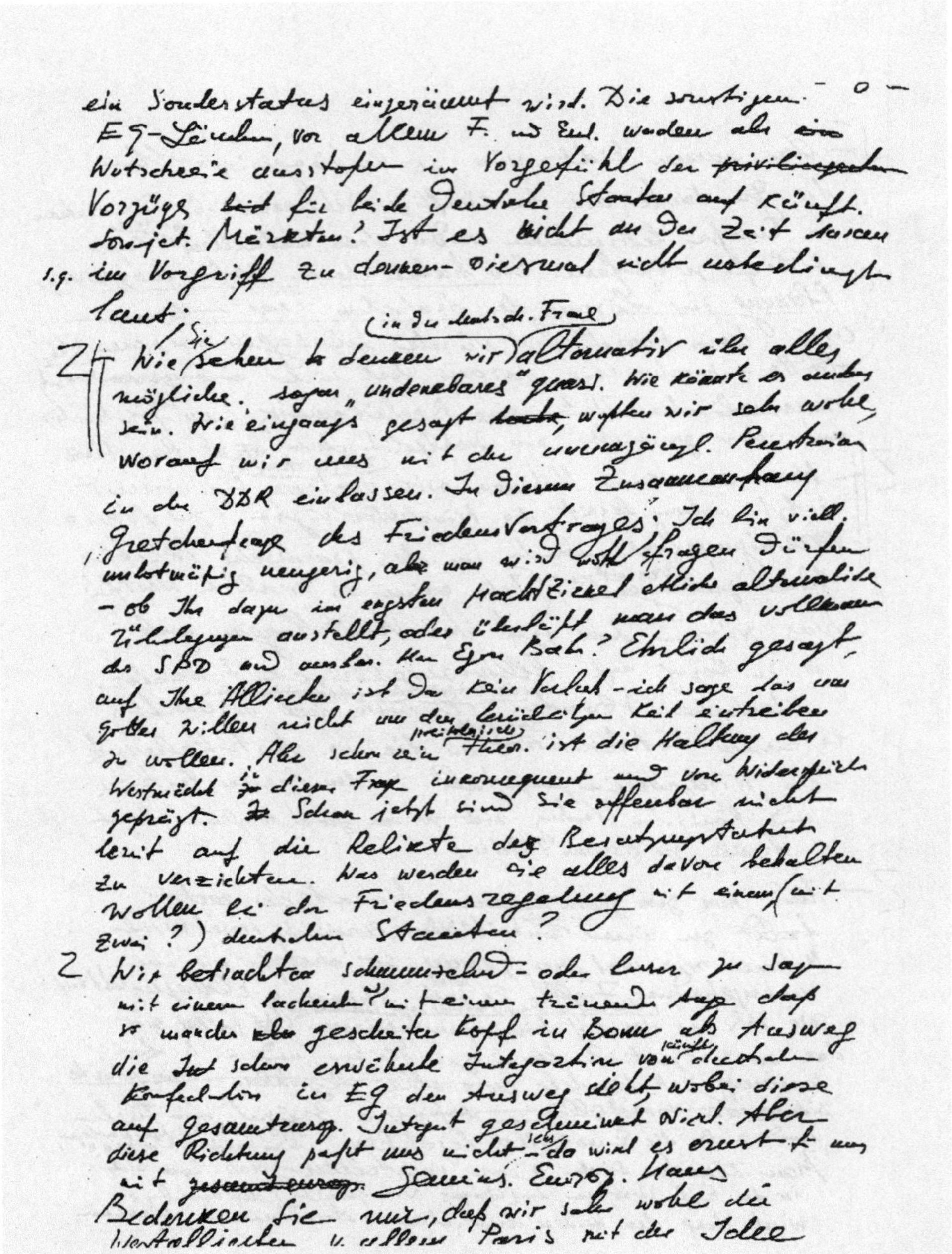

ein Sonderstatus eingeräumt wird. Die sonstigen – o –
EG-Länder, vor allem F. und Engl. werden also
Wutschreie ausstoßen im Vorgefühl der privilegierten
Vorzüge für beide Deutsche Staaten auf künft.
sowjet. Märkten? Ist es nicht an der Zeit diesen
i.g. im Vorgriff zu denken – diesmal nicht unbedingt
laut;
Z Wie sehen Sie denken wir (in der deutschen Frage) Alternativ über alles
mögliche. sagen „undenkbares“ quasi. Wie könnte es anders
sein. Wie eingangs gesagt, wollen wir sehr wohl,
worauf wir uns mit der unvermeidl. Perestroika
in der DDR einlassen. In diesem Zusammenhang
Gretchenfrage des Friedensvertrages: Ich bin vielleicht
unbotmäßig neugierig, aber man wird wohl fragen dürfen
– ob Ihr dazu im engsten Machtzirkel ähnliche alternative
Überlegungen anstellt, oder überläßt man das vollkommen
der SPD und anderen. Herrn Egon Bahr? Ehrlich gesagt,
auf Ihre Allierten ist da kein Verlaß – ich sage das um
Gottes Willen nicht um den leichtigen Keil eintreiben
zu wollen. Aber schon sein Thema ist die Haltung der
Westmächte in dieser Frage inkonsequent und von Widersprüchen
geprägt. Schon jetzt sind sie offenbar nicht
bereit auf die Relikte des Besatzungsstatutes
zu verzichten. Was werden sie alles davon behalten
wollen bei der Friedensregelung mit einem (mit
zwei?) deutschen Staaten?
Z Wir betrachten schmunzelnd – oder besser zu sagen
mit einem lächelnden mit feinem traurigen Auge daß
so mancher gescheiter Kopf in Bonn als Ausweg
die seit schon erwähnte Integration von künftiger deutscher
Konföderation in EG den Ausweg sieht, wobei diese
auf Gesamteurop. Integrat geschmiedet wird. Aber
diese Richtung paßt uns nicht – da wird es ernst für uns
mit gesamteurop. Gemeins. Europ. Haus
Bedenken Sie nur, daß wir sehr wohl die
Westalliierten u. allen Paris mit der Idee

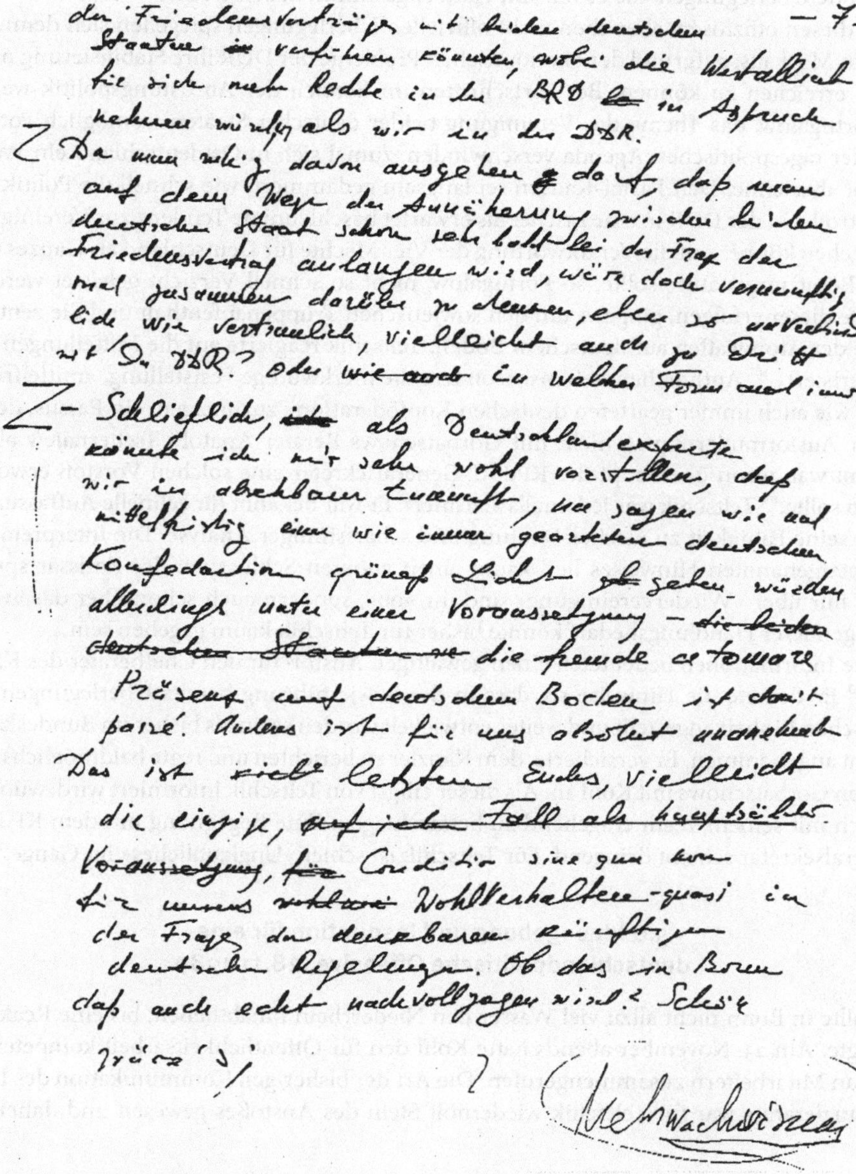
der Friedensverträge mit beiden deutschen — 7 —
Staaten verfügen könnten, wobei die Westallierten
für sich mehr Rechte in der BRD in Anspruch
nehmen würden als wir in der DDR.
Da man wohl davon ausgehen darf, daß man
auf dem Wege der Annäherung zwischen beiden
deutschen Staaten schon sehr bald bei der Frage des
Friedensvertrags anlangen wird, wäre doch vernünftig
mal zusammen darüber zu denken, eben so unverbindlich
wie vertraulich, vielleicht auch zu Dritt
mit der DDR? oder wie ~~auch~~ in welcher Form auch immer
— Schließlich, ~~ich~~ als Deutschlandexperte
könnte ich mir sehr wohl vorstellen, daß
wir in absehbarer Zukunft, wie sagen wir mal
mittelfristig einer wie immer gearteten deutschen
Konfederation grünes Licht geben würden
allerdings unter einer Voraussetzung — ~~die beiden~~
~~deutschen Staaten~~ die fremde atomare
Präsenz auf deutschem Boden ist damit
passé. Anders ist für uns absolut unannehmbar.
Das ist ~~nicht~~ letzten Endes, vielleicht
die einzige, ~~auf jeden~~ Fall als hauptsächliche
~~Voraussetzung~~, ~~für~~ Conditio sine qua non
für unser ~~.....~~ Wohlverhalten — quasi in
der Frage der denkbaren künftigen
deutschen Regelungen. Ob das in Bonn
daß auch echt nachvollzogen wird? Schö[ne]
Grüße!
Mehrwachtwitz[?]

des bundesdeutschen Alleinvertretungsanspruchs, dem Moskau künftig pragmatischer begegnen wolle.[86] Ein zusätzlich von Portugalow vorgelegtes Dokument beinhaltete weiterführende Überlegungen, die er nur mit Falin abgestimmt haben wollte.[87]

In diesen offiziösen, aber eben nicht offiziellen Überlegungen spiegelten sich demnach Sorgen Moskaus, aufgrund der ökonomischen Probleme der DDR ihre Stabilisierung nicht mehr erreichen zu können. Bei Fortschritten im Bereich der Abrüstungspolitik werde, so Portugalow, das Thema der Vereinigung beider deutscher Staaten womöglich vorerst von der tagespolitischen Agenda verschwinden, zumal sich in Ostdeutschland ein Wahlkampf abzeichne. Den Partei-Kadern sei langsam gedämmert, wie schnell die Politik der Perestroika in der DDR in eine rascher als erwartet beschleunigte Tendenz zur Vereinigung übergehen könne. Auf die Verantwortung der Vier Mächte für Deutschland als Ganzes und das »Besatzungsstatut« sollte, so Portugalow, nicht so schnell Verzicht geleistet werden. Würde dieser erfolgen, ginge es um den sowjetischen Truppenaufenthalt und die zentrale Frage der Atomwaffen auf deutschem Boden. Teltschik reagierte auf die Mitteilungen wie »elektrisiert«.[88] Aufhorchen ließ insbesondere die merkwüdige Feststellung, »mittelfristig einer wie auch immer gearteten deutschen Konföderation« zuzuneigen, ein Passus, der in dieser Ausformulierung so nicht mit Gorbatschows Berater Anatolij Tschernajew abgestimmt war, wenn überhaupt der KPdSU-Generalsekretär eine solchen Vorstoß erwogen haben sollte.[89] Teltschik war jedenfalls alarmiert. Er war bekannt für schnelle Auffassungsgabe, seine Fähigkeit zu rascher Deutung und scharfsinniger Analyse. Die Interpretation des letztgenannten Hinweises ließ kaum einen anderen Schluss zu: der Emissär sprach nicht nur über »Wiedervereinigung« und ihr »ob«, sondern auch schon über das »wie«. Zwingenderer Handlungsbedarf konnte bisher für Teltschik kaum gegeben sein.

Die Informationen bedeuteten einen gewaltigen Anstoß für den Chefberater des Kanzlers.[90] Er deutete die Hinweise so, dass in der Sowjetführung bereits Überlegungen zur deutschen Einheit angestellt und weiter entwickelt worden seien als bisher im Bundeskanzleramt angenommen. Er versicherte, dem Kanzler zu berichten und regte baldmöglichst ein Treffen Gorbatschows mit Kohl an. Als dieser eiligst von Teltschik informiert wird, wünscht er, sich mit seinem Team eingehend zu beratschlagen. Eine Begegnung mit dem KPdSU-Generalsekretär scheint dringend. Für Teltschik ist schier »Unglaubliches« im Gange.[91]

5.6 Ideengebung und Inspiration für eine deutschlandpolitische Offensive, 28.11.1989

Es sollte in Bonn nicht allzu viel Wasser den Niederrhein hinabfließen, bis eine Reaktion erfolgte. Am 23. November abends hatte Kohl den für Öffentlichkeitsarbeit kompetenten Stab an Mitarbeitern zusammengerufen. Die Art der bisherigen Kommunikation des Bundeskanzleramts war für Teltschik wiederholt Stein des Anstoßes gewesen und daher ein

86 Küsters Ringen, S. 90; Nachbetrachtungen, S. 681, 687, 724, 882.
87 Nr. 112: Vorlage des Ministerialdirektors Teltschik an Bundeskanzler Kohl, 6.12.1989, in: Deutsche Einheit. Sonderedition, S. 616.
88 Ebd.; Tagebuch, 21.11.1989, S. 142; Jäger, Überwindung, S. 63–64.
89 Creuzberger, Das deutsch-russische Jahrhundert, S. 194.
90 Von einem »Portugalov Push« spricht Sarotte, Struggle, S. 70–76.
91 Tagebuch, 21.11.1989, S. 142, Rödder, Deutschland, S. 139.

anhaltender Missstand,[92] was ihn schon in der Vergangenheit veranlasst hatte, sich selbst öfter an die Presse zu wenden.[93] Ursache waren schlechte Umfragewerte des Kanzlers, der Auslöser jedoch Portugalows Mitteilungen. Alarmiert durch die vieldeutigen Aussagen des Sowjet-Emissärs, ergriff Teltschik die Chance und empfahl dem Regierungschef, anlässlich der bevorstehenden Budgetdebatte im Bundestag ein Konzept zur Frage der »Wiedervereinigung« zu entwickeln. Die Haushaltsrede sollte eine deutschlandpolitische Perspektive für die nächsten Jahre aufzeigen und zwar ein Sofortprogramm für die DDR, mit Bildung einer Vertragsgemeinschaft über die Entwicklung konföderativer Strukturen bis zu einer Föderation. Ambitioniert wollte Teltschik mit seinem Team das Konzept für eine Rede entwickeln, was im inneren Kreis jedoch nicht nur Beifall auslöste. Seiters und Duisberg äußerten Bedenken, hatten grundsätzliche Einwände und fragten kritisch, ob es aufgrund denkbar negativer Reaktionen im Westen und möglicher Rückwirkungen auf die ostdeutsche Bevölkerung taktisch klug wäre, wenn Kohl mit einem Programm zur »Wiedervereinigung« öffentlich vorpreschte. Eine Alternative – außer abzuwarten und die Sache auszusitzen – hatten sie aber nicht. Teltschik blieb hartnäckig und ließ sich nicht von seinem Vorschlag abbringen. Die Redenschreiber Norbert Prill und Michael Mertes sprangen ihm bei wie auch Wolfgang Gibowski, Abteilungsleiter im Presse- und Informationsamt der Bundesregierung. Der Kanzler wollte nun auch ein solches Programm vorgelegt haben und letztlich für sich beschließen, ob er mit einer Rede initiativ werden sollte.[94] Dank seines wichtigsten Beraters sollte sie Kohls »erste große Intervention« zur »Überwindung der Teilung Deutschlands und Europas« sein, wie Ian Kershaw meint. Sein engster Mitarbeiter, den der britische Historiker als »Hauptverfasser der Rede« bezeichnet, hatte antizipiert, dass sein Chef »bereits mit dem Gedanken der Wiedervereinigung spielte«.[95] Wichtiger noch war die Erkenntnis des Inspirators, dass es für Kohl notwendig war, kommunikativ in die Offensive zu gehen und die Meinungsführerschaft in Sachen Deutschlandpolitik zu übernehmen.[96] Hans-Peter Schwarz attestiert Teltschik auch eine Schlüsselrolle »beim Kurswechsel hin zu einer kühnen Wiedervereinigungspolitik«.[97]

Der Bundeskanzler erkannte zur Erleichterung seines Chefberaters die Notwendigkeit zum Handeln und setzte eine Arbeitsgruppe unter Leitung von Teltschik ein. An folgenden Debatten und Reflexionen im inneren Kreis nahmen am 24. November Peter Hartmann, Uwe Kaestner, Joachim Bitterlich, vom Arbeitsstab Deutschlandpolitik Carl-Jürgen Duisberg und sein Mitarbeiter Rüdiger Kass sowie Norbert Prill und Michael Mertes von der Planungs- und Redenschreibergruppe teil.[98]

92 Tagebuch, 23.11.1989, S. 151–152.

93 Horst Teltschik, Zaungäste der Weltpolitik. Die Supermächte regeln ihr Verhältnis neu. Europa begnügt sich mit einer Nebenrolle, in: *Deutsches Allgemeines Sonntagsblatt*, 7.8.1988; Ders., Das Konzept vom gemeinsamen europäischen Haus. Frieden, Sicherheit, Freiheit und Menschenrechte: Perspektiven aus der Sicht der Bundesrepublik, in: *Frankfurter Allgemeine Zeitung*, 23.12.1988; Teltschik fand auch noch Zeit für Aufsätze in Periodika: Ders., Die Reformpolitik Gorbatschows und die Perspektiven der West-Ost-Beziehungen, in: *Außenpolitik* 40 (1989), S. 211–225.

94 Jäger, Überwindung, S. 64–65; Küsters, Ringen, S. 92–93; Nachbetrachtungen, S. 633.

95 Ian Kershaw, Der Mensch und die Macht. Über Erbauer und Zerstörer Europas im 20. Jahrhundert, München 2022, S, 488–489.

96 Henning Köhler, Helmut Kohl. Ein Leben für die Politik. Die Biografie, Köln 2014, S. 644 in Absetzung zur Interpretation von Schwarz, Kohl, S. 645–646; Tagebuch, 21.11.1989, S. 140–142.

97 Schwarz, Kohl, S. 531.

98 Kohl, »Ich wollte Deutschlands Einheit«, S. 159; Tagebuch, 23.11.1989, S. 151–152.

Es folgte ein zähes Ringen über die Streitfrage, ob Kohl »konföderative Strukturen« oder eine »Föderation« für Deutschland vorschlagen sollte. Bis zum 25. November am Sonnabend-Nachmittag lief die Diskussion. Gemäß einer Anregung Kaestners sollte der Entwurf zehn Punkte enthalten.[99] Der Anstoß für ein Konzept war allerdings von Teltschik ausgegangen.[100] Seiters erinnert sich, dass das Zehn-Punkte-Programm »unter maßgeblicher Beteiligung von Horst Teltschik entschieden und auf den Weg gebracht worden«[101] war. Kohl äußerte sich dazu gleichlautend: »Horst Teltschik hatte die Idee, die zu erarbeitende Leitlinie in Form von zehn Punkten zusammenzufassen. Inhaltlich ging es darum, den Weg aufzuzeigen von der ›Vertragsgemeinschaft‹ über die ›Konföderation‹ bis zum Ziel der ›Föderation‹.«[102]

Der Kanzler ging den Text bis zum Wochenende durch und nahm Einfügungen vor.[103] Er beriet sich mit dem Staatsrechtler und vormaligen Verteidigungsminister Rupert Scholz. Einen Freund und Theologen suchte Kohl ebenfalls noch um Rat an.[104]

Am Montag den 27. November stellte sich die Frage, welche öffentliche Verbreitung das Konzept erfahren sollte. Es wurde befürchtet, dass der Überraschungseffekt durch verfrühtes Bekanntwerden verloren gehen würde. Kohl entschied, dass erst mit Beginn seiner Bundestagsrede am Dienstagvormittag die Fraktionsführungen den Text bekommen und die FDP-Spitzenpolitiker nicht vorab informiert werden sollten. Diplomatischen Usancen widersprechend, wurden auch die westlichen Partner nicht verständigt – mit Ausnahme der Amerikaner. Der Text wurde eine Stunde vor Redebeginn ins Weiße Haus nach Washington gefaxt. Bush hatte den Text vorliegen, als sein Arbeitstag begann,[105] konnte aber nichts mehr groß einwenden. Bundespräsident Richard von Weizsäcker war von Teltschik schon am Montagmittag über das Konzept informiert worden, reagierte aber wenig beeindruckt.[106] Nachdem der geschickte Kanzlerberater am Vorabend vertraulich in einem Hintergrundgespräch handverlesenen Journalisten erste Hinweise über die bevorstehende Rede am nächsten Morgen hatte zukommen lassen sowie die Partei- und Fraktionsspitzen informiert worden waren, stellte sich ein Medienerfolg ein und der Paukenschlag war geglückt. Die Initiative erzielte den erwünschten Erfolg und fand über alle politischen Lager hinweg einhelliges Lob. CDU-Generalsekretär Volker Rühe ließ die Fraktion wissen, dass zur gefühlsmäßigen Aufladung und gleichsam zu Propagandazwecken des Anliegens in der DDR Aufkleber und Plakate mit dem Slogan »Wir sind ein Volk!« verbreitet würden.[107]

Teltschik hatte mit seiner Anregung erreicht, dass der Kanzler die Initiative ergriffen, Stellung bezogen und ein Programm zur langfristigen Einigung Deutschlands präsentiert hatte, das noch ohne konkreten Zeitplan versehen, aber durchdacht, offen und im Rahmen

99 Michael Mertes, Deutschlandpolitische Entscheidungsprozesse im Bundeskanzleramt 1982–1990, in: Ulrich Schlie (Hrsg.), Horst Osterheld und seine Zeit, Wien – Köln – Weimar 2006, S. 2004–2013; Tagebuch, 24.11.1989, S. 144; 25.11.1989, S. 153–154; Nachbetrachtungen, S. 626.
100 Tagebuch, 21.11.1989, S. 142, 144.
101 Freundliche Auskunft Rudolf Seiters für den Verfasser 22.2.2024.
102 Kohl, Erinnerungen 1982–1990, S. 990.
103 Kohl, »Ich wollte Deutschlands Einheit«, S. 162.
104 Nachbetrachtungen, S. 687.
105 Robert L. Hutchings, American Diplomacy and the End of the Cold War. An Insider's Account of U.S. Policy in Europe, 1989–1992, Washington – Baltimore – London 1997, S. 99, 383–384.
106 Richard von Weizsäcker, Vier Zeiten, Erinnerungen, Berlin 1997, S. 366; richtiggestellt in Nachbetrachtungen, S. 689–690.
107 Jäger, Überwindung, S. 58–87, hier S. 64–68 (dazwischen findet sich der faksimiliert abgedruckte Entwurf zum Zehn-Punkte-Programm); Küsters, Ringen, S. 94; Unter den DDR-Demonstranten hieß es

der europäischen Einigung verankert war, sowie Hilfe für die DDR bei der Bewältigung ihrer ökonomischen Probleme anbot, Öffnung gegenüber Mittel- und Osteuropa signalisierte und in Richtung Westen versicherte, dass es keinen bundesdeutschen Sololauf geben würde. Teltschiks Idee ging auf, so dass Kohl die Meinungsführerschaft der Deutschlandpolitik erringen konnte. Zugleich forderte das Zehn-Punkte-Programm das westliche Ausland zu Stellungnahmen heraus und Kohl testete damit, wer von den westlichen Partnern seinen Kurs mitzutragen bereit war.[108]

5.7 Erfolgreiche argumentative Abwehr von Kritik und Vorbehalten, 6.12.1989

Im Westen gab es auf die Kohl-Rede wenig zustimmende Reaktionen. Der Luxemburger Premier Jacques Santer, der belgische Ministerpräsident Wilfried Martens, beides Christdemokraten, v. a. aber der spanische sozialistische Regierungschef Félipe González und EG-Kommissionspräsident Jacques Delors brachten Verständnis auf und reagierten positiv – anders dagegen London und Paris: Thatcher und Mitterrand waren überrascht und eher ungehalten über die unilaterale Aktion. Der Kreml reagierte noch deutlicher. Er forderte die Wiedereinsetzung des Alliierten Kontrollrats und die Abhaltung eines Vier-Mächte-Treffens in Berlin.[109] Teltschik war sofort auf Posten. Gemeinsam mit dem US-Präsidentenberater Brent Scowcroft wurde ein derartiges Bestreben entschieden zurückgewiesen.[110]

So abwartend und zurückhaltend das Echo der westlichen Partner ausfiel, so war die Reaktion in Moskau ernstzunehmender. Kohl äußerte Unmut und sah Teltschik in Verantwortung, der das nicht auf sich sitzen ließ. In einer Vorlage machte er klar, was Portugalow mitgeteilt hatte. Drei Gründe führte der Chefberater ins Feld, die für das Zehn-Punkte-Programm schlagend waren: Moskau befasse sich nun konkret mit der Einigung Deutschlands und zwar in verschiedenen Versionen. Der Kanzler habe zweitens verhindert, von der Weltöffentlichkeit mit sowjetischen Offerten konfrontiert zu werden, ohne vorher eine eigene Haltung eingenommen zu haben. Drittens entspreche Kohls Gesprächsangebot an Gorbatschow seiner eigenen Überzeugung. Teltschik veranlasste schließlich den Kanzler, mit einer Auflistung der von Portugalow übergebenen Überlegungen, seine Zielsetzung weiterzuverfolgen.[111]

lediglich »Wir sind das Volk!« – der Sprechchor »Wir sind ein Volk!« ging entgegen einer weitverbreitet tradierten Abfolge nicht auf ostdeutsche Kundgebungen, sondern auf westdeutsche Werbung aus Reihen der CDU durch Aufkleber zurück, Heinrich August Winkler, Die Deutschen und die Revolution. Eine Geschichte von 1848 bis 1989, München 2023, S-106–125, hier S. 115.

108 Tagebuch, 28./29.11.1989, S. 156–160, 160–161; zur Reaktion Genschers auf Teltschiks veröffentlichten Tagebucheintrag vom 23.11.1989 siehe Hans-Dietrich Genscher, Erinnerungen, Berlin 1995, S. 670; Küsters, Ringen, S. 94.

109 Zu den Reaktionen: Nr. 102: Vorlage des Ministerialdirektors Teltschik an Bundeskanzler Kohl, 30.11.1989, in: Deutsche Einheit. Sonderedition, S. 574–577, die demnach nicht so negativ lauteten – möglicherweise durch Teltschik abgeschwächt.

110 Philip Zelikow/Condoleezza Rice, Germany Unified and Europe Transformed. A Study in Statecraft, Cambridge/Mass. – London 1995, S. 107, 115, 118–121; zur Diskussion über eine Vier-Mächte-Konferenz seit 10.11.1989: Küsters, Integrationsfriede, S. 812–817; Mary Elise Sarotte, The Struggle to create Post-Cold War Europe, Princeton – Oxford 2009, S. 66; Küsters, Ringen, S. 97.

111 Nr. 112: Vorlage des Ministerialdirektors Teltschik an Bundeskanzler Kohl, 6.12.1989, in: Deutsche Einheit. Sonderedition, S. 616; Küsters, Ringen, S. 106–107.

Küsters schlussfolgerte: Mit Verwirklichung seines originären Plans zu dieser Aktion band Teltschik die Administration der Deutschlandpolitik im Kanzleramt nun weitgehend an seine Person. Politische Ideen, Konzepte, Positionen und Vorschläge wurden in Folge nicht mehr vom zuständigen Arbeitsstab entwickelt. Dieser, der die Deutschlandpolitik zuletzt mehr verwaltet als gestaltet hatte, sei in den folgenden Monaten kaum mehr von Bedeutung gewesen.[112]

5.8 Die schwierigste Rede der Kanzlerschaft, Dresden, 19.12.1989

Am 19. Dezember 1989 flog der Bundeskanzler mit einer Delegation nach Dresden. Ein Treffen mit DDR-Ministerpräsident Hans Modrow stand auf dem Programm, der »gefährlichen Spekulationen über eine Wiedervereinigung« eine Absage erteilt hatte und ungebrochen auf die deutsche Zweistaatlichkeit setzte[113] – einen Tag später empfing er Frankreichs Staatspräsidenten in Berlin-Ost. Teltschik war darüber alles andere als glücklich. Er witterte die Gefahr, dass Mitterrand den Einigungsprozess bremsen wollte.[114]

Bedeutsamer als die Begegnung mit Modrow, die Teltschik enttäuschend empfand, so dass er frühzeitig von einer Kreditvergabe abriet, war eine Rede Kohls in Dresden. Der Bürgerrechtler Herbert Wagner hatte sie bei einer Montagsdemonstration am Vortag angekündigt, die gar nicht Teil des offiziellen Besuchsprogramms war. Die Information verbreitete sich wie ein Lauffeuer in der sächsischen Stadt und ihrem Umland. Eine provisorische Rednertribüne mit Lautsprechern stand vor den Ruinen und Trümmern der gegen Ende des Zweiten Weltkriegs zerbombten Frauenkirche als Mahnmal gegen Kriegsverbrechen. Schwarz-rot-goldene Fahnen wehten, Rufe »Einheit, Einheit« und »Helmut, Helmut« erschallten. Er wusste, dass nicht nur in Ost- wie Westdeutschland, sondern auch im Ausland eine Botschaft erwartet wurde. Es galt, Sorgen zu zerstreuen und eine explosive Stimmung zu vermeiden, worauf Kohl schon die Delegation auf dem Hinflug hingewiesen hatte. Seine Bundestagsrede vom 28. November hatte die vermeintlichen Partner in der Frage der deutschen Einheit alarmiert. Nicht wenige DDRler waren verunsichert, was aus ihrem Staat und seiner sozialistischen Gesellschaft werden würde. Laut westdeutschen Umfragen war zu diesem Zeitpunkt ein großer Teil der Ostdeutschen nicht unbedingt für die Einheit eingestellt. Auf der Fahrt vom Flughafen in die Stadt standen jubelnde und winkende Menschen an den Straßen. Nach den Gesprächen mit den Ministern und dem Vier-Augen-Gespräch zwischen Kohl und Modrow wurde den bundesdeutschen Vertretern bewusst, dass von DDR-Seite keine Verhandlungssubstanz vorhanden war. Teltschik erinnerte sich, dass Vorschläge zu politischen und wirtschaftlichen Reformen Fehlanzeige waren, gleichwohl Modrow im Pressegespräch den Bestand von »zwei unabhängig voneinander existierenden souveränen deutschen Staaten« betonte. Dessen Anliegen und die entsprechende Beauftragung durch Kohl, einen Milliardenkredit mit der DDR auszuhandeln, missfiel Teltschik, was er in Folge hinauszögern und letztlich verhindern konnte. Noch am Abend folgte die Ansprache Kohls zu den ostdeutschen Landsleuten.[115]

112 Küsters, Ringen, S. 94.
113 Spohr, Wendezeit, S. 211–212; Tagebuch, 17.11.1989, S. 131.
114 Tagebuch, 22.11.1989, S. 147–148; Tagebuch, 12.12.1989, S. 180-181; Nachbetrachtungen, S. 640, 708–709, 712–714.
115 Kohl, Erinnerungen 1982–1990, S. 1020–1028; zu widersprüchlichen Umfragen im November 1989: Jäger, Überwindung, S. 61; Küsters, Ringen, S. 115–119; Nachbetrachtungen, S. 641, 712.

Während der Rede mischte sich Teltschik unter die Zuhörer und nahm ganz unterschiedliche Reaktionen wahr: Jubel, Tränen, Schweigen, Zögern und Verlegenheit.[116] Nach der diszipliniert verlaufenen Kundgebung war Kohl gleichermaßen glücklich, erleichtert und zufrieden. In Dankbarkeit für Teltschiks Mitarbeit reichte er ihm das handgeschriebene Redemanuskript als Erinnerung an diesen historischen Tag für seinen persönlichen Verbleib als Geschenk.[117]

Kohl erinnerte sich: »Am späten Nachmittag zog ich mich mit Eduard Ackermann, Horst Teltschik und Juliane Weber in mein Hotelzimmer zurück, um mich auf die Rede vor der Ruine der Frauenkirche vorzubereiten.« Während draußen Leute skandierten: »Helmut Kohl ans Fenster – ohne die Gespenster« war er sich bewusst, »dass dies eine der schwierigsten, wenn nicht die schwierigste Rede überhaupt in meinem Leben werden würde«.[118]

Die Ansprache war für Kohl einer der gefühlsmäßig größten politischen Höhepunkte seiner Zeit als Kanzler, zu der Teltschik zuvor schon konzeptionelle Grundlagen und entscheidende Gedanken geliefert hatte. Nur knapp eine Viertelstunde hatte Kohl zu einem gemischten Publikum gesprochen, sich für den Mut der Bürger bedankt, die Veränderungen so friedlich vollzogen zu haben, aber auch gemahnt, dass die Zukunft Deutschlands mit den europäischen Nachbarn zu gestalten sei und diese mit den Worten benannt: »Mein Ziel bleibt, wenn die historische Stunde es zulässt, die Einheit unserer Nation.« Darauf ertönten Gesänge »So ein Tag, so wunderschön wie heute.« Seine Abschiedsworte lauteten: »Gott segne unser deutsches Vaterland.«[119]

5.9 Hilfe für die Sowjetunion zur Solidaritätsbekundung und Vertrauensbildung, 7.1.1990

Der Bundeskanzler war sich von Anfang an der Notwendigkeit bewusst, die akut gewordene deutsche Frage im europäischen Rahmen zu lösen, wie er in einer Rede am 17. Januar in Paris wiederholte, was ganz im Sinne des französischen Staatspräsidenten war. Die zwischenzeitlich aufgekommenen atmosphärischen Störungen, starken Irritationen und politischen Verwerfungen zwischen Bonn und Paris waren weitgehend verflogen. Nach außen hin bestand wieder Konsens, gleichwohl Mitterrand ebenso wie der KPdSU-Generalsekretär hinsichtlich der Lösung der deutschen Frage durch Freiheit und Einheit Zweifel hegte. Nun ergab sich allerdings für Kohl die Chance, Gorbatschow Hilfe zuteil werden zu lassen. Am 7. Januar meldete sich Botschafter Julij Kwizinskij telefonisch bei Teltschik im Namen des sowjetischen Außenministers. Er drängte auf einen Gesprächstermin mit Kohl wegen der Lieferung von Nahrungsgütern.[120] Teltschik setzte sich dafür ein und am 24. Januar konnte er festhalten, dass der Kanzler, einen »Sonderverkauf von Lebensmitteln« genehmigt hatte. Es ging um dringend benötigte Butter, Käse, Milchpulver, Rindfleischkon-

116 Tagebuch, 19.12.1989, S. 198; Nachbetrachtungen, S. 707–708.
117 Tagebuch, 19.12.1989, S. 199, Nachbetrachtungen, S. 708.
118 Kohl, Erinnerungen 1982–1990, S. 1022.
119 Ebd.; Kohl, »Ich wollte Deutschlands Einheit«, S. 213; Leonie von Hammerstein, Dresden 1989: Helmut Kohls schwierige Rede, Deutsche Welle, 19.12.2019, https://www.dw.com/de/dresden-1989-helmut-kohl-steigt-aufs-rednerpodest/a-51720096 (Abruf 29.2.2024).
120 Tagebuch, 7.1.1990, S. 207–209.

serven und zehntausende von Tonnen Schweinefleisch, subventioniert durch die Regierung mit 220 Millionen D-Mark aus dem Bundesbudget.[121]

Der Bundeskanzler stand zu seiner Unterstützungsbereitschaft, die er beim Besuch Gorbatschows im Vorjahr zugesichert hatte. Mit dieser Hilfe gelang es, die bilateralen Beziehungen nachhaltig zu stärken. Landwirtschaftsminister Ignaz Kiechle stemmte die logistische Herausforderung. Es ging um eine sechsstellige Zahl von Tonnen an Gütern in den kommenden Wochen.[122] Damit schufen Kohl und Teltschik eine essentielle Basis für deutsch-sowjetische Vertrauensbildung sowie eine existentielle Grundlage für das Fortbestehen von Gorbatschows Reformen.

5.10 »Genscherismus«, Währungsunion als Initialzündung, Vorabstimmung mit Washington und »grünes Licht« in Moskau, 10.2.1990

Während sich Kohl mit Modrow am Weltwirtschaftsgipfel in Davos am 3. Februar austauschte,[123] sprach Teltschik zeitgleich am Rande der Wehrkunde-Tagung in München mit den US-Präsidentschaftsberatern Brent Scowcroft und Robert Blackwill, die ihn wissen ließen, dass Gorbatschow Bush über den bevorstehenden Besuch des Kanzlers informiert hatte (von dem der US-Präsident nichts wusste!) und Baker sich zuvor mit Schewardnadse in Moskau treffen würde. Baker und Teltschik verabredeten, dass Kohl noch vor seinem Treffen mit Gorbatschow vom Ergebnis des Baker-Besuchs in der Sowjetunion informiert werden sollte.[124] Der US-Außenminister hatte von einem neutralen Deutschland abgeraten und die Vorteile einer deutschen Mitgliedschaft im atlantischen Bündnis angepriesen, eine spezifische Formel betreffend die (Nicht-)Ausdehnung der »Jurisdiktion« des Geltungsbereichs des Nordatlantikpakts auf das Gebiet der DDR offeriert und unterstrichen, weshalb es sinnvoll sei, dass US-Truppenverbände weiterhin in Europa stationiert blieben.[125]

Scowcroft erkundigte sich bei Teltschik, was Moskau Bonn vorhalten könne. Dessen Hinweis auf die Vier-Mächte-Regelung wurde jedoch von den US-Beratern als nicht bedeutsam erachtet wie sie auch von einem KSZE-Gipfel nicht viel hielten. Wie Kohls Berater erfuhr, sollte dem Kreml keine Chance geboten werden, eine Ersatz-Friedenskonferenz über Deutschland abzuhalten.[126] Konsens bestand über die weitere Vorgehensweise: zügige deutsche Einigung mit einer »Wirtschafts- und Währungsunion« (die dann offiziell »Währungs-, Wirtschafts- und Sozialunion« heißen sollte), keine Lösung allein im Vier-Mächte-Kontext, Anerkennung der bestehenden Grenzen, Beibehaltung der deutschen

121 Tagebuch, 24.1.1990, S. 226.

122 Küsters, Ringen, S. 127; Schwarz, Kohl, S. 570.

123 Dok 47: Vorlage des Referatsleiters 201, Dreher, für Bundesminister Genscher, 7.2.1990, in: Amos/Geiger (Bearb.), Die Einheit, S. 239–249, hier S. 240.

124 Tagebuch, 3.2.1990, S. 242; 10.2.1990, S. 256; Sarotte, Schritt, S. 77–78, 83–84.

125 Gespräch Gorbatschows mit dem US-Außenminister Baker am 9.2.1990, in: Aleksandr Galkin/Anatolij Tschernjajew (Hrsg.), Michail Gorbatschow und die deutsche Frage. Sowjetische Dokumente 1986–1991, München 2011, S. 312; Zelikow/Rice, Germany United and Europe, S. 178; zur Thematik »NATO's Jurisdiction would not shift one Inch Eastward«: Sarotte, Struggle, S. 107–115. Scowcrofts worries about Baker's pledge that NATO's jurisdiction would not move one inch eastward«, ebd., S. 124; Nachbetrachtungen, S. 738, Fussnote 228, S. 822.

126 Tagebuch, 3.2.1990, S. 242, 9.2.1990, S. 252; Weder Friedensvertrag noch Friedenskonferenz: Küsters, Integrationsfriede, S. 817–826.

Westbindung, aber auch – was seinerzeit völlig klar war – keine Ausdehnung der NATO nach Osten und Einbettung der Ergebnisse in den KSZE-Zusammenhang.[127]

Mit der äußeren war die innere Deutschlandpolitik eng verbunden. Teltschik hatte wie Kohl stets die innen- und parteipolitischen sowie wahlkampfstrategischen Dimensionen der Einigungspolitik im Blick. Die »Allianz für Deutschland« aus CDU, Demokratischem Aufbruch (DA) und Deutscher Sozialer Union (DSU) konstituierte sich am 5. Februar. Kohl warb für einen optimistischen Kurs und suchte für die Volkskammerwahlen am 18. März eine zündende Wahlkampfidee. Als er von Teltschik erfuhr, dass Kohls Rivale seit den Bremer Tagen, der baden-württtembergische Ministerpräsident Lothar Späth, für den 7. Februar im Landtag in Stuttgart eine Regierungserklärung zur Deutschlandpolitik abgeben und dabei eine Wirtschafts- und Währungsunion fordern wollte, riet Teltschik seinem Chef, »selbst die Initiative zu ergreifen«. Der über diesen geplanten Alleingang und fehlende Koordination verärgerte Kohl, für den der falsche Mann das richtige Thema ansprechen wollte,[128] griff die Anregung Teltschiks sofort auf, da, wie dieser sinngemäß notierte, mit einer solchen Entscheidung für die Wirtschafts- und Währungsunion der erste große praktische Schritt auf dem Weg zur deutschen Einheit getan werden würde.[129]

Kohl wusste nun, was zu tun ist. Für den Wahlkampf hatte er somit eine Botschaft und für die DDR-Wählerschaft ein Ziel. Der Zehn-Punkte-Stufenplan war damit obsolet. Die Zeitabläufe erhielten eine bis dato ungeahnte Beschleunigung. Wieder wurde es auf Anraten Teltschiks eine alleinige Entscheidung des Kanzlers, das neue Vorhaben bekanntzugeben. Am 6. Februar sprach er das Thema in der Fraktion an und tags darauf war es bereits wichtigster Punkt im Kabinett unter Anwesenheit von Bundesbankpräsident Karl Otto Pöhl,[130] der dem Vorhaben zustimmte.[131] Für Kohl stand fest, dass es mit Forderung nach einer Währungsunion allein nicht getan war, zumal es Wirtschaftsreformen für Ostdeutschland bedurfte. Das war auch die Botschaft an Modrow, dessen Besuch mit einer Delegation für den 15. Februar in Bonn und einer Forderung nach einem »Solidarbeitrag« von 15 Milliarden D-Mark für die DDR angekündigt war. Eine solche Gewährung hielten Kohl wie auch Teltschik angesichts der bald zu erwartenden Entscheidung bei den Volkskammerwahlen für überflüssig.[132] So sollte es kommen und der ostdeutsche Regierungschef mit leeren Händen abreisen.

Am 5. Februar hatte US-Botschafter Vernon Walters Teltschik auf eine heikle Frage angesprochen. Baker hatte ihn beauftragt, den Kanzlerberater über sein Gespräch mit Genscher zu informieren. Für Teltschik handelte es sich um eine Mitteilung, die mehr als ungewöhnlich war.[133] Im State Department bestand offenbar keine Gewissheit, ob Kohl die von Genscher vertretene Haltung teilte. Unter »Genscherismus« verstand man am Potomac eine spezielle Beschwichtigungspolitik gegenüber Moskau: »Dieses Misstrauen war den Amerikanern nicht zu nehmen, und deswegen, so wurde mir erklärt, habe man

127 Zelikow/Rice, Germany United and Europe, S. 173–174.
128 Köhler, Kohl, S. 689.
129 Tagebuch, 6.2.1990, S. 245, 7.2.1990, S. 248; Nachbetrachtungen, S. 733–734.
130 Tagebuch, 7.2.1990, S.247.
131 Tagebuch, 8.2.1990, S. 249.
132 Köhler, Kohl, S. 689–690.
133 Tagebuch, 5.2.1990, S. 244; Nachbetrachtungen, S. 721–722, 726, 754, 858–859.

ihn in Camp David nicht dabei haben wollen«, erinnerte sich Kohl schelmisch: »Dagegen konnte ich nichts ausrichten.«[134]

Was am erwähnten Privatsitz des US-Präsidenten am 24. und 25. Februar 1990 vereinbart wurde, war ein fundamentaler Deal zwischen Kohl und Bush: vollständige Aufrechterhaltung der deutschen NATO-Verpflichtungen für amerikanische Abschirmung der Einigung Deutschlands nach außen und gegen Verzögerungen durch Zwei-plus-Vier-Verhandlungen.[135] Nach diesem zeitlichen Vorgriff weiter der Reihe der Ereignisse nach:

Genscher hatte indes weiter auf das Tempo der deutschen Einigung gedrückt und das Erfordernis der Stabilisierung des Prozesses betont. Eine Neutralität war für Deutschland ausgeschlossen, was Genscher wusste, dagegen versicherte er Bündnistreue. Die NATO dürfe jedoch nicht auf DDR-Territorium ausgeweitet werden (das schloss für ihn darüber hinaus auch weitere östliche Gebiete ein!).[136] Genscher forderte zudem eine diesbezügliche Garantie gegenüber dem Kreml und verwies gegenüber Baker auf seine Rede vor der Evangelischen Akademie in Tutzing am 31. Januar 1990. Den KSZE-Nachfolgeprozess sah er als Rahmen für weitergehende Sicherheitsmaßnahmen auf vertraglicher Grundlage, die der Sowjetunion jene Garantien offerieren sollte.[137]

Die Entwicklung der deutsch-deutschen Einigungspolitik verlief seit Februar in einem dynamischen Mehrebenensystem auf zwei grundlegend unterschiedlichen Ebenen, mit verschiedenen Unter- und Überebenen: erstens innen-, partei-, währungs- und wirtschafts-, sowie zweitens außen-, europa-, integrations- und sicherheitspolitisch. Klar erschien Teltschik, dass die Entwicklung auf der ersten Ebene rascher verlaufen würde als auf der zweiten. Keine der Vier Mächte konnte so gesehen Vereinbarungen zwischen Bonn und Ost-Berlin auf die lange Bank schieben oder gar verhindern.

Vor Bakers Abreise aus Moskau am 10. Februar wurde Kohl über die relevanten Punkte der Besprechungen im Kreml informiert. Botschafter Klaus Blech überreichte dem Bundeskanzler beim Eintreffen am Flughafen einen Brief Bakers.[138] Richtig orientiert durch den US-Außenminister und gut vorbereitet durch seinen Chefberater konnte Kohl in das Treffen mit Gorbatschow gehen.[139] Lediglich Teltschik und Tschernajew sowie zwei Dolmetscher waren beim Gespräch der Spitzenpolitiker anwesend – ohne Außenminister und seinen Spitzendiplomaten Ministerialdirektor Kastrup.[140] Mehr als »Dekor« bezeichnet daher der Berliner Historiker Henning Köhler die Begleitung Kohls durch Genscher.[141] Er konferierte mit Schewardnadse in einem anderen Raum.[142]

134 Kohl, Erinnerungen 1982–1990, S. 1080; kritisch gegenüber den Begriff des »Genscherismus«: Garton Ash, Im Namen Europas, S. 149–150; anders: Rödder, Deutschland einig Vaterland, S. 202–204.

135 So treffend Rödder, Deutschland einig Vaterland, S. 202; Sarotte, Schritt, S. 97–104; Tagebuch, 24./25.2.1990, S. 283–287.

136 Tagebuch, 5.2.1990, S. 243–244; Nachbetrachtungen, S. 726–730.

137 Tagebuch, 14.2.1990, S. 271; Dok. 47: Vorlage des Referatsleiters 201, Dreher, für Bundesminister Genscher, 14.2.1990, Anm. 11, in: Amos/Geiger, Die Einheit, S. 242–243; Küsters, Integrationsfriede, S. 835–836; mehrdeutig und verschwommen hierzu: Genscher, Erinnerungen, S. 713–715.

138 Tagebuch, 10.2.1990, S. 255; Nachbetrachtungen, S. 837.

139 Kohl, Erinnerungen 1982–1990, S. 1062–1063.

140 Michail Gorbatschow, Wie es war. Die deutsche Wiedervereinigung, Berlin 1999, S. 107–112; Kohl, Erinnerungen 1982–1990, S. 831–833.

141 Tagebuch, 10.2.1990, S. 254–262; Köhler, Kohl, S. 673.

142 Kohl, »Ich wollte Deutschlands Einheit«, S. 270.

Kohl erinnerte Gorbatschow an den Gedankenaustausch in Bonn und signalisierte weitere Unterstützung für dessen Reformkurs, was dieser als echt solidarisches Verhalten interpretieren konnte. Die Lebensmittellieferungen liefen weiter. Kohl berichtete, dass die DDR vor dem Zusammenbruch stehe und von der geplanten Wirtschafts- und Währungsunion. Gegen die Unausweichlichkeit der Einigung erwiderte Gorbatschow nichts. Kohl versprach die Wahrung der Sicherheitsinteressen aller deutschen Nachbarn. In der polnischen Grenzfrage zeigte er Bereitschaft für eine vertragliche Festschreibung.[143]

Der für Ost-West-Fragen kompetente Referatsleiter im Kanzleramt Uwe Kaestner und Teltschik bereiteten in einem Gästehaus für den Bundeskanzler die Erklärung für die Pressekonferenz vor, bei der Kohl verkünden konnte, »daß es das alleinige Recht des deutschen Volkes ist, die Entscheidung zu treffen, ob es in einem Staat zusammenleben will. Generalsekretär Gorbatschow hat mir unmißverständlich zugesagt, daß die Sowjetunion die Entscheidung der Deutschen, in einem Staat zu leben, respektieren wird und daß es Sache der Deutschen ist, den Zeitpunkt und den Weg der Einigung selbst zu bestimmen. [...]«.[144] Das war bereits ein erster deutschlandpolitischer Durchbruch. Ein weiterer sollte im Juli folgen. Indes war der vorgegebene Vier-Mächte-Kontext zu wahren.

Vom 12. bis 14. Februar fand die »Open-Sky«-Konferenz in Ottawa statt. Am Rande wurde von 23 NATO- und WVO-Staaten der »Zwei-plus-Vier«-Mechanismus (beide deutsche Staaten zusammen mit den Vier Mächten) als Rahmen festgesetzt, in dem die äußeren Aspekte der deutschen Vereinigung geregelt werden sollten. Es wurde Genschers Spielfeld. Die z. T. starken Spannungen zwischen Bundeskanzleramt und Auswärtigen Amt hielten aber an. Der Außenminister verspürte Aversionen gegenüber dem Chefberater des Kanzlers, den er auszubremsen versuchte. Teltschik deponierte dagegen bei Blackwill, dass er über den Verlauf der Konferenz in Ottawa nur wenig erfahre. Die Zuständigkeit für die Zwei-plus-Vier-Verhandlungen sollte nicht zur Gänze dem Auswärtigen Amt zufallen.[145]

5.11 Ringen um NATO-Ausdehnung und Forcierung der Einigungspolitik, 2.4.1990

Im Vorfeld des Kanzlerbesuchs in Moskau wandte sich der Leiter der politischen Abteilung der dortigen deutschen Botschaft gegen die Haltung seines Chefs in Bezug auf sein zu starkes Entgegenkommen gegenüber der Sowjetunion. Joachim von Arnim war nicht nur gegen die Bereitschaft Genschers, die Zukunft der deutschen NATO-Mitgliedschaft in Frage zu stellen, sondern auch über den Zeitpunkt seines Vorpreschens irritiert. Er brachte seine Sorgen Teltschik gegenüber zum Ausdruck, wonach es gar nicht notwendig sei, über eine Begrenzung der NATO zu sprechen, eine Position, von der Genscher abgebracht werden müsse. Im Unterschied zu seinem Vorgesetzten machte von Arnim auf eine andere Lösung aufmerksam: »Wir können uns die Einheit kaufen und zwar mit Geld. Sicherheits-

143 Nr. 174: Gespräch des Bundeskanzlers Kohl mit Generalsekretär Gorbatschow in Moskau, 10.2.1990, in: Deutsche Einheit. Sonderedition, S. 795–807; Küsters, Ringen, S. 164–165.

144 Tagebuch, 10.2.1990, S. 254–262; Zitat: Kohl, »Ich wollte Deutschlands Einheit«, S. 276–277, Sarotte, Schritt, S. 84–90.

145 Franz Elbe/Frank Kiessler, Ein runder Tisch mit scharfen Ecken. Der diplomatische Weg zur deutschen Einheit, Baden-Baden 1993, S. 98, 101; Genscher, Erinnerungen, S. 729; Nr. 180: Telefongespräch des Bundeskanzlers Kohl mit Präsident Bush, 13.2.1990, in: Deutsche Einheit. Sonderedition, S. 826–828; Küsters, Ringen, S. 172–173; zur Irritation des Außenministers: Genscher, Erinnerungen, S. 726–727.

politische Konzessionen würden wahrscheinlich gar nicht nötig sein.«[146] Für Teltschik war diese Mitteilung ein »ungewöhnlicher Schritt«. Er bat von Arnim, sich bei seinem nächsten Aufenthalt in Bonn zu melden, bei dem er die Position des Bundeskanzlers erläuterte, die von Arnims Besorgnis Rechnung trug.[147] Diesen einmaligen Vorgang konnte Teltschik als Bestätigung auffassen, dass dem Bundeskanzleramt mehr Gewicht und der Vorrang in der Einigungspolitik vor dem Auswärtigen Amt zukommen musste.

Der koalitionsinterne Streit um den Geltungsbereich des atlantischen Bündnisses nach der deutschen Einigung drohte indes zwischen Verteidigungs- und Außenminister zu eskalieren. Während Gerhard Stoltenberg deutsche Streitkräfte auf früherem DDR-Gebiet aufstellen wollte, trat Hans-Dietrich Genscher für ein quasi-entmilitarisiertes Ostdeutschland ein. Es ging bei dieser Kontroverse letztendlich um die unterschiedliche Beurteilung, wie weit sowjetische Sicherheitsinteressen tangiert sein würden und entsprechende Moskauer Widerstände gegen eine rasche Einigung verhindert werden könnten. Teltschik stand hinter Stoltenberg, der seine Haltung mit ihm koordinierte. Beide sahen keine Veranlassung, vorzeitiges sicherheitspolitisches Entgegenkommen gegenüber der UdSSR zu zeigen, ohne dass entsprechende Forderungen von ihrer Seite gestellt worden waren. In den Ressort-Gesprächen hielten die Repräsentanten des Auswärtigen Amts an der Nichterweiterung der NATO nach Osten fest. Sie plädierten für eine westliche Bundeswehr unter NATO-Kommando und eine östliche ohne.[148]

Kohl beendete vorläufig die Debatte durch eine Rede im Bundestag am 15. Februar, in der er von einer gesamtdeutschen Mitgliedschaft in der NATO ohne »Einrichtungen« und »Einheiten« auf ostdeutschem Territorium sprach,[149] was vager klang als »Zuständigkeiten«.[150] Der im permanenten Dauerclinch mit dem Außenminister befindliche Teltschik hielt daraufhin frustriert fest, dass sich Genscher »durchgesetzt« habe: Es war »ein öffentliches Zugeständnis an die Sowjetunion, das von ihr bis dahin noch nicht eingefordert worden war.«[151]

Was allerdings Genscher vorausahnend befürchtet hatte, trat dann tatsächlich ein: Interviews von Schewardnadse in der *Iswestija* am 19. Februar und von Gorbatschow in der *Prawda* am 21. Februar signalisierten, welche sowjetischen Forderungen an Deutschland in den Zwei-plus-Vier-Verhandlungen bestanden: Ablehnung einer NATO-Mitgliedschaft, Friedensvertragsabschluss mit festgelegter sicherheitspolitischer Stellung sowie Garantien der Grenzen und Reparationen. Für Kohls Chefberater war aber angesichts dieser Stellungnahmen unklar, ob diese Forderungen Ausdruck innenpolitischer Rechtfertigungsversuche oder Kennzeichen einer sich versteifenden Haltung der Sowjetunion waren. Offenbar legte nun ihre Führung mit Blick auf die jüngsten Unterredungen Kohls in Russland bei den Forderungen deutlich nach. Teltschik kam zum Schluss, dass der Kreml die deutsche Frage für die Errichtung einer europäischen Sicherheitsordnung funktionalisieren wollte.

146 von Arnim, Zeitnot, S. 265–266 (bemerkenswert siehe auch das Vorwort von Teltschik: S. 7–10); Dok. 71: Drahtbericht des Botschafters Blech, Moskau, 13.3.1990, in: Amos/Geiger (Bearb.), Die Einheit, S. 355–364, hier S. 355; Dok. 75: Drahtbericht des Botschafters Blech, Moskau, 21.3.1990, in: ebd., S. 377–380, hier S. 379–380; Sarotte, Schritt, S. 79–80.

147 Von Arnim, Zeitnot, S. 324–325; Nachbetrachtungen, S. 740.

148 Elbe/Kiessler, Ein runder Tisch, S. 81–82; Küsters, Ringen, S. 188–189.

149 Tagebuch, 15.2.1990, S. 271–272, hier S. 272.

150 Rödder, Deutschland einig Vaterland, S. 202.

151 Tagebuch, 19.2.1990, S. 277; Küsters, Integrationsfriede, S. 832–849, hier S. 835–836.

Offenkundig vollzog sich die deutsche Einigung für Moskau zu rasant. Schewardnadses Präferenz für ein neutrales Deutschland und seine Zurückweisung einer gesamtdeutschen NATO-Zugehörigkeit bestanden aber demnach nur insoweit, als sich der Atlantikpakt nicht ändere. Teltschik bewertete den Sachstand so, dass sich die UdSSR alle Möglichkeiten offen halten und damit Beweglichkeit zeigen wollte. Demgegenüber ging er davon aus, dass der Zerfallsprozess der DDR die Geschwindigkeit der Entwicklung vorgebe und Bonn damit weiter unter Handlungsdruck setze. Diese Erkenntnis führte bei Teltschik zur Empfehlung der Forcierung der Einigungspolitik.[152] Er hielt beharrlich an seiner Linie fest, wonach der Kanzler die russische Seite überzeugen sollte, dass eine NATO-Zugehörigkeit für Gesamtdeutschland auch ganz im russischen Interesse liege. Dafür dachte der Chefberater an begleitende Vorkehrungen auf dem Sektor der Abrüstung, der Sicherheitsarchitektur und der Zusammenarbeit im Wirtschaftsbereich.[153]

Wutentbrannt war Kohl, als Genscher am 23. März einen Zwei-Stufen-Plan für einen Wandel von NATO und Warschauer Pakt öffentlich bekanntgab im Sinne von einem »Verbund gemeinsamer kollektiver Sicherheit«, in dem beide Militärallianzen aufgehen sollten. Der Kanzler rügte den Außenminister in einem Brief. Seine Äußerungen könnten als Einlenken gegenüber der UdSSR fehlgedeutet werden. Er teile seinen Vorschlag nicht und könne solche öffentlichen Festlegungen nicht unterstützen.[154] Trotz fortbestehendem Dissens behauptete sich Kohl mit seiner Position, die Bundesregierung auf eine gesamtdeutsche Zugehörigkeit zur NATO und die Anwendung ihres militärischen Geltungsbereichs im Osten Deutschlands zu verpflichten. Der Kanzler konnte sich dabei in seiner Haltung der Unterstützung des US-Präsidenten sicher sein, der dafür die westlichen NATO-Partner gewinnen konnte, so dass die Verhandlungsposition des Westens gegenüber der Sowjetunion einigermaßen geschlossen war.[155]

Eine deutschlandpolitische Vorentscheidung fiel im Rahmen der Vorbereitung der bundesdeutschen Verhandlungsposition bei den Zwei-plus-Vier-Gesprächen am 2. April. Bundeskanzler, Außen- und Verteidigungsminister, der Bundesminister für besondere Aufgaben und Chef des Bundeskanzleramtes Rudolf Seiters, sowie die engsten Berater von Genscher und Kohl, Kastrup und Teltschik, trafen mit General Klaus Naumann zusammen und vereinbarten, dass Artikel 5 und 6 des NATO-Vertrages auch für ein geeintes Deutschland gültig sein sollten. Offen war nur noch, ob die Regelung gleich nach der Vereinigung oder erst nach Rückzug der sowjetischen Verbände in Kraft treten sollte. Kohl drängte auf einen baldigen Abzugstermin, um Verzögerungen zu verhindern. Er vertrat die Auffassung, dass die Bundeswehr in ganz Deutschland aufgestellt sein müsse, wodurch gleichsam überall Wehrpflicht bestehen sollte.[156]

152 Nr. 191: Vorlage des Ministerialdirektors Teltschik an Bundeskanzler Kohl, 22.2.1990, in: Deutsche Einheit. Sonderedition, S. 857–859; Tagebuch, 23.2.1990, S. 282; siehe auch Nr. 211: Vorlage des Ministerialdirektors Teltschik an Bundeskanzler Kohl, 9.3.1990, in: Deutsche Einheit. Sonderedition, S. 921–923; Küsters, Ringen, S. 196–197, 211.

153 Nr. 228: Vorlage des Ministerialdirektors Teltschik an Bundeskanzler Kohl, 23.3.1990, in: Deutsche Einheit. Sonderedition, S. 970–975; Küsters, Ringen, S. 236.

154 Tagebuch, 23.3.1990, S. 317–318, hier S. 318.

155 Rödder, Deutschland einig Vaterland, S. 246.

156 Tagebuch, 2.4.1990, S. 327; Küsters, Ringen, S. 243.

5.12 Die Hängepartie der polnischen Grenzfrage und die Abwehr eines Friedensvertrags mit Reparationsforderungen

Teltschik und seinen Mitarbeitern wurde seit Februar 1990 bewusst, dass ein weiteres Aufschieben der Regelung der Grenzfrage mit Polen ein Hindernis auf dem Wege zur deutschen Einheit sein könnte. Die unbewegliche Haltung des Kanzlers begann zu nerven.[157] Sein Beraterumfeld wurde zunehmend nervöser, wollte eine Isolation des Kanzlerstandpunkts unbedingt vermeiden und tendierte zu einer offensiveren Vorgehensweise unter Einbeziehung der polnischen Seite in die Zwei-plus-Vier-Verhandlungen, die aber auf die Grenzregelung reduziert sein sollte. Auf die Entschließung des Deutschen Bundestages vom 8. November 1989, mit der Zusicherung an Polen, in sicheren Grenzen zu leben, verwies Peter Hartmann. Er wusste aber auch um die Gefahr einer Zuspitzung der Problematik. Genscher plädierte für eine Einbeziehung Polens in das Verhandlungsgeschehen. Teltschik rechnete damit, dass Großbritanniens Außenminister Douglas Hurd bei seinem Bonn-Besuch am 12. März 1990 die Garantiefrage der polnischen Westgrenze ansprechen würde.[158]

Der Kanzler-Berater ging zutreffenderweise davon aus, dass Frankreich hinter dieser Forderung stand. Garantiemächte eines deutsch-polnischen Grenzvertrages wollte Teltschik jedoch »unmissverständlich zurückgewiesen« sehen. Die Vertragstreue der Bundesrepublik sollte in keiner Weise bezweifelt werden. Was das Bundeskanzleramt und wohl auch das Auswärtige Amt unbedingt vermeiden wollten, waren infolgedessen polnische Reparationsforderungen, die von allen eingeschalteten Stellen in Bonn kategorisch abgelehnt wurden. Alles, was in Richtung Friedensvertrag tendierte, war ein Anathema am Rhein. Mehr als vier Jahrzehnte nach Kriegsende sollten keine Reparationsforderungen mehr erhoben werden, so die Ansicht im Bundeskanzleramt. Sowjetunion und Polen hätten Entschädigungen durch Gebietsabtretungen und die Westmächte durch das Londoner Schuldenabkommen von 1953 Wiedergutmachung erhalten. Hurd zeigte sich zwar mit der Entschließung des Bundestags zufrieden, aber auch Verständnis für das polnische Anliegen für verbindlichere Zusagen.[159]

Der Bundeskanzler hielt weiter die Bundestagsresolution für ausreichend, forderte die Bestätigung des polnischen Reparationenverzichts von 1953 und Schutz für die deutsche Minderheit in Polen. Über Mitterrands Unterstützung der polnischen Seite war er verstimmt: Für die Gefühle der Deutschen bestehe kein Verständnis und von den Polen komme keine positive Geste. Der Generalsekretär des Elysée Jean Louis Bianco suchte bei Teltschik um ein vertrauliches Gespräch an, um die bilateralen Spannungen mit dem französischen Staatspräsidenten abzumildern. Die Verärgerung in Bonn über dessen Pressekonferenz mit dem polnischen Staatspräsidenten Jaruzelski relativierte Bianco unter Betonung der deutsch-französischen Partnerschaft. Doch im Bundeskanzleramt war klar, dass Frankreich auf Polens Interessen bestand. Jacques Attali und Elisabeth Guigou waren eingeschaltet, um Schlimmeres im Verhältnis zu Bonn zu verhindern. Konsens bestand mit

157 Tagebuch, 28.2.1990, S. 288–289; 6.3.1990, S. 294; Jäger, Überwindung, S.132–134.

158 Tagebuch, 11.3./12.3.1990, S. 300–301; Nr. 205: Vorlage des Ministerialdirektors Teltschik an Bundeskanzler Kohl, 6.3.1990, in: Deutsche Einheit. Sonderedition, S. 913–914; Nr. 222, Vorlage des Ministerialdirektors Teltschik an Bundeskanzler Kohl, 15.3.1990, in: ebd., S. 955–956; Nachbetrachtungen, S. 648.

159 Zum Thema Grenzanerkennung gegen Reparationsverzicht: Küsters, Integrationsfriede, S. 849–863; Ders., Ringen, S. 215–216; zum Grenzvertrag: Pick, Deutsch-polnische Beziehungen, S. 620–621.

Teltschik, einen bundesdeutsch-französischen Vorstoß zur Bildung einer Politischen Union auf dem EG-Gipfel im April in Dublin zu unternehmen.[160]

Europäische Einigungsideen bildeten den Kitt, um größere Risse im Beziehungsgeflecht Bonn-Paris zu verhindern. Dabei spielte der aus Frankreich stammende EG-Kommissionspräsident Jacques Delors eine proaktiv-förderliche Rolle. Kohl hielt, bekräftigt durch Teltschik, an der Maßgabe der gemeinsamen Bundestagsentschließung und einer der Volkskammer fest, um unverzüglich nach der Vereinigung Deutschlands einen völkerrechtlich bindenden bilateralen Vertrag mit Polen zu unterzeichnen und in Kraft zu setzen. Das war für Kohl und Teltschik die weitestgehende Form einer Art Garantie ohne Vier-Mächte-Involvierung. Daher schieden auch Überlegungen für einen Vorvertrag aus, den Kohl und Teltschik ebenso ausschlossen wie auch ein Zwei-plus-Vier-Treffen in Warschau. Der Kanzler genoss hierbei Rückendeckung durch Washington, nachdem er von einer Junktimierung des deutschen Minderheitenschutzes in Polen und der Frage der Reparationen mit dem Grenzvertrag abrückte. Indes wurde die Volkskammerwahl in der DDR am 18. März zum Indikator, wie weit die Ostdeutschen die Einigung Deutschlands befürworteten. Sie wurden zu Verbündeten Kohls und spendeten bei seinen Wahlkampfauftritten viel Applaus, nachdem er ihnen auch das Hauptverdienst an den politischen Veränderungen in der DDR zugesprochen hatte.[161]

5.13 Grenzen der Kommunikation in der polnischen Grenzfrage und ihre vorläufige Lösung

Kohls Zurückhaltung in der Frage einer vorzeitigen Anerkennung der Oder-Neiße-Grenze sowie Genschers diesbezügliche außen- und parteipolitisch motivierten Selbstprofilierungen waren schwerlich miteinander vereinbar. Teltschik erkannte die Spannung zwischen internationalen Zwängen und der Gefahr innenpolitischer Kampagnen, zumal auch auf Länderebene verschiedene Wahlen anstanden. Kohl musste sich politisch bewegen, obwohl er das überhaupt nicht wollte.[162] Ärger drohte, weil er zuletzt die Grenzfrage mit dem Minoritätenschutz für Deutsche in Polen und einem Verzicht auf Reparationen verbunden hatte.[163] Das französische Drängen auf eine vertragliche Regelung mit Warschau brachte den Kanzler zusätzlich auf. Der Anruf Mitterrands bei Kohl vier Tage vor den Volkskammerwahlen erzürnte ihn. Die Grenzen der »Freundschaft« wurden wieder erkennbar: Stets müsse Rücksicht auf andere Völker genommen werden – außer auf die Deutschen![164]

Im Gespräch des stellvertretenden Leiters der Abteilung Westeuropa im polnischen Außenministerium Jerzy Sulek mit Teltschik am 19. März in Bonn kündigte Sulek ein Memorandum seiner Regierung und einen Vertragsentwurf für die Verhandlungen über die Grenzfrage an.[165] Teltschik rekurrierte sofort auf die Relevanz der Bundestagserklärung, die eine fast 100prozentige Zustimmung erfahren hatte und letztlich eine Frage des Vertrauens

160 Tagebuch, 15.3.1990, S. 304–305; Nachbetrachtungen, S. 624, 713, 746–747.

161 Nr. 221: Telefongespräch des Bundeskanzlers Kohl mit Präsident Bush, 15.3.1990, in; Deutsche Einheit. Sonderedition, S. 952–955; Küsters, Ringen, S. 218–219; Nachbetrachtungen, S. 716.

162 Tagebuch, 28.2.1990, S. 288; Pick, Deutsch-polnische Beziehungen, S. 612–619.

163 Tagebuch, 2.2.1990, S. 240.

164 Tagebuch, 14.3.1990, S. 303–304.

165 Nr. 223: Gespräch des Ministerialdirektors Teltschik mit Botschafter Karski und dem stellvertretenden Abteilungsleiter Sulek, 19.3.1990, in: Deutsche Einheit. Sonderedition, S. 956–960.

sei. Die Infragestellung und Anzweifelung einer Erklärung des Deutschen Bundestages und der Volkskammer wären das Gegenteil. Teltschik stellte zudem klar, dass Reparationen kein Gegenstand von Verhandlungen sein könnten. Die Prüfung persönlicher Ansprüche von KZ-Häftlingen und Zwangsarbeitern sagte er jedoch zu. Die polnische Seite, vertreten durch Botschafter Ryszard Karski und Sulek, bestand hingegen auf Aufnahme zwischenstaatlicher Verhandlungen. Teltschiks Hinweis auf die Einbettung des Grenzvertrags in den KSZE-Rahmen befriedigte die polnischen Seite nicht – auch nicht nach der Beteuerung, dass es letztlich um die Erhaltung des Friedens gehe. Kohls Chefberater vermochte es nicht, bei der Gegenseite Verständnis dafür zu erzielen, dass der Kanzler eine Zerreißprobe im Deutschen Bundestag über die Grenzfrage tunlichst zu verhindern bemüht war. Genscher wollte dagegen offensiv auf den Vorstoß Mazowieckis, d.h. noch vor der deutschen Einigung einen Vertrag aushandeln und paraphieren, reagieren und Verhandlungen über einen Vertragsentwurf einleiten. Der Druck auf Kohl wurde immer stärker. Schließlich lenkte er ein und stimmte der Vorbereitung eines Vertragsentwurfs zu, vorbehaltlich seiner Prüfung und Entscheidung. Er versuchte sich damit aus einer für ihn kniffligen Lage zu befreien und Zeit zu gewinnen, ohne sich gegenüber dem Regierungspartner und Mazowiecki festzulegen. Mit Unterstützung von Teltschik, der die Hartnäckigkeit seines Chefs in dieser Frage nur noch bedingt teilte, spielte Kohl weiter mehr oder weniger erfolgreich auf Zeit.[166]

Indes einigten sich der Kanzler und der Außenminister, auf der vorgegebenen Linie Kohls in der Grenzfrage fortzufahren: Koordinierung mit Ost-Berlin über eine Entschließung des Bundestags und der Volkskammer zur polnischen Westgrenze, um diese anschließend gegenüber Warschau zu bekräftigen. Genscher rückte folglich von seiner ursprünglichen Position ab und kam nicht mehr auf Mazowieckis Vorstoß zurück.[167] Kohl hatte sich damit vorerst behauptet.

In Folge war die Bundesregierung aber gezwungen, ihre Zusagen einzulösen. Das Außenministerium der DDR legte beim deutsch-deutsch-polnischen Expertengespräch am 29. Mai einen Vertragsentwurf vor, den die polnische Seite akzeptierte, der Verhandlungen vor Abschluss der Zwei-plus-Vier-Gespräche implizierte und die Erklärung der beiden deutschen Parlamente als einseitige Vorleistung darstellte. Der von der Bundesregierung präsentierte Entwurf der Erklärung hatte entgegen dem polnischen Wunsch keine konstitutive Festlegung der Grenze vorgesehen, sondern lediglich eine Feststellung des Rechtszustandes. Außerdem sollte nach bundesdeutscher Auffassung die Grenzregelung nicht Bestandteil einer friedensvertraglichen Regelung sein.[168] Teltschik trat dafür ein, am bundesdeutschen Entschließungsentwurf festzuhalten, weil er den Kern des zukünftigen Grenzvertrages beinhaltete. Die DDR-Regierung sollte als erste das Dokument bekommen, bevor es vertraulich den westlichen Vertretern zur Kenntnis gebracht wurde.[169] Der Bundeskanzler ließ dem DDR-Ministerpräsidenten am 31. Mai den Entwurf zukommen und

166 Tagebuch, 19.3.1990, S. 309–310, hier S. 310; Pick, Deutsch-polnische Beziehungen, S. 610–612.

167 Tagebuch, 27.3.1990, S. 319; Küsters, Ringen, S. 238.

168 Nr. 288: Vorlage des Ministerialdirigenten Hartmann an Bundeskanzler Kohl, 25.5.1990, Nr. 288A: Entschließung, 25.5.1990, in: Deutsche Einheit. Sonderedition, S. 1147–1149; Tagebuch, 29.5.1990, S. 399; 31.5.1990, S 404.

169 Nr. 296: Vorlage des Ministerialdirektors Teltschik an Bundeskanzler Kohl, 30.5.1990, Nr. 296A Anlage 1 Entschließung, 30.5.1990, Nr. 296B Anlage 2 Entwurf Vereinbarung/Protokoll, 30.5.1990, Nr. 296C Anlage zu Anlage 2 Entwurf Note 30.5.1990, in: Deutsche Einheit. Sonderedition, S. 1165–1171; Tagebuch, 31.5.1990, S. 404; 5.6.1990, S. 410.

kritisierte die einseitige Vorgehensweise des DDR-Außenministeriums, ohne Rücksprache mit Polen den Entwurf vorgelegt zu haben. Kohl sah dabei erhebliche Schwierigkeiten voraus, weil Frankreich die polnische Position unterstützte.[170]

5.14 Der Emissär als Ausdruck sowjetischer Schwäche und Beratung des Ratgebers durch einen baltendeutschen Osteuropa-Experten, 28.3./4.4.1990

Am 28. März tauchte der von Tschernajew nach Bonn geschickte Portugalow wieder bei Teltschik auf und informierte über die Gedankengänge im Kreml. Im Unterschied zum November erklärte er, ausdrücklich vollständig legitimiert zu sein. Seiner Mitteilung zufolge gab es keine Vorbehalte von sowjetischer Seite gegen Artikel 23 des Grundgesetzes zur Beschreitung des Wegs zur deutschen Einheit. Folgende Problemkomplexe bestanden aber für Moskau weiterhin: der Gebietsstand des zukünftigen Deutschlands, die Entlassung der DDR aus allen Vertragsvereinbarungen nach Beitritt zum Grundgesetz und deren Übernahme durch die Bundesrepublik, der Verzicht auf ABC-Waffen, die Anerkennung des Nichtweiterverbreitungsvertrages und die Streitkräftereduzierung der Bundeswehr. Auf »Neutralisierung Deutschlands« könne, so Portugalow, Verzicht geleistet werden, keine sowjetische Bereitschaft bestehe jedoch für eine Mitgliedschaft im Atlantik-Pakt, sondern für einen französischen Status innerhalb der NATO oder die Zugehörigkeit zu beiden Bündnissen (!). Falls Bonn in der Frage des zukünftigen militärischen Status konzessionsbereit sei, werde sich Moskau in der Frage eines Friedensvertrages beweglich zeigen. Für den Chefberater des Kanzlers waren diese Auskünfte ein untrüglicher Hinweis darauf, dass sich für die Sowjetführung noch keine klare Position für die Zwei-plus-Vier-Verhandlungen herauskristallisiert hatte. Portugalows Vorstoß war als abermaliger Test zu verstehen um herauszufinden, wie das Bundeskanzleramt dachte und wie beweglich es war.[171] Für Teltschik wurde klar, dass ein nicht geringes Maß an Entscheidungsschwäche, Handlungsbeschränkung und Orientierungslosigkeit in Moskau vorherrschte.[172] Die Suche nach Antworten auf die deutsche Frage und die Bestimmung der sowjetischen Interessen eröffneten gleichzeitig Entscheidungsmöglichkeiten, Handlungsspielräume und Richtungsvorgaben für die bundesdeutsche Seite.

Teltschik – stets aufgeschlossen für Anregungen und aufnahmebereit für Ideen – war das Gegenteil eines beratungsresistenten Ratgebers. Regelmäßig organisierte er eine außen- und deutschlandpolitische Expertengruppe, der Politikwissenschaftler wie Christian Hacke oder auch Völkerrechtler angehörten. Darunter war der an der Universität zu Köln lehrende, 1915 in Pleskau (estnisch Pihkva, lettisch Pleskava) geborene baltendeutsche Osteuropaexperte Boris Meissner. Er regte in diesem Kreis an, der Sowjetunion für die Zeit nach der Einigung einen allumfassenden, großangelegten zwischenstaatlichen Vertrag anzubieten, der Verzicht auf Gewalt und Zusammenarbeit beinhalten sollte. Die Verhandlungen könnten

170 Tagebuch, 12.12.1989, S. 181; 15.2.1990, S. 274; 5.3.1990, S. 294; 31.5.1990, S. 404; Nr. 298: Schreiben des Bundeskanzlers Kohl an Ministerpräsident de Maizière, 31.5.1990 in: Deutsche Einheit. Sonderedition, S. 1177–1178; Hutchings, American Diplomacy, S. 387; Küsters, Ringen, S. 311–312.

171 Tagebuch, 28.3.1990, S. 321; Nr. 232: Gespräch des Ministerialdirektors Teltschik mit dem Berater der Abteilung für internationale Beziehungen des Zentralkomitees der KPdSU, Portugalow, in Bonn, 28.3.1990, in: Deutsche Einheit. Sonderedition, S. 981–983.

172 Küsters, Ringen, S. 238–240.

schon vor der deutschen Einheit einsetzen und ein solches Vorhaben Moskau die deutsche Bereitschaft zusichern, die sowjetischen Interessen auf allen Ebenen zu berücksichtigen, so dass auch das geeinte Deutschland in Zukunft ein zentraler Partner der UdSSR sein würde. Zusätzlich sollte ein gesamteuropäischer Gewaltverzichtsvertrag zwischen NATO und Warschauer Pakt mit der Anerkennung der Grenzen im Rahmen der KSZE folgen. Dem könnte auch eine Streitschlichtungsvereinbarung nach kürzlich erfolgter eidgenössischer Anregung angeschlossen werden. Teltschik war ob der Anregungen und Überlegungen »fasziniert« und »entschlossen«, den Kanzler dafür zu gewinnen.[173] Den deutsch-sowjetischen Freundschafts- und Kooperationsvertrag sollten Anatolij Tschernajew und Horst Teltschik vorbereiten sowie auf Wunsch Kohls und Zusicherung an Gorbatschow weder das Auswärtige Amt noch das Finanzministerium daran Anteil haben.[174]

5.15 Die Gleichzeitigkeit des Ungleichzeitigen: westeuropäische Integrationsimpulse und deutsch-deutsche Koordinierungsnotwendigkeiten, 4./5.4.1990

Der Austausch über die Weiterentwicklung der europäischen Einigung mit Blick auf Binnenmarkt und Währungsunion in der zweiten Hälfte und Ende der 1980er Jahre war im Wesentlichen Sache des deutschen Bundeskanzlers und des französischen Staatspräsidenten: »Die Minister sollten nicht einbezogen werden. Wir beauftragten unsere Vertrauten Horst Teltschik und Jacques Attali, die ökonomischen Fragen zu klären und entscheidungsreife Vorlagen zu formulieren«, hielt Kohl fest.[175]

Ab April 1990 setzte sich Teltschik mit Attali[176] für einen neuen deutsch-französischen Vorschlag zu Regierungsverhandlungen auf europäischer Ebene ein, um die Vertiefung der Integration voranzutreiben. Es war das Ziel, den französischen Staatspräsidenten für konkrete Abmachungen über den Termin für die Finalisierung eines Gipfels zur Wirtschafts- und Währungsunion bis spätestens Juni 1991 zu bewegen,[177] um Reformen für die Europäische Gemeinschaft mit 1. Januar 1993 umzusetzen. Zusätzlich setzte der Bundeskanzler stark auf die schon erwähnte Festlegung einer Politischen Union, wozu es entsprechender institutioneller Maßnahmen bedurfte. Kohl wünschte sich eine Entscheidung auf dem Sondergipfel des Europäischen Rats am 28. April in Dublin.[178] Es zeichnete sich jedoch ab, dass in Folge das Einvernehmen zwischen Bonn und Paris nicht in ausreichendem Maße gegeben war.[179] Kohl gab dennoch am 2. April grünes Licht für weitere Koordinationen

173 Tagebuch, 4.4.1990, S. 330; Nachbetrachtungen, S. 699.

174 Garton Ash, Im Namen Europas, S. 515.

175 Kohl, Erinnerungen 1982–1990, S. 443.

176 Beide – Attali und Teltschik – arbeiteten schon seit 1985 eng zusammen, u. a. mit Blick auf geheime sicherheitspolitische Abkommen – beim EG-Gipfel in Straßburg am 8.12.1989 halfen beide bei der Abfassung der Abschlusserklärung die Wogen zu glätten, Ulrich Lappenküper, Mitterrand und Deutschland, Die enträtselte Sphinx (Quellen und Darstellungen zur Zeitgeschichte Bd. 89), München 2011, S. 218, 234, 270, siehe auch Nachbetrachtungen, S. 834.

177 Nr. 181: Schreiben des irischen Ministerpräsidenten Haughey an Bundeskanzler Kohl, 18.2.1990, in: Deutsche Einheit. Sonderedition, S. 828–829.

178 Nr. 215: Schreiben des Bundeskanzlers Kohl an Präsident Delors, 13.3.1990 in: Deutsche Einheit. Sonderedition, S. 935–936.

179 Nr. 241: Vorlage des Ministerialdirektors Teltschik an Bundeskanzler Kohl, 3.4.1990, in: Deutsche Einheit. Sonderedition, S. 1005–1006.

mit den Mitarbeitern des französischen Staatspräsidenten. Als die Textierung von bundesdeutscher Seite konkreter wurde, sträubte sich jedoch die französische. Am 5. April ließ die Unterhändlerin Mitterrands Elisabeth Guigou ihr Gegenüber Joachim Bitterlich wissen, dass ihr Chef davon ausgehe, ein Mindestmaß an Einverständnis müsse über den Inhalt zu erzielen sein, bevor eine Initiative gestartet werde.[180] Das Projekt »Politische Union« sollte letztlich im Sande verlaufen. Für Mitterrand war die europäische Währungsunion prioritär, womit mittel- bzw. langfristig die Neutralisierung der D-Mark intendiert war. Zunächst musste aber auf deutsch-deutscher Ebene eine währungspolitische Entscheidung getroffen werden.

Mitte April begannen die Vereinbarungen für die deutsch-deutsche Wirtschafts- und Währungsunion. Der frühere Staatssekretär im Finanzministerium und Sherpa des Bundeskanzlers bei Weltwirtschaftsgipfeln, nun Verhandlungsleiter der bundesdeutschen Delegation für die deutsch-deutsche Währungsunion, Hans Tietmeyer, und Kohls Wirtschaftsberater Johannes Ludewig trafen in Ost-Berlin mit Ministerpräsident Lothar de Maizière, Minister Klaus Reichenbach und Günther Krause, dem Parlamentarischen Staatssekretär bei De Maizière und Verhandlungsführer beim Einigungsvertrag mit Wolfgang Schäuble, zusammen. Die Westdeutschen konnten sie vom beabsichtigten Währungstausch von 1:1 abbringen.[181] Es folgte eine differenziertere Regelung: Gehälter, Löhne, Mieten, Renten und »wiederkehrende Zahlungen« wurden 1:1 umgestellt und die weiteren Verhältnisse gestaffelt. Das Bargeld musste auf Konten eingezahlt werden. Kinder unter 14 Jahren erhielten im Verhältnis 1:1 bis zu 2.000, 15- bis 59-Jährige bis zu 4.000 und Ältere bis zu 6.000 DDR-Mark. Größere Beträge wurden in der Relation 2:1 umgetauscht, wofür die Frist mit dem Inkrafttreten der Währungsunion am 1. Juli 1990 endete. Nach dem 31. Dezember 1989 entstandene Guthaben wurden zu einem Kurs von 3:1 umgewechselt. Organisiert wurde die Währungsumstellung durch die Deutsche Bundesbank, verbunden mit einem schwierigen Beginn für die ostdeutsche Ökonomie in einer neuen Wirtschaftsstruktur, die Dieter Grosser als »schöpferische Zerstörung« betitelte.[182]

Deutsch-deutsche Koordinierungsnotwendigkeiten waren auch in Fragen der Außenpolitik erforderlich, was Horst Teltschik und seinen Stellvertreter Peter Hartmann auf den Plan rief. In Ost-Berlin fanden die Konsultationen mit Lothar de Maizière, Klaus Reichenbach und Günther Krause statt.[183] Der DDR-Ministerpräsident wollte im Unterschied zur westdeutschen Auffassung die Nationale Volksarmee (NVA) auf längere Dauer bewahren und Offiziere weiter im Dienst belassen. Im Entlassungsfall befürchtete er eine Gefährdung der inneren Sicherheit. De Maizière versuchte auch dem Verlangen Mazowieckis nachzukommen, zwischen beiden noch bestehenden deutschen Staaten vor ihrer Vereinigung

180 Nr. 241A: Wesentliche Elemente von Schlussfolgerungen der Sondertagung des Europäischen Rates am 28. April 1990 in Dublin zur Beschleunigung des europäischen Integrationsprozesses, 3.4.1990 in: Deutsche Einheit. Sonderedition, S. 1006–1007; Küsters, Ringen, S. 243.

181 Hans Tietmeyer, Erinnerungen an die Vertragsverhandlungen, in: Theo Waigel/Manfred Schell (Hrsg.), Tage, die Deutschland und deutsche Währungsunion, München 1994, S. 57–117, hier S. 69–70, Joachim Algermissen, Hans Tietmeyer: Ein Leben für ein stabiles Deutschland und ein dynamisches Europa (Untersuchungen zur Ordnungstheorie und Ordnungspolitik 70), Tübingen 2019.

182 Grosser, Wagnis, S. 330–345, hier 437–448 und 449–483.

183 Tagebuch, 14.4.1990, S. 335; Nr. 244: Gespräch des Ministerialdirektors Teltschik mit Ministerpräsident de Maizière und Minister Reichenbach in Berlin (Ost), 16.4.1990, in: Deutsche Einheit. Sonderedition, S. 1011–1012; Nachbetrachtungen, S. 678–679, 839.

einen Grenzvertrag zu paraphieren, sowie ferner eine NATO-Zugehörigkeit eines geeinten Deutschlands nur für eine Übergangsperiode bis zur Bildung eines gesamteuropäischen Sicherheitssystems hinzunehmen. De Maizière legte zudem Wert darauf, dass die Bundesregierung Verpflichtungen aus vorhandenen Lieferverträgen der DDR mit der UdSSR und dem Comecon zusicherte.[184] Hinter diesen Forderungen stand der noch in Berlin residierende sowjetische Botschafter Wjatscheslaw Kotschemassow. Zum Missfallen Teltschiks hatte er de Maizière vermittelt, dass die Sowjetunion nach wie vor noch in der DDR den Ton angebe.[185] Herausfordernd blieb die Situation weiterhin für Vertreter der Bundesrepublik, weil DDR-Repräsentanten in zentralen Fragen andere Positionen und hinhaltend Eigeninteressen vertraten. Es gelang Kohls Chefberater schließlich, den DDR-Regierungschef von seiner Unterordnung unter Kotschemassow abzubringen sowie die anstehenden Fragen nach und nach zu klären und Probleme zu lösen. So war Teltschik nach Ost-Berlin gereist, um bei der Abfassung der Regierungserklärung de Maizière zu unterstützen, die dieser dann am 12. April selbstbewusst vor der Volkskammer vortrug.[186]

5.16 Deutsche Kredite für sowjetische NATO-Zugeständnisse: Geheimmission nach Moskau mit deutschen Bankiers, 14.5.1990

Der Bundeskanzler war über das bisherige Resultat der Zwei-plus-Vier-Gespräche – so wie auch der US-Präsident und sein Außenminister – zufrieden. Das trug zur Entspannung im Verhältnis zwischen Kohl und Genscher bei. Die formelle Entkoppelung von innerer und äußerer Einigung blieb dabei gewahrt. Bei zeitigem Verhandlungsabschluss und Zustimmung der ostdeutschen Regierung konnten laut Kohl die ersten gesamtdeutschen Wahlen noch 1990 stattfinden,[187] was Teltschik zustimmend registrierte, der umso mehr fortgesetzt an zügigen Lösungen interessiert war.

Während Genscher und Schewardnadse am 5. Mai im Auswärtigen Amt zusammentrafen, ließ der sowjetische Außenminister über Kwizinskij bei Teltschik ein Non-Paper über Finanzwünsche Moskaus deponieren: Die Zahlungsunfähigkeit der Sowjetunion stand im Raum, was schließlich die Vorstandssprecher der Deutschen Bank AG Hilmar Kopper und Wolfgang Röller von der Dresdner Bank AG in selber Kompetenz einvernehmlich am 8. Mai Kohl bestätigten.[188] In geheimer Mission machten sie sich mit Teltschik am 14. Mai auf die Reise nach Moskau, um einmal mehr bundesdeutsche Solidarität mit Gorbatschow nicht nur zu bekunden, sondern zuzusagen.[189]

Nach einer Unterredung mit Ministerpräsident Nikolai Iwanowitsch Ryschkow wurden sie von Gorbatschow persönlich empfangen, der ihnen und Teltschik erklärte, dass die Sowjetunion eine »Phase der Krankheit« erfahren hätte, um im gleichen Atemzug zu erwähnen, dass für sein Imperium das Angewiesensein auf westliche Hilfe nicht hinnehmbar wäre. Gleichzeitig wurde deutlich, dass die UdSSR um Unterstützung ansuchte, um das Projekt der Reformpolitik der Perestroika nicht scheitern zu lassen. Der Finanzbedarf wurde von Gorbatschow mit 15 bis 20 Milliarden D-Mark beziffert, zurückzahlbar

184 Küsters, Ringen, S. 259.
185 Tagebuch, 16.4.1990, S. 336–338, hier S. 337.
186 Kohl, »Ich wollte Deutschlands Einheit«, S. 352; Nachbetrachtungen, S. 678–679.
187 Tagebuch, 7.5.1990, S. 365–367, hier S. 365; von Arnim, Zeitnot, S. 392–393.
188 Tagebuch, 8.5.1990, S. 368; Schwarz, Kohl, S. 571.
189 Tagebuch, 14.5.1990, S. 374–379.

in den nächsten sieben bis acht Jahren. Als aktueller Bedarf wurden 1,5 bis 2 Milliarden D-Mark genannt. Er ließ durchblicken, dass die USA nicht helfen würden, weshalb er sich an Deutschland wende. Im Gegenzug ließ er wissen, dass er sich mit dem Bundeskanzler nach dem Parteitag der KPdSU ab Mitte Juli eingehend über die deutsche Einigung verständigen werde. Keinesfalls dürfe aber die Sicherheit der Sowjetunion in welcher Form auch immer gefährdet werden. Teltschik erfasste sofort die Lage. Der sowjetische Parteichef schien den Eindruck zu vermitteln, in allen Bereichen Einigungsmöglichkeiten zu gewähren wie auch in der heiklen NATO-Frage, ohne diese jedoch explizit zu beantworten. Er verlangte von Teltschik, gemeinsam Druck auf den US-Präsidenten aufzubauen und ihn zur Kooperation zu bewegen. Gorbatschow verwies dabei auf ein Telefonat mit dem US-Präsidenten von Ende Februar, das von der Bündnisfrage handelte, wobei sich Bush für ein gesamtes NATO-Deutschland ausgesprochen hatte. Die Blockauflösung sei jedoch, so Gorbatschow, die einfachste Lösung. Teltschik erwiderte darauf, dass nur eine Lösung im Gesamtrahmen möglich und die Bundesregierung willens sei, einen neuen bilateralen Vertrag mit geschichtlichem Gewicht zu vereinbaren. Gorbatschow schwieg zur Ausführung Teltschiks, wonach ein größeres Deutschland zur Sicherheit vor sich selbst und seiner Nachbarn Mitglied eines gemeinsamen Bündnisses mit den USA sein müsse. Er erinnerte an sein Versprechen, den Kanzler bei nächster Gelegenheit in seine Heimat einzuladen, worauf Gorbatschow abermals schwieg. Der beim Gespräch anwesende Kwizinskij sagte Teltschik im Anschluss, dass sein Hinweis auf fruchtbaren Boden gefallen sei. Die nächste Begegnung Kohls mit Gorbatschow sollte in dessen Heimat im Kaukasus stattfinden.[190]

Hanns Jürgen Küsters fasst treffend zusammen: Bonn bot Moskau Unterstützung an und half ihm sein Gesicht zu wahren, Moskau gab dafür seine Zustimmung zur deutschen Vereinigung und lenkte zur Zufriedenheit des Westens auch in der Frage der NATO-Mitgliedschaft ein.[191] Einen Monat später sollte eine weitere wichtige deutschland- und sicherheitspolitische Entscheidung getroffen werden. Indes wurde ab Mitte Juni für das Bundeskanzleramt offenkundig, dass die UdSSR am kollabieren war, wie zwei Briefe Gorbatschows an den Bundeskanzlers nahelegten.[192]

5.17 Einigung über die NATO-Gipfelerklärung, 18.6.1990

Allem äußeren Anschein nach hielt der Kreml weiter an der Auffassung fest, das vereinte Deutschland blockübergreifend zu integrieren. Gefordert wurde ein simultaner alliierter Truppenabzug, was v. a. die amerikanische Seite befürchtet hatte,[193] die sich ihre Präsenz in Deutschland und damit in Europa weiter sichern wollte. Es ging aber auch aus bundesdeutscher wie sonstiger westalliierter Sicht in dieser ungewissen Übergangsphase, in der keine

190 Tagebuch, 14.5.1990, S. 374–379; Dok. 102: siehe hierzu auch Gespräch des Bundesministers Genscher mit dem amerikanischen Außenminister Baker in Washington, 25.5.1990, in: Amos/Geiger (Bearb.), Die Einheit, S. 508–517, hier S. 511; siehe auch Frank Costigliola, An ›Arm around the Shoulder‹: The United States, NATO and German Reunification, 1989–90, in: *Contemporary European History* Vol. 3 (March 1994), No. 1, S. 87–110; Nachbetrachtungen, S. 695–696, 761–764; Hinweis Teltschik, 2.5.2024.

191 Küsters, Ringen, S. 297–298, 300–301.

192 Nr. 315: Schreiben des Präsidenten Gorbatschow an Bundeskanzler Kohl, 14.6.1990; Nr. 316: Schreiben des Präsidenten Gorbatschow an Bundeskanzler Kohl, 15.6.1990, in: Deutsche Einheit. Sonderedition, S. 1224–1225, 1226.

193 Tagebuch, 18.6.1990, S. 434–436, hier S. 436.

NATO-Einrichtungen und -Truppen auf ostdeutschem Gebiet installiert werden sollten, um entsprechende sicherheitspolitische Absicherungen, verbunden mit kommunikationspolitischen Maßnahmen. Eine gemeinsame Erklärung von NATO und Warschauer Pakt zur Vertrauensbildung war zwar angesagt, jedoch keine Verhandlungen von Block zu Block vorgesehen, aus denen ein eigener Vertrag hätte resultieren können.[194]

Das bisherige Prozedere der engen Abstimmung in Sachen europäischer Integrationspolitik zwischen den amerikanischen, deutschen und französischen Politik-Beratern funktionierte auch für vertrauliche Abstimmungen im Vorfeld des NATO-Gipfels, so in Brüssel am 29./30. Mai 1990: Verteidigungsminister Gerhard Stoltenberg reiste dazu in vertraulicher Mission nach Washington und Horst Teltschik koordinierte die Vorbereitungen des Gipfels mit Beratern der Regierungschefs in den anderen NATO-Ländern, besonders mit Frankreich und dem Vereinigten Königreich.[195] Dabei galt es zunächst auch in Bonn die Positionen zwischen Auswärtigem Amt und Bundeskanzleramt abzustimmen und auf eine Linie zu bringen.

Kohls Chefberater einigte sich am 18. Juni 1990 mit dem bundesdeutschen NATO-Botschafter und Ständigen Vertreter im Nordatlantikrat in Brüssel Hans-Friedrich von Ploetz über die Ziele der NATO-Gipfelerklärung. Damit war ein Konsens zwischen Außenminister und Kanzler hergestellt: Im Bereich der KSZE strebte die Bundesregierung eine Stärkung der politischen Kooperation durch wiederkehrende Treffen der Staats- und Regierungschefs, Außen- und Verteidigungsminister und Generalstabschefs sowie durch Einrichtung eines Sekretariats an. Auf dem Feld der militärischen und sicherheitspolitischen Zusammenarbeit sollte durch ein Konfliktverhütungs- und Verifikationszentrum eine Optimierung der Beziehungen zwischen den Militärs erreicht werden. Auf dem Sektor der Abrüstung und Rüstungskontrolle signalisierte Bonn Bereitschaft, zu den weiteren Verhandlungen über konventionelle Waffensysteme, Sicherheit und Vertrauensbildung (VKSE) eine generelle Absichtserklärung abzugeben, bei der über Obergrenzen von Streitkräften einschließlich der deutschen Streitkräfte in Mitteleuropa verhandelt werden und ein Minimum an nuklearen Waffen für substrategische Systeme erhalten bleiben sollte.[196]

5.18 Von einem Gipfel-Marathon zum letzten Durchbruch in Moskau, 14./15.7.1990

Am 29. und 30. Mai fand die erwähnte NATO-Konferenz in Brüssel statt sowie am 25./26. Juni ein EG-Gipfel der Staats- und Regierungschefs in Dublin, gefolgt von einem weiteren NATO-Gipfel der Staats- und Regierungschefs in London am 5./6. Juli.[197] Bald darauf schloss sich für den erschöpften und ermüdeten Kanzler sowie seinen engsten Mitarbeiter das Weltwirtschaftstreffen der G7-Staaten vom 9. bis 11. Juli in Houston an, wobei

194 Nr. 318: Vorlage des Vortragenden Legationsrats Westdickenberg an Ministerialdirektor Teltschik, 18.6.1990, in: Deutsche Einheit. Sonderedition, S. 1227–1229.

195 Kohl, Erinnerungen 1982–1990, S. 872. Irrig ist hier von 30./31.5.1989 [sic!] die Rede.

196 Tagebuch, 18.6.1990, S. 435–436; Nr. 319: Gespräch des Ministerialdirektors Teltschik mit Botschafter von Ploetz und Vertretern des Auswärtigen Amts in Bonn, 18.6.1990, in: Deutsche Einheit. Sonderedition, S. 1229–1231; Küsters, Ringen, S. 329.

197 Tagebuch, 28./29.5.1990, S. 397–401; 26.6.1990, S. 450–451; 5./6.7.1990, S. 465–473; Kohl, »Ich wollte Deutschlands Einheit«, S. 407–420.

Gorbatschow abgesehen von wohlklingenden Sympathieadressen für seine Reformen die in Aussicht gestellte Finanzhilfe nicht gewährt wurde.[198]

Am Rande des Gipfels koordinierten Teltschik und Scowcroft die Verhandlungsposition für Kohls bevorstehenden Besuch in Moskau. Die Höhe der Obergrenze der Bundeswehr sollte mit dem kompletten sowjetischen Truppenabzug aus der DDR junktimiert werden. Der Bundeskanzler ließ Präsident Bush bei dieser Gelegenheit wissen, die Zahl von 370.000 Mann für die Bundeswehr vorzuschlagen. Sollte Gorbatschow die NATO-Zugehörigkeit des vereinten Deutschlands konzedieren, könnte Kohl ihm die genannte Obergrenze zusagen.[199]

In den Konversationen am Gipfel waren Kohl, Genscher sowie Finanzminister Theo Waigel und Wirtschaftsminister Helmut Haussmann bestrebt, Finanzhilfen für die UdSSR einzuwerben. Die Information des Bundeskanzlers, wonach die Bundesregierung fünf Milliarden D-Mark bereitstellen würde, prallte ab, da die übrigen Konferenzteilnehmer wussten, dass 15 Milliarden D-Mark nötig sind.[200] Gewisses Verständnis und Unterstützungsbereitschaft brachten der französische Staatspräsident und der italienische Ministerpräsident Giulio Andreotti auf.[201] Letztlich hatte Deutschland allein für die deutsche Einheit zu zahlen.

Aufatmen und Gefühle der Erleichterung gab es im Bundeskanzleramt nach dem 28. KPdSU-Parteitag vom 2. bis 13. Juli in Moskau, als Gorbatschow am 10. Juli trotz vieler Gegenstimmen und heftiger Kritik an der Ausübung seiner Funktion als Generalsekretär bestätigt wurde. Teltschik beurteilte die innersowjetische Lage unabhängig davon als sehr kritisch. Es bestanden inzwischen ernsthafte Zweifel an der Reformfähigkeit des russischen Systems und der Reformwilligkeit der Bevölkerung. Kohls Chefberater sah nur eine Alternative: Entweder würden die Reformen tragfähig und auch von Kritikern unterstützt oder Gorbatschow verliere die Legitimation für seine Politik. Wenn die politische Macht auf Behörden des Staates übergehe, sei die Ablösung fortschrittlicher Gruppen denkbar. Teltschik sah Gorbatschow weiterhin in einer schwierigen Konstellation und mit einer zwiespältigen Lage konfrontiert. Seine Durchsetzungskraft »für eine konsequente Reformpolitik nach innen und eine dem ›Neuen Denken‹ verpflichtete Außenpolitik« würden »auf absehbare Zeit« eingeschränkt bleiben. Auch wenn er westliche Hilfe erhalte, sah Kohls Chefberater Gorbatschows innenpolitische Stellung als nicht gefestigt an.[202]

Ein von der Bundesrepublik verbürgter Fünf-Milliarden-D-Mark-Kredit war schon im vollständigen Ausmaß eingesetzt. Bonn strebte damit einen weiteren politischen Ausgleich mit Moskau an. Der Besuch bei Gorbatschow erfolgte schließlich am 14./15. Juli.[203] Auf dem Flug koordinierten Kohl und Genscher ihre Positionen. Auseinandersetzungen betrafen noch die Obergrenze der Bundeswehr.[204]

Für den Bundeskanzler standen die Prioritäten fest: innere und äußere Souveränität für ganz Deutschland, vollständige NATO-Mitgliedschaft, feste Zusage zur deutlich re-

198 Tagebuch, 9.7.–11.7.1990, S. 474–480; Sarotte, Struggle, S. 177.

199 Tagebuch, 10.7.1990, S. 476–477; Küsters, Ringen, S. 342.

200 Genscher, Erinnerungen, S. 829–830.

201 Zum 3. Tag des Houston-Gipfels: Tagebuch, 11.7.1990, S. 478–480; Genscher, Erinnerungen, S. 829.

202 Nr. 340: Vorlage des Ministerialdirektors Teltschik an Bundeskanzler Kohl, 4.7.1990, in: Deutsche Einheit. Sonderedition, S. 1297–1299; Küsters, Ringen, S. 343.

203 Köhler, Kohl, S. 713–718; Tagebuch, 14./15.7.1990, S. 485–501.

204 Tagebuch, 14.7.1990, S. 485–488, hier S. 487; Nachbetrachtungen, S. 742, 746, 786.

duzierten Mannschaftsstärke der gesamtdeutschen Armee im Rahmen der Abrüstungsverhandlungen in Wien sowie ein allgemein angelegter, breit konzipierter umfangreicher Vertrag zwischen dem geeinten Deutschland und der UdSSR (so wie ihn Meissner Teltschik vorgeschlagen hatte), zusätzlich zu Verträgen über sowjetischen Truppenabzug aus Ostdeutschland, Übergangsabkommen für 1990 und Außenhandelsvereinbarungen für das kommende Jahr. Zu verhandeln waren außerdem die exakte Zahl der deutschen Armeeeinheiten zwischen 350.000 und 400.000 Mann, der Umfang deutscher Kredite, der Zeitraum des Aufenthalts der sowjetischen Streitkräfte in Ostdeutschland sowie die Präsenz und Stellung der Bundeswehr auf ostdeutschem Territorium.[205]

Bevor die Verhandlungen begannen, versuchte Falin vergeblich auf Gorbatschow einzuwirken, um Kohl zu Zugeständnissen zu zwingen: weder »Anschluss« der DDR noch Übernahme der bundesdeutschen Strukturen, Veto gegen die NATO-Mitgliedschaft Deutschlands, Verzicht auf Nuklearwaffen und Zurückweisung der deutschen Vereinigung laut Artikel 23 Grundgesetz.[206] Falin konnte mit seinen Forderungen jedoch nicht mehr durchdringen. Es ging nicht mehr primär um die deutsche Frage, sondern vorrangig um die Existenz der Sowjetunion!

Exkurs: Vorentscheidung zur Nuklearbewaffnung

In der sicherheitspolitisch brisanten Frage der Modernisierung von Kurzstreckenraketen für Deutschland setzte sich jedoch nicht zum Missfallen des Bundeskanzlers der Außenminister durch. Im Vieraugengespräch mit Verteidigungsminister Stoltenberg einigten sich beide Ende Februar auf einen Verzicht der nuklearen Artillerie auch im Kontext der amerikanisch-sowjetischen Abrüstungsverhandlungen im Rahmen des INF-Vertrags von 1987. Teltschik hatte dagegen sichtlich nichts einzuwenden, denn Moskau konnte die deutsche Seite auch vor die Alternative »Einheit gegen Nuklearpräsenz auf deutschem Boden« stellen, was »eine sehr schwierige Position« für Bonn bedeutet hätte.[207] In einem längeren Koordinationsgespräch des Kanzlerberaters mit General Klaus Naumann über diese nuklearen Kurzstreckensysteme bestand im April Einigkeit, dass es für bodengestützte Nuklearsysteme (Lance) kein Nachfolgesystem geben könne.[208] Der Kanzler war letzlich froh über die Entscheidung des amerikanischen Präsidenten, das US-Entwicklungsprogramm für ein Nachfolgemodell zur Lance-Kurzstreckenrakete wie die weitere Modernisierung der nuklearen Artilleriemunition einzustellen. Es war einer von Kohls zentralen Wünschen beim Treffen in Camp David gewesen. Nach Unterzeichnung eines ersten KSE-Abkommens in Wien sollten Abrüstungsverhandlungen über landgestützte amerikanische und sowjetische nukleare Kurzstreckenwaffen aufgenommen werden.[209] Diese sicherheitspoli-

205 Tagebuch, 14.7.1990, S. 487; Genscher, Erinnerungen, S. 831.

206 Zum Durchbruch bei den Verhandlungen in Moskau: Tagebuch, 15.7.1990, S. 489–501, hier S. 493; Valentin Falin, Konflikte im Kreml. Zur Vorgeschichte der deutschen Einheit und Auflösung der Sowjetunion, München 1997, S. 190–204; Valentin Falin, in: Ekkehard Kuhn, Gorbatschow und die deutsche Einheit. Aussagen der wichtigsten russischen und deutschen Beteiligten, Bonn 1993, S. 145–146, 160–161; Portugalow, in: ebd., S. 147, Sarotte, Schritt, S. 125.

207 Tagebuch, 13.3.1990, S. 302.

208 Tagebuch, 11.4.1990, S. 334.

209 Tagebuch 4.5.1990, S. 357–358; siehe auch zum Komplex der atomaren Bewaffnung Nachbetrachtungen, S. 679, 681–683, 732.

tischen Vorentscheidungen sollten für die deutsche Verhandlungsposition gegenüber der Sowjetunion hilfreich sein. Zudem galt es auch, das Thema aus den kommenden Wahlkämpfen in Deutschland herauszuhalten. Helmut Kohl sprach sich im Zuge der deutschen Vereinigung für eine atomwaffenfreie Zone in Europa aus und mutierte so von einem NATO-Nachrüstungspolitiker Anfang der 1980er Jahre zu einem Nuklearwaffen-Abrüstungspolitiker zu Beginn der 1990er Jahre.

Während der Verhandlungen zwischen Gorbatschow und Kohl am 15. Juli in Moskau waren lediglich Teltschik, Tschernajew und zwei Dolmetscher einbezogen.[210] Der Bundeskanzler bot den bereits erwähnten deutsch-sowjetischen Generalvertrag an,[211] nannte das vorgesehene Datum für die ersten gesamtdeutschen Wahlen mit 2. Dezember und rief die bereits gemachten Zugeständnisse der Bundesrepublik in Erinnerung wie auch die im Januar und Februar bereits erfolgten Nahrungsmittel-Lieferungen, den Fünf-Milliarden-D-Mark-Kredit vom Mai, die wohlwollende Festsetzung eines Umtauschkurses für sowjetische Armeeangehörige in der DDR im zweiten Halbjahr 1990 und die Zusicherung, ostdeutsche Lieferverpflichtungen hinsichtlich der UdSSR zu gewährleisten. Alle Zugeständnisse waren ohne Verhandlungshürden eingeräumt worden.[212]

Der Bundeskanzler kam sodann auf seine Prioritätensetzung zu sprechen und bot dafür weitere Gegenleistungen an, die er mit der Versicherung zusätzlicher finanzieller Unterstützung, der Fixierung einer Obergrenze für die zukünftige Bundeswehr und einem umfassenden zwischenstaatlichen Vertrag verknüpfte. Gorbatschow zeigte für das letzte Angebot besonderes Interesse, für das er bereits einen Entwurf hatte vorbereiten lassen. Kohl überreichte ebenfalls eine Liste mit relevanten Punkten. Übereinstimmung bestand darin, die jeweiligen Außenministerien nicht in das weitere Prozedere einzubeziehen. Ausschließlich Tschernajew und Teltschik sollten mit den Verhandlungsmaterien befasst sein.[213]

Gorbatschow verwies auf seine Anliegen: die Fixierung der Grenzen von ganz Deutschland, ABC-Waffen-Verzicht, keine Ausdehnung der militärischen Strukturen der NATO auf das DDR-Gebiet einschließlich Übergangsvereinbarungen für die sowjetische Truppenpräsenz und die Ablösung der Viermächte-Rechte. Beide Seiten näherten sich an. Einverständnis bestand ferner, dass Deutschland seine »vollständige Souveränität« erhalten sollte. Für Gorbatschow war, wie nochmals betont wurde, wichtig, dass die Strukturen der NATO nicht auf das DDR-Territorium ausgeweitet würden und eine Übergangsregelung erfolgte. Er gestand zunächst die Mitgliedschaft ganz Deutschlands in der NATO zu und ergänzte sodann wieder, dass es keine Ausdehnung des NATO-Geltungsbereiches geben dürfe, solange in der DDR sowjetische Streitkräfte stationiert wären. Das war seinerseits mit der Forderung eines vorübergehenden Verzichts auf die Artikel 5 und 6 des NATO-Vertrages für das ostdeutsche Territorium verbunden. Dieses würde deshalb auch nicht unter Bündnisschutz fallen, so dass Deutschland folglich für eine spezifische Zeitspanne einen doppelten Zustand der Sicherheit haben würde.[214]

210 Helmut Kohl, Erinnerungen 1990–1994, München 2007, S. 162–183; Gorbatschow, Wie es war, S. 140–150.
211 Nr. 350: Gespräch des Bundeskanzlers Kohl mit Präsident Gorbatschow in Moskau, 15.7.1990, in: Deutsche Einheit. Sonderedition, S. 1340–1348.
212 Küsters, Ringen, S. 345
213 Anatoli Tschernajew, Die letzten Jahre einer Weltmacht. Der Kreml von innen, Stuttgart 1993, S. 305; Tschernajew, in: Kuhn, Gorbatschow und die deutsche Einheit, S. 151.
214 Tagebuch, 16.7.1990, S. 507–508; Küsters, Ringen, S. 346; Nachbetrachtungen, S. 785–786.

Kohl kam in Folge auf die umgehende Ablösung der Viermächte-Rechte als Resultat der Zwei-plus-Vier-Verhandlungen zu sprechen, die durch eine Vereinbarung in Kraft zu setzen sein müssten. Er bot Gorbatschow einen sowjetischen Truppenaufenthalt für den Zeitraum von drei bis vier Jahren an. Gorbatschow ließ sich darauf ein und argumentierte, dass die Truppenpräsenz auch bei voller Souveränität möglich sei. Der Kanzler betonte das Erfordernis, dass ganz Deutschland Mitglied der NATO bleiben müsse und ergänzte, dass ihre Truppen nicht auf DDR-Territorium stationiert würden. Gorbatschow insistierte seinerseits, dass das DDR-Gebiet nicht zum NATO-Geltungsbereich gehören dürfe. Zudem verlangte er aufgrund großer Probleme der Unterbringung ein Wohnungsbauprogramm für seine abziehenden Soldaten. Kohl verstand die schwierige Lage Gorbatschows und war wieder bereit zu helfen wie er auch den Verzicht auf ABC-Waffen akzeptierte.[215]

Folgt man Teltschiks Notizen, so handelte es sich um einen gelungenen Verhandlungsbeginn. In den wesentlichen Sachfragen stellte Gorbatschow keine größeren Hindernisse in den Weg. Am Abend berichtete Kohl der deutschen Delegation, dass es einen heiklen Punkt gegeben habe[216]: Gorbatschow hatte Kohls Haltung in der Frage der NATO-Mitgliedschaft nochmals ausdrücklich geprüft. Als dieser erwiderte, dann leiste er lieber einen Verzicht auf die Einheit, wurde Gorbatschow klar, dass er nichts mehr in weiteren Verhandlungen erreichen würde, wenn er auf den Austritt Deutschlands aus der NATO bestehen würde.[217] Kohls Reaktion war für Gorbatschow allerdings auch von Nutzen, als er damit seinen internen Gegnern verdeutlichen konnte, dass keine andere Regelung möglich gewesen wäre.[218]

Im folgenden gemeinsamen Delegationsgespräch, an dem nun auch Genscher, Kastrup und andere deutsche Repräsentanten teilnahmen,[219] unterstrich Gorbatschow die innenpolitischen Herausforderungen und verwies auf ultrarechte wie ultralinke Gegner in den eigenen Reihen, denen er sich zur Wehr setzen müsste. Der Parteitag hätte einen Aktionsplan zur Einführung der Marktwirtschaft verabschiedet und Ministerpräsident Ryschkow wäre damit beauftragt. Er ergänzte zudem die Information hinsichtlich des Beschlusses über die Reform des Allunionsvertrags. Kohl unterstützte weiter Gorbatschows Reformkurs, dem auch der G-7-Gipfel in Houston beigepflichtet hatte. Er verwies auf die weichenstellende NATO-Gipfel-Erklärung von London mit einer gemeinsamen Erklärung von NATO und Warschauer Pakt unter dem Dach der KSZE.[220] Das war insgesamt betrachtet im Grunde schon ein vorweggenommener Durchbruch.

Im Anschluss flogen beide Delegationen am 15. Juli in Gorbatschows Heimatort Archiz, wo die Verhandlungen tags darauf eine Fortsetzung fanden.[221] Was nur Teltschik wusste: die Messe war bereits im Gespräch der Spitzen in Moskau gelesen. Der Vorschlag des Aufenthalts in der Heimat Gorbatschows im Kaukasus, dessen Einladung Teltschik beim Moskau-Besuch mit den Bankiers am 14. Mai in Erinnerung gerufen hatte,[222] wurde öf-

215 Tagebuch, 16.7.1990, S. 507–508; Küsters, Ringen, S. 347.

216 Hans Klein, Es begann im Kaukasus. Der entscheidende Schritt in die Einheit Deutschlands, Berlin – Frankfurt/Main 1991, S. 234.

217 Tagebuch, 15.7.1990, S. 492–493, 495; 16.7.1990, S.502–503; Kohl, in: Kuhn, Gorbatschow und die deutsche Einheit, S. 148; Kohl, »Ich wollte Deutschlands Einheit«, S. 301–302.

218 Küsters, Ringen, S. 348.

219 Kohl, »Ich wollte Deutschlands Einheit«, S. 426.

220 Tagebuch, 15.7.1990, S. 491; Nr. 352 Delegationsgespräch des Bundeskanzlers Kohl mit Präsident Gorbatschow in Moskau, 15.7.1990, in: Deutsche Einheit. Sonderedition, S. 1352–1355; Küsters, Ringen, S. 349.

221 Tagebuch, 15.7.1990, S. 506; 17.7.1990, S. 509.

222 Tagebuch, 14.5.1990, S. 378–379; Sarotte, Struggle, S. 160.

fentlichkeitswirksam durch einen von TV-Medien gefilmten gemeinsamen Spaziergang verbreitet, bevor Gorbatschow und Kohl ein letztes Vieraugengespräch führten.[223] Am nächsten Vormittag folgte eine abschließende Verhandlungsrunde, in der der historische Ausgleich festgehalten wurde. Kohl kam auf sein Angebot zurück, binnen Jahresfrist einen umfassenden, auf Dauer angelegten Generalvertrag mit der UdSSR abzuschließen.[224] Die Ergebnisse der in Moskau bereits ausgehandelten Arrangements im Sinne eines historischen Kompromisses wurden nun in einer abschließenden Runde schriftlich fixiert, die Kohl in acht Punkten öffentlich machen konnte.[225] Der handschriftliche Textentwurf für die Pressekonferenz des Bundeskanzlers nach Abschluss der Verhandlungen im Kaukasus stammte von Teltschik.[226]

5.19 Gezielte Erpressungsversuche und unvermeidliche Zahlungsbereitschaft

Anfang August deutete vieles auf eine Beendigung der Zwei-plus-Vier-Verhandlungen hin, die am 12. September auf der in Moskau stattfindenden Außenministerkonferenz erfolgen sollte.[227] Die Politischen Direktoren der Außenministerien sollten zuvor die Texte zwischen 4. und 8. September in Berlin finalisieren sowie der geplante KSZE-Gipfel der Staats- und Regierungschefs im November in Paris die Vereinigung beider deutscher Staaten zur Kenntnis nehmen. Die Bundesregierung drängte auf einen Abschluss. Je länger er sich hinzog, desto mehr drohten weitere Finanz- und Kreditforderungen der Vertragsparteien, besonders seitens der Sowjetführung, was tatsächlich geschah. Umso schwieriger sollte das Datum der Vertragsunterzeichnung werden. Hinzu kam die Notwendigkeit von Abschlüssen relevanter bilateraler Abkommen mit der UdSSR wie eines Vertrags zum Truppenabzug, zur Überleitung (Liegenschaften und Unterbringung der Soldaten) und Übergangsregelungen für die Stationierung der Streitkräfte auch der drei Westmächte in Berlin nach ihrem Abzug.[228]

Am 18. Juli hatte sich Ryschkow mit zusätzlichen Finanzforderungen an Bonn gewendet zur Bereitstellung von Mitteln für die sowjetischen Truppen in Ostdeutschland für das Jahr 1991, bis dass ihr endgültiger Abzug erfolgen könne.[229] Parallel dazu war von Bonn und Brüssel die Einbindung der DDR in die Europäische Gemeinschaft auf dem Verhandlungswege zu organisieren.[230] Die Bundesregierung wollte zudem die Vier Mächte zur vorzeitigen Außerkraftsetzung ihrer Rechte parallel zur Vereinigung Deutschlands bewegen.

223 Tagebuch, 15.7.1990, S. 498–500; Klein, Es begann im Kaukasus, S. 234.

224 Nr. 353: Gespräch des Bundeskanzlers Kohl mit Präsident Gorbatschow im erweiterten Kreis in Archys/Bezirk Stawropol, 16.7.1990, in: Deutsche Einheit. Sonderedition, S. 1355–1367; Küsters, Ringen, S. 349–350.

225 Tagebuch, 16.7.1990, S. 507.

226 Tagebuch, 15.7.1990, S. 501; 16.7.1990, S. 505; siehe das Faksimile in: Kohl, »Ich wollte Deutschlands Einheit«, S. 439, zum Gipfel im Kaukasus: Rödder, Deutschland einig Vaterland, S, 255–260.

227 Genscher, Erinnerungen, S. 850–851.

228 Küsters, Ringen, S. 409.

229 Nr. 360: Schreiben des Ministerpräsidenten Ryschkow an Bundeskanzler Kohl, 18.7.1990, in: Deutsche Einheit. Sonderedition, S. 1400–1401.

230 Nr. 378: Vorlage des Ministerialdirigenten Hartmann an Bundeskanzler Kohl, 3.8.1990, in: ebd„ S. 1454–1456; Michael Gehler/Adeline Jacob, East Germany, the European Community and German reunification, in: Vincent Dujardin et al. (Eds.), The European Commission 1986–2000 – History and memories of an institution, Publications Office of the European Union, Luxembourg 2019, S. 503–514.

Die Westmächte stimmten der gesamten Prozedur zu, während die Sowjetführung neue Vorteile herauszuhandeln versuchte.[231]

Teltschik erfuhr am 15. August von Kastrup vom Inhalt der Unterredungen mit dem inzwischen zum stellvertretenden Außenminister aufgestiegenen Kwizinskij in Moskau zur Vorbereitung der bilateralen Verträge und zum Stand der Zwei-plus-Vier-Verhandlungen. Moskau zielte nun auf einen Vertrag über die weitere Stationierung seiner Truppen in der DDR und Berlin einerseits sowie einen über den Truppenabzug andererseits. Ein neues Verhandlungspaket lehnte jedoch die Bundesregierung ab. Teltschik und Kastrup waren einer Auffassung, dass die Unterzeichnung des Zwei-plus-Vier-Vertrages durch beide deutsche Regierungen geschehen sollte, die Ratifizierung jedoch durch das zukünftige gesamtdeutsche Parlament zu geschehen habe. Der Bundeskanzler wünschte, dass die westlichen Truppen und ihre Streitkräfte erst reduziert werden sollten, wenn sich die sowjetischen aus Ostdeutschland zurückgezogen hätten.[232] Nach dem Beschluss der Volkskammer am 23. August, den Beitritt der DDR zur Bundesrepublik am 3. Oktober 1990 zu vollziehen, vereinbarten Genscher und de Maizière in einer gemeinsamen Erklärung der Bundesregierung und der DDR-Regierung die Festlegung der Höchstgrenze deutscher Streitkräfte auf 370.000 Mann bei den KSE-Verhandlungen in Wien zu verkünden.[233]

Es folgten nachträgliche sowjetische Forderungen und deutsche Gegenleistungen. Unter größtem Zeitdruck waren der Aufenthalts-, Abzugs- und Überleitungsvertrag zu finalisieren.[234]

In den ersten Verhandlungen über den Überleitungsvertrag, den Theo Waigel und Stepan Sitarjan am 23./24. August in Moskau vereinbarten,[235] trieb die sowjetische Vertretung die Kosten für das Wohnungsbauprogramm für die heimkehrenden Soldaten in die Höhe.[236] Beim Abzugsvertrag versuchten die sowjetischen Verhandler die Frist bis Mitte 1996 zu erstrecken. Teltschik war unnachgiebig und insistierte auf den von bundesdeutscher Seite gewollten Abzug in den nächsten vier Jahren.[237]

Am 28. August wandte sich Kwizinskij im Auftrag Schewardnadses an Teltschik,[238] um über neue finanzielle Konditionen zu verhandeln. Als Gründe wurden v. a. eine sich zuspitzende Lage in der Sowjetunion, Kritik seitens der Militärs an Gorbatschows Konzessionen sowie ein drohender Aufstand in der Sowjetarmee und die Notwendigkeit der Gewährleistung der Reformbestrebungen ins Treffen geführt. Der beabsichtigte Generalvertrag mit

231 Küsters, Ringen, S. 410.

232 Nr. 391: Schreiben des Bundeskanzlers Kohl an Premierministerin Thatcher, 22.8.1990, in: Deutsche Einheit. Sonderedition, S. 1486–1487.

233 Nr. 396: Vorlage des Kapitäns zur See Lange an Ministerialdirektor Teltschik, 24.8.1990; Nr. 396A Anlage 1 Erklärung der Bundesregierung über die Reduzierung der Streitkräfte Deutschlands, 24.8.1990; Nr. 396B Anlage 5 Neuformulierung der Erklärung der Bundesregierung über die Ratifizierung der Streitkräfte Deutschlands, 24.8.1990, in: Deutsche Einheit. Sonderedition, S. 1494–1496; Küsters, Ringen, S. 411.

234 Nr. 392: Schreiben des Bundeskanzlers Helmut Kohl an Ministerpräsident Ryschkow, 22.8.1990, in: Deutsche Einheit. Sonderedition, S. 1488.

235 Theo Waigel, Tage, die Deutschland und die Welt veränderten, in: Ders./Manfred Schell (Hrsg.), Tage, die Deutschland und die Welt veränderten. Vom Mauerfall bis zum Kaukasus. Die deutsche Währungsunion, München 1994, S. 53–55.

236 Nr. 399: Vorlage des Vortragenden Legationsrats I Kaestner an Ministerialdirektor Teltschik, 27.8.1990, in: Deutsche Einheit. Sonderedition, S. 1500–1502.

237 Nr. 398: Vorlage des Ministerialdirektors Teltschik an Bundeskanzler, 27.8.1990, in: Deutsche Einheit. Sonderedition, S. 1498–1500.

238 Tagebuch, 28.8.1990, S. 531–532; Kohl, »Ich wollte Deutschlands Einheit«, S. 465–466.

Deutschland mit Gewaltverzicht und Nichtangriffsregelung sowie die in Aussicht gestellte wirtschaftliche und technologische Zusammenarbeit wurden zur innenpolitischen Rechtfertigung für notwendig erklärt. Es bereitete im Bundeskanzleramt große Sorge, inwieweit der Generalvertrag mit der Sowjetunion zusammen mit dem Zwei-plus-Vier-Vertrag abgeschlossen werden konnte, zumal die Präzedenzfall-Wirkung mit Blick auf Polen und entsprechende Verwerfungen mit Warschau zu befürchten waren.[239]

5.20 Bonn geht bei neuen Moskauer Zahlungsforderungen an die Grenzen

Der Bundeskanzler war grundsätzlich überzeugt, dass keine Kosten für die deutsche Einheit zu hoch sein würden. Er und seine Berater waren sich darüber im Klaren, dass sie jeden Preis zahlen würden – außer es wäre der Austritt aus der NATO! –, um die deutsche Einigung zu erreichen.[240] Nach den bereits sehr weitgehenden Zugeständnissen und neuerlichen Nachforderungen zögerte dann aber auch Kohl und schien nicht mehr wirklich bereit, weitere Milliarden D-Mark locker zu machen. Er sagte nur mehr eine weitere Prüfung zu. Das Bundesfinanzministerium erhöhte allerdings das Angebot. Staatssekretär Horst Köhler hielt eine Erhöhung auf zehn bis elf Milliarden D-Mark zuzüglich eines zinslosen Kredits über drei Milliarden D-Mark für möglich.[241]

Kohl telefonierte mit Gorbatschow am 10. September, erhöhte die Summe um ein bis zwei Milliarden und bot somit einen Gesamtbetrag in Höhe von 11 bis 12 Milliarden D-Mark an. Gorbatschow akzeptierte dies zunächst aber nicht, betonte erforderliche Wirtschaftsreformen in einer schwierigen Phase, nahm jedoch dann die geforderten 18 Milliarden zurück und verlangte 15 bis 16 Milliarden D-Mark. Beide Seiten gingen schließlich aufeinander zu, bis Gorbatschow durchblicken ließ, dass die Verhandlungen wieder neu begonnen werden müssten, wenn das Ziel nicht erreichbar sei. Dadurch schienen alle Verhandlungsergebnisse in Frage gestellt und Kohl ging auf das erweiterte Angebot Gorbatschows von 15 Milliarden D-Mark ein. Er sagte schließlich die Zahlung von 12 Milliarden zu und gewährte überdies einen zinslosen Kredit in Höhe von drei Milliarden D-Mark.[242] Gorbatschow hatte sich durchgesetzt. Der Kompromiss bewirkte den Verhandlungsabschluss zum Überleitungsvertrag. Kwizinskij unterrichtete Teltschik umgehend.[243]

Vor diesem Hintergrund konnte Kohl am 12. September im Kabinett verlautbaren, dass mit Unterzeichnung des Zwei-plus-Vier-Vertrags in Moskau die deutsche Einheit im Konsens mit allen europäischen Nachbarn erreicht worden sei. Tags darauf paraphierte Genscher den Vertrag über gute Nachbarschaft mit der UdSSR.[244]

Henning Köhler hält zutreffend fest, dass durch diese historischen Vorgänge eine Epoche endete: Damit war die »Erklärung der Übernahme der obersten Regierungsgewalt« vom 5. Juni 1945 als Basis der uneingeschränkten Besatzungsherrschaft, die zur »wichtigsten rechtlichen Klammer für Deutschland als Ganzes« benutzt werden konnte, außer Kraft

239 Küsters, Ringen, S. 414–416.
240 Sarotte, Struggle, S. 188.
241 Nr. 418: Schreiben Köhler an Kohl, 9.9.1990; Nr. 418A Argumentation für Überleitungsvertrag, 9.9.1990. Nr. 418B Finanztableau, 9.9.1990.
242 Tagebuch, 10.9.1990, S. 548–549.
243 Tagebuch, 10.9.1990, S. 550.
244 Nr. 421: Gespräch des Chefs des Bundeskanzleramtes Seiters mit den Vertretern der Drei Mächte in Bonn, 13.9.1990, in: Deutsche Einheit. Sonderedition, S. 1539–1541.

gesetzt.[245] Deutschland sollte demgemäß nach Wunsch Teltschiks auch »nicht mehr erpreßbar« sein.[246] Es ging jetzt aber vorerst um die politische Rettung Gorbatschows.

In seiner Unterredung mit dem neuen sowjetischen Botschafter Wladislaw Terechow am 15. September wurde Teltschik die sowjetische Insolvenzgefahr einmal mehr deutlich. Der zinslose Drei-Milliarden DM-Kredit musste sofort gewährt werden, wobei dieser eigentlich auf vier Jahre verteilt werden sollte. Die Sowjetunion wollte damit Schulden bei deutschen Unternehmen begleichen. Eine erste Tranche von einer Milliarde D-Mark sollte noch im September ausgezahlt werden. Die Verhandlungen erfuhren eine weitere kritische Phase am 25. September, als Gorbatschow die sofortige Auszahlung des Drei-Milliarden-Kredits in kompletter Summe einforderte. Neuerlich ging die Bundesregierung auf dieses Verlangen ein, gewährte umgehend zwei Milliarden als ersten Teil und die weitere Milliarde D-Mark im Folgejahr.[247] Es schien sich um ein Fass ohne Boden zu handeln und doch ahnte niemand, dass es im nächsten Jahr die Sowjetunion nicht mehr geben würde. Die rasche deutsche Einigung musste 1990 erkauft werden und die Bundesrepublik die Kosten tragen. Das nahm man in Bonn in Kauf, weil ungewiss war, ob die Einheit Deutschlands auf anderem Wege schneller oder später überhaupt noch erreicht werden konnte.

6. Der Gegner, Konkurrent und Rivale aus Sicht des Auswärtigen Amtes

Im Tagebuch und in den Nachbetrachtungen Teltschiks wurde Außenminister Genscher fallweise sehr kritisch beurteilt. Im Sinne des »audiatur et altera pars« ist auch die Perspektive seiner Berater und Mitarbeiter einzubeziehen, wobei es um verschiedene Fragenkomplexe geht. Es handelt sich erstens um Genschers Part im deutsch-deutschen Einigungsprozess. Sein Büroleiter der 1980er Jahre, Michael Jansen,[248] meint, dass Genschers Rolle im deutsch-deutschen Einigungsprozess in der deutschen Öffentlichkeit noch nicht angemessen gewürdigt worden sei: »Er war neben Bundeskanzler Kohl der außenpolitische Architekt und Organisator der Einheit. Ohne sein langjähriges und unermüdliches Bemühen um die Einheit der Nation wäre Deutschland heute nicht ein geeintes Land. Auf allen NATO-, EG- und KSZE-Konferenzen, insbesondere auch im Rahmen der Vereinten Nationen, machte er die ›deutsche Frage‹ zum Thema. Es wurde damit dieses Anliegen zum gemeinsamen Vorhaben aller EG-Staaten. Mit seinen Partnern im Westen und ab 1986 mit der Sowjetunion konnte er der außenpolitischen Entwicklung eine Dynamik verleihen, die, gestützt auf seine engen Beziehungen und das Vertrauen, das er – so Jansen – »in den USA, in Europa und dann auch in der Führung der Sowjetunion besaß, schließlich zum Erfolg führte.« Seinen Traum von der Einheit lebte er mit der Öffnung der Grenze Ungarns zu Österreich und am Balkon der deutschen Botschaft in Prag, »als er seinen Landsleuten

245 Köhler, Kohl, S. 719.
246 Garton Ash, Im Namen Europas, S. 547.
247 Küsters, Ringen, S. 418–420.
248 Der Herausgeber dieser Edition ist Herrn Staatssekretär a. D. Dr. Michael Jansen durch freundliche Auskünfte vom 29.2.2024 und Beantwortung der in diesem Kapitel aufgeworfenen Fragen sowie durch Vermittlung von Antworten und Einschätzungen von Ministerialdirektor und Botschafter a. D. Dieter Kastrup verbunden. Zum Verhältnis Genscher-Kohl: Jürgen Chrobog, Ein Leben in der Politik – Betrachtungen eines Diplomaten, Berlin 2022, S. 108.

aus der DDR die Tür zur Freiheit aufstieß.« Jansen erlebte seinen Chef in einem »nimmermüden Einsatz für dieses Ziel«.[249]

Genscher sei zweitens nicht nur bemüht gewesen, im Rahmen der deutsch-deutschen Einigungspolitik, sondern auch mit Blick auf die europäische Integrationspolitik seiner Zeit voraus zu sein, indem er beide Fragen miteinander verknüpft gesehen und in der Kombination ein Dynamisierungselement erkannt hatte.[250]

Das amerikanische Verdikt des »Genscherismus«[251] war allerdings im Auswärtigen Amt als Thema bekannt, wie Jansen einräumt. Der damit verbundene Vorwurf des Antiamerikanismus habe Genscher jedoch gewurmt. Im Verlauf der Zwei-plus-Vier-Verhandlungen bestand daher von Seiten des State Departements diese ernsthafte Sorge, woraus der Vorwurf erwuchs, die deutsche Seite würde zu nachgiebig gegenüber der Sowjetunion sein, um das Ziel der deutschen Einheit unter allen Umständen zu erreichen. Aus Sicht Jansens war es jedoch lediglich »das Ringen um den besten Weg«. Am guten Ende waren die Amerikaner Partner und Freunde gewesen und geblieben, insbesondere Präsident Bush und Außenminister Baker, »ohne die es nicht gelungen wäre«.[252]

Eine bis zuletzt kontrovers diskutierte Frage, in der es phasenweise nachweisbar gravierend abweichende Positionen zwischen Genscher und Kohl gab, war drittens das Problem der Regelung der Mitgliedschaft des vereinten Deutschlands im atlantischen Bündnis wie auch zur Frage der Zukunft der NATO über das ostdeutsche Territorium hinaus. Jansen erinnert sich, dass die Zugehörigkeit des vereinten Deutschlands zur NATO letztlich »in völliger Einmütigkeit zwischen dem Bundeskanzler und dem Außenminister geregelt« wurde. In den Zwei-plus-Vier-Gesprächen sei dies »die wichtigste Frage« gewesen. Schwierigkeiten mit den nicht beteiligten EG-Partnern konnten »mit der vollen Unterstützung« durch US-Außenminister James Baker überwunden werden. Bei den Zwei-plus-Vier-Verhandlungen, die auf bundesdeutscher Seite von Ministerialdirektor Dieter Kastrup und DDR-Außenminister Markus Meckel geleitet wurden, spielte die spätere Erweiterung der NATO laut Jansen »überhaupt kein Rolle, da der Warschauer Pakt noch bestand«.[253]

249 Ebd. (Jansen), siehe auch Michael Jansen, »Vielleicht sah Genscher mit der Deutschen Einheit seine Mission nach achtzehn Jahren als Außenminister als erfüllt an«, in: Michael Gehler/Hinnerk Meyer (Hrsg.), Deutschland, der Westen und der europäische Parlamentarismus. Hildesheimer Europagespräche I (Historische Europa-Studien 5), Hildesheim – Zürich – New York 2012, S. 148–172.
250 Ebd. (Jansen); siehe hierzu auch Michael Gehler, »Europäische Gemeinschaft – Auf dem Weg zur Europäischen Union. Das ganze Europa – Auf dem Weg zu sich selbst.« Eine historische Rede von Hans-Dietrich Genscher in Wien vom 14. September 1989, in: Christoph Augustynowicz/Ferdinand Kühnel (Hrsg.), Vom Meer zu den Bergen. Festschrift für Marija Wakounig (Austria: Forschung und Wissenschaft. Geschichte, Bd. 20), Wien – Berlin 2024, 115–124.
251 Zu »Genscherismus« siehe Matthias Naß, Genscherismus ist ein Zukunftsmodell, in: Zeitonline, 6.4.2016, https://www.zeit.de/politik/deutschland/2016-04/hans-dietrich-genscher-ehemaliger-aussenminister-deutschland-erinnerungen (Abruf 29.1.2024).
252 Auskunft Jansen für den Verfasser, 2.3.2024.
253 In dieser Argumentation bleibt jedoch unberücksichtigt, dass der Warschauer Pakt bereits seit Mitte 1989 in Auflösung begriffen war, was Genscher registrierte und Sorgen bereitete – wie sonst hätte er in Tutzing im Januar 1990 einer Ausdehnung der NATO bis an die russische Grenze eine Absage erteilt! Zur Rolle des Auswärtigen Amtes 1989/90 siehe auch mit kritischen Hinweisen zur Editionspraxis: Peter März, Außenpolitik 1989. Akten zur Auswärtigen Politik der Bundesrepublik Deutschland 1989, in: *Zeitschrift des Forschungsverbundes SED-Staat an der FU Berlin*, Nr. 45/2020, S. 242–259; Ders., Kohl und Genscher im Infight. Akten zur Auswärtigen Politik der Bundesrepublik Deutschland 1990, in: ebd., Nr. 48/2021, S. 128–137;

Zur Frage der NATO-Ostausdehnung ließ Dieter Kastrup für die Jahre 1989/90 wissen: »Das war für uns gar kein Thema. Wir haben daran überhaupt nicht gedacht.«[254] Jansen versteht Kastrup so, dass er in den Zwei-plus-Vier-Verhandlungen, dessen Leiter er auf bundesdeutscher Seite war, keinen Ansatz für Erweiterungsfragen – jenseits der Einbeziehung des Gebietes der ehemaligen DDR – sah.[255] Dem steht ein anderslautender Befund gegenüber: der Leiter der Presseabteilung und Sprecher des Auswärtigen Amtes (1984–1991) und Leiter des Ministerbüros des Auswärtigen Amtes (1988–1991) Jürgen Chrobog hatte offenbar nicht ohne Grund festgehalten, dass beim Treffen der politischen Direktoren der Außenministerien unter dem Vorsitz von Deutschland, Frankreich, Großbritannien und der USA selbst noch am 6. März 1991 in Berlin darüber nachgedacht wurde, wie sich die Sicherheitslage in Zentraleuropa im Zuge der deutschen Vereinigung entwickeln könnte: »Wir waren uns einig, dass unseren östlichen Nachbarn kein Beitritt zur NATO angeboten werden sollte.«[256] Diese Frage war demnach weiter virulent geblieben und für Teltschik allerdings schon im Jahr zuvor ein Anathema gewesen.

Zusammenfassend bleibt festzuhalten: Im Rahmen der Zwei-plus-Vier-Verhandlungen erfolgte die Abstimmung zwischen Auswärtigem Amt und Bundeskanzleramt zwischen Bundeskanzler und Außenminister sowie in Detailfragen zwischen Kastrup und Teltschik. Das Zusammenwirken war nach Aussage von Kastrup »professionell und kameradschaftlich«. Aus Sicht Jansens als Leiter des Ministerbüros »respektierten und anerkannten wir auf Seite des AA die Expertise und Qualität des Kollegen Teltschik und seines Teams im Kanzleramt. Aber beide Seiten wussten auch, wem sie dienten: die einem dem Bundeskanzler und wir dem Außenminister. Loyalitätskonflikte gab es nicht.«[257]

Die letztlich brisante vierte Frage, wie nach Erinnerung der Spitzen im Auswärtigen Amt Genscher zu Teltschik stand, ließ keine klare Antwort vermissen: »Genscher reagierte empfindlich und ungehalten auf die die Außenpolitik berührenden Aktivitäten des Bundeskanzleramts, die nicht mit ihm abgestimmt waren. Dafür machte er Teltschik verantwortlich. Beispielsweise war die Zehn-Punkte Erklärung des Bundeskanzlers vom 28. November 1989 weder mit ihm als Koalitionspartner oder im Kabinett noch mit den Außenministern der Vier Mächte, James Baker, Roland Dumas, Douglas Hurd oder Eduard Schewardnadse

zu Meckel und zur Außenpolitik der DDR: Hermann Wentker, Die Außenpolitik der DDR im deutschen Wiedervereinigungsprozess, in: Europa und die Einheit, S. 43–64.

254 Auskunft Jansen, 29.2.2024; dem steht Genschers Blitzbesuch in Washington am 2. Februar 1990 entgegen, bei dem er Außenminister Baker sagte, dass es »notwendig« sei, »den Sowjets zu versichern, die NATO werde ihr Bündnisgebiet nicht auf das Territorium der DDR oder irgendein anderes in Osteuropa ausdehnen«. Diesen Punkt wiederholte Genscher in einer gemeinsamen Pressekonferenz, Sarotte, Schritt, S. 74–75, auch zu Ungarns Außenminister Horn: S. 96, siehe auch abweichend und unvollständig: Genscher, Erinnerungen, S. 716–718. Es ist anzunehmen, dass der Inhalt der Tutzinger Rede Genschers seinen engsten Beratern und Mitarbeitern bekannt war.

255 Dass Genscher die Frage in der Tutzing Rede erörterte, führt Jansen darauf zurück, dass im Falle Polens die Frage des Verbleibs im Warschauer Pakt erörtert wurde, was Genscher mit Sorge sah, v. a. wegen der immer schwierigeren Lage von Gorbachov gegenüber der sowjetischen Militärführung und dem KGB, die 1991 zu seinem Sturz führten, Auskunft Jansen, 4.3.2029.

256 Dok. 83: Vermerk des Ministerialdirektors Chrobog, 204–321.15–123/91 geheim, 7. 3. 1991, in: Akten zur Auswärtigen Politik Deutschlands 1991, Bd. I, S. 322–332, hier S. 330–331, siehe auch »In vertraulichen Gesprächen ausgeredet«. Neu freigegebene Akten des Auswärtigen Amts zeigen: Die Regierung Helmut Kohl wollte 1991 eine NATO-Osterweiterung und die Unabhängigkeit der Ukraine verhindern – aus Rücksicht aus Moskau, in: *Der Spiegel*, 30.4.2022, Nr. 18, S. 32–34; Chrobog, Ein Leben in der Politik, S.143–144.

257 Auskunft Jansen, 29.2.2024.

abgesprochen worden, »auf deren Unterstützung wir angewiesen waren«, wie Jansen sich erinnert: »Darüber ärgerte sich Genscher. Ich bin sicher, dass Teltschik das wusste und auch vom Bundeskanzler davon erfuhr. Nach meiner Beobachtung verhielt sich Teltschik stoisch. Er konnte sich der Unterstützung durch den Bundeskanzler sicher sein.«[258] Die Gründe, warum der Kanzler und sein Berater in dieser Konstellation um den 28. November 1989 so – wie von Jansen geschildert – und nicht anders verfuhren, lässt sich den Nachbetrachtungen Teltschiks entnehmen.[259]

7. Das baldige Ende einer langjährigen Berater-Partnerschaft

Teltschik war im Laufe des Sommers 1990 zur Erkenntnis gekommen, dass die Zeit bei Kohl zu Ende gehen würde. Er war inzwischen für alle möglichen Anliegen eingesetzt worden, obwohl diese nicht zu seinem Bereich gehörten. Frust und Verdruss setzten ein. Anlässlich seines 50. Geburtstags, zu dem auch Kohl geladen war, fand Teltschiks Gattin Gerhild kritische Worte über seinen Chef, was dieser nicht zu seiner Freude vernahm. Teltschik selbst verspürte zunehmend den Drang, selbst Entscheidungsträger zu sein und andernorts mehr Verantwortung zu übernehmen. Hinzu kam die zunehmende Entfremdung von Außenminister Genscher, der sich gegen eine Ernennung Teltschiks zum Staatssekretär im Bundeskanzleramt ausgesprochen hatte, um – wie Hans-Peter Schwarz schreibt – »diesen Rivalen im Bundeskanzleramt nicht mit noch mehr Macht auszustatten«. Das interessierte aber den Genannten kaum mehr, wenn auf der Hardthöhe schon sein Name als Nachfolger von Stoltenberg genannt wurde. Der Kohl-Biograph brachte es wohl auf den Punkt wenn er festhält, dass Teltschik selbst »über seinen langjährigen Patron enttäuscht« war, weil er sich trotz seiner Verdienste nicht durchgesetzt hat«. Dieser wiederum nahm es Teltschik übel, dass er die Konsequenzen zog und ging. Kohl war zutiefst getroffen, weil er in ihm »fast so etwas« wie seinen Sohn sah. Rund ein Jahrzehnt sollte es dauern, bis sich das Verhältnis wieder gut und versöhnlich gestaltete.[260] Der Bruch mit dem Kanzler war eine Folge des ungelösten Spannungsverhältnisses Teltschiks mit Genscher gewesen.

8. Erträge des Tagebuchs und der Nachbetrachtungen

8.1 Die begriffliche Akzeptanz der »Wiedervereinigung«

Ausgehend von einem historisch-idealistischen, moralischen und politischen Standpunkt half dieser staats- und völkerrechtlich unsaubere Begriff zugunsten von Deutschlands Einheitswunsch einzutreten, diesen zu kommunizieren und zu legitimieren, obwohl staats- und völkerrechtlich die beiden deutschen Staaten zuvor nie vereint waren. Zunächst bestand im November 1989 von Seiten des Kanzlers Zurückhaltung, den Begriff der

258 Ebd.
259 Nachbetrachtungen, S. 625, 685, 689, siehe zum Verhältnis Genscher-Kohl mit Blick auf Teltschik auch: Sarotte, Schritt, S. 63.
260 Schwarz, Kohl, S. 641–642; Nachbetrachtungen, S. 769–775, 787; Wolfgang Schäuble, Erinnerungen. Mein Leben in der Politik, Stuttgart 2. Auflage 2024, S. 153, der sich neben Teltschik selbst auch als ein Sohn Kohls bezeichnete. Er befand sich offensichtlich in einem Konkurrenzverhältnis zu Teltschik.

»*Wieder*vereinigung« zu benutzen. Dieser wurde jedoch von europäischen und internationalen Akteuren aufgegriffen und wie selbstverständlich verwendet, so dass er im Laufe des Dezember gängig wurde und akzeptiert war. Von »deutscher Frage« wurde weniger und von »deutschem Problem« schon gar nicht mehr gesprochen.

8.2 Europäische Gegner, Nachbarn und Partner der Einigung

Die deutsche Einigung konnte nicht gegen die europäischen Nachbarn entschieden werden. Sie war auch nicht gegen, sondern nur mit Wohlwollen und Zustimmung Frankreichs zu erreichen, wie dem Tagebuch Teltschiks entnommen werden kann. Die europäischen Nachbarn und Partner waren über die Ereignisse des 9. November ebenso überrascht wie das Kanzleramt und die Bonner Ministerien. Der Informationsstand über die realen Umstände in der DDR war auf allen Seiten unzureichend, v. a. über die gesellschaftlichen und ökonomischen Verhältnisse wie zuletzt auch über den wirtschaftlichen Schwächezustand der UdSSR, der erst ab 1990 immer offenkundiger wurde.

8.3. Die überragende Unterstützung für die deutsche Einigung durch die amerikanische Führung

Von wenigen Ausnahmen (González, Martens, Santer) abgesehen waren Europas Politiker im November und Dezember 1989 abwartend, kritisch, skeptisch und zögerlich, die Vorgänge in Ostdeutschland zu begrüßen, d. h. nicht bereit, explizit für die deutsche Einigung einzutreten. Anders verhielt sich US-Präsident George H. W. Bush, nämlich ausgesprochen positiv – allerdings ausgehend von der Wahrung der ureigensten amerikanischen Interessen. Die politische Führung der Vereinigten Staaten agierte als Bündnispartner des Kanzlers, der die deutsche Einigung ab Ende November 1989 offensiv anstrebte. Was aus Teltschiks Tagebuch deutlich wird: Ohne US-amerikanische Zustimmung und Unterstützung hätte die deutsche Vereinigung nicht so schnell erreicht werden können, insbesondere im Zeichen des Zögerns, Zuwartens und Zweifelns der Mehrheit der europäischen Politiker nach dem 9. November.

8.4 Der doppelte Integrationsimperativ und Delors als Mediator

Die DDR und ihr Territorium waren in doppelter Weise zu integrieren, sowohl auf inner- bzw. deutsch-deutscher Ebene durch die Wirtschafts-, Währungs- und Sozialunion als auch auf westeuropäischer Ebene durch das anvisierte EG-Binnenmarkt-Projekt. Dieses Vorhaben des Kommissionspräsidenten Jacques Delors war ohne das zu vereinigende Deutschland nicht realisierbar und deshalb auch die Zustimmung der übrigen EG-Partner erforderlich, was Delors schon im Januar 1990 deutlich gemacht hatte und auf EG-Mitglieder-Ebene im April einmütig festgelegt wurde. Was aus dem Tagebuch Teltschiks nicht so deutlich wird: der kategorische doppelte Integrationsimperativ – Einbeziehung der DDR in das Grundgesetz und die mit ihr erfolgte gemeinsame Eingliederung in die EG –, bedingt durch die wirtschaftliche Attraktivität der Bundesrepublik und den geplanten Binnenmarkt, trugen zur schnellen deutschen Einigung mit bei. Das Agieren der EG-Kommission wirkte sowohl als Katalysator wie auch ihr Präsident als Mediator in der Aushandlung des deutsch-deutschen Integrations- und Vereinigungsprozesses im Rahmen der irischen Ratspräsidentschaft in der ersten Hälfte des Jahres 1990. Delors war ein hinter den Kulissen leise und still agierender Vermittler und Unterstützer der deutschen Einheit.

8.5 Entschieden-uneinsichtig mit zutreffender Voraussicht: Margaret Thatcher

Für die britische Premierministerin Thatcher stand auch nach dem 9. November 1989 die deutsche Frage nicht auf der Tagesordnung, was im Tagebuch Teltschiks Bestätigung findet.[261] Sie reagierte zwar störrisch und uneinsichtig, musste aber die Grenzen der »balance of power«-Politik in Europa zur Kenntnis nehmen. Thatcher trat im Zuge der rasanten und nicht mehr aufzuhaltenden deutschen Einigung 1990 zunehmend in den Hintergrund. Sie gab aus innerparteilichen und innenpolitischen Gründen ihr Amt auf. Letztlich hatte sie vor dem Hintergrund der Geschichte nicht völlig Unrecht, dass die Einigung Deutschlands keine definitive Lösung sei sowie alte Schwierigkeiten hervorrufen und neue Probleme schaffen, d. h. nicht einfach kompatibel mit Blick auf den europäischen Integrationsverbund und das zukünftige Mächtegleichgewicht in Europa sein würde.

8.6 Gesprächs- und Verhandlungsprozeduren im organisierten Mehrebenensystem

Wie aus Teltschiks Tagebuch zu entnehmen ist, waren multilaterale Foren wie die Wiener Nachfolge-Konferenz über Sicherheit und Zusammenarbeit in Europa (KSZE, 1986–1989), die Europäischen Gemeinschaften (1989/90) und nicht zuletzt die »Zwei-Plus-Vier«-Verhandlungen (1990) für die internationale Einbettung der Behandlung der deutschen Einigung bedeutsam. Sie waren nach und neben Alleingängen und bilateralen Lösungsversuchen relevant. Der sogenannte »Ostblock« hatte im Wiener KSZE-Rahmen nicht mehr bestanden, sondern war erkennbar in Auflösung. Dieser Kontext war auch ein Beitrag zur Beendigung des Kalten Krieges und zur Lösung der deutschen Frage. Das am 15. Januar 1989 in Wien vereinbarte Schlussdokument ging weit über die in Belgrad (1978) und Madrid (1983) ausgehandelten Texte hinaus. Es bekräftigte die Reisefreiheit der Bürger, gab ihnen die Möglichkeit, gegen Verwaltungsentscheidungen, z. B. über die Beantragung von Ausreisevisa, Einspruch zu erheben, verpflichtete die Regierungen zur Duldung von Helsinki-Beobachtungsgruppen und legte ein Verfahren fest, mit dem überwacht werden sollte, wie gut jeder Staat seine KSZE-Versprechen umsetzte. Nicht zufällig tauchen die Kürzel KSZE, VKSE und VSBM wiederholt in Teltschiks Tagebuch auf.

8.7 Geheimdiplomatie der fortgesetzten »dreifachen Eindämmung«

Das vereinte Deutschland erlangte 1991 – entgegen den offiziellen Behauptungen und öffentlichen Beteuerungen nicht wirklich »volle Souveränität« durch den »Zwei-plus-Vier«-Vertrag, wie es in dessen Artikel 7 festgehalten war[262] und Außenminister Hans-Dietrich

261 Tagebuch, 20.11.1989, S. 138.

262 Artikel 7 lautet: »Das vereinte Deutschland hat demgemäß volle Souveränität über seine inneren und äußeren Angelegenheiten«, zit. n. Vertrag über die abschließende Regelung in bezug auf Deutschland (»Zwei-plus-Vier-Vertrag«), 12.9.1990 (http://www.documentarchiv.de/brd/2p4.htm (Abruf 29.2.2024).

Genscher erklärt hatte.[263] Es galt weiterhin im Sinne eines triple containment der NATO, die Amerikaner drinnen und die Russen draußen zu halten. Der vereinigte deutsche Staat blieb weiter selbst eingedämmt sowie unter inoffizieller Aufsicht und informeller Überwachung. Wenn es einen Konsens unter den Europäern – in Ost wie West – gab, dann war es der stark ausgeprägte Wunsch nach Einbindung und Kontrolle der nun vereinten Deutschen im Rahmen der NATO und einer noch zu bildenden Europäischen Union. Ein freischwebendes, vereintes und neutrales (nicht bzw. weniger neutralisiertes) Deutschland war dagegen mit zu viel europapolitischen und transatlantischen Risiken verbunden, wie z. B. für Polen.[264] Am Ende überzeugte dieses sicherheitspolitische Argument den in dieser Frage einsichtiger werdenden und nachgiebig gewordenen Gorbatschow, wie Teltschiks Tagebuch zeigt.[265] Ohne die deutschen Finanzspritzen und Kreditzusagen wäre sein Einlenken aber auch nicht möglich gewesen.

8.8 Öffentliche Meinung und internationale Regierungspolitik

Dieser Aspekt ist in Teltschiks Tagebuch an nur wenigen Stellen ein Thema.[266] Die tendenziell relativ positiv gestimmte öffentliche Meinung in Europa zur deutschen Vereinigung war jedenfalls ein Plus für die Einigungspolitik Kohls im Unterschied zu der zunächst noch vorherrschenden Vorsicht der westeuropäischen Politiker. Im mittel- und osteuropäischen Raum bestand Alarmstimmung (1989) und Zurückhaltung (1990), gleichwohl die kommunistische Propaganda gegen ein »imperialistisches« und »kapitalistisches Deutschland« keine stärkere Wirkung mehr entfalten konnte.

8.9 Diplomatisch-politischer Kompromiss und pragmatischer Interessenausgleich im Berater-Netzwerk

Deutschlands Einigung ist ein Musterbeispiel für die politische Kunst des Möglichen und diplomatische Meisterleistung der Kompromissfindung,[267] indem eine ab Frühjahr 1990 nicht mehr umkehrbare Entwicklung einen unvermeidbaren politischen Entscheidungsprozess erzwungen hatte.[268]

Die Einsicht in diese Notwendigkeit, aber auch das weitgehende Vertrauen auf Berater- und Politiker-Ebene machten die deutsche Einigung möglich.[269]

263 »Es waren die äußeren Aspekte der deutschen Vereinigung als Voraussetzung dafür, dass die vier Siegermächte des Zweiten Weltkriegs – die USA, die Sowjetunion, Frankreich und England – ihre Rechte aufgaben und Deutschland endlich wieder voll souverän geworden ist«, zit. n. »Es ging um die Grundlagen deutscher Politik«, Interview der *Deutschen Welle* mit Hans Dietrich Genscher, 12.9.2010 (http://www.dw.com/de/es-ging-um-die-grundlagen-deutscher-politik/a-5976886 (Abruf 29.2.2024).

264 Pick, Deutsch-polnische Beziehungen, S. 624–625.

265 Siehe Entwicklung: Tagebuch, 14./15.7.1990 S. 485–501.

266 Tagebuch, 20.11.1989, S. 137–138.

267 Exemplarisch: Zelikow/Rice, Germany Unified and Europe Transformed.

268 Gehler, Unvermeidbarkeit, S. 791–830.

269 Rafael Biermann, Zwischen Kreml und Kanzleramt (Studien zur Politik), Paderborn 1997, S. 39–43; Tilo Schabert, France and the Reunification of Germany, in: Europa und die deutsche Einheit, S. 161–202, hier S. 174–175.

Nicht nur Helmut Kohl war die deutsche Einheit zu verdanken, sondern v. a. seinem relevantesten außen- und deutschlandpolitischen Berater, der zu den wichtigsten Beratern der Regierungschefs und Präsidenten der Vier Mächte über Jahre schon vor 1989 enge, intensive und vertrauenswürdige Beziehungs- und Informationsnetze geknüpft hatte, wie Hanns Jürgen Küsters bereits zutreffend festgehalten hat. Daneben waren Rivalitäten zwischen Kanzleramt und Auswärtigem Amt, aber auch partei- und koalitionspolitische Konstellationen und Profilierungszwänge mitunter hinderlich, wenn es darum ging, Deutungshoheiten zu wahren und das Kommando zu behalten. Küsters konstatiert zutreffend, dass für Teltschik im Umfeld von US-Präsident Bush dessen Nationaler Sicherheitsberater, Brent Scowcroft, und dessen Stellvertreter, Robert Gates »die zentralen Ansprechpartner« gewesen sind.[270] Dazu wird man auch den bei Baker nicht unumstrittenen US-Botschafter, Vernon A. Walters, rechnen dürfen, der im Unterschied zu anderen westlichen Vertretern in Bonn die deutsche Einheit schon früh kommen sah[271] und sich damit auf gleicher Linie wie Teltschik befand. Daneben waren es Jacques Attali und Charles Powell und – nicht zu vergessen – auf sowjetischer Seite Gorbatschows Botschafter in Bonn Julij Kwizinskij und die Unterhändler Nikolai Portugalow und Anatolij Tschernajew, mit denen Teltschik in engem Austausch stand, gleichwohl mit Präferenz für die westlichen Partner.

9. Fazit

In der deutschen historischen Einigungsforschung dominierten lange Zeit, wie einleitend festgestellt, bundes- und ostdeutsche Betrachtungsweisen, während größere Kontexte und weitreichendere Rahmenbedingungen der europäischen Architektur, der internationalen Beziehungen, Organisationen und Vertragsverhältnisse, wie sie durch die NATO, die Europäische Gemeinschaften, die KSZE usw. repräsentiert waren, eher unberücksichtigt oder gar unterbelichtet blieben – die Befassung mit diesen Komplexen berührte letztlich auch die Frage des persönlichen Blickwinkels und des außenpolitischen Horizonts von Akteuren, Beobachtern, Wissenschaftlern und Zeitzeugen.[272] Das Tagebuch Teltschiks bietet naturgemäß Einblicke in das Agieren, Beobachten und Kommentieren des maßgeblichen außen- und deutschlandpolitischen Kanzler-Beraters jener Entscheidungsjahre 1989/90. Es offeriert aber auch ein breites und buntes Spektrum der vorgenannten Aspekte.

Teltschik hat vielfach Atmosphärisches und Stimmungslagen festgehalten. Er besaß nicht nur eine scharfsinnige Analysefähigkeit, sondern auch eine genaue Beobachtungsgabe bezüglich Auftreten, Bekleidung, Charaktereigenschaften, Eigenheiten und Verhaltensmerkmalen von Personen. Er hielt diese nüchtern fest – fallweise auch mit einer gewissen Ironie und entsprechender Süffisanz. Aus den Tagebüchern tritt mitunter ein Bundeskanzler hervor, der nicht immer sicher und zielorientiert, sondern zeitweise auch abwartend, manchmal sogar depressiv, enttäuscht und niedergeschlagen sowie auch zau-

270 Küsters, Ringen, S. 28–29.

271 Tagebuch, 16.11.1989, S. 126–128; Vernon A. Walters, Die Vereinigung war voraussehbar. Hinter den Kulissen deines entscheidenden Jahres. Die Aufzeichnungen des amerikanischen Botschafters, Berlin 1994, S. 31, 36–39, 62–64.

272 Michael Gehler, Befunde und Thesen einer gebrochenen Erlebnisgeneration und geteilten Erinnerungsgeschichte, in: Gehler/Dürkop (Hrsg.), Deutsche Einigung, S. 1782–1787, hier S. 1785.

dernd und zögerlich bei Entscheidungen war. Hartnäckig, geschickt und kompetent wurde er von seinem Chefberater nicht nur begleitet und beraten, sondern auch angespornt, motiviert und stimuliert, mitunter auch gedrängt, Entscheidungen zu treffen.

Die Gemeinsame deutsch-sowjetische Erklärung von Bonn am 13. Juni 1989 hatte Teltschik mitgestaltet. Er verstand sie als Beschleuniger auf dem Weg zu einem geeinten und selbstbestimmten Europa. »Freiheit vor Einheit« war das Motto seines wegweisenden Interviews im Bonner *General-Anzeiger* am 6. Juli 1989. Die Unterstützung Polens verstand auch er als Vorleistung zur Verständigung mit einem schwierigen Nachbarn und das exakte Timing der offiziellen ungarisch-österreichischen Grenzöffnung am 10./11. September sollte als Absicherungs- wenn nicht sogar als Rettungsmaßnahme für Kohl am Bremer Parteitag dienen. Die Botschaft eines sowjetischen Emissärs bedeutete am 21. November den Auslöser für Teltschik, eine neue Deutschlandpolitik anzukündigen. In der bahnbrechenden Rede Helmut Kohls am 28. November im Deutschen Bundestag nannte er in Form von zehn Punkten die deutsch-deutschen Notwendigkeiten und internationalen Rahmenbedingungen als Voraussetzung für die Gestaltung einer nun aktiver werdenden Deutschlandpolitik, nachdem am 9. November die Grenzübergangsstellen an den östlichen Sektorengrenzen in Berlin geöffnet worden waren. Ideengebung und Inspiration für die deutschlandpolitische Offensive am 28. November gingen auf Teltschik zurück, der am 6. Dezember auch Kritik und Vorbehalte erfolgreich parierte und den Kanzler zum Festhalten am einmal eingeschlagenen Kurs ermutigte. Die schwierigste Rede der Kanzlerschaft in Dresden am 19. Dezember 1989 wurde von Teltschik gekonnt begleitet sowie Hilfe für die Sowjetunion zur Solidaritätsbekundung und Vertrauensbildung geleistet. Der die amerikanische Unterstützung zweifeln lassende »Genscherismus« konnte rechtzeitig erkannt und konterkariert, die Währungsunion als Initialzündung begriffen und Vorabstimmungen mit Washington unternommen werden, um dafür »grünes Licht« in Moskau am 10. Februar 1990 zu erhalten. Das Ringen um die NATO-Ausdehnung gestaltete sich schwierig, während zeitgleich die Forcierung der inneren Einigungspolitik erfolgte. Die Regelung der polnischen Grenzfrage erwies sich als Hängepartie, während die Abwehr eines Friedensvertrags mit Reparationsforderungen gelang, doch waren die Grenzen der Beratertätigkeit und der Kommunikation in der aufgeschobenen polnischen Grenzfrage erkennbar, gleichwohl eine vorläufige Lösung gelang. Westeuropäische Integrationsimpulse konnten mit Frankreich gesetzt werden, während deutsch-deutsche Koordinierungsnotwendigkeiten gegeben waren. Letztlich waren es deutsche Kredite für sowjetische NATO-Zugeständnisse in Folge einer Geheimmission nach Moskau mit deutschen Bankiers am 14. Mai. Wichtig war eine westliche Einigung über die NATO-Gipfelerklärung am 18. Juni als Signal und im Vorfeld des KPdSU-Parteitags in Moskau.

Was die deutsch-deutschen Entwicklungen anging, erwartete Kohl frühzeitig große Schwierigkeiten bei der Umstellung der Betriebe und für den Arbeitsmarkt[273] in Ostdeutschland. Bemerkenswertes wird zur Einführung der Wirtschafts-, Währungs- und Sozialunion festgehalten. Weitere Details erfährt der Leser über die sich steigernden Moskauer Forderungen von Milliarden-Krediten für die UdSSR, deren Gewährung in der Schlussphase der Zwei-plus-Vier-Verhandlungen über die äußere Einheit und die zukünftigen bilateralen deutsch-sowjetischen Beziehungen nicht mehr frei von Erpressungen waren, sowie über die desaströse ökonomische Lage in der UdSSR, über die Teltschik und

273 Tagebuch, 7.2.1990, S. 247.

sein Chef seit Anfang 1990 mehr und mehr im Bilde waren. Gezielte sowjetische Nötigungsversuche machten eine unvermeidliche Zahlungsbereitschaft auf bundesdeutscher Seite erforderlich. Bonn ging bei den neuerlichen Moskauer Zahlungsforderungen an seine Grenzen.

Außenminister Genscher blieb fast bis zum Ende der Gegner, Konkurrent und Rivale Teltschiks, was aus rückblickender Sicht von Vertretern des Auswärtigen Amtes Bestätigung findet. Bei den Spannungen zwischen Kanzleramt und Auswärtigem Amt, die schon aus der Zeit vor 1989 rührten, ging es nicht nur um Kompetenzfragen, sondern auch um inhaltliche Unterschiede in der Deutschland-, Einigungs- und Sicherheitspolitik. Das baldige Ende von Teltschiks langjähriger Berater-Partnerschaft mit Kohl kündigte sich bereits mit seinem 50. Geburtstag an, bei dem seine Frau Kritik am anwesenden Kanzler nicht verhehlen konnte. Er wollte keinen anhaltenden Konflikt mit Genscher in Kauf nehmen und beförderte so den Abgang von Teltschik. Der Bruch mit Kohl wurde unvermeidlich.

Wie stark der Erfolg der deutschen Einigungspolitik gerade von Kohls Chefberater persönlich abhing, wird beim Studium seines kompletten Tagebuchs einmal mehr deutlich. Das Zeitfenster zur deutschen Einheit war nur für wenige Monate vom Februar bis September 1990 offen. Dass dies erkannt und die neuen Handlungsspielräume genutzt wurden, war neben den schon genannten Akteuren und Mitarbeitern im Bundeskanzleramt insbesondere Horst Teltschik zu verdanken.

Es ist eine Binsenweisheit, dass er auf deutscher Seite nicht allein und alles entscheidend war. Teltschik kann allerdings sowohl nach als auch neben Rudolf Seiters und Wolfgang Schäuble als einer der Architekten der deutschen Einigung bezeichnet werden, indem er mitentscheidend war für die Baumeister der Einheit Deutschlands: Helmut Kohl, Hans-Dietrich Genscher, Günther Krause und Lothar de Maizière. Dass Bundeskanzler Helmut Kohl in dieser historischen Phase zur richtigen Zeit die für Deutschlands Einigung richtigen Entscheidungen traf, geht neben Seiters und Schäuble maßgeblich auf sein unmittelbares Umfeld und seinen engen Begleiter und wichtigsten Berater zurück. Auf der Vier Mächte-Berater-Ebene der Staats- und Regierungschefs war Teltschik so mitentscheidend, dass es ohne ihn wohl keinen Kanzler der deutschen Einheit noch im Jahre 1990 gegeben hätte.

II. Das vollständige Tagebuch vom 9. November 1989 bis zum 3. Oktober 1990

1. Die Mauer ist offen

Donnerstag 9. November 1989

Heute beginnt der Arbeitstag im Bundeskanzleramt wie viele andere vor ihm. Um 8.30 Uhr versammeln wir uns zur »Morgenlage« im Arbeitszimmer des Bundeskanzlers. Wir – das ist eine Gruppe enger Mitarbeiter, die sich morgens sehr regelmäßig beim Bundeskanzler zum »Morgengebet« einfindet, wie die Lagebesprechung intern gelegentlich bezeichnet wird.

Wie immer sitzt Bundeskanzler Helmut Kohl bereits hinter seinem mächtigen Schreibtisch, angetan mit der gewohnten schwarzen Strickjacke. Die Füße stecken in weißen Gesundheitssandalen. Vor ihm stapeln sich auf dem Schreibtisch die verschiedenen Papiere, fein säuberlich gerichtet und thematisch geordnet Sein Arbeitstag beginnt oft schon um 7.00 Uhr. Er nutzt die morgendliche Ruhe, Akten zu lesen und selbst schon erste Telefonate zu führen, auch wenn die Gesprächspartner nur zu Hause zu erreichen sind. Dann gießt er mit Vorliebe seinen Spott über deren angeblich schönes Leben aus.

Vor seinem Schreibtisch sitzen auch heute wieder Dr. Eduard Ackermann, Ministerialdirektor und »Pressechef« im Kanzleramt. »Graf Cabonara«, wie ihn der Bundeskanzler gelegentlich wegen seiner Leidenschaft für die italienische Küche liebevoll nennt, gehört seit der Bundestagswahl 1976 zu den engsten Mitarbeitern des Bundeskanzlers. Noch länger dabei ist Juliane Weber, persönliche Mitarbeiterin seit über 25 Jahren. Sie hat das Herz auf dem rechten Fleck, sagt, was sie sich denkt, und ist für den Bundeskanzler so etwas wie des Volkes Stimme.

Dabei sind der Chef des Bundeskanzleramtes, Bundesminister Rudolf Seiters, der Regierungssprecher, »Johnny« Klein, der Staatsminister im Bundeskanzleramt, Dr. Lutz Stavenhagen und Professor Dr. Wolfgang Bergsdorf, Leiter der innenpolitischen Abteilung im Bundespresseamt und seit 18 Jahren Mitarbeiter des Bundeskanzlers. Die Teilnehmerrunde des »Küchenkabinetts« schließt sich mit Dr. Prill, dem Chef der Redenschreibergruppe, mit Ministerialdirektor Baldur Wagner, Leiter der Abteilung Innen- und Sozialpolitik und mit mir.

Eduard Ackermann, den Berg von Morgenzeitungen vor sich, berichtet anhand seiner selbstverfertigten Notizen über die täglichen Schwerpunkte in der Berichterstattung der Zeitungen und des Fernsehens vom Vorabend. Heute stehen drei Themen im Vordergrund der Morgenlage.

Der Strom der Übersiedler aus der DDR steigt wie eine Flut. In den letzten 24 Stunden sind erneut 11.018 gekommen; seit dem Wochenende ist die Zahl damit auf 48.117 gestiegen. Gestern im Bundestag hatte der Bundeskanzler berichtet, daß in diesem Jahr schon über 200.000 Übersiedler die DDR verlassen haben. Der Anstieg erinnert uns alle an die dramatischen Tage in 1961, als die damalige Fluchtbewegung zum Bau der Mauer führte.

Auch in der DDR überschlagen sich die Ereignisse. Vor fünf Tagen hat die Protestbewegung ihren Höhepunkt erreicht Eine Million Menschen haben in Ost-Berlin für Reformen demonstriert. Vor zwei Tagen ist die DDR-Regierung geschlossen zurückgetreten; gestern auf der 10. Sitzung des Zentralkomitees der SED das gesamte Politbüro. Egon Krenz, am 24. Oktober zum Vorsitzenden des Staatsrates und zum Vorsitzenden des Nationalen Verteidigungsrates gewählt, wurde gestern nach seiner Wahl zum Generalsekretär der SED am 19. Oktober in seinem Amt bestätigt. Er kündigte in seinem wortreichen Referat vor dem ZK-Plenum erneut politische und wirtschaftliche Reformen und eine Reiseregelung an.

Die DDR wirkt wie ein brodelnder Kessel, in dem der Druck des Dampfes sichtbar steigt und den Kessel zu sprengen droht, wenn die Ventile nicht rechtzeitig geöffnet werden. Dem Bundeskanzler ist klar, daß das nur durch tiefgreifende politische und wirtschaftliche Reformen und einer umfassenden Reiseregelung erreicht werden kann, wenn der Prozeß überhaupt noch kontrollierbar bleiben soll.

Doch heute morgen steht die Frage im Raum, ob Egon Krenz dazu überhaupt willens und in der Lage ist. Er war im Mai 1989 als Wahlleiter für die Kommunalwahlen verantwortlich für die Wahlfälschung[1] und als Leiter der Abteilung Sicherheit des Zentralkomitees der SED auch dem Staatssicherheitsdienst (MfS) gegenüber weisungsbefugt. In allen bisherigen Erklärungen hatte er unmißverständlich zum Ausdruck gebracht, daß der Sozialismus in der DDR nicht zur Disposition stünde und die DDR ein souveränes Land bleibe. Außerdem gilt er bei niemanden als besondere Geistesgröße. Es gibt einige wenige, die ihn persönlich kennengelernt haben wie der SPD-Bundestagsabgeordnete Karsten Voigt, der sich aus JUSO-FDJ-Zeiten sogar mit ihm duzt, wie er mir einmal erzählt hatte.

Der Bundeskanzler gibt Bundesminister Seiters, der innerhalb der Bundesregierung für die Deutschlandpolitik zuständig ist, den Auftrag, in seinen Gesprächen mit der DDR-Führung mit Nachdruck auf Reformen zu drängen und auf den möglichst baldigen Abschluß einer Reiseregelung. Noch werden in der Bundesrepublik die DDR-Übersiedler mit viel Sympathie, ja teilweise mit Begeisterung aufgenommen. Aber wenn die Zahlen weiter so rasch steigen, kann sich die Stimmung angesichts der Wohnungsknappheit ebenso rasch verändern. Die Opferbereitschaft der Deutschen ist schon lange nicht mehr großen Belastungen unterlegen.

Der Bundeskanzler beauftragt Bundesminister Seiters, noch heute gemeinsam mit Bundesinnenminister Wolfgang Schäuble vor die Bundespressekonferenz zu gehen und einen Bericht über den dramatischen und anhaltenden Zustrom von Flüchtlingen aus der DDR zu geben. Sie sollen über die zusätzlichen Vorkehrungen der Bundesregierung zur Erstaufnahme der Flüchtlinge in Unterkünften der Bundeswehr, beim Bundesgrenzschutz und beim Katastrophenschutz berichten, bevor die Verteilung auf die Bundesländer, Städte und Gemeinden erfolgt; auch darüber, daß die Bundesregierung bei der Unterbringung durch zusätzliche Bundeseinrichtungen Hilfe leistet. Gleichzeitig sollen sie deutlich machen, daß die Bundesregierung entschlossen bleibt, allen zu helfen, die aus der DDR zu uns kämen;

1 Nach den am 7. Mai 1989 durchgeführten Kommunalwahlen in der DDR, bei denen Wahlfälschungen nachgewiesen werden konnten, folgten am 7. jeden Monats in Kirchen und auf dem Alexander-Platz in Ost-Berlin Demonstrationen, die schließlich in die Montagsprotest-Aufmärsche im Herbst 1989 mündeten.

aber es müsse gesagt werden, daß sich die Verhältnisse in der DDR möglichst rasch ändern müßten, wenn Deutsche ihre Heimat nicht verlassen sollen.

Den Bundeskanzler erfüllt sichtbar Unbehagen, daß er angesichts dieser sich abzeichnenden innerdeutschen Dramatik heute zu seinem ersten offiziellen Besuch nach Polen reisen wird. Fünf Tage solle der Besuch dauern – eine lange Zeit unter dem Gesichtspunkt der Abwesenheit aus Bonn; eine angemessene Zeit angesichts der Bedeutung der bevorstehenden Gespräche in Warschau und der Absicht beider Seiten, einen Durchbruch in den beiderseitigen Beziehungen zu erreichen.

Die Vorbereitungen waren schwierig genug und sind wenige Stunden vor Abflug immer noch nicht zum Abschluß gekommen. Es geht um die letzten Abstimmungen des Wortlauts der »Gemeinsamen Erklärung«, die der Bundeskanzler und Ministerpräsident Tadeusz Mazowiecki zum Abschluß ihrer Gespräche in Warschau als gemeinsames Ergebnis unterzeichnen sollen. Ich muß dem Bundeskanzler heute morgen erläutern, daß in einem für uns entscheidenden Punkt mit dem polnischen Außenminister Krzysztof Skubiszewski noch immer keine Einigung erreicht werden konnte. Er hatte uns gestern am späten Abend einen Änderungswunsch zur »Gemeinsamen Erklärung« übermittelt. Dort geht es um die für uns zentrale Frage der kulturellen Identität der Deutschen, die in Polen leben.

Zum ersten Mal hatten sich die Polen überhaupt bereitgefunden, darüber zu verhandeln und damit offiziell zuzugeben, daß noch Deutsche in Polen leben. Das war für die Bundesregierung bereits ein wichtiger politischer Erfolg. Jetzt geht es um den Wortlaut der Vereinbarungen. Verständlich, daß beide Seiten angesichts der rechtlichen und innenpolitischen Sensibilität dieses Problems jedes einzelne Wort auf die Goldwaage legen. So lag uns jetzt vier Stunden vor Abflug nach Warschau ein neuer polnischer Änderungswunsch vor. Ich hatte daraufhin mit meinen Experten der Abteilung und diese mit ihren Kollegen im Auswärtigen Amt einen neuen Kompromißvorschlag erarbeitet und abgestimmt. Alle drei Vorschläge liegen jetzt dem Bundeskanzler auf seinem Schreibtisch.

Er reagiert außerordentlich unwirsch. Es sei eine Zumutung, in einem solch' zentralen Punkt so kurzfristig noch einmal Änderungsvorschläge vorzulegen. Wie sollen diese überhaupt noch sachgerecht geprüft werden können? Ausdrücklich befragt er mich, ob nicht die ursprüngliche Fassung von beiden persönlichen Beauftragten bereits vereinbart und von den jeweiligen Regierungschefs gebilligt worden sei? Als ich das bestätige, lehnt er eine erneute Änderung des Textes mit der Begründung ab, daß er sich nicht unter Druck setzen lasse. Daraufhin erläutere ich noch einmal die Kompromißformulierung und weise darauf hin, daß sie für uns akzeptabel und mit allen Experten, auch im Auswärtigen Amt, abgestimmt sei. Er lenkt knurrend ein. Das müsse aber jetzt das letzte Wort bleiben, sonst finde die ganze Veranstaltung mit ihm nicht statt.

Die Gereiztheit des Bundeskanzlers ist verständlich. Zu lange und zu mühsam hatten sich die Verhandlungen der persönlichen Beauftragten hingeschleppt. Zu oft hatte er den Eindruck gehabt, daß sein guter Wille nicht richtig eingeschätzt und allzu oft strapaziert worden war. Außerdem fühlte er, wie schwierig die Reise für ihn werden sollte.

Erfreulicher ist der Bericht von Eduard Ackermann über die heutige Presse zur gestrigen Bundestagsdebatte. Der Bundeskanzler hatte im Parlament seinen jährlichen »Bericht zur Lage der Nation im geteilten Deutschland« erstattet. Die Medien haben ungeachtet des politischen Standortes ihrer Kommentatoren insgesamt freundlich und sachgerecht berichtet, wobei sie besonders die Sachlichkeit der Debattenbeiträge herausstellen und für den Gegenstand der Auseinandersetzung als angemessen begrüßen. Außerdem ist in den

Reden – mit Ausnahme der der Grünen – vielfältige Übereinstimmung zum Ausdruck gekommen, vor allem in der Einschätzung der Protestbewegung in der DDR, in der Ursachenbeschreibung, in der Forderung nach tiefgreifenden Reformen und nach außenpolitischer Einbettung.

Es sind aber auch wichtige Unterschiede in den Positionen der Parteien deutlich geworden. Einerseits hatte der Bundeskanzler unmißverständlich deutlich gemacht, daß es jetzt den Menschen in der DDR um Freiheit und Selbstbestimmung gehe und das zuallererst bedeute, »eine demokratische Willensbildung in der DDR zu ermöglichen«. Aus diesem Grunde hatte er der neuen DDR-Führung ein breites Angebot zur Zusammenarbeit unterbreitet und »umfassende Hilfe« angekündigt, »wenn eine grundlegende Reform der politischen und wirtschaftlichen Verhältnisse in der DDR verbindlich festgelegt wird«. Er sei bereit, »über eine völlig neue Dimension« wirtschaftlicher Hilfe zu sprechen. Andererseits ließ der Bundeskanzler aber keinen Zweifel daran, daß er und die Unionsparteien sich sicher seien, daß sich die Menschen in der DDR für die »Wiedervereinigung in Freiheit« aussprechen werden, wenn sie das Selbstbestimmungsrecht frei ausüben können.

Auch Oppositionsführer Dr. Vogel hatte sich im Namen der SPD für die »uneingeschränkte Anerkennung des Selbstbestimmungsrechts« ausgesprochen. Auffallend war jedoch, wie bewußt er Stimmen aus der Oppositionsbewegung in der DDR zitierte, die sich für die Zweistaatlichkeit Deutschlands ausgesprochen hatten. Der Zwischenruf von Volker Rühe kam zu Recht, daß er doch die Bürger selbst darüber entscheiden lassen solle.

Auch der Berliner Regierende Bürgermeister Walter Momper wollte ein »Zusammengehen beider deutscher Staaten« nicht ausschließen. Er stellte aber fest, daß die Bürger der DDR »einen eigenen Weg gehen« wollen. »Das kann man, wenn man hinhört und hinschaut, sehr gut erfahren« .

Absolut eindeutig waren die Grünen. Sie hatten einen Antrag über die »Doppelstaatsangehörigkeit für Bürger und Bürgerinnen der Bundesrepublik Deutschland und der Deutschen Demokratischen Republik« eingebracht, der die Zweiteilung Deutschlands endgültig besiegeln sollte.

Kritik erfuhr der Bundeskanzler in den Medien vor allem zu seinen Aussagen über die Oder-Neiße-Grenze.[2] Er hatte sich in seinen Formulierungen auf die Rechtspositionen be-

2 Auf der Konferenz in Teheran vom 28. November bis zum 1. Dezember 1943 wurde von Stalin, der die 1921 an Polen abgetretenen Ostgebiete behalten wollte, eine Westverschiebung Polens ins Gespräch gebracht. Auf der Konferenz in Jalta vom 4. bis 11. Februar 1945 sprachen sich auch Churchill und Roosevelt dafür aus. Die Oder-Neiße-Grenze, die heutige deutsch-polnische Grenze, wurde im Potsdamer Abkommen vom 2. August 1945 bis zu einer bestehenden Friedensregelung als Westgrenze Polens festgelegt. Die Folge waren Flucht und Vertreibung der dort lebenden deutschen Bevölkerung. Während der Moskauer Außenministerkonferenz vom 10. März bis zum 24. April 1947 erfolgte die offizielle Bezeichnung der Oder-Neiße-Grenze als »Friedensgrenze«. Am 6. Juli 1950 erkannte die DDR im Görlitzer Abkommen die Grenze als endgültige deutsch-polnische Staatsgrenze an (»Oder-Neiße-Friedensgrenze«). In der Bundesrepublik wurde 1954 das Kuratorium Unteilbares Deutschland gegründet (KUD), das Plakate mit dem Motto »Deutschland dreigeteilt? Niemals!« aufstellen ließ. Erst am 1. Januar 1970 wurde die Grenze zwischen der DDR und der VR Polen für den individuellen visafreien Reiseverkehr geöffnet. Die Bundesrepublik erkannte im Warschauer Vertrag vom 7. Dezember 1970 mit Polen die bestehende Grenzlinie bis zu einer möglichen späteren Friedensregelung als unverletzliche Grenze an und man verzichtete auf Gebietsansprüche gegeneinander. Die Anerkennung der Oder-Neiße-Grenze war Voraussetzung für die Zustimmung der vier Siegermächte zur deutschen Einheit. Die Bestätigung der Grenze erfolgte durch den Zwei-plus-Vier-Vertrag und durch den deutsch-polnischen Grenzvertrag vom 14. November 1990 (in Kraft 1991). Bundeskanzler Kohl zögerte bis zu diesem Zeitpunkt mit einer definitiven Zustimmung zu dieser Regelung.

schränkt, die alle Regierungen vor ihm offiziell vertreten haben. Aber wer lesen konnte und vor allem wollte, wußte, daß dieser Bundeskanzler in seinen Ausführungen keinen Zweifel an seiner Haltung und an der der Bundesregierung über die Endgültigkeit der Oder-Neiße-Grenze aufkommen ließ. Daß er zu diesem Zeitpunkt in seinen Formulierungen nicht weiter ging, war ausschließlich partei- und innenpolitisch bedingt. Er wollte verhindern, daß die Frage der Oder-Neiße-Grenze zum innenpolitischen Kampfthema der politischen Rechten würde und damit den inneren Frieden stören könnte. Mehr noch, er wollte von Anfang an für seine Politik gegenüber Polen eine breite politische Mehrheit erreichen. Und dazu brauchte er auch die Unterstützung der Vertriebenen und der Oberschlesier im besonderen.

Diese Haltung des Bundeskanzlers wurde vom politischen Gegner bewußt mißverstanden, weil die SPD als Opposition – wie die CDU/CSU als Opposition vor ihr – erneut nicht der Versuchung widerstehen konnte, außenpolitische Themen zum innen- und parteipolitischen Machtkampf zu nutzen. Alle berufen sich dabei immer darauf, die außenpolitischen Interessen des Landes wahrzunehmen, fügen ihnen jedoch in Tat und Wahrheit Schaden zu. Dieses Verhalten ist in der heutigen Tagespresse augenscheinlich. Obwohl gestern im Bundestag die SPD einem Entschließungsantrag von CDU/CSU und FDP zur polnischen Westgrenze zugestimmt hatte und damit 400 Abgeordnete bei nur 4 Nein-Stimmen und 33 Enthaltungen (darunter die Grünen), werden heute wieder öffentliche Zweifel an der Haltung des Bundeskanzlers breit diskutiert. Wem soll das nutzen? Wäre es heute am Tage der Abreise des Bundeskanzlers nach Warschau nicht sinnvoller und für die deutsch-polnischen Beziehungen nicht hilfreicher, auf die überwältigende Mehrheit von 400 Ja-Stimmen zu einer eindeutigen Erklärung des Deutschen Bundestages zur Oder-Neiße-Grenze hinzuweisen? Sie schließt das Votum des Bundeskanzlers ein und die 4 Gegenstimmen sind wirklich zu vernachlässigen. Wem soll es nutzen, bei den Polen neue Zweifel an der Position des Bundeskanzlers zu nähren? Auch bei manchem Journalist fragt man sich, welchen Interessen er letztlich dient?

Unmittelbar nach der Morgenlage rufe ich unseren Botschafter in Warschau, Dr. Knackstedt, an. Er war von Außenminister Genscher mit Zustimmung des Bundeskanzlers kurzfristig von seinem Botschafterposten in Chile abberufen und nach Warschau versetzt worden, um die Reise des Bundeskanzlers vorbereiten und begleiten zu können. Er genießt aus langen Jahren der Zusammenarbeit das volle Vertrauen des Bundeskanzlers und kennt den Außenminister aus der gemeinsamen Zeit in Halle. Ich bitte Knackstedt, die jetzt vom Bundeskanzler genehmigte Fassung des noch abzustimmenden Artikels der »Gemeinsamen Erklärung« dem polnischen Außenminister zu übermitteln und ihm deutlich zu machen, daß das jetzt gewissermaßen das letzte Wort von unserer Seite sei.

Um 10.30 Uhr findet wie fast jeden Mittwoch die Sitzung des Kabinetts statt. Auch dort stehen die Ereignisse in der DDR und die bevorstehende Polenreise des Bundeskanzlers im Vordergrund. 11.000 Übersiedler aus der DDR in den letzten 24 Stunden bedrückt alle. Das einhellige Urteil lautet: Die Lage in der DDR ist dramatisch. Demonstrationen und Fluchtbewegungen sind eindringliche Signale des Freiheitswillen der Menschen. Wir sind Zeugen historischer Prozesse in Polen, Ungarn und jetzt auch in der DDR. Sie eröffnen Chancen und Perspektiven, die den Atem rauben. Sie erfordern ein außergewöhnliches Maß an Solidarität, das jetzt vor allem von uns Deutschen in der Bundesrepublik Deutschland eingefordert ist.

Das Kabinett war sich darin einig, daß die gestrigen Reformankündigungen von Generalsekretär Krenz auf dem Zentralkomitee-Plenum der SED zu keinen großen Hoffnungen auf grundlegende Veränderungen in der DDR Anlaß geben. In das neugewählte elfköpfige SED-Politbüro sind lediglich vier neue Mitglieder, u. a. Hans Modrow, gewählt worden. Das angekündigte Wahlgesetz wird Auskunft geben, ob wirtschaftlich[3] freie Wahlen möglich sein werden.

Ausdrücklich bekräftigt das Kabinett die gestrige Aussage des Bundeskanzlers im Bundestag über »umfassende Hilfe« für die DDR, wenn präzise und unmißverständliche Festlegungen auf wirklich freie Wahlen, auf eine Änderung der Verfassung bezüglich der Aufuebung des Machtmonopols der SED und auf die Gründung neuer Parteien erfolgen. Gleichzeitig nimmt das Kabinett zustimmend die Erklärung des Bundeskanzlers zur Kenntnis, daß er Vorschläge wie die Einberufung einer Vier-Mächte-Konferenz ablehne.

Der Bundeskanzler berichtet über seine jüngsten Gespräche mit Präsident Mitterrand und über seine regelmäßigen telefonischen Kontakte mit US-Präsident Bush. Nach Rückkehr aus Polen werde er mit Präsident Gorbatschow und mit Premierminister Thatcher sprechen, und sie über die Haltung der Bundesregierung unterrichten. Außerdem werden die Botschafter der Vier Mächte ständig von Bundesminister Seiters unterrichtet.

Um 12.00 Uhr, nach der Kabinettsitzung, rufe ich noch einmal Botschafter Knackstedt in Warschau an. Die Zeit drängt. Um 13.00 Uhr soll der Abflug des Bundeskanzlers nach Polen erfolgen. Knackstedt war in der Zwischenzeit beim Minister im Ministerpräsidentenamt, Ambroziak, und hat ihm unseren letzten Formulierungsvorschlag erläutert. Ambroziak hat mit Außenminister Skubizewski telefoniert. Dieser hat eine Prüfung zugesagt, sie aber noch nicht abgeschlossen. Knackstedt und ich empfinden diese Lage als ungut. Wie wird der Bundeskanzler reagieren, wenn vor seiner Abreise keine Übereinstimmung in einem der zentralen Punkte der »Gemeinsamen Erklärung« erzielt ist?

So kommt es auch. Um 13.00 Uhr fliegen der Bundeskanzler und seine mehr als 70-köpfige Delegation mit der alten Boeing 707 der Luftwaffe vom militärischen Teil des Köln/Bonner Flughafens nach Warschau. An Bord sind sieben Bundesminister, Ministerpräsident Wallmann aus Hessen, eine Gruppe Bundestags-Abgeordneter der CDU, CSU, SPD und FDP, Vertreter der Kirchen, einschließlich des Zentralrates der Juden, Vertreter der Wirtschaft und Gewerkschaften, Wissenschaftler, Künstler und Persönlichkeiten, die sich um Polen besonders verdient gemacht haben. Die Stimmung ist wie immer sehr aufgelockert. Der Bundeskanzler tauscht mit den Ministern und Abgeordneten Erfahrungen und Anekdoten von Parlamentariern aus. Es wird viel gelacht.

Im Bewußtsein bleiben die Probleme im Vorfeld dieser Reise. Kein Besuch des Bundeskanzlers hatte bisher so lange Vorbereitungen erfordert, die sich außerdem als außerordentlich schwierig erwiesen haben. Was die Beziehungen zu Polen betrifft, sah und sieht sich der Bundeskanzler immer in der Nachfolge von Konrad Adenauer, der bereits in seiner ersten Regierungserklärung 1949 die Aussöhnung mit Polen neben der zu Israel und Frankreich als Hauptziele deutscher Außenpolitik bezeichnet hat.[4] Als Helmut Kohl nach seiner Wahl

3 Vermutlich ist hier »wirklich« gemeint.

4 In der Regierungserklärung vom 20. September 1949 wies Bundeskanzler Konrad Adenauer u. a. darauf hin, dass auch Winston Churchill gegen das Ausmaß der Gebietserweiterung wie gegen die unmenschliche Art und Weise der Umsiedlung aus Polen, der Tschechoslowakei und Ungarn im britischen Unterhaus protestiert habe, was beides nicht mit dem Potsdamer Abkommen vereinbar sei. Unter der Bedingung, dass die Deutschen in der Ostzone und in Ost-Berlin ein Leben in Freiheit führen könnten, bot er Polen und der Sowjetunion die Entwicklung friedlicher Beziehungen an. Es sei unglaublich, dass hier und da anscheinend antisemitische Bestrebungen hervorgetreten seien. Man werde sich um 300.000 freie Arbeiter, die,

zum Bundeskanzler am 13. Oktober 1982 seine erste Regierungserklärung[5] abgab, knüpfte er daran an und bekannte sich nachdrücklich zum Warschauer Vertrag vom November 1970,[6] den es mit Leben zu erfüllen gelte. Doch angesichts des von General Jaruzelski im Dezember 1981 verhängten Kriegsrechts[7] über Polen lagen die Beziehungen auf Eis.

Erst mit dem Besuch von Außenminister Genscher im Januar 1988 in Warschau[8] wurde der Stillstand beendet. Zur Vorbereitung eines Besuches des Bundeskanzlers in der Volksrepublik Polen wurden drei Arbeitsgruppen eingerichtet zu politischen, zu wirtschaftlich-finanziellen Fragen und zu solchen über Sicherheit und Abrüstung. Zwei der drei Arbeitsgruppen tagten in 1988 insgesamt dreimal, ohne daß sich Ergebnisse abzeichneten.

Seit dem Herbst 1988 deutete es sich an, daß sich die polnische Seite von den Arbeitsgruppen selbst nichts versprach. Sie wollte die Gespräche auf die Ebene persönlich Beauftragter der Regierungschefs verlagern. Der polnische Botschafter in Bonn, Dr. Karski, war dabei die treibende Kraft. Er hoffte von Anfang an, mich dafür zu gewinnen und hatte

um aus der Kriegsgefangenschaft herauszukommen, Arbeitsverträge in Frankreich, Belgien und England geschlossen haben, bemühen. Das Besatzungsstatut der Alliierten sei zwar ein erheblicher Fortschritt, Ziel aber ein demokratischer deutscher Bundesstaat. Der deutsch-französische Gegensatz müsse endlich aus der Welt geschafft werden. Das Saargebiet solle dabei kein Hindernis sein, Deutscher Bundestag, 5.Sitzung, Bonn, 20.September 1949.

5 Die Regierungserklärung Kohls stand für den Anspruch, nach der sozialliberalen Koalition eine »geistig-moralische Wende« herbeizuführen. Diese war von ihrer Wertorientierung konservativ, von ihrer v. a. sozial- und wirtschaftspolitischen Ausrichtung liberal und außenpolitisch, v. a. in der Ostpolitik, knüpfte sie an die Vorgänger-Regierung an. Die Bundesregierung werde kontinuierlich gute Beziehungen zur Sowjetunion anstreben, verfolge die Entwicklung in Polen aber mit Sorge (am 8. Oktober war die Gewerkschaft Solidarność verboten worden). Die Aufhebung des Kriegsrechts und die Freilassung der Verhafteten wurden von Kohl gefordert. Das Verbot der Gewerkschaft verstoße gegen die Schlussakte von Helsinki. Kohl wies auch auf die von Adenauer initiierte Aussöhnung mit Israel und Frankreich hin.

6 Der Warschauer Vertrag wurde am 7. Dezember 1970 zwischen der VR Polen und der Bundesrepublik unterzeichnet und am 17. Mai 1972 vom Deutschen Bundestag ratifiziert. Aufgrund der Hallstein-Doktrin von 1955 und der Befürchtung, dass die deutsche Teilung verfestigt würde, lehnte Bonn bisher Vertragsabschlüsse mit »Ostblockstaaten« ab. Ausnahme war die Aufnahme diplomatischer Beziehungen zur UdSSR 1955 sowie 1967 und 1968 zu Jugoslawien und Rumänien. Mit Beginn der Entspannungspolitik unter Bundeskanzler Willy Brandt und Außenminister Walter Scheel unter dem Motto »Wandel durch Annäherung« begannen unter Beratung von Egon Bahr Verhandlungen mit der UdSSR und den östlichen Staaten. Vor Unterzeichnung kniete Brandt am Mahnmal für das einstige jüdische Ghetto in Warschau nieder. Unterzeichnet wurde der Vertrag von Brandt und dem polnischen Ministerpräsidenten Józef Cyrankiewicz sowie den jeweiligen Außenministern. Unverletzlichkeit bestehender Grenzen, Gewaltverzicht und die Möglichkeit der Aussiedlung von in Polen lebender Deutscher waren Gegenstand des Vertrags, obwohl die völkerrechtliche Anerkennung der Oder-Neiße-Grenze erst 1990/91 erfolgte.

7 In der Nacht vom 12. auf den 13. Dezember 1981 verhängte die polnische Regierung unter General Wojciech Jaruzelski das Kriegsrecht. Die Polnische Volksarmee, die Polizei der Bürgermiliz (Milicja Obywatelska) sowie die gegen Demonstranten und Streikende zum Einsatz gekommene kasernierte Sondertruppe ZOMO sorgten für den Ausnahmezustand.

8 Außenminister Hans-Dietrich Genscher absolvierte vom 10. bis 12. Januar 1988 einen Besuch Polens, bei dem er den Vorsitzenden der Solidarność, Lech Wałęsa, traf, dem er Unterstützung der polnischen Opposition bei ihrem Eintreten für demokratische Reformen zusicherte. In Anwesenheit von Polens Außenminister Marian Orzechowski hielt er am 11. Januar 1988 im Palais des Ministerrats in Warschau eine Rede. Der polnische Ministerpräsident Zbigniew Messner und Genscher hatten bei ihrem Zusammentreffen die Absicht beider Länder bekundet, »einen konstruktiven Beitrag zur Erhaltung des Friedens und zur Stärkung von Sicherheit und Zusammenarbeit in Europa zu leisten«. Am Grab des ermordeten Paters Jerzy Popieluszko legte Genscher am 12. Januar in Warschau einen Kranz nieder.

wiederholt versucht, mich zu überreden, während ich immer auf die Zuständigkeit des Außenministers verwies.

Am 20. Januar 1989 trafen der Bundeskanzler und der neue polnische Ministerpräsident, Dr. Mieczyslaw Franciszek Rokowski, in Bonn zusammen. Beide waren sich einig, daß die Zeit reif sei, die Beziehungen wieder zu beleben und auszubauen. Rakowski erklärte sich bereit, dem Bundeskanzler in der Frage der deutschen Minderheit entgegenzukommen, wenn dieser bereit sei, Polen wirtschaftlich und finanziell bei der Durchführung seiner Reformen umfassend zu unterstützen. Persönliche Beauftragte sollten noch im Januar zusammentreffen, um möglichst rasch die Vereinbarungen auszuhandeln. Die Vorbereitungen sollten auf beiden Seiten »Chefsache« bleiben. Der Bundeskanzler stimmte zu.

Erst Tage später beauftragte der Bundeskanzler mich, die Verhandlungen in seinem Auftrag mit Polen zu führen. Aus einer augenblicklichen Verärgerung über Außenminister Genscher ließ er ihn diese Ernennung erst aus der Presse erfahren. Das löste eine tiefe Verärgerung beim Minister und im Auswärtigen Amt aus, die mich fortan immer begleiten sollte. Doch mich reizte diese Herausforderung. Ich hatte mich schon in meiner Studienzeit mit der polnischen Geschichte und Politik befaßt. Professor Osadczuk-Korab in Berlin und Professor Rhode in Mainz waren meine wissenschaftlichen Mentoren.

Im Februar fand in Bonn die erste Verhandlungsrunde statt. Polnische Verhandlungspartner waren der Abteilungleister im ZK der PVAP, Dr. Ernest Kucza, und der Abteilungsleiter des Außenministeriums, Dr. Jerzy Sulek. Mich begleitete mein Mitarbeiter und hervorragender Ostexperte aus dem Auswärtigen Amt, Dr. Uwe Kaestner.[9] Insgesamt sollten es bis zum heutigen Tag elf Treffen werden, wechselweise in Bonn und in Warschau.

Von Anfang an bestand Einvernehmen, daß wir in Vorbereitung des heutigen Bundeskanzler-Besuches nicht alle bestehenden Probleme lösen können, schon gar nicht die Grenzfrage. Die Themen des Warschauer Vertrages von 1970 sollten nicht neu verhandelt werden. Wir orientierten uns vielmehr an Artikel III des Vertrages, der die Aufforderung enthält, »weitere Schritte zur vollen Normalisierung und umfassenden Entrichtung ihrer gegenseitigen Beziehungen (zu) unternehmen«. Wir wollten konkrete Probleme lösen und Grundlagen für eine dauerhafte und langfristige Zusammenarbeit und Verständigung legen. Dabei waren wir uns klar, daß der Weg zur Aussöhnung noch weit ist. Ministerpräsident Mazowiecki hat erst in diesen Tagen in einem Gespräch mit der FAZ die gleiche Meinung vertreten.

Als wir uns im Februar getroffen hatten, bestand die klare Absicht, die Verhandlungen so rasch als möglich abzuschließen, um den Besuch des Bundeskanzlers noch in der ersten

9 Im Januar 1989 vereinbarten Bundeskanzler Helmut Kohl und der polnische Regierungschef Rakowski in einem persönlichen Gespräch im Bundeskanzleramt, anstelle der Delegationen beider Außenministerien persönliche Beauftragte zu benennen, die die Verhandlungen beider Außenministerien über die zukünftige Zusammenarbeit übernehmen und sich nur mit beiden Regierungschefs abstimmen sollten. Rakowskis Begründung lautete demgemäß, dass so viele brisante Themen zu verhandeln seien, und die Gefahr zu groß sei, dass die Vertraulichkeit der Verhandlungen nicht gewährt sei. Kohl stimmte sofort zu und verwies auf Teltschik, der an diesem Gespräch teilnahm, als seinen persönlichen Beauftragten für diese vertraulichen Verhandlungen. Dr. Uwe Kaestner, in Teltschiks Abteilung zuständig für die Warschauer Pakt-Staaten, begleitete ihn bei allen Gesprächen mit den polnischen Beauftragten, siehe auch Uwe Kaestner, Der Weg nach Kreisau – Beitrag zur Vorgeschichte und Entstehung der Gemeinsamen Erklärung Kohl-Mazowiecki, in: Rocznik Polsko-Niemiecki 2000 (Instytut Studiów Póltiycznych), Warschau 2002, S. 23–35. Horst Teltschik, Die Bundesrepublik Deutschland und Polen – eine schwierige Partnerschaft im Herzen Europas, in: *Außenpolitik* 41 (1990), Nr. 1, S. 3–14.

Jahreshälfte zu ermöglichen. Die Regierungsneubildung im April in Bonn, die Wahlen im Juni in Polen und die sich verzögernde Regierungsbildung in Warschau machten auf beiden Seiten Entscheidungen unmöglich, die für einen Verhandlungsabschluß Voraussetzung waren. Im August ernannte der erste freigewählte polnische Ministerpräsident Mazowiecki mit Mieczysław Pszon einen neuen persönlichen Beauftragten. Jetzt wurde der Durchbruch in den Verhandlungen möglich und führte zum heutigen Besuchstermin.

Eine große Irritation, von einer heftigen Pressekampagne auf beiden Seiten begleitet, hatte die Einladung des Bischofs von Oppeln, Alfons Nossol, an den Bundeskanzler ausgelöst, eine deutschsprachige Messe auf dem Annaberg[10] in Oberschlesien zu besuchen. Seit dem 4. Juni findet Sonntags um 15.00 Uhr auf dem Annaberg eine solche Messe statt. In einem Vieraugengespräch hatte Bischof Nossol dem Bundeskanzler bei einem Besuch in Bonn dazu eingeladen und die Einladung am 1. November im ZDF öffentlich wiederholt. Wer diesen liebenswerten, manchmal geradezu naiv wirkenden, aber sehr herzlichen Menschen kennengelernt hat, weiß, daß Bischof Nossol damit keinerlei politische Absichten verfolgt hat. Für ihn ist ein Gottesdienst ein Akt der Versöhnung, der sich gerade auch für einen solchen Besuch an einem Ort anbietet, wo schon vor 1945 regelmäßig Wallfahrten in polnischer und deutscher Sprache stattgefunden haben.

Der Bundeskanzler hatte mich gebeten, diesen Vorschlag zu prüfen. Als unter Leitung von Dr. Walter Neuer, Ministerialdirigent und Leiter des Büros des Bundeskanzlers, eine Vorausdelegation zur Vorbereitung des Bundeskanzler-Besuches nach Warschau fuhr, war sie gebeten worden, den Besuch eines Gottesdienstes auf dem Annaberg in den Gesprächen mit dem polnischen Außenministerium offiziell anzusprechen und die Reaktion zu prüfen. Der Bundeskanzler wollte von Anfang an der Einladung nur folgen, wenn die polnische Seite ihr zustimmen würde.

Walter Neuer ist ein langjähriger und sehr erfahrener Berufsdiplomat und Angehöriger des Auswärtigen Amtes. In seiner Delegation befanden sich Kollegen der Protokollabteilung des Amtes und Vertreter der deutschen Botschaft in Moskau. Neuer kam mit der Nachricht aus Warschau zurück, daß im dortigen Außenministerium keine Bedenken bestünden.

Erst Tage später löste ein Interview des polnischen Außenministers eine Welle öffentlicher Kritik aus, als er gegen den Besuch des Bundeskanzlers auf dem Annaberg unerwartet Bedenken erhob. Wie immer hat eine solche öffentliche Kampagne beim Bundeskanzler

10 Der Annaberg, auch Sankt Annaberg, ist eine Inselanhöhe mit einem bedeutsamen katholischen Wallfahrtsort Oberschlesiens zur Figur der heiligen Anna mit Basilika, Kloster und Kalvarienberg oberhalb der Ortschaft Sankt Annaberg (poln. Góra Świętej Anny) auf dem Gebiet der Gemeinde Leschnitz zwischen Tarnowitz (Tarnowskie Góry) und Oppeln (Opole). Dieser Ort hatte hohe symbolische politische Bedeutung. Bei der Volksabstimmung in Oberschlesien am 20. März 1921 stimmten knapp 60 % und in der Gemeinde Annaberg knapp 82 % der Wähler für einen Verbleib Oberschlesiens beim Deutschen Reich, im übergeordneten Wahlkreis Groß Strehlitz jedoch eine knappe Mehrheit für Polen. Der »Insurgenten-Führer« Wojciech Korfanty organisierte einen Aufstand polnischer Freischärler, unterstützt von französischen Truppen, um Gebiete Oberschlesiens, die eine polnische Mehrheit aufwiesen, zu Polen zu schlagen. Deutsche Freikorps kämpften gegen die Aufständischen und erstürmten den Annaberg am 21. Mai 1921 durch den »Selbstschutz Oberschlesien«. Den Aufstand beendete am 5. Juli 1921 auf Druck der Interalliierten Regierungs- und Plebiszit-Kommission für Oberschlesien ein Waffenstillstandsabkommen, um den Annaberg für das Reich zu sichern. 1934 wurde eine Gedenkstätte errichtet, um an die Kämpfe am Annaberg und dort gefallene deutsche Freikorpskämpfer zu erinnern. 1955 wurde ein Denkmal für polnische Aufständische errichtet (obwohl der Annaberg Ort ihrer Niederlage war), um eine historische Umdeutung vorzunehmen; Nachbetrachtungen, S. 649–650.

eine Haltung des »Jetzt erst recht« ausgelöst Er wollte an einem Sonntag als Privatmann ohne offizielle Begleitung und als praktizierender Katholik einen Gottesdienst besuchen. Das sollte auf dem Annaberg geschehen, wozu ihn Bischof Nossol persönlich eingeladen hatte. Warum sollte das nicht möglich sein? Sollte der heutige Besuch nicht einen Durchbruch in den beiderseitigen Beziehungen bringen und zu mehr Verständigung und Aussöhnung führen? Wenn das von beiden Seiten ernst gemeint war, wäre dann Annaberg nicht sogar ein geeignetes Symbol dafür gewesen, wo sich einst Polen und Schlesier blutige Kämpfe geliefert hatten? Die Zeit war aber noch nicht reif dafür. Das sagt mehr aus über den langen Weg zur Aussöhnung als viele Erklärungen. Außerdem hatten sich in Polen Nationalisten und Kommunisten und in der Bundesrepublik die Opposition und ihre journalistischen Verstärker in ihrem Kampf gegen die jeweilige Regierung gegenseitig die Bälle zugespielt. Man tat sich gütlich daran, dem Bundeskanzler wieder einmal ein sogenanntes Fettnäpfchen nachweisen zu können, ohne Rücksicht darauf, daß damit am Ende die deutsch-polnischen Beziehungen selbst belastet wurden. Auch im Auswärtigen Amt war sich mancher nicht zu schade, seine Hände gegenüber jedem, der es hören wollte, in Unschuld zu waschen.

Am Morgen des 2. November hatten der Bundeskanzler und Ministerpräsident Mazowiecki miteinander telefoniert und über die Möglichkeit gesprochen, als Alternative zu Annaberg den Ort Kreisau[11] zu wählen, den Wohnsitz des Grafen von Moltke, Widerstandskämpfer gegen Hitler. Sie vereinbarten, daß ich noch am selben Tag nach Warschau kommen sollte, um alles weitere abzustimmen.

Um 15.00 Uhr flog ich mit Uwe Kaestner nach Warschau und traf noch am frühen Abend mit Außenminister Skubizewski zusammen. Er bestätigte mir persönlich, daß er zuerst keine Bedenken gegen einen Besuch des Bundeskanzlers auf dem Annaberg hatte. Erst als er von drohenden Demonstrationen gehört habe, seien ihm Bedenken gekommen, die er dann öffentlich geäußert habe. Am nächsten Nachmittag besichtigten wir den Ort Kreisau und vereinbarten mit Minister Ambroziak, Bischof Nossol, den Behörden in Kreisau und mit dem zuständigen Kardinal Gulbinowicz in Breslau alle Einzelheiten. Eine Lösung war einvernehmlich gefunden.

11 Auf dem Gut Kreisau in Schlesien bildete der Jurist Helmuth James Graf von Moltke, ein Urgroßneffe von Graf Helmuth von Moltke dem Älteren, dem ehemaligen preußischen Generalstabschef, u. a. mit Peter Graf Yorck von Wartenburg, aus dessen Familie Ludwig Graf Yorck von Wartenburg stammte, Unterzeichner der Konvention von Tauroggen vom 30. Dezember 1812, einen zivilen Widerstandskreis, um über den Sturz des NS-Regimes und die anschließende Zeit nachzudenken. Freya Gräfin von Moltke, Juristin und Schriftstellerin, mit H. J. Graf von Moltke verheiratet, organisierte im Mai und im Oktober 1942 sowie im Juni 1943 Zusammenkünfte. Dem Kreisauer Kreis gehörten u. a. Carl Dietrich von Trotha, Hans Lukaschek, später Bundesminister für Vertriebe, Adam von Trott zu Solz, der Kontakte im Ausland unterhielt, der Arbeiterführer Carlo Mierendorff, der der SPD nahestehende Adolf Reichwein, der die Verbindung zum katholischen Widerstand aufrechterhaltende Pater Augustin Rösch, der Jesuitenpfarrer Alfred Delp, der Sozialdemokrat und Reichstagsabgeordnete Julius Leber sowie der Theologe und spätere Bundestagspräsident Eugen Gerstenmaier an. Ziele der Widerstandsgruppe waren die »Abkehr von der Volksgemeinschaft«, die Einbindung Deutschlands in internationale Staatenbündnisse und damit die Abwendung vom Nationalsozialismus. Am 19. Januar 1944 wurde Moltke von der Gestapo verhaftet und die Kreisauer Widerstandsgruppe nach dem gescheiterten Attentat unter Claus Schenk Graf von Stauffenberg auf Hitler am 20. Juli 1944 enttarnt. Yorck, Trott, Leber, Moltke und Delp bezahlten mit ihrem Leben. Das Gut Kreisau ist nach 1989 zu einer internationalen Jugendbegegnungsstätte ausgebaut worden.

Der heutige Besuch des Bundeskanzlers in Polen fällt in das 50. Jahr nach dem Beginn des II. Weltkrieges,[12] als damals das polnische Volk das erste Opfer der verbrecherischen Aggression Hitlers wurde. Zugleich ist es der erste offizielle Besuch eines deutschen Bundeskanzlers seit November 1977.[13] Das alles unterstreicht die Bedeutung dieser Reise.

Gegenwärtig vollzieht sich in Polen ein Reformprozeß von historischer Bedeutung. Er leitet eine neue Epoche in der polnischen Nachkriegsgeschichte ein in Richtung auf Freiheit, Pluralismus, Rechtsstaatlichkeit und Marktwirtschaft. Insofern soll dieser Besuch auch die Solidarität der Deutschen für Polen und seine Reformpolitik zum Ausdruck bringen. Dafür sind neben der »Gemeinsamen Erklärung« elf Einzelabkommen unterschriftsreif und ein Paket finanzieller Leistungen vorbereitet. Insofern erwarten wir, daß der Besuch in Polen trotz aller Schwierigkeiten für beide Seiten erfolgreich verlaufen wird. Das ist die Hoffnung des Bundeskanzlers.

Auf dem Warschauer Flughafen Okecie erwarten uns Nebel und Nieselregen. Ministerpräsident Mazowiecki begrüßt den Bundeskanzler an der Gangway. Es ist 15.00 Uhr. Eine Stunde später führen der Bundeskanzler und Ministerpräsident Mazowiecki bis 18.00 Uhr ein zweistündiges Gespräch im Ministerpräsidenten-Amt. Die persönlichen Beauftragten nehmen daran teil. Mazowiecki wirkt kränklich und unruhig. Während des Gesprächs raucht er ständig Zigaretten.

Nach dem Austausch der Geschenke – der Bundeskanzler erhält ein Buch über die Liaison Wilhelm I. mit der Prinzessin Radzivill[14] – kommt der Bundeskanzler gleich zur Sache und überreicht Mazowiecki einen vierseitigen Brief, der alle wirtschaftlich-finanziellen Leistungen der Bundesrepublik für Polen im Detail auflistet. Es ist eine eindrucksvolle Liste über Schuldenerlaß, Umschuldungsbedingungen, Bundesgarantien für Ausfuhrgeschäfte (Hermes[15]), Stabilisierungshilfe für die polnische Zahlungsbilanz und über Bundesgarantien für Kapitalanlagen in Polen. Die Bundesregierung ist mit diesen Leistungen deutlich über meine Erwartungen hinausgegangen. Und das war vor allem der persönliche

12 In Europa begann der Krieg mit dem Angriff Adolf Hitlers am 1. September 1939 und dem Überfall Stalins am 17. September auf Polen. Mit einem fingierten Angriff auf den Sender Gleiwitz in Oberschlesien durch verkleidete SS-Angehörige, die polnische Partisanen vortäuschten und in polnischer Sprache eine angebliche polnische Kriegserklärung an das Deutsche Reich verkündeten, wurde der Überfall Deutschlands auf Polen gerechtfertigt. Franciszek Honiok, ein Landmaschinenvertreter, unter fadenscheinigen Gründen festgenommen, wurde im Sendegebäude als angeblicher polnischer Angreifer betäubt, wo er verstarb. Bei Danzig begann der deutsch-polnische Krieg mit dem Beschuss der polnischen Stellung auf der Westerplatte durch das Linienschiff Schleswig-Holstein und Angriffe der Luftwaffe. Schon am 7. Juli 1937 hatte Japan mit China durch den Zwischenfall an der Marco Polo-Brücke in der Nähe von Peking und am 7. Dezember 1941 auch mit Luftangriffen gegen die USA auf Pearl Harbor den Weltkrieg in Asien begonnen bzw. fortgeführt.

13 Bei seinem Besuch in Polen vom 21. bis 25. November 1977 traf Bundeskanzler Helmut Schmidt den Primas von Polen, Stefan Kardinal Wyszyński. Als erster Bundeskanzler besichtigte er, begleitet durch den Ersten Sekretär der kommunistischen Partei Polens, Edward Gierek, das frühere NS-Konzentrations- und Vernichtungslager Auschwitz. Am 24. November traf Schmidt in Begleitung seiner Frau Loki an der Westerplatte in Danzig ein. Da seit 1945 das Verhältnis zwischen Deutschland und Polen belastet war, bestand beiderseits Bedarf zur Verständigung und der Wille zur Versöhnung.

14 Prinzessin Elisa Radziwill (Elisa Friederike Luise Martha; * 28. Oktober 1803 in Berlin; † 27. September 1834 in Bad Freienwalde/Oder), gilt als die erste Liebe von Kaiser Wilhelm I.

15 Um Forderungsausfälle bei Exporten in Länder mit höheren Risiken und vor allem bei Investitionsgeschäften mit höheren Laufzeiten abzusichern, stellte die deutsche Bundesregierung seit 1949 Hermes-Deckungen über die Euler Hermes Aktiengesellschaft bereit, da private Kreditversicherer dazu nicht in der Lage waren. Das Ziel bestand darin, Handelsbeziehungen auch bei erhöhten Risiken aufrechtzuerhalten.

Verdienst des Bundeskanzlers, der in den vorbereitenden Ministergesprächen diesen Finanz-Katalog durchgesetzt hatte. Zu meiner Enttäuschung nimmt Mazowiecki diesen Brief ohne erkenntliche Regung, praktisch selbstverständlich entgegen, wirft einen kurzen Blick darauf und legt ihn beiseite.

Der Bundeskanzler fährt unbeirrt fort und kündigt weitere Finanzkredite von Ministerpräsident Wallmann aus Hessen und von Ministerpräsident Albrecht aus Niedersachsen an. Bund und Länder wollen damit gemeinsam zum Erfolg des ersten nichtkommunistischen Ministerpräsidenten in Polen beitragen. Dessen Erfolg und der in Ungarn werden mitentscheidend sein für den zukünftigen Reformweg in der DDR.

Mazowiecki reagiert sichtlich erfreut über den Stellenwert, den der Bundeskanzler den polnischen Reformen beimißt. Er erläutert die innere Lage Polens und kommt ohne Umschweife auf weitere Wünsche Polens zu sprechen. Zur Überraschung des Bundeskanzlers kündigt er eine weitere Ergänzung der »Gemeinsamen Erklärung« an. Die polnische Regierung begrüße die gestrige Bundestags-Erklärung zur Oder-Neiße-Grenze und schlage deshalb vor, sie in das gemeinsame Dokument aufzunehmen. Ein schriftlicher Vorschlag werde noch folgen. Der Bundeskanzler reagiert abwehrend, so kurzfristig Textänderungen einzuführen. Eindringlich fordert er Mazowiecki auf, jetzt alles zu tun, Probleme zwischen ihren beiden Ländern so rasch als möglich aus dem Weg zu räumen. Beide Seiten müßten stärker aufeinander zugehen, um gemeinsam den dynamischen Veränderungen in ganz Europa gerecht werden zu können. Die überwältigende Mehrheit in der Bundesrepublik sei dafür. Jetzt gelte es, die sich eröffnenden Chancen gemeinsam zu nutzen und Hürden abzubauen.

Doch Mazowiecki konzentriert sich systematisch auf die bekannten Punkte: Polen brauche Sicherheit, daß die Grenzen unbestritten seien, auch wenn das für die junge Generation schon zu den Problemen der Vergangenheit gehöre. Die Diskussion um Annaberg habe gezeigt, wie vorsichtig sie in der Frage der Schlesier vorgehen müßten. Eine zivilrechtliche Wiedergutmachung für die polnischen Zwangsarbeiter im 2. Weltkrieg müsse erreicht werden. Wirtschaftshilfe sei dringlich, weil wirtschaftliche Fortschritte Voraussetzung für den Erfolg der gesamten Reformpolitik seien: »Wer schnell helfe, helfe doppelt« .

Der Bundeskanzler zeigt großes Verständnis, wirbt aber sehr nachdrücklich für seine eigenen Positionen. Mazowiecki solle bedenken, daß in vielen Fragen die Zeit für und nicht gegen Polen arbeite. Doch auch dieses Gespräch beweist, wie schwierig sich die Beziehungen entwickeln werden, so lange geschichtliche Belastungen so präsent sind und noch so unmittelbar auf die Gegenwart einwirken. Wechselseitiges Vertrauen kann nicht hierbei geredet[16] werden sondern nur durch konkrete und langfristige Zusammenarbeit entstehen.

In einem anschließenden Interview mit Bednarz im ZDF stellt der Bundeskanzler noch einmal unmißverständlich klar, daß er den polnischen Erwartungen nicht entsprechen werde, in der Frage der Anerkennung der Grenzen über den Warschauer Vertrag hinauszugehen. »Natürlich werde ich das nicht tun«. Polen wisse sehr wohl, daß der Satz ›pacta sunt servanda‹ für beide Seiten gelte.

Ich bin sicher, daß Bednarz diese deutliche Aussage des Bundeskanzlers nutzen wird, ihn wieder einmal scharf zu kritisieren. Er gehört in der Bundesrepublik zu Journalisten, die es vorziehen, persönliche Meinungen und weniger sachgerechte Informationen zu verbreiten.

Unmittelbar nach diesem Gespräch trifft der Bundeskanzler in seiner Gästevilla Parkova

16 Gemeint ist wohl »herbeigeredet«.

mit Lech Wałęsa, dem Vorsitzenden des Bürgerkomitees der ›Solidarität‹[17] und mit dem Fraktionsvorsitzenden der ›Solidarität‹ im Sejm Bronisław Geremek zusammen. Wer den Lebensweg des Elektromonteurs Wałęsa von der Danziger Leninwerft verfolgt hat, kann gegenüber diesem Menschen nur großen Respekt empfinden. Er ist ein extrovertierter Mensch, sehr impulsiv, laut, herzlich und offen, trägt ein großes Bild der schwarzen Madonna von Tschenstochau auf dem Revers seines Anzuges, was seine tiefe, wenn auch manchmal fast kindlich anmutende Frömmigkeit dokumentiert. Aber diese Frömmigkeit verleiht ihm Halt und innere Stärke und gibt ihm Selbstvertrauen.

Ganz anders wirkt Geremek: introvertiert, ruhig, fast bedächtig, was durch seinen kräftigen Bart noch unterstrichen wird; kluge, warme Augen. Seine Worte machen nachdenklich. Heute überläßt er den Part ausdrücklich Wałęsa. Dieser freut sich herzlich über die Angelrute, die er vom Bundeskanzler geschenkt erhält.

Wałęsa konzentriert sich fast ausschließlich auf die Entwicklungen in der DDR. Seine Unruhe ist deutlich spürbar, daß jetzt die Ereignisse in der DDR die Geschehnisse in Polen in den Hintergrund drängen könnten. Nach seiner Meinung seien jetzt in der DDR mutige Lösungen erforderlich, wenn nicht eine gefährliche Lage entstehen solle. Darauf sei aber niemand vorbereitet. Was würde der Bundeskanzler tun, wenn die DDR die Mauer öffne? Müsse er dann nicht selbst eine Mauer errichten? Die SED sei nicht in der Lage, Reformen durchzuführen, weil ihr niemand mehr vertraue. Es gebe zur Zeit aber keine andere überzeugende Gruppe, die den Prozeß gestalten könne. Die Lösung könne nur darin bestehen, das Land zu öffnen, freie Parteien und freie Wahlen zuzulassen. Er sei überrascht, daß die Mauer überhaupt noch stehe. Sie werde spätestens in einer bis zwei Wochen beseitigt sein. Was aber dann? Er halte die Lage in der DDR für »gefährlich«. Er sei »voller Angst«, daß ein »revolutionäres Chaos« ausbrechen könne. Er fürchte sich sehr.

Dem Bundeskanzler gelingt es nicht, ihn zu überzeugen, daß Polen seine Bedeutung in der deutschen Außenpolitik behalten werde, was immer in der DDR geschehen werde. Wałęsa's Sorge sitzt tief, daß Polen wieder einmal ein »Opfer der Geschichte«[18] werden könnte.

17 Solidarność war eine vom polnischen Staat unabhängige, gewerkschaftliche Massenbewegung, die im September 1980 im Ergebnis der Augustreiks und der Danziger Vereinbarung zwischen den Streikenden und der polnischen Regierung entstanden. In der Unabhängigen Selbstverwalteten Gewerkschaft »Solidarność« (Niezależny Samorządny Związek Zawodowy »Solidarność«) waren Arbeiter und Angestellte nicht nach ihrer Tätigkeit, sondern nach dem Territorialprinzip organisiert, gegliedert nach Regionen. Die Gewerkschaft hatte 1981 einen massenhaften Mitgliederstand von rund 9,5 Millionen.

18 Preußen, Österreich und Russland teilten Polen 1772, 1793 und 1795 unter sich auf. Napoleon bildete 1807 das Herzogtum Warschau als französischen Vasallenstaat, das jedoch nach seiner Niederlage in Russland auf dem Wiener Kongress wieder unter den Mächten aufgeteilt wurde: Preußen bildete daraus die Provinz Posen, Krakau blieb bis 1831 unabhängig und der Rest, »Kongresspolen«, kam in Personalunion zu Russland. In zwei Aufständen 1830 und 1863 versuchten Polen, die Fremdherrschaft abzuschütteln, was zu einer forcierten Russifizierung und Germanisierung führte, nur im österreichisch-ungarisch besetzten Galizien herrschten liberalere Verhältnisse. Nach dem Ersten Weltkrieg und der Gründung der Zweiten Republik kam es wegen der Abtrennung deutscher Gebiete an Polen zu Auseinandersetzungen in Oberschlesien sowie Konflikten mit der deutschen Minderheit und Differenzen wegen der Nichtanerkennung der Westgrenze durch Deutschland. Polen wurde am 1. bzw. dem 17. September 1939 nach Abschluss des Hitler-Stalin-Paktes von beiden Diktatoren angegriffen. Die Sowjetunion besetzte Ostpolen, Deutschland gliederte einen Gebietsteil in das Deutsche Reich ein, der Rest, Generalgouvernement genannt, diente der NS-Rasse-und Volkstumsideologie als Vertreibungs- und Deportationsraum für Polen und Juden. In den Städten wurden Ghettos gebildet. In Ostpolen herrschte ein Terrorregime, getragen von der NKWD.

Wie nahe Wałęsa der Wahrheit war, wußte er zu diesem Zeitpunkt selbst noch nicht. Während des Gespräches hatten Juliane Weber und Walter Neuer telefonischen Kontakt mit Eduard Ackermann im Bundeskanzleramt aufgenommen, um die neuesten Nachrichten für den Bundeskanzler aufzunehmen. Das ist nur über die sogenannte Standleitung möglich, die bei jedem Auslandsbesuch eigens im Zimmer des Bundeskanzlers installiert wird. Versuche über öffentliche polnische Telefone hätten Stunden benötigt, ein Gespräch zustande zu bringen.

Sichtlich erregt teilen Juliane Weber und Walter Neuer gegen 19.30 Uhr dem Bundeskanzler mit, daß die DDR-Führung beschlossen habe, die Grenzen zu öffnen. Der Bundeskanzler läßt sich sofort mit Ackermann und Bundesminister Seiters verbinden. Seine Empfindungen sind wie immer schwer auszumachen. Nur an Hand seiner raschen Anordnungen und schneller werdender Bewegungen erkennt man, daß ihn Unruhe erfaßt hat. Seiters berichtet ihm, daß SED-Politbüromitglied Günter Schabowski kurz vor 19.00 Uhr den Beschluß des Ministerrates der DDR bekanntgegeben habe, daß ab sofort alle ausreisewilligen Bürger über alle Grenzübergänge in die Bundesrepublik Deutschland ausreisen könnten. Es handele sich um eine Übergangsregelung bis zum Erlaß eines Reisegesetzes. Seit 19.00 Uhr sitze er mit Oppositionsführer Dr. Vogel, dem CDU/CSU-Fraktionsvorsitzenden Dr. Dregger, dem FDP-Fraktionsvorsitzenden Mischnick und mit dem CSU-Landesgruppenvorsitzenden Dr. Bötsch zusammen und berate über die Lage in der DDR und über notwendige Maßnahmen. Der Bundeskanzler beauftragt ihn, ständigen Kontakt zu halten und so bald als möglich Verbindung mit Egon Krenz aufzunehmen. Er wolle mit diesem und dem neuen Ministerpräsidenten, sobald dieser gewählt sei, möglichst rasch zu einem Gespräch zusammentreffen.

Es bleibt keine Zeit, jetzt intensiv über diese sensationelle Nachricht nachzudenken. Jeder ist sich der Tragweite bewußt. Die Stimmung wechselt zwischen Hoffen und Bangen; Hoffen, daß jetzt das Ende des SED-Regimes eingeläutet ist; Bangen, daß eine Massenflucht in die Bundesrepublik ausgelöst werden könnte. In die Freude mischen sich Sorgen, aber die Freude überwiegt. Ich denke an alle meine Freunde in Ost-Berlin und in der DDR, für die sich jetzt buchstäblich das Tor zur Freiheit öffnet.

Wenige Minuten später treffen wir zum offiziellen Abendessen ein, das Ministerpräsident Mazowiecki zu Ehren des Bundeskanzlers gibt. Das Essen findet im ehemaligen Palais der Fürsten von Radzivill statt. Im gleichen Saal war der Warschauer Vertrag unterzeichnet worden und dort haben von Februar bis April 1989 die Gespräche am runden Tisch[19] zwi-

Beim Massaker von Katyn wurden 1940 zigtausende meist polnische Offiziere erschossen. Angehörige der freiwillige polnische Heimatarmee wurden während des russischen Vormarsches nach Gefangennahme durch die Sowjetarmee erschossen oder in den Gulag zwangsverbracht. Der Warschauer Aufstand vom 1. August 1944 wurde von der an der Weichsel stehenden Sowjetarmee nicht unterstützt und von deutscher Seite niedergeschlagen, die Zahl der Toten lag zwischen 180.000 und 250.000, wobei die Stadt fast vollständig zerstört wurde. In den Jahren 1944–1946 fand die Vertreibung von rund 1,5 Millionen Polen aus den ostpolnischen Gebieten nach Westen statt. Zuvor ereigneten sich schon Massaker in Wolhynien an der polnischen Bevölkerung. Mit der Bildung der Volksrepublik Polen entstand nach Kriegsende ein kommunistisch-stalinistisches Regime. Nach dem Posener Aufstand 1956 und der Entstalinisierung unter Władysław Gomulka folgten Unruhen 1968, 1970 und 1976. Die Gründung der Gewerkschaft Solidarność 1979 und revolutionäre Ereignisse seit 1980 führten mit den Parlamentswahlen 1989 zur Gründung der Dritten Polnischen Republik.

19 Es handelt sich um Gespräche am Runden Tisch in der Übergangsphase vom kommunistischen Regime zur demokratischen Republik Polen zwischen dem 6. Februar und dem 5. April 1989 in Warschau.

schen Regierung und Opposition stattgefunden, die für Polen den Weg in die Demokratie ebneten.

Die deutschen und polnischen Gäste unterhalten sich angeregt beim Begrüßungscocktail. Es gibt nur ein Thema. Jeder fragt jeden, was er über die Entscheidung der DDR-Führung gehört und ob er noch mehr Einzelheiten berichten könne. Die ersten Fragen kommen auf, ob der Bundeskanzler seinen Besuch fortsetzen oder abbrechen solle. Intern hatten wir mit dem Bundeskanzler noch nicht darüber gesprochen. Ich selbst würde es zutiefst bedauern, wenn es dazu kommen sollte. Zuviel ist in diesen Besuch hier in Warschau investiert worden; zu wichtig ist er für das zukünftige deutsch-polnische Verhältnis.

Außenminister Skubizewski kommt auf mich zu und überreicht mir den von Ministerpräsident Mazowiecki angekündigten neuen Formulierungsvorschlag zu Ziffer 4 der »Gemeinsamen Erklärung«, der sich mit der Grenzfrage befaßt. Der neue Text umfaßt eine ganze Schreibmaschinenseite und würde schon von der Länge her die ganze Struktur der »Erklärung« sprengen. Außerdem nimmt er nur bestimmte Teile der gestrigen Bundestags-Entschließung zur Oder-Neiße-Grenze auf und würde uns damit innenpolitisch sofort in den Erklärungszwang bringen, warum gerade diese Sätze und andere nicht. Ich arbeite mich zum Bundeskanzler durch und rate ihm, den Vorschlag abzulehnen, was er auch sofort tut. Er sei jetzt zu keinen Änderungen mehr bereit. Ich unterrichte Außenminister Shubizewski, der zu meiner Überraschung gelassen darauf reagiert und die Ablehnung akzeptiert. Ich bin darüber sehr erleichtert.

Außenminister Skubizewski ist Professor und weltweit als Völkerrechtler anerkannt. Er spricht vorzüglich deutsch, übrigens auch Ministerpräsident Mazowiecki. Skubizewski ist ein außerordentlich angenehmer und liebenswürdiger Gesprächs- und Verhandlungspartner, Argumenten immer aufgeschlossen und stets zu vernünftigen Kompromissen bereit.

Schwierige Situationen überbrückt er mit Witz und Humor. Obwohl jetzt Politiker, ist er im Grunde Professor geblieben. Die ständige Fliege, die er trägt, ist sein Markenzeichen in Polen.

Um 20.30 Uhr beginnt das Abendessen. Rechts und links von mir sitzen meine beiden ehemaligen Verhandlungspartner, Ernest Kucza und Mieczysław Pszon. Alle drei sind wir erleichtert, daß unser gemeinsames Unterfangen jetzt endlich Früchte zu tragen beginnt.

In seiner Tischrede bewertet Ministerpräsident Mazowiecki den Besuch des Bundeskanzlers als »einen wesentlichen Schritt im Zusammenleben und in der Aussöhnung zwischen unseren Völkern«. Er erinnert an die gemeinsame 1000jährige Geschichte, in der es Konflikte gegeben habe, »die für uns den um die Existenz selbst, um das Sein unseres Volkes bedeuteten«, aber auch an die langen Perioden friedlichen Zusammenlebens, über die zu wenig gesprochen werde. Die gemeinsame Aufgabe sei es, die Tragödie des 2. Weltkrieges, Gewalt und Terror des 3. Reiches, »diesen Schatten endgültig und unwiderruflich zu überwinden«. An die Deutschen gewandt, erwähnt Mazowiecki die Verbrechen an den Deutschen nur mit einem Satz: »Niederlage und Leiden wurden schließlich auch dem deutschen Volk zuteil«. Nachdrücklich unterstreicht er die Bedeutung des Warschauer Vertrages von 1970 mit der »Anerkennung der Oder- und Neißegrenze als die westliche Grenze Polens«. Eindringlich wirbt Mazowiecki für die Reformpolitik in Polen und in der Sowjetunion, die sowohl für den Osten als auch für den Westen »bis vor kurzem unvorstellbare Perspektiven eröffnet«. Als Geste an die deutschen Gäste ist der Hinweis zu verstehen, daß in Polen »Vernachlässigungen im Zugang zur Sprache und deutscher Kultur für jene, die sich zu dieser Tradition bekennen, nachzuholen sind« .

Ich empfinde diese Rede ausgesprochen nüchtern und blutleer. Um mit dem Bundeskanzler zu sprechen, hätte ich »mehr Wärme« erwartet. Aber wahrscheinlich bin ich innerlich schon weiter, persönlich durch die monatelangen Gespräche und Verhandlungen engagierter als diejenigen, für die wir die Vorarbeit geleistet haben. Vielleicht bin ich auch darüber enttäuscht, daß er mit keinem Wort auf die erreichten Verhandlungsergebnisse eingegangen ist.

Sie finden dagegen breiten Raum in der anschließenden Tischrede des Bundeskanzlers, die in viel stärkerem Maße auf die Polen selbst zugeht, ohne die deutschen Interessen zu vernachlässigen. Natürlich sind solche Reden auch auf die jeweilige innenpolitische Wirkung hin ausgerichtet. So finden sich beim Bundeskanzler auch werbende Worte des Verständnisses für Vertriebene. Andererseits zitiert er ausführlich den Warschauer Vertrag. Im Anschluß an die Rede des Bundeskanzlers sagt ausgerechnet Ernest Kucza zu mir, daß die Ausführungen des Bundeskanzlers zur Oder-Neiße-Grenze heute Abend, gestern im Bundestag und in seiner Rede im August vor dem Bund der Vertriebenen »völlig in Ordnung seien«. Sie hätten keine Kritik daran.

Zwischen den einzelnen Gängen des Essens werde ich immer wieder zu den wartenden Journalisten im Vorraum hinausgerufen, die voller Ungeduld Stellungnahmen des Bundeskanzlers zur Öffnung der Mauer erwarten. Niemand interessiert sich mehr, was hinter den geschlossenen Türen im Saal vor sich geht oder was in den Gesprächen des Bundeskanzlers mit Ministerpräsident Mazowiecki und mit Wałęsa besprochen wurde. Als ich noch einmal auf den eigentlichen Sinn des Besuches hinweise, lachen die wartenden Journalisten nur spöttisch auf.

Unmittelbar nach dem offiziellen Abendessen fährt der Bundeskanzler in das Hotel Mariott, wo alle Journalisten untergebracht sind und sich im »Ballroom C« wie ein Bienenschwarm versammelt haben. Inzwischen ist bekannt geworden, daß der Bundestag seine Sitzung unterbrochen und Bundesminister Seiters um 20.22 Uhr eine kurze Erklärung der Bundesregierung zur vorläufigen Freigabe von Besuchsreisen und Ausreisen aus der DDR abgegeben hat. Alle Abgeordneten haben sich nach den Erklärungen der Fraktionsvorsitzenden spontan erhoben und die Nationalhymne gesungen.

Der Bundeskanzler wird von den Journalisten bei laufenden Kameras mit Fragen überschüttet. Sie drehen sich vor allem um die Frage, wie er die Entscheidung der DDR-Führung einschätze und ob er jetzt seine Reise in Warschau abbrechen werde. Der Bundeskanzler ist sichtlich bemüht, beruhigend zu wirken und zu nüchternen Überlegungen zurückzukehren. Vor allem betont er, daß er alles vermeiden wolle, daß jetzt in Polen der Eindruck entstehe, daß sie aufgrund der Ereignisse in der DDR für uns »drittrangig« würden. Schließlich wären die Veränderungen in der DDR nicht in Gang gekommen, wenn nicht Polen und Ungarn mit ihrer revolutionären Reformpolitik vorangegangen wären. Er berichtet den Journalisten, daß er bereits beim Abendessen mit Ministerpräsident Mazowiecki darüber gesprochen habe, daß er erwäge, den Besuch »zweizuteilen«, d.h. die Gespräche in Warschau abzuschließen, und das Programm außerhalb Warschaus zu einem späteren Zeitpunkt durchzuführen. Mazowiecki habe dem nicht widersprochen.

Der Bundeskanzler bekennt, daß er gegenüber den Gastgebern »in einer äußerst schwierigen Lage« sei. Er wolle bei der »notwendigen Güterabwägung« sehr darauf achten, »die Gefühle der Polen nicht zu verletzen«. Jedoch hätte er jetzt das Gefühl, wie viele Journalisten auch, »zum falschen Zeitpunkt am falschen Ort zu sitzen«. Andererseits wolle er auch nicht durch eine überhastete Entscheidung »falsche Signale« setzen und möglicherweise gefährliche Emotionen weiter anschüren. Er wolle deshalb sehr rasch mit dem Staatsratsvorsitzenden Krenz und dem designierten Ministerpräsidenten Modrow Kontakt aufnehmen und sie bald treffen. Jetzt gehe es in der DDR darum, sofortige Reformen einzuleiten, damit möglichst wenige Bürger die DDR verlassen. Er bleibe bei seiner Zusage einer umfassenden wirtschaftlichen Hilfe, wenn Reformen durchgeführt werden. Dabei gehe es vor allem um die Zulassung freier Parteien und freier Wahlen. »Ich werde, wenn es sein muß, mit ungewöhnlichen Mitteln alles tun, um mit der Situation fertig zu werden«. Ost und West beobachten jetzt genau, ob die Deutschen aus der Geschichte gelernt hätten. Es gehe jetzt deshalb darum, ruhig zu reagieren und auf die Sprache zu achten. Ein historischer Zeitabschnitt sei eröffnet, zu dem die Entwicklungen in Polen und Ungarn dazu gehören. »Jetzt wird Weltgeschichte geschrieben«. Keiner könne einen Zeitpunkt für die deutsche Vereinigung benennen, »aber das Rad der Geschichte dreht sich schneller« .

Um Mitternacht kehren wir in das Gästehaus Parkowa zurück. Es liegt auf der anderen Straßenseite genau gegenüber der sowjetischen Botschaft. Der Bundeskanzler läßt sich von Eduard Ackermann telefonisch noch einmal alle Ereignisse in Bonn detailliert schildern. Erneut diskutieren wir die Frage, ob der Besuch in Warschau unterbrochen oder gar abgebrochen werden solle. Zögern läßt den Bundeskanzler nur die möglicherweise negative Wirkung bei unseren polnischen Gastgebern. Andererseits steht ihm das Beispiel Adenauers vom August 1961[20] vor Augen, als dieser am Tag des Mauerbaus auf Rat der 3 Westmächte nicht nach West-Berlin sondern in den Wahlkampf nach Augsburg reiste. Das haben ihm damals viele Deutsche nicht verziehen. Stehen wir heute vor einer vergleichbaren Situation? Die Journalisten hatten diese Analogie bereits angesprochen. Der Bundeskanzler neigt angesicht der Berichte über die dramatischen Ereignisse an der Mauer in Berlin dazu, morgen nach Deutschland zurückzukehren und den Besuch in Warschau zu unterbrechen. Aber er will die Nacht darüber schlafen. Es ist inzwischen 1.00 Uhr geworden.

Freitag, 10. November 1989

Auf dem Weg in das Gästehaus des Bundeskanzlers begegne ich Lech Wałęsa, der mit Außenminister Genscher für 7.15 Uhr zum Frühstück verabredet ist. Er kommt sofort auf mich zu, ergreift mich am Arm und sagt zu mir, alles sei noch viel rascher eingetroffen, als er es gestern Abend gegenüber dem Bundeskanzler vorausgesagt habe. Die Mauer sei gefallen und Polen werde den Preis dafür zahlen. Alle werden sich jetzt auf die DDR konzentrieren. Meine Antwort soll beschwichtigen, aber sie fällt schwach aus, denn im Grunde weiß ich, daß er recht hat.

Als ich beim Bundeskanzler eintreffe, hat er seine Entscheidung bereits getroffen. Er hat inzwischen mit Bundesminister Seiters und mit Eduard Ackermann telefoniert und beschlossen, das heutige Programm in Warschau bis 16.00 Uhr durchzuführen und um

20 Bundeskanzler Konrad Adenauer begab sich nach dem Mauerbau vom 13. August 1961 erst am 22. August, drei Tage nach dem amerikanischen Vizepräsidenten, nach Berlin. Der Bundeskanzler zog es vor, seinen Wahlkampf im Westen Deutschlands für die am 17. September angesetzte Bundestagswahl nicht zu unterbrechen. Aufgrund seines Fernbleibens wurde er von Medien und Opposition heftig kritisiert. Sein Argument, die brisante Thematik aus dem Wahlkampf heraushalten zu wollen, wie er auf einer Pressekonferenz am 22. August erklärte, um zeitig nach Berlin zu reisen, traf bei der Bevölkerung auf wenig Verständnis: Bei der Bundestagswahl verloren CDU und CSU ihre absolute Mehrheit und fast 5 % der Stimmen, während die SPD mit Spitzenkandidat Willy Brandt nennenswerte Stimmengewinne verbuchen konnte.

17.00 Uhr nach Bonn zurückzufliegen. Für morgen Vormittag habe er eine außerordentliche Kabinettssitzung einberufen. Heute Abend noch bzw. morgen Vormittag wolle er telefonischen Kontakt mit Präsident Bush, Präsident Mitterrand, Premierminister Thatcher und mit Präsident Gorbatschow aufnehmen. Wir sollen die Vorbereitungen dafür treffen. Am gleichen Abend wolle er aber nach Warschau zurückkehren und ab Sonntag das verabredete Besuchsprogramm fortsetzen. Er werde das alles heute morgen mit Ministerpräsident Mazowiecki besprechen. Ich unterrichte Außenminister Genscher, der über diese Entscheidung des Bundeskanzlers sichtlich erleichtert ist.

Um 8.00 Uhr fahren wird durch das graue und neblige Warschau zum Grabmahl des Unbekannten Soldaten. In dieser Jahreszeit ist Warschau die Tristesse schlechthin. Im Stechschritt, wie in allen Warschauer Pakt-Staaten üblich, tragen Soldaten der polnischen Ehrenformation den Kranz dem Bundeskanzler voran, begleitet von einem Trommelwirbel, dem sich eine Schweigeminute anschließt, bevor die Nationalhymnen ertönen. Die nächste Station ist das Nike-Denkmal[21] zur Erinnerung an die Kriegstoten Warschaus. Dort vollzieht sich die gleiche Zeremonie. Der letzte Ort an diesem Morgen ist das Ghetto-Denkmal. Dort erwarten uns Landesrabbiner Menachem Joczkowicz und zwei Überlebende des Ghetto-Aufstandes. Alle drei Gedenkstätten fügen sich in das Grau des Morgens ein; November – der Totenmonat – die Erinnerungen an die schrecklichen Ereignisse von 1935 bis 1945 werden wach. Vor 50 Jahren hat alles begonnen. Ein Gedanke geht mir immer wieder durch den Kopf: Warum können Menschen anderen Menschen so viel Leid und Schmerz antun?

Vor mir stehen die gebrechlichen und ärmlich gekleideten Überlebenden des Ghetto-Aufstandes. Was hat man diesen Menschen angetan? Welch' ein Leben liegt hinter ihnen? Tiefe Scham muß uns Deutsche erfüllen, daß es Angehörige unseres Volkes waren, die verbrecherischem Wahn gefolgt und so viele Menschenleben zerstört haben. Ich verstehe, daß Willy Brandt 1970 an diesem Mahnmal des verzweifelten Aufstandes der im Ghetto eingeschlossenen Juden sich hinkniete. Wie kann man eine solche Geste an einem solchen Ort in Zweifel ziehen?

Der Bundeskanzler steht bewegungslos da. Der feuchtkalte Morgen läßt frösteln. Klagend ertönt der Psalm des Rabbiners. An diesem Morgen vollzieht sich mehr als der Ablauf eines Protokolls. Die Stätten mahnen uns an unsere Verpflichtungen, die wir gerade auch gegenüber dem polnischen Volk zu erbringen haben. Und der Zeitraum dafür ist kurz genug bemessen. Das Tagesgeschehen holt uns sofort wieder ein.

Auf dem Weg zum Auto erklärt der Bundeskanzler den begleitenden Journalisten, die ihn mit Fragen bedrängen, daß er jetzt im Anschluß Ministerpräsident Mazowiecki eröffnen werde, daß er heute nach Ende seiner Gespräche nach Bonn zurückreisen werde, aber morgen wieder zurückkehren wolle.

Um 9.15 Uhr beginnt im Gebäude des Ministerrates das zweite Gespräch zwischen dem Bundeskanzler und Ministerpräsident Mazowiecki. Erneut nehmen die persönlichen Beauftragten teil. Der Bundeskanzler eröffnet das Gespräch sofort mit der Mitteilung an Ministerpräsident Mazowiecki, daß er aufgrund der dramatischen Ereignisse in Bonn für

21 Das nach der Siegesgöttin in der griechischen Mythologie Nike benannte Denkmal ist für die Helden von Warschau geschaffen worden. Es besteht aus einer Statue und erinnert an alle, die zwischen 1939 und 1945 in der Stadt starben, d. h. jener bei der Verteidigung Warschaus im September 1939, beim Warschauer Ghettoaufstand vom 19. April 1943 und Warschauer Aufstand vom 1. August bis zum 2. Oktober 1944 sowie der Opfer des deutschen Terrors in der besetzten Hauptstadt Polens.

morgen Vormittag eine Kabinettssitzung einberufen habe und deshalb heute am späten Nachmittag nach Bonn zurückkehren werde. Er wirbt nachdrücklich um Verständnis. Er wolle damit nicht den Eindruck erwecken, daß Polen jetzt für ihn »in die zweite Reihe rücke«. Ohne die »Solidaritäts-Bewegung« in Polen wären die Ereignisse in der DDR nicht möglich geworden.

Ministerpräsident Mazowiecki reagiert sehr freundlich. Er verstehe die Entscheidung des Bundeskanzlers. Er habe von den Vorgängen während der Nacht an der Berliner Mauer gehört. Es habe keine Zwischenfälle gegeben. Der Bundeskanzler schildert Mazowiecki die aufwühlenden Szenen der Verbrüderung und der tanzenden Menschen auf der Mauer.

Heute verläuft das Gespräch wesentlich intensiver. Ministerpräsident Mazowiecki wirkt aufgeschlossener. Er hat sichtlich Zutrauen zum Bundeskanzler gewonnen. Ausführlich und sehr offen erläutert er die inneren Probleme in Polen: die Beweggründe für die Koalitionsregierung mit der PVAP; die Rolle der katholischen Kirche; das Verhältnis zum alten Machtapparat in Verwaltung, im Bereich der inneren Sicherheit, beim Militär, in den Wojewodschaften und auf kommunaler Ebene. Seine Sorge richtet sich vor allem darauf, wie groß die Geduld und Belastbarkeit der Bevölkerung sein werde. Die Krise in der Wirtschaft sei noch lange nicht überwunden.

Beide Regierungschefs besprechen sehr konkret mögliche Hilfen der Bundesrepublik, der EG, der USA und des Internationalen Währungsfonds (IWF)[22] für Polen. Der Bundeskanzler sagt zu, sich auf dem bevorstehenden Europäischen Rat für Polen einzusetzen.

Während des sich unmittelbar anschließenden Delegationsgesprächs, an dem alle sieben Bundesminister und ihre polnischen Kollegen teilnehmen, schreibe ich den Entwurf einer Presseerklärung, um die Ministerpräsident Mazowiecki den Bundeskanzler gebeten hatte, damit die vorzeitige Abreise des Bundeskanzlers keine falsche Dramatik erfahre. Mir kommt es vor allem darauf an, noch einmal deutlich zu machen, daß »die Entwicklung in der DDR ohne die Reformpolitik in Polen nicht möglich gewesen wäre«. Die Bundesregierung werde deshalb »weiterhin alles tun, zum Erfolg der politischen und wirtschaftlichen Reformen in Polen beizutragen. Ihr Scheitern hätte auch unmittelbare Auswirkungen auf die Reformansätze in der DDR wie anderswo« .

Um 11.15 Uhr unterzeichnen die Minister die 11 Regierungsabkommen. Inzwischen hat uns die Nachricht erreicht, daß der Regierende Bürgermeister von Berlin, Walter Momper, zu einer Kundgebung vor dem Schöneberger Rathaus aufgerufen habe. Sie solle am Nachmittag stattfinden. Er habe außerdem bekanntgegeben, daß der Bundeskanzler daran teilnehmen werde.

Die Verärgerung beim Bundeskanzler ist groß. Mit ihm hatte niemand darüber gesprochen. Momper hat diese Veranstaltung ohne Abstimmung mit Bundesminister Seiters in

22 Der am 27. Dezember 1945 mit Sitz in Washington D.C. als selbständige Sonderorganisation der Vereinten Nationen mit 190 Mitgliedstaaten (2024) gegründete Internationale Währungsfonds bzw. Weltwährungsfonds (IWF, International Monetary Fund) vergibt Kredite an Länder ohne ausreichende Währungsreserven, die in Zahlungsschwierigkeiten geraten sind, und versucht, die wirtschaftliche Entwicklung in der Welt zu fördern. Während der IWF für den reinen Finanzsektor zuständig ist, befasst sich die zeitgleich gegründete Weltbank mit der Finanzierung von langfristigen Entwicklungs- und Aufbauprojekten in der Realwirtschaft. Die Kreditvergabe des IWF ist an Auflagen gebunden. Die USA und die EU verfügen gemeinsam bei Beschlüssen über eine Sperrminorität. Bedingungen für die Gewährung sind u.a. Kürzung der Staatsausgaben, Senkung der Inflation, Exportsteigerungen und die Auflage zur Durchführung von Strukturanpassungsprogrammen wie Privatisierungen, auch wird bei der Vergabe auf Good Governance geachtet.

Bonn und schon gar nicht mit dem Bundeskanzler für 16.30 Uhr angekündigt. Das war schon ein mehr als ungewöhnliches Verhalten. Der Zeitpunkt für die Kundgebung legt außerdem den Verdacht nahe, daß Momper ihn so früh angesetzt habe, damit es der Bundeskanzler trotz aller Bemühungen nicht schaffen könne, rechtzeitig in Berlin zu erscheinen. Die Wirkung für den Bundeskanzler wäre verheerend, aber wir trauen Momper auch das zu. Rückfragen in Bonn ergeben, daß alle Parteien eingeladen sind.

Dem Bundeskanzler ist klar, daß er jetzt alles versuchen muß, rechtzeitig nach Berlin zu kommen. Damit kann vor allem das für 13.45 Uhr angesetzte Gespräch mit dem polnischen Präsidenten Wojciech Jaruzelski nicht stattfinden. Das ist äußerst unangenehm, aber unvermeidbar. Der Bundeskanzler bittet Ministerpräsident Mazowiecki, jetzt sofort – es ist 12.00 Uhr mittags – gemeinsam Präsident Jaruzelski anzurufen und ihm die entstandene Lage zu erklären. In seinem Arbeitszimmer hat Ministerpräsident Mazowiecki eine Direktleitung zum Präsidenten, über die er ihn persönlich anwählt. Dabei erläutert er, daß sie mehrfach am Tage miteinander telefonieren würden und einen guten Kontakt zueinander hätten. Mit leiser, fast devot wirkender Stimme spricht er mit dem Präsidenten. Jaruzelski zeigt Verständnis für die Lage des Bundeskanzlers und erklärt sich mit einer Verschiebung des Gesprächstermins einverstanden. Er lege aber großen Wert darauf, daß es – wie vorgesehen war – zu einem ausführlichen Meinungsaustausch kommen und nicht daraus ein kurzer Höflichkeitsbesuch werde. Als neuer Termin wird der kommende Sonntag, 19.00 Uhr verabredet. Der Präsident – so Mazowiecki – läßt den Bundeskanzler »in dieser Notsituation grüßen«.

Die Vorbereitungen für den Rückflug laufen auf Hochtouren. Sie werden vor allem dadurch erschwert, daß die Maschine des Bundeskanzlers Berlin nicht direkt anfliegen darf. Er muß auf eine amerikanische Militärmaschine überwechseln. Doch mit Hilfe des amerikanischen Botschafters Walters, einem zuverlässigen Freund, ist auch dieses Problem zu lösen.

In der Zwischenzeit fahren wir mit dem Bundeskanzler zum kommunalen Nordfriedhof in Warschau. Zum erstenmal ist es einem deutschen Bundeskanzler möglich, das Grab eines deutschen Soldaten aus dem 2. Weltkrieg aufzusuchen. Unsere Botschaft hat das bescheidene Grab noch schnell richten und ein schlichtes Holzkreuz aufstellen lassen. Zwei Bundeswehroffiziere stehen Ehrenspalier, als der Bundeskanzler den Kranz niederlegt. Wir sind nicht überrascht, daß nur das polnische Fernsehen diese Szene filmt.

Um 14.30 Uhr erfolgt der Abflug von Warschau nach Hamburg. Die Kundgebung soll jetzt um 17.00 Uhr stattfinden. Während des Fluges schreibe ich einen Redeentwurf für die Kundgebung in Berlin. Der Bundeskanzler fertigt sich anschließend handschriftlich seine eigenen Redenotizen.

In Hamburg steigen wir in eine kleine Maschine der US-Air Force um. Nur noch die engste Mannschaft begleitet jetzt den Bundeskanzler. Die innere Anspannung ist groß. Zu sensationell klangen die Berichte über die Ereignisse in der Nacht in Berlin. Auf dem Flughafen Tempelhof erwartet uns der Berlinbeauftragte der Bundesregierung, der Parlamentarische Staatssekretär im Bundeskanzleramt, Straßmeier. Zur Bestürzung des Bundeskanzlers kann er nichts über die Kundgebung und über den geplanten Ablauf berichten. Ein vernichtender Blick des Bundeskanzlers trifft ihn.

Als unsere Wagen um 16.30 Uhr vor dem Schöneburger Rathaus vorfahren, sind höchstens 3 bis 5.000 Menschen versammelt Sie empfangen den Bundeskanzler mit einem gellenden Preifkonzert. Er läßt sich keine Regung anmerken und geht die Treppen zum

Eingang hoch. Ich bin tief entsetzt und sage spontan zum Bundeskanzler: »Solcher Leute wegen haben wir unseren Besuch in Warschau abgebrochen?!«

In den sechziger Jahren habe ich als Student in Berlin hunderttausende von Berlinern auf diesem Platz erlebt, vor allem 1963, als der amerikanische Präsident John F. Kennedy[23] hier war. Damals war die ganze Stadt auf den Beinen, einschließlich der Studenten. Und welches jämmerliche Bild bietet sich uns jetzt?

Jürgen Wohlrabe, Präsident des Berliner Abgeordnetenhaus, empfängt den Bundeskanzler. Zu seinem Entsetzen erfährt der Bundeskanzler, daß die Berliner CDU zu einer eigenen Kundgebung an der Gedächtniskirche aufgerufen hat. Das sei – so Wohlrabe – nicht mehr zu ändern gewesen und deshalb müsse der Bundeskanzler anschließend auch dort noch reden. Die Reaktion des Bundeskanzlers ist unbeschreiblich. Er erklärt alle Verantwortlichen der Berliner CDU in diesem Augenblick für »unfähig«.

Als weitere Zumutung empfindet er, daß er sich in die laufende Sitzung des Abgeordnetenhauses setzen muß, um sich die unerträgliche und selbstgerechte Rede eines Abgeordneten der Alternativen Liste (AL) anzuhören.

Als die Kundgebung beginnt, liegt schon Dunkelheit über dem Platz. Die Zahl der Teilnehmer ist nicht zu erkennen. Die Schätzungen schwanken zwischen 20.000 bis 50.000. Walter Momper, Altbundeskanzler Willy Brandt, Außenminister Genscher, der Bundeskanzler und Jürgen Wohlrabe stehen auf einem kleinen Holzpodium dicht gedrängt um die Mikrophone, eingezwängt von zahlreichen Sicherheitsbeamten und anderen politischen ›Größen‹.

Momper spricht von den Deutschen als »das glücklichste Volk auf der Welt«. Er sehe diese Begegnungen der Menschen aus Ost uns West aber nicht als »Tag der Wiedervereinigung, sondern als Tag des Wiedersehens«. Tatsächlich hatten aber gerade die Berliner aus beiden Teilen der Stadt in der vergangenen Nacht für einige Stunden die Einheit praktisch schon vollzogen.

Altbundeskanzler Brandt, der am 13. August 1961, als die Mauer errichtet wurde, Regierender Bürgermeister von Berlin war, hat ein besseres Gespür für die Ereignisse der Nacht als Walter Momper. Er sieht in ihnen die Bestätigung dafür, »daß die widernatürliche Trennung Deutschlands keinen Bestand« habe. »Wir sind jetzt in der Situation, wo zusammenwächst, was zusammengehört«.[24] Unter dem Jubel der Zuhörer ruft er aus:»Berlin wird leben und die Mauer wird fallen«.

23 Am 26. Juni 1963 besuchte US-Präsident John F. Kennedy anlässlich des 15. Jahrestages der Berliner Luftbrücke West-Berlin. Er war der erste amerikanische Präsident, der nach dem Bau der Berliner Mauer am 13. August 1961 in die geteilte Stadt kam. Mit seiner Rede vor dem Schöneberger Rathaus, in der Kennedy den Wert der Freiheit hervorhob und die mit dem berühmten Satz »Ich bin ein Berliner« endete, ließ Kennedy keinen Zweifel an amerikanischer und persönlicher Solidarität mit Berlin und der Bundesrepublik Deutschland.

24 Willy Brandt soll anlässlich dieser Gelegenheit den genannten Satz ausgesprochen haben, was jedoch nicht zutreffend ist, sondern dies ist durch andere Anlässe bzw. eine Rückprojektion bedingt. Der Historiker Bernd Rother führt das Zitat auf zwei Interviews zurück, die Willy Brandt am 10. November 1989 gab: eines im SFB-Mittagsecho (Hörfunk) vom 10. November 1989, so mit dem Satz »Jetzt sind wir in einer Situation, in der wieder zusammenwächst, was zusammengehört« und einer Aussage in der *Berliner Morgenpost*, 11. November 1989, S. 1, mit dem Satz: Man befindet sich jetzt in einer Situation, in der »wieder zusammenwächst, was zusammengehört.« https://de.wikiquote.org/wiki/Willy_Brandt (Abruf 31.1.2024). Das berühmte Zitat ist ein Jahr später, und zwar in einer Bundestagsrede von Brandt am 4. Oktober 1990, einem Tag nach dem Beitritt der DDR zum Grundgesetz, erneut gesprochen worden: »Herr Bundeskanzler,

Während er noch spricht, werde ich plötzlich in das Amtszimmer des Präsidenten des Abgeordnetenhauses an das Telefon gerufen. Der sowjetische Botschafter in Bonn, Julij Kwizinskij, möchte mich dringend sprechen. Er habe von seiner Führung eine dringende Botschaft für den Herrn Bundeskanzler erhalten, die er mündlich übermitteln solle. Er bittet mich, den Herrn Bundeskanzler noch während der Kundgebung davon zu unterrichten: Bekanntlich fänden jetzt in beiden Teilen Berlins große Kundgebungen statt. Es müsse in jedem Fall verhindert werden, daß »ein Chaos« entstehe. Präsident Gorbatschow bitte deshalb den Bundeskanzler, auf die Menschen beruhigend einzuwirken.

Ich zwänge mich zum Bundeskanzler durch und teile ihm die Nachricht Kwizinskijs mit. Was bedeutet sie? Gorbatschow bewegt die Sorge, daß auf beiden Kundgebungen die Gefühle der Menschen so aufgeheizt werden könnten, daß sie erneut über die Mauer hinweg zusammenströmen und die Einigung mit den Füßen vollziehen. Damit könnte die Politik vor vollendete Tatsachen gestellt werden. Gorbatschow scheint instinktiv zu fühlen, daß sich in den Gefühlen der Menschen in beiden Teilen Deutschlands mehr vollzieht als nur eine augenblickliche Wiedersehenseuphorie.

Außenminister Genscher spricht. Er vermeidet sorgfältig jeden Anklang an das Thema Einheit. Seine Rede ist ein einziger Versuch, allen Nachbarn und der Welt zu sagen, daß sie sich vor den Deutschen nicht zu »fürchten« hätten.

Der Bundeskanzler tritt an das Mikrophon. Ein gellendes Pfeifkonzert hebt an und begleitet seine ganze Rede. Durch zahllose Wahlkampfkundgebungen abgehärtet, hält der Bundeskanzler durch und führt seine Rede zu Ende. Einmal versucht Bürgermeister Momper, ihn zu unterbrechen, um auf die Störer einzuwirken, doch der Bundeskanzler drückt ihn unwirsch zur Seite.

Mich erfüllt Wut und Zorn. Womit hat dieser Mann das verdient? Er ist einer der wenigen in Deutschland, der in seinem ganzen politischen Leben unbeirrt an dem Ziel der Freiheit und Selbstbestimmung für alle Deutschen festgehalten und nie gescheut hat, von Wiedervereinigung zu sprechen. Während andere, die heute beklascht worden sind, Wort und Ziel längst auf die Müllkippe der Geschichte geworfen haben. Der Bundeskanzler spricht von einem »großen«, von einem »historischen Augenblick für Berlin und für Deutschland«. Und er ruft dazu auf, »besonnen zu bleiben und klug zu handeln«, wie es die Bürger in der DDR getan hätten. »Klug handeln heißt jetzt, radikalen Parolen und Stimmen nicht zu folgen«. Jetzt gelte es, »mit Bedachtsamkeit Schritt für Schritt den Weg in die gemeinsame Zukunft zu finden«.

Erneut bietet der Bundeskanzler Unterstützung für die Menschen in der DDR an. »Wir stehen an eurer Seite, wir sind und bleiben eine Nation, und wir gehören zusammen«. Als einziger der Redner dankt er in dieser Stunde »unseren amerikanischen, britischen und französischen Freunden für ihre Unterstützung und Solidarität, die für die Freiheit des

verehrte Kolleginnen und Kollegen, damit wir uns nicht mißverstehen: Ich setze natürlich darauf, daß wir es schaffen werden. Die wirtschaftliche Aufforstung und die soziale Absicherung liegen nicht außerhalb unseres Leistungsvermögens. (Beifall bei der SPD, der CDU/CSU und der FDP sowie bei Abgeordneten der GRÜNEN und der PDS) Die Überbrückung geistig-kultureller Hemmschwellen und seelischer Barrieren mag schwieriger sein. Aber mit Takt und mit Respekt vor dem Selbstgefühl der bisher von uns getrennten Landsleute wird es möglich sein, daß ohne entstellende Narben zusammenwächst, was zusammengehört«, Deutscher Bundestag, Stenographischer Bericht, 228. Sitzung, Berlin, Donnerstag, den 4. Oktober 1990, https://dserver.bundestag.de/btp/11/11228.pdf (Abruf 31.1.2024).

freien Teils Berlins in den letzten Jahrzehnten existentiell war«. Auch dem Präsidenten Gorbatschow bekundet er »seinen Respekt«.

Doch nichts kann das Pfeifen unterbrechen. Es klingt erst ab, als der Bundeskanzler seine Rede beendet. Doch als die Nationalhymne erklingt, setzt das Pfeifkonzert erneut ein. Und diese Bilder gehen jetzt um die Welt. Dennoch mischt sich in meinem Zorn Erleichterung, denn dadurch wird deutlich, daß eine starke politische Linke die strategischen Plätze unmittelbar vor den Mikrophonen besetzt hat und selbst an einem solchen Tag nichts von nationalem Konsens, von Toleranz und Fairness wissen will.

Das »andere Berlin« ist an der Gedächtniskirche versammelt. Als wir dort gegen 18.30 Uhr mit dem Bundeskanzler eintreffen, sind nach Schätzungen hundert- bis zweihunderttausend Berliner versammelt. Nur vereinzelt treten Störer auf. Nach dem Berliner CDU-Vorsitzenden Eberhard Diepgen redet Außenminister Genscher auf der Kundgebung der Union, danach der CSU-Vorsitzende Theo Waigel und zum Abschluß erneut der Bundeskanzler. Diesmal empfängt ihn starker Beifall. Als er das Rednerpodium verläßt, wird er von den Menschenmassen fast erdrückt. Darunter sind viele aus dem Osten, die ihn zum ersten Mal persönlich erleben und unbedingt anfassen wollen.

Endlich im Auto, weist der Bundeskanzler seinen Fahrer an, sich von der Berliner Polizei zu lösen und zum Checkpoint Charlie[25] zu fahren. Dreihundert Meter vorher halten wir an und gehen zu Fuß weiter. Menschenmassen aus Ost-Berlin und eine Kolonne von Trabis strömen uns entgegen. Im Nu bin ich vom Bundeskanzler getrennt. Als die »Ossis« ihn gewahr werden, bricht ein Chaos aus. Helmut-Rufe ertönen. Zahlreiche Arme fassen nach ihm. Tränen strömen. Für den Bundeskanzler nach der »Schmach« am Schöneburger Rathaus ein »Bad in der Menge«, das ihm sichtlich Kraft gibt.

Um 20.00 Uhr fliegen wir mit der US-Air force nach Bonn. Bundesminister Seiters ist zu uns gestoßen. Er berichtet dem Bundeskanzler von Telefonaten, die er und Bundesminister Schäuble heute mit DDR-Staatssekretär Schalck-Golodowski geführt haben. Dabei sei es um das Reisegesetz und um finanzielle Erwartungen der DDR-Führung an die Bundesregierung gegangen. Außerdem habe Schalck ein Treffen von Generalsekretär Krenz mit dem Bundeskanzler für morgen angeboten.

Der Bundeskanzler entscheidet, daß er morgen mit Egon Krenz telefonieren wolle. Ein Gespräch wolle er erst führen, wenn die neue DDR-Regierung gebildet sei und klare Verabredungen über die Tagesordnung getroffen seien. Deshalb solle erst einmal Seiters nächste Woche zu Vorgesprächen nach Ost-Berlin reisen.

Vom Flughafen Köln/Bonn geht es sofort in Eiltempo in das Bundeskanzleramt. Für 22.00 Uhr ist bereits das Telefonat mit Premierminister Margaret Thatcher angekündigt. Sie hat heute in einem Pressegespräch vor der Tür von Downing Street Nr. 10 erklärt: »Dies

25 Der von 1961 bis 1990 bestehende und im August/September errichtete Grenzübergang in Berlin trennte in der Friedrichstraße den amerikanischen von dem sowjetischen Sektor und diente den Angehörigen des Militärpersonals, Diplomaten und nach Kontrolle auch Ausländern und DDR-Funktionären zum Überschreiten der Sektorengrenze und war einer von drei durch die Alliierten genutzten Kontrollstellen. Der Name bezieht sich auf die Bezeichnung Charlie für den Buchstaben C im internationalen Alphabet. Während der Berlinkrise standen sich hier am 27. Oktober 1961 sowjetische und amerikanische Panzer gefechtsbereit gegenüber. An dem Übergang fanden spektakuläre Fluchten aus dem Ost-Sektor statt. Nach dem Abbau ist der Kontrollpunkt als Nachbau zu besichtigen. Das Mauermuseum-Haus am Checkpoint Charlie wurde am 14. Juni 1963 in der Nähe eröffnet. In Filmen und Spionageromanen diente der Checkpoint wiederholt als Schauplatz.

ist ein großer Tag für die Freiheit. Jetzt muß auch die Berliner Mauer fallen«. Gleichzeitig hat sie praktische Hilfe sowohl in der Bundesrepublik als auch in West-Berlin angeboten.

In dem Telefonat bittet der Bundeskanzler Premierminister Thatcher zuerst um Unterstützung für Polen, bevor er auf die Ereignisse in Berlin zu sprechen kommt. Er berichtet, daß er am Checkpoint Charlie auch mit britischen Soldaten gesprochen habe, die von den Ereignissen überwältigt gewesen seien. Die DDR sei in ihren Grundfesten erschüttert. Wenn die DDR-Führung keine Reformen einleite, werde keine Ruhe einkehren. Premierminister Thatcher spricht von »historischen Zeiten«, die sich in Berlin abspielten. Sie läßt sich vom Bundeskanzler seine weiteren Absichten erläutern und regt ein halbtägiges Sondertreffen der 12 Staats- und Regierungschefs noch vor dem nächsten Europäischen Rat an. Es sei jetzt wichtig, in engem Kontakt zu bleiben. Wichtig war es ihr auch zu erfahren, ob der Bundeskanzler beabsichtige, mit Generalsekretär Gorbatschow zu sprechen.

Nur Minuten später telefoniert der Bundeskanzler mit Präsident Bush in Washington. Auch diesen überfällt er zuerst mit dem Wunsch, der polnischen Regierung beim Internationalen Währungsfonds zu helfen. Doch »George« interessiert sich mehr für die Entwicklung in Berlin. Auch gegenüber dem Präsidenten weist der Bundeskanzler besonders darauf hin, wie besonnen sich die Menschen in der DDR verhielten. Entscheidend werde jetzt sein, ob die neue DDR-Führung zu grundlegenden Reformen bereit sei. Er bittet den Präsidenten, den amerikanischen Bürgern seinen Dank für die jahrzehntelange Unterstützung zu übermitteln. Er habe das heute auch auf der Kundgebung in Berlin getan.

Präsident Bush drückt seine »allergrößte Achtung« darüber aus, »wie die Regierung der Bundesrepublik Deutschland diese Vorgänge behandele«. Er verweist darauf, daß seine bevorstehende Begegnung mit Präsident Gorbatschow jetzt »sehr wichtig« sein werde. Er wünscht dem Bundeskanzler »viel Erfolg« und »Helmut solle wissen, daß die amerikanische Regierung sehr stolz darauf sei, wie er die Dinge handhabe«. Worte eines guten Freundes!

Doch der Tag ist noch nicht zu Ende. Schließlich hat er 24 Stunden. Um 22.50 Uhr führt der Bundeskanzler mit Bundesminister Seiters, Innenminister Schäuble, Finanzminister Waigel, Frau Dr. Wilms, Bundesminister für Innerdeutsche Angelegenheiten, und Regierungssprecher Klein eine Besprechung durch. Schäuble berichtet, daß die Zahlen der Übersiedler heute deutlich zurückgegangen seien. Er ist optimistisch, alle, die kämen, unterzubringen. »Wir werden leichter damit fertig als die DDR«. Seiters teilt mit, daß für morgen früh das Telefonat des Bundeskanzlers mit Generalsekretär Egon Krenz verabredet sei.

Aus den Gesprächen mit der DDR-Führung wird klar, daß sie die Lage für sehr prekär halte und dringend Hilfe brauche, um die Situation stabilisieren zu können. Deshalb seien sie an einem möglichst raschen Zusammentreffen mit dem Bundeskanzler interessiert, wo immer er es wolle. Mit seinem ›Bericht zur Lage der Nation‹ seien sie voll einverstanden.

Der Bundeskanzler beharrt auf seinen Standpunkt, daß erst Vorgespräche stattfinden müßten – gewissermaßen »als Filter« –, bevor er sich mit Krenz treffe. Seiters solle sie führen und die Vorstellungen der DDR-Führung erkunden.

Es besteht Übereinstimmung mit Finanzminister Waigel, daß Hilfen der Bundesrepublik vor allem den Menschen in der DDR zugute kommen müssen. Ökonomische Zusammenarbeit setze erst Reformen in der DDR voraus, wenn sie zur Wirkung kommen solle. Deshalb könne zuerst daran gedacht werden, Versorgungsengpässe zu überbrücken und die ärztliche Versorgung sicherzustellen.

Interessant ist die Nachricht aus der DDR-Führung, daß Generalsekretär Gorbatschow gefordert habe, einen ›friedlichen Übergang‹ in der DDR sicherzustellen. Der gemeinsame

Eindruck ist, daß auch die neue DDR-Führung bereits am Ende ihres Lateins angekommen ist und auf schnelle Hilfe der Bundesregierung hofft.

Zwischendurch war ich zum Telefon gerufen worden. Brent Scowcroft, Nationaler Sicherheitsbeamter des amerikanischen Präsidenten, rief aus dem Weißen Haus an. Gorbatschow habe den Präsidenten über seine »mündliche Botschaft« an den Bundeskanzler von heute unterrichtet. Die Lage in Berlin sei »very sensitive«. Gorbatschow habe seinen Botschaftern in Ost-Berlin angewiesen, Kontakt mit den Botschaftern der 3 Westmächte aufzunehmen.

Spät nach Mitternacht endet die Besprechung beim Bundeskanzler. Um 2.00 Uhr falle ich in mein Bett.

Samstag, 11. November 1989

Für 8.40 Uhr hat der Bundeskanzler die »Lage« einberufen. Heute kann Eduard Ackermann über eine phänomenale Presse zu den Ereignissen in Berlin vortragen. Die Zeitungen berichten seitenweise in Wort und Bild über die Geschehnisse seit der Öffnung der Mauer. Die Berliner Kundgebung vor dem Schöneberger Rathaus spielt erfreulicherweise fast keine Rolle; über die viel größere der CDU ist bezeichnenderweise weder im Fernsehen noch in den Zeitungen irgend ein Hinweis enthalten. In Ost-Berlin waren rund 50.000 Menschen zusammengekommen. Veranstalter war die SED gewesen. Umso interessanter erscheint im nachhinein die gestrige »Mahnung« von Präsident Gorbatschow.

Die erste offizielle Stellungnahme des Sprechers des sowjetischen Außenministers, Gerassimow, vom gestrigen Nachmittag ist erfreulich zurückhaltend: Die Entscheidung sei ein »souveräner Akt der DDR«. Die neuen Grenzregelungen seien »weise«. Sie implizierten jedoch nicht das Verschwinden der Grenzen, sondern seien Teil von Maßnahmen, mit denen die Lage stabilisiert werden solle. Alle darüberhinausgehenden Spekulationen der internationalen Presse habe er in den »Bereich der Futurologie« verwiesen. Die sowjetische Nachrichtenagentur TASS stellte die DDR als nunmehr »weltoffenes Land« dar, das »praktisch ohne Berliner Mauer« und nicht mehr von der Welt isoliert sei.

Beachtung findet der Vorschlag von Oppositionsführer Dr. Vogel, jetzt einen »runden Tisch« einzurichten. Der Bundeskanzler reagiert völlig ablehnend. Das komme für ihn nicht in Frage.

Bedauerlich ist nur, daß die Berichterstattung über die bisherigen Gespräche in Polen deutlich in die zweite Reihe gerückt ist Ich bedauere das sehr. Die polnische Presseberichterstattung ist insgesamt positiv.

Die Reaktion in Frankreich ist zweigeteilt. Die Presse reagiert enthusiastisch, das politische Frankreich zurückhaltend. Der Sprecher des französischen Präsidenten und sein außenpolitischer Berater, Hubert Védrine, erklärte gestern, daß jetzt »ein stärkeres EG-Europa« erforderlich sei. Außerdem halte der Präsident an seine Absicht fest, noch in diesem Jahr seinen Staatsbesuch in der DDR »ohne jede Bedingung« durchzuführen. Außenminister Dumas bezeichnete die Wiedervereinigung Deutschlands als »legitimes Bestreben«, doch werde sie sich durch die »internationalen Realitäten verzögern«. Dagegen erklärte der französische Ministerpräsident Rocard, daß »die Zeit immer für die Freiheit arbeite«.

Um 9.15 Uhr telefoniert der Bundeskanzler mit Präsident Mitterrand. Bevor er auf die Ereignisse in Berlin zu sprechen kommt, bittet er auch »François«, Polen bei den laufenden

IMF-Verhandlungen entgegenzukommen. Erneut weist er auf die Friedfertigkeit der Demonstrationen hin. Alles hänge jetzt jedoch vom Verhalten der DDR-Führung ab.

Präsident Mitterrand erwidert, er habe den Eindruck, daß der Bundeskanzler »bewegende Stunden erlebe«. »Seine Wünsche seien mit dem deutschen Volk«. Der Bundeskanzler solle dies auch öffentlich sagen. Es sei »in der Tat ein großer Augenblick der Geschichte. Es sei die Stunde des Volkes«. Jetzt gebe es die Chance, »daß diese Bewegung in die Entwicklung Europas einmünde«.

Ausdrücklich bedankt sich Präsident Mitterrand bei »Helmut«, daß er ihm beim letzten deutsch-französischen Gipfel am 2./3. November in Bonn den Rat gegeben habe, die französische Position zur deutschen Einheit vor der Presse zu erläutern.[26] Das sei »ein guter Rat gewesen«, denn jeder kenne jetzt die französische Haltung. Der Bundeskanzler habe »das richtige Gespür« gehabt. »Er wolle dem Bundeskanzler noch einmal ausdrücklich seine Freundschaft versichern«. Auch der Bundeskanzler bedankt sich für die Freundschaft, die »Francois« ihm immer erwiesen habe.

Unmittelbar danach rufe ich den sowjetischen Botschafter Kwizinskij an und übermittle ihm den Wunsch des Bundeskanzlers, mit Präsident Gorbatschow telefonieren zu wollen.

Um 9.30 Uhr tritt das Bundeskabinett zu einer zweistündigen Sondersitzung zusammen. Die Fraktionsvorsitzenden Dr. Dregger, Wolfgang Mischnick, der CSU-Landesgruppenvorsitzende Dr. Bötsch, der FDP-Vorsitzende Dr. Otto Graf Lambsdorff und die Parlamentarischen Geschäftsführer der CDU und CSU, Friedrich Bohl und Rudolf Kraus, nehmen teil. Der Bundeskanzler gibt einleitend einen kurzen Bericht über den bisherigen Verlauf seiner Gespräche in Polen und unterstreicht die Bedeutung der polnischen und ungarischen Reformbewegung für die Ereignisse in der DDR. Die Deutschen seien deshalb den Polen und Ungarn zu besonderem Dank verpflichtet.

Er würdigt die Kundgebungen in Berlin und bekundet seinen besonderen Respekt für die »friedfertige und doch so bestimmte Haltung der DDR-Bewohner«. Er informiert das Kabinett über seine Gespräche mit Premierminister Thatcher, Präsident Bush und mit Präsident Mitterrand. Das Kabinett solle heute keine konkreten Beschlüsse fassen. Die Unterstützung der Bundesregierung hänge entscheidend von den Reformschritten der DDR ab. Darin stimmt das Kabinett völlig überein.

Der Bundeskanzler bekräftigt noch einmal seine Ablehnung des von der SPD vorgeschlagenen Gespräches am runden Tisch. Er sehe dafür keinerlei Notwendigkeit. Die Bundesregierung sei durchaus in der Lage, »die auf sie zukommenden Aufgaben im Rahmen ihrer verfassungsmäßigen Möglichkeiten zu lösen«. Alle stimmen zu. Außenminister Genscher erklärt ausdrücklich, daß für ihn das Parlament der »runde Tisch« sei.

Während der Kabinettssitzung erfolgt der Anruf von Generalsekretär Egon Krenz. Er wirkt am Telefon aufgeräumt, beinahe kumpelhaft. Er »freut sich sehr«, daß der Bundeskanzler die Öffnung der Grenzen begrüße. Der Bundeskanzler erläutert ihm, daß es nicht

26 Mitterrand äußerte sich ausführlich zur Frage der Wiedervereinigung Deutschlands bei einer Pressekonferenz am 3. November 1989. Zwei Schlüsselbegriffe kamen vor, die er an eine Wiedervereinigung seit langem und kontinuierlich knüpfte: Sie müsse »démocratiquement« und »pacifiquement« stattfinden, https://www.vie-publique.fr/discours/138924-conference-de-presse-conjointe-de-m-francois-mitterrand-president-de-l (Abruf 31.1.2024). Das erste Kriterium war für ihn mit den Wahlen in der DDR erfüllt, das zweite mit dem »Zwei-plus-Vier«-Prozess. Tilo Schabert hat darauf verwiesen, dass beide Bedingungen schon von Charles de Gaulle aufgestellt worden waren. Mitterrand habe sich in dieser Frage in einer »gaullistischen« Tradition bewegt, Auskunft Tilo Schabert für den Herausgeber, 25.11.2023; Nachbetrachtungen, S. 851.

sein Ziel sei, daß möglichst viele Menschen die DDR verlassen. Die entstandene Lage erfordere viel Vernunft. Sie sollten sich deshalb baldmöglichst nach seiner Polenreise treffen. Vorher werde er Bundesminister Seiters nach Ost-Berlin entsenden.

Generalsekretär Krenz bedankt sich beim Bundeskanzler für die »hohe Einschätzung«, die er dem freien Reiseverkehr beimesse. Eine »Politik der Erneuerung« sei jetzt eingeleitet. Die Grenzen bleiben, würden aber durchlässiger. Er sei sehr dankbar, daß der Bundeskanzler zur »Beruhigung« beitrage. »Gegenwärtig stehe die Wiedervereinigung nicht auf der Tagesordnung«.

Der Bundeskanzler verweist auf seine Verpflichtung, die ihm durch das Grundgesetz auferlegt sei. Dennoch seien jetzt andere Fragen vorrangig. Krenz erklärt sich zu Beziehungen auf allen Gebieten bereit. Er erwarte deshalb das Gespräch mit Seiters am Montag in einer Woche, dann werde auch die neue Regierung von der Volkskammer gewählt sein. Das neue Zentralkomitee sei »zu radikalen Reformen bereit«. Eine »Reihe von Vorleistungen«, die der Bundeskanzler gefordert habe, seien erbracht.

Krenz begrüßt »die gute Atmosphäre zwischen uns« und wünscht dem Bundeskanzler »Erfolg« für seine anschließende Kabinettsitzung und für seine Polenreise. Das Gespräch lief wie zwischen »alten Bekannten« ab, fast jovial und ohne jede Aufregung. Beide Seiten vereinbaren, das Gespräch zwischen Seiters und Generalsekretär Krenz am 20. November bekanntzugeben.

Der Bundeskanzler teilt dem Kabinett mit, was er mit Generalsekretär Krenz verabredet hat. Mittags um 12.00 Uhr kommt das Gespräch mit Gorbatschow zustande. Der Bundeskanzler greift sofort die Botschaft des Präsidenten von gestern Abend auf. Er erläutert, welche Absprachen er heute mit Generalsekretär Krenz getroffen habe. Jetzt sei der Zeitpunkt gekommen, Reformen in der DDR durchzuführen. Ihm sei sehr daran gelegen, daß die Entwicklung ruhig verlaufe und jede Radikalisierung vermieden werde. Die Menschen sollen vor allem in der DDR bleiben, damit die Stabilität gewahrt werden könne. Die Bundesrepublik könne mit dem Problem der Übersiedler gut fertig werden, aber die ökonomischen Auswirkungen für die DDR wären zu groß. In seinem gestrigen Telefonat mit Präsident Bush wären sie sich einig gewesen, daß das bevorstehende Gipfeltreffen mit dem Präsidenten besonders wichtig werde. Im übrigen bleibe es bei seiner Zusage, auch die UdSSR bei ihren wirtschaftlichen Reformen zu unterstützen, wenn er dem Präsidenten helfen könne. Er habe gerade auch mit der polnischen Führung über eine solche wirtschaftliche Zusammenarbeit gesprochen.

Präsident Gorbatschow bedankt sich für den Anruf des Bundeskanzlers. Diese Gespräche hätten inzwischen schon eine »gute Tradition« und entsprächen »dem erreichten Niveau der sowjetisch-deutschen Beziehungen als auch dem der persönlichen Beziehungen«. Jetzt hätten sich die Veränderungen in Osteuropa viel schneller entwickelt, als sie bei ihrem letzten Zusammentreffen angenommen hätten. Das gelte jetzt auch für Bulgarien. (Dort war gestern Präsident und Generalsekretär Schiwkow nach 35 Jahren von seinen Ämtern zurückgetreten). Die Geschwindigkeit nehme zu. Jedes Land müsse sein eigenes Tempo einschlagen. Unterschiede werde es auch in der Tiefe und in der Form der Umgestaltungen geben. Deshalb sei es wichtig, in Kontakt zu bleiben. Er glaube, daß alles dazu führen werde, mehr Verständnis füreinander zu entwickeln und daß »wir uns näherkommen«.

Die Äußerungen des Bundeskanzlers von gestern und heute seien deshalb politisch sehr wichtig. Die DDR benötige jetzt Zeit, ihr »weitgehendes Programm der Umgestaltung in Richtung Freiheit, Demokratie und wirtschaflichen Lebens« durchzufüh（ren.

Natürlich sei damit eine »gewisse Instabilität« verbunden, deshalb müßten jetzt alle Seiten Verantwortungsgefühl und Umsicht beweisen. »Es handele sich um historische Veränderungen in Richtung neuer Beziehungen und einer neuen Welt«.

Der Bundeskanzler stimmt zu. Augenmaß sei erforderlich. Bei allem, was man tue, müsse man die Folgen bedenken. Er sei sich gerade jetzt seiner persönlichen Verantwortung bewußt. Es sei aber eine besonders glückliche Fügung, daß sich die Beziehungen zwischen beiden Ländern sowie die persönlichen so gut entwickelt hätten. Sie müssen weiter intensiviert werden. Das psychologische Problem in der DDR bestünde vor allem darin, auch den Menschen dort klarzumachen, daß die Veränderungen Zeit brauchen. Die »Gründlichkeit der Deutschen« werde dazu beitragen, auch dieses Problem zu lösen, antwortet Gorbatschow. Er bittet noch einmal, umsichtig zu handeln und wünscht dem Bundeskanzler Erfolg bei der Fortsetzung seines Besuches in Polen. Sie vereinbaren, sofort wieder Kontakt aufzunehmen, wenn die Umstände das erforderlich machen sollten.

Ich bin überzeugt, Zeuge eines historischen Gespräches gewesen zu sein. Inhalt und Ton waren freundschaftlich. Keine Drohung, keine Warnung, nur die Bitte, Umsicht walten zu lassen. Der Bundeskanzler ist sichtlich erleichtert. Welch' ein Wandel in den Beziehungen der letzten beiden Jahre!

In diese aufgeräumte Stimmung hinein ruft der spanische Ministerpräsident Felipe González an. Er beglückwünscht den Bundeskanzler. Spanien freue sich mit den Deutschen. »Helmut« könne mit ihm rechnen, wenn es darum gehe, eine europäische Lösung zu finden. Man müsse jetzt gemeinsam handeln. »Wir bringen Dir viel Vertrauen entgegen«.

Kürzer und herzlicher kann ein Partner nicht reagieren. Der Bundeskanzler freut sich. Er ist in der richtigen Stimmung, um jetzt vor die Bundespressekonferenz zu gehen. Entschlossen, kämpferisch, aggressiv selbstbewußt diskutiert er mit den Journalisten.

Dabei geht es ihm vor allem noch einmal darum, deutlich zu machen, daß es in der DDR nicht nur auf die endgültige Durchsetzung der Reisefreiheit ankomme, sondern auf umwälzende Reformen: freie Meinungsäußerung und freie Presse, freie Gewerkschaften und freie Parteien und vor allem freie, gleiche und geheime Wahlen. Das seien die Voraussetzungen für eine umfassende Unterstützung durch die Bundesrepublik, die den Menschen direkt zugute kommen müsse. Freiheit bleibe »der Kern der deutschen Frage«. Ausdrücklich betont der Bundeskanzler, daß die Menschen in der DDR selbst entscheiden wollen und müssen. Sie hätten »keinerlei Belehrung nötig« und jede Entscheidung »werden wir selbstverständlich respektieren«. Auf eine Nachfrage fügt er jedoch hinzu: »Ich habe keinen Zweifel daran, was sie wollen. Es gibt keinen Zweifel daran, daß die Deutschen die Einheit ihrer Nation wollen«.

Die politische Linie des Bundeskanzlers ist klar und unmißverständlich, und er fühlt sich mehr denn je darin bestärkt. Seine Begegnungen und Gespräche von gestern Abend am Checkpoint Charlie haben tiefe Spuren bei ihm hinterlassen. Das Ausmaß an Sympathie und Vertrauen, das ihm persönlich entgegengeschlagen war, die unvermittelten und unverfälschten Gefühlsausbrüche, der ständige Zuruf, Volk und Land wieder zu einen, haben ihm die Gewissheit gegeben, daß seine Überzeugung mit der dieser Menschen übereinstimmt. Und wer ihn kennt, weiß, daß ihm nichts mehr Kraft und Mut verleiht und Sicherheit, seinen Weg unbeirrt zu gehen, auch wenn andere ihn öffentlich mit Kritik und oft genug mit Häme und Spott überziehen. Heute ist sich der Bundeskanzler seiner Sache, seiner Politik völlig sicher.

Um 14.45 Uhr geht es bereits zurück nach Warschau. Der Abflug mußte vorgezogen werden, weil Nebel die Landung behindert Als wir um 16.30 Uhr landen, steht überraschend Ärger an. Das polnische Protokoll will den morgigen Gottesdienst in Kreisau absagen, weil Nebel den Flug nach Breslau verhindert. Der Bundeskanzler, wissend, daß sich bereits Tausende von Schlesiern auf den Weg dorthin gemacht haben, tobt. Am Ende setzt er durch, daß noch in der Nacht mit einem Autobus aufgebrochen wird.

Der Abend mündet friedlich in ein Abendessen ein, das im kleinsten persönlichen Kreis eingenommen wird. Danach endet der Tag. Vier Stunden bleiben für den Schlaf.

Sonntag, 12. November 1989

Dunkle Nacht liegt über Warschau, als wir um 3.30 Uhr mit einer Kolonne von Bussen und Begleitfahrzeugen der Sicherheit nach Kreisau aufbrechen: der Bundeskanzler, die Delegation und über 300 Journalisten. Die meisten versuchen, im Bus weiterzuschlafen. Rund 400 km liegen vor uns.

Als die erste Morgendämmerung heraufzieht, halten wir an einem Waldstück an. Die polnische Begleitung bietet Coca Cola, Limonade und Bier an. Brote werden gereicht. Ich stehe mit Werner Perger und einigen anderen Journalisten zusammen. Der neblig nasse Wind läßt uns frösteln. Die Finger sind beim Essen klamm. Die kalten Getränke wärmen nicht auf.

Erwartungen werden ausgetauscht. Gerüchte laufen herum. Der Bundeskanzler habe darum gebeten, daß die Deutschschlesier in ihren Trachten nach Kreisau kommen sollten. Welch' ein Blödsinn! Heinz Galinski, Vorsitzender des Zentralrates der Juden in Deutschland, vom Bundeskanzler persönlich eingeladen, soll erzählen, daß er dagegen protestiert habe, daß der Bundeskanzler ursprünglich am Samstag (Sabbat) das Konzentrationslager Auschwitz[27] besuchen wollte und deshalb sei der Termin auf den Dienstag verschoben worden. Die Journalisten wittern wie bei Annaberg ein »Fettnäpfchen«. Richtig ist, daß ich Anfang letzter Woche persönlich Galinski in Berlin angerufen und ihn um einen »freundschaftlichen Rat« gebeten hatte. Das Protokoll beider Seiten hatte in der Tat den Samstag für Auschwitz vorgesehen. Als ich jedoch hörte, daß der polnische Landesrabbiner an einem Sabbat kein Gebet in Auschwitz sprechen könne, rief ich Galinski an. Er war von der Anfrage völlig überrascht und mußte sich selbst erst vergewissern. Er hatte mir dann mitgeteilt, daß es in der Tat für jüdische Gläubige nicht möglich sei, am Sabbat nach Auschwitz zu gehen. Darauf hatte ich sofort auf eine Änderung des Programms gedrängt. Doch was ist daran schon tragisch? Ministerpräsident Mazowiecki hatte dem Bundeskanzler auch gesagt, daß schon öfter offizielle Delegationen an Samstagen Auschwitz besucht hätten. Es hätte noch nie Schwierigkeiten gegeben. Ärgerlich ist nur, daß solche »stories«

27 Das KZ Auschwitz wurde von der SS als Lagerkomplex von 1940 bis 1945 am Westrand der Stadt Oświęcim im vom Deutschen Reich annektierten Teil von Polen betrieben. Es war der größte Lagerkomplex aus Gefangenenlagern der NS-Zeit. Er bestand aus drei schrittweise etablierten KZ und wurde auch als Massentötungsanlage ausgerichtet, bestehend aus dem Stammlager Auschwitz I, dem Vernichtungslager Birkenau und KZ Auschwitz II, dem KZ Monowitz und rund 50 weiteren Außenlagern. Auschwitz-Birkenau war das größte Vernichtungslager im NS-Staat. Es wurde 1941 drei Kilometer entfernt von Auschwitz I auf dem Gebiet der Gemeinde Birkenau (Brzezinka) aufgebaut und befand sich nahe Oświęcim im Landkreis Bielitz. Im Lagerkomplex Auschwitz wurden Schätzungen zufolge von mehr als 5,6 Millionen jüdischen Opfern zwischen 1,1 uns 1,5 Millionen Menschen ermordet. Der Name »Auschwitz« wurde zum globalen Symbol des nationalsozialistischen Völkermords (Holocaust/Shoa).

trotz Richtigstellung dennoch am nächsten Tag in manchen Zeitungen stehen. Es sind immer die gleichen Journalisten, wobei sich dieses Mal vor allem die Berichterstattung der »Süddeutschen Zeitung« für uns besonders unerfreulich gestaltet.

Auf der Weiterfahrt werden in der fahlen Morgendämmerung die unendlich weiten Felder sichtbar, unterbrochen von wenigen kleineren Waldgebieten. Die Fahrt durch die polnischen Dörfer führt uns in eine Zeit zurück, die wir nur noch vom Hörensagen kennen. Die Zeit scheint bei den alten Bauernhöfen stehengeblieben zu sein. Federvieh aller Art bevölkert die kleinen Höfe. Einzelne Schweine laufen herum. Pferdefuhrwerke leisten Spanndienste.

In Schweidnitz (Swidnica) legen wir erneut einen Halt ein und besichtigen die evangelische »Friedenskirche« aus dem 17. Jahrhundert. Es ist eine wunderschöne Barockkirche, völlig aus Holz gebaut, ohne daß ein einziger Nagel eingeschlagen wurde. Der evangelische Pastor läßt auf Wunsch des Bundeskanzlers die alte Orgel kurz erklingen und spricht ein Friedensgebet. Seine Gemeinde besteht nur noch aus 150 Mitgliedern.

Kurz vor Kreisau überholen wir die ersten Menschen, die zu Fuß unterwegs zum Gut sind. Acht- bis zehntausend Menschen, Polen und Deutsche, sind auf dem Hofgeviert vor dem Herrenhaus des Gutes Kreisau versammelt. Auf der Höhe des Herrenhauses, das vor dem völligen Verfall steht, ist, etwas erhöht, ein Freialtar errichtet worden. Besonders freue ich mich, daß die das Geviert umschließenden ehemaligen Gesindehäuser und Stallungen frisch getüncht worden sind. Verschwunden sind die Misthaufen, der tiefe Morast und die zahlreichen Wassertümpel. Die ganze Fläche war seit meiner Vorbesichtigung mit Schotter und Kies aufgefüllt worden. Damit hat sich das Ereignis für die Bewohner schon gelohnt.

Kreisau war von Ministerpräsident Mazowiecki als Alternative zu Annaberg vorgeschlagen worden und hatte sofort die Zustimmung des Bundeskanzlers gefunden. Er hatte allerdings darauf bestanden, daß vorher Bischof Nossol öffentlich seine Einladung zum Annaberg wegen der drohenden Demonstrationen widerruft.

Das heute heruntergekommene Gut des Grafen Moltke in Niederschlesien war während der Nazizeit ein Treffpunkt eines Kreises von Widerständlern gegen Hitler gewesen. Helmut James Graf Moltke war das Haupt des Kreisauer Kreises und wurde nach dem mißlungenen Attentat auf Hitler von dessen Schergen 1945 in Berlin-Plötzensee hingerichtet. Der Bundeskanzler hatte die in USA lebende Witwe persönlich angerufen und zur Teilnahme nach Kreisau eingeladen. Sie hat ihn jedoch gebeten, davon abzusehen. Ihre Sorge war, daß die Polen das mißverstehen könnten, daß die Moltkes wieder zurückkehren wollten. Wenn die Absicht des Bundeskanzlers, aus dem Herrenhaus eine internationale Begegnungsstätte zu machen, durchgeführt sein werde, wäre die Zeit für einen Besuch reif. Sie werde das auch ihrem Sohn empfehlen.

Eine Gasse ist durch die dichtgedrängte Menschenmenge freigehalten worden. Nur wenige Transparente sind zu sehen. Die Parolen halten sich erfreulicherweise in vertretbaren Grenzen. Grüß Gott, rufen mir viele zu, als ich dem Gedränge um den Bundeskanzler vorauseile. Die Gesichter sind alle freundlich und erwartungsfroh. Es sind harte, derbe Gesichter; Gesichter von Bauern, gezeichnet von schwerer Arbeit. Es sind sympathische Gesichter. Die Frauen haben ihre Köpfe in dicke Wolltücher eingehüllt. Es ist schneidend kalt. Ein eiskalter Ost-Wind durchzieht das Gehöft. Ich habe schon lange nicht mehr so gefroren. Hochnebel liegt über dem Gehöft.

Auf dem erhöhten Altar stehen zwei Gebetsstühle für den Bundeskanzler und für Ministerpräsident Mazowiecki. Er ist mit einer eigenen Wagenkolonne angereist und wenige Augenblicke vor uns eingetroffen. Die Fahnen Polens, der Bundesrepublik, der Wojewodschaft und der Kirche umwehen den Altar. Hinter den Gebetsstühlen steht eine eindrucksvolle Statue der heiligen Hedwig.[28] An der Stirnwand des Altars steht in deutscher und polnischer Sprache das Evangelistenwort: »Selig, die Frieden stiften«. Bischof Nossol liest gemeinsam mit dem Weihbischof aus Breslau und dem ortsansässigen Pfarrer die Messe. Das Evangelium ist dem 20. Kapitel des Johannes-Evangelismus, Vers 19–23, entnommen, als Jesus vor die hinter verschlossenen Türen versammelten Jünger trat und zu ihnen sprach: »Friede sei mit euch!« Nossol predigt in deutscher und polnischer Sprache. Er ruft zur Aussöhnung zwischen Deutschen und Polen auf. Seine Predigt ist fast unerträglich lang. Die Kälte treibt Tränen in die Augen.

Lange Fürbitten folgen. Sie werden im Wechsel vom evangelischen Bischof Dr. Binder und vom katholischen Prälaten Dr. Bocklet vorgelesen:

»Laßt uns jetzt Gott bitten, daß er uns zum Werk der Versöhnung Mut und Kraft gibt … laß die Opfer uns mahnen, daß es nie wieder Feindschaft geben darf zwischen unseren Völkern …«

Fürbitten von drei Polen folgen. Zwei Frauen und Männer überreichen dem Bundeskanzler und Ministerpräsident Mazowiecki Brot und Salz; Kinder übergeben Blumen.

Besonders anrührend ist der gemischte polnische Kirchenchor, der trotz der bitteren Kälte unverdrossen singt. Ministerpräsident Mazowiecki wirkt neben dem Bundeskanzler fast zerbrechlich. Er trägt dicke wollene Handschuhe. Beim Friedensgruß tritt der Bundeskanzler auf Ministerpräsident Mazowiecki zu. Vor der Statue der heiligen Hedwig umarmen sie sich. Dieses Bild wird durch die ganze Weltpresse gehen. Die Menschen klatschen Beifall. Wer weiß schon, ob der Griff zum Taschentuch der augenblicklichen Rührung entspricht oder Auswirkung des kalten Windes ist? Aber wer würde sich jetzt seiner Tränen schämen?

Nach fast zwei Stunden endet der Gottesdienst mit dem St. Anna-Lied. Die Menschen umdrängen die beiden Politiker. Sie rufen dem Bundeskanzler zu, er solle wiederkommen und sie nicht vergessen.

Die Reise des Bundeskanzlers hat ihren symbolischen Höhepunkt erreicht. Es war eine große, eine würdige Feier. Man merkt es den Teilnehmern an. Der Eindruck wirkt lange nach. Der Friedensgruß eines deutschen und eines polnischen Regierungschefs an diesen für Deutschen und Polen gleichermaßen historischen Ort sollte über den Tag hinauswirken. Eine zu lange Wegstrecke liegt hinter uns; vor uns das Ziel der Aussöhnung, das noch nicht endgültig erreicht ist. Aber könnte es nicht ein Glücksfall der Geschichte sein, daß die heutige Geste der Versöhnung zwischen Deutschen und Polen fast zeitgleich mit der Öffnung der Mauer zusammenfällt, mit dem Zeitpunkt also, der allen Deutschen wieder eine gemeinsame Zukunft signalisiert? Und dafür war der Weg Polens, die Arbeit von Männern wie Mazowiecki in der »Solidaritätsbewegung« mitentscheidend.

Von Kreisau geht es direkt zum Flughafen Breslau und von dort mit kleinen polnischen Flugzeugen nach Tschenstochau-Rudnicki.[29] Um 14.00 Uhr treffen wir im Pauliner-Kloster

28 Hedwig von Andechs (auch Hedwig von Schlesien, tschechisch Hedvika Slezská, polnisch Jadwiga Śląska; * 1174 in Andechs, Stammesherzogtum Baiern; † 15. Oktober 1243 in Trebnitz bei Breslau) war Herzogin von Schlesien und wird in der römisch-katholischen Kirche als Heilige verehrt.

29 Im Jahr 1973 wurde die Landgemeinde Rudniki errichtet. Bis 1975 zählte diese zum Powiat Wieluński in der Woiwodschaft Łódź. Dann kam sie bis 1998 an der Woiwodschaft Częstochowa (Tschenstochau).

Jasna Gora auf dem Weißen Berg ein. Der Generalvikar Jan Nelaskowski und der Pater General, Rufin Abramek, begrüßen den Bundeskanzler. Gemeinsam mit Ministerpräsident Mazowiecki wird er in die berühmte Kapelle der schwarzen Madonna von Tschenstochau begleitet, wo beide vor dem Madonnenbild knieend eine kurze Andacht verrichten.

Der Ort ähnelt anderen Wallfahrtsorten wie z. B. Altötting in Oberbayern. Die Kapelle ist überreich ausgeschmückt. Zahlreiche Gläubige drängen sich betend und bittend nach vorne.

Nach einem – wie immer in einem Kloster – guten und reichlichen Imbiss im Refektorium fliegen wir nach Warschau zurück. Mein polnischer Kollege Pszon erzählt mir, daß Ministerpräsident Mazowiecki mit dem Verlauf des Gottesdienstes in Kreisau »sehr zufrieden« sei und bemerkt habe, wie der Bundeskanzler »berührt« gewesen sei. In Warschau angekommen, verbleibt dem Bundeskanzler eine knappe Stunde bis zum Gespräch mit Präsident Jaruzelski um 19.00 Uhr im Belvedere-Palast.

Der Präsident empfängt den Bundeskanzler außerordentlich freundlich. Jaruzelski sitzt wie immer kerzengerade in seinem Stuhl. Er trägt die bekannte abgedunkelte Brille. Er vermittelt das Bild eines äußerst disziplinierten, asketischen Mannes. Vor sich hat er einen DIN A4-Block mit ausführlichen handschriftlichen Notizen. Er spricht sehr intensiv. Sein Blick ist nur hin und wieder auf den Bundeskanzler gerichtet. Nur seine Hände, die ständig mit dem Kugelschreiber spielen, verraten eine gewisse Nervosität. Ministerpräsident Mazowiecki und Außenminister Skubizewski nehmen am Gespräch teil.

Der Bundeskanzler bedankt sich für das Verständnis, daß ihn der Präsident angesichts der Verschiebung dieser Begegnung entgegengebracht habe. Er berichtet von Kreisau. »Der Gottesdienst sei keine Sache von Verstand, Politik und Diplomatie, sondern eine Sache des Herzens gewesen«. Staatspräsident Jaruzelski berichtet, daß er die Fernsehübertragung verfolgt habe und »die Gefühle des Bundeskanzlers nachempfinden« könne.

Er freue sich, gerade jetzt mit dem Bundeskanzler sprechen zu können. Zuletzt habe man sich nur bei Beerdigungen gesehen (Generalsekretär Tschernenko; Ministerpräsident Olof Palme). »Heute gebe es eine Geburt«. Er sei überzeugt, daß der Besuch in Europa und weltweit Beachtung finden werde.

Der Bundeskanzler erläutert ausführlich die Entwicklung in der Europäischen Gemeinschaft, die Fortschritte in der Abrüstung, die Auswirkungen der Reformpolitik Gorbatschows. Europa rücke näher zusammen. »Europa braucht Polen, Polen braucht Europa«. Heute gelte es, ein »neues, gutes Kapitel« in den beiderseitigen Beziehungen zwischen Deutschland und Polen zu eröffnen. Ein wichtiges Element dafür sei die Öffnung der Mauer.

Präsident Jaruzelski stimmt zu, daß sich jetzt neue Chancen in Europa eröffnen. Er teile »die Philosophie General de Gaulles vom Europa der Vaterländer«.[30] Polen wolle vom westlichen Europa lernen, »wolle Demokratie einführen«. Wichtig für ihn blieben jedoch »unantastbare Grenzen«.

Während des gemeinsamen Abendessens tauschen der Bundeskanzler und der Präsident Meinungen über den deutschen Widerstand aus. Anschließend wird das Gespräch im De-

30 Nach Meinung des früheren Redenschreibers Gorbatschows, Alexei Puschkow, stand Gorbatschow in der Tradition der Westler, die seit Peter dem Großen Russland in Europa integrieren wollten. Beim ersten Auslandsbesuch Gorbatschows in Frankreich griff er das Wort Charles de Gaulles von einem »Europa vom Atlantik bis zum Ural« und das ihm zugeschriebene Zitat von einem »Europa der Vaterländer« auf.

legationskreis fortgesetzt. Präsident Jaruzelski spricht die psychologischen Probleme in den Beziehungen an. Im Vergleich zu Frankreich gehöre Polen nicht zu den Siegermächten und sei Mitglied eines anderen Bündnisses. Erneut spricht Präsident Jaruzelski das Problem der Grenzen an. Er freue sich, daß der Bundeskanzler nicht daran interessiert sei, die Lage zu destabilisieren. Die DDR habe die polnischen Grenzen anerkannt. Dies sei von grundlegender Bedeutung. Deshalb freue es ihn besonders, daß jetzt auch in der DDR »Relikte des Kalten Krieges und des Eisernen Vorhangs« überwunden werden. »Polen bilde die Vorhut«, was die Entwicklung innerhalb der Warschauer Pakt-Staaten, insbesondere der Sowjetunion, betreffe. Aber es sei ein »riskanter neuer Weg«. Trotz aller Differenzen herrsche bei allen Polen »ein hohes Maß an Einverständnis«. Ministerpräsident Mazowiecki sei nach dem Papst die zweitpopulärste Person in Polen«. Er unterstütze ihn nach Kräften. »Stabilisierend sei die Rolle der Kirche«. Wichtig sei, daß sich das »westdeutsche Großkapital« mehr für die DDR als für Polen interessiere.

Polen sei viele Jahre lang »einsame Insel« gewesen; heute sei die Reformentwicklung allgemein. Der Erfolg der polnischen Reformen sei jedoch »Schlüsselfrage auch der Perestroika in der Sowjetunion«.[31] Der Bundeskanzler erwidert, daß die Regierung von Ministerpräsident Mazowiecki Stabilität verheiße. Jetzt habe man mit den Abmachungen gute Voraussetzungen für die Zusammenarbeit geschaffen. Ausführlich erläutert der Bundeskanzler seine Position zur Grenzfrage. Sie hänge mit der deutschen Frage insgesamt zusammen. Sehr ernst, sehr eindringlich ist der Bundeskanzler bemüht, Vertrauen aufzubauen und seine Aufrichtigkeit zu unterstreichen.

Präsident Jaruzelski dankt ihm für seine »Offenheit und Klarheit«. Vertrauen sei der »Schlüssel für die Überwindung von Jahrzehnten von Feindbildern«. Für Europa und für die Bundesrepublik sei eine stabile Entwicklung Polens wichtig. Seit 1945 hätten sie zum erstenmal eine Situation, »in der die Beziehungen zum Osten wie zum Westen gleich gut seien«. Das könne man nicht hoch genug einschätzen. Er bewundere die »Energie und Dynamik« des Bundeskanzlers und sei überzeugt, daß der Bundeskanzler seinem Land und dem deutsch-polnischen Verhältnis weiter gute Dienste leisten werde.

Nach 2 ½ Stunden endet das Gespräch, das erstaunlich freundlich verlief. Bei der Verabschiedung drückt mir der Präsident sehr lange die Hand und bedankt sich für meine Arbeit. Ohne sie wäre der Besuch des Bundeskanzlers nicht zustande gekommen. Er ist der erste Pole, der sich bei mir bedankt.

31 Seit Amtsantritt Michail Gorbatschows als KPdSU-Generalsekretär ab 11. März 1985 ergab sich die Notwendigkeit eines Aufbrechens des Systems der Zentralverwaltungswirtschaft, verbunden mit einer weitgehenden Demokratisierung auch des politischen Systems, weil sich der Staat in einer angespannten wirtschaftlichen Lage befand. Unter dem Begriff »Glasnost« (Offenheit, Transparenz), der die Forderung nach mehr Meinungs- und Pressefreiheit beinhaltete, sollte dieser Vorgang vorangetrieben werden. Die notwendige Umgestaltung wurde in dem Wort »Perestroika« (Umbau, Umgestaltung) zusammengefasst. Speziell auf wirtschaftlichem Gebiet bedeutete dies, dass ab 1987 Betriebe selbständig Entscheidungen treffen durften. Widerstände ergaben sich aus dem Beharrungsvermögen durch politische Eliten und wirtschaftliche Funktionäre, aus der noch starken Position der KPdSU als alleiniger Partei, so dass in der russischen Bevölkerung z. T. Orientierungslosigkeit und Unsicherheit über die weitere Entwicklung herrschte und durch die Inanspruchnahme von versprochenen demokratischen Freiheiten in einzelnen Sowjetrepubliken entsprechende Autonomiebestrebungen einsetzten.

Montag, 13. November 1989

Millionen von DDR-Bürgern nutzen das erste Wochenende nach der Öffnung der Grenzen für einen Kurzbesuch im Westen. Ackermann meldet, daß die deutsche Presse erneut in großen Aufmachungen berichtet.

Wieder erwartet uns eine dreistündige Bus-Reise nach Lublin. Der Bundeskanzler ist Gast der katholischen Universität. Sie ist 1918 gegründet worden und war nach dem 2. Weltkrieg die einzige freie Universität innerhalb des gesamten Warschauer Paktes.

Um 10.00 Uhr beginnt der feierliche Festakt mit der Verleihung der Ehrendoktorwürde an den Bundeskanzler. Es ist nicht das erstemal, daß ich an einer solchen Zeremonie teilnehme, aber es ist die bisher würdevollste. Selbstverständlich ist die Verleihungsurkunde in Lateinisch verfaßt und wird auch so verlesen. Ein hervorragender Universitätschor umrahmt die Feier, die mit dem alten Studentenlied »Gaudeamus igitur« endet. Der Bundeskanzler singt begeistert mit.

Zur Begrüßung würdigt der Rektor der Universität, Stanislaw Wielgus, den Bundeskanzler als »einen der bedeutendsten zeitgenössischen Staatsmänner, Förderer und Schöpfer vieler für Europa und die Welt wichtiger Initiativen auf dem Gebiet der Politik, der Wirtschaft und des Sozialen«. Er weist daraufhin, daß Deutsche und Polen seit über tausend Jahren gemeinsam, »trotz einer schwierigen Historie, ein großes europäisches Erbe« geschaffen hätten. Die katholische Universität Lublin sei eng mit der deutschen Kultur und mit bedeutenden Zentren deutscher Wissenschaft verbunden.

Der Bundeskanzler erhalte die höchste akademische Auszeichnung auch in Anerkennung »Ihrer Person und Ihrer Leistungen, aber auch Ihres Landes, mit dem wir so freundschaftlich verbunden sind und das uns Polen in den letzten Jahren – ganz speziell während des Kriegszustandes – große humanitäre Hilfe geleistet hat«. Die Laudatio auf den Bundeskanzler hält in deutscher Sprache Professor Dr. Joachim Kondziela als Dekan der Fakultät für Sozialwissenschaften. Er nennt drei Gründe, die für die Verleihung der Ehrendoktorwürde entscheidend waren:

1. Die Politik aus christlicher Verantwortung, die Helmut Kohl kennzeichnet.
2. Seine Bemühungen um die Aussöhnung und Verständigung mit den Völkern, mit denen Deutschland besonders während des 2. Weltkrieges verfeindet war, insbesondere sein Bemühen um die Aussöhnung und Verständigung mit Polen.
3. Sein Engagement für den Aufbau eines neuen vereinigten Europas.

Anhand von zahlreichen Zitaten aus Reden und Aufsätzen des Bundeskanzlers erläutert Professor Kondziela jedes einzelne dieser drei Kriterien. Ausführlich zitiert er Aussagen des Bundeskanzlers zur Oder-Neiße-Grenze und würdigt die Entschließung des Deutschen Bundestages vom 8. November. Dann stellt er unmißverständlich fest: »Die Grenzfrage ist für uns eine Existenzfrage. Wenn man uns sichere Westgrenzen garantiert, stärkt man zugleich unsere Selbstbestimmung, Souveränität und unsere sich im Aufbau befindende Demokratie«. Im Auditorium klingt nach diesen Sätzen spontaner Beifall auf; ein zweitesmal, als er »die Hilfsbereitschaft der deutschen Bevölkerung in den achtziger Jahren« als »unvergeßlich« bezeichnet.

Die »Grenzfrage« begleitet uns in Polen auf Schritt und Tritt, wo und mit wem man auch immer zusammentrifft. »Aussöhnung« zwischen Deutschen und Polen wird so lange nicht möglich sein, so lange dieser große Felsbrocken den Weg zueinander versperrt. Der ständige Verweis auf die Rechtslage reicht nicht aus, auch nicht der unermüdliche Versuch des Bundeskanzlers, um persönliches Vertrauen zu werben. Die Polen fühlen, daß er es ehrlich meint. Aber warum sagt er dann nicht das für sie erlösende Wort?

In seiner Dankesrede sagt der Bundeskanzler selbst noch einmal, daß er sich »sehr persönlich verpflichtet fühlt, zur Aussöhnung unserer Völker beizutragen«.

Beifall erhält der Bundeskanzler immer, wenn er Polen als unverzichtbaren Teil Europas herausstellt und es einlädt, »das Europa von morgen mitzugestalten«. »Warum soll das, was zwischen jungen Deutschen und jungen Franzosen heute möglich, ja selbstverständlich ist, nicht auch bald zwischen jungen Polen und Deutschen möglich sein?«

Hunderte von polnischen Studenten säumen den Weg des Bundeskanzlers zum Bus, winken, klatschen und reichen dem Bundeskanzler ihre Hände zum Abschied.

Es geht die gleiche Strecke zurück nach Warschau. Nach einer kurzen Erholungspause führt der Bundeskanzler im Sejm zwei halbstündige Höflichkeitsgespräche mit Sejm-Marshall Kozakiewicz und mit dem Senatsmarschall Stelmachowski, um dann um 17.30 Uhr mit rund 40 Abgeordneten des Sejm und des Senates zu einer Aussprache zusammenzutreffen.

Der Bundeskanzler eröffnet das Gespräch mit zwei Kernaussagen, die er fast gebetsmühlenartig wiederholt, aber ihm sofort Wohlwollen einbringen: »Europa und Deutschland brauchen Polen, und Polen braucht Deutschland und Europa. Und die Reformen in der DDR werden jetzt nur möglich, weil 1980/81 die »Solidaritäts-Bewegung« in Polen und die Veränderungen in Ungarn vorausgegangen sind. Scheitert die Reformpolitik in Polen, wird sie auch in der DDR scheitern«. Zwei Themen stehen selbstverständlich wieder im Vordergrund der Diskussion: die Grenzfrage und die Möglichkeiten wirtschaftlich-finanzieller Zusammenarbeit.

Viele Abgeordnete äußern sich sehr bewegt über den Friedensgruß, den der Bundeskanzler und Ministerpräsident Mazowiecki in Kreisau ausgetauscht haben. Der Gottesdienst war im deutschen und polnischen Fernsehen direkt übertragen worden. Sie stünden »alle unter diesem Eindruck« sagt ein Abgeordneter. Ein anderer geht sogar soweit zu erklären, daß »bei diesem Zeichen (des Friedensgrußes) das Problem der Grenzen verschwindet«. Doch er erhält von seinen Kollegen nicht nur Zustimmung. Doch wie recht hätte er, wenn die am Gottesdienst Beteiligten diesen Versöhnungsakt über die symbolische Geste hinaus ernst nehmen würden. Ich bin sicher, daß der Bundeskanzler so handeln wird.

Rund tausend polnische Gäste – Politiker, Wissenschaftler, Künstler, Journalisten, kirchliche Vertreter und andere mehr – sind abends zum Empfang des Bundeskanzlers zu Ehren von Ministerpräsident Mazowiecki erschienen. Präsident Jaruzelski hat sich beim Bundeskanzler schriftlich entschuldigt. »Persönliche Verpflichtungen« machen es ihm unmöglich zu erscheinen. Er gibt noch einmal seiner »tiefen Befriedigung« über das gestrige Gespräch Ausdruck sowie über das vom Bundeskanzler »entworfene ehrgeizige Programm der Entwicklung unserer gegenseitigen Beziehungen«. Er »sei zutiefst davon überzeugt«, daß der Besuch des Bundeskanzlers »in Kürze einen für unsere beiden Gesellschaften spürbaren Durchbruch im Prozeß der Verständigung zwischen unseren beiden Staaten bringen wird«. Er sei sich sicher, daß er »in nicht allzu ferner Zukunft zur Aussöhnung zwischen Polen und Deutschen aus der Bundesrepublik: führen wird«. Das Gespräch mit dem Bundeskanzler werde er als ein »außerordentlich offenes Gespräch in Erinnerung behalten«. Es sei »vom Geiste und vom Willen gekennzeichnet« gewesen, eine »dauerhafte Verständigung zwischen der Volksrepublik: Polen und der Bundesrepublik Deutschlands zustande zu bringen«.

Ein Dokument über ein Gespräch, dessen Erfolg keineswegs zu erwarten war. Aber es ist dem Bundeskanzler wieder einmal gelungen, im persönlichen Gespräch zu überzeugen und Vertrauen zu gewinnen. Ich halte das deshalb für bemerkenswert, weil Jaruzelski, obwohl für die Einführung des Kriegsrechts 1981 in Polen verantwortlich, nicht nur großen Respekt in Polen genießt, sondern selbst Premierminister Thatcher und Präsident Bush in Gespräche beeindruckt hat, wie sie gegenüber dem Bundeskanzler berichtet hatten. Jaruzelski versteht sich – und wird so verstanden – als polnischer Patriot.

Der Bundeskanzler begrüßt die Gäste. Er erinnert an seinen eigenen Lebensweg, der ihn den Krieg im Alter von 9 bis 15 Jahre miterleben ließ. Sein Bruder ist gefallen. So gehöre er einer Politikergeneration an, die gesagt habe: »Das, was geschehen ist, darf sich nie wiederholen«. Dieser Grundsatz sei »zum großen Thema meines politischen Lebens geworden«. Als er die Gesichter der jungen Studenten in Lublin gesehen habe, habe er daran gedacht, wie wichtig es sei, in einer Stunde der Weltpolitik, in der alle Strukturen zerbrechen, ein »Werk des Friedens zu tun«. Heute habe er erfahren, daß am kommenden Samstag in Paris die 12 EG-Staats- und Regierungschefs in Paris[32] zu einem Sondertreffen zusammenkommen werden. Er werde diese Chance nutzen, über Polen zu berichten und darüber, daß in dieses Europa des Aufbruchs Polen dazugehöre.

In seiner Antwort erinnert Mazowiecki noch einmal an Kreisau. »Polen und solche deutscher Abstammung« hätten sich gut verstanden. Der Bundeskanzler und er hätten »alle schwierigen Probleme des Zusammenlebens zur schwarzen Madonna nach Tschenstochau gebracht«, wie das Polen täten. Das gegenseitige Verständnis sei größer geworden. Die Abkommen müßten jetzt mit Leben etfüllt werden. Jetzt sei der Zeitpunkt gekommen, Polen »mutig zu helfen«. Vor allem müsse die »Verschuldungsschlinge total abgeschafft«[33]

32 Am 18. November 1989 trafen sich die Staats- und Regierungschefs der EG in Paris zu einem Sondergipfel, um sich über die jüngsten Entwicklungen der Lage Europas auszutauschen. Niemand sprach während des Dinners die Frage der deutschen Einigung an – auch Kohl nicht. Ausführlich berichtete er über die Lage in der DDR und den übrigen sozialistischen Staaten. Angesichts der dort drohenden Versorgungsengpässe plädierte er für rasche Wirtschaftshilfe für Polen, Ungarn und die DDR. Kohl erklärte die Freiheit zum Kern der deutschen Frage. Wissend ob der Vorbehalte gegen eine deutsche Einigung, betonte er, dass das Selbstbestimmungsrecht der Völker nicht eingeschränkt werden dürfe. Die Menschen in der DDR müssten sich frei entscheiden können. Ihre Entscheidung sei zu respektieren. Beim Nachtisch äußerte die britische Premierministerin Thatcher ihren Unmut. Demonstrativ reagierte sie auf Kohls Hinweis, wonach Großbritannien 1970 einer Erklärung im Rahmen der NATO zur deutschen Einheit zugestimmt habe. Thatcher wollte davon jetzt nichts mehr wissen. Diese stamme aus einer Zeit, in der man davon ausgegangen sei, die deutsche Wiedervereinigung fände ohnedies nicht mehr statt. Mitterrand teilte auf der Pressekonferenz mit: »Wir sind bereit, überall mit sämtlichen zur Verfügung stehenden Mitteln beim Aufbau einer gesünderen Wirtschaft zu helfen, wo eine überprüfbare Rückkehr zur Demokratie stattfindet, die Menschenrechte respektiert und freie und geheime Wahlen angesetzt werden.« Die Frage eines Journalisten, ob während des Essens über die Einigung Deutschlands gesprochen worden sei, verneinte Mitterrand, https://www.bundesregierung.de/breg-de/themen/deutsche-einheit/eg-sondertreffen-in-paris-403766 (Abruf 31.1.2024).

33 Als Polens Premier Tadeusz Mazowiecki sein Regierungsprogramm am 13. September 1989 im Parlament vorstellte, berichtete er über eine gigantische Staatsverschuldung, eine galoppierende Inflation und den Einbruch der Industrieproduktion, die die polnische Volkswirtschaft an den Rand des Ruins geführt hätten. Auf Basis eines Konzepts des Finanzministers Leszek Balcerowicz gelang es, die horrende Inflation und Staatsverschuldung zu bremsen sowie Grundlagen für eine liberale und soziale Marktwirtschaft zu legen. Sein Konzept der »Schocktherapie« entwickelte Balcerowicz noch im Oktober 1989; Nachbetrachtungen, S. 833; siehe das Foto auf S. 444.

werden. An den Bundeskanzler gewandt, schließt er seine kurze Antwort mit den Worten: »Wir haben einen Freund für unser Land gewonnen«.

Das waren gute Worte. Als ich jedoch um 22.00 Uhr im Pressezentrum des Mariott-Hotels den Journalisten ein Pressebriefing über den Inhalt der »Gemeinsamen Erklärung« gebe, die morgen mittag vom Bundeskanzler und von Ministerpräsident Mazowiecki unterzeichnet werden soll, ist von dieser versöhnlichen und freundschaftlichen Stimmung zwischen den polnischen Gesprächspartnern und dem Bundeskanzler und seiner Delegation nichts zu spüren. Die Fragen vor allem der Vertreter von ZEIT, SPIEGEL, STERN und Süddeutsche Zeitung, konzentrieren sich ausschließlich auf die Oder-Neiße-Grenze. Warum sei die Bundestags-Entschließung nicht in die »Erklärung« aufgenommen worden, wie die Polen es gewünscht hätten? Warum sei der Bundeskanzler nicht bereit, in seinen Aussagen so weit als Außenminister Genscher zu gehen? Viele Fragen – meine Antworten sollen die Aussagen des Bundeskanzlers erläutern. An diesem Abend empfinde ich manche Fragesteller als Interessenvertreter der Polen und nicht der Deutschen. Aber das ist mir bei Auslandsbesuchen häufig aufgefallen. Doch heute deprimiert es mich, weil ich die Gefahr sehe, daß der Besuchserfolg des Bundeskanzlers, wie er in allen Reden der polnischen Partner zum Ausdruck kam, in großen Teilen der deutschen Presse ohne Nachhall bleiben wird. Und das wird am Ende den schwierigen deutsch-polnischen Beziehungen auch nicht nutzen. Angeblich geht es aber den Fragestellern vor allem darum?

Es ist Mitternacht, als ich ins Gästehaus zurückkehre.

Heute ist Hans Modrow zum Ministerpräsidenten der DDR gewählt worden. Er gilt als »Reformer«.

Dienstag, 14. November 1989

Um 4.30 Uhr ist das Frühstück angesetzt. Da ich nicht erscheine, ruft mich Juliane Weber glücklicherweise an. So erreiche ich noch pünktlich die Buskolonne, die um 5.00 Uhr morgens Warschau verläßt. Erneut verhindert Nebel den Flug, diesmal nach Krakau. So geht es vier Stunden mit dem Bus direkt zum ehemaligen Konzentrationslager Auschwitz.[34] Ich weiß, daß es heute für den Bundeskanzler der schwierigste Tag seines Besuches in Polen sein wird.

Die Schwärze der Nacht, das trübe Licht der Warschauer Stadtbeleuchtung, die neblige feuchte Kälte, der beißende Wind – sie geben eine Vorahnung für das, was uns erwartet. Im Bus herrscht Stille. Jeder vermeidet laute Worte. Hunderte von Journalisten werden heute jedes Wort, jede Geste, jeden Schritt des Bundeskanzlers mit der Lupe verfolgen, analysieren, bewerten, um sein Innerstes nach außen zu kehren und der Öffentlichkeit mitzuteilen. Welch' eine Belastung für einen Menschen an einem solchen Ort, an dem man heulen möchte, laut schreien möchte, ob des Wahnsinns, der dort von Menschen an Menschen, von Deutschen an Millionen Juden, Polen, Deutschen und vielen anderen Nationen verbrochen wurde! An einem solchen Ort möchte man, müßte man alleine sein, um mit all den schrecklichen Eindrücken, mit seinen Gefühlen, mit sich selbst fertig zu werden, um in sich selbst hineinhorchen zu können, sich selbst zu befragen, was das alles für einen selbst, für das eigene Leben, für die eigene Arbeit bedeutet. An welchem Ort, wenn nicht

34 Siehe Anmerkung 27, S. 109.

hier, muß ein Mensch innehalten, um einmal bewußt zu werden, was »Menschsein« heißt und zu was Menschen alles fähig sein können.

Wer durch das Tor mit der Aufschrift »Arbeit macht frei« schreitet, schreitet durch das Tor der Hölle. Der Block 4: die Sammlung von Menschenhaaren, die Verarbeitung von Menschenhaut, die Giftdosen Zyklon B, die Bilder des Schreckens verursachen Alpträume schlimmster Art.

Schweigend durchmißt der Bundeskanzler die Ausstellungsräume des Grauens. Schweigend hört er den wenigen Erläuterungen des Begleiters zu, der ihn führt. An der Mauer des Todes legt er ein Blumengebinde nieder. Er verharrt im Gebet. Sehr einsam wirkt er in diesem Augenblick. Klagend ertönt der Gesang des Landesrabbiners Menachem Joczkowicz. Im Block 11 steigt der Bundeskanzler in die Todeszelle von Maximilian Kolbe hinab, der sich für eine jüdische Familie geopfert hat Der Raum ist ohne Fensteröffnung. Frau Erb, Bischof Binder, Prälat Bocklet, Abt Kurceja von Maria Lach und Heinz Galinski begleiten ihn. Sie beten.

Der Weg führt an den »Stehzellen« vorbei, wo 4 Menschen jeweils auf einen Raum von 60 cm × 60 cm zusammengepfercht wurden. Die Schritte beschleunigen sich. An den zahlreichen Baracken vorbei geht es zum Krematorium, eine Ausgeburt von teuflischen Gehirnen, für die es kein Beispiel gibt. Es folgt das Vernichtungslager Birkenau mit der berüchtigten Selektionsrampe. Vor die Augen treten die ausgemergelten Menschen in gestreifter KZ-Kleidung, die von Bildern und Filmen in der Erinnerung haften geblieben sind. Der aschfahle Novembertag, der naßkalte Wind, der durch die Kleider dringt, weckt die Vorstellung von stundenlangen Zählappellen, denen sich die Häftlinge unterziehen mußten. Grauen über Grauen, Entsetzen über Entsetzen. Hier wurden Menschen erschlagen, vergast, zu Tode gequält, verbrannt. Der Tod ist anwesend. Jeder Zentimeter des Bodens spricht von Tod. Bis zu 60.000 Menschen starben hier pro Tag, Alte und Junge, Frauen und Kinder. Welch' ein Ort! Der Rabbiner singt das Kaddisch, die jüdische Totenklage. Der Worte genug. Der Bundeskanzler verzichtet auf jede Ansprache. Er überläßt Heinz Galinski, ehemaliger Häftling in Auschwitz und dem Rabbiner, was zu sagen ist.

In das Besucherbuch der KZ-Gedenkstätte schreibt der Bundeskanzler:

»Die Mahnung dieses Ortes darf nicht vergessen werden. Den Angehörigen vieler Völker – insbesondere den europäischen Juden – wurde hier im deutschen Namen unsagbares Leid zugefügt. Hier geloben wir erneut, alles zu tun, damit das Leben, die Würde, das Recht und die Freiheit jedes Menschen, zu welchem Gott er sich auch bekennt, welchem Volke er auch angehört oder welcher Abstammung er ist, auf dieser Erde unverletzt bleiben«.

Im Bus unterhält sich der Bundeskanzler lange mit Heinz Galinski. Er hatte sich bei Journalisten und bei mir beklagt, daß ihn der Bundeskanzler »schneide«. Er rede mit ihm kein Wort und behandle ihn als »Störenfried«. Er sei »wohl überempfindlich«, aber er habe dazu das Recht, er sei Häftling in Auschwitz gewesen. Jetzt sprechen sie zusammen und manches renkt sich wieder ein. Es hatte schon im Flugzeug von Bonn nach Warschau begonnen. Der Bundeskanzler hatte alle Gäste mit Handschlag begrüßt, auch Galinski, aber dann hat er sich lange mit Bischof Binder von der EKD und mit Prälat Bocklet vom Katholischen Büro unterhalten, die er aus Bonn sehr gut kennt, aber nicht mit Galinski. Empfindlich ist er schon, der Galinski.

Von Krakau geht es mit dem Flugzeug zurück nach Warschau. Der Nebel hat sich gelichtet. Nach einem kurzen Mittagessen im kleinsten Kreis im Gästehaus findet um 13.15 Uhr im Haus des Ministerrats das Abschlußgespräch des Bundeskanzlers mit Ministerpräsi-

Gemeinsames Anstoßen mit polnischen Politikern beim Besuch in Warschau, 9.–14. November 1989, v. l. n. r. Helmut Kohl, Horst Teltschik, Außenminister Krzystof Skubizewski und Ministerpräsident Tadeusz Mazowiecki beim Anstoßen

dent Mazowiecki statt. Die Atmosphäre ist ausgesprochen entspannt, herzlich und von persönlichem Wohlwollen geprägt. Der Bundeskanzler hat zum Abschluß ein zwangloses Gespräch erwartet, aber Ministerpräsident Mazowiecki geht eine Vorlage zielstrebig Punkt für Punkt durch.

Die letzte Ergänzung zur »Gemeinsamen Erklärung« erfolgt – ein Satz zur Gentechnik. Erneut spricht Ministerpräsident Mazowiecki die Grenzfrage an und die damit verbundenen »Sensibilitäten« in Polen. »Hier mache in der Tat der Ton die Musik.« Der Bundeskanzler gibt zu, daß das »Verwundetsein« bei den Polen größer sei. »Aber auch bei uns brauchen Entwicklungen Zeit«. Leider werde die Frage zum innenpolitischen Thema gemacht, sonst wäre manches einfacher. Er bitte deshalb »um Geduld«. Wichtig seien jetzt nicht Worte, sondern Taten, die ein neues Klima entstehen lassen.

Wiedergutmachung für die polnischen Werksarbeiter ist das nächste Thema. Der Bundeskanzler ist bereit, über Lösungen nachzudenken, verweist aber auf die rechtlichen Probleme.

Schlag auf Schlag geht es weiter: Kredite des Internationalen Währungsfonds; Probleme der Umschuldung im Pariser Club[35]; Hermes-Bürgschaften; Werkvertragsarbeitnehmer;

35 Der französische Finanzminister Pierre Pflimlin hatte 1956 seinen argentinischen Amtskollegen zu einem Gespräch nach Paris eingeladen, bei dem Argentinien seine Schuldenlage mit allen Gläubigerstaaten besprechen wollte. Diese Praxis stieß bei den Beteiligten auf große Zustimmung und die Vorgehensweise wurde auf weitere Länder ausgedehnt. Daraus entstand der Pariser Club (frz. Club de Paris, engl. Paris

Aufhebung der Sichtvermerke und des Zwangsumtausches; polnischer Sprachunterricht in der Bundesrepublik; Ostsee-Umwelt-Konferenz; Einrichtung von Sozialattaches. Nach einer Stunde endet das Gespräch. Die Bilanz: Es bleibt schwierig. Wünsche, Erwartungen werden an uns gerichtet, Hilfen erwartet, nachdem gerade ein großes Paket mühsam genug zustande gebracht worden ist. Verständlich ist alles, doch auch der Bundeskanzler hat seine eigene Öffentlichkeit, seine politischen, rechtlichen und finanziellen Grenzen.

Unmittelbar danach unterzeichnen der Bundeskanzler und Ministerpräsident Mazowiecki die »Gemeinsame Erklärung« – nach dem Wunsch Mazowieckis als »krönenden Höhepunkt«. Ein Glas Sekt beschließt die Zerermonie. Mieczysław Pszon und ich werden vom Bundeskanzler nach vorne geholt und dürfen mit ihm und Ministerpräsident Mazowiecki anstoßen. Unsere Arbeit ist getan. Ich bin stolz auf dieses Dokument, vor allem darauf, daß es gelungen ist, die »kulturellen Rechte für die Deutschen« zu verankern, die in Polen leben. Endlich kann ihre Diskriminierung ein Ende finden. 40 Jahre lang haben sie darauf warten müssen. Jetzt ist der Durchbruch erreicht.

Wichtige Einzelregelungen über das Lernen der deutschen Sprache in den Schulen, Ausbildung von Lehrkräften, über Lehrmittel, Publikationen, deutsche Vereinigungen, deutsche Büchereien konnten vereinbart werden. Geradezu grotesk ist es allerdings, daß es nicht möglich war, die »Bitte« an die Kirche aufzunehmen, Gottesdienste in deutscher Sprache in Polen zu ermöglichen, »wo dies erwünscht sei«. Die katholische Kirche in Polen hat das strikt abgelehnt, und die Regierung hat nachgegeben.

Die »Erklärung« kann jedoch nur ein Erfolg werden, wenn sie von beiden Regierungen, aber noch mehr von den Menschen selbst in beiden Ländern mit Phantasie und Tatkraft genutzt wird. Das gilt vor allem für den vereinbarten Jugendaustausch.

Gemeinsame Abschlußpressekonferenz um 14.30 Uhr. Der Bundeskanzler faßt noch einmal die Ergebnisse zusammen und erläutert die Zusagen der Bundesregierung an Polen. Besonders würdigt er die »Gemeinsame Erklärung« als »ein Dokument zur umfassenden Regelung unserer Beziehungen auf allen Gebieten, wie wir es in dieser Form noch mit keinem anderen Land abgeschlossen haben«. Es sei ein »Kursbuch der deutsch-polnischen Zusammenarbeit an der Schwelle zum neuen Jahrtausend«. Abschließend lädt er Ministerpräsident Mazowiecki zum Gegenbesuch nach Bonn ein.

Ministerpräsident Mazowiecki äußert sich auf Fragen der Journalisten zur Wiedervereinigung. Alle Völker hätten das Recht, ihr Schicksal selbst zu bestimmen, doch die deutsche Einheit stehe heute nicht auf der Tagesordnung. Es müßten die Probleme der Nachbarn und die Rechte der vier Mächte berücksichtigt werden. »Mit aller Ruhe« müsse man jetzt die »wichtigen Veränderungen in der DDR« beobachten. Sie seien für die Stabilität ganz Europas entscheidend.

Als letzter Programmpunkt steht ein Gespräch des Bundeskanzlers mit Vertretern der deutschen Freundeskreise in Polen auf der Tagesordnung. Eine Stunde lang tragen sie dem Bundeskanzler ihre Wünsche, Sorgen und Nöte vor. Sie sind selig über ein gemeinsames

Club) als informelles Gremium, in dem staatliche Gläubiger mit einem in Zahlungsschwierigkeiten geratenen Schuldnerland zwecks Umschuldungsverhandlungen oder Schuldenerlass zusammentreffen. Der Club vermittelt zwischen Geberländern und den Ländern, die Probleme mit der Rückzahlung von öffentlichen Krediten oder Entwicklungshilfedarlehen haben oder aufgrund von Zahlungsverzügen bei Projekten mit Exportkreditversicherungen zu Schuldnern des jeweiligen Staates wurden. Seither hat der Klub samt einer kleinen Organisation seinen »Sitz« im Schatzamt des französischen Finanzministeriums.

Pressekonferenz anlässlich des Polen-Besuchs in Warschau, 14. November 1989, v. l. n. r.:
Horst Teltschik – Hans (Johnny) Klein – Helmut Kohl – Tadeusz Mazowiecki – unbekannt

Photo mit dem Bundeskanzler. Das Gespräch mit diesen Menschen ist herzlich. Sie sind dankbar für jedes Wort, für jede Geste des Bundeskanzlers. Würden sie nicht ständig von »bundesdeutschen Oberschlesiern« aufgestachelt werden, wäre vieles einfacher.

Noch ein kurzes Gespräch des Bundeskanzlers mit den Angehörigen der Deutschen Botschaft, die in der Vorbereitung und Durchführung des Besuches harte Arbeit und viele Überstunden leisten mußten. Der Bundeskanzler dankt ihnen und dem Botschafter Knackstedt für ihre großartige Unterstützung.

Dann endlich, um 18.00 Uhr, fahren der Bundeskanzler und Ministerpräsident Mazowiecki gemeinsam zum Flughafen. Um 19.15 Uhr fliegen wir nach Bonn zurück. Ein langer, ein schwieriger, ein wichtiger Besuch liegt hinter uns. Nach unserer Einschätzung – und nach der der polnischen Partner – war es ein erfolgreicher Besuch.

Doch der Tag ist noch nicht zu Ende. Eine Stunde nach Ankunft in Bonn führt der Bundeskanzler mit Bundesminister Seiters, Innenminister Schäuble und Generalsekretär Volker Rühe eine fast zweistündige Besprechung. Seiters berichtet dem Bundeskanzler über seine Vorbereitungen für das Gespräch mit Generalsekretär Krenz am Montag in Ost-Berlin. Sie schließen vier Bereiche ein: das Reisegesetz der DDR; umfassende wirtschaftliche Hilfe; Infrastrukturmaßnahmen, einschließlich Umweltschutz und die medizinische Versorgung der DDR. Die Bedingung an die DDR-Führung sei, »einen Kalender für politische und wirtschaftliche Reformen« vorzulegen. Einigkeit besteht darin, daß ein solcher Kalender der Preis sein muß, den die DDR für »Investitionen in die Zukunft«, die die Bundesrepublik in der DDR erbringt, leisten muß. Müde, aber zufrieden, gehen wir auseinander. Polen liegt bereits hinter uns.

Mittwoch, 15. November 1989

In der deutschen Presse spiegelt sich heute der Besuch des Bundeskanzlers in Polen wider, wobei Auschwitz und Birkenau im Vordergrund stehen. Insgesamt wird die Reise des Bundeskanzlers in den Tageszeitungen positiv bewertet. So heißt es in dem Kommentar des liberalen »Kölner Stadt-Anzeigers« unter dem Titel »Ein Erfolg« aus meiner Sicht sehr zutreffend:

»Helmut Kohl hat die wohl schwierigste Reise seiner Amtszeit hinter sich. Und er hat den Polen-Besuch, den ersten eines Bundeskanzlers seit zwölf Jahren, gemeistert. Zwar nicht mit Bravour – dem standen die Belastungen der Vergangenheit, die widrigen Umstände der Reise und die Vielzahl der ungelösten Probleme entgegen. Doch muß es Kohl auf der Habenseite seiner Politik angerechnet werden, daß er in den deutsch-polnischen Beziehungen endlich ein Kapitel aufgeschlagen hat, das erfolgversprechend in die Zukunft weist.«

Unser Botschafter in Moskau, Blech, berichtet heute über die gestrigen Gespräche des französischen Außenministers Roland Dumas mit Generalsekretär Gorbatschow und mit Außenminister Schewardnadse, in denen auch über die »deutsche Frage« gesprochen worden sei. Im wesentlichen sei von sowjetischer Seite auf die Einhaltung der bestehenden Verträge, auf die »Unveränderbarkeit« der Grenzen und auf die Rechte und Verantwortlichkeiten der Vier Mächte hingewiesen worden. Viel auffallender war dagegen ein Kommentar in der »Prawda«[36] vom gleichen Tag, der die unmißverständliche Warnung enthielt, den Status quo in Europa verändern zu wollen. »Hitzköpfe beginnen bereits Lärm um die sogenannte deutsche Frage« zu machen. Es liege auf der Hand, wem ein Chaos diene, das durch ein unbedachtes Spiel mit dem Schicksal Europas ausgelöst würde. Der Autor W. Korionow warnt ausdrücklich davor, die Schwächeperiode der sozialistischen Länder auszunutzen. Dieser Ton in der offiziellen Parteizeitung unterscheidet sich deutlich von dem Gorbatschows.

In meiner Abteilung bereiten wir die morgige Regierungserklärung des Bundeskanzlers zu seiner Polen-Reise und über die Ereignisse in der DDR vor. Mit Professor Dr. Karl-Heinz Hornhues, dem stellvertretenden Fraktionsvorsitzenden der CDU/CSU für Außenpolitik, spreche ich ab, daß die Koalitionsfraktionen der CDU/CSU und FDP morgen gemeinsam einen Entschließungsantrag im Bundestag einbringen sollen, in dem sie die »Gemeinsame Erklärung« von Warschau begrüßen und unterstützen. Das werte die »Erklärung« weiter auf und wäre in dieser Deutschland-politischen Situation eine wichtige politische Geste gegenüber Polen.

Kurze Zeit später ruft mich der Erste Parlamentarische Geschäftsführer der CDU/CSU-Bundestags-Fraktion, Friedrich Bohl, an. Wolfgang Mischnick, Fraktionsvorsitzender der

36 *Prawda* (dt.: Wahrheit, auch Gerechtigkeit), russische Tageszeitung, erstmals am 5. Mai 1912 (greg.) auf Initiative von Wladimir I. Lenin in Sankt Petersburg erschienen; 1908 hatte Leo Trotzki schon eine gleichnamige Zeitung in Wien gegründet. Redaktionsleiter der *Prawda* war Wjatscheslaw Skrjabin (Pseudonym: Molotow), ein 22jähriger Student, und der Adressatenkreis die »Arbeiterklasse«. Der Kampf des Blattes richtete sich gegen das bestehende »System« und den Reformismus. Im Zarenreich litt die *Prawda* unter staatlicher Zensur. Zwischen 1918 und 1991 war sie das Zentralorgan der KPdSU und erschien in Moskau, anfangs geleitet von Lenin. Vorläufer der *Prawda* war die Wochenzeitung *Swesda* (dt.: Stern), die ab dem 29. Dezember 1910 illegal herausgegeben worden war.

FDP, habe Bedenken gegen eine solche Entschließung erhoben. Ich rate Bohl, sich mit der SPD-Fraktion abzustimmen. Diese werde sicher nicht dagegen sein, weil es als Affront gegen die Polen verstanden werden könne. So ist es dann auch. Der Parlamentarische Geschäftsführer der SPD-Fraktion, Gerhard Jahn, und der stellvertretende Fraktionsvorsitzende, Professor Dr. Horst Ehmke, stimmen zu.

Um 10.00 Uhr führt der Bundeskanzler ein Ministergespräch durch. Es geht erneut um die Vorbereitung des ersten Gesprächs von Bundesminister Seiters mit Generalsekretär Krenz am kommenden Montag in Ost-Berlin. Verschiedene Optionen für längerfristige und kurzfristige Unterstützungsmaßnahmen der Bundesregierung als Angebot an die DDR werden diskutiert und vorgeklärt. Es bleibt bei der Bedingung, daß die neue DDR-Führung dafür ein umfassendes Reformpaket auf den Weg bringen muß.

Mittags tritt der CDU-Bundesvorstand zu einer dreistündigen Sondersitzung zusammen. Der Bundeskanzler, zugleich Parteivorsitzender, und Bundesminister Seiters geben einen ausführlichen Bericht über die Ergebnisse des Polen-Besuches und über die Entwicklungen in den innerdeutschen Beziehungen. Generalsekretär Volker Rühe wird beauftragt, mit einzelnen Mitgliedern der neuen Führung der Ost-CDU erste informelle Gespräche zu führen. Am 20. November war Lothar de Maizière zum neuen Vorsitzenden der Ost-CDU gewählt worden. Seine Person und Politik sind noch nicht abschließend einzuschätzen.

Am Nachmittag trifft eine Antwort von Premierminister Thatcher auf einen Brief des Bundeskanzlers vom 7. November ein, in dem er sie im voraus über die Wirtschafts- und Finanzhilfe unterrichtet hatte, die von der Bundesregierung für Polen beschlossen worden waren. Thatcher spricht von einem »einfallsreichen Paket«. Sie sei ebenfalls »entschlossen, daß die polnischen Reformen nicht wegen mangelnder Hilfe von außen scheitern dürfen«. Sie sei »bereit«, sich »weiteren gemeinsamen Anstrengungen anzuschließen«. Optionen würden geprüft. Über Entscheidungen werde der Bundeskanzler unterrichtet. Seine Vorschläge bezüglich von Maßnahmen innerhalb der Gruppe 24[37] und des IWF würden »geprüft« bzw. seien »zur Kenntnis genommen«. Aus meiner Sicht haben wir in London wenigstens eine kleine Bewegung zugunsten der Polen erreicht.

Um 15.00 Uhr empfange ich den chinesischen Botschafter, Mei Zhaorong, zum Gespräch. Wir kennen uns seit 1974. Unsere Gespräche sind sehr offen und sehr persönlich. Mei spricht hervorragend deutsch und ist ein großer Kenner der klassischen deutschen Literatur. Auf seinen Wunsch hin unterrichte ich ihn über die Ergebnisse des Polen-Besuches des Bundeskanzlers und über seine Einschätzung der Ereignisse in der DDR. Wir vergleichen die Lage in der VR-China, auch im Verhältnis zu Taiwan. Ich versuche, deutlich zu machen, daß wirtschaftliche Reformen auf Dauer nur erfolgreich sein können, wenn politische Reformen Hand in Hand gehen.

Mei erläutert die Position der chinesischen Führung zur »deutschen Frage«. Sie habe sich in den letzten Jahren dazu differenziert geäußert. Er bekräftigt, daß der wirtschaftliche Reformkurs fortgeführt werden solle und auch die politischen Reformen. Die chinesische Führung habe deshalb den Wunsch, daß die Bundesregierung die Hermes-Bürgschaften für Exporte wieder eröffne. Sie waren nach den blutigen Ereignissen im Sommer auf dem Platz

37 Die G-24 wurde 1971 als intergouvernementale Gruppe für internationale Währungsfragen und Entwicklung gegründet.

des Himmlischen Friedens[38] aufgrund eines gemeinsamen Beschlusses der EG-Mitgliedsstaaten eingefroren worden. Darauf weise ich hin. Dieser Beschluß könne nur gemeinsam aufgehoben werden. Und das hänge vom Fortgang der Ereignisse in China selbst ab.

Anschließend hat der Bundeskanzler ein Gespräch zur Vorbereitung seiner morgigen Regierungserklärung anberaumt. Gemeinsam mit anderen Kollegen gehen wir Satz für Satz des Redeentwurfs durch. Der erste Teil ist ein Erfolgsbericht über die Polenreise. Der zweite Teil befaßt sich mit der Lage im geteilten Deutschland.

Am Abend hat mich die Präsidentin des Deutschen Bundestages, Frau Professor Dr. Rita Süssmuth, zu einem persönlichen Gespräch eingeladen. Morgen wird sie zusammen mit ihrem französischen Kollegen, Laurent Fabius, nach Moskau reisen und auch mit Präsident Gorbatschow zusammentreffen. Ich begrüße diese Absicht sehr, denn sie entspräche dem Ziel einer gemeinsamen deutsch-französischen Ostpolitik, die der Bundeskanzler der französischen Regierung offiziell angeboten habe. Sie solle auch mit Fabius darüber sprechen, ob Präsident Mitterrand nicht doch noch für seine eigene alte Idee zu gewinnen wäre, einmal gemeinsam mit dem Bundeskanzler ein Gespräch mit Gorbatschow zu führen. Das könnte im Jahr 1990 durchaus von Bedeutung sein.

Wir sind uns einig, daß aus deutscher Sicht vor allem vier Punkte in Moskau angesprochen werden sollten: Der Grundsatz der Nichteinmischung muß für alle Seiten gelten; die Prinzipien der Menschenrechte, des Selbstbestimmungsrechts und die Geltung des Völkerrechts betreffen auch die DDR. Sie sind Wortlaut der »Gemeinsamen Erklärung«, die der Bundeskanzler mit Generalsekretär Gorbatschow im Juni in Bonn unterzeichnet hat. Das Recht auf Selbstbestimmung darf die Entscheidung darüber, ob die Menschen in der DDR in einem eigenen oder in einem wiedergeeinten deutschen Staat leben wollen, nicht ausschließen. Und West-Berlin muß in den Entspannungsprozeß voll einbezogen werden; d.h. beispielsweise die Einbeziehung von Berliner Bundestags-Abgeordneten darf für Delegationsreisen nach Moskau kein Hindernisgrund mehr sein. Frau Süssmuth will die Grüße des Bundeskanzlers überbringen und besonders die Bedeutung der Reformpolitik Gorbatschows herausstellen. Sie wird auch die Bereitschaft der Bundesregierung wiederholen, diese Politik zu unterstützen, wenn dies gewünscht werde.

Lange unterhalten wir uns über die Veränderungen in der DDR, vor allem über die dortige beispielhafte »Demonstrationskultur«.

38 Der Platz (am Tor) des Himmlischen Friedens (Tian'anmen) in Peking war am 3. und 4. Juni 1989 Schauplatz der blutigen Niederschlagung einer ursprünglich studentischen Protestbewegung durch das Militär aufgrund der Forderung nach mehr Demokratie sowie des Vorgehens gegen Inflation und Korruption. Breite Bevölkerungsschichten schlossen sich an. Auslöser war der Tod Hu Yaobangs am 15. April 1989, der als Generalsekretär der KPCh Sympathien und Verständnis gegenüber den Demonstrationen und Protesten 1987 zeigte, als Missstände angeprangert wurden und der nun als Sündenbock herhalten sollte. Die Protest- und Demokratiebewegung bezog sich auf politische Vorgänge in der UdSSR, in Polen und Ungarn. Pekinger Studenten besetzten den Platz und traten in den Hungerstreik. Der Generalsekretär der KPCh, Zhao Ziyang, der Verständnis für ihre Proteste zeigte und zu entsprechenden Verbesserungen und Reformen bereit war, wurde nach Fraktionskämpfen in der Parteiführung durch Ministerpräsident Li Peng mit Unterstützung von Deng Xiaoping seiner Ämter enthoben. Ab dem Abend des 3. Juni wurde der Platz unter Einsatz von Panzern gewaltsam geräumt. Die Opferzahlen insgesamt betrugen nach UPI und dem chinesischen Roten Kreuz mehrere tausend Personen. Nach dem Massaker wurden die politischen Reformen, verbunden auch mit dem Namen Deng Xiaopings, eingestellt und behauptet, eine »Konterrevolution« des Westens wäre Ausgangspunkt der Unruhen gewesen. In Hongkong fanden jährlich Gedenkveranstaltungen statt.

Donnerstag, 16. November 1989

Regierungserklärung des Bundeskanzlers zur Polen-Reise und zu den Entwicklungen in der DDR. Erneut stellt der Bundeskanzler einen direkten Zusammenhang zwischen unserem »Verhältnis zu Polen« und der »Entwicklung in der DDR« her. Aufgrund des unbestreitbaren Zusammenhanges muß die Bundesrepublik Deutschland auch Polen unterstützen. Ich glaube, daß es wichtig ist, diese Botschaft immer und immer wieder zu wiederholen, um den Polenbesuch angesichts der Ereignisse in der DDR nicht zu einer kurzzeitigen Episode verkümmern zu lassen. Denn sonst wird die Aussage des Bundeskanzlers zu einer hohlen Phrase:

»Wir wollen Verständnis und Aussöhnung zwischen dem deutschen und dem polnischen Volk. Dies ist unser historischer Auftrag, und es ist zugleich der Wunsch, ja die Sehnsucht der Menschen in unseren Ländern. Den deutsch-polnischen Ausgleich voranzubringen, ist ein Gebot von Moral und Vernunft«.

Diese Ausführungen des Bundeskanzlers erhalten großen Beifall von CDU/CSU, FDP sowie von Abgeordneten der SPD. Respektabel ist das Finanzpaket, das der Bundeskanzler zum ersten Mal öffentlich erläutert. Polen erhält einen Schuldenerlaß von 760 Mio. DM, und 570 Mio. DM werden bei Fälligkeit in Zloty umgewandelt. Der Hermes-Bürgschaftsrahmen beträgt 3 Mrd. DM, davon sind 500 Mio. ein ungebundener Finanzkredit zur Stabilisierung der polnischen Währung. Gleichzeitig garantiert die Bundesregierung Kapitalanlagen in Polen in unbegrenzter Höhe.

Mit dem Gesamtergebnis verknüpft der Bundeskanzler die Hoffnung, »gute Voraussetzungen geschaffen zu haben, für eine Aussöhnung zwischen Polen und Deutschen in nicht allzu ferner Zukunft«.

Die Ereignisse seit der Öffnung der Mauer faßt der Bundeskanzler kurz und bündig in dem Satz zusammen:

»Vor den Blicken der Weltöffentlichkeit feierten die Menschen in Deutschland am vergangenen Wochenende nach fast drei Jahrzehnten der Trennung ein Fest des Wiedersehens, der Zusammengehörigkeit und der Einheit«.

Anhaltender Beifall bei CDU/CSU, SPD und FDP. Selbst die Grünen klatschen Beifall, als der Bundeskanzler noch einmal bekräftigt, daß wir jede Entscheidung, »die die Menschen in der DDR in freier Selbstbestimmung treffen, selbstverständlich respektieren.«

Ausführlich erläutert der Bundeskanzler noch einmal die beabsichtigten Maßnahmen der Bundesregierung in der Zusammenarbeit mit der DDR. Er teilt dem Parlament mit, daß er Staatspräsident Mitterrand als Präsidenten des Europäischen Rates vorgeschlagen habe, die Unterstützung der Reformpolitik in der UdSSR, in Polen, Ungarn und in der DDR »zu einem zentralen Thema beim Gipfeltreffen der Staats- und Regierungschefs der EG im Dezember in Straßburg zu machen«.

Besonders erfreut bin ich über die Bewertung der Polen-Reise, die für die Opposition Altbundeskanzler Willy Brandt vornimmt: Der »lange Text der Gemeinsamen Erklärung« lese sich »gut«. »Die eine oder andere Panne« habe »nicht verhindert, hat nicht verhindern können, daß der Besuch ein Erfolg wurde«. Die Vereinbarungen über die Rechte und Möglichkeiten der deutschen Minderheit, die mit den voraufgegangenen polnischen Regierungen nicht möglich waren, »könnte auch uns alle zufrieden stimmen«. Er sei »beeindruckt« von der »Großzügigkeit der getroffenen Vereinbarungen und ich stimme zu: Davon könnten sich andere wahrscheinlich eine Scheibe abschneiden«.

Das sind faire, ja wohlwollende Worte. Auch die Kritik an den Bundeskanzler, daß er in der Grenzfrage nicht weitergegangen sei, fällt sehr zurückhaltend aus. Die Übereinstimmung ist heute im Bundestag über die Fraktionsgrenzen hinaus erfreulich groß, von den Grünen abgesehen.

Einen besonderen Mißklang brachte der Regierende Bürgermeister von Berlin, Walter Momper, in die Debatte, der der Bundesregierung »Passivität« und »unzureichende Vorbereitung« vorwarf. Vermutlich war es die »Retour-Kutsche« dafür, daß ihn der Bundeskanzler nach der Kundgebung m Berlin wiederholt öffentlich kritisiert hatte.

Der gemeinsame Entschließungsantrag von CDU/CSU, SPD und FDP zur »Gemeinsamen Erklärung« des Bundeskanzlers und Ministerpräsident Mazowiecki besiegelt die parteiübergreifende Übereinstimmung. Die große Mehrheit des Bundestages stimmt bei Enthaltung der Grünen zu. Ich hoffe, daß die Polen die Bedeutung dieses Aktes des Bundestages erkennen.

Gestern hatte auch Präsident Bush anläßlich des Besuches von Lech Wałęsa in den USA dazu aufgerufen, nach Wegen zu suchen, eine Partnerschaft für die Reformen in Polen zu unterstützen. In seiner Rede[39] vor der AFL-CIO-Konferenz[40] sagte er, daß Gewerkschaften, Wirtschaft und Regierung Partner und Akteure für Polens Zukunft sein können und sollten. Die »Solidarität« habe in Polen die Tür zur Freiheit aufgeschlossen. Die westliche Hilfe für Polen kommt in Gang. Sie ist längst überfällig.

Am frühen Nachmittag unterrichte ich den amerikanischen Botschafter Vernon A. Walters über die Ergebnisse der Polenreise des Bundeskanzlers und über seine Beurteilung der Lage in der DDR. Er hat sich, seitdem er in Bonn ist, als großer Freund der Deutschen erwiesen. Offen, direkt und unkompliziert spricht er Probleme an und sucht nach pragmatischen Lösungen, die beiden Seiten helfen sollen. Er ist ein wandelndes Anekdotenbuch. Sein langes und abwechslungsreiches Leben als Offizier, Stellvertreter von George Bush beim CIA[41] und als Diplomat, acht Sprachen sprechend, hat ihn viele Erfahrungen gelehrt,

39 Am 15. November 1989 hielt Präsident George H. W. Bush eine Rede vor der AFL-CIO Biennial Convention. Lech Wałęsa, der mit Beifall auf der jährlichen Konferenz empfangen wurde, und dem der George-Meany-Menschenrechtspreis von der AF-CIO schon 1981 verliehen worden war, bat um amerikanische Kredite und Investitionen in Polen. Er erhielt vom Präsidenten im Weißen Haus auch die Medal of Freedom. Wałęsa bedankte sich für die bisher geleistete Hilfe durch die AFL-CIO in Höhe von etwa fünf Millionen US-Dollar. Der US-Senat genehmigte zur Unterstützung Polens und Ungarns gleichzeitig Hilfen im Umfang von 657 Millionen Dollar bzw. von 81 Millionen Dollar. Es war das dritte Mal, dass Wałęsa zu diesem Gewerkschaftskongress eingeladen worden war, zweimal hatte ihm jedoch zuvor die polnische Regierung die Ausreise-Visa verweigert.

40 Die American Federation of Labor and Congress of Industrial Organizations (AFL-CIO) ist der mitgliederstärkste Gewerkschaftsdachverband der USA und Kanadas sowie Mitglied des Internationalen Gewerkschaftsbundes (IGB, engl. ITUC).

41 Die CIA, seit 18. September 1947 auf Grundlage des National Security Act (NSA) gegründet, US-Auslandsgeheimdienst mit Sitz in Langley/Virginia, der auch zu Geheimoperationen im Ausland befugt und dem Präsidenten der USA unterstellt ist. Erst seit 1978 ist die CIA den Geheimdienstausschüssen von Senat und Repräsentantenhaus berichtspflichtig. Die CIA ist Teil der US-Intelligence Community, wie u. a. National Security Agency (NSA) und Departement of Homeland Security (DHS). Operationen der CIA sind u. a. die Unterstützung von Partisanen gegen die UdSSR ab 1948, die Arbeit mit der Organisation Gehlen ab 1949, der Aufbau paramilitärischer Einheiten in Westeuropa, der Sturz Mossadeghs 1953 im Iran, die Unterstützung von United Fruit in Nicaragua, die Invasion in der Schweinebucht 1961, verdeckte Einsätze während des Vietnam-Krieges in benachbarten Gebieten (Air America), Beihilfe bei der Verfol-

Gelassenheit vermittelt und den Humor nicht verlieren lassen. Er ist ein alter Haudegen. Wer ihn als Freund gewonnen hat, kann sich auf ihn verlassen.

Und wir haben ihn als Freund gewonnen. Das zeigt sich gerade in dieser schicksalshaften Stunde der Deutschen. Walters erzählt, daß er Freitagnacht in Berlin auf der Glienicker Brücke[42] gestanden habe. Vier Kriege habe er in seinem Leben als Soldat miterlebt. Noch nie habe er aber so viele Männer weinen gesehen als in dieser Nacht. Da habe er gewußt, daß es mehr sei als ein Wiedersehen oder eine Wiederbegegnung von Freunden. Eine Familie habe sich wieder zusammengefunden: Verwandte, Brüder, Schwestern. »Deshalb glaube er an die Wiedervereinigung. Wer sich dagegen aussprechen werde, werde politisch hinweggefegt werden«. Das habe er auch dem Präsidenten persönlich mitgeteilt.

Von diesem Augenblick wußte ich, daß Präsident Bush im richtigen Zeitpunkt den richtigen Rat erhalten hat.

Am gleichen Tag war Walters auch mit seinem sowjetischen Kollegen in Ost-Berlin, Wjatscheslaw Kotschemassow, zusammengetroffen. Dieser sei völlig verändert gewesen und tief beunruhigt über die Vorgänge am Brandenburger Tor. Walters vermutet, daß Gorbatschow über die Vorgänge in der DDR nicht gut genug unterrichtet sei. Wir sprechen über die Frage, ob und wann eine Vier-Mächte-Konferenz in Frage käme. Walters vertritt ganz entschieden den Standpunkt, daß eine solche Konferenz erst dann zusammentreten dürfte, wenn sie nur noch »die Freiheit und Einheit Deutschlands zu besiegeln« habe oder wenn es zu einer »krisenhaften Entwicklung« in der DDR kommen sollte. Diese kann sicherlich niemand ausschließen, aber das besonnene Verhalten der Bürger in der DDR gibt auch keinen Anhaltspunkt dafür.

Walters regt an, daß sich der Bundeskanzler und Präsident Bush möglichst bald in Camp David treffen. Das entspricht auch dem Wunsch des Bundeskanzlers. Deshalb habe ich über Brent Scowcroft bereits angefragt, ob eine Begegnung mit dem Bundeskanzler vor

gung Che Guevaras; Militärputsche in Guatemala 1954, Brasilien 1964 und in Chile 1973 (Sturz Allendes); die Unterstützung der UNITA in Angola und der Contra-Guerillabewegungen in Lateinamerika, die Iran-Contra-Affäre, das Eingreifen im Afghanistan-Krieg (Unterstützung der Mudschahedin), die Erlangung der Rosenholz-Dateien im MfS in Berlin, die Unterhaltung geheimer Gefängnisse im Ausland und die Ausschaltung Osama Bin Ladens. Unter US-Präsident Gerald Ford erfolgte 1978 im Zuge der Bürgerrechts- und Friedensbewegung in den 1970er Jahren ein Verbot von Umsturzversuchen auswärtiger Regierungen. Nach den Anschlägen vom 11. September 2001 musste die CIA die Führung der Nachrichtendienste abgeben.

42 Die 1907 errichtete und ab dem 3. November 1947 wiederaufgebaute Brücke über der Havel zwischen Potsdam und Berlin erlangte im Kalten Krieg als Schauplatz von Agentenaustausch Bekanntheit. In der Mitte der Brücke markierte ein weißer Streifen die Grenze zwischen West-Berlin und dem Ostsektor der Stadt. Ab 1952 war es nur Angehörigen der alliierten Militärverbindungsposten erlaubt, ohne Sondergenehmigung die Brücke zu passieren. Zwischen 1962 und 1986 wurde dreimal ein Austausch von Agenten durchgeführt: Am 10. Februar 1962 wurden die Spione Rudolf Iwanowitsch Abel (einer der erfolgreichsten Spione in den USA, der ab 1948 Kontaktpersonen unter Atomwissenschaftlern anwarb und Informationen aus dem Los Alamos National Laboratory erhielt) und Francis Gary Powers (am 1. Mai 1960 über der UdSSR abgeschossener U-2 Pilot) ausgetauscht. Mit Hilfe von DDR-Unterhändler Wolfgang Vogel erfolgte ein Austausch von vier von der CIA inhaftierten Spionen gegen 23 westliche Agenten am 11. Juni 1985. Am 11. Februar 1986 wurden fünf Häftlinge aus dem Westen gegen vier im Osten inhaftierte Personen, u. a. den Regimekritiker Anatoli Schtscharanski, später israelischer Handelsminister, ausgetauscht. Am 10. November 1989 wurde die Brücke wiedereröffnet und für den Verkehr freigegeben. Eine Bronzeskulptur und eine Gedenktafel stehen für diesen Gedächtnisort.

dem Gipfel des Präsidenten mit Generalsekretär Gorbatschow auf Malta[43] möglich wäre. Ich sage Walters, daß wir noch auf die Antwort aus dem Weißen Haus warten würden. Er will »nachhelfen«.

Anschließend spreche ich mit der amerikanischen Journalistin Elisabeth Pond, eine beeindruckend kluge Gesprächspartnerin, über die Entwicklung in der DDR und die möglichen Perspektiven. Als gute Kennerin der Warschauer Pakt-Staaten ist sie von den jüngsten Entwicklungen überwältigt und begeistert, als Zeugin darüber schreiben zu können.

Der britische Außenminister Douglas Hurd besucht heute in Begleitung seines Botschafters Sir Christopher Mallaby und den britischen Stadtkommandanten Richard Corbett das Brandenburger Tor. In seinem Land werde die Begeisterung der Deutschen über die Öffnung der Grenzen »voll geteilt«, denn die Briten seien Teil der Berliner Geschichte nach 1945. Sicherlich gebe es für die Zukunft Anlaß zum Optimismus, dennoch sei das Thema Wiedervereinigung nicht aktuell. Es stehe zur Zeit nicht auf der Tagesordnung, weil die Reformer in der DDR selbst nicht darauf gesetzt hätten.

Premierminister Thatcher läßt heute den Bundeskanzler die Kopie Ihres Schreibens an Präsident Gorbatschow übermitteln. Sie beantwortet darin die Botschaft Gorbatschows vom 10. November, die damals auch dem Bundeskanzler während der Kundgebung in Berlin zugegangen war. In dieser Antwort spricht sie von »historischen Ereignissen«. Sie teile die Ansicht des Präsidenten, »daß die Entwicklungen in der DDR ermutigend seien«. Stark beeindruckt sei sie von der »Vernunft aller Beteiligten« und ihrer »Bereitschaft zur Zusammenarbeit«. Dabei verdiene die Politik von Glasnost und Demokratisierung des Präsidenten »sehr große Anerkennung«.

Premierminister Thatcher stimmt dem Präsidenten zu, daß »Risiken der Instabilität« nicht auszuschließen seien und deshalb »geordnete Schritte zur Wahrung der Stabilität« und »Besonnenheit« notwendig seien. Wie der Bundeskanzler schreibt auch sie unmißverständlich, daß langfristig durchgreifende Reformen in der DDR »die solideste Grundlage« für Stabilität seien. Und sie nennt diese Reformen beim Namen: freie Wahlen, Mehrparteiensystem, vollständige Bewegungsfreiheit, wirkliche Demokratie und »ein sie stützendes Wirtschaftssystem«.

Die Übereinstimmung mit dem Bundeskanzler ist beeindruckend. Ausdrücklich bezieht sie sich gegenüber Gorbatschow auf das Telefonat mit ihm. Sie und der Bundeskanzler seien gemeinsam der Auffassung, daß eine Destabilisierung vermieden werden müsse.

43 Der Gipfel auf Malta am 2./3. Dezember 1989 war das erste Treffen zwischen US-Präsident George H.W. Bush und ZK-Generalsekretär der KPdSU Michail Gorbatschow. Intensiver Austausch und gute Stimmungslage provozierten Nachfragen auf einer Pressekonferenz, ob der Kalte Krieg jetzt zu Ende sei, worauf Gorbatschow antwortete: »Wir beide haben in den Gesprächen festgestellt, dass die Welt eine Epoche des Kalten Krieges verlässt und in eine andere Epoche eintritt. […] Wir sind am Beginn unseres langen Weges zu einer dauerhaften, friedvollen Periode.« Der Gipfel war ein erster Schritt, um direkte und vertrauensvolle Beziehungen zwischen Washington und Moskau herzustellen. Beide verständigen sich darauf, 1990 weitreichende Abrüstungsvereinbarungen zu schließen und ihre Wirtschaftsbeziehungen zu verstärken. Gorbatschow sprach zunächst von einer historischen Entwicklung zu zwei deutschen Staaten. Die Geschichte werde über das Schicksal dieser beiden Staaten entscheiden. Keiner sollte diesen Prozess künstlich beschleunigen, was zu Schwierigkeiten führen könne. Bush plädierte auch für eine Politik der Vorsicht. Amerika wolle nichts, was einen Rückschritt für die Menschen bedeuten könne oder in einen militärischen Konflikt münde. Es sei nicht Aufgabe der USA, die Geschwindigkeit der Veränderung zu bestimmen, was von den Menschen selbst entschieden werden müsse.

Von niemand im Westen bestehe die Absicht, sich in die innere Angelegenheiten der DDR einzumischen oder Sicherheitsinteressen der DDR oder der Sowjetunion zu gefährden.

Zustimmung erklärt sie zu dem Vorschlag Gorbatschows, daß die Botschafter beider Staaten »Verbindung« aufnehmen und die Vier Regierungen entsprechend dem Viermächte-Abkommen über Berlin von 1971 bestrebt bleiben, »die Beseitigung von Spannungen und die Verhütung von Komplikationen zu fördern«. Gleichzeitig bietet sie regelmäßigen Kontakt an.

Ich bin sicher, daß dieser Brief auf Präsident Gorbatschow sehr beruhigend wirken wird. Ich freue mich über das gute Zusammenwirken von Premierminister Thatcher und dem Bundeskanzler. Das wird seine Wirkung in Moskau nicht verfehlen, denn ich bin sicher, daß die Antworten aus Washington und Paris nicht viel anders ausfallen werden.

Nach Abstimmung mit dem Bundeskanzler übersende ich heute meinem französischen Kollegen und Freund Jacques Attali im Elysée-Palast für den EG-Sondergipfel am Samstag abend in Paris einige Elemente für eine Abschlußerklärung des französischen Präsidenten. Selbstverständlich sind sie nur als vertrauliches Angebot gedacht. Der Inhalt entspricht in großen Zügen den Ausführungen, die Premierminister Thatcher an Präsident Gorbatschow übermittelt hat.

Am Nachmittag nimmt sich der Bundeskanzler die Zeit, über eineinhalb Stunden mit Chefredakteuren der katholischen Kirchenpresse zu diskutieren. Das hinterläßt Eindruck. Einer der Teilnehmer sagt im Anschluß: »Es scheint so, als ob ihm die Begegnung mit uns glatt eineinhalb Stunden eines erholsamen Spaziergangs im Park des Kanzleramtes ersetzt«. Doch das ist nicht immer so bei Gesprächen mit Journalisten.

Kurz vor Mitternacht ruft mich zu Hause der ungarische Botschafter Istvan Horváth an. Sein Ministerpräsident Miklós Németh bittet dringend um ein persönliches Gespräch mit dem Bundeskanzler – nach Möglichkeit noch während des Wochenendes. Er würde nicht darum bitten, wenn es nicht wirklich dringend wäre. Németh sei bereit, sich an jedem Ort zu treffen, den der Bundeskanzler vorschlage. Ich sage ihm eine Antwort für morgen Vormittag zu.

Freitag, 17. November 1989

Morgenlage. Eduard Ackermann faßt die Pressekommentierung der gestrigen Bundestags-Debatte zusammen. Sie ist für den Bundeskanzler und für Willy Brandt sehr positiv, für den Regierenden Bürgermeister Momper und für Generalsekretär Rühe, der ihm geantwortet hat, dagegen kritisch.

Ärgerlich ist ein Interview des israelischen Premierministers Yitzhak Schamir, das er vorgestern PBS gegeben und großen Niederschlag in der amerikanischen Presse gefunden hat Auf die Frage des Journalisten Lehrer nach seiner Meinung über die Vorgänge an der Berliner Mauer und in der DDR spricht er von einem »wirklichen Wunder« und von »einem großen Sieg der freien Welt« und der USA. Auf die ›Wiedervereinigung‹ angesprochen, erklärt er, daß sie »sehr ernste Zweifel an einer solchen Veränderung im Status Deutschland« hätten. Noch sei es verfrüht, darüber zu sprechen. »Ich glaube nicht, daß sie kommen wird«. Nachgefragt bezüglich der ›Zweifel‹ erinnert Premierminister Schamir daran, »was die Deutschen uns getan haben, als sie geeint und stark waren, militärisch stark – die große Mehrheit des deutschen Volkes beschloß, Millionen von Juden zu töten und jeder von uns könnte denken, wenn sie wieder die Gelegenheit hätten, und sie werden das stärkste Land in Europa sein und möglicherweise in der Welt, sie es wieder versuchen werden. Ich weiß nicht, ob es wahr ist oder ob es eine begründete Gefahr ist, dennoch – jeder könnte es verstehen«.

Der Bundeskanzler ist entschlossen, in keinem Fall diese Aussage unwidersprochen zu lassen. Eine Presserklärung wird überlegt. Ich schlage vor, daß er dem Ministerpräsidenten Schamir einen Brief schreibt, und wir uns vorbehalten sollten, ihn zu veröffentlichen. Ich werde den Entwurf vorbereiten.

Wir beraten, wann und in welcher Form auf die Regierungserklärung reagiert werden soll, die Ministerpräsident Hans Modrow heute morgen in der DDR-Volkskammer abgeben wird. Kollegen des Arbeitsstabes Deutschlandpolitik werden sie verfolgen und so rasch als möglich eine erste Bewertung vorlegen. Dann soll über die Antwort der Bundesregierung entschieden werden.

Ich berichte über den Gesprächswunsch von Ministerpräsident Németh. Der Bundeskanzler ist bereit, ihn am Sonntag ab 18.00 Uhr zu Hause in Ludwigshafen zu empfangen. Meine Abteilung wird die Vorbereitungen treffen.

Um 11.00 Uhr empfängt der Bundeskanzler wie jedes Jahr das Diplomatische Corps im Palais Schaumburg. Der Zeitpunkt war vor den Ereignissen in der DDR festgelegt worden und kommt dem Bundeskanzler jetzt sehr gelegen.

Es geht ihm nicht nur darum, noch einmal die Haltung der Bundesregierung zur aktuellen Lage in Deutschland zu erläutern, sondern auch darum, einige Befürchtungen auszuräumen. Er unterstreicht noch einmal die Friedfertigkeit und Gewaltlosigkeit von Millionen von Menschen in der DDR. Die Vorgänge seien auch »nicht die Stunde eines neuen deutschen Nationalismus«. Die Freiheit jedes einzelnen Deutschen sei aber die Sache aller Deutschen.

Die Bundesrepublik könne »am allerwenigsten« ein Interesse daran haben, »daß sich die politische Lage in Zentraleuropa destabilisiert«. Stabilität könne aber nur durch Reformen gesichert werden.

In der Frage der »Wiederherstellung der Einheit der Nation« bekräftigt der Bundeskanzler noch einmal, daß die Menschen in der DDR entscheiden müssen, welchen Weg sie in die Zukunft gehen wollen. Die Bundesregierung werde sie respektieren. Es wird »in dieser existentiellen Frage keinen nationalen Alleingang geben«. Wir brauchen den »Schulterschluß« mit den Verbündeten und »das Vertrauen aller unserer Nachbarn in West und Ost«.

Besonders kommt es dem Bundeskanzler heute darauf an, für die Bundesregierung noch einmal unmißverständlich und offiziell zu erklären, daß sie die europäische Einigung »weiterhin mit aller Kraft« fördern werde, am »Atlantischen Bündnis« festhalte und die Zusammenarbeit mit den Staaten, Ost-, Mittel- und Südosteuropas ausbauen wolle. Die Zusammenarbeit mit Frankreich wird bekräftigt; die Bereitschaft zur Abrüstung erneuert; die »gute Nachbarschaft« mit der Sowjetunion betont und ein Besuch für den Dezember in Ungarn angekündigt.

An die Adresse der Botschafter Afrikas, Asiens und Lateinamerikas gewandt, tritt der Bundeskanzler der wachsenden Befürchtung entgegen, daß die Bundesregierung aufgrund der Unterstützung der reformorientierten Länder im Osten und der DDR die deutsche Entwicklungshilfe verringern werde. Er gibt zu, daß »der verbleibende Spielraum immer enger werden wird«. Die Bundesregierung bleibe sich aber ihrer Verantwortung gegenüber der Dritten Welt voll bewußt. Er sagt zu, daß »der Entwicklungsetat nicht zum Steinbruch werde« für anderweitige Verpflichtungen.

Die Botschafter reagieren erkennbar positiv auf die Rede des Bundeskanzlers. Sorgenvolle Mienen bleiben bei den Vertretern aus der Dritten Welt zurück.

Im Anschluß treffen wir mit dem Bundeskanzler zu einer ersten Bewertung der Regierungserklärung von DDR-Ministerpräsident Modrow zusammen. In Kurzfassung lautet sie: Die SED ist bereit, eine Koalitionsregierung zu bilden, besetzt aber nach wie vor die Schlüsselressorts Auswärtiges, Verteidigung, Sicherheit und Innenpolitik. Der Wille zur Reform ist erkennbar. Die erreichten Freiheiten seien unumkehrbar. »Das Volk würde jeden beiseite fegen, der eine Wiederherstellung alter Verhältnisse zu versuchen wagt«.

Dennoch bewegen sich die Aussagen über die politischen Reformen vielfach nur im Rahmen vager Ankündigungen. Das gilt für die Verfassungsreform, für das Wahlgesetz, für die Einführung des Rechtsstaates, eines Mediengesetzes und für die Staatssicherheit Auf den Führungsanspruch der SED wird nicht ausdrücklich verzichtet. Das ist alles in allem nicht befriedigend.

Einen breiten Raum nehmen die Aussagen zur Wirtschaft ein. Modrows Lagebeurteilung ist realistisch und schonungslos. Er will jedoch am System der Planwirtschaft festhalten, es aber über die Ware-Geld-Beziehung mit dem Markt verknüpfen. Wie das in der Praxis funktionieren soll, weiß niemand. Auch im Bereich der Wirtschaftsreformen bleiben viele Fragen offen.

Die außenpolitischen Aussagen können vernachlässigt werden. In ihrem Rahmen äußert sich Modrow jedoch zu den innerdeutschen Beziehungen. Die DDR sei zu »ganz neuen Formen der Zusammenarbeit« bereit, in allen Bereichen des »bilateralen Miteinanders«. Er schlägt eine neue Form der »Vertragsgemeinschaft«[44] vor, die »weit über den Grundlagenvertrag und die bislang geschlossenen Verträge und Abkommen zwischen beiden Staaten hinausgeht«. Was damit aber konkret gemeint ist, bleibt ebenfalls offen.

»Eine klare Absage« aber erteilt Modrow »unrealistischen wie gefährlichen Spekulationen über eine Wiedervereinigung«. Unsere Schlußbewertung: Die Regierungserklärung soll vom Regierungssprecher zurückhaltend positiv bewertet werden.

Unmittelbar darauf telefoniert der Bundeskanzler mit Präsident Bush. Er erläutert dem Präsidenten die Ergebnisse seines Besuches in Polen und gibt seine Absicht bekannt, in drei Wochen demonstrativ nach Ungarn reisen zu wollen. Erneut wirbt er um die Unterstützung der USA für Polen und Ungarn. Der Präsident berichtet seinerseits über die Gespräche mit Lech Wałęsa. Er habe auch der Anregung des Bundeskanzlers folgend die Anweisung gegeben, die Verhandlungen im IWF zugunsten Polens zu beschleunigen. Der Bundeskanzler solle morgen darüber beim EG-Gipfeltreffen berichten.

Ausführlich berichtet der Bundeskanzler über die Lage in der DDR und über die heutige Regierungserklärung Modrows. Er wolle seinen Kurs beibehalten und die Lage nicht destabilisieren. Er habe aber auch Präsident Gorbatschow gesagt, daß die Stabilität der Lage vorrangig von der Frage des Reformwillens der DDR-Führung abhänge.

44 Am 13. November 1989 wurde Hans Modrow zum neuen Vorsitzenden des Ministerrats der DDR gewählt. In seiner Regierungserklärung vom 17. November 1989 regte er an, dass die DDR und die Bundesrepublik im Sinne einer »qualifizierten guten Nachbarschaft« und »kooperativen Koexistenz« eine »Vertragsgemeinschaft« bilden sollten. Die Herstellung einer staatlichen Einheit Deutschlands lehnte Modrow ab. Konkrete Ausführungen über inhaltliche Bestandteile einer »Vertragsgemeinschaft« blieb seine Regierung noch schuldig; Nachbetrachtungen, S. 681.

Präsident Bush reagiert heute sichtlich zurückhaltender. Er dürfe nicht in die Lage kommen, aufgrund einer »euphorischen Stimmung nachgeben« zu müssen. Deshalb müsse davon abgesehen werden, mit »großer Rhetorik« über »Wiedervereinigung oder einen Zeitplan zum Abriß der Mauer zu reden«. Im Augenblick bereite er sich intensiv auf das Treffen mit Gorbatschow am 2. Dezember vor Malta vor. Es sei ihm jedoch nicht möglich, vorher mit dem Bundeskanzler in Europa zusammenzutreffen. Bedauerlich sei, daß der Bundeskanzler seinerseits nicht vorher nach Camp David kommen könne. »Er lege allergrößten Werte darauf, mit dem Bundeskanzler zu sprechen«, persönlich »seinen Rat und seine Vorschläge zu erhalten«. Er halte es für äußerst wichtig, mit ihm über die deutsche Frage nochmals eingehend zu sprechen.

Beide sprechen über den Besuch von Außenminister Genscher nächste Woche in Washington. Danach wollen sie erneut ausführlich telefonieren. Der Präsident schlägt darüberhinaus vor, wenn er am 4. Dezember nach der Begegnung mit Gorbatschow nach Brüssel komme, sich am Vorabend zu einem gemeinsamen Abendessen zu treffen. Der Bundeskanzler stimmt sofort zu. Mehrfach wiederholt Bush, daß er allergrößten Wert darauflege, »jede Nuance der Position Helmut Kohls verstanden zu haben«. In der Allianz »gebe es Nuancen und Differenzen in der Beurteilung der Lage«. Er wolle sich deshalb mit allen beraten. Der Bundeskanzler kündigt dem Präsidenten vor seinem Gespräch mit Gorbatschow ein detailliertes Memorandum an und danach, am 27.11., könnten sie noch einmal ausführlich darüber telefonieren.

Abschließend berichtet Präsident Bush, daß er den Dank des Bundeskanzlers an das amerikanische Volk in einer Rede erwähnt habe. Das habe ein »sehr positives Echo« gehabt. Er wolle dem Bundeskanzler dafür noch einmal danken.

Neue Arbeit: ein Memorandum für Präsident Bush ist bis Anfang nächster Woche vorzubereiten.

Am Nachmittag telefoniere ich zweimal mit Kollegen im Elysée in Paris. Im Auftrag des Bundeskanzlers hatten wir einen gemeinsamen Auftritt von Präsident Mitterrand und dem Bundeskanzler für den nächsten Mittwoch vor dem Europäischen Parlament in Straßburg vorgeschlagen. Angesichts der gegenwärtigen Lage hätte ein solches Zusammentreffen eine besondere und wichtige Signalwirkung, daß die deutsch-französische Zusammenarbeit für Europa unverändert ihren Fortgang nimmt. Präsident Mitterrand ist zögerlich, weil er erst vor kurzem als EG-Präsidentschaft vor dem Europäischen Parlament gesprochen habe. Er wolle deshalb morgen selbst noch einmal mit dem Bundeskanzler darüber sprechen.

Jacques Attali wünscht von mir eine Beurteilung der Lage in Polen und in der DDR. Er ist sichtlich erfreut, als ich ihm in diesem Zusammenhang berichte, wie groß in der gestrigen Bundestags-Debatte die Übereinstimmung zwischen dem Bundeskanzler und Willy Brandt gewesen sei, auch in der Aussage, daß die europäische Integration jetzt wichtiger geworden sei denn je.

Hier liegt des Pudel's Kern bei den Franzosen: die Sorge, wir könnten in unserem Engagement für Europa nachlassen.

Attali kündigt mir an, daß Präsident Mitterrand morgen beim EG-Gipfel in Paris den Vorschlag machen werde, eine Europäische Bank für Entwicklung in Osteuropa[45] einzurichten. Ich sage Unterrichtung des Bundeskanzlers zu.

45 Die Europäische Bank für Wiederaufbau und Entwicklung (EBWE)/European Bank for Reconstruction and Development (EBRD) wurde gegründet, um die Entwicklung von Marktwirtschaften in Mittel- und

Heute erreicht uns der Wortlaut der Rede Gorbatschows vom 15.11. vor Studenten in Moskau.[46] Zum erstenmal benutzt er offiziell den Begriff der Wiedervereinigung beider deutschen Staaten. Sie sei »heute keine Frage der aktuellen Politik«. Überlegungen Dritter dazu stellen eine »Einmischung in die inneren Angelegenheiten der BRD und der DDR« dar. Die Existenz der beiden deutschen Staaten sei »ein Resultat der historischen Entwicklung, ein reales Ergebnis des II. Weltkrieges«. Diese Tatsache sei »allgemein anerkannt vor der internationalen Gemeinschaft, und man müsse dieser Realität Rechnung tragen«. Die Rede enthält keinerlei Warnungen oder Anschuldigungen gegenüber der Bundesrepublik Deutschland.

Sie ist jedoch sehr bemerkenswert, weil Gorbatschow die Frage der Wiedervereinigung nicht mehr in einen Zeitraum von 50 oder 100 Jahren verschiebt, sondern nur für ›heute‹, für den ›aktuellen‹ Zeitpunkt ausschließt und sie ausdrücklich auch als »innere Angelegenheiten der BRD« und nicht nur der DDR bezeichnet. Und er fügte hinzu: »Wie die Geschichte weiter verfügen wird – kommt Zeit, kommt Rat«. Zu den Veränderungen in der DDR selbst sagt er klar und offen:»Wir begrüßen das, was in der DDR geschieht«. Er würde es unterstützen. »Es sind unsere Freunde«.

Zu dieser Rede paßt auch ein Interview, das der deutschlandpolitische Berater beim ZK der KPdSU, Nikolai Portugalow, heute der sowjetischen Auslandspresseagentur Nowosti gegeben hat. Auch er schließt einen gesamtdeutschen Staat auf längere Sicht nicht mehr aus. Es gebe in Deutschland zwar zwei Staaten, »aber nur eine deutsche Nation«. Eine Wiedervereinigung »passe keinem der Nachbarn der beiden deutschen Staaten in Ost und West überhaupt ins Konzept«. Sie sei auch »mit den Erfordernissen der Stabilität geopolitisch wie geostrategisch unvereinbar.«

Interessanterweise spricht Portugalow auch von der Möglichkeit bestimmter »konföderativer Strukturen«. Damit geht er über die »Vertragsgemeinschaft« von Modrow bereits hinaus. Wohltuend ist auch die Bemerkung des »alten Deutschlandhasen« Portugalow, wenn er sagt, es dürfe keine Einmischung in die Angelegenheiten der DDR geben. »Lassen wir die DDR-Bevölkerung das machen, was sie jetzt macht, ohne sie zu gängeln, sie war weiß Gott genug gegängelt«.

Heute überschlagen sich die Meldungen. Der ungarische Außenminister Gyula Horn erklärt der Reuter-Agentur und im BBC, daß die deutsche Wiedervereinigung »unvermeidlich« sei. Wałęsa hält die Überwindung der »künstlichen« deutschen Teilung als notwendig.

Osteuropa zu unterstützen. Sie verfolgte die Aufgabe, »den Übergang zur offenen Marktwirtschaft zu begünstigen sowie die private und unternehmerische Initiative zu fördern«. Der Anstoß ging vom französischen Staatspräsidenten François Mitterrand in Form einer Rede vor dem Europäischen Parlament in Straßburg am 25. Oktober 1989 aus. Seine Initiative führte am 29. Mai 1990 in Paris zur Unterzeichnung eines Übereinkommens von 40 Staaten, der Europäischen Kommission und der Europäischen Investitionsbank, die Europäische Bank für Wiederaufbau und Entwicklung zu errichten. Es trat am 28. März 1991 in Kraft. Ab 15. April 1991 nahm die Bank ihre Tätigkeiten unter ihrem ersten Präsidenten Jacques Attali in London auf; Nachbetrachtungen, S. 834.

46 Am 17. November 1989 wurde in Bonn bekannt, dass Gorbatschow vor Studenten in Moskau am 15. November ausdrücklich von einer »Wiedervereinigung Deutschlands« gesprochen hatte, wenn auch nur mit dem Hinweis, dass sie eine »interne Angelegenheit der Bundesrepublik und der DDR« sei. Vier Tage später erschien der Berater im ZK der KPdSU Nikolai Portugalow bei Teltschik im Kanzleramt und deutete an, dass die Sowjetunion mittelfristig einer deutschen Konföderation grünes Licht geben könne. Offenbar war man in Moskau mit der Frage der deutschen Vereinigung schon mehr befasst als in Bonn; Nachbetrachtungen, S. 680–681, 852–853.

Polens KP-Chef und frühere Ministerpräsident Mieczyslaw Rakowski warnt vor einer Wiedervereinigung. Diese Äußerungen zeigen, daß die internationale Diskussion über die Frage der Wiedervereinigung in vollem Gange ist und sich von Tag zu Tag verstärkt.

Heute abend tanzt »Bonn« auf dem Bundespresseball in der Beethovenhalle: Presse, Politik, Wirtschaft, Diplomatie und viele andere, die sich zur Prominenz zählen oder dazugezählt werden wollen. Es gibt auch allen Grund zur Freude.

Samstag, 18. November 1989

Der Bundeskanzler auf dem CSU-Parteitag in München. Zu Lebzeiten von Franz Josef Strauß immer ein schwieriges Pflaster. Heute erhält er von den tausend Delegierten stehende Ovationen. Der Bundeskanzler nutzt jetzt jedes Forum für die Botschaft an die europäischen Partner, »daß das Ja zur Einheit der Nation mit dem Ja zur Einigung Europas« verbunden bleibt. Immer wieder spricht er von »dem Dreiklang«, der die zukünftige Politik prägen muß: »Heimat, Vaterland und Europa«.

Pathetische Worte sicherlich, für manche antiquiert, aber die Menschen verstehen, was er sagen will.

Um 20.00 Uhr treffen in Paris auf Einladung von Präsident Mitterrand als EG-Präsidentschaft alle 12 Staats- und Regierungschefs zu einem ›Gipfel-Abendessen‹ zusammen. Die Außenminister kommen zu einem getrennten Essen zusammen. Mitterrand hat ohne vorherige Abstimmung mit uns oder anderen EG-Partnern zu dieser Begegnung eingeladen. Er nutzt die Präsidentschaft, »als Sachwalter europäischer Interessen« die Initiative zu ergreifen, um die ›deutsche Frage‹ und die Entwicklungen in den Warschauer Pakt-Staaten gewissermaßen zu ›europäisieren‹. Im Verständnis von Mitterrand muß gerade Frankreich in dem von ihm propagierten Prozeß der »Überwindung von Jalta« eine herausragende Rolle spielen.

Wie auch immer: die Tatsache dieses Gipfels für sich ist schon bedeutend, weil er das Bemühen aller 12 Partner unterstreicht, eine gemeinsame Position in einer zentralen außenpolitischen Frage zu erarbeiten. Wir haben das immer gefordert. Gerade jetzt ist es wichtig. Eine Analyse der bisherigen Aussagen der Verantwortlichen der drei Westmächte zeigt, daß es eine deutlich abgestufte Haltung zur Frage der deutschen Einheit gibt. Am positivsten sind die USA, zurückhaltender Frankreich und vor allem Großbritannien. Alle wollen aber, daß ein möglicher Prozeß der Wiedervereinigung schrittweise erfolgt, evolutionär, eingebettet bleibt in den europäischen Einigungsprozeß und die gesamteuropäische Stabilität nicht gefährdet.

Überraschenderweise hat die neue DDR-Regierung allen Teilnehmern formlos ein Aide Mémoire zugesandt. Sie dokumentiert ihre Entschlossenheit zu »tiefgreifenden« politischen, gesellschaftlichen und wirtschaftlichen Reformen und beschwört die »Stabilität« in Europa. Zwar sei sie »für die Überwindung der Spaltung Europas«. Diese könne jedoch »keine Überwindung der unterschiedlichen sozialen Ordnungen sein«. Grundelement europäischer Sicherheit bleiben die Existenz beider deutscher Staaten »in den Grenzen und ihrer Bündniszugehörigkeit«. Konstruktive Beziehungen zur EG werden angeboten. Ein Echo darauf bleibt in Paris aus.

In einer einstündigen mitternächtlichen Pressekonferenz faßt Präsident Mitterrand die Ergebnisse des abendlichen Gedankenaustausches zusammen. Alle 12 EG-Partner seien bereit, den Staaten in Mittel- und Osteuropa bei ihrer wirtschaftlichen Gesundung zu helfen.

Das setze die »Rückkehr dieser Staaten zur Demokratie« voraus, vor allem freie Wahlen. Aber auch die Europäische Gemeinschaft müsse sich angesichts dieser Entwicklungen »festigen«. Polen und Ungarn seien im Vordergrund der Debatte gestanden. Präsident Mitterrand erläutert die Unterstützungsmaßnahmen, so die Einrichtung einer europäischen Bank für Entwicklung und Modernisierung.

Auf die Frage eines Journalisten nach der Wiedervereinigung antwortet Präsident Mitterrand, daß dieses Problem von niemanden aufgeworfen worden sei, auch nicht »von den anwesenden deutschen Vertretern«. Ein anderer Journalist will wissen, ob der Bundeskanzler sich eher als Deutscher oder als Europäer gezeigt habe. Er sehe darin »keinen Gegensatz«, erwidert Mitterrand. Der Bundeskanzler sei beides. »Es wäre schade, wenn er kein deutscher Patriot wäre, wie man auch bei einem Franzosen bedauern würde, wenn er kein Patriot wäre«.

Präsident Mitterrand deutet an, daß er sich noch im Dezember mit Präsident Bush treffen wolle und gibt bekannt, daß sein geplantes Treffen mit Gorbatschow vorgezogen worden sei und noch vor Jahresende stattfinden solle.

Auch der Bundeskanzler erwähnt in seinem Pressegespräch das Thema der Wiedervereinigung nicht. Er habe einen ausführlichen Bericht über die Ereignisse der letzten Wochen in der DDR gegeben und darüber, wie er die weitere Entwicklung einschätze. Alle Teilnehmer hätten »ihre Bewunderung für die große Besonnenheit« der Menschen in der DDR zum Ausdruck gebracht.

In einem anschließenden Fernsehinterview mit Ulrich Wickert berichtet er, daß alle Teilnehmer darin übereingestimmt hätten, »daß alles, was wir jetzt zur schnellen Einigung Europas tun, den Reformbewegungen in Ost-, Südost- und Mitteleuropa dient«.

Sonntag, 19. November 1989

Auch an diesem zweiten Wochenende nach der Grenzöffnung sind es wieder 2 bis 3 Millionen DDR-Besucher, die in den Westen kommen. Erneut spielen sich unbeschreibliche Szenen ab. Die Teilung Deutschlands wird von den Menschen selbst faktisch aufgehoben.

In der Politik sieht es noch anders aus. Der neue Vorsitzende der Ost-CDU und stellvertretende Ministerpräsident, Lothar de Maizière, erklärt heute in einem Interview der ›Bild am Sonntag‹, daß es nicht seine Auffassung sei, daß der Kommunismus tot sei. »Ich halte Sozialismus für eine der schönsten Visionen menschlichen Denkens«. Auf den Einwand, daß er aber nicht funktioniere, fügt er hinzu: »Wenn Sie glauben, daß die Forderung nach Demokratie zugleich die Forderung nach Abschaffung des Sozialismus beinhaltet, dann müssen Sie zur Kenntnis nehmen, daß wir unterschiedlicher Auffassung sind«. Die Einigung Deutschlands halte er nicht für »das Thema der Stunde«. Das seien Überlegungen, »die vielleicht unsere Kinder oder unsere Enkel anstellen können«, andererseits könne man über die »Geschwindigkeit von Entwicklungen keine zuverlässigen Aussagen mehr machen«. Dieses Interview wird die Skepsis gegenüber de Maizière weiter nähren.

Um 17.00 Uhr hole ich gemeinsam mit Botschafter István Horváth auf dem militärischen Teil des Frankfurter Flughafens den ungarischen Ministerpräsidenten Miklós Németh ab und begleite ·ihn zum Bundeskanzler nach Ludwigshafen. Inzwischen ist der Umgang schon beinahe freundschaftlich geworden. Zum erstenmal traf ich mit ihm zusammen, als er noch Abteilungsleiter für Wirtschaft im ZK der USAP war. Als ZK-Sekretär für

Wirtschaft war er bei mir privat zu Hause. Jetzt ist er Ministerpräsident und auf dem Weg, Ungarn in die Demokratie zu führen. Er war es auch – zusammen mit seinem Außenminister Gyula Horn – der den Mut hatte, die ungarische Grenze für Tausende von DDR-Flüchtlingen zu öffnen.[47] Das war der Anfang vom Ende Honeckers.

Der Bundeskanzler begrüßt den ungarischen Ministerpräsidenten sehr herzlich. Dieser berichtet ausführlich über die Reformen in Ungarn. »Eine sehr schwere Strecke« liege hinter ihm. Jetzt seien die politischen Reformen »irreversibel«. Ihr Interesse in Ungarn sei es gewesen, die historische Gelegenheit zu nutzen und möglichst rasch unumstößliche Tatbestände zu schaffen.

Der Bundeskanzler hat sich für dieses Gespräch Zeit genommen. Er will über alle Einzelheiten unterrichtet sein, auch bezüglich der Lage in der ČSSR, in Bulgarien, in Rumänien und in der Sowjetunion. Németh gibt bereitwillig und offen Auskunft. Er gehört zu den Politikern, die sehr nüchtern, sehr klar und sehr ehrlich reden oder schweigen und nicht zu denen, die viel reden, aber wenig sagen.

Der Grund für sein Gespräch mit dem Bundeskanzler liegt in der plötzlichen Entscheidung der Sowjetunion, seit Donnerstag kein Öl mehr nach Ungarn zu liefern. Er habe mit Ministerpräsident Ryschkow telefoniert und wenigstens erreichen können, daß 75 % der bisherigen Lieferungen weiter erfolgen. Die sowjetische Energieversorgung sei zusammengebrochen. Németh ist über die Lage in der UdSSR sehr besorgt. Die gesamte Rohstoff- und Energieversorgung Ungarns hänge von der Sowjetunion ab. Sollten jetzt größere Störungen auftreten, gefährde das auch die Reformen in Ungarn. Die konservativen Kräfte könnten versuchen, die Unzufriedenheit der Bevölkerung auszunutzen, um Druck auf seine Regierung auszuüben. Der bevorstehende Winter bereite ihm deshalb große Sorge. Er bitte deshalb den Bundeskanzler um Hilfe für den Fall, daß er die Kohleversorgung nicht sicherstellen könne und Streiks ausbrechen sollten.

Der Bundeskanzler sagt ihm ohne Zögern Hilfe zu. Er solle mitteilen, wie sie im einzelnen aussehen müßten, damit er entsprechende Vorbereitungen treffen könne.

Sorgen bereiten Németh auch die laufenden Verhandlungen mit dem IWF. Die ungarische Verschuldung erweise sich wesentlich höher als erwartet. Nach einem Jahr sei es ihm jetzt gelungen, die langjährige »gefälschte Buchführung« offenzulegen. Er werde darüber in zwei Tagen das Parlament unterrichten. Der Unterschied betrage fast 3 Mrd. US $. Er erwarte deshalb neue Schwierigkeiten mit dem IWF. Der Bundeskanzler berichtet von den gestrigen Gesprächen der 12 EG-Partner in Paris. Dort habe man Unterstützung für Ungarn verabredet. Auch er werde noch einmal prüfen, ob ein Überbrückungskredit möglich ist.

47 In der Nacht vom 10. zum 11. September 1989 öffnete Ungarn seine Grenze zu Österreich, womit der Weg in den Westen für ausreisewillige DDR-Bürgerinnen und -Bürger frei wurde. In den kommenden drei Wochen nutzten zehntausende Menschen aus der DDR die Chance, über Österreich in die Bundesrepublik zu gelangen. Bereits Anfang Mai 1989 hatten ungarische Soldaten Stacheldrahtverhaue an der Grenze zu Österreich abgerissen. Am 27. Juni hatten die Außenminister beider Länder Guyla Horn und Alois Mock bei Šopron symbolisch letzte Überreste des Zauns, der Mittel- und Westeuropa trennte, durchschnitten. Beim »Paneuropäischen Picknick« vom 19. August 1989 konnten schon hunderte Personen aus der DDR fliehen. Doch erst die offizielle Grenzöffnung öffnete den Weg in den Westen und trug zum Erosionsprozess der DDR bei, der zum 9. November 1989 und der Öffnung der Grenzübergangsstellen an den Sektorengrenzen Berlins führte, https://www.bundesstiftung-aufarbeitung.de/de/stiftung/aktuelles/11-september-1989-ungarn-oeffnet-die-grenze-zu-oesterreich (Abruf 31.1.2024); Bence Bauer, Ungarn ist anders, Budapest 2023, S. 127–133.

Németh spricht sich sehr positiv darüber aus, wie »behutsam« der Bundeskanzler mit der DDR umgehe. Das bringe ihm in Ungarn sehr viele Sympathien ein. Auch die Tatsache, daß die Bundesrepublik an der Spitze der Länder liege, die Ungarn helfen würden.

Németh bezeichnet Generalsekretär Krenz als Übergangslösung. Wichtiger sei Ministerpräsident Modrow. Der Bundeskanzler sei gut beraten, wenn er seine Gespräche mit der DDR-Führung erst nach dem SED-Parteitag führe. Eine geheime Delegation aus der Umgebung von Modrow sei bei ihnen in Ungarn gewesen, um die Reformgesetze zu studieren. Er möchte helfen. Andererseits sei er fest überzeugt, daß »beide deutsche Staaten zusammenkommen müssen«.

Noch am gleichen Abend fliegt Ministerpräsident Németh nach Budapest zurück. In seiner Tasche hat er das Wort des Bundeskanzlers, daß die Bundesregierung helfen werde, wenn in Ungarn Schwierigkeiten auftreten sollten. Beim Abschied sagt der Bundeskanzler zu mir, er werde den Ungarn nicht vergessen, was sie in einem entscheidenden Augenblick für Deutschland getan haben.

In der Tasche hat Ministerpräsident Németh auch die Zusage des Bundeskanzlers, noch in diesem Jahr nach Budapest zu kommen. Er will ihm auch ganz persönlich helfen.

Montag, 20. November 1989

Kanzlerlage um 8.30 Uhr. Wichtig ist für uns das gestrige Fernseh-Interview von SED-Generalsekretär Krenz, in dem er selbst zum erstenmal andeutet, daß der in drei Wochen stattfindende SED-Parteitag ihn nicht in seinem Amt bestätigen könnte. Der Bundeskanzler fühlt sich gerechtfertigt, daß er nicht auf den Wunsch von Krenz eingegangen ist, sich mit ihm sofort zu treffen. Die SPD fordert ihn seit Tagen dazu auf. Was soll jedoch ein Gespräch mit einem Mann bringen, der kurze Zeit später nicht mehr im Amt ist?

Deshalb war die Entscheidung des Bundeskanzlers richtig, erst einmal den Chef des Bundeskanzleramtes nach Ost-Berlin zu senden. Heute wird Bundesminister Seiters mit Krenz und mit Ministerpräsident Modrow zusammentreffen. Die Verhandlungslinie ist klar: Die Unterstützung der Bundesregierung hängt in entscheidendem Maße von der Durchführung politischer und wirtschaftlicher Reformen in der DDR ab. Absichtserklärungen reichen nicht aus. Drei Millionen DDR-Bürger waren am Wochenende wieder zu Besuch im Westen; seit dem 9. November insgesamt 8 Millionen, praktisch die Hälfte der DDR-Bevölkerung.

Im »Spiegel« von heute wird Ministerpräsident Modrow geradezu liebevoll charakterisiert als einer der wenigen SED-Größen, »die im Volk wirklich beliebt sind«, eine »Vier-Zimmer-Wohnung im neunten Stock einer Mietskaserne« bewohne, mit »seinen Nachbarn Hausfeste« feiere und »in der Kaufhalle um die Ecke Schlange« stehe. Eine Rührstory über einen braven Mann aus dem Volk für das Volk! Doch auch Lothar de Maizière von der Ost-CDU wird als »ein allseits angesehener Mann von untadeligem Ruf« bezeichnet, »der Kirche als Synodale eng verbunden«.

Doch völlig konträr zur heutigen ›Spiegel‹-Linie ist der Kommentar des Herausgebers, Rudolf Augstein, der sich überraschend deutlich für ein vereinigtes Deutschland ausspricht: »Es mag von Bonner Seite aus taktisch klug sein zu erklären, die Deutschen wollten gar keine Wieder- oder Neuvereinigung … Aber die Wahrheit ist es nicht«. Es mag zwar sein, »daß der Schlüssel im Kreml liegt«, aber das könne irgendwann anders sein. »Dann wird niemand die Deutschen in Ost und West hindern, ihre Interessen wahrzunehmen«.

Der Bundeskanzler, der von sich stets gerne behauptet, den »Spiegel« nicht zu lesen – er läßt ihn von Eduard Ackermann lesen – nimmt gleichwohl diesen Kommentar wohlig lächelnd auf. Wann wird er schon von Augstein bestätigt?

Umfragen sind heute veröffentlicht worden. Im ZDF-Politbarometer sprechen sich 70 % der Bundesbürger für die »Wiedervereinigung der beiden deutschen Staaten aus« und 48 % glauben, sie könne in den nächsten zehn Jahren erreicht werden. Laut EMNID im ›Spiegel‹ sind nur 27 % der Bundesbürger der Meinung, daß eine Wiedervereinigung möglich erscheint. Erfreulich hoch sind die Zahlen über die Bereitschaft der Menschen, der DDR finanziell zu helfen. Das Politbarometer berichtet über 81 %, der ›Spiegel‹ von 74 %, allerdings ohne Steuererhöhung. Unerfreulich sind die Zahlen über die Wahlaussichten. Die CDU hat im Vergleich zum Vormonat 1 % Zustimmung verloren und liegt nur bei 40 %; die SPD bei 38 %; FDP und Grüne je 8 %, wobei auch die FDP einen Punkt verloren hat. Die CDU verharrt seit langer Zeit auf einen Sockel von 40/41 % – das wäre zu wenig. Dem Bundeskanzler ist klar, daß die Regierung in die Offensive gehen muß. Im kommenden Jahr erwartet uns ein Wahlkampfmarathon.

Abschließend berichtet uns der Bundeskanzler noch einmal kurz vom EG-Gipfel Samstag abend in Paris. Präsident Mitterrand, Ministerpräsident González, Ministerpräsident Santer, Ministerpräsident Martens hätten sich sehr freundschaftlich verhalten. Der griechische und portugiesische Ministerpräsident hätten sich vor allem um die Mittelmeerprogramme besorgt gezeigt. Ausgesprochen kühl seien Ministerpräsident Thatcher und Ministerpräsident Lubbers gewesen. »Großes Schweigen« sei rund um den Tisch eingetreten, als es um die Frage ging, wer sich an der Stabilisierungshilfe für Polen beteiligen wolle, nachdem die USA 1 Mrd. US $ und wir 250 Mio US $ zugesagt hätten.

Doch ›Paris‹ wie ›Spiegel‹ beweisen, daß die internationale wie innenpolitische Diskussion über die Chancen einer Wiedervereinigung Deutschlands voll entbrannt ist. Sie ist nicht mehr aufzuhalten. Mehr und mehr sind wir uns dessen bewußt, doch die Weisung des Bundeskanzlers bleibt, in der öffentlichen Diskussion Zurückhaltung zu üben.

Auch die Revolution in Osteuropa zieht weitere Bahnen. Am Wochenende gab es Demonstrationen in Prag und Sofia. Heute wird der Parteitag in Bukarest eröffnet. Vielleicht setzt auch dort – trotz Ceauşescu oder gegen ihn – Bewegung ein?

Heute Vormittag überreicht der Sachverständigenrat zur Begutachtung der gesamtwirtschaftlichen Entwicklung dem Bundeskanzler das Jahresgutachten. Der Bundeskanzler äußert seinen »sehr herzlichen Wunsch«, daß die Mitglieder der Bundesregierung »ihren Sachverstand« zur Verfügung stellen, um angesichts der innerdeutschen Entwicklung und ihrer »tiefgreifenden wirtschaftlichen Konsequenzen« verläßliche Daten zur Verfügung zu haben, die die Bundesregierung für die »wirtschaftliche Weiterentwicklung der DDR« benötige. Gleichzeitig lehnt er öffentliche Vorschläge ab, jetzt die 3. Stufe der Steuerreform zu verschieben.

Am späten Nachmittag rede und diskutiere ich mit einem Gesprächskreis in Ochsenfurt. Die Zuhörer stehen sichtlich unter dem Bann der Ereignisse in der DDR und der Bilder nach Öffnung der Mauer. Die Diskussion konzentriert sich auf die Frage, ob und wann eine Wiedervereinigung möglich sein könne. Die Zuhörer wünschen es offensichtlich, aber der Gedanke daran raubt ihnen fast den Atem.

Wichtig erscheint mir, ihnen deutlich zu machen, daß im Augenblick gewissermaßen die Augen der ganzen Welt auf Deutschland gerichtet seien, einerseits voll Bewunderung über die Friedfertigkeit und über den Erfolg der Revolution in der DDR; andererseits voller

Sorge, ob die Stabilität in Europa gefährdet werden könne, auch dadurch, daß sich die deutsche Außenpolitik neu orientieren werde: weg vom Westen, hin zum Osten. Deshalb müsse und werde die Integration der Europäischen Gemeinschaft an Tempo gewinnen. Das sei die Botschaft des Bundeskanzlers Samstag abend in Paris gewesen.

Ein zweiter Gedanke scheint mir wesentlich, den Zuhörern zu erläutern. Das ist das Verständnis der Partner von der Rolle der Bundesrepublik Deutschland in der internationalen Politik, insbesondere in Europa, und das sind die Erwartungen, die sie daran knüpfen. So habe Präsident Bush – wie im Mai in Mainz[48] geschehen – den Deutschen »Partnerschaft in der Führung« angeboten; Präsident Gorbatschow spreche seit 1988 von der »Schlüsselrolle« der Bundesrepublik und Präsident Mitterrand beschwöre die »deutsch-französische Schicksalsgemeinschaft«. Diese Äußerungen dokumentieren das Gewicht der Bundesrepublik und das Vertrauen, das sie und ihre Politik international gewonnen habe. Und das lege uns Verantwortung auf, der wir gerecht werden müßten – durch Partnerschaft und Integration im Westen und durch Zusammenarbeit und Hilfe im Osten. Eine solche Politik lege uns zusätzliche Lasten auf. Diese Ausführungen sind für die Zuhörer sichtlich Neuland.

Für 21.00 Uhr hat mich der Bundeskanzler verdonnert, in seinem Bungalow an einem Gespräch mit guten Freunden von ihm teilzunehmen, die ihm helfen wollen, die Kommunikationsstrategie der Bundesregierung zu verbessern und eine solche für ihn persönlich zu entwickeln. Ich habe schon oft mit viel Sarkasmus gesagt, daß unsere Regierung einmal in die Geschichte eingehen werde als diejenige, die es sich geleistet habe, sich so schlecht als möglich zu »verkaufen«. Heute Abend sind wir uns einig, daß die hohe internationale Reputation des Bundeskanzlers innenpolitisch stärker genutzt werden müsse und daß die »deutsche Frage« eine »Brücke« sein könne für ein neues Image des Bundeskanzlers. Es wird verabredet, eine Arbeitsgruppe einzusetzen, die die Erfolgsbilanz der Bundesregierung, eine Strategie zur Auseinandersetzung mit der Opposition, die zukünftigen Schwerpunkte der Regierungspolitik bis zur Bundestags-Wahl und ein Konzept für Kommunikation erarbeiten solle. Zusätzliche Arbeit wartet auf mich.

48 Am 31. Mai 1989 besuchte US-Präsident George H. W. Bush erstmals die Bundesrepublik. Nach Gesprächen mit Bundeskanzler Helmut Kohl und Bundespräsident Richard von Weizsäcker in Bonn reiste er nach Mainz. In der Rheingoldhalle hielt er vor rund 2.000 Personen eine Grundsatzrede und sagte u. a.: »Der leidenschaftliche Wunsch nach Frieden kann nicht ewig verwehrt werden. Die Welt hat lange genug gewartet. Die Zeit ist reif. Europa muss frei und ungeteilt sein.« Bush bot der Bundesrepublik eine Teilhabe an der Führung der westlichen Welt an. Als »partner in leadership« sollten die USA und die Bundesrepublik darauf hinwirken, dass die Grenzen in Europa fallen wie in Ungarn. Er werde alles tun, um die geschlossenen Gesellschaften Osteuropas zu öffnen: »Wir streben die Selbstbestimmung für ganz Deutschland und alle Länder Osteuropas an. Wir werden nicht ruhen und uns nicht beirren lassen. Die Welt hat lange genug gewartet.« https://www.bundesregierung.de/breg-de/themen/deutsche-einheit/bush-fordert-ein-ungeteiltes-europa-403522 (Abruf 31.1.2024); Nachbetrachtungen, S. 616–618.

2. Kohls Zehn-Punkte-Plan

Dienstag, 21. November 1989

8.30 Uhr Kanzlerlage: Alle stehen wir unter dem Eindruck der Berichte über die Massendemonstrationen am gestrigen Abend in der DDR: 250.000 bei der schon traditionellen Montagsdemo in Leipzig; 50.000 in Halle; 40.000 in Chemnitz; 10.000 in Schwerin, Zehntausende in Ost-Berlin, Dresden, Cottbus, aber auch 200.000 in Prag. Erstmals ist bei diesen Demos die Forderung nach Wiedervereinigung unüberhörbar. Die Parole »Wir sind das Volk« wird weiterentwickelt zu »Wir sind ein Volk«. Der Funke zündet.

Bundesminister Seiters hat dem Bundeskanzler telefonisch einen ersten Bericht über seine gestrigen Gespräche in Ost-Berlin mit Krenz und Modrow durchgegeben. Sie seien nicht wesentlich über das hinausgegangen, was Modrow bereits in seiner Regierungserklärung gesagt habe. Die Gespräche müssen fortgesetzt werden. Er verabredet mit dem Bundeskanzler, daß er noch heute nachmittag der Presse berichten werde.

Bundesminister Genscher ist heute zu Gesprächen mit Außenminister Baker in Washington. Irritationen lösen Zeitungsmeldungen aus, daß Mitarbeiter von Außenminister Genscher die Frage der Modernisierung von nuklearen Mittelstreckenraketen (SNF)[49] als »lachhaft« bezeichnet hätten. Den Bundeskanzler ärgert weniger der Inhalt dieser Meldung als vielmehr die Tatsache, daß damit ohne Not ein Thema in der Öffentlichkeit »hochgespielt« werde, das gar nicht entscheidungsreif sei.

Für 10.30 Uhr bin ich mit meinem ›alten Bekannten‹, Nikolai Portugalow, verabredet. Portugalow ist Mitglied des ZK der KPdSU und Mitarbeiter des früheren Botschafters in Bonn, Valentin Falin, der jetzt Leiter der Abteilung für internationale Beziehungen im ZK ist. Portugalow spricht sehr gut deutsch und ist ein glänzender Kenner der deutschen Politik seit vielen Jahren. Er hatte immer gute Kontakte zur SPD und zur CDU. Er ist äußerst schlitzohrig, fast übertrieben freundlich, bei jedem Gespräch bestens vorbereitet, ständig Fragen stellend, ›viel Verständnis‹ für die Positionen des Gesprächspartners zeigend, sie jedoch hinterfragend, Gegenpositionen aufstellend unter Hinweis ›konservativer Kräfte‹ in der Sowjetunion, die es ja gebe und die nicht unberücksichtigt bleiben könnten – alles sehr geschickt, aber nicht unsympathisch, wenn man sein Auslegen der Leimruten beobachtet und um sie weiß. Er notiert alle Antworten mit Hinweis auf Präzision und Korrektheit, mit

49 Raketen mit Nukleargefechtsköpfen und einer Reichweite von 500 bis 1000 km wurden als Short-Range Nuclear Forces (SNF), dt.: nukleare Kurzstrecken-Raketen, laut INF-Vertrag vom 8. Dezember 1987, Art. II, Abs.6) klassifiziert. Die militärisch-strategische Bedeutung der SNF bestand v.a. darin, die Überlegenheit der UdSSR auf konventionellem Gebiet auszugleichen. Im Gegensatz zu den Intermediate Nuclear Forces (INF) und den Interkontinentalraketen, die zur Abschreckung dienten, stellten die SNF eine taktische Waffe dar, weshalb die deutsche Bundesregierung ein besonderes Interesse an der Abschaffung dieser Waffe sowie der LANCE-Rakete mit noch geringerer Reichweite hatte. Vor der NATO-Gipfelkonferenz in Brüssel am 29. und 30. Mai 1989 stand die Frage einer Modernisierung der Kurzstreckensysteme, für die sich v.a. Margaret Thatcher einsetzte, oder das Eingehen auf Verhandlungslösungen mit der UdSSR zur Debatte. Außenminister Genscher forderte die dritte Null-Lösung, d.h. den völligen Verzicht auf nukleare Kurzstreckenraketen, Bundeskanzler Kohl wollte die Entscheidung bis nach den Bundestagswahlen verschieben. Ab 1991 führten sowohl die USA als auch die UdSSR bzw. Russland bedeutende Reduzierungen der Anzahl ihrer nicht-strategischen Atomwaffen durch.

der er weiterberichten wolle, um Mißverständnisse zu verhindern oder »auszuräumen« bzw. Positionen zu klären und für gegenseitiges Verstehen zu sorgen. Dabei verdreht er die Augen, raucht wie ein Schlot und möchte gerne wiederkommen, weil ja alles zwischen der Sowjetunion und der BRD so wichtig sei. Anregend ist er, und wenn es nur darum geht, seine Fragen kennenzulernen, aber auch um bestimmte Informationen und Erläuterungen über die Politik des Bundeskanzlers transportieren zu lassen. Das Interesse an diesen Gesprächen ist also gegenseitig.

Heute erlebe ich Portugalow um vieles ernsthafter. Er wirkt fast etwas feierlich. Er übergibt mir ein von ihm handgeschriebenes Papier, entschuldigt sich für seine Schrift und für seine »schlechte« Übersetzung ins Deutsche. Der erste Teil habe amtlichen Charakter; es sei zwischen ihm, Falin und Tschernajew, dem außenpolitischen Berater von Präsident Gorbatschow, besprochen worden. Die Initiative zu diesem Gespräch sei von Tschernajew im Auftrag von Gorbatschow ausgegangen. Der 2. Teil enthalte weiterführende Überlegungen, die nur zwischen ihm und Falin besprochen worden seien.

Der »amtliche« Teil enthält eine Einschätzung der Entwicklung in der DDR. Der Präsident ginge davon aus, »daß in Bonn keine Zweifel darüber bestehen, daß die jüngste Entwicklung in der DDR ohne uns und erst recht gegen uns undenkbar gewesen wäre«. Sie hätten schon sehr frühzeitig gewußt, »im Grunde seit Morgendämmerung der Perestroika«, daß die Entwicklung so kommen werde.

Ich empfinde das als eine sehr wichtige Aussage, weil sich damit die Sowjetunion mit der Entwicklung voll identifiziert; ja sie übernimmt mit dem Hinweis auf die Perestroika sogar die Verantwortung dafür. Offen wird dann die Sorge angesprochen, daß die Entwicklung in den »deutsch-deutschen Beziehungen« eine »unerwünschte und gefährliche Richtung« nehmen könnte. Die Erläuterung dieser Aussage erfolgt in einer Reihe von »Fragen an den Bundeskanzler«: Wie beurteile der Bundeskanzler persönlich Tragweite und Perspektiven der Wende in der DDR? Was seien die Prioritäten? Gelte die deutsch-sowjetische Deklaration vom 12. Juni[50] [sic!] dieses Jahres fort? (Sie war vom Bundeskanzler und Präsident Gorbatschow gemeinsam in Bonn unterzeichnet worden.) Behalte der Aufbau der gesamteuropäischen Friedensordnung Priorität vor der Lösung der deutschen Frage bzw. ist er »unabdingbare Voraussetzung« dafür? Gelten die Ostverträge fort, bis eine gesamteuropäische Friedensordnung geschaffen sei, auch der Grundlagenvertrag? Könnte Modrow's Angebot einer »Vertragsgemeinschaft«[51] auf der Grundlage des Grundlagenvertrages ein »modus vivendi« sein?

50 Vom 12. bis 15. Juni 1989 weilte der KPdSU-Generalsekretär und Vorsitzende des Obersten Sowjet Michail S. Gorbatschow zum Staatsbesuch in der Bundesrepublik. Er und Bundeskanzler Kohl hielten Grundsätze zu den deutsch-sowjetischen Beziehungen im Sinne der Partnerschaft, Verständigung und des Vertrauens fest. Es sollte ein Verhältnis guter Nachbarschaft begründet und der Versöhnung der Völker gedient werden. Sie unterzeichneten am 13. Juni im Bundeskanzleramt in Bonn eine Gemeinsame Erklärung, die u. a. besagte, dass jeder das Recht habe, »das eigene politische und soziale System frei zu wählen« und weiter: »Die uneingeschränkte Achtung der Grundsätze und Normen des Völkerrechts, insbesondere Achtung des Selbstbestimmungsrechts der Völker« wurden festgehalten. Die »Gemeinsame Erklärung« enthielt Bekenntnisse bezüglich Menschenwürde, Selbstbestimmungsrecht, Abrüstung und Abrüstungskontrolle, Völkerrecht, Minderheitenschutz und Menschenrechte. Ferner hieß es: »Krieg darf kein Mittel der Politik mehr sein.« *Bulletin des Presse- und Informationsamtes der Bundesregierung*, 15.6.1989, S. 543; Nachbetrachtungen, S. 621–622, 738.

51 Siehe Anmerkung 44, S. 131.

So weit der amtliche, der erste Teil. Der zweite Teil spricht Fragen der Zusammenarbeit zwischen beiden deutschen Staaten an. Elektrisiert bin ich von Fragen zur ›Wiedervereinigung‹ bzw. ›Neuvereinigung‹, zum Beitritt der DDR zur EG, Allianzzugehörigkeit, Friedensvertrag. »Wie Sie sehen, denken wir in der deutschen Frage alternativ über alles mögliche, sogar quasi Undenkbares nach«. Portugalow wiederholt seine Interview-Äußerung, daß er sich vorstellen könne, daß sie »mittelfristig einer wie immer gearteten deutschen Konföderation grünes Licht geben« könnten.

Auf mich wirkt dieses Gespräch sensationell, aufregend. Wie weit sind die Überlegungen in der sowjetischen Führung zur deutschen Einheit schon vorangeschritten? Ich habe den Eindruck, weiter, als wir es uns bisher vorstellen konnten. Vorsichtig versuche ich, erste Antworten und Einschätzungen auf die vielen Fragen zu geben. Ich sage aber eine ausführliche, vertrauliche Antwort des Bundeskanzlers zu.

Viel wichtiger wäre es jedoch, wenn es möglichst bald zu einem persönlichen Gespräch zwischen dem Bundeskanzler und Präsident Gorbatschow kommen könnte. Ich gebe zu überlegen, daß dieses Treffen besser in einem nichtoffiziellen Rahmen stattfinden sollte. Ich erinnere an den Vorschlag Gorbatschows vom Oktober 1988 gegenüber dem Bundeskanzler, einmal gemeinsam den Heimatort Gorbatschows aufzusuchen. Das wäre vielleicht ein solcher denkbarer Ort. Portugalow reagiert begeistert. Ich hätte die Psychologie der Russen sehr gut verstanden, die eine Vorliebe für solche Gipfelbegegnungen hätten. Er wolle diese Anregung weitergeben.

Abschließend gibt auch Portugalow zu verstehen, daß Generalsekretär Krenz mit großer Wahrscheinlichkeit den SED-Parteitag im Dezember nicht überstehen werde. Deshalb sei es richtig, wenn der Bundeskanzler vorher nicht nach Ost-Berlin ginge. Nachfolger von Krenz werde Modrow sein. Ich bin für diese erneute Bestätigung unserer Position gegenüber Krenz sehr dankbar.

Sofort nach diesem Gespräch unterrichte ich den Bundeskanzler. Meine Schlußfolgerung ist kurz und einfach: Wenn schon Gorbatschow und seine Berater die Möglichkeit der Wiedervereinigung und die damit zusammenhängenden Fragen diskutieren, dann ist es höchste Zeit, daß wir das nicht länger im ›stillen Kämmerlein‹ täten, sondern in die Offensive gingen. Der Bundeskanzler hört meinem Bericht mit wachsender Aufmerksamkeit zu, fragt kurz nach und sagt dann, bereits auf dem Weg zu einem anderen Gespräch, wir müßten möglichst bald ausführlich darüber sprechen. Er stimmt zu, daß ein baldiges Gespräch mit Gorbatschow notwendig wäre. Mit meinen Mitarbeitern, Dr. Peter Hartmann und Dr. Uwe Kaestner, spreche ich äußerst angeregt über das Gespräch mit Portugalow. Wir sind einig, daß ›Unglaubliches‹ in Gang gekommen ist.

Unterbrochen werden diese Gedankengänge durch den zweistündigen Besuch des südkoreanischen Präsidenten Roh Tae Woo beim Bundeskanzler und das gemeinsame Mittagessen. Sie sprechen über die Entwicklung in der Sowjetunion, in Polen, Ungarn und in der DDR. Präsident Roh ist an Gesprächen mit Gorbatschow interessiert und deutet an, daß er die Unterstützung des Bundeskanzlers erhoffe. Sie ziehen Parallelen von den innerdeutschen Beziehungen zu den Problemen des geteilten Korea.[52] Die Bundesrepublik sei

52 Der südkoreanische Präsident Roh Tae-woo (1988 bis 1993) setzte sich für bessere Beziehungen zur Sowjetunion, zu China und indirekt zu Nordkorea ein, Länder, mit denen bisher keine diplomatischen Beziehungen bestanden; Vorbild war die deutsche Ostpolitik. Der Grundsatz zur friedlichen Wieder-

für Korea in vielen Bereichen »stets Vorbild« gewesen. Die jüngsten Entwicklungen und die weiteren Perspektiven für die Lösung der deutschen Frage seien aus koreanischer Sicht »beneidenswert«. Bisher sei das neue sowjetische Denken in der Außenpolitik gegenüber Südostasien ohne Auswirkung geblieben. Heikel sind die Fragen der inneren Demokratisierung Südkoreas, zu der der Bundeskanzler den Präsidenten ermutigt. Sie solle weitergeführt werden, antwortet Roh. Beide vereinbaren, in direktem persönlichen Kontakt zu bleiben. In seiner Tischrede beim anschließenden Mittagessen im Palais Schaumburg spricht Präsident Roh von den verstärkten Hoffnungen, die sich »auf ein wiedervereinigtes, friedliches und blühendes Deutschland« richten. »Es entspricht gewiß dem Gesetz der Geschichte, daß unsere beiden Völker die Mauer überwinden und die Wiedervereinigung erlangen werden«. So habe auch er vor kurzem »einen Plan zur Wiedervereinigung Koreas«[53] vorgelegt, der beide Teilstaaten zur nationalen Einheit zurückführen solle. Das koreanische Volk fühle sich durch die Entwicklung in den Beziehungen zwischen Ost- und Westdeutschland ermuntert.

Inzwischen ist Kanzleramtschef Seiters aus Ost-Berlin zurückgekehrt. Sofort nach der Verabschiedung des südkoreanischen Präsidenten unterrichtet er den Bundeskanzler über seine Gespräche mit Krenz und Modrow. Krenz habe ihm gegenüber noch einmal nachdrücklich bekräftigt, daß die in der DDR eingeleitete »Politik der radikalen Reformen unumkehrbar« sei. Für eine andere Politik stünden er und andere nicht zur Verfügung. Im Frühjahr solle das neue Wahlgesetz von der Volkskammer beschlossen werden. Die Wahlen seien frühestens für Herbst 1990 oder Frühjahr 1991 vorgesehen. Es sollen allgemeine,

vereinigung wurde erstmals in der neuen Verfassung vom 25. Februar 1988 in Artikel 4 gefordert. Neben dem Wunsch nach Einheit Koreas als oberstem Ziel und wirtschaftlichen Gründen war die Vermeidung eines möglichen Boykotts der Olympischen Sommerspiele 1988 in Seoul durch sozialistische Staaten ein weiteres Motiv. Ziele waren die Ermöglichung und Förderung des Besuchsaustauschs zwischen Nord- und Südkorea, besonders von Familienangehörigen, die Öffnung des Handels, in internationalen Fragen ein gemeinsames Handeln beider Staaten zu erlauben und Nordkorea nicht dabei zu behindern, Handel mit anderen Ländern zu treiben oder Beziehungen zu Verbündeten Südkoreas aufzunehmen.

53 Am 11. September 1989 einigten sich die Abgeordneten des südkoreanischen Parlaments auf einen »Vereinigungsplan für eine nationale Gemeinschaft«. Der von Staatspräsident Roh Tae-woo verkündete Plan war eine Überraschung, da er besagte, dass beide Koreas das System des jeweils anderen anerkennen und eine Koexistenz im Übergang zur kompletten Wiedervereinigung anstreben. Seit 1988 wurde an dieser Vereinigungsformel gearbeitet. Demzufolge sollten zwei Regierungen nebeneinander existieren sowie Süd- und Nordkorea in einer Übergangsphase bis zur Vereinigung zusammenarbeiten. Nach diesem Drei-Stufen-Plan sollten beide Staaten auf Aussöhnung und Kooperation ausgerichtet sein, im Rahmen des Übergangssystems einen Staatenbund und zuletzt einen Staat bilden. Nordkorea befand sich wegen des Systemwechsels in Mittel- und Osteuropa und der darauf folgenden Wirtschaftskrise in einer schwierigen Lage. Der neue Plan sollte eine wirklichkeitsnahe Reaktion auf die Zeit nach Ende des Kalten Kriegs sein. Verhandlungen zwischen Seoul und Pjöngjang führten 1991 zu einem Grundsatzabkommen. Beide Seiten einigten sich auf Anerkennung und Kooperation für eine Gemeinschaft. Ausschüsse sollten in verschiedenen Bereichen gebildet werden, u. a. für Wirtschaft, Gesundheit und Wohlfahrt. In dem innerkoreanischen Grundsatzabkommen von 1991 einigten sich beide Koreas auf eine gemeinsame Erklärung zur Denuklearisierung mit dem Bekenntnis, dass auf der koreanischen Halbinsel nie ein Atomkrieg ausbrechen sollte. Der Wandel der Weltpolitik ermöglichte Südkorea 1989 die Aufnahme diplomatischer Beziehungen zu Ungarn, Polen, Jugoslawien, 1990 zur Sowjetunion und 1992 zu China. Nach Verbesserungen im gegenseitigen Verhältnis brach aber Nordkorea am 29. Januar 1993 wegen amerikanischer Vorhaltungen, die Herstellung von Atombomben anzustreben, und wegen der Frage von Manövern der USA mit Südkorea weitere Verhandlungen ab.

freie, gleiche und geheime Wahlen sein. Krenz habe auch zugesagt, daß der Artikel 1 der DDR-Verfassung, der den politischen Monopolanspruch der SED verankere, geändert werden solle.

Doch genauso entschieden habe Krenz darauf hingewiesen, daß es innerhalb der neuen DDR-Führung einen Konsens in 3 Punkten gebe: Die DDR müsse ein sozialistischer Staat bleiben; sie bleibe ein souveränes Land, und die Wiedervereinigung stehe nicht auf der Tagesordnung.

Die Wirtschaftsordnung werde umgestaltet in Richtung einer an Marktbedingungen orientierten Planwirtschaft. Zugesagt worden sei, daß am kommenden Freitag weitere 33 Übergänge geöffnet werden. Krenz und Modrow erhoffen sich von erweiterten Reise- und Besuchsmöglichkeiten eine erhebliche Entlastung. Visa für die Bundesbürger sollen für die Dauer von 6 Monaten ausgestellt werden und für die ganze DDR gelten. Seiters berichtet über viele weitere Einzelheiten.

Die Bedingung der DDR sei jedoch, daß sich die Bundesregierung finanziell an den geplanten Reisefond beteilige. Der dafür erforderliche Finanzbedarf für die Bundesregierung werde bei 2 Mrd. DM liegen, befristet auf 2 Jahre. hn Jahr 1990 müsse die Bundesregierung mit ca. 1,3 Mrd. DM Begrüßungsgeld für DDR-Besucher rechnen.

Außerdem sei Krenz bereit, das Brandenburger Tor für Fußgänger zu öffnen. Das Treffen mit dem Bundeskanzler soll vor Weihnachten stattfinden. Das schließe er nicht aus, meint der Bundeskanzler. Vorerst müsse aber der Parteitag der SED abgewartet werden. Krenz werde dann sicherlich nicht mehr im Amt sein. Als Resümee des Berichtes von Seiters entwickelt der Bundeskanzler erstmals die Idee eines stufenweisen Vorgehens. Zuerst müßten jetzt die akuten Probleme gelöst werden. Das könne durchaus in der Form einer ›Vertragsgemeinschaft‹ geschehen, wie sie Modrow vorgeschlagen habe. Es läge ja bei der Bundesregierung, wie diese ausgestaltet würde. Freie Wahlen sollen so bald als möglich stattfinden. Danach müsse man beginnen, »konföderative Strukturen«[54] zu entwickeln. Ich vermerke mit größtem Interesse, daß die Überlegungen aus dem Gespräch mit Portugalow beim Bundeskanzler Wirkung zeigen.

Um 16.00 Uhr geht Bundesminister Seiters vor die Bundespressekonferenz und berichtet über seine Gespräche in Ost-Berlin. Sie sollen in 14 Tagen fortgesetzt werden. Ziel seiner Gespräche sei es gewesen, Antworten zu erhalten, was die Perspektiven und den Zeitrahmen für die angekündigten politischen Veränderungen betreffe, vor allem in bezug auf das Wahlgesetz und den Termin für freie Wahlen. Die Hilfe und Zusammenarbeit der Bundesregierung hänge von der Unumkehrbarkeit des politischen und wirtschaftlichen Wandels ab.

Im einzelnen erläutert Seiters konkrete Sofortmaßnahmen, zu denen die Bundesregierung bereit sei: Verbesserung der Kommunikationsmöglichkeiten, der Verkehrsbedingungen. Maßnahmen zum Umweltschutz, Finanzierung des Reise- und Besucherverkehrs, Vertiefung der wirtschaftlichen Zusammenarbeit und anderes mehr.

Seiters bedauert jedoch, daß Modrow im Grunde nicht über das hinausgegangen sei, was er in seiner Regierungserklärung gesagt habe. Das seien zwar »Schritte in die richtige Richtung«, die jetzt jedoch weiter konkretisiert werden müßten.

54 Handschriftlich korrigiert wurde »Stufen«.

Aus seinen Gesprächen mit DDR-Bischof Forck, Bischof Derzinski und drei Vertretern des »Demokratischen Aufbruchs« zieht Seiters die Schlußfolgerung, daß freie Wahlen in der DDR »vor der Sommerpause 1990 nicht realistisch« wären. Eher käme der Herbst oder ein späterer Zeitpunkt in Frage. überraschenderweise konzentrieren sich fast alle Fragen der Journalisten auf Details wie Begrüßungsgeldregelung und dergleichen. Die politische Gesamtstrategie spielt praktisch keine Rolle.

Am Nachmittag diskutiere ich mit einer Gruppe von jungen Offizieren der Bundeswehr, die an einem Generalstabslehrgang der Führungsakademie in Hamburg teilnehmen. Es ist eine erfrischende Runde. Ich bin immer wieder von der Qualität unserer Generalstabsoffiziere beeindruckt. Geistige Beweglichkeit, intellektuelle Neugier verbinden sich mit gutem Stil und Präzision. So sind auch die Generalstabsoffiziere, die in meiner Abteilung arbeiten, ob das mein persönlicher Mitarbeiter ist, Oberstleutnant i.G. Domröse oder der Kapitän zu See, Lange, der die Gruppe 23 leitet, die für Verteidigungs- und Sicherheitspolitik zuständig ist.

Am späten Nachmittag sucht mich der außenpolitische Mitarbeiter von Bundeskanzler a.D. Willy Brandt auf. Lindenberg unterrichtet mich über die Gespräche Brandts am 17. Oktober in Moskau und überreicht mir für den Bundeskanzler Teile des Gesprächsprotokolls Brandt-Gorbatschow. Darin ist der Hinweis enthalten, daß die sowjetische Führung über die Parteitagsrede Kohls im September in Bremen[55] irritiert gewesen sei. Dort hatte der Bundeskanzler die Aussagen zum Selbstbestimmungsrecht und zur »Überwindung der Teilung Europas« aus der »Gemeinsamen Erklärung«, die er mit Gorbatschow im Juni in Bonn unterzeichnet hatte, in einen Zusammenhang mit der deutschen Frage gestellt. Das war für Moskau zu diesem Zeitpunkt noch unzulässig.

Lindenberg berichtet, daß Willy Brandt entschlossen sei, in Zusammenhang mit den innerdeutschen Veränderungen noch einmal eine besondere Aufgabe zu übernehmen, auch was das Gespräch mit Moskau betreffe. Dr. Vogel als Vorsitzender der SPD ließe ihn gewähren, was nicht selbstverständlich sei. Der Bundeskanzler solle das wissen. Es wäre deshalb wünschenswert, daß der Bundeskanzler und Willy Brandt zusammentreffen.

Ich sehe keine Schwierigkeit. Beide haben auch in der Vergangenheit Gespräche geführt, und ich weiß vom Bundeskanzler, daß er sie sowohl vom Inhalt als auch von der Atmosphäre her immer sehr geschätzt hat. Bei mehreren Gläsern Rotwein tauschen sie stets ihre Meinungen über alle Fragen, auch über den jeweiligen Zustand ihrer Parteien, aus.

55 Auf dem 37. CDU-Bundesparteitag vom 11. bis 13. September 1989 in Bremen konnte sich Helmut Kohl als Parteivorsitzender gegen seine Widersacher, u.a. Ernst Albrecht, Kurt Biedenkopf, Norbert Blüm, Lothar Späth, Rita Süssmuth und Heiner Geißler (CDU-Generalsekretär 1977–1989) durchsetzen. Geißler befürchtete eine Abnahme der Umfragewerte bei der kommenden Bundestagswahl, Kohl hingegen, der eine konservativere Richtung befürwortete, dass Geißler die Partei weiter nach links rücken würde. Kohl wurde mit 77% zum CDU-Vorsitzenden wiedergewählt. Kohl hatte Geißler schon vorher zu verstehen gegeben, dass er eine weitere Kandidatur nicht unterstützen würde. Stattdessen wurde Volker Rühe Generalsekretär der CDU. In seiner Rede verwies Kohl auf die Umwälzungen im Osten, in der UdSSR, in Ungarn, Polen und der DDR und dass die Anhänger der SPD als die ewig Gestrigen noch immer vom Sozialismus träumten. Er sprach von der Einheit aller Deutschen, die Zukunft Europas, die Bewahrung der Schöpfung und der Familie als Mittelpunkt der Gesellschaft. V.a. gab er die Grenzöffnung von Ungarn zu Österreich für DDR-Flüchtlinge bekannt, was eine Sensation war und die parteiinternen Kritiker verstummen ließ; Nachbetrachtungen, S. 631–633.

Für den Bundeskanzler ist es wichtig, daß Willy Brandt als Vorsitzender der Sozialistischen Internationale[56] gerade in Fragen der Hilfe für die Reformbemühungen im Osten Einfluß auf seine sozialistischen Kollegen nimmt. Das hilft allen Beteiligten.

Um 18.00 Uhr sucht mich noch einmal Chongwhi Kim im Auftrag seines Präsidenten Roh auf. Kim ist sein außen- und sicherheitspolitischer Berater. Wir diskutieren eingehend die Veränderungen in der Sowjetunion, in Polen, Ungarn und in der DDR. Kirn ist brennend daran interessiert, soviel Hintergrund als möglich zu erfahren. Er bittet mich im Auftrag seines Präsidenten, für ihn hochrangige Gesprächspartner in Moskau für vertrauliche Gespräche zu vermitteln, da sie auf offiziellem Wege keinen Erfolg hätten. Ich bin bereit dazu. Gleichzeitig empfehle ich ihm, auch den ungarischen Außenminister Horn anzusprechen, den sie auf ihrer nächsten Besuchsstation in Ungarn treffen würden. Horn verfüge über gute Kontakte und sei auch für uns wiederholt sehr hilfreich gewesen.

Von unserer Botschaft in Moskau ist heute ein Telegramm eingegangen, das über die Äußerungen von Außenminister Schewardnadse vom 17. November vor dem Auswärtigen Ausschuß des Obersten Sowjet berichtet. Schewardnadse knüpft an die Rede Gorbatschows in der letzten Woche vor den Studentenvertretern an. Danach könne die deutsche Frage nur auf der Grundlage der entstandenen Realitäten in Europa und im Einklang mit dem gesamteuropäischen Prozeß behandelt werden.

Schewardnadse schließt »einseitige« Änderungen des Status quo aus. »Gemeinsame« friedliche Veränderungen könnten jedoch im gesamteuropäischen »Konsens« erfolgen. Über die entstandenen Realitäten könne »nur gemeinsam und im gegenseitigen Einvernehmen« verfügt werden. Das sei auch die Auffassung »unserer westlichen Partner«.

Der heutige Tag zeigt, wie das Thema »deutsche Frage« auch international weiter seine Kreise zieht – von Moskau bis Seoul.

Mittwoch, 22. November 1989 (Buß- und Bettag)

Sondersitzung des Europäischen Parlaments in Straßburg. Gegenstand der Aussprache sind »die Ereignisse in Mittel- und Osteuropa« sowie »deren Auswirkungen auf die Entwicklung der Europäischen Gemeinschaft«. Der Bundeskanzler und Präsident Mitterrand treten gemeinsam auf. Das zu erreichen, war schwierig genug gewesen. Mehrfach hatte ich mit Jacques Attali im Elysée telefoniert. Gestern morgen lag noch keine Zusage Mitterrands vor. Es hieß, Außenminister Roland Dumas werde für ihn kommen. Am Nachmittag entschließt sich Mitterrand doch noch, an der Sondersitzung des EP teilzunehmen.

56 Die am 30. Juni 1951 im Kalten Krieg in bewusster Abgrenzung gegenüber dem Sozialismus der Sowjetunion gegründete Sozialistische Internationale (SI), ein Zusammenschluss sozialdemokratischer und sozialistischer Parteien und Organisationen, mit Sitz in London, bekannte sich zu demokratischen und freiheitlichen Grundwerten und grenzte sich von ihren Vorgängerorganisationen, der Internationalen Arbeiter-Assoziation 1864 und der Kommunistischen Internationalen (Komintern) 1919–1943 in Moskau, ab. Die SI-Mitgliedsparteien waren frei in ihren Entschlüssen, aber der Idee des Sozialismus verpflichtet. Der frühere Bundeskanzler Willy Brandt war von 1976 bis 1992 Vorsitzender der SI, seine Stellvertreter Bruno Kreisky und Olof Palme. Ihre Anliegen waren es, der SI eine relevante Rolle im weltweiten Nord-Süd-Dialog zu übertragen und Staaten beim Übergang in die Demokratie zu unterstützen, wie z. B. Portugal und Spanien. 1989 wurde ein neues Grundsatzprogramm verabschiedet, das auch für Frieden, die Fortführung der Entspannungspolitik und Umweltschutz eintrat. Michail Gorbatschow sprach vor dem SI-Kongress vom 15. bis 17. September 1992 in Berlin, https://www.socialistinternational.org/congresses/xix-congress-of-the-socialist-international-berlin/ (Abruf 31.1.2024).

Das ist ein wichtiges Signal an das Europäische Parlament: Deutschland und Frankreich wollen ihre Schrittmacherrolle in der Europapolitik gemeinsam fortsetzen. Präsident Mitterrand berichtet dem Parlament über die Ergebnisse des EG-Gipfeltreffen am Samstag abend in Paris. Der Bundeskanzler erläutert die Haltung der Bundesregierung zu den revolutionären Prozessen in der DDR und in den anderen Warschauer-Pakt-Staaten.

Vor allem geht es ihm darum, den europäischen Parlamentariern zu versichern, daß die Bundesregierung sich auch zukünftig für die Einigung Europas einsetzen will: »Die Entwicklung der Europäischen Gemeinschaft muß weitergehen«. Sie habe die Reformprozesse im Osten entscheidend gefördert. Es wäre deshalb falsch, »wenn wir diesen Prozeß der europäischen Einigung ausgerechnet jetzt den Schwung nehmen würden«.

Der Bundeskanzler wirbt dafür, daß zu Europa auch die Staaten Mittel- und Südosteuropas gehören, einschließlich DDR. Deshalb müsse die Gemeinschaft entsprechend der Einheitlichen Europäischen Akte[57] eine gemeinsame Außenpolitik erarbeiten und verwirklichen. »Jetzt ist die Stunde europäischer Solidarität«, ruft der Bundeskanzler den Abgeordneten zu. Und er weist vor allem auf Polen und Ungarn hin, die jetzt dringend Hilfe bräuchten.

Auf das engste verknüpft der Bundeskanzler das Schicksal des geteilten Deutschlands mit der Spaltung Europas: Die Teilung Deutschlands sei seit jeher sichtbarer Ausdruck der Teilung Europas. Die Einheit Deutschlands werde deshalb nur vollendet werden können, »wenn die Einigung unseres alten Kontinents voranschreitet«.

Unmißverständlich macht der Bundeskanzler klar, daß seine Regierung an dem Ziel der deutschen Einheit festhält. Jeder in Europa und in der Bundesrepublik werde aber die Entscheidung respektieren müssen, die die Menschen in der DDR in freier Selbstbestimmung treffen. Die Reaktion der Abgeordneten ist überwältigend. Die Tagesschau kommentiert das Ereignis als einen »Höhepunkt« des Europäischen Parlaments.

Im französischen Senat findet heute eine Debatte über die französische Ostpolitik statt. Gestern hatte der Elysée einen Besuch von Präsident Mitterrand für den 20.–22.12. in der DDR angekündigt.[58] Es war vorher keinerlei Fühlungnahme mit uns vorausgegangen, was

57 Am 1. Juli 1987 trat die Einheitliche Europäische Akte (EEA) in Kraft, nachdem sie von zwölf EG-Mitgliedstaaten ratifiziert worden war. Zentraler Inhalt ist eine Änderung des Vertrages über die Europäische Wirtschaftsgemeinschaft (EWG) durch einen Zusatzvertrag zu den Verträgen zu EGKS, EWG und EURATOM. Der Europäische Rat, Gremium der Staats- und Regierungschefs, das sich mindestens zweimal im Jahr traf, sollte zur Schaffung eines Binnenmarktes bis zum 1. Januar 1993 beitragen und mit qualifizierter Mehrheit entscheiden. Der Europäische Rat übertrug im Regelfall der Kommission die Durchführungsbefugnisse. Formal wurde die Zuständigkeit des Rates erst im Vertrag über die Europäische Union festgelegt. Die Zustimmung des Europäischen Parlaments war nun bei Erweiterungs- und Assoziierungsabkommen erforderlich und seine Rolle wurde gestärkt. Als neue Politikbereiche traten Sozialpolitik, Forschung und Entwicklung sowie Umweltpolitik hinzu. Ferner wurde die Grundlage für das Gericht erster Instanz neben dem Europäischen Gerichtshof als eines der Rechtsprechungsorgane der EU geschaffen.

58 Der französische Präsident François Mitterrand bezeichnete die Öffnung der Berliner Mauer am 10. November 1989 bei einem Besuch in Kopenhagen als »ein glückliches Ereignis«, äußerte sich positiv über die Entwicklungen in Deutschland, verglich die Geschehnisse später mit der französischen Revolution 1789 und erkannte die Legitimität des deutschen Strebens nach Einheit an. Bedingungen seien aber, dass Gorbatschow nicht geschwächt, die Wiedervereinigung demokratisch und friedlich sowie in Europa integriert werde und mit dem Einverständnis aller betroffenen Länder erfolge, siehe Anmerkung 26, 32, S. 106, 116. Während die Mehrheit der Franzosen die Einheit befürwortete, schwankte Mitterrand zwischen Furcht vor der möglichen Bildung eines unberechenbaren zwischen den Blöcken lavierenden neuen Machtzentrums in der Mitte Europas, und dem Verlangen, den Prozess, der nicht aufzuhalten schien, zu kontrollieren sowie diesen nicht zu stoppen und zu verhindern, wie es Thatcher wollte; Nachbetrachtungen, S. 669–670, 672, 676.

wir angesichts der brisanten Entwicklung in der DDR und auch angesichts der öffentlich bekannten Absicht des Bundeskanzlers, nach dem SED-Parteitag nach Ost-Berlin zu reisen, erwarten konnten. Mitterrands Termin schränkt die Terminmöglichkeiten des Bundeskanzlers für seine Gespräche mit der DDR-Führung vor Weihnachten erheblich ein. Glücklich sind wir darüber nicht.

Heute hat der Elysée angekündigt, daß sich Präsident Mitterrand am 6.12. mit Gorbatschow in Kiew treffen wolle. Das Rätselraten über die Absichten Mitterrands beginnt, zumal er beide Besuche noch in seiner Eigenschaft als europäische Präsidentschaft[59] durchführen wird.

In der Senatsdebatte wird die »deutsche Frage« wiederholt angesprochen. Die Redner haben erkannt, daß sich die deutsche Einheit schneller als erwartet vollziehen könnte und fordern eine europäische Einbettung der Deutschen. Außenminister Dumas gesteht den Deutschen ausdrücklich zu, daß sie wie jedes andere Volk das Recht hätten, über ihr Schicksal selbst zu entscheiden. »Natürlicherweise« sei deshalb die »Kontroverse über die Wiedervereinigung der beiden Deutschland im Herzen dieser Dialektik aufgetaucht«. Er plädiert jedoch dafür, die jetzige Entwicklung »in ruhige Bahnen« zu lenken. Es wäre gefährlich, »an die Pakte, wie an die Allianzen und die Grenzziehungen« zu rühren. Und wenn man auf die Gefühle der Deutschen Rücksicht nehmen müsse, so gelte das auch für die Nachbarn.

Erfreulicherweise weist Dumas daraufhin, daß das Engagement der Bundesrepublik in der EG unbezweifelbar sei: »Dieses Engagement bleibt bestimmend. Die deutsche Frage wird ihre Lösung am Ende eines Reifungsprozesses finden, den wir weder zu behindern noch zu beschleunigen haben. Diese Lösung wird diejenige sein, die Europa ihr gibt«.

Heute treffen auch die Drahtberichte unserer Botschaft in Washington über die Gespräche von Außenminister Genscher am Dienstag in Washington ein. Dort traf er mit Präsident Bush und Außenminister Baker zusammen. Überraschenderweise sprachen beide gleich zu Beginn ihres Gesprächs Genscher auf Äußerungen von seinen Mitarbeitern an, die die Frage der SNF-Modernisierung öffentlich in Frage gestellt hatten, was großen Widerhall in der amerikanischen Presse fand. Bush bat Genscher, das Thema, wie beim Gipfeltreffen in Brüssel beschlossen, erst 1992 zu behandeln.

Außenminister Genscher bekräftigte, daß die Bundesrepublik »loyal zum Bündnis und zu unseren Verpflichtungen aus der EG« stünde. Die Allianz sei unverzichtbar. Sie müsse jedoch ihren »politischen Charakter« stärken und sich mehr den Fragen der Abrüstung und Rüstungskontrolle und »kooperativen Sicherheitsstrukturen« zuwenden.

Präsident Bush berichtete, daß Gorbatschow über die deutsche Einigung sehr besorgt sei. Die USA unterstützten das Anliegen der Deutschen nach Selbstbestimmung und Einheit. Der Prozeß könnte jedoch noch schneller verlaufen als sie es jetzt erwarten würden. Bush kündigte an, daß er seinen bevorstehenden Gesprächen mit Gorbatschow vor Malta die Grenzen dessen Handlungsmöglichkeiten ausloten wolle, wie weit er sich in der deutschen Frage bewegen könne und wolle.

In seinem Gespräch mit Außenminister Baker wies Außenminister Genscher daraufhin, daß sich augenblicklich eine »Wiedervereinigung von unten« abzeichne. Ausdrücklich sprach er sich gegen eine baldige Viermächtekonferenz über Deutschland aus und gegen einen formellen Friedensvertrag, weil damit die Deutschen singularisiert würden. Auch Baker bekräftigte, daß es amerikanische Politik sei, Ja zur deutschen Wiedervereinigung

59 Ratspräsidentschaft der EG

zu sagen. Diese Haltung werde sich nicht ändern. Dagegen gebe es starke Befürchtungen in der Sowjetunion. Washington wünsche sich nur, daß sie die Entwicklung in friedlicher und stabiler Form vollziehe. Wiedervereinigung sei und bleibe amerikanische Politik. Die sensitive Frage sei nur das Wann und Wie.

Mit diesen Aussagen von Präsident Bush und Außeminister Baker ist jetzt völlig klargestellt, daß sich die USA als erster Partner eindeutig und ohne Vorbehalt für die Einheit Deutschlands aussprechen.

Donnerstag, 23. November 1989

Um 9.00 Uhr tritt das Bundeskabinett zusammen. Seiters gibt einen umfassenden Bericht über seine Gespräche mit Krenz und Modrow Anfang der Woche in Ost-Berlin. Der Bundeskanzler dankt ihm für die besondere Belastung, die Seiters jetzt zu tragen habe. Er schildert seine Erfahrungen auf dem EG-Gipfeltreffen in Paris und beim Europäischen Parlament in Straßburg. Über das Echo in Paris, Polen und Ungarn zu unterstützen, sei er unzufrieden. Im Europäischen Parlament habe sich die sozialistische Fraktion erfreulicherweise sehr kooperativ verhalten.

Stoltenberg mahnt an, daß die Bundesregierung die Meinungsführerschaft in der Deutschlandpolitik sicherstellen müsse. Auch der Eindruck in der Presse, daß die DDR-Bürger hängengelassen würden, müsse schnellstens korrigiert werden. Die Bundesregierung solle deshalb einige ihrer Vorschläge für die Zusammenarbeit weiter konkretisieren. Schäuble unterstreicht die Dringlichkeit des Reisegesetzes in der DDR. Die aufgeflackerte Diskussion innerhalb der DDR-Führung über die Einführung verschärfter Zollkontrollen habe die Zahl der Übersiedler sofort wieder ansteigen lassen. Dagegen beharrt Hausmann auf eine marktwirtschaftliche Öffnung der DDR. Sie müsse die Voraussetzung für wirtschaftliche Hilfe bleiben. Milliardenkredite wären sonst ohne Wirkung.

Genscher zieht Bilanz seiner Gespräche in Washington. Dort gebe es eine beachtlich positive Meinung über die Deutschen. Das habe sich auch in seiner Pressekonferenz widergespiegelt. Aber die USA seien daran interessiert, daß es in Europa zu keinen Erschütterungen komme; dennoch seien die Amerikaner gelassener als die europäischen Nachbarn. Er habe darauf hingewiesen, daß jetzt auf der Montagsdemonstration in Leipzig »von einem Volke« gesprochen worden sei.

Der KSZE-Prozeß[60] – so Genscher – könne für die deutsch-deutsche Annäherung stabile Bedingungen schaffen. Im Rahmen der Annäherung zwischen West und Ost in

60 Auf Drängen der Sowjetunion und ihrer verbündeten sozialistischen Staaten wurde seit Mitte der 1950er und intensiviert seit den 1960er Jahren eine gesamteuropäische Sicherheitskonferenz gefordert, in der der bestehende Status quo Europas vertraglich festgeschrieben werden sollte. Die Vorschläge erfolgten zunächst ohne Berücksichtigung der USA. Die sich entwickelnde Entspannungspolitik verstärkte das Interesse an einer weitreichenden Verständigung. Aufgrund eines finnischen Vorschlags vom 9. Mai 1969 fanden zwischen 1972 und 1973 drei Vorbereitungskonferenzen in Genf statt, so dass die Unterzeichnung der Schlussakte der Konferenz über Sicherheit und Zusammenarbeit (KSZE) von Helsinki am 1. August 1975 durch 35 Staaten erfolgte. Diese ist zwar kein völkerrechtlich verbindlicher Vertrag aber ein die Staaten selbst verpflichtendes Dokument. Strittig waren die Verbindung zwischen Prinzipien von staatlicher Souveränität, der Nichteinmischung in innere Angelegenheiten wie der Unverletzlichkeit von Grenzen einerseits und der Forderung nach Gewährung von Menschenrechten wie Recht auf Information, Freizügigkeit und Meinungsfreiheit auf der anderen Seite. Es entwickelten sich langwierige Diskussionen bei der Umsetzung der Nachfolgekonferenzen in Belgrad (1977–1978), Madrid (1980–1983) und Wien (1986–1989).

Europa darf es keinen Sonderweg der Deutschen geben. Der Westen dürfe auch »keine einseitigen Vorteile« aus den destabilisierenden Entwicklungen im Osten ziehen. Für die Zusammenarbeit mit der DDR empfiehlt Genscher die »Vertrauensgemeinschaft« mit einer »Vertragsgemeinschaft« zu »ergänzen«. Abschließend stellt er fest, daß es ein »sehr harmonischer und sehr freundschaftlicher Besuch« gewesen sei.

Um 11.00 Uhr tritt der Bundessicherheitsrat zusammen. Bereits sein Zusammentreten soll geheim bleiben, doch das wird nie erreicht. Die Zahl der Teilnehmer ist so groß, daß die Presse jedesmal im voraus davon erfährt. Das ist auch heute wieder der Fall. Es geht vor allem um die Bundeswehrplanung für die neunziger Jahre. Die politischen Ereignisse in Gesamteuropa und die sich abzeichnenden Abrüstungsergebnisse werfen auf die Planungen des Verteidigungsministeriums bereits ihre Schatten voraus. Nichts wird mehr so bleiben wie geplant.

Heute Nacht hat Präsident Bush in einer landesweit ausgestrahlten Fernsehrede zum amerikanischen Erntedankfest gesprochen. Seine Rede ist überwiegend außenpolitischen Themen gewidmet. Durch Geduld und Beharrlichkeit hätten Erfolge erreicht werden können, insbesondere historische Veränderungen in Osteuropa. Polen und Ungarn »verdienen und erhalten unsere Unterstützung«. Bush spricht von neuen Krediten, Zuschüssen und Teams amerikanischer Wirtschaftsexperten.

Er erinnert daran, daß er im Mai »fünf Schritte fixiert (habe), die die Sowjets tun sollten, und die zwangsläufig zu besseren Beziehungen zum Westen führen werden: (1) Reduzierung der sowjetischen Truppenstärke; (2) Unterstützung der Selbstbestimmung in Osteuropa; (3) Zusammenarbeit bei regionalen Konflikten; (4) Aufbau eines dauerhaften Pluralismus; Respekt vor Menschenrechten;(5) Zusammenarbeit bei der Lösung weltweiter Probleme wie Drogen und Umwelt. Bush stellt fest, daß die Sowjetunion in allen 5 Bereichen Fortschritte gemacht hat. Auffallend positiv würdigt er Gorbatschow als »dynamischer Architekt der sowjetischen Reformen«. Er selbst sagt von sich, daß es »keinen größeren Anwalt von Perestroika als den Präsidenten der Vereinigten Staaten« gebe.

Für die Begegnung mit Gorbatschow in 10 Tagen vor Malta kündigt er »keine Überraschungen« für die Verbündeten an. Mahnend spricht er davon, daß »eine Zeit historischer Veränderungen keine Zeit für Leichtsinn« sei. Die friedliche Entwicklung sei ermutigend.

Neben Gorbatschow wird nur der Bundeskanzler namentlich genannt. Bush berichtet seinen Landsleuten:

»Nicht lange nach dem Beginn der Öffnung der Mauer telefonierte Bundeskanzler Kohl mit mir, und er bat mich, Ihnen, dem amerikanischen Volk, seinen Dank zu übermitteln. Er sagte, diese außerordentlichen Änderungen in Osteuropa hätten nicht stattfinden können ohne die unerschütterliche Unterstützung durch die Vereinigten Staaten. Damit drückt ein guter Freund seinen Dank in rechter Weise aus.«

Das ist ein ungewöhnliches Zeichen politischer und persönlicher Wertschätzung für den Bundeskanzler und zeigt, daß er mit der vollen Unterstützung des Präsidenten rechnen kann. Er hat mit Präsident Bush einen hervorragenden Freund im Weißen Haus. Ein außerordentlich freundschaftliches Zeichen hat heute auch das Europäische Parlament gesetzt, vor dem gestern der Bundeskanzler und Präsident Mitterrand gesprochen haben. Es hat eine Resolution mit 255 gegen 2 Stimmen bei 32 Enthaltungen verabschiedet, in der es u. a. heißt:

Das Europäische Parlament »vertritt die Auffassung, daß die Bevölkerung der DDR von ihrem Recht auf Selbstbestimmung Gebrauch machen kann, d. h. das Recht zu bestimmen, welches politische und wirtschaftliche System entwickelt und welche Staatsform angestrebt werden sollte, einschließlich der Möglichkeit, Teil eines vereinigten Deutschlands und eines einigen Europas zu sein«.

Diese eindrucksvolle Entschließung beweist, wie wichtig es war, daß der Bundeskanzler persönlich vor das Europäische Parlament trat. Er hat mit seiner gestrigen Rede, die immer wieder von viel Applaus aus allen Fraktionen bedacht worden war, die richtigen Worte gefunden und heute die überragende Zustimmung durch dieser Resolution erneut bestätigt bekommen. Das Ziel der deutschen Einheit beginnt sich auch international durchzusetzen.

Um 17.30 Uhr rede ich in Bad Neuenahr auf einer Tagung der Studiengesellschaft für Zeitprobleme über »Die deutsche Frage in der Außen- und Sicherheitspolitik«. Auch sowjetische und polnische Gäste nehmen teil. Meine These, daß die Forderung nach Wiedervereinigung in der DDR immer häufiger ertönt und an Zustimmung gewinnt, wird lebhaft diskutiert. Ich begründe diese Forderung damit, daß die Wiedervereinigung für die Menschen in der DDR zum Instrument wird, die politischen und wirtschaftlichen Reformen so rasch als möglich durchzusetzen. Sie haben kein Vertrauen in Krenz und Modrow. Und wer sollte die Menschen in der DDR am Ende noch hindern, diese Forderung nach Einheit durchzusetzen? Ich zitiere den früheren Hamburger SPD-Bürgermeister von Dohnanyi, der die SPD im STERN gewarnt habe, einen »historischen Fehler« zu begehen, wenn sie sich nicht klar für ein »staatlich vereinigtes Deutschland« ausspreche. Ich zitiere Frau Brigitte Seebacher-Brandt, die Ehefrau von Willy Brandt, die vor zwei Tagen in der FAZ von den Linken verlangt habe, »Einsicht zu nehmen in die Unwägbarkeiten der Volksseele« und sich ebenfalls für die deutsche Einheit ausgesprochen habe. Und ich füge hinzu: Wer ständig dazu aufrufe, die Menschen in der DDR nicht zu bevormunden, darf ihnen auch nicht einreden wollen, daß die Zweistaatlichkeit die beste Lösung sei. Auch darüber wollen diese Menschen selbst bestimmen.

Um 20.00 Uhr ist wieder einmal ein Gespräch mit dem Bundeskanzler in seinem Bungalow angesetzt. Es ist heute eine größere Runde versammelt. Das Thema soll die PR-Arbeit für den Bundeskanzler im letzten Jahr vor der Bundestags-Wahl sein.

Wie immer sitzen wir an dem großen runden Tisch im Eßzimmer und beginnen mit einem kräftigen und reichlichen Abendessen. Dem Bundeskanzler schmeckt es wie immer sichtlich. Er greift kräftig zu. Er hat Jacke und Krawatte abgelegt, trägt seine unverwüstliche Strickjacke und bequeme Sandalen. Er genießt diese Augenblicke sehr.

Mit dabei sind Seiters, Johnny Klein, Eduard Ackermann, Wolfgang Bergsdorf, Baldur Wagner, die beiden Redenschreiber Dr. Prill und Dr. Mertes, Dr. Eisel, Gibowski von der Forschungsgruppe Wahlen, Juliane Weber und ich.

Zuerst sprechen wir über die Reise des Bundeskanzlers in die DDR, die jetzt für den 19. Dezember vorgesehen ist. Die Diskussion konzentriert sich sehr schnell auf den Punkt, daß jetzt der Zeitpunkt gekommen sei, daß der Bundeskanzler öffentlich die Meinungsführerschaft in der deutschen Frage, d.h. konkret in der Frage der Wiedervereinigung übernehmen müsse. Die öffentliche Diskussion in der Bundesrepublik wie im Ausland gewinne an Intensität und wird zugleich diffuser. Alle stimmen darin überein, daß sich der Bundeskanzler an die Spitze der Bewegung stellen müsse. Das sei übrigens auch die beste PR-Arbeit für ihn, wenn er inhaltlich führe.

Ich schlage deshalb vor, ein Konzept zu erarbeiten, das einen gangbaren Weg zur deutschen Einheit aufzeigt, also realistisch sein müsse und eingebettet sein müsse in ein Konzept einer gesamteuropäischen Friedensordnung. Nächste Woche finde die Haushaltsdebatte im Bundestag statt. Das sei eine hervorragende Gelegenheit für den Bundeskanzler, dieses

Konzept zur deutschen Einheit in seiner Rede öffentlich einzubringen und zu erläutern. Es bestünde sonst die Gefahr, daß diese Aufgabe von der FDP oder von der SPD übernommen werde. Vor allem Prill, Eisel, Mertes und Gibowski unterstützen mich. Ich erkläre mich bereit, mit einigen Kollegen ein solches Konzept zu erarbeiten und die Rede für den Bundestag vorzubereiten. Der Bundeskanzler stimmt zu unserer großen Erleichterung zu. Wir sprechen über die zusätzlich notwendig werdenden Maßnahmen. Präsident Bush und Präsident Gorbatschow, alle EG-Partner und Ministerpräsident Modrow sollen sofort unterrichtet werden, noch während der Bundeskanzler im Bundestag reden wird.

Mir fällt ein Zentnergewicht von der Seele. Ich fühle mich richtig befreit und freue mich auf die Arbeit. Prill und Mertes werden von mir sofort für morgen früh zu einem »brainstorming« eingeladen.

Das zweite Thema des Abends ist die leidige Öffentlichkeitsarbeit der Bundesregierung und für den Bundeskanzler. Sie ist unbefriedigend wie eh und je. Der Bundeskanzler vergleicht die Pressearbeit der Bundesregierung mit dem Niveau einer Fußballmannschaft der Kreisklasse im Spiel gegen eine Bundesligamannschaft. Dem ist nichts hinzuzufügen. Wolfgang Bergsdorf hat eine Notiz vorbereitet, die er mündlich vorträgt.

Auch ich habe mir eine Reihe von Punkten notiert, die sowohl auf die Pressearbeit insgesamt als auch auf die Person des Bundeskanzlers und sein Verhalten in der Öffentlichkeit gerichtet sind. Heute abend wird sehr freimütig und wenig zimperlich gesprochen. Auch Gibowski trägt mit guten Ratschlägen bei. Was wird davon alles am Ende verwirklicht werden? Es ist Mitternacht vorbei, als wir alle nach Hause streben.

Freitag, 24. November 1989

8.30 Uhr: Lage beim Bundeskanzler. Er äußert sich überaus verärgert über das gestrige Nachtgespräch im Bungalow. Die zuständigen Kollegen für die Presse- und Öffentlichkeitsarbeit seien nicht ausreichend vorbereitet gewesen. Es sei viel zu viel nur allgemein herumgeredet worden. So könne es nicht weitergehen. Zum Glück bleibt es aber bei der Verabredung, ein Konzept für den Einigungsprozeß zu erarbeiten.

Der Bundeskanzler selbst wird heute mit Oppositionspolitikern aus der DDR zusammentreffen. Eduard Ackermann berichtet über Massendemonstrationen in Prag mit 300.000 Menschen und in Bratislava, wo Dubček öffentlich aufgetreten sei. Jetzt hat die Revolution auch die ČSSR erreicht.

Anschließend werde ich zu Seiters gerufen. Der Leiter des Arbeitsstabes Deutschlandpolitik, Dr. Duisberg, ist bei ihm. Seiters eröffnet mir, daß sie noch einmal darüber gesprochen hätten, ob meine Überlegung wirklich klug sei, den Bundeskanzler jetzt mit einem Wiedervereinigungsplan in die Öffentlichkeit gehen zu lassen. Ich müsse die Wirkungen in der DDR und international berücksichtigen. Der Zeitpunkt sei wohl noch nicht für einen solchen Schritt gekommen, der eher negativ wirken könne. Ich bin strikt anderer Meinung, auch wenn ich zugeben muß, daß die Verantwortung für die Deutschlandpolitik bei Seiters und Duisberg liegen. Wir einigen uns darauf, daß wir wenigstens einmal versuchen sollten, einen Entwurf zu erarbeiten. Dann könne der Bundeskanzler immer noch entscheiden, ob er diese Initiative ergreifen wolle oder nicht.

Das folgende Gespräch mit dem Botschafter von Singapur, Tony K. Siddique, verkürze ich auf eine halbe Stunde. Wir sind uns in der Beurteilung der Lage in der Sowjetunion und in der DDR sowieso einig – wie immer. Ich schätze Tony sehr – ein großes Schlitzohr mit sehr viel analytischem Verstand. Er wird von den meisten in Bonn unterschätzt, weil er oft als Spaßvogel auftritt und nicht ernst genommen wird. Aber er war Botschafter in Moskau, jetzt in Bonn und kann hervorragend politisch strategisch denken.

Um 10.00 Uhr kommen wir endlich zu dem geplanten brainstorming zusammen. Teilnehmer sind Dr. Duisberg und Dr. Kass vom Arbeitsstab Deutschlandpolitik Dr. Peter Hartmann und Dr. Kaestner aus meiner Abteilung und Dr. Prill und Mertes als Redenschreiber. Gemeinsam analysieren wir die Lage und die Perspektiven in der DDR sowie das internationale Umfeld von der Sowjetunion angefangen über die USA bis zu unseren EG-Partnern. Wir tasten uns an die operativen Schritte heran – angefangen von der Idee einer Vertragsgemeinschaft, einer Konföderation bzw. konföderativer Strukturen bis zur deutschen Einheit im Rahmen einer Föderation. Allmählich kristallisieren sich die Stufen heraus, die erfreulicherweise sich bis zu der Zahl 10 addieren. Besonders heiß ist die Diskussion über die Frage, ob der Bundeskanzler den Vorschlag von konföderativen Strukturen und der Föderation ansprechen solle oder nicht. Unsere beiden Deutschlandpolitiker äußern große Bedenken. Alle anderen sind entschieden dafür. Wir hätten sonst einen Torso, dem die entscheidenden Gliedmaßen fehlen würden.

Am späten Nachmittag trennen wir uns. Arbeitsaufträge sind verteilt. Bis morgen früh werden die verschiedenen Einzelelemente formuliert und sollen dann gemeinsam diskutiert und zu einem Redeentwurf zusammengefügt werden. Es war ein sehr gutes, intensives und ergebnisreiches Nachdenken.

Noch angeregt treffe ich mich mit den beiden amerikanischen Korrespondenten der Washington Post, Jim Hoagland und McCartney. Es geht ausschließlich um die deutsche Frage, auch im Zusammenhang mit dem bevorstehenden Gipfel Bush-Gorbatschow vor Malta. Hoagland ist ein schwieriger, aber sympathischer Journalist, von dem man selbst viel lernen kann. Aus dem Weißen Haus erreicht mich die Nachricht, daß Präsident Bush und Premierminister Thatcher in ihren zweitägigen Gesprächen darin übereingestimmt hätten, daß der Bundeskanzler auf die Ereignisse in der DDR »mit großem Geschick« reagiert habe.

Samstag, 25. November 1989

Um 9.00 Uhr treffen wir uns – die gestern zusammengestellte Arbeitsgruppe Deutschlandpolitik – erneut im Sitzungszimmer der »kleinen Lage«. Die Texte liegen auf dem Tisch. Systematisch arbeiten wir sie Satz für Satz, Seite für Seite durch und formulieren sie neu. Verärgert bin ich, daß entgegen der Absprache die wesentlichen Punkte – die föderativen Strukturen und das Ziel der Föderation – nicht schriftlich vorliegen. Erneut ringen wir mit den Deutschlandpolitikern um diese Aussagen, bis ich schließlich entscheide, daß beide Punkte aufgenommen werden. Über die erhobenen Bedenken werde ich den Bundeskanzler unterrichten.

Am späten Nachmittag ist der Redeentwurf fertig. Das 10-Punkte-Programm ist geboren. Ich bin mit diesem Werk sehr zufrieden. Mit einem Fahrer schicken wir den Text zum Bundeskanzler nach Ludwigshafen. Er will die Rede morgen durcharbeiten und am Montag noch einmal mit uns darüber sprechen. Wir hoffen, daß sie seine Zustimmung finden wird. Etwas müde, aber zufrieden trennen wir uns.

Am Abend feiern wir den 50. Geburtstag von Tony Siddique. Er hat zu einem Essen in ein chinesisches Restaurant eingeladen. Es ist ein fröhlicher und ausgelassener Abend. Wie sollte es bei Tony auch anders sein?

Montag, den 27. November 1989

8.30 Uhr Kanzlerlage: Der Bundeskanzler hat den Entwurf der 10-Punkte-Rede intensiv durchgearbeitet. Gestern mittag hatte mich der Bundeskanzler bereits zu Hause angerufen und den einen oder anderen Punkt nachgefragt, aber schon zu erkennen gegeben, daß er mit unserer Arbeit sehr zufrieden sei. Aus seinen heutigen Anmerkungen schließe ich, daß er noch mit jemand anderem darüber gesprochen haben muß. Doch die Substanz der Rede ist unverändert. Wir können also an die Feinarbeit gehen, die Ergänzungen und Korrekturen des Bundeskanzlers einarbeiten und die Rede stilistisch ein letztes Mal überarbeiten. Bedenken gegen die Rede selbst oder gegen den einen oder anderen Punkt werden von niemanden mehr erhoben.

Noch geklärt werden muß, wann und wie die Presse, die Vertreter der Vier Mächte und die EG-Partner unterrichtet werden sollen. Wir sind uns einig, daß alles vermieden werden muß, daß der Inhalt der Rede vorzeitig bekannt wird und der morgige Überraschungseffekt im Bundestag verloren geht. Der Bundeskanzler entscheidet, daß die Spitzen der Fraktionen den Redetext erst mit Beginn seiner Rede erhalten sollen, weil sonst die Vertraulichkeit nicht gewahrt bleibt. Aufgrund der Zeitverschiebung soll Präsident Bush den Wortlaut morgen früh erhalten. Alle anderen sollen ihn über unsere Botschaften zugestellt bekommen.

Was die Presse betrifft, schlage ich vor, daß eine ausgewählte Gruppe von Journalisten heute abend in das Bundeskanzleramt eingeladen werden und ein erstes Vorausbriefing erhalten. Der Bundeskanzler ist einverstanden. Seiters und ich sollen die Rede gemeinsam erläutern; Ackermann und Johnny Klein die Journalisten auswählen.

Wie richtig unser Vorgehen ist, beweist heute erneut der ›Spiegel‹. In seinem Leitartikel berichtet er, daß in der DDR »der Druck von unten wächst« und in Leipzig – »Hauptstadt der Revolution« – ein Arbeiter »frenetischen Beifall« erhalten habe, als er die »Einheit Deutschlands« beschwor. »Die Bonner Politiker stellen sich darauf ein, daß der Druck der Bevölkerung der DDR nach Vereinigung der beiden deutschen Staaten immer stärker wird«. Sie sei »für viele Politiker in West und Ost keine Frage mehr des Ob, sondern eine Frage des Wie und vor allem des Wann«.

Das Wann ist auch für den Bundeskanzler eine wichtige Frage. Als wir am Donnerstag abend im Bungalow zusammensaßen und über die Perspektiven Deutschlands diskutierten, hatten wir auch darüber gesprochen. Übereinstimmung bestand in einem stufenweisen Vorgehen, wie es die 10 Punkte der morgigen Kanzlerrede erläutern werden, beginnend mit Sofortmaßnahmen, dann Vertragsgemeinschaft, Entwicklung konföderativer Strukturen und am Ende die Föderation. Der Bundeskanzler schätzte, 5–10 Jahre werde es dauern. Wir waren uns einig: Auch wenn die Einheit erst am Ende dieses Jahrhunderts erreicht werden könnte, wäre es ein Glücksfall der Geschichte.

Auch heute sprechen wir darüber, daß ein zu rascher Einigungsprozeß kaum bewältigt werden könnte. Zu groß sei die »Erblast«, die die SED hinterläßt. Die Sorge des Bundeskanzlers richtet sich weniger auf die zu erwartenden ökonomischen Probleme als vor allem auf die geistig-kulturellen und auf die schwierige Aufgabe der Rechtsangleichung. Sie würden uns länger in Anspruch nehmen als der wirtschaftliche Aufschwung.

Um 10.00 Uhr tagt das CDU-Parteipräsidium. Dort spricht der Bundeskanzler den Gedanken eines Stufenplanes zur deutschen Einheit an und streift die einzelnen Etappen. Im anschließenden CDU-Parteivorstand kündigt er ohne Umschweife an, daß er morgen im Bundestag einen Stufenplan vorlegen wolle. Gegenüber der SPD müsse man aufpassen, daß sie der Union nicht das »Thema« stehle, wobei es in der SPD eine Arbeitsteilung gebe: »Für die Einheit, für die Gemeinsamkeit steht Willy Brandt, fürs Grobe Lafontaine« nach der Art von »Stammtischgesprächen«, die »Neidkomplexe« schüren wollen.

12.00 Uhr: Bundespräsident Dr. Richard von Weizsäcker hat mich wieder einmal zu einem einstündigen Vieraugengespräch eingeladen. In unregelmäßigen Abständen tauschen wir Gedanken über die aktuellen außenpolitischen Probleme aus. Ich schätze diese Gespräche sehr. Der Bundespräsident ist an allen außenpolitischen Fragen sehr interessiert, hervorragend informiert und seine Überlegungen sind immer sehr anregend und weiterführend. Das Gespräch ist stets sehr offen, sehr vertrauensvoll. Wir kennen uns seit Anfang der siebziger Jahre und haben früher manches gemeinsam in der CDU zu bewegen versucht.

Für mich ist das heutige Gespräch eine willkommene Gelegenheit, den Bundespräsident über die morgige Rede des Bundeskanzlers zu unterrichten und sie zu erläutern. Er hört aufmerksam und interessiert zu, aber scheint nicht besonders beeindruckt zu sein. Ich bin fast etwas enttäuscht.

Am Nachmittag führe ich Gespräche mit dem saudiarabischen Botschafter, mit zentralamerikanischen Kirchenführern, die als Gäste der EKD in der Bundesrepublik weilen und mit einem kanadischen Kollegen. Alle Diskussionen drehen sich um die DDR, um die Frage der Einheit Deutschlands und die Lage in der Sowjetunion. Sorge besteht vor allem bei den Zentralamerikanern, daß die Bundesrepublik: Deutschland sich nur noch der DDR und dem Osten insgesamt zuwenden und die »Dritte Welt« vernachlässigen könnte.

Ein Brief des Bundeskanzlers an Präsident Mitterrand zur Vorbereitung des Europäischen Rates im Dezember in Straßburg. Wie bei den letzten Gesprächen mit Präsident Mitterrand vereinbart, übersendet der Bundeskanzler einen Arbeitskalender, der die Arbeiten zur Wirtschafts- und Währungsunion in einen Zusammenhang stellt mit dem weiteren Vorgehen der Gemeinschaft. Der Brief ist unser Versuch, wie immer vor einem Europäischen Gipfel, eine gemeinsame Linie zwischen der Bundesregierung und dem Elysée bzw. einen gemeinsamen Vorschlag vorzubereiten. Die Vorarbeiten für die erste Stufe der Wirtschafts- und Währungsunion sind unter der jetzigen französischen Präsidentschaft »gut vorangekommen«. Die Liberalisierung des Kapitalverkehrs werde termingerecht zustandekommen.

Sorge äußert dagegen der Bundeskanzler über die großen Divergenzen, die in der EG in der »Stabilitätsentwicklung« bestehen und sie noch verstärken könnten. Das könnte das gute Funktionieren des EWS und das Erreichen der Ziele in der ersten Stufe der Wirtschafts- und Währungsunion behindern. »Sehr besorgt« äußert sich der Bundeskanzler gegenüber Mitterrand über die »Steuerharmonisierung«. In Straßburg sollten deshalb Fortschritte angestrebt werden.

Dieser Brief ist wichtig, weil es uns jetzt mehr denn je darum geht, nachzuweisen, gerade gegenüber Frankreich, daß wir die europäische Integrationspolitik nicht aus dem Auge verlieren.

Das Gegenteil wollen wir beweisen.

Um 18.00 Uhr sind im Bundeskanzleramt 23 Journalisten versammelt. Alle großen Tageszeitungen, Fernsehanstalten und einige Rundfunkanstalten sind vertreten. Nach der Begrüßung durch Seiters erläutere ich die morgige Bundestags-Rede des Bundeskanzlers;

die Absichten, die er damit verfolge, den Stufenplan und die internationale Einbettung. Die Überraschung ist groß. Zahlreiche Fragen prasseln auf uns hernieder. Einige hatten natürlich nach den Sitzungen der CDU-Parteigremien und der Fraktionssitzung der CDU/CSU am Nachmittag erste Hinweise über die Absichten des Bundeskanzlers erhalten. Diese vertraulichen Partei- und Fraktionsgremien sind so löchrig wie ein Schweizer Käse. Wir sagen oft, wenn wir etwas veröffentlicht haben wollen, dann muß es als vertraulich gekennzeichnet und in solchen Gremien vorgetragen werden. Auch im Fernsehen kommen heute abend erste Andeutungen, die aus unserer Unterrichtung stammen. Dennoch bin ich sicher, daß morgen der Bundeskanzler große Wirkung erzielen wird.

Dienstag, 28. November 1989

In der Morgenlage berichtet Eduard Ackermann, daß der Bundeskanzler mit seinen gestrigen Andeutungen in den Partei- und Fraktionssitzungen bereits in allen Medien in der Offensive sei. Das war unsere Absicht Der erste Erfolg ist da.

Demonstrationen in der DDR setzen sich fort. Die Transparente, die die Wiedervereinigung fordern, nehmen weiter zu. Landesweiter zweistündiger Generalstreik in der ČSSR. Der Bundeskanzler billigt einen Briefentwurf von 11 Seiten an Bush, der dem Weißen Haus sofort über den ›Skipper‹ zugeleitet wird. Er enthält die zugesagten Positionen der Bundesregierung für den Gipfel des Präsidenten mit Gorbatschow vor Malta. BK bedankt sich für die Klarheit, mit der Bush »jede Parallele zwischen Jalta und Malta« zurückgewiesen habe. Da die historischen Reformprozesse von den Völkern selbst getragen würden, dürften sie nicht von oben gesteuert, eingegrenzt oder kanalisiert werden. Malta dürfe auch kein »Status-quo-Gipfel« werden.

BK erklärt sich einig in dem Ziel, jede Destabilisierung abzuwehren und Stabilität durch Reformen zu erhöhen. Aufgabe desWestens müsse es sein, die Reformen von außen abzustützen. Davon dürfe die Sowjetunion nicht ausgenommen werden.

Energisch spricht sich der Bundeskanzler für neue Impulse bei den Abrüstungsverhandlungen aus. 1990 sollten Abkommen bei den START-[61] und bei den Wiener VKSE-Verhandlungen[62] erreicht werden.

In der DDR könne es auch nicht im Interesse Gorbatschows sein, »eine diskreditierte Führung und unhaltbarer gewordene Zustände zu stabilisieren«. Bundeskanzler kündigt

61 Der Strategic Arms Reduction Treaty (START) war ein Vertrag zur Verringerung strategischer Waffen und wurde zwischen den Vereinigten Staaten und der Sowjetunion bzw. Russland ausgehandelt, um zur gemeinsamen Reduzierung strategischer Trägersysteme für Nuklearwaffen zu gelangen. START I wurde von US-Präsident Ronald Reagan initiiert. Die Verhandlungen begannen am 29. Juni 1982 in Genf und am 31. Juli 1991, fünf Monate vor dem Ende der UdSSR, wurde das Abkommen von Reagans Nachfolger George Bush und Michail Gorbatschow unterzeichnet. Nach Ende der Sowjetunion trat START I am 5. Dezember 1994 in Kraft. Durch ein Zusatzprotokoll galt das Reglement des Vertrags für die USA, Russland, Belarus, Kasachstan und die Ukraine. Die letzteren drei Staaten hatten seitdem ihre Atomwaffen vollständig abgerüstet. Nachdem sich zu Beginn der 1990er Jahre ein weiteres Abkommen, START II, abzeichnete, wurde START in START I umbenannt, Ende Dezember 2009 lief START I aus. Die gegenseitigen Inspektionen zur Überwachung des Vertrags fanden seit März 2020 nicht mehr statt. Am 21. Februar 2023 setzte Präsident Putin die russische Teilnahme am New START Vertrag aus.

62 Es handelt sich um Verhandlungen über einen Vertrag über Konventionelle Streitkräfte in Europa (VKSE, Conventional Forces in Europe, CFE) zwischen Staaten der NATO und des Warschauer Pakts mit

dem Präsidenten an, daß der »Ruf nach Einheit« in der DDR weiter anschwellen werde, wenn die Reformen ausbleiben oder unzureichend sein sollten. Angesichts des ›beachtlichen Maßes an Augenmerk, Vernunft und Besonnenheit‹ der Menschen in der DDR sei ein ›Chaos‹ nicht zu befürchten, das Gorbatschow angesprochen habe. Die Bundesregierung werde die entstandene Lage auch nicht einseitig ausnutzen, »um das nationale Ziel der Deutschen in einem Alleingang zu erreichen«. Im einzelnen erläutert der Bundeskanzler die 10 Punkte seiner Rede im Bundestag und bittet den Präsidenten, seine Politik gegenüber Gorbatschow zu unterstützen.

Aufgrund der Zeitverschiebung wird Bush den Brief des Bundeskanzlers vor dessen Rede im Bundestag auf dem Schreibtisch vorfinden.

Um 9.00 Uhr eröffnet Oppositionsführer Dr. Vogel traditionsgemäß die Haushaltsdebatte zum Geschäftsbericht des Bundeskanzlers.

Um 9.30 Uhr unterrichte ich die deutsche und internationale Presse im Info-Saal des Bundespresseamtes über die 10-Punkte-Rede. Es soll alles getan werden, um die Absicht des Bundeskanzlers umfassend zu erläutern und eine möglichst große Breitenwirkung zu erreichen.

Eingangs weise ich auf das gestrige Interview von Andrej Gratschow, stellvertretender Leiter der Internationalen Abteilung des ZK der KPdSU und Berater Gorbatschows hin, der im RTL feststellte, daß »die deutsche Frage wieder auf der Tagesordnung« stehe, »auch wenn eine Reihe von Politikern in Ost und West dies nicht so sehen wollen.« Wie recht er hat! Das sei »das Ergebnis zweier Prozesse«, der Perestroika und der KSZE. Dieses Interview gibt mir den willkommenen Anlaß, darauf hinzuweisen, daß die heutige Bundeskanzler-Rede im Bundestag ausdrücklich die internationalen Rahmenbedingungen nennt, die für die Entwicklungen in der DDR entscheidend waren und bleiben: die Fortschritte in der wirtschaftlichen und politischen Integration der EG; die Reformpolitik Gorbatschows nach innen und außen; die tiefgreifenden Umwälzungen in Polen und Ungarn; der KSZE-Prozeß; die Gipfeldiplomatie der Großmächte; der Durchbruch in der Abrüstung; die Vertragspolitik: der Bundesregierung gegenüber der Sowjetunion und den anderen Warschauer-Pakt-Staaten und die »Politik der kleinen Schritte« gegenüber der DDR, die das Bewußtsein für die Einheit der Nation wachgehalten habe.

Diese Prozesse seien für den Bundeskanzler Ursache und Motor für die Chancen, die sich jetzt für die Überwindung der Teilung Europas und damit Deutschlands bieten. Sie können deshalb nicht voneinander losgelöst werden.

Ich erläutere, daß der Bundeskanzler auch in seiner Wortwahl ausdrücklich auf die Gemeinsame Erklärung mit Gorbatschow vom Juni in Bonn bezugnehme und dazu aufrufe, »eine neue Architektur für das europäische Haus, für eine dauerhafte und gerechte

Verifikationsregelungen, der am 19. November 1990 beim KSZE-Gipfel in Paris unterzeichnet wurde und am 9.November 1992 in Kraft trat. Er beinhaltete die Festlegung von Obergrenzen für schwere Waffensysteme in Europa zwischen Atlantik und Ural. Vorläufer waren Verhandlungen von 1973 bis 1989 über den nicht zustande gekommenen Vertrag über Mutual and Balanced Force Reductions (MBFR). Eine Anpassung des Vertrages erfolgte durch Unterzeichnung beim Pariser KSZE-Gipfeltreffen am 19. November 1999 (Adaptierter KSE-Vertrag, A-KSE), die Ratifizierung erfolgte aber nicht durch die Mitgliedstaaten der NATO. Wegen des Streits um ein US-Raketen-Abwehrsystem in Mittel- und Osteuropa setzte Putin den Vertrag am 14. Juli 2007 aus. Nach der offiziellen Aufkündigung am 11. März 2015 trat Russland am 15. Mai 2023 (in Kraft und veröffentlicht 23. Mai) offiziell aus dem A-KSE-Vertrag aus.

Friedensordnung auf unserem Kontinent zu gestalten«.[63] Dabei müßten »die legitimen Interessen aller Beteiligten«, auch die der Deutschen, gewahrt werden.

Ausdrücklich werde der Bundeskanzler auch darauf hinweisen, daß der Weg zur deutschen Einheit nicht vom »grünen Tisch« aus oder »mit dem Terminkalender in der Hand geplant« werden könne. Damit solle dem Vorwurf vorgebeugt werden, daß der Bundeskanzler einen künstlichen Zeitdruck erzeuge oder präzise Zeitpläne verfolge. Der Zeithorizont sei bewußt offengehalten worden.

Große Sorgfalt verwende ich auf die Beschreibung der 10 Punkte selbst. Sie enthalten ein zweifaches Konzept: den Weg zur deutschen Einheit in der Zusammenarbeit mit der DDR und den Rahmen für die internationale Einbettung. Gegenüber der DDR solle mit »Sofortmaßnahmen« (Punkt 1) begonnen werden. Die Zusammenarbeit solle praktisch gleichzeitig in allen Bereichen fortgesetzt werden und den Menschen auf beiden Seiten unmittelbar zugute kommen (Punkt 2). Sie soll umfassend ausgeweitet werden, »wenn ein grundlegender Wandel des politischen und wirtschaftlichen Systems in der DDR verbindlich beschlossen und unumkehrbar in Gang gesetzt« werde (Punkt 3). Der nächste Schritt solle die »Vertragsgemeinschaft« sein, ein »immer dichteres Netz von Vereinbarungen in allen Bereichen und auf allen Ebenen« mit gemeinsamen Institutionen (Punkt 4). Danach sei die Bundesregierung bereit, einen entscheidenden Schritt weiterzugehen und »konföderative Strukturen zwischen beiden Staaten in Deutschland« zu entwickeln (Punkt 5). Der Bundeskanzler habe sich ausdrücklich auf die Entwicklung »konföderativer Strukturen« beschränkt, um deutlich zu machen, daß sie nur als Übergangsstadium zur Bildung einer »Föderation« gedacht seien. Der Charakter der Vorläufigkeit komme damit stärker zum Ausdruck. Eine »Konföderation« könnte sich leichter verfestigen und damit der Status zweier voneinander abhängig, aber souveräner Staaten. Das wolle der Bundeskanzler vermeiden.

Die Punkte 6 bis 9 beschreiben die internationale Einbettung des Einigungsweges in den gesamteuropäischen Prozeß und in die West-Ost-Beziehungen: »Die künftige Architektur Deutschlands muß sich einfügen in die künftige Architektur Gesamteuropas« (Punkt 6). Die Europäische Gemeinschaft bezeichne der Bundeskanzler ausdrücklich als »Konstante der gesamteuropäischen Entwicklung« und deshalb sei der Prozeß der Wiedervereinigung

63 Die wenig konkrete und inhaltliche unbestimmte Vorstellung Gorbatschows vom »gemeinsamen europäischen Haus« wurde als Zielsetzung verstanden, die Spaltung Europas in »Blöcke« aufzuweichen und zu überwinden. Unmittelbar nach Kriegsende verfolgten bereits Angehörige verschiedener Parteien, z.T. aus dem Widerstand hervorgehend, ein vergleichbares Ziel eines Europa als »dritte Kraft«. Nach Auffassung des früheren Redenschreibers Gorbatschows, Alexei Puschkow, stand Gorbatschow in der Tradition der »Westler« Russlands, die seit Peter dem Großen Russland in Europa integrieren wollen. Beim ersten Auslandsbesuch Gorbatschows in Frankreich griff er die vielfach Charles de Gaulle zugeschriebene Formeln von einem »Europa vom Atlantik bis zum Ural« und dem »Europa der Vaterländer« auf. Die Rede vom gemeinsamen Haus, die indirekt auch eine Lockerung der Bündnisse zwischen den USA und seinen Verbündeten beinhalten würde, sei auch an die USA gerichtet gewesen, um sie evtl. zu einer Rüstungsreduktion zu veranlassen. Auch wirtschaftliche Probleme Russlands verlangten eine Annäherung an Europa. Gorbatschow befürwortete deshalb eine gesamteuropäische Sicherheitsstruktur nach der unblutigen Selbstauflösung der WVO und der im November 1990 verabschiedeten Charta für ein neues Europa auf der Pariser Gipfelkonferenz der KSZE. Ähnlich sprachen sich Regierende in Mittel- und Osteuropa wie auch Lothar de Maizière für ein neutrales Europa aus, was die USA aber ablehnten. Mitterrand dachte an ein Europa in konzentrischen Kreisen, Thatcher an einen erweiterten europäischen Bund. Der Zusammenbruch der mittel-osteuropäischen Volksdemokratien und der Sowjetunion bedeuteten dann aber das Aus für das Projekt; siehe auch Hélène Richard, Als Moskau von Europa träumte, in: *Le Monde diplomatique*, 13. September 2018, https://monde-diplomatique.de/artikel/!5533608 (Abruf 31.1.2024).

ein europäisches Anliegen und im Zusammenhang mit der europäischen Integration zu sehen (Punkt 7). Das »Herzstück« der gesamteuropäischen Architektur sei der KSZE-Prozeß, der energisch vorangetrieben werden müsse (Punkt 8). »Beschleunigt« werden müsse die Abrüstung, die zur Überwindung der Trennung Europas und Deutschlands beitragen müsse (Punkt 9).

Diese Doppelstrategie solle nach den Vorstellungen des Bundeskanzlers zu einem wiedervereinigten Deutschland führen (Punkt 10). Niemand wisse heute, wie es schließlich aussehen werde, daß sie aber kommen werde, dessen sei sich der Bundeskanzler jetzt sicher.

Ich erkläre den Journalisten, daß diese 10 Punkte nicht alle Fragen abschließend beantworten können und beantworten wollen. Der Bundeskanzler stelle das ausdrücklich fest und nenne als Beispiel die Sicherheitsfragen. Es gehe ihm jedoch um eine »organische Entwicklung«, die »den Interessen aller Beteiligten Rechnung« trägt und ein friedliches Zusammenleben in Europa garantieren solle.

Die anschließende Diskussion konzentriert sich vor allem auf die Frage, ob die Vorschläge des Bundeskanzlers mit den Westmächten, mit der Sowjetunion und der DDR besprochen worden seien. Ich erinnere an die vielen Gespräche und Telefonate des Bundeskanzlers in den letzten Wochen mit Bush, Mitterrand, Thatcher, Gorbatschow, an die bilateralen und multilateralen Konsultationen mit den EG-Partnern und an die Gespräche von Seiters in Ost-Berlin. Die Summe dieser Gespräche sei in die 10 Punkte-Rede eingeflossen.

Auch nach dem Zeitplan für die Verwirklichung der 10 Punkte wird gefragt. Meine Antwort ist unmißverständlich: »Der Bundeskanzler wird sich hüten, einen Zeitplan zu nennen. Die Ereignisse der letzten Wochen zeigen, wie schnell Zeitpläne Makulatur sein können«. Einerseits müsse die deutsche Einheit das Ergebnis eines Entwicklungsprozesses zwischen beiden deutschen Staaten und Gesamteuropas sein, andererseits könne diese »Rechnung« von den Menschen in der DDR selbst in Frage gestellt werden.

Natürlich folgt auch die Frage nach der Abstimmung innerhalb der Koalition. Viele Gespräche seien geführt worden, lautet meine Antwort, aber »diese zehn Punkte sind Überlegungen des Bundeskanzlers«.

Inzwischen spricht der Bundeskanzler im Bundestag. Nach Abschluß seiner Rede spenden die Abgeordneten von CDU/CSU stehend Beifall. Auch aus der SPD kommt Applaus. Die Überraschung ist der SPD-Abgeordnete Karsten Voigt, der zum Rednerpult eilt und dem Bundeskanzler »in allen zehn Punkten« zustimmt. Er bietet die Zusammenarbeit der SPD »bei der Verwirklichung dieses Konzeptes, das auch unser Konzept ist«, an. Denn es sei wahr, daß es jetzt eine »realistische Perspektive für eine neue Einheit unseres bisher gespaltenen Kontinents und damit auch für eine Einheit der Deutschen« gebe.

Auch Genscher »unterstützt die in den zehn Punkten formulierte Politik«, denn sie liege »in der Kontinuität unserer Außen-, Sicherheits- und Deutschlandpolitik«. Diese parteiübergreifende Zustimmung – die Grünen wie immer ausgenommen – beweist die Richtigkeit unserer Initiative. Karsten Voigt hat instinktiv richtig reagiert. In einer solchen geschichtlichen Situation ist die Opposition klug beraten, nicht Opposition um der Opposition willen zu betreiben, sondern sich am Erfolg der Regierung »anzuhängen«.

Für 11.00 Uhr habe ich den sowjetischen Botschafter Kwizinskij einbestellt. Ich übergebe ihm den Text der Bundeskanzler-Rede und erläutere sie. Kwizinskij sagt sofortige Übermittlung nach Moskau zu. Er wisse nicht, wie man dort reagieren werde. Er selbst enthält sich jeden Kommentars, was nicht immer seine Art ist. Ich sage ihm, daß es wichtig wäre, wenn Bundeskanzler und Gorbatschow möglichst bald zusammentreffen würden. Es müsse alles getan werden, die gegenseitigen Positionen zu klären und Mißverständnisse zu vermeiden. Kwizinskij stimmt zu.

Kurze Zeit später unterrichte ich die Botschafter der drei Westmächte: Walters, Mallaby und Boidevaix. Sie sind überrascht, aber geben es nicht unmittelbar zu erkennen. Am gelassensten erscheint mir Walters. Er ist sowieso für die Wiedervereinigung. Christopher Mallaby fragt wie immer intensiv nach und macht sich ausführliche Notizen. Er ist für mich überhaupt einer der besten Diplomaten, die ich kennengelernt habe. Boidevaix, stets freundlich und höflich, hört sehr aufmerksam zu, damit ihm kein Wort entgeht.

Inzwischen haben wir veranlaßt, daß die Rede übersetzt wird und allen Botschaftern zugeleitet und von unseren Botschaftern den Regierungen übergeben wird.

In der Mittagspause der Parlamentsdebatte kehrt der Bundeskanzler in sein Büro zurück. Er läßt mich rufen. Ackermann hat ihm bereits berichtet, daß die ersten Pressestimmen sehr positiv seien. Er lacht, als ich sein Büro betrete und fragt, ob ich zufrieden sei. Ich bin es. Er ist bester Laune. Während er Briefe unterschreibt, berichtet er über die Reaktionen der Abgeordneten. Sie seien fast überschäumend gewesen. Ein Riesenerfolg! Ich frage ihn nach Genscher. Dieser habe zu ihm gesagt, als er nach seiner Rede zur Regierungsbank zurückgekehrt sei: »Helmut, das war eine große Rede«. Sie war es auch. Es war die richtige Rede im richtigen Augenblick. Juliane ist begeistert. Alle sind begeistert.

Mittwoch, 29. November 1989

Heute morgen berichtet die gesamte deutsche und internationale Presse über die 10-Punkte-Rede des Bundeskanzlers. Das Echo ist hervorragend. Kritische Stimmen gibt es vereinzelt nur im Lager der Oppositionspolitiker in der DDR. Das Ausland reagiert verständnisvoll. Ausnahmen bilden der israelische Ministerpräsident Schamir und der dänische Ministerpräsident Schlüter. Wir haben unser Ziel erreicht: Der Bundeskanzler hat die Meinungsführerschaft in der deutschen Frage übernommen. Es fügt sich gut, daß der Bundeskanzler um 11.00 Uhr den stellvertretenden sowjetischen Ministerpräsidenten Silajew und Botschafter Kwizinskij empfängt. Silajew ist zugleich Vorsitzender der deutsch-sowjetisch gemischten Wirtschaftskommission. Der Bundeskanzler begrüßt ihn sehr herzlich. Er wolle mit ihm kein diplomatisches sondern ein sehr offenes Gespräch führen.

Gleich einleitend bekräftigt der Bundeskanzler die Verabredungen, die er im Juni mit Gorbatschow getroffen habe. Die Lage habe sich seitdem verändert, doch damit hätten die besonderen deutsch-sowjetischen Beziehungen eine noch größere Bedeutung gewonnen. Sicherlich gebe es gelegentlich Meinungsverschiedenheiten, um so wichtiger wäre es, die persönlichen Beziehungen weiterzuentwickeln und die freundschaftlichen Kontakte zu pflegen. Er werde deshalb vor dem Europäischen Gipfel nächste Woche in Straßburg erneut mit Gorbatschow telefonieren, um über die weitere Zusammenarbeit zu sprechen. Er wolle den Erfolg Gorbatschow, weil der weitere Weg der Sowjetunion für Deutschland von großer Bedeutung bleibe. In Straßburg solle über die wirtschaftliche Zusammenarbeit mit der Sowjetunion, mit Polen, Ungarn und mit der DDR gesprochen werden. Gorbatschow solle wissen, daß er sein gegebenes Wort halten werde: Wenn er helfen könne, werde er es tun. Das gelte vor allem auch für den bevorstehenden Winter.

Der Bundeskanzler toastet Silajew zu – mit einer Beerenauslese aus der Pfalz. Sie erinnert mich an die »guten Zeiten« im Weinkeller der Mainzer Staatskanzlei.

Silajew berichtet über die Gespräche mit Haussmann. Die Unterstützung des Bundeskanzlers erlaube es, daß die wirtschaftliche Zusammenarbeit zielgerichtet fortgeführt werden könne. Inzwischen seien mehr als 105 joint ventures gegründet worden. Das einstündige Gespräch konzentriert sich in der Folge ausschließlich auf konkrete Einzelprojekte der wirtschaftlichen und technologischen Zusammenarbeit und auf Probleme der Aus- und Fortbildung sowjetischer Fachleute.

In der Sowjetunion selbst, berichtet Silajew, herrsche Zuversicht. Es solle aber nichts überstürzt werden. Gorbatschow lege Klugheit, Ausdauer und Flexibilität an den Tag. Das Volk glaube an ihn. Er stehe außerhalb jeder Kritik.

Er könne dem Bundeskanzler sagen, daß Gorbatschow schon öfters gesagt habe, daß die Bundesrepublik ihr Hauptpartner sei, wirtschaftlich, aber auch hinsichtlich der politischen Stabilität.

Das Gespräch endet in der gleichen guten Atmosphäre, wie es begonnen hat. Auffallend war, daß Silajew mit keinem Wort auf die gestrige Kanzlerrede im Bundestag eingegangen ist. Auch Kwizinskij hat keine Frage an den Bundeskanzler gerichtet. Wahrscheinlich liegt ihnen noch keine Sprachregelung aus Rom vor. Dort ist heute Gorbatschow zu seinem offiziellen Besuch eingetroffen.

US-Außenminister Baker spricht von vier Prinzipien, die der amerikanischen Deutschlandpolitik zugrunde liegen: Selbstbestimmung, Respektierung der Grenzen, europäische Integration und friedlicher »Schritt-für-Schritt-Prozeß«.

Donnerstag, 30. November 1989

8.30 Uhr Morgenlage: Die meisten Zeitungen kommentieren heute noch einmal die 10-Punkte-Rede, in der Mehrzahl positiv, je nach politischem Standort. Inzwischen sind der SPD Zweifel gekommen, ob ihre Zustimmung richtig war. Sie hat gestern abend im Bundestag noch einen Entschließungsantrag eingebracht. Er enthält zu den 10 Punkten des Bundeskanzlers ein Ja, aber. Die SPD fordert zwei zusätzliche Punkte: den Verzicht auf eine SNF-Modernisierung und die endgültige Anerkennung der Oder-Neiße-Grenze.

Der Bundeskanzler lehnt einen Entschließungsantrag ab. »Wir machen und brauchen keine Resolution«. Er vermutet, daß auch die FDP dahinter stecke.

In Indien hat Ministerpräsident Ghandi seinen Rücktritt erklärt. Der Bundeskanzler bedauert das sehr. Er hat eine Reihe von Gesprächen mit ihm geführt und ihn sehr geschätzt.

Gerade in mein Büro zurückgekehrt, ruft mich Juliane an. Alfred Herrhausen sei auf der Fahrt in sein Büro durch eine Bombe ermordet worden.[64] Das Entsetzen ist groß. Alle sind tief erschüttert. Der Bundeskanzler hat einen wichtigen Ratgeber und guten Freund

64 Der Vorstandssprecher der Deutschen Bank, Alfred Herrhausen, wurde am 30. November 1989 durch ein Attentat in Bad Homburg auf der Fahrt in sein Büro getötet und sein Fahrer schwer verletzt. Die Rote Armee Fraktion (RAF) bekannte sich zur Tat. In dem Bekennerschreiben wurde ein »Kommando Wolfgang Beer« erwähnt und seit 2004 durch die Bundesanwaltschaft gegen unbekannt ermittelt, da die Tat bisher nicht aufgeklärt werden konnte. Ein projektbildender Sprengsatz mit dem Sprengstoff TNT, der sich in einer Schultasche auf dem Gepäckträger eines am Straßenrand abgestellten Fahrrads befand und der durch eine Lichtschranke als Sprengfalle ausgelöst wurde, gab wegen der Professionalität der Ausführung Anlass zu Spekulationen, dass das MfS der DDR beteiligt gewesen sein könnte. Bekannt ist, dass die RAF mit der Volksfront zur Befreiung Palästinas (PFLP) kooperierte, die ebenfalls derartige Sprengsätze benutzte. Am 30. November 1996 wurde am Ort des Attentats ein Mahnmal eingeweiht; Nachbetrachtungen, S. 845.

verloren. Wie oft hat er ihn angerufen! Wie oft hat er ihn am Wochenende auf seiner Fahrt nach Hause aufgesucht! Wie oft hat er ihn gebeten, ihn auf wichtigen Reisen zu begleiten! Sein Rat war ihm wichtig. Herrhausen war immer bereit dazu; er gab ihn offen, ehrlich, ungeschminkt, direkt, auch wenn es schmerzlich war. Aber das war gut so. Es gibt keinen Ersatz für ihn. Trauer erfüllt das Herz; ein Gefühl der Ohnmacht durchdringt mich. Wehrlose Ohnmacht gegenüber diesem brutalen Mord. Die Mörder haben in der Tat einen der Besten ausgelöscht.

Den Bundeskanzler erreicht die Nachricht auf der Fahrt zu seiner Rede vor dem Gesamtverband der metallindustriellen Arbeitgeberverbände in Düsseldorf. Nach kurzen Gedenkworten bricht er seine Rede ab und kehrt nach Bonn zurück. Anschließend fliegt er zu Frau Herrhausen nach Bad Homburg.

Heute erreicht uns eine Flut von Botschaftertelegrammen aus fast allen Hauptstädten. Sie berichten über die ersten Reaktionen auf die 10-Punkte-Rede des Bundeskanzlers.

Am wichtigsten ist für uns die Nachricht aus Rom. Außenminister Schewardnadse habe den italienischen Kollegen de Michelis darauf angesprochen. Die Etappen beim Aufbau des europäischen Hauses dürfen nicht übersprungen und die Realitäten nicht außer Acht gelassen werden. Dazu zählen die unterschiedlichen Bündnisse, die Unantastbarkeit der Grenzen und das Bestehen von zwei deutschen Staaten. Angeblich sei von sowjetischer Seite gesagt worden, der Kohl-Plan könne diskutiert werden, wenn als 11. Punkt die Forderung nach Wiederherstellung der Grenzen von 1937 abgelehnt werde. Mir erscheint das nicht sehr überzeugend, denn die sowjetische Führung weiß sehr genau, daß diese Forderung nicht der Position des Bundeskanzlers entspricht.

Die New York Times berichtet über eine positive Reaktion des State Departements: »Der Bundeskanzler habe mit seiner Erklärung den tiefsten Erwartungen seines Volkes für deutsche Einheit entsprochen«. Die Washington Post bezeichnet den Plan als vernünftig, kritisiert aber, daß er nur aufgrund innenpolitischen Drucks entstanden sei.

In der französischen Presse wird Mitterrand aus Athen zitiert: »Wenn die Bundesrepublik und die DDR sich demokratisch dafür entscheiden, zur Regelung von Sachfragen eine Konföderation zu schaffen, dann sehe ich darin nichts Unpassendes«. Härter reagiert Verteidigungsminister Chevènement im Figaro: »Weder die UdSSR noch die USA wünschen heute eine Auflösung der Pakte und eine Wiedervereinigung Deutschlands«. In der polnischen Presse überwiegt die Sorge, daß ein wiedervereinigtes Deutschland die Oder-Neiße-Grenze in Frage stellen könne.

Alles in allem sind wir mit dem internationalen Echo sehr zufrieden. Keiner konnte erwarten, daß wir im Ausland Begeisterung auslösen. Zu übermächtig sind die Erinnerungen an die deutsche Geschichte in diesem Jahrhundert.

Freitag, 1. Dezember 1989

Heute morgen Gespräch des Bundeskanzlers und Mitgliedern der Bundesregierung mit dem Regierenden Bürgermeister von Berlin, Momper, und Mitgliedern des Senats. Es geht um die Probleme Berlins und um die Unterstützung durch die Bundesregierung, die der Bundeskanzler eingangs des Gesprächs »unabhängig von der politischen Konstellation« zusagt.

Momper unterstützt ausdrücklich den 10-Punkte-Plan des Bundeskanzlers. Es sei ein »gangbarer und sehr praktikabler Weg«. Besonders begrüßt er, daß der Bundeskanzler den Vorschlag Modrows für eine Vertragsgemeinschaft aufgegriffen habe. Berlin brauche angesichts der akuten Probleme sofortige Hilfe. Darüber wird im einzelnen gesprochen. Das Gespräch verläuft sachlich und ungetrübt.

Mein Freund Jacques Attali ruft mich an. Wir besprechen den »Kalender« für die Wirtschafts- und Währungsunion, der nächste Woche auf dem Europäischen Gipfel beschlossen werden soll.

Dann kommt er auf den 10-Punkte-Plan zu sprechen. Sie könnten damit leben. Er hätte sich gewünscht, daß das Ziel der europäischen Integration stärker herausgestellt worden wäre. Ich sage ihm, daß wir es nicht für erforderlich gehalten hätten. Schließlich seien der Bundeskanzler und sein Präsident gerade erst gemeinsam vor dem Europäischen Parlament in Straßburg aufgetreten, wo beide noch einmal ihr europäisches Engagement feierlich beschworen hätten.

Ich spreche die bevorstehende Reise Mitterrands vom 20. bis 22. Dezember in Ost-Berlin an. Sie bringe den Bundeskanzler terminlich in Schwierigkeiten, da er erst nach dem SED-Parteitag reisen wolle, aber noch vor Weihnachten. Jacques bedauert die entstandenen Probleme. Sie seien in internen Schwierigkeiten in Paris begründet. Er schlägt eine vorherige inhaltliche Abstimmung mit dem Bundeskanzler vor, eventuell ein Zusammentreffen am 20. Dezember vormittags. Ich sage Prüfung zu. Er bittet mich, den französischen Vorschlag einer Europäischen Bank für Entwicklung in Osteuropa zu unterstützen.

Um 11.00 Uhr hitziges Gespräch mit dem Bonner Korrespondenten von »Le Monde«, Rosenzweig, über Kohls 10-Punkte-Rede. Er wirft mir vor, daß wir die Rede mit Paris nicht abgestimmt hätten. Als ob Mitterrand jemals auf die Idee käme, in einer nationalen Grundsatzfrage uns zu fragen, bevor er sich öffentlich äußert?! Außerdem hätten beide vor nicht einmal einem Monat ausführlich über die deutsche Frage gesprochen und zwar einvernehmlich!

Er wirft mir vor, daß jetzt die DDR und die deutsche Einheit für uns Vorrang haben werden vor der europäischen Integration. Meine Antwort: Die europäische Integration werde sich im Gegenteil sogar beschleunigen. Im übrigen sei die Bundesregierung jetzt in einer Lage, daß sie praktisch jeder französischen Initiative für Europa zustimmen müßte, wenn eine solche käme. Als Franzose würde ich die Deutschen in Zugzwang bringen.

Rosenzweig kündigt an, daß Frankreich jetzt zu früheren Konstellationen zurückkehren müsse. Zusammenarbeit mit der Sowjetunion gegen Deutschland? Darauf deutet der angekündigte Besuch Mitterrands in der DDR und in Kiew hin.[65] Doch ich stelle diese Frage nicht.

65 Mitterrand unternahm Besuchsreisen zu Gorbatschow am 6. Dezember 1989 in Kiew, zu Bush am 16. Dezember 1989 in Saint-Martin und in die DDR vom 20. bis 22. Dezember. Irritiert war die Bundesregierung nicht nur über eine alliierte Konferenz am 11. Dezember 1989 in Berlin, sondern auch noch stärker über den Besuch Mitterrands bei Hans Modrow, während die Presse verwundert war. Die DDR sah den Besuch als Bestätigung ihrer Souveränität, zumal fünf Abkommen, u. a. eines über Handel, unterzeichnet wurden. In Leipzig besuchte Mitterrand die Nikolaikirche, Mittelpunkt der dortigen Protestbewegung, und mahnte in einer Rede an der Leipziger Universität, »dass man das europäische Gleichgewicht bei der Wiedervereinigung berücksichtigen müsse«. Mitterrands Aktion schien u. a. darauf zurückzuführen, dass Kohl ihn nicht über das Zehn-Punkte-Programm zur Herstellung der Einheit informiert hatte. Mitterrand lehnte auch den Wunsch Kohls ab, zusammen mit Modrow am 22. Dezember 1989 an einer Zeremonie am Brandenburger Tor teilzunehmen. Die Unstimmigkeiten konnten am Feriensitz in Latché am 4. Januar 1990 insofern bereinigt werden, als Einvernehmen darüber bestand, dass die deutsche Einheit gleichzeitig zu einer verstärkten Integration Europas führen und mit dem Ziel neuer vertraglicher Vereinbarungen abgeschlossen werden sollte, https://www.bpb.de/themen/deutschlandarchiv/297868/die-deutsche-regierung-beschleunigt-zu-stark/ (Abruf 31.1.2024); Nachbetrachtungen, S. 712–713.

Die nächste Attacke folgt: Kohl gefährde Gorbatschow. Das Gespräch endet mit der düsteren Prognose Rosenzweigs vom Ende der deutsch-französischen Zusammenarbeit. Er bleibt ein schwieriger Gesprächspartner. Das Mißtrauen gegen uns Deutsche sitzt tief.

Mittags trifft eine Gruppe von US-Senatoren ein; allen voran Sam Nunn. Bevor der Bundeskanzler eintrifft, erläutere ich die 10-Punkte-Rede des Bundeskanzlers und die Entwicklung in der DDR. Die Fragen richten sich vor allem nach dem Schicksal der Atlantischen Allianz. Wird ein geeintes Deutschland Mitglied der NATO sein oder nicht und wie könne das sichergestellt werden. Ich äußere mich optimistisch, weil eine NATO-Mitgliedschaft auch im Interesse der UdSSR liege, wenn sie eine nüchterne Interesseneinschätzung vornehme. Ein geeintes, aber ungebundenes Deutschland erhöhe für die Sowjetunion die Sicherheit nicht.

Der Bundeskanzler erfährt von den Senatoren viel Zustimmung und Sympathie für seine Politik und für sich persönlich.

Die italienischen Zeitungen berichten heute über die gestrige Rede Gorbatschows im Kapitolspalast, dem Ort der Unterzeichnung der Römischen Verträge von 1957.[66] Sie beziehen eine Passage der Rede auf den Bundeskanzler, in der Gorbatschow vor Störungen des Entwicklungsprozesses in Osteuropa, des europäischen Gleichgewichts und vor »ungeschicktem Verhalten und provokativen Erklärungen« gewarnt habe. Andererseits soll aber Schewardnadse konföderative Strukturen für denkbar erklärt haben. Wie auch immer, eine offizielle Reaktion der sowjetischen Führung steht noch aus.

Eingedenk des Gespräches mit Portugalow in meinem Büro vor wenigen Tagen überrascht mich die Zurückhaltung in der sowjetischen Reaktion nicht. Wir sind auf dem richtigen Weg.

Modrows Reaktion ist nicht grundsätzlich ablehnend. Für ihn sei wichtig, erklärt er im ZDF, daß sein Angebot einer Vertragsgemeinschaft angenommen worden sei.

Mitterrands Antwort auf den Brief des Bundeskanzlers vom 27. November trifft ein. Er kündigt an, daß er auf dem Europäischen Rat nächste Woche in Straßburg die Frage nach dem Datum der Eröffnung der Regierungskonferenz zur Wirtschafts- und Währungsunion stellen werde. Er teile die Auffassung des Bundeskanzlers, daß jetzt Entscheidungen getroffen werden müßten, »die uns unmißverständlich auf den Weg der Wirtschafts- und Währungsunion und der Europäischen Union verpflichten«. Deshalb sollte sich der Europäische Rat auf einen »Kalender« einigen, d.h. daß die Konferenz vor Ende 1990 eröffnet wird und die erste Sitzung noch im Dezember 1990 stattfindet. Noch zögert der Bundeskanzler, sich nächste Woche bereits für den Dezember 1990 festlegen zu sollen. Er hat bereits die Bundestags-Wahl vor Augen.

Heute Abend rede ich in Kiel. Die Stimmung »im Lande« ist so gut wie schon lange nicht, insbesondere für den Bundeskanzler.

66 Am 25. März 1957 wurden die Römischen Verträge unterzeichnet, bestehend aus zwei Verträgen, dem Vertrag zur Gründung der Europäischen Wirtschaftsgemeinschaft (EWG) und dem Vertrag zur Gründung der Europäischen Atomgemeinschaft (EAG oder EURATOM). Für beide neu geschaffenen Gemeinschaften, die am 1. Januar 1958 in Kraft traten, wurden die Entscheidungen vom Ministerrat auf Vorschlag der Kommission getroffen. Die Gemeinsame bzw. Parlamentarische Versammlung der der EWG vorausgehenden Montanunion musste konsultiert werden und eine Stellungnahme abgeben. Die Versammlung wurde auf 142 Mitglieder vergrößert. Ihre erste Plenarsitzung hielt das Europäische Parlament am 19. März 1958 ab. Die Römischen Verträge regelten in einem Zusatzprotokoll auch den innerdeutschen Handel, so dass dieser mit der DDR auch Teil des »Gemeinsamen Marktes« der EWG war.

Samstag, 2. Dezember 1989

Noch immer beschäftigt sich die Presse mit der 10-Punkte-Rede des Bundeskanzlers. Mit den Reisen Genschers nach Paris und London werden die dortigen Bedenken in die deutsche Öffentlichkeit transportiert und gegen den Bundeskanzler kritisch ausgewertet. Die Auseinandersetzungen innerhalb der SPD, ob die Zustimmung von Karsten Voigt im Bundestag zu weitgehend gewesen sei oder nicht und ihre krampfhaften Nachbesserungen der 10 Punkte, finden ihr entsprechendes Echo. Auch in der FDP gibt es nachträgliche Absetzbewegungen. Alles ein Trauerspiel! Als ob man eine solche Rede vorher mit anderen Hauptstädten abstimmen könnte? Wer außer uns Deutsche käme auf eine solche absurde Idee?! Des Außenministers »Hauptjournalisten« Udo Bergdoll von der Süddeutschen Zeitung und Wolf Bell vom Bonner General-Anzeiger tun sich heute besonders hervor. Sie verdrängen den Text der Kanzlerrede und beschreiben ihre Vorurteile.

Heute treffen Bush und Gorbatschow zu ihrem Gipfelgespräch vor Malta zusammen.

Sonntag, 3. Dezember 1989

Zweiter Tag des Bush-Gorbatschow-Gipfels vor Malta.[67] Mittags erstmals gemeinsame Pressekonferenz zum Abschluß der Gespräche. Bush spricht von Fortschritten in einer großen Bandbreite von Bereichen. Jeder könne auf seine Weise »fast schon dazu beitragen, daß die Teilung Europas überwunden und die militärische Konfrontation dort beendet wird«. Erst im Frage und Antwortspiel äußert sich Bush zur deutschen Frage. Er habe Gorbatschow zugesichert, daß »nichts Unrealistisches« geschehen werde, das zu »Rückschritten in einem Land« führen könnte. Alles werde »wohlüberlegt« geschehen; keine Demonstration »auf der Berliner Mauer«. »Tempo des Wandels« sei Sache der dort lebenden Menschen. Gorbatschow verweist auf den KSZE-Prozeß, auf dessen Grundlage sie die deutsche Frage diskutiert hätten. Die Realität bestehe darin, daß es heute in Europa zwei deutsche Staaten gebe, die souveräne Staaten seien. Die Geschichte habe es so entschieden. Aber er fügt hinzu: »Um Realisten zu bleiben, sollten wir erklären, daß die Geschichte selbst über die Prozesse und das Schicksal des europäischen Kontinents sowie über das Schicksal beider deutscher Staaten entscheidet ... Und jede künstliche Beschleunigung des Prozesses würde die Lage nur verschlimmern und den Wandel in vielen europäischen Ländern nur erschweren«.

Damit würde den in beiden Ländern stattfindenen Prozessen kein Dienst erwiesen werden.

In den Fernsehübertragungen und Interviews wird deutlich, daß beide Seiten mit den fast achtstündigen Gesprächen sehr zufrieden sind. Das nächste Gipfeltreffen ist für die zweite Juni-Hälfte vereinbart. Das ist für uns ganz entscheidend. Der ständige Dialog beider Weltmächte bleibt eine wichtige Voraussetzung für einvernehmliche und friedliche Lösungen der deutschen Frage.

Übereinstimmung gibt es darüber, daß eine behutsame und damit kontrollierte Weiterentwicklung möglich bleiben soll, aber jede künstliche Eile vermieden werden solle. Das würde sich auch mit den Überlegungen des Bundeskanzlers treffen.

67 Siehe Anmerkung 43, S. 128.

Treffen in der US-Botschaft in Brüssel am 3. Dezember 1989, v. l. n. r. John Henry Sununu, George H. W. Bush, Helmut Kohl, Horst Teltschik und Protokollchef und Ministerialdirigent Walter Neuer

In der ›Bild am Sonntag‹ werde ich heute mit dem Satz zitiert, daß ein vereinigtes Deutschland unter den heutigen Kräfteverhältnissen »nur als Teil der westlichen Allianz möglich« sein könne. Ich weiß, daß mir das bei Regierungsmitgliedern und in der Opposition wieder Ärger einbringen wird.

20.00 Uhr: Bundeskanzler und Präsident Bush treffen sich am Vorabend des morgigen NATO-Gipfels zu einem gemeinsamen Abendessen in der amerikanischen Residenz in Brüssel. Brent Scowcroft und Sununu, Stabschef im Weißen Haus, Dr. Neuer und ich sind dabei. Bush wirkt müde, auch Brent. Malta steckt ihnen noch in den Knochen. Aber sie sind sehr zufrieden über Ablauf und Inhalt der Gespräche mit Gorbatschow.

Es habe keine vorbereitete Tagesordnung gegeben. Viele Themen seien diskutiert worden: die ganze Bandbreite der bilateralen Beziehungen, die regionalen Konflikte und sogar Menschenrechtsfragen. Zeitweise sei die Unterhaltung sehr temperamentvoll verlaufen.

Gorbatschow sei an der deutschen Frage sehr interessiert gewesen. Seiner Meinung nach gingen die Deutschen zu schnell voran. Der Bundeskanzler habe es zu eilig. Dem habe er widersprochen, berichtet Bush und auf den 10-Punkte-Plan verwiesen, der keinen Zeitplan vorsehe. Er kenne Kohl und wisse, daß dieser die Dinge nicht überstürzen werde.

Der Bundeskanzler erläutert dem Präsidenten die Lage in der DDR. Es sei offensichtlich, daß die neue Führung in der DDR die Lage nicht beherrsche. Er habe das auch Gorbatschow berichtet. Niemand habe ein Interesse daran, daß die Entwicklung außer Kontrolle gerate, doch niemand habe auch mit der Schnelligkeit der Veränderungen gerechnet. Sie müssen geordnet und in ruhigen Bahnen verlaufen.

Aus diesem Grunde habe er seine 10-Punkte als möglichen Lösungsweg vorgeschlagen, jedoch bewußt keinen Zeitplan hinzugefügt. Das sei auch für ihn ein wichtiger Punkt, erklärt Bush. Das Ziel der Föderation werde sich »erst in Jahren, vielleicht in 5«, verwirklichen lassen. Alles werde »in Übereinstimmung mit den Nachbarn« geschehen, fügt der Bundeskanzler hinzu.

Um beruhigend zu wirken, spricht der Bundeskanzler ausführlich über die europäische Integration und über die Bündniszugehörigkeit. Es bestehe keine Gefahr, daß Deutschland »abdriften« könnte. »Dies sei Unsinn«. Das habe er gerade erst gestern in Salzburg den Führern der christlich-demokratischen Partei in der EG gesagt. Lubbers, Andreotti, Martens und Santer hätten keine Einwände gegen die 10 Punkte erhoben. Bush berichtet, daß in Malta klar geworden sei, daß vor allem das Tempo der Veränderungen Gorbatschows Problem sei. Man müsse einen Weg finden, der Gorbatschow nicht in Bedrängnis bringe und den Westen trotzdem zusammenhalte. Bundeskanzler bekräftigt noch einmal, daß er Gorbatschow nicht in die Ecke drängen wolle. Es wäre »ein wirtschaftliches Abenteuer«, wenn die Wiedervereinigung schon in 2 Jahren erfolgen würde, wie das Henry Kissinger vorausgesagt habe. »Das wirtschaftliche Gefälle sei zu groß«. Erst müßte ein »gewisses Gleichgewicht« hergestellt werden. Der Präsident dürfe aber nicht verkennen, daß sich die deutsche Frage »wie eine Grundwelle im Ozean« entwickle. Über alles das wolle er bald mit Gorbatschow selbst sprechen. Bush begrüßt diese Absicht als außerordentlich nützlich. Er habe bei Gorbatschow auch keinerlei »Feindseligkeit« oder »Empörung« verspürt, aber ein gewisses Unbehagen. Das gelte vor allem auch für die polnische Westgrenze.

Beide diskutieren die Positionen der anderen westlichen Partner zu den 10 Punkten. Als der Bundeskanzler die britische Reaktion als »verhalten« bezeichnet, erklärt Bush diese Aussage zum »Understatement des Jahres«.

Präsident und Bundeskanzler stimmen darin überein, daß die Reformen in der Sowjetunion für alle Seiten nützlich seien und daß dieser Prozeß deshalb nicht erschwert werden dürfe. Ausführlich sprechen sie über wirtschaftliche Zusammenarbeit mit der Sowjetunion, Polen und Ungarn und über die weiteren Schritte in der Abrüstung.

In Ost-Berlin ist heute Egon Krenz und mit ihm das gesamte Politbüro sowie das ZK der SED zurückgetreten. Honecker wurde aus der SED ausgeschlossen. Tisch und Mittag sind verhaftet. Schalck-Golodkowski hat sich abgesetzt. Das große Aufräumen in der DDR setzt sich fort.

Montag, 4. Dezember 1989

Sechzehn Staats- und Regierungschefs im großen Sitzungssaal des NATO-Hauptquartiers versammelt. Präsident Mitterrand läßt alle Kollegen eine halbe Stunde warten. Das ist nicht das erstemal. Wichtiger finde ich, daß er erneut an diesem NATO-Gipfel teilnimmt. Es ist das drittemal, daß er ohne Vorbehalte teilnimmt. Das ist ein wichtiges politisches Signal und unterscheidet ihn von seinen Vorgängern, die häufig die Politik des leeren Stuhls[68] gepflegt hatten.

68 Aufgrund der Umsetzung der Römischen Verträge, Mehrheitsentscheidungen im EWG-Ministerrat mit qualifizierter Mehrheit entgegen dem bisherigen Einstimmigkeitsprinzip im Zuge des Überganges zur dritten Stufe der Einrichtung eines Gemeinsamen Marktes am 1. Januar 1966 einzuführen (worauf Frankreichs Staatspräsident Charles de Gaulle Probleme für seine Agrarpolitik aber auch aufgrund der Heranziehung der Einnahmen aus den Binnenzöllen in voller Höhe für die Finanzierung der Gemeinschaftsausgaben mit Kontrollrecht des Europäischen Parlaments befürchtete), nahm Frankreich an den Sitzungen des Ministerrates, am Ausschuss der Ständigen Vertreter (COREPER) und an der Mitarbeit in der Kommission

Bush berichtet über seine Gespräche mit Gorbatschow vor Malta.[69] Den schwierigen Schiffswechseln auf stürmischer See standen lebhafte, aber sehr konstruktive Gespräche gegenüber. Nachdrücklich bekennt sich Bush dazu, die Reformpolitik Gorbatschows zu unterstützen. Er beabsichtige, die wirtschaftliche Zusammenarbeit auszubauen. Verabredungen seien getroffen worden über die weiteren Abrüstungsgespräche. Im Januar werden die Außenminister zusammentreffen, um über die START-Verhandlungen zu sprechen. Für 1990 sei ein Gipfel geplant, um die Wiener VKSE-Verhandlungen zum Abschluß zu bringen. Diese Verhandlungen hätten für ihn Priorität. Fortschritte gebe es auch bei den C-Waffen. Die Produktion binärer Waffen solle eingestellt werden. Auch in Fragen globaler Umweltprobleme wolle man zusammenarbeiten.

Ausführlich spricht Bush über die Veränderungen in Osteuropa. Er sei sich mit Gorbatschow einig gewesen, daß es jetzt die Menschen seien, die ihren eigenen Weg und ihre eigene Zukunft bestimmen wollen. Die USA werden ihre Beziehungen zu Osteuropa verstärken. Dabei sollen die sowjetischen Sicherheitsinteressen nicht in Frage gestellt werden. Gorbatschows Hauptinteresse richte sich auf die Aufrechterhaltung der Stabilität in Europa. Er sei nicht über die Richtung der Entwicklung besorgt, sondern über die Geschwindigkeit. Er habe dabei Wert darauf gelegt, daß es dabei nicht um die Erreichung »westlicher« Werte sondern »demokratischer« Werte gehe.

Auf Deutschland eingehend berichtet Bush den Anwesenden, daß Gorbatschow davon gesprochen habe, daß die Geschichte die deutsche Frage lösen werde. Er habe das Recht des deutschen Volkes auf Selbstbestimmung nicht bestritten.

Kurz berichtet Bush über die Aussprache zu den regionalen Konflikten Afghanistan, Naher Osten, Zentralamerika und Kuba. 19 Initiativen hat Bush gegenüber Gorbatschow ergriffen. Eine breitgefächerte Offensive. Sie soll es Gorbatschow erleichtern, die revolutionären Veränderungen in Osteuropa und in der DDR akzeptieren zu können.

Bush bezeichnet seine Gespräche mit Gorbatschow als aufgeschlossen und sehr nützlich. Sie seien ein wichtiger Schritt nach vorn gewesen. Gorbatschow habe energisch und entschlossen gewirkt, lebendig im Gespräch, obwohl eine Müdigkeit nicht zu verkennen gewesen sei. Es gebe keinen Anlaß zur Euphorie. Die Chancen zur Zusammenarbeit hätten sich jedoch verbessert.

nicht mehr teil. De Gaulle warf Kommissionspräsident Walter Hallstein vor, die beteiligten Regierungen nicht rechtzeitig konsultiert zu haben, und praktizierte erstmals eine Blockade der Gemeinschaftsarbeit ab dem 1. Juli 1965, die erst durch den Luxemburger Kompromiss vom 29. Januar 1966 überwunden werden konnte. Dieser sah vor: wenn ein Mitgliedsland sehr wichtige Interessen geltend macht, musste so lange verhandelt werden, bis ein für alle Mitglieder akzeptabler Kompromiss gefunden wird. Eine ähnliche Bestimmung findet sich im Vertrag von Lissabon; siehe dazu Philipp Bajon, Europapolitik »am Abgrund«. Die Krise des »leeren Stuhls« 1965–66, Stuttgart 2012.

69 Die Staats- und Regierungschefs der NATO wurden am 4. Dezember 1989 in Brüssel von Präsident George H. W. Bush über sein Treffen mit Michail Gorbatschow vor der Küste Maltas informiert. Bundeskanzler Helmut Kohl war schon vorher von ihm unterrichtet worden. Bush begrüßte die Veränderungen in Mittel- und Osteuropa, die zur Überwindung der Teilung in Europa durch Freiheit führen müssten, und bekräftigte die Unterstützung der USA bei der deutschen Vereinigung. Die deutsche Teilung sei nie von den USA akzeptiert worden. Kohl bekräftigte, dass es keinen deutschen Sonderweg geben werde. Er verteidigte aber das Prinzip des Selbstbestimmungsrechts und wies diesbezüglich auf Differenzen mit dem italienischen Ministerpräsidenten Giulio Andreotti und der britischen Premierministerin Margaret Thatcher hin.

Die kurze allgemeine Aussprache läßt keinen Widerspruch erkennen. Sie erschöpft sich weitgehend in Zustimmung zum Bericht von Bush. Andreotti und Mulroney berichten über ihre Gespräche mit Gorbatschow in Rom und in Moskau. Der Bundeskanzler erläutert noch einmal seine Position entsprechend der 10-Punkte-Rede im Bundestag.

In der Nachmittagssitzung des NATO-Rates nach dem gemeinsamen Mittagessen steht erneut eine umfassende Erklärung von Präsident Bush über die »zukünftige Gestaltung des neuen Europas« im Mittelpunkt der Diskussion. Er begrüßt die »friedliche Revolution« in Mittel- und Osteuropa. Als erstes Prinzip für Europas Zukunft müsse die Überwindung der Teilung Europas durch Freiheit gelten. Die USA hätten die Teilung nie akzeptiert. Das Volk jeder Nation habe das Recht, seinen eigenen Weg für ein Leben in Freiheit zu bestimmen. Über vier Jahrzehnte hätten sie gemeinsam im Bündnis die deutsche Wiedervereinigung unterstützt. Bush nennt vier Prinzipien, auf denen das Ziel der deutschen Einigung gründen soll: (1) Selbstbestimmung müsse angestrebt werden, ohne das Ergebnis zu präjudizieren. Zum gegenwärtigen Zeitpunkt solle eine bestimmte Vision der Einheit weder befürwortet noch ausgeschlossen werden. (2) Die Einigung solle sich im Kontext der fortwährenden Verpflichtungen Deutschlands gegenüber der NATO und der sich weiter integrierenden Europäischen Gemeinschaft vollziehen und die Rechte und Verantwortlichkeiten der alliierten Mächte in angemessener Weise berücksichtigen. (3) Im Interesse allgemeiner Stabilität in Europa sollen sich Schritte in Richtung Einigung friedlich, allmählich und als Teil eines schrittweisen Prozesses vollziehen. (4) Die Frage von Grenzen betreffend sollen wir unsere Unterstützung für die Prinzipien der Schlußakte von Helsinki bekräftigen.

Bush fügt abschließend hinzu, daß er wisse, daß sein Freund Helmut Kohl seine Überzeugung völlig teile. Er hatte damit dankenswerterweise gegenüber allen NATO-Partnern deutlich gemacht, daß die USA die Einigung Deutschlands unterstützen. Ein geeintes Deutschland müsse aber vollwertiges Mitglied der NATO und der EG bleiben.

Der Bundeskanzler ergreift nach diesen deutlichen Worten von Präsident Bush sofort die Initiative und schlägt vor, die kraftvollen und positiven Aussagen des Präsidenten als Schlußwort zu akzeptieren. Alle waren dazu bereit, nur der Ministerpräsident Italiens, Guilio Andreotti interveniert. Im Zusammenhang mit dem Selbstbestimmungsrecht für Deutschland fragt er, ob es in gleicher Weise Litauen, Lettland und Estland gewährt werden solle, damit auch sie »morgen souverän« seien. Das Selbstbestimmungsrecht könne nicht aus der KSZE-Schlußakte herausgelöst werden. Diese stelle insgesamt ein ausgewogenes System dar. Wenn jetzt die Frage der Wiedervereinigung aufgeworfen würde, dann werde in einem schwierigen politischen Umfeld der Eindruck vermittelt, sie könne sofort gelöst werden. Das sei ein Risiko, weil damit der Eindruck entstünde, daß die Mauer durch eine Volksbewegung viel leichter und schneller überwunden werden könne als mit Hilfe einer geduldigen Diplomatie. Andreotti mahnt zu Behutsamkeit. Sie sollten sich Zeit zur Prüfung aller Probleme nehmen, damit die Ereignisse den Regierungen nicht aus der Verantwortung geraten können.

Der Bundeskanzler bekräftigt daraufhin noch einmal, daß sein Stufenplan zur Wiedervereinigung nicht mit einem Zeitplan verknüpft sei. Zeitliche Vorstellungen würden vielmehr im Ausland als in Deutschland selbst diskutiert. Überhaupt bestünde die Gefahr, daß international die emotionalen Aspekte, die in der deutschen Frage stecken würden, nicht voll in Rechnung gestellt würden. Die Deutschen selbst hätten bisher viel Realitätssinn und Verantwortungsbewußtsein bewiesen. Alle Demonstrationen hätten es weltweit dokumentiert, zuletzt die Menschenkette von 1,5 Mio. Menschen, die am Wochenende in der DDR gebildet worden wäre.[70] Darin käme aber auch die Meinung der Bevölkerung selbst klar zum Ausdruck.

Bundeskanzler erläutert noch einmal seinen 10-Punkte-Plan, den er in Erwartung von freien Wahlen in der DDR innerhalb von 1–2 Jahren vorgelegt habe.

Gleichzeitig legt er noch einmal ein klares Bekenntnis zur NATO und zur EG ab und zu einer Politik, die stabile Entwicklungen in Europa garantiere. Die grundsätzliche Position der Bundesregierung in der Frage der deutschen Einheit könne aber für niemanden eine Überraschung gewesen sein. Auch wenn die Wiedervereinigung operativ nicht auf der Tagesordnung stehe, sei er dennoch überzeugt, daß die Zeit für die Deutschen arbeite.

Großes Verständnis für Deutschland und Zustimmung zur Bush-Erklärung äußert der niederländische Premierminister Lubbers. Der Bundeskanzler habe für ihn die Perspektiven für die Zukunft Deutschlands überzeugend dargelegt. Zu Andreotti sagt er, daß dieser die psychologischen Aspekte der »Teilung Europas«, die jetzt in Gang gekommen sei, übersehen würde. Dagegen zeigte Premierminister Thatcher Verständnis für Andreottis Aussagen zur Anwendung des Selbstbestimmungsrechts. Dankbar sei sie, daß der Bundeskanzler keinen Zeitplan für die Einigung Deutschlands aufgestellt habe und sein Festhalten an NATO und EG bekräftigt habe. Die Bush-Ausführungen seien so fundamental, daß sie sie erst einmal sorgfältig prüfen wolle.

In seiner Pressekonferenz am Nachmittag bekräftigt der Bundeskanzler zum wiederholten Male, daß sein Stufenplan nicht mit einem Zeitplan verknüpft sei und eingebettet sein muß in die Entwicklung Gesamteuropas. »Die Teilung Deutschlands kann nur überwunden werden, wenn man die Teilung Europas überwindet«. Auch Sicherheitsinteressen seien berührt und müßten bedacht werden. »Die Lösung der deutschen Frage ist nur möglich unter einem europäischen Dach«. Die europäische Einigung und eine starke NATO gehören zusammen. Der KSZE-Prozeß bleibe eine wichtige Grundlage für das »gemeinsame Haus Europa«.

Es ist notwendig, diesen Katalog wie eine Gebetsmühle zu wiederholen. Je länger die 10-Punkte-Rede zurückliegt, desto häufiger wird Kritik geübt. Die »Kritiker« lassen dabei erkennen, daß sie die Rede entweder nicht gelesen oder bereits wieder vergessen haben. Deshalb bleibt die »Gebetsmühle« erforderlich. Das zeigen die Äußerungen von Lafontaine und von Graf Lambsdorff auf dem kleinen FDP-Parteitag in Celle während des Wochenendes. Sie wollen die spontane Zustimmung im Bundestag wieder vergessen machen. Die Kritik wirkt kleinkariert.

70 Ausgehend von der überkonfessionellen »Aktion Sühnezeichen Friedensdienste e. V.«, einer deutschen Organisation der Friedensbewegung, die 1958 am Rande der Synode der Evangelischen Kirche in Deutschland von Lothar Kreyssig initiiert worden ist und die Versöhnung mit den vom nationalsozialistischen Deutschen Reich überfallenen wie von der Vernichtung bedrohten Völkern und Menschengruppen und die Entwicklung der Friedensfähigkeit zum Ziel hat, ging Ende November 1989 eine Initiative zur Bildung einer Menschenkette »Ein Licht für unser Land« aus. Brennende Kerzen sollten ein Symbol für die Friedfertigkeit der Aktion sein. Am Adventssonntag, den 3. Dezember 1989, bildeten pünktlich um 12 Uhr hunderttausende Bürgerinnen und Bürger der DDR Lichterketten von Sassnitz über Berlin bis Zittau und von Hirschberg nach Schwedt, die sich in Berlin kreuzten. Ängste und Hoffnungen der Teilnehmer waren verbreitet, ob die Reformen in der DDR nach der Maueröffnung weitergehen würden.

Pressekonferenz, v. l. n. r.: Regierungssprecher Hans (Johnny) Klein, Horst Teltschik und Helmut Kohl

Wichtig bleibt, daß der Gipfel vor Malta und das NATO-Treffen keine Hürden auf dem Weg zur deutschen Einheit aufgerichtet haben. Im Gegenteil! Das Signal steht auf grün – zur Vorsicht wird ermahnt, aber die Weichen sind richtig gestellt.

Selbst Modrow schließt in seinem heutigen ›Spiegel‹-Interview ein Deutschland in den Grenzen von 1989 nicht länger aus: »Wenn eine Konföderation solche Wege zeigt und in die Entwicklung in Europa eingebunden ist, kann man darüber nachdenken«.

Wir tun es und wir wollten die ersten sein. Es geht jetzt nicht mehr um das Ob, sondern nur noch um das Wie und das Wann der deutschen Einigung.

Dienstag, 5. Dezember 1989

8.15 Uhr. Julij Kwizinskij spricht beim Chef des Bundeskanzleramtes vor. Die sowjetische Führung sei über die Kampagne besorgt, Menschen in der DDR unter Verletzung der DDR-Gesetze zur illegalen Ausreise zu veranlassen. Die Massenmedien würden die Menschen dazu aufstacheln. Das alles führe zu einer Destabilisierung der Lage. Beide Seiten müßten ein gemeisames Interesse daran haben, die Stabilität aufrechtzuerhalten.

Seiters bekräftigt, daß die Bundesregierung nicht daran interessiert sei, daß die Menschen die DDR verlassen. Er habe sich entsprechend öffentlich dazu geäußert. Er müsse jedoch hinzufügen, daß der Schlüssel für die Lösung aller dieser Probleme zuerst in der DDR selbst zu suchen sei.

Heute erreichen uns Berichte aus Moskau über das »Informationstreffen der Führer der Teilnehmerstaaten des Warschauer Vertrages« von gestern. Gorbatschow gab einen Bericht über seine Gespräche mit Bush, die offen, unvoreingenommen und konstruktiv gewesen seien. Er hebt besonders die Übereinstimmung hervor, Wandlungsprozessen in Osteuropa die Stabilität zu gewährleisten. Die militärische Konfrontation müsse verringert, die »in Europa bestehenden Staatsgrenzen« respektiert und die Militärbündnisse »in der überschaubaren Zukunft« beibehalten werden.

In seinem Gespräch mit Modrow versicherte Gorbatschow ihm: »Die SED und unsere deutschen Freunde können intensiv mit der Solidarität und Unterstützung der KPdSU und des gesamten sowjetischen Volkes rechnen«. Auch Genscher weilt seit gestern zu Gesprächen in Moskau. Die heutige Presseerklärung bestätigt, daß das gegenseitige Vertrauen weiter gewachsen sei. Der Wille, weiter eng zusammenzuarbeiten und sich zu konsultieren, wird unterstrichen, »um die Chancen der gegenwärtigen Entwicklung in Europa zu nutzen und den sich daraus ergebenden Herausforderungen und der gemeinamen Verantwortung gerecht zu werden«. Die Zusammenarbeit solle energisch vorangetrieben werden.

In seiner Pressekonferenz spricht Genscher von einem »großen und wichtigen Gespräch« mit Gorbatschow, das zu einem sehr wichtigen Zeitpunkt stattgefunden habe. Im Zusammenhang mit der 10-Punkte-Rede erläutert Genscher, daß Bonn von Anfang an daran interessiert gewesen sei, seine Politik in die europäische Politik einzubetten. Die Bundesregierung lehne einen nationalen Alleingang ab, könne und wolle keinen Terminkalender aufstellen. Sie sei an einer kontinuierlichen Entwicklung »ohne Sprünge, Schritt für Schritt« interessiert. Das Konzept des Bundeskanzlers sei ein Angebot an die DDR, nicht mehr. Es sei die Entscheidung der DDR, welche Entwicklung sie nehme und wie sie ihr Verhältnis zur Bundesrepublik gestalte. Genscher lehnt es ab, die sowjetische Position zur Deutschlandfrage zu erläutern. Sie sei »hinreichend bekannt«. Diese Klarstellungen lassen deutlich erkennen, mit welchen Vorhaltungen Genscher bei Gorbatschow und Schewardnadse konfrontiert war. Es sickert durch, daß Schewardnadse gegenüber Genscher den 10-Punkte-Plan des Bundeskanzlers als »Diktat« zurückgewiesen habe. Angesichts der Berichte von Bush und Baker überrascht diese Härte. Die Hürden sind noch aufgerichtet, wenn nicht sogar erhöht worden.

Am Nachmittag trifft Seiters im Ministerratsgebäude in Ost-Berlin zu seinem 2. Gespräch mit Modrow zusammen. Der 19. Dezember und Dresden als Ort werden für das Zusammentreffen mit dem Bundeskanzler vereinbart. Modrow will mit dem Bundeskanzler vor allem über die Vertragsgemeinschaft und über den internationalen Rahmen sprechen. Er berichtet, daß Gorbatschow das Konzept einer Vertragsgemeinschaft ermutigend unterstützt habe, aber eine Wiedervereinigung ablehne. Auszugehen sei von der Existenz zweier unabhängiger deutscher Staaten.

Seiters weist noch einmal auf die Formel des Bundeskanzlers von einer organischen Entwicklung hin. Die Architektur Deutschlands solle in die Gesamtarchitektur Europas eingefügt werden.

Modrow sagt die Beschleunigung der Reformvorhaben zu, auch in bezug auf das Wahlgesetz. Anschließend wird eine gemeinsame Presseerklärung veröffentlicht, die die vereinbarten Regelungen im Reise- und Besuchsverkehr erläutern.

Brief des Bundeskanzlers an Mitterrand: Die europäische Integration sei wichtiger denn je. Der Europäische Rat müsse ein klares politisches Signal setzen, auf dem Wege zur Politischen Union voran zu schreiten, den Binnenmarkt zu vollenden, seine soziale Dimension auszufüllen und die Wirtschafts- und Währungsunion vorzubereiten.

Als Kalender schlägt Bundeskanzler vor, daß der Europäische Rat 1990 unter italienischem Vorsitz die Regierungskonferenz zur Wirtschafts- und Währungsunion eröffnet.[71] Bis Dezember 1991 solle Einvernehmen hergestellt werden und bis Frühjahr 1992 die Vertragstexte finalisiert werden. Die Ratifizierung des Vertrages soll bis zu den nächsten Wahlen zum Europäischen Parlament 1994 abgeschlossen sein. Ausdrücklich bezieht der Bundeskanzler Reformen zur Erweiterung der Rechte des Europäischen Parlamentes ein. Das Angebot des Bundeskanzlers ist ein weiterer kleiner Schritt auf Mitterrand zu. Ob er ausreichen wird?

Am Nachmittag spreche ich mit dem jugoslawischen Außenminister Loncar. Jugoslawien wolle der EFTA und dem Europarat beitreten. Bundesrepublik und EG sollten finanzielle Hilfe leisten und damit von außen die inneren Reformen in Jugoslawien antreiben. Ich bin skeptisch.

Interessant ein Gespräch mit den beiden ›Washington Post‹-Korrespondenten Getier und Fisher. Nach ihrer Auffassung habe die Entwicklung in der DDR ihr eigens Momentum erreicht und werde rascher in Richtung Einheit verlaufen, als jeder noch glaube. Sie seien überzeugt, daß die Sowjetunion jetzt nicht mehr eingreifen könne. Ich stimme zu.

Mittwoch, 6. Dezember 1989

10.00 Uhr Requiem für Alfred Herrhausen im Dom zu Frankfurt. Aus aller Welt sind Trauergäste angereist. »Wir sind nur Gast auf Erden …« – mit diesem Lied wird der Gottesdienst eröffnet. Die Sinnlosigkeit dieses brutalen Mordes geht mir ständig durch den Kopf. Warum Krieg, Terror, Haß im Leben der Menschen, das so kurz ist? Warum mußte ein Mensch sterben, dessen Geist und Herz so offen waren für andere Menschen? Der Bundeskanzler hält die Trauerrede – eine Rede für einen Freund, von dem er jetzt Abschied

71 Am 27./28. Oktober tagte der Europäische Rat (ER) in Rom im Rahmen der italienischen Ratspräsidentschaft in der zweiten Jahreshälfte 1990. Giulio Andreotti begrüßte die wiedererlangte Einheit Deutschlands. Der ER setzte sich für die Umwandlung der EG in eine EU mit Ausweitung ihrer Zuständigkeit auf weitere Bereiche der wirtschaftlichen Integration unter Wahrung der nationalen Identitäten und des Subsidiaritätsprinzips ein. Die Rolle des Europäischen Parlaments sollte gestärkt und eine europäische Staatsbürgerschaft begründet werden. In Bezug auf außenpolitische Beschlüsse sollte die Arbeit effektiver werden und der ER Zeitpunkte für das weitere Vorgehen bezüglich der Wirtschafts- und Währungsunion (WWU) festlegen. Das Vereinigte Königreich sah sich nicht in der Lage, dem Konzept zuzustimmen. Berücksichtigt werden sollten v. a. eine offene marktwirtschaftliche Ordnung, Preisstabilität, Umweltschutz, geordnete Haushalte, Schaffung einer unabhängigen Zentralbank mit dem vorrangigen Ziel der Preisstabilität und einer einheitlichen Währung (ECU). Die Finanzierung von Haushaltsdefiziten anderer Länder sollte ausgeschlossen sein. Voraussetzungen sollten Konvergenz in der Preisstabilität und die Sanierung öffentlicher Finanzen sein. Der ER wollte den Reformprozess in der UdSSR mit Hilfe eines zu erarbeitenden Abkommens unterstützen. Den mittel-und osteuropäischen Ländern wurde Hilfe über das PHARE-Programm (Hilfe beim Verwaltungs- und Infrastrukturaufbau und in der Regionalentwicklung) und über Assoziationsabkommen zuteil. Der ER sprach sich für die Wahrung der Einheit Jugoslawiens und der Menschenrechte aus. Ungarn wurde Soforthilfe zugesagt. Hoffnung bestand auf einen günstigen Abschluss der Uruguay-Runde im Rahmen des GATT. Verurteilt wurde die Besetzung Kuwaits und die Festsetzung ausländischer Geiseln durch den Irak. In Bezug auf den Libanon unterstützte der ER das Taif-Abkommen vom 22. Oktober 1989, das den libanesischen Bürgerkrieg beendete, forderte eine Friedenskonferenz zur Lösung des israelisch-palästinensischen Konflikts und unterstützte die Resolutionen 672 und 673 des UN-Sicherheitsrates. Erwähnung fand auch der bevorstehende Pariser KSZE-Gipfel, Die Bundesregierung, Bulletin 128–90, 6.11.1990.

nehmen muß. Es fällt ihm sichtlich schwer. Unausgesprochen lastet die Frage über alle: Wer könnte der nächste sein?

Mit dem Hubschrauber geht es zurück nach Bonn. Alle schweigen. Kabinettsitzung um 15.00 Uhr im Verteidigungsministerium. Das hat Tradition. Einmal im Jahr tagt das Kabinett auf der Hardthöhe. Für den Bundeskanzler eine besondere Geste der Solidarität mit der Bundeswehr. Schäuble berichtet über die Erkenntnisse zum Attentat an Herrhausen. Es gibt keine konkrete Spur. Dennoch kein Zweifel an der Täterschaft der RAF.

Seiters ist von seinen zweitägigen Gesprächen aus Ost-Berlin zurückgekehrt. Er teilt dem Kabinett mit, daß Modrow »mit positivem Grundton« auf den 10-Punkte-Plan des Bundeskanzlers reagiert habe. Er sei auch bei seinen Gesprächen in Moskau ausdrücklich ermuntert worden, die Vertragsgemeinschaft anzustreben. Im Vordergrund soll die wirtschaftliche Zusammenarbeit stehen. Eine gemeinsame Wirtschaftskommission ist vereinbart, ebenso Reisefreiheit für alle Deutschen. Zusammenarbeit im Bereich der medizinischen Versorgung, des Umweltschutzes, der Telekommunikation und im humanitären Bereich ist verabredet worden. Der Besuch des Bundeskanzlers am 19. Dezember in Dresden wurde besprochen.

Mischnick, FDP-Fraktionsvorsitzender, beglückwünscht Seiters zu seinem Verhandlungserfolg.

Inzwischen ist bekannt geworden, daß Krenz heute auch als Staatsratsvorsitzender zurückgetreten ist. Eine kurze Amtszeit.

Vortrag Stoltenbergs über die Grundzüge der Bundeswehr-Planung für die neunziger Jahre. Der Friedensumfang der Bundeswehr soll von 495.000 auf 470.000 verringert werden. Es ist jedoch jedem bewußt, daß weitere Reduzierungen erforderlich werden, wenn die VKSE-Verhandlungen 1990 in Wien erfolgreich abgeschlossen werden sollten. Die Strategie der Vorneverteidigung[72] bleibe unverzichtbar.

Generalinspektor Wellershoff gibt einen Zustandsbericht über die Bundeswehr: Problem der Bedarfsdeckung wehrpflichtiger Soldaten ab Mitte der 90er Jahre. Wandel der Bundeswehr von einer Präsenzarmee zu einer Mobilmachungs- und Mobilitätsarmee. Bundeskanzler stößt intensive Diskussion über Auswirkungen der Veränderungen im Warschauer Pakt auf die europäische Sicherheitslage an. Anstelle von ›Gammeldienst‹ sollen mehr Möglichkeiten für berufliche Weiterbildung geschaffen werden.

Donnerstag, 7. Dezember 1989

Bericht von unserer Botschaft in Moskau über gestrigen Kurz-Besuch Mitterrands in Kiew. Gemeinsame Pressekonferenz mit Gorbatschow bis kurz vor Mitternacht: Gesprochen worden sei über die Veränderungen »in West- und Osteuropa«. Sie gäben Hoffnung auf Klimaverbesserung in Europa. Gorbatschow sprach von ermutigenden Aussichten für eine Entwicklungsphase des europäischen Prozesses in Richtung Demokratisierung und

72 Die Vorneverteidigung oder Vorwärtsverteidigung (Forward Strategy) der NATO, am 3. Dezember 1952 beschlossen, fußte darauf, einem konventionellen Angriff des Warschauer Paktes soweit östlich wie möglich, also direkt an der Grenze, entgegenzutreten. Ein länger dauernder Kampf auf dem Gebiet der Bundesrepublik sollte vermieden und der Angreifer so weit wie möglich aufgehalten werden, um weitere Kräfte mobilisieren zu können. Eine Verteidigungslinie war aber auch am Rhein vorgesehen. Im Mai 1957 wurde offiziell die neue Strategie der »massiven Vergeltung« (massive retaliation) beschlossen.

Offenheit. Er habe das Recht aller Völker auf Freiheit der Wahl und Lösung der inneren Probleme betont. Auf die Wiedervereinigung angesprochen wiederholt er seine Aussage, daß sie jetzt nicht auf der Tagesordnung stünde. Die »Formen und Mittel zur Lösung des Problems dieser beiden Staaten« müssen »vom europäischen Prozeß gelüftet werden«. Er warnte vor einer Situation, in der der gesamte europäische Prozeß wie auch die Beziehungen zwischen beiden deutschen Staaten belastet werden könnten.

Mitterrand sprach von einer Lösung, die nur auf demokratische und friedliche Weise erfolgen könne. Kein Staat in Europa könne es sich leisten, ohne Berücksichtigung des Gleichgewichts in Europa und der gegenwärtigen Realitäten zu handeln.

Beide sprachen sich für ein Helsinki II-Treffen aus, um neue Formen und Strukturen der Zusammenarbeit zu erörtern, die für ein künftiges gemeinsames Europäisches Haus notwendig seien. Gorbatschow hält es für möglich, daß bei diesem Gipfeltreffen ein Abkommen über konventionelle Abrüstung erreicht werden könne.

Er fügte allerdings hinzu, daß »die Geschichte über die Zukunft Europas entscheiden« werde.

Prawda und TASS haben gestern noch einmal über die Gespräche Genschers mit Gorbatschow und Schewardnadse berichtet. Es fällt auf, daß der Ton der Aussagen über das Zusammentreffen mit Gorbatschow milder ausfällt. In der Prawda wird vor allem wiedergegeben, daß Gorbatschow jetzt »Beherrschtheit, Verantwortung und Bedacht« für notwendig hält, um die »internationale Stabilität aufrechtzuerhalten und die Sicherheit zu stärken«.

Dagegen habe Schewardnadse davor gewarnt, »die Schwierigkeiten des Perestroika-Prozesses in den sozialistischen Ländern zu einseitigen, egoistischen Zwecken« auszunutzen. Einzelne Punkte des Kohl-Planes kämen einem »direkten Diktat« gegenüber der DDR gleich – so lautet es im TASS-Bericht. Es sei für die Sowjetunion »unannehmbar, der souveränen DDR vorzuschreiben, wie und in welchen Formen sie ihre Beziehungen mit dem anderen deutschen Staate aufzubauen hat« … eine »künstliche Beschleunigung« könne jedoch zu unvorhersehbaren Folgen führen.

Es ist für uns offensichtlich, daß die sowjetische Führung die Sorge bewegt, daß sich die Veränderungen in Osteuropa und in der DDR so beschleunigen könnten, daß sie für sie außer Kontrolle geraten und die Stabilität in Europa gefährden. Angesichts ihrer großen Anzahl von Truppen in der DDR, in Polen, in der ČSSR und in Ungarn, die sie nicht mehr einsetzen kann und vermutlich auch nicht will, bleiben ihr keine Möglichkeiten, anders politisch gestaltend einzuwirken als über Appelle und Warnungen. Ihre öffentlichen Erklärungen und Anmerkungen sind trotz allem erfreulich zurückhaltend und gemäßigt. 1983 hatte die sowjetische Führung noch mit Krieg und Raketenzäunen gedroht.

Freitag, 8. Dezember 1989

Heute beginnt unter der französischen Präsidentschaft der Europäische Rat in Straßburg.[73] Ziel des Bundeskanzlers ist es, daß von diesem Gipfel angesichts der Umwälzungen im Osten und in der DDR ein Signal für die weitere Integration der EG ausgehen soll. Deshalb

73 Die Tagung des Europäischen Rates (ER) vom 8. bis 9. Dezember in Straßburg unter dem Präsidenten François Mitterrand fand im Rahmen der französischen Ratspräsidentschaft im Rahmen der zweiten Jahreshälfte 1989 nach dem Fall der Berliner Mauer am 9. November, dem »Zehn-Punkte-Programm« Helmut Kohls vom 28. November und dem Gespräch Mitterrands mit Gorbatschow in Kiew am 6. Dezember 1990 soll eine Gemeinschaftscharta sozialer Grundrechte für die Arbeitnehmer beschlossen werden. Hauptthema ist die Wirtschafts- und Währungsunion, deren ersten Stufe am 1. Juli 1990 in Kraft treten soll, gleichzeitig mit der Liberalisierung des Kapitalverkehrs. Ende 1990 soll dann die Regierungskonferenz zur Wirtschafts- und Währungsunion eröffnet werden.

Besonderes Interesse des Bundeskanzlers ist es, die Kontrollrechte des Europäischen Rates gegenüber der EG-Kommission und den europäischen Institutionen zu stärken. Seine Absicht ist es, hier in Straßburg die EG-Partner zu einer ersten Diskussion zu bewegen. Für ihn ist es wichtig, den Partnern deutlich zu machen, daß sich das deutsche Engagement für Europa, für die EG nicht verringern wird. Im Gegenteil! Bundeskanzler will das Tempo beschleunigen.

Parallel dazu laufen in Bonn die Vorbereitungen für die Gespräche des Bundeskanzlers am 19. Dezember mit Modrow in Dresden. Heute vormittag tagt im Bundeskanzleramt unter Vorsitz von Seiters die mit Deutschland- und Berlin-Fragen befaßte Staatssekretärsrunde unter Beteiligung des Berliner Senats. Dabei geht es vorrangig um Fragen der wirtschaftlichen Zusammenarbeit und der Ausgestaltung einer Vertragsgemeinschaft. Die Bundesminister Schwarz-Schilling, Zimmermann, Haussmann und Töpfer werden in der kommenden Woche zu vorbereitenden Gesprächen nach Ost-Berlin reisen.

Samstag, 9. Dezember 1989

Arbeitsfrühstück mit Präsident Mitterrand wie bei jedem Europäischen Gipfel. Es ist eine gute Tradition geworden. Bundeskanzler berichtet, daß er heute Nacht Botschaft von Modrow erhalten habe, in der er darum gebeten werde, beruhigend auf die Öffentlichkeit einzuwirken, vor allem auch bei seinem Besuch in Dresden. Grund zur Sorge sei die wachsende Unruhe bei den Menschen in der DDR aufgrund der steigenden Zahl von Korruptionsfällen, die jetzt aufgedeckt würden.

Mitterrand spricht von einer echten Revolution, die vom Volk ausgehe. Das sei der Unterschied zur Revolution von 1917 in Rußland. Das gleiche wie in der DDR spiele sich jetzt auch in Prag ab.

Mitterrand spricht seine bevorstehende DDR-Reise an. Sie sei seinerzeit mit Honecker bei dessen Besuch in Paris abgesprochen worden. Der Bundeskanzler habe ihm damals geraten,[74] die Einladung anzunehmen. Jetzt habe das Ganze »surrealistische Züge« angenommen, weil er nicht wisse, wen er jetzt antreffen werde. Der Zeitpunkt sei nicht ideal, aber andererseits wolle er den Besuch jetzt auch nicht mehr absagen. Die Presse versuche daraus »eine Rivalität zum Bundeskanzler zu konstruieren«. Dem sei aber nicht so.

statt. Der ER drängte auf weitere Verwirklichung der EEA zur Umgestaltung der EWG durch verstärkte Integration mit dem Ziel der Schaffung eines Binnenmarktes. Auf Grundlage des Delors-Berichtes vom 17. April 1989 sollte die letzte Phase der WWU modifiziert werden. Zu Beginn des Jahres 1990 sollten Verhandlungen mit der EFTA aufgenommen werden. Die EG wollte die Zusammenarbeit mit den mittel- und osteuropäischen Ländern weiter ausbauen und Abkommen mit der UdSSR und der DDR abschließen. Dabei sollte die Gründung einer Europäischen Bank für Wiederaufbau und Entwicklung (EBWE) helfen. Der ER unterstützte die Vereinigung Deutschlands, der Prozess sollte jedoch friedlich, demokratisch, unter Einhaltung bestehender Verträge sowie der KSZE-Vereinbarungen verlaufen und die Perspektive der europäischen Integration beinhalten. Die britische Premierministerin Thatcher brachte auf dem Gipfel kein Einverständnis mit dem deutschen Einigungsprozess zum Ausdruck; Nachbetrachtungen, S. 701–702.

74 An dieser Stelle stand zuerst »seinerzeit zugeraten« und wurde handschriftlich durch »damals geraten« ersetzt.

Mitterrand unterrichtet den Bundeskanzler über sein Gespräch mit Gorbatschow in Kiew. Erstaunlich sei die innere Ruhe gewesen, die dieser ausgestrahlt habe. Er habe auf das Thema der deutschen Einheit nicht scharf reagiert. Wesentlich seien für ihn die Grenzen. Es sei aber noch nicht zu erkennen, wie Gorbatschow reagieren werde, wenn die Entwicklung in Richtung Einheit Deutschlands rasch voranschreite.

Der Bundeskanzler bekräftigt, daß er alles tue, um die Lage zu entdramatisieren, zu beruhigen und das Tempo zu verlangsamen. Er wolle nicht durch ein übereiltes Vorgehen Gorbatschows Reformpolitik gefährden. Er wolle die Zusammenarbeit mit der Sowjetunion nutzen, um ihr die »Urfurcht« vor dem Westen zu nehmen.

Mitterrand berichtet, daß die Sowjetunion gestern bei den 3 westlichen Garantiemächten demarchiert[75] und um ein Treffen der 4 Botschafter in Berlin gebeten habe. Frankreich werde sich dieser Bitte nicht entziehen. Das besondere Problem für die Sowjetunion seien ihre Truppen in der DDR.

Beide vereinbaren, in engem Kontakt zu bleiben und sich gegenseitig über alle Gespräche zu unterrichten.

Mittags geht der Europäische Rat zu Ende. Bundeskanzler spricht in der Pressekonferenz von einem »außerordentlich erfolgreichen EG-Gipfel«. Europa sei auf dem Weg zur wirtschaftlichen und politischen Integration ein ganz wesentliches Stück vorangekommen. »Wir, als Repräsentanten der Bundesrepublik Deutschland, haben hier einmal mehr unter Beweis gestellt, daß es keine Alternative zu einer Politik der europäischen Einigung gibt«.

Der Europäische Gipfel ist überraschend harmonisch verlaufen. Der Bundeskanzler gratuliert der französischen Präsidentschaft zu diesem Erfolg. Ein festumrissener Arbeitskalender für die Verwirklichung der Wirtschafts- und Währungsunion ist vereinbart. Premierminister Thatcher will trotz Vorbehalte konstruktiv mitarbeiten. Im Dezember 1990 soll die Regierungskonferenz zusammentreten mit dem Ziel, die erforderlichen Vertragstexte zu erarbeiten.

Einigung besteht jetzt darüber, die daran verknüpften institutionellen Fragen aufzugreifen. Dazu gehört nach Auffassung des Bundeskanzlers insbesondere die Stärkung der Kompetenzen und der Rechte des Europäischen Rates, was er bis zu den europäischen Wahlen im Sommer 1994 erreichen möchte.

Die Gemeinschaftscharta der sozialen Grundrechte der Arbeitnehmer ist verabschiedet – ein Signal, daß die EG nicht nur eine Wirtschafts-, sondern auch eine Sozialgemeinschaft sein wolle.

Im Bereich der Außenbeziehungen hat der Europäische Rat ein Maßnahmenpaket für Polen und Ungarn beschlossen. Handels- und Kooperationsabkommen sollen mit diesen Ländern, mit der ČSSR und mit der Sowjetunion vereinbart werden, ebenso mit der DDR. Die Europäische Bank für Wiederaufbau und Entwicklung soll errichtet werden.

Die Gemeinsame Erklärung zu Mittel- und Osteuropa gibt der »tiefen Freude über die Veränderungen« Ausdruck. Es handele sich um historische Ereignisse, die bedeutendsten seit dem Ende des 2. Weltkrieges. Sie berechtigen zur Hoffnung, daß die Teilung Europas überwunden werden könne.

Als großen Erfolg feiern Bundeskanzler und Genscher die Tatsache, daß es erstmals gelungen ist, in eine gemeinsame Erklärung der EG den Wortlaut des Briefes zur deutschen

75 Démarche: mündlich vorgetragener oder schriftlich eingebrachter diplomatischer Einspruch oder eine Protestnote

Einheit von 1970 zum Moskauer Vertrag[76] aufzunehmen: »Wir streben die Stärkung des Zustands des Friedens in Europa an, in dem das deutsche Volk in freier Selbstbestimmung seine Einheit wiedererlangt«.

Hinzugefügt ist, daß sich dieser Prozeß friedlich, demokratisch und im Kontext der KSZE-Schlußakte vollziehen soll und »in die Perspektive der europäischen Integration eingebettet« sein muß.

In seinen anschließenden Interviews verweist Bundeskanzler immer wieder auf seine Entschlossenheit, alles zu tun, damit sich die weitere Entwicklung in der DDR und in den innerdeutschen Beziehungen »in ruhiger Weise« vollzieht. »Radikale Reaktionen jeglicher Art« würden den Reformen und der Zukunft schaden. Er appelliert im ZDF und im DDR-Fernsehen an die Menschen in der DDR, in friedlicher und ruhiger Form wie in den Monaten vorher ihre Interessen zu verfolgen. Aber er macht ebenso klar, daß sich das Rad der Geschichte unaufhaltsam weiterdrehe.

In Ost-Berlin endet heute der zweitägige außerordentliche SED-Parteitag. Er hat zu einer personellen Erneuerung geführt. Der 41jährige Rechtsanwalt Gysi ist zum neuen Parteivorsitzenden gewählt worden. Modrow und Berghofer sind Stellvertreter. Beschlossen wurde, daß die Parteien einen neuen Namen, ein neues Programm und ein demokratisches Statut erhalten sollen. Ein Alleinvertretungsanspruch der Partei soll es nicht mehr geben.

Der Parteitag hat der Wiedervereinigung eine Absage erteilt. Nach Modrow sei sie ein »Anachronismus«, der »berechtigte Bedenken, ja Ängste vor großdeutschen Chauvinismus« wecke. Deshalb sollen sich »alle Kräfte« zusammenschließen, damit »dieses Land nicht auf dem Altar der sogenannten Wiedervereinigung geopfert wird«.

Dagegen begrüßt Modrow erneut, daß der Bundeskanzler den Vorschlag einer Vertragsgemeinschaft aufgegriffen habe und bezeichnet den Vorschlag, »konföderative Strukturen« zu entwickeln, als »einen maßvollen Ansatz für bevorstehende Erörterungen«. Gleichzeitig erklärt der Parteitag seine Bereitschaft, an der Überwindung der Teilung Europas mitzuwirken. Modrow scheint zu erkennen, daß das Zusammenwachsen beider deutscher Staaten nicht mehr aufzuhalten ist und letztlich von den Menschen selbst entschieden wird.

In Moskau erklärt Präsident Gorbatschow vor dem ZK-Plenum der KPdSU, daß die Sowjetunion die DDR »nicht im Stich lassen« werde. Sie sei ihr strategischer Verbündeter im Warschauer Pakt. »Es muß von den nach dem Krieg entstandenen Realitäten ausgegangen werden, zu denen die Existenz zweier souveräner deutscher Staaten zählt. Ein Abrücken davon bringt die Gefahr einer Destabilisierung mit sich.»Selbstverständlich könnten sich aber die Beziehungen zwischen der DDR und der BRD ändern. »Eine friedliche Zusammenarbeit zwischen ihnen kann und soll sich entwickeln«.

76 Der erste Vertrag im Zusammenhang mit der »Neuen Ostpolitik« von Willy Brandt war der Moskauer Vertrag vom 12. August 1970 zwischen der UdSSR und der Bundesrepublik, in dem ein Gewaltverzicht entsprechend der Charta der Vereinten Nationen vereinbart wurde sowie die Grenze zwischen der Bundesrepublik und der DDR und die zwischen Polen und der Bundesrepublik für unverletzlich erklärt wurden. Der Vertrag trat am 3. Juni 1972 in Kraft. Unterzeichnet wurde er von Bundeskanzler Willy Brandt und Außenminister Walter Scheel sowie Ministerpräsident Alexei Kossygin und Außenminister Andrej Gromyko.

Montag, 11. Dezember 1989

Der CDU-Bundesausschuß – der kleine Parteitag – tagt in West-Berlin. Der Bundeskanzler ruft in seiner Rede den Menschen in der DDR zu: »Ihr steht nicht allein. Wir sind ein Volk. Wir gehören zusammen«. Er geht noch einmal auf seine 10 Punkte im Bundestag ein. Niemand solle sie »als starres Konzept oder gar als Zeitplan mißverstehen.«. Sie sind flexibel und offen für alle möglichen Entwicklungen. »Es wird weder ein künstlicher Zeitdruck erzeugt, noch wird die deutsche Frage aus den gesamteuropäischen Entwicklungen herausgelöst«.

Damit geht der Bundeskanzler auf die kritischen Anfragen ein, die in Moskau wie bei einigen europäischen Partnern angesprochen worden waren. Es gehe ihm um einen »organischen Prozeß«, der die »Stabilität in Europa sichern soll und die Interessen aller berücksichtigt«.

Aber er fügt ebenso hinzu:

»Aber nicht wir oder andere in West und Ost bestimmen heute Inhalt, Richtung und Tempo dieser Prozesse. Die Entwicklung in der DDR wird von den Menschen dort gestaltet, sie kann nicht vom ›grünen Tisch‹ oder mit dem Terminkalender in der Hand geplant werden«.

Die Menschen in der DDR – so Kohl – müssen ihren Weg frei bestimmen können, und jeder – in Deutschland, in Europa und weltweit – wird das zu respektieren haben. Er habe jedoch keinen Zweifel, daß sie sich für die Einheit entscheiden werden. Erneut bekräftigt der Bundeskanzler seinen Willen, die deutsche Frage im europäischen Rahmen, »gemeinsam mit unseren Nachbarn und Freunden«, lösen zu wollen und dabei die »legitimen Sicherheitsbedürfnisse aller Beteiligten selbstverständlich« berücksichtigt. werden. »Deutsche Sonderwege und Alleingänge« werde es nicht geben.

Deutschland- und Europapolitik seien zwei Seiten derselben Medaille. Er wisse nicht, wann der Tag der Einheit kommen werde, er wisse aber, daß er kommen werde.

Die Delegierten bereiten dem Bundeskanzler stürmische Ovationen. Das Signum des kleinen Parteitages lautet: Wir sind ein Volk! Freiheit und Einheit.

Einstimmig werden Leitlinien zur Deutschlandpolitik beschlossen, die die Politik des Bundeskanzlers bestätigen und bekräftigen. Die CDU bekennt sich ohne Einschränkung zur »Wiedervereinigung, d. h. die Wiedergewinnung der staatlichen Einheit Deutschlands«.

Gäste aus der DDR treten auf: Martin Kirchner, CDU-Ost aus Eisenach. Er kündigt die personelle und programmatische Selbstreinigung der Ost-CDU auf einem Sonderparteitag an. Wolfgang Schnur, Vorsitzender des Demokratischen Aufbruchs, Anwalt aus Rostock, spricht von dem einem Volk, vom Selbstbestimmungsrecht, läßt aber die Antwort auf die staatliche Einheit aus. Seine Stellvertreterin, Brigitta Kögler, Rechtsanwältin aus Jena, erklärt ihre Zustimmung zum 10-Punkte-Programm des Bundeskanzlers. Pfarrer Rainer Eppelmann bekennt, daß ihm alles zu schnell ginge. Er bittet um die Chance, »daß wir uns finden können. Wir brauchen Zeit …, auch Zeit vor Ihnen«. Doch diese leisen Töne gehen in der Begeisterung der Delegierten unter. Die CDU will sich als Partei der Wiedervereinigung verstehen – oft genug dafür geschmäht, so manchesmal selbst nicht mehr daran geglaubt – heute aber fühlen sich alle bestätigt.

Fast parallel dazu treffen sich die Botschafter der Vier Mächte im Berliner Kontrollratsgebäude. Die Initiative ist von Moskau ausgegangen. Kotschemassow spricht von einem geschichtlichen Prozeß, der dazu führe, eine neue Friedensordnung auf der Grundlage der

Zusammenarbeit und nicht der Abschreckung zu schaffen. Die Sowjetunion wolle diesen Prozeß vertiefen. Das Vier-Mächte-Abkommen von 1971 sei ein erstes Signal gewesen, das »Ordnung und Frieden« verstärkt habe.

Der Geist der Erneuerung demokratischer Prozesse sei zum Nutzen von ganz Europa und in den Gesamtprozeß in Europa eingebunden. Neue Bedingungen würden geschaffen, die Teilung Europas zu überwinden. Die Sowjetunion begrüße Hilfe, aber es dürfen keine Bedingungen gestellt werden; Druck dürfe nicht ausgeübt werden und keine Einmischung erfolgen. Die Menschen sollen die Möglichkeit erhalten, ihre Selbstbestimmung zu wählen und zu verwirklichen.

Die Sowjetunion begrüße die Veränderungen in der DDR. Man müsse jedoch von den Realitäten der Nachkriegszeit ausgehen, d.h. von zwei unabhängigen souveränen deutschen Staaten. Sie in Frage zu stellen, gefährde die Stabilität in Europa. Kotschemassow wiederholt die Formel Gorbatschows, daß die Zukunft von der Geschichte im Rahmen der umfassenden Prozesse in Europa bestimmt werde.

Er spricht die Verantwortung der 4 Mächte für die Aufrechterhaltung der Stabilität in Europa an. Die Malta-Begegnung habe ein hohes Maß von Einverständnis gezeigt, daß eine gleichgewichtige Entwicklung des Prozesses in Europa notwendig sei. Das gelte auch für die Probleme in der DDR.

Kotschemassow beruft sich auch auf die Begegnung Gorbatschow-Mitterrand, die die Nähe der Vorstellungen beider Seiten gezeigt habe. Ähnlich sei es bei Premierminister Thatcher.

Die Sowjetunion sei zu Vier-Mächte-Vereinbarungen bereit, um zur Normalisierung und Verbesserung der Lage »in dem betroffenen Gebiet« beizutragen. West-Berlin soll an der Entspannung voll teilhaben. Er schlägt regelmäßige Treffen und die Einsetzung von Arbeitsgruppen vor.

Boidevaix, Mallaby und Walters erklären gemeinsam, daß sie nur bereit seien, über Berlin zu sprechen. Ein weiteres Treffen wird nicht vereinbart.

Die Bundesregierung wird von Botschafter Boidevaix unmittelbar nach dem Gespräch unterrichtet. Es entspricht der Abstimmung zwischen der Bundesregierung und den 3 Westmächten, keinen Gesprächen auf der Vier-Mächte-Ebene über Deutschland zuzustimmen. Die 3 westlichen Botschafter haben das in erfreulicher Weise ohne weitere Kommentierung praktiziert.

Dienstag, 12. Dezember 1989

Die internationale Diskussion über die deutsche Einheit verdichtet sich weiter. Außenminister Roland Dumas spricht heute vor der französischen Nationalversammlung. Er tue es mit der »Freundschaft«, die Frankreich Deutschland entgegenbringe. Er wolle sich dabei aber »klar ausdrücken, denn wir sind an einem Punkt angekommen, wo der Wille der einen auf den Widerstand der anderen stoßen kann … Es darf nicht das Risiko eingegangen werden, daß in Europa, während sich der Eiserne Vorhang hebt, andere Ängste und Spannungen geweckt werden«.

Dumas nennt zwei Prinzipien für eine »dauerhafte Lösung« der deutschen Frage: das Recht der Deutschen, »in voller Freiheit die Entscheidung über ihre Zukunft zu treffen«. Diese Entscheidung müsse aber von den anderen europäischen Staaten akzeptiert werden. Beide Prinzipien seien nach Dumas miteinander vereinbar entsprechend der Formel des

Europäischen Rates der 12[77] vom Samstag letzter Woche. Er zitiert sie wörtlich, aber ohne den entscheidenden Halbsatz, in dem es heißt: » …. in dem das deutsche Volk in freier Selbstbestimmung seine Einheit wiedererlangt«. Er fügt jedoch hinzu, daß zum ersten Mal seit Ende des Krieges die Chance bestehe, daß das Recht auf Selbstbestimmung des deutschen Volkes »Wirklichkeit« werde. Der Begriff der »Einheit Deutschlands« taucht jedoch nicht auf.

Sehr deutlich spricht er sich dagegen – wie gestern abend Mitterrand im französischen Fernsehen – für die »Unantastbarkeit der polnischen Westgrenze« aus. Es fällt auf, daß in der französischen Öffentlichkeit die polnische Westgrenze ein besonderes Gewicht erhält, dem Mitterrand und Dumas jetzt Rechnung tragen. Ich bin davon überzeugt, daß damit diese Grenzfrage auch in der deutschen Diskussion wieder eine stärkere Rolle spielen wird. Das wollte der Bundeskanzler in jedem Fall vermeiden. Die französischen Einlassungen erscheinen uns als nicht sehr hilfreich und deuten daraufhin, daß Frankreich die Entwicklung bremsen möchte.

Mittags treffe ich mit dem Bonner Korrespondent der sowjetischen Zeitschrift Literaturnaja Gaseta, Zapewalow, zusammen. Er ist ein enger Vertrauter des außenpolitischen Beraters von Gorbatschow, Prof. Sagladin, mit dem ich einen engen vertraulichen Kontakt halte. Zapewalow dient dabei gelegentlich als ›Briefträger‹. Ich übermittle Sagladin den Wunsch des Bundeskanzlers an Gorbatschow, in der zweiten Januarhälfte 1990 zu einem Gespräch nach Möglichkeit außerhalb Moskaus zusammenzutreffen. Eine umfassende Aussprache sei dringlich, um die jeweiligen Positionen zu klären und über die weitere Entwicklung zu sprechen.

14.00 Uhr Gespräch Bundeskanzler mit Seiters. Es geht um die Vorbereitung des Bundeskanzler-Besuches in einer Woche in Dresden. Die DDR-Seite hat einen Entwurf für eine gemeinsame Presseerklärung übermittelt, die das Gesamtergebnis zusammenfassen soll. Dieser Entwurf ist völlig unbefriedigend. Er enthält keinen einzigen neuen Gesichtspunkt. Ich schlage dringend vor, ein umfassendes Programm für wirtschaftliche und finanzielle Kooperation vorzubereiten – ein Leistungsangebot der Bundesregierung, dem die DDR-Führung ihrerseits ein Leistungsangebot an politischen und wirtschaftlichen Reformschritten gegenüberstellen müsse. Bundeskanzler handelt sofort. Seiters soll noch heute die Staatssekretäre aus dem Bundesministerium für Wirtschaft und Bundesministerium der Finanzen zusammenrufen und ein solches Programm vorbereiten lassen.

Wir diskutieren den Ablauf des Programms. Erste Berichte sprechen davon, daß über 100.000 Bürger erwartet werden. Soll der Bundeskanzler zu ihnen sprechen? Wie soll das geschehen? Wer bereitet die Technik vor? Übereinstimmung, daß der Bundeskanzler sprechen muß, um ein Chaos zu verhindern, das sonst ausbrechen könnte. Wir überlegen 2 Möglichkeiten. Rede des Bundeskanzlers in einer Kirche. Dazu wäre Einladung erforderlich. Bundeskanzler telefonieren mit Bischof Binder von der EKD und bittet ihn, diese Möglichkeit mit seinem Amtskollegen in Dresden zu prüfen. Kirche würde aber nur wenige Menschen fassen. Außenübertragung schwierig, wenn Menschen den Bundeskanzler nicht sehen und in die Kirche drängen. Ergebnis: Seiters soll offiziell mit Modrow und Berghofer, dem Dresdner Oberbürgermeister, über eine öffentliche Ansprache reden. Die Technik könnten wir aus der Bundesrepublik zur Verfügung stellen.

77 Zahl der Mitgliedstaaten der EG

Schwierig ist die Frage eines Gespräches mit Vertretern der Opposition. Wer soll eingeladen werden? Einigkeit darüber, daß Bundeskanzler Gespräch allen anbietet, die dazu bereit sind.

Modrow hat vorgeschlagen, daß der Bundeskanzler eine Besichtigung durchführt, z. B. des »Grünen Gewölbes« oder einer anderen Kulturstätte. Bundeskanzler lehnt das erfreulicherweise strikt ab. Jeder Anschein von Tourismus würde der Sache nicht gerecht werden. Dieser Vorschlag der DDR wirkt angesichts der Problemlage eher wunderlich.

Um 17.30 Uhr trifft Bundeskanzler mit US-Außenminister Jim Baker zusammen. Baker zeigt sich befriedigt, daß die Entwicklung in der DDR »in geregelten Bahnen« verlaufe.[78] Der Präsident und er seien glücklich darüber, »daß in dieser schwierigen Zeit eine Persönlichkeit wie der Bundeskanzler an der Spitze der deutschen Politik« stehe, der »zugleich ein ausgewiesener Freund der USA« sei. Die Vereinigten Staaten hätten »von Anfang an« ihre Unterstützung für die Wiedervereinigung zum Ausdruck gebracht, eingebettet in den 4 Punkten des Präsidenten von der letzten Woche.

Bei anderen dagegen herrsche »ein hoher Grad an Nervosität«. Baker nennt die Sowjetunion, Großbritannien und Frankreich. Entscheidend sei deshalb ein friedlicher Verlauf.

Der Bundeskanzler bekräftigt seinen Willen, nichts zu tun, was die Lage komplizieren könne. Das ändere jedoch nichts an den Willen der Menschen in der DDR, die immer stärker die Einheit fordern. Deshalb habe er mit seinen 10 Punkten versucht, eine Perspektive aufzuzeigen, ohne einen Kalender vorzugeben. Voraussagen von 3–4 Jahren bis zur Einheit halte er »für völlig falsch«. Er glaube nicht, daß sie so einträfe, zweitens solle man besser überhaupt kein Datum nennen. Kleine Schritte seien erforderlich, aber die Menschen wollen wissen, wohin der Weg führe, sonst könne sich die Unruhe erheblich steigen. Er werde das auch zu den Menschen in Dresden sagen.

Bundeskanzler nennt 3 Voraussetzungen für eine erfolgreiche Entwicklung: Gorbatschow dürfe nicht scheitern; die Lage in Polen und Ungarn gelte es zu stabilisieren; freie Wahlen in der DDR, die er für den Frühsommer erwarte. Sie seien Voraussetzung für vernünftige Abmachungen in Richtung Vertragsgemeinschaft und wirtschaftliche Konsolidierung.

Beide sprechen über die Notwendigkeit der westlichen Verankerung Deutschlands. Sie würde nach Baker die Nervosität im Westen verringern. In diesem Zusammenhang spricht auch Baker die polnische Westgrenze an. Bundeskanzler erläutert seine bekannte Position.

Baker kündigt an, heute abend in seiner Rede in Berlin deutlich zu machen, daß die USA eine starke EG und mehr institutionalisierte Kontakte mit ihr wollen und der NATO eine größere politische Rolle geben möchten.

In seiner heutigen Rede vor dem Berliner Presseclub ist es die erklärte Absicht Bakers, eine »neue Architektur« für die europäische Sicherheit vorzustellen, die näher an die sowjetischen Vorstellungen heranreicht. Diese neue Struktur soll ferner zwei spezielle Zwecke erfüllen: »Erstens muß es als Teil der Überwindung der Teilung Europas eine Chance geben, die Teilung Berlins und Deutschlands durch Frieden und Freiheit zu überwinden«. Zweitens soll sie der Tatsache Rechnung tragen, daß die Sicherheit der USA an die Sicherheit Europas gekoppelt bleibe!

Als Komponenten der neuen Struktur erläutert Baker die »neuen Aufgaben« für die NATO, in der die militärische Komponente verringert und die politische aufgewertet wird.

78 Handschriftlich wurde »verliefe« korrigiert.

Die EG soll eine »zentrale Rolle« bei der Gestaltung des neuen Europa spielen. Die 3 Körbe der KSZE-Schlußakte sollen mit »neuer Substanz« gefüllt werden.

An diesen drei strategischen Komponenten fügt Baker die 4 Prinzipien von Bush hinzu, die die amerikanische Politik in der Unterstützung der deutschen Einheit leiten.

Mit dieser Rede legt Baker ein umfassendes Konzept der US-Regierung vor, das zur Lösung der deutschen Frage führen soll, eingebettet in einen gesamteuropäischen und transatlantischen Rahmen. Diese Überlegungen entsprechen in vollem Umfang den Positionen des Bundeskanzlers. Sie beweisen den Willen von Bush und Baker, gestaltend und offensiv mitzuwirken und sich nicht auf eine Zuschauerrolle zu beschränken.

Erfreulich sind auch Presseartikel in Prawda und Iswestija in den letzten Tagen, die gegenüber der Bundesrepublik wieder einen deutlich positiveren Grundton signalisieren und auf die Bedeutung der bilateralen Zusammenarbeit hinweisen. Es sieht so aus, als wolle die Sowjetunion die kritische Berichterstattung der letzten beiden Wochen wieder korrigieren.

Mittwoch, 13. Dezember 1989

Nach längerer Zeit wieder Morgenlage beim Bundeskanzler. Stand der Vorbereitungen für die Reise nach Dresden. Positive Würdigung der Rede Bakers in Berlin. Schuldenerlaß für Äthiopien soll ausgesetzt werden.

Seiters trifft mit Botschaftern der 3 Westmächte zusammen. Ergebnis des Gespräches mit Kotschemassow von vorgestern wird erörtert. Seiters und Sudhoff, Staatssekretär im Auswärtigen Amt, warnen vor weiteren Vierertreffen. Sie würden »beträchtlichen Erklärungsbedarf« auslösen. Das habe schon das öffentliche Echo auf das erste Treffen gezeigt.

Am Nachmittag Gespräch mit dem japanischen Botschafter Keizo Kimura. Er wünscht Erläuterung des 10-Punkte-Planes und der Position der Bundesregierung zur Oder-Neiße-Grenze. Er selbst unterrichtet mich über japanische Unterstützungsabsichten für Polen und Ungarn.

16.00 Uhr Gespräch mit stellvertretendem Faktionsvorsitzenden der CDU/CSU, Charly Hornhues. Er berichtet über zunehmende Stimmung in der Fraktion, eine weiterführende Erklärung zur Oder-Neiße-Grenze zu beschließen. Aus meiner Sicht wäre das wünschenswert, weil sie uns in der deutschen und internationalen Öffentlichkeit Erleichterung verschaffen würde. Voraussetzung sei jedoch eine breite Mehrheit. Hornhues will Gespräche führen.

Um 18.00 Uhr tritt im Bundeskanzleramt ein Gesprächskreis Deutschlandpolitik unter Leitung Seiters zusammen. Dabei sind Schäuble, Hornhues, Prof. Scholz, Prof. Weidenfeld, Frau Wilms, Volker Rühe, Dr. Duisberg und ich.

Es wird über das weitere Vorgehen gesprochen. Ausgestaltung einer Wirtschaftsgemeinschaft mit der DDR und einer Vertragsgemeinschaft. Überlegt wird die Einrichtung eines gemeinsamen Wirtschaftsforums mit klaren Arbeitsaufträgen. Die konföderativen Strukturen sollen inhaltlich weiterentwickelt werden.

Sorge bereiten mögliche kurzfristige Entwicklungen in der DDR.

Zentrales Problem ist die Eindämmung weiterer Übersiedlungen von DDR-Bürgern in die Bundesrepublik. Diffus ist die parteipolitische Entwicklung in der DDR. Es besteht Übereinstimmung, daß sich die CDU noch nicht einseitig auf eine Partei festlegen solle.

Sorge bereitet der Eindruck, daß Gorbatschow die Absichten des Bundeskanzlers und seine 10-Punkte-Rede nicht richtig einzuschätzen wisse. Der Erfolg des Bundeskanzlers bestehe darin, die Deutschlandpolitik in die richtigen Proportionen einzuordnen und die Gesamtlage stabil zu halten. Vor der 10-Punkte-Rede sei die Situation in der Bundesrepublik diffus, explosiv gewesen. Jetzt gebe es klare Konturen und Zielvorgaben.

Dresden wird besprochen. Eine Rede des Bundeskanzlers in der Öffentlichkeit wird von allen als unverzichtbar gehalten, ebenso ein Gespräch mit der Opposition, nicht jedoch mit dem Runden Tisch.[79]

In Brüssel treffen die 4 Außenminister zu Deutschland- und Berlinfragen zusammen. Enger Kontakt wird vereinbart. Die Direktwahl der Berliner Bundestags-Abgeordneten soll konstruktiv geprüft werden. Die Luftverkehrsfragen werden weiterverfolgt.

Donnerstag, 14. Dezember 1989

Gespräch mit CDU-Abgeordneten Karl Lamers zur Vorbereitung seiner Gespräche in Moskau noch in dieser Woche. Er wird mit Sagladin zusammentreffen. Wir diskutieren Argumentationshilfen zum 10-Punkte-Plan des Bundeskanzlers. Außerdem soll er mit Sagladin Gesprächswunsch des Bundeskanzlers mit Gorbatschow besprechen. Abschließend gebe ich ihm den Brief des Bundeskanzlers zum Lesen, den er heute Gorbatschow übergeben läßt.

Absicht des Briefes ist es, Gorbatschow über die Deutschland- und europapolitischen Ziele der Bundesregierung zu unterrichten und über die Absichten, die der Bundeskanzler mit der Begegnung mit Modrow verfolgen will. Der Bundeskanzler spricht die Kritik Gorbatschows direkt an, die ihm über Bush, Mitterrand, Andreotti und Genscher mitgeteilt worden ist.

Eingangs bekräftigt er die Gültigkeit aller Verträge, Abkommen und Dokumente, die er mit Gorbatschow vereinbart habe und seine Bereitschaft, die »zentralen Beziehungen zur UdSSR umfasssend zu entwickeln und auf allen Gebieten zukunftsgewandt auszubauen«.

Es bestehe volles Einvernehmen, die historischen Entwicklungen konstruktiv zu gestalten, eine Destabilisierung der Lage in Europa zu verhindern und keine einseitigen Vorteile zu Lasten anderer zu ziehen. Bundeskanzler erläutert die Lage in der DDR. Reformverweigerung sei die Hauptquelle der Destabilisierung. 500.000 Menschen seien seit Sommer übergesiedelt. Das habe dazu geführt, daß »die Menschen selbst die deutsche Frage auf die Tagesordnung gesetzt« hätten. Er sei jedoch davon überzeugt, daß sich die Menschen in der DDR weiterhin so verantwortungsvoll wie bisher verhalten werden. Dennoch sei ein stabiler Rahmen für die weitere Entwicklung erforderlich. Das sei das Motiv seiner 10-Punkte

79 Auf Initiative der Bürgerrechtsgruppierung »Demokratie Jetzt« verhandelten nahezu wöchentlich nach dem Vorbild des Runden Tisches in Polen (6. Februar–5. April 1989) vom 7. Dezember 1989 bis zum 12. März 1990 Vertreter der DDR-Regierung, SED-Massenorganisationen, der Blockparteien und vom »Demokratischen Aufbruch«, »Initiative Frieden und Menschenrechte«, »Vereinigte Linke«, der Sozialdemokratischen Partei (SDP) und der Grünen Partei unter Moderation je eines Vertreters der Evangelischen Kirche der DDR, der katholischen Berliner Bischofskonferenz und der Evangelisch-methodistischen Kirche. Daraufhin wurden weitere Runde Tische auf allen Ebenen gebildet. Verhandlungspunkte waren allgemein die demokratische Umgestaltung der DDR, das Ende der SED-Herrschaft, freie Volkskammerwahlen, Auflösung des Ministeriums für Staatssicherheit (MfS) bzw. des Amtes für Nationale Sicherheit (Nasi) und auch eine neue Verfassung, die am 4. April 1990 vorgestellt wurde, aber keine weitere Bedeutung mehr erlangen sollte. Überraschenderweise votierten bei den Gesprächen die Vertreter der Blockparteien wie die der Massenorganisationen nicht zu Gunsten der SED/PDS.

gewesen, eine Zusammenfassung bekannter und bewährter Politik, ohne zeitlichen Fahrplan, ohne Zeitdruck und alle Schritte ineinander verflochten.

Der Bundeskanzler erläutert noch einmal einzelne Punkte, vor allem den gesamteuropäischen Zusammenhang, nämlich »die künftige Architektur Deutschlands in die künftige Architektur Gesamteuropas einzubetten«. Dieser Vorschlag sei eine »klare Absage an jegliche Form zwangsweiser Vereinigung«. Er erkenne die legitimen Sicherheitsbedürfnisse der Sowjetunion. Die Grenzfragen seien entsprechend der KSZE-Schlußakte zu lösen. Am Ende seines 11-seitigen Briefes schlägt der Bundeskanzler ein Zusammentreffen »bald im neuen Jahr im informellen Rahmen an einem Ort Ihrer Wahl« vor.

Am späten Nachmittag treffe ich mit unserem Botschafter in Moskau, Blech, zusammen. Er berichtet, daß sich in der sowjetischen Führung eine gewisse Enttäuschung über die Bundesrepublik zeige, weil sich die Zusammenarbeit nicht wie erwartet entwickle. Das treffe vermutlich auch auf Gorbatschow zu. Er regt an, jetzt Initiativen zu ergreifen. Genau das habe ich vor. Ich habe bereits zur Vorbereitung des Bundeskanzler-Besuches in der Sowjetunion zu einer interministeriellen Gesprächsrunde eingeladen.

Freitag, 15. Dezember 1989

9.30 Uhr Bundeskanzler-Lage: Der Kandidat der Christdemokraten, Alwyn, hat in Chile die Wahl gewonnen. Die CDU Deutschland, insbesondere der Bundeskanzler, hat ihn unterstützt. Persönliche Freundschaft verbindet ihn mit Alwyn. Bundeskanzler beschließt, zu seiner Amtseinführung nach Santiago zu reisen.

Das Schengener Abkommen zwischen Frankreich, den Benelux und Deutschland kann heute nicht wie vorgesehen unterzeichnet werden. Die FDP hat plötzlich Bedenken erhoben. Bundeskanzler hat noch gestern mit Lubbers telefoniert und verabredet, das Abkommen in der ersten Hälfte 1990 unter niederländischem Vorsitz zu unterschreiben.[80]

Kurzer Sachstandsbericht über Vorbereitung des Dresden-Besuches. Alles läuft wie geplant.

Nachmittags Dreiertreffen Bundeskanzler mit Präsident Mitterrand und dem Schweizer Bundespräsidenten Delamuraz in Basel. Sie besichtigen gemeinsam den deutschen ICE, den französischen TGV und den schnellen Zug der Schweiz. Anschließend gemeinsames Gespräch im Kongreßzentrum.

In Brüssel geht die zweitägige Ministertagung des Nordatlantikrates zu Ende. Die Minister stimmen in den Wunsch überein, »die Reformen in Mittel- und Osteuropa auf friedlichem und demokratischem Wege zum Erfolg zu führen«. Ausdrücklich stellen sie im gemeinsamen Kommunique fest, daß sie »keine einseitigen Vorteile erlangen« noch die »legitimen Sicherheitsinteressen irgendeines Staates« beeinträchtigen wollen. Ein Signal der Beruhigung an die Adresse der Sowjetunion! Gleichzeitig stellen die Minister fest,

80 Durch Unterzeichnung des Schengener Übereinkommens beschlossen die Bundesrepublik, Belgien, Frankreich, Luxemburg und die Niederlande am 14. Juni 1985, die Kontrollen an den gemeinsamen Grenzen schrittweise zu beseitigen und den freien Personenverkehr aller Staatsangehöriger der Unterzeichnerstaaten, anderer EG- bzw. EU-Mitgliedstaaten und bestimmter Drittländer zu regeln. Am 19. Juni 1990 unterzeichneten die genannten Länder das Schengener Durchführungsübereinkommen (SDÜ: Schengen II), in dem konkrete Verfahren der gesetzlichen und technischen Umsetzung des Übereinkommens festgelegt waren. In den neuen Bundesländern trat das Abkommen mit der deutschen Wiedervereinigung am 3. Oktober 1990 automatisch in Kraft.

Gipfel der 15 NATO-Staaten am 12./13. Dezember 1985 in Brüssel nach dem Treffen zwischen US-Präsident Ronald Reagan mit KPdSU-Generalsekretär Michail S. Gorbatschow in Genf vom 19. bis 21. November 1985

daß »neue Möglichkeiten« bestünden, »die Trennung Europas und damit Deutschlands insbesondere auch Berlins zu überwinden«. Entsprechend der »Schlußfolgerungen« des Europäischen Rates wiederholen auch sie die Formel der deutschen Einheit analog des Briefes zur deutschen Einheit von 1970. Erneut ein großartiger Erfolg, die Unterstützung aller 15 NATO-Partner für die deutsche Einheit zu erhalten. Die Einschränkung – so sie eine ist – bezieht sich auf die Forderung, daß dieser Prozeß auf friedliche und demokratische Weise, unter Wahrung aller Abkommen, Verträge und der Helsinki-Schlußakte, vollzogen werden und in die »Perspektive der europäischen Integration eingebettet sein muß.

Nachdrücklich wird aber darauf hingewiesen, daß das Bündnis »eine unverzichtbare Grundlage für Stabilität, Sicherheit und Zusammenarbeit für das Europa der Zukunft« bildet. Es bleibt aber nicht nur bei dieser Bekräftigung des Bündnisses. Alle Partner stimmen zudem darin überein, daß »das Bündnis seiner politischen Funktion noch stärker gerecht« werden und eine »aktivere Politik zur Überwindung der Trennung Europas verfolgen« müsse. Die Allianz will bei der Entstehung und Gestaltung der »politischen Architektur eines ganzen und freien Europas« eine »wesentliche Rolle« übernehmen. Dazu soll der KSZE-Prozeß voll ausgeschöpft werden. Die wirtschaftliche Zusammenarbeit zwischen West und Ost soll umfassend ausgebaut, die neuen Möglichkeiten für Abrüstung und Rüstungskontrolle genutzt und der Konsultationsprozeß intensiviert werden.

Am Ende dieser Woche kann die Bundesregierung mit Genugtuung feststellen, daß alle Partner in der EG und in der NATO das Ziel der deutschen Einheit unterstützen. Sie sind bereit, eine aktive Rolle zu übernehmen, um einen friedlichen Verlauf zu garantieren und die europäischen Rahmenbedingungen so zu gestalten, daß die Stabilität in Europa gesichert bleibt. Diese gemeinsame und in die Zukunft gerichtete Politik enthält das Angebot an die Sowjetunion nicht nur zur umfassenden Zusammenarbeit, sondern soll es ihr zugleich ermöglichen, die historischen Prozesse in Europa und in Deutschland zu akzeptieren und in ihre absehbaren Ergebnisse einzuwilligen.

Samstag, 16. Dezember 1989

Flug nach Budapest. Dreitägiger Besuch des Bundeskanzlers in Ungarn. Diese Reise ist ein Dank an die Ungarn, daß sie im September ihre Grenzen für die DDR-Flüchtlinge[81] geöffnet haben. Sie ist ein Dank an zwei Männer, die bereit waren, allein die Verantwortung für diese mutige Entscheidung zu übernehmen: Miklós Németh und Gyula Horn.

Im Flugzeug dabei die Abgeordneten Michaela Geiger, Klaus Francke und Otto Wulff, Vertreter der Wirtschaft und Ephraim Kishon.

Ministerpräsident Németh begrüßt den Bundeskanzler an der Gangway. Sonnenschein und angenehm milde Temperaturen empfangen uns. Nach Abschreiten der militärischen Ehrenformation geht es direkt zur Eötvös-Lorant-Universität in der Innenstadt. Der Rektor, Prof. Fülöp und der akademische Rat der Universität empfangen den Bundeskanzler. Eine feierliche Zeremonie, umrahmt von Chorgesang, beginnt Die rechts- und staatswissenschaftliche Fakultät verleiht dem Bundeskanzler die Ehrendoktorwürde. Der Rektor würdigt den Bundeskanzler als »führenden europäischen Staatsmann« und dankt ihm für die Unterstützung, die er den »demokratischen Bestrebungen« und dem »wirtschaftlichen Aufstieg« Ungarns gewährt. Der Dekan, Prof. Dr. Kaiman Györgyi, hält die Laudatio.

In seiner Dankesrede würdigt der Bundeskanzler die Rückkehr Ungarns in den Kreis des freiheitlichen demokratischen Europas, »um dort seinen angestammten Platz einzunehmen«. Sein Dank gilt der Regierung und den Menschen in Ungarn für alles, was sie »für meine deutschen Landsleute aus der DDR getan haben«. Ungarn habe mit seiner mutigen Entscheidung »den ersten Stein aus der Mauer geschlagen«. Diese Solidarität und Hilfe werde den Deutschen »unvergeßlich« bleiben. Langanhaltender Beifall. Der Bundeskanzler schließt seine Rede, losgelöst vom Manuskript, mit einem sehr emotionalen Appell an die Studenten. Er ist von seinen eigenen Worten gerührt. In der Aula ist es sehr still geworden. Die Zuhörer spüren die innere Bewegung des Kanzlers. Er spricht von seinem »Traum von Europa«, den er als Student geträumt habe. Die Studentengeneration von heute habe die Chance, der ersten Generation anzugehören, die in ihrem Leben keinen Krieg mehr erleben werde: »Wann je konnte man das Zwanzigjährigen in Europa sagen?« Der Bundeskanzler ruft die Studenten auf, ihre Chance wahrzunehmen und mit an der Zukunft Europas zu bauen.

Am Nachmittag legt der Bundeskanzler einen Kranz am Grabmahl des Unbekannten Soldaten auf dem Heldenplatz nieder. Anschließend Vier-Augen-Gespräch mit Ministerpräsident Németh. Bundeskanzler versichert ihm, daß sich an seinem Engagement für Ungarn nichts ändern werde, was immer in der DDR getan werden müsse. Die Sorgen Moskaus nehme er ernst, aber der Verfall der Staatsautorität in der DDR und der wirtschaftliche Niedergang seien offensichtlich. Sein 10-Punkte-Programm habe vor allem

81 Nachbetrachtungen, S. 614, 629, 634–636.

dazu gedient, die Entwicklung strategisch zu ordnen, ohne damit zeitliche Vorstellungen zu verknüpfen. Die europäische Einbettung des deutschen Einigungsprozesses sei für ihn selbstverständlich.

Die Beziehungen zur Sowjetunion wolle er intensivieren, erläuterte der Bundeskanzler. Deshalb beabsichtige er, möglichst bald mit Gorbatschow zusammenzutreffen. Er wisse, daß die Sicherheitsbedürfnisse der Sowjetunion zu berücksichtigen seien. Überhaupt gelte es, den Nachbarn die Angst vor einem geeinten Deutschland zu nehmen.

Die beste Antwort darauf sei die Einbindung der Deutschen in Europa. Sie sei irreversibel, wobei dieses Europa für die mitteleuropäischen Reformstaaten wie Ungarn geöffnet werden müsse. Ziel sei deren Assoziierung und eines Tages der Beitritt zur EG. Das brauche jedoch Zeit.

Németh bestätigt die große Übereinstimmung mit dem Bundeskanzler. Es bestehe keine Gefahr der Einmischung mehr. Deshalb solle man die historischen Chancen von heute nicht verspielen und die Reformen so rasch als möglich durchführen. Der Rückenwind aus dem Osten sei günstig. Sie hätten in Ungarn die Toleranzfähigkeit der Sowjetunion immer wieder getestet. Das sei für sie ein großes Risiko gewesen. Németh erinnert in diesem Zusammenhang an die Öffnung der ungarischen Grenze für die DDR-Flüchtlinge und an innere Reformen, als sie das Parteimonopol aus der Verfassung gestrichen und den Parteiapparat in den Betrieben aufgelöst hätten. Heftige Kritik hätten sie noch vor kurzem aus Ost-Berlin und Prag erfahren.

Für ihn gebe es keinen Zweifel, daß die Wirtschaftsreformen ohne politische Reformen nicht zum Erfolg führen.

Németh bestätigt, daß die Stimmung für die Wiedervereinigung in der DDR zunehme. Es sei jetzt wichtig, keinen Zeitdruck zu erzeugen und den Einigungsprozeß in eine gesamteuropäische Entwicklung einzubetten. Beim Treffen der Warschauer Pakt-Führer in Moskau nach dem Maltagipfel[82] sei die sowjetische Reaktion auf die deutsche Einheit eindeutig ablehnend und negativ gewesen. Wirkung habe jedoch Modrow mit seiner Erklärung erzielt, daß er den ersten 4 Punkten des Bundeskanzlers zustimme.

Der Bundeskanzler begründet seine Entscheidung für den 10-Punkte-Plan, daß er als Kanzler zur deutschen Einheit nicht schweigen könne, wenn diese Frage von allen anderen diskutiert werde. Überraschend äußert er den Gedanken eines zeitlichen Moratoriums, das er möglicherweise der Sowjetunion bezüglich der Wiedervereinigung anbieten müsse. Németh sagt dem Bundeskanzler internationale Unterstützung für die deutsche Einheit zu.

In einem anschließendem Interview im ungarischen Rundfunk nennt Bundeskanzler drei Gründe, warum er nach Ungarn gekommen sei. Er wolle die traditionelle deutsch-ungarische Freundschaft stärken, das ungarische Reformmodell unterstützen, deren Erfolg für die Entwicklung in der DDR und für Europa wichtig sei. Und er wolle sich bei den Ungarn für die mutige Hilfe gegenüber den Landsleuten aus der DDR bedanken.

Der Bundeskanzler schätzt Németh und Horn und liebt Ungarn. Er fühlt sich überaus wohl, und das kommt in allen Worten und Gesten zum Ausdruck.

Anschließend trifft der Bundeskanzler mit Ungarndeutschen zusammen. Im Mittelpunkt stehen ihre Wünsche zur Verbesserung ihrer kulturellen Arbeit und ihrer Lebenssituation. Der Besuch des Bundeskanzlers werte sie sichtbar auf. Sie seien wieder wer.

82 Siehe Anmerkung 43, S. 128.

Zwanzig Vertreter des ungarischen und des deutschen Malteserhilfsdienstes und des ungarischen Roten Kreuzes treffen im Gästehaus ein. Bundeskanzler dankt ihnen für ihre Hilfe, die sie an den DDR-Flüchtlingen geleistet haben.

Um 20.00 Uhr gibt Németh im prächtigen Jägersaal des Parlamentsgebäudes ein Essen für den Bundeskanzler. In seiner Tischrede stellt der Bundeskanzler die feste Freundschaft zwischen Deutschen und Ungarn in ihrer langen Geschichte heraus, die sich gerade in diesem Jahr erneut bewährt habe. Der 10. September 1989, der Tag der Öffnung der ungarischen Grenze, werde »ein Markstein in der Geschichte unserer beiden Staaten und Völker bleiben«. Ungarn werde sich auf die Deutschen verlassen können. Die Stimmung im Saal ist ungetrübt.

Auf dem Weg zurück zum Gästehaus berichtet mir der Bundeskanzler, daß er Németh darum gebeten habe, ein Gespräch mit Gorbatschow zu vermitteln.[83] Dieser habe es versprochen und dem Bundeskanzler geraten, Gorbatschow mit einer großzügigen Warenhilfe zu unterstützen. Dazu sei er bereit.

Ich spreche den Bundeskanzler noch einmal auf seinen überraschenden Gedanken eines zeitlichen Moratoriums für die deutsche Einheit an, den er gegenüber Németh geäußert habe. Er denke darüber schon seit längerem nach, sagt mir der Bundeskanzler. Wenn er mit Gorbatschow zusammentreffe, müsse er wahrscheinlich ein solches Angebot machen. Ich erinnere ihn an ähnliche Überlegungen Adenauers im Jahre 1960, der über ein 10-jähriges Stillhaltemoratorium[84] nachgedacht habe. In diese Richtung denke auch er, antwortet der Bundeskanzler.

83 Zwischen Miklós Németh und Michail S. Gorbatschow gab es nicht nur aus Gründen gleicher politischer Aufgabenstellungen im agrarökonomischen und wirtschaftlichen Bereich sondern auch infolge einer sich entwickelnden politischen Freundschaft, getragen durch die Überzeugung von der Reformnotwendigkeit der sozialistischen Staaten, eine enge Verbindung. Auskunft von Miklós Neméth im Rahmen eines persönlichen Austauschs in Budapest, 15.2.2023.

84 Im Frühjahr 1958 fragte Adenauer den sowjetischen Botschafter in Bonn, Andrei Smirnow, im Rahmen eines vertraulich unterbreiteten Vorschlags, ob die Sowjetunion bereit wäre, »der Sowjetzone den Status Österreichs zu geben«, verbunden mit der Anerkennung der DDR durch die Bundesrepublik als zweiten deutschen Staat unter der Bedingung der Neutralität, des Verbots eines Beitritts zur Bundesrepublik und der vollen inneren Selbstbestimmung der DDR. Moskau ging darauf nicht ein. Vor dem Hintergrund der zweiten Berlin-Krise 1958/59 arbeitete der Staatssekretär im BKA, Hans Globke, Anfang 1959 einen von Adenauer genehmigten Plan aus, verbunden mit Anerkennung der DDR, Umwandlung Berlins in eine freie Stadt und indirekter Hinnahme der Ostgrenzen mit einem fünfjährigen Moratorium, wofür den Menschen in der DDR Grundrechte zugestanden werden und am Ende Volksabstimmungen über die Wiedervereinigung stattfinden sollten. Die Selbstbestimmung und Ablehnung eines neutralen Gesamtdeutschlands sollten aufrecht bleiben. Der komplizierte Vorschlag wurde nicht unterbreitet. Am 6. Juni 1962 schlug Adenauer Smirnow ein Stillhalteabkommen für einen Zeitraum von zehn Jahren zur Normalisierung der Beziehungen unter Beibehaltung des Status quo vor, um anschließend Fortschritte für mehr Freiheit der DDR-Bürger zu erreichen. Für diese Offerte bürgerte sich der Begriff »Burgfriedensplan« ein, zurückgehend auf den deutschen Botschafter in Moskau, Hans Kroll, der im Gespräch mit Chruschtschow am 18. Januar 1960 verwendet wurde. Kroll meinte einen Pressefrieden bzw. einen »propagandistischen Waffenstillstand« zwischen Bonn und Moskau und nicht das Stillhalteabkommen, über das seit dem Globke-Plan in Bonn räsoniert wurde. Der Begriff wurde nachträglich für Adenauers Stillhalteangebot gebraucht. Die Sowjetunion lehnte den Burgfriedensplan am 2. Juli 1962 über Smirnow mit der Begründung ab, sie habe selbst gute Vorschläge für eine sofortige Lösung gemacht, über die verhandelt werden sollte, https://www.kas.de/de/web/geschichte-der-cdu/kalender/kalender-detail/-/content/adenauer-schlaegt-dem-sowjetischen-botschafter-smirnow-ein-zehnjaehriges-stillhalteabkommen-burgfrie-1 (Abruf 29.1.2024).

Beunruhigt zeigt sich der Bundeskanzler, daß ihm in der jetzigen Situation etwas zustoßen könne. Der Mord an Herrhausen verfolgt ihn immer noch. Wenn sie das System treffen wollen, müssen sie den Spitzenmann treffen. Ich bin besorgt über solche Gedanken am Ende eines Tages, der sehr unbeschwert verlaufen ist.

Heute in Ost-Berlin der erste Sonderparteitag der Ost-CDU. Der Vorsitzende Lothar de Maizière spricht von den »berechtigten Gefühlen der nationalen Zusammengehörigkeit«. Auf der Grundlage einer neuen Verfassung müsse zusammenwachsen, was zusammengehöre. Die Delegierten stimmen ihm mit stehenden Ovationen zu.

Auf St. Martin treffen Bush und Mitterrand zusammen. Mitterrand unterstreicht noch einmal die Notwendigkeit, daß das deutsche Problem und das Problem Osteuropas mit harmonischer Geschwindigkeit und »im Schritt mit der Konstruktion Europas« verlaufen müsse. Er vergleicht die Situation mit einem Pferdegespann. Wenn die Pferde nicht »mit derselben Geschwindigkeit laufen, passiert ein Unfall«. Bush stellt fest, »daß seine Ansichten meinen sehr nahe sind«. Auf die Frage, ob »Kohl in seinem Bemühen um eine deutsche Wiedervereinigung abgebremst werden« solle, beantwortet Bush mit einem bündigen »Nein«. Mitterrand's Antwort: »Ja, es gibt eine enge Übereinstimmung in der Beurteilung hierüber«. Zugleich erinnert er an die Vereinbarungen auf dem Europäischen Rat in Straßburg und an die Aussage des Bundeskanzlers, daß er »keinen Zeitplan für die von allen Deutschen gewünschte Wiedervereinigung vorgesehen« habe. »Wir haben keinen Anlaß, hieran zu zweifeln«. Kohl, fährt Mitterrand fort, sei ein Deutscher, »ein deutscher Patriot«, und er habe »natürlich Gedanken, die ich nicht habe«.

Sonntag, 17. Dezember 1989

Mit dem Bus geht es nach Esztergom. Dort nimmt der Bundeskanzler im Dom an einem Gottesdienst teil. Hundert Pfadfinder legen zum erstenmal nach dem Krieg ihr Gelöbnis ab. Die politische Wende verändert das kirchliche Leben.

Anschließend trifft der Bundeskanzler mit dem ungarischen Primas zusammen. Am Nachmittag wandern die Ehepaare Kohl und Németh durch die Stadt. Sie besichtigen die Burg, die Matthiaskirche und bummeln durch das Fußgängerzentrum von Budapest – canvassing[85] für Németh.

Anschließend im berühmten Jugendstilcafe Kaffee mit Schlag und Kuchen. Der Bundeskanzler genießt die Sympathie, die ihm und Németh von den Budapestem entgegenströmt. Im Nationalmuseum besichtigen wir die Stephanskrone.

Am Abend geht es nach Szigetmonosto, in eine kleines Restaurant, das von Ungarndeutschen bewirtschaftet wird. Wie immer in Ungarn gibt es zu viel zu essen, zu schwer und zu fett und viel zu trinken. Dazu Zigeunermusik, die in das Vorzimmer komplimentiert wird. Die Stimmung schäumt hoch. Ein Fest unter Freunden.

Németh erzählt von seinem Vater, der in einem kleinen Dorf lebe. Bevor er im Februar zum Ministerpräsidenten gewählt worden sei, habe ihm sein Vater einen Brief geschrieben, den er seitdem immer bei sich trage. Er kenne ihn schon auswendig, so oft habe er ihn gelesen. Sein Vater habe ihm damals geschrieben, er solle immer daran denken, wo er herkomme. Er solle niemals die einfachen Leute vergessen, mit denen er zusammen im Dorf

85 Von-Haus-zu-Haus-Gehen prominenter Persönlichkeiten

aufgewachsen sei und von denen er viel gelernt habe. Die einfachen Leute – sie seien das Volk, und deren Interessen und die seines Vaterlandes solle er immer vor Augen haben. Er solle auch immer daran denken, daß sein Vater auch in Zukunft in seinem kleinen Dorf nicht davor Angst haben dürfe, anderen Leuten in die Augen zu sehen. Németh schluckt. Er ist stolz auf seinen Vater.

Montag. 18. Dezember 1989

8.30 Uhr Gespräch Bundeskanzler mit Außenminister Horn. Seiner Meinung nach müßte die UdSSR aus wirtschaftlichen Gründen an einem geeinten Deutschland interessiert sein, mehr als Frankreich. Andererseits befürchte sie bei einer Vereinigung Deutschlands die Erosion des Warschauer Paktes, denn auch die ČSSR und Bulgarien denken über den Status der Neutralität nach.

Ungarn verhandele über den Abzug der sowjetischen Truppen, der 1990 erfolgen solle. Die Probleme mit den sowjetischen Soldaten verschärfen sich. Die Disziplin lasse nach. Waffen würden auf dem Schwarzmarkt angeboten. Angestrebt werde eine Dreiecksbeziehung Ungarn – ČSSR – DDR als eine neue Dimension von Beziehungen und als regionaler Ersatz des Regierungswechsels.[86] Die Reformkräfte müßten gebündelt werden. Das richte sich aber nicht gegen die Sowjetunion.

Um 10.00 Uhr spricht der Bundeskanzler im ungarischen Parlament am Donauufer. Parlamentspräsident Fodor begrüßt den Bundeskanzler. Dieser würdigt den historischen Wendepunkt Ungarns in eine demokratische Zukunft, die mit der Ausrufung der »Republik Ungarn« am 23. Oktober ihren Ausdruck gefunden habe. Er ermutigt die Abgeordneten, die Reformen zum Erfolg zu führen. Sie seien nicht nur für Ungarn, sondern für alle Reformstaaten und für Europa insgesamt von größter Bedeutung. Ungarn könne sich dabei auf seine Freunde im Westen, insbesondere in Deutschland, verlassen. Die Deutschen werden die Freundschaft der Ungarn und ihre mitmenschliche Solidarität nicht vergessen.

Auf Wunsch von Németh bittet der Bundeskanzler die Abgeordneten »durch mutige und weitsichtige Beschlüsse die Tür zu der notwendig strukturellen Erneuerung der Wirtschaft« zu öffnen. Er wolle sich nicht einmischen, nur diesen Rat geben, der eher eine Bitte sei. BK erläutert seine Politik in der deutschen Frage. Deutsche Alleingänge oder Sonderwegen erteilt er eine klare Absage, ebenfalls an »jeden nach rückwärtsgewandtem Nationalismus«.

Die Zukunft aller Deutschen heiße Europa. Viel freundlichen Beifall erhält der Bundeskanzler.

Im Anschluß spricht der Bundeskanzler mit amtierenden Staatspräsidenten Szürös. Auch er als früherer ZK-Sekretär für internationale Beziehungen der USAP erklärt seine Entschlossenheit, im letzten Jahrzehnt das freie Ungarn zu schaffen. Die Bundesrepublik sei das Land im Westen, das Ungarn die größte Unterstützung gebe. Der Besuch des Bundeskanzlers an sich sei für Ungarn bereits eine politische und moralische Hilfe. Szürös berichtet, daß sie Ulbrichts These nie akzeptiert hätten, daß in der DDR eine zweite sozialistische deutsche Nation[87] entstanden sei. Gorbatschow schätze seiner Meinung nach die deutsche Frage historisch richtig ein. Jetzt sei jedoch Geduld erforderlich, damit Vertrauen wachse.

86 Der Begriff wurde gestrichen. Vermutlich war Regimewechsel gemeint.

87 Nach der Verfassung von 1968 war die DDR als »sozialistischer Staat deutscher Nation« definiert. Die SED verankerte damit unter Walter Ulbricht nicht nur ihren innenpolitischen Führungsanspruch, sondern

Um 12.00 Uhr gehen Bundeskanzler und Ministerpräsident Németh im Hilton-Hotel gemeinsam vor die Presse. Németh spricht von »freundschaftlichen Beziehungen« mit der Bundesrepublik Deutschland. Sie entwickeln sich beispielhaft. Bundesrepublik sei für Ungarn der »wichtigste Partner« im Westen. Die Chance wachse, die Teilung Europas zu überwinden und mit ihr die Teilung Deutschlands.

Németh bedankt sich beim Bundeskanzler für seine Rede in der ungarischen Nationalversammlung. Sie sei sehr hilfreich gewesen. Die Reaktion der Abgeordneten sei sehr positiv. Es sei die bisher beste Rede eines Gastes gewesen. Manche wollen das Rad der Geschichte zurückdrehen, manche es blockieren. Beides sei nicht mehr möglich. Das Rad der Geschichte rolle weiter. Der Bundeskanzler sagt Németh Hilfe zu, wenn Schwierigkeiten beim Reformprozeß auftreten sollten, z. B. im Bereich der Energieversorgung.

15.00 Uhr: Bundeskanzler trifft mit dem Vorsitzenden des Demokratischen Forums, Josef Antall, zusammen. Seiner Partei werden bei der bevorstehenden ersten freien Wahl im Frühjahr die größten Wahlchancen eingeräumt. Antall selbst schätzt 30–50 % ein. Seine Partei sieht in der CDU und in der ÖVP ihre Partnerparteien. Der Bundeskanzler sagt auch die Hilfe der CDU zu. Bundeskanzler fragt nach den Wahlchancen der Kommunisten. Nach Antall werden sie an der 4 %-Klausel scheitern. Die Sozialisten werden unter 10 % liegen. Németh, Szürös, Horn und Podsgai[88] genießen persönliche Popularität. Das gelte jedoch nicht für den Parteivorsitzenden Nyers. Ohne Hilfe der Bundesrepublik könne Ungarn keinen Erfolg bei seinen Reformen erreichen.

Danach spricht der Bundeskanzler mit dem Vorsitzenden der Christlich Demokratischen Volkspartei, Dr. Keresztes; dem Vorsitzenden der Bauernpartei, Marton und dem Vorsitzenden der Kleinen Landwirtepartei, Vörös. Sie hoffen nach der Wahl auf eine Koalition mit dem Demokratischen Forum. Auch sie wünschen Unterstützung durch die CDU.

Damit endet der Besuch in Budapest. Németh verabschiedet den Bundeskanzler auf dem Flughafen. Er bedankt sich beim Bundeskanzler. Dieser habe ihm mit seinem Besuch sehr geholfen. Nach 19.00 Uhr treffen wir in Bonn ein und fahren direkt in das Bundeskanzleramt.

Ein Schreiben von Gorbatschow ist eingetroffen. Der Bundeskanzler soll am Vorabend seines Besuches in Dresden über die sowjetischen Positionen unterrichtet werden.

Gorbatschow nimmt Bezug auf seine Rede vom 9. Dezember im ZK-Plenum. Dort hatte er gesagt, daß die Sowjetunion alles tun werde, Einmischungen in die inneren Angelegenheiten der DDR zu »neutralisieren«. Die DDR sei »strategischer Verbündeter« und Mitglied des Warschauer Paktes. Von diesen gewachsenen Realitäten sowie von der Existenz zweier deutscher Staaten sei auszugehen. Die friedliche Zusammenarbeit zwischen der DDR und der BRD könne und solle sich entwickeln. Die Zukunft werde vom Lauf der Geschichte und im Rahmen des gesamteuropäischen Prozesses bestimmt. Zurückhaltung und Besonnenheit seien wichtig. Der Brief ist in der Sprache härter als die ZK-Rede. Er bezieht sich ausdrücklich auf die Zusicherungen Genschers bei seinen Gesprächen in Moskau.

auch die »Zweistaatentheorie« in ihrer Deutschlandpolitik. Die Verfassung sah aber auch die »Überwindung der vom Imperialismus der deutschen Nation aufgezwungenen Spaltung« und eine »Vereinigung auf der Grundlage der Demokratie und des Sozialismus« vor. Die SED hielt damit vorerst noch an der Einheit Deutschlands fest. Erst im Zuge der Änderung der Verfassung der DDR 1974 ging Ulbrichts Nachfolger Erich Honecker von der Einheit der deutschen Nation ab, indem fortan die DDR als eine eigenständige »sozialistische Nation« proklamiert wurde.

88 Imre Pozsgay, siehe Personenregister, S. 973.

Aus unserer Sicht ist Gorbatschow über Tempo und Finalität des deutschen Einigungsprozesses und dessen Rückwirkungen auf die strategische Situation der UdSSR besorgt. Dieses Schreiben muß sich mit dem Brief des Bundeskanzlers gekreuzt haben. Anders sind die kritischen Äußerungen zum 10-Punkte-Programm des Bundeskanzlers nicht zu verstehen. Der Brief überrascht nicht im Inhalt sondern im Ton, der an altes Denken erinnert. Er löst Enttäuschung aus, nicht Sorge noch Angst. Der Zug hat seine Fahrt aufgenommen. Wer will, wer kann ihn jetzt noch aufhalten?

20.30 Uhr Gespräch Bundeskanzler mit Seiters. Letzte Abstimmung für die Reise morgen nach Dresden. Der Entwurf einer Gemeinsamen Mitteilung liegt vor und ist abgestimmt. Anschließend telefoniert Bundeskanzler mit Bundespräsident von Weizsäcker. Sie sprechen über die Begegnung Weizsäckers mit Modrow am Rande eines Weihnachtskonzertes in Potsdam. Danach telefoniert Bundeskanzler mit Bernhard Worms. Er ist ärgerlich, daß dieser sich bereits so offen für eine Zusammenarbeit mit der Ost-CDU ausgesprochen habe. Worms berichtet über Gespräche Modrows mit NRW-Wirtschaftsminister Jochimsen und Hamburgs Bürgermeister Vorscherau. Modrow habe erklärt, daß er mit dem Rücken an der Wand stehe. Er brauche Beistand. Die Hilfe müsse 15 Mrd. umfassen, aber nicht als Kredit. In der DDR steige der Haß und die Aggression. Er wolle mit dem Bundeskanzler unter vier Augen darüber sprechen. Er sei zu allem bereit, gemeinsam über die Runden zu kommen.

Anschließend sitzen Bundeskanzler, Seiters und ich noch zusammen. Gemeinsam besprechen wir die Rede, die der Bundeskanzler in der öffentlichen Kundgebung in Dresden halten soll. Bundeskanzler macht sich mit seinem berühmten schwarzen Filzstift selbst die Notizen. Wir wägen jeden Gedanken ab, formulieren laut und der Bundeskanzler schreibt. Kurz vor Mitternacht ist die Rede fertig.

Zwischendurch ruft mich Kwizinskij an. Er will wissen, ob der Bundeskanzler den Brief Gorbatschows erhalten habe und ob der Brief des Bundeskanzlers, den Botschafter Blech in Moskau übergeben habe, die Antwort darauf sei.

Ich erläutere Kwizinskij, daß Bundeskanzler-Brief abgesandt worden sei, bevor der Brief Gorbatschows eingetroffen sei. Im Grundsatz könne er jedoch als Antwort des Bundeskanzlers verstanden werden, weil alle Themen angesprochen seien, die auch Gorbatschow aufgeworfen habe. Kwizinskij fragt, ob Bundeskanzler in Dresden verhindern wolle, daß ein Aufruhr entstehe! Er müsse daran interessiert sein. Ich beruhige ihn. Von Seiten des Bundeskanzlers werde es zu solchen Befürchtungen keinen Anlaß geben. Na gut, antwortet Kwizinskij.

Bundeskanzler, Seiters und ich sind uns einig, daß die morgige Rede in Dresden die wichtigste und wohl auch schwierigste Rede des Bundeskanzlers seit langem sein wird. Die Berichte sprechen davon, daß über hunderttausend Menschen erwartet werden. Niemand kann voraussagen, was sie tun und wie sie reagieren werden. Es ist Mitternacht vorbei, als wir uns trennen, müde, aber voller Erwartung auf den morgigen Tag.

3. Die DDR vor dem Zusammenbruch

Dienstag, 19. Dezember 1989

8.10 Uhr Abflug des Bundeskanzlers mit der kleinen Challenger nach Dresden. An Bord sind: Bundesminister Hausmann, Bundesminister Frau Wilms, Bundesminister Seiters, Johnny Klein, Staatssekretär von Würzen vom Bundesministerium für Wirtschaft, Juliane Weber, Dr. Neuer und ich. Es herrscht gespannte Erwartung. Eine Stunde später Landung in Dresden/Klotzsche. Modrow begrüßt den Bundeskanzler. Als wir auf das Flugfeld hinaustreten, rufen und winken bei milden Herbsttemperaturen hunderte von Menschen am Flugfeldrand, aus den Fenstern des Flughafen-Gebäudes und von den Dächern der Flugzeughallen. Sie schwenken die bundesdeutsche Fahne und die grün-weiße Fahne Sachsens. Auch einige DDR-Fahnen sind aufgezogen.

Im Konvoi fahren wir die knapp 10km zum Hotel Bellevue, teilweise im Schrittempo. Tausende säumen die Straßen: Belegschaften von Betrieben in blauen Drillichanzügen, Frauen, Kinder, ganze Schulklassen, auffallend viele junge Menschen.

Sie klatschen, winken mit großen weißen Tüchern, lachen, freuen sich; viele stehen aber nur am Straßenrand und Tränen rinnen die Wangen herab. Jedes einzelne Gesicht versuche ich bei der Vorbeifahrt zu erfassen und darin zu lesen. Freude, Hoffnung, Erwartungen drücken sich in ihnen aus, aber auch Bangigkeit, Unsicherheit, Unglaube, ob das alles wahr sei; Erschütterung; seelischer Schmerz. Ich atme tief durch. Tränen steigen hoch: Glück und Erregung, einen solchen Tag miterleben zu dürfen; übermächtig der Wunsch, diesen Menschen zu helfen, jedem einzelnen. Ich möchte ihnen zurufen, daß wir für sie arbeiten werden, daß sie auf uns bauen können, daß die Zukunft besser wird. Ich empfinde Stolz und Demut zugleich, in meinem Leben die Chance zu haben, für das Glück dieser Menschen arbeiten zu dürfen, mitverantwortlich zu sein für ihr Schicksal, was immer es uns an Arbeit Tag und Nacht abfordert. Ein Spruchband am Straßenrand: »Helmut und Hans, macht Deutschland ganz«.

Vor dem Hotel stehen ebenfalls tausende, überwiegend junge Menschen. Sie brechen in Helmut-Helmut-Rufe aus; hoch solle er leben. Einige wenige tragen Banderolen mit der Aufschrift: Keine Gewalt. Doch niemand hat in diesem Augenblick diese Sorge. Nur das Gedränge vor dem Hoteleingang ist beängstigend.

In der Suite des Bundeskanzlers schöpfen wir kurz Atem. Alle sind begeistert, sprudeln über, wollen ihre Eindrücke und Empfindungen loswerden. Alle wissen: es ist ein großer Tag, ein historischer Tag, ein Erlebnis, das sich nicht wiederholen wird, und wir sind dabei, mitten drin, wirken mit. Bundeskanzler berichtet, daß Modrow und er im Auto über ihre Elternhäuser gesprochen hätten; beide Kinder »kleiner Leute«.[89] Modrow stammt aus einer Arbeiterfamilie und ist gelernter Schlosser. Der Vater von Kohl war kleiner Beamter im Finanzamt. Er habe Modrow angesichts der Reaktion der tausenden von Menschen am Straßenrand gesagt, daß es ihnen beiden darum gehen müsse, den Hoffnungen und Erwartungen dieser Menschen gerecht zu werden. Heute müsse es ihnen darum gehen, die »Hausaufgaben« zu besprechen und zu verteilen. Ende Januar solle dann in einem zweiten Gespräch über die ersten Ergebnisse gesprochen werden. Deshalb hätten sie jetzt für

89 Ersetzt wurde das Wort »Eltern«.

10.00 Uhr ein Vieraugengespräch ohne Teilnahme irgendeines Ministers oder Mitarbeiters vereinbart.

Modrow habe berichtet, daß Sonderzüge aus der ganzen DDR[90] nach Dresden unterwegs seien. Bundeskanzler überlegt, ob die Kundgebung am späten Nachmittag ihren Abschluß mit dem Lied: ›Nun danket alle Gott‹ finden solle, um die zu erwartenden Emotionen aufzufangen und zu verhindern, daß irgendwelche Teilnehmer die erste Strophe des Deutschlandliedes singen könnten. Seiters und ich raten ab. Das könne falsch verstanden werden. Der Bundeskanzler besteht darauf. Wir sollen dafür sorgen, daß ein Kantor bereitstehe, der das Lied anstimmen könne. Ich bin sehr unglücklich über diese Idee.

Um 10.00 Uhr beginnt das Vieraugengespräch Kohl-Modrow im Salon »Ludwig Richter«. Die Ressortminister Hausmann, Blüm, Wilms sprechen parallel mit Beil. Ich stehe im Vorzimmer mit Außenminister Fischer, seinem Stellvertreter Nier, DDR-Botschafter Neubauer, Pressesprecher Meyer und Schindler vom DDR-Außenministerium zusammen. Kaffee wird gereicht. Die Atmosphäre ist freundlich und entspannt. Das Gespräch bewegt sich im Belanglosen.

Um 11.45 Uhr wird das Gespräch im Salon »Meißen« fortgesetzt. Jetzt sind Außenminister Fischer, sein Vize Nier und Leiter StäV[91] Neubauer dabei. Auf unserer Seite Seiters, Klein, Staatssekretär Bertele, Dr. Duisberg und ich. Modrow eröffnet. Fast hektisch trägt er eine Viertelstunde lang einen maschinengeschriebenen Text vor. Sein Gesicht ist blaß und wirkt fast verkniffen. Sein schütteres Haar ist aufgewühlt. Er meidet jeden Blickkontakt. Auf dem Revers seines Anzugs ist das bekannte SED-Parteiabzeichen. Sein Gesicht läßt während des Gespräches kaum eine Regung erkennen. Kein Lächeln kommt über sein Gesicht.

Modrow ist sehr besorgt über die Lage in der DDR. Die Diskussion über das pro und contra der Wiedervereinigung nehme exzentrische Züge an. Die Grenze der Gewaltlosigkeit drohe überschritten zu werden. Innere Stabilität sei notwendig. Die Wahlen in der DDR seien eine innere Angelegenheit. Von Seiten der BRD dürfe auf dem Boden der DDR kein Wahlkampf geführt werden.

Er äußert sich langatmig zur wirtschaftlichen Lage in der DDR. Im Verhältnis zur Bundesrepublik müsse an einen Lastenausgleich[92] in Höhe von 15 Mrd. DM für 1990/91 gedacht

90 Gestrichen wurde das Wort »Republik« und durch »DDR« ersetzt.

91 Ständige Vertretung. Im Grundlagenvertrag zwischen der Bundesrepublik Deutschland und der DDR vom 21. Dezember 1972 wurde die Einrichtung Ständiger Vertretungen jeweils in Bonn und Berlin-Ost beschlossen.

92 Das Lastenausgleichsgesetz der Bundesrepublik, in Kraft getreten am 1. September 1952, sollte Deutsche finanziell entschädigen, die durch den Zweiten Weltkrieg Vermögensschäden oder andere Verluste erlitten hatten. Dazu zählten Verluste durch direkte Kriegseinwirkungen, Vertreibung, Flucht aus der Sowjetischen Besatzungszone und Entschädigungen für Spätheimkehrer und teilweise Verluste bedingt durch die Währungsreform. Finanziert wurde die Kompensation durch eine Lastenausgleichsabgabe, die bis zu 50 % des Vermögens betragen konnte, hauptsächlich den Immobilienbesitz betraf und in Raten abgezahlt werden konnte. Ab 1980 wurden auch Steuergelder in die Fonds eingezahlt. Die Leistungen setzten sich zusammen aus Geldentschädigungen, Eingliederungsdarlehen, Kriegsschadenrente, Wohnraumhilfe, Darlehen zum Erwerb von Immobilien und Wohnungen, einen Härtefonds, Entschädigungen nach dem Altsparergesetz, Entschädigungen für den Ausgleich von Sparguthaben Vertriebener sowie Darlehen aufgrund des Bundesvertriebenengesetzes. Für die Abwicklung sind Ausgleichsämter geschaffen worden. Für Finanzhilfen für die DDR und Zuwendungen an die Ostdeutschen lehnte die Bundesregierung wegen der Unvergleichbarkeit den Begriff des »Lastenausgleichs« ab, auch zur Vermeidung einer Gleichsetzung mit den Flüchtlingen und Vertriebenen aus dem deutschen Osten nach 1945.

werden. Die reichere BRD dürfe die ärmere DDR nicht auskaufen. Die wirtschaftliche Zusammenarbeit sei für ihn jedoch eine Grundvoraussetzung für Wirtschaftsreformen in der DDR.

Die Entwicklung in der DDR müsse im gesamteuropäischen Prozeß gesehen werden. Jetzt müsse man Helsinki II gut vorbereitet haben und ihr Erfolg gesichert werden. Die DDR sei ein Faktor der Sicherheit und Stabilität in Europa. Eine Vertragsgemeinschaft beider deutscher Staaten sei ein Beitrag zur Architektur des gemeinsamen europäischen Hauses. Es folgen lange Ausführungen zur Außenpolitik der DDR und zu Fragen der Abrüstung. Sein Vortrag wirkt wie ein Pflichtvortrag, den er in Anwesenheit seiner Kollegen absolvieren muß. Mich erinnert dieser Stil eines vorgeschriebenen Eingangsstatements dieser Art, alle Themen pflichtgemäß und in offizieller Sprache aufgreifend, an die alten Zeiten von Breshnew, Andropow oder Tschernenko, die ihre Gespräche ebenfalls so anödend eröffnet haben. Was gesagt wurde, war alles schon vorher bekannt. Das gilt heute auch im großen und ganzen für Modrow. Auch seine Aussage, daß es der Realismus gebiete, von zwei souveränen deutschen Staaten auszugehen. Die Wiedervereinigung sei nicht aktuell. Versuche, sie zu beschleunigen, seien gefährlich. Das zukünftige Verhältnis zueinander solle der Entwicklung überlassen und in die gesamteuropäische Entwicklung eingeordnet werden.

Der Bundeskanzler hat sich während des Vortrags von Modrow Notizen gemacht. BK beginnt mit einer persönlichen Bemerkung. Er sei sich der Bedeutung dieser Stunde sehr bewußt; es sei eine historische Stunde, in der die Empfindungen der Deutschen als auch die der Menschen in der Welt stark berührt würden. Er betont noch einmal die Einbettung der innerdeutschen Beziehungen in die gesamteuropäische und internationale Politik. Vernunft und Augenmaß müßten den Weg in die Zukunft bestimmen. Das Sicherheitsbedürfnis aller Nachbarn in West und Ost, einschließlich das der Sowjetunion und der USA, sei zu berücksichtigen. Malta habe bewiesen, daß die Stunde für weitere Abrüstungsschritte günstig sei.

Elementare Unterschiede zu Modrow gebe es in vielen Punkten. Es gebe auch vieles gemeinsam. Mit seinen 10 Punkten könne die DDR bis auf einen Punkt einverstanden sein. Die 10 Punkte seien mit keinem Zeitplan verknüpft. Das Ziel einer Föderation sei heute kein Thema, obwohl er davon überzeugt sei, daß die Entwicklung in diese Richtung gehe. Heute müßten sie jedoch nicht darüber sprechen. Sicher sei jedoch für ihn, daß der Reformprozeß unumkehrbar sei. Modrow nickt zustimmend. Alle DDR-Teilnehmer schreiben jedes Wort mit, nur Außenminister Fischer nicht, der den Bundeskanzler intensiv beobachtet.

Der Bundeskanzler erklärt Modrow, daß sie jetzt gemeinsam ihre Pflicht zu tun hätten. Das erfordere einen offenen und fairen Umgang. Sie sollten besser miteinander als übereinander sprechen, sich nicht unter den Druck der Medien setzen, sondern vom Verstand leiten lassen.

Bundeskanzler stimmt zu, daß vermieden werden solle, Wahlkampf im jeweils anderen Teil zu machen. Er sei mit dem Vorschlag Modrows, heute eine gemeinsame Absichtserklärung über die Aufnahme von Verhandlungen zu einer Vertragsgemeinschaft abzugeben, einverstanden. Ziel sollte es sein, sie im Frühjahr abzuschließen. Er wolle auch dazu beitragen, die wirtschaftliche Lage in der DDR zu verbessern, da es nicht sein Ziel sei, daß die Menschen die DDR verlassen. Die DDR müsse jedoch die wirtschaftlichen Rahmenbedingungen schaffen. Die Bundesregierung könne ihren Rat zur Verfügung stellen. Modrow schreibt die Aussagen des Bundeskanzlers ausführlich mit, wobei er Vor- und Rückseite seines Notizblockes beschreibt.

Der Bundeskanzler lehnt den Vorschlag Modrows eines »Lastenausgleichs« zwischen der Bundesrepublik und der DDR ab. Ein solcher Begriff sei außerordentlich schädlich.

Das Problem des Ausverkauftwerdens sei eine Sache, die Situation der DDR als ein Faß ohne Boden die andere. Wenn die Menschen in der DDR nicht bald Licht am Ende des Tunnels erkennen können, werden sie weiter weggehen. Modrow nickt heftig mit seinem Kopf. International werde es große Wirkung haben, wie sie beide künftig miteinander umgehen würden, fährt der Bundeskanzler fort. Er habe kein Interesse, Modrow in Frage zu stellen.

Dieser kündigt für Weihnachten den Verzicht auf den Mindestumtausch für Westbürger an. Das koste der DDR 150 Mio. DM. Gestern habe er auch mit dem sowjetischen Botschafter über die Öffnung des Brandenburger Tores gesprochen. Er beabsichtigt, einen Fußgängerübergang zu schaffen und habe Oberbürgermeister Krack beauftragt, die Vorbereitungen zu treffen. Er wisse um die symbolhafte Bedeutung dieses Schrittes. Deshalb sollten beide Seiten daran beteiligt werden. Bundeskanzler und Modrow einigen sich darauf, gemeinsam mit den Bürgermeistern von West- und Ost-Berlin am 22. Dezember die Übergänge am Brandenburger Tor zu öffnen.

Anschließend sprechen beide über die vorbereitete Absichtserklärung zu einer »Vertragsgemeinschaft«. Der Bundeskanzler lehnt die Formulierung Modrows ab, daß die »Vertragsgemeinschaft« von zwei souveränen deutschen Staaten auszugehen habe. Modrow lenkt ein. Für ihn sei die Vertragsgemeinschaft als solche das wichtigste Ergebnis, auch im internationalen Zusammenhang.

Das Arbeitsessen findet eine Stunde verspätet im Salon ›Arita‹ statt. Es gibt gespickte Kalbsnuß mit Blumenkohl, Spargel und Karotten und Wein aus der DDR. Jetzt kommen die Minister Beil, Hausmann, Wilms und Blüm hinzu. Hausmann berichtet, daß der Vertrag über die gemeinsame Wirtschaftskommission fertiggestellt sei. Eine dichte Folge von Gesprächen bis Ostern sei verabredet. Fachgruppen für Energie und Tourismus werden eingerichtet, ebenso eine Arbeitsgruppe über Vermögensfragen. Außerdem habe man Regeln für eine regionale Zusammenarbeit erarbeitet. Am 12. Januar soll in der Volkskammer das Investitionsschutzabkommen verabschiedet werden.

Blüm hat Fragen der Beschäftigung im grenznahen Bereich und der Renten- und Krankenversicherung diskutiert. Weitere Expertengespräche sind vereinbart. Die Arbeit komme in vielen Problemfeldern gut voran.

Nach dem Essen bereiten wir mit dem Bundeskanzler seine gemeinsame Pressekonferenz mit Modrow vor. Auf die Frage nach dem Vier-Augen-Gespräch erzählt der Bundeskanzler, daß Modrow's Hauptsorge die Auswirkungen der zwei verschiedenen Währungen für die DDR-Wirtschaft seien. Die DM sei bereits zur zweiten Währung geworden.

Um 15.00 Uhr erwarten den Bundeskanzler und Modrow im Kulturzentrum rund 1.500 Journalisten aus aller Welt. Der Text der »Gemeinsamen Erklärung« und zwei Absichtserklärungen zur Öffnung des Brandenburger Tores und über einen »gemeinsamen Vertrag über Zusammenarbeit und gute Nachbarschaft« zur Bildung einer Vertragsgemeinschaft werden verteilt. Modrow bewertet die Gespräche mit dem Bundeskanzler als umfangreich, gründlich und von Offenheit geprägt. Wörtlich endet er mit dem Satz: »Ich glaube, es ist ein guter Tag, den wir heute in Dresden in gemeinsamer Arbeit gestalten konnten«. Der Bundeskanzler unterstreicht diese Aussage. Er fordert Behutsamkeit, Geduld und Augenmaß. Ausdrücklich warnt er davor, das bisher Erreichte aufs Spiel zu setzen, »wenn jetzt Ungeduld oder gar Radikalität in diese Entwicklung eingreifen sollten«. Er sei nach diesen ersten Stunden in Dresden optimistisch, daß sie 1990 »gemeinsam ein gutes Stück« vorankommen würden.

Im Verlauf des Frage- und Antwort-Spieles mit den Journalisten spricht Modrow von revolutionären Umgestaltungen in der DDR. Was die zeitliche Perspektive betrifft, meint er, daß sie in 1 bis 2 Jahren zu beraten hätten, was aus der Vertragsgemeinschaft erwachsen sei.

Nach der Pressekonferenz stellt sich mir Herr Arnold als persönlicher Mitarbeiter von Modrow vor. Dieser habe mit dem Bundeskanzler vereinbart, daß wir beide persönliche Verbindung halten sollen. Wenige Augenblicke später zieht mich Modrow beiseite und fragt mich, ob Arnold mich angesprochen habe. Dieser sei sein persönlicher Mitarbeiter und habe sein persönliches Vertrauen. Wir sollten direkten Kontakt halten.

Ich spreche kurz mit Dresdens Bürgermeister Berghofer. Er zeigt sich mit dem bisherigen Verlauf des Besuches sehr zufrieden. Der anschließende Gang zur Ruine der Frauenkirche führt durch zehntausende von Menschen hindurch, die sich zur Kundgebung des Bundeskanzlers versammelt haben. Ich schlage mich alleine durch. Vor der Rednertribüne werden zahlreiche bundesdeutsche Fahnen geschwenkt; einige wenige »Spalterflaggen« sind zu sehen. Während der Rede des Bundeskanzlers stehe ich an der Peripherie der Kundgebung. Überwiegend Jugendliche umgeben mich. Während die Massen vor dem Rednerpult überschäumen, sind hier die Menschen sehr diszipliniert. Sie hören konzentriert zu. An ihren Mienen ist wenig abzulesen. Es herrscht kein Überschwang. Im ersten Augenblick vermute ich fast Teilnahmslosigkeit, aber sie klatschen immer wieder Beifall. Er fällt differenziert aus. Keine Kritik wird laut; keine Aggressionen sind spürbar. In den Gesichtern steht auch beim Beifall großer Ernst.

Es ist dunkel geworden. Scheinwerfer[93] strahlen die Mauerreste der Frauenkirche an. Der Bundeskanzler trifft mit seiner Rede den richtigen Ton. Es sind die richtigen Worte zur richtigen Zeit. Er weiß, daß seine Rede in der ganzen Welt gehört wird, vor allem in Moskau, aber auch in Washington, London und Paris und überall sonst. Jubel umbraust ihn. Die Menge skandiert Deutschland, Deutschland, Helmut, Helmut und »Wir sind ein Volk«. Dem Kanzler selbst schnürt es die Kehle zu, als er seine Ansprache mit den Worten beendet: »Gott segne unser deutsches Vaterland«. Mit Mühe kann ihm der Weg zu seinem Auto gebahnt werden.

Ins Hotel zurückgekehrt bekundet der Bundeskanzler im deutschen Fernsehen seinen Respekt vor den vielen tausenden, die seine Rede, die keine Versprechungen enthalten habe, so beispielhaft aufgenommen hätten. Es gab keine Ausschreitungen, kein Chaos, das von manchen befürchtet worden war. Die Menschen hätten verstanden, daß »wir Zeit brauchen«, Geduld haben und viele kleine Schritte machen müssen. Bis April 1990 soll die Vertragsgemeinschaft erreicht sein. Im Mai sollen die ersten freien Wahlen stattfinden. Bundeskanzler hält diese Schritte für erforderlich, wenn die Entwicklung in der DDR weiterhin ruhig und kontrolliert verlaufen soll. Gleichzeitig werde die Bundesregierung ihre Zusammenarbeit auf allen Gebieten ausweiten und intensivieren.

Um 18.30 Uhr trifft der Bundeskanzler im Salon »Ludwig Richter« mit Bischof Leich, dem Vorsitzenden des Bundes der Evangelischen Kirche der DDR und mit Bischof Hempel von Sachsen. Sie sprechen über die Situation der Menschen in der DDR.

Den Abend verbringen wir bei einem Abendessen im 1. Stock eines öffentlichen Restaurants gemeinsam mit Künstlern aus der DDR. Wir gehen vom Hotel aus zu Fuß, eingerahmt

93 Handschriftlich gestrichen wurde das Wort »Die Fernseher« vor Scheinwerfer.

von einer Gruppe DDR-Jugendlicher, die den Bundeskanzler laut feiern und dabei ihre Fahnen schwenken. Als er sie vor dem Restaurant bittet, jetzt nach Hause zu gehen, sind sie zufrieden. Am Essen nehmen teil: Prof. Udo Zimmermann, Komponist; Gerhard Wolfram, Intendant Staatsschauspiel Dresden; Prof. Gerd Schönfelder, Intendant der Semperoper; Prof. Johannes Heisig, Rektor der Kunsthochschule Dresden; Dr. Horst Zimmermann, Generaldirektor der Staatlichen Kunstsammlung Dresden; Dr. Werner Schmidt, Direktor vom Kupferstichkabinett; Prof. Wolfgang Mattheuer, Maler; Gerhard Altenbourg, Maler; Friedrich Press, Bildhauer; Max Uhlig, Maler; Prof. Dr. Adam, Kammersänger. Sie hören den Begrüßungsworten des Bundeskanzlers aufmerksam zu. 1989 – so sagt ein Teilnehmer – sei ein Jahr, in der die Realität die Phantasie überholt habe. Ein anderer wehrt sich gegen die Aussage im Westen, die DDR stelle in Europa einen stabilen Faktor dar. Das sei ein Wort, das sich gegen die sich bildende Opposition in der DDR richte. Sorge äußern sie, ob die Konfliktlosigkeit bis zu den Wahlen im Mai 1990 durchgehalten werden könne. Im Laufe des Abends kommt es zu einer kleinen Auseinandersetzung zwischen »Regimekritikern« und »Angepaßten«, die aber glücklicherweise nicht ausufert. Mein Tischnachbar ist der Maler Uhlig. Er erzählt mir von seinem langjährigen Schicksal, überleben zu müssen, ohne offiziell seine Bilder verkaufen zu dürfen. Erst in den letzten beiden Jahren hat sich für ihn der Weg zu Ausstellungen in der Bundesrepublik geöffnet.

Es geht auf Mitternacht zu, als wir ins Hotel zurückkehren. Es war für uns alle ein bewegender Tag.

Bresser faßt im ZDF den Tag in treffender Form zusammen:

»Ein großer Tag, ein guter Tag für unser Land ... Deutschland ist an diesem Tag ein Stück zusammengewachsen – ohne Fanatismus, ohne nationalistisches Gebrüll, ohne Gewalt. Und das ist Modrow und Kohl zu verdanken ... Dresden – das war eine Gratwanderung. Modrow und Kohl ist sie gelungen«.

Bundeskanzler drückt mir das handgeschriebene Manuskript seiner Rede in die Hand. Er schenke es mir zur Erinnerung an diesen Tag. Ich hätte es verdient. Dem kann ich nicht widersprechen.

In Brüssel ist heute zum ersten Mal in der Geschichte der NATO der sowjetische Außenminister Schewardnadse zu Gesprächen mit Generalsekretär Dr. Wörner und mit den Ständigen Vertretern im NATO-Rat zusammengetroffen. Im Mittelpunkt der Gespräche standen die Rolle der Bündnisse, die Aufrechterhaltung der Stabilität in Europa und Fragen der gesamteuropäischen Sicherheit.

Vor dem Politischen Ausschuß des Europäischen Parlaments äußert sich Schewardnadse zur »Lage um die Deutsche Demokratische Republik«. Es ist die bisher umfassendste sowjetische Stellungnahme. Schewardnadse selbst spricht von einem »lauten Denken«. Drei Elemente durchziehen seine Rede:

Achtung der in Europa existierenden Nachkriegsrealitäten; Verhinderung jeglicher Destabilisierung der europäischen Ordnung. Die DDR wird erneut als »strategischer Verbündeter« der Sowjetunion bezeichnet; offenkundige Verärgerung über eine zu schnelle Entwicklung der Beziehungen zwischen beiden deutschen Staaten. Die Grenzfragen in Europa seien in einer definitiven und unwiderruflichen Art gelöst. Er spricht nicht vom Selbstbestimmungsrecht des deutschen Volkes sondern von dem der beiden deutschen Staaten. Es könne jedoch nur im Kontext der anderen Normen und Prinzipien des Völkerrechts ausgeübt werden und unter Berücksichtigung der besonderen Situation beider deutscher Staaten und ihrer Verantwortung, allen europäischen Nationen und der Welt zuzusichern, daß vom deutschen Boden nie wieder eine Kriegsgefahr ausgehen werde. In Form einer Frage spricht er von der Wiederherstellung der deutschen Einheit, fragt nach den Modalitäten und den praktischen Schritten angesichts einer Zahl ungeklärter lebenswichtiger Aspekte. Es folgt eine Liste von sieben Fragen, die von der Hypothese eines vereinigten Deutschland ausgehen. Er nennt umfassende politische und juristische Bedingungen und spricht Fragen an, die bisher noch nicht öffentlich diskutiert worden sind: Entmilitärisierung, Neutralität, europäische »Friedensregelung« entsprechend des Potsdamer Abkommens[94]; Präsenz alliierter Truppen auf deutschem Boden.

Die Ausführungen sind widersprüchlich. Positive Ansätze wechseln mit Warnungen. Es ist aber kein Fehdehandschuh an die Adresse der Bundesrepublik. Im Gegenteil! Schewardnadse unterstreicht den fortgesetzten Willen zur Zusammenarbeit mit der Bundesrepublik. Die Fragen signalisieren die Bereitschaft zum Dialog.

Mittwoch, 20. Dezember 1989

Das Medienecho auf die gestrigen Ereignisse in Dresden ist überwältigend. Dem Bundeskanzler wird »staatsmännischer Weitblick, Stehvermögen und historisches Format« zugesprochen. Kohls Rede vor der Frauenkirche sei das Wichtigste für die Deutschen in der DDR gewesen. Jetzt sei er »Adressat und Hoffnungsträger« für die Menschen in der DDR; er habe aber alles getan, keine falschen Hoffnungen zu wecken, die Interessen der Nachbarn zu respektieren und Stabilität in Europa zu garantieren. Den Vorbehalten von Schewardnadse wird Verständnis gezollt, aber der Bundeskanzler habe durch sein Auftreten in Dresden deutlich gemacht, wie »unbegründet« sie seien. Die Presse zieht das Fazit: Der Kanzler habe den Grundstein zur deutschen Einheit gelegt.

Welch' ein Echo! Der Bundeskanzler hat für die Presse seine Bewährungsprobe glänzend bestanden.

Heiter und gelassen zugleich beginnt der Bundeskanzler um 8.30 Uhr sein Gespräch mit dem katholischen Bischof von Berlin, Sterzinsky und dem Bischof von Dresden, Reinelt. Sterzinsky erklärt, daß er von Tag zu Tag optimistischer werde, aber besorgter zugleich. Die Entwicklung sei nicht mehr rückgängig zu machen. Der Würgegriff der Macht könne nicht mehr zurückkehren. Andererseits gehe immer stärkerer Druck von radikalen Kräften von links und rechts aus. Langer Atem sei jetzt erforderlich. Bundeskanzler solle helfende Hand reichen, aber nichts vorschreiben. Er solle Hoffnung wecken, damit die Menschen

94 Vom 12. Juli bis 2. August fand in Schloss Cecilienhof in Potsdam die gleichnamige Konferenz statt. Beteiligt waren Josef Stalin (UdSSR), Harry S. Truman (USA) und als Vertreter Großbritanniens Winston Churchill sowie ab 28. Juli Clement Attlee sowie die jeweiligen Außenminister, James F. Byrnes (USA), Wjatscheslaw Molotow (UdSSR) und Anthony Eden sowie anschließend Ernest Bevin für Großbritannien. Es handelte sich nicht um einen international gültigen Vertrag, sondern um ein Konferenzkommuniqué. Mit Denazifizierung, Dekartellisierung, Demilitarisierung (unter Einschluss von Demontagen), Demokratisierung und Dezentralisierung waren Grundsätze für Deutschland benannt worden. Differenzen über die Auslegung ergaben sich schon im September 1945 auf der Sitzung des Außenministerrates und im Alliierten Kontrollrat. Frankreich sprach sich gegen die Einrichtung von Zentralinstanzen für ganz Deutschland aus. Die USA und Großbritannien bildeten 1947 die Bizone, während die UdSSR eigene Vorstellungen über die Verwaltung ihrer Zone besaß. Bereits im Mai 1946 stoppte US-General Lucius D. Clay Reparationsleistungen an die UdSSR aus der US-Zone. Die Westmächte hatten faktisch die Annexion der ehemaligen deutschen Ostgebiete anerkannt. Die Auffassungsunterschiede zwischen den Alliierten bildeten einen Grund für die Spaltung der Welt in Ost und West.

Zuversicht gewinnen und ihre Angst vor dem Radikalen verlieren. Erstaunt zeigt sich der Bischof über das wachsende Selbstbewußtsein der DDR-Bürger. Der Sozialismus sei zwar eine leere Hülse gewesen[95], aber für viele bleibe der Begriff unantastbar. Sie handeln nach dem Motto, daß nicht alles verkehrt gewesen sein könne. Auf die Frage des Bundeskanzlers nach der Ost-CDU sagt Sterzinsky, daß die sich reinigende Ost-CDU nicht allzu sehr in die Ecke gestellt werden solle, auch wenn sie in der Vergangenheit eine Partei ohne Rückgrat und ohne eigene Position gewesen sei.

Anschließend trifft der Bundeskanzler eineinhalb Stunden mit Vertretern von Oppositionsparteien zusammen: Schnur, Vorsitzender des Demokratischen Aufbruch; Ebeling, CSP; Demokratie jetzt; Neues Forum; Gruppe der 20. Die Atmosphäre ist freundlich. Schnur und Schröter sprechen von der Gefahr einer »Militärdiktatur«. Fischbeck befürchtet, daß Regierungsgespräche sich als Wahlhilfe für die SED auswirken könnten. Rheinfried beklagt fehlende Sachkompetenz der Oppositionsgruppen zu allen Sachbereichen. Hilfe aus der Bundesrepublik sei dringend erforderlich. Bundeskanzler sagt sie zu.

Danach noch ein kurzes Gespräch mit Dresdens OB Berghofer, ein kurzes Pressegespräch und zurück nach Bonn. Eine wichtige Etappe im Prozeß der innerdeutschen Verständigung und Zusammenarbeit liegt erfolgreich hinter uns.

Präsident Bush ruft an. Bundeskanzler berichtet über Dresden. Er habe die Reise mit viel Interesse und großem Respekt verfolgt, erwidert Bush. Dann erläutert er dem Bundeskanzler die Hintergründe für den militärischen Einsatz der USA in Panama. Der Bundeskanzler äußert Verständnis für die amerikanische Haltung. Er habe das auch öffentlich erklären lassen. Bush bedankt sich für die ermutigende Erklärung. Es dürfe kein Keil zwischen dem Bundeskanzler und ihm getrieben werden. Panama[96] liegt dem Präsidenten im Augenblick näher als Dresden.

Vom Telefonat in die Kabinettsitzung. Bundeskanzler berichtet über Dresden. Anfang Januar soll das Kabinett über die weiteren Maßnahmen beraten. Genscher beglückwünscht den Bundeskanzler im Namen aller Kabinettsmitglieder zu »Ergebnissen und Ablauf« der Reise. Die Reaktion der Menschen in der DDR sei eine »eindrucksvolle Bekundung des Willens zur Einheit der Nation«. Vor der Weltöffentlichkeit sei klar geworden, daß die Deutschen aus der Geschichte gelernt hätten. Trotz Ärger und Zorn sei bei den Menschen in der DDR erkennbar, daß sie keine Rachegefühle aufkommen lassen wollen. Der Besuch – so Genscher – habe das Anliegen der Deutschen ein großes Stück weitergebracht, »bei uns, in der DDR und im Ausland«.

Es herrscht eitel Sonnenschein!

95 Das Wort »geworden« wurde gestrichen und durch »gewesen« ersetzt.

96 Die US-Militärintervention in Panama (Codename »Operation Just Cause«) erfolgte offiziell, um US-Bürger zu beschützen, eigentlich aber um sich eines außenpolitischen Problems zu entledigen. Sie dauerte vom 20. Dezember 1989 bis zum 3. Januar 1990. Es war die größte Luftlandeoperation seit dem Zweiten Weltkrieg. Die von General Carl Stiner geführte Joint Task Force mit einer Stärke von ca. 20.000 Mann lief unter Oberbefehlshaber des United States Southern Command von General Maxwell R. Thurman. Nach vier Tagen waren nahezu alle Kampfhandlungen mit der panamaischen Nationalgarde beendet. Die USA lösten die Streitkräfte auf. Nachdem es zu Plünderungen und chaotischen Zuständen kam, wurde eine 13.000 Mann starke Truppe wieder aufgestellt. Der seit 1983 regierende Machthaber Manuel Noriega flüchtete in die Nuntiatur des Vatikans, die ihm zwar Asyl gewährte, ihm aber nahelegte, sich zu stellen. Nach zehn Tagen stellte sich Noriega am 3. Januar 1990 den US-Streitkräften, wurde verhaftet, nach Miami ausgeflogen und 1992 von einem US-Gericht wegen Drogenhandels, Schutzgelderpressung und Verschwörung zu einer Haftstrafe verurteilt. Er war bis zu seinem Tod Strafgefangener der Vereinigten Staaten.

Donnerstag, 21. Dezember 1989

Heute beginnt der Tag schon um 7.30 Uhr. Seiters hat die drei westlichen Botschafter zum Frühstück eingeladen. Wir unterrichten sie gemeinsam über die Ergebnisse von Dresden. Die Botschafter sind über die rasche und ausführliche Unterrichtung sehr zufrieden.

In der folgenden Bundeskanzler-Lage freut sich Eduard Ackermann, erneut über die anhaltend positive Presse zum Dresden-Besuch berichten zu können. Er lacht, er lebt richtig auf. Weitere Themen: SPD-Parteitag: Lafontaine als »Hoffnungsträger« – Willy Brandt als »Vaterfigur« – Vogel zurückgedrängt.

Rede des Bundeskanzlers im Bundesrat in der Aussprache zur Deutschlandpolitik. Bundeskanzler unterstreicht, daß die Verhältnisse in Deutschland und die Entwicklung der Beziehungen zwischen beiden Staaten so gestaltet werden müssen, daß sie in den gesamteuropäischen Prozeß eingebettet bleiben. Alle sollten mit einem möglichst hohen Maß an Flexibilität und Offenheit an künftige Entwicklungen herangehen. Künstlicher Zeitdruck dürfe nicht erzeugt werden. Wieder sind wir bei der ›Gebetsmühle‹. Sie ist unerläßlich nach innen wie nach außen.

Die Deutschen, erklärt der Bundeskanzler, die sich jetzt im Geiste der Freiheit wieder zusammenfinden, werden mit Sicherheit keine Bedrohung, sondern ein Gewinn für das zusammenwachsende Europa sein. Ungeduld und Radikalismus könnten alles wieder aufs Spiel setzen, deshalb seien Behutsamkeit, Geduld und Augenmaß erforderlich, damit der Reformprozeß ungestört weitergehen könne.

Deshalb sei die Bundesrepublik zu einer Vertragsgemeinschaft noch vor den freien Wahlen bereit, um den Menschen deutlich zu machen, daß Schritt für Schritt vorangegangen werden müsse. Nach den Wahlen könne man die konföderativen Strukturen schaffen.

Hier deutet der Bundeskanzler an, daß die Verwirklichung des 10-Punkte-Planes schneller verlaufen könne als noch vor gut drei Wochen erwartet.

Ausführlich erläutert der Bundeskanzler die getroffenen Vereinbarungen und vorgesehenen Maßnahmen. Die Bundesregierung wolle und könne keine Vorschriften machen und stelle keine Bedingungen. (Moskau soll es hören!) Er fordert die Bundesländer auf, sich an der Zusammenarbeit zu beteiligen, direkt mit der DDR und insbesondere mit den Nachbarregionen und gemeinsam mit dem Bund. Er schließt mit dem Zitat Adenauers: »in einem freien und geeinten Europa ein freies und geeintes Deutschland«.

Seit gestern weilt Präsident Mitterrand als »erster westalliierter Staatschef in der DDR«, wie ›Neues Deutschland‹ feststellt. Offizieller Gastgeber ist der amtierende Staatsratsvorsitzende Prof. Manfred Gerlach, Mitglied der LDPD, ein Wendehals par excellence. Er spricht sich für eine »DDR als souveräner, dem Antifaschismus, dem Humanismus und einem zutiefst demokratischen Sozialismus verpflichteter Staat, als Mitglied einer Föderation europäischer Staaten« aus.

Mitterrand nennt das Streben nach Einheit eine Angelegenheit zuerst der Deutschen, die frei bestimmen sollen, was ihr Schicksal sein soll. Der Weg müsse demokratisch und friedlich sein, um den Frieden und das Gleichgewicht in Europa zu wahren. Er spricht erneut die Unverletzlichkeit der Grenzen an. Die Vertragsgemeinschaft bezeichnet er als »pragmatischen Ansatz«. Der Besuch Mitterrands zu diesem Zeitpunkt wirkt anachronistisch. Wem soll er nützen? Am Nachmittag letzte Arbeitsbesprechung mit dem Bundeskanzler vor Weihnachten. Er ist überraschend unleidlich und aufbrausend. Die

Belastung[97] der letzten Wochen steckt ihm in den Knochen. Er ist schlicht arbeitsunlustig und muß jetzt mit uns noch über seine Neujahrsansprache sprechen. Uns packt er mit Arbeit voll und grantelt, weil er weiß, was er uns zumutet, aber es andererseits nicht wahrhaben will.

Freitag, 22. Dezember 1989

Letzte Morgenlage im alten Jahr: Blutiges Vorgehen der rumänischen Sicherheitskräfte gegen Demonstranten; US-Intervention in Panama dauert an; Mitterrand in Leipzig: Rede vor Studenten. Ständige FS-Berichterstattung seit gestern abend vom Brandenburger Tor, das heute um 15.00 Uhr geöffnet wird. Berlin ist wieder einmal auf den Straßen.

9.45 Uhr: Bundeskanzler spricht mit Seiters über Maßnahmen, die nach Dresden zu veranlassen sind. Es geht um die Versorgungslage in der DDR. Die Finanzierung müsse geklärt werden. Eine Arbeitsgruppe soll eingerichtet werden, die sich des Themas »Ausverkauf der DDR« annehmen soll. Leitung übernimmt Seiters. Dabei sind die Staatssekretäre aus Bundesministerium der Finanzen, Bundesministerium für Wirtschaft und Auswärtiges Amt. Hinzu kommen sollen Bundesbank, Bankenverband und DIHT. Eine Arbeitsgruppe für die Vertragsgemeinschaft soll Dr. Duisberg gemeinsam mit Kollegen vom Auswärtigen Amt, Bundesministerium für Bildung und Bundesministerium für Wirtschaft leiten. Großes Problem sind die Übersiedler, die weiterhin kommen. Täglich sind es jetzt 2.000.

Bundeskanzler telefoniert mit Bundesbankpräsident Pöhl über die Währungsprobleme in der DDR. Anschließend telefoniert Seiters mit dem Regierenden Bürgermeister Momper. Die DDR hat über den Ständigen Vertreter Neubauer anfragen lassen, ob auf die Zeremonie bei der Eröffnung des Brandenburger Tores wegen der Ereignisse in Rumänien und in Panama verzichtet werden solle. Sie vereinbaren, hinzugehen, auch wenn keine Rede gehalten werde. Seiters telefoniert mit Modrow. Es bleibt beim Zusammentreffen am Brandenburger Tor. Bundeskanzler, Modrow und beide Bürgermeister sollen reden. Arnold ruft mich im Auftrag Modrows an. Er gibt mir seine Telefon- und Telefaxnummer durch. Modrow bitte darum, den Bundeskanzler an das Stichwort »Solidarität« zu erinnern. Er habe ja das Wort vom Lastenausgleich abgelehnt. Das Anliegen – es geht um 15 Mrd. – sei für Modrow sehr dringend. Er möchte, daß möglichst bald Verhandlungen mit einem Beauftragten des Bundeskanzlers beginnen können. Sie würden einen Staatssekretär beauftragen.

Es ist Mittag. In Rumänien ist Ceauşescu gestürzt worden.

Um 15.00 Uhr eröffnen Bundeskanzler und Modrow die Übergänge am Brandenburger Tor. Unbeschreibliche Szenen spielen sich ab. Die Berliner aus West und Ost feiern ein Volksfest. Einmal mehr vollziehen sie die Einheit der Stadt durch eine Abstimmung mit Füßen. Am Abend ruft mich Lamers nach Rückkehr aus Moskau an.

Sagladin habe seine Erklärungen zum 10-Punkte-Programm sorgfältig notiert. Der Auftritt des Bundeskanzlers in Dresden sei in Moskau mit großer Erleichterung aufgenommen worden. Sagladin sei der Meinung, daß das die Möglichkeit eines Gespräches des Bundeskanzlers mit Gorbatschow erleichtern werde.

Aus Paris berichtet Generalsekretär Bianco vom Elysée, daß Präsident Mitterrand bei seinen Gesprächen in der DDR überall Ratlosigkeit angetroffen habe, wie es politisch und

97 Das Adjektiv »physische« wurde handschriftlich gestrichen.

wirtschaftlich weitergehen solle. Über den Kanzlerbesuch herrsche bei der DDR-Führung Genugtuung. Sorge hätten sie nur, daß Bundeskanzler ein zu schnelles Tempo einschlagen könnte. Dabei sei nicht einmal sicher, ob die Mehrheit der Bevölkerung in der DDR die Wiedervereinigung wolle. Wer will das schon wissen? Wieder einmal hat jemand seinen nassen Finger in den Wind gehoben.

In seiner Abschlußpressekonferenz weist Mitterrand daraufhin, daß keiner seiner Gesprächspartner in der DDR den Wunsch nach sofortiger Wiedervereinigung geäußert habe. Erst sollen die freien Wahlen stattfinden. Er betont das Mitspracherecht der Nachbarn und der vier Siegermächte und kündigt seine Bereitschaft an, unter Einbeziehung beider deutscher Staaten über eine Neugestaltung des Viermächteabkommens für Berlin zu verhandeln. Immerhin wiederholt er seine frühere Aussage, daß es »allein Sache der Deutschen sei, in freien Wahlen über ihr Schicksal zu entscheiden«.

Es ist offensichtlich, daß in Mitterrand's Brust zwei Seelen kämpfen. Er will dem Prozeß der deutschen Einheit nicht im Wege stehen. Er fürchte die deutsche Einheit nicht. Andererseits weist er ständig auf die großen Hürden hin, die Schritt für Schritt zu überwinden seien. Unsere französischen Freunde tun sich schwer mit Deutschland.

Doch nichts kann unserer Stimmung Abbruch tun. Der Bundeskanzler sagt am Brandenburger Tor das Abschlußwort des Jahres: »Für mich ist das eine der glücklichsten Stunden meines Lebens«.

Weihnachten steht vor der Tür. Tage der Erholung für alle.

Montag, 1. Januar 1990

Mehrere hunderttausend Berliner aus dem West- und Ostteil der Stadt haben die Sylvesternacht gemeinsam auf den Straßen Berlins gefeiert. Am Brandenburger Tor war das Fest am ausgelassensten. Mein 21jähriger Sohn Richard mit Freunden mitten drin. Erneut heben die Menschen die Teilung der Stadt auf. Die Einführung des visumfreien Grenzverkehrs am Heiligen Abend hatte bereits Millionen von West-Ost-Reisenden in Bewegung gesetzt.

Bundeskanzler in seiner Neujahrsansprache im Fernsehen: »Das vergangene Jahr hat uns der Einheit unseres Vaterlandes ein gutes Stück nähergebracht«. Das vor uns liegende Jahrzehnt könne für die Deutsche »das glücklichste dieses Jahrhunderts« werden.

In einem Rundfunkkommentar bezeichnet Lothar de Maizière »das Zusammenwachsen der beiden deutschen Staaten« als eine »politische Aufgabe mit höchster Priorität«.

Bush versichert in seiner Neujahrsbotschaft an das sowjetische Volk, daß der Westen keine Vorteile aus den Veränderungen im Osten herausschlagen wolle und kündigt Unterstützung für »die dynamischen Reformprozesse in der Sowjetunion« an. Mitterrand spricht zum Jahreswechsel von neuen Fragen, die nicht von einem Tag auf den anderen gelöst werden können. Unter anderem stellt er die Fragen: »In welcher Form und unter welchen Bedingungen wird das deutsche Volk wiedervereinigt werden?« Werde es »eine Unantastbarkeit der bestehenden Grenzen geben oder nicht?« Unklar bleibt bei Mitterrand stets, ob er damit letztlich auch die innerdeutsche Grenze meint, die er einmal als »Grenze besonderer Qualität« bezeichnet hat oder ob er sich nur auf die Oder-Neiße-Grenze bezieht.

Etwas deutlicher wird sein Vorschlag einer »europäischen Konföderation im wirklichen Sinne des Wortes«. Er nennt die Voraussetzungen: Erst müssen in den osteuropäischen Ländern des Mehrparteiensystem, freie Wahlen, ein repräsentatives System und Informationsfreiheit eingeführt werden. Aber bezieht das die Sowjetunion ein? Er spricht von der

Schlußakte von Helsinki.[98] Heißt das, daß nicht nur die Sowjetunion sondern auch die USA und Kanada in die europäische Konföderation einbezogen werden sollen?

Die Konföderation selbst definiert er als »ständige Organisation des Handels, des Friedens und der Sicherheit«. Soll durch eine solche Konföderation ein neues europäisches Gleichgewicht geschaffen werden, in dem Frankreich gerade auch gegenüber einem geeinten Deutschlands eine herausgehobene Rolle spielen will? Die Besuche Mitterrands vom Dezember in Kiew und in der DDR sprechen dafür. Wie immer bleibt bei Mitterrand vieles vage. Es erhöht jedoch seine Handlungsfreiheit, was sicherlich so gewollt ist.

Dienstag, 2. Januar 1990

Bundeskanzler trifft in München mit dem neugewählten tschechoslowakischen Staatspräsidenten Havel und mit Ministerpräsident Čalfa zusammen. Bundeskanzler sagt Unterstützung zu. Er lädt Čalfa zu einem Arbeitsbesuch nach Bonn ein. Havel bestätigt dem Bundeskanzler, daß dieser die Lage richtig einschätze. Jetzt gelte es, schnell zu handeln; die Stabilisierung der Länder Osteuropas werde auch auf die UdSSR zurückwirken.

Der Wortlaut der Neujahrsansprache Gorbatschows liegt auf dem Tisch. Er ist bemerkenswert. Er versucht, der sowjetischen Bevölkerung Zuversicht zu vermitteln. 1989 sei das schwierigste Jahr der Perestroika gewesen, aber die großen Herausforderungen seien insgesamt gut bestanden worden. Die ersten, »wirklich freien Wahlen seit einigen Jahrzehnten sowjetischer Geschichte« hätten stattgefunden. Auf der Grundlage des neuen Denkens konnten außenpolitische Erfolge errungen werden. Die Trennung des europäischen Kontinents versinke in der Vergangenheit. Der Kalte Krieg sei beendet. Er wünscht den Freunden in Berlin, Sofia, Prag und Bukarest »Erfolg«. Die Ereignisse dort hätten gezeigt, daß Sozialismus und Demokratie eine Einheit bilden müßten.

Mittwoch. 3. Januar 1990

Überraschungen bei den Gesprächen des »Runden Tisches«. Sechzehn Parteien, Gruppen und Organisationen sind inzwischen versammelt. Christa Luft, Wirtschaftsministerin, will am »Volkseigentum an den wichtigsten Produktionsmitteln« festhalten. Sie beziffert die Verschuldung der DDR gegenüber dem Westen mit 20,6 Mrd. US $.

98 Am 1. August 1975 unterzeichneten die Staats- und Regierungschefs bzw. Generalsekretäre der kommunistischen Parteien von 35 Teilnehmerstaaten von Europa, Kanada und den USA in Helsinki die Schlussakte der Konferenz über Sicherheit und Zusammenarbeit in Europa (KSZE). Die Signatare verpflichten sich in dieser völkerrechtlich unverbindlichen Absichtserklärung zur Unverletzlichkeit der Grenzen, friedlichen Regelung von Streitfällen, Nichteinmischung in die inneren Angelegenheiten anderer Staaten sowie zur Wahrung der Menschenrechte und Grundfreiheiten. Ferner wurde die Zusammenarbeit in den Bereichen Wirtschaft, Wissenschaft und Umwelt vereinbart. In Folgekonferenzen (Belgrad 1977–1978, Madrid 1980–1983 und Wien 1986–1989) sollte die Umsetzung der KSZE-Schlussakte in den einzelnen Staaten geprüft werden. Die Bundesrepublik und die DDR nahmen gleichberechtigt an der KSZE teil. Für den SED-Staat war sie ein wichtiger Schritt zur internationalen Anerkennung. Der DDR ging es vorrangig um Anerkennung ihres Status quo und Nichteinmischung in ihre inneren Angelegenheiten. Menschenrechte wurden von ihr auch nach Unterzeichnung der Schlussakte nicht beachtet. Die CDU/CSU-Opposition im Bundestag sprach sich daher gegen die KSZE aus. Die Schlussakte gilt heute dagegen als Durchbruch auf dem Höhepunkt des Kalten Krieges, da zum ersten Mal der Westen und der Osten ein umfassendes Abkommen abschlossen, das den Wunsch zur Zusammenarbeit in unterschiedlichen Themen- und Handlungsfeldern ermöglichte.

Staatssekretär Halbritter kündigt die Bildung eines »neuen Sicherheitsorgans« an. Das sind für uns keine ermutigenden Reformankündigungen.

Donnerstag, 4. Januar 1990

Auf feinem Landsitz in Latché in der Gascogne empfängt Mitterrand den Bundeskanzler zu einem privaten Besuch. Es ist ein wichtiges Treffen. Bundeskanzler will eine Demonstration des Einvernehmens und der Freundschaft. Zusammenarbeit in den vergangenen Jahren war zu erfolgreich, um sich jetzt eine Entfremdung leisten zu können. Ohne Frankreich geht in Europa nichts voran.

Ärgerlich ist deshalb die Veröffentlichung eines Telegramms in der heutigen FAZ, das der deutsche Botschafter in Paris, Dr. Pfeffer, vor Weihnachten über die Haltung Frankreichs zur deutschen Frage an das Auswärtige Amt geschrieben hat. Danach sei es »offen«, ob Frankreich den deutschen Einigungsprozeß konstruktiv begleiten oder sich ihm entgegenstellen werde. Mitterrand sei zwar überzeugt, daß die Wiedervereinigung kommen werde, möchte aber den Prozeß in geordnete Bahnen lenken, um den europäischen Einigungsprozeß nicht in Mitleidenschaft zu ziehen. Die Bremser säßen jedoch in der Beamtenschaft. Der Bericht enthält die Sorge, daß die deutsch-französischen Beziehungen unter Umständen »auf längere Sicht« belastet sein könnten.

Das heutige Gespräch soll gerade letzteres verhindern. Sicherlich äußerte auch der Bundeskanzler gelegentlich Verwunderung über die eine oder andere Äußerung aus der französischen Regierung, vor allem von Seiten Dumas oder über den Besuch Mitterrands im Dezember in der DDR, vor allem über den gewählten Zeitpunkt. Aber es gab keine ernsthafte Irritation. Auf die französische Zurückhaltung gegenüber der deutschen Einigung angesprochen, haben wir immer wieder gesagt, daß wir darüber nicht überrascht seien. Wenn sich schon viele Deutsche in beiden Teilen Deutschlands mit dieser Frage so schwer täten, könne man nicht verlagen, daß unsere europäischen Nachbarn deutscher als die Deutschen selbst seien. Gleich einleitend bekräftigt der Bundeskanzler gegenüber Mitterrand, daß Deutschland und Frankreich ihren gemeinsamen Weg fortsetzen müßten. Ausführlich erläutert er die Lage in der DDR und seine Strategie. Gleiches Gewicht gibt er den Fragen der EG. Bundeskanzler will dem Präsidenten die Sicherheit geben, daß ein geeintes Deutschland fest in der EG verankert bleibt und weiterhin gemeinsam mit Frankreich der Motor des Einigungsprozesses sein wolle. Seine Worte klingen beschwörend.

Er wolle den Weg der Einigung nicht isoliert gehen. Frankreich sei der geborene Partner gerade auch für die europäische Einbettung der deutschen Frage. Und die europäische Einigung müsse mit dem Namen beider verbunden bleiben.

Bundeskanzler spricht offensiv die Oder-Neiße-Grenze an. Sie sei ein innenpolitisch künstlich erzeugtes Problem.

In seiner Antwort spricht Mitterrand von zwei Problemen: dem russischen und dem deutschen. Sie seien miteinander verknüpft. Die nationalistischen Elemente würden in der deutschen Frage nicht nachgeben. Das Schicksal Gorbatschows sei damit verbunden, auch wenn dieser selbst allmählich Verständnis entwickeln könnte, wenn man geschickt vorgehe.

Die Wiedervereinigung sei in der einen oder anderen Form in Gang gekommen. Sie hänge vom Willen der Deutschen in beiden Staaten ab und niemanden stehe es zu, hier hineinzureden. Der große Widerspruch liege in der unterschiedlichen Paktzugehörigkeit beider deutscher Staaten. Für ihn sei das das einzige wirkliche Problem.

Die Einigung Deutschlands dürfe nicht zu einer Verhärtung der Sowjetunion führen. In Kiew sei Gorbatschow wegen der überstürzten Eile besorgt gewesen. Deshalb sei der Zeitplan wichtig. Gegen den Strom der Geschichte könne aber niemand schwimmen.

Die Vertragsgemeinschaft sei eine große Idee. Sie werde dazu führen, daß sich auch die Russen an den Gedanken der Einheit gewöhnen werden. Zu lösen sei die Frage der Bündniszugehörigkeit. Es bestehe die Gefahr einer Neutralisierung Deutschlands. Man brauche Zeit zum Nachdenken. Eine Strategie sei erforderlich, damit Europa wisse, wohin es steuere.

Er spreche in diesem Zusammenhang als Franzose. Als Deutscher wäre er für die Wiedervereinigung so schnell als möglich und würde es bedauern, wenn nicht alle Deutschen dafür wären.

Mitterrand spricht sich wie der Bundeskanzler zuvor für ein gemeinsames Vorgehen aus. Die deutsche und europäische Einheit müsse gleichzeitig angestrebt werden. Besorgt ist der Präsident über die Reaktionen der deutschen Presse auf seine Äußerungen. Wenn er nicht wie der Bundeskanzler rede, ernte er in den deutschen Medien Kritik; dabei akzeptiere er doch, daß die beiden deutschen Staaten Verträge schließen und sich vereinigen.

Als der Bundeskanzler erneut die deutsch-französische Freundschaft, die enge persönliche Kooperation und sein Engagement für die EG bekräftigt, zeigt die Reaktion Mitterrands, wie wichtig das für ihn in diesem Augenblick ist: »Das halte ich fest«, sagt er zum Bundeskanzler.

Lange sprechen sie über die Entwicklung der Sowjetunion, Polens, Ungarns, der ČSSR und Rumäniens.

Gegenüber der Presse erklärt Mitterrand am Nachmittag nach Beendigung des Gespräches, daß die Stärkung der EG die wichtigste Aufgabe sei. Langfristig müßten alle europäischen Staaten einbezogen werden. Das deutsche und europäische Problem müßte zusammen gelöst werden. Der Bundeskanzler bekräftigt sein Engagement für Europa und für die deutsch-französische Zusammenarbeit und greift ausdrücklich Mitterrands Idee einer europäischen Konföderation auf.

Das war heute ein Schlüsselgespräch, um die deutsch-französische Zusammenarbeit zu festigen und die persönliche Freundschaft zu stabilisieren. Es scheint gelungen zu sein.

In Bonn trifft der Vorschlag Modrows ein, das Gespräch mit dem Bundeskanzler in der Woche vom 5. Februar in Bonn fortzusetzen. Ende Januar wolle die DDR einen Entwurf für die Vertragsgemeinschaft übermitteln, der beim Besuch selbst durch Außenminster Fischer und Bundesminister Seiters paraphiert und anläßlich einer dritten Begegnung der Regierungschefs unterzeichnet werden solle. Erneut läßt Modrow an Verhandlungen über den »Lastenausgleich« von 15 Mrd. erinnern. Eine Antwort wird in Aussicht gestellt. Noch ist der Bundeskanzler nicht nach Bonn zurückgekehrt.

Sonntag, 7. Januar 1990

Mittags ruft mich Kwizinskij zu Hause an. Im Auftrag von Schewardnadse bitte er möglichst rasch um ein Gespräch mit dem Bundeskanzler. Als Gorbatschow im Juni 1989 in Bonn gewesen sei, habe der Bundeskanzler dem Präsidenten Hilfe angeboten, wenn sie erforderlich sei. Ob dieses Wort noch gelte? Sicherlich, antworte ich. Der Bundeskanzler stehe dazu.

Sie bräuchten jetzt Hilfe, fährt Kwizinskij fort. Es gehe um Lebensmittellieferungen, vor allem um Fleisch. Sie wollten es nicht geschenkt haben. Es handele sich um keine karitative

Aktion. Sie werden bezahlen, aber erwarten einen »Freundschaftspreis«. Über Größenordnungen könne er noch nichts sagen. Er bräuchte erst einmal unsere grundsätzlich Zusage. Ich kündige ihm eine Antwort für morgen Vormittag an.

Montag, 8. Januar 1990

Erste Bundeskanzler-Lage in neuen Jahr. Alle sind wieder nach Bonn zurückgekehrt. Lage in der DDR: Spannungen zwischen SED/PDS und Opposition am runden Tisch nehmen zu. Anlaß sind Manipulationen der Modrow-Regierung bei der STASI-Auflösung. Dreikönigstreffen der FDP am Samstag: FDP zieht Anerkennung der Oder-Neiße-Grenze als Thema hoch. Der Wahlkampf beginnt. Bundeskanzler berichtet über Begegnung mit Mitterrand in Latché. Er stimme dem Präsidenten zu, daß nicht Ligatschow das Problem Gorbatschows sei, sondern das, was er, BK, jetzt in der Deutschlandpolitik tun werde. Das sowjetische Sicherheitsbedürfnis müsse berücksichtigt werden, ob es in dieser Form berechtigt sei oder nicht.

Ich berichte über Anruf Kwizinskijs. Bundeskanzler sofort zu Hilfe bereit. Kwinzinskij solle um 16.00 Uhr zu ihm kommen. Bundeskanzler ruft sofort Bundesminister Kiechle an und verabredet sich mit ihm für 11.30 Uhr. Er solle prüfen, wieviel Fleisch in der kürzest möglichen Zeit geliefert werden könnte. Bundeskanzler erkennt in der Anfrage Schewardnadses sofort die Chance, etwas zur Klimaverbesserung gegenüber der Sowjetunion tun zu können.

Gespräch Bundeskanzler mit Kiechle und Seiters. Kiechle erhält Auftrag, so rasch als möglich einen Vorschlag im nationalen als auch im EG-Rahmen für ein Angebot an Moskau vorzulegen. Ein nationales Angebot habe Vorrang. Kiechle hält die Lieferung von 120.000 t Fleisch innerhalb von 4–6 Wochen für möglich. Kosten für die Bundesregierung rund 220 Mio. DM.

Bundeskanzler will darüber selbst mit EG-Kommissionspräsident Delors sprechen und seine Zustimmung einholen. Jetzt komme es darauf an, schnell zu helfen, umso größer sei die Wirkung. Jeder sage: Wenn Gorbatschow stürze, könne man alles – einschließlich der Wiedervereinigung – vergessen. Also gehe es darum, ihm zu helfen. Das werde er tun. Bundeskanzler weiß, daß er sich auf Kiechle verlassen kann.

16.15 Uhr: Kwizinskij trifft ein. Bundeskanzler erläutert ihm die Lage in der DDR. Er sei besorgt, weil täglich über tausend Menschen übersiedeln. Das seien vor allem qualifizierte Leute. Diesen Aderlaß werde die DDR nicht aushalten. Er sei sich mit Mitterrand letzte Woche einig gewesen, daß ohne Gorbatschow der Reformprozeß in Osteuropa und in der DDR nicht erfolgreich gewesen wäre. Sie seien deshalb an seinem Erfolg interessiert.

Deshalb wäre es gut, wenn es zu einem baldigen Treffen käme. Es sollten zwischen ihnen keine Irritationen bestehen. Er wolle mit Gorbatschow darüber sprechen, was möglich sei und was nicht. Schließlich hätten sie beide das Interesse, von den Ereignissen nicht überrollt zu werden. Er wolle auch, daß die Menschen in der DDR blieben. Aber die gegenwärtigen Diskussionen in der DDR über einen neuen Sicherheitsdienst wären Gift dafür. Er habe deshalb vorgeschlagen, die Vertragsgemeinschaft mit der DDR noch vor der Wahl am 6. Mai zu vereinbaren, damit die Menschen eine Perspektive erhalten. Die Prozesse des Zusammenwachsens werden langwierig sein, deshalb sei auch er an einer Beruhigung der Lage interessiert. Wenn aber der runde Tisch, wie jetzt geschehen, auseinanderliefe, werde die Unruhe wachsen.

Bundeskanzler spricht die Anfrage Kwizinskijs an. Er solle wissen, daß er als Bundeskanzler die Situation für Gorbatschow nicht erschweren wolle. Deshalb sei er bereit, zu helfen. Kwizinskij berichtet, daß Schewardnadse ihn auf dem ZK-Plenum angesprochen habe. Sie könnten über die Runden kommen, aber Hilfe sei erforderlich und dringlich. Sie bräuchten Fleisch, Fette, Pflanzenöl, Käse. Getreide sei vorhanden. Sie möchten bezahlen. Wenn jedoch ein Freundschaftspreis möglich wäre, umso besser. Bundeskanzler sagt ihm eine rasche Antwort zu. Er werde auch dafür sorgen, daß Kwizinskij über den Stand der Gespräche mit der DDR immer unterrichtet sei. Ganzheitlich müsse jetzt gedacht werden. Das letzte Jahrzehnt könne sehr gut oder sehr schlecht werden. Die objektiven Voraussetzungen seien gut, die personellen Konstellationen schwierig. Mit Bush und Mitterrand gebe es sehr freundschaftliche Beziehungen. Deshalb seien enge Konsultationen mit Gorbatschow so wichtig. Außerdem sei er fest entschlossen, die Bundestagswahl zu gewinnen.

Auf dem Weg zum Auto frage ich Kwizinskij, wie die Meldungen zu verstehen seien, daß Gorbatschow für Januar alle außenpolitischen Termine abgesagt haben soll. Gerassimow habe das bestätigt. Kwizinskij verweist auf die innenpolitischen Probleme vor allem in Litauen und Aserbaidschan, aber er wisse nichts Definitives darüber. Ich hoffe, daß es sich nicht als richtig herausstellt, weil sonst das Gespräch mit dem Bundeskanzler noch länger hinausgezögert würde.

17.15 Uhr: Der polnische Botschafter Dr. Karski trifft ein. Es geht um den deutschen Beitrag zum polnischen Stabilisierungsfonds. Polen erwartet deutschen Beitrag als Zuschuß und nicht als Kredit. Nur Vorzugszinsen werden möglich sein, lautet meine Antwort.

20.30 Uhr: Bungalow-Runde. Die »übliche« Runde sitzt beisammen: Seiters, Ackermann, Bergsdorf, Juliane Weber und ich. Heute ist auch Schäuble wieder dabei. Intensives Gespräch über die außenpolitischen Perspektiven. Es werde in diesem Jahr vor allem auf die Unterstützung durch die USA und Frankreich und auf die Zusammenarbeit mit der Sowjetunion ankommen, erklärt der Bundeskanzler. Er sei deshalb bereit, Mitterrand so weit wie möglich entgegenzukommen und Gorbatschow umfassend zu helfen. Die erbetene Nahrungsmittelhilfe sei für ihn sofort machbar. Außerdem trage das mehr zur Sicherheit in Europa bei als neue Waffensysteme. Das sei auch ein deutscher Beitrag zum burden sharing, das die USA einfordern.

Zweites Thema ist die FDP. Welche Strategie wird sie in diesem Wahljahr verfolgen? Die Union muß alles tun, um die strategische Mehrheit zu erreichen.

Dritter Punkt ist die Sicherheits- und Verteidigungspolitik: Heikle Themen sind SNF-Modernisierung und Jäger 90.[99] Die Union darf in diesen Fragen nicht über den Tisch gezogen und in die Defensive gedrängt werden. Bundeskanzler will darüber mit Bush reden.

Der erste Arbeitstag im neuen Jahr endet um Mitternacht.

Dienstag, 9. Januar 1990

8.15 Uhr Bundeskanzler-Lage: Gestern abend Montagsdemonstration in Leipzig. Hunderttausend auf dem Karl-Marx-Platz. 70.000 Menschen in Halle, Schwerin, Karl-Marx-Stadt, Neubrandenburg, Cottbus und Frankfurt/Oder. Parole: Deutschland einig Vaterland nimmt zu.

99 Es handelt sich um die Bezeichnung für ein Militärflugzeug, den späteren Eurofighter.

Wichtiges Interview von Delors in »The Irish Times«: Volle Unterstützung für Wiedervereinigung. Sie wird die EG verstärken. Großes Vertrauen in das deutsche EG-Engagement, insbesondere in den Bundeskanzler, »der immer sehr proeuropäisch war«. Er sei immer eine »Persönlichkeit der Innovation« in der EG gewesen. Bundeskanzler ist über Delors sehr erfreut, wie positiv er sich von Anfang gegenüber deutscher Einheit und Einbeziehung der DDR in die EG verhalten hat.[100]

10.00 Uhr: Zweistündiges Gespräch Bundeskanzler mit japanischen Ministerpräsidenten Toshiki Kaifu. Fortsetzung der jährlichen Konsultation auf Regiergungschef-Ebene, die Bundeskanzler seinerzeit mit Ministerpräsident Nakasone vereinbart hatte. Bundeskanzler und Kaifu wollen enge Kooperation fortsetzen. Kaifu bekundet dem Bundeskanzler sein Respekt für das 10-Punkte-Programm, das eine »starke politische Initiative« gewesen sei. Europa stehe heute im Mittelpunkt des weltpolitischen Geschehens, deshalb wolle er die Zusammenarbeit intensivieren. Japan wünsche den Erfolg der EG als Kern eines größeren Europas.

Ausführliches Gespräch über deutsche Frage. Bundeskanzler nennt zwei Gründe, warum er für den Einigungsprozeß Zeit brauche: Die Abrüstung müsse vorankommen; Fragen der europäischen Sicherheit geklärt werden, insbesondere die Zukunft der Bündnissysteme. Die totale Unterschiedlichkeit der Gesellschaftsordnung beider deutscher Staaten könne nicht über Nacht überwunden werden. Seine meisten Landsleute hätten noch nicht verstanden, welche schwierigen Entscheidungen noch zu treffen seien.

Die Lage in der DDR werde täglich kritischer. DDR-Führung verliere an Vertrauen. Wirtschaftliche Situation verschlechtere sich. Das Vertrauen des Bevölkerung nehme nicht zu sondern ab. 2.000 Menschen verlassen täglich die DDR. Es zeichne sich ein Teufelskreis ab: Wenn die Menschen weggehen, könne sich die DDR-Wirtschaft nicht erholen. Sein

100 Am 2. November 1989 besuchte Martin Bangemann in seiner Funktion als EG-Kommissar für den Binnenmarkt und Industriepolitik trotz starker Einwände in der EG-Kommission die DDR. Bei einem Gespräch mit Egon Krenz wurde auf den baldigen Abschluss eines Handelsvertrages Bezug genommen. Die Regierung Modrow hatte in einem Memorandum am 17. November Vorstellungen über die Zusammenarbeit mit der EG dargelegt und eine positive Antwort vom Ratsvorsitzenden Mitterrand erhalten, worauf eine Expertenberatung in Brüssel am 1. Dezember erfolgte. Während eines Besuchs von Frans Andriessen, EG-Kommissar für Außenbeziehungen und Handelspolitik, bei DDR-Wirtschaftsministerin Christa Luft wies er auf weitere Gespräche in der EG-Kommission am 6. Dezember hin. Er sehe die Demokratisierung in der DDR als Basis einer weiteren gemeinsamen Zusammenarbeit an. Ende 1989 sprach sich der EG-Außenministerrat für Verhandlungen über ein Handels-und Kooperationsabkommen mit der DDR aus, worauf drei Arbeitsgruppen eingesetzt wurden. Die Regierung Modrow sah die EG als Hilfsinstrument, die Eigenstaatlichkeit der DDR beizubehalten, und erstrebte mit einem EG-Beitrittsantrag am 18. März 1990 eine eigenständige Mitgliedschaft an. Am 8. Mai unterzeichneten DDR-Wirtschaftsminister Gerhard Pohl, der irische EG-Ratspräsident Gerard Collins und Kommissionsvizepräsident Frans Andriessen ein Handels- und Kooperationsabkommen, das eine Ausweitung des Handels unter marktbezogenen Preisen, Patentschutz und die Möglichkeit von Investitionen von EG-Unternehmen mit freier Bewegung und Einreise von Geschäftsleuten beinhaltete. Der innerdeutsche Handel blieb vom Abkommen unberührt. Allgemein sollte die wirtschaftliche Zusammenarbeit auf allen Gebieten gefördert werden. Der Abschluss bilateraler Abkommen war nicht ausgeschlossen. Das Abkommen war jedoch mit Einführung der deutsch-deutschen Wirtschafts-, Währungs- und Sozialunion am 1. Juli 1990 überholt, da sich damit die europäische Zollunion auch auf das DDR-Gebiet ausweitete, Michael Gehler/Andrea Jacob, East Germany, the European Community and German reunification, in: Vincent Dujardin et al. (Eds.), The European Commission 1986–2000 – History and memories of an institution, Publications Office of the European Union, Luxembourg, 2019, S. 503–514.

wichtigstes Ziel sei es deshalb, den Menschen Vertrauen zu geben, damit sie in der DDR blieben. Eine Politik vieler kleiner Schritte sei jetzt erforderlich. Schwierig wäre es, den Menschen in der DDR zu sagen, daß nicht alles sofort möglich sei.

Kaifu wirbt um Verständnis für die Rückgabe der Kurilen-Inseln von der Sowjetunion an Japan. Er bezeichnet diese Forderung als »globales Problem«. Bundeskanzler prophezeit ihm noch Erfolg in diesem Jahrhundert. Lange Aussprache über China folgt. Am Ende vereinbaren sie, persönlichen vertraulichen Kontakt zu pflegen.

Anschließend offizielles Mittagessen im Palais Schaumburg. In seiner Tischrede spricht Kaifu dem Bundeskanzler seine »volle Bewunderung« für die »sublimen Bemühungen« aus, »auf einen Zustand des Friedens in Europa hinzuwirken, in dem das deutsche Volk in freier Selbstbestimmung seine Einheit wiedererlangen kann«. Kaifu hat damit wie die EG- und NATO-Partner die Formel aus dem Brief zur deutschen Einheit übernommen. Das ist eine besondere Geste der Freundschaft gegenüber den Deutschen und ein bewußtes Zeichen der Identifikation Japans mit der gemeinsamen westlichen Position.

15.15 Uhr: Gespräch mit Dr. Krenzler von der EG-Kommission über Einbeziehung der DDR in der EG.

15.45 Uhr: Arbeitsbesprechung über Erklärung des Bundeskanzlers zur Deutschlandpolitik morgen vor der Bundespressekonferenz.

16.30 Uhr Gespräch mit britischem Botschafter Christopher Mallaby über Deutschlandpolitik: Ich spreche offen die britische Haltung zur deutschen Frage an. Sie sei im Vergleich zu den USA und zu Frankreich unklar und weniger hilfreich.

17.45 Uhr: Unterrichtung über Stand der VKSE-Abrüstungsverhandlungen in Wien[101] durch unseren dortigen Botschafter Dr. Hartmann. 5. Verhandlungsrunde beginnt. Die Briten bremsen. Probleme im Bereich der Flugzeuge und in der Frage der Truppenreduzierungen. Gemeinsame Überzeugung, daß Verhandlungen zum Erfolg geführt werden müssen. Das würde auch die sicherheitspolitischen Aspekte der deutschen Einheit positiv beeinflussen.

20.15 Uhr: Erneute Kanzlerrunde im Bungalow. Sie ist heute erweitert: Gibowski, Johnny Klein, Dr. Prill, Dr. Gotto und Fritzenkötter sind hinzugekommen. Es geht heute um die Medienarbeit in 1990. Wieder ist Mitternacht vorbei, als wir nach Hause gehen.

Mittwoch, 10. Januar 1990

9.30 Uhr Kabinettsitzung: Schäuble trägt die Zahlen der Aus- und Übersiedler vor. 1989 sind 343.854 Übersiedler aus der DDR gekommen. Mit den Aussiedlern sind es über 720.000. In diesem Jahr seien bereits über 20.000 Aus- und Übersiedler eingetroffen. Allein am Montag seien es 2.298 Übersiedler und 8.910 Aussiedler gewesen. Die Sorge über diese sprunghaft steigenden Zahlen wächst. Keiner weiß eine rechte Antwort darauf.

In der allgemeinen Aussprache weist der Bundeskanzler auf drei Probleme hin, die die Bundesregierung jetzt besonders im Blick haben müsse: die Sicherheitsinteressen der Sowjetunion; die Interessen der westlichen Partner, insbesondere in bezug auf die Weiterentwicklung der EG und die unterschiedlichen Gesellschaftsordnungen in beiden deutschen Staaten, die um »ein Lichtjahr« auseinander seien. Sie zusammenzuführen, werde

101 Siehe Anmerkung 61, S. 156.

Opfer von einer Dimension erfordern, die nur mit dem Lastenausgleich nach dem Krieg vergleichbar seien. Sie seien allein geeignet, einen Stimmungsumschwung zu bewirken.

10.50 Uhr: Bundeskanzler spricht mit Kiechle und Schäuble über Nahrungsmittelhilfe für Sowjetunion: Sie müsse eine Sonderaktion bleiben, die gegenüber der EG als humanitäre Hilfe und nicht als Marktentlastung zu begründen sei. Die Belastung für den Bundeshaushalt werde voraussichtlich 200 Mio. DM betragen. Bundeskanzler ist fest entschlossen, diese Unterstützung für die Sowjetunion durchzusetzen.

12.30 Uhr: Bundeskanzler geht zur Jahreseröffnung vor die Bundespressekonferenz. Das ist inzwischen zur Tradition geworden. Sie gibt ihm die Gelegenheit, seine politische Strategie in der Deutschlandpolitik zu erläutern, im Verhältnis zur DDR und in bezug auf die internationale Einbettung. Besonders nachdrücklich weist er auf die steigenden Übersiedlerzahlen hin, die eine wirtschaftliche Stabilisierung in der DDR in Frage stellen. Verantwortlich dafür macht er die Führung der SED, die sich weiterhin »über die Interessen und Hoffnungen der Menschen in der DDR« hinwegsetze. Das zeige die Diskussion über die Bildung eines neuen Staatssicherheitsdienstes und über den Entwurf eines Wahlgesetzes, der die Chancengleichheit nicht garantiere. Dennoch halte er an dem für Februar vorgesehenen Gespräch mit Modrow fest, um die Gelegenheit zu nutzen, alle Probleme deutlich ansprechen zu können. Graf Lambsdorff hatte öffentlich davon abgeraten. Das gelte auch für die Vereinbarung, eine Vertragsgemeinschaft zu verhandeln. Bundeskanzler fügt jedoch hinzu, daß ein solcher Vertrag selbstverständlich auch die Zustimmung der Opposition finden müsse.

Ein wichtiges Kapitel seiner Erklärung bezieht sich auf die Unterstützung der Reformprozesse in der Sowjetunion, in Mittel- und Südosteuropa. An die Adresse Moskaus gerichtet spricht er erneut von der »zentralen Bedeutung« der Beziehungen und für die Umsetzung aller Verabredungen mit Gorbatschow.

Erneut wird der Bundeskanzler aufgefordert, ein »deutlicheres Wort« zur polnischen Westgrenze zu sagen. Die polnische Presse ist in den letzten Tagen dazu übergegangen, die endgültige Anerkennung der Oder-Neiße-Grenze als Bedingung für die deutsche Einheit zu fordern. FDP und SPD nutzen das politisch weidlich aus. Der Bundeskanzler weist auf diesen wahlpolitischen Aspekt hin. Sie verfolgen auch das Ziel, die ›Republikaner‹[102] »über die 5 % zu bringen«, und die Union zu schwächen. Inhaltlich beruft sich der Bundeskanzler auf seine bekannte Position und auf Aussagen des Präsidenten des Bundesverfassungsgerichts,[103]

102 Die rechtsbürgerliche Partei »Die Republikaner« (REP) wurde 1983 von ehemaligen CSU-Mitgliedern gegründet und von Franz Schönhuber, einem Journalisten des Bayerischen Rundfunks und ehemaligen Angehörigen der Waffen-SS, als Vorsitzenden angeführt. Bei den Wahlen zum Europäischen Parlament 1989 erreichte die Partei 7 % der Stimmen und bei der Wahl zum Abgeordnetenhaus in Berlin 1989 7,5 %. 1992 bis 2001 waren sie im Landtag von Baden-Württemberg vertreten. Seitdem verlor die Partei an Bedeutung.

103 Das am 7. September 1951 gegründete Bundesverfassungsgericht (BVerfG) als Verfassungsorgan oberster deutscher Gerichtshof und Kontrollorgan des politischen Lebens mit dem Maßstab des Grundgesetzes, kann im Rahmen seiner Rechtsprechung Entscheidungen anderer Gerichte aufheben, wenn diese nicht im Einklang mit dem Grundgesetz stehen, übt aber keine fachliche Kontrolle aus. Entscheidungen des BVerfG sind nicht anfechtbar. Von den zwischen 1951 und 1990 erhobenen Verfassungsbeschwerden waren 2,25 % erfolgreich. Die eine Hälfte der Mitglieder des BVerfG wird vom Bundestag, die andere Hälfte vom Bundesrat gewählt. Die Amtszeit beträgt 12 Jahre. Eine Wiederwahl ist nicht zulässig. Das BVerfG besteht aus zwei Senaten und sechs Kammern mit unterschiedlichen Zuständigkeiten. Bei Streitfällen, die die EU betreffen, entscheidet der Europäische Gerichtshof (EuGH), es sei denn, dass darüber geurteilt werden muss, ob EU-Entscheidungen mit dem Grundgesetz vereinbar sind.

Prof. Dr. Roman Herzog. Dieser hatte sich auf den Warschauer Vertrag bezogen, »der es bis zu Lösung der deutschen Frage beim gegenwärtigen Zustand beläßt«. Darüber hinaus hatte Herzog auf die UN-Charta, auf die KSZE-Schlußakte, auf die zahlreichen Erklärungen der Verfassungsorgane und auf Artikel 26 Grundgesetz hingewiesen, die in der Bundesrepublik von keiner politischen Kraft in Frage gestellt würden. Weitergehende Verpflichtungen seien Sache des Parlaments und der Regierung in einem vereinigten Deutschland. Die Verantwortlichen eines[104] deutschen Staates könnten heute völkerrechtlich nicht verpflichtet werden.

Auf eine Begegnung mit Gorbatschow angesprochen, gibt sich der Bundeskanzler sehr selbstsicher. Er halte eine solche Begegnung für notwendig und für »wahrscheinlich«. Bis zur Stunde war aber noch kein Echo aus Moskau zu vernehmen. Bundeskanzler ist heute in der Pressekonferenz gut aufgelegt. Er fühlt sich seiner Sache sicher.

13.45 Uhr: Gespräch mit Bundesminister Stoltenberg. Es geht um die SNF-Modernisierung. Bundeskanzler will die Frage mit dem Weißen Haus abstimmen. Stoltenberg läßt zukünftige Nuklearstrategie für und in Europa neu durchdenken. Es ist höchste Zeit dafür. Das gilt auch für die Frage, welche Auswirkungen die Wiener VKSE-Verhandlungen auf die zukünftige Bundeswehr-Struktur haben werden. Diskussion über pro und contra von ›Jäger 90‹. Verhandlungen mit Großbritannien sollen abgewartet werden.

16.45 Uhr: Bundeskanzler trifft mit ungarischem Außenminister Horn zusammen. Horn gratuliert Bundeskanzler zum Dresden- und Berlin-Besuch. Ungarn-Besuch des Bundeskanzlers sei sehr erfolgreich gewesen. Parlament habe Wirtschaftsreformgesetze dank der Hilfe des Bundeskanzlers angenommen.

Horn berichtet, daß Sowjetunion zwei Wochen kein Öl geliefert habe. Es habe keine Begründung gegeben. Bundeskanzler stellt Hilfe bei Wiederholung in Aussicht. Langes Gespräch über Revolution in Rumänien.[105]

Bundesregierung hat heute »unter der Hand« den Entwurf des DDR-Wahlgesetzes erhalten. Er enthält eine Reihe von Regelungen, die die Chancengleichheit für die Opposi-

104 Das Wort »geeinten« ist handschriftlich gestrichen worden.

105 Nach den Demokratisierungsprozessen im Sommer und Herbst 1989 in Polen und Ungarn lehnte der rumänische Diktator Nicolae Ceauşescu politische Reformen in seinem Land ab. In der westrumänischen Stadt Timişoara (Temeswar) folgten Proteste am 16. Dezember, um die Zwangsumsiedlung eines reformierten ungarischen Pastors und bekannten Dissidenten, Lászó Tőkés, in ein entferntes Dorf in Siebenbürgen zu verhindern. Aus der Demonstration entwickelte sich eine Protestbewegung gegen das Ceauşescu-System, das mit Gewalt reagierte: Am 17. Dezember erschossen staatliche Sicherheitskräfte Dutzende Menschen und verletzten Hunderte. Zeitgleich weilte Ceauşescu auf Staatsbesuch im Iran, während in seiner Abwesenheit chaotische Verhältnisse herrschten, die sich in widersprüchlichen Beschlüssen zwischen Machtorganen äußerten. Trotz Gewaltanwendung, Repression und Unterdrückung hielten Demonstrationen in Timişoara an und verbreiteten sich im ganzen Land, so in Braşov, Arad und Cluj-Napoca. Nach Rückkehr rief Ceauşescu am 21. Dezember zu einer Großkundgebung in Bukarest auf. Die fast 100.000 zum Jubeln abkommandierten Arbeiter buhten jedoch und pfiffen Ceauşescu aus. In Bukarest und anderen Städten ereigneten sich gewaltsame Unruhen mit zahlreichen Toten und Verletzten. Ceauşescu rief den Notstand aus und flüchtete am 22. Dezember angesichts der anhaltenden Unruhen mit seiner Ehefrau per Hubschrauber. Bereits am Nachmittag wurden sie in der Stadt Targoviste festgenommen. Während ein »Rat der Front der Nationalen Rettung« unter Ion Iliescu die Regierungsgeschäfte übernahm, wurden am 25. Dezember Nicolae und Elena Ceauşescu in einem inszenierten Schauprozess zum Tode verurteilt und sofort erschossen. Noch nach dem Sturz des Diktators dauerten die Straßenkämpfe und Schießereien im Land an. Offiziellen Angaben zufolge kamen 1.165 Menschen während der Ereignisse im Dezember 1989 ums Leben, die meisten davon bei Straßenkämpfen nach der Flucht der Ceauşescus.

tionsgruppen beeinträchtigen. Das Ziel wirklich freier Wahlen am 6. Mai ist damit gefährdet. Die SED versucht, ihr Machtmonopol zu sichern und die Opposition zu diskreditieren. Welches Spiel treibt Modrow? Von seinen Erklärungen in Dresden hat er bisher nichts überzeugend eingelöst. Will er nicht oder kann er nicht? Bundeskanzler befürchtet steigende Übersiedlerzahlen aufgrund dieser Manipulationen der SED.

18.00–23.00 Uhr: Präsidium der CDU tagt im Kanzlerbungalow. Acht Wahlen in 1990 sind vorzubereiten. Der Parteivorsitzende gibt persönliche Einschätzung der politischen Entwicklungen im kommenden Jahr. Angesichts der Stasi- und Wahlgesetzmanipulation der DDR-Führung bezichtigt der Bundeskanzler die SED eines gefährlichen Spiels. Die SED lasse die Stimmung umschlagen und wolle eine politische Destabilisierung erreichen.

Den Eintritt de Maizières in die Modrow-Regierung hält der Bundeskanzler als Fehler. Der Zeitpunkt sei noch nicht gekommen, um sich jetzt schon auf bestimmte Gruppen und Parteien in der DDR festzulegen.

Donnerstag, 11. Januar 1990

8.30 Uhr Kanzlerlage: Modrow wird heute Regierungserklärung abgeben. Stellungnahme vorbereiten.

9.00 Uhr: Genscher ruft an. Er teilt dem Bundeskanzler mit, daß Baker ihn über sein gestriges Gespräch mit dem sowjetischen Botschafter in Washington, Dubinin, unterrichtet habe. Dubinin habe eine baldige Vier-Mächte-Begegnung auf hoher, vorzugsweise Außenminister-Ebene vorgeschlagen. Begründung sei die Vorbereitung einer Vertragsgemeinschaft durch Bundesrepublik und DDR. Reaktion des Kanzlers ist eindeutig: »Wir brauchen keine vier Hebammen«. Sie verabreden, daß Genscher seinen drei westlichen Kollegen mitteilen solle, daß ihre Antwort an die Sowjetunion nur nach engster Abstimmung mit der Bundesrepublik erfolgen solle. Schließlich gehe es um das Selbstbestimmungsrecht der Deutschen.

Interessant ist die Nachricht Genschers, daß sich Moskau zuerst an London gewandt habe, aber bisher habe nur Baker ihn informiert.

Breiter Niederschlag der gestrigen Bundeskanzler-Pressekonferenz in den Medien. Selbst Prawda und Iswestija berichten, daß Bundeskanzler mit starker Position in das Wahljahr gehe. Selten habe man ihn so selbstsicher und zuversichtlich erlebt. Prawda gesteht dem Bundeskanzler zu, daß er jetzt seine Pläne zur deutschen Einheit viel sorgfältiger in den gesamteuropäischen Rahmen eingepaßt habe als im November. Angekommen ist die Bekräftigung der »zentralen Bedeutung« der beiderseitigen Beziehungen. Auch die Besuchsabsicht des Bundeskanzlers in Moskau ist wiedergegeben. Insgesamt sind die Berichte positiv.

Bundeskanzler ist zufrieden. Vielleicht deutet sich in Moskau allmählich ein Stimmungswandel an?

11.00 Uhr: Gespräch mit bulgarischem Botschafter Evtimov. Er erläutert die Umgestaltung in Bulgarien. Die türkische Minderheit[106] sei jetzt anerkannt. Wunsch nach ungebundenen Finanzkredit. Ich verweise auf bevorstehenden Besuch Genschers in Sofia.

11.30 Uhr: Seiters leitet Koordinierungsgespräch zu den innerdeutschen Verhandlungen mit den Staatssekretären. Die Ressorts berichten über ihre Gespräche mit den DDR-

106 Nach Zurückdrängung des Einflussbereichs des Osmanischen Reichs aus Südosteuropa im Laufe des 19. Jahrhunderts verblieb ein Teil der türkischen Bevölkerung in den ehemaligen osmanischen Herrschafts-

Partnern und über das weitere Vorgehen. Regierungserklärung Modrows enthält keine über seine erste Regierungserklärung vom 17. November hinausgehenden Perspektiven für die Menschen in der DDR. Er warnt vor einer Demontage der Regierung und fordert die Opposition zu Vorschlägen auf, in welcher Form sie bereit wäre, an der Regierungsverantwortung teilzunehmen. Die Bevölkerung wird aufgerufen, mehr und effektiver zu arbeiten. Erneut nutzt er die angebliche Gefahr von Neonazis, um die Notwendigkeit eines Nachrichtendienstes und Verfassungsschutzes zu begründen. An die Adresse Bonns gerichtet, betont er die »außerordentliche Intensivierung der Beziehungen«, aber »eine Vereinigung von DDR und BRD« stehe nicht auf der Tagesordnung. Erneut mahnt er weitreichende finanzielle Unterstützung an. Das Defizit im Staatshaushalt beziffert er mit 6–7 Mrd. Mark. Die wirtschaftliche Lage sei angespannt. Die ganze Rede vermittelt den Eindruck zunehmender Ratlosigkeit.

Am späten Nachmittag fliege ich zu einer trilateralen deutsch-französisch-britischen Konferenz der Konrad-Adenauer-Stiftung nach Oxford.

Samstag, 13. Januar 1990

In meinem Vortrag in Oxford erläutere ich den Zuhörern, daß Gorbatschow bisher bereit gewesen sei, wenn auch teilweise durch die Ereignisse erzwungen, seinen Verbündeten im Warschauer Pakt ein Maximum an Bewegungsspielraum für innere Reformen einzuräumen. Voraussetzung wäre jedoch gewesen, daß die sowjetischen Sicherheitsinteressen unberührt und der territoriale Status quo in Europa gesichert bleiben. Beide Rahmenbedingungen seien jetzt durch die Entwicklung in der DDR in Frage gestellt. Das führe dazu, daß die politische und territoriale Nachkriegsordnung in Europa neu durchdacht werden müsse. Das gelte ebenso für das System der gesamteuropäischen Sicherheit. Die damit verbundenen vielfältigen Risiken seien offensichtlich. Es nütze jedoch nichts, ständig die Stabilität zu beschwören – so Eagleburger und Genscher – allein in seiner Rede in Saarbrücken 20mal. Wichtiger sei die Frage, wie wir sie erhalten und sichern können?

Die Antwort darauf müßten die Europäer gemeinsam geben: Ich plädiere für einen erneuten Versuch einer gemeinsamen Außen- und Sicherheitspolitik der EG-Staaten. Bundeskanzler habe bereits 1987 Frankreich eine gemeinsame Außenpolitik und im Januar 1988 eine gemeinsame Ostpolitik angeboten. Die Antwort aus Paris sei ausgeblieben. Die Notwendigkeit erweise sich aus den Vorschlägen für eine europäische Konföderation, für KSZE II und anderes mehr.

Ich fordere eine Veränderung der NATO; deren Aufgaben müßten neu durchdacht werden. Abrüstung und Rüstungskontrolle müssen beschleunigt werden. Bündnisübergreifende Sicherheitsstrukturen seien erforderlich. Die NATO-Strategie[107] müsse den Veränderungen

gebieten. In südosteuropäischen Staaten bildeten sie größere nationale Minderheiten. Im Zuge dieses Niedergangs und nach dem Ende des Osmanischen Reichs 1922 setzte eine Auswanderung in die Türkei ein, die sich unter den kommunistischen Systemen wiederholte, als hunderttausende Türken und Pomaken vor der kommunistisch-staatlich verordneten Bulgarisierung flohen. In drei Auswanderungswellen 1950/51: 155.000, 1968–1978: 130.000 und 1989: 370.000 (von denen 154.000 zurückkehrten) verließen sie das Land in Richtung Türkei. Der Anteil der türkischen Bevölkerung blieb durch höhere Geburtenrate in etwa gleich. 1990 lebten in Bulgarien 531.240 Türken.

107 Der Containment- bzw. Eindämmungspolitik von US-Präsident Harry S. Truman (Truman-Doktrin) vom 12. März 1947 setzte US-Präsident Dwight D. Eisenhower durch die von John Foster Dulles 1954 ver-

angepaßt werden. Vorneverteidigung[108] und nukleare Abschreckung seien in der bisherigen Form fragwürdig geworden. Möglichkeiten für eine gemeinsame europäische Verteidigungspolitik im Rahmen der WEU[109] oder der EG sollten erneut aufgegriffen werden.

Stabilität erfordere auch eine westliche Strategie zur Unterstützung der Reformpolitik Gorbatschows. Sicherlich seien die Möglichkeiten begrenzt, aber das Interesse des Westens müsse es sein, daß die Reformen in der Sowjetunion eine Eigendynamik gewinnen, die sie unabhängig von Personen unumkehrbar werden lassen.

Auch der Erfolg der Reformen in den mittel- und südosteuropäischen Staaten hänge wesentlich von der Hilfe des Westens ab. Es müsse deshalb unser Ziel sein, diese Staaten so eng als möglich der EG zu assoziieren und ihnen langfristig die Chance zum Beitritt zu geben.

Wie stehe es jedoch um die DDR und die deutsche Frage? Stabilität in der DDR könne nur durch rasche, organische und tiefgreifende politische und ökonomische Reformen erreicht werden. Das setze z. B. Chancengleichheit aller bei freien Wahlen voraus.

Doch eine solche Politik zeichne sich bei Modrow nicht einmal in Ansätzen ab. Bleibe es dabei, werde sich die Lage zuspitzen. Ein wirtschaftlicher Kollaps könne nicht ausgeschlossen werden. Die Übersiedlerzahlen steigen schon jetzt. Die Antwort könne nicht die

kündete Politik der »massiven Vergeltung« (massive retaliation, s. Anmerkungen 107, 215, S. 215-216, 424), d. h. den sofortigen Einsatz von Nuklearwaffen bei konventionellen oder nuklearen Angriffen entgegen, verbunden mit einem »roll back«. Das sollte auch zu Kosteneinsparungen beitragen. General Maxwell D. Taylor trat deswegen zurück und schuf 1959, als die USA ihre Überlegenheit in Hinsicht des Nuklearwaffenpotentials einbüßten, die Strategie der »flexible response«, die 1961 von John F. Kennedy aufgegriffen wurde und bis zum Ende des Kalten Krieges als NATO-Verteidigungsstrategie galt, d. h. konventionellen Streitkräften musste mehr Beachtung gegeben werden, wenn flexibel auf Angriffe oder Konflikte reagiert werden sollte. Die NATO übernahm 1967 diese Verteidigungsstrategie. In Anbetracht der konventionellen Überlegenheit der Streitkräfte des Warschauer Pakts in Europa schien eine Antwort, bestehend aus dem Einsatz konventioneller Streitkräfte, danach folgend taktischer Nuklearwaffen und evtl. eskalierender strategischer Nuklearwaffen als nur theoretisch praktikabel, weshalb bei den MBFR-Verhandlungen vonseiten der NATO ein Gleichstand bei der Stärke der konventionellen Waffen erstrebt werden sollte. Auf der NATO-Gipfelkonferenz in Rom am 7./8. November 1991 wurde der Ost-West-Konflikt endgültig für beendet erklärt und ein »Neues Strategisches Konzept« beschlossen. Da keine massive Bedrohung mehr bestand, trat an die Stelle der atomaren Abschreckung eine neue flexible Strategie. Sie fusste auf drei Pfeilern: Verteidigungsfähigkeit, Dialog und Zusammenarbeit. Die Militärstruktur des Warschauer Pakts war am 1. April 1991 aufgelöst worden und mit ihr das Oberkommando, der Generalstab und alle gemeinsamen Kommandostrukturen. Dies hatten die Außen- und Verteidigungsminister der sechs Mitgliedstaaten (Sowjetunion, Polen, ČSFR, Ungarn, Bulgarien und Rumänien) am 25. Februar 1991 in Budapest vereinbart. Die zunächst noch fortbestehende politische Organisation des Pakts war am 1. Juli 1991 in Prag aufgehoben worden.

108 Siehe Anmerkung 72, S. 174.

109 Die Westeuropäische Union (WEU) wurde am 23. Oktober 1954 von Frankreich, den Benelux-Staaten, Großbritannien, der Bundesrepublik und Italien als militärischer Beistandspakt gegründet, in Kraft gesetzt am 5. Mai 1955. Vorläufer war der Brüsseler Pakt (Westunion) 1948, in dem Italien und die westdeutschen Besatzungszonen noch fehlten. Die WEU verlor aufgrund der NATO-Mitgliedschaft der genannten Staaten an Bedeutung. Im WEU-Vertrag, der im Artikel 5 einen obligatorischen (zwingenden) gegenseitigen Beistand und Obergrenzen vorsah, verzichtete Deutschland auf den Besitz von ABC- und andere schwere Waffen. Andere nicht-militärische Aufgaben, die der Vertrag vorsah, wurden ab 1960 vom Europarat übernommen. Nachdem die WEU über Jahrzehnte keine Rolle spielte, wurde in den 1980er Jahren eine Reaktivierung angedacht. 1989 traten Spanien und Portugal bei. Der WEU-Ministerrat diente zeitweilig als Verteidigungsministerrat der EU. 1992 erhielt die WEU durch die »Petersberg-Aufgaben« Funktionen in der Friedenssicherung und beim Kampfeinsatz in Krisengebieten, wie z. B. Eurofor. Ein neues Satellitenaufklärungssystem war Aufgabe der WEU in den 1990er Jahren. Sie wurde Ende Juni 2011 aufgelöst, da die EU eine Gemeinsame Sicherheits- und Verteidigungspolitik an deren Stelle setzte.

erneute Schließung der Grenzen sein. Das würde zu einer Katastrophe führen. Ich gebe zu erwägen, ob nicht die für den 6. Mai angekündigten Wahlen vorgezogen werden sollten.

Was aber geschehe, wenn die Menschen in der DDR versuchen sollten, die Einheit zu erzwingen? Wer könnte sie überhaupt noch daran hindern? Und vor allem wie?

Was wären die Folgen, wenn es erneut durch Einsatz von Gewalt versucht werden sollte? Wie würden dann die drei Westmächte reagieren?

Für die Bundesregierung nenne ich im Zusammenhang mit der Frage der deutschen Einheit drei Probleme, die zu lösen sein werden:

- Die Einheit dürfe die EG-Integration nicht gefährden, sondern müsse sie beschleunigen.
- Wie können die Sicherheitsinteressen aller Nachbarn im Westen und Osten gewahrt werden? Eine Neutralisierung Deutschlands könne auch nicht im wohlverstandenen Interesse der Sowjetunion liegen. Kann Gorbatschow die Einigung Deutschlands politisch überleben?
- Wie wird sich die Einheit auf die innere Stabilität Deutschlands auswirken? Drohen politische Destabilität und ein Zusammenbruch des Sozialsystems?

Ich erkläre den Zuhörern, daß aus all' diesen Überlegungen deutlich wird, daß die Bundesregierung kein Interesse an einen Zeitdruck habe. Ihre Antwort sei deshalb der 10-Punkte-Stufenplan des Bundeskanzlers, der die deutsche Einigung in den europäischen Prozeß einbette.

Am erfreulichsten finde ich die Antwort vom Foreign Editor des Economist, Franklin, der dazu aufruft, die Deutschen jetzt zu unterstützen, eine stabilisierende Rolle zu finden. Genau das muß jetzt die Politik unserer Partner und Freunde sein.

Montag, 15. Januar 1990

Kwizinskij bittet dringend um ein Gespräch. Um 10.30 Uhr treffe ich mit ihm zusammen. Wir sprechen über die »Lebensmittelaktion«. Kwizinskij übergibt eine Liste mit konkreten Wünschen. Dann sprechen wir über die Lage in der DDR. Kwizinskij äußert seine Besorgnis über die Einmischung der SPD in die inneren Angelegenheiten der DDR. Gestern hatten sich in Ost-Berlin die Sozialdemokraten der DDR auf ihrer ersten Delegiertenkonferenz klar zur Einheit Deutschlands bekannt und ihre Namensänderung von SDP[110] in SPD vollzogen. Die bundesdeutsche SPD war mit einer starken Mannschaft vertreten gewesen. Zu meiner Überraschung kritisiert Kwizinskij vor allem Willy Brandt. Die SPD hätte wohl vergessen, daß ihre Aktivitäten in Widerspruch zum Grundlagenvertrag stehen.

110 Die Sozialdemokratische Partei in der DDR (SDP, ab Januar 1990 SPD) wurde am 7. Oktober 1989 im Pfarrhaus in Schwante bei Berlin als erste Organisation bewusst als Partei gegründet und die Aufnahme in die Sozialistische Internationale beantragt, die am 23./24. November 1989 erfolgte. Vorarbeit leisteten die Pfarrer Martin Gutzeit und Markus Meckel. Es kam zu Treffen mit Hans-Jochen Vogel und Willy Brandt. Erster Sprecher der Partei wurde Stephan Hilsberg und Geschäftsführer Ibrahim Böhme. Die SDP nahm mit zwei Vertretern am Runden Tisch teil. Am 29. Januar wurde das SPD-Mitglied Walter Romberg, ein Mathematiker, Minister ohne Geschäftsbereich. Die Volkskammerwahl 1990 erbrachte nur ein enttäuschendes Ergebnis von 21,7 % der Stimmen. Nach Aufdeckung von Ibrahim Böhme als Mitarbeiter des MfS wurde Markus Meckel bis zum 9. Juni Vorsitzender, Nachfolger wurde Wolfgang Thierse. An der ersten freigewählten Regierung war die SPD der DDR vom 12. April bis zum 20. August 1990 mit sechs Ministern beteiligt, darunter Regine Hildebrandt, Markus Meckel, Walter Rombach und Reinhard Höppner. Am 26. September vereinigte sich die SPD der DDR mit der westdeutschen SPD.

Dramatische Nachrichten aus Ost-Berlin treffen ein. Die ehemalige Stasi-Zentrale ist gestürmt worden.[111] Das Neue Forum hatte zu einer »Demonstration gegen Stasi und Nasi« aufgerufen. Jetzt ist sie außer Kontrolle geraten. Zehntausende verwüsten das Gebäude. Auch in anderen Städten demonstrieren hunderttausende Bürger. Erste Warnstreiks brechen aus. Dazu kommen die neuen Zahlen der Übersiedler. Seit Beginn des Jahres sind rund 21.000 Menschen in die Bundesrepublik gewechselt. Augenblicklich liegt die Zahl bei 2.000 pro Tag. Die Hochrechnungen sind erschreckend.

Bundeskanzler leitet in Saarbrücken die Sitzung des CDU-Bundesvorstandes. Er berichtet über seinen privaten Besuch am Wochenende in Ost-Berlin. Dort habe er von den Menschen erfahren, wie ihr Mißtrauen gegenüber der Modrow-Regierung wachse.

Am Nachmittag spreche ich mit dem amerikanischen Kongreß-Abgeordneten Stephen Solarz. Es geht ihm vor allem um die Frage, ob ein geeintes Deutschland Mitglied der NATO bleiben werde oder sollten amerikanische und sowjetische Truppen gemeinsam in Deutschland auch nach der Einheit stationiert bleiben. Letzteres halte ich für ausgeschlossen.

In einer internen Bewertung der inneren Lage der Sowjetunion zu Beginn des Jahres 1990 kommen wir gegenüber dem Bundeskanzler zum Schluß, daß Gorbatschow mit verschärften Problemen konfrontiert sei: Die Wirtschafts- und Versorgungslage sei angespannt. Die alten Wirtschaftsmechanismen wirken nicht mehr, die neuen greifen noch nicht. Regierung setzt weiter auf administrative Hebel und nicht auf ökonomische Anreize. Die soziale Krise verschärfe sich. 60–100 Mio. Sowjetbürger leben am Rande des Existenzminimums. Die Kriminalität nehme zu. Stimmung in der Armee und bei den Ordnungskräften sei schlecht. 400 Ordnungskräfte seien 1989 bei Einsätzen ums Leben gekommen. Größte Herausforderung sei die Nationalitätenfrage. Der Bestand der Sowjetunion sei in Frage gestellt. Gorbatschow versuche auf Zeit zu spielen. Sein Hinweis gegenüber Mitterrand in Kiew: »Im Fall der deutschen Wiedervereinigung wird es eine Zwei-Zeilen-Meldung geben, wonach ein Marschall meine Position übernimmt«, sei deshalb keine nur auf Deutschland zielende Drohung.

20.30 Uhr Montagsrunde im Bungalow: Bundeskanzler ist über Lage in der DDR besorgt. Sie sei chaotisch. Wir überlegen, ob Bundeskanzler öffentlich anregen solle, daß Modrow die Wahlen in der DDR vorziehen solle. Die Gefahr ist, daß er sich erneut dem Vorwurf aussetzt, sich in die inneren Angelegenheiten der DDR einzumischen. Noch schlimmer wäre der Vorwurf, daß er den Zeitdruck weiter erhöhe. Andererseits muß es jetzt darum gehen, die SED aus der Regierungsverantwortung zu drängen, damit endlich

111 Ab 4. Dezember 1989 begann in der DDR durch Bürgerrechtler die Besetzung von Stasi-Dienststellen, um die Vernichtung von Akten zu verhindern und die Stasi aufzulösen. Die Zentrale des MfS in der Berliner Normannenstraße arbeitete jedoch als Amt für Nationale Sicherheit unter der Leitung der früheren Mitarbeiter wie des Behördenleiters Wolfgang Schwanitz weiter, der die Vernichtung von Akten befohlen hatte. Am 15. Januar forderten Bürgerkomitees am Zentralen Runden Tisch die Auflösung der MfS-Zentrale und erhielten dabei Unterstützung von DDR-Behörden. Bei der gewaltsamen Erstürmung und Einnahme des Gebäudes am gleichen Tag, die drei Stunden dauerte, griff die Volkspolizei nicht ein. Ein früherer NVA-Generaloberst und ehemaliger Angestellter übernahmen danach die Auflösung der Zentrale, wozu die DDR-Regierung unter Ministerpräsident Modrow als Folge gezwungen war. Eine zweite Besetzung und ein Hungerstreik waren nötig, um laut Stasi-Unterlagen-Gesetz von 1991 das Recht auf Akteneinsicht zu erstreiten. Die Rosenholz-Dateien, auf denen Daten von Personen gespeichert waren, die aus dem Umfeld der Inoffiziellen Mitarbeiter stammten, also keine Klar-Namen von Spionen, die für das MfS in der Bundesrepublik tätig waren, wurden bei der Einnahme am 15. Januar nicht erbeutet, sondern, wie später bekannt wurde, durch die CIA beschafft.

Reformen möglich werden. Sie können allein ein Chaos verhindern. Gut wäre es, wenn die Oppositionskräfte sich zu einem Wahlbündnis zusammenfinden könnten.

Bundeskanzler beschließt, am Donnerstag in seiner Regierungserklärung im Bundestag bekanntzugeben, daß die in Dresden getroffene Vereinbarung, einen Vertrag über eine Vertragsgemeinschaft vorzubereiten, nicht weiter verfolgt werden solle. Der neue Vorschlag solle zwei Stufen enthalten:

(1) Abschluß einer Regierungsvereinbarung über die Einrichtung gemeinsamer Kommissionen;

(2) Vertragsschließung nach den freien Wahlen mit der neuen, freigewählten Regierung. Ich rege an, Modrow vorher zu unterrichten, weil dieses Vorgehen den Absprachen in Dresden zuwiderlaufe.

Ausführlich berichte ich über die Oxford-Konferenz. Die Diskussion habe sich sehr stark auf die Oder-Neiße-Grenze konzentriert. Alle britischen und französischen Teilnehmer, auch die Konservativen, hätten eine weitergehende Festlegung der Bundesregierung gefordert. Bundeskanzler ist nicht bereit, über seine bisherige Position hinauszugehen.

Wir sprechen über den Vertragsentwurf mit der DDR, den Seiters erarbeiten ließ. Ich bewerte ihn sehr negativ. Er wiederhole praktisch nur die Ergebnisse von Dresden. Der einzige Unterschied sei, daß die Vereinbarungen in Form von Paragraphen gefaßt seien. Worauf es dem Bundeskanzler ankäme, fehle völlig, nämlich ein klares positives Signal an die Menschen in der DDR in Form von Perspektiven.

Bundeskanzler gibt sein Einverständnis für die vorbereitete Nahrungsmittelhilfe an die Sowjetunion, wie ich sie heute mit Kwizinskij besprochen habe. Wir werden ein zusätzliches Angebot von Seite der deutschen Wirtschaft hinzufügen. Bundeskanzler ist sehr zufrieden, daß diese Aktion erfolgreich durchgeführt werden kann.

Ich berichte über heutigen Anruf von Arnold. Modrow danke dem Bundeskanzler, daß er an dem vereinbarten Treffen festhalte. Das habe Irritationen beseitigt. Modrows Terminvorschlag sei der 13./14. Februar in Bonn. Arnold wolle vorher nach Bonn kommen, um Gespräche vorzubereiten. Bundeskanzler stimmt dem 13.2. zu. Seiters soll Ende Januar in Ost-Berlin mit Modrow zusammentreffen und die Vorgespräche führen.

Zum Schluß berichte ich, daß ich vertrauliche Informationen erhalten habe, daß Ende Januar/Anfang Februar Mandela in Südafrika freigelassen[112] werde. Downing Street habe angefragt, ob Bundeskanzler bereit sei, gemeinsam mit Premierminister Thatcher Mandela zu einen Besuch nach London und Bonn einzuladen. Bundeskanzler ist einverstanden, wenn Premierminister Thatcher ebenfalls dazu bereit sei.

Dienstag, 16. Januar 1990

9.30 Uhr VR-China hat das Kriegsrecht aufgehoben. Erleichtert berichtet mir das Botschafter Mei Zhaorong. Er hofft, daß die Bundesregierung bereit sei, die Beziehungen zu entwickeln und sich in der EG für die Aufhebung der Sanktionen einzusetzen.

112 Nelson Rolihlahla Mandela, führender südafrikanischer Politiker im Widerstand gegen die Apartheidspolitik, engagierte sich ab 1944 im African National Congress (ANC) und musste von 1963 bis 1990 als politischer Gefangener in Haft verbringen, wodurch er zur Symbolfigur für den Freiheitskampf der schwarzen Bevölkerung in Südafrika wurde. Am 11. Februar 1990 wurde er aus dem Gefängnis entlassen und avancierte von 1994 bis 1999 zum ersten schwarzen Präsidenten seines Landes.

11.15 Uhr: Arbeitsbesprechung mit Chef des Bundeskanzleramtes, Dr. Duisberg, Dr. Prill, Dr. Mertes und Baldur Wagner. Wir diskutieren seinen Redeentwurf für die Regierungserklärung am Donnerstag zur Deutschlandpolitik. Wie der Entwurf für die Vertragsgemeinschaft gehe er an den Erwartungen der Öffentlichkeit und an den tatsächlichen Erfordernissen vorbei. Beide Texte müssen bereits auf das Endziel der nationalen Einheit als Perspektive verweisen. Prill und Mertes unterstützen mich nachhaltig. Wir setzen uns erneut gegen die »Deutschlandexperten« durch.

Am Nachmittag leite ich eine dreistündige interministerielle Gesprächsrunde. Elf Ressorts sind vertreten. Wir diskutieren der Reihe nach alle Bereiche durch. Erstens will ich mir einen Überblick verschaffen über den jeweiligen Stand der Zusammenarbeit mit der Sowjetunion, über die inzwischen erreichten Ergebnisse und aufgetretenen Probleme. Zweitens soll gemeinsam geprüft werden, ob und welche neuen Initiativen angesichts des zu erwartenden Zusammentreffens des Bundeskanzler mit Präsident Gorbatschow ergriffen werden können. Die Diskussion ergibt eine erfreuliche Vielfalt von erfolgreichen Arbeitsbeziehungen. Wir verabreden, neue Initiativen auf verschiedenen Feldern vorzubereiten. Die Sitzung hat Spaß gemacht, weil alle Kollegen engagiert mitarbeiten. Ich bedauere nur, daß öffentlich nicht bekannt ist, wie gut sich die beiderseitigen Beziehungen entwickeln.

17.00 Uhr: Gespräch mit dem früheren Staatssekretär im Bundesministerium der Finanzen und Mitarbeiter von Helmut Schmidt, Schulmann, über wirtschaftliche Perspektiven im Osten: Katastrophale Lage in Polen; Probleme in Ungarn; beste Ausgangsposition in der ČSSR; schwierige Situation in der DDR.

Mittwoch, 17. Januar 1990

8.30 Uhr Bundeskanzler-Lage: Besorgnis über die Lage in der DDR wächst. Der Sturm auf das Stasi-Gebäude zeigt, daß eine zunehmende Radikalisierung nicht mehr ausgeschlossen werden kann. Der Vorsitzende der SED-PDS, Gysi, hat in einem Gespräch eine düstere Perspektive für die weitere Entwicklung der DDR und der SED entworfen: weitere Gewaltakte seien zu befürchten; SED sei in desolatem und handlungsunfähigem Zustand. Die DDR werde sich weiter destabilisieren. Der Gipfel der Unverfrorenheit ist, daß Gysi die Bundesrepublik gebeten hat, mäßigend auf die Medien einzuwirken, damit diese nicht weiterhin die Furcht der Bevölkerung vor einer wieder machtvoll werdenden SED schüren. Sonst müsse auch mit einer Massenflucht von SED- und Stasi-Mitgliedern in die Bundesrepublik gerechnet werden.

Wir sind uns einig, daß vor allem die widersprüchliche Politik Modrows und seine Unfähigkeit zu tiefgreifenden politischen und ökonomischen Reformen die eigentliche Ursache der Destabilisierung ist. Die Manipulationen bei der Reform des Stasi und des Wahlgesetzes führen zur Verunsicherung der Bevölkerung.

Der Modrow-Entwurf für einen »Vertrag über Zusammenarbeit und guter Nachbarschaft zwischen der Deutschen Demokratischen Republik und der Bundesrepublik Deutschland« liegt vor. Unter anderem sieht er die Schaffung eines Wirtschafts- und Währungsverbundes vor und die Einrichtung einer Politischen Konsultativkommission. Außerdem enthält er die Absicht der DDR, der EG beizutreten. In Anlage ist eine Auflistung von Nahrungsmittel-, Konsum- und Ausrüstungsgütern beigefügt, die Modrow als kurzfristige »solidarische Unterstützung seitens der BRD« erwartet. Es geht um die bekannten 15 Mrd. DM »Lastenausgleich«.

Bundeskanzler entscheidet, vor der Wahl am 6.5. keine Vertragsgemeinschaft zu verhandeln. Er sieht keinen Sinn mehr, mit Modrow und der SED irgendwelche Verträge zu schließen. Dennoch sollen mit der Regierung Modrow die Gespräche aufgenommen werden als Signal für die DDR-Bürger, damit nicht durch eine Absage der Verhandlungen eine neue Welle von Übersiedlern entstehe. Außerdem sollen weiterhin kurzfristige Leistungen erfolgen, die den Menschen direkt zugute kommen.

10.00 Uhr: Gespräch mit Richard Allen, ehemaliger Sicherheitsberater Reagans: Glückwunsch zum 10-Punkte-Plan; größter Erfolg des Bundeskanzlers, auch in den USA.

12.00 Uhr: Zweistündiges Interview des Bundeskanzlers mit Mrs. Graham für Washington Post und Newsweek. Interviewpartner kommen aus Ost-Berlin und berichten, daß sich in der DDR eine politische und wirtschaftliche Instabilität abzeichne. Sie haben Zweifel, ob Modrow-Regierung bis Mai an der Macht bleiben könne. Der Bundeskanzler bestätigt, daß die Diskussion über den Stasi [sic! recte: Sturm auf die Stasi-Zentrale], das unzureichende Wahlgesetz und die halbherzigen Wirtschaftsreformen eine »katastrophale Wirkung« auf die Menschen in der DDR gehabt hätten. Folge seien 27.000 Übersiedler in den ersten 15 Tagen des Jahres. Das könne zu einem Ausbluten der DDR führen.

Auf die Frage, ob die Wahlen in der DDR vorgezogen werden sollten, antwortet der Bundeskanzler: »Ich will nicht dafür plädieren, aber man muß es auf alle Fälle in die Überlegungen einbeziehen«. Damit ist es öffentlich. Bundeskanzler ist der erste, der den Gedanken in der Öffentlichkeit einführt, die Wahlen in der DDR früher als den 6. Mai durchzuführen.

Auch die Oder-Neiße-Grenze steht auf der Agenda der Fragen. Sie wird zum öffentlichen Dauerthema, ob Bundeskanzler das will oder nicht.

14.00 Uhr: Gespräch mit Seiters, Prill und Mertes: Es gibt noch immer keine überzeugende Linie für das weitere Vorgehen gegenüber der DDR. Welche Besuchsergebnisse sollen bei den Gesprächen Modrows im Februar in Bonn angestrebt werden? Was soll der Inhalt einer Vertragsgemeinschaft sein?

14.30 Uhr: William Waldegrawe, Staatsminister im britischen Außenministerium, kommt erneut zu Besuch. Er will sich vor seiner Moskaureise mit uns abstimmen. Ich erläutere unsere deutschlandpolitische Strategie, die europäische Einbettung und unsere Einstellung zur Vier-Mächte-Verantwortung. Gespräch ergibt volle Übereinstimmung. Waldegrawe gehört der jüngeren Generation britischer Politiker an: ein offener, kooperativer und sympathischer Partner.

15.00 Uhr: Gespräch mit OECD-Generalsekretär Paye: Diskussion über Möglichkeiten, die Reformpolitik in Polen, Ungarn und in der ČSSR zu unterstützen. Meinungsaustausch über Zusammenarbeit mit der Sowjetunion. Paye bereitet in OECD entsprechendes Info-Seminar vor. Ich ermutige ihn sehr, seine Initiativen weiter voranzutreiben. DDR sollte aber erst nach den freien Wahlen eingeladen werden.

16.30 Uhr: Gespräch mit meinem alten Freund Gerd Bacher, Herausgeber der österreichischen Zeitung »Die PRESSE«.

18.00 Uhr Expertenrunde. Sie trifft sich vierteljährlich im Kanzleramt. Wissenschaftler, Journalisten und Mitarbeiter. Ich habe sie 1983 ins Leben gerufen. Heute nehmen teil die Professoren: Grewe, Hacke, Hanf, Graf Kielmannsegg, Meissner, Hans Peter Schwarz, Weidenfeld, Wettig und Domes. Außerdem Gerd Bacher, General Schulze und Hans Schmitz, ehemals Chefredakteur vom Kölner Stadtanzeiger.

Ich gebe einleitend Bericht zur Lage. Wir diskutieren drei Themen: Wie sollen die Beziehungen der Sowjetunion weiterentwickelt werden? Wir soll es im Verhältnis zur DDR weitergehen? Lage in China und Perspektiven der Zusammenarbeit. Es besteht Übereinstimmung, daß Gorbatschow nicht gefährdet sei. Bundeskanzler soll beim Zusammentreffen mit Gorbatschow konkrete Angebote für eine umfassende Zusammenarbeit in der Zeit nach der Wiedervereinigung vorschlagen, auch im sicherheitspolitischen Bereich. Er brauche Zusicherungen für die Zeit danach. Anregungen biete der Genfer Friedensplan von 1959.[113]

DDR: Wachsende Ratlosigkeit der Modrow-Regierung verstärke Flucht in die nationale Frage. Je früher die Wahlen in der DDR, desto stärker werde die Forderung nach Einheit. Die Oppositionspolitiker können nur politisches Profil gewinnen, wenn sie politische Verantwortung übernehmen und Sachkompetenz erwerben können. Je länger Modrow im Amt sei, desto größer sei sein Legitimitätsgewinn. Auch einen Vertrag über eine Vertragsgemeinschaft nutze ihm. Politiker wie er würden von der westlichen Presse »aufgebaut«. Bis zur Wahl müsse es vorrangig um zwei Ziele gehen: Durchsetzung eines Wahlgesetzes, das freie Wahlen garantiert und technische Vereinbarungen, um Soforthilfe für die Menschen zu ermöglichen.

Um 23.00 Uhr gehen wir auseinander. Wieder einmal nehme ich viele Anregungen mit. Dieser Kreis ist eine hervorragende Mischung aus intellektuellem Gedankenaustausch und freundschaftlich kritische Zusammenarbeit. Es macht einfach Spaß und bringt auch was. Wie oft erlebt man so etwas?

Der Bundeskanzler ist in Paris. Prof. Rovan, der sonst an meinem Gesprächskreis teilnimmt und Prof. de Montbrial vom IFRI-Institut haben ihn zu einem öffentlichen Vortrag eingeladen. Für den Bundeskanzler eine willkommene Gelegenheit, seine Position zur Deutschland- und Europapolitik vor der französischen Öffentlichkeit zu erläutern. Es geht ihm vor allem darum, Befürchtungen über einen nationalen Alleingang bei der Lösung der deutschen Frage zu zerstreuen. Er weiß, daß das auch zum Scheitern verurteilt wäre. Er will die deutsch-französische Freundschaft (zum wievielten Male) und Zusammenarbeit bekräftigen. Und er will die Besorgnisse über seine Haltung zur Oder-Neiße-Grenze zerstreuen.

Donnerstag, 18. Januar 1990

Breite Berichterstattung in der französischen Tagespresse über gestrige Rede des Bundeskanzlers. Im Vordergrund stehen seine Aussagen zur polnischen Westgrenze. Zum erstenmal habe Bundeskanzler erklärt, daß in Deutschland keiner die Wiedervereinigung

113 Die Genfer Außenministerkonferenz war das zweite Treffen der Vier Mächte im Jahre 1959, dem das erste Außenministertreffen und die Genfer Gipfelkonferenz 1955 vorausgegangen war. Die Außenminister der USA Christian A. Herter, der Sowjetunion Andrei A. Gromyko, Großbritanniens Selwyn Lloyd und Frankreichs Maurice Couve de Murville, verhandelten in zwei Sitzungsrunden vom 11. Mai bis 20. Juni und vom 13. Juli bis 5. August 1959 in Genf über die Deutschlandfrage. Die bundesdeutschen Vertreter Heinrich von Brentano, Wilhelm Grewe, Georg Ferdinand Duckwitz, und die DDR, vertreten durch Lothar Bolz nahmen an der Konferenz am »Katzentisch« sitzend teil. Die Westmächte legten einen neuen, nach Herter benannten Friedensplan, vor. Es war der letzte gemeinsame Vorschlag der Westalliierten für eine Vereinigung Deutschlands und die letzte internationale Konferenz vor 1990, die sich mit Deutschland befasste. Sie wurde ohne Ergebnis vertagt, weil über Berlin keine Einigung erreicht wurde. Der Genfer Außenministerkonferenz folgte noch ein Besuch des sowjetischen Regierungschefs Nikita Chruschtschow in den USA vom 15. bis 28. September 1959. Zwischen ihm und US-Präsident Dwight D. Eisenhower bestand eine Übereinkunft über die zeitlich unbefristete Wiederaufnahme der Gespräche über die Berliner Frage. Eine Gipfelkonferenz am 16. Mai 1960 im Pariser Élysée-Palast brachte jedoch kein Ergebnis, wodurch die Frage der deutschen Einheit bis 1990 auf Eis gelegt war.

mit einer Veränderung der polnischen Westgrenze in Verbindung bringe. Gleichzeitig wird der Einklang in der Europapolitik zwischen Bundeskanzler, Mitterrand und Delors herausgestellt. Bundeskanzler kann mit Echo zufrieden sein.

9.00 Uhr: Bundeskanzler spricht mit Generalsekretär der Ost-CDU, Kirchner.

Um 13.00 Uhr beginnt Bundestags-Debatte zur Deutschlandpolitik. Seiters eröffnet mit einer Regierungserklärung. Ein kritischer Punkt sei erreicht. Neues Mißtrauen gegenüber der Staatsführung der DDR sei entstanden. Seiters erläutert, wie jede einzelne Verbesserung von den Oppositionsgruppen und von der Bevölkerung der Staatsführung abgetrotzt werden mußte. Verdacht liege nahe, daß SED ihre Machtposition neu zementieren wolle. Folge seien neues Mißtrauen, steigende Übersiedlerzahlen – 25.000 seit 1. Januar. Die Chancen zur wirtschaftlichen Gesundung verschlechtern sich täglich. Schuld trage allein die SED mit ihrem fehlenden Willen zu grundlegendem politischen und wirtschaftlichem Wandel.

Dennoch bestätigt er den für Februar vorgesehenen Besuch Modrows. Eine Absage wäre eine falsches Signal. Gleichzeitig kündigt er an, daß die Vertragsgemeinschaft erst abgeschlossen werde, wenn in der DDR ein freies Parlament gewählt worden sei.

Der Bundeskanzler greift nicht in die Debatte ein. Er ist zwar vorbereitet, aber die kraftlosen Reden der Opposition lassen ihn davon absehen.

Um 17.00 Uhr sitzen wir erneut mit Seiters zusammen und bereiten seine Gespräche nächste Woche in Ost-Berlin und den Besuch Modrows am 13. Februar in Bonn vor. Das Ergebnis sind drei Zielsetzungen: Vorbereitung eines non-papers über die erforderlichen politischen und wirtschaftlichen Reformschritte in der DDR, das Seiters übergeben soll; Vorbereitung einer technischen Vereinbarung zur Lösung der akuten Probleme und Sondierung von Mandatsverhandlungen für eine Vertragsgemeinschaft.

Wenig Freude löst die heutige Regierungserklärung des polnischen Ministerpräsidenten Mazowiecki aus. Er fordert, daß der Beginn des Prozesses zur Erlangung der staatlichen Einheit Deutschlands davon abhängig gemacht werde, daß die bestehenden Grenzen beider deutscher Staaten mit ihren Nachbarn nicht in Frage gestellt werden. Ich kenne niemanden in der Bundesrepublik, der die polnische Westgrenze von heute ändern will. Seit Anfang des Jahres spielt die polnische Presse dieses Thema hoch. Wem soll es nützen? Es trägt in keinem Fall zur Verbesserung der deutsch-polnischen Beziehungen bei.

Freitag, 19. Januar 1990

Seiters eröffnet mir, daß BK beschlossen habe, eine Arbeitsgruppe Deutschlandpolitik einzurichten. Er werde sie selbst leiten, ich solle Stellvertreter sein. Zweimal in der Woche werde die Arbeitsgruppe zusammentreten. Seiters stimmt zu, daß Staatssekretär Priesnitz vom Bundesministerium für innerdeutsche Beziehungen und Peter Hartmann aus meiner Abteilung hinzugezogen werden. Darüber hinaus werden Dr. Duisberg und Mitarbeiter von ihm und Dr. Prill teilnehmen. Ich bin sehr froh, daß diese Arbeitsgruppe die Zustimmung des BK gefunden hat. Lange genug habe ich dafür gekämpft, Experten aus allen Bereichen zusammenholen zu können.

Gestern war BM Dr. Warnke in Moskau. Er traf mit Prof. Sagladin zusammen. Dieser bezeichnete die Lage in der DDR als explosiv. Die Entwicklung müsse jedoch friedlich verlaufen. Die Bundesregierung müsse doch selbst ein Interesse haben, daß die Vereinigung Deutschlands nicht zu rasch erfolge. Sie müßte doch mit großen Belastungen rechnen, die auf sie zukämen. Warum werde die Entwicklung von Seiten der Bundesrepublik beschleunigt? Das Gespräch sei in freundlicher Atmosphäre verlaufen, berichtet Warnke. Sagladin sei bei dem Gespräch praktisch davon ausgegangen, daß die deutsche Einheit kommen werde. Deutet das auf einen Meinungswandel in der Sowjetunion hin? Immerhin ist Sagladin außenpolitischer Berater von Gorbatschow und sitzt im Kreml Zimmer an Zimmer mit seinem Chef, wie er mir einmal erzählt hat.

Sehr kritisch äußerte sich dagegen erneut Schewardnadse in seinem gestrigen Artikel in der Istwestija. Er wandte sich gegen »ein künstliches Forcieren« des innerdeutschen Prozesses. »Einige Kreise in der BRD« wollten das Problem durch »ein Einverleiben der DDR, ihre mechanische Inkorporation in die westlichen Strukturen lösen«. Das würde eine »kardinale Veränderung des Kräfteverhältnisses in Europa, eine Unterminierung der Stabilität auf dem Kontinent« bedeuten.

Täglich verfolgen wir die Äußerungen in Moskau und warten auf eine Antwort auf die Besuchsanfrage des Bundeskanzlers. Sie läßt auf sich warten.

BK im Wahlkampf im Saarland. Heute in Neunkirchen und St. Wendel.

Montag, 22. Januar 1990

10.00 Uhr, Berlin, Schöneberger Rathaus. Die CDU-Landtagsfraktion aus Baden-Württemberg hat mich eingeladen. Ich erläutere die Außen- und Deutschlandpolitik und diskutiere mit den Abgeordneten. Die Stimmung ist sehr gut, auch gegenüber dem Bundeskanzler.

Die Lage in der DDR bleibt kritisch. Die Abgeordneten berichten das auch aus ihren Gesprächen am Wochenende in Ost-Berlin. In Ost-Berlin, Neubrandenburg und Plauen setzten sich die Demonstrationen fort. Teile der Ost-CDU fordern den Austritt aus der Modrow-Regierung. Berghofer tritt aus der SED aus. Der ›Spiegel‹ von heute befürchtet den »Kollaps« der Modrow-Regierung. Sie laufe hinter der Entwicklung her. Der Niedergang der DDR setzt sich fort.

Unterrichtung über das Gespräch von BM Warnke mit ZK-Abteilungsleiter für Internationale Beziehungen, Falin, das vor drei Tagen in Moskau stattgefunden hat. Falin, der zu den konservativen Kräften in Moskau gehört, sprach gegenüber Warnke von einem Kampf um die Macht und um die richtige Politik, der in Moskau im Gang sei. Die europäischen Nachkriegsstrukturen, von der Sowjetunion aufgebaut, brächen auseinander. Sowjetunion habe ihr Übergewicht im Bereich der nuklearen Mittelstreckenraketen aufgegeben. Die Konservativen würden deshalb Gorbatschow vorwerfen, einseitige Zugeständnisse gemacht zu haben. Wenn jetzt der Westen auch noch testen wolle, wieviel an politischer Belastung die sowjetische Führung aushalten könne, dann wäre das falsch.

Nach Falin hätten die Deutschen die größten Chancen, bei den derzeitigen Entwicklungen zu gewinnen oder aber zu verlieren. Sie sollten jedoch nicht die augenblicklichen Interessen vor die langfristigen stellen. Die Deutschen sollten Realisten werden.

Dienstag, 23. Januar 1990

Gestern abend gab es in zahlreichen Städten der DDR erneut Demonstrationen. Weit über 200.000 Bürger sollen sich daran beteiligt haben. Hauptlosungen waren »Nieder mit der SED« und »Deutschland einig Vaterland«. Allein in Leipzig waren 100.000 Teilnehmer. Immer mehr der neuen Parteien und Gruppierungen in der DDR sprechen sich für die deutsche Einheit aus.

Im ZDF-Politbarometer gestern abend werden neue Umfragen veröffentlicht. 74 % der Bundesbürger sind für die Wiedervereinigung; im November 89 waren es 70 %.

Am Nachmittag dreistündiges Gespräch mit Dr. Vogel vom Bundesinstitut für ostwissenschaftliche und internationale Studien in Köln, mit sechs seiner Experten und meinen Mitarbeitern. Themen: Lage in der Sowjetunion. Deutsch-sowjetische Beziehungen. Entwicklung in Mittel- und Südosteuropa. Deutsche Frage.

Steuert Gorbatschow die Entwicklung oder koordiniert er nur? KPdSU immer weniger regierungsfähig. Schwere Störungen im Verteilungssystem, im Transportsystem, in der Verkehrsinfrastruktur und in der Energieversorgung. Das Informations- und Steuerungssystem zerfällt. Armee und Milizen stehen als Ordnungsinstrumente bereit. Sowjetunion wird immer stärker mit sich selbst beschäftigt sein.

Westen solle den Reformprozeß in der Sowjetunion und nicht Gorbatschow allein in den Mittelpunkt seiner Überlegungen stellen. UdSSR in Europa verankern – über Europarat, KSZE und Kooperaton mit EG. Westen solle russische Kultur als europäische Kultur herausstellen. Ad-hoc-Hilfen können Gorbatschow Entlastung schaffen. Er müsse jedoch ordnungspolitisch stärker gefordert werden.

Gorbatschow an Funktionswandel des Warschauer Paktes interessiert: Warschauer Pakt als politisches Instrument für Krisenmanagement. Deshalb ständiges Gespräch mit sowjetischer Führung über Warschauer Pakt-Staaten und DDR. Hegemonie Moskaus auch bei worst case nicht wiederherstellbar. Reformentwicklung ist unumkehrbar.

Bündnisübergreifende Strukturen als Alternative zum Warschauer Pakt. Bundesrepublik muß besonders daran interessiert sein, den Reformprozeß im Osten zu stabilisieren, gerade für den Fall des ›worst case‹.

Für die UdSSR sei heute schon West-Europa wichtiger als Mittel- und Südosteuropa. Schlüsselrolle der Bundesrepublik in Westeuropa nach Vereinigung noch bedeutender. Sozialprodukt beider deutscher Staaten zusammen größer als das der Sowjetunion.

Sollte DDR Ziel der deutschen Einheit beschließen, könnte Sowjetunion Gegenforderungen stellen: Austritt Deutschlands aus der NATO; Zurückgreifen auf Viermächte-Verantwortung; Kompensationen, auch im sicherheitspolitischen Bereich.

17.00–22.00 Uhr Sitzung des CDU-Bundesvorstandes im Konrad-Adenauer-Haus: Landtagswahlen im Saarland, Niedersachsen und Nordrhein-Westfalen.

DDR-Kontakte: BK will bis Mitte Februar Entscheidung über die zukünftigen Partner in der DDR, die die CDU unterstützen werde. CSU hat sich für DSU mit dem Vorsitzenden Pfarrer Ebeling entschieden. BK analysiert Demokratisches Forum, Demokratischer Aufbruch und Ost-CDU. Gespräche seien im Gange. Überlegungen für eine Wahlkoalition in Vorbereitung. Weiterhin Skepsis gegenüber Ost-CDU.

Mittwoch, 24. Januar 1990

Heute ist ein sensationelles Interview meines »Freundes« Portugalow in der BILD-Zeitung erschienen. Zur Wiedervereinigung befragt, sagt er: »Wenn das Volk der DDR die Wiedervereinigung will, dann wird sie kommen. Wir werden uns in keinem Fall gegen diese Entscheidung stellen, werden uns nicht einmischen«.

Er warnt vor einem Zusammenbruch der staatlichen Ordnung in der DDR. Die Stabilität in Europa dürfe nicht völlig ignoriert werden. Der beste Weg zum »allmählichen Zusammenwachsen der beiden Staaten deutscher Nation sei der im europäischen Rahmen, synchronisiert mit dem Gang des gesamteuropäischen Prozesses. Er schließt die Frage an: »Warum soll dieser Prozeß künstlich beschleunigt werden?« Der erreichte Gewinn solle nicht sofort wieder verspielt werden.

In Erinnerung an mein Gespräch mit Portugalow im November bin ich überzeugt, daß er mit diesem Interview eine Wende in der sowjetischen Haltung gegenüber der deutschen Einigung signalisiert. Moskau hat in der Vergangenheit schon öfters die BILD-Zeitung gewählt, um wichtige Botschaften zu veröffentlichen bzw. um die Wirkung in der Bundesrepublik zu testen. BK schöpft ebenfalls Hoffnung auf eine grundlegende Änderung der sowjetischen Haltung. De Maizière spricht in der BILD davon, daß die staatliche Einheit »in spätestens fünf Jahren, eher kürzer«, erreicht werden könne.

BK spricht mit US-Botschafter Walters über Lage in der DDR. Modrow habe seine Zusagen von Dresden nicht eingehalten, wahrscheinlich auch nicht einhalten können. Alles zögere sich hinaus. Wenn die DDR-Führung nicht rasch positive Signale setze, würden immer mehr Menschen in die Bundesrepublik übersiedeln.

BK betont, daß es jetzt mehr denn je darauf ankomme, Freundschaft und Vertrauen der Partner untereinander zu erhalten. Insbesondere bei den kleineren Partnern gebe es verständliche Ängste.

Walters bezeichnet die Bündnisfrage im Zusammenhang mit der Wiedervereinigung als das größte Problem. Das sei aber eine Entscheidung der Deutschen. BK bekräftigt, daß er sich nie für die Einheit der Nation um den Preis der Neutralität ausgesprochen habe.

Walters empfiehlt baldiges Treffen mit dem Präsidenten. BK will mit Bush über einen Termin sprechen.

Mittags, 13.30 Uhr: BK stimmt dem Vorschlag Kiechles über Sonderverkauf von Nahrungsmitteln an die Sowjetunion endgültig zu. Geliefert werden innerhalb der nächsten 8 Wochen: 52.000 t Rindfleischkonserven; 50.000 t Schweinefleisch,; 20.000 t Butter; 15.000 t Milchpulver und 5.000 t Käse. Die ersten Lieferungen erfolgen in den nächsten acht Tagen. Dazu kommt ein kommerzielles Angebot über 75 Mio. DM für Lebens- und Waschmittel und 50 Mio. DM für Textilien und Hartwaren.

18.00 Gespräch BK mit Seiters: Letzte Abstimmung über Seiters Gespräche morgen mit Modrow in Ost-Berlin: Übereinstimmung, daß die Oppositionsgruppen in alle Entscheidungen einbezogen werden. Seiters solle besorgniserregende Lage in der DDR und das Übersiedlerproblem ansprechen. Alle Maßnahmen müssen darauf gerichtet sein, das Vertrauen der DDR-Bürger zu stärken, damit sie in ihrer Heimat bleiben. Seiters müsse mit Nachdruck deutlich machen, daß die Manipulationen bei der Stasi-Reform, beim Wahlgesetz und die unzureichenden Wirtschaftsreformen das Vertrauen der Menschen weiter zerstört hätten. Deshalb begrüße Bundesregierung die Einbeziehung des Runden Tisches m die Gespräche Modrows in Bonn. Seiters wird Meinungsaustausch über Vertragsentwurf zur Vertragsgemeinschaft und über technische Vereinbarungen führen.

Interessant ist ein Prawda-Artikel von gestern, der sich ausführlich mit der Aussage George Kennans vor dem US-Senat beschäftigt, in der er eine Art von dreijährigem Stillhalten in der Deutschlandfrage fordert. Ähnliche Überlegungen hatte der Bundeskanzler vor Weihnachten geäußert, war aber seitdem nicht mehr darauf zurückgekommen.

20.15 Uhr Bungalow-Runde: Erneut geht es um die Pressearbeit der Bundesregierung. Zwei wichtige Abklärungen erfolgen: Bundeskanzler als »Kanzler der Deutschen« muß als Slogan in die PR-Arbeit aufgenommen werden. Übereinstimmung besteht darüber, daß die Wahl am 6. Mai in der DDR praktisch schon eine Vor-Bundestagswahl sein wird. Das

Ergebnis wird erheblichen Einfluß auf die Bundestags-Wahl haben. Ansonsten ist es ein wenig produktiver Abend.

Donnerstag, 25. Januar 1990

Heute vormittag, 9.00 Uhr bis 13.00 Uhr, Vortrag und Diskussion im Wissenschaftszentrum, gemeinsam mit den Bundestag-Abgeordneten Egon Bahr, SPD; Ronneburger, FDP; Lamers, CDU; Lintner, CSU und Frau Vollmer von den Grünen. Viele Teilnehmer aus der DDR. Es geht um die Entwicklung Deutschlands im europäischen Prozeß.

Ich spreche nicht nur von der revolutionären Umgestaltung der politischen, wirtschaftlichen und gesellschaftlichen Strukturen in den Staaten des »real existierenden Sozialismus«, sondern auch vom Ende der europäischen Nachkriegsordnung.

Lebhafte Diskussion über Zukunft der DDR. Pfarrer Eppelmann bittet erneut um Zeit für Selbstfindung der DDR. Er erkennt nicht, daß der Druck nicht aus der Bundesrepublik, sondern von den Menschen in der DDR selbst kommt. Bahr ruft fast verzweifelt aus: Er wisse nicht mehr, was er tun solle. Einerseits heiße es immer, Rat und Hilfe aus der Bundesrepublik seien dringlich erforderlich. Wer es jedoch tue, handele sich sofort den Vorwurf ein, bevormunden zu wollen. Das wechselseitige Gespräch nimmt gelegentlich verkrampfte Züge an. Schade.

Um 14.00 Uhr trifft Seiters im Gebäude des Ministerrates in Ost-Berlin mit Modrow zusammen. Sie besprechen Rahmen und Ablauf des Besuches von Modrow und den ihn begleitenden Vertretern der Opposition in Bonn. Modrow's Lageanalyse fällt düster aus: die staatliche Autorität verfalle; Streikwelle dehnt sich aus; die Aggressionen nehmen zu. Der Runde Tisch habe auf die Entwicklung in der DDR keinen Einfluß mehr.

Modrow berichtet, daß es für Moskau wichtig sei, daß beide deutsche Staaten Stabilität in der DDR als Stabilität in Mitteleuropa verstünden. Die Perspektive eines Zusammenwachsens beider deutscher Staaten müsse in die gesamteuropäische Entwicklung eingefügt werden.

Es ist offensichtlich, daß die Einigungsdebatte auch bei Modrow wie in Moskau immer stärkere Spuren hinterläßt.

Seiters erläutert die Besorgnis der Bundesregierung über die anhaltend hohe Zahl der Übersiedler. Bis heute seien im Januar 42.500 Menschen übergesiedelt. Wenn die Menschen in der DDR keine Perspektive erhalten und Vertrauen schöpfen, werde sich die Lage weiter verschärfen. Das Vertrauen sei aber in der letzten Zeit geringer geworden.

Modrow stimmt zu, daß Signale notwendig seien. Sie sollten von seiner Begegnung mit dem Bundeskanzler ausgehen. Er übergibt einen Vertragsentwurf über eine Vertragsgemeinschaft und ein Papier mit finanziellen Wünschen und eine Liste über Möglichkeiten der Industrie-Kooperation. Seiters sagt Prüfung zu und erläutert die Vorschläge des Bundeskanzlers. Er wolle auch mit den Vertretern der Opposition darüber sprechen.

Modrow erklärt, daß sein Entwurf ein Regierungsdokument sei und mit dem Runden Tisch nicht abgestimmt sei. Seiters weist noch einmal daraufhin, daß ein Vertrag erst nach den Wahlen am 6. Mai abgeschlossen werden könne.

Modrow dringt auf raschen Verhandlungsbeginn, sonst würden sie unglaubwürdig. Der Wahlausgang sei offen. Die Republikaner könnten 15 % der Stimmen erreichen. Die SED habe keine großen Chancen. Sie befinde sich in einer »Zerfaserung«. Beim Wahlgesetz sei man jetzt soweit gekommen, daß von einer Gleichstellung nicht mehr gesprochen werden könne, weil die Oppositionsgruppen bereits größere Vorteile durchgesetzt hätten.

16.00 Uhr: Gespräch mit FAZ-Herausgeber Dr. Fack über Lage in der Sowjetunion und der DDR.

17.30 Uhr: Gespräch mit CDU-Generalsekretär Volker Rühe über außen- und sicherheitspolitische Themen bis zur Bundestags-Wahl.

Bundeskanzler zur Abschlußwahlkundgebung in Saarbrücken.

Freitag, 26. Januar 1990

9.00 Uhr Bundeskanzler-Lage: Ost-CDU hat Austritt aus der Modrow-Regierung angekündigt. BK ordnet an, daß dazu keine Stellungnahme abgegeben wird; neue Übersiedlerzahlen: sie steigen weiter an. Belgischer Verteidigungsminister kündigt Truppenabzug aus Bundesrepublik an. Erneut Interview von Portugalow, diesmal in der ZEIT: Er hält Besorgnis über »eine allzu hastige Annäherung der beiden deutschen Staaten, die zu einer ›Neuvereinigung‹ führen könnte«, für verfrüht. Recht hat er.

Interview Margaret Thatcher im Wall Street Journal: Wenn die deutsche Einheit zu schnell käme, könne sie enorme Probleme für Gorbatschow schaffen; er könne eventuell darüber stürzen. Das wäre eine Katastrophe für alle. Deutsche Einheit könne nur erfolgen, wenn alle anderen Verpflichtungen berücksichtigt wären und Zeit gelassen werde, die anderen Dinge zu erarbeiten. Sie könnte sonst alles destabilisieren. Das wäre in höchstem Maße unfair gegenüber Gorbatschow, ohne den das alles nicht zustande gekommen wäre.[114]

114 Im Interview mit dem *Wall Street Journal* am 24. Januar 1990 verwies Margaret Thatcher auf das Helsinki-Abkommen, wonach Grenzveränderungen in Europa nur nach Vereinbarung unter allen Beteiligten vorgenommen werden sollten und Deutschland bei einer Wiedervereinigung seine übernommenen Verpflichtungen einhalten müsse. Gorbatschow müsse in jeder Hinsicht unterstützt werden. Eine Möglichkeit der Umgestaltung der bisher kommunistischen Länder bestehe in der Reformierung von oben durch die bisherigen Führungen; große Probleme stellen neben der Demokratisierung die Einführung einer Marktwirtschaft und einer neuen Rechtsordnung dar. Sie tadelte Jacques Delors, der in Straßburg gesagt habe, Ostdeutschland könne vor anderen Ländern Mitglied der EG werden. Ein beschleunigter Beitritt Gesamtdeutschlands wäre wegen der unsicheren Verhältnisse unfair gegenüber Gorbatschow. Ein wiedervereinigtes Deutschland stelle eine noch dominantere Wirtschaftsmacht in Europa dar. Andere Länder Osteuropas oder die französischen Überseegebiete würden bei einem Beitritt Osteuropas weniger Mittel erhalten. Sie erkenne das schrittweise Vorgehen Kohls gemäß dem Zehn-Punkte-Programm an und sei mit dem Straßburger Kommuniqué einverstanden. In Europa, wo es viele Minderheiten gebe, in Jugoslawien, Rumänien und Ungarn, stelle sich die Frage nach dem Anspruch auf Selbstbestimmung wie die Möglichkeit des Aufkommens von Nationalismen. Hier sorge die NATO für Stabilität und Sicherheit. Helmut Kohl habe noch nicht offiziell die Oder-Neiße-Grenze anerkannt. Ein neues Helsinki-Abkommen müsse eine Re-Balkanisierung verhindern. Nationalismus als Stolz auf sein eigenes Land und Identität seien eine gute Sache, solange Kooperation mit anderen Staaten bestehe wie auf dem Gebiet des Welthandels. Die EG-Kommission als nicht demokratisch gewählte Behörde solle nicht mehr Macht in einer möglichen politischen Union erhalten und dies erfolgte unter Hinweis auf ihre Rede in Brügge 1988. Die USA wären kein Vorbild für die EG, weil in Europa die Identität unter den Bevölkerungen viel stärker ausgeprägt sei. Die Kontrolle der Geldmenge durch eine Zentralbank wäre auch nicht demokratisch legitimiert – eine Absurdität entgegen dem Streben nach Demokratie in Osteuropa. England würde sich einer EZB nur anschließen, wenn es den freien Verkehr von Finanzdienstleitungen wie Freihandel auf allen Gebieten gäbe. Wäre Europa ein monolithischer Block wie andere Weltreiche, wäre das europäische Ideal ausgeblieben. Je mehr Mitglieder in die Gemeinschaft aufgenommen würden, desto lockerer müsste die Zentralisierung sein, sonst entstünde eine stärkere zentralisierte Einheit. Wenn Gorbatschow nicht unterstützt werde, würden künftige Generationen betrogen. Die Vorgänge am Platz des Himmlischen Friedens seien katastrophal, aber abgeschlossene Verträge müssten eingehalten werden, Robert Keatley, *Wall Street Journal*, Margaret Thatcher Foundation, Thatcher-Archiv: COI-Transkript; Nachbetrachtungen, S. 722–723.

Harsche Worte gegenüber der Bundesregierung: BK und Genscher sollten die längerfristige Sicht der Bedürfnisse Europas vor ihre engen nationalistischen Ziele setzen. Man müsse ihnen diese weitsichtigere Vision eintrichtern. Die deutsche Einheit würde das wirtschaftliche Gleichgewicht der EG zerstören, in der Westdeutschland schon heute dominiere.

Es ist das erstemal, daß Premierminister Thatcher ihre bisherige Zurückhaltung aufgibt und ihre kritische Einstellung zur deutschen Frage unverblümt äußert. Erneut spielt sie gleichzeitig die »Beschützerin« Gorbatschows.

BK ist von Form und Inhalt dieser Kritik Thatchers deutlich getroffen. Er will dieses Interview nicht auf sich beruhen lassen. Er gibt mir den Auftrag, Botschafter Mallaby mitzuteilen, daß er diese Äußerung als ungewöhnlich unfreundlich empfinde. Außerdem ordnet er an, daß wir ihm den Wortlaut bei den nächsten deutsch-britischen Konsultationen vorlegen. Er will Thatcher dann persönlich darauf ansprechen.

Ihre Kritik mißachtet alle bisherigen Erklärungen des Bundeskanzlers. Wie oft hat er in den letzten beiden Monaten die Einbettung der deutschen Frage in den gesamteuropäischen Prozeß unterstrichen. In Downing Street 10 scheint diese Botschaft nie angekommen zu sein.

11.00 Uhr: Gespräch mit Miss Pond, glänzende amerikanische Journalistin, über Entwicklung der deutschen Frage und Politik der Sowjetunion.

12.00 Uhr: Koordinierungsgespräch im Konrad-Adenauer-Haus unter Leitung von CDU-Bundesgeschäftsführer Peter Radunski: Vorbereitung der Wahl in der DDR.

13.00 Uhr: Ich leite Presse-Arbeitskreis Deutschlandpolitik: Strategie der Pressearbeit zur Deutschlandpolitik.

14.00 Uhr: Gespräch mit dem Politischen Direktor des Auswärtigen Amtes, Dr. Kastrup. Er unterrichtet mich über die Gespräche mit seinen britischen-französischen und amerikanischen Kollegen in Washington. Alle drei hätten noch einmal bekräftigt, daß ihre Gespräche mit der Sowjetunion sich ausschließlich auf Berlinfragen beschränken. Vorbereitung des KSZE-Gipfels: Die Viermächte-Verantwortung solle man im KSZE-Prozeß »versickern« lassen. Ziel müsse sein, das Wiener VKSE 1- und das VSBM-Abkommen[115] auf dem Gipfel zu unterzeichnen. Gleichzeitig soll das Mandat für VKSE II beschlossen werden. Der französische Vorschlag einer Konföderation solle in die Helsinki-Folgekonferenz 1992 eingeführt werden. In einem zweiten Teil sollten auf dem Gipfel bestimmte Normen festgeschrieben werden: Bekräftigung der KSZE-Schlußakte von Helsinki: Darin könne man das Problem der polnischen Westgrenze einbinden. Außerdem sollten freie, gleiche und geheime Wahlen und andere Prinzipien besiegelt werden.

115 Die Verhandlungen über Vertrauens- und Sicherheitsbildende Maßnahmen (VSBM) in Wien endeten mit Verabschiedung des Wiener Dokuments, das am 1. Januar 1991 in Kraft trat. Darin wurden die auf der KVAE-Konferenz in Stockholm vereinbarten VSBM ergänzt und weiterentwickelt: durch jährlichen Austausch militärischer Informationen zwischen KSZE-Teilnehmerstaaten, Beratung und Kooperation bei ungewöhnlichen militärischen Aktivitäten, militärische Kontakte, Besuche, Beobachter und Ankündigungen. Im Schlussdokument der Stockholmer Konferenz vom 19. September 1986 wurde die Ankündigung kleinerer Manöver und die Einladung von Manöverbeobachtern zur Pflicht. Inspektoren zur Überprüfung der Vereinbarungen konnten eingesetzt werden. Der Einhaltung und Verifikation sollten Inspektionen, Überprüfungen und direkte Kommunikationsnetze dienen. In der Schlussakte von Helsinki vom 1. August 1975 wurde zu den vertrauensbildenden Maßnahmen vereinbart, dass Manöver mit über 25.000 Soldaten mindestens 21 Tage im Voraus angekündigt und Beobachter dazu eingeladen werden sollten.

In einem dritten Akt sollten institutionelle Fragen aufgegriffen werden: Einrichtung einer europäischen Berufungsinstanz für Menschenrechte. Damit weite man den Europarat aus. Umweltagentur, Verifikationsagentur, Frühwarnsystem; jährliche Außenminister-Konsultationen, KSZE-Sekretariat. Ich stimme allen diesen Überlegungen zu.

15.00 Uhr: Gespräch mit den Herren Großkopf und Lefringhausen vom »Deutschen Allgemeinen Sonntagsblatt«.

16.30 Uhr: Diskussion mit Jungredakteuren.

In der DDR schlägt der ›Runde Tisch‹ die Bildung einer parteienunabhängigen Regierung vor.

Modrow in Wien. Bundeskanzler Vranitzky spricht zu unserer Überraschung nach Abschluß der Gespräche mit Modrow vom Beginn einer »Vertragsgemeinschaft«.

In einem Interview in der heutigen »Wirtschaftswoche« richte ich die Frage an die SED, ob sie wolle, daß die Lage in der DDR noch schlechter werde, damit sie als verbleibende »Ordnungsmacht« noch einmal die Chance der Stabilisierung ihrer Macht erhalte? Außerdem erkläre ich, daß die sicherheitspolitischen Interessen besser gewahrt seien, wenn auch ein geeintes Deutschland im Westen verankert sei. Ein geeintes, aber neutrales Deutschland würde Ost und West zwingen, möglichst viel Einfluß in Deutschland zu gewinnen. Eine solche Entwicklung mit allen ihren Unwägbarkeiten könne nicht im Interesse der Sowjetunion liegen.

Sonntag, 28. Januar 1990

Wahlen in der DDR auf den 18. März vorgezogen. Das hat heute Modrow mit dem »Runden Tisch« vereinbart. Am 6. Mai Kommunalwahlen.[116] Alle Parteien und Gruppierungen des ›Runden Tisches‹ entsenden je einen Minister ohne Geschäftsbereich in eine »Regierung der nationalen Verantwortung«.

Interview von Genscher in der »Bild am Sonntag«: Er lehnt Forderungen aus der Union ab, daß die heutige DDR in einem vereinigten Deutschland Teil der NATO werde. »Das wäre das Ende unseres Strebens nach Einheit. Wer die Grenze der NATO bis zur Oder und Neiße ausdehnen will, schlägt die Tür zu für ein geeintes Deutschland. Unser Verbleiben in der NATO ist dagegen unbestritten«. Ich teile diese Auffassung nicht. Sie kann auch gar nicht funktionieren: ein geeintes Deutschland, davon zwei Drittel in der NATO, ein Drittel draußen?

Landtagswahl im Saarland. Großer Erfolg für Lafontaine. Er wird der Kanzlerkandidat der SPD.

Montag, 29. Januar 1990

8.30 Uhr Morgenlage: BK blickt nicht auf und erwidert nicht unseren Guten-Morgen-Gruß, als wir sein Arbeitszimmer im Gänsemarsch betreten. Es gibt auch keinen Anlaß

116 Nachdem Runde Tische auch auf kommunaler Ebene eingerichtet worden waren, erließ die Volkskammer am 6. März 1990 ein Kommunalwahlgesetz auf demokratischer Basis nach dem Verhältniswahlrecht, ohne Briefwahlmöglichkeit und ohne Sperrklausel, aber mit der Möglichkeit des Kumulierens und Panaschierens. Siehe auch Anmerkung 208, S. 365.

zu besonderer Fröhlichkeit. CDU hat gestern in der Wahl[117] enttäuschend abgeschnitten. Etwas mehr hatte BK erwartet. Mit Töpfer hatte CDU guten Kandidaten. Die Säle waren überfüllt. Stimmung war bestens. Wieder einmal trifft es zu, daß von den Kundgebungen nicht auf das Abstimmungsverhalten der Menschen geschlossen werden darf.

BK hat am Wochenende mit Bush telefoniert. Dieser bereite eine State-of-Union-Rede vor und habe ihn deshalb in Ludwigshafen angerufen. Morgen werden Bob Gates, Stellvertreter von Sicherheitsberater Scowcroft, und der stellvertretende Außenminister Eagleburger nach Bonn kommen. Sie wollen über die Themen Abrüstung und Truppenreduzierungen sprechen. Außerdem habe er mit Bush vereinbart, daß sie sich am 24./25. Februar in Camp David treffen wollen.

Die Entscheidung Modrows und des Runden Tisches, die Wahlen in der DDR auf den 18. März vorzuziehen, lösen gemischte Gefühle aus: Einerseits Erleichterung, weil sich die Gesamtentwicklung beschleunigt und jetzt schneller eine Klärung der Verhältnisse in der DDR eintreten wird; andererseits Bedrückung angesichts der Arbeit, die bis dahin zu leisten sein wird. CDU hat im Gegensatz zur SPD, FDP und CSU noch keine Partnerpartei in der DDR. Als erstes sagt BK seine Reise zu den Amtseinführungen der Präsidenten in Chile und Brasilien ab. Zweitens will er die Bemühungen beschleunigen, einen Partner in der DDR in Form eines Wahlbündnisses zu finden. Drittens entschließt er sich sofort, das Feld nicht Willy Brandt und Hans Dietrich Genscher zu überlassen, sondern selbst Wahlkampfveranstaltungen durchzuführen. Positiv ist aber auch die Erwartung, daß mit dem Signal früherer Wahlen die Übersiedlerzahlen zurückgehen werden und eine frei gewählte, vom Volk legitimierte Regierung die Lage in der DDR rasch stabilisieren wird.

Modrow vor der Volkskammer. Erneut malt er ein düsteres Bild von der Lage in der DDR: Krise habe sich weiter zugespitzt; der Staat habe weiter an Autorität verloren. Bedrohliche Lage der Wirtschaft durch Streiks und Arbeitsausfälle. Damit begründet er die Bildung einer »Regierung der nationalen Verantwortung« und die vorgezogenen Wahlen. Beides biete die Chance einer allmählichen Stabilisierung.

Er selbst hat sie in jeder Weise vertan, sei es, weil er es nicht besser konnte oder auch nicht wollte. Der drohende »Kollaps« hat Modrow jetzt zum Handeln gezwungen. Inzwischen gibt es in der DDR niemanden mehr, der nicht von Kollaps spricht – so heute auch der DSU-Vorsitzende Pfarrer Ebeling in einem Spiegel-Interview: »Ich fürchte den Kollaps«. Auch Ibrahim Böhme von der Ost-SPD und Wolfgang Ullmann von »Demokratie jetzt« begründen damit die Notwendigkeit vorgezogener Wahlen. Böhme sieht darin auch die Voraussetzung für die Schaffung eines »Wirtschafts- und Währungsverbundes«.

11.00 Uhr: Lally Weymouth von der Washington Post, Tochter der berühmten Mutter Graham, Besitzerin der Washington Post, läßt sich über die Entwicklung in der DDR und in der Sowjetunion unterrichten.

Intern haben wir dem Bundeskanzler eine Vorlage auf den Tisch gelegt, die den dringenden Gesprächsbedarf mit der sowjetischen Führung begründet. Das gilt für unsere deutschlandpolitischen Anliegen: Erläuterung unserer Deutschlandpolitik (10 Punkte); Lage in der DDR vor den Volkskammerwahlen und mögliche Entwicklungsalternativen

117 Die Landtagswahl im Saarland 1990 fand am 28. Januar 1990 statt. Die SPD ging mit 54,4 % vor der CDU mit 33,4 % als klarer Sieger aus der Wahl hervor und stellte weiterhin eine Alleinregierung. Für die SPD war der amtierende Ministerpräsident Oskar Lafontaine als Spitzenkandidat und für die CDU Bundesumweltminister Klaus Töpfer angetreten.

danach. Humanitäre Anliegen: zu erwartende Ausreisewelle von mehreren hunderttausend Rußlanddeutscher, Maßnahmen zur Hilfe vor Ort.

Sicherheits- und abrüstungspolitische Weichenstellungen in Europa: Wiener VKSE-Verhandlungen über konventionelle Abrüstung; KSZE-Gipfeltreffen; Zukunft der Truppenpräsenz in der DDR.

Tragfähige Berlin-Lösung: Direktwahl der Bundestags-Abgeordneten; Parlamentsaustausch u. a. Erfreulicherweise entwickelt sich die bilaterale Zusammenarbeit trotz des DDR-Problems in erfreulicher Breite und Intensität: Das Handelsvolumen und die Zahl der Gemeinschaftsunternehmen wachsen, obwohl sich ungünstige Tendenzen fortsetzen. Besonders positiv entwickelt sich die Aus- und Fortbildung von sowjetischen Fach- und Führungskräften. Die wissenschaftlich-technische Zusammenarbeit hat sich deutlich belebt. Das gilt auch für den Umweltschutz – 20 Expertentreffen in 1990. Selbst die Beziehungen der Militärs sind inzwischen so umfassend wie unter Nicht-Verbündeten möglich. Resonanz bei den sowjetischen Streitkräften sehr positiv. Der Kulturaustausch nimmt zu. Gleichwohl ist nicht zu übersehen, daß Gorbatschow im Juni 1989 die Bundesrepublik mit hohen Erwartungen verlassen hatte, die in diesem Umfang nicht erfüllt werden konnten. Dennoch ist seine Weisung zu spüren, bevorzugt mit uns zusammenzuarbeiten.

Nicht übersehen werden kann, daß Gorbatschow aufgrund der schwächer werdenden Stellung der Sowjetunion als Weltmacht einen erhöhten Stabilitäts- und Versicherungsbedarf hat und Erfolgsnachweise braucht. Rasche und diskrete Hilfe sind nützlich. Zeit zum Gespräch. Wir hoffen, daß jüngste Entscheidungen in der DDR Nachdruck verleihen.

15.30 Uhr: BK bereitet mit Stoltenberg morgiges Gespräch mit der amerikanischen Delegation vor. Drei Themen stehen auf der Agenda: weitere amerikanische Truppenreduzierungen in Europa nach Abschluß von VKSE I; KSZE-Gipfel und die deutsche Frage; Zukunft der Nuklearwaffen in und für Europa. Beide stimmen darin überein, daß geeintes Deutschland Mitglied der NATO bleiben muß.

18.00 Uhr Gespräch mit unserem UNO-Botschafter Dr. Bräutigam: Bundesrepublik solle sich an »peace keeping missions« der UNO beteiligen. Das werde von Deutschland längst erwartet. Das müsse nach der Bundestags-Wahl geklärt werden.

18.30 Uhr: Geburtstagsempfang für Prof. Biedenkopf. Interessante Gäste: Bundespräsident von Weizsäcker; Ministerpräsidenten Rau und Lafontaine; Fischer von den Grünen; Wirtgen vom Spiegel – und ich – u. a. m.

20.00 Uhr Abendessen mit Walther Leisler Kiep, Beate Lindemann, Uwe Nerlich und Dr. Kielinger auf der schönen Cäcilienhöhe: Es geht um die deutsch-amerikanischen Beziehungen und deren Weiterentwicklung.

Dienstag, 30. Januar 1990

8.45 Uhr Morgenlage: BK bezeichnet gestrige Rede Modrows zur Eröffnung der Volkskammertagung als »Offenbarungseid«. Heute wird Modrow in Moskau mit Gorbatschow zusammentreffen. Soll der ehemals »große Bruder« helfen? Und wie?

Wir überlegen Aktionen, die den Termin der Ankündigung der Kanzlerkandidatur Lafontains überlagern sollen.

Bundeskanzler beschließt, schriftliche Erklärung für die morgige Kabinettsitzung zur Entwicklung in der DDR vorbereiten zu lassen, die danach veröffentlicht werden soll.

9.30 Uhr: Jacques Attali ruft mich an. Er will meine Einschätzung über die jüngsten Ereignisse in der DDR für den Präsidenten wissen. Er bietet mir eine Wette an: Die deutsche Einheit werde noch vor Ende des Jahres vollzogen sein. Ich lache überrascht auf. Auch in Paris bahnt sich ein Meinungswechsel an.

Attali kündigt mir seine Kandidatur zum Präsidenten der Europäischen Bank für Entwicklung und Wiederaufbau an. Präsident Mitterrand sei dafür. Er bittet mich um die Unterstützung des Bundeskanzlers. Wir verabreden baldiges Gespräch in Paris.

12.00 bis 13.30 Uhr: Gespräch BK mit dem mexikanischen Präsidenten Carlos Salinas de Gortari.

Am Nachmittag trifft BK mit Eagleburger und Gates zusammen. Auf deutscher Seite nehmen Genscher, Stoltenberg, der Abrüstungsbeauftragte Holik, General Naumann, Dr. Kaestner und ich teil. Eagleburger und Gates kommen von Gesprächen in London, Paris und Rom. Es geht um den Vorschlag von Präsident Bush, die amerikanischen und sowjetischen Truppen in der Zentralzone auf je 195.000 Mann zu reduzieren. Bush wolle diesen Vorschlag morgen in seiner State-of-Union-Botschaft veröffentlichen.

Für die USA sei diese Zahl die Untergrenze, die unterschritten werden solle, für die Sowjetunion jedoch Obergrenze, über die sie nicht hinausgehen dürfe, die sie aber hoffentlich unterschreiten werde. Damit blieben in Europa insgesamt 225.000 US-Soldaten.

Der Präsident wolle damit Vorschlägen der Sowjetunion zuvorkommen. Die Vereinigten Stabschefs der USA hätten zugestimmt. Es solle auch verhindert werden, daß einzelne Verbündete – wie jetzt Belgien – ohne einvernehmliches Konzept einseitige Reduzierungen vornehmen. VKSE werde damit nicht gestört, ganz im Gegenteil. Der Vorschlag gebe Gorbatschow die Möglichkeit, Truppen aus Osteuropa als Ergebnis von Vereinbarungen ordnungsgemäß abzuziehen. Er komme nicht in den Verdacht, dazu gezwungen zu sein.

Thatcher sei nicht übermäßig begeistert gewesen, aber habe Unterstützung zugesagt. Ebenso Mitterrand, der aber klargestellt wissen wollte, daß das nicht der Beginn der Abkopplung der USA von Europa sei. Andreotti habe ebenfalls zugestimmt. BK antwortet, daß für ihn das gleiche Argument gelte, das Mitterrand vorgebracht habe. Freundschaft und Partnerschaft mit den USA seien für die Europäer angesichts der revolutionären Veränderungen wichtiger denn je. Zur Stabilität in Europa bleibe eine substantielle amerikanische Präsenz notwendig. Unter diesen Voraussetzungen sei er mit dem Vorschlag sehr zufrieden. Wichtig sei, daß damit Bush die Initiative behalte. Genscher schließt sich den Ausführungen des Bundeskanzlers an. Stoltenberg mahnt Expertengespräche an, wie der amerikanische Vorschlag in die laufende Wiener VKSE-Verhandlungsrunde eingeführt werden solle.

BK hält Abschluß der VKSE-Verhandlungen noch in diesem Jahr für sehr wichtig. Eagleburger stimmt zu. Vorsichtige Kritik übt er im Auftrag von Jim Baker, daß die EG sich bereits auf einen KSZE II-Gipfel festgelegt habe. In der NATO hätte man verabredet, darüber weiter zu sprechen. Jetzt seien den USA die Hände gebunden. Man müsse Wege und Mittel für bessere Konsultationen finden.

17.00 Uhr: Gespräch mit Dr. Heigert, dem Präsidenten des Goethe-Instituts.

Anruf von Dirk Koch, Spiegel, Bonn: Er wisse von Überlegungen des Bundeskanzlers und von der SPD-Spitze, daß nach der Wahl in der DDR keine Regierung gebildet, sondern ein Referendum über die Einheit Deutschlands und für die Bildung einer verfassungsgebundenen [sic!] Versammlung erfolgen solle. Das werde alle Überlegungen auf der Grundlage des Grundgesetzes rasch beenden. Es werde dann auch nicht mehr zur Bundestags-Wahl im Dezember, sondern gleich zu einer gesamtdeutschen Wahl im März 1991 kommen.

Er wisse auch, daß BK in der ersten Hälfte des Februar zu Gesprächen mit Gorbatschow nach Moskau reisen werde.

Ich weiß das nicht. Ich kann es nicht bestätigen. Persönlich halte ich den Moskau-Termin für möglich. Der ›Spiegel‹ hatte schon öfter sehr frühzeitig Hinweise aus »Moskauer Kreisen« erhalten. Die Sowjets verstehen es meisterhaft, die deutsche Presse für ihre Interessen einzuspannen. Siehe auch Portugalow und Falin. Manche deutsche Journalisten merken es nicht oder wollen es nicht merken.

Meldungen aus Moskau über die Gespräche Modrow-Gorbatschow. Sie deuten Kehrtwende in der sowjetischen Deutschlandpolitik an. Ein Moskauer ADN-Korrespondent, von der DDR-Delegation angeblich unterrichtet,[118] verbreitet folgende Aussagen Gorbatschows: Es gebe ein gewisses Einvernehmen bei den Deutschen im Westen und Osten, als auch bei den Repräsentanten der Vier Mächte, daß die Vereinigung Deutschlands niemals und von niemanden prinzipiell in Zweifel gezogen werde. Sowjetunion habe immer gesagt, daß, wie in der Vergangenheit, die Zeit den Gang des Prozesses bestimmen werde. Das werde auch in Zukunft so sein. Die Deutschen werden begreifen, daß diese wichtige Frage, die das Schicksal der Deutschen und anderer Völker in Europa betreffe, verantwortungsvoll gelöst werden müsse. Er denke, daß sie nicht auf der Straße gelöst werden dürfe. Die Probleme Deutschlands gehen die Vier Mächte wie auch andere Europäer an. Auf gar keinen Fall dürfen die Interessen der Deutschen geschmälert werden. Er habe viele Male gesagt, daß die Geschichte entscheiden werde. Das bleibe so. Er glaube, daß sie bereits ihre Korrekturen anbringe.

Treffen diese Aussagen zu, beweisen sie, daß Gorbatschow sich auf die deutsche Einheit einzustellen beginnt. Das wäre sensationell. Nicht einmal drei Monate sind seit der Öffnung der Mauer vergangen. Er erweist sich wieder einmal als ein weitsichtiger Politiker, der sich sehr rasch auf politische Veränderungen einzustellen weiß. Welche Alternative bliebe ihm auch?

Die Aussagen Modrows in seiner Pressekonferenz in Moskau sind ebenso überraschend. Sie bestätigen praktisch den Kurswechsel in Moskau. Zum erstenmal erklärt er vor der internationalen Presse: »Die Vereinigung der beiden deutschen Staaten ist jedoch die vor uns liegende Perspektive«, nachdem er eine Wiedervereinigung in den Grenzen von 1937 abgelehnt hatte. Wer will sie auch?

Modrow zitiert den Begriff »Deutschland einig Vaterland« als eine der künftigen Möglichkeiten der weiteren Entwicklung. Der Zustand der einen Nation in zwei Staaten werde innerhalb des europäischen Prozesses seine Überwindung finden. Mit Gorbatschow sei er sich einig, daß jetzt in Etappen vorgegangen werden solle. Er nennt die Vertragsgemeinschaft, »konföderative Züge« und weitere Schritte hin zu einer »Konföderation«. Dafür sollte jedoch kein Zeitrahmen genannt werden. Modrow ist bei dem Zehn-Punkte-Plan des Bundeskanzlers angekommen. Bundeskanzler kann sich uneingeschränkt bestätigt fühlen. Und er hat es auch.

Ein Brief des polnischen Ministerpräsidenten Mazowiecki an den Bundeskanzler ist eingetroffen. Er enthält die Antwort auf das Schreiben des Bundeskanzlers vom 14. November. Mazowiecki bringt noch einmal seine »tiefe Zufriedenheit« mit den Ergebnissen des BK-Besuches in Polen zum Ausdruck. Er nimmt auch auf die gemeinsame Messe in Kreisau Bezug. Er sei tief davon überzeugt, daß das »Zeichen des Friedens und der Verständigung,

118 Das Wort »gebrieft« wurde gestrichen.

den schwierigen Prozeß der Überwindung der schmerzhaften Vergangenheit und der Versöhnung zwischen Polen und Deutschen beschleunigen wird«. Er begrüßt die Erklärungen des Bundestages vom 8. November und die Stellungnahmen von Bundespräsident von Weizsäcker, von Bundestags-Präsidentin Süssmuth und von Außenminister Genscher. Er erwähnt nicht die des Bundeskanzlers vom 17. Januar m Paris. Er bezieht sich lediglich auf die Übereinstimmung in Warschau, daß der Vertrag von 1970 »Wegweiser« für die gegenseitige Beziehung bleibe. Anschließend äußert er zahlreiche Wünsche zur wirtschaftlichen und finanziellen Zusammenarbeit und kündigt den Besuch seines Außenministers für den Februar an. Es bleibt schwierig mit den Polen.

In Tutzing wiederholt Genscher seine Auffassung, daß der Teil Deutschlands, der heute die DDR bilde, nicht in die militärischen Strukturen der NATO einbezogen werden dürfe.[119] Das würde die deutsch-deutsche Annäherung blockieren. Ein neutralistisches Gesamtdeutschland wolle er nicht. Genscher versucht, Pflöcke einzurammen.

Mittwoch, 31. Januar 1990

8.15 Uhr BK-Lage: Die Erklärungen Gorbatschows zur deutschen Einheit bewegen uns und die heutige Presse. Jetzt liegt auch der Wortlaut der TASS-Erklärung über das Gorbatschow-Modrow-Gespräch vor. Sie bestätigt die »gesellschaftspolitische und wirtschaftliche Krise« in der DDR. Sie ist also keine Erfindung von uns mehr.[120] Nicht ernst nehmen wir die Feststellungen beider über »neofaschistische Ausfälle in der DDR« und angeblicher »Versuche rechtsradikaler Kräfte«, »neonazistische Stimmungen zu wecken und zu schüren«. Es wäre nur fatal, wenn die sowjetische Führung solchen Unsinn wirklich glauben sollte oder als Vorwand nutzen wollte, sich möglicherweise ein Eingreifen vorzubehalten. Das erscheint uns jedoch als unwahrscheinlich, hätte sich Gorbatschow sonst so positiv zur deutschen Einheit geäußert? Seine gestern von ADN zitierten Aussagen finden sich aber in der offiziellen TASS-Erklärung über das beiderseitige Gespräch nicht wieder. Modrows »Ideen« über »eine Vertragsgemeinschaft als praktischen Schritt zur Konföderation« sind aufgenommen. Von Gorbatschow wird nur wiedergegeben, daß die Sowjetunion »Verständnis« habe »für die legitimen Interessen der Deutschen in der DDR und der BRD, ihr Bemühen um eine Vertiefung des gegenseitigen Austausches und der Zusammenarbeit«. Als Schlüsselsatz mag gelten: »Das Bewußtsein der Verantwortung für das gemeinsame Gut, das der Frieden darstellt, ermögliche es, richtige Entscheidungen zu treffen und für alle annehmbare Methoden zu ihrer Durchsetzung zu finden«.

119 Am 31. Januar 1990 hielt Hans-Dietrich Genscher in der Evangelischen Akademie in Tutzing eine Rede, die nicht mit Bundeskanzler Kohl abgesprochen war. Sie enthielt die an die NATO gerichtete Forderung, eindeutig zu erklären, »was immer im Warschauer Pakt geschieht, eine Ausdehnung des NATO-Territoriums nach Osten, das heißt, näher an die Grenzen der Sowjetunion heran, wird es nicht geben«. Diese Sicherheitsgarantie sei für die Sowjetunion bedeutsam, denn der Wandel in Osteuropa und der deutsche Vereinigungsprozess dürften »nicht zu einer Beeinträchtigung der sowjetischen Sicherheitsinteressen führen«. Genscher führte zudem aus, das Gebiet der DDR solle nicht in die militärischen Strukturen der NATO einbezogen werden – da dies wegen zu erwartender Widerstände der Sowjetunion die Einigung blockieren würde, Marie Katharina Wagner, Ost-Erweiterung der Nato: Das große Rätsel um Genschers angebliches Versprechen, in: *Frankfurter Allgemeine Zeitung*, 19. April 2014, https://www.faz.net/aktuell/politik/ost-erweiterung-der-nato-was-versprach-genscher-12902411.html (Abruf 31.1.2024).

120 Das Wort »mehr« am Ende ist gestrichen worden.

Es ist weniger, als gestern euphorisch über die Medien lief. Es ist mehr, als in den Wochen vorher. Vorsichtiger Optimismus kennzeichnet unsere Stimmung, deshalb will BK die Erklärung Gorbatschows öffentlich begrüßen.

Wie immer am Mittwoch um 9.30 Uhr Kabinett BK gibt einleitend eine Erklärung zur Deutschlandpolitik ab. Er bezeichnet die Erklärung Gorbatschows als »ermutigend«. Sie trage den historischen Entwicklungen der letzten Monate in der DDR und in den innerdeutschen Beziehungen Rechnung, die ohne Gorbatschows Reformpolitik der Umgestaltung und Öffnung nicht in Gang gekommen wären.

An die Adresse Moskaus und aller Partner gerichtet, wiederholt er seine Bereitschaft, mit allen Nachbarn in West und Ost vertrauensvoll auf eine konstruktive Lösung der deutschen Frage hinzuarbeiten und die »berechtigten Sicherheitsinteressen aller« einzubeziehen.

Die vorgezogenen Volkskammerwahlen bezeichnet er als Chance, die Lage in der DDR zu stabilisieren. Die Bundesregierung wird ihre Hilfe unverändert fortsetzen. Das bleibt notwendig. Die Übersiedlerzahlen beweisen es. Im Januar sind 58.043 Übersiedler gekommen. BK kündigt im Kabinett Einrichtung von Arbeitsstäben an. Probleme wie Eigentumsansprüche, Rechtsangleichung u.a. müssen jetzt rascher aufbereitet werden. Mit Modrow werde die Bundesregierung aber keine Gespräche mehr über eine Vertragsgemeinschaft führen. Das einzige Thema bleibe das Wahlgesetz.

11.15 Uhr: Wieder einmal hat sich Botschafter Kwizinzkij angemeldet. Unsere Begegnungen werden immer häufiger. Kwizinskij übermittelt den Dank der sowjetischen Führung für die angebotenen Nahrungsmittel und Gebrauchsgüterlieferungen. Ministerpräsident Ryschkow schlage vor, Katuschew, Minister für außenwirtschaftliche Beziehungen, und Saruchanow, stellvertretender Binnenhandelsminister, morgen oder in einer Woche nach Bonn zu schicken, um die Abwicklung zu besprechen. Sie seien an beiden Angeboten interessiert.

Außerdem kündigt er eine vertrauliche Botschaft Gorbatschows für morgen oder übermorgen zur deutschen Frage an. Er liest mir die gestrige offizielle TASS-Mitteilung über das Gespräch Gorbatschow/Modrow vor. Als persönliche Meinung fügt er hinzu, daß das Modell des Runden Tisches in der DDR auch nach der Märzwahl fortgeführt werde, denn es werde sich mit der Wahl nichts Entscheidendes ändern. Wir wollen abwarten.

11.50 Uhr: Ministergespräch des Bundeskanzlers mit Schäuble, Waigel, Hausmann, Seiters, Blüm und Frau Wilms. Es geht um den Nachtragshaushalt. Waigel schlägt für die Projekte in der DDR einen Globaltitel von 1–2 Mrd. DM vor. Seiters erläutert Anfragen Modrows – so die Lieferung von Müllfahrzeugen, Omnibussen u.a. als einmalige Aktion. Die Einrichtung weiterer Arbeitsgruppen wird beschlossen, zu denen auch Experten außerhalb der Regierung hinzugezogen werden sollen. Außerdem soll ein Kabinettsausschuß Deutschlandpolitik beschlossen werden.

13.00 Uhr: Gespräch mit französischen Journalisten Arnot, Le Quotidien, über deutsche Frage.

14.00 Uhr: Gespräch mit Bonner ZEIT-Korrespondenten Spörl über Entwicklung der innerdeutschen Beziehungen.

15.00 Uhr: Gespräch mit ungarischem Botschafter István Horváth. Ungarn sei besorgt, daß sich Bundesrepublik nur noch auf DDR konzentriere. Die deutsche Wirtschaft überlasse die Großprojekte in Ungarn den USA, Großbritannien, Japan und Frankreich. Nur die mittelständischen und Klein-Betriebe kooperieren in Ungarn. Murdoch und Maxwell kaufen die ungarische Presse auf. Lage in Rumänien weiterhin schwierig. Keine Fortschritte für die ungarische Minderheit. Gefahr, daß Dogmatiker ihre Macht zu konservieren versuchen.

16.00 Uhr: Gespräch mit Unternehmensberater Hatesaul über Consulting-Projekte mit der Sowjetunion.

16.30 Uhr: Kiechle und sein Staatssekretär Kittel beim BK. Wir sprechen über die Abwicklung der Nahrungsmittelhilfe für die Sowjetunion. BK hat mit Waigel gesprochen, daß Kosten im Nachtragshaushalt aufgenommen werden. Mit Delors habe er es telefonisch vorgeklärt. Genscher und Hausmann sollen unterrichtet werden. Weitere Einzelheiten sollen in einem interministeriellen Arbeitsgespräch mit Auswärtigem Amt, Bundesministerium für Wirtschaft, Bundesministerium der Finanzen und Bundesministerium für Ernährung, Landwirtschaft und Forsten besprochen werden, zu dem ich einladen werde.

17.15 Uhr: Konstituierende Sitzung der Arbeitsgruppe Deutschlandpolitik. Zukünftig zweimal in der Woche. Wir bereiten Kabinettsvorlage über Einsetzung eines Kabinettausschusses Deutschlandpolitik vor. Leitung soll Seiters übernehmen. Es soll ständige und nichtständige Teilnehmer und ressortübergreifende Arbeitsgruppen geben. Der Ausschuß selbst soll sich nur mit Schwerpunktaufgaben befassen. Er muß einmal der Tatsache Rechnung tragen, daß die Entwicklungen rascher verlaufen, als alle bisher angenommen hatten. Das wird vermutlich auch für die Zeit nach der Wahl am 17. März [sic!] so sein. Er muß außerdem davon ausgehen, daß sich inzwischen alle politischen Kräfte in der DDR zur Einheit bekannt haben. Damit muß die gesamte Arbeit auf das Ziel der staatlichen Einigung Deutschlands ausgerichtet werden. Entsprechend müssen die äußeren Aspekte beschleunigt gestaltet werden. Vorbereitung des Modrow-Besuches: Wir identifizieren 4 Aufgabenfelder, die vorbereitet und besprochen werden müßten: Zwischenbilanz der Zusammenarbeit seit Dresden; Einrichtung weiterer gemeinsamer Arbeitskommissionen; Arbeitsplanung für die Zeit nach der Wahl mit dem Ziel, konföderative Strukturen zu gestalten; Möglichkeiten wirtschaftlicher Hilfe.

Der neue Entwurf des Wahlgesetzes, von der Volkskammer vor zwei Tagen in einer 1. Lesung diskutiert, liegt vor. Er ist gestern veröffentlicht worden und soll am 20. oder 21. Februar nach einer »Volksaussprache« verabschiedet werden. Eine Durchsicht ergibt, daß auch dieser Entwurf noch immer nicht befriedigend ist. Die neuen politischen Gruppierungen werden bei der Wahl am 18. März nur dann eine Chancengleichheit haben, wenn sie von den Parteien der Bundesrepublik massiv unterstützt werden. Die USA haben uns »Overview Talking Points« zu ihren neuen VKSE-Vorschlägen übergeben, die Bush heute nacht in seiner State-of-Union-Botschaft bekanntgeben wird. Baker hat in dieser Sache Genscher geschrieben. Die Vorschläge beziehen sich auf den Bereich der Flugzeuge und der Truppen. Diesen Komplex hatten Eagleburger und Gates bereits erläutert.

Genscher in der Evangelischen Akademie Tutzing: Die »Einheit in nationaler Solidarität kann und muß sofort beginnen«. Es sei die »Einheit der praktischen Schritte«, die kein Recht eines anderen Staates, keine geschlossenen Verträge und auch nicht die Bündnisse berühre. Damit könne der staatlichen Einigung vieles vorweggenommen werden. Genscher bekräftigt die Mitgliedschaft in der EG im Falle der Einheit. Das gleiche gelte für die Mitgliedschaft im westlichen Bündnis. »Ein neutralistisches Gesamtdeutschland wollen wir nicht«. An anderer Stelle wiederholt er seinen Vorbehalt, daß das NATO-Territorium nicht nach Osten ausgedehnt und die DDR nicht in die »militärischen Strukturen der NATO« einbezogen werden dürfe. Das würde die deutsch-deutsche Annäherung blockieren. Eine Besorgnis, die ich nicht teile.

Donnerstag, 1. Februar 1990

Heute nacht Bushs Bericht zur Lage der Nation. Sie enthält die angekündigte Abrüstungsinitiative. Als vorrangiges Ziel erklärte er den unverzüglichen Abschluß der Rüstungskontrollverhandlungen im konventionellen Bereich sowie bei chemischen und strategischen Waffen. Es sei jetzt auch an der Zeit, »den aufstrebenden Demokratien Osteuropas die Hand zu reichen und auf unsere neuen Beziehungen zur Sowjetunion aufzubauen«.

BK begrüßt diese Vorschläge nachhaltig. Sie sind ein wichtiger Schritt, die schwierigen Aufgaben der europäischen Sicherheit durch Abrüstung und Rüstungskontrolle lösen zu helfen. Damit werden auch die mit der deutschen Frage verknüpften Sicherheitsprobleme erheblich erleichtert. Wird die Initiative von Bush, die Truppen der beiden Weltmächte in der Zentralzone auf je 195.000 zu reduzieren, Wirklichkeit, muß die Sowjetunion fast 50 % ihrer Truppen aus der DDR abziehen. Das wäre für uns ein erheblicher Fortschritt. Die deutsche Einheit wird nur im Konzert solcher gesamteuropäischen Lösungen erreicht werden können. Erfreulich ist, wie Bush und Baker uns dafür den Boden bereiten.

10.00 Uhr: BK spricht mit den Außenstellenleitern der Konrad-Adenauer-Stiftung. Sehr offen erläutert er einige seiner Überlegungen. Sein Ausgangspunkt: Die deutsche Frage sei nur unter einem europäischen Dach zu lösen. Die deutsch-französische Freundschaft bleibe deshalb von größter Bedeutung und bedarf allerbester Pflege. Dazu müsse die europäische Integration kommen, ohne der es keine Fortschritte in der Bundesregierung geben werde. Deshalb müsse der Binnenmarkt vollendet und die Wirtschafts- und Währungsunion geschaffen werden. In dem Maße, in dem die Bundesrepublik nationale Kompetenzen an die EG abgebe, falle der Vorwurf in sich zusammen, daß ein geeintes Deutschland zu einem »Vierten Reich« werden könne. Die Beziehungen zu Frankreich dürften jedoch nicht alternativ zu den USA verstanden werden.

Anknüpfend an den Bericht zur Lage der Nation von Bush bekräftigt er, daß das Sicherheitsbedürfnis der Sowjetunion über Abrüstung gelöst werden müsse. Bundesrepublik müsse bereit sein, sicherheitspolitische Auflagen als Preis für die Einheit zu akzeptieren.

Einen Friedensvertrag lehnt der Bundeskanzler unter Hinweis auf das Reparationsproblem ab.

In bezug auf die DDR erläutert er die Gründe für den enormen Vertrauensverlust der Bevölkerung gegenüber der Modrow-Regierung. Aufgrund der bereits im März stattfindenden freien Wahlen solle auf die Vertragsgemeinschaft verzichtet werden. Das Szenario nach der Wahl werde so sein, daß die neugewählte Volkskammer die Vereinigung beschließen werde. Dann werde eine gesamtdeutsche Wahl möglich. Dennoch bleibe ein erheblicher Zeitbedarf für die Angleichung beider Gesellschaftssysteme, so daß auch die Bundesregierung kein Interesse an einen künstlichen Zeitdruck habe.

Für die Wahl selbst beabsichtige er, eine Parteigruppierung der Mitte zu bilden, die den »Demokratischen Aufbruch«, die »Forumpartei« und die »DSU« erfassen solle. Die Ost-CDU befinde sich in einem Prozeß stürmischer Veränderung. Er selbst werde mit »vollem obligo« in die Wahl gehen. Er sei sich bewußt, daß sie sich an zwei Symbolfiguren orientieren werde, an Willy Brandt und an ihm.

13.30 Uhr: Ich spreche mit den Kollegen Dr. Schomerus, Bundesministerium für Wirtschaft, und Dr. Jellonek, Außwärtiges Amt, über die Vorbereitung der KSZE-Wirtschaftskonferenz, die im April in Bonn stattfinden wird. Es geht um die Abschlußerklärung und um die Institutionalisierung.

In Ost-Berlin legt Modrow auf einer Pressekonferenz seinen Plan »Für Deutschland, einig Vaterland-Konzeption für den Weg zu einem einheitlichen Deutschland« vor. Er nennt folgende Stufen: Vertragsgemeinschaft mit konföderativen Elementen; Konföderation; einheitlicher deutscher Staat in Form einer deutschen Föderation oder eines Deutschen Bundes. Gleichzeitig fordert er »militärische Neutralität von DDR und BRD« bereits »auf dem Wege zur Föderation«.

Diese Vorschläge erinnern uns an die von Ulbricht 1956[121] und von Grotewohl 1957[122] bzw. an die sowjetischen Friedensvorschläge von 1952,[123] 54[124] und 1957.[125] Dabei geht

121 Am 30. Dezember 1956 unterbreitete Walter Ulbricht als Erster Sekretär des SED-Zentralkomitees in einem Artikel »Was wir wollen und was wir nicht wollen«, in: *Neues Deutschland*, 30. Dezember 1956, S. 1 und 3–4, einen Vorschlag zur Wiedervereinigung auf der Basis konföderativer Strukturen als Zwischenlösung auf dem Weg zur Wiedervereinigung mit dem primären Ziel, der Anerkennung der DDR näher zu kommen. Er berief sich auf Gespräche mit einem Minister Konrad Adenauers, Hans-Peter Schwarz: Die Ära Adenauer. Gründerjahre der Republik 1957–1963, Stuttgart 1983, S. 61–68; Hanns Jürgen Küsters, Wiedervereinigung durch Konförderation? Die informellen Unterredungen zwischen Bundesminister Fritz Schäffer, NVA-General Vincenz Müller und Sowjetbotschafter Georgij Maksimowitsch Puschkin 1955/56, in: *Vierteljahrshefte für Zeitgeschichte* 40 (1992), Heft 1, S. 107–153. Ulbricht konkretisierte seine Idee später, forderte den Sturz Adenauers als Bedingung und formulierte für die Bundesregierung unannehmbare Vorschläge. Adenauer lehnte diesen Vorschlag ab und bewertete ihn als nachdrücklichen Versuch Ulbrichts, »ganz Deutschland zu einem kommunistischen Land zu machen«, Rudolf Morsey/Hans-Peter Schwarz (Hrsg.), Adenauer. Teegespräche 1959–1961, Berlin 1988, S. 7.

122 DDR-Ministerpräsident Otto Grotewohl schlug am 27. Juli 1957 eine deutsch-deutsche Konföderation vor. Er befürwortete im gleichen Jahr auch den Plan des polnischen Außenministers Adam Rapacki für eine atomwaffenfreie Zone in Mitteleuropa mit Polen, der DDR, Bundesrepublik und später auch mit der Tschechoslowakei, der am 2. Oktober 1957 bei der UN-Vollversammlung vorgestellt, aber von den NATO-Staaten mit Ausnahme Belgiens und Kanadas abgelehnt wurde. Ein Grund war die Sorge Polens vor einer nuklearen Bewaffnung der Bundesrepublik und Gebietsansprüche östlich der Oder-Neiße-Grenze. Wegen der Überlegenheit bei den konventionellen Streitkräften der Warschauer Pakt-Staaten wurde auf NATO-Seite eine Verschiebung des militärischen Gleichgewichts befürchtet. Bonn gab vor, aufgrund der Hallstein-Doktrin formal keinen Vertrag mit der DDR schließen zu können.

123 Am 10. März 1952 bot Stalin den westlichen Botschaftern Frankreichs, des Vereinigten Königreichs und der Vereinigten Staaten in Moskau in einer Note Verhandlungen über einen deutschen Friedensvertrag und die Einheit Deutschlands mit Nationalarmee unter Bedingung der Koalitionsfreiheit (Bündnislosigkeit) an. Bundeskanzler Konrad Adenauer ließ es nicht dazu kommen und empfahl den Westmächten die Ablehnung (zumal Stalin damit die Westintegration der Bundesrepublik verhindern wollte) und setzte sich mit der Verwerfung des Angebots durch.

124 Am 25. März 1954 hatte die Sowjetunion in einer diplomatischen Note der DDR die volle staatliche Souveränität zugebilligt, insbesondere bei der Herstellung ihrer Beziehungen zu anderen Staaten einschließlich der Bundesrepublik. Am 23. Oktober 1954, dem Tag der Unterzeichnung der Pariser Verträge, die den NATO-Beitritt der Bundesrepublik vorsahen, lud die Sowjetunion in einer Note an die drei Westmächte (USA, Großbritannien und Frankreich) zur Abhaltung einer Vier-Mächte-Konferenz über die Deutschlandfrage für November 1954 und in eine zweite Konferenz über den Abschluss des österreichischen Staatsvertrags ein. Ohne die Antwort abzuwarten, schlug die UdSSR mit einer weiteren Note vom 13. November 1954 vor, zahlreiche europäische und außereuropäische Regierungen zur Teilnahme an einer Konferenz zur Schaffung eines europäischen Systems kollektiver Sicherheit nach Moskau für den 29. November 1954 einzuladen. Nur ihre Verbündeten sagten jedoch zu.

125 Die Sowjetunion propagierte ausgehend vom Vorschlag des DDR-Ministerpräsidenten Otto Grotewohl vom 27. Juli 1957 in ihrer Note vom 7. September 1957 Konföderationspläne zweier deutschen Staaten, die nach Völkerrecht auf paritätischer Ebene verhandelt werden müssten. Der Plan einer Konföderation zweier deutscher Staaten wurde von der Bundesregierung auch in ihrer Erklärung vom 23. Januar 1958 vor dem Deutschen Bundestag zurückgewiesen.

Modrow über die sowjetischen Vorstellungen von damals hinaus, wenn er die Neutralität bereits vor der Wiedervereinigung fordert.

Der Bundeskanzler stellt in seiner öffentlichen Einlassung fest, daß sich jetzt auch Modrow eindeutig zur staatlichen Einheit Deutschlands bekennt. Die Neutralitätsforderung lehnt er jedoch strikt ab. Sie widerspreche der Logik eines »gesamteuropäischen Einigungsprozesses«, von dem auch Modrow spreche. Die Neutralität würde Deutschland in Europa isolieren.

Dieser heutige Vorstoß Modrow dient dem Ziel, die Wiedervereinigungsdebatte im Sinne der SED zu steuern und ihre Wahlchancen zu erhöhen. Das alles wird unserer Meinung nach nichts nutzen, aber ist Wasser auf unsere Mühlen.

Regierender Bürgermeister Momper heute in London: Er berichtet dort, daß die Autorität der DDR-Regierung zusammengebrochen sei. Die Wiedervereinigung würde »sehr bald« kommen. Welche Regierung auch am 18.3. gewählt werde, es werde eine Regierung für die Wiedervereinigung sein.

Heute abend trifft BK als Vorsitzender der CDU in West-Berlin mit dem Vorsitzenden der DDR-CDU, Lothar de Maizière; des Demokratischen Aufbruchs, Wolfgang Schnur, und der DSU, Pfarrer Ebeling, zusammen. Es geht um ein Wahlbündnis für den 18. März.

Freitag. 2. Februar 1990

Verärgerung über Dumas. Er hat gestern in Berlin zur Frage der polnischen Westgrenze gesagt: Es sei nicht »vernünftig«, die »Antwort aufzuschieben und die Einsetzung eines großen (= gesamtdeutschen) Parlaments abzuwarten«. Was könne die Parlamente der beiden Deutschlands denn heute daran hindern, ihre Entschlossenheit kund zu tun?

BK ist zornig. Er läßt Regierungssprecher Erklärung abgeben, in der noch einmal darauf hingewiesen wird, daß er bereits vorgeschlagen habe, daß nach der Volkskammerwahl am 18. März beide freigewählten deutschen Parlamente eine gleichlautende Erklärung auf der Grundlage der Bundestags-Entschließung vom 8. November 1989 abgeben werden.

Zum erstenmal läßt er zwei Forderungen hinzufügen: Die Erklärung müsse den Verzicht Polens auf Reparationen[126] deutlich machen und die vertragliche Regelung der Rechte der Deutschen in Polen in Aussicht stellen. Damit verfolgt BK zwei Absichten: Er will solche Parlamentserklärungen innenpolitisch abfedern und polnischen Forderungen vorbeugen, wie sie der polnische Sejm-Marshall bei seinem Besuch in der Bundesrepublik in der Höhe von 200 Mrd. bereits erhoben hat.

Am Nachmittag überbringt Kwizinskij dem Bundeskanzler die angekündigte persönliche Botschaft Gorbatschows. Er übermittelt dem Bundeskanzler vor seinem morgigen Zusammentreffen mit Modrow in Davos sein Einverständnis zu einer »Vertragsgemeinschaft als Etappe auf dem Weg zur Konföderation der zwei deutschen Staaten«. Gleichzeitig lädt

126 Die Führung der Volksrepublik Polen unter Bolesław Bierut verzichtete in einer Erklärung des Ministerrates vom 23. August 1953 auf weitere Reparationsforderungen gegenüber »dem deutschen Volk«, faktisch gegenüber der DDR, weil die UdSSR die wirtschaftliche Entwicklung der DDR auch in Hinsicht auf den Aufstand vom 17. Juni 1953 nicht weiter behindern wollte. Laut der polnischen Partei PIS bestehe ein Reparationsverzicht nicht, weil die Erklärung durch eine stalinistische, d. h. nicht demokratisch legitimierte Regierung erfolgte. Dem stellt sich die Bundesregierung mit dem Standpunkt entgegen, wonach die Verzichterklärung als völkerrechtlich verbindlich anzusehen sei und auch Polen während der Herrschaft Stalins nicht die ehemaligen deutschen Ostgebiete hätte eingliedern dürfen; Nachbetrachtungen, S. 731, 750, 758.

er den Bundeskanzler zu einem persönlichen Gespräch unter vier Augen für den 9. Februar nach Moskau ein. Nach einem Blick in seinen Terminkalender bittet BK, den Termin für den 10./11. Februar vorzusehen.

Ich bin sehr erleichtert. Endlich steht das seit Dezember angefragte Treffen fest. Aber die zeitliche Verzögerung hilft uns jetzt. Was hat sich in diesen zwei Monaten nicht alles verändert? Jetzt geht es nicht mehr um das Ob der Vereinigung sondern nur noch um das Wie und das Wann.

Ingrid Matthäus-Maier und Wolfgang Roth von der SPD fordern eine »DM-Währungsunion« zwischen der Bundesrepublik und der DDR spätestens ab 1991. Das SPD-Papier stimmt in den meisten der wesentlichen Punkte mit dem Konzept der Bundesregierung »Schritte zur deutschen Wirtschaftseinheit« überein.

Zu dieser Diskussion einer Wirtschafts- und Währungsunion mit der DDR, die von Modrow ausging und heute von der SPD aufgegriffen werde, antwortet Finanzminister Dr. Waigel mit zwei Modellen: Das erste sieht stufenweise marktwirtschaftliche Reformen vor, um einen einheitlichen Wirtschaftsraum mit angenähertem Produktionsniveau zu schaffen. Am Ende dieses Reformprozesses stünden die Währungsprozesse. Dafür hat sich auch die Bundesbank ausgesprochen. Waigel gibt zu, daß dieses Modell volkswirtschaftlich gut begründbar sei, aber Zeit und Geduld verlange. Das alternative Modell ginge davon aus, daß die DM defacto schon Zahlungsmittel in der DDR sei. Es könnte die direkte Einführung der DM als offizielles Zahlungsmittel in der DDR notwendig werden, um den Menschen auch eine überzeugende Zukunftsperspektive zu geben. Dieser Weg müßte mit Wirtschaftsreformen verbunden sein.

Wichtig ist der Hinweis Waigels: »Wenn die Menschen in der DDR diesen mutigen Weg gehen wollen, dann werden wir uns dem nicht verschließen«.

Samstag, 3. Februar 1990

BK heute auf dem World Economic Forum in Davos. Er spricht über »Europa – Die Zukunft der Deutschen«. In dieser Rede entwickelt er erstmals weiterführende Gedanken zu einer künftigen Sicherheitsarchitektur in Europa in Form bündnisübergreifender Sicherheitsstrukturen und über eine verstärkte Zusammenarbeit zwischen West und Ost. Gleichzeitig erläutert er die Hauptziele seiner Europapolitik. In diesen Rahmen stellt er seine deutschlandpolitische Konzeption.

Für eine Stunde trifft er mit Modrow zusammen. Dieser berichtet, daß inzwischen in der DDR alles an der Regierung und am Runden Tisch vorbeigehe. Deshalb wolle er eine Regierung der nationalen Verantwortung. Das sei keine Wahltaktik. Das gelte auch für das Vorziehen der Wahlen. Seine deutschlandpolitische Konzeption habe er veröffentlicht, weil weiterhin Menschen die DDR verlassen. Seine Überlegungen seien weder innerhalb der Regierung noch mit dem Runden Tisch abgestimmt worden. Die Situation hätte ihm keine andere Wahl gelassen. Die Unruhe in der Bevölkerung wachse.

Das Treffen in Dresden sei gut gewesen. Die Lage sei bis zum neuen Jahr relativ stabil gewesen. Jetzt zerfasere auch die lokale Verwaltung. Das Zusammenwachsen beider Staaten sei unumgänglich. Die Entwicklung gehe rasant vor sich. Er laufe der Verantwortung nicht davon, sondern handele aus Patriotismus. Man müsse den Menschen eine Perspektive geben. Hilfe aus der Bundesrepublik sei dringend. Erneut spricht Modrow seinen Vorschlag von 15 Mrd. DM an. Sie seien notwendig, um über den März hinwegzukommen.

BK spricht die Währungsproblematik an. Modrow hält die DM als Alleinwährung als Lösung möglich. Sie verabreden, eine Arbeitsgruppe einzurichten.

Wehrkunde-Tagung in München: US-Sicherheitsberater Brent Scowcroft spricht am Nachmittag. Die strategische Situation in Europa habe sich grundlegend verändert. Er bekräftigt die »bleibende Verpflichtung« der USA gegenüber Europa und zitiert Genscher, der sie eine »Voraussetzung für Frieden und Stabilität« genannt habe. Das kommt nicht von ungefähr, daß er Genscher an dieser Stelle zitiert.

Wichtig ist seine Aussage, daß die USA den Zusammenschluß Westeuropas »aus grundsätzlichen strategischen Erwägungen« mit »allem Nachdruck« unterstützen. Eine Stärkung Europas bedeute eine Stärkung des Westens. In diesem Punkt sei sich die Administration »völlig einig«. Ausdrücklich bezieht Scowcroft die Unterstützung auf den wirtschaftlichen, politischen und militärischen Bereich der europäischen Zusammenarbeit. In dieser Klarheit ist das noch nie gesagt worden. Erfreulich die Aussage, daß Bush »einen baldigen erfolgreichen Abschluß der VKSE wolle. Alle Möglichkeiten der KSZE sollen voll ausgeschöpft werden. Vorsichtiger ist die Aussage zu einem KSZE-Gipfel: »Die Vereinigten Staaten überlegen noch«. Bis zum Juni soll der START-Vertrag[127] zum Abschluß kommen. Überraschend positiv äußert sich Brent zur WEU, zur deutsch-französischen militärischen Zusammenarbeit und zu den britischen und französischen nuklearen Streitkräften; fast sensationell sein Satz: »Es ist jetzt höchste Zeit, im Sicherheitsbereich eine ›europäische Komponente‹ zu schaffen«.

Zur deutschen Frage bezieht sich Brent auf den Bundeskanzler, daß die Einigung »im Einklang mit dem übergeordneten Prozeß der Versöhnung zwischen Ost und West in Europa … erfolgen muß«. Im Manuskript geschwärzt ist der Einschub »schrittweise, ohne an Zeitpläne gebunden zu sein«. Die reale Entwicklung verändert selbst kurzfristig erstellte Manuskripte.

Am Abend spreche ich mit Brent Scowcroft und Bob Blackwill im Bayerischen Hof. Brent bittet in der deutschen Frage weiterhin um engste Konsultation. Er ist vom Tempo der Entwicklung tief beeindruckt. Er ahnt, daß nach der Wahl am 18. März alles sehr schnell in Richtung Einheit laufen könne. Gorbatschow habe sie über bevorstehendes Gespräch mit BK unterrichtet. Das sei ungewöhnlich. Baker werde unmittelbar vorher in Moskau mit Schewardnadse zusammentreffen. Wir verabreden, daß BK vor seinem Gespräch mit Gorbatschow unterrichtet werden soll.

Welches Pfand habe die Sowjetunion gegen die Bundesregierung in der Hand, will Brent wissen? Ich verweise auf die Vier-Mächte-Verantwortung. Da werden die USA nicht mitmachen, erwidert Brent. Das lasse sie auch gegenüber einen KSZE-Gipfel zögern, weil die Sowjetunion versucht sein könnte, daraus eine Ersatz-Friedenskonferenz über Deutschland zu machen.

Wir sprechen über das Problem der LANCE-Modernisierung.[128] Meine Anregung: Wenn darauf verzichtet werden sollte, müßte die Entscheidung noch in diesem Jahr getroffen werden und nicht erst im Januar 1991 – also einem Monat nach der Bundestags-Wahl. Sie würden darüber nachdenken, sagt Brent zu. Abschließend unterrichte ich ihn über die

127 Siehe Anmerkung 61, S. 156.

128 Die ballistische Lance (MGM-52 Lance), eine Kurzstreckenrakete mit Nukkleargefechtsköpfen, die seit 1975 die Honest John (1965–1977) und die Sergeant (bis 1982) abgelöst hatte, gehörte zu Battlefield Short-Range Ballistic Missiles (BSRBM) und wurde in den USA 1973 eingeführt. Der Nuklearsprengkopf

Lebensmittel-Aktion für die Sowjetunion, die wir gerade vorbereiten. Er ist sehr dafür. Brent und Bob sind exzellente Kollegen, freundschaftlich, offen, verläßlich und unkompliziert. Es macht Spaß, mit ihnen zusammenzuarbeiten. Das ging noch nie so reibungslos. Brent ist der 5. Sicherheitsberater im Weißen Haus, mit dem ich zusammenarbeite.

Montag, 5. Februar 1990

9.00 Uhr: Nach langer Zeit wieder Bundeskanzler-Lage. In der Presse und bei Opposition große Aufregung, warum BK die Reparationsfrage in seiner Polen-Erklärung aufgeworfen habe. AA hat wieder einmal durchsickern lassen, daß das nicht seiner Auffassung entspreche. Jim Baker hat den Bundeskanzler über die US-Botschaft die Nachricht zukommen lassen, daß das Gespräch mit Genscher am Freitag in Washington positiv verlaufen sei. Er werde dem Bundeskanzler eine Unterrichtung zukommen lassen.

Presse ist heute voll von Berichten über Davos. BK hatte gegenüber der Presse »von einer dramatischen Situation der DDR-Wirtschaft und von einem drohenden Kollaps« gesprochen. Auch de Maizière erklärt im heutigen ›Spiegel‹, daß die Situation so instabil sei, »daß ein Kollaps nicht ausgeschlossen werden kann«. BK berichtet, daß Modrow jedem in Davos offen gesagt habe, daß die DDR vor einem »Kollaps« stünde: Die Regierung könne keine Entscheidungen mehr durchsetzen, die Wirtschaft stehe vor einem Zusammenbruch und die Menschen hauen weiter ab. Auch der ›Spiegel‹: »Staat ist kaputt, die Wirtschaft im Chaos«. Auch »die Staatsbankrotteure drüben« sähen nur einen Ausweg: »die Flucht in die Einheit«. Schlußfolgerung vom ›Spiegel‹: »Einheit in diesem Jahr«. Große Einigkeit von Bundeskanzler über Modrow bis ›Spiegel‹!

Noch eine Neuigkeit: Modrow hat im Schweizer Rundfunk erklärt, eine Vereinigung Deutschlands sei auch ohne eine Neutralisierung möglich.

Unterrichtung Schewardnadses der sowjetischen Medien am Samstag über Frage der deutschen Einheit: Sowjetunion stünde dem Konzept Modrows mit »gebührendem Verständnis« gegenüber. Es enthielte vernünftige, weitsichtige Ideen und Vorgehensweisen. »Insgesamt« gingen sie von den richtigen Voraussetzungen aus. Der Teufel und Gott steckten jedoch im Detail.

Erneut erklärt er, daß die Sowjetunion weder in der Vergangenheit noch jetzt mit dem Prinzip der Selbstbestimmung der beiden deutschen Staaten Probleme habe. Wieder bezieht er das Selbstbestimmungsrecht auf die »Staaten« und nicht auf das »deutsche Volk«. Die Sowjetunion wolle sich den nationalen Bestrebungen des »deutschen Volkes« in der DDR und BRD »in keiner Weise« entgegenstellen. Die deutsche Frage habe jedoch »juristische, politische, militärische und ökonomische Aspekte« und berühre Millionen von Menschen in allen Staaten. Er regt deshalb »ein gesamteuropäisches Referendum unter Beteiligung der USA und Kanadas oder wenigstens parlamentarische Erörterung« an.

Als Probleme in Zusammenhang mit der deutschen Einheit spricht er an: Synchronisch mit dem gesamteuropäischen Prozeß; KSZE-Gipfel in diesem Jahr; Abschluß eines

hatte wahlweise eine Sprengleistung zwischen einem und 100 kT (TNT-Äquivalent). Es gab zudem einen Sprengkopf mit erhöhter Neutronenstrahlung. Die Bundesrepublik beschaffte sich Mitte der 1980er Jahre das System. Die Ablösung der Lance-Raketen erfolgte Anfang der 1990er Jahre mit dem ATACMS-System in verschiedenen Varianten; Nachbetrachtungen, S. 732.

Friedensvertrages?; bedingungslose Anerkennung der Nachkriegsgrenzen; militärische Neutralität; Senkung des Rüstungsniveaus; Entmilitarisierung beider deutscher Staaten; gesamteuropäische Friedensordnung.

Auch Gorbatschow hat gegenüber Gysi laut TASS von Freitag sich »überzeugt« gezeigt, »daß auch die Frage der deutschen Einheit im Rahmen des europäischen Prozesses, beim Aufbau des gemeinsamen Hauses in Europa ihre Lösung finden kann«. Es geht auch in Moskau nicht mehr um das Ob der Einheit, sondern nur noch um das Wie und das Wann?

BK telefoniert mit Mitterrand. Er schildert ihm die Lage in der DDR und unterrichtet ihn über sein bevorstehendes Gespräch mit Gorbatschow. Es ginge ihm um die enge Abstimmung, deshalb werde er den Präsidenten nach seiner Rückkehr aus Moskau gleich unterrichten. Er wolle das auch gegenüber Bush und Thatcher tun. Mitterrand unterstreicht die Wichtigkeit enger Abstimmung, wenn es auch zwischen ihm und dem Bundeskanzler keine Schwierigkeiten gebe, was immer auch in der Presse stünde. Er würde sich freuen, den Bundeskanzler in Paris zu sehen. Er käme auch gerne nach Deutschland.

Dr. Dregger ruft mich an. Er habe sich öffentlich zu der unterschiedlichen Bündniszugehörigkeit beider deutscher Staaten geäußert und sich gegen eine Auflösung der NATO nach der Einigung Deutschlands ausgesprochen. Es gehe ihm darum, Pflöcke einzuschlagen, bevor der Koalitionspartner andere Positionen fest zuordne.

11.00 Uhr: Unter Leitung Seiters tritt die Arbeitsgruppe Deutschlandpolitik zusammen. Wir besprechen für Mittwoch die Kabinettsvorlage über die Organisation der deutschlandpolitischen Arbeit innerhalb der Bundesregierung. Nächstes Thema: Aktionsplan für den Tag nach der Wahl in der DDR. Zwei Szenarien sind vorstellbar: Neugewählte Volkskammer stimmt sofort über einen Beitritt zur Bundesrepublik ab. Zwei Varianten: Neue DDR-Regierung wird gebildet, notwendige Schritte durchzuführen, oder es wird keine Regierung mehr gebildet. Zweites Szenario: Nach der Wahl werden die neuen Länder eingerichtet und dann der Beitritt nach Art. 23 GG vollzogen.

Lage in der DDR: Wir halten einen Kollaps der DDR vor dem 18. März für möglich. Abhilfe: Währungsunion noch vor der Wahl muß bedacht werden.

Internationale Einbettung: Nach den Gesprächen BK mit Gorbatschow und Bush muß ein operatives Konzept erarbeitet werden.

13.00 Uhr: US-Botschafter Walters unterrichtet mich im Auftrag von Baker – wie gegenüber dem Bundeskanzler angekündigt – über dessen Gespräch mit Genscher in Washington. Jim läßt Bundeskanzler wissen, daß er am 9./10. Februar in Moskau sei, und Bush von Gorbatschow erfahren habe, daß BK ebenfalls für den 9.2. eingeladen sei. Aus dem Gespräch mit Genscher läßt Jim den Bundeskanzler drei Punkte wissen, die er angesprochen habe: (1) KSZE-Prozeß. Sie hätten übereingestimmt, daß es nicht zu einer Vier-Mächte-Konferenz über Deutschland kommen dürfe. Verhandlungen der Vier Mächte plus der beiden deutschen Staaten habe Genscher nicht zugestimmt, aber für die Zeit nach den Wahlen in der DDR nicht ausgeschlossen. (2) Übereinstimmung über die Verstärkung der Zusammenarbeit zwischen den USA und der EG-Kommission. Genscher will Vorschläge erarbeiten. (3) Übereinstimmung, daß alles vermieden werden solle, die Sowjetunion zu diskriminieren.

14.00 Uhr–17.00 Uhr: Brainstorming mit General Naumann, FÜS III und Oberst Fischer und meiner Abteilung über Lösung der deutschen Frage im Rahmen einer gesamteuropäischen Sicherheitsordnung zur Vorbereitung der BK-Gespräche mit Gorbatschow und Bush.

17.00 Uhr–18.30 Uhr: Interministerielles Gespräch mit Staatssekretär Lautenschlager,

Auswärtiges Amt; Staatssekretär Kittel, Bundesministerium für Ernährung, Landwirtschaft und Forsten; Dr. Gerlach, Bundesministerium für Wirtschaft, und Staatssekretär Klemm, Bundesministerium der Finanzen: Letzte Abstimmung der Aktion Nahrungsmittelhilfe für die Sowjetunion. Probleme mit der EG-Kommission sind noch zu lösen.

18.30 Uhr–21.00 Uhr: Erneute Sitzung der Arbeitsgruppe Deutschlandpolitik – Fortsetzung der Diskussion über einen »Aktionsplan« für den Einigungsprozeß nach der Wahl am 18. März. Drei Szenarien:

(1) Bildung einer freigewählten DDR-Regierung; Durchführung von Sofortmaßnahmen analog der vorliegenden Modrow-Vorschläge; Aufnahme von Verhandlungen beider Regierungen über stufenweise Herstellung der staatlichen Einheit; Vorrangige Aufgabe Durchführung der Wirtschafts- und Währungsunion, Sozialunion, Rechtsunion usw. Bildung gemeinsamer Institutionen.

(2) Volkskammer beschließt, staatliche Einheit Deutschlands kurzfristig herzustellen. Entscheidung für verfassungsgebende Versammlung und gesamtdeutsche Wahlen. Beitritt nach Art. 23 GG bzw. Bildung von Ländern, die nach Art. 23 GG der Bundesrepublik beitreten. Dringlichkeit der Aufgaben wie unter (1).

(3) Ein geregelter Ablauf erweist sich nicht mehr möglich. Sofortige Durchführung der Wirtschafts- und Währungsunion.

Heute in Ost-Berlin: Bildung einer »Regierung der nationalen Verantwortung«. Acht Mitglieder oppositioneller Parteien und Gruppierungen werden zum Minister ohne Geschäftsbereich gewählt.

Wirtschaftsministerin Christa Luft schlägt Volksentscheid über eine Währungsunion vor und fordert sofortigen »Lastenausgleich« in Höhe von 10–15 Mrd. DM.

Abends BK in West-Berlin: Gründung der »Allianz für Deutschland«. BK leistet ›Geburtshilfe‹. Ost-CDU, DSU und der »Demokratische Aufbruch« schließen Wahlbündnis. BK sagt Unterstützung der Union zu. Alle drei Parteien bleiben politisch unabhängig und eigenständig. Wahlbündnis soll nach der Wahl zu einer Regierung der Allianz führen. Eigenständige Kandidatsnominierung. Listenverbindungen möglich.

Dienstag, 6. Februar 1990

Gegen 10.00 Uhr ruft mich Minister Mayer-Vorfelder aus Stuttgart an. Beiläufig berichtet er mir von der Absicht Späths, morgen im Landtag eine Regierungserklärung zur Deutschlandpolitik abzugeben. Er sei tief beunruhigt von seinen Gesprächen aus den sächsischen Bezirken zurückgekehrt. Späth wolle deshalb morgen die Wirtschafts- und Währungsunion fordern.

Ich unterrichte sofort BK. Seit Tagen diskutieren wir diese Frage, ob eine Wirtschafts- und Währungsunion den allseits befürchteten Kollaps der DDR verhindern könne. Außerdem nehmen die Übersiedlerzahlen weiter zu. Wenn wir nicht wollen, daß sie zur DM kommen, muß die DM zu den Menschen gehen. Angesichts dieses Diskussionsstandes gebe ich BK zu bedenken, ob er nicht morgen im Kabinett oder noch heute die Initiative ergreife, bevor wieder andere wie Späth uns zuvorkommen. BK nimmt meine Mitteilung etwas gereizt entgegen. Er sagt es nicht, aber ich, daß Späth es wieder einmal nicht abwarten könne und einen solchen entscheidenden Schritt ohne Abstimmung ankündigen will. Als ich frage, ob er Späth anrufen wolle, winkt er ab: Er denke nicht daran. Aber es arbeitet in ihm. Ich sehe es ihm an, auch wenn ich keine abschließende Antwort erhalte.

11.00 Uhr Gespräch mit Hainetsch, Sekretär des Auswärtigen Ausschusses im polnischen Sejm: Natürlich geht es um die Oder-Neiße-Grenze. Wir sind uns aber einig, daß jetzt weniger darüber gesprochen als vielmehr gehandelt werden solle, z. B. auf dem KSZE-Gipfel.

Um 12.30 Uhr ruft mich Seiters zu sich. Wir sollten gemeinsam überlegen, ob er BK nicht raten solle, angesichts der SPD- und CDU-Anträge für eine Aktuelle Stunde im Bundestag zur Deutschlandpolitik noch in dieser Woche die Entscheidung über die Währungsunion anzukündigen. BK hat also in der Zwischenzeit mit Seiters darüber gesprochen, denke ich. So war es denn auch. Ich schlage jedoch vor, eine solch' aufsehenerregende Ankündigung gemeinsam mit der neugegründeten ›Allianz für Deutschland‹ durchzuführen, was dieser auch für die Wahl helfe. Wie sichern wir diesen Schritt international gegenüber den Vier Mächten ab? Sei es klug, diese Maßnahme unmittelbar vor dem Moskau-Besuch bekanntzugeben? Wie werde Gorbatschow darauf reagieren?

Wir wägen das Für und Wider gemeinsam ab. Am Ende halten wir es doch für richtig, daß BK eine solche Initiative ergreift. Schließlich sei es ja nur eine Erklärung, daß die Bundesregierung dazu bereit wäre. Bis zur Durchführung werde noch einige Zeit ins Land gehen. Wir sind uns aber klar, daß es eine Entscheidung des Bundeskanzlers sein müsse. Seiters will sofort mit BK darüber reden.

14.00 Uhr: Stoltenberg hat mich zu einem Gespräch auf die Hardthöhe eingeladen. Er habe von unserem gestrigen Brainstorming mit General Naumann erfahren. Das seien alles sehr wichtige Fragen, über die er gerne mit mir persönlich sprechen wolle. Er berichtet, daß er ebenfalls anläßlich der Wehrkundetagung in München mit Scowcroft gesprochen habe. Es gebe ein allgemeines Unbehagen, daß bestimmte Fragen wie der KSZE-Gipfel, SNF-Modernisierung, zukünftiger militärischer Status des DDR-Gebietes durch öffentliche Erklärungen des Koalitionspartners, die nicht abgestimmt seien, präjudiziert würden. Das ist in der Tat so. Deshalb gehe es ihm darum, möglichst rasch einen Mandatsvorschlag für die VKSE-Verhandlungen in Wien vorzubereiten, bevor auch hier einseitige öffentliche Festlegungen erfolgen.

Die Frage der SNF-Modernisierung müsse mit den USA konsultiert werden. Vor einem Verzicht müßten Alternativen geprüft werden. Stoltenbergs Sorge richtet sich auch darauf, daß Gorbatschow den Bundeskanzler mit harten Forderungen als Preis für die deutsche Einheit konfrontieren könnte. Was werde der Bundeskanzler dann machen? Er wolle darüber mit ihm sprechen.

15.00 Uhr BK in der CDU/CSU-Bundestags-Fraktion: Er kündigt völlig überraschend, was den Zeitpunkt betrifft, die Währungsunion an. Waigel ist anwesend, also wird er mit ihm vorher gesprochen haben. Anschließend informiert BK die wartenden Journalisten, daß die Bundesregierung bereit sei, »mit der DDR unverzüglich in Verhandlungen über eine Währungsunion mit Wirtschaftsreform einzutreten«. Angesichts der Dramatik des Geschehens halte er diesen Weg für den jetzt möglichen und notwendigen.

15.30 Uhr: Gespräch mit dem irischen Botschafter über Deutschlandpolitik.

17.00 Uhr: BK empfängt den britischen Außenminister Douglas Hurd. Harte Kritik des Bundeskanzlers an Interview Thatcher im Wall-Street-Journal.[129]

129 Siehe Anmerkung 114, S. 228.

18.00 Uhr Gespräch mit sowjetischen Geschäftsträger Ussytschenko: Morgen treffe sowjetische Delegation ein, die über die Nahrungsmittelaktion ein Ressortabkommen unterzeichnen wolle.

19.00 Uhr–22.00 Uhr: Die Arbeitsgruppe Verteidigung der CDU/CSU-Bundestags-Fraktion unter Vorsitz von MdB Bernd Wilz hat mich zu einem Gedankenaustausch eingeladen. Es geht um die Deutschlandpolitik, die Konsequenzen für die Sicherheits- und Verteidigungspolitik und um nationale Maßnahmen im Verteidigungsbereich.

Mittwoch, 7. Februar 1990

8.30 Uhr BK-Lage: BK beherrscht mit seinem Vorschlag die Schlagzeilen der Presse. Dennoch halte ich das Thema in der Art und Weise, wie es in die Öffentlichkeit gebracht wurde, wieder einmal für verschenkt. Die einzige Rechtfertigung ist der Zeitdruck.

9.30 Uhr Kabinettsitzung: Heute nehmen der Bundesbankpräsident Pöhl, die Fraktionsvorsitzenden Dregger und Mischnick, Graf Lambsdorff und die Parlamentarischen Geschäftsführer Bohl, Kraus und Wolfgramm teil. Zuerst Agrarbericht, dann Deutschlandpolitik. BK führt ein: Dramatik der Entwicklung sei unübersehbar und nicht vorhersehbar gewesen. Zusammenbruch jeder staatlichen Autorität; Verwaltung paralysiert; Angst nehme zu. Modrow nicht sicher, ob er den 18.3. erreichen könne. Keine Sachkompetenz am Runden Tisch. Zweifel an der Regierbarkeit der DDR. Niemand in der Bundesrepublik wolle den Verfallsprozeß der DDR beschleunigen. Probleme würden aber durch beginnenden Wahlkampf verstärkt.

Geld allein sei kein Ausweg, wenn nicht grundsätzliche Änderungen erfolgen. Deshalb unmittelbar nach der Wahl Verhandlungen über föderative Strukturen und rasche Schritte zur umfassenden Zusammenarbeit. Darüber sei er sich gestern im Parteivorsitzendengespräch mit Graf Lambsdorff und Waigel einig gewesen. Eine Verständigung mit der Sowjetunion halte er für möglich, weil eine völlige Destabilisierung nicht in ihrem Interesse liegen könne – auch wegen ihrer 380.000 Truppen nicht. Ziel der Bundesregierung sei die Stabilisierung der Lage, deshalb Bereitschaft zu unverzüglichen Gespräche über Wirtschafts- und Währungsunion.

Waigel stellt weitgehende sachliche Übereinstimmung zwischen Bundesbank, Bundesministerium für Wirtschaft, Bundesministerium der Finanzen und dem Bundeskanzler fest. Allen am liebsten wäre ein Stufenplan. Er erfordere jedoch Zeit. Eine Union setze jedoch eine gemeinsame Wirtschaftsordnung voraus. Sie sei unverzichtbar, könne jedoch nur von der DDR selbst errichtet werden. Reine Transfers ändern im Grunde nichts.

Drei Modelle stünden zur Wahl: (1) »Krönungstheorie«, d.h. Währungsreform nach Wirtschaftsreform; (2) fester Wechselkurs, der von der Bundesbank zu stabilisieren sei (Modell Matthäus-Maier); (3) Einführung der DM als Zahlungsmittel in der DDR. Das wäre ein ungewöhnlicher Schritt und Schnitt, auf den wir jedoch vorbereitet sein müßten. DDR müsse sich völlig der Bundesbank unterstellen und unsere Wirtschaftsordnung übernehmen. Es werde große Übergangsprobleme geben, gerade auf dem Arbeitsmarkt. Eine solche Lösung müßte jedoch gemeinsam mit der Bundesbank durchdacht werden, der eine hohe Verantwortung zukomme.

Pöhl stellt in der Sache keine nennenswerten Differenzen fest. Die Bundesregierung müsse entscheiden und die Verantwortung übernehmen. Die DDR befinde sich offensichtlich in der Auflösung. Eine akute Zahlungsbilanzkrise stehe bevor. Modrow werde nächste

Woche um einen Zahlungsbilanzkredit bitten. DDR sei bankrotte Firma. Modrow benötige kurzfristig Kredite, um Zahlungsfähigkeit aufrecht erhalten zu können.

Vernünftiger wäre, Ost-Mark schrittweise konvertibel zu machen. Sein Eindruck sei, daß dieses Konzept schon überholt sei. Bevölkerung will DM. Schrittweises Vorgehen nicht mehr möglich. Wir werden überrollt. Deshalb sei das Konzept des Bundeskanzlers für eine Wirtschafts- und Währungsunion erforderlich. In Wirklichkeit gehe es um die Währungs- und Wirtschaftspolitik. Vereinigung als erster Schritt zur staatlichen Einigung. Nur noch dieses Modell sei realistisch. Es enthalte auch eine ungeheure Chance. Riesige Transferleistungen seien zu erwarten. Wir sollten uns aber von diesen großen Zahlen nicht schrecken lassen. Am Ende werde Deutschland wohlhabender sein als heute. Außerdem gebe es keine Alternative.

Auch Mischnick spricht von bevorstehendem Kollaps. Für die DDR sei 1990 das Jahr der Einheit. Die Menschen warten auf eine Perspektive. Die Lage sei so ernst, wie BK sie beschrieben habe, eher noch ernster. Auch Graf Lambsdorff stimmt zu. Ein stufenweises Vorgehen ginge nicht mehr. Am Ende der Sitzung herrscht volle Übereinstimmung.

Das Kabinett beschließt einstimmig, daß nach dem 18. März kurzfristig Gespräche über die konföderative Zusammenarbeit der beiden deutschen Staaten beginnen sollen.

Ein Kabinettausschuß »Deutsche Einheit« unter Vorsitz des Bundeskanzlers wird eingerichtet. Arbeitsgruppen werden gebildet, insbesondere zur Währungsunion, zur Wirtschaftsreform, zur Angleichung der Arbeits- und Sozialordnung; zur Rechtsangleichung; für Staatsstrukturen und öffentliche Ordnung und für außen- und sicherheitspolitische Zusammenhänge.

Außerdem erklärt sich die Bundesregierung bereit, mit der DDR unverzüglich in Verhandlungen über eine Währungsunion mit Wirtschaftsreform einzutreten.

Inzwischen hat auch Späth seine Regierungserklärung abgegeben. Er sagt den »baldigen wirtschaftlichen Zusammenbruch der DDR« voraus, wenn nicht sehr rasch grundlegende Veränderungen im Innern und nachhaltige Unterstützung von außen erfolgen. Als einen notwendigen Schritt fordert auch er die Wirtschafts- und Währungsunion.

BK kündigt heute seinen USA-Besuch für den 24./25. Februar an. Er wird sich mit Bush in Camp David[130] treffen.

130 Seit dem 22. April 1942 wurde aus Sicherheitsgründen für den Präsidenten Franklin Delano Roosevelt ein für die Öffentlichkeit nicht zugänglicher Gebäudekomplex für Erholungszwecke im Gebiet Catoctin Mountain im Bundesstaat Maryland eingerichtet, der von dem späteren Präsidenten Dwight D. Eisenhower nach seinem Enkel benannt wurde. In der Nähe befindet sich die Bunkeranlage Site R. Camp David, offiziell Camp 3 bzw. Naval Support Facility Thurmont, die von der US Navy verwaltet wird. Gespräche und Friedensverhandlungen wurden dort geführt, u.a. die Planungen zur Landung in der Normandie vom 6. Juni bis 30. August 1944 und das Treffen zwischen Nikita S. Chruschtschow und Dwight D. Eisenhower während seines Besuch in den USA vom 15. bis 28. September 1959. Von Camp David aus verkündete Richard Nixon am 15. August 1971 die Abkehr vom Goldstandard für den US-Dollar. Am 5. September 1978 fanden unter Jimmy Carter Verhandlungen zwischen Anwar as-Sadat und Menachem Begin statt, die zum Camp-David-Abkommen vom 17. September 1978 führten. Margaret Thatcher traf dort am 24. November 1989 George H. W. Bush. Am 24. Februar 1990 versicherte dort George H. W. Bush Bundeskanzler Helmut Kohl die amerikanische Unterstützung im Zwei-plus-Vier-Prozess und verdeutlichte, dass Deutschland in der NATO eingebunden sein müsse und US-Streitkräfte auf deutschem Boden stationiert bleiben würden. 2000 fanden Gespräche zwischen Jassir Arafat und Ehud Barak auf Einladung Bill Clintons (Camp David II) ohne Ergebnis statt sowie vom 18. bis 19. Mai 2012 der G8-Gipfel unter US-Präsident Barack Obama; Nachbetrachtungen, S. 744.

14.00 Uhr Gespräch mit ungarischem Botschafter István Horváth: Lage in Ungarn vor den Wahlen.

15.00 Uhr Gespräch BK mit polnischem Außenminister Skubizewski: Es geht um deutsche Wirtschafts- und Finanzhilfe und um Fragen des Einigungsprozesses. Skubizewski bestätigt chaotische Lage in der DDR – »ein Land ohne Regierung«. Er habe die Teilung Deutschlands immer als künstlich empfunden. Der Weg zur Einigung müsse unter einem europäischen Dach erfolgen. Schnelle Maßnahmen seien erforderlich. Er teile die Auffassung des Bundeskanzlers, daß Deutschland nicht neutralisiert werden dürfe. Beim Hinausgehen spricht Skubizewski mit mir noch einmal über Annaberg. Er sei ursprünglich nicht gegen einen Besuch des Bundeskanzlers gewesen. Das gehe auch aus einem Gesprächsprotokoll seines Ministeriums hervor. Seine Bedenken im ZDF habe er erst geäußert, als er von den beabsichtigten Demos gehört habe. Für uns sei das ZDF-Interview das Problem gewesen, erwidere ich. Annaberg wäre anders zu bereinigen gewesen.

17.30 Uhr: Konstituierende Sitzung des Kabinettausschusses »Deutsche Einheit«: Vorbereitung des Modrow-Besuches am 13. Februar bezüglich Wirtschafts- und Währungseinheit; Sofortprogramm und Erstattung für Reiseerleichterung.

Maggie Thatcher heute im Unterhaus: Wiedervereinigung Deutschlands nur nach »längerer Übergangsperiode«, damit alles »ordentlich« ausgearbeitet werden könne. Außenminister Hurd heute vor der Adenauer-Stiftung: Britische Regierung sehe der Wiedervereinigung »in einem Geist konstruktiver Freundschaft« entgegen.

NATO-Rat billigt heute KSZE-Sondergipfel. USA haben eingelenkt.

Donnerstag, 8. Februar 1990

8.30 Uhr Kanzlerlage: Lebhafte Reaktionen in der Presse auf die Ankündigung der Währungsunion. BK ist sehr zufrieden mit den hilfreichen Erklärungen von Bundesbankpräsident Pöhl gestern abend im Fernsehen. Er sprach von der Notwendigkeit, den Menschen in der DDR eine Perspektive zu vermitteln. Die Alternative wäre: die Menschen siedeln über, die DDR kollabiere. »Wir sollten an diese historische Entscheidung jetzt nicht mit einer Krämerseele herangehen«. Für BK ein Beispiel für guten ›Verkauf von Politik‹.

Lage in Moskau: Schewardnadse gab gestern unerwartet den Gesprächstermin des Bundeskanzlers mit Gorbatschow bekannt. Sagladin und Portugalow stellen die Einigung Deutschlands nicht mehr in Frage, sondern machen sie von festen Garantien für die Sicherheit und von Lösung der polnischen Westgrenze abhängig. Eine Vereinigung im NATO-Kontext, so Portugalow im STERN, sei mit den sowjetischen Interessen unvereinbar.

Das ZK-Plenum in Moskau ist gestern zu Ende gegangen. Die Rede Ligatschows und Schewardnadses haben gezeigt, daß die deutsche Frage Gegenstand der innenpolitischen Auseinandersetzung geworden ist. Die konservativen Kräfte nutzen sie, um gegen die Außenpolitik des »neuen Denkens« Front zu machen. Schewardnadses Rede war ebenfalls nach innen gerichtet. Der Bruch des Vertrauens in den Sozialismus habe nicht erst 1985 sondern bereits Ende der 40er Jahre begonnen. Deshalb Änderung der Außenpolitik, weil sie die Ereignisse in diesen Ländern voraus gesehen hätten. Deshalb keine innere Einmischung mehr und Verzicht darauf, Entscheidungen aufzuzwingen. Mit diesen Feststellungen identifiziert sich Schewardnadse mit den Veränderungsprozessen in Osteuropa.

Einzige Konzession an die innenpolitischen Rechte ist die Warnung Schewardnadses vor dem »Gespenst des Revanchismus« in Europa, der Hand in Hand mit den Ideen der

Einheit ginge. Auch er sprach die »gefährlichen Hoffnungen« auf die Überprüfung von Grenzen« an.

Ligatschow warnte vor der herannahenden Gefahr des »Verschluckens« der DDR und vor »unverzeihlicher Kurzsichtigkeit«, ebenso vor einem Deutschland mit riesigem ökonomischen und militärischen Potential, vor der »Überprüfung der Nachkriegsgrenzen« und vor einem neuen »München«.[131] Jakowlew zitierte dagegen auf der Abschlußpressekonferenz den Satz Genschers, ohne ihn zu nennen: Wir wollen nicht ein deutsches Europa, sondern ein europäisches Deutschland«.

Für die hervorstehende Reise des Bundeskanzlers bleibt wichtig, daß das ZK-Plenum für Gorbatschow und seine Politik insgesamt sehr positiv verlaufen ist. Er ist gestärkt aus dem Plenum hervorgegangen. Auch in Moskau diskutieren die Reformer nicht mehr das Ob, sondern nur noch das Wie und das Wann der Vereinigung Deutschlands. Der Besuch des Bundeskanzlers wird aus unserer Sicht zu einem günstigen Zeitpunkt stattfinden.

11.00 Uhr: Seiters leitet den Arbeitskreis Deutschlandpolitik. Wir besprechen ein Argumentationspapier zur Währungsunion, das der Presse übergeben werden soll; danach Papiere, die BK an Modrow übergeben soll, ebenfalls zur Währungsunion, zum Thema wirtschaftliche Reformen in der DDR.

Wir sind uns einig, daß der Eindruck ultimativer Forderungen vermieden werden soll. Stattdessen gehe es jetzt darum, angesichts der dramatischen Lage ungewöhnliche Schritte und gemeinsam eine große Kraftanstrengung zu unternehmen.

Wenn Modrow bzw. die neugewählte DDR-Regierung sich verweigern sollten, müßte auf den Stufenplan zurückgegriffen werden, beginnend mit Wirtschaftsreformen, Herstellung der Konvertibilität und am Ende erst die Währungsunion.

Entsprechende Unterlagen sollen dem Bundeskanzler für seine Gespräche in Moskau vorbereitet werden. Die Unterrichtung der drei Westmächte wird Genscher am 12.2. in Ottawa vornehmen. Wir legen folgendes Aktionsprogramm zugrunde: (1) Sofortprogramm zur gesundheitlichen Versorgung, einschließlich Krankenhaussanierung; (2) unverzügliche Aufnahme von Verhandlungen über eine Währungsunion mit Wirtschaftsreform; (3) Maßnahmen zur Angleichung der Arbeits- und Sozialordnung, der Rentenversicherung, Krankenversicherung und Arbeitslosenversicherung und Mitwirkungsmöglichkeiten der Arbeitnehmer im Wirtschaftsleben; Aufbau einer modernen Arbeitsverwaltung

131 Anspielung auf das Münchner Abkommen, welches die von Hitler provozierte Sudetenkrise beendete, in dem es um den Autonomie-Anspruch der Sudetendeutschen und letztlich um Vorbereitung der Zerschlagung der Tschechoslowakei ging. Das Abkommen wurde in der Nacht vom 29. zum 30. September 1938 von Adolf Hitler, Neville Chamberlain, Édouard Daladier und Benito Mussolini in München unterzeichnet. Die Tschechoslowakei war nicht beteiligt. Sie sollte das Sudetenland binnen zehn Tagen räumen und an das Deutsche Reich abtreten. Polnische und ungarische Minderheiten kamen durch die Besetzung des Teschener Gebietes an Polen bzw. durch Übergabe von Gebieten in der Südslowakei und der Karpato-Ukraine an Ungarn. Begründet wurden die Entscheidungen mit der Erfüllung des Selbstbestimmungsrechts der Völker. Im Zeichen der Appeasement-Politik gaben Großbritannien und Frankreich der Erpressung durch Hitler nach und stimmten dem Diktat von München zu, weil sie sich militärisch als noch nicht fähig zur Kriegführung oder ihre Bevölkerung für einen Kriegseintritt noch nicht bereit sahen. Der tschechoslowakische Präsident Edvard Beneš zog es vor, keinen Krieg zu beginnen, um den Rest seines Staates zu erhalten. Er fühlte sich von den Westmächten verraten. Ein Vorteil für Hitler bestand darin, dass mit der Einverleibung des Sudetengebiets die als stark angesehenen Grenzbefestigungen der Tschechoslowakei in seine Hände fielen. Er brach am 15./16. März 1939 mit der völkerrechtswidrigen Besetzung der »Rest-Tschechei« das Münchner Abkommen.

mit Schwerpunkt Qualifizierung; (4) Angleichung der Rechtsordnungen; (5) Bildung gemeinsamer Institutionen: Fachausschüsse; paritätisch besetzter Regierungsausschuß mit Exekutivbefugnissen und parlamentarische Versammlung.

Alternatives Szenario für den Fall, daß nach den Wahlen in der DDR der Druck wachsen sollte, die staatliche Einheit möglichst sofort zu verwirklichen. Zwei Wege vorstellbar: (a) Einberufung einer verfassungsgebenden Versammlung; Ausarbeitung gememsamer Verfassung, gesamtdeutsche Wahlen; (b) Beitrittsbeschluß nach Art. 23, 2 GG der DDR insgesamt oder der neugebildeten Länder. Wir sind uns einig, daß ein solches Verlangen weder politisch noch rechtlich zurückgewiesen werden könnte.

17.00 Uhr–20.00 Uhr CDU-Bundesvorstand. BK begründet Währungsunion mit dem Hinweis, den Übersiedlerstrom zu stoppen. Es bestehe die Gefahr des Ausblutens der DDR. Wer jetzt Ängste schüre wegen möglicher Lasten für die Bundesbürger, dem sage er sehr hart: Wenn die Union es zuließe, daß unser Land in dieser Schicksalsstunde aus finanziellen Ängsten vor der Einheit zurückweiche, dann danke die Bundesrepublik vor der Geschichte ab.

Er werde Gorbatschow die Lage in der DDR deutlich vor Augen führen und ihm sagen, daß die Bundesrepublik die DDR nicht destabilisieren wolle. Alle Parteien in der DDR hätten sich jedoch für die Einheit ausgesprochen, auch alle mittel- und südosteuropäischen Staaten von Polen bis Bulgarien. Er sei deshalb überzeugt, daß er mit Gorbatschow eine »vernünftige Absprache« erreichen könne.

Freitag, 9. Februar 1990

Internationale Diskussionen über Bedingungen für die deutsche Einheit halten unvermindert an. Heute Dumas in der »WELT«: Die Wiedervereinigung sei in greifbarer Nähe gerückt. Frankreich prüfe die Probleme, die die Sicherheit in Europa berühren. Frankreich diskutiere weder über das Prinzip der Wiedervereinigung noch über deren Modalitäten. Die Verantwortung Frankreichs werde ausgeübt, damit sie »in Stabilität und Vertrauen mit den Nachbarn Deutschlands vonstatten geht«. Dumas lehnt eine Neutralisierung Deutschlands ab, weil damit ein Sicherheitsproblem aufgeworfen werde. »Ein neutrales Deutschland wäre der Kern eines instabilen Europas«. Das ist für uns ein äußerst positives und hilfreiches Interview und stärkt uns den Rücken vor Moskau.

Gestern hat auch Thatcher vor dem Unterhaus die Vereinigung Deutschlands als »wahrscheinlich« bezeichnet. Ein Übergangsstadium sei jedoch lebensnotwendig, damit sie nicht auf Kosten der Sicherheit und der Stabilität in Zentraleuropa erfolge. Die Entwicklungen führen auch zu Bewegungen in London.

Eine Botschaft von Bush für BK über den Skipper, der direkten Telex-Verbindung zwischen uns und dem Weißen Haus: Bush sichert Unterrichtung über Gespräche Bakers in Moskau vor dem Gespräch BK mit Gorbatschow zu. Er versichert dem Bundeskanzler, daß die zunehmende Geschwindigkeit des Einigungsprozesses nichts an der völligen Bereitschaft der USA ändere, die Erfüllung der tiefsten nationalen Hoffnungen des deutschen Volkes zu erleben.

Bush geht es darüber hinaus um die Rolle und Verantwortung der Vier Mächte. Er werde nicht zulassen, daß Moskau den Vier-Mächte-Mechanismus als Instrument nutzen könnte, den Bundeskanzler zu zwingen, ein Deutschland zu schaffen, das nach Art und Geschwindigkeit den sowjetischen Interessen entspreche. Die Rolle eines geeinten Deutschlands im Bündnis sei eine Angelegenheit, die das Volk zu entscheiden habe. Er sei deshalb zutiefst über Aussage des Bundeskanzlers befriedigt, daß er die Neutralisierung ablehne und Deutschland in der NATO bleiben solle. Er unterstütze die Idee, daß das DDR-Territorium im Bündnis einen besonderen militärischen Status erhalten könnte. Die NATO selbst werde ihre Aufgabe verändern und ihre politische Rolle stärker betonen. Präsenz der US-Streitkräfte und die nukleare Abschreckung sichere in der Zeit des Wandels die Stabilität. Sie müssen weiterbestehen, solange die Verbündeten sie als Teil der gemeinsamen Verteidigung in Europa wünschen. Er bewundere die Art und Weise, wie BK die Herausforderung der letzten Monate als Führungspersönlichkeit gemeistert habe.

Alle diese Aussagen stärken BK den Rücken für seine Gespräche in Moskau. Schewardnadse gibt in Moskau zu erkennen, daß die von Baker unterstützte Formel Genschers, daß der militärische Einflußbereich des Bündnisses nicht auf das Territorium der heutigen DDR ausgedehnt werden solle, es verdiene, daß man über sie nachdenke. Falin dagegen erklärt sehr hart, daß die UdSSR die NATO-Mitgliedschaft eines vereinten Deutschlands nicht akzeptieren werde. Das »optimale Modell« wäre ein neutrales und »in gewissem Rahmen entmilitarisiertes Europa«.

Die Bundesregierung gibt heute den Abschluß des deutsch-sowjetischen Ressortabkommens über die Lieferung bis zu 142.000 t Lebensmittel bekannt. Zu diesem Zweck stelle sie 220 Mio. DM zur Verfügung. Wir sind froh, daß dieses Abkommen noch vor der Moskau-Reise zustande gekommen ist. Vielleicht hilft es, das Klima für die Gespräche zu verbessern.

10.00 Uhr: Dreistündiges Gespräch mit Charles Powell, meinem Partner bei PM Thatcher in Downing Street 10. Er erläutert Einstellung Thatchers zu Deutschland. Sie gehöre einer anderen Generation an als er und sei noch von der Zeit geprägt, als es zwischen Großbritannien und Deutschland einen »cultural gap« gegeben habe. Sie fühle sich unbehaglich (uneasy) bei dem Gedanken eines großen und starken Deutschlands.

Entscheidend für Thatcher seien deshalb die Folgen der Einigung Deutschlands. Sie wolle, daß die Sowjetunion einbezogen werde. Deshalb wünsche sie eine Konferenz der Vier Mächte mit Beteilung beider deutscher Staaten. Diese 4+2-Gespräche sollen den Gesamtprozeß gestalten.

Es gebe jedoch keinen Zweifel, daß Thatcher am Wahlerfolg Kohls stark interessiert sei, um nicht selbst in Europa isoliert zu werden. Ein Gespräch mit dem Bundeskanzler sei wünschenwert. Sie hasse Telefongespräche.

Was die Folgen der Einigung betreffe, müßten vier Bereiche berücksichtigt werden: (1) Auswirkung auf NATO, die ohne Deutschland keine Bedeutung mehr hätte. (2) Die finanziellen Folgen für die EG. (3) KSZE – sie dürfe nicht zu einer Ersatz-Friedenskonferenz werden. (4) Vier-Mächte- Verantwortung; sowjetische Führung habe gegenüber Großbritannien mehrfach halboffiziell von einer Neutralisierung eines geeinten Deutschlands[132]

132 Bei der Konferenz von Ottawa (12.–14. Februar) sprachen sich am 13. Februar 1990 Washington, London und Paris dafür aus, dass sich die Vereinigung Deutschlands im Rahmen der westdeutschen NATO-Verpflichtungen vollziehen müsse, die sowjetische Führung und Ministerpräsident Modrow bevorzugten jedoch die Neutralität für ein vereinigtes Deutschland. Außenminister Genscher sprach in seiner Rede in Tutzing am 31. Januar 1990 (siehe Anmerkung 119, S. 235) davon, dass Deutschland zwar Mitglied der NATO sein müsse, aber keine NATO-Streitkräfte in Ostdeutschland stationiert werden dürften. Am 15. Februar war die Forderung nach entmilitarisierter Neutralität für Deutschland auf sowjetischer Seite bereits aufgegeben. Die UdSSR hatte die Fähigkeit eingebüßt, auf die deutsche Innenpolitik Einfluss zu nehmen. Da außer dem Abfall der »Ostblock«-Staaten auch die Gefahr des Zerfalls der Sowjetunion selbst drohte, hatte

gesprochen. Powell bezeichnet die Beziehungen zwischen Thatcher und Gorbatschow als solche besonderer Art.

13.00 Uhr: Ich führe Hintergrund-Informationsgespräch mit Journalisten im Bundespresseamt zur bevorstehenden Moskau-Reise des Bundeskanzlers. Johnny Klein leitet die Diskussion. Es ist verabredet, daß ohne Namensnennung zitiert werden darf. Ich gebe folgende Leitlinien vor: Für den Bundeskanzler sind die Beziehungen von »zentraler Bedeutung«. Das habe schon für die Begegnungen im Oktober 1988 und Juni 1989 gegolten. Besuch BK werde Schlüsselbedeutung haben für die künftige Sicherheit und Zusammenarbeit in Europa, für die langfristigen Weichenstellungen in den deutsch-sowjetischen Beziehungen und für Art und Weise bzw. Geschwindigkeit des Einigungsprozesses.

Im Juni 1989 seien regelmäßige Gipfelgespräche und direkte persönliche Kontakte vereinbart worden. Seitdem habe es engen persönlichen Kontakt auf schriftlichem und telefonischem Wege gegeben. Es begann schon im August 89, als die Ständige Vertretung in der DDR wegen Überfüllung durch DDR-Flüchtlinge geschlossen werden mußte. Unmittelbar vor seinem Dresden-Besuch habe der Bundeskanzler persönlich die Initiative zu diesem Gespräch mit Gorbatschow ergriffen, das weitere Vorgehen in der deutschen Frage zu besprechen und deutlich zu machen, daß er sie nicht von den West-Ost-Beziehungen und von der gesamteuropäischen Entwicklung abkoppeln wolle. Deshalb Brief an Gorbatschow am 14. Dezember 89.

BK werde deutlich machen, daß für ihn alle Verträge und Vereinbarungen weiterhin gelten: Moskauer Vertrag, Helsinki-Schlußakte, Gemeinsame Erklärung von Juni 89. Unveränderte Bereitschaft, Beziehungen umfassend zu entwickeln und auf allen Gebieten zukunftsgewandt auszubauen.

BK wolle über die konstruktive Gestaltung der in Europa stattfindenden historischen Prozesse sprechen; darüber, wie eine Destabilisierung verhindert werden könne, und daß keine Seite einseitige Vorteile aus den Übergangs- und Anpassungsschwierigkeiten zum Schaden des anderen erzielen wolle.

Im Mittelpunkt der Gespräche werde Lage und Entwicklung in der DDR stehen. Gorbatschow selbst habe positive Rolle bei den Veränderungen in der DDR übernommen, durch seine eigene Reformpolitik wie durch seine Gespräche in Ost-Berlin anläßlich des 40. Jahrestages der DDR.

Von Anfang an bestand gemeinsames Interesse an stabilen Rahmen für die Umgestaltung. In diesem Zusammenhang Erläuterung der 10-Punkte mit dem Ziel, deutsche Frage

Gorbatschow am 12. Februar Modrow mitgeteilt, dass er nicht mehr in der Lage sei, einen Verzicht der NATO-Mitgliedschaft für Deutschland zu fordern. Am 19. März 1990 deutete Moskau an, dass es sich mit einer NATO-Mitgliedschaft Deutschlands abfinden wolle, so Nikolai Portugalow; der Gorbatschow-Berater Wjatscheslaw Daschitschew erklärte am 20. März, dass Deutschland sonst nur schwer zu kontrollieren sei (wie eine Kanone, die an Bord eines Schiffes nicht festgezurrt sei). Ein eingebundenes Deutschland sei weniger gefährlich als ein in der Mitte Europas herumvagabundierendes Reich. Vor diesem Hintergrund forderte Kohl am 5. Mai die NATO-Mitgliedschaft für ganz Deutschland zusammen mit Bundeswehrstationierung und Wehrpflicht und den Abzug der sowjetischen Truppen, was schließlich Moskau befürwortete, wenn ein umfassendes bilaterales Abkommen zwischen Deutschland und der Sowjetunion zustande käme. Kreditzusagen spielten angesichts der wirtschaftlichen Lage in der UdSSR eine wichtige Rolle. Während die USA sich mit Gorbatschow bei einer Begegnung am 31. Mai in Washington auf die freie Bündniswahl Deutschlands geeinigt hatten, kündigte die NATO am 5. und 6. Juli die Überwindung des gegenseitigen Misstrauens und einen Wandel der Allianz an. Anlässlich des Besuchs von Kohl bei Gorbatschow vom 14. bis 16. Juli bestätigte dieser die NATO-Mitgliedschaft Deutschlands, siehe Tagebuch, 14.–16.7.1990, S. 485–508.

international einzubetten. Wortlaut lehnte sich bewußt sehr stark an die Gemeinsame Erklärung an.

BK werde die dramatische Lage in der DDR erläutern, wie sie sich aus der Entscheidung für eine Währungsunion ergebe. Die Dramatik werde im Ausland, so auch in der Sowjetunion, noch immer nicht in ihrer vollen Dimension erkannt. BK wolle kein Chaos, das auch Gorbatschow immer befürchtet habe.

Der andere Schwerpunkt in den Gesprächen werde die gesamteuropäische Entwicklung sein, in die die deutsche Frage eingebettet werden müsse. Im Vordergrund müsse der KSZE-Prozeß und der geplante KSZE-Gipfel im Herbst in Paris[133] stehen. Die Institutionalisierung, wie sie auch Genscher heute noch einmal in seiner Potsdamer Rede erläutern werde, müsse entwickelt werden.

Von besonderer Bedeutung werde das Gespräch über Fragen der Abrüstung und Rüstungskontrolle sein. Der Vorschlag Bush's über Reduzierung der Truppen sei zum richtigen Zeitpunkt erfolgt.

Gespräche in Moskau seien nicht isoliert zu sehen. BK werde in Kürze in Camp David mit Bush zusammentreffen; im Januar habe er Mitterrand gesprochen; vor wenigen Tagen Hurd und im März Thatcher.

Großes Aufsehen erregt meine Antwort auf die Frage von Backhaus (Reuters), was eigentlich »die dramatischen Ereignisse« in der DDR seien, von der auch Herr Pöhl gesprochen habe. Ich nenne drei Punkte: (1) der drastische Verfall jeder staatlichen Autorität in der DDR; Entscheidungen der Modrow-Regierung würden immer seltener exekutiert; (2) der drohende Kollaps: »Es kann sich abzeichnen, daß die DDR in wenigen Tagen völlig zahlungsunfähig« sei und erhebliche Stabilitätshilfen brauche; (3) die Übersiedlerzahlen werden im Februar höher als im Januar sein; in der DDR-Führung gebe es Stimmen, die bereits fragen, ob die Wahlen im März noch erreicht werden könnten.

Bei dieser Erläuterung verweise ich auf Aussagen von Modrow in Davos, von Ministerpräsident Späth, de Maizière, Schnur, Ebeling u. a.

Es ist, als ob ich in ein Wespennest gestochen hätte. Diese Zusammenfassung von Äußerungen vieler Politiker von beiden Seiten seit Wochen wird zur Meldung des Tages.

15.00 Uhr Scowcroft ruft mich an. Er kündigt Unterrichtung des Bundeskanzlers über Bakers gestrige und heutige Gespräche in Moskau an. Wir sollten sie unsererseits über das Ergebnis der BK-Gespräche unterrichten. Ich sage es zu.

4. Grünes Licht in Moskau

Samstag, 10. Februar 1990

Heute halte ich die Schlagzeilen in der Hand. Mein gestriges Hintergrundgespräch zur Moskau-Reise hat auch zu meiner eigenen Überraschung wie eine Bombe eingeschlagen. BILD erscheint mit übergroßer Schlagzeile: »DDR vor dem Zusammenbruch«. »Lage immer dramatischer. Menschen laufen in Scharen davon. Modrow entgleitet die Macht. Staat nächste Woche zahlungsunfähig. Gemeinden erklären sich für autonom. Wahlen noch früher? Kohl heute bei Gorbatschow: »Rettet, was zu retten ist«.

133 Siehe Anmerkung 63, S. 158, Anmerkung 138, S. 268.

Das ist alles richtig. Einzelne Zeitungen wie der Kölner EXPRESS haben sich nicht nach den Spielregeln gerichtet und mich namentlich zitiert. DDR hat sofort alles als »völligen Unsinn« abgetan. Ich erfahre viel Kritik, obwohl ich seitenweise prominente Politiker aus der DDR und der Bundesrepublik zitieren könnte, die das gleiche gesagt haben. Doch es hagelt auf mich ein, einschließlich von Seiten des BK, der mich erregt anbrüllt, was wohl in mich gefahren sei. Nichts – ich habe nur gesagt, was alle Welt weiß und worüber alle Welt redet.

Unter vier Augen geben mir alle recht, aber öffentlich läuft das bekannte Ritual der gekünstelten Empörung ab, angefangen von Vogel über Ehmke, Lambsdorff und andere mehr. Im Flugzeug nach Moskau sagt Genscher zu mir, daß ich völlig recht hätte, aber er sagt es leider nicht den mitfliegenden Journalisten.

Um 9.00 Uhr fliegen wir ab. Im Flugzeug sprechen BK, Genscher, Kastrup und ich über die bevorstehenden Gespräche. Es besteht Einigkeit, daß BK gegenüber Gorbatschow als auch Genscher gegenüber Schewardnadse eindringlich die verheerende Lage in der DDR erläutern müssen. Genscher erzählt, daß gestern der Ostberliner Magistrat beim Westberliner Senat um Amtshilfe gebeten habe, weil er seinen Aufgaben als Stadtverwaltung ohne Unterstützung West-Berlins nicht mehr nachkommen könne.

Die beiden Ebenen der deutschen Einigung müssen klar herausgestellt werden: die inneren und die äußeren Aspekte. Sie müßten nach der Wahl in der DDR am 18.3. parallel gelöst werden.

Die äußeren Aspekte müssen sich vor allem auf den KSZE-Prozeß, auf die Abrüstung und auf die wirtschaftliche Kooperation konzentrieren.

Besonderes Problem werde die Frage der Bündniszugehörigkeit Deutschlands sein. BK und Genscher stimmen überein, daß eine vertragliche Regelung für eine zeitlich begrenzte sowjetische Truppenpräsenz auf dem ehemaligen DDR-Territorium denkbar sei.

14.00 Uhr: Landung auf dem Flughafen Wnukowo II. Überraschend ist Schewardnadse zur Begrüßung erschienen. Er war nicht angekündigt gewesen. Wir bewerten das als positives Zeichen. Fahrt zum Gästehaus auf dem Leninhügel. Unser Botschafter, Dr. Klaus Blech, steckt mir einen Brief Bakers für den Bundeskanzler zu. Es ist die zugesagte Unterrichtung über seine Gespräche mit Gorbatschow und Schewardnadse. Im Gästehaus angekommen, unterrichte ich darüber den Bundeskanzler:

Baker berichtet über signifikante Fortschritte in allen Bereichen der Rüstungskontrolle, der Regionalfragen, der bilateralen Beziehungen, der Menschenrechte und transnationaler Fragen.

Die deutsche Frage sei sowohl von Gorbatschow als auch von Schewardnadse angesprochen worden. Es werde den BK nicht überraschen, daß sie Sorgen hätten. Sie halten jedoch die Einigung für unausweichlich. Ihre Sorgen richten sich darauf, daß die Einheit zur Instabilität und Unsicherheit in Europa führen könnte und die deutsche Verpflichtung gegenüber den gegenwärtigen Grenzen nicht tief genug sei. Unsicherheit herrsche über die Verbindlichkeit der Aussagen jeder deutschen Führung von heute für die Zeit nach der Einigung. Die Wirkungen auf die europäische Sicherheit müßten in Rechnung gestellt werden und dabei dürfe die Sowjetunion nicht nur passiver Beobachter sein.

Er, Baker, habe erläutert, daß der BK gegenüber diesen Sorgen sensibel sei, aber nur die Deutschen selbst könnten über ihr Schicksal entscheiden. Die Einigkeit sei unausweichlich und werde nach den Wahlen sehr rasch voranschreiten. Übereinstimmung hätte es in der Trennung der inneren und äußeren Aspekte gegeben. Für letztere müsse ein Rahmen oder

Begegnung im Kreml am 10. Februar 1990, v. l. n. r. Wolfgang Schäuble, der frühere Außenminister Andrej Gromyko, Helmut Kohl, Michail Gorbatschow, dahinter Dolmetscher

Mechanismus geschaffen werden. Die Vier Mächte seien jedoch kein geeigneter Mechanismus, weil die Deutschen ihn niemals akzeptieren würden. Er habe ein 2+4-Arrangement als den einzig realistischen Weg bezeichnet, voranzukommen. Er sollte nach der DDR-Wahl beginnen, wenn ihn die Deutschen akzeptieren. Gorbatschow habe diesen Vorschlag als den für die Situation angemessenen für denkbar bezeichnet, aber sich nicht festgelegt.

Er, Baker, habe auch die Frage der NATO-Mitgliedschaft angesprochen. Die Bundesregierung sei dafür und gegen Neutralisierung. Die USA würden zustimmen und die Sowjetunion sollte ein solches Ergebnis nicht zurückweisen. Er habe die Frage an Gorbatschow gerichtet, ob er ein geeintes Deutschland außerhalb der NATO vorziehen würde, das unabhängig sei, ohne US-Truppen oder ein geeintes Deutschland in der NATO mit der Zusicherung, daß die Jurisdiktion der NATO nicht ausgedehnt werde. Gorbatschow habe geantwortet, daß sie über alle diese Optionen nachdenken würden und hinzugefügt, daß jede Ausdehnung der NATO für sie nicht akzeptabel wäre.

Abschließend bemerkt Baker, daß Gorbatschow noch nicht festgelegt sei: Ein 2+4-Prozeß und ein breiterer KSZE-Rahmen könnte dazu führen, daß Gorbatschow bereit ist, einen solchen Weg mitzugehen.

BK und Genscher empfinden diese Unterrichtung als außerordentlich hilfreich und freundschaftlich. BK ist von diesem Brief sichtlich beruhigt.

Die Nachricht über die heutige Pressekonferenz von Schewardnadse macht deutlich, daß er jede Festlegung über den zukünftigen Status Deutschlands vermeidet. Es sei zwar

Moskau-Besuch am 10./11. Februar 1990, v. l. n. r. Helmut Kohl und Horst Teltschik, rechte Tischseite Teltschiks Counterpart Anatolij Tschernajew und Michail S. Gorbatschow, der grünes Licht zu deutschen Vereinigung gibt

eine »gute alte Idee« seit den 50er Jahren, daß Deutschland nach Möglichkeit »neutral und demilitarisiert« sein solle. Er habe mit Baker verschiedene Varianten diskutiert. Ohne Vorbehalt stellte er sich hinter dem Modrow-Plan zur deutschen Einheit. Scharf wurde er bei der Grenzfrage. Ebenfalls wiederholte er seinen Vorschlag eines europäischen Referendums, das der Bevölkerung beider deutscher Staaten helfen solle.

15.45 Uhr: Fahrt zum Kreml. Gorbatschow begrüßt den BK freundlich, aber spürbar kühler als zuletzt in Bonn. Ich empfinde es nicht als unangenehm, eher dem Ernst der Stunde angemessen. Unter dem Blitzlichtgewitter der Fotografen setzen sich beide an einen langgestreckten Tisch, dazu Tschernajew, der persönliche Berater des Präsidenten und ich sowie die beiden Dolmetscher. Neben meinem Aufzeichnungsblock lege ich die deutsche Ausgabe des Gorbatschow-Buches.[134] BK sieht es, ergreift es und schiebt es sofort dem Präsidenten zu, er möge mir ein Autogramm hineinschreiben. Gorbatschow wirkt überrascht und legt es erst einmal beiseite.

Nachdem die Fotografen abgezogen sind, eröffnet Gorbatschow das Gespräch mit der Bemerkung, daß sie sich in einer Zeit treffen würden, die es erforderlich mache, immer wieder zu Gesprächen zusammenzukommen, Briefe zu wechseln und miteinander zu tele-

134 Michail Gorbatschow, Perestroika, die zweite russische Revolution. Eine neue Politik für Europa und die Welt, München 1987, erweiterte Taschenbuchausgabe München 1989.

fonieren. Die Zeit sei besonders dynamisch und mit großen Veränderungen verbunden. Vor einiger Zeit noch schien vieles in den Wolken zu schweben. Heute sei alles sehr aktuell. Deshalb sei es richtig gewesen, eine enge persönliche Zusammenarbeit zu vereinbaren. Gorbatschow zitiert ein russisches Sprichwort, das die Situation in der Sowjetunion charakterisiere: Sie leben in der Spannung, kein unnötiges Holz zu fällen.

BK knüpft in seiner Erwiderung an die Begegnung im Juni 89 in Bonn an. In ihrem Geiste und auf der Grundlage der damaligen Gemeinsamen Erklärung müssen die Probleme gelöst werden. Die vielen Veränderungen seien nicht zuletzt durch die Aktivitäten des Präsidenten eingetreten. In der Bundesrepublik herrsche große Befriedigung über die Erfolge Gorbatschows, nicht zuletzt auf dem ZK-Plenum der letzten Woche. Er könne sich gut vorstellen, was vor und hinter den Kulissen alles los gewesen wäre. Und auch im Plenum, fügt Gorbatschow hinzu.

BK spricht über die großen Sympathien, die Gorbatschow in der Bundesrepublik genieße. Das zeige sich auch in der Unterstützung für die Lebensmittelaktion.

Gorbatschow bedankt sich dafür. Es sei ein Zeichen offener Solidarität und des Willens, damit zum Erfolg beitragen zu wollen. BK erinnert an seine Zusage vom letzten Jahr, zu helfen, wenn Gorbatschow ihn das wissen lasse. Diese Zusage gelte weiterhin. Dieser bedankt sich im voraus. Für ihn sei das mehr als nur eine Aktion. Er bewerte sie als politische Geste.

BK erläutert umfassend die Entwicklung in der DDR seit der Öffnung der Mauer am 9. November 89. Gorbatschow hört ihm sehr aufmerksam zu. Sein Gesicht ist ernst. Dennoch wirkt er locker und entspannt. Das rechte Auge ist leicht entzündet und deutet auf Überanstrengung hin. Gelegentlich wirft er scherzhafte Bemerkungen ein. Zu den Ausführungen des BK macht er sich immer wieder Notizen.

BK spricht von den zwei Entwicklungsströmen, die zusammen gesehen und gelöst werden müssen: die inneren Aspekte der deutschen Einigung und die internationale Einbettung. BK endet seine sehr detaillierte Schilderung über die DDR mit der Aussage, daß die Entscheidung über die Einheit kurz bevorstünde. Er wäre froh, hätte er mehr Zeit zur Verfügung. Die Entwicklung sei jedoch unaufhaltsam. Die internationalen Aspekte wolle er in einem vernünftigen Miteinander regeln. Das letzte Jahrzehnt dieses Jahrhunderts sollten sie gemeinsam gestalten. Deshalb verstehe er das heutige Gespräch so, daß mehrere folgen müßten. Gorbatschow stimmt zu.

BK geht ausführlich auf die äußeren Aspekte der deutschen Einheit ein. Die staatliche Einigung Deutschlands umfasse die Bundesrepublik, die DDR und Berlin. In der Grenzfrage gebe es keinen Grund für Mißtrauen.

Schwieriger sei das Problem der Bündniszugehörigkeit. Eine Neutralisierung Deutschlands sei für ihn unannehmbar Es wäre zudem eine historische Dummheit, wie es der Sonderstatus für Deutschland nach 1918 gezeigt habe. Andererseits gelte es, die Sicherheitsinteressen der Sowjetunion in Rechnung zu stellen, die tatsächlichen wie die psychologischen. Deshalb könne die NATO ihr Gebiet nicht auf die heutige DDR ausdehnen. Es gehe jetzt um einvernehmliche Regelungen.

Gorbatschow beginnt mit Fragen. Was die zeitlichen Vorstellungen wären? Das sei nicht zu beantworten, erwidert der BK. Ende Dezember hätte er noch von Jahren gesprochen, inzwischen würden die Menschen mit ihren Füßen abstimmen. Wenn er nicht darauf reagiere, könne in Wochen oder Monaten ein Chaos eintreten. Er verstehe das so, daß die Stabilisierung der Wirtschaft in der DDR im Vordergrund stehen müsse, reagiert Gorbatschow. Was BK mit der Grenzfrage sagen wolle? Hauptfrage sei der künftige militärische Status Deutschlands. Werde die DDR nicht Geisel eines Parteienwettbewerbs um die Einheit und einer entsprechenden Wahlkampagne, die zur inneren Einmischung führe? Wolle der BK die deutsche Einheit außerhalb der europäischen Einigung lösen? BK antwortet ausführlich.

Inmitten des Gespräches greift Gorbatschow zu meinem Buch und schreibt hinein: Für Horst Teltschik, Moskau, 10. Febr. 1990. Er schiebt das Buch zu mir herüber.

Nach diesem Frage-Antwort-Spiel beugt sich Gorbatschow über den Tisch und spricht die entscheidenden Sätze: Es gebe zwischen der Sowjetunion, der Bundesrepublik und der DDR keine Meinungsverschiedenheiten über die Einheit und über das Recht der Menschen, die Einheit anzustreben und über die weitere Entwicklung zu entscheiden. Es bestehe zwischen ihm und den BK Einvernehmen, daß die Deutschen ihre Wahl selbst treffen müßten. Sie müßten selbst wissen, welchen Weg sie gehen wollen, aber im Kontext der Realitäten. Sie hätten bereits einen europäischen Prozeß in Gang gesetzt und ein neues Denken in der Außenpolitik eingeleitet. In diesem Rahmen habe jetzt die neue Phase für die deutsche Frage begonnen. Die Deutschen in Ost und West hätten bereits bewiesen, daß sie die Lehren aus der Geschichte gezogen hätten, daß von deutschem Boden kein Krieg mehr ausgehen werde.

Von deutschem Boden dürfe nur Frieden ausgehen, ergänzt BK. Ansonsten reagiert er auf die historischen Sätze ohne erkennbare Emotion. Mir fliegt dagegen die Hand, um jedes Wort präzise aufzuschreiben, um ja nichts zu überhören oder auszulassen, was wesentlich wäre oder später zu Mißverständnissen führen könnte. Innerlich jubelnd. Das ist der Durchbruch! Gorbatschow stimmt der Einigung Deutschlands zu. Ich bin Zeuge eines geschichtlichen Augenblicks. Ein Triumpf für den BK. Er wird als Kanzler der deutschen Einheit in die Geschichte eingehen. Das alles schießt mir sekundenschnell durch den Kopf.

Gorbatschow spricht weiter. Die Grenzen seien für ihn eine fundamentale Frage. Das müsse der Bundeskanzler berücksichtigen. Doch dieser bleibt bei seiner bekannten Position. Die Grenzfrage werde am Tag X entschieden.

Das Gespräch wird immer entspannter. Gorbatschow erinnert den BK an seine Einladung in die Pfalz. Dort wolle er mit ihm die gute Wurst essen, die er ihm geschickt habe. Jetzt bin ich absolut sicher, daß der Erfolg Wirklichkeit ist.

Gorbatschow berichtet über seine Sorgen mit der Perestroika. Nun sei das deutsche Problem hinzugekommen. Sie müßten deshalb auf dem weiteren Weg zusammenarbeiten. Die Beziehungen sollten dabei nicht Schaden nehmen sondern bereichert werden. Das Gespräch konzentriert sich auf die Probleme der Wirtschaftsbeziehungen der Sowjetunion mit der DDR für den Fall der Einheit. BK sagt rasche Gespräche und Lösungen zu. Er sei bereit, in die Vereinbarungen der DDR mit der Sowjetunion einzutreten.

Der nächste Punkt ist der Status des neuen Deutschlands. Er wisse, daß für den BK die Neutralität unannehmbar sei wie für die meisten anderen auch. Sie schüfe einen Rahmen, der das deutsche Volk erniedrige. Er verstehe unsere Gefühle. Es könnte so aussehen, als würden dadurch die Leistungen für den Frieden, die in der Vergangenheit von den Deutschen erbracht worden seien, gestrichen werden. Er wisse nicht, wie der Status aussehen solle. Das müsse weitergedacht und die verschiedenen Möglichkeiten durchgespielt werden.

Das ist erneut ein überraschendes Ergebnis. Gorbatschow legt sich nicht auf eine endgültige Lösung fest; keine Einforderung eines Preises und schon gar keine Drohung. Welch' ein Gespräch!

Es gehe ihm, so Gorbatschow, darum, daß sie zusammen handeln und das Vertrauen sichern. Öffentlich sollten sie sagen, daß sie über die Zukunft der Militärpakte unter neuen Bedingungen weitersprechen wollten. Gorbatschow spricht Bakers Vorschlag von 2+4-Gesprächen an.

BK bezeichnet diese Anregung als eine gute Überlegung. Eine Vier-Mächte-Konferenz über Deutschland lehne er dagegen ab. Nichts ohne den BK, ruft Gorbatschow. Die 2+4-Gespräche oder 1+4 sollten bald beginnen und in Deutschland stattfinden. Das hält Gorbatschow für möglich.

Als der BK das Gespräch noch einmal zusammenfaßt, stimmt Gorbatschow zu und wiederholt noch einmal fast wörtlich seine Worte zur deutschen Einheit, die in die Geschichte eingehen werden. Wir haben sie zweimal gehört. Es kann kein Mißverständnis mehr geben. Abschließend stehen noch Themen bilateraler Art an: das Problem der Rußlanddeutschen; Weltraumzusammenarbeit. Nach zweieinhalb Stunden endet dieses historische Gespräch. Parallel haben die beiden Außenminister miteinander gesprochen. Das Gespräch wird im Viererkreis fortgesetzt. Die Mitarbeiter nehmen ebenfalls teil.

Gorbatschow gibt eine Zusammenfassung des Gespräches mit BK. Zum drittenmal wiederholt er die entscheidenden Aussagen. Er fügt diesmal noch hinzu, daß unabhängig davon, wie der Einigungsprozeß verlaufe, in welcher Art und Weise und in welchem Tempo, die bilaterale Zusammenarbeit bereichert werden solle. Nach der Antwort des BK wird den Außenministern das Wort erteilt. Schewardnadse eröffnet mit dem Hinweis, daß die Außenminister wie die Führungen dächten. Sie hätten über die Perspektiven eines KSZE-Gipfels gesprochen. Dort könnten viele Fragen im Zusammenhang mit Deutschland und der Entwicklung in Osteuropa beantwortet werden. Detailliert hätten sie über Abrüstung gesprochen, über die Umwandlung der Militärpakte. Genscher bestätigt und ergänzt den Bericht Schewardnadses.

Gorbatschow stellt Übereinstimmung mit ihnen und dem BK fest. Sehr wichtig sei die Vereinbarung, weiterhin zusammenzuwirken und die Kontakte zu dynamisieren.

Um 19.15 Uhr schließt das gemeinsame Abendessen an. Jetzt nehmen auch Falin und Sagladin teil. Es verläuft in gehobener, teilweise fast ausgelassener Stimmung. Ein Bann scheint gebrochen. BK stichelt gegen Genscher; Gorbatschow nimmt den Ball auf. Er löst großes Gelächter aus, als er zu Schewardnadse sagt, daß dieser »ein schönes Leben« habe. Das ist der Standardspruch des BK bei fast allen Gelegenheiten.

Falin sagt zu Sagladin: Jetzt sei die deutsche Frage gelöst, jetzt könnten sie beide in Pension gehen.

Ausführlich wird über die jahrhundertelangen Beziehungen zwischen Russen und Deutschen gesprochen. Das sei immer ein besonderes Verhältnis gewesen, erklärt Gorbatschow: Sie stünden, wie jede Generation vor ihnen, erneut vor einer solchen Herausforderung.

Das Essen löst sich fast in fröhlicher Stimmung auf. Eine Last ist von den Schultern aller gefallen.

Anschließend geht es zurück zum Gästehaus. BK nimmt Kaestner und mich mit in sein Salonzimmer. Wir gratulieren ihm zu dem riesigen Erfolg. Ich fühle mich wie vom Erdboden abgelöst. BK reißt die Fenster auf. Das Zimmer ist wie immer völlig überheizt.

Wir bereiten die Eingangserklärung des BK für die Pressekonferenz vor, die in einer Stunde beginnen wird. BK beginnt laut zu diktieren. Es hört sich wie ein geschäftsmäßiger Bericht über ein Routinegespräch an. Ich glaube, nicht richtig zu hören. Wie kann man einen solchen Riesenerfolg so lapidar verkaufen wollen? Ich unterbreche den BK, protestiere

Pressegespräch am Abend nach der Sitzung im Kreml, 10. Februar 1990:
Horst Teltschik, Walter Neuer, Helmut Kohl und Michail S. Gorbatschow

und fange meinerseits an, laut zu formulieren. BK ist einverstanden. Wir reißen anschließend meiner Sekretärin, Frau Schmitz, den Text aus der Maschine, damit BK rechtzeitig losfahren kann.
Um 22.05 Uhr eröffnet er die internationale Pressekonferenz mit dem Satz: »Ich habe heute abend an alle Deutschen eine einzige Botschaft zu übermitteln«. Gorbatschow hat der Einigung Deutschlands zugestimmt. Und er endet mit dem Satz: »Das ist ein guter Tag für Deutschland, für viele von uns und für mich persönlich«.

Die Reaktion der Journalisten ist überraschend zurückhaltend. Ich sage zu Neuer neben mir: Eigentlich hätten alle jetzt aufstehen und Beifall klatschen müssen. In anderen Ländern wäre das so geschehen. Stattdessen stellen die Journalisten detaillierte Fragen über Einzelheiten, die wichtig sind, aber der Bedeutung des Ereignisses nicht gerecht werden. BK achtet seinerseits darauf, daß die Übereinstimmung mit Genscher für alle sichtbar wird und zieht ihn in die Beantwortung der Fragen voll ein.

Nach der Pressekonferenz kommen eine Reihe von Journalisten auf mich zu. Ich spreche sie direkt an, daß ich über ihre Reaktion enttäuscht sei. Ob sie nicht begriffen hätten, welche Botschaft der BK vorgetragen habe? Als ich sie erläutere, beginnen sie zu begreifen. Ich muß ihnen allerdings rechtgeben, daß BK selbst durch seinen Vortrag Geschäftsmäßigkeit vermittelt habe und nicht den Eindruck, daß etwas Großes geschehen sei.

Ich stehe noch im Pulk der Journalisten, als BK mich ruft, mitzukommen. Es drängt ihn fort. Ich bedauere das sehr, weil ich noch gerne »Nacharbeit« geleistet hätte. Das wäre dringend erforderlich gewesen.

Aber BK will noch auf dem Roten Platz spazierengehen. Ich berichte ihm die Reaktionen der Journalisten, die noch nicht erkannt hätten, was wirklich geschehen sei. Als einige Journalisten uns auf dem Roten Platz entdecken, ist der BK endlich bereit, etwas mehr aus sich herauszugehen und über das Gespräch zu berichten.

Genscher ist wie immer mit seinen Mitarbeitern und drei Journalisten direkt in sein Gästehaus gefahren. Er wird die Journalisten besser briefen. Als wir kurz vor Mitternacht das Gästehaus des BK erreichen, setzen wir uns noch zu einem Bier zusammen. BK läßt sich etwas zu Essen bringen. Er genießt jetzt das Zusammensitzen im engen Mitarbeiterkreis. Ackermann, Neuer, Kästner, Juliane Weber und ich. Wir stoßen auf sein Wohl und auf seinen Erfolg an.

Sonntag, den 11. Februar 1990

Nach einer Nacht im überheizten Schlafzimmer treffen wir uns beim gemeinsamen Frühstück wieder. BK hat Genscher und seine Mitarbeiter Kastrup und Elbe dazu geladen. Es soll eine Freundschaftsgeste sein.

Auf der Fahrt zum Flughafen lese ich die hastige Übersetzung der offiziellen TASS-Mitteilung über das Gespräch BK-Gorbatschow, die heute morgen veröffentlicht und von unserer Botschaft übersetzt worden war. Ich empfinde die Ausführungen erneut als sensationell. Sie wirken jetzt auf mich in dieser Zusammenfassung fast noch aufregender als gestern beim Gespräch.

Ausdrücklich ist davon die Rede, daß das gemeinsame Gespräch »sowohl in politischer als auch in persönlicher Hinsicht in der Atmosphäre des früher erzielten tiefen gegenseitigen Verständnisses und Vertrauens« verlaufen sei. Die Notwendigkeit des ständigen Kontaktes wird betont. Entscheidend ist aber letztlich nur ein Satz, der in dieser Klarheit und Ausführlichkeit die gestrigen Aussagen Gorbatschows noch übertrifft:

»Gorbatschow stellte fest – und der Kanzler stimmte ihm zu –, daß es zur Zeit zwischen der UdSSR, der BRD und der DDR keine Meinungsverschiedenheiten darüber gebe, daß die Deutschen selbst die Frage der Einheit der deutschen Nation lösen und selbst ihre Wahl treffen müssen, in welchen Staatsformen, zu welchen Zeitpunkten, mit welchem Tempo und zu welchen Bedingungen sie diese Einheit realisieren werden«.

Natürlich fehlen nicht die internationalen Rahmenbedingungen, aber sie liegen im Rahmen des gestern besprochenen und sind ebenfalls in dieser Form nicht kontrovers.

Im Flugzeug gebe ich diese TASS-Erklärung dem Bundeskanzler und den Journalisten zu lesen. Viele reagieren ausgesprochen überrascht. Sie erkennen jetzt die volle Bedeutung dessen, was in Moskau geschehen ist BK ruft nach Sekt und gemeinsam wird mit den Journalisten auf den Erfolg angestoßen.

Montag, 12. Februar 1990

8.30 Uhr BK-Lage: Heute finden die Ereignisse von Moskau endlich ihre angemessene Kommentierung in der Presse. BK kann wieder einmal sehr zufrieden sein. Am besten faßt Josef Riedmiller das Ergebnis in der Süddeutschen Zeitung zusammen: »Der sowjetische Staats- und Parteichef hat am Samstag in Moskau seinem Gast Helmut Kohl den Schlüssel zur Lösung der deutschen Frage überreicht«. Es sei nun Aufgabe des BK und Modrows, ein Verfahren für die Vereinigung auszuarbeiten, in dem nicht nur die deutschen Interessen sondern auch die der Nachbarn sowie der Verbündeten in beiden Militärblöcken berücksichtigt werden. Genau das ist der Stand in der Deutschlandpolitik seit Moskau. Am kleinkarriertesten ist die Reaktion des Oppositionsführers Dr. Vogel, der selbst nach einem solchen Ereignis nur sagen kann »Nichts Neues«.

9.45 Uhr: Besprechung mit dem BK über das weitere Vorgehen in der Deutschlandpolitik. Umfragen zeigen steigende Sorgen der Bundesbürger, daß sie zu besonderen Opfern für die Wiedervereinigung herangezogen werden können. Sie reagieren nach dem Motto: Wasch mir den Pelz, aber mach' mich nicht naß. Sie wollen die Einheit, aber keine Opfer dafür bringen. BK ordnet Erstellung eines Argumentationspapieres an, um solche Ängste öffentlich abzubauen.

Als Ziel für die morgigen Gespräche mit Modrow gibt BK die Linie aus: Stabilisierung müsse im Interesse beider Seiten angestrebt werden; Beendigung des Verfalls der staatlichen Autorität; Reduzierung der Übersiedlerzahlen: im Febr. bereits täglich rund 3.000; sofortiger Beginn hochrangiger Expertengespräche über Währungsunion und Wirtschaftsgemeinschaft. Außerdem sollen wir Sprachregelungen vorbereiten, wie es nach der Wahl am 18. März weitergehen solle.

10.45 Uhr: Unter Leitung Seiters tagt der Arbeitskreis Deutschlandpolitik. Wir bereiten – wie mit BK besprochen – letztmalig die Gespräche mit Modrow vor.

BK telefoniert heute mit EG-Präsident Delors. BK bittet um möglichst enge Zusammenarbeit in den nächsten Monaten. Er unterrichtet Delors über Lage in der DDR und über Gespräche in Moskau. Das Gespräch beweist erneut die außerordentliche Bereitschaft Delors, bei der Lösung der Probleme mit der DDR hilfreich zu sein.

In Ottawa beginnt heute die Konferenz »Offener Himmel« der Mitgliedsstaaten der NATO und des Warschauer Paktes. Vorher Treffen der NATO-Außenminister. Baker und Genscher berichten über Gespräche in Moskau.

In der Tagesschau spricht BK davon, daß er in Moskau »grünes Licht« für die Einigung Deutschlands erreicht habe.

Dienstag, 13. Februar 1990

8.30 Kanzler-Lage: Heute kommt Modrow zu einem Arbeitsbesuch nach Bonn. In seiner Begleitung 17 Minister, davon 8 ohne Geschäftsbereich als Vertreter des ›Runden Tisches‹. Für SPD willkommene Gelegenheit, meine Äußerungen von Freitag über möglichen Kollaps zur DDR seit dieser Zeit aufzublasen. »SPD ›entsetzt‹ über Teltschik-Äußerungen«, lauten die Überschriften. SPD will meine Äußerungen in dieser Woche vor dem Bundestag bringen. Mich läßt es kalt.

Auf dem Tisch liegen die »Positionen des Runden Tisches für die Verhandlungen zwischen MP Modrow und BK Kohl«. Sie bestätigen meine Aussage. Schon im zweiten Satz des 17seitigen Papiers ist die Rede von »der gegenwärtig komplizierten Lage, die durch rasche Destabilisierung gekennzeichnet ist«.

Das Papier fordert »klare Impulse für eine Verbesserung der Lebensbedingungen in der DDR«. Deshalb solle die Bundesregierung einen »Solidarbeitrag« in Höhe vom 10–15 Mrd. DM leisten, unabhängig von allen weiteren Verhandlungen.

Die Regierung der DDR wird nicht legitimiert, jetzt schon eine Währungsunion zu vereinbaren, aber kurzfristig solle eine gemeinsame Expertenkommission alles prüfen, offenlegen und eine Diskussion in breitem gesellschaftlichen Rahmen ansetzen. Politische

Schritte zur deutschen Einheit werden vorgeschlagen; eine entmilitärische Zone in Mitteleuropa gefordert. In Anlagen legen einzelne Gruppierungen Sonderpositionen vor. Wir sind uns klar, daß wir mit diesem Papier nicht viel anfangen können.

Es geht in vielen Punkten an den Realitäten vorbei. Bis heute sind in diesem Jahr schon 85.000 Übersiedler aus der DDR eingetroffen. 15 Mrd. DM wären ein Tropfen auf dem heißen Stein, zumal der Runde Tisch erst Gespräche führen will, wofür sie einzusetzen wären.

Wir sprechen heute morgen über die gestrige Pressekonferenz von Bush in Washington: Er begrüßte die Reformfortschritte des ZK-Plenums in Moskau. Die Gespräche Bakers hätten »solide Fortschritte« gebracht. Der Juni-Gipfel mit Gorbatschow werde »ein großer Erfolg« werden. Dann gratulierte Bush dem BK »zum Erfolg seiner Reise nach Moskau«. Die sowjetische Erklärung sei »sehr willkommen«. Er würdigte die »staatsmännische Haltung Präsident Gorbatschows« und unterstützte die Haltung des BK, daß ein wiedervereinigtes Deutschland Mitglied der NATO bleiben sollte. Bush erhob keine Bedenken gegen die Beschleunigung des Einigungsprozesses, wie sie anfänglich noch zu hören gewesen waren. Mehrfach aber unterstrich er die Bedeutung der vollen NATO-Mitgliedschaft eines geeinten Deutschlands als »most reassuring and stabilizing concept«. Die gesamte Pressekonferenz beweist erneut, daß Bush die Politik des BK uneingeschränkt unterstützt.

Am Rande der »Open-sky-Konferenz« in Ottawa, die gestern begonnen hat, vereinbarten die Außenminister der Bundesrepublik, der DDR und der Vier Mächte gemeinsame Gespräche über die äußeren Aspekte der Vereinigung von Bundesrepublik und DDR.

BK berichtet über Telefonat mit Genscher: Dieser habe ihm mitgeteilt, daß die 2+4-Gespräche vor dem KSZE-Gipfel beendet sein sollen und deshalb unmittelbar nach den DDR-Wahlen am 18. März auf der Ebene der Regierungschefs bzw. Präsidenten beginnen müßten.

9.30 Uhr: Modrow und seine Delegation landen mit Sonderflugzeug der Interflug auf dem Bonn/Kölner Flughafen. Mit Hubschrauber fliegen sie zur Südbrücke und von dort geht es mit dem Wagen zum BK-Amt.

10.00 Uhr: Vieraugengespräch BK – Modrow im Arbeitszimmer des BK. Wie am 19. Dezember in Dresden ist auf ein militärisches Begrüßungszeremoniell verzichtet worden. Die Beflaggung ist auf je eine Fahne reduziert.

Am Gespräch nehmen Karl Seidel, Leiter der Abteilung Bundesrepublik Deutschland im DDR-Außenministerium, und ich teil. BK beginnt sein Gespräch ohne Umschweife mit der dramatischen Lage in der DDR. Er erwartet im Februar rund 100.000 Übersiedler, das sei die Einwohnerzahl von Dessau. Wenn angesichts des wachsenden Drucks die Wahlen im März erreicht werden sollen, sei jetzt ein dramatischer Schritt erforderlich.

Mit Gorbatschow habe er darüber gesprochen, das sie jetzt wie auf zwei Schienen parallel vorangehen müßten. Die eine Schiene stelle die äußeren Aspekte in der Form der 2+4-Gespräche dar, die andere die inneren Aspekte. Das heiße für ihn jetzt, daß schon in der nächsten Woche die Expertengespräche über eine Währungs- und Wirtschaftsunion beginnen sollten.

Modrow warnt davor, daß das Tempo den europäischen Rahmen sprengen könnte. Die »4+2«-Lösung decke sich mit seiner Auffassung. Er spricht die Oder-Neiße-Grenze an. Sie müsse akzeptiert werden, um den polnischen Nachbar zu stabilisieren. Auch Frankreich erwarte es.

Modrow übergibt offiziell die Papiere des Runden Tisches, dessen Rahmen auch für ihn gelte: soziale Absicherung, Lösung der Rechtsfragen und der Eigentumsfragen.

Sie hätten auch Kritik gegenüber der Bundesregierung nicht ausgespart. Der Einigungsprozeß müsse so gestaltet werden, daß keine Destabilisierung eintrete und der Kurs nicht verschärft werde.

Die Perspektiven der Einigung müßten deutlicher herausgestellt werden, um eine solide Entwicklung in der DDR zu ermöglichen. Die ›Aussiedler‹ müßten gründlicher analysiert werden, was ihre Bewegungsgründe seien; ob es es nicht nur ökonomisch-soziale seien?

In der Zusammenarbeit gebe es zu viel Nebeneinander. Der Stil müsse geändert werden. Modrow beklagt sich, daß er auf seinen Vertragsentwurf zur Vertragsgemeinschaft[135] keine Antwort erhalten habe und von der Währungsunion aus den Medien erfahren habe. Auch seien die bisherigen Ergebnisse zu gering. Der Wahlkampf überwiege.

Erneut fordert er einen »Solidarbeitrag«. Sie seien zu Verhandlungen über Währungsunion bereit. Sie können jedoch erst nach der Wahl abgeschlossen werden.

Nicht nützlich seien Aussagen über Zahlungsunfähigkeit, Nichterreichen der Wahl. Sie schaffen Unruhe. Damit meint er BK und mich.

Dann spricht Modrow selbst von der drohenden Zahlungsunfähigkeit schon zur 2. Jahreshälfte. Zum Ende des Jahres seien 3 Mrd. erforderlich. Deshalb brauche man ein Stufenprogramm, um die Probleme nach innen beherrschbar zu machen. Es dürfe keinen spontanen Prozeß geben. Der Solidarbeitrag und die Einsetzung einer gemeinsamen Kommission zur Währungs- und Wirtschaftsunion brächten sie voran.

Modrow zählt das Staatsvermögen und die Hektargrößen an Grund und Boden auf als Beleg, daß sie es schaffen könnten. Die DDR-Bürger wollten nicht vereinnahmt werden.

BK stimmt zu, daß bis zum 18.3. gute Fortschritte erreicht und dokumentiert werden sollten. Ziel müsse sein, das Gefälle abzubauen. Zur Lösung der sozialen Probleme schlägt BK Bildung einer gemeinsamen Untergruppe für die Kommission zur Währungsunion vor.

Modrow spricht noch einmal den Solidarbeitrag von 15 Mrd. an. Die DDR-Bürger erwarten etwas vom BK. Doch dieser geht nicht darauf ein.

Die Atmosphäre dieses Gespräches blieb ziemlich kühl. BK war nicht mehr interessiert, mit Modrow wichtige Schritte zu besprechen oder gar gemeinsam zu beginnen. Der Wahltag steht schon vor der Tür.

11.30 Uhr: Das Gespräch wird im Kreis beider Delegationen fortgeführt. Dafür ist der NATO-Saal gewählt worden, der groß genug für diese riesige DDR-Delegation ist. Auf unserer Seite nehmen noch der bayerische MP Dr. Streibl, RBM Momper, MP Rau und Dr. Emminger von der Bundesbank teil. Eingangs wiederholen BK und Modrow ihre wichtigsten Aussagen aus dem Vier-Augen-Gespräch. Dann beginnt Diskussion. Minister Ullmann von »Demokratie jetzt« berichtet, daß sie die Dresdner Rede des BK wegen ihrer

135 Am 1. Februar 1990 hatte DDR-Ministerpräsident Hans Modrow noch einen mit Moskau abgestimmten Stufenplan zur Vereinigung beider deutscher Staaten präsentiert, zumal er schon Ende Januar 1990 in einem Gespräch Michail S. Gorbatschow gegenüber bekannte, dass die Mehrheit der DDR-Bürger nicht mehr an die Existenz zweier deutscher Staaten glauben würde. Das Ziel sollte eine deutsche Konföderation oder ein deutscher Bund mit gemeinsamen Parlament und gemeinsamer Regierung als vierte Stufe sein. Die erste Stufe soll aus einer Wirtschafts-, Währungs- und Verkehrsunion mit Rechtsangleichung bestehen, die zweite Stufe eine Konföderation mit gemeinsamen Institutionen wie Parlamentarischem Ausschuss, einer Länderkammer und Exekutivorganen beinhalten und in der dritten Stufe sollten die Souveränitätsrechte beider Staaten an die Konföderationsregierung übertragen werden. Zudem forderte Modrow die militärische Neutralität Deutschlands.

zurückhaltenden Art »sehr begrüßt« hätten. Er übt Kritik an Vorstellungen über »Anschluß« der DDR nach Art. 23, 2 GG. Minister Eppelmann fordert erneut: »Lassen Sie uns ein wenig Zeit«. Sie müßten die Chance haben, ihre Identität zu finden, die sie einbringen wollten. »Der Patient sei noch nicht tot«. Minister Platzeck von den Grünen kritisiert »Fremdsteuerung« und erwartet »bedingungslose Hilfe«. Waigel trägt vor, daß allein der Bund in 1990 31,7 Mrd. DM für die DDR zur Verfügung stelle. Jetzt sei erst ein Nachtragshaushalt von 7 Mrd. beschlossen worden. Frau Minister Luft bezeichnet Währungsunion als »faszinierenden Vorschlag«. Minister Romberg schlägt Kommission für Sicherheitspolitik vor.

Um 14.00 Uhr beginnt im Palais Schaumburg das gemeinsame Mittagessen. Um 15.30 Uhr gehen BK und Modrow gemeinsam vor die Presse. Der Saal ist überfüllt. BK zitiert eingangs noch einmal die Gorbatschow-Erklärung zur deutschen Einheit. Sie soll nicht in Vergessenheit geraten. Im Gegenteil! Wir müssen sie öffentlich festklopfen.

BK fügt aber den wichtigen Satz hinzu, daß er die neue Haltung der Sowjetunion »auf keinen Fall als Freibrief zu einem nationalen Alleingang« betrachte. Er berichtet, daß er mit Genscher in Ottawa telefoniert habe und ein Ergebnis erwarte. Dann erläutert er die Soforthilfe für die DDR und das Angebot zur Währungsunion: zu einem Stichtag wird die DM eingeführt; zugleich müsse die DDR die rechtlichen Voraussetzungen für die Einführung der sozialen Marktwirtschaft schaffen. Gleichzeitig fordert er zur nationalen Solidarität auf als menschliche und nationale Pflicht.

Modrow spricht von konstruktiven Gesprächen. Er stellt die sozialen Sicherheiten in den Vordergrund und ruft die DDR-Bürger von Bonn aus auf, in ihrer Heimat zu bleiben. Alle hätten eine Perspektive und eine Chance. Um 16.30 Uhr endet die Pressekonferenz.

Anschließend berichtet der BK über die Gespräche mit Gorbatschow in Moskau und mit Modrow in der Fraktionssitzung der CDU/CSU im Bundestag. Auch dort appelliert er an die nationale Solidarität.

Um 19.45 Uhr ruft BK Präsident Bush an. BK berichtet über das heutige Gespräch mit Modrow. Dann bedankt er sich für den Brief von Bush, den er vor seiner Abreise nach Moskau erhalten habe und für die Unterrichtung Bakers über dessen Gespräche mit Gorbatschow. Diese Unterstützung sei sehr nützlich gewesen. Er kündigt an, in Camp David vor allem über die 2+4-Gespräche, die heute in Ottawa besprochen worden seien, reden zu wollen. Wichtig sei vor allem die Frage der Zukunft von NATO und Warschauer Pakt. Er habe auch gegenüber Gorbatschow die Neutralisierung abgelehnt. Wie Gorbatschow reagiert habe, will Bush wissen. BK erklärt, daß er eine Lösung dieser Sicherheitsfragen mit Moskau für möglich halte. Sie müsse gefunden werden, erwidert Bush.

Er habe an den BK als Freund gedacht, als er das Ergebnis von Moskau gehört habe und sich vorgestellt, wie bewegt er gewesen sein müsse. Als der BK darauf sagt, daß er gerade auch in der CDU/CSU-Bundestags-Fraktion gesagt habe, daß das alles ohne die amerikanischen Freunde nicht möglich gewesen wäre, bezeichnet Bush das als »sehr großzügig«. Er freue sich auf den Besuch des BK. Er werde seine Position unterstützen.

Eine Stunde später ruft Bush den BK an. Sie sprechen das Ergebnis von Ottawa ab. Bush will Baker darüber in Ottawa unterrichten. Er betont noch einmal, daß er zum BK stehe und volles Vertrauen zu ihm habe. Er unterstütze ihn und die Bundesrepublik Deutschland. BK ist von dieser freundschaftlichen Gesinnung sichtbar beeindruckt. Bush erhebt nicht den geringsten Vorbehalt. Er will Freund seien und er ist es. In dieser Situation ist das für den BK eine ungeheuere Unterstützung.

Gestern hatte erst wieder der sowjetische Delegationsleiter, Witali Tschurkin, auf einem Warschauer-Pakt-Treffen die Entmilitarisierung und Neutralisierung eines vereinigten Deutschlands gefordert, damit es keine Gefahr für seine Nachbarn darstelle. In dieser Auseinandersetzung brauchen wir die Rückenstärkung der USA.

5. Die heiklen Punkte: NATO, Oder-Neiße, Nachbarn

Mittwoch, 14. Februar 1990

9.30 Uhr Kabinettsitzung: BK stellt die große Unterstützung heraus, die Bush und Baker in der Deutschlandpolitik leisten. Gestern habe ihn Bush zweimal angerufen, um mit ihm die Entscheidungen der Außenminister in Ottawa abzustimmen.[136] Bush und Baker seien ein Glücksfall für die Deutschen in dieser geschichtlichen Phase.

BK beklagt die Angstkampagne der SPD gemeinsam mit linken Gruppen in beiden deutschen Staaten und das Fehlen eines nationalen Konsens. Er werde dieses Verhalten hart anprangern. Die Übersiedlerwelle halte an. Zur Zeit sein es täglich mehr als 3.000. In diesem Monat allein müsse man mit 100.000 rechnen.

12.00 Uhr: Arbeitsbesprechung mit BK zur Vorbereitung seiner morgigen Regierungserklärung über seine Gespräche mit Gorbatschow und Modrow.

Der Nachtragshaushalt 1990 wird beschlossen. Er dient vorrangig der Finanzierung von Sofortmaßnahmen aufgrund der aktuellen Entwicklung in der DDR und enthält Hilfen für die Sowjetunion und Rumänien. Für die DDR ist ein Globaltitel in Höhe von 2 Mrd. DM eingestellt worden, um auf neue Entwicklungen sofort reagieren zu können.

Das wichtigste Ereignis ist der gestrige Beschluß der Außenminister in Ottawa.[137] Sie haben Verständigung erzielt, Gespräche der beiden deutschen Staaten mit den Vier Mäch-

136 Nachdem Bundeskanzler Helmut Kohl bei seinem Besuch in Moskau am 10./11. Februar 1990 von Michail Gorbatschow die Zustimmung zur deutschen Einheit erhalten hatte, einigten sich die Außenminister der vier Siegermächte sowie die der Bundesrepublik und der DDR bei einem KSZE-Treffen in Ottawa (siehe Anmerkung 132, S. 252) über die Aufnahme von Gesprächen über »die äußeren Aspekte der Herstellung der deutschen Einheit«. Dabei betonte Außenminister Genscher, dass Einigung in der EG, der Ost-West-Partnerschaft, im Bau des ›gemeinsamen europäischen Hauses‹ und in der gesamteuropäischen Friedensordnung ohne Gebietsansprüche an Nachbarstaaten hergestellt werden sollte; Nachbetrachtungen, S. 692–693.

137 Auf der Open Skies-Konferenz in Ottawa beim Treffen der Außenminister der NATO und des Warschauer Pakts vom 12. bis 14. Februar 1990 fiel am Rande die Entscheidung, die Zwei-plus-Vier-Gespräche mit Vertretern beider deutscher Staaten und der vier Siegermächte über die deutsche Einigung zu beginnen. Hans-Dietrich Genscher traf am 12. Februar aus Moskau kommend in Ottawa ein, wo er mit Helmut Kohl und Michail Gorbatschow über den deutschen Einigungsprozess gesprochen hatte. Unter Vorsitz des kanadischen Außenministers Joe Clark kam es zu Gesprächen zwischen den Außenministern James Baker (USA), Douglas Hurd (UK), Roland Dumas (F), Eduard Schewardnadse (UdSSR), Oskar Fischer (DDR) und Hans-Dietrich Genscher (BRD). Ein Kommuniqué über die Vereinbarung wurde in Ottawa herausgegeben. Die Niederlande, Belgien, Italien und Kanada, das frühzeitig den Einigungsprozess unterstützte, brachten ihr Bedauern zum Ausdruck, nicht hinzugezogen worden zu sein. Am 14. Februar berichtete Genscher dem Bundeskabinett, dass es keine Viermächte-Konferenz und keine Lösung geben werde, bei der Deutschland am Katzentisch sitzen müsse. Das Ergebnis der »Zwei-plus-Vier-Gespräche« solle einem KSZE-Gipfel vorgelegt werden.

ten über die Herstellung der Deutschen Einheit aufzunehmen. Diese 2 + 4-Gespräche sollen »die äußeren Aspekte der Herstellung der deutschen Einheit, einschließlich der Fragen der Sicherheit der Nachbarstaaten« behandeln. In Kürze sollen die Gespräche auf Beamtenebene beginnen. Gleichzeitig haben die 23 Außenminister beschlossen, daß noch in diesem Jahr ein KSZE-Gipfeltreffen[138] stattfinden soll. Es soll durch Konsultationen zwischen den 35 Teilnehmerstaaten vorbereitet werden.

Außerdem wurde vereinbart, daß nach Abschluß der Wiener VKSE-Verhandlungen[139] ohne Unterbrechung weiter verhandelt werden soll. Diese drei Elemente sind wichtige Rahmenbedingungen für die Lösung der deutschen Frage.

13.30 Uhr Sitzung des Kabinettausschusses Deutsche Einheit: Vorgespräch über die Einrichtung einer Kommission zur Währungs- und Wirtschaftsunion. Schäuble berichtet über die konstituierende Sitzung der Arbeitsgruppe Staatsstruktur, Innere Sicherheit, Asylverfahren. Problem sei die Einbeziehung der Länder. StS Klemm, BMF, trägt über Sitzung mit der Bundesbank vor. Kernpunkte für das Herangehen seien die Definition der ordnungspolitischen Mindestvoraussetzungen, die in der DDR geschaffen werden müßten; Fragen der Besteuerung, der Finanzverfassung und das Erfordernis eines Kassensturzes. StS von Würzen, BMWi: Mindestbestand marktwirtschaftlicher Gesetze werde vorbereitet. BM Blüm erläutert seine Schwerpunkte Alterssicherung und Arbeitslosenversicherung; StS Kinkel, BMJ, arbeitet an der Rechtsangliederung der Normen und Strukturen und bereitet die Eigentumsproblematik auf.

Genscher berichtet über Ottawa: Die deutsche Einheit sei als Finalität der 2 + 4-Gespräche beschlossen. Das Gesamtergebnis soll auf dem KSZE-Gipfel vorgelegt und dort »mit Befriedigung zur Kenntnis genommen« werden. Schewardnadse habe zwei Seelen in seiner

138 Auf dem KSZE-Gipfeltreffen in Paris vom 19. bis 21. November 1990 wurde die Charta von Paris unterzeichnet, die nach dem Ende des Ost-West-Konfliktes die weitere freundschaftliche Zusammenarbeit der beteiligten Staaten bei der Neugestaltung der gesamteuropäischen Sicherheit konstituieren sollte. Mindestens jährlich sollte ein Rat der Außenminister, vorbereitet durch einen Ausschuss Hoher Beamter, als zentrales Forum tagen. Ebenfalls wurde auf dem KSZE-Gipfel der Vertrag über Konventionelle Streitkräfte in Europa (KSE) von 22 Regierungschefs der NATO- und Warschauer Pakt-Staaten unterzeichnet, der bis November 1995 zu einer substantiellen Reduzierung auf dem Gebiet konventioneller Waffen führte. Am 19. November 1999 erfolgte ein Vertrag über die Anpassung des KSE-Vertrages. Im Mai 2023 wurde der Vertrag offiziell durch Russland gekündigt; siehe Anmerkung 62, S. 156–157; Nachbetrachtungen, S. 599.

139 Die KSZE-Teilnehmerstaaten tagten in Wien seit dem 9. März 1989 in Übereinstimmung mit den in den abschließenden Dokumenten der in Madrid und in Wien abgehaltenen Folgetreffen (siehe Anmerkung 98, S. 205) über die in der KSZE enthaltenen Bestimmungen bezüglich Vertrauens- und sicherheitsbildende Massnahmen (VSBM) und Abrüstung in Europa, die als integraler und substantieller Bestandteil des durch die KSZE eingeleiteten multilateralen Prozesses anzusehen waren, sowie dabei etappenweise neue, wirksame und konkrete Schritte zu unternehmen, die darauf gerichtet sein sollten, Fortschritte bei der Festigung des Vertrauens und der Sicherheit und bei der Verwirklichung der Abrüstung zu erzielen, um der Pflicht der Staaten, sich der Androhung oder Anwendung von Gewalt in ihren gegenseitigen Beziehungen sowie in ihren internationalen Beziehungen im allgemeinen zu enthalten, Wirkung und Ausdruck zu verleihen. Vom 16. Januar bis 5. Februar 1990 erörterten die Teilnehmerstaaten in Form eines Seminars, die Militärdoktrinen in bezug auf Dispositive, Strukturen und Aktivitäten konventioneller Streitkräfte in der Anwendungszone für VSBM. Durch den Verlauf dieser Diskussionen angespornt, beschlossen die Teilnehmerstaaten, ein zweites Seminar über Militärdoktrinen im Frühjahr 1991 in Wien abzuhalten, https://www.bundesregierung.de/breg-de/service/bulletin/wiener-dokument-1990-der-verhandlungen-ueber-vertauens-und-sicherheitsbildende-massnahmen-teil-eins-von-zwei--788648 (Abruf 31.1.2024).

Brust: einerseits ginge ihm alles zu schnell, andererseits will er gegenüber der DDR handeln. Er habe aber sehr konstruktiv mitgearbeitet. Das Ergebnis von Ottawa[140] sei optimal. Gastgeber der Treffen seien die Deutschen. Sie würden nicht im Kontrollratsgebäude stattfinden. Alle Teilnehmer hätten begriffen, daß eine Fortdauer der deutschen Teilung destabilisierend wirke.

Die Neutralisierung Deutschlands sei vom sowjetischen Sprecher des Warschauer Paktes gefordert worden, jedoch nicht von der sowjetischen Delegation, die eine Korrektur erzwungen hätte.

15.00 Uhr: Chef BK unterrichtet die Botschafter der 3 Mächte über Moskau-Besuch des BK und über Modrow-Besuch und Folgevereinbarungen.

In Moskau hält die Diskussion über die Lösung der Sicherheitsfragen im Zusammenhang mit der deutschen Einigung an. TASS nennt heute wichtige Voraussetzungen: Erfolg der Abrüstungsverhandlungen; Wandel der Rolle des Warschauer Paktes und der NATO; militärischer Status des ehemaligen DDR-Territoriums: Präsenz der ausländischen Truppen. Für die Bundesrepublik heißt das, alle Anstrengungen zu unternehmen, um so rasch als möglich Antworten auf diese Probleme zu finden. Dazu brauchen wir vor allem die USA. Die Idee Portugalows von heute, ein vereinigtes Deutschland solle in der NATO den französischen Status[141] annehmen, ist nicht akzeptabel, denn dann müßten wir aus der militärischen Integration ausscheiden.

16.00 Uhr: Sitzung der außen- und sicherheitspolitischen Arbeitsgruppe des Kabinettausschusses Deutsche Einheit. Genscher leitet. Seiner Auffassung nach erhebe die Sowjetunion keinen Einspruch mehr gegen die deutsche Einigung, sondern bestehe nur auf einem ordentlichen Verfahren, das den Vier-Mächte-Rechten entspreche, die Sicherheitsfrage (Bündnis und Grenzen) regele und die Einbettung in den europäischen Prozeß (KSZE) sichere.

In Ottawa Einigkeit, daß eine Entscheidung über die Köpfe der Deutschen hinweg nicht in Frage komme, d. h. keine Vier-Mächte-Konferenz über Deutschland und keine »Katzentisch« Lösung.[142]

Beratungsthemen der Zweiergespräche mit der DDR: (1) verfassungsrechtliche Fragen bezüglich Wiederherstellung der deutschen Einheit durch Ablösung der Vier-Mächte-

140 Siehe Anmerkung 132, S. 252.

141 Im März 1966 hatte Frankreichs Staatspräsident Charles de Gaulle aus Gründen nationaler Souveränität und Schaffung seiner force de frappe mit Betonung auf die eigene Landesverteidigung und wegen Differenzen mit anderen NATO-Mitgliedern den Austritt seines Landes aus den Kommandostrukturen der NATO erklärt. Er wollte in einem Dreierkollegium mit Amerikanern und Briten gleichberechtigt sein und mehr Einfluss ausüben. Das NATO-Hauptquartier musste aus Paris nach Brüssel umziehen. 1996 hatte Frankreich wieder den Planungen zugestimmt und seit 2004 war es wieder im NATO-Stab präsent. Seit dem Juni 2009 ist Frankreich unter dem Präsidenten Nicolas Sarkozy wieder NATO-Vollmitglied mit Ausnahme des Befehls über die französische Atomstreitmacht mit dem Argument, ohne vollwertige Beteiligung könne Frankreich keinen Einfluss auf die Entscheidungen nehmen. Auf seine Selbstbestimmung und auf die Rolle Europas verwies Frankreich wiederum während der Amtszeit von US-Präsident Donald Trump. Emmanuel Macron attestierte 2019 der NATO »Hirntod«, indem er wiederholt die Notwendigkeit einer europäischen Eigenständigkeit im Verteidigungsbereich betonte. Nach dem russischen Ukrainekrieg hat sich die Notwendigkeit eines starken NATO-Bündnisses für die Verteidigung vor allem Europas neuerlich bestätigt.

142 Siehe Anmerkung 113, S. 222.

Rechte; (2) EG-Auswirkungen (3) Bündnisproblematik. Eckpunkte: Deutschland bleibe Mitglied des Bündnisses, aber NATO-Jurisdiktion werde nicht auf DDR-Gebiet übertragen.

Nach Genscher müssen die Zweiergespräche mit offenen Karten geführt werden. Der Weg der Einigung nach Art. 23 GG[143] oder 146 GG[144] müsse geklärt werden. Es dürfe jedoch nicht zu einer grundsätzlichen Verfassungsdiskussion kommen. Vieles spreche für Art. 23 GG. Zustimmung der Vier Mächte sei erforderlich; sie erfordere Klärung der Grenzfrage und des militärischen Status.

Das Gesamtergebnis müsse bis zum KSZE-Gipfel vorliegen, sonst würden wir von den Entwicklungen in der DDR überrollt werden. Auch könnten dann andere Partner noch Änderungswünsche einbringen.

Nach Genschers Einschätzung hätten wir mit USA und Frankreich Anwälte der deutschen Einheit – ohne Vorbehalt. Thatcher werde Vorbehalte bezüglich EG und NATO anmelden. Sowjetunion sei besonders an Grenzfrage und an künftiger Stärke der Bundeswehr interessiert. Bundeswehr sei in der Zentralzone stärker als USA und Sowjetunion zusammen. Die Bundeswehr-Stärke müsse in VKSE II diskutiert werden.[145]

Ergänzend weist Stoltenberg auf Fragen hin, die noch geklärt werden müßten: Wie weit werde die Schutzfunktion der NATO reichen? Werden Bundeswehr-Soldaten auf ehemaligem DDR-Territorium stationiert, wenn ja, wie viele? Stationierungsverträge mit den West-Mächten müssen neu ausgehandelt werden. Sowjet-Truppen in Deutschland müßten zeitlich begrenzt werden. Bundesrepublik und Bundeswehr dürfen bei Verhandlungen nicht singularisiert werden.

143 Artikel 23 des Grundgesetzes in seiner bis zum 3. Oktober 1990 gültigen Fassung legte fest, dass das Grundgesetz »zunächst« nur für die Gebiete galt, die seither zur Bundesrepublik gehörten: »In anderen Teilen Deutschlands ist es nach deren Beitritt in Kraft zu setzen.« Ostdeutsche Politiker hatten über das Verfahren zu entscheiden. Laut Artikel 23 Absatz 2 bestimmte darüber allein das beizutretende Gebiet, d.h. die DDR. Am 23. August 1990 beschloss die frei gewählte Volkskammer den Beitritt der DDR zur Bundesrepublik zum 3. Oktober 1990. Nach diesem Datum gab es im Grundgesetz keinen Artikel 23 mehr. Der frei gewordene Platz wurde 1992 für die Verfassungsbestimmung zur europäischen Integration verwendet. Der neue Artikel 23 bezeichnete die Entwicklung zur »Verwirklichung eines vereinten Europas«, der sogenannte »Europa-Artikel«; Nachbetrachtungen, S. 742–743, 759–760. https://www.bundestag.de/dokumente/textarchiv/30851476_wegmarken_einheit4-202398 (Abruf 31.1.2024).

144 Der Artikel 146 des Grundgesetzes bot eine Alternative zu Artikel 23, über eine verfassungsgebende Versammlung mit anschließender Volksabstimmung eine neue Verfassung für ein vereintes Deutschland zu erarbeiten. Dieser Weg wurde von Teilen der DDR-Bürgerrechtsbewegung und im Westen von vielen Sozialdemokraten und linken Intellektuellen befürwortet. Sie argumentierten, der Vereinigungsprozess verlange die gleichberechtigte Beteilung der DDR an einer gesamtdeutschen Verfassung, die durch die ausdrückliche Zustimmung des gesamten deutschen Volkes legitimiert werden müsse. Letztlich wurde mit Artikel 23 als »Königsweg« des Einigungsprozesses eine politische Entscheidung getroffen. Vor allem konservative Führungskräfte der CDU/CSU warnten vor einem komplizierten und zeitraubenden Verfahren bei einer Verfassungsneuregelung. Mit der Argumentation, dass sich das Grundgesetz bewährt habe und das Gelingen der Einigung sichere, sprachen sich für den Beitritt der DDR zum Grundgesetz nach Artikel 23 Bundeskanzler Helmut Kohl und Innenminister Wolfgang Schäuble aus. https://www.bundestag.de/dokumente/textarchiv/30851476_wegmarken_einheit4-202398 (Abruf 31.1.2024).

145 An dieser Stelle gibt es in den gedruckten 329 Tagen eine Feststellung Genschers, die in der Originalfassung des Tagebuchs nicht vorhanden ist: »Deutschland bleibe Mitglied des Bündnisses, aber NATO-Jurisdiktion werde nicht auf DDR-Gebiet übertragen.«

Genscher verweist auf seine Aussagen in Tutzing[146] und Potsdam.[147] VKSE II sei das Forum, über die zukünftige Stärke der Bundeswehr zu verhandeln. Er bekräftigt, daß zwischen der US-Truppenpräsenz und der der Sowjetunion kein Junktim hergestellt werden dürfe. Dauer der US-Truppen dürfe nicht von der der Sowjetunion abhängig sein.

Unterschiedlicher Meinung zu Stoltenberg sei er bezüglich einer Bundeswehr-Präsenz auf DDR-Territorium: Aufsplitterung in integrierte und nichtintegrierte Verbände dürfe nicht erfolgen. Widerstand der Nachbarn wäre zu erwarten. Polen und ČSSR hätten sich aber bereits gegen eine Neutralisierung Deutschlands ausgesprochen.

BM Engelhardt gibt bekannt, daß Mehrheit der Ressorts sich bereits für Art. 23 GG ausgesprochen hätten. Den Antrag auf Beitritt könne nur die DDR stellen.

Stoltenberg weist Genscher noch einmal daraufhin, daß seine Vorstellungen dazu führen, daß es ein geeintes Deutschland mit unterschiedlichen Sicherheitszonen geben werde. Damit stelle sich auch das Problem, wie die Wehrpflicht gehandhabt werden solle, vermutlich analog West-Berlins? Das Territorialheer sei nicht NATO-integriert. Ob Genscher einverstanden sei, solche Einheiten in der ehemaligen DDR zu stationieren? Genscher erwidert überraschend heftig. Eine Stationierung der Bundeswehr auf DDR-Territorium sei nicht möglich. Das sei blanke Illusion und keine reale Option. Was die Wehrpflicht betreffe, bringe ihn dieses Problem nicht um. Was heute in West-Berlin möglich sei, könne man morgen auf DDR-Gebiet übernehmen. Außerdem könne man nicht von einer Entmilitarisierung sprechen, solange Sowjet-Truppen anwesend seien.

Sein Drängen auf rasche Ergebnisse liege in dem Wahltermin vom 18.3. begründet. Dann werde die Einigung mit großer Wucht auf uns zukommen. Niemand in der DDR habe dafür ein Konzept, deshalb bräuchten wir es. Die DDR könne die Einigung einseitig vollziehen, sowohl im Ganzen als auch in Teilen. Das war eine spannende Sitzung. Genscher ist fest entschlossen, seine Vorstellungen durchzusetzen. Doch die Entscheidungen werden nicht in dieser Arbeitsgruppe getroffen.

Donnerstag, 15. Februar 1990

Oppositionsführer Vogel erweist mir als Ministerialdirektor die Ehre und fordert heute meine Entlassung, weil ich mit meinen Äußerungen von Freitag der DDR »erheblichen Schaden« zugefügt hätte. Wenn die SPD keine anderen Themen hat, kann BK beruhigt sein.

146 Siehe Anmerkung 119, S. 235; siehe auch Klaus Wiegrefe, Held des Rückzugs. Zeitgeschichte. Michail Gorbatschow war bislang Kronzeuge dafür, dass der Westen mit der Nato-Osterweiterung Zusagen von 1990 brach. Nun hat der Ex-Kreml-Chef widerrufen. Zu Recht?, in: *Der Spiegel* 48/2014, S. 34–35, https://magazin.spiegel.de/EpubDelivery/spiegel/pdf/130458614 sowie Deutscher Bundestag WD 2-3000-031/16, Zur öffentlichen Diskussion über Anfang der 1990er Jahre möglicherweise getroffene Zusagen westlicher Spitzenpolitiker zu einem Verzicht auf eine NATO-Osterweiterung 18.2.2016, https://www.bundestag.de/resource/blob/416610/331cde1a675291e8aca94f5aebac50aa/wd-2-031-16-pdf-data.pdf (Abruf 31.1.2024); Nachbetrachtungen, S. 726–730.

147 Genscher erneuerte bei seiner Rede auf der SIPRI-IPW-Konferenz am 9. Februar in Potsdam seine in Tutzing formulierte Aufgabe an die NATO. Die Europäer sollten die Chance des neuen sowjetischen Denkens nutzen und ein System »kooperativer Sicherheit« sei daher anzustreben. Das Haus Europa sei nun auch in der DDR Thema, Hans-Dietrich Genscher, Unterwegs zur Einheit. Reden und Dokumente aus bewegter Zeit, Berlin 1991, S. 246.

9.00 Uhr Bundestags-Debatte: BK gibt Regierungserklärung über seine Gespräche mit GS Gorbatschow in Moskau und mit MP Modrow in Bonn ab: Noch nie seien wir dem Ziel der Einheit aller Deutschen in Freiheit so nahe gekommen wie heute.

Außerordentlich wichtig ist erneut sein Dank an »unsere Freunde und Verbündeten im Westen«, sein Dank an Gorbatschow und seinem »neuen Denken« in der sowjetischen Außenpolitik, sein Dank an die Reformer in Polen, Ungarn und in der ČSSR und an die »Landsleute in der DDR«. Der Schwerpunkt liegt bei den »berechtigten Sicherheitsinteressen aller europäischen Länder, gerade auch der der Sowjetunion« und damit bei der Zukunft der Bündnisse als »schwierigste Frage«. BK lehnt erneut Neutralisierung und Demilitarisierung als »altes Denken« ab. Ein geeintes Deutschland solle und wolle im westlichen Bündnis eingebunden bleiben.

Das Angebot des BK – im Einvernehmen mit dem Präs. Bush – besteht in einer Änderung der Zielsetzung des Bündnisses in Richtung einer verstärkten politischen Rolle und in dem Verzicht, Einheiten und Einrichtungen der NATO auf das heutige Gebiet der DDR vorzuschieben.

Über das weitere Vorgehen im Einigungsprozeß kündigt der BK Gespräche mit der neuen, nach der Wahl am 18. März demokratisch legitimierten Regierung der DDR über den Weg zur Einheit an und Gespräche der Deutschen mit den Vier Mächten. Zusammenfassend verweist BK auf die qualitative Veränderung der Lage in Deutschland durch drei wichtige neue Elemente: die Ergebnisse der Gespräche mit Gorbatschow, die Verabredungen in Ottawa und das Angebot einer Währungsunion und Wirtschaftsgemeinschaft an Modrow.

BK erläutert die eingeleiteten und verabredeten Maßnahmen gegenüber der DDR, insbesondere im Zusammenhang mit der Währungsunion. Die Expertengespräche sollen bereits nächste Woche beginnen. Noch einmal macht er deutlich, daß der Weg in einer »politisch und wirtschaftlich normalen Situation« ein anderer gewesen wäre, aber »ungewöhnliche Ereignisse und Herausforderungen« erfordern eine »ungewöhnliche Antwort«. Jetzt gehe es darum, den Menschen in der DDR »ein klares Signal der Hoffnung und der Ermutigung« zu geben. Gleichzeitig nutzt er das Forum des Bundestages, dem Präsidenten der Bundesbank, Dr. Pöhl, auch öffentlich für seine Unterstützung zu danken.

Erneut appelliert BK an die »nationale Solidarität« als »selbstverständliche menschliche und nationale Pflicht«.

Genscher faßt die Ergebnisse von Ottawa zusammen. In der Frage der Zukunft der Militärbündnisse geht er über die Position des BK deutlich hinaus. »Kooperative Sicherheitsstrukturen« sollen die Bündnisse immer mehr überwölben und sie sollen dann darin »auch aufgehen können«. Heute morgen hatte Genscher im DLF eine »Ausdehnung der NATO-Jurisdiktion« über »die gegenwärtigen Gebiete hinaus« abgelehnt. »Das wäre ein Denken in den alten Kategorien«. Er hat diese Formel von Baker übernommen. Wir im Bundeskanzler-Amt halten sie für problematisch, weil sie die NATO-Mitgliedschaft eines geeinten Deutschlands generell fraglich macht.

Oppositionsführer Dr. Vogel bleibt bei seinem bekannten Stil. Den Erfolg in Moskau weist er Modrow zu und für Ottawa lobt er ausdrücklich Genscher. Das alles ist zu durchsichtig. Selbst im Bundestag wiederholt er die Forderung, mich zu entlassen und beruft sich dabei auch noch auf Graf Lambsdorff, der mir einen »Maulkorb« verpassen und mich ebenfalls »feuern« will. Damit will Vogel einer Debatte des deutschen Parlaments zu einem historischen Ereignis gerecht werden? Ich freue mich über meine öffentliche Aufwertung.

Ich sitze zu dieser Zeit im Arbeitskreis Deutschlandpolitik. Es geht um drei Probleme: (1) Vertrauliche Gespräche mit der Sowjetunion sollen aufgenommen werden, um darüber zu sprechen, wie und in welchem Umfang die Bundesrepublik in die Wirtschafts- und Handelsbeziehungen der DDR mit der UdSSR eintreten soll. Dazu ist vor allem erst einmal eine Bestandsaufnahme erforderlich. (2) Das weitere Verfahren der 2 + 4-Gespräche nach Ottawa. (3) Vorbereitung der Kommissionsverhandlungen mit der DDR über die Währungs- und Wirtschaftsunion und über die Sozialunion.

Mittags Gespräch mit dem Ersten Vizeaußenminister Kubas, Jose Raul Viera Linares, über »Perestroika« in Kuba;

Entwicklung in Zentralamerika; Ausbau der deutschen kubanischen Zusammenarbeit: großes Interesse der Kubaner. Ich erhalte Gesprächseinladung nach Kuba.

15.00 Uhr: Antrittsbesuch des neuen Botschafters aus Pakistan.

17.30 Uhr: BK trifft mit dem israelischen AM, Moshe Arens, zusammen. Arens hofft, daß »Mißverständnisse« aufgrund von Schamirs Äußerungen zur deutschen Einheit im US-Fernsehen die deutsch-israelischen Beziehungen nicht belastet hätten. Schamirs Aussagen seien nur auf dem Hintergrund zu verstehen, daß er seine ganze Familie durch das NS-Regime verloren habe. Arens bezeichnet die Möglichkeit, daß sich die Demokratie auch auf das Gebiet der DDR ausdehnen werde, als einen positiven Schritt. DDR habe vor zwei Wochen bei einem Gespräch in Kopenhagen die Aufnahme diplomatischer Beziehungen angeboten. Israel frage sich allerdings, ob das bei der Lage der Dinge noch Sinn gebe.

Arens spricht die EG-Sanktionen gegen Israel[148] an. Sie schaden dem Friedensprozeß. BK solle Frage auch mit Mitterrand besprechen. Dieser sagt das zu. Er halte persönlich nichts von Sanktionen.

18.10 Uhr: Abflug nach Paris. Für 20.00 Uhr hat BK ein Abendessen mit Mitterrand verabredet. Im Vorfeld hat Mitterrand gestern ein schriftliches Interview für acht französische Regionalzeitungen gegeben. Im Zentrum steht die deutsche Frage, dazu jedoch substantiell nichts Neues. Er gibt jedoch zu erkennen, daß er eine Entscheidung noch für dieses Jahr erwartet. Vonnöten sei eine unzweideutige Aussage zur Oder-Neiße-Grenze.

Wichtiger sind seine Aussagen über die Schlußfolgerungen, die er aus der deutschen Einheit zieht: Die Integration der EG müsse beschleunigt werden. Keine Neutralisierung Deutschlands, aber auch kein Vorschieben der Verteidigungslinien der NATO. Gemeinsame europäische Verteidigung werde stärker in den Vordergrund rücken. Gesamteuropäische Konföderation. Das Interview ist ein guter Auftakt für den Kurzbesuch des BK heute in Paris.

Das Abendessen findet in überaus herzlicher Atmosphäre statt. Jacques Attali, Elisabeth Guigou, Dr. Neuer und ich sind dabei – eine inzwischen sehr vertraute Runde, einschließ-

148 In einem Gespräch unterhielten sich Außenminister Hans-Dietrich Genscher und der israelische Außenminister Mosche Arens (1988–1990) am 15. Februar 1990 über Maßnahmen der EG-Kommission gegen Israel und über Gespräche Israels mit der DDR zwecks Aufnahme diplomatischer Beziehungen. Wegen möglicher Auswirkungen auf den Friedensprozess im Nahen Osten und als möglichen Präzedenzfall sprach Arens seine Beunruhigung über die Verschiebung des Besuches des spanischen EG-Verkehrs-Kommissars Abel Matutes, die Absage eines Seminars über den Binnenmarkt und eines Treffens auf Beamtenebene zum gleichen Thema aus. Wie die Bundesregierung lehnte Genscher jegliche Sanktionen gegen Israel ab, was er auch auf dem Treffen des EG-Ministerrats in Dublin bekräftigen werde, die Kommission habe unter dem Druck des Europäischen Parlaments gehandelt, Dok. 43, in: Akten zur Auswärtigen Politik der Bundesrepublik Deutschland 1990 (1. Januar bis 30. Juni), Band I, S. 172–174, hier S. 173–174.

lich der Dolmetscherinnen Frau Stoffaes und Frau Siebourg, nun schon im achten Jahr. Das Essen selbst und die Weine sind wie immer unübertroffen.

Mitterrand spricht von einem Film, der ablaufe und den sie jetzt erleben würden. BK berichtet über die Lage in der DDR, von der heutigen Bundestags-Debatte und den weiteren Absichten der Bundesregierung. Mitterrand spricht sich positiv zum Vorschlag der Währungsunion aus. Das sei ein guter Vorschlag. Er stimmt mit dem BK überein, daß Gorbatschow unterstützt werden müsse. Erneut beklagt sich Mitterrand über die deutsche Presse, die die französische Haltung zur deutschen Einheit kritisch beschreibe. Selbstverständlich rede er nicht als deutscher, sondern als französischer Patriot. Deutschland sei eine historische Realität, mit der man sich abfinden müsse, ob es einem gefalle oder nicht. Ihm gefalle sie.

Mitterrand kommt wie in seinem Interview auf die Konsequenzen zu sprechen. Sowjetunion sei nicht mehr in der Lage, übertriebene Forderungen zu stellen, dennoch dürfe sie nicht in die Enge getrieben werden. Die sowjetischen Truppen könnten schrittweise abziehen. Das dürfte aber nicht lange auf sich warten lassen. Damit stelle sich auch bald das Problem der westlichen Truppen in Deutschland. Er wolle nicht warten, bis die Deutschen ihre Präsenz in Frage stellen würden. Mitterrand schlägt Erklärung vor, daß die NATO nicht nach Osten vorgeschoben werde. BK ist einverstanden. Beide stimmen überein, daß eine gewisse Anzahl westlicher Truppen für die Sicherheit aller in Deutschland präsent bleiben sollten.

Von großem Interesse für Frankreich sei, ob Deutschland bei seiner Verpflichtung bleiben werde, auf ABC-Waffen zu verzichten. BK versichert das.

Als »wichtigste Frage« spricht Mitterrand erneut die Oder-Neiße-Grenze an. Sie sei schicksalhaft. BK bekräftigt, daß ein wiedervereinigtes Deutschland auch die Grenzen bestätigen werde. Mitterrand stimmt dem BK zu, daß er juristisch im Recht sei, politisch wäre es gut, wenn BK die Oder-Neiße-Grenze bestätigt hätte. Für ihn sei das keine »Vorbedingung für die Wiedervereinigung«. Er wolle auch keinen Friedensvertrag. Es gehe aber um eine Regelung »zwischen den interessierten Ländern« und um einen internationalen Akt zwischen den Betroffenen. BK ist überrascht, wie stark Mitterrand auf diesen Punkt insistiert.

Die Erweiterung der EG um 17 Mio. Deutsche stelle – so Mitterrand – kein großes Problem dar. Sachsen und Preußen seien bemerkenswert tüchtig. Beide sprechen sich dafür aus, daß die Wirtschafts- und Währungsunion und die Politische Union vorangetrieben werden müsse. Die Geschwindigkeit des Zusammenwachsens müsse erhöht werden.

Mitterrand kommt auf seinen Vorschlag einer europäischen Konföderation[149] zurück. Er macht deutlich, daß sie für ihn bedeutet, daß zuerst die EG gestärkt werden müsse; dann

149 In seiner Neujahrsrede regte François Mitterrand die Schaffung einer »Europäischen Konföderation« an, an der im französischen Außenministerium und im Elysée gearbeitet wurde. Die Hauptpunkte des Entwurfs, den der französische Staatspräsident am 31. Dezember 1989 in der Hoffnung vorstellte, bestanden darin, parallel zum Europarat die Kontinuität des europäischen Raumes in einer Institution des Dialoges und der Zusammenarbeit zwischen allen demokratischen Nationen des Kontinents gewährleisten zu können. Der Begriff »Konföderation« war dabei bewusst vage gehalten, weshalb ihm keine präzise juristisch Definition zuzuordnen war. Mitterrand schwebte eine Zusammenfassung bestehender und ein Abschluss in Entwicklung begriffener, verbindender intra-europäischer Elemente und Strukturen vor. Ausgangspunkt der Überlegungen war die Feststellung, dass das gemeinschaftliche Europa der zwölf EG-Mitglieder die Geschicke Gesamteuropas nicht allein bestimmen solle und dürfe; andererseits wünsche die EG keine zu

sollten alle demokratischen Länder Zugang zur Konföderation erhalten, auch die Sowjetunion, wenn sie sich entsprechend gewandelt habe. Der Rahmen dafür könnte die KSZE sein. Die Konföderation müsse jedoch die Europäer umfassen. Ein juristischer Rahmen müsse gefunden werden. Es solle sich jedoch um eine lockere Institution handeln mit wenig verpflichtenden Bestimmungen.

BK bekräftigt, daß Voraussetzung sein müsse, daß nur ein freiheitlicher Rechtsstaat Mitglied sein könne. Mitterrand stimmt zu. Er schlägt erneut die Einberufung eines informellen Europäischen Rates vor, wie im Herbst in Paris. BK stünde zur Zeit an der Spitze eines historischen Abenteuers. Sie müßten jetzt gemeinsam – alle 12 – über die internationalen Konsequenzen der deutschen Einheit sprechen.

BK bekräftigt, daß er seinen Weg gemeinsam mit Mitterrand gehen wolle und nichts den »Schatz dieser Freundschaft« beschädigen dürfe.

Mitterrand schlägt vor, daß sie der Presse den Sondergipfel der EG bekanntgeben sollten und das zeitliche Vorziehen der Regierungskonferenz zur Währungsunion. Eingedenk der Bundestags-Wahlen im Herbst lehnt BK diesen Vorschlag ab.

Mitterrand lenkt insofern ein, daß er nur auf Anfrage entsprechend antworten werde. Er wolle den BK keine Schwierigkeiten bereiten. Sie könnten nur gemeinsam handeln. Mitterrand spricht Genschers Vorschlag an, daß der KSZE-Gipfel verschiedene Fragen billigen solle. Zwei plus Vier seien besser als 35.[150] BK erläutert, daß alle Fragen im 2+4-Prozeß entschieden werden müßten und das Ergebnis der KSZE bekanntgegeben werden solle.

22.00 Uhr: Gemeinsame Pressekonferenz im Elysée-Palast. Selbstverständlich kommt die von französischer Seite bestellte Frage nach einem zeitlichen Vorziehen der Regierungskonferenz zur Wirtschafts- und Währungsunion. Dieses Spiel ist in allen Hauptstädten gleich.

Auf dem Rückflug erklärt mir Frau Siebourg, daß die richtige Übersetzung von Mitterrand lauten müßte, daß BK der Mann in Europa sei, der jetzt alle Fäden in der Hand habe und nicht, daß er der Mann an der Spitze eines historischen Abenteuers sei.

In Ottawa führt Schewardnadse eine neue Lösungsvariante ein. Er schließt für das geeinte Deutschland »eine gewisse NATO-Rolle und eine gewisse Warschauer Pakt-Rolle nicht aus«. Die »ideale Lösung« wäre aber ein »neutrales vereinigtes Deutschland«. Falin

rasche Öffnung nach Osten. Eine Neuordnung Europas setze daher neben der EG ein weiteres Einigungselement voraus, und zwar vor allem auch deshalb, weil noch gänzlich offen sei, wo die Verteidigungs- und Sicherheitsfragen letztlich angesiedelt sein werden. Das Konzept der »Konföderation« unterscheide sich von der Gorbatschowschen Idee eines »gemeinsamen Europäischen Hauses« v. a. dadurch, dass die »Bauelemente« des letzteren die Staaten seien und das Gebilde stark nach Moskau zentriert wäre, während die »Konföderation« nicht auf Staaten, sondern auf überstaatlichen Strukturen aufbaue. Die EG, deren weitere Integration bis hin zur Europäischen Union blieben prioritäres französisches Anliegen. Die Rolle der EFTA könne nicht darin bestehen, als »Wartezimmer« für einen EG-Beitritt zu fungieren; dies dürfte auch von zumindest der Mehrzahl der osteuropäischen Staaten so gesehen werden. Allerdings könnte das EFTA-Modell diesen Staaten als Lehrmethode für das ihnen noch weitestgehend unbekannte System der Supranationalität dienen. Ein Organ der Verteidigung sei derzeit noch nicht abschätzbar und ob dieses in der NATO, in der WEU oder in der Gemeinschaft selbst verankert sein werde. Die KSZE dürfte sich – trotz anfänglich französischer Skepsis – in Richtung einer gewissen Institutionalisierung entwickeln. Offen sei noch, ob es sich nur um eine relativ lose Organisationsform oder um echte Kompetenzübernahmen, beispielsweise im wirtschaftlichen Bereich, handeln werde; Nachbetrachtungen, S. 712–714.

150 Teilnehmer waren 35 Staaten, darunter die USA, Kanada, die Sowjetunion und alle europäischen Staaten mit Ausnahme von Albanien und Andorra, die erst später der KSZE beitraten.

macht ebenfalls deutlich, daß es noch keine endgültige sowjetische Haltung zum militärischen Status eines vereinigten Deutschlands gebe. Bush erklärt dazu in einer Stellungnahme im Weißen Haus, daß er die Sache so sehe, daß »die Verbündeten die Stabilität der US-Streitkräfte und eine einige NATO wünschen«. Die Länder Osteuropas wollten den Abzug der sowjetischen Truppen. Daraus ergebe sich »eine andere Gleichung«.

Freitag, 16. Februar 1990

11.00 Uhr: Interministerielles Gespräch im Finanzministerium unter Leitung von StS Köhler zur Vorbereitung des Weltwirtschaftsgipfels im Juli in Houston/Texas.[151] Köhler ist der deutsche Sherpa. Er weist zu Recht daraufhin, daß die wirtschaftliche Stärke das wichtigste Kapital sei, daß die Bundesrepublik einbringen kann. Schwerpunktthemen in Houston: Schuldenstrategie; Schuldenerlaß für less middle income countries (ELMEX [sic!])[152] solle geprüft werden. Ich trete dafür ein, daß Bundesregierung konzeptionell die Führung übernehme. Umweltschutz: Die Initiative des BK zum Schutz der Regenwälder soll vorangetrieben werden. Handelsfragen: Problem der europäischen Agrarpolitik. Entwicklung einer Strategie der G7 zur Unterstützung der Reformpolitik in der Sowjetunion und in Osteuropa.

13.00 Uhr: Ich leite Arbeitskreis Pressepolitik. Wir vereinbaren, daß Bundesrepublik nicht mehr allein von einer Währungs- und Wirtschaftsunion sprechen soll, sondern ab sofort auch von der Sozialunion.

Samstag, den 17. Februar 1990

Genscher lehnt im Mittagsmagazin des WDR unter Bezug auf Baker erneut die Verschiebung der NATO-Zuständigkeit nach Osten ab und damit auch die NATO-Truppenpräsenz in der DDR. Er geht einen Schritt weiter und lehnt auch die Stationierung deutscher Streitkräfte in der DDR ab, auch wenn sie nicht der NATO unterstellt seien.

Die Position Stoltenbergs, der für den Fall der Einheit Deutschlands das »Verantwortungsgebiet der NATO« auf das gesamte Deutschland ausgedehnt wissen will, bezeichnet Genscher als dessen persönliche Meinung. Darüber sei bisher keine Verständigung in der Bundesregierung erzielt worden. Genscher vergißt zu sagen, daß das auch für seine Position gilt.

151 Vom 7. bis 9. Juli 1990 fand unter Vorsitz von George H. W. Bush in Houston das neunte G-7-Weltwirtschaftstreffen statt unter Beteiligung von Helmut Kohl, François Mitterrand, Giulio Andreotti, Toshiki Kaifu, Brian Mulroney, Margaret Thatcher und Jacques Delors. Die Vereinbarungen waren von Wirtschaftsfragen, drohender Rezession und den Umwälzungen in Mittel-und Osteuropa geprägt. Verhandlungen um Finanzhilfen für die Sowjetunion endeten ergebnislos aufgrund unterschiedlicher Vorstellungen. Eine Einigung wurde erst am folgenden Gipfel in London vm 15. bis 17. Juni 1991 erzielt. Am Rande des Gipfeltreffens in Houston kam es auch zu Gesprächen zwischen Gorbatschow und den übrigen Gipfelteilnehmern.

152 LMIC: Lower Middle-Income Countries: Volkswirtschaften mit niedrigem bis mittlerem Einkommen

Montag, 19. Februar 1990

8.30 Uhr BK-Lage: SPIEGEL heute auf Mitleidswelle für Modrow, dem »armen Vetter aus dem Osten«. Graf Lambsdorff und Möllemann zeigen Verständnis für Modrow. Sie sind sicherlich prädestiniert, für bescheidenes Auftreten zu werben. Hauptsache, es geht gegen den BK.

Großer Ärger bei BK über den »Streit« zwischen Genscher und Stoltenberg, der in der Presse großen Widerhall findet; ebenso über Blüm, der öffentlich eine Steuererhöhung für die DDR nicht ausgeschlossen hat. BK ruft Stoltenberg und Blüm an und zwingt sie zu Presseerklärungen, um den »Streit« auszuräumen. BK telefoniert mit Genscher. Dieser hat sich öffentlich »tief enttäuscht« über seinen Kollegen Stoltenberg geäußert. BK veranlaßt Genscher, sich noch heute vormittag mit Stoltenberg bei Seiters zu treffen, um eine gemeinsame Erklärung vorzubereiten, die sofort veröffentlicht werden soll.

BK berichtet über gestriges Treffen der EUCD-Parteivorsitzenden in Pisa.[153] Andreotti habe sich jetzt klar für die deutsche Einheit ausgesprochen. Am unkompliziertesten sei Martens. Lubbers sei, wie er ist. Die Griechen hätten sich sehr vernünftig verhalten.

Um 10.00 Uhr tagt erneut der Arbeitskreis Deutschlandpolitik. Es geht um die Arbeitsgruppen in den jeweiligen Ressorts. Übereinstimmung, die Einbeziehung West-Berlins und der anderen Bundesländer großzügig zu handhaben. Gemeinsame Erklärung der Bundesregierung mit der DDR-Regierung zur DDR-Wahl wird erörtert, wie anläßlich des Modrow-Besuches angesprochen. Wir wollen auf entsprechende Initiative der DDR-Regierung warten. Zustimmung Seiters, zukünftig nur noch von einem Dreiklang der Währungs-, Wirtschafts- und Sozialunion zu sprechen. Diskussion über Zuständigkeit für Gespräche mit DDR-Regierung zur Vorbereitung der 2+4-Gespräche: BK-Amt oder AA? Seiters vermutet, daß BK darüber mit Genscher nicht streiten wolle.

Veröffentlichung einer gemeinsamen Erklärung Genscher/Stoltenberg zu den sicherheitspolitischen Fragen der deutschen Einheit. Genscher hat sich gegenüber Stoltenberg/Seiters durchgesetzt. Zwei Seiten lang werden Aussagen des BK zitiert und bekräftigt. Für Genscher ungewöhnliches Verfahren. Die Schlußfolgerung, daß sich »der Satz, daß keine Einheiten und Einrichtungen des westlichen Bündnisses auf das heutige Gebiet der DDR vorgeschoben werden«, auf »die der NATO assignierten und nichtassignierten Streitkräfte der Bundeswehr« beziehe, ist eine einseitige Interpretation Genschers. Für mich ist es ein öffentliches Zugeständnis an die Sowjetunion, das von ihr bis dahin noch nicht eingefordert worden war. Niemand ist jedoch über den Erfolg Genschers überrascht.

153 Am 17. Februar 1990 trafen sich die christlich-demokratischen Partei- und Regierungschefs der Europäischen Volkspartei (EVP) in Pisa anlässlich der Zusammenkunft der European Young Christian Democrats (EYCD) bzw. der Europäischen Jungen Christdemokraten und berieten über die deutsche Frage, die Entwicklungen in Mittel- und Osteuropa, über Lateinamerika, die geistigen Grundlagen der christlichdemokratischen Politik und über die Zukunft der Europäischen Union. Helmut Kohl gelang es dabei, Giulio Andreotti von der Unterstützung der deutschen Einigung zu überzeugen. Der Einigungsprozess stelle laut Kohl keine Gefahr für die europäische Integration dar, sondern biete zahlreiche neue Möglichkeiten. Kohl betonte die Einbettung des Prozesses in den Verbund der NATO und die EG. Die Bundesrepublik sei fest in Westeuropa verankert, besonders ökonomisch. Es bestehe keine Gefahr einer schwankende Politik à la see saw politics für Deutschland. Die Vereinigung Deutschlands wäre hingegen eine gute Voraussetzung für das europäische Einigungswerk; Nachbetrachtungen, S. 600–601.

16.00 Uhr: Sitzung der Arbeitsgruppe »Außen- und Sicherheitspolitische Zusammenhänge« im Rahmen des Kabinettausschusses »Deutsche Einheit« im Gästehaus des AA auf dem Venusberg unter Leitung von Genscher. Übereinstimmung, daß die EG-Verträge für das durch die Einheit vergrößerte Staatsgebiet gelten, ohne daß EG-Vertrag geändert werden müsse. Voraussetzung ist Beitritt der DDR nach Art. 23 GG. Auch die institutionellen Vorschriften der Gemeinschaftsverträge werden nicht berührt. Wir können auch keine Interesse haben, Zahl der deutschen Kommissare, die Stimmengewichtung u. a. m. ändern zu wollen. Übergangsregelungen in einzelnen Sachbereichen werden erforderlich.

Genscher berichtet aus FDP-Präsidium, das sich noch nicht auf eine verfassungsrechtliche Prozedur der Einigung festlegen wolle. Die staatsrechtlichen Fragen, die Probleme der Rechtsangleichung und die der äußeren Aspekte sollten auseinandergehalten werden. Nach Genscher müssen Prozedur und Form im Zusammenhang mit der Frage entschieden werden, was vereinigt werden solle. Es dürfe kein Aufhänger für weiterführende Fragen wie z. B. Reparationen gefunden werden. Zu Fragen der Sicherheit sei es nach Genscher wichtig zu klären, welche jetzt oder später und welche wann leichter zu regeln seien.

Schon diese erste Arbeitssitzung zeigt, daß Genscher diese Arbeitsgruppe absolut dominiert und in diesem Kreis mit Sicherheit keine Entscheidungen in der Sache vorbereitet noch entschieden werden.

In der DDR lehnt heute der Runde Tisch den »Anschluß der DDR oder einzelne Länder an die BRD« nach Art. 23 GG ab. Gleichzeitig befürwortet er für ein geeintes Deutschland einen »entmilitarisierten Status«. Diese Entscheidungen machen deutlich, daß erst nach der Wahl Gespräche über solche Fragen geführt werden können.

Dienstag, 20. Februar 1990

10.00 Uhr BK trifft mit über 50 Vertretern der Wirtschaft zusammen. Diskussion über Möglichkeiten rascher Investitionen und Kooperationen in der DDR. Vereinbarung, diese Gespräche regelmäßig fortzuführen.

Interview des britischen AM Hurd in der WELT: Ottawa sei Wendepunkt gewesen. »Wir können jetzt sagen, daß wir die Vereinigung Deutschlands ohne Vorbehalt unterstützen«. Lange genug hat es gedauert!

Regierungserklärung Modrows zum Bonn-Besuch: Modrow bezeichnet Treffen mit BK als »konstruktiv« und als »Ausgangspunkt für weitere sachbezogene Arbeit«. Weichen für »Deutschland einig Vaterland« seien gestellt. Zustimmung zu Ottawa. Aussagen zur Neutralität eines geeinten Deutschlands erstmals von Modrow relativiert als eine Möglichkeit. Rede geht bereits im beginnenden Wahlkampf unter.

Wichtiger ist, daß knappe vier Wochen vor der Wahl Volkskammer heute die erforderlichen Verfassungsänderungen, das Wahlgesetz, die Wahlordnung sowie das Parteien- und Vereinigungsgesetz verabschiedet. Zwei Monate hat die Modrow-Regierung zu manipulieren versucht.

In Ost-Berlin beginnt erste Gesprächsrunde der gemeinsamen Kommission für eine Wirtschafts- und Währungsunion. Unser Delegationsleiter ist StS Köhler, ein hervorragender Fachmann mit politischem Gespür.

Wichtiges Interview Schewardnadses in gestriger Iswestija auf Rückflug von Ottawa: Westliche Kollegen seien von NATO-Zugehörigkeit eines geeinten Deutschlands ausgegangen. Er sei damit natürlich nicht einverstanden. Sowjetunion werde nicht unbeteiligt beiseite stehen. Sowjetunion hätte noch »andere Varianten im Vorrat«. Lösung werde noch »einige Jahre« dauern. Schewardnadse erhebt erneut Bedenken gegen zu rasches Vorgehen. Deshalb habe er Genscher vor möglichen Konsequenzen gewarnt. Sowjetunion habe noch nicht ihr gewichtiges Wort gesagt.

Wichtig sein Hinweis, daß sich deutsche Einheit im Rahmen »europäischer Strukturen« verwirklichen müsse und daß er nichts gegen eine NATO-Zugehörigkeit Deutschlands hätte, falls Sowjetunion »Garantien« für fundamentale Änderungen der Politik der NATO erhielte. Ähnlich wie Schewardnadse hat sich gestern in Paris Gorbatschow-Berater Gratschew geäußert. Die sowjetische Haltung bleibt in Bewegung, deshalb ist es verfrüht, jetzt auf unserer Seite einseitige Festlegungen zu treffen.

BK greift heute erstmals persönlich in den DDR-Wahlkampf ein. Insgesamt sind 6 Auftritte geplant. In Erfurt umjubeln ihn 130–150.000 Menschen. Er hält auch hier – wie in der Vergangenheit – seine Rede frei. Seine Botschaft lautet: »Wir haben einen schwierigen Weg vor uns, aber wir werden ihn gemeinsam schaffen«. Die Menschen in der DDR seien »nicht Schuld an der gegenwärtigen Misere«. Es war »ein wahnwitziges Regime, daß Sie um die Früchte Ihrer Arbeit betrogen hat«. Gemeinsam mit den Menschen in der DDR »werden wir hier in kurzer Zeit ein blühendes Land schaffen«, wenn die Rahmenbedingungen und die notwendigen gesetzgeberischen Maßnahmen getroffen seien.

Er greift die Ängste der Menschen auf, in Not geraten zu können und erläutert das Netz sozialer Sicherheit für Alter, Krankheit und Arbeitslosigkeit, das auch den Menschen in der DDR im Rahmen der Sozialunion zur Verfügung stehen soll. Zuversicht will BK den jungen und den alten Menschen zugleich vermitteln. Der Beifall zeigt, daß es ihm gelingt.

Mittwoch, 21. Februar 1990

8.45 Uhr Lage: BK steht noch unter dem Eindruck des gestrigen Wahlkampfauftaktes in Erfurt. Er ist begeistert, wie viele junge Menschen und Arbeiter zu seiner Kundgebung gekommen waren. Ein Meer von bundesdeutschen Fahnen habe den Platz gefüllt. Ebeling, DSU, habe eindrucksvoll gesprochen; de Maizière intellektueller, aber mit weniger Wänne; Schnur vom Demokratischen Aufbruch sei ein »Hospes«, ein Leichtgewicht.

Die örtlichen Verantwortlichen hätten ihm berichtet, daß die SPD überzogen hätte und jetzt der Wahlkampf der Allianz greife. BK freut sich, mit dieser ersten Veranstaltung einen eindrucksvollen Standard gesetzt zu haben.

Heutige Presse berichtet breit über gestriges Wirtschaftsgespräch des BK mit dem Tenor: Die Wirtschaft stehe in den Startlöchern.

Die gestrige Außenministerkonferenz der EG in Dublin hat volle Unterstützung für die deutsche Einheit gebracht. Ständige Konsultationen werden verabredet.

9.30 Uhr Kabinettsitzung. Seiters gibt Bericht zur Deutschlandpolitik und über Gespräch des BK mit den Regierungschefs der Bundesländer. Die Beteiligung der Länder sei geregelt worden. Der Kabinettausschuß Deutsche Einheit und die 6 Arbeitsgruppen sollen Bericht nach der Wahl am 18. März vorlegen.

BK berichtet über gestriges Treffen mit der Wirtschaft und den Gewerkschaften. Es sei ungewöhnlich ermutigend verlaufen. DGB-Chef Breit habe sich sehr konstruktiv verhalten. Alle seien überzeugt, daß tausende von Projekten in Gang kämen, wenn die Rahmenbedingungen geschaffen seien.

Zur Lage in der DDR sagt BK, daß vier Themen jetzt von Bedeutung seien: Regelung der Renten; Lösung des Problems der Arbeitslosigkeit; Behandlung der DDR-Sparkonten und das der Grund- und Boden-Frage.

Die Wahl in der DDR sei noch nicht zugunsten der SPD entschieden. Niemand solle die Flinte ins Korn werfen.

Interview Gorbatschows in der heutigen »Prawda« zur deutschen Frage und zu den Gesprächen mit dem BK. Sowjetunion habe das Recht der Deutschen auf Einheit »niemals geleugnet«. Im einzelnen erinnert Gorbatschow an die sowjetischen Vorschläge nach dem Kriege und erwähnt ausdrücklich die Bereitschaft der sowjetischen Regierung, den »Brief über die deutsche Einheit« entgegengenommen zu haben. Jetzt arbeite die Geschichte »auf einmal unerwartet schnell«. Gorbatschow lehnt eine Entwicklung ab, daß die Deutschen untereinander die Vereinbarungen träfen und dann den anderen nur noch zu Billigung vorlegten. Die Deutschen müßten den nationalen Interessen der Nachbarn Rechnung tragen. Er betont die »Unverrückbarkeit« der Grenzen und die Verantwortung der Vier Mächte, der sie sich nur selbst entledigen könnten. Über die Gespräche mit dem BK hinausgehend spricht er von einem »Friedensvertrag«. Nur der könne den Status Deutschlands in der europäischen Struktur in völkerrechtlicher Hinsicht« abschließend festlegen.

Außerdem dürfe die Einigung Deutschlands das militärstrategische Gleichgewicht der beiden Bündnissysteme nicht verletzten. Der Einigungsprozeß müsse mit dem gesamteuropäischen Prozeß und mit dessen Hauptrichtung, der Schaffung einer prinzipiell neuen Struktur der europäischen Sicherheit, organisch verbunden und abgestimmt sein. Gorbatschow nimmt in Anspruch, daß das in Ottawa vereinbarte Verfahren »zu gleicher Zeit und unabhängig voneinander in Moskau und in den westlichen Hauptstädten geboren« worden sei. Um so besser, wenn sich alle so einig sind!

Kein Wort von Gorbatschow über[154] Neutralität, Demilitarisierung oder NATO-Zugehörigkeit. Das ist ermutigend. Um 10.00 Uhr Vortrag vor dem »Bund für Lebensmittelrecht und Lebensmittelkunde« in Bonn. Die Bonner Presse ist überraschend stark vertreten. Ich nutze den Anlaß, die Position des BK zu erläutern:

Sympathie und Bewunderung weltweit für die erste erfolgreiche und friedliche Revolution; andererseits Sorge vor krisenhaften Zuspitzungen und neuen Instabilitäten in Europa.

Wir erleben einerseits revolutionäre Umgestaltung der politischen, gesellschaftlichen und wirtschaftlichen Strukturen der Staaten des einst real existierenden Sozialismus, andererseits das Ende der europäischen Nachkriegsordnung. Beide Entwicklungen sind nicht abgeschlossen sondern beginnen erst. Prozeß entwickle sich in drei Richtungen: (1) Innere Umgestaltung der Sowjetunion mit ihren Bündnispartnern in Richtung Demokratie und Marktwirtschaft; (2) in der deutschen Frage gehe es nicht mehr um das Ob der Einheit Deutschlands, sondern nur noch um das Wann, Wie, Wie schnell und unter welchen Bedingungen; (3) Neugestaltung der europäischen Nachkriegsordnung.

Alle drei Prozesse noch nicht abgeschlossen. Chancen und Risiken bleiben. Die Interessen aller seien berührt, nicht nur die Sicherheitsinteressen. Herausforderung in Europa von heute sei die, daß es nur gemeinsame Lösungen geben könne, die die Interessen aller einbeziehen. Es dürfe am Ende des Prozesses keine Sieger oder Besiegte geben, weder im Westen noch im Osten, wenn Stabilität erreicht werden solle. Geduld, Augenmaß und Mut, Weitsichtigkeit und·Kreativität andererseits seien jetzt erforderlich.

154 Handschriftlich gestrichen wurde »in Richtung«.

Voraussetzungen: (1) Reformpolitik in der Sowjetunion müsse erfolgreich voranschreiten. Gorbatschow dürfe nicht in die Gefahr geraten, »Niederlagen einer Weltmacht« begründen zu müssen, sondern Ergebnisse eines historischen Prozesses in Europa. Deshalb solle niemand versuchen, die Sowjetunion jetzt aus Europa herauszudrängen. Das Gegenteil sei richtig.

(2) Das gemeinsame Haus Europas müsse zusammenwachsen. In der Logik des Zusammenwachsens Europas liege auch die Logik des Einigungsprozesses Deutschlands. Diese Politik finde im KSZE-Prozeß und seiner Institutionalisierung ihren Ausdruck.

(3) Abrüstung und Rüstungskontrolle müssen mit den politischen Veränderungen in Europa Schritt halten und deshalb beschleunigt werden. VKSE in Wien von besonderer Bedeutung.

(4) Ablösung der wirtschaftlichen Verpflichtungen der DDR gegenüber der Sowjetunion durch das geeinte Deutschland, soweit als möglich sei [sic!].

Die große Stärke Gorbatschows bestünde in seiner Fähigkeit, sich sehr rasch auf Veränderungen und Realitäten einstellen zu können und sich bei Krisen und Schwierigkeiten sofort an die Spitze der Bewegung zu stellen. BK habe in Moskau »grünes Licht für die deutsche Einheit« erhalten.

In diesem Zusammenhang zitiere ich Riedmiller von der Süddeutschen Zeitung, daß BK den Schlüssel zur deutschen Einheit aus Moskau abgeholt habe. Er liege jetzt in Bonn. Entsprechend der Zusage Gorbatschows liege es jetzt »an uns«, wie schnell alles gehen werde.

Und wenn Schewardnadse sich über das Tempo beschwert fühle, werde er sich noch wundern. Denn dieses bestimmten weder er noch wir, sondern im Augenblick die Bevölkerung in der DDR. Es könne deshalb niemand eine Prognose abgeben, wann sich die Einheit vollziehen werde.

Ich füge ausdrücklich hinzu, daß die Interessen der Bundesregierung und sowjetischen Regierung in bezug auf Zeitbedarf gar nicht so weit auseinanderlägen. Wir hätten gerne auch mehr Zeit, um die Probleme mit der DDR zu lösen.

Lösung der deutschen Frage auf zwei Ebenen: (1) die innerdeutsche und (2) die der äußeren Aspekte im Rahmen der 2+4-Gespräche. Währungsunion sei ein substantieller Schritt in Richtung Einheit. Internationale Einbettung beinhalte die abschließende Lösung der Grenzfrage, die Aufrechterhaltung der militärischen Balance. Am Ende sei ein Konsens erforderlich, der bis zum Herbst erreicht sein müsse. Bundesregierung sei sich der Unterstützung von Bush und Mitterrand sicher.

Am frühen Nachmittag erscheinen die Agentur-Zusammenfassungen. Sie geben meinen Vortrag völlig einseitig und verkürzt wieder. Der Aspekt der internationalen Einbettung ist nicht wiedergegeben. Die Berichte sind reduziert auf die Aussage, der Schlüssel zur deutschen Einheit liege in Bonn und damit entscheide Bonn allein über die Einheit. Ein »neuer Teltschik-Skandal« ist da. Heute empfinde ich die Agenturen als »Zensurbehörden«, die einzelne Aspekte willkürlich aus dem Zusammenhang reißen.

Ich versuche, die Agenturen zur Berichtigung zu bewegen. REUTERS macht es, dpa nicht.

14.30 Uhr: Gespräch mit US-Botschafter Walters. Wir besprechen Camp David vor. Walters erwartet folgende Fragen des Präsidenten an den BK: Ablauf der 2+4-Gespräche; Oder-Neiße-Grenze; Zukunft der Sowjet-Streitkräfte in der DDR; Präsenz der US-Truppen in Berlin; Verlauf des Einigungsprozesses; deutsch-sowjetische Beziehungen; Möglichkeiten der Unterstützung der Bundesregierung durch USA.

17.30 Uhr: Gespräch mit BuPräs. Dr. von Weizsäcker: Erneut sehr anregender politischer Tour-d'horizon mit großer Übereinstimmung. Labsal auf meine wunde Seele! Ich muß das Gespräch abbrechen. BK ruft mich aus Gespräch zurück.

BK reißt mir fast den Kopf ab. Er tobt. Er ist außer sich über die Agentur-Meldungen zu meiner Rede. Warum ich denn immer öffentlich etwas sagen müsse? Er hätte Schwierigkeiten genug. Jeder Versuch einer Erklärung von mir würgt er ab. Ich ziehe ziemlich deprimiert ab. Warum muß ich mir das alles gefallen lassen?

18.45 Uhr Scowcroft ruft an. Präsident will seinen Vize Quayle, Baker, VertMin. Cheney nach Camp David einladen. Auch sollen beide Botschafter teilnehmen.

Ich unterrichte den BK. Er tobt erneut. BK besteht auf Gespräch im engsten Kreis. Darüber unterrichte ich Brent. Er ruft kurze Zeit später zurück und teilt mir mit, daß nur Baker und er in Camp David dabei sein werden. BK ist damit zufrieden. So sei es richtig.

Donnerstag, 22. Februar 1990 (Weiberfastnacht)

BK holt heute seinen vor Weihnachten den Ereignissen zum Opfer gefallenen ›Betriebsausflug‹ mit seinen engsten Mitarbeitern und Freunden nach. Gemeinsam wird gewandert. Der Abend endet mit einer Völlerei. Die Stimmung ist ausgelassen. Einziger Störfaktor: meine gestrige Rede und ihr Widerhall in einigen wenigen ›Zeitungen. FAZ und WELT haben ausführlich und korrekt berichtet, andere orientieren sich ausschließlich an den einseitigen Agentur-Zusammenfassungen.

Freitag, 23. Februar 1990

Die Staatsministerin im AA, Irmgard Adam-Schwaetzer, bezeichnet meine Aussagen vom Mittwoch als »wirklich schwerwiegenden Vorgang«. BK solle sich von mir distanzieren, weil ich der deutschen Sache schade. Natürlich stimmt Oppositionsführer Vogel in diesen Chor ein. Typisches Bonner Ritual: Beide kennen den Wortlaut meiner Äußerungen nicht, sie wollen ihn auch nicht kennen, aber sie verurteilen mich.

Schewardnadse beklagt heute in »Nowoje Wremja«[155] erneut, daß der Prozeß der Vereinigung Deutschlands der Bildung gesamteuropäischer Strukturen vorauseile. Tatsache ist, daß der Niedergang der DDR das Tempo bestimmt und die Bundesregierung schneller zum Handeln zwingt, als sie es selbst vorhatte und für richtig gehalten hätte. Die Reaktionen der Bundesregierung beschleunigen ihrerseits das Tempo, weil sie in der DDR den Erwartungsdruck erhöhen. Die Bundesregierung hat jedoch keine andere Wahl, es sei denn, sie ließe Chaos und Destabilisierung der DDR zu. Davor hat aber auch die Sowjetunion Angst.

Die Äußerungen von Gorbatschow und Schewardnadse beweisen, daß sie die deutsche Frage jetzt als Hebel für ein gesamteuropäisches Sicherheitssystem benutzen wollen, von dem sie aber selbst noch nicht präzise wissen, wie es am Ende aussehen will. Sie stehen aber auch unter Zwang, ihre Deutschlandpolitik nach innen zu erläutern und abzusichern. Nach außen halten sie sich aber alle Optionen offen.

Die polnische Führung, Jaruzelski, Mazowiecki und Skubiszewski, beginnen eine internationale Kampagne, um die Teilnahme Polens an den 2+4-Gespräche zu erreichen und eine endgültige Anerkennung der Oder-Neiße-Grenze zu erreichen.

155 Russische Zeitung (z. dt. »Neue Zeit«)

Zu Besuch in Camp David, 24. Februar 1990, v. l. n. r.: Botschafter und Mitarbeiter von Horst Teltschik Uwe Kaestner Leiter des Referates 212 (Ost-West-Fragen), Horst Teltschik, Helmut Kohl, George H. W. Bush, James Baker, rechts Übersetzerin; vorne links gebeugt Walter Neuer

Samstag, 24. Februar 1990

9.00 Uhr Abflug nach Washington. 12.15 Uhr Ortszeit Ankunft auf dem Dulles International Airport in Washington. Jim Baker und Brent Scowcroft begrüßen den BK. Weiterflug mit dem Präsidenten-Hubschrauber nach Camp David. Baker ist bereits »informal« angezogen. Er trägt ein rotes Wollhemd und elegante texanische Cowboystiefel.

Eine halbe Stunde später landen wird in Camp David. Es liegt auf der Hügelkette der Catoctin Mountains, ca. 115 km von Washington entfernt. Das Camp umfaßt rd. 58 ha Eichenwald und liegt in einem Naturschutzgebiet. Elf Ferienwohnhäuser sind errichtet, darunter das Ferienhaus des Präsidenten »Aspen Lodge«. Daneben gibt es ein beheiztes Schwimmbad, Tennisplätze, Kegelbahnen und ein Kino.

Bush und seine Frau begrüßen das Ehepaar Kohl. Beide tragen dunkelblaue Anoraks, die Kapuze mit weißem Fell umrandet. Es ist empfindlich kalt; ein eiskalter Wind weht über die leichte Anhöhe. Nach dem offiziellen Fototermin steigen wir auf elektrisch betriebene Golfwägelchen und fahren zu den uns zugeteilten Blockhäusern. Bush fährt Hannelore Kohl persönlich zu ihrem Gästehaus. Es macht riesig Spaß, mit diesen leise dahin schnurrenden, sehr wendigen Golfcars zu fahren.

BK ist der erste deutsche BK, der nach Camp David eingeladen wurde. Einladungen dorthin sind außergewöhnlich und eine besondere Geste des Präsidenten. Thatcher und Nakasone waren ebenfalls in Camp David.

Wir treffen auf einen Präsidenten, der sich zur Zeit der höchsten Zustimmung in den Meinungsumfragen erfreut, die in der Nachkriegszeit einem Präsidenten nach einem Jahr Präsidentschaft zugebilligt wurde. Die Voraussetzungen für unsere Gespräche sind optimal.

Die Blockhäuser sind sehr komfortabel eingerichtet. Glücklicherweise hängt überall vorsorglich ein Anorak mit Pelzbesatz. Vor dem Haus stehen Fahrräder, wenn kein Golfcar erreichbar sein sollte.

Um 13.15 Uhr beginnt das gemeinsame Mittagessen mit einem Tischgebet. Frau Bush ist eine liebenswürdige und unkomplizierte Gastgeberin. Ein Sohn, eine Tochter und ein Schwiegersohn des Präsidenten nehmen am Essen teil. Draußen beginnt es zu schneien. Der Wind hat an Heftigkeit zugenommen. Die alten Eichen knarren bedrohlich.

Nach einer kurzen Pause treffen wir uns in einem anderen Blockhaus zum Gespräch. Bush und Baker sind schon eingetroffen. Der Präsident trägt ein blaues Leinenhemd mit offenem Kragen und hellbraune Sportschuhe. Der Gesprächsraum ähnelt einem gemütlichen Wohnzimmer. Weiche Polstergarnituren und einzelne Lederstühle stehen in einem Caree. Im Kamin lodert Feuer und strahlt behagliche Wärme aus.

Bush ruft jeden Ankommenden zu sich. Zur Erinnerung an Camp David gibt es ein Erinnerungsfoto mit dem Präsidenten vor dem Kamin. Mich fordert er gleich auf, die Krawatte abzulegen. Alle sollen es sich bequem machen.

Auf amerikanischer Seite nehmen am Gespräch noch Brent Scowcroft und Bob Blackwill teil; auf unserer Seite Uwe Kaestner, Walter Neuer und ich. Zwei Dolmetscherinnen sind ebenfalls anwesend.

Bush begrüßt den BK als alten Freund. BK bedankt sich für die freundschaftliche Einladung und für die Briefe von Bush und Baker vor seinem Gespräch mit Gorbatschow. Er bekräftigt die existentielle Bedeutung der deutsch-amerikanischen Freundschaft.

BK eröffnet das Gespräch mit einer ausführlichen Schilderung der Lage in der Sowjetunion und in Mittel- und Südosteuropa.

Dann geht er auf die Entwicklung in der EG über, deren Integration beschleunigt werden müsse. Er unterstreicht die Bedeutung der Zusammenarbeit mit Frankreich. BK kündigt dem Präsidenten an, daß er alles tun werde, die politische Integration in der EG voranzutreiben. Dann gebe es weniger Angst vor den Deutschen. Ausgehend von diesem internationalen Rahmen leitet der BK auf die Situation in der DDR über. Niemand habe voraussagen können, daß die DDR wie ein Kartenhaus zusammenbrechen würde. Jetzt gelte es, die Lage zu stabilisieren. BK begründet das Angebot einer Währungs-, Wirtschafts- und Sozialunion. Wenn die Rahmenbedingungen geschaffen seien, werde die DDR in 3–5 Jahren auf die Beine kommen. Diese große Herausforderung werde auch die Bundesrepublik aus ihrer wohlgeordneten Sattheit aufschrecken. Die Deutschen könnten dabei nur gewinnen.

Offensiv spricht der BK die Grenzfrage mit Polen an. Gestern habe er darüber noch lange mit Mazowiecki telefoniert. Beide hätten sie innenpolitische Probleme zu lösen. Er wisse jedoch, daß es jetzt darauf ankomme, den Polen Sicherheit hinsichtlich ihrer Westgrenze zu geben. Einen völkerrechtlich verbindlichen Vertrag müsse eine gesamtdeutsche Regierung aushandeln und ein gesamtdeutsches Parlament ratifizieren. Die Grenze sei nicht das Problem.

Für den 2 + 4 Prozeß plädiert BK für engste Abstimmung und Zusammenarbeit mit den USA. Es dürfe jedoch keine Erweiterung geben. Eine besondere Lösung für Polen müsse gesucht werden. Er wolle Mazowiecki helfen, denn er sei ein Glücksfall. Das Ergebnis der 2 + 4-Gespräche sollte auf dem KSZE-Gipfel zustimmend zur Kenntnis genommen werden.

Bezüglich der Sicherheitsfragen erläutert der BK seine Position wie folgt: Deutschland verzichte auf ABC-Waffen. Das geeinte Deutschland bliebe Mitglied der NATO, jedoch keine NATO-Einheiten auf dem Territorium der heutigen DDR; auch nicht Einheiten der

Bundeswehr, die nicht der NATO angehören. Das ist uneingeschränkt die Linie Genschers! Übergangsregelungen für die Präsenz der sowjetischen Truppen. Abschließend spricht BK die SNF-Systeme an. Er will wissen, was mit diesen nuklearen Systemen zukünftig geschehen solle? Auch bittet er um eine Erläuterung, was Baker meine, wenn er davon spreche, daß die NATO-Jurisdiktion nicht ausgedehnt werden solle?

Bush greift in seiner Antwort zuerst die SNF-Systeme auf. Die Entscheidung stehe erst 1992 an, die Verhandlungen mit der Sowjetunion werden nach Beginn der VKSE-Implementierung erfolgen. Bush bezeichnet die NATO-Mitgliedschaft eines geeinten Deutschlands für die USA als sehr wichtig. Er unterstütze den BK, alles andere destabilisiere Europa. USA werden auch Truppen in Deutschland belassen.

Die enge Zusammenarbeit zwischen USA und Bundesrepublik müsse die anderen Bündnispartner einschließen. Die Ängste der anderen müßten durch enge Konsultationen vermindert werden. So habe er Thatcher vor Ankunft des BK eine gute Stunde am Telefon zugehört. Sie akzeptiere jetzt die Wiedervereinigung; vor drei Monaten hätte sie das noch nicht gesagt.

Klarheit in der Grenzfrage erleichtere die deutsche Einheit. Nuklearwaffen seien wesentlicher Teil der US-Präsenz und hätten stabilisierende Rolle in Europa. Der 2 + 4-Prozeß müsse so gestaltet werden, daß man wisse, in welchem Stadium man über was rede. Ein zu frühes Eingreifen der Vier Mächte könnte dem innerdeutschen Prozeß zuwiderlaufen. Auch könnte die Sowjetunion versuchen, ein Deutschland nach ihren Interessen zu schaffen. Dem werden die USA nicht zustimmen.

Baker berichtet über seine Moskauer Gespräche. Erklärungen der sowjetischen Führung seien Eröffnungszüge in einem Spiel. Am Ende würde die Sowjetunion die NATO-Mitgliedschaft seiner Meinung nach akzeptieren. Sie wisse, daß die US-Präsenz in Europa stabilisierend wirke. Dafür sei die NATO Voraussetzung.

Bush kündigt an, daß er den Gipfel mit Gorbatschow zum Erfolg machen wolle, insbesondere auf dem Gebiet der Abrüstung; ebenso solle bis zum KSZE-Gipfel ein Abkommen unterschriftsfertig sein. Es müsse jedoch verhindert werden, daß bei Abzug aller sowjetischen Truppen auch die Amerikaner gehen müßten.

Bush und Kohl vereinbaren, ein starkes Signal von Camp David aus für die Mitgliedschaft eines geeinten Deutschlands in der NATO zu verkünden.

Ausführlich wird über den innerdeutschen Einigungsprozeß und über die Wahlaussichten in der DDR und in der Bundestagswahl im Herbst diskutiert. Noch einmal wird über SNF gesprochen. BK erklärt sein Interesse, daß USA nicht einem Druck aus Deutschland oder von anderswo nachgeben dürfe, sondern die Initiative behalten müsse. Bush stimmt zu. Er will an dieser Frage weiterarbeiten.

Nach fast drei Stunden intensiver Diskussion endet das Gespräch. Es verlief außerordentlich harmonisch und freundschaftlich. In allen wesentlichen Fragen erbrachte es volle Übereinstimmung. Deutlich sichtbar war auch der freundschaftliche und unkomplizierte Umgang zwischen Bush, Baker und Scowcroft.

Um 19.00 Uhr treffen wir uns zum Abendessen im Blockhaus des Präsidenten. Der Abend nimmt wieder familiären Charakter an. Bush reicht zum Aperitif selbst Käse, Nüsse und gebackene Pilze herum. Für Brent, der sich auf einem Kissen niederlassen will, holt er persönlich einen Stuhl heran. Das Essen findet im kleinen Kreis statt: beide Ehepaare, Baker, Brent und ich. Es gibt im Freien gegrilltes Roastbeef. Während des Essens wird viel geredet und gelacht. Erfahrene Politiker – alte Hasen – tauschen Erfahrungen aus. Nach dem Essen kommen die anderen Mitarbeiter hinzu. Wir sitzen in bequemen Polsterstühlen. Langsam macht sich Müdigkeit bemerkbar. In Deutschland ist es bereits 3.00 Uhr morgens. Doch eine Filmvorführung ist angesagt. Eine Leinwand wird herabgelassen. Es wird abgedunkelt. Der Film läuft an, es handelt sich um die berühmte Geschichte: Die Schatzinsel. Aber die Dunkelheit erhöht das Schlafbedürfnis. Als erstes bricht das Kanzler-Ehepaar auf. Die letzten sind der Präsident, Scowcroft und Kaestner. Sie harren bis zum Schluß aus.

Sonntag, 25. Februar 1990

Um 8.30 Uhr haben wir uns alle zu einem ökumenischen Gottesdienst versammelt. In dem länglich gestreckten Saal sind zahlreiche Kinder versammelt. Ehepaar Bush gehen mit diesen Kindern sehr liebevoll um. Beide genießen viel Sympathie.

9.30 Uhr: Fortsetzung der Gespräche in gleicher Besetzung am gleichen Ort. Es geht noch einmal um die 2+4-Gespräche. BK weist auf eine Übereinstimmung in Ottawa hin, daß vor der DDR-Wahl keine Gespräche auf Ministerebene stattfinden sollen, jedoch auf anderer Ebene, die noch definiert werden müsse. Es könnten die politischen Direktoren sein. BK gibt bekannt, daß mit der DDR für den 7. März ein Gespräch auf Beamtenebene vereinbart sei.

Einigkeit besteht darüber, daß zuerst ein Konsens zwischen der Bundesrepublik und den 3 Westmächten hergestellt werden solle. Das solle ohne Publizität geschehen. Danach sollten die Gespräche 2+4 beginnen, aber erst nach dem 18. März.

Bush fragt nach den zeitlichen Vorstellungen des BK. Es gebe keine Prognose, die wirklich seriös wäre, lautet die Auskunft des BK. Die Regelung schwierigster Probleme erfordere Zeit. Er sei kein Freund von Hektik. Aber niemand wisse, wie die Wahl ausginge und ob sie zu einer neuen Übersiedlerwelle führe. Er könne nur sagen, daß die 2+4-Gespräche vor dem KSZE-Gipfel abgeschlossen sein sollten.

Bush hält dafür den November als frühesten Zeitpunkt für denkbar. Sie seien aber von einem solchen Gipfel nicht begeistert. BK schließt nicht aus, daß der amerikanisch-sowjetische Gipfel für die deutsche Frage entscheidend sein könne. Dort erscheine Gorbatschow als Partner des amerikanischen Präsidenten und der amerikanischen Weltmacht. Einvernehmen, daß Gorbatschow genau wissen müsse, daß NATO-Mitgliedschaft eines geeinten Deutschlands unvermeidlich sei, welche Sicherheitsgarantien er erhalte und was mit den sowjetischen Truppen in Deutschland geschehen werde. Baker zieht seine Aussage von der Nichtausweitung der NATO-Jurisdiktion auf erneute Anfrage des BK zurück. Es gehe darum, daß es keine NATO-Truppen auf dem DDR-Territorium geben solle. Es müsse verhindert werden, daß Sowjetunion die DDR-Bevölkerung als Hebel gegen NATO-Mitgliedschaft benutze.

11.00 Uhr: Gemeinsame Pressekonferenz BK – Bush. Der Präsident versichert den Journalisten, daß sich die Ansichten in den grundlegenden Fragen gleichen. Er spricht sich für die deutsche Einheit, beginnend mit der Währungsunion, aus. Besonders stellt er die Übereinstimmung heraus, daß ein geeintes Deutschland »Vollmitglied der NATO und auch Teil des militärischen Verbundes der NATO« bleiben müsse und die US-Streitkräfte dort weiter verbleiben sollen. Das frühere Staatsgebiet der DDR solle einen militärischen Sonderstatus genießen. BK und er seien bereit, Gorbatschows Reformpolitik zu unterstützen. Kein Wort in der Einführung zur Oder-Neiße-Grenze!

Der BK spricht diesen Punkt offensiv an und wiederholt seine Pariser Formel, daß niemand die Frage der Einheit mit der Verschiebung bestehender Grenzen verbinden wolle. Auch BK bekräftigt, daß für ein geeintes Deutschland der Sicherheitsverbund zwischen Nordamerika und Europa von existenzieller Bedeutung bleibe.

Die erste Frage stellt ein polnischer Journalist zur deutsch-polnischen Grenze. Bush stellt fest, daß die Positionen beider übereinstimmten. Dennoch konzentrieren sich die Journalisten lange auf dieses Thema, bevor die NATO-Mitgliedschaft angesprochen wird. Es ist zum ersten Mal, daß der amerikanische Präsident und der BK öffentlich so eindeutig und unmißverständlich zur vollen NATO-Mitgliedschaft eines geeinten Deutschlands, einschließlich seiner militärischen Integration, Stellung genommen haben. Damit ist ein entscheidender Pflock sehr fest eingerammt worden. Beide lehnen jedoch einen NATO-Gipfel zum jetzigen Zeitpunkt ab.

12.30 Uhr gemeinsames Mittagessen. Es gibt mexikanischen Salat. Die Schwiegertochter des Präsidenten ist Mexikanerin. Bush fordert Baker auf, das Tischgebet zu sprechen. Während des Essens wird über China und den Nahen Osten gesprochen.

14.00 Uhr gemeinsamer Spaziergang durch das Camp. BK bekommt vom Präsidenten eine Sportmütze aufgesetzt. Er sieht wirklich lustig aus. Bush nimmt einen knorrigen Spazierstock mit. Es ist eiskalt und äußerst stürmisch. Nach einer Stunde setzen sich Bob Blackwill und ich ab und fahren in unsere warmen Blockhäuser zurück. Die anderen laufen noch eine halbe Stunde länger.

16.00 Uhr: Rückflug mit Hubschrauber nach Washington und von dort zurück nach Bonn. Montag früh um 6.00 Uhr landen wir. Es ist Rosenmontag.

Dienstag, 27. Februar 1990

Dem BK-Amt ist heute vom DDR-AM ein Memorandum »zur Einbettung der Vereinigung der beiden deutschen Staaten in den gesamteuropäischen Einigungsprozeß« übergeben worden. Es soll auch allen anderen KSZE-Staaten zugeleitet werden.

Vorgeschlagen werden alsbaldige Expertengespräche beider deutscher Staaten zur Vorbereitung der 2+4-Konferenz. Alle Nachbarstaaten – nicht nur Polen – sollen sich an den »Gesprächen, die ihre Sicherheit betreffen, unmittelbar« beteiligen. Noch vor dem KSZE-Gipfel sollen beide deutsche Regierungen eine »gemeinsame völkerrechtlich verbindliche Erklärung über die Unantastbarkeit der bestehenden Grenzen zu ihren Nachbarstaaten, insbesondere der Westgrenze Polens« abgeben. Gleichzeitig enthält das Memorandum Elemente einer Erklärung zur deutschen Frage, die auf dem KSZE-Gipfel eingebracht und Teil des Konferenzergebnisses werden soll: Anerkennung der europäischen Grenzen; Gewaltverzicht; neue Sicherheitsgarantien für alle Teilnehmerstaaten; Erklärung gegen Faschismus.

Memorandum geht davon aus, daß die Einigung Deutschlands bis zum KSZE-Gipfel nicht erfolgt ist. Sie soll vielmehr durch diesen Vorschlag erschwert werden. Aber die DDR-Regierung wird nur noch wenige Tage im Amt sein.

Die Diskussion über die Oder-Neiße-Grenze erhält heute neue Schubkraft. Genscher unterstützt öffentlich ohne Abstimmung den Vorschlag Mazowieckis vom vergangenen Donnerstag, noch vor der Vereinigung Deutschlands einen »Vertrag« mit beiden deutschen Staaten zu verhandeln und zu paraphieren, in dem sichere Grenzen garantiert werden. Die »Vereinigungsregierung« solle dann den Vertrag unterzeichnen. Außerdem befürwortet er eine gemeinsame Erklärung beider deutscher Parlamente nach den Wahlen am 18. März. Dagegen lehnt Genscher die Beteiligung Polens als 7. Partner an den 2+4-Gesprächen ab. Der Druck auf den BK wird stärker.

BK hat zwar der Erklärung im Bundestag zugestimmt, aber Genscher läßt in der »Tagesschau« anklingen, daß er einen »Krach« nicht erwarte, aber er schließt ihn auch nicht aus.

Inzwischen wird bekannt, daß Mazowiecki sich brieflich an die Vier Mächte gewandt hat. Schewardnadse hatte am Freitag den polnischen Botschafter demonstrativ empfangen und Verständnis für die große Sorge Polens geäußert. Ebenso sprach er sich dafür aus, daß Polen »eine eigene Stimme und einen eigenen Platz« bei dem 2+4-Verhandlungsprozeß haben solle. Er werde sich dafür einsetzen.

Schewardnadse bezeichnete erneut den militärischen Status des geeinten Deutschlands als eine der Schlüsselfragen. Die Einbeziehung in die NATO würde das Kräftegleichgewicht in Europa zerstören. Daran ändere auch die Erklärung nichts wesentliches, daß auf dem Territorium der jetzigen DDR keine NATO-Streitkräfte stationiert werden sollen. Das sei eine künstliche Konstruktion.

Am Samstag hatte dazu auch das »Kollegium des sowjetischen Außenministeriums« eine Erklärung abgegeben und aufgefordert, mit der praktischen Arbeit zu beginnen und Lösungen zu suchen. Ohne Verzögerung sollten auf der Ebene von 2+4 Expertengespräche beginnen.

Die Reaktion der Sowjetunion auf Camp David ist deutlich ablehnend. Portugalow erklärte gestern in Nowosti, daß sich die UdSSR »unter keinen Umständen« darauf einlassen werde. Dies sei nicht denkbar, solange nicht einmal Ansätze neuer europäischer Sicherheitsstrukturen zu erkennen seien. Es gehe nicht um Entmilitarisierung oder politische Neutralität, aber der militärische Status der [in der] Bundesrepublik mit Kernwaffen ausgerüsteten NATO-Truppen dürfe nicht unverändert bleiben. Er warnte, davon auszugehen, die Sowjetunion könnte wegen innenpolitischen Schwierigkeiten von ihrer Position abrücken. Die sowjetische Presse reagiert ausführlich, aber nicht aggressiv auf die Camp-David-Erklärungen.

Heute mittag habe ich meinen spanischen Kollegen, Juan Antonio Yanez, zu Gast in Bonn. Er ist der außenpolitische Berater von MP González. Wir sprechen über die inneren und äußeren Aspekte der deutschen Einigung, über die Lage in der DDR, den zukünftigen Status des geeinten Deutschlands und über die Auswirkungen auf EG und NATO. Große Übereinstimmung in der Notwendigkeit, die politische Integration der EG voranzutreiben und eine Sicherheitsunion einzuschließen. WEU könnte dafür geeignetes Instrument sein. Das Verhältnis Kohl-González war von Anfang an freundschaftlich und unkompliziert. González gehört zu den stärksten Befürwortern der EG-Integration. Das war auch heute wieder zu spüren.

Mittwoch, 28. Februar 1990

8.45 Uhr BK-Lage: Im Mittelpunkt steht die öffentliche Debatte über das Verfahren zur Anerkennung der polnischen Westgrenze. Genscher spricht von Übereinstimmung mit dem BK, geht aber über dessen Position deutlich hinaus. BK will in keinem Fall vor der Wahl einlenken. Er fühlt sich von Genscher unter Druck gesetzt.

10.00 Uhr Kabinettsitzung: Schäuble berichtet, daß Übersiedlerstrom ungebrochen anhält. BK berichtet über Camp David: Bush habe sich erneut als Freund der Deutschen erwiesen. Gegenseitige umfassende Konsultationen seien erforderlich. Die Erwartung an ihn (BK) bezüglich der Oder-Neiße-Grenze könne er aus rechtsstaatlichen Gründen nicht erfüllen. Aber darüber werde in der Koalitionsrunde noch zu sprechen sein. Er habe nichts dagegen, wenn sich beide deutsche Parlamente und ein gesamtdeutscher Souverän im Sinne der letzten Bundestags-Entschließung äußerten. Er habe auch viel Verständnis für die polnischen Wünsche, aber er bleibe dabei, daß die Reparationsfrage nicht aufgeworfen werden dürfe.

Genscher erwidert, daß die polnische Regierung die Reparationsfrage nicht aufwerfen wolle. Die Reparationsfrage würde nur zur Sprache kommen, wenn man sich auf einen Friedensvertrag einließe. Es sei deshalb verständlich, daß das Ausland diesen Begriff gern höre. Es müsse in der Grenzfrage eine Regelung gefunden werden, die zur Verständigung führe.

11.15 Uhr: Sitzung des Kabinettausschusses Deutsche Einheit. Seiters übernimmt Vorsitz. Ressorts berichten über Stand ihrer Arbeiten. Am 5. März wird sich in Ost-Berlin die Gesamtkommission zur Währungsunion treffen. BMF ist besorgt, daß die Diskussion über die Umstellungssätze (1:1) und über die erwartenden Finanztransfers Auswirkungen auf die Finanzmärkte haben könne. USA und Japan seien in hohem Maße sensibilisiert.

Schäuble berichtet, daß sich in den letzten Tagen die Übersiedlerzahlen weiter in der Größenordnung 2.600/2.400 bewegt hätten. Auch nach dem 18.3. müsse man weiter mit Übersiedler rechnen. Der Prozeß beschleunige sich und werde sich weiter beschleunigen.

13.30 Uhr: BK trifft mit Jozsef Antall, dem Vorsitzenden des Demokratischen Forums in Ungarn zusammen. Im Mittelpunkt stehen die Wahlen in Ungarn und Möglichkeiten der Unterstützung. Antall rechnet weiterhin mit seinem Wahlsieg. Als menschliche Tragödie bezeichnet er die Lage für die jetzigen Regierungsmitglieder Németh, Horn, Pozsgay, Szürös, die mehr für das Ende des Kommunismus getan hätten als die Opposition. Ihre Wahlchancen seien jedoch äußerst gering.

15.00 Uhr: Gespräch mit David Selbourne, The Times, über die Deutschlandpolitik.

16.00 Uhr: Gespräch mit bulgarischem Botschafter Evtimov: Er wünscht Stundung der bulgarischen Zahlungsverpflichtungen; Unterstützung für die Beitrittsbewerbung beim IWF und bei der Weltbank und Termin für Arbeitsbesuch von MP Lukanow. Bulgarien sei jetzt an einem Scheidepunkt angekommen.

19.00 Uhr: Interview BK in der DDR-Fernseh-Sondersendung »Aktuelle Kamera«. Erste Frage geht sofort auf polnische Grenzfrage ein. BK beruft sich auf seine verschiedenen Aussagen, zuletzt in Camp David, daß niemand die Einheit Deutschlands mit einer Verschiebung der Grenzen verbinden wolle. Er grenzt sich von Genscher ab, der »ein paar Variationen« geäußert habe, aber er glaube nicht, daß es sich um ein wirkliches Problem handele.

In bezug auf die NATO-Einbindung eines geeinten Deutschlands spricht er sich dafür aus, »mit Ruhe« darüber zu reden. Er weist auf die Rahmenbedingungen hin: KSZE, Abrüstung, die erst noch geschaffen werden müßten. Einen Termin für den Vollzug der deutschen Einigung und für die Einführung der Währungsunion zu nennen, lehnt BK ab.

20.30 Uhr: Gespräch im Bungalow. Die Abende beginnen immer mit einem kräftigen Abendessen. Natürlich sprechen wir über Möglichkeiten für ein Verfahren zur Regelung der Oder-Neiße-Grenze und über Genschers innenpolitische Motive. BK sieht die außenpolitischen Zwänge und die parteipolitische Verschärfung durch FDP und SPD aufgrund der acht Wahlen in diesem Jahr. Er weiß, daß er sich weiter bewegen muß, aber eigentlich will er nicht.

Ein anderer Punkt ist die Frage des Vollzugs der deutschen Einheit nach Art. 23 GG oder nach Art. 146 GG. Es ist deutlich erkennbar, daß sich die SPD und die politische Linke von Art. 23 GG wegbewegen. Es geht jetzt in dieser Frage um die politische Führung. Wir verabreden, Staatsrechtler zu einem Gespräch mit dem BK einzuladen, um das Problem aufzubereiten.

Letzter Punkt ist die anhaltende Übersiedlerwelle. Wir sind uns im klaren, daß nach der Wahl am 18.3. die Gleichstellung mit den Bundesbürgern erfolgen muß, und die Übersiedler so behandelt werden müssen wie andere bei einem Wohnortswechsel auch.

Donnerstag, 1. März 1990

BK trifft heute mit den Vorsitzenden der Allianz-Parteien, de Maizière, Schnur und Ebeling zusammen. Gemeinsam stellen sie in Bonn Wahlaufruf und Sofortprogramm vor.

11.00 Uhr Arbeitskreis Deutschlandpolitik tritt zusammen: Diskussion eines wirtschafts- und sozialpolitischen Konzeptes und 10-jährigen Infrastruktur-Rahmenprogrammes für die DDR. Unsicherheit herrscht über Umtauschquote bei Währungsunion: ökonomische Gründe sprechen für eine Umtauschrelation von 1:2; politische für 1:1, zumindest für bestimmte Größenordnungen. Diskussion des Für und Wider eines DDR-Beitritts zur Bundesrepublik nach Art. 23 GG und Art. 146 GG. Wir präferieren von Anfang an den Weg nach Art. 23 GG. Der Parlamentarische Rat hatte darin bereits den »Königsweg« zur Wiedervereinigung gesehen. Dagegen war Art. 146 bereits in Herrenchiemsee[156] umstritten. Auch das Bundesverfassungsgericht hatte bereits in einer früheren Entscheidung festgestellt, Art. 146 verlange lediglich einen »gewissen Mindeststandard freiheitlich-demokratischer Garantien beim Zustandekommen der neuen gesamtdeutschen Verfassung«.

Dumas heute in Berlin: Er unterstützt die Einigung Deutschlands: »Die Deutschen müssen Tempo und Modalitäten bestimmen«. Die äußeren Aspekte betreffen nicht nur die Deutschen. Dumas wünscht sofortige Einleitung der 2+4-Gespräche auf Beamtenebene, nach der Wahl in der DDR auf Ministerebene. Die Verantwortlichkeiten der Vier Mächte müßten beendet werden.

Erneut spricht sich Dumas für eine endgültige Anerkennung der Oder-Neiße-Grenze aus und beruft sich dabei auf »seinen Freund Genscher«. »Die Antwort bis zur Bildung

156 Im Alten Schloss auf der Herreninsel im Chiemsee in Bayern tagte vom 10. bis 23. August 1948 ein Gremium von 14 Sachverständigen sowie 11 Delegierten der Bundesländer im Auftrag der Ministerpräsidenten der Bundesländer, um einen Verfassungsentwurf für die Bundesrepublik auszuarbeiten, aus dem das Grundgesetz hervorgehen sollte. Grundlage war die Beauftragung der Ministerpräsidenten durch die Londoner Sechsmächtekonferenz vom 23. Februar bis zum 2. Juni 1948 über Deutschland (Beneluxstaaten und die drei West-Alliierten), eine verfassungsgebende Versammlung bis zum 1. September 1948 einzuberufen. Die Ministerpräsidenten lehnten zunächst eine Weststaatsbildung ab, weil die deutsche Einheit gewahrt werde sollte, stimmten schließlich dann aber doch auf Grund der politischen Entwicklung zu. Kernforderungen der Alliierten war die Schaffung eines föderalistisch aufgebauten demokratischen Rechtsstaates unter Achtung der Menschenrechte. Ergebnisse waren u. a. die Bildung von Parlament und Bundesrat, die Einsetzung eines (repräsentativen) Bundespräsidenten, die Abhängigkeit der Bundesregierung vom Vertrauen des Parlaments, getrennte Finanzhoheit von Bund und Ländern, Ablehnung von Volksbegehren und das Verbot, den demokratischen Kern des Grundgesetzes zu ändern. Am 8. Mai 1949 verabschiedete der Parlamentarische Rat das Grundgesetz für die Bundesrepublik und – die Verkündung erfolgte am 23. Mai – am 14. August 1949 erfolgte die erste Bundestagswahl.

eines großen Parlaments hinauszuschieben, ist nicht vernünftig«. Es gebe Augenblicke, »in denen das Schweigen voll von Zweideutigkeiten« sei. Dumas spricht sich für eine Teilnahme Polens »in einem bestimmten Stadium« aus. Die Modalitäten seien noch festzulegen.

Dumas lehnt eine Neutralität für Deutschland ab. Die Sicherheitsinteressen der Nachbarn Deutschlands seien zu wahren. Das Atlantische Bündnis müsse sich den Veränderungen anpassen. Schlüsselelement bleibe jedoch die transatlantische Verbindung und »ihr konkreter Ausdruck in Europa«. Rüstung müsse auf ein möglichst niedriges Niveau des Gleichgewichts gebracht werden. Dumas vertritt in bezug auf KSZE und VKSE klar die gemeinsamen Positionen.

Sehr positiv äußert sich Dumas zur institutionellen Weiterentwicklung der EG und spricht von einem »entschlossenen Willen, die politische Union Europas aufzubauen«. Er greift Mitterrands Wort von der »Schicksalsgemeinschaft« Frankreichs und der Bundesrepublik auf, die sich auch auf das geeinte Deutschland erstrecken werde, einschließlich der gemeinsamen Verteidigungs- und Sicherheitselemente.

Die Erklärung Dumas ist außerordentlich freundschaftlich und weiterführend. Gleichzeitig macht er sich jedoch unmißverständlich zum Anwalt der polnischen Interessen. Das ärgert mich etwas. Als wir im vergangenen Jahr immer wieder in Paris dafür geworben hatten, die Reformpolitik Polens auch materiell zu unterstützen, waren wir nur auf Desinteresse gestoßen. Sie hätten andere Interessen, war damals die lapidare Antwort.

Am Nachmittag unterrichtet mich Scowcroft über ein Telefonat zwischen Bush und Gorbatschow, das beide gestern geführt haben. Anlaß seien die Wahlen in Nicaragua gewesen. Bush habe dann von der Übereinstimmung mit dem BK in der NATO-Mitgliedschaft eines geeinten Deutschlands gesprochen. Gorbatschow habe sich dazu etwas negativ geäußert, aber nicht kategorisch abgelehnt. Er habe jedoch Klarheit von der Bundesrepublik in der Grenzfrage gefordert. Die Atmosphäre sei gut gewesen. Sie hätten bekräftigt, untereinander als auch mit BK in Kontakt zu bleiben.

Ich kann erneut feststellen, daß die gegenseitige Unterrichtung hervorragend klappt.

Zweiter Wahlkampfauftritt BK heute in Chemnitz. Rund 200.000 Teilnehmer sind erschienen. Erneut triumphaler Empfang des BK.

Freitag, 2. März 1990

8.45 Uhr Kanzlerlage: BK erregt sich leidenschaftlich über die Berichterstattung der Medien. Noch erfüllt von dem gestrigen Triumph in Chemnitz fühlt er sich persönlich und seine Politik nicht ausreichend gewürdigt. Er sieht darin eine Absicht vor der Wahl in der DDR. »Wir machen eine Superpolitik, aber dringen nicht durch«. Das Problem liegt aber vor allem darin, daß einige Themen die Gesamtpolitik der Bundesregierung ständig überlagern, solange sie nicht gelöst werden. So hat die gestrige Pressekonferenz von Dumas in Berlin erneut die Debatte über die Oder-Neiße-Grenze angeheizt. Die Presse hat sich vor allem auf diese Äußerungen von Dumas gestürzt. Noch dazu sind sie nicht in Paris sondern in West-Berlin gemacht worden.

Im Anschluß an die Lage bleiben Seiters und ich zurück. Regierungssprecher Vogel wird herbeigeholt. Eine Erklärung zur Oder-Neiße-Diskussion wird vorbereitet.

BK fragt, ob er nicht Reparationsfrage ansprechen solle. Damit könnte sie gleich ein für allemal ausgeräumt werden. Gleichzeitig sei das für die innenpolitischen Diskussionen hilfreich. BK denkt an den BdV. Das gilt auch für die Forderung, die Rechte der deutschen

Minderheit vertraglich zu regeln. Wir stimmen zu, wenn wir auch nicht überzeugt sind, daß das wirklich Entlastung bringen werde.

9.45 Uhr: BK spricht mit NATO-Generalsekretär Dr. Wörner und Stoltenberg. Letzterer berichtet über sein Gespräch mit Genscher. Ausgangspunkt sei die Regierungs-Erklärung vom 15. Februar. Sie seien sich einig gewesen, daß die NATO-Verpflichtungen für ganz Deutschland gelten müßten und keine Demilitarisierung erfolgen dürfe. Offen sei das Schicksal der NVA[157] und Dauer der sowjetischen Truppenpräsenz in Deutschland. Auf dem Territorium der DDR sollen reine Territorialverbände, nach oben begrenzt, aufgestellt werden. Es müsse bei der Wehrpflicht bleiben und die müsse auch für den DDR-Teil gelten. Die 2+4-Gespräche dürften VKSE II nicht vorgreifen. Sorge äußert Stoltenberg gegenüber einer möglichen Denuklearisierung Deutschlands.

Wörner vertritt klar den Standpunkt, daß Deutschland keine Regelung akzeptieren dürfe, das es in der NATO einem Sonderstatus unterwerfe. Die NATO dürfe Deutschland nicht »kontrollieren« wollen. In Brüssel seien sie dabei, eine neue Bedrohungsanalyse zu erarbeiten, wobei sie zukünftig von einer Risikobewertung sprechen würden. Außerdem müsse es jetzt darum gehen, die politischen Aufgaben und die der Sicherheit in der NATO neu zu definieren. Mit der Sowjetunion sollte ein Konzept der Minimalabschreckung verabredet werden. Ich halte diesen Punkt für besonders wichtig. Wörner vertritt sehr vernünftige Positionen.

11.30 Uhr: Ich treffe mit dem politischen Direktor Luxemburgs, Jean-Pierre Kasel, und Botschafter Adrien Meisch zusammen. Einvernehmen, daß europäische Integration beschleunigt werden müsse, insbesondere in Richtung auf Politische Union. Ich rate zu öffentlichen Erklärungen Luxemburgs zur Aufrechterhaltung der NATO und zur Mitgliedschaft eines geeinten Deutschlands. Luxemburg brauche die NATO auch als Schutz vor Deutschland. Kasel berichtet von riesigem Bedarf in EG und NATO an gemeinsamen Konsultationen in den anstehenden Fragen. Ich sage zu, BK zu unterrichten.

Regierungssprecher Vogel gibt im Auftrag des BK vor der Bundespressekonferenz bekannt, daß nach der Volkskammerwahl beide frei gewählten Parlamente eine gleichlautende Erklärung zur polnischen Westgrenze auf der Grundlage der Bundestags-Entschließung vom 8. Nov. 89 abgeben sollen. Sie müsse zugleich deutlich machen, »daß die Erklärung der polnischen Regierung vom 23. August 1953, in der auf Reparationen gegenüber Deutsch-

157 Die Nationale Volksarmee (NVA) der DDR existierte vom 18. Januar 1956 bis zum 3. Oktober 1990 und war dem Ministerium für Nationale Verteidigung (MfNV) unterstellt. Ab 1948 bildete sich die Hauptverwaltung Aufklärung (HVA) aus abgestellten Einheiten der Volkspolizei, danach die Kasernierte Volkspolizei (KVP). Die Aufstellung regulärer Streitkräfte wurde von der UdSSR nach der Bildung der Bundeswehr 1955 gefordert. Auf ehemalige Angehörige der Wehrmacht wurde dabei nur zurückgegriffen, wenn sie »antifaschistisch« gesinnt waren. Erst nach dem Bau der Mauer wurde ab 1962 die Wehrpflicht eingeführt. Die Machtabsicherung der SED geschah durch Bildung der Politischen Hauptverwaltung und durch die Präsenz des MfS in der Armee. Von 1970 bis 1980 unterstützte die DDR ausländische Befreiungsbewegungen und Projekte auch militärisch, vor allem in Afrika und im Nahen Osten, hauptsächlich bei der Beratung und Ausbildung. An Friedensmissionen der UNO hat sich die NVA nicht beteiligt. Sie galt als eine der schlagkräftigsten Armeen des Warschauer Paktes. Während der Umbrüche von 1989 wurde die NVA nicht gegen Demonstranten eingesetzt. Am 24. September 1990 trat die DDR aus dem Warschauer Pakt aus. Nach der Wiedervereinigung am 3. Oktober übernahm Verteidigungsminister Gerhard Stoltenberg das Kommando über die Truppenteile der ehemaligen NVA. Die Mehrheit des Offizierkorps, in der Regel SED-Mitglieder, wurde entlassen. Problematisch war die Einführung der sozialistischen Wehrerziehung in Schulen der DDR. Neben der NVA waren von 1954 bis 1991 die Einheiten der Gruppe der Sowjetischen Streitkräfte in Deutschland (GSSD) stationiert, die 1982 fünf Armeen mit einer Gesamtstärke von 370.000 Mann sowie 1020 Flugzeuge in 777 Kasernen umfassten.

land verzichtet wird, unverändert fortgilt« und daß die Rechte der Deutschen, wie sie in der Gemeinsamen Erklärung vom 14. Nov. 89 vereinbart worden seien, vertraglich geregelt werden sollen.

13.00 Uhr: Unter meiner Leitung spricht sich der Pressekreis ausdrücklich für eine öffentliche und weiterführende Erklärung des BK zur Oder-Neiße-Grenze aus. Ich übernehme es, erneut auf BK einzuwirken.

DDR übergibt Entwurf eines Gemeinsamen Wahlaufrufes, wie zwischen BK und Modrow besprochen. Er ist brauchbar, aber nicht sehr aussagekräftig. Gegenentwurf soll erarbeitet werden. Ich bezweifle Sinn eines solchen Unternehmens.

17.00 Uhr: Gedankenaustausch mit General Naumann über sicherheitspolitische Fragen des Einigungsprozesses; wie immer sehr anregend, sehr präzise und in voller Übereinstimmung.

Montag, den 5. März 1990

8.10 Uhr BK-Lage: Über das Wochenende hatten wir erneut die Schlagzeilen in der Hand. Die Erklärung des Regierungssprechers zu Polen vom Freitag hat die Wogen hochgehen lassen. Es wird Unverständnis geäußert, daß BK jetzt Bedingungen mit der Anerkennung der Grenze aufgestellt habe. Damit hat sich auch die Auseinandersetzung in der Koalition verschärft. Genscher, am Samstag in Madrid noch volle Übereinstimmung mit dem BK in der Grenzfrage geäußert, und Graf Lambsdorff gehen öffentlich auf Distanz. Der »Wahlkampf« ist in vollem Gange. Gleichzeitig steigt der internationale Druck; nicht zu sprechen von der Opposition. Die Rede ist von einer Koalitionskrise.

Mazowiecki wiederholt in der WELT von heute den Wunsch Polens, während jenes Teils der 2+4-Gespräche anwesend zu sein, »der die Probleme Polens und die Sicherheit seiner Grenzen behandeln wird«. Polen habe ein »Recht auf diese Anwesenheit«.

Aufheiternd wirkt eine »Umfrage« eines Berliner Taxibetriebes, der die offiziellen Umfragen bezweifelte und im Februar in den Südbezirken der DDR seine Fahrgäste befragte und der CDU eine Wahlsieg von 58,8 % prophezeit. SPD werde nur 20 % erhalten.

10.00 Uhr Sitzung des CDU-Parteipräsidiums. BK erklärt, daß er alle Umfragen in der DDR für falsch halte. Den Wahlausgang könne niemand voraussagen. Die Zusammenarbeit mit der Allianz gestalte sich mühsam. Vier Themen stünden im Wahlkampf im Vordergrund: Rente, Arbeitslosigkeit, Sparkonten, Landwirtschaft. Präsidium beschließt, Einigung nach Art. 23 GG herbeizuführen.

10.30 Uhr: Diskussion mit einer internationalen Studentengruppe des Europa-Kollegs aus Brüssel. In der polnischen Grenzfrage kann ich nicht überzeugen.

13.00 Uhr: Pressekonferenz des BK unmittelbar nach dem Präsidium. Er bekräftigt seine Haltung zu Polen. Von Koalitionskrisen habe er in acht Jahren Koalition schon oft gehört. Er fühle sich nicht in der Klemme.

14.00 Uhr: Vier-Augen-Gespräch BK mit Genscher. Ergebnis wird nicht bekannt.

15.00 Uhr Fraktionssitzung der CDU/CSU: BK erklärt, daß es jetzt in der Koalition sehr schwer werde. Er wisse, wo man Kompromisse machen könne und wo nicht. Er ist nicht bereit, gegenüber Polen einzulenken. Seine harte Position ist schon fast wieder bewundernswert. Die meisten anderen hätten längst eingelenkt. Ich vermute, daß BK diese Härte auch aus innenpolitischen Gründen so unnachgiebig ausspielt. Am Ende könnte sie ihm im rechten Wählerspektrum helfen. Außerdem unterstützt die Fraktion die Position des BK.

Wie BK solche Auseinandersetzungen wegsteckt, zeigt seine Reaktion nach der Fraktionssitzung. Als ich ihn frage, wie es gelaufen sei, erhalte ich die lapidare Antwort: Alles sei sehr positiv verlaufen. Wer sagt's!

Bei Genscher geht heute ein Brief von Schewardnadse ein. Sollten bei den Wahlen in der DDR unvorgesehene Umstände eintreten, sollte keiner der »Sechs« im Alleingang handeln. Er habe entsprechende Schreiben auch an die anderen Beteiligten gesandt.

Die sowjetische Presse hat die Aussagen Lafontaines gegen eine NATO-Mitgliedschaft Deutschlands aufgegriffen. Er ist der einzige im Westen, der diese Position vertritt.

18.50 Uhr: BK telefoniert mit Mitterrand und unterrichtet ihn über seine Gespräche in Camp David. Der Brief Schewardnadses zeige, daß Moskau die Befürchtung habe, die Ereignisse könnten sich in der DDR nach der Wahl überschlagen. Er wolle das nicht, sondern in ruhiger Weise vorangehen. In der DDR sollten noch in diesem Jahr die Kommunal- und Landtagswahlen stattfinden. Die Bundestags-Wahl solle wie vorgesehen im Dezember stattfinden.

Ausführlich erläutert er seine Position zur polnischen Westgrenze. Er versichert Mitterrand, daß er trotz möglicher Angriffe von rechts diese Frage abschließend regeln werde. Er bittet Mitterrand, Jaruzelski und Mazowiecki bei ihrem hervorstehenden Besuch in Paris seine Position zu erläutern.

Mitterrand erwidert, daß er allem zustimmen könne. Zur Frage der Oder-Neiße-Grenze könne Frankreich jedoch nicht stumm bleiben. Man müsse zwischen dem politischen und juristischen Aspekt unterscheiden. Vom politischen Standpunkt aus wäre eine klare Absichtserklärung des BK willkommen. BK sagt diese nach entsprechenden Entschließungen beider deutscher Parlamente zu. Erneut spricht sich Mitterrand gegen die Neutralisierung Deutschlands aus. Er werde in Kürze Willy Brandt treffen und ihn nach der Haltung der SPD befragen. BK weist auf die Äußerungen Lafontaines hin.

20.30 Uhr Gespräch mit BK im Bungalow: Neben Seiters und Schäuble sind die Staats- und Verfassungsrechtler Stern, Blumenwitz, Isensee, Scholz und Klein anwesend. Für und Wider von Art. 23 GG und Art. 146 GG werden abgewogen.

Das Ergebnis ist eindeutig. Alle sprechen sich für den Vollzug der Einigung Deutschlands nach Art. 23 GG aus.

BK spricht im Zusammenhang mit der Oder-Neiße-Grenze von einer internationalen Druckkulisse. Für ihn ist sie ein Verhikel über das Unbehagen über die deutsche Einheit. Die Polen seien Weltmeister in der Sympathiewerbung. Für ihn bleibe die Anerkennung der Grenze jedoch ein konstitutioneller Teil der Einheit.

22.50 Uhr: Scowcroft ruft an. Er will wissen, ob Einladung zu 2+4-Gesprächen auf der Ebene der politischen Direktoren für nächste Woche im Sinne des BK sei. In Camp David sei noch eine andere Prozedur besprochen worden. Ich bestätige, daß BK zugestimmt habe. Es sollte jedoch nicht über Inhalte, sondern nur über prozedurale Fragen gesprochen werden.

Dienstag, 6. März 1990

8.00 Uhr: Dreistündige Koalitionsrunde. Ergebnis ist ein gemeinsamer Entwurf eines Entschließungsantrages für beide Fraktionen zur Oder-Neiße-Grenze und zur Frage der Reparationen. Beide Seiten können am Ende ihr Gesicht wahren. Die Union hat aus meiner Sicht jetzt den Rubikon der endgültigen Anerkennung der polnischen Westgrenze überschritten.

Begegnung mit dem sowjetischen Botschafter Julij Kwizinskij als Unterhändler zu Fragen der Weltraumrüstung in Genf am 22. Januar 1986, vormaliger und späterer sowjetischer Botschafter in Bonn (1978–1981, 1986–1990) und anschließend stellvertretender sowjetischer Außenminister

BK kommt in aufgeräumter Stimmung aus der Sitzung zurück. Er fühlt sich als Sieger. Nachdem er massiv geworden sei, habe er sich durchgesetzt. Das sei ab und zu nötig. Es ist nur ein ungeheurer Energieverschleiß.

Meine Äußerungen von letzter Woche seien von der FDP nicht angesprochen worden. Er hätte sonst einiges deutlich dazu gesagt. Ich bin nicht überrascht, denn die gezeigte »Empörung« sollte ja nur die öffentliche Aufmerksamkeit erregen. Vereinbart ist eine Bundestags-Debatte am Donnerstag. BK will selbst reden.

Er erteilt mir den Auftrag, den Text der gemeinsamen Erklärung beider Fraktionen mit einem Begleitbrief von ihm an die Staats- und Regierungschefs der Vier Mächte und an Mazowiecki zu senden. Die Entschließung hat den Verfahrensvorschlag Mazowieckis nicht aufgegriffen. Er sieht vor, daß möglichst bald nach den Wahlen beide frei gewählte Parlamente und Regierungen eine gleichlautende Erklärung zur Unverletzlichkeit der Grenzen gegenüber Polen abgeben. Der Vertrag selbst solle erst zwischen einer gesamtdeutsche Regierung und der polnischen Regierung geregelt werden.

Die Koalition hat sich auch endgültig über den Weg zur Einheit nach Art. 23 GG geeinigt.

11.00 Uhr: Erneutes Gespräch mit Kwizinskij. Er überbringt sowjetischen Vorschlag über Abtransport der vereinbarten Nahrungsmittelhilfe. 2+4-Prozeß: Sowjetunion wünsche Verfahren, die alle Beteiligten »zu einem Knoten verknüpfe« und die Sowjetunion nicht vor vollendete Tatsachen zu stellen. Das würde zu Schwierigkeiten führen. Kwizinskij stimmt zu, daß 2+4-Gespräche vor dem KSZE-Gipfel abgeschlossen sein sollen.

Er sagt mir eine Bestandsaufnahme der wirtschaftlichen Verpflichtungen der DDR gegenüber der Sowjetunion zu. Wir sind uns einig, daß Bereitschaft der Bundesrepublik, so weit als möglich in diese Verpflichtungen einzutreten, sehr hilfreich sein werde.

Modrow zu Arbeitsbesuch in Moskau eingetroffen. Er ist von der sowjetischen Führung eingeladen worden.

Dritter Wahlkampfauftritt des BK in der DDR. In Magdeburg erwarten ihn 130.000 Menschen. Nach drei Auftritten hat BK fast eine halbe Million DDR-Bürger erreicht.

Mittwoch, 7. März 1990

8.30 Uhr Morgenlage: Das deutsche und internationale Pressebild stellt nach Meinung des BK den tatsächlichen Ablauf des gestrigen Koalitionsgespräches auf den Kopf. Nicht Genscher sondern er habe sich durchgesetzt. Das mag tatsächlich so sein, aber Genschers Pressearbeit war wie immer erfolgreicher. Und das Ansehen des BK hat erneut Schaden genommen. Ärgerlich ein Interview des Bundespräsidenten in ›Financial Times‹, das die deutsche Presse als Kritik an den BK interpretiert. Auch das gehört zum Bonner Ritual, ständig Keile zwischen BK und Bundespräsident zu treiben.

Interview Gorbatschows gestern abend im ARD-Fernsehen. Er lehnt die Mitgliedschaft eines geeinten Deutschlands in der NATO erstmals kategorisch ab: »Nein, da werden wir nicht zustimmen. Das ist absolut ausgeschlossen«. Die Interessen aller Europäer müßten berücksichtigt werden. Deshalb müsse man »in Etappen« vorgehen.

Er habe bemerkt, daß BK in den letzten Tagen einige seiner Positionen korrigiert habe. Er begrüße das. Über die Sicherheitsfragen müsse ernsthaft und mit großem Verantwortungsbewußtsein gesprochen werden. Erneut läßt Gorbatschow alle Optionen offen.

Positiv äußert er sich zu den zukünftigen Beziehungen zwischen eines geeinten Deutschlands und der Sowjetunion. Sie hätten »gute Aussichten«. Es könne zu einer Erweiterung und Vertiefung kommen, aber auch Mißtrauen entstehen. Insgesamt sei er jedoch »sehr optimistisch«.

Laut heutiger TASS-Mitteilung über zweitägigen Besuch Modrows in Moskau habe Gorbatschow geäußert, daß sich »im Herangehen der UdSSR an die Lösung der deutschen Frage nichts grundsätzlich Neues ergebe«. Der sowjetische Kurs bleibt also. Portugalow hat sich in der ›QUICK‹ erneut zu Wort gemeldet. Er bestätigt die Ablehnung Gorbatschows einer deutschen NATO-Mitgliedschaft. Seine Antwort: Auflösung der Militärbündnisse »in absehbarer Zeit« und blockübergreifende Strukturen bis spätestens Mitte der 90er Jahre.

9.30 Uhr Kabinettsitzung: BK sucht aufgetretenen Koalitionsspannungen zu befrieden. Vieles hätte sich aufgestaut, aber jetzt gehe es nicht darum, sich selbst zu »berühmen«. Beide Seiten müßten ihre historische Verantwortung erkennen. Keiner könne die Rolle des »Wasserträgers« übernehmen. Deshalb könne es nur einen gemeinsamen Erfolg geben. Er sei gestern sehr stolz auf seine Fraktion gewesen, wie sie diskutiert und entschieden hätte. Jetzt gelte es, in schwieriger Zeit gemeinsame Sacharbeit zu leisten und zusammenzuwirken. Die Realität in der DDR und der Erwartungshorizont ihrer Bürger seien sowieso nicht in Einklang zu bringen.

Waigel berichtet über die ersten Gespräche der Arbeitsgruppe Währungsunion. Sie hätte zweimal, am 20.2. und 5.3., getagt. Vier Arbeitsgruppen zur Währung, Wirtschaft, Finanzen nd Soziale Sicherheit seien gebildet worden. Sie hätten sich bereits mehrfach getroffen. Die Lage in der DDR sei viel dramatischer, als bisher bekannt gewesen sei. Die Vorstellungen der DDR seien absolut illusionär. Deshalb sei es wichtig, daß Kabinettskollegen nicht in die Verantwortung anderer Ressorts hineinreden.

Am Nachmittag Parteivorsitzenden-Runde: BK – Graf Lambsdorff – Waigel. BK berichtet anschließend, daß sie ein sehr ernstes Gespräch geführt hätten. Lambsdorff habe von einer erfolgreichen Bundesregierung gesprochen, die er fortsetzen wolle. BK habe ihn daran erinnert, wer in der Vergangenheit immer zu ihm gehalten habe.

Antwort von PM Thatcher trifft ein. Sie begrüßt Entscheidung zur polnischen Westgrenze als »höchst staatsmännische Schritte«, die von großem Nutzen sein würden.

Donnerstag, 8. März 1990

9.00 Uhr Bundestags-Debatte zur polnischen Westgrenze. Genscher kündigt an, daß im Rahmen der 2+4-Gespräche »keine Polen betreffende Entscheidung ohne seine Beteiligung« getroffen werde. Er greift den Brief Schewardnadses auf und versichert, daß niemand vor vollendete Tatsachen gestellt werde. Als BK in die Debatte eingreift, nimmt er den »Kollegen Czaja« vor den Angriffen Schmudes in Schutz. Das ist ein geschickter Schachzug zu befrieden und ihn einzubinden. Dann beginnt er mit der Deutschlandpolitik. Erstmals bezeichnet er offiziell den Einigungsweg über Art. 23 GG als »besten Weg in die gemeinsame Zukunft«. Über Bedingungen und Modalitäten müsse mit der neuen DDR-Regierung gesprochen werden.

Möglichst rasch solle die Währungsunion, die Wirtschaftsgemeinschaft und die Sozialunion verwirklicht werden. Bei den äußeren Aspekten wiederholt BK seine Aussage, daß ein geeintes Deutschland im westlichen Bündnis eingebunden bleiben müsse, wobei für das DDR-Gebiet »eine militärische Übergangsregelung« zu treffen sein werde. Als Rahmenbedingungen nennt er den KSZE-Prozeß, Abrüstungsverhandlungen und bündnisübergreifende Sicherheitsstrukturen.

Den Entschließungsantrag der Koalitionsfraktionen zur polnischen Westgrenze unterstützt er »nachdrücklich«. Er schaffe Klarheit, wie sich der künftige gesamtdeutsche Souverän verhalten werde. Es diene nicht dem deutschen Interesse, wenn ständig Fragezeichen an dem Willen der Bundesregierung angebracht würden, diese Frage endgültig regeln zu wollen.

Am Ende stimmen alle Abgeordneten der CDU/CSU und FDP dem Entschließungsantrag zu. Nur fünf Unionsabgeordnete enthalten sich der Stimme. Ich empfinde das Ergebnis als sensationell gut. BK hat sein Ziel erreicht, am Ende so viel Zustimmung in der Unionsfraktion zu erreichen als möglich. Ich halte das für eine entscheidende Voraussetzung für die Verständigung mit Polen und hoffe, daß sie nicht erneut am Ergebnis herummäkeln werden. Jetzt gilt es, das Erreichte offensiv zu vertreten. CDU/CSU haben einen weiten Weg zurückgelegt und sind endlich am richtigen Ziel angekommen.

11.00 Uhr: Sitzung des Arbeitskreises Deutschlandpolitik: Brief Modrows an BK und Gorbatschow vom 2. März enthält Wunsch, die in der DDR in der Nachkriegszeit entstandenen Eigentumsverhältnisse zu respektieren. BK hat im heutigen BILD-Interview den Vorgang als ungewöhnlich bezeichnet und Modrow für nicht legitimiert erklärt. Wir entscheiden, Brief unbeantwortet zu lassen.

Weitere Themen: Beihilfe- und Rentensystem für die DDR und wirtschaftliche Lage in der DDR. Sie stellt sich viel schlechter dar als erwartet.

Interview Schewardnadses in der ›Neuen Berliner Illustrierten‹ von heute. Er bezeichnet den Einigungsweg über Art. 23 GG als einen »überaus gefährlichen Weg«. DDR würde sofort als souveräner Staat verschwinden und damit auch ihre Verpflichtungen und Rechte.

Das ist der Punkt, für den die Sowjetunion Sicherheit braucht, daß die Bundesrepublik solche Verpflichtungen übernimmt. Wenig ernst zu nehmen ist sein Hinweis, daß Art. 23 auch auf »andere Teile Deutschlands« anwenden könne und stellt die Frage, ob deshalb BK einer eindeutigen Aussage zur Grenzfrage ausweiche. Auch den »länderweisen« Ausschluß der DDR erklärt er als »widerrechtlich«. Es dürfe keine ›Blitzpartie‹ geben.

Schewardnadse stellt einen Katalog der Themen auf, die er zu den äußeren Aspekten der deutschen Frage rechnet. Die Aussagen zur NATO-Mitgliedschaft bezeichnet er als »taktlos«, aber seine Antwort fällt erstmals deutlich verbindlicher aus: Sie entspreche nicht »unseren Vorstellungen«. Es müsse eine Lösung gesucht werden, »die der Kompliziertheit und Bedeutung dieses Problems angemessen« sei. Als Meßlatte zitiert er – wie mehrmals Gorbatschow vor ihm – die Aussage des BK in Moskau, daß »von deutschem Boden nur Frieden ausgehen« dürfe.

Schewardnadse besteht auch nicht mehr ausschließlich auf einen »Friedensvertrag«, der zwar seiner Meinung nach in vollem Umfang den Forderungen entsprechen würde. Erforderlich sei aber »ein komplexes multilaterales Dokument« mit einer »ausreichenden völkerrechtlichen Rechtskraft«.

Die Sowjetunion bewegt sich doch!

Antwort von Bush an BK ist über Skipper eingetroffen. Bush schreibt, daß er Initiative des BK zur polnischen Westgrenze öffentlich als positiven und wichtigen Schritt begrüßt habe.

Flug mit BK nach Brüssel. 14.15 Uhr Gespräch mit Wörner. Dieser berichtet, daß der heutige Besuch des BK von den Ständigen Vertretern als außergewöhnliche Geste bewertet werde. Stimmung sei mit der Besuchsankündigung sofort positiv umgeschlagen. Damit werde der Konsultationsprozeß mit der NATO offiziell eröffnet. Für BK müsse es wichtig sein, einige Fehleinschätzungen zu korrigieren, z. B. daß BK die Einigung so schnell vorantreibe, um in die Geschichte einzugehen, ohne Rücksicht auf Alliierte und Sowjetunion; Bundesrepublik wolle DDR »schlucken« u. a. m.

Die Ablehnung der NATO-Mitgliedschaft durch Gorbatschow solle man nicht dramatisieren. BK teilt Wörners Ansicht. Gorbatschow hat als Reaktion auf Camp David seine Ausgangsposition bezogen. Nun stehen sich beide Positionen gegenüber und müßten aufgelöst werden.

15.00 Uhr: BK eröffnet Gespräch mit den 15 NATO-Botschaftern. Er erläutert sehr präzise seine Positionen zu den inneren und äußeren Aspekten der deutschen Einheit. Anschließend äußern sich alle Botschafter. Es ist offensichtlich, daß sie Weisungen aus ihren Hauptstädten eingeholt hatten. Alle unterstützen das Ziel der deutschen Einheit, aber wünschen enge Konsultationen über die Auswirkungen auf die NATO. Alle sprechen sich für die NATO-Mitgliedschaft eines geeinten Deutschlands aus, wollen aber wissen, wie sie erreicht werden könne. Bei allen ist Erleichterung über die Bundestags-Entschließung zur polnischen Westgrenze zu verspüren. Der Vorschlag Mazowieckis wird von niemanden aufgegriffen. Sorge wird über die zeitliche Dimension aller Prozesse geäußert. Es war außerordentlich wichtig, daß BK dieses Gespräch geführt hat und vor allem vor dem Wahltag in der DDR. Die Zufriedenheit aller Botschafter war offensichtlich. Gleichzeitig hat BK ihnen die Möglichkeit gegeben, seine Positionen ausführlich an die Regierungen zu Hause zu übermitteln. Das wiederum ist im Interesse des BK.

17.45 Uhr Rückflug nach Bonn.

Freitag, 9. März 1990

8.30 Uhr Bundeskanzler-Lage: Seit fünf Wochen sind die Beschuldigungen gegen Schnur als Stasi-Mitarbeiter bekannt; heute eine Woche vor der Wahl werden sie in der Presse hochgespielt. Welch' ein Zufall!? Zufriedenheit über Willy Brandt: Nach Rückkehr aus Paris erklärt er, daß er keine Irritationen in Paris gegenüber Bonn feststellen konnte.

11.00 Uhr Gespräch mit Schweizer Botschafter Alfred Hohl über deutsche Frage: BK habe bisher in der Deutschlandpolitik keinen Fehler gemacht. Ich kann nicht widersprechen.

14.00 Uhr: Diskussion mit 50 Berufsschülern über deutschen Einigungsprozeß.

In Paris ungewöhnliche Pressekonferenz Mitterrands mit Jaruzelski, Mazowiecki und Rocard. Mitterrand erklärt ausdrücklich, daß die französische Position in der Oder-Neiße-Frage weitergehe als die, die der Erklärung des Bundestages zugrundeliege. Polen müsse beteiligt werden. Er wünsche sich, daß die Verhandlungen »jedenfalls vor der zu erwartenden Vereinigung der beiden deutschen Staaten stattfinde«. Die Bundestags-Erklärung müsse »da und dort noch schärfere Konturen gewinnen«. Sache der Vier Mächte sei es, »in gewisser Weise ihre Garantie für diesen völkerrechtlichen Rechtsakt abzugeben«.

Mitterrand hat sich damit voll hinter den Vorschlag Mazowieckis gestellt, daß noch vor der Vereinigung Deutschlands »ein Vertrag mit dem Rang und Werte eines Friedensvertrages paraphiert werden sollte«, der zwischen der deutschen und polnischen Regierung unter Beteiligung der Vier Mächte geschlossen und die Westgrenze Polen endgültig billige. Das gesamtdeutsche Parlament solle diesen Vertrag anschließend ratifizieren. Mit diesem Ergebnis kann Mazowiecki befriedigt feststellen, daß Frankreich und Polen in schwierigen Situationen, wenn es Probleme mit Deutschland gab, immer Seite an Seite standen.

Ich bin überzeugt, daß damit die Diskussion über die Oder-Neiße-Grenze neu eröffnet ist. Mitterrand hat nicht gezögert, gegen die Interessen des BK zu handeln. Bush und Thatcher dagegen waren mit der Bundestags-Entschließung zufrieden. Selbst in Moskau lautete der Kommentar, daß in Bonn »ein prinzipieller Schritt vorwärts getan« worden sei. Dagegen hatten sich Jaruzelski und Mazowiecki von Anfang an unzufrieden geäußert. Ich hatte mir gewünscht, daß sie die Entschließung des Bundestages offensiv aufgegriffen und in ihrem Sinne interpretiert hätten. Sie hätten hinzufügen können, daß die überwältigende Mehrheit des Bundestages zugestimmt habe. Schließlich gab es nur 5 Enthaltungen. Die jetzige polnische Reaktion schadet der deutsch-polnischen Verständigung.

In Ost-Berlin erstes deutsch-deutsches Expertentreffen zur Vorbereitung der künftigen 2+4-Gespräche. Es geht ausschließlich um prozedurale Fragen.

BK heute abend zu seinem vierten Wahlkampfauftritt in Rostock. Diesmal sind es 120.000 Teilnehmer – eine Entschädigung für das Unangenehme in Bonn.

Samstag. 10. März 1990

13.30 Uhr: Ich rufe BK zu Hause in Ludwigshafen an und unterrichte ihn über gestrige Pressekonferenz von Mitterrand. Er reagiert deutlich verärgert und enttäuscht. Die Grenzen der Freundschaft werden sichtbar.

Die heutige Presse spricht von zunehmenden Irritationen im deutsch-französischen Verhältnis. Seit gestern stimmt es.

Sonntag, 11. März 1990

20.00 Uhr: US-Senator Lugar von Indiana ist zum Abendessen bei mir zu Hause. Er läßt sich ausführlich über Position des BK zu den inneren und äußeren Aspekten der deutschen Einigung unterrichten, über Unterschiede des Beitritts nach Art. 23 und Art. 146 GG und über die Oder-Neiße-Frage. Er berichtet mir, daß er erreicht habe, daß der amerikanische Senat eine Entschließung zur polnischen Westgrenze, die gegen die Bundesrepublik gerichtet sei, zurückgestellt habe. Nach der jüngsten Bundestags-Entschließung sieht er keinen Anlaß mehr für eine solche Senatserklärung. Lugar trifft aus meiner Sicht den Kern des Problems der Polen: Polen zwinge die Freunde Deutschlands, sich zwischen Polen und der Bundesrepublik entscheiden zu müssen. Das sei äußerst bedauerlich.

Montag, 12. März 1990

8.35 Uhr Kanzler-Lage: BK teilt uns mit, daß MP Albrecht morgen bekanntgeben werde, daß BT-Präsidentin Süßmuth nach der Landtags-Wahl in Niedersachsen Sozialministerin werden und ihn nach einiger Zeit als MP ablösen solle. Albrecht hofft, damit seine Wahlchancen verbessern zu können.

12.30 Uhr: Diskussion mit niederländischen Abgeordneten der CDA[158] über deutsche Frage. Sie unterstützen Mitgliedschaft eines geeinten Deutschlands in der NATO. Problem ist wieder die leidige Oder-Neiße-Grenze.

14.30 Uhr: Gespräch mit stellvertretenden Minister Hisashi Owada aus Tokio. MP Kaifu hat ihn zu meinen direkten Kontaktpartner bestimmt. Owada berichtet, daß Kaifu sich außenpolitisch stärker engagieren wolle, auch in Osteuropa. Deshalb lege er großen Wert auf Meinungsaustausch mit BK. Japan bedauere, daß es nicht an der West-Ost-Wirtschaftskonferenz der KSZE im April in Bonn teilnehmen könne. Ein Beobachter-Status werde angestrebt.

15.00 Uhr: Gespräch mit unserem VKSE-Delegationsleiter in Wien, Dr. Hartmann. Er berichtet, daß Briten ihre Position verändert hätten und jetzt konstruktiv mitarbeiten würden. Das habe neue Bewegung in die Verhandlungen gebracht. Schwieriges Problem sei die Behandlung der Flugzeuge. Er schließt jedoch die Gefahr eines Scheiterns aus.

Gespräch BK mit AM Hurd: BK erläutert weitere Entwicklung in der Zusammenarbeit mit der DDR. Er rechne mit gesamtdeutschen Wahlen in 1991. Vorher müsse man sich aber über die äußeren Aspekte einigen. Er heize die Entwicklung nicht an, sondern sei froh um jeden Monat, der den Prozeß verlängere.

Im übrigen hätte er den Eindruck, daß Gorbatschow und Schewardnadse in der Sicherheitsfrage pokern würden. Hurd stimmt ihm zu. Zufrieden äußert er sich über die

158 Der Christlich-Demokratische Aufruf (CDA), eine christdemokratische Mitte-Rechts-Partei in den Niederlanden, wurde am 11. Oktober 1980 formell gegründet als Zusammenschluss der Katholieke Volkspartij (KVP), der Anti-Revolutionaire Partij (ARP) und der Christelijk-Historische Unie (CHU). Mit den Ministerpräsidenten Dries van Agt (1977–1982), Ruud Lubbers (1982–1994) und Jan Peter Balkenende (2002–2010) stellte die CDA mit Partnern Koalitionsregierungen. Die CDA ist nach dem Forum voor Democratie (EU-skeptisch und rechtspopulistisch) und der Parttij van de Arbeid (PvdA) die drittgrößte Partei der Niederlande. Die CDA setzt sich ein für öffentliche Gerechtigkeit, Solidarität, geteilte Verantwortlichkeit und Nachhaltigkeit.

klare Position des BK zur NATO-Mitgliedschaft eines geeinten Deutschlands. Sie sei für Großbritannien sehr wichtig.

Infratest veröffentlicht Umfrage und prophezeit der SPD klare Mehrheit von 44 % gegenüber 20 % der Ost-CDU. SPD spricht über Möglichkeit einer absoluten Mehrheit.

Dienstag, 13. März 1990

8.30 Uhr BK-Lage verläuft routinemäßig.

9.15 Uhr: BK telefoniert mit EG-Kommissionspräsident Delors und schlägt ihm ein Gespräch mit allen EG-Kommissaren vor. Delors begrüßt diesen Vorschlag als sehr gute Idee, auch wenn vielleicht andere Regierungschefs überrascht sein könnten. BK will nach dem NATO-Rat die multilateralen Konsultationen zur deutschen Frage fortsetzen. In vorsichtiger Weise beklagt sich BK bei Delors über Politik in Paris. Delors ist zuversichtlich, daß sich alles schnell wieder richten werde.

BK kündigt gegenüber Delors überraschend an, daß er jetzt entschlossen sei, den Einigungsprozeß zu beschleunigen. Er erwarte aber von denen, die ihn lange kennen würden, daß sie sich bei aufkommendem Sturm nicht sofort verstecken würden.

11.15 Uhr: Zweite Sitzung des Arbeitskreises Außen- und Sicherheitspolitik unter Leitung von Genscher. Einleitend berichtet er über sein heutiges Gespräch mit Stoltenberg, in dem sie folgende Grundsätze besprochen hätten: Die künftige militärische Stärke der Bundeswehr könne nicht Bestandteil der 2+4-Gespräche sein. Truppenstärken und landgestützte Nuklearsysteme müßten im Rahmen von VKSE I und II behandelt werden.

MDg Hoynck, AA, berichtet über erstes Gespräch in Ost-Berlin zu prozeduralen Fragen der 2+4-Gespräche. Sie sollten abwechselnd in Bonn und Berlin stattfinden. Einigkeit über Konsensprinzip. DDR-Kollegen hätten versucht, inhaltliche Fragen anzusprechen. Das sei jedoch abgelehnt worden. Genscher bekräftigt, daß 2+4-Gespräche bis zum KSZE-Gipfel erfolgreich abgeschlossen sein müßten. Wir seien zum Erfolg verurteilt. Gegen eine Beteiligung Polens in der Grenzfrage habe Bundesregierung nichts einzuwenden. Treffen müßten aber in Deutschland stattfinden. Beim Ablauf müsse die Würde des deutschen Volkes gewahrt bleiben. Darauf müsse jeder achten. Die Entschließung der Parlamente zur Oder-Neiße solle vom AA, BK und BMB vorbereitet werden. Wir sprechen über Ablösung der Vier-Mächte-Rechte und Verantwortlichkeiten. Genscher spricht von einer sehr komplizierten Situation. Bundesregierung wolle keinen Friedensvertrag. Die Lösung solle so wenig als möglich friedensvertragsähnlichen Charakter haben. Als »schönste Form« bezeichnet er eine einseitige Erklärung der Vier Mächte über Ende ihrer Rechte. Er beauftragt Ressorts, Optionen zu erarbeiten. Die Präsenz sowjetischer Truppen solle in einem eigenen Stationierungsvertrag gelöst werden. Auch für die westliche Truppenpräsenz müsse ein neuer Status verhandelt werden. Ressorts sollen Lösungen erarbeiten.

Nächster Punkt: Ablösung der vertraglichen Verpflichtungen der DDR gegenüber Sowjetunion. Nach Genscher wäre diese Frage neben der der Sicherheit für die Sowjetunion von zentraler Bedeutung.

Letzter Punkt: Institutionalisierung der KSZE. Dafür wird eine eigene Arbeitsgruppe eingesetzt.

Nach der Sitzung gehe ich mit Stoltenberg durch den Garten der Gästevilla des AA. Er berichtet über Vier-Augen-Gespräch mit Genscher. Sie hätten sich nicht in der Frage der Präsenz deutscher Soldaten auf dem ehemaligen DDR-Gebiet einigen können, dagegen auf Verzicht der nuklearen Artillerie und der FOTL (Lance-Nachfolge)[159] im Rahmen von amerikanisch- sowjetischen Abrüstungsverhandlungen. Aussagen von Genscher zu TASM (luftgestützte Nuklearsysteme)[160] seien nicht sehr konkret gewesen.

Ich erkläre Stoltenberg, daß Sowjetunion uns auch vor die Alternative Einheit gegen Nuklearpräsenz auf deutschem Boden stellen könnte. Das wäre für uns eine sehr schwierige Position.

Stoltenberg ist ein sehr aufrichtiger und seriöser Politiker, aber der Taktik Genschers nicht immer gewachsen.

BK heute in Cottbus. Bei seinem vorletzten Wahlkampfauftritt jubeln ihm 120.000 Menschen zu. Er nähert sich der Million.

Jim Baker ruft mich am Abend an. Frankreich werde vorschlagen, das 2+4-Gespräch über die polnische Westgrenze in Warschau durchzuführen. Mazowiecki werde in Kürze nach Washington kommen und höchstwahrscheinlich den gleichen Vorschlag machen. Die USA wären durchaus dafür. Er wolle jedoch die Position des BK dazu wissen. Ich berichte ihm, daß Genscher heute davon gesprochen habe, daß alle Gespräche in Deutschland stattfinden sollten. Ich sage Rückruf zu.

Meine Abteilung legt heute dem BK eine Ausarbeitung zu Polen vor mit dem Vorschlag, an Mazowieckis Vorschlag aufgeschlossen heranzugehen. Polen werde nicht nachgeben; die Unterstützung von Frankreich sei bereits erreicht; andere werden folgen. Eine neue Zuspitzung sollte vermieden werden. FDP werde sicher auf diesen Zug aufspringen. Doch BK ist nicht bereit, einen Fußbreit weiterzugehen. Er hat es satt, daß die Polen stets neue Forderungen nachlegen.

Falin hat sich gestern in der ›Prawda‹ erneut für einen deutschen Friedensvertrag ausgesprochen, sonst könnten die Rechte und Pflichten der Vier Mächte nicht aufgehoben werden. In der heutigen ›Prawda‹ wiederholt er diese Forderung und die Ablehnung der NATO-Mitgliedschaft eines geeinten Deutschlands. Dagegen bringt Marschall Achromejew eine neue Variante in die Diskussion: Ein vereintes Deutschland könne Mitglied in einer außerhalb von NATO und WP »angesiedelten Organisation« sein. Es müßten »neue Lösungen« gefunden werden.

159 Das Projekt der US-Army als Nachfolgesystem der vor allem in der Bundesrepublik stationierten Lance-Raketen FoHow-On to Lance (FOTL) war das Army Tactical Missile System (ATACMS), das von dem Mehrfachraketenwerfer MLRS zu je zwei Flugkörpern verschossen werden konnte. Die Reichweite war mit 270–300 km größer als die der Lance-Rakete. Der erste Teststart erfolgte am 26. April 1988. Die Produktionslinien für die ATACMS wurden 2007 geschlossen, ihr Nachfolger ist die Precision Strike Missile (PrSM) mit einer Reichweite von mehr als 500 km. Im Oktober 2023 wurden ATACMS-Raketen auch in der Ukraine eingesetzt.

160 Nach Abschluss des INF-Vertrages am 8. Dezember 1987 in Washington wurde von Seiten der NATO die Stationierung von Nuklearwaffen kürzerer Reichweite entsprechend ihrem Prinzip der Flexible Response erörtert. Es handelte sich um die Frage des Einsatzes luft- oder seegestützter Marschflugkörper, da die bodengestützten Systeme mit dem INF-Vertrag weggefallen sind. Der R/UGM-109C Tomahawk war ein von den USA produzierter Marschflugkörper, der in der Version Block I: Tactical Anti Ship Missile (TASM) bis 1994 als Seezielflugkörper zur Bekämpfung von Schiffen und anderen maritimen Zielen mit einer Reichweite von 460 km und einem Sprengkopf mit 454 kg eingesetzt wurde.

Mittwoch, 14. März 1990

8.45 Uhr Lage: BK heute morgen fast depressiv. Sein innerer Zustand sei so, daß er jetzt nach Hause gehen könnte. Was ihn noch motiviere, seien die Menschen in der DDR. Die Auseinandersetzungen in der Koalition haben Spuren hinterlassen.

Heute tritt zudem der DA-Vorsitzende Wolfgang Schnur wegen früherer Zusammenarbeit mit dem Stasi zurück, wenige Tage vor der Wahl.

Auf Beamtenebene beginnen heute die 2+4-Gespräche. Mein Stellvertreter Peter Hartmann ist dabei.

9.30 Uhr Kabinettsitzung: Übereinstimmung, daß die Sparkonten der Kleinsparer in der DDR 1:1 umgetauscht werden. BK hatte das bereits gestern abend auf seiner Wahlkampfveranstaltung in Cottbus angekündigt.

Beschluß über Aufhebung der Sichtvermerkspflicht für Ungarn. Meine ungarischen Freunde werden sich freuen.

Auf dem Kabinetttisch liegt Tischvorlage von Schäuble: Übersiedler aus der DDR sollen mit Bundesbürgern gleichgestellt; das Aufnahmeverfahren für Aussiedler wird modifiziert. In diesem Jahr 138.000 Übersiedler, davon 4.900 in den letzten beiden Tagen. Aussiedler 97.000. Bundesregierung hält am Prinzip der Freizügigkeit fest.

BK beklagt öffentliche Diskussion. Sie sei Ausdruck des Gesamtbefundes. Die Angst in der Bundesrepublik sei groß und werde auch noch geschürt, daß man etwas verlieren könne und seinen Lebensstandard reduzieren müsse. Selbst solche, die lange Jahre »Einigkeit und Recht und Freiheit« gesungen hätten, hätten jetzt plötzlich Probleme. Was die DDR betreffe, sei es offensichtlich, daß viele Menschen geistig noch immer auf ihren Koffern säßen, bereit, überzusiedeln, wenn Schwierigkeiten aufträten.

11.45 Uhr Mitterrand ruft BK an. Er berichtet über sein Zusammentreffen mit der polnischen Führung. In 2 Punkten habe es Einigkeit gegeben: in der Anerkennung der Oder-Neiße-Grenze und in dem Wunsch, Verhandlungen zu beginnen, bevor die deutsche Einigung vollzogen sei. Der Vertrag selbst könne dann erst von einem gesamtdeutschen Parlament ratifiziert werden. Die Stimmung sei durch die falsche Pressedarstellung leider etwas vergiftet. Bei den Sechser-Gesprächen sollten die Polen bei allen Fragen herangezogen werden, die die Grenze berühren. Die Grenzfrage werde immer dringlicher.

BK stimmt der Einbeziehung Polens zur Grenzfrage zu. Damit hätte er nie Probleme gehabt. Das solle jedoch nicht in Warschau geschehen. Er habe den Eindruck, daß Rücksicht auf die Gefühle aller Völker außer die der Deutschen genommen werde.

BK kritisiert das Vorgehen der Polen. Er habe Mazowiecki schon im November gesagt, daß die Frage der deutschen Einheit mit der Anerkennung der Oder-Neiße-Grenze verbunden sei. Vertragsentwurf hätte völkerrechtlich keine stärkere Bindewirkung als die Parlamentsentschließungen.

Er habe auch keine Bedingungen geäußert, sondern nur den Wunsch geäußert, Polen solle noch einmal bekräftigen, was sie in der Frage der Reparationen und der deutschen Minderheit bereits 1953 bzw. 1989 erklärt hätten. Polen schiebe gegenwärtig aus innenpolitischen Gründen alles beiseite, was er für die Verständigung getan hätte.

BK erläutert die Dynamik in der DDR. Paris lebe zur Zeit auf einem anderen Stern als er, der er mit diesen Problemen konfrontiert sei. Viele verdrängten auch die demokratischen Leistungen der Bundesrepublik in den letzten 40 Jahren. Die Grenzfrage werde so behandelt, als gäbe es Unklarheiten. Das stimme nicht. Von Polen käme in Gegensatz zu Präs. Havel keine positive Geste. Dennoch halte er an der Aussöhnung mit Polen fest.

Er stimme der Erklärung Mitterrands zu, daß dafür die deutsch-französische Aussöhnung ein Beispiel sein könne. Aber man dürfe nicht nur auf die Psychologie der Polen Rücksicht nehmen sondern auch auf die der Deutschen. Die Würde eines Volkes sei wichtig; das gelte aber für alle.

Mitterrand bedankt sich besonders für den menschlichen Aspekt und für die persönliche Meinung, die BK zum Ausdruck gebracht hätte. Er kündigt eine öffentliche Erklärung an, die das gute persönliche Verhältnis zum Ausdruck bringen werde.

Das war ein reinigendes Gespräch. Es hat vieles wieder ins Lot gebracht. Auch BK ist erleichtert, daß er sich einiges von der Seele reden konnte.

In Moskau ist Michail Gorbatschow zum Präsidenten der Sowjetunion gewählt worden.[161] BK übermittelt Glückwünsche.

15.00 Uhr: Ich rufe Baker zurück und teile mit, daß BK mit 2+4-Gespräche in Warschau nicht einverstanden sei. Er sei sich darin mit Genscher einig, mit dem er darüber gesprochen habe. Am späteren Nachmittag zwei Telefonate mit Bob Blackwill im Weißen Haus: Übereinstimmung, daß Polen in die 2+4-Gespräche nur zur Grenzfrage einbezogen wird. Das Procedere solle bei den 2+4-Gesprächen festgelegt werden.

Heute abend sechste und letzte Wahlkampfveranstaltung des BK in Leipzig. Die geschätzte Teilnehmerzahl liegt bei sensationellen 320.000 Menschen. Damit hat BK insgesamt über eine Million DDR-Bürger erfaßt. Wir sind gespannt, welche Auswirkungen das auf das Wahlergebnis am Sonntag haben wird. Unsere Skepsis gegenüber den Umfragen wächst weiter.

Donnerstag, 15. März 1990

Heute ganztägige Gespräche in Paris. Auf Wunsch von Bianco, dem GS des Elysée, treffen wir uns nicht in seinem Amtszimmer sondern unter vier Augen im Büro von Prof. Rovan, das uns dieser zur Verfügung gestellt hat. Rovan hatte mir den Wunsch Biancos nach einem solchen vertraulichen Gespräch übermittelt. Vermutlich will er nicht offiziell in das Gehege Attalis eindringen. Bianco ist ein sehr liebenswürdiger Kollege und immer sehr kooperativ. Außerdem spricht er erfreulich gut deutsch.

Er versichert mir, daß die persönliche Beziehung des Präsidenten zum BK und die französisch-deutschen Beziehungen unbelastet und gut seien. Deutlich spielt er die Pressekonferenz Mitterrands mit Jaruzelski und Mazowiecki herunter. Dennoch macht er deutlich, daß sich Paris als Interessenverwalter Polens verstehe.

Bianco spricht die französische Truppenpräsenz in der Bundesrepublik an. Präsident sei der Auffassung, daß er nicht den Zeitpunkt abwarten solle, bis Frankreich von deutscher Seite zum Verlassen der Bundesrepublik aufgefordert werde. Ich bekräftige das fortbestehende Interesse des BK an einer französischen Präsenz in Deutschland.

Ausführliches Gespräch über eine gemeinsame deutsch-französische Initiative, die auf dem bilateralen Gipfel vorbereitet und auf dem EG-Sondergipfel im April in Dublin einge-

161 Am 14. März 1990 wurde Gorbatschow auf einem Sonderkongress der Volksdeputierten der UdSSR mit 59,2 % der Stimmen zum Staatspräsidenten der UdSSR gewählt.

bracht werden sollte; damit Nachweis für Fortdauer der engen Freundschaft und Zusammenarbeit mit der EG. Initiative soll in Richtung Politische Union und Wirtschafts- und Währungsunion gehen. Bianco erneuert Interesse an früheren Beginn der Regierungskonferenz zur WWU. Ich verweise auf heiße Wahlkampfphase im November.

Bianco berichtet über gestrigen Besuch von Lafontaine bei Mitterrand. Seine Ausführungen zur europäischen Sicherheitspolitik sei »nebelig« gewesen, aber die meiste Zeit habe der Präsident seine Position erläutert. Wir verabreden, engen persönlichen Kontakt zu halten.

13.00 Uhr: Dreistündiges Gespräch mit Jacques Attali und Elisabeth Guigou. Ich habe meinen Mitarbeiter und EG-Spezialisten Bitterlich dabei. Jacques kommt gerade vom Golfspielen. Einmal in der Woche spielt er mit dem Präsidenten Golf. Sie sind untereinander persönlich befreundet.

Jacques sitzt im Vorzimmer des Präsidenten. Der Weg jedes Besuchers des Präsidenten führt an seinem Schreibtisch vorbei. Dennoch zeigt Jacques immer wieder hohen Respekt vor Mitterrand. Er ist nicht bereit, eine Entscheidung ohne Zustimmung des Präsidenten zu treffen. Jacques ist ein glänzender Theoretiker, sprüht von Ideen, ist aber von intellektueller Sprunghaftigkeit, bleibt selten längere Zeit bei einem Thema und tut sich schwer in der operativen Umsetzung seiner Ideen. Jetzt will er Präsident der Europa-Bank für Entwicklung werden und sucht unsere Unterstützung. Er erhält sie allein schon Mitterrand wegens.

Elisabeth ist für EG-Fragen und für Außenwirtschafts- und Außenhandelsproblemen zuständig. Sie ist nicht nur charmant und attraktiv, sondern außerordentlich sachkundig und präziser als Jacques. Sie ergänzen sich gut.

Themen: Voraussichtlicher Verlauf des deutschen Einigungsprozesses. Jacques ist überzeugt, daß er schneller verlaufen wird als alle erwarten und nach Art. 23 GG vollzogen werde.

Sicherheitsstatus des geeinten Deutschland. Wir sind uns einig, daß dieses Problem nur im Rahmen eines Gesamtpaketes gelöst werden könne, wenn die Sowjetunion der NATO-Mitgliedschaft zustimmen solle. Dazu gehöre die Institutionalisierung der KSZE, wirtschaftliche Zusammenarbeit, Reduzierung der Truppenstärken und vermutlich Verzicht auf amerikanische Nuklearsysteme in Deutschland. Sowjetunion müsse ihr Gesicht wahren können. Jacques weist daraufhin, daß Mitterrand ein starkes Interesse habe, daß die US-Präsenz in Europa gesichert bleibe.

Polen: Ich berichte über persönliche Enttäuschung des BK. Die Berichterstattung über französisch-polnische Gespräche seien in deutschen Medien als »Ohrfeige« für den BK verstanden worden. Polen zwinge Frankreich, zwischen sich und Deutschland zu wählen. Das sei eine Katastrophe. Es gehe jetzt darum, wieviel Vertrauen man in den BK und in die Deutschen setze. BK lehne einen »Vorvertrag« mit Polen ab.

Jacques spielt wie zuvor Bianco die Pressekonferenz herunter. Sie seien für die Presse nicht verantwortlich. Er hätte heute beim Golfspiel mit dem Präsidenten über gestriges Telefonat mit BK gesprochen. Anfänglich sei BK sehr kühl gewesen, am Ende sei das Gespräch aber doch wieder sehr gut verlaufen.

EG-Gipfel in Dublin[162]: Wir verabreden gemeinsame Initiative zur Politischen Union, zur Neugestaltung der Institutionen und zur WWU. Italien, Spanien und Benelux sollen

162 Auf dem Sondergipfel in Dublin am 28. April 1990 berüßten die EG-Mitgliedsstaaten die beabsichtigte deutsche Vereinigung vorbehaltlos, die als »positiver Faktor in der Entwicklung Europas im allgemeinen

frühzeitig einbezogen werden. Von ihnen ist die größte Unterstützung zu erwarten. Damit setzen wir wichtiges Signal zur Fortsetzung der engen deutsch französischen Zusammenarbeit und bleiben Motor der europäischen Integration. Initiative soll gemeinsam mit Außenministern vorbereitet und beim bilateralen Gipfel vorbesprochen werden.

Sicherheitspolitische Zusammenarbeit: Jacques kündigt für die französische EG-Präsidentschaft in der 2. Jahreshälfte eine Initiative in Richtung WEU an. Er kann mir aber nicht den Vorstoß von Vert[eidigungs]Minister Chevènement in Richtung einer verteidigungspolitischen Zusammenarbeit vom Januar erläutern. Mitterrand's Vorschlag einer Konföderation: Jacques für die Einbeziehung der Sowjetunion.

Es war ein gutes Gespräch, sehr offen und freundschaftlich. Nach langer Zeit konnten wir Paris wieder zu einer gemeinsamen EG-Initiative bewegen.

16.15 Uhr: Wir unterrichten unseren Botschafter in Paris, Dr. Pfeffer.

In Bonn telefoniert BK erneut mit Bush und unterrichtet ihn über die Lage in der DDR und über seine Position zu den polnischen Forderungen. Bush weist daraufhin, daß das polnische Problem noch immer sensitiv sei. Er werde nächste Woche mit Mazowiecki sprechen, der nach Washington komme. Vorher wolle er noch einmal mit BK sprechen. Er glaube, daß sie sich in der Wellenlänge sehr nahe seien.

In seinem heutigen Interview mit ›Sunday Times‹ erklärt BK, daß er »im Moment wieder sehr motiviert« sei. Er habe in der DDR über eine Million Zuhörer gehabt. Sie seien »immerhin zu diesem Helmut Kohl« gekommen und sie seien »recht freundlich« zu ihm gewesen.

Freitag, 16. März 1990

8.10 Uhr BK-Lage: Die Stimmung bezüglich des bevorstehenden Wahlsonntags wächst. Forschungsgruppe Wahlen meldet »Kohl-Effekt«. Ausgang der Wahl könne besser als erwartet sein. Es wäre zu schön, um wahr zu sein. Noch will es niemand so recht glauben, aber der Besuch der Wahlkundgebungen spräche dafür.

Ich berichte über meine gestrigen Gespräche in Paris. BK reagiert zurückhaltend. Er werde sich etwas rarer machen und Paris nicht hinterherlaufen.

Bis gestern gab es 141.772 Übersiedler.

13.00 Uhr »Rücksprache« beim BK: Wir sprechen erneut über das weitere Verfahren gegenüber Polen. BK erscheint mir erstmals gegenüber dem polnischen Vorschlag eines »Vorvertrages« aufgeschlossen zu sein.

15.00 Uhr: Gespräch mit dem deutschen Delegationsleiter bei den Wiener VSBM-Verhandlungen, Botschafter Joetze: Wir stimmen überein, daß die VSBM-Verhandlun-

und der Gemeinschaft im besonderen« angesehen wurde. Damit waren deutsche und europäische Einigung offiziell miteinander verknüpft, was den Zielen der Bundesregierung entsprach. Die deutsche Frage, die durch die Öffnung der Mauer, den Zusammenbruch des SED-Regimes und den überwältigenden Wahlerfolg der »Allianz für Deutschland« bei den ersten freien Volkskammerwahlen vom 18. März 1990 eine kaum erwartete Dynamik entfaltet hatte, stand oben auf der europäischen Agenda. Die Vorgespräche mit den Vertretern der westlichen Verbündeten und der Sowjetunion zählen zu den Höhepunkten deutscher Diplomatie, denn es galt erfolgreich Bedenken zu zerstreuen, dass die angestrebte Vereinigung beider deutscher Staaten die europäische Integration verzögern oder gar gefährden könnte. Die EG-Kommission beschloss Übergangsregelungen für die noch existierende DDR, die schrittweise – ohne Änderung der Römischen Verträge – in die EG eingegliedert werden sollte.

gen möglichst zeitgleich mit den VKSE-Verhandlungen[163] abgeschlossen sein müßten. Zufriedenheit über das erreichte Ausmaß an VSBM-Maßnahmen seit der Stockholmer Vereinbarung.

Sonntag, 18. März 1990

Die ersten freien Wahlen in der DDR seit 58 Jahren. Um 18.00 Uhr ist die Sensation perfekt. Die ›Allianz für Deutschland‹ feiert einen überwältigenden Wahlerfolg. Bei der eindrucksvoll hohen Wahlbeteiligung von 93,38 % gewinnt die ›Allianz‹ 192 Mandate gegenüber 88 der SPD. Wer hätte das erwartet?

Seit 19.00 Uhr sind wir im Arbeitszimmer des BK versammelt und sitzen vor den Fernsehschirmen: BK, Seiters, Juliane Weber, Ackermann, Bergsdorf und ich. Die Begeisterung ist groß. BK sitzt gelassen hinter seinem mächtigen Schreibtisch, notiert sich die eingehenden Hochrechnungen und bereitet sich auf die PV-Runde im Fernsehen vor, soweit es heute etwas vorzubereiten gibt. Wir sind uns einig, daß BK einen persönlichen Triumph erlebt. Seine Wahlkampfauftritte scheinen die Wende herbeigeführt zu haben.

Die SPD hatte mit »struktureller Mehrheit« in ganz Deutschland gerechnet. Ihr Entsetzen über den unerwarteten Einbruch ist auch manchen Journalisten anzumerken. Natürlich fragen auch wir uns, was gewesen wäre, wenn das Ergebnis umgekehrt ausgefallen wäre. Wir hatten schon die tröstliche Erklärung bereit, daß dieses Wahlergebnis noch nichts über den Ausgang der Bundestags-Wahl im Dezember aussage. Heute sind wir uns sicher, daß sich mit diesem Ergebnis auch die Chance für die Bundestags-Wahl deutlich verbessert hat.

Ich freue mich vor allem für den BK. Es muß nach dem Gezerre der letzten Wochen und den »Demütigungen« eine große Befriedigung für ihn sein, sich so bestätigt zu sehen. Er war es auch, der die ›Allianz‹ zusammengefügt hatte. Welch' ein Triumph am heutigen Tag!

20.30 Uhr: BK gibt ein öffentliches Statement zum Wahlausgang ab, das alle als staatsmännisch bezeichnen. Es ist ihm weder Triumph noch Euphorie anzumerken. Seine Ruhe signalisiert, daß er weiß, daß es auch wieder einmal anders kommen kann.

Erst nach der üblichen PV-Runde in Fernsehen treffen wir uns im italienischen Restaurant Isola d'Ischia. Es gibt nur noch Dessert, aber endlich ein Glas Champagner. Er ist heute wirklich angebracht.

163 Bereits am 6. März 1989 begannen in Wien die Verhandlungen über Konventionelle Streitkräfte in Europa (VKSE) und zugleich Verhandlungen über Vertrauens- und Sicherheitsbildende Maßnahmen (VSBM) zwischen den 35 KSZE-Teilnehmerstaaten (16 NATO-, 7 Warschauer-Pakt-, 12 neutrale und nichtgebundene Staaten). Die Vereinbarungen fanden ihren Niederschlag im Schlussdokument der dritten KSZE-Folgekonferenz in Wien am 15. Januar 1989. Einvernehmlich hatten die geographisch auf Mitteleuropa beschränkten MBFR-Verhandlungen seit 1973 geendet. Bereits am 10. Januar 1989 waren zwischen NATO und Warschauer Pakt erfolgreich Gespräche über ein Mandat für Verhandlungen über konventionelle Stabilität in ganz Europa vom Atlantik bis zum Ural abgeschlossen worden; siehe Anm. 115, S. 229.

Montag, 19. März 1990

8.30 Uhr BK-Lage: Ein Blick in die heutige Presse zeigt: Nichts ist besser als der Erfolg: »Kohls Triumph« auf dem Deckblatt des SPIEGEL. Vom »Traumergebnis für Kanzler Kohl« ist die Rede. Rudolf Augstein bescheinigt dem BK: »Er bewies aufs Neue seinen Machtinstinkt, er vertrat die richtige Sache«. Es ist noch nicht lange her, als er uns als »die Tölpel von Bonn« abqualifiziert hatte. Erfolg muß man haben! Jetzt mahnt plötzlich Augstein: »Eile tut nun Not«. Kommentar überflüssig! Acht Mandate fehlen der ›Allianz‹ zur absoluten Mehrheit. Das sei ein »Gottesgeschenk«, lautet der Kommentar des BK. Die Probleme seien viel zu schwierig, um sie allein bewältigen zu können. Er unterstützt de Maizières Absicht – er hat heute morgen bereits mit ihm telefoniert – eine Koalitionsregierung auf breiter Basis unter Einschluß von FDP und SPD zu bilden.

Befriedigung, daß die Radikalen von rechts und links keine Chance erhalten haben. Es herrscht auch keine Trauer, daß FDP nur 21 Mandate erhalten hat. Aufgefallen ist, daß gestern weder Willy Brandt noch Genscher im Fernsehen aufgetreten sind.

Der erste Anruf für BK kommt heute morgen von Lubbers. Er gratuliert BK zum großen Erfolg. Thatcher schickt einen Brief: Sie wisse, wie sehr BK persönlich auf dieses Ergebnis hingearbeitet habe. Es gereiche ihm »zur größten Ehre«. Sie freut sich auf das Wiedersehen in der nächsten Woche.

Doch zum Feiern und Ausruhen bleibt keine Zeit. Schwierigste Aufgaben liegen vor uns und sind jetzt noch dringlicher geworden.

Innere Aspekte der Einheit:

In der DDR Konstituierung des neuen Parlaments; Regierungsbildung; Absichtserklärung über zukünftigen Weg zur Einheit. Danach sofortige Verhandlungen über Einführung der Währungsunion bis zum Sommer, gesetzliche Regelungen zur Bildung der Wirtschaftsgemeinschaft und für Sozialunion: möglichst rascher Start der Arbeitslosen- und Rentenversicherung mit Anschubfinanzierung durch die Bundesregierung.

Äußere Aspekte der Einheit:

2+4-Prozeß muß vor KSZE-Gipfel abgeschlossen sein. Folgende Schritte: (1) Deutsch-deutsche Gespräche; (2) 2+3-Gespräche über den 3 Westmächten; (3) 2+4-Gespräche; (4) 2+4+1 (Polen)-Gespräche.

Parallel dazu:

Erarbeitung gesamteuropäischer Sicherheitsstrukturen im KSZE-Rahmen und in den Abrüstungs- und Rüstungskontrollverhandlungen; Weiterentwicklung der NATO in Richtung politischer Allianz; neue Strategie, neue Strukturen; Ausbau der Zusammenarbeit mit Sowjetunion und den mittel- und südosteuropäischen Staaten, vor allem im Bereich der Wirtschaft; Beschleunigung der EG-Integration: Politische Union und WWU; Ausbau der europäisch-amerikanischen Beziehungen.

Ein riesiges Paket von Aufgaben liegt vor uns.

11.00 Uhr: Arbeitsgruppe Deutschlandpolitik tritt zusammen:

(1) Währungsunion. Bis Ende April sollen alle politischen Entscheidungen getroffen sein. Zwei Monate für Umsetzung; Beginn der Währungsunion: 1. Juli und Freigabe der Devisenbewirtschaftung. Die Anschubfinanzierung für die Sozialunion soll ebenfalls bis zum 1. Juli entschieden sein. (2) Weg zur Einheit und in welchem Tempo? Art. 23 GG bevorzugter Weg der Bundesregierung. Diskussion darüber, wie die »Verbindlichkeit« einer Erklärung der neuen DDR-Regierung zur deutschen Einheit abzusichern sei. In jedem

Fall müsse so rasch als möglich die Beitritts-»Absicht« durch die Volkskammer erfolgen; Beitrittserklärung erst nach Abschluß der 2+4-Gespräche. Verzahnung zwischen inneren und äußeren Aspekten müsse sichergestellt werden.

15.00 Uhr: BK eröffnet KSZE-Konferenz über wirtschaftliche Zusammenarbeit in Europa.[164] Er hatte sie im Mai 1986 zum erstenmal vorgeschlagen. Anlaß war damals die »Beschwerde« Schewardnadses gewesen, daß der Westen immer nur Korb III der Schlußakte – die Menschenrechte – anspreche, aber selten Korb II. Dort ist u. a. die wirtschaftliche Zusammenarbeit vereinbart.

BK nutzt seine heutige Rede, um noch einemal vor dem Forum von Vertretern von 35 Regierungen seine Positionen umfassend zu erläutern. Er stellt vor allem die Möglichkeiten innerhalb des KSZE-Prozesses heraus und zeigt Perspektiven gesamteuropäischer Lösungen auf. Die Resonanz ist außerordentlich positiv, vor allem auch bei allen Vertretern des RgW, einschließlich der Sowjetunion. Der gestrige Wahlerfolg hatte dem BK auch die entsprechend hohe Aufmerksamkeit verschafft. Er hat die Gelegenheit beim Schopf gepackt und geschickt genutzt.

15.00 Uhr: Gespräch mit dem polnischen Botschafter Ryszard Karski und Jerzy Sulek, dem stellvertretenden Leiter der Abteilung Westeuropa im PAM. Es geht um die Einbeziehung Polens in die 2+4-Gespräche. Außerdem kündigt Sulek mir an, daß AM Skubiszewski ihm bereits den Auftrag erteilt habe, ein Memorandum für beide deutsche Regierungen vorzubereiten, das die bekannte polnische Position darlege sowie einen Vertragsentwurf als Arbeitsgrundlage für die bilateralen Verhandlungen. Polen habe in allen Hauptstädten Europas volle Unterstützung erhalten.

Ich erinnere noch einmal an die letzte Bundestags-Entschließung. Sie sei auch ein persönlicher Erfolg des BK gewesen da nur 5 Abgeordnete der UNION sich der Stimme enthalten hätten. BK habe immer dafür gekämpft, eine Entscheidung über die Oder-Neiße-Grenze auf eine möglichst breite Basis zu stellen. Das sei ihm gelungen. Der zweite Erfolg bestehe darin, daß die Republikaner nicht profitiert hätten. In den bayerischen Kommunalwahlen[165] am Sonntag seien sie sogar weiter zurückgefallen. Jetzt müsse es darum gehen, das gewonnene Vertrauen nicht leichtfertig zu vertrauen. Deshalb sollten beide Seiten über

164 Vom 19. März bis 11. April 1990 tagte die KSZE-Konferenz über wirtschaftliche Zusammenarbeit in Bonn. Mehr als 600 Minister, hohe Regierungsbeamte und namhafte Wirtschaftsvertreter aus allen europäischen Ländern bis auf Albanien nahmen teil. Bundeskanzler Helmut Kohl hatte eine solche KSZE-Wirtschaftskonferenz bereits 1986 vorgeschlagen. Die Bundesregierung sah in dem Treffen einen Meilenstein auf dem Weg zu einem gesamteuropäischen Wirtschaftsraum. Zwischen insgesamt fünf Plenarsitzungen zu Beginn und zum Abschluss der Konferenz berieten vier Arbeitsgruppen über Verbesserung geschäftlicher Rahmenbedingungen, Investitionsvoraussetzungen, Kooperationsmöglichkeiten, Preisbildung und Probleme des Währungsumtausches. Während der KSZE-Wirtschaftskonferenz ließ sich Kohl ständig über den Verlauf informieren. Das Ergebnis stellte ihn sehr zufrieden, denn zum Abschluss dreiwöchiger Beratungen verabschiedete die Bonner KSZE-Konferenz ein Schlussdokument, in dem sich auch die mittel- und osteuropäischen Staaten klar zur Marktwirtschaft bekannten, https://www.bundesregierung.de/breg-de/themen/deutsche-einheit/ksze-treffen-mit-historischem-abschlussdokument-410744 (Abruf 31.1.2024).

165 Die CSU blieb mit Abstand stärkste Partei, wenn sich auch ihre Stimmenanteile um 14,7 % deutlich verringerten. Der Rückgang vom gewohnten hohen Niveau fiel in den Landkreisen mit 13,7 % noch relativ gering aus im Vergleich zu dem um 17,7 % in den kreisfreien Städten, wo die Abnahme von einer ohnehin schon geringeren Ausgangszahl her eintrat. Die SPD konnte von den CSU-Verlusten nicht profitieren, sondern mußte, wie schon bei der Europawahl 1989 auf ihrem niedrigen Niveau weitere Verluste mit 6,9 % hinnehmen, wenn sie auch deutlich niedriger waren als die der CSU.

das weitere Vorgehen miteinander reden. Doch ich bin mir im klaren, daß wir den nächsten Schritt auch noch machen müssen. Sulek hat deutlich gemacht, daß es bei den bekannten Positionen bleiben werde.

16.15 Uhr: BK hat Seiters, Genscher und Stoltenberg zum Gespäch gebeten. Kastrup und ich nehmen teil. Drei Punkte werden besprochen: (1) Weiteres Vorgehen in der polnischen Grenz-Frage. Genscher spricht sich dafür aus, auf Mazowieckis Vorschlag offensiv einzugehen – je schneller, desto besser. BK ordnet an, daß Kastrup und ich Vertragsentwurf vorbereiten sollen. Er werde ihn sich ansehen und dann erst entscheiden. Das ist schon ein Riesenschritt voran. Einigkeit darüber, daß 2+4+Polen-Gespräche nicht in Warschau stattfinden sollen. Sie sollen zwischen den beiden deutschen Regierungen und Polen trilateral durchgeführt werden. Anschließend seien die Vier Mächte über das Ergebnis zu unterrichten. Es dürfe keine Verhandlungen mit Polen unter Aufsicht der Vier geben. (2) Europäische Bank für Entwicklung und Aufbau. Bundesregierung wird für Sitz London und für Attali als Präsident stimmen, jedoch entschieden dafür kämpfen, daß die Europäische Zentralbank nach Frankfurt kommen wird. (3) Sicherheitsstatus eines geeinten Deutschlands: Deutschland bleibt in der NATO; befristete Anwesenheit sowjetischer Truppen akzeptabel. Optionen für die zeitliche Begrenzung werden offengehalten: entweder Vereinbarung eines festen Abzugstermins oder Verknüpfung mit VKSE II. Sonderregelung über künftige Truppenstärke der Bundeswehr wird abgelehnt, sonst Gefahr der Singularisierung der Bundesrepublik.

Diskussion über zukünftige Präsenz von Nuklearsystemen. Entscheidung wird offengelassen; ebenso die Frage des NATO-Schutzes nach Art. 4 und 5 für das ›DDR-Territorium‹ und der Einführung der Wehrpflicht. BK greift in diesen Teil der Diskussion nicht ein. Er will entscheiden, wenn der Zeitpunkt gekommen ist. Solange will er sich die Entscheidungsfreiheit offenhalten. Einig sind sich die Gesprächspartner, daß die Einheit Deutschlands voraussichtlich in der ersten Hälfte von 1991 zu erwarten sei.

20.30 Uhr Bungalow-Abend: Die Themen des Tages finden ihre Fortsetzung: BK will möglichst schnell zwei Ziele erreichen, um die Lage in der DDR rasch stabilisieren zu können: (1) Absichtserklärung der DDR zur Einheit Deutschlands nach Art. 23 GG; (2) Durchführung der Währungsunion bis zum Sommer. Er werde darüber am Mittwoch mit den Vorsitzenden der ›Allianz‹-Parteien sprechen und am Donnerstag mit Bundesbankpräsident Pöhl.

Polen: BK sperrt sich noch immer gegen »Vorvertrag« mit Polen. Seine Sorge ist die CDU/CSU-Fraktion. Ich sage erneut erheblichen Druck von Seiten der Vier Mächte voraus. Dann sei es besser, sich an die Spitze der Bewegung zu stellen. Doch BK will nicht.

Heute wurde Lafontaine zum Kanzlerkandidaten der SPD nominiert. Ursprünglich war SPD davon ausgegangen, daß sich dieser Akt auf dem Hintergrund eines großen Wahlerfolges in der DDR vollziehen würde. Nun ist nichts daraus geworden.

Dienstag, 20. März 1990

Am frühen Morgen ruft mich Jacques Attali an. Mitterrand sei über unser Gespräch in Paris sehr zufrieden. Sie arbeiten jetzt mit Hochdruck an der verabredeten EG-Initiative. Er bedankt sich für die Unterstützung seiner Kandidatur zum Präsidenten der Europäischen Bank. Ich erinnere ihn daran, daß wir als »Gegenleistung« die französische Unterstützung für Frankfurt als Sitz der Europäischen Zentralbank erwarten.

10.00 Uhr Kabinettsitzung: Schäuble gibt den deutlichen Rückgang der Übersiedlerzahlen bekannt. In den ersten 24 Stunden dieser Woche seien es 1.439 gewesen. Gleichzeitig legt er Gesetzentwurf vor, das Aufnahmeverfahren und die entsprechenden Leistungen zum 1. Juli einzustellen, zeitgleich mit der Einführung der Währungsunion.

BK bewertet Wahlausgang. Ergebnis steigere den Erwartungsdruck der Menschen erheblich. Die Zeit sei reif zum Handeln. Das Parteiensystem in der DDR sei noch nicht gefestigt. ›Allianz‹ und ›Liberale‹ bestünden aus je drei Parteien. Die ›Allianz‹ sei von den »kleinen Leuten« gewählt worden, die PDS von der »Intelligenz«. Die SPD weigere sich, in die Regierung einzutreten und werde jetzt mit der PDS die Opposition bilden.

Jetzt seien rasche Verfassungsänderungen in der DDR erforderlich, um die Währungsunion zu bilden. Die WWU plus Sozialgemeinschaft seien der erste Schritt, der vollzogen werden müsse. Er werde deshalb darauf hinwirken, daß die Regierungsbildung rasch erfolge. Den Verantwortlichen fehle es aber an Erfahrung und an Personal. Bundesregierung müsse helfen.

Um 14.30 Uhr telefoniert BK mit Bush. Der Präsident gratuliert zum Wahlerfolg. BK berichtet über beabsichtigte Maßnahmen. Wenn alles vernünftig laufe, könne in fünf Jahren aus der DDR ein blühendes Land werden.

Bush berichtet, daß Mazowiecki morgen nach Washington käme. Er wolle sich mit BK abstimmen, um auf der gleichen Wellenlänge zu bleiben. Er erläutert BK sehr detailliert, was er Mazowiecki sagen werde. Es ist ohne Wenn und Aber die Linie des BK, einschließlich der Absage an Warschau als Tagungsort für 2+4+Polen. BK bekräftigt erneut seine Zusage, die Grenze endgültig zu regeln. Es verfolge keiner einen Hintergedanken. Die beiden deutschen Parlamente könnten schon im Mai/Juni die gemeinsame Erklärung beschließen. Beide Regierungen werden den Beschluß der Parlamente an Mazowiecki übermitteln und ihrerseits bekräftigen. Er sei auch bereit, diesen Text mit ihm vorher abzustimmen. Bush ist sehr zufrieden. Dieses Vorgehen, wenn es rasch geschehe, würde den Druck enorm mindern. Er werde BK über die Gespräche mit Mazowiecki unterrichten.

Noch einmal begrüßte Bush den Standpunkt des BK, Deutschland bleibe in der NATO. Dieser Standpunkt setze sich auch in Osteuropa allmählich durch, wie das Warschauer Pakt-AM-Treffen[166] letzte Woche bewiesen habe. Die USA würden daran festhalten.

Um 16.30 Uhr unterrichtet Seiters die Botschafter der drei Westmächte.

Die Reaktion in Moskau auf das Wahlergebnis in der DDR ist noch nicht eindeutig zu erkennen. Die sowjetischen Medien haben nüchtern über die Ergebnisse berichtet und den Erfolg des BK herausgestellt Nur Gerassimow als Sprecher des AM hat sich mit einem Satz geäußert: Die Sowjetunion respektiere »die Willensentscheidung der Bürger eines souveränen Staates«.

166 Bei einem Sondertreffen der Außenminister der Warschauer Pakt-Staaten am 17. März 1990 in Prag erkannten diese in Anwesenheit des DDR-Vertreters Oskar Fischer das Recht der Deutschen auf Wiedervereinigung und Selbstbestimmung an. Eduard Schewardnadse sprach sich entgegen den Vertretern der Tschechoslowakei, Ungarns und Polens gegen eine deutsche NATO-Mitgliedschaft aus und bestand auf einen neutralen Status. Gorbatschow hatte nach seiner Vereidigung als erster Präsident der Sowjetunion am 15. März 1990 bereits die NATO-Zugehörigkeit eines vereinten Deutschlands abgelehnt und den Abschluss eines Friedensvertrags gefordert. Bedingung für die Wiedervereinigung sei die Integration in Europa, der Verzicht auf Vernichtungswaffen, die endgültige Anerkennung der Oder-Neiße-Grenze sowie ein System kollektiver Sicherheit in Europa.

Um 19.00 Uhr halte ich in Mannheim einen Vortrag zur Außen- und Deutschlandpolitik. Die Resonanz ist überwältigend. BK ist jetzt überall »der Größte«. Wieviel Auf und Ab habe ich den 18 Jahren mit Helmut Kohl erlebt? Zur Zeit ist er wieder einmal an der Spitze.

BK in Konstanz beim deutsch-spanischen Gipfel mit MP González.

Mittwoch, 21. März 1990

Um 9.00 Uhr trage ich in der »Atlantikbrücke«[167] eine Zusammenfassung vor der augenblicklichen Überlegungen der Bundesregierung über das weitere Vorgehen im gesamteuropäischen Umfeld vor:

Die internationale Einbindung des Einigungsprozesses im Rahmen der 2+4-Gespräche geschehe im wesentlichen auf drei Ebenen: durch den KSZE-Prozeß, die Abrüstungs- und Rüstungskontrollverhandlungen wirtschaftlicher Kooperation.

Der Verhandlungsprozeß im 2+4-Rahmen komme unter erheblichen Zeitdruck. Die Bundesregierung habe die Absicht, vor der KSZE-Konferenz im November des Jahres die Gespräche zum Abschluß zu bringen. Die Bundesregierung sehe sich deshalb dem Vorwurf ausgesetzt, die Herstellung der Einheit Deutschlands nicht abwarten zu können und einen Zeitdruck herbeizureden, der das Tempo der deutschen Einigung beschleunigen solle. Richtig ist, daß einzig und allein die DDR das Tempo bestimme.

Die Gespräche zwischen den beiden deutschen Staaten im 2+4-Rahmen müssen jetzt so schnell wie möglich mit dem Ziel aufgenommen werden, innerdeutsche Übereinstimmung über den Einigungsprozeß zu erzielen. Das werde nach dem Wahlergebnis in der DDR jetzt leichter zu erreichen sein. Danach könnten im 2+4-Rahmen die Gespräche mit den Vier Mächten und soweit betroffen mit Polen geführt werden. Die Einbeziehung Polens beim Thema polnische Westgrenze sei selbstverständlich.

Bei der Ausgestaltung der Sicherheitsstrukturen gehe die Bundesregierung von folgenden Prämissen aus: Ein geeintes Deutschland müsse Mitglied der NATO und auch der militärischen Integration bleiben. Es werde keine NATO-Einrichtungen auf dem Gebiet der jetzigen DDR geben. Die Präsenz der USA in Deutschland müsse erhalten bleiben. Die Präsenz amerikanischer Truppen schließe grundsätzlich auch die Präsenz amerikanischer Nuklearwaffen ein, deren Umfang und Struktur aber verhandelt werden müsse. (Beim jüngsten USA-Besuch Kohls in Camp David habe auf Seiten der Amerikaner weiter das »no nukes, no troops«-Junktim[168] bestanden.) In der Bundesregierung herrsche Übereinstimmung, daß es kein Junktim zwischen der Präsenz amerikanischer und sowjetischer Streitkräfte in Deutschland geben dürfe. Die Bundesregierung tritt für die Verlängerung des Nichtverbreitungsvertrages[169] über 1995 hinaus ein.

Die Mitgliedschaft eines geeinten Deutschlands in der NATO sei der Kern der Sicherheitsgespräche und könne nur im Rahmen eines Gesamtpaketes gelöst werden. Als wichtiger Auflösungsmechanismus der Gegensätze müsse VKSE angesehen werden, denn ohne

167 Die Atlantik-Brücke e.V. wurde 1952 als Verein mit dem Ziel gegründet, eine wirtschafts-, finanz-, bildungs- und militärpolitische Brücke zwischen den Vereinigten Staaten und Deutschland zu schlagen. Gründer waren US-Hochkommissar John J. McCloy und der deutsch-amerikanische Bankier Eric Moritz Warburg.

168 »no nukes, no troops«: keine Kernwaffen, keine Garnisonen

169 Der Atomwaffensperrvertrag, Nuklearer Nichtverbreitungsvertrag (NVV) oder Non-Proliferation Treaty (NPT) wurde am 1. Juli 1968 in London, Moskau und Washington als internationaler Vertrag abein Abkommen über die Reduzierung konventioneller Streitkräfte in Europa werde es keinen KSZE-Gipfel geben. Die Bundesregierung gehe aber von der Annahme aus, daß die Verhandlungen erfolgreich abgeschlossen werden und daß daraufhin die Sowjetunion ca. 50 % ihrer Truppen aus der DDR abziehen müsse. Alle Teilnehmer wollten die Fortsetzung des VKSE-Prozesses in Wien mit dem Ziel, weitergehende Begrenzungen für alle Teilnehmer, auch der Bundeswehr und für neue Waffenkategorien zu vereinbaren. Endziel sei die Umstrukturierung der Streitkräfte auf die Defensive. Es sei wichtig, der Sowjetunion noch vor dem Abschluß der Verhandlungen über konventionelle Streitkräfte in Europa eine Perspektive für Wien II zu geben (Zielsetzung, Reduzierungsumfang, Streitkräftestrukturen, etc.).

Wegen der politischen Veränderungen in Europa müsse man fragen, ob die Beschlüsse der NATO hinsichtlich der Nuklearwaffen aufrechterhalten werden sollen oder ob eine neue Lage entstanden sei, die eine Veränderung dieser Beschlüsse verlange. Zahl und Struktur der Nuklearwaffen in Europa müssen neu bestimmt und verhandelt werden. Wichtig sei in diesem Zusammenhang auch der Abschluß eines START-Vertrages und eines Vertrages über die Beseitigung der C-Waffen. Ein START-Vertrag werde voraussichtlich im Juni unterzeichnet. Wenn die USA auf Nuklearwaffen in Europa bestehe und dies den Einigungsprozeß behindere, müsse überlegt werden, wie dieses Problem aufgelöst werden könne. Auf alle Fälle müsse vermieden werden, daß eine Singularisierung der Bundesrepublik durch die Zuspitzung auf die Formel Einheit versus US-Nuklearpräsenz entstehe. In die Neuformulierung eines Konzeptes der »minimalen Abhaltung« durch die NATO könnten Nuklearwaffen in Europa einbezogen werden, denn auch die Sowjetunion gehe offenbar nicht mehr von einer völligen Beseitigung der Nuklearwaffen aus.

Der KSZE-Prozeß spiele eine wichtige Rolle bei der internationalen Einbindung des Einigungsprozesses und der Berücksichtigung der sowjetischen Sicherheitsinteressen. Die Summe aller mit der Sowjetunion vereinbarten Verifikationsmaßnahmen,[170] die in Stockholm vereinbarten Vertrauensbildenden Maßnahmen, das angestrebte Abkommen über die Reduzierung konventioneller Streitkräfte, das vorgesehene Regime eingehender Verifikation und die ergänzenden Verhandlungen über weitere Vertrauensbildende Maßnahmen

geschlossen, der das Verbot der Verbreitung und die Verpflichtung zur Abrüstung von Kernwaffen sowie das Recht auf die »friedliche Nutzung« der Kernenergie vorsieht und von den damals fünf Atommächten USA, Frankreich, der VR China, Großbritannien und der Sowjetunion initiiert. Seit 2015 ist er von 191 Vertragsstaaten unterzeichnet bzw. akzessiert worden. Nur vier Staaten wurden nicht Mitglied des Atomwaffensperrvertrags: Indien, Israel, Pakistan und Südsudan. Nordkorea trat im Januar 2003 aus dem Vertrag aus. Sein Status wird seither offen gehalten.

170 Bei Verifizierung oder Verifikation handelt es sich allgemein um den Nachweis, dass ein vermuteter oder behaupteter Sachverhalt wahr ist. Im Kontext der KSZE-Verhandlungen über die Vereinbarungen über konventionelle Streitkräfte in Europa gehörten als Voraussetzung Informationsaustausch, Inspektionen, Notifikationen und Überprüfung der Einhaltung von Vertragsbestimmungen. Dazu zählte ein eigenes Verifikationsregime, um die Einhaltung der Vertragsbestimmungen zu gewährleisten. Jeder Vertragsteilnehmer hatte das Recht, die ihm zur Verfügung stehenden nationalen oder multinationalen technischen Mittel der Verifikation in einer Weise einzusetzen, die mit den allgemein anerkannten Grundsätzen des Völkerrechts im Einklang stehen. Das schloss die Anwendung von Tarn- und Verschleierungsmaßnahmen aus, die die Verifikation der Einhaltung des Vertrags behindern. Jeder Vertragsstaat übermittelte allen anderen Vertragsstaaten Informationen, in denen Verifikationsobjekte benannt wurden, einschließlich der Gesamtzahl und der Bezeichnung aller Verifikationsobjekte, in denen gemeldete Inspektionsstätten aufgelistet wurden.

ergebe ein umfassendes Paket von Kontrollmaßnahmen. Dieses Paket schaffe ein Klima des Vertrauens, der Überprüfbarkeit und Transparenz und sei eine wichtige Voraussetzung, den Sicherheitsinteressen der Sowjetunion zu entsprechen.

Zur Bildung bündnisübergreifender, kooperativer Sicherheitsstrukturen müsse der KSZE-Prozeß institutionalisiert werden. Die Errichtung einer Verifikationsagentur, eines »risk-reduction-center«, einer Umweltagentur etc. scheint auch dem Bedürfnis der Sowjetunion zu entsprechend. Die Sowjetunion habe ein grundsätzliches Interesse an der Institutionalisierung der KSZE. Sie brauche die sichtbare Einbettung sowjetischer Konzessionen in den gesamteuropäischen Prozeß, um den Eindruck zu vermeiden, daß sie die Ergebnisse des Zweiten Weltkrieges verspielt habe, was zu innenpolitischen Schwierigkeiten für Gorbatschow führen könne.

In einem ähnlichen Zusammenhang sei die wirtschaftliche Kooperation, die dritte Ebene der internationalen Einbettung der deutschen Einigung, zu sehen. Die Sowjetunion habe besonders die wirtschaftliche Sicherheit im Auge. Auch aus innenpolitischen Gründen brauche Gorbatschow eine Art Kompensation für die Veränderungen in Osteuropa, d. h. die de facto Auflösung des Warschauer Vertrages und des RGW. Der Stellenwert der wirtschaftlichen Interessen der Sowjetunion komme in den TASS-Erklärungen nach den Treffen Gorbatschows mit Modrow und Böhme zum Ausdruck. Nicht die Sicherheitsfragen hätten im Vordergrund gestanden, sondern die wirtschaftlichen Interessen und die Forderung, daß die Bundesrepublik die wirtschaftlichen Verpflichtungen der DDR übernehmen müsse.

Der Bundeskanzler und der Bundeswirtschaftsminister hätten bei der Eröffnung der Wirtschaftskonferenz der KSZE in Bonn ebenfalls betont, daß die Institutionalisierung der Wirtschaftsbeziehungen ein entscheidendes Instrument zur Lösung der Sicherheitsinteressen der Sowjetunion und der Einbindung des geeinten Deutschlands sei.

Was den Sicherheitsstatus eines geeinten Deutschlands betreffe, so seien eine Reihe von schwierigen Fragen zu lösen. Müssen die sowjetischen Truppen nach der Einheit abziehen, ja oder nein? Wenn Wien I eine 50 %ige Reduzierung der sowjetischen Truppen verlange, und für Wien II die Perspektive weiterer Reduzierungen mit dem letztendlich völligen Abzug bestehe, dann könne man sowjetische Streitkräfte für eine Übergangszeit akzeptieren. Für die Regelung der sowjetischen Stationierungstruppen komme ein Abzugsvertrag und weitere Rüstungskontrolle in Betracht. Des weiteren sei die Frage zu beantworten, ob die DDR entmilitarisiert werden müsse und was mit der NVA geschehe, ob diese aufgelöst werden solle oder in einem deutschen Territorialheer aufgehe. Es sei interessant, daß Gorbatschow beim Moskau-Besuch des Bundeskanzlers nicht das Problem deutscher Truppen auf dem Gebiet der DDR angesprochen habe.

Die Bündnisse bleiben von der Entwicklung und möglichen Lösungen der Sicherheitsfragen nicht unberührt. Das Atlantische Bündnis müsse eine neue Analyse seiner Sicherheitslage vornehmen. Man müsse die Bedrohungsanalyse durch eine Risikoanalyse ersetzen. Als unstrittig erscheine auch, daß die NATO-Strategie geändert werden müsse. Für die Allianz stelle sich die Frage, wie die zukünftige Struktur der NATO aussehen solle.

Am Nachmittag Gespräche mit US-Gesandten Ward, dem niederländischen Botschafter van der Tas und den BBC- und »Independent«-Korrespondenten Frey und Eisenhammer über Perspektiven der Deutschlandpolitik und EG-Initiativen.

18.50 Uhr: Attali ruft mich an. Mitterrand werde morgen in einem Interview die gemeinsame deutsch-französische Initiative für den EG-Gipfel in Dublin bekanntgeben. Plötzlich eilt es in Paris.

Heute ist Glückwunsch des Präsidenten an BK zur DDR-Wahl und »zu Ihrer Leistung in diesem wichtigen Augenblick der Geschichte« eingetroffen.

20.00 Uhr: BK trifft sich mit den Vorsitzenden der in der ›Allianz für Deutschland‹ vertretenen Parteien de Maizière, Ebeling und Eppelmann und dem CSU-Vorsitzenden Theo Waigel im Bungalow. Das weitere Vorgehen wird beraten: Regierungsbildung und Einführung der WWU.

Donnerstag, 22. März 1990

11.00 Uhr Arbeitsgruppe Deutschlandpolitik: Neue DDR-Regierung soll in ihre Regierungserklärung Absichtserklärung für deutsche Einheit nach Art. 23 GG abgeben als Voraussetzung für die Währungs-, Wirtschafts- und Sozialunion. Der Vertrag für die Währungsunion soll bis Ende April fertiggestellt sein, damit sie zum 1. Juli eingeführt werden könne. Für die Wirtschaftsgemeinschaft soll parallel ein Leitsätzegesetz vorbereitet werden. Aus den Mitteln des Nachtragshaushaltes sollten demonstrativ Sofortmaßnahmen finanziert werden, um für die DDR-Bevölkerung erste positive Signale zu setzen.

15.30 Uhr: Bob Blackwill ruft mich an und informiert über Gespräch des Präsidenten mit Mazowiecki: Bush habe diesem gesagt, daß er dem BK vertraue und Mazowiecki solle es ebenfalls tun. Über seinen Vorschlag eines »Vorvertrages« sei nicht gesprochen worden. Bush habe aber angeregt, daß beide Seiten stillschweigend einen Textentwurf für die Parlamentsentschließung erarbeiten sollten. Mazowiecki habe nicht versucht, wegen des polnischen Wunsches einer Teilnahme am 2+4-Prozeß auf Bush Druck auszuüben. Morgen abend wolle Bush aber den BK selbst unterrichten.

In seiner heutigen Pressekonferenz in Washington erklärt Bush, daß im Hinblick auf einen deutsch-polnischen Vertrag die Meinungen zwischen ihm und Mazowiecki »um eine Spur divergieren«. Diese Angelegenheit sollte jedoch zwischen Polen und der Bundesrepublik erörtert werden. Seiner Ansicht nach habe beim BK »ein Sinneswandel stattgefunden. Und sein Führungsstil ist beeindruckend und außerordentlich wichtig«.

16.00 Uhr: BK hat Kwizinskij zum Gespräch gebeten. Er bittet ihn, das Gespräch sofort und direkt an Gorbatschow weiterzugeben. Dieser solle seine Beurteilung der Lage unmittelbar erfahren. Sein Ziel sei es, daß am Ende des Einigungsprozesses die deutsch-sowjetischen Beziehungen nicht schlechter sondern besser als heute sein sollten. Deshalb wolle er die Beziehungen nicht belasten noch die Probleme Gorbatschows vergrößern. Er werde die Sowjetunion nicht vor ein fait accompli stellen. Auch an Hektik habe er kein Interesse. Sie werde allein durch die Entwicklung in der DDR ausgelöst. BK erläutert seine Haltung zur polnischen Westgrenze. Den Vorschlag eines »Vorvertrages« lehne er ab, weil er völkerrechtlich nicht verbindlich sei. Die Entschließung beider Parlamente sei verbindlicher.

Zum zukünftigen Status Deutschlands erklärt er, daß eine zeitlich begrenzte Präsenz sowjetischer Truppen vorstellbar sei; für diese Zeit würden auch keine deutschen Truppen stationiert werden. Bundesregierung sei bereit, Problem der Wirtschafts- und Handelsabkommen der DDR mit der Sowjetunion zu lösen, ebenso die finanziellen Fragen.

Zum Zeitplan erläutert BK, daß m Kürze zügig über die Währungs-, Wirtschafts- und Sozialunion verhandelt werden solle, damit sie Mitte des Jahres eingeführt werden könne. Es werde zur Wiederherstellung der Länder kommen und zu Landtagswahlen. Im Dezember fänden die Bundestags-Wahlen, Ende 1991 die gesamtdeutschen Wahlen statt.

BK erklärt sich bereit, sich jederzeit mit Gorbatschow zu treffen, wenn das erforderlich sein sollte. Es dürften kein Mißverständnisse entstehen und kein Mißtrauen.

Kwizinskij spricht das Problem der NATO-Mitgliedschaft an. Sie sei für die Sowjetunion innenpolitisch nicht verkraftbar. Könne es nicht ein Deutschland geben, das in gleicher Weise im Osten wie im Westen verankert wäre, fragt Kwizinskij. Oder könne es eine entmilitarisierte Zone auch auf der bundesrepublikanischen Seite von einer Tiefe von 150 km geben? Es könnten auch 100 km sein. BK begründet seine Ablehnung.

Kwizinskij schlägt generelle Absichtserklärung der Bundesrepublik vor, die rund 3.600 Verträge und Abkommen der DDR mit der Sowjetunion zu übernehmen. Er wolle sie erst kennen, erwidert BK. Das Ergebnis der 2+4-Gespräche müsse in einem Friedensvertrag oder in eine friedensvertragsähnliche Regelung einmünden, erläutert Kwizinskij. BK nimmt es zur Kenntnis. Zum Abschluß bedankt sich Kwizinskij für die Rede des BK anläßlich der Eröffnung der KSZE-Wirtschaftskonferenz. Was er über neue Strukturen Europas im politischen und wirtschaftlichen Bereich gesagt habe, entspreche den sowjetischen Vorstellungen. Wir sollten in diesen Fragen an einem Strang ziehen, damit solche Überlegungen in das 2+4-Dokument aufgenommen würden.

Beim Hinausgehen sagt Kwizinskij zu mir, daß die NATO-Mitgliedschaft für Moskau die schwierigste Frage sei. Wir sollten uns dazu etwas einfallen lassen, um das Problem zu lösen.

Schewardnadse erklärt heute in Windhuk, daß die Vereinigung Deutschlands ein »gesetzmäßiger Prozeß« sei. Nach einem Gespräch mit Genscher am Rande der namibischen Unabhängigkeitsfeiern meinte er, daß sich die Standpunkte beider Regierungen aufeinander zubewegt hätten. Das sei eine gute Grundlage für weitere Bemühungen. Probleme wie den militärpolitischen Status müßten jedoch auf höchster Ebene behandelt werden. Wenn die gesamteuropäische Entwicklung und die deutsche Vereinigung synchronisiert werden können und gleichzeitig Sicherheitsmechanismen geschaffen würden, dann werde »alles normal« sein. Diese Botschaft ist bei uns angekommen.

Freitag, 23. März 1990

BK heute bei der EG-Kommission in Brüssel. Von 8.45 Uhr–10.00 Uhr führt er ein Vier-Augen-Gespräch mit Präsident Delors. Es schließt unmittelbar die Begegnung mit der Kommission an, die zu einer Sondersitzung zusammengetreten ist. BK spricht drei Themenkreise an: (1) die innerdeutsche Entwicklung; (2) die internationale Entwicklung, einschließlich Sicherheitsaspekte und deutsch-polnische Grenze; (3)

Einbettung der deutschen Einigung in die Entwicklung der EG. Delors begrüßt den BK überaus herzlich. Die Kommission teile die Freude der Deutschen über den Einigungsprozeß, der eine »Atmosphäre der Brüderlichkeit« erzeuge. Er erinnert an das deutsche Engagement für die europäische Integration. Ohne den Beitrag des BK wäre das ›Delors-Paket‹ nicht durchgesetzt und die »Einheitliche Europäische Akte« nicht möglich geworden.

BK's Botschaft besteht in der Aussage: Die deutsche Einigung werden den europäischen Integrationsprozeß beschleunigen. Er kündigt eine Initiative zur Politischen Union an.

Dieser Besuch bei der EG-Kommission wie zuvor bei der NATO unterstreichen das Bestreben des BK, die Konsultationen mit den westlichen Partnern so eng als möglich zu gestalten. Wir veröffentlichen heute aus diesem Anlaß eine Liste aller bilateralen und multilateralen Gespräche des BK in diesem Jahr, um deutlich zu machen, wie häufig und intensiv seine Gesprächskontakte mit den westlichen als auch mit den östlichen Partnern sind.

Mittags überbringt mir der britische Botschafter Mallaby einen Entwurf für eine gemeinsame Erklärung BK-Thatcher zur deutschen Vereinigung anläßlich des Gipfeltreffens nächster Woche in Cambridge. Er enthält die bekannten gemeinsamen westlichen Positionen. In einem Punkt versuchen uns die Briten jedoch festzulegen: Wir sollen bekräftigen, daß ein vereinigtes Deutschland in der NATO sein, der Nordatlantikpakt für Deutschland als Ganzes gelten werde und daß Streitkräfte der NATO-Verbündeten weiterhin auf dem Gebiet der Bundesrepublik stationiert bleiben sollen. Die Sicherheits- und Übergangsregelungen in der jetzigen DDR bedürfen weiterer Beratungen. Das ist kein ungeschickter Versuch.

14.15 Uhr »Rücksprache« mit BK: Er ist mit seinem Besuch bei der EG-Kommission sehr zufrieden. Delors erweist sich wieder einmal als guter Freund, mit dem es bisher in der Frage der Einbindung der DDR in die EG nicht die geringsten Probleme gegeben hat.

Zur DDR sagt mir BK, daß er rasche Regierungsbildung erwarte. Die Regierungserklärung werde auch eine Absichtserklärung zu Art. 23 GG enthalten. Dann müsse so rasch als möglich der Vertrag über die WWU unter Dach und Fach. Er habe gestern mit Theo Waigel und Präsident Pöhl darüber gesprochen.

De Maizière habe er gebeten, einen Außenminister unseres Vertrauens zu ernennen, zu dem auch ich engen Kontakt halten solle.[171] Er habe mich bei de Maizière gegenüber als seinen Vertrauensmann zu allen Fragen der Außen- und Sicherheitspolitik eingeführt.[172] Ich solle gleichzeitig darüber nachdenken, welche Leute der neuen Regierung beratend zur Verfügung stehen könnten. Es fehle an allen Ecken und Enden an guten Leuten.

Wütend reagiert BK auf heutige Rede Genschers auf der Sondersitzung der WEU-Versammlung in Luxemburg.[173] Dieser äußert sich sehr ausführlich über das neue Rollenverständnis der Bündnisse. Sie seien aufgerufen, »ihre Rolle mehr und mehr politisch zu definieren und sich langfristig zu einem Instrument sicherheitsbildender Zusammenarbeit zu verbinden«. An anderer Stelle führt Genscher an, daß »in einem zweiten Schritt die kooperativ strukturierten Bündnisse in einen Verbund gemeinsamer kollektiver Sicherheit überführt werden«. Neue Sicherheitsstrukturen in Europa werden die Bündnisse zunehmend »überwölben, in denen sie schließlich aufgehen können«. Als Perspektive nennt er ein »System gemeinsamer kollektiver Sicherheit«.

Kein Wunder, daß die Agenturen in ihrer bekannten Zuspitzung davon sprechen, daß Genscher für die Auflösung der Bündnisse eintrete! Dieses Signal ist völlig konträr zu dem,

171 Handschriftlich gestrichen wurde das Wort »könne«.

172 Handschriftlich gestrichen wurde das Wort »benannt«.

173 Am 22. und 23. März fand eine Sondersitzung der Versammlung der WEU in Luxemburg statt. Die Auswirkungen der politischen Veränderungen in Mittel- und Osteuropa auf die WEU sowie die Schaffung einer gerechten Friedens- und Sicherheitsordnung wurden erörtert wie auch eine mögliche Auflösung von NATO und Warschauer Pakt. Statt der Schaffung einer eigenen KSZE-Verwaltungsorganisaton sollten die Arbeiten unter der OECD, dem Europarat und der WEU aufgeteilt werden. Die Mehrheit sprach sich gegen eine Neutralität Deutschlands und für die Einbettung des vereinigten Deutschlands in einen gesamteuropäischen Einigungsprozess aus. Der polnische Außenminister Krzysztof Skubiszewski wies auf die Unverletzlichkeit der bestehenden Grenzen hin. Hans-Dietrich Genscher begrüßte den Abrüstungsprozess in Europa und bekräftigte, dass die deutsche Wiedervereinigung die Sicherheitsinteressen aller Staaten in Europa berücksichtigen müsse. Laut dem sowjetischen Vertreter Valentin Falin müssten die Deutschen selbst über die staatliche Form der Einheit entscheiden. Falin begrüßte die endgültige Regelung dieses Problems, plädierte aber für den Abschluss eines Friedensvertrags. Zusammenfassung der Unterrichtung durch die deutsche Delegation in der Versammlung der Westeuropäischen Union, Deutscher Bundestag, 11. Wahlperiode, Drucksache 11/7521, 28.6.1990.

was der BK ständig verkündet und erst heute wieder in Brüssel bekräftigt hat: die Notwendigkeit des Atlantischen Bündnisses und die Einbindung Deutschlands. Für BK kommen die Aussagen völlig überraschend. Sie können als Signal an die Sowjetunion verstanden werden, daß Bundesregierung für die Auflösung der Bündnisse sei. Der Westen könnte das als Einlenken der Deutschen gegenüber der Sowjetunion verstehen.

BK schreibt in vollem Zorn einen Brief an Genscher, daß er diese Aussagen nicht teile und nicht zulasse, daß die Bundesregierung durch solche öffentlichen Erklärungen auf Positionen festgelegt werde, die er nicht unterstützen könne.

Im ZDF sagt heute Falin, daß die UdSSR unter bestimmten Bedingungen »einen vorübergehenden Verbleib des vereinigten Deutschlands in der NATO dulden« wolle. Zunächst müsse aber das »Endziel« geklärt werden und die Frage, was sei die optimale Lösung für gesamteuropäische Sicherheit? Aber auch die DDR dürfe dann nicht von ihren Verpflichtungen gegenüber dem Warschauer Paktes befreit werden. Das ist eine kuriose Aussage. Wie soll das funktionieren?

Montag, 26. März 1990

8.30 Uhr BK-Lage: CDU hat gestern in den Kommunalwahlen in Schleswig Holstein[174] das Tief nach der Barschel-Affäre[175] überwunden und wieder aufgeholt, erfreulich die nur 0,9 % für die Republikaner. Erste freie Wahl nach 43 Jahren gestern in Ungarn. Geringe Wahlbeteiligung mit 62 %. Demokratisches Forum mit Antall liegt mit knapp 25 % vorne. Zweiter Wahlgang am 8. April.[176]

Spiegel-Interview mit PM Thatcher löst beim BK große Verärgerung aus. Auftrag an mich, Botschafter Mallaby einzubestellen. Außerdem soll Regierungssprecher auf Anfrage eine vorbereitete Stellungnahme in seinem Namen abgeben, daß das ihm von Thatcher zugeschriebenen Zitat weder wörtlich noch sinngemäß richtig sei. Außerdem sollen wir Kritik an Bundesverfassungsgericht zurückweisen. Sie sei unberechtigt und ungewöhnlich.

174 Die Kommunalwahlen in Schleswig-Holstein fanden am 25. März 1990 statt. Der Wahlkampf der SPD stand unter dem Motto »Mit den Menschen, die hier leben«. Sie konnte ihr Ergebnis um 2,6 % steigern und mit 42,9 % landesweit erstmalig stärkste Kraft werden. Im Licht der Barschel-Affäre hatte die SPD Schleswig-Holstein bei der Landtagswahl 1988 54,8 % erzielt. Seither regierte sie unter Ministerpräsident Björn Engholm mit absoluter Mehrheit. Diese Stärke konnte sie jedoch nicht auf die Kommunen übertragen.

175 Der CDU-Politiker Uwe Ulrich Barschel amtierte seit 14. Oktober 1982 als Ministerpräsident von Schleswig-Holstein. Kurz vor der Landtagswahl am 13. September 1987 war bekannt geworden, dass laut Magazin *Der Spiegel* Barschel Initiator einer gegen den SPD-Kandidaten Björn Engholm gerichteten Verleumdungskampagne gewesen sei, worauf die CDU in der Landtagswahl die absolute Mehrheit verlor. Der als Medienreferent in der Staatskanzlei angestellte Reiner Pfeiffer galt dem *Spiegel* als Quelle. Barschel widersprach öffentlich unter Abgabe seines Ehrenwortes, trat aber als Ministerpräsident am 2. Oktober 1987 zurück, an dem Tag, an dem ein Untersuchungsausschuss seine Arbeit aufnahm, indem weiter belastendes Material vorgefunden wurde. Am 11. Oktober 1987 wurde Barschel tot in der Badewanne seines Zimmers im Genfer Hotel Beau-Rivage unter ungeklärten Todesumständen aufgefunden. Bezweifelt wurde das Ergebnis staatsanwaltlicher Ermittlungen, das von einem Suizid ausging. Engholm, Barschels Nachfolger als Ministerpräsident, musste nach der Wahl vom Mai 1988 in einer Aussage vor einem zweiten Untersuchungsausschuss zugeben, schon vorher von den Vorwürfen gegen Barschel gewusst zu haben und trat im Mai 1993 als Landesvorsitzender der SPD und Ministerpräsident zurück.

176 Am 25. März 1990 in einer ersten Runde und am 8.April 1990 in einer zweiten fanden in Ungarn Parlamentswahlen statt, die zweiten freien Wahlen mit allgemeinem Wahlrecht nach Ende des Kommunismus.

Auch Mitterrand gab gestern ein Interview im französischen Fernsehen. Es enthält ebenfalls vorsichtige Kritik am Vorgehen des BK: Die Zusicherungen zur polnischen Grenze seien zu spät erfolgt.

10.00 Uhr: Dreistündiges Vorbereitungsgespräch mit General Naumann für den BSR[177] über den zukünftigen Sicherheitsstatus des geeinten Deutschlands. Wir diskutieren alle Optionen durch und erarbeiten Vorschläge für unsere »Dienstherren«.

17.00 Uhr Gespräch mit britischem Botschafter Mallaby: Auftragsgemäß übermittle ich ihm den Kommentar des BK zu Thatcher's SPIEGEL-Interview. Beide bedauern wird, daß es unmittelbar vor der Begegnung beider zu dieser atmosphärischen Störung gekommen sei.

18.00 Uhr Gespräch mit französischem Botschafter Boidevaix: Er bewertet das Interview Mitterrands positiv. Es zeige, daß deutsch-französische Beziehungen wieder im Aufwind seien. Ich will es gerne glauben.

Dienstag, 27. März 1990

Heute vormittag berichtet mir BK über Gespräch mit Genscher. Sie hätten über das weitere Vorgehen gegenüber Polen gesprochen. Bush habe ihn am Freitag abend in Ludwigshafen angerufen und ihm mitgeteilt, daß er Mazowiecki aufgefordert habe, sich mit BK zu einigen. Er werde sich nicht gegen den BK stellen. Deshalb sehe er keine Notwendigkeit, auf Mazowieckis Vorschlag eines »Vorvertrages« einzugehen. Er habe das Genscher gesagt. Sie hätten sich geeinigt, jetzt den Text der Bundestags-Entschließung vorzubereiten und den Notenwechsel, mit dem die Bundesregierung gegenüber der polnischen Regierung ihre Unterstützung zum Ausdruck bringe.

14.30 Uhr: Antrittsbesuch des neuen rumänischen Botschafters, Dr. Radu A. Comsa. Er überbringt mir Einladung des rumänischen Außenministers für einen Besuch in Bukarest. Er sei über die weitere Entwicklung in Rumänien optimistisch. Es gebe keinen Weg zurück. Die Führung sei seriös, dennoch habe er Probleme, in Bonn Gesprächspartner zu finden.

17.00 Uhr: Sitzung des Arbeitskreises Außen- und Sicherheitspolitik des Kabinettausschusses Deutsche Einheit im Gästehaus des AA – Genscher leitet. Er berichtet über Ge-

Während die Ungarische Sozialistische Partei (MSZP, bis zum Oktober 1989 MSZMP), eine Niederlage mit 33 von 386 Sitzen erlitt, wurde das konservative, nationalistische Ungarische Demokratische Forum (MDF) stärkste Kraft mit 164 Sitzen. Die Allianz der Freien Demokraten-Ungarische Liberale Partei (SZDSZ) unter Péter Tölgyessy, die die Opposition gegen die kommunistische Herrschaft angeführt hatte, kam auf 92 Sitze. Der Vorsitzende der MDF, József Antall, wurde in Koalition mit der Christlich-Demokratischen Volkspartei (KDNP) und der Unabhängigen Kleinbauern-, Agrararbeiter- und Bürgerpartei (FKGP) Ministerpräsident der ersten ungarischen Regierung nach dem politischen Umsturz ohne eine sozialistische Beteiligung. Im Mai 1994 erlitt die Koalition eine schwere Niederlage, Gyula Horn von der MSZP wurde neuer Ministerpräsident.

177 Der Bundessicherheitsrat (BSR, zuvor bis 28. November 1969 Bundesverteidigungsrat), ein Gremium, dem ein Teil des Bundeskabinetts sowie beratende Mitglieder wie der Generalinspekteur der Bundeswehr angehören, behandelt sicherheitsrelevante Fragen wie die Genehmigung von Rüstungsexporten, Abrüstung und Rüstungskontrolle nach dem Außenwirtschaftsgesetz und dem Kriegswaffenkontrollgesetz sowie die Verteidigung. Seine erste Sitzung fand am 21. Oktober 1955 statt. Als ständiges Gremium ist der BSR vom Sicherheitskabinett zu unterscheiden, das als informelles Organ nur bei Bedarf einberufen wird und dem auch Vertreter des Bundesnachrichtendienstes (BND), des Bundeskriminalamts (BKA), des Bundesverfassungsschutzes (BfV) und z. B. evtl. auch der Justizminister angehören. Das Parlament besitzt mit dem Verteidigungsausschuss als Parteiausschuss des Deutschen Bundestages Einfluss- und Kontrollmöglichkeiten.

spräche mit Schewardnadse in Lissabon und Windhoek. Dieser habe das erste 2+4-Treffen auf Beamtenebene positiv bewertet. Die nächste Sitzung solle sich nach der Klärung der prozeduralen Fragen in der 1. Sitzung jetzt auf die Tagesordnung konzentrieren. Hauptfrage sei, eine abschließende Regelung zu finden, die für künftige Generationen nichts mehr offen lasse. Das könne kein Friedensvertrag sein. Das wäre ein Schritt zurück, wenn man an den Moskauer Vertrag oder an die Gemeinsame Erklärung denke.

Der andere wichtige Punkt sei die Vertiefung des KSZE-Prozesses. Schewardnadse sei der Auffassung, daß ein Friedensvertrag dem gesamteuropäischen Prozeß nicht entgegenstehe. Er habe vorgeschlagen, das Potsdamer Abkommen mit dem Bleistift durchzugehen und Punkt für Punkt abzuhaken. Sowjetunion wolle sagen können, daß sich das Potsdamer Abkommen erledigt habe.

Bezüglich des Sicherheitsstatus gebe es zwei Varianten: Verbleib in der NATO oder Neutralität. Für die Sowjetunion gebe es schwierige Probleme, weil Ungarn und die ČSSR bereits den Abzug der sowjetischen Truppen gefordert hätten und sie befürchten Demos in der DDR, wenn sie bleiben. Deshalb seien die Perspektiven für VKSE II so wichtig.

In der Sowjetunion sei zu dieser Frage der NATO-Mitgliedschaft noch keine Festlegung erfolgt. Das zeigen auch die öffentlichen Erklärungen. Beim Prager WP-AM-Treffen[178] habe Schewardnadse negativ votiert, aber nach Berichten anderer Teilnehmer sich nach der Sitzung dafür bedankt, daß sie sich – wie Polen, ČSSR und Ungarn – für die NATO-Mitgliedschaft Deutschlands ausgesprochen hätten.

Er wolle nicht zu optimistisch sein, aber er glaube, daß sich Gorbatschow und Schewardnadse mit diesem Gedanken vertraut machten.

Zur deutsch-polnischen Grenzfrage: Sie ist eine deutsch-polnische Angelegenheit. Darin sei er sich mit Skubizewski einig, damit keine Unterordnung unter die Vier. Es solle kein 2+4-Treffen in Warschau geben. Polen werde nach Skubizewski nicht mehr darauf zurückkommen.

Kastrup berichtet über erstes 2+4-Treffen. Im wesentlichen sei es nicht kontrovers verlaufen. Das erste Ministertreffen solle in Bonn stattfinden, das zweite in der DDR. Der Vorsitz werde rotieren. Polen werde zur Grenzfrage eingeladen.

Einvernehmen über die Tagesordnung sei erreicht worden: (1) Grenzfragen (2) politisch-militärische Fragen (3) Berlin-Probleme (4) Vier-Mächte-Rechte und Verantwortlichkeiten.

Genscher strebt erstes AM-Treffen nach Regierungsbildung in der DDR für die 2. Aprilhälfte an.

Weitere Themen: Bericht über Substanz und Ablösung der Vier-Mächte-Rechte. Varianten der Ablösung seien vorbereitet. Vertragliche Abmachungen der DDR und Truppenstationierung; wirtschaftliche Verpflichtungen der DDR gegenüber Sowjetunion; Elemente der Einbettung der deutschen Frage in den KSZE-Prozeß.

Diese zweistündige Sitzung verlief sehr einvernehmlich.

Mittwoch, 28. März 1990

Nach dem Kabinett tagt mittags der Kabinettsausschuß »Deutsche Einheit«: Es geht vor allem um die Herstellung der Währungsunion und Wirtschaftsgemeinschaft. Unter Federführung des BMF soll bis zum 5. April eine Sachvorlage zur Währungsunion zur Vor-

178 Siehe Anmerkung 166, S. 311.

bereitung der Gespräche mit der Bundesbank erarbeitet werden. Parallel dazu wird ein Vertragsentwurf vorbereitet. Einvernehmen besteht darüber, daß die Wirtschaftsgemeinschaft vorrangig durch Erlaß von Rechtsvorschriften und Umsetzungsverfahren in der DDR erreicht werden könne. Im Vorfeld der Regierungserklärung von de Maizière und der beginnenden Koalitionsverhandlungen sollen mit der DDR Kernfragen geklärt werden, um herauszufinden, was für die DDR zumutbar sei.

Am Nachmittag führe ich wieder ein fast zweistündiges Gespräch mit Portugalow. Erneut eröffnet er das Gespräch mit dem Hinweis, daß seine Ausführungen mit Tschernajew abgestimmt seien. Portugalow berichtet, daß sich die sowjetische Führung darüber im klaren sei, daß die Anwendung von Art. 23 GG nicht zu verhindern sei. Das sei für sie nicht so tragisch, weil damit keine Vereinnahmung der DDR durch die Bundesrepublik verbunden sei. Eine Sorge bleibe jedoch bestehen. In Art. 23 GG sei die Rede von »anderen Teilen Deutschlands«, in denen nach Beitritt das Grundgesetz in Kraft trete. Die sowjetische Führung sei interessiert daran zu erfahren, ob damit in Verbindung mit Art. 116 GG (Definition der deutschen Staatsangehörigkeit[179]) und in Verbindung mit Urteilen des Bundesverfassungsgerichts auch andere Gebiete angesprochen sein könnten. Außerdem führe Art. 23 GG dazu, daß die DDR rechtlich aus sämtlichen Verpflichtungen entlassen werde, während jedoch die der Bundesrepublik fortgelten würden. Die Sowjetunion sei deshalb an Lösungen interessiert, die den bestehenden Verpflichtungen der DDR gegenüber der Sowjetunion gerecht würden.

Darüber hinaus will Portugalow Einzelheiten über die Einführung der Währungsunion und ihre Auswirkungen auf die DDR wissen.

Die folgenden Fragen zeigen, daß die sowjetische Führung die Entwicklung in der DDR selbst nach wie vor sehr kritisch einschätzt. Was werde geschehen, werde ich gefragt, wenn es in der DDR zu einem Zusammenbruch der staatlichen Ordnung käme? Wie schätze die Bundesregierung eine solche Gefahr überhaupt ein, wenn es eine sein sollte? Sollte es zu einem politischen Kollaps der DDR kommen, wer würde dann für die Aufrechterhaltung der Ordnung Sorge tragen? Müßte dann nicht die Sowjetunion im Rahmen ihrer Verantwortlichkeit als Siegermacht diese Aufgabe übernehmen?

Gleichzeitig gibt Portugalow zu erkennen, daß die Strategie Lafontaines gegenüber der DDR in Moskau auf Sympathie treffe. Sein Konzept käme der Sowjetunion in stärkerem Maße entgegen als das der Bundesregierung. Über diese Feststellung bin ich allerdings nicht überrascht.

Der zweite Teil des Gespräches richtet sich auf die internationale Einbettung Deutschlands. Portugalow weist daraufhin, daß eine schriftliche Vereinbarung über den zukünftigen militärischen Status Deutschlands erreicht werden müsse. Die innenpolitische Diskussion über die Oder-Neiße-Grenze werde in der Sowjetunion nicht verstanden. Sie selbst solle doch ebenfalls eine Reihe von Kröten schlucken.

Für die Sowjetunion sei es unabdingbar, daß ein geeintes Deutschland und die NATO nicht gegen die Sowjetunion genutzt werden dürften. Sie würden zwar jetzt hören, daß von »NATOs Gnaden«[180] sowjetische Truppen vorübergehend auf dem DDR-Territorium

179 Artikel 116 regelt, wer Deutscher im Sinne des Grundgesetzes der Bundesrepublik ist, d. h. den Begriff des Bürgers. Diese Bestimmung enthält ethnische Kriterien in Bezug auf die Statusdeutschen, definiert die Zugehörigkeit zum deutschen Volk ansonsten aber unabhängig von Abstammung und Kultur.

180 Korrigiert wurde »NATO-Gnaden«.

stationiert bleiben dürften. Er wolle mir jedoch offen sagen, daß die Sowjetunion daran nicht interessiert sei. Viel wichtiger sei für sie die Frage, ob die Bundesrepublik in der militärischen Integration der NATO und in den integrierten Stäben nach der Vereinigung bleiben wolle? Besonders wichtig sei auch die Frage, was mit den taktischen Nuklearwaffen geschehen solle?

Die sowjetische Führung gehe darüber hinaus davon aus, daß auch ein geeintes Deutschland weiterhin auf ABC-Waffen verzichte und den Nicht-Verbreitungsvertrag akzeptiere. Auch die Stärke der Bundeswehr müsse reduziert werden.

Portugalow erklärt, daß auch auf die Vokabel »Neutralisierung« für den zukünftigen Status des geeinten Deutschlands verzichtet werden könne. Eine Mitgliedschaft in der NATO sei jedoch für die sowjetische Führung nicht akzeptabel. Der eigentliche Kern der Forderung nach Neutralisierung Deutschlands liege darin, daß von deutschem Boden kein Krieg mehr ausgehen dürfe. In diesem Zusammenhang sei die Rede von Genscher anläßlich der AM-Tagung der WEU »große Klasse« gewesen. Sie habe weitgehend das Denken wiedergegeben, das in Moskau vorherrsche. Sie hatte allerdings beim BK erheblichen Ärger ausgelöst.

Als sehr aussichtsreich bezeichnet Portugalow Vorschläge zur Institutionalisierung der KSZE. Es gebe jedoch einen Haken: Die Verwirklichung werde viel Zeit erfordern, deshalb müsse man über Überbrückungsmöglichkeiten nachdenken. Innerhalb des 2+4-Prozesses sollten jedoch die Endziele beschrieben und fixiert werden. Alles in allem müsse alles vermieden werden, daß es zu einer Konfrontation aller gegen die Sowjetunion komme.

Auch Portugalow wirft die Frage auf, ob für Deutschland nicht der französische Status innerhalb der NATO in Frage käme? Wenn Deutschland Mitglied der NATO bleibe, müßten die Verpflichtungen der DDR gegenüber dem Warschauer Pakt aufrechterhalten bleiben. Das beziehe sich vor allem auf bestimmte Einrichtungen des Warschauer Paktes in der DDR. Außerdem müsse die Möglichkeit bestehen bleiben, den sowjetischen Militärstatus für dieses Gebiet wiederbeleben zu können.

Überraschend ist die Überlegung Portugalows, ob man nicht über eine Art NATO-Mitgliedschaft der Sowjetunion[181] nachdenken solle. Man könne auch an ein Aneinanderrücken des Warschauer Paktes und der NATO nachdenken. Auch der Vorschlag von übergreifenden Strukturen zwischen beiden Bündnissen sei wichtig.

181 Nach Stalins Tod versuchte sich der Kreml für den Westen politisch zu öffnen. Bereits am 31. März 1954 wurde der Wunsch der sowjetischen Führung durch Außenminister Wjatscheslaw Molotow dem NATO-Quartier in Paris mitgeteilt, über einen NATO-Beitritt der Sowjetunion nachzudenken. Die Souveränität jedes Landes sollte dabei gewahrt und Einmischung in innere Angelegenheiten nicht geduldet werden. Die USA müssten sich einem gesamteuropäischen Vertrag zur kollektiven Sicherheit anschließen. Die Westmächte lehnten zwei Monate später diesen Vorschlag mit der Begründung ab, der demokratische Charakter des Bündnisses und die Verteidigungsziele der NATO stünden einer sowjetischen Aufnahme entgegen, vgl. Geoffrey Roberts, Molotov's Proposal that the USSR Join NATO, March 1954 (Cold War International History Project/CWIHP e-Dossier No. 27), https://www.wilsoncenter.org/publication/molotovs-proposal-the-ussr-join-nato-march-1954 (Abruf 31.1.2024); Die neue politische Lage im Mai 1990 führte dazu, dass Gorbatschow die Mitgliedschaft der Sowjetunion in der NATO erwog. Nach der deutschen Vereinigung und den Veränderungen in Mittel- und Osteuropa wurde stattdessen ersatzweise 1997 die NATO-Russland-Grundakte als Antwort auf den NATO-Beitritt von zehn mittel-und osteuropäischen Ländern unterzeichnet. Die Akte beinhaltete das Bekenntnis zu Gewaltverzicht und die Ablehnung von Einmischungen in die Politik der beteiligten Staaten. Zur Realisierung der Ziele wurde 2002 in Rom der NATO-Russland-Rat gegründet, der auf Botschafterebene tagte und daher nicht in der Lage war, Beschlüsse zu fassen. Beide Initiativen blieben für die russische Sicherheitspolitik unzureichend.

Abschließend greift Portugalow das Thema eines Friedensvertrages auf. Die Diskussion über die Oder-Neiße-Grenze habe bei allen Nachbarn ernste Besorgnisse ausgelöst.

Die Ergebnisse des 2. Weltkrieges seien nur in einem Friedensvertrag lupenrein festzuschreiben. Er behauptet, daß auch die Westmächte von dieser Position nicht weit entfernt seien. Das gelte vor allem für Frankreich und für die USA. Sicherlich kenne die sowjetische Führung die deutsche Position zu der Frage eines Friedensvertrages. Sie sei verständlich. Die Sowjetunion halte aber an dem Ziel eines Friedensvertrages als Ausgangsposition fest. Der Teilnehmerkreis sollte sich zusammensetzen aus Deutschland, den Vier Mächten und den von Deutschland ehemals besetzten Staaten. Das seien 10 bis 15 Teilnehmer. Portugalow fügt den Vorschlag hinzu, daß das Ergebnis darauf hinauslaufen solle, daß alle Teilnehmer der Friedenskonferenz feierlich auf alle Reparationsforderungen verzichten sollen.

Am Schluß des Gesprächs faßt Portugalow den Kern seiner Ausführungen zusammen: Je flexibler und je großzügiger Deutschland in der Frage des zukünftigen militärischen Status sein werde, desto flexibler werde die Sowjetunion sich in der Frage des Friedensvertrages verhalten.

Das Gespräch beweist, daß sich die sowjetische Führung zu diesen zentralen Themen noch keine abschließende Meinung gebildet hat. Sie selbst ist auf der Suche nach geeigneten Antworten, und das Gespräch heute dient dazu, auf vertraulichem Wege die Positionen des BK zu erfahren.[182] Portugalow notiert sehr sorgfältig alle detaillierten Antworten, die ich als Position des BK erläutere. Ich sage ihm die Unterrichtung des BK zu. Er selbst will das Ergebnis des Gespräches direkt an Gorbatschow weiterleiten.

Anschließend unterrichte ich sofort den BK über dieses Gespräch. Er äußert sich zufrieden, daß die Positionen in der sowjetischen Führung weiterhin offen und flexibel erscheinen.

Anschließend führt der BK mit Dr. Kabel, Leiter der Personalabteilung, Dr. Reckers, seinem Stellvertreter, und mir ein Gespräch über die Möglichkeiten der personellen Unterstützung der neuen DDR-Regierung. Unter Federführung des BK-Amtes soll ein Konzept erarbeitet werden. Besonders wird es darauf ankommen, das Amt des neuen Ministerpräsidenten qualifiziert zu besetzen.

Um 16.00 Uhr trifft BK mit dem irischen MP und dem amtierenden Präsidenten des Europäischen Rates, Charles Haughey, zusammen. Es geht um die Vorbereitung des EG-Gipfels am 28. April in Dublin. Dieser Sondergipfel der EG soll sich mit Fragen des europäischen Einigungsprozesses und seiner Auswirkungen auf die EG befassen. Haughey kündigt in der Pressekonferenz an, daß der Gipfel die deutsche Einigung begrüßen und seine Solidarität gegenüber dem geeinten Deutschland zum Ausdruck bringen werde. Der BK bekräftigt, daß die deutsche Einigung und die politische Einigung Europas zwei Seiten der gleichen Medaille seien. Deshalb müsse es das Interesse aller sein, die europäische Einigung zu beschleunigen.

19.00 Uhr Gespräch des BK mit Stoltenberg: Es geht um den sicherheitspolitischen Status eines geeinten Deutschlands. Für Stoltenberg bleiben drei Punkte mit Genscher streitig: (1) die Geltung der Sicherheitsgarantie der NATO (Artikel 5/6)[183] für Deutsch-

182 Gestrichen wurde das Wort »nachzufragen«.

183 Artikel 5 des NATO-Vertrags besagt: »Die Parteien vereinbaren, dass ein bewaffneter Angriff gegen eine oder mehrere von ihnen in Europa oder Nordamerika als ein Angriff gegen sie alle angesehen wird; sie vereinbaren daher, dass im Falle eines solchen bewaffneten Angriffs jede von ihnen in Ausübung des in Artikel 51 der Satzung der Vereinten Nationen anerkannten Rechts der individuellen oder kollektiven Selbstverteidigung der Partei oder den Parteien, die angegriffen werden, Beistand leistet, indem jede von

land als Ganzes; (2) die Präsenz deutscher Truppen auf dem ehemaligen Gebiet der DDR: Stoltenberg beruft sich auf Interviews von de Maizière und Skubizewski, daß deutsche Truppen in reduzierter Stärke und Ausrüstung auf DDR-Territorium möglich seien; (3) fortbestehende amerikanische nukleare Präsenz im Kurzstreckenbereich auf dem Boden der Bundesrepublik.

Der BK selbst behält sich die Antwort auf diese Fragen vor. Für ihn ist die Zeit für solche Entscheidungen noch nicht reif.

Anschließend trifft BK mit Lothar de Maizière im Bungalow zu einem ersten Gespräch über die Regierungsbildung und zur Vorbereitung der Regierungserklärung zusammen.

Donnerstag, 29. März 1990

Der Tag beginnt um 8.00 Uhr mit einer zweistündigen BSR-Sitzung. Sie ist wie immer geheim. Es geht um den zukünftigen militärischen Status eines geeinten Deutschlands. Die Sitzung verläuft erfreulich harmonisch und einvernehmlich. Wichtige Klärungen konnten erreicht werden.

Mittags treffe ich mit dem Inspekteur des Heeres, von Ondarza, zusammen. Wir sprechen über die Aufgaben, die auf die Bundeswehr zukommen, wenn die Einigung Deutschlands vollzogen ist. Das zweite Thema ist die Reform der NATO. Bundeswehr und NATO stehen vor wichtigen Strukturveränderungen.

Um 18.00 Uhr fliegt BK zur Königswinter-Konferenz nach Cambridge und zu den sich anschließenden 20. Deutsch-Britischen Gipfelkonsultationen. Auf dem Flughafen in Cambridge wird BK von PM Thatcher begrüßt. Die anschließende Fahrt mit dem PKW zum St. Catherine's College erfolgt auf Wunsch des BK getrennt. Der Ärger über die jüngsten Äußerungen Thatcher's über Deutschland und den BK wirken nach. Aus Anlaß des 40sten Jahrestages der Königswinter-Konferenz findet um 20.15 Uhr ein gemeinsames Abendessen statt. Nach dem Essen spricht zuerst Mrs. Thatcher. Sie gratuliert BK zu den ersten freien Wahlen in der DDR, deren Erfolg sein Verdienst sei. Schon im nächsten Satz begrüßt sie das entschlossene Eintreten des BK für die Mitgliedschaft eines geeinten Deutschland in der NATO und für die Fortdauer der amerikanischen Truppenpräsenz. BK sei immer ein überzeugter und zuverlässiger Fürsprecher des Atlantischen Bündnisses gewesen.

Anschließend geht es ihr vor allem darum, nachzuweisen, daß Großbritannien für die Deutsche Einheit genauso viel getan habe als andere Länder. Sie habe deshalb ihre An-

ihnen unverzüglich für sich und im Zusammenwirken mit den anderen Parteien die Maßnahmen, einschließlich der Anwendung von Waffengewalt, trifft, die sie für erforderlich erachtet, um die Sicherheit des nordatlantischen Gebiets wiederherzustellen und zu erhalten. Von jedem bewaffneten Angriff und allen daraufhin getroffenen Gegenmaßnahmen ist unverzüglich dem Sicherheitsrat Mitteilung zu machen. Die Maßnahmen sind einzustellen, sobald der Sicherheitsrat diejenigen Schritte unternommen hat, die notwendig sind, um den internationalen Frieden und die internationale Sicherheit wiederherzustellen und zu erhalten.« – Art. 6 nimmt die Angriffsdefinition vor: Im Sinne von Artikel 5 gilt als bewaffneter Angriff auf eine oder mehrere der Parteien jeder bewaffnete Angriff auf das Gebiet eines dieser Staaten in Europa oder Nordamerika, auf die algerischen Departements Frankreichs, auf das Gebiet der Türkei oder auf die der Gebietshoheit einer der Parteien unterliegenden Inseln im NATO-Gebiet nördlich des Wendekreises des Krebses sowie auf die Streitkräfte, Schiffe oder Flugzeuge einer der Parteien, wenn sie sich in oder über diesen Gebieten oder irgendeinem anderen europäischen Gebiet, in dem eine der Parteien bei Inkrafttreten des Vertrags eine Besatzung unterhält oder wenn sie sich im Mittelmeer oder im nordatlantischen Gebiet nördlich des Wendekreises des Krebses befinden.

sichten über die Folgen der Einigung für NATO, EG, für die Rechte und Verantwortung der Vier Mächte und für Deutschlands Nachbarn und ihre Grenzen »manchmal allzu unverblümt geäußert«. Es sei für niemanden eine große Überraschung, daß sie nicht immer die[184] »geschickteste Diplomatin« sei. Wer will ihr widersprechen? Auch heute spricht sie sehr deutlich über die Notwendigkeit der NATO. Und vor allem auch darüber, daß weiterhin Kernwaffen der NATO-Streitkräfte in Deutschland stationiert bleiben müssten.[185] Sie rührt damit ein Thema an, über das wir lieber schweigen. Den zweiten Schwerpunkt legt sie auf den KSZE-Gipfel im Herbst.

PM Thatcher ist deutlich bemüht, für ein freundliches und gutes Klima zu sorgen. In der anschließenden Rede geht der BK direkt darauf ein. Er genieße das freundschaftliche Willkommen »natürlich in vollen Zügen«.

Anschließend erläutert der BK die Vorstellungen der Bundesregierung zum Einigungsprozeß. Für die Regelung der äußeren Aspekte nennt er vier Punkte: die Rechte und Verantwortlichkeiten der Vier Mächte für Berlin und Deutschland als Ganzes; die Grenzfragen; die bestehenden und künftigen Sicherheitsstrukturen und die Einbeziehung des Gebietes der heutigen DDR in die Europäische Gemeinschaft.

Nach Abschluß der Reden geht es zurück nach London.

Freitag, 30. März 1990

Um 9.00 Uhr trifft BK zu einem Vier-Augen-Gespräch mit PM Thatcher in Downing Street Nr. 10 zusammen. Das Gespräch konzentriert sich sofort auf die Frage der NATO-Mitgliedschaft eines geeinten Deutschlands. PM Thatcher schlägt vor, verschiedene Lösungsoptionen zu erarbeiten, bevor Präsident Bush mit Gorbatschow zusammentreffen werde. Die Allianz müsse sich in diesen Fragen einig sein. BK bekräftigt, daß er nicht bereit sei, jeden Preis für die Einheit Deutschlands zu zahlen, insbesondere nicht den der Neutralität.

Offensiv spricht BK die Frage der Oder-Neiße-Grenze an und erläutert seine Position. Thatcher erinnert an ihren Brief, den sie BK geschickt habe und in dem sie seinen Vorschlag begrüßt habe. Anschließend läßt sie sich vom BK die weitere Entwicklung in der DDR erläutern. Zuletzt wird über die Entwicklung in Litauen[186] und Südafrika[187] gesprochen.

184 Der Artikel wurde handschriftlich eingefügt.

185 Der folgende Satz »Das ist schon eine sehr deutliche Aussage« wurde handschriftlich gestrichen.

186 Die Litauische Sozialistische Sowjet Republik (LiSSR) wurde nach dem Hitler-Stalin-Pakt am 21. Juli 1940 begründet und von Ende 1941 bis zum Herbst 1944 von der deutschen Wehrmacht besetzt. Im Zuge von Perestroika und Glasnost fanden am 24. Februar 1990 erstmals freie Wahlen mit Zulassung neuer Parteien zum Obersten Sowjet der LiSSR statt, in denen die Unabhängigkeitsbewegung Sajūdis unter Vytautas Landsbergis die Mehrheit erlangen konnte. Die Periode von 1987 bis 1991 wird im Baltikum als »Singende Revolution« bezeichnet, weil öffentlich streng verbotene Hymnen in Form massenhafter Proteste gesungen wurden. Am 11. März 1990 wurde durch den Obersten Sowjet eine Unabhängigkeitserklärung verabschiedet, was Gorbatschow als rechtswidrigen Akt verurteilte, worauf Moskau nach Wirtschaftssanktionen am 13. Januar 1991 gewaltsam die Macht zurückzuerlangen versuchte, bei der 14 Tote zu beklagen waren. Nach Scheitern der Militärintervention und des Putsches stimmte in einem Referendum am 9. Februar 1991 die Bevölkerung für die Unabhängigkeit, was Moskau nicht anerkannte. Nach dem fehlgeschlagenen August-Putsch gegen Gorbatschow in Moskau erkannte eine Vielzahl von Staaten die Unabhängigkeit Litauens an, am 6. September auch die Sowjetunion.

187 Nach langanhaltenden Demonstrationen, Protestmärschen, Sabotageakten, Streiks und terroristischer Aktivitäten unterschiedlicher Anti-Apartheid-Bewegungen ging die internationale isolierte Regierung der

Die anschließende Pressekonferenz und das gemeinsame Mittagessen bestätigen, daß diese Konsultationen zu einer deutlichen Klimaverbesserung geführt haben. Margaret sei eine wunderbare Frau, bekräftigt BK vor den laufenden Kameras des britischen Fernsehens.

Wie immer war PM Thatcher eine eindrucksvolle Gesprächspartnerin. Sie weiß, was sie will und vertritt ihre Positionen unerschrocken. Auf mögliche Empfindlichkeiten des Gesprächspartners nimmt sie dabei wenig Rücksicht. Sie verfügt über viele Detailkenntnisse, ist zumeist gut vorbereitet und fragt sehr präzise nach. Sie hört Gesprächspartner sehr genau zu und geht konkret auf sie[188] ein. Sie bleibt eine anregende, wenn auch schwierige Gesprächspartnerin. Für sie gilt das berühmte Wort [Mountbatten]: England kenne keine Freunde und kenne keine Feinde. England kenne nur seine Interessen.[189]

Um 15.00 Uhr stattet BK der Redaktion der ›Financial Times‹ einen Besuch ab. Besonders erfreulich ist heute das französische Presseecho auf die Sondersendung des BK mit dem französischen Fernsehsender ›Antenne 2‹, das gestern abend ausgestrahlt worden ist Aufmacher und Titelseiten der französischen Zeitungen stellen das über einstündige Interview des BK in der Sendung ›Stunde der Wahrheit‹ mit prominenten französischen Journalisten in ausführlicher Berichterstattung und in positiver Kommentierung heraus. Übereinstimmend wird festgestellt, daß sich BK anders präsentiert habe, als sein Bild in Frankreich bisher dargestellt worden sei. Frankreich scheint einen neuen Helmut Kohl entdeckt zu haben.

Erfreulich ist, daß die französische Presse vor allem das eindeutige Eintreten des BK für den weiteren Ausbau der Europäischen Gemeinschaft und für die deutsch-französische Lokomotiv-Rolle für den Aufbau Europas herausstellt. Damit ist die wichtigste Botschaft des BK angekommen.

Der Regierungssprecher gibt in Bonn bekannt, daß BK und der amerikanische Präsident im Vorfeld des Ende Mai beginnenden amerikanisch-sowjetischen Gipfels am 17. Mai 1990 zu ausführlichen Gesprächen im Weißen Haus in Washington zusammentreffen werden. Der Außenminister und der Verteidigungsminister werden ihn begleiten. BK ist sich bewußt, daß dieser Gipfel zwischen Bush und Gorbatschow eine Schlüsselbegegnung für die Lösung der Sicherheitsfragen im Zusammenhang mit der deutschen Einigung werden kann.

National Party dazu über, ihre Ablösung vorzubereiten, das Verbot des African National Congress (ANC) und entsprechender politischer Organisationen aufzuheben und Nelson Mandela, den bekanntesten Oppositionellen, nach 27 Jahren Haft aus dem Gefängnis freizulassen. Die Apartheidsstrukturen wurden schrittweise aus der Gesetzgebung entfernt und führten als Resultat zu ersten freien Wahlen für alle Bewohner am 27. April 1994.

188 Die Worte »seine Aussagen« wurden handschriftlich gestrichen.

189 Diese kurze Passage wurde nachträglich handschriftlich hinzugefügt. Das angebliche Zitat von Mountbatten, England kenne nur seine Interessen, lässt sich schwerlich verifizieren und findet andere tatsächliche bzw. vermeintliche Urheber: Charles de Gaulle wird das Zitat zugeschrieben: »Nationen haben keine Freunde, Nationen haben Interessen«, https://gutezitate.com/zitat/276652 (Abruf 31.1.2024); Helmut Kohl soll zu Margaret Thatcher 1984 beim Brüsseler EG-Gipfel gesagt haben: »Von William Gladstone habe ich mir ein Zitat gemerkt: Großbritannien kennt keine Feinde, Großbritannien kennt keine Freunde, Großbritannien kennt nur Interessen«, in: *Der Spiegel* 13 1984, https://www.spiegel.de/politik/grossbritannien-kennt-keine-freunde-a-0bf83729-0002-0001-0000-000013510228 (Abruf 31.1.2024).

Montag, 2. April 1990

9.00 Uhr: Ministergespräch beim BK. Teilnehmer sind Genscher, Stoltenberg, Seiters, Dr. Kastrup, General Naumann und ich. BK berichtet, daß sich das neugewählte DDR-Parlament am Donnerstag, den 5. April, konstituieren und de Maizière mit der Regierungsbildung beauftragen werde. Die neue Regierung soll voraussichtlich bis zum 12. April gebildet sein.

Anlaß des heutigen Gespräches ist der Meinungsaustausch über den 2+4-Prozeß. Das erste Außenminister-Gespräch soll voraussichtlich am 26./27. April stattfinden. Vorher wird es noch ein Gespräch auf Beamtenebene geben.

Zur polnischen Westgrenze: Einleitend erinnert BK daran, daß sowohl Bush als auch Thatcher sich mit seinem Vorgehensvorschlag einverstanden erklärt hätten. Mit den vorbereiteten Entschließungsantrag des AA sei er einverstanden. Diese Entschließung solle in beiden Parlamenten am gleichen Tage verabschiedet werden. Als voraussichtlichen Termin nennt BK die Sitzungswoche Ende Mai/Anfang Juni. Genscher erhebt keinen Einspruch. Er weist daraufhin, daß die Polen zur zweiten Sitzung der Außenminister eingeladen werden sollen.

Sicherheitsstatus des geeinten Deutschlands: Es besteht Übereinstimmung, daß die Vorstellungen der Bundesregierung zum 2+4-Prozeß und die Abrüstungsverhandlungen getrennte Vorgänge seien, die aber politisch zusammen gehören. Deutschland dürfe in keinem Fall isoliert werden. Ein Konzept für VKSE II sei deshalb dringlich. Genscher gibt zu bedenken, ob gegebenenfalls bereits VKSE I thematisch erweitert werden und die Frage von Truppenreduzierungen auch anderer westlicher Staaten, einschließlich der Bundesrepublik Deutschland und nicht nur der Sowjetunion und der USA einbeziehen solle. Die Frage bleibt offen, weil Stoltenberg erhebliche Bedenken anmeldet.

Übereinstimmung gibt es in der Frage der Ausdehnung der Schutzklauseln des NATO-Vertrages nach Art. 5/6. Offen bleibt der Zeitpunkt, ob sie sofort oder erst nach einer Übergangszeit gelten sollen. Zeitlich begrenzte Präsenz sowjetischer Truppen werde akzeptiert. BK rät dringend, für den Abzug sowjetischer Truppen ein festes Datum zu vereinbaren. Ebenso nachdrücklich tritt er dafür ein, daß die Bundeswehr in Gesamtdeutschland stationiert werden und die Wehrpflicht überall gelten solle. Doch darüber wird weiter zu sprechen sein.

Genscher macht noch einmal deutlich, daß mit allen Mitteln versucht werden müsse, die 2+4-Gespräche vor dem KSZE-Gipfel zu beenden und das Ergebnis dort absegnen zu lassen. Sonst bestünde die Gefahr eines Sondergipfels, der den Charakter einer Friedenskonferenz erhalten könnte. Das wäre nicht akzeptabel. Doch das ist allgemeine Meinung.

Abschließend berichtet der BK noch einmal über sein Gespräch mit PM Thatcher. Er schildert sie als eine »unheimliche Kämpferin und als ein prachtvolles Weib«. Er hat mit Maggie wieder seinen Frieden geschlossen.

11.15 Uhr: BK gibt der Iswestija ein Interview. Zu den schriftlichen Fragen sind zwei mündliche Zusatzfragen vereinbart. Stanislaw Kondraschow und Jewgeni Bowkon wollen die Gründe für das Wahlergebnis in der DDR wissen und fragen nach dem zukünftigen Schicksal der deutsch-sowjetischen Beziehungen. Voller Stolz berichten sie, daß die Auflage der ›Prawda‹ von 14 auf 7 Mio. Leser gesunken sei. Dagegen betrage die Auflage der ›Iswestija‹ 10 Mio.

Von 13.00 Uhr bis 17.00 Uhr habe ich Jacques Attali zu Gast. In seiner Begleitung befinden sich Elisabeth Guigou, Hubert Védrine und der Abteilungsleiter in Quay, de Boissieu.

Gemeinsam mit meinen Mitarbeitern Dr. Hartmann, Kapitän Lange und Bitterlich sprechen wir über gemeinsame deutsch-französische Initiativen in Vorbereitung des EG-Sondergipfels in Dublin. Wir stimmen unsere Positionen zur Politischen Union und zur Wirtschafts- und Währungsunion ab. Anschließend sprechen wir über Fragen des zukünftigen Sicherheitsstatus des geeinten Deutschlands und über die Organisation der europäischen Verteidigungsinteressen. Das Gespräch verläuft wie immer sehr freundschaftlich und geprägt von dem Bemühen beider Seiten, Übereinstimmung in allen Fragen zu erzielen. Diese Form der bilateralen Abstimmung zwischen dem BK-Amt und dem Elysée ist in acht Jahren zu einer ständigen Einrichtung geworden. Abwechselnd treffen wir uns in Paris und in Bonn.

Dienstag, 3. April 1990

8.30 Uhr: Die Kanzler-Lage gerät heute zu einer Gratulationscour. BK feiert seinen 60sten Geburtstag. Wie immer sitzt er hinter seinem großen Schreibtisch. Fröhlich liest er einzelne Passagen aus dem Buch ›Das Phänomen‹ vor, das ihm der Vorsitzende der Konrad-Adenauer-Stiftung, Dr. Vogel, zum Geburtstag geschenkt hat. Es enthält eine Auswahl von Würdigungen des BK seit seiner Mainzer Zeit als Ministerpräsident. Besonderen Spaß bereiten BK Kommentare, die ihm schon vor vielen Jahren das politische Ende prophezeit hatten. Das gilt vor allem für den STERN und für den SPIEGEL.Chansons von Edith Piaf rahmen die BK-Lage musikalisch ein.

De Maizière ruft an und beglückwünscht ihn zum Geburtstag. Gleichzeitig berichtet er, daß sich die Ost-SPD nicht an einer Regierungs-Koalition beteiligen werde. BK bezeichnet das als einen strategischen Fehler der SPD, die sich in einer historischen Stunde wegen des lächerlichen Vorwandes, daß sie nicht einer Koalition angehören wolle, an der auch die DSU beteiligt sei, versage. De Maizière berichtet auch über anhaltende Diskussionen über die Umtauschrelation im Zusammenhang mit der Währungsunion. Für BK nimmt diese Diskussion irrationale Züge an, auf die man jedoch eingehen müsse.

11.00 Uhr: Großer Geburtstagsempfang der CDU für den BK in der Beethovenhalle. Die Gäste spiegeln das politische und private Leben von Helmut Kohl wider. Dr. Dregger für die CDU/CSU-Bundestagsfraktion, Dr. Waigel für die CSU, Hans-Dietrich Genscher für die FDP und die Bundespräsidenten Carstens und von Weizsäcker würdigen den politischen Lebensweg Helmut Kohl's. Die Reden fallen sehr unterschiedlich aus und geben das jeweilige persönliche Verhältnis des Redners zum Jubilar wieder. Und das ist durchaus in dem einen oder anderen Fall sehr differenziert.

Für den Abend hat BK seine engsten Freunde, politischen Weggefährten und eine kleine Zahl enger Mitarbeiter zu einer privaten Feier in den Bungalow eingeladen. Frau Kohl begrüßt die Gäste, doch dann hält der älteste Sohn Walter[190] eine sehr eindrucksvolle Rede

190 Walter Kohl, geb. 16. Juli 1963, ist Sohn von Helmut Kohl und dessen erster Ehefrau Hannelore Kohl sowie der ältere Bruder von Peter Kohl. Nach dem Studium an der Harvard University (Volkswirtschaft und Geschichte, BA) und dem Abschluss als Diplom-Volkswirt an der Universität Wien war er als Investmentbanker tätig und schloss danach 1993 eine MBA-Ausbildung an. Nach seiner Rückkehr nach Deutschland arbeitete er als Vermögensberater, im Controlling-Bereich, gründete die Firma Kohl & Hwang und war danach als Unternehmensberater und Buchautor tätig. In seinem ersten Buch mit dem Titel »Leben und gelebt werden« setzte er sich mit seiner Herkunft und seinem Werdegang kritisch auseinander.

auf seinen Vater. In ihr kommt das Schicksal eines Kindes eines prominenten Politikers zum Ausdruck. Die »Geburtstagsrede« hält Gerd Bacher. Er versucht, dem Erfolgsgeheimnis auf die Spur zu kommen. Und das mit viel Esprit und Witz.

Mittwoch, 4. April 1990

Der Tag nach dem Geburtstag beginnt um 8.00 Uhr mit dem Koalitionsgespräch. Das wird sicherlich wieder zur Ernüchterung beigetragen haben.

9.30 Uhr Kabinettsitzung. Das Bundeskabinett befaßt sich heute mit den Empfehlungen des Zentralbankrates der Deutschen Bundesbank,[191] die dieser am vergangenen Donnerstag zur beabsichtigten Währungsunion mit der DDR in eigener Verantwortung beschlossen hat. Das Kabinett beschließt eine öffentliche Erklärung der Bundesregierung. Darin wird festgestellt, daß sie in dieser Frage noch keine Entscheidungen und Festlegungen getroffen habe. Dazu seien Verhandlungen mit der neuen Regierung der DDR erforderlich, die unmittelbar nach der Regierungsbildung in der DDR aufgenommen werden sollen. Das Kabinett bekräftigt das Ziel, möglichst bald zu abschließenden Vereinbarungen zu kommen und die Währungsunion mit Wirtschafts- und Sozialgemeinschaft im Sommer dieses Jahres einzuführen. Sie werde sich dabei vom Bewußtsein ihrer Mitverantwortung für das Wohlergehen und die soziale Absicherung der Menschen in der DDR leiten lassen. Ein Vertragsentwurf ist bereits erarbeitet und liegt der Bundesregierung vor. Er soll noch in dieser Woche abschließend beraten werden. Ziel des BK ist es, die Verhandlungen darüber mit der neuen DDR-Regierung bis zum 1. Mai zum Abschluß zu bringen. Am 6. Mai finden die Kommunalwahlen in der DDR statt.[192] Alle sind sich bewußt, daß die eigentlichen Schwierigkeiten in der DDR erst nach der Einführung der Währungsreform beginnen werden. Dann werden die Arbeitslosenzahlen rasch ansteigen.

In einem Brief an den polnischen Ministerpräsidenten Mazowiecki erläutert der BK seine Vorstellungen über das weitere Vorgehen im Zusammenhang mit der Anerkennung der Oder-Neiße-Grenze. Er bekräftigt seine Bereitschaft zur endgültigen Regelung der Oder-Neiße-Grenze. Nach Zusammentritt der frei gewählten Volkskammer der DDR und nach Bildung der neuen Regierung werden beide deutschen Parlamente und Regierungen gleichlautende Erklärungen abgeben. Der BK weist noch einmal daraufhin, daß nach »unserem gemeinsamen Demokratieverständnis« dies die stärkste politische Bindung sei, die für einen künftigen gesamtdeutschen Souverän eingegangen werden könne.

191 Als oberstes Organ der Deutschen Bundesbank, gegründet am 1. August 1957, war der Zentralbankrat für die Geld-, Kredit- und Währungspolitik verantwortlich. Er bestand aus dem Präsidenten, dem Vizepräsidenten und Direktoriumsmitgliedern sowie den Präsidenten der Landeszentralbanken. Seit 1999 ist die Deutsche Bundesbank mit Einbeziehung in das Europäische System der Zentralbanken (ESZB) nur noch Ausführungsorgan der EZB, in dessen Rat der Präsident der Deutschen Bundesbank Sitz und Stimme hat. Aufgaben der Deutschen Bundesbank sind heute vor allem die Umsetzung der Geldpolitik der EZB, die Bankenaufsicht, die Beaufsichtigung des Finanz- und Währungssystems und ihre Stellung als Hausbank des Staates. Ihr Hauptziel ist die Stabilität der Währung. Der Zentralbankrat der Deutschen Bundesbank wurde am 30. April 2002 aufgelöst, da seine hauptsächliche Aufgabe, die Festlegung der Leitzinsen mit Diskontsatz (Zinssatz bei Beschaffung von Liquidität für Kreditinstitute) sowie mit dem Lombardsatz (Zinssatz für durch Hinterlegung von Wertpapieren erhaltene Liquidität) und damit der Geldmenge seit Januar 1999 auf die Europäische Zentralbank (EZB) übergegangen ist.

192 Siehe Anmerkung 208, S. 365.

Noch einmal bekräftigt BK sein Verständnis für die politische und psychologische Lage in Polen und für die nicht einfache Situation von Mazowiecki. Er bittet ihn jedoch auch um Verständnis für diejenigen Deutschen, denen in der Stunde der Deutschen Einheit ein bitterer und endgültiger Verzicht abverlangt werde.

BK wiederholt seinen Wunsch, die in der »Gemeinsamen Erklärung« enthaltene Regelung der Minderheitenrechte erneut von einem geeinten Deutschland und der Republik Polen zu bekräftigen. Im gleichen Sinne solle Polen auch den Verzicht auf Reparationen von 1953 bestätigen. Der BK stellt jedoch klar, daß er mit diesen beiden Punkten keine Verknüpfung mit dem Grenzvertrag beabsichtige. Er wiederholt seine Bereitschaft, die Frage der Entschädigung ehemaliger polnischer Zwangsarbeiter zu prüfen. Aber auch dieses Problem dürfe nicht mit der Grenzfrage verknüpft werden. BK bleibt bei seiner bekannten Linie.

Von 18.00 Uhr bis 23.00 Uhr sitze ich erneut mit Experten aus Wissenschaft und Medien zusammen. Entscheidendes Thema ist heute die Frage, wie der zukünftige Sicherheitsstatus eines geeinten Deutschlands aussehen solle und wie die Weigerung Moskaus, der Mitgliedschaft eines geeinten Deutschlands in der NATO zu akzeptieren, überwunden werden könne.

Zwei wichtige Anregungen sind das Ergebnis unseres wie immer sehr intensiven Gespräches. Sie sind wie so oft von Boris Meissner angeregt worden.[193] Es handelt sich zum einen um den Vorschlag, der Sowjetunion schon heute für die Zeit nach der Vereinigung Deutschlands einen umfassenden bilateralen Vertrag über Gewaltverzicht und Zusammenarbeit anzubieten. Die Verhandlungen sollten schon vorher beginnen. Ein solches Angebot könnte der Sowjetunion die Sicherheit vermitteln, daß auch ein geeintes Deutschland bereit ist, der zentralen Bedeutung der beiderseitigen Beziehungen gerecht zu werden und sie umfassend zu entwickeln und zu intensivieren. Das geeinte Deutschland bliebe ein wichtiger Partner der Sowjetunion. Die zweite Idee ist ein gesamteuropäischer Gewaltverzichtsvertrag zwischen den Staaten der Atlantischen Allianz und den Mitgliedsländern des Warschauer Paktes, der den Gewaltverzicht bekräftigt, die Anerkennung der Grenzen festschreiben, den Prinzipienteil der KSZE aufgreifen und ein Streitschlichtungsverfahren, wie es die Schweiz bereits vorgeschlagen habe, aufgreifen sollte. Wir waren uns einig, daß es dabei nicht um einen multilateralen Beistandspakt gehen könne. Ich bin fasziniert von diesen Überlegungen und bin entschlossen, BK davon zu überzeugen. Noch lange sitze ich zu Hause mit Gerd Bacher zusammen. Voller Begeisterung lassen wir den Abend noch einmal Revue passieren und freuen uns, daß wir diese geschichtlichen Ereignisse miterleben dürfen.

Donnerstag, 5. April 1990

Während BK heute morgen mit den Währungsexperten aus dem Finanzministerium und der Bundesbank über die geplante Währungsunion mit der DDR spricht, habe ich meine Abteilung zusammengerufen. Zwei Stunden lang diskutieren wir die Idee aus dem Expertengespräch von gestern abend. Wir sind uns schnell einig, daß auf der Grundlage der bestehenden Verträge und Abkommen zwischen der Bundesrepublik und der Sowjetunion

193 Handschriftlich gestrichen wurde »ausgegangen«.

und der Gemeinsamen Erklärung von BK und Gorbatschow vom Juni 1989 noch vor der Wiedervereinigung ein umfassender Vertrag mit der Sowjetunion erarbeitet werden sollte, um ihr die Sicherheit zu geben, daß auch das geeinte Deutschland ein zentraler Partner bleiben werde. Neben dem Angebot der Zusammenarbeit in allen Bereichen und auf allen Ebenen müsse ein solcher Vertrag auch Fragen der Sicherheit aufgreifen. Eine längere Diskussion entzündet sich an der Frage, ob und in welcher Form ein gesamteuropäischer Gewaltverzichtsvertrag angestrebt werden solle. Ich plädiere nachdrücklich dafür, daß zwischen beiden Paktsystemen oder noch besser zwischen den Mitgliedstaaten beider Pakte, wie gestern abend angeregt, ein Abkommen geschlossen werden müsse, daß dem übersteigerten Sicherheitsbedürfnis der Sowjetunion Rechnung trage. Analogien zu vergleichbaren früheren sowjetischen Vorschlägen,[194] die in die gleiche Richtung gingen, lasse ich angesichts der veränderten Lage in Europa nicht gelten. Am Ende einigen wir uns darauf, daß wir intern beide Ideen weiterverfolgen und konkrete Vorschläge erarbeiten, die wir dem BK vorlegen wollen. Ich bin geradezu begeistert von diesen Überlegungen, weil ich den Eindruck habe, daß diese Angebote[195] an Gorbatschow uns der Lösung des zukünftigen Sicherheitsstatus Gesamtdeutschlands ein Stück näher bringen könnte. Dieses bilaterale Angebot könnte geradezu in idealer Weise die multilateralen Bemühungen ergänzen, die sich gegenwärtig auf die Institutionalisierung der KSZE konzentrieren, auf weitere Ergebnisse in den Abrüstungsverhandlungen und auf einen Wandel des Charakters der NATO. Damit zeichnet sich ein Gesamtpaket von Lösungen ab, die Moskau vielleicht bewegen könnte, die »Kröte der NATO-Mitgliedschaft« zu schlucken, wie es Portugalow einmal formuliert hat.

Mittags treffe ich mich mit dem kanadischen Under Secretary of State for External Affairs, Marchand de Montigny Wir sprechen über die aktuellen Probleme der Deutschlandpolitik, über die Entwicklung in Litauen und in der Sowjetunion. Sorge bereitet Marchand die zukünftige Rolle Kanadas in den Beziehungen zwischen den USA und einem geeinten Europa. In Kanada diskutiere man bereits die Frage, welche Rolle Kanada in Europa noch spielen könne, wenn die militärische Bedeutung der NATO reduziert und die ausländischen Truppen weitgehend reduziert werden. Das ist in der Tat eine interessante Überlegung und auch eine Frage an uns Europäer, in welcher Form zukünftig Kanada in Europa eingebunden bleiben soll.

Am Nachmittag unterrichte ich den BK über die Gesprächsergebnisse mit unseren französischen Kollegen und über die vorbereitete Initiative beider Regierungen zum bevorstehenden EG-Sondergipfel in Dublin. BK stimmt in allen Punkten zu. Damit ist der Weg

194 Der Hitler-Stalin-Pakt vom 23. August 1939 wurde nach Moskauer Zeit am 24. August in Anwesenheit Stalins und des deutschen Botschafters Graf von der Schulenburg von den Außenministern Joachim von Ribbentrop und Wjatscheslaw Molotow unterzeichnet. Vorausgegangen war der Abschluss eines deutsch-sowjetischen Wirtschaftsvertrages vom 19 August. Im Hitler-Stalin-Pakt wurde Deutschland für den Fall eines Angriffs auf Polen die Neutralität der Sowjetunion garantiert und in einem geheimen Zusatzprotokoll ein Teil Polens sowie Litauen zugesprochen, der Sowjetunion Ostpolen, Finnland, Estland, Lettland und Bessarabien. Nach dem beiderseitigen Angriff und Besetzung Polens am 1. bzw. 17. September wurde am 28. September 1939 ein deutsch-sowjetischer Grenz-und Freundschaftsvertrag unterzeichnet, in dem u. a. wirtschaftliche Zusammenarbeit vereinbart und durch den nun auch Litauen in den Machtbereich der Sowjetunion geriet. Am 22. Juni 1941 brach Deutschland mit dem Angriff auf die Sowjetunion beide Verträge. In der Stalin-Note vom 10. März 1952 wurde ein koalitionsfreies (blockfreies bzw. neutrales) vereintes Deutschland vorgeschlagen.

195 Handschriftlich gestrichen wurde »jedes Angebot«.

frei für eine erneute deutsch-französische Initiative in der Europäischen Gemeinschaft, die erste große und gemeinsame Aktion seit der Wiederwahl Mitterrand's.

Um 16.30 Uhr treffe ich mit dem Vorsitzenden der Gemäßigten Sammlungspartei Schwedens (MSP), Carl Bildt zusammen. Bildt berichtet mir vor allem von seinen Erfahrungen im Baltikum. Alle Parteien in Schweden seien sehr aktiv, den Balten zu helfen. Bildt ist überzeugt, daß alle drei baltischen Staaten den Weg in Richtung Souveränität entschlossen fortsetzen werden. Für sie gebe es keine Rückkehr mehr.

Freitag, 6. April 1990

Heute erscheint in der Iswestija ein Interview des BK. Darin lehnt BK noch einmal entschieden ein neutrales Gesamtdeutschland ab. Gleichzeitig nutzt er jedoch das Interview als Chance, der Sowjetunion den Ausweg aus ihrer Verweigerung aufzuzeigen:

Die Ergebnisse der Wiener Verhandlungen über konventionelle Abrüstung werden die militärische Bedeutung der Bündnisse deutlich verringern; die NATO müsse ihre Strategie und militärische Struktur den politischen Veränderungen in Europa und den Abrüstungsergebnissen anpassen; die NATO werde sich entsprechend ihrer Zielsetzung verstärkt auf ihre politische Rolle konzentrieren; auf das heutige Gebiet der DDR werden keine Einheiten und Einrichtungen des Bündnisses vorgeschoben. Damit kündigt BK an, daß die NATO von morgen eine andere sein werde als die von heute. Ein solches politisches Bündnis sollte es der Sowjetunion erleichtern, die Mitgliedschaft eines geeinten Deutschlands zu akzeptieren.

Gleichzeitig wiederholt er die einseitigen Verpflichtungen, die ein geeintes Deutschland eingehen wolle: Der Verzicht auf atomare, biologische und chemische Waffen; die feste Bindung an den Nicht-Verbreitungsvertrag und die Unterwerfung unter allen entsprechenden Kontrollen; weitreichende Kooperation und Verifikation im Rüstungskontrollbereich.

Ebenso eindeutig lehnt BK einen Friedensvertrag ab. Er würde 45 Jahren nach dem Kriegsende dem erreichten Stand der Beziehungen beider deutscher Staaten mit den Vier Mächten nicht mehr entsprechen. Die Deutschen von heute seien Freunde und Partner. Deshalb gebe es die 2+4-Gespräche, deren Ergebnis dem KSZE-Sondergipfel im Herbst zur Kenntnis gebracht werden solle.

In Washington gehen die dreitägigen Gespräche zwischen AM Baker und Schewardnadse zu Ende. Schewardnadse hat seinen Vorschlag wiederholt, daß ein geeintes Deutschland Mitglied beider Bündnissysteme sein solle. Er gibt jedoch keine Auskunft darüber, wie eine solche Mitgliedschaft aussehen und funktionieren solle. Baker bekräftigt heute in seiner Pressekonferenz die Mitgliedschaft eines vereinigten Deutschlands in der NATO. Sie sei seines Erachtens ein Rezept für langfristige Stabilität. Er weist daraufhin, daß die Sowjets diese Auffassung nicht teilen würden, andererseits wachse bei ihnen die Erkenntnis, »daß Neutralität nicht die Antwort« sei.

Die Pressekonferenz macht jedoch deutlich, daß nicht Deutschland sondern Litauen und Fragen der Abrüstung im Mittelpunkt der Gespräche standen. Besonders wichtig für uns ist die Ankündigung, daß Bush und Gorbatschow sich am 30. Mai zu einem Gipfel in Washington treffen wollen. Diese Begegnung kann ein Schlüsselereignis für die Lösung der Sicherheitsfragen im Zusammenhang mit der deutschen Einigung werden.

In Hannover halte ich anläßlich der Kommandeurs-Tagung der Bundeswehr einen Vortrag vor mehreren hundert Generalstabsoffizieren. Ich erläutere das Gesamtpaket von

Lösungen, die für die Vollendung der deutschen Einheit erforderlich sein werden. Den besonderen Schwerpunkt meiner Ausführungen lege ich auf die Ziele der Abrüstungsverhandlungen insbesondere im nuklearen Kurzstreckenbereich, im Bereich der chemischen und der konventionellen Waffen. Anschließend begründe ich, warum das Atlantische Bündnis seinen Charakter, die Strategie und die militärischen Strukturen verändern und an die Entwicklungen in Europa und in der Abrüstung anpassen müsse. Als dritten Schwerpunkt erläutere ich Möglichkeiten für übergreifende gesamteuropäische Sicherheitsstrukturen im Rahmen der KSZE und die Überlegungen zur Institutionalisierung. Im Grunde geht es mir vor allem um eine Botschaft: Die Bundeswehr dürfe sich gegenüber diesen Veränderungen nicht passiv verhalten, sondern müsse mit Fantasie und Kreativität an Lösungen für die NATO mitarbeiten und die notwendigen Schritte und Schlußfolgerungen für die Bundeswehr erarbeiten. Es gebe keinen Grund zu Pessimismus oder Defaitismus, sondern jetzt geschehe das, wofür der Westen und allen voran die Atlantische Allianz und die Bundeswehr 40 Jahre gearbeitet habe.

Die Reaktion auf meine Ausführungen ist erfreulich lebhaft und temperamentvoll. Doch die Zustimmung überwiegt bei weitem.

Heute geht der BK nach Hofgastein, um seine Fastenkur anzutreten. Für uns beginnen damit hoffentlich ruhigere Tage.

Dienstag, 10. April 1990

Die seit Tagen andauernden Koalitionsverhandlungen in Ost-Berlin kommen zum Ende. Große Koalition. Regierungsmannschaft in Ost-Berlin steht jetzt fest. Währungsunion zum 1. Juli.

Schewardnadse signalisiert Kompromißbereitschaft in der Frage der NATO-Mitgliedschaft. In einem Interview mit Novosti lehnt er einerseits »die Vorstellung der vollen NATO-Mitgliedschaft eines künftigen deutschen Staates« ab. Er fügt jedoch hinzu, daß es notwendig sei, »einen Kompromiß zu suchen, um ein wiedervereinigtes Deutschland zu einem echten Faktor der Stabilität in Europa zu machen«. Das sei durchaus möglich.

Im amerikanischen Fernsehen spricht sich PM Thatcher für eine Lösung der NATO-Frage »gemeinsam mit der Sowjetunion« aus. Gleichzeitig deutet auch sie ihre Bereitschaft an, daß es innerhalb der NATO »unbedingt Veränderungen geben« werde. Die jetzige NATO-Strategie müsse in eine »Übergangsphase« übergehen. Weniger Streitkräfte und weniger Ausrüstung werden erforderlich sein. »Wir wissen, daß sie etwas haben müssen, daß sich von unserer jetzigen NATO wesentlich unterscheidet«. Das ist ein bemerkenswertes Interview, das zeigt, daß auch PM Thatcher einverstanden ist, die NATO auf die veränderte Situation anzupassen. Es entspricht entschieden der Auffassung der Bundesregierung.

Am Nachmittag sucht mich der amerikanische Geschäftsträger Ward auf und übergibt mir ein Papier, das verschiedene Optionen für eine Regelung der deutschen Frage enthält. Die amerikanischen Überlegungen konzentrieren sich vor allem auf die Frage, wie die Vier-Mächte-Rechte abgelöst werden können und in welcher Form das geschehen solle. Verschiedene Formen einer abschließenden 2+4-Regelung werden aufgeführt und bewertet.

Der 2. Teil konzentriert sich auf die polnische Grenzfrage. Im Vordergrund steht die Frage, welche Rolle einer endgültigen Regelung der Grenze die Vier Mächte übernehmen sollten.

Teil 3 bezieht sich auf den Vollzug der Einigung und Teil 4 auf die Ablösung der Vier Mächte-Verantwortlichkeiten in Berlin. Dieses non-paper beweist erneut die Bereitschaft der USA zur engen Konsultation in jeder Phase des Einigungsprozesses.

Mittwoch, 11. April 1990

Heute geht die fast dreiwöchige KSZE-Konferenz über wirtschaftliche Zusammenarbeit in Europa zu Ende. Die 35 Teilnehmerdelegationen verabschieden das »Dokument der Bonner Konferenz über wirtschaftliche Zusammenarbeit in Europa«. Es enthält ein klares Bekenntnis aller Teilnehmerstaaten zur Marktwirtschaft. Das Ergebnis dieser Bonner Konferenz ist überraschend positiv. Selbst die amerikanische Delegation, die in diese Konferenz mit großer Skepsis hineingegangen war, äußert sich fast euphorisch über das Ergebnis. Der BK als Initiator dieser Konferenz wird das Ergebnis in Österreich mit Befriedigung zur Kenntnis nehmen.

Vormittags langes Abstimmungsgespräch mit General Naumann und meinen Experten über die Wiener VKSE-Verhandlungen und die VKSE II-Folgeverhandlungen und die Rolle im 2+4-Prozeß. Das zweite Thema sind die nuklearen Kurzstreckensysteme. Wir sind uns einig, daß es für die LANCE, den bodengestützten Nuklearsystemen, kein Nachfolgesystem geben kann.

Mittags ruft Jacques Attali an. Er gibt mir grünes Licht für die gemeinsame deutsch-französische Initiative zum EG-Sondergipfel in Dublin. Mitterrand sei über das Ergebnis sehr zufrieden.

Am Nachmittag führe ich mehrere Hintergrundgespräche mit amerikanischen Journalisten von Business Weekly, Shares und Tempelman; mit Tyler Marshall, New York Times sowie mit Prof. Griffith von der Cambridges University. In allen diesen Gesprächen geht es um die weitere Entwicklung in der Deutschlandpolitik.

Um 18.00 Uhr ruft BK aus Hofgastein an. Er habe eine Stunde mit Antall in Ungarn telefoniert. Antall brauche dringend Unterstützung. Ich solle mich mit ihm in Verbindung setzen.

BK berichtet, daß er in ständigem telefonischen Kontakt mit de Maizière stehe. Er sei mit dessen Koalitionsverhandlungen und der Regierungsbildung außerordentlich zufrieden: »Die Sauereien seien gleichmäßig verteilt worden«. De Maizière werde sich die Zuständigkeit für die 2+4-Gespräche selbst vorbehalten. Diestel von der DSU werde das Innenministerium übernehmen, die SPD das Finanz- und Arbeitsministerium und die Liberalen seien für die Neubildung der Länder zuständig. Alle Parteien hätten damit gleichermaßen schwierige Aufgaben zu lösen.

Er sei sich auch mit de Maizière einig, daß mit Polen kein Vertrag vor der Einigung Deutschlands verhandelt und paraphiert werde.

Am Abend versuche ich, Kontakt mit Antall in Budapest aufzunehmen. Ich erreiche jedoch nur einen Mitarbeiter.

In seinem heutigen Gespräch mit dem britischen Außenminister Hurd bekräftigte Gorbatschow seine ablehnende Haltung zur Mitgliedschaft eines geeinten Deutschlands in der NATO. Das sei für die UdSSR nicht annehmbar. Notwendig sei die Schaffung neuer Sicherheitsstrukturen für ganz Europa vom Atlantik bis zum Ural. Dieser Prozeß müsse beschleunigt und die Vereinigung Deutschlands mit ihm synchronisiert werden.

Reinhard Kleinmann veröffentlichte gestern abend in der REPORT-Sendung des Deutschen Fernsehens die Ergebnisse einer Meinungsumfrage zur Wiedervereinigung. Auf die

Frage nach finanziellen Opfern für die DDR erklärten sich zur Steuererhöhungen oder Sonderabgaben im Februar und März jeweils 28 % der Befragten bereit. 70 % erklärten sich nicht dazu bereit. Kleinmann's Kommentar war treffend: »Für mehr als zwei Drittel darf die Einheit nichts kosten«.

Urlaub ist angesagt. Ich freue mich auf die wenigen freien Tage.

Donnerstag, 12. April 1990

Da ich meinen Urlaub zu Hause in Königswinter verbringe, ist das gleichbedeutend mit Arbeit.

In einem Beitrag für die Mai-Ausgabe der Zeitschrift »NATO-16-Nations« spricht sich Schewardnadse erneut für eine »ernsthafte Überprüfung« einer Doppelmitgliedschaft eines vereinten Deutschlands in der NATO und im Warschauer Pakt aus. Sie solle bis zur Schaffung neuer Sicherheitsstrukturen in Europa gelten. Da der Westen den sowjetischen Vorschlag eines neutralen Deutschlands als unannehmbar betrachte und die Sowjetunion ihrerseits ein vereintes Deutschland in der NATO ablehne, sei der Vorschlag einer Doppelmitgliedschaft ein »akzeptabler Kompromiß«. Schewardnadse wiederholt ebenfalls den sowjetischen Vorschlag eines Friedensvertrages mit Deutschland. Darüber müsse man im Rahmen der Verhandlungen 2+4 sprechen.

Es gibt jedoch niemanden im Westen, der einen solchen Vorschlag einer Doppelmitgliedschaft ernsthaft diskutiert und in Erwägung zieht. Dieser Vorstoß der sowjetischen Führung wird mit Sicherheit ins Leere stoßen.

Karfreitag, 13. April 1990

Ein Mitarbeiter von Antall ruft mich heute aus Budapest an. Antall bereite seine Regierungserklärung und die Regierungsbildung vor. Er wünscht Unterlagen verschiedener Art, unter anderem die Geschäftsordnung der Bundesregierung, Parlamentsfraktion u. a. m. Ich leite ihm noch heute diese gewünschten Papiere zu.

In einer Pressekonferenz gemeinsam mit PM Thatcher auf den Bermuda bekräftigt Präsident Bush erneut, daß ein vereinigtes Deutschland Vollmitglied der NATO sein solle. Außerdem solle ein vereinigtes Deutschland »uneingeschränkte Kontrolle über sein gesamtes Territorium ohne irgendwelche Einschränkungen seiner Souveränität haben«. Bush und Thatcher machen gemeinsam deutlich, daß eine veränderte Rolle der NATO und der Rahmen der KSZE Voraussetzungen seien, Antworten auf gesamteuropäische Sicherheitsprobleme zu geben.

Karsamstag, 14. April 1990

Am späten Vormittag erreicht mich ein Anruf des Kollegen, Reckers aus dem Bundeskanzleramt, der seit 10 Tagen beratend bei Ministerpräsident de Maizière im Ministerratsgebäude tätig ist. Er teilt mir mit, daß es dringend erforderlich sei, de Maizière und seinen Amtschef, Minister Reichenbach sowie den Parlamentarischen Staatssekretär Krause, der zugleich Vorsitzender der CDU-Fraktion in der Volkskammer sei und verantwortlich für die Deutschlandpolitik, außenpolitisch zu beraten. Ich erkläre mich bereit, nach Ost-Berlin zu kommen, wann immer dies de Maizière wünsche.

Am Abend ruft mich Dr. Reckers erneut aus Ost-Berlin an: De Maizière möchte mich am Ostermontag um 10.00 Uhr in Ost-Berlin sprechen, da er um 12.00 Uhr ein erstes Gespräch mit dem neuen Außenminister Meckel von der SPD habe. Ich sage sofort zu, am Ostermontag nach Berlin zu kommen.

Ostermontag – 16. April 1990

6.50 Uhr: Abflug Köln nach Berlin. In Berlin holt uns vom Flughafen Frau Schultz, Büroleiterin von MP de Maizière ab. Wir fahren zum Hotel Berlin im Westteil der Stadt. In einem Nebenzimmer sprechen wir über die Regierungserklärung von de Maizière, die er am Donnerstag in der Volkskammer abgeben will. Frau Schultz gibt uns den außenpolitischen Teil zu lesen. In zwei Punkten weicht er von der Linie der Bundesregierung deutlich ab. Das 8 Seiten Papier enthält einige für uns kritische Aussagen. Das gilt insbesondere für die Passage zur polnischen Westgrenze. Dort ist der Vorschlag Mazowieckis uneingeschränkt übernommen worden, zwischen beiden deutschen Staaten und Polen noch vor der Vereinigung Deutschlands einen »Grenzvertrag« zu paraphieren. Dieser Vertrag soll nach der Vereinigung von der deutschen Regierung unterschrieben und vom Parlament ratifiziert werden.

Die NATO-Mitgliedschaft eines geeinten Deutschlands wird nur für eine »Übergangszeit bis zur Schaffung des gesamteuropäischen Sicherheitssystems« akzeptiert. Aufgabe der Regierung in der DDR sei es, dafür einzutreten, »im Prozeß der Ablösung der Militärbündnisse durch das gesamteuropäische Sicherheitssystem zu fördern«. Das sind Aussagen für die Regierungserklärung de Maizière's, die nicht den Positionen der Bundesregierung entsprechen. Darüber werden wir mit de Maizière sprechen müssen.

9.30 Uhr: Weiterfahrt zum Ministerratsgebäude in Ost-Berlin. Bei der Ausweiskontrolle fällt der Volkspolizei auf, daß mein Kollege Peter Hartmann seinen Diplomatenpaß noch nicht unterschrieben hat.

Das Ministerratsgebäude betreten wir durch einen Hintereingang. Beide Seiten bemühen sich ständig, bei den gemeinsamen Gesprächen nicht öffentlich aufzufallen, um den Eindruck einer »Fernsteuerung« durch Bonn zu vermeiden. Die langen Flure sind schmucklos, der Fußboden ist schlecht verklebt und die nachträglich angefertigten Doppeltüren sprechen von schlampiger Arbeit. In den Fluren und teilweise in den Arbeitszimmern hängt der typische »DDR-Geruch«, den ich seit den 60er Jahren kenne. Es ist ein Geruch von Desinfektionsmitteln. Alles wirkt gesichtslos. Wir bewegen uns im Zentrum des ehemals real existierenden Sozialismus. Von 10.00 Uhr bis 12.00 Uhr sprechen wir mit MP de Maizière. Ich treffe zum ersten Mal mit ihm zusammen. Er wirkt vom ersten Augenblick an vertrauenerweckend. Seine leise und freundliche Art wirkt beruhigend und sympathisch. Er hört aufmerksam zu und macht sich Notizen. Seine Fragen und Anmerkungen zeigen, daß er sich in Themen schnell hineindenken kann und lernbereit ist.

Wir sprechen über den 2+4-Prozeß analog der Papiere, die wir für den BK erarbeitet hatten. Bezüglich der inneren Aspekte der deutschen Einigung erinnere ich de Maizière an die Erklärung Gorbatschows in TASS vom 10. [sic!] Februar. Er sollte sich gegenüber Gorbatschow immer wieder darauf berufen. Dort hatte er zugesagt, daß es ausschließlich Sache der Deutschen sei, wie sie den Einigungsprozeß untereinander regeln wollen.

Im Zusammenhang mit dem 2+4-Prozeß erläutere ich die »Paket-Lösung«, die der BK für erforderlich hält, um vor allem die Sicherheitsfragen lösen zu können. Zu diesem Paket gehöre die Institutionalisierung der KSZE, die Abrüstungsverhandlungen, die wirtschaftliche Kooperation mit der Sowjetunion und die Ablösung der DDR-Verpflichtungen sowie der zukünftige militärische Status Gesamtdeutschlands und die Weiterentwicklung der NATO.

De Maizière erläutert, daß er die NVA nicht auflösen könne. Würde er die NVA auflösen, stünde er schwierigen innenpolitischen Problemen gegenüber. Die entlassenen Offiziere und Unteroffiziere könnten sofort zu einem Sicherheitsrisiko für ihn und seine Regierung werden, das er nicht eingehen könne.

De Maizière weist auf den Antrag der PDS hin, die Wehrpflicht in der DDR abzuschaffen. Dieser Antrag sei populär, und es werde daher keiner anderen Partei möglich sein, sich ihm ernsthaft zu widersetzen. Er überlege, wie er diesem Antrag in der Volkskammer zuvorkommen könne, andererseits könne er auch nicht auf den Zivildienst verzichten, da sonst die sozialen Einrichtungen in der DDR sofort zusammenbrechen würden. Heute bereits würden viele schon nach West-Berlin oder in die Bundesrepublik gehen. Das treffe vor allem auf die ausgebildeten Kräfte zu. Seine Frau sei Krankenschwester und berichte ihm darüber. Heute würden schon rund 50.000 Fachkräfte in West-Berlin arbeiten.

Ich berichte, daß vor allem Genscher auf die völlige Auflösung der NVA dränge. Außerdem wolle die Bundesregierung die Wehrpflicht beibehalten, dies würde aber kaum möglich sein, wenn sie nicht auch in der DDR beibehalten würde.

De Maizière berichtet über sein Gespräch mit dem sowjetischen Botschafter in Ost-Berlin, Kotschemassow. Dieser habe ihn zum Gespräch gebeten, und er sei zu ihm gegangen. Ich sage ihm, daß das ein Fehler gewesen sei. Der Botschafter habe zu ihm als Ministerpräsidenten zu kommen und nicht umgekehrt. Auf meine Frage, was Kotschemassow ihm gesagt habe, erwidert de Maizière: Er habe ihm deutlich gemacht, wer in der DDR noch das Sagen habe. Ansonsten seien vor allem die Wirtschaftsfragen im Vordergrund gestanden. Es sei außerordentlich wichtig, daß die bestehenden Lieferverträge der DDR mit der Sowjetunion und den anderen RGW-Staaten weitergeführt würden. Diese Frage müsse auch mit der EG besprochen werden. Wir stimmen überein, daß dieser Problemkreis ein wichtiger Schlüssel für die Lösung des Gesamtproblems darstelle.

Das ganze Gespräch verläuft sehr freundschaftlich und einvernehmlich. Als wir das Zimmer des MP verlassen, kommt AM Meckel zum Gespräch. Er trägt Pullover und Cordhose, als ob er einer Freizeitbeschäftigung nachginge. Um 12.00 Uhr essen wir mit Minister Reichenbach, dem Amtschef, zu Mittag. Anschließend setzen wir mit ihm und mit dem Vorsitzenden der CDU-Fraktion in der Volkskammer und dem Parlamentarischen Staatssekretär im Ministerrat, Dr. Krause, das Gespräch fort. Zuerst diskutieren wir den außenpolitischen Teil der Regierungserklärung. Der Mitverfasser, Steinbach, nimmt an dem Gespräch teil. Die Diskussion konzentriert sich auf das Problem der polnischen Westgrenze und auf Fragen der Sicherheit und Abrüstung. Wir sprechen auch darüber, wie die 2+4-Gespräche auf Beamtenebene vom Büro des MP begleitet werden sollen. Die zuständigen Mitarbeiter aus dem DDR-Außenministerium sind alle SED-Genossen.

Reichenbach und Krause zeigen sich sehr besorgt wegen der nach wie vor vorhandenen Stasi-Strukturen. Die Stasi-Mitarbeiter hätten in Standorten der sowjetischen Streitkräfte, aber auch anderweitig, Unterschlupf gefunden und könnten von dort weiter operieren. Beide äußern sie Besorgnis, daß Stasi-Angehörige Attentate versuchen könnten. Inszenierte Verkehrsunfälle seien nicht auszuschließen. Sie berichten über Erpressungen, die in vielfältiger Form vom Stasi erfolgt seien.

Reichenbach und Krause treten entschieden für einen raschen Einigungsprozeß ein, der zügig und ohne Umwege erfolgen müsse. Krause sagt zu mir, daß sie nur noch »Lothar« davon überzeugen müßten. Damit meinen sie de Maizière.

Fast drei Stunden sprechen wir über die Lage in der DDR. Beide Gesprächspartner sind auf ihre Art sehr eindrucksvoll. Sie sind entschlossen, alles zu tun, um die Einigung Deutschlands zu erreichen, ohne jedoch im einzelnen zu wissen, wie sie ihre eigene Arbeit organisieren sollen. Bewundernswert finde ich auch, wie viel Zeit sie sich für dieses Gespräch nehmen, obwohl sie die Regierungserklärung vorbereiten müssen.

Ich empfehle eine schonungslose Abrechnung mit dem alten Regime. Die Erblast der SED müsse kompromißlos öffentlich dargestellt werden, um keine Illusionen über die tatsächliche Lage in der DDR aufkommen zu lassen. Das sei wichtig sowohl gegenüber der Bevölkerung in der Bundesrepublik als auch gegenüber der Sowjetunion, um alle Illusionen über den tatsächlichen Zustand auszuräumen.

Am späten Nachmittag fliegen wir nach Bonn zurück. Wir haben den Eindruck, daß die Gespräche mit de Maizière, Reichenbach und Krause äußerst aufschlußreich gewesen waren. Wir haben viel über die tatsächliche Lage in der DDR dazu gelernt Wir haben drei Männer kennengelernt, die mit überraschender Gelassenheit ihre Arbeit aufnehmen. Vermutlich sind sie sich noch nicht der Herausforderung bewußt, die tatsächlich auf sie wartet. Sie hoffen und rechnen aber auch mit der tatkräftigen Unterstützung der Bundesregierung.

Nach Rückkehr aus Berlin unterrichte ich BK telefonisch über die Gespräche in Ost-Berlin. Ich empfehle, von Seiten der Bundesregierung in stärkerem Maße als bisher die Initiative zu ergreifen. Wir müßten stärker von unserer Seite aus den Kontakt mit den neuen Partnern in Ost-Berlin suchen und Beratung anbieten. Sicherlich müsse man dafür Sorge tragen, daß nicht der Eindruck erweckt werde, daß wir tatsächlich versuchen würden, sie »fernzusteuern«. BK berichtet mir, daß er im ständigen telefonischen Kontakt mit de Maizière stehe. Er sei zu jeder Unterstützung bereit.

Dienstag, 17. April 1990

Erneut muß ich meinen Urlaub unterbrechen. Um 13.00 Uhr telefonieren Seiters, Ackermann und ich mit BK in Hofgastein. Dieser berichtet uns, daß er heute lange mit de Maizière telefoniert habe. Aufgrund meines gestrigen Gespräches habe er heute von sich aus angerufen. De Maizière sei darüber sehr erfreut gewesen und habe sich über unser gestriges Gespräch sehr positiv geäußert. BK gibt Seiters ebenfalls den Rat, daß er sich von sich aus so oft als möglich in Ost-Berlin melden solle. Er empfiehlt Seiters, möglichst rasch mit seinem Gegenpart Reichenbach Kontakt aufzunehmen und so eng als möglich zusammenzuarbeiten.

BK bekräftigt noch einmal, daß bis zum 1. Mai die Vorbereitungen für die Währungsunion abgeschlossen sein müßten. Er gehe davon aus, daß Renten und Löhne sowie die Spareinlagen bis zu einer Größenordnung von 2.000 bis 3.000 Mark 1:1 umgetauscht werden sollten. Die Umtauschquote für Schulden dagegen solle nur 1:2 betragen. BK drängt darauf, daß wir das Gesetz des Handelns in der Hand behalten.

Mittwoch, 18. April 1990

BK und Mitterrand richten heute eine gemeinsame Botschaft an den irischen PM und amtierenden Präsidenten des Europäischen Rates, Charles Haughey. Sie teilen ihm mit, daß sie es für notwendig erachten, den politischen Aufbau des Europas der 12 zu beschleunigen. Es sei an der Zeit, »die Gesamtheit der Beziehungen zwischen den Mitgliedstaaten in eine Europäische Union umzuwandeln und diese mit den notwendigen Aktionsmitteln auszustatten«, wie es die Einheitliche Akte vorgesehen habe.

Sie übermitteln Haughey ihren Wunsch, die vorbereitenden Arbeiten für die Regierungskonferenz über die Wirtschafts- und Währungsunion zu intensivieren und solche Arbeiten für eine Regierungskonferenz über die Politische Union einzuleiten. Ihr gemeinsames Ziel sei es, daß diese grundlegenden Reformen – die Wirtschafts- und Währungsunion wie die Politische Union – am 1. Januar 1993 nach Ratifizierung durch die nationalen Parlamente in Kraft treten sollten. Der deutsch-französische »Motor« für die Europäische Einigung ist damit nach langer Zeit erneut gestartet worden.

De Maizière unterrichtet uns heute[196] über ein non-paper, das er vom sowjetischen Botschafter in Ost-Berlin, Kotschemassow, am 18. April[197] erhalten hat. Darin heißt es, daß die Sowjetunion zu den Vereinigungsprozessen zwischen den beiden deutschen Staaten positiv eingestellt sei, wobei sie davon ausgehe, daß sie sich in geordneten Bahnen und unter Achtung der Interessen der anderen Völker vollziehen werden. Die Sowjetunion bekräftigt erneut, daß die Deutschen selbst verantworten müßten, in welcher Form sie ihr Recht auf staatliche Einheit verwirklichen wollten. Gleichzeitig bekräftigt sie, daß der innere und äußere Prozeß miteinander verbunden und synchron gelöst werden müsse. Die Vereinigung Deutschlands dürfe nicht zu einer Verringerung der Sicherheit irgendeines Staates führen. Sie gehe davon aus, daß die DDR wie auch die BRD ihre Verpflichtungen erfüllen und die Rechte und Interessen der UdSSR aus den bestehenden wirtschaftlichen, politischen und militärischen Verträgen und Abkommen in Rechnung stellen würden. Das Prinzip »pacta sunt servanda« dürfe nicht verletzt oder umgangen werden.

Erneut bekräftigt die Sowjetunion ihre Ablehnung der Mitgliedschaft eines vereinigten Deutschlands in der NATO. Daran würde sich auch nichts durch eine zeitweilige oder ständige Ausklammerung des gegenwärtigen DDR-Territoriums aus der Einflußsphäre der NATO ändern. »Illoyalität gegenüber dem Warschauer Vertrag wäre ein schlechter Dienst an der gesamteuropäischen Sache«.

Ausdrücklich als »Ausweg« bezeichnet das non-paper die Schaffung eines gesamteuropäischen Sicherheitssystems. Es müsse ein Übergang vom gegenwärtigen System zweier Bündnisse zu einer kollektiven Sicherheitsstruktur gefunden werden.

Weiter wird ausgeführt, daß die Sowjetunion unter emer Vereinigung Deutschlands das Zusammenwachsen der beiden deutschen Staaten verstehe und nicht die Einverleibung des kleineren durch den größeren Staat. Die Anwendung von Art. 23 GG sei mit dem Ziel entstanden, Verpflichtungen der DDR gegenüber der Sowjetunion und den anderen Verbündeten der DDR zu lösen, während die Verpflichtungen der BRD aufrecht erhalten blieben. Deshalb könne die UdSSR nicht ihre Zustimmung zur Anwendung von Art. 23 geben.

196 Es wurde handschriftlich gestrichen »heute«.

197 »am 18. April« wurde gestrichen und durch »heute« ersetzt.

Erneut wird bekräftigt, daß der Zweite Weltkrieg durch den Abschluß eines Friedensvertrages mit Deutschland abgeschlossen werden müsse. Ausdrücklich wird allerdings auch von einem »anderen adäquaten Dokument« gesprochen. Ein solcher Vertrag bzw. ein solches Dokument müsse im Rahmen der Verhandlungen 2+4 ausgearbeitet werden. Die Aussage von Gorbatschow vom 10. Februar in Moskau wird bekräftigt, daß Deutschland nicht diskriminiert und die nationale Würde der Deutschen nicht verletzt werden dürfe. Die sowjetische Seite bietet ständigen Meinungsaustausch und Konsultationen zu all diesen Fragen an, auch über die Verpflichtungen der DDR im ökonomischen Bereich.

Schewardnadse nennt heute in seinem Gespräch mit dem italienischen AM de Michelis drei »Grundbedingungen« für den Aufbau der deutschen Einheit: der Prozeß müsse sich schrittweise vollziehen, und zwar auf friedlichem, demokratischem Wege unter Berücksichtigung der Interessen aller Seiten und bei unbedingter Aufrechterhaltung des Kräftegleichgewichts und der Unveränderlichkeit der bestehenden Grenz.en. Er müsse in Harmonie mit dem Helsinki-Prozeß verwirklicht werden. Die korrekteste Form einer friedlichen deutschen Lösung sei ein Friedensvertrag, der den militär-politischen Status Deutschlands festlegen solle. Auch Gorbatschow unterstreicht gegenüber de Michelis »die Notwendigkeit einer Synchronisierung des gesamteuropäischen Prozesses und der Schaffung neuer Sicherheitsstrukturen in Europa mit der Vereinigung Deutschlands«.

Donnerstag, 19. April 1990

Um 10.30 Uhr treffe ich zu einem fast zweistündigen Gespräch mit dem ungarischen AM Gyula Horn und Botschafter Horváth zusammen. Horn berichtet mir, daß er den Vorsitz der Partei übernehmen werde. Er sei nicht gerade begeistert darüber, aber er sei darum gebeten worden. Sein Ziel sei es, eine klassische, westlich geprägte sozialdemokratische Partei zu entwickeln, die der Sozialistischen Internationale beitreten solle. Die erklärten ungarischen Sozialdemokraten seien zwar von der SPD massiv unterstützt worden, aber hätten die 4%-Hürde bei den Wahlen nicht überwinden können. Außerdem wolle er selbst den Vorsitz im Auswärtigen Ausschuß im ungarischen Parlament übernehmen.

Wir reden lange über die Entwicklung in der Sowjetunion. Horn hat in der Sowjetunion studiert und zahlreiche Kontakte zu Mitarbeitern von Gorbatschow. Horn beurteilt die Lage in der Sowjetunion sehr kritisch. Die Entwicklung in Litauen als auch die deutsche Einigung könnten Gorbatschow gefährden. Die ökonomische Lage sei katastrophal.

Horn berichtet über das letzte Außenminister-Treffen der Warschauer Pakt Staaten in Prag. Schewardnadse habe eine sehr harte Rede gehalten und sich entschieden gegen die Mitgliedschaft eines geeinten Deutschlands in der NATO ausgesprochen. Er, Horn, habe gemeinsam mit dem AM der ČSFR, Dienstbier, und mit dem polnischen AM Skubizewski dagegen gehalten. Schewardnadse habe sich anschließend für diese Unterstützung bedankt. Er und Gorbatschow stünden unter starkem Druck der Konservativen und der Militärs in der Sowjetunion, deshalb sei die Haltung der anderen Warschauer Pakt Staaten für sie in der deutschen Frage sehr wichtig. Horn und ich vereinbaren, auch zukünftig in engem Kontakt zu bleiben. Die Kontakte Horns in Moskau sind für uns immer von großem Nutzen gewesen. Er ist ein sehr kluger Analytiker, sehr nüchtern in seinem Urteil und neigt zur Ironie. Er weiß jedoch immer, was er will.

Regierungserklärung von MP de Maizière vor der Volkskammer in Ost-Berlin. Er betont den Willen zu einem völligen Neuanfang, aber er verzichtet auf eine polemische Auseinandersetzung mit dem früheren System. Ich weiß nicht, ob das richtig ist. Nur aus der Aufzählung dessen, was er neu ordnen wolle, ist das Ausmaß der Erblast erkennbar, die die neue Regierung übernehmen muß.

Ein klares Bekenntnis zur deutschen Einheit durchzieht die ganze Rede. Sie enthält ein klares Ja zur Einheit gemäß Art. 23 GG. Sie soll »so schnell wie möglich, aber so gut, so vernünftig, so zukunftsfähig wie nötig« erfolgen.

Die Grundlagen für die Wirtschafts-, Währungs- und Sozialunion sollen in den nächsten 8 bis 10 Wochen geschaffen werden. Die Währungsumstellung soll auf der Basis eines »grundlegenden Kurses von 1:1« erfolgen.

Der außenpolitische Teil kommt zuletzt und ist sehr zurückhaltend formuliert. De Maizière legt sich auf kein Verfahren zur Anerkennung der polnischen Westgrenze fest. Hier hat unsere Beratung und die Intervention des BK gewirkt. Seine Rede enthält jedoch auch keine Aussage zur NATO-Mitgliedschaft Deutschlands, aber allgemeine Ausführungen zur Unterstützung des Prozesses zur Ablösung der militärischen Bündnisse durch Sicherheitsstrukturen mit immer weniger militärischen Funktionen. De Maizière spricht sich für eine reduzierte NVA für eine Übergangszeit aus.

Besonders betont er die Garantie der Vertragstreue gegenüber der Sowjetunion und gegenüber den anderen RGW-Staaten. Überraschend ist seine Aussage von der »Loyalität gegenüber dem Warschauer Pakt«. Dagegen wiederholt er problematische Aussagen aus der Koalitionsvereinbarung nicht. Im Großen und Ganzen können wir mit dieser Regierungserklärung sehr zufrieden sein. Die Voraussetzungen für die Zusammenarbeit sind im Grundsatz geschaffen.

Der sowjetische Geschäftsträger überreicht uns heute eine Demarche zum Vertrag über die Schaffung einer Währungsunion mit Wirtschafts- und Sozialgemeinschaft mit der DDR. Mündlich und mit der Übergabe eines non-papers erklärt die sowjetische Seite, daß mit einem solchen Vertrag die grundsätzlichen Positionen und Interessen der Sowjetunion aufs Unmittelbarste betroffen sein.

Besonders wird darauf hingewiesen, daß die DDR durch die vollständige Abtretung der Souveränität auf den Gebieten Finanzen, Wirtschaft und Soziales schon in der Anfangsphase des Einigungsprozesses auf ihre Selbständigkeit verzichte. Kritisch wird bemerkt, daß in diesem Vertrag ausdrücklich auf Beitritt nach Art. 23 GG bestanden werde. Damit werde eine rechtliche Basis für die faktische Einverleibung der DDR geschaffen. Der sowjetischen Führung ist damit immer noch nicht bewußt, daß auch Art. 23 eine eigenständige Entscheidung der DDR-Regierung voraussetzt.

Ausdrücklich wird darauf hingewiesen, daß dieser Vertrag keine akzeptable Grundlage zur Herstellung der staatlichen Einheit sei. Er gefährde die Rechtsnachfolge hinsichtlich der internationalen Verpflichtungen der DDR, beschädige die sowjetischen Interessen und berühre die Rechte und Verantwortlichkeiten der Vier Mächte. Schwerwiegende Probleme sieht die Sowjetunion bezüglich der Erfüllung der wirtschaftlichen Verpflichtungen der DDR gegenüber der Sowjetunion. In diesem Zusammenhang rechnet sie mit konkreten Schritten der Bundesregierung, damit die wirtschaftlichen Verpflichtungen der DDR gegenüber der Sowjetunion erfüllt würden.

Diese Demarche auf protokollarisch sehr niedriger Ebene ist eine vorsichtige Warnung, ohne jedoch von der Bundesregierung unmittelbare und konkrete Schritte zu erwarten.

Freitag, 20. April 1990

Heute geht eine Botschaft von PM Thatcher an den BK ein. Sie unterrichtet BK über das Ergebnis ihrer Gespräche mit Präsident Bush auf den Bermudas. Die wichtigste Information ist die Überlegung eines »baldigen« NATO-Gipfels, der jedoch in der NATO erörtert werden solle. Themen eines solchen Sondergipfels sollten sein die gesamtdeutsche Vollmitgliedschaft in der NATO, die amerikanische konventionelle und nukleare Präsenz in Europa und die zukünftige Strategie. Auch Mitterrand und Bush haben sich nach ihrer Begegnung in Key Largo in Florida für einen Gipfel »noch vor Ende des Jahres« ausgesprochen. NATO-Generalsekretär Wörner hat diese Idee bereits öffentlich begrüßt.

Erfreulich ist der Hinweis von PM Thatcher, daß sie sich mit Bush und BK in der Frage der deutsch-polnischen Grenze nun einig sei. Zugleich gibt sie ihrer Überzeugung Ausdruck, daß die Sowjets letzten Endes der NATO-Mitgliedschaft eines vereinten Deutschlands sowie dessen vollständiger Teilnahme an der integrierten militärischen Struktur der NATO zustimmen würden. Dieser Meinung sei auch Präsident Bush.

Diese Unterrichtung ist ein Hinweis darauf, daß sich die Beziehungen zwischen Thatcher und BK nach ihrer letzten Begegnung in London erfreulich verbessert haben. Wir verstehen diese Unterrichtung als eine Geste des guten Willens.

Sonntag, 22. April 1990

Der BK, der am Freitag aus Hofgastein nach Ludwigshafen zurückgekehrt war, hat heute für 19.00 Uhr Mitglieder des Kabinetts und Vertreter der Bundesbank zu einer Besprechung in den kleinen Kabinettsaal nach Bonn eingeladen.

Einleitend berichtet BK über mehrere Telefonate mit Präsident Bush während seines Urlaubs in Hofgastein, in der dieser die deutsche Politik voll unterstützt habe. Sehr ausführlich habe er auch mit EG-Präsident Delors gesprochen.

BK stellt fest, daß sich der Zeithorizont verenge. Die Gunst der Stunde, von der man sprechen könne, müsse jetzt genutzt werden. Denn es könne nicht ausgeschlossen werden, daß sich auf die Entwicklung »Rauhreif« lege.

BK bezeichnet die Regierungsbildung in der DDR als eine beachtliche Leistung. Die Voraussetzung für die Zusammenarbeit seien geschaffen. Der verabredete Zeitplan bleibe unverändert.

Dr. Tietmeyer, der persönliche Beauftragte des BK für die Währungs-, Wirtschafts- und Sozialunion, berichtet über den Stand der Vorbereitungen. Der Staatsvertrag sei noch einmal überarbeitet und deutlich verkürzt worden. Das Protokoll mit allen wichtigen Leitsätzen sei fertig gestellt. Die Anlagen enthielten die erforderlichen Gesetzesänderungen für die Bundesrepublik, um das Gleichgewicht mit der DDR deutlich zu machen.

Tietmeyer berichtet, daß alle Versuche, mit den SPD-Ressorts in Ost-Berlin Kontakt aufzunehmen, bisher gescheitert seien. Das gelte auch für den sozialdemokratischen Finanzminister Romberg. Es bestehe der Eindruck, daß die SPD die Gespräche verzögern wolle. Morgen abend werde er jedoch mit MP de Maizière und mit Finanzminister Romberg sowie mit Wirtschaftsminister Pohl zusammentreffen. Besondere Probleme gebe es im Agrarbereich.

Genscher berichtet über das AM-Treffen der EG in Dublin. EG-Kommissionspräsident Delors habe einen sehr positiven Bericht gegeben, der eine herzliche Zustimmung aller

Teilnehmer zum Einigungsprozeß bewirkt habe. Der Bundesregierung sei für die gute Unterrichtung gedankt worden. Genscher plädiert für eine möglichst frühe Einbeziehung von DDR-Experten in die EG-Verhandlungen.

Bundesbankpräsident Pöhl bittet um ein Gentleman Agreement mit de Maizière, die DDR-Notenpresse zu begrenzen, um eine Erhöhung der Verschuldung zu verhindern. BM Waigel bestätigt das erhebliche Defizit der DDR, das weiterhin wachse. Sie müsse deshalb eigene Anstrengungen unternehmen, um diese Defizite zu verringern. Waigel berichtet, daß die Bundesländer grundsätzlich zugestimmt hätten, sich an der Finanzierung zu beteiligen.

Der BK unterstreicht den Willen der Bundesregierung, daß Steuererhöhungen als Mittel der Finanzierung für die DDR ausscheiden. Es erhebt sich kein Widerspruch. Er werde seine volle Amtsautorität einsetzen, damit der Zeitplan für die Währungs-, Wirtschafts- und Sozialunion eingehalten werde. Er werde das mit aller Härte tun und notfalls den Karren der DDR vor die Türe stellen. Die internationale Entwicklung arbeite nicht für uns. Wenn im Sommer hunderttausende Übersiedler kämen, würde diejenigen, die heute die Entscheidungen verzögern würden, den Vorwurf erheben, daß nicht rechtzeitig gehandelt worden sei.

Ausführlich wird über die Umtauschquoten gesprochen. Pöhl verweist auf die Vorschläge der Bundesbank. Das seien Empfehlungen. Es sei jetzt Aufgabe der Bundesregierung, einen Vorschlag zu machen.

Ausführlich wird auch über die Einführung des Rentensystems und der Arbeitslosenversicherung in der DDR gesprochen. Ein weiteres Thema sind die DDR-Verpflichtungen gegenüber der Sowjetunion. Der Kanzler fordert die Entwicklung eines Konzepts für die Kooperation mit der Sowjetunion nach Herstellung der Einheit. Am Mittwoch abend habe er mit Bush telefoniert. Sie seien sich einig gewesen, daß es gemeinsames Interesse sei, Gorbatschow zu stabilisieren.

Weitere Themen sind die Eigentumsfragen und die Haushaltssituation in der DDR. Um Mitternacht endet diese intensive Aussprache, die eine Verständigung über die Grundzüge eines Angebots für den Staatsvertrag mit der DDR zur Gründung einer Währungsunion mit Wirtschafts- und Sozialgemeinschaft gebracht hat. Das Ergebnis soll morgen vom Regierungssprecher bekanntgegeben werden. Am wichtigsten ist die Entscheidung, daß Löhne und Gehälter grundsätzlich im Verhältnis 1:1 umgestellt werden sollen.

Montag, 23. April 1990

Um 11.00 Uhr tagt der CDU-Bundesvorstand im Konrad-Adenauer-Haus. BK gibt einen Lagebericht. Er weist darauf hin, daß Präsident Bush in den letzten Wochen »ungewöhnlich« hilfreich gewesen sei. Dagegen müsse man besorgt sein, wie sich die Lage in der Sowjetunion weiter entwickle. Die krisenhafte Entwicklung in Litauen und die wachsenden ökonomischen Schwierigkeiten könnten dazu führen, den deutschen Einigungsprozeß zu erschweren. Man müsse deshalb jetzt klug sein, das richtige Wort zum richtigen Zeitpunkt sagen und die Entscheidungen rechtzeitig treffen. Jede Chance, voranzukommen, müsse jetzt genutzt werden.

BK bekräftigt seine Auffassung, daß die wirtschaftlichen Fragen mit der Sowjetunion auch für den Einigungsprozeß von zentraler Bedeutung seien. Dies gelte vor allem für die Ablösung der DDR-Verpflichtungen gegenüber der Sowjetunion. Er kündigt an, auf dem Weltwirtschaftsgipfel in den USA über wirtschaftliche Hilfen für die Sowjetunion und

Osteuropa zu sprechen. Für die Sowjetunion sei die Frage der zukünftigen Wirtschaftsbeziehungen am Ende wichtiger als die NATO-Zugehörigkeit Deutschlands.

BK berichtet über das gestrige Gespräch mit den Mitgliedern des Kabinetts und der Bundesbank zur Einführung der Währungs-, Wirtschafts- und Sozialunion. Er weist darauf hin, daß das zeitliche Ziel des ersten 1. Juli für die Einführung unabänderlich sein müsse.

Heute vormittag setze ich die Diskussion mit meinen Mitarbeitern über einen umfassenden bilateralen Vertrag über Gewaltverzicht und Zusammenarbeit mit der Sowjetunion und über einen multilateralen Gewaltverzichtsvertrag fort. Unsere Meinungsbildung ist klar. Wir werden dem BK diesen Vorschlag machen. Gleichzeitig werden wir ihm einen Brief an Präsident Gorbatschow zum 8. Mai des Kriegsendes empfehlen.

Gleichzeitig bereiten wir die BSR-Sitzung am Mittwoch vor.

Dort wird es um den 2+4-Prozeß und um die VKSE-Perspektive gehen. Wir besprechen den deutsch-französischen Gipfel in Paris und den EG-Sondergipfel in Dublin vor und diskutieren die Weiterentwicklung in den verschiedenen Abrüstungsverhandlungen.

Am Nachmittag habe ich ein ausführliches Gespräch mit dem BK. Zuerst geht es um den bevorstehenden deutsch-französischen Gipfel. BK weiß, daß es bei dieser Begegnung hauptsächlich um die »Chemistry« gehen wird. Das persönliche Vertrauensverhältnis muß stabilisiert werden.

Ich berichte, daß Präsident Mitterrand in der Sitzung des gemeinsamen Verteidigungsrates die Idee einer europäischen Verteidigung aufgreifen und öffentlich ankündigen wolle. BK ist skeptisch. Man könne nicht alles gleichzeitig machen. Im übrigen müsse die Initiative jetzt von Frankreich ausgehen. Er werde diesen Punkt von sich aus nicht ansprechen.

Wir besprechen das weitere Vorgehen in der polnischen Grenzfrage. BK bleibt entschieden bei seiner bisherigen Position. Er sei nicht bereit, einen Vertragsentwurf vor der Vereinigung zu verhandeln und zu parafieren. Niemand werde ihn dazu zwingen können.

In Vorbereitung der BSR-Sitzung am Mittwoch bekräftigt BK seine Position, daß er dafür eintrete, daß auch auf dem Territorium der DDR deutsche Soldaten stationiert werden sollen, wenn die sowjetischen Soldaten abgezogen seien.

Ausführlich sprechen wir über die Entwicklung der Beziehungen zur Sowjetunion. Ich erläutere noch einmal unsere Idee eines bilateralen Vertrages und eines gesamteuropäischen Gewaltverzichtsvertrages. Im Auftrag des BK hatte ich heute morgen für 17.00 Uhr Kwizinskij zu einem Gespräch mit dem BK gebeten. BK will die Idee eines solchen bilateralen und multilateralen Vertragssystems über Kwizinskij als Angebot an Gorbatschow übermitteln. BK ist mit unseren Überlegungen ohne Einschränkung einverstanden. Ich bin auf die Reaktion Kwizinskijs und auf das Echo in Moskau gespannt. BK gibt mir den Auftrag, eine entsprechende Vorlage vorzubereiten. Er ist nach wie vor davon überzeugt, daß eine großzügige wirtschaftliche Kooperation mit der Sowjetunion die Lösung der Sicherheitsprobleme erleichtern werde.

Wir sprechen über eine mögliche Begegnung von BK mit Präsident Bush vor dem sowjetisch-amerikanischen Gipfel am 31. Mai in Washington. BK äußert sich über diesen Gedanken positiv, will sich aber terminlich noch nicht festlegen.

Ich erläutere noch einmal den britischen Vorschlag, zur Frage der deutschen Einigung einen NATO-Sondergipfel durchzuführen. BK erklärt sich mit einem solchen Vorschlag einverstanden. Wir sind uns jedoch einig, daß ein solcher Gipfel möglichst unmittelbar nach der Begegnung zwischen Bush und Gorbatschow stattfinden sollte. Bush könnte dann die NATO-Mitgliedsländer über seine Gespräche unterrichten. Eine andere Alternative wäre ein NATO-Gipfel im Herbst, wenn der 2+4-Prozeß zum Abschluß gekommen sei. Das würde auch verhindern, daß ein NATO-Sondergipfel von der Sowjetunion als eine Art Druckkulisse mißverstanden werden könnte.

Dieses Gespräch mit dem BK war außerordentlich erfreulich und hat mich in vielen Punkten konkret weiter gebracht.

17.00 Uhr: BK spricht mit dem sowjetischen Botschafter Kwizinskij. Eingangs bezeichnet BK die sowjetische Demarche zur Währungs-, Wirtschafts- und Sozialunion vom 19. April als unverständlich. Er sei überrascht, daß die sowjetische Führung auf Presseveröffentlichungen reagiere, bevor der Vertragstext endgültig vorliege.

Dann erläutert BK die Vorschläge für einen umfassenden bilateralen Vertrag. Die Vorbereitungen könnten sofort beginnen. Der Vertrag sollte die Zusammenarbeit zwischen dem geeinten Deutschland und der Sowjetunion auf eine umfassende und weitreichende Basis stellen und noch vor der Einigung unterschriftsreif ausgehandelt werden. In einem solchen Vertrag sollten die wesentlichen Elemente des Moskauer Vertrages, der Gemeinsamen Erklärung, die er mit Gorbatschow unterzeichnet habe, sowie alle anderen Abkommen eingebracht werden. Er wolle gewissermaßen eine »Charta der Zusammenarbeit mit der Sowjetunion im Sinne der großen geschichtlichen Tradition vereinbaren«.

Darüber hinaus schlage er vor, die DDR-Verpflichtungen gegenüber der Sowjetunion aufzuarbeiten und in eine darüber hinaus reichende Perspektive für die deutsch-sowjetische Zusammenarbeit nach der Einigung Deutschlands einzubringen.

BK erläutert darüber hinaus seine Position zur Oder-Neiße-Grenze und zum 2+4-Prozeß. Auch diese beiden Themen unterstreichen die zentrale Bedeutung der deutsch-sowjetischen Beziehungen. Wenn er einmal das Bundeskanzleramt verlassen werde, wolle er zwei Ziele erreicht haben: Erstens solle der Zug in Richtung auf die europäische Integration von keiner Seite mehr aufzuhalten sein; zweitens wünsche er gute Beziehungen mit der Sowjetunion.

Kwizinskij reagiert überraschend positiv, ja fast euphorisch. Als er nach Deutschland gekommen sei, sei es von Anfang an so etwas wie sein Traum gewesen, zwischen Deutschland und der Sowjetunion etwas im Bismarckschen Sinne zu erreichen. Ein Vertrag, wie ihn der BK angesprochen habe, sei im Sinne von Präsident Gorbatschow.

BK stößt nach. Jetzt müsse es grundsätzlich darum gehen, nach vorne zu sehen. Je mehr sich Deutschland in den Westen integriere, desto größer seien die Möglichkeiten der Zusammenarbeit mit der Sowjetunion und desto weniger bestehe die Gefahr, daß Deutschland zu einem unverdaubaren Klotz in der Mitte Europas werde. In allen Bereichen der Zusammenarbeit könnten gerade die Deutschen für die Sowjetunion wichtige Beiträge leisten. Er freue sich deshalb, daß Kwizinskij jetzt stellvertretender Außenminister in Moskau werde und damit noch größere Verantwortung übernehme. Der Vertrag zwischen Deutschland und der Sowjetunion solle nicht nur den Bereich der Wirtschaft erfassen, sondern weit darüber hinausgehen. Er sei jederzeit bereit, darüber mit Gorbatschow in einem kleinen Kreis gemeinsam laut darüber nachzudenken, wie ein solcher Vertrag aussehen könnte.

Beide sprechen noch einmal ausführlich über die 2+4-Gespräche. Kwizinskij gibt zu erkennen, daß es der Sowjetunion auch um eine Reduzierung der Bundeswehr gehe. Entsprechend müßten auch die Truppen der Vier Mächte reduziert werden. Ein weiteres Problem bestehe auch in der Präsenz von Nuklearsystemen. Über alle diese Fragen als auch bezüglich der polnischen Westgrenze müßten bei den 2+4-Gesprächen Ergebnisse erreicht werden.

BK bittet Kwizinskij, sein Angebot an Gorbatschow weiterzuleiten. Er würde sich auch freuen, Kwizinskij noch einmal sprechen zu können, bevor er nach Moskau zurückkehre.

Beim Hinausgehen sprechen Kwizinskij und ich noch einmal über das Angebot eines bilateralen Vertrages. Kwizinskij ist über dieses Angebot sehr erfreut. Allerdings müßte ein solches bilaterales Abkommen auch Fragen der Sicherheit ansprechen. Es sollte etwas in der Richtung ausgesagt werden, daß vom Boden beider Länder kein Krieg mehr gegeneinander ausgehen dürfe. Ich erläutere noch einmal, daß alle Prinzipien des Moskauer Vertrags, der Gemeinsamen Erklärung und anderer Abkommen in einem solchen Vertrag aufgenommen werden könnten.

Um 18.00 Uhr treffe ich erneut zu einem zweistündigen Gespräch mit General Naumann zusammen. Wir besprechen die Fragen, die am Mittwoch im BSR beraten werden sollen. Naumann berichtet, daß Genscher die Weisung an sein Haus gegeben habe, die Vorbereitung einer schriftlichen Vorlage gemeinsam mit dem Verteidigungsministerium zu unterbrechen.

Das Verteidigungsministerium ist vom Informationsstrang des Auswärtigen Amtes völlig abgeschnitten worden. Wir sind uns einig, wenn das Auswärtige Amt nicht zur Zusammenarbeit bereit sei, müssen die Positionen zwischen der Hardthöhe und dem Bundeskanzleramt so eng als möglich abgestimmt werden.

In Moskau meldet Schewardnadse in einem Interview mit sowjetischen Journalisten Zweifel an, ob der Prozeß der Vereinigung Deutschlands schmerzlos und sehr schnell verlaufen werde. Von der Geschwindigkeit werde auch die Frage der Zugehörigkeit zu den Bündnissystemen abhängen. Werde der Prozeß der Einigung langsam verlaufen, sei die Doppelmitgliedschaft Deutschlands in beiden Paktsystemen »reale Politik«. Wenn jedoch der Einigungsprozeß in einem Jahr abgeschlossen sei, dann werde sich wohl eine »ganz andere Lösung« abzeichnen. Er schließe nicht aus, daß auch der Westen »irgendwelche Kompromißlösungen« suchen werde. Dieses Interview zeigt, daß die sowjetischen Positionen noch nicht festgezurrt sind und Moskau auch auf Antworten aus dem Westen wartet.

Dienstag, 24. April 1990

10.30 Uhr: Bundespräsident von Weizsäcker gibt anläßlich seines 70sten Geburtstages einen Empfang, zu dem ich eingeladen bin. Ich freue mich darüber sehr.

Um 11.00 Uhr trifft BK zu einem Gespräch mit MP de Maizière zusammen. Das 87 Seiten lange Arbeitspapier für die Gespräche mit der DDR über einen Vertrag zur Schaffung einer Währungsunion, Wirtschafts- und Sozialgemeinschaft zwischen beiden deutschen Staaten mit allen Anhängen liegt heute fertig vor. Jetzt geht es um die zügige Verhandlung mit der neuen Regierung.

Am Nachmittag ruft mich Bob Blackwill aus dem Weißen Haus an. Er kündigt eine Botschaft des Präsidenten über die Gespräche mit Präsident Mitterrand an. Sie seien gut verlaufen. Allerdings seien sie sich nicht sicher, ob das französische Außenministerium den Überlegungen von Mitterrand folgen werde.

Blackwill berichtet mir, daß gestern im Sicherheitsrat über Litauen gesprochen worden sei. Eine Entscheidung über Wirtschaftssanktionen sei nicht getroffen worden. Sollten Sanktionen vorgesehen werden, werde der Präsident vorher mit dem BK Kontakt aufnehmen.

Abschließend sondieren wir einen Termin für eine Begegnung BK mit Bush vor der Gipfelbegegnung des Präsidenten mit Gorbatschow in Washington.

Brief des BK an Gorbatschow anläßlich des 45sten Jahrestages des Endes des Zweiten Weltkrieges. BK bekundet Gorbatschow und allen sowjetischen Bürgern die Verbundenheit der Deutschen in der Trauer um die Millionen Opfer, die der Zweite Weltkrieg in der Sowjetunion gefordert habe. Er bekräftigt, daß von deutschem Boden nur noch Frieden ausgehen solle.

Er versichert Gorbatschow, daß er sich der ganz Europa berührenden Sicherheitsfragen auf dem Wege der deutschen Einheit voll und ganz bewußt sei. Deutschland werde die berechtigten Sicherheitsinteressen aller europäischen Länder, in Sonderheit auch die der Sowjetunion achten und respektieren. Er kündigt an, daß die Beziehungen weiter ausgebaut werden sollen und dazu die bestehenden vertraglichen Grundlagen genutzt werden sollen. Er strebe mit der Sowjetunion ein Verhältnis guter und verläßlicher Nachbarschaft an, das dauerhaft begründet sein und an die guten Traditionen der jahrhundertelangen Geschichte anknüpfen solle.

Für den BK beginnt heute der Wahlkampf in Nordrhein-Westfalen. Heute abend hat er zwei Wahlkampfveranstaltungen in Köln und in Arnsberg-Neheim. Rund 10.000 Teilnehmer sind anwesend.

Mittwoch, 25. April 1990

8.00 Uhr BSR-Sitzung: Es geht erneut um den zukünftigen Sicherheitsstatus eines geeinten Deutschlands.

Anschließend kurzes Vier-Augen-Gespräch mit Stoltenberg. Er ist besorgt, in welcher Art und Weise solche Sitzungen zwischen den Ressorts vorbereitet würden. Er beklagt die Verweigerung des Auswärtigen Amtes und das Überschreiten der Ressortzuständigkeiten.

10.00 Uhr Kabinettsitzung: Es geht um Fragen wie die Direktwahl der Berliner Bundestagsabgeordneten, um eingetretene Entlastungen durch die Gesundheitskostenreform, um die letzte Preisrunde im Agrarbereich in der EG u. a. m.

14.15 Uhr Abflug mit dem BK nach Paris zu den 55sten deutsch-französischen Gipfelkonsultationen.

16.00 Uhr: zweistündiges Vier-Augen-Gespräch des BK mit Präsident Mitterrand. Erstmals findet ein solches Gespräch ohne Beteiligung von Jacques Attali und von mir statt. Wir führen parallel ein Gespräch dazu, an dem auch Generalsekretär Bianco und Elisabeth Guigou und meine Mitarbeiter teilnehmen. Wir sprechen über die Folgen einer Währungs-, Wirtschafts- und Sozialunion mit der DDR, über den Stand des deutschen Einigungsprozesses und über das weitere Vorgehen im Zusammenhang mit der gemeinsamen Kohl-Mitterrand-Initiative für den EG-Sondergipfel in Dublin.

BK äußert sich über das Gespräch mit Mitterrand fast euphorisch. Das Klima sei sehr freundschaftlich gewesen. Praktisch hätten sie alle Probleme ausgeräumt. Für den Juni sei ein privates Treffen in Süddeutschland vereinbart.

Um 18.00 Uhr führt BK ein einstündiges Gespräch mit PM Rocard. BK ist noch in bester Stimmung, was sich auf das Gespräch sehr positiv auswirkt. Rocard sitzt lässig und entspannt gemeinsam mit dem Bundeskanzler auf einem Sofa. Rocard wirkt fast etwas wohlgefällig. Wie immer ist er elegant gekleidet, raucht eine filterlose Zigarette nach der anderen. Er wirkt drahtig und effizient. Er amüsiert sich sehr über die ironischen Anmerkungen des

Anlässlich der 55. deutsch-französischen Gipfelkonsultationen vom 25. bis 26. April 1990 in Paris, v. l. n. r. Staatspräsident François Mitterrand – Bundeskanzler Helmut Kohl – Premierminister Jacques Chirac – Horst Teltschik

BK über die französische Innenpolitik und über Mitterrand. BK lobt ihn mehrfach, was Rocard sichtlich genießt. Beeindruckend ist immer wieder, wie präzise Rocard im Vergleich zu anderen französischen Partnern argumentiert.

20.30 Uhr Präsident Mitterrand gibt im Elysée ein Abendessen. Überraschend hält er nach dem Hauptgang eine Tischrede. Aufgrund der zahlreichen Begegnungen hatten beide Seiten auf solche Tischreden seit langem verzichtet. Mitterrand spricht aus dem Stegreif. Er spricht über die schwierigen und ehrgeizigen Probleme in Europa. Große Perspektiven würden sich abzeichnen, man dürfe sie nicht aus den Augen verlieren. Deutschland erlebe einen der bewegendsten Augenblicke seiner Geschichte. Für den BK bedeute sie das Glück und die Chance, Baumeister in einer historischen Situation zu sein. Wenn man sein Vaterland liebe, wie könnte man dann nicht bewegt und im Herzen berührt sein, wenn sich das Volk einige. Das deutsche Volk sei ein großes Volk, deshalb berühre die Einigung andere Völker vor allem Weggefährten wie Frankreich.

Jetzt gehe es um den Willen der Deutschen. Dieser Wille habe Vorrang. BK erlebe einen Moment, wo sich der Wille des deutschen Volkes verwirkliche.

Mitterrand greift die Aussage des BK auf, daß die deutsche und die europäische Einheit zwei Seiten einer Medaille seien. Franzosen und Deutsche müßten deshalb jetzt Europa neu zusammenfügen, wie es bisher noch nicht möglich gewesen wäre. Beide Völker befänden sich jetzt im Zentrum mehrerer konzentrischer Kreise: der eine Kreis umfasse Deutschland und Frankreich, der andere die Europäische Gemeinschaft, wieder ein anderer Kontinentaleuropa. Mitterrand erhebt das Glas auf das Gelingen der deutschen Einigung und auf die gemeinsame Arbeit.

Auf die sehr gefühlsbetonte Tischrede Mitterrands antwortet BK sichtlich bewegt. Er erinnert in einem Rückblick auf die neun Jahrzehnte dieses Jahrhunderts auf die Not, die Tränen und Leiden von Millionen Menschen in Europa. Jetzt habe man die Chance und das Glück, aus dieser Geschichte zu lernen und Europa neu zu gestalten. Ob sie es verdient hätten, werde davon abhängen, ob sie jetzt die Chance nützen würden. BK bekräftigt die deutsch-französische Freundschaft und seinen Willen zur europäischen Einigung. Mitterrand und er hätten sich sehr häufig getroffen. Vielleicht hätten sie sich daran schon zu sehr gewöhnt. Doch in der Selbstverständlichkeit ihres Zusammentreffens dokumentiere sich das Ausmaß der erreichten Gemeinsamkeit. Er hoffe, daß spätere Generationen einmal von ihnen sagen würden, sie hätten die Zeichen der Zeit erkannt und sie genutzt.

Noch während des Abendessens trifft die Nachricht von einem Attentat auf Lafontaine ein. Eduard Ackermann hat BK sofort unterrichten lassen. BK verläßt kurzfristig das Abendessen und gibt Ackermann eine Erklärung durch. Die Nachricht hat mich sehr erschreckt. Als wir nach dem Abendessen noch einem kurzen Spaziergang mit BK auf den Champs Elysée machen, erscheint mir alles etwas unwirklich. BK vermittelt den Eindruck, als ginge ihm das alles nichts an. Es ist nicht zu erkennen, welche Wirkung ein solches Attentat auf ihn hat. Er könnte der nächste sein. Vielleicht schüttelt er deshalb jeden Gedanken daran ab bzw. verschließt er sich für jeden Außenstehenden. Verständlich wäre es.

Donnerstag, 26. April 1990

Zweiter Tag des deutsch-französischen Gipfels in Paris.

Um 8.45 Uhr treffen wir zu einem Frühstück mit Präsident Mitterrand zusammen. Heute morgen sind Generalsekretär Bianco, Attali, Dr. Neuer und ich wieder dabei.

Mitterrand bewertet das gestrige Gespräch als außerordentlich fruchtbar. Beide sprechen über die Entwicklung in Litauen. Sie vereinbaren, einen gemeinsamen Brief an litauischen Präsidenten Landsbergis zu schreiben. AM Dumas bereite einen Entwurf vor, den sie beide heute noch unterschreiben und absenden könnten. Sie beschließen, diesen Brief auch Gorbatschow zuzuleiten.

Das Gespräch wendet sich den 2+4-Fragen zu. BK unterstreicht noch einmal, daß es für Deutschland eine lebenswichtige Frage sei, weiter der NATO anzugehören. Mitterrand stimmt zu. Er spricht die französische Truppenpräsenz in Deutschland an. Frankreich wolle auf keinem Fall als eine Besatzungsmacht erscheinen. Heute sei die Notwendigkeit zu bleiben nicht mehr so groß. Zunächst wolle er jedoch abwarten, bis sich die Verhältnisse in der Sowjetunion konsolidiert hätten und die Abrüstung weiter gediehen sei.

Nach dem Frühstück schließt sich die gemeinsame Sitzung des Verteidigungs- und Sicherheitsrates an. Daran nehmen MP Rocard, die Außen- und Verteidigungsminister, die beiden Generalstabchefs und wir Mitarbeiter teil. Auf der Tagesordnung steht die Entwicklung des West-Ost-Verhältnisses und der Sicherheit in Europa, darunter die Sicherheitsaspekte der Einigung Deutschlands, die Zukunft der Atlantischen Allianz und die europäische Sicherheitsarchitektur. Als zweiter Tagesordnungspunkt wird über Abrüstung und Rüstungskontrolle gesprochen, die Bewertung der Wiener Verhandlungen und die Perspektiven für die Zeit nach dem KSZE-Gipfel im Spätherbst 1990. Zuletzt erfolgt ein Bericht zu den Perspektiven der deutsch-französischen sicherheitspolitischen Zusammenarbeit.

Das Sekretariat des Verteidigungsrates hat eine Studie erarbeitet. Das war eine Anregung von Rocard und BK beim Herbstgipfel 1988. Der Bericht enthält Vorschläge über die Harmonisierung der Rüstungsplanungen und die Rationalisierung der Entscheidungsprozesse.

Nach diesem Gespräch bringt Dumas einen Entwurf für den Brief Mitterrand und BK an Präsident Landsbergis von Litauen. Darin wird Landsbergis aufgefordert, möglichst rasch Gespräche mit sowjetischen Behörden einzuleiten, damit die augenblickliche Krise zu einer beiderseitig akzeptablen Lösung geführt werden könne. Es wird ihm nahegelegt, für eine Zeit lang die Auswirkungen seiner Parlamentsbeschlüsse auszusetzen, um die Eröffnung der Gespräche mit Moskau zu erleichtern. Diese litauischen Parlamentsbeschlüsse würden dadurch nichts von ihrem Wert verlieren, da sie auf dem Selbstbestimmungsrecht der Völker beruhen. Auf Wunsch von BK wird noch ein Satz hinzugefügt, der die Sympathie für Litauen zum Ausdruck bringt.

Ich freue mich über diese gemeinsame Aktion, weil sie ein konkretes Beispiel für eine gemeinsame deutsch-französische Ostpolitik ist. Seit langem versuchen wir, solche Gemeinsamkeiten zu erreichen.

Auch der heutige Tag zeigt das deutliche Bemühen Mitterrands, ein besonders gutes und herzliches Verhältnis mit dem BK öffentlich zu demonstrieren. So verabschiedet er sich vom BK nicht wie üblich auf der Freitreppe des Elysée, sondern begleitet ihn über den Innenhof bis auf die Straße vor dem Elysée-Palast, damit alle Journalisten diese Szene beobachten können.

Am Rande der Sitzung des Verteidigungsrates erzählt mir Generalinspektor Admiral Wellershoff seine Erlebnisse anläßlich des Besuches der sowjetischen Marine in Kiel. Sein sowjetischer Kollege habe ihm erklärt, warum es in Moskau vor den Läden keine Schlangen mehr gäbe. Die Läden seien heute leer.

Viel schöner ist folgende Geschichte. Der sowjetische Admiral habe darum gebeten, einmal die Innenstadt von Kiel besichtigen zu dürfen. Bei diesem Rundgang seien sie an einem Delikatessen-Bistro vorbei gekommen. Der Admiral habe das Bistro betreten und einen Gast gefragt, warum er es sich leisten könne, an einem Vormittag im Bistro zu sitzen. Der Gast habe geantwortet, er sei arbeitslos. Der Admiral habe anschließend gegenüber seinen deutschen Begleitern dieses Erlebnis als eine vorbereitete Szene bewertet. Der deutsche KGB sei sehr gut, habe er gesagt. Wenn diese Geschichte wahr ist, dann ist sie in der Tat wunderbar.

Um 15.00 Uhr kommen wir wieder in Bonn an. Dort liegt die zugesagte Unterrichtung von Präsident Bush über sein Gespräch mit Mitterrand in Key Largo vor. Beide sind der Überzeugung, daß es notwendig sei, eine starke NATO zu erhalten, US-Streitkräfte weiterhin in Europa zu belassen, den Transatlantischen Dialog in allen europäischen Sicherheitsfragen beizubehalten und die Bindungen zwischen USA und der EG enger zu gestalten. Beide hätten darin übereingestimmt, daß Deutschland vollständig in der NATO verbleiben solle. Mitterrand habe einen NATO-Gipfel vorgeschlagen, um die neue Rolle der NATO und Fragen des politischen Gleichgewichts in Europa zu erörtern. Darüber hinaus sollten sie auch über den geplanten KSZE-Gipfel sprechen.

Bush berichtet, daß er mit Mitterrand darin übereinstimme, daß ein vereintes Deutschland volle Kontrolle über sein gesamtes Territorium haben solle und es keine neuen diskriminierenden Auflagen für die deutsche Souveränität geben dürfe.

Diese Unterrichtung von Bush wie die vorausgegangene von PM Thatcher wie die Gespräche in Paris mit Mitterrand zeigen, wie eng und intensiv und in welch zeitlich dichter

Abfolge die bilateralen und multilateralen Konsultationen erfolgen. So häufig und so intensiv ist die gegenseitige Unterrichtung und Konsultation noch nie gewesen.

Um 19.00 Uhr rede ich anläßlich des Mai-Bock-Anstichs der Bremer Becksbrauerei als Ehrengast vor 1.500 Teilnehmern.

Freitag, 27. April 1990

8.30 Uhr BK-Lage: Wir freuen uns über die gestrige Rede des polnischen Außenministers Skubizewski, in der er Verständnis für die deutschen Vertriebenen geäußert hat. Er hat damit auf die Anregung des BK reagiert. Positive Reaktion von Präsident Landsbergis auf den gemeinsamen Brief BK und Mitterrand.

Mittags haben wir den außenpolitischen Mitarbeiter von MP de Maizière, Steinbach, zu einem zweistündigen Gespräch. Er hält vor allen Mitarbeitern meiner Abteilung ein intensives Briefing zur Vorbereitung der Gespräche von de Maizière mit Gorbatschow morgen in Moskau. Steinbach berichtet uns über eine positive Stimmung in der Bevölkerung in der DDR nach den Vorschlägen der Bundesregierung zur Währungs-, Wirtschafts- und Sozialunion. Die Zuversicht wachse, daß die CDU bei den Kommunalwahlen am 6. Mai[198] gut abschneiden werde. Überrascht sind wir nur, daß sich Steinbach während des ganzen Gespräches keinerlei Notizen macht. Er scheint ein gutes Gedächtnis zu haben, wenn er seinen Regierungschef über alles unterrichten möchte, was er in zwei Stunden in allen Details erfahren hat. Aber bekanntlich gibt es Genies.

Im Bundestag gibt der Chef des Bundeskanzleramtes, Seiters, eine Regierungserklärung zum Stand der Verhandlungen mit der DDR. Er erläutert das Angebot zur raschen Verwirklichung der Währungsunion mit Wirtschafts- und Sozialgemeinschaft. Das sei ein wichtiger Schritt auf dem Wege der deutschen Einheit und eine der größten politischen Gestaltungsaufgaben der Nachkriegsgeschichte. Sie erfordere von allen viel Mut und Energie, Phantasie und politischen Gestaltungswillen.

Seiters berichtet, daß MP de Maizière ein Arbeitspapier über die Gespräche für einen Staatsvertrag überreicht worden sei. Die Gespräche sind in dieser Woche mit der Regierung der DDR aufgenommen worden. Ein umfassender Meinungsaustausch zwischen BK und de Maizière habe dazu stattgefunden.

Ausführlich begründet Seiters, warum Steuererhöhungen nicht notwendig und von dieser Bundesregierung nicht beabsichtigt seien.

Seiters gibt bekannt, daß die ersten 2+4-Gespräche auf Ministerebene am 5. Mai in Bonn aufgenommen werden. Bis zum KSZE-Gipfel Ende dieses Jahres sollen sie zum Abschluß gebracht werden.

198 Bei einer Wahlbeteiligung von 75% errang die CDU 30,4%, die SPD 21%, die PDS 14%, der Bund Freier Demokraten 6,3%, die DSU 3,4%, und das Neue Forum 2,4%. Lokale Wahlbündnisse aller Art erhielten fast ein Viertel der Stimmen. Die folgenden Kommunalwahlen wurden nach dem Landesrecht der neugegründeten Bundesländer durchgeführt.

6. Der Westen macht seinen Frieden mit der Einheit

Samstag, 28. April 1990

Warum sollten wir ein freies Wochenende haben? Um 6.40 Uhr Abflug zum EG-Sondergipfel nach Dublin. Von 10.30 Uhr bis 18.30 Uhr sitzen die 12 Staats- und Regierungschefs unter Leitung des irischen Ministerpräsidenten Haughey in der Georges Hall zusammen. Die Mitarbeiter sind von diesen Sitzungen ausgeschlossen.

Nach diesen Gesprächen berichtet der BK, daß die Debatte über die deutsche Einigung »super« gewesen sei. Mitterrand habe »die Steilkurve genommen«. Schlüter von Dänemark und Andreotti, die immer sehr kritisch eingestellt gewesen seien, hätten heute eine positive Linie eingenommen.

Die Regierungschefs hätten die Außenminister beauftragt, die Zielsetzungen für eine Politische Union zu analysieren und Vorschläge für den nächsten EG-Gipfel zu erarbeiten, ohne diese abschließend zu bewerten. Negativ zu einer Politischen Union hätten sich Großbritannien, Dänemark und Portugal geäußert.

Festzuhalten ist, daß dieser Sondergipfel zu klaren Aussagen über Vereinigung Deutschlands unter einem »europäischen Dach« geführt hat. Darüber hinaus hat es Fortschritte auf dem Weg zur Politischen Union gegeben.

Haughey hat den BK zu seiner Abschlußpressekonferenz dazu gebeten. Das war eine sehr kluge Geste. BK bedankt sich vor den Journalisten für die »umsichtige wie zügige Gesprächsleitung« von Haughey. Ebenso bedankt er sich bei Delors, der dem Europäischen Rat ein Dokument zur deutschen Einheit vorgelegt habe.

In den Schlußfolgerungen des Sondergipfels begrüßen alle 12 Staats- und Regierungschefs »in hohem Maße die Vereinigung Deutschlands«. Sie sehen in ihr einen positiven Faktor in der Entwicklung Europas im allgemeinen und der Gemeinschaft im besonderen. Sie geben ihrer Freude Ausdruck, daß die Vereinigung Deutschlands unter einem europäischen Dach stattfinde. Sie erklären ihre Bereitschaft, dafür Sorge zu tragen, daß die Eingliederung des Staatsgebiets der DDR in die EG reibungslos und harmonisch vollzogen werde.

Dieser Gipfel ist für den BK ein großartiger Erfolg. Die Unterstützung aller Staats- und Regierungschefs zur deutschen Einigung ist ohne Einschränkung gegeben. Gleichzeitig ist die gemeinsame deutsch-französische Initiative zur Politischen Union vom Europäischen Rat diskutiert worden. Das weitere Vorgehen ist vereinbart.

Um Mitternacht kommen wir müde aber zufrieden nach Hause zurück.

Montag, 30. April 1990

8.45 Kanzler-Lage: Der EG-Sondergipfel in Dublin findet heute in der Presse von links bis rechts breite Zustimmung. Selbst die »Westfälische Rundschau« schreibt: »Bundeskanzler Kohl ist in Dublin ein politisches Kunststück gelungen«. Die FAZ spricht von einem Triumph Helmut Kohl's.

BK wünscht eine große Öffentlichkeitskampagne unter dem Motto: »Wir schaffen es«. Damit solle der wachsenden Sorge in der Bevölkerung entgegengewirkt werden, daß die Einführung der Währungsunion die Stabilität der DM gefährden könne, wie das in einer Umfrage des SPIEGEL heute zum Ausdruck kommt. Die Kampagne soll auf die große

Wirtschaftskraft der Bundesrepublik hinweisen. Steuererhöhungen sollen erneut aufgeschlossen werden.

Die Presse berichtet auch über das Gespräch von de Maizière mit Präsident Gorbatschow gestern in Moskau. TASS berichtet, daß de Maizière erklärt habe, die von ihm geführte Regierung werde die Verpflichtungen der DDR gegenüber der UdSSR erfüllen, deren Interessen in den deutschen Angelegenheiten berücksichtigen und Loyalität gegenüber dem Warschauer Pakt zeigen. Wörtlich wird de Maizière mit dem Satz zitiert: »Unsere Politik ... wird niemals eine Bedrohung für das sowjetische Volk, die anderen Länder Europas und der Welt darstellen; wir wollen ein zuverlässiger und berechenbarer Partner der Sowjetunion sein«.

Gorbatschow hat noch einmal eindeutig das Recht der Deutschen auf Selbstbestimmung bekräftigt. Die Annäherung und Einigung der beiden deutschen Staaten sei ein natürlicher, wenn auch nicht einfacher Prozeß, den durch die »Aufsaugung der einen durch die andere Seite zu ersetzen, gefährlich« sei. Das würde das Gleichgewicht stören und könnte bedeuten, an die europäische Stabilität eine Mine zu legen, deren Explosion zu einem großen Unglück für alle werden würde.

Unverändert bleibt die Ablehnung Gorbatschows der Mitgliedschaft eines geeinten Deutschlands in der NATO. Erneut spricht er von einem Friedensvertrag oder eines »adäquaten Aktes« über eine endgültige Friedenslösung und bekräftigt, daß die Vereinigung Deutschlands synchronisiert und verknüpft werden müsse mit dem Prozeß der Herausbildung gesamteuropäischer Sicherheitsstrukturen.

In seiner Pressekonferenz verkündet de Maizière, daß er die UdSSR »mit einem guten Gefühl verlasse«. Was die NATO-Mitgliedschaft betreffe, könne die Mitgliedschaft der DDR nur dann in Frage kommen, wenn sie ihre Strategie und Struktur verändere. Insgesamt vermittelt auch de Maizière den Eindruck, daß in der Frage der NATO-Mitgliedschaft noch nicht das letzte Wort gesprochen worden sei und darüber weiter verhandelt werden könne. Es habe in seinem Gespräch mit Gorbatschow »keinen Punkt« gegeben, der nicht noch verhandelbar wäre.

Währenddessen werden heute ganztägig und morgen die Kommissionsberatungen mit der DDR über die Einführung der Währungsunion, Wirtschafts- und Sozialgemeinschaft fortgesetzt.

Um 11.00 Uhr unterrichtet Seiters die Botschafter der drei Westmächte über den Stand dieser Kommissionsberatungen.

Der Regierungssprecher gibt bekannt, daß BK und Präsident Bush am 17. Mai zu ausführlichen Gesprächen im Weißen Haus in Washington zusammentreffen werden. Im Vorfeld des Ende Mai beginnenden amerikanisch-sowjetischen Gipfels sollen Stand und Probleme des deutschen Einigungsprozesses, der 2+4-Prozesses, der West-Ost-Beziehungen insgesamt und der Abrüstungen und Rüstungskontrolle besprochen werden. Genscher und Stoltenberg werden diesmal den BK begleiten.

In Berlin findet auf Beamtenebene die zweite Gesprächsrunde der »2+4«-Gespräche statt. Sie kommt über die Behandlung von prozeduralen Fragen nicht wesentlich hinaus. Jedoch gelingt es, die sowjetische Delegation dazu zu bewegen, auf den Begriff »Friedensvertrag« als besonderen Tagesordnungspunkt der künftigen Gespräche zu verzichten. Die sowjetische Delegation wird von dem Leiter der dritten westeuropäischen Abteilung des sowjetischen Außenministeriums, Bondarenko, geleitet. Er gilt bei uns als »Eisenschädel«. Seit über 20 Jahren ist er für die deutschen Probleme verantwortlich und gilt als besonders dogmatisch und unflexibel. Sein weitgehend kahler Schädel unterstreicht optisch diesen Eindruck. Wir fragen uns überhaupt immer wieder, ob nicht ein guter Teil unserer Probleme darin begründet liegt, daß mit Bondarenko, Falin, Sagladin, Portugalow und Kwizinskij eine »deutsche Mafia« Gorbatschow und Schewardnadse beraten, die schon zu Gromyko's Zeiten praktisch in den gleichen Funktionen tätig war, wobei der eine oder andere heute flexibler ist als der andere.

Die sechs Delegationen bestätigen noch einmal die vier Themenbereiche als Tagesordnung der künftigen Außenminister-Sitzungen: a) Grenzfragen b) politisch-militärische Fragen c) Berlin-Probleme und d) Vier-Mächte-Rechte und -Verantwortlichkeiten und deren Ablösung. Der letzte Tagesordnungspunkt wird aufgrund der »Friedensvertrags«-Diskussion seitens der sowjetischen Delegation ergänzt und lautet jetzt: abschließende völkerrechtliche Regelung und Ablösung der Rechte und Verantwortlichkeiten der Vier Mächte. Diese Formulierung besagt, daß ein völkerrechtlicher Akt erforderlich sein wird, um die Ablösung der Vier Mächte Rechte und Verantwortlichkeiten zu formalisieren.

Mittwoch, 2. Mai 1990

8.30 Uhr: Der kanadische Botschafter Delworth teilt mir den Wunsch seiner Regierung mit, daß der für Ende Juni/Anfang Juli geplante NATO-Sondergipfel in Ottawa durchgeführt werden solle. Hauptthema solle die Weiterentwicklung des Bündnisses sein. Damit erhält die Idee eines solchen Sondergipfels einen neuen Anstoß.

Die Bundesregierung und die Regierung in Ost-Berlin einigen sich auf die Modalitäten der für den 1. Juli vorgesehenen Währungsumstellung in der DDR. BM Seiters berichtet über diesen Durchbruch. Die Bundesregierung habe am 23. April ihr Angebot der DDR-Regierung unterbreitet. Gestern abend habe sich die Koalitionsrunde mit den Vorschlägen der Expertengespräche befaßt. Heute morgen habe das Kabinett der DDR getagt. Gemeinsam mit Dr. Tietmeyer habe er die Ergebnisse der Verständigung vorgetragen.

Beide Seiten stimmen in der Zielsetzung überein, daß die soziale Marktwirtschaft in der DDR schnell eingeführt werden solle, die Stabilität der DM, die Solidität der Staatsfinanzen und die soziale Ausgewogenheit garantien werden solle. Einigkeit ist heute über die wesentlichen Punkte der Umstellung der Mark der DDR auf DM erzielt worden. Damit ist ein riesiger Felsbrocken auf dem Weg zur deutschen Einheit aus dem Weg geräumt worden.

BK eröffnet in Hannover die Industriemesse. Er spricht von der großen Herausforderung, die sich durch das Zusammenwachsen West- und Ost-Europas für die deutsche Wirtschaft ergebe. BK bringt noch einmal die günstigen Ausgangsbedingungen für die Bewältigung der anstehenden Probleme ins öffentliche Bewußtsein: Seit mehr als 7 Jahren wachse die deutsche Wirtschaft und das mit noch zunehmender Dynamik. Die Wachstumserwartungen für dieses und nächstes Jahr liegen zwischen 3,5 und 4 %. Der Investitionsmotor laufe auf hohen Touren mit entsprechenden Zuwächsen bei der Beschäftigung. Innerhalb der letzten 12 Monate seien die Arbeitsplätze um rund eine halbe Million gestiegen. Gleichzeitig sei das Preisklima relativ ruhig. Die Staatsfinanzen stünden auf einem soliden Fundament. Seit 1982 sei die Staatsquote auf 45 % von 50 % gesenkt worden. Damit habe sich der Handlungsspielraum vergrößert, die wirtschaftliche Einigung Deutschlands finanzpolitisch abzustützen, ohne Haushalt und Kapitalmarkt zu überfordern.

In der Verwirklichung der Währungsunion mit Wirtschafts- und Sozialgemeinschaft mit der DDR sei heute ein wichtiger Durchbruch erreicht worden. Doch auch nach dem

2. Juli werden »schmerzhafte Anpassungen« erforderlich bleiben, aber die wirtschaftliche Vereinigung Deutschlands werde erhebliche zusätzliche Wachstumskräfte freisetzen. »Darin stimmen alle Prognosen überein«.

Erneut erklärt deshalb der BK, daß für Steuererhöhungen »überhaupt kein Anlaß« bestehe. Sie würden nur das gefährden, was für das wirtschaftliche Zusammenwachsen Deutschlands jetzt entscheidend sei, nämlich Investitionen und unternehmerisches Engagement. Niemals zuvor sei Deutschland wirtschaftlich besser vorbereitet als heute, um die neue Herausforderung zu bewältigen.

Donnerstag, 3. Mai 1990

8.45 BK-Lage: Sie verläuft angesichts des sehr positiven Echos in der Presse auf die gestrige Bekanntgabe der Vereinbarungen über die Eckwerte der Währungsunion mit der DDR sehr friedlich.

Damit hat BK ein entscheidendes wahlpolitisches Ziel erreicht: Es ging ihm darum, mit der Bekanntgabe dieser Eckwerte noch ein positives Signal vor den Kommunalwahlen[199] am Sonntag in der DDR zu setzen. Ich bin immer wieder beeindruckt, wie sorgfältig er politische Entscheidungen der Regierung mit solchen wahlpolitischen Überlegungen verknüpft und das häufig zu einem Zeitpunkt, an dem noch niemand über Wahltermine nachdenkt. Hier beweist sich immer wieder das taktische Geschick des Parteivorsitzenden und des BK in einer Person.

11.00 Uhr: BK und ich nehmen an der 60sten Geburtstagsfeier des FAZ-Herausgebers, Fritz Ullrich Fack, in Frankfurt teil.

In Ost-Berlin nennt de Maizière den 1. Januar 1991 als Termin für die Wiedereinführung der fünf Länder in der DDR. Damit macht auch er klar, daß in diesem Jahr mit gesamtdeutschen Wahlen nicht zu rechnen sei.

In Brüssel sind heute vormittag die Außenminister der NATO zu eintägigen Beratungen über die Deutschlandpolitik zusammengekommen. Im Mittelpunkt steht die künftige Rolle Deutschlands in der NATO. Diesem NATO-Treffen ist ein gemeinsames Frühstück Genschers mit den Außenministern der drei Westmächte vorangegangen. Dieses »Deutschland-Frühstück« hat Tradition. Es war aber noch nie so aktuell wie heute. Alle vier besprechen die bevorstehenden 2+4-Gespräche.

Im Plenum stehen darüber hinaus die Ost-West-Beziehungen insgesamt, einschließlich Litauens, und der KSZE-Prozeß auf der Tagesordnung. Es zeichnet sich ein NATO-Sondergipfel noch vor der Sommerpause ab, der in London stattfinden soll. Für den KSZE-Gipfel wird Paris in Aussicht genommen.

Das Ergebnis dieses Sonderaußenminister-Treffens ist für die Bundesrepublik und für den Einigungsprozeß sehr positiv. Es wird Einvernehmen erzielt, daß die politische Rolle der NATO gestärkt werden müsse und Strategie und Streitkräfte der neuen Situation angepaßt werden müßten. Die Dynamik in der Abrüstung und Rüstungskontrolle[200] soll erhalten bleiben.

199 Siehe Anmerkung 208, S. 365.
200 Der Satzteil »insbesondere in den KSZE-Verhandlungen« wurde gestrichen.

Alle Teilnehmer äußern sich zufrieden über den Konsultationsprozeß in der deutschen Frage. Sie stimmen[201] darin überein, daß ein geeintes Deutschland Vollmitglied in der NATO ohne diskriminierende oder singularisierende Regelungen bleiben müsse. Es besteht jedoch Bereitschaft, NATO-Einheiten oder -Einrichtungen auf das jetzige DDR-Territorium nicht vorzuschieben.

Vor allem auch Baker drängt im Auftrag von Bush darauf, den NATO-Gipfel nicht erst im Herbst sondern noch vor der Sommerpause durchzuführen. Dort solle man über die zukünftige politische Rolle der Allianz sprechen, über die zukünftige Bedeutung der konventionellen Streitkräfte im Zusammenhang mit den Wiener VKSE I und VKSE II-Verhandlungen. Ziel müsse es sein, das VKSE-Abkommen auf dem KSZE-Gipfel im Herbst zu unterzeichnen. Außerdem schlage Bush vor, auch über die Rolle der in Europa stationierten nuklearen Waffen in der künftigen Bündnisstrategie zu diskutieren. Als viertes Thema erwähnt Baker den KSZE-Prozeß.

Parallel zu diesem Außenminister-Gesprächen geht heute ein Brief von Präsident Bush an den BK ein, der den Vorschlag enthält, Ende Juni/Anfang Juli einen NATO-Sondergipfel durchzuführen.

In Warschau findet ein Gespräch auf Beamtenebene zwischen Vertretern beider deutscher Staaten und Polens zur Vorbereitung des ersten Außenminister-Treffens im Rahmen der 2+4-Gespräche statt. Die polnische Seite spricht die Erwartung aus, daß Warschau auch an »den die Sicherheit betreffenden übrigen Fragen« bei den 2+4-Gesprächen beteiligt werde. Sie wiederholt auch ihren Vorschlag, das Treffen, das die polnische Grenzfrage behandele, in Warschau durchzuführen. Gleichzeitig führt der polnische Delegationsführer einen Entwurf eines Grenzvertrages ein. Dieser Entwurf geht über die reine Grenzproblematik hinaus und enthält zusätzliche Elemente einer Verpflichtung zur Zusammenarbeit auf verschiedenen Gebieten. Die DDR-Delegation unterstützt die polnischen Wünsche.

Außenminister Skubizewski bekräftigt noch einmal die polnische Position, daß die von der Bundesregierung vorgeschlagene Entschließung beider Parlamente keinen Ersatz für die Parafierung eines ausgehandelten Vertrages vor der deutschen Einigung sei. Er sei erst bereit, über das weitere Prozedere zu sprechen, wenn Einvernehmen über den Vertragsentwurf erzielt sei.

Es ist uns klar, daß mit der Unterstützung der polnischen Position durch die DDR unsere Lage nicht erleichtert wird.

In Washington gibt Präsident Bush in einer Pressekonferenz bekannt, daß noch in diesem Sommer ein NATO-Sondergipfel stattfinden solle, um eine umfassende Überprüfung der NATO-Strategie einzuleiten. Gleichzeitig kündigt er an, daß für die bodengestützten nuklearen Kurzstreckensysteme kein Folgeprogramm[202] vorgesehen sei und die weitere Modernisierung der nuklearen Artillerie eingestellt werde. Der NATO-Gipfel solle sich auch mit den zukünftigen Verhandlungen über die verbleibenden nuklearen Kurzstreckensysteme einigen.

Damit werden wichtige Sicherheitsinteressen der Sowjetunion angesprochen. Wir sind uns klar, daß sowohl der Sondergipfel der NATO sowie die heutigen Ankündigungen von Bush den 2+4-Proreß beschleunigen und die Erfolgsaussichten vergrößern können. Ein

201 Die Worte »alle darin« wurden gestrichen.
202 Das Wort »mehr« ist gestrichen worden.

solcher NATO-Sondergipfel könnte der Sowjetunion das Signal geben, daß sich die NATO entscheidend verändere und es ihr damit erleichtern, die Hürde zu nehmen und einer NATO-Mitgliedschaft Deutschlands zuzustimmen.

In der Prawda erscheint heute ein Grundsatzartikel zur deutschen Vereinigung. Der Schwerpunkt des Kommentars liegt auf den zukünftigen Sicherheitsstatus des geeinten Deutschlands. Unter dem Titel »Nennen wir die Dinge beim Namen« bewertet der Autor zwei Tage vor Beginn der Außenminister-Gespräche im Rahmen des 2+4-Prozesses die Wahrscheinlichkeit einer künftigen NATO-Mitgliedschaft eines geeinten Deutschlands als »keine weltumfassende Katastrophe«. Sie wäre aber ein »empfindliches Negativum für die sowjetische Außenpolitik«. Die Lösung sieht er in einem europäischen Sicherheitssystem, daß die Blöcke obsolet mache.

Sehr positiv bewerten wir seine Aussage, daß er dem BK Kohl vertraue, aber dieser nicht ewig Bundeskanzler bleiben werde. Aus unserer Sicht wird mit diesem Artikel erneut die Kompromißbereitschaft der Sowjetunion signalisiert. Auf diesen Hintergrund ist die Ankündigung eines NATO-Sondergipfels ein richtiger Schritt zum richtigen Zeitpunkt.

Am Nachmittag rufe ich Kwizinskij an. Ich frage ihn, ob auf sowjetischer Seite kein Interesse bestehe, daß Schewardnadse, wenn er morgen nach Bonn komme, mit dem BK zusammentreffe. Kwizinskij berichtet mir, daß er im Auswärtigen Amt angefragt[203] habe, ob ein Termin für Schewardnadse beim BK beabsichtigt sei. Er habe darauf die Antwort erhalten, daß ein solches Gespräch nicht vorgesehen sei.

Ich sage ihm, daß ich ein solches Gespräch für äußerst wichtig halten würde. Ich bin sicher, wenn ich den BK frage, er an einem solchen Gespräch interessiert sei. Auch Kwizinskij bestätigt mir, daß Schewardnadse an einem solchen Gespräch großes Interesse haben werde. Wir verabreden, daß ich darüber noch einmal mit dem BK sprechen und mich dann bei ihm melden werde.

Ich gehe sofort zum BK und spreche mit ihm. Selbstverständlich ist er an einem Gespräch mit Schewardnadse interessiert. Etwas anderes hätte mich auch überrascht. Ich bin sehr verärgert über die Haltung des Auswärtigen Amtes. Sie haben uns über die Anfrage Kwizinskijs nicht unterrichtet, noch sind sie selbst auf die Idee gekommen, daß in dieser Situation ein solches Gespräch sehr bedeutungsvoll sein könne. Vermutlich wollten sie erneut alles dem Außenminister alleine vorbehalten. Ich rufe sofort Kwizinskij zurück und teile ihm mit, daß BK bereit sei, morgen Nachmittag um 15.00 Uhr zu einem Gespräch mit Schewardnadse zusammenzutreffen. Kwinzinskij will sofort Schewardnadse in Moskau unterrichten und sich zurückmelden.

Am Abend gegen 23.00 Uhr ruft mich Kwizinskij an und bestätigt den Gesprächstermin BK mit Schewardnadse. Ich bin sehr zufrieden, daß dieses Gespräch zustande kommen wird.

Freitag, 4. Mai 1990

8.45 Uhr Kanzler-Lage: Die gestrige Pressekonferenz von Bush steht im Mittelpunkt unseres Morgengespräches. BK ist sehr froh über die Entscheidung von Bush, das amerikanische Entwicklungsprogramm für ein Nachfolgemodell zur LANCE-Kurzstreckenrakete wie

203 Ursprünglich stand dort »nachgefragt«.

die weitere Modernisierung der nuklearen Artilleriemunition einzustellen. Das war einer seiner zentralen Wünsche in Camp David gewesen. Bush hatte damals eine Überprüfung angekündigt. BK beauftragt den Regierungssprecher, diese Entscheidung heute öffentlich zu begrüßen. Damit solle auch die Übereinstimmung zwischen ihm und Bush zum Ausdruck kommen, daß bereits nach Unterzeichnung eines ersten Abkommens über die konventionellen Streitkräfte in Europa in Wien auch Verhandlungen über die landgestützten amerikanischen und sowjetischen nuklearen Kurzstreckenwaffen aufgenommen werden sollen. Als »Schlüsselfrage« bezeichnet BK auch die Bereitschaft von Bush, daß die NATO ihre schon immer wahrgenommene politische Rolle verstärke und ihre Strategie sowie die Struktur ihrer Streitkräfte überprüfe. Wir sind uns klar darüber, daß darin einer der entscheidenden Elemente für die Überwindung der sowjetischen Weigerung liegen kann, einer NATO-Mitgliedschaft des geeinten Deutschlands zuzustimmen.

Um 13.00 Uhr trifft Außenminister Baker zum Gespräch mit BK ein. Er wird begleitet von seinem engsten Berater, Zoellick, von Bartholomew, dem Unterstaatssekretär für Sicherheitspolitik, von Seitz, den für Europa zuständigen Abteilungsleiter, seiner Pressesprecherin, Frau Tutwiler und von Bob Blackwill, den für Europa zuständigen Direktor im Weißen Haus. Nicht fehlen darf Botschafter Walters. Auf unserer Seite nehmen Dr. Kaestner und ich teil.

Ich freue mich immer auf Gespräche mit Jim Baker. Er wirkt jungenhaft, ist stets freundlich und liebenswürdig und im Gegensatz zu seinem Vorgänger offen, aufgeschlossen, sehr kenntnisreich und präzise. Die Gespräche selbst führt er immer sehr konzentriert und bringt alle seine Punkte vor, die er sich vorgenommen hat.

BK begrüßt Baker sehr herzlich. Er bedankt sich für das Schreiben von Bush, das er gestern erhalten habe. Diesen Brief wie die vielen Telefongespräche seien für ihn Ausdruck der freundschaftlichen Unterstützung und engen Konsultation. Er sei mit dem vorgeschlagenen NATO-Gipfeltreffen sehr einverstanden. Der Termin könne vor dem Weltwirtschaftsgipfel liegen, dann könnte man den Vorschlag des kanadischen PM Mulroney aufgreifen und Ottawa und Houston miteinander verbinden. BK erinnert Baker an den für den 2./3. Juli geplanten Parteitag der KPdSU. Wenn der NATO-Sondergipfel am 6./7. Juli unmittelbar vor dem Weltwirtschaftsgipfel stattfinden könnte, lägen die Ergebnisse des KPdSU-Parteitages vor und die Position Gorbatschows wäre besser einzuschätzen. Baker berichtet, daß die NATO-Außenminister eine Präferenz für die letzten Juni- oder ersten Juli-Tage ausgesprochen hätten. Außerdem habe Wörner bereits London als Gipfelort öffentlich genannt. BK gibt noch einmal zu erwägen, daß es taktisch und strategisch falsch sein könnte, den NATO-Gipfel vor dem KPdSU-Parteitag zu legen. Er sei sich nicht sicher, ob dieser Gesichtspunkt ausreichend gewürdigt worden sei. Baker sagt zu, diesen Gesichtspunkt dem Präsidenten vorzutragen. Zoellick gibt zu erwägen, daß ein NATO-Gipfel andererseits vor dem KPdSU-Parteitag für Gorbatschow durchaus günstig sein könne, insbesondere dann, wenn sich die NATO den politischen Veränderungen anpasse. BK hält diese Argumentation für schlüssig. Der NATO-Gipfel könnte für Gorbatschow zweifellos auch hilfreich sein. Andererseits könnte ein NATO-Gipfel vor dem Parteitag von den Konservativen genutzt werden, Schwierigkeiten für Gorbatschow zu verstärken. Es käme also sehr darauf an, was das Ergebnis des NATO-Gipfels sein werde. Baker erläutert noch einmal die vier Punkte, die für Bush auf dem NATO-Gipfel eine Schlüsselrolle spielen sollten: (1) Wie könne die politische Rolle der NATO verstärkt werden? (2) Wie viel Truppen brauche die Allianz, wenn der Rückzug der sowjetischen Truppen erfolgt sei und die Abrüstungsverhandlungen zum

Abschluß gekommen seien und welche Ziele sollte die NATO in den zukünftigen Verhandlungen über konventionelle Abrüstung verfolgen? (3) Welche Rolle sollten in Europa stationierte nukleare Systeme in der zukünftigen NATO-Militärstrategie spielen und welche Ziele sollten in den SNF-Verhandlungen erreicht werden? (4) Wie könne der KSZE-Prozeß gestärkt werden, um die Atlantische Allianz zu bekräftigen und demokratische Werte im neuen Europa zu sichern?

Lange sprechen BK und Baker über die Entwicklung in Litauen und über die kritische Versorgungslage in der Sowjetunion. Die eigentliche Frage sei, so BK, was man jetzt Präsident Gorbatschow zumuten könne und was nicht. Das gemeinsame Interesse des Westens müsse es sein, daß in der Sowjetunion kein Militärregime an die Macht komme. Deshalb müsse man Gorbatschow helfen.

Baker stimmt zu, fügt jedoch hinzu, daß die USA keinen Spielraum für finanzielle Maßnahmen hätte, solange Moskau Litauen wirtschaftlich blockiere.

BK bekräftigt noch einmal seinen Willen, daß Gesamtdeutschland Teil der NATO sein[204] müsse. Er sei nicht erpressbar. Mit ihm könne man kein Spiel treiben nach dem Motto, daß die Einheit möglich sei, wenn Deutschland aus der NATO austrete. Er sehe die Probleme, die sich in der Regierungskoalition in der DDR stellen würden. Die Position von Außenminister Meckel werde dazu führen, daß sich die DDR nicht in die erste Reihe der Befürworter einer NATO-Mitgliedschaft stellen werde. Er sei sich aber der Unterstützung der DDR in dieser Frage sicher. Dafür spreche auch die Tatsache, daß sich sowohl Polen, die ČSFR und Ungarn für die deutsche NATO-Mitgliedschaft ausgesprochen hätten.

Baker berichtet, daß Bush beabsichtige, de Maizière einzuladen. BK unterstützt das nachdrücklich. Ein solcher Besuch sei auch deshalb wichtig, weil er de Maizière und seinen Ministern dokumentiere, daß sie als Partner auf gleichem Niveau behandelt werden und damit verhindert werde, daß ein Gefühl der Diskriminierung entstünde.

BK bekräftigt noch einmal, daß für die Sowjetunion die künftige Entwicklung der NATO und ihrer Strategie eine entscheidende Frage darstelle. Die Diskussion darüber dürfe aber nicht im 2+4-Prozeß entschieden werden. Auf die Frage Bakers wiederholt BK seine Meinung, daß die Schutzklausel des NATO-Vertrages nach Art. 5/6 auch für das ehemalige DDR-Territorium gelten müsse. Nach Abzug der Sowjets müßten auch deutsche Truppen stationiert werden können. Über das künftige Schicksal der NVA gebe es noch keine abschließende Haltung der Bundesregierung.

Baker erläutert das Schreiben von Bush bezüglich der nuklearen Kurzstreckensysteme. Er bekräftigt die Bereitschaft der USA, die bevorstehenden Verhandlungen aufs Engste mit den NATO-Verbündeten vorzubereiten. Die USA wollten auch in der europäischen politischen Debatte ein »major player« bleiben. Die USA könnte nicht eine bedeutende militärische Präsenz in Europa aufrechterhalten, wenn sie nicht zugleich am politischen Dialog beteiligt wären. Er bittet um Unterstützung des BK.

BK erklärt, es wäre das Dümmste, was geschehen könnte, wenn jetzt versucht werden sollte, die USA aus Europa hinauszudrängen. Einer solchen Politik würde er in keinem Fall zustimmen.

204 Handschriftlich korrigiert wurde »bleiben«.

In seiner Rede heute in Stillwater in Oklahoma[205] erläutert Bush noch einmal sein Interesse an einem NATO-Sondergipfel. Dieser müsse genutzt werden, »unseren deutschen Freunden zu helfen, ihre Freiheit zu erhalten und Einheit zu erreichen«.

Damit könnte der NATO-Gipfel ein Meilenstein auf dem Weg zur Lösung der äußeren Aspekte der deutschen Einheit werden.

Baker hat gerade das BK-Amt verlassen, als Außenminister Schewardnadse eintrifft. Nur Kwizinskij begleitet ihn. Schewardnadse hatte ausdrücklich darum gebeten, ein Gespräch im kleinsten Kreis führen zu können. Auf unserer Seite nehmen erneut Dr. Kaestner und ich teil.

BK begrüßt Schewardnadse. Er freue sich, daß dieses Gespräch möglich sei. Gerade in dieser Zeit müsse man sehr engen Kontakt halten. Er hoffe, auch mit dem Präsidenten bald wieder zu einem ausführlichen Gespräch zusammentreffen zu können. Im vergangenen Sommer sei es gelungen, in den deutsch-sowjetischen Beziehungen einen guten Anfang zu setzen. Dieser müsse jetzt weiter entwickelt werden, auch in der Perspektive eines geeinten Deutschlands. Er habe mit Kwizinskij vor kurzem darüber einen Meinungsaustausch geführt.

Zuerst spricht BK Litauen an. Sein gemeinsamer Brief mit Mitterrand sei nicht als ein Vermittlungsangebot zu verstehen gewesen, wie die Presse ihn interpretiert habe. Das sei nicht ihre Absicht gewesen. Sie wollten die Lage für die Sowjetunion nicht erschweren, sondern dazu beitragen, daß die Lage entschärft werde. Schewardnadse übermittelt BK von Gorbatschow herzliche Grüße. Sie hätten auf den Brief nicht empfindlich reagiert. Sie hätten keinen Zweifel, daß BK ehrlich bemüht sei, sowohl dem litauischen Volk als auch der sowjetischen Führung zu helfen, die Probleme zu lösen. Die Stabilisierung in jener Region könne auch die Destabilisierung der Sowjetunion bedeuten. Deshalb hätten sie Verständnis für die Besorgnis des BK und anderer ausländischer Persönlichkeiten. Alle seien an der Bewahrung der Stabilität in Europa dringend interessiert. Schewardnadse erläutert die sowjetische Position zu Litauen. Die Probleme müßten auf gesetzmäßigem Wege und in zivilisierter Weise gelöst werden.

Die sowjetische Gesetzgebung erlaube ein differenziertes Herangehen gegenüber jeder einzelnen Republik. Er sei zuversichtlich, daß eine Lösung gefunden werde. Schewardnadse verknüpft die Frage mit dem Schicksal der Perestroika. Wenn sie keinen Erfolg habe, dann werde es entweder totale Anarchie geben oder es komme ein neuer Diktator. Das Volk werde dann nach einer starken Hand rufen.

Schewardnadse spricht ruhig, sehr ernst, aber mit Nachdruck und Engagement. Teilweise nehmen seine Worte werbenden Charakter an. Er vermittelt den Eindruck eines

205 US-Präsident George H. W. Bush erhielt am 4. Mai 1990 von der Oklahoma State University die Ehrendoktorwürde in Wirtschaftswissenschaften. In seiner Rede brachte Bush die Hoffnung zum Ausdruck, dass im Herbst ein Abkommen über die Reduzierung von Truppen und konventionellen Waffen in Europa unterzeichnet werden könne. Daran anschließend sollten Gespräche beginnen, um die Zahl der in ganz Europa stationierten Atomwaffen mit kurzer Reichweite zu reduzieren. Präsident Gorbatschow habe in seinem Land so weitreichende Reformen durchgeführt, dass die Uhr nicht mehr zurückgedreht werden könne, die Zukunft könne man aber auch nicht vorhersagen. Die NATO müsse die Militarisierung von Europa verringern, um die Kriegsgefahr zu vermindern. Man betrete ein neues Zeitalter der Freiheit in einer Zeit der Unsicherheit, aber großer Hoffnung. Die USA würden Europa militärisch unterstützen, solange die Verbündeten dies wünschten, *Los Angeles Times* Archives, 4. Mai 1990 (vollständige Rede in: Public Papers, Bush 1990, S. 608–617).

Mannes, der auch durch Sprache und Gestik den Ernst der Lage verdeutlichen möchte. Während er spricht, schaut er dem Partner und den anderen, die ihm gegenüber sitzen mit seinen großen Augen offen und eindringlich in die Augen. Nur gelegentlich umspielt ein vorsichtiges Lächeln seinen Mund. Die Falten an den Augen zeigen, daß er ein Mensch ist, der gerne lacht.

BK spricht die Entwicklung der deutsch-sowjetischen Beziehungen an. In den Vordergrund stellt er die Frage der Wirtschaftsbeziehungen zwischen der DDR und der Sowjetunion und mit den anderen RGW-Staaten. Er wisse, daß in diesem Zusammenhang auf die Bundesrepublik in einem wiedervereinigten Deutschland eine besondere Verantwortung zukomme. Er werde sich um diese Frage persönlich kümmern.

Anschließend erläutert er noch einmal seine Vorschläge, die er über Kwizinskij für die langfristigen Beziehungen zwischen dem vereinten Deutschland und der Sowjetunion übermittelt habe. Es ginge ihm darum, ein »Gesamtwerk« zustande zu bringen, in dem die beiderseitigen Beziehungen umfassend neu gestaltet würden. Eine gesamtdeutsche Regierung könne dann einen solchen Vertrag unterschreiben und ratifizieren.

Schewardnadse berichtet, daß er die Unterrichtung Kwizinskijs mit großem Interesse gelesen und Gorbatschow zugeleitet habe. Sie hätten die Überlegungen des BK sehr sorgfältig studiert und seien zum Schluß gekommen, daß BK diese Frage gerade zum richtigen Zeitpunkt aufgeworfen habe. Die Welt verändere sich, Europa verändere sich. Umso mehr Sicherheitsgarantien seien erforderlich.

Schewardnadse stellt noch einmal ausdrücklich klar, daß die sowjetische Führung den Aufbau der deutschen Einheit als einen positiven gesetzmäßigen Prozeß betrachte. Die Einheit Deutschlands müsse jedoch zum Faktor der Stabilität und des Friedens in Europa werden. Zwei traditionelle Großmächte wie die Sowjetunion und das vereinte Deutschland käme nicht umhin, die Prozesse in der Welt und in Europa zu berücksichtigen. Die Sowjetunion gehe deshalb davon aus, daß die Beziehungen mit einem vereinten Deutschland auf einer soliden und ernsthaften Grundlage aufgebaut werden müßten. Die sowjetische Führung sei deshalb sehr daran interessiert, die Beziehungen zu einem vereinten Deutschland auf einer neuen Grundlage zu entwickeln. Das müsse die Wirtschaftsbeziehungen einschließen, auch die in Jahrzehnten gewachsenen wirtschaftlichen Bindungen mit der DDR. Es gehe jetzt darum, strategisch langfristig zu planen. Deshalb begrüße er den Vorschlag des BK sehr.

Schewardnadse teilt dem BK mit, daß Gorbatschow zu einem baldigen Treffen bereit sei. Vielleicht könnte eine solche Begegnung im Juli außerhalb Moskaus stattfinden.

BK bekräftigt noch einmal sein Interesse, bei einer solchen Begegnung gemeinsam über die Perspektiven der deutsch-sowjetischen Beziehungen zu sprechen. Er gehe davon aus, daß bis zum 31. Dezember 1992 die Einheit erreicht sein werde. Bis dahin wolle man auch weitreichende Fortschritte in der Europäischen Gemeinschaft erreichen. Es wäre deshalb gut, gleichzeitig auch ein neues Kapitel in den deutsch-sowjetischen Beziehungen durch einen gemeinsamen umfassenden Vertrag aufzuschlagen. Schewardnadse bekräftigt noch einmal, daß BK diese Frage zum richtigen Zeitpunkt aufgeworfen habe, wie man ein dauerhaftes Fundament legen könne.

Zu den 2+4-Gesprächen wiederholt Schewardnadse die Position der Sowjetunion, daß sie einer Mitgliedschaft eines vereinten Deutschlands in der NATO nicht zustimmen könne. Er schließe aber nicht aus, daß ein Kompromiß gesucht und gefunden werden könne. Das Ergebnis müsse jedoch von allen Völkern, einschließlich den sowjetischen, gebilligt werden können. BK schlägt vor, daß auch auf bilateraler Ebene an diesem Problem gearbeitet werden solle.

Abschließend spricht Schewardnadse[206] von Gorbatschow und Ryschkow die Frage eines Finanzkredites an. Da die Sowjetunion ein reiches Land sei, bestehe kein Risiko. Wichtig sei jedoch die Bereitschaft der Bundesregierung, entsprechende Bürgschaften zu gewähren. BK sagt persönliche Prüfung zu. Ohne etwas versprechen zu können, wolle er hilfreich sein. Er bittet Schewardnadse, ihm eine Unterlage zu übermitteln. Schewardnadse sagt das gewünschte Papier zu.

Dieses Gespräch hat für den BK wichtige Aufschlüsse gebracht. Die Sowjetunion ist nach wie vor zu einer Verständigung bereit, sonst wäre ein Gespräch mit Gorbatschow nicht in Aussicht gestellt worden. Schewardnadse hat außerdem erneut Kompromißbereitschaft in der Frage der NATO-Mitgliedschaft angedeutet. Der Vorschlag des BK für einen umfassenden bilateralen Vertrag ist zum richtigen Zeitpunkt erfolgt und hat die richtige Wirkung in Moskau ausgelöst. Die sowjetische Anfrage nach Kreditbürgschaften zeigt ebenfalls auf, daß die Sowjetunion nicht an einem Konflikt interessiert ist. Aus meiner Sicht war das ein Schlüsselgespräch. Ich bin froh, daß wir es in letzter Minute zustande gebracht haben.

Ich begleite Schewardnadse zum Auto. Beim Abschied schüttelt er mir sehr lange die Hand und bedankt sich ausdrücklich dafür, daß dieses Gespräch mit dem BK möglich gewesen sei. Ich strahle, denn auch das Februar-Gespräch ist nur auf Initiative von uns in Moskau zustande gekommen.

Ich kehre in das Arbeitszimmer des BK zurück. BK ist mit den Gesprächen mit Baker und Schewardnadse sehr zufrieden. Auf die amerikanischen Freunde sei absoluter Verlaß. Eine stärkere Unterstützung könne man sich nicht wünschen. Er werde das nicht vergessen.

BK ist entschlossen, Gorbatschow in der Kreditfrage zu helfen. Er wolle keine Minute versäumen. Er werde sofort mit dem Sprecher der Deutschen Bank, Hilmar Kopper, und Dr. Röller von der Dresdner Bank und Vorsitzenden der Bankenvereinigung Kontakt aufnehmen und die Frage besprechen. Am besten wäre es, wenn ich mit beiden vertraulich[207] so rasch als möglich nach Moskau fliegen würde, um die notwendigen Vorgespräche zu führen. Diese Gespräche und die ganze Aktion sollen aber völlig vertraulich bleiben. Ich bin begeistert. Eine rasche Hilfe durch den BK, nach der Lebensmittelhilfe im Januar die zweite, könnte mit dazu beitragen, das beiderseitige Klima weiter zu verbessern. Das wäre auch für die Lösung der gewichtigen politischen Probleme hilfreich.

In mein Büro zurückgekehrt unterrichte ich telefonisch Herrn Elbe, Büroleiter von Genscher, über das Gespräch BK mit Schewardnadse. Genscher wird ebenfalls mit ihm zusammentreffen. Die sowjetische Kreditanfrage und die Entscheidung des BK, mich nach Moskau zu senden, erwähne ich auf Wunsch des BK und seiner Vereinbarung mit Schewardnadse nicht.

Am Abend telefoniere ich mit de Maizière und spreche mit ihm Termine für eine USA-Reise ab. Eigentlich bräuchte er dringend ein paar Tage Urlaub, da er Tag und Nacht arbeite, erläutert mir de Maizière. Ich begründe die Wichtigkeit eines Gespräches mit Bush, für die er notfalls seinen Urlaub zurückstellen müsse. De Maizière erklärt sich dazu bereit.

Der politische Direktor, Dr. Kastrup, ruft mich an und unterrichtet mich über das gestrige dreistündige Gespräch Genschers mit Außenminister Meckel und dem polnischen

206 An dieser erfolgte eine Einfügung der Worte »im Auftrag«.
207 Das Wort »vertraulich« wurde gestrichen.

AM Skubizewski. Mit Meckel sei er sich einig gewesen, daß beide Parlamente eine gleichlautende Erklärung abgeben sollen, die durch beide Regierungen notifiziert werden sollen. Dagegen habe Mazowiecki an den polnischen Vorschlag festgehalten, Vertragsverhandlungen noch vor der Einigung Deutschlands durchzuführen und abzuschließen. Meckel habe sich mit beiden Vorschlägen einverstanden erklärt. Skubizewski sei nur in der Frage offen, ob ein solcher Vertragsentwurf noch vor der Einigung parafiert werden solle. Sie hätten vereinbart, das Gespräch noch im Mai fortzusetzen.

Samstag, 5. Mai 1990

Heute beginnen in Bonn die »2+4«-Gespräche der Außenminister der Bundesrepublik Deutschland, der DDR, der USA, der Sowjetunion, Frankreichs und Großbritanniens über die äußeren Aspekte der deutschen Einheit. Hans-Dietrich Genscher eröffnet die Konferenz mit einer Eingangserklärung, die veröffentlicht wird. Außenminister Baker stellt in seiner Eröffnungserklärung fest, daß der Vereinigungsprozeß bereits erheblich vorangeschritten sei. Über Zeitpunkt und Fonn müsse noch entschieden werden. Diese inneren Fragen würden von den Deutschen selbst entschieden werden.

Für die Gruppe der 2+4 sei die primäre Aufgabe, eine Formel zu erarbeiten, mit der alle verbleibenden Rechte und Pflichten der Vier Mächte beendet und auf ein völlig souveränes Deutschland übertragen werden – ein Deutschland, das auf dem Territorium der Bundesrepublik Deutschland, der Deutschen Demokratischen Republik und Berlins vereinigt sei. Es sollte nicht versucht werden, Deutschland zu singularisieren. Einem souveränen Staat diskriminierende Beschränkungen aufzuerlegen, könne nur zu Ressentiments, Instabilität und Konflikten führen.

Baker gibt zu verstehen, daß er die 2+4 als »Lenkungsgruppe« verstehe, die solche äußeren Fragen im Hinblick auf die Einheit Deutschlands an geeignete europäische Foren verweist, die am besten anderenorts gelöst werden. Er verweist auf die KSZE, VKSE und VSBM-Gespräche.

Schewardnadse spricht von einer Zusammenkunft, die historische Bedeutung habe. Er unterstreicht, daß die Beziehungen mit Deutschland für die Sowjetunion eine zentrale und besondere Frage ihrer Geschichte sei. Er spricht von »freundschaftlichen Beziehungen« sowohl mit der DDR als auch mit der BRD.

Am interessantesten und wichtigsten ist sein Hinweis, daß die Lösung der äußeren Aspekte der Einigung Deutschlands nicht von der inneren Situation in den eigenen Ländern gelöst werden könne. Offen spricht er an, daß in dem Maße, in dem die politische Flexibilität der Sowjetunion drastisch beschränkt würde, »kochende Emotion« innerhalb der Sowjetunion steigen würde. Die sowjetische Führung könne über die öffentliche Meinung nicht hinweggehen. Das sowjetische Volk müsse sehen, daß der Schlußstrich unter die Vergangenheit würdig und fair gezogen werde. Damit macht Schewardnadse deutlich, daß die sowjetische Bewegungsfähigkeit entscheidend von der inneren Lage abhängig bleibt.

Zur Lösung schlägt Schewardnadse einen »paketmäßigen Ansatz« vor. Von einer Paketlösung haben wir in der Vergangenheit wiederholt gesprochen. Ich freue mich, daß die Sowjetunion diesen Begriff aufgenommen hat. Er beweist, daß eine Summe von Regelungen zusammenkommen muß, um die äußeren Aspekte der deutschen Einigung zu lösen.

Schewardnadse spricht selbst davon, daß er den anderen Partnern entgegen kommen wolle und den Abschluß eines Friedensvertrages zur Diskussion stelle. Die Sowjetunion gehe jetzt davon aus, daß das Ergebnis der »Sechs« ein »einheitliches, ganzheitliches Dokument« sein müsse, das alle Aspekte der Regelungen umfasse: Bestimmungen über die Grenzen Deutschlands, über seine Streitkräfte, über den militärpolitischen Status, über die Verpflichtungsnachfolge, über die Übergangsperiode sowie über die Präsenz von Truppenkontingenten der Alliierten Mächte auf dem Boden Deutschlands. Er bekräftigt die negative Haltung der Sowjetunion zur Mitgliedschaft eines vereinten Deutschlands in der NATO. Zielsetzung sollte es sein, sich nicht auf Blöcke sondern auf gesamteuropäische Sicherheitsstrukturen zu stützen, die ohne Zeitverlust geschaffen werden sollten. Alles andere sei für ihn auch aus »Motiven innenpolitischer Art nicht akzeptabel«. Er fordert allerdings die Partner auf, »gemeinsam nach anderen Varianten zu suchen«. Zahlreiche Beispiele machen deutlich, wo nach Auffassung der Sowjetunion Lösungen zu suchen seien. Persönlich fügt er hinzu, daß die »heute noch kompliziert erscheinenden militärisch-politischen Probleme in einem neuen Licht« gesehen werden könnten, wenn die gesamteuropäischen Strukturen ihre Wirkung zu entfalten begännen.

Schewardnadse sorgt insofern für eine weitere Überraschung, als er erklärt, daß die Regelung der inneren und äußeren Aspekte der deutschen Einheit zeitlich nicht unbedingt zusammenfallen müßten. In diesem Vorschlag liegt für uns ein »Pferdefuß«. Er bedeutet nämlich, daß auch nach Schaffung eines einheitlichen Parlaments und einer gesamtdeutschen Regierung die Rechte und Verantwortlichkeiten der Vier Mächte für eine gewisse Übergangsperiode aufrechterhalten blieben. Das kann jedoch nicht in unserem Interesse sein.

Obwohl Vertraulichkeit der Gespräche vereinbart worden ist, veröffentlicht die sowjetische Delegation die Rede von Außenminister Schewardnadse. Das ist umso überraschender, als er die Wechselwirkung zwischen der inneren Lage und der äußeren Entwicklung so dramatisch und offen geschildert hat.

Um 17.00 Uhr faßt Außenminister Genscher in einer Pressekonferenz die Ergebnisse des ersten Tages zusammen. Die nächsten Außenminister-Treffen sollen im Juni in Berlin, im Juli gemeinsam mit Polen in Paris und Anfang September in Moskau stattfinden. Schewardnadse spricht zwar einerseits von »ernsten Diskrepanzen« die aber nicht dramatisiert werden sollten, andererseits davon, daß die sowjetische Führung die Absicht habe, konstruktiv mit allen Partnern weiterzuarbeiten, um den wichtigen historischen Prozeß der deutschen Vereinigung »zu beschleunigen«. Dieser Hinweis auf die Beschleunigung ist besonders überraschend. Die Außenminister der drei Westmächte bekräftigen ihre uneingeschränkte Unterstützung für die deutsche Einigung.

Auf Fragen der Journalisten zur NATO-Mitgliedschaft eines geeinten Deutschlands wiederholt Schewardnadse noch einmal, daß er sicher sei, daß es gemeinsame Lösungen geben werde, die auf gegenseitiges Verständnis treffen werden. Und diese Lösung werde den Interessen der Deutschen Nation entsprechen.

Die erste Runde der 2+4-Gespräche hat heute gezeigt, daß es bei der Lösung der inneren Aspekte der deutschen Einigung keine Hindernisse mehr gibt. BK spricht von einer entscheidenden Wendemarke europäischer Geschichte. Deutschland und Europa blicken mit großer Dankbarkeit und Hoffnungen in eine neue Zukunft.

Kwizinskij übermittelt mir heute die von Schewardnadse dem BK zugesagte Unterlage über die gewünschten Kredite. Darin wird festgestellt, daß durch den Zahlungsverzug einiger sowjetischer Betriebe und Vereinigungen und durch die Unausgewogenheiten in den Verrechnungen der Sowjetunion in frei konvertierbare Währung Gerüchte entstanden sein, daß die Sowjetunion zahlungsunfähig sei. Es werde deshalb immer schwieriger, von internationalen Banken Kredite zu erhalten. Staatliche Garantien der westlichen Regierungen würden den Banken einen Anstoß geben, wieder Finanzkredite zu gewähren. Die Sowjetunion sei an Krediten in der Höhe von ca. 20 Milliarden DM für fünf bis sieben Jahre interessiert. Es wird die Erwartung ausgesprochen, daß die Bundesregierung sich in diesem Zusammenhang auch mit anderen EG-Ländern in Verbindung setze. Weitere Einzelheiten enthält das Papier nicht.

Sonntag, 6. Mai 1990

AM Genscher gibt heute ein Abschiedsessen für das Ehepaar Kwizinskij, die nach Moskau zurückkehren. Kurz vorher telefoniere ich mit Kwizinskij und kündige ihm an, daß ich in aller nächster Zeit nach Moskau käme, um im Auftrag des BK über die gewünschten Kredite zu sprechen. Er freut sich über die rasche Reaktion des BK.

Montag, 7. Mai 1990

9.00 Uhr BK-Lage: In den gestrigen Kommunalwahlen[208] in der DDR hat sich die CDU als stärkste Partei behauptet, auch wenn sie gegenüber der Volkskammerwahl von 40,82 % auf 34,37 % zurückgefallen ist. Die SPD hat ihr Ergebnis im Großen und Ganzen von rund 21 % gehalten. Bedauerlich bleibt, daß die PDS mit 14,5 % drittstärkste Partei geblieben ist. BK ist mit dem Ergebnis sehr zufrieden. Es stelle sich jetzt ein Normalisierungsprozeß ein. Deutlich sei, daß die DSU keine selbständige Partei für die CSU bleiben werde.

Die erste Gesprächsrunde im Rahmen des 2+4-Prozesses erfährt heute in der Presse ein ausgezeichnetes Echo. BK bezeichnet den Vorschlag der Sowjetunion, einerseits der Einigung beider deutschen Staaten zuzustimmen, aber andererseits die äußeren Aspekte zeitlich davon unabhängig zu behandeln, als eine neue taktische Variante, die in das Gesamtspiel gehöre. Für BK stellt sich damit aber die Frage nach dem Zeitpunkt gesamtdeutscher Wahlen neu. Er schließt nicht länger aus, daß es noch in diesem Jahr zu gemeinsamen Wahlen kommen könne und der Zeitpunkt der Bundestagswahl der Zeitpunkt für die gesamtdeutsche Wahl werden könne.

Für BK bleiben aber zwei Voraussetzungen für gesamtdeutsche Wahlen unverzichtbar: (1) Die Zustimmung der DDR-Regierung und (2) die Lösung der äußeren Aspekte im Rahmen der 2+4-Gespräche. Er ist nicht bereit, beide Entwicklungen voneinander abzukoppeln.

Um 14.00 Uhr spreche ich auf Einladung der Deutschen Afrika-Stiftung vor internationalen Gästen über Stand und Perspektiven der Deutschlandpolitik.

Ich zeichne die Entwicklung seit Öffnung der Mauer nach. Mir geht es vor allem darum, deutlich zu machen, daß das Tempo des Einigungsprozesses maßgeblich von der Bevölkerung in der DDR selbst bestimmt worden sei. Zwei Instrumente hätten ihnen dabei zur Verfügung gestanden: die Massendemonstrationen auf der Straße und die Möglichkeit,

208 Es waren 62 Parteien und Organisationen zugelassen worden. Bezirkstage wurden nicht gewählt, da man von einer Neuerrichtung der Länder ausging. Bei einer Wahlbeteiligung von 75 % errang die CDU 30,4 %, die SPD 21 %, die PDS 14 %, der Bund Freier Demokraten 6,3 %, die DSU 3,4 %, und das Neue Forum 2,4 %. Lokale Wahlbündnisse aller Art erhielten fast ein Viertel der Stimmen. Die folgenden Kommunalwahlen wurden nach dem Landesrecht der neugegründeten Bundesländer durchgeführt.

jederzeit in die Bundesrepublik Deutschland überzuwechseln. Die Sowjetunion wisse, daß die Stabilisierung politisch und ökonomisch von ihr selbst nicht mehr geleistet werden könne, auch von keiner DDR-Führung. Aus diesem Grunde habe der BK die Währungs-, Wirtschafts- und Sozialunion vorgeschlagen, die zum 2. Juli eingeführt werden solle. Am 2. Juli werde deshalb der Zug in Richtung deutscher Einheit volle Fahrt erreicht haben und niemand werde ihn mehr aufhalten können, es sei denn, er wolle ein Chaos in der DDR bewirken. Auch in Kenntnis dieser Perspektive habe sich die sowjetische Führung entschieden, diesem Prozeß gewissermaßen freien Lauf zu lassen.

Aktuell füge ich hinzu, daß es einerseits eine Überraschung gewesen sei, andererseits auch wieder nicht, daß Schewardnadse davon gesprochen habe, die inneren und äußeren Aspekte der deutschen Einigung voneinander abzukoppeln. Moskau sei bereit, sich damit abzufinden, daß die deutsche Einigung vollzogen werde, bevor die internationalen Fragen abschließend geklärt seien. Das habe sie bisher heftig abgelehnt. Ich erkläre, daß die Bundesregierung aber weiterhin bestrebt sein werde, beide Prozesse möglichst zum gleichen Zeitpunkt zu einem Abschluß zu bringen. Es sei für uns günstiger, wenn mit der Einheit Deutschlands auch die internationalen Fragen abschließend geklärt seien und damit keine Unsicherheit zurück bleibe.

Für die Lösung der äußeren Aspekte sei eine Paketlösung erforderlich. Sie bestimme sich auch aus der Gesamtlage der Sowjetunion. Ich erläutere, daß Gorbatschow vor erheblichen Problemen in seinem eigenen Land stehe: Er sei mit einer dramatisch ökonomischen Krise konfrontiert und stehe vor der Aufgabe, den Zusammenhalt der UdSSR sicherzustellen. Gleichzeitig habe sich der Warschauer Pakt dramatisch verändert. Der RgW funktioniere nicht mehr. Die ehemaligen Bündnispartner emanzipieren sich von der Führungsmacht Sowjetunion und die Deutschen seien dabei, sich zu einigen. Deshalb sehe sich Gorbatschow Vorwürfen in seiner eigenen Führung ausgesetzt, daß er dabei sei, die Errungenschaften des großen Vaterländischen Krieges zu verspielen. Deshalb müsse er seiner eigenen Bevölkerung erklären, daß seine Politik nicht zu einer Niederlage der Sowjetunion führe und nicht zu ihrer Isolierung, sondern Bestandteil eines historischen Prozesses in Europa sei. Dieser Prozeß bestehe darin, daß sich die Zusammenarbeit zwischen West- und Ost-Europa und der Sowjetunion in allen Bereichen verstärke.

Das Konzept Gorbatschows von einem gemeinsamen europäischen Haus bringe zum Ausdruck, daß die Lösung aller Fragen und damit auch der deutschen Einigung eine immer engere Zusammenarbeit aller Europäer voraussetze. Wir bräuchten deshalb die Verflechtung von Ost- und Westeuropa. In der Logik dieses Prozesses eines zusammenwachsenden Europas könne Deutschland nicht einem Sonderstatus unterworfen werden, sondern müsse in diesem Prozeß des Zusammenwachsens uneingeschränkt einbezogen werden.

Vier Rahmenbedingungen müßten deshalb jetzt geschaffen werden: (1) Wir brauchen für das Zusammenwachsen Europas einen politischen Rahmen, den der KSZE-Prozeß anbiete. Ziel sei es, diesen Prozeß zu institutionalisieren. (2) Die Abrüstungs- und Rüstungskontrollverhandlungen seien ein Schlüssel zur Lösung der Sicherheitsfragen in Europa. (3) Die wirtschaftliche Kooperation zwischen West und Ost und insbesondere die Übernahme der DDR-Verpflichtungen gegenüber der Sowjetunion müßten geregelt werden. (4) Der zukünftige militärische Status Deutschlands erfordere eine Veränderung der Atlantischen Allianz zu einem politischen Bündnis. Zuallerletzt deute ich erstmalig öffentlich an, daß ein geeintes Deutschland seine Beziehungen zur Sowjetunion auf der Grundlage der bestehenden Verträge und Abkommen neu gestalten und weiterentwickeln müsse.

Diese Ausführungen lösen erneut Aufsehen in Bonn und vor allem im Auswärtigen Amt aus. Dort scheint durchaus die Neigung vorhanden zu sein, die inneren und äußeren Aspekte des Einigungsprozesses gemäß des Vorschlages von Schewardnadse voneinander zu trennen. Journalisten berichten mir, daß sich das Auswärtige Amt bereits von meinen Aussagen distanziere.

Doch diesmal stellt sich BK voll und ganz hinter meiner Position. Er hatte sie heute morgen in der Kanzler-Lage so vorgegeben. Unabhängig davon würde ich es jedoch als einen strategischen Fehler empfinden, wenn beide Prozesse voneinander abgekoppelt würden. Ein geeintes Deutschland, das weiterhin den Verantwortlichkeiten der Vier Mächte unterläge, wäre gewissermaßen ein politischer Fehlstart.

Die heutige TASS teilt über das Gespräch BK mit Schewardnadse mit, daß mit besonderer Aufmerksamkeit auf grundsätzlicher Ebene die Aussichten für die Entwicklungen der gegenseitig vorteilhaften bilateralen Beziehungen sowie der Zusammenarbeit unter den neuen Bedingungen, die sich in Europa und in der ganzen Welt herausgebildet haben, erörtert worden seien, insbesondere im Hinblick auf die Schaffung der deutschen Einheit. Das Gespräch habe »konstruktiven Charakter« gehabt.

Am Nachmittag berichte ich im CDU/CSU-Fraktionsvorstand fast zwei Stunden über die 2+4-Gespräche von Samstag. Anschließend unterrichte ich BK darüber. Er hat in der Zwischenzeit mit Dr. Dregger und mit Genscher über sein Gespräch mit Schewardnadse gesprochen und sie über die Kreditwünsche Moskaus unterrichtet. Außerdem habe er mit de Maizière und mit Krause gesprochen. Angesichts seines Arbeitspensums richtet er die rein rhetorische Frage an mich, wie frühere Bundeskanzler vor ihm ihre Arbeit organisiert hätten. Alles ruhe auf seinen zwei Augen.[209] Ich sage zu ihm, daß er es auch gar nicht anders wolle.

Am Abend telefoniere ich mit Bob Blackwill im Weißen Haus, um den Besuchstermin für MP de Maizière abzustimmen.

Dienstag, 8. Mai 1990

9.15 Uhr BK-Lage: Die FAZ macht heute mit der Schlagzeile auf »Genscher begrüßt Moskaus Bereitschaft zur Trennung der inneren und äußern Aspekte der Vereinigung«. Sollte diese Schlagzeile zutreffen, gibt es in der Tat einen Dissens mit dem BK. Dieser bleibt bei seiner Position, die inneren und äußeren Aspekte nicht voneinander zu trennen.

Mittags trifft der griechische PM Mitsotakis zu seinem ersten offiziellen Besuch im Bundeskanzleramt ein. BK und Mitsotakis kennen sich seit vielen Jahren, weil sie auf dem Europäischen Parteiführer-Treffen immer wieder zusammengetroffen waren. Das Gespräch verläuft deshalb außerordentlich herzlich. Im Mittelpunkt stehen die großen wirtschaftlichen Schwierigkeiten Griechenlands und der deutsche Einigungsprozeß.

15.00 Uhr Sitzung der CDU/CSU-Bundestagsfraktion: BK gibt einen Lagebericht. Bei dieser Gelegenheit bekräftigt BK sein Interesse, die inneren Aspekte der deutschen Einigung einvernehmlich und zeitgleich mit den äußeren Aspekten zu regeln. Nach der Sitzung erklärt er den wartenden Journalisten, daß eine Abkoppelung eine »fatale Entwicklung« wäre, die seinen Vorstellungen nicht entspreche. Schewardnadses Vorschlag bezeichnet

209 In den 329 Tagen steht statt »Augen«: »Schultern«.

BK als Teil eines »Verhandlungspokers«. Er bleibe bei dem Zeitplan, daß bis zu einem KSZE-Gipfel Ende des Jahres die internationalen Fragen im Zusammenhang mit der Wiedervereinigung gelöst sein müßten und das es dann 1991 die gesamtdeutschen Wahlen gebe.

Parallel dazu erklärt Genscher vor der FDP-Bundestagsfraktion, daß er sich mit Nachdruck dafür einsetzen werde, daß sich eine deutsche Vereinigung ordnungsgemäß und ohne Verzögerung realisieren könne. Ziel deutscher Politik müsse es sein, die Vorbehaltsrechte der Vier für Deutschland als Ganzes verantwortlichen Mächten abzulösen und damit die volle Souveränität des vereinigten Deutschlands herzustellen. Genscher fügt hinzu, daß in Ausübung dieser Souveränität das vereinigte Deutschland auch das Recht haben müsse, daß nach der Schlußakte von Helsinki allen Staaten zustehe, nämlich einem Bündnis anzugehören. Eine zügige und erfolgsorientierte Arbeit sei notwendig, um eine Verständigung über die äußeren Aspekte der deutschen Vereinigung bis zu dem KSZE-Gipfel im Herbst zu erreichen. Damit ist der Einklang zwischen BK und Genscher offensichtlich wieder hergestellt.

In einem Gespräch mit dem britischen Botschafter Christopher Mallaby äußert sich dieser ebenfalls sehr skeptisch über Schewardnadses Vorschlag einer Abkoppelung der inneren von den äußeren Aspekte der deutschen Einheit. Er kündigt an, daß sich die britische Regierung in dieser Frage nach den deutschen Überlegungen richten werde.

Um 16.00 Uhr hat BK ein Gespräch mit Dr. Röller, Dresdner Bank und Herrn Kopper, Deutsche Bank, anberaumt. Dr. Röller wird von Herrn Walter und Herr Kopper von Herrn Krupp begleitet. BK erläutert die sowjetischen Wünsche, die Schewardnadse bezüglich eines Finanzkredites übermittelt habe. Röller bestätigt die äußerst kritische Lage in der Sowjetunion, die dazu geführt habe, daß Lieferungen nicht mehr bezahlt würden und die Sowjetunion ihren Zahlungsverpflichtungen immer weniger nachkomme. Die Bonität der Sowjetunion sei eindeutig beeinträchtigt. Wertberichtigungen könnten nicht mehr ausgeschlossen werden. Darüber hinaus habe sich die kurzfristige Verschuldung der Sowjetunion extrem erhöht und zu Liquiditätsproblemen geführt. Auch Kopper spricht von einem deutlichen Vertrauensverlust der Sowjetunion. Die Gesamtverschuldung beträge 52 Milliarden Dollar. Davon seien in den nächsten zwei Jahren 40 % fällig. Demgegenüber betrügen die sowjetischen Devisenreserven noch etwa 15 Milliarden US-Dollar. Es ist offensichtlich, daß sich in der Sowjetunion eine Liquiditätskrise aufbaue.

Beide halten eine privatwirtschaftliche Lösung nicht mehr für möglich. Auch die Bundesregierung könne alleine nicht in ausreichendem Maße helfen. Sie müsse im Westen eine Vorreiter-Rolle übernehmen und die Beteiligung von Staaten wie Japan, Frankreich, Großbritannien und Italien gewinnen.

Abschließend wird vereinbart, daß wir zu dritt zu einer vertraulichen Sondermission nach Moskau reisen sollen.

Anschließend setzen wir zu dritt das Gespräch in meinem Büro fort und formulieren gemeinsam Fragen, die wir vorher schriftlich über Kwizinskij nach Moskau übermitteln wollen, damit die sowjetischen Gesprächspartner sich auf die Begegnung besser vorbereiten können. So wollen wir die Höhe der Gesamtverschuldung gegenüber dem Westen in harter Währung wissen; die Fälligkeitsstruktur; die Höhe des Guthabens in Hartwährung und des Guthabens, die frei verfügbar sei; das Gesamtvolumen der Exporte der UdSSR in Hartwährungsländer für 1990 und das Gesamtvolumen der Importe; die Gesamtverschuldung der UdSSR gegenüber den Banken als auch gegenüber den öffentlichen Händen und die Reihenfolge der fünf größten Gläubigerländer der UdSSR im Westen.

Kurz vor 18.00 Uhr ruft mich Finanzminister Waigel aus Washington an. Er werde gleich mit Präsident Bush zusammentreffen und wolle sich über die neueste Entwicklung von mir unterrichten lassen. Ich berichte ihm über die Diskussion, die Schewardnadse mit seinem Vorschlag der Entkoppelung der inneren und äußeren Aspekte ausgelöst habe. Er solle gegenüber Bush unser Interesse unterstreichen, am Zeitplan festzuhalten, die 2+4-Gespräche bis zum KSZE-Gipfel zum Abschluß zu bringen. Außerdem möchte er Bush davon unterrichten, daß die Rede Schewardnadses von Samstag dazu geführt habe, daß jetzt öffentlich darüber diskutiert werde, ob nicht die gesamtdeutschen Wahlen noch in diesem Jahr stattfinden sollten. Damit habe Schewardnadse, ohne es beabsichtigt zu haben, den Einigungsprozeß weiter beschleunigt.

Ich rufe Kwizinskij an und bitte ihn zu einem Gespräch zu mir zu kommen. Ich unterrichte ihn, daß BK beschlossen habe, mich zusammen mit den Herren Kopper und Röller zu einer fact-finding-mission nach Moskau zu entsenden. Ich überreiche ihm die Fragen, die ich mit Kopper und Röller formuliert hatte und die wir in Moskau besprechen wollen.

Auf Vorschlag des BK bitte ich ihn darum, anzufragen, ob wir mit MP Ryschkow und gegebenenfalls mit Gorbatschow zusammentreffen könnten.

Unsere Mission solle deutlich machen, daß wir bereit seien, auf die Anfrage Moskaus so rasch als möglich einzugehen. BK kümmere sich selbst um die Angelegenheit, die er streng vertraulich behandele. Deshalb sollten auch die Gespräche in Moskau vertraulich bleiben. BK habe Röller und Kopper persönlich gebeten, mit mir nach Moskau zu reisen. Wir könnten nur helfen, wenn ein offenes Gespräch möglich wäre, um bestmögliche Lösungen zu finden. Wir seien bereit, bereits am Samstag nach Moskau zu reisen und gegebenenfalls bis Montag zu bleiben. Es wäre gut, wenn er mir bereits morgen eine Antwort zukommen lassen könnte.

Kwizinskij antwortet, daß er wohl sehe, daß BK sich selbst um Unterstützung bemühe. Das werde in Moskau sehr wohl respektiert werden.

Gestern und heute haben die zwischen BK und Schewardnadse am 4. Mai in Aussicht genommenen Gespräche über die sich auf dem Weg zur deutschen Einheit stellenden Wirtschaftsfragen im Verhältnis zur Sowjetunion begonnen. Die deutsche Delegation wird von Staatssekretär Dr. Lautenschlager geleitet. Für den 20./21. Mai ist eine zweite Gesprächsrunde auf bilateraler Ebene in Moskau in Aussicht genommen worden. Die DDR-Regierung soll erst einbezogen werden, wenn die Währungsunion vollzogen ist.

Heute abend ist BK zu seinem dritten Wahlkampfeinsatz in Nordrhein-Westfalen. In Bochum erwarten ihn 4.000 Teilnehmer.

Mittwoch, 9. Mai 1990

Heute mittag sucht mich Kwizinskij auf. Er teilt mir mit, daß ich am Sonntag zusammen mit Kopper und Röller in Moskau erwartet werde. Am Montag sollen die Gespräche stattfinden. Wir würden in jedem Fall mit MP Ryschkow zusammentreffen. Er schließe auch nicht aus, daß wir Gorbatschow sehen würden.

Wir würden das aber erst in Moskau selbst erfahren. Er werde selbst in Moskau sein und uns am Flughafen abholen. Er bestätigt noch einmal, daß die rasche Reaktion in Moskau sehr positiv gewürdigt werde.

BK entscheidet, daß wir mit einem Flugzeug der Bundeswehr nach Moskau fliegen können. Juliane Weber ordert im Auftrag des BK eine Challenger. Sie weist die Flugbereitschaft des Ministeriums ausdrücklich darauf hin, daß es sich um eine vertrauliche Reise handele und sie deshalb die Namen der Fluggäste nicht nennen könne. Ich unterrichte fernmündlich Kopper und Röller und verabrede den Abflugstermin für Sonntag um 16.00 Uhr.

Anläßlich der Feier zum 45sten Jahrestages des Sieges über Deutschland hält Gorbatschow eine Ansprache. Seine Aussagen zu Deutschland sind wohlwollend bis freundlich. Zur deutschen Einheit erklärt er: »Wir stehen im verständlichen Wunsch der Deutschen in der DDR und der BRD, in einer Familie zu leben, mit Anteilnahme gegenüber.« Ausführlich spricht er über die Zusammenarbeit zwischen »diesen neuem Deutschland« und der Sowjetunion und über die Ausweitung der wirtschaftlichen Beziehungen und über die Zusammenarbeit unserer beiden großen Völker auf dem Feld von Wissenschaft und Kultur sowie des politischen Dialoges. Gorbatschow greift damit zum ersten Mal öffentlich den Vorschlag des BK zu einer umfassenden Zusammenarbeit zwischen dem geeinten Deutschland und der Sowjetunion auf, ohne den Vorschlag des BK zu erwähnen. Entscheidend bleibt, daß er auf den Vorschlag als solches eingeht. Es zeigt sich, daß er ihn innenpolitisch nutzen will.

Sehr zurückhaltend geht Gorbatschow auf die Sicherheits- und Statusfragen ein und fordert verläßliche Garantien, daß bei der Vereinigung beider deutscher Staaten weder die sowjetischen Sicherheitsinteressen noch die anderer Völker noch die strategische Stabilität in Europa und in der Welt verletzt werde. Erneut greift er die Formel des BK auf, daß sichergestellt werden müsse, daß von deutschem Boden nur Frieden ausgehe. An einem Friedensvertrag hält er fest. Darin solle der militärische Status von Deutschland und sein Platz m emer gesamteuropäischen Sicherheitsstruktur festgelegt werden. Dabei gehe es nicht um eine Diskriminierung von Deutschland.

Angesichts der Tatsache, daß Gorbatschow seine Rede vor Militärs und Veteranen hält, ist seine gemäßigte Sprache und inhaltliche Zurückhaltung bemerkenswert. Er hält sich nach wie vor alle Optionen offen. Das stimmt hoffnungsvoll.

Heute abend hat BK seine beiden letzten Wahlkampfauftritte in Aachen und Düsseldorf. In sieben Wahlkampfveranstaltungen in Nordrhein-Westfalen hat er rund 40.000 Teilnehmer erreicht. Der Besuch der Wahlkampfveranstaltungen ist erfreulich gut. In Niedersachsen hat er sechs Wahlkampfveranstaltungen und rund 50.000 Teilnehmer erreicht. Ich bin überzeugt, daß es nach Helmut Kohl keinen Bundeskanzler mehr geben wird, der soviele Wahlkampfveranstaltungen durchführt als er.

Donnerstag, 10. Mai 1990

Um 9.00 Uhr gibt BK Regierungserklärung zur Sondertagung des Europäischen Rates am 28. April in Dublin ab. Er will die Chance nutzen, den Erfolg von Dublin noch einmal öffentlich darzustellen. Diese Rede bietet ihm auch die Chance, allen Partnern in der EG und dem Kommissionspräsidenten Delors öffentlich für ihre Unterstützung der deutschen Einigung zu danken. Gleichzeitig will er noch einmal die Verknüpfung der deutschen mit der europäischen Einheit herausstellen. Der Prozeß der deutschen Einheit wirke als Katalysator für die Beschleunigung der Integration Europas auf dem Weg zur Politischen Union.

Im zweiten Teil seiner Rede begründet er seine Entscheidung für eine Währungs-, Wirtschafts- und Sozialunion mit der DDR. Die Einführung der DM Anfang Juli sei ein unübersehbares Zeichen der Solidarität aller Deutschen. Damit werde die Zukunft der Bundesrepublik Deutschland und jener der DDR unauflöslich miteinander verbunden. Erneut bekräftigt er die Position der Bundesregierung, daß sie keinen Grund zu Steuererhöhungen zur Finanzierung der deutschen Einheit sehe. Eine florierende Wirtschaft sei allemal der bessere Weg zu höheren Steuereinnahmen als ein leistungsfeindliches Steuersystem.

Anschließend gibt Genscher einen Bericht über das NATO-Außenministertreffen vom 3. Mai 1990 und zu den 2+4-Gesprächen auf Ebene der Außenminister vom 5. Mai 1990.

Die Debatte verläuft heute nahezu einvernehmlich. Mit Ausnahme der Grünen begrüßen alle Fraktionen die Zustimmung der EG-Partner und der Außenminister der Vier Mächte zum Ziel der deutschen Einheit.

Mittags fliege ich nach New York zur Internationalen »Bilderberg-Konferenz«.[210]

Samstag, 12. Mai 1990

Bilderberg-Konferenz. Unter Leitung von Henry Kissinger spreche ich über den deutschen Einigungsprozeß. Vor allem konzentriere ich mich auf die Frage, wie die unterschiedlichen Positionen in Bezug auf den künftigen militärischen Status Deutschlands überwunden werden können. Ich wiederhole, daß das nur in Form einer Paketlösung möglich sein werde. Dazu gehöre:

1. der KSZE-Prozeß, der den politischen Rahmen für die verstärkte und auch sicherheitspolitische Zusammenarbeit aller 35 Staaten bilden müsse. Die Bundesregierung habe eine Reihe von Vorschlägen zur weiteren Ausgestaltung und Institutionalisierung vorgelegt. Schewardnadse habe am 5. Mai in Bonn Initiativen erläutert, die in die gleiche Richtung weisen. Alle diese Überlegungen binden die Sowjetunion in Europa ein und begegnen ihren Sicherheitsinteressen.

2. Von entscheidender Bedeutung bleibe die Fortführung der Abrüstungs- und Rüstungskontrollverhandlungen im konventionellen und nuklearen Bereich. Sie dürfe jedoch nicht zu einer Singularisierung der Deutschen führen. Die notwendigen Entscheidungen können auch nicht in den 2+4-Gesprächen getroffen werden. Sie gehören in die multilateralen Verhandlungsrunden und müssen Gegenstand der Gipfelgespräche von Bush und Gorbatschow am 31. Mai in Washington sein.

3. Ein Schlüsselbereich stelle die wirtschaftliche Kooperation dar. Ihr komme entscheidende Bedeutung auch für die Lösung der Sicherheitsfragen zu. Dazu gehöre die Bereitschaft eines geeinten Deutschlands, die bestehenden wirtschaftlichen Verpflichtungen der DDR gegenüber der Sowjetunion so großzügig und weitgehend als möglich zu über-

210 Es handelt sich um informelle in der Regel dreitägige Treffen einflussreicher Persönlichkeiten, die ab 1954 seinerzeit in dem Hotel Bilderberg in Oosterbeek in den Niederlanden stattfanden, bei denen Gedanken über aktuelle politische, wirtschaftliche und gesellschaftliche Themen ausgetauscht werden. Dabei werden nur allgemeine Ergebnisse ohne Namensnennung veröffentlicht. Von 1989 bis 1999 hatte Peter Carrington, ehemaliger NATO-Generalsekretär, die Leitung inne. Der Vorsitzende und zwei Generalsekretäre wählen die Teilnehmer aus. Die Einführung des Euro geht nach Angaben von Etienne Davignon auf eine Bilderberg-Konferenz zurück, auch bei der Gestaltung der Römischen Verträge kam ihr eine Rolle zu. Kritik besteht aufgrund von Demokratiedefizit und Intansparenz. Die Bilderberger Konferenz vom 10. bis 13. Mai 1990 fand im Harrison Conference Center, Glen Cove, in New York statt. Teilnehmer waren Akademiker, Banker, Geschäftsleute und Journalisten, insgesamt 120 Gäste, aus Europa, Kanada und den USA. Themen waren die Sowjetunion, strategische Probleme, ökonomische Beziehungen mit Ost-Europa, die Universalität westlicher Werte, die Deutschlandfrage (zu diesem Themenkomplex sprachen Henry Kissinger, Horst Teltschik, Jean-Pierre Chevènement und William Waldegrave), die Zukunft der NATO und der Europäischen Gemeinschaft sowie Japan.

nehmen. Darüber hinaus müßten die Wirtschaftsbeziehungen insgesamt ausgebaut und intensiviert werden. Deshalb sei die Ankündigung von Bush wichtig, die COCOM-Liste drastisch zu verringern.

4. Als letzter Punkt bleibe der zukünftige Status und das Verhältnis eines geeinten Deutschlands zur Sowjetunion. Ein geeintes Deutschland werde einem westlichen Bündnis angehören, das seinen Charakter bis dahin wesentlich verändert haben wird oder dabei sei, ihn zu verändern. Die NATO-Strategie und die militärischen Strukturen müßten den Entwicklungen angepaßt werden. Der politische Charakter der NATO sei zu stärken.

Darüber hinaus werde Deutschland weiterhin auf Besitz, Produktion oder Einsatz von ABC-Waffen verzichten und Mitglied des Nicht-Verbreitungsvertrages bleiben. Außerdem sei Deutschland bereit, für eine befristete Zeit die Präsenz sowjetischer Truppen in vereinbarter Größenordnung zu akzeptieren. Nach dem Abzug sowjetischer Truppen sei davon auszugehen, daß eine beschränkte Anzahl deutscher Verbände mit reduzierter Ausrüstung auf dem heutigen DDR-Territorium stationiert werden, die nicht der NATO assigniert[211] sein müßten.

Zuletzt spreche ich die Initiative des BK an, schon heute ein Konzept für die zukünftige Zusammenarbeit eines geeinten Deutschlands mit der Sowjetunion zu entwickeln. Die Sowjetunion wolle und müsse wissen, wie Deutschland die Beziehungen zu ihr zukünftig gestalten wolle. Ich erläutere, daß es dabei darum gehe, die Substanz des Moskauer Vertrages, des langjährigen Abkommens über wirtschaftliche Kooperation, die Gemeinsame Erklärung zwischen Kohl und Gorbatschow vom 13. Juni 89 und die vielfältigen Abkommen und Vereinbarungen der letzten Jahre in eine neue Form der Zusammenarbeit aufzunehmen und weiterzuentwickeln. BK sei dazu bereit.

An diesem Gesamtpaket müßten alle mitwirken innerhalb des Atlantischen Bündnisses als auch innerhalb der Europäischen Gemeinschaft.

Die Diskussion bewegt sich überwiegend an der Oberfläche der Probleme. Am Nachmittag gehe ich mit Henry über eine Stunde durch den Park spazieren. Wir diskutieren alle Möglichkeiten durch, die zu einer Lösung der äußeren Aspekte beitragen könnten. Henry bestätigt mir, daß die Überlegungen des BK seine volle Zustimmung fänden. Ich freue mich über die uneingeschränkte Unterstützung Kissingers. Sein Wort hat international noch immer großes Gewicht.

7. Kredite und Kooperation als Katalysatoren

Sonntag, 13. Mai 1990

Am morgen kehre ich aus New York von der Bilderberg-Konferenz zurück.

Mittags telefoniere ich mit dem BK in Ludwigshafen. Es geht um meine morgigen Gespräche in Moskau. Er beauftragt mich, meinen sowjetischen Gesprächspartnern deutlich zu machen, daß er keinen Friedensvertrag akzeptieren werde. Im übrigen würde ich alle seine Positionen kennen und solle sie entsprechend erläutern.

211 angewiesen, zugeteilt, zugemessen

BK berichtet über sein Gespräch, das er am Freitag mit der litauischen Premierministerin Kasiniera Prunskiene geführt habe. Sie habe sich für den gemeinsamen Brief des BK und Mitterrands bedankt. Er könne Schlüssel für eine Lösung sein. Die Litauer seien für diesen gemeinsamen Vorschlag dankbar, weil die Initiative aus dem Westen ausgehe. Der Inhalt sei vielleicht nicht das, was ein Teil des litauischen Volkes erhofft habe, aber er zeige die Möglichkeit auf, die Unabhängigkeit zunächst de jure, später dann de facto zu erreichen. Frau Prunskiene habe erklärt, daß sie eine vernünftige Lösung anstrebe, die für alle drei Seiten: Litauen, die UdSSR und den Westen insgesamt, annehmbar sei. Dabei sei Kern der Sache, die Unabhängigkeitserklärung zwar nicht zu suspendieren, aber einzufrieren. Die Litauer seien zu Gesprächen über einen Kompromiß bereit, und sie habe Anzeichen, daß auch die Sowjetunion für eine solche Lösung offen sei. Moskau solle dies aber durch konkrekte Schritte beweisen. Die Manöver und Bewegungen der sowjetischen Armee im Stadtgebiet sollten eingestellt und die Wirtschaftsblockade aufgehoben werden. Beides brauche nicht demonstrativ erklärt, sondern solle einfach ins Werk gesetzt werden.

BK klagt über die Entwicklung in der DDR. Die Verschuldung der DDR habe inzwischen die 40 Milliarden-Grenze erreicht. Jetzt müsse der DDR deutlich gesagt werden, daß nichts mehr gehe. Am Montagabend werde er sich mit de Maizière in West-Berlin treffen.

BK erläutert noch einmal seine Haltung zu den 2+4-Gesprächen. Seine Devise laute: Alles, was jetzt in die Scheune eingefahren werden könne, sei sicher. Jetzt gelte es, alle Chancen zu nutzen und keine zu versäumen.

Ich berichte ihm über die Bilderberg-Konferenz in New York, die gezeigt habe, daß seine Politik eine breite Zustimmung finde. Ich richte ihm herzliche Grüße von Henry Kissinger aus. Er unterstütze BK ohne jeden Vorbehalt. BK hört es mit Zufriedenheit.

Um 16.00 Uhr treffe ich mit Dr. Röller und Kopper auf dem militärischen Teil des Bonn/Kölner Flughafens zusammen. Mit einer Bundeswehr-Sondermaschine geht es direkt nach Moskau. Die Besatzung der »Challenger« hat erst kurz vor dem Start den Zielort genannt bekommen. Sie haben mich sofort erkannt, kennen aber nicht meine beiden Begleiter. Sie versuchen, die Namen zu erfahren, weil sie in die Passagierliste eingetragen werden sollen. Ich lehne das ab.

Um 21.00 Uhr Moskauer Zeit landen wir im Abendsonnenschein in Moskau. Beim Verlassen der Maschine erkläre ich der Crew, daß der Rückflug voraussichtlich morgen mittag erfolgen werde. Es könne auch später werden. Die genaue Abflugzeit sei uns nicht bekannt. Sie möchten sich jedoch ab Mittag bereithalten. Kwizinskij, jetzt stellvertretender Außenminister, erwartet uns. Mit den üblichen großen schwarzen Tschaikas fahren wir zum Gästehaus 13 auf dem Leninhügel. Ich fahre mit Kwizinskij zusammen im Auto. Er erläutert mir, daß die Gespräche morgen früh um 10.00 Uhr beginnen würden. Unsere Gesprächspartner seien Ryschkow und Schewardnadse. Anschließend werde man weiter sehen. Er läßt offen, ob ein Gespräch mit Gorbatschow stattfinden wird.

Im Gästehaus essen Kopper, Röller und ich noch zu Abend. Unsere Gespräche für morgen hatten wir bereits im Flugzeug vorgesprochen. Mit Wodka und Bier trinken wir auf den morgigen Tag.

In Bonn gehen heute die Expertengespräche über den Staatsvertrag zur Währungs-, Wirtschafts- und Sozialunion zu Ende.

Montag, 14. Mai 1990

Nach einem ausführlichen und kräftigen Frühstück, wie es in der Sowjetunion üblich ist, holt uns Kwizinskij um halb zehn am Gästehaus ab. Wir fahren direkt in den Kreml. Unterwegs überholen wir einen Wagen der deutschen Botschaft, die über unsere Anwesenheit nicht unterrichtet ist. Ich hoffe, daß wir nicht erkannt worden sind.

Um 10.00 Uhr beginnt das Gespräch mit MP Ryschkow, AM Schewardnadse, dem stellvertretenden MP Sitarjan, der zugleich Vorsitzender der außenwirtschaftlichen Kommission ist und mit Moskowsky, dem Chef der Außenwirtschaftsbank. Ryschkow begrüßt uns sehr freundlich. Er freue sich, daß die Zusage des BK so schnell eingelöst worden sei.

Er schildert uns sehr ausführlich die schwierige Situation in der UdSSR. Vor allem hätten sie erhebliche Probleme mit den Devisen. Im Namen der sowjetischen Führung bitte er die Bundesregierung um Unterstützung. Er danke dafür, daß es möglich sei, so schnell und vertraulich über die Lage in der Sowjetunion und über mögliche Hilfe der Bundesrepublik zu sprechen. Er bitte mich, den BK für seine wirklich schnelle Reaktion zu danken. Heute gehe es darum, ein erstes grundsätzliches Gespräch zu führen, das später fortgeführt werden müsse.

Ryschkow berichtet, daß sie 82 Milliarden Außenstände hätten, aber nicht wüßten, wie sie dieses Geld und mit welchen Methoden sie es zurück bekommen können. Sie seien deshalb gezwungen, ihre Devisenschwierigkeiten über Exporte zu lösen. Die Lage sei für sie jedoch sehr kompliziert. Es handele sich aber nur um eine vorübergehende Schwierigkeit. Sie hätten sich aber entschieden, sich direkt an die Bundesrepublik zu wenden. Mit uns hätten sie große und besonders gute Erfahrungen in der Zusammenarbeit. Die politischen und wirtschaftlichen Beziehungen würden sich positiv entwickeln. Man würde miteinander und nicht gegeneinander handeln. Die Beziehungen hätten eine positive Dynamik erreicht.

Die realen Prozesse in der Bundesrepublik und in der DDR würden sie zur Kenntnis nehmen. Dieser Prozeß der Vereinigung beider deutscher Staaten zwinge sie, sich Gedanken über die Zukunft unserer wirtschaftlichen Beziehungen zu machen. Er habe mit de Maizière ein sehr offenes Gespräch geführt. Dabei sei es über die Entwicklung der bilateralen Beziehungen gegangen auch über eine Dreiecksbeziehung zwischen der Sowjetunion, der DDR und der Bundesrepublik für die Übergangsphase bis zur Einigung Deutschlands.

Die Währungsunion mit der DDR, die für den 2. Juli vorgesehen sei, werfe für die Sowjetunion sehr ernste Probleme auf. Sie hätten deshalb mit der DDR sechs Kommissionen eingerichtet, um über die Auswirkungen zu sprechen. Über die politischen und militärischen Fragen würde er sich mit uns streiten, wirft Schewardnadse lachend ein.

Ryschkow berichtet über die große und vielfältige Integration im wirtschaftlichen Bereich zwischen der Sowjetunion und der DDR. Die Veränderungen, die jetzt erfolgen würden, würden die Arbeitsfähigkeit sowjetischer Betriebe beeinflussen. Sie müßten deshalb mit uns über die Veränderungen sprechen, die sich aufgrund des Einigungsprozesses ergeben. Die bilateralen Beziehungen müßten in jedem Fall weiterentwickelt werden. Er sei sehr zuversichtlich und optimistisch, was die Zukunft der deutsch-sowjetischen Beziehungen betreffe.

Ryschkow erläutert die wirtschaftliche Lage in der Sowjetunion. Die Wirtschaftsreform befinde sich im dritten Jahr. Nach einer theoretischen Phase sei mit der Verwirklichung der Reform in der zweiten Hälfte 1987 begonnen worden. 1988/89 sei die Reform in eine besonders komplizierte Situation geraten. Es sei ja bekannt, daß das alte Planungssystem das gesamte Wirtschaftssystem durchdrungen habe. Jetzt habe man mehr Selbständigkeit eingeführt und die Führung geändert. Die neue Führungsstruktur sei jedoch noch nicht wirksam geworden. Auch stoße man überall an die Grenzen der schwachen Infrastruktur im ganzen Land. Die Gesellschaft sei auf die Reformen nicht vorbereitet. Viele Prozesse seien anders gesehen worden, als sie sich jetzt in der Wirklichkeit erweisen. Die größere Selbständigkeit der Betriebe habe dazu geführt, daß das Geldaufkommen in der Bevölkerung weiter gewachsen sei. Durch die Reform des Außenwirtschaftssystems sei 1989 allen erlaubt worden, Außenhandelsbeziehungen durchzuführen. Dies habe jedoch zu einer paradoxen Situation geführt. Einerseits habe es einen Export-Boom gegeben, von dem man Jahre lang geträumt habe und der eigentlich positiv zu bewerten sei. Probleme gebe es allerdings bei der Rechnungsführung. Sie hätten jetzt maximale Selbständigkeit zugelassen, auch für die Republiken, aber die Verantwortung verbleibe beim Staat und sei nicht auf die Produzenten übertragen worden. So seien sie weiterhin gezwungen, vom Zentrum aus die Importe zu steuern. 1989/90 müßten sie 42 Millionen Tonnen Getreide kaufen. Das koste sie mehr als 4 Milliarden Rubel. Auch andere Lebensmittel- und Konsumgüter, Metalle und chemische Produkte müßten sie importieren. Sie seien gezwungen, mehr als früher zu kaufen. Gleichzeitig seien sie mit dem Problem konfrontiert, daß die Weltmarktpreise vor allem für Erdöl zurückgegangen seien. Außerdem sei die Wirtschaft strukturell zugunsten der Verbesserung der Versorgung der Bevölkerung umgebaut worden. Das sei jedoch zulasten der Investitionsmittel gegangen. Überall herrsche ein großer Mangel an Technologie. Entsprechende Importe hätten ebenfalls große Auswirkungen auf ihre Devisensituation gehabt. Sie seien sich bewußt, daß viele Länder in den letzten Monaten bei der Kreditvergabe größere Zurückhaltung geübt hätten. Deshalb seien sie jetzt in eine wirklich komplizierte Lage geraten.

Jetzt im Mai hätten sie Vorschläge veröffentlicht, die die Wirtschaft in einen geregelten Markt überführen solle. Die Maßnahmen stellten einen sehr großen Schritt in Richtung Marktwirtschaft dar. Dennoch sei noch eine gewisse Zurückhaltung vorhanden. Eine Verbesserung der Lage erwarten sie erst in einigen Jahren.

Immer mehr würden vorschlagen, daß sie zum alten System vor 1985 zurückkehren sollten. Das sei jedoch keine Perspektive. Jetzt müßten sie durchhalten, bis sich die Lage wieder normalisiert habe. Gerade deshalb bräuchten sie jetzt Unterstützung von außen, um ein Absinken des Lebensstandards zu verhindern. Sonst sehe er die Gefahr, daß sie Perestroika begraben müßten. Sie bestimme aber inzwischen das Schicksal der ganzen Welt. Hilfe für die Sowjetunion heiße deshalb Hilfe für alle. Ryschkow berichtet, daß sie an neuen Verordnungen arbeiten würden. Es gehe dabei um komplexe Maßnahmen, die sich auf die Außenwirtschaftsbeziehungen auswirken sollen. Ziel sei es, die Devisensituation zu stabilisieren und zu verbessern. Er erläutert, daß die Sowjetunion ein reiches Land sei, dessen Leistungsfähigkeit weiter gesteigert werden könne. Am Samstag hätten sie in der sowjetischen Führung über die Verbesserung der Außenwirtschaftsbeziehungen gesprochen. Sie wollen sich organisch an die Weltwirtschaft anschließen. Bisher seien sie ein geschlossenes Land gewesen, daß keine Berührungspunkte mit der Weltwirtschaft gehabt habe. Ihr Ziel sei es, allen internationalen Wirtschaftsorganisationen beizutreten. Sie wüßten, daß sie nicht mit offenen Armen empfangen würden. Doch das wäre sicher nur eine Übergangserscheinung.

Ryschkow kündigt an, daß sie die Konvertierbarkeit des Rubels beschleunigt erreichen wollen. 1991 sei eine weitere Abwertung des Rubels zu erwarten. Ende Mai werden sie eine entsprechende Veröffentlichung machen. Ab 1. Januar 1991 werden sie gegenüber den RGW-Staaten die Konvertierbarkeit und Weltmarktpreise einführen. Nach ihren eigenen Einschätzungen werde das zu einem positiven Saldo von 7 Milliarden Rubel führen. Anfangs werden sie jedoch noch über eine Clearingstelle berechnen müssen. Gerade für diese Übergangszeit bräuchten sie unsere Unterstützung.

Ryschkow richtet konkrete Bitten an uns: 1. Sie bräuchten sehr rasch einen ungebundenen Finanzkredit in der Größenordnung von 1,5 bis 2 Milliarden Rubel; 2. einen langfristigen Kredit in Höhe von 10 bis 15 Milliarden Rubel zu Vorzugsbedingungen; die Tilgungsfrist solle 10 bis 15 Jahre bei 5 Freijahren betragen.

Eine solche Hilfe werde es ihnen ermöglichen, auf festen Füßen zu stehen und die Perestroika durchzuführen. Aufgrund des augenblicklichen Wechselkurses entspricht 1 Rubel 1 DM.

In meiner Antwort verweise ich auf die Bereitschaft des BK, die Verpflichtungen der DDR gegenüber der Sowjetunion soweit als möglich zu übernehmen. Es sei uns bewußt, daß die Perestroika Übergangsprobleme schaffe. BK habe deshalb Gorbatschow schon im Sommer 1989 zugesagt, daß er helfen wolle, soweit das möglich sei. Deshalb finde auch der augenblickliche vertrauliche Meinungsaustausch statt. Gleichzeitig mache ich aber auch deutlich, daß wir eine solche Unterstützung als Bestandteil des Gesamtpaketes verstehen, das zur Lösung der deutschen Frage beitragen solle. Schewardnadse stimmt lachend zu. Röller und Kopper bestätigen Ryschkow, daß auf den internationalen Finanzmärkten gegenüber der Sowjetunion eine Vertrauenskrise ausgebrochen sei, die rasches Handeln erforderlich mache. Beide empfehlen Ryschkow, jetzt langfristige Kredite anzustreben, weil die kurzfristige Verschuldung der Sowjetunion in besonderem Maße gestiegen sei. Langfristige Kredite könnten besser zur Konsolidierung der Lage beitragen. Alles andere wäre kontraproduktiv.

Ryschkow erläutert, daß sie einen Kredit in der Höhe von 1,5 bis 2 Milliarden bräuchten, um die Zahlungsfähigkeit zu sichern und nicht international ins Gerede zu kommen. Er bedankt sich für das Verständnis und die Bereitschaft, helfen zu wollen. Hilfe sei gerade für die Zeit des Übergangs zur Marktwirtschaft erforderlich. Eine rasche Senkung der Lebenshaltung hätte in der Bevölkerung unübersehbare Folgen. Alle wüßten, daß Unterstützung von außen erforderlich sei. Sie seien deshalb jederzeit zu sehr vertraulichen Konsultationen bereit. Schewardnadse fügt hinzu, daß sie solche Konsultationen in allen Bereichen wollten, einschließlich zu Fragen der Sicherheitspolitik.

Nach zwei Stunden wird das Gespräch mit Sitarjan und Moskowsky fortgeführt. Moskowsky erläutert die finanzielle Lage der UdSSR. Sie würden alle Verpflichtungen gegenüber ausländischen Banken erfüllen. Dagegen hätten sich die Zahlungen bei Warenverpflichtungen extrem verschlechtert. Die Gesamtverschuldung betrage nach der Devaluierung, die Ende Mai angekündigt werde, 117 Milliarden Rubel. Besonders kritisch sei für sie der Monat Juni, deshalb bräuchten sie sehr rasch Hilfe. Sie befänden sich in einem Teufelskreis, aus den sie heraus müßten. Es ginge also nicht um neue Kredite. Sie müßten die Struktur ihrer Außenhandelsbeziehungen ändern. Sie hätten gerade einen Kredit aus Kuwait bekommen, aber in der gleichen Höhe seien in einem Monat Devisen abgeflossen. Moskowsky sagt zu, daß sie vorrangig die Lieferanten aus der Bundesrepublik bedienen würden.

Röller und Kopper erläutern die Voraussetzungen, um die Kreditbereitschaft westlicher Banken sicherzustellen.

Moskowsky beschreibt sehr detailliert die Struktur der Auslandsverschuldung. Er nennt alle Daten, die Röller und Kopper abfragen. Ich gewinne den Eindruck, daß die sowjetischen

Partner in erfreulicher Offenheit alle gewünschten Zahlen auf den Tisch legen. Sie nennen uns auch die größten Kreditgeber in der Reihenfolge ihrer Größenordnung. Die Bundesrepublik steht mit rund 6 Milliarden an erster Stelle; an zweiter Stelle Japan mit 5,2 Milliarden; an dritter Stelle Italien mit 4,3 Milliarden; an vierter Stelle Frankreich mit 3,1 Milliarden; Österreich an fünfter Stelle mit 2,6 und Großbritannien an sechster Stelle mit 1,5 Milliarden. Auch die Volumen der Ex- und Importe werden uns genannt. Ich erlebe ein zweistündiges intensives Fachgespräch. Kopper und Röller sind über die Auskünfte der sowjetischen Seite sehr zufrieden. Sie haben den Eindruck, daß die genannten Daten im Großen und Ganzen zuträfen. Sie stimmen mit den Erkenntnissen ihrer Banken weitgehend überein.

Um 14.00 Uhr essen wir gemeinsam mit den sowjetischen Gesprächspartnern zu Mittag. Während des Essens teilt mir Kwizinskij mit, daß wir um 16.00 Uhr mit Gorbatschow zusammentreffen werden.

Um 16.00 Uhr sprechen wir im Kreml mit Präsident Gorbatschow. Anwesend sind MP Ryschkow und Kwizinskij. Gorbatschow begrüßt uns sehr freundlich. Er freue sich, daß BK diese Mission nach Moskau entsandt habe. Um was es jetzt ginge? Die Perestroika müsse verwirklicht werden, dabei müsse sich die Sowjetunion auf ihre eigene Kraft stützen. Sie verfüge über ein großes Potential, das mobilisiert werden müsse. In der Übergangsphase werde jedoch die Bevölkerung eine Krankheitsperiode durchstehen müssen. Aus diesem Grunde wünsche er eine enge Zusammenarbeit. Selbstverständlich werde die Sowjetunion ihren Zahlungsverpflichtungen nachkommen, um ihre Unabhängigkeit zu bewahren. Zusammenarbeit verstehe er deshalb als Arbeitsteilung.

Gorbatschow schildert ausführlich die innere Lage der Sowjetunion. Perestroika sei jetzt in eine entscheidende Phase eingetreten. 1985 sei es darum gegangen, den Menschen die Absichten und Ziele der Perestroika deutlich zu machen. Dabei habe er sich viele Beulen geholt Es sei ihm aber darum gegangen, das alte System auf intellektueller Ebene zu demontieren. Das sollte vor allem durch die Politik von Glasnost bewirkt werden.

Jetzt könne er die Politik in Richtung Marktwirtschaft nicht länger aufschieben. In den letzten Jahren sei es ihm darum gegangen, der Kommandowirtschaft einen entscheidenden Schlag zu versetzen. Dadurch würde die Kupplung zwischen Staat und Wirtschaft nicht mehr greifen, weil die Marktwirtschaft selbst noch nicht in Gang gekommen sei. Jetzt gehe es ihm darum, die Übergangsphase zu verkürzen. Es sei ihm klar, daß die Sowjetunion jetzt wackeln würde. Wir hätten dabei aber mehr Angst als er selbst. Gorbatschow erläutert im einzelnen die konkreten Maßnahmen, die er jetzt durchsetzen wolle. Er nennt einzelne Beispiele, die die Möglichkeit für Kooperationen aufzeigen. Er begründet, warum die Sowjetunion Kredite brauche. Die Sowjetunion brauche jetzt Sauerstoff. Sie bräuchten jetzt Geld, um die Wende herbeizuführen. Sie bräuchten eine Schulter.

Gorbatschow spricht die Wende in Europa an. Diese dürfe nicht versäumt werden. Wenn wir nur das Ziel verfolgen würden, die entstandenen Instabilitäten auszunützen, dann seien wir alle engstirnige Pragmatiker. Jetzt gehe es darum, Europa und die Welt zu verändern. In der Welt werde sich jedoch nichts verändern, wenn sich die Sowjetunion nicht grundlegend ändere.

Gorbatschow berichtet, daß das Verständnis für solche Veränderungen auch im Volk heranreife. Die sowjetische Bevölkerung sei jetzt selbstkritischer geworden. Der Wunsch nach neuen Lebensformen habe zugenommen. Noch vor einem Monat sei die Ankündigung über die Einführung der Marktwirtschaft als Rückkehr zum Kapitalismus empfunden worden. Jetzt habe sich die Lage normalisiert. Noch vor einem Monat hätte man ihn und

Ryschkow dafür kreuzigen wollen. Jetzt würden sie die Wende realisieren. Wenn sie das nicht täten, würden sie den entscheidenden Punkt versäumen. Er wolle offen sagen, daß es nicht einfach sei, diesen Kurs nach innen und nach außen durchzusetzen. Sie würden es jedoch tun, unabhängig davon, ob sie der Westen unterstütze oder nicht.

Warnend spricht Gorbatschow davon, daß aufgrund der Opposition von links und von rechts die Gefahr bestehe, daß die Wende abgebrochen werden könnte. Die Gegner würden nur auf Fehler und eintretende Spannungen warten. Dennoch glaube er, daß die Perestroika nicht mehr aufzuhalten sei.

Gorbatschow kommt auf die Beziehungen zu Deutschland zu sprechen. Er sei einverstanden, daß jetzt ein zweiseitiger Vertrag vorbereitet werden solle. Ein solcher Vertrag werde ein Stützpfeiler für das Europäische Haus sein. Er sei bereit, darüber mit BK zu sprechen. Die Begegnung könne jedoch erst nach dem Parteitag stattfinden.

Was die Sicherheitsfragen in Zusammenhang mit der deutschen Einigung betreffe, wolle er mir einige Gedanken ans Herz legen. Wir müßten so handeln, daß bei der Bevölkerung der Sowjetunion nicht der Eindruck entstehen könne, daß die Sicherheit der Sowjetunion gefährdet werde. Die Waagschale der Sicherheit dürfe sich nicht zu Lasten einer Seite verändern. Keine Seite dürfe der anderen etwas aufzwingen. Auf meinen Hinweis, daß der BK davon ausgehe, daß in all diesen Fragen eine Einigung möglich sei, stimmt mir Gorbatschow zu. Gorbatschow erklärt, daß die Suche nach Lösungen nicht einfach sein werde. Die einfachste Lösung wäre die Auflösung der Blöcke.

Gorbatschow spricht Litauen an. Was BK Frau Prunskiene geraten habe, sei auch die sowjetische Position. Die litauische Führung wolle jedoch darauf nicht eingehen. Es gehe jetzt darum, einen Verfassungsprozeß einzuleiten, der dann zu einem Scheidungsprozeß führe.

In meiner Antwort danke ich dem Präsidenten für die Möglichkeit dieses Gespräches und richte ihm die Grüße des BK aus. BK wolle durch die rasche Reaktion sein persönliches Interesse an guten und intensiven Beziehungen und an der Vertiefung der Zusammenarbeit zum Ausdruck bringen. Wir seien mit offenem Herzen und mit der Bereitschaft zur engen Zusammenarbeit nach Moskau gekommen. Die jetzt eingetretene historische Phase müsse für beide Seiten zum Erfolg geführt werden. Die Lösung der Probleme könne nur im Rahmen eines Gesamtpaketes gefunden werden, das sich aus bilateralen und aus multilateralen Ergebnissen zusammensetzen müsse. Deshalb habe BK gegenüber Schewardnadse den Vorschlag gemacht, die Beziehungen zwischen einem geeinten Deutschland und der Sowjetunion langfristig und umfassend zu gestalten und zu intensivieren. Es solle deshalb ein umfassender und weit in die Zukunft reichender Vertrag erarbeitet werden, der auf den Verträgen und Abkommen der Vergangenheit aufbaue. Dieser neue Vertrag müsse von historischer Bedeutung sein, der den Interessen beider Völker gerecht werde, aber auch den Interessen aller Nachbarn. BK freue sich, daß Gorbatschow diesen Vorschlag positiv aufgenommen habe. Er sei bereit, darüber bald mit Gorbatschow zu sprechen. In diesem Zusammenhang erinnere ich Gorbatschow an seinen Vorschlag gegenüber dem BK, einmal eine Begegnung in seiner Heimat im Kaukasus durchzuführen und BK die Steppe zu zeigen. Gorbatschow reagiert sichtlich mit Wohlgefallen. Ich schlage zwei Termine vor, die Gorbatschow zur Kenntnis nimmt.

Ich bekräftige noch einmal die Zusage des BK, Hilfe zu leisten, wenn das erforderlich und soweit sie möglich sei. Der BK sei sich bewußt, daß die Politik der Perestroika zu natürlichen Übergangsschwierigkeiten führe. Unser heutiges Gespräch beweise, daß die Bundesregierung zur Zusammenarbeit bereit sei. Ich unterstreiche auch gegenüber

Gorbatschow, daß BK diese Zusammenarbeit und Unterstützung als Teil des Gesamtpaketes zur Lösung der anstehenden Fragen verstehe.

Ich erläutere noch einmal die Vorstellungen des BK zur Institutionalisierung des KSZE-Prozesses, zu den laufenden Abrüstungs- und Rüstungskontrollverhandlungen und zum zukünftigen Status eines geeinten Deutschlands. Außerdem unterrichte ich Gorbatschow über das Gespräch des BK mit der litauischen MP Prunskiene.

Gorbatschow macht sich während meiner Ausführungen Notizen. Danach richtet er das Wort an Röller und an Kopper. Sie sprechen über die Frage möglicher Finanzkredite. Nach eineinhalb Stunden endet dieses faszinierende Gespräch. Als wir das Arbeitszimmer Gorbatschows verlassen, bleibt Kwizinskij noch zurück. Im Vorzimmer warten wir auf ihn. Als er nach 5 Minuten nachkommt, sagt er mir, daß mein Vorschlag für eine Begegnung im Kaukasus bei Gorbatschow auf fruchtbaren Boden gefallen sei. Ich hoffe es sehr. Sollte ein solches Treffen in der Heimat von Gorbatschow zustande kommen, wäre das ein Zeichen, daß eine weitere Annäherung möglich wird.

Vom Kreml fahren wir direkt zum Flughafen. Kwizinskij begleitet und verabschiedet uns. Auf dem Rückflug sprechen wir angeregt über die heutigen Gespräche. Alle drei sind wir von der Tatsache fasziniert, daß wir heute mit Gorbatschow, Ryschkow, Schewardnadse, Sitarjan und Kwizinskij praktisch die gesamte Führung der Sowjetunion sprechen konnten. Diese Tatsache allein beweist, welche Bedeutung die Sowjets diesen Gesprächen beigemessen haben und welches Gewicht sie auf die Entwicklung der deutsch-sowjetischen Beziehungen legen. Ich habe den Eindruck, daß die Initiativen des BK sowohl im politischen als auch im ökonomischen Bereich im richtigen Augenblick die zentralen Interessen der sowjetischen Führung ansprechen. Wir sind auf dem richtigen Weg.

Besonders erfreulich empfand ich das Zusammenwirken zwischen Dr. Röller, Kopper und mir. Die Gespräche verliefen sehr reibungslos und völlig einvernehmlich. Alle drei sind wird der Meinung: »Man kann uns schicken«.

Dienstag, 15. Mai 1990

Nach einer vierstündigen Sitzung unter Vorsitz des BK verabschiedet die Koalitionsrunde die endgültige Fassung des Staatsvertragsentwurfs zur Herstellung einer Währungs-, Wirtschafts- und Sozialunion mit der DDR. Gleichzeitig hat sich die Koalitionsrunde für einen möglichst frühen Termin für gesamtdeutsche Wahlen ausgesprochen. BK weist aber ausdrücklich darauf hin, daß diese Frage in voller Übereinstimmung mit der DDR-Regierung behandelt werden müsse. Die gesamtdeutschen Wahlen sollten noch in diesem Jahr, spätestens aber am 13. Januar 1991 stattfinden.

Nach der Koalitionsrunde unterrichte ich BK über das Ergebnis der Gespräche in Moskau. Er ist entschlossen, Gorbatschow zu helfen. Er beauftragt mich, für ihn mit Kopper und Röller sobald das möglich einen Termin zu vereinbaren, um weitere Einzelheiten zu besprechen. BK ist bereit, in einer Größenordnung von 5 Mrd. DM zu helfen.

17.00 Uhr BK trifft mit dem britischen AM Hurd zusammen. Beide sind sich einig, daß es »höchst erstrebenswert« sei, die inneren und äußeren Aspekte der deutschen Einigung gleichzeitig zu behandeln und nicht voneinander zu trennen.

Hurd bestätigt, daß Schewardnadses Vorschlag einer Entkoppelung keinen besonderen Vorteil, sondern nur Nachteile enthalte. Großbritannien wolle nach dem Vollzug der deutschen Einigung nicht die Rechte der Vier Mächte weiter fortbestehen lassen.

BK erläutert Hurd die Ergebnisse des Staatsvertrages über die Währungs-, Wirtschafts- und Sozialunion. Beide sprechen ausführlich über die 2+4-Gespräche. Hurd ist zuversichtlich, daß ein »gutes Schlußergebnis« erreicht werden könne.

Mittwoch, 16. Mai 1990

Heftige Diskussion in Politik und Medien über den Zeitpunkt gesamtdeutscher Wahlen. Die Beratungen über den Entwurf eines Staatsvertrages über die Bildung einer Währungs-, Wirtschafts- und Sozialunion zwischen der Bundesrepublik und der DDR und die Tatsache, daß Finanzminister Romberg immer noch nicht in der Lage verbindliche Zahlen über die Finanzlage und das Ausmaß der Verschuldung der DDR zu nennen, haben in der Koalition die Sorge erhöht, daß die Bundesregierung immer größere Verantwortung über die Entwicklung in der DDR übernehmen müsse, ohne jedoch ausreichende Zugriffs- und Kontrollmöglichkeiten zu erhalten. Das hat die Forderung nach möglichst frühen gesamtdeutschen Wahlen ausgelöst und verstärkt. Die Diskussion konzentriert sich nur noch auf die Frage des Zeitpunkts. BK zieht den 2. Dezember 90 dem 13. Januar 91 aus wahltaktischen Gründen vor. Dabei ist allen klar, daß sich damit das Tempo des Einigungsprozesses weiter beschleunigt. Auch wir stellen uns darauf ein, daß die Einigung noch in diesem Jahr vollzogen werden könnte.

Offen bleibt die Frage, ob die neugewählte DDR-Regierung zustimmen wird. Lothar de Maizière hat gestern erklärt, daß der Termin gesamtdeutscher Wahlen für ihn »heute kein Thema« sei.

10.00 Uhr: BK trifft zu einem zweistündigen Gespräch mit dem MP der ČSFR, Čalfa, zusammen.

Um 13.00 Uhr fliegt BK nach Straßburg, um an der Sitzung des Europäischen Parlamentes teilzunehmen. Auch MP de Maizière nimmt an der Sitzung teil.

BK erläutert anhand von vier Ereignissen in den letzten Monaten die Übereinstimmung des deutschen Einigungsprozesses mit dem der europäischen Integration und die enge Abstimmung der Bundesregierung mit allen Partnern und Verbündeten: Am 18. März bzw. am 6. Mai hätten die ersten freien Wahlen in der DDR seit 58 Jahren stattgefunden. Unmittelbar darauf habe die Bundesregierung mit der DDR-Regierung unter MP de Maizière Verhandlungen über die Währungs-, Wirtschafts- und Sozialunion aufgenommen. Am 5. Mai hätte das erste Treffen der Außenminister im Rahmen der Gespräche 2+4 in Bonn stattgefunden und am 28. April der Sondergipfel der Europäischen Gemeinschaft in Dublin.

Die deutsche Einheit erweise sich als Katalysator, um die Integration Europas auf dem Wege zur Europäischen Union zu beschleunigen. In diesem Zusammenhang erinnert BK an seine gemeinsame Initiative mit Mitterrand für eine Politische Union Europas.

Er nimmt den Anlaß wahr, um die deutschen Vorstellungen zur Politischen Union zu erläutern. Erstens gehe es um die Verstärkung der Rechte und Kompetenzen des Europäischen Parlaments. Es müsse dem parlamentarischen Selbstverständnis entsprechen, weitere Rechte nationaler Parlamente und Regierungen nur dann an europäische Institutionen abzugeben, wenn dafür gleichzeitig eine klare parlamentarische Kontrolle auf europäischer Ebene vorhanden sei. Zweitens müsse die Einheit und der Zusammenhalt der Gemeinschaft in allen ihren Politikbereichen verstärkt werden. Drittens müßte ein spürbarer Fortschritt auf dem Wege zu einer gemeinsamen Außen- und Sicherheitspolitik erreicht werden. Viertens müsse die Effizienz der EG-Institutionen verstärkt werden.

Im zweiten Teil seiner Rede erläutert BK die Ziele im Rahmen der 2+4-Gespräche. Abschließend erläutert er den Staatsvertrag über die Währungs-, Wirtschafts- und Sozialunion, die die entscheidende Grundlage für die Verwirklichung der deutschen Einheit lege.

In der allgemeinen Debatte des Europäischen Parlaments erfährt BK viel Zustimmung und Sympathie.

Um 17.30 Uhr erfolgt die Abfahrt. 19.15 Uhr Ankunft in Bonn.

20.15 Uhr: Abflug BK gemeinsam mit dem Außen- und Verteidigungsminister zu seinen Gesprächen mit Präsident Bush nach Washington.

Donnerstag, 17. Mai 1990

Vor seinem Gespräch mit dem Präsidenten hat BK dem Beauftragten des State Department zur Bekämpfung von Drogen und Bandenkriminalität, Saphos, zu einem Gespräch in sein Hotel eingeladen. Saphos war ihm von Mrs. Sterling bei einem Gespräch im Bundeskanzleramt als bester Kenner der Materie empfohlen worden. Mrs. Sterling hat ihrerseits einen Bestseller über die Mafia geschrieben. BK ist an diesem Thema besonders interessiert, weil die organisierte Kriminalität auch in der Bundesrepublik: erschreckende Ausmaße annimmt.

Um 9.00 Uhr gebe ich Pressebriefing. Der heutige Besuch des BK sei auf eine Vereinbarung mit Präsident Bush zurückzuführen, vor dem bevorstehenden Gipfel mit Gorbatschow zusammenzutreffen, um alle Deutschland berührenden Fragen noch einmal zu besprechen. Der BK sehe in dem Gipfel Bush-Gorbatschow ein entscheidendes Ereignis, das wichtige Probleme im Zusammenhang mit den 2+4-Gesprächen erleichtern, wenn nicht sogar lösen könne. Außerdem wolle er Bush für die vorbehaltlose Unterstützung danken.

Der Bush-Gorbatschow-Gipfel werde sich auch mit der Frage der NATO-Mitgliedschaft eines geeinten Deutschlands befassen müssen. Die sowjetische Führung fordere stets, daß die deutsche Einigung das gesamteuropäische Gleichgewicht nicht gefährden dürfe. Das globale Gleichgewicht ist aber vorrangig eine Frage der beiden Weltmächte und müsse auf dieser Ebene behandelt werden, wenn nicht sogar dort der Knoten durchschnitten werden müsse. Außerdem müsse Bush gegenüber Gorbatschow auch auf die Sicherheitsinteressen der kleinen NATO-Mitgliedsländer hinweisen. Wenn Deutschland die NATO verlasse, bedeutet das im Verständnis der USA wie auch anderen NATO-Mitgliedstaaten das Ende der Allianz. Man müsse sich nur vor Augen halten, welche und wieviele NATO-Einrichtungen auf deutschem Boden vorhanden seien.

Gleichzeitig ginge es um die Vorbereitung des NATO-Sondergipfels, der voraussichtlich am 5./6. Juli in London stattfinden werde. Die dort zu behandelnden Fragen einer Reform der NATO, der Anpassung der Strategie- und Militärstrukturen können eine erheblich Auswirkung auf den weiteren Verlauf der 2+4-Gespräche haben. Von besonderer Bedeutung werde dabei die Frage sein, welche zukünftigen Truppenstärken innerhalb der NATO in Europa angestrebt werden sollen. Entsprechende Perspektiven müssen für die Sowjetunion im Rahmen der 2+4-Gespräche sichtbar werden. Auch die zukünftige Truppenstärke der Bundeswehr wird dabei zur Sprache kommen müssen.

Damit wird der ganze Komplex Abrüstung und Rüstungskontrolle hier in Washington ein zentrales Thema sein. Im Augenblick sei Baker in Moskau, um die Stagnation in den Wiener Verhandlungen über konventionelle Abrüstung zu überwinden. Daran sei die Bundesregierung in besonderem Maße interessiert, weil ein Verhandlungsergebnis die Voraussetzung für den KSZE-Gipfel im Herbst sei.

US-Präsident George H. W. Bush und Horst Teltschik im Weißen Haus am 17. Mai 1990

Auch die nuklearen Kurzstreckensysteme werden diskutiert werden. Im Gegensatz zum NATO-Beschluß im Mai vor einem Jahr in Brüssel hätten sich die USA bereit erklärt, Verhandlungen über SNF-Systeme sofort nach Beendigung der Wiener VKSE-Verhandlungen aufzunehmen. Die Bundesregierung sei deshalb der Auffassung, daß zwei weitere Null-Lösungen im Bereich der nuklearen Artillerie und im Bereich der bodengestützen Kurzstreckensysteme möglich seien. Auch diese Frage könne nicht im Rahmen der 2+4-Gespräche beantwortet werden, sondern gehöre auf dem Gipfel zwischen Bush und Gorbatschow. Letzter Punkt im multilateralen Bereich werde der gesamte KSZE-Komplex sein.

Darüber hinaus wolle BK mit Bush über die Entwicklung in der Sowjetunion und über Möglichkeiten der wirtschaftlichen Zusammenarbeit sprechen. Außerdem wolle er die weiteren Schritte im deutschen Einigungsprozeß erläutern.

10.20 Uhr Abfahrt Watergate-Hotel zum Weißen Haus. Um 10.30 Uhr beginnt das Vier-Augen-Gespräch BK mit Präsident Bush im Oval Office. Brent Scowcroft und ich nehmen an dem Gespräch teil. Während mehrere Wellen von Fotografen und Fernsehteams das Oval Office überschwemmen, berichtet BK den Präsidenten über seine bevorstehende Rede in Harvard am 8. Juni. Bush bestätigt den BK, daß die Ehrung für den BK in Harvard von großer Bedeutung sei und von ihm sehr begrüßt werde. Sie verabreden, vorher im Weißen Haus zu einem kleinen Abendessen zusammenzutreffen.

Nach Abzug des letzten Fotografen eröffnet Bush das Gespräch sofort mit dem Problem der nuklearen Kurzstreckensysteme in Europa. Er verfolge die Diskussion in der Bundesrepublik und innerhalb der Bundesregierung. Er wolle in dieser Frage hilfreich sein und deshalb solle auf dem NATO-Sondergipfel darüber gesprochen werden. Bush bittet jedoch darum, vereinbarte gemeinsame Positionen nicht leichtfertig in Frage zu stellen.

BK bekräftigt, daß er ohne Wenn und Aber zur NATO stehe, für die es keinen Ersatz gebe. Allerdings sei auch er der Auffassung, daß sich die Allianz den Entwicklungen anpassen müsse. Die nukleare Frage sollte auf möglichst niedrigem Niveau behandelt werden, um keine unnötigen Belastungen zu bewirken. Außerdem sollten sie in dieser Frage in engen Kontakt bleiben.

BK berichtet über die Entwicklung des Einigungsprozesses. Morgen werde um 14.00 Uhr der Staatsvertrag unterzeichnet und anschließend im Parlament beraten. Am 1. Juli werde die DM in der DDR eingeführt. Damit seien ungeheuer viele Probleme verbunden. Er erwarte große Schwierigkeiten bei der Umstellung der Betriebe und für den Arbeitsmarkt. Die verdeckte Arbeitslosigkeit in der DDR sei erschreckend hoch. Welche Wahlen in diesem Jahr stattfinden werden, könne er dem Präsidenten noch nicht sagen. Eine Entscheidung darüber sei noch nicht getroffen. Er werde jedoch den Präsidenten ständig über die Entwicklungen unterrichten.

Aufgrund der zu erwartenden Schwierigkeiten in der DDR mit der Einführung der Währungsunion seien viele dafür, die gesamtdeutschen Wahlen so früh als möglich durchzuführen. Die Wahlen zum Bundestag müßten spätestens bis zum 14. Januar 91 stattgefunden haben. Er tendiere deshalb in Richtung 2. oder 18. Dezember. Bis dahin müßten die neuen Bundesländer in der DDR gebildet werden. Vorher werde er die West-CDU mit der Ost-CDU zusammenführen. Es spreche vieles dafür, die Landtagswahl in der DDR mit den gesamtdeutschen Wahlen zusammenzulegen. Er rechne deshalb, daß gesamtdeutsche Wahlen entweder Ende des Jahres oder Anfang des nächsten Jahres stattfinden werden.

BK unterstreicht, daß in diesen zurückliegenden schwierigen Monaten die Unterstützung von Präsident Bush besonders wichtig gewesen sei. Bush sei ein Glücksfall für uns Deutsche. Er verstehe ihn als persönlichen Freund.

BK erläutert seine gemeinsame Initiative mit Mitterrand gegenüber Litauen und berichtet über sein Gespräch mit PM Prunskiene, die auch mit Kwizinskij gesprochen habe. Bush bezeichnet den Brief des BK und Mitterrands als sehr hilfreich. Litauen bereite ihm viel Schwierigkeiten auch hier in Washington.

BK berichtet den Präsidenten über meine Gespräche am Montag in Moskau. Gorbatschow habe enorme Probleme und bitte um Unterstützung. Er sei bereit, einen Kredit in der Größenordnung von 5 Milliarden DM zu verbürgen. Für ihn sei jedoch klar und das habe Teltschik in Moskau auch deutlich gemacht, daß diese Unterstützung Teil des 2+4-Prozesses in der Form sein müsse, daß sie sich dort als hilfreich erweise. Das müsse für ihn vorher geklärt sein. Im übrigen lege er großen Wert darauf, sich auch in dieser Frage mit dem Präsidenten abzustimmen.

Präsident Bush erklärt, daß er aufgrund der Ereignisse in Litauen große Probleme hätte, Gorbatschow wirtschaftlich und finanziell zu unterstützen. Die politischen und wirtschaftlichen Perspektiven in der Sowjetunion seien nicht besonders gut, aber niemand wolle Gorbatschow scheitern sehen. Wenn sich die Lage im Baltikum beruhige, könnten sie über wirtschaftliche Hilfe mit der Sowjetunion sprechen. Voraussetzung jedoch sei, daß die Wirtschaftsreformen in Kraft seien. Die Lage sei desperater, als er gehofft habe.

Der BK unterstreicht noch einmal, daß es im gemeinsamen Interesse des Westens liege, daß Gorbatschow seine Reformpolitik fortsetzen könne. Es sei nicht zu erwarten, daß ein Nachfolger besser sein werde. Es wäre deshalb wichtig, wenn sich auch die USA an einer Unterstützung Gorbatschows beteiligen würden. Die Litauer hätten seine Sympathie, aber sie dürften nicht die Politik des Westens bestimmen.

Zu Besuch bei US-Präsident George H. W. Bush im Weißen Haus am 17. Mai 1990, v. l. n. r. Horst Teltschik, Helmut Kohl, George H. W. Bush, Brent Scowcroft, im Hintergrund Übersetzerinnen

Bush stimmt BK zu. Die Sowjetunion wolle die Meistbegünstigung von den USA erhalten. Aber aufgrund der Ereignisse im Baltikum werde der Kongreß nicht zustimmen. Litauen dürfe nicht zum Stolperstein werden. Er habe Kongreß-Abgeordneten gesagt, daß sie auch in der Zeit des Kalten Krieges Abrüstungsverhandlungen mit der Sowjetunion geführt hätten. Es bereite ihm schon Sorge, was der BK über die finanzielle Lage der Sowjetunion berichte.

BK unterstreicht, daß der Besuch Gorbatschows in Washington Ende Mai psychologisch und inhaltlich besonders wichtig sein werde. Wenn Gorbatschow an der Seite von Bush auftrete, dürfe er nicht als ein geschwächter Präsident erscheinen. Dafür werde er Sorge tragen, versichert Bush. Sie würden Gorbatschow in angemessener Weise behandeln. Er könne mit einem guten Empfang rechnen. Sie seien jedoch nicht in der Lage, der Sowjetunion Kredite in Aussicht zu stellen. Sie seien aber zur wirtschaftlichen Zusammenarbeit bereit, ebenfalls in Fragen der Abrüstung und der regionalen Probleme. Er werde alles tun, daß der Gipfel für Gorbatschow zu Hause kein Fehlschlag werde. Er werde zwar gegenwärtig gedrängt, den Gipfel zu verschieben und Strafmaßnahmen gegenüber der Sowjetunion zu ergreifen. Er werde das jedoch nicht tun.

BK und Bush sprechen über die 2+4-Gespräche. Bush macht deutlich, daß zwischen dem Abzug der sowjetischen Truppen und der Präsenz der amerikanischen Truppen in Europa keine Verknüpfung erfolgen dürfe. Andererseits wolle er mit amerikanischen Truppen nicht dort bleiben, wo sie nicht erwünscht seien.

BK erwidert, daß die amerikanische Truppenpräsenz mit der Bündnisfrage verknüpft bleibe. Es könne keine NATO geben, wenn es keine amerikanischen Truppen mehr in Deutschland und Europa geben werde. Die KSZE könne die NATO nicht ersetzen. Wenn die NATO aufgelöst werde, sei auch die Sicherheit der kleinen europäischen Staaten wie Norwegen oder der Benelux-Staaten gefährdet. Die sowjetischen Soldaten würden nur 600 km, die amerikanischen 6.000 km zurückgezogen. Außerdem müßten die USA bedenken, daß es nicht nur um eine militärische, sondern vor allem auch um eine politische Präsenz in Europa gehe.

Bush stimmt BK zu. Niemand könne jedoch voraussagen, wie sich das Klima in Deutschland und in den USA entwickeln werde. Er leiste starken Widerstand gegen wachsende Neigungen in den USA zum Isolationismus. Keiner könne einen Blick in die Kristallkugel werfen.

BK berichtet, daß er eine ähnliche Diskussion auch mit Mitterrand geführt habe. Es sei deshalb wichtig, jetzt Tatsachen zu schaffen, damit solche Entwicklungen nicht eintreten könnten.

Es wäre der größte politische Fehler in der Nachkriegszeit, wenn die Europäer den Abzug der USA zuließen. Besonders wichtig sei es deshalb, daß Bush auch Gorbatschow sage, daß die Mitgliedschaft Deutschlands in der NATO für beide Seiten, für die Deutschen wie für die USA, eine existenzielle Frage sei. Gorbatschow werde am Ende zustimmen, vor allem auch dann, wenn sie zur wirtschaftlichen Kooperation bereit seien. Präsident Bush bekräftigt, daß im Rahmen der 2+4-Gespräche alle Fragen abschließend gelöst werden müßten und keine offenen Fragen zurückbleiben dürfen.

Um 11.45 Uhr beginnt das Delegationsgespräch im Kabinettsaal des Weißen Hauses. Auf amerikanischer Seite nehmen teil: Vizepräsident Quayle, Verteidigungsminister Cheney, der stellvertretende Außenminister Eagleburger, Botschafter Walters, General Scowcroft, Botschafter Blackwill. Auf unserer Seite sind dabei Genscher, Stoltenberg, Johnny Klein, Botschafter Ruhfus, Dr. Kastrup, Generalmajor Naumann, Dr. Kaestner, Dr. Neuer und ich. Bush begrüßt BK und würdigt den Besuchszeitpunkt. Angesichts seines kommenden Treffens mit Gorbatschow sei es ihm besonders wichtig, die deutschen Ansichten und Einschätzungen zu erfahren. BK würdigt den ausgezeichneten Stand der bilateralen Beziehungen und die Intensität der Konsultationen. Im Mittelpunkt des Gespräches steht der innerdeutsche Einigungsprozeß und die 2+4-Gespräche. BK vergleicht abschließend seine Situation mit der eines Bauern, der vorsorglich, weil möglicherweise ein Gewitter drohe, die Ernte einbringen möchte.

Bush bekräftigt, daß er in allen Fragen mit BK auf derselben Wellenlänge sei. Er bekräftigt die Rolle der NATO und berichtet, daß sie in den letzten Wochen sehr wohl alle anderen Varianten überlegt hätten, aber doch zu der Überzeugung gekommen seien, daß nur die NATO dem gemeinsamen Interesse, auch der von BK erwähnten kleineren Verbündeten entspreche. Daraus ergebe sich die Notwendigkeit, auch Gorbatschow davon zu überzeugen, daß amerikanische Truppen in Europa und die NATO keine Bedrohung für die Sowjetunion darstellen, sondern eine stabilisierende Rolle erfüllen. Auch Mitterrand, Thatcher und Wörner teilen diese Auffassung.

Übereinstimmung ergibt sich auch in der Einschätzung der Entwicklung in der Sowjetunion. Bush bekräftigt noch einmal, daß er gerade angesichts der Probleme der sowjetischen Führung alles tun werde, daß Gorbatschow vor der eigenen sowie vor der Weltöffentlichkeit als ebenbürdiger Partner der USA und als oberster Repräsentant der anderen Weltmacht in Erscheinung treten werde. Diesen guten Rat des BK teile er uneingeschränkt. Er werde bei allen zu erwartenden Meinungsunterschieden Gorbatschow mit Respekt behandeln, den er nicht nur als Person sondern auch als Führer der Sowjetunion zu erwarten habe.

Gesprochen wird über den bevorstehenden NATO-Sondergipfel und bilaterale Konsultationen zur Vorbereitung vereinbart. Genscher berichtet über den Stand der 2+4-Gespräche. Der Beginn in Bonn sei ermutigend gewesen. Die Tagesordnung verhindere, daß eine Singularisierung des vereinten Deutschlands möglich werden könnte. Genscher berichtet, daß die Sowjetunion verstanden habe, daß sie einen Fehler machen würde, wenn sie die Lösungen der äußeren Aspekte auf die lange Bank schieben würde. Präsident Bush möge deshalb Gorbatschow bei seinen Gesprächen deutlich zum Ausdruck bringen, daß der 2+4-Prozeß bis zum KSZE-Gipfel abgeschlossen sein sollte, um dort das Ergebnis präsentieren zu können.

Was die Bündnisfrage angehe, so sei sein Gefühl, daß die Öffentlichkeitsarbeit der sowjetischen Regierung darauf angelegt sei, die NATO zu entdämonisieren. Das beweise der Besuch Schewardnadses bei der NATO in Brüssel und die Einladung Wörners nach Moskau. Es sei sehr bedeutsam, daß die deutsche Zugehörigkeit zur NATO nicht als Prinzip diskutiert werde. In der Schlußakte von Helsinki sei das Recht jedes Staates verbrieft, einem Bündnis anzugehören oder nicht. BK bekräftigt, daß die NATO nicht nur eine militärische Frage, sondern eine Grundfrage des Selbstverständnisses Europas und Deutschlands sei. Die NATO-Mitgliedschaft sei kein Preis, den er für die deutsche Einheit bezahlen werde.

Stoltenberg spricht die Stagnation bei den Rüstungskontrollverhandlungen an und bittet den Präsidenten, auch dies zu einem Hauptthema seiner Gespräche mit Gorbatschow zu machen. Sodann gibt er einen kurzen Abriß der bevorstehenden Bündnisberatungen über Strategie und Struktur. Das Gespräch wird um 13.00 Uhr beim Arbeitsessen fortgesetzt. Während des Essens werden Fragen angesprochen wie die Entwicklung in China, in Südafrika, die europäische Integration und die wirtschaftliche Lage in den USA und in der Bundesrepublik.

Die Stimmung beim Essen ist heiter und gelöst. Persönliche Freundschaft und völliges Vertrauen prägen die Gespräche. Nach dem Essen treten wir in den Garten vor dem Weißen Haus und stellen uns an den markierten Stellen auf. Zum Schluß treten der Präsident und der BK vor die Mikrophone und geben ihre Abschlußerklärungen vor der versammelten deutschen und internationalen Presse ab. BK bekräftigt seinen Dank an das amerikanische Volk und an den Präsidenten für die großartige Unterstützung auf dem Weg zur deutschen Einheit. Er bekräftigt die Mitgliedschaft des geeinten Deutschlands in der Nordatlantischen Allianz, verweist aber auf die erforderlichen Reformen. Die Verankerung der USA in Europa müsse auf drei Ebenen verstärkt werden, auf der Ebene der NATO, in der Zusammenarbeit mit der Europäischen Gemeinschaft und beim Ausbau der KSZE.

Bush bekräftigt, daß die USA und die Bundesrepublik in der Frage des Weges und der Ziele der deutschen Einigung voll übereinstimmen. Beide wollten ein geeintes Deutschland, das seine volle Souveränität zurückerhalte, Vollmitglied in der westlichen Gemeinschaft und in der Allianz bleibe einschließlich der militärischen Integration. Ein vereintes Deutschland solle volle Kontrolle über sein ganzes Territorium ohne diskriminierende Beschränkungen seiner Souveränität haben. Eine Singularisierung Deutschlands dürfe nicht erfolgen. Entsprechend der Schlußakte Helsinkis soll Deutschland voll souverän werden, um frei seine eigenen Bündnisse und Sicherheitsregelungen zu entscheiden.

Bush erinnert an sein Angebot vom Mai 1989, als er von der Bundesrepublik und den Vereinigten Staaten als Partner einer gemeinsamen Führung gesprochen habe. Diese Partnerschaft habe sich voll bestätigt.

Nach diesem gemeinsamen Pressestatement am South Portico verabschiedet der Präsident den BK und die Delegation. Die Fahrt geht zurück zum Hotel Watergate. Um 15.00 Uhr findet die Abschlußpressekonferenz des BK im Hotel statt. BK faßt die heutigen Gespräche in einem Satz zusammen: »Die Freundschaft und Partnerschaft mit den USA ist und bleibt für uns Deutsche existenziell – und dies gilt selbstverständlich auch für das geeinte Deutschland von morgen«.

Um 16.40 Uhr Fahrt zum Capitol. Um 17.00 Uhr trifft BK mit dem Speaker Tom Foley und den Führern beider Fraktionen, den Ausschußvorsitzenden und führenden Persönlichkeiten der US Congressional Study Group on Germany zusammen. Von 18.00 Uhr bis 19.00 Uhr Gespräch mit dem Mehrheitsführer des Senats, George Mitchel, und führenden Persönlichkeiten des Senats aus beiden Parteien.

BK spricht seinen Dank aus für die große Unterstützung der USA im deutschen Einigungsprozeß. Er erläutert die deutsche Position bezüglich der inneren und äußeren Aspekte des Einigungsprozesses. Die Gespräche verlaufen sehr positiv. BK wird mit großem Beifall verabschiedet. Vom Capitol geht es direkt zum Dulles International Airport. Um 20.00 Uhr startet die Maschine zurück nach Köln.

Freitag, 18. Mai 1990

Um 10.00 Uhr landen wir, aus Washington kommend, auf dem Flughafen Köln/Bonn und fliegen mit dem Hubschrauber direkt ins Bundeskanzleramt weiter.

11.00 Uhr Kabinettsitzung: Auf der Tagesordnung steht der Gesetzentwurf zum Vertrag über die Schaffung einer Währungs-, Wirtschafts- und Sozialunion zwischen der Bundesrepublik Deutschland und der DDR und der Entwurf des zweiten Nachtragshaushaltes 1990. Aus diesem Anlaß nehmen die Fraktionsvorsitzenden und Parlamentarischen Geschäftsführer von CDU, CSU und FDP sowie Bundesbankpräsident Dr. Pöhl teil. Finanzminister Waigel führt ein. Er spricht von einem Grundstein für die deutsche Einheit. Umfang, Qualität und Schnelligkeit der Erarbeitung des Gesetzentwurfes seien außergewöhnlich. Erreicht sei eine Einigung mit der DDR-Regierung über die Eigentumsfrage. Er erläutert die finanziellen Eckdaten. Den Belastungen für die DDR stehen in 1990 und 1991 Steuermehreinnahmen gegenüber. Die Stabilität der DM bleibe erhalten. Waigel spricht selbst davon, daß er nicht ohne innere Bewegung vortrage. Die Mehrausgaben seien Investitionen für Freiheit und Frieden. Der vorliegende Gesetzentwurf stelle einen Markstein in der deutschen Geschichte dar.

Im Kabinettsaal herrscht eine fast weihevolle Stimmung. Jede Seite des Vertragswerkes spiegele gelebte Geschichte wieder, erklärt BK. Niemand hätte diesen Tag vorausgesehen. In diesen Minuten richten sich seine Gedanken an die, die für die deutsche Einheit gekämpft hätten: An die Menschen vom 17. Juni 1953 und an die Opfer, an die die Holzkreuze an der Spree erinnern.

BK dankt allen, die an der Ausarbeitung des Gesetzentwurfes mitgewirkt haben: der Bundesbank wie den Kollegen in der DDR-Regierung, insbesondere Staatssekretär Krause. Er wünsche sich von Herzen, daß dieser Pioniergeist jetzt auch in der Wirtschaft um sich greife. Deutschland würde in der Welt einen ungeheueren Ansehensverlust erleiden, wenn es die Probleme nicht lösen würde.

BK berichtet über seinen gestrigen Besuch in Washington, der ungewöhnlich erfolgreich verlaufen sei. Bush sei ein Glücksfall für die Deutschen. Die Sympathie für die Deutschen sei überall spürbar. Viele würden ihren deutschen Ursprung neu entdecken. Es sei deutlich, daß niemand den Strom der Geschichte aufhalten könne. Die Ernte müsse in die Scheune eingefahren werden, bevor ein Gewitter losbreche. Das sei seine ständige Botschaft in den USA gewesen.

Präsident Pöhl unterstreicht seinerseits, daß international sehr viel Verständnis und Unterstützung vorhanden seien. Es gebe jedoch auch böswillige und feindselige Stimmungen auf den europäischen Finanzmärkten.

Pöhl bescheinigt, daß mit dem vorliegenden Gesetzentwurf ein erstaunlich gutes Stück Arbeit geleistet worden sei, das er vor drei Monaten nicht für möglich gehalten habe. Das sei der Verdienst hervorragender Mitarbeiter.

Jetzt blicke die Welt auf die Deutschen. Es herrsche viel Zutrauen, das die Stabilität gewahrt werden könne. Das sei aber nicht garantiert. Maßnahmen seien erforderlich. Man dütfe sich nicht in Sicherheit wiegen, weil erhebliche Risiken bestünden.

Pöhl beklagt, daß das Ansehen der Bundesbank in der Bundesrepublik und international erheblich angeschlagen sei. Es herrsche die weitverbreitete Meinung, daß die Unabhängigkeit der Bundesbank überrollt worden sei. Der Primat der Politik habe sich durchgesetzt. So habe González davon gesprochen, daß die Bundesbank ihre Unschuld verloren habe.

Eine Inflationsgefahr werde durch den Anstieg der Geldmenge um 10 % nicht ausgelöst. Es bestünden jedoch erhebliche Stabilitätsrisiken. Faktisch herrsche Vollbeschäftigung. Die Kapazitäten seien überlastet. Hinzu kämen Arbeitszeitverkürzungen. Mit Nachdruck mahnt Pöhl an, daß die Finanzierung nicht allein über die Kreditaufnahme etfolgen dürre, wenn Steuererhöhungen ausgeschlossen würden. Hinzu kommen müßten Ausgabenkürzungen und die Verminderung der Ausgabensteigerung. Die Ausgabenseite sollte in Anbetracht der historischen Situation angemessen beschnitten werden.

Graf Lambsdorff berichtet, daß die FDP-Fraktion das Vertragswerk einstimmig akzeptiert habe. Sie stimme der allgemeinen Bewertung zu. Er frage sich, wie jetzt erreicht werden könne, daß auch die Mehrheit der Bevölkerung diese Einschätzung teile. Der wirtschaftliche Leistungsstand der Bundesrepublik sei so groß wie seit Jahrzehnten nicht. Eine Steuererhöhungsdebatte sei deshalb nicht erforderlich. Er mahnt eine rasche Regelung der offenen Vermögensfragen und einer Mißbrauchshinderung an. Ebenfalls müsse die DDR möglichst rasch ihren Beitritt nach Art. 23 GG erklären. Der Weg zur Einheit müsse schnell beschritten werden, weil sie für die wirtschaftliche Entwicklung der DDR von größerer Bedeutung sei als erwartet.

BK bestreitet, daß das Ansehen der Bundesbank gelitten habe. Sicherlich sei die Bundesbank nicht zur Ehre der Altäre erhoben worden. Sie stehe vielmehr mitten im Leben. Er beklagt, daß in Deutschland Demonstrationen gegen die Einheit und Seminare mit Bedenkenträger stattfänden anstelle von Freudenfesten, die jetzt gefeiert werden müßten. Es gehe jetzt nicht darum, die Einigung künstlich zu beschleunigen, aber auch nicht darum, Bremsvorgänge durchzuführen.

14.30 Uhr: Im Palais Schaumburg, im alten Kabinettsaal, unterzeichnen in Anwesenheit von BK und MP de Maizière die Finanzminister Waigel und Romberg den Staatsvertrag über die Währungs-, Wirtschafts- und Sozialunion.

Im Saal herrscht spürbare Ergriffenheit und Freude zugleich. BK spricht von einer historischen Stunde im Leben der Deutschen Nation und von dem ersten bedeutsamen Schritt zur Wiederherstellung der staatlichen Einheit Deutschlands. Es sei eine glückliche Stunde, in der sich Hoffnung und Sehnsucht der Menschen in Deutschland erfüllen. Nach Jahrzehnten beginne ein Traum Wirklichkeit zu werden: Der Traum von der Einheit Deutschlands und Europas. Zugleich sei der Staatsvertrag ein starkes Zeichen der Solidarität unter den Deutschen. Von nun ab sei klar: Wir gehen in eine gemeinsame Zukunft, in einem vereinten und freien Deutschland.

BK verweist ebenso auf die sicherlich nicht einfache Zeit des Übergangs und auf die Schwierigkeiten, die zu erwarten sein und die die nationale Solidarität auch in Zukunft erfordere.

Auch für de Maizière beginnt mit der Vertragsunterzeichnung die »tatsächliche Verwirklichung der Einheit Deutschlands«. Sie mache den Einigungsprozeß unumkehrbar. Sich an seine Landsleute in der DDR wendend, bezeichnet de Maizière die Einführung der DM als eine großzügige politische Geste der Bundesrepublik Deutschland. Niemand solle sich über die tiefe Krise der DDR-Wirtschaft Illusionen machen. »Wir konnten und können nicht so weiter machen wie bisher«. Jetzt seien sie in der DDR am Zuge, das Beste daraus zu machen.

Nach der Unterzeichnung treten alle auf die Freiterrasse hinaus. Strahlender Sonnenschein verstärkt die festliche Stimmung. Sekt wird gereicht. Alle unterhalten sich angeregt und freudig. Minister Reichenbach sagt zu mir, daß jetzt die Einigung nach Art. 23 und gesamtdeutsche Wahlen so rasch als möglich angestrebt werden müßten. De Maizière zögere aber noch. Man müsse jetzt auf ihn einwirken, damit es möglichst rasch vorangehe.

In Moskau präsentiert Jim Baker einen Neun-Punkte-Plan, der in Form von Zusicherungen der Sowjetunion die Einigung Deutschlands akzeptabel machen soll: (1) Verpflichtung zu Folgeverhandlungen nach VKSE I in Wien; (2) Beginn von SNF-Verhandlungen nach Unterzeichnung des VKSE I-Vertrages; (3) Verpflichtung Deutschlands, auf Produktion und Besitz von ABC-Waffen zu verzichten; (4) Umfassende Überprüfung des NATO-Bedarfs an konventionellen und nuklearen Systemen und Anpassung der Strategie an die veränderten Bedingungen; (5) keine Stationierung von NATO-Streitkräften auf dem ehemaligen Gebiet der DDR für eine Übergangszeit; (6) Zustimmung Deutschlands zu einer zeitlich begrenzten Stationierung sowjetischer Truppen auf dem Gebiet der DDR; (7) Verpflichtung Deutschlands, daß die Einigung nur das Gebiet der Bundesrepublik, der DDR und Berlin umfaßt; (8) Stärkung des KSZE-Prozesses; (9) Zusage Deutschlands, seine wirtschaftlichen Probleme so zu lösen, daß damit Perestroika wirtschaftlich unterstützt wird.

Samstag, 19. Mai 1990

In Moskau enden die viertägigen Verhandlungen zwischen Baker und Schewardnadse. In einer gemeinsamen Pressekonferenz erklärt Baker, daß die äußeren Aspekte des deutschen Einigungsprozesses gründlich diskutiert worden seien. Es sei mehr Klarheit und Verständnis hinsichtlich der beiderseitigen Positionen erreicht worden. Grundsätzliche Differenzen beim militär-politischen Status eines künftigen Deutschlands würden jedoch weiter bestehen.

Schewardnadse spricht sich für die Fortsetzung der Suche nach für alle akzeptablen Lösungen aus. Er erklärt, daß die Doppelmitgliedschaft von Deutschland in NATO und Warschauer Pakt für den Westen offensichtlich unannehmbar sei. Die Sowjetunion bestehe deshalb nicht auf ihren Vorschlag. Zur Vier Mächte-Verantwortung erklärt Schewardnadse, daß die Sowjetunion keineswegs eine zeitliche unbegrenzte Weitergeltung anstrebe, sondern lediglich den Rahmen für eine Übergangsperiode schaffen wolle.

Wichtig für uns sind die Fortschritte im Abrüstungsbereich. Das bilaterale CW-Abkommen[212] ist unterschriftsreif. Die Verifikationsprotokolle für die beiden Schwellenverträge zum nuklearen Teststopp sind fertiggestellt Dagegen hat es keine greifbaren Fortschritte für die VKSE-Verhandlungen in Wien gegeben. Für die Vorbereitung des Bush-Gorbatschow-Gipfels sind jedoch eine Reihe bilateraler Abkommen vorbereitet worden. Dem Gipfel steht damit nichts mehr entgegen.

Sonntag, 20. Mai 1990

SPIEGEL meldet heute, daß ich zu Geheimgesprächen in Moskau gewesen sei. Die Nachricht macht jedoch deutlich, daß der SPIEGEL nur unzureichend unterrichtet ist. Er weiß nicht, daß ich in Begleitung von Kopper und Röller in Moskau gewesen bin noch, was der Gegenstand der Gespräche gewesen ist. Natürlich meldet er, daß meine »Geheimdiplomatie« große Verärgerung im Auswärtigen Amt ausgelöst habe, da weder Genscher noch die Botschaft in Moskau unterrichtet gewesen sei.

Wie wenig auch der SPIEGEL in Wirklichkeit weiß, ärgerlich bleibt, daß meine Reise überhaupt bekannt geworden ist.

Montag, 21. Mai 1990

Heute morgen Gespräch BK mit Seiters, Dr. Röller, Kopper und mir über unsere Gespräche in Moskau. Röller und Kopper erläutern die finanziellen Probleme der Sowjetunion. Sie seien schlimmer als erwartet und haben sich in der letzten Zeit deutlich verschlechtert. Die Bonität der Sowjetunion sei ins Gerede gekommen. International sei ein Vertrauensverlust feststellbar. Darin liege der sowjetische Wunsch nach Soforthilfe in Höhe eines Finanzkredits von umgerechnet rund 5 Mrd. DM begründet.

BK begründet seine Bereitschaft, Gorbatschow zu helfen erneut mit dem Bild des Bauern, der vor einem heraufziehenden Gewitter seine Ernte rechtzeitig in die Scheune einbringen müsse. Die Zeit arbeite nicht für uns. Die Unsicherheiten und Schwierigkeiten im Osten nähmen zu. Die Botschaft an Gorbatschow müsse lauten, daß die Bundesregierung zur Hilfe bereit sei. Es müsse jedoch klargestellt werden, daß die 2+4-Gespräche erfolgreich abgeschlossen werden. Er könne nicht Kredite in einer solchen Größenordnung verbürgen, wenn damit keine Erfolgsgarantie verknüpft sei. Es besteht allgemeines Einvernehmen, in dieser Weise zu handeln.

212 Ausgehend von einer Initiative von US-Präsident George Bush vom September 1989 wurde am 1. Juni 1990 zwischen der USA und der Sowjetunion ein bilaterales Chemiewaffenabkommen (Agreement on Destruction and Nonproduction of Chemical Weapons and on Measures to Facilitate the Multilateral Convention on Banning Chemical Weapons) beim zweiten Gipfeltreffen von Gorbatschow mit Bush in Washington D. C. unterzeichnet. Der Vertrag sah die Vernichtung der Bestände bis auf jeweils 5000 Tonnen vor, danach sollte die Produktion eingestellt werden. In der Folge wurde am 3. September 1992 durch die Mitgliedsstaaten der Genfer Abrüstungskonferenz UN Conference on Disarmament (UNCD, gegründet 1962, im Jahre 2019 bestehend aus 65 Mitgliedsstaaten) die Chemiewaffenkonvention verabschiedet (in Kraft am 29. April 1997). Diese stellt ein Übereinkommen über das Verbot der Entwicklung, Herstellung, Lagerung sowie des Einsatzes chemischer Waffen und über die Vernichtung solcher Waffen dar.

10.15 Uhr Presselage: Die streitige Diskussion innerhalb der SPD über Zustimmung bzw. Ablehnung zum Staatsvertrag hält an. Öffentliche Diskussion über Termin für gesamtdeutsche Wahlen wird fortgesetzt.

12.00 Uhr: BK trifft mit dem südafrikanischen Präsidenten de Klerk zusammen. De Klerk berichtet über die innere Entwicklung in Südafrika und über die weiteren Schritte zur Aufhebung der Apartheid-Politik sowie über seine bisherigen Gespräche mit Mitterrand, mit Martens, mit Delors, mit den Regierungen in Portugal und Griechenland und mit Thatcher. Er ist entschlossen, seine Reformpolitik fortzusetzen und rechnet mit der Unterstützung der Europäischen Gemeinschaft.

Um 19.30 Uhr treffe ich mit dem sowjetischen Geschäftsträger Ussytschenko zusammen. Er berichtet mir, daß auf Wunsch von Genscher dieser am Mittwoch mit Schewardnadse zusammentreffen werde. In diesem Zusammenhang wolle Schewardnadse wissen, was er Genscher über meine Gespräche in Moskau sagen könne. Ich sage ihm, daß BK heute Genscher persönlich unterrichtet habe. Im übrigen handele es sich um direkte Gespräche zwischen BK und Gorbatschow. Ich kündige ihm einen Brief des BK an Gorbatschow innerhalb der nächsten beiden Tage an, der eine Antwort auf die Moskauer Gespräche enthalten werde. Darüber hinaus wolle ich ihm jedoch im Auftrag des BK folgende mündliche Erläuterung hinzufügen: BK verstehe die Kreditentscheidung als Teil des Gesamtpaketes, das zu einem Erfolg der 2+4-Gespräche beitragen solle. Die Kreditentscheidung sei für den BK innenpolitisch eine schwierige Operation. BK erwarte deshalb von Gorbatschow eine rasche Antwort, die streng vertraulich behandelt würde. Ich wiederhole den Wunsch des BK zu Gesprächen mit Gorbatschow. Unsere Vorschläge seien der 15. bis 19. Juli oder 22. bis 25. August.

In der DDR-Zeitung ›Neues Deutschland‹ äußert sich Valentin Falin, Leiter der Abteilung internationale Verbindungen des ZK der KPdSU, erneut zur Frage der NATO-Mitgliedschaft eines vereinten Deutschlands. Er bezeichnet eine NATO-Mitgliedschaft oder eine Mitgliedschaft in beiden militärischen Blöcken als eine provisorische Regelung, die keine optimale Lösung darstelle. Die Sowjetunion sei für dauerhafte, konstruktive Lösungen und plädiere deshalb für eine gesamteuropäische Sicherheitsstruktur, in der sich ein vereintes Deutschland gleichberechtigt mit anderen beteiligt. Auf dem Weg dorthin seien Zwischenstufen möglich, bei denen man flexibel sein könne. Das Endergebnis sollte jedoch sehr präzise sein und klarstellen, daß niemand, unter welcher Regelung auch immer, einseitig etwas gewinnen und niemand einseitig etwas verlieren dürfe. Damit ist auch Falin in der Frage der NATO-Mitgliedschaft etwas offener geworden. Er schließt auch eine Regelung der äußeren Bedingungen der deutschen Einheit vor gesamtdeutschen Wahlen als nicht vollkommen unrealistisch ein. Auf die Frage nach einem Friedensvertrag spricht Falin von einer »Friedensakte« als einen Schlußstrich unter dem Zweiten Weltkrieg und unter dem Kalten Krieg. Er läßt jedoch erkennen, daß ihm ein Friedensvertrag am liebsten wäre.

In gleicher Weise äußert sich sein Mitarbeiter Nikolai Portugalow in einem Interview der WELT, in der er noch einmal den Gedanken Schewardnadses aufgreift, daß bei der Regelung der inneren und äußeren Aspekte der deutschen Einigung »eine bestimmte temporäre Diskrepanz« möglich wäre. Er wünsche sich, daß die deutsche Haltung dazu von den Realitäten ausgehe. Die NATO-Zugehörigkeit von Gesamtdeutschland bezeichnet Portugalow als »absolut unakzeptabel«. Es sei »ein guter Trick«, wenn versucht werde, der Sowjetunion »unterzujubeln«, daß sie bereits die Unhaltbarkeit ihrer Position erkannt habe und drauf und dran sei, auf diese Forderung zu verzichten. Gleichzeitig signalisiert er, daß man sich »irgendwo auf halbem Wege« zusammenraufen könne.

In einer heutigen Unterrichtung amerikanischer Kollegen im NATO-Rat über das Gespräch Bakers mit Schewardnadse in Moskau wird deutlich, daß die sowjetischen Positionen zum deutschen Einigungsprozeß nach wie vor sehr widersprüchlich sind. Einerseits betonen sie, daß es keine Singularisierung Deutschlands geben solle, andererseits machen sie Vorschläge, die genau in diese Richtung zielen. Sie betonen die Wichtigkeit des KSZE-Prozesses, andererseits vertreten sie Vorschläge, die Deutschland von einigen Prinzipien ausschließen. Sie widersetzen sich einer NATO-Mitgliedschaft Deutschlands, zeigen jedoch selbst keine Alternative auf. Die Sowjetunion ist aber dabei, ihre eigene Öffentlichkeit, die sie bisher massiv gegen die NATO-Mitgliedschaft eines geeinten Deutschlands beeinflußt hatte, gesichtswahrend auf eine Kursänderung vorzubereiten. Die jüngsten Äußerungen von Gorbatschow in seiner Festtagsrede vom 9. Mai zur Bündnisfrage als auch von Schewardnadse deuten darauf hin.

Dienstag, 22. Mai 1990

Heute findet die dritte Runde der 2+4-Gespräche auf Beamtenebene in Bonn unter französischem Vorsitz statt Die französische Seite schlägt ein Schema für ein Schlußdokument vor, das von allen Delegationen als Arbeitsgrundlage akzeptiert wird.

Zu einer längeren Grundsatzdiskussion kommt es, als die sowjetische Delegation nachdrücklich darauf besteht, daß ein Schlußdokument Bestimmungen zum politisch-militärischen Status des künftigen Deutschland enthalten müsse. Dagegen erklärt die sowjetische Seite, daß es sich nicht in die Frage einmischen wolle, welche vorläufige Lösung in den Gesprächen zwischen den beiden deutschen Staaten und Polen zur Grenzfrage gefunden werde.

18.30 Uhr: Brent Scowcroft ruft mich an. Er berichtet, daß die Gespräche zwischen Baker und Schewardnadse in Moskau zur deutschen Frage nicht besonders erfolgreich verlaufen seien. In den Fragen, die Deutschland beträfen, sei kein wesentlicher Fortschritt erreicht worden.

19.30 Uhr: Ich übergebe dem sowjetischen Geschäftsträger Ussytschenko einen Brief BK an Gorbatschow. Es ist die Antwort auf meine Gespräche am 14. Mai in Moskau. BK bezieht sich darin nicht nur auf das zwischen beiden Seiten gewachsene Vertrauen sondern verweist auch auf die zur Entscheidung anstehenden Fragen auf dem Weg zur deutschen Einheit und auf die zentrale Bedeutung und großen Zukunftsperspektiven, die die Beziehungen des künftigen geeinten Deutschlands zur UdSSR haben werden. Er sei deshalb mit einem hohen Maße an gutem Willen bereit, Gorbatschow bei der Bewältigung der bevorstehenden schwierigen Phase der wirtschaftlichen Anpassungen und der Neuordnung der internationalen Finanzbeziehungen zur Seite zu stehen. Konkret bietet BK die kurzfristige Gewährung eines ungebundenen Finanzkredits bis zur Höhe von 5 Mrd. DM an, den die Bundesregierung verbürgen werde. Dies sei von Seiten der Bundesregierung eine erhebliche politische Anstrengung. Er verbindet deshalb die Erwartung, daß die Regierung der UdSSR im Rahmen des 2+4-Prozesses im gleichen Geiste alles unternehme, um die erforderlichen Entscheidungen herbeizuführen, die eine konstruktive Lösung der anstehenden Fragen ermögliche. Er gehe dabei davon aus, daß es im gemeinsamen Interesse liege, diese Entscheidung noch in diesem Jahr herbeizuführen. Damit könne der Weg auch frei gemacht werden für den vorgeschlagenen umfassenden Kooperationsvertrag zwischen der Sowjetunion und dem künftigen geeinten Deutschland. BK bittet Gorbatschow um eine Bestätigung auf einen ihm geeignet erscheinenden Wege.

Zur Frage der langfristigen Kredite verweist BK auf die Notwendigkeit einer gemeinsamen Anstrengung aller westlichen Partnerländer. Er kündigt an, daß er sich deshalb an die Partner in der EG, der G7 und der Gruppe der 24 wenden wolle. Er läßt Gorbatschow wissen, daß er mit Bush darüber bereits gesprochen habe.

Mit diesem Brief macht BK mehr oder weniger unmißverständlich deutlich, daß er diese rasche Hilfe für die Sowjetunion als Bestandteil der Gesamtlösung für die 2+4-Verhandlungen betrachte. Ich bin sicher, daß diese Botschaft in Moskau sehr wohl verstanden wird.

Mittwoch, 23. Mai 1990

Nachdem gestern der Bundesrat in einer Sondersitzung den Entwurf eines Gesetzes zu dem Vertrag über die Schaffung einer Währungs-, Wirtschafts- und Sozialunion zwischen der Bundesrepublik Deutschland und der DDR beraten hat, ist heute der Bundestag zu einer Sondersitzung zusammengetreten. Die Einführungsrede hält BM der Finanzen, Dr. Waigel, der von einem Vertragswerk spricht, das epochale Daten und Fakten schaffe. Nach einer ausführlichen Begründung der Finanzierungserfordernisse für die Einigung und der Finanzlage in der Bundesrepublik zieht Waigel die Schlußfolgerung: »Die Steuerzahler müssen kein Sonderopfer für die deutsche Einheit bringen«. Die Bundesregierung wäre schlecht beraten, wenn sie die günstigen Einnahmeperspektiven durch Sonderabgaben oder Steuererhöhungen zur Finanzierung der Vereinigung gefährden würde.

Freitag, 25. Mai 1990

BK hält in der abschließenden Plenarsitzung der Abrüstungskonferenz der Interparlamentarischen Union in Bonn die Abschlußrede. Er nimmt sie zum Anlaß, zum sicherheitspolitischen Status des geeinten Deutschlands Stellung zu nehmen. Zukunftsgewandte Lösungen seien erforderlich, die die Sicherheit aller Beteiligten erhöhen und die die deutsche Einheit zum Eckstein einer stabilen europäischen Friedensordnung werden lasse. Jeden Gedanken an Neutralität, Entmilitarisierung, Bündnis- oder Blockfreiheit bezeichnet er als »altes Denken«. BK begründet seine Position mit der Erfahrung in der deutschen Geschichte, daß Frieden, Stabilität und Sicherheit in Europa immer dann verbürgt gewesen seien, wenn Deutschland, das Land in der Mitte Europas, mit allen seinen Nachbarn in festen Bindungen, in geregeltem Ausgleich und in einem gegenseitig helfenden Austausch lebte.

Wenn es hingegen aus großsprecherischer Verblendung oder verbrecherischer Hybris nationalistische Sonderwege wählte oder wenn es nach verlorenen Kriegen von den ehemaligen Gegnern in die Isolierung gezwungen wurde, wären Unfrieden, Instabilität und Unsicherheit für ganz Europa die Folge gewesen.

BK beruft sich auf das souveräne Recht, das auch die KSZE-Schlußakte und die UNO-Charta verbriefen, daß jeder Staat frei entscheiden könne, ob und welchem Bündnis er angehören wolle. Dieses Argument nutzt BK zum ersten Mal.

Auf das Argument Gorbatschows eingehend, daß ein geeintes Deutschland in der NATO das Gleichgewicht in Europa gefährde, verweist er auf die beabsichtigten Veränderungen im Bündnis. Die militärische Komponente werde zunehmend an Gewicht verlieren und die politische Rolle immer mehr in den Vordergrund treten. Das Bündnis werde seine Strategie und seine Struktur zu überprüfen haben. Die Allianz von morgen werde deshalb eine andere sein, als wir sie heute kennen. Deutschland werde keine einseitigen Vorteile aus der Entwicklung in Mittel- Ost- und Südosteuropa ziehen. Einrichtungen und Einheiten der Allianz werden nicht auf das Gebiet der heutigen DDR vorgeschoben. Erneut zählt BK die einseitigen Vorleistungen der Bundesrepublik im Bereich der Sicherheit auf.

Im Bereich der Abrüstung schlägt der BK erstmals ein globales Konzept für die nukleare Rüstung vor, in dem ein Minimum an nuklearen Waffen unser aller Sicherheit auch in Zukunft gewährleiste.

Unter Bezugnahme auf die KSZE-Vorschläge von Bush, Mitterrand, Thatcher, Havel und Mazowiecki schlägt BK eine Bündelung dieser Vorschläge und die Schaffung gesamteuropäischer Institutionen vor. Er nennt selbst sechs Beispiele für solche Institutionen.

Diese Rede enthält klare Botschaften an Gorbatschow, welche Rahmenbedingungen geschaffen werden können, um eine NATO-Mitgliedschaft des geeinten Deutschlands für die Sowjetunion akzeptabel machen zu können. Die Ministertagung des Verteidigungs-Planungsausschusses, die am 22./23. Mai in Brüssel stattgefunden hat, hatte in ihrem Kommunique Signale in die gleiche Richtung gegeben.

Um 11.00 Uhr treffe ich in Ost-Berlin im DDR-Außenministerium zu einem einstündigen Gespräch mit Außenminister Meckel von der SPD zusammen. Als ich das Gebäude betrete, erinnere ich mich an meine Studentenjahre in den 60er Jahren in West-Berlin, als ich versucht hatte, Material für meine Dissertation zu erhalten. Ich war sofort sehr unwirsch an der Pforte zurückgewiesen worden.

Heute holt mich der Büroleiter von Meckel, von Fritsch, ab, ein junger Mann, der mir erzählt, daß er als Entwicklungshelfer in Afrika von den Veränderungen in der DDR gehört habe und sofort zurückgekehrt wäre. Er kenne Meckel aus der Zusammenarbeit in der Evangelischen Kirche und leite jetzt sein Büro. Er macht einen sehr frischen Eindruck, aber meine Zweifel sind groß, ob er Meckel fachlich beraten könne.

Meckel begrüßt mich sehr freundlich. Er trägt einen beigen Anzug mit Schlips. Dazu grüne Socken und Sandalen. Seine Augen in dem vom Vollbart umgebenen Gesicht wirken warm. Das Gespräch verläuft sehr angenehm und sachlich. Wir sprechen alle Probleme im Rahmen der 2+4-Verhandlungen durch. Im Zusammenhang mit der NATO-Mitgliedschaft erinnere ich ihn daran, daß es dabei nicht nur um die Sicherheit der Sowjetunion vor Deutschland gehen könne, sondern auch die der kleineren Mitgliedsländer gesehen werden müsse. Die Lösung sei nicht ein Austritt aus der NATO sondern die Veränderung, die auf dem NATO-Sondergipfel angestrebt werden müsse.

Ich unterrichte Meckel über meine Gespräche in Moskau und über die Bedeutung der Wirtschaftsbeziehungen zwischen einem geeinten Deutschland und der Sowjetunion.

Meckel spricht vor allem die amerikanische Truppenpräsenz und die amerikanischen Nuklearsysteme in Deutschland und in Europa an. Er will auch die französischen und britischen Nuklearsysteme in ein globales Gleichgewicht einbezogen wissen. Ich erläutere ihm, daß wir Deutsche am ungeeignetsten seien, die französischen Nuklearsysteme in die öffentliche Diskussion einzuführen. Frankreich brauche sie für sein Selbstverständnis auch gegenüber der Bundesrepublik Deutschland. Auch die USA würden ihre Truppenpräsenz von der Anwesenheit nuklearer Systeme abhängig machen.

Erfreulicherweise spricht sich Meckel sehr deutlich für den Staatsvertrag zur Währungs-, Wirtschafts- und Sozialunion aus. In dieser Frage würde er eine andere Haltung einnehmen als die West-SPD. Als ich kritisiere, daß die West-SPD vernünftige Entscheidungen, die auch von der Ost-SPD unterstützt und gewünscht würden, als Agitation gegen die Bundesregierung nutze, erklärt sich Meckel bereit, gegebenenfalls mit Lafontaine Kontakt aufzunehmen und auf ihn in positiver Weise einzuwirken. Er kenne Lafontaine recht gut und habe guten Kontakt zu ihm. Er bietet mir vertrauliche Zusammenarbeit an und jederzeitige Kontaktaufnahme, wenn das erforderlich und hilfreich sein könne.

Nach dem Gespräch mit Meckel, über das wir Vertraulichkeit vereinbaren, treffe ich mit seinem Staatssekretär Dr. Frank Tiessler, zusammen. Er gehört der DSU an. Er berichtet mir, daß ihn Meckel aus allen entscheidenden Prozessen heraushalte. Er sei deshalb nicht bereit, irgendwelche Verantwortung zu übernehmen. Außerdem verstehe er sich nur in der Funktion, das Auswärtige Amt der DDR aufzulösen. Die Einigung müsse so rasch als möglich angestrebt werden. Je schneller sie erfolge, desto besser. Seiner Meinung nach sollten die Wahlen noch im Dezember stattfinden. Tiessler kritisiert, daß sowohl Meckel als auch Innenminister Diestel zu große Rücksicht auf die alten Kader nehmen würden. Er bekomme immer zu hören, daß es sich um Menschen handele, mit denen man nicht so umgehen könne.

Bei Genscher geht heute ein Brief von Schewardnadse ein. Dieser spricht von einer wahrhaften Umbruchszeit und schlägt die aktive Entwicklung und Vertiefung des KSZE-Prozesses vor. Sein Potential sei noch nicht ausgeschöpft. Es sei jetzt notwendig, dem gesamteuropäischen Prozeß eine neue qualitative Dimension zu verleihen. Ein geeintes Deutschland und eine neue europäische Friedensordnung würden errichtet. Neue Strukturen der Stabilität und der Sicherheit würden geschaffen. Ein prinzipiell neues Herangehen sei erforderlich.

Schewardnadse greift die Formulierung aus der gemeinsamen Erklärung Kohl-Gorbatschow von der neuen europäischen Architektur auf. Der wichtigste Bestandteil der Architektur des zukünftigen gesamteuropäischen Hauses sei das System der auf der gesamteuropäischen Zusammenarbeit aufgebauten Sicherheit. Sie sei nicht denkbar ohne wesentliche Reduzierung des Niveaus der Streitkräfte, die Umwandlung der in Europa bestehenden militärpolitischen Bündnisse in überwiegend politischen Organisationen und deren zukünftigen Auflösung in den gesamteuropäischen Strukturen.

Diese Aussage macht deutlich, daß die Sowjetunion das westliche Argument von der Veränderung der Militärbündnisse in politische Bündnisse aufgegriffen hat und bereit zu sein scheint, die Mitgliedschaft des geeinten Deutschlands in einem solchen Bündnis für eine bestimmte Zeit zu akzeptieren. Das ist ein wichtiger Schritt der Sowjetunion nach vorne. Sie bewegt sich gewissermaßen in die richtige Richtung.

Schewardnadse unterstreicht die Bedeutung der Wiener VKSE-Verhandlungen, die bald zu einem erfolgreichen Abschluß gebracht werden sollen. Er wiederholt das sowjetische Interesse an gesamteuropäischen Institutionen und nach Varianten neuer Stabilitäts- und Sicherheitsstrukturen im Rahmen der KSZE. Er schlägt einen »Großeuroparat« vor, em Forum der Staatsoberhäupter aller KSZE-Mitgliedstaaten, das jährlich zusammentreten solle. Weitere Vorschläge für eine Institutionalisierung folgen. Schewardnadse schlägt vor, alle diese Fragen bis zum KSZE-Gipfel abzustimmen. Ihre Bedeutung wachse im Lichte der bevorstehenden Vereinigung Deutschlands unter Bedingungen, bei denen die Militärblöcke noch existieren würden, ausländische Streitkräfte in Deutschland stünden und europäische Sicherheitsstrukturen noch nicht entwickelt seien. Die Frage künftiger Strukturen der neuen europäischen Sicherheit und europäischer Institutionen sollte gemeinsam erörtert werden. Diese Fragen sollten vor allem bei den VKSE-Verhandlungen in Wien und bei den 2+4-Gesprächen behandelt werden. Schewardnadse teilt mit, daß er einen gleichlautenden Brief an alle KSZE-Mitgliedstaaten gerichtet habe.

Heute weilt Mitterrand zu einem Besuch in Moskau und trifft zu einem mehrstündigen Gespräch mit Gorbatschow zusammen. Die gemeinsame Pressekonferenz macht deutlich, daß 70 % der Erörterungen der deutschen Frage gewidmet gewesen war.

Beide teilen ihre Übereinstimmung über die politische Zukunft des europäischen Kontinents mit, deren Weg über die Bildung gesamteuropäischer Sicherheitsstrukturen führe. Auch sie unterstützen eine Institutionalisierung des gesamteuropäischen Prozesses und die Schaffung ständiger Strukturen.

Gorbatschow unterstreicht erneut seine Ablehnung einer Mitgliedschaft des geeinten Deutschlands in der NATO. Als Grund dafür nennt er den unveränderten Charakter der Allianz, ihr Festhalten an der Strategie aus den Zeiten des Kalten Krieges. Deshalb würde die Mitgliedschaft Deutschlands in der NATO das militärpolitische Gleichgewicht verletzen. Damit deutet auch Gorbatschow erstmalig an, daß eine Mitgliedschaft Deutschlands in der NATO möglich sein könnte. Ausdrücklich spricht er auch davon, daß die Interessen der Deutschen, denen man heute vertraue, Berücksichtigung wie die aller anderen Europäer finden müsse. Gleichzeitig hält er eine vorübergehende Doppelmitgliedschaft Deutschlands in NATO und Warschauer Pakt für eine denkbare, konstruktive Lösung im Hinblick auf gemeinsame Sicherheitsstrukturen. In diesem Zusammenhang erwähnt er auch eine Zugehörigkeit von Deutschland zur NATO nach französischem Vorbild. Damit spricht Gorbatschow verschiedene Varianten an, ohne sich abschließend auf eine festzulegen. Der Diskussionsprozeß in Moskau ist weiter im Gange.

Ein Mitarbeiter von Mitterrand unterrichtet uns über die Gespräche mit Gorbatschow. Daraus wird ersichtlich, daß dieser versucht hat, Mitterrand für seine Position zu gewinnen. Am Ende des Treffens hätten Gorbatschow und seine Berater unverhohlen eine gewisse Enttäuschung über die Haltung Mitterrands bekundet. Sie hatten von ihm eine stärkere Unterstützung erwartet. Die französische Delegation hat den Eindruck gewonnen, daß Gorbatschows Haltung härter geworden sei. Dies könne mit der innenpolitischen Lage zusammenhängen, aber auch nur taktisch bedingt sein. Sie glauben aber, daß Gorbatschows Position noch nicht abschließend festgelegt sei. Das entspricht auch unserer Auffassung.

Samstag, 26. Mai 1990

Von 10.00 Uhr bis 12.30 Uhr nehme ich an einem Forum auf dem Katholiken-Tag in Berlin zum Thema »Schritte auf dem Weg zu einer Friedensordnung in Europa und in der Welt« teil. Auf dem Podium sitzen noch der Luxemburgische Ministerpräsident Santer und der SPD-Bundestagsabgeordnete Karsten Voigt. Einige hundert Teilnehmer verlieren sich in der riesigen Messehalle.

Ich erläutere in einem Eingangsstatement die Positionen der Bundesregierung. Als die allgemeine Diskussion eröffnet wird, liest der Moderator, Professor Dr. Josef Stingl, eine schriftliche Wortmeldung von Teilnehmern aus den Niederlanden vor: »Viele Leute in Holland haben Angst vor einem großen, mächtigen Deutschland. Wir haben fünf Jahre deutsche Besetzung mitgemacht. Sehr viele Leute haben das noch mitgemacht. Ihre Angst ist zu verstehen. Darum: Herzlichen Dank Herr Teltschik. Mit ihnen brauchen wir keine Angst zu haben. Gott segne Deutschland und Europa«.

Ich bin für diese Zustimmung gerade aus den Niederlanden sehr dankbar. Sie sind unser schwierigster Nachbar. Ich bin froh, daß ich zu diesem Katholiken-Tag gekommen bin.

Heute schließt Genscher seine zweitägigen Gespräche in Washington mit Außenminister Baker ab. Zuvor war er mit Schewardnadse in Genf zusammengetroffen. Über das Ergebnis dieser Gespräche werden wir nicht unterrichtet. Kollegen aus dem Auswärtigen Amt teilen uns mit, daß der Außenminister den BK persönlich unterrichten werde.

Sonntag, 27. Mai 1990

Interview Schewardnadses in der WELT am Sonntag: Er gibt bekannt, daß für sein Treffen mit Genscher in Genf keine außerordentlichen Umstände gegeben waren. Es habe der gemeinsamen Suche nach einer beiderseitig annehmbaren Vereinbarung in allen Fragen, die durch die außenpolitischen Voraussetzungen für die Schaffung eines neuen einheitlichen Deutschlands bestimmt werden, gedient.

Schewardnadse bezeichnet den zukünftigen militär-politischen Status Deutschlands als gegenwärtig noch besonders kompliziert. Die Sowjetunion könne der Einbeziehung des künftigen vereinigten Deutschlands in die NATO nicht zustimmen. Deshalb müsse man nach Lösungen suchen, die sowohl für die Sowjetunion als auch für die westlichen Partner akzeptabel wären. Darauf seien die Beratungen mit den Teilnehmern der »Sechs« gerichtet.

Schewardnadse signalisiert die Bereitschaft der Sowjetunion, ein Ergebnis der Verhandlungen im Rahmen der »Sechs« noch vor dem KSZE-Gipfel anzustreben. Das Ergebnis sollte dann allen 35 Teilnehmern vorgelegt werden. Ob dann eine solche Vereinbarung durch eine oder zwei deutsche Regierungen verwirklicht werde, bezeichnet Schewardnadse als eine Frage von nicht erstrangiger Bedeutung. Er fügt jedoch hinzu, daß eine solche Realisierung eine bestimmte Zeit in Anspruch nehmen werde. Deshalb bedürfe es einer Übergangsperiode, die zeitlich genau festzulegen sei. Am Ende dieser Übergangsperiode sollen die Rechte und Verantwortungen der vier Seiten aufgehoben werden. Damit spricht Schewardnadse erneut die Möglichkeit an, das selbst nach einer Einigung Deutschlands für eine bestimmte Zeit die Vier-Mächte-Rechte fortbestehen könnten.

Erstmals spricht Schewardnadse auch die Frage der künftigen sowjetisch-deutschen Beziehungen an, die schon heute umrissen werden müßten. Er bestätigt, daß der Dialog über diese Frage eine »gewaltige Bedeutung für die Entwicklung stabiler und fruchtbarer Beziehungen mit einem vereinigten Deutschland sowie für ganz Europa« habe. Damit bestätigt er uns,[213] daß die Initiative des BK für einen umfassenden bilateralen Vertrag für die Sowjetunion von erheblicher Bedeutung ist.

Montag, 28. Mai 1990

8.45 Uhr: BK spricht mit mir über den Entwurf einer neuen Polen-Entschließung des Bundestages,[214] der zwischen Dr. Kastrup und mir abgestimmt worden war. BK kritisiert die Präambel, die ihm zu defensiv und zu demütig ausgefallen sei. Sie müsse überarbeitet werden.

213 Das Wörtchen »uns« wurde gestrichen.

214 Der Deutsche Bundestag hatte am 8. März 1990 eine Entschließung verabschiedet: »Das polnische Volk soll wissen, dass sein Recht, in sicheren Grenzen zu leben, von uns Deutschen weder jetzt noch in Zukunft

Ich frage BK, ob er von Genscher über das Gespräch mit Schewardnadse unterrichtet worden sei. Genscher habe ihn vor seinem Gespräch mit Schewardnadse und direkt danach aus Genf angerufen. Wenn die Presse jedoch von »Fortschritten« spreche, so sei das nicht zutreffend. Das Gespräch habe nicht viel Neues ergeben.

9.15 Uhr Kanzler-Lage: Im Mittelpunkt steht die Haltung der SPD und insbesondere die des Kanzlerkandidaten Lafontaines zum Staatsvertrag. Die Presse kritisiert heute in überraschender Härte das Interview Lafontaines im heutigen ›SPIEGEL‹. BK bekräftigt noch einmal seine Haltung, daß er nicht bereit sei, den Staatsvertrag und die Terminplanung zu verändern. Die Regierung verfüge sowohl im Bundestag als auch im Bundesrat über die Mehrheit. Er sei nur bereit, mit de Maizière heute noch einmal die Zusatzvereinbarungen zum Thema Umweltschutz und zur Frage des Eigentums der PDS und der Stasi zu besprechen und zu vereinbaren.

Um 10.15 Uhr führt BK in meiner Anwesenheit ein einstündiges Gespräch mit Genscher. Beide stimmen über das weitere Vorgehen in der polnischen Grenzfrage überein. Genscher berichtet, daß alle Vier Mächte sich für die Entschließung beider deutscher Parlamente und für die Notifizierung durch beide Regierungen ausgesprochen hätten. Ein Problem stelle lediglich DDR-Außenminister Meckel dar. BK wird darüber heute noch mit de Maizière sprechen.

Genscher teilt mit, daß ein Brief des polnischen Außenministers Skubizewski eingegangen sei, der ihn beruhige. BK fordert eine Neuformulierung des Entschließungstextes. Genscher ist damit einverstanden. Mit diesen Entschließungen werde in der Grenzfrage ein für allemal Klarheit geschaffen. In diesem Sinne habe er auch mit Dr. Czaja gesprochen. BK fordert Genscher auf, jetzt möglichst rasch Unterstützungsmaßnahmen für die deutsche Minderheit in Oberschlesien einzuleiten. Manches könne dadurch erleichtert werden.

Genscher berichtet über sein Gespräch mit Schewardnadse. Dieser sei auf das Kreditangebot von 5 Milliarden ausgesprochen angesprungen und habe klar zu verstehen gegeben, daß damit auch die anderen Fragen gelöst werden könnten. Von entscheidender Bedeutung seien jetzt die VKSE-Verhandlungen in Wien. Dabei werde es auch um Obergrenzen für die Bundeswehr gehen. Genscher spricht sich für eine Reduzierung der Bundeswehr auf die Stärke von 350.000 aus und für die Auflösung der NVA.

BK vertagt dieses Gespräch auf morgen nacht, 22.30 Uhr, im Bungalow, damit Stoltenberg, General Naumann, Dr. Kastrup und ich teilnehmen können. Genscher drängt

durch Gebietsansprüche in Frage gestellt wird.« Für Polens Ministerpräsident Tadeusz Mazowiecki war das zwar ein »Schritt in die richtige Richtung«, die Entschließung selbst sah er jedoch als »unzureichend« an. Auch die Fraktionen der Volkskammer hatten sich in ihrer zweiten Sitzung nach der Volkskammerwahl vom 18. März 1990 zur Unverletzlichkeit der Oder-Neiße-Grenze als Grundlage des friedlichen Zusammenlebens in einem gemeinsamen europäischen Haus bekannt. In der Sitzung am 12. April 1990 erklärten sie: »Wir bekräftigen die Unverletzbarkeit der Oder-Neiße-Grenze zur Republik Polen als Grundlage des friedlichen Zusammenlebens unserer Völker in einem gemeinsamen europäischen Haus. Dies soll ein künftiges gesamtdeutsches Parlament vertraglich bestätigen.« Am 21. Juni 1990, hatten sowohl die Volkskammer der DDR als auch der Deutsche Bundestag in gleichlautenden Erklärungen die endgültige Anerkennung der Oder-Neiße-Grenze zur Republik Polen erklärt. Nicht nur für Polen, sondern auch für die vier Partner bei den Zwei-plus-Vier-Verhandlungen sendeten die beiden deutschen Parlamente damit ein wichtiges Signal. Sie machten damit nicht nur den Weg für die deutsche Wiedervereinigung frei, sondern legten auch den Grundstein für freundschaftliche Beziehungen zum Nachbarland, https://www.bundestag.de/dokumente/textarchiv/2020/kw25-kalenderblatt-700574 (Abruf 31.1.2024); Nachbetrachtungen, S. 769.

zur[215] Eile, weil Baker für seine Vorschläge aufgeschlossen sei und diese Frage derzeit die Wiener Verhandlungen blockiere. Er wolle deshalb unbedingt noch vor dem Gipfel Bush-Gorbatschow am Donnerstag Baker Einverständnis signalisieren können. Heute noch wolle er den britischen Außenminister Hurd generell über diese Frage unterrichten, ohne jedoch die britische Regierung damit aufschrecken zu wollen. Außerdem kündigt Genscher an, daß er Schewardnadse anrufen wolle und ihm ein positives Signal in Bezug auf die deutsche Kredithilfe übermitteln werde.

12.30 Uhr: Gemeinsames Mittagessen auf Einladung der Konrad-Adenauer-Stiftung mit dem amerikanischen Senator Roth und mehreren Mitgliedern des Repräsentantenhauses. Ich erläutere die Position der Bundesregierung zu den 2+4-Verhandlungen.

Am Abend treffe ich mit italienischen Politikern der Democrazia Cristiana unter Leitung ihres Fraktionsvorsitzenden, Vincenzo Scotti, zusammen. Auch dort geht es um die Deutschlandpolitik und um Fragen der europäischen Integration. In allen diesen Gesprächen treffe ich auf große Sympathie und Unterstützung.

Dienstag, 29. Mai 1990

Um 8.30 Uhr treffe ich mich mit meinen Kollegen aus dem Auswärtigen Amt und dem Verteidigungsministerium und meinen Mitarbeitern. Wir erarbeiten eine Tischvorlage für das Ministergespräch heute abend beim BK zur deutschen Position im Rahmen der Wiener VKSE-Verhandlungen und über den zukünftigen Umfang der deutschen Streitkräfte. Wir einigen uns sehr rasch auf eine gemeinsame Position.

11.00 Uhr: Gespräch mit dem polnischen Botschafter Dr. Karski. Er übermittelt mir die Besorgnis der polnischen Regierung über die Weigerung der Bundesregierung, über den polnischen Vertragsentwurf zur Oder-Neiße-Grenze zu verhandeln. Polen habe auf die Übergabe des Vertragsentwurfes bis jetzt noch keine offizielle Antwort der Bundesregierung erhalten. Zwei Gesprächsrunden hätten bereits stattgefunden. Polen werde in keinem Fall auf einen Vertragsentwurf verzichten. Jede Zweideutigkeit bezüglich der deutschen Haltung zur Oder-Neiße-Grenze müsse ausgeschlossen werden.

Ich erläutere die Position der Bundesregierung, die gestern zwischen BK und Genscher noch einmal besprochen sei. Genscher habe dabei berichtet, daß der Vorschlag der Bundesregierung von allen Vier Mächten unterstützt werde.

Am Nachmittag stimme ich mit BK abschließend den Text der Polen-Entschließung ab und bespreche das weitere Verfahren. BK will an de Maizière schreiben, um den DDR-Entwurf vom Tisch zu bringen, der weitgehend auf die polnischen Wünsche eingeht. Gleichzeitig will er Gespräche mit dem Präsidium der CDU, mit dem Fraktionsvorsitzenden Dregger, mit dem Koalitionsführungen, mit dem CSU-Vorsitzenden und mit de Maizière führen. Gleichzeitig solle der Text mit der SPD abgestimmt werden.

Am späten Nachmittag ruft mich Jacques Attali an. Er berichtet noch einmal über das Gespräch Mitterrand mit Gorbatschow. Dieser sei strikt gegen eine NATO-Mitgliedschaft eines geeinten Deutschlands und habe vorgeschlagen, daß Deutschland den französischen Status in der NATO annehmen solle. Mitterrand habe diesen Vorschlag jedoch strikt abgelehnt. Attali bestätigt den Eindruck, daß sich die sowjetische Position verhärtet habe und

215 Hier erfolgte eine handschriftliche Korrektur von »auf«.

spricht davon, daß eine erhebliche Krise in der Sowjetunion bevorstehe. Beides ist nicht auszuschließen, aber auch nicht abschließend zu beantworten.

Um 18.00 Uhr trifft BK mit Vertretern der Study Groups on Germany beider Häuser des amerikanisches Kongresses zusammen. Senator Roth spricht von glücklichen Zeitumständen, in denen das Gespräch stattfinde. Es konzentriert sich sofort auf die Frage der NATO-Mitgliedschaft eines vereinten Deutschland. BK unterstreicht, daß er für keinen Preis bereit sei, auf die Mitgliedschaft in der NATO zu verzichten. Er plädiert für die fortwährende Präsenz der USA in Europa. Die USA hätten ein großes Interesse, in Europa zu bleiben.

BK zeigt sich optimistisch, daß die äußeren Aspekte der Einigung im Rahmen der 2+4-Gespräche bis zum KSZE-Sondergipfel im Herbst geregelt seien. Der hervorstehende amerikanisch-sowjetische Gipfel könne wichtige Fortschritte bringen. BK erklärt, daß er sich nicht vorstellen könne, daß Gorbatschow die deutsche Einigung an der Frage der NATO-Mitgliedschaft scheitern lasse. Die amerikanischen Gäste sind von den klaren Positionen des BK sichtlich beeindruckt.

Am Abend versuche ich Brent Scowcroft im Weißen Haus zu erreichen. Er ist mit dem Präsidenten unterwegs. Ich spreche mit seinem Stellvertreter Bob Gates. Ich spreche ihn darauf an, daß uns berichtet worden sei, daß in der amerikanischen Regierung Überlegungen über künftige Obergrenzen für deutsche und andere westliche Truppen in der europäischen Zentralzone im Gang seien. Ich wolle ihm dazu mitteilen, daß BK durchaus hilfreich sein wolle und zum Erfolg des bevorstehenden Gipfel des Präsidenten mit Gorbatschow beitragen wolle. Wenn Bush der Auffassung sein sollte, daß ein solches Signal in Richtung einer Obergrenze der Bundeswehr in der Zentralzone im Rahmen der Wiener VKSE-Verhandlungen hilfreich sein könne, wäre BK bereit, darüber nachzudenken.

Gates berichtet mir, daß ihm und Scowcroft eine solche Überlegung neu sei. Er werde aber mit Brent darüber sprechen und mich zurückrufen. Außerdem sei vorgesehen, daß Präsident und BK morgen noch einmal miteinander telefonieren.

Um 20.00 Uhr hat BK die Gruppe der amerikanischen Senatoren und Mitglieder des Repräsentantenhauses zu einem Essen in den Bungalow eingeladen.

Nach dem Abendessen findet im Bungalow das verabredete Gespräch BK mit Genscher und Stoltenberg statt. Es nehmen noch teil Generalinspektor Wellershoff, Admiral Frank, Dr. Kastrup und ich. Es geht um die zukünftige Stärke der Bundeswehr im Rahmen der Wiener VKSE-Verhandlungen. Genscher berichtet aus seinem Gespräch mit Schewardnadse, daß die zukünftige Stärke der Bundeswehr nicht im Rahmen der 2+4-Gespräche sondern der Wiener Verhandlungen vereinbart werden solle. Der Verbleib des geeinten Deutschlands im Bündnis müsse für die Sowjetunion durch die Reduzierung nicht nur der amerikanischen und sowjetischen Truppen sondern darüber hinaus auch der Alliierten Truppen und der Bundeswehr attraktiver gemacht werden. Er habe darüber auch mit Baker gesprochen, der sich davon eine Erleichterung der 2+4-Gespräche verspreche. Baker halte eine solche Regelung für möglich. Genscher glaubt, bei Baker eine positive Grundtendenz erkannt zu haben.

Stoltenberg äußert Bedenken, das erst Mitte April vereinbarte gemeinsame Konzept nun in Frage zu stellen, das davon ausgegangen sei, die zukünftige Obergrenze für die Bundeswehr nicht in VKSE I sondern in VKSE II zu verhandeln. Wenn die Bundeswehr auf 350.000 Mann reduziert werden solle, erfolge faktisch eine Singularisierung Deutschlands. Für VKSE II könne er sich eine Größenordnung von 400.000 Mann für die Bundeswehr plus 30.000 Mann Seestreitkräfte vorstellen.

Es entspannt sich eine Diskussion über das zukünftige Schicksal der NVA. BK und Genscher sind sich einig, daß die NVA möglichst ganz oder zumindest auf ein Minimum reduziert werden müsse. BK will sich noch nicht auf eine abschließende Obergrenze der Bundeswehr festlegen. Im Raum bleiben die Vorschläge Genschers mit 350.000 und Stoltenbergs von 400.000 stehen. Genscher erläutert noch einmal die gesamte Sicherheitslage in Europa aufgrund der Veränderungen in den Warschauer Pakt Staaten und des Abzugs sowjetischer Truppen. Sinn des heutigen Gespräches sei es, den USA mitzuteilen, daß für den Fall, daß Deutschland im Bündnis verbleiben könne, der Sowjetunion ein Signal gegeben werden solle, daß jetzt schon über Reduzierungen der Truppenstärken in der Zentralregion gesprochen werden könne. Damit solle der mögliche tote Punkt in den Verhandlungen überwunden werden. Stoltenberg bleibt skeptisch. BK schlägt vor, den Bush-Gorbatschow-Gipfel abzuwarten. Währenddessen sollen die Expertengespräche innerhalb der Bundesregierung fortgeführt werden.

Das Ministergespräch bringt keine abschließende Entscheidung; es hat jedoch die Positionen der einzelnen Regierungsmitglieder geklärt. Um 1.00 Uhr nachts endet das Gespräch.

In der Iswestija[216] ist heute ein Grundsatzartikel von Schewardnadse erschienen. Er enthält gegenüber der sowjetischen Öffentlichkeit eine unverkrampfte und objektivere Sicht und Darstellung der NATO im Hinblick auf die Gestaltung des künftigen Europas. Schewardnadse stellt Änderungen im Westen fest, der jetzt ernsthaft bereit seit, der sowjetischen Sicherheitslage in Form von politischen und praktischen Anpassungen der NATO und im Zusammenhang der gesamteuropäischen Sicherheit zu entsprechen. Er listet mit deutlicher Befriedigung Entscheidungen der NATO auf, die das beweisen sollen. Schewardnadse bereitet damit die sowjetische Öffentlichkeit darauf vor, möglicherweise mit der Mitgliedschaft eines geeinten Deutschlands in der NATO leben zu müssen.

Mittwoch, 30. Mai 1990

Um 9.15 Uhr treffe ich mit dem amerikanischen Senator Robb von den Demokraten zusammen. Wir sprechen über die 2+4-Verhandlungen, über den zukünftigen militärischen Status des geeinten Deutschlands und über Wirtschaftshilfe für die Sowjetunion. Robb bestätigt den Eindruck, daß die Entwicklung in Europa und in Deutschland im besonderem im Augenblick im amerikanischen Senat höchste Aufmerksamkeit genieße. Man müsse lange zurückblicken, um ein ähnliches Interesse an Deutschland feststellen zu können.

Anschließend spreche ich mit Professor Jeffrey Sachs von Harvard. Er ist ein leidenschaftlicher Anhänger der Marktwirtschaft und ist weltweit in der Beratung von Regie-

216 *Iswestija* (dt.: Nachrichten, Mitteilungen) ist eine der ältesten, heute noch erscheinenden russischen Zeitungen, gegründet 28. Februar 1917 (greg.) als Mitteilungsblatt des Petrograder Sowjets mit Redaktionssitz in Petrograd, dann in Moskau (Verbreitung des Dekrets über den Frieden u.a. über die Aufnahme sofortiger Friedensverhandlungen und Dekret über Grund und Boden mit der entschädigungslosen Konfiszierung des Landbesitzes vom 26. Oktober 1917). Herausgeber waren zunächst der Rat der Volkskommissare und von 1938 bis 1991 der Rat des Obersten Sowjet. Der Volkswitz besagte: in der *Prawda* gibt es keine Nachrichten, in der Iswestija keine Wahrheit. Nach dem Zerfall der UdSSR wurde die Zeitung privatisiert. Eigentümer waren bis 2008 Gazprom-Media, dann die Nationalnaja Media Grupa. Die Leserschaft dieser regierungsnahen Zeitung gehört v.a. zur Intelligenz und politischen Elite, die Ausrichtung wurde nationaler und konservativer. Eine Online-Ausgabe existiert neben der gedruckten Ausgabe.

rungen tätig. Er berichtet mir über die wirtschaftliche Reformentwicklung in Polen und in der Sowjetunion. Bei beiden Regierungen ist er als Experte tätig. Er beschwört mich, daß die Bundesregierung Polen keine neuen Kredite geben, sondern vielmehr die Schulden erlassen solle. Die Wirtschaftsreform in Polen sei jetzt in eine entscheidende Phase eingetreten und brauche dringend Unterstützung. Das gleiche gelte für die Sowjetunion. Wir sind uns in dieser Frage völlig einig. Ich erinnere ihn nur daran, daß die Bundesregierung überfordert sei, allein solche Hilfestellungen zu geben. Wünschenswert wäre vor allem ein Engagement der amerikanischen Regierung, die nach wie vor sehr zögerlich sei.

Um 11.15 Uhr treffe ich mit der CSIS-Study Group aus Washington zusammen. Mein frühere Kollege im Weißen Haus, Professor Bob Hunter, leitet die Gruppe. Auch bei diesem Gespräch geht es um die wirtschaftliche Zusammenarbeit mit der Sowjetunion und um den deutschen Einigungsprozeß und die 2+4-Verhandlungen. Der ganze Vormittag ist amerikanischen Gesprächspartnern gewidmet. Das Interesse ist riesig, unsere Zeit für solche Gespräche zu knapp.

Um 13.00 Uhr tritt unter Vorsitz des BK zum ersten Mal die Wahlkampfkommission der CDU zur Vorbereitung der Bundestagswahl zusammen. Wie bei allen Bundestagswahlen leitet BK als Vorsitzender der CDU die Wahlkommission persönlich.

BK berichtet, daß die West-CDU am 1. Oktober dieses Jahres mit der Ost-CDU fusionieren werde. Er strebe anstelle der Bundestagswahlen gesamtdeutsche Wahlen an, weil es sich bereits abzeichne, daß die DDR-Regierung die bestehenden Probleme allein nicht lösen könne. Als nächste Schritte bezeichnet BK die Verabschiedung des Staatsvertrages, die Beitrittserklärung der DDR nach Art. 23 GG, die Neubildung der Länder in der DDR und danach Landtagswahlen sowie die gesamtdeutschen Wahlen am gleichen Tag. Er sei sich im klaren, daß ein solches Programm geradezu abenteuerlichen Charakter habe. Das sei auf der anderen Seite aber auch attraktiv. Aus seiner Sicht sollten die gesamtdeutschen Wahlen im Dezember stattfinden.

BK verweist auf die Landtagswahl in Niedersachsen. Dort sei die Mobilisierung der Partei nicht gelungen. Die CDU könne nur gewinnen, wenn alle bereit seien zu kämpfen. Die Wähler wollen wissen, daß sich die politisch Verantwortlichen noch mehr quälen, um ihre Gunst zu gewinnen. Die CDU habe eine große Chance, sich über ein Engagement in der DDR zu revitalisieren. Die CDU müsse einen scharfkantigen Wahlkampf führen. Die SPD werde eine Angstkampagne führen und vor den Problemen warnen, die aufgrund der Einigung auf uns zu kämen.

Während der Sitzung der Wahlkommission ruft Brent Scowcroft an. Er kommt auf mein gestriges Gespräch mit Bob Gates zurück. Er wolle mir sagen, daß aus ihrer Sicht ein Vorschlag an die Sowjetunion über die zukünftige Begrenzung der Bundeswehr verfrüht wäre. Das Angebot des BK an den Präsidenten sei »very thoughtful«, aber der Zeitpunkt dafür sei jetzt noch nicht gekommen.

Zehn Minuten später telefoniert BK mit Präsident Bush. Dieser berichtet, daß er dabei sei, sich auf den wichtigen Besuch Gorbatschows vorzubereiten. Aus diesem Grunde rufe er an, erklärt BK. Er wolle den Präsidenten jede nur mögliche Unterstützung zusagen. Er wisse schließlich, was der Präsident in diesen Wochen und Monaten für Deutschland getan habe.

Wichtig gegenüber Gorbatschow sei, daß er begreife, daß die USA und die Bundesrepublik Deutschland eng zusammenstünden, gleichgültig wie sich die Dinge entwickelten. BK fordert den Präsidenten auf, Gorbatschow erneut freundlich aber ebenso bestimmt zu sagen, daß Ausdruck der gemeinsamen Freundschaft die Mitgliedschaft eines künftigen wiedervereinigten Deutschlands in der NATO sei und zwar ohne jede Einschränkung. Dagegen wäre es wichtig, Gorbatschow wirtschaftliche Unterstützung zu geben. Seine Lage sei kritisch. Gorbatschow solle aber auch wissen, daß der Westen seine Schwäche nicht ausnutzen wolle.

Präsident Bush erwartet in seinen Gesprächen mit Gorbatschow keinen Durchbruch in der deutschen Frage. Er werde seine Position jedoch nicht ändern. Gorbatschow werde begreifen, daß die USA und die Bundesrepublik, gleichgültig was passiere, immer Seite an Seite stünden. Er werde ihm auch erläutern, daß die USA auf einer Ablösung der Rechte der Vier Mächte beim Vollzug der deutschen Einheit ohne jegliche Einschränkung der deutschen Souveränität bestünden.

Präsident Bush versichert, daß er alles tun wolle, daß es ein guter Gipfel auch für Gorbatschow werde. Was die wirtschaftliche Unterstützung betreffe, gebe es wegen Litauen große Schwierigkeiten. Er wolle jedoch Gorbatschow keine innenpolitischen Schwierigkeiten machen.

Im Bereich der Abrüstung wolle er weiterhin versuchen, Fortschritte auch beim Abbau der konventionellen Streitkräfte zu erzielen. Gorbatschow müsse jedoch wissen, daß es sich dabei um Bündnisfragen handele. Im Hinblick auf die Truppenstärken werde es keine wesentlichen Veränderungen geben. Bush bedankt sich für das großzügige Angebot des BK, schon jetzt eine Verringerung der Truppenstärke der Bundeswehr anzubieten. Auch er äußert die Auffassung, daß ein solches Angebot etwas verfrüht wäre. Scowcroft habe darüber bereits mit mir gesprochen.

BK erläutert Bush, ohne sich auf Genscher zu berufen, daß er Hinweise über solche Überlegungen in Washington erhalten habe und deshalb den Präsidenten entgegenkommen wollte, wenn das für ihn hilfreich wäre. Es gehe ihm darum, daß sie in allen diesen Fragen in enger Abstimmung handeln würden. Deshalb habe er mich beauftragt, mit Scowcroft zu sprechen. Bush bedankt sich ausdrücklich für die Unterstützung des BK.

Um 17.00 Uhr trifft BK mit führenden amerikanischen Persönlichkeiten aus den Bereichen Wirtschaftswissenschaft, Wirtschaft und Medien zusammen. BK spricht erneut von Präsident Bush als einen »Glücksfall« für die Deutschen im Rahmen des Einigungsprozesses. Die deutsch-amerikanischen Beziehungen seien für uns existenziell und die NATO-Mitgliedschaft eines geeinten Deutschland stehe nicht zur Disposition. Er warnt, den Fehler aus der Zeit der Weimarer Republik zu verhindern und Deutschland erneut zu singularisieren. Er stelle deshalb mit Genugtuung fest, daß auch unsere östlichen Nachbarn wie Polen, die ČSFR und Ungarn sich für die deutsche Mitgliedschaft im Bündnis und für die Einbettung der deutschen Einigung in den europäischen Einigungsprozeß ausgesprochen hätten.

Erneut wirbt BK für die Unterstützung Gorbatschows. Für ihn gelte der Satz: Etwas besseres komme selten nach.

Um 18.30 Uhr ruft mich die amerikanische Fernsehanstalt CBS aus Washington an. Die Washingtoner Presse sei voll von Berichten, daß Bush Gorbatschow einen Vorschlag unterbreiten werde, die Truppen der Alliierten und der Bundeswehr um die Hälfte zu reduzieren. Das Weiße Haus habe bereits öffentlich dementiert. Sie will jetzt von mir wissen, was an diesen Meldungen zuträfe. Auch ich dementiere.

Um 20.00 Uhr gibt BK für die führenden amerikanischen Persönlichkeiten ein Abendessen. Dabei wird das Projekt einer deutsch-amerikanischen Akademie der Wissenschaften besprochen.

Aus Ottawa erreicht uns heute die Nachricht, daß Gorbatschow bei seinem gestrigen Zwischenaufenthalt erklärt habe, daß er die Möglichkeiten einer Einigung über die Bündniszugehörigkeit eines vereinten Deutschlands optimistisch beurteile. Er sei sicher, daß eine Formel für die NATO-Mitgliedschaft gefunden werden könne.

Donnerstag, 31. Mai 1990

9.30 Uhr Gespräch mit dem Vorsitzenden der Conservative Party, Kenneth Baker: Er beglückwünscht mich zur Politik des BK. Seine Partei sei an einem Wahlerfolg der CDU sehr interessiert, weil das auch für Großbritannien und für seine Partei hilfreich wäre. Wir sprechen vor allem über die Frage der zukünftigen NATO-Mitgliedschaft eines geeinten Deutschland und wie die sowjetische Zustimmung gewonnen werden könne. Außerdem erläutere ich ausführlich das nachhaltige Interesse des BK, die europäische Integration zu beschleunigen und die Politische Union anzustreben. Ich gewinne den Eindruck, daß Baker in dieser Frage offener als PM Thatcher ist. Er lädt mich zur Fortsetzung der Gespräche nach London ein.

Um 10.30 Uhr treffe ich mit dem Vorsitzenden des Verteidigungspolitischen Arbeitskreises der CDU/CSU-Bundestagsfraktion, Bernd Wilz, zusammen. Wir besprechen die bevorstehende Moskau-Reise des Verteidigungsausschusses des Bundestages.

BK erläutert heute in einem Brief an MP de Maizière seine Auffassung zur weiteren Behandlung der Oder-Neiße-Grenze. Er bestätigt, daß es in der inhaltlichen Substanz keine Meinungsverschiedenheiten zwischen beiden Regierungen gebe. Sorge bereite ihm das weitere Vorgehen. Die Bundesregierung setze sich mit Nachdruck für gleichlautende Entschließungen beider deutscher Parlamente ein, die nach ihrer Annahme durch die beiden Regierungen der Regierung der Republik Polen förmlich notifiziert werden sollen. BK unterstreicht, daß damit die größtmögliche politische Bindungswirkung erzielt werde, die vor der Vereinigung der beiden deutschen Staaten erreicht werden könne. Dagegen sei ein von beiden Regierungen lediglich parafierter Grenzvertrag, wie es Polen vorgeschlagen habe, vom politischen Standpunkt aus ein Minus. Ein solcher Vertrag begründe auch keine völkerrechtliche Verpflichtung. Erst der zukünftige gesamtdeutsche Souverän werde die Fragen der Grenzen durch einen Vertrag mit Polen abschließend und in völkerrechtlich verbindlicher Form regeln können. BK bittet dringend um Verständigung über das weitere Vorgehen und um engen persönlichen Kontakt. Anlaß für diesen Brief war die Tatsache, daß der Vertreter des DDR-Außenministeriums entgegen der Absprache einen Entschließungsentwurf der DDR zusammen mit einem Vertragsentwurf in die trilateralen Gespräche mit Polen eingeführt hat.

11.30 Uhr: BK trifft mit dem Premierminister von Singapur, Lee Kuan Yew, zusammen. Sie sprechen eingangs über den deutschen Einigungsprozeß. Lee Kuan Yew spricht von einem großen Wunder, daß sich in Deutschland vollziehe und das er sehr bewundere. Das gelte vor allem für den neuen Geist, der jetzt spürbar sei. Deshalb sei die Welt über das neu entstehende Deutschland nicht besorgt und fühle sich beruhigt. Wenn es Sorge gebe, dann nur darüber, daß sich die deutschen Ressourcen zukünftig nur noch auf die DDR konzentrieren könnten und damit sich die Möglichkeiten verringerten, daß Deutschland sich im Fernen Osten engagiere. In Südostasien finde gegenwärtig eine starke Expansion Japans statt, die dazu führe, daß die Länder Südostasiens in zu starkem Maße an Japan gebunden würden, stärker als sie es wünschten.

Andere Themen sind die Entwicklung in der Sowjetunion, in der Volksrepublik China, in Korea, in Indien und in Indonesien. Das Gespräch ist sehr informativ und interessant, weil Lee einer der erfahrensten und klügsten Politiker in Südostasien ist.

Um 14.30 Uhr unterrichte ich die Mitglieder der CDU/CSU-Bundestagsfraktion im Bundestagsausschuß für die deutsche Einheit über Stand und Perspektiven der 2+4-Gespräche und über die zu erwartenden Auswirkungen auf die Bundeswehr.

In Washington beginnt heute der amerikanisch-sowjetische Gipfel. Bush und Gorbatschow sind zu einem ersten zweistündigen Gespräch zusammengetroffen. Beide Pressesprecher geben bekannt, daß dabei bereits über die deutsche Frage gesprochen sei. Der sowjetische Sprecher Maslenikow führt aus, daß Gorbatschow seiner Hoffnung Ausdruck gegeben habe, daß letztendlich ein Kompromiß gefunden werden könne, eine Lösung, die jedoch nicht jemanden auferlegt werde. Er unterstreicht die Bereitschaft der Sowjetunion, die deutsche Frage konstruktiv und kompromißbereit anzugehen, um ein vernünftiges Klima für die Diskussion der deutschen Frage zu schaffen.

Bei der zweiten Begegnung zwischen Bush und Gorbatschow ist offensichtlich des längeren über die deutsche Frage diskutiert worden. Erklärungen beider Präsidenten und die Ausführungen der beiden Pressesprecher vermitteln den Eindruck, daß von beiden Seiten neue Ideen, insbesondere zur Frage der Mitgliedschaft Deutschlands in der NATO vorgetragen worden sind, die zu einer Annäherung der beiden Standpunkte führen könnten. Erneut wurde das gemeinsame Bemühen, in dieser schwierigen Frage einen Kompromiß zu finden, hervorgehoben. Gorbatschow spricht davon, daß am Ende eine Lösung stehen müsse, die die Sicherheit der Sowjetunion und anderen Länder nicht verringere und zugleich die positiven Prozesse in Europa nicht negativ beeinflusse. Bush erklärt, daß sie nicht in der Lage seien, in Washington die deutsche Frage in ihrer Gesamtheit zu lösen. Ihn habe jedoch die Erklärung Gorbatschows, daß die Differenzen[217] verringert worden seien, ermutigt. Diese Nachrichten sind in der Tat ermutigend. Für uns ist klar, daß diesem Gipfel eine entscheidende Bedeutung für die Auflösung des Knotens einer deutschen Mitgliedschaft in der NATO kommen kann.

Freitag, 1. Juni 1990

Am späten Nachmittag treffen sich BK, Kopper von der Deutschen Bank und ich im Büro von Dr. Röller in der Dresdner Bank in Frankfurt. Kopper und Röller berichten, daß die Sowjetunion ihre Außenstände weiterhin nicht bediene. Sie sei dabei, Gold zu verkaufen. Berichte sprechen von einer Größenordnung von 4 Mrd. US Dollar.

Beide bestätigen, daß sie im Zusammenhang mit dem 5 Mrd. Kredit an die Sowjetunion in wenigen Stunden handlungsfähig seien. BK kündigt an, daß er der Sowjetunion einen frischen Kredit verbürgen werde.

In Washington setzen Bush und Gorbatschow ihre Gespräche fort. In einer Tischrede erklärt Gorbatschow, daß die Sowjetunion festen Kurs darauf genommen habe, »von Verständigung über Kooperation zum Zusammenwirken überzugehen«. Er äußert die Gewißheit, daß beide Weltmächte als Ergebnis des gegenwärtigen Gipfeltreffens zu »einen höheren Grad des Zusammenwirkens« kommen werden.

217 Handschriftlich gestrichen wurde »zu einem gewissen Grad«.

Bush äußert sich »ermutigt« über die Position Gorbatschows zur deutschen Frage. Baker und Schewardnadse sind beauftragt, vertiefte Diskussionen über die deutsche Frage zu führen.

Um 22.00 Uhr ruft Präsident Bush BK zu Hause in Ludwigshafen an. Er spricht von einer guten Atmosphäre der Gespräche mit Gorbatschow. In der Frage der Bündniszugehörigkeit eines geeinten Deutschland habe es jedoch keine Fortschritte gegeben.

20.00 Uhr: Abiturball in der Stadthalle Bonn/Oberkassel. Nach meinem Sohn Richard Alexander hat jetzt auch meine Tochter Anja Katharina die Schule beendet Tochter und Eltern sind an diesem Abend sehr glücklich, daß alles so gut und erfolgreich abgelaufen ist. Ich bin sehr stolz auf meine hübsche Tochter.

Samstag, 2. Juni 1990

US-Außenminister Baker gibt vor der Presse in Washington bekannt, daß es in der Frage der sicherheitspolitischen Ausrichtung eines geeinten Deutschlands keine Annäherung gegeben habe. Die Äußerungen der beiden Präsidenten über neue Ideen seien zum Teil mißinterpretiert worden. Er würde nicht von einem neuen Herangehen der Sowjetunion an diese Frage sprechen.

Baker und Schewardnadse werden ihre Diskussion über die Deutschlandfrage in der kommenden Woche beim KSZE-Treffen am 5. Juni in Kopenhagen[218] und im Rahmen der 2+4-Gespräche fortsetzen.

In seiner Pressekonferenz erklärt Baker, daß aus amerikanischer Sicht die demokratischen Werte so, wie die Schlußakte von Helsinki allein eine dauerhafte und zurechtfertigende Lösung »diktieren«. Deutschlands NATO-Mitgliedschaft sei deshalb eine Frage, die allein die Deutschen zu entscheiden hätten. Diese hätten klar gemacht, daß sie in der NATO bleiben wollen.

Die USA seien der Überzeugung, daß die volle Mitgliedschaft Deutschlands in der NATO die beste Garantie für Frieden und Stabilität für alle Europäer, einschließlich der Sowjetunion, sei.

Die Tatsache, daß auf dem amerikanisch-sowjetischen Gipfel 16 Abkommen unterzeichnet worden sind, beweist den Willen beider Seiten, die Zusammenarbeit zu intensivieren und auszuweiten. In diesem Sinne ist die Erklärung Gorbatschows bei Unterzeichnung der Abkommen wichtig, daß es zwar noch weiterhin Punkte gebe, wo beide Seiten nicht übereinstimmen würden und daß es nach wie vor unterschiedlicher Ansichten zu bestimmten Frage gebe. Aber der Bereich der Nichtübereinstimmung habe sich im Verlauf der Zusammenarbeit weiter verkleinert.

218 Die Mitgliedsstaaten der KSZE trafen sich in Kopenhagen vom 5. bis 29. Juni 1990 in Übereinstimmung mit den Bestimmungen der Konferenz über die menschliche Dimension der KSZE, die im abschliessenden Dokument des Wiener Folgetreffens der KSZE enthalten sind. Die Teilnehmerstaaten begrüßten »mit großer Genugtuung die grundlegenden politischen Veränderungen in Europa, die seit dem ersten Treffen der Konferenz über die menschliche Dimension der KSZE 1989 in Paris stattgefunden haben. Sie stellen fest, dass der KSZE-Prozess wesentlich zum Zustandekommen dieser Veränderungen beigetragen hat und diese Entwicklungen ihrerseits die Durchführung der Bestimmungen der Schlussakte und der anderen KSZE-Dokumente in starkem Maße gefördert haben«, https://www.bundesregierung.de/breg-de/service/bulletin/konferenz-ueber-die-menschliche-dimension-der-ksze-dokument-des-kopenhagener-treffens-vom-29-juni-1990-teil-eins-von-zwei--788468 (Abruf 31.1.2024).

Sonntag, 3. Juni 1990 (Pfingstsonntag)

Die heutige Abschlußpressekonferenz von Bush und Gorbatschow in Washington beweist, daß der Gipfel einer der erfolgreichsten Begegnungen zwischen den Führungen beider Weltmächte war. Nicht nur die Zahl der Vereinbarungen, sondern auch die Absichtserklärungen unterstreichen den Willen beider Seiten, die Zusammenarbeit weiter zu intensivieren. Der Gipfel ist ein Erfolg für beide Seiten. Bush hat Wort gehalten und Gorbatschow als gleichberechtigten Partner behandelt und herausgestellt. Damit hat der Gipfel die Position Gorbatschows auch zu Hause gestärkt.

In seiner Eingangserklärung bestätigt Bush die generelle Einschätzung, daß die Chancen, zu gemeinsamen Lösungen zu kommen, noch nie so groß wie heute gewesen seien. Es bleibe die Absicht der USA, keine Gelegenheit auszulassen, die vor ihnen liegenden Aufgaben gemeinsam zu lösen und Brücken zu schlagen. Jetzt sei die beste Gelegenheit in der Nachkriegszeit, das vereinte Europa zu schaffen. So seien sich beide Seiten auch einig, Gipfeltreffen auf regelmäßiger Basis durchzuführen und möglichst einmal im Jahr zusammenzutreffen. Eine solche Bestätigung der Gipfeltreffen wäre vor allem für uns Europäer von großer Bedeutung. Je besser die Beziehungen zwischen beiden Weltmächte - das haben gerade die vergangenen Jahre bewiesen – desto größer sind die Möglichkeiten für die Europäer, die Beziehungen zur Sowjetunion und untereinander zu entwickeln und zu verbessern.

Bush nennt zwei Bereiche, in denen Unterschiede fortbestünden: Die baltischen Republiken und die deutsche Frage. Bush bekräftigt seine Position, daß Deutschland volles Mitglied der NATO bleiben müsse. Er wisse, daß Gorbatschow diese Auffassung nicht teile. Beide seien jedoch in voller Übereinstimmung, daß dies eine Angelegenheit sei, die die Deutschen in Übereinstimmung mit der Schlußakte von Helsinki selbst entscheiden müssen.

Die Aussage ist sensationell, vor allem weil sie in Anwesenheit von Gorbatschow erfolgt und dieser ihr in seiner Entgegnung nicht widerspricht. Wenn es dabei bleibt, wäre ein großer Fortschritt in einer zentralen Frage des deutschen Einigungsprozesses erreicht. Gorbatschow bezeichnet den Gipfel als ein Ereignis von enormer Bedeutung nicht nur für die bilateralen sondern für die internationalen Beziehungen insgesamt. Er spricht von einem qualitativ neuen Verhältnis und einer neuen Phase der Zusammenarbeit, was die gesamte internationale Lage stabilisieren werde. Auch die Sowjetunion sei entschlossen, die Wiener VKSE-Verhandlungen noch in diesem Jahr erfolgreich zu Ende zu bringen und den Vertrag beim KSZE-Gipfel zu unterzeichnen.

Zur deutschen Frage erklärt Gorbatschow, daß die äußeren Aspekte der deutschen Einheit in Washington nicht gelöst werden konnten. Dies sei aber auch nicht zu erwarten gewesen. Er betont jedoch ausdrücklich, daß die beiderseitigen Bemühungen nicht vergebens gewesen seien. Es habe einen Meinungsaustausch gegeben, in dem neue Argumente vorgebracht worden seien, die möglicherweise zu neuen Perspektiven führen werden. Er hoffe auf eine gegenseitig akzeptable Lösung. Aus sowjetischer Sicht müsse sie in den positiven Trend der Veränderungen in Europa eingepaßt werden und die Sicherheit aller Betroffenen stärken. Abschließend würdigt Gorbatschow Bush als einen Politiker, der im besonderen Maße zu Dialog und Zusammenarbeit fähig sei. Gorbatschow spricht von einem guten menschlichen Verhältnis und lädt Bush zu einem Gegenbesuch in die Sowjetunion ein.

Im Frage- und Antwortteil der Pressekonferenz erklärt Gorbatschow, daß die Sowjetunion bei der Herstellung der deutschen Einheit keinen Sand ins Getriebe werfen wolle. Er bekräftigt die sowjetische Position, daß die Lösung der deutschen Frage in einem völkerrechtlichen Rahmen zum Abschluß gebracht werden müsse.

Erfreulich ist die Aussage von Gorbatschow, daß die internen Prozesse und die äußeren Aspekte der deutschen Einheit synchronisiert werden sollen. Damit beendet er die Überlegungen Schewardnadses beim ersten 2+4-Ministertreffen in Bonn, möglicherweise die inneren und äußeren Aspekte der deutschen Einheit voneinander abzukoppeln. Damit ist BK mit seiner Ablehnung einmal mehr richtig gelegen.

Wie erfolgreich der Gipfel insgesamt verlaufen ist und wie groß das Bemühen beider Seiten um Harmonie war, zeigt die Abschiedszeremonie. Ein heiterer, gelassen und zufrieden wirkender Gorbatschow verabschiedet sich von einem selbstbewußten und entspannten Gastgeber Bush. Die totale Medienpräsenz hat Gorbatschow die Chance gegeben, sich als gleichberechtigte Weltmacht ins Bild zu setzen. Bush und Baker haben Gorbatschow die Möglichkeit eingeräumt, zu Hause Erfolge vorzeigen zu können.

Zwar ist in der deutschen Einigung und insbesondere in der Frage der Bündniszugehörigkeit kein Durchbruch erreicht worden. Dennoch sind Fortschritte sichtbar geworden. Das gilt auch für die Tatsache, daß insbesondere im Bereich der Abrüstungs- und Rüstungskontrolle wichtige Ergebnisse erreicht werden konnten und positive Perspektiven und Absichtserklärungen verabredet worden sind. So sollen die Wiener VKSE-Verhandlungen beschleunigt werden, ohne deren Abschluß es keinen KSZE-Gipfel geben werde.

Aus einem Interview von Baker wird bekannt, daß die amerikanische Seite erneut neun Punkte zur Regelung der äußeren Aspekte der deutschen Frage vorgetragen habe, um der sowjetischen Seite einen Katalog von Versicherungen zu geben. Damit versuchen unsere amerikanischen Freunde erneut, den sowjetischen Interessen entgegen zu kommen und ihnen die Akzeptanz einer deutschen NATO-Mitgliedschaft zu erleichtern.

Genschers Aussage in seinen heutigen Interviews im ZDF, WDR und ARD ist zuzustimmen, daß mit diesem Gipfel die Chancen für die europäische und deutsche Vereinigung größer sind, als sie es vorher waren. Seine Schlußfolgerung, daß wir Deutsche jetzt gerade nach dem Gipfel diejenigen sein müssen, die die neuen Chancen beherzt nutzen, entspricht auch der Auffassung von BK. Genscher: »Die Geschichte wiederholt ihre Angebote nicht!« Das ist der Mantel der Geschichte, von dem BK immer spricht.

In einer öffentlichen Erklärung, die ich telefonisch mit BK heute abgestimmt habe, weist auch er darauf hin, daß der Gipfel die internationalen Rahmenbedingungen für den deutschen Einigungsprozeß weiter verbessert habe. Die Lösung der äußeren Aspekte der deutschen Einheit erfordere neue und weitreichende Fortschritte im KSZE-Prozeß, in den Abrüstungsverhandlungen und bei der umfassenden Zusammenarbeit zwischen Ost und West, insbesondere im wirtschaftlichen Bereich. In allen diesen drei Bereichen seien deutliche Fortschritte in Washington erreicht worden. Der kontinuierliche Dialog und die Zusammenarbeit beider Weltmächte bleibe für die positive Entwicklung der West-Ost-Beziehungen unverzichtbar. Das jährliche Zusammentreffen, das jetzt vereinbart worden sein, gebe den West-Ost-Beziehungen neue Stabilität und Perspektiven.

BK gibt seiner Zuversicht Ausdruck, daß die inneren und äußeren Aspekte der deutschen Einigung nach den Ergebnissen des Gipfels zeitgerecht gelöst werden können. Das gelte auch für die Bündniszugehörigkeit eines geeinten Deutschlands. BK bekräftigt die Feststellung beider Präsidenten, daß es gemäß der KSZE-Schlußakte und der UNO-Charta Sache der Deutschen sei, darüber zu befinden.

Um 22.00 Uhr ruft Bush nach Beendigung seiner Gespräche mit Gorbatschow in

Camp David erneut in Ludwigshafen an und unterrichtet BK über die Gespräche mit Gorbatschow. Baker telefoniert mit Genscher. Aus meiner Sicht hat es noch nie so enge und intensive Unterrichtungen und Konsultationen zwischen dem Weißen Haus und dem Bundeskanzleramt bzw. zwischen den Außenministerien gegeben. Der Schulterschluß ist eindrucksvoll und außerordentlich erfreulich.

Um 22.30 Uhr ruft BK mich zu Hause an. Er berichtet mir über sein Telefonat mit Bush. Dieser habe von einem sehr guten Gesprächsklima mit Gorbatschow in Camp David gesprochen. Das persönliche Verhältnis habe sich sehr positiv entwickelt. Lösungen hätten sie in der deutschen Frage noch nicht erreicht, aber Bush halte sie jetzt für möglich.

Pfingstmontag, 4. Juni 1990

Heute geht ein Fernschreiben von Bush an BK ein. Bush unterrichtet BK über seine mehr als dreieinhalbstündigen Gespräche mit Gorbatschow zur deutschen Frage. Gorbatschow mühe sich mit dieser Frage immer noch ab und versuche, Verständnis dafür zu gewinnen, wie sich die sowjetische Lage in Europa nach der Vereinigung verändere. Es habe insofern einen Schritt nach vorne gegeben, als Gorbatschow keine Einwände gegen seine Erklärung auf der gemeinsamen Pressekonferenz am Sonntag erhoben habe, als er erläutert habe, daß Gorbatschow und er sich zwar nicht darüber einig seien, daß das vereinte Deutschland volles Mitglied der NATO sein solle, aber das sie darin übereinstimmen, daß die Frage der Bündniszugehörigkeit in Übereinstimmung mit der Schlußakte von Helsinki von den Deutschen entschieden werden müsse. In dem Maße, wie sie den sowjetischen Sicherheitsinteressen außerhalb der 2+4-Gespräche Rechnung tragen können – in den bilateralen Beziehungen, in Wien und auf dem NATO-Gipfeltreffen – werden die Chancen steigen, Gorbatschow dazu zu bewegen, ein vereinigtes Deutschland als volles Mitglied der NATO zu akzeptieren. Gorbatschow müsse wissen, schreibt Bush, daß die volle NATO-Mitgliedschaft nicht zur Disposition stehe, ihm aber in anderer Weise geholfen werden könne. Dabei werde der NATO-Gipfel von entscheidender Bedeutung sein. Es müsse den Sowjets und den Ost-Europäern wie auch der eigenen Öffentlichkeit in diesem Zusammenhang aufgezeigt werden, daß das Bündnis in einem neuen Europa ein verändertes Gesicht haben werde. Bush bestätigt, daß er in dieser Frage mit BK dicht beieinander liegende Auffassungen habe und sie im Vorfeld des Sondergipfels der NATO zusammenarbeiten müßten.

Bush bestätigt, daß im Bereich der Rüstungskontrolle gute Fortschritte erzielt worden seien. Besonders wichtig sei die gemeinsame amerikanisch-sowjetische Erklärung zu den VKSE-Verhandlungen. Darin hätten sie ihr Einvernehmen bekräftigt, daß ein VKSE-Vertrag die unerläßliche Grundlage für die künftige europäische Sicherheit darstelle. Sie hätten sich dazu verpflichtet, das Tempo der Wiener Verhandlungen zu beschleunigen und sich über die ungelösten Fragen rasch zu einigen. Einen wichtigen Durchbruch stelle auch das bilaterale Abkommen über chemische Waffen dar und die gemeinsame Erklärung zu den Reduzierungen strategischer Waffen.

Bush bestätigt, daß eine Reihe der unterzeichneten Abkommen für die bilateralen amerikanisch-sowjetischen Beziehungen von beträchtlicher Bedeutung seien. Dazu zähle vor allem das Handelsabkommen, das Gorbatschow auch zu Hause von Nutzen sein werde.

Gorbatschow habe auch die Frage umfangreicher westlicher Wirtschaftshilfe für die Sowjetunion angesprochen und den Wunsch geäußert, daß sich die Vereinigten Staaten an diesen Maßnahmen beteiligten. Bush bestätigt, daß er Gorbatschow gegenüber geäußert habe, daß er ihm helfen wolle und auf einen Erfolg seiner Reformen hoffe. Voraussetzung sei, daß in der Sowjetunion ein wirksames wirtschaftliches Reformprogramm durchgeführt werde. Bedeutende Fortschritte bei der Lösung der deutschen Frage aber auch in Litauen und bei der Regelung regionaler Konflikte könnten hilfreich sein. Bush kündigt an, daß über diese Fragen auf dem Weltwirtschaftsgipfel in Houston[219] gesprochen werden solle.

Bush übermittelt BK seinen Eindruck, daß er der Auffassung sei, daß das Gipfeltreffen dazu beitragen konnte, Gorbatschow einige Zusicherungen zu geben, daß die sowjetische Sicherheit nicht bedroht sei. Dabei werde auch die Vereinbarung über jährliche Gipfeltreffen das Gespür für die Kalkulierbarkeit der sowjetisch-amerikanischen Beziehungen stärken.

Um 20.15 Uhr ruft mich Brent Scowcroft an. Der Gipfel mit Gorbatschow sei gut verlaufen. Der Präsident sei sehr angetan. Er sei sich sicher, daß am Ende Lösungen zu erreichen sein werden. Gorbatschow gehe es darum, daß die Ergebnisse »seinen Stolz nicht verletzen« dürften.

Erst gegen Ende der Gespräche habe Gorbatschow die Frage wirtschaftlicher Hilfe durch die USA angesprochen. Sie wollten hilfreich sein, aber der Präsident habe auf die bestehenden Probleme verwiesen, die erst gelöst sein müßten, bevor er helfen könne.

Der Präsident habe zur Frage der deutschen NATO-Mitgliedschaft keine neuen Vorschläge vorgelegt, um jetzt schon einen Durchbruch zu erreichen. Dafür sei es aus ihrer Sicht noch zu früh.

Scowcroft gibt mir den Termin für das Treffen des Präsidenten mit BK durch. Wenn BK am Freitag nach Washington komme, werde ihn der Präsident um 19.00 Uhr zu einem Dinner im kleinsten Kreis einladen. Anschließend sollen beide Fragen der Presse beantworten.

Dienstag, 5. Juni 1990

9.00 Uhr BK-Lage: Die Nachlese zum Bush-Gorbatschow-Gipfel fällt sehr positiv aus. BK ist zuversichtlich, daß die Ergebnisse die 2+4-Verhandlungen günstig beeinflussen werde.

Wir besprechen seine Regierungserklärung am 21. Juni zum Staatsvertrag und über die Polen-Entschließung des Bundestages vor. BK wünscht eine Ergänzung des vorliegenden Entwurfs der Entschließung. So sollen einerseits das an Polen geschehene nationalsozialistische Unrecht als auch die Vertreibungsverbrechen angesprochen werden. Dregger, Waigel und Genscher sollen darüber unterrichtet werden.

Anschließend telefoniert BK mit MP de Maizière. Er kündigt die Übermittlung der Polen-Entschließung an und versucht ihn noch einmal darauf festzulegen, daß es beim vereinten Prozedere bleiben müsse. Es solle keinen Vertragsentwurf geben.

Am Nachmittag führe ich erneut ein Abstimmungsgespräch mit Generalmajor Naumann. Das BMVg erarbeitet Kriterien zur Festlegung von Bundeswehr-Obergrenzen. Die Zahl werde zwischen 380.000 bis 420.000 liegen.

Naumann bestätigt, daß auch das BMVg bei den Gesprächen in Washington keinerlei Hinweise erhalten habe, daß die amerikanische Administration ein Angebot über die Begrenzung alliierter Streitkräfte und der Bundeswehr an die Sowjetunion unterbreiten wolle, von dem Genscher gesprochen habe.

219 Siehe Anmerkung 151, S. 276.

Wir sind uns einig, daß die Reduzierung der Wehrpflicht auf 12 Monate unausweichlich sei. Entscheidend bleibe der Zeitpunkt der Ankündigung. Wir stimmen überein, daß eine öffentliche Mitteilung darüber am besten unmittelbar nach dem NATO-Sondergipfel erfolgen sollte, wenn die Bundesregierung nicht wieder den Ereignissen hinterher laufen wolle. Außerdem könnte eine solche Entscheidung dann als nationale Schlußfolgerung aus dem NATO-Gipfel begründet werden.

Beide halten wir die Vorbereitung des NATO-Sondergipfels besonders dringlich. Im Augenblick ist noch nicht zu erkennen, wer in der Bundesregierung dafür die Federführung übernimmt. Ich sage zu, mit Dr. Wörner persönlich Kontakt aufzunehmen.

BK reist heute zu einem dreitägigen Besuch in die USA.[220] Anlaß ist die Verleihung der Ehrendoktorwürde der Harvard-University. Er nimmt diese Reise zum Anlaß, heute vor dem American Council on Germany in New York eine Rede zum Thema »Ein geeintes Deutschland in einem geeinten Europa« zu halten. BK faßt noch einmal die Positionen der Bundesregierung in bezug auf die 2+4-Gespräche und auf den zukünftigen außenpolitischen Standort des geeinten Deutschlands zusammen. Außerdem spricht er über die Zukunft der deutsch- bzw. europäisch-amerikanischen Beziehungen. Zu Beginn und am Ende seiner Ansprache erhält BK eine »Standing Ovation«.

In Kopenhagen wird heute die 2. Menschenrechtskonferenz der KSZE eröffnet. Es ist erneut eine Gelegenheit für die Außenminister, multilateral als auch bilateral über die deutsche Frage und die Lösung der bestehenden Probleme zu sprechen.

220 Der Aufenthalt Kohls in den USA fand vom 5. bis 8. Juni 1990 statt. Beim Besuch in Washington am 8. Juni und im Gespräch mit US-Präsident George H. W. Bush erläuterte Bundeskanzler Kohl seine Überlegungen, wie er Gorbatschow von der NATO-Mitgliedschaft des vereinten Deutschlands überzeugen wolle. Im »Oval Office« des Weißen Hauses ging es im Austausch um Vorbereitung des NATO-Gipfels in London und wirtschaftliche Zusammenarbeit mit der Sowjetunion. Kohl vertrat die Auffassung, dass dieser Gipfel ein klares Signal an Moskau senden müsse, um die Kreml-Führung von einer NATO-Mitgliedschaft des vereinten Deutschlands zu überzeugen. Zwar hatte Gorbatschow am 31. Mai 1990 bei seinem USA-Besuch zugestimmt, dass Deutschland frei über seine Bündniszugehörigkeit bestimmen könne, aber in der Sowjetunion die NATO-Mitgliedschaft eines vereinten Deutschlands umstritten sei. Die sowjetische Seite strebe eine Neuausrichtung der NATO und des Warschauer Vertrages an. Sie wünsche die politische Entwicklung in Europa mitzubestimmen und eine Isolation ihres Landes zu verhindern. Der Bundeskanzler schlug vor, dass der NATO-Gipfel eine Botschaft verabschieden solle, in der ihr Veränderungswille glaubhaft betont werde, worauf der US-Präsident zustimmte. Für den Bundeskanzler war auch ein Nichtangriffspakt zwischen der NATO und dem Warschauer Pakt denkbar, womit Bush nicht einverstanden war, da er dem Warschauer Pakt keine Legitimation für sein weiteres Bestehen geben, sondern lieber mit den mittel- und osteuropäischen Staaten einzeln verhandeln wolle. Kohl versuchte Bush auch für eine wirtschaftliche Unterstützung von Gorbatschows Perestroika gewinnen. Der sowjetische Präsident erhoffe sich eine westliche Hilfe von 20 bis 25 Milliarden D-Mark. Dabei handele es sich um Kredite, für die die westlichen Länder Bürgschaften übernehmen sollten. Doch Kohl musste erkennen, dass die Bereitschaft von Bush, Gelder für die Sowjetunion bereitzustellen, nur gering war. Zurückgekehrt nach Bonn, empfing Kohl einen Brief des US-Präsidenten, in dem er schrieb, er habe sich Kohls Ratschläge sehr zu Herzen genommen. Die Gewissheit über ihre gemeinsamen Ansichten gebe ihm in »dieser Zeit der schnellen Veränderungen« immense Sicherheit, https://www.bundesregierung.de/breg-de/themen/deutsche-einheit/bundeskanzler-in-den-usa-432076 (Abruf 31.1.2024); Nachbetrachtungen, S. 604, 766, 783, 838.

Mittwoch, 6. Juni 1990

Während BK in den USA weilt, bereite ich mit meiner Abteilung folgende Themen vor: (1) Inhaltliche Ausgestaltung des von BK vorgeschlagenen umfassenden deutsch-sowjetischen Vertrages; (2) Umschuldungsverhandlungen für Polen im Pariser Club[221]; (3) Vorbereitung des NATO-Sondergipfels; (4) Vorbereitung des EG-Gipfels in Bezug auf die Politische Union; (5) Vorbereitung des Weltwirtschaftsgipfels.

Alle fünf Ereignisse werden unsere Arbeit bis zur Sommerpause bestimmen. Wie immer bereiten wir uns deshalb inhaltlich auf diese Ereignisse unabhängig von den zuständigen Ressorts vor. Die Zuarbeiten der Ministerien werden dann mit unseren Überlegungen zu einer gemeinsamen Vorlage an den BK verarbeitet.

In der Sendung »Frühkurier« des NDR berichtet Genscher über seine gestrigen Gespräche in Kopenhagen mit Baker und Schewardnadse. Danach zeichnen sich Lösungen für die äußeren Aspekte der deutschen Vereinigung ab. Genscher nennt dafür die Institutionalisierung des KSZE-Prozesses, die konventionelle Abrüstung, die im weiteren Verlauf nicht nur die Streitkräfte der USA und der Sowjetunion sondern auch anderer Staaten darunter auch die Bundeswehr einbeziehen soll. Hinzu komme das zukünftige Verhältnis der NATO und des Warschauer Paktes, die ihr Verhältnis zueinander »entfeinden und den Antagonismus abbauen« sollen. Das solle durch eine gemeinsame Erklärung geschehen. Als letzten Punkt nennt Genscher die Regelung der Grenzfrage. In diesem Rahmen werde dann auch die Lösung der äußeren Aspekte der deutschen Vereinigung möglich sein.

Damit hat Genscher die Begrenzung der Bundeswehr öffentlich in die Debatte eingeführt. Neu ist auch die Absicht einer gemeinsamen Erklärung zwischen NATO und Warschauer Pakt. Sie entspricht der Idee des BK eines Nichtangriffspaktes zwischen den Mitgliedstaaten der NATO und des WP. Das können weitere Schritte sein, die es der Sowjetunion erleichtern, die NATO-Mitgliedschaft eines geeinten Deutschlands zu akzeptieren.

In Moskau findet zur gleichen Zeit eine Sitzung des Politischen Beratenden Ausschusses des Warschauer Paktes statt. Das Kommuniqué, das heute veröffentlicht wird, ist in bemerkenswerter Weise vom Bemühen um Dialog und Zusammenarbeit mit dem Westen geprägt. Es enthält gleichzeitig die Einsicht, daß es unvermeidbar sei, daß sich der Warschauer Pakt grundlegend ändere. De Maizière spricht von einer »Beerdigung erster Klasse«. Sie ist zwar in Moskau noch nicht vollzogen worden, aber mittelfristig wahrscheinlich. Ungarn und Polen sind grundsätzlich entschlossen, den Warschauer Pakt zu verlassen. Mit Rücksicht auf Gorbatschow scheinen sie diesen Schritt aufgeschoben zu haben. Laut Äußerungen von Minister Eppelmann gegenüber den Medien bestand stillschweigendes Einvernehmen in Moskau, daß mit Herstellung der deutschen Einheit die DDR den Warschauer Pakt verlasse. Auch der polnische Außenminister hat dem Warschauer Pakt keine Zukunft mehr zugebilligt.

Es ist eine Kommission von Regierungsbeauftragten eingesetzt, die bis Ende Oktober konkrete Vorschläge für die Umwandlung des Warschauer Paktes unterbreiten sollen. Ziel ist eine Umwandlung in vertragssouveräner, gleichberechtigter Staaten auf demokratischen Prinzipien. Gleichzeitig erklären die Teilnehmer ihre Bereitschaft zur konstruktiven Zusammenarbeit mit der NATO, der positive, konkrete Schritte zur Veränderung bescheinigt werden.

221 Siehe Anmerkung 35, S. 119–120.

Damit bewegen sich beide Seiten weiter aufeinander zu. Der Zug in Richtung Auflösung der Probleme im Rahmen der 2+4-Gespräche und damit in Richtung auf deutsche Einheit ist in voller Fahrt.

Das beweist auch die Erklärung des amerikanischen Außenministers Baker nach seinem gestrigen Gespräch mit Schewardnadse in Kopenhagen, daß der Bereich des gegenseitigen Verständnisses in diesen komplexen Fragen der militärischen Zukunft Gesamtdeutschlands sich zu erweitern scheint. Auf die Frage, ob Fortschritte erzielt wurden, antwortet Baker: »Ich glaube ja«.

Donnerstag, 7. Juni 1990

BK erhält heute bei den Commencement-Feierlichkeiten der Harvard University den Ehrendoktor der Rechte verliehen. Bei einem Empfang sagt Harvard-Präsident Bok, BK gehöre zu »der Handvoll Menschen«, die in dieser Welt »die Geschichte gestalten«. In seiner Dankesrede[222] erinnert BK an die Ausführungen von George Marshall vor 43 Jahren, mit denen er das Wiederaufbauprogramm für Europa einleitete.[223] Deshalb sei die heutige Feier für ihn eine besonders gute Gelegenheit, dem amerikanischen Volk Dank zu sagen, für alles, was es zum Wohle Deutschlands und Europas in den vergangenen Jahren und Jahrzehnten getan habe. BK wird auch heute vor Beginn und am Ende seiner Rede mit Standing Ovations gefeiert.

Heute trifft erneut ein Brief von Präsident Bush an BK ein. Er bedankt sich für das letzte Gespräch mit BK im Weißen Haus. Er habe sich seine Ratschläge während der Beratungen mit Gorbatschow sehr zu Herzen genommen. Die beiderseitige Übereinstimmung in den

222 Helmut Kohl bekräftigte, dass die Grenze zwischen Deutschland und Polen unverletzlich bleiben werde, obwohl er sich noch Anfang 1990 geweigert hatte, eine Grenzveränderung kategorisch auszuschließen. In Anlehnung an den Marshall-Plan forderte er die USA auf, sich am Wiederaufbau Osteuropas zu beteiligen, wenn auch Westeuropa den größten Teil übernehmen werde. Er befürwortete die föderalen »Vereinigten Staaten von Europa«, was Margaret Thatcher aber ablehne. Mittel- und osteuropäische Länder, aber auch Österreich, Schweden, Norwegen und Finnland könnten beitreten, er halte aber eine Mitgliederzahl von über zwanzig kaum für vorstellbar. Seiner Meinung nach werde Moskau der NATO-Mitgliedschaft Deutschlands zustimmen, vor allem da die Bundesrepublik die ostdeutschen Wirtschaftsverpflichtungen gegenüber Moskau im angemessenen Umfang übernehme. Kohl, at Harvard, reaffirms border, by Craig R. Whitney, in: *New York Times*, 8. Juni 1990, https://www.nytimes.com/1990/06/08/world/kohl-at-harvard-reaffirms-border.html (Abruf 31.1.2024); Anmerkung 234, S. 422.

223 Nach den Zerstörungen und Versorgungskrisen in Europa infolge des Zweiten Weltkriegs schlug US-Außenminister George C. Marshall am 5. Juni 1947 in einer Rede an der Harvard University/Massachusetts ein Wiederaufbauprogramm für Europa vor, was im Zeichen des Ost-West-Konflikts und der Containment-Politik der USA zu sehen ist. Ein wiedererstarktes Europa würde ebenfalls ein wichtiger Exportmarkt für die USA sein. Westeuropa erhielt eine Wirtschaftsförderung in der Höhe von rund 133,95 Milliarden US-Dollar nach heutigem Kurs. Die Sowjetunion lehnte eine Teilnahme ab und verbot sie auch den mittel- und osteuropäischen Staaten. Im Rahmen des Marshallplans wurde die OEEC am 16. April 1948 gegründet, die die wirtschaftliche Zusammenarbeit der westeuropäischen Staaten koordinieren sollte. Die Hilfen des Marshallplans bestanden aus Lieferungen von Rohstoffen, Lebensmitteln und vor allem der Bereitstellung von Krediten an 16 beteiligte Länder. Begleitet wurde der Plan von umfangreichen PR-Maßnahmen und Kulturprogrammen (Amerika-Häuser etc.). George C. Marshall wurde 1953 mit dem Friedensnobelpreis ausgezeichnet. Der Marshallplan half entscheidend mit bei der Erholung Westeuropas mit dem nachfolgenden langdauernden Wirtschaftsboom, trug aber auch zur Blockbildung im Zuge des Kalten Krieges bei und festigte die Stellung der USA in der Welt.

bevorstehenden historischen Sachverhalten gebe »immense Sicherheit«. Morgen wird BK erneut mit Bush im Weißen Haus zusammentreffen. Intensiver können die beiderseitigen Beziehungen im Augenblick nicht sein.

Heute beginnt in Turnberry die Sitzung des Nordatlantikrates.[224] Der erste Beratungstag der Außenminister konzentriert sich auf die Schwerpunkte West-Ost-Beziehungen und ihre Perspektiven, deutsche Einigung sowie Abrüstung und KSZE-Prozeß. Genscher teilt mit, daß die Bundesregierung für eine schnelle staatliche Einigung noch in diesem Jahr eintrete. Die derzeitige Planung sei, daß am 2. Dezember gesamtdeutsche Wahlen durchgeführt werden sollen. Gleichzeitig gibt er bekannt, daß Schewardnadse ihn nach Brest eingeladen habe. Dort sei in den ersten Kriegstagen dessen Bruder gefallen. Sie wollen gemeinsam das Grab besuchen. Das sei ein einmaliger Vorgang, der große psychologische Bedeutung habe.

Baker bezeichnet es als die Aufgabe dieses Nordatlantikrates, den Grundstein für einen erfolgreichen Gipfel der NATO zu legen und den laufenden Prozeß der Überprüfung und Erneuerung im Bündnis zu beschleunigen. Er berichtet über die Zusammenkunft des Präsidenten mit Gorbatschow. Das persönliche Verhältnis zwischen beiden habe sich positiv entwickelt. Die amerikanische Seite habe neue Zusicherungen gegeben, die viele Bedenken der Sowjets berücksichtigen würden. Nach Baker hätten diese neun Punkte zu Gorbatschows Beruhigung beigetragen. Sein Hauptanliegen bleibe jedoch die gesamtdeutsche Mitgliedschaft in der NATO. Baker erläutert die amerikanischen Vorstellungen über die Zukunft der Atlantischen Allianz.

Freitag, 8. Juni 1990

Mittags findet im DDR-Ministerratsgebäude ein zweistündiges Gespräch zwischen MP de Maizière, Seiters und Schäuble statt, an dem auch Dr. Steinbach, außenpolitischer Berater von de Maizière, und ich teilnehmen. De Maizière berichtet über die Tagung des Politischen Beratenden Ausschusses des Warschauer Paktes in Moskau.[225] Der Warschauer Pakt befinde sich im Prinzip in Auflösung. Die ČSFR habe sich am deutlichsten gegen ihn ausgesprochen. Es solle zukünftig kein gemeinsames Oberkommando mehr geben und jede nationale Souveränitätsbeschränkung aufgehoben werden. Zukünftig solle es nur noch ein politisches Bündnis geben. Ungarn würde am liebsten ganz aus dem Warschauer Pakt austreten, bleibe aber vorläufig wegen der Wiener Verhandlungen noch Mitglied. MP

224 Die Sitzung des Nordatlantikrates fand am 7./8. Juni 1990 in Turnberry statt. Nach den politischen Veränderungen in Europa im Herbst 1989 verfasste der Nordatlantikrat als politisches Entscheidungsorgan am 8. Juni 1990 die Nachricht von Turnberry (Message from Turnberry), in der alle europäischen Länder einschließlich der Sowjetunion aufgefordert werden, am Aufbau einer neuen Friedensordnung in Europa mitzuarbeiten, die auf Freiheit, Gerechtigkeit und Demokratie basiert. Unterstützer dieser Botschaft waren u. a. die Außenminister Hans-Dietrich Genscher und James Baker.

225 Die Tagung des Politischen Beratenden Ausschusses (PBA) des Warschauer Pakts fand am 7. Juni 1990 in Moskau statt. Das Anliegen bestand in der Einleitung einer Veränderung der Warschauer Vertragsorganisation (WVO) von einer militärischen in eine politische Organisation. Der Beschluss wurde gefasst, Charakter, Funktion und Tätigkeit der WVO grundlegend zu überprüfen sowie festgehalten, dass auf dem Weg zu einer europäischen Sicherheitsgemeinschaft eine veränderte WVO mit der NATO dazu beitragen könnten, einen geordneten Übergang von der Ost-West-Konfrontation zu einer europäischen Friedensordnung zu vollziehen und zu sichern. Es war die letzte Tagung des PBA der Teilnehmerstaaten des Warschauer Paktes.

Antall habe unmißverständlich erklärt, daß der Weg Ungarns in Westeuropa liege. Er werde deshalb bis Ende 1991 aus dem Warschauer Pakt austreten. Der Punkt sei jetzt erreicht, daß alles im Warschauer Pakt in Frage gestellt sei. Er schließe nicht aus, daß er bis Ende 1991 aufgelöst werde.

Gemeinsame Position aller Teilnehmer sei gewesen, eine überwölbende Sicherheitsstruktur in Europa zu erarbeiten. KSZE solle als Sicherheitsnetz dienen, weil eine Mitgliedschaft in der NATO nicht tragbar sei.

Gorbatschow habe davon gesprochen, daß der Warschauer Pakt in Erinnerung an frühere Tage Hautallergien auslöse. Er habe auch davon gesprochen, daß die neuen gesamteuropäischen Sicherheitskonturen noch hinter einem Schleier verborgen seien.

Ein großes Problem für die Sowjetunion stelle der Abzug ihrer Truppen aus Ost-Europa dar. Ein rascher Abzug sei nicht wahrscheinlich. NVA-Offiziere würden ihm gegenüber von vier bis sechs Jahren sprechen, erklärt de Maizière, die der Abzug sowjetischer Truppen erfordere. Für diese Zeit wünsche die Sowjetunion einen Vertrag zwischen der NATO und dem Warschauer Pakt über die sowjetische Truppenpräsenz.

Die sowjetische Seite strebe auch einen militärischen Sonderstatus für das DDR-Territorium an. Großes Interesse habe sie an einer Institutionalisierung des KSZE-Prozesses und an einer Veränderung der NATO. Moskau akzeptiere die These, daß eine europäische Stabilität ohne amerikanische Truppenpräsenz nicht möglich sei. Für sie gehöre aber auch die sowjetische Präsenz dazu.

De Maizière bezeichnet Gorbatschow als einen visionären, weitsichtigen Mann, zu dem es in der Sowjetunion keine Alternative gebe.

Dagegen herrsche in Rumänien Restauration. Von Bulgarien seien die konservativsten Vorschläge ausgegangen.

De Maizière berichtet, daß für Gorbatschow ein Vertrag zwischen dem Warschauer Pakt und der NATO ein psychologisch besonders wichtiger Vorschlag sei. Zusätzlich erwarte er die Festlegung einer Obergrenze für die zukünftige gesamtdeutsche Armee. Außerdem müsse ein geeintes Deutschland auf ABC-Waffen verzichten. Für die Bundeswehr müßten zukünftig defensive Strukturen gelten.

Große Hoffnung setze Gorbatschow auf den bevorstehenden NATO-Sondergipfel. Bei fundamentalen Strukturveränderungen der NATO könne alles neu durchdacht und verhandelt werden. Gorbatschow erwarte aber die Beteiligung der Warschauer Pakt-Staaten bei bestimmten Aktionen. Allen sei bei der Sitzung in Moskau klar gewesen, daß Europa neu geordnet werden müsse. Sie hätten darüber gesprochen, das gesamteuropäische Dach zu stärken.

De Maizière berichtet, daß er auch mit dem polnischen MP Mazowiecki gesprochen habe. Er habe ihn nach seinem Motiv gefragt, warum er auf einen Vertragsentwurf bestehe. Die Gründe für Mazowiecki seien vor allem psychologische Ängste sowie die Notwendigkeit, sich gegenüber der eigenen Bevölkerung zu rechtfertigen. Außerdem halte er eine Parlamentserklärung für nicht bindend genug. Ein Vertragsentwurf sei für Mazowiecki eine conditio sine qua non. Er sei in dem Gespräch richtig zornig geworden, als er nach seinen Motiven gefragt habe.

De Maizière berichtet, daß die Ost-SPD die polnische Position unterstütze. Auch in der Ost-CDU sei ein »geharnischter Widerstand« gegen einen Vertragsentwurf nicht zu vermitteln. Polen akzeptiere Argumente nicht, daß die Parlamentserklärungen und die bestehenden Verträge höherrangig seien als ein Vertragsentwurf. Dennoch wolle er ernsthaft versuchen, die Fraktion und die Koalitionsregierung auf die gemeinsame Linie einzuschwören. Er könne jedoch keine Garantie geben, daß eine Zustimmung erreichbar sei.

Seiters und Schäuble sprechen mit de Maizière noch einmal über den Staatsvertrag. Anschließend fliegen wir gemeinsam nach Bonn zurück.

Am Abend trifft BK mit Präsident Bush im Weißen Haus zusammen. Außenminister Baker, Sicherheitsberater Scowcroft und später Vizepräsident Quayle und der stellvertrende Außenminister Eagleburger nehmen am Gespräch teil.

BK stellt zwei Themen in den Mittelpunkt: Die Vorbereitung des NATO-Sondergipfels und die wirtschaftliche Kooperation mit der Sowjetunion. BK plädiert dafür, daß der bevorstehende NATO-Sondergipfel eine Botschaft verabschiede, die sich an den Warschauer Pakt richte und die für Gorbatschow hilfreich sei. Im Kern müsse die Botschaft lauten, daß die NATO bereit sei, sich weiter zu entwickeln. Bush bezeichnet den Vorschlag des BK als eine »gute Idee«. Er habe darüber in der Sache mit Gorbatschow bereits gesprochen.

BK geht einen Schritt weiter und gibt zu erwägen, ob man nicht an einen Nichtangriffs-Pakt zwischen NATO und Warschauer Pakt denken könne. Bush sieht die Gefahr, daß damit der Warschauer Pakt zementiert werden könnte. Daraufhin gibt BK zu bedenken, einen solchen Pakt mit den einzelnen Mitgliedstaaten des Warschauer Paktes abzuschließen. Bush will darüber nachdenken. BK kündigt an, mich nach Washington zu schicken, um über das weitere Vorgehen zu sprechen. Sein Wunsch sei es, daß eine solche Idee vom amerikanischen Präsidenten auf dem Gipfel vorgetragen werden sollte.

BK spricht die zukünftige Stärke der Bundeswehr an. Diese Frage solle aus seiner Sicht nicht in den 2+4-Gesprächen behandelt werden. Die Bundeswehr verfüge jetzt über 480.000 Mann, die NVA 170.000. Die künftigen deutschen Streitkräfte könnten nicht einfach aus der Addition der beiden Armeen bestehen. Die Sowjets sprechen jetzt von einer Gesamtobergrenze von 200.000 bis 250.000 Mann. Sie erwarten, daß die Bundesregierung im Vorgriff auf VKSE II schon jetzt eine Zahl für künftige deutsche Streitkräfte festlege. Er schlage deshalb vor, in den Wochen vor dem NATO-Gipfel gemeinsam über den Umfang der künftigen deutschen Streitkräfte nachzudenken. BK fügt hinzu, daß diese Frage des zukünftigen Umfangs der deutschen Streitkräfte bei den Sowjets irrationale Ängste auslöse. Angesichts der Millionen Tote in der Sowjetunion im Zweiten Weltkrieg handele es sich nicht nur um Propaganda. Bush stimmt dieser Einschätzung zu.

BK erläutert Bush die deutsche Kredithilfe in Höhe von 5 Mrd. DM für die Sowjetunion. Er habe Gorbatschow signalisiert, daß es sich hierbei um ein Geschäft der Gegenseitigkeit handele. Darüber hinaus dächten die Sowjets an eine westliche Aktion in Höhe von 20[226] Mrd. Baker bestätigt, daß von einem Gesamtvolumen zwischen 25 und 30 Mrd. Dollar die Rede gewesen sei. Bush erklärt, daß seine Hände in dieser Frage gebunden seien. Im Kongreß beiße er auf Granit.

Zur Frage eines Nichtangriff-Paktes zwischen Warschauer Pakt und NATO berichtet Baker, daß die Außenminister in Turnberry bereits darüber gesprochen hätten. Man sei sich allerdings einig gewesen, daß nichts getan werden solle, dem Warschauer Pakt Legitimität zu verleihen. Aber man könne mit einzelnen Mitgliedstaaten des Warschauer Paktes hierüber verhandeln.

226 Es wurde gestrichen »bis 50 Mrd.«

Die von Gorbatschow ins Spiel gebrachte Idee einer Erklärung zwischen Warschauer Pakt und NATO sei bisher von sowjetischer Seite nicht vertieft worden. Schewardnadse habe aber zugesagt, konkrete Überlegungen dazu in etwa 10 Tagen zu übermitteln.

Beim Essen erläutert BK die innerdeutsche Entwicklung. Zum Thema gesamtdeutsche Wahlen erläutert er, daß es für ihn psychologisch außerordentlich wichtig sei, daß der Druck in Richtung auf gesamtdeutsche Wahlen aus der DDR komme.

Baker berichtet, daß aus seiner Sicht die Sowjets zum Abschluß des Wiener VKSE-Abkommens bereit seien. Sie wollten jedoch gleichzeitig Sicherheit in der Frage der künftigen Stärke der Bundeswehr haben. Erhielten sie diese Sicherheit nicht, könnten sie die 2+4-Gespräche aufhalten. Daher sei es wichtig, daß man sich vor dem NATO-Gipfel über diese Frage verständige. BK stimmt dem ausdrücklich zu.

Bush fügt hinzu, daß man in der Tat versuchen müsse, Gorbatschow seine Würde zu lassen. Man solle also jetzt nicht mit den Muskeln spielen. BK bestätigt, daß es für Gorbatschow besonders wichtig gewesen sei, daß Bush und Baker Verständnis für seine Position gezeigt und nicht versucht hätten, ihn zu demütigen.

Das Gespräch verläuft äußerst harmonisch. Scherzhaft wird dem BK angeboten, für ihn ein Bett im Weißen Haus aufzuschlagen, da er so häufig nach Washington käme.

Anschließend gehen BK und Bush vor die Presse. In seiner Eingangserklärung bekräftigt BK die volle Zugehörigkeit eines künftigen vereinten Deutschland zur NATO als unerläßlichen Faktor für Stabilität und Sicherheit in Europa. Die Bundesregierung sei bereit, den Sicherheitsinteressen der Sowjetunion Rechnung zu tragen. In diesem Zusammenhang sei das Neun-Punkte-Konzept der amerikanischen Regierung, aber auch der Vorschlag des sowjetischen Präsidenten für eine gemeinsame Erklärung von NATO und Warschauer Pakt eine wichtige Grundlage für weitere Gespräche. Er erklärt seine Übereinstimmung mit Bush in der Auffassung, daß es eine wichtige Aufgabe des NATO-Sondergipfels sein werde, die künftige politische Rolle des Bündnisses noch stärker zu definieren und die gemeinsamen Vorstellungen zur Zukunft der KSZE weiter zu umreißen.

Bush stimmt den Ausführungen des BK uneingeschränkt zu.

Ein Brief von Präsident Mitterrand geht heute im Bundeskanzleramt ein. Er berichtet über sein Gespräch mit Gorbatschow und bestätigt noch einmal, daß dieser in seiner starken Ablehnung gegenüber der Präsenz des vereinigten Deutschlands in der NATO festbleibe. Er habe sogar zu verstehen gegeben, daß er im Falle eines fait accompli gezwungen wäre, seine Haltung in vielen Bereichen zu änderen, vor allem in Abrüstungsfragen in Europa. Diese Bemerkung ziele darauf ab, dem Westen im voraus die Verantwortung für das Ungleichgewicht der Kräfte, das daraus folgen würde und damit für kommende Spannungen zuzuschieben.

Er, Mitterrand, habe geantwortet, daß es nicht vernünftig wäre, an eine andere Lösung zu denken als der Beteiligung Deutschlands an der Atlantischen Allianz. Er habe darauf hingewiesen, daß man sich auf westlicher Seite sicherlich nicht weigern würde, eindeutig die Garantien zu geben, die Gorbatschow mit Recht für die Sicherheit seines Landes erwarten dürfe. Gorbatschow habe sich dieser Darstellung gegenüber »aufgeschlossen« gezeigt.

Die tatsächliche Entwicklung ist jedoch bereits über diesen Brief hinausgegangen.

In Turnberry endet die Ministertagung des Nordatlantikrates. In einer gemeinsamen Botschaft reichen die Außenminister[227] der Sowjetunion und allen anderen osteuropä-

227 Hier wurde handschriftlich die Streichung des Zusatzes »der Allianz« vorgenommen.

ischen Ländern »die Hand zur Freundschaft und Zusammenarbeit«. Sie begrüßen die Erklärung der Mitglieder der Warschauer Vertragsorganisation in Moskau vom 7. Juni 1990. Sie sprechen sich für eine Stärkung und Institutionalisierung des KSZE-Prozesses und für einen schnellen und erfolgreichen Abschluß der Wiener Verhandlungen über konventionelle Streitkräfte aus.

In einem gemeinsamen Kommuniqué erläutern die NATO-Außenminister ihre konkreten Ziele und Absichten in Bereichen der Abrüstung und Rüstungskontrolle. Gleichzeitig kündigen sie eine Überprüfung der Militärstrategie der NATO und der Mittel zu ihrer Implementierung im Lichte der sich abzeichnenden neuen Gegebenheiten an.

Alle NATO-Partner unterstützen die Bemühungen in den 2+4-Gesprächen um eine abschließende völkerrechtliche Regelung, die die Rechte und Verantwortlichkeiten der Vier Mächte in Bezug auf Berlin und auf Deutschland als Ganzes ohne Einschränkungen der Souveränität Deutschlands beendet. Ein vereinigtes Deutschland müsse das in der Schlußakte von Helsinki anerkannte Recht haben, Mitglied eines Bündnisses zu sein. Ausdrücklich wird ausgesagt, daß sich die Sicherheitsgarantie der Art 5 und 6 des Nordatlantik-Vertrages auf das gesamte Territorium eines vereinten Deutschland erstrecken werde.

Das erfreulichste dieser Ministertagung ist die volle Übereinstimmung aller Teilnehmer und die Bereitschaft, den NATO-Sondergipfel zu einem Erfolg zu führen und notwendige Aussagen vorzubereiten, die zur Überwindung der Widerstände in Moskau beitragen können.

In Moskau trifft PM Thatcher mit Gorbatschow zusammen.[228]

Nach Abschluß ihrer Gespräche treten sie gemeinsam vor die Presse. Während Thatcher auf die uneingeschränkte NATO-Mitgliedschaft Deutschlands beharrt, will Gorbatschow sich nicht festlegen, welche Optionen im Hinblick auf die deutsche Vereinigung letztlich die Oberhand behalte. Entscheidend für ihn sei, daß die Interessen der Sowjetunion und der Warschauer Pakt-Mitglieder umfassend gewahrt blieben. Gorbatschow fordert dazu auf, beide Allianzen weitreichend zu transformieren. Die NATO solle dem gestrigen Beispiel des Warschauer Paktes folgen.

Thatcher wiederholt ihr Plädoyer von Turnberry zur Modernisierung von Kernwaffen. Gorbatschow enthält sich erfreulicherweise jedes Kommentares zu diesen Ausführungen. Insgesamt haben die Gespräche keine neuen Erkenntnisse gebracht.

Samstag, 9. Juni 1990

Heute vormittag kehrt BK von seiner Reise aus den USA zurück. Er hat uns für 13.00 Uhr in das Bundeskanzleramt einbestellt. Eduard Ackermann berichtet über die heutige Presse. Die Hauptschlagzeilen gelten nicht dem Treffen BK mit Bush sondern der SPD und dem Kanzlerkandidaten Lafontaine und dessen Haltung zum Staatsvertrag. Der Berliner Regierende Bürgermeister Momper wird bereits als neuer möglicher Kanzlerkandidat genannt.

228 Nach der NATO-Außenminister-Konferenz traf Margaret Thatcher am 8. Juni 1990 Gorbatschow in London. Sie signalisierte Unterstützung für Gorbatschow und die Umwandlung der NATO in eine mehr politische und weniger militärisch ausgerichtete Allianz. Thatcher mahnte, dass zwei Weltkriege von deutschem Boden ausgegangen seien und deshalb die amerikanische Militärpräsenz im gesamten vereinigten Deutschland nötig und was auch ein Sicherheitsfaktor für die Sowjetunion sei, Aleksandr Galkin/Anatolij Tschernjajew (Hrsg.), Michail Gorbatschow und die deutsche Frage, München 2011, S. 444; Nachbetrachtungen, S. 662, 670, 702–703.

BK berichtet noch einmal über sein Gespräch mit Präsident Bush. Gegebenenfalls solle ich zur Vorbereitung des NATO-Gipfels noch einmal nach Washington reisen. Erstmals habe er die Idee eines Nichtangriffspaktes zwischen NATO und Warschauer Pakt angesprochen. Ebenso habe er Bush gesagt, daß er bereit sei, einen 5 Milliarden-Kredit an die Sowjetunion zu verbürgen, auch wenn die USA nicht handlungsfähig seien.

BK unterstützt die Aussage von Baker, daß die zukünftige Obergrenze für die deutschen Streitkräfte für die Sowjetunion ein Schlüsselproblem darstelle, das gelöst werden müsse. Dazu sei er bereit. BK äußert sich äußerst zufrieden über sein Gespräch mit Bush und mit der NATO-Außenministertagung in Turnberry.

In Ost-Berlin findet heute ein Direktorentreffen zur Vorbereitung der zweiten Ministerrunde der 2+4-Gespräche statt. Das nächste Treffen der Außenminister ist für den 22. Juni vereinbart worden.

Tagungsordnungspunkt 1 galt den Grenzfragen. Die Entwürfe der Bundesregierung und der Sowjetunion sind in erstaunlichem Maße übereinstimmend. Am Ende wurde ein gemeinsames Papier aller sechs Delegationen ad Referendum vereinbart. Die DDR-Delegation war erneut wenig hilfreich.

Montag, 11. Juni 1990

9.00 Uhr: Abschließende Besprechung mit BK über die Bundestagsentschließung zur Oder-Neiße-Grenze. Der Wortlaut liegt vor und ist abgestimmt. BK ist zufrieden. Er telefoniert mit Minister Reichenbach in Ost-Berlin, da de Maizière heute zu Gesprächen mit Präsident Bush in Washington weilt. BK stimmt das weitere Verfahren ab und bereitet sein Gespräch mit de Maizière für den 17. Juni in Ost-Berlin vor.

Mit Genugtuung berichtet BK, daß Genscher ihn alle zwei Stunden in den USA angerufen habe, um ihn zu unterrichten und die weiteren Schritte abzustimmen. Auch über das Wochenende habe Genscher diese Unterrichtung fortgesetzt. Gleichzeitig berichte er darüber jedesmal öffentlich. Genscher mache das halt sehr gut, stellt BK fest.

Wir sprechen über den Termin für gesamtdeutsche Wahlen. BK ist nachdrücklich für einen Wahltermin im Dezember, sonst werde die gesamtdeutsche Wahl wahrscheinlich erst in zwei Jahren möglich sein.

Um 10.00 Uhr eröffnet BK die Sitzung des CDU-Bundesvorstandes im Konrad Adenauer Haus. In seinem Bericht zur politischen Lage geht BK zunächst auf das Treffen Bush-Gorbatschow ein. Die Bedeutung des Treffens habe vor allem darin gelegen, daß sich die Beziehungen zwischen den beiden Präsidenten weiter gut entwickelt hätte. Trotz aller Interessengegensätze bestehe inzwischen eine Art Vertrauensverhältnis. Für die Bundesrepublik sei wichtig, daß Bush in einer Weise die deutschen Interessen vertrete, wie das noch kein amerikanischer Präsident vor ihm getan habe. Im Kongreß gebe es zur Zeit eine deutschfreundliche Grundstimmung wie nie zuvor. Das gelte für die USA insgesamt. Anläßlich der Verleihung der Ehrendoktorwürde der Universität Harvard habe der Vorsitzende der Harvard-Verbände ausgerufen: »Herr Bundeskanzler, wir sind alle Deutsche«.

BK berichtet über den Stand der 2+4-Gespräche. Zur Frage der NATO-Mitgliedschaft berichtet er, daß die Haltung der Partnerstaaten eindeutig für die Mitgliedschaft sei. Viele seien natürlich dafür, weil sie Ängste gegenüber dem geeinten Deutschland hätten. Sie wollten am liebsten zwei völlig wasserdichte Dächer über das neue Deutschland spannen. Einmal die NATO und zum anderen die EG. Er könne damit leben, da das Ergebnis positiv sei.

Die sowjetische Haltung werde seiner Auffassung nach von der Lösung folgender Themen abhängen: Die Sowjettruppen müßten noch für eine Übergangszeit in der DDR bleiben können. Das sei möglich auf der Grundlage eines Vertrages mit einem souveränen Deutschland und nicht als Folge des Potsdamer Abkommens.[229] Ein weiterer wichtiger Punkt für die Sowjetunion sei die zukünftige Truppenstärke eines geeinten Deutschland. Auch diese Frage halte er für lösbar. Wichtig sei für die Sowjetunion ferner die Frage wirtschaftlicher Hilfe. Hier komme auf die Bundesrepublik eine besondere Verantwortung zu.

Bei all' diesen Entscheidungen müsse die Sowjetunion die Chance erhalten, ihr Gesicht zu wahren, da Gorbatschow bereits zu Hause den Vorwurf erhalte, er verspiele alles, was die Sowjetunion im Zweiten Weltkrieg gewonnen habe. Deshalb sei es auch erforderlich, daß vom NATO-Gipfel am 5./6. Juli eine Botschaft ausgehe, die einen positiven Schritt auf die Sowjetunion hin bedeute. Das sei ein wichtiges Signal auch für den bevorstehenden Parteitag der KPdSU.[230]

Zur Oder-Neiße-Grenze führt BK aus, daß die Bundesregierung bei den 2+4-Verhandlungen vor einer unser Land tief bewegenden Entscheidung stünde. Es gehe um die endgültige Anerkennung der Oder-Neiße-Grenze. Die Mehrheit hätte die Grenze längst akzeptiert, für einige sei sie eine Wunde, die noch immer schmerze. Wer aber noch auf einen Friedensvertrag warten wolle, müsse wissen, daß es ohne eine Anerkennung der Oder-Neiße-Grenze keine deutsche Einheit geben werde.[231] Er bestehe deshalb darauf, daß diejenigen, die in der Partei und in[232] der Fraktion die Oder-Neiße-Grenze nicht anerkennen wollten, auch bereit seien, zuzugeben, daß sie damit die Chance der Wiedervereinigung nicht wahrnehmen wollen. Er wisse, daß das eine bittere Stunde für viele Vertriebene sei. Der polnische Partner sei in dieser Frage aus innenpolitischen Gründen leider nicht sehr hilfreich.

Ausführlich setzt sich BK mit der innerdeutschen Entwicklung auseinander. Die größte Malaise für die deutsche Position sei im Augenblick, daß es keine Gemeinsamkeit zwischen den großen Parteien gebe. Die SPD verfolge eine Strategie à la Baisse. BK erinnert daran, daß eine ähnliche Strategie aus dem Bereich der Union ihr selbst einmal furchtbar geschadet habe. Der SPD werde es ähnlich ergehen. Die CDU stünde damit in einer besonderen Verantwortung, wie sie sie schon einmal 1949 übernommen habe.

Wenn der Staatsvertrag unter Dach und Fach sei, müsse man sich unverzüglich der Frage des Beitritts nach Art. 23 GG und dem Zeitpunkt des Wahltermins für gesamtdeutsche Wahlen zuwenden. Bei beiden Themen dürfe man nicht vergessen, daß die DDR ein gleichberechtigter Partner sei. Er plädiere leidenschaftlich dafür, daran zu denken. Manche fänden m dieser schwierigen Übergangszeit nicht den richtigen Ton.

Abschließend erläutert BK seine Überlegung zur Vereinigung von CDU-West und CDU-Ost auf dem Hamburger Parteitag.

Am späten Vormittag empfange ich den neuen sowjetischen Botschafter Terechow zu seinem Antrittsbesuch. Er übergibt mir einen Brief von Gorbatschow an BK. Daran bedankt sich Gorbatschow für die Unterstützung, die BK bei der Überwindung einiger zeit-

229 Siehe Anmerkung 94, S. 200.
230 Siehe Anmerkung 288, S. 485.
231 Handschriftlich gestrichen wurde an dieser Stelle der Satz »Es gebe keinen dritten Weg«.
232 Handschriftlich gestrichen wurde an dieser Stelle »als auch« und ersetzt durch »und in«.

weiliger Probleme leiste, die auf der jetzigen Etappe der sowjetischen Wirtschaftsreform entstanden seien. Über die Bereitschaft der Bundesregierung zu einer Kreditbürgschaft könne bereits in der nächsten Zeit ein entsprechendes Abkommen fertiggestellt werden.

In der Frage weiterer langfristiger Kredite sei die Schaffung eines breiteren Konsortiums erforderlich, gibt Gorbatschow zu. Die Unterstützung des BK dafür würde die Sache zweifellos beschleunigen. Gorbatschow bedankt sich für den Vorschlag des BK, diese Fragen in vertraulichen Kontakten mit den westlichen Partnern zu besprechen. Fortschritte auf dem Wege der Perestroika und der Reformen seien nicht nur für die Sowjetunion sondern für ganz Europa und für die gesamte Lage in der Welt von Bedeutung.

In Bezug auf die Verhandlungen in Rahmen der »Sechs« bestätigt Gorbatschow, daß alle Verabredungen vom 10. Februar in Moskau in Kraft blieben. Er sei sicher, daß eine[233] komplexe Regelung der äußeren Aspekte der Vereinigung vor dem KSZE-Gipfel möglich sei. Damit würde der Weg eröffnet werden für praktische Schritte zur Schaffung gesamtdeutscher Organe im Einvernehmen mit beiden deutschen Staaten und in Harmonie mit den Interessen der Vier Mächte und der anderen europäischen Ländern. Er sei dafür, daß im engen Kontakt mit Vertretern des BK gegenseitig annehmbare Lösungen vorbereitet würden.

Gorbatschow bekräftigt sein Interesse an einer neuen Perspektive der sowjetisch-deutschen Zusammenarbeit. Der Abschluß eines politisch maßgeblichen und jeder Hinsicht gewichtigen Vertrages zwischen der Sowjetunion und dem künftigen Deutschland würde einen qualitativen Wandel herbeiführen. Das sei ihre Pflicht gegenüber den eigenen Völkern, gegenüber den Völkern Europas und der ganzen Welt.

Abschließend lädt Gorbatschow BK zu einem vertieften Dialog über die Zukunft der beiderseitigen Beziehungen für die zweite Juli-Hälfte ein. Ein konkreter Termin ist jedoch nicht genannt, aber ein Zeitrahmen zum ersten Mal in Aussicht gestellt.

Mit diesem Brief kündigt Gorbatschow an, daß er zeitgerechte Lösungen für möglich hält. Aber er ist nicht bereit, darüber hinaus zu gehen und im Zusammenhang mit der Kreditbürgschaft konkrete Ergebnisse zu signalisieren. Das war auch nicht unbedingt zu erwarten. Dennoch glaube ich, daß Gorbatschow seinen Brief als eine positive Antwort verstanden wissen will.

Terechow übergibt mir das Schluß-Kommuniqué der Warschauer Pakt-Tagung in Moskau. In einer ergänzenden mündlichen Erläuterung fügt er hinzu, daß der Warschauer Pakt jetzt in eine neue Etappe eingetreten sei. Vorangegangen sei eine tiefgreifende innere Umgestaltung. Die Einberufung als auch die Durchführung der Moskauer Sitzung beweise, daß das Bündnis funktionsfähig sei und weiterhin ein Instrument für die Stabilität und für die Weiterentwicklung Europas sei.

Vorrangig müsse es in Europa jetzt darum gehen, die Teilung Europas zu überwinden, den KSZE-Prozeß zu institutionalisieren und gesamteuropäische Strukturen zu entwickeln. Dafür hätten sich alle Teilnehmer ausgesprochen. Sie seien sich deshalb einig gewesen, daß der Warschauer Pakt für eine zeitlich begrenzte Zeit weiter bestehen solle. Das setze jedoch eine rasche Umgestaltung voraus. ČSFR und Ungarn hätten Vorschläge vorgelegt, die dazu führen sollen, daß die militärische Komponente schrumpfe und gesamteuropäische Strukturen entwickelt werden. Sie hätten die Empfehlung ausgesprochen, daß Ende November

233 Das wurde handschriftlich verbessert statt »keine«.

eine außerordentliche Pakttagung stattfinden solle, die über diese Themen berate. Der reformierte Warschauer Pakt solle Bestandteil der neuen europäischen Strukturen werden.

Gleichzeitig hätten die Teilnehmer einen Aufruf an die NATO-Staaten gerichtet, ebenfalls das Bündnis zu ändern. Das gelte besonders für die NATO-Strategie. Der Warschauer Pakt sei bereit, mit der NATO im Interesse der europäischen Stabilität konstruktiv zusammenzuwirken.

Alle Teilnehmer würden die Entwicklung in Europa vom gleichen Gesichtspunkt aus sehen. Europa befinde sich jetzt in einer Periode des Übergangs. Es müsse ein einheitlicher Raum geschaffen werden, sowohl in Bezug auf die Wirtschaft, als auch auf die humanitären Fragen.

Terechow berichtet mir außerdem, daß Ungarn dafür eingetreten sei, daß ein geeintes Deutschland Mitglied der NATO bleiben soll. Er teilt mir das mit, ohne diese Aussage zu kommentieren, aber das ist überraschend genug.

Die Tagung sei in konstruktiver und wohlwollender Atmosphäre verlaufen.

Anschließend informiert mich Terechow über das Gespräch Gorbatschow mit PM Thatcher. Gorbatschow habe deutlich gemacht, daß der Warschauer Pakt imstande sei, die Entwicklungen im Westen positiv zu beurteilen und ihm als Partner und nicht als Gegner zu verstehen. Die Beschlüsse des Warschauer Paktes seien eine Einladung an die NATO, sich in ein politisches Bündnis umzuwandeln. Der Warschauer Pakt hätte selbst Vorschläge erarbeitet, die seinen Charakter verändern und ihn in ein politisches Bündnis überführen.

Abschließend fragt mich Terechow, was das Ziel der Bundesregierung sei, wenn sie von »Vereinigten Staaten von Europa«[234] und von einer gesamteuropäischen Perspektive spreche. Ich erläutere die Position der Bundesregierung. Terechow macht sich Notizen, ohne meine Ausführungen zu kommentieren.

Um 17.30 Uhr berichtet mir der britische Botschafter Christopher Mallaby über die Gespräche von PM Thatcher am 8. Juni in Moskau mit Gorbatschow. Der Eindruck der

234 Der schottische Journalist und Politiker Charles Mackay behauptete, er sei der erste gewesen, der die Parole von den »Vereinigte Staaten von Europa« ausgegeben und damit an die Öffentlichkeit gebracht habe. Am 1. Februar 1848 hatte er in der radikaldemokratischen Zeitung *The London Telegraph* der englischen Demokratiebewegung die entsprechende Wortkombination veröffentlicht: Einführung einer internationalen Schiedsgerichtsbarkeit und allgemeine Abrüstung. Mackay ging davon aus, dass nur Europa der Hort der Freiheit sei, nicht aber Nordamerika, wo noch immer die Sklaverei herrschte. Mit diesem Slogan trat er für einen politischen Wiederaufbau des Kontinents in Form einer konföderierten Friedensallianz ein. 1849/50 brachte er im Unterhaus in London Anträge zur Einführung einer internationalen Schiedsgerichtsbarkeit und einer allgemeinen Abrüstung ein. Am 21. August 1849 hatte Victor Hugo in seiner Eröffnungsrede als Präsident des Weltfriedenskongresses in Paris erklärt: »Es wird ein Tag kommen, an dem man diese beiden riesigen Gruppen, die Vereinigten Staaten von Amerika, die Vereinigten Staaten von Europa, einander gegenübergestellt sehen wird, wie sie sich über die Meere hinweg die Hand reichen«. Der Begriff diente später als politisches Schlagwort der Europabewegung, das eine stärkere europäische Integration der einzelnen Mitgliedstaaten der EU artikulierte, wobei damit ein Konzept des Aufbaus eines europäischen Bundesstaates im Sinne eines europäischen Föderalismus identifiziert wurde; Michael Gehler, Vom Schlagwort der »Vereinigten Staaten von Europa« zur Realität des Europas der vereinigten Staaten im 21. Jahrhundert, in: Ders./Michael Lützeler (Hrsg.), Die Europäische Union zwischen Konfusion und Vision. Interdisziplinäre Fragestellungen (Institut für Geschichte der Universität Hildesheim, Arbeitskreis Europäische Integration, Historische Forschungen, Veröffentlichungen 13), Wien – Köln – Weimar 2022, S. 161–181.

britischen Delegation sei gewesen, daß Gorbatschow Herr der Lage sei. PM Thatcher habe ihm die Unterstützung für seine Reformpolitik zugesagt.

Gorbatschow habe in der Frage der deutschen NATO-Mitgliedschaft vorgeschlagen, daß die Bündnisse zusammenwachsen sollten. Er habe der Erklärung von PM Thatcher nicht widersprochen, daß die Präsenz amerikanischer Streitkräfte in Europa auch zukünftig wichtig sei. Er habe jedoch darauf hingewiesen, daß es zu einer Zusammenarbeit zwischen den USA und der Sowjetunion in Europa kommen müsse.

PM Thatcher habe Gorbatschow die Gründe erläutert, warum Deutschland in der NATO bleiben müsse. Gleichzeitig habe sie sich für eine Weiterentwicklung des KSZE-Prozesses ausgesprochen. Gorbatschow habe vorgeschlagen, eine gemeinsame Erklärung von Warschauer Pakt und NATO zu erarbeiten. Thatcher habe Überprüfung zugesagt. Gorbatschow habe erneut darauf hingewiesen, daß die Bündnisse jetzt einen politischen Charakter erhalten müßten. Ebenso solle die Strategie geändert werden. Er habe dabei große Hoffnungen gegenüber dem bevorstehenden NATO-Sondergipfel in London geäußert. Gleichzeitig habe er gefordert, daß Deutschland auf ABC-Waffen verzichten müsse und die Streitkräfte eines geeinten Deutschlands zu begrenzen seien. Gorbatschow habe auch die Möglichkeit angesprochen, daß Deutschland in der NATO einen Status wie Frankreich erhalten solle. Dagegen habe PM Thatcher dem Präsidenten erläutert, daß sie keine Lösung unterstützen könne, bei der Deutschland nicht Vollmitglied der NATO bleibe. Als Lösung habe sie darauf hingewiesen, daß jetzt in allen Bereichen Fortschritte erreicht werden müßten, bei der KSZE, bei den 2+4-Gesprächen, bei den Wiener Verhandlungen und im Rahmen einer Vereinbarung zwischen dem Warschauer Pakt und der NATO.

Auch dieses Gespräch zeigt, daß Gorbatschow sich auf keine Lösung festgelegt hat und noch immer verschiedene Varianten diskutiert und prüft. Das ist ein positives Zeichen.

20.30 Uhr Arbeitsgespräch mit BK im Bungalow. Wir reden über das weitere Vorgehen gegenüber der Sowjetunion. BK beschließt, das heutige Schreiben von Gorbatschow möglichst rasch zu beantworten. Der Brief solle zum Ausdruck bringen, daß jetzt eine Chance bestehe, sich rasch zu verständigen. Dabei müsse eine konstruktive Lösung für die NATO-Mitgliedschaft eines geeinten Deutschlands gefunden werden. Außerdem solle Gorbatschow ein Termin für ein Gespräch über den 5 Milliarden-Kredit vorgeschlagen werden. Gleichzeitig soll es um eine rasche Bestätigung der Vorschläge gebeten werden.

BK beauftragt mich, das Weiße Haus über den Gorbatschow-Brief zu unterrichten. Außerdem soll ich mit den amerikanischen Partnern über eine Abschlußerklärung für den NATO-Sondergipfel im Juli sprechen. Notfalls solle ich nach der Polen-Debatte im Bundestag am 21. Juni nach Washington reisen. Diese NATO-Erklärung müsse ein positives Signal an Moskau werden.

Ich rege an, jetzt alle Schritte so vorzubereiten, daß bis zum Gespräch mit Präsident Gorbatschow in der zweiten Juli-Hälfte ein »Gesamtpaket« vorliege. Dieses Paket müsse Vorschläge für KSZE-Institutionen enthalten; eine positive Abschlußerklärung des NATO-Sondergipfels; Obergrenzen für die deutschen Streitkräfte in einem geeinten Deutschland; die Vereinbarung über die Kredithilfe für Moskau sowie ein Vorschlag über die inhaltlichen Elemente eines bilateralen grundlegenden Vertrages zwischen Bonn und Moskau nach der Einigung.

Ein solches Gesamtpaket könnte Gorbatschow veranlassen, sein prinzipielles Einverständnis zu einer NATO-Mitgliedschaft Deutschlands zu geben. Zumindest sollte dieses Ziel angestrebt werden. BK ist mit dieser Linie uneingeschränkt einverstanden.

Ich solle in dieser Richtung mit den Kollegen im Weißen Haus sprechen und die Vorbereitungen einleiten.

Wir sprechen über die Lage in der DDR. Seiters berichtet, daß das »Bündnis 90« unter Führung von Uhlmann beabsichtige, noch in dieser Woche in der Volkskammer einen Antrag zum Beitritt nach Art. 23 einzubringen. Der Vorsitzende der CDU-Fraktion, Dr. Krause, möchte diesen Vorschlag unterstützen und der Initiative des »Bündnis 90« nach Möglichkeit zuvorkommen. Sollte es bei diesen Überlegungen bleiben, wäre erneut der Beweis erbracht, daß der Prozeß der deutschen Einigung nicht von uns sondern stets von der DDR selbst beschleunigt wird.

BK entscheidet, wie folgt zu verfahren: Alles was den Einigungsprozeß beschleunige, sei gut. Jedoch dürfe der Staatsvertrag nicht gefährdet werden. Der Beitritt nach Art. 23 GG dürfe nicht vollzogen werden, solange die 2+4-Gespräche nicht abgeschlossen seien. Das »Bündnis 90« solle die Initiative für eine solche Beitrittserklärung ergreifen. Das würde die Einigung noch beschleunigen. Die CDU müsse in Abstimmung mit de Maizière handeln. Die Koalitionsregierung in der DDR dürfe nicht gefährdet werden.

Genscher ist heute zu einem Treffen mit Schewardnadse nach Brest geflogen. Schewardnadse hat ihn zu diesem Besuch eingeladen. Sein Bruder ist zu Kriegsbeginn bei Brest gefallen und ein anderer schwer kriegsversehrt zurückgekehrt. Schewardnadse hat berichtet, daß über die Hälfte der eingezogenen Männer in seinem Heimatdorf im Krieg gefallen seien.

Es ist die sechste Begegnung Genschers mit Schewardnadse in diesem Jahr.

Die Wahl des Ortes Brest ist aus unserer Sicht nicht unproblematisch. Brest war schließlich der Ort der gemeinsamen deutsch-sowjetischen Siegesparade 1939 gewesen.[235] In der Geschichte der deutsch-sowjetischen Beziehungen verbindet sich mit Brest der Friedensvertrag von Brest-Litowsk.[236] Das war ein ausgesprochener Diktatfrieden gewesen. Es kann deshalb nicht ausgeschlossen werden, daß die Polen sehr kritisch reagieren werden. Wir fragen uns im Bundeskanzleramt, wie die deutsche Presse reagiert hätte, wenn BK zu einem Treffen und zu einem symbolischen Akt in Brest bereit gewesen wäre, ungeachtet der Gefühle der Polen.

In Brest übergibt Schewardnadse Genscher erste sowjetische Überlegungen zur Ausgestaltung der Beziehungen zwischen den beiden Bündnissen in der Perspektive ihrer Transformation. Sie enthalten Elemente für eine gemeinsame Erklärung.

Beispielsweise sollen beide Bündnisse erklären, daß sie sich nicht als Gegner betrachten, sondern zur Zusammenarbeit, zur Schaffung übergreifender Strukturen der Sicherheit und Stabilität bereit seien. Auf territoriale Ansprüche solle vollständig verzichtet und die Unantastbarkeit der bestehenden Grenzen bekräftigt werden. Auf Gewalt und auf nuklearen

235 Nach dem Überfall auf Polen hielten deutsche und sowjetische Panzereinheiten am 22. September 1939 in Brest-Litowsk eine gemeinsame Militärparade ab. Die gemeinsame Parade stand symbolisch für die Zusammenarbeit der Diktatoren Hitler und Stalin.

236 Der Friedensvertrag von Brest-Litowsk, im Ersten Weltkrieg zwischen Sowjetrussland und den Mittelmächten geschlossen, wurde nach längeren, ergebnislosen Verhandlungen, der militärischen Besetzung der Westgebiete des ehemaligen Russischen Zarenreichs durch die Mittelmächte (Deutsches Kaiserreich und Österreich-Ungarn) und der erneuten Aufnahme der Verhandlungen am 3. März 1918 in Brest-Litowsk unterzeichnet, verbunden mit erheblichen Gebietsverlusten auf russischer Seite. Sowjetrussland schied somit als Kriegspartei aus.

Ersteinsatz solle verzichtet werden. Ein Konsultationsmechanismus solle festgelegt werden. Weitere Abrüstungsmaßnahmen sollen erfolgen.

Die sowjetische Führung ist dabei, eine Brücke zu bauen, um die NATO-Mitgliedschaft akzeptieren zu können. Der NATO-Sondergipfel gewinnt immer mehr an Bedeutung für die Auflösung des zukünftigen Sicherheitsstatus eines geeinten Deutschland.

Dienstag, 12. Juni 1990

Um 8.00 Uhr treffe ich mich mit NATO-Generalsekretär Dr. Manfred Wömer in Bonn zu einem gemeinsamen Frühstück. Wir sprechen über die Vorbereitung des NATO-Sondergipfels und über den möglichen Inhalt einer Abschlußerklärung. Wörner berichtet, daß er an die Außenminister vor dem NATO-Gipfel einen Brief gesandt habe, um die Vorbereitungen einzuleiten. Er warte jetzt dringend auf die Initiativen der nationalen Regierungen. Wörner und ich stimmen über die möglichen Inhalte einer NATO-Abschlußerklärung völlig überein, auch darin, daß die Frage amerikanischer Nuklearsysteme in Europa vertagt werden solle. Wir sind uns einig, daß diese Frage Teil eines Gesamtkonzeptes minimaler Abschreckung sein müsse.

Heute treffen erste Nachrichten über das gestrige sechseinhalbstündige Gespräch zwischen Genscher und Schewardnadse in Brest (Weißrußland) ein. Es soll Fortschritte auch in der Frage der Bündniszugehörigkeit eines vereinten Deutschlands gegeben haben. Details werden keine genannt.

Schewardnadse und Genscher sprachen von einer außerordentlich wichtigen Begegnung, die nützlich und produktiv gewesen sei. Schewardnadse sprach von einem »sehr günstigen Hintergrund für annehmbare Lösungen, darunter auch für den militärpolitischen Status Deutschlands«. Die Wandlung von NATO und Warschauer Pakt von militärischen zu politischen Bündnissen mit vertraglich geregelten völkerrechtlichen Beziehungen zueinander würde es ermöglichen, einen Kompromiß in dieser Frage zu finden.

Um 11.00 Uhr findet unter Leitung Staatssekretär Dr. Köhler im Finanzministerium eine Ressortbesprechung zur Vorbereitung des Weltwirtschaftsgipfels statt. Im Auftrag von BK teile ich die Themen mit, die BK in Houston besprechen wolle: die BK-Initiative von Toronto zum Schutz der tropischen Regenwälder solle in Verbindung mit dem Thema der Verschuldung weitergeführt werden. Schuldenerlaß soll in Aktionen für Umweltschutz einmünden. Zum Ausgleich für die Hilfe an Ost-Europa solle die Bundesregierung eine weiterführende Initiative in der Verschuldensfrage der Dritten Welt einleiten. Diesmal müsse es um eine Entlastung der LMIC-Länder gehen.

Ich kündige an, daß BK auf dem EG-Gipfel als auch auf dem Weltwirtschaftstreffen das Thema der wirtschaftlichen Zusammenarbeit und Finanzhilfe für die Sowjetunion ansprechen werde. Deshalb sei es erforderlich, eine Analyse des Wirtschaftsreformprogramms Gorbatschow durchzuführen, die Ergebnisse zu bewerten und Vorschläge für mögliche Hilfe zu erarbeiten.

11.30 Uhr: BK trifft zu einem Gespräch mit Mandela, dem stellvertretenden Vorsitzenden des ANC aus Südafrika zusammen. BK ist von Mandela sehr beeindruckt. Es ist ein Mann, der Würde und Souveränität ausstrahlt. BK hat sich in den letzten Jahren wiederholt vertraulich gegenüber der südafrikanischen Regierung für die Freilassung Mandelas eingesetzt. Es gab eine Reihe gemeinsamer Initiativen mit PM Thatcher, um diesen wichtigen Schritt in Südafrika durchzusetzen. Endlich ist er gelungen.

15.00 Uhr: Ich spreche mit dem Generalsekretär des ungarischen Demokratischen Forums, Dr. Zodi, über die Lage in Ungarn und über Möglichkeiten der Zusammenarbeit mit der Bundesrepublik Deutschland. Anschließend kommt der ungarische Botschafter Dr. Horváth zu einem Gespräch zu mir. Er überbringt einen Brief von MP Antall, in dem dieser um einen Stand-by-Kredit[237] für zwölf Monate in Höhe von 0,8 Mrd. DM bittet. Gleichzeitig besprechen wir die Möglichkeit, den Vorgänger Antall's als Ministerpräsident, Miklós Németh, zum Vizepräsidenten der Europäischen Bank für Entwicklung vorzuschlagen. BK ist bereit, Németh zu unterstützen.

Um 18.00 Uhr stimme ich mit BK sein Antwortschreiben an Präsident Gorbatschow ab. BK gibt darin seiner Befriedigung Ausdruck, daß es auch im Interesse Gorbatschows liegt, nunmehr in allen angesprochenen Fragen eine rasche Verständigung zu erreichen. Die Bereitschaft Gorbatschows zu einer umfassenden Regelung der äußeren Aspekte der deutschen Vereinigung noch vor dem Gipfeltreffen der KSZE im Herbst dieses Jahres versteht BK auch in dem Sinne, daß damit die Frage der Bündniszugehörigkeit des künftigen geeinten Deutschlands im konstruktiven Geiste und in einer Weise, die den Wünschen nicht nur der Deutschen, sondern auch den Interessen ihrer unmittelbarer Nachbarn entspreche, gelöst werden könne.

BK kündigt rasche Gespräche über die kurzfristige[238] Gewährung eines ungebundenen Finanzkredites an. Die Vertreter der beteiligten Banken seien bereit, sofort nach Moskau zu reisen.

BK teilt Gorbatschow mit, daß er die Frage weiterer langfristiger Kredite auf den bevorstehenden Gipfeltreffen der EG und der G7 ansprechen werde.

Er bestätigt den vorgeschlagenen Zeitraum für ein Treffen im Juli und schlägt die Woche zwischen dem 15. und 19. Juli vor. Bei dieser Begegnung wolle er auch über die Möglichkeiten der vertraglichen Ausgestaltung der deutsch-sowjetischen Beziehungen in der Perspektive der deutschen Einheit ausführlich besprechen.

Anschließend telefoniert BK mit Staatssekretär Krause im Ministerpräsidentenamt in Ost-Berlin. Krause teilt mit, daß die CDU-Fraktion beschlossen habe, einen Beitrittsantrag nach Art. 23 nach Beginn der Währungsunion Anfang Juli zu stellen. Die Liberalen hätten gleiche Entscheidung getroffen. Auch die DSU beabsichtige einen solchen Schritt. Er habe dieses Vorgehen mit dem Fraktionsvorsitzenden der SPD, Schröder, abgestimmt, der ebenfalls ein rasches Vorgehen wünsche. Ullmann vom Bündnis 90 wolle einen entsprechenden Antrag bereits am kommenden Donnerstag in der Volkskammer einbringen. De Maizière sei unterrichtet.

BK und ich sind uns einig, daß diese Schritte den Einigungsprozeß weiter beschleunigen werden.

Für 19.30 Uhr habe ich Botschafter Terechow zu einem Gespräch gebeten. Ich übergebe ihm den Brief des BK an Gorbatschow. Dabei unterstreiche ich in besonderer Weise die Aussage des BK zur NATO-Mitgliedschaft Deutschlands. Gleichzeitig teile ich ihm mit, daß BK ihn am 15. Juni zu einem Gespräch empfangen wolle. Es wäre gut, wenn er bis dahin schon eine Antwort des Präsidenten hätte. Besonders betone ich, daß eine Kreditbürgschaft in Höhe von 5 Mrd. DM für BK keine einfache Sache sei. Dennoch sei er bereit, diese Unter-

237 Stand-by-Kredit ist im Bankwesen und beim Internationalen Währungsfonds ein Beistandskredit, der zur Sicherung der Liquidität dient.

238 Das Wort »kurzfristige« wurde handschriftlich gestrichen.

stützung zu leisten. Ab Donnerstag stünden Experten der Banken für Gespräche in Moskau bereit, um einen Vertrag vorzubereiten. Anschließend müsse BK einen Kabinettsbeschluß und die Zustimmung des Haushaltsausschusses im Bundestag herbeiführen, bevor der Vertrag unterzeichnet werden könne.

Zuletzt kündige ich an, daß BK im Juli zu seinem Gespräch mit Gorbatschow auch Genscher und Waigel mitbringen werde.

Um 20.00 Uhr telefoniere ich mit Brent Scowcroft im Weißen Haus. Ich unterrichte ihn über den Brief Gorbatschows an BK. Scowcroft reagiert sehr positiv: Das sei gut. Ich sage ihm, daß BK das Thema Wirtschaftshilfe für die Sowjetunion auf dem Weltwirtschaftsgipfel besprechen wolle. Zur Vorbereitung des NATO-Sondergipfels vereinbaren wir ein Zusammentreffen für Ende Juni.

In Moskau gibt heute Gorbatschow einen Bericht über seine Gipfelgespräche mit Bush und über den Warschauer Pakt-Gipfel vor beiden Häusern des Obersten Sowjet der UdSSR. Seine Rede enthält eine erkennbare Bewegung in Richtung auf die NATO-Mitgliedschaft des vereinten Deutschland.

Gorbatschow drückt erneut das sowjetische Verständnis für das Streben der Deutschen aus, in einem Staat leben zu wollen. Von der Lösung der äußeren Aspekte hänge die Zukunft des Friedens und der Sicherheit in Europa ab. Es müsse alles notwendige getan werden, damit auch unter den Bedingungen der in Europa stattfindenden radikalen Veränderungen die Sicherheit des Landes zuverlässig gewährleistet bleibe. Das sowjetische Vorangehen entspreche vollkommen den Interessen aller anderer Völker Europas einschließlich des deutschen Volkes.

Der Warschauer Pakt beginne nach jüngster Tagung des Politischen Beratenden Ausschusses in Moskau mit der Überprüfung seines eigenen Wesens in Übereinstimmung mit den Veränderungen der gesamten Situation in Europa. Deshalb erwarte die Sowjetunion, daß auch die NATO mit einem entsprechenden Prozeß beginne. Sie würden eine Veränderung der Militärdoktrin der NATO begrüßen, vor allem wenn dies bereits auf der bevorstehenden Sitzung des NATO-Rates in London stattfinden würde. Gorbatschow spricht davon, die Sicherheit des vereinigten Deutschlands auf zwei Stützen aufzubauen, nicht nur im Westen sondern auch im Osten. Als Hypothese nennt er eine Form einer assoziierten Mitgliedschaft des neuen deutschen Staates in zwei Bündnissen, solange es sie gebe. Eine solche Doppelmitgliedschaft könnte ein verbindendes Element, eine Art Vorläufer der neuen europäischen Strukturen sein.

Ausführlich setzt sich Gorbatschow mit den Argumenten von Bush auseinander. Abschließend stellt er fest, daß sie mit dem Beitritt eines geeinten Deutschland in der NATO einverstanden sein könnten, wenn die Deutschen eine »assoziierte Teilnahme« akzeptieren könnten.

Gorbatschow spricht selbst von einer »komplizierten Dialektik«. Wichtig ist seine Aussage, daß gemeinsame Lösungen gefunden werden müßten und die Suche nach solchen Lösungen fortgesetzt werden müßte.

BK erklärt heute öffentlich, daß er die Überlegung Gorbatschows für eine assoziierte Mitgliedschaft Gesamtdeutschlands in der NATO ablehne. Dieser Vorschlag sei nicht akzeptabel, weil er Sinn und Grundlage des westlichen Bündnisses völlig verkenne. Er schließt eine Art Nichtangriffspakt nicht aus, um die Sicherheitsinteressen der Sowjetunion zu gewährleisten. Das sei ein vernünftiger Weg. Er glaube jedoch nicht, daß ein solches Abkommen zwischen beiden Bündnissen abgeschlossen werden könne. Vielmehr müßten die einzelnen Mitglieder der KSZE jeder für sich zu entsprechenden Vereinbarungen kommen. Die Überlegungen zu dieser Frage seien noch nicht abgeschlossen.

Vor dem Auswärtigen Ausschuß des Senats erklärt Außenminister Baker, daß im Rahmen der amerikanisch-sowjetischen Beziehungen Fortschritte zur Erlangung eines ungeteilten und freien Europas und damit zu einem ungeteilten, freien Deutschland erzielt wurden. Ausführlich erläutert er noch einmal den amerikanischen Standpunkt zum deutschen Einigungsprozeß und zum zukünftigen Status des geeinten Deutschland.

Mittwoch, 13. Juni 1990

Für 11.00 Uhr hat BK Spitzenpolitiker der CDU/CSU zu einem Gespräch über die bevorstehende Bundestagsdebatte zur Oder-Neiße-Grenze eingeladen. Anwesend sind Dr. Dregger, Volker Rühe, Seiters, Schäuble, Dr. Czaja, Dr. Bötsch, Krause u. a. Die nächsten sechs bis acht Wochen werden von dramatischer Bedeutung sein, erläutert BK. Er liege nicht hinter den Büschen und treibe die Entwicklung an, sondern wir selbst seien die Getriebenen. Die Sorgen über die Entwicklung in der DDR steigen von Tag zu Tag. Die Probleme wachsen den Verantwortlichen in der DDR über den Kopf. Aus diesem Grunde sei er auch für eine Beschleunigung des Einigungsprozesses. Außerdem gebe es Kräfte in der DDR, die einen österreichischen Status anstreben würden. Hinzu käme das Beharrungsvermögen von Verantwortlichen. Das Problem in der DDR sei nicht die materielle Seite sondern die »verwundete Seele«.

Er erwarte, daß die DDR im Juli eine Entscheidung über den Beitritt nach Art. 23 GG treffen werde. Dann könnten gesamtdeutsche Wahlen zwischen dem letzten Sonntag im November und dem 13. Januar nächsten Jahres stattfinden. Sein Ziel seien gesamtdeutsche Wahlen im Dezember.

BK verweist auf die Umfragen, die in der deutschen Bevölkerung wenig Bereitschaft zu »Opfer« erkennen ließen. Nur noch ein Drittel der Deutschen sei zu Opfern für die DDR bereit.

Die 2+4-Gespräche werden nach Meinung des BK bis November abgeschlossen sein. Drei Regelungen seien deshalb jetzt erforderlich: (1) Die sowjetischen Truppen müßten für eine begrenzte Zeit auf dem DDR-Territorium verbleiben können; (2) für die gesamtdeutschen Streitkräfte müßte eine Obergrenze festgelegt werden; nach der NATO-Sonderkonferenz werde er die Verkürzung der Wehrdienstzeit auf 12 Monate bekanntgeben; (3) Anerkennung der Oder-Neiße-Grenze.

Mit aller Deutlichkeit weist BK daraufhin, daß es im Westen keinen Partner gebe – und das schließe die USA ein –, der nicht die Anerkennung der Oder-Neiße-Grenze fordere. Das gelte auch für die Regierungen in Ost-Europa. Wer deshalb gegen die Bundestagsentschließung über die Anerkennung der Oder-Neiße-Grenze sei, solle ihm sagen, wie er in diesem Fall die Einheit Deutschlands erreichen wolle. Klar sei, daß es keinen Friedensvertrag geben werde.

BK räumt ein, daß die polnische Haltung nicht erfreulich sei. Nach wie vor beharre die polnische Regierung auf Vertragsverhandlungen und auf die Vorbereitung eines Vertragsentwurfes. Er weigere sich jedoch, diesen Vorschlag zu akzeptieren. Er habe in dieser Frage international »die Notbremse« gezogen.

BK erläutert seine Ausführungen, die er in seiner Regierungserklärung am 21. Juni im Bundestag vortragen wolle. Es gebe eine klare Alternative: die Einigung Deutschlands könne in den bekannten Grenzen erreicht werden oder die 2+4-Verhandlungen werden scheitern. Er bittet die anwesenden Kollegen sehr herzlich, jetzt den Weg zur deutschen Einheit zu gehen. Was er vorschlage, sei die einzige Möglichkeit, die deutsche Einheit zu erreichen.

Dr. Dregger erklärt die vorliegende Entschließung als ziemlich optimal, weil ein geeintes Deutschland auf gleichberechtigter Ebene mit Polen verhandeln könne. Das schließe die Fragen der Freizügigkeit und anderer Rechte der deutschen Minderheit ein. Der Grenzverlauf sei nicht zu ändern, aber nach der Einigung Deutschlands gebe es darüber hinaus Verhandlungsbedarf mit Polen.

BK bekräftigt noch einmal, daß es ein Akt der Ehrlichkeit sei, jetzt ausdrücklich festzustellen, daß mit der vorliegenden Entschließung des Bundestages die Grenzfrage endgültig entschieden sei.

Dr. Bötsch stimmt ausdrücklich zu. Sicherlich sei es eine bittere Stunde, daß die Grenze jetzt endgültig geregelt werde. Das sei aber eine Folge des Zweiten Weltkrieges. Auch er weist daraufhin, daß in einem Vertrag auch andere Fragen geklärt werden müßten.

Harte Kritik übt der Berliner Bundestagsabgeordnete und Vertriebenenpolitiker Dewitz. BK könne von ihm eine bedingungslose Anerkennung der Oder-Neiße-Grenze nicht verlangen.

BK reagiert sehr leidenschaftlich. Es gehe nicht um seine Person als BK. Er sei jetzt 15 Jahre Regierungschef und deshalb sei die Frage, ob er Kanzler bliebe, für ihn von relativer Bedeutung. Jetzt gehe es aber um die Chance, einen Traum zu verwirklichen. Voraussetzung dafür sei die Anerkennung der Oder-Neiße-Grenze. In den USA gebe es eine große Welle der Deutschfreundlichkeit, aber in der Grenzfrage stoße man auf eine Stahlwand. Er habe Verständnis, daß einige Kollegen nicht zustimmen könnten. Entscheidend sei aber Form und Stil, wie sie ihre Ablehnung begründen und vortragen würden. Jetzt gehe es um eine Abstimmung im Bundestag und nicht darum, sich innerparteilich zu profilieren. Für ihn sei deshalb eine Ablehnung der Entschließung nur akzeptabel, wenn sie von den unmittelbar Betroffenen erfolge.

Dr. Czaja würdigt ausdrücklich, daß BK sehr lange und entschieden einen tragbaren Ausgleich zwischen den Vertriebenen und den Polen angestrebt habe. BK kämen historische Verdienste zu. Mit seiner 10-Punkte-Rede im November habe er die Weichen richtig gestellt. Das sei ganz entscheidend gewesen. Auch das vorgelegte Tempo sei richtig gewesen. Czaja begrüßt die entschiedene Position des BK zur NATO und seine klare Haltung gegenüber Gorbatschow. Er erkenne an, daß BK offen gesagt habe, daß die Bundestagsentschließung die endgültige Anerkennung der Oder-Neiße-Grenze zur Folge habe. Er stimme BK zu, daß eine Ablehnung maßvoll und vorwärtsgerichtet erfolgen müsse.

Insgesamt verläuft das Gespräch sehr sachlich und in einem erfreulichen Klima. BK hat in der polnischen Grenzfrage geschaffen. Damit sind die letzten Möglichkeiten für Mißverständnisse ausgeräumt. Das wird auch seine Position öffentlich stärken. Ich bin sehr erleichtert.

Um 17.00 Uhr spreche ich mit dem politischen Direktor des AA, Dr. Kastrup. Er berichtet mir über die Gespräche Genschers mit Schewardnadse in Brest. Besonders unterstreicht er die Bedeutung des Ortes der Begegnung. Die Tatsache, daß Genscher bereit war, sich mit Schewardnadse in Brest zu treffen und das Grab seines Bruders Akakij zu besuchen, der als Oberfeldwebel schon in den ersten Tagen des deutschen Überfalls ums Leben gekommen sei, sei für Schewardnadse von besonderer Symbolbedeutung gewesen und habe sich außerordentlich positiv auf das Klima ausgewirkt.

Ich erkläre, daß ich das in keiner Weise in Zweifel ziehe. Im Gegenteil! Ich bin sehr überzeugt, daß es so gewesen sei. Das Bundeskanzleramt sei auch nie gegen eine Begegnung in Brest gewesen. Wir hätten allerdings die polnischen Proteste durchaus zur Kenntnis genommen. Dennoch werde er in der deutschen Presse nirgendwo lesen, daß Genscher ins Fettnäpfchen getreten sei und das Bundeskanzleramt verärgert sei oder daß im AA Laienschauspieler arbeiten würden. Wir hätten dagegen schon häufiger lesen können, daß das Auswärtige Amt über uns verärgert sei. Ich bin überzeugt, daß BK bei einer vergleichbaren Geste und aufgrund kritischer Stimmen in Polen den Vorwurf sich zugezogen hätte, nicht sensibel genug gegenüber den polnischen Gefühlen zu sein. Im Falle von Genscher schreibt die »Frankfurter Rundschau« von einer »sensiblen Geste in schwierigem Gelände«. So unterschiedlich kann man solche symbolischen Gesten bewerten.

Kastrup berichtet, daß Genscher und Schewardnadse über die Bündniszugehörigkeit Deutschlands gesprochen hätten. Verschiedene Varianten seien diskutiert worden, so ein Austritt Deutschlands aus der NATO; die Umwandlung des Bündnisses u. a. m. Das Ziel sei jetzt die Neugestaltung der Beziehungen zwischen beiden Bündnissen. Genschers Position sei die, das es nicht um eine Neugestaltung der Beziehungen zwischen den Bündnissen sondern zwischen den Mitgliedsländern beider Bündnisse gehen müsse. Schewardnadse sei in dieser Frage offen gewesen.

Genscher habe deutlich gemacht, daß es in Europa keine Zone unterschiedlicher Sicherheit geben dürfe. Das habe Schewardnadse nicht zurückgewiesen.

Schewardnadse habe eine Übergangsperiode für die Zeit nach der Einigung Deutschlands auf der Grundlage der Vier Mächte-Rechte vorgeschlagen. Erst nach Vollzug bestimmter Entscheidungen wie Abzug der sowjetischen Truppen sollten die Vier Mächte-Rechte abgelöst werden. Genscher habe sich massiv dagegen gewandt. Es dürften keine offenen Fragen zurückbleiben. Wenn es Übergangslösungen geben müsse, dann müßten sie auf bilateraler Ebene vereinbart werden.

Schewardnadse habe angekündigt, daß sich die sowjetischen Truppen aus der DDR nur zurückziehen werden, wenn auch die alliierten Streitkräfte ganz oder auf symbolische Größe reduziert werden.[239] Dagegen habe Genscher jede Parallelität zurückgewiesen.

Beide hätten über die zukünftige Obergrenze für deutsche Streitkräfte gesprochen. Genscher habe sich für Regelungen ausgesprochen, die alle Staaten einbezögen, bei denen Festlegungen auf Obergrenzen Auswirkungen auch auf Deutschland hätten. Diese Frage müsse jedoch in Wien verhandelt werden, damit die Deutschen nicht singularisiert oder diskriminiert würden. Das Ergebnis müsse bei den 2+4-Gesprächen zur Kenntnis gebracht werden. Weder Genscher noch Schewardnadse hätten Zahlen für eine deutsche Obergrenze in die Diskussion eingeführt. Schewardnadse habe sich mit diesem Vorschlag einverstanden erklärt. Jetzt gehe es darum, über die Frage der zukünftigen Obergrenze deutscher Streitkräfte in Wien zu sprechen.

Kastrup spricht davon, daß noch drei »Knackpunkte« offen seien: Das sei die Bündniszugehörigkeit eines geeinten Deutschlands; der Zeitpunkt der Beendigung der Vier Mächte-Rechte und die zukünftige Obergrenze der deutschen Streitkräfte. Dagegen sei die Frage der Nuklearsysteme in Europa in Brest nicht angesprochen worden.

Genscher übermittelt Seiters heute ein Schreiben mit Empfehlungen zur qualitativen Ausgestaltung der deutsch-sowjetischen Beziehung. Der Inhalt sei mit dem »BMWi, BMF,

239 Das zusätzliche Wort »würden« wurde gestrichen.

BMFT und BMU« abgestimmt worden. Nach seiner Ansicht können die Festschreibung des Fortbestandes der vertraglichen Grundlagen und deren Fortschreibung mit wesentlichen Teilen zur wirtschaftlichen und wissenschaftlich-technischen Zusammenarbeit zu einer umfassenden Kooperationsvereinbarung verbunden werden. Genscher schlägt vor, mit der Ausarbeitung einer solchen Vereinbarung sofort zu beginnen, so daß sie kurz nach der Vereinigung in Kraft gesetzt werden könne.

Meine Mitarbeiter und ich halten diesen Vorschlag für völlig unzureichend. Es ist eine reine Fleißarbeit der Ressorts, die sehr penibel konkrete Möglichkeiten der Kooperation aufgelistet haben. Das kann und muß man alles machen, aber entspricht entweder unseren noch den sowjetischen Vorstellungen eines umfassenden und grundlegenden historischen Vertragswerkes. Wir sind froh, daß wir selbst mit den Vorbereitungen begonnen haben.

BK erhält einen Brief von Präsident Bush. Dieser berichtet über seine Gespräche mit MP de Maizière am 11. Juni in Washington. Die Gespräche seien sehr freundschaftlich und offen gewesen. Er bestätigt de Maizières Nachdenklichkeit und einen ausgeprägten Sinn für Verantwortung.

Er habe gegenüber de Maizière deutlich herausgestellt, daß die 2+4-Gespräche die Vier Mächte-Rechte ablösen müßten und daß ein vereintes Deutschland zum Zeitpunkt der Vereinigung volle Souveränität genießen sollte, ohne diskriminierende Auflagen und ohne Singularisierung durch einen besonderen Status. In diesem Zusammenhang habe er seine Besorgnis über den Textentwurf einer abschließenden Regelung[240] zum Ausdruck gebracht, wie er von der DDR bei den 2+4-Gesprächen auf Beamtenebene am 9. Juni vorgelegt worden sei. Er habe de Maizière gesagt, daß es sein fester Wille sei, daß ein Abschlußdokument Fragen wie die der deutschen Bündniszugehörigkeit oder andere wesentliche Fragen der Sicherheit nicht festlegen solle, die viele andere Staaten berühren, die NATO-Mitglieder eingeschlossen.

De Maizière habe sich weder unterstützend noch zurückweisend zum[241] Papier seines Außenministers geäußert. Dagegen habe er sich jedoch von der Idee seines Außenministers distanziert, eine »Pufferzone« in Zentraleuropa einzuführen. Der Brief von Bush macht deutlich, daß der Präsident über die Haltung de Maizières zu Fragen der NATO-Mitgliedschaft und des zukünftigen militärischen Status Gesamtdeutschlands unsicher ist. So ist die Unterrichtung des BK zu verstehen, dessen Meinung er dazu hören möchte. Offensichtlich müssen sie sich zusammen mit den Briten und Franzosen darauf konzentrieren, de Maizière unsere Sicht über die beste Vorgehensweise in den 2+4-Gesprächen zu erläutern, meint Bush.

BK schickt heute ein Schreiben an alle Kollegen in der EG und an alle Teilnehmer des Weltwirtschaftsgipfels in Houston und bittet sie, bei den bevorstehenden Begegnungen auf dem Europäischen Gipfel wie auf dem Weltwirtschaftsgipfel die Lage in der Sowjetunion vertieft zu erörtern. Er weist auf die außerordentlich schwierige Phase der sowjetischen Wirtschaft und auf die negativen Rückwirkungen für die internationale Finanzposition der Sowjetunion hin. Gorbatschow habe ihn wissen lassen, daß ein Erfolg der sowjetischen Reformen nicht nur für die Sowjetunion sondern für ganz Europa und für die Lage in der Welt insgesamt von entscheindender Bedeutung sei. In diesem Sinne habe er auch um Unterstützung der westlichen Partnerländer bei der Verwirklichung der sowjetischen

240 Handschriftlich korrigiert die Formulierung »über die abschließende Regelung«.
241 Handschriftlich korrigiert wurde »gegenüber dem«.

Reformen nachgesucht, auch in Form von langfristigen Krediten. BK teilt seinen Kollegen mit, daß Gorbatschow damit die Bitte an ihn verbunden habe, bei der Organisation eines »breiten Konsortiums zu helfen«.

BK weist darauf hin, daß es seine Überzeugung sei, daß es im gemeinsamen Interesse liege, die Politik Gorbatschows nach besten Kräften zu unterstützen. Deshalb sollte das Ergebnis der Gipfelbegegnung nicht nur ein politisches, sondern auch ein wirtschaftliches Signal des Willens zur Zusammenarbeit mit der Sowjetunion sein. Die westlichen Partnerländer könnten an diese Aufgabe nur gemeinsam herangehen. Sie sollten konkrete Schritte ins Auge fassen, die Eingliederung der Sowjetunion in die weltweite Arbeitsteilung zu erleichtern und sie näher an die internationalen Wirtschaftsorganisationen und Finanzinstitutionen heranzuführen.

Er teilt ihnen mit, daß Gorbatschow um eine kurzfristige Kreditaktion deutscher Privatbanken gebeten habe, für die die Bundesregierung bürgen werde. Dabei dränge er darauf, daß die Sowjetunion auch ihrerseits in den Fragen, die sich auf dem Wege zur deutschen Einheit stellen, konstruktiv herangehe. Das gelte insbesondere auch für die Verankerung eines künftigen geeinten Deutschlands in der NATO und in der EG.

Mit dieser Initiative mobilisiert BK den bevorstehenden EG-Gipfel und Weltwirtschaftsgipfel, damit diese Zeichen setzen, die auch für den deutschen Einigungsprozeß hilfreich sein können. Die bevorstehenden Gipfel der EG, der G7 und der NATO sind Dominosteine, um Probleme auf dem Weg des deutschen Einigungsprozesses zu lösen bzw. Lösungen zu ermöglichen und zu erleichtern.

Donnerstag, 14. Juni 1990 (Fronleichnam)

Politikfreier Tag. Heute wird nur gefeiert. Ich habe das 50ste Lebensjahr erreicht. Gerhild, meine Frau, hat ein großes Fest vorbereitet. Rund 70 Verwandte, Freunde und einige wenige Kollegen feiern mit uns bis in die späte Nacht. Auch BK ist gekommen. Seine Geburtstagsrede ist freundschaftlich, aber spricht auch aus, daß ich nicht immer ein bequemer Mitarbeiter bin.

Meine Antwort: Gerhild und ich haben die Menschen eingeladen, von denen wir hoffen, daß sie Freunde bleiben, auch wenn ich nicht mehr im Bundeskanzleramt tätig sein sollte.

Freitag, 15. Juni 1990

Um 8.30 Uhr hat BK mich einbestellt, um mit mir noch einmal über seine Regierungserklärung zur Polen-Entschließung des Bundestages zu sprechen. Der Entschließungsentwurf des Bundestages ist soweit mit allen Fraktionen abgestimmt.

BK wünscht einen Redeentwurf, der sehr ausführlich auf die deutsch-polnischen Beziehungen eingehen soll, er will eine »große Rede«.

9.00 Uhr: BK empfängt den sowjetischen Botschafter Terechow. Dieser überbringt herzliche Grüße des Präsidenten, des Ministerpräsidenten und des Außenministers. Er habe den Auftrag, BK zwei Schreiben zu übermitteln.

Den ersten Brief hätte er vor seiner Abreise aus Moskau als Botschaft für BK erhalten. Sie nimmt Bezug auf das Schreiben des BK vom 24. April, das in Einklang mit seinen Überlegungen stehe, schreibt Gorbatschow. In der Tat seien die mit der deutschen Einheit verbundenen Fragen für ganz Europa relevant. Deshalb sei es jetzt notwendig, auch die

Lösungen im Geiste und im Rahmen des gesamteuropäischen Prozesses, auf dem Wege der Überwindung des Blocksystems und der Gestaltung neuer Sicherheitsstrukturen zu suchen. Gorbatschow gibt seiner Hoffnung Ausdruck, daß die 2+4-Verhandlungen in diesem Geiste geführt werden.

Den Wunsch des BK nach einem umfassenden bilateralen Vertrag bezeichnet Gorbatschow als eine breit angelegte Aufgabe von großer internationaler Bedeutung. Für mehrere Jahrzehnte werde das politische Klima in Europa in vieler Hinsicht von den Entscheidungen abhängen, die von beiden Seiten getroffen würden. Gorbatschow spricht von der beiderseitigen Bereitschaft, den Weg beider Völker in das kommende Jahrhundert auf einer qualitativ neuen Grundlage zu erleichtern.

Das zweite Schreiben Gorbatschows sei heute nacht eingegangen und enthalte die Antwort auf den Brief des BK vom 12. Juni 1990. Gorbatschow stellt mit Genugtuung fest, daß die zwischen ihnen beiden erörterten Fragen operativ und im Geiste des Wunsches nach gegenseitigem Entgegenkommen gelöst werden. Das sei in der jetzigen komplizierten Etappe der Entwicklung wichtig. Er schlägt vor, daß Verhandlungen über den ungebundenen Finanzkredit innerhalb von zwei Tagen beginnen sollten.

Sehr vorsichtig reagiert Gorbatschow auf den Hinweis des BK, daß damit auch die Probleme im Rahmen der 2+4-Verhandlungen erleichtert würden. Gorbatschow bezeichnet sie als die zweifelsohne komplizierteren Probleme, deren Behandlung und Regelung im Rahmen der Prozesse stattfinden, die bereits begonnen hätten. Gorbatschow würdigt die Bereitschaft des BK, auf den Treffen der EG und der G7 für die finanzielle Unterstützung der sowjetischen Reformpolitik einzutreten. Er hält es für sehr geboten, die gegenseitige Zusammenarbeit bei strikter Respektierung der gegenseitigen Interessen zu vertiefen. In diesem Zusammenhang unterstreicht Gorbatschow die Bedeutung der Treffen beider Außenminister, die den Grad der Übereinstimmung erhöhen würden.

Gorbatschow schlägt noch einmal den Zeitraum vom 15. bis zum 20. Juli für eine Begegnung in der Sowjetunion vor, bei der die politischen Probleme, die BK in seinem Brief angesprochen habe, offen und konstruktiv behandelt werden könnten. In diesem Zusammenhang weist er auch auf die große Bedeutung der Ergebnisse des Gipfeltreffens der NATO in London[242] hin.

Als wichtigste Frage der bevorstehenden Begegnung bezeichnet Gorbatschow das Gespräch über die neuen Beziehungen der Sowjetunion mit dem künftigen geeinten Deutschland. Er sei der gleichen Ansicht wie BK, daß ein qualitativer Wandel notwendig und fällig sei. Gorbatschow gibt seiner Hoffnung Ausdruck, daß die endgültige Vereinbarung über das Wesen und den Inhalt eines solchen Schrittes als Signal dienen soll, gleich nach Abschluß der Verhandlungen der »Sechs« und der Durchführung des gesamteuropäischen Gipfeltreffens gemeinsam einen neuen Abschnitt zu eröffnen.

BK holt seinen Kalender und schlägt Terechow vor, daß er am 15. Juli nach Moskau anreisen und am 16. Juli Gespräche mit Gorbatschow führen könne. Jetzt steht endgültig fest, daß im Juli ein Zusammentreffen erfolgen wird. Von sowjetischer Seite ist bisher keine Aussage erfolgt, wo das Treffen stattfinden solle. Noch immer hoffe ich, daß die Gespräche in der Heimat Gorbatschows stattfinden werden.

242 Ab 6. Juli 1990 fand der Gipfel des Nordatlantikrats der Staats-und Regierungschef der Mitgliedsländer in London statt, siehe Anmerkung 279, S. 470.

Beide Briefe unterstreichen die Bereitschaft Gorbatschows, weiterhin konstruktiv aufeinander zuzugehen und nach gemeinsamen Lösungen zu suchen. Der multilaterale sowie bilaterale Rahmen ist abgesteckt. Damit sind gewissermaßen die Instrumente bekannt, mit Hilfe derer eine Lösung der Probleme im Rahmen der deutschen Einigung möglich sein sollte. Niemand weiß aber zur Stunde, wie die konkrete Lösung aussehen wird.

10.00 Uhr: BK spricht mit dem Staatspräsidenten Kameruns, Paul Beya, der zu einem Privatbesuch in der Bundesrepublik weilt. BK gratuliert Beya zum Sieg der kamerunischen Fußballnationalmannschaft über den amtierenden Weltmeister Argentinien bei der Fußballweltmeisterschaft in Italien.[243] Wesentliche Sorge Beya's ist, daß aufgrund der Entwicklung in der Sowjetunion, in Ost-Europa und in der DDR die Hilfe gegenüber Kamerun und anderen Ländern der Dritten Welt reduziert werden könnte. Beya bittet um einen »Kredit«. Wer kommt gegenwärtig nicht nach Bonn und frägt nicht um konkrete wirtschaftliche und finanzielle Hilfe an?

Montag, 18. Juni 1990

Am Vormittag sprechen BK und MP de Maizière vor dem Bundesausschuß, dem kleinen Parteitag der CDU. Beide vertreten die Ansicht, daß 1990 das Jahr der deutschen Einheit werde.

Danach hat BK erneut eine Redebesprechung für seine Regierungserklärung am kommenden Donnerstag zur Polen-Entschließung anberaumt. Schon lange hat er sich nicht mehr so intensiv um eine Rede gekümmert. Er weiß, daß diese Rede vor allem für die Wähler und Mitglieder von CDU und CSU von besonderer Bedeutung sein wird. Wir gehen Satz für Satz des Redeentwurfs durch.

Am Nachmittag spreche ich mit Mr. Cradock, dem außenpolitischen Berater von PM Thatcher in Downing Street. Wir stimmen unsere Positionen über die 2+4-Gespräche ab und über den Vorschlag des BK, eine Nichtangriffserklärung zwischen den Staaten der NATO und des Warschauer Paktes auf dem NATO-Sondergipfel in London zu verabschieden. Ich erläutere die Interessen der Bundesregierung auf diesem Gipfel.

Wichtig finde ich unsere Übereinstimmung, daß die Frage der Nuklearsysteme in Europa zuallererst im Rahmen einer Vereinbarung beider Weltmächte über ein substrategisches Minimum behandelt werden solle. Ein weiteres Thema ist die wirtschaftlich-finanzielle Zusammenarbeit mit der Sowjetunion. Ich bin überrascht und erfreut über die große Übereinstimmung unserer Positionen.

Heute ist eine Botschaft von PM Thatcher an BK eingetroffen. Sie berichtet über ihre Gespräche mit Gorbatschow am vergangenen Freitag. Sie habe Gorbatschow selbstsicher, ja überschwenglich – vielleicht nur ein klein bißchen weniger als sonst – und als Herr der Lage angetroffen.

Schwerpunkt ihres Gespräches sei die Sicherheit Europas und die NATO-Mitgliedschaft Deutschlands gewesen. Thatcher berichtet, daß sich Gorbatschows Gedanken zu diesem Thema noch in der Entwicklung befänden. Es gebe Ungereimtheiten und Widersprüche.

243 Bei der Fußball-Weltmeisterschaft in Italien besiegte Kamerun Argentinien mit 1:0 in der Gruppe B am Freitag den 8. Juni 1990 im Giuseppe Meazza-Stadion in Mailand vor 73.780 Zuschauer durch ein Kopfballtor von François Omam-Biyik auf Vorarbeit von Cyrille Makanaky in der 67. Minute. Bei der Abwehr handelte es sich um einen Fehler des argentinischen Torhüters Fabián Cancelarich. Das Spiel war seitens Kameruns mit äußerster Härte geführt worden, so dass es zwei Platzverweise gab.

Bemerkenswert findet Thatcher zu Recht, daß er während ihrer Gespräche und auf der gemeinsamen Pressekonferenz sehr sorgfältig vermieden habe, davon zu sprechen, daß ein vereinigtes Deutschland nicht Mitglied in der NATO sein solle. Er habe aber sehr viel von der Notwendigkeit gesprochen, daß den Sicherheitsinteressen der Sowjetunion Rechnung getragen werden müsse, eine gesamteuropäische Sicherheitsorganisation erarbeitet werden solle, die über die Grenzen sowohl der NATO als des Warschauer Paktes hinausgehen würden. Thatcher glaubt aber festgestellt zu haben, daß auch Gorbatschow erkannt habe, daß das keine praktische Lösung für die absehbare Zukunft darstelle.

Gesprochen hätten sie auch über den Vorschlag einer gemeinsamen Erklärung der NATO und des Warschauer Paktes. Thatcher sieht darin gute Möglichkeiten. Sie schlägt vor, eine solche Erklärung zu entwerfen, die den Sowjets helfen könne, die NATO-Mitgliedschaft eines geeinten Deutschland zu akzeptieren. Ihres Erachtens werde Gorbatschow dazu auch bereit sein.

Es ist nicht überraschend, daß PM Thatcher auch die weitere Notwendigkeit einer nuklearen Abschreckung anspricht. Erfreulicherweise hat die sowjetische Führung dieses Thema bisher in keinem Gespräch oder in Veröffentlichungen aufgegriffen.

PM Thatcher berichtet über eine lebhafte Debatte mit Marschall Jasow und dem sowjetischen Generalstab. Beeindruckend sei, daß sie die Frage der deutschen NATO-Zugehörigkeit und das Thema Nuklearwaffen ganz realistisch einschätzen würden. Dagegen seien sie von den praktischen Problemen des Rückzugs aus Ost-Europa und ihrer schwindenden Streitkräfte etwas überwältigt.

Anschließend spreche ich zusammen mit meinen Kollegen mit NATO-Botschafter von Ploetz und Vertretern des Auswärtigen Amtes. Es geht um die Vorbereitung einer NATO-Gipfelerklärung.[244] Von Ploetz ist aus meiner Sicht einer der fähigsten, kreativsten und eigenständigsten Beamten und Botschafter des Auswärtigen Amtes. Deshalb bin ich auch nicht überrascht, daß wir uns auf den möglichen Inhalt einer solchen NATO-Gipfelerklärung rasch einigen. Aus unserer Sicht soll der Inhalt sich auf folgende Themen beziehen: KSZE-Fragen; gemeinsame Erklärung zwischen NATO und Warschauer Pakt-Staaten; Abrüstung und Rüstungskontrolle sowohl im konventionellen als auch im nuklearen Bereich; die Überprüfung der NATO-Militärstrategie und -struktur; die politische Rolle der Allianz; deutschlandpolitischer Passus.

Wir sind uns einig, daß wir uns unbedingt mit unseren Partnern in Washington abstimmen müssen. Dies müsse noch in diesem Monat geschehen.

Heute trifft Genscher in Münster zum 8. Mal in diesem Jahr mit Schewardnadse zusammen. Es geht um die Vorbereitung der zweiten Ministerrunde im Rahmen der 2+4-Gespräche, die am 22. Juni in Ost-Berlin fortgesetzt werden sollen.

Schewardnadse übergibt Genscher sowjetische Überlegungen für eine vertragliche Grundlage über die neuen Beziehungen zwischen dem Warschauer Vertrag und der NATO. Dieser Vorschlag sei am 13. Juni auch an Baker übermittelt worden.

Die sowjetische Seite nennt die Prinzipien, auf denen die Vereinbarung beruhen sollte: Die Mitglieder beider Pakte sollen sich nicht mehr als Gegner betrachten; sie sollen zusammenarbeiten und bündnisübergreifende Strukturen der Sicherheit und der Stabilität schaffen; der Helsinki-Prozeß solle entwickelt werden; die Mitgliedschaft in einem Bündnis dürfe nicht mehr Hindernis für die Mitgliedschaft in einem anderen Bündnis sein. Völliger

244 Siehe Anmerkung 279, S. 470.

Verzicht auf jegliche Territorialansprüche und Bestätigung der Unverletzlichkeit der bestehenden Grenzen in Europa.

Verzicht aller auf Gewalt oder Gewaltandrohung, auf Ersteinsatz[245] von Nuklearwaffen; keinen Beistand für jene, die Gewalt anwenden; weitere Reduzierung der Waffen.

Durchsetzung des Prinzips der Verteidigungshinlänglichkeit durch Reduzierung der Streitkräfte und Veränderung der Strukturen; völlige Abschaffung der Nuklearwaffen in einer Reichweite unter 500 km.[246]

Dieses »Gesamtpaket« wird von der sowjetischen Seite in einen politischen und logischen inneren Zusammenhang mit der deutschen Vereinigung gestellt und soll im Rahmen der 2+4-Gespräche und von Vereinbarungen auf anderen Foren einer Lösung zugeführt werden. Dazu werden folgende Themen genannt: Festlegung einer Obergrenze für die Streitkräfte Deutschlands; Verzicht Deutschlands auf ABC-Waffen; Sonderstatus des Territoriums der DDR, das nicht zur »NATO-Zone« gehören wird; weiterer Aufenthalt sowjetischer Truppen und ihr allmählicher Abbau; parallel zu den Reduzierungen der sowjetischen Truppen in der DDR sollen die ausländischen Truppen auf dem Territorium der Bundesrepublik reduziert werden. Damit stellt die sowjetische Seite die Parallelität her, die Präsident Bush immer wieder befürchtet hat.

Schewardnadse bezeichnet in diesem Papier alle diese Überlegungen als Grundlage für den Beginn der Arbeit und nicht als Wahrheit in letzter Instanz. Er möchte darüber nicht nur mit den USA, sondern auch mit anderen Mitgliedstaaten der NATO und des Warschauer Vertrages, sowie mit neutralen, nicht-paktgebundenen Ländern Europas[247] sprechen.

Heute haben sich die Koalitionsfraktionen von CDU/CSU/FDP und die SPD auf einen Entschließungsantrag zur polnischen Westgrenze geeinigt. Am Donnerstag soll darüber im Bundestag abgestimmt werden. Gleichzeitig soll der Staatsvertrag mit der DDR verabschiedet werden. Die überwiegende Mehrheit der SPD will nach dem neuesten Stand auch dem Staatsvertrag zustimmen. Damit wären wichtige Hürden auf dem Weg zur deutschen Einigung überwunden.

Dienstag, 19. Juni 1990

Im heutigen Koalitionsgespräch einigen sich CDU/CSU und FDP darauf, die gesamtdeutsche Wahl am 2. oder 9. Dezember durchzuführen. Die Landtagswahlen in der DDR sollen am 23. September stattfinden.

Um 8.30 Uhr teilt mir Herr Kopper, Sprecher der Deutschen Bank, mit, daß die Verhandlungen über einen Kreditvertrag gestern in Moskau abgeschlossen worden seien. Der Vertrag sei bereits von beiden Seiten parafiert worden, um das Ergebnis, so weit als möglich, festzuschreiben. Der Vertragsentwurf belaufe sich auf eine Kredithöhe von 6 Milliarden. Diese Summe entspreche dem Wunsch der sowjetischen Seite. Nach Aussage von Herrn Kopper brenne es in Moskau. Die sowjetische Seite wolle den Vertrag sofort unterschreiben. Ich sage Unterrichtung des BK und rasche Antwort zu.

245 Handschriftlich gestrichen wurde der zweite Wortteil »Erstanwendung«.

246 Handschriftlich gestrichen wurde »u. a. m.«

247 Die neutralen und nichtpaktgebundenen (N+N-)Staaten waren Finnland, Irland, Malta, Österreich, Schweden, die Schweiz, Jugoslawien und Zypern.

Anschließend ruft mich der politische Direktor im AA, Dr. Kastrup, an und unterrichtet mich über das gestrige Gespräch Genschers mit Schewardnadse in Münster. Es schäle sich immer stärker heraus, daß die Umgestaltung der Beziehungen zwischen NATO und Warschauer Pakt für die Sowjetunion der Weg sei, die deutsche NATO-Mitgliedschaft akzeptieren zu können. Schewardnadse habe nach wie vor offen gelassen, ob ein Abkommen oder eine Erklärung verhandelt werden solle. Schewardnadse habe ein Papier überreicht, daß er an alle Außenminister der NATO und des Warschauer Paktes gesandt habe.

Genscher habe mit Schewardnadse über alle Bereiche der bilateralen Beziehungen gesprochen. Das Gespräch zwischen BK und Gorbatschow sei jetzt auf den 15./16. Juli festgelegt. Über den Ort der Begegnung ist immer noch nichts ausgesagt worden.

In einem Interview im sowjetischen Fernsehen erklärte Schewardnadse nach seinem Gespräch mit Genscher, daß sich bei vielen Problemen eine gewisse Annäherung abzeichne. Das betreffe besonders dem gesamteuropäischen Prozeß, die Ausgestaltung gesamteuropäischer Strukturen und die künftigen Beziehungen zwischen den militärisch-politischen Bündnissen. Es entstehe ein guter und inhaltlicher Dialog. Auch im Bereich der bilateralen Beziehungen habe sich eine interessante Richtung abgezeichnet.

Um 10.00 Uhr erfolgt eine weitere Redebesprechung mit BK über seine Regierungserklärung am Donnerstag zum Abschluß des Staatsvertrages, zu den äußeren Aspekten der deutschen Einigung und zur Polen-Entschließung des Bundestages. Überraschenderweise schlägt BK vor, die Idee eines Freundschaftsvertrages mit Polen in seiner Rede aufzunehmen.

Mittags geht der Entwurf des Kreditvertrages der Deutschen Bank mit der Bank for Foreign Economic Affairs of the USSR ein. Ich leite den Entwurf sofort an Finanzministerium, Auswärtiges Amt und Wirtschaftsministerium zur Prüfung und zur Vorbereitung des Ministergesprächs mit BK weiter. BK will morgen um 8.15 Uhr darüber sprechen.

Heute findet die dritte Gesprächsrunde über Finanzierungsfragen der Westgruppe der sowjetischen Streitkräfte in der DDR statt. Delegationsleiter sind auf deutscher Seite Staatssekretär Dr. Lautenschlager und auf sowjetischer Seite der stellvertretende Außenminister Obminskij. Über das Ergebnis soll morgen im Rahmen einer Ministerbesprechung mit BK abschließend beraten werden. Dabei geht es vor allem um die Finanzierung der sowjetischen Truppen in der DDR für 1990 in Höhe von 1,4 Mrd. DM.

In einem Fernsehinterview stellt der französische AM Dumas fest, daß der Eingungsprozeß in Deutschland sich beschleunige. BK Kohl drücke sehr energisch aufs Tempo. In der DDR lägen seiner Meinung nach die Dinge ein wenig anders. Wichtig ist aber seine Erkenntnis, daß das deutsche Volk von Gedanken beseelt sei, seine Einheit zu vollenden. Das Interview drückt das Unbehagen von Dumas über das Tempo der Einigung aus.

In der ZDF-Sendung: »Was nun Herr Kohl?« bestätigt BK, daß der Zug in der DDR in Richtung deutsche Einheit an Tempo gewonnen habe. Er bezieht sich dabei auf die gestrige Abstimmung in der Volkskammer über Art. 23 GG, die er als eine Art Generalprobe bezeichnet. Als möglichen Wahltermin für gesamtdeutsche Wahlen nennt er den Zeitraum Dezember/Anfang Januar. Gleichzeitig spricht er sich dafür aus, die inneren und äußeren Aspekte der Einheit parallel zu behandeln.

BK gibt in diesem Interview zu, daß er den Zeitablauf für den deutschen Einigungsprozeß insgesamt falsch eingeschätzt habe, als er im November seine 10-Punkte-Rede im Bundestag gehalten habe. Ursprünglich sei er von einem Zeitraum bis 1993/94 ausgegangen. Doch die Entwicklungen seien anders verlaufen.

Mittwoch, 20. Juni 1990

8.15 Uhr Ministergespräch beim BK: Genscher, Haussmann, Dr. Waigel, Dr. Köhler und ich nehmen teil. Es geht um den Kreditvertrag mit der Sowjetunion. BK spricht sich für eine Bürgschaft der Bundesregierung aus. Das sei in dieser konkreten Situation erforderlich. Er besteht allerdings darauf, daß es bei der ursprünglich besprochenen Gesamthöhe von 5 Milliarden bleiben müsse. Die Bedingungen müßten die gleichen wie beim Kredit für Ungarn sein. Der Haushaltsausschuß des Bundestages müßte noch am Freitag dieser Woche eingebunden werden. Danach solle die Entscheidung öffentlich bekannt gegeben werden. Köhler und ich werden beauftragt, eine Presseerklärung vorzubereiten.

Zweiter Teil des Gesprächs bezieht sich auf die Finanzierungsfragen für die Westgruppe der sowjetischen Streitkräfte in der DDR. Genscher trägt das Ergebnis der gestrigen Verhandlungen mit dem sowjetischen stellvertretenden Außenminister Obminskij vor. Er tritt für die Bedienung des laufenden Abkommens der DDR mit der Sowjetunion für 1990 ein. Die Größenordnung betrage 1,4 Mrd. DM. Dr. Waigel tritt dafür ein, den Betrag auf eine Milliarde zu reduzieren. BK stimmt dem zu, daß wenigsten der Versuch dazu gemacht werden müsse.

Beim dritten Punkt geht es um die Frage eines Schuldenerlasses für Polen. Alle sind sich einig, daß zum jetzigen Zeitpunkt gegenüber Polen keine neuen finanziellen Optionen in Aussicht gestellt werden sollten. Genscher spricht sich dafür aus, daß erst die polnische Reaktion auf die Bundestagsentschließung abgewartet werden solle.

Zum Schluß wird die Kreditanfrage aus Ungarn besprochen. Dort ist eine Finanzierungslücke von 800 Millionen entstanden. Damit besteht die Gefahr, daß Ungarn in die Umschuldung getrieben wird. BK tritt dafür ein, Ungarn zu helfen, das eisern zur Bundesrepublik stehen würde. Dr. Waigel schlägt vor, den Kredit der BIZ zu erhöhen und an MP Antall eine allgemeine Zusicherung zu geben, daß Bundesregierung helfen wolle.

Nach diesem Ministergespräch unterrichte ich telefonisch Dr. Röller und Kopper. Danach bereite ich eine öffentliche Presseerklärung zum 5 Milliarden Finanzkredit an die Sowjetunion vor, die am Freitag veröffentlicht werden soll. Ich bin aber nicht überrascht, als heute die Presse-Agenturen bereits vermelden, daß Bonn Moskau einen 5 Milliarden Kredit ermöglichen wolle. Es ist die alte Erfahrung: In dem Augenblick, in dem beim BK im Rahmen emes Ministergespräches vertrauliche Themen besprochen werden, wir damit rechnen müssen, daß über den Inhalt solcher Gespräche in der Regel noch am gleichen Tag eine Veröffentlichung erfolgt. Das gilt vor allem dann, wenn alle Koalitionspartner an einem solchen Gespräch teilnehmen.

Um 14.00 Uhr steht BK zweieinhalb Stunden dem Auswärtigen Ausschuß des Deutschen Bundestages für ein Gespräch zur Verfügung. Einleitend erläutert BK die Initiativen der Bundesregierung zum bevorstehenden Europäischen Gipfel. Anschließend erläutert er seine Initiative zur Unterstützung der Sowjetunion und der übrigen mittel- und südosteuropäischen Staaten.

Der SPD-Abgeordnete Karsten Voigt betont, daß es auf dem Weg zur deutschen Einheit neben unvermeidlichem öffentlichen Streit durchaus Elemente des Konsens es zwischen Regierung und Opposition gebe. Auch Wischnewski betont, daß die Bundesregierung angesichts der historischen Veränderungen in Europa die Unterstützung der Opposition beim Bemühen habe, die Europäische Gemeinschaft auszubauen und die politische Einigung voranzutreiben.

Im Verlauf der Diskussion berichtet BK von seinem Vorschlag, einen wirklichen bindenden Nichtangriffspakt zwischen den Mitgliedstaaten von NATO und Warschauer Pakt zu schließen. Außerdem beabsichtige er, über den Grenzvertrag mit Polen hinaus einen Vertrag abzuschließen, der die Zusammenarbeit zukunftsweisend festlege. Ein neuer Vertrag solle auch zwischen Deutschland und der Sowjetunion vorbereitet werden, der die Beziehungen in umfassender Weise auf die Zukunft ausrichte. Andere Themen werden von den Abgeordneten in vielfältiger Form angesprochen. Die Diskussion verläuft außerordentlich freundlich und ohne alle Schärfen. Es zeichnet sich ein großer Konsens ab.

Heute wird der Text eines Interviews bekannt, das Schewardnadse auf seinem Rückflug von Münster heute in Moskau gegeben hat. Darin bestätigt Schewardnadse, daß zwischen beiden Seiten ein gutes gegenseitiges Verständnis erreicht worden sei. Das betreffe besonders die Beziehungen zwischen den militärpolitischen Bündnissen bzw. der Mitgliedstaaten. Zum wichtigsten Erfolg des jüngsten Gespräches mit Genscher zähle er das gute Einvernehmen in dieser Frage.

Schewardnadse kündigt an, daß man entscheidend vorwärts kommen könne, wenn die NATO-Staaten auf ihrem Londoner Gipfel eine angemessene Erklärung abgeben, die der Moskauer Erklärung auf der Tagung des Warschauer Vertrages entspreche. Dort war es um die Reform des Paktes in Richtung eines politischen Bündnisses gegangen. Dann könnte Moskau auch die Frage des militärpolitischen Status Deutschlands in einer neuen Atmosphäre unter neuen Bedingungen erörtern, kündigt Schewardnadse an. Hier könnten interessante Varianten auftreten. Gorbatschow habe solche schon genannt. Sie schlössen aber auch weitere Möglichkeiten nicht aus. Alles werde aber davon abhängen, wie sich die Ereignisse entwickeln würden. Das gelte vor allem für die Londoner NATO-Tagung. Schewardnadse macht damit erneut deutlich, daß dem NATO-Sondergipfel Anfang Juli in London eine Schlüsselrolle zukommt.

In Huntsville in Alabama erklärt Bush, daß die UdSSR noch nicht die Voraussetzung geschaffen habe, um vom Westen mit umfangreicher Finanzhilfe unterstützt zu werden. Er sei zwar bereit, mit den westlichen Partnern darüber zu reden, warnt aber davor, mit einer neuen, kühnen Initiative zu rechnen. Als Hindernisse nennt Bush den noch unzulänglichen Stand der Wirtschaftsreformen in der Sowjetunion und die sowjetische Finanzhilfe an Kuba. Darüber habe er mit Gorbatschow schon während des Gipfels in Washington offen gesprochen.

Dagegen kündigt Präsident Mitterrand in einem Interview heute in der Le Monde an, daß der Erfolg Gorbatschows im Interesse aller liege. Es sei deshalb seine Absicht, auf dem kommenden Gipfeln von Dublin und Houston vorzuschlagen, daß über die Eventualität einer finanziellen, kommerziellen und technischen Hilfe für die Sowjetunion nachgedacht werde.

Gestern hat ihm der BK diesen Vorschlag schriftlich übermittelt. Heute kündigt Mitterrand diese Initiative öffentlich an. Entweder haben sich unsere Aktionen überschnitten oder er will BK zuvorkommen. Entscheidend bleibt aber die Übereinstimmung in dieser Frage.

Mitterrand stellt eine Verstimmung zwischen Deutschland und Frankreich vor dem Hintergrund des Einigungsprozesses in Abrede. Es habe lediglich einen Unterschied in der Einschätzung hinsichtlich der Folgen der Einigung gegeben, was die Anerkennung der polnischen Westgrenze beträfe, die er, Mitterrand, sofort für notwendig gehalten habe. Diese Frage liege jetzt aber hinter uns. Die deutsch-französischen Beziehungen hätten ihre Solidität bewiesen. Mitterrand ist sichtlich bemüht, die Übereinstimmung mit Bonn zu unterstreichen und zu verdeutlichen.

Donnerstag, 21. Juni 1990

Um 9.00 Uhr beginnt der Bundestag die ganztägige Debatte über den Staatsvertrag vom 18. Mai 1990, über die Schaffung einer Währungs-, Wirtschafts- und Sozialunion, zu den äußeren Aspekten der deutschen Einheit und zu den deutsch-polnischen Beziehungen. BK eröffnet mit einer Regierungserklärung. Er stellt einleitend zu Recht fest, daß der deutsche Bundestag in seiner Geschichte selten vor so bedeutsamen Entscheidungen stand wie heute. Mit der Verabschiedung des Staatsvertrages und der Entschließung zur Oder-Neiße-Grenze gehe es um entscheidende Schritte auf dem Weg, die staatliche Einheit Deutschlands wieder herzustellen. Er sei persönlich davon überzeugt, daß jeder einzelne danach beurteilt werden wird, ob er in dieser entscheidenden Stunde kleinmütig versagt habe.

Ausdrücklich spricht er davon, daß auch wir in der Bundesrepublik für das große Ziel der Einheit unseres Vaterlandes Opfer bringen müßten. Ein Volk, das dazu nicht bereit wäre, hätte seine moralische Kraft längst verloren. Es werde harte Arbeit, auch Opfer, erfordern, bis Einheit und Freiheit, Wohlstand und sozialer Ausgleich für alle Deutschen verwirklicht werden könnten.

Zu den 2+4-Gesprächen zeigt sich BK zuversichtlich, daß es gelingen werde, die auf der Tagesordnung stehenden Fragen rechtzeitig und zufriedenstellend zu lösen. Ausführlich geht BK auf die Besorgnisse der Nachbarstaaten ein. Erneut verkündet er, daß von deutschem Boden zukünftig Frieden und Freiheit ausgehen werden.

Gegenüber Polen stellt er fest, daß der deutsche Bundestag – gemeinsam mit der Volkskammer DDR – eine unmißverständliche Botschaft an Polen richte: »Die Grenze Polens zu Deutschland, so wie sie heute verläuft, ist endgültig«. Dies werde nach der Vereinigung Deutschlands in einem Vertrag mit der Republik Polen völkerrechtlich verbindlich bekräftigt werden.

Sehr ausführlich geht BK auf die Gefühle der Vertriebenen ein. Unmißverständlich macht er jedoch deutlich, daß die Deutschen heute vor einer ganz klaren Entscheidung stünden: »Entweder wir bestätigen die bestehende Grenze, oder wir verspielen heute und für jetzt unsere Chance zur deutschen Einheit«.

Intensiv wirbt er für eine endgültige und dauerhafte Aussöhnung mit dem polnischen Volk. Die Zeit dafür sei reif. Was zwischen Deutschen und Franzosen möglich war, müsse jetzt endlich auch zwischen Deutschen und Polen möglich werden. BK kündigt seine Bereitschaft an, die Zukunft eines deutsch-polnischen Miteinanders im vereinten Europa in einem umfassenden Vertrag über gute nachbarschaftliche und freundschaftliche Beziehungen zu besiegeln.

Im dritten Teil seiner Rede bekräftigt BK die Zusammenarbeit mit der Sowjetunion und ihre Einbeziehung in die Gestaltung der europäischen Zukunft. Für die Lösung der jetzt anstehenden Fragen im Rahmen der 2+4-Gespräche sei der Erfolg vielfältiger Verhandlungen entscheidend, in denen die gesamteuropäische Sicherheitsarchitektur vorbereitet werde. Als erstes nennt BK die Umgestaltung der Bündnisse selbst. Er kündigt an, daß in einer gemeinsamen Willenserklärung der Verbündeten das Verhältnis zu den Staaten des Warschauer Paktes zukunftsgewandt gestaltet und einem gesamteuropäischen Gewaltverzicht der Weg bereitet werden solle. Außerdem habe er vorgeschlagen, daß die Mitglieder beider Bündnissysteme im KSZE-Rahmen einen Nichtangriffspakt erwägen sollten.

Als zweites Gebiet nennt BK die Abrüstungs- und Rüstungskontrolle. Im Vordergrund stünden die Wiener Verhandlungen über konventionelle Streitkräfte in Europa. Im Verlaufe dieser Verhandlungen solle nach allgemeinem Verständnis auch über die künftigen Streitkräfte eines geeinten Deutschland und ebenso der anderen Teilnehmerstaaten verhandelt werden.

Als dritte Säule der gesamteuropäischen Sicherheitsarchitektur bezeichnet BK die wirtschaftliche Kooperation. Er gibt bekannt, daß er alle Partner gebeten habe, die Frage der wirtschaftlichen Zusammenarbeit auf dem Europäischen Rat in der nächsten Woche in Dublin und auf dem Weltwirtschaftsgipfel im Juli in Houston zu besprechen.

BK spricht zum erstenmal öffentlich darüber, die politischen Beziehungen zur Sowjetunion nach der Vereinigung Deutschlands auf eine weiterführende vertragliche Grundlage stellen zu wollen.

Damit ist das Gesamtpaket von Verhandlungen auf multilateraler und bilateraler Ebene angesprochen. Ihre Ergebnisse werden entscheidend sein dafür, ob die Sowjetunion letztlich bereit sein wird, die NATO-Mitgliedschaft eines geeinten Deutschlands zu akzeptieren.

Um 11.00 Uhr treffe ich mit einer sowjetischen Expertengruppe zusammen, die auf Einladung der Deutschen Forschungsgesellschaft für Auswärtige Politik in Bonn weilt. Die Teilnehmer sprechen sich einhellig positiv zur heutigen Rede des BK im Bundestag aus. Projektor, den ich seit vielen Jahren kenne, sagt zu mir, daß es die beste Rede des BK gewesen sei, die er je gehört habe. Auch meine Erläuterungen ihnen gegenüber seien sehr positiv gewesen.

Um 17.30 Uhr trifft BK mit dem ungarischen MP Jozef Antall zusammen. Antall hat wieder eine Liste von Wünschen mitgebracht. Es geht um einen Stand-by-Kredit[248] in Höhe von 800 Millionen DM. Außerdem will er einen deutsch-ungarischen Fonds zur Beseitigung der Arbeitslosigkeit bilden und ein System zur Fort- und Weiterbildung mit Hilfe der Bundesregierung aufbauen. Die Bundesregierung solle die technische Ausrüstung zur Verfügung stellen. Ein weiterer Wunsch betrifft ein Förderungsprogramm für Existenzgründungen. Dafür solle die Bundesregierung einen Kredit in Höhe von 100 Millionen geben. Ungarn würde seinerseits 100 Millionen hinzufügen. Außerdem drücken Antall erneut Energieprobleme. Es geht um die Vorsorgebevorratung für einen möglichen Krisenfall, wenn die Energielieferungen aus der Sowjetunion ausblieben. Auch hier wünscht Antall die Hilfe der Bundesregierung, um Notreserven anlegen zu können. Eine gemeinsame Expertengruppe soll zur Vorbereitung der Weltausstellung eingerichtet werden.

Nach einer Stunde treten Haussmann und Dr. Waigel hinzu. Noch einmal werden die finanziellen und wirtschaftlichen Wünsche Antall's diskutiert. Waigel erklärt, daß er nicht interessiert sei, daß Ungarn in eine Umschuldungssituation gerate. Das Probleme für ihn sei die Präzedenzwirkung. Er wolle aber mit der Bundesbank über die internen Zusammenhänge sprechen. BK kündigt an, auch auf dem EG-Gipfel wie auf dem Weltwirtschaftsgipfel über die Unterstützung Ungarns zu sprechen. BK sichert Antall zu, daß er ihn nicht hängen lasse. Morgen werde er auch mit Mitterrand darüber sprechen.

Heute trifft ein Schreiben von Präsident Bush an BK ein. Darin stimmt Bush völlig mit der Meinung des BK überein, daß vom NATO-Gipfel[249] eine klare Botschaft an Gorbatschow ausgehen müsse, daß sich die NATO wandele. Unter anderem aus diesem Grund werde die Londoner Tagung zu der bedeutsamsten in der Geschichte des Bündnisses gehören. Bush spricht von einer Zeit der Geschichtswende. Der NATO-Gipfel werde letztlich das Bild des Bündnisses in dieser Zeit des geschichtlichen Wandels bestimmen.

248 Siehe Anmerkung 237, S. 426.
249 Siehe Anmerkung 279, S. 470.

Aufgrund seiner Gespräche mit BK, mit Mitterrand und Thatcher übermittele er den Entwurf einer Gipfelerklärung, den er im Augenblick nur mit BK, Mitterrand, Thatcher, Andreotti und Wörner beraten wolle.

Ernstliche Bedenken erhebt Bush gegenüber einer gemeinsamen Erklärung von NATO und Warschauer Pakt. Er wolle nicht, daß der Eindruck entstünde, daß beide Bündnisse gleichwertig seien. Er sei aber bereit, die Nichtangriffsidee des BK weiter zu verfolgen, in dem das Bekenntnis zur Nichtaggression erklärt und die einzelnen Mitgliedstaaten des Warschauer Paktes in einer entsprechenden Erklärung aufgefordert werden sollen. Bush fügt einen Formulierungsvorschlag bei.

Außerdem schlägt Bush vor, daß das Bündnis Gorbatschow zu einer Rede vor dem Nordatlantikrat einladen solle. Außerdem solle sie und die anderen osteuropäischen Staaten aufgefordert werden, Verbindungsmissionen bei der NATO einzurichten, deren Botschafter beim Bündnis akkreditiert sein sollten. Damit sollen neue Verbindungen bilateraler Art zwischen NATO und den einzelnen Ländern des Warschauer Paktes geschaffen werden.

Vorschläge enthalte der Entwurf auch über die Fortführung der konventionellen Rüstungskontrollgespräche in den 90er Jahren einschließlich weiterer, weitreichender Reduzierungen des Offensivpotentials konventioneller Streitkräfte.

Die NATO müsse deutlich machen, daß sie von der Vorneverteidigung[250] im jetzigen Sinne abgehen könne. Ebenso müsse die derzeitige Strategie der flexiblen Reaktion[251] revidiert werden.

Außerdem enthalte der Entwurf Leitprinzipien für neue Institutionen der KSZE.

Bush bittet BK, zu diesen Vorschlägen Stellung zu nehmen oder Brent und ich sollten darüber sprechen und zusammentreffen.

Bush ist mit diesem Vorschlag innerhalb des Bündnisses inhaltlich in die Offensive gegangen. Er hat damit alle anderen NATO-Partner, einschließlich uns, überrascht. Innerhalb der Bundesregierung liegt noch kein entsprechender Entwurf vor, auch wenn wir über ihn heute bereits gesprochen haben. Der amerikanische Vorschlag macht aber das Ausmaß der Übereinstimmung deutlich. Erneut erweist sich Bush als außerordentlich hilfreich und in der Sache weiterführend. Ich bin sicher, daß der NATO-Gipfel ein Erfolg werden wird und die richtige Botschaft für Gorbatschow enthalten wird.

250 Siehe Anmerkung 72, S. 174.

251 Der Eindämmungspolitik von US-Präsident Harry S. Truman (Containment-Doktrin) setzte Dwight D. Eisenhower die von John Foster Dulles 1953 entwickelte Politik der massiven Vergeltung (massive retaliation), d. h. den sofortigen Einsatz von Nuklearwaffen bei konventionellen oder nuklearen Angriffen, entgegen, als außenpolitisches Konzept »New Look« genannt. Das sollte auch zu Kosteneinsparungen beitragen. General Maxwell D. Taylor trat deswegen zurück und schuf 1959, als die USA ihre Überlegenheit in Hinsicht des Nuklearwaffenpotentials einbüßten, die Strategie der »flexible Response«, die 1961 von John F. Kennedy aufgegriffen wurde und bis zum Ende des Kalten Krieges als NATO-Verteidigungsstrategie galt. D.h. konventionellen Streitkräften müsste mehr Beachtung geschenkt werden, wenn flexibel auf Angriffe oder Konflikte reagiert werden sollte. Die NATO übernahm 1967 diese Verteidigungsstrategie. In Anbetracht der konventionellen Überlegenheit der Streitkräfte des Warschauer Pakts in Europa schien aber eine Antwort bestehend aus dem Einsatz konventioneller Streitkräfte, danach folgend taktischer Nuklearwaffen und evtl. eskalierend strategischer Nuklearwaffen als nur theoretisch praktikabel, weshalb bei den MBFR-Verhandlungen vonseiten der NATO ein Gleichstand bei der Stärke der konventionellen Waffen erstrebt werden sollte. Am 8. November 1991 wurde auf dem NATO-Gipfel in Rom eine neue Strategie aufgrund der veränderten politischen Verhältnisse beschlossen, https://www.bundesregierung.de/breg-de/service/bulletin/nato-gipfelkonferenz-in-rom-tagung-der-staats-und-regierungschefs-des-nordatlantikrats-am-7-und-8-november-1991-787588 (Abruf 31.1.2024)

8.15 Uhr BK-Lage: Das Echo auf die gestrige Bundestagsdebatte ist für BK sehr positiv. Selbst die »TAZ« schreibt heute, daß Kohl zur historischen Größe geworden sei. Er sei das verkörperte Desaster der Linken.

Nach der gestrigen Zustimmung im Bundestag und in der Volkskammer zum Staatsvertrag verabschiedet heute der Bundesrat gegen die Stimme Niedersachsens und des Saarlandes den Staatsvertrag mit der DDR.

Verhalten fällt nach wie vor die offizielle Reaktion der polnischen Regierung zur gestrigen Grenzresolution des Deutschen Bundestages aus. Sie nehme die Erklärung mit Genugtuung entgegen und betrachte sie als Schritt nach vorn. Gleichzeitig stellt die polnische Regierung jedoch fest, daß es noch kein völkerrechtlicher Vertrag sei. Sie lege deshalb großen Wert darauf, daß der Inhalt eines entsprechenden Vertrages möglichst noch vor der Vereinigung vereinbart werde. Damit besteht Polen nicht mehr auf der Parafierung eines Vertragsentwurfes vor der Vereinigung, aber weiterhin auf Verhandlungen über einen Vertragsentwurf. Die Polen handeln nach dem Grundsatz des Alles oder Nichts. Das gilt vor allem für MP Mazowiecki. Er besteht auf einen förmlichen Abschluß von Vertragsverhandlungen vor der Vereinigung. Dagegen mahnt Skubizewksi die Fortsetzung der Arbeiten an einem deutsch-polnischen Grenzvertrag an, bezeichnet diese jedoch ausdrücklich als Gespräche und nicht als Verhandlungen, da letztere förmlich erst nach der Vereinigung beginnen könnten. Auch die polnische Presse reagiert nicht freundlicher. Ich bedauere das sehr, weil dieses Echo für die deutsch-polnischen Beziehungen nicht sehr förderlich ist.

BK schreibt heute an alle sieben Kollegen des Weltwirtschaftsgipfels und fordert sie auf, in Houston auch die drängenden Probleme der globalen Umweltveränderungen aufzugreifen, kritisch Bilanz zu ziehen und international abgestimmte, verbindliche Strategien für einen wirksamen Schutz von Mensch und Umwelt zu entwickeln. Er verweist auf die drohende Klimaveränderung als eine globale Herausforderung für die gesamte Menschheit. Von den sieben Gipfelländer erwarte die Welt jetzt weitergehende konkrete Anstöße. Er fordert vor allem wirksamere Maßnahmen gegen den Abbau der Ozonschicht, gegen eine weitere Zunahme des Treibhauseffekts und gegen die Zerstörung der Wälder, insbesondere der Tropenwälder. Eine internationale Zusammenarbeit sei unerläßlich. Als Ziel erklärt er, weltweit Produktion und Verwendung von FCKW möglichst bis 1997, spätestens aber bis zum Ende des Jahrhunderts völlig einzustellen. Die Bundesrepublik werde bis 1995 auf Produktion und Verbrauch dieser Stoffe verzichten. Auch eine Begrenzung der Kohlendioxyd sei erforderlich. Vor allem greift BK seine Initiative zum Schutz der tropischen Wälder auf. Die Tropenwaldvernichtung müsse mit einem Sofortprogramm gestoppt werden. BK wünscht eine Verständigung, im Rahmen bilateraler Maßnahmen durch Schuldenerlaß freiwerdende Mittel zum Schutz der Umwelt einzusetzen.

Mit diesem Brief setzt BK nach der Initiative für die wirtschaftliche und finanzielle Unterstützung der Sowjetunion und der osteuropäischen Staaten einen zweiten Schwerpunkt für den Weltwirtschaftsgipfel.

Um 9.00 Uhr trifft BK mit dem polnischen Finanzminister und stellvertretenden Ministerpräsidenten Dr. Leszek Balcerowicz zusammen. BK begrüßt ihn mit dem Hinweis auf den historischen Augenblick, in dem er die Bundesrepublik Deutschland besuche. Mit der gestrigen Bundestagsentschließung sei ein großes Stück des Weges zur deutsch-polnischen

Gemeinsam mit Henry Kissinger, Polens Finanzminister
und stellvertretendem Ministerpräsidenten Leszek Balcerowicz und Horst Teltschik

Versöhnung und Verständigung zurückgelegt. Er hoffe, daß die Mitglieder der polnischen Regierung seine gestrige Rede lesen würden. Es handele sich um eine sehr persönliche Rede, die zum Ausdruck bringe, was er wolle. Er sei nicht sehr glücklich, was seit dem Herbst zwischen beiden Regierungen ablaufe.

Heute werde er mit Mitterrand zusammentreffen. Er habe mit ihm fast achtzig Begegnungen gehabt. Sein Ziel sei, zwischen Deutschen und Polen ein so enges und zukunftsgewandtes Verhältnis aufzubauen, wie dies heute zwischen Deutschen und Franzosen bereits bestehe. Der Aufbau Europas könne nicht gelingen, wenn die Deutschen und Polen kein gutes Verhältnis zueinander entwickelten.

Balcerowicz dankt dem BK für die freundliche Begrüßung und insbesondere für seine große, historische Rede, die er gestern im Deutschen Bundestag gehalten habe. Er erläutert die wirtschaftliche Entwicklung und das Sanierungsprogramm der polnischen Regierung. Die Bundesregierung verdiene große Anerkennung für ihre Unterstützung der polnischen Bemühungen, wobei er gerne in Erinnerung rufe, daß dies insbesondere Ergebnis des BK-Besuches in Polen im November 1989 sei. Vor allem habe die Bundesrepublik als erstes westliches Gläubigerland einen großen Schritt in Richtung Schuldenerlaß getan. Hauptzweck seines Besuches in Bonn sei, für eine radikale Lösung des Problems der polnischen Außenverschuldung zu werben. Er bittet den BK, die polnischen Wünsche auf dem Weltwirtschaftsgipfel in Houston anzusprechen. Polen müsse wieder auf eigene Füße kommen. BK sagt zu. Er werde die Unterstützung Polens sowohl auf dem EG-Gipfel in Dublin als auch auf dem Wirtschaftsgipfel in Houston ansprechen.

Der Gesprächsverlauf zeigt, daß BK Vertrauen zu Balcerowicz faßt. Er ist über die Klarheit und Offenheit seiner Ausführungen beeindruckt. Spontan bietet er ihm an, das

Gespräch bei entsprechender Gelegenheit fortzusetzen. Balcerowicz ist sichtlich erfreut darüber. Er gehört sicherlich zu den mutigsten Reformern in Osteuropa, der sowohl über ein Konzept verfügt als auch über den Mut, es durchzusetzen.

Um 10.10 Uhr fliegt BK mit dem Hubschrauber des BGS nach Pferdsfeld. Dort trifft um 11.00 Uhr Präsident Mitterrand aus Paris kommend ein. Gemeinsam fliegen wir nach Bingen-Büdesheim. Dort geht es auf ein Schiff, mit den wir den Rhein abwärts nach Assmannshausen fahren.

Im berühmten Hotel Krone findet das gemeinsame Arbeitsessen statt. Unsere französischen Freunde Attali, Védrine und Elisabeth Guigou sind dabei. Auf unserer Seite sind Bitterlich, Dr. Neuer und ich in Begleitung des BK. Es gibt Rheingauer Kartoffelrahmsuppe und Kalbsfilet im Morchelmantel. Dazu einen Rheingauer Riesling und einen Assmannshäuser Spätburgunder.

Zuerst sprechen BK und Mitterrand über die Politische Union sowie über die Wirtschafts- und Währungsunion. Sie erzielen Einvernehmen, in Dublin Entscheidung über Regierungskonferenz zur Politischen Union herbeizuführen und den Termin für die Eröffnung der beiden Konferenzen festzulegen. Mitterrand ist auch mit der Anregung des BK einverstanden, die Initiative des BK zur Rettung der tropischen Regenwälder in Brasilien sowohl in Dublin als auch in Houston zu unterstützen.

Ausführlich sprechen sie über Hilfsmöglichkeiten für die Sowjetunion sowie für die Reformstaaten Mittel- und Süd-Osteuropas. BK unterstreicht die Wichtigkeit, in Dublin bzw. Houston Einigkeit über westliche Hilfe zu erzielen. Wenn jetzt keine Hilfe komme, gingen die Reformen schief. Bis zum Herbst solle für die Sowjetunion ein Hilfsprogramm erarbeitet werden. Die Sowjetunion spreche von einer Größenordnung in Höhe von 15 bis 20 Mrd. Dollar. In Houston werde es vor allem darum gehen, auf die USA und Japan einzuwirken, die beide politische Vorbehalte aufwerfen würden. Mitterrand stimmt uneingeschränkt zu. Sie hätten beide offensichtlich zur gleichen Z.eit die gleichen Überlegungen angestellt, ohne sich abgesprochen zu haben. Als er sein Inteview mit Le Monde freigegeben habe, sei das Telegramm des BK eingegangen. Er stimme zu, daß die Reformen Gorbatschows jetzt abgesichert werden müßten, wenn es nicht zu spät sein solle. Die Position von Bush sei sehr restriktiv. BK berichtet, daß er heute bekanntgeben lasse, daß die Bundesregierung einen 5 Milliarden-Kredit für die Sowjetunion verbürge. Mitterrand und BK sind sich einig, gemeinsam voranzugehen und in Dublin und in Houston Ergebnisse anzustreben.

BK unterrichtet Mitterrand über den Stand des deutschen Einigungsprozesses. Mitterrand berichtet, daß er heute auf dem Flug die gestrige Bundestagsrede des BK gelesen habe. »C'est un tres beau descours persuasef.« [sic!][252]

In der Frage der NATO-Mitgliedschaft eines geeinten Deutschland stimmen BK und Mitterrand voll überein. Mitterrand berichtet, daß er in Moskau genauso wie BK argumentiert habe. Er stimme der Überlegung des BK zu, beim KSZE-Gipfel ein »Gewaltverzichtsabkommen zwischen NATO und Warschauer Pakt vorzuschlagen«. Das könne durch eine entsprechende Erklärung der Länder der NATO und des Warschauer Paktes erfolgen. Védrine und ich werden beauftragt, gemeinsam die Vorbereitungen für den Londoner NATO-Gipfel einzuleiten.

252 »C'est un très beau discours persuasive«: »Das ist eine sehr schöne, überzeugende Rede.«

Bei Tisch erzählt Mitterrand eine Geschichte aus seiner deutschen Kriegsgefangenschaft.[253] Sie hätten damals versucht, über den Lagerzaun hinweg Tauschgeschäfte durchzuführen, Goldstift gegen Zigaretten oder anderes. Der Zaun sei aber zu breit gewesen, um einen direkten Austausch durchführen zu können. Deshalb habe immer das Problem darin bestanden, wer seinen Gegenstand zuerst über den Zaun wirft. Man habe es mit einer Art Schiedsrichter versucht, der bis drei zählte, dann sollten beide werfen, aber auch das sei sehr risikoreich gewesen. Mitterrand vergleicht diese persönliche Erfahrung mit der Lage in der Sowjetunion. Auch hier stelle sich die Frage, wer solle zuerst handeln.

Nach dem Essen geht es zurück auf die MS Mainz.[254] Wir fahren bei herrlichem Sonnenschein nach St. Goarshausen. Auf der Höhe von Kaub schenkt BK dem Präsidenten einen alten Merian-Stich von Kaub. Mitterrand ist über diese freundschaftliche Geste sehr erfreut. Mitterrand läßt sich postwendend sein Geschenk für BK reichen und übergibt ihm eine moderne Plastik. Ein solcher Austausch persönlicher Geschenke findet bei fast allen Treffen zwischen Mitterrand und BK statt. Beide haben sichtlich ein Vergnügen daran, sich gegenseitig zu beschenken und dabei ständig neue Ideen zu entwickeln. Ich erinnere mich daran, daß Mitterrand einmal bei einem Treffen in Paris erzählt hat, daß er früher immer sehr unbeschwert Galerien und Ausstellungen besucht habe. Jetzt sei das anders, weil er sich ständig überlegen müsse, was er Helmut wieder schenken könne.

Mitterrand genießt die Fahrt auf dem Schiff sehr. Beide sind bester Laune und tun alles, um ein herzliches Einvernehmen zu dokumentieren; so vor allem bei dem kurzen Presse-

253 Nach Studienabschluss 1939 leistete Mitterrand Militärdienst bei der Infanterie des 23. Regiments der Kolonialtruppen. Während der Schlacht um Frankreich versah er Militärdienst an der Maginot-Linie. Am 14. Juni 1940 wurde er bei Verdun bei einem Tieffliegerangriff durch einen Granatsplitter an der Brust verwundet und geriet am 18. Juni in deutsche Gefangenschaft, wo er in Lagern bei Rudolstadt-Schaala/Thüringen und Trutzhain/Nordhessen (Stalag IX A) als Zwangsarbeiter im Straßenbau und in der Landwirtschaft eingesetzt war. Von Thüringen aus (Stalag IX C Bad Sulza) unternahm er einen ersten Fluchtversuch zusammen mit einem Priester. Nach 550 km Fußmarsch bis fast an die Schweizer Grenze wurden sie verhaftet und nach Trutzhain zurückgebracht. Am 28. November 1941 floh er neuerlich mit zwei Mitgefangenen nach Metz. Dort wurde er denunziert, so dass die Deportation in ein Straflager Rawa-Ruska in Polen an der Grenze zur Ukraine drohte. Im März 1942 richtete die Wehrmacht dort ein Straflager für flüchtige und arbeitsverweigernde französische und belgische Kriegsgefangene ein. Am 16. Dezember 1941 gelang Mitterrand mit Hilfe von Schwestern eines nahegelegenen Hospitals im dritten Anlauf die Flucht. Nach Frankreich zurückgekehrt, arbeitete er von Mai 1942 an für das Vichy-Regime in der Verwaltung der Kriegsgefangenen und erhielt dafür von Marschall Pétain am 16. August 1943 den Francisque-Orden. Mit dem ebenfalls aus deutscher Kriegsgefangenschaft entflohenen General Henri Giraud und anderen ehemaligen französischen Kriegsgefangenen bildete er ein Résistance-Netzwerk. Die Gestapo führte im November 1943 in Vichy eine Razzia auf der Suche nach »François Morland« (Deckname Mitterrands, benannt nach der Pariser Métro-Station Sully-Morland) durch. Er setzte sich nach London ab und schloss sich dem politischen Exil um de Gaulle an und war für Angelegenheiten der Kriegsgefangenen zuständig. Gegen Kriegsende wurde er nahe Reichenbach am Heuberg/Tuttlingen bei Kämpfen wieder gefangen genommen, aber später befreit.

254 Die MS Mainz, ein Bereisungsschiff (Personenbeförderung), wurde 1943 erbaut und war als Staatsjacht ein Geschenk Adolf Hitlers an Miklós Horthy unter dem Namen Hungária, kurzzeitig bei Kriegsende auf der Donau eingesetzt und von den Amerikanern beschlagnahmt. Die Wasser- und Schifffahrtsverwaltung des Bundes erwarb 1950 das Schiff, das zum Rhein transportiert und renoviert sowie am 14. Juni 1954 für die Wasser- und Schifffahrtsdirektion Südwest unter dem Namen Mainz in Dienst gestellt wurde. Die MS Mainz, die auf dem Rhein und seinen Nebenflüssen fährt, dient der Bundesregierung bei der Ausrichtung von Staatsbesuchen, von Treffen etc. Am 1. Juli 2017 wurde der Sarg des verstorbenen Bundeskanzlers Helmut Kohl auf ihr von Ludwigshafen nach Speyer überführt, wo er zum dortigen Dom gebracht wurde.

gespräch im Wintergarten des Hotel Krone. Mitterrand unterstreicht die Übereinstimmung mit BK in praktisch allen Fragen. Es seien keine zusätzlichen Anstrengungen erforderlich gewesen, um festzustellen, daß die Bemühungen beider Seiten in die gleiche Richtung gehen. Auch in bezug auf die 2+4-Verhandlungen gebe es keine Probleme zwischen Frankreich und Deutschland. Heute ist große Harmonie angesagt.

Um 16.45 Uhr fliegt Mitterrand nach Paris zurück und BK nach Bonn.

In Ost-Berlin findet heute das zweite Treffen der Außenminister im Rahmen der 2+4-Gespräche statt. Sie billigen ein von Experten bereits erarbeitetes Papier über »Prinzipien zu Grenzen« und über die vorläufige Gliederung der Elemente für eine abschließende Regelung.

Die Politischen Direktoren werden beauftragt, eine Liste der Fragen aufzubereiten, über die keine Einigkeit erzielt werden konnte. Auf dem nächsten Treffen in Paris wollen die AM eine Bilanz ihrer Arbeit ziehen.

Die Außenminister der Vier Mächte begrüßen nachdrücklich die Entschließung zur polnischen Westgrenze beider deutscher Parlamente. Dumas fügt allerdings hinzu, daß die beiden deutschen Regierungen jetzt in Verhandlungen über einen Vertrag eintreten sollten. Er wiederholt die Forderung auch auf der späteren Pressekonferenz. Paris bleibt auf der Seite Polens.

Schewardnadse sorgt für eine Überraschung, als er »Grundprinzipien für eine abschließende völkerrechtliche Regelung mit Deutschland« vorlegt. Sein Vorschlag läuft darauf hinaus, daß nach der Vereinigung Deutschlands die Rechte und Verantwortlichkeiten der Vier Mächte für eine Übergangsperiode von mindestens fünf Jahren in Kraft bleiben.[255] In dieser Zeit sollen sämtliche internationale Verträge der DDR und die der Bundesrepublik gültig bleiben und sich auch die Zugehörigkeit der DDR zum Warschauer Pakt und der Bundesrepublik zur NATO nicht ändern. Auch die Truppenkontingente der Vier Mächte sollen in dieser Zeit auf deutschem Territorium stationiert bleiben. Sie sollen aber allmählich im Verlauf von Verhandlungen drastisch reduziert werden.

Für die deutschen Streitkräfte schlägt Schewardnadse Reduzierungen innerhalb von drei Jahren auf eine Obergrenze von 200.000 bis 250.000 Mann für alle drei Truppengattungen vor. DDR-Außenminister Meckel macht sich diese Forderung Schewardnadses sowohl in der Sitzung als auch später in der Pressekonferenz zu eigen. Er ist nicht bereit, diese Fragen mit Genscher abzustimmen.

Die westlichen Außenminister haben diesen Vorschlag Gorbatschows deutlich kritisiert. Baker erklärt unmißverständlich, daß mit dem Tag der Wiedervereinigung Deutschland voll souverän sein müsse und nicht durch irgendwelche Auflagen singularisiert oder diskriminiert werden dürfe. Auch Genscher fügt hinzu, daß das vereinte Deutschland nicht mit offenen Fragen belastet werden dürfe. Hurd und Dumas warnen davor, eine Lücke zwischen der innenpolitischen Entwicklung in Deutschland und der Arbeit an den äußeren Aspekten entstehen zu lassen.

Erfreulich ist, daß es am Ende gelingt, auch Schewardnadse darauf festzulegen, daß das 2+4-Abschlußdokument bis zum KSZE-Gipfel am 7. November fertiggestellt sein soll. Auf diesen Termin drängt Genscher unter Hinweis auf gesamtdeutsche Wahlen Anfang Dezember. Baker und Hurd unterstützen ihn.

255 Im Original stand zunächst »noch in Kraft bleiben sollen«, was auf »in Kraft bleiben« handschriftlich korrigiert worden ist.

Schewardnadses Entwurf zeigt, daß sich an der negativen sowjetischen Haltung zur NATO-Mitgliedschaft eines geeinten Deutschland nichts geändert hat. Durch die Konkretisierung der sicherheitspolitischen Vorstellungen ist eher eine tendenzielle Verhärtung eingetreten, die die weiteren Gespräche erschweren könnte. Die Vermutung liegt nahe, daß diese harte sowjetische Position in Zusammenhang mit dem bevorstehenden Parteitag der KPdSU[256] steht. Wir sind uns jedoch einig, daß sich der Westen auf die Diskussion dieser sowjetischen Vorschläge nicht einlassen darf. Das positive Klima der Gespräche Genschers mit Schewardnadse in Brest und Münster[257] kommt im sowjetischen Forderungskatalog nicht zum Ausdruck.

Im Anschluß an das 2+4-Ministertreffen in Ost-Berlin erklärt Baker in einer Pressekonferenz, daß die Vier Mächte ihre Rechte zum Zeitpunkt der Vereinigung aufgeben müßten, so daß die Souveränität Deutschlands in keiner Weise eingeschränkt werde. Er stellt fest, daß die Sowjetunion in dem von ihr vorgelegten Entwurf diese Ansicht nicht teile.

Schewardnadse spricht in der Pressekonferenz von einem zunehmenden Grad an Übereinstimmung zwischen den Teilnehmern des Ministertreffens der sechs Staaten. Er begrüßt die Entscheidung beider deutscher Parlamente zur polnischen Westgrenze. Der von ihm vorgelegte Entwurf sei nicht die »letzte Wahrheit«. Sie seien bereit, Kompromißlösungen und eine gegenseitige akzeptable Annäherung zu suchen. Er sei überzeugt, daß solche gegenseitig akzeptablen Annäherungen möglich sein werden. Als besonders wichtig unterstreicht er die gemeinsame Absicht, eine abschließende Regelung noch vor Ende des Jahres zu erreichen, die alle Aspekte der deutschen Einheit löse. Er unterstreicht den ziemlich hohen und breiten Grad gegenseitigen Verstehens und des Willens, sich untereinander zu verständigen und die Interessen aller Teilnehmer zu berücksichtigen. Deshalb beabsichtige er nicht, in die Substanz der Meinungsunterschiede einzusteigen. Eine Menge werde davon abhängen, wie die Nordatlantische Allianz auf die Veränderungen antworten werde, die in Europa eingetreten seien. Die NATO-Tagung in London könne einen machtvollen Anstoß geben für die Überwindung der Teilung Deutschlands und des Kontinents. Er verlasse

256 Siehe Anmerkung 288, S. 485.

257 Während Kohl Gorbatschow signalisierte, dass die westliche Seite die äußeren Aspekte der deutschen Vereinigung vor dem KSZE-Gipfel Ende 1990 abzuschließen hoffe und Verhandlungen für den im Mai 1990 bereits grundsätzlich gewährten Kredit forderte, stimmten sich Genscher und Schewardnadse bei Treffen in Brest am 11. Juni und in Münster am 18. Juni in ihren Positionen ab und stärkten damit ihr Vertrauensverhältnis. Für Schewardnadse war Brest ein Ort besonderer Erinnerung, weil er mit Familienschmerz verbunden war, da sein älterer Bruders Akakij 1941 dort gefallen war. Er und Genscher verneigten sich vor dem Grab in der Festung Brest. Die Initiative war von Genscher ausgegangen. Beide vereinbarten ein weiteres Treffen. Seine Berater empfahlen einen Ort im Rhein-Main-Gebiet, doch Genscher wollte wegen des symbolträchtigen Westfälischen Friedens nach Münster. Die dortige Atmosphäre sollte einen positiven Einfluss auf die Gespräche haben. Schewardnadse wich von der früheren Forderung einer Übergangsperiode bis zur Vereinigung ab. Anlässlich der Begegnung mit Genscher in Münster gab er diesem als Zeichen seines guten Willens über Sergej Tarassenko ein Non-Paper, in dem Überlegungen einerseits einer zeitlich befristeten Einschränkung der deutschen Souveränität nach Abschluß des »Zwei-plus-Vier«-Mechanismus ausdrücklich negiert und andererseits überraschend auf einer Pressekonferenz in Ost-Berlin die abschließenden Regelung aller Aspekte der deutschen Frage bis zum KSZE-Gipfeltreffen in Paris Ende des Jahres angekündigt wurden. Seinen Widerstand gegen eine NATO-Mitgliedschaft des vereinigten Deutschlands gab Schewardnadse dann auch auf. Fred Oldenburg, Deutsche Einheit und Öffnung der NATO (Bericht des Bundesinstituts für ostwissenschaftliche und internationale Studien Nr. 52), Köln 1996, S. 22, https://nbn-resolving.org/urn:nbn:de:0168-ssoar-42742 (Abruf 31.1.2024).

Berlin in guter Stimmung und mit großen Hoffnungen, daß die gemeinsame Arbeit in der Zukunft erfolgreich sein werde.

Diese fast persönlichen Worte Schewardnadses machen eigentlich deutlich, daß der von ihm vorgelegte Entwurf von alt-bekannten sowjetischen Deutschlandexperten verfaßt worden sein muß, die noch Mühe haben, mit den Überlegungen Schewardnadses Schritt zu halten.

Auf Anregung von Baker hatten alle sechs Außenminister vor Beginn ihrer 2+4-Gespräche am Abbau des Kontrollgebäudes am früheren Ausländerübergang Checkpoint Charlie teilgenommen. Zur Überraschung aller anderen kündigte Schewardnadse bei dieser Zeremonie an, daß er den Partnern vorschlagen wolle, daß mit der Bildung eines gemeinsamen deutschen Parlaments und einer Regierung das Besatzungsregime beendet werden solle und alle vier Truppen der Vier Mächte den Raum Großberlin innerhalb eines halben Jahres verlassen sollen. Parallel würden auch andere Attribute des heutigen Sonderstatus Berlins beseitigt werden. Die Sowjetunion sei dafür, schon bald ein vollwertiges Leben der Stadt und ihre Einbeziehung in den Prozeß der Entstehung des neuen deutschen Staates zu gewährleisten. Das war ein Tag voller sowjetischer Überraschungen, die jedoch von zweifelhaftem Wert sind.

Samstag, 23. Juni 1990

Am Nachmittag hat BK in den Park des Kanzleramtes zu einem großen Fest eingeladen. Ministerpräsident de Maizière, Volkskammerpräsidentin Bergmann-Pohl und mehrere DDR-Minister nehmen teil. Die Stimmung ist fröhlich, ausgelassen bis überschäumend.

Sonntag, 24. Juni 1990

In Stettin hält MP Mazowiecki eine Rede, in der er sich zu der Erklärung von Bundestag und Volkskammer zur Oder-Neiße-Grenze befriedigt äußert Er fügt jedoch hinzu, daß er hoffe, daß jetzt ein Grenzvertrag vorbereitet und noch vor der Vereinigung vorbereitet werde. Damit ist das Thema Polen noch immer nicht zu Ende gekommen. Ich habe keine Illusion, daß Mazowiecki in dieser Frage nicht locker lassen wird.

8. Positive Signale von drei Gipfeln

Montag, 25. Juni 1990

Um 9.00 Uhr fliegt BK von Ramstein nach Dublin. Dort beginnt heute der EG-Gipfel der Staats- und Regierungschefs.[258] Um 11.00 Uhr beginnt unter Vorsitz vom PM Haughey die Sitzung des Europäischen Rates. PM de Maizière und AM Markus Meckel nehmen als Gäste an dieser zweitägigen Konferenz teil.

258 Siehe Anmerkung 162, S. 305–306, Anmerkung 259, S. 450.

Dienstag, 26. Juni 1990

Wie auf jedem Europäischen Gipfel trifft BK am Morgen des zweiten Tages zu einem gemeinsamen Frühstück mit Mitterrand zusammen. Dieses gemeinsame Frühstück ist bereits zur Tradition geworden. Beide zeigen sich über den bisherigen Verlauf des Gipfels zufrieden. Für nicht ausreichend halten sie die Ausführungen zur Unterstützung der Sowjetunion. Schließlich könnten sie aber auch damit leben, weil es nichts an ihrer eigenen Absicht ändere.

Mitterrand spricht den Brief von Präsident Bush an, mit dem er einen Entwurf für das NATO-Kommuniqué übermittelt hat.

Mitterrand erklärt sich in einer ganzen Reihe von Punkten mit den amerikanischen Vorschlägen einverstanden. Einige Vorschläge stellt Mitterrand in Frage, so zum Beispiel den Vorschlag zur Einrichtung multinationaler Brigaden. Frankreich könne diesen Vorschlag nicht akzeptieren, da damit die militärische Struktur der NATO verstärkt werde. Ausführlich diskutieren beide auch über die Vorstellungen von Bush zu den nuklearen Kurzstreckensystemen. Beide sind sich einig, daß diese weiter reduziert, wenn nicht sogar ganz aufgegeben werden müssen. Sie vereinbaren, daß über diese Frage weiter gemeinsam zwischen dem Bundeskanzleramt und dem Elysée gesprochen werden soll.

Darüber hinaus beschließen BK und Mitterrand, die Zusammenarbeit in der Bekämpfung der Drogenmafia zu verstärken. Ein gemeinsames Aktionsprogramm solle erarbeitet werden. Andere europäische Partner sollten zur Zusammenarbeit eingeladen werden.

Um 10.00 Uhr wird der Gipfel fortgesetzt. Er endet um 12.30 Uhr. BK äußert sich in der anschließenden Pressekonferenz sehr zufrieden über die Ergebnisse des Europäischen Rates.[259] Der Termin für die Eröffnung der beiden Regierungskonferenzen über die Politische Union sowie über die Wirtschafts- und Währungsunion sei festgelegt worden. Dies entspreche der gemeinsamen Initiative von Mitterrand und ihm. Er sei sich sicher, daß

259 Unter der irischen Ratspräsidentschaft des Premierministers Charles Haughey fand in Dublin vom 25. bis zum 26. Juni 1990 das Treffen des Europäischen Rates (ER) statt. Es sollten v. a. Fortschritte beim Projekt der Politischen Union, das von Frankreich und Deutschland befürwortet, von Großbritannien aber hinterfragt wurde, erreicht werden. Eine Regierungskonferenz über die Politische Union sollte einberufen werden. Die Fortschritte bezüglich der Einheitlichen Europäischen Akte (EEA) wurden erläutert und besonders auf die soziale Dimension hingewiesen. Der Eintritt in die erste Stufe der Wirtschafts- und Währungsunion (WWU), die zu weiterer Sicherstellung der wirtschaftlichen Konvergenz genutzt werden sollte, war für den 1. Juli 1990 vorgesehen. Der ER begrüßte den Abschluss des Staatsvertrags zwischen den beiden deutschen Staaten. Weitere Themen waren u. a. Freizügigkeit, Umweltschutz und Verbrechensbekämpfung. Das Prinzip der Wirtschaftshilfe für die Unterstützung der Reformprozesse in der UdSSR wurde bevorzugt, aber bei Fragen der Umsetzung und der Modalitäten der Hilfe gab es Auffassungsunterschiede, weshalb Entscheidungen über konkrete Maßnahmen verschoben wurden. Die Kommission wurde beauftragt, kurzfristige Kredite und Unterstützung für längerfristige Strukturreformen bereitzustellen Die mittel-und osteuropäischen Staaten sollten ebenfalls wirtschaftlich gefördert werden. Es wurde zudem auf die Wichtigkeit des bevorstehenden KSZE-Gipfels in Paris in Bezug auf die Neugestaltung Europas hingewiesen. Erste Erfolge ergaben sich bei der wirtschaftlichen Konsolidierung Griechenlands. Zur Entwicklung im Nahen Osten, zur Verbreitung von Kernwaffen und zu Afrika südlich der Sahara wurde ebenfalls Stellung genommen, Europäischer Rat/Rat der Europäischen Union, Schlussfolgerungen des Europäischen Rates, https://www.bundesregierung.de/breg-de/service/bulletin/europaeischer-rat-in-dublin-tagung-der-staats-und-regierungschefs-der-eg-am-25-und-26-juni-1990-teil-eins-von-fuenf--788426 (Abruf 31.1.2024); Nachbetrachtungen, S. 674, 747, 749.

diese Entscheidung einen bedeutsamen Schritt für die europäische Zukunft darstelle. Die Ergebnisse sollen am 1. Januar 1993 nach Ratifizierung durch die nationalen Parlamente in Kraft treten.

BK gibt bekannt, daß er und de Maizière die Kollegen eingehend über die Entwicklung Deutschlands unterrichtet haben. Der Rat habe den Staatsvertrag über die Wirtschafts-, Währungs- und Sozialunion ausdrücklich begrüßt.

BK weist erneut darauf hin, daß der deutsche Einigungsprozeß eine sehr starke Schubkraft auch für den europäischen Einigungsprozeß ausübe.

Eine ausführliche Diskussion habe über die Entwicklung in Mittel-, Ost- und Südosteuropa stattgefunden. Sie seien sich prinzipiell einig gewesen, daß die Bemühungen in der Sowjetunion um Fortschritte in Richtung auf eine marktwirtschaftlich ausgerichtete Wirtschaftspolitik konkret unterstützt werden sollen. Eine Kommission werde mit Unterstützung des Internationalen Währungsfonds, der Weltbank, der Europäischen Bank für Aufbau und Entwicklung die notwendigen Überlegungen anstellen, Konsultationen mit der sowjetischen Regierung aufzunehmen und umgehend Vorschläge für eine Finanzhilfe auszuarbeiten. Insgesamt sei er mit dem Ergebnis sehr zufrieden.

Für ihn war wichtig, daß auch die Sowjetunion erkennen konnte, daß er sein Wort einlöste, im multilateralen Rahmen für eine Unterstützung der Sowjetunion zu werben. Mit Hilfe Mitterrands ist dieses sowjetische Interesse mit zu einem Hauptthema auf diesem europäischen Gipfel geworden. Das ist sicherlich für das Gesamtklima zwischen der Sowjetunion und uns hilfreich.

Heute erscheint in der Prawda in Moskau ein Interview mit Schewardnadse, das eine Rechtfertigung seiner Deutschlandpolitik enthält. Erneut weist er darauf hin, daß die Beschlüsse des NATO-Sondergipfels im Juli in London ohne Übertreibung weitreichende Folgen sowohl für Deutschland als auch für ganz Europa haben werden.

Am Nachmittag ruft mich Bob Blackwill aus dem Weißen Haus an. Er berichtet, daß Schewardnadse gegenüber Baker deutlich gemacht habe, welche Bedeutung der Abschlußerklärung des NATO-Sondergipfels für die deutsche Einigung zukomme. Diese Entschließung sei für Gorbatschow von größter Bedeutung. Damit, so Blackwill, werde die strategische Bedeutung der NATO-Erklärung für die 2+4-Gespräche deutlich. Er bittet mich darum, daß wir die Positionen mit Frankreich abstimmen und eine Übereinstimmung herbeiführen. PM Thatcher habe mit dem amerikanischen Entwurf große Probleme. Er ginge ihr zu weit. Deshalb sei es wichtig, wenn eine Übereinstimmung zwischen USA, Bundesrepublik und Frankreich erreicht werden könne.

Ich sage ihm zu, daß wir versuchen werden, eine gemeinsame Position mit Frankreich zu erarbeiten. Wir selbst hätten bereits Vorschläge zur »Verbesserung« des amerikanischen Entwurfs erarbeitet, die ich ihm zuleiten werde. Danach könne ich zur Abstimmung nach Washington kommen. Bob stimmt zu.

Um 18.00 Uhr spreche ich mit BK über den amerikanischen Entwurf der NATO-Erklärung. Ich erläutere ihm die notwendigen Korrekturen. Er stimmt in allen Punkten zu und beauftragt mich, den amerikanischen Entwurf entsprechend abzuändern.

Mittwoch, 27. Juni 1990

Um 8.45 Uhr lege ich BK den überarbeiteten Entwurf der USA für eine NATO-Gipfelerklärung vor. BK ist damit einverstanden.

Um 9.15 Uhr trifft er mit Genscher zusammen. Sie verabreden, daß ich die NATO-Erklärung noch einmal mit Dr. Kastrup und Generalmajor Naumann abstimme und wir drei dann gemeinsam nach Washington reisen sollen, um den Text bilateral mit den amerikanischen Kollegen zu besprechen.

9.30 Uhr Kabinettsitzung.

Am 1. Juli werden alle Kontrollen an den innerdeutschen Grenzen aufgehoben. Das ist erneut ein historisches Ereignis. Die blutige Grenze findet ihr Ende.

Am frühen Nachmittag telefoniere ich mit Bob Blackwill im Weißen Haus. Ich kündige ihm an, daß ich morgen gemeinsam mit Dr. Kastrup und Generalmajor Naumann nach Washington kommen wolle, um die NATO-Entschließung gemeinsam abzustimmen. Bob sagt mir rasche Antwort zu, ob das für sie terminlich möglich sei. Anschließend treffe ich mich mit den Kollegen des Auswärtigen Amtes und des Verteidigungsministeriums. Wir diskutieren Satz für Satz der NATO-Erklärung und formulieren unsere Änderungen bzw. Ergänzungen. Wir einigen uns in allen Punkten mit einer Ausnahme. Dr. Kastrup und ich stimmen darüber überein, daß über die Obergrenze zukünftiger Streitkräfte in einem geeinten Deutschland bereits bei den laufenden Wiener Verhandlungen gesprochen werden solle. Der Kollege von der Hardthöhe, Generalmajor Naumann, hat die Weisung, daß das BMVG nur bereit sei, eine Verpflichtungserklärung über die zukünftige Höchststärke zu akzeptieren, über die dann in VKSE II verhandelt werden solle; dagegen könne die Bundesregierung jetzt schon eine einseitige Festlegung über die Höchststärke der Bundeswehr treffen. Wenn jedoch bereits jetzt in Wien darüber verhandelt werden solle, befürchtet BMVG ein Scheitern der VKSE I-Verhandlungen. Ich bin etwas überrascht über diese Position, da Stoltenberg im Bungalow noch vor einer Singularisierung der Bundesrepublik gewarnt hatte, während Genscher damals eine einseitige Festlegung der Bundesregierung gefordert hatte, die einseitig eingeführt werden sollte. Heute sind die Fronten genau umgekehrt. Ich kündige an, diese Streitfrage BK vorzutragen. Er solle dann entscheiden.

Um 15.30 Uhr ruft mich Brent Scowcroft an. Er bedankt sich für unsere Bereitschaft, nach Washington zu kommen, um die Gipfelerklärung abzustimmen. Er bittet mich jedoch, auf die Reise zu verzichten. Aufgrund britischer Empfindlichkeiten wolle er eine solche Besprechung nun doch nicht durchführen. Auch Wörner habe ihn angerufen und ihn gebeten, keine Erörterung im kleinen Kreis zu führen.

Brent hat Sorge, daß unser Gespräch aufgrund der Größe unserer Delegation nicht vertraulich bleiben könne. Es wäre etwas anderes gewesen, wenn ich alleine nach Washington gekommen wäre. Brent schlägt vor, ihm den Entwurf unserer Gipfelerklärung zuzusenden. Er werde unsere Vorschläge prüfen und sich dann telefonisch bei mir melden. Er bietet mir erneut an, jederzeit telefonisch mit ihm in Kontakt zu treten.

Um 17.30 Uhr unterrichte ich BK, daß unsere Reise nach Washington abgesagt werden müsse. BK ist einverstanden. In der strittigen Frage entscheidet er sich für den Vorschlag von Kastrup und mir, daß die Frage der zukünftigen Obergrenze für die Bundeswehr in die laufenden Wiener Verhandlungen eingeführt werden solle.

Um 18.15 Uhr ruft erneut Brent Scowcroft an. Er gibt mir noch einmal zu verstehen, daß er überrascht gewesen sei, als ihm eine deutsche Delegation angekündigt worden sei. Er habe nur mit meinem Besuch gerechnet. Aus Sorge, daß aufgrund einer solchen Zusammensetzung der Delegation die Vertraulichkeit nicht gewahrt werden könne, habe er lieber abgesagt. Ich erläutere ihm, daß die Ressorts auf eine Teilnahme bestanden hätten, da der

Präsident in seinem Schreiben an BK vorgeschlagen habe, daß ich zur Abstimmung nach Washington kommen solle. Auf diese Weise sei diese Absicht bekannt geworden.

Um 19.00 Uhr findet die zweite Sitzung der Wahlkommission unter Leitung des BK statt. Er erklärt, daß er mit Bestimmtheit sagen könne, daß im Dezember gesamtdeutsche Wahlen stattfinden werden. Das Datum sei voraussichtlich der 2. Dezember. Alle Teilnehmer sind sich einig, daß das Thema der deutschen Einheit zweifellos im Mittelpunkt des Wahlkampfes stehen müsse. BK müsse deshalb Kurs halten. Von besonderer Bedeutung sei, daß die Parteien in dieser historischen Zeit Geschlossenheit aufweisen.

In einem Interview im »Neuen Deutschland« äußert sich heute Schewardnadse zu den Berliner 2+4-Gesprächen. Erneut spricht er von einem wachsenden Einvernehmen der Teilnehmer hinsichtlich der Parameter der völkerrechtlichen und äußeren Aspekte der deutschen Einheit. Der sowjetische Entwurf eines Dokuments über die endgültige völkerrechtliche Regelung der deutschen Frage sei keine »absolute Wahrheit in letzter Instanz«. Sie seien zu Kompromissen und Varianten bereit.

Wichtig ist, daß Schewardnadse seine Ankündigung wiederholt, daß sämtliche Aspekte der deutschen Einheit bis zum Jahresende gelöst sein müßten, um sie den 35 KSZE-Staaten auf ihrem Gipfel vorlegen zu können. Noch einmal weist er auf die Bedeutung des NATO-Sondergipfels hin. In gleicher Weise hat sich Gorbatschow in seiner Rede vor Absolventen der Militärakademie im großem Kremlpalast geäußert. Auch er erwartet ein Entgegenkommen der NATO.

Donnerstag, 28. Juni 1990

Um 10.00 Uhr führt BK sein zweites Gespräch mit Vertretern von Wirtschaft und Gewerkschaft durch MP de Maizière, Minister Reichenbach und Staatssekretär Krause nehmen teil. Das erste Treffen fand im Februar statt. Es geht um die Entwicklung der Wirtschaft in der DDR.

BK erläutert die in der Zwischenzeit geschaffenen neuen Rahmenbedingungen. Der Staatsvertrag zur Währungs-, Wirtschafts- und Sozialunion tritt am 1. Juli in Kraft. Gleichzeitig werden in der DDR die wichtigsten Wirtschafts- und Sozialgesetze der Bundesrepublik gelten. Es könne jetzt in der DDR unter wesentlich günstigeren wirtschaftspolitischen Rahmenbedingungen investiert werden. Heute berate die Volkskammer über das neue Umweltrahmengesetz in der DDR. Jetzt komme es darauf an, den in Gang gekommenen Strom vom Kapital und Wissen in die DDR auf breiter Front zu beschleunigen. BK appelliert an die Solidarität mit den Menschen in der DDR. Sie hätten ein legitimes Recht auf bessere Lebensbedingungen in ihrer Heimat. Die Folgen der Mißwirtschaft von 40 Jahren könnten aber nicht über Nacht ausgeräumt werden.

Ausdrücklich unterstreicht BK[260], daß es nicht ausreiche, den Markt der DDR nur von der Bundesrepublik aus zu bedienen. Eine neue Gründer- und Beteiligungswelle in der DDR sei erforderlich, um neue Arbeitsplätze zu schaffen. BK spricht sich auch für eine situationsgerechte Tarif-Lohn-Politik aus. Sie müsse an den Arbeitsmarkterfordernissen als auch an den realisierten Produktivitätsfortschritten orientiert werden. Tarifpartner hätten besondere Verantwortung. Das gelte auch für die Verantwortung aller Beteiligten auf dem Feld der Qualifizierung und der Schaffung von Ausbildungsplätzen für Jugendliche.

260 Handschriftlich gestrichen wurde an dieser Stelle »den Wunsch«.

De Maizière spricht von großen Erwartungen, die sich seitens der Bevölkerung in der DDR an den in Kraft tretenden Staatsvertrag knüpfen. Auch er appelliert an die Vertreter der Wirtschaft, den Wirtschaftsstandort der DDR nicht nur als Absatzmarkt zu sehen, sondern Investitionen zu tätigen, um neue Arbeitsplätze zu schaffen.

Am späten Vormittag treffe ich mit dem britischen Botschafter Christopher Mallaby zusammen. Im Auftrag von PM Thatcher will er unsere Vorstellungen über die wirtschaftliche und finanzielle Kooperation mit der Sowjetunion kennenlernen. Wir sprechen über Ziel, Umfang und Bedingungen einer solchen Zusammenarbeit.

Ein Schreiben von Präsident Bush an BK trifft ein. Er gilt den Vorbereitungen für den Weltwirtschaftsgipfel in Houston. Bush befürchtet erhebliches Konfliktpotential bei den Themen Handel und Umwelt. Sein Brief solle dazu beitragen, ernstliche Verstimmungen zu vermeiden und in beiden Punkten wesentliche Erfolge zu erzielen.

Bush plädiert für die offene Austragung der Meinungsverschiedenheiten, um einen erfolgreichen Abschluß der Uruguay-Runde im Dezember zu gewährleisten. Er wünscht deshalb eine Einigung auf Regeln für den Agrarhandel. Eine Reform dieser Regeln sei längst überfällig. Die derzeitigen Agrarpolitiken seien kostspielig, schafften unnötige Handelskonflikte und träfen die Entwicklungsländer empfindlich. Ihnen müßten größere Exportmöglichkeiten eingeräumt werden, insbesondere für ihre Agrarprodukte.

Bush fordert eine Anpassung der jeweiligen nationalen Programme zur Stützung der Landwirtschaft, den substantiellen Abbau von Exportsubventionen, der Importhemmnisse und der innerstaatlichen Unterstützungsmaßnahmen. Wenn es in Houston nicht zu Fortschritten auf dem Gebiet der Agrarpolitik komme, wäre dies ein ernster Rückschlag für ein offenes Welthandelssystem.

Im zweiten Teil seines Briefes gibt Bush seiner Hoffnung Ausdruck, daß die internationale Zusammenarbeit im Umweltschutz verbessert werden könne. Er sei persönlich der Auffassung, daß das Rahmenübereinkommen über Klimaveränderung bis 1992 fertiggestellt werden könne. Bedenken erhebt Bush jedoch gegenüber den weitergehenden Zielen des BK bezüglich der »CO 2-Reduzierung«. Es gäbe keine ausreichende wissenschaftliche und wirtschaftliche Grundlage für eine solche Verpflichtung.

Abschließend erklärt sich Bush bereit, auf dem Weltwirtschaftsgipfel die Bemühungen zu bündeln, um der Sowjetunion bei der Durchführung eines wirtschaftlichen Reformprogramms zu helfen. Die sowjetische Bitte um westliche Hilfe solle gemeinsam erörtert werden.

In Washington äußern sich heute Bush und Baker zum bevorstehenden NATO-Gipfel.[261] Bush sieht in ihm den Beginn einer Entwicklung, an deren Ende die Rolle der NATO neu definiert sei. Besonders solle Artikel 2 des Nordatlantikvertrages[262] betont werden, in dem die politische Rolle der NATO gegenüber der militärischen stärker hervorgehoben werde.

261 Siehe Anmerkung 279, S. 470.

262 Der bisherige Artikel 2 des NATO-Vertrags vom 4. April 1949 besagte: »Durch Stärkung ihrer freien Institutionen, Herbeiführung eines besseren Verständnisses für die diesen Institutionen zugrunde liegenden Prinzipien und durch Förderung der Voraussetzungen für Stabilität und Wohlfahrt werden die vertragschließenden Staaten zu einer weiteren Entwicklung friedlicher und freundschaftlicher internationaler Beziehungen beitragen. Sie werden bestrebt sein, Konflikte in ihrer internationalen Wirtschaftspolitik zu beseitigen, und werden die wirtschaftliche Zusammenarbeit zwischen einzelnen oder allen Vertragsstaaten fördern.«

Er betont, daß es in diesem Jahr noch eine Reihe von internationalen Treffen geben werde, an deren Ende er gerne eine allgemeine Akzeptanz eines vereinten Deutschlands in der NATO sehe.

Baker beruft sich auf die Präambel des Nordatlantikvertrages. Die NATO müsse Wege finden, um die deutsche Einheit herbeizuführen und die NATO-Mitgliedschaft eines vereinten Deutschlands sicherzustellen. Gleichzeitig müsse die NATO den friedlichen demokratischen und wirtschaftlichen Wandel in Osteuropa und in der Sowjetunion ermutigen. Er spricht sich für eine gründliche Überprüfung der gegenwärtigen Strategie und der Streitkräftestruktur der NATO aus.

Zur Zukunft der Nuklearwaffen fügt Baker hinzu, daß die politischen als auch die militärischen Veränderungen in Europa die Notwendigkeit für nukleare Kurzstreckenwaffen geringer erscheinen ließe. NATO müsse deshalb die Frage prüfen, wieviele und welche Nuklearwaffen zur Aufrechterhaltung der Abschreckung der strategischen Stabilität erforderlich sei. Die NATO solle ihre Position hinsichtlich der Reduzierung von Kurzstreckenwaffen mit Blick auf neue Rüstungskontrollverhandlungen mit der Sowjetunion festlegen.

Bush wie Baker schließen eine Erklärung zwischen den Mitgliedern beider Bündnisse nicht aus, sofern dies für den erfolgreichen Abschluß der 2+4-Gespräche und dem Verbleib Deutschlands in der NATO notwendig erscheine. Präsident Bush greift den Vorschlag von BK auf, eine gegenseitige Nichtangriffserklärung zu prüfen. Sie könne einen Schritt vorwärts sein. Ähnlich äußert sich auch Baker. Damit wird klar, daß beide einen engen Zusammenhang zwischen den Gipfelergebnissen und der deutschen Frage sehen. Das ist für uns von außerordentlicher Bedeutung.

Von 18.00 Uhr bis 23.00 Uhr habe ich erneut meinen außenpolitischen Expertenkreis im Bundeskanzleramt versammelt. Wir sprechen vor allem über die Lage in der Sowjetunion. Wir sind uns einig, daß der bevorstehende KPdSU-Parteitag[263] für Gorbatschow außerordentlich wichtig sein werde. Je erfolgreicher er für ihn verlaufe, desto vorteilhafter werde das für Entscheidungen im Rahmen der 2+4-Gespräche sein. Einen Sturz Gorbatschows halten wir für unwahrscheinlich. Es gebe dafür nur drei Möglichkeiten: Staatsstreich; eine Revolution von unten oder eine Abstimmung mit einer Zweidrittelmehrheit im Obersten Sowjet. Alle drei Möglichkeiten seien gegenwärtig nicht zu erwarten. Wichtig für uns bleibt, daß die sowjetische Regierung außenpolitisch in jedem Fall handlungsfähig bleibt.

Ausführlich sprechen wir über die 2+4-Verhandlungen. Was werde geschehen, wenn sie nicht rechtzeitig abgeschlossen werden können? Wir sind uns einig, daß sich damit die Sowjetunion leicht abfinden könne, weil in diesem Fall die Vier-Mächte-Rechte auch nach der Einigung fortbestünden und die sowjetische militärische Präsens damit weiterhin gesichert wäre. Daran könnte die Sowjetunion durchaus ein gewisses Interesse haben.

Zuletzt sprechen wir über die Verschärfung der Probleme in der Dritten Welt. Die Verelendung nimmt zu. Das könne zu einer Verschärfung des Terrorismus gegenüber der reichen Welt führen. Wir diskutieren neue Inhalte einer Entwicklungshilfepolitik. BK sollte sich bei einer der nächsten sich bietenden Möglichkeit öffentlich dazu äußern.

263 Siehe Anmerkung 288, S. 485.

Freitag, 29. Juni 1990

8.45 Uhr Kanzler-Lage: Die ›Welt‹ veröffentlicht heute ein Interview mit Präsident Bush. Es ist die Zusammenfassung seines gestrigen Gesprächs im Weißen Haus mit europäischen Korrespondenten. Es geht vor allem um die Themen auf dem bevorstehenden NATO-Gipfel und um die wirtschaftliche und finanzielle Zusammenarbeit mit der Sowjetunion, die Gegenstand der Gespräche auf dem Weltwirtschaftsgipfel sein sollen.

In diesem Interview bestätigt Bush, daß er von Anfang an die Wiedervereinigung Deutschlands in dem Tempo, in dem sie die Deutschen selbst erreichen möchten, gefördert habe. Das war mit Ausnahme einer kurzen Phase unmittelbar nach der Öffnung der Mauer in der Tat so. Kein westlicher Partner hat bisher den Einigungsprozeß so vorbehaltlos unterstützt wie Bush und Baker.

Um 11.00 Uhr führe ich erneut ein Gespräch mit Generalmajor Naumann. Wir bereiten das Gespräch BK mit Stoltenberg für den Montag vor. Es geht um die zukünftigen Obergrenzen für die deutschen Streitkräfte im Rahmen der Wiener VKSE-Verhandlungen.

Um 13.00 Uhr besucht mich der japanische Botschafter Keizo Kimura. Er übergibt mir für BK die Antwort von MP Kaifu auf das Schreiben des BK zum Weltwirtschaftsgipfel. Zuerst drückt Kaifu seinen von Herzen kommenden Respekt gegenüber BK für die mutige Art und Weise aus, wie er die deutsche Frage behandele. Er sichert ihm seine Unterstützung zu. Wenn Japan effektiv in diesem wichtigen Prozeß für Deutschland beitragen könne, wolle es keine Bemühungen scheuen.

Kaifu erklärt sich bereit, auf dem Weltwirtschaftsgipfel in Houston alle Aspekte der Lage in der Sowjetunion im Detail zu besprechen. Er teilt die Auffassung des BK, daß ein Erfolg der Perestroika große Bedeutung nicht nur für die Sowjetunion, sondern auch für Europa, Asien und für die ganze Welt haben könne. Auf diesem Hintergrund habe Japan sowjetische Delegationen im November und im April empfangen, die das japanische wirtschaftliche Management beobachten wollten, um Perestroika weiterentwickeln zu können. Auf diese Weise habe man die notwendige Kooperation mit sowjetischen Experten erweitert, damit sie die notwendigen Informationen für die Umwandlung in eine Marktwirtschaft erhalten. Er sehe in einer solchen Kooperation die wichtigste Unterstützung für den Erfolg von Perestroika.

Bezüglich kurz- wie langfristiger Kredite gibt Kaifu folgendes zu bedenken. Die Sowjetunion scheint noch keine politische Entscheidung getroffen zu haben, die die Errichtung eines neuen Wirtschaftssystems, das auf Marktprinzipien gründe, unumkehrbar mache. Ihr augenblickliches Management sei konfuser denn je. Deshalb müsse die Frage finanzieller Unterstützung sorgfältig geprüft werden. Ebenso müsse in Rechnung gestellt werden, daß die Sowjetunion weiterhin eine militärische Supermacht bleibe und noch keine grundlegenden Änderungen in der Stationierung und Modernisierung ihrer militärischen Streitkräfte im Fernen Osten vollzogen habe. Wirtschaftliche Hilfe dürfe deshalb nicht dazu führen, daß die Verlagerung von Ressourcen im militärischen Bereich auf den nichtmilitärischen Bereich der Ausgaben verlangsamt werde.

Mit großem Interesse habe er zur Kenntnis genommen, daß BK den Zusammenhang zwischen der finanziellen Unterstützung und der sowjetischen Haltung zur deutschen Einheit hergestellt habe. Er habe dagegen keine Einwände, wolle aber darauf hinweisen, daß vergleichbare positive Entwicklungen in Asien und in der pazifischen Region noch nicht eingetreten seien. Das betreffe vor allem die sowjetischen Beziehungen zu Japan. Die Frage der nördlichen Territorien[264] sei weiterhin ungelöst, und sie hätten noch nicht den Punkt erreicht, wo ein Friedensvertrag unterzeichnet werden könne. Auch Gorbatschow habe noch keine grundlegende Änderung der sowjetischen Haltung vollzogen. Kaifu erklärt die Lösung der Frage der nördlichen Territorien als Prüfstein dafür, daß die Ost-West-Entspannung nicht nur auf Europa begrenzt bleibe, sondern auch Asien und den Pazifik erreiche.

Um 17.00 Uhr ruft Brent Scowcroft an. Er teilt mir mit, daß er unseren Entwurf für die NATO-Gipfelerklärung erhalten habe. Unsere Änderungsvorschläge bzw. Ergänzungen auf den amerikanischen Entwurf seien für ihn sehr ermutigend. Es gebe viele Übereinstimmungen. Die Differenzen seien nicht grundlegender Art.

Probleme könne es bei unserem Vorschlag geben, Obergrenzen für die Streitkräfte in den laufenden VKSE-Verhandlungen zu vereinbaren. Dieser Vorschlag könne dazu führen, daß die Wiener Verhandlungen nicht rechtzeitig beendet werden könnten. Ein anderes Problem sehe er in der Behandlung der nuklearen Systeme.

Brent berichtet mir, daß sie den Entwurf der NATO-Erklärung nicht mehr von den Ständigen Vertretern in Brüssel beraten lassen wollen. Vielmehr wolle der Präsident den Entwurf auf dem NATO-Sondergipfel selbst einrühren und danach sollten die Außenminister über den Text beraten. Zu den kritischen Punkten werde er mir noch einen »Skipper« schicken. Ich bin erleichtert, daß Brent auf unsere Vorschläge so positiv reagiert. Er ist wie immer sehr hilfreich.

Samstag, 30. Juni 1990

Heute trifft der »Skipper« von Brent ein. Er zeigt sich darüber erfreut, daß wir darin übereinstimmen, daß auf dem NATO-Sondergipfel ein starkes politisches Dokument mit neuen Ideen für die Umwandlung des Bündnisses verabschiedet werden müsse. Als schwierigste Aufgabe für London bezeichnet er die Überzeugungsarbeit, die zu leisten sein werde, um die anderen Partner dazu zu bewegen, daß es nicht einfach um ein weiteres NATO-Kommunique gehe, das wie alle früheren[265] nur »verbessert« werden müsse.

Übereinstimmung stellt Brent fest hinsichtlich der ständigen Verbindungsmissionen von Warschauer Pakt-Staaten bei der NATO und bezüglich der Einladung Gorbatschows zur NATO. Er stimmt auch zu, daß die NATO eine Nichtangriffserklärung abgeben solle. Es solle jedoch kein gemeinsames Dokument ausgehandelt werden, sondern die Länder beider Pakte sollen wechselseitige Erklärungen über Gewaltverzicht austauschen.

264 Der Begriff »nördliche Territorien« (hoppö ryödo) betrifft die südlichsten Inseln des Kurilen-Archipels. Die Inseln wurden seit Ende des Zweiten Weltkrieges von der Sowjetunion und seit ihrem Zerfall 1991 von der Russischen Föderation verwaltet, werden jedoch von Japan beansprucht. Sie umfassen die gesamte Inselkette der Kurilen einschließlich Shikotan und Habomai sowie Süd-Sachalin. Seit den 1960er Jahren hat der Begriff insofern eine Einschränkung erfahren, als er in der innenpolitischen Debatte Japans nur Habomai und Shikotan (Malaja Kuril'skajagrjada) sowie Kunashiri (Kunashir) und Etorofu (Iturup) umfaßt. Nach japanischer Lesart sind unter den südlichen Kurilen, Minami-Chishima, lediglich die Inseln Kunashiri und Etorofu zu verstehen, während Habomai und Shikotan als historisch stets zu Hokkaidö und nicht zu den Kurilen gehörig angesehen werden. Der Kurilenkonflikt besteht als Territorialkonflikt zwischen den beiden de jure noch miteinander im Krieg stehenden Staaten Japan und Russland, Norbert R. Adami, Der sowjetisch-japanische Streit um die südlichen Kurilen und seine historischen Hintergründe, in: *Japanstudien* 1 ((1990), S. 365–384, https://perspectivia.net/receive/pnet_mods_00002067 (Abruf 31.1.2024).

265 Handschriftlich gestrichen wurde »vorherigen« und durch »früheren« ersetzt.

Besorgt ist Brent über unseren Vorschlag, wie die Frage der Begrenzung der Bundeswehr behandelt werden solle. Er glaube, daß es verfrüht sei, der Sowjetunion jetzt schon ein solches Zugeständnis zu machen. Gorbatschow könnte es einstecken und dennoch weiterhin dagegen sein, daß ein vereintes Deutschland Vollmitglied der NATO bleibe und daß die Vier-Mächte-Rechte im Zeitpunkt der deutschen Einheit enden. Eine Singularisierung der Bundeswehr müsse verhindert werden. Verhandlungen über nationale Obergrenzen für das Militärpersonal aller VKSE-Teilnehmer in Wien könnten den Abschluß eines Vertrages auf unabsehbare Zeit verzögern. Gorbatschow könnte das nutzen, um die abschließende Lösung des 2+4-Prozesses ebenfalls hinauszuschieben.

Unterschiedliche Auffassung stellt Brent auch bei der Behandlung der nuklearen Artillerie fest. Darüber müsse noch gesprochen werden, auch im Zusammenhang mit der Nukleardoktrin der NATO. Dagegen stellt Brent Übereinstimmung beider Regierungen bezüglich der KSZE fest. Abschließend schlägt er vor, den Text der Erklärung und unsere Vorschläge erst in London auf politischer Ebene zu behandeln. Seine Sorge ist, daß Gespräche vorher nur dazu führen könnten, die Erklärung in hinlänglich bekannte Rhetorik umzumünzen.

Sonntag, 1. Juli 1990

Heute ist der Staatsvertrag über die Währungs-, Wirtschafts- und Sozialunion zwischen der Bundesrepublik Deutschland und der DDR in Kraft getreten. Es ist uns gelungen, die Fernsehanstalten dazu zu bewegen, eine Ansprache von BK auszustrahlen.

BK bezeichnet das Inkrafttreten des Staatsvertrages als entscheidenden Schritt auf dem Weg zur Einheit und als einen großen Tag in der Geschichte der deutschen Nation. Er sei Ausdruck der Solidarität unter den Deutschen, die jetzt wieder unauflöslich miteinander verbunden seien. An der Grenze herrsche wieder freie Fahrt. Der Staatsvertrag dokumentiere den Willen aller Deutschen, in eine gemeinsame Zukunft zu gehen: In einem vereinten und freien Deutschland.

BK weist ausdrücklich darauf hin, daß es harte Arbeit erfordern werde, bis Einheit und Freiheit, Wohlstand und sozialer Ausgleich für alle Deutschen verwirklicht sein werde. Viele Menschen in der DDR werden sich auf neue und ungewohnte Lebensbedingungen einstellen müssen und auch auf eine nicht einfache Zeit des Übergangs. Aber es werde durch eine gemeinsame Anstrengung gelingen, daß sich die Lebensbedingungen rasch und durchgreifend bessern und die neuen Bundesländer bald wieder in blühende Landschaften verwandelt sein werden, in denen es sich zu leben und zu arbeiten lohne. Wenn alle mit anpacken, werde es gemeinsam zu schaffen sein.

BK betont auch die Notwendigkeit von Opfern in der Bundesrepublik. Ein Volk, das dazu nicht bereit wäre, hätte seine moralische Kraft längst verloren. BK ruft die Deutschen in der Bundesrepublik auf, den Landsleuten in der DDR weiterhin zur Seite zu stehen. Das sei ein selbstverständliches Gebot nationaler Solidarität.

Montag, 2. Juli 1990

8.45 Uhr BK-Lage: BK berichtet über die Konferenz der Europäischen Christdemokraten am Wochenende in Budapest. Dort sei er mit dem ungarischen MP Antall und dem polnischen MP Mazowiecki zusammengetroffen. Beide hätten ihm erläutert, wie schwierig die Lage in ihren Ländern sei.

Gegenüber Mazowiecki habe er seine Verwunderung zum Ausdruck gebracht, daß in Polen der einzige Mann angegriffen werde, der ihnen wirklich helfen könne. Das Gespräch sei jedoch in guter Atmosphäre verlaufen. Er habe Mazowiecki vorgeschlagen, einen umfassenden Vertrag innerhalb eines Jahres abzuschließen, der nicht nur die Anerkennung der Grenze enthalte, sondern alle Bereiche der Beziehungen einschließe. Außerdem habe er angeregt, ein Konzept regionaler Zusammenarbeit an der deutsch-polnischen Grenze zu erarbeiten. Unmißverständlich habe er deutlich gemacht, daß er vor der Einigung Deutschlands zu keinen Vertragsverhandlungen bereit sei. Außerdem müsse Polen bei den 2+4-Gesprächen hilfreich sein.

Wir sprechen über die Möglichkeit gesamtdeutscher Wahlen. De Maizière sei gegen jede Sperrklausel. Voraussichtlich werde jedoch wie 1949 eine Sperrklausel von 3 % vereinbart werden. Wahrscheinlich seien auch zwei Wahlgesetze erforderlich, da der Wahltermin sonst nicht zu halten sei. Die erforderlichen Fristen seien in der Bundesrepublik und in der DDR unterschiedlich. BK berichtet, daß er gestern mit de Maizière telefoniert habe. Dieser sei über den Beginn der Währungs-, Wirtschafts- und Sozialunion äußerst zufrieden.

Kurzer Meinungsaustausch über die Eröffnung des KPdSU-Parteitages in Moskau. Gorbatschow eröffnet den Parteitag mit einer Grundsatzrede.

Anschließend spreche ich mit BK über die bevorstehende Reise in die Sowjetunion. Als Grundlinie für die Gespräche will BK erreichen, daß die deutschen Leistungen denen der Sowjetunion im Zusammenhang mit dem deutschen Einigungsprozeß gegenübergestellt werden sollen. Ziel müsse es sein, in den Gesprächen mit Gorbatschow die noch offenen Probleme zu lösen.

Um 15.00 Uhr führt BK Gespräch mit Stoltenberg, Seiters und mir. Stoltenberg ist voller Sorge über öffentliche Erklärungen der FDP, insbesondere von Möllemann, zur Bundeswehr. Es geht vor allem um Kürzungsvorschläge für den Verteidigungshaushalt und über die Dauer der Wehrpflicht. Wir sprechen über das deutsch-französische Projekt »Hubschrauber 90«, über das Projekt »Jäger 90« und über Probleme des Tieffluges. Wir erörtern den Stand der 2+4-Gespräche. In diesem Zusammenhang weist BK auf die Probleme hin, die jetzt behandelt werden müßten: Die Festlegung der Übergangszeit für die sowjetische Truppenpräsenz auf dem ehemaligen DDR-Territorium; die Wirtschafts- und Finanzhilfe für die Sowjetunion; die »Botschaft von London«, d.h. Vorbereitung der Erklärung des NATO-Sondergipfels über einen Gewaltverzicht zwischen den Staaten der NATO und des Warschauer Paktes und über die zukünftigen Obergrenzen für die deutschen Streitkräfte, ohne Deutschland zu singularisieren. BK plädiert für eine allgemeine Verpflichtungserklärung aller VKSE-Staaten über Reduzierungen. Dann sei auch er bereit, einer konkreten Obergrenze für die deutschen Streitkräfte zuzustimmen.

Stoltenberg hat ein Papier mit verschiedenen Lösungsmöglichkeiten vorgelegt. Die Begrenzung des Umfangs aktiver Soldaten in den Land- und Luftstreitkräften des vereinten Deutschlands will er abhängig machen von dem in den 2+4-Gesprächen festzulegenden Abzug der Sowjetunion aus Deutschland und von ihrer Bereitschaft, gleichzeitig ihre Streitkräfte im westlichen Teil der UdSSR so zu begrenzen, daß daraus weder für ihre unmittelbaren Nachbarn in Zentraleuropa, noch für die Flankenstaaten der NATO ein unannehmbares Risiko entsteht. Letztlich müßten auch die VKSE-Teilnehmerstaaten verbindlich bereit sein, für ihre Land- und Luftstreitkräfte in Europa ebenfalls niedrigere Obergrenzen als heute zu vereinbaren. Unter diesen Voraussetzungen schlägt Stoltenberg die Begrenzung des Umfanges aktiver Soldaten der Bundeswehr auf 370.000 Mann vor plus

25.000 Marinestreitkräfte. Damit würden die deutschen Streitkräfte insgesamt auf 395.000 Mann verringert werden. Damit ist Stoltenberg erstmals unter die 400.000-Grenze gegangen. Eine Singularisierung der Bundesrepublik wäre damit verhindert. Dagegen liegen die Vorschläge von Genscher bei 350.000 als Obergrenze für zukünftige deutsche Streitkräfte.

Um 20.30 Uhr setzen wir die Diskussion mit BK im Bungalow fort. Ich erläutere noch einmal den Stand der Vorbereitungen für den NATO-Sondergipfel in London. BK ist zuversichtlich, daß von London aus ein wichtiges Signal an die Sowjetunion ausgehen werde.

Zum erstenmal spricht BK auch über seine Überlegungen für eine Regierungsneubildung nach den gesamtdeutschen Wahlen. Er möchte ein Ministerium für den Wiederaufbau der fünf neuen Bundesländer sowie ein Frauenministerium einrichten. Außerdem überlegt er, einige Bundesminister innerhalb der Bundesregierung umzusetzen. Staatssekretär Krause soll Bundesminister werden. BK sieht den gesamtdeutschen Wahlen mit großer Gelassenheit entgegen. Er rechnet mit einem überzeugenden Wahlerfolg.

Dienstag, 3. Juli 1990

8.30 Uhr BK-Lage: Die Wahltermine stehen fest. Gestern hat sich der Koalitionsausschuß der DDR-Regierungsparteien vorbehaltlich der Zustimmung durch die Volkskammer auf den 14. Oktober für Landtagswahlen und auf den 2. Dezember für gesamtdeutsche Wahlen geeinigt. Damit sind weitere wichtige Daten für den Einigungsprozeß festgelegt.

Zur Hauptstadtfrage erklärt BK, daß sie von einem gesamtdeutschen Parlament entschieden werden müsse. Dabei werde es darum gehen müssen, einen Ausgleich zwischen den Interessen Bonns und Berlins zu finden.

Wir sprechen über die gestrige Eröffnung des 28. Parteitages der KPdSU. Gorbatschow hat seine Reformpolitik gegen Angriffe konservativer Kommunisten verteidigt. Die Sowjetunion stehe vor der Wahl, entweder den Weg der tiefgreifenden Umgestaltung weiterzugehen oder den Gegnern der Perestroika die Oberhand gewinnen zu lassen. Er warnte vor denjenigen, die stur an der Vergangenheit festhalten und die Erneuerung der Gesellschaft bremsen würden.

Ermutigend ist das Bekenntnis Gorbatschows zur Marktwirtschaft und zur Integration in die Weltwirtschaft. Den deutschen Einigungsprozeß erwähnt Gorbatschow in seinem dreistündigen Rechenschaftsbericht mit keinem Wort. Insgesamt ist Gorbatschows Rede aber auf das Ziel der Integration der Partei angelegt. Für uns wird wichtig sein, wie Gorbatschow diesen Parteitag übersteht.

Um 10.00 Uhr hat BK erneut Genscher, Stoltenberg und Seiters zu einem Ministergespräch über die Frage der zukünftigen Obergrenze der Bundeswehr im geeinten Deutschland gebeten. Kastrup, Naumann und ich nehmen teil. Es geht um die Festlegung der Obergrenze als auch um die Frage, wie eine Singularisierung Deutschlands vermieden werden könne. Genscher erläutert einleitend die möglichen Optionen.

Stoltenberg beklagt sich darüber, daß der Abrüstungsbeauftragte Holik in Tumberry ohne Abstimmung mit seinem Ministerium ein non-paper verteilt habe, das der vorher vereinbarten Linie widersprochen habe. Dem BMVg sei es sowohl von den Briten als auch von den Amerikanern übergeben worden. Stoltenberg beruft sich zur Absicherung seiner Position auf das Schreiben von Bush vom 21. Mai.

Die Kritik Stoltenbergs ist berechtigt. Das Pressebild über das heutige Ministergespräch ist rege, obwohl es vertraulich durchgeführt werden sollte und enthält zahlreiche Hinweise auf einen Dissens zwischen AA und BMVg. Stoltenberg befürchtet, daß das nur der Sowjetunion nützen könne, die in der Frage der Obergrenze ihren Druck auf die Bundesregierung erhöhen könnte.

Auch BK bezeichnet die heute in der Presse enthaltenen Indiskretionen als völlig indiskutabel. Er habe es satt, öffentlich unter Druck gesetzt zu werden. Er sei nicht bereit, eine Reduzierung der Bundeswehr zu akzeptieren, die im Ergebnis die Wehrpflicht außer Kraft setze.

Das Gespräch gewinnt zeitweise an Schärfe. Bezüglich der zukünftigen Obergrenze spricht BK von einer Zahl unter 400.000 Soldaten. Genscher hält jede Zahl über 350.000 für zu viel. Damit kämen wir nicht durch. Alles, was darüber läge, würde nicht laufen.

BK argumentiert, daß das Angebot von 350.000 dazu führe, daß das Ergebnis bei 280.000 enden würde. Er würde deshalb mit der Zahl von 400.000 in die Verhandlungen gehen. Genscher besteht auf 350.000. Diese Zahl sei angemessen und erreichbar. Die Obergrenze solle nicht in die 2+4-Gespräche, sondern in Form einer allgemeinen Aussage im NATO-Kommuniqué angesprochen werden. Außerdem müsse bilateral mit den USA darüber gesprochen werden.

Nach eineinhalb Stunden endet das Gespräch ohne Einigung über die Obergrenze. Kastrup, Naumann und ich werden beauftragt, ein Ergebnispapier zu formulieren. Es enthält die Absichtserklärung, in den VKSE-Folgeverhandlungen nationale Höchststärken für das Militärpotential der Land- und Luftstreitkräfte aller 23 Teilnehmerstaaten im gesamten Vertragsgebiet zu vereinbaren. Bis zum Inkrafttreten einer solchen Vereinbarung sollen sich alle Vertragsstaaten verpflichten, das Militärpotential ihrer Land- und Luftstreitkräfte im gesamten Vertragsgebiet nicht zu erhöhen. Bezüglich der Verpflichtungen der beiden deutschen Staaten über die zukünftige Obergrenze der aktiven Soldaten in einem vereinten Deutschland fügen wir keine Zahl ein, sondern sprechen davon, daß die Land- und Luftstreitkräfte des vereinten Deutschland nicht größer als X aktive Soldaten umfassen sollen. Diese Verpflichtung werde mit Abschluß eines VKSE-Folgevertrages völkerrechtlich verbindlich. Dann werde das vereinte Deutschland mit der Reduzierung beginnen. Sie soll so vollzogen werden, daß sie mit dem vollständigen Abzug der sowjetischen Stationierungstruppen vom Territorium der heutigen DDR abgeschlossen ist.

14.00 Uhr Kabinettsitzung: Der Haushalt 1991 steht auf der Tagesordnung. Beim Verteidigungshaushalt erhebt BM Möllemann für die FDP Einwände. Die FDP habe Schwierigkeiten, den Verteidigungshaushalt in der vorliegenden Form zu akzeptieren. Möllemann verweist auf die Aussage des BK: Frieden schaffen mit immer weniger Waffen und fordert eine weitere Kürzung[266] des Verteidigungshaushalts. Außerdem fordert er mittelfristig die Verringerung der Wehrpflicht auf 9 Monate. Möllemann verweist darauf, daß er konkrete Kürzungsvorschläge vorbereitet habe. Genscher unterstützt Möllemann. BK lehnt es ab, den Verteidigungshaushalt in beliebigerweise als Steinbruch zu nutzen.

Nach dem Kabinett kommt Genscher auf mich zu. Er habe verstanden, daß BK in der Frage der Obergrenze für die Bundeswehr in einem geeinten Deutschland vorhalten wolle. Dennoch sei er überzeugt, daß international nur 350.000 als Höchststärke durchgesetzt werden könnten. Im übrigen gäbe das Vorhalten keinen Sinn, weil keine Verhandlungen darüber stattfinden würden. Ich nehme diese Ausführungen zur Kenntnis. BK will über diese Frage mit Gorbatschow selbst sprechen.

266 Handschriftlich gestrichen wurde das Wort »Reduzierung«.

Um 17.30 Uhr treffe ich mit dem sowjetischen Botschafter Terechow zusammen. Wir bereiten die Gespräche BK mit Gorbatschow vor. Wir sind uns einig, daß drei Schwerpunkte gesetzt werden müßten: (1) Inhaltliche Elemente für den umfassenden deutsch-sowjetischen Vertrag sollen vorbereitet und gemeinsam[267] diskutiert und gegebenenfalls verändert oder ergänzt werden.[268] (2) Die wirtschaftliche und finanzielle Kooperation solle auf der Grundlage der vorausgegangenen Gespräche des BK mit seinen Kollegen auf dem EG-Gipfel und auf dem Weltwirtschaftsgipfel in Houston erörtert werden. (3) Eine Zwischenbilanz über den Stand der Verhandlungen über die äußeren Aspekte der deutschen Einigung solle gezogen werden. Gemeinsam solle geprüft werden, was auf den beiden Waagschalen liege und wie weit eine Balance erreicht sei. Wir stimmen überein, daß es am Ende der Gespräche wichtig sein werde, daß beide Seiten Fortschritte feststellen können.

Unmittelbar nach dem Gespräch mit Terechow unterrichte ich BK. Er ist mit den inhaltlichen Schwerpunkten, die ich mit Terechow besprochen habe, einverstanden. Wir diskutieren noch einmal die Frage der zukünftigen Obergrenze für die Bundeswehr. BK hält eine Größenordnung von 370.000 Mann für erreichbar. Er werde sich aber nicht gegen eine Obergrenze von 350.000 Mann wehren, wenn alle anderen Fragen gelöst werden könnten. Er hält sich seinen Bewegungsspielraum offen.

BK erhält heute einen Brief vom polnischen MP Mazowiecki. Er bittet BK um deutsche Unterstützung für die polnischen Bemühungen, die Auslandsschulden zu reduzieren. Er wünscht, daß BK dieses Problem beim kommenden Gipfeltreffen der Staats- und Regierungschefs in Houston anspreche. Der Erfolg der polnischen Reformen habe eine wesentliche Bedeutung für die Stabilität und den gesamten Wandel in Mittel- und Osteuropa. Das gelte auch für die Sowjetunion, die die polnischen Reformen aufmerksam verfolge und aus den Erfahrungen lernen wolle. Mazowiecki beruft sich auf die jüngste Initiative Frankreichs gegenüber afrikanischen Staaten und der USA gegenüber Latainamerika, Schulden zu erlassen.

Gleichzeitig übergibt AM Skubizewski eine polnische Note zur Entschließung des Deutschen Bundestages vom 21. Juni zur Oder-Neiße-Grenze. Die Note würdigt die Entschließung positiv und legt die polnischen Vorstellungen zum weiteren Verfahren in den 2+4-Gesprächen dar. Besondere Genugtuung habe die Aussage des BK hervorgerufen, der so eindeutig die polnische Meinung geteilt habe, daß nur unumstrittene Grenzen ihren trennenden Charakter verlieren können und daß jeder, der die Vereinigung Deutschlands wolle, eine klare Antwort auf die Frage der polnischen Westgrenze geben müsse.

Die Note bezeichnet die Entschließungen als eine wichtige und nötige Etappe in den polnisch-deutschen Gesprächen. Sie schaffen ein sehr gutes politisches Klima. Um jegliche Zweideutigkeiten in der Frage der polnisch-deutschen Grenze ein Ende zu setzen, sei es eine Frage von grundlegender Bedeutung, daß der geplante Grenzvertrag mit der völkerrechtlichen abschließenden Regelung der 2+4-Gespräche verknüpft werde.

Die polnische Regierung erhebt erneut die Forderung, daß in Anbetracht des sehr schnellen Tempos der sich vollziehenden Vereinigung Deutschlands die Gespräche über den Text des polnisch-deutschen Vertrages nicht bis zum Zeitpunkt der Entstehung eines einheitlichen gesamtdeutschen Souveräns vertagt werden dürfen. Damit bleibt Polen bei

267 Handschriftlich gestrichen wurde »zwischen beiden« und durch »gemeinsam« ersetzt.
268 Der letzte Ergänzungssatz wurde handschriftlich gestrichen.

seiner Position, über den Grenzvertrag noch vor der Einigung Deutschlands zu verhandeln. Das hat BK bisher entschieden abgelehnt.

Mittwoch, 4. Juli 1990

Heute morgen übermittle ich die Antwort des BK auf das Schreiben von Präsident Bush zum Entwurf der NATO-Erklärung an meinen französischen Kollegen Hubert Védrine. Er ist außenpolitischer Berater von Mitterrand. Von französischer Seite haben wir zu den amerikanischen Überlegungen bisher keine Anmerkungen erhalten. Das ist auch nicht überraschend.

Um 12.30 Uhr tritt unter Leitung von Seiters der Kabinettausschuß »Deutsche Einheit« zusammen. BM Schäuble erläutert den Vorschlag der DDR für eine vertragliche Regelung, die zur Herstellung der deutschen Einheit mit der DDR-Regierung verhandelt werden solle. Die erste Runde der Gespräche solle am Freitag, den 6. Juli, stattfinden. Schäuble erläutert, daß die Bundesregierung keinen Vertragsentwurf vorlegen wolle. Sie wolle vielmehr mit einer offenen Verhandlungslinie beginnen und die Wünsche der DDR-Regierung entgegennehmen. Wenn jedoch ein ratifizierungsbedürftiger Vertrag zustande kommen solle, müsse er bis Ende August/Anfang September erreicht sein. Besprechungsrunden mit den Ländern hätten stattgefunden und die Positionen seien abgestimmt.

Ausgangspunkt der Überlegungen ist ein »Diskussionspapier des Bundesministers des Innern mit Elementen einer zur Herstellung der deutschen Einheit zu treffenden Regelung«. Eine erste Arbeitsskizze zur Konzeption eines Staatsvertrages ist am 13. Juni vorzeitig an die Öffentlichkeit gelangt. Ein zweiter Entwurf war den Ländern am 26. Juni übergeben worden. Er liegt heute dem Gespräch mit entsprechenden Änderungsvorschlägen der Ressorts als Gesprächsgrundlage vor.

Am Nachmittag empfange ich den jordanischen Botschafter Fawaz Sharaf zum Abschiedsbesuch. Er kehrt nach Amman zurück. Er bittet mich sehr dringend darum, daß sich die EG stärker um den Nahen Osten kümmern müsse. Die gesamte Entwicklung sei besorgniserregend.

Am Nachmittag trifft die Rückantwort von Védrine aus Paris ein. Er teilt mir mit, daß der Präsident keinen Gegenvorschlag zum amerikanischen Entwurf vorlegen werde. Sehr allgemein verständigt er mich darüber, daß der amerikanische Entwurf für die NATO-Erklärung Artikel enthalte, die für die französische Seite aufgrund der grundsätzlichen Orientierung problemlos akzeptiert werden könnten. Andere Artikel würden sich nur an die Mitgliedstaaten der integrierten militärischen Organe richten. Dazu zähle Frankreich nicht und deshalb werde es die Formulierung von den »betroffenen Alliierten« einführen. Konkrete Vorschläge werde Frankreich nur zur KSZE einbringen. Das ist wenig genug. Ich bin über das mangelnde Engagement der französischen Freunde enttäuscht.

In Berlin geht heute die sechste Runde der 2+4-Gespräche auf Beamtenebene unter Beteiligung Polens zu Ende. Das Treffen befaßt sich schwerpunktmäßig mit zwei Themen: mit der Erstellung einer Inventurliste für eine abschließende Regelung und mit den Prinzipien für die Grenzregelung.

Die Sowjetunion drängt nach wie vor darauf, mit der Vereinigung Deutschlands zusammenhängende sicherheitspolitische Fragen sowohl in den 2+4-Gesprächen zu erörtern, als auch in die abschließende Regelung aufzunehmen. Erneut legt sie auch die Forderung einer

Übergangsperiode bis zur abschließenden Regelung aller dieser Fragen auf den Tisch. Es ist die Linie Schewardnadses aus dem 2+4-Ministergespräch in Berlin.

Die polnischen Vertreter begrüßen die Entschließungen des Bundestages und der Volkskammer. Gleichzeitig fordern sie, daß die trilateralen Gespräche über den deutsch-polnischen Vertrag so fortgesetzt werden müßten, daß schon an der Schwelle der Vereinigung Klarheit bestehe und ein entsprechender Vertrag sofort nach der Vereinigung unterschrieben werden könne. Außerdem solle einerseits ein reiner Grenzvertrag und andererseits ein umfassender Kooperationsvertrag vorbereitet werden.

Die Inventurliste enthält 20 Punkte und bezieht sich im wesentlichen auf Sicherheitsfragen und auf den zukünftigen militärischen Status des geeinten Deutschlands. Jeder Delegation ist freigestellt, weitere Punkte zur Aufnahme in die Liste vorzuschlagen.

Auf dem Parteitag der KPdSU in Moskau spricht heute Eduard Schewardnadse: Er weist die Kritik an der Außenpolitik und an ihn persönlich zurück, im Bereich der Sicherheit Zugeständnisse gemacht zu haben. Allein in den beiden letzten Jahrzehnten habe die ideologische Konfrontation mit dem Westen der Sowjetunion Mehrkosten in Höhe von 700 Mrd. Rubel für die militärische Konfrontation verursacht. Ein Viertel des Haushalts sei für militärische Aufwendungen ausgegeben worden. Damit sei das Land in Armut geraten.

Zur Lage in Osteuropa erklärt Schewardnadse, daß es unmöglich sei, sich in die inneren Angelegenheiten dieser Staaten einzumischen, selbst wenn die in Osteuropa vor sich gehenden Ereignisse von den sowjetischen Interessen abweichen würden.

Die über Jahrzehnte hinweg bestehende Spaltung Deutschlands bezeichnet Schewardnadse als »künstlich und widernatürlich«. Nachdrücklich äußert er seine Zuversicht, daß die Sowjetunion umfangreich, umfassend und gegenseitig vorteilhaft mit einem vereinten Deutschland sowohl in der Politik als auch in der Wirtschaft und in anderen Bereichen zusammenarbeiten werde.

Insgesamt wirkt Schewardnadse jedoch defensiv und nervös.

In einer Pause des Parteitages gibt Valentin Falin der dpa ein Interview. Er spricht von großen Hoffnungen, die die sowjetische Führung in die Gespräche mit Bundeskanzler Kohl am 15./16. Juli in Moskau setze. Die sowjetische Seite sei zu konstruktiven Gesprächen bereit. Die Voraussetzungen seien gut. Es gebe einen persönlichen Kontakt zwischen Helmut Kohl und Gorbatschow, der eine sachliche, konstruktive und gründliche Erörterung ermögliche. Erneut bekräftigt Falin jedoch die bekannte Position, daß ein NATO-Beitritt eines geeinten Deutschlands für Moskau nicht in Frage komme. Es[269] wäre eine sehr starke qualitative Veränderung des Kräfteverhältnisses. Diese Tatsache könne niemand für nichtig erklären. Es gebe keinen Politiker, der imstande wäre, solche Wunder zu verwirklichen. Falin ist seit langem[270] derjenige in Moskau, der am kompromißlosesten die gegen Deutschland gerichteten Positionen vertritt.

269 Handschriftlich gestrichen wurde »Das« und durch »Es« ersetzt.
270 Handschriftlich korrigiert wurde »stets«.

Donnerstag, 5. Juli 1990

Heute beginnt der NATO-Sondergipfel in London. Um 8.25 Uhr fliegen wir mit der Challenger nach London und von dort zum Lancasterhouse. Nach dem üblichen Fototermin für die Staats- und Regierungschefs beginnt um 10.00 Uhr die Sitzung mit einer Eröffnungserklärung von NATO-Generalsekretär Dr. Manfred Wörner und mit Willkommensworten von PM Thatcher. Sie spricht von einem Wendepunkt der europäischen Geschichte vergleichbar mit dem Jahr 1949.[271] Hoffnung habe sich angesagt. Die NATO habe Frieden in Freiheit und Sicherheit garantiert. Jetzt sei die Chance, die europäische Architektur zu ändern. PM Thatcher berichtet, daß sie vor kurzem zwei Bücher gelesen habe: Eines von dem früheren Verteidigungsminister Weinberger »Fighting for Freedom«. Ihre Schlußfolgerung daraus laute, daß die Verteidigung gesichert bleiben müsse, um der Sowjetunion und Osteuropa die Hand zur Freundschaft reichen zu können. Das zweite Buch habe von »Barbarossa« gehandelt. Darin sei die Rede davon gewesen, daß zwei Dinge die Welt verändert hätten: Schönheit und Tapferkeit.

Nach dieser Begrüßung eröffnet Präsident Mitterrand den Reigen der Reden aller 16[272] Mitgliedstaaten. Auch er stellt fest, daß der Gipfel zu einem entscheidenden Zeitpunkt stattfinde. Die NATO müsse sich jetzt an die politische Lage anpassen. Er beschwört die Aufrechterhaltung des Zusammenhalts im Bündnis und die Notwendigkeit der amerikanischen Präsenz in Europa und bekräftigt, daß das geeinte Deutschland Mitglied der NATO sein müsse.

Andererseits müsse die NATO die Nachbarn über ihren defensiven Charakter ebenso wie über ihre Abschreckungsfähigkeit überzeugen. Die Interessen Osteuropas und der Sowjetunion müßten berücksichtigt werden. Klare Entscheidungen seien jetzt erforderlich.

Mitterrand bestätigt, daß der Entwurf von Präsident Bush für die NATO-Erklärung weitgehend in diese Richtung gehe. Er sei mit dem Geist dieser Erklärung einverstanden. Die Zeit sei gekommen, in Europa neue Beziehungen zu entwickeln. Dabei habe die NATO eine entscheidende Rolle. Seit langem habe sie einen doppelten Auftrag: Die Sicherheit zu garantieren und die Zusammenarbeit zu entwickeln.

Mitterrand spricht sich dafür aus, daß die Wiener Verhandlungen nicht mehr zwischen den Mitgliedsstaaten beider Paktsysteme sondern zwischen allen 35 KSZE-Staaten fortgesetzt werden sollten. Ebenso unterstützt er eine feierliche Erklärung über Gewaltverzicht und Nichtangriff zwischen allen 35 KSZE-Staaten.

Ausdrücklich betont Mitterrand die Notwendigkeit einer nuklearen Strategie im Rahmen eines Abschreckungskonzeptes, um den Ausbruch eines Krieges zu verhindern, jedoch nicht, um einen Krieg zu gewinnen. Frankreich sei bereit, an allen Überlegungen teilzunehmen, die das Bündnis an die veränderte Lage anpassen. Dabei sollten die Europäer innerhalb des Bündnisses im Rahmen der Europäischen Gemeinschaft eine stärkere Rolle spielen. Mitterrand schließt mit den Worten, daß sie jetzt alle dabei seien, einen hohen

271 Das Jahr 1949 bedeutete in dreifacher Hinsicht eine Zäsur mit der NATO-Gründung am 4. April 1949, der doppelten deutschen Staatsgründung der Bundesrepublik am 23. Mai (Grundgesetz) und der DDR durch Verabschiedung ihrer Verfassung vom 7. Oktober sowie der Machtübernahme der Kommunistischen Partei Chinas (KPCh) und die Ausrufung der Volksrepublik China am 1. Oktober 1949 von Mao Zedong nach dem Sturz der Republik China im chinesischen Bürgerkrieg.

272 Handschriftlich korrigiert wurde 15.

Berg zu erklimmen. Sie sollten alles tun, nicht zurückzufallen. Der NATO-Gipfel finde zum richtigen Zeitpunkt statt.

Nach Mitterrand spricht Bush. Ein Punkt sei erreicht, der die Überlegung auslöse, ob die NATO noch notwendig sei. Es gebe keinen Zweifel, daß ein kollektives Sicherheitssystem vorzuziehen sei. Das heiße aber, daß die NATO an die Herausforderungen des 21. Jahrhunderts angepaßt werden müsse. Vier Aufgaben sieht Bush für das Bündnis: (1) Die NATO müsse den ehemaligen Gegnern die Hand zur Zusammenarbeit ausstrecken. Bush spricht sich dafür aus, Gorbatschow einzuladen und Verbindungsbüros der Warschauer Pakt-Staaten bei der NATO einzurichten. (2) Der Charakter der konventionellen Streitkräfte müsse verändert werden. (3) Die nuklearen Systeme dürften nur als letztes Mittel eingesetzt werden. (4) Im Rahmen der KSZE solle ein neues Europa geschaffen werden.

Ausführlich erläutert Bush die Aufgabe der NATO, eine neue Dimension der Zusammenarbeit mit der Sowjetunion und Osteuropa zu entwickeln. Es bleibe das Interesse der USA, eine europäische Macht zu bleiben, politisch, militärisch als auch wirtschaftlich. Die Grundlage dafür sei die Atlantische Allianz.

Sie würden solange in Europa bleiben, solange es die Bündnispartner wünschen. Die USA seien bereit, ihr Schicksal mit den Europäern zu verknüpfen.

Die militärische Anpassung der NATO müsse sich daran orientieren, daß sich der Warschauer Pakt auflöse, die sowjetischen Truppen abzögen, ein VKSE-Vertrag abgeschlossen und Folgeverhandlungen sofort nach Unterzeichnung von VKSE I aufgenommen würden. Keine Nation dürfe in Europa ein militärisches Übergewicht und eine Offensivfähigkeit erreichen. Je geringer die Bedrohung sei, desto weniger militärische Kräfte seien erforderlich. Von der Strategie der Vorneverteidigung solle allmählich abgegangen werden. Eine neue Strategie sei auch für die Nuklearsysteme zu entwickeln. Sie sollten militärisch das letzte Mittel (»last resort«) sein. Eine Entnuklearisierung lehne er jedoch ab. Ebenso könne[273] nicht auf den Ersteinsatz verzichtet werden.

Bush kündigt an, daß er bereit sei, die nukleare Artillerie abzuziehen, wenn alle sowjetischen Truppen abgezogen seien. Die Verhandlungen über die SNF-Systeme sollten bald nach Abschluß von VKSE I beginnen.

Ausführlich spricht Bush über Möglichkeiten im Rahmen der KSZE.

Abschließend unterstreicht Bush, daß das heutige Treffen die Zukunft Deutschlands beeinflussen werde. Die Vollendung der Einigung Deutschlands sei von den USA mehr als von anderen begrüßt worden. Er kündigt an, daß die USA in Deutschland präsent bleiben wollen und daß die NATO-Verpflichtungen auf das geeinte Deutschland ausgedehnt werden sollen. Die zukünftige Größenordnung der deutschen Streitkräfte sei kein Thema der USA. Der Sowjetunion müsse deutlich gemacht werden, daß die Integration Deutschlands in die NATO auch in ihrem Interesse sei.

Eindringlich macht Bush deutlich, daß das heutige Zusammentreffen für die Sowjetunion von besonderer Bedeutung. sei. Schewardnadse habe dies insgesamt viermal gegenüber Baker zum Ausdruck gebracht. Es sei die letzte Chance, den Wandel der NATO deutlich zu machen. Das Bündnis müsse eine positive Rolle für das neue Europa übernehmen. Aus diesem Grunde sei eine politische Abschlußerklärung erforderlich.

273 Handschriftlich ersetzt wurde »solle« durch »könne«.

PM Thatcher spricht von einer großen Übereinstimmung mit Wörner und Bush. Sie müßten jetzt Signale aussenden. Alle würden die Bedeutung dieses NATO-Gipfels erkennen. Mit Gorbatschow breche sich die Freiheit ihre Bahn.

PM Thatcher analysiert die Veränderungen in Europa und die Entwicklung in der Sowjetunion. Sie wolle nicht als kalte Kriegerin gelten, aber sie bleibe sehr vorsichtig. In einer unsicheren Welt müsse die Freiheit weiter verteidigt werden. Dafür müsse[274] die nukleare Abschreckung gewährleistet bleiben.

Auch PM Thatcher spricht sich nachdrücklich dafür aus, daß ein geeintes Deutschland Mitglied der NATO bleiben müsse. Deutschland sei der Nabel der NATO. Ebenso müsse die amerikanische Präsenz sowohl konventionell als auch nuklear in Deutschland fortbestehen. Das gelte auch für die alliierten Truppen in Deutschland. Sie sollten nicht darüber sprechen, was abgerüstet werden, sondern darüber, was bleiben solle. So könne die NATO auf den Ersteinsatz nicht verzichten, weil das die Gefahr eines Krieges erhöhe. Das gelte auch für die Reduzierung von Nuklearsystemen. Wenn man von ihnen als letztes Mittel spreche, sei das zweideutig und verwirrend. Die substrategischen Nuklearsysteme würden eine wichtige Aufgabe erfüllen, wie es im Gesamtkonzept zum Ausdruck käme. Die NATO solle sich auf Reduzierungen der Truppenstärken konzentrieren. Das müsse jedoch in koordinierter Weise erfolgen. Nachdrücklich spricht sie sich dafür aus, daß die NATO in der Spitze der technologischen Entwicklung bleibe. Deshalb könne auf SDI nicht verzichtet werden.

PM Thatcher spricht sich für verstärkte politische Aktivitäten der NATO aus, die sich mit der Zeit bewegen müsse. So solle sie ihre Kontakte mit dem Osten ausbauen und eine gemeinsame Erklärung vorbereiten, die jedoch nicht als Nichtangriffspakt bezeichnet werden solle.

Als vierter Redner spricht BK. Auch er spricht von einem historischen Zeitpunkt für Deutschland, für Europa und für die NATO. Zuerst bedankt sich BK bei den drei Westmächten für die besondere Verantwortung, die sie für Berlin und für Deutschland als Ganzes getragen hätten.

BK bekräftigt die Bereitschaft Deutschlands, in der NATO zu verbleiben. Dieses Bündnis sei Ausdruck des Sicherheitsverbundes zwischen Nordamerika und Europa, der auch in Zukunft für Deutschland existentiell sei.

Ausdrücklich spricht sich BK für eine gemeinsame Erklärung mit den Staaten des Warschauer Paktes aus, die einen gesamteuropäischen Gewaltverzicht bekräftigen solle. Das sei wichtig, um die Sowjetunion und die anderen östlichen Nachbarn Deutschlands zu beruhigen.

BK begründet die notwendigen Anpassungen der NATO an die veränderte Lage in Europa. Er kündigt an, daß die Bundesregierung im Rahmen der Wiener Verhandlungen bereit sei, über die Stärke der Streitkräfte eines geeinten Deutschlands zu verhandeln. Zahlen zur zukünftigen Obergrenze nennt BK nicht.

Nach den Ausführungen des BK folgen Erklärungen des portugiesischem MP de Silva, des italienischen MP Andreotti, des kanadischen MP Mulroney, des spanischen MP González, des griechischen MP Mitsoutakis und des isländischen MP Hermannson.

Nach dem gemeinsamen Mittagessen wird um 15.00 Uhr die Sitzung fortgesetzt. Die restlichen Regierungschefs folgen mit ihren Erklärungen: der belgische MP Martens, der

274 Das Wort »weiterhin« wurde handschriftlich gestrichen.

luxemburgische MP Santer, der norwegische MP Syse, der türkische MP Akbulot und der niederländische MP Lubbers.

Generalsekretär Wörner faßt die Beiträge zusammen. Sie hätten einen überzeugenden Konsens ergeben über die Herausforderungen, denen sich die NATO gegenwärtig stellen müsse.

Am Abend gibt Königin Elisabeth für die Delegationschefs, für die Außenminister und dem Generalsekretär der NATO im Buckingham Palace ein Abendessen.

Bereits der erste Tag des NATO-Sondergipfels zeigt, daß alle bereit sind, auf die Kernfrage positiv zu antworten, daß das Bündnis angesichts des historischen Wandels in Europa wandlungsfähig ist und daß sie bereit sind, diese Chancen des Wandels durch aktive und zukunftsgewandte Politik: zu nutzen und mitzugestalten.

Am Nachmittag haben parallel zu den Gesprächen der Staats- und Regierungschefs die Außenminister zusammengesessen, um die gemeinsame Gipfelerklärung Wort für Wort zu diskutieren und abschließend zu formulieren. Im Auftrag des BK nehme ich im Gefolge der Kollegen aus dem AA an dieser Sitzung teil. Genscher zieht mich fast demonstrativ in alle Überlegungen ein. Vor allem der französische AM Roland Dumas versucht, einige Aussagen des amerikanischen Textes zu verwässern. Baker warnt eindringlich mit der Begründung davor, daß die Erklärung das Ziel verfolge, das veränderte Verhältnis der Bündnisse untereinander deutlich zu machen, um damit die Mitgliedschaft Deutschlands im Bündnis zu ermöglichen. Genscher und der britische AM Hurd unterstützen Baker gegen Dumas.

Besonders intensive Diskussionen gibt es über die Begrenzung der konventionellen Streitkräfte in Europa im Rahmen der Wiener VKSE-Verhandlungen. Genscher bezeichnet diese Aussagen als entscheidenden Punkt der NATO-Erklärung. Zeitweilig ziehen wir uns mit den amerikanischen und britischen Kollegen in ein Nebenzimmer[275] zurück, um Formulierungen abzustimmen. Die Außenminister Genscher, Baker und Hurd kommen zeitweise hinzu. Nach fast einstündiger Diskussion einigen wir uns auf einen gemeinsamen Text. An diesem Nachmittag zeigt Genscher, daß er in kritischen Situationen an einer engen Abstimmung mit mir sehr interessiert ist und großen Wert darauf legt, sich über mich gegenüber BK abzusichern. Dieser Nachmittag ist ein Beweis dafür, daß zwischen dem Auswärtigen Amt und uns im Bundeskanzleramt im beiderseitigen Interesse eine sehr enge und konstruktive Zusammenarbeit möglich sein kann.

Am Abend sitzen die Mitarbeiter der Regierungschefs ebenfalls bei einem Abendessen zusammen. Ein britischer Kollege fragt mich, ob ich zur Kenntnis genommen habe, wie konstruktiv die britische Delegation mitarbeiten würde. Ich bestätige das sehr gerne und füge hinzu, daß sie diesmal mit Frankreich die Rolle getauscht hätten. AM Dumas hat heute keine hilfreiche Rolle gespielt. Was er damit gewinnen wollte, ist niemandem ersichtlich.

Freitag, 6. Juli 1990

Der zweite Tag des NATO-Sondergipfels beginnt um 8.30 Uhr mit einem gemeinsamen Frühstück BK mit Präsident Mitterrand in der Residenz des französischen Botschafters. Beide sprechen zuerst über den bevorstehenden Weltwirtschaftsgipfel in Houston. BK erörtert die Frage der Vernichtung des tropischen Regenwaldes und die Hilfe für die Staaten Mittel- und Osteuropas. Er spricht sich für konkrete Vereinbarungen aus, die mit Finanzie-

275 Handschriftlich korrigiert wurde »Extrazimmer«.

rungsvorstellungen verbunden sein müßten. Mitterrand erklärt sich bereit, an einer Finanzierung teilzunehmen, um die weitere Vernichtung des Regenwaldes zu begrenzen. Ebenso bekräftigt er seine Bereitschaft, gemeinsam mit BK die Frage der Hilfe für die Sowjetunion auf dem Weltwirtschaftsgipfel zu vertreten.

Mitterrand spricht das Thema der KSZE an. Frankreich setze sehr viel Hoffnung darauf. Hier handele es sich um eine gesamteuropäische Sache. Doch in dieser Frage gibt es mit BK keine Differenzen.

Ausführlich sprechen sie auf Anregung des BK über die Lage in Libyen. Mitterrand bestätigt, daß es seit einer Reihe von Monaten Friedenssignale aus Libyen gebe. Doch die Stimmungslage sei fragil. Das gelte auch für den Irak, der als einziges Land in der Lage sei, einen Krieg zu führen. Der Irak sei aus dem Krieg gegen Iran[276] gestärkt hervorgegangen. Frankreich habe Irak zwar unterstützt, beurteile die Entwicklung jedoch sehr kritisch. BK stimmt zu, daß es dort jederzeit zu einer Explosion kommen könne.

Das Gespräch gibt nicht zu erkennen, daß Frankreich auf diesem NATO-Gipfel eine sehr eigenwillige Rolle spielt. Begrüßenswert ist, daß Mitterrand erneut selbstverständlich an diesem Gipfel teilnimmt. Die Politik des leeren Stuhles[277] hat Mitterrand nie weiter verfolgt. Das ist sicherlich ein Gewinn für die NATO. BK übergeht diese »Formschwäche« der französischen Politik hier in London. Sie spielt für ihn schlechthin keine Rolle.

Um 9.30 Uhr wird der NATO-Gipfel fortgesetzt. Die von den Außenministern vorbereitete »Londoner Erklärung«[278] wird abschließend von den Staats- und Regierungschefs diskutiert. Mitterrand erklärt, daß der Geist der Erklärung sehr geglückt sei. Die NATO öffne sich ihren früheren Gegnern. Sie sei politischer, menschlicher, psychologischer und weniger militärisch geworden. Er begrüße deshalb die allgemeine Ausrichtung dieser Gipfelerklärung.

Wenn er jedoch den Geist billige, müsse er dennoch grundsätzliche Bedenken erheben. Frankreich sei nicht Mitglied der militärischen Integration. Er sei jedoch zur Zusammenarbeit bereit, anders als in früheren Zeiten. Damit würde Frankreich seine Solidarität mit den anderen Partnern zum Ausdruck bringen. Andererseits ergeben sich aus den Beschlüssen Folgen für die Strategie und ihrer Anwendung. Er wolle deshalb eine Nuance aufzeigen. Frankreich wolle im Zusammenhang mit einem Nukleareinsatz keinen Entscheidungen ausgesetzt sein, die von anderen ausgingen. Nuklearsysteme seien nicht die letzte Etappe eines konventionellen Krieges. Sie dienen ausschließlich der Kriegsverhütung. Ein Gegner solle von Anfang an mit dem Nukleareinsatz rechnen müssen. Deshalb werde sich Frankreich zu diesen Teilen der NATO-Erklärung enthalten. Abschließend bedankt sich Mitterrand bei jenen, die die Initiative ergriffen hätten, jetzt politische Angebote an den Osten zu machen.

Gleichzeitig bedankt sich Mitterrand für die gute Zusammenarbeit.

Das Gipfeltreffen endet mit einem Schlußwort von Generalsekretär Wörner, der noch einmal den Geist dieses Treffens unterstreicht. Dieses Treffen war bereits in seinem Vor-

276 Der Erste Golfkrieg zwischen dem Irak und Iran dauerte vom 22. September 1980 bis zum 20. August 1988. Am 18. Juli 1988 signalisierte Ruhollah Chomeini Bereitschaft, die Resolution 598 des UN-Sicherheitsrates vom 20. Juli 1987 sowie die Resolution 582 des UN-Sicherheitsrates vom 24. Februar 1986 und damit einen Waffenstillstand anzuerkennen, was Saddam Hussein bereits zuvor getan hatte. Der erste Golfkrieg endete nach hohen menschlichen und wirtschaftlichen Verlusten auf beiden Seiten ohne einen Gewinner.

277 Siehe Anmerkung 68, S. 167–168.

278 Siehe Tagebuch, 6.7.1990, S. 470; Anmerkung 279, S. 470.

feld von breiter Übereinstimmung über die wesentlichen Fragen gekennzeichnet. Das galt vor allem in der Bereitschaft aller, Strategie, Struktur und Bewaffnung des Bündnisses der neuen Lage anzupassen und der Sowjetunion und den anderen mittel- und südosteuropäischen Staaten in Fortführung der Botschaft von Turnberry zu übermitteln, daß sie nicht mehr die Gegner von gestern, sondern die Partner in einem neuen Europa und einer gesamteuropäischen Sicherheitsordnung seien.

Bei den zweitägigen Gipfelberatungen wurde erneut die breite Übereinstimmung zwischen Bundesregierung und der US-Administration deutlich. Aber auch alle anderen Bündnispartner waren bereit, der europäischen Einbettung der deutschen Einigung Rechnung zu tragen und Antworten auf die sowjetischen Sicherheitsinteressen zu geben. Frankreich setzte sich von diesem Konsens ab, was aber der öffentlichen Wirkung keinen Abbruch tat. »Die Londoner Erklärung – die Nordatlantische Allianz im Wandel« enthält sowohl inhaltlich als auch in der Form wichtige Botschaften an die Sowjetunion und an die anderen Mitgliedstaaten des Warschauer Paktes. Sie soll sie überzeugen, daß sich die NATO grundlegend wandelt und von einem militärischen zu einem immer stärker werdenden politischen Bündnis weiterentwickelt und damit die Vollmitgliedschaft eines geeinten Deutschland in der NATO für die Sowjetunion akzeptabel sein müsse. Sie verdeutlicht aber ebenso, daß das Bündnis auch in Zukunft unerläßlich ist und zwar sowohl als Anker der westlichen und damit auch deutschen Sicherheit und als Grundlage einer bündnisübergreifenden europäischen Sicherheitsarchitektur.

BK spricht deshalb in seiner abschließenden Pressekonferenz von einem Markstein in der Geschichte des Bündnisses. Er habe in London entschlossen die Chancen des Wandels in Europa ergriffen und sich an die Spitze gestellt. Mit dieser Erklärung im Rücken gingen er, Genscher und Theo Waigel in einer besonders guten Verfassung zu den Gesprächen mit der sowjetischen Staatsführung. Es solle niemand erwarten, beugt BK vor, daß innerhalb von 1, 2 Tagen automatisch Ergebnisse vorliegen würden, aber die Ergebnisse des NATO-Gipfels[279] werden sicherlich hilfreich sein. BK bedankt sich zu Recht für die Führungsrolle, die der amerikanische Präsident auf diesem Gipfel gespielt habe. Erneut nennt er Bush einen Glücksfall für die Deutschen. Die Staats- und Regierungschefs haben nicht nur auf

279 Am 6. Juli 1990 gaben die an der Sitzung des Nordatlantikrats teilnehmenden Staats-und Regierungschefs die Londoner Erklärung ab: »Die Allianz im Wandel« ab: Die Allianz will sich den veränderten Verhältnissen in Europa anpassen, möchte in Hinsicht auf die ungewisse Zukunft aber das Bündnis weiter stärken, vor allem die politische Komponente. Das geeinte Deutschland wird ein Stabilitätsfaktor sein, vor allem für eine evtl. politische Union Europas. Die NATO reicht den mittel-und osteuropäischen Ländern die Hand und betont ihre defensiven Absichten auch im Hinblick auf die UN-Charta und die KSZE-Schlussakte und lädt den Präsidenten Michail Gorbatschow und die Vertreter der MOEL zur Aufnahme von Besprechungen ein, wie auch zur Intensivierung militärischer Kontakte. Das Treffen Anfang 1990 in Wien über militärische Aspekte sollte fortgeführt werden, ebenso über das Open Sky-Abkommen, wir begrüßen die Einladung Manfred Wörners nach Moskau. Der Abschluss des KSE-Abrüstungsvertrages in Verbindung mit VSBM und daran folgend eine Begrenzung der Personalstärke haben höchste Priorität. Die NATO wird den Bereitschaftsgrad ihrer Streitkräfte verringern, auf multinationale flexible Korps setzen, aber ein Mindestmaß an konventioneller und nuklearer Abschreckung beibehalten. Nach Abschluss des KSZE-Vertrags sollen Verhandlungen über den Abbau von nuklearen Mittel- und Kurzstreckenraketen beginnen. Die Strategie der Vorneverteidigung soll aufgegeben werden. Beim geplanten KSZE-Gipfel Ende des Jahres in Paris sollten die Treffen institutionalisiert und der Rahmen der behandelten Themen ausgeweitet werden bis zur Schaffung eines möglichen KSZE-Gremiums, einer europäischen Versammlung; Nachbetrachtungen, S. 755, 776, 778–779, 782.

Aufnahme am Rande des NATO-Gipfels in London 5. und 6. Juli 1990, Helmut Kohl erklärt und spricht, rechts Horst Teltschik, links Ministerialdirigent Walter Neuer

der Grundlage des amerikanischen Entwurfes diskutiert, sondern sind ihm auch in allen wichtigen Punkten gefolgt. Die Änderungen haben nicht die Substanz verändert. Die Gipfelentscheidung, die NATO-Strategie der flexiblen Antwort zu verändern, die Vorneverteidigung abzulösen und Nuklearwaffen nur noch als »letzte Zuflucht« im äußersten Fall der Existenzgefährdung einzusetzen, sind bedeutsame Schritte für eine Annäherung der beiden Bündnissysteme.

Die während des Gipfels eingetroffene Einladung Moskaus an Generalsekretär Wörner ist ein wichtiger Hinweis darauf, daß die sowjetische Führung die Ergebnisse richtig bewertet.

Das Ergebnis der NATO-Gipfelkonferenz[280] kann nicht hoch genug eingeschätzt werden. Wichtige Anregungen des BK sind darin eingeflossen, so die Aufforderung an alle KSZE-Mitgliedstaaten, sich den Verpflichtungen der NATO-Mitgliedstaaten zum Nichtangriff anzuschließen. Aufgenommen wurde die Bereitschaft der Bundesrepublik, zur Zeit der Unterzeichnung des VKSE-Vertrages eine verbindliche Aussage zum Personalumfang der Streitkräfte eines geeinten Deutschlands zu treffen. Der ausführliche Katalog über die Ausgestaltung und Institutionalisierung des KSZE-Prozesses bezieht sich in zahlreichen Punkten auf entsprechende Vorschläge sowohl des BK als auch Genschers. Beide sind auch ausgesprochen zufrieden über diesen NATO-Gipfel. Genscher spricht von einem deutlichen und bedeutsamen politischen Signal an die Sowjetunion und an die Staaten Mittel- und Osteuropas. Es sei ein historischer Gipfel für Europa gewesen.

280 Siehe auch Anmerkung 224, S. 414 und v. a. Anmerkung 279, S. 470.

In Ost-Berlin treffen sich heute die Vertreter beider deutscher Staaten zu ihrer ersten Verhandlungsrunde über einen Vertrag zur Herstellung der Einheit Deutschlands (Einigungsvertrag). Die Delegationsleitung liegt auf Seiten der Bundesrepublik bei BM Dr. Schäuble und auf Seiten der DDR bei MP de Maizière und beim Parlamentarischen Staatssekretär Dr. Krause.

De Maizière eröffnet die Sitzung mit der Erklärung, daß die DDR bereit und entschlossen sei, die staatliche Einheit nach über 40 Jahren der Teilung durch einen Beitritt zur Bundesrepublik gemäß Art. 23 GG zu vollenden. Die Wahl zum ersten gesamtdeutschen Parlament solle im Dezember 1990 stattfinden. Die Teilung sei nur durch Teilen zu überwinden. Dies gelte insbesondere für die Regelung der finanziellen Beziehungen des Finanzausgleichs. Eine Verständigung müsse vor allem über die Frage der zukünftigen Hauptstadt, der staatlichen Symbole, der Finanzen der fünf neu gebildeten Länder sowie des künftigen Landes Berlin und über die Zuständigkeit und Verantwortlichkeit der Treuhandstelle gefunden werden.

Schäuble begrüßt die Entscheidung der DDR, die deutsche Einheit durch einen Beitritt nach Art. 23 GG zu vollenden. Es müsse durch eine einseitige Erklärung der DDR erfolgen. Wenn sie in diesem Zusammenhang eine vertragliche Regelung wünsche, sei die Bundesregierung dazu bereit. Die Themen dafür müßten aber in erster Linie von der DDR bestimmt werden.

Beide Seiten einigen sich auf einen Zeitplan, der vorsieht, daß die Verhandlungen in der dritten Runde vom 27. August bis 2. September zum Abschluß kommen sollen. Die Ratifizierung solle dann im September oder Oktober erfolgen, der Beitritt im Dezember. Einvernehmen wird auch über die Verhandlungsthemen erzielt.

In Moskau wird der KPdSU-Parteitag fortgesetzt. In der Sitzung der Parteitagssektion für internationale Politik befürwortet Vizeaußenminister Julij Kwizinskij die deutsche Einheit. Es habe keine reale Alternative dazu gegeben. Der Einigungsprozeß der Deutschen sei unumkehrbar, genauso wie der sowjetische Truppenabzug aus Osteuropa.

In Moskau wird heute das Schreiben Gorbatschows an den amerikanischen Präsidenten vom 4. Juli veröffentlicht Es richtet sich an den Vorsitzenden des 16. Weltwirtschaftsgipfels in Houston. Er stellt fest, daß die Teilung Europas zunehmend der Vergangenheit angehöre. Der Gegensatz zwischen den Blöcken und den Supermächten weiche allmählich partnerschaftlichen und von Zusammenarbeit gekennzeichneten Beziehungen. Jetzt sei der Zeitpunkt gekommen, die Überwindung der wirtschaftlichen Teilung der Welt auf die Tagesordnung zu setzen. Die Beschlüsse der Bonner KSZE-Konferenz über wirtschaftliche Zusammenarbeit vom April und die Einrichtung der Europäischen Bank für Wiederaufbau und Entwicklung würden in diese Richtung weisen. Gorbatschow zeigt sich befriedigt, daß der Sowjetunion Beobachterstatus beim GATT[281] eingeräumt worden sei. Auf dem

281 Die Bush-Administration zeigte Entgegenkommen gegenüber sowjetischen Vorschlägen zur wirtschaftlichen Zusammenarbeit. Die von Demokraten im Kongreß geforderte und von Gorbatschow angestrebte Aufnahme »begünstigter Handelsbeziehungen« war mit der Erwartung einer Absichtserklärung Gorbatschows über die Liberalisierung der sowjetischen Emigrationspraxis verbunden, die 1974 mit dem »Jackson Vanik Amendment« verfügten Handelsbeschränkungen gegenüber der Sowjetunion für eine Probezeit außer Kraft setzen zu lassen. Gegen den von der UdSSR angestrebten Beobachterstatus im Rahmen des internationalen GATT-Handelsabkommens sollten aus US-amerikanischer Sicht keine grundsätzlichen Einwände mehr bestehen. 1993 beantragte sodann die Russische Föderation die Mitgliedschaft, aber erst ab 2011 konnte die Aufnahme in die seit 1994 bestehende Welthandelsorganisation (WTO) in Nachfolge des GATT erfolgen.

jüngsten amerikanisch-sowjetischen Gipfeltreffen in Washington sei ein echter »Durchbruch« in Wirtschaftsfragen erzielt worden.

Gorbatschow weist darauf hin, daß die UdSSR ein äußerst kritisches Stadium der Perestroika durchlaufe. Es beinhalte das Aufbrechen veralteter wirtschaftlicher Strukturen und den Übergang zur Marktwirtschaft. Deshalb suche die sowjetische Führung gegenwärtig nach Möglichkeiten, die inneren Umwandlungen durch finanzielle und wirtschaftliche Unterstützung von außen zu ergänzen. Es gehe um Kredithilfe, ausländische Kapitalinvestitionen, Managementtransfer, Ausbildung u. a. m.

Gorbatschow bietet Gespräche zur Ausarbeitung langfristiger Vereinbarungen über eine umfangreiche Zusammenarbeit im Kredit- und Investitionsbereich an. Er schlägt die Einrichtung eines spezifischen Programms der Zusammenarbeit vor. Er sei der Auffassung, daß ein fortgesetzter wirtschaftlicher Dialog zwischen der UdSSR und den Sieben dazu beitragen könne.

Sonntag, 8. Juli 1990

Die öffentlichen Reaktionen von Gorbatschow, Schewardnadse und vom Sprecher der sowjetischen Regierung auf dem NATO-Gipfel in London sind positiv. Genscher stellt in einem Interview im Mittagsmagazin des RIAS fest, daß die politische und die sicherheitspolitische Diskussion, die mit der Sowjetunion und den Staaten des Warschauer Paktes geführt werde, schon ein hohes Maß an Übereinstimmung erzielt hätte. Daß eine deutsche NATO-Mitgliedschaft von der Sowjetunion nicht als Bedrohung, sondern auch als Stabilitätsgewinn für Europa und für sich empfunden werden könne, habe seine Überzeugungskraft weder im Bündnis noch bei den östlichen Nachbarn verfehlt. Die unmittelbaren Nachbarn Deutschlands würden ohnehin die Mitgliedschaft in der NATO wünschen. Er denke, daß mit den durch das Signal von London veränderten Bedingungen auch die Sowjetunion die Vorteile erkenne, die sich aus diesem zukünftigen Status der Bundesrepublik Deutschland, und zwar des ganzen Deutschlands als Mitglied des westlichen Bündnisses ergeben. London sei ein positives Signal für die 2+4-Gespräche gewesen.

Um 16.40 Uhr fliegen BK, Dr. Waigel, Seiters, Johnny Klein, Staatssekretär Hennig, Dr. Bötsch, BM Haussmann mit Frau, Juliane Weber, Dr. Ludewig, Peter, Sohn des BK und ich nach Rom zum Endspiel der Fußballweltmeisterschaft Deutschland gegen Argentinien.

Vom Flughafen Ciampino fahren wir in Kolonne in lebensgefährlichem Tempo zum Stadium. Das Foyer ist mit zahlreichen VIP-Gästen überfüllt. Auch Ministerpräsident und Kanzlerkandidat Lafontaine ist mit seiner Freundin anwesend. Seine Narbe am Hals ist gut verheilt. Seine sportliche Kleidung unterstreicht in unvorteilhafter Weise seine korpulente Figur. Wir begrüßen uns freundlich.

Auch Henry Kissinger ist gekommen. Er trägt mir Grüße an den BK auf, dessen Führungskraft und unbeirrte Politik er sehr bewundere.

Im Stadium herrscht riesige Stimmung. Ein Meer von Fahnen erfüllt das Stadion rund. Die Sprechchöre reißen nicht ab. Auch wenn nur ein Tor durch Elfmeter fällt, ist das Spiel spannend.[282]

282 Das Finale der Fußball-Weltmeisterschaft 1990 wurde in der 85. Minute durch einen Elfmeter entschieden. Während der Schiedsrichter ein klares Foul im Strafraum an Klaus Augenthaler in der 59. Minute zunächst nicht gepfiffen hatte, entschied er nach einer umstrittenen Attacke gegen Rudi Völler auf Strafstoß,

Die anschließende Siegerehrung nehmen Bundespräsident Dr. von Weizsäcker und der italienische Präsident vor. Befremdend wirkt, daß BK nicht zugelassen wird. Von Weizsäcker macht auch keinerlei Anstalten, BK hinzuziehen.

Nach der Siegerehrung holt Beckenbauer BK in die Mannschaftskabine. Spielführer Matthäus ergreift die Initiative und die Mannschaft stößt auf BK an. Anschließend geht es in rasender Kolonnenfahrt zurück zum Flughafen, mitten durch die abfließenden Zuschauermassen. Die Nacht in Rom wirkt angesichts des Vollmondes und der milden Temperatur fast unwirklich.

Wir fliegen zurück nach Bonn. Dort steigen wir in die wartende Boeing 707 um, die uns zum Weltwirtschaftsgipfel nach Houston bringt. Zehneinhalb Stunden dauert der Flug.

Montag, 9. Juli 1990

Um 5.00 Uhr morgens landen wir in Houston und fahren direkt zum Hotel Doubletree. Um 6.00 Uhr morgens beziehen wir unsere Zimmer.

Vier Stunden später geht es zur Residenz von Präsident Bush im Houstonian Hotel. Inzwischen herrschen 40° im Schatten und hohe Luftfeuchtigkeit. Das Hemd klebt[283] am Körper. Die Krawatte wird zur Folter.

Bush begrüßt BK außerordentlich herzlich. Er gratuliert ihm zum Gewinn der Fußballweltmeisterschaft. BK berichtet begeistert vom Endspiel in Rom und von den Hunderttausenden, die in Deutschland auf den Straßen friedlich gefeiert hätten. Er übergibt Bush eine Cassette mit einem Interview, das er nach dem NATO-Gipfel in London gegeben habe. Es enthalte eine Liebeserklärung an den Präsidenten.

Bush fragt BK, ob er mit der Reaktion aus der Sowjetunion zum NATO-Sondergipfel zufrieden sei. Sie sei sehr freundlich ausgefallen, erwidert BK und stimme ihn optimistisch. Insgesamt sei die Reaktion auch in der Bundesrepublik großartig gewesen. Das gelte auch in besonderer Weise für die überzeugende Führerschaft, die der Präsident in London bewiesen habe. Bush zeigt sich darüber sehr befriedigt. Zwei Themen wolle er ansprechen. Er könne keine Hilfe an die Sowjetunion leisten, solange diese Kuba finanziell unterstütze. Er sei aber damit einverstanden, was BK gegenüber der Sowjetunion tue.

Sorge äußert Bush über die bevorstehende Uruguay-Runde.[284] Sie werde an der Agrarfrage scheitern, wenn es nicht gelinge, eine vorwärtsweisende Formulierung zu finden. Er habe darüber auch mit Delors gesprochen. Er sehe sich mit enormen Problemen konfrontiert, da die amerikanische Regierung Milliarden für Agrarsubventionen ausgebe. Wenn jetzt in der GATT-Runde keine Fortschritte erreicht würden, bedeute das einen Rückschlag für den Welthandel. Dieses Problem sei für ihn wichtiger als alles andere.

was als Konzessionsentscheidung empfunden werden konnte. Andreas Brehme verwandelte den Elfmeter zum 1:0 für Deutschland. Es war das erste WM-Finale, das durch einen Elfmeter entschieden wurde. Mit dem dritten Titel konnte Deutschland in der Zahl der Titel mit Brasilien und Italien gleichziehen. Bundestrainer Franz Beckenbauer gelang es als zweitem Fußballer nach dem Brasilianer Mário Zagallo, sowohl als Spieler (bei der WM 1974) wie auch als Trainer (»Teamchef«) Weltmeister zu werden. In Deutschland sahen das WM-Endspiel in der ARD rund 24,7 Millionen Zuschauer und die anschließende Siegerehrung 25,5 Millionen Zuschauer.

283 Das Wort »sofort« wurde handschriftlich gestrichen.

284 Die Uruguay-Runde war die achte im Rahmen des General Agreement on Tariffs and Trade durchgeführte Welthandelsrunde. Sie begann 1986 und endete 1994 mit der Schlussakte von Marrakesch über die Ergebnisse der multilateralen Handelsverhandlungen.

Bedenken erhebt Bush auch gegenüber dem Vorschlag der Bundesregierung, den CO_2-Ausstoß zu begrenzen. Er könne nicht akzeptieren, daß mit einer solchen Maßnahme die amerikanische Wirtschaft einfach abgebremst werde. Ein Kompromiß müsse gefunden werden. BK äußert sein Verständnis gegenüber diesen Einwänden des Präsidenten, besteht aber auf konkrete Entscheidungen. Er erläutert ausführlich die wachsenden Umweltbelastungen und schlägt vor, daß G7 und EG vor allem Brasilien Unterstützung zusagen sollten, um ein weiteres Abholzen des Regenwaldes zu verhindern. Dabei müsse der Stolz Brasiliens berücksichtigt werden.

Brent Scowcroft und ich nahmen an diesem Gespräch teil. Jetzt treten die Außen- und Finanzminister Baker und Genscher, Waigel und Bradley hinzu.

Bush spricht noch einmal die wichtigsten Punkte des bevorstehenden Wirtschaftsgipfels an. Es geht um die Beziehungen zur Volksrepublik China. Der japanische MP Kaifu dränge sehr, die Beziehungen wieder zu entwickeln. Auch Bush spricht sich dafür aus, eine Isolierung Chinas nicht zu ermutigen.

Bush erläutert seine Haltung zum Brief Gorbatschows an ihn. Zwischen der deutschen und amerikanischen Position gebe es leichte Unterschiede. Deutschland müsse die Frage für sich selbst entscheiden. Die USA könnten vom gesetzeswegen der Sowjetunion nicht helfen, da diese zunächst die alten Schulden bezahlen müßte. Außerdem unterstütze Moskau Kuba noch mit Milliardenbeträgen.

Zu den Umweltschutzfragen erklärt sich Bush bereit, alle Fragen auf den Tisch zu legen, sie zu diskutieren und dann eine Formel zu finden, die alle akzeptieren könnten.

Zu China erklärt BK, daß die Ereignisse auf dem Platz des Himmlischen Friedens[285] nicht vergessen seien. Er teile deshalb nicht die Position der Japaner. Es sei unlogisch, China jetzt entgegenzukommen und gegenüber der Sowjetunion Zurückhaltung zu üben.

Gegenüber Moskau müsse eine vernünftige Regelung gefunden werden. Die Entscheidung sei nicht jetzt, aber spätestens im September zu fällen. Inzwischen sollten Nahrungsmittel zur Verfügung gestellt werden. Es gehe aber nicht nur um die Sowjetunion sondern auch um Ungarn, Polen und die ČSFR. Es wäre ungerecht, wenn diese Länder nicht beachtet würden. Sie setzen große Hoffnungen auf die G7.

BK spricht sich für einen Erfolg der Uruguay-Runde aus. Auch im Hinblick auf eine Reduzierung von CO_2 müsse eine Kompromißformel gefunden werden. Keinen Aufschub dulde der Schutz der tropischen Regenwälder Brasiliens. Deshalb müsse auf dem Gipfel ein Signal gesetzt werden. Nach einer guten Stunde enden die Gespräche. Es geht zurück zum Hotel, wo BK die Minister zu einem Vorgespräch zusammengerufen hat. Genscher, Haussmann, Waigel und Klein sind anwesend. Dazu kommen die wichtigsten Mitarbeiter der Minister.

Es besteht Einvernehmen, daß in den Fragen des Schutzes des brasilianischen Regenwaldes, der CO_2-Begrenzung und bezüglich der Uruguay-Runde weiterführende Ergebnisse erreicht werden müssen.

Um 14.00 Uhr wird in der Rice-University der Weltwirtschaftsgipfel offiziell eröffnet. Bei über 40° im Schatten und 90 % Luftfeuchtigkeit erfolgt die Begrüßung mit militärischen Ehren. Anschließend gibt es das »Gruppenbild mit Dame«. Diese »Familienfotos« stehen einmal mehr im Vordergrund.

285 Siehe Anmerkung 38, S. 124.

Die Sicherheitsvorkehrungen sind, wie bei den Amerikanern stets üblich, extrem. Selbst die engsten Mitarbeiter sind weit in den Hintergrund gedrängt. Das Protokoll wird so streng gehandhabt, daß allein deshalb schon manches nicht klappt.

Um 15.00 Uhr beginnt die Sitzung der Staats- und Regierungschefs im engsten Kreis. Zugelassen sind nur die Sherpas. In der zweistündigen Sitzung tragen alle Teilnehmer ihr vorbereitetes schriftliches Statement vor. Danach gibt es erneut ein »Familienfoto« in der Hitze der texanischen Sonne. Der Tag endet mit einem festlichen Abendessen des Präsidenten.

In der sowjetischen Presse erscheinen heute ausführliche Korrespondentenberichte über den NATO-Sondergipfel in London, die darauf gerichtet sind, der sowjetischen Bevölkerung die Ergebnisse als historischen Durchbruch zu erklären. Der Gipfel wird als »Wasserscheide« zwischen zwei historischen Epochen bewertet. Damit wird in der sowjetischen Öffentlichkeit der Boden dafür bereitet, die NATO-Mitgliedschaft eines geeinten Deutschlands akzeptieren zu können. Die Sowjetunion sei noch nie seit ihrem Bestehen so sicher gewesen wie heute, heißt es in der Iswestija.

Gleichzeitig gibt die sowjetische Führung bekannt, daß NATO-Generalsekretär Wörner am 14. Juli zu einem offiziellen Besuch in die UdSSR kommen werde.

Dienstag, 10. Juli 1990

Nach dem dritten Fototermin der Staats- und Regierungschefs wird um 9.00 Uhr die Sitzung des Weltwirtschaftsgipfels in Anwesenheit der Außen- und Finanzminister wie auch der Sherpas fortgesetzt. Zur Diskussion stehen die politische Erklärung, Handelsfragen und die Beziehungen zur Sowjetunion und zu Osteuropa.

Parallel dazu spreche ich mit Brent Scowcroft. Er bekräftigt erneut, daß der Präsident alles tun wolle, um für BK in der Frage der Einigung Deutschlands und der Mitgliedschaft in der NATO so hilfreich als möglich sein zu können.

Ausführlich sprechen wir über die mögliche Obergrenze für die deutschen Streitkräfte in einem geeinten Deutschland und über den möglichen Zeitpunkt einer öffentlichen Festlegung. Wir stimmen darin überein, daß das ausschließlich eine Angelegenheit der Bundesrepublik sei. Die Bundesregierung solle eine verbindliche Verpflichtung anläßlich der Unterzeichnung des VKSE I-Vertrages eingehen. Die Implementierung solle mit dem vollständigen Abzug aller sowjetischen Truppen aus der DDR verknüpft werden. Damit bleibe der Druck auf die Sowjetunion erhalten, ihre Truppen abzuziehen. Außerdem könne dadurch die Verknüpfung des Abzugs sowjetischer Truppen mit dem amerikanischer Truppen vermieden werden.

Die Gesamtzahl der deutschen Streitkräfte müsse von der Bundesregierung festgelegt werden. Brent und ich stimmen überein, daß BK die Zahl bereits am Montag bei Gorbatschow einführen könnte, wenn dieser bereit sei, die volle NATO-Mitgliedschaft Deutschlands zu akzeptieren. Wir sind uns auch einig, daß BK in der Höhe der Zahl etwas vorhalten sollte, um sich einen Spielraum zum Nachgeben zu erhalten. So solle er mit 395.000 beginnen, am Ende aber nicht unter 350.000 gehen. Die Differenz von 45.000 Soldaten, die sich aus den Positionen Stoltenbergs und Genschers ergeben, sei nicht von fundamentaler Bedeutung.

Wir sind uns einig, daß der Zeitpunkt für das Gespräch zwischen BK und Gorbatschow am kommenden Montag zeitlich sehr günstig liege. Der NATO-Gipfel und der Weltwirtschaftsgipfel eröffnen neue Spielräume. Jetzt sei der Zeitpunkt gekommen, eine Zwischenbilanz über den Stand der Verhandlungen zu den äußeren Aspekten der deutschen Einheit aufzustellen. Leistung und Gegenleistung sollten in Moskau diskutiert und weitere Fortschritte erreicht werden.

Beide erwarten wir vom Weltwirtschaftsgipfel keine Entscheidung über mögliche Größenordnungen für finanzielle Hilfe des Westens an Gorbatschow. Es sollte jedoch eine Erklärung möglich sein, die sich grundsätzlich positiv für eine Unterstützung der sowjetischen Reformpolitik ausspreche. Außerdem sollte eine Expertengruppe eingerichtet werden, die mit der Sowjetunion Gespräche über das Wirtschaftsreformprogramm und über Inhalt und Form der Zusammenarbeit verhandeln solle. Die Experten der Weltbank und des Internationalen Währungsfonds sollten einbezogen werden, ohne daß die Institutionen selbst beauftragt würden. Dazu wäre die Sowjetunion gegenwärtig noch nicht bereit.

Brent stimmt zu, daß BK Gorbatschow über die Ergebnisse des Weltwirtschaftsgipfels unterrichte. Vorab werde Präsident Bush den Brief Gorbatschows schriftlich beantworten. Ursprünglich sei überlegt worden, Baker zur Unterrichtung nach Moskau zu entsenden. Brent stimmt mir aber zu, daß ein Brief von Bush und die Unterrichtung durch BK besser seien. Auf diese Weise könne die enge Übereinstimmung zwischen Bush und BK gegenüber Gorbatschow viel deutlicher zum Ausdruck kommen.

Auch dieses Gespräch beweist, wie sehr Bush und Scowcroft als auch Bak:er alles tun, um BK zu unterstützen und persönlich hilfreich zu sein.

PM Thatcher findet es verständlich, daß Deutschland aufgrund des Einigungsprozesses umfangreiche bilaterale Hilfe an die Sowjetunion leiste. Sie bestätigt, daß alle es wünschen, daß Gorbatschow Erfolg habe. Es sei jedoch nicht möglich, dieses Land mit 250 Mio. Menschen zu übernehmen. Es sei nur Hilfe zur Selbsthilfe möglich. Voraussetzung dafür sei jedoch die Marktwirtschaft. Es wäre ein Fehler, diese Bedingung gegenüber der Sowjetunion nicht einzufordern. Es gehe nicht um eine generelle Blaupause sondern um konkrete Ansatzpunkte und Ziele, die definiert werden müßten. Die Bundesrepublik könne nicht nur allein tätig werden.

Mitterrand weist darauf hin, daß man das Gespräch erst in zehn Jahren werde fortsetzen können, wenn man von der Sowjetunion fordere, vorher alle Probleme wie Kurilen, Kuba, Abschluß der Reformen zu lösen.

Die Staats- und Regierungschefs einigen sich am Ende darauf, den Vorschlag BK's aufzugreifen, daß die Außenminister einen gemeinsamen Textentwurf erarbeiten sollen.

Dieser Diskussion schließt sich em ausführlicher Gedankenaustausch über Handelsfragen im Zusammenhang mit der bevorstehenden Uruguay-Runde an. Die Fragen des Umweltschutzes folgen. Der kanadische MP Mulroney erklärt schließlich, daß niemand BK auf diesem Gipfel schlagen könne: Deutschland sei Fußballweltmeister geworden, vollende die Einheit, habe die Weltausstellung zugesagt bekommen und sei Vorreiter in Umweltfragen.

Um 12.30 Uhr wird das Gespräch unterbrochen. Das nächste Familienfoto ist an der Reihe.

Nach dem Mittagessen wird um 14.30 Uhr die Plenarsitzung fortgesetzt.

Am Abend gibt Präsident Bush erneut ein Essen für die Staats- und Regierungschefs, Außen- und Finanzminister und für 140 Persönlichkeiten aus Texas. Das Dinner endet mit einem texanischen Unterhaltungsprogramm in der Wiess Gallery.

In Moskau ist heute Gorbatschow mit klarer Mehrheit in seinem Amt als Generalsekretär der KPdSU bestätigt worden.

Mittwoch, 11. Juli 1990

Der dritte Tag des Weltwirtschaftsgipfels beginnt. Um 8.50 Uhr wird die Sitzung erneut mit einem Fototermin eröffnet.

Die Staats- und Regierungschefs einigen sich heute morgen auf eine gemeinsame Politische Erklärung: »Die Demokratie festigen«. Sie begrüßen erfreut und nachdrücklich den tiefgreifenden und historischen Wandel in Europa. Die Londoner NATO-Erklärung wird ausdrücklich als neue Grundlage für die Zusammenarbeit zwischen früheren Gegnern beim Aufbau eines stabilen, sicheren und friedlichen Europas bezeichnet.

Alle Teilnehmer begrüßen die Vereinigung Deutschlands als sichtbaren Ausdruck des unveräußerlichen Rechtes der Menschen auf Selbstbestimmung und als wesentlichen Beitrag zur Stabilität in Europa. Sie erklären sich zur Zusammenarbeit mit der Sowjetunion bei ihren Bemühungen um die Schaffung einer offenen Gesellschaft, einer pluralistischen Demokratie und einer marktorientierten Volkswirtschaft bereit.

Ausführlich wird über die Zusammenarbeit mit der Sowjetunion gesprochen. Bush erklärt sich zur Unterstützung der Perestroika bereit, sieht aber die Zeit für eine finanzielle Hilfe noch nicht für gekommen. Erneut verweist er auf den hohen sowjetischen Verteidigungshaushalt, auf die Unterstützung Kubas und auf die Probleme in den Abrüstungsverhandlungen. Außerdem verfügen die USA noch nicht über eine vollständige Übersicht der politischen und wirtschaftlichen Reformen in der Sowjetunion. Ohne diese Reformen wären Kredite verlorenes Geld. Dagegen haben die USA keine Einwände gegen bilaterale Hilfe.

Bush schlägt vor, daß sich die G7-Teilnehmer über einige Grundprinzipien gegenüber der Sowjetunion einigen sollten. So sollte finanzielle Hilfe mit der Durchsetzung marktwirtschaftlicher Reformen und der Integration der Sowjetunion m die Weltwirtschaft verbunden werden. Außerdem müsse die Sowjetunion bereit sein, ihre Verteidigungsausgaben zu senken und sich der Unterstützung demokratiefeindlicher Staaten zu enthalten.

Grundsätzlich erklärt sich Bush bereit, in Konsultationen mit der Sowjetunion einzutreten, auch wenn eine finanzielle Hilfe für die USA derzeit nicht möglich sei.

Mitterrand verweist noch einmal auf die unterschiedlichen Maßstäbe, die gegenüber China und der Sowjetunion angewandt würden. Es bringe nichts, wenn man zuerst Reformen einfordere und dann erst zur Hilfe bereit sei. Das sei der bekannte Streit um die Frage, was zuerst da gewesen sei, das Huhn oder das Ei. Es gehe jetzt darum, den Motor für Reformen in der Sowjetunion anzuwerfen. Die Gipfelerklärung dürfe nicht als Rückschlag für Gorbatschow verstanden werden.

Mitterrand verweist auf die einheitliche Position der EG-Mitgliedstaaten. Er kritisiert den amerikanischen Textentwurf zur Sowjetunion. Er zählt die Bedingungen auf, die Gorbatschow erfüllen müsse, um damit die Voraussetzungen zu schaffen, daß westliche Wirtschaftshilfe von dauerhaftem Wert sei. Zugesagt wird nur technische Unterstützung. Alle anderen Möglichkeiten sollen vorläufig erst geprüft werden. Mitterrand bezeichnet den Ton des Textentwurfes als kontraproduktiv.

BK äußert Verständnis gegenüber der amerikanischen Position. Dennoch erklärt er seinerseits den amerikanischen Textentwurf als nicht akzeptabel. Ebenso weist er darauf hin, daß die Probleme in der Sowjetunion auf Dauer nicht über bilaterale Zusammenarbeit gelöst werden könnten. Schließlich wolle jeder Anwesende, daß Gorbatschow Erfolg habe, weil es keine Alternative gebe. Eine Alternative ohne Gorbatschow käme am Ende noch viel teurer. Jetzt sei die Chance gegeben, die Verhältnisse in der Sowjetunion umzugestalten. Das beweise der Brief von Gorbatschow an Bush. Es wäre ein elementarer Fehler, auf diesen Brief in der Sprache des amerikanischen Textentwurfes zu antworten. Die gemeinsame Antwort dürfe in keinem Fall demütigend ausfallen. Vielmehr müsse deutlich werden, daß die G7-Hilfe zur Selbsthilfe leisten wollen. Jetzt stünden Entscheidungen von historischer Tragweite an. Die Entwicklung in Polen, ČSFR und Ungarn hingen ihrerseits von den Geschehnissen in der Sowjetunion ab.

Bush lenkt ein. Von diesem Gipfel sollen keine negativen Signale ausgehen. Er erklärt sich mit den Vorschlägen BK's einverstanden.

Kaifu warnt zur Vorsicht. Es sei eine Blaupause des Reformprozesses in der Sowjetunion erforderlich. Die G7 sollten der Sowjetunion bei der Erarbeitung einer solchen Blaupause über die Reformen unterstützen. Die bisherigen Erfolgsaussichten der Wirtschaftsreformen seien noch unsicher. Finanzielle Hilfen würden derzeit nichts bringen. Sie könnten auch die Verlagerung von Verteidigungsausgaben auf zivile Zwecke verzögern. Kaifu verweist auf das Problem der nördlichen Inseln, die die Sowjetunion auf illegaler Weise in Besitz genommen habe. Am Ende aber spricht auch er sich für eine positive Antwort an Gorbatschow aus.

Mit der Verabschiedung der Wirtschaftserklärung von Houston endet der Weltwirtschaftsgipfel. Eine Einigung über den Text zur Sowjetunion ist erreicht. Alle begrüßen die Bemühungen der Sowjetunion, eine Liberalisierung durchzuführen und eine offenere, demokratischere und pluralistischere sowjetische Gesellschaft zu schaffen sowie Schritte in Richtung auf eine marktorientierte Wirtschaft zu unternehmen. Sie erklären sich bereit, diese Maßnahmen zu unterstützen. Bezüglich der finanziellen Unterstützung wird lediglich festgestellt, daß einige Staaten bereits jetzt in der Lage seien, weitreichende finanzielle Kredite zu gewähren.

Die USA haben sich durchgesetzt. Die Sowjetunion wird aufgefordert, Mittel aus dem militärischen Bereich umzuschichten und die Unterstützung für Staaten zu kürzen, die regionale Konflikte fördern.

Beschlossen wurde, daß der IWF, die Weltbank, die OECD und die Europäische Bank für Wiederaufbau und Entwicklung in enger Abstimmung mit der EG-Kommission eine Studie über die sowjetische Wirtschaft erarbeiten, Empfehlungen für die Reform vorbereiten und Kriterien festlegen sollen, nach denen wirtschaftliche Hilfe des Westens für die Reformen geleistet werden könne. Diese Arbeit soll bis zum Jahresende abgeschlossen und vom IWF in die Wege geleitet werden. Auch Kaifu hat erreicht, daß die Teilnehmer zur Kenntnis nehmen, daß es für die japanische Regierung wichtig sei, zu einer friedlichen Lösung ihres Streites mit der Sowjetunion über die nördlichen Territorien zu gelangen.

Um 13.00 Uhr gibt Präsident Bush das Ergebnis des Weltwirtschaftsgipfels in Anwesenheit aller Staats- und Regierungschefs gegenüber der Weltpresse bekannt.

Damit findet der Weltwirtschaftsgipfel seinen offiziellen Abschluß. In der folgenden Pressekonferenz bekräftigt BK, daß dieser Gipfel in einer besonders freundschaftlichen Atmosphäre stattgefunden und sich durch große Arbeitsintensität ausgezeichnet habe.

Für den BK war es die dritte Gipfelbegegnung innerhalb von zwei Wochen nach dem Europäischen Rat in Dublin und dem NATO-Gipfel in London. Auf allen drei Gipfelbegegnungen haben die Teilnehmer den Prozeß der Einigung Deutschlands nachdrücklich[286]

286 Handschriftlich korrigiert wurde »nachträglich«.

unterstützt und sich für ein geeintes und freies Europa ausgesprochen. Außerdem sei auf allen drei Gipfeln die Bereitschaft zum Ausdruck gekommen, die tiefgreifenden historischen Veränderungen in Osteuropa und in der Sowjetunion zu ermutigen und zu fördern.

Besonders zufrieden zeigt sich BK, daß in Fragen der globalen Umweltprobleme Fortschritte erzielt werden konnten. So bestehe Einigkeit, daß die Verhandlungen über eine Weltklimakonvention bis 1992 abgeschlossen sein sollen. Auch ein globales Übereinkommen zum Schutz der Wälder soll zu diesem Zeitraum fertiggestellt werden. Kurzfristig sollen Gespräche mit der brasilianischen Regierung aufgenommen werden, um innerhalb von 12 Monaten konkrete Vorschläge für ein umfassendes Pilotprogramm vorzubereiten, damit die Abholzung des tropischen Regenwaldes gestoppt und beendet werde. Damit sei die Weltbank in enger Zusammenarbeit mit der EG-Kommission beauftragt worden.

Auch Bush hebt in seiner Abschlußpressekonferenz den einmütigen Wunsch der Sieben hervor, die Reformen in der Sowjetunion zu unterstützen.

Nach Abschluß der Pressekonferenzen fahren wir zum Hotel Doubletree zurück. Dort angekommen erwartet mich ein Telefax meines Stellvertreters Dr. Hartmann. Er teilt mit, daß die sowjetische Botschaft eine Nachricht Gorbatschows für BK übermittelt habe. Darin heißt es: »Wie früher abgestimmt wurde, wird BK von Präsident Gorbatschow eingeladen, während des Aufenthaltes in der Sowjetunion die Stadt Stawropol zu besuchen«.

Es ist erreicht! Gorbatschow hat BK in seine Heimat eingeladen.

Ich könnte vor Freude in die Luft springen. Damit ist klar, daß der Besuch des BK kein Mißerfolg werden wird. Wir sind uns einig, daß Gorbatschow BK nicht in seine Heimat eingeladen hätte, wenn er einen Konflikt wollte. Stawropol ist das Signal dafür, daß weitere Fortschritte zu erwarten sind. Es erreicht uns vier Tage vor Abflug nach Moskau.

Ich bin mir sicher, daß das entschiedene Eintreten des BK für eine Unterstützung der sowjetischen Reformen auf dem EG-Gipfel in Dublin und jetzt auf dem Weltwirtschaftsgipfel in Houston sowie der Erfolg auf dem NATO-Sondergipfel in London diese Entscheidung Gorbatschows günstig beeinflußt hat.

Ich unterrichte sofort BK über diese Nachricht. Zufrieden schlägt er mir auf die Schulter. Er weiß, was das für ihn bedeutet. Ich sei wohl jetzt zufrieden, sagt BK zu mir. Und ob ich das bin! Diesmal würde ich mir auch selbst auf die Schulter klopfen. Mein Gespräch mit Gorbatschow von Mai hat sich ausgezahlt.

Die positiven Nachrichten sind aber noch nicht zu Ende. Auf dem Parteitag der KPdSU in Moskau erleidet Gorbatschow's Hauptgegner Ligatschow eine überwältigende Abstimmungsniederlage. Der Parteitag wird für Gorbatschow zum Triumph. Er hat mit hohem Einsatz gespielt und am Ende gewonnen. Auch das wird für die Gespräche nächste Woche in Moskau und Stawropol hilfreich sein.

Um 16.10 Uhr fliegen wir mit der Boeing 707 von Houston-International nach Bonn zurück. Die Stimmung an Bord ist gelöst und heiter. Alle sind todmüde, aber zufrieden.

Donnerstag, 12. Juli 1990

Nach über zehn Stunden Flugzeit landen wir um 9.30 Uhr auf dem Flughafen Köln/Bonn. Obwohl wir die Nacht im Sitzen schlafend verbracht haben, geht es direkt in das Bundeskanzleramt. Ohne Unterbrechung wird die Arbeit fortgesetzt. Als erstes hole ich meine Abteilung zusammen und bespreche den bevorstehenden Besuch des BK in Moskau und Stawropol. Wir diskutieren noch einmal die inhaltlichen Elemente für einen Vertragsentwurf über Zusammenarbeit und gute Nachbarschaft zwischen dem künftigen geeinten Deutschland und der UdSSR. Unsere Absicht ist es, daß BK diese inhaltliche Übersicht Gorbatschow als Vorschlag überreicht.

11.45 Uhr Kanzler-Lage: Der polnische MP Mazowiecki hat gefordert, daß die Vier-Mächte-Verantwortung über Deutschland solange aufrechterhalten werden müsse, bis der deutsch-polnische Grenzvertrag ratifiziert sei. BK will ihm unbedingt schreiben, um diese Forderung klar und unmißverständlich zurückzuweisen.

Um 12.30 Uhr tritt der Kabinettausschuß Deutschlandpolitik zusammen. Schäuble berichtet, daß sich die Bundesländer ausdrücklich dafür bedankt hätten, in welch' fairer Weise sie in die Verhandlungen über den Staatsvertrag einbezogen seien. Der Zeitrahmen für die Verhandlungen sei ungeheuer eng. Die Ressortbesprechungen müßten nächste Woche beendet werden, damit Ende August der Vertrag abgeschlossen werden könne. Ein schwieriger Punkt sei die Hauptstadtfrage. Die DDR bestehe auf die Einbeziehung dieser Frage in den Vertrag. Zehn Bundesländer hätten sich dagegen ausgesprochen. Dieses Problem könnte die Ratifizierung gefährden.

Staatssekretär Kinkel erläutert, daß MP de Maizière die Hauptstadtfrage nicht mit der Frage des Regierungssitzes verknüpfe. Berlin solle aber schrittweise auch Regierungssitz werden.

Genscher berichtet über den Stand der 2+4-Gespräche auf Außenminister-Ebene. Auf der Ebene der Beamten seien sechs Vorbereitungsgespräche durchgeführt worden. Das nächste Treffen werde am 17. Juli in Paris stattfinden. Ein weiteres Treffen sei für die erste Septemberwoche in Moskau und ein weiteres in London vorgesehen.

Die Gespräche auf Beamtenebene würden nur in Bonn und Ost-Berlin stattfinden. Daneben gäbe es bilaterale Gespräche und gemeinsame Gespräche mit den drei Westmächten. Mit DDR-Außenminister Meckel habe er nützliche Gespräche geführt. Sie hätten jedoch keine Übereinstimmung erbracht.

Genscher bezeichnet die sowjetischen Vorschläge zu den sicherheitspolitischen Fragen als nicht akzeptabel. Sie würden auch von den drei Westmächten abgelehnt. Schewardnadse habe aber zu verstehen gegeben, daß die sowjetischen Vorschläge nicht der Weisheit letzter Schluß seien.

14.15 Uhr: BK bespricht mit mir die Moskau-Reise vor. Er ist bereit, Gorbatschow inhaltliche Vorschläge für einen umfassenden bilateralen Vertrag zwischen der UdSSR und dem geeinten Deutschland zu überreichen. Er überfliegt unsere Vorschläge und stimmt ihnen zu.

Um 17.15 Uhr trifft BK mit NATO-Generalsekretär Manfred Wörner zusammen. Dieser wird bereits am Samstag nach Moskau reisen und bis zum Montag dort bleiben. BK erläutert die Probleme im Zusammenhang mit der NVA. Sie müsse soweit als möglich aufgelöst werden. Er erklärt sich bereit, sowjetische Truppen für eine Übergangszeit von drei bis fünf Jahren auf dem DDR-Territorium zu akzeptieren. Bezüglich der Obergrenzen für die deutschen Streitkräfte erklärt BK, daß er von einer Obergrenze von 395.000 in den Gesprächen mit Gorbatschow ausgehen werde. Genscher wolle auf 350.000 reduzieren. Er sei jedoch nicht bereit, diesen Vorschlag zu akzeptieren. Für ihn könne das zu einer Koalitionsfrage werden. Entschieden spricht sich BK gegen eine Berufsarmee aus.

Wörner hält es für gefährlich, die Bundeswehr auf weniger als 350.000 Mann zu reduzieren.

Wörner bittet BK um Ratschläge für seine Gespräche mit Gorbatschow. Sein Verständnis sei es, daß Gorbatschow seinen Besuch gewissermaßen als Instrument sehe, die NATO-

Mitgliedschaft Deutschlands akzeptieren zu können. BK empfiehlt, mit Gorbatschow offen und direkt zu sprechen. Er argumentiere wie sie auch. Außerdem wisse er, daß er Hilfe brauche. Vorteilhaft sei, daß der Parteitag für Gorbatschow erfolgreich verlaufen sei.

BK bekräftigt noch einmal, daß er nie den Preis des NATO-Austritts für die Wiedervereinigung gezahlt hätte.

Um 18.15 Uhr empfange ich die drei westlichen Botschafter: Walters, USA; Mallaby, Großbritannien; Boidevaix, Frankreich. Ich unterrichte sie über die Ziele und Vorbereitungen der Reise BK in die Sowjetunion. BK ginge es darum, bei diesen Gesprächen eine Zwischenbilanz der 2+4-Verhandlungen und aller sicherheitspolitischen Fragen zu ziehen. Außerdem ginge es darum, einen umfassenden bilateralen Vertrag zwischen einem geeinten Deutschland und der Sowjetunion vorzubereiten. Ich erläutere die inhaltlichen Schwerpunkte, die BK vorschlagen werde. Als dritten Schwerpunkt bezeichne ich Fragen der wirtschaftlich finanziellen Zusammenarbeit und die polnische Position bezüglich der 2+4-Gespräche. Ich vermeide sehr bewußt, große Erwartungen bezüglich möglicher Ergebnisse der Gespräche zu wecken. Ich spreche weder davon, daß Fortschritte noch ein Durchbruch erwartet werden. Der Begriff der Zwischenbilanz soll genügen.

Außenamtssprecher Gerassimow erklärt heute in Moskau, daß die sowjetische Führung auch die Ergebnisse des Weltwirtschaftsgipfel begrüße. Es handele sich um Bemühungen, die darauf abzielen, ein qualitativ neues Funktionsmodell für die wirtschaftliche Zusammenarbeit zwischen dem Westen und der Sowjetunion zu schaffen. Dies entspreche dem Geist der Zeit. Seit dem NATO-Gipfel in London gibt es aus Moskau überwiegend nur noch positive Stellungnahmen zu westlichen Entscheidungen.

9. Das Wunder von Moskau

Freitag, 13. Juli 1990

Heute vormittag unterrichte ich in einem Hintergrundgespräch die Bonner Presse über Ziele und Absichten der BK-Gespräche mit Gorbatschow in Moskau und Stawropol. Die bevorstehende Begegnung sei bereits im Februar mit Gorbatschow in Aussicht genommen worden. Die Einladung in die Geburtsregion Gorbatschows sei ein deutliches Zeichen dafür, daß es gelungen sei, zwischen BK und Gorbatschow ein sehr gutes persönliches Verhältnis zu entwickeln. Die persönliche Chemistry stimme.

Außerdem sei es BK gelungen, auf den zurückliegenden drei Gipfeln seine Handschrift in den Ergebnissen deutlich zu machen. Die Inhalte aller drei Gipfel seien vom BK maßgeblich mitbestimmt worden. Er sei der erste Regierungschef, der jetzt die Möglichkeit habe, die Gipfelergebnisse gegenüber Gorbatschow ausführlich zu erläutern.

Auf dem EG-Gipfel in Dublin sei vor allem das Zusammenwirken zwischen Bonn und Paris, auf dem NATO-Gipfel zwischen Bonn und Washington zum Ausdruck gekommen.

Zum Gesamtrahmen gehöre auch, daß BK mit Gorbatschow unmittelbar nach Abschluß des 28. Parteitages der KPdSU zusammentreffe. BK gehe davon aus, daß er auf einen gestärkten Generalsekretär und Präsidenten treffen werde.

Die Tatsache, daß der Besuch von Generalsekretär Wörner vorausgehe und unmittelbar nach dem Besuch des BK EG-Kommissionspräsident Delors mit Kommissar Andriessen nach Moskau reisen werde, verdeutliche die internationale Einbettung. BK habe darauf hingewiesen, daß ihm alle drei Gipfel den Rücken für seine Gespräche mit Gorbatschow gestärkt hätten. Diese westliche Einbindung der deutschen Politik bleibe eine wesentliche Voraussetzung für den Spielraum der Bundesregierung gegenüber der Sowjetunion und in der Ostpolitik insgesamt. Ich betone diesen Aspekt besonders, um deutlich zu machen, daß die Reise des BK inhaltlich in voller Abstimmung mit den Partnern erfolge.

Drei Besuchsziele stelle ich in den Vordergrund: (1) BK wolle bezüglich der äußeren Aspekte des deutschen Einigungsprozesses eine Zwischenbilanz ziehen. Vor der Sommerpause sei jetzt der geeignete Zeitpunkt gekommen, gemeinsam mit Gorbatschow die Gesamtsituation im Zusammenhang des 2+4-Prozesses zu bewerten. Die westlichen Gipfel, die erfolgten politischen Willenserklärungen der Bundesregierung gegenüber der Sowjetunion und konkrete Ergebnisse in der bilateralen Zusammenarbeit hätten die Bereitschaft der Bundesrepublik und des Westens unterstrichen, deutlich auf die Sowjetunion zuzugehen. Auf diesem Hintergrund müsse jetzt gemeinsam geprüft werden, wie die noch offenen Fragen gelöst werden könnten bzw. welche Schritte noch erforderlich wären, um zu einem erfolgreichen Abschluß der 2+4-Verhandlungen zu kommen.

(2) BK wolle mit Gorbatschow über die zukünftige Gestaltung der beiderseitigen Beziehungen zwischen einem geeinten Deutschland und der Sowjetunion sprechen. Es bestehe das besondere Interesse, schon jetzt die Gespräche aufzunehmen, wie nach dem Einigungsprozeß die bilateralen Beziehungen entwickelt werden sollen. Beide Seiten hätten die klare Absicht, über konkrete Elemente dieser Zusammenarbeit zu sprechen. Für die Sowjetunion sei es von besonderer Bedeutung zu wissen, wie ein geeintes Deutschland zukünftig seine Beziehungen zur Sowjetunion gestalten wolle.

(3) Ausführlich solle über die wirtschaftlich-finanzielle Zusammenarbeit des Westens einerseits und der Bundesrepublik andererseits mit der Sowjetunion diskutiert werden. Ich erinnere an die zweifache Anfrage von Gorbatschow an BK über bilaterale Zusammenarbeit und über die Vorbereitung eines internationalen Konsortiums mit dem Ziel, der Sowjetunion Überbrückungshilfen bei der Durchführung ihres Reformprogramms zu gewähren.

Ausdrücklich erläutere ich noch einmal die bilateralen Hilfen der Bundesregierung in diesem Jahr: Lieferung von Nahrungsmittel, die von der Bundesregierung mit 220 Mio. DM subventioniert worden seien; Verbürgung eines 5 Mrd.-Kredites und Zusage eines Vertrauensschutzes für alle DDR-Verpflichtungen gegenüber der Sowjetunion. Außerdem sei die Bundesregierung bereit, Verpflichtungen der DDR im Zusammenhang mit der Stationierung der Sowjetarmee in der DDR in der Größenordnung von 1,25 Mrd. DM für 1990 zu übernehmen.

Auch auf Weisung des BK vermeide ich es, irgendwelche Erwartungen über mögliche Ergebnisse zu wecken. Es ist vielmehr meine Absicht, diese so niedrig als möglich zu halten.

Ich erinnere andererseits an die Aussage von Schewardnadse, daß am Ende des Prozesses ein Gesamtpaket zustande kommen müsse, um die äußeren Aspekte zu lösen. Inzwischen liege ein stattliches Gesamtpaket auf dem Tisch: Bezüglich bündnisübergreifender und gesamteuropäischer Sicherheitsstrukturen habe der NATO-Gipfel auch im Zusammenhang mit dem KSZE-Prozeß konkrete Vorschläge und Anregungen beschlossen. Dazu gehöre auch das Angebot einer gemeinsamen Erklärung zum Nichtangriff und Gewaltverzicht, als auch das Angebot der NATO für die diplomatischen Beziehungen mit den Mitgliedern des Warschauer Paktes, die Einladung Gorbatschows zur NATO und ihre Bereitschaft, Strategie und Militärstrukturen zu ändern. Das alles sei von der sowjetischen Führung sehr positiv aufgenommen worden. Hinzu kämen die einseitigen Ankündigungen der Bundesregierung bezüglich des Verzichtes auf ABC-Waffen, der weiteren Mitgliedschaft beim NVV-Regimes, die Bereitschaft, für eine Übergangszeit sowjetische Truppen auf dem DDR-Territorium zu akzeptieren und Höchststärken der zukünftigen deutschen Streitkräfte festzulegen. Hinzu kommen der gesamte Komplex der wirtschaftlich finanziellen Zusammenarbeit und Hilfsleistungen der Bundesregierung für die Sowjetunion.

Im Zusammenhang mit diesem Gesamtpaket müsse jetzt darüber in Moskau gesprochen werden, ob damit die Voraussetzungen geschaffen seien, daß die Sowjetunion die Bündniszugehörigkeit eines geeinten Deutschland akzeptieren könne und die Vier-Mächte-Rechte abschließend aufgehoben würden. Ich verweise darauf, daß die sowjetischen Positionen zur Frage der NATO-Mitgliedschaft eines geeinten Deutschland im[287] letzten halben Jahr nicht statisch waren, sondern sich weiterentwickelt hätten. BK ginge davon aus, daß diese Entwicklung noch nicht zum Abschluß gekommen sei.

13.00 Uhr: Ich lege BK den Entwurf eines Schreibens an den polnischen MP Mazowiecki vor und stimme den Wortlaut mit ihm ab. In diesem Schreiben erläutert BK noch einmal seine Position zur Regelung der Oder-Neiße-Grenze. Er verhehlt nicht seine Enttäuschung über die polnische Reaktion. Gleichzeitig erinnert er an sein Angebot vom 21. Juni im Bundestag, mit Polen einen umfassenden Vertrag zu schließen.

Gleichzeitig solle ein reiner Grenzvertrag abgeschlossen werden, wofür die Resolutionen der beiden deutschen Parlamente als Grundlage dienen sollten. Dieser Vertrag solle binnen drei Monate nach dem Zusammentreten des gesamtdeutschen Parlaments fertiggestellt werden. In diesem Zusammenhang betont BK mit allem Nachdruck, daß es Ziel der Bundesregierung sei, daß beim Zeitpunkt der Vereinigung der gesamtdeutsche Staat seine volle Souveränität erhalte. Eine Verbindung dieser Frage mit dem Inkrafttreten des deutsch-polnischen Grenzvertrages bezeichnet BK für die Bundesregierung nicht annehmbar.

Heute geht in Moskau der 28. Parteikongreß der KPdSU zu Ende. Das neu gewählte Zentralkomitee umfaßt viele Parteimitglieder, die sich als Reformer profiliert haben. Dagegen ist die politische Karriere von Ligatschow als Gegenspieler Gorbatschows zu Ende.

Gorbatschow schließt den Parteitag mit einer von starkem Beifall durchsetzten Rede. Darin begrüßt er die westlichen Angebote zur wirtschaftlichen Zusammenarbeit auf der Grundlage der Gleichberechtigung und des gegenseitigen Nutzens.

Gorbatschow ist als Generalsekretär vom Parteikongreß unmittelbar gewählt worden und nicht wie früher vom Zentralkomitee. Dies gibt ihm eine höhere Legitimation. Die programmatischen Dokumente des Kongresses ermächtigen ihn weitgehend, mit seiner Politik der Reformen fortzufahren. Der Bewegungsspielraum von Gorbatschow ist größer geworden.

Finanzminister Dr. Theo Waigel übermittelt heute BK einen Brief. Er teilt ihm mit, daß der in der vergangenen Woche von der Bundesregierung verbürgte Kredit von 5 Mrd. DM an die Sowjetunion bereits in Anspruch genommen worden sei und bis Ende Juli voll ausgezahlt sein werde. Das beweise die angespannte Zahlungsbilanzlage der UdSSR.

Waigel weist darauf hin, daß für die Verbürgung weiterer bilateraler ungebundener Finanzkredite zur Zeit kein Spielraum mehr sei. Das Gesamtobligo auf die UdSSR sei auf fast 20 Mrd. DM angestiegen. Waigel schlägt deshalb vor, in Moskau deutlich zu machen, daß die UdSSR neben einer möglichst kurzfristigen Entwicklung eines vertrauensbildenden

287 Das Wörtchen »vom« wurde handschriftlich durch »im« ersetzt.

wirtschaftlichen Reformprogrammes die Möglichkeiten zur Verringerung ihres Westhandelsbilanzdefizits durch Inanspruchnahme ihrer hohen Devisenguthaben bei westlichen Banken und – soweit vertretbar – durch Einsatz ihrer Goldreserven in ihre Finanzierungsüberlegungen einbeziehen müsse. Mit Sorgfalt sollten Überlegungen zum Ausbau der Zusammenarbeit auf dem Energie- und Rohstoffsektor geprüft werden.

Samstag, 14. Juli 1990

Um 17.30 Uhr starten wir mit der Boeing 707 der Bundeswehr vom Flughafen Köln/Bonn nach Moskau. BK wird von Außenminister Genscher und Finanzminister Waigel begleitet.

Nach dem Abendessen an Bord erläutert BK seine Verhandlungslinie. Die Position von Gorbatschow sei nach dem Parteitag der KPdSU[288] gestärkt. Er selbst habe durch die drei Gipfel in den letzten beiden Wochen Rückenstärkung des Westens erhalten. Im Gepäck habe er ein Gesamtpaket deutscher und westlicher Leistungen, die gegenüber der Sowjetunion in letzter Zeit erbracht worden sind bzw. noch erbracht werden:

1. Vertrauensbildende Maßnahmen zur Verbesserung der politischen Lage in Gesamteuropa: Dazu gehört die Einladung Gorbatschows zum NATO-Rat nach Brüssel und an alle Warschauer Pakt-Staaten, diplomatische Verbindungen einzurichten; die Bundestags-Entschließung über die endgültige völkerrechtliche Anerkennung der polnischen Westgrenze; die politische und wirtschaftliche Kooperation mit den Reformstaaten Polen, Ungarn, ČSFR und Bulgarien und die Ankündigung einer Grundgesetzänderung, insbesondere der Präambel, Art. 23 und 146 GG. Alle diese Maßnahmen tragen zur Stabilisierung in Europa und zur Beruhigung der Nachbarn bei.

2. Sicherheit, Abrüstung und Rüstungskontrolle: Ausbau des politischen Charakters der Atlantischen Allianz; Anpassung der NATO-Strategie an die veränderte Sicherheitslage in Europa; Veränderung der NATO-Struktur; Modernisierungsverzicht der USA für nukleare Kurzstreckenraketen und Artilleriemunition; Vorschlag zur Beseitigung aller nuklearen Artilleriegeschosse in Europa; Verhandlungen über nukleare Kurzstreckenraketen sofort nach Unterzeichnung von VKSE I und sofortige Folgeverhandlungen im Rahmen von VKSE II; verbindliche Aussage der Bundesregierung zum Personalumfang der Streitkräfte des vereinten Deutschland bei Abschluß von VKSE I; Ankündigung, die Wehrdienstzeit ab 1. Oktober auf 12 Monate zu verringern; Bekräftigung des einseitigen Verzichtes auf ABC-Waffen sowie Fortgeltung des Nichtverbreitungsvertrages; Abzug aller chemischen Waffen aus der Bundesrepublik; kein Verschieben von NATO-Einheiten und -Einrichtungen auf Territorium der DDR.

288 Vom 2. bis 13. Juli 1990 fand in Moskau der 28. und gleichzeitig letzte Parteitag der KPdSU wenige Monate nach Aufhebung des Artikels 6 der sowjetischen Verfassung, statt, nach der die KPdSU »die führende und lenkende Kraft der Gesellschaft« sei. Drei Fraktionen bildeten sich, die offizielle mit Michail Gorbatschow, die demokratische mit Boris Jelzin, Präsident der Russischen Sozialistischen Föderativen Sowjetrepublik (RFSFR), der die KPdSU in eine sozialdemokratische Partei umwandeln wollte, und die orthodoxe, die alles beim Alten belassen wollte. Boris Jelzin trat aus der KPdSU aus und Jegor Ligatschow von den Konservativen gelang es nicht, zum stellvertretenden Parteivorsitzenden gewählt zu werden. Neben der Wahl eines neuen ZK, das am 14. Juli das neue Politbüro wählte, wurde Gorbatschows Kurs mit dem Ziel der Schaffung einer gemischten Wirtschaft, der Legitimität des politischen Pluralismus und der Hinführung der KPdSU auf einen sozialdemokratischen Weg gebilligt. Damit hatte der Generalsekretär seine eigne Partei entmachtet; Nachbetrachtungen, S. 755, 765, 784, 886.

3. Entwicklung bündnisübergreifender, gesamteuropäischer Strukturen im Rahmen der KSZE: Zustimmung zum KSZE-Sondergipfel am 19. November in Paris und zu sowjetischen Vorschlägen zur Institutionalisierung: Einrichtung eines Konsultations- und Steuerungsmechanismus auf höchster politischer Ebene, eines Konfliktverhütungszentrums und Institutionalisierung der Konferenz über wirtschaftliche Zusammenarbeit in Europa; Angebot einer gemeinsamen Erklärung der Mitgliedstaaten der Bündnisse zum Gewaltverzicht und Nichtangriff.

Öffnung der westlichen Institutionen für die Sowjetunion: Handels- und Kooperationsabkommen der EG mit der Sowjetunion; volle Ausschöpfung und Weiterentwicklung der vertraglichen Beziehungen; Kreditnehmermöglichkeit bei der Europäischen Bank für Wiederaufbau und Entwicklung; Unterstützung für sowjetischen Gaststatus beim Europarat und der Mitgliedschaft in GATT, IWF und Weltbank.

Internationale wirtschaftliche und finanzielle Unterstützung der Sowjetunion: Deutsche Initiative für kurzfristige Kredite zur mittelfristigen wirtschaftlichen Unterstützung des sowjetischen Reformprozesses; Prüfungsauftrag des Europäischen Rates an die EG-Kommission zu Kooperationsnotwendigkeiten und Fördermöglichkeiten; Angebot des Weltwirtschaftsgipfels in Houston für technische Unterstützung und Beauftragung von IWF, Weltbank OECD und Europäische Entwicklungsbank, in enger Konsultation mit EG-Kommission bis Ende des Jahres eine detaillierte Studie der sowjetischen Wirtschaft zu erarbeiten, Empfehlungen zu wirtschaftlichen Reformen abzugeben und Kriterien festzulegen, wie westliche Hilfe die sowjetischen Reformen wirksam unterstützen könne; Begrenzung von COCOM.

4. Leistungen im bilateralen Bereich der deutsch-sowjetischen Beziehungen: Angebot für bilateralen Vertrag über umfassende Zusammenarbeit; prinzipelles Fortgelten aller Verträge der Bundesrepublik Deutschland und Bekräftigung der Gemeinsamen Erklärung Kohl/Gorbatschow vom Juni 1989.

Wirtschaftliche Leistungen: 220 Mio. DM Nahrungsmittelhilfe von Februar 1990; Öffentliche Verbürgung eines 5 Mrd.-Kredites privater Banken im Juni 1990; Rahmenkredit des deutschen Bankenkonsortiums über 3 Mrd. DM; Aus- und Fortbildung für Fach- und Führungskräfte; Armenien-Hilfe; wirtschaftliches »Kooperations-Paket«; Bundesrepublik wichtigster westlicher Außenhandelspartner und Devisenbringer der Sowjetunion.

Übernahme der DDR-Verpflichtungen durch die Bundesrepublik: Vertrauensschutz für alle Verpflichtungen der DDR gegenüber der Sowjetunion; Übernahme der Stationierungskosten für sowjetische Truppen in der DDR in Höhe von 1,25 Mrd. DM bis Ende 1990; Umtausch der Guthaben sowjetischer Soldaten bei der Feldbank in der DDR.

Neue Vorschläge: Berufung einer deutsch-sowjetischen Expertengruppe zur Beratung, Unterstützung und Zusammenarbeit des sowjetischen Reformprozesses; Erhöhung der sowjetischen Energieexporte; Consulting bei Umstrukturierung, Umweltschutz, KKW-Sicherheit, Konversion von Rüstungsbetrieben, Entsendung von betrieblicher Kooperationsberatung; Tschernobyl-Hilfe.[289]

289 Die AKW-Katastrophe in Tschernobyl in der Sowjetrepublik Ukraine ereignete sich am 26. April 1986 im Reaktor-Block 4 in der Umgebung der 1970 begründeten ukrainischen Stadt Prypjat. Der gravierendste Unfall der Reaktorgeschichte hatte tausende von Todesopfern zur Folge. Die Zahl soll sich bei cirka 4000 Menschen bewegen. Die KPdSU-Spitze verzögerte und verschleierte zunächst die Ausmaße des Ereignisses. KPdSU-Generalsekretär Michail Gorbatschow erkannte, dass die Politik der Geheimhaltung und

Das ist ein eindrucksvolles Gesamtpaket, das die Bundesregierung in den letzten Monaten gezielt initiiert, vorbereitet und durchgesetzt hat. Das alles geschah mit dem Ziel, den Einigungsprozeß zum Erfolg zu führen und die 2+4-Gespräche rechtzeitig zum Abschluß zu bringen.

BK ist deshalb bester Stimmung und aufgeräumt. Wenn er innerlich angespannt und nervös sein sollte, dann ist das nur dadurch zu erkennen, daß seine Scherze manchmal zu laut und aufgesetzt wirken.

Er bricht buchstäblich[290] einen Streit vom Zaun, als er über die zukünftige Obergrenze für die Streitkräfte eines geeinten Deutschland spricht und ankündigt, daß er von der Zahl 400.000 Mann ausgehen werde, und Genscher nachdrücklich darauf drängt, die Obergrenze definitiv auf 350.000 Mann, inklusive 25.000 Mann Marine, festzulegen. BK beschuldigt Genscher und die FDP, allen voran BM Möllemann, über diesen Umweg eine Berufsarmee anstreben zu wollen. Genscher weist diesen Vorwurf entschieden zurück. Es gebe niemanden in der FDP, der das wolle. Er empfindet BK's Beschuldigung fast beleidigend. Dieser verweist auf entsprechende Erklärungen von Möllemann. Doch Genscher bestreitet entschieden. BK fordert einen Beschluß des FDP-Präsidiums zu dieser Frage. Genscher lehnt ab, daß die FDP über Selbstverständlichkeiten Beschlüsse fassen solle. Sie müßten sonst die CDU auffordern, einen Beschluß zu fassen, daß sie eine christliche Partei sei.

Ich bin mir sicher, daß BK diesen Streit ganz bewußt ausgelöst hat. Er will gerade auch in Anwesenheit von BM Waigel und Klein sowie von Kastrup und mir zeigen, daß er sich nicht alles bieten lasse und entschlossen ist, sich durchzusetzen.

So plötzlich BK eine solche Kontroverse auslöst, so schnell vergißt er sie auch wieder. Sie ist für ihn häufig nur Mittel zum Zweck. Anschließend geht er zur Tagesordnung über, als sei nichts geschehen.

Nach drei Stunden Flug landen wir auf dem Moskauer Flughafen Wnukowo II. Zur Begrüßung ist AM Schewardnadse erschienen, ebenso der stellvertretende Vorsitzende des Ministerrates der UdSSR, S. A. Sitarjan; der stellvertretende AM Julij Kwizinskij, Botschafter W. P. Terechow und der Leiter der dritten Europäischen Abteilung des SAM, AP Bondarenko. Der Empfang ist außerordentlich herzlich. Kwizinskij will mir meinen Aktenkoffer abnehmen, um zu erfahren, ob ich einen guten Vertragsentwurf für den bilateralen deutsch-sowjetischen Vertrag mitgebracht hätte. Ich biete ihm den Austausch der Aktenkoffer auf Gegenseitigkeit an.

BK fährt in Begleitung von Schewardnadse zur Residenz an der Uliza Kossygina 38 auf dem Leninhügel. Kurz vor der Residenz läßt BK die Kolonne auf dem Leninhügel anhalten, um einen Blick auf die Lichter Moskaus zu werfen. Vor unserer Ankunft hatte es in Moskau geregnet. Die nassen Dächer und Straßen reflektieren den trüben Schein der Straßenlaternen. Der dunkle Nachthimmel ist jetzt wolkenlos. Von dieser Stelle aus hatte seinerzeit Napoleon 1812[291] auf das brennende Moskau herabgesehen.

Unterdrückung von Informationen nicht mehr durchzuhalten sowie mit seiner Politik von Öffnung und Transparenz inkompatibel war. In einer Politbüro-Sitzung am 3. Juli macht er klar, dass die tatsächlichen Umstände bekannt gemacht werden müssten. Tschernobyl war der Auslöser für das Glasnost-Programm, das schon seit 1985 entwickelt worden war. Im ZK der KPdSU vom 27. Januar 1987 gab er den Anfang der »Ära der Glasnost« bekannt.

290 An dieser Stelle steht in Teltschiks 329 Tage-Buch »im Flugzeug«, S. 317.

291 Handschriftliche Ergänzung der Jahreszahl.

Es ist 23.15 Uhr. In der Residenz führen BK und Schewardnadse ein kurzes Begrüßungsgespräch. Schewardnadse berichtet, daß die ersten fünf Tage des KPdSU-Parteitages sehr schwierig und die Stimmung sehr schwankend gewesen seien. Am Ende sei der Parteitag zwar anstrengend, aber erfolgreich gewesen. Sie alle, vor allem aber Gorbatschow, haben in dieser Zeit sehr wenig geschlafen.

Das neue Zentralkomitee umfasse jetzt 412 Mitglieder. Es seien darunter sehr viele gebildete Bürger, aber auch viele Arbeiter. BK greift das Stichwort »zu wenig Schlaf« auf und verabschiedet Schewardnadse mit dem Hinweis, daß dieser jetzt schlafen gehen müsse.

Anschließend setzen wir uns mit BK im Speisezimmer zu einem kleinen Abendessen zusammen. Dr. Ackermann, Juliane Weber, Dr. Neuer und ich sind dabei. Es gibt die üblichen russischen Gerichte: geräucherten weißer Speck; schwarzer und roter Kaviar; geräucherten Stör; Speckwurst, Tomaten und Gurken. Dazu gibt es Bier und Wodka. BK erzählt, daß ihm Schewardnadse im Auto gesagt hätte, daß die sowjetische Führung einen erfolgreichen Besuch wünsche.

BK ist bester Laune und vertilgt in großen Mengen Speck und Kaviar. Den Wodka rührt er nicht an. Während des Essens wird mir eine Nachricht für BK über die heutigen Gespräche von NATO-Generalsekretär Dr. Wörner mit Gorbatschow und Schewardnadse hereingereicht. Die Gespräche sind sehr positiv verlaufen.

Dieser Besuch entspricht der erklärten NATO-Politik der ausgestreckten Hand, wie es in der Schlußerklärung von London heißt. Die Sowjetunion ihrerseits hat das Interesse, der eigenen Öffentlichkeit ein neues Bündnis vorzuführen und die historischen Veränderungen in Europa als Folge ihrer eigenen Politik zu dokumentieren.

In der Mitteilung an BK heißt es, daß kontroverse Themen in den Gesprächen von sowjetischer Seite ausgespart worden seien. Die deutsche Frage sei nicht angesprochen worden. Die Wiener VKSE-Verhandlungen seien kein Schwerpunktthema gewesen. Die Atmosphäre sei herzlich und von[292] persönlicher Sympathie geprägt gewesen. Die Londoner Erklärung der Atlantischen Allianz sei überaus positiv und nahezu kritikfrei aufgenommen worden. Gorbatschow habe die in der Londoner Erklärung ausgesprochene Einladung nach Brüssel angenommen. Ein Termin sei noch nicht besprochen worden.

Die sowjetische Seite habe sich bereit erklärt, einen Botschafter in Brüssel als permanente Verbindungsperson zu akkreditieren, ein weiteres Seminar über Militärdoktrinen durchzuführen und gegenseitige Militärbesuche durchzuführen. Gorbatschow und Schewardnadse hätten sich dafür ausgesprochen, die Kontakte mit dem Generalsekretär fortzusetzen.

Wörner berichtet, daß Gorbatschow sichtbar übermüdet gewesen sei. Er habe sich jedoch über den Ausgang des KPdSU-Kongresses erleichtert geäußert. Er sei lebhaft und humorvoll gewesen. Die Erfahrung von Tschernobyl habe er als Ausgangspunkt für seine Friedenspolitik bezeichnet. Im Verlaufe des Gespräches übergab Gorbatschow Wörner einen Vorschlag für die gemeinsame Deklaration der Mitgliedsstaaten des Warschauer Vertrages und des Nordatlantik-Paktes.

Nach diesem Bericht ist BK zuversichtlich, daß die morgigen Gespräche mit Gorbatschow positiv verlaufen werden. Es werde mit Sicherheit Fortschritte geben.

Es ist Mitternacht vorbei, als wir unsere Zimmer aufsuchen.

292 Das Wort »sichtbarer« ist an dieser Stelle gestrichen worden.

Sonntag, 15. Juli 1990

Um 9.00 Uhr frühstücken wir gemeinsam mit BK. Das Frühstück ist reichlich und sehr kräftig. BK ißt mit großem Appetit.

Um 9.45 Uhr fahren wir zum Gästehaus des sowjetischen Außenministeriums. Es ist die einstige Stadtvilla des reichen Kaufmanns Morosow in der Alexej-Tolstoj-Straße, erbaut um die Jahrhundertwende von Schlegel, dem berühmten Jugendstilarchitekten Rußlands im neugotischen Stil. Nach der Oktoberrevolution wurde sie von AM Tschitscherin zum Gästehaus umfunktioniert. Am Eingang erwartet uns Schewardnadse und begleitet uns über die[293] große Freitreppe in den 1. Stock. Dort wartet Gorbatschow. Er wirkt freundlich und ernst zugleich. Gorbatschow trägt einen grauen Anzug mit einem leicht bläulichen Hemd und einer abgestimmten rot-grauen Krawatte. Auch die grauen Socken passen dazu. Nur die braunen Schuhe stören etwas.

Gorbatschows außenpolitischer Berater Tschernajew und ich nehmen am Vier-Augen-Gespräch teil.

Gorbatschow begrüßt BK mit den Worten, die Erde sei rund und sie würden ständig um sie herumfliegen. Sein Bedarf sei gedeckt, erwidert BK. Er freue sich auf das gemeinsame Gespräch und hoffe, daß es erfolgreich verlaufen werde. Er habe bereits zu Schewardnadse gesagt, daß es sich jetzt um historisch bedeutsame Jahre handele. Die Chancen, die sich bieten, müßten genutzt werden. Bismarck habe einmal davon gesprochen, daß man den Mantel der Geschichte ergreifen müsse. Gorbatschow stimmt zu. Er kenne diese Aussage von Bismarck nicht. Sie sei jedoch sehr interessant. BK erinnert Gorbatschow daran, daß sie beide der gleichen Generation angehören, die im 2. Weltkrieg noch zu jung gewesen sei, um persönlich in Schuld geraten zu können, andererseits aber alt genug, um diese Jahre bewußt mitzuerleben. Auf dem Hintergrund dieser gemeinsamen Erfahrungen sei es jetzt ihre Aufgabe, die gegebenen Chancen zu nutzen.

Gorbatschow greift diesen Gedanken sofort auf. Er sei bei Kriegsbeginn 10 Jahre alt gewesen und könne sich sehr gut an die Ereignisse erinnern. Er teile deshalb die Auffassung des BK, daß ihre Generation über einzigartige Erfahrungen verfüge. Wenn sich jetzt große Chancen eröffnet hätten, dann sei es die Aufgabe ihrer Generation, sie zu nutzen und zu gestalten. Dabei imponiere ihm vor allem die Tatsache, daß heute weniger darüber geredet werde, wer gewonnen und wer verloren habe. Gemeinsam sei das Verständnis von der einen Welt.

BK knüpft an das gemeinsame Gespräch im Juni 1989 im Park des Bundeskanzleramtes an. Damals hatte er am Rheinufer lange mit Gorbatschow auf der Balustrade gesessen, Erfahrungen ausgetauscht und über ihre gemeinsame Aufgabe gesprochen, die Zukunft beider Völker zu gestalten und freundschaftliche Beziehungen zu entwickeln. BK hält dieses Gespräch vor einem Jahr in Bonn für das Schlüsselereignis, das das enge Vertrauensverhältnis zwischen ihm und Gorbatschow begründet habe. Gorbatschow berichtet über den Parteitag der KP der RSFSR und über den Parteitag der KPdSU. Sie hätten jetzt manche Schlacht geschlagen. Die Einsätze seien sehr hoch gewesen. Beide Parteitage seien schwierig gewesen, weil die konservativen Kräfte versucht hätten, sich zu revanchieren. Gorbatschow bestätigt, daß der letzte Parteitag der KPdSU zu den wichtigsten Parteitagen zähle. Es habe

293 Der Artikel »eine« wurde handschriftlich durch »die« ersetzt.

einen offenen Schlagabtausch gegeben, wobei es darum gegangen sei, die Gesellschaft weiter umzugestalten und ein Marktsystem durchzusetzen. Jetzt sei es gelungen, den konservativen Kräften eine Abfuhr zu erteilen. BK und Gorbatschow sprechen über Jelzin. Gorbatschow berichtet, daß er den Kontakt mit Jelzin fortsetze.

Gorbatschow erklärt, daß er einen grundsätzlichen Gedanken voranstellen möchte.[294] Es entwickele sich jetzt eine Situation, die Rußland und Deutschland wieder zusammenführen müsse. Gorbatschow spricht nicht von der Sowjetunion. Wenn beide Völker früher getrennt gewesen seien, so müßten sie jetzt wieder zusammenkommen. Beide stünden jetzt an der Spitze ihrer Völker. Es müsse ihnen gelingen, diese Aufgabe zu meistern. Für ihn sei dieses Ziel gleichrangig mit der Normalisierung der Beziehungen zu den USA. Wenn es gelinge, eine qualitativ neue Ebene der Beziehungen zwischen Rußland und Deutschland zu erreichen, werde das beiden Völkern und ganz Europa zugute kommen.

BK stimmt zu. Er erklärt sich bereit, innerhalb eines Jahres einen umfassenden Vertrag mit der Sowjetunion zu schließen. Voraussetzung sei, daß die aktuellen Probleme gemeinsam gelöst würden. Er stünde zwar vor einer Wahl, sei sich aber sicher, daß er im Amt bleiben werde. Dann sollten sie gemeinsam eine neue Ära der Beziehungen einleiten und für alle sichtbar machen.

BK schlägt vor, schon jetzt mit der Arbeit an einem solchen Vertrag zu beginnen. Er solle alle Gebiete der Zusammenarbeit umfassen. Aufgenommen werden könne auch der Gedanke des Gewaltverzichts und des Nichtangriffs analog der Erklärung des NATO-Gipfels in London. Aber auch Fragen des Jugendaustauschs und der kulturellen Zusammenarbeit sollten aufgenommen werden. Die Zeit für einen solchen Vertrag sei reif.

BK berichtet über die Ergebnisse der Gipfelkonferenzen des Europäischen Rates in Dublin, der NATO in London und der G7 in Houston. In allen diesen Konferenzen sei die gemeinsame Überzeugung spürbar gewesen, daß der Reformprozeß in der Sowjetunion unterstützt werden solle. BK erläutert die Ergebnisse und fügt hinzu, daß für ihn alle diese Bemühungen um eine wirtschaftliche und finanzielle Zusammenarbeit Bestandteil des Gesamtpaketes seien.

Er erläutert Gorbatschow die Lage in der DDR. Sie verschlechtere sich von Tag zu Tag. Er sei es nicht, der auf das Tempo drücke. Ursprünglich habe er völlig andere Zeitvorstellungen gehabt Es wäre ihm lieber gewesen, wenn mehr Zeit zur Verfügung gewesen wäre. Die wirtschaftliche Entwicklung vollziehe sich jedoch sehr dramatisch. Deshalb sei ein Wahltermin für gesamtdeutsche Wahlen am 2. Dezember für ihn sehr wichtig.

Gorbatschow wirft ein, daß BK jetzt seine eigene Perestroika erlebe. Dabei gebe es nicht nur angenehme Dinge. Große Ziele seien mit großen Schwierigkeiten verbunden. Deshalb müsse man sich gegenseitig helfen.

BK greift dieses Stichwort auf. Aus diesem Grunde habe er in diesem Jahr konkret geholfen.

Gorbatschow erläutert, daß alles, was BK tue, nicht nur große Bedeutung für Deutschland habe, sondern auch große psychologische und politische Probleme für die Sowjetunion aufwerfe. Es geht deshalb darum, ausgewogen und behutsam zu handeln. Ein neues Niveau des Vertrauens, des gegenseitigen Verständnisses und des Zusammenwirkens müsse erreicht werden.

294 Gestrichen wurde die Formulierung » … kündigt an, daß er seinem Gespräch mit BK …«.

BK spricht von drei Bereichen, in denen Vereinbarungen erreicht werden müßten, wenn der zeitliche Rahmen für die 2+4-Gespräche und die vereinbarte KSZE-Gipfelkonferenz eingehalten werden solle: Es gehe um die Abwicklung des Truppenabzugs der Sowjetunion aus der DDR; um die Mitgliedschaft des geeinten Deutschlands in der NATO und über die zukünftige Obergrenze der Streitkräfte eines geeinten Deutschlands. Diese drei Hürden müßten überwunden werden.

Am Ende der 2+4-Gespräche müsse die volle Souveränität für Deutschland erreicht sein.

Gorbatschow greift das alte Wort der Griechen auf, daß alles im Fluß sei und sich verändere.[295] Man dürfe deshalb nicht zweimal in den gleichen Fluß steigen. Alles sehe heute anders aus als damals, als sie begonnen hätten, die Probleme zu erörtern. Jetzt seien der Zeitpunkt und die Notwendigkeit gekommen, die Fragen zu klären und die Entscheidungen für die weitere Arbeit zu treffen.

Gorbatschow bestätigt, daß es gelungen sei, in den sowjetisch-amerikanischen Beziehungen wesentliche Fortschritte zu erzielen. Besonders wichtig sei die Position von Bush gewesen, der sich für eine Erneuerung der Beziehungen zur Sowjetunion entschieden habe. Dabei habe sich die Kontinuität der Beziehungen mit BK in der letzten Zeit sehr positiv ausgewirkt. Die Einwirkung des BK auf die amerikanische Administration sei sehr wirksam und sehr gut gewesen. Gorbatschow bekräftigt, daß es seine Position sei, daß die Präsenz der USA in Europa zur Stabilität beitrage. Bush sei darüber sehr überrascht gewesen.

BK bekräftigt die wichtige Rolle, die Präsident Bush auf dem NATO-Gipfel und beim Weltwirtschaftsgipfel in Houston gespielt habe. Es sei außerordentlich wichtig, daß in Washington kein Mißtrauen gegenüber Deutschland entstehe, wenn sich die deutsch-sowjetischen Beziehungen weiter entwickeln und intensivieren. Es müsse deutlich werden, daß gute deutsch-sowjetische Beziehungen auch zum Vorteil für die USA seien.

Gorbatschow berichtet über seine Reise in die USA, die für ihn viel Neues erbracht habe. In den letzten zwei Monaten habe sich vieles verändert. Alles sei in Bewegung geraten. Er bestätigt, daß sich auch die NATO in Richtung einer politischen Allianz verändere. Darauf müsse man die besondere Aufmerksamkeit lenken, weil dadurch eine andere Situation entstehe. Die Londoner Erklärung bezeichnet Gorbatschow als richtigen Schritt in die richtige Richtung, auch wenn sie noch Ballast der Vergangenheit mit sich führe. Die Aussagen über die Zusammenarbeit und darüber, daß die Sowjetunion nicht länger als Gegner betrachtet werde, seien sehr wichtige politische Fortschritte und Beweis für grundlegende Veränderungen.

Gorbatschow bestätigt, daß auch die Erklärungen der Bundesregierung und des BK äußerst wichtig gewesen seien. Was BK in der letzten Zeit gesagt habe, spiele in den beiderseitigen Beziehungen eine außerordentliche Rolle und sei von größter Bedeutung. BK habe sicherlich bemerkt, wie sie ihre Bevölkerung Schritt für Schritt an die Probleme heranführen würden. Dabei könne nicht alles vergessen gemacht werden, was in der Vergangenheit geschehen sei. Jetzt gehe es aber darum, den Blick nach vorne zu richten und vor allem die Beziehungen zum großen deutschen Volk in das Bewußtsein der sowjetischen Menschen zu bringen. Die Lage verändere sich zum besseren.

295 Die Formel »panta rhei« (altgriechisch πάντα ῥεῖ ›alles fließt‹) stammt von Heraklit, einem vorsokratischen Philosophen aus dem ionischen Ephesos.

Jetzt komme es darauf an,[296] die Zusammenarbeit zu vertiefen. Hier stimme er mit BK völlig überein. Gorbatschow berichtet, daß sie über die zukünftigen Beziehungen einige Überlegungen angestellt und zu Papier gebracht hätten. Er überreicht BK »Überlegungen zum Inhalt eines Vertrages über Partnerschaft und Zusammenarbeit zwischen der UdSSR und Deutschland«. Sie seien nur für BK bestimmt.

Daraufhin überreicht auch BK Gorbatschow ein Papier. Beide beteuern wechselseitig, daß es sich um sehr persönliche Überlegungen handele. BK verweist darauf, daß seine Vorschläge Anlehnungen an den deutsch-französischen Freundschaftsvertrag[297] enthielten. Er verstehe diesen Hinweis, erwidert Gorbatschow. Sie vereinbaren, über diese Papiere auf der Ebene von Beauftragten weiter zu sprechen. Zu einem späteren Zeitpunkt sollen die Außenminister die Verhandlungen fortsetzen.

Gorbatschow wendet sich daraufhin aktuellen Fragen zu. Bei weiterer günstiger Entwicklung würde er nicht darauf bestehen, daß alle völkerrechtlichen Regelungen getroffen werden müßten, die sie der Bundesregierung vorgeschlagen hätten. Der Prozeß müsse jetzt jedoch zu einem guten Ergebnis geführt werden. Erstens ginge er davon aus, daß das neue Deutschland in den Grenzen der Bundesrepublik, der DDR und Berlins gebildet werde. BK erläutert seine Haltung zur polnischen Westgrenze und das weitere Verfahren, das jetzt vorgesehen sei.

Als zweiten Punkt spricht Gorbatschow den Verzicht auf ABC-Waffen an. Er wisse, daß das die Position des BK sei. Die militärischen Strukturen dürften nicht auf das DDR-Territorium ausgedehnt werden. Für die Präsenz der sowjetischen Truppen müsse eine Übergangsregelung vereinbart werden. Als letztes spricht sich Gorbatschow dafür aus, daß die Vier-Mächte-Rechte abgelöst werden müßten.

Die Frage des BK, ob Gorbatschow damit einverstanden sei, daß Deutschland mit der Einigung seine volle Souveränität erhalte, bejaht Gorbatschow. Das sei selbstverständlich. Voraussetzung sei, daß die NATO-Militärstruktur nicht auf die DDR ausgedehnt würde und eine Übergangsregelung für die Präsenz der sowjetischen Truppen vereinbart werde. Als wichtigste Frage bezeichnet Gorbatschow die Mitgliedschaft eines geeinten Deutschlands in der NATO. De jure sei die Frage klar. De facto müsse das jedoch heißen, daß nach der Vereinigung Deutschlands der Geltungsbereich der NATO nicht auf das Territorium der DDR ausgedehnt werde. Es müsse eine Regelung für eine Übergangszeit geben.

Ruhig und ernst stimmt Gorbatschow zu, daß die Mitgliedschaft in der NATO bestehen bleiben solle. Auf diese überraschende Aussage reagiert BK ohne erkennbare Regung. Er nimmt diese unerwartete Erklärung Gorbatschows augenscheinlich als selbstverständlich hin. Dagegen fliegt mein Kugelschreiber über das Papier. Äußerst konzentriert versuche ich, jedes Wort des Dolmetschers originalgetreu festzuhalten. Ich weiß, daß es jetzt darauf ankommt, wortgenau zu protokollieren, um im nachhinein keine Mißverständnisse aufkommen zu lassen. Gleichzeitig versuche ich Blicke in das Gesicht Gorbatschows und des

296 Handschriftlich gestrichen wurde an dieser Stelle » … die Ziele und …«.

297 Der französische Staatspräsident Charles de Gaulle und der deutsche Bundeskanzler Konrad Adenauer unterzeichneten am 22. Januar 1963 im Élysée Palast in Paris den deutsch-französischen Vertrag. Es war das erste große und zugleich grundlegende Abkommen zur deutsch-französischen Zusammenarbeit nach dem Zweiten Weltkrieg. Am 2. Juli 1963 trat dieses nach Ratifizierung durch die Parlamente beider Länder in Kraft. Der Vertrag war in der Bundesrepublik Deutschland, den USA, Großbritannien und anderen Ländern nicht unumstritten und führte zur Kritik und Unstimmigkeiten.

BK zu werfen, um die Reaktionen und Gefühle ablesen zu können. Beide wirken[298] äußerst ruhig und konzentriert.

Gorbatschow wiederholt, daß Deutschland Mitglied in der NATO bleibe. Die NATO müsse jedoch für eine Übergangsperiode berücksichtigen, daß ihr Geltungsbereich nicht auf das DDR-Territorium übertragen werden könne, solange dort sowjetische Truppen stationiert seien. Eine solche Entscheidung, fügt Gorbatschow hinzu, stelle beide Seiten zufrieden.

Die zweite Überraschung folgt auf dem Fuß: Gorbatschow kündigt an, daß das Abschlußdokument der 2+4-Gespräche die Aufhebung der vierseitigen Verantwortung ohne Übergangszeit zum Ausdruck bringen werde. Es müsse jedoch einen separaten Vertrag über den Aufenthalt sowjetischer Truppen für die Dauer von drei bis vier Jahren auf dem bisherigen DDR-Territorium geben. BK erklärt sich dazu bereit. Er bekräftigt noch einmal, daß Deutschland als Ganzes Mitglied der NATO bleiben müsse. Das schließe ein, daß keine NATO-Truppen auf das Territorium der DDR verschoben werden. Der Geltungsbereich der NATO solle erst nach Abzug der sowjetischen Truppen auf das DDR-Territorium ausgeweitet werden. Gorbatschow stimmt diesen Ausführungen zu. Das sei das gemeinsame Interesse. Er wiederholt, daß das vereinigte Deutschland Mitglied der NATO sein werde. Solange jedoch sowjetische Truppen stationiert seien, gehöre das jetzige Territorium der DDR nicht zum Wirkungsbereich der NATO. Die Souveränität Deutschlands stelle er nicht in Frage. Punkt für Punkt wiederholt Gorbatschow noch einmal alle Punkte. Jetzt ist jedes Mißverständnis ausgeschlossen. Der Durchbruch ist erreicht. Welch' eine Überraschung! Diese klare Zusagen Gorbatschows hatten wir nicht erwartet. Alle Vorzeichen waren zwar positiv, doch wer hätte dieses Ergebnis voraussagen wollen? Für BK ist dieses Gespräch ein erneuter Triumph. Er läßt sich äußerlich nichts anmerken. Einmal wirft er mir einen vielsagenden Blick zu, der seine Befriedigung erkennen läßt. Erneut bin ich Zeuge eines historischen Gespräches und das in diesem Jahr nicht zum erstenmal. Ich bin wahnsinnig stolz, dabei sein zu können.

Abschließend sprechen beide über Möglichkeiten der Zusammenarbeit. Gorbatschow spricht das Thema der Wohnungen für die zurückkehrenden sowjetischen Soldaten an. BK erklärt sich bereit, zu helfen.

Abschließend erklärt BK, daß in Deutschland das Bewußtsein zurückkehre, daß es zwischen den Deutschen und Russen keine natürlichen Gegensätze gebe. Im Gegenteil, wirft Gorbatschow ein. Er kündigt an, daß er BK ins kaukasische Gebirge führen wolle. Dort werde es möglich sein, noch klarere Gedanken zu fassen.

Nach fast zwei Stunden endet das Gespräch. Die Außen- und Finanzminister, die parallel Gespräche geführt haben, treten hinzu. Gorbatschow begrüßt noch einmal offiziell BK und seine Delegation. Das heutige Treffen habe einen außerordentlichen Charakter und nehme einen wichtigen Platz in der Geschichte der beiderseitigen Beziehungen ein. Ohne das zurückliegende zu vergessen, solle man jetzt gemeinsam an die Zukunft denken. Man habe sich jetzt in einem ersten Gespräch gleichsam aufgewärmt Jetzt bestünden sehr gute Aussichten für eine Einigung. Der Dialog mit BK sei sehr verantwortlich und ernst.

Der erfolgreiche Anfang heute morgen berechtige zu guter Hoffnung.

Gorbatschow geht noch einmal auf den zurückliegenden Parteitag der KPdSU ein. Er erinnert an das Buch des amerikanischen Schriftstellers John Reed »10 Tage, die die Welt

298 Das Wort »jedoch« wurde an dieser Stelle handschriftlich gestrichen.

erschütterten«. Es ist das Buch eines Augenzeugen der Revolution von 1917.[299] Gorbatschow zieht die Parallele zum elftägigen KPdSU-Parteitag, der außerordentlich wichtig gewesen sei, nicht nur für die Sowjetunion, sondern auch für Europa und die Welt. Alle Versuche, von rechts oder links oder aus ultraradikaler Ecke, der Partei einen Schlag zu versetzen, seien abgewehrt worden. Die dahinter stehenden Kräfte hätten eine deutliche Niederlage erlitten.

In der nächsten Woche stünden Entscheidungen über den Übergang zum Markt bevor. Der Ministerpräsident müsse im September dem Obersten Sowjet einen umfangreichen Aktionsplan vorlegen. Die Sommermonate würden also sehr aktiv sein. Gleichzeitig ginge es um die Erneuerung des Allunions-Vertrages.[300] Tiefgreifende Veränderungen stünden bevor.

Gorbatschow würdigt die Verbürgung des 5 Mrd. DM Kredites durch die Bundesregierung. Dieser »Schachzug« sei im richtigen Augenblick gekommen. Er schätze diesen Schritt der Bundesregierung deshalb sehr hoch ein.

BK bedankt sich für die freundliche Begrüßung und für das außerordentlich gute Gespräch. Es sei jetzt in der Tat ein historischer Augenblick in der Weltpolitik. Man spüre, daß die Entwicklung zu Entscheidungen dränge. BK verweist noch einmal auf die drei westlichen Gipfel, die volle Übereinstimmung gebracht hätten. Er erinnert an die wörtliche Aussage von Bush in Houston, daß sie alle den Erfolg von Gorbatschow wollen. Die Bundesregierung sei bereit, hilfreich zu sein. Er erinnert an den gemeinsamen Wunsch, daß das vereinte Deutschland und die Sowjetunion spätestens in einem Jahr einen umfassenden Vertrag abschließen wollen. Er solle alle Bereiche einschließlich Fragen der Sicherheit erfassen.

Gorbatschow weist daraufhin, daß die genannten Themen noch vertieft werden müßten. Das gelte insbesondere für die mit der Vereinigung Deutschland zusammenhängenden Fragen. Dafür werde aber noch genügend Gelegenheit sein.

Anschließend lädt Gorbatschow zum Mittagessen ein. Es findet in fast heiterer und fröhlicher Stimmung statt. Gorbatschow greift zum Wodkaglas und erklärt, der Wodka sei das einzige Produkt, das ökologisch noch in Ordnung sei. MP Ryschkow schlägt angesichts ei-

299 John Silas Reed (* 22. Oktober 1887 in Portland, Oregon; † 19. Oktober 1920 in Moskau), US-amerikanischer Journalist, 1919 Begründer und Vorsitzender der ersten kommunistischen Arbeiterpartei in den USA, war Kriegsberichterstatter im Ersten Weltkrieg für Zeitungen in Frankreich, Deutschland, Serbien, Rumänien und Bulgarien. Als Korrespondent in Russland erlebte er die »Oktoberrevolution« aus nächster Nähe in Sankt Petersburg mit. Sein Buch »Ten Days that Shook the World«, New York 1919, deutsch übersetzt: »Zehn Tage, die die Welt erschütterten«, Berlin 1922 (mit einem Vorwort von Wladimir Iljitsch Lenin und einem Vorwort von seiner Ehefrau Nadeschda Konstantinowna Krupskaja) wurde weltberühmt.

300 Am 19. August 1991 unternahm eine Gruppe von Funktionären der KPdSU unter Gennadi Janajew einen Putsch, die sich sich gegen Präsidenten Gorbatschow richtete, ihn absetzen wollten und ein Staatskomitee für den Ausnahmenzustand gebildet hatten. Ursprünglich sollte am 20. August ein neuer Unionsvertrag (9+1 Abkommen) vorgelegt werden, der zuvor von Gorbatschow und den Führern der Sowjetrepubliken ausgearbeitet worden war und den Gründungsvertrag von 1922 ersetzen sollte. Die UdSSR sollte eine Föderation gleichberechtigter Republiken werden. Ein Referendum war am 17. März 1991 abgehalten worden, bei dem die Mehrheit der Stimmberechtigten den Erhalt der Sowjetunion befürwortete, obwohl die baltischen Republiken und Georgien schon vorher ihre Unabhängigkeit proklamiert sowie auch die Moldawische und Armenische SSR die Mitarbeit am Text verweigert hatten. Durch den Sturz Gorbatschows und infolge der Auflösung der Sowjetunion am 21. Dezember 1991 wurde der Vertrag nie unterzeichnet.

nes kurzes Wortwechsels über deutsches und sowjetisches Bier vor, gemeinsam Brauereien in der Sowjetunion zu bauen. Ebenso regt er trilaterale Wirtschaftsverhandlungen an. Die Sowjetunion habe 370 Rahmenverträge mit der DDR geschlossen. Dafür müßten gemeinsame Regelungen gefunden werden. Außerdem spricht er sich dafür aus, die Finanzierung der sowjetischen Truppen in der DDR ab 1991 zu regeln.

Es wird sehr schnell gegessen. Wer das Besteck aus der Hand legt, ist sofort seinen Teller los, auch wenn er noch nicht geleert ist. Zwischendurch stößt Gorbatschow auf den deutschen Fußballweltmeister an. Nach 40 Minuten ist das Essen beendet Anschließend gehen auf Wunsch des BK beide vor die Presse. Ein solcher gemeinsamer Presseauftritt war vom Protokoll nicht vorgesehen. Aufgrund der Tatsache, daß wir um 14.00 Uhr mit einem sowjetischen Sonderflugzeug nach Stawropol fliegen wollen, kann eine Presseberichterstattung nur sicher gestellt werden, wenn vorher noch eine Begegnung mit den zahlreichen Journalisten möglich ist- Gorbatschow willigt sofort ein.

Einleitend erklärt Gorbatschow, daß er dem Arbeitsbesuch des BK in Moskau eine ganz große Bedeutung beimesse. Es sei eine sehr wichtige Etappe. Die Gespräche seien gerade erst in Gang gekommen. Man habe sich erst einmal aufgewärmt. Es wäre deshalb zu früh, irgendein Fazit zu ziehen. Gorbatschow bestätigt, daß die Atmosphäre gut sei und die Diskussion konstruktiv.

Sie seien schon an sehr große Fragen herangetreten. Mit ihren Zähnen hätten sie versucht, Nüsse bzw. Nüsschen zu knacken. Sie hätten sehr gute Zähne und deshalb werden sie die Nüsse knacken. Es sei ein Gebot unserer Zeit. Die persönlichen Beziehungen zwischen ihm und BK würden es erleichtern, alle diese Frage zu erörtern. Keiner Frage solle ausgewichen werden, egal wie kompliziert und wie schwer sie sei. Gorbatschow bestätigt noch einmal, daß der Beginn hoffnungsvoll sei. BK bestätigt die Ausführungen Gorbatschows.

In dem kurzen Frage- und Antwortspiel wiederholt Gorbatschow vor der Presse, daß die Geschichte beide Völker lehre, zusammenzuarbeiten. Die zweite Realität bestünde darin, daß die Bundesrepublik der größte Partner der Sowjetunion unter den westlichen Ländern sei. Die dritte Realität sei, daß die DDR unter den osteuropäischen Partnern ebenfalls der größte Partner der Sowjetunion sei. Deshalb hätten beide Völker das Bestreben, den Beziehungen eine neue Dynamik zu verleihen.

Auf die Frage der NATO-Mitgliedschaft angesprochen, deutet Gorbatschow an, daß alles fließe, alles sich verändere. Im Laufe der letzten beiden Monate hätten sich sehr viele wesentliche Veränderungen ergeben. Sie eröffnen die Möglichkeit, ein neues Verständnis zu entwickeln.

Auf den Kaukasus angesprochen, gibt Gorbatschow bekannt, daß beide Ehepaare im Bungalow in Bonn gesessen seien und darüber gesprochen hätten, bei den künftigen Besuchen einmal die jeweilige Heimat kennenzulernen. Das sei eine alte Vereinbarung, die jetzt verwirklicht werde. Im Kaukasus gebe es herrliche Luft, die klare Gedanken erleichtere.

Die Pressekonferenz, die eine knappe halbe Stunde dauert, verläuft sehr entspannt und teilweise im heiteren Zwiegespräch. Abschließend erklärt BK, daß er optimistisch sei, daß noch in diesem Jahr die 2+4-Gespräche und die deutsche Einheit gelöst werden könnten.

Nach diesem Pressegespräch fahren wir sofort im Konvoi zum Flugplatz. Unser Botschafter Dr. Blech und Dr. Kastrup fahren mit mir gemeinsam in einem Wagen. Ich erzähle ihnen kurz über das Gespräch BK mit Gorbatschow und deute an, daß in der Frage der NATO-Mitgliedschaft ein Durchbruch bevorstehe. Beide sind über diese Mitteilung sehr beeindruckt. Ich sage ihnen aber noch nicht, daß der Durchbruch schon erreicht ist. Ich möchte nicht, daß diese Überraschung öffentlich vorweg genommen wird. BK selbst muß als erster darüber sprechen.

Um 14.00 Uhr fliegen wir nach Stawropol. Im Flugzeug sitze ich neben Kwizinskij. Er ist wie immer ein äußerst angenehmer Gesprächspartner. Inzwischen verstehen wir uns glänzend. Es ist ein echtes persönliches Vertrauensverhältnis entstanden. Das erleichert uns das Gespräch außerordentlich, das sehr persönlich und vertraulich geworden ist Auch er fragt mich nach dem Verlauf des Gespräches zwischen BK und Gorbatschow. Ich erläutere ihm den Verlauf des Gespräches, aber gehe auch bei ihm nicht auf Einzelheiten ein.

Um 16.00 Uhr landen wir in Stawropol, 1.600 km südlich von Moskau – eine Stadt mit 200.000 Einwohnern. Gewitterwolken hängen am Himmel. Es ist sehr warm und schwül. Die Luft scheint zu stehen. In einem langen Konvoi fahren wir in die Stadt. Eine kurze Stadtrundfahrt schließt sich an, bevor wir das Haus der Sowjets besichtigen. Dort hat Gorbatschow neuneinhalb Jahre gearbeitet. In seinem früheren Arbeitszimmer hängt ein Bild von ihm und von Lenin. Er zeigt uns seinen alten Schreibtisch. Auf dem Vorplatz und am Denkmal zum Ruhme der gefallenden Helden, wo BK einen Kranz niederlegt, haben sich zahlreiche Russen eingefunden. Sie schwenken deutsche und sowjetische Fähnchen. Darunter eine Reihe von Kriegsveteranen. BK und Gorbatschow schütteln die Hände von vielen Menschen, die sehr freundlich auf beide reagieren. Ein Veteran erklärt BK und Gorbatschow, daß er sehr zufrieden sei, daß Deutsche und Russen wieder in Frieden zusammenleben würden. Das sei sehr wichtig für ihn.

Gorbatschow berichtet, daß in dieser Region vor allem Kosaken leben würden. Das seien kühne Leute, auf die man jedoch immer aufpassen müsse.

Er erzählt von einem Spaziergang mit Schewardnadse im Jahre 1979. Schewardnadse habe er in Stawropol kennengelernt. Damals seien sie sich einig gewesen, daß sie das Land retten müßten. Alles sei verfault. Das sei ihnen vor allem nach dem Einmarsch in Afghanistan klar geworden. Die Perestroika sei buchstäblich erlitten worden.

Nach dem kurzen Stadtrundgang fahren wir zurück zum Flughafen StawropoL Dort steigen wir in große Aeroflot-Hubschrauber ein. Ich fliege im Hubschrauber mit Schewardnadse, Genscher und Kastrup. Es geht in den Kaukasus.

In dem großräumigen Hubschrauber sitzen sich auf der einen Seite Genscher und Schewardnadse gegenüber in bequemen Polstersesseln, zwischen sich einen Holztisch. Auf der anderen Seite, auf einer gepolsterten Längsbank sitzen wir Begleiter. Während des Fluges reicht eine Stewardeß Tee und trockene Kekse. Ein Gespräch will nicht richtig aufkommen. Dazu ist es auch zu laut.

Ich habe mich seitlich in die Ecke gesetzt, um besser aus dem Fenster sehen zu können. Die Sicht ist hervorragend. Die Sonne liegt über dem unendlich weiten Land. Gelegentlich werfen Wolken Schatten über die riesigen Felder. Unter uns dehnen sich unermeßliche Getreidefelder aus. Flüsse schlängeln sich silbern durch die Landschaft. Die Ansiedlungen, die wir überfliegen, sind ohne Gesicht. Zumeist sind es Dörfer, die sich entlang der einzigen befestigten Straße hinziehen. Die kleinen niedrigen Häuser sind mit großen Gärten verbunden, die alle intensiv bewirtschaftet sind. Größere Dörfer haben parallel zur Durchgangsstraße unbefestigte Straßen mit weiteren Häuserreihen. Ich erahne den Morast, wenn es regnet. Auf den Straßen sind nur gegentlich einzelne Lastwagen zu erkennen.[301]

301 Der ursprüngliche Satz »Auf den Straßen selbst ist gelegentlich nur ein Lastwagen zu erkennen« wurde korrigiert.

Man spürt die unendliche Größe und Weite dieses Landes. Die Ansiedlungen sprechen von Einsamkeit. Welche Perspektive haben die Menschen in diesen Dörfern? Wann werden Gorbatschows Veränderungen und Reformen jemals diese Dörfer erreichen? Wie kann man die Probleme der Sowjetunion angesichts dieser Größe lösen?

Um 18.15 Uhr landen wir mit den Hubschraubern auf einer großen Wiese etwa 100 Meter von einem Getreidefeld entfernt. Auf diesem Feld sind riesige Mähdrescher, die versetzt hintereinander fahren, an der Arbeit.

Während wir aussteigen, stellen sie die Maschinen ab. Sie haben uns erwartet. Frauen und Männer kommen uns entgegen. Sie reichen BK und Gorbatschow einen großen Leib Brot und Salz zur Begrüßung. Gorbatschow zeigt dem BK, wie man von diesem Brot ein Stück abbricht, mit Salz bestreut und ißt. Auch BK bricht sich ein Stück ab. Das Brot wird weiter gereicht. Jeder versucht, ein Stück abzubrechen. Es sieht zu verlockend aus. Die Kruste ist braun gebacken und sehr dick und schmeckt sehr kräftig und leicht säuerlich.

BK und Gorbatschow unterhalten sich sehr angeregt mit den Bauern. Es sind kräftige Frauen und Männer, ihre Gesichter sind von der schweren Arbeit geprägt und von der Sonne verbrannt. Ihre Hände sind schwielig. Sie wirken freundlich, aber zurückhaltend zugleich.

Gorbatschow ennuntert BK, auf einen der knallroten Mähdrescher zu steigen. Er berichtet, daß er diese Maschinen in seiner Zeit angeschafft habe. BK steigt auf den Mähdrescher, Gorbatschow folgt ihm nach. Der Fahrer wirft die Maschine an und fährt einige Meter weiter. Die Größe dieses Mähdreschers ist gigantisch. Staub liegt in der Luft. Er riecht nach geschnittenen Stroh.

Ich bin sicher, daß BK alle seine landwirtschaftlichen Kenntnisse auspackt. Er ist immer wieder stolz darauf, einmal eine landwirtschaftliche Lehre angefangen zu haben. Doch auch Gorbatschow bewegt sich unter diesen Bauern natürlich und unbefangen. Er tritt dicht an sie heran, ergreift ihren Arm und zieht sie mit BK in das Gespräch. Er scheint sichtlich zufrieden zu sein und sich wohl zu fühlen. Das Getreide steht prächtig auf dem Feld. Wenn die Landwirtschaft im Nordkaukasus technisch besser ausgestattet und modernisiert wäre,[302] könnte das Doppelte geerntet werden, erklärt Gorbatschow.

Nach einer halben Stunde brechen wir auf.[303] Unmittelbar nach Abflug überfliegen wir die Tschaapajew-Kolchose. Ihr Zustand zeigt auf einen Schlag, vor welchen Problemen dieses Land steht. Die Gebäude müssen zu den Bauern gehören, die wir auf dem Feld gesprochen haben. Das gedroschene Getreide wird auf LKW's verladen, zur Kolchose gefahren und dort unter freiem Himmel auf dem Hof gelagert. Tief hängende graue Wolken kündigen ein Gewitter an, oder es zieht gerade ab. Die Temperaturen auf dem Feld lagen sicherlich um 35°, bei hoher Luftfeuchtigkeit. Man kann sich vorstellen, was Hitze und Regen bei dem im Freien lagernden Getreide bewirken. Ich erinnere mich an das Gespräch mit Gorbatschow im Mai in Moskau, als er mir selbst sagte, daß 30 bis 40 % der Jahresernte verrotten. Unter uns liegt einer der Gründe: 50 bis 60 Zentner pro Hektar Getreide würden heute geerntet, 10 Zentner davon gehen bei der Ernte verloren. Das hatte uns Gorbatschow gerade erzählt.

302 Handschriftlich gestrichen wurde »würde« und durch »wäre« ersetzt.

303 Der Satz »Es geht zurück zu den Hubschraubern« wurde handschriftlich gestrichen.

Wir fliegen weiter über die unendlichen Felder, die alle in quadratischer Form angelegt sind. Entlang eines Flusses reihen sich eine Reihe von Dörfern.

Allmählich wird die Landschaft unter uns hügeliger und grüner. Wiesen, Weideflächen und Wälder lösen die Felder ab. Wir nähern uns dem Kaukasus-Gebirge. Es geht immer höher hinauf. Wir fliegen zwischen den Bergketten hindurch. Sie sind dicht bewaldet. Laub- und Nadelhölzer wechseln sich ab. Zeitweise scheinen sie fast zum Greifen nahe. Jetzt sind keine menschlichen Ansiedlungen mehr zu sehen. Die Landschaft ähnelt immer mehr den oberbayerischen Alpen. Man hat den Eindruck einer unberührten Bergwelt, einsam und faszinierend zugleich, trotz des Rotorengeräusches den Eindruck einer ungeheueren Stille und Ruhe vermittelnd. Abenteuerlust steigt auf. Hier sollte man einmal seinen Urlaub verbringen!

Gegen 19.00 Uhr landen wir auf einer größeren Lichtung im engen Flußtal des Selemtschuk. Sie ist atemberaubend schön.

Die letzten Strahlen der Abendsonne fallen herein. Wir landen in einer in voller Blüte stehenden Bergwiese. Das Gras ist fast kniehoch, die Fauna von einer unglaublichen Vielfalt und Schönheit. Die Wiesenblumen stehen prächtig. Es sind viele Arten dabei, die in Deutschland kaum noch zu finden[304] sind. Raissa Gorbatschowa geht spontan in die Wiese hinein, pflückt einige Blumen und reicht sie mit einem charmanten Lächeln dem BK, eine außerordentlich liebenswürdige Geste. Alle sind begeistert. Gorbatschow strahlt über das ganze Gesicht. Die Luft ist kühl und klar. Die Berge[305] werfen bereits erste dunkle Schatten. Es sind Dreitausender. In der Ferne sind noch höhere Berge zu sehen, teilweise mit Schnee bedeckt oder von Gletschern überzogen.

Wir gehen zu den wartenden Autos. Die Delegation ist sehr klein. Neben BK sind Genscher, Waigel und Klein dabei. Von uns Mitarbeitern durften nur fünf mit: Dr. Kastrup, Dr. Köhler, Dr. Neuer und ich. Außerdem ist noch Seeber, der langjährige Fahrer des BK und »Mann für alles«, dabei.

Wir fahren nur einige 100 Meter weit. Jetzt wird die Delegation aufgeteilt. BK und Gorbatschow beziehen das einzige Steinhaus, das mitten auf der Lichtung, umgeben von wunderschönen Wiesen, steht. Wir Mitarbeiter werden in einem Erholungsheim untergebracht. Etwa 200 Meter muß ich zu Fuß gehen. Ich genieße diesen Weg, erfüllt von der klaren Luft und fasziniert von den prachtvollen Wiesen. Das Zimmer ist äußerst spartanisch eingerichtet. Es gibt kein warmes Wasser und keinen Tisch. Die Tür schließt nicht.

Nach einem kurzen Augenblick gehe ich zum Haus des BK. Die Sonne ist inzwischen untergegangen. Die Berge sind graue Ungetüme. Der Himmel ist stahlblau. Eine unglaubliche Stille liegt über der Lichtung. Nur die Stimmen der Sicherheitsbeamten und ihre Funkgeräte sind zu hören und das ferne Rauschen des Gebirgsflusses.

Das Jagdhaus ist schlicht eingerichtet: Möbel aus hellem Kiefernholz, im Eingang steht neben dem grasgrünen Läufer eine ausgestopfte Bergziege und eine Schuhputzmaschine. Das Appartment des BK ist komfortabel, aber einfach[306] eingerichtet. Ich trete auf den Balkon hinaus. Zwischen dem hohen Gras der Wiese schlängelt sich ein Kiesweg zum Selemtschuk-Fluß hinunter. BK hat es sich bereits bequem gemacht. Er hat die Krawatte abgenommen und seine Strickjacke angezogen. Wir gehen vor das Haus und warten auf

304 Das Wort »sehen« wurde handschriftlich gestrichen.

305 Der Nebensatz »die uns umgeben« wurde gestrichen.

306 Handschriftlich korrigiert wurde das Wort »schlicht« und durch »einfach« ersetzt.

das Ehepaar Gorbatschow.[307] Auch sie haben sich umgezogen. Der Präsident sieht außerordentlich flott aus. Er trägt eine schicke beige Freizeithose und darüber einen dunkelblauen eleganten Pullover mit aufgesticktem Skifahrer. Raissa trägt einen Hosenanzug.

Wir gehen den Weg zum Fluß hinab. Es ist ein reißender Gebirgsbach mit vielen Stromschnellen.[308] Die Abenddämmerung, die dunklen Schatten der Bäume und Berge, der wolkenfreie Himmel, die frische Abendluft, das Tosen des Wassers – alles vermittelt ein ungeheueres Wohlbehagen und Glücksgefühl. Alle sind heiter und fröhlich. Es wird gescherzt und gelacht.

Gorbatschow steigt[309] zum Fluß hinunter. Es ist nicht ganz ungefährlich. Unten angekommen, streckt[310] er BK die Hand entgegen und fordert ihn auf, ihm zu folgen.[311] Mir ist dabei nicht ganz wohl. Die Gefahr des Ausgleitens ist groß. Aber BK steigt zu ihm hinunter. Alle anderen bleiben oben stehen und schauen auf die beiden Männer hinab. Sie vermitteln ein Bild vollen Einvernehmens, eines Einvernehmens mit der grandiosen Bergwelt, mit der Naturgewalt des reißenden Flußes und eines Einvernehmens untereinander und mit sich selbst. Man kann sich kaum vorstellen, daß wir noch schwierige politische Probleme zu diskutieren haben. Es wäre viel schöner, auf Forellenfang zu gehen, oder auf einen der umliegenden Berge zu steigen.

Wenige Meter vom Fluß entfernt steht eine aus Baumstämmen gefertigte Tischgruppe. BK, Gorbatschow und Genscher nehmen Platz. Ein launiger Wortwechsel beginnt. Alle lachen auch wenn der Dolmetscher nicht immer verstanden wird. Aber jeder spürt die Fröhlichkeit, den herzlichen Umgang miteinander. Es ist fast so, als hätten sich Freunde hier oben getroffen, um gemeinsam ihre Freizeit in dieser wilden Naturlandschaft zu verbringen.

Wir gehen zurück zum Haus. Das Abendessen ist gerichtet.

Auch heute abend gibt es die reichhaltigen und schweren Gerichte der russischen Küche. Aber die Bergluft hat hungrig gemacht und der Wodka wird helfen.

Beim Abendessen setzt sich die gute Atmosphäre fort. Gorbatschow erzählt, daß er einmal ein deutsches Gedicht gelernt habe. Es war das Lied ›Oh Tannenbaum‹. Er habe es von einer Deutschen gelernt.

Das Gespräch wechselt zwischen ernsthaften politischen Themen und Witzen andererseits. So berichtet Gorbatschow, daß ein Fahrer von Schewardnadse bestochen worden sei und versucht habe, Schewardnadse umzubringen.

Im Anblick des Wodkas macht er sich selbst darüber lustig, daß auch er in seiner Anfangszeit als Generalsekretär den Fehler begangen habe, den Wodka verbieten zu wollen. Dazu erzählt er folgenden Witz: Nach dem[312] Verbot habe es nur noch wenige Läden in Moskau gegeben, wo Alkohol legal eingekauft werden durfte. Vor diesen Geschäften hatten sich immer sehr lange Schlangen gebildet. Einmal sei große Unruhe entstanden, weil sich ein Mann immer stärker erregte, daß er so lange[313] anstehen müsse. Das alles habe man

307 Ursprünglich stand an dieser Steller der Satz »Vor dem Haus warten wir auf das Ehepaar Gorbatschow.«

308 Handschriftlich gestrichen wurde der Zusatz »durch·die großen Felsbrocken, die im Flußbett liegen«.

309 Handschriftlich gestrichen wurden die Wörter »den Weg«.

310 Handschriftlich gestrichen wurde das Wort »reicht«.

311 Handschriftlich gestrichen wurde »ebenfalls·hinunter zu·steigen«.

312 Handschriftlich wurde »seinem« durch »dem« korrigiert.

313 Handschriftlich gestrichen wurde »in der Schlange«.

Die historische Fotoaufnahme vom Durchbruch am Fluss Selemtschuk im Kaukasus am 16. Juli 1990: Hans-Dietrich Genscher mit Michail Gorbatschow und Helmut Kohl am Holztisch, im Hintergrund, v. l. n. r. Horst Teltschik, Walter Neuer, Mainhardt Graf Nayhauß, Hans (Johnny) Klein, Theo Waigel, Raissa Gorbatschowa, unbekannt, Edward Schewardnadse und Übersetzer

Gorbatschow zu verdanken. Man sollte ihn dafür umbringen. Auch die Umstehenden erregten sich mehr und mehr und forderten den Urheber auf, seinen Worten Taten folgen zu lassen. Darauf ging dieser zum Kreml, kehrte aber nach kurzer Zeit wieder zurück. Die noch immer Wartenden fragten ihn voller Spannung, ob er Gorbatschow umgebracht habe. Das sei leider nicht möglich gewesen, antwortet er, beim Kreml sei die Schlange noch länger.

Gorbatschow erläutert, daß die schwierigste Aufgabe für ihn darin bestehe, das Bewußtsein der Menschen zu verändern. Sie würden jetzt vor der Freiheit fortlaufen, die sie zuerst selbst gefordert hätten. Man müsse sie aber dazu bringen, Verantwortung zu übernehmen.

Ausführlich berichtet er vom KPdSU-Parteitag. Jeden Abend habe er mit Bauern, Parteisekretären der Grundorganisationen und Arbeitern bis Mitternacht diskutiert. Das sei härter als der Parteitag selbst gewesen. Damit habe er aber den Umschwung[314] bewirkt.

Auch Jelzin ist wieder ein Thema. Er kenne ihn seit 18 Jahren, erzählt Gorbatschow. Er werde ihn auch in dieser Woche noch treffen. Das Volk sei der Spannungen müde, die es zwischen Jelzin und ihm gebe.

BK fragt nach Ligatschow. Dieser habe eine vollständige Niederlage erfahren, erläutert Gorbatschow. Im Zentralkomitee habe ihn niemand mehr zur Wahl vorgeschlagen, weder von rechts noch von links.

314 Handschriftlich gestrichen wurde an dieser Stelle »auf dem Parteitag«.

Raissa Gorbatschowa sitzt neben ihrem Mann. Sie beteiligt sich immer wieder an der Diskussion. Sie wirkt dabei offen und direkt und sehr sympathisch. In keiner Phase wirkt sie aufdringlich. Sie fügt sich sehr gut ein und wirkt gewinnend. Zwischen ihr und ihrem Mann muß ein sehr gutes Einvernehmen herrschen. Sie verhalten sich sehr natürlich zueinander.

Am Ende des Essens bittet Gorbatschow BK und die Minister, sich noch einmal ohne Mitarbeiter zusammensetzen,[315] um die morgigen Gespräche vorzubereiten. Sie ziehen sich in ein Sitzungszimmer zurück. Um 23.00 Uhr verabschieden sich Gorbatschow, Schewardnadse und Sitarjan. Anschließend sitzen BK, Genscher, Waigel, Klein und wir Mitarbeiter noch bis Mitternacht zusammen. BK bestellt noch einmal für uns alle ein Bier. Büchsenbier von Löwenbräu aus München wird uns gebracht. Wir sprechen noch einmal alle Fragen durch, die morgen vormittag abschließend besprochen werden sollen. Es ist Mitternacht, als wir alle unsere Zimmer aufsuchen.

Auf dem Weg zu meinem Zimmer genieße ich die nächtliche Kühle, den nachtblauen Himmel mit den vereinzelten Sternen, die schwarzen Silhouetten der Berge und das Rauschen des Wildbaches. Nur die Sicherheitsbeamten stören die nächtliche Idylle.

In meinem Zimmer angekommen setze ich mich hin, um die Presseerklärung für BK für morgen nachmittag vorzubereiten. Kurz vor dem Abendessen hatte ich mich mit Kastrup einige Minuten zurückgezogen und gemeinsam überlegt, welche Punkte BK in seiner Erklärung aufgreifen solle. Jetzt sitze ich in meinem Bett und schreibe einen ersten Entwurf der morgigen Presseerklärung und hoffe, daß ich alle Themen so anspreche, wie sie morgen zwischen BK und Gorbatschow abschließend geregelt werden müssen. BK will den Entwurf noch vor dem Frühstück haben. Es ist kurz vor 2.00 Uhr morgens, als ich das Licht lösche. Vor die Tür stelle ich einen Stuhl, da sie nicht zu schließen ist.

Montag, 16. Juli 1990[316]

Am frühen Morgen kniee ich vor meinem Bett und schreibe in großen Druckbuchstaben den endgültigen Entwurf der Presseerklärung für BK. Eine Schreibmaschine steht nicht zur Verfügung. Es war uns nicht erlaubt worden, eine Sekretärin nach Archiz mitzunehmen. Angeblich hatte man nicht genügend Unterbringungsmöglichkeiten. Da auch kein Tisch vorhanden ist, muß ich auf dem Bett schreiben. Die Schönschrift dauert länger, als ich gedacht hatte. Anschließend eile ich zu BK. Er sitzt auf dem Balkon und genießt die Schönheit dieses Morgens. Er ist mit dem Text meiner Presseerklärung einverstanden. Nach Abschluß des Gespräches muß er sowieso noch einmal überarbeitet werden.

Um 9.30 Uhr treffen wir uns alle wieder beim Frühstück. Gorbatschow erzählt, daß er von August 1942 bis Januar 1943 in seinem Heimatort die deutsche Besetzung erlebt habe. Sein Vater sei Vorsitzender einer Kolchose gewesen. Damals habe er einen deutschen Soldaten kennengelernt, der Hans geheißen habe. Dieser habe ihn gut behandelt. Sein Großvater sei in der Stalinzeit ins Gefängnis geworfen und gefoltert worden.

Die gute Stimmung von gestern setzt sich fort. Erneut erzählt Gorbatschow einen Witz, der das Verhältnis zwischen Russen und Georgier charakterisiere. (Schewardnadse ist Georgier, Gorbatschow Russe.) Ein Russe und ein Georgier seien gemeinsam in einem

315 Ursprünglich stand die Formulierung »daß sie sich noch einmal ohne Mitarbeiter zusammensetzen sollten«.

316 Handschriftlich korrigiert wurde diese Stelle, an der ursprünglich »Dienstag. 17. Juli 1990« stand.

Zug gesessen. Der Russe erzählt, daß er nach Moskau fahre, der Georgier, daß er nach Tiflis wolle. Daraufhin sagt der Georgier: Da könne man doch wieder einmal sehen, was die Technik alles zustandebringe; sie säßen im gleichen Zug, er fahre nach Tiflis und der andere nach Moskau. Alles lacht.

Um 10.00 Uhr beginnt das Delegationsgespräch. Inzwischen ist das Frühstück abgeräumt und wir sitzen uns erneut an dem langen Tisch gegenüber. Auf deutscher Seite nehmen teil: BK, Genscher, Dr. Waigel, Johnny Klein, Botschafter Blech, Dr. Kastrup, Dr. Haller, Dr. Neuer, der Dolmetscher und ich. Auf sowjetischer Seite: Gorbatschow, Schewardnadse, der stellvertretende Ministerpräsident Sitarjan, Kwizinskij, Botschafter Terechow, Sprecher Maslennikow und Dolmetscher Kurpakow.

BK eröffnet das Gespräch. Es geht um den langfristigen Vertrag zwischen dem geeinten Deutschland und der Sowjetunion. Er solle in einem Jahr fertig sein. Gorbatschow bezeichnet es als völlig natürlich und in der Logik der Geschichte und der Realitäten liegend, daß sie beide einen solchen Vertrag anstreben. Die Sowjetunion habe schon heute die umfangreichsten Beziehungen im Westen mit der Bundesrepublik. Beide sind sich einig, daß mit einem solchen Vertrag eine langfristige Perspektive für die deutsch-sowjetischen Beziehungen eröffnet werden solle. Nach Gorbatschow sei es für das sowjetische Volk sehr wichtig, die Beziehungen zu regeln. BK spricht von dem Ziel einer neuen, auf Dauer angelegten Qualität der Beziehungen. Beide einigen sich auf ein Verfahren, wie die DDR in die Überlegungen einbezogen werden könne.

Anschließend spricht BK die 2+4-Verhandlungen an. Zentrales Ziel sei für ihn die volle Souveränität des wiedervereinigten Deutschland. Sehr rasch besteht Übereinstimmung, daß das Ergebnis der 2+4-Gespräche eine abschließende völkerrechtliche Regelung in Form eines Dokumentes sein müsse. Die Einigung selbst vollziehe sich zwischen der Bundesrepublik, der DDR und Berlin. Gorbatschow spricht den Verzicht des geeinten Deutschlands auf ABC-Waffen an, die Nicht-Ausdehnung der militärischen Strukturen der NATO auf das Gebiet der heutigen DDR und den Abschluß eines separaten Vertrages über den Aufenthalt der sowjetischen Truppen auf dem Territorium der DDR.

Genscher weist daraufhin, daß das abschließende Dokument das Recht der Deutschen enthalten müsse, sich analog der KSZE-Schlußakte einem Bündnis seiner [sic!] Wahl anschließen zu können, wobei es klar sei, daß die Deutschen die volle Mitgliedschaft in der NATO wollen. Die Reaktion von Gorbatschow ist erfreulich konsequent: Wenn Deutschland die volle Souveränität habe, sei das ohnehin klar. Man müsse dann die NATO nicht ausdrücklich erwähnen. Als BK zusammenfaßt, daß die volle Souveränität des geeinten Deutschland das Recht zur Bündniszugehörigkeit enthalte und daß damit die NATO gemeint sei, was aber nicht ausdrücklich erwähnt werden müsse, stimmt Gorbatschow kommentarlos zu.

Gorbatschow bezeichnet die Regelung des Aufenthalts sowjetischer Truppen auf dem Gebiet der DDR als einen der wichtigsten Punkte. Er sei mit der Festlegung verbunden, die NATO-Strukturen nicht auf dieses Gebiet auszudehnen. Damit werde die Souveränität des vereinigten Deutschland nicht in Frage gestellt. Ein zeitlich begrenzter separater Vertrag müsse abgeschlossen werden. Jetzt faßt Genscher die Position zusammen und Gorbatschow stimmt zu. Das wiederholt sich von Punkt zu Punkt. Nach Abschluß jedes Themas erfolgt eine einvernehmliche Zusammenfassung.

Als nächstes Thema spricht Gorbatschow die Zusicherung Deutschlands an, die Strukturen der NATO nicht auf DDR-Gebiet zu erstrecken, solange dort sowjetische Truppen stationiert seien. Dann sei es für ihn leichter, in der Sowjetunion Verständnis dafür zu finden, daß das vereinigte Deutschland das Recht habe, sein Bündnis zu wählen und das dies die NATO sei. Es sei klar, daß das vereinigte Deutschland in der NATO bleibe. Die vorgeschlagene Lösung sei mit der Wiederherstellung der Souveränität des vereinigten Deutschland verbunden.

BK und Genscher halten gemeinsam fest, daß das nur für die Zeit der sowjetischen Präsenz gelte. Nach Abzug der sowjetischen Truppen sei es Sache des souveränen Deutschland, wie es sich danach entscheide. Beide Seiten seien sich jedoch klar, daß die dann entstandene Lage auch bezüglich der Wiener Abrüstungsverhandlungen die Entscheidung beeinflussen müsse. Deutschland werde jedoch in seiner Entscheidungsfreiheit nicht eingeschränkt sein. Gorbatschow stimmt zu. Schewardnadse wünscht, daß auch nach Abzug der sowjetischen Truppen gegen den Willen der Sowjetunion die NATO-Strukturen sich nicht auf das Gebiet der heutigen DDR erstrecken dürften. Es solle vor allem für die Stationierung nuklearer Systeme gelten.

Gorbatschow schlägt als Lösung vor, daß man von dem gemeinsamen Verständnis ausgehen solle, daß die Frage der NATO-Mitgliedschaft als auch die Frage der Ausweitung des NATO-Gebietes nach Abzug der sowjetischen Truppen Ausdruck der vollen Souveränität Deutschlands sei, ohne daß das ausdrücklich niedergeschrieben werde. Die Sowjetunion gehe dabei aus, daß ihre Sicherheit nicht beeinträchtigt werde und Nuklearwaffen nicht stationiert würden. Einverständnis bestehe darin, daß eine gesamtdeutsche Bundeswehr auch auf dem ehemaligen Gebiet der DDR stationiert sein könne. Letzteres sei ebenfalls Ausdruck der vollen Souveränität Deutschlands.

Nächster Punkt ist der Aufenthalt der Streitkräfte der Vier Mächte in Berlin. Es wird Einigung erzielt, daß die Streitkräfte der Vier Mächte nach Herstellung der deutschen Souveränität auf der Grundlage bilateraler Vereinbarungen für die Dauer der Anwesenheit der sowjetischen Streitkräfte auf dem Gebiet der heutigen DDR verbleiben. Truppenstärke, Ausrüstung und Bewaffnung sollen den heutigen Stand nicht überschreiten. Die deutschen Truppen werden für diese Zeit nicht in die NATO integriert. Erneut stimmt Gorbatschow der Zusammenfassung zu. Sicher müsse es sein, daß in diesem Raum nicht die NATO mit nuklearen Waffen oder NATO-Stützpunkten einziehe.

Genscher macht klar, daß es keine Zonen unterschiedlicher Sicherheit geben dürfe und das müsse auch für das Gebiet der heutigen DDR gelten. So müsse auch die Garantie der NATO für Deutschland insgesamt unabhängig von der Stationierung der NATO-Truppen gelten. Auch hier stimmt Gorbatschow zu.

Ausdrücklich wird festgehalten, daß Art. 5 und 6 des NATO-Vertrages für ganz Deutschland mit der Wiederherstellung der Souveränität des vereinigten Deutschland gelten.

BK faßt erneut zusammen, daß für die Dauer der Präsenz der sowjetischen Truppen Soldaten der gesamtdeutschen Bundeswehr in der ehemaligen DDR stationiert, aber nicht in die NATO integriert sein dürfen. Auch in Berlin können Bundeswehrverbände stationiert werden. Genscher macht noch einmal ausdrücklich klar, daß vor dem Abzug sowjetischer Truppen nur nicht-integrierte Verbände der Bundeswehr auf dem Gebiet der heutigen DDR stationiert sein sollen. Danach könnten auch der NATO unterstellte Truppen dorthin verlegt werden. Gorbatschow bejaht dies. Er fügt jedoch hinzu, daß keine ausländischen Truppen und keine Nuklearwaffen dorthin verlegt werden dürfen. BK bekräftigt das noch einmal.

Der nächste Punkt ist die voraussichtliche Dauer der Präsenz sowjetischer Truppen auf dem DDR-Territorium. Gorbatschow spricht von 5 bis 7 Jahren. BK erinnert Gorbatschow an seine gestrige Aussage von 3 bis 4 Jahren. Das sei realistisch. Er sagt Unterstützung für die Umschulung und Unterbringung der Soldaten zu. Darüber ist Gorbatschow sehr befriedigt.

Das Gespräch wendet sich jetzt den Fragen der wirtschaftlichen Zusammenarbeit zu. Es geht vor allem um die wirtschaftlichen Verpflichtungen der DDR gegenüber Moskau. Sitarjan weist auf das Problem des Unterhalts der sowjetischen Streitkräfte in der DDR hin. Der Sowjetunion koste das den Gegenwert von 6 Mio. Tonnen Erdöl pro Jahr. Diese Kosten würden sich nach der Einigung noch erhöhen. Gorbatschow drängt auf eine Lösung, damit bei den Soldaten keine Unruhe entstehe. Das könnte Einfluß auf die ganze Armee haben. Waigel verweist auf die Zusage der Bundesregierung, Vertrauensschutz für die RGW-Länder zu gewähren.

Gorbatschow zeigt die großen Chancen für die Bundesrepublik in der Sowjetunion auf. Die Sowjetunion habe keine Angst vor einer Abhängigkeit von Deutschland. Dieses dürfe umgekehrt auch keine solchen Ängste hegen.

BK bekräftigt, daß die Sowjetunion der wichtigste Partner der Deutschen im Osten sei. Mit dem umfassenden Vertrag solle eine neue Qualität der Beziehungen eingeleitet werden, um aus dem Teufelskreis der jüngsten Geschichte herauszukommen. Er unterstreicht noch einmal das Interesse an dem Erfolg Gorbatschows und seiner Reformen. Er werde sich, wie zuletzt in Dublin und in Houston, weiter um eine Unterstützung der Reformpolitik im Westen bemühen. Deutschland allein sei überfordert.

Gorbatschow faßt nun seinerseits das Ergebnis zusammen. MP Ryschkow werde einen Brief an BK betreffend der Unternehmen in der DDR schreiben. Als weiteren Punkt spricht er die sowjetischen Liegenschaften in der DDR an. Auch hier sei eine Regelung erforderlich. BK erklärt sich zu Verhandlungen bereit.

Als BK noch einmal die Frage der Dauer des Aufenthalts sowjetischer Truppen auf dem heutigen DDR-Territorium anspricht, einigen sich beide Seiten auf die Dauer von 3 bis 4 Jahren. Zwei separate Verträge sollen geschlossen werden, einer über die Präsenz der sowjetischen Truppen und ein Überleitungsvertrag für den Abzug der sowjetischen Truppen.

Das nächste Thema ist die Frage der zukünftigen Obergrenze für die gesamtdeutschen Streitkräfte. Schewardnadse nennt als Obergrenze die Zahl 350.000. Genscher erläutert die deutsche Position: Die Bundesregierung sei bereit, in Wien eine Erklärung abzugeben, daß innerhalb eines Zeitraums von 4 Jahren die Streitkräfte auf 370.000 reduziert werden sollen, beginnend mit Inkrafttreten von Wien I.[317] In Wien I a sollen sich alle 23 Staaten der NATO und des Warschauer Paktes verpflichten, nationale Höchststärken zu verhandeln und gleichzeitig zusichern, bis dahin die Höchststärken nicht zu erhöhen. Die Bundesregierung sei bereit, in Wien ihre Reduzierung völkerrechtlich verbindlich zu machen. Die Zahl 370.000 enthalte auch die Seestreitkräfte.

BK verdeutlicht noch einmal, daß die Reduzierung der Bundeswehr im Zusammenhang stehe mit dem Abzug der sowjetischen Truppen aus Deutschland. Die gesamtdeutsche Bundeswehr werde in diesem Zeitraum auf 370.000 Mann reduziert.

317 Gemeint sind Verhandlungen über einen Vertrag über Konventionelle Streitkräfte in Europa (KSE-Vertrag, Conventional Forces in Europe, CFE) zwischen der NATO und dem Warschauer Pakt mit den entsprechenden Verifikationsregelungen, der am 19. November 1990 beim KSZE-Gipfeltreffen in Paris unterzeichnet wurde und am 9. November 1992 in Kraft trat. Siehe Anmerkung 62, S. 156–157.

BK hatte mir gestern abend noch berichtet, daß er von Gorbatschow auf dem Flug nach Stawropol gefragt worden sei, wie weit er die Bundeswehr reduzieren wolle. Er habe daraufhin die Zahl 370.000 genannt. Gorbatschow habe geäußert, daß er sich eine größere Reduzierung vorgestellt habe. Als BK aber deutlich gemacht habe, daß er über diese 370.000 nicht hinausgehen könne und wolle, habe Gorbatschow nicht weiter insistiert. Auch heute erklärt Gorbatschow sein Einverständnis.

Genscher spricht die Grenzregelung mit Polen an. Er weist daraufhin, daß Polen erwarte, daß die deutsche Souveränität erst dann hergestellt werde, wenn der Grenzvertrag zwischen Deutschland und Polen abgeschlossen sei. Damit sei die Bundesregierung nicht einverstanden. Das gelte auch für die Forderung Polens, daß die Bundesrepublik innerstaatliches Recht ändern müsse. Hier gehe es um souveränes Recht der Deutschen. Ebenso wenig sei die polnische Forderung annehmbar, daß die Grenzen zwischen dem vereinigten Deutschland und Polen grundsätzlicher Bestandteil einer Friedensregelung für Europa würden. Auf die Frage Genschers, ob man sich in der Sache einig sei, stimmt Schewardnadse zu.

Abschließend findet eine Abstimmung statt, was anschließend der Presse gesagt werden soll. BK faßt das Gesamtergebnis zusammen und trägt anhand der von mir vorbereiteten Presseerklärung vor. Gorbatschow erklärt sich damit einverstanden.

Abschließend spricht BK die Lage der Sowjetdeutschen an. Gorbatschow erklärt sich bereit, diese Frage zu regeln. Gespräche darüber sollen fortgesetzt werden.

BK lädt das Ehepaar Gorbatschow zu einem Besuch in die Bundesrepublik und in seine Heimat Ludwigshafen ein. Gorbatschow nimmt diese Einladung an. Befriedigt erklärt er, daß sie in den letzten zwei bis drei Monaten einen langen Weg zurückgelegt hätten.

Um 14.00 Uhr endet das vierstündige Delegationsgespräch. Das Ergebnis ist sensationell positiv. Die Ergebnisse gehen weit über die Erwartungen hinaus. Die überraschende Zustimmung Gorbatschows, daß nach der Einigung Deutschlands sofort Verbände der Bundeswehr auf dem ehemaligen Territorium der DDR und in Berlin stationiert werden können, und daß nach Abzug der sowjetischen Truppen nicht ausgeschlossen wird, daß sie in die NATO integriert werden und daß ab sofort die Beistandsverpflichtung der NATO für ganz Deutschland gelten kann, bringt uns Positionen zurück, die beispielsweise in der Genscher/Stoltenberg-Erklärung vom Februar und in vielen Stellungnahmen anderer deutscher Politiker längst aufgegeben waren. Der Durchbruch ist erreicht. Es war Gorbatschow persönlich, assistiert von Schewardnadse, der die Entscheidungen getroffen hat. Für ihn waren die Zusagen die logische Ableitung seiner Entscheidung, daß ein geeintes Deutschland die volle Souveränität erhalten solle. Einmal diese Zustimmung gegeben, hat er alle anderen Antworten daraus abgeleitet.

Erfreulich war das Zusammenwirken zwischen BK und Genscher, das heute reibungslos ineinander griff und keinerlei Differenzen erkennen ließ.

Ein leichter Erschöpfungszustand ist erreicht. Aber alle Fragen sind einvernehmlich geregelt. Welch' ein Erfolg!

Nach einer kurzen Pause wird das Mittagessen serviert. Es gibt den angekündigten und von Gorbatschow gerühmten kaukasischen Spieß. Gestern abend hatten Gorbatschow und Schewardnadse noch versprochen, daß unten am Fluß gemeinsam gegrillt werden solle. Das vierstündige Delegationsgespräch hat diese Absicht jedoch zunichte gemacht.

Ich habe mich zurückgezogen und überarbeite aufgrund der heutigen Ergebnisse die Presseerklärung des BK. Erfreulicherweise habe ich wenig zu ändern. Die Erwartungen sind weitgehend eingetroffen.

Um 15.20 Uhr fahren wir zu den Hubschraubern. 10 Minuten später fliegen wir nach Mineralnie Wodi (Mineralwasser). Ich fliege wieder mit Genscher und Schewardnadse. Beide besprechen[318] die morgen in Paris beginnende dritte Runde der 2+4-Gespräche. Genscher geht es dabei vor allem darum, die Unterstützung Schewardnadses gegen Polen zu erreichen. Dieser zeigt sich sichtlich unlustig und verfolgt die Absicht, sich aus dieser Frage herauszuhalten.

Um 16.30 Uhr landen wir auf dem Flughafen Mineralnie Wodi. In der Stadt Gelesno Wogsk erwartet uns eine riesige Menschenmenge. Einige 100 Meter vor dem Sanatorium Shelesnowodsk, wo die gemeinsame Pressekonferenz stattfindet, hält die Kolonne an. BK und Gorbatschow[319] nehmen ein Bad in der Menge. Diesmal ist die Begeisterung der Menschen wesentlich größer als in Stawropol. Mühsam drängen wir uns durch die Menschenmassen, die den BK und Gorbatschow nachströmen.

Um 17.00 Uhr beginnt die gemeinsame Pressekonferenz. Der Saal ist[320] überfüllt. Die Luft ist stickig. Es herrscht knisternde Spannung. Gorbatschow eröffnet die Pressekonferenz. Er bezeichnet die Begegnung mit BK als Teil einer intensiven Suche nach Lösungen in einer Zeit, in der sich Europa und die Welt in einer verantwortungsvollen Phase der Entwicklung befinden. Die Journalisten könnten hoffen, interessante Nachrichten zu erhalten. Er übergibt das Wort an BK.

BK bezeichnet die zweitägige Begegnung mit Gorbatschow als einen neuen Höhepunkt in der Geschichte der deutsch-sowjetischen Beziehungen. Das betreffe die Dichte und Intensität der Gespräche in Moskau, im Flugzeug und in der Heimat von Gorbatschow. Diese Einladung nach Archiz habe er als besondere Geste des Präsidenten verstanden. Das gegenseitige Vertrauen sei weiter vertieft worden. Die Gespräche seien von größter Offenheit, von gegenseitigem Verständnis und von persönlicher Sympathie geprägt gewesen. Die besondere Bedeutung des Zusammentreffens liege aber in den Ergebnissen selbst.

BK spricht von weitreichenden Fortschritten und von einem Durchbruch, der möglich geworden sei, weil beide Seiten sich bewußt seien, daß sich jetzt in Europa, in Deutschland und in der Sowjetunion historische Veränderungen vollzögen, die beiden Seiten besondere Verantwortung auferlegen.[321] Gorbatschow und er seien bereit, sich dieser geschichtlichen Herausforderung zu stellen und ihr gemeinsam gerecht zu werden. Sie hätten jetzt die große, vielleicht einmalige Chance, die Zukunft des Kontinents auf Dauer friedlich, sicher und frei zu gestalten. Die deutsch-sowjetischen Beziehungen seien für die Zukunft beider Völker und für das Schicksal Europas von zentraler Bedeutung.

BK gibt bekannt, daß sie vereinbart hätten, unmittelbar nach der Einigung Deutschlands einen umfassenden und grundlegenden zweiseitigen Vertrag zu schließen, der die Beziehungen dauerhaft und gut nachbarlich regeln solle. Er solle alle Bereiche der Beziehungen einbeziehen. Damit sollen sie auf eine Basis von Stabilität, Berechenbarkeit, Vertrauen und gemeinsamer Zukunft gestellt werden.

Mit Freude und Genugtuung gibt BK die Übereinstimmung mit Gorbatschow in acht Punkten bekannt:

318 An dieser Stelle wurde das Wort »jetzt« gestrichen.

319 Handschriftlich gestrichen wurde hier der Name Schewardnadses und Gorbatschow dafür eingesetzt.

320 Handschriftlich gestrichen wurde an dieser Stelle »von Journalisten«.

321 Im Original stand zunächst »auferlegen würden«.

1. Die Einigung Deutschlands umfasse die Bundesrepublik, die DDR und Berlin.

2. Nach Vollzug der Einigung werden die Vier-Mächte-Rechte und -Verantwortlichkeiten vollständig abgelöst. Das geeinte Deutschland erhalte zum Zeitpunkt seiner Vereinigung seine volle und uneingeschränkte Souveränität.

3. In Ausübung dieser uneingeschränkten Souveränität, könne das geeinte Deutschland frei und selbst entscheiden, ob und welchem Bündnis es angehören wolle. Er habe die Auffassung der Bundesregierung deutlich gemacht, daß das geeinte Deutschland Mitglied des Atlantischen Bündnisses sein möchte.

4. Das geeinte Deutschland werde mit der Sowjetunion einen zweiseitigen Vertrag zur Abwicklung des Truppenabzugs aus der DDR schließen, der innerhalb von 3 bis 4 Jahren beendet sein solle. Gleichzeitig solle ein Überleitungsvertrag über die Auswirkungen der DM in der DDR für diesen Zeitraum abgeschlossen werden.

5. Die NATO-Strukturen werden nicht auf das Territorium der ehemaligen DDR ausgedehnt, solange sowjetische Truppen noch stationiert seien. Die sofortige Anwendung von Art. 5 und 6 des NATO-Vertrages bleibe davon von Anfang an unberührt. Nichtintegrierte Verbände der Bundeswehr können ab sofort nach der Einigung Deutschlands auf dem Gebiet der heutigen DDR und in Berlin stationiert werden.

6. Für die Dauer der Präsenz sowjetischer Truppen auf dem ehemaligen DDR-Territorium sollen die Truppen der 3 Westmächte in Berlin verbleiben.

7. Die Bundesregierung wird in den laufenden Wiener Verhandlungen eine Verpflichtungserklärung abgeben, die Streitkräfte eines geeinten Deutschland innerhalb von 3 bis 4 Jahren auf eine Personalstärke von 370.000 Mann zu reduzieren. Die Reduzierung solle mit Inkrafttreten des ersten Wiener Abkommens begonnen werden.

8. Ein geeintes Deutschland wird auf Herstellung, Besitz und Verfügung von ABC-Waffen verzichten und Mitglied des Nichtverbreitungsvertrages bleiben.

Von Punkt zu Punkt steigert sich das Raunen der[322] Journalisten. Die Überraschung ist perfekt. BK bekräftigt, daß diese gemeinsame Verabredung eine sehr gute Ausgangsposition sei, um[323] die äußeren Aspekte der deutschen Einigung im Rahmen der 2+4-Gespräche rechtzeitig und erfolgreich abschließen zu können. Abschließend bedankt sich BK bei Gorbatschow und seiner Frau Raissa für die herzliche Gastfreundschaft. Das persönliche Vertrauen sei weiter gewachsen. In seinem Dank schließt BK ausdrücklich Genscher und Schewardnadse ein, die erfolgreiche Vorarbeit geleistet hätten. Das ist erneut ein Zeichen des Friedens mit Genscher.

Gorbatschow unterstreicht einleitend zwei Punkte. Fruchtbare Arbeit konnte geleistet werden, weil in den letzten Jahren ein langer Weg bei der Entwicklung der Beziehungen zurückgelegt worden sei. Heute seien die sowjetisch-westdeutschen Beziehungen durch das hohe Niveau des politischen Dialoges und durch ein bestimmtes Maß an Vertrauen als auch durch intensiven gegenseitigen Meinungsaustausch auf höchster Ebene gekennzeichnet. Die entstandene Atmosphäre habe es gestattet, auch bei der jetzigen schwierigen Etappe tiefgreifender Veränderungen effektive Arbeit im Geiste gegenseitigem Einvernehmens zu leisten. Sie seien in den letzten Monaten und besonders bei diesem Treffen weit vorangekommen.

322 Handschriftlich gestrichen wurde an dieser Stelle »bei den«.
323 Handschriftlich gestrichen wurde an dieser Stelle »jetzt«.

Als zweiten Punkt unterstreicht Gorbatschow die Bedeutung der zahlreichen Gipfeltreffen der Monate. Er hebt besonders den NATO-Gipfel hervor, wo sehr wichtige positive Schritte unternommen worden seien. Es sei ein historischer Wendepunkt gewesen. Ausdrücklich weist Gorbatschow darauf hin, daß dieses zweite Element Voraussetzung dafür war, daß gestern und heute im Geiste des gegenseitigem Verständnisses das erreicht werden konnte, worüber BK soeben berichtet habe. Die Ergebnisse des Treffens würden sowohl die Positionen der BRD als auch die der Sowjetunion integrieren. Höchstwahrscheinlich habe die westdeutsche Seite nicht alles erreicht, womit sie gerechnet habe. Das gelte aber auch für die sowjetische Seite. Doch beide wären Realisten. Den europäischen Kontext vor Augen hätten beide Seiten versucht, alle Prozesse organisch in Eingang zu bringen. Gorbatschow bezeichnet den Besuch des BK als den wichtigsten dieser Art, der stattgefunden habe.

Als Ergebnis bekräftigt Gorbatschow noch einmal, daß das vereinigte Deutschland die volle Souveränität erhalten solle. Das schließe auch die Entscheidung darüber ein, welchen Bündnissen es angehören und welche Beziehungen es pflegen wolle. Das sei ein Kennzeichen der vollen Souveränität Ob sie es wollten oder nicht, so werde doch einmal eine solche Zeit kommen, wo das real vereinigte Deutschland der NATO angehören werde, wenn seine Wahl so ausfalle.

Klarheit sei über die Aufenthaltsdauer und die Bedingungen der sowjetischen Streitkräfte erreicht worden. In diesem Zusammenhang gingen sie davon aus, daß die NATO-Strukturen nicht auf das Gebiet der ehemaligen DDR ausgedehnt würden. Die sowjetischen Streitkräfte sollten planmäßig in einer vereinbarten Frist abgezogen werden. Es sei über 3 bis 4 Jahre gesprochen worden. Danach sollten keine Atomwaffen und keine ausländischen Truppen stationiert werden.

Gorbatschow begrüßt die Aussage des BK von der Notwendigkeit eines neuen Niveaus der Beziehungen. Die Bundesrepublik sei der größte Partner unter den westlichen Ländern. Das gelte auch für die DDR und den osteuropäischen Ländern.

Zusammenfassend erklärt Gorbatschow, daß das Erreichte einen konstruktiven Charakter habe und die Interessen beider Seiten und Völker widerspiegele. Im Frage- und Antwortspiel mit den Journalisten spricht Gorbatschow von der Politik als der Kunst des Möglichen. Wer Widersprüchlichkeit suche, werde sie auch finden. Die Sowjetunion könne dem deutschen Volk nicht bestreiten, was es anderen zubillige. Deutschland habe aus der Geschichte gelernt. Das komme in der Erklärung des BK zum Ausdruck, daß von deutschem Boden nie wieder Krieg ausgehen werde.

Gorbatschow spricht BK großes Verantwortungsgefühl zu, daß in seinem Bemühen um Zusammenarbeit zum Ausdruck komme.

Nach der Pressekonferenz und zahlreichen Interviews geht es zurück zum Flughafen Mineralnie Wodi. Die Verabschiedung ist außerordentlich herzlich. Müde, aber glücklich besteigen wir das Flugzeug. Es geht zurück nach Bonn.

Dienstag, 17. Juli 1990

9.00 Uhr BK-Lage: Die Presse ist heute überschäumend: »Kohl im Glück« – »Kohl's großer Erfolg« – »Der Besuch des Bundeskanzlers in der UdSSR hat historischen Rang«, so Frankfurter Rundschau – »Der Durchbruch«.

Kein Wunder, daß die Stimmung heute morgen glänzend ist. Der niederländische MP Lubbers ruft an und gratuliert BK »mit sehr bewegenden Worten«. BK telefoniert mit MP de Maizière. Simon Wiesenthal meldet sich aus Wien. Prinz Louis Ferdinand von Preußen spricht mit BK. Über diese beiden Anrufe freut sich BK besonders. Überall herrscht Zufriedenheit.

10.30 Uhr: BK geht vor die Bundespressekonferenz. Fast demonstrativ nimmt mich BK mit und setzt mich neben sich. Der Vorsitzende der Bundespressekonferenz eröffnet in ungewöhnlicher Weise. Er erklärt: »Herr Bundeskanzler, wir enthalten uns, wie sie wissen, an dieser Stelle jeglicher Kritik und jedes Lobes. Aber das einhellige Echo in den Zeitungen legitimiert mich doch wahrscheinlich, Ihnen herzliche Glückwünsche zu dem Erfolg Ihrer Reise auszusprechen«. Erstmals spenden alle Journalisten im überfüllten Saal Beifall und klopfen mit ihren Bleistiften auf die Schreibpulte.

BK ist sichtlich beflügelt. Er präsentiert sich in glänzender Form und sehr souverän.

Er zieht eine Bilanz der ersten sechs Monate und gibt eine Perspektive der weiteren Arbeit bis zum Ende dieses Jahres. Er stellt die staatliche Einheit Deutschlands in den Gesamtzusammenhang der europäischen Integration und einer dauerhaften und gerechten europäischen Friedensordnung. Der Durchbruch auf dem Wege zur Regelung der äußeren Aspekte der deutschen Einheit sei erreicht und die Konturen einer künftigen europäischen Architektur klar erkennbar.

BK faßt das Ergebnis von Archiz noch einmal in 10 Punkten zusammen. Im Vergleich zur Pressekonferenz mit Gorbatschow sind es heute nicht 8 sondern 10 Punkte, weil wir zur Vorbereitung der Eingangserklärung des BK das Ergebnis der Gespräche im Kaukasus noch einmal systematisch geordnet haben. Es ist Zufall, daß es erneut 10 Punkte geworden sind.

Abschließend gibt BK bekannt, daß er davon ausgeht, daß am ersten Sonntag im Dezember die gesamtdeutschen Wahlen stattfinden werden.

David Marsh von Financial Times nutzt die Chance, BK nach den äußerst kritischen, fast zynischen Äußerungen des britischen Ministers Ridley[324] über Deutschland zu befragen. BK antwortet sehr generös: Das deutsch-britische Verhältnis sei überhaupt nicht getrübt. Es sei ein ausgemachter Faux pas gewesen. Daß er ziemlich dümmlich war, sei für jedermann erkennbar gewesen. Man könne jedoch weder Großbritannien noch die britische Regierung mit einer solchen Äußerung gleichsetzen. Im übrigen würden die Deutschen

324 Am 24. März 1990 fand auf dem Landsitz Chequers unter Premierministerin Margaret Thatcher und ihrem Außenminister Douglas Hurd eine Tagung zusammen mit geladenen Experten, den Historikern Gordon A. Craig, Timothy Garton Ash, Hugh Trevor-Roper, Fritz Stern und Norman Stone sowie dem Journalisten George Urban, statt. Bei dieser Gelegenheit sollte die deutsche Politik nach dem 9. November 1989 und das Zehn-Punkte-Programm von Helmut Kohl analysiert werden, da von Seiten der britischen Regierung Bedenken darüber bestanden, welche Rolle Deutschland zukünftig in Europa einnehmen würde. Zur Vorbereitung wurde den Experten ein Fragebogen übermittelt, auf dem Eigenschaften eines angeblichen beständigen deutschen Nationalcharakters, wohl nicht auf sozialpsychologischen Erkenntnissen basierend, aufgelistet werden sollten. Durchwegs wurden negativere Charakterisierungen angegeben. Die Tageszeitung *The Independent* veröffentlichte das Memorandum am 15. Juli 1990, was heftige Reaktionen hervorrief, da es als deutschenfeindlich aufgefasst wurde, wie z. B. Kommentare im *Spiegel* und der *FAZ* zeigten. Ein Gespräch des britischen Handelsministers Nicholas Ridley, ein Tag vor der Veröffentlichung des Memorandums, mit dem Wochenblatt *The Spectator* trug zu einer Verschärfung der Affäre bei, da Ridley die Europäische Wirtschafts- und Währungsunion als Mittel zum Ausbau einer deutschen Vormachtstellung in Europa ansah. Nach der Veröffentlichung des Memorandums versuchten die beteiligten Experten, ihre Aussagen zu relativieren, z. B. seien sie teilweise aus dem Zusammenhang gerissen worden. Das Deutschlandbild der Briten hatte sich inzwischen von einem bis weit nach dem Zweiten Weltkrieg auf die NS-Zeit fokussiertes zu einem realistischeren, vor allem in der jüngeren Generation, gewandelt.

auch nicht immer »gleich gescheit daherreden«, er übrigens auch nicht. In diesem Zusammenhang erinnert BK an seine Äußerungen in Newsweek über Gorbatschow.[325] Recht hat er, aber er hat das leidige Thema heute sehr elegant gelöst.

Um 12.15 Uhr empfängt BK den tunesischen Präsidenten Ben Ali zu einem Gespräch mit anschließendem Mittagessen. Präsident Ali spricht BK seine herzlichen Glückwünsche und seine volle Zustimmung und Bewunderung für die im Zuge der deutschen Einigung erreichten Erfolge aus. Das Gespräch konzentriert sich auf die bilateralen Beziehungen, auf die Nahost-Frage, auf die Entwicklung in Lybien und in den Maghreb-Ländern.

Nach diesem Gespräch telefoniert BK mit Präsident Bush. Dieser gratuliert sehr herzlich zum Erfolg seiner Gespräche mit Gorbatschow. Es sei ein historisches Treffen gewesen. BK bestätigt dies. Er habe Gorbatschow in wirklich guter Verfassung angetroffen. Der Erfolg des Parteitages habe ihn offensichtlich sehr beschwingt.

BK erläutert die Ergebnisse und berichtet über die Absichten Gorbatschows, den Reformprozeß in der Sowjetunion voranzutreiben.

BK berichtet Bush, daß Gorbatschow über das Treffen in Washington sehr zufrieden sei. Diese Gipfelbegegnung habe die persönliche Beziehung sehr gefördert.

Bush bedankt sich für den ausführlichen Bericht des BK und bezeichnet diese Vorgänge als sehr bewegend. Er gratuliert ihm zu der hervorragenden Führungsrolle, dem ausgezeichneten Ergebnis, das allen[326] Auftrieb gebe. BK könne stolz auf seine Leistung sein. Bush kündigt an, daß er ebenfalls gleich mit Gorbatschow über die Ergebnisse des Wirtschaftsgipfels in Houston sprechen wolle.

Ein Telegramm vom PM Thatcher trifft ein. Sie übermittelt BK ihre herzlichsten Glückwünsche zum Erfolg seines Besuches in der Sowjetunion. Die Zustimmung Gorbatschows zur NATO-Mitgliedschaft eines geeinten Deutschlands sei ein gewaltiger Schritt nach vorne im Interesse Europas und des Westens als Ganzes. Thatcher wünscht BK einen wohlverdienten und erholsamen Urlaub.

325 In einem Interview am 15. Oktober 1986 mit dem US-Magazin *Newsweek* über Michail Gorbatschow verglich Kohl gegenüber Andrew Nagorski, dem Chef des Bonner Büros von *Newsweek*, den KPdSU-Generalsekretär mit dem Reichspropagandaminister Joseph Goebbels. Die englische Textfassung hatte dem Regierungssprecher Friedhelm Ost vorgelegen und war auch an den beim Interview anwesenden Chef-Dolmetscher der deutschen Regierung gegangen. Beide hatten bis auf wenige redaktionelle Änderungen den Text akzeptiert. Als die Ausgabe am 27. Oktober erschien, häuften sich Beschuldigungen und Vorwürfe. Ost geriet unter Druck und warf *Newsweek* »Fälschung« vor. Kohl sprach auch von missverständlicher Zitierung oder der falschen Kürzung. *Newsweek* spielte daraufhin das Originalband der betreffenden Passage in Bonn der versammelten Weltpresse vor. Nagorski hatte bestimmte Zwischenteile gekürzt, ohne dies kenntlich zu machen: »Das ist ein moderner kommunistischer Führer. Der war … äh …, der war nie in … äh … in Kalifornien, nie in Hollywood, aber versteht was von PR. Der Goebbels verstand auch was von PR. Aber (lacht) man muss doch. .. man muss doch die Dinge auf den Punkt bringen.« Das Interview führte zu einer neuen Eiszeit mit der UdSSR und erschwerte den Abrüstungsdialog. Interpretiert wurde die Aussage auf folgende Weise: Die veröffentlichte Kurzfassung war eine irreführende Verkürzung. Er hatte direkt den ehemaligen Hollywood-Schauspieler Reagan angesprochen und nur indirekt Gorbatschow mit Goebbels in Zusammenhang gebracht – und dies auf beide nicht auf herabsetzende Weise bezogen, sondern durch Anerkennung in einer Äußerung über Goebbels' ›Handwerk‹. Nagorski hatte diese Passage nicht gebracht, dürfte aber die Folgen für die deutsch-amerikanischen Beziehungen und den unmittelbar bevorstehenden Besuch Kohls in den USA vor Augen gehabt haben, https://www.diss-duisburg.de/2017/11/man-muss-doch-die-dinge-auf-den-punkt-bringen/ (Abruf 31.1.2024); Nachbetrachtungen, S. 596–598, 884.

326 Handschriftlich gestrichen wurde an dieser Stelle »weiteren«.

In ausführlichen Briefen unterrichtet BK heute Präsident Mitterrand, MP Thatcher, MP Andreotti über die Gesprächsergebnisse in der Sowjetunion.

In Paris findet heute das 3. Außenministertreffen im Rahmen der 2+4-Gespräche unter zeitweiliger Beteiligung des polnischen Außenministers statt. Genscher hat die Gelegenheit, die drei westlichen Kollegen über die Ergebnisse von Moskau und Archiz zu unterrichten.

Alle Beteiligten des Treffens bringen zum Ausdruck, daß jetzt die Kernfragen gelöst seien. Das nächste Ministertreffen solle am 12. September[327] 1990 in Moskau stattfinden, bei dem die Gespräche zu allen Substanzfragen abgeschlossen werden sollen. Die politischen Direktoren werden beauftragt, einen umfassenden Entwurf einer abschließenden völkerrechtlichen Regelung vorzulegen, die aus folgenden Teilen bestehen soll: Präambel; Ablösung der Vier-Mächte-Rechte; Kenntnisnahme von Erklärungen, die von deutscher Seite im Zusammenhang oder als Teil der abschließenden völkerrechtlichen Regelung abgegeben werden und Grenzfragen. Die Sowjetunion hat sich die Möglichkeit vorbehalten, einen eigenen Entwurf vorzulegen.

Dem polnischen Wunsch, die deutsche Einigung eng mit dem Abschluß eines[328] Grenzvertrages zu verknüpfen, wurde im Anschluß an das Schreiben des BK an PM Mazowiecki durch eine entsprechende Erklärung von Genscher Rechnung getragen. Ebenso wurde dem polnischen Wunsch entsprochen, sicherzustellen, daß die abschließende völkerrechtliche Regelung und die damit verbundene Anerkennung der Grenze von niemandem mehr in Frage gestellt werden kann.[329]

Genscher bekräftigt noch einmal nach Abschluß der heutigen 2+4-Verhandlungen die Absicht der Bundesregierung, daß der deutsch-polnische Grenzvertrag innerhalb kürzestmöglicher Zeit nach der Vereinigung in der Herstellung der Souveränität des vereinigten Deutschlands unterzeichnet und dem gesamtdeutschen Parlament zugeleitet werden solle. Jetzt besteht auf allen Seiten die Zuversicht, daß die 2+4-Gespräche noch vor dem KSZE-Gipfel im November in Paris zum Abschluß gebracht und das abschließende Dokument unterzeichnet werden kann, das die deutsche Vereinigung und die volle Souveränität für das vereinigte Deutschland ermöglicht.

In seiner heutigen Rede vor Zeitschriftenverlegern gibt Bush öffentlich bekannt, daß er heute längere Unterredungen von jeweils 30 bis 40 Minuten mit BK und Gorbatschow gehabt habe. Er bezeichnet die Ergebnisse der Gespräche Kohl/Gorbatschow als außerordentlich bedeutsam und sehr wichtig. Ausdrücklich bezieht er den Erfolg auch auf die Vereinigten Staaten, die als erstes vorgeschlagen hätten, daß der beste Weg für Stabilisierung und Frieden eines vereinigten Deutschlands die Vollmitgliedschaft in der NATO sei. Er erinnert zu Recht daran, daß die USA von Anfang an das Ziel der deutschen Einheit unterstützt hätten. Nach den Wahlen in der DDR im März sei er der Meinung gewesen: Je eher, desto besser.

Bush unterstreicht auch die Bedeutung des NATO-Gipfels, auf dem alle Kollegen den amerikanischen Vorschlägen für die Veränderung des Bündnisses zugestimmt hätten. Er sei sehr stolz auf Jim Baker und Brent Scowcroft, die diese Führungsrolle für die Vereinigten Staaten formuliert hätten.

327 Handschriftlich korrigiert wurde »Dezember«.
328 Handschriftlich gestrichen wurde an dieser Stelle »polnischen«.
329 Handschriftliche Ergänzungen; ursprünglich stand an dieser Stelle der Satz »und damit verbundene Grenzregelung von niemanden in Frage gestellt werden könne«.

Diese Erklärung von Bush macht deutlich, daß er den Anspruch erhebt, zum Erfolg des deutschen Einigungsprozesses mit beigetragen zu haben. Damit haben wir keine Probleme. BK hat auch heute wieder in seiner Pressekonferenz ausdrücklich den USA wie Frankreich, Großbritannien, der EG-Kommission und Präsident Delors als auch Gorbatschow gedankt. Er hat wiederholt deutlich gemacht, daß Präsident Bush für uns Deutsche ein Glücksfall sei.

Bush bestätigt Kohl als auch Gorbatschow hervorragende Führungsqualitäten.

Mittwoch, 18. Juli 1990

8.30 Uhr BK-Lage: Eduard Ackermann ist begeistert. Das Presse-Echo auf die gestrige Pressekonferenz des BK hat ein riesiges Echo ausgelöst. BK wird bestätigt, daß er ohne Triumphgefühle und Triumphgebärden aufgetreten sei. Niemand bestreitet ihm den Erfolg. Ungewohnte Souveränität und Gelassenheit wird ihm zugesprochen.

9.30 Uhr Kabinettsitzung: BK würdigt den 65sten Geburtstag von Innenminister Fritz Zimmermann. In seinen Dankesworten preist Zimmermann die historische Leistung des BK. Er sei stolz, einem solchen Kabinett anzugehören.

In seiner Eingangserklärung stellt BK fest, daß der Bundesrepublik international eine neue Qualität zugewachsen sei. Das neue Deutschland entstehe ohne Einwirkung von Gewalt und mit Zustimmung aller Nachbarn. Damit ruhe mehr Segen auf diesem Deutschland, und Europa habe jetzt eine große Chance für eine friedliche Zukunft.

BK charakterisiert seinen Beitrag zu dieser Entwicklung damit, daß er einen Weg der Mitte für Deutschland gefunden habe. Er würdigt die gestrigen 2+4-Ministergespräche in Paris. Sie hätten gezeigt, daß die Gespräche mit Gorbatschow einen Sog ausgelöst hätten, der es jetzt auch ermögliche, die anderen schwierigen Probleme zu lösen, so auch die mit Polen.

Anschließend geht das Kabinett zur Tagesordnung und damit zu den allgemeinen Problemen über. Es geht um die Einführung einer Straßenbenutzungsgebühr für schwere Lastfahrzeuge, um die Lage der Landwirtschaft in der DDR u. a. m.

Um 11.30 Uhr tritt der Kabinettsausschuß Deutsche Einheit zusammen. Genscher berichtet über die gestrigen 2+4-Verhandlungen in Paris. Die Sowjetunion sei daran interessiert, bis zur nächsten Sitzung im September in Moskau alle Fragen zu klären. Ein Einvernehmen mit Polen zu erreichen, sei kompliziert gewesen. Erst habe die polnische Forderung, daß Deutschland erst nach Ratifizierung des Grenzvertrages die volle Souveränität erhalten solle, ausgeräumt werden müssen. Außerdem habe Polen verlangt, daß die Grenzregelung als »Bestandteil einer europäischen Friedensregelung« bezeichnet werden solle. Als dritte Forderung lag das Verlangen an die Bundesregierung auf dem Tisch, innerdeutsche Gesetze zu ändern. Am Ende sei jedoch eine Einigung erreicht worden. Durch Protokollerklärungen der Vier Mächte, Polens und beider deutschen Staaten sei das Thema eines Friedensvertrages bzw. einer friedensvertraglichen Regelung ein für allemal vom Tisch. Das Abschlußdokument müsse in der Sowjetunion ratifiziert werden und nicht in den USA. Beide deutsche Regierungen sollen das Dokument unterzeichnen, das von einem gesamtdeutschen Parlament ratifiziert werden müsse.

Einigkeit bestehe auch darüber, daß es für die Bundeswehr auf dem Territorium der ehemaligen DDR weder hinsichtlich der Zahlen noch der Ausrüstungen Begrenzungen geben werde. Die Vernunft gebiete es jedoch, keine große Wanderung von West nach Ost zu vollziehen.

Ein schwieriges Problem stelle die Eigentumsfrage der Sowjetarmee in der DDR dar. Darüber müsse verhandelt werden.

Am Nachmittag ruft mich Charles Powell aus London, Downing Street 10, an. Er übermittelt noch einmal die Gratulation von PM Thatcher zu den Verhandlungsergebnissen in Archiz. Er kündigt einen Brief an BK an, in dem sie sich für die gestrige Erklärung des BK in der Bundespressekonferenz zur Ridley-Affäre bedanken wolle. Sie habe es sehr begrüßt, wie fair BK dieses Vorkommnis behandelt habe. Charles übermittelt mir den Wunsch von PM Thatcher, nach dem Urlaub mit BK zusammentreffen zu wollen.

Wenig später trifft das Telegramm ein. PM Thatcher bezeichnet die Bemerkungen des BK betreffend Nicholas Ridley's unglücklichem Interview als sehr großzügig und bedankt sich dafür. Dieses Problem hätte nie auftauchen sollen. Aber Ridley hätte einen ehrenwerten Ausweg gewählt,[330] und sie hoffe, daß damit die Angelegenheit als erledigt angesehen werden könne, wie BK das gestern bereits gesagt habe.

Um 17.30 Uhr ruft mich Brent Scowcroft an. Er gratuliert zum hervorragendem Erfolg des BK. Er bedankt sich dafür, daß die Gespräche in Moskau und Archiz so abgelaufen seien, wie ich ihn vorab unterrichtet hätte. Er fühle sich von mir sehr gut informiert.

Sorge äußert Brent, daß die amerikanische Presse schreibe, daß dieser Erfolg des BK ohne Hilfe von Präsident Bush erreicht worden sei.

Ich beruhige Brent und verweise auf die gestrige Pressekonferenz des BK, wo er ausdrücklich dem Präsidenten gedankt habe. Er kenne die Haltung des BK, erwidert Brent. Er bitte dennoch, daß wir weiterhin gegenüber der Presse uns positiv zu den Beiträgen des Präsidenten äußern sollten. Ich sage das zu. Damit hat BK wirklich kein Problem.

Donnerstag, 19. Juli 1990

8.30 Uhr Kanzler-Lage: Die erfreuliche Berichterstattung über den Bundeskanzler und seine Ergebnisse in der Sowjetunion hält an. Auch die Moskauer Presse ist positiv. Sie stellt fest, daß die prinzipiellen Fragen, die die äußeren Aspekte der deutschen Vereinigung betreffen, praktisch gelöst seien. Die Iswestija schreibt, daß Moskau den einzig möglichen und vernünftigen Schritt in der gegebenen Situation getan hätte. Es habe schließlich das Recht der Völker auf Selbstbestimmung anerkannt. Im Rahmen der zwischen beiden Staatsmännern erzielten Vereinbarungen habe die Sowjetunion reale Sicherheit und Partner gewonnen, die zur wirtschaftlichen Unterstützung bereit seien. Es gehe nicht darum, wer Gewinner oder Verlierer sei. Der Osten und der Westen hätten den »Kriegspfad« verlassen und den Weg des Vertrauens und der Zusammenarbeit eingeschlagen. Dabei gebe es keine Verlierer.

330 Nicholas Ridley, Minister für Handel und Industrie unter Margaret Thatcher, hatte am 14. Juli 1990 in einem Interview mit der Zeitung *The Spectator* behauptet, die Europäische Wirtschafts- und Währungsunion stelle ein Mittel Deutschlands dar, um beherrschenden Einfluss in ganz Europa gewinnen zu können und deshalb die Übertragung von (britischen) Souveränitätsrechten an die EG genauso schlimm sei, als wenn man sie Adolf Hitler übertrüge und die Franzosen ein Pudel der Deutschen seien. Im Anschluss wurde er vom einflussreichen »1922 Committee« (eine im April 1923 gegründete parlamentarische Vereinigung aus Mitgliedern des britischen House of Commons, die einerseits der Conservative Party angehören und andererseits zu den Hinterbänklern zählen) gegen den Widerstand von Margaret Thatcher zum Rücktritt gezwungen. Kohl ignorierte den Beitrag Ridleys. Am 8. November 1991 riet Ridley den Menschen, unabhängig von ihrer Partei, für antieuropäische Kandidaten zu stimmen; Nachbetrachtungen, S. 791.

BK telefoniert heute mit Präsident Mitterrand und MP González und unterrichtet sie über die Ergebnisse seiner Gespräche mit Gorbatschow. González hatte gestern ein Glückwunschtelegramm an BK gesandt. Ein Telegramm ist auch vom österreichischen BK Franz Vranitzky eingetroffen: »Mit Interesse und Befriedigung« habe er die Ergebnisse zur Kenntnis genommen. Das ist allerhand.

Um 11.00 Uhr empfange ich die Bonner ›Spiegel‹-Korrespondenten Wirtgen und Lersch. Es ist heute für mich ein besonderes Vergnügen, mit ihnen über die Gespräche des BK in Moskau und in Archiz zu sprechen. Diesen Erfolg können sie dem BK nicht streitig machen.

Am späten Nachmittag telefoniere ich mit Brent Scowcroft. Erneut beglückwünscht er BK und mich zu dem Erfolg der Gespräche mit Gorbatschow. In den amerikanischen Zeitungen gebe es große Berichte, die jedoch einen kritischen Unterton gegenüber Bush enthielten und dessen untergeordnete Rolle beklagen würden. Erneut verweise ich auf die zahlreichen Erklärungen des BK, wo er die Rolle Bush besonders gewürdigt habe. Am Ende schlage ich vor, daß BK an Bush einen Brief schreibe, den das Weiße Haus veröffentlichen könne. Brent ist äußerst dankbar dafür. Er verstehe diesen Vorschlag als einen Beweis der Freundschaft.

20.30 Uhr: BK hat nach langer Zeit wieder zu einem Gespräch in den Bungalow eingeladen. Wir sitzen auf der Terrasse. Der Abend ist mild. Es ist eine kleine Runde: Ackermann, der Parlamentarische Staatssekretär Toni Pfeifer, Juliane Weber und ich. BK ist völlig entspannt. Die großen Ereignisse liegen vorläufig hinter uns. Morgen beginnt der Urlaub. Als um 21.30 Uhr Ackermann und Juliane Weber sich verabschieden, erläutert BK Toni Pfeifer und mir seine Pläne für die Regierungsbildung nach der gesamtdeutschen Wahl im Dezember. Er geht davon aus, daß die FDP-Minister Genscher, Möllemann und Haussmann in ihren Ämtern bleiben. Schwierigkeiten sieht er in der FDP für Haussmann voraus. Dagegen werde Möllemann sicherlich ein klassisches Ministerium anstreben. Neu zu besetzen sei das Justizministerium. Er überlege, ob er de Maizière damit beauftrage, oder ob er neuer Bundestagspräsident werden solle. Die jetzige Bundestagspräsidentin Süssmuth solle wieder in das Kabinett zurückkehren. Schäuble wolle sicherlich Fraktionsvorsitzender werden und in der Perspektive sein Nachfolger. BK überlegt, einige Minister innerhalb der Bundesregierung auf neue Ressorts umzusetzen.

Auch innerhalb des Bundeskanzleramtes will er Veränderungen durchführen. Am Ende seiner Überlegungen erklärt er, daß ich Staatssekretär werden solle. Die FDP werde sich daran gewöhnen müssen, zu mir Staatssekretär zu sagen. Er werde das erzwingen.

Ich erkläre, daß er unabhängig von meiner Person nicht einen Staatssekretär für Außenpolitik brauche sondern einen, der die Verwaltungsaufgaben übernehme und die interministerielle Zusammenarbeit besser koordiniere. Das sei angesichts der Probleme in der DDR das entscheidende Problem der nächsten Legislaturperiode. Toni Pfeifer stimmt mir zu. Als ich BK sage, daß er auf mich keine Rücksicht nehmen solle, reagiert er nicht darauf. Er mag es nicht, wenn man nicht seinen Überlegungen folgt.

Freitag, 20. Juli 1990

Letzter Tag vor dem Urlaub.

8.30 Uhr Kanzler-Lage: Thema sind die heftigen Auseinandersetzungen in der Regierungskoalition in Ost-Berlin über die Frage des Beitritts der DDR zur Bundesrepublik. Die nächtliche Sitzung des Koalitionsausschusses ist ohne Kompromißformel zu Ende gegangen. Volkskammer berät heute den Antrag der Liberalen, den Beitritt am 1. Dezember zu vollziehen. Die SPD hat einen Antrag eingebracht, das Bundeswahlrecht zu übernehmen. Über beide Fragen besteht in der Koalition keine Einigkeit. Die innenpolitischen Auseinandersetzungen haben uns wieder eingeholt.

Mittags treffe ich mich mit dem Parlamentarischen Staatssekretär im Umweltschutzministerium, Wolfgang Gröbl. Als ehemaliger Landrat von Miesbach hat er mich zu Weißwürste und Weißbier eingeladen. Das ist der richtige Abschluß vor dem Urlaub.

Samstag, 21. Juli 1990

Abflug in den sonnigen Süden: Uns erwarten Wasser, Sonne und Ruhe, zusammen mit den Freunden Gerd, Christine und Gundi.

10. Diplomatisches Nachspiel

Montag, 13. August 1990

Der Urlaub ist zu Ende. In den zurückliegenden Wochen sind zwei entscheidende Entwicklungen eingetreten. Die Verhandlungen zum Einigungsvertrag laufen planmäßig. Gleichzeitig verschlechtert sich die wirtschaftliche Lage in der DDR in dramatischer Weise. Der SPIEGEL kündigte am 8. August den Zusammenbruch der DDR an. BK berichtete mir, daß ihn de Maizière am Abend des 31. Juli in St. Gilgen angerufen und um ein Treffen gebeten habe. Bei dem Gespräch von de Maizière und Krause mit BK am Wolfgangsee[331] hätten sie ihm geschildert, wie katastrophal die Lage in der DDR sei. Deshalb hätten sie vorgeschlagen, den Beitritt und die gesamtdeutschen Wahlen auf den 14. Oktober vorzuziehen. De Maizière habe angekündigt, daß er mit den Fraktionen sprechen wolle und die Entscheidung am 8. August in der Volkskammer bekannt geben wolle.

Am 2. August habe ihn abends überraschend Schäuble angerufen und mitgeteilt, daß de Maizière bereits am nächsten Tag in einer Pressekonferenz mitteilen wolle, daß Beitritt und die Wahlen vorgezogen werden. Die Bitte an BK sei, diese Entscheidung öffentlich zu begrüßen. Am 3. August, an dem der deutsch-deutsche Wahlvertrag unterzeichnet wurde, hatte de Maizière auf der angekündigten Pressekonferenz die Entscheidung bekannt gegeben. Begründet hatte er seinen Schritt damit, daß nach dem historischen Treffen BK/Gorbatschow sowie den Außenminister-Gesprächen der Fortschritt der 2+4-Verhandlungen einem Wahltermin am 14. Oktober entgegenkomme. Niemand werde durch die deutsche Einheit vor vollendete Tatsachen gestellt. Außerdem schaffe die gesamtdeutsche Wahl politische Klarheit und damit auch wirtschaftliche Sicherheit. Je schneller das geschehe, umso besser sei das für die Sanierung bestehender Betriebe, für neue Investitionen und da-

331 Am 1. August 1990 besuchten der DDR-Ministerratsvorsitzende Lothar de Maizière und sein Staatssekretär Günther Krause Helmut Kohl an seinem Urlaubsort St. Gilgen am Wolfgangsee, um mehr Unterstützung zu erbitten. Statt 14 Milliarden D-Mark wie im ersten Staatsvertrag vorgesehen würden 80 bis 85 Milliarden D-Mark benötigt, es dränge, einen Beitritts- und Wahltermin festzulegen. Man einigte sich auf den 14. Oktober 1990 für die ersten freien Landtagswahlen in Ostdeutschland, nachdem sich die Volkskammer zuvor selbst aufzulösen hatte. De Maizière bezeichnete den Besuch bei Kohl als einen Gang nach Canossa.

mit für die Entstehung neuer Arbeitsplätze. Die Probleme der Aufarbeitung von 40 Jahren sozialistischer Mißwirtschaft sei größer als erwartet.

BK hat diesen Vorschlag de Maizières begrüßt. Er entspreche den Wünschen in der DDR, aber auch denen in der Bundesrepublik. Er kündigte für die kommende Woche sorgfältige und verantwortungsbewußte Gespräche über die Umsetzbarkeit dieses Vorschlages mit allen Beteiligten an.

Der einseitige Vorstoß de Maizières löste heftige Auseinandersetzungen in der DDR-Regierungskoalition und bei der SPD in der Bundesrepublik aus. Die Kritik richtete sich vor allem auf die Absicht, die gesamtdeutschen Wahlen vorzuziehen. In der Volkskammersitzung am 8. August wird der Antrag der DSU zum sofortigen Beitritt der DDR zur Bundesrepublik als auch der Antrag der SPD auf Beitritt am 15. September abgelehnt. Zustimmung fand der Antrag der CDU/DA, am 14. Oktober den Beitritt durchzuführen. Am 9. August beschließt das Bonner Kabinett den 2. Dezember als Termin für gesamtdeutsche Wahlen.

Das zweite entscheidende Ereignis war die militärische Intervention Iraks am 2. August in Kuwait.

In einer Dringlichkeitssitzung hat der Sicherheitsrat der Vereinten Nationen das irakische Vorgehen einstimmig verurteilt, einen Waffenstillstand und den Abzug irakischer Truppen aus Kuwait gefordert.[332] Am 6. August bat König Fahd befreundete Streitkräfte zur Verstärkung der Verteidigung nach Saudi Arabien. Bush entsandte Kampfflugzeuge und Luftlandetruppen. Am gleichen Tag beschlossen die Sicherheitsratsmitglieder einstimmig ein Embargo gegenüber dem Irak.

In einer weltweiten übertragenen Fernsehübertragung erklärte Bush am 8. August 1990 die Stationierung amerikanischer Truppen in Saudi-Arabien. Am gleichen Tag verkündigte Irak die Annexion Kuwaits.

Die Bundesregierung hat die brutale Inversion Kuwaits durch den Irak am 3. August 1990 mit aller Entschiedenheit verurteilt. Gleichzeitig gab sie eine Reihe von Sanktionsmaßnahmen bekannt.

Ein neuer Konflikt beherrscht die internationale Szene. Die sofortige Reaktion der USA und ihr energisches Engagement verdeutlichen, wie froh wir sein können, daß die wichtigsten außenpolitischen Fragen im Zusammenhang mit der deutschen Einigung erledigt sind. In der ersten Hälfte dieses Jahres waren die Energien der Weltmächte praktisch ausschließlich auf Deutschland konzentriert. Unser Vorteil war, daß kein anderes entscheidendes Ereignis die Aufmerksamkeit unseres amerikanischen Partners ablenken konnte. Ich frage mich immer wieder, ob wir die notwendigen Entscheidungen im Zusammenhang des amerikanisch-sowjetischen Gipfels, des Sondergipfels der NATO und des Weltwirtschaftsgipfels so reibungslos durchgesetzt und erreicht hätten, wenn der Golf-Konflikt zwei Monate früher begonnen hätte.

Nach Durchsicht der Post sitze ich ab 11.00 Uhr mit meinen Mitarbeitern zusammen. Wir besprechen Lage und Perspektiven der internationalen Politik.

332 Die Vereinten Nationen hatten nach dem Einmarsch des Irak in Kuwait im August 1990 weitreichende Wirtschaftssanktionen gegen den Irak verhängt. Festgehalten wurde, dass der Irak »in flagranter Verletzung der Resolutionen vom 2. August 660 (1990), 6. August 662 (1990), 9. August 664 (1990) und 13. September 667 (1990) und des humanitären Völkerrechts Kuwait besetzt hält, seine Maßnahmen nicht rückgängig gemacht sowie seine geltend gemachte Annexion und die gegen ihren Willen erfolgende Festhaltung von Staatsangehörigen dritter Staaten nicht beendet hat, https://www.un.org/depts/german/sr/sr_90/sr670-90.pdf (Abruf 31.1.2024).

Wir sind uns sicher, daß die 2+4-Gespräche am 12. September beim Außenminister-Treffen in Moskau zum Abschluß kommen können, da sich auch Schewardnadse am 31. Juli positiv dazu geäußert hat. Voraussetzung dafür ist jedoch, daß es den Politischen Direktoren bei ihrem Treffen vom 4. bis 8. September in Berlin gelingt, den Text des Abschlußdokumentes fertigzustellen.

Wir sind uns einig, daß das Ergebnis der 2+4-Gespräche dem KSZE-Gipfel am 19. bis 21. November in Paris präsentiert werden müsse. Daran müsse in jedem Fall festgehalten werden. Möglich wäre auch, daß das Ergebnis dem Außenminister-Treffen der KSZE-Staaten am 1./2. Oktober in New York vorgelegt wird, das den KSZE-Gipfel vorbereiten soll.

Die zweite wesentliche Aufgabe besteht darin, die Vereinbarungen von Archiz mit der Sowjetunion vertraglich umzusetzen. Wir sind uns einig, daß der bisherige Zeitplan für die Verhandlungen dieser Verträge drastisch verkürzt werden muß. Die Federführung für den Abzugsvertrag liegt beim Auswärtigen Amt. Wenn nicht eine rechtlich ungeklärte Lage entstehen soll, muß der Vertrag bis zum Beitritt fertiggestellt sein.

Die Federführung für den Überleitungsvertrag liegt beim Finanzminister. Dieser Vertrag liegt im besonderen Interesse der Sowjetunion. Sie wird nach unserer Meinung daher auf Klärung des wesentlichen Vertragsinhaltes vor dem Beitritt drängen. Diesem Verlangen werden wir uns kaum entziehen können. Die Parallelität der zeitlichen Fristen mit dem Abzugsvertrag liegt auf der Hand.

Nach Austausch der Vertragselemente zwischen BK und Gorbatschow liegt jetzt die Federführung der Verhandlungen über den »Generalvertrag« beim Außenminister. In Archiz war vereinbart worden, daß gemeinsam mit der Sowjetunion der Inhalt eines Briefes von BK an Gorbatschow erarbeitet werden solle, der eine Absichtserklärung zum Inhalt des Generalvertrages enthalten soll. Aufgrund der neuen Entwicklung muß dieser Brief bis Ende September vorbereitet werden.

Das Auswärtige Amt muß darüber hinaus die Verträge mit den drei Westmächten über die Stationierung von Streitkräften in Berlin vorbereiten.

BK hat bereits zugestimmt, daß alle diese Verträge mit der Sowjetunion bilateral verhandelt werden sollen. Die DDR-Regierung soll über das Ergebnis rechtzeitig unterrichtet werden, um sich anschließen zu können. Trilateral sollen die Fragen verhandelt werden, die die Zusammenarbeit der Unternehmen in der DDR mit sowjetischen Betrieben betreffen. Der in Archiz von Gorbatschow angekündigte Brief vom MP Ryschkow ist inzwischen eingetroffen. De Maizière ist ebenfalls von Ryschkow unterrichtet worden. BK hat bereits zugesagt, über alle diese Fragen mit de Maizière zu sprechen und das Einvernehmen auch über das Prozedere herzustellen.

Mittags rufe ich im Auftrag von Seiters MP de Maizière an. Er teilt mir mit, daß er von MP Ryschkow und vom sowjetischen Botschafter gedrängt werde, endlich eine Antwort zu übermitteln, wann die trilateralen Verhandlungen über den Überleitungsvertrag mit der Sowjetunion aufgenommen werden können. BK habe ihm in St. Gilgen gesagt, daß ich die Verhandlungsführung übernehmen solle. Mir ist davon nichts bekannt. De Maizière verweist auf Seiters, der das bestätigen könne.

De Maizière teilt mir mit, daß BK keine Beteiligung von Außenminister Meckel wünsche.

Ich berichte de Maizière, daß der Politische Direktor Dr. Kastrup heute und morgen in Moskau sei, um über diese Fragen erste Gespräche mit den sowjetischen Partnern zu führen. Das Ergebnis dieser Gespräche sollte abgewartet werden. Ich würde ihn darüber unterrichten.

De Maizière beklagt Veröffentlichungen in der WELT, in der Bedingungen über den Abzugsvertrag mit der Sowjetunion diskutiert würden. Er verweist darauf, daß die Lage der sowjetischen Truppen in der DDR zum »Zerreißen« sei. Sie dürfte durch solche Artikel nicht noch verschärft werden. Ich weise ihn darauf hin, daß wir auf die WELT keinen Einfluß hätten.

De Maizière berichtet, daß die Lage in der DDR immer schwieriger werde. Er sei froh, wenn alles bald vorüber sei. Ich versuche, ihm Mut zuzusprechen und sage ihm, daß er eine historische Aufgabe zu meistern habe. Fast resigniert antwortet er, daß einer ganz oben gewollt zu haben scheint, daß er sich an diesem Platz befinde. Ich bin überrascht, wie niedergeschlagen de Maizière am Telefon wirkt. Er scheint sich von den gewaltigen Aufgaben, denen er ausgesetzt ist, überfordert zu fühlen. Das ist nur zu verständlich.

Anschließend unterrichte ich Seiters über das Gespräch mit de Maizière. Er kann mir nicht bestätigen, daß ich die Verhandlungsführung für den Überleitungsvertrag übernehmen solle. Ich habe auch kein Interesse daran. Die Auswirkungen auf das Auswärtige Amt sind nur zu leicht vorstellbar.

Anschließend spreche ich lange mit Eduard Ackermann. Wie so oft sprechen wir sehr offen über die Lage und über den Zustand unseres großen Chefs. Er berichtet mir noch einmal über das Zusammentreffen von BK am 31.7. mit MP de Maizière und Staatssekretär Krause in St. Gilgen. So wie de Maizière vorgegangen sei, sei es nicht mit BK abgesprochen gewesen. Ursprünglich wollte de Maizière die Entscheidung über das zeitliche Vorziehen des Beitritts und der gesamtdeutschen Wahl in der Volkskammer bekanntgeben. Dann habe er sich plötzlich für eine Pressekonferenz entschieden. BK räume ein, daß es ein Fehler gewesen sei, daß der Vorschlag von de Maizière nicht ausreichend abgesichert worden sei. Damit sei ein unnötiges Spektakel entstanden, daß der SPD Gelegenheit gegeben habe, das »Wunder vom Kaukasus« vergessen zu machen und BK in die Niederungen des innerdeutschen Alltags herunterzuziehen.

Am Donnerstag, 9. August, sei de Maizière wieder mit BK zusammengetroffen. Bei dieser Bonner Unterredung hätten sie vereinbart, den Beitritt der DDR am 14. Oktober durchzuführen.

Auch die Debatte über die Finanzierung der Einigungskosten wird intensiv fortgesetzt. Finanzminister Waigel stellt heute in einem Interview im ZDF noch einmal fest, daß man sich entscheiden müsse, ob man die[333] Einheit finanzieren wolle mit Sonderopfern, mit Sonderabgaben, mit neuen Steuern, oder ob man eine Einheit finanzieren wolle mit einer wachsenden Volkswirtschaft und aus den Zuwächsen finanziere,[334] was in den nächsten Jahren aufgebracht werden müsse. Er hält den zweiten Weg für den richtigen.

Waigel erhält heute Schützenhilfe von dem SPD-Bundestagsabgeordneten Herbert Ehrenberg, Berater der Ministerin für Arbeit und Soziales der DDR, der in einem Interview ebenfalls die Meinung vertritt, daß es höchstwahrscheinlich ohne Steuererhöhungen ginge.

Anläßlich des 20sten Jahrestages der Unterzeichnung des Moskauer Vertrages tauschen Gorbatschow und Bundespräsident von Weizsäcker und BK Grußtelegramme aus. Auch die Außenminister dürfen nicht fehlen. Alle bestätigen ihre Bereitschaft zur Zusammenarbeit auf breiter Grundlage.

333 Handschriftlich wurde gestrichen »eine« und durch »die« ersetzt.

334 Ursprünglich stand an dieser Stelle »das aus den Zuwächsen finanziert«.

Dienstag, 14. August 1990

Um 9.00 Uhr telefonieren Ackermann und ich mit BK, der seinen Urlaub in St. Gilgen fortsetzt. Er bekräftigt noch einmal, daß der Beitritt der DDR zur Bundesrepublik am 13. Oktober erfolgen solle. Damit wäre auch die Wirkung auf die Landtagswahlen in den neuen Bundesländern am größten. Wir unterrichten ihn über die Entwicklung des Golf-Konfliktes.

Um 12.00 Uhr treffe ich zu einem zweistündigen Gespräch mit Ivan Milas, einem Abgeordneten des kroatischen Parlaments und persönlichen Vertrauten des Präsidenten im Steigenberger Hotel zusammen. Ich führe das Gespräch außerhalb des Bundeskanzleramtes und ohne Wissen des Auswärtigen Amtes. Es ist als privates Gespräch deklariert. Dennoch halte ich dieses Gespräch, dessen Initiative von kroatischer Seite ausging, für wichtig. Die Entwicklung in Jugoslawien[335] ist besorgniserregend und die möglichen Auswirkungen auf die ganze Region auch für uns von wesentlicher Bedeutung. Ich weiß aber niemanden im Auswärtigen Amt, der sich um diese Fragen kümmert. Als ich in früherer Zeit einmal die Aufnahme politischer Kontakte auf Länderebene zu Litauen empfahl, habe ich im AA nur Ablehnung erfahren. Doch ich will mir auch heute nicht die Möglichkeit nehmen lassen, Gespräche dieser Art führen zu können.

Milas berichtet mir, daß Kroatien eine Politik der vollen Souveränität verfolgen wolle. Mit den anderen Republiken Jugoslawiens solle eine Konföderation errichtet werden. Serbien habe keine Möglichkeit zum Eingreifen. Die Zeit für ein Zusammenwirken mit Slowenien sei noch nicht reif, weil es eher geneigt sei, sich mit Serbien zu arrangieren. Dagegen sei eine Zusammenarbeit mit Bosnien-Herzegowina zu erwarten. Sie seien jetzt dabei, in Kroatien eigene Sicherheitskräfte aufzubauen.

Milas übermittelt den Wunsch des Präsidenten nach enger Zusammenarbeit mit der Bundesrepublik. Kroatien richte sich ausschließlich auf Deutschland aus. Ihr Wunsch sei es, daß die Bundesrepublik ihre Souveränität anerkenne. Ich nehme die Äußerungen von Milas nur zur Kenntnis. Im Bezug auf die wirtschaftliche Zusammenarbeit verweise ich auf die Möglichkeiten einer regionalen Zusammenarbeit mit den Bundesländern Bayern und Baden-Württemberg. Auf dieser Ebene könnten auch problemlos politische Kontakte geknüpft werden. Besucher, die über diesem Wege in die Bundesrepublik kämen, könnten auch in Bonn zu Gesprächen empfangen werden. Wir vereinbaren, in Kontakt zu bleiben.

Aufregung entsteht heute über eine Meldung von Reuters aus Rom, daß BK in einem Telefongespräch MP Andreotti ein deutsches Engagement im Golf zugesagt habe.

Ich telefoniere daraufhin um 17.10 Uhr mit BK. Er berichtet mir, daß er gegenüber Andreotti die bisherigen deutschen Entscheidungen erläutert und hinzugefügt habe, daß bei

335 Im Zuge der Erosion der sozialistischen Systeme in Mittel- und Osteuropa erhöhte sich der Druck im sozialistischen Jugoslawien, freie Wahlen durchzuführen. In der Teilrepublik Kroatien fanden am 22./23. April und 6./7. Mai 1990 zwei Mehrparteienwahlen statt, bei der die Hrvatska Demokratska Zajednica (HDZ) mit Franjo Tuđman an der Spitze hervorging, über 40 % der Stimmen und auf Grund des Mehrheitswahlrechts 67,5 % der Sitze in drei gewählten Kammern erhielt. Tuđman setzte nach dem Wahlsieg auf Souveränität innerhalb eines reformierten Jugoslawiens und begann mit der serbischen Minderheit – in diesem Fall vertreten durch den moderaten Führer der Srpska Demokratska Stranka (SDS), Jovan Rašković – zu verhandeln. Man verständigte sich auf »kulturelle Autonomie« der serbischen Minderheit. Diese Verhandlungsbasis wurde jedoch hinfällig. Die überproportionale Anzahl am Bevölkerungsanteil der Serben in offiziellen Führungspositionen wurde nach dem HDZ-Wahlsieg reduziert. In der Verfassungsreform vom 25. Juli 1990 verlor die serbische Minderheit in Kroatien den Status als konstituierendes Volk.

einer Eskalation der Entwicklung im Golf das letzte Wort noch nicht gesprochen sei. Ich lese ihm eine vorbereitete Erklärung dazu vor. Ich hatte sie mit dem AA abgestimmt, jedoch die Mitteilung erhalten, daß Genscher eine restriktivere Formulierung wünsche. BK weist diesen Wunsch zurück. Die Bundesrepublik könne sich ihrer Verantwortung nicht entziehen, schon gar nicht angesichts der 2+4-Verhandlungen gegenüber den USA.

Nach dem Telefonat mit BK ruft mich Staatssekretär Sudhoff aus dem AA an und begründet noch einmal die Bedenken Genschers. Ich verweise auf die Entscheidung des BK und gebe die Erklärung zur Veröffentlichung frei.

Mittwoch, 15. August 1990

Heute morgen findet die Presselage mit Seiters statt Die öffentliche Diskussion über die gestrige Erklärung des BK zu einem möglichen Golf-Engagement der Bundesrepublik hält an. Wir stecken unsere Linie ab: Die Bundesregierung wird der einhelligen weltweiten Verurteilung der irakischen Aggression zustimmen und sich in die internationale Solidarität stellen. Aus diesem Grunde habe die Bundesregierung erste Maßnahmen getroffen. Ziel dieser Maßnahmen sei eine Deeskalation im Golfkonflikt. Die Bundesregierung müsse sich aber weitere Maßnahmen vorbehalten, wenn die Entwicklung im Golf sich weiter zuspitze. Diese Maßnahmen müssen international abgestimmt und den rechtlichen und tatsächlichen Möglichkeiten der Bundesregierung entsprechen.

Anschließend telefonieren wir mit BK. Er ist mit unserer besprochenen Linie einverstanden. Gestern habe er noch versucht, Genscher zu erreichen. Es sei jedoch nicht möglich gewesen. Er wolle es heute nachholen. BK besteht darauf, daß wir die besprochene Linie einhalten.

Um 9.30 Uhr sucht mich der Politische Direktor Dr. Kastrup auf und berichtet mir über seine zweitägigen Gespräche mit Kwizinskij in Moskau. Es habe ein längeres Gespräch über den umfassenden deutsch-sowjetischen Vertrag gegeben. Beide Seiten hätten zu den einzelnen Punkten des sowjetischen Entwurfs Stellung genommen. Sie wollen ihren Entwurf überarbeiten und aller Voraussicht nach beim Besuch Genschers in Moskau austauschen. Wir stimmen überein, daß ein Vertragstext zunächst soweit als möglich verhandelt werden soll, bevor der beabsichtigte Brief des BK an Gorbatschow erarbeitet werde.

Kastrup berichtet von überzogenen Erwartungen der Sowjetunion im Zusammenhang mit dem Überleitungsvertrag. Die Bundesregierung solle jährlich 2,5 Mrd. DM leisten und anderes mehr.

Ebenso habe die sowjetische Seite deutlich gemacht, daß sie zwei Verträge über Stationierung bzw. Abzug anstrebe, einen, der die sowjetischen Truppen in der heutigen DDR betreffe und einen anderen für Berlin. Dies entspreche auch der Vorstellung von Genscher sowie dem eigenen Verständnis der Gespräche im Kaukasus. Ich erhebe dagegen Bedenken, Abzug und Stationierung der sowjetischen Truppen in Berlin und in der DDR voneinander zu trennen. Das könne nicht in unserem Interesse sein. Die sowjetischen Truppen in Berlin seien Teil der Truppen in der DDR insgesamt. Die Sowjetunion habe in ihrem bisherigen Verständnis selbst eine solche Trennung nie vollzogen. Jetzt würden die sowjetischen Berlin-Truppen mit denen der drei Westmächte gleichgestellt.

Ein anderes Thema sei der Stand der 2+4-Gespräche gewesen. Sie hätten ein allgemeines Gespräch über die Struktur des Abschlußdokumentes geführt. Vor allem sei es darum gegangen, die Frage einer vorzeitigen Suspension der Rechte und Verantwortlichkeiten der Vier Mächte zu prüfen, da das gemeinsame Abschlußdokument erst nach Ratifikation durch alle Teilnehmer in Kraft treten könne. Die drei Mächte hätten dem grundsätzlich zugestimmt. Kwizinskij habe jetzt eine Prüfung zugesagt. Er habe jedoch darauf hingewiesen, daß vorher Klarheit über die Problematik des Stationierungsvertrages und des Überleitungsvertrages bestehen müsse. Ferner habe er darauf gedrängt, daß die deutschen Erklärungen zum ABC-Waffenverzicht, zum militärischen Status der DDR, auch zur zukünftigen Stärke deutscher Streitkräfte in das Abschlußdokument aufgenommen werden müßten. Offen sei noch die Form, in der das geschehen könne.

Um 17.00 Uhr hat Seiters zu einer Besprechung gebeten. Es geht um das Datum und den Ablauf des Beitritts der DDR. Im Gespräch sind der 13., 14. oder 15. Oktober. Wir sprechen über die Rahmenbedingungen: Der Überleitungsvertrag müsse ratifiziert sein, die Länder gebildet und die 2+4-Gespräche abgeschlossen sein.

Außerdem müsse es eine Regelung für die Übergangszeit vom Beitritt am 14. Oktober bis zur gesamtdeutschen Wahl am 2. Dezember 1990 geben.

Lange sprechen wir darüber, wie der Tag der Einheit gestaltet werden solle. Ich schlage vor, eine feierliche Sitzung im Reichstag durchzuführen und ein riesiges Volksfest in Berlin zu veranstalten. Gedacht werden könnte auch an Stadtteilfeste in Berlin und bundesweit. Außerdem sollte auf Einladung des Bundespräsidenten ein Essen mit internationaler Beteiligung stattfinden. Ich rege an, die Staats- und Regierungschefs aller Vier Mächte einzuladen.

Donnerstag, 16. August 1990

Um 9.00 Uhr telefonieren Ackermann und ich wieder mit BK in St. Gilgen. Er fragt uns nach dem Echo seiner Golf-Erklärung. Wir berichten ihm, daß das AA das typische Spiel betreibe, sich nicht offiziell, aber für die Bonner Presse vernehmbar, von dieser Erklärung zu distanzieren. BK winkt ab. Für ihn sei wichtig, daß seine Linie öffentlich bekannt sei.

Wir sprechen über die desolate Lage in der DDR. MP de Maizière hat vier Minister, davon zwei von der SPD, wegen Unfähigkeit entlassen. BK kündigt uns einen verstärkten Sonderwahlkampf in der DDR an, um dort einen Stimmungsumschwung zu erreichen. Er werde sich selbst wieder stark engagieren.

Heute reist Genscher zu seiner 11. Begegnung mit Außenminister Schewardnadse nach Moskau. Es geht um die Vorbereitung des umfassenden bilateralen Vertrages und der 2+4-Verhandlungen im September in Moskau. Die sowjetische Regierung hat uns einen Entwurf für eine abschließende völkerrechtliche Regelung mit Deutschland übermittelt.

Freitag, 17. August 1990

Am Nachmittag telefoniere ich mit MP de Maizière. Wir sprechen darüber, wann und wie die DDR-Regierung an den Verhandlungen mit der Sowjetunion beteiligt werde. Ich berichte ihm, daß wir in Abstimmung mit Genscher vorschlagen, die Vertreter der DDR-Regierung ab der zweiten Verhandlungsrunde in die bundesdeutsche Delegation aufzunehmen. De Maizière teilt mir mit, daß er jetzt das Amt des Außenministers selbst übernehmen und an den 2+4-Gesprächen persönlich teilnehmen wolle.

Samstag, 18. August 1990

Gestern sind die zweitägigen Gespräche Genschers in Moskau zu Ende gegangen. Nach einem einstündigen Gespräch mit Schewardnadse haben beide Delegationen fünf Stunden alle Themen diskutiert. Genscher gibt bekannt, daß er in seiner Auffassung bestärkt worden sei, daß die 2+4-Gespräche am 12. September abgeschlossen werden. Dieser Zeitpunkt ermögliche es, die innere Vereinigung durch Beitritt der DDR zur Bundesrepublik in dem Zeitrahmen zu vollziehen, den die Volkskammer vorgegeben habe. Die Elemente des umfassenden großen Vertrages mit der Sowjetunion würden ebenfalls vor dem 12. September festliegen.

Bezüglich der 2+4-Verhandlungen gibt es Zuversicht, daß für alle Seiten akzeptable Aussagen für das Hauptdokument gefunden werden können. Zur Sache selbst gebe es keine grundsätzlichen Unterschiede mehr.

Die Frage der Suspension der Vier-Mächte-Rechte hat Schewardnadse nicht ausgeschlossen. Seine Meinung sei jedoch, daß diese Frage bei einer raschen Ratifikation überflüssig sein könnte.

Beide Seiten haben Vertragsentwürfe über Partnerschaft, gute Nachbarschaft und Zusammenarbeit ausgetauscht. Am 27./28. August soll in Bonn zwischen Kastrup und Kwizinskij ein erster Durchgang erfolgen. Der Inhalt soll soweit vorbereitet sein, daß BK den Inhalt bis zum 12. September in einem Brief an Gorbatschow ausführlich beschreiben könne. Dieser Inhalt werde dem Obersten Sowjet zur Kenntnis gebracht.

Beide Seiten bereiten Entwürfe zum Vertrag über Abzug und Aufenthalt sowjetischer Truppen vor. Auch darüber soll bis zum 12. September Einvernehmen erzielt werden. Das gleiche gelte für den Überleitungsvertrag über finanzielle Fragen.

Die sowjetische Seite hatte erneut ihren Vorschlag vom 13.8. eines Vertrages über umfassende Zusammenarbeit in Wirtschaft, Industrie, Wissenschaft und Technik zur Sprache gebracht Die Bundesregierung ist grundsätzlich mit einem solchen Vertrag einverstanden. Ein erstes Gespräch wird zwischen BM Haussmann und dem 1. Stellvertretenden MP Sitarjan am 24. August in Moskau stattfinden. Die Eckwerte dieses Vertrages sollen ebenfalls bis zum 12.9. vorbereitet sein.

Zwischen den Ressorts müssen alle diese Verträge im Eiltempo vorbereitet und abgestimmt werden. Das Bundeskanzleramt ist in den jeweiligen Verhandlungsrunden durch meine Mitarbeiter Dr. Peter Hartmann, Dr. Uwe Kaestner und Dr. Westdickenberg vertreten.

Montag, 20. August 1990

BK ist aus dem Urlaub zurückgekehrt. Er telefoniert mit EG-Kommissionspräsident Delors.

Es geht um den Brief, den Delors am 1. August an BK geschrieben hat. BK hatte seinerzeits in einem Schreiben vom 20. Juli an Delors seine Besorgnis zum Ausdruck gebracht, daß die finanziellen Auswirkungen der deutschen Einigung bei den Mitgliedsstaaten der EG eine Diskussion auslösen könnten, die dem erfolgreichen Abschluß des Einigungsprozesses abträglich sein könnte. Auch heute betont BK noch einmal nachdrücklich, daß die deutsche Einheit unter keinen Umständen im Zusammenhang mit einer Erhöhung der EG-Mittel gebracht werden dürfe. Delors sagt BK zu, daß er morgen in einer Pressekonferenz zwei Punkte deutlich machen werde: Die deutsche Einheit werde vollzogen, ohne dass die Geldmittel der Gemeinschaft erhöht und die vorgesehenen Mittel für Griechenland, Italien, Portugal usw. geschmälert würden. BK bekräftigt, daß diese Erklärung für ihn sehr wichtig sei. Außerdem werde er sich mit ganzer Kraft der Europa-Politik widmen, wenn die schwierigen innerdeutschen Fragen gelöst seien. Delors begrüßt diese Erklärung außerordentlich. Er verstehe sehr gut das Anliegen des BK, wonach die deutsche Einheit nicht mit der Erhöhung von Beiträgen verbunden werden dürfe.

Das Interesse des BK war von Anfang an, anderen EG-Staaten nicht den Vorwand zu geben, über eine Diskussion der Erhöhung der EG-Mittel für Deutschland den Einigungsprozeß zu erschweren. Daran hält er kompromißlos fest.

Um 15.00 Uhr trifft BK mit Genscher zusammen. Er berichtet über seine Gespräche in Moskau. Genscher besteht auf den Abschluß von zwei Abzugsverträgen mit der Sowjetunion, einen mit der DDR, einen anderen für Berlin. Unsere Bedenken, daß dies aus Gründen der politischen Optik den drei Westmächten, die wir ausdrücklich um Verbleiben in Berlin gebeten hätten, schwer zu vermitteln sei, weist er zurück. BK schließt sich der Position Genschers an.

Genscher lehnt auch die Ausdehnung des Zusatzabkommens des NATO-Truppenstatus auf die DDR strikt ab. Er befürchtet, daß damit den Sowjets Anlaß gegeben werde, die gleiche Rechtsstellung für ihre Angehörigen zu fordern. Die Einwände der Amerikaner und Briten läßt er nicht gelten. Auch hier schließt sich BK Genscher an.

18.00 Uhr: BK trifft mit den Vorsitzenden von SPD, CSU und FDP zusammen. Genscher, Stoltenberg und Seiters nehmen an diesem Gespräch teil. Vogel wird von Lafontaine begleitet. Einziges Thema ist die Krisenentwicklung im Golf.

Dienstag, 21. August 1990

Um 9.00 Uhr treffe ich mit dem ungarischen MP Antall in Budapest zu einem Vier-Augen-Gespräch zusammen. Er wirkt erholt, ruhig und gelassen. Ausführlich erläutert er mir die partei- und innenpolitische Lage und die wirtschaftlichen Probleme Ungarns.

Ein Schlüsseldatum für ihn seien die Kommunalwahlen am 30. September. Das gelte vor allem für Budapest. Für seine Partei werde die Wahl in Budapest zu einem neuen Testfall. Das Forum[336] verfüge über drei Kandidaten. Darunter seien zwei bekannte Architekten.

Die Schwierigkeiten mit der »kleinen Landwirtepartei«[337] würden durch die Medien übertrieben. Nach der Kommunalwahl würden sich die Schwierigkeiten bei der Privatisierung der Landwirtschaft auflösen.

336 Das Ungarische Demokratische Forum (ungarisch Magyar Demokrata Fórum, MDF) war eine ungarische Partei mit konservativer Ausrichtung, die 1987 in der Endphase der kommunistischen Einparteienherrschaft in Ungarn gegründet wurde. Sie führte von 1990 bis 1994 die Regierung und gestaltete die Transformation des Landes. Als Volkspartei rechts der Mitte vereinte sie liberalkonservative, christdemokratische und ungarisch-nationalistische Strömungen.

337 Die »Unabhängige Kleinlandwirte-, Landarbeiter- und Bürger-Partei« – Független Kisgazdapárt (FKgP), eine ländlich-agrarische, national-konservative Partei, in Ungarn 1930 gegründet, war in Opposition zum autoritären Regime des Reichsverwesers Miklós Horthy und im Zweiten Weltkrieg im Widerstand gegen die deutsche Besatzung. Nach dem Krieg Sammlungspartei des bürgerlichen Lagers war sie in Ungarn 1945 mit 57 % stärkste Kraft. Unter sowjetischem Druck wurde sie aber schrittweise entmachtet und 1949 aufgelöst. Im Jahre 1988 wurde sie wiedergegründet.

Als Ursache für die wirtschaftlichen Schwierigkeiten bezeichnet Antall den Zusammenbruch des Rates für Gegenseitige Wirtschaftshilfe[338] und die deutsche Einigung, die erhebliche Probleme für Ungarn mit sich brächten.

Anschließend spreche ich eineinhalb Stunden mit Staatssekretär Matolscy, dem wirtschaftspolitischen Berater Antall's im MP-Amt. Er spricht drei Themen an: (1) Die ungarische Regierung bereite ein dreijähriges Programm für die wirtschaftliche Entwicklung Ungarns vor. Antall wünsche, daß ein gemeinsames deutsch-ungarisches Expertenteam gebildet werde, um über dieses Programm zu sprechen und Möglichkeiten für die Zusammenarbeit zu prüfen. Er schlägt ein Ministertreffen für die zweite Hälfte des September vor. Ich rate ihm, die Gespräche erst einmal auf der Ebene der Experten aufzunehmen.

(2) Matolscy schlägt vor, daß ein solches gemeinsames Expertenteam auch über Möglichkeiten und Formen des wirtschaftlichen Aufbaus Osteuropas insgesamt und über Fragen eines Marshall-Planes und über die Probleme der Verschuldung beraten solle. Er empfiehlt, daß ein deutsch-ungarisches Pilotprogramm vorbereitet werden solle. Ich rate davon ab. Wichtiger seien jetzt bilaterale Hilfs- und Kooperationsprogramme. Die Entwicklung der mittel- und südosteuropäischen Staaten insgesamt solle Aufgabe der G 24 bei der EG-Kommission bleiben.

(3) Ungarn bereite ein Existenzgründungsprogramm vor. Dazu solle ein Fond gegründet werden. Der Wunsch sei, daß Ungarn und die Bundesrepublik je 100 Mrd. DM Einlage finanzieren. Der deutsche Anteil könnte in Form eines Kredits erfolgen. Dies wäre ein politisches Signal an Ungarn. Ich sage Prüfung zu.

Abschließend sprechen wir über den Brief Antall's vom 31. Juli an BK, in dem er einen »europäischen außenwirtschaftlichen Reorientierungsfonds« vorschlägt. Anhand von Unterlagen unseres Finanzministeriums lege ich Matolscy dar, welche umfangreichen Mittel Ungarn in den letzten Monaten von der Weltbank, vom Internationalen Währungsfonds, von der EG und von der Bundesregierung erhalten habe. Bevor neue Mittel angefragt werden, sollten die bereits zugesagten Finanzmittel erst einmal nutzbringend angelegt werden. Matolscy gibt zu erkennen, daß er diesen Brief Antall's nicht kennt und deshalb nicht darüber diskutieren könne. Die Koordinierung innerhalb der Regierung läßt zu wünschen übrig. Außerdem ist die Versuchung groß, alle Probleme durch finanzielle Hilfe von außen lösen zu wollen.

Mittwoch, 22. August 1990

BK telefoniert am Nachmittag mit Präsident Bush. Es geht um die Entwicklung im Golf. BK berichtet, daß gestern ein Treffen der Außenminister der WEU und auch im Rahmen der EPZ stattgefunden habe. Er habe Genscher gebeten, auf beiden Sitzungen deutlich zu machen, daß unsere amerikanischen Freunde in dieser Lage mit der vollen Unterstützung und Solidarität der Bundesrepublik rechnen können.

338 Der Rat für gegenseitige Wirtschaftshilfe (RGW), das Wirtschaftsbündnis der »sozialistischen Staatengemeinschaft« wurde vom sowjetischen Diktator Josef Stalin am 25. Januar 1949 auf Basis eines zentralistischen Konzepts gegründet. Als Antwort auf den amerikanischen Marshall-Plan gründeten die Sowjetunion, Polen, Rumänien, Bulgarien, Ungarn und die Tschechoslowakei den RGW, dem weitere Staaten beitraten. Die DDR wurde im September 1950 Mitglied. Ziel des Zusammenschlusses war es, einen unabhängigen »sozialistischen Weltmarkt« zu schaffen. Nach dem Zusammenbruch des Kommunismus gingen die meisten Mitglieder zur Marktwirtschaft über. Der RGW wurde am 28. Juni 1991 aufgelöst.

Darüber hinaus habe er persönlich Gespräche über eine Änderung des Grundgesetzes in Gang gesetzt. Bekanntlich lasse das GG kein militärisches Engagement der Bundeswehr außerhalb des NATO-Gebietes zu. Eine Änderung erfordere eine Zweidrittel-Mehrheit Das werde angesichts der Haltung der Opposition sehr schwierig und nicht sehr schnell durchzusetzen sein. Sein Ziel sei es, das GG in dem Sinne zu ändern, daß die Bundeswehr künftig im Rahmen entsprechender Beschlüsse des UN-Sicherheitsrates tätig werden könne. Ihm ginge es darum, öffentlich deutlich zu machen, daß Solidarität keine Einbahnstraße sein dürfe.

Bush nimmt die Ausführungen BK mit Befriedigung entgegen. Er verstehe die Verfassungsfrage und respektiere sie selbstverständlich. Er sei dankbar für die Solidarität, die die Bundesregierung im Rahmen ihrer Möglichkeiten zeige. Die WEU-Erklärung[339] sei in jedem Fall sehr nützlich gewesen. Er verstehe die besondere Zwangslage, in der sich die Bundesrepublik hinsichtlich eines militärischen Engagements sehe. BK solle sich hierüber keine Sorgen machen. Er sei aber ihm dankbar, daß er jetzt den Versuch unternehme, entsprechende Änderungen herbeizuführen.

Die Entsendung von Minensuchbooten der Bundesrepublik ins östliche Mittelmeer bezeichnet Bush als sehr nützlich. Dankbar sei er auch für die erteilten Überfluggenehmigungen sowie für Überlegungen bezüglich einer Luftbrücke.

Zur Lage im Golf erklärt Bush, daß die USA entschlossen seien, die Seeblockade gegen den Irak durchzusetzen. Auch die amerikanischen Truppenpräsenz in Saudi Arabien werde gemeinsam mit anderen verstärkt. Sorge äußert Bush gegenüber der Behandlung der Geiseln im Irak. In dieser Frage dürfe es keinen Kompromiß geben. Der Versuch des Iraks, Menschen als eine Art Schutzschild einzusetzen, sei unakzeptabel.

Saddam Hussein versuche, der Welt weiszumachen, daß es sich um einen Konflikt zwischen den USA und dem Rest der Welt handele. Für ihn sei es deshalb wichtig, daß man immer wieder klarstelle, daß es sich um eine Auseinandersetzung zwischen Saddam Hussein und dem Rest der zivilisierten Welt gehe. BK stimmt dem Präsidenten nachdrücklich zu. Wenn Bush glaube, daß er in irgendeiner Weise hilfreich sein könne, sei er selbstverständlich dazu bereit. Wir stünden vor einer unvergleichlichen Herausforderung. Wenn Saddam Hussein Erfolg hätte, würde dies schreckliche Konsequenzen für den Rest der Welt haben,

339 Die Mitgliedstaaten der WEU bekundeten ihre Sorge angesichts der vier Monate nach der Invasion in Kuwait anhaltenden Weigerung des Iraks, den Resolutionen des UN-Sicherheitsrats uneingeschränkt Folge zu leisten. Sie bekräftigten, dass sie für eine Regelung eintreten, die auf den Rechtsgrundsätzen beruht, welche die Völkergemeinschaft in den vom Sicherheitsrat angenommenen Resolutionen festgelegt hat, und forderten den Irak eindringlich auf, die ihm durch die Resolution 678 gebotene Möglichkeit für eine friedliche Beilegung der Krise zu nutzen. Sie nahmen den Beschluss der irakischen Behörden zur Kenntnis, allen ausländischen Staatsangehörigen im Irak und in Kuwait die Ausreise zu gestatten. Die WEU-Mitgliedstaaten zeigten sich entschlossen, ihre seit der ersten ausserordentlichen Ministertagung vom 21. August eingeleitete Zusammenarbeit fortzusetzen und zu vertiefen, sei es bei der Kontrolle des Embargos auf See, an der sich 35 ihrer Schiffe beteiligen, oder bei den land- und seegestützten militärischen Mitteln, die einige von ihnen mit der Unterstützung aller ihrer Partner dort in Stellung gebracht haben. Zur Unterstützung der Resolutionen des UN-Sicherheitsrats hatten WEU-Mitgliedstaaten auch zu den internationalen Bemühungen, den durch die Krise verursachten Schaden zu begrenzen, durch finanzielle Hilfe an die am meisten betroffenen Länder sowie durch logistische Unterstützung beigetragen. Die am 10. Dezember 1990 in Paris versammelten Außen- und Verteidigungsminister der WEU-Mitgliedstaaten begrüßten die Ereignisse von historischer Bedeutung für die europäische Sicherheit, die seit ihrem Treffen vom 23. April eingetreten waren.

da dann auch andere seinem Beispiel folgen würden. BK kündigt an, daß er dafür sorgen werde, daß das in der morgigen Bundestagesdebatte auch zum Ausdruck kommen werde.

Bush versichert, daß die amerikanische Seite nichts Unbedachtes tun werde. Die Hinnahme des Status quo sei jedoch nicht akzeptabel. Abschließend bittet BK Bush, daraufhin zu wirken, daß in der Frage der Tiefflüge ein Einvernehmen zwischen beiden Verteidigungsministern möglich werde. Bush sagt dies zu.

Donnerstag, 23. August 1990

Um 15.00 Uhr gibt BK in der 221. Sitzung des Deutschen Bundestages eine Regierungserklärung zur »Beitrittserklärung der Volkskammer der DDR« ab. Heute Nacht hat die Volkskammer mit einer Mehrheit von mehr als 80 % der abgegebenen Stimmen den Beitritt der DDR zum Geltungsbereich des Grundgesetzes gemäß Art. 23 mit Wirkung vom 3. Oktober 1990 beschlossen. Sie gehe dabei davon aus, daß die Beratungen zum Einigungsvertrag zu diesem Termin abgeschlossen seien, die 2+4-Verhandlungen einen Stand erreicht hätten, der die außen- und sicherheitspolitischen Bedingungen der deutschen Einheit regele und die Länderbildung soweit vorbereitet sei, daß die Wahl der Länderparlamente am 14. Oktober 1990 durchgeführt werden könne.

BK bezeichnet den heutigen Tag als einen Tag der Freude für alle Deutschen. Am Mittwoch, den 3. Oktober 1990, werde der Tag der Wiedervereinigung gekommen sein. Es werde ein großer Tag in der Geschichte des deutschen Volkes sein.

BK bezeichnet den heutigen Tag zugleich auch als einen Tag der Dankbarkeit. Er spricht den Kolleginnen und Kollegen der Volkskammer und in der Regierung der DDR Respekt und Anerkennung aus. Endlich sei Klarheit darüber geschaffen worden, wann die Einheit Deutschlands vollendet sein werde.

BK zeichnet noch einmal die Stationen bis zu dieser Entscheidung nach. Es seien erst eineinhalb Jahre her, als Honecker im Januar 1989 erklärt habe, daß die Mauer noch in 100 Jahren stehen werde.[340] 10 Monate später sei sie überwunden gewesen. BK dankt den Polen als auch den Ungarn, den Menschen in der DDR, den westlichen Verbündeten, allen voran Präsident Bush, der sich gerade in den letzten Monaten als ein treuer Freund der Deutschen erwiesen habe. Er betont die brüderliche Verbundenheit mit Frankreich und würdigt Gorbatschow, der durch seine Reformpolitik und durch das neue Denken in der

340 Erich Honecker hatte eine Tagung des Thomas-Müntzer-Komitees am 19. Januar 1989 benutzt, um zur Wiener KSZE-Schlusserklärung vom 15. Januar Stellung zu nehmen. Die Kritik westlicher Staatsmänner in Wien an der Fortexistenz der Berliner Mauer und an den Verhältnissen in Ostdeutschland hatte der Staatsratsvorsitzende als »extremistische Ausfälle gegen die DDR« bewertet. Die »in einigen Medien der BRD« und Westberlins erschienenen Meldungen über »Wien und die Mauer« zeugten »nicht nur von Kurzsichtigkeit«, sie enthielten zugleich »eine Portion Heuchelei, mit der in der BRD Politik gemacht« werde. Diese Ausfälle und die Prognose Honeckers, dass die Mauer auch in 50 und in 100 Jahren noch bestehen werde, wenn die Gründe ihres Baues noch nicht beseitigt seien, waren laut dem österreichischen Botschafter in Berlin-Ost, Franz Wunderbaldinger, »ein Eingeständnis der Schwäche und Verärgerung«. Die Äußerungen des Chefs des Politbüros richteten sich »gleichermaßen gegen westliche und sowjetische Stimmen, die in jüngster Zeit Zweifel am Fortbestand dieses Bauwerkes äußerten«. Für Wunderbaldinger war klar: »Honecker fühlt sich im Stich gelassen und reagiert nervös und zum Teil Tatsachen verdrehend«. Stellungnahme des Staatsratsvorsitzenden zum Abschluss des KSZE-Folgetreffens in Wien, erstellt von Wunderbaldinger, Berlin, 24. Januar 1989, Österreichische Botschaft Ostberlin. Kopie des Dokuments im Besitz des Verfassers.

sowjetischen Außenpolitik den tiefgreifenden Wandel in Deutschland und in Europa mit ermöglicht habe.

Was jetzt geschehe, sei in der neueren Geschichte Europas ohne Beispiel. Es geschehe ohne Krieg, ohne blutige Revolution und Gewalt und in vollem Einvernehmen mit unseren Freunden, Partnern und Nachbarn in West und Ost.

Gleichzeitig verweist BK auf die außergewöhnlichen Herausforderungen, die jetzt auf Deutschland zukämen. 40 Jahre Herrschaft des realen Sozialismus könnten nicht in wenigen Wochen überwunden werden.

Der Wiederaufbau der DDR sei nicht eine Frage von Tagen und Monaten sondern von Jahren. Der Weg zur deutschen Einheit erfordere gemeinsame Anstrengungen und persönliches Engagement.

Freitag, 24. August 1990

In Ost-Berlin spricht BK vor der CDU-Fraktion in der Volkskammer. Für ihn erfülle sich ein Traum, daß er heute auf diesem Platz sitzen könne und zu den Freunden sprechen dürfe. Er sei gekommen, um allen Abgeordneten seinen Dank und seinen besonderen Respekt für das auszusprechen, was sie getan hätten. BK schließt in seinem Dank in besonderer Weise de Maizière und Krause ein. Aus seiner Bekanntschaft mit beiden sei Freundschaft gewachsen.

BK scheint von dem Augenblick überwältigt zu sein. Seine Sätze kommen abgehackt und springen von einem Gedanken zum anderen. Sein Herz sprudelt über.

Er erzählt von seinen persönlichen Erfahrungen nach 1949. Heute würden die Menschen in der DDR den entscheidenden Beitrag leisten. Sie hätten ein Beispiel ohnegleichen gesetzt, weil sich jetzt die Wiedervereinigung ohne Krieg, ohne Blut und mit Zustimmung aller Nachbarn vollziehen könne. Die Zustimmung der Nachbarn falle sicherlich unterschiedlich aus. Ohne Vorbehalte sei die Unterstützung der USA. Er spricht Polen an. Er wolle die Geschichte nicht aufrechnen, aber man müsse für die kommende Generation daraus lernen. Es gebe auf beiden Seiten viele Narben, die bei jedem Wetterumschwung schmerzen würden. Aber jetzt müsse begonnen werden, die neuen großen Chancen wahrzunehmen.

BK erinnert daran, die Hoffnungen der Dritten Welt nicht zu vergessen. Deutschland würde seine moralische Qualifikation verlieren, wenn es nicht in der Lage wäre, bei allem, was jetzt in Deutschland zu leisten sei, nicht auch die Hilfe für die Dritte Welt zur Verfügung zu stellen.

Ausführlich spricht BK über die wirtschaftlichen Probleme. Er habe immer gesagt, daß es riesige Schwierigkeiten geben werde, die Opfer kosten. Ohne Opfer sei dieser Weg nicht möglich. Wer ihn jedoch auffordere, daß er öffentlich Opfer einfordere, gehöre häufig zu denjenigen, die am wenigsten bereit seien, Opfer zu bringen. Es gebe in der Bundesrepublik viel Heuchelei. Er bleibe jedoch bei seiner Behauptung, daß es gelingen werde, die neuen Bundesländer in wenigen Jahren zu blühenden Landschaften[341] zu entwickeln. Man müsse den Menschen nur die Chance dazu geben. Es reiche nicht, Solidarität zu beschwören. Sie müsse praktisch erbracht werden.

Die Bundesrepublik sei Spitzenreiter in der Zuwachsrate des Bruttosozialprodukts. Wann, wenn nicht jetzt, könne die deutsche Einheit finanziert werden? Als er die Regie-

341 Ursprünglich stand an dieser Stelle »zu einer blühenden Landschaft«.

rung vor acht Jahren übernommen hätte, wäre das nicht möglich gewesen. Es gehöre zum politischen Geschäft, den Menschen Defaitismus einzureden. Er leugne die Probleme nicht. Aber sie sind lösbar.

BK würdigt den Beitrag der SPD zum Aufbau der Bundesrepublik. Ohne sie wäre weder die erste noch die zweite Republik erfolgreich gewachsen. Es könne auch nicht immer eine CDU-Mehrheit geben. Er wolle klar sagen, daß eine Partei, die nicht die Faust im Nacken spüre, daß sie abgelöst werden könne, einschlafe und verkomme. In einer pluralistischen Gesellschaft müsse immer um die Macht und um die besseren Ideen gerungen werden. Doch man dürfe die parteipolitische Auseinandersetzung nicht wie heute zu Lasten der Menschen betreiben. Wer jetzt die Menschen in der DDR in Angst und Schrecken versetze und nicht die Solidarität beschwöre, betreibe eine skandalöse Politik. Er sei entschlossen, den Wahlkampf offensiv zu führen.

BK kündigt an, daß er 12 Großkundgebungen in den fünf neuen Bundesländern durchführen wolle. Darüber hinaus wolle er eine Reihe politischer Offensiven starten. Die Partei müsse jetzt in ganz Deutschland mobil machen. Jede Stimme werde gebraucht.

BK beschwört die Geschichte der CDU und ihre geistigen Ursprünge und Erfahrungen aus dem Widerstand im Dritten Reich. Die CDU dürfe keine Politik betreiben, den Finger naß zu machen und in den Wind zu halten. Sein alter Ziehvater in der Politik habe ihm einmal gesagt, wer Hahn auf dem Kirchturm sein wolle, müsse jeden Wind ertragen. Er beschwört die Idee der Volkspartei und die Zusammenarbeit aller sozialen Gruppierungen. Dabei könne es jedoch nicht immer um die reine Lehre gehen. Eine Politik des Alles oder Nichts werde nicht erfolgreich sein. Alle sozialen Schichten müßten in der CDU ihre Heimat finden. BK erläutert die drei Elemente der CDU, die soziale, die liberal-freiheitliche und die konservative Idee. Reaktionäre gebe es auf der äußersten Rechte wie auf der äußersten Linken. Die CDU sei eine Partei der Mitte, in der es weder einen Rechts- noch einen Linksruck geben werde.

Seine Stimmung sei wie das wechselhafte Wetter: Mal scheine die Sonne, mal ziehe Sturm und Regen auf. Er versucht den Abgeordneten Mut für die kommenden Auseinandersetzungen zu machen. Es gelingt ihm ohne Einschränkung.

BM Waigel führt heute in Moskau Gespräche mit dem 1. Stellvertretenden MP Sitarjan. Es geht um den Überleitungsvertrag. Die sowjetische Seite hat einen umfassenden Entwurf übergeben, der alle ihre Wünsche enthält.

Montag, 27. August 1990

Obwohl BK heute nacht bis 2.00 Uhr morgens im Bungalow mit den Koalitionspartnern und den Vertretern der SPD über den »Einigungsvertrag« diskutiert hat, treffen wir uns heute morgen um 8.30 Uhr zur üblichen Kanzlerlage. BK berichtet, daß sich die Auseinandersetzung auf das Thema der »Fristenlösung« zugespitzt habe.

BK telefoniert mit MP de Maizière und bezeichnet das nächtliche Gespräch im Großen und Ganzen als befriedigend. Es habe keinen Anlaß für die SPD gegeben, vom Einigungsvertrag abzuspringen. Das ist für BK das Entscheidende.

Um 9.00 Uhr telefoniert BK mit Bischof Lehmann, dem Vorsitzenden des Zentralkomitees der Deutschen Katholiken. Er berichtet über die Diskussion zum Paragraphen 218 im Rahmen des Einigungsvertrages. Er sucht das Einverständnis mit der Katholischen Kirche für eine Kompromißlösung.

Um 10.30 Uhr habe ich meine Abteilung zu einem Arbeitsgespräch zusammengerufen. Wir diskutieren den Stand der Vertragsverhandlungen mit der Sowjetunion. Trotz des Eilbedarfs verlaufen die Verhandlungen konstruktiv. Sie werden zeitgerecht zum Abschluß kommen.

Wir sprechen über Möglichkeiten einer Grundgesetzänderung für einen »Out-Of-Area«-Einsatz der Bundeswehr im Rahmen der Vereinten Nationen. Die Argumente Pro und Kontra sind von uns aufbereitet. Wir sind nicht optimistisch, daß eine Zweidrittel-Mehrheit im Bundestag möglich werde.

Wir bereiten den deutsch-französischen Gipfel in München vor. Angesichts der unmittelbaren Nähe zur deutschen Vereinigung rege ich an, den Franzosen den Vorschlag für eine politische Erklärung dieses Gipfels zu unterbreiten. Beide Seiten sollten die Perspektive ihrer Zusammenarbeit auf dem Hintergrund der deutschen Einigung öffentlich definieren. Ich gebe den Auftrag, einen entsprechenden Entwurf vorzubereiten. Ich selbst werde mit Jacques Attali darüber sprechen.

Am späten Nachmittag hat Seiters einige Kollegen zu einem Gespräch über die Gestaltung des 3. Oktober zusammengerufen. Hauptsächlich geht es um die Frage, ob die Präsidenten und Regierungschefs der Vier Mächte eingeladen werden sollen oder nicht. Seiters berichtet, daß BK entschieden dagegen sei. Auch Genscher habe sich dagegen ausgesprochen. Unsere heutige Runde ist mehrheitlich dafür. Ich kämpfe leidenschaftlich dafür, Gorbatschow, Bush, Mitterrand und PM Thatcher einzuladen. Ich bin sicher, alle werden kommen. Damit werde die Versöhnung mit den wichtigsten Kriegsgegnern sichtbar. Es sei eine Geste des Dankes für den Vollzug der Einheit. BK habe außerdem die Möglichkeit, mit allen vier Staats- und Regierungschefs Einzelgespräche zu führen, was für ihn ebenfalls sehr nützlich wäre. Vor allem Dr. Prill und Mertes unterstützen mich. Seiters erklärt sich bereit, mitzuhelfen, BK umzustimmen.

Genscher erhält einen Brief von Schewardnadse. Darin bedankt er sich, daß die Verhandlungen über die in Archiz vereinbarten Verträge so schnell und tatkräftig zustande gekommen seien. Es dürfe keine Zeit verloren gehen, damit das Dokument der »Sechs« beim bevorstehenden Treffen am 12. September in Moskau abgeschlossen werden könne. Die Sowjetunion sei bereit, ihren Teil des Weges zur Vereinbarung entschlossen und ehrlich zurückzulegen und hoffe fest darauf, daß das auch die deutsche Seite tue. Sonst könnte aus der Koppelung der Positionen am 12. September nichts werden. Schewardnadse spricht einige sowjetische Besorgnisse an. Er berichtet, daß die sowjetischen Militärs der Meinung seien, daß der Abzug der sowjetischen Truppen aus der DDR technisch nicht innerhalb von 3 bis 4 Jahren sondern frühestens[342] in 5 bis 7 Jahren gelöst werden könne. Das sei die besonders brisante Frage. Er erinnert daran, daß Gorbatschow in Archiz den Abzug der Truppen an dem Umfang der materiellen und finanziellen Unterstützung der deutschen Seite gekoppelt habe. Dafür habe BK als auch Genscher persönlich Verständnis geäußert. Das erste Treffen zu diesem Problem gebe wenig Anlaß zur Hoffnung. Die deutschen Vorschläge seien weit von den realen Bedürfnissen entfernt. Über das Wohnungsbauprogramm sei ihnen gesagt worden, daß es in den erforderlichen Fristen nicht realisierbar sei, weil die deutsche Seite weder die notwendigen Mittel noch Baukapazitäten zur Verfügung habe. Die Sowjetunion könne ihre Leute aber nicht in Zelten unterbringen. Wenn keine Lösungen gefunden werden könnten, müßten die Termine für den Truppenabzug geändert werden.

342 Zuerst stand dort »höchstens« und wurde in »frühestens« korrigiert.

Als zweites Problem spricht Schewardnadse den umfassenden politischen Vertrag an. Der deutsche Entwurf habe bei ihm ein Gefühl gewisser Unzufriedenheit und Befremdung ausgelöst. Das gelte besonders für die Artikel zur Sicherheit und zu den neuen Bedingungen für wirtschaftliche und wissenschaftlich-technische Zusammenarbeit. Er verweist darauf, daß die Wiederholung früher benutzter Formulierungen nicht ausreiche. Andererseits sei ein solcher Vertrag außerordentlich wichtig für die Absicherung aller Vereinbarungen und Beschlüsse, die mit der deutschen Einheit verbunden seien, gegenüber der sowjetischen Öffentlichkeit und gegenüber dem Obersten Sowjet. Es handele sich um eine Schlüsselfrage. Halbe Lösungen würden nicht ausreichen.

Als letzten Punkt spricht Schewardnadse das Dokument der »Sechs« an. Er fordert Genscher auf, eine Reihe weitergehender Festlegungen Deutschlands zu akzeptieren. Es handelt sich vor allem um einseitige Verpflichtungen Deutschlands in Sicherheitsfragen. All das seien Investitionen in die Zukunft und kein Verlust für die deutsche Souveränität.

Beruhigend ist, daß Schewardnadse gestern nach Abschluß seines Gespräches mit dem französischen Außenminister Dumas öffentlich erklärt hat, daß das Moskauer Treffen das letzte der »Sechs« sein solle und ein einheitliches und inhaltsreiches Dokument abgeschlossen werden müsse, in dem in strenger juristischer Form die abschließende völkerrechtliche Regelung des deutschen Problems fixiert werden müsse.

Dienstag, 28. August 1990

Am Nachmittag holt Seiters erneut den Gesprächskreis über die Gestaltung des 3. Oktobers zusammen. Er berichtet, daß am gestrigen Abend im Bungalow BK darüber ein Gespräch mit Schäuble, dem Parlamentarischen Geschäftsführer Bohl, mit dem Parlamentarischen Staatssekretär Pfeifer und mit ihm geführt habe. Es habe Übereinstimmung gegeben, daß keine ausländischen Gäste eingeladen werden sollen. Es solle auch kein Volksfest oder Feuerwerk stattfinden. Geplant sei lediglich eine Veranstaltung am Vorabend, um 22.00 Uhr, in der Philharmonie. Die Neunte Symphonie Beethovens solle aufgeführt werden. Außerdem sei eine Fernsehansprache von Bundespräsident von Weizsäcker vorgesehen. Um Mitternacht sollen die Kirchenglocken läuten.

Am 3. Oktober solle ein Staatsakt stattfinden, bei dem die Parlamentspräsidentin der DDR, Frau Bergmann-Pohl, und von Weizsäcker sprechen sollen. Anschließend sei ein Empfang für das Diplomatische Corps vorgesehen. Am 4. Oktober solle BK eine Regierungserklärung abgeben. Darüber solle eine Aussprache stattfinden.

Die meisten Teilnehmer unserer Runde sind entsetzt. Dr. Prill, Dr. Neuer, Professor Bergsdorf, Dr. Gotto und ich erklären die gestrige Runde für unfähig zum Feiern. Wir sind nicht nur über dieses Ergebnis verwundert sondern deutlich betroffen. Gemeinsam erarbeiten wir eine Alternative. Wir schlagen für den 2. Oktober ein Volksfest vor. Anderenfalls würde es der Berliner Senat und die SPD übernehmen. Anschließend sollten sich Bundespräsident, Bundeskabinett und alle anderen Potentaten am Brandenburger Tor versammeln. Um 0.00 Uhr solle die Flagge der DDR vom Brandenburger Tor eingeholt und die Bundesflagge gehießt werden. Anschließend solle ein Feuerwerk stattfinden. Wenn die Bundesregierung das nicht mache, werde das der Berliner Senat veranstalten.

Für den 3. Oktober geht es uns vor allem darum, einen Anlaß zu schaffen, damit BK einen öffentlichen Auftritt hat. Deshalb schlagen wir vor, daß der gesamtdeutsche Bundestag im Reichstag zusammentreten und BK eine Regierungserklärung abgeben solle. Für den Staatsakt schlagen wir erneut vor, die Staats- und Regierungschefs der Vier Mächte einzuladen. Wir geben nicht auf.

Um 19.15 Uhr treffe ich zu einem über einstündigen Gespräch mit dem sowjetischen stellvertretenden Außenminister Julij Kwizinskij im Bundeskanzleramt zusammen. Er berichtet mir, daß Schewardnadse ihn beauftragt habe, dieses Gespräch mit mir zu führen. Er komme aufgrund einer ernsten Besorgnis. Die Lage in der Sowjetunion spitze sich zu. Angesichts der Beratungen über den zukünftigen Unionsvertrag und über die grundlegende Wirtschaftsreform wolle Schewardnadse darauf aufmerksam machen, daß sich die sowjetische Führung in einer kritischen Phase befinde. Auf diesem Hintergrund bereite der Stand der Verhandlungen über den Abzugsvertrag besondere Besorgnis. Die Haltung der sowjetischen Militärs sei sehr kritisch. Wenn es keine Mittel für Transportkosten, für neue Wohnungen und für den Aufenthalt sowjetischer Truppen in der DDR gebe, sei ein Aufstand in der Sowjetarmee nicht auszuschließen.

Die sowjetischen Militärs würden auch einen Abzug innerhalb von 3 bis 4 Jahren ablehnen. Die Transportprobleme seien riesig. Kwizinskij spricht von einer Frist bis zu 6 Jahren, die für den Abzug erforderlich sei.

Als zentralen Punkt spricht Kwizinskij die Frage des Wohnungsbaus für die zurückkehrenden sowjetischen Soldaten an. Wenn es bei den vereinbarten Abzugszeiten bleibe, müßten 80.000 Familien pro Jahr aus der DDR zurückgeführt werden. Hinzu kämen 80.000 Familien der Sowjetarmee aus Ungarn und der ČSFR. Gorbatschow verweise immer wieder auf seine Gespräche mit BK in Archiz und vertraue auf die dort gegebenen Zusagen. Doch die bisher vorliegenden Vorschläge der Bundesregierung seien nicht praktikabel und reichten nicht aus. Dagegen bestehe kein großer Bedarf im Bereich der Weiterbildung und Ausbildung sowjetischer Berufssoldaten in der DDR. Es handele sich um Elitetruppen, die nicht demobilisiert würden.

In Bezug auf den bilateralen politischen Vertrag unterstreicht Kwizinskij das sowjetische Interesse, die neue Qualität der Beziehungen deutlicher zu unterstreichen. Der deutsche Vertragsentwurf sei bisher unbefriedigend. Besonderes Gewicht sollte auf Aussagen über Sicherheit, Gewaltverzicht, Nichtangriff gelegt werden. Die Aussagen über die umfassende wirtschaftliche, technologische und wissenschaftliche Zusammenarbeit müßten umfassender und deutlicher formuliert werden. Der Sowjetunion ginge es um eine weitreichende Zusammenarbeit. Sie wolle sich auf Deutschland »abstützen«. Die privilegierte Zusammenarbeit müsse deutlicher werden.

Als ziemlich erfolgreich bezeichnet Kwizinskij die Gespräche mit Kastrup über das Dokument zu den 2+4-Gesprächen. Ein besonderes Anliegen von Schewardnadse seien Aussagen, daß von deutschem Boden zukünftig nur noch Frieden ausgehe, über Gewaltverzicht usw. Der Oberste Sowjet müsse den Eindruck gewinnen können, daß das geeinte Deutschland die »Inkarnation der Friedensliebe« sei. Einige schwierige Fragen stünden noch offen. Darunter sei die Frage der Wiedergutmachung für die sowjetischen Zwangsarbeiter. In dieser Frage käme Schewardnadse unter immer stärkeren Druck. Kastrup habe es jedoch abgelehnt, darüber zu sprechen.

Die sowjetischen Militärs seien an der Aufrechterhaltung ihrer Militärmissionen interessiert. Regelungen müßten noch zu dem Vorschlag Genschers über die Suspendierung der Vier-Mächte-Rechte gefunden werden.

Kwizinskij unterstreicht noch einmal die besondere Bedeutung des bilateralen politischen Vertrages. Es wäre für die sowjetische Führung äußerst hilfreich, wenn dieser Vertrag noch vor dem 3. Oktober von der Bundesregierung, der DDR-Regierung und der sowjetischen Regierung paraphiert und unmittelbar nach Vollzug der Einigung Deutschlands unterschrieben werden könnte. Das wäre auch deshalb vorteilhaft, weil Frankreich einen solchen Vertrag mit der Sowjetunion verhandele, der[343] im Oktober beim Besuch von Gorbatschow in Paris unterschrieben werden soll. Kwizinskij versucht mich mit dem Hinweis zu locken, daß der deutsch-sowjetische Vertrag an Bedeutung verlieren würde, wenn er erst nach dem sowjetisch-französischen Vertrag unterschrieben werde.

Insgesamt vermittelt das Gespräch den Eindruck, daß die Schwierigkeiten erneut zunehmen. Aus meiner Sicht ist es jedoch der Versuch der sowjetischen Seite, nachzubessern. Doch ernst nehmen müssen wir diese »Besorgnisse« der Sowjetunion.

Zum Abschluß frage ich Kwizinskij à titre personelle,[344] ob er sich vorstellen könne, daß Gorbatschow eine Einladung zum 3. Oktober folgen würde. Seine Antwort ist sehr pragmatisch: Wenn drei kämen, käme auch der vierte.

Bei allen Problemen war auch dieses Gespräch mit Kwizinskij sehr offen und sehr direkt. In den zahlreichen Gesprächen dieses Jahres haben wir Vertrauen zueinander gewonnen und gelernt, daß wir uns aufeinander verlassen können. Ich weiß, daß er meine Anregungen aufnimmt und ebenfalls weiterleitet.

Gestern und vorgestern fand die erste Verhandlungsrunde über den bilateralen Generalvertrag zwischen Dr. Kastrup und Kwizinskij statt. Dr. Kaestner aus meiner Abteilung nahm daran teil. In dieser ersten Verhandlungsrunde ist bereits die Präambel und die ersten sieben Artikel des Vertrages ad Referendum fertiggestellt worden. Am 31. August soll unter Leitung von Botschafter Terechow weiter verhandelt werden. Sollten dann noch Fragen offen bleiben, sollen sie am 3. September am Rande der nächsten 2+4-Gespräche auf Beamtenebene weiter behandelt werden. Abschließend könnte am Vorabend des 2+4-Ministertreffens in Moskau letzte Hand an den Vertragstext angelegt werde.

Es ist vereinbart worden, auf ein Schreiben des BK an Gorbatschow zu verzichten, wenn bis zum 12. September ein unterschriftsreifer Entwurf fertiggestellt sei. Dabei gehen jetzt beide Seiten davon aus, daß der Vertrag bald nach dem 3. Oktober auf höchster politischer Ebene unterzeichnet werde.

Insgesamt ist der Verhandlungsstand nach der ersten Runde trotz der Bedenken Kwizinskijs ermutigend. Der Brief Schewardnadses und die Äußerungen Kwizinskijs werden von uns mehr als Versuch bewertet, uns zu weiteren Kompromissen zu bewegen. Die Verhandlungen selbst sind auf der Grundlage des deutschen Entwurfs geführt worden.

Mittwoch, 29. August 1990

In der Kanzler-Lage um 8.20 Uhr unterrichte ich BK über mein Gespräch mit Kwizinskij. BK beschließt, noch heute mittag ein Ministergespräch mit Genscher, Waigel und Haussmann zu führen.

Anschließend sprechen wir über die Gestaltung des 3. Oktober. Er soll als gesetzlicher Feiertag beschlossen werden. BK bleibt bei seinem Vorschlag, daß am Vorabend nur Beethovens Neunte in der Philharmonie stattfinden solle. Am 3. Oktober solle der Tag mit einem ökumenischen Gottesdienst beginnen, an dem sich der Festakt anschließen solle.

343 An dieser Stelle wurde das Wort »noch« gestrichen.
344 Das bedeutet so viel wie in persönlicher Eigenschaft bzw. rein privater Art.

Sprechen solle Frau Bergmann-Pohl, von Weizsäcker und Momper. Die Bundestagssitzung mit der Regierungserklärung solle am 4. Oktober stattfinden. Wir streiten uns heftig, aber ohne Erfolg. BK setzt sich durch.

Um 9.30 Uhr setzt BK das Gespräch mit Seiters, Schäuble, Dr. Prill, Juliane Weber und mir fort. Jetzt erreichen wir Fortschritte. BK erklärt sich bereit, daß in der Nacht vom 2. auf dem 3. ein Volksfest mit Feuerwerk durchgeführt wird. Am 3. Oktober solle sich das gesamtdeutsche Parlament konstituieren. Er werde seine Regierungserklärung abgeben. Die Staats- und Regierungschefs der Vier Mächte sollen eingeladen werden. Der Tag solle mit einem Staatsakt und einem Staatsbankett beendet werden. Außerdem kündigt BK an, daß er nach der Einigung vier Bundesminister aus der ehemaligen DDR ohne Geschäftsbereich berufen werde. Das sollen sein: de Maizière, Professor Meyer, Dr. Krause und Ortleb. Der letztere ist von der FDP. De Maizière habe sich noch nicht entschieden, ob er Bundestagspräsident oder Justizminister werden wolle.

Um 13.15 Uhr beginnt das Ministergespräch des BK mit Waigel, Staatssekretär Klemm, Staatssekretär Köhler, BM Haussmann, Dr. Ludewig, BM Genscher und mir.

Genscher schlägt vor, daß der »große Vertrag« mit der Sowjetunion am 12. September paraphiert und Gorbatschow noch im Herbst zur Unterschrift nach Bonn eingeladen werden solle. Darüber herrscht Einvernehmen.

Eine längere Diskussion entsteht über die Frage, in welcher Größenordnung die Bundesregierung Mittel für den Wohnungsbau für die zurückkehrenden sowjetischen Soldaten zur Verfügung stellen solle. Genscher weist darauf hin, daß die Sowjetunion in dieser Frage eine Entscheidung vor dem 12. September erwarte. BK faßt die Diskussion zusammen. Die Bundesregierung solle in der Frage des Baus von Wohnungen großzügig sein, aber hart in der Frage der Stationierungskosten. Außerdem müsse sichergestellt werden, daß auf beiden Seiten Generalunternehmer vereinbart werden, die den Bau überwachen und organisieren. Es müsse Wert darauf gelegt werden, daß in der Sowjetunion sichtbar werde, daß die Deutschen helfen.

Donnerstag, 30. August 1990

Um 10.00 Uhr sucht mich der amerikanische Botschafter Walters auf Weisung des State Departments auf. Alle drei Westmächte seien erheblich verärgert, weil das NATO-Truppenstatut mit den Individualrechten auf der Negativliste des Einigungsvertrages aufgeführt sei.

Ich unterrichte Staatssekretär Sudhoff schriftlich über die amerikanische und britische Demarche. Sudhoff weist sie empört zurück. Er kündigt an, daß Genscher AM Baker persönlich anrufen werde. Die Verhandlungen würden heute fortgesetzt werden.

Präsident Bush ruft BK an, um ihn über die jüngste Entwicklung am Golf zu unterrichten. Die Sache stehe gut, weil die Welt entschlossen sei, der Aggression zu widerstehen. Jetzt müsse abgewartet werden, ob die Sanktionen[345] Wirkung zeigen.

345 Im Zuge der Invasion des Iraks 1990 in Kuwait verhängten die Vereinten Nationen Sanktionen gegen den Angreifer. Der Sicherheitsrat bekräftigte und modifizierte in mehreren Resolutionen das erste Handelsverbot vom 6. August 1990. Die Ausfuhr fast aller Güter wurde untersagt. Finanzielle Hilfen und Flugverkehr wurden eingestellt. Medizinische Versorgung zählte zu wenigen Ausnahmen vom generellen Verbot. Die irakische Bevölkerung litt am Mangel an Medikamenten und Lebensmitteln sowie Preisanstiegen, die Hungersnöte auslösten und zu Toten führten.

Bush erläutert die hohen Kosten, die durch das Embargo und durch die Truppenverlegungen entstehen würden. Die steigenden Ölpreise und die allgemeine Verschlechterung der wirtschaftlichen Lage bringe vor allem die Türkei, Ägypten, Jordanien, einige Länder Osteuropas, Pakistan, Indien, Marokko und die Philippinen in eine Notlage. Es müsse überlegt werden, wie den besonderen Bedürfnissen dieser Länder Rechnung getragen werden könne. Bush bittet BK, in der nächsten Woche Baker zu empfangen, der entsprechende amerikanische Überlegungen übermitteln werde. Baker werde eine Rundreise durchführen und auch mit Delors und Andreotti zusammentreffen. Dagegen werde Brady Mitterrand, PM Thatcher und Kaifu aufsuchen. Es handele sich um umfassende Konsultationsreisen.

Bush zeigt Verständnis dafür, daß Deutschland durch die Wiedervereinigung bereits hoch belastet sei. Es gelte jetzt jedoch, den Druck auf den Irak aufrechtzuerhalten und die Kostenfrage zu lösen.

BK erklärt sich bereit, Baker zu empfangen. Er wolle sehen, was er tun könne.

Um 19.00 Uhr treffe ich mit dem sowjetischen Botschafter Terechow zusammen. Im Auftrag des BK übergebe ich ihm ein Memorandum von BM Kiechle über eine neue Nahrungsmittelaktion für die Sowjetunion. Es enthält ein umfassendes Lieferprogramm von landwirtschaftlichen Produkten aus der DDR an die Sowjetunion in Milliarden-Höhe.[346] Ich bitte Terechow, so rasch als möglich eine sowjetische Entscheidung herbeizuführen.

Abschließend sprechen wir über den Stand der bilateralen Verhandlungen. Terechow drängt auf den rechtzeitigen Abschluß. Die Erläuterungen Kwizinskijs zum Brief Schewardnadse an Genscher, die er mir gegenüber gegeben habe, seien wichtiger als der Brief selbst. Ich berichte ihm von dem gestrigen Ministergespräch beim BK, wo weitere Fortschritte vorbereitet worden seien.

Um 19.00 Uhr kehrt BK von einem ganztägigen Besuch in der DDR zurück. Er berichtet von einer Bombenstimmung. Die Belastung für ihn werde jedoch immer größer. Zwei Stunden später, um 21.00 Uhr, muß er erneut ein Parteiengespräch über den Einigungsvertrag führen.

Genscher spricht heute vor dem VKSE-Plenum in Wien. In Absprache mit der Regierung in der DDR gibt er vor dem Plenum der Wiener Verhandlungen über konventionelle Streitkräfte in Europa eine bindende Erklärung der Bundesregierung ab, in der sie sich verpflichtet, die Streitkräfte des vereinten Deutschland innerhalb von 3 bis 4 Jahren auf eine Personalstärke von 370.000 Mann (Land-, Luft- und Seestreitkräfte) zu reduzieren. Diese Verringerung soll mit dem Inkrafttreten des ersten VKSE-Vertrages beginnen. Genscher erklärt, daß die Bundesregierung in dieser Verpflichtung einen bedeutsamen deutschen Beitrag zur Reduzierung der konventionellen Streitkräfte in Europa sehe. Sie gehe davon aus, daß in Folgeverhandlungen auch die anderen Verhandlungsteilnehmer ihren Beitrag

346 Das DDR-Landwirtschaftsministerium vereinbarte mit dem sowjetischen Außenwirtschaftsministerium eine Lieferung im Wert von ca. einer Milliarde Mark. Den größten Anteil bildeten 255.000 Tonnen Fleisch plus Eier, Mehl, Butter und Milch. Die Lieferung wurde zum Weltmarktpreis berechnet. 1,5 Milliarden Mark werden aus dem Haushalt beglichen. Die Sowjets sollten den Deal zu 20 % in Devisen (dazu erhielten sie einen hermesverbürgten Kredit mit einjähriger Laufzeit), 80 % wurde über den Transfer-Rubel verrechnet. Laut Landwirtschaftsminister Ignaz Kiechle und DDR-Staatssekretär Günther Krause sollten die ersten Lieferungen in Kürze folgen. Moskau hatte dringend darauf bestanden, dass die DDR auch eine Milliarde Zigaretten schicken sollte, die in der Sowjetunion ausgegangen waren, *Die Tageszeitung*, 11.9.1990, https://taz.de/DDR-Schweinefleisch-ab-in-die-UdSSR/!1752600/ (Abruf 31.1.2024); Nachbetrachtungen, S. 714, 716.

zur Festigung von Sicherheit und Stabilität in Europa, einschließlich Maßnahmen zur Begrenzung der Personalstärken, leisten werden.

Mit dieser Verpflichtung werden die Streitkräfte des künftigen vereinten Deutschland, legt man die bisherige Friedens-Sollstärke von Bundeswehr und NVA zugrunde, um fast die Hälfte vermindert.

Freitag, 31. August 1990

8.30 Uhr Kanzler-Lage: Heute Nacht sind die Verhandlungen als auch das Parteiengespräch über den »Einigungsvertrag« zum Abschluß gekommen. BK berichtet, daß Oppositionsführer Dr. Vogel sich nach Abschluß des Parteiengesprächs ausdrücklich bei den Verhandlungsführern BM Schäuble und StS Dr. Krause bedankt habe. BK ist mit dem Ergebnis sehr zufrieden. Er hofft, daß es auch für die Menschen in der DDR neue Hoffnung gebe. Seine gestrigen Kontakte mit den Menschen in der DDR hätten keinen Stimmungsumschwung gegen die Bundesregierung erkennen lassen. Vor allem genieße er persönlich nach wie vor einen großen Vertrauensvorschuß. Aber es sei unverkennbar, daß die Menschen voller Sorgen seien.

9.30 Uhr Kabinettsitzung: Einziger Tagesordnungspunkt ist der »Vertrag über die Herstellung der Einheit Deutschlands – Einigungsvertrag«. Einleitend[347] bekräftigt BK, daß eine gute Einigung erreicht worden sei. Er dankt allen Mitwirkenden. Die Ressorts hätten fantastische Arbeit geleistet. Das müßten andere erst einmal nachmachen. BK bedankt sich auch ausdrücklich bei den Vorsitzenden der Koalitionsfraktionen und den Parteivorsitzenden für die gute Zusammenarbeit.

Schäuble berichtet, daß über 90 % der Parteien im Bundestag, in der Volkskammer und alle 11 Länder zustimmen würden. Allein darin komme schon die Einheit zum Ausdruck.

Genscher berichtet über den Gesetzentwurf über die Inkraftsetzung von Vereinbarungen über den befristeten Aufenthalt von Streitkräften Frankreichs, der UdSSR, Großbritanniens und der USA in Berlin und der UdSSR auf dem in Art. 3 des Einigungsvertrages genannten Gebietes nach Herstellung der deutschen Einheit. Das Kabinett beschließt einstimmig den Einigungsvertrag und den von Genscher vorgelegten Gesetzentwurf.

Um 13.00 Uhr unterzeichnen BM Schäuble und StS Krause in Anwesenheit von MP de Maizière in Ost-Berlin den »Einigungsvertrag«. Nach den Strapazen der Woche hat es BK vorgezogen, nach Hause zu fahren. Er will andererseits damit deutlich machen, daß der Verdienst für diesen Einigungsvertrag vor allem Schäuble zukommt. Er gönnt ihm diesen Auftritt.

Mit dem Einigungsvertrag ist die Rechtsgrundlage für ein geeintes Deutschland nach dem Beitritt am 3. Oktober geschaffen worden. Damit ist auch die Voraussetzung gegeben, die Phase zwischen dem Tag der Einheit am 3. Oktober und den gesamtdeutschen Wahlen am 2. Dezember zu überbrücken.

Montag, 3. September 1990

8.45 Uhr BK-Lage: Ich berichte über den Stand der bilateralen Verhandlungen mit der Sowjetunion. Am Samstag ist in Moskau die zweite Runde der deutsch-sowjetischen Verhandlungen über den Abzugsvertrag zu Ende gegangen. Alle Artikel des Vertrages sowie

347 Korrigiert wurde »Einführend« durch »Einleitend«.

die Anlagen sind durchdiskutiert worden. Weitere Fortschritte konnten erzielt werden. Die Verhandlungen erweisen sich jedoch als schwierig und langwierig.

Die sowjetische Seite habe sich jedoch ausdrücklich zu zügigem Verhandlungsabschluß bekannt. Die nächste Runde soll noch in dieser Woche am Donnerstag/Freitag in Bonn stattfinden. Es bestehe die klare Absicht, bis zum 12. September ein unterschriftsreifes Ergebnis vorzulegen. Es zeichnet sich dabei ab, daß die sowjetische Seite für ihren Truppenabzug das Datum vom 31.12.1994 akzeptieren werde.

Der umfassende deutsch-sowjetische Vertrag ist in zwei Verhandlungsrunden letzte Woche bis auf drei geklammerte Artikel fertig verhandelt worden. Es sei nicht auszuschließen, daß die Klammern von sowjetischer Seite auch aus taktischer Erwägung aufrechterhalten werden, um abzuwarten, daß auch die anderen Verträge rechtzeitig zum Abschluß kommen. Die Gesamtbilanz der Verhandlungen ist positiv.

Wir sprechen über die Lage im Golf. Erfreulich ist die Bekanntgabe eines Sondertreffens zwischen Bush und Gorbatschow in Helsinki.[348]

BK kündigt an, daß er nach dem 3. Oktober, dem Tag der Einheit, die Regierung nicht mehr umbilden wolle, sondern vier Minister aus der DDR ohne Geschäftsbereich berufen wolle: Drei aus der CDU und einen von der FDP. Sie sollen in dieser Zeit vor den gesamtdeutschen Wahlen in der DDR aktiv sein.

Um 11.30 Uhr telefoniere ich mit Jacques Attali. Ich schlage ihm für den bevorstehenden deutsch-französischen Gipfel eine gemeinsame politische Erklärung vor, die BK und Mitterrand veröffentlichen sollten. Diese Demonstration der Einheit wäre gerade jetzt im Zusammenhang mit der bevorstehenden Einigung Deutschlands ein wichtiges außenpolitisches Signal. Jacques bezeichnet meinen Vorschlag als eine glänzende Idee. Er geht – wie immer – davon aus, daß wir ihm einen Entwurf zuleiten. Wir arbeiten bereits daran.

Um 12.00 Uhr trifft BK mit dem israelischen Verteidigungsminister Prof. Arens zusammen. Botschafter Navon, Generaldirektor Ivri und Generalmajor Shahak vom israelischen Geheimdienst nehmen teil. Arens berichtet über die Golfkrise und die damit verbundenen Spannungen im Nahen Osten. Er bestätigt, daß die USA und die Bundesregierung das beste Verständnis für die Gefahr im Nahen Osten aufbrächten. Deshalb sei er auch nach Bonn gekommen. Saddam Hussein habe seit neun Jahren sein militärisches Potential kontinuierlich aufgebaut. Einige Länder aus dem Westen hätten ihm dabei größere Hilfe geleistet. Die Koalitionsbildung durch Bush bezeichnet Arens als erfolgreich. Israel halte sich aber bewußt heraus. Er kritisiert, daß eine Kompensation für die Länder vorgesehen sei, die jetzt besonderen Schwierigkeiten unterlägen wie z. B. die Türkei, Jordanien, Syrien und Ägypten. Israel werde jedoch ausgespart. Das sei der Grund, warum er nach Washington und jetzt nach Bonn gereist sei.

Arens kritisiert die Beteiligung deutscher Unternehmen an Lieferungen für den Irak. BK kündigt eine verschärfte Gesetzgebung an. Notwendig sei jedoch eine gesellschaftliche Ächtung der betroffenen Firmen.

BK erklärt sich bereit zu prüfen, ob er den genannten Staaten, aber auch Israel, helfen könne. Solidarität dürfe keine Einbahnstraße sein. Die heutige Haltung sei würdelos und

348 Das Gipfeltreffen in Helsinki fand zwischen Staatspräsident Michail Gorbatschow und US-Präsident George Bush am Sonntag, den 9. September 1990, in der finnischen Hauptstadt statt. Mit dem kurzfristig auf Wunsch Washingtons einberufenen Gipfel erreichten die diplomatischen Bemühungen um eine Beilegung der Golfkrise einen Höhepunkt. Bush, Anführer der Militärkoalition gegen den Irak wollte Gorbatschow vor einem möglichen Angriff konsultieren.

für ihn persönlich beschämend. Nach der Bundestagswahl wolle er versuchen, eine Verfassungsänderung zu erreichen, um im Rahmen der Vereinten Nationen verstärkte internationale Verantwortung übernehmen zu können.

Arens bittet vor allem um Unterstützung zum Schutz der israelischen Bevölkerung. Er bezeichnet eine politische Lösung als den vernünftigsten Weg zur Beilegung des Golfkonfliktes. Wirtschaftssanktionen könnten nur erfolgreich sein, wenn die internationale Solidarität garantiert werden könne. Eine militärische Aktion könne nur das letzte Mittel sein. BK stimmt zu.

Um 14.30 Uhr telefoniert BK mit Genscher. Er besteht darauf, daß der zweiseitige Vertrag mit der Sowjetunion nicht vor dem 3. Oktober paraphiert werden dürfe. Er erinnert Genscher an die Vereinbarungen von Archiz, daß er an Gorbatschow einen Brief schreiben werde. Eine vorzeitige Paraphierung werde sofort harsche Reaktionen Polens hervorrufen, denen wir die Paraphierung des Grenzvertrages vor der Einigung Deutschlands verweigert hätten.

Er erinnert Genscher daran, daß er mit Polen parallele Verhandlungen über den Grenzvertrag und über einen allgemeinen Vertrag wünsche. Beide Verträge sollen aber erst 1991 unterzeichnet werden. BK lehnt den Wunsch Genschers ab, am 3. Oktober vor den Vereinten Nationen zu sprechen. Er müsse mit öffentlicher Kritik rechnen, wenn er als Vizekanzler am Tag der deutschen Einheit nicht in Berlin sein würde.

15.30 Uhr: BK spricht mit dem König des Haschimitischen Königreichs Jordanien, Hussein II Iben Tallal. Er ist begleitet vom PM Mudar Badran und dem Chef des Königlichen Hofes, Sherif Zeid ben Shaker, AM Marwan Kasim und dem politischen Berater des Königs, Atnan Awu Odeh.

Hussein beglückwünscht BK zum Prozeß der deutschen Einheit Anschließend sprechen sie über die Lage am Golf. Der König bezeichnet sie als sehr ernst. Es bestehe jederzeit die Gefahr einer Explosion. Jordanien habe versucht, von Anfang an im Rahmen seiner Möglichkeiten eine Eskalation zu verhindern. Jetzt sei es sehr schwierig geworden, eine friedliche Lösung herbeizuführen. Die brisante Lage von heute sei nicht aus einem Nichts heraus entstanden. Die Anzeichen für die Gefahr eines vor allem wirtschaftlich bedingten Krieges habe er bereits vor Monaten auf dem arabischen Gipfel in Bagdad[349] verspürt. Diese Anzeichen einer Gefahr hätten sich laufend verstärkt. Er habe den irakischen und kuwaitischen Freunden den Rat gegeben, sich auf eine kleine Grenzkorrektur zu Lasten Kuwaits zu einigen, die dem Irak den Meereszugang ermögliche. Ein Eingehen Kuwaits auf diesen Vorschlag hätte zur Lösung einer Reihe weiterer Probleme führen können. König Hussein schildert detailliert die bestehenden Probleme, die sich zwischen dem Irak und Kuwait seit langer Zeit aufgestaut hätten. Jordanien habe sich stets gegen militärische Lösungen von politischen Streitfragen gewandt. So sei auch die jüngste Golfkrise im arabischen Rahmen lösbar. Er sei der Auffassung, daß der Irak nie beabsichtigt habe, die territoriale Integrität Saudi Arabiens zu bedrohen. Die Stationierung amerikanischer Streitkräfte auf saudischem Gebiet halte er für politisch unklug und für psychologisch gefährlich. Sie sei für jedem Mos-

349 Vom 28. bis 30. Mai 1990 fand in Bagdad die 8. Außerordentliche Arabische Gipfelkonferenz statt. Verurteilt wurde die jüdische Einwanderung in Palästina und die Politik der besetzten Gebiete. Das Taif-Abkommen bezüglich des Libanons wurde gebilligt, missgebilligt jedoch die mögliche Anerkennung Jerusalems durch die USA sowie deren Drohungen gegen Libyen. Vom 9. bis 10. August 1990 fand in Kairo die 9. Außerordentliche Arabische Gipfelkonferenz statt, die die irakische Aggression verurteilte und die Entsendung arabischer Streitkräfte genehmigte.

lem zutiefst erniedrigend. Das habe er auch Präsident Bush erläutert. Er werde weiterhin alles tun, eine friedliche Konfliktlösung zu erreichen. Er spreche darüber mit einer Reihe von Führern der arabischen Welt.

Auch im Falle eines Rückzugs des Iraks aus Kuwait werde die Lage in der Region grundsätzlich verändert sein. Es werde neue Friedensinitiativen im Mittleren als auch im Nahen Osten geben müssen. Sie müssen den Zusammenhalt der Staaten in der Region und die Stabilisierung fördern. Die gemäßigten arabischen Staaten brauchen dafür die Hilfe ihrer Freunde. Jetzt wolle er zu einer für alle Teile gesichtswahrenden Lösung beitragen. Für eine einvernehmliche Lösung sei vor allem das Verständnis der USA und Großbritanniens erforderlich.

Der König berichtet, daß sich das Verhältnis Jordaniens zum Irak besonders während des Golfkrieges[350] entwickelt habe, da er die Politik des Iraners als Bedrohung empfunden habe. Die Beziehungen zum Irak seien offen und freundschaftlich. Jordanien habe sich vom Irak nie bedroht gefühlt. Wirtschaftlich sei Jordanien sehr eng auf den Irak ausgerichtet. Jetzt leide Jordanien unter schweren Problemen.

BK und der König sind sich einig, daß ein Krieg in der Golfregion vermieden werden sollte. Er könne die Probleme nicht lösen. Hussein berichtet, daß er bei Bush den Eindruck gewonnen habe, daß dieser militärische Gewalt nicht offensiv sondern defensiv einsetzen werde.

Um 18.30 Uhr hat Seiters die Staatssekretäre zu einem Gespräch eingeladen, um mit ihnen die Möglichkeiten einer deutschen Unterstützung der amerikanischen Golfaktion zu besprechen. Die Ressorts werden aufgefordert, entsprechende Hilfsmaßnahmen zu prüfen. Vorrangig geht es um die Frage, Luft und See Transportraum zur Verfügung zu stellen, nicht militärische Ausrüstung und wirtschaftliche und finanzielle Unterstützung der Türkei, Jordaniens und Ägyptens.

Um 20.30 Uhr Gespräch mit BK im Bungalow. Seiters, Schäuble, Dr. Ludewig, Wolfgang Bergsdorf, Dr. Prill, Juliane Weber und ich sind versammelt. Intensiv diskutieren wir die Gestaltung des 3. Oktober. BK spricht sich erneut in Übereinstimmung mit Genscher entschieden dagegen aus, die Staats- und Regierungschefs der vier Siegermächte einzuladen. Unterstützt von Schäuble und Prill lasse ich nicht locker. Am Ende stimmt BK zu, daß ich vertraulich sondiere, ob Bush eine Einladung annehmen würde.

Wir sprechen über die Übernahme der Regierungsverantwortung nach dem 3. Oktober in der DDR. BK beschließt, daß jedes Ressort ein Arbeitsteam mit einem Parlamentarischen oder beamteten Staatssekretär an der Spitze zur Verfügung stellen müsse, um die Verwaltungsarbeit in der ehemaligen DDR sicherzustellen. Entlassungen im großen Stil sollten vor dem 1. Januar 1991 vermieden werden.

Dienstag, 4. September 1990

Um 11.00 Uhr ruft mich BK zu einem Gespräch mit Genscher hinzu. Dieser tritt nachdrücklich dafür ein, den großen bilateralen Vertrag mit der Sowjetunion am 12. September anläßlich des letzten 2+4-Ministergespräches in Moskau zu paraphieren. Zuerst müsse

350 Am 22. September 1980 erklärte der irakische Diktator Saddam Hussein dem Iran den Krieg. Damit begann der Erste Golfkrieg, der acht Jahre dauerte und rund einer Million Menschen das Leben kostete. De USA, die Sowjetunion, Saudi-Arabien und europäische Länder, darunter auch die Bundesrepublik, versorgten den Irak mit Waffen und machten damit eine mehrjährige Fortsetzung des militärischen Konflikts möglich; Nachbetrachtungen, S. 789–790.

das 2+4-Abschlußdokument unterzeichnet werden. Am Tag darauf könne der bilaterale Vertrag paraphiert werden. Das sei vom Gewicht her weniger als der zwischen BK und Gorbatschow verabredete Brief.

BK warnt erneut vor einer möglichen polnischen Verstimmung. Genscher erwidert, daß Polen seit den 2+4-Verhandlungen sehr zufrieden sei und nicht verärgert sein werde. Außerdem sei der bilaterale Vertrag mit der Sowjetunion etwas anderes als der Grenzvertrag mit Polen. Deshalb sei ja die vorherige Paraphierung von der Bundesregierung auch abgelehnt worden. Außerdem werde der Vertrag mit der Sowjetunion von der DDR-Regierung nicht mitparaphiert werden. Zusätzlich schlägt Genscher vor, daß der »Generalvertrag« mit der Sowjetunion noch im Oktober von BK und Gorbatschow unterzeichnet werden solle. Damit solle erreicht werden, daß er vor dem französisch-sowjetischen Vertrag unterschrieben werde.

Ich verweise noch einmal auf die mögliche negative Reaktion der Polen, wenn wir mit der Sowjetunion einen Vertrag paraphieren würden und die polnische Regierung von uns noch nicht einmal wisse, wann wir bereit seien, die Verhandlungen aufzunehmen. Ich schlage vor, Mazowiecki einen Brief zu schreiben und die Bereitschaft anzukündigen, Verhandlungen aufzunehmen. BK und Genscher stimmen zu. BK solle noch in dieser Woche an Mazowiecki schreiben, daß die Außenminister nach der Einigung Deutschlands Verhandlungen über die Verträge aufnehmen sollen, um sie so rasch als möglich nach den Wahlen unterzeichnen zu können.

Mittags unterrichte ich die Mitglieder des außen- und verteidigungspolitischen Arbeitskreises der CDU/CSU-Bundestagsfraktion über den Stand der 2+4-Verhandlungen und der deutsch-sowjetischen Verhandlungen über die vier bilateralen Verträge.

Am Nachmittag ruft mich BK zu sich und unterrichtet mich, daß sowohl von Weizsäcker als auch Oppositionsführer Dr. Vogel sich gegen die Einladung der Staats- und Regierungschefs der Vier Mächte zum Tag der deutschen Einheit ausgesprochen hätten. Er habe mir das ja immer gesagt. Damit gerate diese Frage in den öffentlichen Streit. Das wolle er in jedem Fall verhindern. Er fordert mich auf, die Frage einer Teilnahme von Präsident Bush jetzt doch nicht zu sondieren.

Um 16.00 Uhr treffe ich mit dem französischen Botschafter Serge Boidevaix zusammen. Wir sprechen über den bevorstehenden deutsch-französischen Gipfel. Wir sind uns einig, daß es jetzt politisch wichtig sei, die deutsch-französische Zusammenarbeit öffentlich herauszustellen. Dazu solle eine gemeinsame politische Erklärung vorbereitet werden. Boidevaix berichtet mir, daß Hubert Védrine, Sprecher und außenpolitischer Berater von Präsident Mitterrand, auch für eine solche Erklärung sei, jedoch keinen Entwurf übermittelt habe.

BK schickt mir den Durchschlag eines Briefes an Genscher. Es geht um den »Generalvertrag« mit der Sowjetunion. BK erklärt sich damit einverstanden, daß der Vertrag eine Aussage über Nicht-Unterstützung eines Angreifers[351] enthalte, wie sie von sowjetischer Seite gewünscht werde. Diese Aussage müsse jedoch so ausfallen, daß jede Nähe zum Hitler-Stalin-Pakt[352] oder zu den Verträgen, die die DDR mit der Sowjetunion abgeschlossen habe, unmißverständlich vermieden werde.

351 Ein deutsch-sowjetischer Vertrag sollte einen Passus enthalten über die Nicht-Unterstützung eines dritten Angreifers, was auf eine quasi neutrale Haltung von beiden Seiten hinauslief.

352 Der Hitler-Stalin-Pakt wurde als deutsch-sowjetischer Nichtangriffspakt oder auch Molotow-Ribbentrop-Pakt vom 23. August 1939 in Moskau am 24. August unter Anwesenheit Stalins und des deutschen Botschafters Graf von der Schulenburg und den Außenministern Joachim von Ribbentrop und Wjatscheslaw

Kurz vor 23.00 Uhr ruft mich zu Hause der sowjetische Botschafter Terechow an. Er sei sehr besorgt, daß die Verhandlungen scheitern könnten. Er weist mich auf die Bedeutung der morgigen Verhandlungen zwischen Finanzminister Waigel und dem Ersten stellvertretenden MP Sitarjan hin, die morgen früh um 8.00 Uhr beginnen sollen. Er bittet mich, darauf Einfluß zu nehmen. Außerdem möchte er am Nachmittag mit mir zu einem Gespräch zusammentreffen.

Heute abend hat BK seinen ersten Wahlkampfeinsatz für die Landtagswahlen am 14. Oktober in den fünf neuen Bundesländern. In Heiligenstadt erwarten ihn 35.000, in Wernigerode 11.000 Teilnehmer.

Mittwoch, 5. September 1990

In der Morgenlage um 8.30 Uhr berichtet BK über seine gestrigen Wahlkampfauftritte in der DDR. Es sei spürbar gewesen, daß die Menschen die Einheit faktisch schon vollzogen hätten. Die Stimmung sei nach wie vor gut, aber insgesamt ernsthafter geworden. Beim Abspielen der Nationalhymne hätten viele Tränen in den Augen gehabt.

Um 9.00 Uhr findet im Bundestag die erste Beratung des Entwurfs eines Gesetzes zu dem Vertrag zwischen der Bundesrepublik und der DDR über die Herstellung der Einheit Deutschlands (Einigungsvertrag) statt. Innenminister Schäuble gibt eine Regierungserklärung ab. Mit dem Einigungsvertrag sind die Grundlagen dafür geschaffen, daß der Beitritt der DDR in geordneten Bahnen verlaufen könne. Der Einigungsvertrag soll zur Vollendung der staatlichen Einheit Deutschlands beitragen und die Voraussetzungen dafür schaffen, daß das Ziel einheitlicher Lebensverhältnisse in ganz Deutschland möglichst bald erreicht werden könne. Die großen, dramatischen Veränderungen für die Menschen in beiden Teilen Deutschlands, vor allem aber in der DDR, sollen erträglich bleiben: sozial, wirtschaftlich, auch politisch, psychologisch und moralisch. Der Einigungsvertrag solle dazu beitragen, daß die Menschen im vereinten Deutschland wirklich zueinander finden.

Mittags trifft eine Botschaft von Präsident Bush über »Skipper« an BK ein. Es geht um das Gipfeltreffen mit Gorbatschow am kommenden Sonntag, den 9. September, in Helsinki. Bush kündigt an, daß eines seiner wichtigsten Ziele sei, sich der weiteren sowjetischen Unterstützung für internationale Anstrengungen gegen Saddam Hussein zu vergewissern. Die sowjetische Politik sei bisher außerordentlich hilfreich gewesen. Er hoffe, die Positionen Gorbatschows, die dieser bereits im Golf ergriffen habe, zu verstärken. Es sei wichtig, mit der Sowjetunion wirkungsvoll zusammenzuarbeiten. Das müsse öffentlich sichtbar werden. Das sei wesentlich nicht nur für die Bewältigung der gegenwärtigen Herausforderung sondern auch für das Zustandekommen einer neuen Art der Beziehungen zwischen der Sowjetunion und den westlichen Verbündeten.

Molotow unterzeichnet. Vorausgegangen war der Abschluss des deutsch-sowjetischen Wirtschaftsvertrages vom 19 August. Im Hitler-Stalin-Pakt wurde Deutschland für den Fall eines Angriffs auf Polen die Neutralität der Sowjetunion garantiert und in einem geheimen Zusatzprotokoll ein Teil Polens sowie Litauen zugesprochen, der Sowjetunion Ostpolen, Finnland, Estland, Lettland und Bessarabien. Nach der beiderseitigen Besetzung Polens wurde am 28. September 1939 ein deutsch-sowjetischer Grenz- und Freundschaftsvertrag unterzeichnet, in dem u. a. wirtschaftliche Zusammenarbeit vereinbart und durch den nun auch Litauen in den Machtbereich der Sowjetunion geriet. Am 22. Juni 1941 brach Deutschland mit dem Angriff auf die Sowjetunion beide Verträge, siehe auch Anmerkung 194, S. 331; Nachbetrachtungen, S. 810–811.

Darüber hinaus kündigt Bush an, daß er dieses Treffen auch für einen neuen Vorstoß in den Abrüstungsverhandlungen nutzen wolle. Im Besonderen gelte das für die VKSE-Verhandlungen in Wien. Auch wolle er einige regionale Fragen ansprechen. Ebenso wolle er die Gelegenheit nutzen, etwas über die innersowjetische Situation zu erfahren.

Bush kündigt an, daß er auch noch einmal bekräftigen wolle, daß die 2+4-Ministergespräche am 12. September in Moskau zum Abschluß kommen müßten. Dabei wolle er die sowjetische Bereitschaft begrüßen, daß Deutschland volles Mitglied in der NATO bleiben könne und die volle Souveränität mit dem Augenblick der Vereinigung erhalte. Seine besondere Sorge sei, daß die Sowjetunion weitere Begrenzungen bezüglich der deutschen NATO-Mitgliedschaft über das hinaus, was bereits vereinbart worden sei, erwarten könnte. Bush bietet BK an, mit ihm noch einmal vor seinem Abflug nach Helsinki zu telefonieren. Baker werde am 10. September die NATO über die Ergebnisse unterrichten. Er selbst wolle BK nach Rückkehr nach Washington seine Eindrücke übermitteln.

Als ich BK über dieses Telegramm unterrichte, beauftragt er mich, sofort Scowcroft anzurufen und für morgen ein Telefonat mit Bush anzumelden. Gleichzeitig soll ich sondieren, ob Bush eine Einladung für den Einigungstag akzeptieren würde. Also doch!

Außerdem solle ich den sowjetischen Botschafter Terechow anrufen. BK möchte mit Gorbatschow am 10. oder 11. September telefonieren und ihn gleichzeitig über seine Entscheidung zum Wohnungsbau für die Sowjetsoldaten im Rahmen des Überleitungsvertrages unterrichten.

Am Nachmittag treffe ich zu dem verabredeten Gespräch mit Terechow zusammen. Wir sind uns einig, daß derzeit die umfassendsten, dichtesten und vielfältigsten Verhandlungen zwischen der Sowjetunion und der Bundesrepublik stattfinden, die es je gegeben habe. Allerdings stünden diese Verhandlungen unter einem enormen Zeitdruck, der jedoch am Ende hilfreich sei. In der Geschichte der beiderseitigen Beziehungen seit 1945 habe es noch nie eine solche Dichte an Verhandlungen und Beziehungen gegeben: Das betreffe die 2+4-Verhandlungen wie die über die vier bilateralen Verträge. Hinzu komme das Abkommen über die Lieferungen landwirtschaftlicher Produkte, das Kiechle vorgeschlagen habe.

Wir sind uns einig, daß die Verhandlungen über die beiderseitigen Verträge bis zum 12. September, dem Beginn der letzten 2+4-Ministergespräche in Moskau, zum Abschluß gebracht sein müssen.

Das Abkommen über die wirtschaftliche Zusammenarbeit, das BM Haussmann verhandele, werfe keine Probleme auf. Schwieriger sei der Überleitungsvertrag. Es gebe Übereinstimmung über die Themen, die zu behandeln seien. Über die Inhalte selbst sei noch keine Einigung erreicht. Terechow spricht davon, daß Moskau Stationierungskosten für vier Jahre in Höhe von 3,5 Mrd. erwarte; Transportkosten in Höhe von 3 Mrd.; 11,5 Mrd. für den Bau von 72.000 Wohnungen à 57 qm plus Infrastruktur wie Kindergärten, Geschäfte, Apotheken usw.; 500 Mio. für das Aus- und Fortbildungsprogramm; 17 bis 17,5 Mrd. für die sowjetischen Liegenschaften in der DDR.

Terechow weist darauf hin, daß die Stimmung in der Sowjetunion nicht gut sei. Komplikationen seien nicht auszuschließen. Die Situation sei ziemlich trübe. Terechow empfiehlt Gespräch BK mit dem Ersten stellvertretenden MP Sitarjan.

Doch BK lehnt ein solches Gespräch ab. Er habe keine Zeit. In seinem Auftrag erkläre ich Terechow, daß BK die Verträge bis zum 12.9. zum Abschluß bringen wolle. Nach Auffassung des BK sollen sich die finanziellen Leistungen der Bundesregierung auf den Wohnungsbau konzentrieren. Das deutsche Angebot liege jetzt bei 6 Mrd. Diese Summe schließe alle

Verpflichtungen ein. Ich deute aber nicht an, daß BK bereit ist, über diese 6 Mrd. noch hinauszugehen.

Ich übermittele den Wunsch, daß beide Seiten Generalbevollmächtigte ernennen sollen, die über alle Vollmachten verfügen müßten. Die deutschen Leistungen für den Wohnungsbau sollen aber keine Leistungen für Infrastruktur einschließen. Das sei Angelegenheit der Sowjetunion. Ich übermittele Wunsch des BK, mit Gorbatschow telefonieren zu wollen.

Terechow sagt mir sofortige Unterrichtung Moskaus zu.

Anschließend telefoniere ich mit Brent Scowcroft. Ich sage ihm, daß BK bereit sei, noch vor dem Gipfel in Helsinki mit Bush zu telefonieren. Das Telefonat solle morgen stattfinden.

Anschließend frage ich ihn unter dem Hinweis, daß es sich um eine Frage zwischen zwei Freunde handele, ob er sich vorstellen könne, daß Bush eine Einladung des BK für den 3. Oktober, den Tag der Einheit, annehmen würde. Es wäre gut, wenn er mir noch vor dem Telefonat BK mit Bush eine Nachricht geben könne. Je nach Antwort werde BK eine solche Einladung gegenüber dem Präsidenten ansprechen oder nicht. Brent sagt mir rasche Antwort zu. Er wolle darüber nachdenken.

Um 18.00 Uhr unterrichte ich BK über das Gespräch mit Terechow. Er fühlt sich bestätigt, mit Gorbatschow noch einmal über alle diese Fragen zu telefonieren.

Donnerstag, 6. September 1990

Heute mittag telefoniere ich mit Brent Scowcroft. Er teilt mir mit, daß Bush große Probleme habe, am 3. Oktober nach Berlin zu kommen. Er habe für diesen Tag bereits Wahlkampftermine angenommen, die Hallen seien Monate im voraus gebucht, der Präsident könne deshalb nicht absagen. Brent rät mir jedoch, daß BK trotzdem Bush ansprechen solle.

Brent spricht die 2+4-Verhandlungen an. Die Sowjetunion verfolge die Absicht, die Stationierung von doppelt verwendbaren Trägersystemen zu verhindern. Die USA würden das nicht akzeptieren, da bereits Flugzeuge zu diesen Systemen zählen würden. Bush werde BK auf diesen Punkt ansprechen.

Ich unterrichte sofort BK. Ich rate ihm, Bush vorzuschlagen, am Sonntag in Helsinki mit Gorbatschow über die mögliche Teilnahme beider am 3. Oktober zu sprechen. Doch BK möchte mit Gorbatschow selbst sprechen. Er beauftragt mich, über Botschafter Terechow für morgen Vormittag ein Telefongespräch mit Gorbatschow anzumelden.

Um 14.10 Uhr telefoniert BK mit Präsident Bush. Er bedankt sich für seinen Brief vom 5. September zum bevorstehenden Gipfeltreffen mit Gorbatschow. Er berichtet Bush, daß er mit Baker einen Termin bei sich zu Hause vereinbart habe, um die deutsche Unterstützung für Ägypten, Jordanien und für die Türkei zu besprechen. Außerdem werde er auch eine Antwort auf die Anfrage von Bush geben können, in welchem Umfang die Bundesrepublik Frachtraum zur Verfügung stellen könne. Er kündigt an, daß die ABC-Spürpanzer an die amerikanischen Truppen unentgeltlich und auf Dauer übergeben würden. Er selbst sei dabei, sich um alle diese Fragen zu kümmern, um Baker ein Angebot übergeben zu können. BK bedauert, daß es nicht möglich sei, das Grundgesetz noch vor der Bundestagswahl zu ändern.

Bush bezeichnet die Ankündigungen des BK als interessant und sehr konstruktiv. Er verstehe die Beschränkungen durch das Grundgesetz. BK bezeichnet es für sich persönlich als unerträglich, daß die Bundesrepublik nach so viel Solidarität, die sie von Seiten der USA erfahren habe, jetzt nicht handeln könne.

Beide sprechen über den Stand der 2+4-Gespräche. BK spricht von sehr guten Fortschritten. Der amerikanische Unterhändler Seitz sei sehr hilfreich. Hinsichtlich des sowjetischen Truppenabzugs aus der heutigen DDR bis Ende 1994 gebe es offenbar noch Schwierigkeiten. Das sei sicherlich kein böser Wille, vielmehr sei das Wohnungsproblem für die zurückkehrenden sowjetischen Soldaten für Gorbatschow sehr schwierig zu lösen. Dennoch sei für ihn das in Archiz verabredete Enddatum nicht veränderbar. Der letzte sowjetische Soldat werde genau nach 50 Jahren deutschen Boden verlassen haben. 50 Jahre seien genug.

BK erläutert den Stand der bilateralen Verhandlungen mit Moskau. Die Verhandlungen verliefen gut, jedoch habe die Sowjetunion unrealistische Vorstellungen bezüglich der deutschen Finanzhilfe. Er werde darüber selbst mit Gorbatschow telefonieren und hoffe, eine Lösung zu erreichen. Die sowjetischen Vorschläge seien andererseits Ausdruck der katastrophalen Zustände in der Sowjetunion. Wie schon im Mai fordert BK Bush auf, Sorge zu tragen, daß die Gipfelbegegnung in Helsinki für Gorbatschow erfolgreich verlaufe. Bush stimmt zu. Es gebe zwar einige Meinungsunterschiede in Fragen des Mittleren Ostens, dennoch hoffe er auf eine Lösung.

BK spricht Bush darauf an, ob er am 3. Oktober für einige Stunden nach Berlin kommen könne. Er habe den Eindruck, daß Gorbatschow an einem solchen Treffen interessiert sei. Das habe er aus indirekten Quellen erfahren. Er verstehe die ungeheuren Belastungen, denen der Präsident unterliege. Deshalb habe er gezögert, ob er den Präsidenten ungeachtet seiner eigenen Vorstellungen ansprechen solle. Vor zwei Tagen habe es jedoch in Moskau erstmals eine Meldung gegeben, daß Gorbatschow nach Berlin kommen wolle. Bisher sei jedoch gegenüber Gorbatschow keine Einladung ausgesprochen worden. Die Meldung habe jedoch eine öffentliche Diskussion ausgelöst. Der Pressesprecher des Weißen Hauses habe seinerseits die sowjetische Meldung freundlich kommentiert.

BK gibt Bush zu verstehen, daß er sich nach ihm richten wolle und von Weizsäcker erst einladen werde, wenn Bush zugestimmt habe. Aber die Teilnahme aller Vier Mächte würde der Weltöffentlichkeit ein Bild vermitteln, daß auch im Mittleren Osten als Signal wirken könne. BK betont noch einmal, daß er lange gezögert habe, Bush darauf anzusprechen. Aber zwischen Freunden könne man über eine solche Frage offen sprechen. Er habe für jede Entscheidung des Präsidenten Verständnis. Wenn Bush zuerst mit Gorbatschow darüber sprechen wolle, dann könne die Entscheidung solange zurückgestellt werden.

Bush erklärt, daß die Situation für ihn sehr kompliziert sei, da in einem Monat die Kongreßwahlen stattfinden würden. Viele Monate habe er seine ganze Zeit auf internationale Themen konzentriert und innenpolitische Probleme vernachlässigt. Sein Terminplan sei jetzt äußerst kompliziert, da er sich sehr stark bei den Wahlen engagiere. Er wolle jedoch mit Gorbatschow darüber sprechen. Er sei sich mit BK völlig darin einig, daß ein solches Treffen einen hohen symbolischen Wert hätte, auch für den Nahen Osten und sicherlich auch für BK hilfreich sein würde. Anfang nächster Woche werde er BK eine endgültige Antwort zukommen lassen. Er sei jedoch nicht optimistisch. Da BK ihn aber persönlich gebeten habe, wolle er es noch einmal in Erwägung ziehen.

BK bekräftigt noch einmal, daß Bush sich völlig frei fühlen solle. Er wolle dem Präsidenten keine Schwierigkeiten machen. Er werde sich deshalb auch öffentlich nicht darüber äußern. Er schließe jedoch nicht aus, daß Gorbatschow das Thema von sich aus ansprechen werde.

Bush bekräftigt, daß er prinzipiell einverstanden sei, aber aufgrund der innenpolitischen Lage vor persönlichen Terminschwierigkeiten stehe. Er werde aber Anfang der kommenden Woche entscheiden.

Bush kommt noch einmal auf die 2+4-Verhandlungen zu sprechen. Die Sowjetunion hätte neue Forderungen auf den Tisch gelegt, die enorme Schwierigkeiten bereiten würden. Sie sehe Beschränkungen für die alliierten Truppen für die Zeit nach dem Abzug der sowjetischen Soldaten vor. Das sei eine komplizierte Angelegenheit, die ihm Schwierigkeiten bereiten könnte. Baker werde mit BK darüber sprechen. Zum Abschluß sagt Bush eine umfassende Unterrichtung über seine Gespräche mit Gorbatschow in Helsinki zu.

Unmittelbar danach sucht mich der britische Botschafter Christopher Mallaby auf. Er bittet darum, daß die britische Luftwaffe weiterhin im Tiefflug üben dürfe, weil sie in Kürze in den Golf verlegt würde.

Große Bedenken meldet er gegenüber beabsichtigte Formulierungen im 2+4-Abschlußdokument an, die festlegen würden, daß auf dem ehemaligen DDR-Territorium keine amerikanischen und britischen Streitkräfte stationiert bleiben und die alliierten Truppen nach Abzug der sowjetischen Soldaten die bisherige Grenzlinie nicht überschreiten dürften.

Interessanterweise fragt mich Mallaby, ob die Bundesregierung anläßlich des 3. Oktober eine Dankesgeste gegenüber den drei Westmächten beabsichtige. Er könne sich vorstellen, daß die Staats- und Regierungschefs oder die Außenminister eingeladen würden. Ich erläutere ihm den Stand unserer Überlegungen, die noch nicht zum Abschluß gekommen seien.

BK schreibt heute an den polnischen MP Mazowiecki. Er bedankt sich für dessen Schreiben vom 25. Juli. Mit großer Genugtuung habe er seine Würdigung der Entschließung des Deutschen Bundestages zur deutsch-polnischen Grenze vom 21. Juni 1990 und seine anerkennenden Worte zur Regierungserklärung vom gleichen Tage zur Kenntnis genommen. Das gelte auch für positive Würdigung seiner Rede beim Bund der Vertriebenen[353] in Bad Cannstatt am 5. August 1990.[354]

BK bringt seinerseits seine besondere Wertschätzung für die Erklärung von AM Skubiszewski zum 51. Jahrestag der Wiederkehr des Kriegsausbruchs zum Ausdruck. Diese Erklärung sei vom Geist der Verständigung und Versöhnung getragen.

353 Der am 27. Oktober 1957 mit Sitz in Bonn gegründete Bund der Vertriebenen (BdV) ist der Dachverband der deutschen Vertriebenenverbände, der sich für die Interessen der Heimatvertriebenen und auch von Spätaussiedlern einsetzt, die von Flucht, Vertreibung und Aussiedlung betroffen waren. Am jährlich stattfindenden »Tag der Heimat« seit 1949 fand eine zentrale Veranstaltung in Berlin statt. Von 1950 bis 1961 existierte als politische Partei schon der Gesamtdeutsche Block/Bund der Heimatvertriebenen und Entrechteten (GB/BHE), 1950 wurde die »Charta der deutschen Heimatvertriebenen« verabschiedet. Der BdV setzte sich für Völkerverständigung ein, besaß aber schon immer ein belastetes Verhältnis besonders zu Polen. V.a. in seiner Anfangszeit musste sich der BdV mit den Vorwürfen des Rechtsextremismus und Revisionismus auseinandersetzen. Neben den 20 Landsmannschaften, wie z.B. die Vertretung der Schlesier, Ostpreußen und der Sudetendeutschen, gibt es 16 Landesverbände. 1965 gehörte rund 1% der Geflohenen und Vertriebenen einer Landsmannschaft an, ab 1969 nahm die Bedeutung des Bundes infolge der Ostpolitik ab. Durch die Anerkennung der Oder-Neiße-Grenze war ein Rückkehrrecht hinfällig geworden und der jahrelang geführte Kampf um die Vereinigung Deutschlands in den Grenzen von 1937 zu einem Ende gelangt. Aufgabe ist neben der Vertretung der Vertriebenen die kostenlose Beratung Betroffener und die Pflege des kulturellen Erbes, die im Bundesvertriebenengesetz von 1953 geregelt ist. Der der CDU/CSU nahestehende Verband, gefördert durch Bundesmittel, hatte als bekannte Mitglieder die Bundestagsabgeordneten Herbert Czaja oder Erika Steinbach; Nachbetrachtungen, S. 596, 648.

354 Die erste bundesweite und öffentliche politische Willensbekundung Vertriebener erfolgte mit der am 5. August 1950 im Großen Kursaal in Bad Cannstatt verabschiedeten »Charta der deutschen Heimatvertriebenen«. Bundeskanzler Kohl hielt bei der Gedenkstunde aus Anlass der Verkündung vor 40 jahren am 5. August 1990 in Stuttgart-Bad Cannstatt eine Rede.

BK bietet Mazowiecki einen Gesprächstermin für den 8. November an. Dieses nichtprotokollarische Treffen solle in der Nähe der deutsch-polnischen Grenze stattfinden. Dann seien die Landtagswahlen in der DDR vorüber, und sie hätten die Möglichkeit, über die beiden Verträge zur Grenzfrage als auch über die umfassende Ausgestaltung der Beziehungen zu sprechen.

Mit diesem Brief und Terminvorschlag versucht BK, gegenüber Polen Zeit zu gewinnen. Er will verhindern, daß die Verhandlungen über die beiden Verträge vor der Bundestagswahl aufgenommen werden. Er will keine unnötigen Diskussionen der Vertriebenen vor der Wahl.

Wirtschaftsminister Haussmann teilt heute BK in einem Brief mit, daß er die Verhandlungen mit dem 1. stellvertretenden MP Sitarjan über einen umfassenden Wirtschaftsvertrag einvernehmlich abgeschlossen habe. Es liege ein paraphierungsfähiger Text vor. Der erste von den vier bilateralen Verträgen mit der Sowjetunion ist unter Dach und Fach.

Freitag, 7. September 1990

Am frühen Morgen fliege ich nach Hamburg. Anläßlich der Jahrestagung der Clausewitz-Gesellschaft spreche ich an der Führungsakademie der Bundeswehr in Hamburg über Fragen der Deutschland- und Außenpolitik.

BK telefoniert mit Gorbatschow. Dieser berichtet, daß das Leben nicht einfach sei. Für ihn – wie für den Bundeskanzler – sei es schwierig, Überzeugungen zu ändern.

BK knüpft an das Gespräch in Archiz an. Für ihn sei es nicht nur wegen der politischen Themen sondern auch aufgrund der menschlichen Beziehung, die sich zwischen ihnen beiden entwickelt hätte, besonders wichtig gewesen. Gorbatschow stimmt ihm zu. Für ihn sei es das gewaltigste Gespräch gewesen, das sie beide geführt hätten. Jetzt seien viele Aufgaben zu lösen, an die sie beide mit großer Verantwortung herangehen müßten. Er hoffe aber, daß er noch die Zeit erleben würde, in der er in größerer Ruhe mit BK in den Bergen wandern könne. Er hoffe, daß das bald möglich sein könne, erwidert BK.

BK bekräftigt noch einmal alle Vereinbarungen von Moskau und Archiz. Die Verhandlungen über den vereinbarten großen Vertrag verliefen zufriedenstellend. Er hoffe, daß dieser Vertrag bald nach der deutschen Einheit vom Präsidenten und von ihm unterzeichnet werden könne. Gorbatschow stimmt zu.

Schwierigkeiten sieht Gorbatschow bei den Verhandlungen über den Vertrag über Aufenthalt und Stationierung sowjetischer Streitkräfte. Dagegen sieht BK das eigentliche Problem beim sogenannten Überleitungsvertrag und zwar bei den Kosten. Die Sowjetunion wünsche Unterstützung für den Wohnungsbau in der Sowjetunion, für die Stationierung sowjetischer Truppen in der ehemaligen DDR bis zum Abzug, für die Umschulung und für die Transportkosten beim Abzug der Truppen. BK bekräftigt seine Zusage, beim Wohnungsbau zu helfen. Es werde jedoch nur funktionieren, wenn die sowjetische Seite einen Generalbevollmächtigten mit allen Vollmachten ernenne, der vor Ort Entscheidungen treffen könne. BK schlägt ein Treffen kompetenter Fachleute beider Seiten vor, die den Ablauf im einzelnen miteinander besprechen sollten.

Gorbatschow betont sein Interesse, daß die grundsätzlichen Fragen geklärt werden können, ohne durch Details ins Stocken zu geraten. Er sei bereit, den Vorschlägen des BK zu folgen, um alle praktischen Fragen zu klären. Es komme jetzt auf den politischen Willen des BK an, um zu einen angemessenen Abschluß zu kommen.

BK schlägt ein Gesamtangebot der deutschen Seite für alle Bereiche in einer Größenordnung von 8 Mrd. DM vor. Er rät, den Schwerpunkt auf den Wohnungsbau zu legen. Diese Zahl führe in eine Sackgasse, erwidert Gorbatschow. Er wolle das mit aller Deutlichkeit sagen. Nach sowjetischen Berechnungen müsse man für den Wohnungsbau mit dazugehöriger Infrastruktur allein 11 Mrd. veranschlagen. Wenn die Transportkosten und die Aufenthaltskosten für die Truppen dazu kämen, sehe die Summe noch viel anders aus. Die sowjetischen Kostenanalysen seien keine Bettelei sondern Element des Gesamtprozesses. Darüber müsse man offen miteinander reden. Deshalb sei die von ihm für vier Jahre genannte Summe nicht so hoch. Alles sei aber organisch miteinander verbunden und dieser Zusammenhang sei für die sowjetische Seite unverletzlich. Mit gemeinsamen guten Willen und bei gegenseitigem Verständnis habe man sich geeinigt, die endgültige Regelung im Zusammenhang mit der Vereinigung Deutschlands in einem Dokument und die Fragen im Zusammenhang mit Aufenthalt und Abzug der sowjetischen Truppen in einem anderen Dokument festzulegen. Wenn man in der letzteren Frage keinen Fortschritt erreiche, bestehe die Gefahr, daß die Vereinbarungen im Widerspruch zueinander gerieten. Beschwörend weist er auf den Gesamtzusammenhang hin. Es ist offensichtlich, daß der BK deutlich machen wolle, daß das Abschlußdokument der 2+4-Verhandlungen ohne Ergebnis über die bilateralen Verträge und ohne Lösung der finanziellen Fragen gefährdet wäre.

BK weist darauf hin, daß bei gutem Willen auf beiden Seiten ein Weg gefunden werden müsse. Er wolle nur feststellen, daß die Forderung der Sowjetunion wesentlich höher ausgefallen sei, als sie ursprünglich vereinbart hätten. Es sei zwar über den Wohnungsbau gesprochen worden, aber nicht über die zugehörige Infrastruktur. Das sei ein völlig neues Argument. BK schlägt vor, die Probleme noch einmal zu überdenken und am Montag noch einmal miteinander zu telefonieren. Beide Seiten müßten sich um eine Lösung bemühen.

Gorbatschow bezeichnet die Situation als sehr alarmierend. Welche Weisungen solle er Schewardnadse für die am 12. September stattfindenden 2+4-Gespräche geben? Es sei jetzt wichtig, den Knoten aufzulösen. BK bekräftigt seine Absicht, sich darum zu bemühen.

Er verweist auf die gegenwärtig in Moskau stattfindenden Verhandlungen von StS Kittel aus dem Landwirtschaftsministerium, bei denen es um die Lieferung um Nahrungsmittel und Konsumgüter im Wert von rund 1 Mrd. DM gehe. Er könne dieses Angebot nur bis zum 3. Oktober aufrechterhalten, da es sich um Waren aus der DDR handele. Danach gelten die Bestimmungen des »GATT« und der EG.

BK fragt abschließend Gorbatschow, ob er interessiert wäre, zur Einheitsfeier am 3. Oktober nach Berlin zu kommen. Er stelle diese Frage außerhalb des Protokolls, um anzuregen, daß Gorbatschow diesen Punkt mit Bush aufnehme.

Gorbatschow betont, daß es entscheidend wichtig sei, die gute Atmosphäre aufrecht zu erhalten, die zwischen ihnen erreicht sei und dies ermöglicht habe, die historischen Prozesse in Gang zu bringen. Er sei durchaus interessiert, die Krönung dieses Prozesses auf gebührender Ebene mit zum Abschluß zu bringen. Er hoffe, daß jetzt keine neuen Hindernisse entstehen würden.

Dieses Telefongespräch verlief außerordentlich dramatisch. Gorbatschow versuchte in überraschender Weise Druck zu erzeugen, um BK zu weiteren finanziellen Zugeständnissen zu bewegen. Über das Angebot von 8 Mrd. war er sichtlich enttäuscht. Damit ist aber auch[355] deutlich geworden, daß das finanzielle Paket für Gorbatschow ein zentraler

355 An dieser Stelle wurde das Wort »gleichzeitig« handschriftlich gestrichen und durch »auch« eingesetzt.

Bestandteil des Gesamtergebnisses ist, das er zu Hause vorweisen will und wahrscheinlich auch muß. Ich bin mir sicher, daß unser Angebot nicht das letzte Wort sein kann.

In Ost-Berlin geht heute die 2+4-Beamtenrunde zu Ende. Bis auf zwei entscheidende Fragen ist das 2+4-Abschlußdokument fertig. Die Sowjets wollen unter Berufung auf eine[356] angebliche Absprache mit BK durchsetzen, daß nicht nur keine ABC-Waffen, sondern auch keine doppelt verwendbaren Trägersysteme auf heutigem DDR-Gebiet zugelassen werden. Das schließt praktisch jedes Flugzeug und jede großrohrige Artillerie aus. Der zweite Punkt ist die Frage, ob ausländische Truppen, die nicht in der DDR stationiert sind, zeitweise dorthin zu Manövern verbracht werden dürfen.

BK bleibt bei seiner Position, daß er mit Gorbatschow nur vereinbart habe, daß konventionelle Streitkräfte auf dem heutigen Gebiet der DDR stationiert werden dürfen, ABC-Waffen jedoch nicht. Mehr sei nicht vereinbart worden. Andererseits sei er auch nicht bereit, die amerikanischen Wünsche zu akzeptieren. Es sei vereinbart, daß auf dem heutigen Gebiet der DDR keine ausländischen Truppen stationiert werden dürfen. Deshalb könnten auch keine Truppen zu Manövern dorthin verbracht werden. Militärische Übungsplätze gebe es in der Bundesrepublik genügend.

Die 3. Runde der Verhandlungen mit der Sowjetunion über den Aufenthalts-/Abzugsvertrag dauert an. Fortschritte zeichnen sich auch dort ab.

In Moskau werden die Verhandlungen über das umfassende Paket von[357] Nahrungsmittellieferungen aus dem Gebiet der DDR in die UdSSR zum Abschluß gebracht. Die Vereinbarungen betreffen ein Warenvolumen von rund 1 Mrd. DM auf der Basis der Weltmarktpreise. Es geht um die Lieferung von 255.000 Tonnen Fleisch, sowie 60.000 Tonnen Butter. Die Lieferungen sollen noch in diesem Jahr folgen. Darüber hinaus geht es um Weizenmehl, Vollmilchpulver, Fisch, Eier, Zigaretten und Tabak. Der Abschluß bedeutet, daß die in der DDR vorhandenen und absehbaren Überschüsse in den zentralen Bereichen Rind- und Schweinefleisch sowie Butter durch diese Lieferung in die Sowjetunion kurzfristig abgebaut werden können. Darüber hinaus werden 50.000 Tonnen nach Rumänien und in andere osteuropäische Länder geliefert. BK hofft, daß diese Hilfsaktion sich positiv auf das Klima auswirken wird.

Samstag, 8. September 1990

Heute Vormittag verleiht mir die ökonomische Fakultät der Universität Budapest, vormals Karl-Marx-Universität, die Ehrendoktorwürde. Der ungarische Außenminister Geza Jeszenszky nimmt an der Zeremonie teil und hält anläßlich des Gelöbnisses der Erstsemester einen Vortrag.

Es ist mein erster Ehrendoktor. Ich bin sehr stolz darauf, weil ich glaube, daß ich in der Tat in den letzten Jahren sehr viel für Ungarn und für den Erfolg der Reformpolitik geleistet habe. Ich verstehe die heutige Auszeichnung als ein Dankeschön der Ungarn.

Am Abend sitze ich mit dem ehemaligen ungarischen Ministerpräsidenten Miklós Németh und Botschafter Horváth zusammen. Unsere Frauen sind dabei. Es ist ein sehr fröhlicher und freundschaftlicher Abend. Ich bin gerade dabei, Németh mit Hilfe des BK zum stellvertretenden Präsidenten der Europäischen Bank für Wiederaufbau und Entwicklung

356 An dieser Stelle wurde das Wort »die« handschriftlich gestrichen und durch »eine« ersetzt.
357 Handschriftlich korrigiert wurde die Satzfolge »ein umfassendes Paket von«.

in London zu machen. Jacques Attali, der zukünftige Präsident, ist damit einverstanden. Gleichzeitig feiern wir den Geburtstag meiner Frau. Wir verabreden uns zu einem gemeinsamen Segelurlaub im nächsten Jahr am Plattensee.

Sonntag, 9. September 1990

Heute treffen sich Bush und Gorbatschow zu einem eintägigen Gipfelgespräch in Helsinki.[358]

BK ist über das Wochenende voll aktiv. Gestern hat er auf dem CDU-Landesparteitag in Rheinland-Pfalz gesprochen; am Nachmittag vor der CDU-Frauenvereinigung in Berlin. Heute erfolgt sein zweiter Wahlkampfauftritt in Frankfurt an der Oder. Er will die Partei und die Wähler mobilisieren. BK beklagt immer wieder die Vielzahl der Wahlkampftermine und anderer öffentlicher Auftritte. Auf der anderen Seite macht es ihm Spaß, wenn er vor Ort mit den Menschen zusammentreffen kann. Er liebt das Bad in der Menge und zieht daraus persönliche Kraft. Er fühlt sich in diesen Augenblicken den Menschen nahe und verbunden. Er wirft uns oft vor, zu wenig zu den Menschen zu gehen, so daß wir nicht wüßten, was sie tatsächlich denken würden. Er deckt uns aber so vollständig mit Arbeit zu, daß wir nicht auch noch ständig unterwegs sein können.

Montag, 10. September 1990

In der morgendlichen Kanzler-Lage berichtet BK über seine gestrige Wahlkampfveranstaltung in Frankfurt an der Oder. 40.000 Zuhörer habe er gehabt. Es habe eine Bombenstimmung geherrscht. Ca. 300 PDS-Störer seien auf dem Platz gewesen. Erst hätten sich die Menschen eher abwartend verhalten, allmählich seien sie jedoch lebhafter geworden. Es sei die mit Abstand engagierteste Versammlung gewesen, die er erlebt habe. Aufgefallen sei ihm die bittere Armut, die überall spürbar sei.

Kritisch äußert sich BK zur Rede von Innenminister Diestel, der schlicht dumme Sprüche gemacht habe. Es sei die bisher schwächste Rede gewesen, die er von ihm gehört habe. Leicht verärgert ist BK über die Rede von de Maizière, der immer wieder erkläre, daß die DDR-CDU das soziale Gewissen der Union sein werde und dem »C« besonderes Gewicht beimessen wolle. Angesichts der Geschichte der Ost-CDU und der labilen Situation dieser Partei spricht BK ihr einen solchen Anspruch schlichtweg ab.

Wir sprechen über das Ergebnis des gestrigen Bush-Gorbatschow-Gipfels in Helsinki. Die Medien bewerten ihn als großen Erfolg.

Mittags telefoniert BK erneut mit Gorbatschow. BK gratuliert ihm zu den Ergebnissen von Helsinki. Gorbatschow fragt BK, ob er mit Bush bereits gesprochen habe. Er selbst sei mit dem Ergebnis von Helsinki zufrieden. Es werde sicherlich Bush im Wahlkampf helfen.

BK kommt auf das Finanzierungspaket im Rahmen der bilateralen Verhandlungen zu sprechen. Er habe sich in der Zwischenzeit alles gut überlegt. Er wolle Gorbatschow helfen, weil er wisse, daß auch dieser ihm helfen wolle. Es gehe jetzt um die Gesamtsumme. Über Einzelheiten sollten dann die Mitarbeiter noch einmal sprechen. Sitarjan habe gegenüber Waigel eine Gesamtsumme von 16 bis 18 Mrd. DM genannt. Nach Prüfung der Bundesregierung seien die sowjetischen Berechnungen außerordentlich großzügig. Er schlage deshalb eine Gesamtleistung der Bundesregierung in der Höhe von 11 bis 12 Mrd. DM vor.

358 Siehe Anmerkung 348, S. 536 und zu den Folgen Nachbetrachtungen, S. 814.

Gorbatschow bedankt sich für das Verständnis des BK. Er wolle eine Lösung, weil kein Hindernis für die Zusammenarbeit entstehen dürfe. Er habe ebenfalls mit seinen Leuten gesprochen. Alle hätten ihm versichert, daß die sowjetischen Vorstellungen nicht übertrieben seien. Er wolle nicht, daß bei seinen Partnern der Eindruck entstünde, daß die Sowjetunion auf Profite aus sei. Vor ihr stünden sehr große Ziele, auf die sie alle gemeinsam setzen würden. BK kenne seine Situation. Alle Probleme kämen jetzt zusammen, so auch die Umformung der Wirtschaft in eine Marktwirtschaft. Er habe keine Möglichkeit, die notwendigen Maßnahmen um drei bis vier Monate zu verschieben. Am 1. Oktober sollen die Reformen beginnen.

Er befinde sich jetzt in einer schwierigen Situation, wolle aber dennoch mit BK nicht feilschen. Er hoffe aber, daß BK eine Summe von 15 bis 16 Mrd. aufbringen könne. Alle würden ihm sagen, daß ihre Wünsche bescheiden seien. Schließlich gehe es darum, einen großen Mechanismus zu bewegen, um die Vereinigung Deutschlands zu erreichen. Auch Ryschkow habe ihn gefragt, ob BK nicht verstünde, wie bescheiden die sowjetischen Bitten seien. Er sehe sich gezwungen, auf seine Forderung bestehen zu bleiben.

Auch BK bekräftigt, daß er nicht feilschen wolle. Sein Angebot beziehe sich auf die Entwicklung bis zum Jahresende. Gemeinsam hätten sie verabredet, daß er Gorbatschow tatkräftig unterstützen wolle. Deshalb solle noch im Herbst über einen großen Kreditrahmen für die Sowjetunion innerhalb des Westens gesprochen werden, um die Reformpolitik des Präsidenten zu unterstützen. Er werde sich dafür einsetzen, daß die Bundesrepublik einen wesentlichen Beitrag dazu leisten werde. Sein Wort, das er gegeben habe, gelte. Aber diese Entwicklung werde dazu führen, daß er im Dezember erneut vor der Frage stehen werde, was Deutschland für die Sowjetunion tun könne. Er könne aber nicht zweimal Leistungen erbringen. Was er jetzt tue, werde im Herbst fehlen. Wenn er jedoch im Herbst bei der Gemeinschaftsleistung des Westens nicht teilnehme, würden sich auch andere nicht beteiligen. Er bittet deshalb den Präsidenten sehr herzlich, sein Angebot jetzt zu akzeptieren. Es sei ein vernünftiges Angebot. Ein zweiter Schritt könnte zum Ende des Jahres erfolgen.

Gorbatschow erwidert, daß er das alles verstehe und bereit sei, sich alles noch einmal zu überlegen. Offengestanden gehe es ja weniger um die Hilfe für die Sowjetunion als um den Einigungsprozeß. BK würde sich mit seinen Leistungen am Ende vor allem sich selbst, aber auch der Sowjetunion helfen. Offengestanden sei er über das Angebot des BK enttäuscht. Er sehe sich vor große Schwierigkeiten gestellt.

BK erinnert Gorbatschow an die erfolgreiche Zusammenarbeit in den letzten Monaten und an die verschiedenen Unterstützungsmaßnahmen der Bundesregierung für ihn. Sie müßten sich gegenseitig helfen. Er bitte deshalb den Präsidenten, sich auf seinen Vorschlag zu verständigen.

Am anderen Ende der Leitung schweigt Gorbatschow einen Augenblick. Er sei vor einer schwierigen Situation gestellt. Harte Maßnahmen bezüglich der Wirtschaftsreform stünden vor ihm. Seine Kalkulationen gingen von der von ihm genannten Summe aus. Er müsse praktisch jetzt alles noch einmal von Anfang an erörtern. Er habe viele Kämpfe mit der Regierung, mit den Militär- und Finanzfachleuten geführt. Das Ergebnis seien die von ihm genannten 15 Mrd. Er sehe aber, daß er dieses Ziel nicht erreiche.

Jetzt macht BK ein zusätzliches Angebot. Er bietet Gorbatschow an, zusätzlich zu den 12 Mrd. DM einen zinslosen Kredit in Höhe von 3 Mrd. DM zu vereinbaren. Noch morgen können Mitarbeiter in Moskau darüber verhandeln.

Gorbatschow reagiert sichtlich erleichtert. So könne das Problem gelöst werden. Die deutschen Experten sollten morgen nach Moskau kommen. Das sei eine gute Sache.

BK versichert Gorbatschow, daß es ihm darum ginge, die Probleme persönlich zu regeln und nicht nur zwischen beiden Regierungen. Das sei für ihn sehr wichtig. Gorbatschow stimmt BK zu. Er glaube, daß die komplizierte Etappe erfolgreich abgeschlossen und die Zusammenarbeit als auch die partnerschaftlichen und freundschaftlichen Beziehungen entwickelt werden können. Er drücke BK die Hand.

Abschließend fragt BK Gorbatschow, ob er in Helsinki mit Bush über die Teilnahme an den Einigungsfeiern am 3. Oktober in Berlin gesprochen habe. Gorbatschow bestätigt das. Sie hätten vereinbart, über diese Frage noch einmal nachzudenken. Damit endet ein sehr schwieriges Gespräch, das nur durch die Erhöhung des finanziellen Angebots am Ende erfolgreich war. Erfreulicherweise hatte das Finanzministerium diese zusätzlichen Vorschläge vorbereitet und BK rechtzeitig übermittelt. Der zuständige StS Dr. Köhler ist nicht nur ein hervorragender Experte sondern auch ein politisch denkender Spitzenbeamter. Vereinbart ist jetzt eine Leistung der Bundesregierung in Höhe von 13 Mrd. (inklusive der Zinskosten von 1,2 Mrd. DM) plus ein zinsloser Kredit in Höhe von 3 Mrd. Damit muß der Überleitungsvertrag erfolgreich beendet werden können.

Um 15.00 Uhr sucht mich der israelische Botschafter Benjamin Navon auf. Er übergibt mir ein Papier seiner Regierung mit konkreten Wünschen bezüglich einer Hilfe für Israel. Es geht um finanzielle Unterstützung, um Lieferung von Waffensystemen und um Hilfeleistungen für den Aufbau eines Zivilschutzes in Israel.

Am späten Nachmittag ruft mich Charles Powell aus Downing Street 10 an. Er will unsere Vorstellungen über den Programmablauf am 3. Oktober wissen. Ob wir an eine Einladung an PM Thatcher dächten? Ich teile ihm mit, daß unsere Überlegungen noch nicht abgeschlossen seien.

Wenige Minuten später ruft mich Jacques Attali aus Paris an. Er richtet ähnliche Fragen wie Charles an mich. Auch ihn muß ich hinhalten.

Um 17.00 Uhr ruft mich aus Moskau der stellvertretende AM Julij Kwizinskij an. Gorbatschow habe die Weisung erteilt, daß auf der Grundlage des Gesprächs mit BK morgen die Verhandlungen über den Überleitungsvertrag zwischen StS Köhler und Katuschew abgeschlossen werden können. Damit ist auch bei diesem bilateralen Vertrag der Durchbruch erreicht. Kwizinskij weist mich auf die trostlose Situation in Moskau hin, die wir sehen und berücksichtigen müßten. Uns ist diese Situation sehr bewußt. Ich erläutere ihm die Entscheidung des BK.

In einer Rede in Frankfurt vor der britischen Handelskammer gibt der stellvertretende britische Premierminister, Sir Geoffrey Howe, zu, daß es offenkundig naiv wäre zu behaupten, daß die Aussicht auf ein vereintes Deutschland in den vergangenen Monaten in Europa nur auf Begeisterung gestoßen sei. Die brutalen und tragischen Ereignisse speziell des Zweiten Weltkrieges seien in persönlichen und historischen Erinnerungen noch zu lebendig, um nicht die Haltung insbesondere vieler älterer Menschen zu beeinflussen. Solche bitteren Erinnerungen erfordern Respekt und Geduld. Vor allem fordern sie die rationalen Beruhigungen, die führende Politiker in Deutschland und in anderen Ländern geben können, indem sie nicht nur auf die 40jährige untadelige Demokratie in der Bundesrepublik hinweisen sondern auf den europäischen Rahmen, in dem die deutsche Vereinigung stattfinde. So hätten Deutschlands Freunde mit Genugtuung die wiederholten Versicherungen des BK zur Kenntnis genommen, daß er die deutsche Vereinigung und die europäische Einigung als Parallele und eng miteinander in Verbindung stehende Prozesse ansehe. Der Schlüssel sei ein größeres Deutschland in einem stärkeren Europa. Die beste

Erwiderung auf Befürchtungen, daß Deutschland wieder eine wirtschaftliche oder politische Vormachtstellung in Europa anstreben könne, sei die Weiterentwicklung der Europäischen Gemeinschaft. Der Prozeß der europäischen Integration werde es Deutschland ermöglichen, sich bereitwillig und eng in die Gemeinschaft einbinden zu lassen und damit jegliche Furcht vor isoliertem Verhalten noch weniger berechtigt zu machen. Alle müßten mit dem Ziel zusammenarbeiten, daß Bollwerk der EG in den kommenden Jahren stark und leistungsfähig zu erhalten.

Das ist eine bemerkenswerte Rede, die die Politik der Bundesregierung seit Beginn des Einigungsprozesses voll widerspiegelt. Howe rechtfertigt die politische Strategie der Bundesregierung, die deutsche Einigung und die europäische Integration in einem Zusammenhang zu sehen und beide erfolgreich fortzuführen.

Das sowjetische Fernsehen berichtet heute über das Telefonat zwischen BK und Gorbatschow und gibt entgegen der Absprache bekannt, daß BK Gorbatschow und Bush zu den Feierlichkeiten anläßlich der Vereinigung Deutschlands am 3. Oktober nach Berlin eingeladen habe. Die Entscheidung darüber sei noch nicht getroffen. In einem gestrigen Interview des sowjetischen Fernsehens bezeichnete Gorbatschow den Gipfel mit Bush als einmalig und von besonderer Bedeutung. Der Kalte Krieg liege hinter ihnen. Das Treffen habe ein völlig anderes Niveau der Zusammenarbeit gezeigt. Er könne mit Optimismus davon sprechen, daß große Veränderungen in der Welt vor sich gingen und in der Zusammenarbeit zwischen der Sowjetunion und den USA. Neue Formen der Zusammenarbeit und ein höherer Grad an Vertrauen sei erreicht worden.

Wie weit der deutsche Einigungsprozeß zum Abschluß gekommen ist, beweist die Tatsache, daß bei dem gestrigen Gipfelgespräch die Lösung der Golfkrise, die Idee einer internationalen Nahost-Konferenz und das Problem Kambodscha im Mittelpunkt der Gespräche standen. Darüber hinaus ist über Fragen der wirtschaftlichen Zusammenarbeit gesprochen worden. Auch in der abschließenden gemeinsamen Pressekonferenz steht der Golfkonflikt im Vordergrund. Auch die Gemeinsame Erklärung bezieht sich ausschließlich auf diesen Fragenkomplex. Der Golfkonflikt hat die deutsche Frage verdrängt. Sie steht auch unmittelbar vor dem Abschluß. Sie hat aber auf der anderen Seite dazu beigetragen, daß jetzt eine so enge Kooperation zwischen den USA und der Sowjetunion in anderen internationalen Fragen erleichtert wurde.

Dienstag, 11. September 1990

In einem Telefongespräch mit BK bezeichnet Präsident Bush das Ergebnis des Treffens mit Gorbatschow in Helsinki als befriedigend. Es sei positiver, als er erhofft habe. Im Grunde habe er jetzt in der Zusammenarbeit gegenüber dem Irak alles erreicht, was notwendig sei.

Bush bedauert gegenüber BK außerordentlich, daß er an den Feierlichkeiten zur deutschen Einheit am 3. Oktober nicht teilnehmen könne. Seine Terminschwierigkeiten seien zu groß. BK zeigt Verständnis für die Absage von Bush. Sie seien den ganzen Weg bis zu diesem Tag gemeinsam gegangen. Freundschaft bedeute Verständnis füreinander. Beide verabreden, daß Bush zum Anlaß der Einigung Deutschlands eine Fernsehansprache halten solle.

Parallel ruft mich Brent an. Er bekräftigt, daß der Helsinki-Gipfel mehr erbracht hätte, als erwartet. Bush sei mit dem Ergebnis sehr zufrieden. Brent bedauert, daß die Reise des Präsidenten am 3. Oktober nach Berlin nicht zustandekomme. Der Terminplan sei außerordentlich dicht und nicht mehr zu ändern.

Mittwoch, 12. September 1990

In Moskau enden heute die 2+4-Außenministergespräche, die am 5. Mai aufgenommen worden waren. Die sechs Außenminister unterzeichnen den »Vertrag über die abschließende Regelung in Bezug auf Deutschland«.[359] Innerhalb von vier Monaten konnte die abschließende Regelung erreicht werden. Sie regelt die äußeren Aspekte der deutschen Einheit. Mit der Herstellung der deutschen Einheit enden die Rechte und Verantwortlichkeiten der Vier Mächte in Bezug auf Berlin und Deutschland als Ganzes. Das vereinte Deutschland erhält seine volle Souveränität über seine inneren und äußeren Angelegenheiten. Deutschland bleibt Mitglied im Atlantischen Bündnis.

Vor drei Wochen wurde zwischen der Bundesregierung und der Regierung der DDR der Einigungsvertrag unterzeichnet Damit sind alle vertraglichen Voraussetzungen für die Vollendung der Einheit Deutschlands geschaffen.

In der Kabinettsitzung unterstreicht BK die Tatsache, daß die deutsche Einheit 1990 sich im Einvernehmen mit allen Europäern vollziehe. Dies sage er mit besonderem Blick auf Polen. Dies sei die erste Einigung eines Landes in der modernen Geschichte, die ohne Krieg, ohne Leid und ohne Auseinandersetzungen erfolge.

BK kündigt an, daß Genscher morgen den »Vertrag über gute Nachbarschaft, Partnerschaft und Zusammenarbeit« mit der Sowjetunion paraphieren werde. Dieser Vertrag werde den deutsch-sowjetischen Beziehungen eine neue Qualität verleihen. Er sei in dem gemeinsamen Wunsch geschlossen worden, mit der Vergangenheit endgültig abzuschlie-

359 Mit dem am 12. September 1990 zwischen der Bundesrepublik, der DDR und den vier Siegermächten des Zweiten Weltkriegs in Moskau unterzeichneten Zwei-plus-Vier-Vertrag (Vertrag über die abschließende Regelung in Bezug auf Deutschland) erhielt Deutschland seine »volle Souveränität« zurück. Zusammengefasst lauten seine Bestimmungen: Mit der Anerkennung der Oder-Neiße-Grenze wird endgültig auf die ehemaligen deutschen Ostgebiete verzichtet. Die Regierungen Deutschlands bekräftigen ihre friedlichen Absichten, verzichten auf Angriffskriege sowie auf Herstellung, Besitz und Verfügung von A-, B- und C-Waffen und halten sich an den Vertrag über die Nichtverbreitung von Kernwaffen vom 1. Juli 1968. Die Personalstärke der deutschen Streitkräfte soll 370.000 Mann nicht überschreiten. Geregelt werden zusammen mit der UdSSR die Bedingungen für den weiteren Aufenthalt der sowjetischen Streitkräfte in Europa, deren Abzug Ende 1994 vollzogen sein soll. Bis zum Abzug der sowjetischen Streitkräfte werden auf dem Gebiet der ehemaligen DDR keine NATO-Streitkräfte, sondern nur deutsche Territorialstreitkräfte stationiert sein. In Berlin bleiben Streitkräfte der USA, Frankreichs und Großbritanniens währenddessen unter den bestehenden Bedingungen stationiert. Nach dem Abzug der sowjetischen Streitkräfte dürfen auf dem betreffenden Gebiet deutsche NATO-Verbände aber keine anderer Mitgliedsstaaten und keine Atomwaffen oder Kernwaffenträger stationiert werden. Deutschland hat das Recht, Bündnisse mit anderen Staaten einzugehen. Die Rechte und Verantwortlichkeiten der Alliierten wie Verträge werden beendet und Einrichtungen aufgelöst. Deutschland erhält volle Souveränität in inneren und äußeren Angelegenheiten. Der Vertrag trat am 15. März 1991 in Kraft. Die Ratifikation des Vertrages erfolgte auf deutscher Seite durch das vereinte Deutschland. Der deutsche, englische, französische und russische Wortlaut des Vertrages ist gleichermaßen verbindlich. Im gemeinsamen Brief der Außenminister der BRD und der DDR wird festgehalten: Die Enteignungen in der sowjetischen Zone von 1945 bis 1949 werden nicht mehr rückgängig gemacht, spätere staatliche Ausgleichszahlungen sind möglich. Denkmäler und Kriegsgräber auf deutschem Boden werden geachtet. Der Bestand der freiheitlich-demokratischen Grundordnung wird in ganz Deutschland gelten. Die Verträge der DDR werden unter Berücksichtigung speziell des Vertrauensschutzes, der Bestimmungen des Grundgesetztes, der europäischen Verpflichtungen und der Interessenlage behandelt, https://www.bundesregierung.de/breg-de/service/bulletin/vertrag-ueber-die-abschliessende-regelung-in-bezug-auf-deutschland-783965 (Aufruf 31.1.2024); Nachbetrachtungen, S. 736–737, 746, 758, 803–806.

ßen und durch Verständigung und Versöhnung einen wichtigen Beitrag zur Überwindung der Trennung Europas zu leisten.

Auch die anderen drei bilateralen Verträge zwischen der Bundesrepublik Deutschland und der Sowjetunion sind fertiggestellt oder stehen vor ihrem Abschluß. Es sind der »Vertrag über die Entwicklung einer umfassenden Zusammenarbeit auf dem Gebiet der Wirtschaft, Industrie, Wissenschaft und Technik«, der »Vertrag über einige überleitende Maßnahmen« und der »Vertrag über die Bedingungen des befristeten Aufenthalts und die Modalitäten des planmäßigen Abzugs sowjetischer Truppen«.[360] Alle Verträge werden unmittelbar nach dem 3. Oktober durch die gesamtdeutsche Regierung unterzeichnet und dem gesamtdeutschen Parlament zur Ratifizierung vorgelegt werden. Das Tor für eine Zukunft der guten Nachbarschaft, der neuen Partnerschaft und der umfassenden Zusammenarbeit sei weit geöffnet.

Die sechs Außenminister vereinbaren, daß die alliierten Vorbehaltsrechte für Berlin und Deutschland am 3. Oktober, dem Tag der deutschen Einheit, ausgesetzt werden.

Gorbatschow hatte gestern durch seinen Sprecher Vitali Ignatenko vor der internationalen Presse erklären lassen, daß er an der feierlichen Unterzeichnung des 2+4-Abschlußdokumentes teilnehmen werde. Der Durchbruch sei am Montag in seinem Telefongespräch mit BK erzielt worden, bei dem der Kompromiß für die Fertigstellung des Überleitungsvertrages vereinbart wurde.

Für mich ist der Tag leicht getrübt, weil ich meine Kollegen in Paris, Jacques Attali, in London, Charles Powell und den sowjetischen Gesandten, Ussytschenko, telefonisch davon unterrichten muß, daß die Präsidenten und Regierungschefs der Vier Mächte nicht zu den Feierlichkeiten zur deutschen Einheit eingeladen werden.

Am Nachmittag stimmt BK mit dem Vorsitzenden der CSU, Dr. Waigel, mit dem Vorsitzenden der FDP, Otto Graf Lambsdorff, mit Schäuble und Seiters die deutschen Leistungen im Rahmen des Golfkonfliktes ab, die er bei seinem bevorstehenden Gespräch Baker anbieten will.

Erfreut bin ich, daß die französischen Kollegen eine Antwort auf unseren Entwurf für eine gemeinsame Erklärung von Präsident Mitterrand und BK anläßlich des bevorstehenden deutsch-französischen Gipfels in München übersandt haben. Darin wird die Vollendung der deutschen Einheit begrüßt. Sie beende die leidvolle und tragische Teilung des europäischen Kontinents. Wichtig ist der Satz, daß das vereinte Deutschland für die Zukunft ein grundlegendes Element für die Stabilität und die Stärkung des Friedens im neuen Europa ist.[361]

Es wird festgestellt, daß mit der deutschen Einigung auch das europäische Einigungswerk eine neue Tragweite erhalte. Betont wird die Schicksalsgemeinschaft zwischen unse-

360 In dem Aufenthalts- und Abzugsvertrag vom 12. Oktober 1990 (in Kraft am 6. Mai 1991) zwischen der Bundesrepublik und der UdSSR nach der deutschen Vereinigung vom 3. Oktober 1990 wurden die Bedingungen des Abzugs der sowjetischen Truppen festgelegt, der im Artikel 4 des Zwei-plus-Vier-Vertrages vom 12. September 1990 vereinbart worden war. Rund 12,2 Milliarden Euro sollten für die Kosten der Rückführungs-und Umschulungsmaßnahmen der Soldaten (sechs russische Armeen und weitere Truppenverbände, 1991 rund 337.000 Soldaten der Gruppe der Sowjetischen Streitkräfte in Deutschland GSSD/WGT) und die Bereitstellung neuer Wohnungen gezahlt werden. Die russische Armee verabschiedete sich mit einer Truppenparade am 25. Juni 1994 nahe Berlin, bei der ein Festakt zur Verabschiedung durch Boris Jelzin und Helmut Kohl zelebriert wurde; Nachbetrachtungen, S. 797, 803–805, 809, 813.

361 Handschriftlich korrigiert wurde »sei« durch »ist«.

ren beiden Ländern. Damit wird ein Begriff von Mitterrand aufgegriffen, den er öffentlich immer wieder herausstellt. Ich finde es bedauerlich, daß er von der deutschen Öffentlichkeit so wenig zur Kenntnis genommen wird. Ich halte ein solches Wort für einen französischen Präsidenten als nicht selbstverständlich.

Unterstrichen wird als Perspektive, daß sich das Feld der Zusammenarbeit zwischen Frankreich und Deutschland erweitern werde. Allerdings wird die Aussage Mitterrands vom 14. Juli wiederholt, daß es in der Logik der Herstellung der deutschen Einheit liege, daß die französischen Streitkräfte nach Frankreich zurückkehren. Es wird die Absicht der französischen Regierung angekündigt, die französischen Streitkräfte in Deutschland 1991 und 92 um die Hälfte zu reduzieren. Berlin und die deutsch-französische Brigade bleibe ausgenommen. Die französische Seite ist jedoch bereit, die Aussage aufzunehmen, daß BK die französischen Soldaten auch in Zukunft in Deutschland willkommen heiße.

Begrüßenswert ist die Feststellung, daß die deutsch-französische Zusammenarbeit bei der Entwicklung des europäischen Einigungswerkes die Rolle eines Motors einnehmen und ein Modell für die Verstärkung der Politischen Union bilden solle. Diese französische Antwort auf der Grundlage unseres ersten Vorschlages bekräftigt nicht nur die Kontinuität der deutsch-französischen Beziehungen sondern betont ihre Erweiterung und Intensivierung. BK ist entschlossen, an dieser Politik, die er seit acht Jahren so erfolgreich durchführt, festzuhalten.

Donnerstag, 13. September 1990

Heute paraphiert Genscher in Moskau den »Vertrag über gute Nachbarschaft, Partnerschaft und Zusammenarbeit« zwischen der UdSSR und dem künftigen vereinten Deutschland. Schewardnadse spricht von einem Schlußstrich unter die Ergebnisse des Zweiten Weltkrieges. Eine neue Zeitrechnung habe begonnen. Sieben Monate seien seit der Übereinkunft von Ottawa über die Schaffung des Verhandlungsmechanismus »2+4« vergangen. Niemand habe damals geglaubt, daß schon im September die Zielgerade erreicht werden könne. Der entscheidende Durchbruch sei im Verlauf der Verhandlungen im Juli zwischen Gorbatschow und BK erzielt worden, als sie in Moskau und Stawropol Lösungen für die komplizierten militär-politischen Fragen gefunden hätten.

Schewardnadse bezeichnet das vorliegende Schlußdokument als ausgewogen. Es berücksichtige die rechtmäßigen Interessen aller beteiligten Seiten. Es sei ein zukunftsweisendes Dokument. Es vermittele die gemeinsame Vision von der konstruktiven Rolle und Stellung, die das künftige Deutschland in Europa Ende des zweiten, Anfang des dritten Jahrtausends einnehmen werde. Er bezeichnet die Vereinbarungen über die militärisch-politischen Fragen als wichtigsten Bestandteil des Dokuments. Der neue Vertrag trete anstelle der Rechte und Verantwortlichkeiten der Vier Mächte.

Zu den Realitäten gehöre, daß es die Sowjetunion mit einem neuen Deutschland zu tun haben werde, das Lehren aus seiner Geschichte gezogen habe. Es gebe in der sowjetischen Öffentlichkeit keinerlei Grund zur Besorgnis. Schewardnadse endet seine Bewertung mit der Aussage, daß spätere Generationen einmal sagen werden, daß sie klug und verantwortungsvoll gehandelt hätten.

Ein Schreiben von Präsident Bush an BK trifft ein. Es erläutert noch einmal die Absprachen zwischen ihm und Präsident Gorbatschow über die Lage und die Zusammenarbeit im Golfkonflikt. Er bittet BK, daß Deutschland seinen gerechten Anteil an der Verantwortung für die Bemühungen um eine Beilegung der Golfkrise trage. Er habe Verständnis, daß BK mit den Kosten der Vereinigung und der Stabilität in Europa alle[362] Hände voll zu tun habe. Die Art und Weise, wie Deutschland auf die Krise im Golf reagiere, werde aber sowohl in den USA als auch in der Golfregion große Auswirkung, haben. Das ist der einzige Satz der noch einmal auf die Deutschlandpolitik Bezug nimmt. Dieser Brief zeigt, daß sich die Aufmerksamkeit Washingtons von Deutschland abwendet und sich voll auf die Golfkrise konzentriert.

Auch Baker weist Genscher in einem Brief darauf hin, daß nach erfolgreicher Beendigung des 2+4-Prozesses und dem Sicherstellen der deutschen Vereinigung und des Platzes eines vereinten Deutschlands in der NATO die Aufmerksamkeit auf andere Sachverhalte konzentriert werden müßten. Er verweist auf das VKSE-Abkommen und auf den bevorstehenden KSZE-Gipfel. Er kündigt an, daß er mit Schewardnadse am 26. September über alle offenen Einzelheiten sprechen werde. Die Verkoppelung des KSZE-Gipfels mit einem abgeschlossenen VKSE-Abkommen sei unverzichtbar.

BK nimmt in Wolfsburg an dem Kongreß »Initiative internationale Partnerschaft« teil. Dort spricht auch der außenpolitische Berater Gorbatschows, Vadim Valentinovitsch Sagladin. Er bezeichnet die Unterzeichnung des 2+4-Schlußdokumentes als Beginn einer neuen Epoche in der Geschichte Europas und in der Deutschlands. Diese neue Phase sei ein Verdienst des deutschen Volkes und der Völker Europas und selbstverständlich das Verdienst der heutigen Politikergeneration. Er übermittelt BK die herzlichen Glückwünsche Gorbatschows zum gestrigen Abschluß des Vertrages, der ein großes Ereignis darstelle. Gorbatschow habe ihn gebeten, alles Gute zu wünschen, neue Erfolge in Deutschland, in Europa und in der Welt. In der Sowjetunion seien sie überzeugt, daß die Verdienste des BK heute und auch morgen nicht zu unterschätzen seien. Gorbatschow möchte ganz besonders seine Befriedigung über die glückliche Entwicklung der Beziehungen zwischen der UdSSR und Deutschland betonen. Das sei auch einer der Leistungen des BK.

Am Nachmittag stimme ich mit BK die vorbereitete deutsch-französische Erklärung für den Gipfel mit Mitterrand am 17./18. September in München ab. Nachdem ich den Inhalt erläutert habe, gibt BK mir grünes Licht, ohne den Wortlaut selbst zur Kenntnis zu nehmen. Sein Vertrauen ist wie immer sehr groß.

Freitag, 14. September 1990

8.30 Uhr BK-Lage: Wir sprechen sehr ausführlich über das außerordentlich positive Echo in den deutschen Medien auf die Paraphierung des deutsch-sowjetischen Vertrages. Die Initiative zu diesem Vertrag ist vom BK ausgegangen und zu einem Schlüsselelement für die Lösung der 2+4-Probleme geworden.

Innerhalb[363] von zwei Jahren haben wir mit der Sowjetunion 22 Verträge und Abkommen unterzeichnet. Es gibt keinen Bereich in den Beziehungen, der vertraglich nicht geregelt ist. Jetzt wird es darauf ankommen, diese Verträge und Abkommen mit Leben zu erfüllen.

Anschließend spricht BK mit Seiters, Schäuble und Bohl. Es geht um den Ablauf der Bundestagsdebatte am Tag nach der Einigung und um das weitere Verfahren zum deutschen Einigungsvertrag. Mehrfach telefoniert BK mit de Maizière und Krause. Sein Ziel

362 Handschriftlich korrigiert wurde »die« und durch »alle« ersetzt.
363 Handschriftlich korrigiert wurde »in«.

besteht einzig und allein darin, beiden den Rücken zu stärken und das weitere Vorgehen abzustimmen.

Um 10.30 Uhr erläutere ich BK das Angebot, das er morgen in seinem Gespräch mit Baker als deutschen Beitrag zur Regelung der Golfkrise unterbreiten könne. Ich habe es mit den Staatssekretären Dr. Köhler, Lengl und Pfahls abgestimmt. BK rundet die Zahlen nach oben auf, so daß ein Gesamtpaket von 3,3 Mrd. zustande kommt. Anschließend telefoniert er mit Finanzminister Waigel. Er erläutert ihm das Gesamtpaket, das ich anschließend noch einmal mit seinem Staatssekretär, Dr. Köhler, abschließend bespreche.

Den ganzen Tag über versucht sowohl Genscher in zwei Anrufen bei BK als auch seine Mitarbeiter bei Anrufen bei meinen Kollegen Einzelheiten des deutschen Angebotes zu erfahren. BK möchte jedoch die Angelegenheit als seine persönliche behandeln und gibt keine Einzelheiten bekannt. Das gilt auch für uns.

Um 13.00 Uhr treffe ich mit dem sowjetischen Geschäftsträger Ussytschenko zusammen, der sehr dringend um dieses Gespräch gebeten hat. Er habe eine Anweisung von Schewardnadse erhalten. Es geht erneut um die finanziellen Regelungen im Rahmen des Überleitungsvertrages. Der sowjetische Wunsch besteht darin, den zinslosen Kredit in Höhe von 3 Mrd. noch im September zu realisieren. Sowjetunion sei bereit, mit diesem Geld vor allem die Verbindlichkeiten gegenüber den deutschen Firmen abzulösen. Darüber solle unverzüglich verhandelt werden.

Ich übermittele im Auftrag des BK Terminvorschläge für den Besuch Gorbatschows in Bonn. Im November solle gemeinsam der bilaterale Vertrag unterzeichnet werden. BK schlägt darüber hinaus eine Begegnung in seiner Heimatstadt Ludwigshafen in der Pfalz vor.

Am frühen Nachmittag übergibt mir der amerikanische Botschafter Walters im Auftrag von Außenminister Baker eine Liste mit amerikanischen Vorschlägen für die deutschen Beiträge zu den Kosten der amerikanischen Streitkräfte im Golf und für die Frontstaaten Ägypten, Türkei und Jordanien.

Am frühen Abend besucht mich Professor Sagladin. Er sei gekommen, um mir zu gratulieren. In Moskau sei man mit den Ergebnissen bei den 2+4-Verhandlungen als auch der bilateralen Verträge sehr zufrieden. Daraufhin trinken wir gemeinsam einen Whisky.

Sagladin gibt mir zu verstehen, daß der deutsch-sowjetische Vertrag vor dem sowjetisch-französischen unterzeichnet werden solle.

Um 22.30 Uhr ruft mich der sowjetische Botschafter Terechow an. Er bittet dringend um einen Gesprächstermin im Auftrag von Schewardnadse für morgen Vormittag.

Samstag, 15. September 1990

Um 11.00 Uhr treffe ich mit Terechow im Bundeskanzleramt zusammen. Es geht erneut um die Finanzierungsregelungen. Moskau wünscht, daß der von BK angebotene ungebundene zinslose Finanzkredit in Höhe von 3 Mrd. DM als einmalige Aktion sofort realisiert werde. Ich melde Zweifel an, ob das machbar sein werde, sage aber Prüfung zu.

Um 16.15 Uhr fliege ich mit AM Baker und Botschafter Walters vom Hotel Petersberg nach Mannheim. Baker hat gerade ein Mittagessen mit Genscher und ein gemeinsames Pressegespräch beendet. Walters erzählt mir vergnügt, daß Genscher nicht in der Lage gewesen sei, Einzelheiten über die deutsche Unterstützung im Golfkonflikt zu erläutern. Er habe sich deshalb bei dem Gespräch sichtlich nicht wohl gefühlt.

Von Mannheim fahren wir zum Privathaus des BK in Ludwigshafen/Oggersheim. Dort spricht BK mit Baker erst allein und erläutert ihm detailliert die Leistungen der Bundesrepublik Deutschland gegenüber den USA, Ägypten, Jordanien, Türkei und Israel und im Rahmen der EG in einer Gesamtgrößenordnung von 3,3 Mrd. DM. Nach kurzer Zeit werden die Mitarbeiter dazu gerufen. Baker ist mit dem Angebot sehr zufrieden. Es sei[364] mehr, als sie erbeten hätten. Er sei darüber besonders froh, weil die Bundesregierung damit deutlich mache, daß sie nicht hinter Japan zurück bleiben wolle und mit ihrem[365] Angebot dem amerikanischen Kongreß der Wind aus den Segeln nehme[366]. Baker gibt offen zu, daß sie ein solches Angebot der deutschen Seite nicht erwartet hätten.[367]

Nach dem Gespräch treten beide vor die Presse, die sich auf der Straße vor dem Privathaus des BK in der Marbacherstraße eingefunden hat und seit Stunden auf das Ergebnis wartet. BK bekundet die Solidarität der Deutschen für das amerikanische Engagement im Golfkonflikt und erläutert das deutsche Angebot. Walters ist von dieser Erklärung des BK sehr beeindruckt. Es sei eine sehr starke Aussage über die deutsche Solidarität.

Nach einem kleinen Abendessen fahre ich mit Baker zurück zum Hubschrauber. Er äußert sich mir gegenüber im Auto sehr zufrieden mit dem Ergebnis seines Gespräches. Er hätte nicht erwartet, daß wir bereit seien, auch direkte Leistungen gegenüber den USA zu erbringen. Erfreut äußert sich Baker, daß der deutsche Beitrag über den der Japaner läge. Er bedauert jedoch, daß Deutschland in der Region selbst nicht präsent sein könne. Das wäre bedeutsamer als alles andere.

Montag, 17. September 1990

Heute morgen unterrichte ich BK über das Gespräch mit Terechow am Samstag. Ich erläutere BK, daß die sowjetische Seite jetzt vorschlage, den ungebundenen, zinslosen Kredit von 3 Mrd. DM als einmalige Aktion sofort zur Verfügung zu stellen. Sie wolle diesen Kredit vor allem dazu nutzen, Schulden an deutsche Finnen zurückzuzahlen. Damit würde dieser Kredit sofort in die Bundesrepublik zurückfließen. Er sollte jedoch noch im September zur Verfügung stehen. Die Auffassung des Finanzministeriums sei jedoch, daß dieser Kredit von 3 Mrd. als Leistung für die Aufenthaltskosten der sowjetischen Armee für die vier Jahre der Präsenz vorgesehen sei. Er solle in jährlichen Tranchen zur Verfügung gestellt werden. Terechow habe dagegen von einem Wunsch Gorbatschows und Schewardnadses gesprochen. Beide erwarten eine rasche Antwort. BK reagiert ungehalten. Er habe mit Gorbatschow nur über den Gesamtbetrag, aber nicht über die einzelnen Verwendungszwecke gesprochen. Dennoch beauftragt er mich, mit dem Finanzministerium über Kompromißvorschläge zu sprechen.

Sehr zufrieden äußert sich BK über seine gestrigen Wahlveranstaltungen in Leipzig und Dresden. Er hätte so viele Teilnehmer gehabt wie vor einem Jahr.

364 An dieser Stelle wurde das Wort »substantiell« gestrichen.
365 Handschriftlich gestrichen wurde »dem jetzigen«.
366 Handschriftlich gestrichen wurde »genommen werde«.
367 Die Golfkrise begann mit der Eroberung Kuwaits durch den Irak am 2. August 1990, der 26 Tage später die Annexion durch den Irak folgte. Am 16. Januar 1991 begann eine Koalition, angeführt von den USA und mandatiert durch Resolution 678 des UN-Sicherheitsrates mit Kampfhandlungen zur Befreiung Kuwaits. Deutschland übernahm mit 16,9 Milliarden D-Mark zirka 15–20 % der Kosten, was auch als »Scheckbuchdiplomatie« in die Geschichte einging, da sich Deutschland nicht aktiv mit Soldaten am Krieg beteiligen wollte; Nachbetrachtungen, S. 790.

Am Nachmittag fliegen wir zu den deutsch-französischen Konsultationen nach München. Um 17.30 Uhr trifft BK zu einem Vier-Augen-Gespräch mit Mitterrand zusammen. Mitterrand ist bester Laune. Er hat jedoch den Text der gemeinsamen Erklärung, den ich mit seinen Mitarbeitern abgestimmt habe, nicht gelesen. Das ist nicht das erste Mal, daß er solche Texte erst unmittelbar während des Gespräches mit BK liest. Beide erreichen jedoch eine rasche Einigung. Mitterrand unterstreicht noch einmal seinen Wunsch, daß französische Truppen in Deutschland verbleiben können. Er sei deshalb sehr dankbar für die Aussage des BK, daß französische Truppen in Deutschland willkommen seien.

BK schlägt Mitterrand eine gemeinsame Initiative zur Vorbereitung der beiden Regierungskonferenzen im Dezember zur Wirtschafts- und Währungsunion und zur Politischen Union vor. Mitterrand stimmt zu. Nachdem wir uns im April nur über das Procedere geeinigt hatten, soll jetzt der Versuch einer inhaltlichen Abstimmung erfolgen.

Beide sprechen über Unterstützungsmaßnahmen für Präsident Gorbatschow. Mitterrand erklärt unumwunden, daß sie sich gegenseitig beglückwünschen könnten: Gorbatschow brauche sie und sie bräuchten ihn.

Ausführlich sprechen beide über den Golfkonflikt. Er sei über die Entwicklung nicht so beunruhigt wie andere. Ein Krieg sei nicht auszuschließen. Er hoffe aber, daß er vermieden werden könne. Früher hätte ein solcher Konflikt die Gefahr eines Weltkrieges beinhaltet. Heute sei er regional begrenzbar.

Anschließend trifft BK mit MP Rocard zusammen. Sie sprechen über die Vorbereitungen für die beiden Regierungskonferenzen. Rocard besteht auf Entscheidungen auf politischer Ebene. Zwischen Frankreich und Deutschland dürfe kein Block entstehen.

Um 20.30 Uhr hat die bayerische Landesregierung zum Besuch eines Aktes der Oper »Die Hochzeit des Figaro« in das Cuvilliés-Theater eingeladen. Anschließend findet im Antiquarium[368] in der Residenz ein gemeinsames Abendessen statt. In seiner freigehaltenen Tischrede spricht Mitterrand von einem Rekord an Begegnungen zwischen ihm und BK. Es sind inzwischen an die 80, ein einsamer Weltrekord. In diesem langen Zeitraum, in dem sie sich kennenlernen konnten, hätten sie immer wieder über das Herzstück Europa gesprochen. Gemeinsam seien sie den Weg der Gründer Europas nach dem Zweiten Weltkrieg gegangen und inzwischen weit darüber hinaus angelangt. Sie hätten als Franzosen das bescheidene Gefühl, mit BK den Weg zur Einheit gemeinsam gegangen zu sein und viele Hindernisse ausgeräumt zu haben, weil sie den gleichen Blick in die Zukunft hätten.

Mitterrand betont, daß das große Ereignis der Einheit nicht möglich geworden wäre, wenn sie gegenüber Deutschland Mißtrauen gehabt hätten. Deutschland sei eine große Macht. Sie blicken[369] aber mit großer Freude und ohne Komplexe auf den großen Nachbar. Ihre Perspektive sei der Bau Europas. Frankreich und Deutschland werden in Zukunft gemeinsam eine bestimmende Rolle in Europa spielen. Die Geschichte sei nicht von der Zahl der Menschen, nicht von der territorialen Größe oder von der Größe der Armee bestimmt oder von der wirtschaftlichen Stärke. Das habe die Vergangenheit gezeigt. Gemeinsame Aufgabe sei es, Europa bis zum Januar 1993 zu einem Erfolg zu führen. Es gehe dabei um die Weiterentwicklung der Demokratie in der Gemeinschaft und der Institutionen. Mit diesem Erfolg werde Europa wieder die Stelle in der Welt einnehmen, die es nie hätte verlieren dürfen.

368 Handschriftlich gestrichen wurde das ursprünglich irrige Wort »Aquarium«.

369 Handschriftlich gestrichen wurde da ursprüngliche Wort »sehen«.

Mitterrand bekräftigt die Freundschaft mit den USA. Sie bleibe wichtig, aber Europa müsse sein Schicksal selbst bestimmen. Wenn die deutsche Einheit jetzt bald erreicht sei, dann hoffe er, daß damit auch das gemeinsame Ziel Europa näher komme. BK könne von Stolz erfüllt sein und die Rolle Frankreichs sei es, ihm die richtige Wertschätzung zu erteilen. Die Welt entwickele sich jedoch weiter. Sie müßten alle Probleme zukünftig gemeinsam angehen. In anderen Teilen der Welt bleibe der Frieden gefährdet.

Danach führt BK Mitterrand in den »Franziskaner«, wo sie Weißwürste essen und ein Weißbier trinken.

Zur gleichen Zeit sitze ich mit meinen Mitarbeitern und französischen Kollegen im Hotel »Vier Jahreszeiten« und erarbeite die Schlußfassung der gemeinsamen Erklärung.

Dienstag, 18. September 1990

Um 9.00 Uhr setzt BK sein Vier-Augen-Gespräch mit Mitterrand im Kurfürstenzimmer der Münchener Residenz fort. Die gemeinsame Erklärung wird noch einmal besprochen und einvernehmlich beschlossen. Anschließend steht noch einmal die Golfkrise im Mittelpunkt des Gesprächs.

Zum Schluß berichtet Mitterrand über seinen Besuch in der ČSFR. In seinen Gesprächen hätten sowohl die Tschechen als die Slowaken die Vertreibung der Deutschen bedauert.

Um 10.00 Uhr beginnt die Sitzung des deutsch-französischen Verteidigungsrates in der Grünen Galerie. Mitterrand berichtet sehr ausführlich über das französische Engagement im Golf. Frankreich habe lange Jahre freundschaftliche Beziehungen mit Irak unterhalten. Es sei neben der Sowjetunion der größte Waffenlieferant im Krieg des Iraks gegen den Iran gewesen. Die Schulden Iraks gegenüber Frankreich betrügen 24 Mrd. Francs. Seine Vorgänger hätten sogar mit dem Aufbau einer nuklearen Produktionsstätte im Irak begonnen. Diese sei von den Israelis zerstört worden. Er habe sich geweigert, daß Werk neu aufzubauen.

Mitterrand betont, daß die französischen Truppen in einem Kriegsfall unmittelbar zum Einsatz kämen und nicht im Gefolge der amerikanischen Truppen. Ein Krieg könne nur verhindert werden, wenn die Sanktionen erfolgreich seien. Dazu brauche es Geduld, eventuell über Monate hinaus. Mitterrand bezeichnet die Pläne König Husseins als interessant, aber für nicht durchführbar.

Um 11.15 Uhr beginnt die Plenarsitzung im Kaisersaal der Residenz. Die einzelnen Minister berichten über die Ergebnisse ihrer Gespräche. Die Finanzminister erklären, daß sie Einvernehmen erzielt hätten über die Unabhängigkeit und an einer Geldwertstabilität orientierten europäischen Zentralbank und über die Notwendigkeit einer Konvergenz der Wirtschaftspolitiken.

Die Gesamtberichte machen deutlich, welche eindrucksvolle Palette vielfältiger und zahlreicher Projekte zwischen Deutschland und Frankreich durchgeführt werden. Ich finde es bedauerlich, daß diese Vielfalt und Intensität der Zusammenarbeit in der Öffentlichkeit praktisch nicht bekannt ist.

Um 12.45 Uhr treten BK und Mitterrand im Max-Joseph-Saal der Residenz gemeinsam vor die Presse. Mitterrand erklärt, daß es der wichtigste Punkte sei, daß sie sich am Vorabend der deutschen Einheit befänden. Das sei ein sehr wichtiges Datum für Deutschland, für Europa und für die Welt. Er habe bereits am 3. November 1989 gesagt, daß Frankreich gegenüber der deutschen Einheit keinen Vorbehalt habe. Das sei eine Woche vor dem Fall der Mauer gewesen.

Mitterrand legt besonderen Wert darauf, deutlich zu machen, daß Frankreich sich klar und ohne Vorbehalte hinter das Ziel der deutschen Einheit gestellt habe. Es sei eine unausweichliche Entwicklung gewesen. Jetzt kämen neue Aufgaben auf Deutschland zu, aber auch für die weitere Entwicklung in der Europäischen Gemeinschaft gemeinsam mit Frankreich. Er sei sehr gerührt gewesen über die Briefe deutscher Bürgermeister, die sich für den Verbleib französischer Truppen in Deutschland ausgesprochen hätten. Als die französischen Truppen seinerzeit nach Deutschland gekommen wären, habe es bei den Deutschen viel Bitterkeit gegeben.

Mitterrand unterstreicht, daß er begrüße, daß BK erneut bekräftigt habe, die Einigung Europas voranzutreiben. In der Frage der Wirtschafts- und Währungsunion und der Politischen Union gingen Frankreich und Deutschland in die gleiche Richtung. An die Deutschen gewandt übermittelt Mitterrand die besten Wünsche Frankreichs in dem geschichtlichen Augenblick, der sie sehr bewege aufgrund der Erinnerungen und aufgrund dessen, was noch vor uns liege.

Die Gemeinsame Erklärung unterstreicht, daß das Verhältnis zwischen Deutschland und Frankreich zum einzigartigen Vorbild für freundschaftliche und vertrauensvolle Beziehungen zwischen zwei benachbarten Staaten und Völker geworden ist.

Der Freundschaftsvertrag sei Ausdruck der Schicksalsgemeinschaft und ein Friedenswerk von außergewöhnlichem Rang, das auch in Zukunft Eckstein der gemeinsamen Politik sein werde.

Besonders wichtig ist die Aussage, daß beide Seiten alles gemeinsam daran setzen wollen, das Zusammenwachsen ihrer Länder weiter zu verstärken. Beide seien entschlossen, auch in Zukunft Motor des europäischen Einigungswerkes zu bleiben.[370] Ziel sei die Europäische Union als festes Fundament der Einigung ganz Europas.

Es ist uns gelungen, die Entwicklung einer gemeinsamen Außenpolitik aufzunehmen. Das ist ein Vorschlag, den BK bereits vor zwei Jahren öffentlich in Paris gemacht hat, ohne daß die französische Regierung darauf reagiert hatte. Auf unsere Initiative ist auch das gemeinsame Ziel aufgenommen worden, die Zusammenarbeit mit den Staaten Nordafrikas und des östlichen Mittelmeerraums im europäischen Rahmen zu verstärken und eine gemeinsame Mittelmeerpolitik[371] zu entwickeln. Die Zeit dafür ist angesichts der Krisenlage überreif.[372]

Bekräftigt wird die enge Abstimmung in Fragen der Verteidigung und Sicherheit und die Weiterentwicklung gemeinsamer Strukturen für die Zusammenarbeit zwischen den französischen Streitkräften und der Bundeswehr. Insgesamt sind wir mit dem Ergebnis der Erklärung sehr zufrieden. Die Frage wird aber bleiben, was davon am Ende konkretisiert werden kann. Uns ging es aber darum, Frankreich das Signal zu geben, daß sich an dem privilegierten Verhältnis zwischen beiden Ländern nichts verändern wird.[373]

370 Zuerst stand an dieser Stelle »bilden«.
371 Zuerst stand an dieser Stelle »Mittelmeerraumpolitik«.
372 Zuerst stand dort das nun gestrichene Wort »überfällig«.
373 Handschriftlich gestrichen wurde das Wort »werde«.

Donnerstag, 20. September 1990

Bundestag und Volkskammer verabschieden heute mit großer Mehrheit den Einigungsvertrag.

Um 21.45 Uhr verläßt BK ein privates Geburtstagsfest, um nach Bonn zurückzukehren. Er trifft sich mit MP de Maizière und StS Krause im Bungalow. Das Gespräch dauert bis 2.00 Uhr morgens. Beide sind tief niedergeschlagen. Abgeordnete aller Fraktionen in der Volkskammer sind als ehemalige Stasi-Mitarbeiter belastet. Krause trägt sich mit Rücktrittsabsichten. BK überredet ihn, im Amt zu bleiben.

Freitag, 21. September 1990

8.30 Uhr BK-Lage: Die[374] gestrigen Regierungserklärungen von Schäuble und von Genscher zum Einigungsvertrag bzw. zum »Vertrag über die abschließende Regelung in Bezug auf Deutschland« haben in der Presse ein positives Echo gefunden. Die Zustimmung von rund 90 % der Abgeordneten unterstrich den überparteilichen Konsens, der erreicht werden konnte. Die Presse bewertet Schäubles Rede als gelungene Profilierung zum künftigen Fraktionsvorsitzenden der CDU/CSU. Dagegen wird die Rede des SPD-Kanzlerkandidaten Lafontaine als enttäuschend bezeichnet.

Um 17.30 Uhr ruft mich der sowjetische Botschafter Terechow an und bittet um ein sofortiges Gespräch. 45 Minuten später ist er in meinem Büro. Er bekräftigt noch einmal den sowjetischen Wunsch nach sofortiger Auszahlung des zinslosen, ungebundenen Kredits in Höhe von 3 Mrd. DM für fünf Jahre. Die Sowjetunion sei bereit, den Überleitungsvertrag entsprechend zu ändern. Bisher war vorgesehen, diesen Kredit im Rahmen des sowjetischen Abzugs innerhalb von vier Jahren in Tranchen auszuzahlen. Ich sage weitere Prüfung zu.

BK nimmt am Abend in Clausen/Pfalz an einem Volksfest teil, das anläßlich des Abzugs der letzten amerikanischen chemischen Waffen durchgeführt wird. Er kann zu Recht mitfeiern. Er war es, der 1986 am Rande des Weltwirtschaftsgipfels m Tokio[375] mit dem damaligen amerikanischen Präsidenten Ronald Reagan den Abzug der amerikanischen C-Waffen ausgehandelt hatte. Reagan hatte die Zusage gegeben, die Bush jetzt eingelöst hat. Es ist eine einseitige Leistung der USA und damit des Westens, dem keine entsprechende Gegenleistung[376] der Sowjetunion gegenüber steht. Aber solche positiven Ergebnisse werden in der deutschen Öffentlichkeit kaum noch[377] wahrgenommen.

374 Gestrichen wurde die Formulierung »Das Echo auf die«.

375 Der Gipfel in Tokyo fand vom 4. bis 6. Mai 1986 statt und war das 12. Gipfeltreffen der Regierungschefs der Gruppe der Sieben. Vorsitz hatte der japanische Premierminister Yasuhiro Nakasone. Auf der Agenda standen die Auswirkungen des Kernreaktorunfalls von Tschernobyl, der internationale Terrorismus und die Weltwirtschaft.

376 Handschriftlich ergänzt wurde das Wort »Leistung« zu »Gegenleistung«.

377 Das Wort »noch« wurde noch handschriftlich ergänzt.

Montag, 24. September 1990

8.45 Uhr Kanzler-Lage: BK berichtet, daß er am Samstag trotz strömenden Regens in Weimar 25.000 Teilnehmer in seiner Wahlkampfveranstaltung gehabt habe. Gestern seien es in Quedlinburg, in Magdeburg und Gotha über 50.000 Menschen gewesen. Die Stimmung sei unverändert gut. Mit seiner Rede auf dem CDU-Landesparteitag in Hessen und mit seinem Besuch bei Dr. Dregger in Fulda hat BK am Wochenende fünf Veranstaltungen durchgeführt. Es wird nach ihm keinen BK mehr geben, der so intensiv Wahlkampf betreibt.

Besorgt ist BK über die anhaltende öffentliche Diskussion über die Notwendigkeit von Steuererhöhungen. In diesem Sinne haben sich Schäuble, Haussmann und Biedenkopf über das Wochenende geäußert.

BK trifft heute mit dem MP-Kandidaten der SPD von Brandenburg, Konsistorialpräsident Stolpe, zusammen. BK berichtet, daß Stolpe ihm gesagt habe, daß er der einzige sei, dem die Menschen in der DDR noch Vertrauen entgegen bringen würden. BK ist darüber sichtlich erfreut. Er fühlt sich für seinen persönlichen Einsatz belohnt.

Diese Zustimmung im Wahlkampf verleitet BK nicht, sich selbstzufrieden auf dem Ruhekissen günstiger Meinungsumfragen auszuruhen. Er ist entschlossen, bis zum Schluß um jede Stimme – wie er immer sagt – zu kämpfen.

Schewardnadse hält heute im Komitee des Obersten Sowjet der UdSSR für Auswärtige Angelegenheiten eine bemerkenswerte Rede zum 2+4-Vertrag und zu den deutsch-sowjetischen Verträgen. Die Teilung der Deutschen sei kein natürlicher Zustand gewesen. Die Verträge würden für die sowjetische Politik zwei strategisch wichtige Aufgaben lösen: Sie legen die Stellung des neuen Deutschlands in Europa unter gebührender Berücksichtigung der Interessen aller Staaten, auch der der Sowjetunion, fest und öffnen den Weg für eine besonders aktive Zusammenarbeit zwischen der Sowjetunion und Deutschland als führende europäische Macht. Es habe keine andere Möglichkeit der Entwicklung gegeben.

Schewardnadse behauptet, daß die Sowjetunion von Anfang an, als die Ereignisse im Herbst 1989 begonnen hatten, entschlossen die Position übernommen hätten, den Deutschen das Recht auf eigene Wahl ihres Weges zuzugestehen. Das sei die einzig richtige und weitsichtige Entscheidung gewesen.

Zu Recht weist Schewardnadse darauf hin, daß die deutsche Frage und ihre endgültige Lösung das zentrale Problem der Weltpolitik gewesen seien. Das habe zu sehr zugespitzten Situationen geführt, die die Welt an den Rand eines Krieges gebracht hätten. Dies konnte und durfte nicht ewig so weiter gehen. Diese Gefahr sei real und bedeutend gewesen, solange Deutschland geteilt gewesen wäre und im Zentrum Europas eine massive militärische Konfrontation bestanden habe.[378] Diese Bedrohung würde seit dem 12. September nicht mehr existieren. An diesem Tag habe Moskau einen Strich unter den Zweiten Weltkrieg gezogen und die äußeren Aspekte der deutschen Einheit endgültig gelöst.

Ausführlich stellt Schewardnadse die erreichten Ergebnisse dar. Nachdrücklich unterstreicht er, daß die unterzeichneten Dokumente in vollem Maße den Interessen der Sowjetunion, aller Völker und aller Republiken entsprächen.

Schewardnadse erläutert die Veränderung der Sicherheitslage für die Sowjetunion. Das neue Deutschland entstehe bereits in einem anderen europäischen politischen und militärischen Koordinatensystem. Es wäre schwierig gewesen, die Mitgliedschaft Deutschlands in

378 Das Wort »bestand« wurde handschriftlich in »bestanden habe« korrigiert.

der NATO zu akzeptieren, wenn es nicht zu einem neuen Verhältnis zwischen der NATO und dem Warschauer Pakt gekommen wäre. Er stellt in der Perspektive eine Auflösung der NATO und des Warschauer Vertrages in gesamteuropäische Sicherheitsstrukturen in Aussicht.

Schewardnadse bestätigt den Deutschen, daß sie sich geändert hätten. Auch die Umstände hätten sich geändert. Die Deutschen verdienten es, daß man ihnen gegenüber eine andere Einstellung und Vertrauen zeige.[379]

Auch wenn es Kritik geben werde, sei er davon überzeugt, daß die Sowjetunion ein optimales Ergebnis erzielt habe.

Der Vertrag über gute Nachbarschaft, Partnerschaft und Zusammenarbeit zwischen der Sowjetunion und dem vereinigten Deutschland schaffe ein qualitativ neues Niveau der Beziehungen und des Zusammenwirkens. Er bezeichnet Deutschland als den nach der UdSSR zweitgrößten und zweitwichtigsten europäischen Staat.

Die Sowjetunion trete in eine Periode wahrhaft neuer Beziehungen zu Deutschland ein. Es habe schwarze Seiten in der Geschichte gegeben. Jetzt sei aber die Zeit gekommen, sich den belebenden und starken Quellen der Traditionen des friedlichen gegenseitigen Zusammenwirkens zuzuwenden.

Diese Rede Schewardnadses ist eine außerordentlich erfreuliche Begründung der Ergebnisse der Verhandlungen im Zusammenhang mit der deutschen Einigung. Dieser Rede kann man nur Beifall zollen.

Dienstag, den 25. September 1990

In der heutigen Kabinettsitzung verweist BK auf den ungeheueren Erwartungsdruck in der DDR für die Zeit nach dem 3. Oktober, dem Tag der deutschen Einheit.[380] Die Bundesregierung werde alle Kräfte mobilisieren müssen, um diesen Erwartungen gerecht zu werden.

Das Kabinett beschließt den »Vertrag zwischen der Bundesrepublik Deutschland und der UdSSR über die Bedingungen des befristeten Aufenthalts und die Modalitäten des planmäßigen Abzugs der sowjetischen Truppen aus dem Gebiet der Bundesrepublik Deutschland«.

Am Abend ist BK erneut im Wahlkampf in den neuen fünf Bundesländern. Diesmal in Dessau und Wittenberge. Erneut sind es 35.000 Teilnehmer, die er erfaßt.

Mittwoch, 26. September 1990

Am Vormittag überbringt mir der chinesische Botschafter Mei Zhaorong eine mündliche Botschaft von MP Li Peng, in der er BK sein Interesse bekundet, die Beziehungen in allen Bereichen konstruktiv weiterzuentwickeln.

Anschließend führe ich zum wiederholten Male ein Gespräch mit den Bonner Sicherheitsbehörden über meine persönliche Gefährdungslage. Da mein Name in allen aufgefundenen Verstecken der RAF auftauche, wird mir die höchste Sicherheitsstufe 1 zugewiesen.

Am Nachmittag sucht mich erneut der sowjetische Botschafter Terechow auf. Diesmal übergibt er mir ein Schreiben von Gorbatschow an BK. Der Inhalt ist[381] überraschend.

379 Das Wort »zeigt« wurde handschriftlich in »zeige« korrigiert.
380 Das Wort »Einigung« wurde handschriftlich durch »Einheit« ersetzt.
381 Handschriftlich gestrichen wurde an dieser Stelle »für mich«.

Gorbatschow übermittelt BK seine Sorge, daß trotz der Übereinstimmung, daß unter die Vergangenheit ein Schlußstrich gezogen werden solle, begonnen werde, wegen des Verhaltens und der Politik in dem anderen Staat, der nach seinen eigenen Gesetzen lebte, abzurechnen. Er beklagt die begonnene Verfolgung von Mitgliedern der SED und die Überführung im Geiste eines primitiven Anti-Kommunismus. Der ehemalige Gegner solle gezwungen werden, den bitteren Kelch[382] bis zur Neige zu leeren. Er fordert BK auf, einen Weg zu finden, um den Eifer derjenigen zu dämpfen, die geneigt seien, den Kalten Krieg an der innerdeutschen Front zu verlängern. Der historische Wandel in Deutschland und die gute Nachbarschaft zur Sowjetunion solle nicht durch Fortsetzung des Kalten Krieges und Hexenjagd überschattet werden. Gorbatschow setzt Nachdruck hinter seinen Forderungen mit dem Hinweis auf die zu erwartenden Reaktionen der sowjetischen Öffentlichkeit und des Obersten Sowjets, in dem die Ratifizierung des 2+4-Vertrages noch bevorsteht.

Ton und Inhalt dieses Briefes vermitteln[383] den Eindruck, daß die »Betonköpfe« im Zentralkomitee und im Auswärtigen Amt den Entwurf geliefert haben. Anders ist diese Einmischung in die inneren Angelegenheiten[384] schwer zu verstehen. Gorbatschow beruft sich auf Archiz. Wir sehen diesen Brief im Widerspruch dazu. BK ist sehr verärgert. Er werde bei nächster Gelegenheit mit Gorbatschow selbst über diesen Brief reden.

Am Abend führt BK erneut zwei Wahlkampfveranstaltungen in Zwickau und Görlitz durch. 40.000 Teilnehmer nehmen daran teil. Kein anderer Bundespolitiker kann vergleichbare Zahlen aufweisen.

Auf dem Forum Européen 90 in Paris spricht Mitterrand über die deutsche Einheit.[385] Er stellt die französische Politik in ihrem historischen Ablauf dar und geht auf gewisse Umwege der französischen Deutschlandpolitik seit dem November 1989, so auf die Besuche im Dezember in Ost-Berlin[386] und[387] in Kiew ein. Er begründet diese Reisen mit der Absicht, den Vereinigungsprozeß Deutschlands voranzubringen. Jeder könne die deutsche Begeisterung für die deutsche Einheit verstehen. Deutschland müsse jedoch auch die Interessen seiner Nachbarn respektieren. Am 3. November, sechs Tage vor dem Durchbruch durch die Mauer in Berlin, sei er gefragt worden, ob er Angst vor der deutschen Einheit habe. Er habe dies verneint und geantwortet, daß die Einigung evident und legitim sei. Sorgen wegen der Sicherheit der Grenzen in Europa würden sich bei einem demokratischen und friedlichen Verlauf des Einigungsprozesses nicht stellen. Frankreich habe deshalb alles getan, die denkbaren Streitfragen im Rahmen der 2+4-Verhandlungen im voraus zu lösen. Mitterrand verweist dabei auf die Westgrenze Polens und auf den deutschen Verzicht auf ABC-Waffen. Er berichtet, daß er vor seinem Treffen mit Modrow in Ost-Berlin und mit Gorbatschow in

382 Handschriftlich gestrichen wurde an dieser Stelle das irrige Wort »Krieg«.

383 Handschriftlich gestrichen wurde an dieser Stelle das Wort »bestärken«.

384 Handschriftlich gestrichen wurde an dieser Stelle »der Bundesrepublik«.

385 Ursprünglich stand an dieser Stelle »zur deutschen Einheit«.

386 Der Besuch des französischen Staatspräsidenten in Ost-Berlin fand am 20. Dezember 1989 statt. Bei seiner Tischrede sprach Mitterrand gegenüber dem amtierenden Staatsratsvorsitzenden Manfred Gerlach und dem DDR-Ministerpräsidenten Hans Modrow: »Sie können auf die Solidarität Frankreichs mit der Deutschen Demokratischen Republik rechnen«, denn – mit Betonung – es gebe »diese beiden deutschen Staaten«, Splitter im Körper. Frankreichs Staatspräsident Mitterrand tritt für die Existenz zweier deutscher Staaten ein. Das Verhältnis Bonn-Paris ist auf dem Tiefpunkt, in: *Der Spiegel*, 31. 12. 1989 (1/1990); Nachbetrachtungen, S. 676–677, 709.

387 Handschriftlich gestrichen wurde »im Januar [sic!]«. Der Kiew-Besuch Mitterrands bei Gorbatschow fand jedoch am 6. Dezember 1989 statt.

Kiew vorher jeweils mit BK telefoniert habe. Er habe den deutschen Einigungsprozeß als logischen Fortgang der Geschichte dargestellt, der nicht behindert werden dürfe.

Mitterrand spricht davon, daß sich Deutschland nach drei bis vier Jahren zu einem Machtpol in Europa entwickeln werde, wenn die wirtschaftliche Erholung erreicht sei. Frankreich habe kein Recht, das zu kritisieren. Es müsse vielmehr die Einigung Deutschlands als Anreiz begreifen und seine eigenen Potentiale nutzen.

Diese Ausführungen machen deutlich, daß Mitterrand noch immer mit der Kritik an seiner Deutschlandpolitik während der letzten zehn Monate beschäftigt ist. Sie hat[388] auch bei uns immer wieder Fragen ausgelöst. Auch wenn sich BK zeitweilig getroffen fühlte, ist er immer wieder auf Mitterrand zugegangen und hat die persönliche Freundschaft und die zwischen beiden Völkern und Staaten bekräftigt.

Donnerstag, 27. September 1990

In der Morgenlage spricht BK von einer Agonie in der DDR, die sich immer mehr verstärke. Es komme jetzt darauf an, die Nerven zu behalten. Der Wahlkampf sei chaotisch. Die örtliche CDU sei völlig überfordert. Er sei in diesem Wahlkampf völlig auf sich allein gestellt.

Mehrfach versucht mich heute der sowjetische Botschafter Terechow zu erreichen. Ich bin sicher, es geht nach wie vor um den 3 Mrd. Kredit. Da ich noch keine Antwort des BK habe, lasse ich mich verleugnen, bis BK mit Waigel verabredet, der Sowjetunion einen Kompromiß vorzuschlagen. Die Bundesregierung ist bereit, 2 Mrd. sofort auszuzahlen und die 3. Milliarde zum 1. Oktober 1991 zu überweisen. Er sei jedoch nicht bereit, darüber hinaus zu gehen. Jetzt wolle er hart bleiben. Es ginge nicht an, daß die Sowjetunion ihre Forderungen immer höher schraube.

Freitag. 28. September 1990

In einem Interview mit dem[389] Rheinischen Merkur erklärt BK, daß sich mit der Einheit für die Deutschen eine außergewöhnliche Herausforderung verbinde. Dabei geht es nicht nur um die wirtschaftliche Leistungsfähigkeit sondern vor allem auch um die geistige und moralische Kraft der Menschen. Die Deutschen müßten beweisen, daß sie zur Solidarität fähig seien. Verständnis und Toleranz seien erforderlich. Die Deutschen müßten die Kraft zur inneren Aussöhnung aufbringen. Das ist gewissermaßen seine Antwort auf den letzten Brief von Gorbatschow.

Sonntag, 30. September 1990

Um 12.00 Uhr fliege ich mit BK von Frankfurt nach Hamburg. Dort beginnt morgen der 38. Bundesparteitag der CDU. Es ist der Vereinigungsparteitag der CDU-West und Ost. Nachdem am Donnerstag die SPD ihre Vereinigung vollzogen hat, wird das morgen die CDU vollziehen.

388 Handschriftlich gestrichen wurde an dieser Stelle »in der Tat«.
389 Handschriftlich korrigiert wurde »im«.

Montag, 1. Oktober 1990

Heute ist Helmut Kohl acht Jahre Bundeskanzler. Wir alle gratulieren ihm. Die Aussicht auf die Einigung der CDU, auf die Einigung Deutschlands und auf einen nach den Umfragen zu erwartenden deutlichen Wahlsieg läßt bei BK und bei uns Mitarbeitern die Stimmung steigen, bevor der Parteitag beginnt.

Als BK um 13.21 Uhr den Parteitag eröffnet, erheben sich die fast 1.000 Teilnehmer des Parteitages, überschütten BK mit Beifall, der in rhythmisches Klatschen und in Helmut-Rufe übergeht.

Anschließend treten Vertreter der CDU-Landesverbände Brandenburg, Mecklenburg-Vorpommern, Sachsen, Sachsen-Anhalt, Thüringen und Berlin (Ost) ans Mikrophon und geben sehr persönlich geprägte und sehr bewegende Erklärungen zum Beitritt zur CDU Deutschlands ab. Einigen ist die innere Bewegung deutlich anzumerken. Die Delegierten erfaßt überströmende Freude und ein ungeheures Glücksgefühl. Viele Delegierte kämpfen bei den Erklärungen der Vertreter der östlichen Landesverbände mit den Tränen. In diesem Augenblick ist es ein glücklicher Parteitag, von großer Harmonie und innerer Übereinstimmung geprägt.

Als Generalsekretär Volker Rühe den Vollzug der Einheit der CDU Deutschlands feststellt, erheben sich die Delegierten erneut von ihren Plätzen und singen die Nationalhymne.

In seiner politischen Rede wirkt BK trotz dieser überströmenden Stimmung des Parteitages wie so oft gehemmt und emotionslos. Er nimmt sich auch heute in merkwürdiger Weise zurück. Trotzdem feiern ihn die Delegierten mit lang anhaltendem Beifall und stehenden Ovationen. Auch de Maizière wird nach seiner Rede die gleiche Ehrung durch die Delegierten zuteil.

Als Tagesordnungspunkt 13 erfolgt die Wahl des Bundesvorsitzenden. 98,5 % der Delegierten stimmen für Helmut Kohl. Nur 14 Delegierte haben mit Nein gestimmt. Das ist für BK ein Triumph, ein riesiges Ergebnis, ein Traumergebnis. Und das nur ein Jahr nach dem Bundesparteitag in Bremen,[390] wo es um ihn und seine Politik heftige Auseinandersetzungen gegeben hatte. Damals hatte BK Generalsekretär Geissler abgelöst. Auch de Maizière erhält ein großartiges Ergebnis. Ich freue mich über diese überwältigende Zustimmung, die BK erhalten hat. Es ist der verdiente Lohn für eine erfolgreiche Politik der deutschen Einigung. Niemand hat so instinktsicher wie er die geschichtliche Chance genutzt und unbeirrt verfolgt. Heute erhält[391] er den ersten Dank dafür.

Um 20.15 Uhr schließt der 1. Tag des Parteitages und mündet in den »Hamburger Abend« ein. Die Delegierten feiern ausgelassen.

Dienstag, 2. Oktober 1990

Die Presse für BK ist sehr überwältigend. Alle schreiben von einem Traumergebnis, von einem Triumph und von einem Rekordergebnis für Helmut Kohl.

Um 9.00 Uhr beginnt der Schlußtag des CDU-Vereinigungsparteitages in Hamburg. Die gute Stimmung bei allen Delegierten hält an. Auch der Vorsitzende der CSU, Finanz-

390 Der Bundesparteitag der CDU fand vom 11. bis 13. September 1989 in Bremen statt. Anstelle von Heiner Geißler schlug Helmut Kohl Volker Rühe für den Posten des CDU-Generalsekretärs vor; Nachbetrachtungen, S. 631–633.

391 Handschriftlich korrigiert wurde »erfährt«.

minister Waigel erhält lang anhaltenden Beifall und die Delegierten erheben sich von ihren Sitzen. Nach Beschlußfassung des Wahl-Manifestes der CDU Deutschlands und der Schlußrede des BK schließt um 13.00 Uhr der Parteitag. BK ist jetzt 17 Jahre Vorsitzender der CDU Deutschland. Seine Position ist gefestigter denn je.

Eine Stunde später fliegen wir mit einer Bundeswehrmaschine direkt nach Berlin-Tempelhof. Mit uns fliegen Schäuble, Riesenhuber, MP Wallmann und die engsten Mitarbeiter. Es ist ein Jungfernflug. Obwohl der Tag der deutschen Einheit erst morgen erreicht sein wird, fliegt ein deutscher Bundeskanzler zum ersten Mal seit 1949 direkt nach Berlin.[392]

Am Abend laufen über das Fernsehen die Ansprachen von BK und MP de Maizière zum Tag der deutschen Einheit.[393] BK spricht von einem Traum, der in wenigen Stunden Wirklichkeit werde. Für ihn sei dieser Augenblick der Vereinigung einer der glücklichsten in seinem Leben. Beide gedenken der Opfer des 40jährigen DDR-Unrechtssystems und danken den Menschen in der DDR, die die Veränderungen möglich gemacht haben.

BK dankt vor allem auch den Vereinigten Staaten von Amerika, allen voran Präsident Bush und den Freunden in Frankreich und Großbritannien, die in schwierigen Zeiten zu den Deutschen gehalten hätten. Er dankt den Reformern in Mittel-, Ost- und Südosteuropa, den Ungarn, den Polen und der Tschechoslowakei. Er dankt Gorbatschow, ohne dem der Tag der deutschen Einheit nicht möglich geworden wäre.

Um 21.00 Uhr beginnt ein Festkonzert im Schauspielhaus in Ost-Berlin. Das Gewandhaus-Orchester Leipzig unter Leitung von Kurt Masur spielt die Neunte Symphonie Beethovens. Von der Galerie blicke ich auf die Ehrengäste hinab. Während der ruhigen, aber eindringlichen Begrüßungsansprache von MP de Maizière beobachte ich die politische Prominenz unter mir. Mein Blick richtet sich vor allem auf den PDS-Vorsitzenden Gysi. Als de Maizière Ungarn für die Öffnung der Grenzen für die DDR-Flüchtlinge dankt, klatscht Gysi ein einziges Mal Beifall.

Ich empfinde tiefe Dankbarkeit, diese historischen Stunden miterleben zu dürfen.

Nach dem Konzert fährt ein riesiger Konvoi von Autos zum Reichstag. Die Straßen sind von vielen Menschen gesäumt. In der Hektik fährt unser Panzerwagen auf den Vordermann auf und ist erheblich beschädigt. Wir verlieren Kühlwasser, das Schutzblech klappert auf der Straße. Die Menschen am Straßenrand lachen schadenfroh. Ich lasse den Fahrer rechts rausfahren und halten. Wir befinden uns mitten in Ost-Berlin. Der Reichstag ist noch weit weg. Der Wagenkonvoi rast weiter an uns vorbei. Ich gebe schon die Hoffnung auf, die Ver-

392 Der Viermächte-Status bezeichnet die gemeinsame Verantwortung der vier Siegermächte des Zweiten Weltkriegs (Großbritannien, Frankreich, Sowjetunion und die USA) für Deutschland als Ganzes. Abgeleitet ist dieser von der Berliner Viermächteerklärung vom 5. Juni 1945, in der die Alliierten die »bedingungslose Kapitulation Deutschlands« festgehalten und gemeinsam die oberste Regierungsgewalt über Deutschland in den Grenzen von 1937 übernommen hatten. Die Alliierten teilten Berlin auf der Konferenz von Jalta vom 4. bis 11. Februar 1945 in vier Sektoren ein – Frankreich kontrollierte den nordwestlichen, England den westlichen und die USA den südwestlichen Teil der Stadt. Der gesamte Ostteil Berlins geriet unter Kontrolle der Sowjetunion.

393 In der Nacht vom 2. auf den 3. Oktober 1990 traten die neugegründeten Länder der ehemaligen DDR dem Geltungsbereich des Grundgesetzes der BRD nach Artikel 23 des Grundgesetzes bei und vollendeten so die deutsche Wiedervereinigung nach der Katastrophe des Zweiten Weltkrieges und der Zeit der deutschen Spaltung. Seit 1990 findet jährlich die offizielle Feier zum Tag der Deutschen Einheit in der Landeshauptstadt des Landes statt, das gerade den Vorsitz im Bundesrat innehat. Nach einem Gottesdienst folgt ein Staatsakt sowie ein Bürgerfest mit Präsentationen aus den Bundesländern. Auch in den Länderhauptstädten werden Veranstaltungen durchgeführt. Eine Silbermünze zum Gedenken wurde aus diesem Anlass herausgegeben.

anstaltung vor dem Reichstag noch rechtzeitig erreichen zu können, als Seiters mit seinem Wagen hält und uns aufnimmt.

Als wir am Reichstag ankommen, haben sich hunderttausende von Menschen dort bereits versammelt. 2 Millionen Menschen werden geschätzt. Es herrscht eine unbeschreibliche Stimmung. Der Himmel ist wolkenlos. Leuchtkugeln und Raketen steigen in den Himmel, der von Scheinwerfern durchbrochen wird.

Im Reichstag sind die Spitzen der Verfassungsorgane, die Partei- und Fraktionsvorsitzenden und die Ministerpräsidenten der Länder versammelt. Mehr als 1.000 Menschen sind versammelt. Ich löse mich vom BK und gehe auf die Freitreppe vor dem Reichstag hinaus. Neben mir steht eine Bundestagsabgeordnete. Sie gibt sich als Mitglied der SPD zu erkennen und sagt zu mir, daß heute gemeinsam gefeiert werde. Wer wollte das nicht? Eine Viertelstunde vor Mitternacht gehen der Bundespräsident, BK, Genscher, Willy Brandt und Lafontaine sowie andere Würdenträger die Freitreppe hinab und stellen sich vor die Wand der Millionen von Menschen. Fahnen werden geschwenkt. Helmut-Rufe durchdringen die Nacht. Eine ungeheure Stimmung liegt über den Platz. Ein Chor singt, geht aber in dem Lärm der Menschen unter. Auch der Ton der Freiheitsglocke ist kaum zu hören. Die Stimmung steigt, als die Bundesflagge um Mitternacht aufgezogen wird. Wir singen das Deutschlandlied. Deutschland ist geeint.

Der Jubel der Menschen ist unbeschreiblich. Sie durchbrechen die Absperrungen. Im ersten Augenblick scheint Chaos auszubrechen, aber die Polizeikräfte und die Vernunft der Menschen verhindern es. BK wird mit zahlreichen Helmut-Rufen gefeiert. Er schüttelt Hunderten von Menschen die Hand. Sicherheitskräfte haben Mühe, ihn und seine Frau ausreichend abzuschirmen. BK genießt diesen Augenblick.

Welch' ein Jahr liegt hinter uns! 329 Tage, die uns manchesmal den Atem anhalten ließen. Der Vollzug der Einheit wirkt in diesem Augenblick fast unwirklich. Tag für Tag, fast alle Wochenenden haben wir darauf hingearbeitet. Häufig sind wir den Ereignissen nachgelaufen, weil sie sich überschlagen haben. Der Bundeskanzler hat die historische Chance rechtzeitig erkannt, den Mantel der Geschichte entschlossen ergriffen und im richtigen Moment[394] richtige Entscheidung getroffen.

Es ist 1.30 Uhr morgens. BK sitzt mit de Maizière noch in seinem Arbeitszimmer im Reichstag zusammen. Frau Kohl ist dabei wie auch Frau de Maizière und ihre Tochter. Dr. Ackermann, Dr. Bergsdorf, Juliane Weber, Dr. Ludewig, Dr. Prill und ich sowie einige Freunde von de Maizière sind anwesend. BK hat noch einige Getränke besorgt.[395] Vor dem Reichstag stehen noch immer zehntausende von Menschen. Ihre Helmut-Helmut-Rufe ebben nicht ab. Immer wieder geht Kohl an das Fenster und winkt den Menschen zu. Jedesmal fordert er de Maizière auf, mit ihm an das Fenster zu treten. Doch dieser zögert, ans Fenster zu treten. Er wirkt müde, fast apathisch. Ich bitte ihn um ein Autogramm auf dem Einladungsprogramm. Er gibt es mir, weist aber einen anderen Kollegen ab.

Wolfgang Bergsdorf fragt die Tochter de Maizières, was sie jetzt empfinde. Sie sagt, sie sei traurig. In der DDR geboren, sei diese Teil ihres Lebens gewesen.

Über ein Meer von Scherben gehen wir um 2.00 Uhr morgens zu Fuß in Richtung unseres Hotels. Deutschland ist geeint Ich habe es miterlebt.

394 Handschriftlich korrigiert wurde »in richtigen Momenten« zu »im richtigen Moment«.
395 Der Satz »Es gibt belegte Brötchen« wurde handschriftlich gestrichen.

III. Nachbetrachtungen und Rückblenden: Gespräche in Rottach-Egern über die 329 Tage

1. Von Kindheit, Jugend und Studium zum Politik-Berater in Mainz und Bonn

M. G.: *Wir dürfen mit Ihrer Kindheit und Jugend beginnen. Ich möchte mit Ihnen über Flucht und Vertreibung sprechen, die Sie als ganz junger Bub erlebt haben. Es gibt ein Buch von Andreas Kossert. Er beschreibt die Situation der deutschen Heimatvertriebenen aus dem Osten. Sein Titel lautet »Kalte Heimat«.*[1] *Wie haben Sie diese Zeit in Bayern in Ihren jungen Jahren erlebt, bevor Sie Abitur gemacht haben? War Bayern für Sie auch eine kalte Heimat?*[2]

H. T.: Ich war ein Junge von sechs Jahren, als ich mit meiner Mutter in Tegernsee ankam. Ich hatte noch einen Zwillingsbruder und zwei andere Brüder. Mein ältester Bruder war auf einer Sonderschule in Pilsen. Die komplette Klasse mit 14jährigen Schülern war zur Wehrmacht eingezogen worden. Sie sollten mit einem Feldwebel und einem Maschinengewehr die russische Armee aufhalten. Sie sind natürlich sofort in Gefangenschaft geraten. Zum Glück hatte ein russischer Offizier meinen Bruder aufgefordert: »Dawei« – »Hau ab!« Er hat sich dann allein durchgeschlagen nach Westdeutschland. Und die Zeit in Bayern als Flüchtling? Wir waren halt anders. Wir Kinder haben uns sehr schnell verstanden, das war kein Problem. Aber die Flüchtlinge sind nie von den Einheimischen einmal zum Kaffee eingeladen worden. Wir Kinder haben zwar zusammen spielen können, aber an der Haustür war Feierabend. Wir sind nie eingeladen worden zu Kindergeburtstagen ins Haus der Einheimischen. Als ich Abitur gemacht habe, fiel ich auf, weil ich von 800 Schülern am Gymnasium der einzige Bartträger war. Ich hatte mir einen Fidel Castro-Bart zugelegt. Das war damals noch ein populärer Revolutionär. Am Anfang war er noch einer. Ich hatte mir den Bart aus Protest gegenüber meinem Mathematiklehrer zugelegt, der gesagt hatte: »Wenn ich Dich in Mathe durchs Abitur fallen lasse, bist Du mit allem durch.« Ich hatte kein Interesse an Mathematik. Er hat mich an der Tafel vorgeführt. Dort konnte ich nichts, weil ich nicht wollte. Selbst wenn ich gewollt hätte, ich hätte es nicht gekonnt. Das hat ihn sehr geärgert. Eine von zwei Abituraufgaben konnte ich und damit war es geschafft. Wenn 1960 ein Einheimischer gefragt worden war, wer ist denn der junge Mann mit dem Bart, dann war die Antwort nicht »Horst Teltschik«, sondern »ein Flüchtling«. 1960 war ich immer noch der »Flüchtling«. Und als ich eines Tages im deutschen Fernsehen auftauchte, und anschließend nach Tegernsee kam, hieß es »Ja, dich kenn ma doch, du bist doch unser Bua, bist doch hiar alwei zur Schul ganga.« Jetzt war ich also ihr »Bua«, seitdem ich im Fernsehen war.

1 Andreas Kossert, Kalte Heimat. Die Geschichte der Deutschen Vertriebenen nach 1945, Berlin 2009.

2 Das folgende Gespräch wurde im Rahmen eines öffentlichen Zeitgesprächs der Dr. Wilfried-Haslauer-Bibliothek am 6.10.2022 in Salzburg geführt.

Im Flugzeug bei Lektüre von Gesprächsunterlagen (Privatbesitz Horst Teltschik)

M. G.: *Kommen wir zu Ihrem Studium, Herr Teltschik. Von 1962 bis 1965 waren Sie Student an der Freien Universität Berlin. Waren schon die Vorboten des bewegten Studentenjahres von 1968 erkennbar und spürbar? Wie haben Sie diese Zeit erlebt?*

H. T.: Was mich damals am meisten interessiert hat, war die Politik von Willy Brandt. Er hat eine Politik der Entspannung versucht, um eine Öffnung zu erreichen, so dass West-Berliner endlich ihre Angehörigen in Ost-Berlin besuchen konnten. Als ich in Tegernsee in der katholischen Jugend war, haben wir eine Aktion unternommen und zwar mit gleichaltrigen Jugendlichen aus dem Tegernseer Tal mit DDR-Jugendlichen Kontakt aufzunehmen, organisiert über die katholische Kirche. So hatte ich eine ganze Reihe von Brieffreunden in der DDR und in Ost-Berlin. Als die Passierscheine dank Willy Brandt endlich kamen, konnte ich sie treffen. In einer Wohnung in Ost-Berlin haben wir uns alle versammelt. Wir waren oft dort und haben auch versucht, einige Dinge hinüber zu schmuggeln, was nicht so ganz einfach war. Als ich Vater geworden war, hielt ich mich mit meiner Frau einmal in Ost-Berlin auf. Was tun Sie, wenn Sie um Mitternacht wieder ausreisen müssen? Unser Baby schlief um Mitternacht. Trotzdem mussten wir es herausnehmen aus dem Kinderwagen, die Windel auspacken, denn die Grenzer wollten nachschauen, ob dort irgendetwas Geheimes versteckt war. Leider hatte mein Sohn nicht in die Windeln gemacht. Das hätte mich besonders gefreut!

Das waren die Erfahrungen. Ich habe ein Buch mitgenommen, das gerade neu erschienen war und der Grenzbeamte der DDR nahm es und verschwand. Dann kam er zurück und teilte mit, dass es nicht auf der Liste der erlaubten, aber auch nicht auf der Liste der

In Washington nach einem Besuch im Weißen Haus auf dem Weg zur deutschen Presse am 3. Mai 1976, Horst Teltschik, Referent in der Staatskanzlei in Rheinland-Pfalz und der CDU-Vorsitzende Helmut Kohl

verbotenen Bücher stünde. Also durfte ich es nicht mitnehmen. Dann bin ich ein Stück zurückgegangen, habe es unter mein Hemd geschoben und bin durchgegangen. Ich hatte die Chance, über meine Freunde in Ost-Berlin zu erfahren, wie das Leben dort war. Ich hatte nur ein Interesse: Wir müssen das ändern können. Als ich nach Warschau kam, merkte ich: Da bewegt sich was, die Grenze ging auf, mein erster Gedanke war bei meinen Freunden in der DDR. Endlich Reisen und Besuche.

M. G.: *Danke für diese persönlichen Eindrücke Ihres frühen Verhältnisses zu den Menschen in Ost-Deutschland. Ich würde gerne auf Ihren Sprung von Bonn nach Mainz zu sprechen kommen. Zuerst aber zur Frage: Wie sind Sie zu Helmut Kohl gekommen? Wie ist er auf Sie aufmerksam geworden? Es hat zu fast 20 Jahren einer engen Partnerschaft geführt.*

H. T.: Ich hatte die Abteilung Außen- und Sicherheitspolitik in der CDU geleitet. Damals war Helmut Kohl noch stellvertretender Parteivorsitzender und verantwortlich für die Erarbeitung eines neues Parteiprogramms. Ich hatte den gesamten außen- und sicherheitspolitischen Teil zu verantworten. Das hat mir viel Freude bereitet, weil ich auch eigene Formulierungen einbringen konnte, ohne jemandem zu sagen, dass sie von mir stammen. Ob er da auf mich aufmerksam wurde? Ich weiß es nicht. Er hat es mir nie verraten. Es gab eine ganze Reihe von Leuten, die mir sagten, dass sie mich empfohlen hätten. Ich saß noch nicht in den zu großen Sesseln in Helmut Kohls Arbeitszimmer, da fragte er gleich »Wollen Sie zu mir kommen?« Ich fragte: »Was soll ich in Mainz?« Ich war außenpolitischer Experte und mir war nicht bekannt, dass Rheinland-Pfalz Außenpolitik betreibt. Es gab eine außenpolitische Beziehung zu Burgund, sozusagen von Weinland zu Weinland. Kohl erwiderte, er wolle Parteivorsitzender und Bundeskanzler werden. Später habe ich gesagt: »Wir sind's geworden!« Seine Aussage war für mich Begründung genug, warum ich nach Mainz gehen wollte. Ich habe versucht, ihn systematisch in internationale Beziehungen einzuführen. Ich sagte ihm, dass er reisen müsse. Die wichtigsten Hauptstädte müssten wissen, wer denn dieser junge Politiker Helmut Kohl ist. Und umgekehrt müssen Sie die Leute kennenlernen, die politisch verantwortlich sind. Natürlich zuerst in Paris, Washington und Moskau. In Moskau arbeitete man mit Abhörsystemen. Wir warteten dringend auf einen Termin. Den bekam man damals erst nachdem man gelandet war, vorher nicht. Wir wussten, den wichtigsten Gesprächspartner bekommen wir nicht. Also haben wir das übliche Instrumentarium genutzt, laut diskutiert »Wenn wir nicht morgen früh zum Frühstück einen Termin haben, werden wir abreisen.« Das ist gehört worden. Am nächsten Morgen war der Termin da. Danach habe ich Kohl geraten, auch die Warschauer Pakt-Staaten kennenzulernen.

Richard Löwenthal, der wichtigste außenpolitische Berater von Willy Brandt, ein Jude, der in London im Exil war und nach dem Krieg nach Berlin kam, veranstaltete ein Seminar mit Gilbert Ziebura zum Thema »Faktoren der Beharrung und der Erosion im Warschauer Pakt«. Diese Fragestellung fand ich wahnsinnig spannend. Sie lautete: In welchen Warschauer Pakt Staaten bewegt sich etwas? In welche Richtung? Wo besteht Beharrung? Damals sagte ich zu Kohl in Mainz, er müsse in ein solches Land der Beharrung reisen. Das war Bulgarien. Der engste Vertraute der Russen war KP-Generalsekretär Todor Schiwkow. In Rumänien war Nicolae Ceaușescu jemand, der mit der Idee einer engen Bindung an die Volksrepublik China gegenüber Moskau spielte. Es gab die Legende Josip Broz Tito. Er hatte vormittags um 10 Uhr ein Glas voll Whiskey vor sich. Ich riet Kohl ihn zu fragen, ob er nicht Angst gehabt hätte, dass die Sowjetarmee auch Jugoslawien kassiert. Die Antwort Titos war ein breites Grinsen: »Lass sie kommen.« Er war Partisanenführer im Zweiten Weltkrieg und hat der deutschen Wehrmacht zugesetzt. Ein sehr eindrucksvoller Bursche.

Am erfolgreichsten war ich in Ungarn. Ich hatte den Auftrag, zusammen mit Alfred Herrhausen, dem Chef der Deutschen Bank, nach Budapest zu fahren, um über einen Kredit zu verhandeln. Wir haben die Kredite vereinbart, ohne noch zu wissen, dass dort zehntausende von Flüchtlingen aus der DDR über Österreich in die Bundesrepublik Deutschland ausreisen wollten.

M. G.: *Bevor wir mit dieser Zeit der Jahre 1989/90 weiter fortfahren und v. a. mit dem 9. November beginnen, wollen wir zunächst Helmut Kohl vor der Kanzlerschaft 1982 und in einem zweiten Schritt seine Außen-, Europa- und Sicherheitspolitik vor dem 9. November 1989 behandeln, um in einem dritten Schritt in das Tagebuch als die Quelle schlechthin einzusteigen. Wann haben Sie Helmut Kohl zum ersten Mal persönlich kennengelernt?*[3]

H. T.: Ich habe ihn zum ersten Mal 1971 persönlich erleben können. Er war Stellvertretender Vorsitzender der Christlich Demokratischen Union Deutschlands und verantwortlich für die Erarbeitung eines neuen Parteiprogramms. Ich war damals Referent in der CDU-Bundesgeschäftsstelle, die nach der verlorenen Bundestagswahl der CDU/CSU neu errichtet worden war. Man hatte eine politische Abteilung eingerichtet und suchte einen

3 Das folgende Gespräch wurde am 20.3.2023 in Rottach-Egern geführt.

Mitarbeiter für die Außen-, Sicherheits- und Deutschlandpolitik. Damals war ich Assistent an der Freien Universität Berlin bei Richard Löwenthal, damals bekannter Berater von Bundeskanzler Willy Brandt, vor allem in Fragen der Ostpolitik. Ich habe dieses Angebot in der Bundesgeschäftsstelle angenommen. Eine meiner ersten Aufgaben bestand darin, den Bereich Außen-, Sicherheits- und Deutschlandpolitik zu betreuen und die Zuarbeit der CDU-Mitglieder, ihrer Vereinigungen und der Bundestagsabgeordneten für das Parteiprogramm aufzubereiten. Wir haben dann diesen ersten Entwurf mal in Mainz, wo Kohl Ministerpräsident war, vorgestellt. Dort bin ich Helmut Kohl zum ersten Mal persönlich begegnet. Ob er mich damals schon persönlich zur Kenntnis genommen hat, kann ich nicht beurteilen. Für uns junge Parteimitglieder galt er als Hoffnungsträger. Wir gingen davon aus, dass die CDU nach den verdienten alten Persönlichkeiten ein neues Gesicht braucht. Für uns galt Helmut Kohl als der geeignete Mann, denn er war als durchsetzungsstark und reformfähig bekannt. Als Ministerpräsident hatte er in Rheinland-Pfalz wichtige Reformen durchgeführt. Insofern haben wir uns gefreut, mit ihm zusammenarbeiten zu können. Jedenfalls kam einige Monate später die Anfrage, ihn einmal aufzusuchen.

M. G.: *Von 1969 bis 1976 amtierte Helmut Kohl als Ministerpräsident des Bundeslandes Rheinland-Pfalz. Wie haben Sie ihn konkret in dieser Funktion erlebt? In welcher Rolle haben Sie ihn gesehen?*

H. T.: Als Ministerpräsident habe ich ihn als einen sehr durchsetzungsfähigen und sehr bestimmenden Politiker erlebt. Er hatte ein relativ junges Kabinett zusammengestellt mit neuen Leuten, z. B. Heiner Geißler und Bernhard Vogel, junge Leute, die er auch forderte. Er erwartete, dass nicht er allein der Ideengeber der gesamten Landesregierung war, sondern dass die Kabinettsmitglieder von sich aus mit Ideen kommen und Vorschläge entwickeln, die er dann durchsetzt. Das heißt er war sehr teambezogen, offen für Anregungen. So habe ich ihn auch erlebt, als ich bei ihm anfing. Wenn ich Kohl vertrauten Kollegen vorschlug, ihm doch dies oder jenes zu sagen, antworteten sie, das habe keinen Zweck, man habe es schon so oft versucht. Meine Erfahrung war, ich bin neu, ich sage es ihm. Und siehe da, plötzlich reagierte er auf die Vorschläge. Warum? Weil es jemand von außen sagte, ein neuer Kopf, der die gleiche Idee hatte, also hat Kohl sie durchgesetzt. Es machte Freude, denn man hatte immer den Eindruck, man trifft auf ein Echo, in der Regel auf ein positives.

M. G.: *Von 1969 bis 1971 regierte Kohl zunächst in einer christlich-liberalen Koalition. Nach den Landtagswahlen vom Mai 1971, bei denen die CDU die absolute Mehrheit erlangte, konnte Kohl eine CDU-Allein-Regierung bilden. Wie würden Sie insgesamt seine Ministerpräsidentschaftszeit bilanzieren?*

H. T.: In Rheinland-Pfalz war er die absolut vorherrschende Persönlichkeit, außerordentlich dominant. Daran gab es keinen Zweifel. Er war immer offen für Anregungen und neue Ideen. Er war sich auch nie zu schade, in eine harte Auseinandersetzung zu gehen, auch mit eigenen Kollegen und Mitarbeitern.

M. G.: *Im Ringen um den Parteivorsitz der CDU unterlag Kohl zunächst Rainer Barzel. Wie ist er mit dieser und generell mit Niederlagen und Rückschlägen umgegangen?*

H. T.: Ich selbst habe an diesem Parteitag in Saarbrücken teilgenommen und erlebt, dass Kohl als Kandidat verloren hatte. Aber ich fand es außergewöhnlich souverän, wie er damit umging. Er lief anschließend nicht, wie man so schön sagt, in Sack und Asche durch die Gegend, sondern verkündete, er würde es das nächste Mal wieder versuchen. Es war ihm ganz klar, der erste Versuch ist gescheitert, aber die Chance kommt wieder und dann kandidiere ich wieder. Und siehe da, beim nächsten Mal war er erfolgreich.

M. G.: *Von 1973 bis 1998 war Helmut Kohl schließlich Vorsitzender der CDU. Wie hat er aus Ihrer Erinnerung und Erfahrung die Partei geführt?*

H. T.: Zu allererst galt es, ein neues Parteiprogramm zu formulieren und durchzusetzen, was gelungen ist. Das zweite war, das fand ich besonders positiv und wichtig, dass er Leute von außen holte, die er für exzellent empfunden hat, die für ihn eine Bereicherung der Partei waren. Um Führungsaufgaben zu besetzen, hat er nicht im bekannten Apparat geforscht, wer in Frage käme, sondern hat Persönlichkeiten von außen, wie Prof. Kurt Biedenkopf oder Heiner Geißler oder Bernhard Vogel eingeworben, so auch Richard von Weizsäcker. Alle sind gekommen und waren intellektuell herausfordernd. Es gab mitunter heftige Streitgespräche, was Kohl liebte, denn er fühlte sich bestätigt, die richtige Entscheidung getroffen zu haben.

M. G.: *1975 tragen die Vorsitzenden der CDU und der CSU Helmut Kohl die Kanzlerkandidatur an. War damit schon im Vorfeld zu rechnen oder klar gewesen, Kohl wird Kanzlerkandidat?*

H. T.: Von dem Moment an, wo er zum Parteivorsitzenden gewählt war, war für ihn klar, dass er damit die Perspektive zum Bundeskanzler hat. Er selbst hat nie daran gezweifelt, dass er es eines Tages sein wird. Er wusste nur nicht wann. Es war für ihn nicht entscheidend, Bundeskanzler schon bei der nächsten Bundestagswahl zu werden. Natürlich haben wir mit ihm Gespräche geführt darüber, wo die Probleme lagen und wo sie zukünftig liegen könnten. Er hat aber nie daran gezweifelt, dass er Bundeskanzler werden wird und das war für mich als Mitarbeiter auch ganz entscheidend. Denn als er mich als außenpolitischen Experten angeheuert hatte, war er Ministerpräsident von Rheinland-Pfalz. Das Bundesland war nicht bekannt für eine eigenständige Außenpolitik, außer dass es Beziehungen zur französischen Provinz Burgund hatte, von Weinland zu Weinland. Die Antwort auf meine Frage, welche Perspektive ich denn in Mainz hätte, wenn ich zu ihm käme, war spontan: »Ich will Parteivorsitzender werden und später Bundeskanzler.« Später sagte ich: »Wir sind es geworden.«

M. G.: *Es erscheint authentisch, wenn Sie das nochmals erzählen. Kohl gibt das Amt des Ministerpräsidenten auf und tritt in Bonn als Vorsitzender der CDU/CSU Bundestagsfraktion in die Rolle des Oppositionsführers. Wir reden von der Zeit der sozial-liberalen Koalition von Helmut Schmidt und Hans-Dietrich Genscher. Wie haben Sie Kohl in dieser neuen Funktion als Oppositionsführer der christlich-demokratischen Parteienfamilie im Bundestag erlebt?*

H. T.: Das war keine leichte Zeit. Sie war politisch schwierig, wir hatten die 68er Revolte, die Extremisten, die Entführung von Hanns-Martin Schleyer. Mit Helmut Schmidt hatten wir einen ausgesprochen selbstsicheren und von sich selbst sehr überzeugten Bundeskanzler. Er konnte sehr polemisch agieren und hat es oft genüsslich getan. Ich war ja damals im Bun-

Mit Ministerpräsident Helmut Kohl in der Staatskanzlei in Mainz 1975

destag Büroleiter von Helmut Kohl. Bemerkenswert fand ich, dass er immer mit starkem Selbstbewusstsein in die Debatten ging. Bei aller Schärfe der Auseinandersetzung wusste Helmut Schmidt aber ganz genau, dass er die Unterstützung der Opposition nötig hatte. Er kam in Kohls Büro, um ihn einzuwerben und zu bitten, ihn zu unterstützen, d. h. Kohl konnte erfahren, dass er trotz Schmidts genussvoller Polemik von ihm ernst genommen wurde. Kohl tat zwei Dinge, die ich immer bemerkenswert fand: Erstens hat er stets die FDP gepflegt in all den verschiedenen Perioden. Als er in Mainz die absolute Mehrheit in der Landtagswahl gewonnen hatte, ernannte er trotzdem einen FDP-Politiker zum Staatssekretär. Immer hat er den Kontakt zur FDP gehalten, vor allem zu Genscher. Selbst als er Bundeskanzler war und ich mich über Genscher gelegentlich beklagte, tat er es mit den Worten ab: »Komm, lass ihn, wir brauchen ihn.« Er wusste: Ohne FDP keine Mehrheit und danach hat er sich strikt gerichtet. Bei aller Arroganz von Helmut Schmidt wusste dieser auch, dass er die Opposition brauchte. Das wusste Helmut Kohl auch. So konnten beide trotz sehr unterschiedlicher Mentalitäten miteinander zurechtkommen. Helmut Kohl hat immer, auch zur Oppositionszeit im Bundestag, zu Herbert Wehner von der SPD und zum Fraktionsvorsitzenden der FDP und anderen Kontakt gehalten. Sie trafen sich ohne Öffentlichkeit, sprachen zusammen und so hatte Helmut Kohl immer Sorge getragen für ein gewisses Einvernehmen auch als Oppositionspolitiker mit den Regierungsparteien und ihren Verantwortlichen.

M. G.: *Sie haben erwähnt, dass Bundeskanzler Helmut Schmidt bewusst war, dass er ab und an den Oppositionsführer Helmut Kohl benötigte. Welches waren die Themen aus Ihrer Erinnerung, bei denen es unbestreitbaren Konsens gab, bei denen Schmidt damit rechnen konnte, die Zustimmung Kohls in Grundsatzfragen zu bekommen?*

H. T.: Die schwierigste Frage und Entscheidung war, als Hanns-Martin Schleyer von der RAF entführt worden war, vom Tode bedroht und schließlich ermordet wurde. Die Frage war »Was tun?«. Helmut Kohl war viel zusammengetroffen mit Schleyer, Chef des Bundesverbands der Deutschen Industrie. Noch zehn Tage vor der Entführung waren sie gemeinsam Abendessen. Dort sprachen sie darüber, wie sie sich verhalten würden, wenn sie entführt würden. Das Einvernehmen war – das wusste Kohl von Schleyer persönlich – dass sich beide nicht freipressen lassen würden. Von daher konnte Kohl auch Helmut Schmidt bekräftigen und bestätigen, der RAF nicht nachzugeben, um Schleyer frei zu bekommen. Leider endete es trotzdem tragisch mit dem Tod von Hanns-Martin Schleyer.

M. G.: *Nach den Bundestagswahlen 1976, die zu keinem Regierungswechsel führten, beschließt die CSU die Trennung von der CDU. Kohl besteht aber auf der gemeinsamen Fraktion unter seiner Führung und setzt sich damit gegen Franz Josef Strauß durch und damit auch gegen die Führung der CSU. Dafür wird der Schwesterpartei ein größeres Gewicht in den Fraktionsgremien zugesprochen. Wie haben Sie diese schwierige Phase in Erinnerung, besonders das Verhältnis zwischen Helmut Kohl und Franz Josef Strauß?*

H. T.: Das war ein besonderes ›Liebesverhältnis‹. Beide waren starke Persönlichkeiten, beide von sich selbst sehr überzeugt und selbstbewusst. Kohl hat Strauß von Anfang an zu verstehen gegeben, dass er nicht alles tun werde, was dieser von ihm verlangte. Er hat ihm kräftig widersprochen. Oft am Telefon in einer Lautstärke, dass seine Büroleiterin, Frau Weber, sämtliche Türen schloss. Ich glaube am Ende haben sich beide sehr respektiert. Als die CSU die Sitzung durchführte und entschied, selbständige Bundespartei zu werden, gab es Mitglieder des CSU-Vorstandes, die während dieser Sitzung den Saal verließen und Kohl anriefen und ihn unterrichteten, was auf ihn zukomme. Das heißt, Kohl war immer auf dem Laufenden darüber, was im CSU-Vorstand diskutiert wurde. Das war für Strauß nicht erkennbar. Als die Entscheidung der Trennung von Seiten der CSU vollzogen war, wurde ich in Kohls Büro in Mainz gerufen, um mit dem Chef der Staatskanzlei zusammen die erste politische Erklärung zu formulieren. Da ich ja in Bayern aufgewachsen bin, habe ich Kohl gesagt, wenn die CDU nach Bayern geht, bin ich gerne bereit, Generalsekretär der CDU in Bayern zu werden. Dazu kam es aber nicht. Kohl war sofort bereit, in diesen anrollenden Nahkampf mit Strauß zu gehen. Er hat sich nicht gescheut, hat sich auch intellektuell nie unterlegen gefühlt. Er hatte ein Netzwerk von Vertrauten in der Union aufgebaut, die ihn jederzeit über alle Strömungen der Partei unterrichtet haben. Schon vor dem Frühstück wurden die ersten Telefonate geführt, so dass Helmut Kohl immer wusste, wer wo in der Partei unterwegs war. Er war natürlich nicht glücklich, dass dieser Trennungsbeschluss kam, aber er war derjenige, der sofort gesagt hat, das werden wir verhindern.

M. G.: *Wie hat Ihrer Erinnerung nach Strauß Kohl gesehen?*

H. T.: Ich habe Strauß mehrfach erlebt, weil mich Kohl beauftragt hatte, Strauß immer wieder zu unterrichten über die Außen-, Sicherheits- und Deutschlandpolitik der Bundesregierung, vor allem als es darum ging, den Doppelbeschluss der NATO durchzusetzen. Ich flog also manchen Samstagmorgen nach München, fuhr in die Staatskanzlei und saß ein bis zwei Stunden nur mit Strauß zusammen. Anschließend hat er mich oft zum Mittagessen eingeladen. Er sagte einmal: »Sie sind sowieso der Einzige, der von den Sachen etwas versteht.« Dem habe ich nicht widersprochen. Strauß hörte zu, wollte sämtliche Details wissen. Es ging um Reagan's Vorschlag »Krieg der Sterne«, und er wollte genau die Reichweiten der russischen Raketen und auch die der amerikanischen Raketen wissen, alle technischen Details. Als ich ihm sagte, er brauche das gar nicht zu wissen, er könnte im Zweifel Zahlen im Gespräch verwechseln, bestand er dennoch darauf, alles zu erfahren. Ich konnte dazu beitragen, dass Strauß das Gefühl hatte, Kohl weiß was er – Strauß – in der Außen- und Sicherheitspolitik will.

Strauß hatte in Bayern einige Freunde in der Wirtschaft. Einer von ihnen hatte plötzlich die Idee, er müsse zwischen Kohl und Strauß vermitteln und zwar über mich. Er kam also zu mir nach Bonn, um mit mir darüber zu beratschlagen, was zu tun wäre, um Kohl und Strauß zu versöhnen. Es gab solche »Spielchen«. Einmal war ich zum Frühstück bei Strauß in der Bayerischen Landesvertretung in Bonn. Beim Verabschieden ging die Tür auf und dort stand Jürgen Warnke, der damalige Entwicklungshilfeminister und wunderte sich sehr, dass ich bei Strauß war. Strauß sagte daraufhin: »Herr Warnke, die wichtigen immer zu erst.« Es war oftmals auch amüsant. Daraus entwickelten sich auch Spaziergänge oder Bergwanderungen von Strauß und Kohl. Auch hier im Tegernseer Tal sind sie zusammen zu einer Berghütte gegangen, um sich auszutauschen und dort zu essen. Dort gibt es einen relativ steilen Pfad entlang eines steilen Abhangs zu einem Gebirgsbach. Kohl erzählte mir, er habe manchmal Sorge gehabt, dass Strauß dort hinunterstürzen könnte. Was hätte das bedeutet? Es hätte so aussehen können, als wäre er von Kohl gestoßen worden. Das eine oder andere Mal holte Strauß den Bundeskanzler in seinem Jeep am Flughafen in München ab. Er fuhr selbst. Einmal blieben sie auf der Autobahn stehen, weil kein Benzin mehr im Auto war. Strauß' Söhne hatten den Wagen benutzt, aber nicht aufgetankt. Strauß zog also mit dem Kanister los zur nächsten Tankstelle und holte Benzin. Kohl stand auf dem Standstreifen und wartete auf ihn. Sie können sich vorstellen, wie Autofahrer reagiert haben, als sie den einen oder den anderen gesehen haben.

M. G.: *Sie beschreiben Helmut Kohl als sehr zielbewusst, der wusste, was er wollte – Parteivorsitzender und Bundeskanzler werden –, aber Sie sagten auch, dass er warten konnte. Er hatte die nötige Geduld. Kohls Favorit, der niedersächsische Ministerpräsident Ernst Albrecht, unterlag zunächst im Ringen um die Kanzlerkandidatur Franz Josef Strauß. Wie hat Kohl diese Entscheidung aufgenommen? Strauß ist nun der Kanzlerkandidat und nicht er. Können Sie sich daran erinnern?*

H. T.: In diesem Diskussionsprozess war ich persönlich nicht einbezogen, so dass ich die Gespräche von Ministerpräsident Albrecht mit Helmut Kohl nicht erlebt habe. Kohl hat darüber mit uns Mitarbeitern nicht viel gesprochen. Die Partei war seine unmittelbare Sache, für die er keinen Rat brauchte, weil er sich stark genug fühlte. Er nahm zur Kenntnis, dass in der Bundestagsfraktion, auch in seiner eigenen CDU-Fraktion, doch erheblicher Widerstand gegen ihn und eine deutliche Befürwortung für die Kandidatur von Strauß vorhanden war. Aus meiner Sicht hatte er die Größe, das zu akzeptieren. Er wollte aber nicht Strauß, sondern schlug Ministerpräsident Albrecht vor. Das war nicht ganz unbestritten, denn Albrecht galt nicht als eine besonders führungsstarke Persönlichkeit. Er wirkte sympathisch und war daher für viele akzeptabel. Kohl war sich trotz allem immer sicher, dass er danach an der Reihe sein würde. Seine Stärke war, dass er nie daran gezweifelt hat, dass er Bundeskanzler werden wird. Er zweifelte nur daran, ob er es noch werden will. Diese Phase gab es.

M. G.: *Woher hatte Kohl dieses Selbstbewusstsein?*

H. T.: Das ist eine gute Frage. Es mag die Nachkriegserfahrung gewesen sein, die er in Ludwigshafen erlebt hat, die Bombardierung der Stadt. Als Mitglied der Jungen Union hat er sich sehr früh politisch engagiert, Grenzzäune zu Frankreich niedergerissen sowie für Freundschaft und Zusammenarbeit mit Frankreich gekämpft.

M. G.: *Wie würden Sie die Rolle seiner Frau einordnen? Wie wichtig war Hannelore Kohl als Rückhalt?*

H. T.: Hannelore Kohl war eine sehr selbstbewusste Frau, hochintelligent, Dolmetscherin, konnte Englisch und Französisch fließend, im Gegensatz zu ihm. Sie sah gut aus, war gepflegt, stolz auf ihre zwei Söhne. Sie hat versucht, die beiden abzuschirmen von den Widrigkeiten, die ihr Mann erleben musste. Ich habe sie immer als Stütze ihres Mannes empfunden. Manchmal musste ich ihn ermahnen, Rücksicht auf sie zu nehmen, wenn er mit seinen Sieben-Meilen-Stiefeln durch die Gegend raste. Das ging mir genauso. Wo und wann Frau Kohl auftrat, machte sie Eindruck. Immer wieder war sie abends privat bei uns zu Hause zu Gast wenn er Verpflichtungen hatte. Sie schätzte uns und wir schätzten sie. Sie war eine sehr hochintelligente Frau.

M. G.: *Die Bundestagswahl mit Franz Josef Strauß als Spitzenkandidat führt nicht zum Erfolg. Die CDU/CSU erleidet erhebliche Verluste. Können Sie sich noch erinnern, wie Helmut Kohl dieses Ergebnis aufgenommen hat?*

H. T.: Äußerlich sehr gefasst. Über seinen inneren Gemütszustand hat er sich in solchen Situationen nicht geäußert. Wir hatten immer den Eindruck, die Welt geht trotzdem nicht unter, es kommt eine neue Chance, wann und wie auch immer. Wir verstanden uns alle als ein Team und waren uns einig, wir versuchen es beim nächsten Mal.

M. G.: *Sie haben schon erwähnt, dass Kohl das Vermögen hatte, mit der Opposition Kontakt zu halten und diesen zu pflegen. Wie erlebten Sie seine Kontaktaufnahme als Oppositionspolitiker gegenüber dem FDP-Vorsitzenden Hans-Dietrich Genscher, indes Kohl ja als Oppositionsführer weiterhin die Politik der Genscher angehörenden sozial-liberalen Regierung kritisierte. Eine sehr knifflige Situation. Haben Sie daran Erinnerungen?*

H. T.: Ich erfuhr natürlich, wenn sich Kohl mit Genscher traf. Aber uns gegenüber hat er sich nie geäußert, was sie besprochen haben. Das blieb – wenn Sie so wollen – seine persönliche Spielwiese. Er hatte aus meiner Sicht ein untrügliches Gefühl, wie er mit Genscher, mit Mischnick und anderen Persönlichkeiten der FDP umgehen sollte. Er ließ uns außen vor und ich hatte auch keinen Ehrgeiz Einzelheiten zu erfahren. Parallel hatte ich sehr enge Kontakte mit dem Büroleiter Genschers, als er Außenminister war. Es entwickelte sich sogar eine persönliche Freundschaft. Über ihn erfuhr ich dann, wie die Beziehung zwischen Kohl und Genscher war. Ich hatte immer den Eindruck, sie war sachlich, vernünftig und gelegentlich emotional. Sie verstanden sich.

M. G.: *Bundeskanzler Helmut Schmidt hatte erhebliche Probleme: einmal mit seiner eigenen Fraktion – Stichwort NATO-Doppelbeschluss –, aber auch zunehmend mit dem Koalitionspartner Finanzminister Otto Graf Lambsdorff. Wir wissen, dass das berühmte Lambsdorff-Papier ein Papier von Finanzstaatssekretär Hans Tietmeyer war.*[4] *Wann zeichnete es sich ab, dass es mit dieser sozial-liberalen Koalition nicht mehr gutgehen würde? Wie würden Sie die sicherheits- und außenpolitische Dimension der Probleme der Regierung Schmidt gewichten, verglichen mit der schwierigen finanzpolitischen und wirtschaftlichen Lage der Bundesrepublik?*

H. T.: Wir wussten, dass es sachliche Schwierigkeiten in der Koalition gab. Kohl war durch die Gespräche mit Genscher darüber unterrichtet. Er hatte aus meiner Sicht keinen erkennbaren Kontakt zu Graf Lambsdorff. Sein Adressat war schon fast ausschließlich Genscher. Die beiden kamen gut miteinander zurecht, auch wenn es später mal Probleme gab. Das lag in der Natur einer Koalition zwischen einer großen Partei mit einer kleinen. Der Kleine muss gelegentlich die Chance haben, sichtbar zu werden. Das hat Kohl sehr gut verstanden. Er hat Genscher und der FDP sehr früh und sehr schnell und immer wieder das Gefühl gegeben, sie können sichtbar sein und ihre eigenen Positionen vertreten. Manchmal übertrieb das Genscher. Daraus ergab sich der Konflikt zum Teil mit mir. Ich hatte den Eindruck, dass Genscher, wenn er ahnte, in welche Richtung Kohl gehen will, er sofort versucht hat, die intellektuelle Führung zu übernehmen. Z. B. als er merkte, dass Mitterrand und Kohl die Währungsunion anstreben wollen, setzte er sich sofort mit seinem französischen Kollegen Dumas zusammen und sie gaben dem *Spiegel* gemeinsam ein Interview zur Währungsunion. Genscher hat immer versucht, Kohl abzufangen, um seine Idee ins rechte Licht zu rücken. Ich fand das nicht immer fair und entsprechend gab es Ärger zwischen uns. Kohl hat sich auch nicht gescheut, lautstark mit Genscher umzugehen. Andererseits gab es Situationen, wo er Genscher gegenüber geschwiegen hat, was meiner Meinung nach falsch war. Wir hatten einmal ein Gespräch, als es um den Doppelbeschluss der NATO ging: Verteidigungsminister Wörner, Außenminister Genscher, Kohl und ich. Es bestand ein weitgehendes Einvernehmen, aber die Entscheidung, was man tun wollte, hatte man nicht getroffen und vertagt. Nach acht Tagen kam man wieder zusammen und Kohl fasste den Sachstand zusammen. Genscher sagte: »Helmut, das soll ich gesagt haben? Das ist doch nicht meine Position!« Er hat es schlicht abgestritten, dass das die vereinbarte Position war. Wörner kam nach dem Gespräch auf mich zu und sagte: »Herr Teltschik, haben Sie es gemerkt, Genscher lügt!« Ich erwiderte: »Das ist nichts Neues!« Kohl hatte ein sicheres Gespür im Umgang mit Genscher. Wie weit gibt er ihm Leine? Genscher hatte natürlich auch ein ausgeprägtes Selbstbewusstsein, und er spielte und kokettierte. Er konnte ja auch mit einem Koalitionswechsel drohen. Es war ein Spannungsverhältnis. Ich habe zeitweise darunter gelitten, weil ich auch manchmal stellvertretend für Kohl die Prügel bekommen habe. Wenn ich mich umgekehrt bei Kohl über Genscher beschwerte, bekam ich zu hören: »Komm, lass ihn, wir brauchen ihn.«

M. G.: *Wir kommen dazu noch im weiteren Verlauf unseres Gesprächs. Lassen Sie uns noch einmal in den Spätsommer 1982 zurückgehen. Am 20. September nahmen CDU/CSU und*

4 Joachim Algermissen, Hans Tietmeyer. Ein Leben für ein stabiles Deutschland und ein dynamisches Europa (Untersuchungen zur Ordnungstheorie und Ordnungspolitik 70), Tübingen 2019, S. 287–332.

FDP Koalitionsgespräche auf und einigten sich darauf, Bundeskanzler Helmut Schmidt am 1. Oktober 1982 durch ein konstruktives Misstrauensvotum zu stürzen. Als Kanzlerkandidat der Union galt Kohl. Wie haben Sie diese dramatische innenpolitische Phase in Erinnerung?

H. T.: Diese Gespräche zur Vorbereitung des Regierungswechsels hat Kohl fast ausschließlich unter vier Augen geführt. Wir Mitarbeiter waren außen vor. Er hat uns weder um Rat gefragt, noch aufgeklärt, welche Schritte er unternehmen wird. Es war allein seine Sache. Ich habe das immer respektiert. Angelegenheiten der Bundespartei, Beziehungen zur FDP, auch später zu Willy Brandt und die Treffen mit dem SPD-Fraktionsvorsitzenden Herbert Wehner hat er mit sich alleine ausgemacht. Ich hatte so viele Verpflichtungen und Aufgaben, dass ich auch nicht den Versuch machte, alles herauszufinden, was er vorhat. Ich habe mich darauf verlassen, dass es vernünftig ist und bin damit nur gut gefahren.

M. G.: *War der 1. Oktober für Sie überraschend, wenn Sie nicht eingebunden oder unterrichtet waren? Oder hat es sich atmosphärisch abgezeichnet, dass sich dieser große Knall jetzt ereignet, das erste erfolgreiche konstruktive Misstrauensvotum in der Geschichte des deutschen Parlamentarismus?*

H. T.: Es hat sich abgezeichnet und war trotzdem überraschend. Ein Bundestag in der Größe ist ja nicht ganz berechenbar. Es hat ja schon einmal ein Misstrauensvotum gegenüber Willy Brandt gegeben, wo CDU-Abgeordnete falschgespielt haben und manipuliert waren. Von daher müssen wir als Mitarbeiter auch ein Gefühl entwickeln. Wo muss ich überall nachfassen, nachbohren, muss ich unbedingt alles wissen oder überlasse ich dem Chef seine Spielwiese ausschließlich und akzeptiere das Ergebnis.

M. G.: *Am 1. Oktober wählt der Deutsche Bundestag durch das konstruktive Misstrauensvotum Helmut Kohl zum sechsten Bundeskanzler der Bundesrepublik. 14 Tage später gibt er seine Regierungserklärung ab. Darin bekennt er sich zum NATO-Doppelbeschluss und zur Fortführung guter Beziehungen zur DDR bei entsprechenden Gegenleistungen. Wie weit war dies eine außen-, sicherheits- und deutschlandpolitische Doppelstrategie, bzw. auch eine nicht einfache Fortführung der Außen- und Deutschlandpolitik der sozial-liberalen Koalition?*

H. T.: Was die Ost-Politik von Willy Brandt betraf und der SPD in der Folge, war Kohl in seiner Ablehnung oder Kritik viel differenzierter als der Großteil der CDU/CSU. Wir hatten einen sehr konservativen Flügel, der praktisch jeden Schritt der SPD ablehnte. Als Kohl noch Ministerpräsident war, hatte ich ihm eine Rede geschrieben, die er im Bundestag zu den Ost-Verträgen hielt. Sie war sehr differenziert: die Richtung stimme, über Einzelheiten müsse man streiten können. Sie löste einen Kommentar in der *Süddeutschen Zeitung* aus von Herrn Dreher, einem der damals bekanntesten Korrespondenten in Bonn. Er schrieb sinngemäß ›So ist Opposition vernünftig.‹ Kohl war, was die Ost-Politik Willy Brandts betraf, viel differenzierter als der konservative Flügel der CDU-CSU. Von daher hatten wir kein Problem mit Genscher, die neue Regierungserklärung vorzubereiten. Die Entwürfe kamen aus den Ministerien, auch aus dem Außenministerium. Ich hatte den Auftrag, diese erste Regierungserklärung vorzubereiten und bekam die Vorlage des Außenministeriums auf den Tisch und dachte mir, das kann es nicht sein, denn der Tenor des Beitrags des Außenministers war Kontinuität, Kontinuität, Kontinuität. Alles geht so weiter wie bisher.

Da war ich anderer Meinung: neue Regierung, neuer Bundeskanzler, eine gewisse Kontinuität in der Richtung ja, aber nicht in allen Einzelheiten. Diesen Teil habe ich neu geschrieben. Als ich Kohl die beiden Vorschläge zeigte, entschied er sich für meinen. Er gab mir den Auftrag, mich mit Genscher zu treffen und es zu diskutieren. Ich suchte ihn in seiner Privatvilla auf. Wir saßen bei schönem Wetter im Garten. Ich sagte: »Wir haben einen Vorschlag Ihres Hauses erhalten, aber ich habe ihn nochmal neu geschrieben.« Er sagte: »Ja, ist in Ordnung.« Er nahm ihn, las ihn und akzeptierte in; ohne Debatte. Es fing sehr friedlich an. Es blieb nicht immer so. Persönlich hatte ich mit Genscher weniger Schwierigkeiten als mit seinen unmittelbaren Mitarbeitern in seinem Büro.

M. G.: *Was waren neue Akzentuierungen oder Spezifika in Ihrer Version gegenüber der ursprünglichen aus dem Auswärtigen Amt?*

H. T.: Das Auswärtige Amt hatte einen Grundtenor, der hieß Kontinuität. Es sollte alles beim Alten bleiben. Meiner Meinung nach konnte das faktisch schon nicht sein. Meine Hauptaussage war, dass wir vernünftige Beziehungen mit der Sowjetunion möchten. Wir wollen verhandeln und neue Gespräche und keine wechselseitigen Bedrohungen.

M. G.: *Ich habe deshalb gefragt, weil wir vor vielen Jahren auch ein Gespräch mit Egon Bahr hatten. Wir fragten ihn, welches im Rückblick sein größter Erfolg war. Nach kurzem Zögern sagte er: »Dass die christlich-demokratisch-liberale Koalition unsere Ost-Politik fortgeführt hat, ohne einen Beistrich zu ändern, war für mich eine Genugtuung und eigentlich das schönste Geschenk, das uns gemacht werden konnte.«[5] Wenn ich aber nun Ihnen und Ihren Ausführungen folge, war es nicht nur Kontinuität. Also gab es doch eine Neuakzentuierung?*

H. T.: Der Unterschied war, dass der Bundeskanzler Helmut Kohl und die neue Regierung unmissverständlich, d. h. zu 100 % hinter dem Doppelbeschluss der NATO standen, den die SPD und zu großen Teilen gemeinsam mit Egon Bahr abgelehnt haben. Auch Willy Brandt hat ihn abgelehnt. Das war bei uns nicht der Fall. Wir haben uns ganz klar für seine Beibehaltung ausgesprochen und mit der Stationierung begonnen und sie zu keinem Zeitpunkt in Frage gestellt. Das war der Unterschied zu Egon Bahr und Willy Brandt.

M. G.: *Am 17. Dezember 1982 wird in einer grundrechtlich nicht ganz unproblematischen Abstimmung schließlich über die von Kohl gestellte Vertrauensfrage im Bundestag gemäß der Absprache keine Mehrheit erreicht. Damit wird der Weg zu Neuwahlen am 6. März 1983 frei. Kohl sprach schon zuvor von einer »geistig moralischen Wende«, die er einleiten wolle. Von wem stammte diese Formulierung und was war darunter genau zu verstehen?*

H. T.: Diese Frage habe ich mir nach dieser Aussage auch gestellt. Ich weiß nicht, von wem diese Formel stammte, von mir nicht. Ich habe sie immer kritisiert, weil ich mich fragte, was der konkrete Inhalt sei. Mir fehlte die Substanz zu dieser Aussage. Es war eine Formel, die immer wieder zitiert wurde. Ich hätte sie nie gewählt, denn sie klang pathetisch und

5 Egon Bahr, »Die größte Enttäuschung, die mir Helmut Kohl beigebracht hat, war eine positive«, in: Michael Gehler/Hinnerk Meyer (Hrsg.), Deutschland, der Westen und der europäische Parlamentarismus Hildesheimer Europagespräche I, Hildesheim – Zürich – New York 2012, S. 185–205, hier 202–203.

jeder fragte, was er damit meint. Ein Ja zum Doppelbeschluss der NATO hat damit nichts zu tun. Ostpolitik in dem Sinne auch nicht. Europapolitik muss man auch nicht als geistig moralische Wende verstehen.

M. G.: *War das möglicherweise ein später Reflex auf das, was Sie mit der 68er Revolte kritisch wahrgenommen hatten – eine sich abzeichnende neue politische Kultur, unter der christlich-demokratische Politiker gelitten haben?*

H. T.: Das mag sein, aber dann hätte man es erklären können. Ich bin nicht gegen solche Formeln, denn sie sind manchmal einprägsam, aber mir fehlte die Substanz. Kohl hat es nie, weder in seiner Rede, noch später, definiert. Ich sah keinen Anlass, eine Formel zu erklären, die ich für überflüssig hielt.

2. Helmut Kohls Außen- und Europapolitik vor dem 9. November 1989

M. G.: *Wir kommen zu Kohls Europapolitik als Kanzler bis zum 9. November 1989. Am 20. und 21. Januar 1983 gab es die Feierlichkeiten anlässlich des 20jährigen Bestehens des deutsch-französischen Vertrags, der seinerzeit zwischen Charles de Gaulle und Konrad Adenauer geschlossen wurde. Es gab eine Feierstunde im Elysée. Wie haben Sie die Gestaltung der deutsch-französischen Beziehungen, vor allem in den folgenden Jahren in Erinnerung, wenn Sie an Schengen, die Einheitliche Europäische Akte und letztlich die Vorbereitung des Binnenmarktes denken? Es gab immer wieder auch von kleineren Staaten wie den BENELUX-Ländern Sorge vor einer Avantgarde oder eines deutsch-französischen Direktoriums etc. Wie sind Kohl und Mitterrand damit umgegangen? Wie gewichten Sie diese Jahre 1983/84 mit der Stuttgarter Erklärung und dem Beschluss des Europäischen Parlaments, ausgehend von dem Spinelli-Entwurf für eine Politische Union? Das waren alles Wegmarken, die im Rückblick auf die europäische Einigung weitgehend in den Hintergrund gerückt sind.*

H. T.: Ich halte die Fortschritte in der europäischen Einigung für eine der größten Leistungen Kohls. Er war durch und durch Europäer und für eine enge Freundschaft mit Frankreich. Schon einen Tag nach seiner Wahl fuhr er nach Paris, um sich mit Mitterrand zu treffen. Er war Sozialist, Kohl Konservativer, aber das hat nie eine Rolle gespielt. An über 50 Begegnungen der beiden habe ich teilgenommen. Gemeinsam mit meinem Counterpart Jacques Attali habe ich alle diese bilateralen Treffen vorbereitet und auch die Gipfeltreffen der EG, der NATO usw. Es war eine so enge Beziehung, dass am Ende Kohl und Mitterrand wirklich persönliche Freunde waren. Es war fast rührend, wie sich die beiden begegneten. Mitterrand erzählte einmal: »Helmut, am Wochenende bin ich in Paris durch verschiedene Galerien gegangen.« Darauf Kohl: »François, Du hast ja ein schönes Leben.« »Nein, so schön war das gar nicht«, antwortete Mitterrand, »denn ich habe die ganze Zeit überlegt, was schenke ich denn wieder meinem Freund Helmut Kohl.« Bei jeder Begegnung haben die beiden ein kleines Geschenk ausgetauscht. Diese enge Beziehung hatte sich auch auf Jacques Attali und mich übertragen. Wir haben einiges in Gang gesetzt, was gar nicht von unseren Chefs kam. Wir überlegten, was können wir machen. Einmal sagte Mitterrand: »Helmut, hier ist ein Papier, das unsere Mitarbeiter vorbereitet haben. Ich hatte keine Zeit es zu lesen, aber wir sollten es machen.« Kohl, der es im Zweifel auch nur überflogen hatte, meinte: »Du hast Recht, wir sollten es machen.« Wir haben Schengen, die Währungsunion und einen deutsch-französischen Sicherheitsrat beschlossen. Wir waren sogar einmal so weit, dass Kohl und Mitterrand, Attali und mir mittags den Auftrag gaben, abends mit den Generalstabschefs der beiden Armeen einen Text zu verfassen, welche Mitsprache die Bundesrepublik beim Einsatz der nuklearen Systeme Frankreichs erhalten könnte. Die Reichweite des Nuklearpotentials hätte bei einem Einsatz bedeutet, hauptsächlich Ost-Deutschland zu treffen. Kohl und Mitterrand hatten darüber gesprochen, ob Deutschland irgendeine Mitsprachemöglichkeit haben könnte über den Einsatz französischer Nuklearsysteme. Wir erfüllten unseren Auftrag. Das Papier war unterschriftsreif. Es ist aber bis heute ein ungelöstes Problem. Unser Generalinspektor lehnte die Unterschrift ab mit der Begründung er müsste vorher mit seinem Minister sprechen. Mein Einwand, dass der Bundeskanzler doch hier wäre, nützte nichts. Er weigerte sich und am nächsten Vormittag war das Thema vom Tisch. Anlässlich des bevorstehenden Weltwirtschaftsgipfels in Kanada war uns klar, dass wir einen gemeinsamen Vorschlag vorbereiten sollten. Attalis Idee war, in Sri Lanka die Flüsse so zu regulieren, dass keine Überschwemmungen mehr auftreten können. Ich machte ihm klar, dass die meisten Flüsse von außen ins Land kommen und es daher schwierig wäre, ein solches Projekt zu planen und durchzuführen. Die nächste Idee war, 500 Millionen Dollar für die Rettung des Regenwaldes in Brasilien zu mobilisieren. Es ist beschlossen worden. Was ich damit aufzeigen will, ist, dass wir pausenlos Ideen entwickelten, wo und wie Frankreich und Deutschland zusammenarbeiten können. Das Abkommen von Schengen, die Wirtschaftsunion, die Währungsunion, den Einstieg in die Politische Union, das wurde alles gemeinsam mit Frankreich vorbereitet und durchgesetzt. Ich halte das mit für die größte Leistung von Helmut Kohl und François Mitterrand.

M. G.: *Die Begegnung im Elysée im Januar 1983 war noch vor den Wahlen im März. CDU/CSU und FDP erringen sodann einen klaren Sieg: 48,8 % der Wählerstimmen hat die CDU/CSU allein bekommen, also eine deutliche relative Mehrheit. Am 29. März wird Helmut Kohl vom Bundestag als Bundeskanzler bestätigt. Wie haben Sie diesen Tag in Erinnerung? Er ist am Ziel, das er sich schon sehr früh in Mainz gesteckt hatte.*

H. T.: Wenn ich mich recht erinnere, war es ein Freitag. Am Samstagvormittag sind dann Kohl, Juliane Weber, seine Chefsekretärin und ich zusammen mit dem ORF-Intendanten Gerd Bacher zu Fuß vom Bundestag zum Kanzleramt gegangen. Gerd Bacher und ich haben immer nur gerufen: »Wir sind jetzt Bundeskanzler!« Das war ein Heidenspaß! Wir haben es mit großer Genugtuung und Freude und erstaunlichem Selbstbewusstsein zur Kenntnis genommen. Für mich war es gar nicht so einfach, denn Kohl hat gezögert, mich zum Abteilungsleiter für Außen-, Sicherheits- und Deutschlandpolitik zu ernennen. Seiner Meinung nach würde das Auswärtige Amt mir viele Knüppel zwischen die Beine werfen. Meine Antwort war: »Wenn ich Sie, Herr Bundeskanzler, in meinem Rücken weiß, habe ich kein Problem damit.« Aber es hat einige Wochen gedauert, bis er mich ernannt hat.

M. G.: *Hatte er auch andere Kandidaten im Auge?*

H. T.: Das weiß ich nicht, aber er hatte die Befürchtung, dass mich das Auswärtige Amt blockiert und isoliert und ich damit ausfallen könnte.

M. G.: *Am 4 Mai 1983 bezeichnete Kohl in seiner Regierungserklärung den Abbau der Arbeitslosigkeit, die Wiedergewinnung wirtschaftlichen Wachstums und die Sanierung der Bundesfinanzen als Schwerpunkt der Regierungstätigkeit. Welche Rolle spielte hierbei die Schrift »Der Weg zur Wende. Von der Wohlfahrtsgesellschaft zur Leistungsgemeinschaft«[6]? Von wem stammt diese Schrift?*

H. T.: Diese Schrift kenne ich nicht. Ist Helmut Kohl der Autor?

M. G.: *Ja. Stand Kurt Biedenkopf hinter dieser Veröffentlichung?*

H. T.: Biedenkopf hat sicher mitgespielt. Eventuell auch Geißler.

M. G.: *Am 19. Juni 1983 bürgt die Regierung Kohls für einen Milliardenkredit an die wirtschaftlich bereits angeschlagene DDR. Wie sind in diesem Kontext die Milliardenkredite, die Franz Josef Strauß eingefädelt hat, in die Deutschlandpolitik des Bundeskanzlers einzuordnen? War das abgestimmt? Wie stand Kohl dazu? Unterschied er sich in seiner Haltung von Strauß?*

H. T.: Ich glaube nicht, dass es im Detail abgestimmt war. Ich weiß nur, dass wir nicht unglücklich waren, dass es als Entscheidung von Strauß galt, der DDR einen zweimaligen Milliarden-Kredit zu ermöglichen. Denn es war in der Union kein populäres Thema. Wir waren in der Sache dafür, dass der Kredit mit Gegenleistungen verbunden wird, aber wir waren ganz glücklich, dass Strauß der Motor war. Denn unser konservativer Flügel wäre über Kohl hergefallen, wäre es seine Entscheidung gewesen.

M. G.: *Bei Strauß soll ja die Sorge vor einer Eskalation der Wirtschaftskrise in der DDR ein Motiv gewesen sein, so dass wieder eine Situation eintreten könnte wie unmittelbar vor dem 17. Juni 1953.[7] Es wird aber auch argumentiert, es sei der Anfang vom Ende einer tödlichen Umarmung gewesen, die Erzeugung einer Rauschgift-Abhängigkeit der DDR von D-Mark-Krediten wie Drogen. Welche Motive waren zustimmungsfähig für dieses »Lassen wir den Strauß mal machen«?*

H. T.: So wie ich Strauß kennengelernt und erlebt habe, war internationale Politik das Thema, was ihn am meisten interessiert hat. Außen-, Sicherheits- und Deutschlandpolitik hat ihn persönlich bewegt und dort hat er versucht mitzugestalten. Dieser berühmte Flug nach Moskau und der Kredit für die DDR waren Versuche, in der großen Politik mitreden zu wollen. Wir waren nicht dagegen, solange es hilfreich war und in die richtige Richtung ging. Er absorbierte damit auch die Kritik des konservativen Flügels der Union, gerade auch der CDU/CSU Bundestagsfraktion.

M. G.: *Man kann sich schwerlich vorstellen, dass diese Sonder-Außenpolitik von Strauß zur reinsten Freude des Außenministers Genscher gewesen ist.*

6 Helmut Kohl, Der Weg zur Wende: von der Wohlfahrtsgesellschaft zur Leistungsgemeinschaft, Husum 1983.

7 Michael Gehler/Rolf Steininger, 17. Juni 1953. Der unterdrückte Volksaufstand. Seine Vor- und Nachgeschichte, Reinbek/Hamburg 2018.

H. T.: Für uns war nicht erkennbar, ob er dafür oder dagegen war. Als sich der sowjetische Botschafter Kwizinskij einmal bei mir über Strauß beschwerte, schlug ich ihm vor, Strauß doch einmal nach Moskau einzuladen. Dann frisst er ihnen aus der Hand. So war es auch. Es ist nicht ganz fair, aber genau so ist es passiert. Die Hunde muss man anfüttern.

M. G.: *Strauß soll ja von der Reformfähigkeit des Sowjetsozialismus nicht gerade überzeugt gewesen sein, als er meinte, es sei das Gleiche, wenn man Schneebälle rösten wolle. Welche außen- und europapolitische Strategie*[8] *hat er verfolgt?*

H. T.: Außenpolitik war sein Steckenpferd, sein Lieblingsthema.

M. G.: *Ging das auch gegen Genscher?*

H. T.: Nicht sichtbar. Inhaltlich war ihm Genscher egal. Strauß wäre nie auf die Idee gekommen, auf Genscher Rücksicht zu nehmen.

M. G.: *Vom 4. bis 7. Juli 1983 statteten Bundeskanzler Helmut Kohl und Außenminister Hans-Dietrich Genscher der Sowjetunion einen offiziellen Besuch ab, der helfen sollte, eine neue und bessere Qualität der gegenseitigen Beziehungen zu begründen. Inwieweit konnte und sollte das gelingen? Wie haben Sie es persönlich erlebt? Und wie reagierten darauf die westlichen Partner, insbesondere Frankreich, aber auch die Vereinigten Staaten oder das Vereinigte Königreich? War ein Rapallo-Komplex*[9] *noch spürbar?*

H. T.: Man muss sich die Situation von damals vor Augen führen. Der Doppelbeschluss der NATO war entschieden, mit der Stationierung amerikanischer Mittelstreckenraketen war begonnen worden. Allein 500.000 demonstrierten in Bonn gegen diese Entscheidung, Willy Brandt war dagegen, die Mehrheit der SPD war dagegen. In dieser Situation wurde Kohl Bundeskanzler. Ich riet Kohl, Andropow, der uns mit dem Dritten Weltkrieg gedroht hatte, zu schreiben, in dem er erklären sollte, wie er sich die Gestaltung der Beziehungen vorstellt. Das hat er gemacht. Meine Mannschaft im Kanzleramt bestand zu dieser Zeit aus ehemaligen Mitarbeitern von Helmut Schmidt. Sie sagten mir, dass solche Texte vom Auswärtigen Amt für den Bundeskanzler vorbereitet werden. Wir forderten also einen Briefentwurf aus dem Außenamt an. Als ich ihn las, dachte ich mir, das kann es nicht sein! Der Tenor war Kontinuität. Ich fragte meine Mitarbeiter nach ihrer Meinung zu diesem Brief. Sie meinten, da er von Genscher abgesegnet war, müsse er unverändert dem Bundeskanzler vorgelegt werden. Das habe ich zur Kenntnis genommen. Bei fast allen Briefen lief es so und meine Aufgabe war folglich nur die Durchreichung der Schriftstücke, sozusagen Briefträger zu sein. Meinen Sowjet-Experten fragte ich unter vier Augen, ob er den Brief gut fände. Er verneinte. Also schrieb ich einen neuen und legte dem Bundeskanzler beide Entwürfe vor.

8 Siehe hierzu auch Marco Schinze-Gerber, Franz Josef Strauß. Wegbereiter der deutschen Einheit und Europäer aus Überzeugung (Historische Europa-Studien 23), Hildesheim – Zürich – New York 2020.

9 Unter »Rapallo-Komplex« versteht man das Misstrauen in westlichen Ländern, wenn sich Deutschland zu sehr auf Russland zubewegt und Bündnisse mit ihm eingeht. Der Begriff geht auf den Vertrag von Rapallo zurück, der am 16. April 1922 im italienischen Rapallo in Ligurien zwischen dem Deutschen Reich und der Russischen Sozialistischen Föderativen Sowjetrepublik abgeschlossen wurde.

Delegationsgespräch im Katharinen-Saal im Kreml, auf der oberen Tischhälfte, v. l. n. r., dritter von links: der frühere sowjetische Botschafter in Bonn (1978–1986) Wladimir Semjonow, Außenminister Andrei Gromyko, Ministerpräsident Nikolaj Tichonow und Verteidigungsminister Dmitri Ustinow vom 4. Juli bis 6. Juli 1983, untere Tischseite, v. l. n. r. Horst Teltschik (verdeckt), Helmut Kohl und Hans-Dietrich Genscher (von hinten)

Er entschied sich für meinen. Dieser ging dann zurück ins Auswärtige Amt, weil er von dort nach Moskau transportiert werden musste. Es gab helle Aufregung über einen, der im Bundeskanzleramt saß und Genschers Briefe abänderte. Aber der Brief ging so nach Moskau. Die Aussage lautete: Wir möchten vernünftige Beziehungen auf den verschiedenen Ebenen und sind zu Gesprächen bereit. Dann kam ein halbes Jahr später die Einladung nach Moskau. Dort erlebten wir einen Andropow, der schon totkrank war. Ein weiteres halbes Jahr später war er tot. Wir fuhren zur Beerdigungsfeier, nicht, um ihn zu würdigen, sondern am Tage darauf konnten wir schon den Nachfolger treffen: Tschernenko. Er war ebenfalls totkrank und ein Jahr später ebenfalls tot. Wir fuhren wieder zur Beerdigungsfeier nach Moskau, um am nächsten Tag Gorbatschow zu treffen. In der Sache hat Gorbatschow keine neue Position erkennen lassen. Wir erlebten nur, dass er gesund war, frei diskutierte und keine langweiligen Texte vorlas wie alle seine Vorgänger. Seine Hauptaussage war nach wie vor, wenn die BRD die Politik nicht ändere, werde sich in den Beziehungen auch nichts bewegen. Es war ernüchternd, mit der Ausnahme, dass wir nun endlich einen Partner hatten, der bereit war zu diskutieren, und nicht nur ein vom Politbüro abgesegnetes Statement vorzulesen. Bei der Begegnung mit Andropow im Juli 1983 boten wir an, die gesamte Palette der Beziehungen zu entwickeln. Ein positives Echo kam einige Wochen später zum Thema Umwelt-Kooperation. Also entschied ich, eine internationale Umwelt-Konferenz in Deutschland zu organisieren. Zuständig war unser Bundesinnenminister Zimmermann

Delegationsgespräch mit dem neuen KPdSU-Generalsekretär Konstantin Tschernenko (links mittig) in Moskau am 14. Februar 1984, links von ihm: Außenminister Andrei Gromyko, rechts von vorne: Hans-Dietrich Genscher, Helmut Kohl, Dolmetscher, Horst Teltschik, Regierungssprecher Peter Boenisch

von der CSU. Für Umwelt gab es noch kein eigenes Ressort. Zimmermann bekam den Auftrag, diese internationale Konferenz vorzubereiten. Das löste beim Bundesinnenminister Empörung über eine erneute Schnapsidee des Bundeskanzleramts aus. 1984 wurde eine internationale Umweltkonferenz in München durchgeführt. Es kamen u. a. die Sowjets und auch die Amerikaner. Die Amerikaner kamen anschließend zu mir und bedankten sich, denn so hätten sie wieder die Chance gehabt, mit sowjetischen Partnern zu reden. Vorher hatte es Stillstand gegeben. Diese Konferenz, so simpel sie war, hatte die beiden Großen zusammengeführt. Denn ich vertrat die Ansicht, wenn die beiden großen Elefanten nicht zusammen reden, haben wir europäischen Mäuse keinen Spielraum. Es ist egal, worüber geredet wird, Hauptsache, sie reden. Wenn man es so liest, mag man sich fragen, was bewirkt es? Es hat immerhin ein Stück Bewegung gebracht.

M. G.: *Sie sagten ganz am Anfang, Andropow habe mit einem dritten Weltkrieg gedroht. Wie haben Sie diese Aussage in Erinnerung? Wie hatten Sie das aufgefasst und wie ernsthaft musste man das nehmen?*

H. T.: Das wussten wir auch nicht. Wir hatten schon die Gewissheit, dass die alte Formel nach wie vor Gültigkeit hatte »Wer zuerst schießt, stirbt als zweiter.« Wir fühlten uns auch insofern nicht in der Defensive, weil die Sowjets als erstes die Mittelstreckenrakte SS-20 mit Atomsprengköpfen produziert und aufgestellt hatten, obwohl sie 1975 in der KSZE-Schlussakte auf die Androhung und Anwendung von Gewalt verzichtet hatten. Es gab ja gar keine Begründung dafür, mit nuklear ausgerüsteten Mittelstrecken-Raketen aufzurüsten, die

Begrüßung im Garten des Weißen Hauses vor dem ersten Gespräch nach der Wiederwahl des US-Präsidenten im Dezember 1984, Helmut Kohl – Ronald Reagan, mittig: Regierungssprecher Friedhelm Ost, rechts Horst Teltschik

gegen die Hauptmatadore der Entspannungspolitik gerichtet waren. Die SPD-Regierung in Bonn und Frankreichs Regierung waren Entspannungsbefürworter. Demzufolge hatten wir nicht das Gefühl, dass wir es mit einer unmittelbar bevorstehenden Gefahr zu tun hatten. Wir waren aber der Meinung, wir müssen wieder den Dialog aufnehmen. Im Juli 1983 traf Bundeskanzler Kohl in Moskau mit Genscher, Andropow und dessen Verteidigungsminister zusammen. Rechts und links vom Verteidigungsminister saßen Marschälle, schwer mit Orden behangen, der Kopf saß direkt auf der Schulter, als Genscher fragte: »Wieviele von den SS 20 habt ihr denn?« Ein breites Grinsen der Genugtuung machte sich auf allen sowjetischen Gesichtern breit. Der Minister sagte nur ein Wort »больше« (mehr). Aus ihren Gesichtern sprach die satte Zufriedenheit, etwas zu besitzen, vor dem andere sich fürchteten. Das waren alles spannende Erfahrungen.

M.G.: *Der NATO-Doppelbeschluss wird praktisch erst nach diesem Besuch im Juli 1983 umgesetzt. Im Dezember 1983 setzt Kohl den von seinem Vorgänger Schmidt initiierten, umstrittenen und unter ihm nicht möglichen NATO-Doppelbeschluss von 1979 schließlich durch. Welche Erinnerung haben Sie an diese Phase?*

H.T.: Das war keine einfache Entscheidung, weil bei uns die Straße mobilisiert war. Später erfuhren wir, dass sowohl die Stasi als auch der KGB bei der Mobilisierung dieser Proteste im Spiel war. 500.000 Demonstranten in den Bonner Rheinauen sind ja keine Kleinigkeit. Es war weniger außenpolitisch als innenpolitisch brisant. Es hätte sein können, dass die FDP wegbricht oder die CDU und CSU. Es war schon eine sehr brisante Situation.

Im Oval Office, v. l. n. r. Ronald Reagan, Helmut Kohl und Horst Teltschik

Im November 1984 war Reagan wiedergewählt worden. Wir waren im Dezember in Washington und konnten Reagan dazu bewegen, mit Kohl ein gemeinsames Kommuniqué zu unterschreiben. Das wurde von den Medien kaum wahrgenommen. In diesem Kommuniqué hatten sich die Amerikaner verpflichtet, die Gipfeldiplomatie wieder aufzunehmen sowie die Abrüstungs- und Rüstungskontroll-Verhandlungen, sobald dies möglich sei. Reagan hat all dem zugestimmt und das vier Monate, bevor Gorbatschow sein Amt als Generalsekretär übernahm. Dank dieser ungewöhnlichen Maßnahme des Kommuniqués, die es vorher nicht gegeben hatte, hatten wir schon die Türen in Amerika geöffnet. Dank Gorbatschow ging es dann auch plötzlich los. Wir haben immer versucht, irgendwie Bewegung in die Ost-West-Beziehungen hineinzubringen.

M. G.: *Sie sprachen den Einfluss der Stasi und des KGB auf die Friedensbewegung an. Wie würden Sie generell den Informationsstand im Bundeskanzleramt in Bezug auf innere und äußere Sicherheitslage beschreiben? Ich spreche bewusst den Bundesnachrichtendienst (BND) an. Wir wissen, dass Helmut Schmidt von ihm als Quelle wenig gehalten hat. Wie war das bei Bundeskanzler Kohl?*

H. T.: Als ich ins Kanzleramt kam, gab es einmal in der Woche den Bericht des BND auf den Tisch, den man sofort mit großer Begierde in der Erwartung las, Geheimnisse zu erfahren, die sonst nicht zu erfahren gewesen wären. Je länger und öfter ich sie las, desto uninteressanter wurden sie. Kohl hat sie fast gar nicht mehr gelesen, ich blätterte sie oft erst nach einer Woche durch. Die Nachrichten wurden entsprechend der Quellen als sehr wichtig, wichtig, usw. eingestuft. Wir wussten aber nie, wer die Quelle war und damit auch nicht, wie gewichtig diese Aussagen waren, ob sie Brisanz hatten oder nicht. Kohl sagte immer, wenn er die *Neue Zürcher Zeitung* lese, wisse er genauso viel. Der damalige Chef vom BND, Botschafter Wieck, beklagte sich bei mir, dass Kohl ihn nicht anhören würde. Ich riet ihm, mit exklusiven Nachrichten zu kommen, dann würde der Bundeskanzler ihn empfangen. Lapidare Aussagen, die man sich auch anderweitig beschaffen kann, interessieren den Kanzler nicht. Niemand wusste, dass ich einen Freund beim BND hatte. Er war Chef einer Abteilung. Über ihn bekam ich exklusive Nachrichten. Dem Bundeskanzler leitete ich sie gelegentlich weiter, so dass wir mehr wussten, als in den offiziellen Berichten stand. Dennoch waren alle diese Nachrichten nicht geeignet, um operative Schritte einzuleiten. Sie bestätigten Erkenntnisse, die man sich schon zusammengereimt hatte, gaben aber nie Anlass, operativ tätig zu werden.

M. G.: *Am 24. Januar 1984 trifft Helmut Kohl zu einem fünftägigen Besuch in Israel ein. In den Gesprächen mit der Regierung kommt es auch zu ernsten Auseinandersetzungen über die Nahost-Politik der Bundesrepublik. Streitpunkt sind u. a. Waffenverkäufe an Saudi-Arabien. Wie konnten diese strittigen Fragen geklärt werden? Welche Erinnerungen haben Sie an diesen bemerkenswerten Besuch?*

H. T.: Das war eines der ersten Themen, mit denen ich konfrontiert war, als ich ins Kanzleramt kam, nämlich mit der Aussage der Saudis, dass Bundeskanzler Helmut Schmidt bei seinem letzten Besuch in Riad die Lieferung von Leo-Panzern zugesagt habe. Die Saudis kamen auf uns zu und erwarteten, dass wir diese Zusage einlösen. Helmut Schmidt hat bestritten, eine solche Zusage gegeben zu haben. Die Israelis haben nach dieser Aussage der Saudis sofort öffentlich protestiert und sich entschieden gegen eine Lieferung von Leo-Panzern ausgesprochen. Also schlug ich vor, das Gesprächsprotokoll des Besuchs von Bundeskanzler Schmidt zu lesen, um Klarheit zu bekommen. Aber es war nicht da. Schmidt hat, das wurde später beweisbar, die meisten Gesprächsprotokolle privat mit nach Hause genommen, obwohl sie zum Teil streng geheim waren. So wie US-Präsident Trump es getan hat, und nun strafrechtlich verfolgt wird. Das hätte mit Bundeskanzler Schmidt eigentlich auch passieren können. Wir waren also in der schwierigen Lage, dass die Saudis darauf bestanden, sie hätten die Zusage und die Israelis natürlich strikt dagegen waren. Ich war zwar der Auffassung, sollten Leo-Panzer in Saudi-Arabien losfahren, dauert es nur Minuten, bis sie von der Israelischen Luftwaffe zerstört wären. Trotzdem hatte Kohl die Idee, mich nach Saudi-Arabien zu schicken, um den Sachverhalt aufzuklären. Bei meinem Besuch erklärte mir der saudische Verteidigungsminister, dass sie erwarten, dass die BRD ihre Zusage einlöse. Aber dafür bestand keine Chance. Kohl hätte es gegen den Willen der Israelis nicht getan. Dann hat er mich mit einer Delegation von Staatssekretären nach Saudi-Arabien geschickt mit der Frage, ob wir irgendetwas anderes liefern können außer unbedingt Leos. Die Lösung bestand in der Beauftragung des BND, Grenzanlagen Saudi-Arabiens stärker zu sichern. Was im Einzelnen gemacht wurde, weiß ich nicht. Es wurden also keine Waffen geliefert, sondern technische Installationen, um im Falle eines Überfalls sofort reagieren zu können.

M. G.: *Am 13. Februar 1984, am Vorabend der Feierlichkeiten für den verstorbenen Andropow, treffen Helmut Kohl und der damalige Staatsratsvorsitzende Erich Honecker in Moskau erst-*

mals persönlich zusammen. Welche Erinnerung haben Sie an diese Begegnung? Wie nahm Kohl Honecker wahr und umgekehrt Honecker Kohl?

H. T.: Wie Honecker Kohl gesehen hat, weiß ich nicht. Ich war bei dem Gespräch dabei und habe inhaltlich überhaupt keine Erinnerung. Es war ein ziemlich lapidares Gespräch. Honecker hatte nichts anderes als das Thema der Stationierung der Mittelstreckenraketen sowie finanzielle und wirtschaftliche Leistungen der Bundesrepublik, ohne selbst irgendwelche inhaltliche Leistungen der DDR anzubieten. Das Ergebnis des Gesprächs war mehr atmosphärisch als inhaltlich. Ich kann mich nicht erinnern, dass irgendetwas substantiell verabredet worden wäre. Auch zum Thema menschliche Erleichterungen gab es keine Zusagen oder Versprechen.

M. G.: *Musste es nicht eigentlich im Interesse beider deutscher Staaten sein, die Gefahr einer möglichen Eskalationsspirale der nuklearen Konfrontation zu verhindern? Klar war doch, dass Deutschland der Hauptaustragungsraum eines Nuklearwaffeneinsatzes sein würde. Gab es einen stillschweigenden Konsens, das zu verhindern oder war so ein Verlangen nicht spürbar?*

H. T.: Nein, das war nicht spürbar. Honecker hat nur die Position der Sowjetunion vertreten. Sie war uns bekannt. Von daher war es – wenn Sie so wollen – nur ein erstes persönliches Kennenlernen. So wie wir ihn eingeschätzt hatten, war er auch: langweilig, enttäuschend, ohne Ideen, was man hätte wie weiterentwickeln können.

M. G.: *Ein wichtiges Datum war der 22. September 1984. Kohl und Mitterrand gedenken in Verdun gemeinsam der Toten beider Weltkriege. Dabei ereignet sich eine vielbeachtete Szene. Während der Nationalhymne stehen beide Politiker minutenlang Hand in Hand nebeneinander und demonstrieren auf diese Weise die Verbundenheit ihrer Bevölkerungen. War es spontan dazu gekommen? Wie haben Sie das Ereignis in Erinnerung? Wie kam es, dass Kohl offensichtlich das Gespür hatte, Bilder zu hinterlassen, die sehr wirkmächtig im Hinblick auf seine Rolle als Politiker waren?*

H. T.: Ich kann mich daran sehr gut erinnern, weil es in der Tat eine sehr bewegende Szene war. Es war nicht verabredet, dass man sich die Hand reicht. Es war eine spontane Entscheidung von Mitterrand. Er fasste Kohls Hand an. Ich stand zehn Meter hinter ihnen und konnte es genau beobachten. Das Treffen an diesem Ort und der Ablauf der Zeremonie waren verabredet. Deutsche und französische Soldaten standen immer abwechselnd in Reih und Glied. Die Zeremonie sollte der Versöhnung beider Völker dienen.

M. G.: *Wie ordnen Sie diese spontane Geste und emotionale Begegnung ein für die weitere Entwicklung der deutsch-französischen Beziehungen? War damit zum Ausdruck gebracht, dass bei auftretenden Krisen darauf zurückgekommen werden konnte, nachdem man nebeneinander gestanden und sich fest die Hände gehalten hatte? War es eine einmalige Begegnung, die eine Nachwirkung entfaltet hat?*

H. T.: Ich habe an rund 50 Gesprächen von Bundeskanzler Kohl und Präsident Mitterrand teilgenommen und in der Regel mit den französischen Kollegen vorbereitet. Am Ende waren sie wirklich echte Freunde. Die Freundschaft entwickelte sich auch dadurch, dass beide historisch sehr interessiert waren. Viele Gespräche begannen mit Bezug auf geschichtliche Ereignisse, gerade zwischen Frankreich und Deutschland bis hin zur Nazizeit. Mitterrand war ja Gefangener der Nazis. Daraus hat sich auch eine emotional starke Beziehung entwickelt. Wenige Tage bevor die Mauer fiel bzw. geöffnet wurde, war Mitterrand zum bilateralen Gipfelgespräch in Bonn. Zweimal im Jahr fanden diese statt, abwechselnd in Frankreich und in Deutschland. Natürlich sprachen sie über die Entwicklung in der Sowjetunion und in den Warschauer Pakt-Staaten und fragten sich, welche Auswirkungen diese Prozesse haben werden. Auch die Auswirkungen auf die DDR, die Fluchtbewegungen und die Demonstrationen waren Gegenstand des Gesprächs. Kohl forderte Mitterrand auf, vor der Presse öffentlich die Haltung Frankreichs zur deutschen Frage zu erläutern. Das war ein erfreulich positives Statement. Man kann es nachlesen. Das war auch der Grund, warum wir Mitterrand nicht über die Zehn-Punkte-Rede vom 28. November unterrichtet haben. Denn wir waren uns mit ihm in der Einschätzung der Lage einig. Was hätte Mitterrand geantwortet, wenn Kohl gesagt hätte, dass er eine Regierungserklärung zur deutschen Frage abgeben werde. So wie ich Mitterrand einschätzte, hätte er gesagt: »Helmut, Du weißt, dass ich ganz Deiner Meinung bin und Dich unterstütze. Aber lass uns vorher noch einmal darüber reden.« Das hätte auch Margaret Thatcher gesagt. Selbst Bush hätte das gesagt. Wir haben sie nicht unterrichtet, um zu verhindern, dass wir in diese Situation geraten. Bush sen. hatte die Rede ca. 1,5 Stunden, bevor sie gehalten wurde. Er konnte sie aber noch nicht lesen, weil sie auf Deutsch war. Erstens hatten wir keine Zeit, sie selbst zu übersetzen und zweitens konnte Bush sagen, er hätte sie vorher gehabt. Sonst hätte er vermutlich auch gesagt: »Helmut, I fully support you but let us talk about it first.« Dann wäre der Effekt weggewesen.

M. G.: *Am 7. Oktober 1984 trifft Kohl in der Begleitung zahlreicher Vertreter der deutschen Wirtschaft zu einem sechstägigen Besuch der Volksrepublik China in Peking ein. Im Verlauf dieser Visite werden eine Reihe von Vereinbarungen über eine intensivere Zusammenarbeit auf ökonomischem Gebiet getroffen. Welche Vorstellung von der Volksrepublik China hatten Kohl und Sie? Sie hatten über den sino-sowjetischen Konflikt an der Freien Universität Berlin gearbeitet. Welche China-Politik verfolgte der Bundeskanzler seit diesem Besuch?*

H. T.: Als ich in Mainz von Kohl die Nachricht bekam, er wolle Parteivorsitzender und Kanzler werden, war mein Rat, er müsse anfangen zu reisen, denn man muss an den wichtigsten Orten der Welt wissen, wer ist dieser junge Helmut Kohl. Sie sollen zukünftige Partner schon einmal erlebt haben. Reisen nach Washington und Paris waren selbstverständlich, aber ich riet ihm auch zu Reisen nach China. Es war ja die Phase, in der die Amerikaner durch Henry Kissinger Kontakt aufgenommen hatten. Selbst Helmut Schmidt war in China, auch Strauß war vor uns dort. Mao lebte noch, war aber totkrank. Wir konnten ihn nicht treffen. Das war auch einerseits schade, andererseits erlebten wir an seiner Stelle Deng Xiaoping. Das war der kommende Mann, der die dramatischen Veränderungen in China durchführte. Als Ministerpräsident war Kohl offen für meine Vorschläge. So reiste er nach Osteuropa und in die Sowjetunion. Darüber hinaus wählte ich zwei Warschauer-Pakt-Staaten aus und Jugoslawien mit dem spannenden Präsidenten Josip Broz Tito, den man aus meiner Sicht kennenlernen sollte. Kohl fragte Tito, ob er nicht Angst gehabt hätte, dass die Sowjetunion in sein Land einmarschieren würde. Tito erwiderte: »Lass sie kommen.« Er hätte einen Partisanenkampf geführt. Zweitens Bulgarien, den treuesten Bündnispartner Moskaus mit Präsident Todor Schiwkow. Drittens Rumänien mit Präsident Nicolae Ceauşescu, der anfänglich versucht hat, die chinesische Karte zu spielen. Somit wurde Kohl international positioniert. In der Folge musste ich selbst diese Gespräche im Auftrag des Kanzlers führen.

M. G.: *Helmut Kohl unterstützt in seiner Regierungserklärung vom 18. April 1985 das Projekt Strategic Defence Initiative (SDI), ein amerikanisches Forschungsvorhaben für ein Weltraumraketenabwehrsystem. Er ließ aber die Frage einer deutschen Beteiligung offen. Warum? Können Sie uns den Hintergrund dieses Star Wars-Projekts schildern? Welche Bedeutung hatte es im Ringen zwischen Ost und West?*

H. T.: An dem Tag, als Reagan SDI öffentlich ankündigte, war zufällig der stellvertretende amerikanische Außenminister bei mir in Bonn. Am Tag darauf trafen wir uns erneut und ich fragte ihn, warum er mir nichts über diese Ankündigung seines Präsidenten erzählt habe. Er sagte, sie hätten auch nichts davon gewusst. Die Ankündigung war also eine Überraschung auch im Außenministerium für die US-Administration gewesen. Das Thema ›Krieg der Sterne‹ war für uns von Anfang an erst einmal Theorie. Weil wir viel zu wenig darüber wussten, schlug ich vor, eine Regierungsdelegation zusammenzustellen und nach Washington zu fahren, um uns alles erläutern und erklären zu lassen. Ich bekam von Bundeskanzler Kohl den Auftrag, diese Delegation zu leiten und hatte Vertreter des Forschungs-, Verteidigungs-, und des Wirtschaftsministeriums bei mir. Es ging darum, Informationen zu bekommen, was die Amerikaner vorhaben. Wir erhielten in ein intensives briefing im Pentagon und haben die amerikanischen Labs besichtigt, Forschungsinstitutionen, wo die US-Regierung eigene militärische Forschung betreibt. Als wir in einem großen Saal im Pentagon saßen, ging eine große Flügeltür auf und der amerikanische Wissenschaftler Edward Teller stand in der Tür, der ›Vater von SDI‹, der Reagan von SDI überzeugt hatte. Wie ein Rübezahl stand er mit einem großen Stock in der Tür und appellierte an uns, eine Entwicklung zu unterstützen, die eine klare Überlegenheit des Westens über die Sowjetunion ermögliche. Nach dieser ersten Verhandlungsrunde in den USA war ich überzeugt, dass eine reine Regierungsdelegation nicht gut genug ist, um ein solches Hightec-Forschungsprojekt zu bewerten. Vo unserem Forschungsministerium war ein Abteilungsleiter dabei, der aus der ersten IT-Generation kam. Wir diskutierten bereits über die fünfte in den USA. Ich zweifelte, ob er beurteilen konnte, was die USA entwickelten und welche Dimension das hat. Zurück in Deutschland erklärte ich dem Bundeskanzler, dass eine solche Reise nur Sinn mache, wenn wir Vertreter der Wirtschaft hinzuziehen aus Unternehmen, die in diesem Technikbereich tätig sind. Also wurde eine zweite Delegation zusammengestellt, mit der wir auch amerikanische Hightec-Firmen besichtigten. Deren wichtigste Botschaft an uns war: Wir bekommen jetzt viel Geld für Hightec-Forschung, das wir natürlich mitnehmen. Für uns sind dieses Technologien so spannend, weil wir sie auch als Privatfirmen nutzen können. Also sind wir dabei. Das war die Nachricht an die Bundesregierung: Wir müssen dabei sein, nicht aus militärtechnologischen Gründen, sondern aufgrund der Entwicklung von Hightec. Entweder wir sind dabei, oder alles geht an uns vorbei. Die Reaktion auf unseren Bericht in der Bundesregierung war positiv, selbst Genscher hielt sich mit Kritik zurück. Wie gut unser Abschlussbericht war, können Sie daran ersehen, dass er nie öffentlich geworden ist. Fünf Ministerien und Privatwirtschaft waren beteiligt, deren Report nie in der Öffentlichkeit erschienen ist.

M. G.: *Über SDI ist bisher noch wenig geforscht worden. War es nicht eine große Show?*

H. T.: Ja, klar. Gorbatschow sagte mir persönlich, zwei Entscheidungen hätten sie bewogen, ihre Politik zu ändern. Eine davon sei SDI gewesen. Sie wussten, dass sie technologisch nicht in der Lage sein würden, mit den Amerikanern gleichzuziehen. Der zweite Grund war der Doppelbeschluss der NATO. Die finanziellen Möglichkeiten reichten nicht aus, um weiterzuproduzieren und zu stationieren.

M. G.: *Militärtechnologisch war das nicht wirklich substanziell, aber der Forschungsinput dahinter hat einen Effekt ausgelöst, der beeindruckend war und offenbar zu einem sowjetischen Einlenken geführt hat.*

H. T.: Das Ergebnis nach diesen zwei Delegationsreisen war, dass der Bundeskanzler sagte, es sei jetzt wichtig, eine Vereinbarung zwischen der Bundesregierung und der amerikanischen Regierung über technologische Kooperation zu treffen. Unser Bundeswirtschaftsminister Martin Bangemann, der für Teile der Forschungsbereiche zuständig war, sollte im Auftrag des Bundeskanzlers die Delegation übernehmen. So kam die Karikatur mit Bangemann in der *Süddeutschen Zeitung* zustande. Sie zeigte ihn mit der Delegation und einen Blindenhut auf beiden Seiten. Der Blindenhund von Bangemann war ich. Wir kamen in Washington an und hatten ein Gespräch mit seinem Ministerkollegen. In dessen großen Büro stand eine hölzerne Kuh, denn er war Rodeo-Reiter und übte in seinem Büro mit seinem Lasso. Wir waren eine Gruppe von zehn Leuten und saßen uns gegenüber. Bangemann schlug vor, dass beide Delegationen die Arbeit aufnehmen sollten und er und sein Kollege sich zurückziehen. Das war typisch für ihn. Es hat ihn gar nicht interessiert. Dem Forschungsministerium wurde überlassen, ob es die Ergebnisse akzeptieren wollte oder nicht. Ob mit der deutschen Industrie zusammengearbeitet wurde, kann ich Ihnen nicht sagen, denn es ging in die Ressortverantwortung und dort ist es im Zweifel untergegangen.

M. G.: *Im Mai 1985 besuchte Kohl mit Ronald Reagan*[10] *neben der Gedenkstätte des Konzentrationslagers Bergen-Belsen auch den Soldatenfriedhof in Bitburg in der Eifel. Das hat in der Öffentlichkeit Kritik ausgelöst, denn dort sind auch Angehörige der ehemaligen Waffen-SS beerdigt. Wie erlebten Sie die damals aufwallende Emotionalisierung – eine medial nicht einfache Phase für den Bundeskanzler? Offensichtlich hatte Reagan damit kein allzu großes Problem. Warum wurde Bitburg ausgewählt und wie reagierte Reagan auf die Kritik im Vorfeld und während des Besuchs?*

H. T.: Präsident Reagan hatte sehr aufmerksam die Begegnung Kohl mit Mitterrand in Verdun verfolgt. Er war tief beeindruckt über die aus seiner Sicht bedeutsame Versöhnungsgeste nach dem Zweiten Weltkrieg. Darum überlegte er, ob es nicht eine Möglichkeit gäbe, eine solche Zeremonie zwischen den USA und Deutschland durchzuführen. Wir waren einverstanden, warum auch nicht, wenn der amerikanische Präsident es wünscht. Die Frage

10 Zu den Akteuren sowie Kohls und Reagans Memoiren siehe: Marcus Gonschor, Politik der Feder. Die Vereinigten Staaten und die Bundesrepublik Deutschland 1945/49 bis 1990 im Spiegel der Erinnerungen von US-Präsidenten und Bundeskanzlern (Historische Europa-Studien 19), Hildesheim – Zürich – New York 2017, S. 147–187, 603–733.

war von Anfang an, wo? Bitburg wurde entschieden, weil es dort einen amerikanischen Flughafen gab. Es ging ja darum, den Präsidenten und seine Delegation plus Vertreter der jüdischen Organisationen zu transportieren. Dafür war Bitburg optimal, denn es war sicherheitstechnisch ohne Probleme abzusichern. Als wir den Friedhof besichtigten, lag zum Teil Schnee auf den Gräbern. Dass Waffen-SS-Mitglieder dort begraben waren, konnte man gar nicht erkennen. Es waren junge Leute im Alter von 18 bis 20 Jahren. Was hatten sie mit der SS zu tun? Es gibt auch keinen deutschen Friedhof, wo keine SS-Leute liegen. Wir hatten den Eindruck, dass die Zeremonie trotz der Handvoll Gräber durchführbar sei. Dann kam die Agitation, bei uns parteipolitisch begründet und verstärkt durch die jüdischen Gemeinschaften in den USA. Sie nahm groteske Züge an. Als ich einmal in Frankfurt auf dem Flughafen landete, wurde ich plötzlich ausgerufen. Ich wunderte mich, wer meinen Aufenthalt wissen konnte. Der Präsident des Jüdischen Weltkongresses Edgar Bronfman bzw. sein Generalsekretär Israel Singer, mit dem ich viel zu tun hatte, hat mich ausrufen lassen. Er verkündete mir, welch schreckliche Dinge auf uns zukämen, ein Jumbojet mit ehemaligen KZ-Häftlingen in Sträflingskleidung, etc. Der Protest nahm skurrile Formen an bis hin zu Attentatsdrohungen gegen den US-Präsidenten und anderes mehr, so dass ich dem Bundeskanzler empfahl, auf diese gemeinsame Zeremonie zu verzichten, weil das Risiko zu groß war. Kohl, spontan wie er war, rief Reagan an und bot ihm an, die vereinbarte Zeremonie abzusagen. Präsident Reagan reagierte mit einem Satz: »Helmut, we have agreed on that and we will do that.« Kohl war sichtlich gerührt von dieser deutlichen unmissverständlichen Aussage, bedankte sich für die Zustimmung, aber wiederholte sein Angebot, die Zeremonie ob der Bedrohungen und Ankündigungen doch zu unterlassen. Reagan wiederholte, ohne eine Sekunde zu zögern, seinen Satz: »We will do it.« Daraufhin war auch Kohl einverstanden. Es ist ja auch gutgegangen. Aber es erfolgte eine innenpolitische Kampagne. Die SPD hat alles unternommen, um die Affäre hochzuspielen. Dazu kamen die jüdischen Organisationen, die den angeblichen Skandal ebenfalls hochspielten. Ich glaube, diese gemeinsame Erfahrung hat die Freundschaft zwischen Reagan und Kohl sehr gefestigt.

M. G.: *Stimmt es, dass Kohl darüber enttäuscht war, dass er angesichts der D-Day-Erinnerungen in der Normandie nicht eingeladen war und Bitburg eine Art Revancheaktion, quasi die Retourkutsche dafür war, aber auch eine andere Form von Geste in der Frage, wie man mit der Vergangenheit umgehen könne und dafür den amerikanischen Präsidenten gewonnen hat, Solidarität mit ihm zu zeigen?*

H. T.: Ich habe das so nicht erlebt oder erfahren, dass die beiden Ereignisse für ihn im Zusammenhang standen. Ich hatte den Eindruck, dass der Bundeskanzler ganz froh war, nicht zum D-Day eingeladen zu sein. Denn dieses Ereignis ist auch bei uns in der BRD eine ambivalente Geschichte, und es ist besser nicht dabei zu sein. Entscheidend für den Bundeskanzler war die Wirkung bei uns, nicht international, wenn er am Gedenktag der Niederlage Deutschlands teilnimmt?

M. G.: *Mitte der 1980er Jahre geht es auch darum, wie die Deutschen mit ihrer Geschichte umgehen. Wie verhält man sich in der Frage des öffentlichen Gedenkens? Geschichtspolitik und Historikerstreik sind die Stichworte. Ein anderer Aspekt dieses Themas: Im Juni 1985 nimmt Kohl am Deutschlandtreffen der Schlesier teil. Im Vorfeld war Richard von Weizsäcker im Verbandsorgan der Schlesier wegen seiner Rede am 8. Mai, die wegweisend schien, massiv* *angegriffen worden. Kohl hat auf dem Treffen in Hannover die Unverletzlichkeit der Grenzen in Europa bekräftigt. Wie haben Sie diesen Auftritt Kohls in Erinnerung? Wie war sein Verhältnis gegenüber den Flüchtlingen und Heimatvertriebenen? Sie sind ja selbst ein Betroffener mit Ihrem Familienschicksal als Vertriebener aus dem Sudetenland.*

H.T.: Kohl hatte nie einen Zweifel an der Endgültigkeit der Oder-Neiße Grenze, so lange wir zusammengearbeitet haben. Die Frage für ihn war lediglich 1989/90, wann dies abschließend besiegelt wird. Kohl war ein Parteimann. Er wusste ganz genau, wer für uns im Bundestag sitzt: Herr Hupka, Herr Czaja, Vorsitzende von Vertriebenenverbänden. Diese Herren hat er nie empfangen. Sie waren immer meine Gäste und ich habe sie ohne jeden Kommentar angehört, aber zugesagt, den Bundeskanzler zu unterrichten. Mehr ist nicht geschehen. Ob anlässlich der Fraktionssitzungen Gespräche zwischen ihnen und Kohl stattfanden, weiß ich nicht. Kohls Ziel war es, dass bei einer Bundestagsentscheidung eine möglichst kleine Zahl von Bundestagsabgeordneten der CDU/CSU Widerspruch einlegt. Von daher hatte er gezaudert, wann der richtige Zeitpunkt gekommen ist, dass die Bundestagsfraktion abschließend entscheidet. Er hat versucht, das auch dem polnischen Ministerpräsidenten Mazowiecki klar zu machen. In einem Vier-Augengespräch mit mir fragte mich Mazowiecki, warum Kohl das jetzt nicht abschließend entscheiden könne. Ich antwortete ihm, dass Kohl erklärt habe, dass das Thema für ihn persönlich entschieden sei und behandelt werden wird und ergänzte: »Sie waren zusammen in einem Gottesdienst und haben gemeinsam die heilige Kommunion empfangen, haben den Bruderkuss ausgetauscht, jetzt können Sie ihm doch mal glauben, dass er es ernst meint. Was soll denn noch alles geschehen, damit sie es glauben?« Für die Polen war es natürlich ein innenpolitisches Thema.

M.G.: *Helmut Kohl hatte einmal eine sehr missverständliche Äußerung getan. Am 15. Oktober 1986 nannte er im amerikanischen Nachrichtenmagazin* Newsweek *Gorbatschow in einem Atemzug mit Goebbels. »Er ist ein moderner kommunistischer Führer, der sich auf public relations versteht. Goebbels, einer von jenen, die für die Verbrechen der Hitler-Ära verantwortlich waren, war auch ein Experte in Public Relations.« Wie konnte es zu einer solchen Äußerung von Kohl kommen, Gorbatschow und Goebbels gleichzusetzen? Welche Rolle hat hierbei der Leiter des Presse- und Informationsamtes der Bundesregierung und Regierungssprecher gespielt? Das war Friedhelm Ost, der Peter Boenisch nachgefolgt war, der bis 1985 diese Funktionen ausgeübt hatte.*

H.T.: Ich war bei diesem Interview mit der *Newsweek* nicht dabei. Das Magazin hat diese Passage nach Aussage des Bundeskanzlers dramatisch verkürzt. Die Regel bei uns war, dass jedes Interview vom Bundeskanzler von zwei Leuten gegengelesen wird. Hätte ich das Interview auf dem Tisch gehabt, wäre dieser Satz ersatzlos gestrichen worden. Es hatte diesmal nur einer gegengelesen und hat es stehengelassen. Das war der Fehler. Natürlich kann man fragen, wie der Bundeskanzler eine solche Analogie auch nur andeuten kann. In der öffentlichen Diskussion ging es aber um die Frage, wie ernst war es Gorbatschow mit seinen Reformankündigungen? War es Propaganda? In dieser Phase konnte man den Eindruck haben, es ist eher Propaganda als reales Tun. Darum brachte Kohl diesen unglücklichen Vergleich, den niemand gestrichen hat. Als das Interview veröffentlicht wurde, waren wir gerade in Chicago. Ich hatte persönlichen Kontakt zum Chef vom Chicago Council on

Pressekonferenz beim G-7-Gipfel in Williamsburg vom 28. Mai bis 30. Mai 1983, v. l. n. r. Staatssekretär Peter Boenisch, Außenminister Hans-Dietrich Genscher, Bundeskanzler Helmut Kohl, Verteidigungsminister Gerhard Stoltenberg, Staatssekretär Hans Tietmeyer, links hinter Boenisch: Horst Teltschik

Foreign Relations. Er war einst Mitglied der US-Administration und hatte mich einmal zum Vortrag eingeladen. Als Kohl Kanzler war, hatten wir vereinbart, dass der Bundeskanzler nach Chicago kommt und eine programmatische außenpolitische Rede hält, damit das gesamte Establishment in den USA davon erfährt. Der Chicago Council war damals sehr bekannt. John Rielly war der Präsident.

Auf solchen Reisen fragte Kohl jeden Tag, ob und was denn zu Hause los sei. Als ich ihm von der *Newsweek*-Misere erzählte, bekam er einen Tobsuchtsanfall. Unser damaliger Regierungssprecher machte einen Fehler. Bei jeder Pressekonferenz wurde er danach gefragt und hat das Thema damit immer weitertransportiert, statt nach der ersten Stellungnahme keinen weiteren Kommentar mehr abzugeben. Durch das ständige Wiederholen und der gleichen Begründung, wird eine solche Aussage perpetuiert. Damit mussten wir also leben. Nach Rückkehr bestellte ich den russischen Botschafter Kwizinskij in mein Büro und erklärte, dass wir den eingetretenen Schaden so schnell wie möglich bereinigen sollten. Nach acht Tagen kam er mit der Nachricht, es sei alles unter Kontrolle. Dem war aber nicht so. Wir hatten Bundestagswahlen und die SPD löste zweimal zu diesem Thema im Bundestag eine Debatte aus. Sie hat das verunglückte Interview des Bundeskanzlers als Wahlkampfinstrument genutzt. Und so konnte es auch bei Gorbatschow nicht bereinigt werden, weil es immer wieder auf der Agenda war. Botschafter Kwizinskij sagte, wenn Kohl wiedergewählt ist, ist die Sache erledigt. Und so war es auch. An diesem Beispiel kann man sehen, wie innenpolitische Debatten außenpolitischen Schaden vergrößern können.

M. G.: *Kohl hat sich drei Wochen später, am 6. November 1986, von seinen Aussagen distanziert. Zu einer offiziellen Entschuldigung war er aber nicht bereit. Einsicht schien nur begrenzt vorhanden. Er wollte daran nicht rütteln lassen, sondern ließ es so stehen. Stimmt dieser Eindruck?*

H. T.: Ich kann mich daran nicht erinnern. Für mich war entscheidend, was Kwizinskij gesagt hatte.

M. G.: *Damit ist die Frage schon beantwortet, was getan wurde, um die deutsch-sowjetischen Beziehungen zu entkrampfen. Im Grunde bestand eine pragmatische Einstellung im Kreml.*

Eine weitere umstrittene Äußerung tätigte Kohl im Januar 1987 anlässlich des Deutschlandtreffens der CDU in Dortmund. Dort bezeichnete er die DDR als Regime, »das politische Gefangene in Gefängnissen und Konzentrationslagern hält«. Wegen dieser Begriffsverwendung legte der damalige Ständige Vertreter der DDR, Ewald Moldt, offiziellen Protest ein. Was beabsichtige Kohl mit solchen Äußerungen, die nicht aus heiterem Himmel erfolgt zu sein scheinen? Er musste doch wissen, wie eine solche Feststellung von der SED-Führung aufgenommen würde, die als Hort des »Antifaschismus« gelten wollte. War das bewusst und gezielt erfolgt oder einfach nur eine spontane Aussage oder gar ein Versprecher, was kaum glaubhaft wäre?

H. T.: Das kann ich Ihnen nicht erklären, es ist mir auch nicht in Erinnerung. Kohl sprach vielfach ohne Manuskript, manchmal locker vom Hocker. Das war eine Art Beschimpfung der SED, die uns nicht wehgetan hat. Wir alle hatten kein Mitleid, dass sie sich beleidigt fühlten. Wenn wir das *Neue Deutschland* gelesen hätten, hätten wir auch ständig beleidigt sein können.

M. G.: *Kohl wollte offensichtlich den Unrechtscharakter des SED-Systems brandmarken. Es kam dann zu den Wahlen am 25. Januar 1987. Politikwissenschaftler gelangten zum Urteil, dass das Ergebnis eine Enttäuschung der Wählerschaft widerspiegelte, da die angekündigte »Wende« nicht stattgefunden hatte. Die Koalitionsparteien bekamen aber erneut die Mehrheit. Doch bei der Kanzlerwahl im Bundestag versagten ihm 16 Abgeordnete aus dem schwarz-gelben Regierungslager ihre Stimme. Wie waren die Verluste zu erklären und wie der Umstand, dass es doch Abgeordnete gab, die nicht für Kohl gestimmt hatten?*

H. T.: Wenn Sie die Fraktionssitzungen der CDU/CSU regelmäßig erlebt hätten, wäre klar gewesen, dass Kohl immer eine gewisse Gegnerschaft als Partei- und Fraktionsvorsitzender und als Kanzler hatte. Es gab diejenigen, denen er in der Ost-Politik zu nachgiebig oder zu konform mit der SPD war. Es gab diejenigen, die gerne den Stil von Franz Josef Strauß gehabt hätten. Todenhöfer, der durch Kohl Abgeordneter geworden war, weil er seinen Wahlkreis in Rheinland-Pfalz bekommen hatte, warf ihm vor, im Schlafwagen könne man nicht Kanzler werden. Es gibt bei einer Fraktion in dieser Größe immer eine bis zwei Handvoll Abweichler. Das hat uns nicht aufgeregt.

M. G.: *1986 kam es in Reykjavik zu einer historischen Begegnung zwischen Gorbatschow und Reagan. Das Ergebnis dieses Treffens und weiterer nachfolgender Gespräche und Verhandlungen ist der INF-Vertrag, der 1987 in Washington unterzeichnet wurde. Die Elefanten haben* *sich aufeinander zubewegt. Sie einigten sich auf die Reduktion von Mittelstreckenraketen mit Atomsprengköpfen bestückt, mit einer Reichweite von 500 bis 5500 Kilometer. Welche Reaktionen hat dieses Szenario zwischen den Supermächten im Bundeskanzleramt bewirkt, wo man wusste, was unter 500 km Entfernung liegt. Was bedeutete das für die stationierten Mittelstreckenraketen SS 20 sowie Cruise Missiles und Pershing II? Wie würden Sie diese historische Einigung zwischen Reagan und Gorbatschow für den weiteren Verlauf der Dinge einordnen? Ist der Kalte Krieg schon 1987 zu Ende gegangen?*

H. T.: Der Kalte Krieg war nicht zu Ende, aber es gab zunehmend weitreichende Schritte zur Verständigung und zur Entspannung. Es war für uns klar, dass eine Maßnahme nicht den gesamten Konflikt lösen konnte. Jeder Entspannungsschritt war ein Schritt in die richtige Richtung. Vor allem konnten wir diese sowjetisch-amerikanischen Bemühungen auf unserer Ebene begleiten. Nach der Wiederwahl von Kohl kam von Präsident Gorbatschow wie angekündigt die Einladung nach Moskau. Normalerweise wäre er an der Reihe gewesen, nach Deutschland zu kommen entsprechend der internationalen Reisepraxis. Kohl war aber bereit, nach Moskau zu fliegen. Diese Gespräche in Moskau entwickelten sich erfreulich positiv. Der Staatsbesuch Gorbatschows in Bonn im Sommer wurde verabredet und vor allem die Vorbereitung einer gemeinsamen Erklärung. Von dem Augenblick an ging es in den bilateralen Beziehungen bergauf. Eine entscheidende Voraussetzung dafür, dass dies alles möglich wurde, waren die Verhandlungsergebnisse der Amerikaner mit Gorbatschow. Er sagte mir einmal, wenn er das Vertrauen in Reagan und Bush nicht gehabt hätte, wäre vieles anders gelaufen. Er hatte glücklicherweise Vertrauen und nach seinem Besuch in Bonn, Stuttgart und Düsseldorf hatte er auch Vertrauen in Kohl.

M. G.: *Der INF-Vertrag war im Grunde eine Vereinbarung auf Ebene der Supermächte. Die Europäer waren nicht eingebunden. Sie konnten sich durch diese Vereinbarung betroffen fühlen, denn es gab unterhalb der Supermächte-Ebene kein Verhandlungsszenario, was den Einsatz von Nuklearwaffen und deren Reduktion anbelangte. Was hat dieses doch beklemmende Gefühl ausgelöst?*

H. T.: Die Vereinbarung entsprach aber den europäischen Interessen. Die Aufrüstung war ja nur als Kompensation zu den sowjetischen Raketen erfolgt. Wenn sie abgerüstet werden, rüstet auch die NATO ab. Darüber musste gar nicht mehr gesprochen oder verhandelt werden. Das lief fast automatisch ab.

M. G.: *Kann man sagen, dass der KSE-Vertrag, der Vertrag über die konventionellen Streitkräfte Europas und deren Reduktion letztlich eine konsequente Folge des INF-Vertrags war?*

H. T.: Das war so.

M. G.: *Kann man auch soweit gehen zu sagen, dass der INF-Vertrag ein Katalysator für die KSZE-Nachfolgekonferenz in Wien war, die am 15. Januar 1989 mit einem Kommuniqué endete, das weitreichende Folgen hatte, besonders für DDR-Bürger mit Reise- und Visafreiheit?*

H. T.: Das war die beste Phase in den Ost-West-Beziehungen. Angefangen von der Abrüstungs- und Rüstungskontrolle bis hin zu verschiedensten Kooperationsformen.

M. G.: *In seiner Regierungserklärung vom 4. Juni 1987 plädierte Kohl für die sogenannte Null-Lösung zum Abbau der Mittelstreckenraketen in Europa. Von welchen Intentionen und Motivationen her war diese Erklärung zu verstehen?*

H. T.: Das war im Prinzip in Abstimmung mit den amerikanischen Partnern Reagan und Bush möglich geworden. Daher war es sozusagen eine Art Gleichschritt mit den Amerikanern. Im Kanzleramt hat es uns gar nicht so viel beschäftigt, weil es fast automatisch lief. Es lief auf Ressortebene und hat keine großen Reaktionen im Kanzleramt ausgelöst.

M. G.: *Im Juli 1987 trifft sich Kohl mit dem damaligen französischen Ministerpräsidenten Jacques Chirac in Reims und in Colombey-les-deux-Églises, um gemeinsam der Aussöhnung zwischen Frankreich und Deutschland zu erinnern. Der Anlass war das 25jährige Bestehen des deutsch-französischen Vertrags. Wie war das Verhältnis Kohls zum noch jungen Chirac, der noch nicht Staatspräsident war, sondern Ministerpräsident und vormaliger Bürgermeister von Paris?*

H. T.: Ich hatte die ersten Gespräche miterlebt. Sie waren sehr einvernehmlich und positiv. Für Kohl war es ein gewisser Balanceakt, hier Chirac, dort Mitterrand. Die Kunst war, sich so zu verhalten und Absprachen zu treffen, dass die jeweilige Gegenseite nicht beleidigt oder verärgert sein konnte. Das war mühsam. Jeder Besuch in Paris war beschwerlich, denn in dem Moment, wo Chirac Ministerpräsident war, mussten wir beide treffen. Wie immer erfordert Regierung und Opposition ein gewisses Gleichgewicht, aber es lief problemlos. Ich kann mich nicht erinnern, dass zu meiner Zeit daraus irgendein Problem entstanden wäre.

M. G.: *In Ihren Tagebüchern schimmert nur einmal ganz kurz die christlich-demokratische Parteienkooperation mit ihren transnationalen Foren durch,*[11] *also die Europäische Union Christlicher Demokraten (EUCD) und die European Democrat Union (EDU). Wie wichtig waren diese Plattformen, auf denen Gaullisten und Tories als Vertreter der EDU auf Kohl zukamen? Waren diese für Sie nur ein Nebenschauplatz oder doch die Abstimmung von Politikinhalten wichtig? Wie lässt sich das einordnen?*

H. T.: Soweit ich das mitbekommen habe, verlief alles reibungslos und erfreulich harmonisch. Es gab keine Seite, die sich vor den Kopf gestoßen fühlte. Es war eine parteipolitische Schiene. Kohl sorgte immer dafür, dass sich daraus nichts ergab, was Mitterrand verärgern konnte. Er war sich der Situation sehr bewusst.

M. G.: *Auf der Ebene der transnationalen Parteienkooperation kommt es immer wieder zu Begegnungen zwischen Helmut Kohl und Jacques Chirac, Alois Mock und Margaret Thatcher. Wie wichtig waren diese atmosphärisch mit Blick auf das Jahr 1989? Waren diese Begegnungen nicht mehr als Routine? War ein stärkeres Verständnis für die andere Seite relevant?*

H. T.: Mit dem Hintergrund meiner persönlichen Erfahrung – ich war auf Parteiebene fast nie dabei – kann ich sagen, dass sich im Vorfeld und auch während des Ablaufs nie ein

11 Tagebuch, 19.2.1900, S. 277.

Problem ergeben hat. Es entstand nie die Gefahr, dass hier parteipolitischer Zank mit den Regierungen entstand.

M. G.: *Vom 7. bis 11. September 1987 besucht Staatsratsvorsitzender Erich Honecker, Chef des Politbüros und SED-Generalsekretär, zum ersten Mal die Bundesrepublik Deutschland. Wie haben Sie die Vorbereitung, die Durchführung und die Ergebnisse dieses Besuchs in Erinnerung? Waren Abkommen zum Umwelt- und Strahlenschutz oder in Wissenschaft und Technik eher Fassade, hinter der sich ganz andere, politisch viel wichtigere Themen verbargen?*

H. T.: Mit den Vorbereitungen und der Durchführung war ich nicht befasst, weil es innerdeutsche Beziehungen waren und ich für außenpolitische Fragen zuständig war. Es durfte keine Vermischung stattfinden und darauf wurde genau geachtet. Das hatte zur Folge, dass ich zur Zeit des Honecker-Besuchs, so interessant er auch war, in Urlaub ging. Mich hat der Besuch Honeckers überhaupt nicht interessiert. Kohls Rede war ja unmissverständlich und dass nicht mehr herauskommt, war auch klar. Von daher musste ein Abendessen mit Honecker für mich nicht unbedingt sein.

M. G.: *Sie haben also im wahrsten Sinne des Wortes durch Abwesenheit geglänzt. Es ist doch aber anzunehmen, dass Sie vom Urlaub aus die Fernsehübertragungen beobachtet und verfolgt haben?*

H. T.: Klar. Der Besuch ist ja publizistisch reibungslos abgelaufen. Honecker ist weiter ins Saarland gereist. Angesichts der Gesamtsituation gab es eigentlich nur ein Signal: Man redet miteinander. Man muss nicht ständig aufeinander einschlagen, sondern nach Möglichkeiten suchen, um zusammenzuarbeiten und sich zu verständigen. Die Grenzen waren offensichtlich und Kohl hat sie expressis verbis zum Ausdruck gebracht.

M. G.: *Es war eine Frage der Beziehungen und Regelungen durch die Ständigen Vertretungen. Der damalige Ständige Vertreter der BRD in Ost-Berlin war Hans Otto Bräutigam. Wie haben Sie ihn erlebt?*

H. T.: Ich kannte ihn natürlich, denn ich hatte mit ihm zu tun, als er noch im Auswärtigen Amt war. Als Botschafter hatte ich nie mit ihm zu tun, weil es das Inland betraf. Also war er für mich als Gesprächspartner ausgeschlossen. Auch habe ich keine Sitzung im Kanzleramt erlebt, wo er dabei gewesen ist. Persönlich schätzte ich ihn, aber er war ein typischer Diplomat, der nie Anlass zu irgendeinem Ärger in irgendeine Richtung gegeben hat. Er konnte es handhaben, mit Wolfgang Schäuble und Rudolf Seiters einerseits und der innerdeutschen Arbeitsgruppe im Kanzleramt und seinem Ursprungshaus andererseits.

M. G.: *Vom 27. bis 30. Mai 1988 unternahm Kohl eine Privatreise in die DDR. Begleitet war er von seiner Frau Hannelore, Sohn Peter, dem Regierungssprecher Friedhelm Ost und Wolfgang Bergsdorf vom Bundespresseamt sowie dem Fahrer Eckhard Seeber. Die Reise war ihm von Honecker nach seinem Besuch in der BRD ermöglicht worden. Hätten Sie auch mitreisen können? Mit welchen Eindrücken kam Kohl von seinem Besuch in Dresden, Erfurt und Gotha zurück? Spielten die Reiseeindrücke und die Begegnung, die mit Ostdeutschen stattgefunden hatten, für seine folgende Deutschlandpolitik eine Rolle?*

H. T.: Bei dieser Reise war ich nicht dabei, da sie innerdeutsch war, allerdings war ich schon einmal mit ihm und seiner Frau in der DDR, als Kohl noch Oppositionsführer war. Auf dieser Privatreise erlebten wir das Übliche: Als die Ostdeutschen Kohl erkannten, klatschten sie oder gaben zu erkennen, dass sie sich freuen. »Gefährliche« Situationen entstanden, wenn sie Petitionen überreichten. Wir wurden ja immer von der Stasi verfolgt und beobachtet. Unsere Sorge war, dass den Passanten nichts passiert, dass sie nicht abgeführt wurden, nachdem sie uns eine Nachricht übergeben hatten. Das war immer heikel.

M. G.: *Bei dieser Reise im Jahr 1988 sind Kohl viele Sympathien zugeflogen. Manche DDR-Bürger waren wie vom Donner gerührt, den deutschen Bundeskanzler plötzlich auf den Straßen von Gotha zu sehen. Glauben Sie, dass diese Begegnungen mit Menschen in der DDR, sozusagen ihr Schicksal am eigenen Leib erfahren zu haben, wie sich die Menschen ihm nähern, Autogramme und Fotos erbaten etc., ein weiterer Anstoß waren und Kohl nochmals darin bestärkt haben, in seiner Deutschlandpolitik aktiv zu bleiben, in einer Zeit, als selbst in der CDU-Spitze die Chancen nicht mehr sehr hoch eingeschätzt wurden hinsichtlich der deutschen Vereinigung?*

H. T.: Das mag teilweise so gewesen sein, aber Kohl war immer überzeugt, dass die deutsche Einheit kommen wird. Die Frage war nur wann, wo und wie. Aber das Ziel hat er nie in Frage gestellt. Unsere Formel war immer die Präambel des Grundgesetzes. Sie bot am wenigsten Anlass, sich positiv oder negativ aufzuregen. Vergessen Sie nicht, seine Ehefrau war aus der DDR. Sie hatte großes Interesse, einen solchen Besuch durchzuführen und ihr ehemaliges Elternhaus zu besichtigen, zumindest von außen. Von daher hat es Kohl auch interessiert. Er wollte ein Gefühl dafür haben, wie die Menschen reagieren. Es war kein großes Politikum für uns.

M. G.: *Es gab, wie erwähnt, die Verstimmung mit Gorbatschow. Zwischenzeitlich besuchte Bundespräsident Richard von Weizsäcker ihn in Moskau. Dann folgte der Besuch Kohls in Moskau vom 24. bis 27. Oktober 1988. Er sprach mit Gorbatschow über die Folgen der Teilung Deutschlands. Beide vereinbarten ein freundlicheres Klima zwischen beiden Staaten. Wie haben Sie diesen Besuch in Erinnerung?*

H. T.: Nach der Interview-Affäre war der Ablauf dieses Besuches erfreulich reibungslos, sogar freundlich. Man hatte das Gefühl, es gibt auch eine persönliche – wie die Amerikaner sagen – chemistry, die durchaus eine Rolle spielen kann. Aus meiner Sicht war der Besuch ein Erfolg, weil vereinbart wurde, dass Gorbatschow zu einem ersten Staatsbesuch nach Deutschland kommen würde. Vorher war er nur einmal auf der Durchreise in Deutschland. Dieser Besuch im Oktober 1988 gab uns die Sicherheit, dass die entstandenen Probleme ausgeräumt waren und die Grundlage gelegt war, normale vernünftige Beziehungen zu entwickeln. Das war verbunden mit der Ankündigung, für den Gegenbesuch eine gemeinsame Erklärung vorzubereiten.

M. G.: *Am 15. Januar 1989 erfolgt der Abschluss mit einem Kommuniqué der Wiener KSZE-Nachfolgekonferenz. Wie weit war die KSZE für das Bundeskanzleramt und Ihre Tätigkeit im Fokus oder eher Sache des Auswärtigen Amtes und damit die Spielwiese von Genscher und seinen Mitarbeitern?*

H.T.: Letzteres war genauso. Wir vom Bundeskanzleramt wurden nur begleitend einbezogen. Auch inhaltlich lief es praktisch in Übereinstimmung und konfliktlos ab, so dass wir den Prozess positiv begleitet haben, ohne persönlich operativ aktiv zu werden. In den Beziehungen zwischen Kanzleramt und Auswärtigem Amt gab es durchaus Phasen, in denen wir gut zusammengearbeitet haben. Genscher sagte einmal zu mir: »Herr Teltschik, wir hatten ja viel weniger Probleme zusammen, als öffentlich darüber diskutiert wurde.« Es waren ja oft die unmittelbaren Mitarbeiter des Ministers, sein Pressesprecher, die vor der Presse behaupteten, ich sei ein Mann, der diplomatisch keine Erfahrung habe, usw. Sie haben solche Spielchen gespielt.

M.G.: *Am 17. Januar 1989 spricht Jacques Delors, der seit 1985 Kommissionspräsident war, vor dem Europäischen Parlament und schlägt einen Europäischen Wirtschaftsraum (EWR) vor. EFTA- und EG-Staaten sollten enger zusammenwirken. Wie weit war das ein wichtiges Signal mit Blick auf zukünftige Entwicklungen? Das Weißbuch für den Binnenmarkt lag bereits seit Dezember 1985 vor. Inwieweit gab es bei diesen Aktionen von Delors im Vorfeld immer wieder Abstimmungen zwischen Paris, Brüssel und Bonn?*

H.T.: Die Abstimmungen liefen auf der amtlichen Ebene, reibungslos und völlig konform mit uns ab, so dass wir keinen Anlass sahen, uns formal und inhaltlich einzumischen. Delors hatte enge persönliche Beziehungen zu Kohl, sie verstanden sich sehr gut. Bei Delors waren wir nie in der Sorge, dass es irgendwo zu einem Problem kommen könnte. Am Ende hatten wir das Gefühl persönliche Freunde zu sein.

M.G.: *Am 19. Januar 1989 erklärt Honecker aufgrund seines Ärgers über das sehr freizügige Wiener KSZE-Schlussdokument, die Mauer werde in 50 und auch in 100 Jahren noch stehen. Wie konnte man diese Aussage bewerten? Haben Sie noch Erinnerungen daran, wie Kohl und wie Sie selbst darauf reagierten?*

H.T.: Zu dem Zeitpunkt haben wir Honecker schon nicht mehr ernstgenommen. Die Beziehungen zu Moskau entwickelten sich sehr intensiv, der Reformprozess in der Sowjetunion war in vollem Gange, ich war ständig in den Warschauer-Pakt-Staaten unterwegs. Wo ich auch hinkam, spielte die DDR keine Rolle mehr. Auch in Moskau spielte Ost-Berlin kaum noch eine Rolle. Unsere russischen Gesprächspartner vertraten nur noch ihre nationalen Interessen. Es ging um Kredite, Kontakte zu den Europäischen Gemeinschaften, Wirtschaftsbeziehungen. Alles lief so intensiv, dass alles andere wirklich zweitrangig war.

M.G.: *Musste die DDR-Regierung nicht den Eindruck gewinnen, dass sie aus diesem Rennen ausgeschieden war? Je mehr sich die Beziehungen zwischen Bundesrepublik und Sowjetunion intensivierten, desto mehr war sie in die zweite Liga abgestiegen – stimmt dieser Eindruck?*

H.T.: Klar. Die Frage ist, wie weit sie das wahrhaben wollte. Die Tatsache, dass Kohl den neugewählten SED-Generalsekretär im Herbst nicht treffen sollte, war doch eine Sensation. Das sagte ja schon alles über die Beziehungen der DDR-Führung und Gorbatschow. Vorher hatte ja Gorbatschow allen seinen Bündnispartnern des Warschauer Pakts gesagt, sie seien nun selbst verantwortlich für ihre Probleme und könnten nicht mehr davon ausgehen, dass die Sowjetunion ihnen wirtschaftlich hilft.

M. G.: *Am 20. Januar 1989 folgt Bush sen. auf Reagan als 41. Präsident der USA. Wie zügig konnten Beziehungen zum neuen Präsidenten seitens des Bundeskanzleramts aufgebaut werden? Bestanden schon Kontakte? Oder mussten neue aufgebaut werden?*

H. T.: George Bush war ja schon als Vizepräsident in Deutschland gewesen. Er war mit dem Bundeskanzler in Düsseldorf unterwegs, als sie mit ihrem Dienstwagen in eine Demonstration gegen den NATO-Doppelbeschluss gerieten. Bush's Mitarbeiter erzählten immer wieder, wie tief Vizepräsident Bush beeindruckt war von der Art, wie gelassen Kohl mit den Demonstranten umging. Sie seien nach Kohl Teil unserer Gesellschaft, mit der wir leben müssen. Seit dieser Zeit hatte sich auch eine Art freundschaftliche Beziehung zwischen Bush und Kohl entwickelt, so dass es überhaupt kein Problem war, mit ihm aufs Engste zusammenzuarbeiten, als er Präsident wurde.

M. G.: *Gab es Unterschiede im Verhältnis Kohl zu Reagan und Kohl zu Bush? War es nahezu das gleiche enge Abstimmungsverhältnis, der vertrauensvolle Austausch und Verlässlichkeit auf allen Ebenen? Oder gab es doch Unterschiede?*

H. T.: Die Beziehungen mit Reagan waren etwas formaler. Das lag aber auch am Alter. Mit Bush ging Kohl italienisch essen, mit ihm waren wir in Camp David und sie beide fuhren gemeinsam in einem Golfcar. Reagan war etwas steifer. Mit ihm machte es viel Spaß, weil er nach 15 bis 20 Minuten anfing, nur noch Witze zu erzählen. Es wurde dann nicht mehr über große politische Inhalte gesprochen. Einmal zog Reagan die vorbereiteten Gesprächskarten aus der Tasche und sagte: »Helmut, there is a problem we have to discuss.« Er las die Karte vor, Kohl antwortete und Reagan zog die nächste Karte heraus: »Helmut, there is another topic we should discuss.« Wieder las er vor und Kohl antwortete. Danach merkte man schon, wie er die übrigen Karten hin- und herschob und überlegte, was er noch fragen sollte. »Helmut, there is a last question we have to discuss.« Nachdem auch diese Frage von Kohl beantwortet war, hieß es: »Helmut, I have a new joke.« Es waren herrliche Witze über die Sowjetunion und die Sozialisten in Osteuropa. Das amüsierte ihn köstlich. Bush war politischer, ganz klar! Mit ihm wurde inhaltlich intensiver diskutiert. Aber das war auch kein Problem, weil wir sehr konform waren. Die Amerikaner betrieben damals eine Entspannungspolitik, Abrüstungs- und Rüstungskontroll- und Kooperationsverhandlungen, was genau in unserem Sinne war. Man konnte nur hoffen, dass die Europäer schritthalten.

M. G.: *Am 6. Februar 1989 wurde in der Nacht der 20jährige Chris Gueffroy beim Versuch, von Ost- nach West-Berlin zu fliehen, von DDR-Grenzsoldaten erschossen. Wie wurde dieser Mord im Bundeskanzleramt aufgenommen gerade im Lichte des Besuchs von Honecker in der BRD vor zwei Jahren?*

H. T.: Das löste immer Entsetzen aus. Wie der damalige Chef des Kanzleramts Schäuble darauf reagierte, weiß ich nicht.

M. G.: *Wir setzen fort mit der Rekonstruktion Ihrer Erinnerungen im Vorfeld des 9. November 1989. Sie haben von »die Mannschaft« bzw. »meine Mannschaft« gesprochen. Können Sie uns sagen, wer zu dieser Mannschaft gezählt hat bzw. wer Ihre wichtigsten und verlässlichsten*

Verleihung des Verdienstordens 1. Klasse der Bundesrepublik Deutschlands am 19. Juni 1989

Mitarbeiter gewesen sind in der Zeit als Sie im Bundeskanzleramt unter Helmut Kohl tätig waren?[12]

H. T.: Meine Mitarbeiter waren keine Festangestellten im Bundeskanzleramt, sondern kamen aus den verschiedenen Ressorts. Sie wurden für zwei oder drei Jahre ins Bundeskanzleramt abgeordnet und gingen dann in ihre Ministerien zurück, d. h. ich hatte Mitarbeiter aus dem Auswärtigen Amt und dem Bundesministerium für Verteidigung u. a. Mein Stellvertreter war immer ein Berufsdiplomat aus dem Auswärtigen Amt. Der Wichtigste für mich war Peter Hartmann, der für alle europapolitischen Fragen zuständig war. Er hatte einen Mitarbeiter, auch aus dem Auswärtigen Amt, Herrn Bitterlich, der dann später auch die Abteilung übernommen hat. Mir folgte nach meinem Ausscheiden Peter Hartmann und dann Herr Bitterlich. Für den Bereich Sicherheit hatte ich immer einen Generalstabsoffizier aus dem Bundesverteidigungsministerium. Übrigens hat mein Vorgänger, ein Berufsdiplomat aus dem Auswärtigen Amt, zuletzt Botschafter in den USA, dafür gesorgt, dass der Abteilungsleiter II immer einen persönlichen Referenten bekam. Der persönliche Referent war immer ein Generalstabsoffizier der Bundeswehr im Range eines Majors. Sie wechselten alle zwei Jahre. In den acht Jahren hatte ich also vier verschiedene Referenten, in der Regel als Major, die später alle Generäle geworden sind. Erstens wurden mir wirklich hochqualifizierte Leute geschickt und zweitens haben die auch viel gelernt. Ich bin zum Teil mit ihnen heute noch in Verbindung. Dann hatte ich, wie meine Vertreter auch, Mitarbeiter aus dem

12 Das folgende Gespräch wurde am 21.3.2023 in Rottach-Egern geführt.

Entwicklungshilfeministerium, weil die Dritte Welt auch Teil meiner Verantwortung war. So hatte ich immer eine bunte Mischung von Kollegen, vor allem aus dem Auswärtigen Amt, die allerdings in der Regel alle zwei Jahre wechselten. Ich habe immer gesagt, ich hatte eine tolle Mannschaft, und das war auch so. Ich hatte immer sehr loyale Mitarbeiter und vor allem hatten auch sie das Gefühl, sie haben einen Chef, der Zugang zum Bundeskanzler hatte, was für unsere Arbeit sehr wichtig war. Sie wussten und hatten die Erfahrung gemacht, dass ich gegenüber dem Bundeskanzler durchsetzungsfähig war und auch keine Scheu hatte, mit ihm zu reden. Ich kannte ihn ja schon aus Mainzer Zeiten. Von daher galt ich auch bei den Botschaften, die in Bonn alle vertreten waren, schon als einer, dessen Wort Gewicht hatte. Meine Abteilung war mit die durchsetzungsfähigste im Kanzleramt.

M. G.: *Am 23. Februar 1989 erfolgt ein Treffen des Ministerpräsidenten von Baden-Württemberg, Lothar Späth, mit DDR-Staatsratsvorsitzenden Erich Honecker in Ost-Berlin. Wie haben sich generell überhaupt die Länder, die Ministerpräsidenten der damaligen Bundesrepublik zur noch bestehenden DDR verhalten? Wie war diese spezielle Visite von Späth, immerhin ein Vertreter eines der wirtschaftlich stärksten deutschen Bundesländer, in der DDR zu bewerten?*

H. T.: Das war zumindest für mich und meinen Verantwortungsbereich eine Nebensächlichkeit. Ich gehe davon aus, dass sich Lothar Späth als Ministerpräsident mit dem Chef des Kanzleramtes, der zuständig war für die DDR, abgestimmt hat. Ich habe jedenfalls nichts Gegenteiliges gehört oder dass es Spannungen gegeben hätte. Ich habe immer gesagt, jeder Ministerpräsident ist in seinem Bereich König. Vor allem Leute wie Lothar Späth, klein im Wuchse und politisch schwach. Aber meiner Erfahrung nach muss man gegenüber kleinen Politikern etwas vorsichtig sein, weil sie immer das Bestreben haben, sich besonders bemerkbar zu machen. Wir hatten ja auch Kanzler, die hohe Absätze trugen, damit sie etwas größer erschienen. Lothar Späth war von einem besonderen Ehrgeiz. Es war bekannt, dass er in der Küche seiner Familienwohnung eine Karriereleiter stehen hatte. Die oberste Sprosse war noch nicht beschriftet. Sie ging bis zum Ministerpräsidenten und dann kam noch eine Sprosse. Die Frage war immer: Was bedeutet die letzte Sprosse? So wie auch Franz Josef Strauß haben Ministerpräsidenten gelegentlich ihre sehr selbstbewusste, eigenständige Rolle gespielt nach dem Motto: »Jetzt zeigen wir auch mal dem Bundeskanzler wie man das richtig macht.« Dazu gehörten Lothar Späth, Franz Josef Strauß bis hin zu Ernst Albrecht in Niedersachsen.

M. G.: *D. h., man hat diese Großfürsten oder besser Kurfürsten bis zu einem gewissen Grad gewähren lassen?*

H. T.: Man hat sie gewähren lassen und sie haben auch in der Regel wenig erreicht. Was sie erreicht haben, auch Franz Josef Strauß in Bayern, war Wirtschaftsaustausch. Der größte Einkäufer von Vieh aus der DDR kam aus Bayern und war ein enger Freund von Strauß.

M. G.: *Am 1. März 1989 kommt es zu einem Treffen des damals noch amtierenden Bundeskanzleramtschefs Wolfgang Schäuble und dem Leiter der Kommerziellen Koordination (KoKo), Alexander Schalck-Golodkowski, im Bundeskanzleramt. Was führte zu diesem Treffen? Was hat man besprochen bzw. vereinbart? Wie weit waren Sie überhaupt mit dem Kom-*

plex Schalck-Golodkowski, KoKo betraut oder befasst? Oder war das eine Sache, die nicht in Ihrem Bereich lag?

H.T.: Ich war damit nicht befasst. Die Bereiche Außenpolitik und innerdeutsche Beziehungen waren säuberlich getrennt. Es gab im Bundeskanzleramt eine Arbeitsgruppe »Deutschlandpolitik«, die direkt dem Chef des Kanzleramtes, in dem Fall Herrn Schäuble bzw. seinem Nachfolger Herrn Seiters, zugeordnet war. Ich war nur im Informationsstrang einbezogen und bin unterrichtet worden. Das Einzige, was in der Regel geschah, wenn es dann Abstimmungen mit dem Bundeskanzler gab, dass er in der Regel immer wünschte, dass ich dabei bin. Aber operativ verantwortlich war in jeder Phase unmittelbar der Chef des Kanzleramtes. Ich war nur informativ begleitend und beim Bundeskanzler mitberatend tätig.

M.G.: *Was gab es für ein Interesse, sich mit Schalck-Golodkowski im März 1989 zu treffen? Was könnte es gewesen sein?*

H.T.: Da ging es letztlich immer um die Frage: Kann man – wie die Formel hieß – menschliche Erleichterungen erreichen? Ist es möglich, dass mehr Ausreisemöglichkeiten geschaffen werden, mehr Begegnungsmöglichkeiten und mehr Austausch von Waren? Humanitäre Anliegen waren das zentrale Thema bei diesen Begegnungen. Aber politisch hat Schalck-Golodkowski nichts wirklich bewegen können.

M.G.: *Am 7. April 1989 folgt ein Treffen von Bundeskanzler Kohl mit dem damaligen DDR-Wirtschaftsminister Günter Mittag in Bonn. Was führte zu diesem Treffen? Was konnte dort besprochen bzw. vereinbart werden? Wie haben Sie das erlebt?*

H.T.: Ich persönlich habe mit Günter Mittag eine sehr eigenartige Erfahrung gemacht. Mit seinem Besuch hatte ich offiziell nichts zu tun. Ich war auch nicht miteinbezogen worden, weil politisch nichts beabsichtigt war. Nun bekam ich eines Tages die Anfrage aus der Ständigen Vertretung der DDR, dass mich Mittag treffen möchte. Das war für mich schon überraschend. Denn erstens war ich für die DDR nicht zuständig. Zweitens bestand die Gefahr, wenn ich zusage, dass ich mich in die Kompetenz des Chefs des Kanzleramtes einmische. Und drittens: Was sollte ich mit dem Politbüro-Mitglied Mittag schon besprechen? Auf der anderen Seite reizte mich das. Warum will Mittag mich sehen? Also ließ ich mich ohne irgendjemanden zu unterrichten, weder den Bundeskanzler, noch den Chef des Kanzleramtes, zur Ständigen Vertretung fahren, um mich mit ihm zu treffen. Der Grund war so simpel, wie man es sich kaum vorstellen kann: Er wollte mich schlicht kennenlernen. Er sagte: »Herr Teltschik, ich wollte Sie einfach mal erleben und kennenlernen.« Anscheinend hatte ich einen bestimmten Ruf in der DDR und er wollte einfach wissen, was für ein Typ ich bin. Es war ein freundliches Gespräch, aber ohne Ergebnis. Wir haben uns mal erlebt.

M.G.: *Was haben Sie für einen Eindruck bekommen von diesem Mann?*

H.T.: Ich fühlte mich bestätigt, dass er zwar zur obersten Führungsschicht gehört, aber intellektuell und politisch zweitrangig war.

M.G.: *Immerhin war er an einer zentralen Stelle dieses Systems.*

H. T.: Ja, er war für die Wirtschaft zuständig. Der wirtschaftliche Austausch war natürlich wichtig, aber kein Thema, das mich beruflich berührte. Von daher war es ein Kennenlernen eines Politbüromitglieds der SED. Ich weiß nicht, welche Einschätzung er anschließend von mir hatte.

M. G.: *Am 17. April 1989 erfolgt die Zulassung der Gewerkschaftsbewegung »Solidarność« (Solidarität) in der Volksrepublik Polen. Es kommt zwar zu halbfreien Wahlen im Sommer, sodass aber immerhin noch 65 % der Sitze für die Polnische Vereinigte Arbeiterpartei (PVAP), also Kommunisten, und die anderen prokommunistischen Parteien reserviert blieben. Wie genau haben Sie die Entwicklungen in Polen verfolgen können und seit wann? Welchen Stellenwert hatte speziell Polen mit Blick auf die Länder des sogenannten Ostblocks und Ihre Aktivitäten? Können Sie das zeitlich einordnen? Gab es Prioritäten mit Blick auf Polen, Ungarn, die Tschechoslowakei, damals noch ČSSR? Seit wann begannen Ihre Missionen als Emissär bzw. Unterhändler oder Gesprächspartner in den sogenannten Volksdemokratien?*

H. T.: Polen hatte bei Bundeskanzler Kohl einen besonderen Stellenwert, vor allem als sich die Solidarność-Bewegung mit Lech Wałęsa durchzusetzen begann. Aus unserer Sicht war er ein Nationalheld, wenn man seine berufliche Karriere betrachtet, ein schlichter Arbeiter, aber ein mutiger Mann, der sich an die Spitze einer Bewegung stellte und das ganze kommunistische System in Polen ins Wanken brachte. Er war schon eine spannende Persönlichkeit. Polen hatte für uns natürlich eine mehrfache Bedeutung. Wir hatten einen polnischen Papst, der auch eine politische Rolle übernahm. Mit ihm hatten wir eine Begegnung im Vatikan. Kohl sprach mit ihm nicht über kirchliche Fragen, sondern über die politischen Entwicklungen in Polen und den Warschauer Pakt. Das war nicht unbedingt die Aufgabe des Papstes, aber dieser Papst war eben sehr politisch und hat sicher auch zum Ende des kommunistischen Systems beigetragen. Kohl war immer der Meinung, wenn sich Europa verändert und es möglich wird, dann muss Polen für Deutschland eine vergleichbare Rolle bekommen wie Frankreich für Deutschland. Es war eigentlich unsere inhaltliche Vorgabe, auch für mich als Abteilungsleiter. Das, was uns mit Frankreich gelungen ist, sollte auch mit Polen erfolgen.

Der polnische KP-Chef und Ministerpräsident Mieczysław Rakowski 1989 kam in einer Phase nach Bonn, in der schon seit einem halben Jahr Gespräche zwischen beiden Außenministerien stattgefunden hatten. Das polnische Außenministerium und das Außenministerium von Genscher hatten Gespräche und Verhandlungen begonnen, um die deutsch-polnischen Beziehungen auf eine neue politische Grundlage zu stellen. Das war sehr umfassend, den Gesamtbereich der Beziehungen abdeckend. Rakowski kam nach Bonn und sagte dem Bundeskanzler: »Unsere Außenministerien führen diese Verhandlungen, aber wir haben so schwierige Fragen zu besprechen, dass ich vorschlage, dass persönliche Beauftragte von beiden Regierungschefs benannt werden. Sie sollen die Verhandlungen durchführen. Diese persönlichen Beauftragten sollen nur ihre Chefs unterrichten und sonst niemanden, denn die Themen sind zu heikel.« Kohl sagte spontan: »Meiner sitzt neben mir.« Das war ich. So war ich plötzlich persönlicher Beauftragter des Bundeskanzlers für Verhandlungen mit Polen. Nach dem Gespräch sagte ich zum Bundeskanzler: »Rufen Sie bitte den Außenminister an und unterrichten ihn über Ihre Entscheidung, dass ich jetzt die Verhandlungen übernehmen soll.« Da sagte er: »Ich denke nicht dran. Warum soll ich? Das ist meine Entscheidung und Sie machen das.« Das hat sehr zur Freude im Außenministerium beigetragen. Kohl war in gewisser Beziehung auch brutal nach dem Motto: »Ich entscheide das und damit basta.« Als ich dann zum ersten Mal in Warschau eintraf und meinen polnischen Kollegen traf, der aus dem Außenministerium kam und überzeugter Kommunist war, sagte ich ihm als ich erfuhr, wo er aufgewachsen ist: »Das ist doch mehr als ein Zufall. Sie kommen aus Ratibor, das ist 50 Kilometer nördlich der tschechischen Grenze, und ich komme von 50 Kilometer südlich der tschechischen Grenze.« Ich kam aus Klantendorf im Sudetenland und habe zu ihm gesagt: »Jetzt sitzen wir zwei zusammen. Sie kommen von der polnischen Seite, ich komme von der tschechischen Seite. Wir sollen jetzt über die deutsch-polnischen Beziehungen verhandeln.« Das war nicht ganz so leicht, weil mein Verhandlungspartner ein überzeugter Anhänger der kommunistischen Regierung war. Wir haben den Gesamtbereich der Beziehungen verhandelt: Wirtschaftliche, kulturelle und politische Beziehungen, Reparationsfragen, alles. Ich hatte zum Glück einen hervorragenden Mitarbeiter, Herrn Kaestner, ein Botschafter aus dem Auswärtigen Amt, der sehr präzise war und sich immer von den Kollegen im Auswärtigen Amt zuarbeiten ließ, so dass wir zu zweit diese Verhandlungen führten. Aber es waren sehr schwierige Fragen, wenn es vor allem um Schuldenerlass für Polen ging. Bundeskanzler Helmut Schmidt hatte Polen noch einen Zwei-Milliarden-Kredit eingeräumt. Polen war nicht in der Lage, zwei Milliarden zurück zu zahlen. Was machen wir? Wir haben die polnischen Schulden im Ergebnis in Zloty umgewandelt und gesagt: »Okay, wir wandeln die Schulden in polnische Währung um. Polen braucht seine Schulden nicht zurück zu zahlen, sondern finanziert Projekte in Polen, vor allem Projekte zur Förderung der deutsch-polnischen Beziehungen.« Das lief dann ganz ordentlich. Am Ende haben wir einen Katalog von 120 Schreibmaschinenseiten abgearbeitet. In der Bundestagsdebatte sagte Willy Brandt zum vereinbarten Dokument: »Etwas länglich, aber gut.« Wir haben den Gesamtbereich der Beziehungen abgedeckt.

M. G.: *Wir reden jetzt von den Jahren 1989/90.*

H. T.: Ja.

M. G.: *Seit wann waren Sie in Polen engagiert und in Ungarn? Das hat doch schon vor 1989 begonnen.*

H. T.: In Polen war ich vorher nicht engagiert.

M. G.: *Aber in Ungarn?*

H. T.: Das begann in Ungarn seit Mitte der 1980er Jahre. Wie ich schon gesagt habe, war mit der Reformpolitik Gorbatschows der ganze Warschauer Pakt in Bewegung geraten. Die Frage war: Wo können wir einen Anfang setzen, um gute Beziehungen zu entwickeln und damit, ohne darüber zu reden, den Liberalisierungsprozess befördern? Damals war völlig klar, in Osteuropa könne man am leichtesten mit den Ungarn sprechen. Klar, dass auch der Bundeskanzler als erstes nach Budapest zu Janoš Kádár fuhr. Das Problem mit Ungarn bestand damals darin, was alle im Warschauer Pakt hatten, sie waren pleite. Sie brauchten dringend Kredite. Von Gorbatschow gab es kein Geld mehr. Das hatte er ihnen ganz klipp und klar und unmissverständlich mitgeteilt. Also war die Erwartung, der reiche Westen könne helfen. Das Gespräch mit Kádár war freundlich, aber noch nicht sehr weiterführend. Aber Ungarn hatte mit István Horváth einen sehr aktiven Botschafter nach Bonn geschickt. Der hat als erstes versucht, Kontakt mit mir zu bekommen. Aus diesem Kontakt mit einem ungarischen Botschafter, der mit einer DDR-Dame verheiratet war, hat sich eine persönliche Freundschaft entwickelt auch zwischen meiner Frau und seiner Frau, eine Freundschaft, die bis heute andauert. István Horváth hat darauf gedrängt, dass ich persönlich nach Budapest komme und Gespräche führe. Ich hatte dann persönlich auch ein Gespräch mit Janos Kádár. Er versuchte mir zu erklären, dass Ungarn dringend Kredite bräuchte. Ich hatte die Weisung vom Bundeskanzler, darüber sprechen zu können, aber was soll die Gegenleistung sein? Die Gegenleistung bedeutete immer, eine Art Liberalisierung einzuleiten und vor allem die Frage, wie Ungarn mit DDR-Flüchtlingen umgehen werde. Im Rahmen dieses Besuches hat mich Botschafter István Horváth mit zwei ZK-Sekretären zusammengebracht: Gyula Horn, ZK-Sekretär für internationale Beziehungen, und Miklós Németh, ZK-Sekretär für Wirtschaftsfragen.[13] Ich habe sie jeweils unter vier Augen getroffen, also nur mit dem ungarischen Botschafter zusammen. Unser Botschafter war nicht dabei. Beide ZK-Sekretäre haben mir unabhängig voneinander gesagt, sie müssten Janos Kádár loswerden, weil man mit ihm nicht weiter vorankäme. Einen Nachfolger hätten sie schon in Aussicht, das war der damalige Oberbürgermeister von Budapest Károly Grósz, der die Nachfolge Kádárs antreten würde. Sie würden das nur machen, wenn wir ihnen anschließend einen Kredit zusichern könnten, also Kredit gegen Ablösung von Kádár. Ich habe das zur Kenntnis genommen und auch zu verstehen gegeben, wenn sie das tun, könnten sie mit Unterstützung der Bundesregierung rechnen. Kurz danach wurde Janos Kádár abgesetzt und der ehemalige Oberbürgermeister von Budapest kam. Der erste Gesprächspartner des Westens mit den Parteisekretären und Ministerpräsidenten waren ein Banker namens Alfred Herrhausen, Chef der Deutschen Bank und ich. Kohl hatte mich mit Herrhausen nach Budapest geschickt, um unsere Zusage einzulösen. Drei Tage lang dauerten unsere Gespräche mit dem neuen Regierungschef Grósz und mit einer Reihe seiner Minister. Es wurde auch ein Kredit verabredet. Ich war in der Folge immer wieder in Budapest. Die Ungarn haben immer darauf gedrängt, ich müsste nach Budapest kommen und Gespräche führen. Dann kam eines Tages die Aussage: »Mit Grosz kommen wir auch nicht voran. Wir müssen es selber übernehmen.« Also wurde Miklós Németh Ministerpräsident und sein Kollege Gyula Horn wurde Außenminister. Damals hat sich fast eine persönliche Freundschaft entwickelt. Németh schickte entweder den Botschafter zu mir oder er und Gyula Horn riefen mich persönlich an. Der Botschafter sorgte auch dafür, dass ich immer wieder in Budapest auftauchte. Das war insofern amüsant, weil ich erlebt habe, dass Politbüromitglieder aus Moskau nach Budapest reisten. Einem lief ich einmal fast über den Weg. Sie wollten wissen, wie es Ungarn gelang, die Versorgung der Bevölkerung sicher zu stellen. Ungarn hatte ein Agrarsystem, das halbprivatwirtschaftlich war und halbstaatlich. Aber sie hatten damit keine Versorgungsprobleme bei ihrer eigenen Bevölkerung. Das interessierte die Russen. Für mich war erkennbar, dass Ungarn für die Liberalisierung der Wirtschaft eine Art Leitfunktion bekam. Die Ungarn waren immer bereit, für unsere Hilfen Gegenleistungen zu erbringen. Wir haben z. B. mit Ungarn das erste Abkommen im Warschauer Pakt über die deutsche Minderheit in Ungarn geschlossen. Es gab und gibt eine deutsche Minderheit in Ungarn, nicht sehr groß, aber sie existiert. Die Ungarn waren bereit, mit uns eine erste Vereinbarung zu treffen, damit die kulturelle Versorgung der deutschen Minder-

13 Dokument 1: Brief Miklós Németh an Horst Teltschik, 4.3.1988 im Anhang Dokumente, S. 862.

heit garantiert werden konnte. Ich habe immer gesagt, das ist ein Beispiel für die anderen Warschauer Pakt-Staaten, ein Modell, um das Problem deutscher Minderheiten vernünftig zu lösen als Vorbild für die anderen.

M. G.: *Am 21. April 1989 wird Rudolf Seiters Nachfolger von Bundeskanzleramtschef Wolfgang Schäuble, der das Bundesministerium für Inneres zu übernehmen beginnt. Wie haben Sie diese Entscheidung und den Wechsel Schäubles vom Bundeskanzleramt ins Innenministerium aufgenommen?*

H. T.: Bundesminister Schäuble war ein sehr ehrgeiziger Politiker. Er engagierte sich im Bereich der Verhandlungen mit der DDR sehr stark. Von daher war er in dieser Situation ein Glücksfall, weil er wirklich mit großer Entschlossenheit die Verhandlungen führte und es ihm auch gelang, Bewegungen in die innerdeutschen Beziehungen zu bringen. Er tat das sehr selbständig, hatte alles ausschließlich mit dem Bundeskanzler besprochen. Ich hatte manchmal den Eindruck, dass er Sorge hatte, dass ich mich einmischen könnte oder eine vergleichbar starke Rolle bekäme wie ich sie in Ungarn oder in anderen Fällen hatte. Ich war ja auch in Prag und Sofia unterwegs, habe alle Warschauer Pakt-Sekretäre der kommunistischen Parteien persönlich kennengelernt und persönlich als Beauftragter des Bundeskanzlers gesprochen. Das war schon eine amüsante Erfahrung für mich, mit Todor Schiwkow, dem Präsidenten von Bulgarien, oder mit dem tschechischen Ministerpräsidenten zusammen zu kommen, usw. Sie hatten auch nie ein Problem, mich zu empfangen. Ich war ja kein Minister, ich war ein Beamter, nicht mal Staatssekretär, sondern Ministerialdirektor. Aber ich hatte überall offene Türen. Da halfen auch die Botschafter der Warschauer Pakt-Staaten sehr. Sie beobachteten immer genau, was der ungarische Botschafter Istvan Horváth trieb und dann kamen sie. Es kam der bulgarische Botschafter und sagte: »Herr Teltschik, wir brauchen auch Kredit. Sie müssen auch zu uns kommen.« Aber es war natürlich amüsant, alle diese Führer der Warschauer Pakt-Staaten persönlich kennenzulernen und mit ihnen zu sprechen.

M. G.: *Wie haben Sie Todor Schiwkow erlebt?*

H. T.: Den habe ich zweimal erlebt. Als ich bei Kohl in Mainz anfing, habe ich ihm empfohlen auch nach Bulgarien zu reisen. Ich habe ihm gesagt, Präsident Schiwkow sei ein Warschauer Pakt-Führer, der die engsten Beziehungen zu Moskau hat. Das ist der Treueste, der Loyalste. Schiwkow, war bekannt dafür, am engsten mit der sowjetischen Führung zu sein. Wir sind zusammen gereist. Solch einen Politiker muss man halt auch einmal erleben. Der bulgarische Botschafter hatte von den Erfahrungen seines ungarischen Kollegen erfahren, kam also zu mir und sagte: »Herr Teltschik, Sie müssen auch nach Sofia kommen. Wir brauchen auch Hilfe.« Kohl sagte: »Dann fahr nach Sofia.« Ich hatte ein Gespräch mit Präsident Schiwkow und seine unmittelbare Anfrage war, ob wir mit einem Kredit helfen könnten. Ich sagte: »Herr Präsident, der Bundeskanzler ist bereit dazu unter der Voraussetzung, dass Sie einen Reformprozess einleiten.« Darauf sagte er zu mir: »Herr Teltschik, wir haben in unserer Geschichte immer zwei Freunde gehabt, die Russen und die Deutschen. Nur mit den Deutschen sind wir immer kleiner geworden. Jetzt sind wir so klein, dass wir es uns nicht mehr leisten können.« Da erwiderte ich: »Herr Präsident, dann wird das schwierig mit Krediten.« Es gab auch keinen. Wir haben Bulgarien keinen Kredit gegeben, weil Schiwkow zu mir außerordentlich freundlich, aber nicht gewillt war, irgendetwas zu verändern.

M. G.: *Eine weniger nach außen scheinende Führungsfigur im sogenannten kommunistischen Ostblock war der rumänische Staatspräsident Nicolae Ceaușescu in Bukarest. Haben Sie ihn auch persönlich erlebt?*

H. T.: Ich habe ihn zusammen mit dem Bundeskanzler persönlich erlebt. Rumänien war für uns ein Sonderfall, denn es gab eine große deutsche Minderheit in Rumänien. Es gab zwischen der Staatssicherheit in Rumänien und der Bundesregierung eine streng geheime Vereinbarung über die Aussiedlung der Rumänien-Deutschen in die Bundesrepublik Deutschland. Beauftragt war ein ehemaliger Bundestagsabgeordneter, ein Anwalt aus Köln, der im Auftrag des Bundeskanzlers und nur ad personam die Verhandlungen mit dem rumänischen Geheimdienst führte. Das durfte nie bekannt werden. Wir kauften gegen Bargeld Rumänien-Deutsche frei und zwar im großen Umfang unter der Maßgabe, es darf buchstäblich nicht ein Wort davon öffentlich werden. Dann hätte die Securitate, der rumänische Sicherheitsdienst, sofort die Türen geschlossen. So lange das lief, haben wir auch nicht daran gerührt.

M. G.: *Wie haben Sie persönlich Ceaușescu im Unterschied zu Schiwkow erlebt?*

H. T.: Ich war mit dem Bundeskanzler in Rumänien. Der Unterschied war, dass Ceaușescu, dieser angeblich überzeugte Kommunist, schon beim Dinner eine Tafel decken ließ mit dem Geschirr des ehemaligen rumänischen Königs, also prunkvoll. Bei dem Abendessen war auch seine Frau, die als die eigentliche Chefin galt. Das war an dem Abend auch spürbar. Sie war sehr dominant und es war klar, dass er wenig zu sagen hatte, wenn sie dabei war. Es gab damals einen Witz aus der Zeit des Warschauer Paktes: Bei einem Warschauer Pakt-Gipfeltreffen in Bukarest war das goldene Besteck aufgelegt. Da sah Breschnew, wie Honecker das goldene Löffelchen nahm und sich einsteckte. Da dachte er: »Hm, das goldene Löffelchen will ich auch haben.« Er nahm das goldene Löffelchen, aber da er schon etwas älter war, zitterte er, kam gegen das Glas, alle erstarrten, der Generalsekretär hält eine Rede. Er stand auf und hielt eine Rede. Nach einer Weile dachte er sich: »Ich muss dieses Löffelchen haben.« Er nimmt das Löffelchen und kommt wieder gegen das Glas. Alles erstarrt, der Generalsekretär hält nochmal eine Rede. Nach seiner Rede setzte er sich hin und nach einer Weile sagte er sich wieder: »Ich muss das Löffelchen haben.« Er nahm das Löffelchen und wieder erstarren alle und dann sagt er: »Also, Genossinnen und Genossen, ich zeige Euch jetzt einen Trick. Ich nehme das goldene Löffelchen, stecke es hier in meine Anzugstasche und hole es beim Genossen Honecker wieder heraus.« Das war ein Witz, der ständig erzählt wurde. Aber mit Ceaușescu wurde deutlich, dass nichts zu bewegen war. Obwohl ich Kohl schon als Ministerpräsidenten empfohlen hatte, nach Bukarest zu reisen, weil Ceaușescu in den sechziger Jahren begonnen hatte, mit Mao Tsetung zu kokettieren. Um die Bindungen mit Moskau etwas zu lockern, hatte er sich auf die Seite Chinas gestellt. Diese Phase in Rumänien war für uns so eine Art Ansatzpunkt, um vielleicht Lockerungen befördern zu können, Erosion im Warschauer Pakt durch dieses Kokettieren Ceaușescus mit China gegen Moskau. Aber es hat nichts gebracht.

M. G.: *Wie gestaltete sich das Verhältnis zu Albanien? Dort existierte ein stalinistisches Regime unter Enver Hoxha. War das auch im Fokus oder jenseits von Gut und Böse? Er hat ja auch mit China kokettiert und sich auf die Seite der Volksrepublik gestellt.*

H. T.: Meine Diplomarbeit hatte das Thema »Albanien im sino-sowjetischen Konflikt«. Professor Richard Löwenthal hatte mir dieses Thema als Hausaufgabe gegeben, was für mich sehr schwierig war. Es gab ja kaum Material über Albanien. Albanisch konnte ich nicht. Woher war Material zu bekommen? So habe ich meine eigene Erfahrung mit politikwissenschaftlicher Literatur über Enver Hoxha gemacht. Er war deshalb interessant, weil er vor dem Hintergrund des Konflikts sich einen U-Boot-Hafen der Russen einverleibt hat samt den U-Booten. Und die Russen haben nicht reagiert. Sie haben ihn nicht zwingen können oder wollen. Jedenfalls konnte Enver Hoxha straflos einen U-Boot-Hafen der Sowjetunion samt U-Booten kassieren. Das war schon eine Leistung. Es gab von Seiten der Bundesregierung keinerlei Beziehungen oder Kontakte zu Albanien.

M. G.: *Jetzt fehlt nur noch die Tschechoslowakei. Sie haben auch Prag besucht. Dort herrschen kommunistische Machthaber wie Gustáv Husák, Lubomír Štrougal, Ladislav Adamec und Marián Čalfa. Wie haben Sie die Lage in der Tschechoslowakei, was Beharrungskräfte und Erosionstendenzen anging, in Erinnerung?*

H. T.: Der Bundeskanzler ist nach Prag gereist. Strougal galt als ein potenzieller Reformer, was sich aber nicht bewahrheitet hat. Die Gespräche mit Kohl waren höflich und freundlich, blieben aber ohne Substanz. Wir hatten aber dann ein Problem. Bei Ostwind gab es in der Tschechoslowakei Emissionen, die nach Ost-Bayern herüberreichten und Atembeschwerden bei der Bevölkerung auslösten. So sagte Kohl eines Tages: »Fahr nach Prag und sprich mal mit Strougal. Wir sind bereit, die Technologie zu finanzieren und zur Verfügung zu stellen, um die Emissionen abzustellen.« Also bin ich nach Prag gereist. In dem Fall habe ich sogar meine Familie mitgenommen. Die Tschechoslowakei ist ja meine ursprüngliche Heimat. Mit dem Ministerpräsidenten führte ich das Gespräch und erläuterte ihm, dass die Emissionen zu gesundheitlichen Auswirkungen führten und der Bundeskanzler bereit sei, die Technologie zu finanzieren, um das abzustellen, wenn er einverstanden sei. Da bekam ich die lapidare Antwort, sie seien sehr bereit, die Kredite anzunehmen, aber sie würden sie für andere Projekte einsetzen. Ich erwiderte: »Dann wird das schwierig.« Wir haben der Tschechoslowakei auch keine Kredite gegeben. Aber ich habe die Gelegenheit genutzt, die kleine mittelalterliche Stadt Telc aufzusuchen. Mein Name kommt daher. Teltschik heißt: »Der Mann, der aus Telc kommt.« Das ist eine wunderhübsche kleine mittelalterliche Stadt zwischen Prag und Wien. Als ich dort mit meiner Familie ankam, erwartete mich bereits der Bürgermeister mit einem Kinderchor und sie haben uns mit Liedern willkommen geheißen. Meine zwei Kinder machten große Augen und fragten »Was geschieht da?« Es war ein familiärer Ausflug. Ich fand es eindrucksvoll, dass sie unseren Empfang auf diese Weise organisiert hatten. Aber mit Prag hat sich nichts bewegt. Im Auftrag des Kanzlers führte ich ein Gespräch mit Dissidenten. Es gab einen Kreis um Václav Havel, der den Bundeskanzler eingeladen hatte. Kohl sagte: »Geh du hin.« Er wollte nicht mit ihnen zusammentreffen, um die Regierung in Prag nicht zu sehr zu verärgern. Wir wollten ja den Prozess der Liberalisierung befördern. Wenn er zu diesen Dissidenten gegangen wäre, wäre es ein Affront für die Regierung gewesen. Also musste ich hin. Es war natürlich spannend, die Dissidenten zu erleben. Václav Havel war gerade in Haft, also konnte ich ihn nicht persönlich erleben. Es war klar, es gibt eine Dissidentenbewegung, die aber im Vergleich zur Solidarność in Polen nicht so durchschlagskräftig war, zumindest nicht zu diesem Zeitpunkt. Es war jedoch wieder ein Faktor der Erosion im Warschauer Pakt: Es gab diese Bürgerrechtsbewegungen.

Die eine stärker, die andere weniger. Es gab die alten Kommunisten wie Schiwkow, es gab die Liberalen. Es war alles in Bewegung.

M. G.: *Polen und Ungarn zählten zu den progressiveren und für Liberalisierung offeneren sozialistischen Staaten. Es gab daneben auch ein Gefälle von der Tschechoslowakei über Bulgarien bis Rumänien. Haben Sie damals im Bundeskanzleramt in Bonn beobachtet, dass sich möglicherweise ein Viereck der Altkommunisten bildet mit Erich Honecker, Gustav Husak, Nicolae Ceauşescu und Todor Schiwkow? Oder stand das eher auf dem Papier? Gab es tatsächlich so etwas wie eine altkommunistisch-altstalinistische Garde, die die »Konterrevolution« verhindern wollte? Hat man die Gefahr einer Koalitionsbildung gesehen?*

H. T.: Nein, denn letztlich war unsere Erfahrung, dass sie untereinander auch keine besonders freundschaftlichen Beziehungen hatten. Alle waren sie letztlich fokussiert auf Moskau. Als sie die Mitteilung Gorbatschows bekamen »Kümmert Euch jetzt um Euch selber!«, war die Bereitschaft, Reformen einzuleiten sehr unterschiedlich. Es gab die Mutigen wie Polen und Ungarn, aber auch andere wie Ceauşescu oder Schiwkow und die Tschechen, die sich nicht bewegt haben. Dort gab es die Widerstandsbewegungen. Aber innerhalb der kommunistischen Partei gab es keine »Liberalen«.

M. G.: *Am 2. Mai 1989 kündigt die ungarische Regierung Miklós Németh die Demontage des Eisernen Vorhangs an der Grenze zu Österreich an und veranlasst folglich auch den Abbau der Grenzbefestigungen. Das ist noch Wochen vor dem dem 27. Juni 1989, bevor diese berühmte Szene mit Ungarns Außenminister Guyla Horn und dem österreichischen Amtskollegen Alois Mock öffentlich wahrzunehmen ist, als beide die letzten Reste des Eisernen Vorgangs an der ungarisch-österreichischen Grenze aufschneiden. Inwieweit wurde diese Aktion, die Ankündigung und dann der einsetzende Abbau der Grenzanlagen, in Bonn registriert oder gar antizipiert? Wie weit war man informiert und eingeweiht? Wurde dieses Signal Anfang Mai 1989 schon wahrgenommen und bewusst so verstanden? In Wien war das nämlich nicht so. Mock ist erst von einem Tiroler Journalisten Mitte Juni informiert worden, dass etwas an der Grenze zu Ungarn im Gange ist und mit der Frage konfrontiert worden, ob man nicht etwas unternehmen solle. Das nur zur Wahrnehmung aus Wien. Wie war das in Bonn?*

H. T.: Herr Mock hat das zusammen mit Horn wahrgenommen, als sie buchstäblich den Stacheldraht durchtrennt haben. Wir waren immer auf dem Laufenden durch Botschafter Horváth. Es hat sich auch ein privater Kontakt entwickelt. Horváth und seine Frau Elke waren sehr großzügige Gastgeber. Wir haben jede Chance für eine Einladung und für ein richtiges Gelage genutzt. Es hat sich eine persönliche Freundschaft daraus entwickelt, die bis heute besteht, ebenso mit Németh. Von daher sind wir über jeden Schritt Ungarns unterrichtet worden.

M. G.: *D. h. Sie wussten auch schon relativ früh in der ersten Hälfte des Mai 1989, dass die Ungarn die Grenzanlagen abbauen?*

H. T.: Soweit war das noch nicht bekannt. Als erstes haben wir erfahren, dass Ungarn die DDR-Bürger, die nach Ungarn geflohen waren, nicht zurückschickte. Denn vertraglich wären die Warschauer Pakt-Staaten verpflichtet gewesen, DDR-Flüchtlinge zurückzuschicken.

Das hat Ungarn nicht gemacht. Das war schon der erste große Schritt. Es war dann auch bei den Tschechen so und dann bei den Polen.

M. G.: *Wichtig war, dass Ungarn die Genfer Flüchtlingskonvention unterzeichnet und ratifiziert hatte. Das war völkerrechtlich eine wichtige Voraussetzung.*

Am 7. Mai 1989 finden in der DDR Kommunalwahlen statt und zwar wie seit 1950 üblich nach einer Einheitsliste. Doch erstmals wird nach Angaben der Wahlkommission deutlich die 99 %-Marke der Wahlbeteiligung nicht erreicht. In der Folge ergeben auch Beobachtungen bei öffentlichen Auszählungen – Bürgerrechtler sprechen auch davon –, dass manipuliert, also Wahlfälschung betrieben worden ist. Wie weit wurde dieser Vorgang, die öffentlich einsetzende Debatte über Wahlfälschungen in der DDR, als politisches Signal wahrgenommen?

H. T.: Ja, natürlich. Zumal die Bürgerrechtsbewegung selbst dafür Sorge getragen hat, dass es Beweislagen gab. Es konnte bewiesen werden, dass hier Wahlen manipuliert worden sind. Das wurde zum ersten Mal in einem Maße öffentlich und öffentlich belegbar wie nie zuvor. Im Prinzip war damit auch schon sichtbar, dass wir es hier mit einem klaren Unrechtssystem zu tun hatten, das bis zum letzten Augenblick versuchte, solche Entscheidungen zu manipulieren. Das ist in den Medien unglaublich breitgetreten worden und hat zum weiteren Verlust der Reputation der SED beigetragen. Es war ein psychologisch wichtiger Faktor, der eigenen Bevölkerung nachweisen zu können, hier wird manipuliert bis zum Schluss.

M. G.: *Am 11. Mai 1989 kommt es zu einem Treffen von Innenminister Schäuble und Kanzleramtschef Seiters mit Alexander Schalck-Golodkowski wieder im Bundeskanzleramt in Bonn. Es ist eine Intensivierung bisheriger Gespräche. Ging es wieder um menschliche Erleichterungen? Was könnten die Beweggründe gewesen sein, mit Schalck-Golodkowski, dem Chef-Devisen-Beschaffer der DDR, zusammenzukommen?*

H. T.: Schalck-Golodkowski war dafür bekannt, Zugang zu den Politbüromitgliedern zu haben. Von daher war er auch ein Emissär. Ich persönlich habe ihn bei diesen Gesprächen nicht erlebt, ich war nicht dabei, aber von meiner Warte aus versuchte Schalck-Golodkowski auf diese Weise in eine Rolle hinein zu kommen, die seine Bedeutung überhöht hat. Die Eitelkeit von solchen Leuten kommt hinzu. Um gegenüber den West-Deutschen zu dokumentieren, welche wichtige Funktion sie haben und dass sie Zugang zu dem und dem haben und vielleicht helfen können. Da ist die Eitelkeit von solchen Leuten auch nutzbar.

M. G.: *Am 29. und 30. Mai 1989 verabschieden die Teilnehmer der NATO-Gipfelkonferenz in Brüssel ein umfassendes Abrüstungskonzept, das nun auch nukleare Kurzstreckenraketen einbezieht. In einer eigenen Erklärung tritt die Nordatlantische Allianz für die Einheit Deutschlands, Berlins und Europas ein. Wie konnte diese Erklärung herbeigeführt werden? War das selbstverständlich zu diesem Zeitpunkt? Wie weit waren hierbei möglicherweise auch Hindernisse zu überwinden?*

H. T.: Nach meiner Erinnerung gab es keine Hindernisse – mit unseren amerikanischen Partnern schon gar nicht, weil wir mit Präsident Bush und seinem National Sicherheitsberater Brent Scowcroft wie auch mit Außenminister Jim Baker in enger Verbindung standen. Sie empfanden wir fast schon als persönliche Freunde. Bei Baker ging das soweit, wenn

Außenminister Genscher bei ihm in Washington war, rief er mich danach an und sagte: »Horst, Hans-Dietrich has told me… Is this the position of the Chancellor?« Er hat sich bei mir immer abgesichert, ob das auch alles so zutrifft, was ihm sein Kollege Genscher erzählt hat. Soweit ging das im persönlichen Umgang. Frankreich war eigentlich auch relativ klar durch die enge Beziehung von Kohl zu Mitterrand. Das Problem war Margaret Thatcher. Sie hatte Schwierigkeiten, mit einem Mann wie Kohl umzugehen. Für sie war er so urdeutsch, was nicht ganz unberechtigt war. Bundeskanzker Kohl hat Margaret Thatcher einmal in die Pfalz eingeladen, um die kulturelle Stärke Deutschlands zu dokumentieren. Er führte sie in den Dom von Speyer usw. und dann lud er sie zu einem Pfälzer Essen ein. Mitterrand hat den Pfälzer Saumagen genossen, denn das ist elsässische Küche und war ihm vertraut. Pfälzer und Elsässer Küche sind fast identisch. Wenn ein Drei-Sterne-Koch einen Saumagen bereitet, ist das auch nicht schlecht. Thatcher hat im Essen herumgestochert. Sie fand das nur begrenzt gut. Thatcher tat sich mit Deutschland und Helmut Kohl schwer. Sie hatte ihren Standpunkt »Deutschland war gut für zwei Weltkriege. Deutschland ist auch gut für einen dritten Weltkrieg.« Sie vertrat die Auffassung, dass wir eine stabile Nachkriegsordnung Ost-West hatten. Nuklear war alles klar, wenn der eine losschlägt, weiß er, dass er als zweiter stirbt. Und dieses Nachkriegssystem löste sich jetzt auf, ohne dass eine Alternative sichtbar war. Wenn Sie sich Europa heute anschauen, können Sie sagen, Thatcher hat eigentlich gar nicht so Unrecht gehabt. Sie hat überzogen, als sie sagte: »Deutschland war gut für zwei Weltkriege. Deutschland ist auch gut für einen dritten.« Das war schon arg brutal. Hinzu kam, dass Präsident Gorbatschow in seinen Anfangsjahren, wenn er sich mit Präsident Bush getroffen hat, immer eine Zwischenstation in London eingelegt hat. Thatcher mochte Gorbatschow sehr. Ich hatte den Eindruck, sie selbst verstand sich als die Sprecherin Europas gegenüber Gorbatschow. In dem Augenblick, in dem die Mauer offen war, konzentrierte sich Gorbatschow nur noch auf Bonn. Das tat ihr weh und trug auch nicht zur Vertiefung der Freundschaft mit Thatcher bei.

M. G.: *Am 31. Mai 1989 plädiert US-Präsident George H. W. Bush in einer berühmten Rede in Mainz »für ein ungeteiltes Europa« und eine »partnership in leadership«. Was führte zu dieser Rede? Inwieweit war das Bundeskanzleramt von dieser Rede vorab informiert und einbezogen bzw. war diese Rede mit den doch sehr bemerkenswerten Worten »partnership in leadership« in erster Linie auf die Beziehung NATO–Bundesrepublik bezogen oder auch auf die übrigen NATO-Partnerländer? Was sollte mit dieser Botschaft aus Sicht von Bush vermittelt werden?*

H. T.: Die Bedeutung dieser Rede ist in Deutschland nicht richtig wahrgenommen worden. Sie war auch nicht in dem Sinne angekündigt worden, dass der US-Präsident eine wichtige Botschaft verkünden werde. Die Rede erfolgte in Mainz, wo sich Bush sicher etwas dabei gedacht hat, denn dort war ja gewissermaßen der Ausgangspunkt der politischen Karriere von Helmut Kohl. Die Rede war im doppelten Sinn eine Schlüsselrede. Der Präsident hat eine wichtige Aussage gegenüber der Sowjetunion getroffen, als er sagte, ›dass die USA die legitimen Sicherheitsinteressen der Sowjetunion respektieren werden‹. Das war ein wichtiges Signal an die Adresse von Gorbatschow. Das war aus meiner Sicht eine Schlüsselaussage und bedeutender als das Angebot ›partnership in leadership‹. Ich hatte den Eindruck, mit dieser Formel konnten die Deutschen überhaupt nichts anfangen. Die Linke und die Opposition hatten sowieso kein Interesse und waren anderer Meinung als die Bundesregierung. Helmut Kohl hat auch nicht von da an gesagt »Wir und die Amerikaner.« Für ihn war grundsätzlich klar, wir hatten es mit vier Mächten zu tun und nicht nur partnership in leadership. Mit dieser Formel haben sich die Deutschen schwergetan.

M. G.: *Ich danke Ihnen für diese wichtige Ergänzung mit Blick auf die Betonung des amerikanischen Präsidenten und was die Anerkennung der sowjetischen Sicherheitsinteressen anging.*

H. T.: Das war für mich viel wichtiger.

M. G.: *Das ist insofern aufschlussreich, weil es im Tagebuch Tag für Tag das Wiederkehrende ist. Ich würde sagen Kontinuität. Immer wieder taucht auf, wie ernst man die sowjetischen Sicherheitsinteressen genommen hat. War die Mainzer Rede sozusagen die Initialzündung für diese Erkenntnis »Wir müssen das immer wieder betonen und auch ernst nehmen«?*

H. T.: Diese Formel war keine Initiative der Bundesregierung gegenüber den Amerikanern, sondern sie war eine unmittelbare Entscheidung des Weißen Hauses, ohne von uns beeinflusst worden zu sein. Es war eine Aussage an die Adresse der Sowjetunion und von daher für Gorbatschow die wichtigste Aussage. Ich glaube nicht, dass partnership in leadership für ihn das Entscheidende war. Zumal die Diskussion in Deutschland zeigte, wie schwer wir uns selber mit einer solchen Formel tun. Die SPD und die Linke in Deutschland konnten schon gar nichts damit anfangen. Auch für die Unionsparteien – so hatte ich den Eindruck – war es eine freundschaftliche Aussage, aber so richtig war sie nicht im Bewusstsein was fängt man damit an? Das galt auch für den Außenminister. Ich hatte nicht den Eindruck, dass diese Aussage des US-Präsidenten irgendwo eine Resonanz ausgelöst hätte.

M. G.: *Selbst beim Bundeskanzler nicht – wenn ich Sie richtig verstanden habe?*

H. T.: Selbst beim Bundeskanzler nicht, ja. Kohl hatte sonst im Umgang mit den Amerikanern keinen Mangel an Selbstbewusstsein.

M. G.: *Sie sagten hinsichtlich der Mainzer Rede, die Deutschen, die Opposition sowieso und sogar Kanzler Kohl hätten sich damit schwergetan. Woran lag es, dass mit so einer Botschaft wie »partnership in leadership«, die für Sie gar nicht so zentral war, Verständnisprobleme bestanden? NATO-Generalsekretär war der Deutsche Manfred Wörner. Hat man sich von Seiten Bushs erwartet, dass die Deutschen mehr Verantwortung übernehmen? Warum hat man sich von deutscher Seite so schwergetan? Das ist für mich nicht ganz klar.*

H. T.: »Partnership in leadership« ist auf ein erstaunlich geringes Echo gestoßen, weil in der Praxis der Umgang zwischen dem Bundeskanzler und dem amerikanischen Präsidenten und auch unser Umgang mit dem National Security Advisor bis hin zu dem Außenminister Jim Baker so selbstverständlich war. Gespräche fanden auf gleicher Augenhöhe statt. Wir hatten nicht das Gefühl, wir müssen sichtbarer werden oder deutlicher machen, dass wir gemeinsam führen. Wir fühlten uns in Washington gut aufgehoben, zu diesem Zeitpunkt längst gut aufgehoben. Helmut Kohl und George Bush gingen miteinander auch wie ihre Damen sehr freundschaftlich um. Es ging soweit, dass Kohl dem Präsidenten Bush Pfälzer Wurst zuschickte und dann kam ein persönlich geschriebener Brief von Bush zurück mit einem Foto: »Helmut, ich esse gerade deine Pfälzer Wurst.« Der Umgang war sehr freundschaftlich. Es war nie ein Gefälle sichtbar nach dem Motto: die USA ist der große Partner und ihr Deutschen seid abhängig von uns. Nein, es würde miteinander auf gleicher Augenhöhe gesprochen. Wir hatten das Gefühl, wir sind voll verstanden. Wir sind mit unseren Interessen hervorragend aufgehoben. Diese Formel »partnership in leadership« entsprach der politischen Gegebenheit, die für uns bereits selbstverständlich war. Die deutsche Öffentlichkeit hat sich im Zweifel schwerer getan, vor allem die Medien. Der Umgang zwischen Kohl und Bush oder mit Baker oder Genscher war so selbstverständlich und freundschaftlich.

M. G.: *Welche Erinnerung haben Sie noch an die Rede, die Bush in Mainz gehalten hat? Wie hat das Publikum reagiert? War das ein Festakt?*

H. T.: Ich selbst war bei dieser Rede nicht anwesend. Sie kam für uns überraschend. Wie gesagt, sie hatte in der Wirkung nicht die Bedeutung, die die Amerikaner sich versprochen hatten. Partnership in leadership war für Helmut Kohl selbstverständlich. Auch für mich auf meiner Ebene oder die Außenminister. Wir haben ständig miteinander telefoniert. Brent Scowcroft hat später einmal zu mir gesagt: »Horst, wir haben manchmal die Luft angehalten, was Ihr alles gemacht habt.« Ich habe ihm geantwortet: »Brent, nur ein Unterschied: Ihr wusstet immer, was wir tun.«

Ich hatte dem Bundeskanzler schon nach dem ersten Gespräch mit Präsident Ronald Reagan empfohlen, keine großen Fragen zu stellen, sondern die eigenen Positionen zu erklären und um Unterstützung zu werben. Mitarbeiter von Reagan haben mir später erzählt, dass sie von Reagan zur Vorsicht gebeten wurden, wenn sie über ein bestimmtes Thema sprachen, das dem Präsidenten von Helmut Kohl ans Herz gelegt worden war. Die gelernte Lektion hieß: Weniger fragen, aber stets informieren.

Ich habe dem Bundeskanzler daher immer gesagt, »Sie müssen nicht fragen, ob Sie dürfen, wir müssen informieren. Die amerikanischen Partner müssen immer das Gefühl haben, sie wissen, was wir tun. Sie sind über jeden Schritt unterrichtet.« Später hat Bundeskanzler Gerhard Schröder immer gesagt: »Nur auf Augenhöhe reden.« Da habe ich mich immer gefragt: »Auf welcher denn sonst?« Es war für uns selbstverständlich. Ich hatte nie das Gefühl, jetzt speche ich mit der Weltmacht USA, sondern mit meinen Kollegen, die in vergleichbaren Positionen waren.

M. G.: *Wenn Sie Kohl diesen Rat gegeben haben, bestand für ihn zuweilen das Problem, dass er meinte, er müsse fragen, was für Sie nicht notwendig war? Sie haben gesagt: »Wir informieren. Das reicht.« War es nötig, dass Sie Kohl diesen Rat geben mussten?*

H. T.: Es gab schon die Frage: Wie unterrichten wir unsere amerikanischen Partner? Unterrichten wir sie, wenn die Gespräche stattgefunden haben oder schon vorab? »Habt Ihr Probleme, wenn wir jetzt ein Gespräch führen?« »Nein.« Der Umgang mit Moskau war so selbstverständlich, dass Kohl Bush nicht vorher angefragt hat »Hör mal, ich treffe jetzt mit Gorbatschow zusammen und werde ihm das und das sagen. Habt Ihr noch Anregungen oder Probleme?« Nein. Das Gespräch fand statt und wir haben unterrichtet. Wir hatten nie das Gefühl, dass wir eine Bringschuld gegenüber den Amerikanern im Vorhinein hatten. Im Nachhinein schon, aber nicht im Vorhinein.

M. G.: *Am 4. Juni 1989 ereignet sich Aufsehenerregendes in Peking. Am Tian'anmen Square, dem sogenannten Platz des Himmlischen Friedens, findet ein Massaker statt. Studentische Demonstranten werden von Sondereinheiten der Volksbefreiungsarmee blutig niedergewalzt und damit die Demonstrationen gewaltsam unterbunden. Wie wurde dieses Ereignis Ihrer Erinnerung nach aufgenommen? Rechnete man möglicherweise auch mit einer chinesischen Lösung in der DDR? Hat man Sanktionen unternommen? Hat man sie erwogen? Welche Rolle spielt dieses Datum im Zeithorizont der folgenden Geschehnisse und Entscheidungen?*

H. T.: Die Ereignisse auf dem Platz des Himmlischen Friedens waren ein Schock, denn dem damaligen chinesischen Generalsekretär Deng Xiao Ping hat man eigentlich nicht diese Brutalität zugetraut. Er selbst hatte ja schon Exzesse der Roten Garden erlebt, ein Bruder von ihm ist aus dem Fenster gestürzt worden und lebte nur noch im Rollstuhl. Er kannte also die Brutalität der Roten Garden. Von daher hatten wir die Hoffnung und Erwartung, dass er sich an diese Exzesse erinnert und sie nicht vergleichbar durchführt, was leider ein Irrtum war. Das hat sich bei uns sehr handfest widergespiegelt, denn in diesem Tumult auf dem Roten Platz in Peking war ein Sohn des chinesischen Botschafters Mei Zhaorong beteiligt. Mit dem damaligen chinesischen Botschafter in Bonn hatte ich schon die erste China-Reise von Kohl vorbereitet, als er noch Ministerpräsident in Rheinland-Pfalz war. Wir hatten eine freundschaftliche Beziehung aufgebaut. Alle Reisen nach Peking habe ich mit ihm ausgearbeitet. Dann kam er eines Tages zu mir, um mir zu berichten, dass er große Sorgen hätte, weil sein Sohn in diesen Tumulten dabei war und er nicht wusste, ob und welche Auswirkungen das auf ihn persönlich haben könnte. Ich habe ihm dann im Auftrag des Bundeskanzlers angeboten, dass wir bereit wären, ihm Asyl in der Bundesrepublik Deutschland zu gewähren, wenn es Probleme geben sollte. Damit waren diese Ereignisse sehr hautnah an uns herangekommen. Klar war, dass es DDR-Vertreter gab, die durchaus Sympathie für die Niederschlagung der chinesischen Revolte hatten. Aber es war uns auch bewusst, wenn die SED diesen Versuch unternommen hätte, dann hätte es sehr blutige Auseinandersetzungen gegeben. Gott sei Dank ist es nicht soweit gekommen.

M. G.: *Während dieser Demonstrationen – noch vor dem Massaker – weilte Gorbatschow zu Besuch in Beijing. Er kommt schließlich vom 12. bis 15. Juni 1989 nach Bonn. Es war ein historisches Ereignis. Wie haben Sie die Vorbereitung, die Absolvierung und die Ergebnisse dieses Besuches erlebt? Auf die gemeinsame Erklärung komme ich gleich in der nächsten Frage zu sprechen. Ich kann mich erinnern, dass er vom Rathaus-Balkon in Bonn sprach. Der österreichische Botschafter war so angetan von dieser Visite, dass er von einer Stimmung brichtete, die einem Gorbasmus der deutschen Bevölkerung geglichen hätte.*

H. T.: Für uns war schon klar, das wird ein Schlüsselbesuch. Es war der erste tatsächliche Besuch von Gorbatschow in Deutschland. Er war zwar vorher einmal kurz durch einen Teil Deutschlands gereist, aber er hatte Deutschland nie erlebt. Er war tief beeindruckt, was er in Deutschland erlebt hatte. Er war ja nicht nur in Bonn, sondern auch in Düsseldorf und in Stuttgart. Mein Eindruck aus späteren Gesprächen mit ihm war, dass er zum ersten Mal Deutschland mit seiner ganzen Dimension hat erfassen können und tief beeindruckt war. Ich hatte den Eindruck, dass er das Gefühl gewonnen hatte »Deutschland, das ist mein Partner für die Entwicklung Russlands.« Er sagte einmal zu mir: »Horst, was hätten wir

Michail S. Gorbatschow zu Besuch in Bonn im Juni 1989, Helmut Kohl, Hans »Johnny« Klein und Horst Teltschik

alles zusammen tun können.« Damit meinte er nicht mich als Person, sondern Deutschland und Russland. Er hat ein erfreulich enges Vertrauensverhältnis zu Kohl aufbauen können. So standen nach einem Dinner beide Ehepaare dann noch am Rheinufer zusammen und haben über die Zukunft meditiert. So kann man es fast bezeichnen. Das hat auch zu einer sehr engen persönlichen Beziehung geführt. Gorbatschow war noch etwas kühl in Bonn angekommen und verließ Deutschland als ein wahrer Freund. Der Besuch war eine Art Paulus-Erlebnis. Wo immer Gorbatschow auftrat, wurde er gefeiert. Seine Frau Raissa hat viele Sympathien ausgelöst, vor allem auch dadurch, wie das Ehepaar miteinander umging. Es hat auch mich persönlich sehr beeindruckt, wie liebevoll er seine Frau behandelt hat. Ich habe mir manchmal gedacht, da kann sich Kohl eine Scheibe davon abschneiden. Das übertrug sich alles auf die Menschen. Es war eine, wie die Amerikaner sagen, »great chemistry«. Er reiste ab als Freund Deutschlands.

M. G.: *Waren Sie bei der historischen Begegnung, als beide am Rheinufer saßen, dabei? Es muss ja auch ein Dolmetscher dabei gewesen sein.*

H. T.: Bei dem Abendessen im Bungalow waren nur die beiden Ehepaare und ein Dolmetscher dabei. Aber das war auch in Ordnung. Es war wichtig, dass sich auch die Partner kennenlernen. Kohl hat natürlich am nächsten Tag berichtet, aber nicht im Detail. Für uns war entscheidend, dass sie sehr persönlich, sehr eng und sehr freundschaftlich miteinander umgegangen sind. Einzelheiten mussten wir darüber gar nicht wissen. Das war auch nicht so entscheidend.

M. G.: *In einer gemeinsamen Erklärung vom 13. Juni 1989 nennen Bundeskanzler Kohl und Generalsekretär Gorbatschow »Verständnis, Vertrauen und Partnerschaft als Grundlagen für ein gutnachbarschaftliches Verhältnis und die Versöhnung der Völker«. Sie halten außerdem fest »Krieg darf kein Mittel der Politik mehr sein«. Und Gorbatschow anerkennt implizit das Recht der Deutschen auf Selbstbestimmung. Wie kam es zu dieser gemeinsamen Erklärung? Ist davon auszugehen, dass Sie daran mitgewirkt haben? Hatte diese Erklärung auch juristische Bedeutung, rechtliche Bindungskraft und völkerrechtliche Relevanz? Wie würden Sie dieses Dokument einordnen im Prozess der deutsch-deutschen Vereinigungsschritte, die in Folge einsetzten?*

H. T.: Beim Besuch des Bundeskanzlers in Moskau war vereinbart worden, dass in Vorbereitung des Gegenbesuchs von Präsident Gorbatschow in Bonn eine solche gemeinsame Erklärung vorbereitet werden sollte, um die Beziehungen neu zu definieren und auf eine neue Grundlage zu stellen. Die Verhandlungen wurden zwischen unseren Außenministerien geführt. Ich war in den Verhandlungsprozess formell nicht einbezogen, über das Ergebnis aber außerordentlich zufrieden, weil die Sowjetunion Aussagen getroffen hatte, die sie bis dahin strikt abgelehnt hatte. Insofern war das eine hervorragende Grundlage dafür, dass der Besuch zum Erfolg führen wird. Für Gorbatschow waren die Gemeinsame Erklärung wie der Ablauf des Besuchs, so sagte er mir später immer wieder, eigentlich die Grundlage für seine Überzeugung dass »Deutschland sein wichtigster Partner in Europa« sei.

M. G.: *Timothy Garton Ash schreibt, dass Sie »einer der Architekten der Bonner Erklärung« gewesen sind und sich später dazu geäußert haben, dass dieses Dokument als »Richtlinie für den Kurs der europäischen Politik in den kommenden Jahrzehnten« gelten könnte.*[14] *Soweit wollen wir jetzt nicht gehen, aber was war Ihr Anteil an der Ausarbeitung dieser Erklärung, wer hat noch daran mitgewirkt und wie weit beeinflusste sie das Agieren Kohls und Ihre Beratertätigkeit für die Jahre 1989/90?*

H. T.: Die Verhandlungen über diese Gemeinsame Erklärung erfolgten zuständiger Weise federführend zwischen beiden Außenministerien. Meine Mitwirkung bestand darin, dass mein für die UdSSR zuständiger Mitarbeiter, Dr. Uwe Kaestner, in enger Abstimmung mit mir an den Verhandlungen teilnahm. Damit war Einfluss gegeben.

Meine Mitwirkung bei der Entwicklung der Beziehungen zwischen Bundeskanzler Kohl und Generalsekretär Gorbatschow war vielfältig. Ich nahm an allen persönlichen Gesprächen zwischen Kohl und Gorbatschow teil, bereitete sie mit meinen zuständigen Kollegen vor und begleitete und kontrollierte die operative Umsetzung der Vereinbarungen und erarbeitete für den Bundeskanzler Vorschläge für das weitere Vorgehen.

Ein Beispiel: Im Februar 1989 schlug ich dem Bundeskanzler vor, zur Vertrauensbildung mit der neuen sowjetischen Führung eine hochrangige Delegation der Roten Armee zu einem vertraulichen Besuch der Bundeswehr in die Bundesrepublik einzuladen. Die Idee war mir in Moskau während eines Gesprächs des Bundeskanzlers mit dem sowjetischen Verteidigungsminister, begleitet von sechs Marschällen und Generälen, gekommen. Der Bundeskanzler war sofort einverstanden, ebenso Verteidigungsminister Professor Rupert Scholz.

14 Timothy Garton Ash, Im Namen Europas. Deutschland und der geteilte Kontinent, München – Wien 1993, S. 175; vgl. auch die Einleitung, S. 28.

Mein für den Bereich militärische Sicherheit zuständiger Mitarbeiter, der spätere Konteradmiral Rudolf Lange, wurde von mir mit der operativen Durchführung beauftragt. Am 27. Februar 1989 traf unter größter Geheimhaltung eine Gruppe von 15 sowjetischen Generälen im Bundeskanzleramt ein. Die Gespräche verliefen zunächst etwas distanziert, aber insgesamt in entspannter Atmosphäre. Inhaltlich ging es vor allem darum zu prüfen, in welchen Bereichen eine militärische Kooperation möglich wäre, zu der die deutsche Seite Bereitschaft angeboten hatte.

Von sowjetischer Seite gab es dazu keine konkreten Vorschläge, vielmehr zeichneten sich die hohen sowjetischen Offiziere durch Zurückhaltung und eine scheinbare oder auch tatsächliche Unkenntnis unserer Verhältnisse aus. Sie zeigten sich aber sehr erfreut, als ihnen von unserer Seite allgemeine und offene Informationen über die Strukturen, Zahlen, Verfahrensabläufe der Bundeswehr und der NATO präsentiert wurden.

Die Gespräche dienten dazu, Vertrauen und Kooperationsbereitschaft auch in sensiblen Bereichen zu signalisieren. Sie wurden auch darüber informiert, dass wir vor kurzem Gespräche mit dem Kreml aufgenommen haben zur Errichtung einer direkten und vertraulichen Nachrichtenverbindung – einer Hotline – zwischen dem Bundeskanzleramt und dem Kreml. Es sei das erklärte Ziel des Bundeskanzlers, das Fundament des Vertrauens zwischen unseren beiden Staaten und Regierungen zu verbreitern und den Zustand einer guten Nachbarschaft dauerhaft zu begründen.

Überraschenderweise blieb dieser Besuch der sowjetischen Generäle und die Gespräche bis heute völlig geheim. Die sowjetische Delegation erhielt auch die Möglichkeit zu verschiedenen Besichtigungen. Ein deutscher Begleitoffizier erzählte mir ein amüsantes Ereignis, das er in einem Bistro in Kiel erlebt hatte. Sie hatten dort an einem späten Vormittag eine Kaffeepause eingelegt. An der Theke saß ein jüngerer Mann und trank aus einem Glas, das wie ein Sektglas aussah. Die sowjetischen Offiziere waren darüber sehr erstaunt und wollten gerne wissen, welcher Tätigkeit dieser Gast nachginge, dass er sich das um diese Zeit leisten könne. Auf Nachfrage antwortete dieser, er sei arbeitslos. Das habe auf sowjetischer Seite eine gewisse ungläubige Sprachlosigkeit ausgelöst.

M. G.: *Hat Gorbatschow in Deutschland so etwas wie eine Modernisierungs- oder Reanimationsmaschine für eine zu reformierende Sowjetunion gesehen und war es daher für ihn so wichtig? Wichtiger als Frankreich oder Italien?*

H. T.: Klar, Deutschland war für Gorbatschow nach diesem Besuch der Hauptfokus und der Hauptpartner zur Entwicklung der Sowjetunion.

M. G.: *Wenn man das von der Reichweite größte Landimperium der Welt betrachtet, es mit dem westdeutschen Kernstaat vergleicht, und sich die Hoffnung vor Augen führt, die Gorbatschow hat, sich von diesem westlichen Rumpfstaat die entscheidende Hilfe zu erwarten, zeigt das ja, in welch' paradoxem Machtverhältnis sich diese Konstellation dargeboten hat. Musste es nicht das Selbstbewusstsein eines deutschen Bundeskanzlers und eines Horst Teltschik enorm in die Höhe treiben, dass dieses riesige russische Imperium von der Bundesrepublik Deutschland abhängig war?*

H. T.: Solche Gefühle waren mir fremd. Ich persönlich hatte das Empfinden, wir haben jetzt die Chance eines friedlichen Miteinanders nach zwei Weltkriegen, nach so viel Zerstörung, vernünftige Beziehungen zu entwickeln und Zusammenarbeit zu fördern zum Vorteil beider Seiten. Wirtschaftlich hatten wir kein Minderwertigkeitsgefühl, auch technologisch nicht, gegenüber der Sowjetunion. Wobei sie natürlich im Bereich Weltraum schon eine weltweite Führungsnation war. Die Russen hatten in den Zeiten des Kommunismus nie verstanden, wie solche technologischen Fortschritte für das Allgemeinwohl nutzbar zu machen waren. Es blieb einer Elite vorbehalten, einer rein technologischen Elite, ohne es für die Bevölkerung nutzbar zu machen. Die deutsche Wirtschaft strotzte vor Selbstbewusstsein, welche Möglichkeiten für Kooperationen sie jetzt in der Sowjetunion haben werde. Wir hatten auch nicht das Gefühl, da steht jetzt der Weltmacht Sowjetunion die Mittelmacht Deutschland gegenüber, sondern jetzt herrscht Friede, kein Krieg, kein Kalter Krieg, kein heißer Krieg. Das war es eigentlich.

M. G.: *In der Bonner Erklärung ist auch ausdrücklich das Recht auf Selbstbestimmung festgehalten worden. Welche Signale hatte das mit Blick auf die völkerrechtliche Dimension dieser Erklärung?*

H. T.: Ich hatte den Eindruck, dass die SED-Führung sich nicht bewusst war, was das eigentlich bedeutete und sie immer noch die Hoffnung hatte, dass wir Westdeutschen sie unterstützen und wirtschaftlich helfen, sie aber ihr eigenes politisches System erhalten und ihre eigene Macht sichern könnte. Ich glaube, das hat auch das erste Gespräch mit dem Nachfolger Honeckers gezeigt. Er hatte schon noch ein erstaunliches Selbstbewusstsein: Die Westdeutschen werden uns schon helfen. Aber wir machen, was wir für richtig halten.

M. G.: *Am 27. Juni 1989 kommt es, wie schon erwähnt, zu dieser berühmten Szene von Mock und Horn an der ungarisch-österreichischen Grenze. Zur gleichen Zeit am 26. und 27. Juni 1989 beschließt der Europäische Rat in Madrid die Einsetzung einer Regierungskonferenz im Sinne des Delors-Plans. Das ging schon zurück auf die deutsche Ratspräsidentschaft und der Entscheidung des Gipfels in Hannover von 1988, nun die Gouverneure der nationalen Notenbanken unter Leitung eines Ausschusses von Delors einzusetzen, um die Schaffung einer Wirtschafts- und Währungsunion (WWU) in drei Stufen vorzubereiten. Wie gestalteten sich hier die Anteile zwischen Bundeskanzleramt und Auswärtigem Amt an der Mitwirkung und Ausgestaltung dieser Konzeption? Es ist ja bemerkenswert, wie stark Genscher hier ins Blickfeld rückt. Was können Sie sagen zur Ausgestaltung dieser WWU und zur Einbindung von BKA und Auswärtigem Amt? Wie weit wurden Kompetenzen abgestimmt? Gab es möglicherweise Koordinationsprobleme? Wie sehen Sie das WWU-Projekt, das schon vor dem Fall der Mauer in der Schublade lag und nicht – wie später oft landläufig die Meinung aufkam – die D-Mark auf dem Altar der Deutschen Einheit geopfert worden sei?*

H. T.: Für Bundeskanzler Kohl war es eine seiner eindrucksvollsten Grundüberzeugungen, die europäische Integration wann immer, wo immer, wie auch immer voranzubringen. Ausgangspunkt war die deutsch-französische Freundschaft und alles erst einmal mit Frankreich abzustimmen und im Gleichschritt die Integration zu fördern. Für uns war absolut klar, dass auch die deutsche Einheit für unsere Nachbarn leichter zu akzeptieren ist, wenn wir gleichzeitig die Integration vertiefen. Kohl war ein überzeugter Europäer, der alles getan hat, um Europa voranzubringen und sich auch der sensiblen Ausgangsposition sehr bewusst war. Er hat nicht immer darauf Rücksicht genommen. Ich habe manchmal mit

Politikern der BENELUX-Staaten die Sensibilitäten dieser Partner erlebt. Ich musste auch Margaret Thatcher immer wieder unterrichten, aber wer uns damals unterstützte, war nicht nur Frankreich, sondern Spanien. Ministerpräsident Gonzáles war ein Glücksfall für uns. Aber auch die BENELUX-Staaten. Die Niederlande waren immer etwas schwierig, denn der damalige Ministerpräsident Lubbers war Deutschland gegenüber ein sehr kritisch eingestellter Politiker. Er tendierte zur Position Margaret Thatchers. Wir wussten, wenn Thatcher ein Echo in Europa hatte, dann war es vor allem Lubbers. Kohl hat sich später gerächt. Lubbers wäre gerne Kommissionspräsident der Europäischen Union geworden, was Kohl verhindert hat. Mich hat damals die niederländische Königin zum Gespräch gebeten, um mich zu bitten, doch auf Helmut Kohl einwirken, dass Lubbers jetzt diesen Karrieresprung machen könnte. Aber Kohl war unerbittlich. Lubbers hatte versucht, uns Schwierigkeiten bei der Deutschen Einheit zu machen und dafür hat sich Kohl gerächt. Aber Kohls Stärke war, dass Frankreich nie einen Zweifel hatte über seine Bereitschaft, die europäische Zusammenarbeit zu fördern. Als wir merkten, wie Mitterrand nach der Zehn-Punkte-Rede schwankte, wie er sich einordnen soll, haben wir den nächsten Schritt angeboten, nämlich in Richtung Politische Union zu gehen. Ich habe Kohl gesagt: »Schreiben Sie Mitterrand einen Brief – was er getan hat – und bieten an: »François lass uns den nächsten Schritt machen und lass uns gemeinsam in Richtung Politische Union gehen.« Das ist im folgenden Frühjahr auf dem EU-Gipfel auch beschlossen worden. D. h. Bundeskanzler Kohl wusste und hat auch so gehandelt, was immer wir in Deutschland in Richtung Einheit voranbringen wollen, müssen wir in Richtung europäische Einheit absichern. Das war für ihn so selbstverständlich. Vieles ist ja leider später untergegangen. Wir haben einen gemeinsamen Sicherheits- und Verteidigungsrat mit Frankreich eingerichtet. Der ist leider nach meiner Zeit nie genutzt worden.

M. G.: *Als Ruud Lubbers Nachfolger von Jacques Delors als Kommissionspräsident werden sollte, hatte Kohl das Begehren dieses Niederländers im Jahre 1994 abgelehnt.*

H. T.: Ja, Lubbers wäre gerne EU-Kommissionspräsident geworden. Dagegen hat Helmut Kohl ein Veto eingelegt. Ich habe das persönlich auch verstanden, denn ich fand es nicht fair, wie Lubbers sich der deutschen Regierung gegenüber verhalten hat. Es gab noch so einen unsicheren Kandidaten: Giulio Andreotti in Italien, der plötzlich ins Schwanken geriet. Wir hatten glücklicherweise Félipe González auf unserer Seite, der kompromisslos hinter Kohl stand. Wir hatten auch in Italien einen Bündnispartner, einen Kollegen, der dann später Minister wurde, Renato Ruggiero, so dass wir Andreotti ein Stück weit ausspielen konnten.

M. G.: *Nochmal zur Frage der Wirtschafts- und Währungsunion und die Verteilung der Kompetenzen. Genscher spielt sich sichtbar in den Vordergrund, als wäre er eine Art Vordenker und Vorreiter. War es nicht so, dass Kohl schon früher diese Idee der Währungsunion im Auge hatte und forciert sehen wollte? Wie waren bei diesen Verhandlungen im Delors-Ausschuss die Kompetenzen angelegt? Spielte das Wirtschaftsministerium eine Rolle?*

H. T.: Genscher hatte parallel zu der Beziehung Kohl-Mitterrand eine enge, persönliche Freundschaft zu seinem französischen Kollegen Roland Dumas entwickelt. Die beiden spielten eine vergleichbare Rolle. Wenn sie den Eindruck hatten, Mitterrand und Kohl gehen in eine bestimmte Richtung, z. B. Währungsunion, haben sie sich getroffen, ein gemeinsames Interview im *Spiegel* oder sonst wo gegeben und sich an die Spitze der Bewegung gestellt. Plötzlich war die Währungsunion die Idee von Genscher und Dumas. Sie haben immer versucht, es so darzustellen, dass sie die eigentlichen Initiatoren sind und nicht die Regierungschefs. Das war einer der Gründe meiner Probleme mit Genscher, weil ich der Meinung war, das sei kein faires Spiel, was die beiden betreiben. Aber so haben sie sich verhalten. Sie wollten immer deutlich machen, dass sie die Motoren der Integration seien. Ich habe immer gesagt: »Okay, dann haben wir halt zwei Motoren.« Das war ja gut so, zumal Genscher Koalitionspartner war. Das war einer der Gründe, warum Genscher die Zehn-Punkte-Rede nicht vorab erhalten hat. Weil wir befürchtet haben, dass er sie, wenn er sie vorher hat, als seine Idee verkündet.

M. G.: *Am 27. Juni 1989 schneiden, wie schon erwähnt, Mock und Horn letzte Reste des Zauns an der ungarisch-österreichischen Grenze auf. Dieser war schon größtenteils abgebaut. Es sind nur noch wenige Drähte vorhanden gewesen. Es war praktisch eine nachinszenatorische Aktion, eine gelunge Image-, ja PR-Aktion. Damit wurde der bereits seit dem 2. Mai 1989 von Németh angeordnete Abbau der Überwachungsanlagen durch Ungarn unterstrichen. Wie wurde dieses medial hochgepeppte Ereignis, eine Inszenierung, in seiner politischen Tragweite in Bonn im Bundeskanzleramt bewertet und auch der Öffentlichkeit bewusst, dass hier symbolisch dokumentiert wird, dass der Eiserne Vorhang aufgemacht ist? Andreas Oplatka hat sein Buch damit betitelt, dass dies der erste Riss in der Mauer gewesen sei.*[15] *War das in Bonn auch so klar? War man vorinformiert? Ein ZDF-Journalist hatte schon vorher begonnen, dort zu filmen.*

H. T.: Ministerpräsident Németh hat mir erzählt, sein Außenminister Gyula Horn habe mit Mock ein vergleichbares Spiel betrieben wie Genscher mit Dumas. Die Grenzöffnung war letztlich Némeths Entscheidung. Aber Gyula Horn hat das gewissermaßen als eine Entscheidung verkauft, die er zu verantworten hat. Das war so eine Art Spiel zwischen Horn und Németh.

M. G.: *Die gleiche Konstellation war in Österreich gegeben. Der christdemokratische Außenminister Alois Mock wollte gegenüber dem sozialistischen Bundeskanzler Franz Vranitzky zeigen, wie eigenständig er agieren kann – gleichwohl sich Vranitzky mit Németh bereits im Februar 1989 an der burgenländischen Grenze getroffen und mit ihm schon vorab gesprochen hatte, wie eine mögliche Lockerung der ungarisch-österreichischen Grenze zu bewerkstelligen sein würde.*

H. T.: Ja, bei Koalitionsregierungen ist das ein beliebtes Spiel. Ich habe auch durchaus Verständnis dafür gehabt, denn der kleinere Partner muss immer deutlich machen, dass er da ist. Der große Partner ist automatisch präsent.

M. G.: *Am 4. Juli 1989 gibt es ein Treffen zwischen Rudolf Seiters und Erich Honecker in Berlin-Ost. Seiters spricht auch mit Außenminister Oskar Fischer. Es kommt ebenfalls zu einem Treffen zwischen Claus-Jürgen Duisberg, dem Leiter des Arbeitsstabes Deutschlandpolitik des Bundeskanzleramts mit dem Leiter der Abteilung BRD im Ministerium der DDR für Auswärtige Angelegenheiten Karl Seidel. Welche Erinnerung haben Sie an DDR-Außenminister*

15 Andreas Oplatka, Der Eiserne Vorhang reißt. Ungarn als Wegbereiter, Zürich 1990; Ders., Der erste Riss in der Mauer. September 1989 – Ungarn öffnet seine Grenze, Wien 2009, S. 170–230.

Fischer? Ihre Einschätzungen von Claus-Jürgen Duisberg und dem DDR-Außenpolitik-Experten Karl Seidel würde interessieren, wenn Sie sie persönlich in Erinnerung haben.

H. T.: Ich habe sie alle persönlich nicht kennengelernt und hatte auch keine Kontakte zu ihnen.

M. G.: *Weder zu Fischer noch zu Seidel? Aber Duisberg kannten Sie doch sicher.*

H. T.: Ja, natürlich, Duisberg war ja bei uns im Kanzleramt. Er war auch bei der Zehn-Punkte-Rede einbezogen und nahm eher eine bremsende Funktion wahr. Die Zehn-Punkte-Rede war im zehnten Punkt entscheidend. Es ist ja immer zum Teil missverständlich berichtet worden, dass unser Ziel eine Konföderation gewesen sei. Ich habe das Thema Konföderation von Anfang an strikt abgelehnt, denn sie hätte zu einem neuen Status Quo geführt mit dem Problem, wie es weiter gehen sollte. Ist die Konföderation endgültig oder nicht? Die Gefahr, dass sie endgültig wird, wäre zu groß gewesen. Deswegen bestand ich auf den Begriff der konföderativen Strukturen, damit ein Prozess deutlich wird, der in die Föderation und nicht in die Konföderation einmünden soll.

M. G.: *Duisberg war eher bremsend?*

H. T.: Ja, das bekam ich eher mittelbar mit. Als die Rede fertig war und ich zum Bundeskanzler ging, hat mich Bundesminister Seiters abgefangen und mich gebeten, noch kurz mit ihm zu sprechen. Er wollte mich dazu bewegen, die Ziffer zehn dieser Rede zu streichen. Konföderative Strukturen wären dann der letzte Punkt gewesen, aber nicht die Föderation. Ich habe ihm gesagt: »Herr Minister, wenn wir Punkt zehn streichen, können wir das ganze Papier, die ganze Rede vergessen.« Ich war richtig entsetzt. Das war das Ergebnis der Mitwirkung dieser Arbeitsgruppe Deutschlandpolitik, die Seiters verunsichert hat, ob wir die Föderation, d. h. die Deutsche Einheit, als letzten Punkt nennen sollten oder nicht. Soweit wollte die Arbeitsgruppe Deutschlandpolitik nicht gehen und hatte Seiters bewogen, dem zuzustimmen. Aber ich habe mich darüber hinweggesetzt und der Bundeskanzler glücklicherweise auch.

M. G.: *Am 7. Juli 1989 widerrufen die Mitgliedsstaaten des Warschauer Paktes durch ein Schlusskommuniqué des Gipfels von Bukarest die Breschnew-Doktrin von 1968. Die These von der völkerrechtlich beschränkten Souveränität der sozialistischen Staaten war damit praktisch aufgehoben. Beginnt hier der Anfang vom Ende der Warschauer Vertragsorganisation? Welche Signalwirkung ging von diesem wichtigen Beschluss und Schlusskommuniqué aus?*

H. T.: Für uns waren diese Treffen des Warschauer Paktes und deren Entscheidungen eigentlich nichts anderes als ein Markstein im Prozess der Liberalisierung. Von daher haben sie keine besondere Aufmerksamkeit ausgelöst. Zu diesem Zeitpunkt haben wir uns längst auf Moskau selbst konzentriert und auf die Gespräche mit der sowjetischen Führung und mit dem Außenminister Schewardnadse und mit den Mitarbeitern Gorbatschows. Sie standen im Mittelpunkt, so dass ich keine wesentliche Erinnerung habe, ob diese Warschauer Pakt-Treffen noch eine Rolle gespielt haben oder nicht. Es war ein Prozess, den wir sowieso nicht beeinflussen konnten, den wir nur zur Kenntnis nehmen konnten. Mit dem Besuch Gorbatschows in Bonn war der Fokus ausschließlich auf den Kreml gerichtet.

Redaktionsbesuch bei den *Stuttgarter Nachrichten* am 5. Dezember 1986

M. G.: *Ich erwähne jetzt ein Ereignis, an das Sie 100 %ig noch starke persönliche Erinnerungen haben, denn Sie hatten am 6. Juli 1989 dem »Bonner General-Anzeiger« ein Interview gegeben, in dem Sie prognostizierten, dass die deutsche Frage wieder auf der Tagesordnung der internationalen Politik stehen werde. Sie wurden aufgrund dieses Interviews von der FDP und SPD zum Rücktritt aufgefordert, also einerseits von der Opposition und andererseits vom Regierungspartner. Wie kam es dazu, dass Sie dieses Interview gegeben haben? Was motivierte Sie, das so prominent kundzutun? Wie konnte die Kritik, die hier aufkam und ernstzunehmen war, abgewendet werden?*

H. T.: Das war eine interessante Erfahrung. Es war etwas ungewöhnlich, dass ein Mitarbeiter des Bundeskanzlers auf meiner Ebene Interviews gegeben hat. Ich habe damit angefangen, weil ich persönlich den Eindruck hatte, dass unser damaliger Regierungssprecher sich schwertat, internationale Politik zu erläutern. Ich habe zum Bundeskanzler gesagt: »Wir müssen das, was wir international tun, besser verkaufen.« Ich habe angefangen, mit Journalisten nicht nur Hintergrundgespräche zu führen, das habe ich sowieso die ganzen Jahre getan. Einer meiner engsten Gesprächspartner kam von der *FAZ*. Bei ihm musste ich schon immer aufpassen. Er hat fast wörtlich übernommen, was ich ihm gesagt hatte. Ich musste vorsichtig sein, dass es nicht zu unmittelbar sichtbar wird. Aber ich habe auch mit den Journalisten vom *Spiegel* und vom *Stern* gesprochen. Kohl hat dem *Spiegel* und dem *Stern* nie ein Interview gegeben. Ich habe seine Entscheidung akzeptiert, war aber der Meinung, dass wir es auf meiner Ebene tun mussten, damit sie die Hintergründe kennen. So fing ich an, Interviews zu geben und Kohl akzeptierte das weitgehend. Ich hatte den Eindruck, er war sehr zufrieden damit. Es gab auch Regionalzeitungen wie z. B. die *Neue Osnabrücker Zeitung*, deren damals sehr aktiver Chefredakteur mich schon morgens um 7.00 Uhr anrief und um ein Interview bat. Stellvertretend für den Kanzler habe ich im Namen des Kanzlers Interviews gegeben. So kam eines Tages der Journalist vom Bonner *General-Anzeiger*, der ein häufiger Gesprächspartner beim Frühstück beim Außenminister war und sagte zu mir: »Herr Teltschik, wenn man jetzt die Geschehnisse in der DDR, in Ungarn und in Moskau verfolgt, dann müssen sie doch Auswirkungen haben. In der DDR ist nun auch einiges in Bewegung. Ich bekomme Genscher nicht dazu, sich dazu zu äußern. Wollen Sie nicht ein Interview mit mir machen?« So kam es zustande. Genscher hatte sich zur Überraschung des Journalisten verweigert. Daraufhin sagte ich: »Na gut, dann machen wir es.« Für mich war offensichtlich, dass die Politik von Glasnost und Perestroika in Moskau, meine Erfahrungen in Budapest, die Erfahrungen in Polen zu tiefgreifenden Veränderungen führen werden. Ich habe das ja persönlich in Gesprächen erlebt. Es war mir völlig klar, auch als die Demonstrationen in der DDR begannen, das muss Auswirkungen haben. Das bringt auch die Deutschlandfrage wieder auf die Tagesordnung. Und das habe ich gesagt. Das hat bei Genscher anscheinend Entsetzen ausgelöst, auch bei der SPD nach dem Motto »Was fällt dem Teltschik ein?« Kohl rief mich an und fragte, was ich denn wieder gesagt hätte. Ich antwortete: »Herr Bundeskanzler, ich habe nur gesagt, was richtig ist.« Mehr hat er nicht gesagt.

M. G.: *Hat er Sie nicht gerügt?*

H. T.: Nein. Er sagte nur: »Sie wissen ja, was Sie da ausgelöst haben.«

M. G.: *Von wem kamen die Rücktrittsforderungen von der FDP und der SPD?*

H. T.: Das hat mir Kohl dann später selbst erzählt. Genscher hat nicht Kohl angerufen, um sich bei ihm über mich zu beschweren, sondern er hat Wolfgang Mischnick, seinen Fraktionsvorsitzenden, angerufen, dass dieser Kohl anruft und meine Entlassung fordert. Das hat Mischnick auch getan. Die SPD hat auch meine Entlassung gefordert, nämlich Hans-Jochen Vogel. Ich bin aber nicht entlassen worden. Sie müssen sich vorstellen: ich spreche über die tiefgreifenden Veränderungen, drei Monate später ist die Mauer gefallen und alles ist in Bewegung gekommen. Und dann darf man darüber öffentlich nichts sagen sollen!

M. G.: *Im Juli und August 1989 reisen immer mehr Bürgerinnen und Bürger der DDR in den Urlaubsmonaten nach Ungarn, Polen und die Tschechoslowakei, um so auf Umwegen über die bundesdeutschen Vertretungsbehörden sowie Botschaften in die Bundesrepublik zu flüchten. Die Ausmaße der Fluchtbewegung nahmen immer stärker zu. Am 9. August 1989 richtete Seiters einen Appell an die ausreisewilligen DDR-Bewohner, nicht den Weg über diplomatische Vertretungen der Bundesrepublik zu erzwingen. Die Zustände hätten sich so zugespitzt, dass die Botschaften für den Publikumsverkehr geschlossen werden mussten. Wie sollte aber nach Einschätzung im Bundeskanzleramt die Alternative für die Menschen aus der DDR lauten, wenn die Botschaften übervoll waren und man ihnen sogar abraten musste, sie weiter aufzusuchen?*

H. T.: Ich kann Ihnen nicht beantworten, ob Bundesminister Seiters oder sein Vorgänger Bundesminister Schäuble und der Bundeskanzler unmittelbare Gespräche geführt haben, wie das zu regeln sei. Es gab ja auch Gespräche von Bundesminister Seiters mit dem Bundeskanzler, an denen ich nicht beteiligt war. Ich habe mich aus diesen Gesprächen und Diskussionen auch herausgehalten, weil ich genug mit den drei Westmächten und der Sowjetunion zu tun hatte. Unsere Ständige Vertretung in Ost-Berlin hatte geschlossen, weil sie nicht mehr wusste, wohin mit den DDR-Bürgern, die versuchten, über sie auszureisen. Prag war überfüllt. Budapest hatte auch Tausende aufgenommen. Selbst in Warschau versuchten DDR-Bürger, über die Botschaft in die Bundesrepublik zu gelangen. Diese Entwicklung konnte nicht dauerhaft sein. Im Prinzip hatte keiner eine richtige Antwort. Aber wie gesagt, das war Aufgabe vom Bundesminister Seiters und Schäuble.

M. G.: *Am 19. August 1989 fand dieses berühmte paneuropäische Picknick an der österreichisch-ungarischen Grenze nahe der Stadt Šopron/Ödenburg, statt. Schirmherren waren ein ungarischer Reformkommunist Imre Pozsgay und Otto von Habsburg. Kurzzeitig wurde das Grenztor geöffnet. Damit konnten etwa 600 DDR-Bürgerinnen und -Bürger, die ihren Urlaub in Ungarn verbrachten, die Grenze nach Österreich überschreiten. Wie weit war dieses Ereignis auch im Bundeskanzleramt bekannt? War man vorher schon informiert? Wir wissen heute, dass Gregor Gysi sich seinerzeit am Balaton aufgehalten und versucht hat, DDR-Urlauber von der Flucht abzubringen und sie zur Rückkehr in die DDR zu animieren. Das ist höchst pikant, weil Sie am Ende Ihres Tagebuchs*[16] *schreiben, dass Sie Gregor Gysi bei der Abschlussfeier im Blick und genau beobachtet hatten, wann er geklatscht hat und wann nicht. Was wusste man vom Paneuropa-Picknick im Vorfeld in Bonn? Man hat ja mit Flugzetteln am Balaton dafür geworben. Viele DDR-Bürgerinnen und -Bürger waren im Zweifel, ob das eine Falle der Stasi ist und sie in diese hineingelockt werden. Viele haben aber doch den Mut gefunden, die Einladung und das Fluchtangebot anzunehmen. War man sich in Bonn darüber im Klaren, dass es ein Testfall ist? Die Fragen konnten lauten: Wie reagiert der Kreml? Wie reagiert Gorbatschow, als jetzt die Grenze ein Stück weit für ein paar Stunden aufgemacht wird?*

H. T.: Miklós Németh, der ungarische Ministerpräsident, hatte mich unterrichtet und mir mitgeteilt, dass er mit Gorbatschow darüber gesprochen habe, dass er darüber nachdenke, die Grenze zu öffnen, weil er keine Möglichkeit mehr sehe, wie er mit diesen Flüchtlingen umgehen könne, denn die Zahl stieg täglich. Von daher fühlte sich Miklós Németh relativ sicher, dass die Sowjetunion nicht intervenieren werde, weil Gorbatschow ihm auch nicht widersprochen hatte. Er hat es zur Kenntnis genommen. Németh sagte: »Ich habe ihn gefragt: Was soll ich tun?« Németh hat sich nur geärgert, weil er die Entscheidung vorbereitet und getroffen hatte und Außenminister Horn sich mit dieser Leistung geschmückt hat. Es war ein ähnliches Spiel wie wir es mit Genscher und Kohl kannten. Meine Frau und ich waren später in Erinnerung an das paneuropäische Picknick zu einer Veranstaltung eingeladen.

M. G.: *Kommen wir auf das Geheimtreffen auf Schloss Gymnich bei Bonn zu sprechen, wo Horn, Németh, Genscher, Kohl und Horváth sich getroffen haben. Waren Sie bei diesem Treffen auch dabei bzw. involviert?*

H. T.: Nein. Ich wurde unterrichtet, dass Németh und Horn nach Bonn kämen und ein Gespräch mit dem Bundeskanzler persönlich und dem Außenminister haben wollten, aber keine Mitarbeiter dabei haben wollten. Nicht weil sie gegen mich waren. Mir gegenüber

16 Tagebuch, 2.10.1990, S. 567; zum Paneuropa-Picknick: Bauer, Ungarn, S. 127–133, 255–256.

hätten sie noch das Vertrauen gehabt. Aber sie wussten nicht, wen Genscher begleitet und wie weit das Treffen wirklich geheim bleibt. Ich war voll darüber unterrichtet, was sie vorhatten und was sie besprechen wollten. Insofern gab es für mich auch keinen zusätzlichen Informationsbedarf. Kohl hat mich anschließend sowieso unterrichtet. Aber ich hatte Verständnis dafür, dass sie möglichst keine Mitarbeiter beim Gespräch wünschten. Und umgekehrt, wenn Genscher jemanden mitgebracht hätte, wäre die Frage gewesen, warum die Ungarn niemanden mitgebracht haben. Ich war von den Ungarn so 100 %ig in alle Entscheidungsprozesse miteinbezogen, so dass ich auch nicht das Bedürfnis hatte, unbedingt dabei sein zu müssen.

M. G.: *Was war im Kern das Ergebnis dieses Treffens auf höchster Ebene auf Schloss Gymnich?*

H. T.: Das Ergebnis war die Entscheidung der ungarischen Regierung die Grenze ganz öffnen zu wollen, aber der Zeitpunkt war noch nicht entschieden. Den Zeitpunkt wollten die Ungarn mit mir abstimmen.

M. G.: *Im Zuge dieses Gymnich-Treffens*[17] *kommt es zu einer sehr großzügigen Finanzhilfenzusage der Bundesrepublik, d. h. man muss präzise sagen der zwei Bundesländer Baden-Württemberg und Bayern und des Bundes. Es ist von einer Milliarde D-Mark die Rede und zwar 500 Millionen von den beiden Bundesländern und die andere Hälfte vom Bund. Das erfährt die Hauptverwaltung Ausland (HVA) der Stasi und DDR-Medien sprechen von »Silberlingen«, die den Ungarn versprochen worden seien, damit sie mehr Liberalisierung und Öffnung leisten. Es ist nicht geheimzuhalten gewesen. Es mussten aber doch die Bundesländer, somit die Ministerpräsidenten von Bayern und Baden-Württemberg, informiert und eingebunden sein, um diesen Deal zu schnüren. Wie kann man sich das vorstellen?*

H. T.: Die Anfrage lief zuerst über mich an den Bundeskanzler. Als ich ihm sagte, dass die Ungarn einen neuen Kredit brauchen – sie hatten parallel auch schon die Regierungen in Bayern und auch in Baden-Württemberg angesprochen, sagte Kohl: »Ja gut, dann telefonier mal mit deinen Spezis in Paris und USA, ob sie sich beteiligen.« Nicht nur wir allein sollten einen Kredit geben, sondern gemeinsam mit Paris und Washington. Ich habe mit Jacques Attali im Elysee gesprochen und mit Brent Scowcroft in Washington gesprochen. Die Botschaft war: »Wir können nicht.« Weder die Franzosen, noch die Amerikaner waren bereit, einen Kredit zu geben. Meine Antwort an Helmut Kohl: »Entweder gewähren wir den Kredit oder es gibt keinen Kredit.« Dann haben wir den Kredit gewährt. Wir hatten aber die Zusage, dass die Ungarn ihn so schnell als möglich wieder zurückzahlen, was sie auch getan haben. Wir haben keine Unterstützung unserer Bündnispartner bekommen, deswegen haben wir den Kredit zur Unterstützung von Bayern und Baden-Württemberg gewährt. Die Ungarn haben auch, wie zugesagt, relativ frühzeitig zurückgezahlt.

M. G.: *Nochmal zur Klärung: War das primär eine Forderung Ungarns oder eine Geste der Großzügigkeit und des Honorierens ungarischer Liberalisierungsschritte?*

17 Gymnich ist eine Wasserburg der Erftaue in einem Stadtteil von Erftstadt bei Bonn in Nordrhein-Westfalen. Jahrhundertelang war es Sitz des rheinischen Rittergeschlechtes von Gymnich.

H.T.: Letztlich war es beides. Die Ungarn brauchten dringend diesen Kredit, aus welchen Gründen auch immer. Ich hatte genug Vertrauen in Ministerpräsident Németh, dass er keine Forderungen stellt, die er nicht rechtfertigen kann. Er hatte immer Wort gehalten. Von daher habe ich gar nicht angefangen, daran zu zweifeln, ob der den Kredit braucht oder nicht. Er sagte: »Ich brauche ihn.« Das war für mich Begründung genug. Er hatte immer alles, was er mir versprochen hatte, eingehalten und eingelöst, so dass ich auch keine Bedenken hatte, den Bundeskanzler anzusprechen und zu sagen: »Wir müssen helfen.« Dann habe ich auch mit Paris und dem Weißen Haus telefoniert. Beide lehnten ab. Also haben wir es selber gemacht. Und wie zugesagt, ist der Kredit auch relativ früh zurückgezahlt worden. Es ging nach dem Motto: »Hilfst du mir, helfe ich dir.« Ich habe mich auf Németh und Horn blind verlassen und bin auch nie verlassen worden.

M.G.: *In der Nacht vom 10. auf den 11. September 1989 wird tatsächlich die Grenzöffnung durchgeführt. Den in Ungarn befindlichen DDR-Bürgern wird die freie Ausreise ohne Reisedokumente gestattet und damit die ungarische Westgrenze für alle Ostdeutschen geöffnet. Gleichzeitig findet der Bremer Bundesparteitag der CDU statt. Von einigen exponierten CDU-Politikern wird versucht, Kohl praktisch nicht mehr zum Parteivorsitzenden zu wählen. Können Sie uns die Vorgeschichte des Timings und auch die Zusammenhänge zwischen beiden Ereignissen schildern, die offensichtlich keine Zufälle waren, sondern entsprechender Vorbereitung bedurften und auch einer politischen und körperlichen Leistung von Kohl? Wir wissen, dass er unter extrem starken Schmerzen litt und ein Arzt hinter der Bühne bereitstand. Der Ablauf des Parteitags war so zu arrangieren und auch zu inszenieren, so dass die Frondeure praktisch mit einem Schlag chancenlos waren. Wie haben Sie diesen Parteitag persönlich erlebt?*

H.T.: Ja. In der Regel war ich auch immer für seine Parteitagsreden verantwortlich. Eine seiner Reden habe ich einmal auf dem Hamburger Parteitag mit Roman Herzog, dem späteren Bundespräsidenten, formuliert. Er war zu dieser Zeit Chef der Landesvertretung Rheinland-Pfalz in Bonn. Kohl sagte: »Ich habe hier einen Redeentwurf, der taugt nichts. Teltschik und Herzog, Ihr macht mir eine neue Rede.« Herzog saß in meinem Hotelzimmer an der Schreibmaschine und tippte mit zwei Fingern, ich bin auf und abgegangen und wir haben zusammen die Schlussrede vom Kohl formuliert. Damals konnte ich viele interessante Erfahrungen machen. Herzog hatte ich schon als Staatsrechtslehrer in Berlin erlebt. Zu ihm hatte ich eine sehr freundschaftliche Beziehung.

Dieser Parteitag in Bremen war in der Tat mit hohem Risiko verbunden, allein schon aus gesundheitlichen Gründen für Kohl. Er hat wirklich schwer gelitten. Es war klar, dass er den Parteitag nur überstehen kann, wenn ständig medizinische Versorgung möglich und garantiert ist. Wir hatten seinen Hausarzt dabei, der bereitstand, aber glücklicherweise nicht zum Einsatz kam. Wir haben uns sowieso schwer getan zu verstehen, dass in einer Phase, wo sich die Grenze in Ungarn geöffnet hat, wo wir mit der Sowjetunion in engstem Kontakt standen, ja vor dem Höhepunkt unserer Politik, nun der Parteivorsitzende abgelöst werden sollte. Die Frondeure hatten sich über Jahre aufgebaut von Biedenkopf bis hin zu Geißler, selbst Frau Süssmuth. Frau Süssmuth hatte mich ein- oder zweimal privat zu sich nach Hause eingeladen, um mit mir über ihre Beziehung zu Kohl zu sprechen.

Sie litt sehr darunter, dass sie den Eindruck hatte, dass Kohl sie nicht so ganz ernst nahm, was aber nicht zutraf. Aber sie war sehr empfindsam und er hätte sie wahrscheinlich ein-, zweimal öfter streicheln sollen im übertragenen Sinn. Sie war eine sehr sensible Frau, die

Rita Süßmuth, Horst Teltschik und Helmut Kohl im Bundeskanzleramt in Bonn

gegenüber leiser Kritik oder schnoddriger Kritik, so war Kohl oft veranlagt, schon erschrocken ist. Das hat Ängste bei ihr ausgelöst. Immer, wenn sie mich eingeladen hat, habe ich versucht, sie zu beruhigen. Geißler war einer, der zunehmend den Ehrgeiz hatte, alles besser zu wissen, und Biedenkopf sowieso. Wir sind eigentlich nicht unter dem Gesichtspunkt »Sie werden den Sturz von Helmut Kohl schaffen« zum Parteitag gefahren, sondern waren uns aufgrund dieser externen Entwicklungen in Ungarn, in Moskau usw., sicher, dass Kohl wieder die Zustimmung bekommen wird. Es ist ja dann auch gelungen. Aber das hat natürlich Ressourcen aufgebraucht und Nerven gekostet. Es war nicht immer so leicht. Amüsant war die folgende Geschichte. Geißler hatte am Abend vor dem Parteitag eine Veranstaltung für die Delegierten vorbereitet, eine Art Bühnenshow. Es traten plötzlich Damen oben ohne auf. Das war ganz amüsant, nur trauten wir unseren Augen nicht, als am Abend dieses Damenballett auftrat, was natürlich dann Hauptgegenstand der Diskussionen war. Geißler meinte, er hätte das auch nicht gewusst. Der Bundesgeschäftsführer Peter Radunski hat das auch nicht vorher gewusst. Jedenfalls hatten sie zu einer etwas freizügigeren Bühnenshow eingeladen. Das hat wahrscheinlich eher zur Entspannung beigetragen und von der eigentlichen Auseinandersetzung abgelenkt.

M. G.: *Es waren Kurt Biedenkopf, Heiner Geißler, Rita Süssmuth, Lothar Späth und Norbert Blüm, also fünf Spitzenleute der CDU, die zu den Frondeuren zählten – richtig? Das waren nicht alles politische Leichtgewichte oder gehe ich fehl in der Annahme?*

H. T.: Nein, aber Sie müssen sehen, alle hatten ihre politische Karriere Helmut Kohl zu verdanken, denn er hat sie zum Teil von außen geholt. Das war schon erstaunlich. Bei einigen war man nicht sehr überrascht, z. B. Biedenkopf. Warum aber Geißler? Er war Generalsekretär… Der Führungsstil von Helmut Kohl war ein anderer als deren Führungsstil. Hätte man die Revolte verhindern können? Ich weiß es nicht. Es ist schwierig zu sagen.

M. G.: *Was störte diese Leute an Kohl? Er hatte Wahlen gewonnen. Glaubte man nicht mehr daran? War es reine Parteidenke?*

H. T.: Die Kritik an Helmut Kohl richtete sich fast ausschließlich auf seine Innenpolitik. Die Dimension der internationalen Politik ist den Kritikern wahrscheinlich gar nicht so bewusst gewesen. Was ich immer bedauert habe, Herr Geißler war sich auch zu schade, mit mir zu sprechen so nach dem Motto: »Ich bin kein Kollege. Ich bin nicht seine Ebene.« Mit Biedenkopf hatte ich eine sehr ambivalente Beziehung. Als er beispielsweise Generalsekretär wurde, hatte ich für Kohl eine Rede in den USA vorbereitet beim Chicago Council for Foreign Relations und hatte sie ihm zugeleitet. Dann rief er zurück, er käme nach Mainz und er wolle mit mir nochmal über die Rede sprechen, aber er käme erst spät abends. Es war 21.30/22.00 Uhr, als er in Mainz eintraf. Wir sprachen über die Kohl-Rede und er sagte: »Herr Teltschik, man müsste das und das noch ansprechen.« Darauf sagte ich ihm: »Herr Prof. Biedenkopf, das ist auf Seite xy angesprochen.« Ich merkte im Verlauf des Gesprächs, er hatte meine Rede gar nicht gelesen, denn er sprach Punkte an, die in der Rede enthalten waren. Ein Mitarbeiter von ihm hatte ihm ein paar Punkte aufgeschrieben, die er unter Umständen verstärkt haben wollte usw. Aber ich dachte: »Wo bin ich denn jetzt? Da kommt ein Generalsekretär, spricht mit mir über meine Rede und hat sie nicht gelesen.« Das empfand ich schon an der Grenze des Erträglichen.

M. G.: *Offenbar hatten diese Frondeure oder Rebellen, aus Kohls Sicht vermutlich »Verräter«, nicht den Glauben, dass er nochmal eine Wahl gewinnen könne, und hatten sich dabei fundamental getäuscht unter Unterschätzung der sich anbahnenden deutschlandpolitischen Veränderungen?*

H. T.: Sie müssen die Gesamtsituation sehen. Wir hatten immer Wahlergebnisse gut über 40 %. Die Umfragen waren immer eher an der absoluten Mehrheit. Das nun plötzlich die Umfragen nur an 40 % reichten, war eine Katastrophe für die Union. Im Nachhinein sagt man, glücklich wären wir, wenn wir sie heute hätten. Die Zehn-Punkte-Rede hat ja ihren Ursprung darin. Kohl hatte uns – einen kleinen Kreis von Vertrauten – wegen der schwächeren Umfrageergebnisse abends in den Bungalow eingeladen. Er wollte, dass wir zusammenkommen und darüber sprechen, was zu tun ist, damit die Umfragen wieder besser werden. Da habe ich gesagt: »Herr Bundeskanzler, da gibt es jetzt nur eine Antwort. Sie eröffnen nächste Woche im Bundestag die Haushaltsdebatte. Jetzt ist der Zeitpunkt zu sagen: »Ich will die Deutsche Einheit.« So ist die Zehn-Punkte-Rede zustande gekommen. Ursprünglich ging es nicht um die DDR oder um das Thema Einheit. Nein, es ging um die Frage, was müssen wir tun, damit die Umfrageergebnisse besser werden.

M. G.: *Können wir noch einmal auf das unmittelbare Vorfeld der offiziellen Öffnung der Grenze zwischen Ungarn und Österreich eingehen? Was das genaue Timing angeht, hatte laut Andreas Oplatka Ungarns Premier Németh kurz zuvor mit Ihnen in englischer Sprache telefoniert. Es ging um die genaue Fixierung des Zeitpunkts. Ursprünglich sollte die Öffnung schon* *am 6. September erfolgen, wurde dann aber auf Ihren Wunsch hin auf den 10./11. September verschoben.*[18] *Warum wurde der Termin verschoben? Zuvor hatte schon der SPD-Politiker Karsten Voigt in Budapest geweilt und nach seinen Erkundungen aufgrund einer undichten Stelle auf ungarischer Seite durch seine vorzeitigen Verlautbarungen von einer bevorstehenden Grenzöffnung durch Zeitungsinterviews für Aufregung und Unruhe gesorgt. Wie weit kam dadurch das Bundeskanzleramt unter Zeitdruck, stieg der Handlungsbedarf und musste man entsprechend zügig reagieren? Dies würde aber wiederum gegen eine Terminverschiebung sprechen.*

H.T.: Für die zeitliche Verschiebung gab es nur einen Grund: der CDU-Bundesparteitag stand bevor. Eine Palastrevolution gegen Kohl kündigte sich an. Der neue Öffnungstermin mit dem Beginn des Parteitages konnte Helmut Kohl stärken und tat es. Es war mit sein Erfolg.

M.G.: *Nochmals zu diesen Vorgängen der ungarisch-österreichischen Grenzöffnung: Wie weit bestand ein Dreieck Bonn-Budapest-Wien*[19]*? Es musste ja Österreich eingebunden sein. Bundespräsident war Thomas Klestil, Bundeskanzler Franz Vranitzky und Außenminister Alois Mock. Der Bürgermeister von Wien, Helmut Zilk, musste auch einbezogen werden, Busunternehmen, das österreichische Rote Kreuz und die Caritas. Damals war Dietrich Graf von Brühl deutscher Botschafter in Wien. Gleichzeitig ist auch das Auswärtige mit Michael Jansen einbezogen als Abgesandter von Genscher in Budapest. Wie lief das zwischen Auswärtigem Amt und Bundeskanzleramt in diesen Tagen vor dem 10./11. September 1989 ab, als die offizielle Grenzöffnung erfolgte? Hat Bonn abgestimmt agiert?*

H.T.: Ich habe mich nicht eingemischt. Das Auswärtige Amt hat das mit den österreichischen Kollegen organisiert. Kohl hatte ja zu Mock freundschaftliche Beziehungen, wie eigentlich zu allen von der ÖVP. Es gab auch gar keinen Abstimmungsbedarf. Ich bin jetzt überfragt, ob Kohl persönlich etwas gemacht hat, denn er erledigte ja vieles immer telefonisch. Schon morgens um 7.00 Uhr rief er Leute an. Ich wurde in solche Entwicklungen nur einbezogen, wenn es irgendwo hakte, so nach dem Motto: »Kümmer dich mal drum.« Die ÖVP-Politiker waren für ihn Freunde und Kollegen. Ich hatte nie das Gefühl, dass mit unseren österreichischen Partnern irgendwo ein Problem auftreten könnte.

M.G.: *Am 30. September 1989 befinden sich rund 7.000 DDR-Flüchtlinge in den Botschaften, mehr als 800 in Warschau, ca. 6.000 in Prag. Diese Leute bekommen schließlich die Genehmigung, über die DDR in die Bundesrepublik Deutschland auszureisen. Am 30. September 1989 verkündete Hans-Dietrich Genscher vom Balkon der bundesdeutschen Botschaft in Prag die Ausreisegenehmigung für Tausende DDR-Flüchtlinge. Genscher sagt nicht: »Ich bin zu Ihnen gekommen«, er sagt: »Wir sind zu Ihnen gekommen.« Das gilt auch als ein Meilenstein auf dem Weg zum 9. November 1989. Mit dieser Mitteilung und dem aufbrandenden Jubel der*

18 Andreas Oplatka, Der erste Riss in der Mauer. September 1989 – Ungarn öffnet seine Grenze, Wien 2009, S. 212–213; Andreas Schmidt-Schweizer (Hrsg.), Die politisch-diplomatischen Beziehungen der Wendezeit 1987–1990, Berlin – Boston 2018.

19 Siehe hierzu auch: Michael Gehler, Bonn – Budapest – Wien. Das deutsch-österreichisch-ungarische Zusammenspiel als Katalysator für die Erosion des SED-Regimes 1989/90, in: Andrea Brait/Michael Gehler (Hrsg.), Grenzöffnung 1989. Innen- und Außenperspektiven und die Folgen für Österreich (Schriftenreihe des Forschungsinstitutes für politisch-historische Studien der Dr.-Wilfried-Haslauer-Bibliothek Salzburg 49), Wien – Köln – Weimar 2014, S. 135–162.

Flüchtlinge wird der Name Genschers verbunden. Welchen Anteil hatte das Bundeskanzleramt an diesem Ergebnis? Wie weit waren auch Sie eingebunden bzw. von den Vorbereitungen und Vorgängen informiert? Es war ja für Kenner der Lage klar, dass es keine reine Angelegenheit des Auswärtigen Amtes war. Dennoch war das der *Auftritt von Genscher wenn auch im Beisein von Seiters. Wie weit hat Kohl Genscher hier bewusst freie Hand gelassen, um ihm Sichtbarkeit zu ermöglichen, um aber auch mit Seiters ihm einen Mann zur Seite zu stellen und klar zu machen, dass es nicht nur Genschers Show ist? Hat ihn das letztlich aber doch auch besänftigt in seinem Bestreben, immer vorneweg und öffentlich präsent zu sein?*

H. T.: Ja, mit Sicherheit. Genscher hat das sichtlich genossen. Mitarbeiter vom Auswärtigen Amt haben dann die Züge begleitet. Insofern war das schon operativ eine Angelegenheit des Außenministeriums. Seiters war in Prag dabei. Aber das, was ich schon moniert habe: Seiters hat eine mindestens gleich wichtige Rolle gespielt bei der Regelung der Ausreise. Wir hatten eine Abstimmung mit der DDR. Das war ja keine außenpolitische Sache, sondern vor allem auch eine innerdeutsche. Da war Seiters vergleichbar verantwortlich, zuständig und tätig. Aber wenn Sie sich die Szene ansehen, steht Seiters im Hintergrund, fast nicht sichtbar. Außenminister Genscher ist derjenige, der den ganzen Jubel doch sehr selbstbewusst anzieht. Das fand ich schon unfair. Ich kenne Seiters gut. Er ist persönlich zu bescheiden, um sich demonstrativ neben den Außenminister zu stellen. Ich hatte Kollegen, die es immer verstanden, wenn wir mit dem Kanzler unterwegs waren und Fernsehen dabei war, sehr nahe beim Bundeskanzler zu stehen, z. B. beim Auftritt in Dresden. Ich hatte zwar vielfach die Verantwortung, aber mich sehen Sie nicht beim Kanzler stehen, sondern ich bin unter die Leute gegangen. Ich habe mich in die Menge gestellt, um die Stimmung aufzunehmen. Es gab eben nicht nur die jubelnden Leute, sondern auch einige, die nur dastanden und denen die Tränen runterliefen und welche, die nur dastanden und schwiegen und die, die jubelten. Aber es war für mich viel wichtiger, diese Atmosphäre aufzunehmen. Seiters war immer ein bescheidener Politiker, der sich nicht demonstrativ neben Genscher gestellt hat, sondern in der zweiten Reihe stand. Genscher war auch nicht derjenige, der gesagt hat: »Komm Seiters, stellen Sie sich zu mir.« Das hätte ja auch passieren können.

Fazit: für die Überführung der DDR-Flüchtlinge von Prag in die Bundesrepublik lag bei Seiters das Hauptverdienst.[20] Genscher hat ihn jedoch optisch und verbal durch seinen Auftritt auf dem Balkon der Botschaft in Prag für sich in Anspruch genommen. Wenn er fair gewesen wäre, hätte er dafür gesorgt, dass Seiters auf dem Balkon neben ihm und nicht hinter ihm stehen musste. Ich selbst war an diesen Entscheidungen nicht beteiligt.

M. G.: *Wie würden Sie grundsätzlich Ihr Verhältnis zum Auswärtigen Amt beschreiben – einmal abgesehen von Genscher? Das ist aber vermutlich kaum zu trennen.*

H. T.: Zur Vorbereitung von bilateralen oder multilateralen Gipfelgesprächen habe ich immer wieder die zuständigen Kollegen im Auswärtigen Amt und meine Experten zu gemeinsamen Gesprächen eingeladen. Auf manche unserer Vorschläge erhielt ich die Antwort der AA-Experten, dass Außenminister Genscher diese Position nicht unterstützen werde. Das eine oder andere Mal suchte ich daraufhin Genscher auf und erläuterte meine Position. In

20 Vgl. auch Rudolf Seiters, Vertrauensverhältnisse. Autobiographie (Unter Mitarbeit von Carsten Tergast), Freiburg – Basel – Wien 2016, S. 114–120.

der Regel erklärte mir Genscher seine Zustimmung: »Herr Teltschik, Sie haben recht. Wir machen das so.«

Diese Erfahrung machte ich bereits Anfang Oktober 1982 bei der Vorbereitung der ersten Regierungserklärung des neu gewählten Bundeskanzlers Helmut Kohl, mit der er mich beauftragt hatte. Die Geschichte habe ich Ihnen schon erzählt.[21] Ich traf den Außenminister im Garten seines Privathauses in Pech/Bad Godesberg und erläuterte ihm meinen Textentwurf. Er sei von dem neuen Entwurf nicht überrascht, erwiderte Genscher, und akzeptierte ihn ohne Abstriche.

Dennoch blieb unsere Beziehung ambivalent. Als Außenminister Genscher 1989 einen Herzinfarkt erlitt, rief mich an einem Samstagmorgen sein Politischer Direktor Gero von Braunmühl an und teilte mir mit, dass der Außenminister mich noch heute in der Klinik auf dem Venusberg in Bad Godesberg sprechen wolle. Genscher lag hochgestützt in seinem Bett und sprach mit mir lebhaft über dies und jenes, wobei ich mir ständig überlegte, um was es ihm eigentlich ging und vor allem, welche Erwartung er an mich hatte. Als ich nach zwei Stunden nach Hause zurückkehrte, sagte ich zu meiner Frau, dass Genschers Anliegen vermutlich nur darin bestanden habe, mir zu verstehen zu geben, dass er noch lebe und mit ihm noch zu rechnen sei.

M. G.: *Genscher war offensichtlich so ambitioniert, dass er sogar den Wunsch geäußert hat, er wolle in diesen Zügen mit den DDR-Ausreisewilligen von Prag, die über Dresden in den Westen Deutschlands geleitet wurden, also mit diesen Tausenden von Flüchtlingen mitfahren. Es ist dann aber nicht dazu gekommen. Genscher hatte gesundheitliche Probleme. Der Arzt hatte abgeraten, weil er – soweit bekannt – eben mit dem Herzen Probleme hatte. So ist Wolfgang Ischinger mitgefahren. Offensichtlich war man sich nicht 100 %ig sicher, ob die Ostdeutschen, wenn sie schon über DDR-Territorium ausreisen mussten, wirklich heil und sicher in die Bundesrepublik gelangen konnten. War das noch ein Unsicherheitsfaktor? Honecker hat ja damit demonstrieren wollen, dass die DDR mit dieser merkwürdigen Entscheidung noch souverän sei und so agieren würde, die Hans Modrow als SED-Bezirkschef in Dresden in größte Bedrängnisse brachte. Wie hat man das in Bonn aufgenommen?*

H. T.: Die Ereignisse in Dresden am Hauptbahnhof haben gezeigt, wie sensitiv die Lage war. Sie konnten ja der SED nicht vertrauen. Hans Modrow war der verantwortliche Parteisekretär in Dresden. Er hatte nicht verhindern können, als die Ausschreitungen am Hauptbahnhof stattfanden und die DDR-Bürger versucht haben, die Züge zu besteigen und man nicht sicher war, wie die Volkspolizei agieren würde. Bei den Massendemonstrationen lag die NVA vollbewaffnet hinter den Büschen. Das erzählte man mir in Leipzig nach der Wiedervereinigung, als ich ich mit einer Gruppe von Leipziger Bürgern zusammen war, die damals eine Rolle gespielt haben, um den militärischen Einsatz der NVA zu verhindern. Der Bekannteste war der Kapellmeister des Gewandhauses in Leipzig Kurt Masur.

Ich habe mich mit diesen Leuten auf Wunsch von DDR-Bürgern getroffen und gesprochen, um im Nachhinein einiges zu klären, warum, was, wie gelaufen ist. Dabei habe ich auch erfahren, wie gefährlich die Situation auch in Dresden war, wo Modrow verantwortlich war. Er galt ja als der Gemäßigste, aber er konnte das nicht abwehren und hat nicht verhindert, was sich da abgespielt hat mit der Volkspolizei, der NVA usw. D. h. die Durch-

21 Siehe Nachbetrachtungen, S. 580–581.

reise war eine sensible Angelegenheit, von der man nicht wusste, ob sie reibungslos läuft oder die NVA sie aufhält oder was auch immer.

M. G.: *Das Ganze koinzidiert zeitlich mit den Republikfeierlichkeiten zum 40jährigen Jubiläum der Staatsgründung der DDR, während diese Ausschreitungen in Dresden stattfanden. Hat man diese offiziellen Feiern, die zum Teil direkt übertragen worden sind – propagandistisch entsprechend inszeniert – in Bonn genau verfolgt, z. B. wie die Begegnung zwischen Gorbatschow und Honecker verlief? Saß man vor dem Fernseher?*

H. T.: Soweit waren wir nicht. Wir hatten doch keine Fernseher in unseren Büros. Wir konnten das nur mitverfolgen, wenn wir zuhause waren.

M. G.: *Interessant! Sie hatten keine Fernsehgeräte im Büro?*

H. T.: Nein.

M. G.: *Das ist ja unglaublich! Technisch wäre es ja möglich gewesen. Es gab ja schon genug Fernsehgeräte.*

H. T.: Der Bundeskanzler hatte ein Fernsehgerät. Der Chef des Kanzleramtes wahrscheinlich auch, aber sonst keiner.

M. G.: *Das ist wirklich interessant: die Forschung spricht ja von einer TV-Revolution 1989. Fernsehbilder hatten die Menschen so bewegt, z. B. bei der Grenzöffnung Ungarn-Österreich. Dass Sie keinen Fernseher im Büro hatten, finde ich bemerkenswert. Das erscheint als lächerliches Detail, aber es ist gar nicht so lächerlich, sondern eher unglaublich. Meinen Eltern hatten einen Fernseher im Wohnzimmer und Tag für Tag das aufregende Geschehen verfolgt.*

H. T.: Nein, das fällt mir jetzt auch zum ersten Mal auf, dass wir keinen Fernseher hatten.

M. G.: *Das ist wirklich überraschend, denn man konnte ja den Teletext schon lesen und bewegte Bilder gab es genug. Es waren ja dann auch viele Live-Sendungen zu sehen. Teletext gab es seit 1980.*

H. T.: Wir waren nicht sehr fortschrittlich.

M. G.: *Es kommt zu dieser berühmten und viel zitierten Begegnung. Gerassimow, Sprecher von Gorbatschow, übersetzt diese Sätze, die wortwörtlich anders lauten als sie sinngemäß wiedergegeben worden sind: »Wer zu spät kommt, den bestraft das Leben!« Die Formulierung lautete im Original etwas anders. Wurde diese Äußerung von Gorbatschow gegenüber Honecker in Bonn überhaupt wahrgenommen zu diesem Zeitpunkt, als er das in Ost-Berlin so deutlich zu Honecker sagt? Oder ist das erst im Nachhinein so bedeutsam geworden und entsprechend aufgewertet worden?*

H. T.: Nein, mit dem Besuch Gorbatschows ist offensichtlich geworden, dass die SED die Bürger nicht mehr unter Kontrolle bringen konnte, und zweitens, dass bei dem Vorbeimarsch an der Tribüne die »Gorbi, Gorbi«-Rufe im Zentrum standen und sicherlich ihre Wirkung bei den dort stehenden Politbüromitgliedern der SED hatten. Dass auf der einen Seite diese Herren feiern und auf der anderen Seite die Demonstrationen stattfanden, die in Prügeleien ausarteten, haben wir schon sehr aufmerksam verfolgt.

M. G.: *Wie haben Sie sich tagtäglich in diesen dramatischen Monaten informiert? Haben Sie Rundfunk gehört? Haben Sie die wichtigsten Tageszeitungen auf dem Tisch gehabt?*

H. T.: Im Vergleich zu den Möglichkeiten von heute kann man sagen, dass es fast armselig war. Wir hatten Tageszeitungen, klar, und den Pressedienst vom Bundespresseamt. Jeden Morgen in der Regel hatten wir eine sogenannte Morgenlage beim Kanzler, wo der Pressechef des Kanzleramtes, Dr. Ackermann, einen Lage- oder Medienbericht gab, so dass man in groben Zügen unterrichtet war. Unter diesem Gesichtspunkt ging es um die Frage, was ist relevant und was weniger? Was müssen wir tun, müssen wir irgendwo reagieren oder nicht? Ich nannte es immer das »Morgengebet« beim Kanzler. Dort wurden auch Aufträge erteilt. Aber wir hatten kein Fernsehen und auch keinen Rundfunk in den Büros. Es gab noch die BND-Berichte, die aber nicht so aktuell waren, als dass man sie am gleichen Tag lesen musste. Sie lagen oft eine Woche bei mir und manchmal blätterte ich sie durch und fragte mich, ob ich etwas verpasst habe. Es war eigentlich wenig, was ich da verpasst hätte.

M. G.: *Es war also noch das klassische Papier. Das papiervolle Büro hatte noch fröhlichste Urstände gefeiert. Ich kann mir bis heute auch kein papierloses Büro vorstellen.*

H. T.: Jeden Tag kam ein Stoß von Berichten der Botschafter bei mir an. Ich hatte zum Glück immer einen persönlichen Referenten, dessen Aufgabe es war, das zu überfliegen und mir vorzulegen, was wichtig oder weniger wichtig war.

M. G.: *Im Rückblick kommen Forscher und Historiker immer mehr zum Ergebnis, dass der 9. Oktober 1989 ein ganz entscheidendes Datum war, wenn nicht sogar der eigentliche Tag der deutschen Einheit gewesen ist. Es kommt in Leipzig zur bis dato größten Demonstration in der DDR. Die Lage war prekär und brisant, weil man nicht wusste, ob Sicherheitskräfte eingreifen, Volkspolizei, Betriebskampftruppen, NVA. Manche fürchteten eine Situation wie vor dem 17. Juni. Kohl soll sich in diesen Tagen um einen direkten Telefonkontakt mit Honecker bemüht haben. Gelang dieser Telefonkontakt? Was konnte in Erfahrung gebracht werden? Offensichtlich interessierte sich der Bundeskanzler dafür, wie Honecker entscheiden würde.*

H. T.: Ich kann Ihnen dazu leider nichts sagen, weil das nicht mein Verantwortungsbereich und ich damit nicht befasst war. Das war Aufgabe des Chefs des Bundeskanzleramtes Seiters.[22] Was er erfahren und wie er Helmut Kohl einbezogen hat, kann ich Ihnen nicht beantworten.

22 Laut der Erinnerung von Rudolf Seiters gab es am 9. Oktober weder ein Telefonat mit Honecker noch eine Anfrage. Eine frühere Anfrage des Bundeskanzlers vom 3. Oktober war mit der Begründung abgelehnt worden, der Generalsekretär stehe aus Termingründen bis zum 7. Oktober nicht zur Verfügung. Kohl gab in seinen Erinnerungen an: »Überhaupt hat es den Anschein, als bunkere sich die SED-Führung um den erkrankten Honecker immer mehr ein.« Am 9. Oktober gab es insoweit ausschließlich einen schriftlichen Appell des Bundeskanzlers an die DDR-Führung. Auskunft von Rudolf Seiters für den Verfasser, 24. 1. 2024.

M. G.: *Am 18. Oktober 1989 tritt Erich Honecker als Generalsekretär der SED und von seiner Funktion als Chef des Politbüros der SED zurück. Das war aber noch nicht alles: Am 24. Oktober 1989 tritt er auch als Vorsitzender des Staatsrates und des Nationalen Verteidigungsrates zurück. Nachfolger wird Egon Krenz für alle Funktionen. Haben Sie Erinnerungen an diese Tage? Was haben Sie empfunden, als Sie erfuhren: Honecker ist praktisch weg vom Fenster?*

H. T.: Es kam ja nicht ganz unerwartet, dass Honecker abgelöst werden würde. Das hatten uns auch schon unsere sowjetischen Gesprächspartner signalisiert. Die gesamte Entwicklung in der DDR lief darauf hinaus, irgendwann wird Honecker abgelöst. Dann kam Krenz und es wurde wieder amüsant, denn er nahm relativ schnell telefonischen Kontakt mit dem Bundeskanzler auf. Ich war Ohrenzeuge dieses Telefonats. Krenz sprach mit Kohl wie mit einem alten Kumpel. Ich dachte mir, wenn der jetzt neben Kohl stehen würde, würde er ihm auf die Schulter klopfen und sagen: »So Helmut, jetzt packen wir es gemeinsam an.« In diesem Stil redete Krenz mit Kohl, den er vorher nie getroffen und nie gesprochen hatte. Ich dachte »Na, ja Bursche, da haben wir ja was zu erwarten.« Amüsant für mich war, dass dann kurze Zeit später der sowjetische Botschafter Kwizinskij zu mir kam, und sagte: »Herr Teltschik, ich habe einen guten Rat für Ihren Chef. Er soll sich mit Krenz nicht treffen.« Er werde den nächsten Parteitag der SED nicht überleben. Es war aber das Interesse von Krenz, möglichst rasch ein Gespräch mit Kohl zu haben. Ich sagte, das sei interessant. Die sowjetische Seite sagt uns »Kein Gespräch mit Krenz«. Ich habe natürlich Kohl sofort darüber unterrichtet und es kam auch nie zu einem Treffen, nur zu Telefonaten. Krenz hat sich erst im letzten Jahr bei mir nochmal erkundigt – ich hatte es auch öffentlich gemacht eines Tages – wer mich denn von sowjetischer Seite unterrichtet hätte, dass Kohl sich mit ihm nicht treffen sollte. Als ich ihm dann sagte, das sei der sowjetische Botschafter Kwizinskij gewesen, war er erstaunt und auch schockiert, dass die Sowjets uns warnten, mit ihm zusammenzutreffen.

M. G.: *Das erwähnte Telefonat zwischen Kohl und Krenz fand am 26. Oktober 1989 statt. Am 1. November besucht Krenz Gorbatschow in Moskau, um sich dort offensichtlich rückzuversichern. Wie weit war man über diesen Besuch von Krenz in Moskau über die bundesdeutsche Botschaft informiert? Konnten Sie weitere Schlüsse ableiten wie politisch gewichtig überhaupt Krenz noch sein würde?*

H. T.: Der Besuch hat ja keine überraschenden Ergebnisse gebracht. Krenz' Botschaft war, dass er eng mit der Bundesregierung zusammenarbeiten wolle. Er konnte auch nicht mehr mit ökonomischer Unterstützung der Sowjetunion rechnen. Die war selber pleite. Die Aussagen von Krenz waren für uns auch nicht überraschend. Er wollte sich natürlich absichern. Er wollte die DDR absichern. Die Sowjetunion und Gorbatschow waren zu diesem Zeitpunkt noch nicht so weit zu sagen: »Die DDR sei in Kürze nur noch Geschichte.«

M. G.: *Der Besuch von Krenz in Moskau muss in gewisser Weise für ihn schon alarmierend gewesen sein. Er hat praktisch Gorbatschow ins Gewissen reden wollen, dass die DDR so etwas wie ein Kind der Sowjetunion sei. Gorbatschow hat in einer etwas missverständlichen Weise eine russische Erzählung zitiert, dass es einen Faden gebe und jeder Faden einmal ein Ende habe. Krenz konnte ahnen, was das bedeuten würde, wenn er helle war. Wie schnell er das gleich erfasst hat, dass hier etwas zu Ende gehen würde, ist eine andere Sache.*

Wir kommen schon zum 3. November 1989. Es fanden die 54. deutsch-französischen Konsultationen statt. Mitterrand erklärt in diesem Zusammenhang, er habe keine Angst vor der deutschen Einheit. Das sagt er am 3. November 1989, als die Mauer in Berlin noch steht. Hat Mitterrand mit der deutschen Einheit eher gerechnet als Kanzler Kohl und sein Chefberater Teltschik? Wie würden Sie Mitterrands Rolle in dieser Phase einordnen?

H.T.: Wir hatten ein normales bilaterales Arbeitstreffen. Das gab es zweimal im Jahr, einmal in Paris und einmal in Bonn. Es war klar, dass zu diesem Zeitpunkt sich Helmut Kohl und Mitterrand ausschließlich über Fragen unterhalten haben wie: Was geschieht in den Warschauer Pakt-Staaten? Was ist in Moskau los? Welche Konsequenzen wird das haben? Wo führt das hin usw.? Also man hat gewissermaßen gemeinsam eine Lageanalyse diskutiert. Kohl sagte dann in den Gesprächen: »François, wir gehen ja anschließend vor die Presse. Erläutere doch mal die französische Position zu diesen Entwicklungen und auch zur deutschen Frage.« Wenn Sie die Aussagen von Mitterrand nachlesen, waren sie erfreulich positiv für die Bundesregierung, sehr unterstützend und Sie finden keinen Hinweis auf eine zögerliche oder zurückhaltende Position Frankreichs. Wir haben es so empfunden, dass sich Mitterrand klar hinter unsere Politik stellte. Umso überraschter waren wir dann später, als wir aufgrund der Zehn-Punkte-Rede merkten, wie zurückhaltend und zögerlich Mitterrand darauf reagierte. Sein Auftritt vor der Bonner Presse war das Hauptargument für mich, Kohl zu sagen, er müsse ihn über seine Zehn-Punkte-Rede nicht unterrichten, denn Mitterrand habe sich gerade klar hinter seine Positionen gestellt. Ich befürchtete, wenn Kohl Mitterrand angerufen und angekündigt hätte, morgen an die Öffentlichkeit zu gehen, hätte Mitterrand gesagt: »Helmut, Du weißt, ich unterstütze dich, aber lass uns vorher nochmal darüber reden.«

M.G.: *Am 6. November 1989 wird der angekündigte Regierungsentwurf eines neuen DDR-Reisegesetzes aufgrund seiner bürokratischen, sprich restriktiven Vorschriften in der DDR öffentlich kritisiert. Der zuständige Volkskammerausschuss verwirft die Vorlage als unzureichend. Am 7. November 1989 tritt die DDR-Regierung unter Willi Stoph zurück. Das Chaos scheint perfekt. Am 8. November 1989 tritt in Ost-Berlin zu Beginn der 10. Tagung des ZK der SED das Politbüro geschlossen zurück. Das ZK der SED wählt ein verkleinertes neues Politbüro. Der schon erwähnte SED-Bezirkschef von Dresden, Hans Modrow, soll neuer Ministerpräsident werden, was am 13. November 1989 geschieht. Was wusste man über Modrow? Wie hat man ihn eingeschätzt? Als »Hoffnungsträger«, als der er in westdeutschen Printmedien gehandelt wurde oder sogar als Art »Gorbatschow der DDR«?*

H.T.: Als solchen haben wir ihn nicht betrachtet. Er galt in der Tat als eher moderat. Aber ich kann mich nicht erinnern, dass wir große Erwartungen an Modrow geknüpft hätten. Dafür war er auch weitgehend zu unbekannt. Was aus unserer Sicht für ihn belastend waren, sind die Ereignisse in Dresden bei der Abwicklung der Durchfahrt dieser Züge mit den DDR-Bürgern gewesen. Er war nicht in der Lage gewesen, Ruhe und Ordnung zu schaffen, damit die Züge problemlos über Dresden in die Bundesrepublik fahren konnten. Er galt als moderater SED-Vertreter, aber er war von der SED. Für uns war er kein Hoffnungsträger in dem Sinne, dass wir jetzt die Erwartung hätten, mit Modrow können wir alle Probleme dieser Welt lösen.

M. G.: *Konnte man in ihm eine Gefahr sehen, dass er in der Lage ist, die ostdeutsche Bevölkerung auf eine eigenstaatliche und neue reformorientierte DDR einzustimmen? Bekannt war, dass er ein Gegner Honeckers war und dieser seinerzeit versucht hatte, ihn kalt zu stellen und nach Dresden zu beordern, also abzuschieben. Bekannt war auch, dass der sowjetische Botschafter in der DDR Pjotr Andrejewitsch Abrassimov mit Modrow 1987 zusammengekommen war. Es waren Gerüchte im Umlauf, dass Modrow möglicherweise von sowjetischer Seite als Nachfolger Honeckers gehandelt werden würde. Bekannt war aber auch, dass Modrow an der Fälschung bei der Kommunalwahl im Mai 1989 beteiligt war. Modrows Erscheinungsbild war daher ambivalent. Hat man ihn eventuell phasenweise als jemanden gesehen, der den Einigungsprozess im Frühjahr 1990 vor den Volkskammerwahlen soweit noch aufhalten könnte, wodurch zunehmend Widerstände hätten entstehen können, die eine rasche zügige Einigung verhindern konnten?*

H. T.: Ich kann Ihnen jetzt nicht beantworten, wie unsere deutschlandpolitischen Experten im Kanzleramt Modrow eingeschätzt haben oder wie Bundesminister Seiters ihn eingeschätzt hat. Ich kann nur aus meiner Erinnerung sagen, dass ich nicht den Eindruck hatte, mit Modrow seien große Erwartungen verknüpft worden und er fundamentale Veränderungen einleiten würde. Im Gegenteil, wir waren sehr gespannt, was er dem Bundeskanzler anlässlich des Besuchs in Dresden berichten wird, was er jetzt in der DDR vorhat, ob er Reformen einleiten wolle, welche und wie er die Beziehungen zur Bundesrepublik Deutschland entwickeln wolle. Ich war bei diesem Gespräch als einziger Mitarbeiter dabei. Es verlief enttäuschend. Als es zu Ende war, sagte ich leise zu Kohl: »Den können Sie vergessen. Der weiß ja nicht, was er tun soll.« Wie es bei den Warschauer Pakt-Staaten bei jedem Gespräch mit einem westlichen Politiker üblich war, haben die Parteichefs in der Regel erst einmal eine Stellungnahme vorgelesen, die sie im Politbüro abgestimmt hatten, eine offizielle Erklärung von zehn Minuten. Auch Modrow fing an, so ein Statement vorzulesen über Frieden, Abrüstung, Rüstungskontrolle und Eierkuchen, diesen üblichen sozialistischen Schwachsinn, den wir schon zum Überdruss gehört und gelesen hatten. Wir erwarteten, dass er sagt: »Herr Bundeskanzler, ich werde jetzt in der DDR das und das tun. Ich werde Wirtschaftsreformen und politische Reformen einführen.« Oder was auch immer. Nichts. Nur Frieden, Entspannung, Abrüstung, Eierkuchen, und das so zehn bis 15 Minuten lang. Ich dachte: »Oh mein Gott. Den Schwachsinn schreiben wir gar nicht auf.« Die letzten zehn Minuten waren der Bundeskanzler und Ministerpräsident Modrow unter vier Augen. Als sie dann aus dem Besprechungszimmer herauskamen, nahm mich Modrow bei Seite und sagte: »Also Herr Teltschik, ich habe gerade mit Ihrem Chef darüber gesprochen, es geht um einen Kredit für die DDR.« Darüber müsste jetzt verhandelt werden. Und Kohl sagte, der Beauftragte auf seiner Seite sei ich. Ich dachte mir: »Schon wieder ich.« Immer Kredite verhandeln und das mit der DDR. Er sagte, mein Partner sei der Chef vom Planungsstab, ein Fachmann, sie hatten eine Devisenbehörde. »Ich nehme das zur Kenntnis«, sagte ich. Ich bin heute noch stolz darauf, dass es nie zu einem Gespräch darüber gekommen ist. Ich hatte nie Zeit, wenn er Zeit hatte. So haben wir verhindert, dass der Kredit vereinbart wurde.

3. Hintergründe und Informationen zum Tagebuch

M. G.: *Bevor wir zum 9. November kommen, stellt sich eine Reihe von Fragen mit Blick auf Ihre seinerzeitige Buchveröffentlichung. Wie kam es zur Entscheidung, Ihr Tagebuch, wenn auch sehr stark gekürzt, so frühzeitig schon im Jahre 1991 zu veröffentlichen?*

H. T.: Ich habe sehr früh im Bundeskanzleramt angefangen, mir Notizen zu machen aufgrund der Tatsache, dass ich täglich oft eine Vielzahl von Gesprächen hatte. Es fing mit dem sogenannten Morgengebet beim Bundeskanzler, oft mit konkreten Aufträgen verknüpft an. Es folgten Gespräche mit Mitarbeitern, einzeln und gemeinsam. Anschließend folgte die Lage beim Chef des Kanzleramtes. Es kamen zahllose Botschafter zu mir, bis hin zu Ministern und Bundestagsabgeordneten. In meinem Tagesablauf folgte ein Gespräch nach dem anderen. Abends überlegte ich dann oft: »Mit wem hast du jetzt was besprochen?« Als Politikwissenschaftler dachte ich mir, es ist ja nicht so blöd, wenn ich mir notiere, was ich mit wem verabredet habe. So habe ich begonnen, mir relativ systematisch Notizen zu machen und oft, wenn ich mitternachts nach Hause kam, habe ich weitergeschrieben.

1991 war ich bei der Bertelsmann Stiftung und wurde vom Siedler-Verlag angesprochen, ob ich nicht etwas schreiben könnte. Es gab den Vorschlag, das in Form eines Tagebuches zu machen. Als Stiftungschef hatte ich ja abends relativ frei. Einiges ging ja weiter. Ich habe für die Bertelsmann Stiftung eine Ost-West-Konferenz initiiert mit dem Ziel, wichtige Persönlichkeiten aus Politik, Wirtschaft und Gesellschaft auf beiden Seiten zusammen zu führen. Nicht mehr als 50 Leute sollten dort zwei Tage ins Gespräch gebracht werden, um gemeinsam zu diskutieren. Das habe ich u. a. mit dem Bundeskanzler vorbesprochen. Eine bunte Schar von Spitzenpolitikern kam. Helmut Kohl sagte plötzlich: »Das ist ja unglaublich, was Teltschik hier organisiert hat. Wir sitzen jetzt alle in seinem Büro und besprechen dieses Projekt.« Ich hatte es für sehr notwendig gehalten, auch gerade Spitzenpolitiker aus den ehemaligen Warschauer Pakt-Staaten mit westeuropäischen Politikern an einen Tisch zu bringen, allein um voneinander zu lernen, wie man diskutiert, wie man Themen bespricht und wie man zu einem Konsens kommt. Ich hatte auch aus allen Warschauer Pakt-Staaten einschließlich der Sowjetunion Leute, die so einen offenen Stil gar nicht kannten, indem jeder einfach erläuterte, was er für richtig oder für falsch hält und warum und wieso. Herr Reinhard Mohn, der Chef von der Bertelsmann Stiftung und des Unternehmens, war anfänglich zurückhaltend, aber fand es dann auch spannend.

M. G.: *Die Veröffentlichung Ihres Buch im Jahre 1991 erstaunt, weil es früh, ja sehr zeitnah zum Geschehen war. Es war erstaunlich, auch mutig, denn man sagt ja auch, es müsse erst einige Zeit vergehen, man müsse erst Abstand gewinnen und Gras über die Dinge wachsen lassen. Wollte der Siedler Verlag einen Bestseller landen und sagen »So, jetzt wollen wir mal den Leuten im Lande sagen, wie die Einigung Deutschlands verhandelt und entschieden worden ist«?*

H. T.: Es ist ja kein Bestseller geworden. Wir haben eine einzige Auflage gemacht und die war schnell weg. Aber es gab keine weiteren Auflagen und der Verlag hat keine Werbung betrieben. Auf die Frage, warum er keine Werbung macht, kam die Antwort: »Das verkauft sich von alleine.« Von daher war ich enttäuscht. Das lag an Wolf Jobst Siedler. Er war mit Bundespräsident Weizsäcker befreundet. Er trat wie ein Intellektueller auf und war ein

Michail S. Gorbatschow zu Besuch in Gütersloh in der Bertelsmann-Stiftung auf Einladung von Horst Teltschik 1992, rechts Dolmetscher, im Hintergrund Mark Wössner, Vorstandsvorsitzender, und Reinhard Mohn, Gründer der Bertelsmann-Stiftung

arroganter Bursche. Manches, was im Tagebuch steht, war ihm zu banal, aber er hatte ja auch keine Ahnung. Sie kennen beide Fassungen, es war auch mühsam, die Langfassung zu reduzieren. Was schreibst du, was nicht? Ich war auch zu unerfahren und mit meinem neuen Aufgabengebiet absorbiert. Man musste ja erstmal von der Politik abschalten und dann die neue Aufgabe mit der Stiftung mit völlig neuen Leuten aufnehmen.

Als mich Mohn in die Stiftung einführte, sagte er zu mir: »Teltschik, Sie können alle entlassen. Die taugen alle nichts.« Da habe ich ihm geantwortet: »Herr Mohn, ich nehme das zur Kenntnis. Aber wenn Sie erlauben, schaue ich mir sie erstmal alle mit meinen Erfahrungen an und dann können wir entscheiden.« Einen habe ich entlassen, alle anderen habe ich behalten. Sie blühten unter mir richtig auf, denn mein Vorgänger hatte alles selber gemacht. Ich teilte ihnen meine Wünsche mit, wir diskutierten wie es aussehen könnte und ich schickte sie los. Endlich Selbstverantwortung. Mohn sagte eines Tages: »Herr Teltschik, das ist ja eine völlig neue Mannschaft, die Sie jetzt haben.« »Es sind die gleichen Leute«, erwiderte ich.

M. G.: *Zurück zum Buch: Wie hat eigentlich Bundeskanzler Kohl auf die Veröffentlichung reagiert? Haben Sie ihn vorher noch konsultiert und gesagt: »Herr Kohl, das ist gefragt. Ich möchte es gerne veröffentlichen.«*

H. T.: Ich habe ihn unterrichtet, dass ich es herausgeben will und gefragt, ob ich Unterlagen nutzen darf. Sie waren ja nicht frei. Er gab mir grünes Licht. Am Ende war er nicht ganz glücklich, das weiß ich, aber er hat mir gegenüber nie begründet, was ihn gestört hat. Vielleicht hat er seine Rolle nicht groß genug gewürdigt gesehen. Das kann auch sein.

M. G.: *Wie erfuhren Sie, dass er nicht ganz glücklich sei?*

H. T.: Wie er auf das Buch reagiert hat. Es kam kein Brief oder ein Anruf »tolles Buch« oder so etwas.

M. G.: *Interessant ist ja, dass Kohl zur gleichen Zeit fast auch mit einem Sonderauftrag Professor Werner Weidenfeld sowie Karl-Rudolf Korte und anderen privilegierten Zugang gegeben hat zu Akten des Bundeskanzleramts. Vier Bände sind, u. a. über die Währungsunion von Dieter Grosser, erschienen. Es war eigentlich ein sehr großzügiger und bemerkenswerter Akt der Transparenz, sehr rasch diese vier Bände erscheinen zu lassen. Offensichtlich hatte Kohl überhaupt kein Problem damit, sondern ganz im Gegenteil das Bedürfnis, dass offengelegt wird, wie die Vorgänge, die zur Einigung geführt haben, abgelaufen sind – möglicherweise auch, um seine historische Bedeutung zu verdeutlichen, zu vermitteln und zu dokumentieren, was ja nicht illegitim und in gewisser Weise auch verständlich ist.*

Wie liefen die Tagebuchaufzeichnungen eigentlich technisch ab? Es gab ja diese TV-Dokumentation »Deutsche und Russen«,[23] *die mit einem pechschwarzen wolkenbeladenen Tegernseer Land beginnt. Sie sind gleich zu Beginn zu sehen und wie Sie seinerzeit gefilmt worden sind – offenbar in einem russischen oder Moskauer Quartier, indem Sie ein Diktaphon in der Hand halten und sinngemäß auf Band sprechen: »Wir haben uns jetzt noch ein Bier gegönnt und morgen treffen wir Gorbatschow.« Dann fahren Sie kurz das Tonband im Schnellverfahren zurück, kontrollieren noch einmal, ob die Aufnahme funktioniert hat. Offenbar haben Sie in diesem Fall das Tagebuch diktiert? Haben Sie es auch schriftlich geführt oder es im Wesentlichen auf Diktaphon gesprochen?*

H. T.: Ich habe es fast nur geschrieben.

M. G.: *In dieser TV-Doku wurden Sie ja in einer zeitgenössischen Aufnahme gezeigt, wie Sie etwas auf ein Diktiergerät sprechen.*

H. T.: Ich bin nicht derjenige, der gerne diktiert. Briefe und so etwas schon und längere Abhandlungen. Die Frage war immer: Was schreibe ich, was schreibe ich nicht? Es war durchaus noch ein Stück weit eine sensible Thematik. Am Ende war ich nicht happy, wie das mit Siedler gelaufen ist.

23 Deutsche und Russen. Frieden und Krieg, Dokumentation & Reportage. Erstsendung: 24.10.2022/ARD 1

M. G.: *Das kann ich mir gut denken, denn Texte kürzen ist Herzblutverlust. Sie haben also im Wesentlichen diese Tagebuchaufzeichnungen handschriftlich notiert, richtig?*

H. T.: Ja.

M. G.: *Nicht diktiert mit Diktaphon?*

H. T.: Nein.

M. G.: *Durch diese TV-Sequenz konnte der Eindruck vermittelt werden, dass Sie das in der Regel diktiert haben, was ja ökonomischer sein kann. Wenn Sie es handschriftlich notiert haben, Tag für Tag, wer hat das dann abgetippt bzw. transkribiert?*

H. T.: Ich hatte es handgeschrieben und meine Sekretärin bei Bertelsmann hat es dann getippt.

M. G.: *Das ist die für Ihren persönlichen Gebrauch zweibändige, einmalige und unveröffentlichte Version, die Ihnen gebunden sozusagen als transkribierte Gesamtfassung und Unikat überreicht worden ist?*

H. T.: Ja.

M. G.: *Es ist wichtig zu wissen, dass Sie das ursprünglich handschriftlich notiert haben. Die Vorgabe des Verlags lautete, dass es nicht mehr als 300 Druckseiten sein dürfen. Wie sind Sie bei den Kürzungen und Streichungen vorgegangen? Was war aus Ihrer Sicht verzichtbar und was musste für die gekürzte Druckversion unbedingt erhalten bleiben?*

H. T.: Der Siedler-Verlag schickte mir einen jungen Mann, der mit mir die Redaktion vornahm. Ich habe ihn dann im Anschluss bei der Bertelsmann Stiftung eingestellt. Wir sind Satz für Satz durchgegangen. Zum Teil habe ich dann die Streichungen vorgenommen oder er hat vorgeschlagen zu kürzen. Wir haben das ziemlich einvernehmlich gemacht. Er ist natürlich ein Mann von außen gewesen, was aber auch nicht schlecht war, sodass ein Blick von außen zum Zuge kam.

M. G.: *Was mir aufgefallen ist: sogenannte Banalitäten, eigentlich nicht selten fundamentale Dinge, sind vielfach weggefallen, die allerdings zum Atmosphärischen, Ambiente und zur Stimmungslage, aber auch zur Einschätzung von Dritten nicht unwichtig sind. Es ist viel an Stoff unter den Tisch gefallen und phasenweise sind mehrere ganze Seiten gestrichen worden. Ihre genaue Beobachtung dritter Personen, wie sie auftraten, zu charakterisieren oder gekleidet waren, also Persönliches, Menschliches und hier und da auch die Chemistry, was das Salz der Suppe solcher Quellen ist, fehlt in der 1991 gedruckten Kurzfassung. Was auch auffallend ist: Das Thema NATO, Fragen zur Rüstung, Sicherheit oder Militärtechnologie, wurden weitgehend gestrichen. Offensichtlich war das eine oder andere Anfang der 1990er Jahre noch zu brisant. Das Buch erscheint, als die Sowjetunion noch existiert. Aspekte zu sowjetischen Sicherheitsbedürfnissen sind vielfach weggelassen worden wie auch finanztechnische und kreditpolitische Fragen. Dass jetzt, über 30 Jahre später, alles verfügbar gemacht wird, weiß die Forschung sicher zu schätzen.*

4. Der Abend des 9. November 1989, der alles in und um Deutschland änderte

Wir starten nun mit dem Tagebuch, 9. November 1989.[24] Sie schreiben vom »Morgengebet« in Anführungszeichen. Das hat mich stutzig gemacht. Was heißt das, was meinten Sie damit?[25]

H. T.: »Morgengebet« nannten wir die morgendliche Gesprächsrunde beim Bundeskanzler. Er ließ sich morgens über die Berichte der Medien unterrichten. Welche bedeutsamen Kommentare wurden veröffentlicht? Welche innen- oder außenpolitischen Entwicklungen gibt es? Besteht Handlungsbedarf? Sollte man zu einem bestimmten Thema Stellung nehmen, ein Interview geben, sind Reden vorzubereiten, gibt es Besuche, die besonders wichtig sind, was muss organisiert werden? Also eine Besprechung des Tagesablaufs und der sich aus den Medien ergebenden Folgewirkungen. Entsprechend wurden Aufträge verteilt.

M. G.: *Es steht der schwierige Besuch in Polen bevor. Alle sind sich im Klaren darüber, welche Materien zu behandeln sind. Man ist sich aber auch bewusst, dass es gleichzeitig in der DDR brodelt. Stand angesichts dieser in Bewegung geratenen politischen Situation in Polen möglicherweise eine Verschiebung des Besuchs im Raum oder war es letztlich nicht wirklich eine Überlegung wert?*

H. T.: Nein, es gab keine Überlegung, den Besuch zu verschieben, denn der Fall der Mauer war von niemandem vorauszusehen oder vorausgesagt worden. Natürlich war bekannt, dass Demonstrationen stattfanden, aber das betraf fast alle Warschauer Pakt-Staaten. Wir hatten den Termin mit dem polnischen Partner abgestimmt, die Gespräche fest vereinbart. Schon am ersten Tag ein Gespräch mit Lech Wałęsa, anschließend das Abendessen und die Unterschrift unter die 120seitige Gemeinsame Erklärung, die unter meiner Verantwortung ausgehandelt worden war. Es war klar, wir müssen und wir werden reisen. Dass sich an diesem Abend die Mauer öffnen würde, konnte niemand voraussehen.

M. G.: *Vormittags wird die wirtschaftliche Hilfe für die DDR Thema. Sie halten fest: »Das Ausmaß hat eine völlig neue Dimension.« Woher hatte man die Information über den wirtschaftlichen Stand der DDR? Es gab immer wieder die Hinweise laut OECD, die DDR sei das zehntstärkst entwickelte Industrieland der Welt. Wie stand Kohl schon zu diesem Zeitpunkt zur Frage der wirtschaftlichen Hilfe? Es gibt die These, dass er vor dem Fall der Mauer zu weitgehenderen Wirtschaftshilfen für die DDR bereit gewesen wäre als dann im weiteren Verlauf ihres sich abzeichnenden Niedergangs. Wie stand er generell zur Frage der wirtschaftlichen Unterstützung der DDR und ihres Ausmaßes? Wie weit konnte das gehen? Wo war eine Schmerzgrenze?*

H. T.: Der Bundeskanzler hatte ja im Vorfeld der politischen Entwicklung und der ökonomischen Misere der DDR zu Gesprächsrunden mit den Vertretern der westdeutschen In-

24 Tagebuch, 9.11.1989, S. 81–97, hier S. 81.
25 Das folgende Gespräch wurde am 21.3.2023 nachmittags in Rottach-Egern geführt.

dustrie- und Wirtschaftsverbände und Gewerkschaften in den so genannten NATO-Saal im Bundeskanzleramt eingeladen, der abhörsicher war. Sinn und Zweck war zu erfahren, was auf uns zukommt, wenn die Wiedervereinigung sich vollziehen sollte. Welche finanziellen Belastungen sind zu erwarten, welche Teile der DDR-Wirtschaft brauchen Unterstützung, welche sind von Lieferungen der anderen Warschauer Pakt-Staaten abhängig, wie groß ist die Dimension? Diese aufkommenden Fragen wurden gemeinschaftlich diskutiert. Kohl wollte Vorschläge hören, welche Prioritäten die Verbände sehen. Es gab ein überraschendes und positives Bild, denn die Hauptnachricht für den Bundeskanzler war: Übertragen Sie unser System auf die DDR, dann werden wir investieren. Das Ergebnis war also relativ optimistisch. Es kommen zwar viele Probleme auf uns zu, aber wenn die Regeln vergleichbar sind, kann davon ausgegangen werden, dass die westdeutsche Industrie investieren wird, dass die Verbände ihre Aufgaben übernehmen werden. Tatsächlich war das Bild anschließend weniger optimistisch.

M. G.: *Sie notieren u. a. folgenden Gedanken: Der Bundeskanzler lässt »keinen Zweifel daran, dass er und die Unionsparteien sich sicher seien, dass sich die Menschen in der DDR für die ›Wiedervereinigung in Freiheit‹ aussprechen werden, wenn sie das Selbstbestimmungsrecht frei ausüben können«.*[26] *War der Begriff der »Wiedervereinigung« der übliche Sprachgebrauch Helmut Kohls? Gab es Unterschiede in der inneren und äußeren Kommunikation unter Verwendung dieses Begriffs? Oder gab es auch andere Begriffe wie »Einheit«, »Einigung« oder »Vereinigung«?*

H. T.: Der Begriff selbst war kein Diskussionsgegenstand. Jeder nutzte ihn, wie es ihm einfiel. Ich kann mich daran erinnern, dass wir darüber nachgedacht haben, was wir sagen und welchen Begriff wir verwenden sollen. Offiziell war unser Sprachgebrauch die Präambel des Grundgesetzes, denn damit konnte man keinen Fehler machen.

M. G.: *Man hat nicht einmal gezögert, das Wort zu verwenden oder es vermieden?*

H. T.: Das wäre mir neu.

M. G.: *Der studierte Germanist fragt nach Begriffen, ihrer Bedeutung, ihrer Verwendung und ihrem bewussten Einsatz. Manche vielleicht spitzfindigen Historiker sagen, es war keine Wiedervereinigung, weil DDR und BRD vorher nie vereint waren. Insofern ist der Begriff »Wiedervereinigung« irreführend. Hans-Peter Schwarz erklärte mir gegenüber einmal, dass der Reichsgedanke eine Rolle spielte und man weiter zurückdenken müsse, an das Kaiserreich, die Weimarer Republik und das Deutsche Reich. Vor diesem Hintergrund spreche man auch von der Wiedervereinigung getrennter Gebiete.*

Sie notierten auch, dass die Frage der Oder-Neiße-Grenze dazu verleiten konnte, dass es zu einem »innenpolitischen Kampfthema der politischen Rechten würde und damit den inneren Frieden stören könnte«.[27] *War das tatsächlich zu befürchten? Im Rückblick ist es leichter zu beantworten. Aber wie war es in der Zeit nach dem 9. November?*

26 Tagebuch. 9.11.1989, S. 84.
27 Tagebuch, 9.11.1989, S. 85.

H. T.: Den Begriff »Kampfthema« haben wir mit Sicherheit nicht gewählt. Wir konnten und mussten schon mit einer öffentlichen Diskussion rechnen über die Frage inwieweit bestimmte Ost-Gebiete zurückgeholt werden sollten oder nicht. Das Problem war für Kohl deshalb so schwierig, weil die Vorsitzenden der Vertriebenen-Verbände weitgehend Mitglieder der CDU waren und zum Teil im Bundestag, z. B. Herbert Czaja oder Herbert Hupka. Das war der Grund, warum er ganz klar darauf bestand, dass die Abstimmung ordnungsgemäß verlaufen sollte nach der Einigung Deutschlands und keinesfalls vorher. Wissend, dass es Widerspruch in der eigenen Fraktion geben würde, wollte er den Zeitpunkt so wählen, dass es eine möglichst geringe Zahl von Widerspruchsvoten geben sollte. Um eine möglichst große Zustimmung zu erreichen und die Nein-Stimmen so gering als möglich zu halten, war der Zeitpunkt der Entscheidung wichtig. Das hieß, Deutschland musste erst geeint sein und dann entscheiden. Die politische Lage war die, dass die polnische Regierung, und besonders die neuen Leute, darauf drängten, dass diese Entscheidung möglichst rasch getroffen wurde. Das nutzte die SPD als innenpolitisches Kampfthema ebenso die FDP. Kohl war erstaunlich – manche würden sagen erfreulich – konsequent und hat sich nicht beirren lassen. Ich selbst wäre da flexibler gewesen und war überrascht über seine Härte in dieser Frage. Für mich war das Thema im Prinzip inhaltlich geregelt. Warum warten, wenn das Ergebnis klar ist? Kohl blieb stur und musste viele Schläge einstecken.

M. G.: *Am 6. November, als er den 7. Bericht zur Lage der geteilten Nation im Bundestag abgab, erfuhr Kohl eine überwältigende Mehrheit des deutschen Bundestages, die sich für die Garantie der Oder-Neiße-Linie aussprach. Es beharrten lediglich 26 Abgeordnete der Union auf den Grenzen von 1937. Der Bundestag hat klar votiert.*

H. T.: Aber die 26 Stimmen kamen von der Union. Das war das Dilemma. Diese Zahl möglichst niedrig zu halten, war Kohls Bestreben gewesen. 26 waren 26 zu viel.

M. G.: *Im Zusammenhang mit der deutschen Polenpolitik hielten Sie fest »Was die Beziehung zu Polen betrifft, sah und sieht sich der Bundeskanzler immer in der Nachfolge von Konrad Adenauer, der bereits in seiner ersten Regierungserklärung 1949 die Aussöhnung mit Polen neben der zu Israel und Frankreich als Hauptziele deutscher Außenpolitik bezeichnet hat.«*[28] *Sah sich der Bundeskanzler auch in vielen anderen Punkten in Nachfolge zu Adenauer?*

H. T.: Kohl hatte persönlich Adenauer noch erlebt. Wie er war er überzeugter Europäer. Für ihn als junger Politiker war Adenauer ein Vorbild, ein Staatsmann, den er persönlich bewunderte.

M. G.: *Sie erwähnen auch Mentoren und Ratgeber aus der Wissenschaft, die für Sie wichtig waren und die offensichtlich auch Kohl schätzte oder denen er über Ihre Person Gehör schenkte. Erwähnt werden an diesem 9. November die Professoren Bohdan Osadczuk-Korab aus Berlin und Gotthold Rhode aus Mainz als ausgewiesene Osteuropa-Experten. Inwieweit waren generell diese Wissenschaftler für Sie von Bedeutung und Wert? Haben Sie noch Erinnerungen an sie?*

28 Tagebuch, 9.11.1989, S. 86.

H. T.: An Osadczuk-Korab habe ich natürlich sehr starke Erinnerungen, weil er Vorlesungen am Otto-Suhr-Institut in Berlin hielt. Von Haus aus war er aus der Ukraine, trat am Otto Suhr-Institut aber als Experte für Polen auf. In seiner Vorlesung war ich einer der wenigen Zuhörer. Er war sehr eng mit Richard Löwenthal verbunden. Inhaltlich war er mit Osadczuk-Korab vertraut und er war auch eine sympathische Persönlichkeit. Wir hatten eine persönlich sehr gute Beziehung. Prof. Rohde habe ich jetzt nicht mehr in Erinnerung.

M. G.: *Sie waren beauftragt worden, die Verhandlungen mit Polen zu führen. Das führte zu einer schweren Verärgerung bei Genscher und im Auswärtigen Amt. Bis dato erlebten Sie elf Treffen mit den polnischen Delegationen. Wie können Sie Ihre Erfahrungen rekapitulieren? Sie haben schon angedeutet, dass es viele und schwierige Materien waren.*

H. T.: Im Prinzip wurden alle Bereiche der Beziehungen durchdekliniert. Wir sprachen nicht nur über die politischen Themen, sondern auch über alle ökonomischen und alle finanziellen Probleme. Auch über die Frage, ob es Deutsche in Polen gab, was unter der kommunistischen Ägide immer bestritten wurde. Im Rahmen der Gespräche habe ich auch diese Regionen aufgesucht und z. B. in Görlitz mit dem Bischof gesprochen, mich also vor Ort kundig gemacht über die kulturelle Situation der deutschen Minderheit. Auch mit ihren Vertretern habe ich verhandelt und Gespräche geführt: Ich war also im Land unterwegs und habe nicht nur mit meinem polnischen Kollegen in Warschau verhandelt. Ich wollte wissen, ob die Lage wirklich so war, wie sie in Warschau dargestellt wurde. Es ging nicht nur darum, dass die Deutschen alle gewillt waren auszureisen, sondern auch, wo sie Hilfe erwarten konnten und sollten, falls sie in Polen bleiben wollten. Es verlief alles sehr einvernehmlich. Ich sprach auch mit einer Reihe von katholischen Theologen. Im Vorfeld gab es eine schwierige Diskussion um das Thema Annaberg.[29] Es ging um die Frage, wenn ein Versöhnungsgottesdienst durchgeführt werden soll, wo soll er stattfinden? Bischof Nossol hatte den Vorschlag gemacht, den Annaberg als historische Stätte für den Versöhnungsgottesdienst zu wählen. Als ich den Vorschlag zur Kenntnis nahm, bat ich das Auswärtige Amt zu prüfen, ob Annaberg ein Problem sein könnte, denn ich kannte die Geschichte von Annaberg nicht. Es kam grünes Licht von den Experten des Auswärtigen Amts, also schlugen wir diesen Ort den Polen vor. Das hat in Polen eine heftige innenpolitische Diskussion ausgelöst bis zur Ebene des Ministerpräsidenten und des Außenministers. Wir wurden öffentlich heftig kritisiert. Wie soll man in einem solchen Moment reagieren, wenn man den polnischen Partner nicht anschwärzen will? In weiteren Gesprächen mit polnischen Bischöfen suchten wir nach Alternativen. Es kam der Vorschlag, Kreisau[30] zu wählen. Ich habe den Ort besucht, mich mit seiner Geschichte vertraut gemacht und mir wurde klar, dass es eine gute Alternative war. Dort fand dann der Versöhnungsgottesdienst statt. Aber es war eine überflüssige, zum Teil bösartige Kampagne nach dem Motto »Kohl habe von Geschichte keine Ahnung, sei geschichtsvergessen. Wie könne man denn Annaberg vorschlagen?« Ich hatte kein Interesse, Bischof Nossol, der Annaberg vorgeschlagen hatte, die Schuld in die Schuhe zu schieben. Das wäre nicht mein Stil gewesen.

29 Siehe Anmerkung 10, S. 89.
30 Siehe Anmerkung 11, S. 90.

M. G.: *Der Annaberg war 1921 ein umkämpfter Ort im Zusammenhang mit den strittigen Abstimmungsgebieten in Oberschlesien. Freikorps stürmten dessen Bergspitze und rammten eine Flagge in den Boden. Kreisau als Ort des deutschen Widerstands hat sich dagegen eher angeboten. Als Historiker finde ich die Idee, den früheren umkämpften Annaberg zur Begegnung und zur Verständigung zu wählen, gar nicht so abwegig.*

H. T.: Der polnische Außenminister Skubiszewski war ein sehr sympathischer Mann, den ich sehr mochte. Wir hatten eine Reihe von Vier-Augen-Gesprächen geführt. Ich sagte ihm, dass es nicht unser Vorschlag war, sondern ein polnischer. Kohl bekam öffentliche Prügel, vor allem in Deutschland. *Der Spiegel* und *Die Zeit* kritisierten ihn mit großem Genuss.

M. G.: *Sie schreiben im Tagebuch an diesem 9. November: Es war »uns klar, daß der Weg zur Aussöhnung noch weit ist«.*[31] *Wenn man Ihr Tagebuch durch die weiteren Wochen und Monate verfolgt bis ins Jahr 1990 hinein, merkt man, wie unheimlich belastet das Verhältnis immer noch war. Haben Sie irgendwann in diesen vielen Verhandlungen mit polnischen Delegationsmitgliedern und Regierungsverantwortlichen das Gefühl gehabt, dass es diese Chance auf Aussöhnung geben wird, wenn auch nicht kurzfristig, so doch mittel- und langfristig oder gab es immer wieder Vorbehalte und die Hypotheken der Geschichte tauchten aufs Neue unvermittelt auf?*

H. T.: Die Hypothek der Geschichte war immer gegenwärtig. Sie war immer in unserem Bewusstsein und uns war klar, dass wir über sie nicht bedenkenlos hinweggehen können, sondern sie immer im Auge behalten müssen. Wir waren bereit, über alles zu verhandeln und zu sprechen und jede Hilfe und Zusammenarbeit zu ermöglichen, soweit es möglich war. Persönlich hatte ich keine Probleme. Aber wir hatten eine zweigeteilte Verhandlungsrunde. Ich fing an mit einem Partner aus dem Auswärtigen Amt, der Mitglied der Kommunistischen Partei Polens war. Dann kamen die freien Wahlen und der Regierungswechsel. Plötzlich hatte ich einen neuen Verhandlungspartner, Herrn Mieczysław Pszon, ein ehemaliger Journalist, sehr liebenswürdig, aber er hatte kaum Ahnung. Er sagte zu Beginn: »Herr Teltschik, wir sind ja jetzt Freunde, und wir werden jetzt alles sehr schnell und einvernehmlich lösen.« Das Gegenteil war der Fall, weil er zu wenig Ahnung hatte. Er war neu und vorher nie im Auswärtigen Amt tätig gewesen. Er wusste nicht, wie solche Verhandlungen geführt werden und er verfügte über keine hinreichenden Informationen. Ich musste also mit einem sehr gutwilligen polnischen Partner schwierige Themen behandeln, von denen er keine Ahnung hatte. Teilweise war er auch nicht in der Lage – er war ja auch nicht mehr der Jüngste – sich die Informationen zu besorgen, die er brauchte. Er wollte nicht entscheiden, ohne sich abgesichert zu haben, so dass manches viel länger gedauert hat, als es mit seinem Vorgänger gedauert hätte.

M. G.: *Sie notieren: »Sichtlich erregt teilen Juliane Weber und Walter Neuer gegen 19.30 Uhr dem Bundeskanzler mit, dass die DDR-Führung beschlossen habe, die Grenzen zu öffnen.«*[32] *Was haben Sie dabei empfunden?*

31 Tagebuch, 9.11.1989, S. 88.
32 Tagebuch, 9.11.1989, S. 94

H. T.: Das erfuhren wir erst nach dem Gespräch mit Lech Wałęsa. Zur Überraschung des Bundeskanzlers hatte Wałęsa gesagt, was sich jetzt in der DDR abspiele, sei der Beginn der Wiedervereinigung Deutschlands und sie in Polen würden wieder das Problem haben, in der zweiten Reihe zu sitzen und nicht mehr in der ersten wie jetzt. Mit gewisser Überraschung nahmen wir diese Aussage zur Kenntnis, denn wir waren in unserem Bewusstsein noch nicht soweit, sagen zu können, es sei jetzt der Beginn der Wiedervereinigung. Nach dem Gespräch hatten wir die ersten Hinweise von Journalisten bekommen, dass sich in Berlin etwas abspielte, was sensationell sei. Unser Problem war, dass wir ad hoc keine Informationen einholen konnten, denn man konnte von Polen aus nicht nach Bonn telefonieren. Wie die Wehrmacht im Zweiten Weltkrieg hatten wir einen Holzkasten mit einer Kurbel, eine Art Standleitung zum Lagezentrum im Kanzleramt in Bonn. Die bedienten wir, um Kontakt zum Pressesprecher, Dr. Ackermann, zu bekommen, um nachzufragen, was sich in Berlin abspielt. Von ihm und Bundesminister Seiters erfuhren wir, dass der Bundestag geschlossen aufgestanden sei und die Nationalhymne gesungen habe. In Berlin sei jetzt die Mauer geöffnet. Wir erfuhren alles tröpfchenweise, es war ca. 19 Uhr. Aber was sollten wir tun? Wir saßen in Warschau und wussten sofort, dass der Bundeskanzler eigentlich in dieser Situation in Berlin sein müsste. Wir hatten zwar ein eigenes Flugzeug in Warschau stehen, durften aber mit der Regierungsmaschine aufgrund des Vier-Mächte-Status von Berlin nicht dorthin fliegen. Es war für uns sofort klar, Kohl muss nach Berlin, wie auch immer. Wir mussten ein alliiertes Flugzeug organisieren. Wir nahmen Kontakt zur amerikanischen Botschaft in Bonn auf, damit uns der Botschafter ein Flugzeug zur Verfügung stellt. Es stand in Hamburg. Also flogen wir am nächsten Tag nach Hamburg und stiegen dort in das amerikanische Flugzeug um und landeten am frühen Nachmittag in Berlin. Das hört sich einfach an, war aber kommunikationstechnisch eine schwierige Aufgabe. Uns erwartete eine Fülle von deutschen Journalisten. Jeder wollte wissen, was macht jetzt der Kanzler, was sagt er? Er sollte sich zu einem Vorgang äußern, von dem wir nur bruchstückhaft erfahren hatten, was sich abspielte. Es bestand die Gefahr, dass er etwas sagen könnte, was völlig falsch gewesen wäre. Wir wussten ja selber noch nicht, was wir machen konnten. Dann standen wir vor dem wichtigen Abendessen, dem Schlüsselereignis, in dessen Rahmen die Gemeinsame Erklärung unterzeichnet wurde, von uns erarbeitete 120 Seiten. Willy Brandt nannte sie in der Bundestagsdebatte »etwas länglich, aber gut«. Für mich war das eine Belobigung. Dass sie länglich war, lag daran, dass wir kein Thema ausgelassen und alle Möglichkeiten zukünftiger Kooperation benannt hatten. Es war wichtig, dass das Essen stattfand und die Erklärung unterzeichnet wurde. Für den nächsten Vormittag hatten wir eine Verabredung mit dem polnischen Präsidenten Jaruzelski vereinbart. Die Höflichkeit gebot, dass Kohl persönlich mit ihm sprach, um zu begründen, warum wir die Reise abbrechen. Wir taten es mit der Zusage, sie bald nachzuholen.

Einerseits erlebten wir eine sehr komplizierte Lage. Andererseits hatte es das wichtige Gespräch mit Wałęsa gegeben. Anschließend hatten wir in der Suite von Kohl vielfältige Informationen über die Ereignisse in Berlin erhalten. Sie lösten die Aufregung aus und es galt zu entscheiden, was zu tun war. Die Berichte über die Ereignisse in Berlin waren eine Sensation. Ich dachte sofort an meine Freunde in der DDR, die nun endlich ausreisen und uns besuchen konnten. Kohl nahm alles fast schweigend auf. Man spürte, wie es in ihm arbeitete. Er wusste, jetzt kann er entweder alles richtig oder alles falsch machen. Hätten wir nicht versucht, nach Berlin zu kommen, wäre alles falsch gewesen. Der damalige Regierende Bürgermeister Momper betrieb aus unserer Sicht ein böses Spiel, denn er hatte eine Kundgebung mit Anwesenheit des Bundeskanzlers angekündigt, wissend, dass der Kanzler in Warschau festsaß. Wir empfanden es als eine infame Ankündigung, denn schlimmstenfalls hätte die Kundgebung stattgefunden, aber Kohl, obwohl angekündigt, wäre nicht anwesend gewesen. In all der Aufregung öffnete ich eine Flasche Krim-Sekt in der Suite von Kohl. Wir stießen auf das Wohl all der Menschen an, die nun versuchten, die Mauer zu überwinden. Während des Abendessens wurde ich ständig herausgerufen, weil die Journalisten wissen wollten, was nun geschehen werde. Darauf konnte ich aber keine Antwort geben, also verabredeten wir ein Pressegespräch nach dem Abendessen. Das verlief mühsam, denn die Journalisten erwarteten fertige Antworten, was Kohl denn nun tun wolle, aber wir hatten bis dato noch kein alliiertes Flugzeug zugesagt bekommen. Wir hatten auch noch kein Gespräch mit Präsident Jaruzelski. Das kam erst am nächsten Morgen im Büro des Ministerpräsidenten zustande. Es verlief ziemlich einvernehmlich und ruhig. Der Bundeskanzler versprach, das Gespräch so bald wie möglich nachzuholen. Endlich angekommen in Berlin, erwartete uns die nächste Überraschung. Der Vorsitzende der CDU Berlins, Eberhard Diepgen, holte uns am Flughafen Tempelhof ab und eröffnete uns, es werde zwei Kundgebungen geben, auf denen Kohl auftreten müsse. Die Stadt konnte sich in dieser Situation nicht darauf einigen, eine Kundgebung zu veranstalten, auf der beide Seiten auftraten. Es gab eine von Herrn Momper vor dem Schöneberger Rathaus und eine am Kurfürstendamm, organisiert von der CDU. Kohl war darüber sehr ärgerlich. Diepgen bekam sofort die »Prügel«. Es war für uns nicht verständlich, warum sich die Parteien in Berlin an einem solchen Tag nicht auf eine Veranstaltung einigen konnten. Das hob nicht die Stimmung. Wir fuhren zum Schöneberger Rathaus. Dort standen schon Teilnehmer der Kundgebung, die Kohl mit Pfiffen empfingen. Es waren alles Anhänger des Regierenden Bürgermeisters Momper und der SPD. Mein Kommentar war: »Und wegen all diesen machen wir die ganzen Umstände, reisen nach Berlin, um dann so bösartig empfangen zu werden.«

M. G.: *Nochmal zu Ihren persönlichen Empfindungen. Sie schreiben im Tagebuch von Ihren Freunden und Bekannten in der DDR, für die Sie sich an diesem Tag gefreut haben. Können Sie zu diesen Beziehungen noch etwas sagen? Wie waren diese entstanden? Es ist ja eine zutiefst persönliche Empfindung, die Sie mit dem 9. November verbinden konnten.*

H. T.: Ich wuchs im Tegernseer Tal auf und war sehr aktiv in der katholischen Jugendarbeit, Pfarrjugendführer und Dekanatsjugendführer. Von Seiten des Bundes der katholischen Jugend Deutschlands hatten wir Brieffreundschaften mit gleichaltrigen Jugendlichen in der DDR aufgenommen. Wir bekamen die Adressen und diejenigen, die bereit dazu waren, konnten Briefkontakt aufnehmen. Daraus taten sich für mich eine Handvoll Freundschaften auf. Als ich Student in Berlin wurde und dank des Passierscheinabkommens des Regierenden Bürgermeisters Willy Brandt konnte ich dann auch erstmals meine Brieffreunde in Ost-Berlin treffen. Es konzentrierte sich auf eine Wohnung, wo wir alle zusammentrafen. Ich konnte erleben, mit welchen Widrigkeiten sich meine Freunde und ihre Familien auseinandersetzen mussten. Die Wohnung gehörte einer Familie mit drei Kindern, eine Tochter ging noch in den Kindergarten. Ich unterhielt mich einmal mit ihrem Vater über eine Nachrichtensendung am Abend vorher im Westdeutschen Fernsehen, was ja offiziell in der DDR nicht empfangen werden durfte. Der Vater ermahnte das Kindergartenkind, morgen nichts von diesem Gespräch zu erzählen. Sie antwortete: »Aber Papa, ich weiß doch, was ich sagen darf!« Das hat mich erschüttert. Ein kleines Kind wird mit zwei ›Wahrheiten‹ erzogen, die eine für den Kindergarten und die andere für zu Hause. Für die Eltern bestand die große Gefahr, dass das Kind Dinge erzählen könnte, die sie in Schwierigkeiten bringen könnten. Diese Begebenheit habe ich oft in Vorträgen genutzt, um zu zeigen, wie schon Kinder in zwei verschiedenen Welten aufwuchsen. Nichts verkörperte meiner Ansicht nach mehr das Unrechtssystem der DDR als dieses Beispiel. Die älteste Tochter war im Gymnasium Jahrgangsbeste und damit zum Studium zugelassen. Nach dem ersten Semester flog sie raus, weil sie nicht bereit war, der FDJ beizutreten. All diese Schicksale habe ich erlebt. Ich brachte manchmal Cognac aus Berlin mit und sie boten DDR-Schnaps an. Nach dem Abendessen tranken wir davon und die Stimmung stieg. Sie begleiteten uns zum ›Tränenpalast‹ und sie sahen, dass es vielen ähnlich ergangen war. Es waren rührselige Erlebnisse, wenn sich West- und Ostdeutsche verabschiedeten, es flossen viele Tränen. In Warschau hatte ich plötzlich all dies in Erinnerung. Es sollte sich jetzt alles ändern. Das war schon bewegend.

M. G.: *Zurück zum Polenbesuch. Sie schreiben, dass es ein extrem schwieriges Gefühlsgemisch war: auf der einen Seite die Überraschung und die freudige Perspektive für Freunde und Bekannte in der DDR, aber auf der anderen Seite das Gefühl, zur falschen Zeit am falschen Ort zu sein.*[33] *Schon einmal gab es beim Mauerbau am 13. August 1961 Kritik, weil Adenauer nicht sofort und schnell nach Berlin gekommen ist. Zu dem Zeitpunkt führte er Wahlkampf in Bayern. Wie weit hat im historischen Gedächtnis Kohls, der mit Adenauer verbunden war und ihn noch erlebt hat, diese Begebenheit eine Rolle gespielt nach dem Motto: Es ist schon einmal passiert. Das darf nicht wieder geschehen, das müssen wir unbedingt verhindern?*

H. T.: Das war genau unsere Überlegung. Wir waren uns dessen sehr bewusst. Wenn wir jetzt nicht versuchen, sofort nach Berlin zu kommen, wird die SPD und vor allem der Regierende Bürgermeister Momper das gegen Kohl ausschlachten. Das stand sofort vor unseren Augen. Wir wussten, dass wir alles tun mussten, um das zu verhindern.

Am Ende war Kohl auf beiden Veranstaltungen. Vor dem Schöneberger Rathaus mit Brandt war es eine Zumutung, denn die Teilnehmer waren größtenteils politische Gegner Kohls. Er wurde nicht nur mit Pfiffen empfangen, sondern während seiner Rede auch von Pfiffen begleitet. Während der Rede Brandts wurde ich ans Telefon gerufen. Der sowjetische Botschafter Kwizinskij wollte mich dringend sprechen. Er übermittelte mir eine Botschaft von Präsident Gorbatschow, die ich dem Bundeskanzler noch vor seiner Rede übermitteln sollte. Sie lautete, Kohl solle alles dazu beitragen, um die Entwicklung in Berlin unter Kontrolle zu halten. Das konnte ich Kohl noch zuflüstern. Seine Rede war der Versuch, zur Beruhigung beizutragen, während gleichzeitig ein gellendes Pfeifkonzert stattfand. Er hatte gar keine Chance für eine Rede mit beruhigender Wirkung auf die Zuhörer. Auf der zweiten Kundgebung war es anders. Sehr zu seiner persönlichen Beruhigung hat beigetragen, dass sich Kohl entschloss, nach der zweiten Veranstaltung die Polizei hinter uns zu lassen und zu dritt, nur der Fahrer, er und ich, zum Checkpoint Charlie zu fahren. Dort strömten die DDR-Bürger über die Grenze und als Kohl sichtbar wurde, fielen sie gewissermaßen über ihn her. Das war eine sehr bewegende Szene! Alle riefen »Helmut, Helmut«

33 Tagebuch, 10.11.1989, S. 102.

und jeder wollte irgendein Teil von ihm erwischen und berühren. Ich stand abseits und einige erkannten auch mich und fielen auch über mich her. Das war eine sehr emotionale Situation! Sie führte aber dazu, dass wir sagen konnten, sie haben verstanden, was wir an Leistung erbringen, was wir für sie tun können und tun werden. Das war eine Kompensation zu der offiziellen Seite. Diese Menschen reagierten ganz anders als diejenigen vor dem Schöneberger Rathaus.

M. G.: *Der berühmte Satz Willy Brandts, dass jetzt etwas zusammenwächst, was zusammengehört, wird kurioserweise immer mit diesem 9. November und seiner Rede vor dem Schöneberger Rathaus in Zusammenhang gebracht. Ein Kollege der Friedrich-Ebert-Stiftung hat sich diese Rede sehr oft angehört und wäre dabei fast verrückt geworden, weil er diesen Satz nicht hören konnte. Brandt hat ihn – so kann man mittlerweile nachprüfen – in einem unmittelbaren Rundfunkgespräch am Folgetag und später in einer Bundestagsrede gesagt. So weit war offensichtlich Brandt am Abend des 9. November noch nicht.*

H. T.: Im Vergleich zu dem, was er vorher alles getan hat, gewann er erst spät die persönliche Gewissheit, dass jetzt die Chance für die deutsche Einheit gekommen war. Man könnte sagen, dass er und Egon Bahr und noch der eine oder andere von der SPD, ganz zu schweigen von dem saarländischen Kanzler-Kandidaten, sehr spät erkannt haben, welche Möglichkeiten sich aufgetan hatten.

M. G.: *Wie stand Helmut Kohl zu Willy Brandt? Wusste Kohl, wussten Sie, dass Brandt und Bahr schon zeitig Jahre zuvor Kontakte zu Gorbatschow aufgebaut hatten und pflegten?*

H. T.: Egon Bahr kam eines Tages zum Bundeskanzler und bot an, seinen geheimen Kontakt nach Moskau uns zu übertragen. Kohl schickte ihn zu mir. Ich fand das Angebot sehr respektabel, zumal Bahr auch im Vorfeld dieser Entscheidung immer wieder vor seinen Reisen nach Moskau zu mir kam und fragte, ob er irgendwo helfen könne. Ich fand es respektabel, denn es ging nicht um Bahr oder Kohl, schon gar nicht um meine Person, sondern um Deutschland und seine Interessen. Bahr war bereit beizutragen, wo er es konnte. Jedes Mal diskutierte er mit mir die Lage. So hatte ich die Gelegenheit, eine persönlich sehr gute Beziehung zu ihm aufzubauen. Bis zu seinem Tod waren wir in Verbindung. Bei der SPD gab es einen Freundeskreis Egon Bahr auch über seinen Tod hinaus. Sie luden mich zu Veranstaltungen ein und ich sprach zur Ostpolitik. Frau Bahr kam einmal nach einer Veranstaltung mit mehreren Redner der SPD auf mich zu und meinte, ich sei derjenige, der ihren Mann am besten verstanden hätte. Das hat mich berührt. Sie hat als Ehefrau sehr persönlich an der Politik ihres Mannes teilgenommen. Wenige Tage vor Bahrs Tod traf ich ihn in Berlin auf der Straße und er meinte, wir müssten unbedingt wieder miteinander reden. Wir waren in ständigem Kontakt. Das verstehe ich unter guter Opposition. Mein Credo war immer: Eine gute Politik ist nicht christdemokratische Politik, sondern eine, die Deutschland weiterhilft. Dieses Verständnis hatte auch Egon Bahr.

M. G.: *Wie weit war Ihnen bekannt, dass er mit Brandt direkten Kontakt zu Gorbatschow hatte?*

H. T.: Das war uns im Einzelnen nicht bekannt. Hat er in seinem Buch darüber geschrieben?

M. G.: *Ja. Es gibt zudem wissenschaftliche Aufsätze, z. B. von Wilfried Loth, der das analysiert hat.*[34] *Es gab vertrauensvolle Gespräche zwischen Brandt und Bahr auf der einen Seite und Gorbatschow auf der anderen im Sinne des Wachhaltens der Relevanz der deutschen Frage und der Fortsetzung von Entspannungspolitik etc.*

H. T.: Ich hatte ein Gespräch in Moskau auf Basis der vertraulichen Kontakte von Bahr. Ich hatte zuvor keinen Gesprächspartner benannt bekommen und keinen Termin, lediglich die Zusage eines Treffens. Es war völlig geheim. Selbst im Hotel in Moskau fand ich keine Nachricht, wann und wo und mit wem ich sprechen würde. Unser Botschafter hatte zu einem Abendempfang eingeladen und da ich noch keinen Termin hatte, beschloss ich, zum Empfang zu gehen, um reichlich Blinis und Kaviar zu genießen. Nach dem guten Essen beim Botschafter erhielt ich um 22 Uhr die Nachricht für ein Treffen um 23 Uhr. Ich wurde von einem Auto abgeholt. Ich kannte weder den Begleiter, noch den Fahrer. Ich erfuhr auch keine Namen, und den Zielort kannte ich genauso wenig wie meinen Gesprächspartner. Das ist ein sehr seltsames Gefühl. Im Nebenzimmer eines Hotels, dessen Namen ich nicht erfuhr, traf ich den Gesprächspartner ohne Namen. Er bestellte ein sehr üppiges Abendessen. Das war gängige Praxis in sozialistischen Staaten, wenn westliche Besucher bewirtet wurden. Anscheinend unterlagen sie keinen Begrenzungen, was die Ausgaben betraf. Mit Hilfe von Wodka konnte ich dieses weitere Abendessen ertragen. Ich war ja eigentlich schon voll gesättigt. Bei jedem Toast dachte ich nur »fürs Vaterland, Horst«. Unser Gespräch hat nicht viel ergeben. Es war ein relativ oberflächlicher Meinungsaustausch. Ich brauchte diesen KGB-Kontakt auch nicht weiter zu pflegen, denn unmittelbar darauf hatte ich mit dem persönlichen Mitarbeiter Gorbatschows Verbindung. Fortan war ich bei Besuchen in Moskau immer zu Gesprächen im Kreml.

M. G.: *Wir sind schon im Übergang vom 9. auf den 10. November. Hatte die polnische Seite Verständnis für die Unterbrechung des Besuchs des Bundeskanzlers?*

H. T.: Aus meiner Sicht ja, selbst Herr Jaruzelski. Kohl hatte es abgefedert, indem er versprach, den Besuch nachzuholen, was er ja auch getan hat. Hätte er diese Zusage nicht gegeben, hätten wir ein Problem gehabt.

M. G.: *Welche Stimmung herrschte zwischen Mazowiecki und Kohl?*

H. T.: Soweit ich Augen- und Ohrenzeuge war, war es eine sehr gute Beziehung, die erst nach der Reise im Zusammenhang mit der Diskussion um die Anerkennung der Oder-Neiße-Grenze getrübt wurde. Mazowiecki hatte natürlich aus innenpolitischen Gründen das Interesse, dass die Anerkennung so rasch als möglich erfolgen sollte, besonders vor dem Hintergrund, dass jetzt der Einigungsprozess eine gewisse Schnelligkeit angenommen

34 Egon Bahr, Zu meiner Zeit, München 1996, S. 556–562; Wilfried Loth, Willy Brandt, Michail Gorbatschow und das Ende des Kalten Krieges, in: Michael Gehler/Marcus Gonschor/Severin Cramm/Miriam Hetzel (Hrsg.), Internationale Geschichte im globalen Wandel. Hildesheimer Europagespräche IV, Teilband 1: Deutschland, Europa, Imperien und die USA im Kontext von Kaltem Krieg und europäischer Integration; Teilband 2: Afrika, China, Japan, Russland und die Sowjetunion im Kontext von Kolonialismus und Nationalismus (Historische Europa-Studien 13/1–2), 2 Bde., Hildesheim – Zürich – New York 2018, Bd. 1: S. 781–791.

hatte. Kohl konnte dem nicht entsprechen, weil es ihm wichtiger war, dass die Breite seiner eigenen Fraktion dies akzeptiert. Erst müsste Deutschland geeint sein. Die Polen wollten es nicht wahrhaben, dass es völkerrechtlich wichtig war, dass ein geeintes Deutschland diese Entscheidung trifft und nicht ein geteiltes.

M. G.: *Es war ein historischer Besuch und es sind viele historische Erinnerungen davon vorhanden. Wie weit hat die Geste Willy Brandts am Mahnmal des Ghettoaufstandes eine Rolle gespielt? Schwebte Kohl auch eine symbolische Handlung vor? Hätte es irgendwo eine spontane Gelegenheit gegeben, eine solche Geste zu zeigen?*

H. T.: Für uns alle war diese ›Geste‹ der gemeinsame Gottesdienst mit Ministerpräsident Mazowiecki in Kreisau. Später erinnerte ich Mazowiecki daran, dass er und Bundeskanzler Kohl gemeinsam den Friedensgruß ausgetauscht und zur Kommunion gegangen seien. Das sollte Ausdruck genug gewesen sein, um Kohls Glaubwürdigkeit zu akzeptieren. Für diese historische Phase in den deutsch-polnischen Beziehungen war Kreisau schon ein sehr gewichtiger Ort.

M. G.: *Wie sensitiv, wie brisant war die Lage am 10. November in Berlin? Sorgte man sich um eine mögliche Intervention sowjetischer Streitkräfte? Wie lebhaft war möglicherweise der 17. Juni vor Augen? Offensichtlich hatte Gorbatschow Kohl wissen lassen, es solle die Situation in Berlin unter Kontrolle gehalten werden. Gleichwohl sagten Sie, dass Kohl gar keine Möglichkeit hatte, dies in irgendeiner Form zu leisten. Offensichtlich war aber im Kreml die Sorge vorhanden.*

H. T.: Diese Sorge gab es generell unter den Vier-Mächten und die Forderung, dass die gesamte Situation unter politischer Kontrolle bleibt, nicht ausufert, unkontrollierbar wird und die andere Seite vor Unzumutbarkeiten stellt. Das war das Anliegen von Präsident Bush im Telefonat mit Kohl wie auch von Gorbatschow und anderen, was beruhigend war. Die Angst vor sowjetischer Intervention war latent vorhanden. Wir wussten ja nicht auf Anhieb, wie Gorbatschow auf diesen Prozess reagieren würde, wie stark seine Position im Politbüro war, ob er es unter Kontrolle halten kann. 380.000 Truppen in Ost-Berlin waren ja nicht wenig. Später gab es den Hinweis, dass der ehemalige sowjetische Botschafter in Deutschland, Falin, nach Ost-Berlin gefahren sei, um über die Frage zu reden, ob die Militärs eingreifen sollen oder nicht. Es waren – wenn Sie so wollen – latente Bedrohungen.

M. G.: *Am 11. November notieren Sie in Ihr Tagebuch, dass es einen Vorschlag des Oppositionsführers der SPD Vogel gibt, einen Runden Tisch einzurichten, der auf Kohls Seite auf völlige Ablehnung stößt.*[35] *Warum diente das Muster Polen nicht auch als Vorbild? Was war mit Vogels Vorschlag gemeint, einen Runden Tisch in Ost- oder in Westdeutschland zu etablieren?*

H. T.: Das Problem war weniger Vogel als Oppositionsführer, sondern der SPD-Kanzlerkandidat Lafontaine. Mit seinen ersten öffentlichen Ausführungen zur Öffnung der Mauer konnte er nicht als konstruktiver Partner angesehen werden. Er war dagegen, dass über eine deutsche Einheit gesprochen wurde. Er vertrat politische Meinungen, die über Vogels

35 Tagebuch, 11.11.1989, S. 105–106.

Auffassung und die Mehrheit der SPD weit hinausgingen. Er äußerte Sprüche, die DDR sei der zehntgrößte Industrieproduzent der Welt und wie gewichtig die DDR-Wirtschaft sei, usw. Wir wussten ja, dass das alles nur deshalb denkbar gewesen wäre, wenn man die Abhängigkeit der DDR-Wirtschaft von den Warschauer Pakt-Staaten in Betracht zog. Der russische Botschafter Kwizinskij kam einmal zu mir und beschwor mich, die Beziehungen der DDR-Unternehmen mit den sowjetischen sicherzustellen, denn sie hingen voneinander ab. Sie brauchten die Zulieferung aus der DDR. Ich sagte ihm, dass es nicht unsere Seite ist, die die Beziehungen abschneidet, sondern die Unternehmen haben sich sehr schnell nach Westen umorientiert, wenn es die Möglichkeit gab. Ausgerichtet auf den Comecon hatten sie oft Probleme, die Ersatzteile zu bekommen, und bekamen schlechte Preise. Es ist die Entscheidung der Unternehmen. Wir sind nicht dagegen, dass sie weiterhin mit sowjetischen Firmen zusammenarbeiten. Lafontaine war in seiner Politik und in seiner Diktion für uns wenig akzeptabel.

M. G.: *War überhaupt in der Theorie, abgesehen von der Praxis und der Schwierigkeit, mit Lafontaine einen gemeinsamen Nenner zu finden, die Idee oder Frage eines parteiübergreifenden Schulterschlusses denkbar in der Frage der deutschen Nation und der deutschen Einigung? War das ein Thema?*

H. T.: In der SPD gab es schon eine Reihe von Politikern, die relativ schnell begriffen haben, dass nun eine Chance zur deutschen Einheit gegeben ist und die versucht haben, kooperativ zu sein. Aber welchen Sinn hätte ein Runder Tisch gemacht? Erstens gibt es den Bundestag, wo die Parteien miteinander agieren. Wer sonst sollte noch an den Runden Tisch? Wen hätten Sie aus der DDR einladen wollen? Eine Regierung, die keinen Rückhalt in der Bevölkerung hatte, die Versuche von Parteigründungen, niemand wusste, welche Bewegung sich durchsetzen kann, alles war in der Schwebe. Die Besetzung des Runden Tisches wäre ziemlich willkürlich gehandhabt worden.

M. G.: *Wie konnte man den von Ihnen erwähnten kumpelhaften Umgang von Krenz im Telefonat mit Helmut Kohl deuten? War es grandiose Selbstüberschätzung?*

H. T.: Ja, mit Sicherheit. Krenz war ein sehr selbstüberzeugter Typ, der es für absolut gerechtfertigt fand, dass er Regierungschef wurde. Er hatte zwar keine Strategie und kein Konzept, was in der DDR zu tun sei, dafür aber keine Selbstzweifel. Seine Richtung war nicht erkennbar. Ein Gespräch mit Kohl hätte bedeutet, dass es sich reduziert auf die Frage, wieviel Geld die DDR von der Bundesrepublik bekommen solle.

M. G.: *Sie notierten auch, dass sich die Veränderungen in Mittel- und Osteuropa viel schneller entwickelt hätten, als man es bis dato eingeschätzt hatte. Hat man das Tempo unterschätzt bzw. nicht absehen können, wie kataraktisch das alles abläuft?*

H. T.: Das Tempo und Ausmaß der DDR-Übersiedler in die BRD konnten wir nicht abschätzen. Im Januar/Februar 1990 wuchsen die Zahlen von Tag zu Tag an. Die DDR hatte schon im Herbst 1989, geschweige denn 1990 einen Mangel an Ärzten. Sie waren als erste gegangen, weil sie wussten, dass sie in Westdeutschland am ehesten eine Arbeitsstelle finden. D. h. es traten die ersten Mangelerscheinungen in der DDR auf, die wir ja gar nicht lösen oder beantworten konnten. Ich sagte: »Wenn der Trend andauert, haben wir Ende des Jahres ein bis zwei Millionen DDR-Bürger bei uns und wir wissen nicht wohin mit ihnen.«

M. G.: *Am Samstag, den 11. November, notieren Sie, dass eine relativ aufgeräumte Stimmung besteht und ein Anruf vom spanischen Ministerpräsidenten Félipe González erfolgte.*[36] *Er beglückwünscht den Bundeskanzler. Spanien freue sich mit den Deutschen. Helmut Kohl könne mit ihm rechnen, wenn es darum gehe, eine europäische Lösung zu finden. Wie ist diese überaus positive Haltung von González zu erklären?*

H. T.: González und Kohl haben sehr schnell eine enge Beziehung entwickelt. Gonzáles war vom Typ her sehr umgänglich und freundlich. Ich hatte zu seiner Regierung eine ähnliche Beziehung wie zu Frankreich. Zu Italien gab es einen vergleichbaren Kontakt. So bildete sich eine kleine Gruppe innerhalb der Europäischen Gemeinschaft auf der Arbeitsebene. Wir trafen uns immer in Rom, Madrid oder Paris und überlegten, was wir unseren Chefs vorschlagen. Es war immer sehr einvernehmlich, sehr freundschaftlich, ein Kreis überzeugter Europäer und Freunde, die die deutsche Einheit unterstützten. Für bestimmte Themen hatten wir noch Freunde in Washington, die auch dazukamen. Der Kreis saß z. B. einmal in Südfrankreich zusammen, um für unsere Chefs ein Konzept für Abrüstungs- und Rüstungskontrolle zu erarbeiten. Mein Partner Attali in Frankreich war etwas zurückhaltend. Meine persönliche Erklärung dafür liegt in seinem jüdischen Hintergrund. Für ihn war die deutsche Einigung nicht so leicht zu akzeptieren. Ich hatte ihn verdächtigt, mitverantwortlich dafür zu sein, dass Mitterrand anfänglich sehr zögerlich war, den Eingungsprozess zu unterstützen. Die Arbeit in dieser freundschaftlichen Gruppe hat viel Freude gemacht.

M. G.: *Kann man dieses sehr positive Bekenntnis von González damit erklären, dass sich Kohl als Bundeskanzler für den Beitritt Spaniens zu den Europäischen Gemeinschaften stark gemacht hat? Das ist 1986 geschehen. Der von Kohl begrüßte spanische NATO-Beitritt ist ein weiterer Aspekt. Portugal war schon viel früher seit 1949 Gründungsmitglied. Spielten solche geostraegischen, -politischen und -ökonomischen Überlegungen eine Rolle für eine »Gegenleistung« von González?*

H. T.: Kohl war ja von Haus aus Historiker. Vor seinen jeweils ersten Reisen und Begegnungen hat er sich immer Bücher über die Geschichte dieser Länder besorgt und gelesen. Das war sehr förderlich. Im ersten Gespräch mit Gonzáles ging es hauptsächlich um die Geschichte Spaniens und den Bürgerkrieg. Damit vermittelte er das Gefühl, das Land seines Partners zu kennen, zu schätzen, nicht oberflächlich zu sein, sondern es wirklich als Teil der Gemeinschaft haben zu wollen. Das Problem war, dass Mitterrand zögerlich gegenüber Spaniens EG-Beitritt war wegen der südfranzösischen Bauern. Laut Mitterrand wählten sie mehrheitlich sozialistisch. Er hatte die Sorge, dass mit dem Beitritt Spaniens ein zu starker Wettbewerbsdruck für die südfranzösische Landwirtschaft entstehen würde. Damit hatte Kohl überhaupt keine Probleme.

Ein Beispiel für die Wirkung seiner einleitenden historischen Ausführungen war Mozambique. Im Gespräch mit Präsident Alberto Chissano sagte dieser, Kohl sei der erste westliche Besucher, der mir nicht stundenlang erzählt, was ich alles falsch mache, sondern

36 Tagebuch, 11.11.1989, S. 108.

der mir berichtet, welche Probleme er selber hat. Das war der Beginn eines sehr zwanglosen freundschaftlichen Zusammenseins, weil Kohl über seine Probleme und die Probleme der EG gesprochen hatte. Kohl hatte einen Instinkt. Viele Gespräche mit Mitterrand begannen mit geschichtlichen Eindrücken und Erfahrungen.

M. G.: *Die Tage vom 12. bis 14. November stehen im Zeichen des nun nachgeholten Besuchs in Polen. Mit welchen Gefühlen standen Kohl und Sie beim Empfang Jaruzelski gegenüber? Er war immerhin der Mann, der für die Verhängung des Kriegsrechts in Polen im Dezember 1981 verantwortlich war. Er argumentierte später immer wieder öffentlich, er sei damit einer sowjetischen Intervention zuvorgekommen. Wir wissen heute, dass es in Wirklichkeit ganz anders war, dass er nämlich Breschnew um eine Intervention gebeten hatte, die von sowjetischer Seite abgelehnt worden ist. Jaruzelski stand für ein repressives Polen, das der Bewegung Solidarność den Garaus bereiten wollte. Hatte er sich vom Saulus vom Paulus gewandelt? Stand er nun auch den Gorbatschowschen Reformen positiv gegenüber? Wie haben Sie das empfunden? War das noch derselbe Mann wie im Dezember 1981?*

H. T.: Er war nach wie vor der amtierende Präsident. Daher war es protokollarisch ein Höflichkeitsbesuch. Politisch war dieses Gespräch irrelevant. Wir wollten nicht unbedingt mit Jaruzelski zusammentreffen, weil er eine bedeutsame Persönlichkeit war, sondern es war eine Geste der Höflichkeit, beim ersten Besuch auch ihm eine Aufwartung zu machen. Substantiell war es uninteressant, daher habe ich keine Erinnerungen an dieses Gespräch.

M. G.: *Warum ging Genscher in der deutsch-polnischen Grenzfrage viel weiter als Kohl und früher in die Offensive hinsichtlich ihrer Anerkennung? Was glauben Sie hat Genscher getrieben?*

H. T.: Für mich war das Ausdruck einer Politik, die immer das Bestreben hatte, die Unterschiede deutlich zu machen. Genscher hatte ständig den Drang, deutlich zu machen, dass er eine eigenständige Rolle und er Gewicht in der Regierung hat. Es war – wenn Sie so wollen – immer der Versuch des kleineren Partners, sichtbar zu werden. Die Gesamtentwicklung und die Präsenz Kohls waren so dominant, dass Genscher – fast Alleinkämpfer – jede Gelegenheit nutzte, um sich abzugrenzen und das eigene Profil zu schärfen. Der Inhalt war Anlass zum eigentlichen Ziel der Profilierung seiner Person und seiner Partei. Daher hat Kohl es immer ertragen und meine Kritik an Genscher oft mit dem Hinweis abgetan: Wir brauchen ihn.

M. G.: *Am 14. November steht der Besuch des Konzentrationslagers Auschwitz bevor. Bundeskanzler Kohl verzichtet auf eine Ansprache. War es im Vorfeld des Besuchs noch ein Thema, ob Kohl dort das Wort ergreifen soll? Warum verzichtet er auf Worte? Hielt er es für angemessener zu schweigen?*

H. T.: Eine vergleichbare Situation habe ich in Israel erlebt. Journalisten sprachen mich an, der Bundeskanzler stünde vor Bildern und sage nichts. Ich antwortete, es sei auch sehr schwer, sich im Anblick dieses grauenhaften Verbrechens politisch zu äußern. So wie ich ihn erlebt habe, hat ihn das Ausmaß an Verbrechen, das dort sichtbar wurde, tief bewegt und getroffen. Er bevorzugte es, lieber zu schweigen, als oberflächliche Bemerkungen zu machen. Persönlich hielt ich das durchaus für angemessen und taktisch auch für klüger. Sehr schnell bewerten Journalisten formal, nicht inhaltlich. Zeigt er sich betroffen, sehr betroffen oder wenig betroffen? Das war für sie wichtiger als das, was er gesagt hätte.

M. G.: *War das auch Ausdruck einer Konfliktvermeidungsstrategie?*

H. T.: Keinen Anlass geben für dumme Kommentare.

M. G.: *Auf der Fahrt nach Auschwitz hat man nach Ihren Aufzeichnungen das Gefühl, dass das Verhältnis zwischen Heinz Galinski, dem Vertreter der Jüdischen Gemeinde in Berlin und Präsidenten des Zentralrates der Juden in Deutschland, und dem Bundeskanzler kein gutes war. Galinski scheint Kohl fast Vorhaltungen gemacht zu haben, dass er ihn nicht möge. Wie würden Sie das Verhältnis beschreiben?*

H. T.: Ich habe die zwei zusammen nie erlebt. Galinski war keine unbestrittene Persönlichkeit. Er zögerte nie, sehr kontroverse Diskussionen auszulösen. Es war besser, nicht auf jede seiner Aussagen zu reagieren. Er war eine besondere Persönlichkeit, den Hintergrund kannte man, Vorsicht war angesagt. Wir versuchten die Beziehungen reibungslos zu gestalten ohne große Erklärungen.

M. G.: *Ich komme darauf, weil es eine Passage in Ihrem Tagebuch gibt,*[37] *die zeigt, wie sensibel das Thema war und Galinski Anlass für Anstoß gab.*

H. T.: Galinski war keine einfache Persönlichkeit. Er war sehr komplex, ist einerseits keiner Kontroverse ausgewichen, suchte andererseits eine gewisse Harmonie. Es war immer ein Risiko, mit ihm in einen öffentlichen Disput zu gehen. Ich wüsste nicht, dass Kohl irgendwelche Abneigung gegen ihn als Person hatte, obwohl er manchmal dazu Anlass geboten hätte. Er war ja nicht zimperlich in seinen Aussagen.

M. G.: *Beim nachgeholten zweiten Polen-Besuch schreiben Sie in Ihrem Tagebuch, dass Ihnen die deutschen Pressevertreter fast so erschienen, als seien sie »Interessenvertreter der Polen«.*[38] *Können Sie dazu noch etwas sagen? Oder anders gefragt: War Ihnen die deutsche Presse in diesen Zeiten zu wenig patriotisch, d. h. zu wenig an den deutschen Interessen orientiert?*

H. T.: Das habe ich ihnen nicht unterstellt, wohl aber, dass sie immer dem augenblicklichen Moment verhaftet waren und nicht die Dimension über den aktuellen Anlass hinaus sehen oder verstehen wollten. Kohl hatte immer im Hinterkopf, welche Wirkung es in der Partei haben würde, welche öffentlich, welche da und welche dort. Solches Denken war den Journalisten fremd.

M. G.: *Im Zusammenhang mit der Oder-Neiße-Grenze schreiben Sie, dass Journalisten fragten, warum Kohl in seinen Aussagen nicht so weit ging wie Genscher. »[…] meine Antworten sollen die Aussagen des Bundeskanzlers erläutern. An diesem Abend empfinde ich manche*

37 Tagebuch, 14.11.1989, S. 118.
38 Für dies und das Folgende: Tagebuch, 13.11.1989, S. 117.

Fragesteller als Interessenvertreter der Polen und nicht der Deutschen. Aber das ist mir bei Auslandsaufenthalten häufig aufgefallen. Doch heute deprimiert es mich, weil ich die Gefahr sehe, daß der Besuchserfolg des Bundeskanzlers, wie er in allen Reden der polnischen Partner zum Ausdruck kam, in großen Teilen der Presse ohne Nachhall bleiben wird. Und das wird am Ende den schwierigen deutsch-polnischen Beziehungen auch nicht nutzen. Angeblich geht es aber den Fragestellern vor allem darum?« Die Frage bleibt noch offen, Sie sind eigentlich enttäuscht oder sogar offensichtlich deprimiert, dass die Journalisten nicht mehr aus diesem Besuch machen und er nicht den Widerhall in der deutschen Presse findet, den er eigentlich verdient hätte?

H.T.: Sie haben mehr der polnischen Seite Widerhall gegeben als der unsrigen. Das ist sowieso eine Tendenz von Journalisten, die immer eher die Gegenseite berücksichtigen wollen, um eher kontroverse Positionen und Widersprüche aufzuzeigen als die deutschen Interessen mit zu unterstützen und mitzutragen. Sie sind nicht unter dem Aspekt mitgereist, dass wir die deutsch-polnischen Interessen intensivieren und verbessern wollten. Für Kohl war die Überschrift »Wir müssen die Beziehungen zu Polen vergleichbar entwickeln wie zu Frankreich. Polen hat für uns das gleiche Gewicht« von Interesse. Für die Journalisten war es wichtiger, wie sich Kohl verhält in Polen. Sie sahen nicht die politische Perspektive, sondern das Verhalten Kohls. Ist es geschickt oder weniger geschickt, bezogen auf den Augenblick? Das ist manchmal schon schwer zu ertragen. Wenn man einen solchen Besuch monatelang vorbereitet hat und ein tolles Ergebnis in Form der Gemeinsamen Erklärung erzielt wurde, sie wurde u.a. von Willy Brandt gelobt, sollte es nicht reduziert werden auf das punktuelle Verhalten oder einzelne Äußerungen des Bundeskanzlers.

M.G.: *An diesem 14. November halten Sie weiter fest, dass »das Verwundetsein der Polen« größer sei,[39] als man gedacht habe und Bundeskanzler Kohl gibt das auch zu. Musste man erkennen, dass eine Verständigung und Versöhnung mit Polen möglicherweise ungleich schwieriger war und länger dauern würde als mit Frankreich, das als Modell diente, was aber bei genauerer Betrachtung auch Jahrzehnte gebraucht hat, um wirklich von Versöhnung reden zu können. Das ist ja etwas anderes als Verständigung. War Polen eine andere Dimension?*

H.T.: Ja, das war uns schon klar. Politisch, strategisch war für Kohl klar, dass nach wie vor erste Priorität Frankreich hat. Wenn man aber nach Osten blickt, gibt es eine zweite Priorität. Das war damals eben nicht die Tschechoslowakei und nicht Ungarn, so sehr wir die Ungarn mochten, Ministerpräsident Németh und Außenminister Horn. Von der Geschichte und der Gewichtung der deutschen auswärtigen Beziehungen war klar, dass Polen das größte Gewicht einbringt. Strategisch war für Kohl klar, dass wir die Beziehungen zu Polen so eng und intensiv als möglich entwickeln müssen. Das war auch klare Richtschnur meines Handelns, deshalb hatten wir auch ein solches umfangreiches Kooperationsabkommen vorbereitet. Es gab keinen Bereich der Beziehungen, der nicht angesprochen worden war. 120 Seiten sind 120 Seiten, die man erst einmal vernünftig vollschreiben muss. Das zeigt, dass ich der Richtschnur gefolgt bin. Polen ist für uns der wichtigste Schlüssel in Mitteleuropa.

39 Tagebuch, 14.11.1989, S. 119.

M. G.: *Der große Unterschied zwischen Frankreich und Polen bestand darin, dass es in Frankreich keine ungeschützte deutsche Minderheit gab, aber eine in Polen. Wie wichtig war Kohl dieses Anliegen? Er war mit Ihnen auf einer Linie, dass es darum gehen müsse, die deutsche Sprachgruppe entsprechend zu schützen und ihr kulturelle Autonomie zu gewähren. War das nicht nur ein persönliches Anliegen von Ihnen aufgrund Ihres familiären Schicksals, sondern auch für Kohl ein vitales Anliegen, das zentral war, um zu einem diesbezüglichen Abkommen mit Polen zu gelangen?*

H. T.: Die polnischen Regierungen vor Ministerpräsident Mazowiecki haben die Existenz einer deutschen Minderheit bestritten. Für Polen waren das alles Polen, unabhängig davon, ob sie einen deutschen Hintergrund hatten oder nicht. Wir waren in unseren Verhandlungen die ersten, denen gegenüber die Polen zugegeben haben, dass es eine deutsche Minderheit gibt und sie eigene Interessen hat. Das war ein Durchbruch. Ich hatte Treffen mit Vertretern der deutschen Minderheit, um zu erfahren, welches ihre politischen Prioritäten sind, neben der des Auswanderns. Eines der Ergebnisse war, dass derjenige, der ausreisen wollte, das auch konnte. Aber die Frage an diejenigen, die bleiben wollten, war, was kann man tun, damit sie bleiben. Nationales Selbstbewusstsein stärken, kulturelle Freiheiten schaffen, materielle Unterstützung leisten, deutschen Schulunterricht ermöglichen usw. Es war ein reibungsloses Gespräch. Wir waren uns schnell einig, wo wir helfen können und sollen.

M. G.: *Am Mittwoch, 15. November, notieren Sie eine interessante Sache. Sie verweisen auf ein Gespräch mit Rita Süssmuth, der damaligen Präsidentin des Deutschen Bundestages, dass sie am nächsten Tag mit ihrem französischen Amtskollegen Laurent Fabius zusammenkommen und er nach Moskau reisen würde, um mit Gorbatschow zusammenzutreffen: »Ich begrüße diese Absicht sehr, denn sie entspräche dem Ziel einer gemeinsamen deutsch-französischen Ostpolitik.«*[40] *Das ist bemerkenswert. War das einer der entscheidenden Unterschiede zu der bisherigen sozial-liberalen Ostpolitik, nun gemeinsam mit Frankreich Ostpolitik zu betreiben? Wer hat diese Idee entwickelt, dass man gemeinsam mit Frankreich deutsch-französische Ostpolitik betreiben könne bzw. solle?*

H. T.: Unsere Position war, mit Frankreich auf allen Gebieten so eng als möglich zusammenzuarbeiten, also auch bei der Entwicklung der Beziehungen zur Sowjetunion. Wir hatten darüber nachgedacht, in der EG in Richtung einer Politischen Union zu gehen und das hieß auch, dass man die Außenpolitik zunehmend vereinheitlicht, das alle vergleichbare Ziele und Interessen verfolgten. Die Erwartungen der Sowjetunion, vor allem unter Gorbatschow, gegenüber Deutschland waren ja riesig, was Hilfe und Unterstützung betraf. Der Gedanke, dass andere in die gleiche Richtung arbeiten wie wir, war für uns sehr hilfreich, damit sich die politische, finanzielle und kulturelle Hilfe für die UdSSR nicht allein auf Deutschland konzentriert. Daher waren wir daran interessiert, dass sich Frankreich stärker engagiert. Margaret Thatcher hatte sich hauptsächlich auf die Person Gorbatschow konzentriert. Darüber hinaus ist von britischer Seite nicht viel getan worden. Wir waren uns sicher, die Erwartungen Gorbatschows nicht alleine schultern zu können. Die Italiener waren noch am offensten gegenüber der Sowjetunion, aber wenn es um materielle Unter-

40 Tagebuch, 15.11.1989, S. 124.

stützung ging, war von Italien auch nicht viel zu erwarten. Wir wollten schon, dass hier gemeinschaftliche Politik entsteht, aber auch substantiell.

M. G.: *U. a. halten Sie an diesem Tag auch noch fest, dass man sich lange unterhält über die Veränderungen in der DDR, vor allem über die dort »beispielhafte ›Demonstrationskultur‹«.*[41] *Wie hat man sich diese im Bundeskanzleramt erklärt? Man arbeitet bis 18 Uhr, dann geht es auf den Leipziger Ring und um 20 Uhr endet die disziplinierte »Feierabend-Demonstration«?*

H. T.: Ich fand es schon eindrucksvoll, wenn die Demonstranten relativ spontan vor dem Gebäude der Stasi Kerzen anzündeten, z. B. in Leipzig. Das waren Verhaltensweisen, die deutlich machten, wir wollen keine Aggressivität, sondern friedlich für Veränderungen demonstrieren. Gerade in Leipzig, so erfuhr ich später, lag die NVA schussbereit in den Büschen. Diese Demonstration hätte ein schreckliches Ende nehmen können. Dass es nicht geschah, lag an der spontanen Klugheit der Demonstranten, die damit die Stasi handlungsunfähig gemacht hatte. Die Kerzen hätten sie nur ausblasen können, mehr nicht.

M. G.: *Immer wieder wird die Erzählung wiederholt, wonach von Polen alles an Veränderungen ausging, die Demonstrationen und die Gewerkschaftsbewegung Solidarność, mit Blick auf die Umbrüche und Umwälzungen in der Mitte und im Osten Europas. Mussten sich da die Ungarn nicht zurückgesetzt fühlen oder gar etwas beleidigt reagieren, denn sie hatten ja diesen Transformationsprozess auch maßgeblich mitgetragen? Hat man das ab und zu vernommen von ungarischer Seite, wenn zu viel Lob von deutscher Seite für die Solidarność geäußert wurde? War nicht eigentlich Ungarn der unmittelbare Türöffner, der Katalysator und der Hauptauslöser des Ganzen am 9. November? Welcher Zusammenhang bestand zwischen beiden Ländern?*

H. T.: Ungarn wurde von uns voll gewürdigt. Jede Anfrage bezüglich Unterstützung wurde von uns, soweit wir konnten, positiv beantwortet. Kohl hat Németh im Wahlkampf unterstützt, obwohl es die Kommunistische Partei war. Er tat es Németh Miklós persönlich zuliebe. Die Ungarn waren die ersten im Warschauer Pakt, die mit uns verhandelt und ein Abkommen unterschrieben haben über die Rechte der deutschen Minderheit in Ungarn. Das war für Polen ein Modellfall, solche Fragen einvernehmlich zu lösen, wenn auch Ungarn weniger Gewicht als Polen hatte. Es ging soweit, dass die Ungarn mich gebeten haben, im Parlament zu sprechen. Ich habe im ungarischen Parlament eine Rede gehalten. Das habe ich in Warschau nicht gemacht. Meine polnischen Partner habe ich immer darauf verwiesen, dass das, was mit Ungarn möglich war, mit ihnen auch möglich sein müsste.

M. G.: *Zurück zu den großzügigen Finanzhilfen, die Deutschland geleistet hat, in späterer Folge vor allem auch für die Sowjetunion. Inwieweit waren Finanzspritzen, Kredite und Schulderlässe ein ganz gezieltes, letztlich systematisch eingesetztes Mittel Kohl'scher Deutschlandpolitik, Stichwort Finanzmacht, Kreditgebermacht, Währungsmacht und Zahlungsmacht Deutschland – ohne dass man es mit Blick auf die deutsche Öffentlichkeit allzu groß an die Glocke hängen wollte? Das fehlt etwas in der gedruckten Fassung des Buchs »329 Tage«. War diese Politik ein sehr wirksames und definitives Mittel, das man einsetzten musste?*

41 Ebd., S. 124.

»Ich bin nicht sicher, ob die Spritze gross genug ist Kollege Teltschik«
angesichts des hohen politischen Kreditbedarfs, Karikatur von Dieter Hanitzsch

H. T.: Ja, natürlich. Es war schon ein bedeutsames Gewicht, das wir in solchen Verhandlungen einbringen konnten, dass wir immer ein potentieller Geldgeber und Wirtschaftspartner waren, ob es Polen, Ungarn oder die Sowjetunion betraf. Das war schon ein hilfreiches Thema. Wir verbanden es immer mit klaren Erwartungen, um nicht zu sagen mit klaren Forderungen, das Geld für Reformprozesse einzusetzen. Dort, wo wir keine Sicherheit hatten, dass das Geld vernünftig eingesetzt wird, z. B. in Bulgarien oder in der Tschechoslowakei gab es keine Kredite. Bei Polen hatten die Kredite schon vor uns eine Dimension angenommen, die klarmachte, dass können sie nicht zurückzahlen, zumindest nicht in absehbarer Zeit. Wir brachten die Idee ein, die Kredite in die nationale Währung Złoty umzuwandeln, mit der Bedingung, dass das Geld vorrangig für deutsch-polnische Projekte eingesetzt wird, angefangen vom Jugendaustausch, Bau von Jugendherbergen, usw. Polen war nicht mehr verpflichtet, die Kredite an Deutschland zurückzuzahlen, sondern innenpolitisch vernünftig einzusetzen. Inwieweit es geschehen und kontrolliert worden ist, kann ich nicht beantworten. Das lag in der Zuständigkeit des Außenministers und der Botschaft.

M. G.: *Wieweit war die Bundesrepublik Deutschland als Juniorpartner der Vereinigten Staaten von Amerika ein gelehriger Schüler? Man spricht ja bei der amerikanischen Außenpolitik – ich meine es wertfrei – von »Dollarimperialismus« oder von informeller Politik, den Dollar als Weltleitwährung auch als Machtmittel einzusetzen. War die BRD in dem Fall so etwas wie eine halbimperiale D-Mark-Macht, die dieses Gewicht in die Waagschale warf, um entsprechende Abhängigkeiten zu schaffen und auf diese Weise ein heimlicher Hegemon zu sein, wenn auch nur ein halber Hegemon, weil es Europa nie ganz beherrschen konnte, so der Historiker Ludwig Dehio,*[42] *dennoch aber so stark war, dass alle besorgt sein, sich fürchten mussten und danach zu trachten hatten, nicht in allzu starke Abhängigkeit zu geraten? Ist ein solches historisches Bild für Sie als Interpretation zulässig? Hat man am Ende damals schon so gedacht?*

H. T.: In dieser Dimension habe ich nicht gedacht oder gewirkt. Wir wussten nur, wo die Probleme und Schwachstellen unserer Partner lagen. Die Frage war, ob wir Kredite in der Größenordnung, wie sie erwartet wurden, stemmen konnten bzw. haben wir die Garantie, dass das Geld vernünftig eingesetzt wird? Daher führten wir ja konkrete Verhandlungen. Wenn ich selbst den Auftrag hatte, darüber zu verhandeln, war ich immer in Begleitung von Bankern, denn wir vergaben nicht den Kredit, sondern verbürgten ihn nur. Die Kredite kamen von den Banken, die damit auch Geld verdienen wollten. Sie wurden keinesfalls verschenkt. Ich weiß nicht, wie die Zinssätze waren, aber für die Banken war es ein normales Geschäft. Sie hatten aber den einen Vorteil und die Sicherheit, wenn der Partner zahlungsunfähig geworden wäre, hätte die Bundesregierung die Bürgschaft übernommen. Im Prinzip waren es Geschäftskredite. Es war zwar ein Instrument, aber von Seiten der Verhandlung ein Bankengeschäft.

M. G.: *Also müsste man präzise sagen: die Deutsche Bank als Kreditinstitut und Geldgebermacht hat der deutschen Einigungspolitik maßgeblich zur Seite gestanden. Wenn das so war, stellt sich auch die Grundsatzfrage, welches Verhältnis Kohl zu Geld hatte? Das ist auch eine Charakterfrage. War er ein großzügiger Mensch oder war er knickrig, sprich geizig? Dass er sich des Geldes als Machtmittel bewusst war, dürfte klar sein. Despektierlich wurde er der »Bimbes-Kanzler« genannt und hat damit Machtpolitik innerhalb der eigenen Partei betrieben, soweit das Ihr Eindruck zulässt, das so zu sagen. Mit Blick auf die Deutschlandpolitik: war er großzügig in der Frage der Gewährung von Krediten zur Hilfe, aber auch zur politischen Konditionalisierung?*

H. T.: Er war sich bewusst, dass das Thema Kredite an die Warschauer Pakt-Staaten ein wichtiges Instrument war, um politische Entwicklungen zu unterstützen, zu fördern und entsprechende Ergebnisse zu erzielen. Es war aber nicht so, dass er bedenkenlos oder sehr großzügig bereit war, in jeder Größenordnung Kredite zu verbürgen. Innerhalb der Regierung wurde alles mit dem Finanzminister und dem Wirtschaftsminister und dem Koalitionspartner abgestimmt. Es musste schon eine ökonomische Rationalität haben. Die Banken stellten klare Bedingungen und die Kredite wurden geschäftsmäßig abgewickelt. Wir wollten immer die Antwort haben auf die Frage, wofür und den Nachweis, dass das Geld sinnvoll eingesetzt wird. Am Ende war es die Verantwortung der Banken. In

42 Ludwig Dehio, Gleichgewicht oder Hegemonie. Betrachtungen über ein Grundproblem der neueren Staatengeschichte, Krefeld 1948.

Ungarn hatte ich Herrn Herrhausen von der Deutschen Bank als Begleiter, der natürlich die reingeschäftsmäßigen Bedingungen verhandelte. In Moskau war ich mit zwei Bankern, mit dem Vorstandsvorsitzenden der Dresdner Bank, Herrn Wolfgang Röller und Herrn Hilmar Kopper von der Deutschen Bank. Sie führten die Gespräche über die Kredite, ich war dabei, nach dem Motto die Politik bürgt dafür und spricht über die politischen Rahmenbedingungen.

Das erste, was ich in Mainz, als ich bei Kohl anfing, gelernt habe, war, dass er sich in Sachen Geld nichts nachsagen ließ. Wenn über mich die Anfrage für einen Vortrag Kohls kam, war klar, dass er kein Honorar nahm, sondern eine Spende an die Partei erbat. Er wusste immer sehr genau, wie weit er gehen konnte oder nicht. Als später die Affäre aufkam, war es eine andere Situation. Es ging um die DDR und das Verhalten der CDU in Ostdeutschland. Natürlich hatte er auch in der Wirtschaft persönliche Freunde, für die Geld kaum eine Rolle spielte. Er hatte ihnen geklagt, wie schwierig es ist, eine Parteiorganisation in der ehemaligen DDR aufzubauen, denn das Beitragsaufkommen von CDU-Mitgliedern dort war nicht sehr eindrucksvoll, wenn überhaupt war es marginal. Die Organisation zu finanzieren, war für ihn ein Dauerthema, weil die lokalen Mitglieder immer über Geldmangel klagten. Hier und da besprach er es mit seinen Freunden und sie versprachen Hilfe, ohne darüber reden zu wollen. Vielleicht war er da zu großzügig, es zu akzeptieren, ohne Rechenschaft darüber abzulegen. Ich hatte nie den Eindruck, dass er versucht hätte, sich persönlich zu bereichern, im Gegenteil: Betriebsausflüge hat er immer aus seiner eigenen Tasche bezahlt. Das Einkommen des Bundeskanzlers ist ja nicht riesig im Vergleich zur Wirtschaft.

M.G.: *Eine Person, die öfters in Ihrem Tagebuch auftaucht und offensichtlich wichtig war, ist Vernon Walters.*[43] *Er war Stellvertreter von George H. W. Bush bei der CIA gewesen, zeitweise persönlicher Berater von Ronald Reagan und Botschafter der Vereinigten Staaten von Amerika in Bonn. Offensichtlich war zu ihm ein besonderes Vertrauensverhältnis gegeben. Worin lag es begründet? Bestand so etwas wie eine Freundschaft zwischen ihm, Ihnen und Kohl?*

H.T.: Mir war es immer wichtig, zur amerikanischen Botschaft eine enge Beziehung zu haben, um jederzeit Gespräche führen zu können. Die amerikanischen Botschafter hatten für uns immer eine Schlüsselposition, der eine mehr, der andere weniger. Vernon Walters war eine besondere Figur. Ich würde sagen ein alter Haudegen. Wir trafen uns in gewisser Regelmäßigkeit in seiner Residenz oder in meinem Büro. Zwei Tage, nachdem sich die Mauer geöffnet hatte, kam er zu mir ins Büro und sagte: »Herr Teltschik, ich war in meinem Leben Soldat in fünf Kriegen. Heute Nacht war ich auf der Glienicker Brücke in Berlin. Ich habe in meinem Leben noch nie so viele Männer weinen gesehen wie in dieser Nacht. Das ist der Beginn der deutschen Einheit.« Für ihn hieß das, dass jetzt der Prozess zur Wiedervereinigung begonnen hat. Er war derjenige, der von Anfang an fast Druck auf die amerikanische Regierung ausübte zu verstehen, dass jetzt der Prozess der deutschen Einheit in Gang gekommen sei. Er wandte sich direkt an den Präsidenten und nicht, wie für Botschafter üblich, an den Außenminister. Das State Department beklagte sich auch bei mir, dass der Botschafter nicht immer den Dienstweg einhalte. Er war von Anfang an die größte Stütze für uns, um seine Regierung zu überzeugen, dass es fortan um die Wieder-

43 Tagebuch, 16.11.1989, S. 126–128.

vereinigung Deutschlands ginge. Das geschah nicht immer zur Freude von Außenminister Jim Baker, der sich oft übergangen fühlte.

M. G.: *Im weiteren Vorfeld des 9. November fand der Besuch Reagans in Deutschland und in Berlin statt. Er hielt am 12. Juni 1987 vor dem Brandenburger Tor eine Rede und sagte: »Herr Gorbatschow, öffnen Sie dieses Tor und reißen Sie diese Mauer nieder.« Zu dieser Zeit war ja Walters als Berater für Reagan tätig. Wissen Sie noch, wer Einfluss auf Reagan nahm, diese Rede so zu halten? Man fasste sich damals ja an den Kopf und fragte sich, wie kann Reagan, der ehemalige Schauspieler, so etwas vom Stapel lassen? Das ist ja völlig illusorisch. Später konnte man erkennen, dass es gar nicht so abwegig war. Offensichtlich war Reagan gut informiert über die prekären Verhältnisse im Osten Deutschlands. Hat ein Mann wie Walters als ehemaliger CIA-Deputy entsprechende Kenntnisse gehabt und diese als realistische Einschätzungen vermitteln können? Sie sagten ja, er war einer der ersten, der erkannt hatte, dass etwas in Bewegung geraten war. In der Tat: am 4. September 1989 machte er mit seinen Aussagen Schlagzeile in der* International Herald Tribune *»Walters: German Unity Soon«. Der deutschlandpolitische Fuchs Egon Bahr hielt fest, Walters sei der einzige Mensch gewesen, den er getroffen und der die deutsche Einheit prophezeit habe.*[44]

H. T.: Ja, ich bin überzeugt, dass er am stärksten mitgewirkt hat, die amerikanische Administration zu überzeugen. Er war dabei, als ich den Botschaftern die Zehn-Punkte-Rede erklärte, weil wir sie ja nicht verschickt hatten. Bei Walters rannte ich offene Türen ein. Ich war immer überzeugt, dass er uns, ohne lange zu fragen, kompromisslos unterstützt hat. Für ihn war es die Chance, bei der es zu handeln galt. Verschiedene amerikanische Diplomaten streiten bis heute, wer den Satz eingefügt hat »Mr. Gorbatschow, tear down this wall.« Ich kann Ihnen mehrere Personen nennen, die behaupten, sie hätten es zu verantworten. Wer diesen Satz am Ende wirklich in die Rede geschrieben hat, weiß ich nicht. Aber der Schlüsselsatz hatte eine unglaubliche Wirkung.[45]

M. G.: *Wie haben Sie diese Rede damals empfunden?*

H. T.: Ich fand es großartig und sagte zum Bundeskanzler: »Wir können ja nur dankbar sein. Da kommt der amerikanische Präsident und ohne unser Zutun unterstützt er unser größtes Anliegen in Deutschland, die schreckliche Mauer als Symbol für das geteilte Land, niederzureißen. Was wollen wir mehr?« Die Weltmacht, der wichtigste Partner macht es aus freien Stücken. Was gibt es da zu kritisieren? Man konnte doch nur sagen »great, absolutely great!« Es gab Kritik, es sei ein Affront gegen Gorbatschow, die auch aus unseren Reihen kam. Ich fand es aber absolut richtig.

44 Egon Bahr, Zu meiner Zeit, München 1996, S. 570.

45 Der zweite berühmte Satz nach »Mr. Gorbachev, open this gate.« [stürmischer langanhaltender Beifall] »Mr Gorbachev, tear down this wall« (»Herr Gorbatschow, reißen Sie diese Mauer nieder«) wurde von Peter Robinson, einem Redenschreiber und Mitglied des Stabes des US-Präsidenten Ronald Reagan, aufgrund von Inspirationen durch eine vorhergehende Sondierungsreise nach Berlin in den Text einbezogen. Dieser markante Satz wurde während der aufsehenerregenden Rede Reagans am 12. Juni 1987 vor dem Brandenburger Tor in West-Berlin ausgesprochen.

M. G.: *Es gab damals zahlreiche lautstarke Demonstranten, die abgeschirmt werden mussten. Rückblickend betrachtet war es eine groteske Konstellation in Berlin.*

H. T.: Die gab es manchmal und man fasste sich an den Kopf.

M. G.: *Interessant ist ja auch, dass Sie sich mit Vernon Walters am 16. November unterhalten. Er reagiert eindeutig, indem er sagt: Nein, eine Vier-Mächte-Konferenz kann jetzt nicht in Frage kommen. Sie kommt dann infrage, wenn »die Freiheit und Einheit Deutschlands zu besiegeln« ist.*[46] *Er spricht aber auch davon, dass es nicht ausgeschlossen sei, dass es zu krisenhaften Entwicklungen in der DDR komme. Diese konnte niemand ausschließen, aber das besondere Verhalten der ostdeutschen Bürger gab auch keinen Anhaltspunkt dafür. Dennoch dürfte man sich auch gefragt haben, was passiert, wenn es zu einer angespannteren und krisenhafteren Entwicklung in der DDR kommen würde. Waren dafür Vorkehrungen getroffen worden? Einerseits zeichnete sich ein Massenexodus ab, der sich immer mehr steigerte, andererseits war auch nicht auszuschließen – wie wir schon durch Ihre späteren Besuche in Moskau und Gespräche mit Schewardnadse erfahren haben –, dass man kremlintern im Januar 1990 offenbar ernsthaft diskutiert hat, ob einzugreifen wäre. Hat es Überlegungen gegeben für den Fall, dass es zu einer krisenhaften Zuspitzung der Lage nach Öffnung der Grenzübergangsstellen in Berlin kommen würde? Die westlichen Mächte waren ja noch präsent in der Stadt. Gab es mit Vernon Walters diesbezügliche Gespräche?*

H. T.: Nicht von meiner Seite. Es war in der Tat ein schwieriges Thema, was würde geschehen, wenn sowjetische Truppen versuchen sollten, die Mauer wieder zu schließen? Ich hatte den Eindruck, dass das einen neuen 17. Juni auslösen würde, also eine Revolte der Bevölkerung in der DDR. Aber es würde kein Eingreifen der Westalliierten geben. Diese Erwartung hatte ich nicht. Als die Mauer aufging, war die Botschaft von allen, Ruhe zu bewahren. Es sollte auf keinen Fall zu Demonstrationen oder Unruhen kommen. Ich kann nur sagen, die DDR war gut beraten, dass sie die Grenze nicht mehr geschlossen hat. Es wäre ein riesiges Problem gewesen, wenn nach der Nacht der Öffnung wieder alles geschlossen worden wäre und Zehntausende vor den Übergängen gestanden hätten. Was wäre in der Nacht der Grenzöffnung geschehen, wenn ein Grenzbeamter aus persönlicher Angst die Waffe gezogen hätte? Auf den Bildern ist zu sehen, wie eng die Menschen ihnen buchstäblich auf den Leib rückten. Es wäre verheerend gewesen. Es war ein Wunder, dass nichts passiert ist und alles friedlich blieb. Ich hatte nie den Eindruck, dass von den Westalliierten auch nur eine Seite darüber nachgedacht hat, notfalls militärisch einzugreifen und Hilfe zu leisten. Inwieweit sie sich direkt mit den Sowjets abgestimmt hatten, wissen wir nicht. Es können ja auch Gespräche stattgefunden haben, in denen sich beide Seiten abgesichert haben »Sie machen nichts und wir machen auch nichts.« Von unserer Seite aus bestand nie die Angst, dass es zum militärischen Konflikt kommen könnte. Das hätte nur passieren können, wenn sowjetische Truppen die Grenze wieder dichtgemacht hätten. Dann hätte es zum Volksaufstand kommen können in der DDR, aber nicht zum Eingreifen der Westalliierten.

M. G.: *In einem solchen Fall wäre eine Analogie zum 17. Juni gegeben gewesen. Gorbatschow hätte es sich allerdings wohl kaum leisten können, sowjetische Truppen einzusetzen. Das wäre*

46 Tagebuch, 16.11.1989, S. 127.

mit Perestroika und Glasnost schwer vereinbar gewesen und letztlich auf eine Desavouierung seiner eigenen Reformpolitik hinausgelaufen.

H. T.: Man konnte von außen nicht einschätzen, wie Gorbatschow reagieren würde. Es gibt den Bericht, dass Falin sich persönlich nach Ost-Berlin aufgemacht habe, um mit den Vertretern der Sowjetarmee über eine mögliche Grenzschließung zu reden. Später hat er bestritten, dass er versucht hat, die Grenze wieder dichtmachen zu lassen. Ich denke schon, dass es zutreffend ist, da er zu den Hardlinern gehörte und um damit den gesamten Prozess wieder zum Stillstand zu bringen.

M. G.: *Egon Krenz hat offensichtlich die Entscheidung getroffen, ohne Abstimmung mit dem sowjetischen Botschafter Kotschemassow. In dieser Situation der mangelnden Koordination von Seiten der SED-Führung hinsichtlich der Grenzüberwachungsorgane und gegenüber Moskau hat diese Vorgehensweise die Sowjetregierung vor vollendete Tatsachen gestellt. Es war vor allem die Preisgabe eines Faustpfands, das Berlin-Ost noch hatte: Solange die Mauer stand, konnte die Parteispitze mit diesem Pfund wuchern – nun war es aus der Hand gegeben.*

H. T.: Dieser Abend der Grenzöffnung war im Ablauf sowieso fast ein Wunder. Zum einen die Antwort von Schabowski auf die Zusatzfrage, ab wann die Grenze geöffnet wird. Nach vergeblichem Suchen in seinen Papieren sagte er: »Nach meiner Kenntnis ab sofort.« Die sowjetische Botschaft hatte keine Ahnung, was sich da abspielte. Später erzählte mir der Gesandte, dass sie den Botschafter wecken wollten, der aber schon zu Bett gegangen war, als sie über das Fernsehen mitbekamen, was sich an der Mauer entwickelte. Er gab mir zu verstehen, dass der Botschafter nicht ganz nüchtern ins Bett gegangen sei und praktisch kaum zu wecken war. Sie wussten nicht, wie sie agieren sollen – bedingt durch die Zeitverschiebung haben sie keine entscheidende Person in Moskau erreicht. Die DDR-Grenzbeamten konnten die Mitglieder des eigenen Politbüros nicht erreichen. Sie bekamen von ihren Vorgesetzten, wenn sie sie überhaupt erreicht hatten, keine Antworten, ob die Grenze aufbleibt oder geschlossen wird. Sie wurden sich selbst überlassen. Der sowjetische Botschafter schlief seinen Rausch aus und in Moskau waren die Lichter schon ausgegangen. Diese Fülle von Zufälligkeiten haben Deutschland verändert.

M. G.: *Am 16. November notierten Sie, dass es eine beeindruckende Übereinstimmung mit Thatcher und dem Bundeskanzler in Fragen des Umgangs mit dieser neuen Situation gab.*[47] *Sie nahm auch mit Gorbatschow Kontakt auf und bestätigte, dass Stabilität, Vermeidung von Komplikationen und Beseitigung von Spannungen entscheidend seien. Sie sprechen von einem beeindruckenden Statement Thatchers. War sie punktuell flexibler und offener als landläufig gedacht wird? Stimmt aber eben auch das Bild, dass sie viel zu spät begriffen hat, was Sache ist, während ihr Botschafter Christopher Mallaby in Bonn verzweifelt versucht hat klarzumachen, dass man sich mit der Situation abfinden und in diesen Prozess einbringen müsse, um diesen noch beeinflussen zu können und einfach nicht mehr zu sagen, dass die deutsche Frage kein Thema sei. Welche Erinnerungen haben Sie in diesem Kontext in Bezug auf Mallaby und Thatcher?*

47 Tagebuch, 16.11.1989, S. 128.

H. T.: Bis der britische Botschafter Christopher Mallaby vor einigen Monaten starb, hatte ich noch engen Kontakt zu ihm. Er war einer der besten Botschafter, die ich in meiner Bonner Zeit in acht Jahren erlebt habe: hoch intelligent, sehr klug und sehr präzise. Wenn ich mit ihm gesprochen hatte, konnte ich sicher sein, dass sein Bericht zutreffend und seriös sein würde. Ich schätzte ihn persönlich sehr. Margaret Thatcher war ja der erste Anlaufpunkt von Gorbatschow auf seinen Reisen in die USA. Sie war ein richtiger Fan von ihm. Aus meiner Sicht war sie tief enttäuscht, als sich die Mauer öffnete und sich Gorbatschow ausschließlich auf Deutschland, Kohl und auf George Bush konzentrierte. Sie befand sich von da an nur noch in der zweiten Reihe. Das hat ihr Selbstbewusstsein sehr beschädigt und sie fühlte sich nicht mehr so im Mittelpunkt des sowjetischen Interesses und des Geschehens in Gesamteuropa. Ich hatte schon den Eindruck, dass sie einige wichtige Punkte der Gesamtentwicklung voraussah. Sie war sich nicht immer so sicher, wie sie Kohl einschätzen soll. Er schickte mich mehrfach nach London, um sie zu unterrichten. Das war für mich immer eine sehr spannende Geschichte. Sie ließ mich mit ihrem eigenen Auto vom Flughafen zur Downing Street abholen. Dann saß ich mit ihr zusammen. Mein counterpart Lord Charles Powell war auch dabei. Zehn bis fünfzehn Minuten, je nach Lage, berichtete ich und Premierministerin Thatcher hörte mir zu. Nur ein einziges Mal in all den Sitzungen hat sie mich unterbrochen. Als ich einmal sagte: »The chancellor is open minded«, antwortete sie: »Mr. Teltschik, I am not open minded!« Anschließend an meine Berichte diskutierten wir etwa eine halbe Stunde. Ich fand das immer bemerkenswert und eindrucksvoll. Lord Powell war für mich eine große Hilfe. Ich konnte ihm neben dem Botschafter Nachrichten übermitteln. Er kam einmal im Frühling zu mir, um mir den Standpunkt von Premierministerin Thatcher zu erklären. Er berichtete damals, dass sie die Bombardierung Londons durch die deutsche Luftwaffe erlebt hätte und in ihrer Familie ein jüdisches Kind aus Deutschland mitaufgewachsen ist. Das hat natürlich ihr Deutschlandbild geprägt.

Gorbatschow sagte mir später einmal, wenn er Bush und Kohl nicht vertraut hätte, wäre vieles anders gelaufen. Das waren ja die Hauptakteure. Die Aufgabe lautete, Thatcher so zu behandeln, dass sie in keiner Weise ein Veto einlegen konnte, sondern am Ende immer mitgemacht hat, ob beim NATO-Gipfel oder den EU-Gipfeln. Am Ende hat sie mitgemacht, wenn auch widerstrebend. Das war letztlich entscheidend. Wenn man bedenkt, was sich damals grundlegend in Europa verändert hat, ist es ein Wunder, wie alles abgelaufen ist.

M. G.: *Am 17. November 1989 notierten Sie ein ärgerliches Interview des israelischen Premiers Schamir.*[48] *Wie lauteten generell die offiziellen Reaktionen aus Israel zur Lösung der deutschen Frage und Einigung? Was konnte das Bundeskanzleramt und das Auswärtige Amt auf kritische israelische Vorhaltungen erwidern? Eine Presseerklärung ist überlegt und ein Brief an Schamir geschrieben worden. Wurde er jemals abgesandt? Wie und auf welche Weise konnte die Missstimmung bereinigt werden?*

H. T.: Ich kann diese Frage nur generell beantworten. Es war offensichtlich, dass Israel gewisse Vorbehalte gegenüber einer Wiedervereinigung Deutschlands hatte. Aufgrund der historischen Erfahrungen wurde befürchtet, dass Deutschland wieder groß, mächtig und einflussreich wird. Die Israelis hatten uns stets in Verdacht, auf ihre Interessen zu wenig einzugehen und zu unterstützen. Es begann an mit der Diskussion, ob wir bereit sind, deutsche

48 Tagebuch, 17.11.1989, S. 129.

In freundlicherer Atmosphäre Gespräch mit Ministerpräsident Jitzchak Schamir beim Israel-Besuch, 24.–29. Januar 1984 (Privatbesitz Teltschik)

Leo-Panzer an Saudi-Arabien zu liefern oder nicht. Wir standen immer im Verdacht, mit Saudi-Arabien zu eng zusammenzuarbeiten. Das wird wahrscheinlich immer so bleiben aufgrund der historischen Erfahrungen, obwohl Helmut Kohl von sich aus alles getan hat, um solchen Verdächtigungen keinen Rückhalt zu geben und sie auszuräumen. Wir waren ja auch zum Staatsbesuch in Israel, haben natürlich Yad Vashem besucht und hatten auch mit der deutschen community sehr gute Gespräche. Wir hatten einen modus vivendi gefunden, der für beide Seiten mehr oder weniger erträglich war. Wir sind nicht so weit gegangen wie Bundeskanzlerin Merkel, die einmal gesagt hat, dass Israel Teil unserer Staatsräson ist. Nehmen wir an, es käme in der jetzigen Situation zu einem Konflikt zwischen Israel und Palästinensern. Wollen wir Truppen schicken? Das ist schon eine sehr weitgehende Verpflichtung gegenüber Israel. So weit wären wir unter Kohl nicht gegangen.

M. G.: *Sie schreiben, dass Schamir an den Judenmord erinnert habe als die Deutschen vereint und stark waren.*[49] *Die Betroffenheit war immens und Kohl entschlossen, in keinem Fall eine solche Aussage unwidersprochen stehen zu lassen. Eine Presseerklärung folgte und Sie schreiben: »Ich schlage vor, dass er, Kohl, dem Ministerpräsidenten Schamir einen Brief schreibt und wir uns vorbehalten sollten, ihn auch zu veröffentlichen. Ich werde den Entwurf vorbereiten.« Dann wird noch beraten und die Regierungserklärung vorbereitet, wann und wie reagiert werden soll. Haben Sie noch Erinnerungen daran? Hat man die Sache auf sich beruhen lassen, was aber schwer verständlich wäre?*

49 Ebd.

H. T.: Ich bin mir nicht mehr ganz sicher, wie wir das aufgelöst haben und vermute, dass wir nicht mehr unmittelbar darauf eingegangen sind. Mit dem Besuch von Helmut Kohl und seinen Erklärungen in Israel hat er eigentlich deutlich gemacht, welche Politik er bereit ist zu betreiben und in welchem Ausmaß er Israel unterstützen würde. Wir sind nicht so weit gegangen wie dann die Bundeskanzlerin Merkel, denn solche Aussagen können leicht zu Verpflichtungen führen, die man schlecht abwehren kann, wenn man eine solche Grundsatzerklärung abgegeben hat.

Bei der Politik Kohls mussten wir aber auch keine Abstriche machen. Er war ein entschiedener Gegner der Nazi-Politik, ein entschiedener Befürworter Israels und entschlossen, Israel wo immer es Möglichkeiten gab, zu unterstützen. Aber er war auch derjenige, der bereit war, mit Israel zu besprechen, wie er sich den Umgang mit den Palästinensern vorstellt. Damals waren die Israelis, was die Siedlungspolitik betrifft, noch wesentlich zurückhaltender als heute. Sie begann da erst. Heute muss ein Bundeskanzler viel entschiedener gegenüber Israel auftreten, denn die Siedlungspolitik ist widerrechtlich und letztlich auch ein Skandal. Sie wird nicht zur Befriedung beitragen.

M. G.: *Interessant ist ein weiterer Eintrag am 17. November.*[50] *Es geht um einen bevorstehenden Besuch von Außenminister Genscher für die kommende Woche in Washington. Es soll nochmal ausführlich telefoniert werden, auch mit dem Präsidentschaftsberater. Bush schlägt vor, wenn er am 4. Dezember nach der Begegnung mit Gorbatschow nach Brüssel kommt, sich am Vorabend zu einem gemeinsamen Abendessen zu treffen. Der Bundeskanzler stimmt sofort zu. Mehrfach wiederholt Bush, dass er allergrößten Wert darauf legt »›jede Nuance der Position Helmut Kohls verstanden zu haben«. In der Allianz »gebe es Nuancen und Differenzen in der Beurteilung der Lage«. Er, Bush, wolle sich daher mit allen beraten. Der Bundeskanzler bietet dem Präsidenten nach seinem Gespräch mit Gorbatschow ein detailliertes Memorandum an und am 27. November könnten sie noch einmal ausführlich darüber telefonieren. Es ist von diesen Nuancen innerhalb des Bündnisses in der Beurteilung der Lage die Rede. Was könnte Bush damit gemeint haben?*

H. T.: Bush war sich der – vornehm gesagt – Zurückhaltung von Premierministerin Thatcher gegenüber dem Thema Wiedervereinigung sehr bewusst. Er hatte verstanden, dass ihm eine Schlüsselrolle zukam, Thatcher zu überzeugen, dem Prozess nicht im Wege zu stehen, sondern zuzustimmen. Das war aus meiner Sicht der wichtigste Punkt auf Seiten der USA. Was kann man tun, damit Thatcher im Rahmen ihrer Vier-Mächte-Vorstellung dem Wiedervereinigungsprozess nicht im Wege steht? Zum Glück war ihr Außenminister sehr unterstützend für uns. Aber Premierministerin Thatcher hatte erhebliche Probleme. Mein britischer Partner Charles Powell, später zum Lord ernannt, hatte mir ja erklärt, woher ihre Vorbehalte gegen die Deutschen generell herrührten. Sie hatte immer die Befürchtung und den Verdacht, dass Deutschland in eine falsche Richtung gehen könnte.

M. G.: *Sie notieren auch, dass Sie eine Rede von Gorbatschow im Wortlaut erreicht, als er vor Studenten in Moskau zum ersten Mal offiziell den Begriff »Wiedervereinigung« beider deutscher Staaten verwendet hatte.*[51] *Sie sei heute keine Frage der aktuellen Politik. Überlegungen*

50 Tagebuch, 17.11.1989, S. 132.
51 Tagebuch, 17.11.1989, S. 133.

Dritter dazu stellen eine Einmischung in die inneren Angelegenheiten der BRD und der DDR dar. Die Existenz der beiden deutschen Staaten sei eine historische Entwicklung, ein Ergebnis des Zweiten Weltkriegs, usw. Aber immerhin spricht Gorbatschow schon von »Wiedervereinigung«. War das schon ein gewisser Hinweis, dass in Moskau ein neues Denken eingesetzt hatte?

H. T.: Der Hinweis eines neuen Denkens war schon mit dem Thema Perestroika verbunden und ging in verschiedene Richtungen. Es fing damit an, dass Gorbatschow die Beziehungen zu den Warschauer Pakt-Staaten neu ausgerichtet hat, was ja vor allem auch Auswirkungen auf die DDR hatte. Sie war wirtschaftlich eine der engsten Partnerin der Sowjetunion. Der sowjetische Botschafter Kwizinskij hat mich beschworen, dass wir doch alles tun müssten, um die DDR-Betriebe am Leben zu erhalten, denn sie seien vielfach die wichtigsten Zulieferer für die sowjetische Industrie. Ich erklärte ihm, dass es keine Entscheidung von uns sei und wir es sehr begrüßen würden, wenn die Kooperation fortgeführt werden würde, weil es andernfalls den Bankrott der DDR-Betriebe bedeuten würde. Wir wussten um die Bedeutung der DDR als Wirtschaftspartner für die UdSSR. Darüber hinaus war für uns zu diesem Zeitpunkt noch offen, wie sich Gorbatschow am Ende zur deutschen Einheit verhalten würde. Im Januar 1990 befürchteten wir, dass ein Problem aufgetreten sei, weil wir über die Medien erfuhren, Gorbatschow habe alle Gespräche mit ausländischen Partnern abgesagt. Wir warteten auf das erste persönliche Gespräch des Bundeskanzlers nach der Öffnung der Mauer. Wir wussten nicht, was in Moskau los war. Wir erfuhren erst später, dass in der sowjetischen Führung darüber diskutiert worden war, ob man die Grenzen mit militärischer Macht, die Sowjetunion hatte immerhin 370.000 Truppen in der DDR stehen, wieder schließen sollte.

M. G.: *18. November: Wir lernen aus Ihrem Tagebuch, dass auch die Frage der französischen Ratspräsidentschaft in der zweiten Hälfte 1989 eine Rolle spielt.*[52] *Ihr folgten die Iren in der ersten Hälfte 1990. Wie würden Sie generell den Einfluss der beiden Ratspräsidentschaften der Europäischen Gemeinschaften für den Verlauf der deutschen Entwicklung einordnen?*

H. T.: Nach dem Fall der Mauer waren wir schon überrascht, wie zurückhaltend Mitterrand sich gegenüber dem Prozess der Öffnung der Mauer äußerte. Er hatte sich sowohl mit Gorbatschow getroffen und – noch überraschender für uns – sein Besuch in Ost-Berlin, der für uns schon befremdlich war. Sein Gastgeber war der neu bestimmte Staatsratsvorsitzende der DDR, ein Nobody, dessen Namen niemand im Westen kannte. Von ihm lässt sich der französische Präsident einladen? Gleichzeitig hat er Termine für eine Reise des Bundeskanzlers für ein Treffen mit Modrow blockiert. Insgesamt waren wir ja überrascht, von Mitterrand nach den Gesprächen mit dem Bundeskanzler in Bonn noch vor der Öffnung der Mauer, wie positiv er auf die Frage der deutschen Einigung eingegangen war und plötzlich erlebten wir seine zögerliche Haltung, nicht wissend warum. Die französische Position war für uns auf einmal unsicher geworden. Das war der Grund, warum ich Kohl empfahl, dem Präsidenten einen weiteren gemeinsamen Schritt in Richtung europäischer Integration vorzuschlagen. Im Dezember 1989 schrieb er einen Brief an Mitterrand und schlug ihm vor, beim nächsten Gipfel der Europäischen Gemeinschaft gemeinsam den Weg

52 Tagebuch, 18.11.1989, S. 134–135.

in Richtung einer Politischen Union einzuleiten, was immer das im Einzelnen bedeutete. Darauf reagierte Mitterrand sehr positiv. Das war Kohls Durchbruch, um wieder französisches Interesse zu gewinnen. Es kam zu der Begegnung im Privathaus von Mitterrand in Frankreich, wo im Prinzip volles Einvernehmen hergestellt wurde. Das spiegelt genau die Wechselwirkung in den Beziehungen zu Frankreich. Wir mussten jeden innerdeutschen Fortschritt gewissermaßen abfedern durch einen Fortschritt in der europäischen Integration. Es ging ja auch um die Frage, wann die Währungsunion starten soll usw. Jeder Initiative ging eine gewisse politische Auseinandersetzung mit Frankreich voraus. Frankreich wollte möglichst rasch gewisse Pfosten einschlagen, um zu verhindern, dass Deutschland abweichen könnte. Das war für uns kein Problem, weil wir sowieso in der Sache gleicher Meinung waren. Die Frage war höchstens, wann welcher Schritt erfolgen soll, denn die Währungsunion war nicht sehr populär in Deutschland. Die Aufgabe der Deutschen Mark für eine Währung, die keiner kannte, war schon ein gewichtiges Politikum. Es war eine Auseinandersetzung, die wir glücklicherweise mehr intern als extern ausgetragen haben.

M. G.: *Wie schätzen Sie die irische Ratspräsidentschaft ein?*

H. T.: Ich habe nur positive Erinnerungen. Es lief ja alles so ab, wie Deutschland und Frankreich es beabsichtigt hatten. Die Mitgliedsstaaten der Europäischen Gemeinschaft wussten genau, dass es Fortschritte gibt, wenn sich Deutschland und Frankreich einig sind. Im anderen Fall bewegt sich nichts. Vertreter der Benelux-Staaten beschwerten sich einmal bei mir, dass sie immer abhängig seien von deutsch-französischen Vereinbarungen. Ich schlug dem Ministerpräsidenten von Luxemburg einmal vor, Benelux möge einen Vorschlag vorbereiten und ihn vertraulich mit uns abstimmen, so dass sie bei Veröffentlichung wissen, Deutschland ist schon dafür. Dann bliebe nur noch Frankreich zu gewinnen. Daraus ist nie etwas geworden, denn die Benelux hatten auch untereinander Probleme. Ruud Lubbers, der niederländische Ministerpräsident, war auch kein Fan der deutschen Einheit.

M. G.: *Anders war es aber beim Belgier Wilfried Martens und beim Luxemburger Jacques Santer.*

H. T.: Ja, Santer war überhaupt kein Problem und Martens auch nicht. Lubbers orientierte sich eher an London und Margaret Thatcher. Er wäre gerne der Kommissionspräsident der Europäischen Gemeinschaft geworden. Mich hat sogar die niederländische Königin zum Gespräch gebeten, ich solle Kohl überreden, dass Lubbers diese Position bekommt. Aber Kohl übte Rache und verhinderte es.

M. G.: *Sie schreiben: »Mitterrand hat zu einer Begegnung eingeladen. Er nutzt die Präsidentschaft als ›Sachwalter europäischer Interessen‹ die Initiative zu ergreifen, um die deutsche Frage und die Entwicklung in den Warschauer Pakt-Staaten gewissermaßen zu europäisieren. Im Verständnis von Mitterrand muss gerade Frankreich in dem von ihm propagierten Prozess der Überwindung von Jalta eine herausragende Rolle spielen.« Ich nehme an, das ist auch ein Hinweis auf Charles de Gaulle, der ja in Jalta nicht beteiligt war. Es waren dort »nur« die Großen Drei vertreten. Das Thema Jalta schwebte ja immer wieder in der Nachkriegsära des Kalten Kriegs über Europa nach dem Motto, dass Interessenssphären abgesteckt werden, die Europäer nicht mitbestimmen können und praktisch in diesem Prozess nachrangig und untergeordnet* *sind. Wie weit war der Geist von Jalta noch 1989/90 lebendig? Musste er erst noch verscheucht werden oder war allen klar, dass diese Ära nun zu Ende ging?*

H. T.: Für unsere Bundesregierung spielte Jalta keine Rolle. Das war Geschichte. Nach so vielen Jahrzehnten ging es jetzt darum, Europa neu zu gestalten und auf zwei Ebenen zu entwickeln. Die europäische Integration war Voraussetzung für die Zustimmung zur deutschen Einheit. Das galt gerade für Frankreich in besonderer Weise. Aber auch alle anderen waren heilfroh, dass sich Deutschland nach wie vor mit als Motor der Integration verstand. Die historischen Reminiszenzen waren etwas für Historiker und Journalisten, spielten in unserem politischen Entscheidungsprozess aber keine Rolle. Ich kann mich nicht erinnern, dass in irgendeinem nationalen oder internationalen Gespräch Bezug auf Jalta genommen worden war.

M. G.: *Sie formulieren am 18. November: Es gibt »eine deutlich abgestufte Haltung zur Frage der deutschen Einheit. Am positivsten sind die USA, zurückhaltender Frankreich und vor allem Großbritannien«.*[53] *Wie ist dieses Gefälle historisch zu erklären? War es möglicherweise in den 1950er Jahren auch schon so, als die Amerikaner tendenziell offener waren?*

Wenn man sich die westliche Beantwortung der Stalin-Note vom 10. März 1952 für ein geeintes, aber blockfreies Deutschland mit Friedensvertrag genau anschaut: Paul Nitze vom German Desk im State Department fragte sich »Why not?« Ergebnis: Fragen wir den Kanzler, ob er es will oder nicht. Wenn er es will, lassen wir die alliierten Hochkommissare zusammenkommen und bestimmen einen Termin für freie gesamtdeutsche Wahlen. Einen solchen hatte er schon. Die Franzosen waren klar dagegen, die Briten weniger und eher offen. Die Einschätzung der Angloamerikaner zum sowjetischen Angebot war klar: es ist ernstgemeint, aber gefährlich, von uns aus machen wir das lieber nicht. Ähneln sich hier die Konstellationen in der Haltung der Westmächte zur deutschen Frage? Spiegeln sie das Szenario der Jahre 1952–55 wider in der Frage, ob man auf russische Angebote in der Deutschlandfrage eingeht? Jetzt 1989 erscheint es jedenfalls so: die Amerikaner sind am positivsten eingestellt in der Auffassung, dass die Deutschen das entscheiden sollen, aber es muss schon auch nach amerikanischen Vorstellungen ablaufen. Ist es nur an den Akteuren festzumachen oder ist das auch Ausdruck von Kontinuiäten des Verhältnisses zur deutschen Frage, dass sich die Dinge ähneln oder gleichen – einmal unabhängig von Thatcher, Mitterrand und Bush? Wahrscheinlich hätte ein Reagan genauso reagiert wie Bush. Wie ist diese Abstufung zu erklären und zu verstehen?

H. T.: Diese Abstufung ist das Ergebnis unserer Erfahrungen. Zur USA: alle Gespräche des Bundeskanzlers mit US-Präsident George Bush verliefen telefonisch wie mündlich sehr einvernehmlich und hilfreich. Das galt auch für Außenminister Jim Baker und den National Security Adviser Brent Scowcroft. Es erfolgte eine ständige Abstimmung in beide Richtungen.

Bush und Baker unterstützten den Bundeskanzler von Anfang an vorbehaltlos mit eigenen Initiativen. Bush und seine Administration waren in der Phase der deutschen Wiedervereinigung die wichtigsten und verlässlichsten Partner der Bundesregierung. Zwischen Bush und Kohl bestand von Anbeginn ein verlässliches Vertrauensverhältnis. Das hatte sich auch auf die Beziehungen zwischen Baker und Scowcroft übertragen. Bush und seine

53 Tagebuch, 18.11.1989, S. 134.

Mannschaft erwiesen sich für Bundeskanzler Helmut Kohl und für Deutschland in der Phase der Wiedervereinigung Deutschlands als ein Glücksfall.

Der stärkste Dissens ergab sich mit der britischen Premierministerin Margaret Thatcher, die anfänglich entschieden gegen die Politik von Bundeskanzler Helmut Kohl auftrat. Sie war in der Frage der Wiedervereinigung Deutschlands von Anfang an ablehnend: Bekannt geworden ist ihre Aussage: ›Deutschland war für zwei Weltkriege verantwortlich; es kann auch einen Dritten Weltkrieg verursachen. … In Europa hätte sich eine mehr oder weniger stabile Ordnung, ein Gleichgewicht zwischen West und Ost herausgebildet, das nun durch eine Wiedervereinigung zerstört werden könnte‹.

Thatcher tat sich mit Kohl und seiner manchmal etwas hemdsärmeligen Art sichtlich schwer. Sie meinte: »Er sei ja so typisch deutsch.« Hinzu kam, dass der Bundeskanzler von Anbeginn entschlossen war, die europäische Integration im Rahmen der Europäischen Gemeinschaft gemeinsam mit Frankreich voranzutreiben. Thatcher blieb in ihrer ganzen Amtszeit eine Kämpferin gegen jeden Integrationsschritt der EG außer dem Binnenmarkt. Vor fast jeder Gipfelbegegnung der EG, der NATO oder bilateral ließ sie mich holen, um mir mitzuteilen, welche Erwartungen sie an den Bundeskanzler habe. Ich sollte ihn darauf vorbereiten.

Ihr persönlicher Mitarbeiter Charles Powell, mein wichtigster Gesprächspartner in Downing Street 10, suchte mich im Februar 1990 auf, um mir die Beweggründe für das Verhalten von Thatcher zu erklären und um Verständnis für sie zu werben. So habe sie als junges Mädchen die Bombardierung Londons durch die deutsche Luftwaffe erlebt. Ihre Eltern haben während der Nazi-Zeit ein jüdisches Mädchen in ihre Familie aufgenommen, mit der Mrs. Thatcher gemeinsam aufgewachsen sei. Das seien Erfahrungen, die sie stark geprägt hätten. Am Ende hat Thatcher der Wiedervereinigung Deutschlands zustimmen müssen.

Es waren in dieser Zeit die Amerikaner, die besonders auf Thatcher einwirkten und ihre Zustimmung zu den Ergebnissen der Verhandlungen zwischen den Vier Mächten und auf NATO-Ebene erreichten.

Zu Frankreich: Der Zufall wollte es, dass Staatspräsident François Mitterrand eine Woche vor der Öffnung der Mauer zu den vereinbarten jährlich stattfindenden Deutsch-Französischen Konsultationen nach Bonn gekommen war. Verständlicherweise konzentrierten sich die Gespräche zwischen Bundeskanzler Helmut Kohl und Mitterrand auf die aktuellen Ereignisse in der Sowjetunion, in Osteuropa und vor allem in der DDR und welche politischen Auswirkungen sie auf die Ost-West–Beziehungen haben könnten. In diesem Zusammenhang forderte Kohl Mitterrand auf, in der abschließenden gemeinsamen Pressekonferenz am nächsten Tag die französische Position zur Frage der »Wiedervereinigung« zu erläutern. Mitterrand kam dieser Bitte in einer für die Bundesrepublik erfreulich positiven Weise nach. Das war auch der wesentliche Grund, warum Kohl Mitterand nicht im Voraus über seine Zehn-Punkte-Rede unterrichtet hat. Nach den vorausgegangenen Konsultationen ging er davon aus, dass es inhaltlich keine Differenzen geben werde. Er hatte aber nicht ausschließen können, dass Mitterrand ihn angerufen und gebeten hätte, über diese Rede noch einmal zu sprechen. Dafür war aber der zeitliche Rahmen nicht vorgegeben.

Tatsächlich löste die »Zehn-Punkte-Rede« Irritationen in Paris aus. Sie konzentrierten sich vernehmbar auf den Vorwurf, dass der Bundeskanzler versäumt habe, sich für die endgültige Anerkennung der Oder-Neiße-Grenze auszusprechen. Doch das hatte der Bundeskanzler gegenüber seinen polnischen Gesprächspartnern in vertraulicher Weise längst getan, aber zu diesem Zeitpunkt nicht öffentlich, da er wusste, dass der größte Widerstand aus den Reihen seiner eigenen Bundestagsfraktion zu erwarten war. Er wollte sicherstellen, dass die Zahl der zu erwartenden Nein-Stimmen aus seiner Fraktion im Bundestag möglichst gering ausfallen sollte.

François Mitterrand reagierte zunächst auf die Entwicklungen nach dem 9. November sehr zögerlich. Irritationen löste er seinerseits mit seinem gegenüber dem Bundeskanzler nicht angekündigten Treffen mit dem KPdSU-Generalsekretär aus. Weder vor noch nach seinem Gespräch mit Gorbatschow am 6. Dezember 1989 unterrichtete er Kohl. Jacques Attali war untergetaucht. Irritationen gab es vor allem durch Mitterrands Treffen mit dem neu ernannten Staatsratsvorsitzenden der DDR, Manfred Gerlach, Mitglied der LDPD – einem Wendehals par excellence. Er sollte nie eine größere politische Rolle spielen. Wem sollten diese Gespräche des französischen Staatspräsidenten nutzen? Es gab auch hier keine Unterrichtung Mitterrands gegenüber dem Bundeskanzler. Eine gewisse Verstimmung auf französischer Seite war offensichtlich. Auch meine später erfolgten telefonischen Anfragen bei Attali lösten nur verlegenes Gerede aus.

Doch der Bundeskanzler gab nicht auf. Die Stimmungslage änderte sich aber erst nach dem bilateralen Treffen am 4. Januar 1990 im Ferienhaus von Präsident Mitterrand in Latché südlich von Bordeaux. Die Gespräche verliefen harmonisch und am Ende einvernehmlich. Von da an ergaben sich keine erfahrbaren Differenzen, sondern Fortschritte in der europäischen Integration. Sie war und blieb ein gemeinsames Herzensanliegen.

M. G.: *Nur als Nachtrag: Für die französische diplomatisch-politische Kultur war Jalta ein bleibender präsenter Gedächtnisort des europäischen Staatensystems, sozusagen »Wir haben dort damals nicht mitspielen können und blieben außen vor.« Charles de Gaulle war nicht Teilnehmer der Konferenz. Diese Nachkriegsordnung hat Frankreich nicht von Anfang an mitdefiniert. Franzosen waren in Potsdam nicht vertreten. In den Jahren 1946/47 bei den Außenministerkonferenzen in Paris und Moskau waren sie an Bord sowie natürlich auch bei der Friedenskonferenz 1946/47 in der französischen Metropole.*

H. T.: Ich muss Ihnen sagen, solche historischen Reminiszenzen hatten bei uns in der Bundesregierung keinen Widerhall. Jalta war für mich zu keinem Zeitpunkt ein Thema. Das war Geschichte. Wir handelten gemäß einer völlig neuen Situation, einer völlig neuen gesamteuropäischen Konstellation. Es ging darum, die drei Westmächte mit uns auf einen Nenner zu bringen. Die Chance, die Sowjetunion zu gewinnen, bestand nur darin, dass es keine Abweichung innerhalb der drei Westmächte mit uns gab. Jalta war für uns handelnde Politiker nicht relevant. Mir ist es weder in Frankreich, noch in England, noch bei uns begegnet. Sie können uns eine geschichtsvergessene Gesellschaft nennen, aber für uns war klar, dass es einen Zusammenhang zwischen europäischer Integration und deutscher Einheit gibt und wir die Zustimmung Frankreichs nur gewinnen, wenn wir parallel Fortschritte in der europäischen Integration machen. Für die Amerikaner war die Europäische Gemeinschaft eine europäische Spielwiese. Meiner Meinung nach haben sich die amerikanischen Präsidenten Reagan und Bush nie wirklich für die Europäische Gemeinschaft interessiert, nach dem Motto, macht ihr Europäer was ihr wollt, Hauptsache unsere Freundschaft bleibt erhalten.

M. G.: *Wir kommen zu einem deutsch-deutschen Aspekt: am 18. November 1989 ist aus Ihrem Tagebuch[54] herauszulesen, dass es Skepsis im Bundeskanzleramt gegenüber dem neu ins Spiel*

54 Tagebuch, 19.11.1989, S. 135.

kommenden Ost-CDU-Politiker Lothar de Maizière gab. Er war im Zuge der Volkskammerwahl vom 18. März 1990 der erste freigewählte Ministerpräsident der DDR. Worin bestanden die Vorbehalte und die Skepsis ihm gegenüber?

H.T.: Lothar de Maizière hat durchaus die Zustimmung und Unterstützung des Bundeskanzlers erfahren, aber er war von Anfang an ein sehr selbständiger und eigenwilliger Kopf. Das hat Helmut Kohls Geduld gelegentlich strapaziert. Wir standen ja unter einem erheblichen Handlungsdruck in diesen Tagen und Wochen, aber de Maizière hatte seine ganz eigenen Vorstellungen. Meine Aufgabe war es, ihn immer wieder zu unterrichten. Wenn ich per Flugzeug in Berlin ankam, durfte ich das Gebäude des Ministerrats nur durch den Hintereingang betreten, damit niemand erkennen konnte, dass jemand aus Bonn beim Ministerpräsidenten auftaucht und ihn vielleicht berät. Offiziell ist es nie bekannt geworden, dass ich immer wieder zu Gesprächen bei ihm war. Er genoss es, Regierungschef zu sein, hatte aber gelegentlich Vorstellungen, bei denen ich ihn belehren musste, was diplomatisch üblich ist oder nicht. Es ging zum Teil um politische Kleinigkeiten, aber sie waren dennoch wichtig. Ich war in sein Büro eingetreten, als er mir eröffnete, er hätte gerade ein Gespräch mit dem sowjetischen Botschafter gehabt. Ich fragte ihn spontan, ob er in der Botschaft gewesen sei. Er strahlte und bejahte. Ich erklärte ihm, dass der Botschafter zu ihm kommen müsse und nicht umgekehrt. Ganz selbstverständlich war er gewissermaßen zum Befehlsempfang zum Botschafter gegangen. Solche Belehrungen waren gelegentlich notwendig.

Ich bekam einmal den Auftrag vom Bundeskanzler, einen Termin beim amerikanischen Präsidenten für de Maizière zu beschaffen, damit er ihn mal erlebt und mit ihm reden kann, und der Präsident ihn kennenlernt. Ich rief de Maizière an und teilte ihm mit, dass ich im Auftrag des Bundeskanzlers einen Termin für ihn im Weißen Haus für Mitte Mai 1990 vereinbart hätte. Da antwortete er mir, er könne nicht, weil er dann im Urlaub sei. Ich erklärte ihm, dass es einen solchen Termin nicht aller Tage gebe und er hingehen müsse. Seine Erklärung, total erschöpft zu sein, war verständlich, half aber auch nichts. Solche Gespräche waren nicht einfach. Am Ende habe ich ihn überzeugen können zu reisen. Er tat sich schwer damit, dass ein Mann wie ich ihn »belehrte«. Im Prinzip war ich nicht seine Ebene. Das empfand er so. Umgekehrt hatte ich nicht das Problem, da ich mit Ministern und Ministerpräsidenten ständig umging. Aber er hatte ein Statusproblem.

M.G.: *Es scheint, dass de Maizière von Ihnen gelernt hat. In einem längeren Interview*[55] *sagte er, dass er irgendwann einmal erklärt habe, er komme nicht mehr zum Befehlsempfang. Offensichtlich hat Ihr Rat gefruchtet und er hatte dazugelernt.*

H.T.: Die Erwartung hatte ich schon, dass er Ratschlägen gegenüber offen war.

M.G.: *Man gewinnt den Eindruck, dass er fallweise auf Zeit spielte und in gewissen Phasen noch daran glaubte, die DDR könne noch länger existieren.*

55 Lothar de Maizière, »Herr Präsident Gorbatschow, die Zeit, in der ein Ministerpräsident der DDR zum Befehlsempfang kommt, ist vorbei. Ich komme als freigewählter Ministerpräsident einer freigewählten Volkskammer«, in: Michael Gehler/Oliver Dürkop (Hrsg.), Deutsche Einigung 1989/90. Zeitzeugen aus Ost und West im Gespräch, Reinbek 2021, S. 297–380.

H. T.: Mit Sicherheit. Er hat es sehr genossen, Ministerpräsident zu sein. Alles ging viel schneller, als er es selbst erwartet hatte. Aber ich hatte die gleiche Erfahrung mit dem Außenminister der DDR, Markus Meckel. Ich musste ihn ebenfalls unterrichten und gab ihm die Empfehlung, regelmäßig nach Bonn zu kommen, um mit seinem Kollegen Genscher zu sprechen. Er meinte, er könne das nicht, denn er hätte keinen Botschafter mehr in Bonn, der ihn abhole. Ich erklärte ihm, dass das doch gar nicht nötig sei und demnächst die deutsche Einheit vollzogen würde und es keine zwei Botschafter mehr geben werde und Bonn auch einen Fahrdienst habe, um ihn abzuholen. Es zeigt aber, wie zum Teil die Denke war. Ich habe mich aber nicht lustig gemacht, sondern stets ernsthaften Umgang mit den Ostdeutschen gepflegt und deutlich zu verstehen gegeben, dass sie Ministerpräsidenten und ich Berater bin. De Maizière stellte auch einen außenpolitischen Berater wie mich ein, einen jungen Burschen. Ich lud ihn ein, einen Tag zu uns nach Bonn zu kommen zu einem Briefing mit meiner gesamten Mannschaft über die verschiedenen Aufgaben: Europa, USA, usw. Als er kam, berichtete jeder meiner Mitarbeiter über seine jeweiligen aktuellen Aufgaben. Er saß da und hörte nur zu, schrieb aber keine einzige Notiz! Wenn ich als newcomer, blank jedes Wissens ein solches Briefing bekäme, und keine Notizen machen würde. Das war schwierig. Wir konnten ihn ja nicht dazu auffordern.

M. G.: *Am Dienstag, 21. November findet sich ein interessanter Eintrag in Ihrem Tagebuch. Sie schreiben: »Bundesminister Genscher ist heute zu Gesprächen mit Außenminister Baker in Washington. Irritationen lösen Zeitungsmeldungen aus, dass Mitarbeiter von Außenminister Genscher die Frage der Modernisierung von nuklearen Mittelstreckenraketen (SNF) als ›lachhaft‹ bezeichnet hätten. Den Bundeskanzler ärgert weniger der Inhalt dieser Meldung als vielmehr die Tatsache, dass damit ohne Not ein Thema in der Öffentlichkeit ›hochgespielt‹ werde, das gar nicht entscheidungsreif sei.«[56] Inwieweit war die Frage der Modernisierung von nuklearen Mittelstreckenraketen relevant? Inwieweit spielte grundsätzlich die nuklearpolitische Dimension, d. h. schlicht und ergreifend die Frage von Besitz und Verfügbarkeit von Nuklearwaffen, eine Rolle im deutsch-deutschen Einigungsprozess?*

H. T.: Nuklearwaffen waren zumindest im Bundeskanzleramt kein Thema. Ich kann nicht ausschließen, dass mit dem zuständigen Referatsleiter im Auswärtigen Amt für den Bereich Abrüstung/Rüstungskontrolle oder mit dem Verteidigungsministerium darüber gesprochen wurde. Im Kanzleramt ging es nur um die Frage Begrenzung bzw. Abrüstung von den atomaren Systemen. In den Jahren von 1986 bis 1992 wurden die weitreichendsten Abrüstungsmaßnahmen der Geschichte zwischen USA und der Sowjetunion beschlossen. Das wurde damals vielfach in der Öffentlichkeit nicht wahrgenommen.

M. G.: *Wie weit waren diese historischen Vorgänge aber auch die Verhandlungen über den KSE-Vertrag[57] Voraussetzung für die deutsche Einigung?*

H. T.: Es war ein wichtiges Instrument, um den Einigungsprozess zu erleichtern und die Verständigung zwischen den USA und Sowjetunion zu fördern. Gorbatschow sagte mir später einmal, wenn er nicht das Vertrauen in Bush gehabt hätte, wäre wahrscheinlich

56 Tagebuch 21.11.1989, S. 140.
57 Siehe Anmerkung 62, S. 156–157.

vieles anders gelaufen. Die Bereitschaft von Reagan in seinen letzten Jahren, danach mit Bush, die Gipfelbewegung wieder aufzunehmen, Abrüstungsschritte zu verabreden und in Verhandlungen zu Ergebnissen zu führen – wenn Sie diese Bilanz anschauen, die von 1989 bis 1992/93 erreicht wurde, ist sie sensationell. 80 Prozent aller Nuklearraketen wurden kontrolliert abgerüstet, insgesamt 500.000 sowjetische Soldaten wurden aus Mitteleuropa abgezogen. Dazu muss man noch 300.000 Angehörige rechnen. Németh, der ungarische Ministerpräsident, erzählte mir einmal, als er ins Amt kam, habe er zum ersten Mal erfahren, dass sowjetische Nuklearwaffen in Ungarn stationiert waren. Die Waffensysteme wurden in einer vereinbarten Zeit von vier Jahren abgebaut. Die Russen hatten für die heimkehrenden Soldaten keine Kasernen. Wir haben Geld mobilisiert, um Unterkünfte für die russischen Truppen bauen zu lassen und zwar zur Freude der Koreaner, die sie gebaut haben. Hinzu kamen ein weltweites Verbot von Chemiewaffen und die Reduzierung der konventionellen Truppen – eine sensationelle Bilanz!

5. Vom Besuch Portugalows zum »Zehn-Punkte-Programm«

M.G.: *Am 21. November ereignet sich eine Begegnung, die Sie als sensationell empfinden konnten, die Sie elektrisiert hat: »Für 10.30 Uhr bin ich mit meinem ›alten Bekannten‹ Nikolai Portugalow verabredet.«*[58] *Es kommt zu einem legendären Austausch. Bitte erzählen Sie uns diese Geschichte. Offensichtlich war es eine völlig neue Erkenntnis und hat auch eine Art Wende in der Deutschlandpolitik des Bundeskanzlers eingeläutet.*

H.T.: Portugalow war offiziell Moskauer Journalist. Er sprach ein relativ gutes Deutsch, so dass es einfach war, sich mit ihm zu unterhalten. Wenn er nach Deutschland kam, gab er in der Regel Interviews in der *Bild*-Zeitung und anderen Medien. Dann führte er Gespräche mit deutschen Politikern. Jeder wusste, dass er sehr gute Quellen hat und sehr gut in Moskau verankert ist. Als er damals zu mir kam, war er ein Mitarbeiter von Botschafter Falin im ZK der KPdSU. Immer, wenn er nach Deutschland kam, habe ich ihn empfangen. Erstens bekamen wir immer Informationen von ihm und zweitens benutzten wir ihn zum Transport unserer Nachrichten. Ich wusste, was ich ihm sage, landet in Moskau an entscheidender Stelle. Er kam mit einem handgeschriebenen Papier, um mir überraschend offen zu berichten, dass sie über die Möglichkeit der deutschen Wiedervereinigung gesprochen hätten und erklärte mir, wie sie sich diese Entwicklung vorstellen. Immerzu schaute er auf das handgeschriebene Papier in deutscher Sprache, was er mir am Ende auf meine Bitte hin auch aushändigte. Damit hatte ich einen Beleg gegenüber dem Bundeskanzler als ich ihn über Portugalows Bericht informierte. Im Prinzip ging es fast nur um die Frage deutsche Einheit ja und deren Abwicklung. Das fand ich schon sensationell. Zu Kohl sagte ich, wenn sie jetzt in Moskau anfangen, darüber nachzudenken, ob und wie die deutsche Einheit vollzogen werden könne, ist es höchste Zeit, dass wir das auch tun. Es war eine weitere Begründung für die berühmte Zehn-Punkte-Rede.

58 Tagebuch, 21.11.1989, S. 140–142, hier S. 140.

M. G.: *Habe ich es richtig verstanden, dass es eigentlich ein Missverständnis war? Konnte oder wollte Portugalow gar nicht so weit gehen? Er hat aber etwas ausgelöst, was möglicherweise gar nicht Falins Intention und Kohl jetzt praktisch gezwungen war, in die Offensive zu gehen?*

H. T.: Ich kann nicht ausschließen, dass ich seine Ausführungen weitergehend interpretiert habe als er es beabsichtigt hatte. Ein solch erfahrener »Journalist« und Parteifunktionär muss aber wissen, was er auslöst. Das war ja auch der Grund, warum ich um das Papier bat. Ich wollte seine handschriftlichen Notizen haben. Es war offensichtlich, dass sie das Thema Wiedervereinigung Deutschlands auf die Agenda gesetzt hatten. Ich habe das Papier noch.[59]

M. G.: *Wie weit war Hans Modrows Vorschlag einer »deutschen Vertragsgemeinschaft« ein weiteres Argument dafür, darauf eingehen und agieren zu müssen? Von Vertragsgemeinschaft spricht ja dann zeitweise auch Kohl. Der Begriff stammt aber von Modrow. Das heißt Kohl nimmt dieses Wort auf und versucht es zu besetzen und inhaltlich anders auszuführen. Waren also Portugalow und Modrow die Initialzündung gebenden Inspiratoren für den Zehn-Punkte-Plan?*

H. T.: Portugalow habe ich mehr Gewicht beigemessen als Modrow, zumal der Begriff Vertragsgemeinschaft für uns ein neuer Begriff war. Was ist das? Dass er in der Zehn-Punkte-Rede vorkam, war dem geschuldet, dass wir meiner Meinung nach Punkte der Gegenseite aufnehmen sollten, damit möglicher Widerstand gegen eine solche Rede reduziert wird. Uns würde schon irgendetwas einfallen, wenn irgendwann beschlossen werden sollte, eine Vertragsgemeinschaft zu entwickeln. Konkret wussten wir nicht, was es im Einzelnen heißen könnte. So hat die Vertragsgemeinschaft in der Rede überlebt, hat uns aber in der Sache nicht weitergebracht. Wir hatten zu diesem Zeitpunkt nicht das Gefühl, mit der DDR Verträge abschließen zu müssen. Modrows einziges Interesse war, einen Kredit von der Bundesregierung zu erhalten. Geld war immer gefragt. Ursprünglich sollte ich der Verhandlungspartner für den Kredit von 15 Milliarden sein, aber dem bin ich bewusst entkommen. Immer, wenn die DDR-Führung einen Terminvorschlag für ein Gespräch machte, konnte ich nicht. Damit hatte es sich irgendwann von selbst erledigt. Operativ haben wir das Thema Vertragsgemeinschaft nie auf die Agenda gesetzt.

M. G.: *Wenn man den Begriff genau durchdenkt, kann man sagen, dass die Europäische Union von heute bzw. die Europäischen Gemeinschaften zuvor eine Vertragsgemeinschaft ist bzw. waren. Das setzt aber voraus, dass es souveräne Einzelstaaten bleiben. Das wäre die DDR geblieben. Insofern war der Begriff aus Sicht der Einigungspolitik höchst bedenklich und kritisch aufzunehmen jedenfalls aus der Sicht eines Bundeskanzlers, der am Ende eine Föderation vor Augen hat und eben keine Konföderation.*

H. T.: Ja, genau!

M. G.: *Kommen wir nochmals zurück zu den Nuklearwaffen. In seiner ersten Regierungserklärung hatte Kohl nach der vollzogenen inneren deutschen Einheit, allerdings noch vor*

59 Siehe das Faksimile S. 34–40.

der definitiven Ratifizierung der Zwei-Plus-Vier-Verträge durch die Sowjetunion – wie Sie schreiben – »in seiner Regierungserklärung am 30. Januar 1991 einen besonderen Schwerpunkt auf die Sicherheit und Stabilität in Europa gelegt und darauf hingewiesen, dass die Charta von Paris vom November des Vorjahres mit Leben erfüllt und umgesetzt werden müsste. Im Mittelpunkt seiner Forderungen standen allerdings Themen der Abrüstung und Rüstungskontrolle. Er verlangte von Washington und Moskau nicht nur Verhandlungen über die nuklearen strategischen und Mittelstreckensysteme, sondern auch über die Abschaffung der nuklearen Artelleriemunition. Er wollte eine Strategie, die sich nicht länger auf Atomwaffen stützen sollte. Im Ergebnis hätten seine damals sensationellen Vorschläge zu einer atomwaffenfreien Zone in Europa geführt. Doch die Unterstützung dafür sollte selbst in Deutschland und in Europa ausbleiben.«[60]

Das war praktisch der Vorschlag des polnischen Außenministers Adam Rapacki von 1957 und das, was der schwedische Ministerpräsident Olof Palme in den 1980er Jahren vorgeschlagen hat. »Darüber hinaus forderte Helmut Kohl die Fortsetzung einer kontrollierten Streitkräfteverminderung in Europa und vertragliche Regelungen über die konventionelle Rüstung begleitet von vertrauensbildenden Maßnahmen zur Konfliktverhütung und Mechanismen zur friedlichen Streitbeilegung.«[61] *Können wir davon ausgehen, dass Sie hierbei auch noch Kohl beraten, ermuntert und ermutigt haben, so im Januar 1991 zu sprechen?*

H. T.: Für diese Rede war ich nicht mehr verantwortlich, denn ich war nicht mehr im Amt. Am 1. Januar 1991 trat ich meine neue Stelle in Gütersloh an.

M. G.: *Dann frage ich trotzdem nach, ob das nicht auch noch eine Frucht Ihrer Beratertätigkeit bei Helmut Kohl war?*

H. T.: Ja, mit Sicherheit. Wir sind davon ausgegangen, dass es mit Gorbatschow eine Abrüstungsdynamik gibt, die zu sensationellen Ergebnissen führte in allen Bereichen, im nuklearen, chemischen, biologischen und konventionellen Waffenbereich. Dieser Prozess machte einen fast atemlos in der Abwicklung. Es war ja vereinbart, dass es in großen Teilen auch kontrolliert erfolgen musste. In der Sowjetunion waren amerikanische Offiziere eingesetzt, um die Ausführung zu kontrollieren. Meiner Meinung nach sollte man einen solchen Prozess nicht aufhalten, sondern die Chance seiner Dynamik weiterführen. Ob alles im Einzelnen so erreicht wurde oder klug war, lasse ich einmal dahingestellt.

M. G.: *Die Frage der strategischen Nuklearwaffen während des deutsch-deutschen Einigungsprozesses haben aus Sicht des Bundeskanzleramts also keine Rolle gespielt? Es ist erstaunlich, dass nach Vollzug der inneren Einheit, noch vor der Ratifizierung des Zwei-plus-Vier-Vertrags durch die ehemaligen Vier-Mächte, sprich eingeschlossen die Sowjetunion, im Januar 1991 Kohl soweit geht zu sagen, auch jene Mittelstreckenwaffensysteme unterhalb von 500 km Reichweite sollen verschwinden, was praktisch dazu führt, dass Europa nuklearwaffenfrei wird. Das ist doch eine konsequente, aber erstaunliche Aussage! Der Nuklearwaffenschirm*

60 Horst Teltschik, Russisches Roulette. Vom Kalten Krieg zum Kalten Frieden. München 2019, S. 67; zur Charta von Paris siehe Anmerkung 138, S. 268
61 Ebd. (Teltschik)

war demnach für Kohl nicht mehr von dieser Bedeutung, wie er heute wieder notwendig erscheint?

H. T.: Ja, klar. Im Prinzip läuft das in Richtung atomwaffenfreie Welt hinaus. Wir hatten die französischen Nuklearsysteme immer im Hinterkopf. Ich hatte mit den französischen Kollegen Gespräche geführt, um eine Einwirkung auf den Einsatz solcher Systeme zu gewinnen, denn die Reichweite ihrer Waffen hätte bedeutet, dass beim Einsatz der Osten Deutschlands noch betroffen gewesen wäre. Ich habe es immer für falsch gehalten, die französischen Systeme in Frage zu stellen. Denn Frankreich hat zwei Vorteile uns gegenüber: es ist permanentes Mitglied im Sicherheitsrat der Vereinten Nationen und es hat Nuklearsysteme. Diese Vorteile sollten wir meiner Meinung nach nicht leichtfertig in Frage stellen, solange wir Frankreich brauchen. Für die europäische Integration war Frankreich für uns der Schlüsselpartner. Ich verfolgte das Ziel, irgendeine Art von Mitspracherecht über den Einsatz der französischen Nuklearwaffen zu gewinnen. Wir waren nahe dran, leider ist es schiefgelaufen. Es kann meiner Meinung nach nicht sein, dass Frankreich von sich aus entscheidet, Nuklearwaffen einzusetzen, die deutsches Territorium betreffen. Infolge des gesamten Abrüstungsprozesses fragten wir uns, warum noch Kurzstreckensysteme bleiben sollten, wenn alle anderen abgeschafft wurden.[62]

Als ich ausschied, war der Prozess der Abrüstungs- und Rüstungskontrolle noch in vollem Gange. Die Verantwortung lag interessanterweise nicht beim Verteidigungsministerium, sondern in einer Abteilung des Auswärtigen Amtes.

M. G.: *Es war nicht auf Ihrer Agenda und in Ihrem engeren Bereich?*

H. T.: Wir haben es als Thema mitbetreut, hatten aber keine Verantwortung. Das einzige, worauf ich Wert legte, war eine klare Abstimmung zwischen beiden Häusern, Verteidigungsministerium und Außenministerium, damit nicht das Außenministerium Entscheidungen militärischer Bedeutung trifft, die im Widerspruch zu den Überzeugungen des Verteidigungsministeriums stehen. Mein Partner bei der Bundeswehr war General Naumann, der später NATO-Oberbefehlshaber wurde. Mit ihm habe ich mich immer abgestimmt. Wir versuchten immer, Kontrolle über die Entscheidungen des Auswärtigen Amtes zu haben.

62 Nukleare Raketenwaffen in der DDR sowie jener der NATO, die in Westdeutschland stationiert waren, gab es auch mit einer Reichweite unter 500 km trotz des Intermediate Range Nuclear Forces Treaty von 1987. Der von Reagan und Gorbatschow unterschriebene Vertrag regelte die Waffenvernichtung, die für Raketen mit einer Reichweite ab 500 km bis 5500 km galt. Helmut Kohl sprach die atomare Bedrohung im Januar 1991 deshalb an, weil der INF-Vertrag Deutschlands Sicherheit nur sehr eingeschränkt berührt hatte. Die Raketen, die in der DDR standen, hätten Westdeutschland auslöschen können, solange sie dort stationiert waren. Sie wurden im Kalten Krieg permanent weiterentwickelt und erneuert. Die Reichweiten von 150–200 km aus Richtung der DDR bedeuteten daher keine Sicherheit für Westdeutschland. Die SS-20 Raketen konnten mit ihrer höheren Reichweite und den Mehrfachsprengköpfen, worauf schon Bundeskanzler Helmut Schmidt hingewiesen hatte, mehrere Städte in Europa gleichzeitig treffen, was mit dem INF-Vertrag ausgeschlossen war, aber die Raketen und Artilleriemunition (laut Kohl) mit kurzer Reichweite und atomar bestückbar, also unter 500 km, waren immer noch vorhanden und sollten vereinzelt nach der deutschen Vereinigung in der ehemaligen DDR immer noch unbekannten Orts gelagert worden sein. Freundschaftliche Mitteilung für den Herausgeber von Jörg Beining, Beobachtungsfunker der EloKa in der Bundeswehr von 1970–1972.

Der Leiter der Abteilung im Außenministerium war ein seriöser CDU-Mann. Aber die Spitze des Hauses war immer verdächtig, Entscheidungen zu akzeptieren, die militärisch nicht unproblematisch waren, um es vorsichtig zu sagen.

M. G.: *Welche Rolle hatte Dieter Kastrup als Staatssekretär im Auswärtigen Amt und 1990 Leiter der Delegation der Bundesrepublik bei den Verhandlungen zum Zwei-plus-Vier-Vertrag in diesen entscheidenden Phasen gespielt?*

H. T.: Er war ein sehr angenehmer Kollege, mit dem ich persönlich keine Probleme hatte und umgekehrt. So hatte ich den Eindruck, er auch nicht mit mir. Ich hatte nie den Eindruck, dass er dem Kanzleramt gegenüber abschätzig aufgetreten ist, sondern kooperativ und seriös.

M. G.: *An anderen Stellen des Tagebuchs*[63] *erwähnen Sie, wie bemerkenswert es war, dass Mitterrand sich mehr und mehr zum Thema NATO und auf deren Gipfeln eingebracht hat, d. h. die traditionelle Reserve und Zurückhaltung mehr und mehr abgelegt hat. Kann es sein, dass die deutsch-deutsche Dynamik auch Mitterrand veranlasst hat, Frankreichs Rolle in der NATO neu zu bedenken und zu bekräftigen? Sie halten es an mehreren Stellen fest.*

H. T.: Das ist vermutlich so. Frankreich hatte immer eine distanzierte Position zur NATO. Das legte Mitterrand weitgehend ab, weil er erkannte, dass die NATO ein wichtiger Rahmen ist, um ein größeres geeintes Deutschland militärisch unter Kontrolle zu halten. Das war verständlich aus französischem Interesse.

M. G.: *Das heißt die NATO erfährt eine Stärkung durch das stärkere commitment von Mitterrand dank der deutsch-deutschen Einigung.*

H. T.: Ja. Wobei wir parallel mit Frankreich die militärische Kooperation in Angriff genommen haben. Noch zu meiner Zeit habe ich erreicht, dass wir einen gemeinsamen deutsch-französischen Sicherheitsrat eingerichtet haben. Wir wollten es eigentlich auf EG-Ebene machen. Ursprünglich wollte ich es auch nicht auf bilateraler Ebene initiieren. In London gab es das Generalsekretariat der Westeuropäischen Union.[64] Die Idee bestand darin, die Union praktisch weiterzuentwickeln in Richtung eines gemeinsamen europäischen Sicherheitsrats. Das haben wir aber schnell ad acta gelegt, denn das Sekretariat war in London und mit Margaret Thatcher gab es keine Chance, ein solches Projekt in Angriff zu nehmen. Also fingen wir bilateral an mit der Maßgabe, offen zu bleiben für jeden, der beitreten möchte. Nach meiner Zeit ist der Sicherheitsrat leider verkümmert und wurde nicht genutzt. Wir haben noch eine integrierte deutsch-französische Brigade eingerichtet, die aber – soviel ich weiß – nie zum Einsatz kam. Da bin ich überfragt. Damit wird deutlich, dass ich immer versucht habe, mit Frankreich Motor für europäische Zusammenarbeit zu sein, ob im Bereich der Wirtschafts- und Währungsunion oder militärisch mit der integrierten Brigade im Rahmen einer sicherheitspolitischen Zusammenarbeit. In meiner Abteilung wurde ständig darüber nachgedacht. Als wir Ende 1989 den Eindruck hatten, dass Frankreich mit der deutschen Einheit Probleme haben könnte, überlegten wir, wo wir den nächsten

63 Tagebuch, 26.4.1990, S. 349–350, 5.7.1990, S. 465; 6.7.1990, S. 469.
64 Siehe Anmerkung 109, S. 216.

Integrationsschritt in der EU anbieten könnten, um das Misstrauen abzubauen. Das war ein ständiger Arbeits- und Nachdenkprozess. Attali und ich trafen uns ständig in Paris, Bonn oder Berlin. Ich habe an über 50 Treffen von Kohl mit Mitterrand teilgenommen.

6. Vom »Zehn-Punkte-Programm« zum Gipfel in Straßburg

M. G.: *In der dritten Novemberwoche findet eine Sondersitzung des Europäischen Parlaments statt. Sie halten fest, dass das Europäische Parlament »klar mit 225 Prostimmen gegen zwei Gegenstimmen und 32 Enthaltungen sehr positiv über das Recht der Deutschen, vor allem der DDR-Bürger, auf Selbstbestimmung« abgestimmt hat. Es war eine überwältigende europäische Reaktion durch eine rasche Zustimmung. Hat man damit in Bonn gerechnet und wie war das möglich? War im Vorfeld noch Lobbying nötig? Die EVP-Fraktion wird klar auf Kohls Linie gewesen sein, aber es galt ja auch die sozialdemokratische Fraktion in Straßburg zu gewinnen. Wie haben Sie das in Erinnerung?*[65]

H. T.: Ich habe die Sondersitzung als einen reibungslosen Vorgang in Erinnerung. Wir selbst haben im Vorfeld keine besonderen Anstrengungen unternommen. Die Beziehungen von Bundeskanzler Kohl zum Europäischen Parlament waren insgesamt so reibungslos und konfliktfrei. Seine Entschlossenheit und sein Wille, immer für die europäische Integration einzutreten und alle einzubinden, hat dazu geführt, dass im Vorfeld keine Diskussionen oder Fragen aufkamen, wohin sich das geeinte Deutschland wenden könnte, ob es Unsicherheiten oder Gefährdungen gäbe in Bezug auf die Europäischen Gemeinschaften. Es lief erfreulich positiv.

M. G.: *Sie notieren am 23. November*[66] *einen kritischen Punkt und zwar die vernichtende Kritik was die Öffentlichkeitsarbeit des Bundeskanzleramts angeht. Kohl vergleicht die PR-Arbeit mit einer Kreisklasse-Fußballmannschaft und kritisiert damit heftig die eigene Pressearbeit. War es wirklich gerechtfertigt, so hart damit ins Gericht zu gehen? Geschah das auch mit Blick auf Genscher? Sie haben ja mehrfach erwähnt, wie er es geschickt verstand, auf dem Klavier der Presse zu spielen. Hatte Genscher bessere Presseleute?*

H. T.: Genscher konnte mit Medienvertretern hervorragend umgehen. Das war etwas, was Kohl meiner Meinung nach von Genscher lernen konnte. Genscher hat die Medienvertreter bestochen, nicht mit Geld, aber mit gezielten Einladungen zu einem gemeinsamen Frühstück und zu Interviews. Ich habe es ja auch international erlebt. Als wir beispielsweise mit Kohl in Moskau waren und Gorbatschow die wichtige Aussage traf, es sei nun Sache der Deutschen, ob und wann oder wie schnell wir uns vereinigen, zog sich Kohl nach dem Abendessen zur Entspannung zurück. Genscher dagegen nahm sich drei bis vier ausgewählte Journalisten mit und stand ihnen zum Gespräch zur Verfügung. Oder im Kaukasus: Gorbatschow schlug dem Bundeskanzler vor, sich nach dem gemeinsamen Abendessen noch zusammenzusetzen, um die Agenda für den nächsten Vormittag zu besprechen. Wir Mitarbeiter gingen in dieser Zeit in einen Nebenraum. Dort erwarteten uns

65 Das folgende Gespräch wurde am 22.3.2023 in Rottach-Egern geführt.
66 Tagebuch, 23.11.1989, S. 152.

bayerisches Löwenbräu-Bier in Blechdosen, während Gorbatschow, Schewardnadse sowie Kohl und Genscher noch eine dreiviertel Stunde zur Besprechung zusammensaßen. Anschließend kamen sie zu uns, tranken noch ein Bier und dann gingen alle auf ihre Zimmer. Nach Ende der Sitzung am nächsten Morgen gab Kohl Interviews. Plötzlich hörte ich hinter meinem Rücken Außenminister Genscher sprechen. Er erzählte Journalisten, dass er mit Außenminister Schewardnadse noch bis tief in die Nacht zusammengesessen hätte, um die wichtigsten Themen zu besprechen. Ihm sei der Durchbruch gelungen und ihm sei es zu verdanken, dass Kohl jetzt so erfolgreich sei. Nichts davon war wahr! Aber so hat sich Außenminister Genscher ständig verkauft.

M. G.: *Hat Kohl also mit diesem scharfen Urteil Recht gehabt, was die eigenen Presseleute anging oder war es überzogen?*

H. T.: Teils war es gerechtfertigt, teils nicht. Unser Regierungssprecher kam von Haus aus vom ZDF und hatte dort eine Wirtschaftssendung moderiert. Von daher tat er sich schwer, Außenpolitik zu erläutern. Das führte dazu, dass ich selbst viel mit den Medien geredet habe. Meiner Meinung nach konnte doch nicht sein, dass wir so erfolgreich Deutschland-, Außen-, Sicherheits- und Europapolitik betrieben, aber nicht gut genug verkauften und es immer nur einen Star Genscher gab und Kohl zur Seite gedrängt wurde.

M. G.: *Blieb das über die Monate hinweg weiter so oder konnte es korrigiert und wettgemacht werden? Es gab ja genug weitere Anlässe, z. B. der Auftritt in Dresden mit Kohls Rede vor der Frauenkirche oder auch der Durchbruch in Stawropol und andere Begebenheiten.*

H. T.: Verbessert wurde es dadurch, dass auch ich zunehmend Pressearbeit machte. Die Journalisten kannten mich ja. Diejenigen, die mir besonders vertraut waren, wussten auch, dass sie mich ansprechen konnten. Meine Pressearbeit bestand darin, Kohls Entscheidungen zu erläutern und die Folgewirkungen aufzuzeigen und eine Art Gegengewicht zum Außenminister zu schaffen.

M. G.: *So konnten Sie durchaus sagen, dass es mit Erfolg gelungen ist, diesen Pressewettkampf mit Genscher zu bestehen und ihn ab und zu mal auszubremsen.*

H. T.: In der Tat haben wir gelegentlich Genschers Pressepolitik ausgebremst. Der Bundeskanzler ist immer noch höherrangig als ein Minister.

M. G.: *Genscher war aber auch Vizekanzler. Am 23. November schreiben Sie im Tagebuch: »Ich schlage vor ein Konzept zu erarbeiten, das einen gangbaren Weg zur deutschen Einheit aufzeigt.« Das müsse realistisch sein und eingebettet in ein Konzept einer gesamteuropäischen Friedensordnung. Nachdem es gelungen ist, den Bundeskanzler dazu zu bewegen, dem zuzustimmen, schreiben Sie weiter: »Mir fällt ein Zentnergewicht von der Seele. Ich fühle mich richtig befreit und freue mich auf die Arbeit.«[67] Es geht um das Zehn-Punkte-Programm. Sie laden dann Norbert Prill und Michael Mertes zu einem Brainstorming ein. Wer hat an diesem*

67 Tagebuch, 23.11.1989, S. 152.

Programm noch mitgearbeitet? Kann man Sie als den Vater des Programms bezeichnen? Wie würden Sie es einordnen in die Geschichte der deutsch-deutschen Einigung? Welchen Stellenwert hat es? Wenn ihnen eine Zentnerlast vom Leib gefallen war, muss es offensichtlich noch einiger Überzeugungsarbeit bedurft haben, um die Zustimmung Kohls dafür zu gewinnen. Es war demnach nicht so einfach, es in Angriff zu nehmen.

H.T.: Der Bundeskanzler hat manchmal abends einen kleinen Kreis von Mitarbeitern und Politikern in seinen Bungalow eingeladen. Nach einem gemeinsamen Abendessen wurden aktuelle Themen diskutiert. Seine Einladung für diesen Donnerstag stand unter dem Thema: »Die Umfragen sind nicht gut für die Union. Was können wir tun, um sie zu verbessern?« Ich ergriff an diesem Abend die Initiative und erklärte, dass am Dienstag in der kommenden Woche die Haushaltsdebatte anstand. Sie werde mit einer Regierungserklärung des Bundeskanzlers eröffnet, um seine Politik zu erläutern, d.h. welche Zielsetzung und Strategie er verfolgt. Meiner Meinung nach gab es nur das eine Thema: Wie soll es mit Deutschland und der Frage der deutschen Einheit weitergehen? Er müsse also jetzt verkünden, dass er die deutsche Einheit wolle und eine Strategie erläutern, wie er sie erreichen wolle. Darüber wurde intensiv diskutiert. Ich habe vor allem in Erinnerung, dass Bundesminister Schäuble mich sofort unterstützte und Kollegen wie Dr. Mertes. Am Ende war klar, dass ich die Rede vorbereiten solle. Am nächsten Morgen, freitags, saß ein Kreis von Mitarbeitern aus meiner Abteilung und der Arbeitsgruppe von Dr. Mertes zusammen und überlegten, was der Bundeskanzler in dieser Situation über seine politische Strategie sagen solle. Wir waren nicht davon ausgegangen, es müssten zehn Punkte sein. Es war ein gemeinsames Brainstorming. Mein Vorschlag war, wenn möglich, auch Vorschläge der Gegenseite aufzunehmen, also auch von der DDR, um den zu erwartenden internationalen Widerstand aufzufangen. So wurde Modrows Idee der »Vertragsgemeinschaft« aufgenommen, ohne zu wissen, was sie konkret bedeutete. Die Kollegen Mertes und Prill als Leiter der Rednergruppe bekamen den Auftrag, den ersten Entwurf zu schreiben. Dieser wurde am Samstagvormittag durchdiskutiert und ging am Nachmittag per Fahrer nach Ludwigshafen. Sonntagmittag rief mich der Bundeskanzler an, um noch die eine oder andere Veränderung und Ergänzung zu diskutieren. Wenn er in Ludwigshafen war, telefonierte er in der Regel mit einigen Freunden, um Stimmungen aufzunehmen, aber auch mit Experten wie zum Beispiel dem Staatsrechtler Rupert Scholz, um fachlich mehr Sicherheit zu haben. Am Montagvormittag wurde die Rede im Bundeskanzleramt fertiggeschrieben. Tage später folgte eine öffentliche Diskussion, Frau Kohl habe die Rede geschrieben. Sie hat während der Telefonate des Bundeskanzlers die Vorschläge und Ergänzungen der Freunde wie des Staatsrechtlers Scholz notiert und mit Schreibmaschine niedergeschrieben, sodass wir sie am Montagfrüh hatten. Aber sie hat nicht die Rede geschrieben.

M.G.: *Rupert Scholz hatte also zur Fragestellung, was Konföderation und was Staatenbund bedeutet, präzisierende Antworten geliefert?*

H.T.: Genau, Kohl wollte mehr Sicherheit erhalten im Umgang mit den Begrifflichkeiten. Ich hatte darauf gedrängt, nicht von Konföderation zu sprechen, denn sie beinhaltet die Gefahr einer Endgültigkeit. Daher sollte man über konföderative Strukturen reden. Das ist ein Prozess, der in die Föderation einmündet. Wenn der Bundeskanzler von einer Konföderation gesprochen hätte, was übrigens der Vorschlag der SPD war, hätte die Gefahr bestanden, sie als den endgültigen Status für Deutschland zu verstehen. Das wollten wir nicht. Wir wollten die Einheit und das war die Föderation.

M. G.: *Es soll 1989 ein gewisses Einverständnis zwischen Oskar Lafontaine und dem schon gesundheitlich angeschlagenen, politisch zunehmend an Einfluss verlierenden Erich Honecker gegeben haben, von einer deutschen Konföderation zu sprechen. Inwieweit war damit, weil Sie die SPD angesprochen haben, Lafontaine gemeint?*

H. T.: Wir haben alle diese Äußerungen nicht nur zur Kenntnis genommen, sondern auch analysiert, besprochen und diskutiert. Es war völlig klar, dass die SED die Konföderation wollte, ebenso der Kanzlerkandidat der SPD. Aber für uns war das nie akzeptabel.

M. G.: *Es ist faszinierend, wie gut Sie sich noch an diese spannende Zeit sogar tagesweise erinnern können. Am Montag, 27. November 1989, steht in Ihrem Tagebuch: »8.30 Uhr Kanzlerlage. Der Bundeskanzler hat den Entwurf der 10-Punkte-Rede intensiv durchgearbeitet. Gestern Mittag hatte mich der Bundeskanzler bereits zu Hause angerufen und den einen oder anderen Punkt nachgefragt, aber schon zu erkennen gegeben, dass er mit unserer Arbeit sehr zufrieden sei. Aus seinen heutigen Anmerkungen schließe ich, dass er noch mit jemand anderem darüber gesprochen haben muß.«*[68] *Hatten Sie einen Verdacht, wer das gewesen sein könnte?*

H. T.: Nein, das wusste ich nicht. Ich wusste, er hatte mit Rupert Scholz gesprochen und mit einem Theologen in Ludwigshafen. Mir war allerdings nicht klar, was ein Theologe dazu beitragen konnte. Aber es war ein persönlicher Freund und Kohl sprach oft mit seinen Freunden über solche Themen, um ein Gefühl zu bekommen, wie normale Leute darauf reagieren, eine Art Resonanzboden aus dem Volk.

M. G.: *Wissen Sie um welchen Theologen es sich gehandelt haben könnte?*

H. T.: Helmut Kohl hatte enge freundschaftliche Kontakte zu zwei Brüdern in Ludwigshafen. Das waren Erich Ramstetter, ein Stadtdekan von Ludwigshafen, und Fritz Ramstetter, ein pensionierter Studiendirektor. Beide Brüder waren katholische Geistliche, mit denen sich Kohl häufig austauschte, wenn er zu Hause in Ludwigshafen war. Ich kannte sie persönlich nicht, aber er hat sie öfters zitiert, wenn er an einem Wochenende zu Hause gewesen war. Ich hatte den Eindruck, dass sie für ihn so etwas wie Volkes Stimme waren. Wer von den beiden der Wichtigere war, weiß ich nicht.

Als er noch Ministerpräsident in Mainz war, ging Kohl am Wochenende in Ludwigshafen relativ häufig in die öffentliche Sauna, in der er vor allem mit BASF-Mitarbeitern zusammentraf. Auch sie waren für ihn eine Art Resonanzboden, was man über ihn und seine Politik so sagte. In der Morgenlage erfuhren wir so manches davon.

M. G.: *Wenn ich noch eine Vermutung äußern dürfte: Könnte es sein, dass sich Kohl mit Blick auf die zehn Punkte bei einem amerikanischen Vertrauensmann noch rückversichert hat wie beispielsweise Vernon Walters? In vielen Gesprächen haben Sie betont, dass die Westmächte*

68 Tagebuch, 27.11.1989, S. 154.

ganz bewusst nicht informiert wurden, damit der Überraschungseffekt eintrifft. Kann es aber doch sein, dass sich Kohl vielleicht gedacht hat, nichts Falsches zu tun, einem Vertrauensmann mit direktem Zugang zum US-Präsidenten ein Zeichen zu geben, um vorzubauen, damit Washington nicht zu negativ überrascht ist?

H.T.: Mir ist nicht bekannt, dass er mit Vernon Walters gesprochen hätte. Es war die Vereinbarung am Montag, dass ich die Botschafter der vier Mächte zum Gespräch einlade und sie über seine Rede unterrichte und mit ihnen über diese Rede spreche. Am Dienstagvormittag sprach ich zunächst mit den Botschaftern der drei Westmächte, die zusammen bei mir waren und anschließend getrennt mit dem sowjetischen Botschafter. Die Botschafter der Westmächte nahmen es zur Kenntnis, kommentierten es aber nicht. Der sowjetische Botschafter Kwizinskij kommentierte auch nicht. Sie waren aber auf diese Weise offiziell unterrichtet.

M.G.: *Sie haben offensichtlich die Endredigierung des Zehn-Punkte-Programms vorgenommen. Kann man so weit gehen zu sagen, Horst Teltschik war nach Einbindung vieler Experten letztlich der Initiator und der verantwortliche Vater für dieses Zehn-Punkte-Programm, welches Kohl mit aller Überzeugungskraft seiner Persönlichkeit anschließend im Bundestag verkündet hat?*

H.T.: Ich hatte exzellente Mitarbeiter und mit Herrn Mertes einen exzellenten Redenschreiber, insofern gibt es mehrere Väter. Beanspruchen kann ich den Titel des Initiators, den Bundeskanzler zu überzeugen, dass jetzt der Zeitpunkt gekommen sei, nicht nur eine Regierungserklärung abzugeben, sondern mit ihrer Hilfe klar zu sagen, wohin es gehen soll. Ich war schon der Auslöser. Von Herrn Schäuble bekam ich sofort Unterstützung, wofür ich sehr dankbar war, weil er natürlich Gewicht hatte. Wenn die anderen Kollegen nicht gleich unterstützend eingegriffen hätten, wäre ich wahrscheinlich alleine nicht durchgedrungen.

M.G.: *Wie würden Sie das Zehn-Punkte-Programm in den Gesamtkontext der Geschichte der deutsch-deutschen Beziehungen und der deutschen Einigung einordnen? Welchen Stellenwert hat es im Rückblick historisch betrachtet?*

H.T.: Nicht nur im Rückblick, sondern damals hat Kohl mit dieser Rede – wenn Sie so wollen – inhaltliche Orientierung vorgegeben. Die SPD reagierte sofort sehr positiv und bestätigte, dass es auch ihre Linie sei. Später vergaß sie es wieder. Helmut Kohl kam aus dem Bundestag ganz euphorisch ins Kanzleramt zurück. Immer, wenn er das Gefühl hatte, gerade einen Erfolg erwirkt zu haben, kam ein Anruf von Juliane Weber, seiner Büroleiterin, ich solle zu ihm kommen. So war es auch diesmal. Ich fragte spontan, was denn Genscher zur Rede gesagt hätte, denn er kannte sie vorher nicht. »Helmut, das war eine große Rede«, habe Genscher gesagt. Das habe ich später auch öffentlich zitiert und Genscher war so »kleinkariert«, das zu dementieren. So war er halt. Warum sollte Kohl mich in dieser Minute anlügen? Er war voller Begeisterung und sehr zufrieden, dass ihm der Erfolg gelungen war.

M.G.: *Demnach war das Lob von Genscher sehr ambivalent.*

Sie schreiben auch an diesem Tag, Montag, 27. November, dass Bundespräsident Richard von Weizsäcker Sie wieder einmal zu einem einstündigen Vier-Augen-Gespräche eingeladen hatte.[69] *Die Geschichte hat aus Ihrer Sicht einen Nachgeschmack. Wie würden Sie generell die Rolle Weizsäckers im deutsch-deutschen Einigungsprozess und das Verhältnis des Bundeskanzlers zu Weizsäcker einordnen?*

H. T.: Helmut Kohl hat ja als Parteivorsitzender der CDU aus meiner Sicht die große Begabung gehabt, interessante Leute von außen in die Partei hineinzuholen. Einer davon war Richard von Weizsäcker, in Rheinland-Pfalz Geschäftsführender Gesellschafter beim Pharma-Unternehmen Böhringer. Kohl hatte die Gabe, solche intellektuell starken Persönlichkeiten zu gewinnen. Andere Beispiele sind Professor Kurt Biedenkopf oder Frau Süssmuth, auch Walter Leisler Kiep gehörte dazu. Als ich in der CDU-Bundestagsgeschäftsstelle gearbeitet habe, gab es einen außenpolitischen Gesprächskreis, den ich, gewissermaßen als »Sekretär« geleitet habe. Damals ging es schon um die Vertragspolitik von Willy Brandt und die Ostpolitik generell. Dort hatte ich die Erfahrung gemacht, dass von Weizsäcker, Kiep und andere den liberalen Flügel in der CDU darstellten. Außerdem gab es die Bundestagsfraktion, z. B. mit Werner Marx, der eher den konservativen Flügel symbolisierte. Persönlich war mir der liberale Flügel inhaltlich näherliegender als der konservative.

Als von Weizsäcker Bundespräsident wurde, hat er mich immer wieder zu Vier-Augen-Gesprächen eingeladen, um eine außenpolitische tour d'horizon durchzuführen. Ich hatte einen Termin am Montagmittag zu einem Zeitpunkt mit ihm verabredet, als für mich noch völlig unbekannt war, dass der Bundeskanzler einen Tag später seine Zehn-Punkte-Rede halten würde und welches Thema er ansprechen werde. Das Gespräch war nach vier Wochen wieder einmal an der Reihe. Die Weisung des Bundeskanzlers lautete, mit niemandem über die Rede zu sprechen. Ich hatte aber einen Tag vor der Rede des Bundeskanzlers das Treffen mit Weizsäcker. Was tun? Entgegen der Weisung habe ich den Bundespräsidenten im Großen und Ganzen eingeweiht. Details habe ich nicht genannt, nur die Struktur erläutert. Amüsant war, was Weizsäcker später in seinen Schriften erinnerte. Das empfand ich nicht so ganz fair, was er in seinem Buch über die deutsche Einheit schrieb. Ich hätte ihm den Text der Rede zum Lesen gegeben und er hätte sofort festgestellt, dass zur Oder-Neiße-Grenze nichts ausgesagt worden sei. Tatsache ist, dass ich ihm nie einen Text gegeben habe, sondern die Rede des Bundeskanzlers mündlich erläutert habe. Über die Oder-Neiße-Grenze haben wir nicht gesprochen. Es war also reine Phantasie unseres Bundespräsidenten, die ich aber damals nicht richtiggestellt habe. Ich habe die Behauptung des Bundespräsidenten ertragen.[70]

M. G.: *Umso besser es in dieser Dokumentation festzuhalten. Sie schrieben: »Er [Weizsäcker] hört aufmerksam und interessiert zu, aber scheint nicht besonders beeindruckt zu sein. Ich bin fast etwas enttäuscht.«*[71]

H. T.: Man muss bedenken, dass ich an diesem Montag schon in Erwartung der Rede am folgenden Tag in einer gewissen euphorischen Stimmung war, denn es war eine programmatische Schlüsselrede zum politisch wichtigsten Thema der Bundesrepublik Deutschland.

69 Tagebuch. 27.11.1989, S. 155.
70 Zur irrigen Position in Weizsäckers Erinnerungen: Henning Köhler, Helmut Kohl. Ein Leben für die Politik. Die Biografie, Köln 2014, S. 654.
71 Tagebuch, 27.11.1989, S. 155.

Ich war voller Begeisterung, dass es uns gelungen war, den Bundeskanzler zu dieser Rede zu bewegen. Meine Erläuterungen stießen bei von Weizsäcker auf Gleichgültigkeit. Er fand sie nicht aufregend.

M. G.: *Sagte diese Reaktion etwas über das Verhältnis zwischen Kohl und Weizsäcker aus?*

H. T.: Richard von Weizsäcker war im Vergleich zu Helmut Kohl ein Intellektueller, Kohl der Pragmatiker. Sein Spruch war immer »Mich müssen nicht die Intellektuellen verstehen, mich müssen die Bürger verstehen.« Bei Präsident von Weizsäcker könnte man sagen, war es umgekehrt »Mich müssen die Intellektuellen loben und das Volk wird schon mitlaufen.« Das war die Differenz. Kohl war down to the earth. In der Volkssauna in Ludwigshafen, wo das normale Volk war, traf er auf seine Wählerschaft. Die Mehrheit waren eben nicht die Journalisten der *Zeit* und des *Spiegel*. Dieses Verhalten lag Politikern wie Weizsäcker fern.

M. G.: *Donnerstag, 30. November, war ein trauriger Tag.*[72] *Nach dem Mordanschlag der verbrecherischen linksextremistischen RAF auf Alfred Herrhausen greift blankes Entsetzen um sich. Welche Erinnerungen haben Sie an dieses traurige Ereignis? Ich bitte Sie um eine Charakterisierung von Herrhausen auch mit Blick auf die Politik Kohls. Sie schreiben von einem riesigen Verlust. Einer der Besten sei ausgelöscht worden. Welche Rolle hätte Herrhausen noch im deutsch-deutschen Einigungsprozess spielen können?*

H. T.: Herrhausen hatte ich über Kohl kennengelernt. Er war ein Banker, der nicht nur – überspitzt gesagt – Fachidiot war, also konzentriert auf das Finanzwesen und das Bankensystem usw., sondern er war ein politischer Kopf, der seine spezifischen Aufgaben einordnen konnte in den globalen Gesamtzusammenhang von Wirtschafts-, Finanz- und Sozialpolitik. Herrhausen wurde fast ein persönlicher Freund von Helmut Kohl und kam oft nach Bonn. Wenn solche Persönlichkeiten zu Besuch kamen, wie auch der Chef von Nestlé, Helmut Oswald Maucher oder andere herausragende Unternehmensführer, ließ er sich briefen und schickte sie dann mit ihren Vorschlägen zu mir. Ich nahm dann alles auf, was ich von ihnen erfuhr. Meine Aufgabe war es, die spezifische Kompetenz der Gesprächspartner von Helmut Kohl gewissermaßen in Politik zu übersetzen, handbar zu machen. Die Zusammenarbeit mit Herrhausen ging soweit, dass er Mitautor der ersten Regierungserklärung war. Herr Maucher von Nestlé hatte immer tausend Ideen, und es ging darum, sie auf das zu reduzieren, was politisch machbar war. Zwischen Herrhausen und mir entwickelte sich eine persönliche Freundschaft. Er war z. B. mit mir in Budapest, um einen Kredit zu verhandeln. Er hatte die Begabung, nicht nur fachspezifisch als Banker zu reden, sondern auch politisch und global zu denken. Er trug mit dazu bei, die amerikanische Finanzpolitik gegenüber Lateinamerika ein Stück zu koordinieren. Er sah Finanzpolitik europaweit und global, diskutierte und erarbeitete Vorschläge. Die Amerikaner griffen einen Teil seiner Vorschläge auf.

M. G.: *Man fragt sich mit Blick auf die Agenda von Herrhausen, die weit über den nationalen Rahmen hinausging, bezüglich Umschuldung, ob die RAF den völlig Falschen getroffen hatte, wenn man an seine Entschuldungsideen für die schwachen Länder im globalen Rahmen denkt.*

72 Tagebuch, 30.11.1989, S. 161–162.

Welche Rolle hätte er noch spielen können im deutsch-deutschen Einigungsprozess hinsichtlich der mittelosteuropäischen Länder und der UdSSR – Stichwort Finanzhilfen?

H. T.: Er hätte natürlich im Falle der Sowjetunion mitwirken können, aber auch in der Neuordnung des Finanzsystems der ehemaligen DDR und der Warschauer Pakt Staaten. Das hätte er aus meiner Sicht auch sehr gerne getan. Bei der ersten Regierungserklärung Kohls hat er, wie gesagt, den wirtschafts- und finanzpolitischen Teil mitformuliert.

M. G.: *Die RAF taucht am Ende Ihres Tagebuchs nochmals auf.*[73] *Es geht um Personenschutz angesichts der virulenten Gefahren. Für Sie galt Sicherheitsstufe 1. Fühlten Sie sich während Ihrer Tätigkeit bedroht oder einmal in einer gefahrvollen Lage? Hat Kohl nach dem Attentat auf Herrhausen für sich persönlich eine Erhöhung der Gefahr gesehen, von RAF-Terroristen bedroht zu werden? Es war für sie alle ein Schockerlebnis und Sie haben sich doch sicherlich gefragt, was es für sie bedeutet und für die weitere Regelung des Personenschutzes?*

H. T.: Das Sicherheitsproblem ergab sich für mich bei jeder Fahrt mit dem Bundeskanzler. Es gab Zeiten, in denen sich Gäste oder Mitarbeiter von Helmut Kohl weigerten, zu ihm ins Auto zu steigen einfach aus Angst, es könnte gegen Kohl ein Attentat stattfinden. Dieses Problem hatte ich nie. Ich bin immer und ganz selbstverständlich, wenn er es wünschte, mit ihm mitgefahren. Die erste reale Bedrohungssituation ergab sich für mich mit der Ermordung des Kollegen vom Auswärtigen Amt, Gero von Braunmühl, der, wie ich, oft im Amt bis spät in die Nacht gearbeitet hat und dann mit dem Taxi nach Hause fuhr, um seinen Fahrer nicht über die Dienstzeit hinaus warten zu lassen. Braunmühl stieg zu Hause aus dem Taxi aus und wurde erschossen. Die Täter wurden nie gefasst. Die *Bild*-Zeitung veröffentlichte kurz darauf eine Sonderseite mit dem Titel »Welches sind die gefährdetsten Leute in Bonn?« Vier Personen mit großem Portraitfoto wurden kurz beschrieben. Einer davon war ich. Ich hatte zwei schulpflichtige Kinder, das war eine ambivalente Situation für mich. Natürlich bekam ich sofort ein gepanzertes Auto, Begleitfahrzeuge usw. Aber meine Meinung war immer, wenn die Terroristen einen erwischen wollen, dann erwischen sie einen. Wir hatten ein Haus am Waldrand und wenn ich am Wochenende im Garten war, hätte jemand hinter einem Baum stehen und mich erschießen können. Ich war Fatalist und hatte keine Angst und habe dafür gesorgt, dass man beim Personenschutz nicht übertreibt und habe es abgelehnt, im neu gebauten, gerade fertiggestellten Haus Panzerglas einzubauen. Als ich mit meiner Frau in die Oper in Bonn fuhr, liefen die beiden Begleiter des Personenschutzes mit der Maschinenpistole im Anschlag hinter uns her. Das war zu viel und ich sagte, jetzt sei Schluss.

M. G.: *Wir haben noch gar nicht über Michail Gorbatschow und seine Idee von einem »gemeinsamen europäischen Haus« gesprochen. Es wurde lebhaft diskutiert und darüber viel publiziert. Wie haben Sie und der Kanzler diese Formel aufgenommen? Inwieweit hat man die Idee ernst genommen und versucht, Begriff und Thema zu besetzen?*

H. T.: Der Bundeskanzler hatte ja eine Reihe von Gesprächen mit Gorbatschow. Uns war schon sehr früh klar, dass auch für ihn Sicherheit das Schlüsselthema war. Wir hatten

73 Tagebuch, 26.9.1990, S. 563.

schon immer darüber nachgedacht, wie wir einen Konsens mit Gorbatschow und unseren sowjetischen Partnern erreichen können. Ich empfand die Vorbereitungen und vor allem dann das Ergebnis der Pariser Charta für ein neues Europa als Perspektive für Gesamteuropa schon fast als einen Traum. Meiner Meinung nach war es eine Strategie, die das Ziel hatte, dass alle Staaten in Europa gemeinsame Sicherheit haben sollten. Die Charta ist ein Katalog der Kriterien und der Prinzipien, wie dieses europäische Haus aussehen soll. Sie benennt auch die Instrumente, wie es weiterverfolgt werden soll, z. B. Überprüfungskonferenzen auf Staats- und Regierungschefebene sowie Außenministertreffen bis hin auf Botschafterebene. Die Frage war nur noch, wie die Ziele erreicht werden können. Dafür wurden wiederum die Ziele und Instrumente genannt sowie ein Konfliktzentrum in Wien eingerichtet, welches immer noch existiert. Aber ich habe nie gehört, dass es jemals einen Konflikt verhindert hätte.

M. G.: *Es hat Versuche unternommen.*

H. T.: Das ist immerhin schon etwas. Die Instrumente sind viel zu wenig genutzt worden. Es gab viel zu wenig Überprüfungskonferenzen auf Staats- und Regierungschefebene. Ich sehe noch Gorbatschow, als er nach geleisteter Unterschrift aufstand und fragte: »Was ist jetzt unsere Aufgabe? Unsere Aufgabe ist es, von der Diktatur zur Demokratie und von der Kommandowirtschaft zur Marktwirtschaft zu gehen.« Was sich in Paris ereignet hat, war für mich ein Traum. Mit der OSZE hatten wir einen Rahmen geschaffen. Es hat eine Überprüfungskonferenz auf Staats- und Regierungschefebene in Astrachan gegeben. Von der amerikanischen Seite war nur Hillary Clinton da. Die Bundeskanzlerin sagte: »Wir müssen eine Bestandsaufnahme machen.« Meiner Meinung nach fordert man sie, wenn einem nichts einfällt. Das ist das einfachste. Ich bin tief enttäuscht, dass man dieses Instrumentarium der Vision von Gorbatschow nicht wirklich genutzt hat.

M. G.: *Bestandsaufnahmen waren ja vorhanden: die KSZE-Schlussakte von Helsinki 1975, das Ergebnis der Wiener KSZE-Nachfolgekonferenz 1989 und die Charta von Paris 1990, die umzusetzen waren. Konkret fragte sich, mit welchen Politikern welcher Staaten? Das ist eine Frage, die weit in die Zeit nach Ihrer Tätigkeit für Bundeskanzler Helmut Kohl reicht. Würden Sie sagen, dass Ihre tiefe Enttäuschung, dass aus dieser Architektur nicht viel, sondern nur wenig gemacht wurde, es eher am Westen lag, der nicht ambitioniert und genug engagiert oder möglicherweise sogar desinteressiert war? Oder lag es auch am Osten, also am Nachfolger der Sowjetunion, der Russischen Föderation? Wo würden Sie die Ursachen dafür sehen, dass aus dieser Konzeption Gorbatschows so wenig gemacht worden ist?*

H. T.: Jetzt bin ich mal »präpotent«, wie die Österreicher sagen. Sie kennen das Wort ja. Es ist nicht vorangegangen, weil ich nicht mehr dabei war.

M. G.: *Hat es tatsächlich zu tun mit Personalwechsel?*

H. T.: Meine Erfahrung aus der Politik besagt, dass man jemanden als Motor braucht, der gewillt ist, aus der vorhandenen Grundlage und den benannten Instrumenten etwas zu erzwingen und durchzusetzen. Gorbatschow wurde kurz danach abgelöst. Wenn ich daran denke, wie eng die Beziehungen zwischen Bundeskanzler Kohl und dem russischen

Präsidenten Jelzin waren, bin ich der Meinung, man hätte aus der Konstellation viel mehr machen müssen. Es fehlte der Motor. Genscher war auch ein Jahr später nicht mehr Außenminister. Bei den Amerikanern hat sich das Interesse von Europa abgewandt. So gab es auf keiner Seite jemanden, der es unbedingt wollte und durchsetzte, indem er wie eine Dampfwalze alles überrollte. Frankreich war nicht mehr präsent. Kohl musste sich auf die deutsche Einheit konzentrieren.

Im August 1990 kam eine Delegation von Politikern aus Kroatien zu mir nach Bonn. Johann Georg Reißmüller, ein Journalist der *FAZ*, war ein Balkanexperte. Er rief mich eines Tages an und berichtete, dass bei seinem Aufenthalt am Balkan der Wunsch geäußert worden war, Gespräche mit uns zu führen und ob es nicht möglich sei, dass ich eine Delegation aus Kroatien empfange. Eigentlich hätte sie das Außenministerium empfangen müssen und nicht ich. Wir trafen uns also außerhalb des Kanzleramtes, um nicht wieder in Konflikt mit Genscher zu kommen. Sie berichteten mir, ihr Ziel sei nicht die Unabhängigkeit und nicht die nationale Souveränität, sondern eine Konföderation für das ehemalige Jugoslawien. Ich hielt das für eine gute Idee. Abends saßen wir mit Helmut Kohl im Bungalow und redeten über Gott und die Welt. Ich sagte zu ihm: »Herr Bundeskanzler, ich glaube wir müssen uns um Jugoslawien kümmern. Da braut sich etwas zusammen.« Er sagte: »Was soll ich denn noch alles tun?« Er müsse Deutschland einigen und die Europäische Union voranbringen. Er könne sich »nicht noch um Jugoslawien kümmern«. So war die Stimmungslage, alle waren ein Stück weit überlastet. In der Politik braucht man aber jemanden als Motor, auch wenn er lästig ist. Wenn man eine wichtige Idee hat, muss man auch dafür kämpfen. Das fehlte. Kohl musste sich kümmern, dass die ehemalige DDR mit allen auftretenden Problemen integriert wird. Die Währungsunion in Europa galt es durchzusetzen. Es gab Themen en masse und in der Politik ist es nicht möglich, sich nur auf ein Problem zu fokussieren. Vielleicht ist es auch die Schwäche des Systems, wenn der Bundeskanzler und der Außenminister nicht marschieren. Was macht dann der Rest des Kabinetts, der sehr punktuell arbeitet? Es fehlen dann Persönlichkeiten, die das Gesamtinteresse im Auge haben. Das könnte der Chef des Kanzleramtes sein. Aber alle und alles konzentrierte sich auf die nationalen Probleme.

M. G.: *Das ist eine starke These und spannende Einschätzung. Es war ein stärkerer Trend zur Renationalisierung im Gange, der mit Maastricht Hand in Hand ging: das negative Abstimmungsergebnis in Dänemark und in Frankreich ein nur hauchdünn positives Resultat für den Unionsvertrag. Ihr Fazit läuft auf das Fehlen einer Gesamtstrategie der politischen Entscheidungsträger des »Post-Cold-War-Europe« hinaus: Kohl ist mit den deutschen Einigungskonsequenzen konfrontiert und in Frankreich agiert ab 1995 Jacques Chirac, Boris Jelzin in Russland und Bill Clinton in Nachfolge von George H. W. Bush in den USA. Es ergeben sich zwar viele neue Herausforderungen, aber es fehlen Akteure und Antreiber, die die Probleme anpacken, wie auch Leute in der zweiten Reihe, die einen input geben, und es mangelt an Personen, die den einmal eingeschlagenen Weg weiter beschreiten und das Vorgegebene umsetzen. Man kann sich in der Forschung ja schon lange fragen, ob nach dem Ende der Ära Kohl-Mitterrand in der zweiten Hälfte der 1990er Jahre und zu Beginn des neuen Jahrhunderts ein Verlust an europäischer Führungsqualität zu beklagen ist. Wo sind die großen Europäer?*

Noch einmal zurück zum »gemeinsamen europäischen Haus«. Ich habe Sie richtig verstanden, dass man diese Idee in Bonn ernstgenommen hat. War es aber eher ein vages Konzept, quasi nur ein Schlagwort, das man erst noch ausgestalten musste?

H.T.: Ja, man hätte es ausgestalten müssen. Das Konzept zeichnete sich schon ab, aber die Umsetzung war schwierig nach dem Führungswechsel in Moskau, der Wahlniederlage von Bush sen. und der Nachfolge von Mitterrand mit Chirac. Das alles war nicht hilfreich. Es fehlten die konzeptionell starken Personen. Vieles wurde nach 1990 angesprochen und angedeutet. Clinton hat mir einmal persönlich bei einer gemeinsamen Vortragsveranstaltung einer österreichischen Wirtschaftszeitung in Wien erzählt, dass er dem russischen Präsidenten Jelzin mündlich wie schriftlich angeboten hatte, Russland solle Mitglied der NATO werden. Jelzin habe geantwortet, das sei zu früh für Russland. Ich persönlich habe einmal mit Sergej Iwanow, dem ehemaligen Verteidigungsminister und Kremlchef, darüber gesprochen. Er war durchaus offen für eine Mitgliedschaft in der politischen Organisation der NATO. Er habe auch mit Putin darüber gesprochen. Aber es gab niemanden im Westen, der das betrieben hat. Ich verstehe es schon, denn die Bundesregierung war mit den täglichen Problemen der DDR-Integration beschäftigt, hinzu kam das europäische Thema und es folgte der Jugoslawienkrieg, der alle absorbierte.

M.G.: *Es handelte sich gezwungenermaßen um europäische Selbstfindungsprobleme. Ich komme auf das Thema NATO zu sprechen. Sie sind am Freitag, 1. Dezember 1989, mit einer Gruppe von US-Senatoren zusammengekommen, allen voran Sam Nunn und schreiben: »Fragen richten sich vor allem nach dem Schicksal der Atlantischen Allianz. Wird ein geeintes Deutschland Mitglied der NATO sein oder nicht und wie könne das sichergestellt werden?« Sie äußern sich optimistisch, weil eine NATO-Mitgliedschaft auch im Interesse der UdSSR liege, wenn sie eine nüchterne Interesseneinschätzung vornehme. Ein geeintes aber ungebundenes Deutschland erhöhe für die Sowjetunion ihre Sicherheit nicht. Das ist eine bemerkenswerte Stellungnahme. Ich frage kritisch nach, wie zunächst angenommen werden konnte, dass eine NATO-Mitgliedschaft des geeinten Deutschlands ganz im Interesse der UdSSR sein würde? Noch kritischer frage ich nach, ob das nicht in gewisser Weise Ausdruck einer Selbsttäuschung war, denn wir wissen als Historiker und es wussten Politiker auch seinerzeit, wie zahlreich die sowjetischen Versuche in der Geschichte waren, die NATO-Mitgliedschaft Westdeutschlands zu verhindern bzw. zu lockern. Wiederholt war das Thema Blockfreiheit und Neutralität für Deutschland im Raum. Es handelte sich offensichtlich um ein fundamentales wiederkehrendes sowjetisches Sicherheitsinteresse. Wie konnte man so optimistisch sein und sagen, das Gegenteil sei viel besser für das sowjetische Sicherheitsinteresse? Das war so erstaunlich wie mutig, aber im Lichte der Geschichte kontrafaktisch. Oder war es primär in Richtung der US-Senatoren festgehalten worden nach dem Motto: »Macht Euch mal keine Sorgen, das kriegen wir auch noch gebacken und können es den Russen auch noch vermitteln, dass es für sie von Vorteil ist, wenn ein zukünftiges vereintes Deutschland NATO-Mitglied ist«?*

H.T.: Das Thema NATO-Mitgliedschaft stand natürlich immer im Raum. Ich hatte ein sehr persönliches Gespräch mit Präsident Gorbatschow in Moskau. Anfang Mai 1990 hatte ich den Auftrag, zusammen mit dem Chef der Deutschen Bank und dem der Dresdener Bank, über einen Milliarden-Kredit zu verhandeln. Herr Röller von der Dresdner Bank meinte später, das sei ein Höhepunkt in seinem Leben gewesen. An einem Tag hatten wir den Ministerpräsidenten, den Finanz-, den Wirtschafts- und den Außenminister sowie zum Schluss Gorbatschow getroffen. In dem Gespräch, was sich fast ausschließlich zwischen Gorbatschow und mir abspielte, fragte mich Gorbatschow, warum wir denn noch die NATO brauchten. Wir seien doch demnächst Freunde und Partner und dann würde die

NATO nicht mehr gebraucht. Ohne Absprache mit dem Bundeskanzler, weil ein solches Gespräch ja nicht zu erwarten war, antwortete ich spontan, dass es sein könnte, wenn wir nun Freunde und Partner werden, dass wir die NATO nicht mehr bräuchten. Ich fügte hinzu: »Aber wir brauchen die NATO auch wegen uns, denn wir haben neun Nachbarstaaten. Durch die Wiedervereinigung werden wir größer und wirtschaftlich stärker. Die Nachbarstaaten können mit dem größeren stärkeren Deutschland leichter zusammenleben, wenn wir im gleichen Bündnis sind und die Amerikaner dabei sind. Davon bin ich persönlich bis zur Stunde überzeugt. Viele Deutsche wollen es verständlicherweise nicht wahrhaben, dass wir als Gefahr gesehen werden. Aber wir liegen im Herzen Europas.« Damals habe ich den Ministerpräsidenten der Niederlande erlebt. Sie waren alle nicht so begeistert, auch die Polen, über ein noch größeres Deutschland.

M. G.: *Das war ein so schlagendes Argument und nachvollziehbar – und wie hat Gorbatschow darauf reagiert?*

H. T.: Er hat nicht darauf reagiert. Er hat geschwiegen. In dem Augenblick war das Thema zwischen uns vom Tisch.

M. G.: *Es war ein politisch überzeugendes Argument. Selbsteinbindung, ja Selbsteindämmung durch Sicherung von Stabilität und Versicherung an die Nachbarstaaten, dass dieses Deutschland kalkulierbar und verlässlich bleibt. Es blieben aber sowjetische Sicherheitsinteressen bestehen, was das Schweigen Gorbatschows erklärt.*

H. T.: Dass die Sowjetunion in diesem Moment nicht nur von Frieden und Eierkuchen redet, war auch klar nach den Erfahrungen im Zweiten Weltkrieg. Bei Vorträgen wies ich immer auf die Zahl der Gefallenen und Ermordeten aufseiten Russlands hin. 22 Millionen Tote wegen uns Deutschen kann man nicht über Nacht vergessen.

M. G.: *Nach Schätzungen waren es vermutlich noch mehr und zwar zwischen 26 und 27 Millionen, denn die zuerst genannten Zahlen waren während des Kalten Kriegs bewusst – von russischer Seite – heruntergespielt worden, um die Ausmaße der Bevölkerungsverluste und die demographische Katastrophe nicht gänzlich zu offenbaren, d. h. was diese für die Gesellschaft und Ökonomie der UdSSR bedeuteten.*

Sie erwähnen Henry Kissinger im Eintrag am Sonntag, den 3. Dezember 1989.[74] *Man muss nicht betonen, welch faszinierender Politik-Theoretiker und Praktiker er war. Dieses Jahr wird er im Mai 100 Jahre alt. Sie zitieren ihn. Wenn die »Wiedervereinigung« schon in zwei Jahren erfolgen würde, wie er es vorausgesagt habe, sei das wirtschaftliche Gefälle zu groß. Es sei ein wirtschaftliches Abenteuer. Kein Mensch wusste damals, wie schnell die Vereinigung geschehen würde, dass schon am 3. Oktober 1990 die deutsche Einheit unter Dach und Fach sein sollte. Wie haben Sie Kissinger in den Jahren der Beratung von Kohl und wie seine Einschätzung 1989/90 zur Deutschlandfrage erlebt?*

H. T.: Kissinger war mir schon aus meiner Studienzeit her vertraut als der große Theoretiker der Außenpolitik der USA. Für mich war es eine große Freude, als ich ihm später begegnete.

74 Tagebuch, 3.12.1989, S. 167.

Henry Kissinger vor dem Bundeskanzleramt nach einem Gespräch mit Bundeskanzler Kohl, 22. Dezember 1983

Wenn er zum Bundeskanzler kam, nahm ich ihn in der Regel in Empfang bzw. habe nach ihrem Gespräch weiter mit ihm gesprochen. Im Frühjahr 1990 nahm ich an einer Bilderberg Konferenz[75] in der Nähe von New York teil. Natürlich wollten dort alle wissen, wie wir das Ziel der deutschen Einheit erreichen werden. Im Mai 1990 konnte ich noch nicht alles sagen, was wir in Vorbereitung hatten. Henry sagte in einer Konferenzpause: »Let's have a walk through the park.« Eine Stunde gingen wir im Park auf und ab. Ich erläuterte ihm unsere Pläne. Immer wieder sagte er: »Horst do it.« Er schickte mir immer seine Bücher. Auf die letzte Widmung bin ich besonders stolz: »To Horst, whom I admire.« Das ist ein Gütesiegel. Für mich war er in einem Bezug besonders beispielhaft, nämlich wie er Kontakt zu China aufgenommen hat in der Zeit, als Mao Tse-tung noch lebte und im Amt war. Man kann sich ja die globalen Partner nicht auswählen. Ob ich damals aus amerikanischer Sicht Mao Tse-tung mag oder nicht, der 20 Millionen Chinesen auf dem Gewissen hat, das darf man auch nicht vergessen, so galt es trotzdem, einen Weg zu suchen und zu finden, um eine Art politische Verständigung zu erreichen. Irgendwann muss ja mal ein Ende des Terrors oder der Bedrohung sein. Das erinnert mich heute an Präsident Putin. Ich kann mir den heutigen Präsidenten in Moskau nicht aussuchen. Henry Kissinger ist insofern beispielhaft, als er eine Vielfalt von diplomatischen Versuchen und Instrumenten benutzt hat, um politische Verständigung zu erreichen. Ich schätze ihn außerordentlich und kann nur sagen man

75 Siehe Anmerkung 210, S. 371.

sollte versuchen, von solchen Leuten zu lernen. Es war für mich eine besondere Ehre, dass ich von ihm persönlich zu seinem 100. Geburtstag nach Fürth eingeladen war.

M. G.: *Kommen wir zurück auf Frankreich und die NATO. Sie notieren im Tagebuch am 4. Dezember 1989, dass 16 Staats- und Regierungschefs im großen Sitzungssaal des NATO-Hauptquartiers versammelt sind. Mitterrand nimmt erneut an einem NATO-Gipfel ohne Vorbehalte teil. Das unterscheidet ihn von seinen Vorgängern Valéry Giscard d'Estaing, Georges Pompidou, Charles de Gaulle, die eine Politik des leeren Stuhl praktiziert hatten.*[76] *Den leeren Stuhl kennen wir aus der Geschichte der EWG. Das Problem hat sich rasch lösen lassen durch den »Luxemburger Kompromiss« von 1966.*[77] *Sie erfuhren diese Absenz über Jahrzehnte von französischer Seite gegenüber der NATO. Präziser nachgefragt als zuletzt: Wie weit war die deutsche Einigung ein Katalysator für das stärkere Bekenntnis Frankreichs zur transatlantischen Allianz? Sah sich die französische Seite dadurch – gezwungenermaßen – mehr als sonst verpflichtet, sich stärker einzubringen?*

H. T.: Ohne dass darüber expressis verbis gesprochen wurde. Es war nicht so, dass der Bundeskanzler Präsident Mitterrand gedrängt hätte, am NATO-Gipfel teilzunehmen. Es war ein Prozess, der sich selbständig in Frankreich entwickelt hatte, nämlich die Einsicht und Erkenntnis der Bedeutung der NATO für die gesamte europäische Entwicklung, vor allem vor dem Hintergrund, das nun Deutschland bevölkerungsmäßig und wirtschaftlich noch größer wird als Frankreich. Es hat sich damals schon erwiesen, dass es richtig war, dass Helmut Kohl sich von Anfang an auf Frankreich konzentriert sowie eine enge Partnerschaft und Freundschaft gesucht hatte. Ich selbst habe an über 50 Begegnungen Kohl-Mitterrand teilgenommen und erlebt, wie sich eine persönliche Freundschaft herausbildete, was Mitterrand erleichterte, der deutschen Einheit zuzustimmen und dass dieses geeinte Deutschland Mitglied der NATO sein müsse. Daran hat Frankreich nie einen Zweifel gelassen. Wir haben zwar auch über sicherheitspolitische Koalitionen gesprochen, aber nie als Alternative zur NATO. Ohne groß darüber zu reden, wussten die Franzosen damals, wie wichtig die amerikanische Präsenz in Europa bleibt und Staaten wie Polen mit einem geeinten Deutschland leichter zusammenleben, wenn man im gleichen Bündnis ist und die Amerikaner dabei sind.

M. G.: *War es nicht Mitterrand, der mit diesem Argument Gorbatschow überzeugen konnte, was Sie im Mai auch schon Gorbatschow gesagt hatten, nämlich Mitterrand sei auch dafür. Das heißt Kohl und Mitterrand zogen an einem Strang? Was hat Gorbatschow dagegen noch groß zu unternehmen, wenn auch der amerikanische Präsident Bush es genauso sieht und wünscht?*

H. T.: Das hat Gorbatschow am Ende auch verstanden.

M. G.: *Kommen wir zu den Nachwehen des Zehn-Punkte-Programms: Seiters berichtet, dass er von einem zweitägigen Gespräch aus Ost-Berlin zurückgekehrt ist. Wir reden vom Dienstag, 5. Dezember 1989.*[78] *Modrow ist mit positivem Grundton auf den Plan des Bundeskanzlers*

76 Tagebuch, 4.12.1989, S. 167.
77 Siehe Anmerkung 68, S. 167–168.
78 Tagebuch, 5.12.1989, S. 171–173.

eingegangen. Offensichtlich abweichend davon war die Reaktion in Moskau. Schewardnadse bezeichnet das Zehn-Punkte-Programm als »Diktat«. Er vergleicht das Agieren Kohls in einem Atemzug mit dem Vorgehen Adolf Hitlers. Haben Sie davon erfahren? Wie konnte es gelingen, Schewardnadse einigermaßen zu besänftigen und dessen Argwohn zu zerstreuen?

H.T.: Wir erfuhren von dieser harten Reaktion Schewardnadses, weil unser Außenminister nach Moskau gereist war, um mit ihm zu sprechen. Genscher berichtete, dass auch Gorbatschows Reaktion auf das Zehn-Punkte-Programm hart gewesen sei. Wir fragten uns, wie weiter voranzugehen sei. Ich hatte bekanntermaßen einen Beraterkreis. Regelmäßig fanden Brainstorming-Gespräche statt mit meinen Mitarbeitern und Experten von außen sowie dem einen oder anderen Journalisten. Ich gab immer eine offene Lageanalyse und darauf folgte eine kurze Diskussion, ob diese Analyse zutraf oder nicht, im letzten Drittel des Abends widmeten wir uns der Frage, was der Bundeskanzler in Zukunft tun solle. Professor Boris Meissner, Sowjetologe von der Universität zu Köln, sagte: »Herr Teltschik, denken Sie doch mal daran, seit Chruschtschow sind die Sowjets an einem Abkommen über sicherheitspolitische Kooperation interessiert. Überlegen Sie doch einmal, ob nicht der Bundeskanzler der sowjetischen Führung einen solchen Vorschlag für ein Abkommen machen könnte.« Ich fand das einen interessanten Gedanken und sprach am nächsten Morgen mit meiner eigenen Mannschaft darüber. Die Meinung war, wir sollten das weiterverfolgen. Also ging ich zum Bundeskanzler, was für mich jederzeit möglich war. Ich hatte fast Narrenfreiheit. Wenn ich anrief und um einen Termin bat, wurde ich, was immer der Kanzler machte, vorgelassen. Ich übermittelte ihm die Idee, und er stimmte sofort zu. Ich sollte den russischen Botschafter zum Gespräch bitten. Als Kwizinskij kam, unterbreitete ihm Helmut Kohl die Idee, noch vor der Wiedervereinigung ein Abkommen zu verhandeln zwischen dem geeinten Deutschland und der Sowjetunion unter Einbeziehung sicherheitspolitischer Themen. Kwizinskij sagte anschließend zu mir: »Das ist genau das, was wir noch brauchen.« Das Ergebnis war, dass wenige Wochen später Schewardnadse, der sowjetische Außenminister, nach Bonn kam. Kwizinskij überbrachte mir diese Nachricht. Von unserem Außenminister hatte ich nichts davon gehört. Zu Kwizinskij sagte ich, dass wir davon ausgehen, dass es auch ein Gespräch mit dem Bundeskanzler geben werde. Er antwortete nein, das Auswärtige Amt habe das nicht vorgeschlagen. Als ich Helmut Kohl erzählte, Schewardnadse würde demnächst nach Bonn kommen, sollte ich sofort einen Termin mit ihm vereinbaren. Also bekam Kwizinskij den Auftrag, einen Termin beim Kanzler für den sowjetischen Außenminister vorzubereiten. Amüsant war, dass Schewardnadse uns über Kwizinskij wissen ließ, ein Gespräch mit dem Bundeskanzler sei möglich, aber ohne Genscher. Also fand es so statt, und Helmut Kohl schlug ihm die Vorbereitung eines Vertrages vor zwischen dem geeinten Deutschland und der Sowjetunion unter Einbeziehung sicherheitspolitischer Garantien. Schewardnadse sagte sofort, es sei genau das, was sie brauchten. Sein weiterer Wunsch war ein Kredit. Daraufhin entschied der Bundeskanzler, dass der Vertreter der Deutschen Bank Herr Kopper und der der Dresdener Bank Herr Röller mit mir geheim nach Moskau reisen sollten, um Kreditverhandlungen durchzuführen. Dort kam auch das abschließende Gespräch mit Gorbatschow zustande, wo er – wie gesagt – über das Thema Mitgliedschaft Deutschlands in der NATO sprach. Als einen Monat später bei der Begegnung im Kaukasus das Thema NATO-Mitgliedschaft auf die Agenda kam, sagte er ganz nüchtern: »Deutschland erhält jetzt seine volle Souveränität zurück und es ist die Entscheidung eines souveränen Staates, ob er einem Bündnis und welchem er angehören will.« Er nannte nicht die NATO beim Namen. Mir gegenüber saß Kwizinskij und beugte sich zu mir mit den Worten: »Das können wir nicht machen!« Aber ich besänftigte ihn, seinen Chef einmal machen zu lassen. So lapidar ist das Problem mit der NATO-Mitgliedschaft aufgelöst worden. Es hat eben auch gezeigt, dass auch Ideen von außen nützlich sind. Man kann ja nicht alles selber wissen. Natürlich müssen es zuverlässige seriöse Personen sein.

M.G.: *Am 7. Dezember gibt es einen Rückblick auf das Jahr 1983, den Moskau-Besuch von Kohl und Genscher im Juli. Sie schreiben, dass die Sowjetführung besorgt ist, dass sich die Lage in Mittel- und Osteuropa und der DDR so verschärft, dass sie die Kontrolle verliert. Aufgrund ihrer Truppenstärken in der DDR, Polen, der ČSSR und Ungarn, die sie weder einsetzen könne noch wolle, blieben nur Aufrufe und Ermahnungen. Erklärungen seien trotzdem moderat. 1983 hatte die sowjetische Führung noch mit Krieg und Raketen gedroht. Fragen: Wer hat gedroht? Andropow? War es so, dass Andropow zum Bundeskanzler sinngemäß gesagt hat, er solle doch nicht so tun, als ob er es entscheiden könne. Letztlich würde es in Washington entschieden. Er spielte auf Kohls Abhängigkeit an. War das eine Provokation? Oder ein Test, wie weit man einen Keil in das westliche Lager hineintreiben konnte (der schwerlich zwischen Washington und Bonn hineinzutreiben war)? Haben Sie das so in Erinnerung? Ist diese Drohung wirklich ausgesprochen und entsprechend ernstgenommen worden? Sie sagten, die Generäle saßen mit breitem Grinsen da. Es ist Ihnen offensichtlich so im Gedächtnis geblieben, dass Sie bewusst in Ihrem Tagebuch daran erinnern.*

H.T.: Der erste Eindruck in Moskau war die Begegnung mit Andropow in seinem Arbeitszimmer. Sie war sehr ernüchternd, denn wir erlebten einen schwerkranken Generalsekretär. Er stand neben seinem Stuhl, und wir mussten um den Tisch herumgehen, um ihm die Hand zu schütteln und dann wieder zu unseren Plätzen zurückkehren. Andropow konnte nicht mehr gehen. Seine Hände lagen auf dem Tisch. Wenn er eine Hand hob, zitterte sie erkennbar. Er hatte Mühe, seinen Körper unter Kontrolle zu halten. Geistig war er noch voll da, aber physisch erkennbar schwer krank. Mein Gegenüber war so alt wie ich vor 10 Jahren, kurz über 70, musste mitschreiben, wie ich auch. Er lag mit seinem Kopf fast auf dem Papier, weil er so kurzsichtig war. Wenn er die Hand hob, zitterte sie auch sehr stark. Rein optisch war es ein sehr eindrückliches Bild: zwei sehr alte, zitternde Männer. Aber wir haben die gesamte Palette der Zusammenarbeit diskutiert, so wie wir es vorbereitet hatten, nicht nur Fragen der Sicherheits- und Verteidigungspolitik, sondern bis hin zu Zusammenarbeit in Umweltfragen, usw. Ich habe nicht in Erinnerung, dass massive Drohungen erfolgten. Optisch beeindruckend war das Bild mit dem Verteidigungsminister und den Marschällen, die uns gegenübersaßen. Aber das war auch fast eher Cabaret. Unvergesslich ist für mich die Szene, als Genscher, als wir gerade über die russischen SS 20-Raketen sprachen, fragte, wie viele sie denn hätten. Unter breitem Grinsen der Marschälle lautete die Antwort: »bolsche«, zu deutsch »mehr«. Man merkte ihnen an, wir haben etwas, vor dem ihr euch fürchtet, aber wir nennen keine Zahl. Wir sind nicht abgereist mit dem Gefühl einer Riesenbedrohung, sondern unter dem Eindruck einer Begegnung mit alten, totkranken Männern. Das war nicht beruhigend, aber es war auch nicht so, dass wir Angst gehabt hätten, dass morgen ein Krieg ausbrechen werde. Die Frage, ob totkranke Männer noch einen Krieg führen können, war auch nicht so offensichtlich. Wir korrigierten deshalb nicht unsere Politik, sondern die Stationierung ging weiter. Es war eher ein innenpolitisches Problem als ein außenpolitisches.

M. G.: *Zur Anspielung Andropows, die Bundesrepublik sei abhängig von den USA? Hat man das Argument gekontert?*

H. T.: Ich kann mich an diese Aussage nicht erinnern, dass sie besonders markant gewesen sei.

7. Von Irritationen über den Drahtseilakt in Dresden zur Verständigung mit Frankreich

M. G.: *Kommen wir zum 8. Dezember 1989. Der Europäische Rat tagt in Straßburg.*[79] *Das Bild, das durch Kohl vermittelt wurde, besagt, dass bei diesem Gipfel eine eisige Atmosphäre und frostige Stimmung geherrscht haben soll. Thatcher knallte demnach ihr Handtäschchen auf den Tisch und legte angeblich eine Landkarte von 1939 hin. Wenn man aber Ihr Tagebuch*[80] *liest, schreiben Sie von einem Gipfel, der überraschend harmonisch verlaufen sei, was diesem Bild widerspricht, wonach sich Ruud Lubbers und Margaret Thatcher kritisch geäußert haben sollen. Dagegen gibt es die gemeinsame Erklärung der EG-Staats- und Regierungschefs zum Wortlaut des Briefes zur deutschen Einheit von 1970 zum Moskauer Vertrag und darin steht: »Wir streben die Stärkung des Zustands des Friedens in Europa an, in dem das deutsche Volk in freier Selbstbestimmung seine Einheit wiedererlangt.« Demnach war das alles nicht so dramatisch? Bemerkenswert ist auch der Punkt, dass der Europäische Rat in Straßburg über neue Möglichkeiten der Gestaltung des institutionellen Rahmens, also der Architektur der Gemeinschaften, diskutierte. Sie notieren: »Der Bundeskanzler will die Kontrollrechte des Europäischen Rates gegenüber der Kommission und den europäischen Institutionen stärken.« Mit welchem Motiv und mit welcher Zielsetzung wollte er das? Erwartete der Bundeskanzler noch mehr Integrationstempo vom Europäischen Rat, also von den Staats- und Regierungschefs, und nicht von der Kommission, geschweige denn vom Parlament? Ihre Erinnerung an den Gipfel wäre interessant. Offensichtlich gibt es Wahrnehmungsunterschiede zwischen harmonischem Verlauf und eisiger Atmosphäre.*

H. T.: Die Situation war in der Regel so, dass, bevor die Staats- und Regierungschefs zusammenkamen, schon das eine oder andere bilaterale Gespräch stattgefunden hatte, so auch zwischen Kohl und Mitterrand. Es gab volle Übereinstimmung. Was auch oft geschah, so auch damals, dass mein britischer Counterpart, Charles Powell, zu mir kam und mich bat, zu Margaret Thatcher zu kommen, sie wünsche es. Das tat sie mehrfach vor Gipfelbegegnungen, um mir mitzuteilen, was sie von Kohl erwartet. Ich fand es immer interessant und mir gegenüber war sie immer von einer großen Liebenswürdigkeit. So konnte ich Helmut Kohl immer vorwarnen, was von ihr zu erwarten war. Diesen Gipfelverlauf habe ich durchaus harmonisch in Erinnerung. Es war keiner, an dem es ausgesprochen strittige Punkte gegeben hätte. Es ging um die weitere Entwicklung der europäischen Integration und wir wussten, wie zurückhaltend Thatcher war. Insgesamt war es für uns ein konstruktiver Verlauf.

79 Siehe Anmerkung 73, S. 175–176.
80 Tagebuch, 8.12.1989, S. 175–176; 9.12.1989, S. 176–178.

M. G.: *Nochmals zurück zur Frage der Stärkung des Europäischen Rates: Wie stand Kohl zu den einzelnen europäischen Institutionen? Offensichtlich wollte er die Stärkung der Position der Staats- und Regierungschefs und nicht unbedingt jener des Kommissionspräsidenten. Das war Jacques Delors und zwar ein ausgesprochen starker Kommissionspräsident. Einen noch stärkeren hätte man sich wahrscheinlich nicht gewünscht. Er war fordernd und drängend, ein Motor, wie Sie es in einer bereits gegebenen Antwort bezeichnet hatten. Delors hat viele Projekte auf den Weg gebracht. Wie ist der Wille Kohls zu erklären? War es ein Signal in Richtung Mitterrand? Erhoffte er sich vom Rat noch mehr an Integrationsinput, weil er davon ausgehen konnte, Delors zieht dann auch mit?*

H. T.: Delors war ein sehr eindrucksvoller und sehr überzeugender Kommissionspräsident, der sehr kreativ war. Er hatte auch ein Gespür, sich abzustimmen. In der Regel kam er vor solchen Gipfeln nach Bonn, um mit Helmut Kohl zu sprechen und sich abzustimmen. Dann hatte er ein bilaterales Gespräch mit Mitterrand oder in umgekehrter Reihenfolge. Delors war die Schaltfigur zwischen den beiden. Er wollte aber nicht nur die jeweiligen Interessen abfragen, sondern kam immer mit eigenen Vorstellungen. In der Regel waren diese aus unserer Sicht immer konstruktiv und positiv. Er verließ uns immer sehr zufrieden mit dem Eindruck, unsere volle Unterstützung zu haben. Die hatte er bei Helmut Kohl fast kritiklos. Wir wussten, dass es hilfreich war, wenn er anschließend mit Mitterrand sprach. Mitterrand hatte hervorragende Mitarbeiter, aber die Zentralfigur war Jacques Attali, eine sehr eigenwillige Persönlichkeit mit jüdischem Hintergrund, aufgewachsen in Algerien. Als der Prozess der Einheit sich abzeichnete, hatte ich den Eindruck, dass er derjenige war, der den Präsidenten eher bremste, als ihn in unsere Richtung zu unterstützen. Elisabeth Guigou war die EU-Expertin, eine charmante Französin und intellektuell sehr hilfreich. Hubert Védrine, der spätere Außenminister, war ebenfalls ein sehr hilfreicher Europa-Experte. Das war der Mitarbeiterstab, der mit mir zusammenwirkte bis hin zum Elysée-Präsidenten – auch ein sehr sympathischer Mann. Ich bin ausgesprochen gerne mit diesen Kolleginnen und Kollegen zusammengekommen. Wenn wir zusammensaßen, gelang es auch, Attali ein stückweit einzubremsen. Er hatte öfters zu verstehen gegeben »Das mache sein Präsident nie.« Ich blieb gelassen: »Jeder von uns wird informieren und dann werden wir sehen, wie sie agieren.« Manchmal sah ich ihn in den anschließenden Gesprächen mit einer gewissen Häme an, wenn Mitterrand sagte: »Helmut, wir möchten ja das und das erreichen, dann sollten wir es auch tun.« Es ging viel leichter, als Attali dachte.

M. G.: *Zeichnete sich am 8. und 9. Dezember 1989 in Straßburg schon ab, dass eine Koalition Thatcher-Lubbers gegen Kohl-Mitterrand keine Chance haben würde? War das deutsch-französische Einvernehmen schon absehbar und auch der Umstand, dass Thatcher mit Blick auf Gorbatschow immer weniger Chancen haben würde, ihn noch für ihre deutschlandpolitischen Interessen in Stellung zu bringen?*

H. T.: Es war, glaube ich, für sie sehr enttäuschend, dass sie nicht mehr die zentrale Ansprechfigur für Gorbatschow war. Damals hatte ich den Eindruck, dass sie es sehr genossen hatte, als Gorbatschow Generalsekretär und dann auch noch Staatspräsident geworden war, ihm gegenüber gewissermaßen die westeuropäische Stimme zu sein. In dem Moment, als sich die Mauer öffnete, waren die zentralen Ansprechpersonen Gorbatschows Helmut Kohl und George Bush, aber nicht mehr Thatcher.

M. G.: *1990 tritt Thatcher zurück. Ist ihr Rücktritt auch im Kontext zu sehen, dass sie letztlich in der Regelung der deutschen Frage notgedrungen einlenken, ja kapitulieren musste? Wurde sie möglicherweise auch ein politisches Opfer der deutschen Einigung?*

H. T.: Ich hatte nicht den Eindruck, dass die deutsche Frage die Ursache ihrer Ablösung war, sondern eher innenpolitische Entscheidungen. Kurz nach ihrem Rücktritt hatte der Bundeskanzler mit ihr ein Gespräch. Es war ein sehr bewegendes Treffen, denn diese selbstbewusste starke Frau, die nie an sich persönlich und nie an ihren Positionen gezweifelt hatte, war plötzlich fast ein Häuflein Elend. Sie war tief traurig und wirkte gebrechlich, so dass man fast Mitleid hatte. Es war eine völlig neue Margaret Thatcher. Sie war tief enttäuscht, dass sie zurücktreten musste. Plötzlich war sie eine liebenswerte bedauernswerte Partnerin. Dieses letzte Gespräch ist für mich unvergesslich. Vorher trat sie auch gegenüber dem Bundeskanzler sehr selbstbewusst auf. Ich erinnere mich noch, wie er im britischen Gästehaus in Chequers seine Position erläutert hatte. Sie saß ihm gegenüber, hatte die Akten auf dem Schoß und als er fertig war mit seinen Einführungsworten, nahm sie die Brille ab, guckte ihn an und sagte: »Helmut, no, no, no!« Damit war alles klar. Sämtliche seiner Aussagen lehnte sie erst einmal ab. Jetzt war sie nach ihrem Rücktritt gebrechlich und jammervoll. Sie tat mir richtig leid.

M. G.: *Es gibt eine Stelle in Ihrem Tagebuch, wo Sie Kohl zitieren: Thatcher sei »eine unheimliche Kämpferin« und ein »prachtvolles Weib«.*[81] *Ich weiß nicht, ob das despektierlich gemeint war. Wenn man es liest, hat man den Eindruck, Kohl ist nicht nachtragend und erinnert sich auch nicht nur an die Querelen mit ihr, sondern spricht eher bewundernd über sie. Wie würden Sie das Verhältnis Kohl zu Thatcher auch angesichts dieser letzten erschütternden Begegnung mit ihr rekapitulieren?*

H. T.: Ich habe nie erlebt, dass Helmut Kohl schlecht über sie gesprochen oder sie unfair kritisiert hätte. Er wusste, dass sie starke Positionen hatte, war aber in der Regel durch meine Gespräche mit Charles Powell vorher schon informiert. Sachlich wussten wir daher eigentlich immer, was auf uns zukommt. Powell war auch derjenige, der mir versucht hat zu erklären, warum sich Margaret Thatcher wie verhielt, warum sie vorsichtig und kritisch gegenüber den Deutschen war. Von ihr stammt ja der Ausspruch gegenüber Wissenschaftlern: »Deutschland war gut für zwei Weltkriege, es ist auch gut für einen dritten.« Das war schon maßlos. Für Helmut Kohl war sie eine Gegenspielerin, an der er sich messen lassen musste. Ich hatte den Eindruck, dass sie ihm – bei allen Gegensätzen – imponierte.

M. G.: *Sie notieren am 11. Dezember 1989, dass es zu einem Treffen der Botschafter der Vier-Mächte im ehemaligen Berliner Kontrollratsgebäude kam. Die Initiative ging von Kotschemassow aus. Es wird von einer neuen Friedensordnung gesprochen. Man hat fast den Eindruck, der Geist von Jalta und Potsdam*[82] *wacht wieder auf. Plötzlich ist die Geschichte doch wieder auf dem Tisch. Wie hat man diese Initiative aus Moskau in Bonn gedeutet? Vorhin sprachen Sie von einer Unterrichtung von drei zu eins und nicht von vier zusammen in Bezug auf die Einbeziehung der Botschafter zur Vorinformation des Zehn-Punkte-Programms. Sie trafen*

81 Tagebuch, 2.4.1990, S. 327.
82 Siehe Anmerkung 2, S. 84 und Anmerkung 94, S. 200.

Kwizinskij separat. Wie ist man damit umgegangen und wie gelang es, diese Gespenster von Jalta und von Potsdam zu verscheuchen bzw. das Damokles-Schwert des Alliierten Kontrollrats abzuwenden?

H. T.: Dieses Treffen kam für uns überraschend, wir waren nicht darauf vorbereitet. Es war von Anfang an klar: es darf sich nicht wiederholen! Es konnte nicht sein, dass die Vier Siegermächte Entscheidungen über die Zukunft Deutschlands treffen. Das bedeutete: Mit uns, aber nie ohne uns! Das wurde den drei westlichen Beteiligten auch unmissverständlich zu verstehen gegeben und hat sich auch nicht wiederholt.

M. G.: *Der 15. Dezember ist ebenfalls ein wichtiges Datum. Das Schengen-Abkommen von 1985 zwischen den Benelux-Staaten wurde von Frankreich und der Bundesrepublik positiv aufgenommen. Letztlich konnte es aber nicht, wie vorgesehen, von Benelux, Frankreich und der BRD unterzeichnet werden. Was waren die Gründe dafür, dass man es nicht 1989/90 unterzeichnen konnte?*

H. T.: Das kann ich Ihnen leider nicht beantworten, weil ich in diesen Prozess nicht einbezogen war. Es war für uns ein Thema der Arbeitsbelastung. Schengen lief am Rande fast selbstverständlich mit, ohne dass sich erkennbar Probleme für den Bundeskanzler oder für die Bundesregierung aufgetan hätten. Es war Sache des Auswärtigen Amts und wurde von meinem Stellvertreter, Botschafter Peter Hartmann bzw. seinem Mitarbeiter Bitterlich begleitet. Dass ich nicht unterrichtet wurde, sagt aus, dass es von unserer Seite reibungslos gelaufen ist. Einiges lief durchaus auch harmonisch.

M. G.: *Es ist keine Frage, sollte der Schengen-Kodex unter Einschluss des vereinigten Deutschlands implementiert werden, würde die Abschaffung der Binnengrenzkontrollen weniger ein Problem sein als die Verstärkung der Außengrenzen.*

Ich komme auf den Besuch in Ungarn zu sprechen und die Tagebucheinträge vom 16. Dezember 1989: Sie sprachen den Bundeskanzler auf seinen überraschenden Gedanken eines zeitlichen Moratoriums für die deutsche Einheit an, den er auch gegenüber Németh geäußert hatte. Was meinte Kohl mit einem zehnjährigen Stillhaltemoratorium in der Frage der deutschen Einigung?[83]

H. T.: Da muss ich passen. Ich habe den Besuch in Budapest in Erinnerung als Unterstützung Némeths für den bevorstehenden Wahlkampf in Ungarn. Aus meiner Perspektive war er vornehmlich dazu gedacht, Németh als Person zu helfen und zu unterstützen.

M. G.: *Wenn selbst Kohl ein zehnjähriges Stillhaltemoratorium ernsthaft erwogen hat, zeigt das deutlich, vor welchem Hintergrund, mit welcher Erwartungshaltung und Perspektive das Zehn-Punkte-Programm zu verstehen war. D. h. man hat Mitte Dezember noch mit einem Zeithorizont von einem Jahrzehnt gerechnet, was die Umsetzung der deutschen Einigung anging. Németh empfiehlt das auch und Sie sagen noch, historisch sehr gut orientiert, dass das schon Adenauer vorgeschlagen hatte. 1958, wenn ich korrigieren darf, nicht 1960, gab es ein vertrauliches Gespräch zwischen Andreij Smirnow, dem sowjetischen Botschafter in Bonn und*

83 Tagebuch, 16.12.1989, S. 189.

Adenauer, der das später in seinen Memoiren enthüllte[84] *und seinerzeit eine österreichische Lösung für die DDR vorgeschlagen hatte. Er sagt dazu, dass es Erleichterungen für die Menschen in der DDR geben müsse und die Diskussion über die Wiedervereinigung eine gewisse Zeit lang ruhen solle. Das zeigt, wie weit der angeblich Alte in Rhöndorf gedanklich beweglich und gar nicht so fixiert war. Der Kontext war Chruschtschows Berlin-Ultimatum von 1958 etc. Sie empfehlen Kohl ja auch Ähnliches. Das zeigt indirekt, wie sich der Stand der Dinge Mitte Dezember 1989 präsentierte und das entsprechende Denken sich noch manifestierte. Wenn Sie sich nicht mehr richtig erinnern können, ist das auch eine Aussage. Lassen wir es so stehen.*

Ferner heißt es in Ihrem Tagebuch: »Ungarn verhandele über den Abzug der sowjetischen Truppen, der 1990 erfolgen solle.«[85] *Wir reden vom 18. Dezember 1989. »Die Probleme mit den sowjetischen Soldaten verschärfen sich. Die Disziplin lasse nach. Waffen würden auf dem Schwarzmarkt angeboten. Angestrebt werde eine Dreiecksbeziehung Ungarn, ČSSR, DDR als eine neue Dimension von Beziehungen und als regionaler Ersatz des Regierungswechsels [sic!].« Das muss vermutlich eine phonetische Verschreibung sein. »Die Reformkräfte müssten gebündelt werden. Das richte sich aber nicht gegen die Sowjetunion.« Soweit Németh zu Kohl und Ihnen. Das ist für mich eine neue Konstellation. Haben Sie noch vage Erinnerungen daran, was damit gemeint gewesen war?*

H.T.: Leider muss ich passen. Für mich stand die Reise unter dem Signum: Können wir Ministerpräsident Németh im Wahlkampf bei den bevorstehenden ungarischen Nationalwahlen helfen. Denn wir wussten ja, dass wir in einer schwierigen politischen Lage waren und fühlten uns ihm gegenüber zu Dank verpflichtet für alles, was er in Ungarn für die DDR-Flüchtlinge unternommen hatte. Konkret kann ich mich aber nicht erinnern.

M.G.: *Das ist verständlich, denn wir reden über eine Zeit von vor über 30 Jahren in Tagesnotizen. Für einen Historiker sind es schöne Details. Die deutschlandpolitische Situation war offensichtlich als noch sehr offen eingeschätzt worden.*

H.T.: Ja, klar.

M.G.: *Im Vorfeld des Dresden-Besuchs am 19. Dezember notieren Sie: »Kohl bemerkt ›kein Interesse zu haben, Modrow in Frage zu stellen‹.« Ich fragte mich beim Lesen, ob das wirklich so oder ob es nur ein Lippenbekenntnis war. Anders formuliert: Wann stellte Kohl Modrows Position in Frage in der Erkenntnis, dass er kein Mann mehr auf Augenhöhe war? War das vor Dresden noch anders, als Kohl ihn noch stärker respektierte?*

84 Nicht für Gesamtdeutschland, aber für die DDR hatte Adenauer am 19. März 1958 eine Österreichlösung, d.h. in seinen Worten »Neutralisierung«, beim sowjetischen Botschafter Smirnow ventiliert, um aus der Sackgasse seiner fehlgeschlagenen Deutschlandpolitik herauszukommen und die Lebensbedingungen der DDR-Bevölkerung erträglicher zu gestalten, ohne dabei die langfristig erhoffte Wiedervereinigung auszuschließen und den Anspruch auf Einheit aufzugeben. Ohne substantielle Gegenleistungen war aber nicht mit einer positiven Reaktion der Sowjets zu rechnen, für die die DDR inzwischen einen anderen Stellenwert gewonnen hatte als 1952, vgl. Konrad Adenauer, Erinnerungen 1955–1959, Bd. 3, Stuttgart 1967, S. 376–379; dazu auch Christoph Klessmann, Adenauers Deutschland- und Ostpolitik 1955–1963, in: Josef Foschepoth, Adenauer und die Deutsche Frage, Göttingen 1988, S. 61–79, 65, 67–68.

85 Tagebuch, 18.12.1989, S. 191.

H. T.: Wir kannten Modrow vor Dresden nicht persönlich. Wir kannten die Berichte über ihn, dass er eher zu den moderaten Kräften in der SED gehörte und nicht zu den Scharfmachern uns gegenüber zählte. Aufgrund der Ereignisse in der DDR waren wir vor allem darauf gespannt, was er als neuer Ministerpräsident für Pläne für die DDR haben würde und für die Zusammenarbeit mit uns, der BRD. Dieses Gespräch, an dem ich teilnehmen durfte, obwohl es nicht meine Zuständigkeit war, aber Kohl nahm mich bei solchen Gelegenheiten immer gerne mit dazu, fand ich außerordentlich enttäuschend. Modrow wählte eine Diskussionsform, die uns seit vielen Jahren aus den Warschauer-Pakt-Staaten bekannt war. Er las erst einmal eine schriftliche Erklärung vor, die im Politbüro abgestimmt war. Es war in den meisten kommunistischen Staaten die Übung, dass der Partei- oder Regierungschef erst einmal eine allgemeine Eröffnungsrede hielt über Frieden, Entspannung, Abrüstung, usw., alles Themen, die für uns in dieser Situation nicht relevant waren. Wir wollten von Modrow wissen, was er als Regierungschef vorhatte, z. B. Reformen und wenn ja welche, und wie er sich die Zusammenarbeit mit uns vorstellte. Darüber aber hörten wir nichts. Nach dem Gespräch sagte ich spontan zum Bundeskanzler, dass er Modrow vergessen könne, weil er nicht wisse, welche Aufgaben vor ihm stünden und nichts darüber geäußert hatte, wie er die Probleme lösen wolle.

M. G.: *Es ist offensichtlich Kohl gelungen, Modrow sehr schnell in die Defensive zu drängen, denn der Bundeskanzler war exzellent informiert über den Geburtsort und die Herkunft Modrows, seinen Vater und seine sonstige Vita. Modrow, den ich selbst mit einem Kollegen mehrfach und lange interviewen konnte, hat uns zugestanden, dass das für ihn jedoch nicht zutraf und er bei weitem nicht so viel über Kohl wusste wie dieser über ihn. Kohl hätte ihn in einer sehr geschickten Weise damit vereinnahmt und praktisch zu dominieren begonnen.*[86]

Wir kommen zur Rede, die Kohl vor der Frauenkirche hielt – eine historische Rede, wahrscheinlich bis dato die wichtigste Rede, die er halten musste. Sie schreiben: »Er trifft den richtigen Ton. Es sind die richtigen Worte zur richtigen Zeit.« Am Ende drückt Kohl das handgeschriebene Manuskript Ihnen in die Hand mit den Worten: »Das haben Sie verdient!« Offensichtlich waren Sie entscheidend in der Federführung. Können Sie Ihre Gedanken und Federstriche für die Konzeption und Fertigstellung dieses historischen Redemanuskripts rekapitulieren? Stimmen Sie dem Urteil zu, dass es die wichtigste Rede war, die Kohl im deutsch-deutschen Einigungsprozess gehalten hat? Inwieweit war Dresden eine Wende mit Blick auf die Erkenntnis: Hier ist etwas in Bewegung geraten. Es geht möglicherweise alles doch viel schneller und ganz weit über das zehnjährige Stillhaltemoratorium hinweg, so dass man mit anderen Zeithorizonten rechnen musste?

H. T.: Das Gespräch mit Modrow war von besonderer Bedeutung, weil es das erste zwischen dem Bundeskanzler und dem neu gewählten Regierungschef der DDR war. Wir wussten, dass Helmut Kohl einen öffentlichen Auftritt haben wird. Am Abend vorher saßen Herr Seiters und ich noch mit dem Bundeskanzler sozusagen laut denkend zusammen und überlegten, was Helmut Kohl bei dieser öffentlichen Kundgebung sagen solle und wie. Es gab keine Zeit

86 Oliver Dürkop/Michael Gehler (Hrsg.), In Verantwortung. Hans Modrow und der deutsche Umbruch 1989/90, Innsbruck – Wien – Bozen 2018, S. 268–269; Hans Modrow, »19. Dezember 1989: Dresden war für Kohl der Rubikon, dahinter gab es für ihn kein Zurück mehr. Es ging nur nach vorn, und das hieß für ihn: deutsche Einheit.«, in: Gehler/Dürkop (Hrsg.), Deutsche Einheit, S. 251–305.

dafür, dass irgendjemand einen fertigen Redetext vorbereiten konnte. Die Entscheidung für die Kundgebung war relativ kurzfristig. Kohl notierte handschriftlich, was wir diskutierten. Er hatte also einen handgeschriebenen Text mit Stichworten und keine ausformulierte Rede. Sein Auftritt war bravourös. Ich stand nicht oben auf dem Podest neben ihm, sondern hatte mich in die Menge gestellt, um zu sehen, wie die Menschen reagierten. Sehr eindrücklich erlebte ich, wie unterschiedlich sie reagierten. Die einen jubelnd und schreiend vor Freude, andere standen still da und weinten, wieder andere standen nur schweigend da. Es war sehr gemischt. Es war schon bei der Ankunft in Dresden so, als wir die Straße entlangfuhren. Sie war gesäumt von zahlreichen Menschen. Man konnte schon die unterschiedlichen Reaktionen feststellen. Ich werde diese Bilder nie vergessen, weil sie menschlich so eindrucksvoll waren. Man merkte, es war nicht organisiert, sondern alles spontan. Wir bekamen einen Eindruck über die gemischten Gefühle, die die Menschen beherrschten.

M. G.: *Kohl drückt Ihnen den Zettel mit den Redestichpunkten in die Hand und sagte damit, es ist Ihr Ding, Sie dürfen es behalten, mein Dankeschön an Sie. Kann man es so interpretieren?*

H. T.: Ja.

M. G.: *Kohl hat seine Rede in Dresden als »die schwierigste in seiner politischen Laufbahn« bezeichnet. Dass Ihnen Kohl im Anschluss den Text der Rede reicht, war offensichtlich Ausdruck des Dankes für Ihre Mitwirkung, Können Sie noch etwas mehr zum Hintergrund der Vorgänge in Dresden berichten?*

H. T.: Der Ablauf des Dresdner Besuches ist uns ja erst sehr kurzfristig mitgeteilt worden. Dass eine öffentliche Kundgebung stattfinden kann, haben wir erst am Vortag erfahren. Uns war dabei bewusst, dass eine öffentliche Rede des Bundeskanzlers in Dresden angesichts der politischen Gesamtlage besondere Aufmerksamkeit finden wird. Das galt natürlich zu allererst für die Dresdner Bürger selbst. Was sind ihre Erwartungen an den Bundeskanzler? Wie werden sie auf ihn reagieren? Anlass der Reise war die erste persönliche Begegnung mit Ministerpräsident Hans Modrow. Welche Initiativen für eine konstruktive Zusammenarbeit sind zu erwarten? Ein abgestimmter Entwurf einer »Gemeinsamen Mitteilung« lag vor. Außerdem war ein Schreiben von Generalsekretär Gorbatschow eingetroffen, in dem er den Bundeskanzler über die sowjetischen Positionen unterrichtete. Die Sowjetunion werde alles tun, um Einmischungen in die inneren Angelegenheiten der DDR zu »neutralisieren«.

Erst am späten Abend sitzen der Bundeskanzler, der Chef des Bundeskanzleramtes Rudolf Seiters und ich zusammen, um über die öffentliche Kundgebung des Bundeskanzlers zu sprechen. Was soll er sagen, um den unterschiedlichsten Erwartungen gerecht werden zu können. Im Verlauf dieses gemeinsamen Nachdenkens machte sich der Bundeskanzler handschriftlich Notizen für seine Rede. Strittig blieb die Frage, wie die Kundgebung enden solle. Der Bundeskanzler schlug vor, mit dem Lied »Nun danket alle Gott« abzuschließen, um zu verhindern, dass irgendjemand die erste Strophe des Deutschlandliedes anstimmen könnte.

Die Kundgebung verlief trotz der Euphorie der Teilnehmer erfreulich friedlich und kontrolliert. Der Bundeskanzler hatte mit seiner mehr oder weniger provisorischen Rede den richtigen Ton getroffen. Die Türen für Gespräche und Verhandlungen mit allen Seiten waren offen geblieben.

Als wir kurz vor Mitternacht in das Hotel zurückkehrten, überreichte mir der Bundeskanzler persönlich seine handgeschriebenen Notizen zur Erinnerung an einen erfolgreichen historischen Tag in Dresden. Es war auch für ihn ein ungewöhnliches persönliches Dankeschön.

M. G.: *Geht es zu weit, wenn man Folgendes feststellt: Die Rede Kohls vor der Frauenkirche, die sehr behutsam und geschickt angelegt war, versuchte eine überschäumende Euphorie zu dämpfen, also eine sehr verantwortungsethische Rede zu sein, gleichzeitig aber auch eine Grundsteinlegung für die Art und Weise der Herbeiführung der deutschen Einigung? Kann man auch soweit gehen zu sagen, hier wirkten ein Architekt Teltschik und ein Baumeister Kohl? Sie sind ein sehr bescheiden auftretender Mensch. Sie haben sich in der Regel nicht neben den Bundeskanzler für Fotoaufnahmen gestellt, sich lieber im Hintergrund bewegt und von dort aus das Geschehen beobachtet. Ist das die angemessene Einschätzung eines Historikers? Oder waren es mehrere Architekten und ein Baumeister? Ich denke auch an Rudolf Seiters.*

H. T.: Bundesminister Rudolf Seiters war für die Beziehungen zur DDR verantwortlich und hatte ja auch schon eine Reihe von Gesprächen mit SED-Führungsleuten hinter sich. Er brachte schon die ersten Eindrücke mit von der neuen DDR-Führungsmannschaft. Er hatte noch die alte mit Honecker erlebt und nun dessen Nachfolger. Meine Aufgabe waren die außenpolitischen Beziehungen. Wir alle drei, Kohl, Seiters und ich betraten mit einer solchen Rede Neuland. Was sagt man in einer solchen Situation? Wissend, man darf die Lage nicht verschärfen, darf keine falschen Erwartungen wecken und nicht die Leute enttäuschen. Gemeinsam dachten wir darüber nach. Das Stichwort des einen vermittelte dem anderen ein nächstes Stichwort vor dem Hintergrund unserer jeweils eigenen Erfahrungen und Gefühle. Ich hatte immer den Eindruck, jetzt Geschichte zu erleben, Zeuge einer historischen Entwicklung zu sein. Als wir im Februar im Kreml Gorbatschow gegenübersaßen und er sagte, es sei jetzt unsere Sache, ob wir uns vereinen, musste man seine eigenen Gefühle beherrschen. Kohls Dresdner Rede durfte keine falschen Erwartungen wecken. Wir wussten ja damals gar nicht, wie schnell die Einheit kommen würde. Es war im Dezember, die großen Demonstrationen lagen hinter uns, das Gespräch mit Gorbatschow, wo er uns grünes Licht für die Einheit gegeben sollte, hatte noch nicht stattgefunden. Die Lage durfte international nicht verschärft werden. Wir haben einfach gemeinsam laut gedacht.

M. G.: *Es war also ein Architektenbüro mit maßgeblichen Architekten an der Spitze und einem Baumeister im Kanzleramt. Wenige haben mitgewirkt und Impulse gegeben. Jemand musste aber die Rede, die Stichworte etc. schreiben und konzipieren, sodass dann der dicke Filzstift Kohls dazu kam. Man darf zudem nicht außer Acht lassen, dass zeitnah Mitterrand, ja fast zur gleichen Zeit in der DDR, in Berlin-Ost und in Leipzig, weilt. Er hat mit Studenten diskutiert und versuchte u. a., sich mithilfe von Dolmetschern mit der Bevölkerung zu verständigen. Wie hat man das in Bonn empfunden? Man war in Dresden und erlebte diese brisante Situation mit gemischten Gefühlslagen, während der französische Staatspräsident im Osten Deutschlands weilt und sich selbst über die dortige Stimmung orientiert. War das nicht ein ausgesprochener Affront gegenüber Kohl?*

H. T.: Eigentlich schon. Als wir erfuhren, dass Mitterrand nach Ost-Berlin reisen wird, rief ich meinen französischen Freund und Partner im Elysée Jacques Attali an und sagte ihm, dass wir überrascht seien, dass der Präsident nach Ost-Berlin reisen würde und es für uns eine Reihe von Schwierigkeiten ausgelöst hätte, dies zu erfahren. Gastgeber von Mitterrand war ein nobody, der neu gewählte Staatsratsvorsitzende der DDR Manfred Gerlach. Keiner kannte ihn. Ich habe nie verstanden, dass Mitterrand sich darauf eingelassen hat, mit dem nobody zusammenzutreffen. Das war für uns eine Riesenüberraschung. Ich sagte Attali, dass sie uns in größte Verlegenheit bringen, denn wir warteten auf Termine in Moskau. »Wie könnt ihr nur?« Es brachte die gesamte Terminlage des Bundeskanzlers durcheinander, denn Mitterrands Termin war mit uns nicht abgestimmt, nicht angekündigt, wir hatten ihn über die Medien erfahren. Das war schon sehr ungewöhnlich und ich teilte Attali mit, dass wir das nicht für eine gute Entscheidung betrachten würden. Verhindern konnten wir es nicht und hätten es auch nicht gewollt, aber es war nicht hilfreich.

M. G.: *Was hat Ihnen Attali geantwortet und wie hat er auf die Verstimmung in Bonn Ihnen gegenüber reagiert?*

H. T.: Jacques Attali hat meine Vorhaltungen mehr oder weniger schweigend zur Kenntnis genommen. Ich hatte auch keine Antwort von ihm erwartet. François Mitterrand wie Margaret Thatcher haben ihre bilateralen Termine mit Präsident Gorbatschow ohne Absprache mit uns durchgeführt, so Präsident Mitterrand auch mit der DDR-Führung. Im Ergebnis haben diese Gespräche zu nichts geführt, aber sie haben als solche irritiert, zumal wir über die Ergebnisse dieser Gespräche nicht unterrichtet wurden und weil wir unsere eigenen Terminplanungen erschwert sahen.

M. G.: *Es gab auch ein Treffen Mitterrands mit Modrow. Es wurde u. a. ein Handelsvertrag zwischen der DDR und Frankreich vereinbart – eine Art Stärkungsinjektion für Ostdeutschland? Es war wohl nicht nur eine französische Sondierung der Stimmungslage, sondern auch eine Kontaktaufnahme und damit eine Anerkennung des reformorientierten DDR-Ministerpräsidenten Modrow mit vertraglichen Vereinbarungen.*

H. T.: Es war ein Besuch, der der DDR Kontinuität signalisierte. Er war nicht mit uns abgestimmt oder gemeinsam vorbereitet. Attali habe ich deutlich gemacht, dass es ein Affront gegenüber Helmut Kohl war. Ich hatte vor allem ihn unter Verdacht, dass er den Präsidenten dazu bewegen konnte, eine solch kritische Position einzunehmen. Ich muss offen gestehen, das mag unfair sein, dass ich seinen jüdischen Hintergrund als Begründung sah und er aufgrund seiner Erfahrungen im Dritten Reich Vorbehalte gegenüber uns Deutschen hatte. Sie waren zwar verständlich, aber nicht gerechtfertigt mit Blick auf die nun bestehenden Realitäten.

M. G.: *Hat Kohl es auch so empfunden? War es für ihn eine Beeinträchtigung der Freundschaft oder eine Infragestellung des guten Verhältnisses, das mit Mitterrand bestand? Es gab ja zwischen beiden einen historisch-kulturellen Austausch. Sie unterhielten sich u. a. über Ernst Jünger, was weit über die deutsche Frage hinausging.*

H. T.: Wenn Sie so wollen, war es der Schlussstrich unter den Beziehungen Frankreichs zur DDR. Es hatte ja, vorsichtig gesagt, eine Reihe von Unstimmigkeiten gegeben oder Disharmonien. Deswegen waren wir schon deutlich verärgert. Wir empfanden es als einen unfreundlichen Akt. Er wurde erst beim nächsten Gespräch in der Heimat von Mitterrand bereinigt.

M. G.: *Insgesamt kann man sagen, dass der Auftritt Helmut Kohls in Dresden ein Erfolg war und ausgesprochen gelungen in der Vermittlung dessen, was im Augenblick getan werden konnte. Es ist übrigens Genscher, der Kohl zu Dresden gratuliert, eventuell wieder eine zwielichtige Sache? Beim Lesen des Tagebuchs kam ich auf den Gedanken, ob das Prag Genschers das Dresden Kohls war, d. h. des einen und des anderen erfolgreichen Auftritt, also einmal das Highlight für Kohl mit weitgehender Zustimmung zu dieser Rede, ja weit mehr Aussage als das Highlight für Genscher mit »Wir sind jetzt zu Ihnen gekommen, um Ihnen mitzuteilen....«. Dann bricht nach einem Halbsatz der Jubel aus, und nun war eine Rede gehalten worden, auf einer schnell improvisierten, ja provisorischen Holztribüne vor der Frauenkirche. Es ist ja sensationell, wie das alles geklappt hat. Kann man sagen, dass das Prag Genschers von zuvor das Dresden Kohls war?*

H. T.: Dieser Vergleich ist mir persönlich nie bewusstgeworden. Ich hatte den Eindruck, Genscher hatte in Prag Lorbeeren geerntet, die er eigentlich nicht verdient hatte, sondern Bundesminister Seiters. Genscher war ja immer geschickt, sich persönlich ins Spiel zu bringen und seine Bedeutung auf der Bühne zu unterstreichen. Das hat er ja dann auch im Kaukasus getan. Medienmäßig war er hoch begabt. Zu Kohl sagte ich mehrmals: »Wenn Sie etwas von Genscher lernen können, dann ist es der Umgang mit Medien.«

M. G.: *Am Freitag, 22.12.1989, wird klar, dass die Versorgungslage in der DDR immer ernster wird, abgesehen von der Versorgungslage in der Sowjetunion. Sie notieren: Kohl telefoniert mit Bundesbankpräsident Pöhl.*[87] *Es kommen bereits Fragen der Währung ins Spiel, gleichwohl die Entscheidung für eine Wirtschafts-, Währungs- und Sozialunion erst Wochen später fällt wie auch ihre Ankündigung und Inkraftsetzung etc. Wie gestaltete sich das Verhältnis zwischen dem Bundesbankpräsidenten und Bundeskanzler? Wie weit lagen sie in den Grundsatzfragen zur zukünftigen Währung und ihrer Regelung beieinander oder auseinander? Was waren Ihre Eindrücke?*

H. T.: Herr Pöhl nahm oft an Kabinettsitzungen teil. Dort erlebte ich ihn als einen sehr sachlichen und seriösen Ratgeber. Aus meiner Sicht war der Bundeskanzler gut beraten, auf ihn zu hören. Auf der anderen Seite hatten wir auch Bundesfinanzminister Stoltenberg. Schwieriger wurde es mit Bundesminister Waigel.

M. G.: *Ein weiteres symbolisch wichtiges Ereignis war der Gang durch das Brandenburger Tor gemeinsam mit dem amtierenden DDR-Ministerpräsidenten Modrow und den beiden Bürgermeistern von West-Berlin und Berlin-Ost, worüber Sie am 22. Dezember 1989 schreiben.*[88] *Wie ist es zu dieser Entscheidung gekommen? Es gibt Hinweise, dass es schon unter Krenz ein Thema war. In Dresden ist es offenbar angesprochen und mit Modrow vereinbart worden. Stimmt das? Was haben Sie für Erinnerungen an diesen historischen Gang? Was haben Sie und was hat Kohl dabei empfunden? Wie war die Stimmung?*

87 Tagebuch, 22.12.1989, S. 203.
88 Ebd., S. 203.

H. T.: Ich musste Helmut Kohl mit deutlichem Nachdruck erst dazu bewegen. Kohl hatte überhaupt keine Lust, zu Weihnachten nach Berlin zu reisen, um mit Modrow durch das Brandenburger Tor zu schreiten. Intern hatte er uns gegenüber gesagt, er mache das nicht, er brauche jetzt auch mal eine Pause, er wolle nicht schon wieder unterwegs sein. Ich habe ihn beschworen, dass er es machen müsse, eben wegen der historischen Bedeutung mit großer Symbolkraft und nicht wegen der DDR-Oberen. Ich war glücklich, dass er sich am Ende überwunden hatte und fuhr. Aber natürlich hatte ich auch Verständnis, denn mir ging es nicht anders als ihm. Wir waren physisch und psychisch erschöpft. Unsere Arbeitstage dauerten 12–14 Stunden einschließlich der Wochenenden.

M. G.: *Ich komme nochmal auf Mitterrands DDR-Besuch zurück. Sie notierten, dass man in Paris nicht sicher war, ob die Mehrheit der Bevölkerung in der DDR die Wiedervereinigung wolle, und fragen sich: »Wer will das schon wissen?« Dann halten Sie fest: »Wieder einmal hat jemand seinen nassen Finger in den Wind gehoben.« Diese Formulierung meint Opportunismus. Kann man das so stehenlassen? Wollte Mitterrand die Gelegenheit noch abwarten, bevor er sich positioniert, gleichwohl vorher Bekenntnisse anderer Art zu vernehmen waren?*

H. T.: Die Frage, die wir nicht beantworten konnten, war in der Tat: Wie geht es weiter? Die Mauer war offen, täglich gab es höhere Zahlen von Übersiedlern. Ich dachte, wenn es so weiter geht, haben wir Ende des Jahres mehr als eine Million DDR-Bürger in West-Deutschland. Wie und wo sollen wir sie unterbringen? Die Auswirkungen auf die DDR waren auch fatal, denn schon im Herbst 1989 hatte sie einen Ärztemangel zu beklagen, weil gerade Gutausgebildete zuerst ausgewandert waren. Es war klar, das überlebt die DDR nicht, aber die Schwierigkeiten bei uns erhöhten sich auch von Tag zu Tag. Noch im Januar und Februar herrschte aus meiner Sicht, ich war ja nicht zuständig für die DDR, ziemliche Ratlosigkeit.

M. G.: *Es gab klammheimlich fast schadenfreudige Stimmen von SED- und später PDS-Seite: sehen wir mal weiter, inwieweit die BRD weitere Übersiedlermassen stemmen kann. Am Ende wird sie sich übernehmen! Diese Überlegungen waren vorhanden. Bei dieser Gelegenheit kann man die Meinungsumfragen vom 17. Dezember 1989 anführen. Es zeigte sich, dass Mitterrand gar keinen schlechten Riecher für die Entwicklung der Stimmungslage in der DDR hatte. Umfragen im Dezember ergaben laut ZDF und* Spiegel*: 73 % der DDR-Bürgerinnen und -Bürger waren dafür, weiterhin in einer souveränen DDR zu leben. Nur 27 % wollten eine »Wiedervereinigung« mit der Bundesrepublik. Viele fühlten sich anscheinend in ihrem Land – trotz der politischen Bankrott-Erklärung und der wirtschaftlichen Misere – immer noch besser aufgehoben als in der Bonner Republik. Gründe wurden genannt: Besserer Schutz vor Arbeitslosigkeit, flächendeckende Kinderbetreuung, mehr Gleichberechtigung für Frauen, besserer Schutz vor Verbrechen und Drogen. Mehr als 80 % gaben an, »auch schon einmal im Westen gewesen zu sein«. Das sind aussagekräftige wenn auch nur Momentaufnahmen. Darauf konnte Mitterrand bauen in seiner Haltung, den Trend zur deutschen Einigung abzuwarten oder gar zu entschleunigen. Waren diese Umfragen im Bundeskanzleramt bekannt? Wie ließ sich überhaupt gegensteuern? Wollte man das oder dachte man sich einfach, die Sache weiterlaufen zu lassen?*

H. T.: Solchen Umfragen gegenzusteuern, macht in einer solchen Situation wenig Sinn. Die Frage, wie es weitergeht, war für Helmut Kohl nicht nur die Frage des Bundeskanzlers, sondern auch die des Parteivorsitzenden der CDU. Die Ost-CDU war für uns nicht von Haus aus ein willkommener Partner, weil sie Mitkollaborateur der SED war.

Die erste Idee der Deutschlandpolitiker bei uns war eine Währungsunion, um zumindest die Versorgungslage zu verbessern. Ich war bei diesen innerdeutschen Prozessen nicht dabei. Es war Aufgabe der Bundesgeschäftsstelle, des Ministeriums für innerdeutsche Beziehungen, Herrn Seiters. Sie hatten einige Einrichtungen, die dafür Sorge tragen sollten.

M. G.: *Sie konnten nicht alles auf einmal lösen und nicht alles adäquat einschätzen. Es geht allerdings aus Ihrem Tagebuch hervor, dass Sie an einem umfassenden Bild interessiert und orientiert waren.*[89] *Es geht nicht nur um außen- und sicherheitspolitischen Fragen, sondern auch sehr viel um sozusagen Innerdeutsches oder neutraler formuliert um Deutsch-Deutsches, was für Sie von Relevanz war. Wo haben Sie eigentlich die Sylvesternacht 1989/90 verbracht?*

H. T.: Ich war mit meiner Familie zum Skifahren in Arosa – weit weg von der Politik – Erholung pur.

M. G.: *Im Januar 1990 halten Sie zu Mitterrands Vorschlag einer europäischen Konföderation*[90] *fest, dass es um eine »ständige Organisation des Handels, des Friedens und der Sicherheit« gehe. Sie stellen dazu in Ihrem Tagebuch eine Reihe von Fragen.*[91] *Ihnen kommen Zweifel. Sie finden, dass das alles sehr vage ist und wissen nicht, was damit gemeint und gewollt sein soll. Die Besuche Mitterrands im Dezember in Kiew und in der DDR gehören für Sie auch zu diesem Kontext. Wenn wir den Begriff der Konföderation für Europa heranziehen, so heißt das, von souveränen Staaten auszugehen und dies zunächst festzulegen, also möglicherweise auch zwei deutsche souveräne Staaten festzuschreiben. Richtig? Was verbarg sich hinter dieser Konföderationsidee von Mitterrand? Haben Sie auf die von Ihnen aufgeworfenen fundamentalen Fragen jemals Antwort aus dem Elysée Palast, dem Quai d' Orsay oder von Ihrem Freund Attali erhalten?*

H. T.: Es ist für mich eine seltsame Situation gewesen, da die Monate Januar und Februar 1990 bis zum Gespräch mit Gorbatschow in Moskau eine relativ diffuse Zeit waren. Wir hatten den EG-Gipfel, den NATO-Gipfel, waren uns mit den amerikanischen Partnern und Freunden im klaren. Die Begegnung von Kohl mit Mitterrand Anfang des Jahres hatte doch zumindest eine neue Chance für Harmonie bewirkt. Im Vordergrund stand die fortlaufende Entwicklung in der DDR. Modrow war Regierungschef und auf uns kam die Erwartung neuer finanzieller Hilfen zu. Ich hatte von Modrow erfahren, dass ich vom Kanzler beauftragt werden würde, eine Kreditverhandlung mit der DDR zu führen, was mich überrascht hatte. Ich konnte das zum Glück vermeiden und verhindern, denn es hätte mich in einen innerdeutschen Prozess eingebunden, was nicht mein Aufgabengebiet war und wo ich sehr schnell in Konkurrenz geraten wäre mit dem Bundesfinanzministerium und der Bundesbank. Ich war bei Gesprächen dabei, als es um die Umtauschquote ging. Ich erinnere mich, als Staatssekretär Tietmeyer die Quote, nicht 1:1,5 oder 1:2, sondern 1:1,7 vorschlug und ich sofort Widerspruch eingelegt habe. Wie sollte man dem normalen Bürger diese Quote von

89 Tagebuch, 20.11.1989, S. 137–139.
90 Siehe Anmerkung 149, S. 274–275.
91 Tagebuch, 1.1.1990, S. 205.

1:1,7 erklären? Meiner Meinung nach sollte man 1:1,5 oder 1:2 realisieren. Wir hatten also einen Prozess, der sich ausschließlich auf die innere Entwicklung der DDR bezog und auf die Beziehung DDR-BRD. Außenpolitik war ein Stück weit außen vor.

M. G.: *Am 4. Januar 1990 schreiben Sie, dass sich Kohl in Latché in der Gascogne, dem Landsitz von Mitterrand, aufhält.*[92] *Es kommt zu einer sehr persönlichen Begegnung. Es gibt dann kurzzeitig Ärger, weil ein Telegramm veröffentlicht wird in der FAZ, das der deutsche Botschafter in Paris, Franz Pfeffer, vor Weihnachten über die Haltung Frankreichs zur deutschen Frage an das Auswärtige Amt geschrieben hat. Demnach sei alles offen, wie weit Frankreich überhaupt den deutschen Einigungsprozess begleiten oder sich dem entgegenstellen würde, usw. Dennoch muss dann dieses Treffen mit Mitterrand und Kohl eine Klärung herbeigeführt haben. Es gibt Fotos, die zeigen, wie Kohl und Mitterrand am Strand entlanglaufen. Es herrscht Sonnenschein, es scheint gute Atmosphäre. Wie haben Sie diese Begegnung in Erinnerung? War das ein Durchbruch, um gemeinsam zu agieren und an einem Strang zu ziehen?*

H. T.: Ich war an diesem Treffen nicht beteiligt, mit meiner Familie noch im Skiurlaub und hatte kein Verlangen, bei diesem Treffen dabei zu sein. Ich war aber sehr froh, dass es so positiv verlaufen war und das Einvernehmen zwischen beiden wieder voll hergestellt war. Das war zumindest das Ergebnis, das Kohl berichtete und das – wie ich ihn einschätzte – gefühlsmäßig bei ihm so angekommen war. Das war ja wichtiger, als wenn es nur intellektuell so verstanden worden wäre. Für Kohl waren damit die Beziehungen zu Frankreich wieder in Reih und Glied und in Ordnung gebracht. Das war entscheidend. Für die Folgezeit habe ich in Erinnerung, dass es ausschließlich darum ging, wirtschaftliche Probleme in der DDR zu lösen. Als das Thema der Wahlen aktuell wurde, war die Frage vorrangig, wer der Partner der CDU ist. Am Wahlkampf von Kohl habe ich leider auch nicht teilgenommen. Wir wussten zum Teil gar nicht, was wir zuerst machen sollten. Deshalb konnte ich nicht immer und überall dabei sein, obwohl das der Bundeskanzler oft gewünscht hatte. Die Wahlkampfveranstaltungen in der DDR mit 200.000 Teilnehmern wäre schon attraktiv gewesen. International stand die Frage im Raum, wie es mit der europäischen Integration weitergehen sollte. Auf dem bevorstehenden EG Gipfel wollten wir das Thema Politische Union weiter voranbringen. Gleichzeitig galt es, einen Termin mit Gorbatschow zu erreichen.

M. G.: *Dafür, dass Sie nicht auf dem Landsitz Mitterrands dabei waren, waren Sie gut informiert. Sie müssen sich im Anschluss nochmal genau unterrichtet haben lassen, wenn man die Tagebuchaufzeichnungen liest.*

H. T.: Walter Neuer war dabei, unser Protokollchef im Kanzleramt. Kohl war ein Politiker, von dem man ablesen konnte, ob er zufrieden war oder nicht. Er kam sehr zufrieden zurück.

M. G.: *Das spricht dafür, dass es ein Durchbruch sowie eine Klärung von vorhergehenden Irritationen und Missverständnissen war. Ein Hintergedanke Mitterrands, die Idee einer europäischen Konföderation zu lancieren, bestand wohl darin, dass er die Gefahr einer Neu-*

92 Tagebuch, 4.1.1990, S. 206–207.

tralisierung Deutschlands sehr ernst genommen hat, was Sie ja auch schreiben, und diese bannen wollte. Möglicherweise nahm er sie ernster, als man es im Bundeskanzleramt auch nur annähernd wollte. Das ist eine mögliche Erklärung für das Aufkommen der Konföderationsidee, um Ordnung zu schaffen in einer Konstellation, die in Bewegung geraten ist und von der niemand weiß, wie sie sich weiterentwickelt.

H. T.: Mitte Dezember 1989 hatte Kohl einen Brief an Mitterrand geschrieben. Anlass war, dass wir den Eindruck hatten, dass er Zweifel hegte, wohin sich das geeinte Deutschland bewegen werde. Meine Idee war es, ihm vorzuschlagen, gemeinsam mit Frankreich das Ziel einer Politischen Union anzustreben. Als wir die Unsicherheiten Mitterrands erkannt hatten, war klar, dass wir irgendetwas tun mussten, um ihm neue Sicherheit zu geben, und es bei der engen Freundschaft mit Deutschland bleibt und das Ziel europäischer Integration unverändert ist. Die Reaktion in Paris auf diesen Brief des Bundeskanzlers war fast euphorisch. Das war dann auch der Durchbruch für die Verabredung des Treffens in der Heimat von Mitterrand und die anschließende Begeisterung von Kohl, die Beziehungen mit Frankreich wieder unter Kontrolle zu haben mit einem Angebot, das auch in unserem zentralen Interesse war.

8. Zuspitzung der Krisen in der DDR und der UdSSR

M. G.: *Am 8. Januar 1990 war ein neuerlicher Anruf von Botschafter Kwizinskij erfolgt, der ein Hilferuf war: »Wir brauchen etwas zum Essen.« Landwirtschaftsminister Ignaz Kiechle und Kanzleramtsminister Rudolf Seiters u. a. werden eingeschaltet. Es geht um eine gigantische Lieferung von 120.000 Tonnen Fleisch innerhalb von vier bis sechs Wochen. Sie sprechen von Kosten für die Bundesregierung von 220 Millionen D-Mark. Es wird mit Jacques Delors gesprochen. Bonn will schnell helfen, umso größer die Wirkung. Wenn Gorbatschow stürze, so heißt es, könne man alles, einschließlich »Wiedervereinigung« abschreiben. War es wirklich so dramatisch, dass das Gelingen der deutschen Einheit einzig mit Gorbatschow denkbar und letztlich mit seinem Verbleib im Amt verknüpft war?*

H. T.: Was die Sowjetunion betraf, waren unsere Schlüsselpartner Gorbatschow und der Außenminister Schewardnadse. Darüber hinaus hatten wir mit anderen Regierungsvertretern keinen Kontakt. Helmut Kohl hatte Grobatschow anlässlich des Besuchs in Bonn klar und deutlich gesagt, wenn wir ihm bei seinem Reformprozess helfen können, würden wir das tun. Im Dezember kam der sowjetische Botschafter Kwizinskij zu mir ins Büro und erinnerte mich an dieses Versprechen von Helmut Kohl. Als ich ihn fragte, um was es denn ginge, kam als Antwort ein einziges Wort »Fleisch«. Die Sowjetunion hatte im Winter 1989/90 eine riesengroße Versorgungskrise, wobei es nicht nur um Fleisch ging, sondern um Lebensmittel im breitesten Sinne bis hin zu anderen Versorgungsgütern, wie z. B. Seife und Waschmittel. Mir wurden Bilder vorgeführt, die zeigten, dass Bergarbeiterkumpels keine Seife mehr hatten, um sich zu waschen. Ich selbst hatte in Moskau erlebt, wie Babuschkas, alte russische Frauen, am Eingang der U-Bahnhöfe standen und ihre alten gewaschenen BHs zum Verkauf anboten. Sie haben alles, was sie besaßen, veräußert, um ein wenig Geld zu bekommen, um sich versorgen zu können. Die Läden waren absolut leer. Diese Themen waren für mich vorrangiger als die Frage nach der DDR. Das war ein anderer

Verantwortungsbereich. Innerhalb kürzester Zeit halfen wir. Diese prompte Hilfe, die wir leisteten bis hin zu Nylonstrümpfen etc., war gegenüber Gorbatschow einer der Beweise, dass auf Helmut Kohl Verlass war. Was er verspricht, hält er auch. Bis zum Ende des Jahres 1990 hatten wir für zwei Milliarden D-Mark Versorgungsgüter geliefert.

M.G.: *Es zeichnet sich im Umfeld der Sowjetunion eine Veränderung ab. Man erkennt die Schwächesituation, mit der die Sowjetführung konfrontiert ist. Am 9. Januar notieren Sie Informationen, die Sie vom japanischen Botschafter in Bonn erfahren haben. Es geht um die Rückgabe der Kurilen. Rhetorische Frage: konnte das der Bundeskanzler in diesem Augenblick noch brauchen, wo es um die Rettung Gorbatschows ging? Wie verhielt er sich zu solchen Wünschen? In welcher Situation waren Sie und was haben Sie darauf antworten können?*

H.T.: Wir haben das Thema nicht aufgegriffen, so verständlich es war. Später habe ich das Thema einmal mit Präsident Putin angesprochen. Seine Antwort war, dass dieses Thema in aller Ruhe betrachtet werden müsse. Je mehr darüber öffentlich diskutiert würde, desto schwieriger sei es.

M.G.: *Wenn man Ihr Tagebuch liest, entwickelt sich im Januar eine dramatische Lage. Zum Beispiel notieren Sie am 8. Januar zu Polens Botschafter Ryszard Karski: Sein Land erwarte den deutschen Beitrag zum polnischen Stabilisierungsfonds und zwar »als Zuschuss und nicht als Kredit«.*[93] *Ein paar Tage weiter, am 10. Januar steht ein Warnsignal aus Budapest. Die Sowjetunion liefere seit zwei Wochen kein Öl mehr, so Gyula Horn.*[94] *11. Januar: Bulgarien wünscht ungebundenen Finanzkredit.*[95]

Ich möchte nicht in dieser Situation gewesen sein. Daneben geht es auch noch um die Frage der Einbeziehung der DDR in die EG. Es hat sich eine Menge an Herausforderungen und Problemen aufgetürmt. Wie konnte man da noch den Überblick, geschweige die Nerven bewahren?

H.T.: Es war eine unglaublich spannende Phase der deutschen Geschichte, zu erleben, dass die Mauer fiel, die Grenzen abgebaut wurden, wir in Richtung deutsche Einheit gehen und gleichzeitig die europäische Integration voranbringen und am Ende die Pariser Charta[96] unterzeichnen konnten. Sie war kaum an Dramatik und Perspektiven zu überbieten. Wir lebten in dem Bewusstsein, jetzt Geschichte schreiben zu können. Wir arbeiteten nicht mehr an den strategischen Zielen, sondern von Anlass zu Anlass und von Gegenstand zu Gegenstand. Für die gesamte Mannschaft erforderte das eine große Flexibilität. Ich erinnere mich, dass ich alle fünf Minuten mit einem anderen Thema zum Bundeskanzler gehen musste. Es war schon hilfreich, mit welcher Gelassenheit oder Ruhe insgesamt gearbeitet wurde. Wir wussten, dass wir die kompromisslose Unterstützung unserer amerikanischen Partner hatten, am Ende auch aller Europäer. Thatcher, Mitterrand, Lubbers und Andreotti waren allerdings schwierig. Auf der anderen Seite wurde der Sozialist Gonzáles zum persönlichen Freund Helmut Kohls. Es war eine bunte Mischung von Problemen und wir mussten häufig ad hoc entscheiden.

93 Tagebuch, 8.1.1990, S. 209.
94 Tagebuch, 10.1.1990, S. 213.
95 Tagebuch, 11.1.1990, S. 214.
96 Siehe Anmerkung 138, S. 268.

M. G.: *Eine grundsätzliche Frage an Sie: Wann endete diese Phase des Improvisierens? Wann geht diese in eine Phase der Planbarkeit mit einer kurz- und mittelfristigen Perspektive über?*

H. T.: Entscheidend für Europa war der erreichte Konsens, das Ziel einer Politischen Union anzustreben. Damit war schon einmal der Kurs vorgegeben. Die wirtschaftliche Entwicklung der DDR bei gleichzeitiger Währungsunion war innenpolitisch das erste Ziel. Hinzu kam die Vorbereitung freier Wahlen. Seit der Begegnung mit Gorbatschow Anfang Februar war auch klar, dass der Prozess zur deutschen Einheit von der sowjetischen Seite akzeptiert worden war. Damit waren die Beziehungen zur Sowjetunion in einer entscheidenden Grundsatzfrage erst einmal geklärt. Gleichzeitig galt es, die Versprechungen des Kanzlers einzulösen, wenn Hilfe nötig war: Lebensmittelhilfe, Kasernenbau für die heimkehrenden sowjetischen Soldaten, usw. Die Regierung war sich einig, lange Diskussionen waren unnötig, lediglich die Frage der Größenordnung musste abgestimmt werden und wie weit waren westliche Partner bereit mitzuhelfen, was sehr schwierig war. Als die Ungarn 1990 zu mir kamen und sagten sie bräuchten kurzfristig einen Kredit von 500 Millionen D-Mark, forderte mich der Bundeskanzler auf, meine »Spezis« anzurufen in Paris, London und Washington, sie sollten mithelfen. Ich bekam von allen eine Absage. Also halfen wir alleine und die Ungarn zahlten in der vereinbarten Zeit pünktlich zurück.

M. G.: *Ich fand Ihre vorherige Äußerung sehr authentisch, als Sie sagten, dass diese Wochen im Dezember und Januar diffus gewesen seien. Nun wird manches klarer und planbarer. Wahrscheinlich kann man sagen, dass ab Mitte Februar und verstärkt ab Mitte März 1990 die Deutschlandpolitik vom Kanzleramt aus handhabbarer wurde. Die ersten freien Volkskammerwahlen in der DDR enden am 18. März mit dem Sieg der »Allianz für Deutschland«. War damit Gewissheit verbunden, dass es mehr war als nur eine normale Wahl, nämlich ein Plebiszit für die Einheit? Hat diese Wahl mehr Sicherheit und damit auch mehr Planbarkeit ermöglicht?*

H. T.: Ja, zumal das Ergebnis ein klares Erfolgserlebnis für den Bundeskanzler war. Bei allen Problemen, die sich aus verschiedensten Richtungen auftaten, kam plötzlich ein Erfolg zum anderen. Es ging immer in die richtige Richtung, zum Teil waren sie mit überflüssigen Schwierigkeiten oder mit personellen Widrigkeiten verbunden. Als die DDR die Wahlen durchgeführt hatte und De Maizière Ministerpräsident wurde, war es ja nicht so, dass von da an alles leicht und locker lief. Ich war ja vom Bundeskanzler aufgefordert, de Maizière und seinen Außenminister regelmäßig zu unterrichten. In seinem Buch wirft mir de Maizière vor, dass ich arrogant aufgetreten sei. Das halte ich für eine leichte Unverschämtheit. Die Arroganz bestand darin, dass ich ihm wiederholt sagen musste, was er machen müsse sowie was richtig und was falsch sei.

M. G.: *Ein Punkt, der für Modrow den Anfang von seinem politischen Ende bedeutete, war der Sturm auf die Stasi-Zentrale in der Normannenstraße in Berlin-Ost. Sie erwähnen es im Tagebucheintrag vom 15. Januar.*[97] *Sie sprechen sogar von einer »Manipulation der Modrow-Regierung bei der Stasi-Auflösung«. Zunächst präsentierte er sich öffentlichkeitswirksam beruhigend mit Blick auf den Sturm der Zentrale, dann aber etabliert er eine Art Nachfolge-*

97 Tagebuch, 15.1.1990, S. 218.

einrichtung, das Amt für Nationale Sicherheit, die »Nasi«, die als eine nationale Sicherheitsbehörde unter Leitung von Wolfgang Schwanitz stehen sollte. Viele DDR-Bürger beschlich dabei jedoch das Gefühl, es ginge nun weiter mit der Staatssicherheit, nur unter anderem Namen. Es scheint so, dass Modrow in den Sog des untergehenden Stasi-Monsters mit hineingezogen wurde und durch diesen Strudel des öffentlichen Misstrauens an Legitimation verlor. De Maizière, übrigens zunächst Mitglied der Regierung unter Modrow, war sauer, als dieser eine »Regierung der nationalen Verantwortung« verkündete mit Angehörigen der Bürgerrechtsbewegung vom Zentralen Runden Tisch. De Maizière empfand sich dabei von Modrow über den Tisch gezogen, indem er das nationale Thema besetzte und sich als Vertreter nationaler Interessenpolitik darstellte.

Wie weit war im Vorfeld des Besuchs von Modrow im Februar in Bonn mehr oder weniger klar aus Sicht des Bundeskanzleramts – zumal schon der Volkskammer-Wahltermin von Mai auf März vorgezogen werden musste –, dass man die DDR nicht mehr substanziell unterstützen und einem Ministerpräsidenten Milliarden zuschanzen könne, wenn demnächst Wahlen anstehen und dessen Verbleib im Amt unsicher ist? Ist die Einschätzung des Historikers zutreffend, der Ihr Tagebuch liest, dass Modrow, der mit einer großen Delegation in Bonn auflief, eigentlich von vorneherein chancenlos war?

H. T.: Die Gespräche und Besuchsankündigungen reduzierten sich am Ende immer auf ein Thema: Milliarden an Kredit. Die Frage war nur noch wie hoch sollte er sein. Das war nicht hilfreich. Warum sollte man dem Runden Tisch drei Milliarden geben? Warum sollte man der Regierung Modrow einen Kredit einräumen, von der man den Eindruck hatte, dass sie nicht wusste, wohin es gehen und wohin die DDR entwickelt werden sollte. Wollen sie die Wiedervereinigung oder nicht? Das waren alles Unsicherheiten. Es gab auch kein Vertrauen in die handelnden Personen. Auch mit de Maizière war es nicht so einfach zu kooperieren.

M. G.: *Mitte Januar 1990 kommen Sie nach einer internen Bewertung der innersowjetischen Verhältnisse zu ganz klaren Schlüssen: Gorbatschow ist mit verschärften Problemen innerhalb der Sowjetunion konfrontiert. Nicht nur die Wirtschafts- und Versorgungslage ist angespannt, sondern, so halten Sie fest: »Die größte Herausforderung ist die Nationalitätenfrage.« Wenn man weiterliest, und sieht, wie Sie Bescheid wussten und realistisch über die Verhältnisse in der Sowjetunion dachten und die bereits prekäre Lage von Gorbatschow einschätzten, fragt man sich, wieviel Prozent die deutsche Frage auf dessen Agenda eingenommen hat. Hatte man eine Ahnung oder gar klare Vorstellung, dass man mit Deutschland gar nicht im Zentrum der Überlegungen der Politik von Gorbatschow stand?*

H. T.: Das war von unserer Seite nicht so ohne weiteres zu beantworten. Offiziell waren wir befasst mit der Frage nach der Zukunft Deutschlands und in dem Zusammenhang, wie die zukünftigen Beziehungen zur Sowjetunion entwickelt werden sollten. Es war offensichtlich, dass das Thema nach dem Februar 1990 für Gorbatschow die Priorität verloren hatte. Wie er sagte, sollte es Sache der Deutschen auf beiden Seiten sein, ob, wann und wie schnell sie sich vereinigen wollen. Er hatte gewissermaßen das Paket übergeben.

Darüber hinaus wurde dieses Thema – wenn Sie so wollen – abgelöst von der Frage der inneren Entwicklung der Sowjetunion, vor allem wirtschaftlich. Ohne unseren Kredit von drei Milliarden wäre die Sowjetunion im Sommer 1990 zahlungsunfähig gewesen und das wäre für diese Weltmacht ein ungeheurer globaler Prestigeverlust gewesen. D. h. die

Zusammenarbeit konzentrierte sich immer mehr auf die Frage, wann, wo und wie kann Deutschland helfen. Mehrheitlich ging es um die Finanzierung und auch um den vereinbarten Zeitraum, in dem die russischen Truppen zurückgeholt werden sollten. In allen Warschauer-Pakt-Staaten plus DDR waren das immerhin rund 800.000 Soldaten mit Familienangehörigen und den Waffensystemen. Das brachte der Sowjetunion erhebliche Schwierigkeiten, denn es fehlten die Unterkünfte für die rückkehrenden Soldaten. Wir wussten, dass die Vereinbarungen mit Moskau nur konkretisiert werden können, wenn wir entsprechende Hilfen geben. Unsere Baufirmen waren gar nicht in der Lage, die notwendigen Kasernen zu bauen. Davon haben am Ende u. a. koreanische Baufirmen profitiert.

Die Frage des Bundeskanzlers war, ob es nicht sinnvoll wäre, eine Wirtschaftsdelegation nach Moskau zu senden, um generell zu besprechen, wo es Möglichkeiten der Zusammenarbeit geben könnte, wo und wie Deutschland tätig werden könnte, usw. Diese Delegation sollte naturgemäß von unserem Wirtschaftsminister geführt werden. Wir waren in einer grotesken Situation. Unser damaliger Bundeswirtschaftsminister Hausmann verweigerte sich. Vermutlich hatte er sich das nicht zugetraut. Die genauen Gründe kenne ich nicht. Wenn also nicht der Minister, dann soll es doch der Staatssekretär im Bundeswirtschaftsministerium Herr von Würzen tun, der aber auch kein Interesse bekundete. Bis heute ist mir nicht klar, warum der Bundeskanzler nicht gewillt war, das einfach anzuordnen. Ich erklärte mich spontan bereit dazu und wir führten in Moskau Gespräche. Ziel war es, einen generellen Überblick zu gewinnen über die dringendsten Probleme der Sowjetunion und wo Zusammenarbeit mit deutschen Partnern gewünscht und wie unsere Unternehmen mitwirken können, um diese zu verbessern, wenn nicht sogar zu lösen. Wir haben also nicht mehr um außen- und sicherheitspolitische Themen verhandelt, sondern es ging um sehr konkrete Hilfe für die Menschen in der Sowjetunion. Wie weit sie erfolgreich war, kann ich persönlich gar nicht beantworten, denn es war gewissermaßen eine Eröffnungsveranstaltung, die dann die Organisationen und Unternehmen von sich aus weiterführen sollten. Ich war von der Armut tief betroffen, wenn ich in Moskau durch die Straßen ging.

M. G.: *Sie sprechen einen fundamentalen Punkt an. Finanz-, Kredit- und Wirtschaftsfragen begannen außen- und sicherheitspolitische zu überlagern, v. a. im Kontext der deutschen Russlandpolitik. Hat das letztendlich nicht die Lösung von sicherheitspolitischen Fragen erleichtert? Konnte man sich leichter durchsetzen aufgrund der erheblichen sowjetischen Probleme, wodurch die UdSSR in eine Abhängigkeit von deutscher Unterstützung geriet?*

H. T.: Ich bin überzeugt, dass es positiv war, politische Probleme in unserem Sinne zu beantworten. Auf diese Weise konnten wir sicherstellen, dass die sicherheitspolitischen Verabredungen eingehalten werden konnten, d. h. dass in der vereinbarten Zeit die sowjetischen Truppen abgezogen werden. Der Zeitrahmen war einer der Streitpunkte der Gespräche im Kaukasus. Am Ende hatte man sich auf vier Jahre geeinigt. Für einen Rückzug dieser Dimension an Truppen und Ausrüstung war es ein sehr anspruchsvoller Zeitraum.

M. G.: *Am 15. Januar*[98] *sprechen Sie mit dem US-Kongressabgeordneten Steven Solarz. Es geht ihm um die Frage, ob ein geeintes Deutschland Mitglied der NATO bleiben werde oder*

98 Tagebuch, 15.1.1990, S. 218.

amerikanische und sowjetische Truppen gemeinsam in Deutschland auch nach der Einheit stationiert bleiben. Sie halten letzteres für ausgeschlossen. Solarz hatte offensichtlich klar artikuliert nach dem Motto: »Es soll Eure Entscheidung sein. Ihr müsst wissen, was ihr wollt.« Wie erklären Sie sich sonst, dass Sorarz diese Frage in den Raum stellte?

H. T.: Das wird so gewesen sein. In den Gesprächen im Kaukasus zwischen dem Bundeskanzler und Präsident Gorbatschow mit beiden Außenministern wurde der Zeitraum des Abzugs der sowjetischen Truppen vereinbart. Obwohl die dafür vereinbarten vier Jahre sehr ambitioniert waren, war der Abzug am Ende erfolgreich durchgeführt worden. Sie sind absolut friedlich aus Mitteleuropa in die Sowjetunion zurückgekehrt. Das wirkt im Nachhinein fast wie ein Wunder. Es war auch logistisch wie militärisch eine Riesenleistung.

M. G.: *Wir sprachen darüber, wie die Position Modrows im Bundeskanzleramt eingeschätzt wurde und ob man sich im Vorfeld des angesagten Besuchs schon zu sicher war, dass man ihm keine Chance mehr einräumen wollte. Am 17. Januar schreiben Sie: »14 Uhr Gespräch mit Seiters, Prill und Mertes. Es gibt noch immer keine überzeugende Linie für das weitere Vorgehen gegenüber der DDR.«[99] Über anzustrebende Ergebnisse, bestehende Prioritäten und entsprechende Ziele gab es weder Klarheit noch Orientierung. Demnach war noch alles offen. Wir sprachen schon darüber, wann der Zeitpunkt einsetzte, an dem die Bundesregierung das Gefühl bekommen konnte, über das Gesetz des Handelns zu verfügen sowie in kurz- und mittelfristigen Perspektiven denken zu können statt nur von Tag zu Tag. War der Bundeskanzler zu diesem Zeitpunkt noch konzeptlos, ratlos und in gewisser Weise unentschlossen, was angesichts der sich überschlagenden Ereignisse nicht verwundert?*

H. T.: In der Tat gab es die Frage, welche Prioritäten wir setzen wollten. Auf der einen Seite hatten wir die Situation mit täglich steigenden Zahlen von Übersiedlern aus der DDR, die unterzubringen waren. Kann die ehemalige DDR das überhaupt verkraften, denn vom Alter und der Ausbildung her gingen die Besten. Für mich war offensichtlich, dass das die DDR auf Dauer nicht überleben kann. Unsere Schwierigkeiten im Westen wuchsen auch von Tag zu Tag. Auf der anderen Seite ging es um die Wahlen in der DDR und die Frage, wie soll die Wiedervereinigung am Ende vollzogen werden? Es gab heftige Diskussionen. Als die DDR-Regierung ins Amt kam, hatten wir mit Lothar de Maizière einen Partner, der zunehmend eine gewisse Genugtuung empfand, Regierungschef zu sein. Er fand es zwar anstrengend, genoss es aber auch. Sein Staatssekretär in Ost-Berlin, der die Verhandlungen mit dem Bundeskanzleramt, mit Rudolf Seiters und der Deutschlandarbeitsgruppe führte, überbrachte uns immer die Mitteilung, wir können es nicht, wir schaffen es nicht, es geht nur, wenn die Wiedervereinigung so schnell als möglich erfolgt. Wenn es zu Wahlen kommen sollte, wie würden sich die politischen Parteien organisieren? Es war klar, dass die Ost-CDU kein seriöser Partner für die CDU war. Es stellten sich zu viele Fragen zur gleichen Zeit. Wie sind die westdeutschen Parteien in Ostdeutschland vertreten? Eine in sich gespaltene DDR-Regierung mit einerseits denjenigen, die so bald wie möglich Wahlen und Vereinigung wollten und andererseits denjenigen, die sich parallel entwickeln und zurechtkommen wollten. Es gab erhebliche Turbulenzen.

99 Tagebuch, 17.1.1990, S. 221.

M. G.: *Wenn man die Aufzeichnungen und Notizen vom 15. bis 18. Januar liest, hat man den Eindruck, dass Sie sich mehr Handlungsfreudigkeit des Bundeskanzlers erwarteten und sodann richtig erleichtert und froh waren, wenn er eine Entscheidung getroffen hat. Das kommt am 19. Januar sehr deutlich zum Ausdruck. Sie schreiben: »Seiters eröffnet mir, dass Bundeskanzler beschlossen habe, eine Arbeitsgruppe Deutschlandpolitik einzurichten. Er werde sie selbst leiten, ich solle Stellvertreter sein. […] Lange genug habe ich dafür gekämpft, Experten aus allen Bereichen zusammenholen zu können.«*[100] *Man merkt Ihnen Erleichterung an. War Ihnen Kohl bis dato zu unentschlossen und zu unsicher, was er tun solle. Er musste offensichtlich immer wieder angestoßen werden. Ist dieser Eindruck zutreffend?*

H. T.: Das war auch für mich eine schwierige Phase, weil ich ja eigentlich nicht zuständig war. Ich hätte mich darauf zurückziehen können zu sagen: ich bin für die internationalen Beziehungen verantwortlich. Die Europapolitik hatte neue Ziele und war auf ein Gleis gestellt. Die Beziehungen zu den NATO-Staaten, vor allem zu den USA waren beispielhaft gut. Mit der Sowjetunion hatten wir alle unsere Ziele mehr oder weniger durchgesetzt. Der Abzug der sowjetischen Truppen war ein ehrgeiziges Ziel. Der sowjetische Botschafter kam zu mir und sagte, sie hinterlassen Territorien und wir müssten sie eigentlich bezahlen, die Kasernenanlagen, die Übungsgelände usw. Ich musste ihm erst deutlich machen, dass wir erhebliche Beträge aufbringen mussten, um die Areale wieder nutzbar machen zu können. Die Sowjets hatten Altöl und andere Reste einfach in den Boden fließen lassen. Er musste renaturiert werden. Die Manövergebiete waren voller Munition und sind davon bis heute noch nicht alle gereinigt. Ich sagte ihm, sie müssten eigentlich bezahlen, was sie als Altlasten hinterlassen. Auch solche Diskussionen mussten wir in dieser Zeit führen. Sie können einwenden, wir hatten ein innerdeutsches Ministerium mit Frau Dr. Wilms, die ich persönlich sehr mochte und schätzte. Aber vom Ministerium ging wenig Dynamik aus. Auch dem Wirtschaftsministerium und anderen fehlte die Dynamik. Der Bundeskanzler und der Chef des Kanzleramtes hätten mehr antreiben können. Es war alles etwas zähflüssig.

M. G.: *Diesen Eindruck kann man fast zwingend gewinnen und zwar nicht nur, wenn man zwischen den Zeilen liest.*

Am 22. Januar schreiben Sie über die fortgesetzten Demonstrationen in Ost-Berlin, in Neubrandenburg und in Plauen. Es ist turbulent. Wolfgang Berghofer tritt aus der SED aus, er war Oberbürgermeister der Stadt Dresden. Der Spiegel *malt den Kollaps der Modrow-Regierung an die Wand. Sie laufe der Entwicklung hinterher.*[101] *Man gewinnt den Eindruck, dass auch die Regierung in Bonn der Entwicklung hinterherlief. War es so, dass man dachte, wann hören die Menschen endlich auf zu demonstrieren und kommen wir endlich in eine Ruhe-, Reflexions- und Vorbereitungsphase? Wann hatten Sie den Eindruck, dass diese Demonstrationen ausliefen und sich die Situation beruhigte? War das schon mit Blick auf die anstehenden Volkskammerwahlen so, weil die Leute eine Perspektive bekamen, wählen zu können? Wenn sie wählen wollten, mussten sie ja bleiben und konnten nicht gehen. War das der entscheidende Punkt? Die Volkskammerwahlen wurden ja vorgezogen. Sie waren ursprünglich erst für Mai geplant und mussten auf den 18. März vorverlegt werden.*

100 Tagebuch, 19.1.1990, S. 223.
101 Tagebuch, 22.1.1990, S. 224.

H. T.: Das war die Strategie, die überfällig war. Den Menschen in der DDR bestimmte Daten vorzugeben, an denen die wichtigsten Entscheidungen gefallen sein mussten: die Wahl, später die Währungsunion und am Ende das Thema der deutschen Einheit. Die Bürger der DDR brauchten aus meiner Sicht Zielsetzungen. Diejenigen, die dynamisch und am besten ausgebildet waren, hatten die Konsequenz gezogen, in den Westen zu gehen, andere aus verschiedenen Gründen nicht. Die, die zurückblieben, wollten auch eine Perspektive. Waren wir schnell genug und mutig genug, ihnen Ziele zu setzen, die ihnen eine Perspektive gaben, wie es weitergeht? Das betraf auch meine eigenen Freunde in der DDR, die zum Teil ihre Jobs durch die Privatisierungspolitik verloren hatten, schon über 50 Jahre alt waren, und keine Perspektive sahen. Einen neuen Job zu finden, war fast unmöglich. Wie sollte das Leben weitergehen? Unsere Deutschlandpolitiker waren entweder nicht mutig genug oder nicht klug genug, wie immer man das bezeichnen mag.

M. G.: *Man hat auch den Eindruck, dass überall ein hohes Maß an Ungewissheit darüber herrschte, wie es weitergehen würde. Die Prognosen für eine mögliche Einigung gingen noch weit in die Jahre, beispielsweise notieren Sie am 24. Januar 1990: Lothar De Maizière prognostiziert die staatliche Einheit »in spätestens fünf Jahren, eher kürzer.«*[102] *Gorbatschow sagt im Januar die deutsche Einheit in zehn Jahren voraus. Die Dynamik wurde unterschätzt und die Entwicklung hatte sich enorm beschleunigt. Am 23. Januar fragten Sie sich: »Steuert Gorbatschow die Entwicklung oder koordiniert er nur?«*[103] *Wenn man die Forschung zu ihm einbezieht, muss man sich fragen, ob er überhaupt noch koordiniert hat. Er war offensichtlich auch Getriebener.*

Kommen wir zu Vernon Walters, einer Schlüsselfigur, einem sehr wichtigen Mann, der direkten Kontakt ins Weiße Haus hatte. Es wird immer deutlicher, dass die entscheidende Frage für die USA die Bündniszugehörigkeit Deutschlands ist. Sie notieren, dass auch Walters wissen lässt, dass es die Entscheidung der Deutschen ist, während der Bundeskanzler bekräftigt, »dass er sich nie für die Einheit der Nation um den Preis der Neutralität ausgesprochen habe«. Wie notwendig war es, das zu betonen? Musste Kohl möglichen Verdacht zerstreuen? Es stand doch eigentlich von Anfang an fest, dass Kohl nie in seiner bisherigen Kanzlerschaft daran gedacht hatte, ein block-, bündnisfreies oder neutrales Deutschland anzustreben.

H. T.: Dem hätte er nie zugestimmt. Ich kann mich auch an kein Gespräch erinnern, wo er es als eine mögliche Alternative gesehen hätte, dass ein geeintes Deutschland nicht mehr Mitglied der NATO sein würde. Das war für ihn eine Grundbedingung und war auch im Kaukasus so mit Gorbatschow besprochen worden. Ich erinnere mich an die Diskussion über NATO-Mitgliedschaft ja oder nein. Gorbatschow sagte, Deutschland erhalte nun seine volle Souveränität zurück und es ist die Entscheidung eines souveränen Staates, ob er einem Bündnis angehören will und welchem. Mir gegenüber saß der Botschafter Kwizinskij. Er sprang fast vom Sitz auf, beugte sich zu mir und sagte: »Herr Teltschik, das können wir nicht machen!« Ich antwortete: »Das entscheiden unserer Chefs, nicht wir.«

M. G.: *Das hatten Sie schon erzählt, ist aber wichtig genug, es noch einmal festzuhalten. Bemerkenswert ist schon, dass Walters so betont, dass die Bündnisfrage für die USA das größte*

102 Tagebuch, 24.1.1990, S. 226.
103 Tagebuch, 23.1.1990, S. 225.

Problem sei. Ein Problem benennt man, wenn die Lösung noch aussteht. Der Bundeskanzler sieht sich veranlasst zu bekräftigen – er muss das offensichtlich tun – Neutralität für Einheit nein! Für Walters war demnach noch nicht ganz klar, wie der Bundeskanzler in dieser veränderten Situation zu dieser Frage steht und dass er bekräftigt, den Kurs so fortzusetzen wie bisher. Ich finde beachtenswert, dass es immerhin ein Thema war.

H.T.: Es war ein Thema, auch der, wenn Sie so wollen, neuen souveränen Staaten in Osteuropa. Für sie war es auch nicht gleichgültig, ob das neue größere Deutschland, das größte europäische Land neben der Sowjetunion neutral ist oder im gleichen Bündnis bleibt. Umgekehrt kam sehr bald die Frage auf, ob man die NATO darüber hinaus erweitert. Es gab nie die Gefahr, dass der Bundeskanzler in der Frage der Bündniszugehörigkeit schwanken könnte.

M.G.: *Bemerkenswert ist, wie gut Sie über das Presseecho informiert waren und auch darüber, was in sowjetischen Zeitungen stand. Offensichtlich lagen immer Übersetzungen vor. Sie schreiben am 24. Januar: »Interessant ist ein Prawda-Artikel von gestern, der sich ausführlich mit der Aussage George Kennans vor dem US-Senat beschäftigt, in der er eine Art von dreijährigem Stillhalten in der Deutschlandfrage fordert. Ähnliche Überlegungen hatte der Bundeskanzler vor Weihnachten geäußert (Stillhaltemoratorium von 10 Jahren), war aber seitdem nicht mehr darauf zurückgekommen.«*[104] *Das Thema war offensichtlich ad acta gelegt worden. Dennoch ist interessant, wie sich verschiedene amerikanische Experten, Elder Statesmen, über die Zukunft Deutschlands Gedanken machen und entsprechend äußern. Demnach war die inneramerikanische Debatte für verschiedene Optionen bezüglich des zukünftigen Deutschlands offen. Erwähnenswert ist das für einen Historiker, der nach alternativen Szenarien fragt.*

Wir kommen zu Thatcher und auf ihre wiederholt schon angesprochene Rolle zu sprechen, indem sie auf der Bremse stand, um damit die Entwicklung zu verzögern. Am 26. Januar halten Sie ihr Argument aus dem Wall Street Journal fest: »Wenn die deutsche Einheit zu schnell käme, könne sie enorme Probleme für Gorbatschow schaffen; er könne eventuell darüber stürzen.« Die deutsche Einheit zerstöre das wirtschaftliche Gleichgewicht der Europäischen Gemeinschaften.[105] *War da etwas dran?*

H.T.: Es war klar, dass ein geeintes Deutschland größer ist als zuvor, auch mit größerem wirtschaftlichen Potenzial. Mit der Dynamik der deutschen Wirtschaft und der Rolle unserer Gewerkschaften würde es deutlich wachsen. Deutschland im Zentrum Europas brachte ein Gewicht auf, das für alle unsere Nachbarn zumindest Nachdenklichkeit verursachte. Frankreich befürchtete, Deutschland würde noch stärker, Margaret Thatcher sowieso, aber auch die unmittelbaren östlichen Nachbarn waren sich nicht sicher, wie sich die Beziehungen zu Deutschland entwickeln würden. Ich glaube, dass sich die Deutschen, auch die Bundesregierung, gar nicht bewusst waren, welches Gewicht nun das geeinte Deutschland in das Europa einbringt und welche Auswirkungen es auf die Nachbarn hat. Dazu waren viele zu sehr mit uns in Deutschland selbst beschäftigt. Wir sahen uns als eine friedliche

104 Tagebuch, 24.1.1990, S. 226.
105 Tagebuch, 26.1.1990, S. 228–229.

Nation, niemandem tun wir etwas zu leide und helfen wirtschaftlich wo es geht. Wir waren uns der Überlegungen unserer Nachbarstaaten nicht bewusst: Wohin geht Deutschland? Welche Wirkung hat das auf uns? Welche Präferenzen wird Deutschland haben? Auch das Zusammenspiel mit der Sowjetunion war für einige ambivalent.

M. G.: *Beachtenswert ist dieser Eintrag in Ihr Tagebuch, insofern als Sie auch festhalten: »Es ist das erste Mal, dass Premierminister Thatcher ihre bisherige Zurückhaltung aufgibt und ihre kritische Einstellung zur deutschen Frage unverblümt äußert. Erneut spielt sie gleichzeitig die ›Beschützerin‹ Gorbatschows.«[106] Am gleichen Tag halten Sie fest: »Belgiens Verteidigungsminister kündigt den Truppenabzug an.«[107] Es gibt ja auch belgische Truppen, die in Nordrhein-Westfalen stationiert waren. War eine solche Ankündigung in Ihrem Sinne und im Sinne des Bundeskanzlers? Bestand auch Abzugsbereitschaft bei anderen verbündeten Staaten?*

H. T.: Der Abzug der Belgier war kein Prozess, der bei uns Aufregung ausgelöst hätte. Das wäre natürlich anders gewesen, wenn es Amerikaner gewesen wären oder Briten. Es war plausibel, dass Staaten ihre Truppen nach Hause holen, um Kosten zu sparen. Wir waren zu viel mit uns selbst beschäftigt als dass wir darüber nachgedacht hätten, welche Wirkung die deutsche Einheit auf die BENELUX, auf Italien, auf unsere östlichen Nachbarn, usw. haben werde. Mit Ungarn z. B. hatten wir keine Probleme, mit Polen jedoch bis zum Schluss.

M. G.: *Wie waren überhaupt die Fragen der Besatzung und der Kosten geregelt? Es waren nicht mehr Besatzungstruppen im ursprünglichen Sinne. Seit 1955 hat man sie als Verbündete bezeichnet. Hatte nicht auch Deutschland selber einen finanziellen Beitrag zu leisten für die Präsenz der befreundeten Truppen?*

H. T.: Das kann ich Ihnen leider nicht klar beantworten. Soweit ich weiß, gab es schon eine Kostenteilung. Aber in welcher Größenordnung und wie im Einzelnen, entzieht sich meiner Kenntnis.

M. G.: *26. Januar 1990: Dieter Kastrup – man muss wahrscheinlich in Klammern Genscher sagen – bringt die Idee auf, die Vier-Mächte-Regelung im KSZE-Prozess »versickern« zu lassen, wie Sie festhalten.[108] Was war damit gemeint? Offenbar eine Relativierung der Bedeutung des Vier-Mächte-Rahmens? Diesen niedriger hängen und auf das KSZE-Feld zu verlagern, wenn ich es richtig interpretiere? Wie wurde das von Ihrer und von Kohls Seite aufgenommen? Wir haben ja schon festgestellt, dass die KSZE eine richtig gute und wichtige Spielwiese für Außenminister Genscher war. Es ging dabei ja auch um Vertrauens- und Sicherheitsbildende Maßnahmen (VSBM)[109] und um die Abrüstung konventioneller Waffensysteme (KSE).[110] War das ein gut überlegter Schachzug und ein überlegenswertes Manöver? Konnte man davon ausgehen, dass auch die Vier Mächte ihre Zustimmung dazu geben würden? Soweit aus der neueren Forschung bekannt, war der Stellenwert der KSZE aus Sicht der Vereinigten Staaten*

106 Tagebuch, 26.1.1990, S. 229.
107 Ebd., S. 228.
108 Tagebuch, 26.1.1990, S. 228.
109 Siehe Anmerkung 115, S. 229.
110 Siehe Anmerkung 138, S. 268.

nicht hoch angesiedelt. Wie wurde das aufgenommen im Bundeskanzleramt? In Ihrem Tagebuch steht dazu keine Bewertung, Interpretation oder Kommentierung.

H. T.: Mit dem Vollzug der Wiedervereinigung Deutschlands wurde die Vier-Mächte-Verantwortung abgelöst. Deutschland erhielt mit ihrem Einverständnis seine volle Souveränität zurück. Die Frage der Verantwortung der Vier-Mächte stellte sich nur für die Phase bis zur deutschen Einheit. Ich kann mich nicht erinnern, dass das noch irgendwelche Einflüsse auf politische Entscheidungen hatte. Die Verhandlungen in Wien waren insofern wichtig, weil vereinbart war, dass wir auch die konventionellen Waffen und Truppen reduzieren und vertrauensbildende Maßnahmen vereinbaren, um die Sicherheit der NATO-Mitgliedstaaten zu garantieren. Es war im Prinzip eine Frage des Übergangs. Entscheidend war, dass es nicht nur einen Abrüstungsprozess für Nuklearsysteme gab, sondern alle Bereiche der Abrüstungs- und Rüstungskontrolle einbezogen wurden, also auch die konventionellen Systeme, was auf deutscher Seite schon im Kaukasus vereinbart wurde. Vertrauensbildende Maßnahmen waren deshalb notwendig, um zu verhindern, dass z. B. Manöver als Bedrohung gesehen wurden. Es wurden Maßnahmen verabredet, um deutlich zu machen, dass trotz Reduzierung konventioneller Systeme Maßnahmen gelten, um das, was bleibt, unter Kontrolle zu halten, also Ankündigung und Beobachtung von Manövern, usw.

M. G.: *Am 26. Januar notieren Sie ein bekanntes Österreich-Detail. Modrow war mit einer großen Delegation nach Wien gereist. Es war ein bemerkenswerter Tag für ihn. Er wurde von Österreichs Bundeskanzler Franz Vranitzky empfangen. Dieser war bereits am 24. November des Vorjahrs in Berlin-Ost aufgetreten und hatte als erster westlicher Staats- und Regierungschef der Regierung Modrow seine Aufwartung gemacht. Allerdings traf er auch Bürgerrechtler und nicht nur Vertreter des reformorientiertem SED-Staats. »Vranitzky spricht zu unserer Überraschung nach Abschluss der Gespräche mit Modrow vom Beginn einer ›Vertragsgemeinschaft‹.«*[111]

Diese Feststellung bedarf noch einer Erläuterung. Ich bitte um Ihre und des Kanzlers Einschätzung der Rolle des österreichischen Bundeskanzlers in der deutschen Vereinigungsfrage.

H. T.: Das ist für mich schwierig zu beantworten. Ich erinnere mich nicht mehr an Vranitzkys Vorschlag und weiß nicht, was er im Einzelnen darunter verstanden hat. Dass Österreich bilaterale Verträge mit der noch amtierenden ostdeutschen Regierung vereinbart, why not. Das war ja legal und zulässig. Ich kann es nur so verstehen, dass Österreich wirtschaftliche Interessen in Ostdeutschland hatte und bereit war, Verträge abzuschließen zu einem Zeitpunkt, als die deutsche Einheit noch nicht vollzogen war.

M. G.: *Das war auch ein klares Signal für die Weiterfahrt auf der Kontinuitätsschiene der DDR-Politik von Bundeskanzler Bruno Kreisky. Er hat es verstanden, schon sehr früh Konsularverträge abzuschließen Anfang der 1970er Jahre. Es gab bereits seit dieser Zeit einen österreichischen Botschafter in der DDR, Fritz Bauer, ein gewiefter Bursche, glasklarer Denker und feiner Herr. Zudem lebten übrigens rund 10.000 Österreicher in der DDR und die VÖEST hatte ein Stahlwerk in Eisenhüttenstadt gesponsert. Kreisky hatte wiederholt deutlich gemacht, dass*

111 Tagebuch, 26.1.1990, S. 230.

neben dem sicherlich politisch und wirtschaftlich wichtigeren Partner Bundesrepublik auch zur DDR korrekte Beziehungen zu unterhalten seien. Auf dieser Schiene fuhr Vranitzky weiter. Mit seinem Besuch in Ost-Berlin am 24. November 1989 war auch eine Anerkennung der Regierung Modrow verbunden.[112]

Der Gegenbesuch war groß aufgezogen. Es wurden viele neue Abkommen vereinbart. Ganz anders als Vranitzky agierte Außenminister Alois Mock, der schon früh das Zehn-Punkte-Programm von Kohl begrüßt hatte. Hier kam der koalitionspolitische Twist und innenpolitische Wettbewerb zwischen Vizekanzler und Außenminister (ÖVP) und Bundeskanzler (SPÖ) zum Ausdruck. Wie stand Kohl zu Vranitzky? Zu Mock bestand ein freundschaftliches Verhältnis, was bekannt ist. Mock war fast »Kohlianer«, Vranitzky war dagegen auf Distanz. Sein Besuch in Ost-Berlin scheint auch mit Mitterrand abgestimmt worden zu sein, bevor dieser selbst in die DDR gereist ist. Hat man das im Bundeskanzleramt wahrgenommen und wenn ja, war man darüber vermutlich nicht sonderlich glücklich. Sehe ich das richtig?

H. T.: Ich kann mich an keine negative Bemerkung von Bundeskanzler Kohl über seinen österreichischen Kollegen erinnern. Dazu war Österreich nicht gewichtig genug. Entschuldigung, wenn ich das so sage. Dass unsere Nachbarn auch die Chance gesehen und partiell genutzt haben, Geschäfte mit der ehemaligen DDR zu machen, war selbstverständlich und natürlich und auch nicht gegen unser Interesse. Es war ja nicht damit verbunden, dass man die DDR dauerhaft als selbständigen Staat anerkannt hätte.

M. G.: *Genau das war aber im Hintergrund bei dem Treffen Modrow-Vranitzky in Berlin-Ost das Thema. Ist es nicht eine Anerkennung der souveränen DDR?*

H. T.: Ja, klar.

9. Ein langer Schatten: Genschers Vorstoß – keine Ausdehnung der NATO nach Ostdeutschland und darüber hinaus?

M. G.: *Am 28. Januar 1990 halten Sie fest: »Genscher gibt ein Interview in der ›*Bild am Sonntag*‹: Er lehnt Forderungen aus der Union [CDU/CSU] ab, dass die heutige DDR in einem vereinigten Deutschland Teil der NATO werde. ›Das wäre das Ende unseres Strebens nach Einheit. Wer die Grenze bis zur Oder und Neiße ausdehnen will, schlägt die Tür zu für ein geeintes Deutschland. Unser Verbleiben in der NATO ist dagegen unbestritten‹ [Zitat Genscher]. Ich teile diese Auffassung nicht. Sie kann auch gar nicht funktionieren: ein geeintes Deutschland, davon zwei Drittel in der NATO und ein Drittel draußen?«*[113] *Waren diese wiederholten Bekundungen Genschers in punkto Sicherheitsfragen mit Blick auf Ostdeutschland, ohne sich mit dem Kanzler abgesprochen zu haben, ein Koalitionsproblem?*

112 Siehe hierzu auch Michael Gehler/Maximilian Graf (Hrsg. unter Mitarbeit von Philipp Greilinger, Sarah Knoll und Sophie Bitter-Smirnov), Österreich und die deutsche Frage. Vom Honecker-Besuch in Bonn bis zur Einheit 1987–1990, Göttingen 2018.
113 Tagebuch, 28.1.1990, S. 230.

H. T.: Außenminister Genscher war immer bestrebt, öffentlich eine eigenständige Position zu vertreten, um deutlich zu machen, die FDP lebt und ist ein gewichtiger politischer Faktor in der BRD. Dafür hatte der Bundeskanzler mehr Verständnis als ich. Ich habe oft Genscher gegenüber Kohl kritisiert, dass er von der vereinbarten Linie abweiche. Oft musste ich erfahren, dass Kohl einfach abwinkte und mich aufforderte, Genscher sein Spiel treiben zu lassen, wenn er das Gefühl hatte, dass es seine Politik nicht substanziell berührte. Genscher hatte seinerseits eine Arbeitsgruppe zu Fragen der deutschen Wiedervereinigung eingerichtet. Erstaunlicherweise war ich miteingeladen. Wir trafen uns im Gästehaus des Außenministers in Bonn und diskutierten Möglichkeiten, wie wir die Beziehungen zur DDR entwickeln und wie der Übergang ausgestaltet werden soll. Jeder war aufgefordert, seinen Gedanken freien Lauf zu lassen. Genscher hatte es genutzt, um Ideen zu sammeln. Was er daraus gemacht hat, entzog sich dem Gesamtkreis, das hat er persönlich entschieden. Soweit sie die grundsätzlichen Interessen des Kanzlers nicht berührten, hat ihm der Bundeskanzler den Spielraum eingeräumt.

M. G.: *Sie sagten, das musste nicht unbedingt die Politik Kohls berühren. Die Rolle Genschers wurde im State Department aber genau und kritisch beobachtet. Von »Genscherism« war die Rede. Man hat durchaus wahrgenommen, dass er sein eigenes Spielchen spielt. Man war offenbar gewarnt und entsprechend vorsichtig. Auf das Walters-Gespräch zurückkommend mit Blick auf die Bündniszugehörigkeit gab offenbar Genscher Anlass, solche Fragen zu stellen und sich beim Bundeskanzler rückzuversichern, u. a. wie weit der Außenminister auf Linie ist oder ausschert. Als Vizekanzler war Genscher auch Repräsentant der Regierung.*

H. T.: Das war uns schon bewusst. Jim Baker, der amerikanische Außenminister, rief mich öfters an, wenn er mit Genscher zusammengetroffen war, um mich zu fragen, ob die Positionen, die er von Genscher gehört hatte auch die Meinung des Bundeskanzlers sei: »Horst, is this the position of the Chancellor?« Die Amerikaner waren sich nicht immer sicher, in welche Richtung Genscher gehen wollte und ob das nun der Kurs der Bundesregierung ist oder die persönliche Meinung Genschers. Also sicherten Sie sich über mich ab, es richtig verstanden zu haben.

M. G.: *Zur Tutzinger Rede Genschers*[114] *notieren Sie vermutlich alarmiert am 31. Januar 1990: DDR dürfe nicht in die militärischen Strukturen der NATO eingebunden werden. Ein neutralistisches Deutschland wolle er nicht.*[115] *Das hieß praktisch eine Art Österreich-Lösung, wie sie ja auch Adenauer schon 1958*[116] *angeregt hatte. Um einmal klarzumachen, was »Österreich-Lösung« im konkreten Sinne hieß, was in der deutschen Debatte nicht so recht begriffen zu sein scheint: zunächst ein Staatsvertrag und sodann kompletter Truppenabzug für eine österreichische Erklärung der immerwährenden Neutralität via Parlamentsbeschluss und ein Verfassungsgesetz – also nicht Neutralisierung, was etwas ganz anderes ist und in der deutschen Debatte häufig (bewusst?) zusammengewürfelt wird (um das Thema totzureiten?).*

Wie sah Kohl diesen Vorstoß Genschers? Er ging ja in dieser Rede noch weiter, indem er tatsächlich davon sprach, den Geltungsbereich der NATO nicht weiter nach Osten bis an die

114 Siehe Anmerkung 119, S. 235.
115 Tagebuch, 31.1.1990, S. 237.
116 Siehe Anmerkung 84, S. 189.

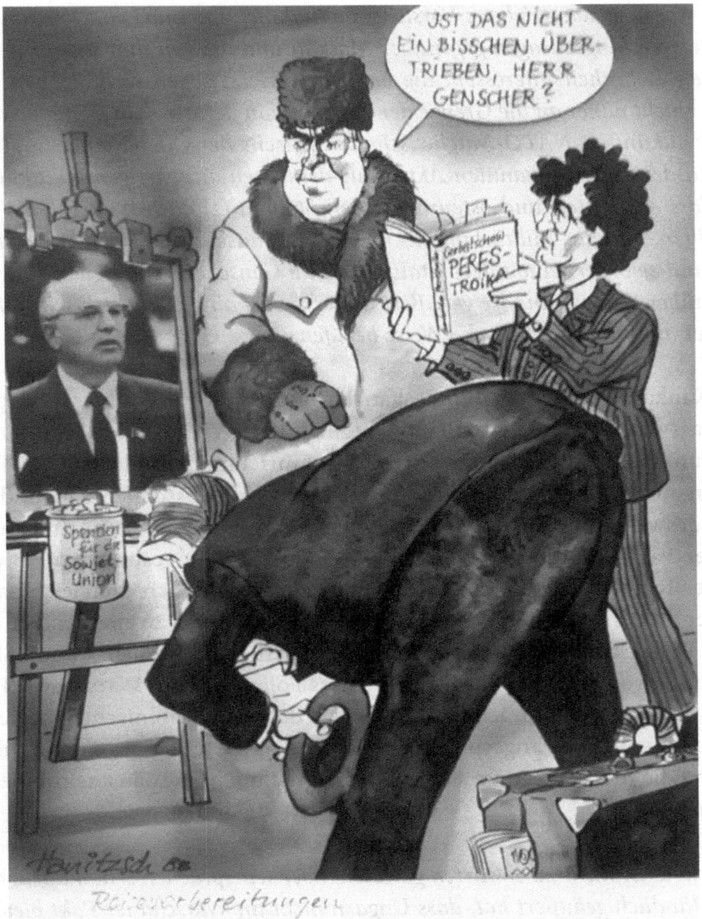

»Ist das nicht ein bisschen übertrieben Herr Genscher?«,
so lautet die unmissverständliche Karikatur von Dieter Hanitzsch

russische Grenze auszudehnen. Weshalb und warum konnte er so etwas sagen? Sie halten fest: »Er versucht, Pflöcke einzurammen.« Aber was bedeutete das? Wie konnte er überhaupt für Deutschland und die NATO sprechen und ernsthaft annehmen, dass das auch einfach so vorbehaltlos durchgeht? Zudem fragt sich auch, ob Neutralität für Deutschland tatsächlich auch das bedeutet, was man intern immer betont und auch nach außen gesagt hat, nämlich eine Isolierung angesichts der Mitgliedschaft in den Europäischen Gemeinschaften und angesichts der beabsichtigten Vertiefung der Integration?

Sie schreiben, Genscher bekräftigte »seinen Vorbehalt, daß das NATO-Territorium nicht nach Osten ausgedehnt und die DDR nicht ›in die militärischen Strukturen der NATO‹ einbezogen werden dürfe.«[117] Ich frage mich als Historiker, was Genscher zu solchen Äußerun-

117 Tagebuch, 30.1.1990, S. 235; Zitat hier: 31.1.1990, S. 237.

gen trieb? Waren es übertriebene Vorsichtsmaßnahmen im Sinne von Vertrauensbekundungen und Verwendungszusagen gegenüber Moskau und die von ihm sehr ernst genommenen sowjetischen Sicherheitsinteressen, die er nicht verletzt sehen wollte? Hieß diese Position Genschers »nicht näher an die Grenze der Sowjetunion heran«[118] *in letzter Konsequenz nicht auch keine zukünftige NATO-Mitgliedschaften jenseits der Oder-Neiße? Es gibt wiederholte Hinweise in den Ihnen bekannten Akten zur deutschen auswärtigen Politik, dass er darauf drängte, dass die mittel- und osteuropäischen Staaten (zunächst?) keine NATO-Mitglieder werden sollten, also das Militärbündnis nicht weiter auszudehnen sei.*[119] *Das ist erklärungsbedürftig und erfordert eine Interpretation, zumal Genscher sich so ganz klar und eindeutig auch gegenüber Schewardnadse geäußert hatte.*[120] *Auf all das hat sich wiederholt Wladimir Putin später auf propagandistische Weise berufen.*

H. T.: Im Kaukasus haben der Bundeskanzler und Präsident Grobatschow ganz klar verabredet, dass das geeinte Deutschland Mitglied der NATO werden kann und bis zu diesem Zeitpunkt der deutschen Einheit NATO-Einrichtungen oder NATO-Truppen nicht nach Osten ausgeweitet werden dürfen. Das bezog sich ausschließlich auf das Gebiet der DDR. Bundeswehr ja, aber keine NATO-Einrichtungen oder NATO-Truppen. Über andere Warschauer-Pakt-Staaten ist meiner Erinnerung nach nie gesprochen worden. Das war im Sommer 1990. Wer hatte damals die Vorstellung, dass sich dreiviertel Jahr später der Warschauer Pakt friedlich auflösen würde? Ich kann mich an niemanden erinnern, der von dieser Perspektive sprach. Auch wenn wir wussten, dass Polen – wenn Sie so wollen – frei war, wurde von keiner Seite diskutiert, dass Polen aus dem Warschauer Pakt austreten würde. In den vielen Gesprächen, die ich mit der neuen polnischen Regierung geführt habe, wurde nie die Idee angesprochen, auszutreten. Geschweige, dass in dieser Phase irgendjemand die Idee hatte, dass sich nach eineinhalb Jahren später selbst die Sowjetunion auflösen würde.

M. G.: *Letzteres ist nicht zu erwarten gewesen, aber wir sprachen schon darüber, dass Antall unmissverständlich geäußert hat, dass Ungarn nicht im Warschauer Pakt bleiben wird. Das wurde deutlich beim Besuch Kohls in Budapest und war eine klare Botschaft. Man wusste schon 1989/90, dass die Warschauer Pakt-Staaten nicht mehr zusammenhalten. Genscher*

118 Dok. 47: Vorlage des Referatsleiters 201, Dreher, für Bundesminister Genscher, 7. 2. 1990, Anm. 11, in: Tim Geiger/Heike Amos (Bearb.), Die Einheit. Das Auswärtige Amt, das DDR-Außenministerium und der Zwei-plus-Vier-Prozess, hrsg. im Auftrag des Instituts für Zeitgeschichte München – Berlin, hrsg. von Horst Möller, Ilse Dorothee Pautsch, Gregor Schöllgen, Hermann Wentker und Andreas Wirsching, Göttingen 2015, S. 242–243.
119 Dok. 22: Vermerk des Leiters des Ministerbüros, Elbe, vom 26. März 1990 über das Gespräch von Bundesminister Genscher mit US-Außenminister Baker am 21. März 1990 in Windhoek, in: Andreas Hilger (Hrsg.), Diplomatie für die deutsche Einheit. Dokumente des Auswärtigen Amtes zu den deutsch-sowjetischen Beziehungen 1989/90, München 1998, S. 109–113, hier S. 113.
120 Dok. 20: Aufzeichnung des Dg 21, Höynck, vom 11., Februar 1990 über das Gespräch von Bundesaußenminister Genscher mit dem siowjetischen Außenminister Ševardnadze am 10. Februar 1990 in Moskau [Auszug], in: ebd., S. 98–105, hier S. 102; Marie Katharina Wagner, Ost-Erweiterung der Nato. Das große Rätsel um Genschers angebliches Versprechen. Im Februar 1990 sprach der damalige Außenminister mit der Führung in Moskau über die Ausdehnung der Nato nach Osten. Putin beruft sich noch heute darauf, in: *Frankfurter Allgemeine Zeitung*, 19.4.2014, http://www.faz.net/aktuell/politik/ost-erweiterung-der-nato-was-versprach-genscher-12902411.html (Abruf 29.2.2024).

hatte das klar erkannt und seine Zusicherungen an die sowjetische Seite und Dritte sind aktenkundig.

H. T.: Ungarn hatte schon freie Wahlen und war ein souveränes Land. Aber es war kein aktuelles Thema in der NATO zu diesem Zeitpunkt, dass die ehemaligen Warschauer-Pakt-Staaten in Mitteleuropa jetzt Mitglied der NATO werden sollten oder würden. Wir verstanden es als eine Idee von Herrn Antall, aber von uns fühlte sich keiner dazu bemüßigt, dazu beizutragen. Zu meiner Zeit hatte ich mit den Ungarn ausschließlich darüber gesprochen, dass sie Kontakt und Zusammenarbeit mit der Europäischen Gemeinschaft entwickeln. Mir gegenüber ist von keiner ungarischen Seite die Frage aufgeworfen worden, ob man zur NATO beitreten könne.

M. G.: *Das ist authentisch und glaubhaft. Man fragt sich nur, wie Genscher zu solchen Äußerungen bzw. Zusagen kommt. Wenn er davon spricht, dass die NATO sich nicht bis an die Grenze Russlands ausdehnen werde, muss er sehr weit vorausgeschaut haben. Ob er den Zusammenbruch der Sowjetunion schon vor Augen hatte, wage ich zu bezweifeln. Er war aber offensichtlich davon ausgegangen, dass der Warschauer Pakt, in der Form wie er sich auf der Konferenz in Bukarest im Juli 1989 präsentiert hatte – als klar war, dass die Breschnew-Doktrin*[121] *nicht mehr länger gültig sein würde – nicht mehr lange Bestand haben würde. Das ist meine Interpretation zur Beurteilung der Tutzinger Rede Genschers. Baker hat sich ja nahezu zeitgleich im Katharinen-Palast in Moskau gegenüber Gorbatschow in ähnlicher, fast wortgleicher Art, geäußert.*[122] *Er wird dann etwas später, gegen Ende Februar, von Bush zurückgepfiffen. Baker sagte zuvor das Gleiche wie Genscher auch zu Schewardnadse. Man hat den Eindruck, dass sich Baker und Genscher zeitweise abgestimmt haben in dieser Art von Sprachregelung gegenüber Moskau.*

H. T.: Das schließe ich nicht aus, denn Genscher war, wie gesagt, immer wieder in Washington, um sich mit Baker zu treffen. Die Wortprotokolle haben wir nie zur Kenntnis bekommen. In den erwähnten Rückfragen Bakers, ob es die Position des Kanzlers sei, ging er nie so weit, dass er mir gegenüber erwähnte, er habe mit Genscher über den NATO-Beitritt von Ungarn gesprochen.

M. G.: *Wenn ich es interpretieren sollte, würde ich zum Ergebnis kommen: Genscher wollte alles vermieden sehen, was die deutsche Einigung – das war ja Konsens mit Kohl und gemeinsames Ziel – gefährden könnte, v. a. mit Blick auf mögliche Einwände und Vorbehalte der sowjetischen Führung. Dabei sollten ihre Sicherheitsinteressen nicht verletzt werden. Das ist sonnenklar. Eine Gefährdung sowjetischer Sicherheitsinteressen sollte keineswegs erfolgen. Das war aus Sicht Genschers ein ernsthafter Hinderungsgrund dafür, dass die deutsche Einigung blockiert wird und am Ende gar nicht zustande kommt. Nur so erklärt sich meines Erachtens,*

121 Unter Breschnew-Doktrin wurde die »begrenzte Souveränität sozialistischer Länder« begriffen, die als politische Leitlinie der Sowjetunion seit 1968 galt. Im Falle einer »Konterrevolution« in sozialistischen »Bruderstaaten«, waren entsprechende schützende »Hilfsmaßnahmen« in Form von Interventionen als geboten angesehen.

122 Dok. Nr. 71: Gespräch Gorbačevs mit dem amerikanischen Außenminister Baker am 9. 2. 1990, in: Aleksandr Galkin/Anatolij Tschernjajew (Hrsg.), Michail Gorbatschow und die deutsche Frage. Sowjetische Dokumente 1986–1991, München 2011, S. 310–316, hier S. 312.

warum Genscher so vorgeprescht ist und zwar weit über das hinaus, was man im Bundeskanzleramt als Linie verfolgte.

Eine andere Sache, die aufhorchen lässt, halten Sie ebenfalls am 30. Januar fest: »Anruf von Dirk Koch, Spiegel Bonn. Er wisse von Überlegungen des Bundeskanzlers und von der SPD-Spitze, dass nach der Wahl in der DDR [Volkskammerwahl] keine Regierung gebildet, sondern ein Referendum über die Einheit Deutschlands für die Bildung einer verfassungsgebundenen [wahrscheinlich verfassungsgebenden] Versammlung erfolgen solle. Das werde alle Überlegungen auf der Grundlage des Grundgesetzes rasch beenden.«[123] *Ist Ihnen von dieser Idee eines Referendums als Überlegung des Kanzlers etwas bekanntgeworden?*

H. T.: Mir ist eine solche Überlegung des Bundeskanzlers nicht bekannt. Ich kann mich auch nicht erinnern, dass wir darüber einmal diskutiert hätten. Ich weiß nicht, woher Dirk Koch eine solche Information hatte. Ich schließe nicht aus, dass Außenminister Genscher oder einer seiner Mitarbeiter in dieser Richtung mit Koch gesprochen hat. Uns war bekannt, dass Genscher einen sehr intensiven Umgang mit Journalisten pflegte. Meiner Meinung nach konnte Kohl von ihm lernen, wie man mit Journalisten umgeht, um seine Position besser vertreten zu sehen.

M. G.: *Hat er sich diesen Rat zu Herzen genommen?*

H. T.: Nein. Helmut Kohl hat in den Jahren im Bundeskanzleramt, in denen ich dabei war, kein einziges Interview dem *Spiegel* oder *Stern* gegeben. Jeder neue Chefredakteur der beiden Magazine kam zum Antrittsbesuch zu mir mit der Frage, ob sie nicht doch einmal die Chance bekämen, ein Gespräch mit dem Kanzler zu führen. In der Regel hatte ich das sogar erreicht, indem ich Kohl vorschlug, den neuen Chefredakteur kennenzulernen. Bei diesen ersten Treffen kam immer zum Abschluss die Frage an den Bundeskanzler, ob man nicht doch ein Interview mit ihm machen könnte. Seine Antwort war: »Wir wollen sehen.« Er sagte nicht nein aber auch nicht ja. Dann kam wieder einmal ein relativ negativer Bericht über ihn im *Spiegel* oder im *Stern* und damit war das Thema erledigt. 13 Jahre lang hat Kohl kein Interview im *Stern* oder *Spiegel* gegeben.

M. G.: *War das ein Fehler? Hatten Sie es bedauert?*

H. T.: Ich persönlich hielt es nicht für richtig. Meiner Meinung nach kann man Journalisten mit Hilfe von Informationen »einkaufen«. Manche konnten sie auch mit Geld einkaufen. *Spiegel* und *Stern* sicher in der Weise nicht. Helmut Kohl war da absolut konsequent. Ein kritischer Artikel bedeutete keine Chance für ein Interview. Das Ergebnis war, dass ich regelmäßig Gespräche mit diesen Journalisten hatte, weil wir meiner Meinung nach unsere Politik auch erklären mussten. Eduard Ackermann, unser Pressemann im Kanzleramt und ich haben die Journalisten vom *Spiegel* und *Stern* durchaus empfangen.

M. G.: *Der Bundeskanzler ist zornig über den französischen Außenminister Dumas und seine Auffassung zur polnischen Westgrenze. Es wiederholt sich das Anliegen der Polen mit Blick auf Wünsche, die Grenzregelung politisch absolut wasserdicht zu regeln und so ein für alle*

123 Tagebuch, 30.1.1990, S. 233.

mal abzusichern. Das Verlangen wird von französischer Seite also unterstützt und das ärgert Kohl. Am 2. Februar schreiben Sie: Er verweist darauf, dass nach der Volkskammerwahl am 18. März beide freigewählten deutschen Parlamente eine gleichlautende Erklärung auf der Basis der Bundestagsentschließung vom 8. November 1989 abgeben werden.[124]

Meine Frage lautet: bestand zwischen dieser Zusicherung bzw. der Zustimmung zur Oder-Neiße-Grenze als polnische Westgrenze einerseits und einem weiteren offiziellen polnischen Verzicht auf Reparationen und einer vertraglichen Regelung der Rechte der deutschen Minderheit in Polen andererseits von Kohls Seite so etwas wie eine Art Junktim?

H.T.: Ich würde nicht von einem Junktim sprechen. Es waren einfach die zentralen Erwartungen und Forderungen an die polnische Seite. Helmut Kohl war nicht derjenige, der sagte »Solange das und das nicht passiert, spreche ich nicht mehr mit Euch.« Er wollte damit vielmehr klarmachen, was unsere Positionen sind, um in Polen keine Missverständnisse aufkommen zu lassen.

M.G.: *Nennen wir es nicht so formell, sondern eine implizite Erwartungshaltung oder einen politischen Zusammenhang.*

H.T.: Ja, natürlich. Der polnischen Seite war das immer bekannt, nicht zuletzt durch mich, denn ich wurde, wenn ich in Warschau war, regelmäßig vom Ministerpräsidenten empfangen und vom Außenminister, mit dem ich fast freundschaftliche Beziehungen unterhielt. Wir redeten sehr sehr offen miteinander. Ganz offen erklärte ich ihnen auf der einen Seite die Positionen des Kanzlers. Auf der anderen Seite waren die polnischen Gesprächspartner durchaus selbstbewusst und machten ihre Interessen deutlich. Ich war wirklich zutiefst davon überzeugt und habe es meinen polnischen Gesprächspartnern auf allen Ebenen erklärt, dass für Kohl die Beziehungen zu Polen von gleicher Bedeutung waren wie die zu Frankreich. Nicht überraschend aufgrund der polnischen Geschichte gab es ein großes grundsätzliches Misstrauen. Ein solches Misstrauen können Sie nicht durch eine Aussage überwinden, sondern das muss bewiesen werden, nicht nur durch Worte, sondern auch durch Taten.

M.G.: *Wie lautete die französische Reaktion auf Kohls Außen- und Nachbarschaftspolitik gegenüber Polen? Wie weit hat Dumas, weniger Mitterrand, diese offene Grenzregelungsfrage benutzen können, um den Einigungsprozess zu verlangsamen, zu verzögern oder sogar zu konterkarieren?*

H.T.: Dumas hatte nie die politische Bedeutung, einen solchen Prozess grundlegend zu beeinflussen. Es war ausschließlich eine Entscheidung von Präsident Mitterrand. Dumas war sehr eng mit Genscher und sie haben zusammen auch manches Spiel betrieben. Wenn einer von ihnen den Eindruck hatte zu wissen, wohin Präsident oder Bundeskanzler gehen wollten, schlossen sie sich sofort zusammen und hatten z.B. gemeinsame Interviews im *Spiegel* gegeben und verkauften sich als Vorkämpfer der europäischen Währungsunion und vergleichbarer Zielsetzungen. Ich habe nie erlebt, dass sich Mitterrand in irgendeiner inhaltlichen Sache auf Dumas berufen hätte.

124 Tagebuch, 2.2.1990, S. 240.

M. G.: *Wie weit war es für Mitterrand ein wichtiges Anliegen, dass sich Kohl klar auf die Westgrenze Polens festlegte?*

H. T.: Ich habe das in den vielen Gesprächen, die ich erlebt habe, so aufgenommen: Kohl hat seine Position erläutert und das hat Präsident Mitterrand zur Kenntnis genommen, ohne zu sagen »Helmut, lass es gut sein und mach das.« Dadurch, dass die Beziehungen am Ende sehr freundschaftlich waren, glaube ich, dass er Kohl vertraute. Wenn Kohl sagte, dieses Thema soll zu jenen Bedingungen zum Abschluss gebracht werden, hat er ihm vertraut.

M. G.: *Am 3. Februar schreiben Sie über das Problem der Lance-Modernisierung.*[125] *Offensichtlich geht es um Waffensysteme und Gespräche mit Brent Scowcroft: »Wenn darauf verzichtet werden sollte [die Modernisierung der Lance] müsste die Entscheidung in diesem Jahr getroffen werden und nicht erst im Januar 1991 – also einen Monat nach der Bundestags-Wahl.« Was ist damit gemeint?*

H. T.: Wenn ich mich richtig erinnere, ging es bei Lance um Kurzstreckensysteme.[126] Wir gingen davon aus, dass die SS 20-Mittelstreckenraketen das entscheidende Thema sind. Wenn sie auf eine Null-Lösung zurückgeführt würden auf beiden Seiten, hätte auch eine Lance keine Perspektive. Es war kein europäisches oder deutsches System, sondern ein amerikanisches und damit letztlich auch eine amerikanische Entscheidung. Es ging darum, den Amerikanern klarzumachen, wenn wir die Mittelstreckenraketen auf null bringen, gilt das natürlich auch für Kurzstreckenraketen.

M. G.: *Offensichlich ist bei diesem Eintrag, dass es sich um ein sensibles Thema handelte, was man nicht unbedingt in der Öffentlichkeit breitgetreten sehen wollte. Es musste auch einen Zusammenhang mit der Wahl geben.*

H. T.: Es bestand immer die Gefahr, dass solche Themen für den Wahlkampf genutzt werden. Da unsere Entscheidung feststand, dass die Lance-Systeme genauso abgerüstet werden sollten wie die Pershing, sollte das kein Thema mehr sein.

M. G.: *Sie erwähnen in diesem Zusammenhang, dass Scowcroft ein exzellenter Kollege ist. Er war der fünfte Sicherheitsberater im Weißen Haus, mit dem Sie zusammengearbeitet haben. Waren es nicht noch mehr? Bitte stellen Sie uns die bisherigen vor.*

H. T.: Der erste, den ich erlebt habe, war Richard Allen, der in der deutschen Politik sehr gut vernetzt war, insbesondere mit Franz Josef Strauß und der CSU, aber auch mit Helmut Kohl. So lernte ich ihn kennen. Er vermittelte den Eindruck, dass die Türen für die CDU/CSU in Washington weit offen stünden. Ihm folgte aber bereits im Januar 1982 Bill Clark. Er stammte wie sein Präsident Ronald Reagan aus Kalifornien. Als ich ihm 1983 zu einem ersten Gespräch im Weißen Haus aufsuchte, lud er mich spontan zu einer am Abend statt-

125 Tagebuch, 3.2.1990, S. 242–243; siehe Anmerkung 49, S. 140.

126 Die MGM 52 Lance war eine von den Vereinigten Staaten entwickelte nuklearfähige Kurzstreckenrakete. Sie gehörte zur Klasse der battlefield short range ballistic missiles, Hinweis von Jörg Beining für den Herausgeber.

findenden Rodeo-Veranstaltung in das Stadion von Washington D.C. ein. Das Stadion war hell erleuchtet, als die Rodeo-Reiter einzogen. Plötzlich erloschen die Lampen. Grelle Scheinwerfer richteten sich auf eine Limousine mit offenem Verdeck, in der stand Präsident Reagan und winkte dem begeisterten Publikum zu. Alle waren aufgestanden und legten die Hand auf die Brust und sangen mit großer Inbrunst die amerikanische Nationalhymne. Das war außerordentlich eindrucksvoll. Das war Hollywood pur.

Bereits im Oktober 1983 folgte der nächste Sicherheitsberater: Robert »Bud« McFarlane, im Dezember 1985 John Poindexter und im Januar 1987 Frank Carlucci. Er wurde im November 1987 von Collin Powell abgelöst. Diesem folgte im Januar 1989 Brent Scowcroft.

Für sie alle galt ich von Anfang an durch meine unmittelbare Nähe zu Bundeskanzler Kohl als der ›German National Security Advisor‹. Ich hatte zu allen problemlos Zutritt, wenn ich in Washington war. Mitte der 1980er Jahre errichteten wir eine vertrauliche Fernschreibverbindung zwischen dem Bundeskanzleramt und dem Weißen Haus. Brent Scowcroft sagte mir einmal Jahre später, sie hätten im Weißen Haus manchmal die Luft angehalten, was Bundeskanzler Kohl 1989/90 alles getan hätte. Ich sagte ihm daraufhin, wir hätten sie nicht immer vorher gefragt, ob sie mit den Entscheidungen und Maßnahmen des Bundeskanzlers einverstanden waren, aber wir hätten sie über alle Schritte des Bundeskanzlers informiert. Sie hätten immer gewusst, was wir tun. So hätte das Weiße Haus als einziges die Zehn-Punkte-Rede des Bundeskanzlers übermittelt bekommen, bevor er sie im Bundestag gehalten habe. Ich hatte sie am frühen Morgen vor der Bundestagsdebatte übermittelt, allerdings in deutscher Sprache. Der Präsident konnte daraufhin erklären, die Rede vorher erhalten zu haben. Er konnte sie nur nicht vorher lesen. Unsere Sorge war, dass bei vorheriger Unterrichtung Präsident George Bush wie der französische Präsident Mitterrand als auch Premierministerin Thatcher den Bundeskanzler gebeten hätten, vorher darüber noch einmal zu sprechen. Damit hätte der Bundeskanzler den Überraschungsmoment verfehlt.

10. Der Schritt zur Währungsunion und grünes Licht von Moskau

M. G.: *Am 6. Februar weisen Sie und Seiters darauf hin, die Entscheidung zur Währungunion sei jetzt doch anzukündigen.*[127] *Es wirkt wieder so, als hätte Kohl dazu angestoßen werden müssen. Musste Kohl zur Bekanntgabe der Schaffung einer Währungsunion und ihren Verhandlungen gedrängt werden?*

H. T.: Das war eine Schlüsselentscheidung, ob und wann man die Währungsunion nicht nur ankündigt, sondern auch vollzieht. Die Wirkung war so, wie sie auch erwartet wurde, dass es ein substanzieller Schritt in Richtung deutscher Einheit war, der von den Menschen in der DDR längst erwartet worden war. Helmut Kohl hat sich in solchen Fragen natürlich auf die Expertise seiner Finanzexperten verlassen. Von dort kam keine Initiative, wann und wie sie vollzogen werden sollte. Es ging auch um die Umtauschquote. Die Entscheidung war ganz banal. Mich rief eines Tages völlig überraschend ein Politiker aus Baden-Württemberg an. Es war nicht der Ministerpräsident Lothar Späth, sondern einer, der ihm einerseits immer nahestand, andererseits gleichzeitig als einer seiner Konkurrenten angesehen wurde: Gerhard Mayer-Vorfelder. Er war unser erster persönlicher Kontakt. Aber er wusste,

127 Tagebuch, 6.2.1990, S. 245–246, 7.2.1990, S. 247.

wer ich bin und welche Rolle ich hatte. Er sagte: »Sagen Sie dem Bundeskanzler, wenn er nicht heute noch die Währungsunion ankündigt, muss er davon ausgehen, dass morgen Lothar Späth das tun wird und sich damit an die Spitze dieses Themas stellt.« Sie war ja ein Grundstein der deutschen Einheit. Ich bedankte mich für die Information und ging sofort zum Bundeskanzler, um ihm davon zu berichten. Daraufhin reagierte er sofort, bestellte den Finanzminister ein, um diesen Vorschlag zu diskutieren. Der Präsident der Deutschen Bundesbank war in Ost-Berlin, nicht erreichbar. Daher konnte er nicht einbezogen werden, sonst hätte Kohl das getan. So stimmte er das weitere Vorgehen mit Bundesfinanzminister Waigel und den Experten im Kanzleramt ab. Auf diese Weise erfolgte die Ankündigung der Währungsunion ziemlich überraschend nach dem Motto: Who is first? In solchen Grundsatzfragen war ich der Meinung, dass es Aufgabe und Verantwortung des Bundeskanzlers sei und nicht die eines Landesregierungschefs sowie schon gar nicht eines, der so ehrgeizig war wie Späth. Es war ja offensichtlich, dass Lothar Späth weiterführende Ambitionen hatte, was seine politische Karriere betraf.

M. G.: *Es deckt sich exakt mit dem, was Sie im Tagebuch schreiben.*[128] *Gerhard Mayer-Vorfelder war Abgeordneter im Landtag von Baden-Württemberg. Bis 1991 war er Kultusminister und danach Finanzminister.*

H. T.: Mayer-Vorfelder galt als ein potenzieller Wettbewerber von Lothar Späth.

M. G.: *Nochmal zur Frage, ob Kohl gedrängt werden musste. Sie notierten nämlich auch: »BK nimmt meine Mitteilung etwas gereizt entgegen. Er sagt es nicht, aber ich, daß Späth es wieder einmal nicht abwarten könne und einen solchen entscheidenden Schritt ohne Abstimmung ankündigen will. Als ich frage, ob er Späth anrufen wolle, winkt er ab: Er denke nicht daran. Aber es arbeitet in ihm. Ich sehe es ihm an, auch wenn ich keine abschließende Antwort erhalte.«*[129]

Der nächste Eintrag vom 6. Februar 1990 lautet dann: »15 Uhr. Bundeskanzler in der CDU/CSU-Bundestagsfraktion kündigt völlig überraschend, was den Zeitpunkt betrifft, die Währungsunion an. Waigel ist anwesend«, usw.

Was den Finanzminister angeht, habe ich noch eine Rückfrage zum 31. Januar 1990. Es geht um den Nachtragshaushalt des Bundes. Waigel kommt mit einem Vorschlag von 1 bis 2 Milliarden D-Mark für Projekte in der DDR. Wie hat man diesen Vorschlag aufgenommen? War er unumstritten? Hat man mit einer solchen Summe gerechnet? Zu wenig oder gut genug für eine DDR, die noch vor der Volkskammerwahl stand, aber eben auch für eine noch bestehende ostdeutsche Regierung, die noch nicht abgesichert war und zu erwarten war, dass es möglicherweise eine völlig neue Führung geben würde? Wie war das Verhältnis von Helmut Kohl zu Theo Waigel, der Nachfolger von Gerhard Stoltenberg als Finanzminister war?

H. T.: Theo Waigel hatte als Bundesfinanzminister nicht nur eine Schlüsselrolle in der Bundesregierung, sondern auch in der CSU. Bei ihm wie bei anderen musste man diese beiden Seiten sehen. Eine Initiative oder Entscheidung war immer vor dem Hintergrund beider Unionsparteien zu sehen. Das Gewicht von Bundesminister Waigel war so, dass im Kanzleramt nicht die Stimmung herrschte, alles, was Waigel sagt, ist richtig und gut. Seine

128 Tagebuch, 6.2.1990, S. 245.
129 Ebd., S. 245.

Vorschläge wurden immer auf den Prüfstand gestellt. Wir hatten in der zuständigen Stelle im Kanzleramt sehr gute Leute, z. B. Dr. Ludewig, der später als Staatssekretär ins Finanzministerium ging. Der spätere Bundespräsident Horst Köhler war auch im Bundesfinanzministerium. In der Frage der Währungsunion hatte der Bundeskanzler Dr. Waigel einbestellt und sozusagen verordnet, sie vorzubereiten. Staatssekretär Tietmeyer war auch ein gewichtiger Kollege. Einmal in der Woche gab es im Bundeskanzleramt Besprechungen mit den Abteilungsleitern und dem Chef des Kanzleramtes. Kohl konnte dann die Wirtschafts- und Währungsunion ankündigen. Das war ein wesentlicher Schritt, um die Stimmung der DDR-Bevölkerung positiv zu beeinflussen.

M. G.: *Zuvor war Gerhard Stoltenberg Finanzminister. Was hat eigentlich zu diesem Ressortwechsel geführt, dass Stoltenberg das Verteidigungsministerium übernahm und Waigel sein Nachfolger wurde? Stoltenberg galt als strikter, seriöser und solider Finanzminister. Was war der Grund dafür, ihn abzulösen?*

H. T.: Wir brauchten einen soliden und seriösen Verteidigungsminister. Wer konnte das übernehmen? Gerhard Stoltenberg war in gewissem Sinne eine Allzweckwaffe. Ihm wurde die Kompetenz zugetraut, ein guter Verteidigungsminister zu sein. Gleichzeitig bot sich die Rochade an, wieder einen CSU-Politiker in eine Schlüsselposition zu bringen. Ich schätzte Minister Stoltenberg außerordentlich, u. a. weil er immer fair war.

M. G.: *In Ihrem Tagebuch steht durchgehend »Währungsunion«, manchmal auch »Wirtschafts- und Währungsunion«. Die offizielle Bezeichnung lautete »Währungs-, Wirtschafts- und Sozialunion«. Von wem kam diese präzisierte Triade mit der klaren Botschaft, dass auch eine Sozialunion für Deutschland beabsichtigt war?*

H. T.: Ausgangspunkt war die Währungsunion. Dass damit die Wirtschaft zusammenhängt, war eigentlich logisch. Das musste natürlich eingeordnet werden in den Gesamtzusammenhang und die Beziehungen. Wer diese Formel erweitert hat, kann ich Ihnen nicht sagen. Ich gehe davon aus, dass die Formel von den zuständigen Experten im Außen- und Finanzministerium stammte, die die Erklärung vorbereitet hatten.

M. G.: *Spannend ist ja auch die Debatte um Krönungs- und Lokomotivtheorie bei der Einführung einer Währung, eine Debatte, die später auch mit Blick auf den Euro geführt wird. Haben Sie noch in Erinnerung, wie sich die Präferenz seitens des Bundeskanzlers und von Ihrer Seite ausdrückte, gleichwohl Sie nicht der zuständige Experte für die Währungsfragen waren? Krönungstheorie hätte bedeutet, wenn ich es richtig verstehe, zuerst einmal die Entwicklung der wirtschaftlichen Verhältnisse abzuwarten, wie sich die Angleichung darstellte zwischen ost- und westdeutscher Ökonomie. Danach hätte man erst die gemeinsame Währung eingeführt. Die Frage wäre allerdings gewesen, wie lange das gedauert hätte. Nach der anderen Theorie wäre die D-Mark sofort eingeführt worden und die Lokomotive geworden für einen Wirtschaftsaufschwung im Osten, der aber so schnell gar nicht kommen sollte. In der Euro-Diskussion war es anders. Die französische Seite dachte, der Euro muss her, also Lokomotive, und die deutsche Seite sagte, verkürzt gesprochen, warten wir erst einmal, wie sich die Konvergenzkriterien darstellen und erst dann ist es soweit, dass der Euro eingeführt werden kann. Das waren völlig unterschiedliche Zugänge deutscher finanz- und währungs-*

technischer Überlegungen und mit Blick auf den Euro auch eine ganz andere Variante. Wie haben Sie das gesehen? Wie stand Kohl zur Umtauschfrage? Das war ja eine essentielle Frage für die vielen Menschen in der DDR. Wenn ich nicht irre, war eigentlich das ursprünglich angedachte Verhältnis 1 D-Mark zu 4 Ostmark beim Zwangsumtausch.

H. T.: Soweit ich es in Erinnerung und miterlebt habe, hat sich der Bundeskanzler auf seine Experten verlassen. Er hatte nicht den Anspruch und Ehrgeiz, das alleine entscheiden zu wollen, am besten zu wissen und die Wirkung am besten einzuschätzen. Inhaltlich und formal musste seine Entscheidung von den Experten vorbereitet werden.

M. G.: *Aber eine Präferenz wird der Kanzler gehabt haben, auch wenn er es nicht allein entscheiden und sich auf das Urteil der Experten verlassen wollte. Welche Neigung hatte er in dieser Frage?*

H. T.: Natürlich war er dafür, aber auch der Meinung, dass eine Umtauschquote 1 zu 1,7 politisch nicht verkäuflich sei.

M. G.: *Es gibt ein Interview mit Kohl, das später geführt wurde. Dort sagt er 1:1 bzw. 1:2 und zwar mit dem Argument, dass man bedenken müsse, was die Menschen in der DDR mitgemacht hätten über Jahrzehnte. Alles andere wäre ihm unfair vorgekommen und eine Geringschätzung der DDR-Bürger. Da war nicht nur eine politische Entscheidung, sondern auch eine moralische, menschliche und psychologische Überlegung.*[130] *Deckt sich das mit Ihren Erinnerungen an Kohls Präferenz für diese Umtauschrelation?*

H. T.: Bei diesen Gesprächen war ich nicht eingeschaltet. Es war eine andere Abteilung. Ich habe auch dafür Sorge getragen, dass Kompetenzen nicht verwischt wurden, zumal ich zum Abteilungsleiter Wirtschaft und Finanzen, Dr. Ludewig, großes Vertrauen hatte. Ich hatte ihn ins Kanzleramt geholt, weil ich wusste, dass es ein sehr fähiger und fachlich hochqualifizierter Kollege war. Für mich war die Grundsatzentscheidung wichtig, es jetzt durchzuführen. Wie, wer und mit wem, das war nicht meine Verantwortung.

M. G.: *Wir kommen zu einem Bereich, der zu Ihrem Kompetenzfeld gehört. Es geht um den Prozess der Verhandlung über die äußere Einheit. Die innere ist schon abgesteckt. Am 9. Februar taucht zum ersten Mal die Formel »4+2-Gespräche« in Ihrem Tagebuch auf.*[131] *Später bürgert sich der Begriff »Zwei-Plus-Vier« ein. Genscher reklamiert das ausgehend von der Konferenz in Ottawa als den »Geburtsort«, an dem er war.*[132] *Haben Sie noch Erinnerungen daran, wie es zu dieser Formel kam und wer es fixiert hat? Mit der Frage der Benennung sind auch immer wichtige rechtliche und politische Botschaften verbunden, was ich Ihnen nicht sagen muss.*

H. T.: Soweit ich mich erinnere, war es die persönliche Abstimmung zwischen dem Bundeskanzler und Außenminister Genscher, von vornherein deutlich zu machen, dass Deutsch-

130 Helmut Kohl, in: Heribert Schwan/Rolf Steininger, Die Bonner Republik 1949–1989, Berlin 2009, S. 302–356, hier S. 342–344.

131 Tagebuch, 9.2.1990, S. 252.

132 Genscher, Erinnerungen, S. 724–730, hier S. 724.

land nicht allein an einem Katzentisch sitzt, wie schon einmal bei einer Vier-Plus-Zwei-Formel, sondern wenn, dann muss es eine Zwei-Plus-Vier-Formel sein. Das war sehr schnell Konsens zwischen allen Beteiligten.

M. G.: *Kommen wir zur Vorbereitung des lang ersehnten Moskau-Besuchs, auf den Sie schon fieberhaft hingearbeitet hatten und Kohl verständlicherweise auch. Sie gaben die Leitlinien für diesen Besuch des Kanzlers vor. Um welche handelte es sich und wieweit bestanden Prioritäten? Sie konnten wissen, dass vorher Modrow zu Besuch bei Gorbatschow in Moskau sein würde. Das war übrigens am 30. Januar 1990 und Sie wussten, dass vor Ihnen auch noch Baker kommen würde. Kohl war mit Ihnen dann in Moskau. Es war die erste Begegnung mit Gorbatschow seit dem Fall der Mauer.*

H. T.: Dieses Gespräch hatten wir seit Wochen erwartet. Kohl und Gorbatschow hatten zwar mehrfach telefoniert. Gorbatschows Hauptbotschaft war, dass alle beteiligten Seiten dafür sorgen sollten, dass der gesamte Prozess unter Kontrolle bleibt, dass es keine unerwartete Entwicklungen gebe, die die andere Seite unter Zugzwang setzen würde und jetzt alles getan werden müsse, um einen friedlichen Prozess zu garantieren. Auf diesen Hintergrund war die Zehn-Punkte-Rede erfolgt, die Gorbatschow als Diktat empfunden haben soll. Es ging im Prinzip darum, zu erklären, was Sinn und Zweck dieser Rede war und sich über die zukünftigen Beziehungen zu verständigen. Wir hatten das Problem, dass nach dem Mauerfall 1990 kein Zeitrahmen mehr für eine Begegnung Kohls mit Gorbatschow zur Verfügung stand, nicht zuletzt auch deshalb, weil der Bundeskanzler versuchen wollte, Ministerpräsident Németh in Ungarn im Wahlkampf zu helfen. Also war es wichtig, vorher noch nach Ungarn zu reisen. Es gab eine Reihe von Schwierigkeiten, um Termine mit Gorbatschow zu verabreden. Dann kam der Besuch von Mitterrand in Kiew dazwischen, der mit uns nicht abgestimmt war. Wir erwarteten, dass im Januar ein Gesprächstermin endlich möglich sein würde. Es scheiterte an der überraschenden Ankündigung aus Moskau, dass Gorbatschow sämtliche Gespräche mit ausländischen Regierungspartnern abgesagt hätte. Wir wussten nicht warum und wieso und waren schon nervös, weil wir dringend auf ein persönliches Gespräch zwischen dem Bundeskanzler und dem Generalsekretär Gorbatschow warteten. Erst Ende Januar kam die Nachricht, dass Anfang Februar das Gespräch in Moskau stattfinden könne. Als später Schewardnadse nicht mehr im Amt war, hatte ich die Gelegenheit nachzufragen, was denn im Januar 1990 in Moskau los gewesen sei. Er berichtete mir, dass sie in dieser Zeit in der sowjetischen Führung noch diskutiert hätten, ob sie in der DDR militärisch intervenieren sollten oder nicht. Auf meine Frage, wer Hauptmotor dieser Position gewesen sei, nannte er den ehemaligen Botschafter in der Bundesrepublik Valentin Falin, der damals ZK-Sekretär für internationale Beziehungen war.

Anfang Februar flogen wir nach Moskau. Dort fand das erste Gespräch mit Gorbatschow statt. Bereits in diesem Gespräch sagte er ziemlich zu Anfang plötzlich einen Satz, der dazu führte, dass uns ein Schauer über den Rücken lief: Es sei nun Sache beider deutscher Staaten, ob sie sich vereinigen wollen, wie schnell, wann und wie. Ich musste das alles mitschreiben. Mir war klar, jetzt erlebe ich Geschichte. Ich flüsterte Kohl zu, er möge dafür sorgen, dass Gorbatschow diese Formel noch einmal wiederholt. Das ist in der Tat gelungen. Somit hatten wir grünes Licht für die deutsche Einheit. Die Formel wurde in Deutschland etwas kritisiert, aber es war so.

M. G.: *Noch zur Ergänzung: Im Vorfeld versicherten Sie und Kohl, dass alles, was bisher vereinbart worden war, Gültigkeit hat, vom Moskauer Vertrag über die KSZE-Schlussakte, die Bonner Erklärung vom 13. Juni 1989 etc. Abrüstung war ganz klar ein Anliegen. Es gibt hier erkennbar einen Konsens mit Genscher, dass eine vertragliche Regelung für eine zeitlich begrenzte sowjetische Truppenpräsenz auf ehemaligem DDR-Territorium denkbar sei, zumal es für die Sowjetunion nicht so einfach war, diese Masse an Soldaten auf die Schnelle abzuziehen. In Ihrem Tagebuch gibt es auch den Hinweis auf den Besuch von Baker in Moskau.*[133]

H. T.: Baker war vor uns in Moskau. Er hatte mich angerufen und mir mitgeteilt, dass er vor Helmut Kohl in Moskau sein werde und Gespräche führe. Er würde dafür sorgen, dass wir über die Ergebnisse seiner Gespräche sofort unterrichtet würden. Nachdem wir in Moskau gelandet waren, übergab mir unser Botschafter einen Brief von Außenminister Baker an den Bundeskanzler. Darin gab er uns zu verstehen, dass sein Besuch zufriedenstellend verlaufen sei und wir damit rechnen könnten, dass auch der Bundeskanzler positive Antworten erhalten werde, ohne sie im Detail zu benennen. Das war ein wichtiges Signal für uns, dass wir auch mit positiven Ergebnissen rechnen könnten. Auch die Tatsache, dass Schewardnadse Helmut Kohl am Flughafen empfing, war für uns ein Zeichen, dass der Besuch positiv verlaufen werde.

M. G.: *Baker war vor Kohl in Moskau und zwar vom 7. bis 9. Februar 1990. Sie halten betreffend den 10. Februar fest: »Er (Baker) habe auch die Frage der NATO-Mitgliedschaft angesprochen. Die Bundesregierung sei dafür und gegen Neutralisierung [sic!].« Es ist offensichtlich immer wieder notwendig, zu erwähnen, dass Deutschland nicht neutralisiert [sic!] sein wolle. Gemeint war aber wohl eine Neutralität, denn Neutralisierung ist, wie gesagt, etwas anderes, wird von außen nicht souveränen Staaten auferlegt und hat daher mit Souveränität nichts zu tun.*

Sie halten weiters fest, was ausgehend von Baker mitgeteilt wurde: Die Bundesregierung sei für die NATO-Mitgliedschaft und gegen eine Neutralisierung [sic!]. Die USA würden dem zustimmen und die Sowjetunion sollte ein solches Ergebnis nicht zurückweisen. Baker richtete die Frage an Gorbatschow, ob er ein geeintes Deutschland außerhalb der NATO vorziehen würde, das unabhängig sei, ohne US-Truppen oder ein geeintes Deutschland in der NATO mit der Zusicherung, dass »die Jurisdiktion der NATO nicht ausgedehnt« werde. Laut Baker habe Gorbatschow geantwortet, »daß sie über alle diese Optionen nachdenken würden« und hinzugefügt habe, »daß jede Ausdehnung der NATO für sie nicht akzeptabel wäre«.[134]

Damit ist die Debatte über das so genannte Versprechen des Westens berührt, die NATO nicht weiter nach Osten bis an die russische Grenze auszudehnen,[135] *eine Diskussion, die einen langen Schatten geworfen hat bis hin zum aktuellen Kontext des russischen Ukrainekriegs – zuvor schon von Putin instrumentalisiert wurde, gleichwohl sie auch einen historisch wahren Kern hat.*

133 Tagebuch, 9.2.1990, S. 252.
134 Tagebuch, 10.2.1990, S. 256.
135 Siehe hierzu die Studie der besten Kennerin dieser Kontroverse: Mary Elise Sarotte, Nicht einen Schritt weiter nach Osten. Amerika, Russland und die wahre Geschichte der NATO-Osterweiterung, München 2. Auflage 2023; dazu auch: Michael Gehler, Keine NATO an der russischen Grenze – nur Legende und Propaganda?, in: *Politikum* (Sonderheft 2022), S. 64–71.

Man kann sicher feststellen: der Besuch in Moskau vom 10. Februar war ein Erfolg für die deutsche Einigungspolitik. ›Es ist Sache der Deutschen‹, hieß auch freie Hand und grünes Licht von Moskau. Gorbatschow zieht sich praktisch schrittweise von der Regelung der deutschen Frage zurück. Er kann diese offensichtlich nicht mehr regeln und steuern.

Eine Grundsatzfrage stellt sich dabei: wir haben auf verschiedenen Ebenen Verhandlungen. Sie betreffen neben der innerdeutschen Konstellation die EG-Mitglieder und -Institutionen, den KSZE-Kontext und den Zwei-plus-Vier-Rahmen. Die innere Einigung zeichnet sich ab mit der anvisierten Wirtschafts-, Währungs- und Sozialunion sowie einem deutschen Staatsvertrag, die beide den äußeren Verhandlungen vorausgehen. Wieweit war die Frage der Verkoppelung oder auch der Entkoppelung, also die Trennung von innerer und äußerer Einigungspolitik strittig? Teils war es ein gleichzeitiges Geschehen, teils liefen die deutsch-deutschen Einigungsprozesse vorher ab. War das eine gezielte Vorgehensweise im Sinne einer Strategie nach dem Motto, die deutsch-deutsche Einigung rasch unter Dach und Fach zu bringen, um damit ein Präjudiz für die äußere Einigung und damit eine deutschlandpolitische Unumkehrbarkeit mit innerdeutschen Fakten zu schaffen, die sozusagen die Frage der äußeren Einheit zu einer Formsache machten? Das würde bedeuten, dass die vollendeten Tatsachen auf der inneren Ebene als bedeutender und von größerem Gewicht für die Erreichung des Einheitsziels waren. Inwieweit war die Frage der Entkoppelung von Inhalten und Verhandlungen auf diesen beiden Ebenen im Bundeskanzleramt und im Auswärtigen Amt Konsens oder ein Streitpunkt? Die Ebenen, ihre Verschränkungen und Lösungen zur Forcierung der deutschen Einigung waren doch sicher ein Thema, um Fakten zu schaffen, an denen sich nichts mehr machen ließ. Wenn man das Volkskammerwahlergebnis, die Währungsunion, die D-Mark für die DDR und einen Staatsvertrag hatte, wer wollte daran noch rütteln und das umkehren? Wer sollte das auf der äußeren Ebene noch verhindern können?

H.T.: Unabhängig ob geteiltes oder geeintes Deutschland war die Frage, ob die Vier-Mächte-Verantwortung weiterbesteht und ob damit den vier Siegermächten weiterhin bestimmte Rechte eingeräumt sind. Auch der Status von Berlin hing davon ab. Es war klar, dass mit der inneren Einigung sich diese Fragen stellten. Wie sollen die Beziehungen zu den Vier Mächten ausgestaltet sein? Sollten die Vier-Mächte-Truppen bleiben, wenn Berlin geeint wird? Damit gab es schon von Anfang an einen klaren Zusammenhang, dass den inneren Einigungsprozess zwingend notwendig machte, um den äußeren Status neu zu überlegen und nach Möglichkeit in Richtung Souveränität aufzulösen. Es gab von daher mit den vier Siegermächten keinerlei Diskussionen, ob der innere Einigungsprozess möglich sein kann, bevor der Vier-Mächte-Status aufgehoben war. Die Währungsunion wurde entschieden, als es die Vier-Mächte-Verantwortung noch gab.

M.G.: *Klar. Der sowjetische Botschafter in Berlin-Ost hatte ja noch versucht, ausgehend von der Vier-Mächte-Verantwortung Einspruch gegen die Einführung der Währungs-, Wirtschafts- und Sozialunion zwischen Bundesrepublik und der DDR zu erheben, d. h. gegen den festgesetzten Termin 1. Juli. Der sowjetische Botschafter hat Veto-Drohungen durchblicken lassen, wie wir von Lothar de Maizière wissen.*[136] *Was war der Hintergrund? Mit Einführung der Währungsunion auf dem Gebiet der DDR änderten sich die Preis-Lohn-Verhältnisse, was für*

136 De Maizière, »Herr Präsident Gorbatschow, die Zeit, in der ein Ministerpräsident der DDR zum Befehlsempfang kommt, ist vorbei«, S. 306–307.

die Lebenshaltungskosten der Sowjettruppen Folgen hatte. Der Zusammenhang von innerer und äußerer Ebene blieb bestehen und eine völlige Entkoppelung war praktisch nicht machbar.

Ich habe noch eine weitere Frage: der deutsche Diplomat und Leiter der politischen Abteilung in der deutschen Botschaft in Moskau Joachim von Arnim hat sich im Februar 1990 im Vorfeld des Kanzlerbesuchs in der russischen Metropole gegen die Haltung seines Chefs in Bezug auf sein zu starkes Entgegenkommen gegenüber der Sowjetunion geäußert. Von Arnim war nicht nur gegen die Bereitschaft Genschers, die Zukunft des geeinten Deutschlands in der NATO in Frage zu stellen, sondern auch über den Zeitpunkt seines Vorpreschens irritiert. Der Diplomat hatte folglich einen Brief an Sie geschrieben, aus dem hervorging, dass es in Bezug auf Deutschland nicht notwendig sei, über eine Limitierung der NATO zu sprechen, eine Position, von der Genscher abgebracht werden müsse. Welche Erinnerungen haben Sie noch an diesen aufschlussreichen Vorgang? Von Arnim taucht in Genschers Erinnerungen bezeichnenderweise nicht auf. Er hatte im Unterschied zu seinem Vorgesetzten eine andere Lösung aufgezeigt: »Wir können uns die Einheit kaufen und zwar mit Geld. Sicherheitspolitische Konzessionen würden wahrscheinlich gar nicht nötig sein.«[137]

Aus der Forschungsliteratur[138] *ist bekannt, dass Sie positiv auf von Arnims Brief reagierten. Wie nahm der Bundeskanzler diese Informationen auf, den Sie umgehend davon unterrichteten? Inwiefern kam dieser vertraulichen Information eine Bedeutung für den weiteren Meinungsbildungs- und Entscheidungsfindungsprozess im Kanzleramt zu, z. B. in verhandlungstaktischer und -strategischer Hinsicht? War das eine fundamentale wie neue Erkenntnis, die dem Bundeskanzleramt das Gewicht und den Vorrang in der Einigungspolitik vor dem Auswärtigen Amt zukommen ließ?*

H. T.: Herr von Arnim hatte mir schriftlich seine Besorgnis mitgeteilt, dass sein Minister Genscher dazu tendiere, der Sowjetunion Zugeständnisse bez. der Zukunft der NATO zu machen. Das war ein ungewöhnlicher Schritt, dass ein Diplomat des Auswärtigen Amtes sich direkt an mich wandte. Ich habe ihn daraufhin gebeten, mich bei seiner nächsten Reise nach Bonn aufzusuchen. Das tat er dann auch. Ich erklärte ihm die Position des Bundeskanzlers, die seiner Besorgnis Rechnung trage. Es blieb bei diesem einen Gespräch.

M. G.: *Wichtig ist Ihr Tagebucheintrag am 12. Februar*[139]*: Telefonat Helmut Kohl mit Kommissionspräsident Jacques Delors. Bitte »um möglichst enge Zusammenarbeit in den nächsten Monaten«. Worum ging es Kohl? Klar ist: Delors sollte bei der Lösung der Probleme der DDR, sprich ihrer Einbeziehung in die EG und den gemeinsamen Markt, möglichst behilflich sein. Es ging aber nicht nur um das, sondern auch um den bestehenden Rechtsbestand der Europäischen Gemeinschaften. Dieser war komplex. Wie hat sich das aus Ihrer Sicht entwickelt und dargestellt, auch wenn Sie nicht direkt damit konfrontiert waren?*

H. T.: Wir hatten in Kommissionspräsidenten Delors einen wirklich guten Freund und Berater. Er wurde zum entscheidenden Vermittler im Prozess der europäischen Integration

137 Joachim von Arnim, Zeitnot. Moskau, Deutschland und der weltpolitische Umbruch, Bonn 2012, S. 265–268.

138 Mary Elise Sarotte, Nicht einen Schritt weiter nach Osten. Amerika, Russland und die wahre Geschichte der Nato-Osterweiterung, München 2023, S. 79–80.

139 Tagebuch, 12.2.1990, S. 263.

sowie der Einbindung der ehemaligen DDR. In der Regelung kam er zunächst nach Bonn, um mit dem Bundeskanzler die nächsten Schritte zu diskutieren. Das war immer sehr freundschaftlich und sehr konstruktiv. Als nächstes ging er nach Paris, um mit Mitterrand zu reden. Er war ein ständiger Mittler zwischen Frankreich und Deutschland. Nicht nur, dass er versuchte zu verstehen und aufzuklären, sondern er war in der Lage, zwischen den Positionen kreative Lösungen zu erarbeiten, die beiden Seiten gerecht wurden. Delors war für uns ein absoluter Glücksfall. Helmut Kohl vertraute ihm absolut und im Prinzip auch Mitterrand. Er war der richtige EG-Kommissionspräsident zum richtigen Zeitpunkt.

M.G.: *Wenn man sich die Geschichte der Erweiterung der Europäischen Gemeinschaften anschaut, fällt auf, dass die Politikwissenschaftler und Historiker diese Erweiterung um die DDR kaum erwähnen, so als wäre sie eine rein deutsche Angelegenheit. Es war aber auch eine Erweiterung der Gemeinschaften, übrigens die schnellste in der Geschichte der EG und der EU. In wenigen Monaten hat man praktisch ein Territorium integriert, das noch dazu auf einem sozialistischen Gesellschaftsmodell sowie einer kommando- und planwirtschaftlichen Wirtschaftsstruktur aufgebaut war. Umso erstaunlicher ist es, wie schnell das gelingen konnte und zwar sogar noch über eine einzige Sommerpause hinweg. Man kann diese Verhandlungsleistung eigentlich gar nicht hoch genug schätzen. Es war übrigens ein Niederländer namens Carlo Trojan, den Delors als Kommissionspräsident beauftragt hatte, diese Verhandlungen in Ost-Berlin mit DDR-Vertretern zu führen. Er war vormaliger Kabinettschef des niederländischen Euro-Kommissars Frans Andriessen und sodann stellvertretender Generalsekretär der Europäischen Kommission, der auch der westdeutschen Delegation angehörte, die über die Vereinigung Deutschlands verhandelte und später von 1997 bis 2000 Generalsekretär der Europäischen Kommission. Die Erweiterung zur Währungs-, Wirtschafts- und Sozialunion erfolgte am 13. Februar laut Ihrem Tagebuch.*[140]

In der »Tagesschau« gab Kohl bekannt, so notieren Sie, »in Moskau habe es nun grünes Licht für die Einigung Deutschlands gegeben.« Der Bundeskanzler setzte damit ein Zeichen und rammte offensichtlich damit wieder Pflöcke ein. Damit ist er Genscher zuvorgekommen.

H.T.: Ja, Genscher war nicht dabei. Er hatte vorher noch Gespräche geführt mit seinem Außenministerkollegen Schewardnadse und kam frustriert aus Moskau zurück mit dem verdeckten Vorwurf ›Mit der Zehn-Punkte-Rede habt ihr erst einmal eine Katastrophe ausgelöst.‹ Er hatte aber auch nicht die Chance bekommen, vor Helmut Kohl grünes Licht für die deutsche Einheit in Moskau zu erhalten.

M.G.: *Man sieht, wie fallweise wieder und wieder angespannt und zuweilen kleinlich das Verhältnis zwischen den Spitzen im Auswärtigem Amt und Bundeskanzleramt war.*

17. Februar 1990[141]*: Es zeichnet sich ein zunehmender Dissens ab zwischen Außenminister Genscher und Verteidigungsminister Stoltenberg, festgemacht an den Fragen der NATO-Zugehörigkeit nach Osten und der NATO-Truppen-Präsenz in der DDR. In Folge geht es auch immer wieder um die Frage der Ausmaße der Reduzierung der Mannschaftsstärken der deutschen Bundeswehr. Wie haben Sie diesen Streit erlebt, beurteilt und wahrgenommen? Wer hat sich am Ende durchgesetzt?*

140 Tagebuch, 12.2.1990, S. 263; 13.2.1990, S. 264–265, hier S. 265.
141 Tagebuch, 17.2.1990, S. 276.

H.T.: Es ging um die Frage, in welcher Größenordnung die Bundeswehr reduziert werden sollte und welche zukünftige Truppenstärke man Gorbatschow anbieten sollte. Das löste noch auf dem Flugzeug nach Moskau ein persönliches Streitgespräch zwischen dem Bundeskanzler und dem Außenminister aus. Ich war Augen- und Ohrenzeuge, wie Kohl und Genscher sich stritten. Ich hatte den Eindruck, dass Kohl diesen Streit fast genoss, um zu dokumentieren, wer am Ende das Sagen hat. Es war fast ein Machtspiel. Letztlich war es aber nicht ganz so entscheidend, ob man eine Reduzierung der Bundeswehr auf 470.000 oder 370.000 Mann vertritt. Kohl ging es in diesem Streit ums Prinzip, wer entscheidet. Kohl setzte sich im Gespräch mit Gorbatschow durch und dieser akzeptierte es.

M.G.: *Wir sind bei der spannenden Frage, wann der Bundeskanzler von der Richtlinienkompetenz Gebrauch macht. Unlängst haben wir bei Bundeskanzler Scholz und den Ministern Habeck und Lindner erfahren, dass es in Form eines Briefes geschehen kann. Hat Kohl diese Kompetenz in Ihrer Zeit als Kanzlerberater jemals in Form eines Briefes machen oder es mit geballter Faust verkünden müssen oder musste er es gar nicht erst schriftlich dokumentieren?*

H.T.: Ich kann mich nicht erinnern, dass er es in irgendeiner Frage schriftlich dokumentiert hätte. Es ging manchmal schon lautstark zu. Er wusste aber auch, wo die Grenze einer solchen Auseinandersetzung ist. Er brauchte ja Genscher als Koalitionspartner. Er ist nie so weit gegangen, dass es zu der Grundsatzfrage gekommen wäre, die Koalition fortzusetzen oder nicht.

M.G.: *Gorbatschow spricht in dieser Zeit, wir reden vom 21. Februar 1990, noch von einem »Friedensvertrag für Deutschland«, gleichwohl man schon vorher von Zwei-Plus-Vier bzw. Vier-Plus-Zwei gesprochen hatte. Die Frage der Benennung ist nicht ohne Bedeutung, geschweige denn Brisanz. Wie ist es letztlich gelungen, das Thema Friedensvertrag nicht auf den Tisch sowie gar nicht erst in Papiere und Verträge gelangen zu lassen? Das hätte weitreichende Konsequenzen gehabt mit Blick auf Forderungen von Drittstaaten. Wer hatte nicht alles Deutschland in den letzten April- und ersten Mai-Tagen 1945 noch den Krieg erklärt?*

H.T.: Es waren über 50 Staaten. Ein Friedensvertrag wäre eine Katastrophe gewesen. Ich kann mich nicht erinnern, dass dies in den tatsächlichen Verhandlungen irgendwann Gegenstand gewesen wäre. Von vornherein war klar, dass es nicht um einen Friedensvertrag geht, sondern um vertragliche Vereinbarungen zwischen der Bundesrepublik und der Sowjetunion und die Ablösung der Vier-Mächte-Verantwortung.

M.G.: *Am 1. März 1990*[142] *geht es um die Frage, wie die deutsche Vereinigung vollzogen werden soll. Einheit laut Artikel 23 oder nach Artikel 146 Grundgesetz? Welche Erinnerung haben Sie an diese Debatte, die nicht so eindeutig und schnell entschieden zu sein schien, allerdings im Bundeskanzleramt offensichtlich relativ einhellig bewertet wurde (übrigens auch von De Maizière)? Offensichtlich war es eine zunächst noch offene Frage. Welche Erinnerung haben Sie an die interne Diskussion und wie man zur schnellen Lösung durch Artikel 23 gelangte?*

142 Tagebuch, 1.3.1990, S. 290.

H. T.: Ich war ja nur am Rande mit dieser Frage befasst und hatte es mehr oder weniger beobachtet, denn ich war in die Gespräche nicht unmittelbar einbezogen, da es nicht zu meinem Verantwortungsbereich gehörte. Ich ging davon aus, dass sich der Bundeskanzler in dieser Frage durchsetzen wird. Daher war ich nicht beunruhigt, dass hier etwas geschehen könnte, was unseren Interessen zuwiderlaufen konnte. In meiner Erinnerung hat es sich relativ schnell beruhigt. Im Einzelnen kann ich Ihnen nicht sagen, wer welche Position wie begründet hat.

M. G.: *Ihre Erinnerung trügt Sie nicht. Am 6. März 1990 halten Sie fest: Die Koalition einigt sich über Artikel 23 Grundgesetz.*[143] *Im Grunde war das ein koalitionspolitischer Durchbruch zur Entscheidung der raschen inneren Einigung. Man muss sich einmal vorstellen, man hätte verhandelt über eine neue Verfassung in einer Konstellation, wo sich schon neue internationale Krisen und Konfliktszenarien abgezeichnet haben. Im Baltikum, in Jugoslawien und am Golf war das so. Niemand wusste, wie lange sich Gorbatschow noch halten konnte. Der KPdSU-Parteitag hatte noch nicht stattgefunden.*

Am 14. März ist die Umtauschregelung 1:1 für ostdeutsche Kleinsparer klar.[144] *Es gab dann eine gewisse Staffelung. Ich möchte nochmal Hans Tietmeyer in Erinnerung rufen. Bevor er Bundesbankpräsident (1993–1999) wird, ist er Sonderbeauftragter zur Regelung der Wirtschafts-, Währungs- und Sozialunion. War das nicht Ausdruck eines gewissen Misstrauens oder Zweifels gegenüber Theo Waigel, wenn man Tietmeyer einschaltete?*

H. T.: Darüber habe ich mir nicht den Kopf zerbrochen. Es waren Entscheidungen, die ich zur Kenntnis genommen habe. Ich musste oft zum Bundeskanzler sagen ›Das ist nicht meine Verantwortung‹ und hörte dann »Das ist mir egal, Sie machen das!« Trotzdem habe ich mich nicht um alles gekümmert und kümmern müssen. Die Fragen der Währungseinheit, der verfassungsmäßigen Regelung der Einheit habe ich beobachtend begleitet aber nicht versucht, mich einzumischen bzw. mitzumischen. Meine Tagesordnung war genug gefüllt mit anderen Dingen.

M. G.: *Am 19. März wird deutlich, dass es konkrete Vorstellungen über eine neue Bank gibt und zwar eine Europäische Bank für Wiederaufbau und Entwicklung, die European Bank for Reconstruction and Development (EBRD). Zwischen Bonn und Paris gibt es Überlegungen, dass als Präsident Jacques Attali in Frage kommt. War das von Seiten Mitterrands eine Erwartung oder mehr noch als das, eine Forderung, dass ein Franzose Präsident sein soll und deutsches Entgegenkommen mit Blick auf die Stärkung der deutsch-französischen Beziehungen im Lichte der deutsch-deutschen Vereinigungspolitik? Hatte das auch Folgewirkungen für die Debatte in Zukunft, wo der Sitz der Europäischen Zentralbank sein und wer ihr Präsident sein sollte? Sitzfragen sind heißen Themen. Schließlich wurde Sitz der EZB – nicht selbstverständlich – Frankfurt am Main und Präsident zunächst ein Niederländer namens Wim Duisenberg. Können Sie etwas sagen über die politische Ebene der Kommunikation zwischen Paris-Bonn und wie Attali Präsident dieser wichtigen Bank wird?*

143 Tagebuch, 6.3.1990, S. 295.
144 Tagebuch, 14.3.1990, S. 303.

H.T.: Diese Entscheidung ist mir in meiner Erinnerung noch sehr bewusst, die natürlich überraschte. Attali hatte eine Schlüsselposition im Elysée. Sie war schon optisch sichtbar, denn bevor Sie in das Zimmer des Präsidenten eintreten konnten, musste man an seinem Schreibtisch vorbeigehen. Wer zum Präsidenten wollte, kam an Attali nicht vorbei. Er versuchte, in allen Bereichen mitzumischen. Es war klar, dass auch Frankreich versuchte, Schlüsselpositionen in Europa zu besetzen und ebenso klar war, dass Attali einmal ein wichtiges Amt, eine weiterführende Funktion bekommen und darin eine führende Rolle spielen würde. Ich hatte eher erwartet, dass er irgendwann Minister wird. Zwei andere aus dem Beraterkreis von Präsident Mitterrand sind Minister geworden. Hubert Védrine wurde Außenminister und Elisabeth Giugou. »Ich selbst bin keiner geworden«, pflegte ich zu sagen.

M.G.: *Das war ein Fehler und kann man wohl auch so sagen.*

H.T.: Ich hatte keine Illusionen, denn mit solchen persönlichen Entscheidungen tat sich Kohl immer schwer. Irgendwie hatte ich immer das Gefühl, er wollte sich nicht der Kritik aussetzen, eine persönliche Aufwertung meiner Person durchzusetzen.

Ich fand es okay, dass Jacques Attali nach so vielen Jahren der Zusammenarbeit und vor dem absehbaren Karriereende Mitterrands von ihm noch promoviert wurde. Wir unterstützten es sofort. Aber eine andere Sache habe ich dabei durchgesetzt. In Ungarn hatte es ja im Januar Wahlen gegeben. Miklós Németh war ohne Funktion, weil er die Wahl verloren hatte. Ich schlug vor, Attali als Präsidenten zu akzeptieren unter der Bedingung, dass Németh Vizepräsident werde. Attali akzeptierte dieses Anliegen im Sinne Némeths sofort. Der Bundeskanzler unterstützte meinen Vorschlag ebenso. So sind Miklós Németh und ich noch heute gute Freunde.

M.G.: *Am 21. März 1990 geht es um die Ausgestaltung der Sicherheitsstrukturen und das Bundeskanzleramt hat klare Prämissen für das zu einende Deutschland: NATO-integriert ohne NATO-Einrichtungen auf dem Gebiet der DDR. Die Präsenz der USA müsse jedoch in Deutschland erhalten bleiben. Die Präsenz amerikanischer Truppen schließe grundsätzlich auch die Präsenz amerikanischer Nuklearwaffen ein, »deren Umfang und Struktur aber verhandelt werden müsse«,*[145] *so lautete es beim Besuch von Kohl bei Bush in Camp David. Dort wurde auch auf Seiten der Amerikaner gesagt: »No nukes, no troops«. Es ist von einem Junktim die Rede. Ich zitiere: »Beim jüngsten USA-Besuch Kohls in Camp David habe auf Seiten der Amerikaner weiter das ›no nukes, no troops‹-Junktim bestanden.« Wie ist das zu verstehen gewesen? Wollten die Amerikaner unbedingt in Deutschland bleiben oder war das mehr ein bundesdeutsches Verlangen? Wenn ja, wie weit spielte dabei die noch vorhandene russische Militärpräsenz auf ostdeutschem Territorium eine Rolle, denn solange dort sowjetische Truppen standen, war es durchaus begründbar, erklärbar und nachvollziehbar, wenn nicht sogar zwingend zu verlangen, dass amerikanische Truppen auf westdeutschem Territorium bleiben sollten.*[146]

H.T.: Es war ohne Zweifel eine selbstverständliche Prämisse, solange sowjetische Truppen auf dem Gebiet der DDR standen, immerhin 370.000 Mann mit voller Bewaffnung und im

145 Tagebuch, 21.3.1990, S. 312.
146 Das folgende Gespräch wurde am 22.3.2023 in Rottach-Egern geführt.

gesamten Warschauer Pakt über 500.000 sowjetische Truppen einschließlich Atomwaffen, dass die alliierten Truppen, soweit sie nicht von sich aus abgezogen wurden, stationiert bleiben. Die Bundeswehrerweiterung auf das Gebiet der DDR war von den Sowjets akzeptiert worden. Es gab darüber keine Diskussion.

M. G.: *War angesichts des Umstandes, dass nach wie vor, auch nach Abschluss der äußeren Einheit Deutschlands, die Präsenz von Truppen auf deutschem Territorium gegeben war, ein prekärer Schwebezustand? Ich kann mich noch erinnern aus persönlichen Gesprächen mit meinem Vater auf Autofahrten durch Thüringen, der zu mir meinte: »Solange die russischen Truppen hier noch stationiert sind, bin ich mir nicht sicher, ob die Einheit wirklich als abgeschlossen bezeichnet werden kann.« Wie sahen Sie das zur Zeit, als Sie für Kanzler Kohl tätig waren? Ab 1. Januar 1991 waren Sie zwar schon in Diensten der Bertelsmann Stiftung. Hat es Sie auch bewegt oder gar besorgt, dass Truppen immer noch in Deutschland stationiert waren? Wir sprechen noch darüber, wie schwierig es war, den Abzug der russischen Verbände zu regeln und zu finanzieren.*

H. T.: Die Präsenz sowjetischer Truppen war vereinbarungsgemäß noch vier weitere Jahre in Ostdeutschland zugesichert. Wir hatten keinen Zweifel, dass sie abgezogen werden. Die Frage für die russischen Verbände bestand darin, wohin sie gehen sollten. Sie waren ja mit ihren Angehörigen in der DDR. Für die Familien gab es in der UdSSR nicht ausreichend Kasernen und Unterkünfte. Wir mussten also helfen, dass diese gebaut wurden, um den Abzug sicherzustellen. Dafür haben wir Milliarden ausgegeben. Es ist erstaunlich reibungslos gelaufen, dass innerhalb von vier Jahren 500.000 sowjetische Truppen aus Mitteleuropa einschließlich ihrer Waffen- und Nuklearsysteme plus Familienangehörigen friedlich abgezogen wurden und nach Hause gingen. Es hat keinen einzigen Zwischenfall irgendwelcher Art gegeben. Ich nahm an der Abschiedszeremonie in Berlin 1994 teil. Eine ehemalige sowjetische Einheit sang ein Lied in deutscher Sprache: »Wir sind als Feinde gekommen und wir gehen als Freunde«. Das war sehr berührend. Präsident Jelzin war anwesend. Er hatte schon kräftig getrunken. Er stand schwankend auf dem Platz und begleitete die Zeremonie. Es war sehr bewegend, was wir dort erlebten.

M. G.: *Von meinem Kollegen Jörg Beining erfuhr ich von einem Dritten, der lange gedient und berichtet hat, dass nach Abschluss der Verträge die Radargeräte abgeschaltet und die Waffenbestände abgebaut wurden. Eine Gefahr soll in diesen vier Jahren nicht mehr bestanden haben. Man hatte insbesondere logistische Probleme zu lösen, was schwerer wog als alles andere.*

H. T.: Der sowjetische Botschafter kam einmal zu mir und sagte, sie würden nun auch Immobilien freigeben, die wir eigentlich bezahlen müssten. Ich klärte ihn darüber auf, welche Kosten für uns mit den Immobilien verbunden seien. Die sowjetische Seite hatte versucht, aus allem Kapital zu schlagen.

M. G.: *Hat die russische Seite in diesen Jahren nach dem geplanten und vereinbarten Abzug ihrer Truppen erwartet, dass auch auf westlicher Seite entsprechend gehandelt würde, d. h. amerikanische und britische Truppenbestände ebenfalls reduziert und am Ende auch abgezogen werden?*

H. T.: Soweit ich verantwortlich und dabei war, war die Reduzierung der alliierten Truppen kein Thema. Das einzig existierende Thema war die Reduzierung der Bundeswehr. Über die Größenordnung gab es Streit zwischen Kohl und Genscher. Genscher wollte mehr reduzieren als Kohl. Aber Kohl wollte sich zu diesem Zeitpunkt nicht abschließend auf eine Obergrenze für die Bundeswehr festlegen. Er wollte sich einen Verhandlungsspielraum offen halten. Außenminister Genscher dagegen war zu diesem Zeitpunkt überzeugt, dass nur eine Oberzahl von rund 340.000 erreichbar sein werde. Im »Zwei-plus-Vier-Vertrag« verpflichtete sich Deutschland, die Bundeswehr-Streitkräfte auf 370.000 Mann zu beschränken. Ich habe die 2+4-Verhandlungen nicht im Detail verfolgt.

11. Europa und der Westen machen ihren Frieden mit der deutschen Einigung

M. G.: *Am 23. März ist Bundeskanzler Kohl in Brüssel im Rahmen der EG-Kommission.*[147] *Es kommt zu einem Vieraugengespräch mit Präsident Delors. Daran schließt sich unmittelbar die Begegnung mit der Kommission an, die zu einer Sondersitzung zusammengetreten ist. Die Botschaft des Bundeskanzlers besteht in der Aussage, die deutsche Einigung werde den europäischen Integrationsprozess beschleunigen. Er kündigt eine Initiative zur Politischen Union an. Wie realistisch konnte man im Bundeskanzleramt an die Verwirklichung einer Politischen Union im Rahmen der EG denken? Der Binnenmarkt war noch nicht realisiert, die Währungsunion in der Planungsphase und beides noch offen in der Abfolge. Die politische Union wäre die Konsequenz der Währungsunion gewesen. In welchen Zeiträumen hat man gedacht? Ich kenne einige interne Dokumente, die Kohl betreffen. Es ist erstaunlich, dass er immer in größeren Zeiträumen gedacht hat, auch mit Blick auf die europäische Integrationsentwicklung. Wie haben Sie Kohl in Erinnerung, was das Statement »Die Politische Union ist auch eines unserer Ziele« anbelangt? In welchen Zeiträumen hat er sich dazu intern geäußert?*

H. T.: Der Ursprung dieses Vorschlags ist zu bedenken. Im Herbst 1989 hatten wir die Erfahrung gemacht, wie zögerlich Frankreich plötzlich den Einigungsprozess Deutschlands begleitet hat. Konnten oder sollten wir etwas tun, um Frankreich die Gewissheit zu geben, dass wir auch nach der Einigung Deutschlands ein enger Partner Frankreichs bleiben und gleichzeitig am Ziel der europäischen Integration festhalten? Ich verabredete mit Bundeskanzler Kohl, dass er einen Brief an Mitterrand schreibt und ihm vorschlägt, den nächsten Schritt in Richtung europäische Integration vorzubereiten, nämlich in Richtung einer Politischen Union. Er schrieb ihn. Ich sprach mit dem Berater des Präsidenten Jacques Attali darüber und hatte den Eindruck, dass unser Vorschlag mit großer Genugtuung und Begeisterung auf französischer Seite aufgenommen wurde. Wir hatten gar nicht konkretisiert, was Politische Union im Einzelnen beinhalten sollte. Wir wollten erst einmal die Richtung vorgeben. Das Echo war phänomenal und auch die Voraussetzung dafür, dass Frankreich die Einheit voll unterstützte. Die Entscheidung über unseren Vorschlag sollte auf dem nächsten EU-Gipfel 1990 in Dublin getroffen werden. Zusammen mit Frankreich waren wir ein Motor der europäischen Integration.

147 Tagebuch, 23.3.1990, S. 316.

M. G.: *Definitiv ist auf dem Gipfel von Maastricht im Dezember 1991 folgendes beschlossen und vertraglich festgelegt worden: Wirtschafts- und Währungsunion (WWU), Politische Union sowie eine Gemeinsame Außen- und Sicherheitspolitik (GASP).*

H. T.: Schon im Frühjahr 1991 gab es den Entschluss, eine Politischen Union anzustreben, ohne sie im Einzelnen zu konkretisieren.

M. G.: *Was hat letztlich dazu beigetragen, dass die Politische Union in Folge nicht mit mehr Nachdruck verfolgt wurde? Kohl war ja noch bis 1998 Bundeskanzler und Mitterrand noch bis einschließlich 1995 Staatspräsident von Frankreich.*

H. T.: Das kann ich nicht beantworten, da ich nicht mehr dabei war. Auch Genscher war dann nicht mehr da, der in dieser Richtung durchaus auch ein Motor der Integration war. Mit dem Staatssekretär für Europapolitik im Außenministerium sprach ich zum Abschied. Er sagte auch, dass es in der Europapolitik nie einen Dissens zwischen dem Außenministerium und uns im Bundeskanzleramt gegeben habe. Er beklagte nur, dass Genscher ein Stadium erreicht habe, das ich von Kohl auch kannte, nämlich die Chefs hören immer weniger zu. Sie wissen alles schon selber am besten.

M. G.: *Sie dürften mit dem Frühjahrsgipfel der Staats- und Regierungschefs der Europäischen Gemeinschaften – nach meinen chronologischen Aufstellungen war das Treffen am 25. und 26. Juni 1990 in Dublin – zufrieden gewesen sein. Unter der irischen Ratspräsidentschaft wurde für Dezember 1990 eine Regierungskonferenz angesetzt, die über die Verwirklichung der Wirtschafts- und Währungsunion sowie der Politischen Union beraten sollte, was dann in Maastricht 1991 festgelegt werden sollte.*

H. T.: Im Herbst 1989 schrieben wir den Brief an Mitterrand. In Dublin wurde die Grundsatzentscheidung getroffen, in Richtung einer Politischen Union zu gehen.

M. G.: *Die Frage der Bündniszugehörigkeit eines zukünftig zu vereinenden Deutschlands ist noch unklar. Am 12. April 1990 vermerken Sie in Ihrem Tagebuch, dass Schewardnadse eine Doppelmitgliedschaft Deutschlands in der NATO und im Warschauer Pakt vorschwebte.*[148] *Wie hat man das von Ihrer Seite aufgenommen?*

H. T.: Das haben wir nicht ernstgenommen und die Idee praktisch sofort ad acta gelegt. Sie war so absurd, dass wir weder darüber geredet noch nachgedacht haben.

M. G.: *Immerhin sprach sich Schewardnadse in der Mai-Ausgabe der Zeitschrift* NATO 16 Nations *für eine »ernsthafte Prüfung der Doppelmitgliedschaft des vereinten Deutschlands in NATO und Warschauer Vertragsorganisation« aus, wobei er präzisierte: »bis zur Schaffung neuer Sicherheitsstrukturen in Europa«. Das erschien als Übergangslösung. »Da der Westen den sowjetischen Vorschlag eines neutralen Deutschlands als unannehmbar betrachte und die Sowjetunion ihrerseits ein vereintes Deutschland in der NATO ablehne, sei der Vorschlag einer Doppelmitgliedschaft ein ›akzeptabler Kompromiß‹. Schewardnadse wiederholt ebenfalls den*

148 Tagebuch, 12.4.1990, S. 335.

sowjetischen Vorschlag eines Friedensvertrages mit Deutschland.« So steht es in Ihrem Tagebuch.[149] *Sie schreiben noch dazu: »Es gibt jedoch niemanden im Westen, der einen solchen Vorschlag einer Doppelmitgliedschaft ernsthaft diskutiert und in Erwägung zieht. Dieser Vorstoß der sowjetischen Führung wird mit Sicherheit ins Leere stoßen.« Das ist der Stand am 12. April.*

H. T.: Später wurde es in einer anderen Variante ein Thema. US-Präsident Bill Clinton hat mir persönlich erzählt, dass er Präsident Boris Jelzin persönlich vorgeschlagen hatte, Mitglied der politischen Organisation der NATO zu werden. Er habe diesen Vorschlag mündlich und schriftlich gemacht. In den Memoiren von Clinton befindet sich darüber eine Andeutung. Jelzin habe geantwortet, das sei für Russland zu früh. Ich habe den russischen Verteidigungsminister und späteren Kreml-Chef Sergej Iwanow einmal daran erinnert: »Auch Dein Chef Putin war anfänglich durchaus aufgeschlossen für so eine Idee.« Er antwortete, es sei für sie immer noch ein Thema, Mitglied der politischen Organisation der NATO zu werden, nicht aber der militärischen, weil sie sich nicht vorstellen könnten, dass die Bundeswehr sie gegen China verteidigen würde. Von keiner Seite wurde das Thema weiter diskutiert und von keinem anderen NATO-Mitglied aufgegriffen. Ich weiß auch nicht, ob die Amerikaner es mit irgendeiner Regierung innerhalb der NATO besprochen haben. Ob es nach meiner Zeit von der Bundesregierung noch einmal aufgegriffen wurde, entzieht sich meiner Kenntnis.

M. G.: *Intern war die französische Variante ab der zweiten Hälfte der 1960er Jahre zur Lösung der gesamtdeutschen NATO-Frage ein Thema: Paris war aus dem integrierten Oberkommando ausgeschieden, blieb aber der politischen Organisation zugehörig. Diese Version wurde im Kontext der deutschen Vereinigung auch zwischen Gorbatschow und Mitterrand diskutiert. Gorbatschow schlägt es vor. Das taucht in Ihrem Tagebuch auch auf, aber im Westen schien kein Interesse, geschweige denn Verständnis dafür bestanden zu haben.*

Eine andere Thematik zeichnet sich am 19. April 1990[150] *am Horizont ab und zwar im Zusammenhang mit Ihrem Treffen mit dem ungarischen Außenminister Horn und Botschafter Horváth. Es ist die Lage in der Sowjetunion und in Litauen. Wie weit war die Entwicklung im Baltikum absehbar ein Störfaktor für den Abschluss des deutschen Einigungsprozesses? Die drei baltischen Staaten waren keine Volks-, sondern Sowjetrepubliken, also eine andere Dimension für den Kreml als die Volksrepubliken Polen und Ungarn.*

H. T.: Mit großer Sorge beobachteten wir, wie russische Truppen versuchten, in den baltischen Staaten zu intervenieren. Wir waren besorgt, dass dies den gesamten Verständigungsprozess mit der Sowjetunion gefährden könnte. Zum Glück griff Gorbatschow ein und zog die sowjetischen Truppen wieder ab. Darüber waren wir heilfroh. Es war ein Zeitpunkt, der zu einer erheblichen Krise hätte führen können. Wir hatten auch kein Instrument, um darauf einzuwirken. Wir konnten dem sowjetischen Partner immer sagen, dass wir es nicht unterstützen können und werden, hatten aber kein Mittel, um eine Befriedung herbeizuführen.

149 Ebd., S. 335.
150 Tagebuch, 19.4.1990, S. 340.

M. G.: *Zuerst ist aber doch Gorbatschow im Januar 1991 dafür eingetreten, dass militärisch interveniert wird.*

H. T.: Ja, ich weiß, anfänglich war er dafür.

M. G.: *Das war ein gänzlich anderes Gesicht, das der Reformpolitiker zeigte.*

In Dublin kam es immer wieder zu Begegnungen im Rahmen der irischen Ratspräsidentschaft. Genscher ist am Außenministertreffen beteiligt. Kommissionspräsident Delors gibt einen positiven Bericht ab. Es ist bemerkenswert, dass es eine spezifische Gegnerschaft gibt. Dänemark und Portugal sprechen sich gegen eine Politische Union Europas aus. Dass die Briten keine Freunde einer Politischen Union für die EG waren, ist klar. Wie erklärt sich aber die Gegnerschaft Dänemarks und Portugals, die Sie auch als beachtenswert in Ihrem Tagebuch[151] *festgehalten haben?*

H. T.: Daran habe ich keine Erinnerung mehr. Das sagt mir, dass sich das Problem relativ schnell aufgelöst hat. Wer versucht hat, die Lage zu befrieden, kann ich Ihnen nicht sagen.

M. G.: *Sie halten fest, dass nicht nur Andreotti ursprünglich sehr kritisch eingestellt war, sondern auch Poul Schlüter aus Dänemark. Sie konnten allmählich auf eine Linie gebracht werden.*

Am 30. April 1990 erwähnen Sie de Maizière.[152] *Wie stand er Ihrer Erinnerung nach ganz grundsätzlich zur Sowjetunion? Hatten Sie den Eindruck, dass er ein Stück weit russophil war?*

H. T.: Nein, den Eindruck hatte ich nicht. Ich hatte den Eindruck, dass er es zunehmend genoss, Regierungschef zu sein und einen Status anzustreben wie ihn Helmut Kohl in der Bundesrepublik hatte. So ähnelte manchmal die Situation wie der zwischen Pat und Patachon, vor allem, wenn man sie nebeneinanderstehen sah. Sie waren solche konträren Persönlichkeiten. Kohl war nie zimperlich bei der Durchsetzung von politischen Zielen, wenn er sie für richtig hielt. De Maizière war ein musischer Typ. Er war sehr empfindsam, und der Größenunterschied hat ihm sicher auch zu schaffen gemacht. Schon optisch war es nicht möglich, den gleichen Status wie Kohl zu haben. Er hatte auch nicht die Mittel und Instrumente, Entscheidungen zu treffen oder vorzubereiten, die das Thema Gesamtdeutschland betrafen. Er war auch einer, der sich schwertat, schnell Entscheidungen zu treffen. Sein Staatssekretär Günther Krause war ständig in Bonn, um mit Bundesminister Schäuble und Bundesminister Seiters zu reden. Seine Botschaft war immer die gleiche: »Wir müssen möglichst rasch die Wiedervereinigung erreichen, denn wir können es nicht, die DDR entwickeln und modernisieren. Wir brauchen die Unterstützung der Bundesregierung«. Das war die gegenteilige Meinung zu seinem Chef de Maizière. Es gab den offensichtlichen Widerspruch zwischen den beiden. De Maizière, der gerne Ministerpräsident war und auch geblieben wäre und Krause, der möglichst für den nächsten Morgen die Wiedervereinigung wünschte.

M. G.: *Am 30. April geht es um die Bonner Zwei-Plus-Vier-Verhandlungen. Sie schreiben, dass der letzte Tagesordnungspunkt aufgrund der offenbar anhaltenden Friedensvertragsdis-*

151 Tagebuch, 28.4.1990. S. 352.
152 Tagebuch, 30.4.1990, S. 353.

kussion »seitens der sowjetischen Delegation ergänzt« und jetzt »abschließende völkerrechtliche Regelung und Ablösung der Rechte und Verantwortlichkeiten der Vier Mächte« lautet.[153] *Das ist sinngemäß die etwas ausführlichere spätere Vertragsbezeichnung. Nochmals die Frage: wie ist es gelungen, das Thema Friedensvertrag vom Verhandlungstisch wegzubringen, zumal es mit erheblichen völkerrechtlichen, vermögensrechtlichen und reparationsspezifischen Rattenschwänzen verbunden sein musste? Es konnte ja durchaus noch in sowjetischem Interesse sein, einen Friedensvertrag mit Deutschland zu unterzeichnen – mit der DDR wollte das der Kreml in der Vergangenheit nicht, sondern mit Deutschland als Ganzes. War das eine Sache, die sich die sowjetische Delegation noch für Gegenleistungen abkaufen lassen wollte?*

H. T.: Nach meiner Erinnerung war das nie ein Problem in den Gesprächen mit Gorbatschow. Ich kann mich nicht erinnern, dass er jemals von einem Friedensvertrag gesprochen hätte, auch nicht, dass es ein Thema innerhalb der Bundesregierung gewesen ist. Von Anfang an bestand Konsens aller Beteiligten, dass es keinen Friedensvertrag geben kann. Das einzige Ziel war ein Vertrag mit der Sowjetunion und die Ablösung der Vier Mächte-Verantwortung. Ich habe keine internationale Diskussion zum Thema Friedensvertrag erlebt.

M. G.: *Sie schreiben das Wort Friedensvertrag fallweise in Anführungszeichen. Damit distanzieren Sie sich selbst davon.*

H. T.: Uns war klar, dass ein Friedensvertrag bedeuten würde, mit über 50 Nationen, mit denen Deutschland im Kriegszustand gewesen war, Verträge abschließen zu müssen und Reparationsfragen zu klären. Später haben wir solche Diskussionen in Italien erlebt, in Griechenland und in Polen. Die Neigung, ja Versuchung, Reparationen von dem »großen starken Deutschland« zu fordern, war permanent vorhanden. Solange sie aber nicht von den vier Großmächten eingefordert wurden, waren sie kein Thema.

M. G.: *Eine andere Frage: Haben Sie in den vielen spannenden Wochen und Monaten des Jahres 1990 den Eindruck gewonnen, dass es zwischen Schewardnadse und Gorbatschow eine Abstimmung gegeben hat und sie auch mit einer Stimme gesprochen haben? Traten sie geschossen auf?*

H. T.: Soweit ich es erlebt habe und mitverfolgen konnte, gab es zwischen beiden keinen sichtbaren oder spürbaren Widerspruch. Es war ganz klar, wer die Führungsrolle hatte, und Schewardnadse ist uns gegenüber nie mit einer Forderung aufgetreten, die neu für uns gewesen wäre. Wir erlebten ihn immer als außergewöhnlich loyal gegenüber Gorbatschow.

M. G.: *Hat es ein Verhältnis zwischen Ihnen, Kohl und Schewardnadse gegeben wie mit Baker, der bei Ihnen mit Blick auf Genscher rückfragte »Is this the position of the Chancellor«?*

Ich kann mich erinnern, als wir ein Gespräch nach der Buchpräsentation »Europa und die deutsche Einheit«[154] *2017 in Berlin hatten, wo Sie am Rande haben wissen lassen, dass*

153 Ebd, S. 354.
154 Michael Gehler/Maximilian Graf (Hrsg.), Europa und die deutsche Einheit. Beobachtungen, Entscheidungen und Folgen, Göttingen 2017.

Ihnen von mehrmaligen Begegnungen zwischen Genscher und Schewardnadse keine Protokolle zur Kenntnis zur Verfügung gestellt worden sind, d. h. praktisch Intransparenz gegenüber dem Bundeskanzleramt herrschte, während vice versa Sie über die Begegnungen Kohls mit Gorbatschow oder Schewardnadse regelmäßig korrekt das Auswärtige Amt unterrichtet haben.

H. T.: Es war immer wieder Praxis des Auswärtigen Amtes, dass wir Gesprächsprotokolle des Außenministers nicht bekamen. Als sich Schewardnadse mit Genscher am Grab seines Bruders in Polen getroffen hat und es bekannt war, dass sie ausführliche Gespräche hatten, wurde uns nie ein Gesprächsprotokoll zugeleitet. Auf meine Anfrage gelegentlich beim Staatssekretär im Auswärtigen Amt, wo das Protokoll bliebe, bekam ich immer wieder die Antwort, der Außenminister werde den Bundeskanzler persönlich unterrichten. Wenn ich Kohl nach einem Gespräch mit Genscher fragte, was dieser berichtet habe, antwortete er, warum ich denn frage, ich wisse doch, Genscher würde ihm nichts erzählen. Damit war es für Kohl erledigt. Wir richteten uns also nicht nach den Aussagen des Außenministers, die wir nicht kannten, sondern nach der Position des Bundeskanzlers.

M. G.: *Spannend finde ich Ihre persönlichen Einschätzungen im Tagebuch, die immer wieder durchblitzen. Sie sprechen von einer deutschen Mafia in Moskau, die sich um Gorbatschow und Schewardnadse herum bewegte: Erwähnung finden dabei Alexander Bondarenko, Valentin Falin, Wadim Sagladin, Nikolai Portugalow und Julij Kwizinskij. Was meinten Sie mit der »deutsche[n] Mafia«*[155]*? Das ist ja nicht gerade ein schmeichelhaftes Wort für Diplomaten und Vertreter einer anderen Nation.*

H. T.: Mafia ist in diesem Zusammenhang ein flapsiger Begriff, aber sollte zum Ausdruck bringen, dass diese Gruppe, die alten Haudegen aus dem sowjetischen Außenministerium und dem ZK, schon seit 20 Jahren eine Rolle gegenüber der Bundesrepublik gespielt haben. Ich erinnere mich an den für Deutschland zuständigen langjährigen Leiter der außenpolitischen Abteilung im sowjetischen Außenministerium Alexander Bondarenko, einem Glatzköpfigen, der mindestens 20 Jahre für Deutschland zuständig war. Wir wussten, dass es sich gar nicht lohnt, mit solchen Leuten zu reden, weil deren Positionen durch Gorbatschow und seine Berater längst überholt waren. Auch Botschafter Falin entwickelte sich in diese Richtung. Wir konnten ihn nicht als eine Persönlichkeit verstehen, die uns unterstützen würde. Ich erlebte ihn einmal bei einem Abendessen in der Redoute in Bad Godesberg, wo er sich in einer unerträglichen Weise über Gorbatschow ausließ, als dieser noch amtierender Präsident war. An diesem Abend war er kaum zum Aushalten. Seine vernichtende Kritik an Gorbatschow zeigte mir, dass es keinen Sinn ergab, mit solchen sowjetischen Partnern zu reden. Mich ärgerte nur, dass er ein- und ausging bei Egon Bahr, Gräfin Dönhoff, bei der Hamburger Mafia, wie ich zu sagen pflegte. Ich verstand nicht, warum sie ihn nicht nur geschützt, sondern nach seiner Entlassung auch versorgt haben. Die Russen hatten ja durchaus finanzielle Probleme. Als ich nicht mehr im Amt war, habe ich dem einen oder anderen Russen geholfen, indem ich sie zu Vorträgen nach Deutschland einlud und ihnen ein gutes Honorar vermittelte. Das hat mir später immer geholfen, Kontakt zum Kreml aufrechtzuerhalten.

155 Tagebuch, 30.4.1990, S. 354.

M. G.: *Das heißt, die »deutschen Mafia« im sowjetischen Außenministerium war eine Bezeichnung für die Bremser, Blockierer und Verhinderer der deutschen Einigung?*

H. T.: Der alte Geist, keine Leute, die bereit waren, neu zu denken und auf die aktuellen Ereignisse einzugehen. Stattdessen trugen sie ihre alten Positionen vor sich her wie schon Jahrzehnte vorher.

M. G.: *Wenn wir Portugalow betrachten, scheint er doch etwas beweglicher und flexibler gewesen zu sein.*

H. T.: Er war für mich immer ein Moskauer Lautsprecher. Erstens sprach er Deutsch, zweitens kam er immer wieder nach Deutschland und gab hier stets Interviews, der *Bild-Zeitung* und mancher anderen Gazette. Er war sozusagen das Sprachrohr der jeweiligen Situation in Moskau. In der Regel habe ich ihn immer empfangen, sobald er sich meldete. So kam er wieder einmal nach Bonn und hielt mir einen längeren Vortrag, der auf mich sensationell wirkte.

M. G.: *Kann man davon reden, dass es eine Art Tandem Teltschik-Portugalow gab?*

H. T.: Tandem ist zu viel gesagt. Aber wenn ich Zeit hatte und hörte, er würde nach Bonn kommen, sorgte ich immer dafür, dass wir zusammentrafen. Er war die Person, die die aktuelle Lage in Moskau beurteilen konnte und relativ offen darüber redete.

M. G.: *Anfang Mai zeichnet sich ab, dass sich die Bundesregierung und die Regierung in Ost-Berlin auf die Modalitäten der für den 1. Juli vorgesehenen Währungsumstellung ausrichten. Seiters berichtet über diesen Durchbruch als eine ganz wichtige Entscheidung. Es wird klar, der Fahrplan passt, es wird so kommen. Kohl ging es darum, mit der Bekanntgabe ein positives Signal vor den Kommunalwahlen in der DDR zu setzen. Sie waren beeindruckt vom taktischen Geschick des Parteivorsitzenden und Bundeskanzlers in einer Person. Waren diese beiden Positionen überhaupt unabhängig voneinander zu sehen und zu trennen oder letztlich beides ganz und gar eine?*

H. T.: Kohl hat bei seinen politischen Entscheidungen als Bundeskanzler immer auch das Schicksal und die Zukunft seiner eigenen Partei im Auge gehabt. Es ging darum, sich der Zustimmung der Partei sicher zu sein, was seine politischen Entscheidungen betraf, aber auch immer im Blickfeld zu halten, wann wieder wo Wahlen stattfinden und ob die Entscheidungen diesen Wahlen dienen oder nicht. Er war durch und durch Parteimann und hat immer den Kontakt zur Partei gehalten. Als Bundeskanzler war er in der Regel schon morgens um 7 Uhr im Büro und begann zu telefonieren. Er hielt Kontakt zu vielen Landesgeschäftsführern bis hin zu Kreisgeschäftsführern, um Stimmungen von der Parteibasis aufzunehmen. Manche seiner Rivalen haben völlig unterschätzt, wie verankert er in seiner Partei war und darüber hinaus. In Mainz konnte ich Folgendes erleben, als der Trennungsbeschluss der CSU in Wildbad Kreuth erfolgte, wusste Franz Josef Strauß mit Sicherheit nicht, dass Teilnehmer dieser Diskussion immer wieder den Saal verlassen hatten, um Kohl anzurufen und darüber zu unterrichten, was vor sich ging. Für Kohl war der Trennungsbeschluss der CSU am Ende gar keine Überraschung mehr, weil er ständig aus dem

Parteivorstand der CSU informiert worden war. Kohl war durch und durch Wahlkämpfer, Parteipolitiker und Kanzler in einer Person. Als manche seiner Konkurrenten versuchten, ihn zu stürzen, wussten sie nicht, dass er sich längst abgesichert hatte.

M. G.: *Am 4. Mai 1990 schreiben Sie ins Tagebuch,*[156] *dass bereits nach Unterzeichnung eines ersten Abkommens über die konventionellen Streitkräfte in Europa in Wien auch Verhandlungen über die landgestützten amerikanischen und sowjetischen nuklearen Kurzstreckenwaffen aufgenommen werden sollen. Als Schlüsselfrage bezeichnete der Bundeskanzler die Bereitschaft von Bush, dass die NATO ihre schon immer wahrgenommene politische Rolle verstärke und ihre Strategie sowie die Struktur ihrer Streitkräfte überprüfe. Darin liege eines der entscheidenden Argumente »für die Überwindung der sowjetischen Weigerung [...], einer NATO-Mitgliedschaft des geeinten Deutschlands zuzustimmen«, wie es heißt. Was hat man sich darunter vorzustellen, dass die NATO mehr und mehr ein politisches Bündnis werden sollte? War das schon mit der Vorstellung einer Art Wertegemeinschaft verbunden? Was konnte zudem noch sowjetische Vorbehalte gegen ein vereintes Deutschland mäßigen, überwinden und zerstreuen helfen?*

H. T.: Für uns war die NATO von Anfang an nicht nur ein militärisches, sondern ein politisches Bündnis, um immer einen Konsens zwischen den wichtigsten europäischen Mitgliedsstaaten und den USA zu sichern. Es war ein Instrument, um keine Widersprüche oder Brüche zwischen den USA und den Europäern aufkommen zu lassen. Wir waren uns immer bewusst – vor allem auch während der Teilung Deutschlands und ihrer Überwindung – dass die Unterstützung der Amerikaner essenziell ist. Der Konsens mit den USA war daher immer die erste Priorität. Bei Differenzen innerhalb der NATO empfand sich Kohl eher als Moderator oder Vermittler. Das galt auch für die Europäische Union. Ich erinnere mich an den ersten EG-Gipfel im Juni 1983 in Stuttgart, als Mitterrand wutentbrannt über Thatcher den Saal verließ. Kohl als Vorsitzender lief hinter ihm her, holte ihn zurück und erreichte am Ende auch einen Konsens. Kohl verstand sich als eine Säule innerhalb der europäischen NATO-Mitglieder, natürlich neben Großbritannien, das in der NATO eine Schlüsselrolle innehatte. Gerade aufgrund des Dissens mit Frankreich war Kohl für die amerikanischen Interessen ein wichtiger Faktor. Für uns war immer entscheidend, dass die Beziehung zu den USA absolut intakt ist.

M. G.: *Es war offensichtlich, dass das Sowjetimperium schon 1989 schwächelte und erhebliche innere Probleme zu bewältigen hatte. Von einem totalen Zusammenbruch und einer völligen Auflösung konnte aber noch keine Rede sein, auch wenn ausgewiesene Historiker wie Helmut Altrichter zu einem anderen Schluss kommen. In seinem beeindruckenden Buch »Russland 1989«*[157] *zeigt er, dass die UdSSR schon in diesem Jahr in einem inneren Implosionsprozess begriffen war. Das konnte man als zeitgenössischer Beobachter so nicht wahrnehmen oder gar wissen. Es standen auch noch sowjetische Streitkräfte in den neuen Bundesländern. War denn die amerikanische Rückendeckung, auf die man in Bonn so zählte, zurecht aufgrund der Wahrnehmung der Verhältnisse, gar nicht mehr so zwingend nötig angesichts des schwä-*

156 Tagebuch, 4.5.1990, S. 358.
157 Helmut Altrichter, Russland 1989. Der Untergang des sowjetischen Imperiums, München 2009.

chelnden sowjetischen Imperiums, das so notwendige Hilfe und Unterstützung von deutscher Seite dringend benötigte, um überhaupt noch die eigene Existenz zu sichern? Das ist vielleicht eine theoretische Frage des Historikers im Rückblick. Bush wusste aber doch auch, wie es um den Zustand der Sowjetunion bestellt war. Er sagte: »Helmut, wir wissen, Du hast große Taschen.« Damit meinte er den finanzkräftigen und zahlungsbereiten Repräsentanten einer Superwirtschaftsmacht.

H. T.: Ja, aber für Russland war das Thema Sicherheit immer das Schlüsselthema, ob berechtigt oder nicht. Die große Hilfe, die uns Präsident Bush ungefragt geleistet hat, war seine Rede im Mai 1989 in Mainz. Diese Schlüsselrede wurde in Deutschland und Europa gar nicht so wahrgenommen. Er sagte, ›die USA werde die legitimen Sicherheitsinteressen der Sowjetunion respektieren‹. Diese Schlüsselaussage kam zu einem Zeitpunkt, als keiner das Gefühl hatte, dies müsse nun besonders betont werden. Aber dies ausgesprochen und klar gemacht zu haben, dass sich die USA nicht als Feind der UdSSR verstehen, war aus meiner Sicht für den Gesamtprozess außerordentlich hilfreich für uns. Für die Amerikaner war sowieso klar, dass das Thema Europa unmissverständlich verbunden war mit dem Thema sowjetische Sicherheit. Später machten wir selber die Erfahrung, dass der Durchbruch in den Verhandlungen mit Moskau auch damit verbunden war, dass wir bereit waren, im Mai 1990 der UdSSR einen Vertrag anzubieten zwischen einem geeinten Deutschland und der Sowjetunion mit klaren sicherheitspolitischen Zusagen. Ich erinnere mich noch, wie Botschafter Kwizinskij und Außenminister Schewardnadse begeistert auf diesen Vorschlag reagierten.

M. G.: *Das lässt mich zurückkommen auf die Tagebucheinträge des 15. Dezember 1989 und die der folgenden Tage, in denen wiederholt betont wird, wie wichtig die Berücksichtigung sowjetischer Sicherheitsinteressen ist. Die russische Urfurcht vor dem Westen? Das wurde offensichtlich nicht als Propaganda abgetan – jedenfalls intern schon gar nicht. Es ist fallweise auch von legitim erachteten Sicherheitsinteressen die Rede. Die steten Wiederholungen zeigen: Man hat das, was Bush in Mainz gesagt hat, sehr ernst genommen und nicht heruntergespielt.*

Am 17. Mai 1990[158] *anlässlich des Besuchs in Washington wird noch einmal die Frage der NATO-Mitgliedschaft eines vereinten Deutschlands diskutiert, was intern längst klar ist. Hierzu einige Fragen: Musste man sich echt fragen, ob ein Austritt der Bundesrepublik aus der NATO tatsächlich ein Ende der NATO bedeutet hätte? Ging es bei der deutschen Vereinigung letztlich auch um die Existenzsicherung der NATO? Wie wichtig war Westdeutschland für die NATO in der Geschichte dieses Bündnisses? Die Bundesrepublik wurde 1955 Mitglied. Wie wichtig war die Frage der Sicherheit, die die Amerikaner geklärt haben wollten, dass die BRD NATO-Mitglied bleibt? Das nennt Vernon Walters eine Schlüsselfrage. Hätte eine NATO ohne Deutschland ihr Ende bedeutet?*

H. T.: Das ist schwierig zu beantworten. Aus meiner Sicht wäre die Reaktion gewesen, dass einige europäische Staaten sich noch enger an die USA angebunden hätten als mit der NATO. Ein Land wie Polen oder die baltischen Staaten, aber auch die anderen mitteleuropäischen Staaten hätten in einer solchen Situation schon das Bedürfnis eines engen

158 Tagebuch, 17.5.1990, S. 381, 383–386.

Bündnisses mit den USA gehabt, nicht zuletzt auch aufgrund ihrer Erfahrungen im Kalten Krieg. England wäre sowieso Partner geblieben, Frankreich hätte sich wahrscheinlich auch enger mit der NATO verbunden. Ich hatte einmal ein Gespräch mit dem französischen Historiker Professor Joseph Rovan, ein leidenschaftlicher Verfechter der deutsch-französischen Freundschaft und Zusammenarbeit. Er hat die Kriege zwischen Frankreich und Deutschland seit dem 16. Jahrhundert gezählt. Er kam auf die erschreckend hohe Zahl von 27 großen Kriegen. Seine Antwort darauf war, deshalb müsse Deutschland Mitglied der NATO und enger Freund Frankreichs sein. Man muss sich vor Augen führen, wo sich Deutschland befindet, nämlich im Herzen Europas mit neun Nachbarstaaten, die alle ihre Erfahrungen mit Deutschland gemacht haben, die alles andere als stets positiv waren. Ein NATO-Austritt Deutschlands hätte die Existenz der NATO erschwert, aber am Ende wahrscheinlich sogar zu einer stärkeren Nuklearisierung unserer Nachbarn geführt.

M. G.: *Das sind aufschlussreiche alternative Szenarien. Bemerkenswert ist, wie stark das NATO-Thema immer wieder in Ihrem Tagebuch aufscheint, ja dominiert, wobei es von Genscher keinen Zweifel an der Zugehörigkeit eines zukünftig vereinten Deutschlands in der NATO gibt. Man sieht daran jedenfalls, wie zentral die deutsche Frage war und offensichtlich auch bleibt. Am Beispiel des Timings der Gipfeltreffen in Houston und der NATO wird deutlich, wie brisant die Lage in der Sowjetunion eingeschätzt wird, zumal der Parteitag der KPdSU bevorstand. Die Frage lautete, wann man den NATO-Gipfel ansetzen sollte. Offensichtlich – so Ihr Eintrag vom 4. Mai*[159] *– wollte Kohl zuerst den KPdSU-Parteitag und dessen Ergebnisse abwarten, um dann den NATO-Gipfel durchzuführen, zumal man sich nicht sicher war, ob Gorbatschow Generalsekretär bleibt. Der Gipfel fand nach amerikanischer Auffassung doch vorher mit positiver Botschaft für Gorbatschow statt.*

H. T.: Das war in der Tat eine wichtige Überlegung. Wir waren sehr glücklich, dass der NATO-Sondergipfel vor der Entscheidung des KPdSU-Parteitags stattfand, denn von diesem Gipfel sollte ein wichtiges Signal an die Sowjetunion gegeben werden. Denn es hieß in der Abschlusserklärung: »Wir reichen den Staaten des Warschauer Paktes die Hand zur Freundschaft.« Das geschah mit der Erwartung, dass die Sowjetunion der Mitgliedschaft Deutschlands in der NATO zustimmen würde. Ich persönlich bin der Meinung, dass diese Erklärung für Gorbatschow sehr hilfreich war. Dieser Gipfel mit der Aussage war für uns essenziell. Als Gorbatschow und Schewardnadse wenige Tage später im Kaukasus mit uns zusammentrafen, erlebten wir, wie erleichtert sie waren und voller Genugtuung, dass sie den Parteitag überstanden hatten und vor allem, dass sie den Hauptwidersacher Ligatschow ausschalten konnten. Er wurde aus dem Politbüro hinausgeworfen. Er war der Hauptgegner der deutschen Wiedervereinigung.

M. G.: *Zur Bestätigung dessen, was Sie ausführten, zitiere ich sinngemäß den Eintrag vom 5./6. Juli*[160]*: Der Parteitag hat schon eine Weile gedauert und vor dem NATO-Gipfel begonnen, aber das Ergebnis war noch abzuwarten. Es war der 28. Parteitag der KPdSU und Gorbatschow wurde am 10. Juli trotz scharfer Kritik als Generalsekretär bestätigt. Sie waren sich relativ sicher, dass Gorbatschow ihn übersteht?*

159 Tagebuch, 4.5.1990, S. 358.
160 Tagebuch, 5./6.7.1990, S. 465–468, 472–473.

H. T.: Ja, wir sind davon ausgegangen, ohne dass wir es wirklich hätten beweisen können. Wir wussten, dass er entschiedene Gegner hat und das Thema einer Mitgliedschaft des geeinten Deutschlands in der NATO ein noch ungelöstes Problem war. Wir wussten von den ökonomischen Schwierigkeiten, die über den Winter bis in den Sommer hinein die sowjetische Gesellschaft belastet hatten. Die Summe dieser Faktoren hätte leicht dazu führen können, dass man Gorbatschow aus dem Politbüro entfernt hätte. Ligatschow war sicher bereit, seine Nachfolge zu übernehmen.

M. G.: *Am 18. Mai 1990 ist Kabinettsitzung. Sie schreiben: Im Saal herrscht eine »fast weihevolle Stimmung«, Thema: Gesetzentwurf über die Wirtschafts-, Währungs- und Sozialunion.*[161] *Offensichtlich gibt es aber trotz der Stimmung Sorgen über die Stabilität der D-Mark: »Pöhl spricht von böswillige[n] und feindselige[n] Stimmungen auf den europäischen Finanzmärkten« und von erheblichen Risiken mit Blick auf die deutsche Wirtschaft. Die Frage der Unabhängigkeit der Deutschen Bundesbank spricht er auch an und von einem Primat der Politik. Er äußert sich kritisch. Wie ist die Rolle Pöhls im Mai 1990 einzuschätzen? Zeichnet sich hier ein Dissens zwischen dem Bundeskanzler und dem Bundesbankpräsidenten ab?*

H. T.: Ich habe ihn in unterschiedlichen Situationen erlebt. Als wir die Währungsunion ankündigten, konnte der Bundeskanzler die Entscheidung darüber nicht mit Pöhl abstimmen, weil er an diesem Tag zu Gesprächen in Ost-Berlin weilte, und telefonisch nicht erreichbar war. Wir wussten nicht, wie Pöhl darauf reagieren würde. Pöhl ging aber abends in die TV-Nachrichten. Ich war überrascht und erfreut zugleich, wie positiv er die Entscheidung des Bundeskanzlers gewürdigt hat, so positiv, dass ich Kohl am nächsten Morgen bei der Morgenlage vorschlug, er solle Pöhl zum Regierungssprecher machen, denn besser hätte man seine Entscheidung zur Währungsunion nicht begründen können. Ich war wirklich erfreut. Seine Begründung war außerordentlich hilfreich für den Bundeskanzler. Mehrfach erlebte ich Pöhl in Kabinettsitzungen, wo er nie ein Geheimnis daraus machte, wenn er Probleme sah. Aber ich verstand ihn immer als konstruktiv. Er redete unverblümt, was in solchen internen Veranstaltungen ja hilfreich ist. Es gab immer Klarheit über seine Position. Bekannt war, dass er letztlich eher der Sozialdemokratie verbunden war als der Bundesregierung. Insgesamt fand ich seine Expertise hilfreich, solange sie intern stattfand.

M. G.: *Hat sich schon der Dissens deutlicher abgezeichnet zwischen Pöhls Positionen und jenen Kohls in Fragen der Realisierung und Stabilität einer Wirtschafts- und Währungsunion und Sozialunion?*[162]

H. T.: Im Einzelnen habe ich das nicht verfolgt. Klar, er war kein einfacher Partner für Kohl, schon gar nicht für den Bundesfinanzminister. Ein ehemaliger Mitarbeiter im Bundeskanzleramt, Dr. Johannes Ludewig, war ins Finanzministerium gewechselt. Dr. Horst Köhler, der spätere Bundespräsident, war zu dieser Zeit Staatssekretär im Bundesfinanzministerium.

161 Tagebuch, 18.5.1990, S. 388.

162 Pöhl trat nach Teltschiks Tätigkeit für Kohl 1991 als Bundesbankpräsident zurück. Auffassungsunterschiede mit dem Bundeskanzler stehen im Raum in Bezug auf die deutsche Währungsunion, insbesondere bei der Festlegung des Wechselkurses D-Mark-Ostmark. Das wurde später deutlich artikuliert: Karl Otto Pöhl ist überzeugt: »Der Kurs beim Umtausch war verhängnisvoll«, in: *Welt am Sonntag*, 29.8.2004.

Wenn Sie mit ihnen sprechen, klagten sie alle über die schwierigen Diskussionen mit dem damaligen Bundesfinanzminister Theo Waigel. Er war Mitglied der CSU und von daher für Kohl letztlich unantastbar, aber dank Köhler und Ludewig hatten wir auch ein Korrektiv im Bundesfinanzministerium.

M. G.: *Das lässt mich zurückkommen auf die Rolle von Hans Tietmeyer, der von 1982 bis 1989 Staatssekretär im Bundesfinanzministerium und Sherpa von Kohl bei den Weltwirtschaftsgipfeln und Verhandlungsleiter bei den Verhandlungen über die Wirtschafts-, Währungs- und Sozialunion war, im Grunde ein Sonderbeauftragter, der für dieses Spezialanliegen eigens eingeschaltet war. Man hat ihn offensichtlich Waigel zur Seite gestellt. War er nicht in der Lage, es alleine zu managen?*

H. T.: Dafür bin ich nicht der Zuständige, der sich zu diesem Thema äußern kann. Mit Johannes Ludewig bin ich befreundet und habe immer noch Kontakt zum ehemaligen Bundespräsidenten Horst Köhler. Von ihnen weiß ich von ihrem harten Ringen mit dem Minister. Tietmeyer war von Haus aus nie ein einfacher Kollege. Er war sehr selbstbewusst und sehr kompetent. Keiner, der sofort nachgab, wenn er Gegenwind verspürte, sondern wirklich um seine Position kämpfte. Ich würde sagen, es gab bequemere Kollegen als Tietmeyer.

M. G.: *Wir sind im Mai 1990. Wir haben bisher viel über Hans-Dietrich Genscher gesprochen, überhaupt nicht über Otto Graf Lambsdorff, ein ganz wichtiges Kabinettsmitglied. Welche Rolle spielte er Ihrer Erinnerung nach im Prozess der deutsch-deutschen Annäherung und den Beziehungen, die zur deutschen Einigung führten?*[163]

H. T.: Persönlich hatte ich mit Bundesminister Otto Graf Lambsdorff keine unmittelbaren Kontakte in den politischen Abstimmungsprozessen. Es lief alles über Außenminister Genscher. Damit war für mich das Thema FDP als Koalitionspartner erledigt. Graf Lambsdorff und ich grüßten uns stets freundlich, haben aber keine inhaltlichen Gespräche miteinander geführt, weil inhaltliche Berührungspunkte operativer Art nicht gegeben waren.

M. G.: *Wenn man Ihr Tagebuch dieser Tage liest, hat man den Eindruck, dass die FDP auf die Beschleunigung des Tempos drängte: Kohl beklagt, »daß in Deutschland Demonstrationen gegen die Einheit und Seminare mit Bedenkenträger stattfänden anstelle von Freudenfesten, die jetzt gefeiert werden müßten. Es gehe jetzt nicht darum, die Einigung künstlich zu beschleunigen, aber auch nicht darum, Bremsvorgänge durchzuführen.«*[164] *Gegen wen war dieser letzte Satz gerichtet?*

H. T.: Soweit ich den wirtschaftspolitischen Teil verfolgen konnte, operativ war ich ja nicht eingebunden, kann er nur die Wirtschaft, bzw. auch die Gewerkschaften gemeint haben, obwohl 1989/90 ein Abstimmungsprozess stattgefunden hat. Kohl hat mehrfach im Kanzleramt die Vertreter der Wirtschaftsverbände und der Gewerkschaften eingeladen, um ein Thema zu diskutieren: Was müssen die nächsten Schritte beider Seiten sein, wenn die deut-

163 Das folgende Gespräch wurde am 23.3.23 in Rottach-Egern geführt.
164 Tagebuch, 18.5.1990, S. 388.

sche Einheit erreicht wird? Als Quintessenz dieser Gespräche habe ich in Erinnerung, dass er die Botschaft bekam, die Einheit zu vollenden und unser Wirtschafts- und Rechtssystem auf die ehemalige DDR zu übertragen, dann würden auch die Investitionen kommen. Ein Entscheidungsprozess seitens der Wirtschaft war angekündigt, der sich aber dann nicht in dem Maße realisierte wie versprochen. Das westdeutsche Wirtschaftssystem wurde praktisch eins zu eins übertragen und die Gewerkschaften agierten sofort. Als erstes versuchten sie, Lohn- und Gehaltserhöhung bzw. Angleichungen durchzusetzen noch bevor die Wirtschaft in Gang gekommen war. Im Detail hat sich Kohl in das eine oder andere Projekt eingemischt, wenn ihn gut bekannte Wirtschaftsvertreter darum baten. Dann wurde Dr. Ludewig zuständig für die Wirtschaftsabteilung und das Wirtschafts- und Finanzministerium mobilisiert in der Erwartung, dass sie die Voraussetzungen schaffen.

M. G.: *Polen ist immer wieder ein Thema, nicht nur die Grenzfrage, sondern auch die Beteiligung an den Zwei-Plus-Vier-Verhandlungen, was Warschau fordert. Am 6. Mai ist James Baker zu Besuch in Polen. Er überbringt die offizielle Einladung an die polnische Regierung, am dritten Zwei-Plus-Vier-Außenministertreffen in Paris teilzunehmen. Wie hat man im Bundeskanzleramt grundsätzlich die Frage der polnischen Beteiligung an den Verhandlungen gesehen und bewertet? War man einverstanden mit der Lösung, Polen zum Teil einzubeziehen?*

H. T.: Das war ein lästiges Thema, denn das Drängen der polnischen Regierung war aus unserer Sicht völlig überflüssig. Das Thema Oder-Neiße war aus Sicht des Kanzlers längst gelöst und nur eine Frage des Verfahrens. Wann sollte die Entscheidung fallen? Eine Beteiligung Polens an den Zwei-Plus-Vier-Verhandlungen oder überhaupt am Einigungsprozess war von unserer Seite aus nie gewollt, denn dann wäre die Frage aufgekommen, warum die Polen und andere nicht. Wir wussten ja, dass es für die polnische Seite nur zwei Themen gibt: die Grenzfrage und im Zweifel Reparationen. Die Grenzfrage war für Kohl eine rein taktische Angelegenheit. Wann bringe ich sie zur Abstimmung, um möglichst wenig Gegenstimmen zu erhalten? Das Thema Reparationen war sowieso absolut tabu, denn wir waren, wie schon erwähnt, während des Zweiten Weltkriegs mit über 50 Staaten im Kriegszustand. Wären wir Polen in dieser Frage einige Schritte entgegengekommen, vor allem auch formal in Zwei-Plus-Vier-Gesprächen, hätten wir eine Lawine ausgelöst. Unverständlicherweise wurden so die Beziehungen zu Polen immer mehr zur Belastung. Kohl hatte genau das gegenteilige Interesse und Ziel. Für ihn war Polen vergleichbar wichtig wie Frankreich. Was Frankreich Richtung Westen bedeutete, bedeutete für ihn Polen Richtung Osten. Sie haben es ihm zunehmend erschwert, sich dafür noch einzusetzen.

M. G.: *Was hat letztlich dazu geführt, dass Polen zeitweise zugezogen wurde und Teil des Zwei-Plus-Vier-Prozesse werden konnte? Ist das praktisch gegen den Willen des Bundeskanzleramts und von wem entschieden worden?*

H. T.: Dieses Spiel hat ein Stück unser Außenminister mitgetragen. Sein Bestreben war immer, ein Thema zu haben, wo er ein eigenständiges Profil und ein Stück Abgrenzung gegenüber dem Bundeskanzler sichtbar machen konnte. So hatte die polnische Seite im Auswärtigen Amt immer eine gewisse Resonanz, während es bei uns im Kanzleramt null Resonanz gab.

M. G.: *Offensichtlich ist dies auch von amerikanischer Seite mitgetragen worden, sonst hätte ja Baker nicht die offizielle Einladung ausgesprochen. Also muss Genscher es über Baker oder zumindest die Zustimmung des State Departments erreicht haben.*

H. T.: Die polnische Seite war natürlich auch sehr aktiv.

12. Geld als Schrittmacher: D-Mark für Ostdeutsche und Kredite für Moskau als Katalysatoren der inneren und äußeren Einigung

M. G.: *Der 18. Mai ist ein ganz wichtiges Datum, vielleicht eines der wichtigsten der deutschen Einigungsgeschichte in der ersten Hälfte des Jahres 1990, was die innere Einigung angeht: der Vertrag über die Wirtschafts-, Währungs- und Sozialunion wird unterzeichnet, der erste Staatsvertrag zwischen den beiden deutschen Staaten. Sie halten fest: Der Bundeskanzler spricht von »einer historischen Stunde im Leben der Deutschen Nation und von dem ersten bedeutsamen Schritt zur Wiederherstellung der staatlichen Einheit Deutschlands.« Es sei eine glückliche Stunde, in der sich Hoffnung und Sehnsucht der Menschen in Deutschland« erfüllen würden: »Der Traum von der Einheit Deutschlands und Europas.« Kohl denkt immer wieder in diesen beiden Ebenen. Er spricht von einer gemeinsamen Zukunft eines vereinten und freien Deutschlands.*[165] *War für Sie und den Bundeskanzler ab diesem Zeitpunkt klar, dass die deutsche Einigungsgeschichte unumkehrbar ist?*

H. T.: Klar, das war ein substanzieller Schritt in Richtung Einheit. Er ist letztlich erstaunlich reibungslos erfolgt. In der Bevölkerung hatte er auf beiden Seiten volle Unterstützung und Zustimmung. Es war ein Grund zur Zufriedenheit und zum Feiern, wenn man überlegt, in welch kurzer Frist der Schritt möglich war.

M. G.: *Wenn man bedenkt, dass die Frage des Beitritts der DDR – nach welchem Artikel des Grundgesetzes auch immer – noch offen war, kann man sich fragen, inwieweit der 18. Mai ein Katalysator mit Blick auf Artikel 23 war. Sie beschreiben die festliche Stimmung auf der Terrasse des Palais Schaumburg. War dieses Ereignis ein Verstärker mit Blick auf Realisierung der Einigung nach Artikel 23?*

H. T.: Das Problem innerhalb der damaligen DDR-Regierung, vor allem des Ministerpräsidenten und einiger Kabinettsmitglieder, u. a. Krause und Reichenbach, bestand darin, dass sie uns immer wieder übermittelten, wir müssten die Einheit so rasch als möglich erreichen, denn sie alleine könnten die Probleme in der DDR nicht lösen. Das war – wenn Sie so wollen – der Widerspruch zwischen de Maizière und Teilen seines Kabinetts, die der Meinung waren, sie hätten nicht das Instrumentarium und das Wissen, um die wirtschaftlichen Ziele zu erreichen. Wir hatten umgekehrt den Eindruck, dass der Ministerpräsident es genossen hat, Regierungschef zu sein. Das Kabinett war praktisch gespalten. Die einen

165 Tagebuch, 18.5.1990, S. 388–389.

wollten alles so bald wie möglich vollenden und die anderen meinten, sie könnten ihre eigenen Interessen selbst wahrnehmen.

M. G.: *Bestand ein offenkundiger Gegensatz zwischen Günther Krause und Lothar de Maizière? Stand letzterer auf der Bremse und ersterer mit gestrecktem Fuß auf dem Gaspedal?*

H. T.: Immer, wenn Krause nach Bonn kam, erfuhr ich das Echo dieser Gespräche, an denen ich nicht beteiligt war. Es war stets das gleiche: Wir können es nicht selbst, wir brauchen die Einheit so rasch als möglich. Der Widerspruch war, dass sein Ministerpräsident der Meinung war, sie könnten es schon allein und sie hätten Zeit.

M. G.: *Der 18. Mai spiegelt sich auch als wichtiger Tag in Ihrem Tagebuch wider.*[166] *James Baker hält sich in Moskau auf und präsentiert einen Plan, mit dem die Sowjetunion gewonnen werden soll, ihre Zustimmung zur deutschen Einheit zu erleichtern. Sie nennen ihn den Neun-Punkte-Plan in Form von Zusicherungen an Moskau. Baker spricht anscheinend oder scheinbar im Interesse oder sogar im Namen der Bundesrepublik. Wie weit war dieser Vorstoß auf der Linie des Bundeskanzleramtes? Gab es im Vorfeld dazu Absprachen, Gespräche und Koordinationen zwischen Auswärtigem Amt und Bundeskanzleramt?*

H. T.: Der Plan war nicht mit uns im Kanzleramt abgestimmt. Aber die Punkte waren mehr oder weniger konform mit unseren eigenen Interessen. Wir verstanden die Vorschläge damals als eine Bilanzierung der Interessen, die weiter verfolgt werden und Teil der Verhandlungen mit der Sowjetunion sein sollten. Soweit ich mich erinnern kann, hatten wir gegenüber diesem Katalog keine Vorbehalte.

M. G.: *Es ist aufschlussreich, dass kurz darauf Schewardnadse Stellung nimmt. Am 19. Mai halten Sie präzise fest, dass er offensichtlich von der Idee einer Doppelmitgliedschaft Deutschlands sowohl in der Warschauer Vertragsorganisation als auch in der NATO abrückt.*[167] *Das scheint schon ein Impuls des Neun-Punkte Plans von Baker gewesen zu sein.*

H. T.: Diese Überlegung von Schewardnadse war eine rein theoretische, die für uns nie ein Thema war. Ich kenne niemanden, der fand, dass diese Vorschläge weiterverfolgt werden sollten. Der Baker Plan war eine Zusammenfassung der Positionen der USA, die weitgehend konform mit uns waren.

M. G.: *Ein weiterer wichtiger Punkt in Ihrem Tagebuch stammt vom 20. Mai 1990.*[168] *Es geht um eine Meldung des* Spiegel. *Wenngleich die Nachricht unvollständig ist, wird berichtet, dass Ihre Geheimaktion große Verärgerung im Außenministeriums ausgelöst habe, weil weder Genscher noch die Botschaft in Moskau informiert gewesen seien. Berichten Sie bitte ausführlicher über den Hintergrund dieser Reise. Was waren Ziel und Ergebnis dieser geheimen Mission?*

166 Tagebuch, 18.5.1990, S. 389.
167 Tagebuch, 19.5.1990, S. 389.
168 Tagebuch, 20.5.1990, S. 390.

H. T.: Der sowjetische Botschafter hatte mir schon im April mitgeteilt, dass Außenminister Schewardnadse nach Bonn käme, um Gespräche mit seinem Kollegen Genscher zu führen. Die Geschichte von dem Spielchen zwischen Außenministerium und Bundeskanzleramt habe ich Ihnen schon erzählt. Ich komme aber noch einmal darauf zurück, weil es wichtig ist: Schewardnadse gab dem Bundeskanzler zu verstehen, dass die wirtschaftlichen Probleme und die finanzielle Ausstattung seiner Regierung so angespannt seien, dass sie dringend finanzielle Unterstützung bräuchten. Daraufhin signalisierte der Bundeskanzler spontan seine Bereitschaft zu Gesprächen. Es wurde vereinbart, dass Vertreter der deutschen Banken zusammen mit mir nach Moskau reisen sollten. Das wurde aber absolut vertraulich gehalten, sowohl auf russischer als auf unserer Seite. So kam es zur Entscheidung, dass der Chef der Dresdner Bank Herr Röller und der Chef der Deutschen Bank Herr Kopper, gemeinsam mit mir eine geheime Reise nach Moskau unternehmen sollten, um Kreditverhandlungen zu führen. Niemand wurde unterrichtet, weder unser Außenministerium noch unsere Botschaft in Moskau, noch die Medien. Wir flogen mit einer Maschine der Bundeswehr. Auch der Besatzung wurde nicht mitgeteilt, wer meine Begleiter waren. In Moskau hatten wir an einem einzigen Tag eine Fülle von Gesprächen mit dem Finanzminister, dem Außenminister und dem Wirtschaftsminister. Am Ende kam die Nachricht, dass wir ein Gespräch mit Präsident Gorbatschow haben werden. Es ging dabei ausschließlich um politische Fragen. Die beiden Bankchefs saßen zwar rechts und links von mir und konnten zuhören. Es ging nicht mehr um wirtschaftliche und finanzielle Hilfe, sondern wir diskutierten die entscheidende Frage Gorbatschows: »Wir sind fortan Freunde und enge Partner, wozu brauchen Sie noch die NATO?«, fragte er mich. Wenn sich die Beziehungen jetzt so entwickeln wie wir sie uns alle wünschen und beabsichtigen, ginge ich auch davon aus, dass wir die NATO nicht mehr bräuchten. Aber ich verwies auf die Lage der größer werdenden Bundesrepublik im Herzen Europas: »Unsere neun Nachbarstaaten können mit dem größeren Deutschland leichter zusammenleben, wenn wir im gleichen Bündnis und die USA auch dabei sind.« Das hat er schweigend zur Kenntnis genommen. Ich dachte mir, wenn ich schon die Gelegenheit habe, mit ihm zu sprechen, dann sollte ich ihn daran erinnern, dass er einmal dem Bundeskanzler angeboten hatte, ein Treffen in seiner Heimat durchzuführen. Das könne er doch beim nächsten Treffen einlösen. Dazu äußerte sich Gorbatschow auch nicht. Als das Gespräch beendet war, standen wir noch im Vorzimmer und warteten auf Botschafter Kwizinskij. Er war noch im Büro des Präsidenten verblieben, aber kam ein paar Minuten später nach. Er trat sofort auf mich zu und sagte mir, dass meine Anfrage auf fruchtbaren Boden gefallen sei. So wussten wir, dass das nächste Treffen im Kaukasus stattfinden würde. Das war ein wichtiges Signal für mich. Ich sah es als ein Zeichen der Befriedung. Befände man sich in einer Konfliktsituation, dann würde man nicht zu einem Treffen einladen.

M. G.: *Zur Frage des Kredits notierten Sie, dass es für Sie ärgerlich war, dass* Der Spiegel *offensichtlich doch Wind von der Sache bekommen hatte, obwohl Sie auf strikte Geheimhaltung Wert gelegt hatten. Das Bekanntwerden wiederum löste Unmut im Auswärtigen Amt aus. Gab es eine öffentliche Debatte über die geheime Reise oder blieb sie im Wesentlichen unter der Decke?*

H. T.: Erstaunlicherweise blieb sie unter der Decke. Auch der Anlass der Reise wurde nicht bekannt, noch die Begleiter oder der Verhandlungsgegenstand. Ich habe öffentlich nie darüber gesprochen. Die Journalisten wussten auch nicht, wo sie nachfragen könnten, denn auch die Regierungssprecher hatten keine Ahnung.

M. G.: *Woher hatte der* Der Spiegel *die Information? Es muss sich doch irgendwie rumgesprochen haben.*

H. T.: Die Information kann von der sowjetischen Botschaft gekommen sein oder von unserer Flugbereitschaft. Mein Name war ja bekannt und die Piloten kannten mich. Aber sie wussten nicht, wer die Begleiter waren. Röller beteuerte später mehrmals, das sei die spannendste Reise seines Lebens gewesen. Es war ja auch spannend, innerhalb eines Tages die wichtigsten Mitglieder der sowjetischen Führung zu treffen.

M. G.: *Von Genscher oder Beamten aus dem Auswärtigen Amt kam keine Nachfrage oder Ähnliches?*

H. T.: Nein. Dazu waren sie sich wieder zu gut und zu stolz.

M. G.: *Am 21. Mai 1990 halten Sie fest, was im Bundeskanzleramt über die Moskau-Reise besprochen wurde.*[169] *Die Botschaft an Gorbatschow lautet, dass die Bundesregierung zur Hilfe bereit sei, aber auch die Zwei-Plus-Vier-Gespräche erfolgreich abgeschlossen werden müssten. Bestand Konsens mit dem Auswärtigen Amt, sich auf dieser Linie zu bewegen, d. h. Kreditgewährung für Abschluss von Zwei-Plus-Vier?*

H. T.: Bei diesem Gespräch war eines klar: Wenn die Bundesregierung nicht bereit gewesen wäre, Kredite dieser Größenordnung zu verbürgen, wäre die Sowjetunion im Sommer 1990 zahlungsunfähig gewesen. Die politischen Konsequenzen wären in diesem Fall nicht vorhersehbar gewesen. Daher gab es kein Zögern, einen solchen Kredit zu verbürgen. Es war uns aber klar, wenn wir es tun, muss es Konsequenzen für die politischen Entscheidungsprozesse haben. Kurze Zeit später war ja das Treffen im Kaukasus. Es gab keine lange Diskussion. Die Banker waren bereit, den Kredit zur Verfügung zu stellen. Kohl entschied sofort, dass wir verbürgen. Es folgte auch keine Diskussion mit dem Finanz- und Wirtschaftsminister. Das war – wenn Sie so wollen – ein Eisbrecher in den Beziehungen.

M. G.: *Dieses Bild ist sehr anschaulich und sein Sinn nachvollziehbar.*

H. T.: Wenn die Weltmacht Sowjetunion international zahlungsunfähig geworden wäre, hätte das Gorbatschow anlässlich des bevorstehenden Parteitags kaum mehr überlebt.

M. G.: *Es war eine Überlebensversicherung für Gorbatschow und eine sich gleichzeitig abzeichnende Erfolgsgarantie für den Durchbruch bei den Zwei-Plus-Vier-Verhandlungen. Genscher musste aber doch auch wissen, dass die Bundesregierung auf diesem Kurs fortfährt, oder?*

H. T.: Es geschah ohne Unterrichtung und Abstimmung mit unserem Außenminister. Bei den Gesprächen in Moskau mit den zuständigen Ressortministern und mit Präsident

169 Tagebuch, 21.5.1990, S. 390.

Gorbatschow war unsere Botschaft nicht einbezogen. Unser Außenminister ist erst später unterrichtet worden.

Interessant für mich war, dass weder der Minister noch sonst ein Kollege aus dem Auswärtigen Amt im Anschluss auf mich zukamen, um zu erfahren, was eigentlich an Gesprächen und Verhandlungen stattgefunden hatte.

M. G.: *Offenkundig hat man es im Auswärtigen Amt knurrend, murrend, stillschweigend und zähneknirrschend zur Kenntnis genommen.*

H. T.: Es war ein weiterer Stein auf meinem Sarg insofern, weil er erneut dazu beitrug, meinen Grad der Beliebtheit im Außenministerium nicht zu erhöhen. Eine Karriere im Auswärtigen Amt war für mich immer weniger zu erwarten.

M. G.: *War es auch eine Retourkutsche dafür, dass man Schewardnadse nach Bonn bittet, ohne das Bundeskanzleramt zu verständigen?*

H. T.: Das Spiel lief so ab. Wenn ihr uns nicht unterrichtet, tun wir es auch nicht. In einer solchen Lage hatte ich sowieso nicht die Freiheit, unabhängig vom Bundeskanzler die Kollegen im Auswärtigen Amt zu unterrichten. Ich hatte die Weisung, dass darüber mit niemandem geredet wird. Das zu ertragen war für mich kein Problem. Die Befürchtung, dass irgendwann die Prügel kommen würden, machte mir keine Angst. Solange mir Kohl den Rücken stärkte, und das wusste er, hatte ich kein Problem.

M. G.: *25. Mai 1990: Kohl hält in der abschließenden Plenarsitzung der Abrüstungskonferenz der Interparlamentarischen Union (IPU) eine Rede. Er nimmt sie zum Anlass, zum sicherheitspolitischen Status des geeinten Deutschlands Stellung zu nehmen und betont das souveräne Recht jeden Staates, sich frei entscheiden zu können, ob und welchem Bündnis er angehören wolle. Damit ist auch Deutschland gemeint. Sie notieren: »Dieses Argument nutzt Bundeskanzler Kohl zum ersten Mal.«[170] Der Historiker fragt sich: warum so spät und in einer öffentlichen Rede?*

H. T.: In der Sache war es immer klar. Dass er es öffentlich verkündete, lag darin begründet, dass er einen Auftritt hatte und dies auch Gegenstand meiner Gespräche in Moskau war.

M. G.: *Sie sprachen es in Moskau an und anschließend machte es der Bundeskanzler öffentlich.*

H. T.: Es war die Folge meines Berichts an ihn über das Gespräch mit Gorbatschow.

M. G.: *Das führte zu einer Zurkenntnisnahme Gorbatschows. Er schwieg dazu noch, sagte aber auch nichts dagegen. Er machte aber auch deutlich, Einrichtungen und Einheiten der Allianz sollten nicht auf das Gebiet der heutigen DDR vorgeschoben werden, was Genscher praktisch schon in Tutzing Anfang des Jahres öffentlich lanciert hatte.[171] Ging Kohl nun öffentlich auf die Linie von Genscher über?*

170 Tagebuch, 25.5.1990, S. 393.
171 Siehe Anmerkung 119, S. 235.

H. T.: Es war ein Ergebnis der Gespräche von Kohl, dass der Verbleib der Bundeswehr auf dem Gebiet der DDR akzeptiert worden ist, aber keine Einrichtungen und Truppen der Alliierten und damit der NATO. Das war allgemeiner Konsens.

M. G.: *Intern war es Konsens und nun auch öffentliche Botschaft.*

H. T.: Ja, weil es mit den sowjetischen Partnern längst angesprochen und auf keinen Widerspruch gestoßen war.

M. G.: *Man sieht, wie behutsam, Schritt für Schritt und in Abstimmung mit den Amerikanern man sich an die Lösung herangetastet hat. Es wurde nichts übermäßig beschleunigt und genau darauf geachtet, die einzelnen Bremsklötze nach und nach zu beseitigen.*

H. T.: Ja, genau.

13. Gorbatschow und die Frage der deutschen NATO-Mitgliedschaft

M. G.: *Der 22. Mai ist ein weiteres wichtiges Datum.*[172] *Wieder gibt es ein Zwei-Plus-Vier-Beamtentreffen in Bonn. Es geht um die Präambel und das abschließende Dokument. Erneut ist Polen ein Thema. Viel wichtiger wird noch, dass Mitterrand in Moskau bei Gorbatschow zu Besuch ist. Beide stimmen darin überein, dass die politische Zukunft des europäischen Kontinents über die Bildung gesamteuropäischer Sicherheitsstrukturen führe. Sie unterstützen die Vorstellung von einer Institutionalisierung des gesamteuropäischen Prozesses und die Schaffung ständiger Strukturen. Es scheint eine gewisse Enttäuschung Gorbatschows zu geben, dem eine NATO-Lösung à la de Gaulle vorschwebte. Trifft es zu, dass Mitterrand dafür nicht zu gewinnen war, so verlockend dieses Angebot à la française von Gorbatschow auch vorgetragen werden konnte? Was wussten Sie von diesen Gesprächen? War das auch im Interesse des Bundeskanzleramts, mit Gorbatschow über eine de Gaulle-NATO-Lösung zu reden?*

H. T.: Nein, davon wussten wir nichts. Die französische Seite hat uns bei aller Freundschaft und guten Verbindung, die wir hatten, im Vorfeld solcher Mitterrand-Reisen und Gespräche nie unterrichtet. In der Regel erfuhren wir davon nur über die Medien. Bei aller Freundschaft, wir hatten zu der Zeit jährlich drei bis fünf Begegnungen Kohl-Mitterrand, und meine mit Jacques Attali und seiner Mannschaft zusammengezählt. Das war eine dichte Abfolge von Gesprächskontakten, die aber nie dazu geführt haben, dass über Inhalte der Gespräche unterrichtet wurde. Das war dann einer der nächsten Begegnungen Kohl-Mitterrand vorbehalten und hing davon ab, ob Mitterrand berichtete oder nicht. Es gab keinen systematischen Informationsprozess.

M. G.: *Das ist festhaltenswert. Kann man sagen, dass die deutsch-amerikanischen Informationsflüsse abgestimmter, dichter, intensiver und offener waren als die deutsch-französischen?*

172 Tagebuch, 22.5.1990, S. 392–393.

H. T.: Ja, mit Sicherheit. Der Umgang mit unseren amerikanischen Partnern war viel unkomplizierter und selbstverständlicher als mit Frankreich.

M. G.: *Bemerkenswert ist ja auch, dass Sie dann doch über die Gespräche mit Gorbatschow von einem Mitarbeiter Mitterrands im Nachhinein unterrichtet worden sind. Im Tagebuch halten Sie am 25. Mai fest,*[173] *dass Gorbatschow eine vorübergehende Doppelmitgliedschaft Deutschlands in NATO und Warschauer Pakt für eine konstruktive Lösung im Hinblick auf gemeinsame Sicherheitsstrukturen« für möglich erachtet hatte. Von dieser Variante war Schewardnadse vorher schon abgerückt. Gorbatschow versuchte demnach noch, Mitterrand für seine Position zu gewinnen, und wurde enttäuscht.*

Am 30. Mai 1990 geht es auch um Landtagswahlen, u. a. in Niedersachsen.[174] *Diente das Ziel der deutschen Einigung auch als Chance zur Mobilisierung und Revitalisierung der CDU?*

H. T.: Es lag auf der Hand und war für uns selbstverständlich, dass der Einigungsprozess ein Instrument für die innenpolitischen Erfolge des Bundeskanzlers sein musste. Wenn man eine solche Chance innenpolitisch nicht nutzt, muss man schon aus Dummheit die Wahlen verlieren.

M. G.: *Rainer Eppelmann ist in der Regierung Lothar de Maizière in der pikanten Rolle eines Ministers für Abrüstung und Verteidigung. Bemerkenswert ist, was Sie festhalten: »Laut Äußerung von Minister Eppelmann gegenüber Medien bestand ein stillschweigendes Einvernehmen in Moskau, dass mit Herstellung der deutschen Einheit die DDR praktisch auch den Warschauer Pakt verlässt. Auch der polnische Außenminister hat dem Warschauer Pakt keine Zukunft mehr zugebilligt.« War das in Bonn bekannt und interner Konsens?*

H. T.: Ja, das war völlig klar. Das Thema Warschauer Pakt war mit der deutschen Einheit erledigt. Für die Bundeswehr erst recht. Das war kein Gegenstand von Diskussionen mehr, eines der Ergebnisse, die sich automatisch ergaben.

M. G.: *Am 8. Juni schreiben Sie zur Idee des Bundeskanzlers über einen Nichtangriffspakt zwischen Warschauer Vertrag und NATO, dass Bush dabei die Gefahr sah, der Warschauer Pakt könnte dadurch zementiert werden. Kohl kündigte an, Sie nach Washington zu schicken, um über das weitere Vorgehen zu sprechen. Was erinnern Sie dazu noch?*

H. T.: Nach meinen Erinnerungen ist es zu konkreten Planungen nicht gekommen. Das Wichtigste für uns war, dass vor dem Parteitagsbeschluss der KPdSU von der NATO ein Signal ausgehen sollte, das ein Angebot enthielt, dass wir jetzt eine Politik der Entspannung, der Zusammenarbeit anstreben und nicht der Konfrontation. Das Abschlusskommuniqué der NATO enthält ja auch den wichtigen Satz »Wir reichen den Staaten des Warschauer Paktes die Hand zur Freundschaft.« Das war ein wichtiges Signal an die Adresse von Gorbatschow vor dem KPdSU-Entscheid. Im Prinzip ging es darum, irgendein Signal auszusenden, was es ihm erleichtern sollte, die Mitgliedschaft der BRD in der NATO zu akzeptieren.

173 Tagebuch, 25.5.1990, S. 396.
174 Tagebuch, 30.5.1990, S. 402.

M. G.: *Sie halten auch fest, dass trotz aller Interessengegensätze zwischen Bush und Gorbatschow ein Vertrauensverhältnis entstanden ist. Was waren die Gründe dafür?*

H. T.: Das hat mir Präsident Gorbatschow auch in späteren Jahren immer wieder bestätigt. Er sagte: »Horst, wenn ich nicht das Vertrauen in Helmut Kohl und George Bush gehabt hätte, wäre vieles anders gelaufen.« Präsident Bush wie Helmut Kohl ist es gelungen, eine persönliche Vertrauensbeziehung aufzubauen. Für Gorbatschow war ganz entscheidend zu wissen, er kann sich auf Zusagen verlassen. Das war für ihn ein entscheidendes Kriterium, bestimmte Vereinbarungen zu akzeptieren. Bei Bush waren es vor allem die Vereinbarungen über die einzelnen Abrüstungs- und Rüstungskontrollschritte. Bei der letzten Begegnung Bush-Gorbatschow vor dem Parteitag und vor unserem Zusammentreffen im Kaukasus wurde bereits über die Mitgliedschaft in der NATO gesprochen. Da bekamen wir ja schon das Signal von Bush, dass Gorbatschow bereit ist, sich in dieser Frage zu bewegen. Das lief alles in einem Klima ab, das Gorbatschow als äußerst angenehm und vertrauenswürdig empfand.

M. G.: *Es bestand sozusagen ein Dreieck von Vertrauensverhältnissen Gorbatschow-Kohl, Kohl-Bush und Bush-Gorbatschow?*

H. T.: Gorbatschow hat mir immer gesagt: »Das war der Schlüssel.« Von ihm hörte ich nie die Namen Thatcher oder Mitterrand. Sie waren im Prinzip außen vor.

M. G.: *Das wäre meine nächste Frage gewesen. Wie hat sich dieses enge vertrauensvolle Dreieck Moskau-Bonn-Washington auf der unteren und mittleren Ebene widergespiegelt? Sie sind immer wieder beteiligt, beraten, telefonieren und sondieren. Wer war es neben Scowcroft und Teltschik auf der sowjetischen Seite?*

H. T.: Anatoli Tschernajew, der schon lange tot ist.

M. G.: *Über ihn haben wir bislang überhaupt noch nicht gesprochen. Er war außenpolitischer und persönlicher Berater von Gorbatschow. Bestand auch zwischen Tschernajew und Scowcroft ein enges Verhältnis?*

H. T.: Das kann ich im Einzelnen nicht belegen, aber ich bin ziemlich sicher, dass es der vergleichbare Strang war.

M. G.: *Wenn Sie Ihr Verhältnis zu Anatolij Tschernajew rekapitulieren: War es so eng und vertrauensvoll und freundschaftlich wie zu Scowcroft?*

H. T.: Nein, da lag schon eine sprachliche Hürde dazwischen. Mit Scowcroft konnte ich unter vier Augen sprechen, mit Tschernajew musste immer ein Dolmetscher dabei sein. Zwar habe ich Russisch gelernt, habe es aber vermieden, mit russischen Kollegen Russisch zu sprechen, denn dazu war mein Russisch nicht gut genug. Es war der gleiche Dolmetscher, der auch für Präsident Gorbatschow übersetzte. Mit ihm hatte ich bis vor ein bis zwei Jahren Kontakt. Auch nach dem Rücktritt Gorbatschow war er der ständige Verbindungsmann zu mir.

M. G.: *Das heißt, Sie hatten einen direkten Draht.*

H. T.: Ich konnte jederzeit mit Gorbatschow kommunizieren, weil ich die Telefonnummer und später auch die Email-Adresse seines Dolmetschers hatte, der über diese Rolle hinaus Verantwortung hatte. Er war praktisch auch politisch der Verbindungsmann.

M. G.: *1980/90 war es also für Sie möglich, jederzeit Gorbatschow zu erreichen?*

H. T.: Über Tschernajew weitgehend telefonisch.

M. G.: *Am 12. Juni 1990 hatten Sie ein Gespräch mit NATO-Generalsekretär Manfred Wörner in Bonn: Sie sprachen über Vorbereitungen des NATO-Sondergipfels und über den möglichen Inhalt einer Abschlusserklärung. Sie stimmen über die Inhalte einer NATO-Abschlusserklärung völlig überein wie auch darin, dass die Frage amerikanischer Nuklearsysteme in Europa vertagt werden soll. Es ging um ein Gesamtkonzept minimaler Abschreckung. Darf ich um Ihre Erinnerungen bitten? Welche Rolle spielte Wörner im deutsch-deutschen Einigungsprozess?*

H. T.: NATO-Generalsekretär Wörner war mir persönlich seit Jahrzehnten bekannt. Als ich in Bonn in die Politikberatung einstieg, war er ja bereits Mitglied des Bundestages, dann Bundesverteidigungsminister, immer ein sehr aktiver Mann. Mehrere Gespräche zwischen Bundeskanzler Kohl und Bundesminister Wörner habe ich erlebt, zum Teil auch zusammen mit Außenminister Genscher. Bei diesem Dreierformat war ich gewissermaßen als Protokollant dabei oder als Zeuge. Es gab immer wieder Streitigkeiten, vor allem zwischen dem Außen- und dem Verteidigungsminister. Das war zum Teil persönlich bedingt, weil Wörner immer den Eindruck hatte, dass er bei Genscher gegen eine Wand läuft. Für Genscher war natürlich eine Rangordnung gegeben. Der Außenminister steht über dem Verteidigungsminister. Kohl versuchte immer, eine gemeinsame Position zu erarbeiten. Eine Situation habe ich in Erinnerung, wo wir ein Abstimmungsgespräch über Abrüstungsfragen hatten, eine intensive Diskussion dieser drei Männer. Es ging in einem Fall um die Kurz- und Mittelstreckenraketensysteme und wurde um acht Tage vertagt. Bei der nächsten Zusammenkunft fasste Kohl das vorläufige Ergebnis zusammen. Plötzlich widersprach Genscher außerordentlich heftig, er habe das nie gesagt und es sei nie seine Position gewesen. Natürlich hatte er es gesagt, ich hatte es im Protokoll notiert. Nach dem Gespräch kam Wörner auf mich zu und sagte: »Herr Teltschik, haben Sie gemerkt, Genscher lügt!« Daraufhin erwiderte ich, das sei nichts Neues. Genscher war immer groß darin, seine früheren Positionen zu verleugnen. Wörner ging es in diesen Gesprächen darum, einen NATO-Konsens herbeizuführen und Genschers Positionen waren immer darüberhinausgehend in Richtung noch mehr Abrüstung und noch mehr Entspannung, was aber für Wörner nicht immer durchsetzbar war. Kohl versuchte, die beiden zusammenzuführen, was sehr schwierig war. Am Ende war Wörner sehr hilfreich, dass wir eine Abschlusserklärung des Gipfels bekamen, die für Gorbatschow vor seinem Parteitag sehr hilfreich war.

M. G.: *Wie war das Verhältnis zwischen Wörner und Stoltenberg, dem Verteidigungsminister Deutschlands?*

H. T.: Das war im Vergleich sehr positiv und konstruktiv. Einen Streit habe ich nie bemerkt. Stoltenberg war kein Typ, der persönlich verletzend wurde. Er war ein Herr, wie man so sagt.

M. G.: *Kurzer Einblick in die Stimmungslage am 13. Juni: Die nächsten sechs bis acht Wochen werden von dramatischer Bedeutung sein, erläutert Kohl. Er liege »nicht hinter den Büschen und treibe die Entwicklung an, sondern wir selbst seien die Getriebenen.« Offensichtlich überschlagen sich die Ereignisse weiter und man ist gehetzt. Die Sorgen über die Entwicklung der DDR stiegen von Tag zu Tag. Kohl war für eine Beschleunigung des Einigungsprozesses. Es gab demnach Kräfte in der DDR, die einen österreichischen Status anstreben würden. Hinzu käme das Beharrungsvermögen von Verantwortlichen. Das Problem in der DDR sei, so Kohl, nicht die materielle Seite, sondern die verwundete Seele.« Was meinte er damit?*

H. T.: Es gab verschiedene Strömungen in der DDR in der Regierung und unter den führenden Leuten. Den einen ging der Wiedervereinigungsprozess nicht schnell genug, andere, wie auch Ministerpräsident de Maizière haben es zunehmend genossen, Regierungschef einer eigenständigen DDR zu sein. Es bestand die Gefahr, dass das Thema Wiedervereinigung für sie zunehmend an Bedeutung verlor. Die ökonomischen Probleme spitzten sich zu. Die Übersiedlerzahlen waren immer noch viel zu hoch, usw. Es gab auch einen starken Flügel von Leuten, die als einzige Lösung die deutsche Einheit darin sahen, sie so schnell als möglich zu schaffen. Am Ende war auch Kohl klar, dass es keine Zeit mehr gab, um beliebig abzuwarten, sondern dass der Prozess auch aus internationalen Gründen zu einem Abschluss kommen musste.

M. G.: *Helmut Kohl war ein sehr guter Österreich-Kenner. Er mochte das Land und urlaubte liebend gerne dort. Wenn er von einem »österreichischen Status« spricht, den »Kräfte in der DDR« anstreben würden,*[175] *muss man sich als österreichischer Historiker fragen, ob es eine Befürchtung war. Für Österreich hieß das 1955 konkret: ein Memorandum mit der Sowjetunion, ein Staatsvertrag mit Abzug der russischen Streitkräfte und letztlich ein Bekenntnis zur Neutralität. War das eine Befürchtung, die Kohl hatte? War das die österreichische Lösung, die er nicht wollte? Er spricht von »Kräften«. Offensichtlich war es eine Sorge von ihm.*

H. T.: In der Ost-CDU gab es durchaus Tendenzen, eine gewisse Sonderrolle zu bevorzugen und selbst eine Art Modellfall für Gesamtdeutschland zu werden. Die Position des DDR-Ministerpräsidenten wurde auch immer undurchsichtiger. Sein Staatssekretär drängte auf die Wiedervereinigung und gab uns immer zu verstehen, die Probleme der DDR selbst nicht lösen zu können. Verschiedene andere Kräfte in der Ost-CDU waren von ihrer eigenen Vergangenheit belastet. Die Lage war diffus. Helmut Kohl hatte schon das richtige Gespür, wir haben keine Zeit zu verlieren. Wenn wir die Sache geregelt unter Dach und Fach bringen wollen, heißt das, wir müssen relativ rasch die Grundsatzentscheidungen treffen.

M. G.: *Am 13. Juni 1990 notieren Sie: »Der Bundeskanzler räumt ein, dass die polnische Haltung nicht erfreulich sei. Nach wie vor beharre die polnische Regierung auf Vertragsverhandlungen und auf die Vorbereitung eines Vertragsentwurfs. Er weigerte sich jedoch, diesen Vorschlag zu akzeptieren, und erläuterte seine Ausführung, die er in seiner Regierungs-*

175 Tagebuch, 13.6.1990, S. 428.

erklärung am 21. Juni im Bundestag vortragen wolle. Es gebe eine klare Alternative. Die Einigung Deutschlands könne in den bekannten Grenzen Deutschlands erreicht werden oder die Zwei-Plus-Vier-Verhandlungen werden scheitern.« In einer weiteren Bemerkung im Tagebuch äußern Sie Erleichterung, dass Kohl in der polnischen Grenzfrage endgültig Klarheit geschaffen[176] *habe. Warum hat er diese Frage so lange offengelassen? Warum ließ er sie so lange treiben? War Kohl manchmal eine Mischung aus Sturheit und Zögern? Musste er wiederholt angetrieben werden, um zu einer Entscheidung zu gelangen?*

H. T.: Helmut Kohl neigte schon gelegentlich dazu, unter dem Gesichtspunkt Druck erzeugt Gegendruck zu handeln. Wenn er das Gefühl hatte, dass er unter Druck gesetzt wird, sei es von den Vertriebenen oder von der anderen Seite, die auf endgültige Anerkennung der Oder-Neiße-Grenze drängte, wurde sein Widerstand umso größer nach dem Motto: »Ich weiß schon selbst, wann ich was entscheide.« Das war für uns Mitarbeiter auch nicht immer so ganz leicht, weil ich ständig Ansprechpartner war von Bundestagsabgeordneten aller Richtungen. Auch ich kam im Sommer 1990 in die Phase zu denken, warum entscheidet er nicht endgültig? Da war er ein Pfälzer Sturschädel, mit dem ich manchmal haderte. Es war ja ein lästiges Thema. Für ihn war es in der Sache längst entschieden. Es ging nur um die Frage des Zeitpunkts für die endgültige Entscheidung.

M. G.: *Am 21. Juni beschlossen Bundestag auf der einen Seite und Volkskammer auf der anderen Seite eine gemeinsame Entschließung zur polnischen Westgrenze, die am folgenden Tag durch die beiden deutschen Regierungen notifiziert wird. Die polnische Regierungssprecherin begrüßte die Entschließung und nahm die Forderung nach Paraphierung eines Grenzvertrages vor der deutsch-deutschen Vereinigung zurück.*[177]

H. T.: Dieser Druck von polnischer Seite nervte Helmut Kohl. Auch hier wollte er deutlich machen, dass er sich von den Polen nicht unter Druck setzen läßt, zumal er in einer Sache ja Recht hatte. Er hatte den polnischen Partnern, sowohl den Ministerpräsidenten als auch den Außenministern unter vier Augen immer gesagt, dass das Thema der Grenzanerkennung erledigt sei und zwar in Polens Sinne. Es ging ihm nur darum, den Zeitpunkt selbst zu bestimmen, um möglichst wenig Gegenstimmen im deutschen Parlament zu haben. Das war sein Hauptinteresse, und er ließ sich weder von den Vertriebenen, noch von den Polen, noch von Leuten aus der Richtung Weizsäcker/Genscher bedrängen. Er konnte so stur sein, dass es manchmal auch mir zu viel wurde.

14. Die Frau an der Seite und deutliche Anklänge in Richtung Abschied

M. G.: *Wir gehen auf eine sehr persönlichen privaten Tag zu, den 14. Juni: »Politikfreier Tag. Heute wird nur gefeiert. Ich habe das 50ste Lebensjahr erreicht. Gerhild, meine Frau, hat ein großes Fest vorbereitet. Rund 70 Verwandte, Freunde und einige wenige Kollegen feiern mit uns bis in die späte Nacht. Auch BK ist gekommen. Seine Geburtstagsrede ist freundschaftlich, aber*

176 Ebd., S. 429.
177 Tagebuch, 21.6.1990, S. 440; 22.6.1990, S. 443.

Horst Teltschiks Frau Gerhild

spricht auch aus, daß ich nicht immer ein bequemer Mitarbeiter bin.« Sie antworteten darauf: »Gerhild und ich haben die Menschen eingeladen, von denen wir hoffen, daß sie Freunde bleiben, auch wenn ich nicht mehr im Bundeskanzleramt tätig sein sollte.« Das war eine klare Ansage.

Welche Rolle spielte in all den Jahren Ihrer Beratungstätigkeit für Helmut Kohl Ihre eigene Frau?

H. T.: Die Rolle meiner Frau kann nicht hoch genug eingeschätzt werden. Sie ist nicht nur Mutter meiner beiden Kinder, sondern war stets ein sehr praxisbezogener intellektueller Widerpart. Sie war nicht nur häufig Allein-Erzieherin sondern betreute in der Schulzeit zusammen mit unseren Kindern sehr erfolgreich eine bunte Schar von Gastarbeiterkindern, zu denen sie zum Teil noch heute Kontakt hat. Gleichzeitig erfuhr sie in der Telefonseelsorge von vielen Sorgen und Kümmernissen von unbekannten Bürgern, die dann häufig in unser Familiengespräch einmündeten.

Als mir im Frühjahr 1972 der Ministerpräsident von Rheinland-Pfalz Dr. Helmut Kohl anbot, als Berater zu ihm nach Mainz zu kommen mit der Perspektive, dass er Bundesvorsitzender der CDU und Bundeskanzler werden wolle, bedeutete das von diesem Zeitpunkt an, dass ich keine geregelte Arbeitszeit mehr hatte. Schon in Mainz warf er mir so manches Mal am späten Nachmittag ein Redemanuskript eines Kollegen über seinen Schreibtisch zu mit der Aufforderung, bis zum nächsten Morgen einen neuen Entwurf zu erhalten. Das bedeutete Arbeit zu Hause bis Mitternacht und morgens um 7.00 Uhr im Büro, da die Rede noch getippt werden musste. Für die Familie bedeutete das, mir frühzeitig das Wohnzimmer zu überlassen, um in Ruhe schreiben zu können. Ein Arbeitszimmer stand mir noch nicht zur Verfügung.

Zu dieser Zeit war mein Sohn Richard vier Jahre und meine Tochter ein Jahr alt. Sie erlebten mich von da an häufig erst beim Frühstück und am Wochenende, Selbst das stand im Bundeskanzleramt oft in Frage, denn Bundeskanzler Kohl pflegte viele seiner Auslandsreisen am Wochenende zu beginnen. Das alles konnte ich nur leisten, weil meine Frau fast klaglos die Rolle der alleinerziehenden Mutter auf sich nahm. Sie hielt mir stets den Rücken frei und das über 18 Jahre meiner Zusammenarbeit mit Helmut Kohl.

M. G.: *Wie hatte Ihre Frau den Wechsel von Mainz nach Bonn aufgenommen?*

H. T.: Wir hatten ja vor Mainz bereits zwei Jahre in Bonn gelebt, so dass die Rückkehr angesichts der politischen Ambitionen von Helmut Kohl von Anbeginn an zu erwarten und fast selbstverständlich war. Belastend für meine Frau war vor allem der Schulwechsel der Kinder und die fast alleinige Organisation des Umzugs. Ich selbst konnte mich blind auf sie verlassen, dass alles reibungslos verlief.

M. G.: *Wie weit war Ihre Frau am politischen Geschehen interessiert und nahm daran auch Anteil?*

H. T.: Selbstverständlich nahm meine Frau regen Anteil an meiner beruflichen Tätigkeit und scheute sich nie, spontan und sehr nachdrücklich ihre Meinung zu äußern. Sie war darin oft viel spontaner und direkter als ich.

Bei allen offiziellen Essen des Bundeskanzlers oder des Bundespräsidenten war sie meine selbstverständliche Begleiterin. Sie kam oft angeregt nach Hause, weil sie nicht selten interessantere Tischnachbarn hatte als ich.

Gleichzeitig war sie eine großartige Gastgeberin. Wir hatten vor allem in Bonn häufig abendliche Gäste bei uns zu Hause, von Helmut Kohl angefangen sowie Kollegen und Mitarbeiter sowie ausgewählte Botschafter. Besonders gerne kam Hannelore Kohl zu uns nach Hause, wenn sie in Bonn einen freien Abend hatte. Wenn Frau Kohl die Damen der Botschafter einlud, war auch meine Frau dazu eingeladen. Sie gewann eine Reihe persönlicher Freundinnen, die sie auch in ihre Heimat einluden.

Als ich im Bundeskanzleramt arbeitete, lud ich immer wieder wichtige Botschafter ein, wie z. B. die amerikanischen Botschafter, aber auch die sowjetischen und chinesischen Botschafter. Viele Journalisten waren bei uns, angefangen von der *FAZ*, der *Welt* bis zum *Spiegel* und *Stern*. Unternehmer waren unsere Gäste wie beispielsweise das Ehepaar Herrhausen, Chef der Deutschen Bank oder Jens Odewald von der Kaufhof AG. Der ungarische Ministerpräsident Németh Miklós war unser Gast. Meine Frau bereitete stets das Dinner vor, meine Kinder servierten.

M. G.: *Bestand auch die Möglichkeit für sie, Sie auf Auslandsreisen zu begleiten?*

Horst Teltschik am Schreibtisch in seinem Büro im Bundeskanzleramt

H. T.: Nein, diese Möglichkeit bestand nicht. Das entsprach nicht der dienstlichen Gepflogenheit und wäre auch nur interessant gewesen, wenn ein sogenanntes Damenprogramm vorgesehen gewesen wäre. Das gab es nur, wenn überhaupt, wenn Frau Kohl mitgereist ist. Außerdem hatten wir in dieser Zeit zwei schulpflichtige Kinder, die meine Frau versorgen musste.

M. G.: *Konnte Sie ihnen auch hin und wieder einen guten Rat oder sogar einen entscheidenden Tip geben?*

H. T.: Wir hatten immer wieder leidenschaftliche Diskussionen insbesondere über die Beurteilung von Politikern und anderen Persönlichkeiten und deren Entscheidungen. Meine Frau war häufig kritischer und radikaler in der Ablehnung vor allem dann, wenn sie den Eindruck hatte, dass ich ungerecht behandelt wurde.

Sie gab mir aber auch aufgrund ihrer Erfahrungen und ihres Umgangs mit Lehrern und Schülern, mit Rat suchenden Menschen in der Telefonseelsorge oder aufgrund ihrer Gespräche mit den anderen Damen von Politikern und Diplomaten manchen guten Rat. Sie scheut sich auch nie, mir zu sagen, wo ich möglicherweise zu nachsichtig oder sogar falsch liege. Das gilt bis heute.

M. G.: *Verzeihen Sie noch eine weitere Nachfrage: Gab es in den bewegten und turbulenten Monaten vom Herbst 1989 bis zum Oktober 1990 überhaupt noch ein geregeltes Familienleben außer an Feiertagen oder Geburtstagen?*

Helmut Kohl mit Journalisten im Pressegespräch auf dem Flug zum Besuch nach Indonesien vom 30. September bis 5. Oktober 1988, links mit Pfeife Regierungssprecher Staatssekretär Friedhelm Ost, vor ihm mit Notizblock in der Hand Bild-Reporter Mainhardt Graf Nayhauß, rechts stehend neben Horst Teltschik, Kohls Hausarzt Professor Helmut Gillmann, daneben mit Pfeife Rudolf Seiters, rechts sitzend: Hofmann, Journalist der Mainzer Allgemeinen

H. T.: Das ist eine sehr berechtigte Frage. Meine Mannschaft im Bundeskanzleramt und ich haben gerade 1988/89 häufig bis Mitternacht gearbeitet, zumal der Bundeskanzler häufig zu abendlichen Gesprächen in den Kanzlerbungalow eingeladen hat. Wenn ich dann abends gegen Mitternacht nach Hause kam, schlief natürlich meine Familie bereits. Nur zum Frühstück und am Wochenende saßen wir in der Regel noch zusammen.

M. G.: *Wann war eigentlich Ihre Entscheidung gefallen, dass Sie Abschied vom Bundeskanzleramt nehmen? Dafür muss es ja Gründe gegeben haben. Was meinte Kohl damit, dass Sie nicht immer ein bequemer Mitarbeiter waren und wie reagierte er auf Ihre Entscheidung?*

H. T.: Das Alter von 50 wirft schon die Frage auf, wo endet man, wo wird die eigene Karriere auslaufen. In den acht Jahren beim Bundeskanzler habe ich mehrfach von ihm persönlich von einem bevorstehenden Karrieresprung gehört, ohne dass ich ihn darauf angesprochen hätte. Zu dieser Zeit war ich insgesamt schon 19 Jahre mit Helmut Kohl zusammen. Zwar in verschiedenen Positionen, aber mehr oder weniger als sein persönlicher Mitarbeiter. Wenn Kohl irgendein Problem politischer Art hatte, unabhängig von meiner Fachkompetenz Außenpolitik, war ich derjenige, der von ihm angesprochen wurde, Probleme zu regeln und auszuräumen und zwar über meine Zuständigkeiten hinaus. Natürlich musste ich immer dafür sorgen, dass es innerhalb des Kanzleramtes unter den Mitarbeitern ein harmonisches Einvernehmen gab und nicht das Gefühl aufkam, Herr Teltschik mischt sich überall ein.

Oft sagte ich dem Kanzler, es sei nicht meine Zuständigkeit, aber das war ihm egal. Ich bekam den Auftrag, die Angelegenheit zu regeln. Wann immer er das Gefühl hatte, jemanden zu brauchen, der sich um ein Problem kümmert, hieß es: Teltschik. Das hatte zwei Seiten. Ich habe die 19 Jahre Zusammenarbeit mit Helmut Kohl überlebt. In den acht Jahren Bundeskanzleramt kündigte er zweimal ungefragt an, dass ich Staatssekretär werden solle. Es blieb bei der Ankündigung. Umgekehrt, wenn ich sagte, das oder jenes könnte mal etwas für mich sein, war er fast beleidigt, dass ich auf die Idee kam, eine Alternative ins Blickfeld zu nehmen, ohne dass er es entschieden oder gewollt hätte. Einmal wechselte der Chef der Konrad Adenauer Stiftung und ich sagte zu ihm, das wäre auch für mich etwas, wenn die Arbeit im Bundeskanzleramt zu Ende ginge. Wir standen nebeneinander, plötzlich drehte er sich auf dem Absatz um, ging in sein Arbeitszimmer und machte die Tür zu nach dem Motto: »Was fällt denn Dir ein!«

Für mich war im Alter von 50 Jahren der Zeitpunkt gekommen, darüber nach so vielen Jahren eine eigene Perspektive ins Auge zu fassen. Das wollte er nicht. Auf der anderen Seite hatte er auch nicht den Mut, nachdem er mir einen Karriereschritt in Aussicht gestellt hatte, den er nicht einlösen konnte, zum Teil aus politischen Gründen, was ich verstanden habe, die Gründe mir zu nennen. Er hat einfach vergessen, dass er mir vorher eine Zusage gegeben hatte. Es war ja nicht meine Idee, Staatssekretär zu werden, als dieser wegging, sondern es war Kohls Idee. Dann wurde ein anderer Staatssekretär, aber Kohl begründete mir gegenüber nicht, aus welchen Gründen er seine Zusage nicht einhalten konnte. In einem Fall erklärte mir einmal Herr Genscher, warum ich nicht Staatssekretär geworden sei. Das hätte auch Kohl mir erklären können und ich hätte es verstanden. Dazu hatte er aber nicht den Mut.

M. G.: *War es ein schleichender Abnutzungs- und Entfremdungsprozess oder Ihre Entscheidung an einer einzelnen Enttäuschung festzumachen?*

H. T.: 1990 war schon der Höhepunkt seiner Karriere. Wenn uns am Beginn unserer Regierungszeit jemand prophezeit hätte, die Teilung Deutschlands zu überwinden, hätten wir ihn mit großen Augen angesehen. Das waren schon historische Erfolge. Man geht ja am Höhepunkt und nicht am Tiefpunkt einer Karriere. Nach so langen Jahren hatte ich das Bedürfnis, selbst entscheiden und handeln zu können. Helmut Kohl war ja keiner, der immer sehr leicht zu handhaben war. Er hat mich als Tegernseer Holzkopf bezeichnet, weil ich genauso stur sein konnte wie er. Bei meiner 50. Geburtstagsfeier hielt meine Frau eine Rede auf mich. Kohl war beleidigt, weil sie einiges deutlich angesprochen hatte.

M. G.: *Er konnte also schon bei dieser Feier ahnen, dass ihm einer seiner besten, verlässlichsten, loyalsten und wichtigsten Mitarbeiter nicht mehr so lange erhalten bleiben würde.*

H. T.: Vielleicht hat er es schon instinktiv gefühlt, dass ich dabei war wegzugehen. Da hatte ich aber noch gar keine Perspektive. Immer wieder war ich von Vorstandsvorsitzenden angesprochen worden, wenn ich wechseln wollte, sollte ich mich melden. Wenn Vorstandsvorsitzende mit Vorschlägen zum Bundeskanzler kamen, hatte Kohl die Eigenart, sie zu mir zu schicken. Ich galt als der Mann im Kanzleramt, zu dem man gehen musste, wenn man etwas erreichen wollte. Manche von ihnen boten mir an, falls ich irgendwann etwas verändern wolle, sollte ich ihnen Bescheid geben. So z. B. Herr Maucher von Nestlé, der mindestens zwanzigmal bei mir im Büro war. Er hatte immer Vorschläge für Helmut Kohl, aber der schickte ihn dann immer zu mir. Eines Tages sprach ich ihn an und teilte ihm mit, dass ich nach der Bundestagswahl am Ende des Jahres 1990 mir etwas Neues suchen wollte. Er fragte mich, was ich mir denn vorstelle. Ich antwortete, wenn er sich nicht vorstellen könne, was ich in seinem Unternehmen machen könnte, sollten wir das Gespräch vergessen. Somit war das Gespräch beendet.

M. G.: *Kann es sein, dass Kohl am Höhepunkt seiner politischen Karriere, getragen von der Einigung, den vielen Auftritten in Ostdeutschland mit sechsstelliger Zuschauerzahl in einer Art rauschhaftem Zustand war und Dinge, die in seinem direkten Umfeld ganz essentiell waren, aus dem Auge verloren hat? Hat er es nicht mehr als wichtig für den Zusammenhalt seiner Truppe erachtet, wenn einer seiner besten Leute vom Hof geht?*

H. T.: Im August 1990, nach dem unglaublichen Treffen mit Präsident Gorbatschow im Kaukasus, dem Riesenerfolg, ging Kohl in Urlaub. Er, der Parlamentarische Staatssekretär Pfeifer und ich saßen am Abend vorher noch im Bungalow zusammen. Dort sagte er erneut spontan, ich würde jetzt Staatssekretär werden. Ich erwiderte, er brauche keinen Staatssekretär für Außenpolitik. Davon war ich zutiefst überzeugt. Ein Bundesminister war Chef des Kanzleramtes und jetzt sollte ein Abteilungsleiter plötzlich Staatssekretär werden. Das passte vorne und hinten nicht. Er bekräftige aber, ich würde es nun werden. Das hatte er mir in den acht Jahren mehrfach versprochen, aber ich bin es nie geworden. Mir ging es auch gar nicht darum, dass ich den Titel haben würde, finanziell war der Unterschied zwischen Ministerialdirektor und Staatssekretär auch nicht so, dass ich unglaublich viel mehr Geld bekommen hätte. Für mich wäre nur interessant gewesen, ob er dieses Mal sein Wort halten würde.

15. Kairos: vom Kaukasus-Erlebnis zu diplomatisch-politischen Nachspielen

M. G.: *Zurück zum 15. Juni 1990: »Den Wunsch des BK nach einem umfassenden bilateralen Vertrag bezeichnet Gorbatschow als eine breit angelegte Aufgabe von großer internationaler Bedeutung. Für mehrere Jahrzehnte würde das politische Klima in Europa in vieler Hinsicht von den Entscheidungen abhängen, die von beiden Seiten jetzt getroffen würden. Gorbatschow spricht von der beiderseitigen Bereitschaft, den Weg beider Völker in das kommende Jahrhundert auf einer qualitativ neuen Grundlage zu erleichtern.«*[178]

Wie entstand dieser Vorschlag und inwieweit musste darauf in Abstimmung mit den Westmächten reagiert werden? Wenn man sich jetzt die sicherheitspolitische Lage Europas vor Augen hält, so ist diese einfach nur als katastrophal zu bezeichnen.

H. T.: Es war ein Angebot des Bundeskanzlers an Präsident Gorbatschow, einen Vertrag vorzubereiten zwischen dem geeinten Deutschland und der Sowjetunion und die Verhand-

178 Tagebuch, 15.6.1990, S. 433.

lungen vor der Wiedervereinigung zum Abschluss zu bringen und danach einen solchen Vertrag zu ratifizieren. Diesen Vorschlag hatte er Außenminister Schewardnadse schon im Mai gemacht. Die Reaktion – wir sprachen schon darüber – war auf russischer Seite fast euphorisch, zumal wir angeboten hatten, dass auch sicherheitspolitische Themen vereinbart werden könnten. Diesen Vorschlag hatten wir über Botschafter Kwizinskij übermittelt. Im Mai kam Schewardnadse und sagte, es sei genau das, was sie noch bräuchten. Von daher war klar, dass wir einen solchen Vertrag verhandeln und nach der Wiedervereinigung ratifizieren. Dieses Vertragsangebot war einer der Gründe, warum wir diesen Durchbruch erreicht haben. Es war vor der Begegnung im Kaukasus. Wir hatten einen Katalog von Maßnahmen vorbereitet, die die Kaukasus-Gespräche zum Erfolg führen sollten: Die Erklärung des NATO-Gipfels an die Adresse Russlands und das bilaterale Angebot für einen Vertrag mit sicherheitspolitischen Zusagen. Wir hatten versucht, ein Instrumentarium vorzubereiten, um Gorbatschow zu signalisieren, wir wollen zukünftig Partner sein, Freundschaft pflegen und Sicherheitsgarantien vereinbaren.

M. G.: *Zur Kaukasus-Begegnung notieren Sie am 16. Juli[179]: Es gibt Acht-Punkte des Einvernehmens zwischen Gorbatschow und Kohl. Ich darf sie noch einmal rekapitulieren:*

1. *Das vereinte Deutschland ist die Bundesrepublik, DDR und Berlin.*
2. *Deutschland erhält zum Zeitpunkt der Vereinigung die »volle und uneingeschränkte Souveränität«.*
3. *Deutschland kann seine Bündniszugehörigkeit frei wählen.*
4. *Deutschland wird einen Truppenaufenthalts- und -abzugsvertrag mit der UdSSR schließen, die einen Abzug sowjetischer Truppen innerhalb von drei bis vier Jahren vorsieht.*
5. *Es wird keine Ausdehnung der NATO-Strukturen auf das DDR-Territorium erfolgen.*
6. *Die Truppen der drei Westmächte bleiben in Berlin, solange sowjetische Truppen auf DDR-Gebiet sind.*
7. *Die Bundesrepublik zielt in Verhandlungen über konventionelle Streitkräfte in Europa (VKSE) in Wien auf eine Verpflichtungserklärung zur Senkung der deutschen Streitkräfteobergrenze auf 370.000 Soldaten ab.*
8. *Das vereinte Deutschland verzichtet auf Herstellung, Besitz und Verfügung von ABC-Waffen.*

Das war die Bestätigung eines gewaltigen Durchbruchs. Sie schilderten schon die Voraussetzungen, die zu diesem sensationellen historischen Kompromiss geführt haben.

Im Vorfeld gab es noch einige wichtige Begegnungen, z. B. am 18. Juni. Sie sprachen mit Mr. Cradock, dem außenpolitischen Berater von Mrs. Thatcher in Downing Street. Wieder kommt es zu einer Abstimmung der Positionen im Kontext Zwei-plus-Vier über den Vorschlag des Bundeskanzlers, eine Nichtangriffsdeklaration zwischen NATO und und Warschauer Pakt auf dem NATO-Sondergipfel in London zu erreichen bzw. zu verabschieden. Sie finden die britisch-deutsche Übereinstimmung, dass die Frage der Nuklearsysteme in Europa »zuallererst im Rahmen einer Vereinbarung beider Weltmächte über ein substrategisches Minimum behandelt werden« sollte. Dann gehen Sie auf Thatcher ein: Bemerkenswert finden Sie, dass es Gorbatschow, während ihrer Gespräche – sie war in Moskau – auf der gemeinsamen Pressekonferenz sehr sorgfältig vermieden habe, davon zu sprechen, dass ein vereinigtes Deutschland nicht Mitglied der NATO sein solle. Er habe aber sehr viel von der Notwendigkeit gesprochen, dass den Sicherheitsinteressen der Sowjetunion Rechnung getragen werden

179 Tagebuch. 16.7.1990, S. 507.

müsse und eine gesamteuropäische Sicherheitsorganisation erarbeitet werden solle, die über die Grenzen sowohl der NATO als auch des Warschauer Paktes hinausgehen würde. Thatcher glaubte demnach, dass auch Gorbatschow hinsichtlich eines deutschen NATO-Verzichts erkannt habe, »dass das keine praktische Lösung für die absehbare Zukunft darstelle«. Dann geht es wieder um die gemeinsame Vereinbarung NATO-Warschauer Pakt: »Thatcher sieht darin gute Möglichkeiten. Sie schlägt vor, eine solche Erklärung zu entwerfen, die den Sowjets helfen könne, die NATO-Mitgliedschaft eines geeinten Deutschland zu akzeptieren. Ihres Erachtens werde Gorbatschow dazu auch bereit sein.

Es ist nicht überraschend, dass PM Thatcher auch die weitere Notwendigkeit einer nuklearen Abschreckung anspricht. Erfreulicherweise hat die sowjetische Führung dieses Thema bisher in keinem Gespräch oder in Veröffentlichungen aufgegriffen.«[180] *Warum nicht und warum erfreulicherweise?*

H. T.: Das hätte natürlich auch die Gespräche im Westen sehr kompliziert. Deutschland war keine Nuklearmacht und hatte auch nicht die Absicht, eine zu werden. Es gab zwei europäische Nuklearmächte, England und Frankreich und dazu den NATO-Partner USA. Für uns wäre ein Vorschlag, der Auswirkungen auf das Nuklear-Potenzial dieser drei Bündnispartner gehabt hätte, sehr problematisch, wenn nicht sogar sehr gefährlich gewesen. Ich sage immer, wir seien gut beraten, das Thema Nuklearpotenzial in England und Frankreich nicht zu berühren. Das ist, wenn Sie so wollen, ein Pfund dieser Staaten uns gegenüber. Sie sind Nuklear-Mächte und wir nicht. Wir sollten es nicht antasten, nicht versuchen, Mitsprache daran oder Rechte zu haben. Das hätte eher Widerstände gegen uns ausgelöst. Für uns war es wichtig, dass Gorbatschow im Mai in Washington war und mit Präsident Bush über alle diese Themen gesprochen hat, dass wir mit der Sowjetunion vertraglich die Verpflichtung eingehen, erstens keinen Erstangriff durchzuführen, zweitens Mitglied der NATO zu bleiben, ein paar Grundaussagen festzuzurren, ohne plötzlich darüber hinaus zu gehen.

M. G.: *Tagebuch 2. Juli*[181]*: Der Bundeskanzler spricht zum ersten Mal über die Regierungsbildung nach gesamtdeutschen Wahlen. Krause kommt ins Spiel. Er war Staatssekretär in der Regierung de Maizière. Warum Krause? Wann sind Sie eigentlich Frau Merkel zum ersten Mal begegnet?*

H. T.: Krause kam sofort ins Gespräch, weil er nach der Regierungsbildung in der DDR unter de Maizière der häufigste Gesprächspartner im Bundeskanzleramt von Bundesminister Seiters war. Das Ergebnis reduzierte sich bei jedem seiner Besuche auf einen Punkt: Wir, die Regierung de Maizière alleine können es nicht, wir sind völlig überfordert, wir brauchen die Wiedervereinigung. Er war mit Abstand der Partner in der neuen DDR-Regierung, der auf eine rasche Wiedervereinigung drängte. Ich verstand sehr gut, dass die Einheit rasch vollzogen werden sollte, um Probleme rasch lösen zu können. Krause hat sich quasi selbst zu einem potenziellen Kabinettsmitglied befördert. Die spätere Ministerin Merkel ist mir in meiner Amtszeit im Kanzleramt nicht begegnet. Sie habe ich erst als Bundesumweltministerin in meiner Zeit als BMW-Vorstand erlebt und das war leider nicht sehr hilfreich.

180 Tagebuch, 18.6.1990, S. 434–435.
181 Tagebuch, 2.7.1990, S. 460.

Horst Teltschik anlässlich des Besuchs von Angela Merkel in ihrer Funktion als Bundesministerin für Umwelt, Naturschutz und Reaktorsicherheit im Kabinett Kohl V bei BMW am 25. November 1995 in München

M. G.: *Welche ersten Eindrücke hatten Sie von der noch jungen Ministerin Angela Merkel?*

H. T.: Ich fand sie durchaus sympathisch. Auch fand ich die Entscheidung des Bundeskanzlers gut, eine solch junge Dame aus der DDR ins Kabinett zu holen. Fachlich konnte ich sie nicht beurteilen. Als ich als BMW-Vorstand mit ihr als Bundesumweltministerin zu tun hatte, erlebte ich eine Enttäuschung. Ich stellte ihr in Bonn ein neues Automodell vor, ein Erdgasauto, um politische Unterstützung zu gewinnen. In München, am Mittleren Ring hatten wir eine Erdgas-Tankstelle errichtet, um zu demonstrieren, dass man Erdgas tanken und damit fahren kann. Das Ergebnis war gleich null. Es blieb ohne Resonanz. Das fand ich für eine Umweltministerin sehr erstaunlich. Dann traf ich Frau Merkel erst wieder, als sie dabei war, Bundeskanzlerin zu werden. Plötzlich war ich bei ihr wieder gefragt. Ich habe in Berlin einen ganzen Abend mit ihr allein verbracht, um sie über den Stand der internationalen Beziehungen zu briefen. Sie bat mich anschließend, ihr das schriftlich zu übermitteln, was ich auch getan habe. Die Frage der Beratung endete mit dem Beginn ihrer Kanzlerschaft. In dem Moment, wo sie im Amt war, war Beratung nicht mehr gefragt.

M. G.: *Noch vor der historischen Kaukasus-Begegnung gab es die NATO-Gipfel-Entscheidung, die auch durch Beratungen im Vorfeld gekennzeichnet war. Es gab eine breite Übereinstimmung zwischen Bundesregierung und US-Administration. Alle anderen Bündnispartner waren bereit, der europäischen Einbettung der deutschen Einigung Rechnung zu tragen und Antworten auf die sowjetischen Sicherheitsinteressen zu geben. Frankreich setzte sich jedoch von diesem Konsens ab. Wie erklärt sich die Haltung von Frankreichs Außenminister Dumas,* *die gemeinsame NATO-Gipfel-Erklärung zu verwässern? In dem Fall stehen Genscher und Hurd gemeinsam mit Baker gegen Dumas. Eine merkwürdige Drei-zu-Eins-Konstellation. Was waren das für französische Sondervorbehalte?*

H. T.: Es war ein Ausdruck der französischen Sonderrolle. Frankreich hatte immer das Bedürfnis, eine gewisse Eigenständigkeit zu dokumentieren. Ob sinnvoll oder weniger sinnvoll, es mag mehr innenpolitischen Bedürfnissen entsprochen haben und mag ein Signal an die Sowjetunion gewesen sein, dass die Franzosen auch weiterhin eine eigenständige Rolle spielen wollen. Wir haben uns nicht groß gewundert, solange Frankreich den Gesamtprozess nicht störte, war es geduldet.

M. G.: *Die NATO-Gipfel-Entscheidung besagte in der Substanz: Veränderung der NATO-Strategie der »flexible response«, Ablösung der Vorneverteidigung und Verwendung der Nuklearwaffen nur noch als »letzte Zuflucht« im äußersten Fall der Existenzgefährdung. Diese Punkte werden von Ihnen als »bedeutsame Schritte für eine Annäherung der beiden Bündnissysteme« festgehalten.*[182] *Konnten diese Ankündigungen und Festlegungen nach Ihrem Eindruck für das sowjetische Sicherheitsinteresse ausreichend und überzeugend sein?*

H. T.: Für uns war diese NATO-Erklärung ein wichtiges Signal an die Adresse der Sowjetunion vor der Entscheidung am KPdSU-Parteitag. Wir haben sie daher sehr begrüßt. Als Schlüsselankündigung galt für uns der Satz »Wir reichen dem Warschauer Pakt die Hand zur Freundschaft.« Er war wichtiger als die westlichen Zusagen und Verabredungen. Wir wollten das Signal, dass die Sowjetunion die NATO zukünftig nicht als potenziellen Aggressor sehen muss, sondern als Partner und Freund.

M. G.: *Sie halten am 8. Juli in der Rückschau auf den NATO-Gipfel in London fest, dass es positive Reaktionen von Gorbatschow und Schewardnadse gegeben hat. Man konnte sich im Rückblick aus Ihrer Sicht nur freuen, dass es gelungen war, Moskau zu überzeugen, dass die vorgesehene deutsche NATO-Mitgliedschaft von der Sowjetunion »nicht als Bedrohung, sondern auch als Stabilitätsgewinn für Europa und für sich empfunden werden könne«.*[183] *Was vorher wie die Quadratur des Kreises erschien, ist hier gelungen. Das war eine ausgesprochen bemerkenswerte Entwicklung. Es steht nun auch noch der G7-Gipfel in Houston an. Welche Bedeutung kam diesem Gipfel mit Blick auf die deutsche Einigung und die Forcierung ihrer Verwirklichung zu?*

H. T.: Dieser Gipfel in Houston war – wie der NATO-Gipfel – für uns ein wichtiges Instrument, um der Sowjetunion positive Signale vor unserem Treffen mit Gorbatschow zu übermitteln. Das Bestreben von Kohl war, die Partner bei diesem Gipfel zu gewinnen, die Sowjetunion wirtschaftlich zu unterstützen. Das war leichter gesagt als getan. Ich hatte mit einer ungarischen Anfrage Erfahrungen gemacht, für die ich sowohl in Washington als auch in Paris keine Unterstützung fand, als es um wirtschaftliche Hilfe ging. Das Signal war wichtig, ohne dass es schon substanziell unterfüttert werden konnte, wie man Gorbatschow und der sowjetischen Führung wirtschaftlich unter die Arme greifen könnte. Houston ist

182 Tagebuch, 6.7.1990, S. 471.
183 Tagebuch, 8.7.1990, S. 473.

für mich deshalb in guter Erinnerung, weil ich dort die Nachricht erhielt, dass ein Termin für ein Treffen Kohl Gorbatschow in Aussicht genommen war und dass das Treffen im Kaukasus, in der Heimat Gorbatschows, stattfinden werde. Zu Kohl sagte ich: »Wenn Gorbatschow Streit haben möchte oder Konfrontation suchen wolle, würde er mit Ihnen nicht in seine Heimat gehen.« Allein schon die Ankündigung war für mich ein Erfolgserlebnis und ich war mir sicher, dass die Gespräche dort erfolgreich sein werden.

M. G.: *Das war ein klares Signal. Gorbatschow ist bereit, nach seinem Besuch in Bonn im Juni 1989 nun auch den Bundeskanzler, den Außenminister, das engste Beraterumfeld von Kohl in seiner Heimat zu empfangen. Können Sie uns in diese Zeit zurückversetzen? Wie war die Stimmung dort? Was haben Sie für unwiederbringliche Eindrücke in Erinnerung?*

H. T.: Wir flogen mit einer Bundeswehrmaschine nach Moskau und hatten dort ein erstes Gespräch mit Gorbatschow ohne die Außenminister. Hier übermittelte Gorbatschow Kohl die ersten wichtigen Signale, dass die wichtigsten Streitfragen gelöst werden können, wie z. B. die Mitgliedschaft des geeinten Deutschlands in der NATO. Wir hatten schon in Moskau die Gewissheit gewonnen, dass Gorbatschow bereit sei, in den Schlüsselfragen eine Übereinstimmung mit dem Bundeskanzler herbeizuführen. Voller Optimismus flogen wir weiter in den Kaukasus. Ich saß im Hubschrauber der beiden Außenminister. Sie kannten die Ergebnisse des Moskauer Gesprächs zwischen Kohl und Gorbatschow noch nicht und ich sah auch keinen Anlass, unseren Außenminister darüber zu unterrichten.

M. G.: *Erlauben Sie noch eine wichtige Nachfrage: was wurde vor der Reise in den Kaukasus genau in Moskau zwischen Gorbatschow und Kohl – ohne Beisein Genschers – besprochen und vereinbart?*

H. T.: Gorbatschow hatte in dem bilateralen Vorgespräch in Moskau vor Abflug in den Kaukasus dem Bundeskanzler bereits deutlich zu verstehen gegeben, dass er bereit sei, sich in den wichtigsten Fragen mit dem Bundeskanzler zu einigen. Das hieß: neue Qualität der Beziehungen zwischen der UdSSR und dem geeinten Deutschland; Vorbereitung eines umfassenden Vertrages zwischen der UdSSR und dem geeinten Deutschland: Gorbatschow überreicht dazu seine Überlegungen zum Inhalt eines bilateralen Vertrages, volle Souveränität eines geeinten Deutschland; Mitgliedschaft des geeinten Deutschland in der NATO, zukünftige Obergrenze der Bundeswehr, Vertiefung der Zusammenarbeit zwischen der UdSSR und Deutschland; Verzicht Deutschlands auf ABC-Waffen; die Grenzen eines geeinten Deutschland umfassen BRD und der DDR sowie wirtschaftliche und finanzielle Zusammenarbeit. Mir war nach diesem Gespräch klar, dass Gorbatschow bereit ist, alle offenen Schlüsselfragen mit dem Bundeskanzler einvernehmlich und positiv zu regeln.

M. G.: *Und das sollte Genscher nicht gleich schon wissen?*

H. T.: Mein Interesse galt immer, dass Erfolge und Ergebnisse solcher Gespräche dem Bundeskanzler und nicht dem Außenminister zugutekamen. Wenn der Außenminister die Ergebnisse vorher erfahren hätte, dann hätte er schon den begleitenden Journalisten deutlich gemacht, dass er es gewesen sei, der mit Schewardnadse diese Erfolge errungen habe. Es gab also immer einen stillen Wettkampf, wer verkündet was.

Wir landeten auf einem Getreidefeld, das gerade mit großen Landwirtschaftsmaschinen abgeerntet wurde. Bauern und Bäuerinnen kamen auf Kohl und Gorbatschow zu und boten nach russischer Tradition Brot und Salz als Begrüßungsgeste an. Gorbatschow sagte: »Helmut, hier haben mein Außenminister und ich uns gesagt, wir müssen Reformen in Russland einleiten und Veränderungen durchführen.« Beim Weiterflug flogen wir über ein Getreidelager, als sich ein Gewitter abzeichnete. Jetzt konnten wir ahnen, wie das aufkommende Gewitter das auf dem Hof gestapelte Getreide beeinträchtigen würde. Die ganze Misere der sowjetischen Landwirtschaft war schon hier stellvertretend sichtbar. Gorbatschow wollte uns seine Verbundenheit zu den Bauern deutlich machen, zeigte uns aber ungewollt das Elend der Landwirtschaft. Wir landeten als nächstes, vergleichbar mit den deutschen Alpen, auf einer Almwiese. Dort standen Bungalows, die Politbüromitglieder für Urlaub nutzen konnten. Die Almwiese stand in der Blüte. Als wir vom Hubschrauber zu den Unterkünften gingen, pflückte Raissa, die Frau Gorbatschows, einen kleinen Strauß Blumen und überreichte ihn Helmut Kohl. Das war für mich ein herausragender Hinweis dafür, dass die Gespräche erfolgreich verlaufen würden. Das waren sie dann auch. Wir hatten ein gemeinsames Abendessen. Danach schlug Gorbatschow vor, sich mit Kohl, Genscher und Schewardnadse zusammenzusetzen, um über die Themen zu sprechen, die am nächsten Tag diskutiert werden sollten. Wir Mitarbeiter gingen in einen Nebenraum, wo es für uns Löwenbräu-Bier in Dosen gab. Nach etwa einer halben Stunde kamen der Bundeskanzler und Außenminister zu uns in den Nebenraum, setzten sich zu uns und tranken auch Bier, bevor wir alle in unsere Unterkünfte gingen.

Am nächsten Tag, nach Ende der Gespräche, als wir auf der Terrasse standen und Kohl noch TV-Interviews gab, vernahm ich plötzlich hinter mir die Stimme des Außenministers, der deutschen Journalisten erzählte, dass er nach dem Abendessen mit Gorbatschow noch mit seinem Kollegen Schewardnadse zusammengesessen hätte, und sie hätten die Ergebnisse schon vorab verhandelt. Er gab zu erkennen, ohne seine Gespräche mit Schewardnadse hätte es die Erfolge nicht gegeben. An dieser Aussage war nichts wahr! Den Versuch, die Ergebnisse seiner eigenen Person zuzuschreiben, empfand ich an der Grenze zur Unanständigkeit. Aber so war er. Aber dass die Ergebnisse absehbar waren, konnte man daran erkennen, dass der Bundeskanzler mir bereits nach dem Abendessen den Auftrag gegeben hatte, seine Presseerklärung vorzubereiten für die Zeit nach Abschluss der Verhandlungen. Ich ging in mein Zimmer. Ich hatte keinen Schreibtisch, nur ein Etagenbett. Ich kniete mich davor, nahm meinen Block und schrieb handschriftlich, für Kohl lesbar den Katalog der Ergebnisse für den nächsten Morgen.

Morgens um 7 überreichte ich ihm meine handschriftliche Presseerklärung. Dann fanden die Verhandlungen statt, und er musste an meinem Ergebnis fast nichts ändern. Ich hatte also schon die richtige Ahnung, welche Ergebnisse wir erreichen werden, nicht zuletzt aufgrund der Gespräche im Vorfeld. Das Ergebnis war sensationell. Der Bundeskanzler hatte die Zusage, dass ein geeintes Deutschland Mitglied der NATO bleiben darf. In den Verhandlungen hatte Gorbatschow gesagt, Deutschland erhalte seine volle Souveränität zurück, und es ist das Recht eines souveränen Staates, selbst zu entscheiden, ob und welchem Bündnis er angehören möchte – eine sehr korrekte Aussage.

Botschafter Kwizinskij saß mir gegenüber und schreckte richtig auf, als er den Satz hörte. Er beugte sich zu mir und sagte: »Herr Teltschik, das geht nicht!« Aber die Chefs entschieden. Punkt für Punkt wurde diskutiert. Die Gespräche verliefen einvernehmlich und in einer herausragenden freundschaftlichen Atmosphäre. Das wurde ja auch auf den

Fotos sichtbar. Vor dem Abendessen waren wir noch zum Fluss gegangen. Es gab eine relativ steile kurze Böschung. Gorbatschow war zum Fluss hinuntergestiegen und Kohl fühlte sich bemüßigt, ihm zu folgen. Ich hatte Sorge, dass er ausrutscht und im Fluss landet. Aber es ist gut gegangen.

M. G.: *Es war eine ganz lockere Atmosphäre: Kohl in Strickjacke und Gorbatschow im Rollkragenpullover, weder Formalitäten noch eine verkrampfte Situation. Man saß an einem Holztisch auf baumstammartigen Sitzgelegenheiten. Genscher setzte sich auch dazu. Man sieht Sie im Hintergrund strahlend lächeln. Möglicherweise ist gerade geflachst oder ein Witz erzählt worden. Sie sprechen von sensationellen Ergebnissen. Mit welchen Erwartungen sind Sie zunächst nach Moskau und dann weiter in der Delegationsgruppe in den Kaukasus geflogen? Was war die minimale und was die maximale Lösung? Offensichtlich haben Sie nicht mit einem solchen Ergebnis gerechnet.*

H. T.: Das Ergebnis war für uns optimal. Es hätte durchaus sein können, dass wir bei dem ein oder anderen Zugeständnis Gorbatschows eine Einschränkung erfahren hätten. Die sehr offene Gesprächsatmosphäre, nicht ein Moment von Anspannung, bei der man das Gefühl hätte haben können: es läuft zähflüssig. Die Aussage »Es sei Sache eines souveränen Staates«, kam plötzlich und so selbstverständlich und ungezwungen, dass man sich wunderte, warum es im Vorfeld solche Probleme gegeben hatte. Und alles verlief in einem freundschaftlichen Ton. Es wurde gelacht. Die Spannung merkte man den Mitarbeitern an, Falin und Kwizinskij. Man spürte, wie sie zusammenzuckten, als sie die Aussage des Generalsekretärs hörten. Der war unbeirrt fröhlich, Schewardnadse war bester Laune. An den Mitarbeitern konnte man erkennen, dass sie nur begrenzt zugestimmt hätten.

M. G.: *Bei den Fernseh-Bildern kann ich mich gut an die Szene am Holztisch erinnern, als alle lachen. Aber plötzlich, innerhalb von Sekundenbruchteilen, verfliegt das Lachen bei Gorbatschow und er macht ein ganz ernstes Gesicht. Bei aller Lockerheit war ihm offensichtlich klar, dass es um ganz ernste, fundamentale und existenzielle Fragen für die Sowjetunion ging. Als Historiker fragt man sich, was hat dazu geführt, dass deutschlandpolitisch alle Dämme gebrochen sind? Liest man Ihre Aufzeichnungen weiter, wird alles klar!*

Am 13. Juli geht es im Tagebuch[184] *um den Fünf-Milliarden-Kredit an Moskau: Waigel verweist auf die Grenzen weiterer Bürgschaften ungebundener Finanzkredite. »Das Gesamtobligo auf die UdSSR sei auf fast 20 Milliarden D-Mark angestiegen.« War man über die dringlich notwendige finanzielle Unterstützung der Sowjetunion genau im Bilde? Wie weit man über den exakten Schuldenstand informiert war, lässt sich aus Ihrem Tagebuch nicht entnehmen. Von wem stammten die Informationen über den sowjetischen Schuldenstand? Bush erwähnte auch, dass noch Schulden zurückzuzahlen seien von sowjetischer Seite. Wie weit war diese Kreditzusage der Eisbrecher und letztlich ausschlaggebend für den Dammbruch?*

H. T.: Die Summe verschiedener Faktoren musste meiner Meinung nach zusammenkommen, um diesen Erfolg zu erreichen. Die Kreditzusagen waren sicher einer der Schlüssel, aber auch die Ergebnisse des NATO-Gipfels, die Ergebnisse des Weltwirtschaftsgipfels, das für die Sowjets sichtbare Bemühen des Bundeskanzlers, überall wo er auftrat, hilfreich für

184 Tagebuch, 13.7.1990, S. 484.

die Sowjetunion zu sein. Man muss die Gesamtsumme sehen – auch die Gespräche mit Schewardnadse und Helmut Kohl wie die Ankündigungen der Reduzierung der Bundeswehr. Der Gesamtkatalog hatte Gorbatschow das Gefühl gegeben, er kann sich auf Kohl verlassen, er hilft ihm wirklich. Gorbatschow sagte später einmal zu mir: »Horst, was hätten wir alles zusammen machen können!« Damit meinte er Russland und Deutschland. Das war seine Hoffnung, dass er in dieser Person Kohl, in dieser Regierung, in diesem Deutschland den Schlüsselpartner habe für die Reformen und Entwicklungen in Russland. Raissa, seine Frau, war mit Herzlichkeit dabei, daran erinnere ich mich auch immer gerne. Wir hatten das Gefühl, wir sind unter Freunden.

Als wir anschließend mit dem Hubschrauber zur Pressekonferenz flogen und über den großen Platz gehen mussten, um zum Gebäude zu kommen, kam eine Gruppe russischer Veteranen auf uns zu. Das löste bei uns zwiespältige Gefühle aus – der Anblick der alten Uniformen, ordensgeschmückt, die verwitterten Gesichter von Soldaten, die jetzt die Erfahrung machten, dass ihre wichtigste Kriegsbeute, u. a. die DDR, aufgegeben wurde. Wie würden sie reagieren? Sie bauten sich vor uns auf und der Sprecher sagte auf Russisch: »Russen und Deutsche müssen Freunde sein.« Das fand ich sehr bewegend. Sie hätten auch aggressiv sein können. Sie hatten gekämpft, hatten ihr Leben eingesetzt gegen deutsche Soldaten und jetzt wird alles verschenkt. So kam eine Sache zur anderen und ein ums andere Mal konnte ich sagen: Gott hat uns geholfen.

M. G.: *Ein Bündel von Faktoren spielte zusammen, offenbar nicht nur die Kreditzusage. Gleichwohl war Waigel als Finanzminister im Kaukasus ebenfalls sehr präsent. Das war auch ein wichtiges Signal. Die hundertprozentige amerikanische Unterstützung war sicher ein weiterer gewichtiger Faktor. Bush, Baker und Scowcroft taten alles, wie Sie am 10. Juli sinngemäß festhalten, um den Bundeskanzler zu unterstützen und persönlich hilfreich zu sein.*[185]

Dazu eine Frage: welches Eigeninteresse bestand von Seiten der amerikanischen Führung jenseits der deutschen Interessen, die deutsche Einheit zu verwirklichen? Es war doch klar, dass mit dieser sich abzeichnenden Entwicklung und den zu treffenden Entscheidungen, die amerikanische Präsenz in Westeuropa weiter festgeschrieben werden sowie West- und Mitteleuropa im geostrategischen Sicherheitsinteresse der Amerikaner bleiben sollte. Es war ein gefestigter und stabiler Raum, mit dem die USA rechnen konnten, gerade wenn sich à la longue ihre Interessen auf andere Weltregionen verlagern würden. Wie sahen und sehen Sie die spezifisch amerikanischen Interessen? Wie entscheidend war die Unterstützung der Amerikaner und welche Interessen mit Blick auf ihre Europapolitik waren damit verknüpft?

H. T.: Bundeskanzler Kohl hatte von Anfang an darauf geachtet, dass eine enge Abstimmung mit der amerikanischen Regierung stattfindet. Zum Glück haben Kohl und Bush, übrigens auch Kohl und Reagan, sich persönlich sehr gut verstanden. Es ging so weit, dass Bush von Helmut Kohl Pakete mit Pfälzer Wurst erhielt. Daraufhin kam ein handgeschriebener Brief zurück mit einem Foto »Helmut, ich esse gerade deine Pfälzer Wurst.« Es klingt banal, aber es waren Gesten, die für Präsident Bush sicher ungewohnt waren, so ungezwungen miteinander umzugehen. Er verstand von Anfang an, dass es wirklich freundschaftlich war und Kohl kein Interesse hatte, ihn in Verlegenheit zu bringen, sondern gemeinschaftlich zu Lösungen zu kommen. Der Besuch von Gorbatschow in den USA war auch sehr hilfreich,

185 Tagebuch, 10.7.1990, S. 476.

als er andeutete, die NATO-Mitgliedschaft akzeptieren zu wollen. Gorbatschow stützte sich voll auf Kohl und Bush und hatte das Gefühl, sich ganz auf sie verlassen zu können. Das haben sie ihm vermitteln können und das war die Stärke in diesem Augenblick gegenüber Russland. Bis zu seinem Tod war ich mit Gorbatschow in Kontakt und konnte erfahren, wie wichtig ihm persönliche Beziehungen waren.

M. G.: *Nochmal die Nachfrage: wie weit spielten spezifisch amerikanische Interessen jenseits der vollen Unterstützung für die Politik des Kanzlers eine Rolle? Im Rückblick hat sich Gorbatschow vielfach geäußert über das, was nicht eingetreten ist und was er sich in den Jahren 1989/90 erhofft hatte, nämlich eine neue Ordnung für Europa zu schaffen. Es klang dabei ein gerütteltes Maß an Bedauern und Enttäuschung durch – mit Blick auf den Westen und das Verhalten der USA. War mit der deutschen Einigung und der vollen Unterstützung der USA für die deutsche Einigungspolitik im Sinne der NATO letztlich die Sache für die Führung der Vereinigten Staaten gegessen, egal ob es sich um Reagan, Bush oder Clinton handelte? Blieben das substanzielle sicherheitspolitische Interesse der Russen und anschließend der Russischen Föderation, mit dem Westen stärker zusammenzuarbeiten, also in der Nachfolge Gorbatschows unter Jelzin auf der Strecke?*

H. T.: Das ist eine berechtigte Frage. Bei aller freundschaftlichen Zusammenarbeit zwischen der amerikanischen Administration und der Bundesregierung war der Hauptfokus in diesen Jahren die Sowjetunion und die möglichen Reaktionen. Weder bei Reagan noch bei Bush war die Europäische Gemeinschaft im Fokus nach dem Motto: das ist eure Spielwiese, sie interessiert uns nicht. Bush junior war der erste amerikanische Präsident, der zu einem offiziellen Besuch in Brüssel war. Das Hauptthema war Abrüstung und Rüstungskontrolle. Reagan und Bush waren sensationell zu weitreichenden Abkommen mit Russland bereit. Reagan war bereit, die Gipfel-Gespräche mit der Sowjetunion wieder aufzunehmen. Drei bis vier Wochen nach seiner Wiederwahl war ich mit Kohl in Washington, um mit Präsident Reagan zusammenzutreffen. Wir konnten damals die amerikanische Administration dazu bewegen, ein gemeinsames Communiqué vorzubereiten und unterschreiben zu lassen. Meines Wissens ist es bis heute einmalig, dass im Rahmen eines Besuchs eines europäischen Staats- und Regierungschefs mit dem amerikanischen Präsidenten ein Communiqué unterzeichnet wird. Es beinhaltete wichtige Aussagen. Reagan war bereit, unsere Wünsche zu akzeptieren und zu bekräftigen, so das Ziel, wieder die Gipfel-Diplomatie mit der Sowjetunion aufzunehmen und wenn es möglich wird, die Abrüstungs- und Rüstungskontrollverhandlungen wieder in Gang zu setzen. Mit Gorbatschow wurde das alles dann auch sehr schnell möglich. Die Gipfel-Gespräche verliefen sensationell erfolgreich. Vor dem Hintergrund dieser Gespräche riet ich damals dem Bundeskanzler, nicht zu fragen, ob wir dürfen, sondern sagen, was wir tun und tun wollen. Scowcroft hat sich bei mir Jahre später beklagt, sie hätten manchmal die Luft angehalten, was wir alles gemacht hätten. Ich sagte ihm aber, sie hätten immer gewusst, was wir tun. Bundeskanzler Gerhard Schröder sagte stets vor seinen USA-Reisen, er würde nur auf Augenhöhe reden. Auf welcher denn sonst? Auch mit den amerikanischen Freunden hatte Helmut Kohl keine Probleme, klar zu sagen, was unsere Interessen sind.

M. G.: *Gorbatschow berichtet Ihnen über den Parteitag der KPdSU, wo es einen offenen Schlagabtausch gegeben hatte. Gorbatschow sagte Kohl, dass er den Kontakt mit Jelzin fort-*

setze. Hat man Jelzin schon damals als einen potenziellen Konkurrenten und Rivalen von Gorbatschow wahrgenommen?

H. T.: Das kann ich nicht bestätigen. Jelzin ist für mich damals in keiner Weise erfahrbar gewesen. Ich kann mich auch nicht erinnern, dass Kohl Jelzin jemals mit Namen erwähnt hätte. Für uns war Jelzin zum damaligen Zeitpunkt eine unbekannte und nicht einschätzbare Persönlichkeit. Wir wussten, dass Gorbatschow ihn nach Moskau geholt hatte, aber den Zweck wussten wir nicht.

M. G.: *In dem Gespräch in Moskau, an dem Außenminister Genscher nicht beteiligt war, überreichte Gorbatschow ein Papier »Überlegungen zum Inhalt eines Vertrages über Partnerschaft und Zusammenarbeit zwischen UdSSR und Deutschland«, was »nur für den Bundeskanzler bestimmt« war. Daraufhin überreichte Kohl Gorbatschow ein Papier. Beide beteuerten wechselseitig, dass es sich um sehr persönliche Überlegungen handle. Kohl verwies darauf, dass seine Vorschläge Anlehnungen an den deutsch-französischen Freundschaftsvertrag von 1963 enthielten. Er verstehe diesen Hinweis, erwidert Gorbatschow. Sie vereinbarten, über diese Papiere auf der Ebene von Beauftragten weiter zu sprechen. Zu einem späteren Zeitpunkt sollten dann die Außenminister einbezogen werden und die Verhandlungen fortsetzen. Der deutsch-französische Vertrag hieß einfach nur Vertrag. Journalisten hatten daraus einen »Freundschaftsvertrag« gemacht. Wie weit hatte er Modellcharakter? Konnte man ihn eins zu eins übertragen auf einen zukünftigen deutsch-sowjetischen Vertrag? Oder war es eher nur eine Geste um zu sagen, wir wollen damit Freundschaft dokumentieren?*

H. T.: Mit Sicherheit letzteres, um deutlich zu machen, dass zwischen ehemals verfeindeten Nachbarn Freundschaft möglich ist und werden kann. Operativ habe ich keine Erinnerung, dass dieser Vertrag irgendeine Rolle gespielt hätte. Das mag auf der Ebene der Außenministerien anders gewesen sein, was ich nicht überprüfen kann. Für mich war das kein Thema.

M. G.: *Spannend ist, dass Gorbatschow insgesamt viermal laut Ihren Tagebuchaufzeichnungen betont, dass der Geltungsbereich der NATO nicht auf das Gebiet der DDR ausgedehnt werden dürfe. Es scheint so, als sei dies von sowjetischer Seite einer der zentralen Punkte. Es muss das Gegenteil von dem ursprünglich für Gorbatschow völlig ausgeschlossen gewesen sein. Wenn das für Ostdeutschland gelten sollte, dann in dieser Logik konsequenterweise auch für alle anderen damals noch bestehenden Sowjetrepubliken bzw. jene im Übergang von Volksdemokratien zu Republiken befindlichen Ländern. Aber es sollte ganz anders kommen. Die Geschichte ging darüber hinweg. Diese Dimension der Frage der Ausdehnung der NATO war im Kaukasus ausgehend von Ihrem Tagebuch als historische Quelle offensichtlich nicht mehr wirklich präsent. Solche sowjetischen Erwartungshaltungen, über das Territorium der DDR hinaus die Stationierung von NATO-Verbänden auf Dauer zu verhindern, also in Ländern, die gerade ihre Freiheit und Souveränität erlangen konnten, erscheinen im Rückblick schwerlich erfüllbar gewesen zu sein.*

H. T.: Was ich erfahren und erlebt habe, war das Thema, keine NATO-Truppen und -Einrichtungen auf dem Gebiet der DDR, solange sowjetische Truppen dort stationiert seien mit Ausnahme der Bundeswehr. Sie hatte Zugang und konnte ihre Gespräche mit der NVA führen, aber darüber hinaus niemand. Das Thema Erweiterung der NATO auf ehemalige

Warschauer Pakt-Staaten war zu meiner Zeit in keinem der Gespräche jemals präsent. Wenn es auf der Ebene der Außenminister anders war, habe ich es nicht erfahren. Auch von sowjetischer Seite ist mir gegenüber die Überlegung nie angesprochen worden, zumal der Warschauer Pakt und die UdSSR noch existierten. Eine Auflösung der UdSSR war fern jeder Überlegung. Auf die Idee wäre ich gar nicht gekommen, dass es keine zwei Jahre später soweit sein würde.

M.G.: *Zunächst ist von einer Zahl von 370.000 Soldaten für die zukünftige Bundeswehr die Rede. Sie wird dann aber reduziert 1994 – nach Ihrer Zeit – auf 340.000. Was führte dazu und wann wurde entschieden, dass die Summe reduziert wurde? War das ein Entgegenkommen gegenüber der Russischen Föderation unter Jelzin? War es noch ein Thema zu Ihrer Zeit?*

H.T.: Zu meiner Zeit war es Thema, dass Genscher eine stärkere Reduktion der Bundeswehr vorgeschlagen hat und der Bundeskanzler aus Trotz dagegenhielt. Es gab schon auf dem Flug nach Moskau eine Diskussion darüber. Kohl vertrat 370.000 und Genscher 340.000 Mann. Kohl hatte das letzte Wort. Ob und wann Genscher seine Bereitschaft, noch mehr zu reduzieren, wieder ins Spiel gebracht hat, weiß ich nicht. Wie hart er reagiert hat, ist mir ebenfalls unbekannt.

M.G.: *Wir wissen aus einem Gespräch mit dem Minister für Abrüstung und Verteidigung, Rainer Eppelmann,*[186] *dass er in Gesprächen mit Generälen der NVA zu seinem Erstaunen feststellen musste, dass diese gar nicht wussten, welche Nuklearwaffen und wie viele wo in der DDR stationiert waren. Sie saßen auf einem Pulverfass.*

H.T.: Das überrascht mich nicht. Das Gleiche hatte mir Ministerpräsident Németh für Ungarn auch gesagt. Er wusste auch nicht, dass und wie viele Nuklearsysteme in Ungarn stationiert waren.

M.G.: *Das ist doch grotesk! Man redet über Abrüstung von Nuklearwaffen, abgesehen von den konventionellen Streitkräften, und weiß nicht, über was man redet und um welche Potenziale es geht. Gab es Bemühungen diesbezügliche Erkenntnisse zu erlangen?*

H.T.: Mir ist darüber nichts bekanntgeworden, weder von der Bundeswehr noch vom Bundesnachrichtendienst.

M.G.: *Ich spiele jetzt noch einmal auf eine Ihrer jüngeren Publikationen an, »Russisches Roulette«*[187]*, wo Sie aus dem Rückblick nach Ihrer Amtszeit einen Hinweis geben: »Bundeskanzler Helmut Kohl hatte zwar in seiner ersten Regierungserklärung seiner Wiederwahl – Sie waren bereits bei der Bertelsmann Stiftung – am 30. Januar 1991 einen besonderen Schwerpunkt auf die Sicherheit und Stabilität in Europa gelegt.« Es ging um die Frage der nuklearen Mittel-*

186 Rainer Eppelmann, »Am Abend des 9. Oktobers 1989 in Leipzig hat die Angst die Seiten gewechselt«, in: Michael Gehler/Oliver Dürkop (Hrsg.), Deutsche Einigung 1989/90. Zeitzeugen aus Ost und West im Gespräch, Reinbek 2021, S. 1265–1329.
187 Horst Teltschik, Russisches Roulette. Vom Kalten Krieg zum Kalten Frieden. München 2019, neu aufgelegt 2024, S. 67.

streckensysteme und die Abschaffung nuklearer Raketen mit weniger als 500 km Reichweite. Faktisch läuft es auf eine Initiative hinaus, die man als sensationell bezeichnen kann. Der Bundeskanzler unterbreitet Vorschläge, die auf eine atomwaffenfreie Zone in Europa hätten abzielen können. Sie sind am 31. Dezember 1990 ausgeschieden. Hat Helmut Kohl aufgrund der langjährigen Erfahrung und engen Zusammenarbeit mit Ihnen irgendwann einmal nach Ihrem Ausscheiden auf Ihre Expertise rekurriert? Hat er in solchen wichtigen Fragen auf Ihren unschätzbaren Erfahrungsschatz zurückgegriffen? Er wusste von Ihrem Tagebuch, was eine Referenzquelle war, auf die man Bezug nehmen konnte.

H. T.: Nein. So bullig und groß er war, so war er dennoch ein sehr sensibler Bursche. Er war ja tief beleidigt, dass ich gegangen bin. Wie kann man nur! Man kann von ihm gefeuert werden, aber man kann nicht von sich aus gehen! Das ist ein Unterschied. Als ich ihm eröffnet habe, dass ich bald gehen werde, fragte er, warum ich jetzt gehen wolle, ich würde Staatssekretär. Ich erwiderte, er brauche keinen Staatssekretär für Außenpolitik im Kanzleramt. Die Schnapsidee wäre aus meiner Sicht auch wieder schiefgegangen. Von 1991 an gab es praktisch keine Kontakte mehr. Ich war dann auch weg. In der Bertelsmann-Stiftung begann ich ein Projekt, führende Politiker und Wirtschaftsvertreter aus Westeuropa mit entsprechenden Teilnehmern aus Mittel- und Osteuropäern zusammenzubringen, eine Ost-West-Konferenz. Meiner Meinung nach müssten sich die Führungspersönlichkeiten beider Seiten wechselseitig kennenlernen. Dazu hatte ich auch den Bundeskanzler eingeladen und Leute wie Ministerpräsident Gonzáles. Es gab eine Vorgesprächsrunde, in der Kohl sagte: »Es ist ja unglaublich, was der Teltschik wieder zustande gebracht hat, wir sitzen alle wieder hier.« Alle waren brav gekommen. Es ging um gegenseitiges Kennenlernen der beiden Seiten, denn die osteuropäischen Führungsleute waren fast unbekannt. Das lief nur zwei Jahre, dann wechselte ich erneut. Für Kohl war ich als Berater außen vor. Wir haben erst wieder zusammengefunden, als er dem Spenden-Verfahren im Bundestag ausgesetzt war. Ich wurde vorgeladen. Von ihm kam später ein Brief »Freunde erkennt man in der Not.« Er hatte seine Freundschaft zu mir wiederentdeckt. Ich war wieder persona gratissima. Oft habe ich ihn in Berlin besucht, auch als er im Rollstuhl saß oder wenn er in Tegernsee war. Jedes Mal sagte er zum Abschied: »Komm bald wieder.« Das ging so bis zu seinem Tod, aber das Problem war seine neue Frau. Sie mischte sich immer in unsere Gespräche ein, obwohl sie nie bei den Ereignissen dabei gewesen war.

M. G.: *Zurück zur historischen Begegnung im Kaukasus. Das Echo war überwältigend. Die Presse überschlug sich förmlich. Selbst die stärksten Kohl-Kritiker konnten sich an Anerkennung, Bewunderung und Wertschätzung kaum überbieten und nun an diesem Kanzler nicht mehr vorbei. Erstaunlich war auch eine Meldung von Simon Wiesenthal aus Wien. Was beinhaltete sie? War oder wurde er ein Fan von Kohl?*

H. T.: Helmut Kohl hat ihn immer fair behandelt. Ich erinnere mich an Gespräche, die immer sehr friedlich verliefen. Kohl hatte aber keine besondere Beziehung zu ihm. Wiesenthal suchte immer das Gespräch mit ihm. Ein Thema, mit dem ich ständig konfrontiert war, als die deutsche Frage auf der Agenda stand, waren die jüdischen Organisationen in den USA. Es gab verschiedene. Bei jeder USA-Reise führten wir Gespräche mit ihnen. Ich zwang alle 4–5 Organisationen, gemeinsam an den Gesprächen teilzunehmen. Mehrere Einzeltermine waren weder akzeptabel noch zeitlich möglich.

M. G.: *Interessant sind die Reaktionen. Prinz Louis Ferdinand von Hohenzollern spricht mit dem Kanzler, der niederländische Premier Lubbers ruft an und gratuliert dem Bundeskanzler mit – bemerkenswert genug – sehr bewegenden Worten, so notieren Sie, auch Lothar de Maizière.*

H. T.: Die Gespräche im Kaukasus waren mit Abstand der Höhepunkt der Beziehungen zur Sowjetunion.

M. G.: *Ein Telegramm aus Wien von Bundeskanzler Franz Vranitzky dürfen wir nicht unerwähnt lassen. »Mit Interesse und Befriedigung habe er die Ergebnisse zur Kenntnis genommen«, lautete es. Ihr Kommentar dazu: »Das ist allerhand.« Wie ist Ihr Kommentar zu verstehen?*

H. T.: Die Beziehung zwischen Kohl und Vranitzky war ambivalent. Daher war es überraschend, dass er sich so positiv gemeldet hat. Das Verhältnis war nicht freundschaftlich wie zu Mock, sondern es gab eine gewisse Distanz. Vranitzky hat nie recht goutiert, dass Kohl am Wolfgangsee nicht nur geurlaubt hat, sondern dort auch Hof gehalten sozusagen Österreich behandelt hat wie ein weiteres Bundesland. Dass Mock eine enge Beziehung zum Kanzler hatte, hat ihm auch nicht gefallen.

M. G.: *Die Reaktionen der DDR-Vertreter sind auch aufschlussreich. Markus Meckel, der Außenminister der DDR, kritisiert die Ergebnisse des Kaukasus-Treffens und fordert die Ablehnung der Übertragung militärischer Strukturen der NATO auf die ehemalige DDR auch nach dem Abzug der sowjetischen Truppen. Er fordert den Verzicht auf Kernwaffenstationierung in Gesamtdeutschland, was Kohl ja im Januar 1991 selbst fordern sollte. Meckel spricht sich auch für eine Streitkräfteobergrenze von 300.000 Soldaten aus. Offensichtlich gab es auch zwischen Genscher und Meckel ein Problem, so dass sie sich nicht auf eine Linie einigen konnten.*

H. T.: Meckel war sehr eigenwillig und selbstbewusst. Das erste Mal traf ich ihn in dunklem Anzug, mit Vollbart und Jesus-Latschen und musste ihm ganz banale Dinge erläutern. Er war mit seiner Einstellung nicht allein. Unsere Partner in Ost-Berlin waren der Meinung, wir müssten ihnen dankbar sein, sie zu haben, damit wir nun Politik machen könnten.

M. G.: *Es geht viel tiefer und um mehr. Mit Meckel hatten wir ein langes Gespräch, nachzulesen im Buch »Deutsche Einigung«,*[188] *in dem Sie auch vertreten sind. Meckel sagte uns, es seien die Bürgerrechtler gewesen, die mit ihrem Beitrag zu den ersten freien Volkskammerwahlen in der DDR beigetragen hätten. Ohne sie wäre es gar nicht dazu gekommen, dass die DDR, bevor sie verschwand, demokratischer wurde und eine demokratische Regierung hatte. Damit verband sich der Vorwurf, dass man dies im Westen viel zu wenig gesehen und gewürdigt habe. Das ist meines Erachtens die verwundete Seele, von der auch Kohl sprach. Der Kanzler hatte*

188 Markus Meckel, »Die deutsche Einheit war Ergebnis von Verhandlungen von zwei demokratisch gewählten Regierungen, zum einen miteinander, zum anderen mit den Alliierten des Zweiten Weltkrieges«, in: Michael Gehler/Oliver Dürkop (Hrsg.), Deutsche Einigung 1989/90. Zeitzeugen aus Ost und West im Gespräch, Reinbek 2021, S. 447–469.

das gespürt und hatte die Sensibilität für die Menschen im Osten Deutschlands. Wir waren betroffen, als wir Meckel zuhörten. Ich glaube, das ist der tiefere Grund.

H. T.: Klar, dafür hatte ich auch durchaus Verständnis, dass sie ihre Rolle als Basisrevolution nicht ausreichend gewürdigt sahen. Die Frage, die auf unserer Seite schwer zu beurteilen war, wie gewichtig die Rolle des Einzelnen war. Da gab es auch Unterschiede. Wir kannten ja nicht alle Frauen und Männer, die aktiv gewesen sind. Manche waren selbstbewusst bis zur Arroganz, andere demutsvoll und voller Sorge, als arrogant zu gelten, wenn sie den Finger gehoben hätten. Wenn ich Vorträge in der ehemaligen DDR hielt, erlebte ich ja die Reaktionen, vor allem auch der jungen Leute an den Universitäten. Ich habe immer versucht zu verdeutlichen, wie groß ihr Einfluss an den Veränderungen war. Die Empfindlichkeiten waren sehr groß und sehr unterschiedlich. Dem Einzelnen gerecht zu werden, war ebenfalls schwierig.

M. G.: *Eine Gesetzmäßigkeit der Geschichte kam zum Tragen und zwar die normative Kraft des Faktischen: die Revolution fraß ihre Kinder. Viele dieser Bürgerrechtlerinnen und -rechtler, die gehofft hatten, jetzt noch einen Beitrag leisten zu können zu einer neuen deutschen Verfassung, sahen all ihre Träume an den harten Realitäten wie Seifenblasen zerplatzen. Das Gesetz des Handelns ging über auf Bonn, Washington und Moskau. Die Aufmärsche und Demonstrationen in Plauen, Leipzig und Dresden hatten im Herbst 1989 vieles in Bewegung gebracht. Das Momentum ging aber im Frühjahr 1990 verloren, die Demonstrationen liefen zwar teilweise noch weiter und die D-Mark kam mit der Währungsunion.*

Hinzu kommt noch, dass die neue Regierung der DDR zerbricht, Meckel nicht mehr Außenminister ist und de Maizière sein Amt in Personalunion mit seiner Funktion als Ministerpräsident übernimmt. Hat dies paradoxerweise der Sache geholfen? Oder war es nur noch eine Randerscheinung?

H. T.: Das hat aus meiner Sicht der Sache geholfen, glaube ich. Meckel war trotz seiner Unerfahrenheit und seines Nichtwissens – das meine ich nicht kritisierend, denn woher sollte er das Wissen haben? –, von einem erstaunlichen Selbstbewusstsein. Für uns war es ein Problem, dass wir es mit einem fachlichen Laien mit starkem Selbstbewusstsein, mitunter Arroganz, zu tun hatten. So darf man, wenn überhaupt, auftreten, wenn man fachlich hochqualifiziert ist. Mit einem solchen Auftritt von Laienschauspielern tue ich mich aber als Partner und Berater schwer. De Maizière hat einen eigenen »Teltschik« angeheuert. Sofort habe ich versucht, ihm zu helfen. Ich habe ihn nach Bonn eingeladen und meine gesamte Mannschaft gab ihm ein Briefing. Er aber machte sich nicht eine Notiz. Er war so genial, dass er alles sofort begriffen hatte. Mit solchen Leuten tut man sich schon schwer, sie ernst zu nehmen.

M. G.: *Am 2. August erfolgt der Überfall Kuwaits durch den irakischen Diktator Saddam Hussein. Die Koalition der beiden Weltmächte USA und Sowjetunion wird auf die Probe gestellt. Im Vereinigungsprozess drohen durch diese Entwicklung neue Probleme. Kann man das sagen? War es nicht eine einmalige Gelegenheit, dass sich im Sicherheitsrat der Vereinten Nationen erstmals die Sowjetunion, Volksrepublik China, USA, Großbritannien und Frankreich einig sind, geschlossen gegen Saddam Hussein vorzugehen und eine UN-Polizeiaktion einzuleiten? Es gab ein einstimmiges Mandat des Sicherheitsrats, um gegen den Rechtsbrecher vorzugehen. Inwieweit war absehbar, dass es zu dieser Übereinstimmung kommt und inwie-*

weit hat die Irakfrage, der Zweite Golfkrieg, den Fortgang der äußeren deutschen Einigung überhaupt noch tangieren können?

H.T.: Wäre der Irak-Krieg zwei Monate vorher begonnen worden, hätten wir mit dem Prozess der deutschen Einigung Probleme bekommen. Das war meine Beurteilung damals. Zum Glück, wenn Sie so wollen, waren die Schlüsselthemen in den Beziehungen zur Sowjetunion und auch zu unseren amerikanischen Freunden gelöst oder erledigt. Es mussten nur noch die Ergebnisse der Gespräche zwischen Gorbatschow und den amerikanischen Freunden innerhalb der NATO und innerhalb der EU zum Abschluss gebracht werden. In dem Augenblick, als der Irak-Krieg begann, hatten unsere Kollegen in USA keine Zeit mehr und kaum noch Interesse an unseren Problemen. Wir hätten unabsehbare Probleme haben können, vor allem wenn es zu einer Zuspitzung zwischen den USA und der Sowjetunion gekommen wäre.

M.G.: *Kam dieses Ereignis am 2. August für Sie und Kanzler Kohl überraschend, bzw. hatte man Vorabinformationen, dass sich am Golf etwas zusammenbraut?*

H.T.: Im Prinzip waren wir vorher schon ein Stück in diese Gefahrenlage einbezogen. Es gab einen deutschen Bauunternehmer, Herr Jungen, der eines Tages bei mir auftauchte und mitteilte, dass seine Firma intensive Geschäfte mit dem Irak betrieb, u.a. den Bau eines Flughafens. Seit dieser Zeit hatte er intensive Kontakte auch zu Saddam Hussein. Er fragte, ob er als Botschafter tätig sein könnte, um bestimmte Nachrichten an Hussein zu übermitteln, um auf die bevorstehende Krise Einfluss zu nehmen. In Abstimmung mit dem Bundeskanzler waren wir der Meinung, es versuchen zu sollen. Über Herrn Jungen ließen wir Saddam Hussein die Nachricht zukommen, wenn er militärisch tätig würde, er wissen müsse, dass die Amerikaner sofort eingreifen würden. Diese Nachricht ist ihm über Herrn Jungen ohne Wirkung zweimal übermittelt worden. Aber zumindest hatten wir den Versuch unternommen.

M.G.: *So sehr die Bush-Administration durch die Golfkrise und den Krieg absorbiert war, so wird doch aus Ihren Tagebuchaufzeichnungen*[189] *deutlich, dass sich die Führung der Vereinigten Staaten nicht abgeneigt zeigte, dass die Bundesrepublik Deutschland einen Beitrag zur Lösung dieser Krise leistet. Haben Sie dazu noch konkretere Erinnerungen?*

H.T.: Das hatte sehr konkrete Folgen für uns. Die amerikanischen Kollegen erwarteten handfeste Unterstützung der Bundesregierung für die militärische Auseinandersetzung mit dem Irak. Es war klar, dass wir keine militärischen Kräfte zur Verfügung stellen konnten. Die Anfrage der USA war materieller Art. Es ging um finanzielle Hilfe. Außenminister Baker kam eigens in die Bundesrepublik. In Abstimmung mit dem Bundeskanzler holte ich ihn in Frankfurt am Flughafen ab und fuhr mit ihm in das Privathaus Kohls nach Ludwigshafen. Dort fand zunächst ein Vier-Augen-Gespräch zwischen Bundeskanzler Kohl und Außenminister Baker statt. Für den Bundeskanzler war klar, dass die Bundesrepublik vor dem Hintergrund der amerikanischen Unterstützung im Zusammenhang mit der Einigung Deutschlands eine Gegenleistung erbringen sollte und musste. Zur angenehmen Überra-

189 Tagebuch, 3.9.1990, S. 536–538, 10.9.1990, S. 551, 13.9.1990, S. 554–555, 14.9.1990, S. 556; 18.9.1990, S. 559.

schung von Baker fiel diese durchaus eindrucksvoll aus. So viel ich weiß, haben wir zwei Milliarden bezahlt, um die militärische Intervention der Amerikaner zu unterstützen.

M. G.: *Ihrem Tagebuch entnehmen wir, dass Margaret Thatcher in Checkers ein kleines Privatseminar abhalten ließ, u. a. mit dem Historiker Fritz Stern, in dem es darum ging, über den Charakter der Deutschen zu philosophieren und Einschätzungen zu erfahren, was denn der Vorgang der deutschen Einigung für die Wesenszüge der Deutschen bedeute. Es handelte sich um die sogenannte Ridley Affäre,*[190] *die zum Rücktritt des damaligen Industrieministers führte. Wie hat man diese etwas merkwürdig anmutende, um nicht zu sagen skurrile Veranstaltung seitens des Bundeskanzleramts in Bonn aufgenommen?*

H. T.: Es war natürlich der Premierministerin unbenommen, Experten welcher Art auch immer beratend einzuladen, um über die Entwicklungen, die sich mit der Einheit Deutschlands ergeben würden, zu diskutieren. Wir haben ja vergleichsweise auch Wissenschaftler und Experten zur Beratung herangezogen, um Vorschläge zu erhalten, wie wir vorgehen sollten. Das Problem ergab sich aus den bruchstückhaften Berichterstattungen, was sie selbst geäußert habe und was der eine oder andere Wissenschaftler geäußert hat. Darauf zu reagieren war sinnlos, denn wir konnten es unmittelbar selber gar nicht nachprüfen und waren auf diffuse Quellen angewiesen. Wir fanden es typisch für Thatcher. Es zeigte erneut ihre Vorbehalte gegenüber der Bundesrepublik Deutschland und unsere Politik.

M. G.: *Wenn man Ihren Eintrag dazu liest, hat man den Eindruck, dass der Bundeskanzler eher belustigt schien und es von der heiteren Seite betrachtete.*

Weiter mit dem 18. Juli 1990: Das neue Deutschland entstehe nun ohne Gewalt und mit Zustimmung aller Nachbarn, wodurch es jetzt eine große Chance für eine friedliche Zukunft habe, so sinngemäß der Bundeskanzler. Er kennzeichnet seinen Beitrag zu dieser Entwicklung damit, »dass er einen Weg der Mitte für Deutschland gefunden habe«.[191] *Was meinte Kohl mit der Formulierung »einen Weg der Mitte für Deutschland«? Hatten Sie Einfluss auf diese Formulierung?*

H. T.: Nein, darauf hatte ich keinen Einfluss. Kohl hat sich immer auch als Historiker verstanden und war immer stolz auf seine geschichtlichen Kenntnisse. Gelegentlich unterzog er uns einer Art Probe, indem er uns Fragen stellte nach bestimmten Personen und Ereignissen nach dem Motto: wisst ihr es oder wisst ihr es nicht? Manchmal machte er sich ein Vergnügen daraus, wenn er feststellen konnte, dass wir weniger wüssten als er. Vor allem hatte er ein phänomenales Personengedächtnis, auch was die deutschen Adelshäuser betraf. Er kannte die einzelnen Personen und ihre Verantwortung in der deutschen Geschichte. Daher war es nicht überraschend oder verwunderlich, dass er immer auf dem Hintergrund der nun wirklich historischen Ereignisse in Deutschland und Europa historische Bezüge ansprach. Das war ein beliebtes Steckenpferd von ihm, das er mit Mitterrand, Gonzáles und anderen europaweit betrieb. Die Erfahrung zeigte, dass viele Partner Interesse hatten, mit ihm bestimmte historische Ereignisse zu diskutieren und zu sehen, ob man eine gemeinsame Beurteilung hat.

190 Tagebuch, 17.7.1990, S. 509–510; 18.7.1990, S. 513.
191 Tagebuch, 18.7.1990, S. 512.

M. G.: *Zurück zur Frage: Wie konnte seine Bezeichnung, für Deutschland ›einen Weg der Mitte gefunden‹ zu haben, verstanden werden? Der bisherige bestand ja zunächst in der Westintegration mit Adenauer, gefolgt von der Ost-Politik der sozial-liberalen Koalition. Politik wurde zeitweise gleichzeitig in beide Richtungen gestaltet.*

H. T.: Genau, wir lagen in der Mitte in Europa. Auf der einen Seite verfolgten wir die europäische Integration in Richtung Westen und die enge Partnerschaft mit den USA. Aus der Sicht des Bundeskanzlers kamen neue Möglichkeiten zur Zusammenarbeit und Freundschaft mit Mitteleuropa hinzu, vor allem mit Polen, Ungarn oder Václav Havel in der Tschechoslowakei. Für dieses Europa lagen wir in der Tat in der Mitte. In den letzten Jahrzehnten stand die westeuropäische Integration im Mittelpunkt und jetzt war die Frage, wie wir unsere Beziehungen zu Mitteleuropa gestalten. Es war ja nicht zuletzt eine österreichische Diskussion, nicht von Osteuropa, sondern von Mitteleuropa zu reden. Österreich verstand sich als Teil Mitteleuropas. Diese Gespräche in Österreich habe ich persönlich erlebt und fand es sehr zutreffend, dass wir nun eine Partnerschaft in Richtung Osten, also Mitteleuropa, entwickeln und ausbauen müssen. Ein- bis zweimal war ich Gast im Forum Alpbach. Erhard Busek, den ich gut kannte und schätzte, war der »wandelnde Mitteleuropäer«. Von ihm habe ich gelernt. Es war für uns keine neue Welt. Wenn man auf die Karte schaut, sieht man, dass Deutschland in der Mitte liegt.

M. G.: *Wenn ich etwas anmerken darf, was wir bisher gar nicht beleuchtet haben und auch in Ihrem Tagebuch nicht aufscheint. Erhard Busek hatte ein Buch über sein Mitteleuropa-Projekt geschrieben*[192] *und Deutschland davon ausgeschlossen. Kohl soll verärgert gewesen sein. Haben Sie das mitbekommen? Soweit ich weiß, hat das Verhältnis Kohl-Busek nicht zu den besten gehört. Haben Sie noch Erinnerungen daran?*

H. T.: An Gespräche mit Helmut Kohl über Busek und das Thema Mitteleuropa kann ich mich nicht erinnern. Von dieser intellektuellen Auseinandersetzung habe ich nichts mitbekommen.

M. G.: *Mit Busek habe ich viele Gespräche führen können. Er sagte einmal zu mir: »Wissen Sie, Helmut Kohl hat in den Dimensionen des Heiligen Römischen Reiches deutscher Nation gedacht.« Ich wandte ein, dass doch darin die Habsburger die Vormacht hatten. – Wir sprachen jetzt über die Findung eines neuen Weges der Mitte. Wenn man die deutsche Außenpolitik von Adenauer bis heute betrachtet, so dominierte eine sehr starke Ost-West-Schiene, während von einer Nord-Süd-Achse kaum gesprochen werden kann, von Skandinavien einmal ganz zu schweigen. Welche Länder wären denn überhaupt wichtig für die Nord-Süd-Achse gewesen? Anzunehmenderweise Italien und Spanien ebenfalls, aber welche im Norden? Waren die NATO-Länder Norwegen und Dänemark und die damals Neutralen Finnen und Schweden präsent auf der political mental map des Bundeskanzlers und seines Chefberaters?*

H. T.: In unseren politischen Vorstellungen waren die mitteleuropäischen Staaten vorrangig Polen, die Tschechoslowakei und aufgrund der personellen Konstellation Ungarn. Schwieriger war es mit Rumänien. Unsere Beziehungen zu Frankreich habe ich gepflegt, ebenso

192 Erhard Busek/Emil Brix, Projekt Mitteleuropa, Wien 1986.

jene zu Spanien mit Gonzáles. Mit seinem außenpolitischen Berater, sozusagen meinem Pendant, hatte ich engen Kontakt. Immer, wenn wir Treffen mit Bezug auf die Europäische Gemeinschaft organisierten, hatten wir Gespräche mit den französischen Kollegen im Elysée, mit den spanischen Kollegen und hinzu kamen Italiener wie Renato Ruggiero. Er war ein guter Freund von mir und wurde Minister. So hatten wir ein gemeinsames Beratergremium dieser vier auf meiner Ebene. Es war auch begründet durch die personelle Konstellation. Diese Kollegen waren unmittelbar mit den jeweiligen Premierministern verbunden. Wir trafen uns mehrfach bei gutem Essen und versuchten, unsere Politik abzustimmen. Es war außerordentlich freundschaftlich. Im Vergleich dazu war das mit Mitteleuropa nicht möglich. Polen hatte einzelne Persönlichkeiten, die verschiedene Bedeutungen und Wirkungskreise hatten. In Ungarn waren es alles Freunde. Nachdem Németh die Wahlen verloren hatte, kam der Wechsel. So wurde der Kontakt begrenzt. Der neue Ministerpräsident József Antall war zwar sehr sympathisch, aber ahnungslos. Als er zum ersten Gespräch nach Bonn kam und sich mit Kohl traf, war ich dabei. Kohl wollte wissen, wie es ihm ging und wie die wirtschaftliche Entwicklung in Ungarn sich darstelle. Da zeigte Antall auf mich und meinte zu Kohl: »Fragen Sie Herrn Teltschik, der weiß es besser als ich.« Weil ich mit Alfred Herrhausen, Vorstandsvorsitzendem der Deutschen Bank drei Tage in Budapest war und wir mit der damaligen Regierung über die wirtschaftliche und finanzielle Lage Ungarns diskutiert hatten, hatte ich schon eine gewisse Vorstellung. Trotzdem überraschte mich seine Aussage, dass ich besser Bescheid wüsste als der Regierungschef des Landes. Aber so war Antall. Es entwickelte sich keine persönliche Beziehung zu Ungarn unter ihm. Nach wie vor hatte ich die alten Kontakte, aber es kamen keine neuen hinzu. Aber das lag nicht nur an unserer Seite. Antall war von Haus aus Wissenschaftler, Historiker, ohne wirtschaftliche und politische Erfahrung. Die Kontakte wurden immer weniger. Zu Rumänien hatten wir damals überhaupt keine Kontakte. Das war sehr schwierig. Zu Bulgarien hatten wir Kontakt über den Botschafter. Zwischen ihm und mir entwickelte sich auch eine Art Freundschaft. Über ihn habe ich viel über Bulgarien erfahren, aber es blieb schwierig.

M. G.: *Können Sie zur nordischen Dimension, zu den Premierministern der skandinavischen Länder und deren Außenpolitikberater etwas sagen? Waren diese für Sie nicht präsent?*

H. T.: Die Frage ist interessant. Sie hat uns eigentlich nicht bewegt. Nur einmal war ich mit dem Bundeskanzler in Norwegen. Wir hatten kein spezielles Anliegen, es war eine Höflichkeitsvisite. In meiner amtlichen Funktion war ich nie in Finnland wie auch nicht in Dänemark. Diese Staaten waren in unserer Politik weitgehend ein blinder Fleck. Sie waren seinerzeit auch nicht Mitglied der Europäischen Gemeinschaft, außer Dänemark. Also traf man auch bei Treffen auf dieser Ebene und der NATO kaum auf diese Länder.

M. G.: *Dänemark blitzt ein-, zweimal auf in Ihrem Tagebuch, und zwar negativ. Paul Schlüter gibt einmal keine Zustimmung zur politischen Union und übt auch Zurückhaltung was die beschleunigte deutsch-deutsche Einigungsentwicklung angeht. Das überrascht und lässt sich nicht erklären. Schweden hatte ja Carl Bildt.*

H. T.: Carl Bildt war sehr aktiv. Bevor er ein politisches Amt übernahm, war er mehrfach bei mir. Er bekam Briefings von mir über die Europäischen Gemeinschaften, unsere Politik und außenpolitischen Beziehungen. Anfänglich kam ich mir vor wie sein außenpolitischer

Dozent. Er wollte lernen und Analysen von mir, wie ich Entwicklungen verschiedenster Art einschätze. Er spricht Deutsch und ist ein sympathischer Mann. Als er Minister wurde, reduzierten sich die Kontakte, weil es dann eine andere Ebene war.

M. G.: *Vielleicht lag es auch daran, dass die skandinavischen Staaten wie Norwegen, Finnland und phasenweise auch Schweden von Sozialdemokraten regiert waren. In Norwegen regierte Gro Harlem Brundtland.*

H. T.: Brundtland war, glaube ich, einmal in Bonn, aber es hat sich aus solchen Gesprächen kein Handlungszwang ergeben. Sie blieben ohne Folgewirkung. Es ergaben sich auf meiner Ebene keine Kontakte. Es waren einmalige Besuche, aber daraus erwuchsen in der Folge keine bilateralen oder multilateralen Initiativen.

M. G.: *Sie notieren am 13. August, dass de Maizière bereits am 2. August angekündigt hat, in einer Pressekonferenz mitteilen zu wollen, dass der Beitritt der DDR zum Grundgesetz erfolgen und die Wahlen vorgezogen werden.*[193] *Am Folgetag gab er es bekannt. Begründet hatte er seinen Schritt damit, dass nach dem historischen Treffen des Bundeskanzlers mit Gorbatschow sowie den Außenministergesprächen der Fortschritt der Zwei-Plus-Vier-Verhandlungen einen Wahltermin am 14. Oktober erforderlich mache. Die gesamtdeutsche Wahl schaffe politische Klarheit und wirtschaftliche Sicherheit. Hier scheint de Maizière gar nicht als Bremser oder Verzögerer. Setzt er jetzt den Bundeskanzler unter Druck? Blieb Kohl gar nichts anderes übrig, als ihn dabei zu unterstützen? Oder spielte diese Initiative nun auch in die deutschlandpolitischen Karten des Bundeskanzlers, da es ihm nur recht sein konnte, wenn die Wahlen vorgezogen werden?*

H. T.: Ja. Ich habe nicht in Erinnerung, dass diese Ankündigung von de Maizière Kohl verärgert hätte. Es war für uns sowieso offensichtlich, mit welchen Schwierigkeiten de Maizière kämpfte, um ein Programm zu erarbeiten, wie die wirtschaftliche Entwicklung in der DDR verbessert und die Fluchtbewegung beendet werden könne. Insofern war es eine erfreuliche Einsicht von ihm, zu sagen, lass uns nun vollendete Tatsachen schaffen, um damit die Möglichkeiten für eine wirtschaftliche Entwicklung zu verbessern.

M. G.: *Wie weit waren Sie im Bundeskanzleramt über die aufbegehrenden Tendenzen in Slowenien und Kroatien gegen Serbien informiert, die 1991 auch das Selbstbestimmungsrecht für sich ausriefen, und die sich abzeichnende Destabilisierung Jugoslawiens? Welchen Stellenwert hatte dieses Thema für Sie in der Zeit, als Sie noch im Kanzleramt tätig waren?*

H. T.: Anfänglich hat die Entwicklung im ehemaligen Jugoslawien kaum einen Widerhall in der Politik der Bundesregierung gefunden. Eigentlich hat sich niemand tatsächlich für diese Region interessiert. Es war die normale Tätigkeit des Auswärtigen Amtes, die Entwicklung zu beobachten, aber es gab auf keiner Seite eine Überlegung oder einen Versuch, selbst tätig oder aktiv zu werden. Wir waren durch die Ereignisse mit Präsident Gorbatschow und in Deutschland ausschließlich auf diese Themen fokussiert. Ich habe die Berichte des Auswärtigen Amtes gelesen. Man hat sie zur Kenntnis genommen. Aber eines Tages rief mich

193 Tagebuch, 13.8.1990, S. 515.

ein Journalist der FAZ an und bat mich, eine Delegation des Präsidentschaftsaspiranten Franjo Tuđman aus Kroatien zu empfangen. Tuđman, so die Auskunft, versuche, der kommende Mann zu werden. Das war wieder einmal, wie vieles andere auch, eine Anfrage an mich, die sehr heikel war, denn das war nicht mein Verantwortungsbereich. Wenn ich eine solche Delegation auf Anraten eines, wenn auch ausgewiesenen, Journalisten empfange, hat es politische Bedeutung. Wenn ich Pech hätte, würden solche Gesprächspartner die Begegnung auch öffentlich nutzen und verkünden, dass sie vom außenpolitischen Berater des Bundeskanzlers empfangen wurden. Also empfing ich sie außerhalb des Kanzleramtes in einem Restaurant. Ich konnte nicht sagen, dass es ein privates Treffen war, denn in meiner Position ist man kein Privatmann mehr. Ich hielt es vertraulich. Das Ergebnis des Treffens war eine wichtige Botschaft für den Bundeskanzler: Es gehe Kroatien, also Herrn Tuđman, nicht um eine Auflösung Jugoslawiens, sondern um die Gründung einer Konföderation. Das fand ich eine vernünftige Überlegung. Ich teilte dies dem Bundeskanzler mit und sagte wenige Tage vor seinem Urlaub zu ihm: »Ich glaube, wir müssen uns auch um Jugoslawien kümmern. Dort braut sich etwas zusammen.« Er erwiderte: »Um was soll ich mich denn noch alles kümmern? Ich bin dabei Deutschland zu vereinen. Mit all den Aufgaben in der DDR muss ich mich nicht auch noch um Jugoslawien kümmern.« Das konnte ich einerseits verstehen, auf der anderen Seite war es nicht die richtige Antwort zum richtigen Zeitpunkt. Er war aber urlaubsreif. Es fehlte auch unser Außenminister. In der Europäischen Gemeinschaft gab es unterschiedliche Positionen. Frankreich und Großbritannien unterstützten mehr die Serben. Innerhalb der EG gab es keine geschlossene Position über die Zukunft Jugoslawiens. So geriet Jugoslawien in eine Krise. Das war meine einzige politische Erfahrung mit Jugoslawien.

M. G.: *Das was Sie uns erzählt haben, die Angelegenheit mit den Kroaten, findet auch in Ihrem Tagebuch am 14. August seinen Niederschlag.*[194] *Die Rede ist von einem zweistündigen Gespräch mit Iwan Milas, einem Abgeordneten des kroatischen Parlaments und persönlichen Vertrauten des Präsidenten, das Sie im Steigenberger Hotel in Bonn führten. Aus Ihrem Tagebuch geht aber nicht hervor, wie der Kanzler, nachdem Sie ihm berichtet haben, darauf reagierte. Sie sagten, er habe erwidert »Was soll ich noch alles machen?« Es schwelte auch noch die Golf-Krise. Ihr Eintrag zeigt, dass Sie das Problem in seiner Sprengkraft und Dynamik erkannt hatten. Die äußere deutsche Einigung und die Ratifizierung des Zwei-Plus-Vier-Vertrags hatten im Frühjahr 1991 noch vor der Eskalation der Entwicklung in Jugoslawien stattgefunden.*

H. T.: In der Politik habe ich die Erfahrung gemacht, dass sich Regierungen schwertun, sich mit mehreren schwierigen Problemen gleichzeitig zu befassen und sehr schnell überfordert sind. Aber die Realitäten richten sich nicht danach. Es wird immer schwierig, die Entscheidung zu finden, wer ist dafür verantwortlich? Wer muss dafür sorgen, dass hier politische Lösung erarbeitet und gefunden werden, um Krisen größerer Art damit zu verhindern? Damit tun sich Administrationen generell schwer.

M. G.: *Also hatte man in Bonn zu viele Aufgaben zu bewältigen und eine gewisse Scheu vor der Übernahme von Verantwortung?*

194 Tagebuch, 14.8.1990, S. 519.

H. T.: Es führt dann sehr schnell dazu, dass verantwortliche Beamte fragen: Was soll ich noch alles machen? Es hängt auch davon ab, ob der Hauptverantwortliche Verantwortlichkeiten für das jeweilige Problem identifizieren, verfolgen und Lösungen erzwingen kann.

M. G.: *Wenn man sich noch einmal den 13. August in Ihrem Tagebuch*[195] *vergegenwärtigt, wird deutlich, dass eine Fülle von Verträgen auszugestalten war. Davon war das Auswärtige Amt, das Bundesministerium für Finanzen und das Bundeskanzleramt betroffen. Der deutsch-deutsche Wahlvertrag, der bilaterale Vertrag mit der UdSSR, der den Titel »Generalvertrag« bekam, um seine Bedeutung und Umfassenheit zu verdeutlichen, der trilaterale Überleitungsvertrag betreffend sowjetische Betriebe in der DDR, der Stationierungsvertrag und nicht zuletzt der Zwei-Plus-Vier-Vertrag. Wie verlief die Koordination zwischen Bundeskanzleramt und anderen Ämtern und Ministerien? Wie konnte es gelingen, in so kurzer Zeit so viele Verträge abzuschließen?*

Nicht zu vergessen ist zudem die Integration der DDR in die Europäischen Gemeinschaften. Dieser Vorgang vollzog sich ja auch noch. Wie konnte eine solche Herkulesaufgabe gestemmt werden? Reichten dazu die personellen Ressourcen im Bundeskanzleramt und in den Ministerien aus? Offensichtlich musste auch noch über den Sommer schwer gearbeitet werden!

H. T.: Wir hatten eine Fülle von Ressorts und zum Teil sehr fähige Minister. Das war ein Glücksfall. Dazu gehörten Bundesminister wie Schäuble, Genscher, Seiters und andere. Dazu kamen die Staatssekretäre und in einigen Ressorts gab es auch sehr tüchtige Abteilungsleiter, die die fortlaufenden Geschäfte betreuten und insgesamt zu guten Ergebnissen führten. Von meiner Seite im Kanzleramt gab es keine Verpflichtung zu koordinieren oder auf einzelne Ressorts Einfluss zu nehmen. Das lief parallel und unabhängig. Ich war der Meinung, dass nicht alles im Kanzleramt laufen sollte.

16. Finalisierung der inneren und äußeren Einheit

M. G.: *Es bestand Gewissheit, dass die Zwei-Plus-Vier-Gespräche am 12. September beim Außenministertreffen in Moskau zum Abschluss kommen konnten. Intern war man sich einig, dass das Ergebnis der Zwei-Plus-Vier-Gespräche auf dem KSZE-Gipfel vom 19. bis 21. November in Paris präsentiert werden sollte. Möglich erschien es, dass das Ergebnis dem Außenministertreffen der KSZE-Staaten am 1. und 2. Oktober in New York vorgelegt wird, das den KSZE-Gipfel vorbereitete. Eine weitere Aufgabe war es, die Kaukasus-Vereinbarung mit der Sowjetunion vertraglich umzusetzen. Ein Brief des Bundeskanzlers an Gorbatschow war zu erarbeiten, der eine Absichtserklärung zum Inhalt des Generalvertrags enthalten sollte. Das Auswärtige Amt musste zudem Verträge mit den drei Westmächten über die Stationierung von Streitkräften in Berlin vorbereiten. Die Ressortverantwortungen waren klar verteilt. Ist das alles Ihrer Erinnerung nach reibungslos abgelaufen? Konnten Rangeleien um Kompetenzen und Profilierung dieses Mal vermieden werden?*

195 Tagebuch, 13.8.1990, S. 517.

H. T.: Nach meiner Erinnerung lief es in der Tat erfreulich reibungslos innerhalb der Häuser und zwischen den Häusern. Rivalitäten in den Ressorts waren nicht erfahrbar, vor allem nicht öffentlich erfahrbar. Soweit Abstimmung erforderlich war, lief es intern reibungslos. Operativ war alles auf der richtigen Schiene und wurde wie erforderlich durchgeführt. Für uns im Bundeskanzleramt bestand nicht die Erfordernis, uns einzumischen.

M. G.: *Es geht in der Debatte um die Finanzierung der deutschen Einheit auch um die Frage: sind Sonderabgaben erforderlich oder sogar neue Steuern? Das war mit Finanzminister Waigel zu besprechen. Ließ der Bundeskanzler Waigel freie Hand in dieser Entscheidung?*

H. T.: Der Bundeskanzler hat Theo Waigel schon immer aufmerksam verfolgt und dafür gesorgt, dass die Entscheidungen im Bundesfinanzministerium in enger Abstimmung mit dem Bundeskanzleramt erfolgen. Mit Dr. Ludewig als Abteilungsleiter für Wirtschaft und Finanzen hatten wir einen sehr fähigen Kollegen, dem Kohl auch voll vertraute. Damit war die Kontrolle über das Finanzministerium sichergestellt. Johannes Ludewig und Horst Köhler, späterer Bundespräsident, waren die beiden äußerst kompetenten Kollegen, die dafür sorgten, dass der Bundesfinanzminister sozusagen seiner Rolle gerecht werden konnte. Waigel alleine wäre schwierig gewesen. Im Gegensatz zu seinem eigenen Selbstbewusstsein war er nicht der stärkste Minister. Ludewig und Köhler haben sich oft äußerst kritisch über ihn geäußert.

M. G.: *Am 20. August kehrt Helmut Kohl vom Urlaub aus Österreich zurück. Er telefoniert mit Jacques Delors, wie Sie festhalten. Es geht um einen Brief des Kommissionspräsidenten an Kohl vom 1. August. Offensichtlich ist die Besorgnis aufgekommen, dass die finanziellen Auswirkungen der deutschen Einigung bei den übrigen elf EG-Mitgliedstaaten eine Diskussion auslösen könnten, die dem erfolgreichen Abschluss des Einigungsprozesses abträglich sein würde. Kohl betont nachdrücklich, die deutsche Einheit werde unter keinen Umständen in irgendeinem Zusammenhang mit den Finanzen und dem Budget der EG oder mit einer Erhöhung der EG-Mittel gebracht werden. Delors sagt dem Bundeskanzler zu, dass er diese Punkte in einer Pressekonferenz deutlich machen werde. Ist davon auszugehen, dass es für Kohl ein wichtiges Anliegen war zu vermitteln, dass den übrigen EG-Mitgliedstaaten durch den Zutritt der DDR zur EG keine finanziellen Nachteile erwachsen würden ?*

H. T.: Ja – genauso war es!

M. G.: *Ein weiteres Thema bezieht sich wieder auf das Verhältnis zwischen Kanzler und Außenminister. Aus Ihrer Aufzeichnung vom 20. August geht hervor, dass Genscher auf den Abschluss von zwei Abzugsverträgen mit der Sowjetunion besteht, einen mit der DDR und einen anderen für Berlin.*[196] *Dagegen aufkommende Bedenken über die Schwierigkeit der Vermittlung, weil die drei Westmächte zum Verbleib in Berlin gebeten worden seien, wies er zurück. Kohl schloss sich der Position Genschers an. Dieser lehnte auch die Ausdehnung des Zusatzabkommens des NATO-Truppenstatuts auf die DDR strikt ab, da er befürchtete, dass damit den Sowjets Anlass gegeben werde, die gleiche Rechtsstellung für ihre Angehörigen zu fordern. Kohl schloss sich hier auch Genscher an. Inwieweit war etwas strittig oder proble-*

196 Tagebuch, 20.8.1990, S. 523.

matisch mit Blick auf Rückwirkung auf die Westmächte? Man konnte von den Sowjets doch nicht verlangen, dass sie aus Berlin abziehen, wenn man von Bonner und westlicher Seite gleichzeitig wollte, dass die drei Westmächte noch in Berlin bleiben. Wie wurde das Problem gelöst? Ziehen die Westmächte eher ab und die Sowjets später? Oder ziehen sie gleichzeitig ab?

H. T.: Spontan würde ich sagen, es wäre eine Lösung gewesen, wenn beide Seiten gleichzeitig ihre Truppen abgezogen hätten. Auf der anderen Seite hatten wir ja politisch keine Probleme mit der Stationierung der drei Westmächte und ihrer Truppen in West-Berlin. Die DDR gab es offiziell noch, es war ein Stabilitätsfaktor und es hatten sich ja keine Probleme aus der Stationierung bis dato ergeben. Daher wäre der Status quo erst einmal fortgesetzt worden, zumal die sowjetischen Truppen noch nicht weg waren.

M. G.: *Es scheint, dass von Seiten des Bundeskanzlers und des Außenministers Interesse bestand, die westlichen Truppen in West-Berlin zu belassen, solange dort noch sowjetische Truppen stationiert waren. Die Frage besteht jedoch zur Ausdehnung des Zusatzabkommens des NATO-Truppenstatus auf die DDR, was den Sowjets ja eine Handhabe geben konnte, die gleiche Rechtstellung für ihre Armeeangehörigen zu fordern. Das ist eine offene Frage. Moskau will ja nicht, dass westliche NATO-Einheiten auf ostdeutschem Territorium nach Abschluss der Einigung stehen, jedenfalls solange sowjetische Truppen auf ostdeutschem Territorium stationiert sind und wohl auch darüber hinaus.*

Am 23. August stellt der Bundeskanzler laut Ihrem Tagebuch fest: »Der Wiederaufbau der DDR sei nicht eine Frage von Tagen und Monaten sondern von Jahren. Der Weg zur deutschen Einheit erfordere gemeinsame Anstrengungen und persönliches Engagement.«[197] Hier wird deutlich, welcher Zeithorizont für das Gelingen der Einigung sich für den Kanzler abzeichnet. Im Rückblick betrachtet, war es noch mehr als nur ein Prozess von Jahren, nämlich von Jahrzehnten. Kann man davon ausgehen, dass auch der Bundeskanzler die Dimensionen der 40jährigen sozialistischen Misswirtschaft und den Transformationsprozess in Ostdeutschland unterschätzt und daher nicht richtig eingeschätzt hat, ja nicht zutreffend einschätzen konnte?

H. T.: Diese Beurteilung teile ich ganz entschieden. In den Gesprächen mit den westdeutschen Unternehmen und Gewerkschaften, die im Bundeskanzleramt stattfanden, ging es darum, mit dem Bundeskanzler gemeinsam zu diskutieren, was kann wer für die Entwicklung in der DDR beitragen? Was können westdeutsche Unternehmen tun, was die Gewerkschaften, und was muss politisch geschehen? Ich glaube, dass zu diesem Zeitpunkt, alle Beteiligten die Dimension der Schwierigkeiten noch unterschätzt haben. Die Unternehmer rieten Kohl, unser System zu übertragen, dann würden sie investieren. Einige haben investiert, andere nicht. Als Beispiel kann ich die Schweizer Firma Nestlé nennen. Sie hat in der DDR investiert. Ihr Repräsentant in der BRD sagte mir damals, sie täten es, nicht, weil sie es wirtschaftlich für notwendig hielten, sondern um dem Bundeskanzler beim Aufbau und bei der Entwicklung der DDR zu helfen. Es gab unterschiedliche Motive. Es gab Firmen, die natürlich eine Erweiterung des Marktes sahen. Wie ich im Gespräch mit dem sowjetischen Botschafter erfuhr, bestand die Besorgnis der Sowjetunion darin, dass viele Firmen ihre Tätigkeit einstellen und pleitegehen, sie aber Zulieferer für sowjetische Unternehmen waren. Die sowjetische Seite fragte sich, wie das verhindert werden könnte. Ich sagte dem

197 Tagebuch, 23.8.1990, S. 527.

Botschafter, dass es auch in unserem Interesse wäre, wenn die Firmen fortbestehen würden. Es mussten auch erst viele Erfahrungen gesammelt werden. Das war vom Bundeskanzler faktisch nicht eindeutig zu beantworten. Es gab mutige Firmen, die sofort investierten und andere, die sagten, was der Markt hergibt, können wir auch von Westdeutschland aus bedienen. Die Schlussfolgerungen der Firmen waren teilweise sehr unterschiedlich.

M. G.: *Meinen Sie auch Elf Aquitaine und Buna Schkopau?*

H. T.: Elf Aquitaine war das Projekt, das der Bundeskanzler persönlich gefördert hat, um die Investitionen zu ermöglichen.

M. G.: *Es gab ja lange Auseinandersetzungen und Debatten über das Engagement des französischen Mineralkonzerns in Ostdeutschland, also diesen Deal Mitterrand-Kohl, wie auch Ermittlungen und Verfahren. Können Sie dazu etwas beitragen?*

H. T.: Nein.

M. G.: *Am 24. August halten Sie fest, dass der Bundeskanzler vor der CDU Volkskammerfraktion spricht. Zu Lothar De Maizière und Günther Krause sei eine Freundschaft entstanden.*[198] *Wodurch war diese jeweils entstanden? Wie sind die Freundschaften zu erklären?*

H. T.: Krause hatte damals viele Sympathien, denn er war Staatssekretär bei de Maizière. Er kam immer wieder nach Bonn, war ein häufiger Gesprächspartner von Herrn Seiters, unseres Chefs des Kanzleramtes. Krause war derjenige, der immer Druck ausübte, damit die Wiedervereinigung so rasch wie möglich vollzogen werden sollte, weil er – verkürzt gesagt – der Meinung war, sie könnten es nicht, was den wirtschaftlichen Aufschwung der DDR betraf. Er war der festen Überzeugung, das kann man nur im Rahmen einer Wiedervereinigung durchführen. Insofern ging er de Maizière mit Sicherheit auf die Nerven. Der war durchaus selbstbewusst genug zu sagen, das können wir selbst. Daher verstand ich das Drängen seines Chefs des DDR-Kanzleramtes, möglichst schnell die Wiedervereinigung Deutschlands operativ durchzuführen, um die wirtschaftlichen Reformen durchführen zu können.

M. G.: *Wenn man Ihrem Tagebuch weiter folgt, so scheint auch Krause de Maizière von dieser Notwendigkeit allmählich überzeugt zu haben. Der Bundeskanzler sieht aber auch die Stimmungslage in der Bundesrepublik Deutschland nicht unkritisch: Es gehöre zum politischen Geschäft, den Menschen Defätismus einzureden. Kohl spricht auch von »Heuchelei«, die ihn ärgerte.*[199] *Er registriert das Stimmungsgefälle zwischen Ost- und Westdeutschland und ist mit der Haltung der Westdeutschen alles andere als einverstanden. Der Kanzler ist teilweise beschämt. Es gab ja auch westdeutsche Gegenstimmen zur deutschen Einigung. Er bleibe jedoch bei seiner Behauptung, dass es gelingen werde, die neuen Bundesländer in wenigen Jahren zu »blühenden Landschaften« zu entwickeln. Das war ein Satz, der ihm später oft angelastet wurde.*

198 Tagebuch, 24.8.1990, S. 527.
199 Ebd., S. 527.

H. T.: Das Wort von den ›blühenden Landschaften‹ ist ihm ja immer wieder gewissermaßen um die Ohren geschlagen worden. Der Vorwurf lautete, er habe Erwartungen erweckt, die er später nicht einlösen konnte. Aber er hat ja keine Zeiträume genannt. Es lag in der Natur der Sache, dass er versuchen musste, Optimismus zu verbreiten. Er konnte ja nicht durch die Lande reisen und verkünden, wir würden es ob der riesigen Probleme nicht schaffen und miteinander eine Talfahrt erleben, die vielleicht irgendwann wieder bergauf führen würde. Das konnte ja nicht seine Aufgabe sein. Partiell konnten die blühenden Landschaften in der DDR schnell entstehen, nur wurden diese Erfolge nie ihm zugutegehalten, sondern die lokalen Verantwortlichen haben sie sich immer selbst zugeschrieben. Was schlecht lief, war die Verantwortung des Kanzlers und die Schuld der Bundesregierung, was gut lief, ging auf das Konto der anderen. Natürlich gab es auch Exzesse, dass Westdeutsche als Glücksritter in den Osten gingen. Der Aufkauf von Immobilien war verbreitet, der kommenden Wertsteigerung gewiss. Diejenigen, die erfolgreich waren, haben den Erfolg nicht der Politik zugemessen, sondern sich selbst. Das ist alles sehr menschlich. Die Niederlagen schob man immer auf die Politik, Erfolge lagen bei den einzelnen Persönlichkeiten und Menschen direkt. Diese Form von Arbeitsteilung ist nicht unnormal, vielmehr üblich.

M. G.: *Helmut Kohl sieht die Notwendigkeit, die Partei daran zu erinnern, was sie für eine Verantwortung habe, den Geist der Zusammenarbeit beschwören zu müssen. Offensichtlich war das nicht selbstverständlich. Er zitiert einen alten Ziehvater der Politik, der ihm einmal gesagt habe: »Wer Hahn auf dem Kirchturm sein wolle, müsse jeden Wind ertragen.« Wen meinte er damit? Wer war sein politischer Ziehvater?*

H. T.: Möglicherweise Konrad Adenauer selbst oder Ludwig Erhard, Politiker, die er sehr verehrt hat.

M. G.: *Am 27. August 1990 wird sehr deutlich, dass die SPD »nicht vom Einigungsvertrag abzuspringen versuchte«,*[200] *so notieren Sie. Bestand da eine Befürchtung? Hätte die SPD das gerne getan? Oder wäre das im Sinne der nationalen Verantwortung ein Unding gewesen?*

H. T.: Die SPD hatte mit Oskar Lafontaine einen Kanzlerkandidaten der besonderen Art. Ursprünglich war er kein Anhänger der deutschen Einheit. Es bezog sich mit Sicherheit auf ihn. Es gab natürlich auch unter den Intellektuellen in Deutschland solche, die alles besser wussten und die Mühe hatten zu verbergen, dass sie ursprünglich gegen die deutsche Einheit waren. Daraus ergaben sich diffuse und verquere Positionen. Sie veranstalteten wahre rhetorische Seiltänze, um zu verbergen, dass sie ursprünglich eigentlich ganz anderer Meinung waren und die Wiedervereinigung gar nicht für möglich gehalten haben, schon gar keine friedliche, und nicht daran geglaubt haben, dass die Sowjetunion bereit sein könnte, die DDR aufzugeben.

M. G.: *Von Jens Hacker, Politikwissenschaftler von der Universität Regensburg, stammt das Buch »Deutsche Irrtürmer«.*[201] *Darin hat er rekonstruiert, wie sich diese Windungen und Wendungen deutscher Intellektueller und Politiker zur Frage der deutschen Einigung vollzogen haben.*

200 Tagebuch, 27.8.1990, S. 528.
201 Jens Hacker, Deutsche Irrtümer. Schönfärber und Helfershelfer der SED-Diktatur im Westen, Berlin 1994.

Kommen wir zur Rolle Oskar Lafontaines. Wir sprachen schon über den Wahlkampf, den Helmut Kohl sehr optimistisch und zuversichtlich angeht, während Lafontaine auf die skeptische bis pessimistische Karte setzte. Wahrscheinlich war es rückblickend betrachtet, die realitätsnähere bzw. realistischere Wahlkampf-Version, aber politisch die falsche Wahlkampf-Variante, weil er damit nicht durchdringen konnte. Das ostdeutsche Wahlvolk wollte nichts Kritisches und Negatives hören. Insofern hatte Kohl instinktiv richtig erkannt, welche Argumente, Tonlage, also welche Kommunikation überzeugen konnten. Würden Sie das auch so sehen wie wohl auch Unterschiede auszumachen sind zwischen der Position von Hans-Jochen Vogel auf der einen Seite, der die SPD-Bundestagsfraktion anführte, und Oskar Lafontaine, der als Kanzlerkandidat für die SPD angetreten ist?

H. T.: Mit Sicherheit gab es Unterschiede. Herr Vogel versuchte natürlich einen Brückenschlag in seiner eigenen Partei herzustellen. Er schwankte zwischen der Unterstützung der Wiedervereinigung auf der einen Seite und seiner Aufgabe als Oppositionsführer, Kritik zu üben. Das alleine war schon ein Seiltanz. Entweder man ist dafür oder dagegen. Ist man dafür, muss man die Schwachstellen überwinden und hart arbeiten und sich nicht nur darauf beschränken, die Schwächen des Prozesses aufzuzeigen. Wo die Schwierigkeiten liegen, wussten alle. Er sah die Aufgabe, die Differenzen mit dem eigenen Kanzlerkandidaten intellektuell zu überbrücken, ihm nicht in den Rücken zu fallen, ihm andererseits aber auch nicht inhaltlich zuzustimmen. Das war keine leichte Aufgabe für ihn.

M. G.: *Ein ganz spannender Hinweis findet sich in Ihren Aufzeichnungen am 27. August.*[202] *Es ist ein Arbeitsgespräch im Gange. Man spricht über die Möglichkeit einer Grundgesetzänderung für einen Out-of-area-Einsatz der Bundeswehr im Rahmen der Vereinten Nationen. Die Pro- und Contra-Argumente werden aufbereitet und Sie halten fest: »Wir sind nicht optimistisch, dass eine Zwei-Drittel-Mehrheit im Bundestag möglich werde.« Ich nehme an, das war ein Thema im Lichte der Golfkrise. Offensichtlich gab es eine Notwendigkeit, darüber zu diskutieren.*

H. T.: Im Gremium war diskutiert worden, was streng geheim war. Die Anfrage im Kontext des Golfkonflikts kam, inwieweit wir Hilfe leisten könnten. Es ging nicht um die Anfrage, die Bundeswehr einzusetzen als vielmehr darum, Minensuch- und -räumboote zur Verfügung zu stellen. Die Militärs sagten damals, die Bundeswehr hätte innerhalb der NATO die besten Schiffe. Meiner Meinung nach war es ein Unterschied, ob man Landstreitkräfte einsetzt oder Schiffe zur Verfügung stellt auf Seerouten, die auch für Handelsschiffe der Europäer und Amerikaner genutzt wurden. Also war ich dafür, da es kein unmittelbar militärischer Einsatz war. Es wurde entschieden, die Schiffe zur Verfügung zu stellen. Natürlich war es ein Out-of-area-Einsatz, allerdings zu Wasser. Damals machte auch die FDP mit.

M. G.: *Wissen Sie noch, wer die Idee aufbrachte, diese Diskussion zu führen?*

H. T.: Nein. Die Vorbehalte kamen mit Sicherheit von der FDP, aber wer es im einzelnen war, weiß ich nicht mehr.

202 Tagebuch, 27.8.1990, S. 529.

M. G.: *Die Frage des Paragraphen 218 spielte auch eine Rolle im Rahmen des Einigungsvertrages. Haben Sie noch Erinnerungen an diese Debatte? Wie haben Sie überhaupt die Rolle der Kirchen in Ost und West in Erinnerung im Zusammenhang mit der deutschen Einigung? Sie hatten in Dresden Begegnungen mit Bischöfen im Dezember 1989. Sahen die Kirchen den Einigungsprozess positiv? Trugen sie ihn mit?*

H. T.: Ich selbst habe keine Gespräche erlebt, die der Bundeskanzler mit Vertretern der Katholischen Kirche geführt hat. Zwar hatte er Kontakte, vor allem zum Erzbischof Lehmann in Mainz. Die Kirchen spielten in diesem Zeitraum vor allem in Polen eine Rolle durch die Unterstützung der Widerstandsbewegung Solidarność. Es war klar, dass in der DDR vor allem die Evangelische Kirche tätig war. Aber ich hatte in dem Zusammenhang keine Kontakte zu den Kirchen und kann daher keine Einzelheiten nennen. Ich habe es nur am Rande mitbekommen, dass die Kirchen Instrumente für menschliche Hilfe waren.

M. G.: *Im Zusammenhang mit dem Besuch von Kohl in Dresden verweisen Sie in Ihrem Tagebuch auf die Rolle der Evangelisch-Lutherischen Kirche in Ostdeutschland. Die Pastoren in den evangelischen Gemeinden waren zur Zusammenarbeit bereit, die Kirchen für den Protest zu öffnen und für die Demonstranten zur Verfügung zu stellen, indem sie eine ausgleichende und moderierende Rolle spielten. Sie berichteten am 19. Dezember 1989,*[203] *dass sich der Bundeskanzler mit Bischof Leich, dem Vorsitzenden des Bundes der Evangelischen Kirche der DDR, und mit Bischof Hempel von Sachsen traf und sie über die Situation der Menschen in der DDR sprachen.*

H. T.: Die CDU hat über die katholische Kirche versucht, Solidarność in Polen zu unterstützen. In der EKD der DDR waren Persönlichkeiten vertreten wie Richard von Weizsäcker. Nur ganz am Rande habe ich verfolgt, dass immer ein leiser Verdacht bestand, dass die EKD eher die Präferenz für einen zweiten deutschen Staat hatte und nicht unbedingt für die Wiedervereinigung eintrat. Ich kann es nicht belegen. Vage habe ich die Frage in Erinnerung, welche Rolle die EKD tatsächlich spielte: Wollen sie die deutsche Einheit oder nicht? Sicher gab es eine stärkere Strömung für eine selbständige DDR als in der Katholischen Kirche.

M. G.: *Was hat eigentlich letztlich dazu geführt, den 3. Oktober als Tag für den Beitritt der DDR zum Geltungsbereich des Grundgesetzes der Bundesrepublik Deutschland zu wählen?*

H. T.: Eine gute Frage. Das weiß ich nicht.

M. G.: *Es geht ja in dieser Diskussion ständig hin und her, was Termine angeht, auch was den Zeitpunkt der gesamtdeutschen Wahlen betrifft. Mir kam einmal der Hinweis unter, dass man das Datum vor dem 7. Oktober festlegen wollte, um ostdeutschen Bürgern, die ihrem Staat noch nachtrauerten, nicht die Gelegenheit zu geben, zuvor noch den Gründungstag der DDR mit ihrer Verfassung aus dem Jahr 1949 zu feiern.*

H. T.: Das kann ich Ihnen nicht sagen. Da müssten Sie mit Herrn Seiters sprechen oder Herrn Schäuble. Ich war nicht einbezogen.

203 Tagebuch, 19.12.1989, S. 198.

M. G.: *Es geht auch aus dem Tagebuch nicht hervor, warum, d. h. mit welcher Begründung, es zum 3. Oktober kommt. Der Termin steht einfach fest und es geht vielmehr um die Frage, ob man dazu die vier Alliierten einlädt. Es geht, wie gesagt, hin und her. Sie haben von Anfang an klar dafür plädiert. Aber der Bundeskanzler stellt sich dagegen, auch Genscher, dann wechselt Kohl die Meinung und nimmt seine Ablehnung zurück. Welche Erinnerungen haben Sie noch an dieses Gezerre, ob man am 3. Oktober die Vertreter der Vier Mächte einladen sollte und warum eigentlich nicht? Mit guten Gründen, finde ich, waren Sie dafür. Schließlich gelingt es Ihnen, den Bundeskanzler umzustimmen. Ebenso Seiters schien auch noch umzustimmen zu sein. Eine kuriose Debatte! Warum wollte man die Vier Mächte nicht dabei haben? Wollte man die »alten« Aufseher nicht mehr als Sekundanten?*

H. T.: Es ist eine gute Frage. Leider muss ich passen.

M. G.: *Der 3. Oktober war ein Mittwoch und der 7. Oktober folglich der Sonntag. An diesem Tag hätten sich die Menschen der Gründung der DDR erinnern können. Kaum jemand kam wahrscheinlich im August und September darauf, das zu bedenken. Aber für die Zukunft, wer weiterdachte, hätte daran denken können.*

Immer noch geht es um die Frage des Abzugs der sowjetischen Truppen. Plötzlich taucht Schewardnadse mit dem Hinweis auf, dass es länger dauern könnte als vier Jahre. Wie ist dieser Sinneswandel in Moskau zu erklären? Hat man damit noch mal auf die Tube drücken wollen mit Blick auf weitere Finanzierungszusagen? Hat das eine Rolle gespielt?

H. T.: Mit Sicherheit!

M. G.: *Gab es noch Hindernisse auf der letzten Wegstrecke zur Finalisierung sprich Unterzeichnung des Zwei-Plus-Vier-Vertrags und der bereits sich vollziehenden inneren Einheit Deutschlands?*

H. T.: Ich kann mich nicht erinnern, dass es Hindernisse gab, bzw. waren dies Themen, die nicht in meine Zuständigkeit fielen. Es war ein Thema des Bundesfinanzministers oder der Verteidigungsministers. Der Chef des Kanzleramts wird wahrscheinlich einbezogen gewesen sein.[204] Ich kann es Ihnen nicht beantworten.

M. G.: *Wenn ich richtig erinnere, war es Dieter Kastrup vom Auswärtigen Amt, der auf Probleme hinwies. Dazu gehörte auch die offene Frage bezüglich Details des NATO-Geltungsbereichs auf ostdeutschem Gebiet, wo es noch im Rahmen des Abschlusses und der Inkraftsetzung des Zwei-Plus-Vier-Vertrags in letzter Sekunde mit den Briten Fragen zu klären galt. Das war aber Sache des Auswärtigen Amtes.*

204 Laut den Erinnerungen von Rudolf Seiters gab es auf der letzten Wegstrecke bis zum 10. September noch zwei Irritationen: Gorbatschow verlangte eine Aufstockung der bereits zugesagten 8 Mrd. DM Finanzhilfen im Zusammenhang mit dem Abzug der sowjetischen Soldaten auf 18 Mrd., man einigte sich schließlich auf 11–12 Mrd. (zusätzlich eines zinslosen Kredits von 3 Mrd.) und der britische Außenminister Hurd forderte noch NATO-Manöverfreiheit auf dem damaligen Territorium der DDR, wobei London schließlich einlenkte, freundliche Auskunft von Rudolf Seiters für den Verfasser, 14.2.2024 unter Verweis auch auf Helmut Kohl, »Ich wollte die deutsche Einheit«. Dargestellt von Kai Diekmann und Ralf Georg Reuth, 2. Auflage Berlin 1996, S. 465–469.

Dann gibt es einen Hinweis, der in dieser Zeit offensichtlich für interne Besorgnis sorgen konnte. Droht ein möglicher Aufstand von Einheiten der Sowjetarmee in der DDR? Gab es dazu belastbare Informationen? Sie schreiben am 28. August, dass Sie mit dem inzwischen sowjetischen stellvertretenden Außenminister Kwizinskij im Kanzleramt zusammentreffen.[205] *Er berichtet, dass sich nicht nur die sowjetische Führung in einer kritischen Phase befinde, sondern auch die Haltung der sowjetischen Militärs sehr kritisch sei. Wenn es keine Mittel für Transportkosten, neue Wohnungen und den Aufenthalt sowjetischer Truppen in der DDR gebe, sei »ein Aufstand in der Sowjetarmee nicht auszuschließen«. Das deckt sich übrigens auch mit Hinweisen von Lothar de Maizière, der auch im Bundeskanzleramt einlangte. Musste man das ernst nehmen? Welche Erinnerungen haben Sie noch an diese dramatische Begegnung mit Kwizinskij?*

H. T.: Diese Unterrichtung war schon sehr brisant. Wir wussten ja, welche Größenordnungen zurückgeführt werden mussten. Während der gesamten Zeit befassten wir uns mit dem Problem der Unterbringung der zurückkehrenden Soldaten und ihrer Familien in Russland und dass die Sowjetunion selbst keine ausreichenden Möglichkeiten anbieten konnte. Das war der Grund, warum wir bereit waren, Finanzmittel zur Verfügung zu stellen. Ich weiß nicht, wieviel wir am Ende insgesamt bezahlt haben, ich glaube es waren zwei oder drei Milliarden. Das Problem war nicht nur das Geld, sondern auch die Baukapazität. Viele westdeutsche Firmen haben diese Bautätigkeit übernommen, auch koreanische und türkische Unternehmen. Das war ein sehr vertrautes Problem, mit dem wir hier konfrontiert wurden. Der Gefährdung und Brisanz waren wir uns bewusst. Wenn ich mich recht erinnere, ist es von der Bundesregierung finanziell breit abgesichert worden. Was der Bundesfinanzminister noch weiterhin möglich gemacht und in welcher Form zur Verfügung gestellt hat, kann ich nicht sagen. Unser Hauptinteresse war, dass der Abzug der sowjetischen Verbände in der vereinbarten Frist erfolgen kann.

M. G.: *Wenn man es liest, hat man den Eindruck, dass die sowjetische Seite immer wieder neue Aspekte ins Spiel bringt, um den Preis für den Truppenabzug in die Höhe zu treiben.*

H. T.: Ja, das stimmt.

M. G.: *Überraschend ist auch, dass Kwizinskij die Frage der Entschädigung und Wiedergutmachung für sowjetische Zwangsarbeiter, die während der NS-Diktatur nach Deutschland verschleppt worden sind, ins Spiel brachte. Es waren Millionen Menschen und damit eine zu erwartende gigantische Entschädigungsumme. Interessant ist, dass Kastrup es ablehnt, über diesen Punkt auch nur im Ansatz zu sprechen. Es kommt erst Jahrzehnte später die Thematik wieder auf. Man konnte das Thema offensichtlich im Jahre 1990 vom Tisch wischen. Man sieht außerdem, wie sich die äußere Einigung bis in die letzten Tage vor der Unterzeichnung des Zwei-Plus-Vier-Vertrags hinzieht.*[206]

Unter dem gleichen Tag findet sich ein souveränitätspolitischer Eintrag: Es geht um die Suspendierung der Vier-Mächte-Rechte. Bestanden Unterschiede in der Regelung der Suspendierung einerseits bezüglich der Sowjets und andererseits hinsichtlich der Westmächte mit

205 Tagebuch, 28.8.1990, S. 531–532.
206 Ebd., S. 531–532.

Blick auf die brisante Situation, dass noch jahrelang russische Verbände auf ostdeutschem Territorium stehen würden? Wurden Unterschiede gemacht zwischen den drei Westmächten und der noch fortbestehenden russischen Besatzungsmacht? Anzunehmen ist, dass man bei den drei Westmächten offener war und ihre Truppen weiter stationiert bleiben, aber bei den russischen wollte man, dass sie zur Gänze suspendiert werden. Kann man das rückblickend so sagen?

H. T.: Das kann ich Ihnen nicht beantworten.

M. G.: *Außenminister Genscher hat nach der Inkraftsetzung des Vertrages über die abschließende Regelung Deutschlands sinngemäß erklärt, dass Deutschland nun »souverän« sei.*[207] *Wie weit war Deutschland mit Ratifikation des Zwei-Plus-Vier-Vertrags wirklich souverän im Sinne der idealtypisch völkerrechtlich-staatsrechtlichen Vorstellung von Souveränität oder ist das eine rhetorische Frage? Wenn Genscher es so gemeint hat, muss Deutschland ja vorher nicht souverän gewesen sein, jedenfalls nicht voll, sondern bestenfalls halb souverän. Wie würden Sie das heute historisch angemessen beurteilen?*

H. T.: Die Aussage von Außenminister Genscher war völlig zutreffend. Eine eingeschränkte Souveränität gab es insofern, als sowjetische Truppen noch stationiert waren. Für völkerrechtliche Fragen zuständig war federführend das Auswärtige Amt bzw. auch das Bundesjustizministerium. In meiner Abteilung hatte ich keinen Völkerrechtler, der das hätte prüfen können.

M. G.: *Das ist ein interessanter Punkt. In den 1950er Jahren war das der Völkerrechtler Wilhelm Georg Grewe, Experte für das Besatzungsstatut bis hin zur Anregung der Hallstein-Doktrin und maßgeblicher Berater, den Adenauer zu Rate zog, später auch deutscher Botschafter in den USA. Mir war gar nicht bewusst, dass es keinen Völkerrechtsexperten im Bundeskanzleramt gab! Man hätte ja jemanden vom Auswärtigen Amt heranziehen können.*

H. T.: Man hätte heranziehen können, aber Informationen konnten wir täglich abrufen. Das war nicht das Problem. Wir wussten, dass das Auswärtige Amt, das Justizministerium, das Bundesministerium für Verteidigung und unsere Rechtsabteilung sich bei diesem Thema einig waren.

M. G.: *Kann man daraus schließen, dass das Thema Souveränität für Gesamtdeutschland zunächst möglicherweise gar nicht prioritär war, sondern vor allem der Abzug der sowjetischen Truppen aus Ostdeutschland Vorrang hatte, sozusagen als Voraussetzung dafür diente, dass die deutsche Einigung gelingt? Wurde die Frage der Souveränität sodann als irgendwie gegeben betrachtet?*

207 Hans-Dietrich Genscher äußerte die Vollendung der Souveränität Deutschlands während seiner Rede am 15. März 1991 vor dem Deutschen Bundestag, indem er die souveräne Stellung Deutschlands bekräftigte und die Bedeutung dieser Entwicklung im Kontext der europäischen und internationalen Beziehungen betonte.

H. T.: Das war für uns automatisch damit verbunden. Mit Abzug der sowjetischen Truppen und mit dem Ende des Vier-Mächte-Status wurden wir automatisch souverän.

M. G.: *Rein praktisch gesehen ist die innere Einigung mit dem 3. Oktober 1990 vollzogen. Die äußere Einigung ist mit der Ratifikation des Zwei-Plus-Vier-Vertrags am 4. März 1991 durch den Obersten Sowjet der UdSSR vollzogen. Die Präsenz der ehemaligen westlichen Besatzungsmächte und der verbündeten Truppen bleibt aber bestehen. Mit den Amerikanern bis heute. Die Briten haben die Rheinarmee größtenteils abgezogen. Die Russen ziehen ihre Streitkräfte 1994 ab. Für den Zeitraum von 1991 bis 1994 besteht im Sinne von Truppenpräsenz in gewisser Weise der Vier-Mächte-Zustand weiter. Praktisch und politisch existiert dieser Zustand weiter und Deutschland begreift sich gleichzeitig rechtlich souverän – richtig?*

H. T.: Genau. Im Kanzleramt gab es eine Abteilung 1. Dort wurden Rechtsfragen operativ mitverfolgt. Wie weit sie in dieser Frage einbezogen waren, entzieht sich meiner Kenntnis. Ich kann mich nicht erinnern, dass wir in den Abteilungsleiterlagen im Kanzleramt dies zum Thema hatten. Auch der ehemalige Chef des Kanzleramtes hat es von sich aus nie angesprochen.

M. G.: *Eine Debatte, die die Öffentlichkeit wahrscheinlich überhaupt nicht tangiert hat, trotzdem aber für Historiker spannend ist, besteht in der Frage des Timings des deutsch-sowjetischen Vertrags und seines Abschlusses vor dem 3. Oktober oder nachher wie auch vor dem sowjetisch-französischen Vertrag oder nachher. Diese Finessen und Beweggründe sind schwerlich nachzuvollziehen. Das lässt sich aus Ihrem Tagebuch nicht eindeutig ableiten. Für die Sowjetunion war es sehr wichtig, dass der Vertrag rechtzeitig abgeschlossen wird – einmal abgesehen vom Inhalt.*

Eine Frage, die ich nicht verpassen möchte, betrifft noch den 30. August 1990.[208] *Hier geht es um eine britisch-amerikanische Démarche, bei der Vernon Walters eine Rolle spielt. Es handelt sich wieder um die Regelung des NATO-Truppenstatuts im Zwei-Plus-Vier-Vertrag. Worum ging es bei dieser Démarche von Walters und offensichtlich auch von Mallaby? Wie konnte mit der Intervention umgegangen werden?*

H. T.: Das kann ich Ihnen auch nicht mehr beantworten.[209] Solche vertragsbedingten Verhandlungen fanden bei uns nicht statt. Der einzige Spielraum, den wir hatten, bestand darin, eine Démarche an die zuständigen Stellen weiterzuleiten mit der klaren Aussage »Klären Sie das!«

M. G.: *Auch das ist eine Aussage. Wir bleiben also bei dieser offenen Frage stehen. Es würde mich auch sehr gewundert haben, wenn wir nach mehr als 30 Jahren alle diese Fragen mit Ihnen hätten erschöpfend klären können!*

Bei dieser immer noch komplexen Konstellation im Spätsommer 1990 stellt sich eine Fülle von Fragen bezüglich Ihrer Wahrnehmung von Kohl eben in jener Schlussphase der äußeren

208 Tagebuch, 30.8.1990, S. 533–535.
209 Die Edition von Heike Amos/Tim Geiger (Bearb.), Die Einheit. Das Auswärtige Amt, das DDR-Außenministerium und der Zwei-plus-Vier-Prozess, hrsg. von Horst Möller/Ilse Dorothee Pautsch/Gregor Schöllgen/Hermann Wentker/Andreas Wirsching, Göttingen 2015, S. 45–49, gibt keinen Aufschluss.

deutschen Einigung: Wie konnte er mit all diesen Drucksituationen umgehen? War er diesen physisch und psychisch immer gewachsen? Wie kompensierte der Bundeskanzler diesen Dauerstress? Lebte er gesund? Wie gestalteten sich seine Essgewohnheiten? Wie seine Wochenenden? War für ihn zu dieser Zeit überhaupt ein Familienleben denkbar? Rhetorische Frage vermutlich. Wie hat er, wie haben natürlich auch Sie, noch mehr als der Bundeskanzler, überhaupt noch existieren können?

H. T.: Der Bundeskanzler hat immer versucht, sich wenigstens das Wochenende weitgehend frei zu halten. Es gab die schwierige Phase, als sein Sohn einen schweren Autounfall hatte. Hinzu kam das Problem mit seiner Frau. Die Beziehung wurde immer schwieriger. Aber er hatte glücklicherweise eine unbändige Konstitution. In der Regel war er morgens um 7 Uhr im Büro. Spätestens um 8 Uhr hatten wir die erste gemeinsame Lagebesprechung. Es wurde der Tagesablauf besprochen. Wenn er frei hatte, lud er Mitarbeiter und Abgeordnete in den Bungalow ein oder ging mit einer Gruppe zum Essen. Er trank praktische keinen Alkohol, höchstens abends ein Glas Weißwein. Tagsüber hat er erstaunlich wenig gegessen, zum Leidwesen von Juliane Weber. Wenn sie eine Schachtel Pralinen geschenkt bekommen hatte, durfte sie sie nicht offen stehenlassen. Ich habe ihn nie in einer Schwächesituation erlebt. Bei Wahlkampfveranstaltungen waren wir frühestens um 22/23 Uhr fertig. Dann sagte er: Komm, gehen wir noch etwas essen, weil er tagsüber kaum etwas gegessen hatte. Da hat er dann oft richtig zugeschlagen, was auch nicht so gesund war.

M. G.: *Am 30. August geht es wieder um eine Debatte um die Friedens- und Sollstärken der Bundeswehr und der NVA.*[210] *Die 370.000 Mann beziehen sich immer auf Land-, Luft- und Seestreitkräfte des vereinten Deutschlands. Sind Ihnen Widerstände oder Vorbehalte von Bundeswehrseite in Erinnerung? Oder verlief das geräuschlos?*

H. T.: Nach meiner persönlichen Erfahrung ist das alles erfreulich geräuschlos über die Bühne gegangen, ohne dass wir irgendwann in irgendeiner Form nachhaken oder uns einmischen mussten. Ich hatte Militärs in meiner Abteilung, die den Auftrag hatten, das alles zu begleiten. Es gab nie ein Problem, bei dem sie mich aufgefordert hätten einzugreifen.

M. G.: *Am 31. August kommt es zu einem weiteren historischen Schritt: der zweite Staatsvertrag über die Herstellung der Einheit Deutschlands wird in Ost-Berlin unterzeichnet.*[211] *Genscher berichtet über die Inkraftsetzung von Vereinbarungen über den befristeten Aufenthalt von französischen, britischen, sowjetischen und amerikanischen Verbänden in Berlin nach Herstellung der deutschen Einigung. Kohl fährt nach Hause und gönnt Schäuble den Auftritt. Das ist bemerkenswert und spricht für die Großzügigkeit des Bundeskanzlers. Krause und Schäuble unterzeichnen. Wie war zu dieser Zeit das Verhältnis von Kohl zu Innenminister Schäuble? Welche Erinnerungen haben Sie noch an diesen 31. August 1990?*

H. T.: Damit hatte ich kein Problem. Es war völlig klar, dass Mandatsträger und hochrangige Politiker hier in diesen öffentlichen Ereignissen die Federführung hatten und öffentlich präsent waren. Es war für uns selbstverständlich, dass es keine Aufgabe von Beamten war.

210 Tagebuch, 30.8.1990, S. 533–534.
211 Tagebuch, 31.8.1990, S. 535.

Wenn, dann stellte sich mir die Frage, ob es klug ist, dass nicht der Bundeskanzler selbst auftritt. Aber er hat mir damals immer wieder zu verstehen gegeben, dass seine Kapazitäten begrenzt seien. Er hatte keinen Nachholbedarf an öffentlicher Präsenz. In dem Zusammenhang musste man ihm eher manchmal mit Nachdruck deutlich machen, dass er teilnehmen muss. Lebhaft erinnere ich mich an seine Entscheidung, dass er bei der Eröffnung des Brandenburger Tors nicht dabei sein wollte. Er sagte zu mir, er sei irgendwann auch einmal erschöpft und brauche eine Ruhepause. Ich habe alles versucht, ihn zu überreden, dass er bei einem solchen prestigeträchtigen Vorgang präsent sein müsse. Am Ende hat er es eingesehen. Er hatte aber keinen Nachholbedarf, um seine Bedeutung zu unterstreichen. Es gibt ja Politiker, die ständig das Bedürfnis haben, ihre Bedeutung öffentlich zu dokumentieren. Kohl hatte das in dieser Zeit nicht, er war ja ständig präsent. Verständlich war es, dass er vieles Schäuble überließ.

M. G.: *Das sind Einschätzungen, die so nicht aus dem Tagebuch herauszulesen sind und daher ist es sehr gut, wenn wir es ergänzen und erläutern können. Kohl wollte, dass der Verdienst für diesen Einigungsvertrag vor allem Schäuble zukommen sollte. Mit diesem zweiten Staatsvertrag ist die Rechtsgrundlage für ein geeintes Deutschland nach dem vorgesehenen Beitritt der DDR zum Grundgesetz am 3. Oktober geschaffen worden. Damit ist auch die Voraussetzung gegeben, den Zeitraum zwischen dem Tag der Einheit am 3. Oktober und den gesamtdeutschen Wahlen am 2. Dezember zu überbrücken. Die Einheit ist praktisch in trockenen Tüchern.*

Wie gestaltete sich eigentlich das Verhältnis zwischen Kohl und Schäuble? An anderer Stelle deuteten Sie an, letzterer war sehr ambitoniert, sehr ehrgeizig und sehr machtbewusst. Er war Vorgänger von Seiters. Über den Wechsel von ihm zu Schäuble sprachen wir schon. Konnte Kohl ahnen, dass ein Schäuble einmal so ambitioniert sein würde, die Kanzlerschaft anzustreben?

H. T.: Das kann ich mir schon vorstellen. Der Bundeskanzler hat nie mit uns darüber gesprochen, dass Schäuble einmal sein Nachfolger werden könnte oder wollte oder sollte. Umgekehrt haben auch wir das Thema nie angerührt. Für uns war er der amtierende Bundeskanzler und eine potenzielle Nachfolge hat uns zu diesem Zeitpunkt nicht bekümmert. Es war klar, Helmut Kohl bleibt Bundeskanzler, gerade in dieser historischen Phase. Es war der Höhepunkt seiner politischen Karriere, die deutsche Einheit zu vollziehen und zu vollenden. Parallel dazu erfolgten die Initiativen in Europa, d. h. in der Europäischen Union. Im Prinzip ist er von einem Höhepunkt des Erfolgs zum nächsten gegangen. Das ist für eine politische Laufbahn auch nicht selbstverständlich. Weltweit und international war er überall der bekannteste und angesehenste deutsche Politiker. Er war eine Person, die gelegentlich sagte, die Lorbeeren solle einmal ein anderer erhalten. Während meiner Tätigkeit achtete ich aber schon genau darauf, wann er wo dabei sein musste.

M. G.: *Was Sie sagen, ist in zweierlei Hinsicht aufschlussreich. Auf der einen Seite konnte Kohl es generös Herrn Schäuble gönnen. Er war sich seiner unumschränkten Machtposition und des Höhepunkts seines Machtdaseins sehr bewusst. Die Episode mit dem Brandenburger Tor ist insofern eine interessante Nuance, weil oft gesagt wird, Kohl hätte ein treffsicheres Gefühl für historische Bilder und symbolische Gesten gehabt, um sich in die Geschichte einzuschreiben. Aber in diesem Fall scheint es anders gewesen zu sein. Wo es eigentlich so auf der Hand lag, mussten Sie ihn drängen! Also war Kohl nicht immer so geschichtsbewusst getrieben? Sie mussten ihn in diesem Fall überzeugen, dass es nicht sein kann, am Brandenburger Tor zu fehlen.*

H. T.: Er hatte so viele öffentliche Auftritte, dass er am Ende des Jahres einfach sagte, er brauche einmal eine Pause und davon zurücktreten wollte.

M. G.: *Es ist bemerkenswert, dass sich die bilateralen Verhandlungen mit der Sowjetunion hinziehen.*

Am 3. September halten Sie fest, dass sie sich »als schwierig und langwierig« erweisen trotz des Umstandes, dass sich die sowjetische Seite ausdrücklich zum zügigen Verhandlungsabschluss bekannt hatte.[212] *Wieso war das so nach der sehr guten Stimmung im Kaukasus? Welche Rolle spielten die Westmächte im Hintergrund? Waren immer noch Abstimmungen, Zusicherungen und Unterstützungserklärungen seitens der Westmächte notwendig, um mit den Sowjets zu einem Abschluss zu kommen?*

Es zeichnete sich dann jedoch ab, dass die sowjetische Seite für ihren Truppenabzug das Datum vom 31. Dezember 1994 akzeptieren würde. Es war aber offenbar immer noch Misstrauen im Spiel, zumindest gewisse Vorbehalte oder auch Taktieren. Es wird deutlich, dass die Finalisierung doch nicht so ganz reibungslos erfolgt ist.

H. T.: Nach meiner Erinnerung war es weniger Misstrauen, dass es nicht zu einem positiven Ergebnis kommen könne, sondern die Sowjetunion versuchte immer wieder höhere Leistungen von Seiten der Bundesrepublik durchzusetzen. Immer mit dem Hinweis auf die Kosten, die sie hätten, fehlende Unterbringungsmöglichkeiten, usw. Sie wollten immer mehr finanzielle Unterstützung sozusagen erpressen. Das war einerseits verständlich, andererseits gab es auf unserer Seite auch Begrenzungen. Persönlich empfand ich es als ein normales Spiel.

M. G.: *Am 3. September halten Sie einen sehr merkwürdigen Vorgang fest: »Um 14.30 Uhr telefoniert BK mit Genscher. Er besteht darauf, daß der zweiseitige Vertrag mit der Sowjetunion nicht vor dem 3. Oktober paraphiert werden dürfe. Er erinnert Genscher an die Vereinbarungen von Archiz, daß er an Gorbatschow einen Brief schreiben werde. Eine vorzeitige Paraphierung werde sofort harsche Reaktionen Polens hervorrufen, denen wir die Paraphierung des Grenzvertrages vor der Einigung Deutschlands verweigert hätten.«*[213]

Daran wird erkennbar, wie die Vereinbarungen miteinander zusammenhängen und Zusagen nicht gebrochen werden durften. »Er erinnert Genscher daran, daß er mit Polen parallele Verhandlungen über den Grenzvertrag und über einen allgemeinen Vertrag wünsche. Beide Verträge sollen aber erst 1991 unterzeichnet werden.«[214] *Demnach soll der deutsch-sowjetische Vertrag so wie der polnische Nachbarschafts- und Freundschaftsvertrag geregelt werden.*

Weiter halten Sie fest: »BK lehnt den Wunsch Genschers ab, am 3. Oktober vor den Vereinten Nationen zu sprechen. Er müsse mit öffentlicher Kritik rechnen, wenn er als Vizekanzler am Tag der deutschen Einheit nicht in Berlin sein würde.«[215] *Wie kam Genscher dazu, an diesem Tag in New York aufzutreten? Von wem war er beraten? Wie reagierte er auf die Ablehnung von Kohl? War das nicht ein merkwürdiges Szenario?*

212 Tagebuch, 3.9.1990, S. 535–536.
213 Tagebuch, 3.9.1990, S. 537.
214 Ebd., S. 537.
215 Ebd., S. 537.

H. T.: Dass Genscher in New York auftreten wollte, passt zu ihm. Damit wollte er die weltweite Öffentlichkeit auf sich ziehen und entsprechend fokussiert haben. Aus meiner Sicht war es selbstverständlich, dass Kohl dies unterband. Die Zeremonie in Berlin hatte Vorrang und nicht eine Sonderrolle für Außenminister Genscher. Er hat immer versucht, eine Sonderrolle, so wie er sie verstand, zu spielen nach der Devise: ohne mich wäre der Bundeskanzler nicht so erfolgreich.

M. G.: *Genscher wollte in New York den Tag der deutschen Einheit im Rahmen der Vereinten Nationen begehen? Das hat Kohl verhindert. Wie Genscher darauf reagiert hat, weiß man nicht. Er hatte den Einspruch demnach akzeptiert.*

Am 4. September geht es um die Paraphierung des großen Vertrags mit der Sowjetunion.[216] *Hans-Jochen Vogel und Richard von Weizsäcker sprechen sich gegen die Einladung der Staats- und Regierungschefs der Vier Mächte am 3. Oktober aus. Sie, Herr Teltschik, scheinen hier mit Ihrem Anliegen ins Hintertreffen zu geraten, d. h. mit Ihrem Wunsch, dass man sie einladen sollte. Kohl scheint damit Auftrieb zu bekommen und Recht zu behalten. Vorher hat er Ihnen noch erlaubt, bei Bush zu sondieren, ob er am 3. Oktober kommen könne. Dann pfeift der Bundeskanzler Sie wieder zurück. Ein Hin und Her.*

Schließlich kommt es noch zu einer anderen Debatte, in der sich Kohl an Genscher wendet. Es geht um das Einverständnis mit einer von sowjetischer Seite gewünschten Klausel im deutsch-sowjetischen Vertrag über die Nicht-Unterstützung eines Angreifers der UdSSR. Das lief praktisch auf ein wechselseitiges Neutralitätsversprechen im Falle eines Angriffs von dritter Seite hinaus.

Es bestand zu diesem Artikel Einverständnis zwischen Bundeskanzler und Außenminister.

In Klammern darf angemerkt werden: eine solche Formel hatte es praktisch schon im Nichtangriffs-Pakt von Ribbentrop und Molotow 1939 gegeben.[217]

Ist das nur eine Reminiszenz am Rande oder birgt das mehr an Brisanz? Inwiefern war das die Forderung nach einer quasi punktuellen Neutralitätsbekundung bzw. einer Art Neutralitätsfestlegung durch die deutsche Seite im Falle eines Drittstaatenangriffs auf die Sowjetunion? Eigentlich sollte das bei einem Vertragsabschluss eine Selbstverständlichkeit sein, zumal wenn ein Freundschaftsvertrag abgeschlossen wird. Warum legte die sowjetische Seite so viel Wert auf diese Neutralitätsformel im Falle eines Angriffs auf ihr Territorium durch einen Drittstaat? Es wird gleichzeitig auch deutlich, dass von deutscher Seite eine Analogie zum Hitler-Stalin-Pakt tunlichst vermieden werden sollte. Hier ist ein hohes Maß an Sensibilität vorhanden. War das aber wirklich erforderlich? Wie konnte das vereinte demokratische Deutschland von 1990 mit NS-Deutschland von 1939 gleichgesetzt werden? Im Rückblick erscheint das sehr übertrieben.

H. T.: Mir ist eine solche Parallele nicht bewusstgeworden. Es kommt hinzu, dass diese Vertragsverhandlungen und Vereinbarungen über das Auswärtige Amt liefen. Wir waren lediglich im Informationsstrang, aber nicht im operativen Bereich der Verhandlungen selbst. Die Überlegungen, die Sie ansprechen, waren uns in dem Maße gar nicht bewusst.

216 Tagebuch, 4.9.1990, S. 538–540.
217 Siehe Anmerkung 352, S. 539–540, hier S. 539.

M. G.: *Hier belehrt Sie Ihr Tagebuch vom 4. September 1990 eines Besseren: »BK schickt mir den Durchschlag eines Briefes an Genscher. Es geht um den ›Generalvertrag‹ mit der Sowjetunion. BK erklärt sich damit einverstanden, daß der Vertrag eine Aussage über Nicht-Unterstützung eines Angreifers enthalte, wie sie von sowjetischer Seite gewünscht werde. Diese Aussage müsse jedoch so ausfallen, dass jede Nähe zum Hitler-Stalin-Pakt oder zu den Verträgen, die die DDR mit der Sowjetunion abgeschlossen habe, unmissverständlich vermieden werde.«*[218]

Sie haben es seinerzeit registriert. Ich nehme an, dass Ihnen noch einmal klargemacht worden ist, dass dies dem Bundeskanzler sehr wichtig ist. Er war aber grundsätzlich nicht gegen die Aufnahme dieser Klausel. Für einen Historiker ist interessant zu sehen, wie oft sich in Staatenbeziehungen Analogien ergeben, unabhängig von historischen Rahmenbedingungen, ideologischen Systemen und politischen Verhältnissen. Der französische Historiker Pierre Renouvin spricht von den »forces profondes«, fortbestehenden Wirkmächte struktureller Begebenheiten und geopolitischer Konstellationen einer wiederkehrenden Geschichte. Diese fortwirkenden Strukturen der Dauer sind offensichtlich etwas, was auch für die Bundesrepublik bzw. für das zu vereinende Deutschland unvermeidbar war. Es war demnach im Bundeskanzleramt und im Auswärtigen Amt klar, dass man dem sowjetischen Verlangen entgegenkommt, jenseits von Molotow und Ribbentrop sowie jenseits von Hitler und Stalin, die seinerzeit mit ihrem Vertrag etwas ganz anderes wollten, nämlich die Aufteilung Polens. Der sogenannte Nichtangriffspakt war praktisch ein Angriffspakt auf Polen. Das schwebte Kohl, Gorbatschow und Schewardnadse gewiss nicht vor.

Spannend ist die Thematik, weil eine ganz andere Frage in unseren bisherigen Gesprächen offengeblieben ist. Der Rapallo-Komplex, gemeint ist die Sorge des Westens, dass es wieder zu einem engeren Zusammenschluss wie zwischen der Sowjetunion und Weimar-Deutschland kommen würde. Das nimmt Bezug auf den Rapallo-Vertrag von 1922, der vier Jahre später durch den Berliner Vertrag noch verstärkt wurde. Dann folgte die Steigerung zum Horror des Westens durch den Hitler-Stalin-Pakt. Wenn man die Geschichte der internationalen Beziehungen bezüglich der Deutschlandfrage betrachtet, wird man immer wieder bemerken, wie tief verankert dieser Rapallo-Komplex im diplomatisch-historisch Denken des Westens ist. Inwieweit spielte dieser Gedanke in Ihrer Amtszeit noch eine Rolle? Wie weit konnten Sie das in Gesprächen auf der Beraterebene feststellen?

H. T.: Auf meiner Ebene war es international kein Thema. Ich bin sicher, dass es in allen Regierungen auf der Ebene von Völkerrechtsexperten diskutiert worden ist und die aktiven Politiker darauf hingewiesen wurden. Meine counterparts waren auch keine Völkerrechtler. Dafür hatten wir die Experten in den jeweiligen Außenministerien und sie müssen damit zurechtkommen.

M. G.: *Im September 1990 kommt es zum Gipfel zwischen Bush und Gorbatschow in Helsinki, einem historischen Ort. Dort wurde am 1. August 1975 die KSZE-Schlussakte unterschrieben. Diese Begegnung werten Sie als Erfolg. Spannend bleibt die Frage der deutschen Finanzierung der Sowjetunion. Es ist von 13 Milliarden inklusive Zinskosten plus einem zinslosen Kredit in Höhe von drei Milliarden für den Überleitungsvertrag die Rede. Die Summen sind in die Höhe geschossen. Was die Vertragsvereinbarungen mit der Sowjetunion angeht, hat Moskau*

218 Tagebuch, 4.9.1990, S. 538–540, hier S. 539.

offensichtlich mit Erfolg die Beträge in die Höhe schrauben können. So kritisch sich Kohl diesbezüglich auch Ihnen gegenüber darüber äußert, so hat man doch den Eindruck, dass Entgegenkommen gezeigt werden musste. Es gibt Telefonate mit Gorbatschow, denen zufolge auch Kohl meinte, dass es eine Grenze gebe und einmal Schluss sein müsse. Aber Gorbatschow sagt, er sei in Not. Er bedankt sich für das Verständnis des Bundeskanzlers. Soweit der Eintrag vom 10. September.[219] *Wurden diese geforderten Zahlungen an die Sowjetunion intern als überhöht angesehen? Kam das nicht einem Feilschen gleich? Fühlte man sich ab einem gewissen Zeitpunkt erpresst?*

H. T.: Es war uns schon bewusst, dass Gorbatschow immer wieder versuchte, höhere Leistungen seitens der Bundesregierung zu erhalten. Er brachte auch immer neue Argumente vor und machte deutlich, vor welchen Risiken er zu Hause stehe, wenn er bestimmte Leistungen nicht bekomme. Umgekehrt hat der Bundeskanzler immer deutlich gemacht, dass wir nicht grenzenlos die Leistungen erhöhen können. Im Prinzip wurde immer ein modus vivendi gefunden, der für Gorbatschow im Ergebnis sicher nicht zufriedenstellend war, auf der anderen Seite aber doch immer dazu geführt hat, dass Kohl wieder versucht hat, zumindest eine Geste zu machen und die Leistungen der BRD zu erhöhen. Es war in der Tat ein Schachern: Hilfst du mir, dann helfe ich Dir. Der Bundeskanzler fand diese Telefonate natürlich auch mehr als lästig, weil er wusste, jedes Mal ging es ab Ende August 1990 ständig darum, ob die BRD zusätzliche Leistungen erbringen kann oder nicht.

M. G.: *Am 12. September 1990 scheint tatsächlich ein Durchbruch erzielt. Das ist der Tag, an dem schließlich auch der »Vertrag über die abschließende Regelung in Bezug auf Deutschland« besiegelt wird.*[220] *Es war die vierte Zwei-Plus-Vier-Außenministerkonferenz in Moskau. 46 Jahre nach dem Londoner Protokoll von 1945 wird die Ablösung der Vier-Mächte-Rechte und Verantwortlichkeiten mit diesem Vertrag festgelegt. Genau an diesem Tag halten Sie diesen Durchbruch in einem Telefonat mit Kohl fest. Der Überleitungsvertrag wird auch fertiggestellt. Besonders ist das Timing interessant, denn auch die anderen drei bilateralen Verträge zwischen der Bundesrepublik und der Sowjetunion sind im Abschluss begriffen, d. h. erstens der über eine umfassende Zusammenarbeit auf dem Gebiet der Wirtschaft, Industrie, Wissenschaft und Technik, zweitens derjenige über einige überleitende Maßnahmen und drittens jener über die Bedingungen des befristeten Aufenthalts und die Modalitäten des planmäßigen Abzugs sowjetischer Truppen.*

Die Gesamtkosten der deutschen Einigung, wir redeten bisher lediglich von finanziellen Leistungen, die das vereinte Deutschland der Sowjetunion zugestanden hat, wurden im Jahr 2014 rückblickend auf über zwei Billionen D-Mark berechnet. Kann man daraus ableiten, dass sich die Deutschen die Vereinigung erst »verdienen« mussten und dann auch »verdient« haben – im wahrsten Sinne des Wortes? Verdient aber auch, weil sie sehr viel zahlen mussten? Kritiker könnten sagen: Die Deutschen haben für etwas bezahlt, was ihnen eigentlich gehört hat und zustand – nämlich ihr Land und ihre Leute –, d. h. das Recht auf Vereinigung ihrer Nation sowie das Recht, ihre Selbstbestimmung auszuüben. Dafür muss man doch eigentlich nicht noch zahlen. Hinzu kommen die mit der Teilung und ihren Folgen verbundenen Lasten.

219 Tagebuch, 10.9.1990, S. 548–551.
220 Tagebuch, 12.9.1990, S. 552–554.

Die Teilung selbst hat ja schon gekostet und die Vereinigung dann noch oben drauf. Am Ende kann man nur sagen »höchst verdient«.

H.T.: In unserem Bewusstsein waren solche Leistungen an die Sowjetunion nicht nur eine Leistung, um die entstehenden Kosten für die Sowjetunion zu mindern, sondern Leistungen, um die zukünftige Entwicklung in Richtung Demokratie und Marktwirtschaft mit zu unterstützen. Denn Gorbatschow hatte ganz klar erklärt, dass er in diese Richtung gehen wolle. Uns war schon bewusst, dass seine politischen Ziele davon abhängig waren, wie er die wirtschaftlichen Probleme lösen könne. Die wirtschaftliche Lage in Moskau, das habe ich selbst sehen und erleben können, war besorgniserregend. Man konnte streiten, ob die Leistungen im Verhältnis zum Ergebnis standen, aber uns war klar, wir leisten einen Beitrag zur Entwicklung der Sowjetunion in die richtige Richtung, die Pariser Charta für ein neues Europa, mit der praktisch strategische Ziele verabredet waren.

M.G.: *Für diese abschließende und ergänzende Feststellung möchte ich Ihnen danken, weil man nach Lektüre der Einträge Ihres Tagebuches auch den Eindruck bekommen kann, es geht Kohl und auch Ihnen nicht nur um die Erlangung der deutschen Einheit, sondern auch um eine Art Sponsorenrolle des Transformationsprozesses in Mittel- und Osteuropa, v.a. aber der Reformen in der Sowjetunion. Das übersteigt das Fassungsvermögen eines damaligen kleinen Bundes- oder DDR-Bürgers, der am 3. Oktober mit der wehenden Deutschlandfahne gejubelt hat. Bonn hat nicht nur die deutsche Einigung maßgeblich geschultert, sondern war im Grunde auch bereit und fähig, den Demokratisierungs- und Transformationsprozess eines großen Teils Europas zu sponsern.*

H.T.: Es ging darum, einen Beitrag zum dauerhaften Frieden zu leisten. Plus die versprochenen Reformen und Leistungen in der Sowjetunion erfolgreich durchzuführen, den Abzug der Truppen, den Abzug der Waffensysteme aus Mitteleuropa usw. Denn die Sowjetunion hat damals 500.000 Soldaten aus Mitteleuropa nach Hause geholt, dazu die Familienangehörigen, geschätzte weitere 300.000, dazu die Waffensysteme einschließlich Nuklearsysteme, alles friedlich in der vereinbarten Zeit. Das war leider auch mit Kosten verbunden.

M.G.: *Das ist ein Komplex, der bisher in der Forschung meines Erachtens zu wenig herausgearbeitet und gewürdigt sowie bisher auch politisch zu wenig anerkannt worden ist. Die deutsche Bundesregierung war weit über die eigentlichen Anliegen zur Lösung der eigenen nationalen Bedürfnisse hinaus ein Wegbereiter für eine gewaltfreie, friedliche und stabile Konstellation in Mittel- und Osteuropa eingetreten sowie für einen Transformationsprozess, der noch lange zu dauern hatte. Wenn man dann noch überlegt, welche Rolle Deutschland in der Europäischen Union spielt als maßgeblicher Befürworter der sogenannten Osterweiterung und man sich die Beträge anschaut, Stichwort die »Hilfe zur Umgestaltung der Wirtschaft in Polen und Ungarn« (PHARE), so war das ein Super-Marshall-Plan – gemessen an den Beträgen im Vergleich zu dem, was die Amerikaner für West-Europa nach dem Zweiten Weltkrieg geleistet haben. Erstaunlicherweise wird viel zu wenig in Betracht gezogen, was Deutschland als Vorreiter im Kontext der deutschen Einigung schon für erhebliche Vorleistungen für die europäische Integration erbracht hat und im Rahmen der Europäischen Union der maßgebliche Sponsor der so genannten Osterweiterung – ein hässliches Wort – war. Sprechen wir besser von der Vereinigung des Kontinents.*

Sie legten sehr viel Wert darauf, Kohl dazu zu bewegen, durch das Brandenburger Tor zu gehen. Als dann die deutsche Einigung gefeiert wird, sagt Kohl sinngemäß »Die Öffnung dieses Tores (die schon im Dezember 1989 erfolgt war) ist nicht nur das Tor zur deutschen Einigung, sondern auch zur europäischen Einigung«. Daher möchte ich Sie bitten, Stellung zu nehmen zu jener abschließenden Pariser Gipfelkonferenz im Rahmen der KSZE vom 19. bis 21. November 1990, die mit der Charta von Paris ihren Abschluss fand. Sie waren noch für den Bundeskanzler tätig. Waren Sie auch in Paris? Wie haben Sie das KSZE-Gipfeltreffen von nun 34 Staaten ohne die DDR erlebt? Wie wurden die Feierlichkeiten der Charta von Paris begangen? Welche Erinnerungen haben Sie an das abschließende Kommuniqué, in dem erklärt wurde, dass die Spaltung Europas und der Kalte Krieg beendet ist?

H.T.: Für mich war die Zusammenkunft in Paris und die Unterzeichnung der Pariser Charta für ein neues Europa der absolute Höhepunkt der politischen Entwicklung und Prozesse, die wir über die Jahre erlebt haben. Denn die Charta enthielt für mich eine politische Vision, deren Attraktivität aus meiner Sicht gar nicht zu überbieten war, nämlich die Vision eines Gesamteuropas, oder die Vision eines gemeinsamen europäischen Hauses, wie Gorbatschow es bezeichnet hatte, in dem alle Bewohner gleiche Sicherheit haben sollten. In dieser Charta benannten wir die Prinzipien, nach denen das gemeinsame europäische Haus gestaltet werden soll. Wir benannten Instrumente, die diese Vision realisieren sollen, um dem Prozess eine Permanenz zu geben. Ich erinnere mich, wie Gorbatschow nach der Unterzeichnung aufstand und fragte: »Was ist jetzt unsere Aufgabe? Unsere Aufgabe ist es, von der Diktatur zur Demokratie zu gehen und von der Kommandowirtschaft zur Marktwirtschaft.« Welch eine Vision! Für mich ein absoluter Traum! Wir wussten, nach welchen Prinzipien wir arbeiten sollen und hatten Instrumente benannt, Überprüfungskonferenzen verabredet auf Staats- und Regierungsebene sowie regelmäßige Außenministertreffen vereinbart, um den Prozess zu überprüfen und in Gang zu setzen. Wir schufen den OSZE-Rahmen. Ein Konfliktverhütungszentrum wurde in Wien beschlossen.

17. Rückblicke auf die Entscheidungsjahre 1989/90 und Ausblicke bis zum Ukrainekrieg seit 2014/22

M.G.: *Welche Lehren können wir aus den Jahren 1989/90 ziehen?*[221] *Was ist letztlich daraus geworden und warum sollte es langfristig nicht gelingen, Ihren Traum weiter mit Leben zu erfüllen?*

H.T.: Ich dachte tatsächlich, wir haben einen Traum begonnen und etwas in Gang gesetzt. So empfand ich große Bitterkeit, dass das vorgesehene Instrumentarium im Falle von Schwierigkeiten nicht wirklich genutzt wurde. Es gab eine Überprüfungskonferenz in Astana. Angela Merkels Kommentar lautete damals: »Wir müssen eine Bestandsaufnahme machen.« Das hat mich erinnert an einen neuen Vorstandsvorsitzenden in einem Unternehmen, der noch nicht weiß, welche Ziele er mit welcher Strategie erreichen soll und erst einmal eine Bestandsaufnahme fordert. Das ist immer am einfachsten. Hillary Clinton als Vertreterin der USA bemängelte nur, dass Russland die Menschenrechte noch nicht

221 Siehe hierzu Dokument 8: Vortrag Teltschik »Die friedliche Revolution 1989/90 – die Lehren für heute« in der Residenz in München, 13.7.2016 im Anhang Dokumente, S. 873–878,

so durchgesetzt habe, wie es aus ihrer Sicht erforderlich sei. Nur eine Handvoll Außenministerkonferenzen, die jährlich geplant waren, haben wir erlebt. Das heißt wir haben das Instrumentarium nicht richtig genutzt. Wir hatten auch keinen Motor mehr in Europa oder innerhalb der Staatengruppe, der dafür kämpfen und arbeiten wollte, diese Zielsetzungen weiter zu verfolgen. Mit Frau Merkel habe ich ausführlich darüber gesprochen. Sie fand das alles interessant, ließ sich auch alles schriftlich geben, aber letztlich hat sie nicht dafür gekämpft. Wenn ich im Amt geblieben wäre, hätte ich versucht, zusammen mit Frankreich eine Art westlicher Motor zu sein. Der fehlte. Wir haben einen NATO-Russland-Rat eingerichtet. Es war vereinbart, ihn auf verschiedenen Ebenen einberufen zu können, auf Botschafterebene, auf Ministerebene und auf Staatschefebene. Wenn er überhaupt einberufen wurde, dann oft nur auf Botschafterebene. Meiner Meinung nach können Botschafter keine Entscheidungen treffen und keine Vorschläge einbringen, wenn der Minister ihnen nicht den Auftrag gegeben hat. Wenn es zu einer Stagnation kommt, muss die Ebene der Minister oder Regierungschefs genutzt werden. Das ist nicht erfolgt. Auf einer der Sicherheitskonferenzen habe ich den NATO-Generalsekretär die Frage gestellt, ob er jemals etwas von dem Thema Abrüstung und Rüstungskontrolle gehört hätte, weil es kein Thema mehr für ihn war. Trump hat Vereinbarungen aufgekündigt, die Russen haben neue Systeme entwickelt, niemand hat sich gekümmert.

M. G.: *War z. B. das Normandie-Format mit Bundeskanzlerin Angela Merkel und Frankreichs Präsident François Hollande sowie mit Petro Poroschenko und Wladimir Putin ein Versuch, den Motor wieder zum Anspringen zu bringen? Wie würden Sie das einordnen? Es hat immerhin zu zwei Waffenstillstandsabkommen von Minsk geführt, wenngleich sie in Folge von beiden Seiten gebrochen und unterlaufen wurden.*

H. T.: Es gab mal einen anderen Versuch, das so genannte Weimarer Dreieck mit Frankreich, Polen und der BRD. Warum es eines Tages nicht weitergeführt wurde? Das kann ich Ihnen nicht beantworten. Ich hielt es durchaus für eine gute Idee. Die Lage in Russland wurde immer schwieriger und komplizierter. Es gab keinen Motor. Alle solche Instrumente brauchen jemanden, der sich das Thema auf die Fahnen schreibt. Beim Minsker Abkommen nahm Bundeskanzlerin Merkel den französischen Präsidenten Hollande an die Hand und zusammen mit Putin wurde in 17stündiger Verhandlung das Minsker Abkommen geschlossen. Es blieb auch nur eine einmalige Geschichte. Die Abrüstungs- und Rüstungskontrollverhandlungen sind zum Teil eingeschlafen, zum Teil hat Trump Verträge ad acta gelegt. Es war nicht erkennbar, wer sich für was verantwortlich fühlt. Zu meiner Zeit war meine Devise, die BRD und Frankreich müssen zusammen ein Motor sein. Wir wussten aber damals auch, wenn sich Deutschland und Frankreich einig sind, ist BeNeLux sofort hinter uns, Spanien sofort, Italien mal ja mal nein. Nach Paris hatten wir aber keinen erkennbaren Motor mehr.

M. G.: *Wahrscheinlich waren Jacques Chirac und François Hollande auch nicht so starke Staatspräsidenten, vor allen Dingen nicht Hollande.*

H. T.: Dann hätte aber auch die Bundeskanzlerin aktiver sein müssen. In dem einen Fall hat sie ihn ja aufgefordert mitzukommen und er hat es gemacht. Die Frage stellt sich ja, ob es möglich gewesen wäre, gemeinsam mit den Amerikanern eine Allianz zu bilden mit Deutschland und Frankreich oder plus Polen. Das Instrumentarium wurde nicht genutzt und keine Zielsetzung definiert. Präsident Clinton erzählte mir, er habe Jelzin vorgeschlagen, Mitglied der NATO zu werden. Er antwortete ihm, er habe dafür Verständnis, das sei aber zu früh. Er hätte innenpolitisch noch zu viele Probleme. Im Prinzip war es schon eine richtige Überlegung. Der Vorschlag ist auch gegenüber Putin gemacht worden. Er hat es offengelassen. Es war nur beiläufig. Clinton schreibt es in seinen Memoiren. Aber warum er den Vorschlag nicht weiterverfolgt hat, warum er ihn nicht mit anderen NATO-Mitgliedern abgestimmt hat, ist unbeantwortet. Warum hat man die Abrüstungsverhandlungen nicht weitergeführt? Mit Abstand die weitreichendsten Abrüstungs- und Rüstungskontrollverhandlungen hatten wir in den Jahren von 1989 bis 1991 erreicht.

M. G.: *Das Budapester Memorandum vom 15. Dezember 1994 am Vorabend der Gründung der OSZE ist vom Präsidenten der USA, Bill Clinton, dem Präsidenten der Russischen Föderation, Boris Jelzin, dem britischen Premier John Major und dem Präsidenten der Ukraine Leonid Kutschma unterzeichnet worden. Die Anerkennung der Unabhängigkeit und Souveränität sowie die völlige Denuklearisierung der Ukraine mit dem Abzug aller Atomwaffen waren die zentralen Anliegen. Letztlich ist es von russischer Seite gebrochen worden. War und ist nicht ein Grundproblem all dieser Vereinbarungen, der Schlussakte von Helsinki, der Charta von Paris und des Budapester Memorandums, dass sie alle keine völkerrechtlich verbindlichen, also rechtswirksamen und einklagbaren Vereinbarungen darstellen? Es sind alles nur politische Absichtserklärungen. Das Budapester Memorandum wurde nicht einmal von der Duma oder der Rada in Kiew in Kraft gesetzt. Es fragt sich, warum diese gefeierten und vielfach beschworenen Vereinbarungen nicht völkerrechtlich verankert worden sind? Bei der Schlussakte von Helsinki kann man das noch bis zu einem gewissen Grad verstehen. Sie wurde von den Generalsekretären der kommunistischen Parteien unterschrieben und nicht von den Ministerpräsidenten. Das erscheint zwar mehr als eine formale, war aber auch eine machtpolitische Frage.*

H. T.: Der Interims-Präsident Medwedew wurde 2008 Präsident, ein Jahr nachdem Putin bei mir auf der Konferenz war. Als Präsident macht er seinen Antrittsbesuch in Berlin und hält eine programmatische Rede im Hotel Adlon. Er schlägt vor, die Pariser Charta in einen Vertrag zu fassen. Es gab null Resonanz, weltweit. Er wollte den Vertrag, um die Vereinbarung verbindlicher zu machen.

M. G.: *Gestatten Sie mir als österreichischer Historiker noch einige Fragen zu den Beziehungen beider Länder im Kontext von 1989/90 zu stellen. Es gibt die berühmte Szene, als Alois Mock, der österreichische Außenminister mit seinem ungarischen Amtskollegen Gyula Horn am 27. Juni 1989 in der Nähe von Šopron symbolisch nachvollzogen die letzten Reste des Eisernen Vorhangs durchschneidet.*

Der Eindruck, den die Weltöffentlichkeit dadurch bekommen konnte, bestand darin, dass das der Anfang einer Entwicklung ist, sozusagen ein Aufbruch. Wenn man aber Ihre Tätigkeit zuvor in Ungarn in Betracht zieht, und was Sie als Emissär Kohls dort für Aufträge durchgeführt haben, scheint der 27. Juni nur mehr als der Vollzug einer Entwicklung, d. h. mehr als Abschluss als ein Beginn. Kann man das so interpretieren?[222]

222 Die folgenden Antworten Teltschiks wurden auf Fragen des Verfassers im Rahmen der öffentlichen »Zeitgespräche« der Dr. Wilfried-Haslauer-Bibliothek am 6.10.2022 in Salzburg gegeben.

H. T.: Ja, das würde ich sagen. Németh und Horn hatten schon als Abteilungsleiter im Zentralkomitee der Kommunistischen Partei Ungarns ganz klar auf die Ablösung von Kádár hingearbeitet. Dann folgte Ministerpräsident Grosz. Sie dachten zunächst, mit ihm einen entscheidenden Reformer zu haben, aber dann hat Németh zu mir gesagt, dass sie es selbst übernehmen müssten.

M. G.: *Können Sie das Verhältnis von Helmut Kohl zu Alois Mock beschreiben? Es ist erstaunlich, dass in den Erinnerungen von Kohl,*[223] *in jenen, die Heribert Schwan bearbeitet hat, der Name Alois Mock überhaupt nicht auftaucht. In Ihrem Buch »329 Tage« gibt es auch keinen einzigen Hinweis auf Mock. Wie erklärt sich das? Ist Österreich nicht relevant für die Entwicklung hin zur deutschen Einigung, also nur ein Nebenschauplatz gewesen oder war Österreich für Kohl, der regelmäßig im Salzburger Land Urlaub gemacht hat, ohnedies eine Selbstverständlichkeit, die keiner Rede mehr wert war? Wie gestaltete sich das Verhältnis von Kohl zu Mock und sein Verhältnis zu Österreich? Er war sich sicherlich dessen bewusst, wie wichtig das Transitland Österreich mit Blick auf die zehntausenden ostdeutschen Flüchtlinge war?*

H. T.: Ich habe nur in Erinnerung, dass Helmut Kohl die ÖVP-Kollegen immer als Freunde empfunden hat. Das führte natürlich auch dazu, dass er das Verhältnis sehr locker gehandhabt hat. Es war nicht so offiziell, wie es mit anderen Nachbarländern war. Es war wie unter Freunden, lässig, nicht immer alles ganz so ernst nehmend. Das war wahrscheinlich wechselseitig so. Es herrschte immer eine sehr gute Stimmung. Ich war oft dabei. Ein Kollege kam einmal bei einem Empfang in der Hofburg auf mich zu und meinte: »Hör mal, da hat ein Teilnehmer mich gefragt, wer ist denn der Herr mit den Schneckerln?« Ich hatte damals dunkles Haar mit Locken. Sie sehen daran: Es ging in Wien nicht so hochoffiziell zu wie in anderen Staaten. Helmut Kohl hat das alles ganz locker genommen. Man musste nicht formal miteinander umgehen, sondern wie er so war, er konnte dabei auch gelegentlich verletzend sein.

M. G.: *Nur zum Hintergrund: In Österreich gab es mit Herbert Prohaska einen Fußballer, der auch solche Locken trug wie Sie. Man nannte ihn »Schneckerl«.*

Das Stichwort »verletzend« wirft eine Grundsatzfrage auf. Noch einmal abschließend gefragt: wie haben Sie Helmut Kohl in den fast 20 Jahren Ihrer Tätigkeit für ihn erlebt? Worin bestanden seine unbestreitbaren Stärken und was waren seine Schwächen? Ich frage auch, wenn es Situationen gab, bei denen Sie ihm zur Seite stehen mussten. Jeder Mensch hat ja auch Schwächen.

H. T.: Es ist schon schwierig, weil ich eine gewisse Ausnahmestellung hatte. Ich war 19 Jahre mit ihm zusammen, Tag und Nacht. Wenn mich seine Büroleiterin, Juliane Weber anrief mit den Worten: »Der Chef will Dich sprechen«, bin ich sofort zu ihm gegangen. Einmal stand er gerade in einer langen Unterhose im Bad, hat sich rasiert und für einen Abendtermin vorbereitet, währenddessen ich ihn gebrieft habe. Jederzeit war das möglich. Seine Stärke war, dass er zugehört hat.

Als ich ihm einmal eine bestimmte Empfehlung gab, sagte er: »Das mache er nicht«. Am nächsten Tag hatte ich wieder einen Termin bei ihm und sagte: »Herr Bundeskanzler, ich

223 Helmut Kohl, Erinnerungen 1982–1990, München 2005.

Juliane Weber, Büroleiterin von Bundeskanzler Kohl, mit Teltschick im Jahre 1984

habe da noch ein Thema.« Er sagte: »Ich weiß, das mache ich nicht«. Ich insistierte: »Das ist falsch!« Er erwiderte: »Ich mach's nicht!« Am nächsten Tag war ich wieder da wegen einer anderen Sache und sagte: »Herr Bundeskanzler, ich habe da noch ein Thema.« Da sagte er: »Na dann mach's halt!« Wenn man stur war – er hat mich immer wieder als »Tegernseer Holzkopf« bezeichnet, weil ich auch stur sein konnte – konnte man ihn schon gewinnen. Was mich im Umgang mit ihm betraf, bestand mein Vorteil darin, ganz im Hintergrund zu sein.

In meiner Anwesenheit hat er einmal einen Kollegen so abgekanzelt und zur Minna gemacht, dass ich dachte, wenn er das mit mir machen würde, hätte ich gesagt »Servus Herr Bundeskanzler, das war's!« Mein Kollege ist schweigend aus dem Büro rausgegangen. Als er draußen war, sagte Kohl: »Der Kerl wehrt sich nicht einmal.« Das sagt ja alles.

Deshalb habe ich auch immer den Studenten, ich bin ja Honorarprofessor in München und in St. Petersburg, gesagt: »Wehrt euch!« Nicht alles, was der Chef sagt, ist als gegeben zu betrachten. Wenn man selbst von etwas überzeugt ist, muss man dafür kämpfen. Das ist jetzt nicht nur unter uns, sondern gilt überall. Deshalb war ich der Professor »Never give up«. Ich habe Vorlesungen in Moskau gehalten. Mir hat eine Philosophie-Professorin vor zwei Jahren gesagt: »Vergessen Sie nicht, Herr Teltschik, 50 % unserer heute lebenden Russen sind nach 1990 geboren.« Sie sind nicht mehr ideologisch indoktriniert worden. Deshalb habe ich nicht verstanden, warum nur für die Jugendlichen Visa-Freiheit beschlossen wurde.

M. G.: *Nochmal wollen wir auf diesen historischen Tag des 9. November 1989 zurückblicken. Im Januar hatte Erich Honecker gesagt, dass die Mauer noch in 50 und 100 Jahren stehen würde. Ein anderer Mann, den wir schon mehrfach erwähnt haben, hat relativ früh gesagt:*

»Die Mauer wird nicht mehr lange stehen.« Das war der Ex-Geheimdienst-Mann und US-Diplomat Vernon Walters, der am 4. September 1989 in der International Herald *Tribune unter der Schlagzeile »Walters: German Unity Soon« eine Auffassung zu erkennen gegeben hatte, die sensationell zu empfinden war, indem er das kommende Ereignis im Grunde auf wenige Monate reduziert hat, also wann die Mauer fallen würde. Wann war für Sie im Bundeskanzleramt im Umfeld von Helmut Kohl erkennbar – ich meine nicht den genauen Tag – dass in der DDR etwas in Bewegung gerät und bröckelt?*

H.T.: Für mich war als Student, wie schon im ersten Gespräch gesagt, ein Seminar an der Berliner Freien Universität von großer Bedeutung, das Richard Löwenthal mit dem Frankreich Experten Gilbert Ziebura veranstaltet hatte. Das Thema lautete »Faktoren der Beharrung und der Erosion im Warschauer Pakt«. Wir haben untersucht, ob es in den Warschauer Pakt-Staaten Faktoren der Erosion gibt. Ich bekam das Thema für die Diplomarbeit »Albanien im sino-sowjetischen Konflikt«. Die Politik Albaniens war ja ein Faktor der Erosion, denn Albanien, so klein es auch war unter Enver Hoxha, hatte versucht, sich auf die Seite der Chinesen zu verlagern und die Bindungen nach Moskau zu lockern. Es hat z.B. den russischen Hafen kassiert samt der sowjetischen U-Boote. Und ihnen ist nichts passiert. Dieses Thema hat mich in der Politik immer verfolgt: Gibt es neben den Faktoren der Beharrung auch solche der Erosion? Ich würde sagen, das wurde mit Gorbatschow im Amt allmählich sichtbar.

Am 6. Juli 1989 habe ich, wie erwähnt dem Bonner »General-Anzeiger« ein Interview gegeben, in dem ich sagte, dass die deutsche Frage wieder auf die Tagesordnung der internationalen Politik kommen werde. Warum? In Polen bewegte sich politisch etwas wie auch in Ungarn. Das hatte ich durch Gespräche selber erfahren. Gorbatschow war im Amt und hatte zumindest mit Veränderungen begonnen. Es gab also Faktoren der Erosion. 1989 war ja Polen politisch schon sehr weit im politischen Aufbruch begriffen. Ich dachte, wenn das alles so weitergeht, muss es Auswirkungen auf die deutsche Frage haben. Der Kanzler wurde nach meinem Interview von der SPD aufgefordert, mich sofort zu entlassen. Selbst unser Außenminister Hans-Dietrich Genscher hat seinen Fraktionsvorsitzenden Wolfgang Mischnick angerufen, er solle dem Kanzler sagen, er solle mich endlich feuern. Das hat mir Helmut Kohl selber erzählt. Wenige Monate später ging die Mauer auf. Wir hatten ja schon im Sommer die ersten Bewegungen von Ostdeutschen in Richtung Ungarn, zunehmend dann auch in Prag, aber auch in Warschau. Es war klar, dass da etwas in Gang kommt.

M.G.: *Im Salzburger öffentlichen Zeitgespräch im Rahmen der Dr. Wilfried-Haslauer-Bibliothek wurde in der Publikumsdiskussion gefragt, ob im deutschen Einigungsprozess auch jemals eine Rückkehr von Königsberg eine Thema war.*

H.T.: Königsberg war nie ein Thema. Es kam eines Tages ein Hamburger Unternehmer zu mir ins Büro. Die Herausgeberin der Wochenzeitung *Die Zeit*, Gräfin Marion Dönhoff, hatte mit einer Gruppe in Hamburg die Idee, ob man nicht Königsberg zurückführen könnte. Ich sagte: »Wenn Sie alles kaputtmachen wollen, die deutsche Einheit und alles, was damit verbunden ist, dann müssen Sie Königsberg ansprechen.«

M.G.: *Ein Thema haben wir jetzt schon mehrfach angesprochen. Die Versicherung Genschers seit Ende Januar 1990, dass es keine NATO bis an die russische Grenze geben werde, was US-*

Außenminister James Baker und Genscher dann fast zeitgleich gegenüber Gorbatschow bzw. Schewardnadse im Februar 1990 mündlich zusagten, kein Zoll breit und praktisch auch nicht bis an die russische Grenze.[224] *Es ging offenbar um Bekundungen zur Wahrung sowjetischer Sicherheitsinteressen. Um jetzt auf die Zeit nach 1989/91 abzuheben: wie ist diese Problematik mit Blick auf die Rolle des Nachfolgers von Boris Jelzin, also Wladimir Putin, zu sehen?*

H. T.: Nochmal: bei allen Gesprächen, bei denen ich dabei war, zwischen Kohl, Gorbatschow und Schewardnadse war die Erweiterung der NATO ganz generell kein Thema. Keine NATO-Truppen und NATO-Einrichtungen auf dem Gebiet der DDR, solange sowjetische Truppen dort stationiert sind: das war klar und das einzige Thema. 1990 zu diskutieren, was die NATO-Erweiterung über die DDR hinaus war: No way! Niemand ist auf die Idee gekommen. Zu diesem Zeitpunkt war auch noch nicht absehbar, dass sich der Warschauer Pakt praktisch im Frühjahr 1991 auflöst oder dass sich Ende 1991 sogar die Sowjetunion auflöst.

Was die Sicherheitsinteressen Russlands anging: Putins Vorstellung ging ja später noch viel weiter. In den Gesprächen, an denen ich teilgenommen habe, zeigte sich seine Befürchtung, dass auch Russland sich noch weiter auflösen könnte. Über 80 Provinzen mit Gouverneuren, die ursprünglich von der jeweiligen Provinz direkt gewählt wurden. Oligarchen hatten begonnen, sich diese Wahlen zu kaufen, um sich mehr und mehr selbständig zu machen gegenüber Moskau. Deshalb hat Putin die Verfassung wieder geändert. Dass der Warschauer Pakt sich auflöst, haben wir 1989/90 kaum gemerkt.

M. G.: *Nochmal: Genscher scheint das aber mit dem Warschauer Pakt, der NATO und der Option ihrer Ausdehnung nach Osten schon Anfang 1990 sehr klar gesehen zu haben. Anders sind seine Zusicherungen von dieser Zeit an kaum verständlich. Die österreichische Diplomatie hatte schon 1988/89 Berichte aus Warschau und Moskau an den Ballhausplatz gesandt, aus denen klipp und klar hervorgeht, dass sich der Warschauer Pakt in Auflösung befinde.*[225] *Das hieß praktisch: Es standen zwar noch über 350.000 sowjetische Soldaten in der DDR, aber dieser Pakt als Ganzes stand eigentlich nur noch auf dem Papier. Es war ein Erosionsprozess im Gange, der seit 1989 genau beobachtet wurde, sich in der ersten Jahreshälfte 1990 verstärkte und in diplomatisch-politischen Kreisen bekannt war, worüber auch berichtet wurde. Das musste offensichtlich Genscher auch wahrgenommen haben, sonst hätte er doch niemals Schewardnadse, wie übrigens auch Baker Gorbatschow, im Februar 1990 gesagt, als der Warschauer Pakt formell noch bestand, es gebe keine Erweiterung der NATO Richtung Osten. Genscher sagte sogar »bis an die Grenze der Sowjetunion« und Baker »kein Zoll breit«: »not one inch« (Mary Elise Sarotte).*

224 Siehe hierzu Anmerkung 228, S. 822, Anmerkung 254, S. 72.
225 Dok. 476: Überlegungen zur Neuordnung Europas; erste Weichenstellung bei KSZE-Gipfel 1990? GZ 801.00/5-II.7/90, BMAA Wien (Vukovich), 22. Jänner 1990 Information, in: Michael Gehler/Andrea Brait (Hrsg.) Von den Umbrüchen in Mittel- und Osteuropa bis zum Zerfall der Sowjetunion 1985–1991. Eine Dokumentation aus der Perspektive der Ballhausplatzdiplomatie, 2 Bde, Hildesheim – Zürich – New York 2022, Bd. 2: S. 1141–1147, hier S. 1142; Dok. 521: Österreich – Ungarn; Arbeitsgespräch des HBM mit AM Jeszenszky (Wien, 26.5.) GZ 222.18.04/2-II.3/90, BMAA Wien (Sucharipa), 28. Mai 1990, in: ebd., S. 1227–1228, hier S. 1228; Dok. 524: Ungarn; Regierungsprogramm des MP ANTALL, Zusammenfassung GZ 222.03.00/9-II.3/90, BMAA Wien, 5. Juni 1990, in: ebd., S. 1232–1234, hier S. 1232.

Das alles ging weit darüber hinaus, was im Kanzleramt offensichtlich Konsens war. Ihre Position, lieber Herr Professor Teltschik, erscheint nachvollziehbar und ist auch authentisch. Daran soll nicht gezweifelt werden, aber Genscher hat offensichtlich ganz anders agiert und sehr weit vorausgedacht wie Baker jedenfalls zeitweise auch. Bush tritt dann in Folge auf die Bremse und pfeift Baker zurück. Das wissen wir und Genscher realisiert das auch. Genscher hat sogar zeitweise darauf gedrängt, dass von Seiten der NATO eine öffentliche Erklärung abgegeben wird, sich nicht weiter nach Osten auszudehnen (gleichsam bis an die Grenze der Sowjetunion). Das war sehr weit vorgeprescht!

Salzburgs früherer Landeshauptmann Franz Schausberger, zuvor Landesparteiobmann der ÖVP, erzählte glaubhaft von seinen Erinnerungen aus der Gruppe junger Salzburger Politiker, wenn Helmut Kohl im Salzburger Land urlaubte und sie mit ihm zusammenkamen. Sehr oft sind sie auf dem Höhenweg gewandert von Bad Gastein herunter nach Dorf Gastein. Ich zitiere Schausberger: »Wir waren höchst interessiert an dem, was in der Welt vor sich geht. Natürlich stellten wir die Frage, wie überhaupt die deutsche Vereinigung gelungen ist. Es folgte ein langer Monolog. Kohl sagte – wenn auch nicht ganz bestimmt – ›wenn wir denen – gemeint waren die Sowjets – nicht versprochen hätten, dass wir mit der NATO nicht weiter vorwärts gehen, wäre es nicht gegangen.‹ … Ich habe diesen persönlich sehr authentischen Eindruck von Helmut Kohl wirklich mitgenommen, ohne dass er ins Detail gegangen ist.«[226]

Immer wieder ist diese Frage aufgekommen und zuletzt im Zeichen des umfassenden russischen Ukrainekriegs aktuell geworden. Wohl wissend, dass eine solche Regelung 1990/91 nicht schriftlich und vertraglich festgehalten worden ist, stellt sich doch die Frage, inwieweit dabei nachweisbar belegbare Aussagen deutscher und westlicher Politiker herangezogen werden. Man hat diese auch seinerzeit so verstehen können als ob, weshalb von russischer Seite argumentiert wird, man sei hinter's Licht geführt worden. Das ist aber zweifelsohne auch eine Frage der nachträglichen politischen Instrumentalisierung. Akten belegen jedenfalls, dass hier und da Politiker, wenn auch nicht Helmut Kohl persönlich, den Eindruck vermittelt haben, wir gehen mit der NATO nicht weiter nach Osten und dann ist es aber letztlich doch so gewesen, dass sie sehr weit nach Osten vorgerückt ist. Ob das für alle Länder sehr klug war, ist eine andere Frage. Gorbatschows später geäußerte Empörung über die gebrochene Zusage (»Man kann sich auf die amerikanischen Politiker nicht verlassen.«[227]*, die er dann wieder relativiert hat) bezog sich auf eine Aussage des seinerzeitigen US-Außenministers, die er am 9. Februar 1990 im Katharinensaal des Kreml in Bezug auf Deutschland gegenüber Gorbatschow getätigt hatte.*

H. T.: Ich kann nur von meinen Erfahrungen sprechen. Zu Baker hatte ich ein sehr freundschaftliches Verhältnis. Wenn Genscher bei Baker in Washington war, rief Baker mich im Kanzleramt an und erzählte mir, was der Außenminister alles gesagt hätte und fragte mich immer: »Horst, is this the position of the Chancellor?« So wollte er sich immer bei mir rückversichern. Ich fragte ihn dann später: »Hast du jemals eine Zusicherung gegeben, keine

226 Alt-Landeshauptmann Prof. Dr. Franz Schausberger beim Salzburger Interview von Horst Teltschik am 6.10.2022.

227 Uwe Klußmann/Matthias Schepp/Klaus Wiegrefe, »Absurde Vorstellung« Russlands Präsident Medwedew wirft dem Westen Wortbruch vor. Die NATO-Osterweiterung verstoße gegen Zusagen, die 1990 in den Verhandlungen zur deutschen Einheit gegeben worden seien. Dokumente aus westlichen Archiven stützen den russischen Verdacht, in: *Der Spiegel* (2009), Nr. 48, S. 46–49, hier S. 47, http://www.spiegel.de/spiegel/print/d-67871653.html (abgerufen 12. 11. 2015). S. 48.

Ausweitung der NATO über die DDR hinaus? Oder hast du jemals darüber mit den Russen gesprochen?« Seine Antwort war »Never, Horst!« Ich kann es nur so entgegennehmen.

M. G.: *Diese Mitteilung Bakers ist mit den zeitgenössischen Akten eindeutig falsifizierbar und damit nachweislich widerlegbar.*[228]

Kommen wir zu Ihrem letzten Buch. Es trägt den Titel »Russisches Roulette«. Es ist sehr lesenswert, wenn man sich die Vorgeschichte des Ukrainekriegs vergegenwärtigen will, das die Geschichte einer Eskalation ist. Die Vorgeschichte ist die Geschichte einer Vertrauenskrise, die zu einer Eskalation führt. Dabei ist nicht nur wichtig zu wissen, welcher einzelne Staat einen Krieg beginnt, sondern welche anderen Staaten auch kriegführungsbereit sind.

Den Studierenden sage ich immer, was den meisten gar nicht bewusst ist: Im Dezember 1991 geht eine Union, die Sowjetunion, unter und eine andere Union entsteht, die Europäische Union durch den Maastricht-Vertrag. Ist dieser Zusammenbruch der Sowjetunion, was seine vollen Ausmaße und seine Folgen angeht, für die Menschen dort und die russische Sicht der Dinge im Westen jemals voll realisiert worden, nämlich was das nicht nur geopolitisch, sondern auch psychologisch für ein Einschnitt war? Hat man im Westen Ihrer Ansicht nach – Sie hatten Ihren Abschied vom Bundeskanzleramt schon hinter sich, haben es allerdings als Leiter der Münchner Sicherheitskonferenz beobachten können – die Dimension dieses Zusammenbruchs erfasst? Warum ist die Charta von Paris nicht ratifiziert worden?

H. T.: Den Vorschlag gab es. Ein Jahr nachdem Putin bei mir an der Sicherheitskonferenz teilnahm, kam sein Nachfolger Medwedew zum Zuge. Ein Jahr nach Putins Rede kam er im Jahre 2008 offiziell nach Berlin zum Antrittsbesuch als neuer Präsident. Wie schon erwähnt: Er hielt eine Schlüsselrede im Hotel Adlon in Berlin und schlug vor, die Pariser Charta in einen Vertrag zu gießen. Damit wäre genau das erreicht gewesen, was Sie ansprechen. Das Echo im gesamten Westen war gleich Null. Niemand hat darauf reagiert.

M. G.: *Sie trafen den ungarischen Ministerpräsidenten Viktor Orbán als Gast der Herbert Quandt-Stitung am 7. April 2000 in München. Können Sie kurz berichten, wie Sie seinen Besuch empfunden haben?*[229]

H. T.: Als Mitglied des Vorstandes der BMW AG wurde ich aufgrund meiner politischen Erfahrungen mitverantwortlich für die Erschließung der sich neu öffnenden Märkte in

228 James Baker erklärte am 9. Februar 1990 im Katharinensaal des Kreml in Bezug auf Deutschland: »Wir [die USA, M. G.] verstehen, dass es nicht nur für die Sowjetunion, sondern auch für die anderen europäischen Länder wichtig ist, Garantien dafür zu haben, dass – wenn die Vereinigten Staaten ihre Anwesenheit in Deutschland im Rahmen der NATO aufrechterhalten – die Jurisdiktion oder militärische Präsenz der NATO in östlicher Richtung um keinen Zoll ausgedehnt wird. Wir sind der Meinung, dass die Konsultationen und Beratungen im Rahmen des ›2+4‹-Mechanismus Garantien dafür geben müssen, dass die Vereinigung Deutschlands nicht zu einer Ausdehnung der militärischen Organisation der NATO nach Osten führt«, siehe Gespräch Gorbatschows mit dem US-Außenminister Baker am 9. 2. 1990, in: Aleksandr Galkin/Anatolij Tschernjajew (Hrsg.), Michail Gorbatschow und die deutsche Frage. Sowjetische Dokumente 1986–1991, München 2011, S. 312; Mary Elise Sarotte, Not One Inch. America, Russia, and the Making of Post-Cold War Stalemate, New Haven 2021; dt.: Nicht einen Schritt weiter nach Osten. Amerika, Russland und die wahre Geschichte der NATO-Osterweiterung, München 2023; Michael Gehler, Keine NATO an der russischen Grenze – nur Legende und Propaganda?, in: *Politikum* 8 (Sonderheft 2022), S. 64–71.
229 Das folgende Gespräch wurde in Rottach-Egern am 24.3.2023 geführt.

Besuch des ungarischen Ministerpräsidenten Viktor Orbán
als Gast der Herbert Quandt-Stitung am 7. April 2000 in München

Mittel- und Osteuropa, in Russland, im Nahen und Mittleren Osten und in Asien. Gleichzeitig übernahm ich die Leitung der BMW-eigenen »Herbert-Quandt-Stiftung« (HQS), ein besonders geeignetes Instrument, um Kontakte auf politischer Ebene zu entwickeln und zu pflegen.

In Ungarn hatte ich von 1983 an mit allen Staats- und Regierungschefs viele Begegnungen, die sich teilweise sehr freundschaftlich entwickelten.

Mit Viktor Orban war ich noch nicht zusammengetroffen. Er war in Deutschland noch weitgehend unbekannt. So lud ich ihn im Namen der Stiftung zu einem öffentlichen Vortrag nach München ein. Am Abend hatte er die Gelegenheit zu einem gemeinsamen Abendessen mit führenden Vertretern der bayerischen Wirtschaft. Die regionale Nähe von Bayern zu Ungarn bot sich für Kooperationen an. BMW unterhält heute ein eigenes Werk in Ungarn.

M. G.: *Wie könnte man Orbán aus Ihrer Sicht charakterisieren?*

H. T.: Ministerpräsident Orban zu charakterisieren, ist – von außen gesehen – ein schwieriges Unterfangen. In öffentlichen Diskussionen tritt er sehr selbstbewusst auf. Für ihn unangenehmen Fragen weicht er aus oder überhört sie einfach. Das habe ich auf einer gemeinsamen Podiumsdiskussion persönlich erfahren.

Als er 1989 erstmals erkennbar auf der politischen Bühne auftrat und öffentlich freie Wahlen und den Abzug der sowjetischen Soldaten forderte, galt er als mutiger Politiker, von vielen im In- und Ausland bewundert. Heute gilt er als extremer Populist und Nationalist, der sich Präsident Putin anbiedert, die Partner in der Europäischen Union ständig provoziert und in seinem eigenen Land demokratische Rechte einschränkt.

Gemeinsam mit Wladimir Putin am 11. November 2000 in Moskau, links im Hintergrund Franz Schoser Hauptgeschäftsführer des BDI und Leiter des Ost-Ausschusses der deutschen Wirtschaft

M. G.: *Wie erklären Sie sich seinen politischen Wandel von einem Proeuropäer zu einem Europaskeptiker und EU-Kritiker? Fast erscheint er wie ein Neogaullist. Was meinen Sie?*

H. T.: Orbán ist seit 1993 Vorsitzender der Fidesz-Partei. 1998 wurde er erstmals zum Ministerpräsidenten gewählt, 2002 bereits wieder abgewählt. Er gab jedoch nicht auf. 2010 gewann er erneut die Wahlen und ist seitdem ununterbrochen an der Macht. Diese Erfahrung scheint dazu geführt zu haben, dass er alle innen- wie außenpolitischen Entscheidungen seinem Machterhalt unterwirft. Er ist zu einem radikalen Populisten mutiert, der sich nicht scheut, demokratische Rechte zu manipulieren und außenpolitische Verpflichtungen den egoistischen Interessen Ungarns unterzuordnen.

Die EU ist ein Staatenverbund von 27 Staaten. Ungarn ist einer davon, der sein Gewicht nicht durch Zustimmung sichtbar machen kann, wenn Einstimmigkeit gefordert ist, sondern allein mit seinem Veto-Recht. Und Orbán scheut sich nicht, das Veto-Recht seinen innenpolitischen Interessen unterzuordnen. Das gilt besonders bei Themen, die innenpolitisch umstritten sind, wie z. B. das Flüchtlingsthema, der Schutz der Außengrenzen etc.

M. G.: *Gehen wir noch einige Jahre zurück: Sie trafen mit Wladimir Putin am 11. November 2000 in Moskau mit dem Hauptgeschäftsführer des Ost-Ausschusses der deutschen Wirtschaft zusammen. Welche Erinnerungen haben Sie noch an diese erste Begegnung mit Putin?*

H. T.: Als Putin Präsident geworden war, sprach mich eines Tages in seinem Auftrag einer seiner Vertrauten an, ob ich bereit wäre, dem Präsidenten gelegentlich zu einem

Gedankenaustausch zur Verfügung zu stehen. Das reizte mich natürlich, und ich sagte spontan zu.

Als außenpolitischer Berater von Bundeskanzler Helmut Kohl habe ich seit den 1980er Jahren alle Generalsekretäre der KPdSU persönlich erlebt. Mit Präsident Gorbatschow war ich bis zu seinem Tod befreundet. Ich hatte über die Jahre viele politische Kontakte in Moskau, auch in meiner Zeit bei BMW, die ich sieben Jahre im Ostausschuss der Deutschen Wirtschaft vertrat. Viele Kontakte kamen in den Jahren hinzu, in denen ich die Münchner Sicherheitskonferenz geleitet habe.

Das erste Gespräch mit Präsident Putin fand gemeinsam mit dem Ostausschuss der Deutschen Wirtschaft des BDI statt, vertreten u. a. durch den Hauptgeschäftsführer. Dabei standen die Wirtschaftsbeziehungen im Vordergrund. Andere Treffen sollten folgen.

M. G.: *Wladimir Putin hielt am 25. September 2001 eine bemerkenswerte Rede in deutscher Sprache im Bundestag. Sie konnte als großartige Geste und ausgestreckte Hand verstanden werden, enthält zwischen den Zeilen aber auch Kritik und Ungewissheiten hinsichtlich westlichen Verhaltens. Wie war diese Rede aus Ihrer Sicht zu interpretieren? Stimmt es, dass Sie an ihrer Vorbereitung mitgewirkt haben?*

H. T.: Bei diesem ersten persönlichen Gespräch mit Putin waren, wie gesagt, eine Reihe von deutschen Unternehmern dabei. Im Mittelpunkt des Gesprächs standen die wechselseitigen Wirtschaftsbeziehungen und deren Intensivierung. In diesem Zusammenhang sprachen die Unternehmensvertreter an Putin Empfehlungen aus, was er in seiner Rede im Deutschen Bundestag ansprechen sollte.

Nach Ende des Gesprächs sprach mich auf dem Weg zum Auto ein Mitarbeiter von Präsident Putin an und fragte mich in dessen Namen, ob ich bereit wäre, dem Präsidenten Vorschläge für seine bevorstehende Rede im Bundestag zuzusenden. Ich sagte das spontan zu.

Den wichtigsten Punkt von mir, den Präsident Putin in seiner Rede aufgegriffen hat, war die Aussage über die zukünftige außenpolitische Orientierung Russlands. Er sagte: ›Russland sei ein freundliches europäisches Land.‹ Für seine Rede bekam Putin Standing Ovations aller Mitglieder des Deutschen Bundestages. Inzwischen ist Putin dabei, diese Position total zu revidieren. Das Ergebnis können Sie an der Münchner Konferenz 2024 ablesen. Es wird kein russischer Teilnehmer anwesend sein. Als ich die Konferenz leitete, nahm nicht nur Präsident Putin selbst einmal teil, sondern auch eine Reihe von Ministern, Duma-Abgeordnete und Vertreter der russischen Wirtschaft. Das ist sehr bedauerlich.

M. G.: *In Sotschi gab es mit Putin im Jahre 2006 eine weitere wichtige Begegnung. Wie haben Sie dort den nunmehrigen Staatspräsidenten der Russischen Föderation empfunden?*

H. T.: Wir waren eine Gruppe von fünf Personen, drei Vertreter der deutschen Wirtschaft, der ehemalige Hamburger Bürgermeister Henning Voscherau und ich. Wir erlebten Präsident Putin in bester Laune. Ich nutzte die Chance, ihn gezielt politisch auszufragen. Selbst auf die Frage, wie er die Bundeskanzlerin Angela Merkel einschätze, antwortete er offen und unbefangen.

Nach einem reichlichen russischen Abendessen kam eine Gesangsgruppe und spielte russische Lieder. Die Stimmung war gelöst, fast freundschaftlich. Als ich ihn zur Münchner Sicherheitskonferenz einlud, antwortete er mir, er hätte jetzt zwei Einladungen, eine nach

Horst Teltschik bei Wladimir Putin in Sotschi 2006

Davos, die andere zu mir. Wenn er käme, dann käme er zuerst zu mir. Und er hat Wort gehalten.

Am nächsten Morgen auf der Fahrt zum Flughafen, sagte mir der Mitarbeiter von Präsident Putin, er habe seinen Chef schon lange nicht mehr so locker und fröhlich erlebt.

M.G.: *Ihren Brief an Frau Bundeskanzlerin Merkel nach dem Besuch bei Putin in Sotschi haben wir im Dokumentenanhang aufgenommen.*[230] *Wie erklären Sie sich den Umstand, dass die noch junge Bundeskanzlerin Ihnen darauf nie eine persönliche Antwort gegeben hat?*

H.T.: Nach Hause zurückgekehrt, schrieb ich der Bundeskanzlerin einen ausführlichen Brief. Ich dachte mir, es könnte sie interessieren, was er über sie und zu verschiedenen andere Themen gesagt hat. Ich bekam überraschender Weise keine Antwort. Tage später erhielt ich lediglich einen Anruf von einer mir unbekannten Sekretärin mit der kurzen Bemerkung: Die Bundeskanzlerin bedanke sich für meinen Brief. Das war eine etwas ernüchternde Reaktion.

230 Dokument 6: Persönlich-vertraulicher Brief von Horst Teltschik an Bundeskanzlerin Angela Merkel, 1.6.2006, in Anhang Dokumente, S. 870–872.

Begegnung mit US-Vizepräsident Joe Biden am 30. April 2014 in Washington

M. G.: *Wie hat eigentlich die amerikanische Seite auf Ihre guten Kontakte zu Russland und insbesondere Putin reagiert? Wurde Ihnen das übelgenommen, zumal Sie sich ja auch kritisch zu NATO-Ambitionen der Ukraine geäußert haben?*

H. T.: Die amerikanische Seite hat auf meine Kontakte und Einladungen von russischen Politikern zu keinem Zeitpunkt negativ reagiert. Im Gegenteil! Ihre Antwort lautete in der Regel: »Horst, do it«. Als ich Präsident Putin zur Münchner Sicherheitskonferenz eingeladen habe, habe ich natürlich den Leiter der republikanischen Kongress-Gruppe, Senator John McCain und den Leiter der Gruppe der Demokraten, Senator Joe Lieberman, vorab unterrichtet. Sie waren mit meinen Vorschlägen stets sehr einverstanden.

Das galt auch gegenüber dem russischen Verteidigungsminister und späteren Kreml-Chef Sergej Ivanov, der in meiner Zeit als Vorsitzender der Münchner Sicherheitskonferenz nicht nur jedes Jahr an der Sicherheitskonferenz teilnahm, sondern auch bereit war, gemeinsam mit John McCain an einer Podiumsdiskussion teilzunehmen.

M. G.: *Sie trafen 2014 auch US-Vizepräsident Joe Biden in Washington. Welchen Eindruck machte er auf Sie? Er hatte ja schon früh engere Kontakte in die Ukraine auch über seinen Sohn. Wie haben Sie das interpretiert?*

H. T.: Mit Vizepräsident Joe Biden war ich 2014 in Washington anlässlich der Jahrestagung des amerikanischen Think Tanks ›Atlantic Council‹ zusammengetroffen. Biden und ich waren die Hauptredner. Wir stimmten in der Analyse der internationalen Lage weitgehend überein. Die aktuellen Entwicklungen in der Ukraine standen naturgemäß im Vordergrund. Biden ließ nicht erkennen, dass er durch die Geschäftsbeziehungen seines Sohnes in der Ukraine über besondere Erkenntnisse verfüge.

Nach meinem Auftritt lud er mich zu einem gemeinsamen Gespräch und zu einem gemeinsamen Foto in einen Nebenraum ein. Das Gespräch vermittelte mir keine neuen Informationen, welche Schlussfolgerungen die US-Regierung aus den wachsenden Unruhen in Kiew ziehen werde und wie sie den Wunsch der Ukraine, der NATO beitreten zu wollen, beurteile. Er war außerordentlich daran interessiert, wie ich die Lage in Deutschland und in Europa einschätze. Ich habe ihn als charmanten und liebenswürdigen Gesprächspartner in Erinnerung.

Zwei Jahre später ernannte mich das Atlantic Council als ersten und bisher einzigen Nichtamerikaner zum ›Honorary Director‹ des Atlantic Council und verlieh mir den »Freedom Award«.

M. G.: *Wir müssen zur Finalisierung unseres Gesprächs noch das Thema Ukraine ansprechen. Sie wird als Staat 1991 durch ein Referendum selbständig. Fünf Jahre später erscheint ein Buch von Samuel Huntington, einem amerikanischen Politikwissenschaftler und Berater von Präsident Bill Clinton mit dem Titel »The Clash of Civilisations« und einem noch viel bezeichnenderen Untertitel. Es ist durchaus umstritten gewesen, denn es gab Einwände, dass seine grundsätzliche Annahme zu einfach angelegt und das Buch zu simpel argumentiert sei, zumal es auch einen »Clash within Civilisations« gebe. Aufschlussreich ist jedenfalls ein kurzes Kapitel »Russia and its near Abroad«, quasi über die Ukraine.*[231] *Huntington spielt dabei verschiedene Optionen durch und sagt gleichsam sinngemäß: Dieses Land ist das Schlüsselland Europas, dessen Lage und Rolle die zukünftige europäische Friedens- und Sicherheitsordnung bestimmen und entscheiden wird. Huntington schließt weder einen Bruderkrieg noch eine Teilung der Ukraine aus. Im letzteren Fall spricht er von einem Raum etwas östlich des Dnjepr. Hat man dieses Buch im Westen jenseits der Fachwissenschaft*[232] *und der Publizistik unter Botschaftern, Außenministern, Staats- und Regierungschefs jemals intensiv gelesen und diskutiert? Hat man dieses Kapitel wahrgenommen? Es ist fast prophetisch, wenn man sich die heutige Lage vor Augen führt. Wann war für Sie, als der Sie reger Beobachter der internationalen Beziehungen und Leiter der Sicherheitskonferenz in München gewesen sind, eigentlich erkennbar, dass diese Ukraine der zukünftige, wenn nicht schon der existierende Zankapfel zwischen dem Westen und der Russischen Föderation sowie eine Lösung entsprechend dringlich geboten ist? Ich wage jetzt dazu eine weitere Frage, die kaum oder nicht aufgeworfen wird: Sind europäische Sicherheitsinteressen identisch mit amerikanischen Sicherheitsinteressen was die Entwicklung auf dem Kontinent Europa von heute angeht?*

H. T.: Präsident Bush Senior hat am 11. September 1990 öffentlich gesagt: »Wir brauchen eine neue Weltordnung«, denn das bipolare Zeitalter war zu Ende. Darauf ist niemand eingegangen. Im Prinzip entwickelt sich jetzt eine neue Weltordnung. Wir sehen es ja. Russland versucht so stark und einflussreich zu werden wie die anderen Großen, d. h. USA und China. In welche Richtung sich die Welt entwickelt, wissen wir nicht. Wo bleibt die Rolle

231 Samuel P. Huntigton, The Clash of Civilizations and the Remaking of World Order (with a new Foreword by Zbigniew Brezinski), New York – London – Toronto – Sydney 1996, new edition 2011, S. 163–168.
232 Peter Nitschke (Hrsg.), Der Prozess der Zivilisationen: 20 Jahre nach Huntington. Analysen für das 21. Jahrhundert (Politikwissenschaft 7), Berlin 2014.

der Europäer? Who takes the lead? Jetzt sitzen die Europäer zusammen und versuchen eine ständige europäische Sicherheitspartnerschaft zu beschließen. Das ist das eine. Einen Beschluss kann man schnell formulieren. Die Frage ist die Konkretisierung. »Who takes the lead?« lautet die Frage in Bezug auf die Konkretisierung? Wenn ich unsere Verteidigungsministerin sehe, bin ich überzeugt: Nicht sie »takes the lead«.[233]

M. G.: *Weil wir nun beim Thema Ukrainekrieg angelangt sind: Gemeinsam mit Peter Brandt, Harald Kujat und Hajo Funke haben Sie sich 2023 für eine Verhandlungslösung im Krieg zwischen Russland und der Ukraine ausgesprochen.*[234] *Wie kam es dazu?*

H. T.: Die Initiative, mich anzusprechen, ging vermutlich von Harald Kujat aus, vielleicht auch von Peter Brandt. Letzterer kannte mich aufgrund früherer Begegnungen, und Harald Kujat war in den 1980er Jahren als Leiter des Bereichs Sicherheitspolitik ein Mitarbeiter von mir im Bundeskanzleramt. Da ich alle Beteiligten persönlich sehr schätze und aus persönlicher Erfahrung aus meiner Zeit im Bundeskanzleramt weiß, wie wertvoll Anregungen von außen für eine Bundesregierung sein können, habe ich mich dieser Initiative angeschlossen.

M. G.: *Was konnte damit bewirkt werden?*

H. T.: Es wäre schon viel erreicht worden, wenn unsere Vorschläge bei den Verantwortlichen innerhalb der Bundesregierung oder im Bundestag zur Kenntnis und diskutiert worden wären.

M. G.: *Welche Reaktionen haben Sie darauf erhalten?*

H. T.: Erwartungsgemäß keine. Das hat mich auch nicht überrascht.

M. G.: *Das ist ein ernüchternder und trauriger Befund, der zeigt, wie offenkundig wenig bis kein offizielles Interesse an einer Verhandlungslösung besteht. Wären Sie im Lichte des Ukrainekriegs, der schon seit 2014 und verstärkt seit 2022 im Gange ist, nicht von deutscher Seite ein geeigneter, wenn nicht sogar der ideale Emissär für Sondierungen im Kreml gewesen, um nach Minsk I und II wenigstens zu einem weiteren zumindest vorläufigen Waffenstillstand zu kommen?*

H. T.: Angesichts der Präpotenz unserer Politiker können Sie einen solchen Gedanken vergessen. Diese Frage kann im Prinzip von mir nicht beantwortet werden. *Der Spiegel* hat mich zwar in meiner Zeit im Bundeskanzleramt einmal als den »deutschen Kissinger« bezeichnet, aber das würde am Ende keine Regierung akzeptieren.[235]

233 Der Rücktritt der deutschen Verteidigungsministerin Christine Lambrecht erfolgte am 16. Januar 2023.
234 Michael von der Schulenburg, Ein wegweisender deutscher Friedensvorschlag für die Ukraine, 20.9.2023, https://makroskop.eu/30-2023/ein-wegweisender-deutscher-friedensvorschlag-fur-die-ukraine/ (Abruf 29.2.2024).
235 »Kohls Kissinger, wie die Amerikaner den ehrgeizigen jungen Beamten gezielt auf seine Eitelkeit nennen«: »Ich wirke oft farblos und nüchtern«. SPIEGEL-Reporter Jürgen Leinemann über den Kanzler-Berater Horst Teltschik, in: *Der Spiegel*, 17.11.1985, https://www.spiegel.de/politik/ich-wirke-oft-farblos-und-nuechtern-a-d2e92e49-0002-0001-0000-000013515494 (Abruf 29.1.2024).

M.G.: *Dieser Krieg gegen die Ukraine, in der Ukraine aber auch um die Ukraine*[236] *wird bereits seit 2014 geführt. Waren dieser Krieg und seine Ausweitung seit dem 24. Februar 2022 Ihrer Ansicht nach vermeidbar? Welche Perspektiven sehen Sie – wenn man daran zu denken wagt – für einen Waffenstillstand? Mehr kann es wohl derzeit nicht sein.*

H.T.: Ich war gerade in Berlin, als die Helmut Kohl-Stiftung feierlich eröffnet wurde. Dort sprach Frau Bundeskanzlerin Merkel. Sie hatte eine bemerkenswerte Aussage zu Helmut Kohl getroffen: Helmut Kohl hätte in einer solchen Situation immer auch den Versuch einer diplomatischen Konfliktlösung unternommen und nicht nur militärisch vorzugehen. Sie betonte, er habe immer auch einen politischen Weg zur Konfliktlösung gesucht. Da kann ich ihr nur zustimmen! Die Frage ist aber, welche Möglichkeiten es jetzt gäbe?

Meine Erfahrung im Umgang mit Russen war folgende: Je vertraulicher und geheimer die Kontakte, umso effizienter und erfolgreicher waren sie. Ich hätte als Bundeskanzler von Anfang einen Mann wie Gerhard Schröder einbestellt, ihn gefragt und ihm gesagt: »Jetzt bist du einmal still und fährst geheim nach Moskau!« Und zwar bevor er sich selber äußert und beginnt, sich selbst zu verkaufen. Damit hat er sich selbst politisch tot gemacht. Aber im Falle eines geheimen Auftrags vom Bundeskanzler hätte er diese Mission durchaus ausüben können. Das finde ich.

Die zweite Person, die ich als Bundeskanzler angeheuert hätte, ist Frau Merkel. Sie war die einzige über Jahre, die jederzeit mit Putin telefonieren und ihn auch jederzeit besuchen konnte. Putin war ja einmal mein Gast in München. Vorher war ich zu einem Gespräch bei ihm in Sotschi. Er war bester Laune, sehr locker, es gab gutes Essen. Anschließend spielte eine russische Kapelle. Einer seiner Mitarbeiter sagte am nächsten Tag zu mir, er hätte seinen Chef schon lange nicht mehr so locker erlebt. Ich fragte Putin, wie er Frau Merkel einschätzt. Seine Einschätzung war sehr positiv. Er war beeindruckt von ihrer evangelischen Ethik, die sie vertritt. Die Frage für mich als jetziger Kanzler wäre es gewesen, meine Vorgängerin unter vier Augen um Hilfe zu bitten. Ich habe ihr einen Brief geschrieben und dachte mir, es könnte sie ja interessieren, wie Putin sie einschätzt. Ich habe auch damals einen Vorschlag gemacht. als es um die Verhandlungen der Ukraine mit der Europäischen Union ging. Gleichzeitig war ein Vorschlag auf dem Tisch zur Bildung einer gesamteuropäischen Freihandelszone von Lissabon bis Wladiwostok. Es gab eine Arbeitsgruppe in Deutschland, an der ich teilweise teilgenommen habe. Dort haben wir ein solches Konzept entwickelt. Ich sagte zu Frau Merkel: »Was immer man mit der Ukraine vorhat, sollte man gleichzeitig auch überlegen, was man Russland anbietet.« Es gab keine persönliche Antwort von ihr auf meinen Brief.[237]

Ich habe immer folgende Erfahrung gemacht: Politiker und Politikerinnen kann man beraten, solange sie nicht im Amt sind. Sind sie im Amt, wollen sie alles selber besser wissen. Bevor Frau Merkel Kanzlerin wurde, hat sie mich mehrfach eingeladen, um mit mir über die politische Lage zu diskutieren. Als sie im Amt war, brauchte sie es nicht mehr.

236 Zur Vermeidbarkeit und Vorgeschichte siehe auch Michael Gehler, Der Krieg um die Ukraine. Fragen – Methoden – Resultate – Thesen – Terminologien, in: *Jahrbuch Politisches Denken* Bd. 32 (2022) [Berlin 2023], Heft 1, S. 27–61, hier S. 40–42.
237 Dokument 6: Persönlich-vertraulicher Brief von Horst Teltschik an Bundeskanzlerin Angela Merkel, 1.6.2006 im Anhang Dokumente, S. 870–872.

M. G.: *Wenn wir die jetzt eingehend behandelten Ereignisse der Jahre 1989/90 in Betracht ziehen, so waren die amerikanischen und bundesdeutschen Interessen nahezu deckungsgleich. Ist das heute im Lichte des Ukrainekriegs auch noch so oder weiter gefasst: decken sich die Interessen Amerikas und Europas? Wir meinen gemeinhin, dass sie sich decken. Mit Blick auf Amerikaner und Europäer bin ich mir nicht sicher, ob sich die Interessen immer decken. Es fragt sich, ob das, was die Europäer im Falle des Ukrainekrieges leisten und mitmachen, ausschließlich im europäischen Interesse ist. Sie haben in mehreren Interviews gesagt, dass der Dialog mit Moskau unverzichtbar sei. Da bin ich bei Ihnen. Ist es überhaupt noch möglich, so wie die Lage jetzt ist, einen Dialog aufzunehmen?*

H. T.: Die Frage ist für mich nicht möglich zu beantworten, ob es eine solche Möglichkeit gäbe. Ich halte jedenfalls Telefonate von Macron, dem Bundeskanzler oder der früheren britischen Premierministerin,[238] die noch viel zu jung und unerfahren im Amt ist, nicht für sehr erfolgreich. Ich halte auch Einzelgespräche europäischer Politiker mit öffentlicher Begleitung nicht für erfolgreich. Die Frage wäre daher: Gäbe es die Möglichkeit, so wie in der Vergangenheit, dass der Bundeskanzler und der französische Präsident gemeinsam nach Moskau reisen und dort ein Gespräch führen? Die Bundeskanzlerin hat ja einmal ihren französischen Kollegen François Holland »ans Händchen genommen«. Sie sind nach Minsk gefahren und haben 17 Stunden durchgehend verhandelt und das Abkommen von Minsk erreicht. Die Frage lautet, ob man ein solches Modell Deutschland, Frankreich und eventuell noch einen Dritten, ob nun EU-Kommissionspräsidentin oder die britische Premierministerin anwendet, da bin ich mir nicht so sicher. Irgend so eine Spielart müsste es sein. Oder etwas völlig absurd Klingendes: Jemand reist nach Peking, um vertraulich mit dem chinesischen Präsidenten zu sprechen, wie man mit Russland umgeht. China hat eine Schlüsselrolle inne.

Putin hatte bei mir in der Vergangenheit anfragen lassen, ob ich zu Gesprächen zur Verfügung stünde. In den ersten Jahren habe ich ihn mehrfach getroffen. Nachdem er 2007 in München war, ist dieses Anliegen nicht mehr weiterverfolgt worden. Gibt es Möglichkeiten und personelle Konstellationen, die Wirkung hätten? Ich habe noch Putin im Ohr, als er gesagt hat, er werde niemals Gas nach China liefern. Heute tut er das. Er wollte in keine Abhängigkeit zu China geraten. Heute ist das so.

M. G.: *Putin wollte in keine Abhängigkeit zu China geraten?*

H. T.: Ich fand das schon bemerkenswert. Seine Befürchtung war nach der Auflösung der UdSSR, dass sich im Anschluss auch noch Russland auflöst. Russland hat bekanntlich rund 85 Provinzen und die erste Verfassung von Jelzin sah vor, dass die Gouverneure direkt gewählt werden. Das hat dazu geführt – das war die Besorgnis von Putin, das weiß ich von ihm persönlich – dass sich Gouverneure diese Wahlen gekauft haben und die Oligarchen sich mehr und mehr verselbständigen würden. Deswegen hat er Michail Chodorkowski kassiert. Nachdem er ihn verhaftet hatte, führte ich ein Gespräch mit Putin. Er sagte, eigentlich hätte er alle Oligarchen kassieren können, denn alle haben auf ihre Weise kriminell gehandelt. Jetzt kann man sagen: »Du kannst Dich jetzt selbst dazunehmen.« Seine Sorge war, dass sich Russland auch noch auflöst und deshalb folgte die brutale Niederschlagung

238 Liz Truss war vom 6. September bis 24. Oktober 2022 nur kurzzeitig im Amt.

Horst Teltschik gezeichnet von Dieter Hanitzsch anlässlich des 65. Geburtstags

des Aufstands in Tschetschenien, wo er die Hauptstadt Grosny platt gebombt hat. Er wollte ein Signal setzten nach dem Motto: Wer in diese Richtung geht, wie die Tschetschenen, kriegt die Quittung.

Ich würde also in der jetzigen Situation jede Kreativität nutzen, um eine Lösung zu versuchen, denn es kostet ja nichts. Mehr als ein Nein ist nicht zu bekommen.

M. G.: *Weder Bundeskanzler Scholz noch Staatspräsident Macron sind nach Moskau zur Beerdigung von Gorbatschow gefahren. Mit einer solchen demonstrativen Geste hätte man der Sowjet-Nostalgie einen Riegel vorgeschoben. Das kann man als politischen Fehler bezeichnen, oder?*

H. T.: Was Sie zu Gorbatschows Beerdigung gesagt haben, kann ich Ihnen nur zustimmen. Nicht einmal unser Botschafter war vertreten, sondern ein Botschaftsrat. Das wäre eine Möglichkeit gewesen, auch privat, wenn die Bundeskanzlerin Merkel und der französische Präsident nach Moskau gereist wären, anschließend ein Gespräch mit Putin zu führen, aber nicht am langen Tischende!

Das hätte ich mir schon gar nicht bieten lassen. Ich hätte mir einen Stuhl genommen und hätte mich neben Putin gesetzt. Der Mut und die Spontanität der Politik sind nicht mehr sehr ausgeprägt. So etwas muss man in manchen Fällen ganz spontan entscheiden, d. h. der anderen Seite gar nicht lange Zeit geben zu überlegen, ob sie es akzeptiert oder nicht. Einfach mitteilen: wir kommen zur Beerdigung.

M. G.: *Die ukrainische Präsidentschaft hat einige Wochen nach Kriegsbeginn 2022 durchblicken lassen, man könnte über die Neutralität der Ukraine verhandeln. Können Sie sich dazu äußern, wobei sich die Frage stellt, ob das nicht schon aussichtslos war und frühere Chancen verpasst worden sind?*

H. T.: Zur Politik der Ukrainer habe ich eine sehr bestimmte Meinung, denn das Minsker Abkommen ist, mit Ausnahme eines Gefangenenaustausches, nicht umgesetzt worden. Die Ukrainer haben sich nicht bewegt. Sie sind auch nicht aufgefordert worden, sich zu bewegen. Von daher ist die Politik der Ukraine in den letzten zehn Jahren ein eigenes Kapitel. Warum hat man z. B. die russische Sprache verboten? Meine Tochter hat sieben Jahre in der Ukraine gearbeitet und eine NGO geleitet. Wer mit den Politikern in Kiew gesprochen hat, sprach nur Russisch, obgleich es eine ukrainisch geführte Regierung war. Warum hat man die Zweisprachigkeit nicht akzeptiert? Das ist nur ein kleines Beispiel. Der polnische Finanzminister, der 1990/91 Polen modernisiert hat, Leszek Balcerowicz, ist von den Ukrainern gebeten worden, ein Reformkonzept für die Ukraine zu erarbeiten. Das zitiere ich auch in meinem Buch. Er hat das gemacht. Sind aber die Ziele erreicht worden? Auf die Frage, warum dort nichts geschehen sei, hat er nur ein Wort gesagt: »Oligarchen! Sie haben das alles verhindert!« Die Koalition in der Ukraine ist ohnmächtig gewesen. Von daher muss die innere Situation in der Ukraine vor dem Krieg berücksichtigt werden.

M. G.: *Mit diesen Ausflügen in die jüngere Zeit soll es nun sein Bewenden haben. Wir sind zum Abschluss der Rottach-Egener Gespräche gekommen und gelangen nun zu einem nicht minder spannenden Teil: Wir gehen ein alphabetisch angelegtes Namensverzeichnis von A bis Z durch mit politischen Akteuren, Beratern, Diplomaten, Mitstreitern und Weggefährten, mit denen Sie 1989/90 zu tun hatten, wobei Ihre Einschätzungen und Erinnerungen von Interesse sind. Ich nenne einfach nur stichwortartig die Namen und bitte um Charakterisierungen, auch wenn sie schon in bisherigen Gesprächen angeklungen sind.*[239]

18. Charakterisierungen von Akteuren, Counterparts, Entscheidungsträgern, Mitgestaltern, Weggefährten und Zeitgenossen

Eduard Ackermann:
Ihn lernte ich kennen, als Helmut Kohl in den Bundestag gewählt und Fraktionsvorsitzender wurde. Dr. Ackermann war der Pressesprecher der CDU/CSU-Bundestagsfraktion schon unter Rainer Barzel. Kohl hat ihn übernommen. Das war klug, denn Eduard

239 Das folgende Gespräch wurde am 24.3.2023 in Rottach-Egern geführt.

Ackermann war bei allen Journalisten in Bonn bekannt. Sie alle schätzten ihn, weil er jederzeit bereit war, sie zu empfangen und mit ihnen zu reden. Für uns war er die ganzen Jahre über ein Seismograf der Medienstimmung. Er konnte Kohl immer vorwarnen, was auf ihn zukommt, wenn er mit Journalisten sprach. Gleichzeitig war er mit mir zusammen im Bundeskanzleramt derjenige, der auch für Kohl unliebsame Journalisten empfing. Helmut Kohl war natürlich immer frei zu entscheiden, wen er empfängt und wen nicht, wen er mag oder nicht mag, aber Ackermann und ich haben auch Journalisten vom *Spiegel*, vom *Stern* und ähnlichen sogenannten linken Pressemedien empfangen, weil wir der Meinung waren, dass es auch für Journalisten, die als politische Gegner zu verstehen waren, die Chance geben muss, uns kennenzulernen und unsere Positionen zu erfahren.

Richard Allen:
Er war einer der ganz wenigen amerikanischen Gesprächspartner, die Kontakt nach Deutschland hatten. Er konnte auch ein paar deutsche Worte. Allen wurde National Security Advisor von Reagan. Somit hatte ich auch dienstlich mit ihm zu tun. Sein Interesse war, möglichst gute und enge Beziehungen zu Helmut Kohl zu vermitteln. Damit hat er es Kohl erleichtert, Zugang zum Weißen Haus zu finden.

József Antall:
Unsere Partner in Ungarn waren die ganzen Jahre über von 1983 bis 1990 Vertreter der sozialistisch-kommunistischen Partei. Németh, der letzte kommunistische Ministerpräsident war derjenige, der außerordentlich hilfreich war, um die Grenzen für unsere Flüchtlinge zu öffnen. József Antall war 1991 der erste Ministerpräsident nach der ersten freien Wahl in Ungarn. Er verstand sich als Vertreter einer Partei, die der CDU nahestand. Wir schätzten ihn sehr, obwohl wir die Erfahrung machten, dass er doch sehr wenige politische Kenntnisse und Erfahrung hatte. Mit seinem sozialistischen Vorgänger Németh waren wir ebenfalls befreundet. Es galt, keinem von beiden auf die Füße zu treten. Das war manchmal nicht ganz so einfach. Antall kam mit neuem Schwung ins Amt, hatte aber verdammt wenig Ahnung. Bei den ersten Gesprächen mit dem Bundeskanzler in Bonn wollte Kohl von ihm wissen, wie die wirtschaftliche Lage aus seiner Sicht in Ungarn sei, ob wir helfen sollen und wie wir gegebenenfalls helfen konnten. Antall sagte spontan, das könne Horst Teltschik berichten: »Er ist gerade bei uns gewesen und kennt unsere Situation besser als ich.« So war Antall, sehr sympathisch, aber völlig unerfahren.

Jacques Attali:
Er war mein Partner in Paris, der wichtigste Gesprächspartner für mich im Elysée, nicht offiziell aber praktisch der Chef des Elysée. Er war eine Art persönlicher Referent von Präsident Mitterrand, sein Büroleiter. Wenn Mitterrand auftrat, war Attali dabei. Er war mein Hauptansprechpartner. Wir hatten zahllose persönliche Treffen, in der Regel abwechselnd in Paris und in Bonn. Wir beide waren bei allen Gesprächen zwischen Mitterrand und Kohl dabei. Attali war der Schlüssel zu Mitterrand. Ich bereitete alle Texte für Kohl vor und er alle für Mitterrand. Er war ein typisch französisch-jüdischer Intellektueller, der mir berichtete, dass er jeden Morgen ab 4 Uhr an einem Buch schreibe. Mehrere Bücher hat er veröffentlicht. Wir sprachen Englisch miteinander, weil ich leider kein Französisch kann, er konnte kein Deutsch.

Besuch von Helmut Kohl in Ludwigshafen anlässlich seines 80. Geburtstags gemeinsam mit Teltschiks Freund Gerd Bacher; im Hintergrund Gerhild Teltschik

Gerd Bacher:
Ein großartiger Freund. Er war Intendant des Österreichischen Rundfunks und wurde von Bruno Kreisky, dem damaligen Regierungschef Österreichs als politischer Widerpart gesehen und verstanden. Das führte dazu, dass Kreisky Gerd Bacher mehrfach als Intendant gefeuert und dann wieder zurückgeholt hat. Bacher war ein konservativer Mann, aber außerordentlich liberal in der Einbeziehung von Intellektuellen in Österreich. Für ihn war das Kriterium nicht links oder rechts, sondern gut oder schlecht. Bacher war gerade einmal von Kreisky wieder gefeuert, Kohl stand vor der Bundestagswahl und heuerte ihn als Berater an. Ich weiß nicht, wo und wie er ihn kennengelernt hat. Bacher hatte im Konrad-Adenauer-Haus ein Büro. Er war frisch, fromm, fröhlich und frei, sich überall einzumischen. Mit viel Humor beriet er Helmut Kohl. Zwischen uns hat sich eine echte persönliche Freundschaft entwickelt. Wenn er nach Bonn kam, verbrachten wir viel Zeit miteinander, um gemeinsam zu überlegen, wie und mit welchen Themen wir Helmut Kohl beraten und helfen können, um Bundeskanzler zu werden, was er dann auch geworden ist. Als Kohl gewählt war, es war ein Freitag, sind Gerd Bacher, Juliane Weber und ich mit Kohl zusammen am nächsten Morgen zum ersten Mal ins Kanzleramt gegangen. Gerd Bacher und ich riefen immer: »Wir sind Bundeskanzler.« Er war ein herrlicher Freund. Vor allem hatte er keine Scheu, Kohl frontal seine Meinung zu sagen. Ich sagte einmal zu ihm: »Lieber Gerd, du hast keine Kompetenzen, aber du nimmst Dir alle!«

Egon Bahr:
Egon Bahr war mir schon ein Begriff, als ich noch wissenschaftlicher Assistent in Berlin bei Professor Richard Löwenthal war, ein exzellener Ost-Experte, der auch beratend für Willy Brandt, dem Regierenden Bürgermeister von Berlin tätig war. Er war der Motor für die Entwicklung von Beziehungen zur DDR-Führung und ein strategischer Kopf für Mittel- und Osteuropa, später dann vor allem mit der Sowjetunion. Für viele war Willy Brandt ein rotes Tuch nach dem Motto, er betreibt sein besonderes eigenes Spiel mit den kommunistischen Regierungen ohne Rücksicht auf den Koalitionspartner FDP. Ich glaube aber, dass er im Ergebnis das richtige Gespür hatte, wie man mit den kommunistischen Regierungen umgeht. In der Regel führte er die Gespräche absolut vertraulich, was natürlich innerhalb der Opposition, der CDU/CSU, aber auch innerhalb der SPD oft Misstrauen geweckt hat, er würde ein eigenes unkontrollierbares Spiel betreiben. Der Koalitionspartner FDP war auch nicht immer glücklich. Als Willy Brandt Bundeskanzler wurde, wurde Egon Bahr Minister im Kanzleramt. Es war bekannt, dass er engste Beziehungen nicht nur zur SED, sondern auch nach Moskau hatte. Außer Willy Brandt wusste eigentlich niemand so recht, was er dort treibt, mit welcher Zielrichtung er Verhandlungen führt. Als Kohl Bundeskanzler wurde, war Egon Bahr so fair, ihm anzubieten, ihm seine vertraulichen Kontakte in Moskau zur Verfügung zu stellen. Kohl schickte ihn zu mir und er bot mir an, seine Geheimkontakte nach Moskau zu übernehmen. Das habe ich auch getan, aber nur einmal genutzt, weil ich dann in der Zeit von Gorbatschow selbst unmittelbar Zugang zu seinen engsten Mitarbeitern hatte. Der Kontakt, den mir Bahr gegeben hatte, war damals einer zum KGB. Den musste ich wirklich nicht mehr nutzen.

James Baker:
Er war Außenminister, Texaner, sehr umgänglich, ohne Attitüden. Für ihn war es gleichgültig, ob sein Gesprächspartner den gleichen Rang hatte oder nicht. Ich war kein Minister, konnte aber jederzeit mit ihm sprechen. Er rief mich oft aus Washington an, um zu erfragen, welche Position der Bundeskanzler in bestimmten Fragen einnimmt. Oder wenn er sich unsicher war, ob das, was sein deutscher Kollege Genscher ihm berichtet hatte, auch die Position des Kanzlers sei, dann hat er sich bei mir vergewissert, um keine Fehler zu machen. Als der Prozess der deutschen Einheit in Gang kam, hat er sehr selbstbewusst eigene Schritte vorbereitet und unternommen, um uns zu helfen. Das ging so weit, dass er mich im Januar 1990 anrief und sagte, er habe Gespräche in Moskau und werde dafür sorgen, dass der Bundeskanzler und ich rechtzeitig eine Unterrichtung bekämen. Wir arbeiteten wirklich auf das Engste Hand in Hand. Bei einem Gespräch beim amerikanischen Präsidenten Bush war er in der Regel immer dabei.

Wolfgang Bergsdorf:
Ein langjähriger Kollege, schon zu Mainzer Zeiten als Kohl Ministerpräsident war. Es ist etwas schwierig, seine Funktion zu beschreiben. Für Helmut Kohl war er ein Vermittler zu – zugespitzt – deutschen Intellektuellen, Schriftstellern, Künstlern, Wissenschaftlern. Ich bewunderte ihn, denn er schaffte es, Vollzeit für Helmut Kohl arbeitend, trotzdem in dieser Zeit seine Promotion und auch seine Habilitation durchzuführen. Ich hatte es ebenfalls vor, habe es aber zeitlich nicht geschafft. Es lag daran, dass er zu operativer Tätigkeit nie gezwungen war. Nie habe ich erlebt, dass er für Kohl eine Rede schreiben oder Interviews vorbereiten musste. Das musste ich alles machen. Er war ein freischwebender Intellektueller, der versuchte, Intellektuelle für Kohl einzuwerben.

Jean-Louis Bianco:
Er war der erste Generalsekretär im Elysée, gewissermaßen Chef, als Kohl Bundeskanzler wurde. Im Gegensatz zu Attali war er sehr seriös. Attali hatte eine intellektuelle spielerische Art. Bianco war ein sehr korrekter, sehr freundlicher und sehr angenehmer Chef des Elysée. Ich schätzte ihn sehr. In der Zusammenarbeit zwischen Kohl und Mitterrand spielte er inhaltlich nicht die zentrale Rolle. Das war Jacques Attali. Aber Bianco hat sich nie beschwert, blieb immer sehr aufgeschlossen und freundlich.

Joachim Bitterlich:
Bitterlich kam als Referent für Europapolitik und Frankreich in meine Abteilung. Sein unmittelbarer Chef war damals Botschafter Dr. Peter Hartmann, praktisch mein Stellvertreter. Bitterlich sprach fließend Französisch, war gewissermaßen der Verbindungsmann zum Elysée auf Arbeitsebene. Er bereitete die Treffen von Attali und mir vor und später die Begegnungen Kohl Mitterrand. Er musste dem Gruppenleiter Hartmann zuarbeiten und tat sich etwas schwer, weil ihn großer Ehrgeiz auszeichnete und er möglichst unmittelbar mit mir zusammenarbeiten wollte. Er versuchte auch geradewegs den Kontakt zu Kohl zu bekommen. Gelegentlich gab es Ermahnungen, um ihm deutlich zu machen, dass es auch im Kanzleramt Dienstwege gab. Er war ein großartiger Kenner Frankreichs und für die Entwicklung der deutsch-französischen Beziehungen sehr hilfreich.

Robert Blackwill:
Er war Europadirektor im Weißen Haus. Als ich die außenpolitische Abteilung des Bundeskanzleramts geleitet habe, war das Weiße Haus in Washington mein Hauptpartner, mehr als das State Department. In meinen Jahren bei Helmut Kohl habe ich sechs verschiedene National Security Advisor erlebt. Sie hatten im Weißen Haus eigene Arbeitsstäbe. Bob Blackwill war einer der Mitarbeiter und gelegentlich an Gesprächen mit mir beteiligt, wenn ich mit Mitarbeitern im Weißen Haus war. Er war sehr kenntnisreich, sehr geradlinig und am Ende ein sehr freundschaftlicher Partner.

Klaus Blech:
Er war deutscher Botschafter in Moskau und hatte nicht immer einen leichten Stand, denn Kohl war kein Freund davon, zu Gesprächen mit Regierungschefs im Ausland deutsche Botschafter dazuzubitten. Sie waren es gewohnt, wenn ein Minister oder der Bundeskanzler in die Hauptstädte kam, sie zu begleiten. Da ich den Bundeskanzler begleitete, hatte er wenig Neigung, Botschafter hinzuzuziehen, denn er hatte immer den Verdacht, sie würden die Karte des Außenministers Genscher spielen. Manche bevorzugten auch diese Karte, um die eigenen Karriere im Außenministerium sicherzustellen. Manchmal musste ich, auch bei Botschafter Blech, gewissermaßen vermitteln, um klarzumachen, dass Kohls Entscheidung, nur mich zum Gespräch hinzuzuziehen, nicht gegen ihn ad personam gerichtet war, sondern eine prinzipielle Verhaltensweise, weil es Kohl ausreichte, wenn ich dabei war. Wenn Blech nach Bonn kam, kam er auch zu mir, um mich zu unterrichten. Trotz allem hatten wir eine partnerschaftliche Verbindung.

Friedrich Bohl:
Parlamentarischer Geschäftsführer der CDU, außerordentlich loyal gegenüber Helmut Kohl. Kohl vertraute ihm völlig und holte ihn ziemlich spät ins Kanzleramt. Er brauchte

Ansprechpartner in der Bundestagsfraktion, um Seismografen zu haben über die Stimmung, die gegenüber ihn als Person und seine Politik herrschte.

Serge Boidevaix:
Als französischer Botschafter in Bonn hatte er keine leichte Stellung, weil die Beziehungen zwischen der Bundesregierung und dem französischen Präsidenten sehr unmittelbar liefen. Jeder Botschafter, auch die deutschen in Paris, mussten damit leben, dass vieles an ihnen vorbeiging, weil es auf der Ebene von Attali und mir intensiv lief und sie bei diesen Begegnungen in der Regel nicht dabei waren. Bodevaix hat mich gelegentlich zum Gespräch eingeladen. Ich erinnere mich, dass ich ihm mehr erzählt habe als er mir.

Alexander Bondarenko:
Leiter der Dritten westeuropäischen Abteilung des sowjetischen Außenministeriums, eine Institution, zuständig für Deutschland. Für uns gehörte er zu den kalten Kriegern in Moskau. Das eine oder andere Mal war er bei Gesprächen im größeren Rahmen beteiligt. Unmittelbar spielte er für uns keine Rolle.

Willy Brandt:
Er war der große Herausforderer, als Kohl von Mainz nach Bonn wechselte. Ich fand es sehr klug von Kohl, dass er in Brandt keinen ideologischen politischen Gegner empfand, sondern trotz der parteipolitischen Differenz immer wieder den Kontakt zu Brandt suchte und mit ihm zusammentraf. Natürlich gab es Meinungsverschiedenheiten, beispielsweise beim Doppelbeschluss der NATO. Brandt war entschiedener Gegner von Helmut Schmidt in dieser Frage. Willy Brandt als Bundeskanzler war eine sehr labile Persönlichkeit. Ich erinnere mich noch an die Erzählung von Horst Ehmke, dass er an manchem späten Vormittag das Schlafzimmer von Brandt aufsuchte, um ihm zu erklären, dass er nun regieren müsse. Brandt hatte große emotionale Schwankungen. Persönlich hatte ich zu seinem Büroleiter Beziehungen aufgenommen und daraus hat sich sogar eine Freundschaft entwickelt. Wir trafen uns zusammen mit unseren Ehefrauen zu Gesprächen. Kohl als Bundeskanzler pflegte systematisch Kontakt zu Brandt. Am Ende hatte sich eine sehr eigenwillige Freundschaft zwischen Brandt und Kohl entwickelt. Der Parteivorsitzende der CDU traf sich mit dem ehemaligen Parteivorsitzenden der SPD und beide schätzten sich. Das war schon etwas ungewöhnlich. Der Christdemokrat und der überzeugte Sozialdemokrat, in Erinnerung an die Auseinandersetzung um die Ostpolitik von Brandt, wo Kohl differenzierter argumentierte als die CDU insgesamt. Die Kontakte zu Brandt hat er nie vermarktet. Viele erfuhren nichts von den persönlichen Begegnungen, schon gar nicht die Medien.

George H. W. Bush:
Kohl hatte Bush schon kennengelernt, als er noch Vize-Präsident war. Er kam nach Deutschland und Kohl war mit ihm unterwegs nach Düsseldorf zu einer Veranstaltung im Zusammenhang mit dem Doppelbeschluss der NATO. Bush berichtete immer wieder, wie beeindruckt er war, als sie mit dem Auto in die Mitte einer Demonstration hineingerieten, beworfen wurden und Kohl absolut gelassen blieb, ihm zu verstehen gab, das man solche Ereignisse aushalten müsse. Das war eine erste wichtige Erfahrung, die Bush mit Helmut Kohl gemacht hatte. Als er Präsident der USA wurde, war es von Anfang an eine sehr persönliche und sehr freundschaftliche Beziehung. Wir haben Bush immer nur hilfreich erlebt.

Jürgen Chrobog:
Chrobog war während meiner ersten Jahre Pressesprecher des Auswärtigen Amtes. Von Journalisten habe ich immer wieder erfahren, dass er sich in seinen Pressekontakten häufig abschätzig über mich geäußert habe. Als ›Nicht-Diplomat‹ galt ich als ›Laienschauspieler‹, den man nicht so ernst nehmen sollte.

Hans-Lothar Domröse:
Er war ein Mitarbeiter von mir. Innerhalb meiner Abteilung hatte ich eine sicherheitspolitische Arbeitsgruppe, die immer vom Verteidigungsministerium personell besetzt wurde. Mein Vorgänger, ein bekannter deutscher Botschafter im Bundeskanzleramt, hatte sich einen Vorteil erkämpft. Herr von Staden hatte durchgesetzt, zuletzt Botschafter in Washington gewesen, dass er als Abteilungsleiter, als einziger im Kanzleramt, einen persönlichen Referenten genehmigt bekam. Das war immer ein junger Generalstabsoffizier aus dem Verteidigungsministerium, der alle zwei Jahre ausgewechselt wurde. Herr Domröse war einer dieser persönlichen Referenten von mir. Mit den persönlichen Referenten aus dem Verteidigungsministerium hatte ich Glück, denn es waren alles begabte Leute, so auch Domröse. Später sind sie auch alle Generäle geworden, Domröse sogar NATO-Oberfehlshaber. Er war ein außerordentlich seriöser und zuverlässiger Referent. Das galt für alle, die ich in dieser Funktion kennengelernt habe und die mir ad personam zugearbeitet haben.

Lothar de Maizière:
Ihn lernte ich kennen, als er bei den ersten freien Wahlen der DDR zum Ministerpräsidenten gewählt worden war. Kohl beauftragte mich, de Maizière immer wieder über die außenpolitischen Entwicklungen und die Gespräche des Bundeskanzlers zu unterrichten. Es war die Phase, wo viele Gespräche noch mit der sowjetischen Führung und mit den drei West-Mächten geführt wurden. Daher war ich öfters in Ost-Berlin, durfte aber nur über den Hintereingang den Amtssitz betreten, damit nicht bekannt werden konnte, dass de Maizière von jemandem aus Bonn unterrichtet wird. Ich habe versucht, ihm Verhaltensweisen zu erläutern, wie sie im Umgang westlicher Regierungen üblich sind. Manchmal waren es ganz banale Dinge. Später warf er mir in seinem Buch vor, ich sei arrogant aufgetreten. Es tat mir sehr leid, dass er den Eindruck gewonnen hatte.
Auf der einen Seite war er durchaus freundlich und konnte sehr liebenswürdig sein. Andererseits war er sehr selbstbewusst und wenn er etwas für richtig empfand, auch sehr selbstsicher. Physisch war er sehr belastet, weil alles für ihn neu war. Manchmal musste ich ihm banale Dinge erklären, die ihn anscheinend überraschten und arrogant vorkamen. Ich hatte nicht das Bestreben, ihn zu schonen und auf seine Gemütsverfassung einzugehen, denn es ging ja um zentrale Entwicklungen. Er empfand es anscheinend gelegentlich als eine Zumutung.

Jacques Delors:
Jacques Delors war für die deutsch-französischen Beziehungen sowie für die Europäische Gemeinschaft unter mehreren Gesichtspunkten ein Glücksfall. Am 7. Januar 1985 zum Präsidenten der Europäischen Kommission gewählt, wurde er in seiner zehnjährigen Amtszeit zum Motor der europäischen Integration, ihrer Vertiefung und Erweiterung. Er folgte dem Leitsatz: »Wir Europäer retten uns alle oder überhaupt nicht.« Sein Ankerpunkt wurde die enge deutsch-französische Zusammenarbeit. Er stimmte seine Initiativen in der Regel mit Präsident Mitterrand und in der Folge mit Bundeskanzler Kohl ab oder umgekehrt.

Carl J. Duisberg:
Vorsitzender der Arbeitsgruppe Deutschlandpolitik im Bundeskanzleramt. Er war mit seinen Mitarbeitern direkt dem Chef des Kanzleramts zugeordnet. In meine Tätigkeit war er nicht einbezogen und nahm an Briefings in meiner Abteilung nicht teil. Innerdeutsche Beziehungen und Auslandsbeziehungen waren säuberlich getrennt. Er war ausschließlich dem Chef des Kanzleramts verantwortlich. Wenn Sie selbstbewusste Chefs haben wie Herrn Schäuble, können Sie davon ausgehen, dass dieser auch kein Interesse hatte, dass ein zu enger Kontakt zwischen der Deutschlandarbeitsgruppe und der außenpolitischen Abteilung bestand. Daher hatte ich mit Duisberg sehr sehr wenig zu tun.

Roland Dumas:
Französischer Außenminister und enger Partner unseres Außenministers Genscher. Sie trafen sich mindestens so oft wie Kohl und Mitterrand. Genscher und Dumas spielten sehr geschickt zusammen. Sie haben sich gegenseitig unterstützt, um öffentliches Profil zu gewinnen. Wenn sie eine Ahnung hatten, in welche Richtung Kohl bzw. Mitterrand gehen wollten, trafen sie sich sehr schnell und haben ein gemeinsames Interview im *Spiegel* o. ä. Presseorgane veröffentlicht und sich an die Spitze der Überlegungen gestellt. Gelegentlich war es hilfreich, weil sie so als Motoren wirkten. Aber gelegentlich war es auch lästig, weil sie den beiden Regierungschefs ein Stück Show wegnahmen.

Frank Elbe:
Einer der Büroleiter von Außenminister Genscher, ein sehr ehrgeiziger Diplomat. Es war ja öffentlich bekannt, dass eine gewisse Rivalität zwischen Außenminister Genscher und mir bestand – oft von Journalisten hochgespielt, in der Substanz aber gar nicht gerechtfertigt. Ein gutes Stück trugen die Büroleiter von Genscher dazu bei. Herr Elbe war sehr selbstbewusst. Gelegentlich war man geneigt, sich etwas spöttisch über mich zu äußern, bzw. die besonderen Verdienste ihres Chefs herauszustellen. Elbe war ein Diplomat, der Genscher wie eine Hostie vor sich hertrug.

Georgi Evtimov:
Bulgarischer Botschafter, sehr sympathisch und schlitzohrig. Er war einer derjenigen Botschafter, die von sich aus ständig Kontakt zu mir suchten. Sein Vorbild war der ungarische Kollege István Horváth. Er hatte beobachtet, dass sich zwischen dem ungarischen Botschafter und mir fast freundschaftliche Beziehungen entwickelt hatten und wie oft ich in Budapest war. Er war der Auffassung, was für Ungarn geschieht, müsse auch für Bulgarien geschehen und drängte sehr schnell darauf, dass ich auch nach Sofia reisen sollte, als er hörte, dass wir Ungarn Kredite gaben. Er war überzeugter Kommunist und wollte, dass es Bulgarien gut geht und die Beziehungen erfolgreich sind. So entwickelte sich auch fast eine freundschaftliche Beziehung. Seine Frau, die in Wien lebt, schreibt mir heute noch zu Weihnachten oder Neujahr.

Valentin Falin:
Er war der bekannteste sowjetische Botschafter, der in Deutschland tätig war. Mit Egon Bahr und Willy Brandt hatte er die gesamte Ostpolitik organisiert und unterstützt. Er war hochintelligent, hatte seine Präferenzen in Deutschland Richtung SPD. Es gab schon Begegnungen mit ihm, aber sie waren ohne Substanz. Er sah in uns keinen Partner, mit dem er Politik machen wollte, schon gar nicht, solange wir in der Opposition waren.

Andreas Fritzenkötter:
Er kam sehr spät zu uns ins Bundeskanzleramt. Eduard Akkermann hatte ihn angeheuert. Er war ein Sprecher des Kanzleramtes als Unterstützung für Ackermann.

Robert Gates:
stellvertretender Assistant to the President for National Security Affairs und von August 1989 bis November 1991 Assistant to the President and Deputy National Security Adviser. Dazu kann ich nichts Weiteres sagen. Ich hatte immer mit dem National Security Adviser direkten Kontakt. Mit Gates hatte ich unmittelbar kein Gespräch.

Hans-Dietrich Genscher:
M. G.: *Gibt es noch irgendeine für Sie persönliche charakterisierende Note zu ihm?*

H. T.: Genscher war der Schlüsselpartner für Helmut Kohl, um eine Koalitionsregierung zu ermöglichen und stabil zu halten. Beide waren sich bewusst, dass sie einander brauchen und dem anderen eine Art Spielwiese überlassen müssen. Der Streit betraf die Größe dieser Spielwiese, in der die andere Seite selbständig wirken konnte. Es war ein Konkurrenzverhältnis. Genscher war nicht der Typ zu sagen, er sei der kleinere Partner von Helmut Kohl, sondern er war so selbstbewusst, dass er sich mindestens ebenbürtig mit ihm sah. Er tat sich schwer mit mir, als ich die Abteilung Außenpolitik übernahm, weil ich der erste war, der nicht aus dem Auswärtigen Amt kam. Ich verstand das auch. Er hatte eine Schlüsselposition im Kanzleramt verloren. Diese Position war für ihn ein Instrument der Einflussnahme. Das habe ich sehr schnell verändert, als ich erfuhr, dass der Entwurf für Texte des Kanzlers, die an andere Regierungen gingen, im Auswärtigen Amt angefertigt wurden. So war es auch, als Kohl gerade Bundeskanzler geworden war und ich ihm vorschlug, dem sowjetischen Generalsekretär Andropow einen Brief zu schreiben, um zu fragen, wie wir die neuen Beziehungen gestalten wollen. Der Entwurf kam aus dem Auswärtigen Amt, abgesegnet vom Außenminister. Von meinen Mitarbeitern, die alle von dort kamen, erfuhr ich, dass diese abgesegneten Texte unverändert an den Bundeskanzler gehen und nicht geändert werden dürfen. Also wäre meine Funktion die reine »Durchreiche« und überflüssig. Mit dem zuständigen Referenten für die Sowjetunion sprach ich unter vier Augen und fragte ihn, ob er den Entwurf gut fände. Er verneinte. Also beschloss ich, wir machen ihn neu. Es folgte der erste Konflikt: Im Kanzleramt ist nun einer, der Texte des Ministers ändert. Trotz allem hatte ich immer wieder Gespräche mit Genscher unter vier Augen. In der Regel machte ich die Erfahrung, wenn ich ihm etwas vortrug, er mir zustimmte und beschloss, es so zu machen. Oft war es seine Entourage, sein Büro, die persönlichen Referenten, die Spannungen aufbauten und Differenzen festzustellen glaubten, die oft gar nicht vorhanden waren. Genscher war ein begabter Politiker, ohne Zweifel, hatte im Ausland hohe Reputation, aber sein Wirkungskreis wurde mit Kohl eingegrenzt, weil Kohl genauso jovial auftrat wie Genscher und sehr schnell weltweit großes Vertrauen gewonnen hatte.

Genscher kam im Dezember 1990 zu meinem Abschiedsempfang, zu dem der Bundeskanzler in das alte Palais Schaumburg eingeladen hatte. Genscher sagte zu mir bei der persönlichen Verabschiedung: ›Er wolle mir nur sagen, er hätte nie etwas persönlich gegen mich gehabt.‹ Ich bedankte mich. Selbstverständlich hatte ich immer wieder Anlass, den Außenminister gegenüber dem Bundeskanzler zu kritisieren, aber häufig genug bekam ich zur Antwort: ›Lasse ihn, wir brauchen ihn.‹

Deutsch-spanische Konsultationen am 19. November 1986 in Madrid, v. l. n. r. verdeckt Helmut Kohl, Félipe Gonzales, Hans-Dietrich Genscher, Friedhelm Ost, Botschafter Guido Brunner, Horst Teltschik und Ministerialrat Alois Jelonek

Félipe González:
Dass er Regierungschef in Spanien wurde, war für Helmut Kohl ein Glücksfall. Als die beiden das erste Mal aufeinandertrafen, konnte Kohl eine seiner Stärken ausspielen, denn die beiden diskutierten über den Spanischen Bürgerkrieg. Kohl erzielte immer Wirkung, wenn er historische Parallelen ansprach und seinen Gesprächspartnern den Eindruck vermittelte, ihr Land zu kennen, zu wissen, was los war, wo sie herkommen, was erlebt wurde. Daraus hat sich immer sehr schnell eine persönliche Beziehung entwickelt.

Gonzáles war ein echter Kumpel, offen und immer guter Laune, wie ein alter guter Freund bis zum bitteren Ende von Helmut Kohl. Er sprach in sehr freundschaftlicher Weise im Europäischen Parlament, wo der Sarg von Kohl aufgebahrt war.

Gonzáles kam immer zu Konferenzen von mir, auch als Kohl nicht mehr im Amt war. Er war ein überzeugter Europäer. Wir wussten immer, dass er die Europapolitik Mitterrand-Kohl unterstützt. Er hatte einen mit mir vergleichbaren Mitarbeiter, Antonio Janez, den wir mit Attali immer hinzuzogen zur Vorbereitung der Europäischen Gipfel.

Juan Antonio Janez:
Er spielte bei Gonzáles eine vergleichbare Rolle wie Attali bei Mitterrand. Bei der Vorbereitung der Europäischen Gipfel kam es immer häufiger zu einem Vierertreffen: Attali, Janez, Ruggiero und ich. Wir trafen uns abwechselnd und es machte unglaublich viel Freude. Es

Begegnung zwischen Michail Gorbatschow und Horst Teltschik in Hamburg am 10. März 1992

war nicht nur intellektuell interessant, wir haben gut gegessen und getrunken, es hat einfach Spaß gemacht.

Ruggiero und Janez waren Kollegen, die vergleichbar aktiv waren wie ich. Wir alle hatten einen sehr persönlichen Zugang zu unseren Regierungschefs, gingen inhaltlich politisch in die gleiche Richtung, die europäische Integration war für uns alle das Ziel schlechthin. Wir hatten alle ein enges Vertrauensverhältnis zu den Chefs. Am Ende waren wir wirklich Freunde. Renato Ruggiero war von 1987 bis 1991 Minister für Außenhandel und von 2001 bis 2002 italienischer Außenminister.

Michail S. Gorbatschow:

Die Begegnungen zwischen Gorbatschow und Kohl waren anfänglich etwas schwierig, weil bei den ersten Gesprächen noch nicht offensichtlich war, was Gorbatschow wirklich an der sowjetischen Politik verändern würde und wie er die Beziehungen zu Deutschland einschätzt. Das hat sich erst völlig verändert mit dem Besuch Gorbatschows in Bonn, Düsseldorf und Stuttgart, als es zu langen sehr persönlichen Gesprächen zwischen beiden Ehepaaren im Bungalow und mit Gorbatschow allein am Rheinufer kam. Das war die Stunde, in der Gorbatschow Vertrauen in Helmut Kohl fasste und es Kohl gelang, ihn zu überzeugen, dass wir wirklich Zusammenarbeit und Verständigung und weg von der Konfrontation wollen. Eine vergleichbare Beziehung entwickelte Gorbatschow mit Präsident Bush. Später sagte er mir persönlich, wenn er das Vertrauen in die beiden nicht gehabt hätte, wäre vieles anders verlaufen.

Er war von Anfang an ein Sympathieträger. Nach Moskau hatten wir die Münchner Philharmoniker unter Leitung des bekannten rumänischen Chefdirigenten Sergiu Celibidache mitgenommen. Am Konzertabend konnte man sehen, dass Gorbatschow händchenhaltend

Konzert der Münchner Philharmoniker im Festsaal des Kreml am 10. Februar 1990: v. l. n. r. Barbara Genscher, Hans-Dietrich Genscher, Hannelore Kohl, Michail S. Gorbatschow, Raissa Gorbatschowa und Helmut Kohl, hinter Kohl: Horst Teltschik

mit seiner Frau Raissa kam und wie liebevoll sie miteinander umgingen. Es war der erste Generalsekretär, der mit seiner Ehefrau auftrat. Bis dahin war das völlig unüblich. Man sah, das sind Menschen, keine Funktionäre. Wenn sich Gorbatschow wohlfühlte, erzählte er sehr gerne kleine Witze. Bei einem Abendessen erhob er sein Wodkaglas und sagte: »Helmut, das ist das einzige saubere Getränk in der Sowjetunion.« Auch die Tatsache, dass er mich in Moskau empfing, war vom Rang her eigentlich ungewöhnlich, aber er hatte damit kein Problem.

Als er zurückgetreten war, fragten wir mehrfach, ob wir ihm weiterhin helfen können. Bis kurz vor seinem Tod waren meine Treffen mit ihm immer unter Freunden auf gleicher Ebene. Er lud mich zu Konferenzen ein, forderte mich auf zu reden. Er war Präsident von Green Cross und wollte, dass ich sein Nachfolger werde. Das konnte ich nicht machen, denn er hatte eine Stiftung mit Apparat und viel Geld. Ich hätte es aus meiner Tasche finanzieren müssen. Ohne Mitarbeiter war das nicht zu machen.[240]

Elisabeth Guigou:
Eine außerordentlich charmante Französin, so wie man sich das fast bilderbuchartig vorstellt, jung und attraktiv und blitzgescheit. Sie war die Expertin für alle Fragen der Europäischen Gemeinschaft, das Lexikon für Attali. Wenn es um fachliche Themen ging, war Elisabeth verantwortlich zuständig, sehr kenntnisreich und sehr hilfreich.

240 Siehe auch Dokument 12: Zum Tod von Gorbatschow von Teltschik im Anhang Dokumente, S. 883–888.

Christian Hacke:
Ein alter Freund aus Zeiten des Rings Christlich-Demokratischer Studenten (RCDS). Dort haben wir uns kennengelernt. Als wir unsere Studienzeit beendet hatten, gingen unsere Wege auseinander. Während meines Examens hatte ich ein Angebot von Walther Leisler Kiep, zu ihm als Mitarbeiter zu kommen. Ich habe abgelehnt. Aber Christian Hacke wurde Mitarbeiter von Kiep. Daher hatten wir immer wieder Kontakt miteinander. Daraus hat sich eine persönliche Freundschaft bis heute entwickelt. Kohl und Hacke kamen seltsamerweise nicht miteinander zurecht, sodass Christian keinen Zugang zu ihm fand. Wenn ich aber zu Beraterrunden im Kanzleramt eingeladen habe, war er immer dabei. Ich schätzte seinen Humor, seine Kenntnisse und seine Offenheit. Er hatte eine gewisse Leichtigkeit, war nicht allzu ernst, ein fröhlicher Bursche und absolut loyal.

Peter Hartmann:
Mein Stellvertreter, Mitarbeiter im Kanzleramt, zuständig für die Arbeitsgruppe Europapolitik. Er wurde mein Nachfolger. Darüber hinaus war er für mich ein wichtiger Mitarbeiter und Ratgeber, außerordentlich seriös, sensitiv im Umgang miteinander. Es ist für einen Stellvertreter nicht so leicht, wenn nur der Chef immer beim Kanzler ist und man selbst zurückstehen muss. Ich musste immer wieder von mir aus veranlassen, dass Peter Hartmann an Gesprächen mit Kohl teilnehmen konnte, damit er nicht das Gefühl bekam, nur ich sei immer gefragt. Hartmann war sehr feinfühlig gegenüber dem Chef. Ich hatte nie das Gefühl, dass ich ihn verletzt hätte oder er beleidigt gewesen wäre. Fachlich habe ich ihn immer einbezogen und sein Rat war immer sehr konstruktiv.

Ottfried Hennig:
Er war enger Mitarbeiter von Rainer Barzel und kam dann als Bundesgeschäftsführer der CDU in die Bundesgeschäftsstelle. Dort habe ich ihn nur einmal kurz erlebt. Für mich spielte er in der Zeit, als ich in Bonn war, keine wichtige Rolle mehr.

Alfred Herrhausen:
Weil Helmut Kohl einen sehr guten Kontakt zu ihm hatte, lernte ich ihn kennen. Sie trafen sich immer wieder zu Gesprächen. Letztlich hat er den Bundeskanzler beraten in Fragen der Wirtschafts- und Finanzpolitik. Oft forderte Kohl solche wichtigen Gesprächspartner auf, sich auch noch mit mir zusammenzusetzen, damit ich überlegen konnte, wie man operativ weiterverfährt. Von Anfang an mochten Herrhausen und ich uns persönlich. Als ich den Auftrag hatte, die erste Regierungserklärung von Helmut Kohl vorzubereiten, sprachen wir Herrhausen an, für das Kapitel Finanz- und Wirtschaftspolitik mitzuarbeiten, was er auch getan hat. Herrhausen kam nicht nur auf Anfrage von Kohl nach Bonn, sondern auch immer wieder von sich aus, weil er den Austausch mit Kohl wollte. International spielte er eine wichtige Rolle. Bei der Verschuldungskrise in Lateinamerika hat er auch den Amerikanern sehr geholfen. Es entwickelte sich eine persönliche Beziehung zwischen ihm und mir. Als es wieder einmal nach der Ablösung Kádárs um eine Kreditanfrage aus Ungarn ging, schickte Bundeskanzler Kohl Herrhausen und mich nach Budapest, um entsprechende Gespräche mit dem neuen Ministerpräsidenten Károly Grósz zu führen. Wir waren drei Tage dort und haben uns angefreundet. Herrhausen hatte natürlich das Bestreben, viel häufiger mit Kohl zusammenzukommen. Wenn es aus terminlichen Gründen nicht klappte, kam er halt zu mir.

Gyula Horn:
Ich mochte ihn, weil er ein Kumpel-Typ war, unkompliziert, sehr direkt. Wir duzten uns, das ergab sich, lag natürlich auch am Ouzo.

István Horváth:
Er kam als Botschafter nach Bonn, verheiratet mit Elke aus der DDR. Später haben sie mir immer wieder berichtet, sie hätten viel von mir gehört und hatten deshalb das Bestreben, möglichst schnell mit mir zusammenzutreffen, denn ich galt als derjenige, der am ehesten helfen könne. Sie waren großartige Gastgeber, gaben in der Botschaft immer wieder kleine Feste, zu denen wir in der Regel eingeladen waren und gerne hingingen. Dort war es lustig und fröhlich. Nach István brauchte Ungarn Unterstützung und ich sollte nach Budapest kommen. Kohl war sofort einverstanden. Ich hatte mein erstes Gespräch unter vier Augen mit Ministerpräsident János Kádár. Wir alle waren in engster Abstimmung. Alle ungarischen Partner, ob Ministerpräsident Miklos Németh, Außenminister Gyula Horn, István Horváth u. a. haben mir immer alles erzählt, was in ihren Beziehungen mit der Sowjetunion ablief.

Douglas Hurd:
Als Außenminister war er eine Art Gegengewicht zu Margaret Thatcher. Er hat sich auf Genscher konzentriert. Ich kann mich an kein bilaterales Gespräch zwischen ihm und Kohl erinnern, an dem ich teilgenommen hätte. Wir hatten ausschließlich mit Premierministerin Thatcher Gespräche und das war auf britischer Seite ausreichend. In der Endphase von Thatcher kam es zu Gesprächen mit Kohl. Hurd war im Vergleich zu ihr weniger emotional, sehr seriös, sehr kenntnisreich und am Ende auch sehr hilfreich.

Uwe Kaestner:
Mit ihm bin ich heute noch in Kontakt. Er war bei mir zuständig für alle Warschauer Pakt-Staaten einschließlich der Sowjetunion. Ein außerordentlich korrekter, seriöser Mitarbeiter, immer sehr zurückhaltend, sehr aufmerksam, immer sorgsam achtend, dass man dem Chef nicht zu nahetritt, gleichzeitig sehr kenntnisreich und sehr zuverlässig. Natürlich habe ich ihn persönlich sehr gut kennengelernt, weil er mit mir zusammen die Verhandlungen in Polen geführt hat. Es ging darum, dass er sich in meinem Auftrag völlig selbständig mit den Kollegen im Außenministerium abstimmt. Er musste auch alle Papiere vorbereiten. Ich konnte mich 200 %ig verlassen. Eher musste ich ihn manchmal aus der Reserve locken. Auf sein Wissen konnte ich mich absolut verlassen. Er war für mich die Stütze in den Verhandlungen mit Warschau.

Dieter Kastrup:
Staatssekretär im Außenministerium. Wir hatten einen korrekten Umgang miteinander. Es war unspektakulär und sehr kollegial.

Henry Kissinger:
Schon als Student hatte ich Kontakt zu ihm, denn ich las seine Bücher. Als ich im Kanzleramt war, ergaben sich die ersten Möglichkeiten, mit ihm zusammenzutreffen, weil er – das war seine Begabung – ganz schnell den Kontakt zum Bundeskanzler anstrebte. Ich hieß ihn willkommen und begleitete ihn. Der Durchbruch kam bei einer Begegnung auf der Bilderberg-Konferenz im Mai 1990 in der Nähe von New York. Man hatte mich gebeten,

einen Vortrag über den Prozess der deutschen Wiedervereinigung zu halten. Dort konnte ich vieles noch nicht sagen, weil es noch in der Schwebe war. Andererseits dachte ich, es sei schon wichtig, diesem Publikum zu erläutern, in welche Richtung wir gehen. Henry schlug vor, einen walk through the park zu unternehmen. Ich hatte das Gefühl, er weiß viel mehr. Auf dem über eine Stunde dauernden Gang durch den Park habe ich sehr offen über alles berichtet. Immer wieder sagte er: »Horst, do it!« Er bestärkte mich immer wieder. In den Folgejahren habe ich ihn noch bis zu seinem 100. Geburtstag in Fürth persönlich getroffen und er erinnerte mich immer an unseren walk through the park. Eine wunderbare Widmung in einem seiner Bücher lautet »To Horst, whom I admire.« Er fand, dass Kohl den Prozess der Einigung hervorragend gemanaged habe. Es hat sich eine Freundschaft entwickelt und wir waren bis zu seinem Tod in engem Kontakt.

Johnny Klein:
Er war Regierungssprecher, ein sehr agiler Bursche. Seine geniale Begabung war, immer wenn Fotografen auftauchten, in der unmittelbaren Nähe des Kanzlers zu stehen. Es gibt kaum Bilder ohne ihn. Für den normalen Dienstgebrauch war seine Pressearbeit ok. Ich hatte aber relativ früh begonnen, außenpolititsche Entscheidungen des Bundeskanzlers selbst zu verkaufen. Die Journalisten wussten, dass sie Themen der internationalen Politik weniger mit Johnny Klein oder Friedhelm Ost besprechen konnten, sondern kamen immer häufiger zu mir. Zunehmend gab ich Interviews, denn Kohl sagte, wir machen eine gute Politik und verkaufen sie schlecht. Außerdem war ich es leid, zum gleichen Thema zig Erklärungen zu schreiben, weil der Regierungssprecher nicht in der Lage war, eine Materie zehnmal zu verkaufen und den Journalisten den Eindruck zu vermitteln, dass es immer einen Fortschritt gegeben habe, obwohl es immer das Gleiche war. Man musste verbal begabt sein, um die noch nicht stattgefundenen Fortschritte trotzdem als solche zu verkaufen.

Günter Knackstedt:
Ihn lernte ich kennen, als er Büroleiter von Außenminister Genscher war. Solange er dort war, haben wir uns regelmäßig zu Gesprächen getroffen. Er war für mich außerordentlich hilfreich. Ihm ging es nicht darum, ein Konkurrenzverhältnis Genscher-Teltschik zu unterstreichen, sondern um Übereinstimmung in der Sache. Daraus hat sich am Ende eine persönliche Freundschaft entwickelt. Wir haben uns wechselseitig eingeladen. Dann wurde er Botschafter in Luxemburg, danach in Portugal, wo ihn meine Frau und ich jeweils besucht haben. Er war einer der wenigen hilfreichen Diplomaten aus der unmittelbaren Umgebung von Genscher, die mich nicht als Konkurrenz sahen. Wir zogen am gleichen Strang und haben uns wechselseitig unterrichtet.

Horst Köhler:
Er war ein sehr seriöser Finanzexperte im Bundesfinanzministerium. Mit dem Finanzminister Waigel waren wir uns nicht immer so sicher, was er wirklich kann oder nicht kann. Von Köhler und Ludewig wussten wir genug über die Unzulänglichkeiten ihres Chefs. Bundeskanzler Kohl hat sich letztlich auf diese beiden verlassen. Beide waren fachlich hochqualifiziert. Mit Köhler habe ich heute noch Kontakt. Ich habe nie verstanden, warum er als Bundespräsident zurückgetreten ist. Aber das war seine persönliche Entscheidung. Ich habe die Gründe nie hinterfragt. Horst Köhler war einer der Architekten der Wirtschafts-, Währungs- und Sozialunion.

Hilmar Kopper:
Als Chef der Deutschen Bank war er mit mir im Mai 1990 zu Kreditverhandlungen in Moskau. Er war Nachfolger von Herrhausen. Mit ihm hat sich keine vergleichbar enge Beziehung entwickelt wie zwischen Herrhausen und Kohl und mir. Ich habe ihn als angenehmen, hilfreichen Banker erlebt.

Julij Kwizinskij:
Ein außerordentlich aktiver sowjetischer Botschafter, der regelmäßig zu mir ins Bundeskanzleramt zu Gesprächen kam. Die Beziehung war so offen und persönlich, dass, wenn er kam und einleitend die sowjetische Position zu den Themen erläuterte, ich ihm sagte, die offizielle Version könne ich in der Prawda auch lesen. Das hat er akzeptiert und danach wurde es interessant, wir redeten offen. Als Gorbatschow ins Amt kam, haben wir immer überlegt, was wir tun können, um beim sowjetischen Reformprozess zu helfen. Nach dem verunglückten *Newsweek*-Interview des Bundeskanzlers konnte ich ihn anrufen und mit ihm überlegen, wie es aus der Welt zu schaffen sei. Er war auf der einen Seite außerordentlich kooperativ, aber auf der anderen Seite schon linientreu. Es war kein Dissident, mit dem ich geredet habe.

Oskar Lafontaine:
Ich hatte nie Kontakt mit ihm. Einmal habe ich ihn kurz am 8. Juli in Rom erlebt anlässlich des Endspiels der Fußballweltmeisterschaft. Seine politische Linie im Wahlkampf 1990 war bekannt. Er war ein guter politischer Gegner mit klaren Fronten.

Karl Franz Lamers:
Ihn lernte ich kennen, als ich in der Bundesgeschäftsstelle tätig war und Karl Lamers Leiter der Karl-Arnold-Stiftung war, einer politischen Akademie in Bad Godesberg. 1990 war ich selbst zum Vortrag dort und sprach relativ offen über meine Erwartungen, dass sich nun Bewegung in der deutschen Frage abzeichnen würde. Peter Radunski, ehemaliger Studienkollege und Wahlkampf-Manager in der CDU-Bundesgeschäftsstelle, sagte damals zu mir, ich hätte mich weit vorgewagt.

Hans Werner Lautenschlager:
Zu meiner Zeit war er Staatssekretär im Auswärtigen Amt, zuständig für die Europapolitik. Ein außerordentlich seriöser, hoch gebildeter und fachlich hoch qualifizierter Kollege. Als ich mich von ihm verabschiedete, sagte er zu mir: »Herr Teltschik, wir haben ja miteinander nie Probleme gehabt.« Das stimmte. Aber er sagte auch, er müsse zugeben, dass der ›Dicke‹ – gemeint war Herr Genscher – nicht zuhöre, wenn man ihm etwas sage. Das war ja partiell auch ein Problem, das ich hatte. Je länger die Chefs im Amt sind, desto mehr glauben sie, dass sie alles selbst am besten oder besser wissen. Ihm ging es so mit Genscher wie mir partiell mit Kohl. Lautenschlager war kein Agitator wie andere im Außenministerium.

Walther Leisler Kiep:
Als ich in der Bundesgeschäftsstelle gearbeitet habe, lernte ich ihn kennen. Er gehörte zum »liberalen Flügel« der Union. Ein erfolgreicher Geschäftsmann, anglophil, weltmännisch und in der Ostpolitik zum liberalen Flügel der Union zählend. Ich musste den Außenpolitischen Arbeitskreis der CDU betreuen, Mitglieder waren u. a. von Weizsäcker, Kiep und Pieroth. Der Gegenpol zu diesem liberalen Flügel war Werner Marx. Ich neigte zum

Vortrag von Horst Teltschik vor Gasthörern und Studenten

liberalen Flügel. Daher kannte ich Kiep. Er war etwas oberflächlich, keiner, der sich wirklich in die Tiefe der Materie vergrub.

M. G.: *Welche Bedeutung hatte die Atlantikbrücke*[241] *für Sie?*

H. T.: Sie hatte für mich die wichtige Rolle, dass sie mich regelmäßig zu Vorträgen einlud. Darin sah ich die Chance, eine Analyse der Regierungspolitik zu geben, um zu erläutern, was politisch relevant war und was wir für weniger relevant hielten. Die Teilnehmer bekamen von mir praktisch ein Briefing über die jeweils aktuelle deutsche Außenpolitik. Zuständig für die Organisation der Atlantik-Brücke war Beate Lindemann. Wir haben zusammen studiert, waren befreundet und haben uns gelegentlich privat getroffen. Politisch spielte sie für mich keine Rolle.

Johannes Ludewig:
Er bewarb sich als Student um ein Stipendium bei der Adenauer Stiftung. Ich war in seiner Prüfungskommission und sah ihn als aufgeweckten, hoch intelligenten Studenten und befürwortete seinen Antrag. Wie das Leben so spielt, war ich auch im Prüfungsausschuss, als er sich für ein Promotionsstipendium bewarb. Ich wusste, dass er Volkswirtschaft studierte und nach dem Studium für den Bundeswirtschaftsminister tätig wurde. Bundeskanzler Kohl sagte einmal, wir bräuchten dringend einen guten Wirtschaftsfachmann im Kanzleramt. Unser Abteilungsleiter war fachlich hochqualifiziert, aber unpolitisch. Er war nicht in der Lage, volkswirtschaftliche Erfordernisse argumentativ in die Politik zu übertragen, sie handbar und verständlich zu machen. Ich dachte sofort an Ludewig, und wir holten ihn. Er ist

241 Siehe Anmerkung 167, S. 312.

nicht nur fachlich sehr fähig, sondern auch begabt im Umgang mit Politikern. Kohl mochte ihn von Anfang an. Er wurde bei uns Abteilungsleiter und stieg bis zum Staatssekretär auf.

Christopher Mallaby:
Für mich war er der begabteste Diplomat während meiner Laufbahn. Sehr seriös, präzise, kenntnisreich und politisch absolut korrekt. Wenn wir zusammen sprachen, wusste ich, dass er es sachgerecht weiterleitet. Er war für mich ein wichtiger Botschafter für Margaret Thatcher, denn ich konnte mich völlig auf ihn verlassen.

Tadeusz Mazowiecki:
Polnischer Ministerpräsident. Es war der erste frei gewählte demokratische Regierungschef Polens. Eine sehr sympathische Persönlichkeit, immer unsicher, ob er seinen Partnern auf politischer Ebene wirklich vertrauen kann. Das konnte ich verstehen, wenn man im kommunistischen System aufgewachsen ist. Er war sehr seriös. Letztlich haben wir mit ihm alles einvernehmlich geregelt.

Adrienne Maisch:
Botschafter von Luxemburg, verheiratet mit einer amerikanischen Sängerin, war leidenschaftlicher Pianist. Regelmäßig lud er in die Botschaft ein, wo es nicht nur sehr gutes französisches Essen gab, sondern immer auch ein Konzert, er spielte Klavier und seine Frau sang. Es waren beliebte Einladungen, es ging weniger um Politik. Im letzten Jahr war ich mit meiner Frau bei der Beerdigung von Adrienne. Als Botschafter kam er regelmäßig zu mir ins Büro. Luxemburg war für uns sehr hilfreich, was die Europäische Gemeinschaft betraf. Für Kohl war Luxemburg der Beleg dafür, dass er sich nicht nur um die Großen in der EG und EU kümmerte wie Frankreich und Großbritannien, sondern ihm die ›Kleinen‹ genauso am Herzen lagen. Als Bundeskanzler galt sein erster Staatsbesuch demonstrativ dem Nachbarland Luxemburg.

Boris Meissner:
Osteuropa-Experte, Fachmann für die Sowjetunion, den ich in Bonn in meinem Beraterkreis einlud. Er gab mir einmal einen sehr hilfreichen Ratschlag, wie mit der Sowjetunion zu verfahren sei. Im Februar 1990 sagte er in einem abendlichen Gespräch: »Seit Stalin sei die Sowjetunion immer an einem Vertrag mit klaren sicherheitspolitischen Zusagen interessiert gewesen. Denken Sie doch darüber nach, ob Helmut Kohl nicht einen solchen Vorschlag machen sollte.« Wir sind diesem Ratschlag gefolgt. Es war ein sehr wichtiger Rat. Er hat uns im Frühjahr 1990 in den Gesprächen mit Moskau den Durchbruch gebracht.

Michael Mertes:
Ich hatte mit seinem Vater zu tun, der im Auswärtigen Amt tätig war. Michael Mertes wurde von Bundeskanzler Kohl eingestellt, als wir im Bundeskanzleramt eine Arbeitsgruppe für Redenschreiben einrichteten. Fast täglich hielt Kohl irgendwo über irgendetwas eine Rede. Die außenpolitischen Reden wurden in der Regel alle bei mir verfasst. Michael Mertes ist ein sehr begabter politischer Kopf und hatte eine kleine Gruppe von Mitarbeitern, die u. a. die berühmte Zehn-Punkte-Rede geschrieben haben. Ich hatte sie mit ihnen im Gespräch vorbereitet, am Ende mussten sie sie aber schreiben. Mertes war der richtige Mann an der richtigen Stelle. Gelegentlich habe ich ihm geholfen. Bei manchen Redebesprechungen

beim Bundeskanzler war ich dabei. Manchmal hatten sie über Nacht eine Rede geschrieben. Kohl las einmal die ersten Sätze, als er explodierte und schimpfte, noch bevor er die Rede insgesamt gelesen hatte. Ich erklärte ihm, dass grundsätzlich die schwierigste Passage einer Rede die einleitenden Sätze sind. Dort entscheidet sich, ob die Menschen zuhören werden oder nicht. Übrigens kann man die einleitenden Sätze auch ändern. Mertes und seine Mannschaft saßen demütig da. Ich sagte zum Bundeskanzler, dass wir uns seinen Wutausbruch nach durchgearbeiteter Nacht nicht gefallen lassen müssen und ich verließ daraufhin den Raum. Juliane Weber lief hinter mir her und meinte, das könnte ich doch nicht machen! Doch, das kann ich machen, antwortete ich. Von mir hat sich Kohl das gefallen lassen, von anderen wahrscheinlich nicht.

Wolfgang Mischnick:
Mit ihm hatte ich persönlich nichts zu tun. Er hat einmal im Auftrag von Genscher, so berichtete es mir Bundeskanzler Kohl, meine Entlassung gefordert. Das war meine einzige Erfahrung mit ihm.

François Mitterrand:
Er war ein Politiker, der es genossen hat, Präsident zu sein. Er hatte ein gesundes Selbstbewusstsein. Er wollte auch so behandelt werden. Fast hätte man ihn mit »Königliche Hoheit« angesprochen. Dabei war er nicht unsympathisch. Kohl und er waren sehr schnell beim Du. Kohl hat ihn aus meiner Sicht gewinnen können, nicht zuletzt durch seine historischen Kenntnisse. Mitterrand war an Geschichte interessiert und hatte seine spezifischen Erfahrungen mit Deutschland aus dem Dritten Reich. Kohl war Historiker und so begannen viele Gespräche mit einem historischen Ereignis. Sie tauschten sehr schnell bei jeder Begegnung ein kleines persönliches Geschenk aus. Die Gespräche verliefen locker und oft sehr scherzhaft.

Klaus Naumann:
General der Bundeswehr in der politischen Abteilung des Verteidigungsministeriums. Dort war er mein wichtigster Gesprächspartner in allen Fragen, vor allem der Abrüstungs- und Rüstungskontrolle. Zuständig dafür war das Auswärtige Amt, eine schizophrene Situation. Der Vorteil war, dass der zuständige Abteilungsleiter ein CDU-Mann im Auswärtigen Amt war, sodass ich ein Dreieck hatte, um mich inhaltlich abzusichern. General Naumann war mein Counterpart, um im gesamten Komplex der Sicherheits- und Abrüstungspolitik fachlich gut beraten zu werden. Als ich ausschied, sagte ich zum Bundeskanzler, er solle Naumann zum Generalinspekteur machen, was er auch tat. Naumann stieg dann bis zur obersten Ebene der NATO auf. Wir sind heute noch in Kontakt und treffen uns immer wieder, eine richtige Freundschaft.

Miklós Németh:
Ich lernte ihn kennen in der Zeit von Kádár als ZK-Sekretär für Wirtschaft und hatte den Eindruck, hier sitzt ein Fachmann, kein Ideologe. Über seinen Botschafter István Horváth hatte ich permanenten Kontakt mit ihm und bin auch über meine Zeit im Kanzleramt hinaus mit ihm in Verbindung geblieben.

Als Jacques Attali 1990 Präsident der Europäischen Bank für den Wiederaufbau und Entwicklung in London wurde, forderte ich ihn mit Zustimmung des Bundeskanzlers auf, Németh hauptberuflich miteinzubinden, was er auch tat. Denn mit der ersten freien Wahl

Frühstück des Bundeskanzlers mit Präsident Mitterrand im Elysée am 27. Juni 1986, v. l. n. r. Horst Teltschik, Helmut Kohl, zwei Dolmetscherinnen, François Mitterrand und Teltschiks Counterpart Jacques Attali

in Ungarn haben die Kommunisten natürlich verloren und Németh musste ausscheiden. Er war absolut zuverlässig, loyal und genau auf der richtigen Linie des politischen Reformprozesses.

Uwe Nerlich:
Mitarbeiter in der Bundeszentrale für politische Bildung, ein außen- und sicherheitspolitischer Fachmann. Eine Reihe seiner Arbeiten habe ich gelesen und konnte ehrlich gesagt relativ wenig damit anfangen, viel Theorie, aber wenig Gespür für die Praxis.

Walter Neuer:
Er kam aus dem Auswärtigen Amt, ursprünglich Mitarbeiter in meiner Abteilung. Dann ging es darum, dass Kohl auf seinen internationalen Reisen einen Mitarbeiter brauchte, der die diplomatischen Gepflogenheiten kannte und der den Bundeskanzler auch persönlich für seine Bedürfnisse zur Verfügung stand und alle Protokollabläufe überprüfte. Wir empfahlen Walter Neuer, und er hat es hervorragend gemacht.

Nikolai Portugalow:
Er war mir sehr vertraut. Offiziell war er sowjetischer Journalist, der in der Regel Interviews gab, wenn er nach Deutschland kam. Sehr schnell suchte er den Kontakt zu mir. Was er aus Moskau berichtete, fand ich stets interessant. Er war ein Seismograf dafür, wie die Stimmung in Moskau uns gegenüber war. 1989 kam er sehr geheimnisvoll zu mir ins Kanzler-

Treffen des Geschäftsführers der Bertelsmann Stiftung Horst Teltschik mit Ungarns ehemaligem Ministerpräsidenten Miklós Németh im Rahmen des International Bertelsmann Forums im Gästehaus Petersberg bei Bonn vom 3. bis 5. April 1992

amt und berichtete, dass er eine Reihe von handgeschriebenen Aufzeichnungen hätte über intensive Gespräche in Moskau zu Fragen der künftigen Beziehungen zu Deutschland, zur Wiedervereinigung usw. Ich bat ihn, mir seine Papiere zu überlassen, ging zum Bundeskanzler und sagte ihm, wenn man jetzt in Moskau beginne, über die deutsche Einheit nachzudenken, wird es höchste Zeit, dass wir das auch tun. Portugalow war also in gewissem Sinne der Auslöser der Zehn-Punkte-Rede.

Norbert Prill:
Ich kannte ihn nicht. Als er eingestellt wurde, kam er in die Arbeitsgruppe der Redenschreiber von Dr. Mertes. Er war oft bei den Redebesprechungen mit Mertes dabei. Er hatte der den Auftrag, die erste Fassung der Zehn-Punkte-Rede zu schreiben.

Wolfgang Röller:
Vorstandssprecher der Dresdner Bank, war persönlich sehr erfreut, dass er im Auftrag des Bundeskanzlers die Reise mitmachen und bei meinen Gesprächen mit mehreren sowjetischen Ministern und am Ende mit Präsident Gorbatschow dabei sein konnte. Immer, wenn wir uns trafen, bezeichnete er das als einen der Höhepunkte seiner Laufbahn. Er war fasziniert, an einem Tag so viel geballte Politik zu erleben, die Fülle der Gesprächspartner, zum Schluss sogar der Generalsekretär Gorbatschow, er fand es fast überwältigend. Später schwebte noch immer seine Begeisterung durch den Raum, dass er diesen politischen Augenblick erleben konnte.

Joseph Rovan:
Ein französischer Historiker, der im KZ Dachau überlebt hatte und ein großer Akteur und Befürworter der deutsch-französischen Verständigung war. Es war sein Herzensanliegen. Helmut Kohl mochte ihn sehr. Wenn Professor Rovan beim Bundeskanzler war, kam er in der Regel auch zu mir. Wir diskutierten immer über die deutsch-französischen Beziehungen, ob sie sich gut genug entwickelten und was als nächstes zu tun wäre. In Reden habe ich ihn oft zitiert, denn er hatte mal aufgezeigt, wie viele Kriege es zwischen Deutschland und Frankreich gegeben habe. Er sprach von 27 Kriegen zwischen Deutschland und Frankreich – wahrlich genug.

Mein Tenor war daher: Es reicht. Wenn andere Europäer uns fragten, warum wir so eng mit Frankreich seien, antworteten wir ebenfalls mit dieser Zahl. Mit Rovan standen wir freundschaftlich in Kontakt; er war immer bereit, uns zu helfen.

Volker Rühe:
Ein sehr selbstbewusster Hamburger Politiker, ein präpotenter Bursche auch mir gegenüber. Er hatte Mühe, mit mir zu sprechen, denn ich war ja Beamter und kein Politiker. Er hatte eine gesunde Arroganz. Wenn er etwas wissen wollte, rief nicht er an, sondern ein Mitarbeiter. Ich sagte, ich sei gerne bereit, mit ihm zu sprechen, käme auch gerne in sein Büro, sei aber nicht bereit, mit einem Mitarbeiter zu sprechen. Ich schloss mich seiner Arroganz an.

Jürgen Fritz Werner Ruhfus:
Staatssekretär und Botschafter, CDU-Mitglied, ich habe ihn als seriösen Botschafter erlebt, kenntnisreich und absolut loyal.

Renato Ruggiero:
Der amtierende italienische Ministerpräsident Francesco Cossiga hatte den ehemaligen Spitzendiplomaten, Außenhandelsminister und späteren Generaldirektor der WTO, Renato Ruggiero als unseren Kontaktmann benannt. Er nahm an den Abstimmungsgesprächen zur Vorbereitung der EG-Gipfel mit Jacques Attali und mir teil. Wir trafen uns in Rom und in Madrid zu ausführlichen Gesprächen in Vorbereitung der EG- und NATO-Gipfelgespräche. Ruggiero wurde später auch italienischer Außenminister.

Wadi Sagladin:
Er war einer zwischen Himmel und Hölle, bei dem man nie so recht wusste, wo er wirklich verankert und wie gewichtig er ist. Es war gut, mit ihm zu reden und ihn zu unterrichten, aber operativ hat sich nie etwas daraus entwickelt.

Alexander Schalck-Golodowski:
Mit ihm hatte ich gottseidank nie eine persönliche Berührung, nie etwas mit ihm zu besprechen oder zu erledigen. Er war ein enger Gesprächspartner von CSU-Politikern. Nicht zuletzt dank der Hilfe von Franz Josef Strauß hatte er im Tegernseer Tal ein Refugium. Gelegentlich stand in der Tegernseer Zeitung, in welchem Restaurant er auftauchte. Leidenschaftlich, wie meine Frau ist, beschloss sie, in keines der Restaurants zu gehen, wo Schalck-Golodkowski verkehrte. Bei einem Spaziergang kam uns auf einer einsamen Straße das Ehepaar Schalck-Golodkowski entgegen. Offiziell kannten wir uns nicht, waren

Privates Abendessen auf Einladung des Ehepaares Gorbatschow zum Abschluss seiner Deutschland-Reise in Hamburg am 10. März 1992, v. l. n. r. Michail Gorbatschow, Horst Teltschik, Karen Karagesjan, Dolmetscher und persönlicher Mitarbeiter von Gorbatschow, Riassa Gorbatschowa, Gerhild Teltschik und Wadim Walentinowitsch Sagladin, Leiter der Internationalen Abteilung des ZK und Berater von Gorbatschow (Privatbesitz Teltschik)

uns nie begegnet, also dachte ich, wir gehen schweigend aneinander vorbei. Aber Frau Schalck-Goldokowsi, mich erkennend, breitete ihre Arme aus und rief: »Herr Teltschik, ich freue mich ja so, Sie zu sehen.« Diese freundliche Begrüßung war die erste und die letzte in unserem Leben.

Wolfgang Schäuble:
Chef des Kanzleramts, der erste Bundesminister, ein sehr ehrgeiziger und sehr intelligenter Politiker. Es war unverkennbar, aus welcher deutschen Region er kam. Sein Ehrgeiz führte schon sehr bald dazu, dass mit Beginn der Morgenlage sichtbar war, dass einer schon eine persönliche Morgenlage mit dem Kanzler gehabt hatte. Es war offensichtlich, dass er bestrebt war, den unmittelbaren persönlichen, fast ausschließlichen Kontakt zum Kanzler zu haben. Wenn wir morgens ins Büro des Kanzlers kamen, saß in der Regel Schäuble schon dort und man nahm gar nicht zur Kenntnis, dass wir auch noch kamen.

Ich habe dann aufgehört zu grüßen, denn es kam sowieso kein Echo. Das habe ich manchmal provoziert. Schäuble hatte von Kohl regelrecht Besitz ergriffen. Er tat sich von Anfang an schwer damit, dass es mich gab, vor allem, dass ich unmittelbaren Zugang zu Kohl hatte. Das äußerte sich zum Teil in albernen Entwicklungen. Ich hatte einen Beraterkreis Außenpolitik. Eines Tages sprach mich Professor Michael Stürmer an und berichtete, Schäuble würde immer zu einem außenpolitischen Gesprächskreis einladen, und er frage sich, warum ich nicht dabei sei. So erfuhr ich, dass es so etwas gab. Schäuble ahmte eine Sache nach, die ich schon durchführte. Allerdings hatte ich Herrn Stürmer nicht eingeladen, denn er war für mich eine ambivalente Persönlichkeit. Er neigte eher dazu, sich zu verkaufen als den Bundeskanzler. Er verkaufte sich als Berater für Helmut Kohl. Ich sagte immer, dass wir es nicht brauchen, dass Gesprächspartner von Kohl sich als Berater bezeichnen.

Schäuble verstand sich von Anfang an als Konkurrent zu mir. Sein Ehrgeiz war spruchreif. Seine Sicherheitsbeamten berichteten, dass er beim Joggen mit ihnen immer der schnellste sein musste. Seine Tennispartner berichteten, mit welchem Ehrgeiz er versuchte, das Spiel zu gewinnen. Er hat mir in einer Art und Weise das Bundesverdienstkreuz verliehen, dass ich mir dachte, ein bisschen Stil hätte schon dazu gehört. Fachlich war er gut und für Kohl war er als Staatssekretär gegenüber der Bundestagsfraktion sicher hilfreich.

Eduard Schewardnase:
Er war der wichtigste Gesprächspartner für Außenminister Genscher. Ich lernte ihn kennen, als er Anfang Mai nach Bonn kam und um ein Gespräch mit dem Bundeskanzler gebeten hatte und zwar, so der Hinweis von Botschafter Kwizinskij, ohne seinen Kollegen Genscher. Das erfüllte mich mit besonderer Genugtuung. Solange Schewardnase im Amt war, habe ich ihn für einen freundlichen und sehr korrekten Partner empfunden. Er holte den Bundeskanzler am Flughafen ab, war bei den Essen dabei, immer sehr zurückhaltend, wenn der Generalsekretär dabei war. Er war angenehm, fast unauffällig. Inhaltlich wurde er für uns interessant, als er im Mai 1990 den Bundeskanzler auf einen neuen Kredit von drei Milliarden D-Mark ansprach. Fast noch wichtiger war unser Angebot, eine Gemeinsame Erklärung vorzubereiten und mit sicherheitspolitischen Garantien, vor der Wiedervereinigung zu verhandeln und danach zu ratifizieren. Schewardnase und Gorbatschow reagierten auf diesen Vorschlag außerordentlich positiv.

Hans-Peter Schwarz:
Professor und außenpolitischer Experte. Was er geschrieben und gesagt hat, war immer interessant, aber immer mit einer gewissen Distanz. Er war keiner, der besondere Nähe suchte. Er war nicht, wie andere, der Typ, der sagte, ich berate jemanden oder treffe ihn regelmäßig. Ich persönlich schätzte ihn und las ihn gerne. In seinen Schriften war er nicht unkritisch, hatte immer den Mut, seine persönliche Meinung zu schreiben. Mit Kohl hat er sich anfänglich sicher schwergetan. Der Pfälzer Naturbursche und der Intellektuelle.

Brent Scowcroft:
In den acht Jahren meiner Tätigkeit im Kanzleramt hatte ich fünf verschiedene National Security Adviser als Counterparts. Er war der letzte in dieser Reihe und der warmherzigste. Er war außerordentlich liebenswürdig und immer zum Gespräch bereit. Ich konnte mit ihm jederzeit telefonieren. Wir stimmten uns intensiv ab. Ich habe ihn regelmäßig ausführlich unterrichtet. Später sagte er mir, sie hätten manchmal den Atem angehalten, als sie hörten, was wir getan haben. Ich erwiderte, sie hätten aber immer gewusst, was wir tun. Ich hatte dem Bundeskanzler gesagt, wir müssten nicht um das Einverständnis der Amerikaner fragen, aber wir müssen sie informieren. So war es auch, sie haben alles akzeptiert. Von Brent wusste ich immer, dass sein Präsident völlig einverstanden war und keinerlei Vorbehalte angemeldet hatte.

Rudolf Seiters:
Er war der Nachfolger von Herrn Schäuble als Chef des Kanzleramtes, ein völlig anderer Typ. Bei weitem nicht so dominant, viel kooperativer, menschlich viel zugänglicher. An-

fänglich war es für ihn nicht so leicht, denn er hatte es mit einer eingespielten Mannschaft zu tun. Seine erste große Aufgabe bestand darin, mit uns zusammen die Zehn-Punkte-Rede vorzubereiten. Er war verantwortlich für die Arbeitsgruppe Deutschlandpolitik im Kanzleramt, die getrennt von meiner Abteilung agierte. Es sollte ja deutlich sein, dass die innerdeutschen Beziehungen keine Auslandsbeziehungen sind. Von daher war ich im Informationsstrang einbezogen, bzw. der Bundeskanzler nahm mich zu Gesprächen, die mit der DDR zu tun hatten, dazu, obwohl ich für Außenpolitik zuständig war. Die Arbeitsgruppe hatte natürlich das Bestreben, dass der Bundeskanzler nichts tun würde, was die innerdeutsche Beziehung belasten könnte. Die Zehn-Punkte-Rede war zentral an die DDR gerichtet. Als ich mit der fertigen Rede zu Kohl ging, fing mich Seiters ab und wollte mir die Ziffer zehn, das Ziel der Föderation, ausreden. Wir sollten sie streichen. Da hat er mich auf dem falschen Fuß erwischt. Ich schaute ihn entsetzt an und meinte, dann könnten wir die ganze Rede vergessen. Ich sagte ihm, ich hielte es für falsch, und die Rede ging unverändert an den Bundeskanzler. Seiters hat es mir nicht übelgenommen, dass ich mich über ihn hinwegsetzte. Ich wusste sofort, wer auf ihn eingewirkt hatte.

M. G.: *Wer hatte auf ihn eingewirkt?*

H. T.: Eingewirkt auf Herrn Seiters hatte aus meiner Sicht die Arbeitsgruppe Deutschlandpolitik, vermutlich aus der Sorge heraus, dass die DDR-Führung die Ziffer 10 als Affront verstehen und ihre Position gegenüber der Bundesregierung wieder verhärten könnte. Das war aber nur eine Vermutung von mir.

Krzysztof Skubiszewski:
Jedes Mal, wenn ich in Warschau war, habe ich ihn getroffen. Persönlich verstanden wir uns gut, aber es gab ein Problem. Man könnte im Nachhinein von einem kleinen Hindernis sprechen. Für ihn war es ein großes Problem, warum die Anerkennung der Oder-Neiße-Grenze nicht sofort erfolgen sollte, sondern erst später. Es half wenig, wenn ich ihm versicherte, dass der Bundeskanzler persönlich definitiv dafür sei, aber noch Zeit brauche, um die Mehrheit in der eigenen Bundestagsfraltion zu sichern.

Lutz Stavenhagen:
An ihn kann ich mich gut erinnern. Eines Tages sprach mich Kohl an, der Posten eines Staatsministers im Auswärtigen Amt sei zu besetzen. Er wollte von mir wissen, wen er vorschlagen könne. Wir taten uns schwer, einen Bundestagsabgeordneten vorzuschlagen, der eine Expertise in Fragen der internationalen Politik vorweisen konnte. Aus dieser Verlegenheit kam der Name Stavenhagen. Wir schlugen ihn nicht vor, weil er ein ausgewiesener außenpolitischer Experte war, sondern weil wir ihm zutrauten, dass er sich einarbeitet. Es zeigt die Schwäche, die wir mit der eigenen Fraktion hatten.

Gerhard Stoltenberg:
Ihn habe ich mehrfach erlebt, wenn er in Gesprächen im Bungalow dabei war als er Finanz- und Verteidigungsminister war. Ich schätzte ihn immer sehr als einen außerordentlich seriösen, im Umgang und Stil sehr feinen Politiker. Wir hatten nie Probleme, er hat mich immer akzeptiert und respektiert. Er war sich nicht zu schade, das eine oder andere Mal mit mir eine Sache abzustimmen. Ich hielt ihn für ein Aushängeschild für die Union.

Wladislaw Terechow:
Er war sowjetischer Botschafter in meiner Schlussphase im Bundeskanzleramt, ein solider und seriöser Mann, mit dem man alles absprechen konnte, wissend, dass er alles korrekt nach Moskau leitet. Er hatte nicht das Temperament seines Vorgängers Kwizinskij, er war auch nicht von solchem politischen Ehrgeiz erfüllt, aber er war absolut zuverlässig. Persönlich schätzte ich ihn. Auch später sind wir uns bei der einen oder anderen Sitzung in Moskau noch begegnet.

Anatolij Tschernajew:
Er war der engste persönliche Mitarbeiter von Gorbatschow. Wir haben vieles miteinander abgestimmt, und es hat nie Probleme gegeben.

Hubert Védrine:
Der spätere Außenminister gehörte zu dem kleinen Beraterkreis von Mitterrand im Elysée. Jacques Attali war der Wortführer, der unausgesprochene Boss, Védrine war zuständig für internationale Politik, Elisabeth Guigou für Europa. Diese Gruppe war es, die sich meistens mit mir traf. Hubert Védrine war ein fachlich versierter und seriöser Partner. Er wusste, wie er mit Attali zusammenarbeiten und auskommen konnte. In Paris wurden alle drei später Minister. Das ist der Unterschied zu Helmut Kohl. Er wäre nie auf diese Idee gekommen. Alle Generäle der Hardthöhe hatten 1990 damit gerechnet, dass ich ihr neuer Chef würde. Ich war im Sommer 1990 als Redner zur Kommandeurstagung eingeladen, wo alle Spitzen der Bundeswehr versammelt waren, und bekam Standing Ovations.

M. G.: *Es zeigt sich, dass der französische Staatspräsident seine engsten Mitarbeiter so gefördert hat, dass sie im Rang eines Ministers agieren konnten. Bemerkenswert ist es auch, dass von der französischen Politik aus die Leute ins Europäische Parlament gingen und teilweise wieder zurückkamen und Minister wurden. Es war somit viel mehr Bewegung und Dynamik zwischen den europäischen Institutionen und den Ressorts der französischen Regierung gegeben. Delors war im Europäischen Parlament, anschließend Finanzminister und dann Kommissionspräsident. Hier ist mehr brain train im Gegensatz zur deutschen Europa-Politik, die eher eingeteilt, in gewisser Weise konformistisch, stromlinienförmig und unbeweglich ist.*

Karsten Voigt:
Mit ihm hatte ich keinen Kontakt und keine Verbindung. Erstmal habe ich ihn als hilfreich empfunden, als er der erste SPD-Redner nach Kohls Zehn-Punkte-Rede war. Öffentlich sagte er: »Das ist unsere Politik.« Es traf zwar inhaltlich nicht ganz zu, aber er hatte die Zustimmung der SPD signalisiert, was hilfreich war.

Hans-Friedrich von Ploetz:
Einer der hilfreichsten Gesprächspartner aus dem Auswärtigen Amt. Wenn wir Briefings hatten, an Wochenenden, an denen wir uns trafen, um generell über Politik zu sprechen, bat ich ihn in der Regel dazu. Er war sehr sachlich, kenntnisreich, ein Fachmann.

Vernon Walters:
Er war, so würden wir sagen, ein Haudegen. Als die Mauer aufging, sagte er: »Ich war Soldat in fünf Kriegen. Heute Nacht stand ich auf der Glienicker Brücke. Ich habe noch nie

so viele Männer weinen sehen wie in dieser Nacht. Die Öffnung der Mauer ist der Beginn der Wiedervereinigung Deutschlands.« Er war derjenige, der sich über den Dienstweg hinweggesetzt und direkt das Weiße Haus informiert hat. Das hat Jim Baker ein Stück weit verärgert. Aber Walters war so fasziniert von den Entwicklungen in Berlin, dass er dachte, hier muss schnell gehandelt werden. Daher versuchte er, direkt den Präsidenten zu informieren, was natürlich bei Kollegen immer auf Probleme stößt. Aber ihm ging es um die Sache. Er hat mich oft zum Gespräch eingeladen. Wir machten immer eine politische Tour d'Horizon. Er war außerordentlich hilfreich und hat mich voll akzeptiert. Ich hatte den Eindruck, er schätzt mich und wenn ich mit ihm rede, kommt es an den richtigen Stellen an.

Lech Wałęsa:
Ich fand es faszinierend, dass ein Elektriker, der gerade mal fünf Jahre seines Lebens in einer Schule war, sich an die Spitze von Solidarność bewegt und kämpft. Das erste Gespräch Kohls in Warschau war mit ihm. Gleich zu Anfang sagte Wałęsa: »Herr Bundeskanzler, was wir im Moment an der Mauer erleben, ist der Beginn der deutschen Einheit. Dann werden wir Polen uns in der zweiten Reihe wiederfinden.« Daraus sprach eine gewisse Wehmut. Wir haben es fast ungläubig zur Kenntnis genommen. Als ich am nächsten Morgen nach den Ereignissen der Nacht zum Frühstück mit dem Bundeskanzler ging, begegnete ich Wałęsa, der auf dem Weg zu Genscher war. Er kam auf mich zu und sagte: »Was habe ich Ihnen gestern gesagt?« Das war meine einzige Begegnung mit ihm.

Juliane Weber:
Man musste Zugang zu ihr haben, sonst hatte man keinen Zugang zu Kohl. Sie war mehr als Sekretärin, Büroleiterin und wurde zurecht verbeamtet. Termine gab es nur über sie. Für Kohl war sie die Stimme des Volkes. Sie hatte keine besondere Schulbildung, aber war talentiert in der Organisation. Es gelang ihr auf allen Ebenen, bis hin zu Präsidenten, viel persönliche Sympathie zu gewinnen. Sie konnte charmant sein, sehr liebenswürdig, konnte aber auch das glatte Gegenteil sein. Ich habe auch Phasen erlebt, in denen ich sie acht Tage lang nicht beachtet habe. Wenn ich aber anrief und sagte, ich müsse den Chef sprechen, wusste sie, dass es wirklich wichtig war. Sie hat mich immer unterstützt. Bis zuletzt war ich mit ihr in Verbindung. Für Kohl war sie ein Glücksfall.

Werner Weidenfeld:
Er war lange ein enger Freund von mir. Ich hatte ihn in Mainz kennengelernt. Als Mitarbeiter von Kohl hatte ich zum ersten Mal einen Beraterkreis zusammengeholt. Er gehörte dazu. Ich weiß nicht mehr, wie ich auf ihn aufmerksam wurde. Herr Fink und Herr Wagner, die bei Minister Geißler waren, waren auch dabei. Wir trafen uns in einer Kneipe in der Altstadt von Mainz, sie hieß »Der Beichtstuhl«. Wir nahmen uns immer ein Thema vor und diskutierten es ernsthaft, um die Politik voranzubringen mit dem zukünftigen Bundespolitiker Kohl im Auge. Weidenfeld war damals Assistent bei Professor Hans Buchheim.

Richard von Weizsäcker:
Kohl hat ihn in die Politik geholt. Ich lernte ihn kennen, als ich in der CDU-Bundesgeschäftsstelle arbeitete. Das Hauptthema damals war die Ostpolitik und die Vertragspolitik von Willy Brandt. Es gab einen Arbeitskreis Außenpolitik der CDU. Meine Aufgabe war es, ihn geschäftsführend zu betreuen. Mitglieder waren u. a. Richard von Weizsäcker, Walther

Begegnung im Kabinettssaal in Bonn mit NATO-Generalsekretär Manfred Wörner am 17. September 1986

Leisler Kiep und Werner Marx, mit die wichtigsten außenpolitischen Köpfe der damaligen CDU/CSU-Fraktion. Es gab eine gewisse Flügelbildung: die liberale mit Kiep und Weizsäcker sowie Marx der konservative Flügel. Kohl wurde beauftragt, ein neues Parteiprogramm zu erarbeiten. Ich musste mit diesen Herren zusammenwirken. Olaf von Wrangel war noch dabei. Weizsäcker war für mich interessant, weil er mit der liberalste Kopf war. Später, als ich im Kanzleramt war, hat sich daraus ein regelmäßiger Kontakt ergeben. Er wollte immer, dass ich mit ihm zusammenkomme und eine Stunde über die internationale Politik rede. Er hatte auch seine Eigenarten.

Gerhard Westdickenberg:
Ein Botschafter, der zu mir abgestellt worden war, Referent in meiner Abteilung. Ich habe keine besondere Erinnerung an ihn, außer der, dass er ein unauffälliger aber sehr zuverlässiger Mitarbeiter war. Bei den mehr als 20 Mitarbeitern gab es welche, die dominanter waren als andere. Er gehörte zu den seriösen Arbeitern im positiven Sinne.

Dorothee Wilms:
Sie war in der CDU-Bundesgeschäftsstelle tätig. Daher kannten wir uns. Dann wurde sie Ministerin. Wir mochten uns, hatten aber wenig miteinander zu tun.

Manfred Wörner:
Ihn lernte ich sehr früh kennen, noch in meiner ersten Phase in Bonn in der Partei. Ein Playboy-Typ, jung, ehrgeizig, sportlich, sich selbst als großartig empfindend, keinerlei Min-

derwertigkeitskomplexe. Er war außenpolitisch interessiert, kein überragender Fachmann, sondern ein Joungster, der Spaß an der Politik hatte, angenehm im Umgang. Er wurde Minister und es gab das Problem, dass er sich ständig mit dem Außenminister abstimmen musste und sich oft schwer damit tat. Wiederholt kam es zu der Aufgabe, dass Kohl beide, Genscher und Wörner einladen musste, um bestimmte Themen im Bereich Abrüstungs- und Rüstungskontrolle abzustimmen. Ich war schriftführend dabei.

Zu einer Tragödie für Manfred Wörner wurde der Fall des Vier-Sterne-Generals Günter Kießling, der angeblich in einem Nachtclub für Homosexuelle gesichtet worden sei. Er wurde von Bundesminister Wörner aus dem Dienst entlassen. Die Anschuldigungen erwiesen sich in der Aufarbeitung der Affäre als haltlos und wurden zurückgenommen. Kießling wurde ab 1. Februar 1984 wieder eingestellt und am 26. März mit einem Großen Zapfenstreich in den ehrenhaften Ruhestand versetzt. Die zunächst daraus folgende öffentliche Kampagne führte am Ende auch zur Entlassung von Bundesminister Wörner. Das hat ihn schwer getroffen. Politisch rehabilitiert wurde er 1988, als er zum NATO-Generalsekretär ernannt wurde und seine neue Aufgabe sehr erfolgreich gemeistert hat.

Robert Zoellick:
Ihn habe ich in hervorragender Weise in Erinnerung, ein toller Kollege, kreativ, intelligent, loyal und kooperativ. Er war für mich einer der besten amerikanischen Partner.

M.G.: *Danke vielmals, sehr geehrter Professor Teltschik, für faszinierende Gespräche eine ganze Woche lang! Es ist ein unvergessliches Erlebnis.*

Der Herausgeber mit Horst Teltschik bei einer Gesprächspause
am 22.3.2023 in Rottach-Egern am Tegernsee

IV. Dokumente

Dokument 1
Inoffizielle Übersetzung des Briefs von Miklós Németh an Horst Teltschik, Abteilungsleiter im Bundeskanzleramt Bonn, 4.3.1988

Lieber Herr Teltschik!

Ich bin außerordentlich erfreut, daß ich im Verlaufe meines Besuchs in Bonn Ihr Gast sein konnte, und das ich die Möglichkeit hatte, mit Ihnen detailliert über die Beziehungen zwischen Ungarn und der Bundesrepublik Deutschland, über die Lage der ungarischen Wirtschaft und über mögliche Wege der Stärkung unserer Zusammenarbeit zu sprechen.

Ich konnte mich wiederum davon überzeugen, daß ich in Ihnen einen, unser Schicksal aufmerksam verfolgenden, für unsere Beziehungen tatkräftig wirkenden Freund schätzen darf. Für Ihre Bemühungen im Interesse der Vertiefung der Zusammenarbeit, für Ihr Interesse und die Gastfreundschaft möchte ich Ihnen meinen herzlichen Dank aussprechen.

Ich vertraue darauf, daß die von uns diskutierten umfangreichen Fragen alsbald in der Praxis realisiert werden können. In der Hoffnung auf ein baldiges Wiedersehen, verbleibe ich

mit herzlichen Grüßen
Neméth, Miklós

Dokument 2
»Die deutsche Frage stellt sich neu«. Interview mit Horst Teltschik, dem außenpolitischen Berater von Bundeskanzler Helmut Kohl im *General-Anzeiger*, 6.7.1989

GA: Plötzlich erscheint die deutsche Frage in einem neuen Licht. Was hat sich geändert?

Teltschik: Es gibt entscheidende, grundlegende Veränderungen. Wir erleben die revolutionäre Umgestaltung der sowjetischen Politik in Richtung auf mehr Gewaltenteilung, mehr Menschenrechte, mehr Rechtssicherheit, mehr Pluralität. Eine solche Entwicklung haben wir immer als Voraussetzung angesehen für entsprechende Änderungen auch in der DDR. Da ist zweitens die Tatsache, daß Gorbatschows Reformpolitik nur zum Erfolg führen kann, wenn er sein Land öffnet und die Zusammenarbeit mit dem Westen sucht. Dies hat Auswirkungen auch auf das Verhältnis der Sowjetunion zu allen ihren Partnern. Hinzu kommt, daß Gorbatschow eine Politik als nachteilig für die Interessen seines Landes erkannt hat, die darauf gerichtet war, die Sowjetunion militärisch stärker zu machen als alle denkbaren gegen sie gerichteten Bündnisse. Also muß er selbst nun nach »Koalitionen« suchen. Sicherlich bleiben die USA der entscheidende Partner. Aber dann kommen schon die Westeuropäer und vor allem die Bundesrepublik Deutschland. Damit ist zum ersten Mal Bewegung in das Gefüge Gesamteuropas gekommen und damit stellt sich auch die deutsche Frage neu.

GA: Die jüngsten Äußerungen Ihres sowjetischen Kollegen des Gorbatschow-Beraters Daschtschischew, bestätigen den Eindruck, daß die deutsche Frage jetzt auch für Moskau offen ist – nicht in einer ungewissen historischen Perspektive, sondern konkret im Zusammenhang der aktuellen gesamteuropäischen Entwicklung. Was ist Ihre Meinung?

Teltschik: Ich bin überzeugt, daß die deutsche Frage künftig verstärkt auf der Tagesordnung der West-Ost-Gespräche stehen wird. Gorbatschow und eine Reihe seiner Berater haben über sie ja schon beim Besuch in Bonn überraschend unbefangen und in ganz neuem Stil gesprochen. Dabei wird deutlich, was immer zu erwarten war: Die Sowjetunion hat erkannt, daß dieses Kapitel der europäischen Geschichte noch nicht zum Abschluß gekommen ist. Die Gemeinsame Erklärung von Bonn hat Gorbatschow ja als eine Fortentwicklung des Moskauer Vertrages bezeichnet. Ich interpretiere das so, daß der Moskauer Vertrag von 1970 mehr oder weniger die Festschreibung des europäischen Status Quo beinhaltete, während jetzt ein dynamisches Element einsetzt. Das ist die Feststellung, daß das Bewußtsein der europäischen Identität und Gemeinsamkeit nicht nur lebendig geblieben ist, sondern zunehmend stärker wird, und daß diese Entwicklung gefördert und die Trennung des Kontinents überwunden werden muß. Zugleich enthält das Dokument die wesentlichen Bauelemente, um die gesamte europäische Ordnung in diesem Sinne neu zu gestalten. Und das schließt natürlich auch das Verhältnis der beiden deutschen Staaten ein.

GA: In der Tat liest sich die Bonner Erklärung wie eine Gebrauchsanweisung zur Überwindung der Trennung Europas. Doch Deutschland wird gar nicht erwähnt …

Teltschik: Das Selbstbestimmungsrecht wird an zwei Stellen angesprochen – ohne ausdrücklichen Bezug auf die deutsche Frage. Aber der sowjetische Partner weiß genau, daß solche Aussagen in einem so einzigartigen zweiseitigen Dokument für die deutschen Interessen in Anspruch genommen werden. Das Selbstbestimmungsrecht, das hier für alle Staaten und Völker gefordert wird, muß selbstverständlich auch für die Deutschen gelten. Dazu kommt die Aussage, dies alles müsse auf der Grundlage des Völkerrechts geschehen und es müsse Vorrang haben nach innen und nach außen. Auch das Selbstbestimmungsrecht ist Bestandteil des Völkerrechts, und das wird nicht in der Sowjetunion interpretiert und entwickelt, sondern vor allem in den Vereinten Nationen. Das ist schon ein bedeutender substantieller Fortschritt. Und deshalb besteht jetzt die Chance, anknüpfend an diese Aussagen und im Kontext zum KSZE-Prozeß auch in der deutschen Frage weiterzukommen.

GA: Aber wohl nicht im Stile einer staatlichen Wiedervereinigung? Oder was bedeutet es, wenn die Bonner Erklärung das Selbstbestimmungsrecht nicht nur auf Völker, sondern auch auf Staaten bezieht?

Es geht auch uns nicht in erster Linie um eine territoriale Lösung

Teltschik: Wir haben ja die Staatlichkeit der DDR anerkannt, und insofern muß sie einer künftigen Lösung auch als Staat zustimmen. Es geht auch uns in der deutschen Frage nicht in erster Linie um eine territoriale Lösung. Diese Bundesregierung hat – wie schon Konrad Adenauer – stets vorrangig das Ziel vertreten, Menschenrechte, Freiheit, Pluralität, Freizügigkeit zu erreichen. Die territoriale Einheit kann, aber sie muß nicht das Ergebnis eines solchen Prozesses sein. Und hier, glaube ich, liegt der Kern der heutigen Politik. Jetzt geht es darum, die deutschen Ziele und Wünsche in Einklang zu bringen mit den Entwicklungen in Gesamteuropa. Dies ist ein ganz entscheidender Punkt. Wer darüber hinaus geht und Maximalforderungen stellt, behindert diesen Prozess zum Nachteil der deutschen Interessen.

GA: Könnte es sein, daß sich an dessen Ende die Frage der staatlichen Einheit gar nicht mehr stellt?

Teltschik: Ja, wenn sich die Menschen in der DDR in wirklich freier Abstimmung für die Selbständigkeit entscheiden. Außerdem erleben wir im Augenblick Prozesse in Westeuropa wie in Osteuropa, die auf die Überwindung von Nationalstaatlichkeit gerichtet sind. Das gilt für die europäische Integration, den schrittweisen Verzicht auf souveräne Rechte zugunsten eines gemeinsamen Ziels, wissend, daß nationale Selbstbehauptung weltweit immer weniger möglich ist. Und es gilt auch im Warschauer Pakt, obwohl oberflächlich eine entgegengesetzte Entwicklung stattfindet. Aber trotz der Besinnung auf die Nationalstaatlichkeit als Instrument der Emanzipation vom Großen Bruder oder als Ausdruck des Kampfs um mehr Autonomie von Nationalitäten, ist doch auch hier das Bestreben deutlich, sich nicht nationalstaatlich zu isolieren, sondern sich zu öffnen und die internationale Zusammenarbeit zu suchen. Das geht so weit, daß beispielsweise in Ungarn schon die Mitgliedschaft in der EFTA diskutiert wird.

Gerade wir Deutschen dürfen nicht Zuschauer, sondern müssen Mitgestalter sein

GA: Stellt sich in dieser Lage nicht die politische Aufgabe, die deutsche Frage operativ in die gesamteuropäische Entwicklung einzuführen? Oder kann man ein Problem mit dieser Bedeutung für ganz Europa dem historischen Zufall überlassen?

Teltschik: Nein, ich bin im Gegenteil der Meinung, gerade wir Deutschen dürfen nicht Zuschauer, sondern müssen Mitgestalter sein. Alle Nachbarn erwarten von uns, daß wir volle Verantwortung übernehmen und sind eher betroffen, daß viele Deutsche sich kaum darum kümmern, was sich jetzt vollzieht – seien es die Reformprozesse im Osten, seien es die Integrationsfortschritte in der EG. Wir haben sogar politische Randgruppen, die diese Prozesse ablehnen oder sich heraushalten wollen. Das ist die falsche Entscheidung zur falschen Zeit. Was das Operative betrifft, ist es sicherlich wichtig und gut, gegenüber der DDR eine Politik der kleinen Schritte, des Aufeinanderzugehens mit dem Ziel größerer Freizügigkeit und der Regelung vieler Sachfragen fortzuführen. Auf der anderen Seite und dies scheint mir mehr und mehr zu Konsens zu werden, müssen wir die klare Forderung an die DDR stellen, daß sie sich dem Veränderungsprozeß anschließt und sich ebenfalls auf den Weg grundsätzlicher politischer Reformen begibt.

GA: Können Sie sich denn persönlich realistische Lösungs-Modelle vorstellen?

Teltschik: Da begeben wir uns weit in die Zukunft. Im Augenblick halte ich die Mitgliedschaft im Warschauer Pakt für die entscheidende Grenze des Reformprozesses in den osteuropäischen Staaten, und die wird in Kürze nicht fallen. Die Sowjetunion könnte sich aber, wenn sie ihre Sicherheit garantiert sieht, eines Tages entscheiden, ihren Partnern wirkliche Eigenständigkeit gegenüber Westeuropa einzuräumen. Dies könnte dann dazu führen, daß sich die mittel- und südosteuropäischen Staaten, die heute schon weitreichende Verträge mit Brüssel verhandeln oder bereits abgeschlossen haben, nach dem Vorbild der EFTA-Staaten mit einem Sonderstatus der EG anschließen. Am Ende könnte so vom Atlantik bis zum Bug ein geeintes Europa mit einer föderalen Struktur entstehen, ein Europäisches

Haus, in dem die USA und die Sowjetunion ständige, gerngesehene Gäste wären. Aber entscheidend ist zunächst ein innerer Wandel in der DDR selbst.

GA: Bonn und Ostberlin haben sich ja, ausgehend von ihrer erklärten gemeinsamen Friedensverantwortung, auf den bestehenden modus vivendi als Grundlage für eine konstruktive europabezogene Politik verständigt. Jetzt aber gerät die DDR in eine zunehmende Isolierung. Kann Bonn daran interessiert sein?

Teltschik: Nein, ganz im Gegenteil. Nur muß man klar sagen: Die DDR tut gegenwärtig alles, um sich gesellschaftlichen und internationalen Veränderungen zu entziehen. Dies erhöht die Labilität des Systems. Wir sind nicht daran interessiert, daß die DDR destabilisiert wird. Aber gegenwärtig isoliert und destabilisiert sie sich selbst. Wenn die DDR-Führung nicht bereit ist, ihre Macht einzuschränken, gerät sie in Gefahr, die Macht zu verlieren. Doch ich bin ganz sicher, sie wird sich den Veränderungen auf die Dauer gar nicht entziehen können.

GA: Was kann die Bundesrepublik denn tun, um diese Selbstbesinnung zu fördern, um die DDR eingebunden zu halten in den Dialog und die Zusammenarbeit?

Teltschik: Wir haben von Anfang an die Beziehungen ausgebaut und den Dialog aufrecht erhalten. Das heißt, wir haben unsererseits deutlich gemacht, daß wir die DDR nicht isolieren wollen. Wir haben sie auch einbezogen in ein bilaterales Gespräch über Abrüstung und Rüstungskontrolle und sehen heute auch hier einen Ansatzpunkt, sofern die DDR bereit ist, auf diesem Feld eine selbstständigere Rolle zu übernehmen. Sie müßte daran großes Interesse haben.

GA: Wäre – in absehbarer Zeit – auch ein konkretes Gespräch mit der DDR über mögliche Formen, Ziel- und Zeitvorstellungen des deutsch-deutschen Zusammenrückens im europäischen Rahmen denkbar? Auch dies könnte ja im Interesse der DDR-Führung liegen: Ihr Spielraum für Reformen würde größer, je mehr ihre Bürger auf eine neue Zukunftsperspektive vertrauen könnten …

Wir wollen gemeinsam mit der DDR eine für Europa stabilisierende Politik betreiben

Teltschik: Wir wären dazu bereit. Aber wenn Sie sehen, wie harsch und abweisend die DDR-Führung auf die Rede Erhard Epplers zum 17. Juni reagiert hat, die ja in diese Richtung Signale setzte, müssen wir an der Bereitschaft der jetzigen DDR-Führung zweifeln. Wir bedauern das, aber sie vor allem müßte damit beginnen, über solche Positionen nachzudenken. Das wäre auch wichtig für die Stabilisierung des so unterschiedlich verlaufenden Reformprozesses in ganz Osteuropa. Wir haben immer gesagt, daß beide deutsche Staaten im gesamteuropäischen Prozeß eine Schlüsselrolle spielen. Denn ihre Zukunft, wie immer sie gestaltet sein sollte, hat Auswirkungen auf die Sicherheit und den Frieden in ganz Europa. Deshalb ist es ja unser erklärter Wille, gemeinsam mit der DDR eine für Europa stabilisierende Politik zu betreiben.

GA: Setzt diese Schlüsselrolle nicht geradezu voraus, daß die Deutschen ihren Verbündeten und Nachbarn ein klareres Bild dessen vermitteln, was sie sich unter einer Regelung der deutschen Frage im Rahmen und Verlauf des gesamteuropäischen Prozesses vorstellen?

Teltschik: Das ist absolut richtig. Wenn Gorbatschow von der Schlüsselrolle der Bundesrepublik spricht und zur gleichen Zeit US-Präsident Bush von Führungspartnerschaft oder Präsident Mitterrand von der deutsch-französischen Schicksalsgemeinschaft dann heißt das: Sie alle wollen die Mitverantwortung der Deutschen, weil sie wissen, daß solche

Veränderungen in Europa nur konstruktiv verlaufen können, wenn die deutsche Frage in einer vernünftigen Weise eingebunden bleibt. Und wenn wir ihnen erklären, daß die Bundesrepublik nicht das Ziel hat, aus der Westbindung auszuscheiden, daß unser vorrangiges Ziel in der deutschen Frage die Menschenrechte sind, daß die territoriale Frage nicht vor der Freiheit steht und daß wir keine Neutralität anstreben – dann sind das heute schon Antworten, die stabilisierend wirken. Auch für die Sowjetunion.

Dokument 3
Presse- und Informationsamt der Bundesregierung, 6.7.1989, Nr. 326/89

Ministerialdirektor Horst Teltschik, Abteilungsleiter im Bundeskanzleramt, erklärt:

Aufgrund von verkürzten und widersprüchlichen Agenturfassungen meines Interviews für den Bonner General-Anzeiger füge ich folgende Klarstellung hinzu:

Es ist ein großartiger Erfolg der Bundesregierung, daß die deutsche Frage wieder auf der Tagesordnung der West-Ost-Gespräche steht. Dies beweisen in jüngster Zeit das gemeinsame Dokument des NATO-Gipfels vom 30. Mai 1989 in Brüssel und die Diskussion auf der KSZE-Menschenrechtskonferenz in Paris. Generalsekretär Gorbatschow selbst und seine wichtigsten außenpolitischen Berater wie Sagladin, Portugalow, Professor Daschitschew sprechen davon, daß die deutsche Frage auch für Moskau noch offen sei. Generalsekretär Gorbatschow und der französische Präsident Mitterrand haben in diesen Tagen in Paris über die deutsche Frage gesprochen.

Die Präambel des Grundgesetzes spricht ausdrücklich von der »freien Selbstbestimmung«, im Rahmen derer das gesamte deutsche Volk aufgefordert bleibt, »die Einheit und Freiheit Deutschlands zu vollenden.«

Zum ersten Mal hat sich die sowjetische Führung unter Generalsekretär Gorbatschow in der »Gemeinsamen Erklärung«, die er und Bundeskanzler Helmut Kohl unterzeichnet haben, zu dem »Recht aller Völker und Staaten« bekannt, »ihr Schicksal frei zu bestimmen«.

»Freie Selbstbestimmung« bleibt – wie Konrad Adenauer, Franz Josef Strauß und die Union immer wieder mit der Formel »Freiheit vor Einheit« bekräftigt haben, Voraussetzung dafür, »die Einheit und Freiheit Deutschlands zu vollenden«.

Ich bin zutiefst davon überzeugt, daß sich die überwältigende Mehrheit der Deutschen in der DDR für die Einheit entscheiden, wenn sie selbst völlig frei über ihr politisches Schicksal bestimmen können. Deshalb geht es jetzt mehr denn je darum, alle unsere politischen Anstrengungen darauf zu konzentrieren, die Menschenrechte, Freiheit und Selbstbestimmung für alle Deutschen zu erreichen, um den Auftrag des Grundgesetzes erfüllen zu können.

Horst Teltschik 6. Juli 1989

Dokument 4
Persönliches Schreiben von Horst Teltschik an Österreichs Bundeskanzler Wolfgang Schüssel, 2.1.2006

Sehr geehrter Herr Bundeskanzler,

Sie haben über unseren gemeinsamen Bekannten bzw. Freund Gert Bacher den Wunsch übermittelt, dass ich Ihnen einige Ideen zur Entwicklung der EU anlässlich des Beginns Ihrer Ratspräsidentschaft übermittele.

Ich tue das gerne, aber möchte Sie darauf hinweisen, dass ich seit 15 Jahren nur noch Beobachter des politischen Geschehens von außen bin. Manche Gedanken mögen deshalb nicht mehr ganz zutreffend sein. Ich würde mich aber freuen, wenn das eine oder andere von Nutzen wäre.

Glücklicherweise habe ich noch Ihr Interview in der Welt am Sonntag lesen können. Es ist sehr gut, aber deshalb habe ich versucht, nichts aufzuschreiben, was bereits Ihrer persönlichen Meinung entspricht.

Ich selbst werde aus beruflichen Gründen am 3.1. für zehn Tage in die USA reisen. Sollten Sie Rückfragen haben, könnte mich Ihr Büro über mein handy erreichen […].

Ich wünsche Ihnen und Ihrer Regierung für die Präsidentschaft viel Erfolg und ein gutes Neues Jahr, das nicht nur viel Arbeit mit sich bringen sollte, sondern auch Freude und Glück.

Mit herzlichen Grüßen
Ihr Horst Teltschik

Dokument 5
Horst Teltschik, Gedanken zu Europa. Braucht Europa eine neue Vision? [Januar 2006]

Europa war und bleibt eine Vision für einen Kontinent, der über Jahrhunderte von Kriegen durchpflügt und dessen Boden vom Blut von Millionen von Kriegstoten getränkt ist.

Die Europäische Union ist die sichere Garantie für einen dauerhaften Frieden und für politische Stabilität auf unserem Kontinent.

Doch das Werk ist unvollendet. An den Grenzen der EU herrschen Unfrieden und Unsicherheit: Der Brand auf dem Balkan schwelt weiter. Die Diktatur in Weißrussland lebt. Die Ukraine sucht ihren Weg. Zentralasien bleibt ein Krisenherd. Russland schwankt zwischen neuer Großmachtpolitik und Partnerschaft mit dem Westen. Der Mittelmeerraum bleibt ein vielfältiges Gefährdungspotential für die EU.

Daraus ergeben sich unabweisliche Konsequenzen:

1. Die Europäer müssen vorrangig die Verantwortung für die friedliche Entwicklung und politische Stabilisierung ihrer Nachbarregionen übernehmen. Dazu ist eine gemeinsame Außen- und Sicherheitspolitik der EU erforderlich.
2. Die Erfahrung im Kosovo zeigt, dass Krisenregelungen auch in Europa noch immer die Mitwirkung der USA erfordern. Eine partnerschaftliche Zusammenarbeit bleibt deshalb

unverzichtbar. Eine europäische Politik als Gegengewicht gegen die USA wird allein schon aufgrund der geschichtlichen Erfahrungen der Mitgliedsstaaten die EU spalten.
3. Die EU muss eine gemeinsame Strategie entwickeln, um Osteuropa einschließlich Russlands in eine gesamteuropäische Friedens- und Sicherheitsordnung einzubinden. Dazu sollte ein institutioneller Rahmen geschaffen werden. Die Zusammenarbeit der EU mit Russland auf den vier vereinbarten Feldern (Wirtschaft; Freiheit, Sicherheit und Justiz; Äußere Sicherheit und Forschung, Bildung und Wissenschaft) muss möglichst rasch konkretisiert werden.

Was geschieht mit Prodi's Vorschlag einer gesamteuropäischen Freihandelszone?

4. Die Erweiterung der EU ist wie die Wiedervereinigung Deutschlands ein »window of opportunity«, weil es die Zone des Friedens, der Demokratie, der Marktwirtschaft und damit der politischen Stabilität in Europa friedlich erweitert. Dass diese Entwicklung nicht selbstverständlich ist, zeigt der wachsende russische Druck auf die Ukraine, auf Georgien und auch auf Weißrussland.

Die Welt entwickelt sich in Richtung einer multipolaren Ordnung. Die EU wird bei der Regelung globaler Aufgaben nur eine gestaltende Mitverantwortung übernehmen können, wenn sie geschlossen mit einer gemeinsamen Außen- und Sicherheitspolitik auftritt. Das ist unverzichtbar, weil eine multipolare Welt keine sichere Welt sein wird. Das beweist die gescheiterte europäische Gleichgewichtspolitik im 19. Jh., die letztlich in den Ersten Weltkrieg eingemündet ist. In der Regelung des Welthandels hat die gemeinsame Außenhandelspolitik der EU zum Erfolg der Uruguay-Runde und zur Gründung der WTO entscheidend beigetragen. Das bleibt ein Erfolgsmodell gemeinsamer Politik.

Die EU ist eine historisch einzigartige Erfolgsgeschichte, die nur von geistigen Kleinkrämern in Zweifel gezogen werden kann. Sie hat bis heute weltweit Vorbildfunktion. Das beweisen die vielen regionalen Freihandelsvereinbarungen (NAFTA-APEC-ASEAN-MERCOSUR etc.).

Das jüngste Beispiel ist die Gründung einer »East Asian Community«, die 16 asiatische Staaten (10 ASEAN-Staaten + China + Japan + Südkorea + Australien + Neuseeland + Indien) am 15.12.2005 auf ihrem Gipfeltreffen in Kuala Lumpur in einem »Vertrag über Freundschaft und Zusammenarbeit« vereinbart haben. Bestimmend ist die wirtschaftliche Zusammenarbeit, aber so hat auch die EG begonnen.

Diese 16 Staaten sind, in Einwohnern gemessen, sechsmal größer als die EU und gehören zu einer Region mit der wirtschaftlich stärksten Dynamik.

Wollen wir Europäer angesichts solcher globalen Entwicklungen zu nationalstaatlicher Kleinstaaterei zurückkehren oder auf die Chance der Erweiterung verzichten?

Die politische und wirtschaftliche Transformation der 10 neuen Mitgliedsstaaten ist beispielhaft. Ihr Beitritt stabilisiert wie im Falle des Beitritts Griechenlands, Spaniens und Portugals Demokratie und Rechtsstaatlichkeit und vergrößert die Zone des Friedens und der Sicherheit in Europa. Wir sollten gemeinsam stolz auf diesen Erfolg sein.

Die Erweiterung bietet auch die Chance, das Know-how im alten Europa mit dem niedrigen Kostenniveau im neuen Europa zu verbinden. Das kommt beiden Seiten zugute. Andernfalls weichen Unternehmen nach Asien aus.

Erweiterung und Vertiefung müssen Hand in Hand gehen. Das ist selbsterklärend.

Die Vertiefung muss Schritt für Schritt erfolgen. Sie wird sich von Kompromiss zu

Kompromiss entwickeln, aber jeder europäische Gipfel bietet die Chance zu weiteren Verbesserungen und Fortschritten. Die jeweilige Präsidentschaft und Kommission müssen sich Verbündete für die notwendigen Initiativen schaffen. Krisen dürfen nicht abschrecken sondern als Chance für einen nächsten Durchbruch verstanden werden. Die EU hat und wird sich nicht in Meilenstiefeln voran entwickeln.

Warum gibt es eine Entfremdung und wachsendes Desinteresse der Bürger an der EU?

Die Ursachenforschung muss bei den Politikern beginnen. Sie fassen in Brüssel Beschlüsse, die sie häufig genug zu Hause öffentlich kritisieren. Warum soll dann der Bürger applaudieren? Reduktion der Komplexität von Verträgen ist angesagt. Viele Politiker lesen bzw. verstehen nicht die beschlossenen Texte, weil sie zu lang, zu komplex und zu viele Bezüge auf eine Vielzahl früherer Vereinbarungen enthalten, die nur noch von wenigen Experten durchschaut werden können. Warum sollen Bürger dann diese Verträge von Maastricht, Amsterdam, Nizza verstehen?

Der Verfassungsvertrag hat einen Anspruch erhoben, dem er inhaltlich nur begrenzt Rechnung tragen kann. Kleinere Schritte mit klarer und allgemein verständlicher und zustimmungsfähiger Zielsetzung könnten eine Alternative sein. Damit würde auch die Transparenz von Entscheidungen erhöht werden. Vorrang müsste die Klärung der Kompetenzen nach innen haben. Das Prinzip der Subsidiarität harrt der Konkretisierung. Der Bürger weiß heute nicht mehr, wer für welche Entscheidungen, die ihn unmittelbar betreffen, zuständig ist.

Blickt man auf den europäischen Integrationsprozess zurück, so ergibt sich für den Bürger das Bild eines fahrenden Zuges in Richtung politischer und wirtschaftlicher Integration. Die Geschwindigkeit des Zuges hat in den letzten Jahren zugenommen. Mehr und mehr an nationaler Souveränität ist auf die supranationale Institution EU abgegeben worden. Viele Politiker sprechen vorsichtshalber schon gar nicht darüber, aber der Bürger spürt es. Doch er kennt nicht den Zielbahnhof, in den der Zug einfahren wird. Die Politik hält ihm diese Antwort vor, weil sie diese Frage nicht beantworten kann oder will. Die Motive können unterschiedlich und durchaus ehrbar sein, aber die fehlende Erklärung erhöht die Unsicherheit der Bürger.

Das gleiche gilt für die Frage der Grenzen der EU. Die Erweiterung um Bulgarien und Rumänien ist beschlossen. Die Verhandlungen mit Kroatien beginnen. Die übrigen Balkanstaaten brauchen die Beitrittsperspektive. Anders werden die Nationalitätenkonflikte nicht zu lösen sein und sie können auch zukünftig die Sicherheit der EU gefährden.

Wie ist aber z. B. mit der Ukraine zu verfahren? Für ein solches Land gibt es eigentlich nur eine Empfehlung: Es sollte alles tun, um beitrittsfähig zu werden. Und die EU sollte eine »privilegierte Partnerschaft« entwickeln, ohne eine Mitgliedschaft zu versprechen. Ziel muss vorerst eine enge Nachbarschaft sein, nicht mehr aber auch nicht weniger. Das gleiche gilt aber auch für Russland. Darüber sollte offen gesprochen werden, um Unsicherheiten und Enttäuschungen auf allen Seiten zu verringern oder zu verhindern.

Die EU sollte offen bleiben für unterschiedliche Geschwindigkeiten wie im Fall der EURO-Einführung oder beim Beispiel von Schengen. Der Beitritt der Schweiz zu Schengen demonstriert im übrigen, wie eng ein Land mit der EU zusammenarbeiten kann, ohne Mitglied zu sein. Das gilt auch bereits für die Einführung des EURO.

Wenn Mitgliedsstaaten die Integration vorantreiben wollen, sollte das möglich bleiben, solange dieser Prozess für alle anderen offen bleibt, so dass sie jederzeit beitreten können. In der Vergangenheit waren z. B. bilaterale deutsch-französische Initiativen Ausgangspunkt für weiterführende Gemeinschaftsinitiativen. So sind aus der Bildung einer deutsch-französischen Brigade mittlerweile Euro-Corps entstanden, an denen u.a. Länder wie die Niederlande, Dänemark und Polen beteiligt sind. Unter historischen Gesichtspunkten ist das eine sensationelle Entwicklung.

Die Entfremdung der Bürger gegenüber der EU bestimmt sich zu großen Teilen aus der Unfähigkeit nationaler Regierungen, wirtschaftliches Wachstum und damit Arbeitsplätze zu schaffen. Ein Schlüssel für den Erfolg der EU liegt deshalb in der Wiederbelebung der Lissabon-Strategie. Das Ziel liegt nicht in der Überholung der USA – sie zittert schon davor –, sondern in der neuen Prioritätensetzung der Förderung von Wissenschaft, Forschung und Entwicklung, von Bildung, Aus- und Weiterbildung und von Strukturreformen in Staat und Gesellschaft. Ein Europa, das wieder zum Motor der Weltwirtschaft würde – neben den USA und China – wäre sofort ein nicht nur von den USA respektierter Partner sondern ein weltweit gewünschter und bevorzugter Partner, wirtschaftlich und politisch. Das aber liegt allein in der Hand der Europäer.

Dokument 6
Persönlich-vertraulicher Brief von Horst Teltschik an Bundeskanzlerin Angela Merkel, 1.6.2006

Sehr geehrte Frau Bundeskanzlerin, liebe Frau Dr. Merkel,

vor zwei Wochen hat mich Präsident Putin zu einem Abendessen im kleinsten Kreis nach Sotschi eingeladen. In dem sehr offenen, in Deutsch geführten Gespräch wurde über eine Reihe von Themen gesprochen, die ich Ihnen gerne zur Kenntnis geben möchte. Von russischer Seite nahm nur ein persönlicher Mitarbeiter Putins teil, der mir beim Abschied sagte, dass er den Präsidenten schon lange nicht mehr so offen erlebt habe. Er habe den Eindruck, dass Präsident Putin einige Botschaften übermitteln wollte. In jedem Fall fand ich seine Aussagen so interessant, dass Sie sie wissen sollten:

1. Der Präsident hat sich sehr positiv über Sie geäußert: Sie würden im Gegensatz zu anderen Politikern zuhören und Argumente nicht nur aufgreifen, sondern dann auch öffentlich kommentieren (Beispiel: 40jährige Liefertreue der Sowjetunion bzw. Russlands).

– Sie sprechen Themen klar und sachlich an.

– Die Art und Weise, wie Sie mit Ihren Gesprächspartnern umgingen, belege, dass Sie »in einer christlichen Atmosphäre erzogen« worden seien und dokumentiere »Ihr christliches Verständnis vom Menschen«. Welch ein Kompliment!

2. Putin stimmte zu, dass Sie für ihn heute der wichtigste Partner in Europa seien. Chirac und Blair seien geschwächt, die Regierung Prodi sei nicht stabil und Spanien »zerstöre sich selbst« (Katalonien/Basken).

So seien Sie nicht nur für ihn, sondern auch für die USA der Schlüsselpartner innerhalb der EU. Er wisse auch, dass Sie bei Präsident Bush besonders überzeugungsfähig – auch für Russland und für ihn – auftreten könnten und auch auftreten würden.

3. Gasprom: Russland und vormals die Sowjetunion seien seit 40 Jahren ein zuverlässiger Energielieferant für Deutschland gewesen. Polen sei immer ein schwieriger Partner gewesen, aber auch die Energieversorgung Polens sei garantiert. Russland suche jetzt neue Kunden für Energielieferungen. Er persönlich hätte das nicht gewollt, schon gar nicht in

China. Aber die Diskussion in Deutschland und in der EU zwinge Russland, neue Kunden zu gewinnen. Wer, – wie EU-Kommissionspräsident Barroso – Gasprom ein Verfahren wie gegenüber Microsoft androhe, werde seinen Widerstand erfahren. An Gasprom darf nicht gerührt werden. Wenn Barroso dieses Spiel fortsetze, werde er ihn nicht mehr einladen, obwohl Barroso immer darauf dränge. Gasprom müsse noch Veränderung erfahren, aber grundsätzlich unangetastet bleiben.

4. Große Besorgnis äußerte Putin über das amerikanische Vorhaben, eine konventionell bestückte Trident2-Rakete – mit interkontinentaler Reichweite und seegestützt zu entwickeln. Es sei in den wenigen Minuten nach dem Start einer solchen Rakete nicht möglich, festzustellen, ob es sich um eine nukleare oder um eine nicht-nukleare Rakete handele. Es bestünde deshalb ein hohes Risiko, dass ein nuklearer Gegenschlag ausgelöst werden könnte, weil die US-Rakete nicht rechtzeitig identifiziert werden könnte.

5. Ukraine und NATO:

Die USA würden darauf drängen, dass die Ukraine Mitglied der NATO werde – ein Land mit 17 Mio. Russen, die vielfach enge verwandtschaftliche Beziehungen nach Russland hätten. Natürlich sei es letztlich eine Entscheidung der Ukraine, aber er könne das nicht einfach akzeptieren.

Erst müßten die Beziehungen Russlands mit der NATO geklärt sein und weiterentwickelt werden, bevor die Ukraine der NATO beitreten könne und nicht umgekehrt. Sonst sei die NATO für Russland ein Feind.

(Ich halte diese Aussage für besonders bemerkenswert, weil sie Putins Bereitschaft signalisiert, Russland stärker in die NATO einzubinden – gewissermaßen als Kompensation für den NATO-Beitritt der Ukraine. So war der NATO-Russland-Rat die Kompensation für den NATO-Beitritt der drei baltischen Staaten. Das hatte mir Putin einmal bei einem früheren Gespräch erklärt. Er brauche eine solche »Gegenleistung« aus innenpolitischen Gründen.)

Was den Gas-Streit mit der Ukraine betreffe, so sollte man wissen, dass Russland seit 15 Jahren mit der Ukraine höhere Preise verhandele. Das Ziel seien die üblichen Weltmarktpreise, weil sie nicht bereit seien, die Ukraine jährlich in Milliardenhöhe zu subventionieren.

6. Georgien: Präsident Saakaschwili sei nicht in der Lage, das Land zu entwickeln. Die wirtschaftliche Wachstumsrate sei geringer als zur Zeit von Shewardnadse. Korruption und Verbrechen seien an der Tagesordnung. Die Konflikte zwischen den verschiedenen Nationalitäten nehmen zu. Die Sicherheitsleute von Saakaschwili würden in seinem Auftrag Frauen von der Straße wegholen, die dann von diesem »vergewaltigt« würden. Es gebe in Georgien keine Stabilität.

7. Türkei: Ein EU-Beitritt der Türkei sei für Russland wahrscheinlich ein Vorteil, weil er für die EU schädlich sei. Er habe Gerhard Schröder immer gesagt, dass ein Beitritt der Türkei die EU zerstören werde, aber dieser habe darauf nie geantwortet. Die Türkei werde das größte Mitgliedsland sein und die EU verändern. Er verstehe nicht, wie man für den Beitritt der Türkei sein könne. Russlands Beziehungen zur Türkei seien sehr gut.

8. Die demographische Entwicklung Russlands sei besorgniserregend. Die Lebenserwartung der Männer liege bei 58 Jahren. Er führe das vor allem auf das Trinken schlechten Alkohols und auf die Lebensbedingungen zurück. Die Geburtenrate sei sehr niedrig. So würden heute im Osten Russlands 12 Mio. Russen leben, denen auf der chinesischen Grenzseite 200 Mio. Chinesen gegenüberstünden.

9. Putin übte harte Kritik an der Rede von US-Vizepräsident Cheney in Litauen. Er kritisiere Russland wegen mangelnder Demokratisierung, reise aber anschließend nach Kasachstan, wo er das Regime lobte. Darüber werde aber nicht berichtet, noch werde es kritisiert.

10. Hamas: Die russischen Zahlungen gehen nicht an die Hamas. Sie würden ausschließlich über Präsident Abbas Krankenhäuser und andere soziale Einrichtungen unterstützen. Er habe darüber auch mit dem israelischen Ministerpräsidenten Olmert telefoniert und sich mit ihm abgestimmt, da die russische Initiative auch in dessen Interesse sein müsste. Die Hamas sei gewählt und jetzt an der Macht. Man könne an ihr nicht vorbeigehen. Es wäre gefährlich, die Hamas völlig zu isolieren.

11. Russland – EU: Putins Interesse ist die weitere Konkretisierung und Implementierung der vier vereinbarten Kooperationsbereiche. Darüber hinausgehende Erwartungen habe er nicht. Putin ging auf Einzelheiten nicht weiter ein.

12. Die Verschlechterung des internationalen Ansehens Russlands führte Putin auf die westliche Presse-Berichterstattung zurück. Die westliche Presse sei gegenüber Russland negativ eingestellt. Er gebe zu, dass seine Regierung Entscheidungen nicht ausreichend begründe und die PR-Arbeit verbessern müsse.

Außerdem konzentriere sich zu vieles auf ihn persönlich. Die Mitglieder der Regierung wären nicht sichtbar genug.

13. Er wolle die Zusammenarbeit mit Deutschland weiter intensivieren. Die wirtschaftliche Kooperation solle sich nicht allein auf Rohstofflieferungen konzentrieren, sondern mehr auf die verarbeitende Industrie. Der Jugendaustausch solle gefördert werden. Er sei auch zu neuen Überlegungen bereit, wie das Thema Beutekunst behandelt werden könne. Der Petersburger Dialog werde weitergeführt. (Ich habe Präsident Putin zur nächsten Münchener Konferenz für Sicherheitspolitik im Februar 2007 eingeladen und keine ablehnende Antwort erhalten. Ich erläuterte ihm, dass München ein Forum biete, die Interessen Russlands vor einer breiten Weltöffentlichkeit zu erläutern und dass dies dringend geboten sei.)

Ich habe mit einem Vertrauten Putins über dessen Nachfolge gesprochen. Als Favorit gilt Dimitrij Medwedew, zur Zeit 1. Stellvertretender Ministerpräsident, danach Sergej Ivanov, Stellvertretender Ministerpräsident und Verteidigungsminister, als dritter Kandidat wurde überraschenderweise der Eisenbahnminister Vladimir Jakunin genannt, der sehr dynamisch sei: Putins Vertrauter hält es für unwahrscheinlich, dass Putin eine dritte Amtszeit wolle, aber seine Umgebung wünsche es, um die Stabilität Russlands zu sichern. Eine entsprechende Verfassungsänderung sei in der Duma durchsetzbar.

Sehr geehrte Frau Bundeskanzlerin, ich hoffe, dass dieses »Gedächtnisprotokoll« für Sie von Interesse ist. Am wichtigsten erscheint mir Putins Aussage zur NATO, über die ernsthaft nachgedacht werden sollte.

Mit herzlichen Grüßen und allen guten Wünschen
Ihr Horst Teltschik

Dokument 7
Brief von Professor Dr. Dr. h. c. Hans-Peter Schwarz an Horst Teltschik, 9.9.2012

Lieber Herr Teltschik,

eben treffen die üblichen Autorenexemplare des Verlags bei mir ein. Ich darf mir die Ehre geben, Ihnen eines der ersten mit schönsten Grüßen zu übersenden.

Bei der Arbeit an der Biographie Kohls ist mir erneut klar geworden, wie viel Sie geleistet haben. Ich glaube, ohne Ihre unorthodoxe Munterkeit wäre der große Patron nicht soweit gekommen, das nicht nur 1989/90.

Ich selbst erinnere mich gern an die Abende im Bundeskanzleramt der achtziger Jahre, aber auch an spätere Zusammentreffen, nicht zuletzt an die Freundlichkeit, mit der Sie mir in der Casa Teltschik zu Rottach-Egern zweimal zum Interview zur Verfügung standen.

Über die Unvollkommenheiten eines solchen Buches ist sich niemand besser im klaren als der Autor selbst. Sollten Sie überhaupt Lust und Zeit haben, in das eine oder andere Kapitel hineinzuschauen, werden Sie wohl dies oder jenes finden, was Ihnen schief, unrichtig oder – schlimmste der Befürchtungen – ganz falsch vorkommt, vielleicht auch in der Bewertung zuwider.

Ich kann nur sagen: ich habe mir Mühe gegeben und hoffe, wenigstens Ihr eigenes Porträt nicht völlig verzeichnet zu haben.

Im übrigen hoffe ich ja immer noch darauf, daß Sie selbst sich an den Schreibcomputer setzen, um – gestützt auf Ihr Privatarchiv – Ihre persönliche Sicht in Memoirenform zu schreiben. Versuche wie die meinen sind doch eigentlich ein Anreiz dazu, von Ihrem Hochsitz aus zu berichten, »wie es eigentlich gewesen ist.«

Respektvollst mit vielen guten Grüßen und Wünschen von Haus zu Haus
Ihr Hans-Peter Schwarz
Anlage: HPS, Helmut Kohl. Eine politische Biographie, München 2012: DVA

Dokument 8
Feierstunde aus Anlass der Verleihung des Bayerischen Verdienstordens am Mittwoch, 13.7.2016, 11.00 Uhr, im Antiquarium der Residenz München

Festansprache von Professor Dr. h. c. Horst Teltschik, ehemaliger außen- und sicherheitspolitischer Berater von Bundeskanzler Dr. Helmut Kohl

»Die friedliche Revolution 1989/90 – die Lehren für heute«

Sehr geehrter Herr Ministerpräsident, Exzellenzen, sehr geehrte Damen und Herren!

Sie alle kennen sicherlich die bekannten Ermahnungen: »Man solle aus der Geschichte lernen« oder »Nur wer die Vergangenheit kennt, kann die Gegenwart verstehen und die Zukunft gestalten« (August Bebel) oder »Nur wer die Vergangenheit kennt, hat eine Zukunft« (Wilhelm von Humboldt) Angesichts der aktuellen Ereignisse ist man aber eher geneigt zu sagen: Die Geschichte lehrt uns, aber keiner hört zu.

Diesen Eindruck gewinnt man, wenn man die jetzt über Jahre andauernden Krisen in Europa und darüber hinaus beobachtet: Bankenkrise, EURO-Krise, Schuldenkrise, Flüchtlingskrise, Terroranschläge, Rechtspopulismus, Brexit. Jetzt droht eine Bankenkrise in Italien und Spanien.

Gleichzeitig tun sich manche wichtig, das Aufziehen eines neuen Kalten Krieges anzukündigen. Sie haben sich nicht daran gestört, dass wir seit gut zwanzig Jahren von »frozen conflicts« an unseren Ostgrenzen sprechen, kurzfristig unterbrochen durch einen heißen Konflikt in Georgien. Er dauerte ja nur fünf Tage.

Wer hat in Europa auf die »Orangene Revolution« 2004 in Kiew reagiert? Erst als 2013/14 der »Euromaidan« ausbrach, sprach Außenminister Kerry von einem »wake up – call«. Ja, wer hat denn bis dahin geschlafen? Mehr oder weniger alle – die Europäer wie die USA.

Diesen Katalog könnte ich weiter ausführen: Hat der Westen je eine Afrikastrategie entwickelt, um einer Milliarde Menschen eine Lebensperspektive aufzuzeigen? Es gab in der EU drei Anläufe für eine Mittelmeerunion. Sie sind alle buchstäblich im Sand verlaufen. Wir haben den »arabischen Frühling« gefeiert, bis er im Chaos versank. Wir beteiligen uns seit 15 Jahren am Afghanistankrieg, weil dort angeblich auch unsere Sicherheit verteidigt wird. Aber die Taliban, die ja besiegt werden sollten, kehren verstärkt zurück. Der Mittlere Osten: Syrien, Irak bis Yemen, ist ein Alptraum. Und wohin geht die Türkei? Immerhin Mitglied der NATO, angeblich eine Wertegemeinschaft.

Auf diesem Hintergrund will ich an die Ereignisse der Jahre 1989–1991 erinnern, weil ich Zeuge und Akteur von Geschehnissen war, die aus meiner Sicht revolutionär waren und eine Vielzahl neuer Perspektiven eröffneten. Ich darf sie kurz in Erinnerung rufen:

1. Deutschland wurde geeint und hat erstmals nach dem II. Weltkrieg seine volle Souveränität zurückerhalten. Alle Nachbarstaaten haben zugestimmt. Die Oder-Neiße-Grenze wurde endgültig anerkannt. Bundeskanzler Helmut Kohl konnte am Tag nach der Wiedervereinigung im Bundestag erklären, dass Deutschland zum ersten Male in seiner Geschichte keine Feinde mehr habe, aber er fügte hinzu, dass das jetzt größere und wirtschaftlich starke Deutschland im Herzen Europas damit auch verpflichtet sei, zukünftig eine größere internationale Verantwortung zu übernehmen.

2. Europa wurde geeint:

Der Ost-West-Konflikt war beendet. Es gibt keinen Eisernen Vorhang mehr. Der Warschauer Pakt löste sich im Frühjahr 1991 fast lautlos auf. 500.000 sowjetische Truppen haben sich aus Mitteleuropa friedlich und in der vereinbarten Zeit zurückgezogen. Die UdSSR hat sich 1991 in 15 souveräne Republiken aufgelöst. Der Marxismus/Leninismus ist auf dem Müllhaufen der Geschichte gelandet.

3. Das bipolare Weltsystem zweier Weltmächte mit ihren jeweiligen Bündnissen und der Antagonismus ihrer Gesellschaftssysteme hatte sein Ende gefunden.

Es war Präsident George Bush sen., der deshalb 1991 davon sprach, dass wir eine neue Weltordnung brauchen. In der folgenden Dekade sollten wir die Erfahrungen mit einer unipolaren Welt machen, mit den USA als dominante Weltmacht.

Inzwischen sprechen wir von einer multipolaren Welt mit den großen und einflussreichen Spielern: USA, China, Indien, Russland als zweitstärkste Nuklearmacht, vielleicht noch Japan und ein wiedererstarktes Brasilien. Und wer spielt auf dieser globalen Ebene in Europa mit: Deutschland, Frankreich oder jetzt ein von der EU losgelöstes Großbritannien, Polen, etc.? Kann und muss es nicht eine EU mit einer gemeinsamen Außen- und Sicherheitspolitik sein?

Alle drei Revolutionen sind friedlich verlaufen. Es ist kein einziger Schuss gefallen – ein Wunder!?

(Der bekannte katholische Theologe Professor Eugen Biser sagte einmal zu mir: Jemand hat Euch von oben geholfen.«)

Fazit: Wir haben drei revolutionäre Veränderungen erlebt – keine Wende, wie viele zu sagen pflegen. Damit war nicht der Zeitpunkt gekommen, sich zufrieden zurückzulehnen. Vielmehr galt es, dieses neue Deutschland, das neue Europa und die neue Welt zu gestalten, auf verschiedenen Ebenen und in verschiedenen Bereichen.

Der erste große Schritt dazu erfolgte im November 1990, als alle 35 Staats- und Regierungschefs der KSZE-Mitgliedsländer die »Pariser Charta für ein neues Europa« unterschrieben.

Das Ziel war eine Gesamteuropäische Friedens- und Sicherheitsordnung von Vancouver bis Wladiwostok, das Gemeinsame Europäische Haus, von dem Gorbatschow immer gesprochen hatte, in dem alle Mitglieder über die gleiche Sicherheit verfügen.

Welch eine Vision?! Welch ein Traum?! Ich habe mich an Martin Luther Kings berühmte Rede erinnert gefühlt, die mit den Worten begann: »I have a dream!«

Am 9. Mai 1991 sagte Präsident Mitterrand in Aachen: »Europa hatte lange nicht so viele Gründe zur Hoffnung«.

Und ich zitiere immer Golda Meir, die einmal gesagt hat: Wer keine Visionen hat, ist kein Realist.«

Vereinbart worden waren:

- die KSZE/OSZE als politisch-institutioneller Rahmen der Zusammenarbeit;
- ein Katalog von Prinzipien als politische Leitlinien,
- erste institutionelle Entscheidungen wurden getroffen wie eine jährliche Außenministerkonferenz; Überprüfungskonferenzen auf Ebene der Staats- und Regierungschefs und
- ein Konfliktverhütungszentrum wurde eingerichtet. Wir im Bundeskanzleramt hatten begonnen, über die Einrichtung eines europäischen Sicherheitsrates nachzudenken.

Was haben wir aus dieser Vision gemacht?

Präsident Medwedew hatte in seiner Rede 2008 in Berlin vorgeschlagen, einen rechtsgültigen Vertrag über gesamteuropäische Sicherheit zu verhandeln. Er blieb ohne Antwort aus dem Westen.

Mein Thema heute ist nicht die Frage, warum sind wir heute da, wo wir sind. Ich möchte vielmehr darüber sprechen, welche Lehren wir aus den Erfolgen der Jahre 1989–91 für heute ziehen können.

Für die Zustimmung der drei westlichen Siegermächte USA, Großbritannien und Frankreich zur deutschen Einheit und unserer Nachbarstaaten gab es zwei unverzichtbare Bedingungen:

1. die Mitgliedschaft des geeinten Deutschland in der NATO. Unsere Nachbarn können mit einem größeren und wirtschaftlich starken Deutschland im Herzen Europas leichter zusammenleben, wenn wir im gleichen Bündnis sind. Und es ist das einzige Organ, das die USA vertraglich an Europa bindet. An Polen von heute und an den baltischen Staaten können wir ermessen, wie wichtig diesen Partnern die amerikanische Präsenz in Europa ist. Für sie wie für andere Partner von uns reicht die Sicherheitsgarantie der EU – ohne die USA – nicht aus. Wir brauchen deshalb die NATO auch unseretwegen. Henry Kissinger hat einmal gesagt: »Deutschland ist für Europa zu groß und für die Welt zu klein«.

2. Präsident Mitterrand hat seine Vorbehalte gegenüber der deutschen Einigung aufgegeben, als ihm Bundeskanzler Helmut Kohl im Dezember 1989 in einem Brief vorgeschlagen hat, gemeinsam eine neue Initiative zu ergreifen und die EG zu einer Politischen Union weiterzuentwickeln. Mitterrands Sorge bestand darin, dass Deutschland nun noch größer und stärker als Frankreich werden würde und nicht mehr bereit sein könnte, so eng wie bisher mit Frankreich als gemeinsamer Motor der europäischen Integration zusammenzuarbeiten.

Bis dahin hatten François Mitterrand und Helmut Kohl den Binnenmarkt, das Schengen-Abkommen und die Wirtschafts- und Währungsunion auf den Weg gebracht und bilateral als Kern einer europäischen Außen-, Sicherheits- und Verteidigungspolitik einen bilateralen Verteidigungs- und Sicherheitsrat sowie eine deutsch-französische integrierte Brigade vereinbart. Ohne den europäischen Einigungsprozess hätte es keine deutsche Einheit gegeben. Die Aussöhnung der beiden »Erzfeinde« Deutschland – Frankreich wurde zum Wunschbild unserer östlichen Nachbarn.

Da es ja durchaus opportun ist, Franz Josef Strauß zu zitieren, um sich selbst aufzuwerten, darf ich das auch tun. Ich musste ihn ja auch im Auftrag des Bundeskanzlers immer wieder unterrichten. Bereits 1975 forderte Franz Josef Strauß einen »Gemeinsamen Markt ... (Er müsse) auch eine Harmonisierung der Steuer- und Sozialsysteme beinhalten ... unerlässlich (sei) die notwendige Harmonisierung der Konjunkturpolitik, der europäischen Strukturpolitik, der Verteidigungs- und Außenpolitik ...«. Vielleicht könnte das ein Programm für die EU von heute sein? Er wolle aber, so Strauß, »kein Vaterland der Vaterländer ..., sondern einen echten europäischen Bundesstaat«. Das geht der CSU heute sicher zu weit.

3. Eine Schlüsselrolle in den Beziehungen zur Sowjetunion und heute zu Russland spielte das Thema Sicherheit. Die russischen Sicherheitsinteressen und die Furcht vor einer Einkreisung sind maßlos übersteigert, aber bekanntlich ist in der Politik die Perzeption der Probleme oft wichtiger als die Realität. Wir sind deshalb gut beraten, die sicherheitspolitischen Befürchtungen Russlands ernst zu nehmen.

Entscheidend war, dass Präsident Reagan bereits 1985 die Gipfeldiplomatie mit Generalsekretär Gorbatschow wieder aufnahm und Präsident Bush sie erfolgreich weiterführte. Ende der 80er, Anfang der 90er Jahre wurden die weitreichendsten Abrüstungs- und Rüstungskontrollvereinbarungen der Geschichte vereinbart. Es gab eine doppelte Null-Lösung: Alle nuklearen Mittelstreckenraketen der Reichweite von 500 bis 5500 km wurden verschrottet. Geblieben sind bis heute die Kurzstreckensysteme, aber wen kümmert das schon. Sie zielen ja von beiden Seiten vorrangig nur auf Deutschland.

Die strategischen Nuklearwaffen wurden in zwei Abkommen (INF I/II) auf beiden Seiten drastisch reduziert. Das Gleiche gilt für die konventionellen Truppen. Allein aus Mitteleuropa sind 500.000 sowjetische Truppen in ihre Heimat zurückgekehrt, friedlich und in der vereinbarten Zeit. Allein aus der ehemaligen DDR waren es 370.000 Soldaten mit allen ihren Waffensystemen. Ein Abkommen über die konventionelle Abrüstung wurde vereinbart, von Russland ratifiziert, jedoch nicht von den NATO-Staaten. Russland hat auch die Verträge über das allgemeine Verbot von Atomtests, über die Nichtverbreitung von Kernwaffen und über das Verbot biologischer Waffen ratifiziert. Welch eine Summe von Abkommen! Seitdem ruht der See, bis heute.

Die Bundesregierung hat 1990 22 Verträge und Abkommen mit der UdSSR unterzeichnet. Sie hat damit zwei Ziele verfolgt: Sie wollte damit die deutsche Einheit erreichen, und sie wollte die UdSSR so eng als möglich an Europa heranführen.

Den politischen Durchbruch in den Verhandlungen mit Moskau über die Wiedervereinigung erreichte Helmut Kohl mit seinem Vorschlag vom April 1990, einen Vertrag zwischen dem geeinten Deutschland und der UdSSR mit klaren sicherheitspolitischen Garantien noch vor der Einheit zu verhandeln und nach erfolgter Einheit zu ratifizieren. Wir wussten, dass die Sowjetunion seit Generalsekretär Chruschtschow immer an Verträgen mit sicherheitspolitischen Garantien interessiert gewesen ist. Und dieses sowjetische Interesse bestätigte sich auch bei Gorbatschow. Die sowjetische Reaktion auf Kohls Vorschlag fiel fast euphorisch aus. Dieser sog. »Große Vertrag«: das Abkommen über gute Nachbarschaft, Partnerschaft und Kooperation zwischen Deutschland und der UdSSR wurde am 9. November 1990 von Helmut Kohl und Gorbatschow unterzeichnet. Es enthält klare sicherheitspolitische Zusagen Deutschlands gegenüber der UdSSR.

Das alles war möglich geworden, weil man sich wechselseitig vertraute. Präsident Gorbatschow sagte mir einmal, wenn er nicht das Vertrauen in Präsident Bush und Bundeskanzler Kohl gehabt hätte, wäre vieles anders verlaufen. Dagegen hat Präsident Putin in seiner Rede im September 2001 im Bundestag erklärt: »Wir haben immer noch nicht gelernt, einander zu vertrauen«. Vor wenigen Tagen hat er diese Aussage bei seinem Besuch in der deutschen Schule in Moskau wiederholt.

Voraussetzung für das Vertrauen Gorbatschows war, dass Präsident Reagan wie sein Nachfolger Bush Präsident Gorbatschow immer als einen Partner auf gleicher Augenhöhe behandelt haben und ihm wie Präsident Yelzin nie das Gefühl vermittelt haben, Verlierer des Kalten Krieges zu sein. In seiner Rede Ende Mai 1989 in Mainz hat Präsident Bush in diesem Zusammenhang eine entscheidende Aussage an die Adresse Moskaus getroffen: »Die Sowjets sollten wissen, dass unser Ziel nicht darin besteht, ihre legitimen Sicherheitsinteressen zu untergraben…«

Die Aussage von Präsident Obama, »Russland sei nur eine Regionalmacht«, war für das Selbstbewusstsein von Präsident Putin sicherlich ein Tiefschlag. In den Verhandlungen über das Atomabkommen mit dem Iran sowie in Syrien beweist er jetzt dem Westen, dass er ein gleichberechtigter Mitspieler sein will, ja und ist, wenn es zu Ergebnissen kommen soll.

Präsident Clinton hatte seinem Kollegen Yelzin mündlich wie schriftlich eine Mitgliedschaft in der NATO in Aussicht gestellt. Er hat mir das einmal selbst berichtet. Auch der ehemalige polnische Außenminister Radosław Sikorski hielt in einem Interview in einer deutschen Tageszeitung eine NATO-Mitgliedschaft Russlands für möglich. Für Yelzin kam das Angebot zu früh, doch Russland trat der Initiative »Clintons Partnership for Peace« bei. Sie umfasste ein breites Bündel vertrauensbildender Maßnahmen wie wechselseitige Ankündigung von Manövern, Austausch von Manöverbeobachten u. a., alles Vereinbarungen, die zwischenzeitlich eingestellt wurden und jetzt mühsam wieder neu verhandelt werden sollen.

Die NATO hatte schon 1990 nicht zuletzt auf Drängen Helmut Kohls gezielte Schritte der Verständigung mit dem Warschauer Pakt unternommen. Auf dem Sondergipfel im Juli 1990 erklärte die NATO: »Wir reichen dem Warschauer Pakt die Hand zur Freundschaft«.

Im Mai 1994 unterzeichneten NATO und Russland die Grundakte über Gegenseitige Beziehungen, Zusammenarbeit und Sicherheit. Darin stellen beide Seiten fest: »Die NATO und Russland betrachten einander nicht als Gegner.«

Und 2002 wurde der NATO-Russland-Rat gegründet, der aber weder während des Georgienkrieges noch in der Ukrainekrise einberufen wurde. Heute wird er auf Botschafterebene wieder einmal zusammenkommen.

Als Präsident Putin im Februar 2007 auf der Münchener Sicherheitskonferenz auftrat, hatte Bundeskanzlerin Merkel in ihrer Rede vorgeschlagen, dass die Beziehungen der NATO zu Russland weiterentwickelt werden sollten. Sie hat ihren Vorschlag jedoch nie öffentlich konkretisiert. Es hat auch keiner nachgefragt.

Putin kritisierte die Absicht der USA und der NATO, zur Abwehr von möglichen Raketen aus dem Iran ein amerikanisches Raketenabwehrsystem auch in Europa aufzubauen. In Rumänien wird jetzt eine erste Basis errichtet. Mir konnte bis heute keiner erklären, welches Motiv der Iran haben sollte, Raketen auf Europa zu schießen. Kein Wunder, dass Russland ein solches System gegen sich gerichtet sieht.

Die NATO hatte Präsident Medwedew 2010 zu ihrem Gipfeltreffen in Lissabon eingeladen und ihm zugesagt, mit Russland bei der Entwicklung einer Raketenabwehr zusammenzuarbeiten. Das blieb ein leeres Versprechen.

Ich habe bewusst das Thema Sicherheit in den Mittelpunkt meiner Ausführungen gestellt, weil es das zentrale Interesse Russlands ist. Wir setzen in der Regel die Durchsetzung unserer demokratischen Werte in den Vordergrund: Freiheit, Rechtsstaatlichkeit, Toleranz…, obwohl wir wissen, dass es in Europa keine Sicherheit ohne oder gegen Russland geben wird. Die Bundeskanzlerin hat erst in der vergangenen Woche im Bundestag erneut darauf hingewiesen.

Wir müssen deshalb einen Weg finden, der den Interessen beider Seiten entgegenkommt. 1990 wurden entscheidende Weichen dafür gestellt. Haben wir diese Chancen wirklich genutzt? Sie können diese Frage selbst beantworten.

Zum Schluss darf ich alle zukünftigen Träger des Bayerischen Verdienstordens zu dieser Auszeichnung beglückwünschen. Sie haben sie verdient.

Herzlichen Dank

Dokument 9
Brief von Michail S. Gorbatschow, Internationale Stiftung für sozioökonomische und politische Forschung (Gorbatschow-Stiftung), an Horst Teltschik, 14.6.2020[242]

Lieber Herr Prof. Dr. Teltschik! Lieber Horst!

Ich gratuliere Dir ganz herzlich zu Deinem 80. Geburtstagsjubiläum!
Wir kennen uns seit mehr als dreißig Jahren, und ich habe Dich nie als älteren Menschen wahrgenommen: Du warst immer die Quelle einer jungen Energie, die Dich zusammen mit Deinem natürlichen Geist, Deiner brillanten Ausbildung und verantwortungsbewussten Haltung zu einer der herausragenden politischen Persönlichkeiten Deutschlands gemacht hat.

Das Schicksal hat uns in einer historischen Zeit zusammengeführt. Die Welt, die vor der nuklearen Katastrophe stand – und diese Bedrohung war sehr ernst – hat plötzlich vor den politischen Führern und der Zivilgesellschaft eine scharfe Wende vollzogen. Die ersten entscheidenden Schritte zur Abrüstung wurden unternommen. Sie gipfelte im Ende des

242 https://www.gorby.ru/presscenter/news/show_30143/ (Abruf 29.2.2024).

Kalten Kriegs. Der Anstoß für den Wandel – auf den ich auch heute noch stolz bin – kam aus Moskau.

Im Rahmen dieses Prozesses konnten wir damals eine der schwierigsten internationalen Fragen – die deutsche Frage – gemeinsam lösen. Die Wiedervereinigung Deutschlands wurde im Konsens und friedlich erreicht. Helmut Kohl, dem der inoffizielle Titel »Kanzler der Deutschen Einheit« verliehen wurde, würdigte Deinen Beitrag zur Überwindung der Teilung des Landes.

In letzter Zeit hat sich die Situation in Europa und in der Welt wieder verschlechtert. Das beunruhigt die Menschen guten Willens. In Deinem Buch, das im vergangenen Jahr erschienen ist, forderst Du uns auf, endlich aus dem »Kalten Krieg« die Lehren zu ziehen, Du schreibst, dass wir jetzt dringend eine »Neuauflage« des Spannungsabbaus brauchen, wenn wir nicht aus der »kalten Welt« in einen heißen Konflikt abgleiten wollen.

Ich teile Deine Meinung. Dies gilt umso mehr, als nun eine neue Krise mit unvorhersehbaren Folgen – eine globale Pandemie – den Planeten getroffen hat.

Lieber Horst! Ich habe Deine Freundschaft immer geschätzt und werde sie weiter schätzen: Ich wünsche Dir und Deiner Familie alles Gute, Gesundheit und viel Glück.

Ich schüttle Dir fest die Hand!
Dein Michail Gorbatschow

Dokument 10
Brief von Horst Teltschik an Michail Gorbatschow, 25.6.2020[243]

Lieber Michail,

für Ihre freundschaftlichen Grüße und Glückwünsche zu meinem 80. Geburtstag darf ich mich sehr herzlich bedanken. Sie waren für mich das größte und bedeutendste Geschenk, das ich erhalten habe.

Ihre in Ihrem Schreiben zum Ausdruck gekommene Freundschaft bedeutet mir sehr viel. Für mich gehören Sie zu den großen Politikern und Gestaltern in der Nachkriegszeit. Sie haben Ihr eigenes Land verändert. Sie haben die Grundlagen dafür geschaffen, dass die Spaltung Deutschlands, Europas und der Welt überwunden werden konnte. Leider war es Ihnen nicht mehr möglich, an der Ausgestaltung persönlich mitzuwirken, wie sie in der »Pariser Charta für ein neues Europa« verabredet war. Leider ist seitdem vieles nur Stückwerk geblieben. Ich erinnere auch immer an Ihre Verdienste, die weltweit bedeutendsten Abrüstungs- und Rüstungskontrollvereinbarungen durchgesetzt zu haben; Ergebnisse, die leider heute auch wieder in Frage gestellt werden. Wir erleben heute eine Welt, die immer unberechenbarer wird. Das war auch einer der Gründe für mein letztes Buch. Ich wollte noch einmal, so wie Sie in Ihren Büchern, daran erinnern, welche Perspektiven der Verständigung und Zusammenarbeit wir erreicht hatten und wie wenig wir daraus gemacht haben.

Herzliche Grüße auch von meiner Frau Gerhild, mit der ich übrigens im letzten Jahr das Grab Ihrer lieben Frau Raissa besucht habe. Wir beide haben Ihre Gattin sehr verehrt. Sie hat meiner Frau auch eine wunderbare Widmung in ihr Buch geschrieben.

243 https://www.gorby.ru/presscenter/news/show_30150/

Lieber Michail, ich werde immer Dein Freund bleiben und wünsche auch Dir und Deiner Familie alles Gute, Gesundheit und viel Glück. Auch ich drücke Dir fest die Hand!

Dein Horst

Dokument 11
Wolfgang Thierse: Laudatio auf Horst Teltschik zur Verleihung des Preises der Deutschen Gesellschaft, 9.11.2021

Verehrter Preisträger, lieber Horst Teltschik!
Sehr geehrte Frau Teltschik,
liebe Vorsitzende und Mitglieder der Deutschen Gesellschaft, meine Damen und Herren!

Eigentlich sollte diese Preisverleihung schon im vorigen Jahr stattfinden. Das musste aus bekannten unfreundlichen Gründen ausfallen. Der Preis hätte gut zu Ihrem 80. Geburtstag gepasst. Sie sind, lieber Herr Teltschik, also in einem Alter, das man früher biblisch genannt hätte. Heutzutage aber werden wir ja viel älter und, vor allem, bleiben viel munterer – wofür gerade Sie ein überzeugendes Beispiel sind.

Der Tag der Preisverleihung ist der gleiche geblieben: der 9. November. Dieser Tag ist ein verwickeltes, komplexes, ja verflucht deutsches Datum! An dem sich die unseligen, die bösen Seiten der deutschen Geschichte verdichten, aber eben auch die glücklicheren! Dass dies so ist, verdankt sich – wie oft in der Geschichte – einem Zufall, an den wir uns gerne erinnern: jene Pressekonferenz, bei der ein gewisser Günther Schabowski (wer würde ihn sonst noch kennen!) sich verplappert hat: »das gilt sofort unverzüglich…«

Aber die Geschichte davor, vor diesem unvergesslichen Abend, vor dieser unvergesslichen Nacht und auch die Geschichte danach: sie waren kein Zufall! Es bedurfte des Zusammenwirkens vieler Faktoren, damit das »Jahr der Wunder« sich ereignete. Ich erinnere an: die Tapferkeit der sowjetischen und tschechischen Dissidenten, an Solidarnosc (und damit auch an Johannes Paul II), an die ungarischen Reformkommunisten und an die Gorbatschow'sche Perestroika-Politik. Ich erinnere an die Handlungskraft des Westens – von der Ost- und Entspannungspolitik bis zu Helmut Kohl und George Bush sen. Und nicht zuletzt an das Desaster der DDR-Ökonomie, an den Unwillen und die Desillusionierung vieler DDR-Bürger und an die Zivilcourage der Oppositionsgruppen in der DDR und an die Montagsdemonstrationen!

Revolutionäre Zeiten sind Zeiten der Beschleunigung. Man muss in solchen Zeiten das Glück haben, nicht bloß Objekt von Entscheidungen Anderer sein zu müssen, sondern Subjekt und Akteur der Entscheidungen sein zu können.

Dieses biografisch-historische Glück ist Horst Teltschik widerfahren, unserem heutigen Preisträger. Er war darauf – ich darf das so sagen – er war auf dieses historische Glück biografisch durchaus vorbereitet! Deshalb erlaube ich mir ein paar Notizen zu seiner Biografie.

Horst Teltschik ist also Jahrgang 1940, geboren in einem kleinen Dorf in Nordmähren. (Welch böser Zufall, dass aus demselben Dorf die Familie eines der schlimmsten Naziverbrecher stammt, nämlich Roland Freislers Familie.) Nach Flucht bzw. Vertreibung wächst Teltschik in Bayern, am schönen Tegernsee auf, ist in der katholischen Jugendbewegung aktiv. Dem Abitur und der Bundeswehr folgt ein Studium der politischen Wissenschaft an der FU Berlin. Das ist durchaus bemerkenswert, weil es im Jahr 1962, nur wenige Monate nach dem Bau der Mauer, begann, also in einer Zeit, in der viele Menschen der Stadt den Rücken kehrten, während Teltschik ausdrücklich nach Berlin ging. Und hier auch begann sein politisches Engagement und zwar im RCDS, dem Ring Christlich Demokratischer Studenten, dessen stellvertretender Bundesvorsitzender er wurde. Erst recht konnte Teltschik sich einer zunehmenden Politisierung nicht entziehen, als er im Jahr 1968 Hochschulassistent am Otto-Suhr-Institut wurde und das noch dazu bei Richard Löwenthal, der zwar ein SPD-Parteibuch sein eigen nannte, aber die Studentenproteste äußerst kritisch sah. Damit war Horst Teltschik quasi im Auge des Orkans.

Zwei Jahre hielt er es aus, dann folgte die Annahme eines Arbeitsangebots in der Bundesgeschäftsstelle der CDU in Bonn, wo er die Arbeitsgruppe Außen-, Sicherheits- und Deutschlandpolitik leitete. Damit begann die eigentliche politische Karriere: 1972 zunächst als Leitender Ministerialrat in der Staatskanzlei von Rheinland-Pfalz. Ministerpräsident war damals Helmut Kohl, der Teltschik mit nach Bonn nahm und ihm 1977 die Leitung des Büros des Vorsitzenden der CDU/CSU-Fraktion übertrug. Aber Sie waren wohl mehr als nur Büroleiter und Redenschreiber! Sie waren vor allem Ideengeber. Und so schlecht können die Ideen nicht gewesen sein, jedenfalls schien Teltschik dem »schwarzen Riesen« wie er immer mal genannt wurde, zu gefallen. Als Kohl Kanzler wurde, folgte Teltschik ihm in das Kanzleramt und wurde Leiter der Abteilung für auswärtige und innerdeutsche Beziehungen. Diese Position bescherte ihm nicht nur Anerkennung, sondern auch ein durchaus ambivalentes Verhältnis zum Auswärtigen Amt unter Hans-Dietrich Genscher.

Als stellvertretender Kanzleramtschef und engster Berater war Teltschik Mitglied von Kohls »Küchenkabinett«. Und damit so mächtig, dass Kohl-Biografen von einem »Chefkoch« oder wohl noch treffender von einem »Nebenaußenminister« sprachen. Dieser gewann gerade in den Monaten vor und während der friedlichen Revolution in der DDR an Bedeutung. Man könnte eigentlich auch von einem Schattenaußenminister reden, denn die Schatten waren so lang, dass sie bis in die Vorzimmer Thatchers, Mitterrands und Gorbatschows reichten. Bezeichnend sind seine Verbindungen zu Portugalow, dem Botschafter, KGB-Offizier und Berater Gorbatschows. Mit ihm wird Moskaus neue Deutschlandpolitik eingefädelt.

Deutschlandpolitisch legendär ist der 10-Punkte-Plan vom 28. November 1989, der maßgeblich auf Teltschik zurückging. Was Sie damals in wenigen Tagen erdacht und formuliert haben, und wovon Sie erst den Kanzler überzeugen mussten, löste in Bonn ein politisches Erdbeben aus. Schließlich überraschte Kohl damit nicht nur die Parlamentarier, sondern auch seinen Koalitionspartner. Es lässt sich erahnen, wie die Stimmung unter Genscher und seinen Gefolgsleuten war, die sich in einer solch historischen Stunde brüskiert fühlten. Als wenn das nicht schon reichte, bekam Genscher – der gar nichts dafür konnte – auch noch die ablehnende Haltung Moskaus durch einen Wutausbruch eines sehr undiplomatisch tobenden Gorbatschow zu spüren.

Erinnern wir uns: Im Mittelpunkt des 10-Punkte-Planes stand die Aussicht auf »konföderative Strukturen«, eine Formel, die damals durchaus elektrisierte. An eine Wiedervereinigung war ja noch gar nicht zu denken, zu vieles war ungeklärt. Gleichwohl wurde der Plan genauso interpretiert. Fast zeitgleich erschien in der DDR der Aufruf »für unser Land«, der die Selbständigkeit der DDR forderte und zur Unterschrift einlud. Immerhin unterschrieben eine Million DDR-Bürger in den ersten vier Wochen. Ich nicht. Und mit der Unterschrift von Egon Krenz war der Aufruf eigentlich politisch-moralisch dann ganz schnell auch erledigt. Beide Papiere wirkten wie Katalysatoren der Entwicklung, allerdings in entgegengesetzte Richtungen. Dabei nahm der 10-Punkte-Plan die sich rasant veränderte Stimmung auf den Straßen der DDR als auch die internationalen Entwicklungen auf. Und dennoch, so abgewogen und vorsichtig der Text von seinen Verfassern auch formuliert worden war, die Ungeduld der DDR-Bürger hatte auch er unterschätzt. Und damit die Dynamik des Prozesses. Die große Mehrheit der DDR-Bürger wollte eine schnelle Einigung, keine Umwege über Vertragsgemeinschaften oder Konföderationen. Sie selbst, Herr Teltschik, sagten später: »Intern rechneten wir mit 5–10 Jahren. Am Ende dauerte der Vereinigungsprozess von der Öffnung der Mauer bis zur Deutschen Einheit nur 329 Tage.«

Vergessen dürfen wir allerdings nicht, dass in diesen 329 Tagen auch hohe außenpolitische Hürden zu nehmen waren. Diese lagen vor allen Dingen in Moskau. Doch dem Verhandlungsgeschick des »Nebenaußenministers« (Kohl und sein Berater reisten mal wieder ohne Genscher) ist auch hier ein Durchbruch zu verdanken. Bereits im Februar 1990 anerkannte Gorbatschow de facto das Selbstbestimmungsrecht der Deutschen. Sie kommentierten dies mit den Worten: »Gorbatschow hat den Deutschen den Schlüssel zu Wiedervereinigung in die Hand gegeben.« Damit war der Weg frei für weitere Gespräche, auch für das spätere »Wunder vom Kaukasus«. Und am Ende stand jener deutsch-sowjetische Partnerschaftsvertrag, der heute, vor 31 Jahren in Bonn unterzeichnet wurde. Freilich vereinfachte diese oder jene Milliardenzahlung und so mancher Kredit das Entgegenkommen Moskaus, doch eine geschickte Verhandlungsstrategie ersetzten auch sie nicht. Und genau dafür bedurfte es des Geschicks und des Feingefühls eines Mannes wie Teltschik.

Vielleicht hat dieses Feingefühl auch mit seiner Herkunft zu tun, mit seiner emotionalen Bindung an das östliche Europa. Jedenfalls schreibt Teltschik selbst: »Die Tatsache, dasss meine Familie seit dem 14. Jahrhundert in Mähren gelebt hat und ich auch dort geboren bin, hat mir emotional eine größere Nähe zu Mittel- und Osteuropa vermittelt.« Teltschik spricht gar davon, dass es eine Art »Schicksal« sei, dass ausgerechnet er es ist, dem mit seiner Geschichte aufgegeben war, mit den Führungen verschiedener Ostblockstaaten zu verhandeln. Diese Bindung an den Osten zieht sich wie ein roter Faden durch sein Leben: Von der Diplomarbeit mit dem ungewöhnlichen Thema: »Politik des albanischen kommunistischen Regimes in Wechselwirkung mit dem sowjetisch-chinesischen Konflikt 1956–61« über die unvollendete Dissertation zum Thema »Die Interdependance zwischen der Politik der DDR und der Sowjetunion« bis heute. Der Osten ließ ihn nie los. Und das war gut so, denn seine Stimme hat bis heute Gewicht – als Analyst, als Akteur, als Ratgeber, als Mahner gerade auch in dem so schwierigen und doch zugleich so existenziell so wichtigen Verhältnis zu Russland!

Meine Damen und Herren, der Historiker Andreas Rödder bescheinigt unserem Preisträger, dass er »strategisch und leidenschaftlich im politischen Denken« gewesen sei und im »Vereinigungsprozess optimistischer und unbefangener als die Vertreter von Bürokratie und Diplomatie offensive Politik betrieben habe«. In der Tat, genau das zeichnete Sie, lieber Herr Teltschik, aus – nicht nur im politischen Geschäft des Kanzleramts sondern auch als langjähriger Vorsitzender der Münchener Sicherheitskonferenz und in vielen Stiftungen und ehrenamtlichen Funktionen. Und das Feingefühl und hohe Maß an Gespür, an Instinkt für das Gebotene, das Notwendige und Machbare dürfen wir bei Teltschik gewiss auch nicht vergessen.

Meine Damen und Herren!
Ich wiederhole es: Man muss Glück haben, in Zeiten geschichtlichen Wandels nicht bloß Objekt, sondern vielmehr und besser Subjekt und Akteur sein zu können.

Lieber Horst Teltschik,
Sie haben dieses Glück gehabt und das Momentum genutzt. Sie haben, wie die altdeutsche Redeweise sagt, dem Schicksal in die Speichen gegriffen – zu unser aller Glück!

Dafür unser Respekt und unser Dank und dieser Preis!

Ich schließe, in dem ich aus dem Geburtstagsbrief zum 80. zitiere, den Michael Gorbatschow an Horst Teltschik im vorigen Jahr geschickt hat: »Wir kennen uns seit mehr als 30 Jahren, und ich habe Dich nie als älteren Menschen wahrgenommen. Du warst immer die Quelle einer jungen Energie, die Dich zusammen mit Deinem natürlichen Geist, Deiner brillanten Ausbildung und verantwortungsbewussten Haltung zu einer der herausragenden politischen Persönlichkeiten Deutschlands gemacht hat: Das Schicksal hat uns in einer historischen Zeit zusammengeführt. Die Welt, die vor der nuklearen Katastrophe stand – und diese Bedrohung war sehr ernst – hat plötzlich von den politischen Führern und der Zivilgesellschaft eine scharfe Wende vollzogen. Die ersten entscheidenden Schritte zur Abrüstung wurden unternommen. Sie gipfelte im Ende des kalten Krieges. Der Anstoß für den Wandel – auf den ich auch heute noch stolz bin – kam aus Moskau. Im Rahmen dieses Prozesses konnten wir damals eine der schwierigsten internationalen Fragen – die deutsche Frage – gemeinsam lösen. Die Wiedervereinigung Deutschlands wurde im Konsens und friedlich erreicht. Helmut Kohl… würdigte Deinen Beitrag zur Überwindung zur Teilung des Landes… Lieber Horst! Ich habe Deine Freundschaft immer geschätzt und werde sie weiter schätzen. Ich wünsche Dir und Deiner Familie alles Gute, Gesundheit und viel Glück…«

Was will man mehr! Unsere herzliche Gratulation!

Dokument 12
Horst Teltschik, Zum Tod von Michail Gorbatschow (September 2022)

Zusammen mit Bundeskanzler Helmut Kohl traf ich Michail Gorbatschow das erste Mal einen Tag nach der offiziellen Trauerfeier anlässlich des Todes seines Vorgängers Konstantin Tschernenko in Moskau. Es gab ja in der Zeit der KPdSU, der kommunistischen Partei der Sowjetunion den Brauch, dass einen Tag nach der offiziellen Trauerfeier der Nachfolger bereits gekürt war und für die Gäste die Möglichkeit bestand, den neuen Generalsekretär zu treffen.

Gorbatschow – ja, was war der Eindruck? Er kam ins Amt nach drei todkranken und alten Generalsekretären, die Helmut Kohl und ich erlebt hatten und die wenig beigetragen hatten, die Beziehungen zwischen Deutschland und der Sowjetunion zu entwickeln: Leonid Breschnew, todkrank. Der konnte bei einer Besprechung die Fragen von Helmut Kohl nur beantworten, wenn Gromyko, damals Außenminister, ihm die Antworten auf einem Zettel zuschob. Dann lernten wir Juri Andropow kennen, der ein halbes Jahr später tot war, dann Konstantin Tschernenko, der ein Jahr später tot war. Aber wir sind immer zur Trauerfeier nach Moskau geflogen, um den Nachfolger kennen zu lernen.

Wir trafen Gorbatschow, ein relativ junger Generalsekretär in den 50er Jahren, gesund, der sehr präsent war. Er hat nicht, wie seine Vorgänger zuerst eine schriftliche Erklärung des Politbüros vorgelesen, sondern sofort die Diskussion eröffnet.

Aber inhaltlich war das Gespräch enttäuschend, weil Gorbatschow im Prinzip dem Bundeskanzler deutlich gemacht hat, wenn dieser seine Entscheidung über die Stationierung amerikanischer Mittelstrecken-Raketen in Deutschland und Europa nicht ändere – wenn diese Politik fortgeführt würde, dann würden sich auch die Beziehungen nicht ändern. Von daher war aus dem Gespräch nicht erkennbar, dass Gorbatschow seine Innenpolitik, seine Wirtschaftspolitik wie die Außenpolitik gegenüber seinem Vorgänger neu gestalten würde. Das war im März 1985.

Dennoch – zum ersten Mal erlebten wir einen jüngeren, gesunden sowjetischen Generalsekretär, der bereit war, in der Sache zu diskutieren, keine langweiligen Statements vorlas und mit dem es eine Chance gab, sachliche Gespräche zu führen. Es war zu diesem Zeitpunkt jedoch noch nicht erkennbar, dass er eine Reformpolitik einleiten würde – also Glasnost und Perestroika – das hat sich damals noch nicht abgezeichnet.

Das Etikett »Der Mann ist vertrauenswürdig« wäre zu diesem Zeitpunkt verfrüht gewesen. Er hat die bekannte Politik des Politbüros bekräftigt. Aber allein die Tatsache, dass man mit ihm ein sachliches Gespräch führen konnte, war schon ein erkennbarer Fortschritt.

In der Folgezeit wurden die beiderseitigen Beziehungen durch ein unglückliches Interview belastet, das Bundeskanzler Helmut Kohl dem US-Magazin Newsweek gegeben hatte. Darin hatte er sich sehr missverständlich über die inzwischen von Gorbatschow eingeleitete Reformpolitik geäußert, die er in der Anfangszeit mehr als Propaganda denn als substantiell empfunden und sie mit der Propagandapolitik von Goebbels verglichen hatte. Dieses Interview ist leider im Bundeskanzleramt nicht gegengelesen worden. Diese zwei missverständlichen Sätze vom Bundeskanzler hätten natürlich gestrichen werden müssen. Das ist nicht erfolgt.

Helmut Kohl war, als das Interview veröffentlicht wurde, auf einer Reise in den USA. An jenem Tag waren wir in Chicago Gast beim Chicago Council an Foreign Relations. Dort hielt Bundeskanzler Helmut Kohl eine außenpolitische Grundsatzrede, die sehr wichtig war, weil er das erste Mal die Chance hatte, in den USA die Strategie seiner Außenpolitik zu erläutern. Helmut Kohl erkundigte sich jeden Tag im Ausland: Was ist zu Hause los? So erfuhr er von der Aufregung, die sich aufgrund seines Interviews in der öffentlichen Diskussion in Deutschland ergeben hat.

Ja, und mit dieser Verstimmung war es nicht überraschend, dass die Beziehungen zu Moskau eingefroren wurden, zumal damals in der Bundesrepublik ein Bundestagswahlkampf stattfand und die Opposition, die SPD, dieses Interview zu Debatten im Bundestag nutzte, was den Beziehungen der Bundesregierung zu Moskau nicht hilfreich war.

Ich habe nach Rückkehr aus den USA den sowjetischen Botschafter Julij Kwizinskij eingeladen und ihm gesagt, wir müssten alles tun, um die entstandene Lage zu bereinigen. Nach acht Tagen kam Botschafter Kwizinskij zu mir ins Büro und sagte: »Herr Teltschik, wir haben alles unter Kontrolle«. Das war leider ein Irrtum, weil die SPD dieses Interview immer wieder in der öffentlichen Diskussion und im Bundestag genutzt hat, und damit das Thema am Leben erhielt. Kwizinskij sagte mir daraufhin, wenn der Wahlkampf beendet und wenn Helmut Kohl wieder gewählt sei, werde sich alles bereinigen lassen. Und so war es dann auch.

Helmut Kohl hat sich nicht persönlich entschuldigt, sondern er hat versucht, in seinen öffentlichen Erklärungen und im Bundestag, dieses Missverständnis zu bereinigen. Aber, wie gesagt, in der aufgeheizten Situation eines Bundestagswahlkampfes war eine Entschuldigung leider nicht möglich.

Nach der Wiederwahl von Helmut Kohl kam es dann zu einer weiteren Begegnung von ihm und Michail Gorbatschow in Moskau. Dieser Besuch führte zu einer gewissen Beruhigung und Normalisierung der Beziehungen, die beide im gegenseitigen Interesse weiterentwickeln wollten. Helmut Kohl hat dann Präsident Gorbatschow zu einem Besuch nach Bonn eingeladen. Er hat diese Einladung angenommen und beide haben vereinbart, eine gemeinsame Erklärung mit dem Ziel vorzubereiten, die gemeinsamen Interessen einer konstruktiven Zusammenarbeit zum Ausdruck zu bringen. Diese gemeinsame Erklärung ist auch zu Stande gekommen und war im Vergleich zu früheren Erklärungen der Sowjetunion durchaus positiv.

Der Besuch im Juni 1989 wurde ein Riesenerfolg. Gorbatschow war mehrere Tage in Deutschland, er war in Bonn, er war in Düsseldorf, er war in Stuttgart. Mein Eindruck war, dass dieser Besuch für Gorbatschow ein Schlüsselerlebnis war. Es war sein erstes, ausführliches Kennenlernen der Bundesrepublik und ich hatte von seinen Mitarbeitern erfahren, dass er tief beeindruckt war über die Infrastruktur, den Zustand der Autobahnen, über die Werke, die er besichtigt hat und das man dort sogar auf dem Boden essen könne, so sauber sei er.

Die Bevölkerung ist außerordentlich positiv auf ihn zugegangen. Auf dem Bonner Marktplatz wurden er und seine Frau gefeiert. Diese warme Aufnahme, die sehr persönlichen und freundschaftlichen Gespräche mit Helmut Kohl und seiner Frau, mehrere Gespräche ausschließlich unter den Beiden, bei denen auch kein Mitarbeiter dabei war, haben dazu geführt, dass Gorbatschow den Eindruck hatte: Deutschland sei für ihn der wichtigste Partner, um die Reformen in der Sowjetunion zum Erfolg zu führen. Man hat wechselseitig Vertrauen gewonnen und das war dann ja später entscheidend.

Ich habe ihn durchweg als einen sehr freundlichen bis liebenswürdigen Menschen erlebt, der auch uns Mitarbeiter – ich war ja kein Minister, ich war der außenpolitische Berater des Bundeskanzlers – immer sehr freundlich behandelt hat. Ich habe dann auch eine sehr enge Beziehung zu meinem Counterpart Sergejewitsch Tschernajew in Moskau entwickeln können. Gorbatschow hat, das war für mich auch spürbar, Vertrauen in mich gehabt. Ich habe ab diesem Zeitpunkt Gespräche im Kreml ausschließlich mit seinen Mitarbeitern geführt. Ich erlebte zu keinem Zeitpunkt eine frostige Atmosphäre, wie wir sie vorher immer wieder erlebt haben ob mit Außenminister Gromyko oder mit Breschnew oder Andropov. Gorbatschow war von sich aus ein warmherziger, durchaus auch charmanter Gesprächspartner. Er war keiner, der Floskeln verbreitete, sondern der von Anfang an sehr offen seine Meinung vertrat und eine echte Diskussion führte.

Entscheidend war auch, dass Gorbatschow seine Politik zur Perestroika nicht nur offensiv in der Sowjetunion verfolgt hat, sondern auch auf einem Warschauer-Pakt-Treffen seinen Verbündeten, einschließlich der DDR-Führung gesagt hat, dass er sich in die inneren Entwicklungen dieser Länder nicht mehr einmischen werde. Dass sie selbst verantwortlich seien und dass er ihnen auch keine wirtschaftliche Hilfe mehr geben könne, weil die Sowjetunion damals selbst erhebliche, ökonomische Probleme hatte. Das führte dazu, dass die Entwicklungen in den Warschauer-Pakt-Staaten neu befeuert wurden.

Ich habe Gespräche im Auftrag des Bundeskanzlers fast in allen Warschauer-Pakt-Staaten geführt. Sie waren alle ökonomisch pleite. Sie wollten alle von Deutschland Kredite haben. Von daher hat die Politik Gorbatschows dazu beigetragen, dass diese Staaten wussten, dass sie – wie die Sowjetunion selbst – Reformen einleiten müssen. Von daher hat Präsident Gorbatschow den Prozess der Liberalisierung nicht bewusst jedoch indirekt erheblich befördert.

Das galt auch für die DDR. Die Bundesrepublik hatte ihr damals einen Zwei Milliarden-DM-Kredit in Aussicht gestellt, wenn damit menschliche Erleichterungen verknüpft würden.

Dann kam der Prozess der Bürgerbewegungen dazu und die Tatsache, dass die Versorgungskrisen in den Warschauer-Pakt-Staaten zum Teil dramatische Ausmaße annahmen. Helmut Kohl hat vieles getan, um Gorbatschow zu helfen. Im Sommer 1989 hatte er ihm versprochen, wenn wir ihm bei der Reformpolitik helfen können, dann würden wir das tun. Im Dezember kam der Sowjetische Botschafter Julij Kwizinskij zu mir ins Büro und erinnerte mich an das Versprechen von Helmut Kohl. Als ich ihn fragte, um was es denn ginge, antwortete er mit nur einem Wort: »Fleisch«.

Die Sowjetunion hatte im Winter 1989/1990 eine riesige Versorgungskrise. Es gab kaum Lebensmittel im ausreichenden Maße, es fehlten auch Güter für den täglichen Bedarf wie Seife, Waschpulver. Alles war Mangelware.

Kohl hat sofort reagiert und den Landwirtschaftsminister und den Finanzminister einbestellt, und wir haben im Frühjahr 1990 Lebensmittel und Gebrauchsgegenstände im Wert von zwei Milliarden DM geliefert. Helmut Kohl hat seine Zusagen eingehalten, was für Gorbatschow wichtig war.

Im Sommer 1990 erwarteten wir mit Sorge den Parteitag der KPdSU in Moskau, kurz vor der Begegnung von Helmut Kohl mit Gorbatschow im Kaukasus. Offen war die Frage, ob und wie Gorbatschow diesen Parteitag überstehen würde. Es gab starke Widersacher im Politbüro – unter anderem der Konservative Jegor Ligatschow. Aber es ist Gorbatschow und Schewardnadse gelungen, ihn damals aus dem Politbüro zu werfen. So kamen sie beide sichtlich erleichtert zu dem Treffen mit Helmut Kohl im Kaukasus.

Ich war ab 1991 nicht mehr im Bundeskanzleramt und bin damals aus meiner persönlichen Entscheidung ausgeschieden. Nach dem Sturz von Gorbatschow wurde der Kontakt zwischen mir und ihm über seinen langjährigen Mitarbeiter Karen Karagezyan weiter fortgeführt, was mich überraschte. Herr Karagezyan war Gorbatschows Chefdolmetscher. Zum Ende war er viel mehr, man kann sicher sagen, dass er sein persönlicher Freund und Unterstützer war. Über ihn habe ich mit Gorbatschow bis zu seinem Tod Kontakt gehabt.

1991 war ich Chef der Bertelsmann-Stiftung. In dieser Zeit bin ich zweimal tätig geworden für Gorbatschow: Karen rief mich 1991 im Auftrag von Raissa, der Ehefrau von Gorbatschow, an: Boris Jelzin hatte Gorbatschow den gepanzerten Wagen weggenommen. Raissa hatte große Angst, dass ein Attentat gegen Gorbatschow stattfinden könne. Er war ja bei den alten Genossen alles andere als beliebt. Die Anfrage war, ob ich Gorbatschow ein gepanzertes Auto besorgen könne. Und das habe ich getan. Er hat einen gepanzerten Mercedes bekommen.

Einige Zeit später kam wieder eine Anfrage. Gorbatschow wolle seine erste Auslandsreise nach seinem Rücktritt nach Deutschland machen. Und die Frage war, ob ich ihm dabei helfen könne.

Damals habe ich ihm seine ganze Deutschlandreise organisiert unter einer Bedingung, dass er auch nach Gütersloh kommt. Das hat er getan. Und damit war ich für einen Tag der »König in Gütersloh«. Ja, ich war glücklich, dass er kam. Es hat sich eine Freundschaft, auch persönlicher Art, entwickelt. Er hat dann eine Stiftung gegründet und internationale Konferenzen durchgeführt und hat mich dazu eingeladen – auch als Redner. Er sagte einmal zu mir: »Horst, was hätten wir alles zusammen machen können.« Er meinte damals die Bundesrepublik Deutschland und die UdSSR. Unsere Freundschaft ging so weit, dass er mit Helmut Kohl und Miklos Nemeth, dem ungarischen Ministerpräsidenten, an meiner

Geburtstagsfeier in Bad Wiessee am Tegernsee, wo ich ja aufgewachsen bin, teilnahm. Ich wurde damals 65.

Als Freund war er – wie ich ihn immer wieder erlebt habe – ein sehr warmherziger Mensch. Was ihn auch ausgezeichnet hat, war sein Umgang mit seiner Frau Raissa. Schon bei der ersten Begegnung war erkennbar, wie tief die Beziehung der beiden zueinander war. Beide haben viel Wärme ausgestrahlt. Im Juli 1990 landeten wir mit dem Hubschrauber im Kaukasus. Das Treffen fand auf einem Gelände mit blühenden Almwiesen und Ferienbungalows für die sowjetische Führung statt. Nach der Landung ging Raissa in die Wiese, pflückte einen kleinen Strauß Blumen und überreichte ihn Helmut Kohl. Ja, das war eine kleine Geste. Wir hatten Verhandlungen vor uns und wussten nicht, wie erfolgreich wir sein würden. Ich dachte, als ich diese Geste sah: Wenn Gorbatschow Streit haben will, dann wäre so etwas nicht passiert. Das waren ja alles Signale, dass die Gespräche gut verlaufen würden.

Ja, wie war er als Freund? Er hat mir zu meinem 80. Geburtstag einen Brief geschrieben, den ich mir buchstäblich einrahmen kann. Er hat mich und meine Frau auch zu mehreren Geburtstagen eingeladen: Ich war bei seinen Geburtstagsfeiern in London und in Moskau. Für den Bertelsmann-Verlag habe ich alle seine Buchmanuskripte in Moskau abgeholt, und er hat damit viel Geld verdient.

Er war Vorsitzender von Green Cross. Ich sollte sein Nachfolger werden, was ich ablehnen musste, weil ich keine Stiftung habe und damit kein Büro. Bis zum Schluss habe ich ihn in seiner Stiftung in Moskau besucht und er fragte mich jedes Mal, ob ich meine Frau auch gut behandeln würde. Und wenn meine Frau dabei war, hat er sie gefragt.

Was ich an ihm nicht mochte? Da fällt mir auf Anhieb gar nichts ein. Ich glaube, sein Problem war, dass er im Umgang mit seinen Genossen zu gutmütig war und hier vor allem mit Jelzin. Er hatte ja Jelzin nach Moskau geholt: Jelzin hat dort nur seine eigene Politik betrieben. Er hat zwar die Revolte niedergeschlagen, dann aber Gorbatschow fast schäbig behandelt. Er hat ihm sogar den gepanzerten Wagen weggenommen. Ich glaube, dass Gorbatschow gegenüber seinen Genossen zu vertrauenswürdig war, zu gutmütig und letztlich hat ihm das geschadet.

Von ihm gelernt habe ich, dass man in der Politik Partner immer erst persönlich erleben muss, um sie zu beurteilen. Es ist immer gut und wichtig, das Gespräch zu suchen. Dass es wichtig ist, Vertrauen zu entwickeln und dafür Vorschläge und Initiativen vorzubereiten und durchzuführen.

Gorbatschow hat mir einmal gesagt, dass, wenn er das Vertrauen in Helmut Kohl und George Bush nicht gehabt hätte, vieles anders verlaufen wäre. Und was auch wichtig war und im Umgang miteinander wichtig ist, sich immer auf Augenhöhe zu begegnen. Bush und Kohl haben Gorbatschow immer die Sicherheit gegeben, dass sie ihn voll respektieren. Was ebenfalls wichtig ist: Man soll einen Menschen nicht von vornherein in öffentlichen Erklärungen verurteilen, sondern man soll auf Partner offen zugehen und versuchen, Vertrauen zu schaffen. Mal gelingt es, mal gelingt es nicht.

Gorbatschow war für mich der Politiker, der den Mut hatte, ein Land nach innen wie nach außen, fast revolutionär zu verändern und wirklich grundlegende Reformen durchzuführen, wissend, dass er damit auch Risiken eingeht. Er war ja lange Teil dieses Systems und als er die Chance hatte, selbst Entscheidungen zu treffen, hatte er den Mut, sein Land und seine Außenpolitik radikal zu verändern. Solchen Mut finden Sie international selten.

Für mich hat Gorbatschow bedeutet, auf Gesprächspartner offen und ohne Vorurteile zuzugehen, offen zu reden. Dass man sie informiert und damit sicherstellt, dass sie sich nicht hintergangen fühlen. Dass man sie nicht austricksen will, sondern dass man das, was man sagt, auch so meint. Persönlich vermisse ich Gorbatschow. Er war ein außerordentlich warmherziger Mensch, und wenn ich in Moskau war, was ja leider in den letzten Jahren nicht mehr ging, haben wir uns immer getroffen. Er hat sich immer gefreut, wenn wir uns wieder gesehen haben und es war immer ein Treffen von alten Freunden. Vor zwei Jahren habe ich Gorbatschow das letzte Mal getroffen. Da war ich auch mit meiner Frau in Moskau. Wir waren am Grab von Raissa und haben ihn dann besucht. Aber da ging es ihm schon sehr, sehr schlecht. Er war ja am Ende schwer krank.

An seiner Beerdigung habe ich nicht teilgenommen, weil das nicht möglich war. Man bekam weder ein Visum noch ein Flugzeug. Und da es eine offizielle Veranstaltung war, brauchte man eine offizielle Einladung. Ich kenne zwar Präsident Putin, aber es gab in dieser politischen Situation keine Möglichkeit, ein Visum zu bekommen.

Ich wäre gerne dabei gewesen.

V. Persönliche Daten zum Lebenslauf, Auszeichnungen und Orden

Curriculum Vitae Professor Dr. h. c. Horst M. Teltschik, Ministerialdirektor a. D.

14. Juni 1940:	geboren in Klantendorf/Mähren (Sudetenland, heute Tschechische Republik)
März 1944–Juni 1946:	mit Mutter und zwei Brüdern auf der Flucht von Klantendorf bis Tegernsee/Oberbayern
September 1946:	Einschulung Volkschule Tegernsee/Oberbayern
1960:	Abitur am Realgymnasium Tegernsee
1960–1962:	Bundeswehr, Oberleutnant der Reserve
1962–1967:	Studium der Politischen Wissenschaft, Neueren Geschichte und Völkerrecht an der Freien Universität Berlin; Abschluss als Diplom-Politologe
1968–1970:	Hochschulassistent, ab 1969 Assistent von Professor Dr. Richard Löwenthal am Otto-Suhr-Institut, Freie Universität Berlin
1970–1972:	Leiter der Arbeitsgruppe Außen- und Entwicklungspolitik, Deutschland- und Ostpolitik, Sicherheitspolitik in der CDU-Bundesgeschäftsstelle, Bonn
1972–1976:	Referent für Presse- und Öffentlichkeitsarbeit in der Staatskanzlei Rheinland-Pfalz bei Ministerpräsident Dr. Helmut Kohl (leitender Ministerialrat)
1977–1982:	Leiter des Büros des Vorsitzenden der CDU/CSU-Fraktion Dr. Helmut Kohl im Deutschen Bundestag
1982–1990:	Ministerialdirektor im Bundeskanzleramt, Leiter der Abt. II für auswärtige und innerdeutsche Beziehungen, Entwicklungspolitik, äußere Sicherheit (Bundeskanzler Dr. Helmut Kohl) (National Security Adviser)
Oktober 1983–1991:	Stellvertreter des Chefs des Bundeskanzleramtes
1991–1992:	Geschäftsführer der Bertelsmann Stiftung
1991–2003:	Mitglied des Deutsch-Japanischen Dialogforums
1992–2003:	Mitglied der Deutsch-Indischen Beratergruppe
1994–2002:	Honorar-Generalkonsul der Republik Indien für Bayern und Thüringen
1993-Juni 2000:	Mitglied des Vorstands der BMW Group, verantwortlich für Wirtschaft und Politik (Public Affairs)
1993–2003:	Vorsitzender des Vorstands der BMW-Stiftung Herbert Quandt
1993–2003:	Vorsitzender der Gesellschaft der Freunde und Förderer der Münchner Philharmoniker (Chefdirigent Sergiu Celibidache; James Levine)
1994–2003:	Vorsitzender des Deutsch-Chinesischen Verkehrsinfrastrukturprojektes
1996–2007:	Lehrbeauftragter an der Fakultät der Wirtschafts- und Sozialwissenschaften der Technischen Universität München
1999–2008:	Leiter der Münchner Konferenz für Sicherheitspolitik
2000–2003:	Beauftragter des BMW-Vorstands für Zentral- und Osteuropa, Asien und Mittlerer Osten
2000–2007:	Mitglied des Hochschulrates der Münchner Akademie der Bildenden Künste
2000–2007:	Mitglied des Präsidiums des Wirtschaftsrates der Union und Vorsitzender des Arbeitskreises Verkehrspolitik
2000–2010:	Mitglied des Stiftungsrates SWP – Deutsches Institut für Internationale Politik und Sicherheit
2000–2010:	Mitglied des International Advisory Board des Council on Foreign Relations, New York

2000–2010:	Mitglied des Präsidiums des Wirtschaftsbeirates der Union und Leiter des Arbeitskreises Verkehrspolitik
2000–2015:	Mitglied des Senats der Deutschen Nationalstiftung von Bundeskanzler a. D. Helmut Schmidt
2000–2012:	Mitglied des Präsidiums der Deutschen Gesellschaft für Auswärtige Politik
2002:	Ernennung zum Honorarprofessor an der TUM
2002–2010:	Mitglied des Verwaltungsrates der Roche Holding Ltd., Basel
2002–2011:	Präsident der Deutsch-Israelischen Wirtschaftsvereinigung
2003–2006:	Präsident Boeing-Deutschland, Vice-President Boeing International
2004:	Mitglied des Kuratoriums der Konrad-Adenauer-Stiftung
2006:	Verleihung der Ehrendoktorwürde der Universität Budapest
2006:	Verleihung der Ehrendoktorwürde der Sogang Universität Seoul (1997)
2006–2009:	Gründungspräsident des Korean-German Institute of Technology (KGIT) in Seoul/Korea
2007–2018:	Förderndes Mitglied der Sudetendeutschen Akademie der Wissenschaften und Künste
2008/2009:	Consultant BP International Ltd., London
2008–2011:	Vize-Präsident der Deutsch-Israelischen Handelskammer, Tel Aviv
2008–2021:	Mitglied des Präsidiums des Deutsch-Russischen Rohstoff -Forums
seit 2011:	Member of the Korea-Germany Joint Consultations Committee on National Unification
2011:	Verleihung der »Manfred Wörner Medaille« für besondere Verdienste um Frieden und Freiheit in Europa durch Bundesminister der Verteidigung Karl-Theodor zu Guttenberg
seit 2016:	Honorary Director of Atlantic Council, Washington D. C.
23.5.2017:	Ernennung zum Honorarprofessor der St. Petersburger Bergbau Universität »Gorny« durch Rektor Professor Wladimir Litvinenko
Seit 1967:	Verheiratet mit Gerhild Sylvia, zwei Kinder Richard Alexander (1968) und Anja Katharina (1971)
	(Stand: 2023)

Internationale und nationale Beratertätigkeiten:

Mitglied Board Russell Reynolds Associates, New York
Mitglied International Advisory Board Bank of Montreal, Toronto
Mitglied International Advisory Council, Textron Inc., Providence, USA
Mitglied International Advisory Board ACE Ltd., New York
Mitglied International Advisory Board IC, Arlington
Mitglied International Advisory Board Edelman PR, New York
Mitglied European Board of Directors, Siebel Systems, Paris
Mitglied International Advisory Board Doughty Hanson, London
Mitglied Advisory Board Price Waterhouse Coopers, Frankfurt
Mitglied Board of Directors, American Chamber of Commerce, Frankfurt
Mitglied European Advisory Council Peregrine Investment Holdings & Asset Management
Mitglied International Advisory Board, Council on Foreign Relations, New York
Mitglied des Deutsch-Koreanischen Konsultationsgremiums zu Vereinigungsfragen des Koreanischen Wiedervereinigungsministeriums und des BM für Wirtschaft und Energie (gegründet im Jahr 2000)
Gründungspräsident Korean-German Institute of Technology (KGIT), Seoul
Senior Adviser to ABN AMRO, Frankfurt
Consultant Northrop Grumman, Los Angeles
Consultant to BP (2007–2009), London
Representative of Authentix, Inc., Addison, Texas
Mitglied Verwaltungsrat Roche Group, Basel
Aufsichtsrat Roche Holding Deutschland, Grenzach

Aufsichtsrat Roche Diagnostics, Mannheim
Aufsichtsrat Aachener Münchner Lebensversicherung, Aachen
Aufsichtsrat Albingia Rechtsschutz-Versicherung-AG, Hamburg
Aufsichtsrat Berlinwasser Holding AG
Aufsichtsrat auratis AG, Frankfurt
Aufsichtsrat CONTENT Network
Beratervertrag mit BMW AG als Vorsitzender des Vorstandes der BMW-Stiftung Herbert Quandt und als Beauftragter des Vorstandes für Mittel- und Osteuropa, Asien und den Mittleren Osten
Vorsitzender Beirat Russell Reynolds Associates Deutschland, Hamburg
Mitglied Advisory Board AXOS Capital Partners, Hamburg
Senior Adviser ABN AMRO Finance, Frankfurt
Mitglied Beirat Nestle Deutschland, Frankfurt
Mitglied Beirat DVAG, Frankfurt
Mitglied Beirat AXA-Colonia Versicherungen, Köln
Mitglied Beraterstab CONSILEON Business Consultancy, Karlsruhe
Mitglied Beirat Qnective, Zürich
Projektleiter der Freiberger Stiftung, Arnerang
Mitglied Editorial Board »Russia in Global Affairs«, Moskau
Mitglied des Präsidiums des Wirtschaftsrates der Union und Vorsitzender der Bundesfachkommission Verkehr, Logistik, Infrastruktur
Mitglied des Präsidiums des Wirtschaftsbeirates in Bayern und Vorsitzender der Kommission Außenwirtschaftspolitik
Mitglied im Ostausschuss des BDI, Arbeitskreis China
Mitglied im Asien-Pazifik-Ausschuss beim BDI
Vorsitzender des BDI Lenkungskreises zur Verbesserung der Marktzugangsbedingungen
Mitglied im Kuratorium des ifo Instituts für Wirtschaftsforschung e. V., München
Mitglied des Wirtschaftswissenschaftlichen Clubs des Instituts für Weltwirtschaft in Kiel
Mitglied im Steering Committee des BDI Wirtschaftsausschusses Indien
Mitglied International Advisory Board Council on Foreign Relations, New York
Member of Board Aspen Institute Germany, Berlin
Member of the Editorial Board: Russia in Global Affairs Moscow
Mitglied des Präsidiums DGAP, 2001–2011, Berlin
Mitglied des Hochschulrates der Münchner Akademie der Bildenden Künste
Mitglied des Stiftungsrates der SWP, Berlin
Mitglied des Senats der Deutschen Nationalstiftung (BK Helmut Schmidt), Hamburg
Mitglied des Kuratoriums Initiative-Forum-Zukunft e. V.
Mitglied des Kuratoriums der Bugen Biser-Stiftung, München
Mitglied des Kuratoriums der Hochschule für Philosophie an der LMU, München
Mitglied des Kuratoriums der Konrad-Adenauer-Stiftung (KAS), Berlin
Mitglied des Kuratoriums der Deutschen Olympischen Gesellschaft
Mitglied des Kuratoriums der Deutschen Gesellschaft der Freunde des Weizmann-Instituts
Mitglied des Kuratoriums der Olaf Gulbranson-Gesellschaft, Tegernsee
Mitglied des sicherheitspolitischen Dialoges der KAS Deutschland-Türkei, Ankara
Leiter des Sicherheitspolitischen Dialogkreises der KAS in Brüssel
Mitglied des Petersburger Dialogs
Mitglied Kuratorium CARE-Deutschland, Berlin
Förderndes Mitglied der Sudetendeutschen Akademie der Wissenschaften und Künste, München
Mitglied des Kuratoriums zur Wiederherstellung der Synagoge in der Reichenbachstraße, München (2019) (Voritzende: Dr. Rachel Salamander)
(Stand: Januar 2020)

Liste der Orden:

1. Kommandeur der französischen Ehrenlegion
2. Großoffizier des Ordens de Mazo al Merito, Argentinien
3. Spanischer Orden: Encomienda de Numero de la Orden des Isabel la Catolica
4. Placa – 3. Stufe des mexikanischen Ordens vom Aztekischen Adler
5. Verdienstkreuz am Bande des Verdienstordens der Bundesrepublik Deutschland (1985)
6. Grande Ufficiale (Großoffizier) des Verdienstordens der Republik Italien
7. Commandeur de L'Ordre de la Valeur, Kamerun
8. Gorkha-Dakshina-Bahu, 2. Klasse, Nepal
9. Talant de bie faire, Portugal (Großoffizier) Grande Officiale des Infante-Ordens
10. Großoffizier des Verdienstordens des Großherzogs von Luxemburg
11. Verdienstkreuz 1. Klasse des Verdienstordens der Bundesrepublik Deutschland
12. Großoffizier des Ordens der Weißen Rose, Finnland
13. Großoffizier des Ordens der Republik Tunesien
14. Große Silberne Ehrenzeichen mit Stern, Österreich
15. Bannerorden der Republik Ungarn
16. Komturkreuz des Verdienstordens der Republik Polen (Komandoria Ordern Zaslugi)
17. Orden der Freundschaft der Russischen Föderation
18. Verdienstorden des Freistaates Bayern
19. Das Große Verdienstkreuz des Verdienstordens der Bundesrepublik Deutschland
20. Verleihung des Ehrenzeichens »Goldener Lorbeerzweig« des Außenministers der Republik Bulgarien (höchste Auszeichnung des Außenministeriums, 2008)

Auszeichnungen:

1. 1999 Verleihung des »Zukunftspreises« des Monatsmagazins »soziale Ordnung« der CDU-Sozialausschüsse
2. SCOPUS Award 2005, Hebrew University of Jerusalem
3. 2008: Überreichung einer US – Original – Flagge: »Stars and Stripes« vom Capitol in Washington DC von den Senatoren John McCain (R) und Joe Lieberman (D) für Verdienste um die Münchener Sicherheitskonferenz
4. 2008 Überreichung eines »Ehrentellers« der Kommandierenden Generäle der US-Streitkräfte Europa und der 7. US-Armee: »For true friendship to the US Armed Forces«
5. Oktober 2009: Verleihung der »British-German Community Medal« vom Deutsch-Britischen Forum und der British Chamber of Commerce in Germany
6. 2011 Verleihung der »Manfred Wörner Medaille« für besondere Verdienste um Frieden und Freiheit in Europa durch den Bundesminister der Verteidigung Karl Theodor zu Guttenberg
7. 3. Juni 2016: Verleihung des Freedom Award des Atlantic Council, Washington DC in Wroclaw/Breslau. Laudator: Aridrius Kubilius, MP a. D., Litauen
8. 7. Juni 2016: Verleihung der »Medaille für besondere Verdienste um Bayern einem Vereinten Europa« durch die Bayerische Staatsministerin für Europaangelegenheiten und regionale Beziehungen, Dr. Beate Merk
9. Jahrespreis 2021 der Deutschen Gesellschaft e.V., Berlin für Verdienste um die deutsche und europäische Verständigung, Laudator: Bundestagspräsident a. D. Wolfgang Thierse
(Stand: 31.12.2020)

VI. Abbildungsverzeichnis

S. 24–25: Organisationsplan des Bundeskanzleramts, Stand: 10. April 1990
S. 33: »Kiebitz Teltschik« zur fehlenden Reformpolitik in der DDR durch Erich Honecker, E. M. Lang in der Süddeutschen Zeitung, 27.7.1988, Nr. 171.
S. 35–41: Notizen des Vortrags von Nikolai Portugalow für Horst Teltschik, 21.11.1989 (Privatbesitz Teltschik)
S. 119: Gemeinsames Anstoßen mit polnischen Politikern beim Besuch in Warschau, 9.–14. November 1989, v. l. n. r. Helmut Kohl, Horst Teltschik, Außenminister Krzystof Skubizewski und Ministerpräsident Tadeusz Mazowiecki (Privatbesitz Teltschik)
S. 121: Pressekonferenz anlässlich des Polen-Besuchs in Warschau, 14. November 1989, v. l. n. r.: Horst Teltschik – Hans (Johnny) Klein – Helmut Kohl – Tadeusz Mazowiecki – unbekannt (Privatbesitz Teltschik)
S. 166: Treffen in der US-Botschaft in Brüssel am 3. Dezember 1989, v. l. n. r. John Henry Sununu, George H. W. Bush, Helmut Kohl, Horst Teltschik und Protokollchef und Ministerialdirigent Walter Neuer (Privatbesitz Teltschik)
S. 171: Pressekonferenz, v. l. n. r.: Regierungssprecher Hans (Johnny) Klein, Horst Teltschik und Helmut Kohl (Privatbesitz Teltschik)
S. 186: Gipfel der 15 NATO-Staaten am 12./13. Dezember 1985 in Brüssel nach dem Treffen zwischen US-Präsident Ronald Reagan mit KPdSU-Generalsekretär Michail S. Gorbatschow in Genf vom 19. bis 21. November 1985 (Privatbesitz Teltschik)
S. 256: Begegnung im Kreml am 10. Februar 1990, v. l. n. r. Wolfgang Schäuble, der frühere Außenminister Andrej Gromyko, Helmut Kohl, Michail Gorbatschow, dahinter Dolmetscher (Privatbesitz Teltschik)
S. 257: Moskau-Besuch am 10./11. Februar 1990, v. l. n. r. Helmut Kohl und Horst Teltschik, rechte Tischseite Teltschiks Counterpart Anatolij Tschernajew und Michail S. Gorbatschow, der grünes Licht zu deutschen Vereinigung gibt (Privatbesitz Teltschik)
S. 261: Pressegespräch am Abend nach der Sitzung im Kreml, 10. Februar 1990: Horst Teltschik, Walter Neuer, Helmut Kohl und Michail S. Gorbatschow (Privatbesitz Teltschik)
S. 283: Zu Besuch in Camp David, 24. Februar 1990, v. l. n. r.: Botschafter und Mitarbeiter von Horst Teltschik Uwe Kaestner Leiter des Referates 212 (Ost-West-Fragen), Horst Teltschik, Helmut Kohl, George H. W. Bush, James Baker, rechts Übersetzerin (Privatbesitz Teltschik)
S. 295: Begegnung mit dem sowjetischen Botschafter Julij Kwizinskij als Unterhändler zu Fragen der Weltraumrüstung in Genf am 22. Januar 1986, vormaliger und späterer sowjetischer Botschafter in Bonn (1978–1981, 1986–1990) und anschließend stellvertretender sowjetischer Außenminister (Privatbesitz Teltschik)
S. 348: Anlässlich der 55. deutsch-französischen Gipfelkonsultationen vom 25. bis 26. April 1990 in Paris, v. l. n. r. Staatspräsident François Mitterrand – Bundeskanzler Helmut Kohl – Premierminister Jacques Chirac – Horst Teltschik (Privatbesitz Teltschik)
S. 382: US-Präsident George H. W. Bush und Horst Teltschik im Weißen Haus am 17. Mai 1990 (Official White House Photograph, Privatbesitz Teltschik)
S. 384: Zu Besuch bei US-Präsident George H. W. Bush im Weißen Haus am 17. Mai 1990, v. l. n. r. Horst Teltschik, Helmut Kohl, George H. W. Bush, Brent Scowcroft, im Hintergrund Übersetzerinnen (Official White House Photograph, Privatbesitz Teltschik)
S. 444: Gemeinsam mit Henry Kissinger, Polens Finanzminister und stellvertretendem Ministerpräsidenten Leszek Balcerowicz und Horst Teltschik (© Bertelsmann-Stiftung, Foto: M. Darchinger)
S. 471: Aufnahme am Rande des NATO-Gipfels in London 5. und 6. Juli 1990, Helmut Kohl erklärt und spricht, rechts Horst Teltschik, links Ministerialdirigent Walter Neuer (Privatbesitz Teltschik)
S. 500: Die historische Fotoaufnahme vom Durchbruch am Fluss Selemtschuk im Kaukasus am 16. Juli 1990: Hans-Dietrich Genscher mit Michail Gorbatschow und Helmut Kohl am Holztisch, im Hintergrund, v. l. n. r. Horst Teltschik, Walter Neuer, Mainhardt Graf Nayhauß, Hans

(Johnny) Klein, Theo Waigel, Raissa Gorbatschowa, unbekannt, Edward Schewardnadse und Übersetzer (Privatbesitz Teltschik)
S. 570: Im Flugzeug bei Lektüre von Gesprächsunterlagen (Privatbesitz Horst Teltschik)
S. 571: In Washington nach einem Besuch im Weißen Haus auf dem Weg zur deutschen Presse am 3. Mai 1976, Horst Teltschik, Referent in der Staatskanzlei in Rheinland-Pfalz und der CDU-Vorsitzende Helmut Kohl (Privatbesitz Teltschik)
S. 575: Mit Ministerpräsident Helmut Kohl in der Staatskanzlei in Mainz 1975 (Privatbesitz Teltschik)
S. 586: Delegationsgespräch im Katharinen-Saal im Kreml, auf der oberen Tischhälfte, v. l. n. r., dritter von links: der frühere sowjetische Botschafter in Bonn (1978–1986) Wladimir Semjonow, Außenminister Andrei Gromyko, Ministerpräsident Nikolaj Tichonow und Verteidigungsminister Dmitri Ustinow vom 4. Juli bis 6. Juli 1983, untere Tischseite, v. l. n. r. Horst Teltschik (verdeckt), Helmut Kohl und Hans-Dietrich Genscher (von hinten) (Privatbesitz Teltschik)
S. 587: Delegationsgespräch mit dem neuen KPdSU-Generalsekretär Konstantin Tschernenko (links mittig) in Moskau am 14. Februar 1984, links von ihm: Außenminister Andrei Gromyko, rechts von vorne: Hans-Dietrich Genscher und Helmut Kohl (Privatbesitz Teltschik)
S. 588: Begrüßung im Garten des Weißen Hauses vor dem ersten Gespräch nach der Wiederwahl des US-Präsidenten im Dezember 1984, Helmut Kohl – Ronald Reagan, mittig: Regierungssprecher Friedhelm Ost, rechts Horst Teltschik (Presse- und Informationsamt der Bundesregierung, Privatbesitz Teltschik)
S. 589: Im Oval Office, v. l. n. r. Ronald Reagan, Helmut Kohl und Horst Teltschik (Privatbesitz Teltschik)
S. 597: Pressekonferenz beim G-7-Gipfel in Williamsburg vom 28. Mai bis 30. Mai 1983, v. l. n. r. Staatssekretär Peter Boenisch, Außenminister Hans-Dietrich Genscher, Bundeskanzler Helmut Kohl, Verteidigungsminister Gerhard Stoltenberg, Staatssekretär Hans Tietmeyer, links hinter Boenisch: Horst Teltschik (Privatbesitz Teltschik)
S. 605: Verleihung des Verdienstordens 1. Klasse der Bundesrepublik Deutschlands am 19. Juni 1989 (Privatbesitz Teltschik)
S. 620: Michail S. Gorbatschow zu Besuch in Bonn Juni 1989, Helmut Kohl, Hans »Johnny« Klein und Horst Teltschik (Privatbesitz Teltschik)
S. 627: Redaktionsbesuch bei den *Stuttgarter Nachrichten* am 5. Dezember 1986 (Privatbesitz Teltschik)
S. 632: Rita Süßmuth, Horst Teltschik und Helmut Kohl im Bundeskanzleramt in Bonn
S. 643: Michail S. Gorbatschow zu Besuch in Gütersloh in der Bertelsmann-Stiftung auf Einladung von Horst Teltschik 1992, rechts Dolmetscher, im Hintergrund Mark Wössner, Vorstandsvorsitzender und Reinhard Mohn, Gründer der Bertelsmann-Stiftung (Privatbesitz Teltschik)
S. 664: Karikatur »Ich bin nicht sicher, ob die Spritze gross genug ist Kollege Teltschik« (Dieter Hanitzsch, *Süddeutsche Zeitung*)
S. 671: In freundlicherer Atmosphäre Gespräch mit Ministerpräsident Jitzchak Schamir beim Israel-Besuch, 24.–29. Januar 1984 (Privatbesitz Teltschik)
S. 697: Henry Kissinger vor dem Bundeskanzleramt nach einem Gespräch mit Bundeskanzler Kohl, 22. Dezember 1983 (Privatbesitz Teltschik)
S. 727: Karikatur Frage »Ist das nicht ein bisschen übertrieben Herr Genscher?« (Dieter Hanitzsch, *Süddeutsche Zeitung*)
S. 770: Horst Teltschiks Frau Gerhild (Privatbesitz Teltschik)
S. 772: Horst Teltschik am Schreibtisch in seinem Büro im Bundeskanzleramt (Privatbesitz Horst Teltschik)
S. 773: Helmut Kohl mit Journalisten im Pressegespräch auf dem Flug zum Besuch nach Indonesien vom 30. September bis 5. Oktober 1988, links mit Pfeife Regierungssprecher Staatssekretär Friedhelm Ost, vor ihm mit Notizblock in der Hand Bild-Reporter Mainhardt Graf Nayhauß, rechts stehend neben Horst Teltschik, Kohls Hausarzt Professor Helmut Gillmann, daneben mit Pfeife Rudolf Seiters, rechts sitzend Hofmann, Journalist der Mainzer Allgemeinen, verdeckt Hannelore Kohl (Privatbesitz Teltschik)
S. 778: Horst Teltschik anlässlich des Besuchs von Angela Merkel in ihrer Funktion als Bundesministerin für Umwelt, Naturschutz und Reaktorsicherheit im Kabinett Kohl V bei BMW am 25. November 1995 in München (Privatbesitz Teltschik)
S. 818: Juliane Weber, Büroleiterin von Bundeskanzler Kohl 1984 (Privatbesitz Teltschik)
S. 823: Besuch des ungarischen Ministerpräsidenten Viktor Orbán als Gast der Herbert Quandt-Stitung am 7. April 2000 in München (Privatbesitz Teltschik)
S. 824: Gemeinsam mit Wladimir Putin am 11. November 2000 in Moskau, links im Hintergrund

der Hauptgeschäftsführer des Ost-Ausschusses der deutschen Wirtschaft (Privatbesitz Teltschik)

S. 826: Horst Teltschik bei Wladimir Putin in Sotschi 2006 (Privatbesitz Teltschik)

S. 827: Begegnung mit US-Vizepräsident Joe Biden am 30. April 2014 in Washington (Privatbesitz Teltschik)

S. 832: Horst Teltschik, gezeichnet von Dieter Hanitzsch anlässlich des 65. Geburtstags (Dieter Hanitzsch, Süddeutsche Zeitung)

S. 835: Besuch von Helmut Kohl in Ludwigshafen anlässlich seines 80. Geburtstags gemeinsam mit Teltschiks Freund Gerd Bacher (Daniel Biskup, Privatbesitz Teltschik)

S. 842: Deutsch-spanische Konsultationen am 19. November 1986 in Madrid, v. l. n. r. verdeckt Helmut Kohl, Felipe Gonzales, Hans-Dietrich Genscher, Friedhelm Ost, Botschafter Guido Brunner, Horst Teltschik und Ministerialrat Alois Jelonek (Privatbesitz Teltschik)

S. 843: Begegnung zwischen Michail Gorbatschow und Horst Teltschik in Hamburg am 10. März 1992 (Gorbatschow-Stiftung, https://www.gorby.ru/presscenter/news/show_30150/)

S. 844: Konzert der Münchner Philharmoniker im Festsaal des Kreml am 10. Februar 1990: v. l. n. r. Barbara Genscher, Hans-Dietrich Genscher, Hannelore Kohl, Michail S. Gorbatschow, Raissa Gorbatschowa und Helmut Kohl, hinter Kohl: Horst Teltschik (Privatbesitz Teltschik)

S. 849: Vortrag von Horst Teltschik vor Gasthörern und Studenten (Privatbesitz Teltschik)

S. 852: Frühstück des Bundeskanzlers mit Präsident Mitterrand im Elysée am 27. Juni 1986, v. l. n. r. Horst Teltschik, Helmut Kohl, zwei Dolmetscherinnen, François Mitterrand und Teltschiks Counterpart Jacques Attali (Privatbesitz Teltschik)

S. 853: Treffen des Geschäftsführers der Bertelsmann Stiftung Horst Teltschik mit Ungarns ehemaligem Ministerpräsidenten Miklós Nemeth im Rahmen des International Bertelsmann Forums im Gästehaus Petersberg bei Bonn vom 3. bis 5. April 1992 (Daniel Sauerstrom, Bertelsmann Stiftung, Privatbesitz Teltschik)

S. 855: Privates Abendessen auf Einladung des Ehepaares Gorbatschow zum Abschluss seiner Deutschland-Reise in Hamburg am 10. März 1992, v. l. n. r. Michail Gorbatschow, Horst Teltschik, Karen Karagesjan, Dolmetscher und persönlicher Mitarbeiter von Gorbatschow, Riassa Gorbatschowa, Gerhild Teltschik und Wadim Walentinowitsch Sagladin, Leiter der Internationalen Abteilung des ZK und Berater von Gorbatschow (Privatbesitz Teltschik)

S. 860: Begegnung im Kabinettssaal in Bonn mit NATO-Generalsekretär Manfred Wörner am 17. September 1986 (Privatbesitz Teltschik)

S. 861: Der Herausgeber mit Horst Teltschik bei einer Gesprächspause in Rottach-Egern am Tegernsee am 22.3.2023 (Foto: Jörg Beining)

VII. Abkürzungsverzeichnis

AA	Auswärtiges Amt
ABC	Atomare, biologische und chemische Waffen
ADN	Allgemeiner Deutscher Nachrichtendienst
AFL-CIO	American Federation of Labor and Congress of Industrial Organizations
AM	Außenminister
ANC	African National Congress
ARD	Arbeitsgemeinschaft der öffentlich-rechtlichen Rundfunkanstalten
BDV	Bund der Vertriebenen
BGS	Bundesgrenzschutz
BIZ	Bank für Internationalen Zahlungsausgleich (Bank for International Settlement, BIS)
BK	Bundeskanzler
BKA	Bundeskanzleramt
BM	Bundesminister
BMF	Bundesministerium der Finanzen
BMFT	Bundesministerium für Forschung und Technologie
BMI	Bundesministerium für Inneres
BMU	Bundesministerium für Umwelt, Naturschutz, nukleare Sicherheit und Verbraucherschutz
BMV	Bundesministerium für Verteidigung
BMWi	Bundesminsterium für Wirtschaft
BRD	Bundesrepublik Deutschland
BSR	Bundessicherheitsrat
CBS	Columbia Broadcasting System
CDA	Christlich-Demokratischer Aufruf/Niederlande
CDU	Christlich Demokratische Union Deutschlands
COMECON	Council of Mutual Economic Aid (Rat für gegenseitige Wirtschaftshilfe, RGW)
COCOM	Coordinating Committee on Multilateral Export Controls (Koordinationsausschuss für multilaterale Ausfuhrkontrollen)
ČSFR	Tschechische und Slowakische Föderative Republik
CSIS	Center for Strategic and International Studies
CSU	Christlich Soziale Union
DDR	Deutsche Demokratische Republik
DIHT	Deutscher Industrie- und Handelskammertag
DM	Deutsche Mark
DSU	Deutsche Soziale Union
EDU	European Democrat Union
EBRD	European Bank for Reconstruction and Development/Europäischen Bank für Wiederaufbau und Entwicklung (EBWE)
EFTA	European Free Trade Association
EG	Europäische Gemeinschaften
EP	Europäisches Parlament
EPZ	Europäische Politische Zusammenarbeit
ER	Europäischer Rat
EU	Europäische Union

EUCD	Europäische Union Christlicher Demokraten
EuGH	Europäischer Gerichtshof
EVP	Europäische Volkspartei
FAZ	Frankfurter Allgemeine Zeitung
FCKW	Fluorchlorkohlenwasserstoffe
FDJ	Freie Deutsche Jugend
FDP	Freie Deutsche Partei
FIDESZ	Fidesz – Magyar Polgári Szövetség (Ungarischer Bürgerbund)
FÜS	Führungsstab
G7	Informeller Zusammenschluss der führenden Industrienationen (Deutschland, Frankreich, Italien, Japan, Kanada, Vereinigtes Königreich, Vereinigte Staaten)
GATT	General Agreement on Tariffs and Trade (Allgemeines Zoll- und Handelsabkommen)
GG	Grundgesetz
GSSD	Gruppe der Sowjetischen Streitkräfte in Deutschland
GV	Generalversammlung
IFRI	Institut Français des Relations Internationales/ Französisches Institut für internationale Beziehungen
IMF	International Monetary Fund/Internationaler Währungsfonds IWF
INF	Intermediate Range Nuclear Forces Treaty (Mittelstecken-Nuklearstreitkräfte-Vertrag)
IWF	Internationaler Währungsfonds
Juso	Jungsozialist
KKW	Kernkraftwerk
Koko	Kommerzielle Koordination
KPdSU	Kommunistische Partei der Sowjetunion
KSE	Vertrag über Konventionelle Streitkräfte in Europa/ Conventional Forces in Europe Treaty, CFE
KSZE	Konferenz über Sicherheit und Zusammenarbeit in Europa
LMIC	Lower Middle-Income Countries
MBFR	Mutual and Balanced Force Reductions-Verhandlungen (Verhandlungen über die gegenseitige Verminderung von Streitkräften und Rüstungen und damit zusammenhängende Maßnahmen in Europa)
MfS	Ministerium für Staatsicherheit
MP	Ministerpräsident
NATO	North Atlantic Treaty Organization (Nordatlantikpakt)
ND	Neues Deutschland
NSA	National Security Act/National Security Agency
NVA	Nationale Volksarmee
NVV	Nuklearer Nichtverbreitungsvertrag
NZZ	Neue Zürcher Zeitung
OECD	Organization for Economic Co-operation and Development Organisation für wirtschaftliche Zusammenarbeit und Entwicklung
OSZE	Organisation für Sicherheit und Zusammenarbeit in Europa/ Organization for Security and Co-operation in Europe OSCE
PAM	Polnisches Außenministerium

PBS	Public Broadcasting Service
PDS	Partei des Demokratischen Sozialismus/Deutschland
PHARE	Poland and Hungary: Aid for Restructuring of the Economies
PM	Premierminister/in
PV	Parlamentarische Versammlung
PVAP	Polnische Vereinigte Arbeiterpartei (Polska Zjednoczona Partia Robotnicza, PZPR)/siehe auch VPAP
PR	Public Relations
RAF	Rote Armee Fraktion
RBM	Regierender Bürgermeister (Berlins)
RGW	Rat für gegenseitige Wirtschaftshilfe (Council of Mutual Economic Aid, COMECON)
RTL	Radio Télévision Lëtzebuerg
SDI	Strategic Defense Initiative (Strategische Verteidigungsinitiative)
SED	Sozialistische Einheitspartei Deutschlands
SI	Sozialistische Internationale
SNF	Short-Range Nuclear Forces
SPD	Soziademokratische Partei Deutschlands
SR	Sicherheitsrat
START	Strategic Arms Reduction Treaty (Vertrag zur Verringerung Strategischer Waffen)
StS	Staatssekretär
SU	Sowjetunion
TASS	Telegrafnoïe aguentstvo Sovietskovo Soiuza (Nachrichtenagentur der Sowjetunion (russ.))
UDF	Ungarisches Demokratisches Forum (Magyar Demokrata Fórum, MDF)
UdSSR	Union der Sozialistischen Sowjetrepubliken
UK	United Kingdom (Vereinigtes Königreich)
UN	United Nations/Vereinte Nationen
UPI	United Press International
USA	United States of America/Vereinigte Staaten von Amerika
USAP	Ungarische Sozialistische Arbeiterpartei (Magyar Szocialista Munkáspárt, MSZMP)
USP	Ungarische Sozialdemokratische Partei (Magyarországi Szociáldemokrata Párt, MSZDP)
VK	Vizekanzler
VKSE	Vertrag über Konventionelle Streitkräfte in Europa (Conventional Forces in Europe Treaty, CFET)/Verhandlungen über den KSE-Vertrag, siehe auch KSE-Vertrag
VM	Verteidigungsminister
VN	Vereinte Nationen/UN United Nations
VSBM	Vertrauens- und Sicherheitsbildende Maßnahmen
VVSBM	Verhandlungen über Vertrauens- und Sicherheitsbildende Maßnahmen
WDR	Westdeutscher Rundfunk
WEU	Westeuropäische Union
WP	Warschauer Pakt
WVO	Warschauer Vertragsorganisation
WWU	Wirtschafts- und Währungsunion
ZK	Zentralkomitee

VIII. Bibliografie zur deutschen Einigung im Kontext der Umbrüche in Mitteleuropa 1989/91

I. Editionen

Békés, Csaba/Byrne, Malcolm/Kalmár, Melinda/Ripp, Zoltán/Vörös, Miklós (Eds.), Political Transition in Hungary, 1989–1990. A Compendium of Declassified Documents and Chronology of Events (National Security Archive, Cold War History Research Center, and 1956 Institute), Washington and Budapest 1999.

Borodziej, Włodzimierz (Hrsg.), Polska wobec zjednoczenia Niemiec 1989–1991. Dokumenty dyplomatyczne, Warschau 2006.

Bozóki, András (Ed.), The Roundtable Talks of 1989. The Genesis of Hungarian Democracy. Analysis and Documents, Budapest – New York 2002.

Buchstab, Günter/Kleinmann, Hans-Otto (Hrsg.), Helmut Kohl. Berichte zur Lage 1989–1998. Der Kanzler und Parteivorsitzende im Bundesvorstand der CDU Deutschlands (Forschungen und Quellen zur Zeitgeschichte 64), Düsseldorf 2012.

Císařovská, Blanka/Prečan, Vilém, Charta 77. Dokumenty 1977–1989, 2 Bde, Praha 2007.

Dürkop, Oliver/Gehler, Michael (Hrsg.), In Verantwortung. Hans Modrow und der deutsche Umbruch 1989/90, Innsbruck – Wien – Bozen 2018.

Galkin, Aleksandr/Chernyaev, Anatolii (Eds.), Mikhail Gorbachev i Germanskii vopros, Moscow 2006.

Galkin, Aleksandr/Tschernjajew, Anatolij (Hrsg.), Michail Gorbatschow und die deutsche Frage. Sowjetische Dokumente 1986–1991, deutsche Ausgabe, hrsg. von Helmut Altrichter, Horst Möller und Jürgen Zarusky, kommentiert von Andreas Hilger (Quellen und Darstellungen zur Zeitgeschichte 83), München 2011.

Gehler, Michael/Dürkop, Oliver (Hrsg.), Deutsche Einigung 1989/90. Zeitzeugen aus Ost und West im Gespräch, Reinbek 2021.

Gehler Michael/Graf, Maximilian (Hrsg. in Zusammenarbeit mit Philipp Greilinger, Sarah Knoll und Sophie Bitter-Smirnov), Österreich und die deutsche Frage. Vom Honecker-Besuch in Bonn bis zur Einheit 1987–1990, Göttingen 2018.

Gehler, Michael/Brait, Andrea (Hrsg.), Am Ort des Geschehens in Zeiten des Umbruchs. Lebensgeschichtliche Erinnerungen aus Politik und Ballhausplatzdiplomatie vor und nach 1989 (Historische Europa-Studien 17/Teilband 3), Hildesheim – Zürich – New York 2018.

Gehler, Michael/Brait, Andrea (Hrsg.), Von den Umbrüchen in Mittel- und Osteuropa bis zum Zerfall der Sowjetunion 1985–1991. Eine Dokumentation aus der Perspektive der Ballhausplatzdiplomatie, 2 Bde. (Historische Europastudien 18/Teilbände 1–2), Hildesheim – Zürich – New York 2023.

Geiger, Tim/Amos Heike (Bearb.), Die Einheit. Das Auswärtige Amt, das DDR-Außenministerium und der Zwei-plus Vier-Prozess, hrsg. im Auftrag des Instituts für Zeitgeschichte München – Berlin, hrsg. v. Horst Möller, Ilse Dorothee Pautsch, Gregor Schöllgen, Hermann Wentker and Andreas Wirsching, Göttingen 2015.

Geiger, Tim/Ploetz, Michael/Hofmann, Jens Jost (Bearb.), Akten zur Auswärtigen Politik der Bundesrepublik Deutschland 1990, hrsg. im Auftrag des Auswärtigen Amtes vom Institut für Zeitgeschichte, hauptherausgegeben von Andreas Wirsching, mitherausgegeben von Hélène Miard-Delacroix/Gregor Schöllgen, 2 Bde., Berlin – Boston 2021.

Hertle, Hans-Hermann/Stephan, Gerd Rüdiger (Hrsg.), Das Ende der SED. Die letzten Tage des Zentralkomitees. Mit einem Vorwort von Peter Steinbach, 2. Auflage Berlin 1997

Hilger, Andreas (Hrsg.), Diplomatie für die deutsche Einheit. Dokumente des Auswärtigen Amts zu den deutsch-sowjetischen Beziehungen 1989/90 (Schriftenreihe der Vierteljahrshefte für Zeitgeschichte 103), München 2011.

Karner, Stefan/Kramer, Mark/Ruggenthaler, Peter/Wilke, Manfred/Bezborodov, Alexander/Iščenko, Viktor/Pavlenko, Olga/Pivovar, Efim/

Prozumenščikov, Michail/Tomilina, Natalja/Tschubarjan, Alexander (Hrsg.), Der Kreml und die »Wende« 1989. Interne Analysen der sowjetischen Führung zum Fall der kommunistischen Regime. Dokumente (Veröffentlichungen des Ludwig-Boltzmann-Instituts für Kriegsfolgen-Forschung. Sonderband 15), Innsbruck – Wien – Bozen 2014.

Karner, Stefan/Kramer, Mark/Ruggenthaler, Peter/Wilke, Manfred/Bezborodov, Alexander/Iščenko, Viktor/Pavlenko, Olga/Pivovar, Efim/Prozumenščikov, Michail/Tomilina, Natalja/Tschubarjan, Alexander (Hrsg.), Der Kreml und die deutsche Wiedervereinigung 1990. Interne sowjetische Analysen. Dokumente (Veröffentlichungen des Ludwig Boltzmann-Instituts für Kriegsfolgen-Forschung, Graz – Wien – Raabs Sonderband 16), Berlin 2015.

Küchenmeister, Daniel (Hrsg.), Honecker – Gorbatschow. Vieraugengespräche, Berlin 1993.

Küsters, Hanns Jürgen/Hoffmann, Daniel (Bearb.), Dokumente zur Deutschlandpolitik. Deutsche Einheit (Sonderedition aus den Akten des Bundeskanzleramtes), München 1998.

Lehmann, Ines, Die Außenpolitik der DDR 1989/90. Eine dokumentierte Rekonstruktion, Baden-Baden 2011.

Lehmann, Ines, Die deutsche Vereinigung von außen gesehen. Angst, Bedenken und Erwartungen in der ausländischen Presse, 4 Bde, Frankfurt am Main et al. 1996, 1997, 2001, 2004.

Mastny, Vojtech/Byrne, Malcolm, A Cardboard Castle? An Inside History of the Warsaw Pact 1955–1991, Budapest – New York 2005.

Nakath, Detlef/Neugebauer, Gero/Stephan, Gerd-Rüdiger (Hrsg.), »Im Kreml brennt noch Licht«. Die Spitzenkontakte zwischen SED, PDS und KPdSU 1989–1991, Berlin 1998.

Nakath, Detlef/Stephan, Gerd-Rüdiger (Hrsg.), Countdown zur deutschen Einheit. Eine dokumentierte Geschichte der deutsch-deutschen Beziehungen 1987–1990, Berlin 1996.

Salmon, Patrick/Hamilton, Keith/Twigge, Stephen Robert (Eds.), Documents on British Policy Overseas III, vol. 7: German Unification 1989–1990, London 2009.

Savranskaya, Svetlana/Blanton, Thomas (Eds.), The Last Superpower Summits. Gorbachev, Reagan, and Bush. Conversations that Ended the Cold War, Budapest/New York 2016.

Schmidt-Schweizer, Andreas (Hrsg.), Die politisch-diplomatischen Beziehungen der Wendezeit 1987–1990, Berlin – Bostion 2018.

Schmidt-Schweizer, Andreas (Hrsg.), Die westdeutsch-ungarischen Beziehungen in Wirtschaft, Politik und Kultur 1973/74–1987 (Quellen zu den Beziehungen zwischen der Bundesrepublik Deutschland und Ungarn 1949–1990, Bd. 2), Teilband 2/2: Quellenedition, Frankfurt/Main – Berlin 2024.

Stephan, Gerd-Rüdiger (Hrsg.), »Vorwärts immer, rückwärts nimmer!« Interne Dokumente zum Zerfall von SED und DDR 1988/89, Berlin 1994.

Taschler, Daniela/Szatkowski, Tim/Franzen, Christoph Johannes (Bearb.), Akten zur Auswärtigen Politik der Bundesregierung Deutschland 1989, 2 Teilbände, hrsg. im Auftrag des Auswärtigen Amtes vom Institut für Zeitgeschichte, hauptherausgegeben von Andreas Wirsching, mitherausgegeben von Hélène Miard-Delacroix/Gregor Schöllgen, 2 Bde., Berlin – Boston 2020.

Teltschik, Horst (Hrsg.), Helmut Kohl. Bundestagsreden und Zeitdokumente, Bonn 1978.

Vaïsse, Maurice/Wenkel, Christian (Eds.), La diplomatie française face à l'unification allemande. D'après des archives inédites, Paris 2011.

Vodička, Karel, Die Prager Botschaftsflüchtlinge 1989. Geschichte und Dokumente (Berichte und Studien 67), Osnabrück 2014.

II. Einzelwerke, Monografien, Memoiren

Ackermann, Eduard, Mit feinem Gehör. 40 Jahre in der Bonner Politik, Bergisch-Gladbach 1994.

Adamishin, Anatoly/Schifter, Richard, Human Rights, Perestroika, and the End of the Cold War, Washington DC 2009.

Adomeit, Hannes, Imperial Overstretch. Germany in Soviet Policy from Stalin to Gorbachev. An Analysis Based on New Archival Evidence, Memoirs, and Interviews, Baden-Baden 1998, 2. Auflage 2016.

Albright, David E./Appatov, Semyen J., Ukraine and European Security, New York 1999.

Altrichter, Helmut, Russland 1989. Der Untergang des sowjetischen Imperiums, München 2009.

Aust, Martin, Die Schatten des Imperiums. Russland seit 1991, München 2019.

Bahners, Patrick, Im Mantel der Geschichte. Helmut Kohl oder Die Unersetzlichkeit, Berlin 1998.

Bahners, Patrick, Helmut Kohl. Der Charakter der Macht, München 2017.

Bahr, Egon, Ostwärts und nichts vergessen! Kooperation statt Konfrontation, Hamburg 2012.
Bahr, Egon, Ostwärts und nichts vergessen. Politik zwischen Krieg und Verständigung, Freiburg 2015.
Baker, James A., Drei Jahre, die die Welt veränderten. Erinnerungen, Berlin 1996.
Baker, James A., The Politics of Diplomacy. Revolution, War & Peace, 1989–1992, New York 1995.
Baker, James A./DeFrank, Thomas M., The Politics of Diplomacy. Revolution, War and Peace, 1989–1992, New York 1995.
Balík, Stanislav/Hanuš, Jiří, Katolická církev v Československu 1945–1989, Brno 2007.
Ball, S. J., The Cold War. An International History, 1947–1991, London – New York – Sydney – Auckland 1998.
Bauer, Friedrich, Russische Umbrüche. Von Gorbatschow über Jelzin zu Putin, Wien 2008.
Beissinger, Mark R., Nationalist Mobilization and the Collapse of the Soviet State. A Tidal Approach to the Study of Nationalism, Cambridge 2002.
Békés, Csaba, Európából Európába. Magyarország konfliktusok kereszttüzében, 1945–1990, Budapest 2004.
Beschloss, Michael R./Talbott, Strobe, At the Highest Levels. The Inside Story of the End of the Cold War, Boston 1993.
Biermann, Rafael, Zwischen Kreml und Kanzleramt (Studien zur Politik), Paderborn – München – Wien – Zürich 1997.
Bitterlich, Joachim, Grenzgänger: Deutsche Interessen und Verantwortung in und für Europa Erinnerungen eines Zeitzeugen, Hannover 2021.
Bollinger, Stefan, 1989 – eine abgebrochene Revolution. Verbaute Wege nicht nur zu einer besseren DDR?, Berlin 1999.
Borhi, László, Dealing with Dictators. The United States, Hungary, and East Central Europe, 1942–1989, Bloomington – Indianapolis 2016.
Boysen, Jacqueline, Das »weiße Haus« in Ost-Berlin. Die Stände Vertretung der Bundesrepublik bei der DDR (Forschungen zur DDR-Gesellschaft), Berlin 2010.
Bozo, Frédéric, Mitterrand, la diplomatie française et la fin de la guerre froide. De Yalta à Maastricht, Paris 2005.
Bozo, Frédéric, Mitterrand, the End of the Cold War, and German Unification, Oxford – New York 2009.
Brand Crémieux, Marie-Noëlle, Les Français face à la réunification allemande, automne 1989–automne 1990, Paris 2004.
Brettin, Michael, Das Scheitern eines unfreiwilligen Experiments. Die sowjetische Nationalitätenpolitik in der »Perestrojka« (1985/87–1991), dargestellt am Beispiel Estlands, Hamburg 1996.
Brinkmann, Peter, Der Preis der Deutschen Einheit. Michail Gorbatschow und die NATO 1989/90, Köln 2020.
Bristow, John A., The Bulgarian Economy in Transition, Cheltenhem 1996.
Brown, Archie, Seven years that changed the world. Perestroika in perspective, Oxford 2009.
Brown, Archie, Der Gorbatschow-Faktor. Wandel einer Weltmacht, Frankfurt/Main 2000.
Bruck, Elke, François Mitterrands Deutschlandbild. Perzeption und Politik im Spannungsfeld Deutschland-, Europa- und sicherheitspolitischer Entscheidungen 1989–1992, Frankfurt/Main – Berlin – Bern – Bruxelles – New York – Oxford – Wien 2003.
Brunnbauer, Ulf, Die sozialistische Lebensweise. Ideologie, Politik und Alltag in Bulgarien (1944–1989), Wien – Köln – Weimar 2007.
Brzezinski, Zbigniew, Das gescheiterte Experiment. Der Untergang des kommunistischen Systems, Wien 1989.
Busek, Erhard/Brix, Emil, Projekt Mitteleuropa, Wien 1986.
Carrère d'Encausse, Hélène, Risse im roten Imperium. Das Nationalitätenproblem in der Sowjetunion, Wien 1979.
Cesereanu, Ruxandra, Decembrie '89. Deconstrucția unei revoluții, Bucharest 2009.
Chrobog, Jürgen, Ein Leben in der Politik – Betrachtungen eines Diplomaten, Berlin 2022.
Clemens, Walter C., Baltic Independence and Russian Empire, Basingstoke 1991.
Clemens, Walter C., The Baltic Transformed. Complexity Theory and European Security, Lanham 2001.
Constantinescu, Emil, Adevărul despre România (1989–2004), Bucharest 2004.
Courtois, Stephane/Werth, Nicolas/Panné, Jean-Louis/Paczkowski, Andrzej/Bartosek, Karel/Margolin, Jean-Louis, The Black Book of Communism. Crimes, Terror, Repression, Cambridge/Mass. 1999.
Crane, Keith/Yeh, K. C., Economic Reform and the Military in Poland, Hungary and China, Santa Monica, CA 1991.
Creed, Gerald W., Domesticating Revolution. From Socialist Reform to Ambivalent Transition in a Bulgarian Village, University Park/Pennsylvania 1998.

Creuzberger, Stefan, Das deutsch-russische Jahrhundert. Geschichte einer besonderen Beziehung, Hamburg 2022.

Cuccia, Deborah, There are two German States and two must remain? Italy and the long Path from the German Question to the Re-unification (Historische Europa-Studien 23), Hildesheim – Zürich – New York 2019.

Dahrendorf, Ralf, Reflections on the Revolution in Europe, New York 1990.

Dalos, György, Gorbatschow. Mensch und Macht. Eine Biografie, München 2011.

Dalos, György, Lebt wohl, Genossen! Der Untergang des sowjetischen Imperiums, München 2011.

Delamarre, Marion, La politique allemande de François Mitterrand (1981–1995), Paris 2007.

Deletant, Dennis, Ceauşescu and the Securitate. Coercion and Dissent in Romania (1965–1989), London 1995.

Delors, Jacques: Erinnerungen eines Europäers. Berlin 2004

De Maizière, Lothar: Ich will, dass meine Kinder nicht mehr lügen müssen. Meine Geschichte der deutschen Einheit. Freiburg 2010.

De Maizière, Lothar, Anwalt der Einheit. Berlin 1996.

Dinkel, Jürgen, Die Bewegung bündnisfreier Staaten. Genese, Organisation und Politik (1927–1992), Berlin 2015.

Dreifelds, Juris, Latvia in Transition, Cambridge 1996.

Dvořáková, Vladimíra/Kunc, Jiří, O přechodech k demokracii, Prague 1994.

Dyson, Kenneth/Featherstone, Keith, The Road to Maastricht. Negotiating Economic and Monetary Union, Oxford 1999.

East, Roger, Revolution in Eastern Europe, London – New York 1992.

Englisch, Andreas, Johannes Paul II. Das Geheimnis des Karol Wojtyła, München – Berlin 2003.

English, Robert D., Russia and the Idea of the West. Gorbachev, Intellectuals, and the End of Cold War, New York 2000.

Fischer, Thomas, Keeping the process alive. The N+N and the CSCE Follow-Up from Helsinki to Vienna (1975–1986), Zürich 2012.

Fischer, Thomas, Neutral Power in the CSCE. The N+N states and the Making of the Helsinki Accords 1975 (Wiener Schriften zur internationalen Politik 12), Baden-Baden 2009.

Fleischer, Frank/Hornschild, Kurt/Myant, Martin/Souček, Zdeněk/Vintrová, Růžena/Zeman, Karel, Successful Transformations? The Creation of Market Economies in Eastern Germany and the Czech Republic, Cheltenham 1997.

Fowkes, Ben, The Post-Communist Era. Change and Continuity in Eastern Europe, Basingstoke 2003.

Fukuyama, Francis, The End of History and the Last Man, New York 1993.

Furet, François, The Passing of an Illusion. The Idea of Communism in the Twentieth Century, Chicago 1999.

Gabanyi, Anneli Ute, Die unvollendete Revolution. Rumänien zwischen Diktatur und Demokratie, München 2. Auflage 1990.

Gabanyi, Anneli Ute, Systemwechsel in Rumänien. Von der Revolution zur Transformation (Untersuchungen zur Gegenwartskunde Südosteuropas 35), München 1998.

Gabanyi, Anneli Ute, The Ceauşescu Cult, Bucharest 2000.

Gaddis, John Lewis, Der Kalte Krieg. Eine neue Geschichte, München 2007.

Gaddis, John Lewis, The Cold War, London – New York 2005.

Garton Ash, Timothy, Ein Jahrhundert wird abgewählt. Aus den Zentren Mitteleuropas 1980–1990, München – Wien 1990.

Garton Ash, Timothy, The Polish Revolution. Solidarity, New York 1985.

Garton Ash, Timothy, We the People. The Revolution of '89 Witnessed in Warsaw, Budapest, Berlin and Prague, Cambridge 1990.

Gehler, Michael/Steininger, Rolf, 17. Juni 1953. Der unterdrückte Volksaufstand. Seine Vor- und Nachgeschichte, Reinbek/Hamburg 2018.

Genscher, Hans-Dietrich, Erinnerungen, Berlin 1995.

Gerner, Kristian/Hedlund, Stefan, The Baltic States and the End of the Soviet Empire, London 1997.

Ghebali, Victor-Yves, La diplomatie de la Détente. La CSCE, d'Helsinki à Vienne (1973–1989), Brüssel 1989.

Giatzidis, Emil, An introduction to post-Communist Bulgaria. Political, economic and social transformations, Manchester 2002.

Gilde, Benjamin, Österreich im KSZE-Prozess 1969–1983. Neutraler Vermittler in humanitärer Mission (Quellen und Darstellungen zur Zeitgeschichte 98), München 2013.

Gjuričová, Adéla/Kopeček, Michal/Roubal, Petr/Suk, Jiří/Zahradníček, Tomáš, Rozděleni minulostí. Vytváření politických identit v České republice po roce 1989, Prague 2011.

Gorbatschow, Michail, Perestroika. Die zweite russische Revolution. Eine neue Politik für Europa und die Welt, München 1987.

Gorbatschow, Michail, Glasnost. Das neue Denken, Berlin 1989².

Gorbatschow, Michail, Der Staatsstreich, München 1991.

Gorbatschow, Michail, Der Zerfall der Sowjetunion, München 1992.

Gordiewsky, Oleg/Andrew, Christopher, KGB. Die Geschichte seiner Auslandsoperationen von Lenin bis Gorbatschow, München 1990.

Graf, Mati, Impeeriumi lõpp ja Eesti taasiseseisvumine 1988–1991, Tallinn 2012.

Graf, Maximilian, Österreich und die DDR 1949–1990. Politik und Wirtschaft im Schatten der deutschen Teilung (Internationale Geschichte 3), Wien 2016.

Grosser, Pierre, 1989. L'année où le monde a basculé, Paris 2009.

Grosser, Pierre, Les Temps de la guerre froide. Réflexions sur l'Histoire de la guerre froide et les causes de sa fin, Bruxelles – Paris 1995.

Hadjiisky, Magdaléna, De la mobilisation citoyenne a la démocratie de partis. Participation et délégation politiques dans la nouvelle démocratie tcheque. 1989–1996, Paris 2004.

Hertle, Hans-Hermann, Chronik des Mauerfalls. Die dramatischen Ereignisse um den 9. November 1989, Berlin 11. erweiterte Ausgabe 2009.

Hertle, Hans-Hermann, Der Fall der Mauer. Die unbeabsichtigte Selbstauflösung des SED-Staates, Opladen – Wiesbaden 2. Auflage 1999.

Hertle, Hans-Hermann, Der Tag, an dem die Mauer fiel. Die wichtigsten Zeitzeugen berichten vom 9. November 1989, Berlin 2009.

Hildermeier, Manfred, Geschichte der Sowjetunion 1917–1991. Entstehung und Niedergang des ersten sozialistischen Staates, München 1998.

Holtmann, Everhard/Wiesenthal, Helmut, Transition – Transformation – Posttransformation, Jena 2009.

Hutter, Roman, Revolution und Legitimation. Die politische Instrumentalisierung des Umbruchs 1989 durch die Postkommunisten in Rumänien, Berlin 2015.

Jäger, Wolfgang, Die Überwindung der Teilung. Der innerdeutsche Prozeß der Vereinigung 1989/90 (Geschichte der Deutschen Einheit in vier Bänden, Bd. 3), Stuttgart 1998.

Kabele, Jiří, Z kapitalismu do socialismu a zpět. Teoretické vyšetřování přerodů Československa a České republiky, Prague 2005.

Kalinova, Evgeniia/Baeva, Iskra, Bălgarskite prehodi 1939–2002, Sofia 2002.

Kappeler, Andreas, Rußland als Vielvölkerreich. Entstehung – Geschichte – Zerfall, München 1992.

Kershaw, Ian: Der Mensch und die Macht. Über Erbauer und Zerstörer Europas im 20. Jahrhundert, München 2022.

Kim, Dae Soon, The Transition to Democracy in Hungary. Árpád Göncz and the post-Communist Hungarian Presidency (BASEES/Routledge Series on Russian and East European Studies), Hoboken 2013.

Köhler, Henning, Helmut Kohl. Ein Leben für die Politik. Die Biografie, Köln 2014.

Kohl, Helmut, Erinnerungen 1982–1990, München 2005.

Kohl, Helmut, Erinnerungen 1990–1994, München 2007.

Kohl, Helmut, »Ich wollte Deutschlands Einheit«. Dargestellt von Kai Diekmann und Ralf Georg Reuth, Berlin 1996.

Kopeček, Lubomír, Éra nevinnosti. Česká politika 1989–1997, Brno 2010.

Kopstein, Jeffrey, The Politics of Economic Decline in East Germany 1945–1989, Chapel Hill 1997.

Korte, Karl-Rudolf, Deutschlandpolitik in Helmut Kohls Kanzlerschaft. Regierungsstil und Entscheidungen 1982–1989 (Geschichte der Deutschen Einheit in vier Bänden, Bd. 1), Stuttgart 1998.

Kosicki, Piotr H., Vatican II behind the Iron Curtain, Washington 2016.

Kotkin, Stephen, Armageddon Averted. The Soviet Collapse, Oxford 2001.

Kotkin, Stephen/Gross, Jan T., Uncivil Society. 1989 and the Implosion of the Communist Establishment, New York 2010.

Kowalczuk, Ilko-Sascha, Endspiel. Die Revolution von 1989 in der DDR, München 2009.

Kowalczuk, Ilko-Sascha, Die Übernahme. Wie Ostdeutschland Teil der Bundesrepublik wurde, München 2019.

Krapfl, James, Revolúcia s ľudskou tvárou. Politika, kultúra a spoločenstvo v Československu po 17. novembri 1989, Bratislava 2009.

Krapfl, James, Revolution with a Human Face. Politics, Culture, and Community in Czechoslovakia 1989–1992, Ithaca – New York 2013.

Krätschell, Werner, Die Macht der Kerzen. Erinnerungen an die Friedliche Revolution, Berlin 2019.

Kubiak, Piotr, Die Kirche in Polen auf dem Weg zur Freiheit in der Gesellschaft, Diss., Wien 1994.

Kubik, Jan, The Power of Symbols against the Symbols of Power. The Rise of Solidarity and the Fall of State Socialism in Poland, University Park/Pennsylvania 1994.

Kühn, Hartmut, Das Jahrzehnt der Solidarność. Die politische Geschichte Polens 1980–1990, Berlin 1999.
Kühnhardt, Ludger, Revolutionszeiten. Das Umbruchjahr 1989 im geschichtlichen Zusammenhang, München 1994.
Kuklík, Jan, Znárodněné Československo. Od znárodnění k privatizaci – státní zásahy do vlastnických a dalších majetkových práv v Československu a jinde v Evropě, Prague 2010.
Kulcsár, Kálmán, Két világ között. Rendszerváltás Magyarországon 1988–1990, Budapest 1994, deutsch: Systemwechsel in Ungarn 1988–1990, Frankfurt/Main 1997.
Küsters, Hanns Jürgen, Das Ringen um die deutsche Einheit. Die Regierung Helmut Kohl 2009.
Küsters, Hanns Jürgen, Der Integrationsfriede. Viermächte-Verhandlungen über die Friedensregelung mit Deutschland 1945–1990 (Dokumente zur Deutschlandpolitik Studien 9), München 2000.
Laar, Mart/Ott, Urmas/Endre, Sirje, Teine Eesti. Eeslava. Eesti iseseisvuse taassünd 1986–1991. Intervjuud. Dokumendid, kõned, artiklid, Tallinn 1996.
Lappenküper, Ulrich, Mitterrand und Deutschland. Die enträtselte Sphinx (Quellen und Darstellungen zur Zeitgeschichte 89), München 2011.
Lehne, Stefan, The Vienna Meeting of the Conference on Security and Cooperation in Europe, 1986–1989. A Turning Point in East-West relations, Boulder – San Francisco – Oxford 1991.
Lemke, Christiane, Die Ursachen des Umbruchs 1989. Politische Sozialisation in der ehemaligen DDR, Darmstadt 1991.
Lévesque, Jacques, The Enigma of 1989. The USSR and the Liberation of Eastern Europe, Berkeley – Los Angeles – London 1997.
Lieven, Anatol, The Baltic Revolution. Estonia, Latvia, Lithuania and the Path to Independence, New Haven – London 1993.
Lindner, Bernd, Die demokratische Revolution in der DDR 1989/90, 5. aktualisierte Auflage Bonn (Bundeszentrale für politische Bildung) Bonn 2010.
Lindner, Bernd, Zum Herbst ’89. Demokratische Bewegung in der DDR, Leipzig 1994.
Loth, Wilfried, Die Rettung der Welt. Entspannungspolitik im Kalten Krieg 1950–1991, Frankfurt/Main – New York 2016.
Loth, Wilfried, Ost-West-Konflikt und deutsche Frage, München 1989.
Loth, Wilfried, Helsinki, 1. August 1975. Entspannung und Abrüstung (20 Tage im 20. Jahrhundert), München 1998.
Lozo, Ignaz, Der Putsch gegen Gorbatschow und das Ende der Sowjetunion, Köln – Weimar – Wien 2014.
Lozo, Ignaz, Gorbatschow. Der Weltveränderer, Darmstadt 2021.
Ludewig, Johannes, Unternehmen Wiedervereinigung. Von Planern, Machern, Visionären, Hamburg 2. Auflage 2015.
Marjanović, Vladislav, Die Mitteleuropa-Idee und die Mitteleuropa-Politik Österreichs 1945–1995 (Europäische Hochschulschriften, Reihe XXXI, Politikwissenschaft 360), Frankfurt/Main 1998.
Martini, Stephan, Die sicherheitspolitische Funktion der KSZE im entspannungspolitischen Konzept der Bundesrepublik Deutschland 1975–1990, Berlin 2006.
Meyer, Carsten, Die Eingliederung der DDR in die EG, Köln 1993.
Miles, James, The Legacy of Tiananmen, Ann Arbor/Michigan 1996.
Misiunas, Romuald J./Taagepera, Rein, The Baltic States. Years of Dependence 1940–90, London 2006².
Mitter, Armin/Wolle, Stefan, Untergang auf Raten. Unbekannte Kapitel der DDR-Geschichte, München 1993.
Morgan, Michael Cotey, The Final Act. The Helsinki Accords and the transformation of the Cold War, Princeton – Oxford 2018.
Myant, Martin, The Rise and the Fall of Czech Capitalism. Economic Development in the Czech Republic since 1989, Cheltenham/Northampton 2003.
Neubert, Ehrhart, Geschichte der Opposition in der DDR 1949–1989, Berlin 1998.
Neubert, Ehrhart, Unsere Revolution. Die Geschichte der Jahre 1989/90, München 2008.
Neutatz, Dietmar, Träume und Alpträume. Eine Geschichte Russlands im 20. Jahrhundert, München 2013.
Oplatka, Andreas, Der Eiserne Vorhang reißt. Ungarn als Wegbereiter, Zürich 1990.
Oplatka, Andreas, Der erste Riss in der Mauer. September 1989 – Ungarn öffnet die Grenze, Wien 2009.
Pauer, Jan, Prag 1968. Der Einmarsch des Warschauer Paktes. Hintergrunde, Planung, Durchführung, Bremen 1995.
Pecka, Jindřich, Odsun sovětských vojsk z Československa (1989–1991), Prague 1996.
Penikis, Janis J./Penikis, Andrejs, Latvia – Independence Renewed, Boulder 1997.
Peter, Matthias, Die Bundesrepublik im KSZE-Prozess 1975–1983. Die Umkehrung der Diplomatie (Quellen und Darstellungen zur

Zeitgeschichte Bd. 105), Berlin – München – Boston – Göttingen 2015.
Plato, Alexander von, Die Vereinigung Deutschlands – ein weltpolitisches Machtspiel, Berlin 3. Auflage 2009.
Plato, Alexander, Die Vereinigung Deutschlands – ein weltpolitisches Machtspiel. Bush, Kohl, Gorbatschow und die geheimen Moskauer Protokolle, Berlin 2003.
Plokhy, Serhii, The Last Empire. The Final Days of the Soviet Union, London 2015.
Pradetto, August, Bürokratische Anarchie. Der Niedergang des polnischen »Realsozialismus«, Wien – Köln – Graz 1992.
Pradetto, August, Technobürokratischer Sozialismus. Polen in der Ära Gierek (1970–1980), Frankfurt/Main – Bern – New York – Paris 1991.
Preda, Dumitru/Retegan, Mihai, 1989. Principiul Dominoului. Prăbușirea regimurilor comuniste europene, Bucharest 2000.
Preuße, Detlev, Umbruch von unten. Die Selbstbefreiung Mittel- und Osteuropas und das Ende der Sowjetunion, Wiesbaden 2014.
Přibáň, Jiří, Disidenti práva. O revolucích roku 1989, fikcích legality a soudobé verzi společenské smlouvy, Prague 2001.
Ramet, Sabrina, Social Currents in Eastern Europe. The Sources and Consequences of the Great Transformation, Durham 2. Auflage 1995.
Rödder, Andreas, Deutschland einig Vaterland. Die Geschichte der Wiedervereinigung, München 2009.
Romano, Angela, From détente in Europe to European détente. How the West shaped the Helsinki CSCE (Euroclio 44), Bruxelles – New York 2009.
Rychlík, Jan, Rozpad Československa: Česko-slovenské vztahy 1989–1992, Bratislava 2002.
Saal, Yuliya von, KSZE-Prozess und Perestroika in der Sowjetunion. Demokratisierung, Werteumbruch und Auflösung 1985–1991 (Quellen und Darstellungen zur Zeitgeschichte 100), München 2014.
Sabrow, Martin, 1989 und die Rolle der Gewalt, Göttingen 2012.
Sabrow, Martin, Erinnerungsorte der DDR, München 2009.
Salmon, Patrick/Hamilton, Keith/Twigge, Stephen Robert (Eds.), Documents on British Policy Overseas III, vol. 7: German Unification 1989–1990, London 2009.
Sarotte, Mary Elise, 1989. The Struggle to Create Post-Cold War Europe, Princeton/Jersey 2011.
Sarotte, Mary Elise, The Collapse. The Accidental Opening of the Berlin Wall, New York 2015.
Sarotte, Mary Elise, Nicht einen Schritt weiter nach Osten. Amerika, Russland und die wahre Geschichte der Nato-Osterweiterung, München 2023.
Satter, David, Age of Delirium. The Decline and Fall of the Soviet Union, New York 2001.
Sawczuk, Janusz, Turbulentes 1989. Genese der deutschen Einheit (Nationalisms across the Globe 6), Oxford – Bern – Berlin – Bruxelles – Frankfurt am Main – New York – Wien 2011.
Saxonberg, Steven, The Fall. A Comparative Study of the End of Communism in Czechoslovakia, East Germany, Hungary and Poland, Uppsala – Virginia 2001.
Schabert, Tilo, How World Politics is Made. France and the Reunification of Germany, Columbia 2009.
Schabert, Tilo, Wie Weltgeschichte gemacht wird. Frankreich und die deutsche Einheit, Stuttgart 2002.
Schabert, Tilo, France and the Reunification of Germany. Leadership in the Workshop of World Politics, Cham 2021.
Schachnasarow, Georgi, Preis der Freiheit. Eine Bilanz von Gorbatschows Berater, Bonn 1996.
Schlotter, Peter, Die KSZE im Ost-West-Konflikt. Wirkung einer internationalen Institution (Studien der Hessischen Stiftung Friedens- und Konfliktforschung 32), Frankfurt/Main – New York 1999.
Schmidt-Schweizer, Andreas, Politische Geschichte Ungarns 1985–2002. Von der liberalisierten Einparteienherrschaft zur Demokratie in der Konsolidierungsphase (Südosteuropäische Arbeiten 132), München 2007.
Schmidt-Schweizer, Andreas, Politische Geschichte Ungarns von 1985 bis 2002, München 2007.
Schmidt-Schweizer, Andreas, Vom Reformsozialismus zur Systemtransformation in Ungarn. Politische Veränderungsbestrebungen innerhalb der Ungarischen Sozialistischen Arbeiterpartei (MSZMP) von 1986 bis 1989, Frankfurt/Main – Berlin 2000.
Schöllgen, Gregor, Die Außenpolitik der Bundesrepublik Deutschland, München 3. Auflage 2004.
Schroeder, Klaus, Der Preis der Einheit. Eine Bilanz, München – Wien 2000.
Schubert, Günter, Unversöhnt. Polen nach dem Priestermord, Köln 1985.
Schuller, Wolfgang, Die deutsche Revolution 1989, Berlin 2009.
Schwan, Heribert/Steininger, Rolf, Die Bonner Republik 1949–1989, Berlin 2009.
Schwan, Heribert/Steininger Rolf, Helmut Kohl. Virtuose der Macht, München 2010.

Schwarz, Hans-Peter, Helmut Kohl. Eine politische Biographie, München 2012.
Sebestyen, Victor, Revolution 1989. The Fall of the Soviet Empire, London 2009.
Segert, Dieter/Machos, Csilla, Parteien in Osteuropa. Kontext und Akteure, Opladen 1995.
Service, Robert, A History of Modern Russia. From Nicholas II to Putin, London 2003.
Service, Robert, The End of the Cold War 1985–1991, London 2015.
Ševardnadze, Eduard, The future belongs to freedom, New York 1991.
Seiters, Rudolf, Vertrauensverhältnisse. Autobiographie (Unter Mitarbeit von Carsten Tergast), Freiburg – Basel – Wien 2016.
Siani-Davies, Peter, The Romanian Revolution of December 1989, Ithaca – London 2005.
Simon, Gerhard, Nationalismus und Nationalitätenpolitik in der Sowjetunion. Von der totalitären Diktatur zur nachstalinistischen Gesellschaft, Baden-Baden 1986.
Simon, Jeffrey, Roadmap to NATO Accession. Preparing for Membership, Washington, D.C. 2001.
Sloan, Stanley R., Permanent Alliance? NATO and the Transatlantic Bargain from Truman to Obama, New York – London 2010.
Sloan, Stanley R., The Future of U.S.-European Security Cooperation (Congressional Research Service Report for Congress 92–907), Washington, D.C. 1992.
Smith, David J., Estonia. Independence and European Integration, London 2001.
Snyder, Sarah B., Human rights activism and the end of the Cold War. A transnational history of the Helsinki network (Human rights in history), New York 2011.
Spohr-Readman, Kristina, Germany and the Baltic Problem after the Cold War. The Development of a New Ostpolitik 1989–2000, London 2004.
Spohr, Kristina, Wendezeit. Die Neuordnung der Welt nach 1989, München 2019.
Staniszkis, Jadwiga, Poland's Self-Limiting Revolution, Princeton 1984.
Stein, Eric, Czecho/Slovakia: Ethnic Conflict – Constitutional Fissure – Negotiated Breakup, Michigan 1997.
Steininger, Rolf, Der Mauerbau. Die Westmächte und Adenauer in der Berlinkrise 1958–1963, München 2001.
Steininger, Rolf, Von der Teilung zur Einheit. Deutschland 1945–1990. Ein Lesebuch, Innsbruck – Wien – Bozen 2020.
Steininger, Rolf, Deutschland und die USA. Vom Zweiten Weltkrieg bis zur Gegenwart, Reinbek – München 2014.
Steininger, Rolf, Eine vertane Chance. Die Stalin-Note vom 10. März 1952 und die Wiedervereinigung. Eine Studie auf der Grundlage unveröffentlichter britischer und amerikanischer Akten. Dietz, Berlin – Bonn 1985.
Stoenescu, Alex Mihai, Cronologia evenimentelor din decembrie 1989, Bucharest 2009.
Stoenescu, Alex Mihai, Din culisele luptei pentru putere. Prima guvernare Petre Roman, Bucharest 2006.
Stoenescu, Alex Mihai, Interviuri despre revoluţie, Bucharest 2004.
Stoenescu, Alex Mihai, Istoria loviturilor de stat în România, vol. 4, Revoluţia din decembrie 1989 – o tragedie românească, Bucharest 2005.
Stöver, Bernd, Der Kalte Krieg. Geschichte eines radikalen Zeitalters 1947–1991, München 2007.
Strayer, Robert, Why did the Soviet Union collapse? Understanding historical change, Armonk 1998.
Stuhler, Ed, Die letzten Monate der DDR. Die Regierung de Maizière und ihr Weg zur deutschen Einheit, Berlin 2010.
Szabó, Csaba, Österreich und Ungarn im 20. Jahrhundert (Publikationen der Ungarischen Geschichtsforschung in Wien Bd. IX), Wien 2014.
Teltschik, Horst, Russisches Roulette. Vom Kalten Krieg zum Kalten Krieg, München 2019.
Thaysen, Uwe, Der Runde Tisch. Oder: Wo blieb das Volk? Der Weg der DDR in die Demokratie, Opladen 1990.
Ther, Philipp, Die neue Ordnung auf dem alten Kontinent. Eine Geschichte des neoliberalen Europa, Berlin 2016.
Thomas, Daniel C., The Helsinki effect. International Norms, Human Rights, and the Demise of Communism, Princeton/New Jersey 2001.
Tismăneanu, Vladimir, Stalinism for All Seasons: A Political History of Romanian Communism, Berkeley 2003.
Tismăneanu, Vladimir, The Revolutions of 1989 (Re-Writing Histories), London 1999.
Tismăneanu, Vladimir/Sorin, Antohi, Between Past and Future. The Revolutions of 1989 and Their Aftermath, New York 2000.
Tökés, Rudolf L., Hungary's Negotiated Revolution. Economic Reform, Social Change, and Political Succession 1957–1990, Cambridge 1996, 2nd ed. 1998.
Tong, Yanqi, Transitions from State Socialism. Economic and Political Change in Hungary and China, Lanham 1997.
Turek, Otakar, Podíl ekonomiky na pádu komunismu v Československu, Prague 1995.

Vetter, Reinhold, Polens eigensinniger Held. Wie Lech Wałęsa die Kommunisten überlistete, Berlin 2010.
Vogt, Henri, Between Utopia and Disillusionment. A Narrative of the Political Transformation in Eastern Europe, New York 2005.
Von Arnim, Joachim, Zeitnot. Moskau, Deutschland und der weltpolitische Umbruch, Bonn 2012.
Von Bredow, Wilfried, Der KSZE-Prozess. Von der Zähmung zur Auflösung des Ost-West-Konflikts, Darmstadt 1992.
Weidenfeld, Werner (mit Peter M. Wagner und Elke Bruck), Außenpolitik für die deutsche Einheit. Die Entscheidungsjahre 1989/90 (Geschichte der Deutschen Einheit in vier Bänden, Bd. 4), Stuttgart 1998.
Wenkel, Christian, Auf der Suche nach einem anderen Deutschland. Die Beziehungen Frankreichs zur DDR im Spannungsfeld von Perzeption und Diplomatie, Paris 2008.
Wentker, Hermann, Außenpolitik in engen Grenzen. Die DDR im internationalen System 1949–1989 (Quellen und Darstellungen zur Zeitgeschichte Bd. 72), München 2007.
Wentker, Hermann, Die Deutschen und Gorbatschow. Der Gorbatschow-Diskurs im doppelten Deutschland 1985–1991, Berlin 2020.
Wheatley, Jonathan, Georgia from National Awakening to Rose Revolution, London – New York 2017.
Westad, Odd Arne, Der Kalte Krieg. Eine Weltgeschichte, Stuttgart 2019.
Westad, Odd Arne, The Global Cold War, Cambridge 2005.
Wilke, Manfred, Die DDR als sowjetischer Satellitenstaat (Wissenschaftliche Veröffentlichungen des Ludwig Boltzmann Instituts für Kriegsfolgenforschung, Graz – Wien – Raabs, Sonderband 26), Berlin 2021.
Williams, Kieran, Prague Spring and its Aftermath. Czechoslovak Politics 1968–1970, Cambridge – New York 1997.
Winkler, Heinrich August, Die Deutschen und die Revolution. Eine Geschichte von 1848 bis 1989, München 2023.
Wirsching, Andreas, Der Preis der Freiheit. Geschichte Europas in unserer Zeit, München 2012.
Wirsching, Andreas, Abschied vom Provisorium. Geschichte der Bundesrepuvlik Deutschland 1982–1990, München 2006.
Wistinghausen, Henning von, Im freien Estland. Erinnerungen des ersten deutschen Botschafters 1991–1995, Köln – Weimar – Wien 2004.
Wolfers, Arnold, Discord and Collaboration. Essays in International Politics, Baltimore 1962.
Zelikow, Philip/Rice Condoleezza, Sternstunde der Diplomatie. Die deutsche Einheit und das Ende der Spaltung Europas, München 2. Auflage 2001.
Zelikow, Philipp/Rice, Condoleezza, Germany Unified and Europe Transformed. A Study in Statecraft, Cambridge 1996.
Zielinski, Michael, Die neutralen und blockfreien Staaten und ihre Rolle im KSZE-Prozeß (Nomos Universitätsschriften. Politik 13), Baden-Baden 1990.
Zilio, Francesca, Divisione e Riunficazione. Itinerari storici nella Berlino della Guerra fredda, Loveno di Menaggio 2020.
Znepolski, Ivan (Ed.), NRB. Ot nachaloto do kraia, Sofia 2011.

III. Sammelbände

Abraham, Florin (Ed.), 1989. Annus Mirabilis. Three decades After. Desires, Achievements, Future, Bucureşti 2020.
Altrichter, Helmut/Wentker, Hermann (Hrsg.), Der KSZE-Prozess. Vom Kalten Krieg zu einem neuen Europa 1975 bis 1990 (Zeitgeschichte im Gespräch 11), München 2011.
Anušauskas, Arvydas (Ed.), The Anti-Soviet Resistance in the Baltic States, Vilnius 1999.
Banac, Ivo (Ed.), Eastern Europe in Revolution, Ithaca – London 1992.
Bange, Oliver/Lemke, Bernd (Hrsg.), Wege zur Wiedervereinigung. Die beiden deutschen Staaten in ihren Bündnissen 1970–1990, München 2013.
Baráth, Magdolna/Rainer, János M. (Eds.), Gorbacsov tárgyalásai magyar vezetőkkel. dokumentumok az egykori SZKP és MSZMP archívumaiból 1985–1991, Budapest 2000.
Batūra, Roman (Ed.), Siekiant nepriklausomybės. Lietuvos sąjūdžio spauda. 1988–1991 m., Vilnius 2005.
Bispinck, Henrik/Danyel, Jürgen/Hertle, Hans Hermann/Wentker, Hermann (Hrsg.), Aufstände im Ostblock. Zur Krisengeschichte des realen Sozialismus, Berlin 2004.

Bloed, Arie (Ed.), The Conference on Security and Co-operation in Europe. Analysis and basic documents (1972–1993), Dordrecht – Boston – London 1993.

Bloed, Arie / Dijk, Pieter van (Eds.), The Human Dimension of the Helsinki Process. The Vienna Follow-up meeting and its Aftermath, Dordrecht – Boston – Norwell 1991.

Bott, Sandra / Hanhimäki, Jussi M. / Schaufelbuehl, Janick Marina / Wyss, Marco (Eds.), Neutrality and Neutralism in the Global Cold War. Between or within the Blocs? (Cold War history), Abingdon / Oxon – New York / New York 2016.

Bozo, Frédéric / Rey, Marie-Pierre / Ludlow, N. Piers / Nuti, Leopoldo (Eds.), Europe and the End of the Cold War. A reappraisal (Cold war history series), London, New York 2009.

Bozóki, András (Ed.), The Roundtable Talks of 1989. The Genesis of Hungarian Democracy, Analysis and Documents, Budapest – New York 2002.

Brait, Andrea / Gehler, Michael (Hrsg.), Grenzöffnung 1989. Innen- und Außenperspektiven und die Folgen für Österreich (Schriftenreihe des Forschungsinstitutes für politisch-historische Studien der Dr.-Wilfried-Haslauer-Bibliothek Salzburg 49), Wien – Köln – Weimar 2014.

Brauckhoff, Kerstin / Schwaetzer, Irmgard (Hrsg), Hans-Dietrich Genschers Außenpolitik, Wiesbaden 2015.

Buchstab, Günter / Kleinmann, Hans-Otto / Küsters, Hanns Jürgen (Hrsg.), Die Ära Kohl im Gespräch. Eine Zwischenbilanz, Köln 2010.

Casey, Steven (Ed.), The Cold War. Critical Concepts in Military, Strategic and Security Studies, Volume IV. From Détente to the End of the Cold War, London 2013.

Corsten, Michael / Gehler, Michael / Kneuer, Marianne (Hrsg.), Welthistorische Zäsuren. 1989 – 2001 – 2011 (Hildesheimer Universitätsschriften 31), Hildesheim – Zürich – New York 2016.

Diedrich, Torsten / Heinemann, Winfried / Ostermann, Christian F. (Hrsg.), Der Warschauer Pakt. Von der Gründung bis zum Zusammenbruch. 1955 bis 1991 (Militärgeschichte der DDR 16), Berlin 2009.

Elster, Jon (Ed.), The Roundtable Talks and the Breakdown of Communism. Constitutionalism in Eastern Europe, Chicago 1996.

Elvert, Jürgen / Salewski, Michael (Hrsg.), Der Umbruch in Osteuropa (Historische Mitteilungen / Beihefte, Band 4), Stuttgart 1993.

Engel, Ulf / Hadler, Frank / Middell, Matthias (Eds.), 1989 in a Global Perspective (Global history and international studies XI), Leipzig 2015.

Feitl, István / Sipos, Balázs (Eds.), Regimes and transformations. Hungary in the twentieth century, Budapest 2005.

Florath, Bernd (Hrsg.), Das Revolutionsjahr 1989. Die demokratische Revolution in Osteuropa als transnationale Zäsur (Analysen und Dokumente. Wissenschaftliche Reihe des Bundesbeauftragten für die Unterlagen des Staatssicherheitsdienstes der ehemaligen Deutschen Demokratischen Republik BStU 34), Göttingen – Oakville 2011.

Gassert, Philipp / Geiger, Tim / Wentker, Hermann (Eds.), The INF Treaty of 1987. A Reappraisal, Göttingen 2020.

Gehler Michael / Graf, Maximilian (Hrsg.), Europa und die deutsche Einheit. Beobachtungen, Entscheidungen und Folgen, Göttingen 2017.

Gehler, Michael / Böhler, Ingrid (Hrsg.), Verschiedene europäische Wege im Vergleich. Österreich und die Bundesrepublik Deutschland 1945/49 bis zur Gegenwart (Festschrift für Rolf Steininger zum 65. Geburtstag), Innsbruck – Wien – Bozen 2007.

Gehler, Michael / Kosicki, Piotr H. / Wohnout, Helmut (Eds.), Christian Democracy and the Fall of Communism (Civitas series 1), Leuven Press 2019.

Gehler, Michael / Loth, Wilfried (Eds.), Reshaping Europe. Towards a Political, Economic and Monetary Union, 1984–1989 (Veröffentlichungen der Historiker-Verbindungsgruppe bei der Kommission der Europäischen Gemeinschaften Band 20 / Publications of the European Union Liaison Committee of Historians Volume 20), Baden-Baden 2020.

Gehler, Michael / Luif, Paul / Vyslonzil, Elisabeth (Hrsg.), Die Dimension Mitteleuropa in der Europäischen Union (Historische Europa-Studien 20), Hildesheim – Zürich – New York 2015.

Geiger, Tim / Lillteicher, Jürgen / Wentker, Hermann (Hrsg.), Zwei Plus Vier. Die internationale Gründungsgeschichte der Berliner Republik (Schriftenreihe der Viertelsjahrshefte für Zeitgeschichte 123), Berlin – Boston 2021

Genov, Nikolai / Krasteva, Ana (Eds.), Bulgaria 1960–1995. Trends of Social Development, Sofia 1999.

Góralski, Witold M. (Ed.), Poland-Germany 1945–2007. From confrontation to cooperation and partnership in Europe. Studies and documents, Warsaw 2007.

Graf, Maximilian / Lass, Alexander / Ruzicic-Kessler, Karlo (Hrsg.), Das Burgenland als internationale Grenzregion im 20. und 21. Jahrhundert, Wien 2012.

Grigoryan, Rafik/Rosenfeld, Igor (Eds.), Iseseisvuse anatoomia/Anatomiya nezavisimosti/The Anatomy of Independence, Tartu – St. Petersburg 2004.
Hatschikjan, Magarditsch A./Weilemann, Peter (Hrsg.), Parteienlandschaften in Osteuropa. Politik, Parteien und Transformation in Ungarn, Polen, der Tschecho-Slowakei und Bulgarien, 1989–1992, Paderborn – München 1994.
Henke, Klaus-Dietmar (Hrsg.), Revolution und Vereinigung 1989/90, München 2009.
Hertle, Hans-Hermann/Elsner, Kathrin (Hrsg.), Der Tag, an dem die Mauer fiel, Berlin 2009.
Hertle, Hans-Hermann/Pirker, Theo/Weinert, Rainer (Hrsg.), »Der Honecker muss weg!« Protokoll eines Gesprächs mit Günter Schabowski am 24. April 1990 in Berlin-West (Berliner Arbeitshefte und Berichte zur sozialwissenschaftlichen Forschung 35), Berlin 1990.
Hiden, John/Made, Vahur/Smith, David (Eds.), The Baltic Question during the Cold War, London 2008.
Hiden, John/Salmon, Patrick (Eds.), The Baltic Nations and Europe. Estonia, Latvia, and Lithuania in the Twentieth Century, London 1994.
Hochmuth, Katharina (Hrsg.), Krieg der Welten. Zur Geschichte des Kalten Krieges, Berlin 2017.
Iacob, C. Bogdan/Tismaneanu, Vladimir (Eds.), The end and the beginning. The Revolutions of 1989 and the Resurgence of History, Budapest – New York 2012.
Jarausch, Konrad H./Gransow, Volker (Eds.), Uniting Germany. Documents and Debates (1944–1993), Providence 1994.
Kohler-Koch, Beate (Hrsg.), Die Osterweiterung der EG. Die Einbeziehung der ehemaligen DDR in die Gemeinschaft, Baden-Baden 1991.
Kosicki, Piotr H./Kunakhovich, Kyrill (Eds.), The Long 1989. Decades of Global Revolution, Budapest 2019.
Kosicki, Piotr H./Łukasiewicz, Sławomir (Eds.), Christian Democracy across the Iron Curtain. Europe Redefined, London 2018.
Koutská, Ivana/Ripka, Vojtěch/Žáček, Pavel (Eds.), Občanské fórum: den první. Vznik OF v dokumentech a fotografiích (Ústav pro studium totalitních režimů 2009), Prague 2009.
Krämer, Hans Leo/Stojanov, Christo (Hrsg.), Bulgarien im Übergang. Sozialwissenschaftliche Studien zur Transformation, Bergisch Gladbach 1999.
Kramer, Mark/Smetana, Vít (Eds.), Imposing, Maintaining, and Tearing Open the Iron Curtain. The Cold War and East-Central Europe. 1945–1989 (The Harvard Cold War studies book series), Lanham – Plymouth 2014.
Loth, Wilfried/Păun, Nicolae (Hrsg.), Disintegration and Integration in East-Central Europe. 1919 – post-1989 (Veröffentlichungen der Historiker-Verbindungsgruppe bei der Europäischen Kommission 16) 2014.
Majoros, István/Maruzsa, Zoltán/Rathkolb, Oliver (Hrsg.), Österreich und Ungarn im Kalten Krieg, Wien – Budapest 2010.
Malek, Martin/Schor-Tschudnowskaja, Anna (Hrsg.), Zerfall der Sowjetunion. Ursachen – Begleiterscheinungen – Hintergründe, Baden-Baden 2012.
Mariager, Rasmus/Molin, Karl/Brathagen, Kjersti (Eds.), Human rights in Europe during the Cold War, New York 2014.
Mastny, Vojtech (Ed.), The Helsinki process and the reintegration of Europe, 1986–1991. Analysis and Documentation, New York 1992.
Mayer, Tilman (Hrsg.), 20 Jahre Deutsche Einheit. Erfolge, Ambivalenzen, Probleme (Schriftenreihe der Gesellschaft für Deutschlandforschung 97), Berlin 2010.
McDermott, Kevin/Stibbe, Matthew (Eds.), The 1989 Revolutions in Central and Eastern Europe. From Communism to Pluralism, Manchester 2016.
Meissner, Boris (Hrsg.), Die baltischen Nationen. Estland, Lettland, Litauen, Köln 1991.
Mlynář, Zdeněk/Heinrich, Hans-Georg/Kofler, Toni/Stankovsky, Jan (Hrsg.), Die Beziehungen zwischen Österreich und Ungarn. Sonderfall oder Modell? (Forschungsberichte/Österreichisches Institut für Internationale Politik 8), Wien 1985.
Mueller, Wolfgang (Hrsg.), 1989. Die Samtenen Revolutionen, Österreich und die Transformation in Europa, Wien 2017.
Mueller, Wolfgang/Gehler, Michael/Suppan, Arnold (Eds.), The Revolutions of 1989. A Handbook (Österreichische Akademie der Wissenschaften/Philosophische Historische Klasse/Institut für Neuzeit- und Zeitgeschichtsforschung/Internationale Geschichte/International History 2), Wien 2015.
Neuhold, Hanspeter (Ed.), CSCE: N+N Perspectives. The Process of the Conference on Security and Cooperation in Europe from the Viewpoint of the Neutral and Non-aligned Participating States, Wien 1987.
Njølstad, Olav (Ed.), The last decade of the Cold War. From conflict escalation to conflict transformation (Cass series – Cold War history 5), Portland 2004.

Nuti, Leopoldo (Ed.), The Crisis of Détente in Europe. From Helsinki to Gorbachev. 1975–1985 (Cold War history 23), London 2009.

Oksenberg, Michel/Sullivan, Lawrence R./Lambert, Marc (Eds.), Beijing Spring, 1989. Confrontation and Conflict. The Basic Documents, Armonk/New York 1990.

Otáhal, Milan/Vaněk, Miroslav (Eds.), Sto studentských revolucí. Studenti v období pádu komunismu – životopisná vyprávění, Prague 1999.

Paczkowski, Andrzej/Byrne, Malcolm/Domber, Gregory F./Klotzbach, Magdalena (Eds.), From Solidarity to Martial Law: The Polish Crisis of 1980–1981. A Documentary History (National Security Archive Cold War readers), Budapest – New York 2007.

Peter, Matthias/Wentker, Hermann (Hrsg.), Die KSZE im Ost-West-Konflikt. Internationale Politik und gesellschaftliche Transformation 1975–1990 (Schriftenreihe der Vierteljahrshefte für Zeitgeschichte Sondernummer), Berlin – Boston 2013.

Plato, Alexander von/Vilimek, Tomas mit Piotr Filipkowski and Joanna Wawrzyniak (Hrsg.), Opposition als Lebensform. Lebensgeschichten von Dissidenten in der DDR, der ČSSR und in Polen, Münster 2012.

Rauchensteiner, Manfried (Hrsg.), Zwischen den Blöcken. NATO, Warschauer Pakt und Österreich (Schriftenreihe des Forschungsinstitutes für politisch-historische Studien der Dr.-Wilfried-Haslauer-Bibliothek Salzburg 36), Wien – Köln – Weimar 2010.

Sabrow, Martin/Siebeneichner, Tilman/Weiß, Peter Ulrich (Hrsg.), 1989. Eine Epochen-Zäsur? (Geschichte der Gegenwart Bd. 27), Göttingen 2021.

Savranskaya, Svetlana/Blanton, Thomas/Zubok, Vladislav (Eds.), Masterpieces of history. The peaceful end of the Cold War in Europe. 1989 (National Security Archive Cold War readers), Budapest – New York 2011.

Segert, Dieter/Stöss, Richard/Niedermayer, Oskar (Hrsg.), Parteiensysteme in postkommunistischen Gesellschaften Osteuropas, Opladen 1997.

Suppan, Arnold/Mueller, Wolfgang (Eds.), Peaceful Coexistence or Iron Curtain? Austria, Neutrality, and Eastern Europe in the Cold War and Détente, 1955–1989 (Europa Orientalis, ed. by Institut für Osteuropäische Geschichte an der Universität Wien 7), Wien – Berlin 2009.

Teltschik, Horst (Ed.), Challenges for a Global Security Policy at the Outset of the 21th Century, Berlin 2000.

Teltschik, Horst (Ed.), Euro – Atlantic Partnership and Global Challenges in the New Century, Berlin 2001.

Trapans, Jan A. (Ed.), Toward Independence. The Baltic Popular Movements, Boulder 1991.

Urdze, Andrejs (Ed.), Das Ende des Sowjetkolonialismus. Der baltische Weg, Reinbek 1991.

Vahtre, Sulev (Ed.), Eesti ajalugu VI. Vabadussõjast taasiseseisvumiseni, Tartu 2005.

Villaume, Pouland/Westad, Odd Arne (Eds.), Perforating the Iron Curtain. European Détente, Transatlantic Relations, and the Cold War (1965–1985), Copenhagen 2010.

Vykoukal, Jiří (Ed.), Visegrád. Možnosti a meze středoevropské spolupráce, Prague 2003.

Weinacher, Michèle (Ed.), L'Est et l'Ouest face à la chute du mur. Question de perspective, Paris/Cergy Pontoise 2013.

Weinzierl, Alfred/Wiegrefe, Klaus (Hrsg.), Acht Tage, die die Welt veränderten. Die Revolution in deutschland 1989/90, München 2015.

Zhaloba, Ihor/Kupczyk Oleh/Spakovski, Ljubov (Hrsg.), Österreich und die Ukraine an historischen Kreuzungen, Kiew 2016.

IV. Aufsätze

Abrams, Bradley, Buying Time. Consumption and Political Legitimization in Late Communist Czechoslovakia, in: C. Bogdan Iacob/Vladimir Tismaneanu (Eds.), The end and the beginning. The Revolutions of 1989 and the Resurgence of History, Budapest – New York 2012, pp. 399–421.

Arato, Andrew, The Roundtables. Democratic Institutions and the Problems of Justice, in: András Bozóki (Ed.), The Roundtable Talks of 1989. The Genesis of Hungarian Democracy. Analysis and Documents, Budapest – New York 2002, pp. 223–235.

Arumäe, Heino, Noch einmal zum sowjetisch-deutschen Nichtangriffspakt, in: Erwin Oberländer (Ed.), Der Hitler-Stalin-Pakt 1939. Das Ende Ostmitteleuropas?, Frankfurt/Main 1989, S. 114–124.

Ash, Timothy Garton, The year of truth, in: Vladimir Tismaneanu (Ed.), The Revolutions of 1989 (Rewriting histories), London – New York 1999, pp. 108–124.

Asmus, Ronald D./Kugler, Richard L./Larrabee, F. Stephen, Building a New NATO, in: *Foreign Affairs* 72 (1993), 4, pp. 28–40.

Bachmann, Klaus, Poland 1989. The constrained revolution, in: Wolfgang Mueller/Michael Gehler/Arnold Suppan (Eds.), The Revolutions of 1989. A Handbook (Internationale Geschichte 2), Wien 2015, pp. 47–75.

Bachmann, Klaus, Poland and Austria, in: Arnold Suppan/Wolfgang Mueller (Eds.), »Peaceful coexistence« or »Iron Curtain«. Austria, Neutrality, and Eastern Europe in the Cold War and Détente. 1955–1989 (Europa orientalis 7), Wien – Berlin 2009, 363–392.

Banchoff, Thomas, German Policy towards the European Union. The Effects of Historical Memory, in: *German Politics* 6 (1997), 1, pp. 60–76.

Bange, Oliver, Der KSZE-Prozess und die sicherheitspolitische Dynamik des Ost-West-Konflikts 1970–1990, in: Oliver Bange/Bernd Lemke (Hrsg.), Wege zur Wiedervereinigung, München 2013, 87–104.

Baudet, Floribert, »It was Cold War and we wanted to win«. Human rights, »détente«, and the CSCE, in: Andreas Wenger/Vojtech Mastny/Christian Nuenlist (Eds.), Origins of the European Security System, London – New York 2008, pp. 183–198.

Baum, Richard, The Road to Tiananmen. Chinese Politics in the 1980s, in: Roderick MacFarquhar (Ed.), The Politics of China. The Eras of Mao and Deng, 2nd edition, Cambridge 1997, 340–471.

Béja, Jean-Philippe/Goldman, Merle, The Impact of the June 4th Massacre on the pro-Democracy Movement, in: *China Perspectives* (2009), 2, pp. 18–28.

Békés, Csaba, Back to Europe. The International Background of the Political Transition in Hungary (1988–90), in: András Bozóki (Ed.), The Roundtable Talks of 1989. The Genesis of Hungarian Democracy. Analysis and Documents, Budapest – New York 2002, pp. 238–272.

Benziger, Karl P., The Funeral of Imre Nagy. Contested History and the Power of Memory Culture, in: History and Memory Vol. 12 (Fall/Winter 2000), 2, pp. 142–164.

Blanton, Thomas, Ronald Reagan, George H.W. Bush, and the Revolutions of 1989. American Myths Versus the Primary Sources, in: Mark Kramer/Vít Smetana (Eds.), Imposing, Maintaining, and Tearing Open the Iron Curtain. The Cold War and East-Central Europe. 1945–1989 (The Harvard Cold War studies book series), Lanham – Plymouth 2014, pp. 279–304.

Blanton, Thomas, U.S. Policy and the Revolutions of 1989, in: Svetlana Savranskaya/Thomas Blanton/Vladislav Zubok (Eds.), Masterpieces of history. The peaceful end of the Cold War in Europe (1989) (National Security Archive Cold War readers), Budapest – New York 2011, pp. 49–98.

Blaschke, Karlheinz, Die »sächsische« Revolution von 1989 – ein städtisches Ereignis, in: Bernhard Kirchgässner/Hans-Peter Becht (Hrsg.), Stadt und Revolution (Stadt in der Geschichte 27), Stuttgart 2001, S. 109–123.

Bonnin, Michel, The Chinese Communist Party and June 4th. Or how to get out of it and get away with it, in: China Perspectives (2009), 2, pp. 52–61.

Borhi, László, Magyarország kötelessége a Varsói szerzödésben maradni – az 1989-es átmenet nemzetközi összefüggései magyar források tükrében, in: Külügyi Szemle (2007), 2–3, pp. 255–272.

Borhi, Lázló, Domestic Change, International Transformation. Hungary's Role in Ending the Bipolar System in 1989, in: Ulf Engel/Frank Hadler/Matthias Middell (Eds.), 1989 in a Global Perspective (Global history and international studies XI), Leipzig 2015, pp. 81–117.

Borhi, Lázló, The international context of Hungarian transition, 1989. The view from Budapest, in: Kevin McDermott/Matthew Stibbe (Eds.), The 1989 Revolutions in Central and Eastern Europe. From Communism to Pluralism, Manchester 2016, pp. 113–135.

Bos, Ellen, Die GUS-Staaten, in: Siegmar Schmidt/Gunther Hellmann/Reinhard Wolf (Hrsg.), Handbuch zur deutschen Außenpolitik, Wiesbaden 2007, S. 455–467.

Boyer, Christoph, »1989« und die Wege dorthin, in: *Vierteljahrshefte für Zeitgeschichte* 59 (2011), 1, S. 101–118.

Bozo, Frédéric, »Winners« and »Losers«. France, the United States, and the End of the Cold War, in: Diplomatic History 33 (2009), 5, pp. 927–956.

Bozo, Frédéric, Before the Wall. French Diplomacy and the Last Decade of the Cold War, 1979–89, in: Olav Njølstad (Ed.), The last decade of the Cold War. From conflict escalation to conflict transformation (Cass series – Cold War history 5), Portland 2004, pp. 288–316.

Bozo, Frédéric, The Failure of a Grand Design. Mitterrand's European Confederation (1989–1991), in: Contemporary European History 17 (2008), 3, pp. 391–412.

Bozóki, András, Introduction. The Significance of the Roundtable Talks, in: András Bozóki

(Ed.), The Roundtable Talks of 1989. The Genesis of Hungarian Democracy. Analysis and Documents, Budapest – New York 2002, pp. XV–XXXI.

Brahm, Heinz, Von Breshnew zu Gorbatschow, in: Sowjetpolitik unter Gorbatschow. Die Innen- und Aussenpolitik der UdSSR. 1985–1990 (Veröffentlichung/Göttinger Arbeitskreis Nr. 438), Berlin 1991, S. 7–25.

Brait, Andrea, »die große Trennungslinie, die an unserer Haustür vorbeiführt, überbauen« – Zur Vermittlerfunktion der österreichischen Kulturaußenpolitik zwischen Ost und West, in: Maximilian Graf/Agnes Meisinger (Hrsg.), Österreich im Kalten Krieg. Neue Forschungen im internationalen Kontext (Zeitgeschichte im Kontext 11), Göttingen 2016, S. 259–295.

Brait, Andrea, »Österreich hat weder gegen die deutsche Wiedervereinigung agitiert, noch haben wir sie besonders begrüßt«. Österreichische Reaktionen auf die Bemühungen um die deutsche Einheit, in: http://www.bpb.de/geschichte/zeitgeschichte/deutschlandarchiv/191601/oesterreich-hat-weder-gegen-die-deutsche-wiedervereinigung-agitiert-noch-haben-wir-sie-besonders-begruesst; ebenso in: *Deutschland Archiv* 2014, Bonn 2015, S. 82–102.

Brait, Andrea, 1989 – Wünsche und Bewertungen aus österreichischer Perspektive. Die kommunikative Klammer »Mitteleuropa«, in: Wolfgang Mueller (Hrsg.), 1989. Die Samtenen Revolutionen, Österreich und die Transformation in Europa, Wien 2017, S. 93–110.

Brait, Andrea, 1989. Ein Epochenjahr auch für Österreich, in: *SWS-Rundschau* 3/54 (2014), S. 305–330.

Brait, Andrea, Kultur als Grenzöffner? Motive und Schwerpunkte der österreichischen Kulturaußenpolitik im Verhältnis zu seinen östlichen Nachbarstaaten in den Jahren 1989–1991, in: *Zeitgeschichte* 41 (2014), 3, S. 166–183.

Brait, Andrea, Transnationale Perspektiven für Österreich und seine Nachbarstaaten im Gefolge von 1989, in: Burkhard Olschowsky (Hrsg.), Geteilte Regionen – geteilte Geschichtskulturen? Muster der Identitätsbildung im europäischen Vergleich (Schriften des Bundesinstituts für Kultur und Geschichte der Deutschen im östlichen Europa 47, Schriften des Europäischen Netzwerks Erinnerung und Solidarität 6), München 2013, S. 185–202.

Brait, Andrea, Wien-Moskau und Wien-Kiew. Der Zusammenbruch der UdSSR und die neue Unabhängigkeit der Ukraine aus der Wiener Perspektive, in: Ihor Zhaloba/Oleh Kupczyk/Ljubov Spakovski (Hrsg.), Österreich und die Ukraine an historischen Kreuzungen, Kiew 2016, S. 39–74.

Brait, Andrea/Gehler, Michael, The CSCE Vienna Follow-up Meeting and Alois Mock, 1986–1989, in: Michael Gehler/Piotr H. Kosicki/Helmut Wohnout (Eds.), Christian Democracy and the Fall of Communism (Civitas series 1), Leuven Press 2019, pp. 75–91.

Brown, Archie, Perestroika and the end of the Cold War, in: Steven Casey (Ed.), The Cold War. Critical Concepts in Military, Strategic and Security Studies, Vol. IV: From Détente to the End of the Cold War, London 2013, pp. 351–368.

Brown, Archie, The Gorbachev revolution and the end of the Cold War, in: Melvyn P. Leffler/Odd Arne Westad (Eds.), The Cambridge History of the Cold War, Vol. III: Endings, Cambridge 2010, pp. 244–266.

Brüggemann, Karsten, »One Day We Will Anyway«. The »Singing Revolution« in the Soviet Baltic Republics, in: Wolfgang Mueller/Michael Gehler/Arnold Suppan (Eds.), The Revolutions of 1989. A Handbook (Österreichische Akademie der Wissenschaften/Philosophische Historische Klasse/Institut für Neuzeit- und Zeitgeschichtsforschung/Internationale Geschichte/International History 2), Wien 2015, pp. 221–246.

Brüggemann, Karsten, »One day we will win anyway«. The »singing revolution« in the Soviet Baltic Republics, in: Wolfgang Mueller/Michael Gehler/Arnold Suppan (Eds.), The Revolutions of 1989. A Handbook (Internationale Geschichte 2), Wien 2015, pp. 221–246.

Brüggemann, Karsten, Russia and the Baltic Countries: Recent Russian-language literature (Review Essay), in: Kritika. Explorations in Russian and Eurasian History 10 (2009), No. 4, 935–956.

Brühl, Dietrich Graf, von Deutsche Erfahrungen mit Österreich, in: Michael Gehler/Ingrid Böhler (Hrsg.), Verschiedene europäische Wege im Vergleich. Österreich und die Bundesrepublik Deutschland 1945/49 bis zur Gegenwart. Festschrift für Rolf Steininger zum 65. Geburtstag, Innsbruck – Wien – Bozen 2007, S. 579–584.

Brunnbauer, Ulf, Making Bulgarians Socialist. The Fatherland Front in Communist Bulgaria, 1944–89, in: *East European Politics and Societies* 22 (2008), 1, pp. 44–79.

Brunnbauer, Ulf, Surviving Post-Socialism. The First Decade of Transformation in Bulgaria, in: *Sociologija* 43 (2001), 1, pp. 1–26.

Brunnbauer, Ulf, The End of Communist Rule in Bulgaria. The Crisis of Legitimacy and Political Change, in: Wolfgang Mueller/Michael Gehler/Arnold Suppan (Eds.), The Revolutions of 1989. A Handbook (Österreichische Akademie der Wissenschaften/Philosophische Historische Klasse/Institut für Neuzeit- und Zeitgeschichtsforschung/Internationale Geschichte/International History 2), Wien 2015, pp. 177–197.

Bruns, Wilhelm, Die Regelung der äußeren Aspekte der deutschen Einigung, in: *Deutschland-Archiv* 23 (November 1990), 11, S. 1726–1732.

Bruns, Wilhelm, Mehr Substanz in Ost-West-Beziehungen. Zur dritten KSZE-Folgekonferenz in Wien, in: *Aus Politik und Zeitgeschichte* B12 (1989), S. 3–9.

Buckley, Mary, The multifaceted external Soviet role in processes towards unanticipated revolutions, in: Kevin McDermott/Matthew Stibbe (Eds.), The 1989 Revolutions in Central and Eastern Europe. From Communism to Pluralism, Manchester 2016, pp. 55–72.

Chirot, Daniel, What happened in Eastern Europe in 1989?, in: Vladimir Tismaneanu (Ed.), The Revolutions of 1989 (Rewriting histories), London – New York 1999, pp. 19–50.

Clemens, Walter C., Culture and Symbols as Tools of Resistance, in: Journal of Baltic Studies 40 (2009), 2, pp. 169–177.

Connor, Walter D., Politics, Discontents, Hopes. 1968 East and West, in: *Journal of Cold War Studies* 14 (2012), 2, pp. 142–153.

Connor, Walter D., Soviet society, public attitudes, and the perils of Gorbachev's reforms. The social context of the end of the USSR, in: Steven Casey (Ed.), The Cold War. Critical Concepts in Military, Strategic and Security Studies, Vol. IV: From Détente to the End of the Cold War, London 2013, pp. 369–404.

Costigliola, Frank, An Arm Around the Shoulder. The United States, NATO and German Unification (1989–1990), in: Contemporary European History 3 (1994), 1, pp. 87–110.

Cox, Michael, Who won the Cold War in Europe? A historiographical overview, in: Frédéric Bozo/Marie-Pierre Rey/Piers N. Ludlow/Leopoldo Nuti (Eds.), Europe and the End of the Cold War. A reappraisal (Cold war history series), London – New York 2009, 9–19.

D'Hommedieu, Jonathan, Roosevelt and the dictators. The origin of the US non-recognition policy of the Soviet annexation of the Baltic states, in: John Hiden/Vahur Made/David J. Smith (Eds.), The Baltic Question during the Cold War, London 2008, pp. 33–44.

D'Ottavio, Gabriele, 1989 oder das Ende der »parallelen Geschichten« Deutschlands und Italiens?, in: *Geschichte in Wissenschaft und Unterricht* 67 (2016), 1/2, S. 39–57.

Dainov, Evgenii, Reformirane na nereformiruemoto – Bălgarskata komunisticheska partiia i predizvikatelstva na 1980-te godini, in: Evgenii Dainov/Deian Kiuranov (Eds.), Za promenite ... Sbornik, Sofia 1997, pp. 11–40.

Derek C. Jones/Meurs, Mieke, Worker Participation and Worker Self Management in Bulgaria, in: Comparative Economic Studies 33 (1991), 4, pp. 47–82.

Dimitrov, Martin, European Lessons for China. Tiananmen 1989 and Beyond, in: Piotr H. Kosicki/Kyrill Kunakhovich (Eds.), The Long 1989. Decades of Global Revolution, Budapest 2019, pp. 61–88.

Domber, Gregory F., Rumblings in Eastern Europe. Western pressure on Poland's moves towards democratic transformation, in: Frédéric Bozo/Marie-Pierre Rey/Piers N. Ludlow/Leopoldo Nuti (Eds.), Europe and the End of the Cold War. A reappraisal (Cold war history series), London – New York 2009, pp. 51–63.

Dribins, Leo, The historiography of Latvian nationalism in the twentieth century, in: Michael Branch (Ed.), National History and Identity. Approaches to the Writing of National History in the North-East Baltic Region. Nineteenth and Twentieth Centuries, Helsinki 1999, pp. 245–255.

Eichtinger, Martin, Österreichs Außenpolitik in Zentral- und Osteuropa nach dem Annus mirabilis 1989. Das Engagement des österreichischen Vizekanzlers und Außenministers Alois Mock nach dem Zusammenbruch des Kommunismus, in: Ilona Slawinski/Joseph P. Strelka (Hrsg.), Viribus unitis. Österreichs Wissenschaft und Kultur im Ausland. Impulse und Wechselwirkungen. Festschrift für Bernhard Stillfried aus Anlaß seines 70. Geburtstags, Bern – Berlin – Frankfurt/Main – New York – Paris – Wien 1996, S. 103–122.

Eisenstadt, S. N., The breakdown of communist regimes, in: Vladimir Tismaneanu (Ed.), The Revolutions of 1989 (Rewriting histories), London – New York 1999, pp. 89–107.

Falke, Andreas, An Unwelcome Enlargement? The European Community and German Unification, in: M. Donald Hancock/Helga Walsh (Eds.), German Unification: Process and Outcomes, Boulder 1996, pp. 163–195.

Fischer, Beth A., The United States and the Transformation of the Cold War, in: Olav Njølstad

(Ed.), The last decade of the Cold War. From conflict escalation to conflict transformation (Cass series – Cold War history 5), Portland 2004, pp. 226–240.

Fischer, Beth A., US foreign policy under Reagan and Bush, in: Melvyn P. Leffler/Odd Arne Westad (Eds.), The Cambridge History of the Cold War, Vol. III: Endings, Cambridge 2010, pp. 267–288.

Fischer, Thomas, Die Sowjetunion, Österreich und die finnische KSZE-Initiative vom 5. Mai 1969, in: Wolfgang Mueller/Michael Portmann (Hrsg.), Osteuropa vom Weltkrieg zur Wende, Wien 2007, S. 313–339.

Foot, Rosemary, The Cold War and human rights, in: Melvyn P. Leffler/Odd Arne Westad (Eds.), The Cambridge History of the Cold War, Vol. III: Endings, Cambridge 2010, pp. 445–465.

Fricz, Tamás, Democratisation, the party system and the elecorate in Hungary, in: Mária Schmidt/László Tóth (Eds.), From totalitarian to democratic Hungary. Evolution and transformation 1990–2000 (Atlantic studies on society in change No. 116), Boulder/Colorado – Highland Lakes/New Jersey 2000, pp. 106–146.

Frowein, Jochen Abraham, Legal Problems of the German Ostpolitik, in: *The International and Comparative Law Quarterly* 23 (1974), 1, pp. 105–126.

Frowein, Jochen Abraham, The Reunification of Germany, in: *The American Journal of International Law* 86 (1992), 1, pp. 155–157.

Gabanyi, Anneli Ute, The Romanian Revolution, in: Wolfgang Mueller/Michael Gehler/Arnold Suppan (Eds.), The Revolutions of 1989. A Handbook (Österreichische Akademie der Wissenschaften/Philosophische Historische Klasse/Institut für Neuzeit- und Zeitgeschichtsforschung/Internationale Geschichte/International History 2), Wien 2015, pp. 199–220.

Gala, Marilena, From INF to SDI. How Helsinki reshaped the transatlantic dimension of European security, in: Leopoldo Nuti (Ed.), The Crisis of Détente in Europe. From Helsinki to Gorbachev 1975–1985 (Cold War history 23), London 2009, pp. 111–123.

Garthoff, Raymond L., The US Role in Winding Down the Cold War, 1980–90, in: Olav Njølstad (Ed.), The last decade of the Cold War. From conflict escalation to conflict transformation (Cass series – Cold War history 5), Portland 2004, pp. 179–195.

Gehler, Michael, »Friedliche Revolution« und Wiedervereinigung Deutschlands. Interne und externe Faktoren im Zusammenspiel 1989/90, in: Hans-Joachim Veen/Franz-Josef Schlichting (Hrsg.), Von der Urkatastrophe Europas bis zur Wiedervereinigung Deutschlands. Etappen deutscher Zeitgeschichte 1914 bis 1990, Weimar 2014, S. 111–144.

Gehler, Michael, 1989. Ambivalent Revolutions with different Backgrounds and Consequences, in: Wolfgang Mueller/Michael Gehler/Arnold Suppan (Eds.), The Revolutions of 1989. A Handbook (Österreichische Akademie der Wissenschaften/Philosophische Historische Klasse/Institut für Neuzeit- und Zeitgeschichtsforschung/Internationale Geschichte/International History 2), Wien 2015, pp. 587–604.

Gehler, Michael, Austria, the Revolutions and the Unification of Germany, in: Wolfgang Mueller/Michael Gehler/Arnold Suppan (Eds.), The Revolutions of 1989. A Handbook (Österreichische Akademie der Wissenschaften/Philosophische Historische Klasse/Institut für Neuzeit- und Zeitgeschichtsforschung/Internationale Geschichte/International History 2), Wien 2015, pp. 437–466.

Gehler, Michael, Austria. A Revolution in Central and South Eastern Europe, Austrian Perceptions and International Reactions 1989–90, in: Wilfried Loth/Nicolae Păun (Eds.), Disintegration and Integration in East-Central Europe. 1919 – post-1989 (Veröffentlichungen der Historiker-Verbindungsgruppe bei der Europäischen Kommission 16), Baden-Baden 2014, pp. 186–204.

Gehler, Michael, Austria's application as Precursor of EFTA Member States in Times of Reshaping Europe 1984/85–1989, in: Michael Gehler/Wilfried Loth (Eds.), Reshaping Europe. Towards a Political, Economic and Monetary Union, 1984–1989 (Veröffentlichungen der Historiker-Verbindungsgruppe bei der Kommission der Europäischen Gemeinschaften Band 20/Publications of the European Union Liaison Committee of Historians Volume 20), Baden-Baden 2020, pp. 393–419.

Gehler, Michael, Bonn – Budapest – Wien. Das deutsch-österreichisch-ungarische Zusammenspiel als Katalysator für die Erosion des SED-Regimes 1989/90, in: Andrea Brait/Michael Gehler (Hrsg.), Grenzöffnung 1989. Innen- und Außenperspektiven und die Folgen für Österreich (Schriftenreihe des Forschungsinstitutes für politisch-historische Studien der Dr.-Wilfried-Haslauer-Bibliothek Salzburg 49), Wien – Köln – Weimar 2014, S. 135–162.

Gehler, Michael, Die Unvermeidbarkeit einer politischen Entscheidung. Europa und die deutsche Einheit. Bilanz und zukünftige Forschungsaufgaben, in: Michael Gehler/Maximilian Graf (Hrsg.), Europa und die deutsche Einheit. Beobachtungen, Entscheidungen und Folgen, Göttingen 2017, S. 791–830.

Gehler, Michael, Eine Außenpolitik der Anpassung an veränderte Verhältnisse. Österreich und die Vereinigung Bundesrepublik Deutschland-DDR 1989/90, in: Michael Gehler/Ingrid Böhler (Hrsg.), Verschiedene europäische Wege im Vergleich. Österreich und die Bundesrepublik Deutschland 1945/49 bis zur Gegenwart. Festschrift für Rolf Steininger zum 65. Geburtstag, Innsbruck – Wien – Bozen 2007, S. 506–511.

Gehler, Michael, Konferenzen über Sicherheit und Zusammenarbeit in Europa (KSZE), in: Michael Behnen, Michael (Hrsg.), Lexikon der deutschen Geschichte 1945–1990, Stuttgart 2002, S. 365–366.

Gehler, Michael, Kontinuität und Wandel: Österreichs Europa- und Integrationspolitik vor und nach dem Epochenjahr 1989, in: Thomas Fischer/Michael Gehler (Hrsg.), Tür an Tür. Vergleichende Aspekte zu Schweiz, Liechtenstein, Österreich und Deutschland. Next Door. Aspects of Switzerland, Liechtenstein, Austria and Germany in Comparison (Institut für Geschichte der Universität Hildesheim, Arbeitskreis Europäische Integration, Historische Forschungen, Veröffentlichungen 9), Wien – Köln – Weimar 2014, S. 259–292.

Gehler, Michael, Mehr Europäisierung in Umbruchzeiten? Die Europäische Politische Zusammenarbeit (EPZ) und die revolutionären Ereignisse in Mittel-, Ost- und Südosteuropa Ende der 1980er Jahre, in: Gabriele Clemens (Ed.), The Quest for Europeanization. Interdisciplinary Perspectives on a Multiple Process (Studien zur modernen Geschichte 63), Stuttgart 2017, S. 87–116.

Gehler, Michael, Österreich, die DDR und die Einheit Deutschlands 1989/90, in: *Zeitschrift für Geschichtswissenschaft* 57 (2009), 5, S. 427–452.

Gehler, Michael, Paving Austria's Way to Brussels. Chancellor Franz Vranitzky (1986–1997) – A Banker, Social Democrat and Pragmatic European Leader, in: *Journal of European Integration History* (JEIH) Vol. 18 (2012), 2, pp. 159–182.

Gehler, Michael, The Ambivalent Revolutions of 1989 in Perspective: the Before and the After, in: Michael Gehler/Piotr H. Kosicki/Helmut Wohnout (Eds.), Christian Democracy and the Fall of Communism (Civitas series 1), Leuven 2019, pp. 13–44.

Gehler, Michael, The End of the Communist Regime in the GDR, in: Florin Abraham (Ed.), Annus Mirabilis. Three decades After. Desires, Achievements, Future, Bucureşti 2020, pp. 165–190.

Gehler, Michael, The Fall of the Iron Curtain. Causes, Structures, Timelines and Effects, in: Heinz Fischer/Andreas Huber/Stephan Neuhäuser (Eds.), The Republic of Austria, 1918–2018: Milestones and Turning Points, Wien 2018, pp. 185–200.

Gehler, Michael, Vom Glanz und Elend der Revolutionen. Die Umstürze in Mittel- und Osteuropa 1989 mit Blick auf die Jahre 2001 und 2011, in: Michael Corsten/Michael Gehler/Marianne Kneuer (Hrsg.), Welthistorische Zäsuren. 1989 – 2001 – 2011 (Hildesheimer Universitätsschriften 31), Hildesheim – Zürich – New York 2016, S. 37–65.

Gehler, Michael, Zeitenwende in Mitteleuropa. Die Umbrüche 1989/90 – Ursachen und Folgen, in: Matthias Rößler (Hrsg.), Mitteleuropa: Ansichten. Einsichten. Aussichten (Forum Mitteleuropa beim Sächsischen Landtag), Dresden 2019, S. 29–44.

Gehler, Michael/Brait, Andrea, Erweiterte Diplomatiegeschichte durch Oral History im Zeichen von Internationaler Geschichte, in: Michael Gehler/Andrea Brait (Hrsg.), Am Ort des Geschehens in Zeiten des Umbruchs. Lebensgeschichtliche Erinnerungen aus Politik und Ballhausplatzdiplomatie vor und nach 1989 (Historische Europa-Studien 17/Teilband 3), Hildesheim – Zürich – New York 2017, S. 9–77.

Gehler, Michael/Graf, Maximilian, Austria, German Unification, and European Integration: A Brief Historical Background, in: Cold War International History Project/CWIHP Working Paper 86 (March 2018), Wilson Center, Washington DC, https://www.wilsoncenter.org/publication/austria-german-unification-and-european-integration-brief-historical-background.

Gehler, Michael/Schönner, Hannes, The European Democrat Union and the Revolutionary Events in Central Europe in 1989, in: Michael Gehler/Maximilian Graf (Hrsg.), Europa und die deutsche Einheit. Beobachtungen, Entscheidungen und Folgen, Göttingen 2017, S. 739–788.

Gehler, Michael, Vom Sozialprotest zum politischen Massenaufstand. Mitteleuropäische Dimensionen und politische Lehren des 17. Juni

1953, in: Dresdner Gesprächskreise im Ständehaus »Sehnsucht Freiheit – der 17. Juni 1953 im mitteleuropäischen Kontext« am 16. Juni 2023 (DIALOG Veranstaltungen des Sächsischen Landtags Heft 14), Dresden 2023, S. 10–23.

Gémes, Andreas, Austrian-Hungarian Relations, 1945–1989, in: Arnold Suppan/Wolfgang Mueller (Eds.), »Peaceful coexistence« or »Iron Curtain«. Austria, Neutrality, and Eastern Europe in the Cold War and Détente. 1955–1989 (Europa orientalis 7), Wien – Berlin 2009, pp. 310–336.

Geppert, Dominik, Isolation oder Einvernehmen? Großbritannien und die deutsche Einheit 1989/90, in: *Geschichte in Wissenschaft und Unterricht* 67 (2016) 1/2, 5–22.

Gergely, András, József Antall. Prime Minister of the change of régime, in: Mária Schmidt/László Tóth (Eds.), From totalitarian to democratic Hungary. Evolution and transformation 1990–2000 (Atlantic studies on society in change No. 116), Boulder/Colorado – Highland Lakes/New Jersey 2000, pp. 147–162.

Gestwa, Klaus, Von der Perestroika zur Katastroika – Michail Gorbatschow und der Zerfall des Sowjetimperiums (Teil 1), in: *Einsichten und Perspektiven* 1/2016, 16–33, (Teil 2), in: *Einsichten und Perspektiven* (2016), 2, S. 4–25.

Gilbert, Mark, Narrating the Process. Questioning the Progressive Story of European Integration, in: *Journal of Common Market Studies* 46 (2008), 3, pp. 641–662.

Gilcher-Holtey, Ingrid, »Kritische Ereignisse« und »kritischer Moment«. Pierre Bourdieus Modell der Vermittlung von Ereignis und Struktur, in: Andreas Suter/Manfred Hettling (Hrsg.), Struktur und Ereignis (Geschichte und Gesellschaft Sonderheft 19), Göttingen 2001, S. 120–137.

Gilde, Benjamin, Hüter des Dritten Korbes. Die humanitäre KSZE-Politik Österreichs in Belgrad und Madrid zwischen Bundeskanzler, Diplomaten und internationalen Spannungen, in: Matthias Peter/Hermann Wentker (Hrsg.), Die KSZE im Ost-West-Konflikt, Berlin – Boston 2013, S. 155–172.

Grachev, Andrei, From the common European home to European confederation. François Mitterrand and Mikhail Gorbachev in search of the road to a greater Europe, in: Frédéric Bozo/Marie-Pierre Rey/Piers N. Ludlow/Leopoldo Nuti (Eds.), Europe and the End of the Cold War. A reappraisal (Cold war history series), London – New York 2009, pp. 207–219.

Grachev, Andrei, Gorbachev and the »New Political Thinking«, in: Wolfgang Mueller/Michael Gehler/Arnold Suppan (Eds.), The Revolutions of 1989. A Handbook (Internationale Geschichte 2), Wien 2015, pp. 33–46.

Graf, Maximilian, Die DDR und die EWG 1957–1990, in: *Revue* d'*Allemagne et des pays de langue allemande* 51 (2019) 1, S. 21–35.

Graf, Maximilian, Die Welt blickt auf das Burgenland – Die Grenze wird zum Abbild der Veränderung, in: Maximilian Graf/Alexander Lass/Karlo Ruzicic-Kessler (Hrsg.), Das Burgenland als internationale Grenzregion im 20. und 21. Jahrhundert, Wien 2012, S. 135–179.

Graf, Maximilian, Österreich und das »Verschwinden« der DDR 1989/90. Ostdeutsche Perspektiven im Kontext der Langzeitentwicklungen, in: Andrea Brait/Michael Gehler (Hrsg.), Grenzöffnung 1989. Innen- und Außenperspektiven und die Folgen für Österreich (Schriftenreihe des Forschungsinstitutes für Politisch-Historische Studien der Dr.-Wilfried-Haslauer-Bibliothek, Salzburg 49), Wien – Köln – Weimar 2014, S. 221–242.

Graf, Maximilian/Meisinger, Agnes, Österreich und der Kalte Krieg: Forschungsstand und Desiderata, in: Maximilian Graf/Agnes Meisinger (Hrsg.), Österreich im Kalten Krieg. Neue Forschungen im internationalen Kontext (Zeitgeschichte im Kontext 11), Göttingen 2016, S. 9–48.

Greenwood, Sean, Helping to Open the Door? Britain in the Last Decade of the Cold War, in: Olav Njølstad (Ed.), The last decade of the Cold War. From conflict escalation to conflict transformation (Cass series – Cold War history 5), Portland 2004, pp. 317–331.

Grosescu, Raluca, Interpretationen der rumänischen Dezemberereignisse von 1989, in: Bernd Florath (Hrsg.), Das Revolutionsjahr 1989. Die demokratische Revolution in Osteuropa als transnationale Zäsur (Analysen und Dokumente. Wissenschaftliche Reihe des Bundesbeauftragten für die Unterlagen des Staatssicherheitsdienstes der ehemaligen Deutschen Demokratischen Republik (BStU) 34), Göttingen – Oakville 2011, S. 123–136.

Groth, Michael, Fortschritte im KSZE-Prozeß. Das dritte Folgetreffen in Wien, in: *Europa Archiv* (1989), S. 95–102.

Hadler, Frank, The Polish 1989. The First Break in the Wall after a Decade of Struggle for the State of Solidarity, in: Ulf Engel/Frank Hadler/Matthias Middell (Eds.), 1989 in a Global Perspective (Global history and international studies XI), Leipzig 2015, pp. 63–79.

Haendcke-Hoppe-Arndt, Maria, Der ökonomische Niedergang der DDR, in: *Deutschland Archiv* (1995), 6, S. 588–602.

Haftendorn, Helga, German Unification and European Integration are but two sides of one coin, in: Fréderic Bozo/Marie-Pierre Rey/N. Piers Ludlow/Leopoldo Nuti (Eds.), Europe and the End of the Cold War: A Reappraisal, London 2008, pp. 135–147.

Hanhimäki, Jussi M., Non-Aligned to What? European Neutrals and the Cold War, in: Sandra Bott/Jussi M. Hanhimäki/Janick Marina Schaufelbuehl/Marco Wyss (Eds.), Neutrality and Neutralism in the Global Cold War. Between or within the Blocs? (Cold War history), Abingdon/Oxon – New York/New York 2016, pp. 17–32.

Hartford, Kathleen, The political economy behind the Beijing spring, in: Tony Saich (Ed.), The Chinese People's Movement: Perspectives on Spring 1989, Armonk 1990, pp. 50–83.

Heindl, Georg, Ein junger österreichischer Diplomat erlebt den Untergang der Sowjetunion, in: Martin Malek/Anna Schor-Tschudnowskaja (Hrsg.), Zerfall der Sowjetunion. Ursachen – Begleiterscheinungen – Hintergründe, Baden-Baden, 1. neue Ausgabe 2012, S. 147–165.

Hertle, Hans-Hermann, Der Sturz Erich Honeckers. Zur Rekonstruktion eines innerparteilichen Machtkampfes, in: Klaus-Dietmar Henke/Peter Steinbach/Johannes Tuchel (Hrsg.), Widerstand und Opposition in der DDR, Köln – Weimar – Wien 1999, S. 327–346.

Hertle, Hans-Hermann, Die DDR an die Sowjetunion verkaufen? Stasi-Analysen zum ökonomischen Niedergang der DDR, in: *Deutschland Archiv* (2009), 3, S. 476–495.

Höll, Otmar, Das internationale System im Umbruch, in: Franz Vranitzky (Hrsg.), Themen der Zeit, Wien, S. 391–399.

Holzer, Jerzy, Der Runde Tisch. Internationale Geschichte eines politischen Möbels, in: Bernd Florath (Hrsg.), Das Revolutionsjahr 1989. Die demokratische Revolution in Osteuropa als transnationale Zäsur (Analysen und Dokumente. Wissenschaftliche Reihe des Bundesbeauftragten für die Unterlagen des Staatssicherheitsdienstes der ehemaligen Deutschen Demokratischen Republik BStU 34), Göttingen – Oakville 2011, S. 225–232.

Isaac, Jeffrey C., The meanings of 1989, in: Vladimir Tismaneanu (Ed.), The Revolutions of 1989 (Rewriting histories), London – New York 1999, S. 125–164.

Jarausch, Konrad H., People Power? Towards a Historical Explanation of 1989, in: C. Bogdan Iacob/Vladimir Tismaneanu (Eds.), The end and the beginning. The Revolutions of 1989 and the Resurgence of History, Budapest – New York 2012, pp. 109–125.

Jarzabek, Wanda, Polish Reactions to the West German Ostpolitik and East-West Détente, 1966–1978, in: Poul Villaume/Odd Arne Westad (Eds.), Perforating the Iron Curtain. European Détente, Transatlantic Relations, and the Cold War (1965–1985), Copenhagen 2010, pp. 35–55.

Jian, Chen, China and the Cold War After Mao, in: Melvyn Leffler/Odd Arne Westad (Eds.), The Cambridge History of the Cold War, Vol. 3, Cambridge 2010, pp. 181–200.

Johansson, Karl Magnus, Another Road to Maastricht: The Christian Democrat Coalition and the Quest for European Union, in: *Journal of Common Market Studies* 40 (2002), 3, pp. 871–893.

Judt, Tony, Ninteen eighty-nine. The end of which European era?, in: Vladimir Tismaneanu (Ed.), The Revolutions of 1989 (Rewriting histories), London – New York 1999, 165–180.

Junes, Tom, The demise of communism in Poland. A staged evolution or failed revolution?, in: Kevin McDermott/Matthew Stibbe (Hrsg.), The 1989 Revolutions in Central and Eastern Europe. From Communism to Pluralism, Manchester 2016, pp. 96–112.

Kalmár, Melinda, From »Model Change« to Regime Change. The Metamorphosis of the MSZMP's Tactics in the Democratic Transition, in: András Bozóki (Ed.), The Roundtable Talks of 1989. The Genesis of Hungarian Democracy. Analysis and Documents, Budapest – New York 2002, pp. 41–69.

Kalyvas, Stathis N., The Decay and Breakdown of Communist One-Party Systems, in: *Annual Review of Political Science* (1999), 2, pp. 323–343.

Karner, Stefan/Kramer, Mark/Ruggenthaler, Peter/Wilke, Manfred, Die Sowjetunion und Osteuropa 1989. Zur Einleitung, in: Stefan Karner/Mark Kramer/Peter Ruggenthaler/Manfred Wilke/Alexander Bezborodov/Viktor Iščenko/Olga Pavlenka/Efim Pivovar/Michail Prozumenščikov/Natalja Tomilina/Alexander Tschubarjan (Hrsg.), Der Kreml und die »Wende« 1989. Interne Analysen der sowjetischen Führung zum Fall der kommunistischen Regime. Dokumente (Veröffentlichungen des Ludwig-Boltzmann-Instituts für Kriegsfolgen-Forschung. Sonderband 15), Innsbruck – Wien – Bozen 2014, S. 13–66.

Kivimäe, Jüri, Re-writing Estonian History?, in: Michael Branch (Ed.), National History and Identity. Approaches to the Writing of National History in the North-East Baltic Region. Nineteenth and Twentieth Centuries, Helsinki 1999, pp. 205–212.

Koszel, Bogdan, Polish-German Relations and European Security, in: Witold M. Góralski (Ed.), Poland-Germany 1945–2007. From confrontation to cooperation and partnership in Europe. Studies and documents, Warsaw 2007, pp. 217–270.

Kramer, Mark, Die Sowjetunion, der Warschauer Pakt und blockinterne Krisen während der Brežnev-Ära, in: Torsten Diedrich/Winfried Heinemann/Christian F. Ostermann (Hrsg.), Der Warschauer Pakt. Von der Gründung bis zum Zusammenbruch: 1955 bis 1991 (Militärgeschichte der DDR 16), Berlin, 2009, S. 273–336.

Kramer, Mark, The Collapse of East European Communism and the Repercussions within the Soviet Union, in: Journal of Cold War Studies 5 (Fall 2003), 4, pp. 178–256 (Part 1); 6 (Fall 2004), 4, pp. 3–64 (Part 2); and 7 (Winter 2005), 1, pp. 3–96 (Part 3).

Kramer, Mark, The Demise of the Soviet Bloc, in: Mark Kramer/Vít Smetana (Eds.), Imposing, Maintaining, and Tearing Open the Iron Curtain. The Cold War and East-Central Europe. 1945–1989 (The Harvard Cold War studies book series), Lanham – Plymouth 2014, pp. 369–433.

Kramer, Mark, Why did the Cold War Last so Long?, in: Mark Kramer/Vít Smetana (Eds.), Imposing, Maintaining, and Tearing Open the Iron Curtain. The Cold War and East-Central Europe. 1945–1989 (The Harvard Cold War studies book series), Lanham – Plymouth 2014, pp. 457–478.

Kühschelm, Oliver, »Goldener Osten«. Die Ostöffnung in österreichischen Wirtschaftsmagazinen, 1988–1992, in: *Zeitgeschichte* 41 (2014), 3, S. 150–165.

Kulke-Fiedler, Christine, Die Integration des Wirtschaftsgebietes der ehemaligen DDR in den EG-Binnenmarkt, in: *Deutschland-Archiv* 23 (Dezember 1990), 12, S. 1873–1879.

Kuppe, Johannes L., Modrow in Bonn, in: *Deutschland-Archiv* 23 (März 1990), 3, S. 337–340.

Kwong, Julia, The 1986 Student Demonstrations in China: A Democratic Movement?, in: Asian Survey 28 (September 1988), 9, pp. 970–985.

Lagerspetz, Mikko/Vogt, Henri, Estonia, in: Sten Berglund/Tomas Hellén/Frank Aarebrot (Eds.), Handbook of Political Change in Eastern Europe, Cheltenham 1998, pp. 57–93.

Lasas, Ainius, Bloody Sunday. What did Gorbachev know about the January 1991 events in Vilnius and Riga?, in: Journal of Baltic Studies 38 (2007), 2, pp. 179–194.

Lehne, Stefan, Vom Prozeß zur Institution. Zur aktuellen Debatte über die Weiterentwicklung des KSZE-Prozesses, in: *Europa Archiv* 45 (1990), 16, S. 499–506.

Lévesque, Jacques, The East European revolutions of 1989, in: Melvyn P. Leffler/Odd Arne Westad (Eds.), The Cambridge History of the Cold War, Vol. III: Endings, Cambridge 2010, pp. 311–332.

Lévesque, Jacques, The Messianic Character of »New Thinking«. Why and What for?, in: Olav Njølstad (Ed.), The last decade of the Cold War. From conflict escalation to conflict transformation (Cass series – Cold War history 5), Portland 2004, pp. 159–176.

Liedermann, Helmut, Österreichs Rolle beim Zustandekommen der KSZE, in: Oliver Rathkolb/Otto M. Maschke/Stefan A. Lütgenau (Eds.), Mit anderen Augen gesehen, Wien – Köln – Weimar 2002, S. 491–521.

Loth, Wilfried, Der KSZE-Prozess 1975–1990. Eine Bilanz, in: Matthias Peter/Hermann Wentker (Hrsg.), Die KSZE im Ost-West-Konflikt. Internationale Politik und gesellschaftliche Transformation 1975–1990 (Schriftenreihe der Vierteljahrshefte für Zeitgeschichte Sondernummer), Berlin – Boston 2013, S. 323–331.

Loth, Wilfried, The Cold War. What It Was About and Why It Ended, in: Poul Villaume/Odd Arne Westad (Eds.), Perforating the Iron Curtain. European Détente, Transatlantic Relations, and the Cold War (1965–1985), Copenhagen 2010, pp. 19–34.

Ludlow, N. Piers, A naturally supportive environment? The European institutions and German unification, in: Fréderic Bozo/Marie-Pierre Rey/N. Piers Ludlow/Leopoldo Nuti (Eds.), Europe and the End of the Cold War: A Reappraisal, London 2008, pp. 161–173.

Lundestad, Geir, »Imperial overstretch«, Mikhail Gorbachev, and the end of the Cold War, in: Steven Casey (Ed.), The Cold War. Critical Concepts in Military, Strategic and Security Studies. Vol. IV: From Détente to the End of the Cold War, London 2013, pp. 405–422.

Magenheimer, Heinz, Konventionelle Stabilität und Sicherheit in Europa. Truppenreduktionen, Umrüstungen und Wiener VKSE-Konferenz, in: *Aus Politik und Zeitgeschichte* B 36 (1990), S. 3–12.

Malek, Martin, Österreich und der Auflösungsprozess des Warschauer Paktes (1989–1991), in: Manfried Rauchensteiner (Hrsg.), Zwischen den Blöcken. NATO, Warschauer Pakt und Österreich (Schriftenreihe des Forschungsinstitutes für Politisch-Historische Studien der Dr.-Wilfried-Haslauer-Bibliothek, Salzburg 36), Wien – Köln – Weimar 2010, S. 557–614.

Marcheva, Iliyana, Recollections as Alternative History, in: Maria Todorova (Ed.), Remembering Communism. Genres of Representation, New York 2010, pp. 253–274.

Marks, Gary, Structural Policy in the European Community, in: Alberta Sbragia (Ed.), Euro-Politics, Washington DC 1992, pp. 206–209.

Mastny, Vojtech, Did Gorbachev Liberate Eastern Europe?, in: Olav Njølstad (Ed.), The last decade of the Cold War. From conflict escalation to conflict transformation (Cass series – Cold War history 5), Portland 2004, 402–423.

Mazlish, Bruce, Global Importance of 1989, in: Ulf Engel/Frank Hadler/Matthias Middell (Eds.), 1989 in a Global Perspective (Global history and international studies XI), Leipzig 2015, pp. 419–428.

Mozetič, Gerald, Mythos Mitteleuropa. Einige Überlegungen zur Entstehung von Identitäten, in: Manfred Prisching (Hrsg.), Identität und Nachbarschaft. Die Vielfalt der Alpen-Adria-Länder (Studien zu Politik und Verwaltung 53), Wien – Köln – Graz 1994, S. 171–192.

Mueller, Wolfgang, »Die Lage gleitet uns aus den Händen«. Motive und Faktoren in Gorbatschows Entscheidungsprozess zur Wiedervereinigung Deutschlands, in: *Zeitschrift des Forschungsverbundes SED-Staat* 39 (2016), S. 3–28.

Mueller, Wolfgang, The Soviet Union and Austria, 1955–1991, in: Arnold Suppan/Wolfgang Mueller (Eds.), »Peaceful coexistence« or »Iron Curtain«. Austria, Neutrality, and Eastern Europe in the Cold War and Détente. 1955–1989 (Europa orientalis 7), Wien – Berlin 2009, pp. 256–289.

Mueller, Wolfgang, The USSR and the Reunification of Germany, 1989–90, in: Wolfgang Mueller/Michael Gehler/Arnold Suppan (Eds.), The Revolutions of 1989. A Handbook (Österreichische Akademie der Wissenschaften/Philosophische Historische Klasse/Institut für Neuzeit- und Zeitgeschichtsforschung/Internationale Geschichte/International History 2), Wien 2015, pp. 321–353.

Mueller, Wolfgang, Die deutsche Wiedervereinigung als sowjetische Niederlage? Der Wandel des Geschichtsbildes in Russland 1990–2020, in: Tim Geiger/Jürgen Lillteicher/Hermann Wentker (Hrsg.), Zwei Plus Vier. Die internationale Gründungsgeschichte der Berliner Republik (Schriftenreihe der Viertelsjahrshefte für Zeitgeschichte 123), Berlin – Boston 2021, S. 199–228.

Müller, Benjamin, Von der Konfrontation zum Dialog. Charta 77, Menschenrechte und »Samtene Revolution« in der Tschechoslowakei 1975–1989, in: Helmut Altrichter/Hermann Wentker (Hrsg.), Der KSZE-Prozess. Vom Kalten Krieg zu einem neuen Europa 1975 bis 1990 (Zeitgeschichte im Gespräch 11), München 2011, S. 99–110.

Myant, Martin, Podoby kapitalismu v České republice, in: Adéla Gjuričová/Michal Kopeček (Eds.), Kapitoly z dějin české demokracie po roce 1989, Prague 2008, pp. 265–287.

Myant, Martin, The Czech Republic – From »Czech« Capitalism to »European« Capitalism, in: David Lane/Martin Myant (Eds.), Varieties of Capitalism in Post-Communist Countries, Basingstoke 2007, pp. 105–123.

Naimark, Norman M., The Superpowers and 1989 in Eastern Europe, in: Wolfgang Mueller/Michael Gehler/Arnold Suppan (Eds.), The Revolutions of 1989. A Handbook (Österreichische Akademie der Wissenschaften/Philosophische Historische Klasse/Institut für Neuzeit- und Zeitgeschichtsforschung/Internationale Geschichte/International History 2), Wien 2015, pp. 249–270.

Naimark, Norman, »Ich will hier raus.« Emigration and the Collapse of the German Democratic Republic, in: Ivo Banac (Ed.), Eastern Europe in Revolution, Ithaka 1993, pp. 72–116.

Naughton, Barry, The Impact of the Tiananmen Crisis on China's Economic Transition, in: China Perspectives (2009), pp. 63–78.

Neuhold, Hanspeter, Die deutsche Wiedervereinigung und ihre Folgen, in: Hanspeter Neuhold/Paul Luif (Hrsg.), Das Außenpolitische Bewußtsein der Österreicher. Aktuelle internationale Probleme im Spiegel der Meinungsforschung (Laxenburger Internationale Studien 4), Wien 1992, S. 27–36.

Neuhold, Hanspeter/Lehne, Stefan, The Role of the Neutral and Non-Aligned Countries at the Vienna Meeting, in: Arie Bloed/Pieter van Dijk (Eds.), The Human Dimension of the Helsinki Process, Dordrecht – Boston – Norwell 1991, pp. 30–53.

Niedhart, Gottfried, Ostpolitik. The role of the Federal Republic of Germany in the process of détente, in: Steven Casey (Ed.), The Cold War.

Critical Concepts in Military, Strategic and Security Studies, Vol. IV: From Détente to the End of the Cold War, London 2013, S. 119–138.
Odom, William E., The Sources of »New Thinking« in Soviet Politics, in: Olav Njølstad (Ed.), The last decade of the Cold War. From conflict escalation to conflict transformation (Cass series – Cold War history 5), Portland 2004, pp. 135–158.
Oldenburg, Fred, Sowjetische Deutschland-Politik nach der Oktober-Revolution in der DDR. in: *Deutschland-Archiv* 23 (Januar 1990), 1, S. 68–76.
Oplatka, Andreas, Hungary 1989. Renunciation of Power and Power-Sharing, in: Wolfgang Mueller/Michael Gehler/Arnold Suppan (Eds.), The Revolutions of 1989. A Handbook (Österreichische Akademie der Wissenschaften/Philosophische Historische Klasse/Institut für Neuzeit- und Zeitgeschichtsforschung/Internationale Geschichte/International History 2), Wien 2015, pp. 77–91.
Opriş, Petre, Eine seltsame Partnerschaft. Die rumänisch-sowjetischen Beziehungen und die Wiederherstellung der europäischen Ordnung Ende der 1980er-Jahre, in: Torsten Diedrich/Walter Süß (Hrsg.), Militär und Staatssicherheit im Sicherheitskonzept der Warschauer-Pakt-Staaten (Militärgeschichte der DDR 19), Berlin 2010, S. 103–133.
Ostermann, Christian F., The United States and German Unification, in: Michael Gehler/Maximilian Graf (Hrsg.), Europa und die deutsche Einheit. Beobachtungen, Entscheidungen und Folgen, Göttingen 2017, S. 93–116.
Österreichisch-tschechische Kulturdiplomatie zwischen 1918 und 2018 aus der Perspektive des österreichischen Außenministeriums, in: Jan Kahuda (Hrsg.), Paginae Historiae. Sborník Národního archivu [Sammelband des Nationalarchivs] 27/2: Československo-rakouské vztahy ve 20. století [Die tschechoslowakisch-österreichische Beziehungen im 20. Jahrhundert], Prag: Národní archiv 2019, pp. 184–234.
Otáhal, Milan, Die »samtene« Revolution – ohne Alternative, in: Uwe Thaysen/Hans Michael Kloth (Eds.), Wandel durch Repräsentation – Repräsentation durch Wandel. Entstehung und Ausformung der parlamentarischen Demokratie in Ungarn, Polen, der Tschechoslowakei und der ehemaligen DDR, Baden-Baden 1992, S. 125–130.
Pääbo, Heiko, The Role of Non-Violent Resistance in Proclaiming Independence in Estonia, in: Talavs Jundzis (Ed.), Development of Democracy. Experience in the Baltic States and Taiwan, Riga 2006, pp. 126–136.
Paczkowski, Andrzej, Playground of Superpowers, Poland 1980–89. A View from Inside, in: Olav Njølstad (Ed.), The last decade of the Cold War. From conflict escalation to conflict transformation (Cass series – Cold War history 5), Portland 2004, pp. 372–401.
Pavlenko, Olga/Ruggenthaler, Peter, Recent Studies on the 1989 Revolutions in Eastern Europe and on the Demise of the Soviet Union, in: *Contemporary European History* 24 (2015), 1, pp. 139–150.
Penikis, Andrejs, The Third Awakening Begins. The Birth of the Latvian Popular Front, June 1988 to August 1988, in: *Journal of Baltic Studies* 27 (1996), 4, pp. 261–290.
Peter, Matthias/Wentker, Hermann, »Helsinki-Mythos« oder »Helsinki-Effekt«? Der KSZE-Prozess zwischen internationaler Politik und gesellschaftlicher Transformation. Zur Einleitung, in: Matthias Peter/Hermann Wentker (Hrsg.), Die KSZE im Ost-West-Konflikt, Berlin – Boston 2013, S. 1–14.
Petrov, Petăr, Lebenszufriedenheit bulgarischer Arbeitnehmer. Aussagen aus den 1980er Jahren und heutiges Erinnern, in: Klaus Roth (Hrsg.), Arbeitswelt – Lebenswelt. Facetten einer spannungsreichen Beziehung im östlichen Europa, Berlin 2006, S. 51–62.
Pfeil, Ulrich, Bremser oder Wegbereiter? Frankreich und die deutsche Einheit 1989/90, in: *Geschichte in Wissenschaft und Unterricht* 67 (2016), 1/2, S. 23–38.
Pistohlkors, Gert von, Der Hitler-Stalin-Pakt und die Baltischen Staaten, in: Erwin Oberländer (Hrsg.), Der Hitler-Stalin-Pakt 1939. Das Ende Ostmitteleuropas?, Frankfurt/Main 1989, S. 75–97.
Pollack, Detlef, »Wir sind das Volk!« Sozialstrukturelle und ereignisgeschichtliche Bedingungen des friedlichen Massenprotests, in: Klaus-Dietmar Henke (Hrsg.), Revolution und Vereinigung 1989/90, München 2009, S. 178–197.
Pollack, Detlef, Das Ende einer Organisationsgesellschaft. Systemtheoretische Überlegungen zum gesellschaftlichen Umbruch in der DDR, in: *Zeitschrift für Soziologie* 19 (1990), 4, S. 292–307.
Pravda, Alex, Moscow and Eastern Europe, 1988–1989. A Policy of Optimism and Caution, in: Mark Kramer/Vít Smetana (Eds.), Imposing, Maintaining, and Tearing Open the Iron Curtain. The Cold War and East-Central Europe. 1945–1989 (The Harvard Cold War stu-

dies book series), Lanham – Plymouth 2014, pp. 305–334.
Pravda, Alex, The collapse of the Soviet Union (1990–1991), in: Melvyn P. Leffler/Odd Arne Westad (Eds.), The Cambridge History of the Cold War, Vol. III: Endings, Cambridge 2010, pp. 356–377.
Prečan, Vilém, »Váš lidé berou jakou hlavní svobodný, nezávislý sdělovací prostředek«. Václav Havel a RSE v červenci 1989, in: Marek Junek (Ed.), Svobodně! Rádio Svobodná Evropa 1951–2011, Prague 2011, pp. 207–247.
Pullmann, Michal, The demise of the communist regime in Czechoslovakia (1987–89). A socioeconomic perspective, in: Kevin McDermott/Matthew Stibbe (Eds.), The 1989 Revolutions in Central and Eastern Europe. From Communism to Pluralism, Manchester 2016, pp. 136–153.
Rathkolb, Oliver, Die Österreichische »Ostpolitik« gegenüber Ungarn, in: István Majoros/Zoltán Maruzsa/Oliver Rathkolb (Hrsg.), Österreich und Ungarn im Kalten Krieg, Wien – Budapest 2010, S. 211–226.
Raun, Toivo U., National Identity in Finland and Estonia, 1905–1917, in: Norbert Angermann/Michael Garleff/Wilhelm Lenz (Hrsg.), Ostseeprovinzen, Baltische Staaten und das Nationale. Festschrift für Gert von Pistohlkors zum 70. Geburtstag, Münster 2005, pp. 343–356.
Raun, Toivo U., The Image of the Baltic German Elites in Twentieth-century Estonian Historiography: The 1930s vs. the 1970s, in: *Journal of Baltic Studies* 30 (1999), 4, pp. 338–351.
Raun, Toivo U., The Re-establishment of Estonian Independence, in: Journal of Baltic Studies 22 (1991), 3, pp. 251–258.
Rein, Taagepera, A Note on the March 1989 Elections in Estonia, in: Soviet Studies 42 (1990), pp. 329–339.
Rey, Marie Pierre, Gorbatchev et la Maison commune européenne, une opportunité manquée?, in: *La Lettre de* l'*Institut François Mitterrand* (2007), 19, pp. 12–17.
Rey, Marie-Pierre, Europe is our Common Home, A Study of Gorbachev's Diplomatic Concept, in: Cold War History 4 (2004), 2, pp. 33–66.
Rey, Marie-Pierre, Gorbachev's New Thinking and Europe (1985–1989), in: Frédéric Bozo/Marie-Pierre Rey/Piers N. Ludlow/Leopoldo Nuti (Eds.), Europe and the End of the Cold War. A reappraisal (Cold war history series), London – New York 2009, pp. 23–35.
Ripp, Erzsébet, Chronology of the Hungarian Roundtable Talks. January 1989 – April 1990, in: András Bozóki (Ed.), The Roundtable Talks of 1989. The Genesis of Hungarian Democracy. Analysis and Documents, Budapest – New York 2002, pp. 366–383.
Ripp, Zoltán, Unity and Division. The Opposition Roundtable and Its Relationship to the Communist Party, in: András Bozóki (Ed.), The Roundtable Talks of 1989. The Genesis of Hungarian Democracy. Analysis and Documents, Budapest – New York 2002, pp. 3–39.
Ruutsoo, Rein, Tagasivaated »vabaduse teele« – Rahvarinde roll Eesti ajaloos 1988–1993, in: Rahvarinne (1988), pp. 234–321.
Sagorskij, Andrej W., Variable Geometrie: Grundlagen der Kooperation der Gemeinschaft Unabhängiger Staaten, in: Peter W. Schulze/Hans-Joachim Spanger (Hrsg.), Die Zukunft Russlands. Staat und Gesellschaft nach der Transformationskrise (Studien der Hessischen Stiftung Friedens- und Konfliktforschung 33), Frankfurt/Main 2000, S. 320–344.
Saikal, Amin, Islamism, the Iranian revolution, and the Soviet invasion of Afghanistan, in: Melvyn P. Leffler/Odd Arne Westad (Eds.), The Cambridge History of the Cold War, Vol. III: Endings, Cambridge 2010, pp. 112–134.
Saunier, Georges, A special relationship: Franco-German relations at the time of François Mitterrand and Helmut Kohl, in: Carine Germond/Henning Türk (Eds.), A History of Franco-German Relations in Europe. From »Hereditary Enemies« to Partners, New York 2008, pp. 235–247.
Saunier, Georges, Le tandem François Mitterrand-Helmut Kohl. Une gouvernance franco-allemande?, in: Wilfried Loth (Ed.), La gouvernance supranationale dans la construction européenne, Bruxelles 2005, pp. 239–254.
Savranskaya, Svetlana, In the name of Europe. Soviet withdrawal from Eastern Europe, in: Frédéric Bozo/Marie-Pierre Rey/Piers N. Ludlow/Leopoldo Nuti (Eds.), Europe and the End of the Cold War. A reappraisal (Cold war history series), London – New York 2009, pp. 36–48.
Savranskaya, Svetlana, The Fall of the Wall, Eastern Europe, and Gorbachev's Vision of Europe after the Cold War, in: Mark Kramer/Vít Smetana (Eds.), Imposing, Maintaining, and Tearing Open the Iron Curtain. The Cold War and East-Central Europe. 1945–1989 (The Harvard Cold War studies book series), Lanham – Plymouth 2014, pp. 335–353.
Savranskaya, Svetlana, The Logic of 1989. The Soviet Peaceful Withdrawal from Eastern Europe, in: Svetlana Savranskaya/Thomas S. Blanton/

Vladislav Zubok (Eds.), Masterpieces of History. Budapest – New York 2010, pp. 1–47.
Schattenberg, Susanne, Von Chruščev zu Gorbačev – Die Sowjetunion zwischen Reform und Zusammenbruch, in: *Neue Politische Literatur* 55 (2010), S. 255–284.
Schäfer, Bernd, The Catholic Curch and the Cold War's end in Europe. Vatican Ostpolitik and Pope John Paul II. 1985–1989, in: Frédéric Bozo/Marie-Pierre Rey/Piers N. Ludlow/Leopoldo Nuti (Eds.), Europe and the End of the Cold War. A reappraisal (Cold war history series), London – New York 2009, pp. 64–77.
Schlotter, Peter, Das Ende der Systemkonfrontation 1989/1990. Der Beitrag des KSZE-Prozesses, in: Corinna Hauswedell (Hrsg.), Deeskalation von Gewaltkonflikten seit 1945, Essen 2006, S. 115–128.
Schmidt-Schweizer, Andreas, Die Öffnung der ungarischen Westgrenze für die DDR-Bürger im Sommer 1989. Vorgeschichte, Hintergründe und Schlußfolgerungen, in: *Südosteuropa-Mitteilungen* 37 (1997), 1, S. 33–53.
Schmidt-Schweizer, Andreas, Die politischen Auseinandersetzungen am »Nationalen Runden Tisch«. Systemtransformation auf dem »Verhandlungsweg«?, in: *Südosteuropa* 46 (1997) Heft 1/2, S. 37–64.
Schmidt-Schweizer, Andreas, Motive im Vorfeld der Demontage des »Eisernen Vorhangs« 1987–1989, in: Peter Haslinger (Hrsg.), Grenze im Kopf, Frankfurt/Main – Berlin – Bern 1999, S. 127–139.
Schollum, Esther, Die Europäische Demokratische Union (EDU) und der Demokratisierungsprozeß in Ost-, Mittel- und Südosteuropa, in: Österreichisches Jahrbuch für Politik (1991), S. 491–523.
Schwabe, Uwe, Der Herbst '89 in Zahlen – Demonstrationen und Kundgebungen vom August 1989 bis zum April 1990, in: Eberhard Kuhrt u. a. (Hrsg.), Opposition in der DDR von den 70er Jahren bis zum Zusammenbruch der SED-Herrschaft, Opladen 1999, S. 719–735.
Senn, Alfred Erich, Lithuania's Path to Independence, in: *Journal of Baltic Studies* 22 (1991), 3, pp. 245–250.
Schwell, Alexandra, Austria's Return to Mitteleuropa. A Postcolonial Perspective and Security Cooperation, in: *Ethnologia Europaea* 42 (2012), 1, pp. 21–39.
Simeonova, Elena, A revolution in two stages. The curiosity of the Bulgarian case, in: Kevin McDermott/Matthew Stibbe (Eds.), The 1989 Revolutions in Central and Eastern Europe. From Communism to Pluralism, Manchester 2016, 174–191.
Simon, Gerhard, Von der Sowjetunion zur »Union Souveräner Staaten«, in: *Europäische Rundschau* 19 (1991), 4, S. 13–19.
Sipos, Levente, Imre Nagy and the Patriotic Popular Front, in: István Feitl/Balázs Sipos (Eds.), Regimes and transformations. Hungary in the twentieth century, Budapest 2005, pp. 227–259.
Spohr-Readman, Kristina, Between Political Rhetoric and »Realpolitik« Calculations. Western Diplomacy and the Baltic Independence in the Cold War Endgame, in: *Cold War History* 6 (2006), 1, pp. 1–42.
Spohr Readman, Kristina, International reactions to Soviet disintegration. The case of the Baltic states, in: Frédéric Bozo/Marie-Pierre Rey/Piers N. Ludlow/Leopoldo Nuti (Eds.), Europe and the End of the Cold War. A reappraisal (Cold war history series), London – New York 2009, pp. 220–232.
Stankovsky, Jan, Das neue Osteuropa und Österreich, in: *Österreichisches Jahrbuch für Internationale Politik* 7 (1990), S. 19–24.
Stefancic, David, The Rapacki-Plan. A case study of East European Diplomacy, in: *East European Quarterly* 21 (1987), 4, S. 401–412.
Sucharipa, Ernst, Österreichs aktive Ostpolitik, in: *Europäische Rundschau* 19 (1991), 4, S. 135–138.
Suk, Jiři, Czechoslovakia in 1989. Causes, Results, and Conceptual Changes, in: Wolfgang Mueller/Michael Gehler/Arnold Suppan (Eds.), The Revolutions of 1989. A Handbook (Österreichische Akademie der Wissenschaften/Philosophische Historische Klasse/Institut für Neuzeit- und Zeitgeschichtsforschung/Internationale Geschichte/International History 2), Wien 2015, pp. 137–160.
Suk, Jiří, Politické hry s nedokončenou revolucí. Účtování s komunismem v čase Občanského fóra a po jeho rozpadu, in: Adéla Gjuričová/Michal Kopeček/Petr Roubal/Jiří Suk/Tomáš Zahradníček (Eds.), Rozdělení minulostí. Vytváření politických identit po roce 1989, Prague 2011, pp. 17–60.
Suk, Jiří, The Public – Space – Freedom, in: Filip Blažek(Ed.), Posters of Velvet Revolution: The Story of the Posters of November and December 1989, Prague 2009, pp. 105–128.
Suppan, Arnold, Austria and its Neighbors in Eastern Europe. 1955–89, in: Wolfgang Mueller/Michael Gehler/Arnold Suppan (Eds.), The Revolutions of 1989. A Handbook (Österreichische Akademie der Wissenschaften/Philosophische

Historische Klasse/Institut für Neuzeit- und Zeitgeschichtsforschung/Internationale Geschichte/International History 2), pp. 419–436.

Suri, Jeremi, Détente and human rights. American and West European perspectives on international change, in: Steven Casey (Ed.), The Cold War. Critical Concepts in Military, Strategic and Security Studies, Vol. IV: From Détente to the End of the Cold War, London 2013, pp. 139–159.

Süß, Walter, Die Wiener KSZE-Folgekonferenz und der Handlungsspielraum des DDR-Sicherheitsapparates 1989, in: Matthias Peter/Hermann Wentker (Eds.), Die KSZE im Ost-West-Konflikt, Berlin – Boston 2013, S. 219–231.

Sutter, Robert G., Changes in Eastern Europe and the Soviet Union. The effects on China, in: Journal of Northeast Asian Studies 9 (Summer 1990), 2, pp. 33–45.

Tamás, G. M., The legacy of dissent, in: Vladimir Tismaneanu (Ed.), The Revolutions of 1989 (Rewriting histories), London – New York 1999, pp. 181–197.

Teltschik, Horst, Die Bundesrepublik Deutschland und Polen – eine schwierige Partnerschaft im Herzen Europas, in: *Außenpolitik* 41 (1990), Nr. 1, S. 3-14.

Teltschik, Horst, Die Reformpolitik Gorbatschows und die Perspektiven der West-Ost-Beziehungen, in: *Außenpolitik* 40 (1989), S. 211–225.

Tismaneanu, Vladimir, Rethinking 1989, in: C. Bogdan Iacob/Vladimir Tismaneanu (Eds.), The end and the beginning. The Revolutions of 1989 and the Resurgence of History, Budapest – New York 2012, pp. 15–32.

Tismaneanu, Vladimir, The Revolutions of 1989. Causes, Meanings, Consequences, in: *Contemporary European History* 18 (2009), 3, pp. 271–288.

Troebst, Stefan, Der 23. August 1939 – Ein europäischer lieu de mémoire?, in: *Osteuropa* 59 (2009), 7–8, S. 249–256.

Tubilewicz, Czeslaw, 1989 in Sino-East Central European Relations Revisited, in: Frank Columbus (Ed.), Central and Eastern Europe in Transition, Vol. 1, New York 1998, pp. 145–161.

Tubilewicz, Czeslaw, Breaking the Ice: The Origins of Taiwan's Economic Diplomacy Towards the Soviet Union and its European Allies, in: *Europe-Asia Studies* 56 (September 2004), pp. 891–906.

Tubilewicz, Czeslaw, Chinese Press Coverage of Political and Economic Restructuring of East Central Europe, in: *Asian Survey* 37 (October 1997), 10, pp. 927–943.

Tulviste, Peeter, History Taught at School Versus History Discovered at Home. The Case of Estonia, in: European Journal of Psychology of Education 9 (1994), 2, pp. 121–126.

Tůma, Oldřich, External Factors Influencing the Fall of the Communist Regime in Czechoslovakia, in: Ulf Engel/Frank Hadler/Matthias Middell (Eds.), 1989 in a Global Perspective (Global history and international studies XI), Leipzig 2015, pp. 119–128.

Ungváry, Krisztián, Ungarn und das Ende des Kalten Krieges, in: Katharina Hochmuth (Hrsg.), Krieg der Welten. Zur Geschichte des Kalten Krieges, Berlin 2017, S. 287–300.

Vámos, Peter, The Tiananmen Square »Incident« in China and the East Central European Revolutions, in: Wolfgang Mueller/Michael Gehler/Arnold Suppan (Eds.), The Revolutions of 1989. A Handbook (Österreichische Akademie der Wissenschaften/Philosophische Historische Klasse/Institut für Neuzeit- und Zeitgeschichtsforschung/Internationale Geschichte/International History 2), pp. 93–112 .

Vardys, V. Stanley, Litauen unter der Sowjetherrschaft und auf dem Wege zur Unabhängigkeit, in: Boris Meissner (Hrsg.), Die baltischen Nationen. Estland. Lettland. Litauen, Köln 1991, S. 223–268.

Vihalemm, Peeter/Lauristin, Marju/Tallo, Ivar, Development of Political Culture in Estonia, in: Marju Lauristin/Peeter Vihalemm (Eds.), Return to the Western World. Cultural and Political Perspectives on the Estonian Post-Communist Transition, Tartu 1997, pp. 197–210.

Vilímek, Tomáš, Die Ursachen des Zusammenbruchs des kommunistischen Regimes in der ČSSR im Jahre 1989, in: Bernd Florath (Hrsg.), Das Revolutionsjahr 1989. Die demokratische Revolution in Osteuropa als transnationale Zäsur (Analysen und Dokumente. Wissenschaftliche Reihe des Bundesbeauftragten für die Unterlagen des Staatssicherheitsdienstes der ehemaligen Deutschen Demokratischen Republik (BStU) 34), Göttingen – Oakville 2011, S. 105–121.

Volgy, Thomas J./Imwalle, Lawrence E., Hegemonic and Bipolar Perspectives on the New World Order, in: *American Journal of Political Science* 39 (1995), 4, pp. 819–834.

Walder, Andrew G., Workers, Managers and the State. The Reform Era and the Political Crisis of 1989, in: *The China Quarterly* (Special Issue: The Individual and State in China) (September 1991), 127, pp. 467–492.

Weber, Steven, Origins of the European Bank

for Reconstruction and Development, in: *International Organization* 48 (Winter 1997), 1, pp. 1–38.

Wentker, Hermann, Die KSZE als Ordnungsfaktor. Höhenflug und Bedeutungsverlust einer Idealvorstellung europäischer Politik (1989–1991), in: Tim Geiger/Jürgen Lillteicher/Hermann Wentker (Hrsg.), Zwei Plus Vier. Die internationale Gründungsgeschichte der Berliner Republik (Schriftenreihe der Viertelsjahrshefte für Zeitgeschichte 123), Berlin – Boston 2021, S. 125–141.

Williams, Kieran, The Russian View(s) of the Prague Spring, in: *Journal of Cold War Studies* 14 (2012), 2, pp. 128–141.

Wilson, Jeanne L., »The Polish Lesson«: China and Poland 1980–1990, in: *Studies in Comparative Communism* 23 (Autumn-Winter 1990), 3–4, pp. 259–279.

Wirsching, Andreas, Die Mauer fällt. Das Ende des doppelten Deutschland, in: Udo Wengst/Hermann Wentker (Hrsg.), Das doppelte Deutschland. 40 Jahre Systemkonkurrenz, Berlin 2008, S. 357–374.

Wohnout, Helmut, Vom Durchschneiden des Eisernen Vorhangs bis zur Anerkennung Sloweniens und Kroatiens. Österreichs Außenminister Alois Mock und die europäischen Umbrüche 1989–1992, in: Andrea Brait/Michael Gehler (Hrsg.), Grenzöffnung 1989. Innen- und Außenperspektiven und die Folgen für Österreich (Schriftenreihe des Forschungsinstitutes für Politisch-Historische Studien der Dr.-Wilfried-Haslauer-Bibliothek, Salzburg 49), Wien – Köln – Weimar 2014, S. 185–219.

Wohnout, Helmut, Die Umbrüche 1989 aus der Perspektive der österreichischen Außenpolitik unter besonderer Berücksichtigung des bilateralen Verhältnisses zu Ungarn, in: Csaba Szabó, Österreich und Ungarn im 20. Jahrhundert (Publikationen der Ungarischen Geschichtsforschung in Wien Bd. IX), Wien 2014, S. 325–342.

Yekelchyk, Serhy, The Western Republics: Ukraine, Belarus, Moldova, and the Baltics, in: Ronald Grigor Suny (Ed.), The Cambridge History of Russia, Vol. III, The Twentieth Century, Cambridge 2006, pp. 522–548.

Young, John W., Western Europe and the end of the Cold War, 1979–1989, in: Melvyn P. Leffler/Odd Arne Westad (Eds.), The Cambridge History of the Cold War. Vol. III: Endings, Cambridge 2010, pp. 289–310.

Yurchak, Alexei, Soviet Hegemony of Form: Everything Was Forever, Until It Was No More, in: *Comparative Studies in Society and History* 45 (2003), 3, pp. 480–510.

Zadorozhyuk, Ella, The USSR and the revolutions of 1989–90. Questions of causality, in: Wolfgang Mueller/Michael Gehler/Arnold Suppan (Eds.), The Revolutions of 1989. A Handbook (Internationale Geschichte 2), Wien 2015, pp. 271–281.

Zubok, Vladislav, Gorbachev and the Road to 1989, in: C. Bogdan Iacob/Vladimir Tismaneanu (Eds.), The end and the beginning. The Revolutions of 1989 and the Resurgence of History, Budapest – New York 2012, pp. 257–289.

Zubok, Vladislav, Soviet foreign policy from détente to Gorbachev. 1975–1985, in: Melvyn P. Leffler/Odd Arne Westad (Eds.), The Cambridge History of the Cold War, Vol. III: Endings, Cambridge 2010, pp. 89–111.

IX. Chronologie zur Zeit der Beratertätigkeit von Horst Teltschik für Bundeskanzler Kohl 1982–1990 mit einem Ausblick auf 1991

1982

4.1.	Die EG-Außenminister verurteilen die Verhängung des Kriegsrechts in Polen durch das Jaruzelski-Regime
23.2.	Die Bevölkerung Grönlands stimmt in einer Volksbefragung für den Austritt aus den EG (der Beitritt war seinerzeit mit Dänemark erfolgt, Grönland wurde aber 1979 von Dänemark autonom).
2.4.	Argentinische Truppen besetzen die britisch beherrschten Falklandinseln (Islas Malvinas); Margaret Thatcher entsendet eine Kriegsflotte
6.4.	Die EG verabschieden eine Solidaritätserklärung für Großbritannien im Falkland-Konflikt
16.4.	Die EG erlassen ein Einfuhrembargo gegenüber Argentinien
24.5.	Hans Otto Bräutigam tritt die Nachfolge von Klaus Bölling als Ständiger Vertreter der Bundesrepublik Deutschland in Ost-Berlin an
6.6.	Als Reaktion auf PLO-Angriffe marschieren israelische Truppen im Libanon ein
11./12.6.	Papst Johannes Paul II. besucht Argentinien
14.6.	Nach der Rückeroberung der Falklandinseln durch britische Seestreitkräfte kapitulieren die argentinischen Truppen
18.6.	Rücktritt des argentinischen Juntachefs General Galtieri; innerdeutsche Vereinbarungen, u. a. über die schrittweise Reduzierung des »Swing«
1.10.	Konstruktives Misstrauensvotum gegen Bundeskanzler Helmut Schmidt (SPD); nach Bildung der christlich-liberalen Koalition wird CDU-Vorsitzender Helmut Kohl vom Deutschen Bundestag mit 256 zu 235 Stimmen bei vier Enthaltungen zu seinem Nachfolger gewählt und am gleichen Tage vereidigt
10.11.	Leonid Breschnew stirbt in Moskau. Juri Andropow übernimmt die Führung der Sowjetunion.
14.11.	Treffen des DDR-Staatsratsvorsitzenden Erich Honecker mit Bundespräsident Karl Carstens in Moskau am Rande der Trauerfeierlichkeiten für den verstorbenen sowjetischen Staats- und Parteichef Leonid Breschnew
29.11.	Brief von Bundeskanzler Helmut Kohl an den DDR-Staatsratsvorsitzenden Erich Honecker
2.12.	Bundeskanzleramtschef Philipp Jenninger (CDU) trifft mit DDR-Außenminister Oskar Fischer und dem ZK-Sekretär für Wirtschaft, Günter Mittag, zusammen.
7.12.	Brief von DDR-Staatsratsvorsitzenden Erich Honecker an Bundeskanzler Helmut Kohl

1983

24.1.	Telefonat von Bundeskanzler Helmut Kohl mit dem DDR-Staatsratsvorsitzenden Erich Honecker
4.2.	In einem Brief an Bundeskanzler Helmut Kohl schlägt der DDR-Staatsratsvorsitzende Erich Honecker vor, die Initiative des schwedischen Ministerpräsidenten Olof Palme über die Errichtung einer atomwaffenfreien Zone in Europa gemeinsam zu unterstützen.
16.2.	Im Antwortschreiben auf den Brief des DDR-Staatsratsvorsitzenden Erich Honecker vom 4. Februar lehnt Bundeskanzler Helmut Kohl den schwedischen Vorschlag zur Schaffung einer atomwaffenfreien Zone in Europa ab.
6.3.	In der Bundesrepublik Deutschland finden vorgezogene Neuwahlen zum Bundestag statt. Ergebnis ist die Bestätigung der seit Oktober 1982 amtierenden bürgerlich-liberalen

Regierung unter Bundeskanzler Helmut Kohl und Vizekanzler Hans-Dietrich Genscher. Mit einem Stimmenanteil von 5,6 % ziehen erstmals die Grünen in das Parlament ein

13.3. Der DDR-Staatsratsvorsitzende Erich Honecker kündigt auf der Leipziger Messe an, dass er noch 1983 der Bundesrepublik einen Besuch abstatten werde.

16.4. Am Grenzkontrollpunkt Drewitz stirbt der Bundesbürger Burkert an Herzversagen; Untersuchung des Falles von DDR-Behörden wird zugesagt.

18.4. Telefonat von Bundeskanzler Helmut Kohl mit dem DDR-Staatsratsvorsitzenden Erich Honecker

28.4. Der DDR-Staatsratsvorsitzende Erich Honecker sagt seinen geplanten Besuch in der Bundesrepublik Deutschland aufgrund Pressekommentare im Fall Burkert ab.

29.4. Brief des DDR-Staatsratsvorsitzenden Erich Honecker an Bundeskanzler Helmut Kohl

4.5. Bundeskanzler Helmut Kohl gibt vor dem Deutschen Bundestag eine Regierungserklärung ab.

11.5. Erster nationaler Protesttag in Chile

12.5. Sechs Bundestagsabgeordnete der Grünen demonstrieren auf dem Alexanderplatz in Ost-Berlin für Abrüstung in Ost und West und werden nach Verhören durch DDR-Behörden abgeschoben.

28.5. Der Vorsitzende der SPD-Bundestagsfraktion Hans Jochen Vogel trifft sich mit dem DDR-Staatsratsvorsitzenden Erich Honecker in der DDR. Der Besuch ist Auftakt für jährlich stattfindende Gespräche.

8.6. Zwangsabschiebung von Roland Jahn, einem Mitglied der Jenaer Friedensgruppe

19.6. Der Europäische Rat signiert in Stuttgart die »Feierliche Deklaration zur Europäischen Union«.

16.–23.6. Zweiter Papstbesuch in Polen

23.6. Bundeskanzler Helmut Kohl stattet vor dem Deutschen Bundestag seinen ersten Bericht zur Lage der Nation im geteilten Deutschland ab.

29.6. Die Bundesregierung bürgt für einen DDR-Kredit in Höhe von 1 Milliarde DM, den der bayerische Ministerpräsident Franz Josef Strauß (CSU) gegen Kritik aus den eigenen Reihen initiiert hatte (erster Milliardenkredit).

4.–7.7. Bundeskanzler Helmut Kohl und Außenminister Hans-Dietrich Genscher reisen zu einem Staatsbesuch nach Moskau. Ziel ist die Herstellung einer neuen Qualität der deutsch-sowjetischen Beziehungen.

6.7. Das SED-Politbüro und der Ministerrat fordern die Bundesregierung auf, die Umsetzung des NATO-Doppelbeschlusses im Hinblick auf das deutsch-deutsche Verhältnis zu überdenken.

21.7. In Polen wird das Kriegsrecht aufgehoben.

24.–27.7. Privatreise des bayerischen Ministerpräsidenten Franz Josef Strauß (CSU) in die DDR; Gespräch mit dem DDR-Staatsratsvorsitzenden Erich Honecker

26.8. Brief von Bundeskanzler Helmut Kohl an den DDR-Staatsratsvorsitzenden Erich Honecker

1.9. In Ost-Berlin werden »Mahnwachen« der DDR-Friedensbewegung durch die Volkspolizei aufgelöst. Die Evangelischen Kirchen der beiden deutschen Staaten fordern Bundeskanzler Helmut Kohl und den DDR-Staatsratsvorsitzenden Erich Honecker in einem gemeinsamen Brief anlässlich des Jahrestages des Beginns des Zweiten Weltkrieges auf, zusammen mit ihren jeweiligen Verbündeten die Abrüstung voranzutreiben. Dabei wird auf die Genfer Verhandlungen über nukleare Mittelstreckensysteme hingewiesen; die westdeutsche Friedensbewegung blockiert ein Waffenlager der amerikanischen Streitkräfte.

15.9. Treffen des DDR-Staatsratsvorsitzenden Erich Honecker mit dem Regierenden Bürgermeister von West-Berlin Richard von Weizsäcker (CDU) in Ost-Berlin

20.9. Wiederaufnahme der im Oktober 1975 unterbrochenen Kulturverhandlungen zwischen der Bundesrepublik Deutschland und der DDR

28.9. Die DDR beginnt mit dem Abbau von Selbstschussanlagen an der innerdeutschen Grenze, der am 30.11.1984 beendet wird.

5.10. In einem offenen Brief fordert DDR-Staatsratsvorsitzender Erich Honecker Bundeskanzler Helmut Kohl auf, sich gegen die Stationierung von amerikanischen Raketen auszusprechen. Honecker bietet dafür eine »Koalition der Vernunft« an; Friedensnobelpreis für Lech Wałęsa

24.10. Im Antwortschreiben auf den Brief des DDR-Staatsratsvorsitzenden Erich Honecker vom 5. Oktober bekennt sich Bundeskanzler Helmut Kohl zu einer »Koalition der Vernunft«.

25.10. Nach dem Mord an Premierminister Maurice Bishop intervenieren US-Militärs auf der Antillen-Insel Grenada.

11.11. Selbstverbrennung von Sebastian Acevedo in Chile aus Protest gegen die Umtriebe und Repressionen der Geheimpolizei

15.11. Die beiden deutschen Staaten schließen ein neues Post- und Fernmeldeabkommen ab. Es sieht eine Anhebung der Pauschalleistungen der Bundesrepublik an die DDR von 85 auf 200 Millionen DM im Jahr vor.

22.11. Der Stationierung von neuen amerikanischen Mittelstreckenraketen gemäß dem NATO-Doppelbeschluss von 1979 stimmt der Bundestag mit 286 zu 226 Stimmen bei einer Enthaltung zu

24.11. Der DDR-Staatsratsvorsitzende Erich Honecker spricht sich dafür aus, den aus der Entscheidung des Deutschen Bundestages für die Nachrüstung »entstandenen Schaden« zu begrenzen.

14.12. In einem Brief richtet Bundeskanzler Helmut Kohl einen Appell für eine »Verantwortungsgemeinschaft« an den DDR-Staatsratsvorsitzenden Erich Honecker.

19.12. Telefonat von Bundeskanzler Helmut Kohl mit dem DDR-Staatsratsvorsitzenden Erich Honecker

23.12. Erste Aktion von Chiles bewaffneter Untergrundbewegung FPMR

1984

9.1. Übernahme der S-Bahn in West-Berlin in westliche Regie

20.–22.1. Sechs DDR-Bürger, die in der Botschaft der USA in Ost-Berlin um politisches Asyl ersucht hatten, können nach Verhandlungen mit DDR-Regierungsstellen nach West-Berlin ausreisen.

11.2. Der sowjetische Staats- und Parteichef Juri Andropow stirbt in Moskau. Konstantin Tschernenko wird sein Nachfolger.

13.2. Treffen von Bundeskanzler Helmut Kohl mit dem DDR-Staatsratsvorsitzenden Erich Honecker am Rande der Trauerfeierlichkeiten für den verstorbenen Andropow in Moskau

14.2. Ein Vertragsentwurf zur Gründung einer Europäischen Union des vom Italiener und Kommunisten Altiero Spinelli geleiteten »Spinelli-Ausschuss« wird vom Europäischen Parlament angenommen.

17.2. Brief von DDR-Staatsratsvorsitzenden Erich Honecker an Bundeskanzler Helmut Kohl

8.3. Eine Delegation der SPD-Bundestagsfraktion besucht die DDR-Volkskammer in Ost-Berlin.

11.3. Der DDR-Staatsratsvorsitzende Erich Honecker kündigt auf der Leipziger Frühjahrsmesse an, dass er im Herbst die Bundesrepublik besuchen möchte.

14.3. Bei den jährlich stattfindenden Treffen zwischen dem DDR-Staatsratsvorsitzenden Erich Honecker und dem Vorsitzenden der SPD-Bundestagsfraktion Hans Jochen Vogel wird die Einrichtung einer gemeinsamen Arbeitsgruppe der SED und der SPD beschlossen, die über eine chemiewaffenfreie Zone diskutieren soll.

15.3. Bundeskanzler Helmut Kohl stattet vor dem Deutschen Bundestag seinen zweiten Bericht zur Lage der Nation im geteilten Deutschland ab.

3.4. Treffen des niedersächsischen Ministerpräsidenten Ernst Albrecht (CDU) mit dem DDR-Wirtschaftsminister Günter Mittag in Hannover

6.4. Nach Zusicherung einer baldigen Ausreise kehren 35 DDR-Bürger, die fünf Wochen in der Botschaft der Bundesrepublik in Prag ausgeharrt hatten, in die DDR zurück; Bundeskanzler Kohl trifft sich mit DDR-Wirtschaftsminister Günter Mittag in Bonn. Mittag spricht auch mit dem bayerischen Ministerpräsidenten Franz Josef Strauß (CSU).

9.4. Die »Luxemburger Erklärung« anlässlich eines gemeinsamen EG- und EFTA-Ministertreffens zur Dynamisierung der Beziehungen und Schaffung eines einheitlichen europäischen Wirtschaftsraumes wird verabschiedet.

20.–22.5 Bundesaußenminister Hans-Dietrich Genscher reist in die UdSSR.

23.5. Die Bundesversammlung wählt Richard von Weizsäcker (CDU) mit großer Mehrheit zum deutschen Bundespräsidenten.

25.6. Vorübergehende Schließung der Ständigen Vertretung der Bundesrepublik Deutschland in Ost-Berlin, in der sich 55 DDR-Bürger aufhalten, die ihre Ausreise erzwingen wollten. Nach Zusicherung von Straffreiheit und wohlwollender Prüfung ihrer Anträge durch die DDR-Behörden verlassen sie am 5. Juli die Ständige Vertretung; die Ausreise wird ihnen später ermöglicht.

25.7. Bundeskanzleramtschef Philipp Jenninger (CDU) gibt die Gewährung eines Kredits von 950 Millionen DM an die DDR sowie Maßnahmen der DDR zur Erleichterung des innerdeutschen Reiseverkehrs bekannt (zweiter Milliardenkredit).

1.8. Ost-Berlin ermäßigt den Mindestumtausch für Rentner, die in die DDR reisen wollen, und verlängert die mögliche Aufenthaltsdauer für Westdeutsche und West Berliner in der DDR. Ostdeutsche Rentner dürfen künftig nicht mehr nur Verwandte, sondern auch Bekannte in der Bundesrepublik besuchen. Im grenznahen Verkehr sind auch Mehrfachberechtigungsscheine zugelassen.

17.8. Der DDR-Staatratsvorsitzende Erich Honecker trifft sich mit der sowjetischen Führung in Moskau, die seinen geplanten Besuch in der BRD ablehnt.

23.8. Nachricht von Bundeskanzler Helmut Kohl an den DDR-Staatsratsvorsitzenden Erich Honecker, übermittelt von Bundeskanzleramtschef Philipp Jenninger (CDU) an den Leiter der Kommerziellen Koordination (KoKo) Alexander Schalck-Golodkowski

4.9. Der DDR-Staatsratsvorsitzende Erich Honecker sagt seine für Ende September geplante Reise in die Bundesrepublik ab. Als Begründung weist er auf den Stil der Diskussion im Vorfeld des Besuchs in den bundesdeutschen Medien hin.

20.9. Die am 14. März beschlossene gemeinsame Arbeitsgruppe von SED und SPD nimmt Gespräche über eine chemiewaffenfreie Zone in Zentraleuropa auf.

26.9. Ein Abkommen über handels- und wirtschaftspolitische Zusammenarbeit zwischen den EG und China wird unterzeichnet.

19.10. Der polnische Priester Jerzy Popieluszko wird vom polnischen Geheimdienst entführt und ermordet.

15.11. Wolfgang Schäuble (CDU) wird Bundesminister für besondere Aufgaben und Chef des Bundeskanzleramtes. Sein Vorgänger Philipp Jenninger (CDU) wird am 5. November Nachfolger von Rainer Barzel (CDU) als Bundestagspräsident, muss dann allerdings im Zuge einer umstrittenen Rede anlässlich des Gedenkens an die Reichspogromnacht (9.11.1988) zurücktreten.

31.12. Die DDR erteilte im Jahre 1984 ungewöhnlich viele Ausreisegenehmigungen: 40.900 (im Vergleich dazu 1983: 11.300 und 1985: 24.900) im Zuge des gestiegenen Ausreisedrucks.

1985

7.1. Der Franzose und Sozialist Jacques Delors wird Präsident der EG-Kommission (1985–1995) und leitet eine Aufbruchstimmung in den EG ein.

8.1. Brief von Bundeskanzler Helmut Kohl an den DDR-Staatsratsvorsitzenden Erich Honecker

9.–12.1. Der Ministerpräsident von Nordrhein-Westfalen, Johannes Rau (SPD), besucht die DDR; Gespräch mit dem DDR-Staatsratsvorsitzenden Erich Honecker

14.1. Treffen von Bundeskanzleramtschef Wolfgang Schäuble mit dem Leiter der KoKo Alexander Schalck-Golodkowski und dem DDR-Rechtsanwalt und für Ausreiseanträge und Häftlingstausch zuständigen Wolfgang Vogel in Ost-Berlin.

15.1. Nachdem Straffreiheit und Bearbeitung der Ausreiseanträge zugesichert wurde, kehren die letzten der insgesamt 168 DDR-Bürger, die sich seit dem 2.10.1984 in der Prager Botschaft der BRD aufgehalten hatten, in die DDR zurück.

20.1. Ronald Reagan wird für eine zweite Amtszeit zum Präsidenten der USA gewählt.

6.2. In der aktuellen Stunde des Bundestages zum umstrittenen Motto des Treffens der schlesischen Landsmannschaft bekennt sich der stellvertretende Vorsitzende der CDU/CSU-Bundestagsfraktion Volker Rühe zur »politischen Bindewirkung« der Grenzgarantien im Warschauer Vertrag für ein vereintes Deutschland.

27.2. Bundeskanzler Helmut Kohl stattet vor dem Deutschen Bundestag den dritten Bericht zur »Lage der Nation im geteilten Deutschland« ab.

11.3. Michail S. Gorbatschow wird KPdSU-Generalsekretär und Nachfolger des verstorbenen sowjetischen Staats- und Parteichefs Konstantin Tschernenko.

12.3. Gespräch zwischen Bundeskanzler Helmut Kohl und dem DDR-Staatsratsvorsitzenden Erich Honecker während ihres Aufenthalts aus Anlass der Begräbnisfeierlichkeiten für den sowjetischen Staats- und Parteichef Tschernenko

18.3. Die Evangelische Kirche in Deutschland und der Bund der Evangelischen Kirchen in der DDR veröffentlichen zum 40. Jahrestag des Kriegsendes ein gemeinsames »Wort zum Frieden«.

11.4. Brief des DDR-Staatsratsvorsitzenden Erich Honecker an Bundeskanzler Helmut Kohl

18.4. Treffen von Bundeskanzler Helmut Kohl mit DDR-Wirtschaftsminister Günter Mittag in Bonn

4.–5.5. Treffen des DDR-Staatsratsvorsitzenden Erich Honecker mit dem Generalsekretär der KPdSU Michail S. Gorbatschow

15.5. Brief von Bundeskanzler Helmut Kohl an den DDR-Staatsratsvorsitzenden Erich Honecker

16.5. Treffen des Vorsitzenden der SPD-Bundestagsfraktion Hans Jochen Vogel mit dem DDR-Staatsratsvorsitzenden Erich Honecker; Bundeskanzler Helmut Kohl bekundet, dass er trotz der massiven Angriffe auf Bundespräsident Richard von Weizsäcker im Verbandsorgan der schlesischen Landsmannschaft wegen dessen Rede zum Tag des Kriegsendes am 8. Mai beabsichtigt, am Schlesier-Treffen in Hannover teilzunehmen.

12.6. Die EG-Beitrittsakten Spaniens und Portugals werden unterzeichnet.

14.6. Die EG-Kommission legt das »Weißbuch zur Vollendung des Binnenmarktes« vor. Das erste Schengener Abkommen über den freien Personenverkehr in den Benelux-Staaten, Frankreich und der Bundesrepublik Deutschland wird unterzeichnet.

16.6. Bundeskanzler Helmut Kohl bekräftigt auf dem Schlesier-Treffen in Hannover die Unverletzlichkeit der Grenzen.

19.6. Vertreter von SPD und SED stellen den »Rahmen für ein Abkommen« zur Bildung einer von chemischen Waffen freien Zone in Europa vor.

24.6. Telefonat von Bundeskanzleramtschef Wolfgang Schäuble mit dem Leiter der KoKo Alexander Schalck-Golodkowski

25.6. Brief des DDR-Staatsratsvorsitzenden Erich Honecker an Bundeskanzler Helmut Kohl

28./29.6. Der Europäische Rat beschließt in Mailand mehrheitlich die Einberufung einer Regierungskonferenz zur Änderung der Römischen Verträge.

4.7. Telefonat von Bundeskanzleramtschef Wolfgang Schäuble mit dem Leiter der KoKo Alexander Schalck-Golodkowski

5.7. Neue Vereinbarungen über den innerdeutschen Handel 1986 bis 1990 (»Swing«: 850 Millionen DM)

19.8. Hans Joachim Tiedge, im Kölner Verfassungsschutzamt Gruppenleiter in der Spionageabwehr, wechselt in die DDR über.

13.9. Brief des DDR-Staatsratsvorsitzenden Erich Honecker an Bundeskanzler Helmut Kohl

16.9. Der DDR-Staatsratsvorsitzende Erich Honecker schlägt Bundeskanzler Helmut Kohl vor, Verhandlungen über eine chemiewaffenfreie Zone in Mitteleuropa aufzunehmen. In seiner Antwort am 2. Oktober plädiert Kohl dagegen für Delegiertenverhandlungen über offene Fragen eines weltweiten Verbots von Chemiewaffen im Rahmen der Genfer Abrüstungskonferenz.

18.–20.9. Auf Einladung des DDR-Staatsratsvorsitzenden Erich Honeckers besucht der SPD-Vorsitzende Willy Brandt die DDR.

26.9./27.9. Briefe von Bundeskanzler Helmut Kohl an den DDR-Staatsratsvorsitzenden Erich Honecker

1.11. An der innerdeutschen Grenze hat die DDR alle Bodenminen entfernt.

8.11. Note der Regierung der DDR an die Bundesregierung

19.11. Erste Begegnung Reagan-Gorbatschow bei einem Gipfeltreffen in Genf

2./3.12. Der Europäische Rat in Luxemburg einigt sich im Grundsatz über die Einheitliche Europäische Akte (EEA) zum Ausbau der EG (Reform des institutionellen Systems, Erweiterung der Gemeinschaftskompetenzen sowie Bildung eines rechtlichen Rahmens für die

Zusammenarbeit in der Außenpolitik, der EPZ) im Sinne der feierlichen Deklaration vom 19.6.1983.

19.12. Note der Bundesregierung an die Regierung der DDR

1986

1.1. Beitritt Spaniens und Portugals zur EG sowie Beitritt Finnlands zur EFTA

4.2. Treffen von Bundeskanzleramtschef Wolfgang Schäuble mit dem Leiter der KoKo Alexander Schalck-Golodkowski in dessen Privatwohnung in Ost-Berlin

19.–22.2. Der Präsident der DDR-Volkskammer Horst Sindermann besucht auf Einladung der SPD-Bundestagsfraktion die Bundesrepublik. Er spricht auch mit Bundeskanzler Helmut Kohl.

17./28.2. Unterzeichnung der EEA in Luxemburg und Den Haag durch die zwölf EG-Mitgliedsstaaten

28.2. In Stockholm wird Premierminister Olof Palme, eine Leitfigur der Sozialistischen Internationale, von einem flüchtigen und nicht ermittelten Attentäter erschossen.

1.3. Der Telefonselbstwahlverkehr mit der DDR wird auf insgesamt 1.106 von 1.500 Ortsnetzen erweitert.

14.3. Bundeskanzler Helmut Kohl stattet vor dem Deutschen Bundestag seinen vierten Bericht zur Lage der Nation im geteilten Deutschland ab.

15.3. Gespräch von Bundeskanzler Helmut Kohl mit dem DDR-Staatsratsvorsitzenden Erich Honecker während ihres Aufenthaltes in Stockholm aus Anlass der Trauerfeierlichkeiten für den ermordeten schwedischen Ministerpräsidenten Palme

3.4. Der Berliner Senat und die DDR tauschen Kulturgüter aus, die zuvor im jeweils anderen Teil der Stadt lagerten.

9.4. Treffen von Bundeskanzler Helmut Kohl mit DDR-Wirtschaftsminister Günter Mittag in Bonn

17.–21.4. Die SED hält ihren XI. Parteitag ab, der im Zeichen personeller und politischer Kontinuität steht. DDR-Staatsratsvorsitzender Honecker mahnt die Bewahrung des Friedens als »wichtigste Aufgabe der Gegenwart« an. Am 18. April unterbreitet der sowjetische Staats- und Parteichef Gorbatschow dem Parteitag neue Abrüstungsvorschläge.

26.4. Schwerer Atomreaktor-Unfall im sowjetischen Kernkraftwerk Tschernobyl in der Ukraine mit der Folge, dass weite Teile Europas radioaktiv verstrahlt werden.

6.5. Das Kulturabkommen zwischen der Bundesrepublik Deutschland und der DDR wird in Ost-Berlin unterzeichnet. Es regelt die Zusammenarbeit auf den Gebieten von Kultur, Kunst, Bildung und Wissenschaft von 1986 bis 1990.

15.5. Brief von Bundeskanzler Helmut Kohl an den DDR-Staatsratsvorsitzenden Erich Honecker

26.5. Die DDR verschärft die Kontrollmaßnahmen für die in Ost-Berlin akkreditierten westlichen Diplomaten beim Grenzübertritt nach West-Berlin. Die drei westlichen Alliierten sehen darin einen Verstoß gegen den Viermächtestatus von Berlin und drohen mit dem Abbruch der diplomatischen Beziehungen. Im Juni macht die DDR ihre Maßnahmen zum großen Teil rückgängig.

28.5. Treffen des Vorsitzenden der SPD-Bundestagsfraktion Hans Jochen Vogel mit dem DDR-Staatsratsvorsitzenden Honecker

30.5. Brief des DDR-Staatsratsvorsitzenden Honecker an Bundeskanzler Kohl

23.6. Gespräch zwischen Bundesaußenminister Hans-Dietrich Genscher (FDP) und dem Rektor der Akademie für Gesellschaftswissenschaften beim Zentralkomitee der SED Otto Reinhold in Bonn

14.7. Brief von Bundeskanzler Kohl an den DDR-Staatsratsvorsitzenden Honecker

20.–22.7. Bundesaußenminister Hans-Dietrich Genscher vereinbart in Moskau mit dem sowjetischen Staats- und Parteichef Gorbatschow, in den deutsch-sowjetischen Beziehungen »eine neue Seite aufzuschlagen«.

26.7. In einem Interview kritisiert Bundeskanzler Kohl das Vorgehen der DDR, über West-Berlin Asylanten in die Bundesrepublik einzuschleusen.

8.8. Gespräch zwischen Bundesaußenminister Hans-Dietrich Genscher (FDP) und dem Rektor der Akademie für Gesellschaftswissenschaften beim Zentralkomitee der SED Otto Reinhold in Bonn

10.8. In einer Erklärung zur Behandlung von Asylanten sieht das Außenministerium in Ost-Berlin keine Veranlassung für die DDR als Transitland, die Durchreise von Ausländern zu verweigern.

13.8. Gedenkveranstaltung zum 25. Jahrestag des Mauerbaus im Berliner Reichstag; Redner sind Bundeskanzler Helmut Kohl und SPD-Vorsitzender Willy Brandt

7.9. Chiles Diktator Augusto Pinochet überlebt einen Attentatsversuch

18.9. Nach wiederholten Protesten der Bundesregierung verschärft die DDR die Transitbestimmungen. Damit kann die Flut der Asylsuchenden eingedämmt werden, die zuvor über Ost-Berlin in die Bundesrepublik eingereist waren.

6.10. Saarlouis und Eisenhüttenstadt begründen die erste deutsch-deutsche Städtepartnerschaft.

11.10. Reagan und Gorbatschow sprechen beim Gipfel in Reykjavik über eine atomwaffenfreie Welt.

21.10. Auf einer Pressekonferenz in Bonn stellen SPD-Präsidiumsmitglied Egon Bahr und SED-Politbüromitglied Hermann Axen die gemeinsamen Vorschläge beider Parteien zur Bildung einer atomwaffenfreien Zone in Mitteleuropa vor. Die Bundesregierung bewertet diese erwartungsgemäß als sicherheitspolitisch »höchst fragwürdig«.

29.10. Brief von Bundeskanzler Kohl an den DDR-Staatsratsvorsitzenden Honecker

30.10. In Ost-Berlin wird die Ausstellung »Positionen – Malerei aus der Bundesrepublik Deutschland« eröffnet, die erstmals zeitgenössische Kunst aus der Bundesrepublik zeigt.

4.11. Beginn der Wiener Helsinki-Folgekonferenz über Sicherheit und Zusammenarbeit in Europa (KSZE); Zur Eröffnung des dritten KSZE-Folgetreffens in Wien kommen Bundesaußenminister Hans-Dietrich Genscher (FDP) und DDR-Außenminister Oskar Fischer zu einem Meinungsaustausch zusammen.

12.11. Mit einem Notenaustausch vereinbaren die Bundesrepublik Deutschland und die DDR die »Rückführung kriegsbedingt ausgelagerten Kulturguts«.

6.12. In Saarbrücken wird eine Ausstellung »Bücher aus der DDR« eröffnet, auf der mehr als 20.000 Titel aus DDR-Verlagen gezeigt werden.

19.12. Andrei Sacharow, der führende sowjetische Dissident, darf aus der Verbannung in die Stadt Gorki (Nischni Nowgorod) zurückkehren.

30. 12. Gespräch von Bundesaußenminister Genscher (FDP) mit dem Ständigen Vertreter der DDR in der Bundesrepublik Deutschland Ewald Moldt in Bonn.

1987

1.1. In Brüssel nimmt das EPZ-Sekretariat seine Arbeit auf.

4.1. In seiner Rede auf dem Deutschlandtreffen der CDU in Dortmund bezeichnet Bundeskanzler Helmut Kohl die DDR als Regime, das 2.000 »politische Gefangene in Gefängnissen und Konzentrationslagern hält«. Wegen der Verwendung des Begriffs »Konzentrationslager« legt der Ständige Vertreter der DDR in Bonn zwei Tage darauf offiziellen Protest ein.

6.1. Ein Sprecher des DDR-Außenministeriums teilt mit, dass im vergangenen Jahr »573.000 Bürger der DDR die Genehmigung zu einem Besuch der BRD wegen dringender Familienangelegenheiten« erhalten hätten.

25.1. Die Bundestagswahlen bringen eine Bestätigung der christlich-liberalen Koalition unter Bundeskanzler Helmut Kohl. Die CDU/CSU erzielt 44,3 % der Stimmen, die SPD 37 %, die FDP 9,1 % und Die Grünen 8,3 %.

1.3. Non-Paper und Brief von DDR-Staatsratsvorsitzenden Honecker an Bundeskanzler Kohl; Darin wird vorgeschlagen, dass Ost-Berlin und Bonn ein gesondertes Abkommen über Mittelstreckenwaffen abschließen sollen

12.3. Der Leiter der Ständigen Vertretung Hans Otto Bräutigam übermittelt mündlich eine Botschaft Bundeskanzler Kohls an den DDR-Staatsratsvorsitzenden Honecker.

15.3. Treffen des bayerischen Ministerpräsidenten Franz Josef Strauß (CSU) mit dem DDR-Staatsratsvorsitzenden Erich Honecker in Leipzig

18.3. Bundeskanzler Kohl gibt vor dem Bundestag eine Regierungserklärung ab.

27.3. Gespräch zwischen Bundeskanzleramtschef Wolfgang Schäuble und dem DDR-Staatsratsvorsitzenden Erich Honecker

1.4. Treffen von Bundeskanzler Kohl mit DDR-Wirtschaftsminister Günter Mittag in Bonn

1.–6.4. Papst Johannes Paul II. besucht Chile.

3.4. In einem Brief schlägt DDR-Staatsratsvorsitzender Honecker Bundeskanzler Kohl erneut die Errichtung einer atomwaffenfreien Zone in Mitteleuropa vor.

13.4. DDR-Staatsratsvorsitzender Honecker erklärt, dass er nicht an der 750-Jahr-Feier in West-Berlin teilnehmen werde, da der Regierende Bürgermeister Eberhard Diepgen (CDU) dem bundesdeutschen Ministerpräsidenten von einer Teilnahme an den Feierlichkeiten in Ost-Berlin abgeraten habe.

14.4. Die Türkei stellt einen EG-Beitrittsantrag.

15.4. In der DDR endet ein mehrtägiges Manöver der Nationalen Volksarmee (NVA), an dem erstmals Beobachter aus KSZE-Signatarstaaten, darunter auch zwei Offiziere der Bundeswehr, teilgenommen haben.

29.4. Der Regierende Bürgermeister von West-Berlin Eberhard Diepgen (CDU) sagt vor dem Abgeordnetenhaus seine Teilnahme am Bürgermeister-Treffen in Berlin (Ost) ab. Der Einladung des Oberbürgermeisters von Ost-Berlin, Erhard Krack, kann er »wegen anderweitiger Verpflichtungen« nicht nachkommen.

1.5. Treffen des bayerischen Ministerpräsidenten Franz Josef Strauß (CSU) mit dem Leiter der KoKo Alexander Schalck-Golodkowski

6.5. Ein Sprecher des DDR-Außenministeriums erklärt, dass eine Teilnahme des Regierenden Bürgermeisters von West-Berlin Eberhard Diepgen (CDU) an den Jubiläumsfeierlichkeiten in Ost-Berlin nicht vorstellbar sei. Am gleichen Tag erfolgt die offizielle Absage Diepgens. ARD und ZDF unterzeichnen mit dem Staatlichen Komitee für Fernsehen beim Ministerrat der DDR Vereinbarungen über eine engere Zusammenarbeit zwischen den Fernsehanstalten in beiden deutschen Staaten.

26.5. Eine Volksabstimmung in Irland für die Ratifizierung der EEA endet positv.

10.–31.5. Mit der Veranstaltungsreihe »Duisburger Akzente« findet eine erste umfassende Präsentation von DDR-Kultur in der Bundesrepublik statt.

15.5. Treffen des Vorsitzenden der SPD-Bundestagsfraktion Vogel mit dem DDR-Staatsratsvorsitzenden Honecker am Werbellinsee

1.–5.6. Am internationalen Bürgermeistertreffen aus Anlass der 750 Jahr-Feier in Ost-Berlin nehmen elf Stadtoberhäupter aus der Bundesrepublik teil.

2.6. Gespräch zwischen Bundesaußenminister Genscher (FDP) und dem Rektor der Akademie für Gesellschaftswissenschaften beim Zentralkomitee der SED Otto Reinhold in Bonn

8.6. Beginn der dritten Polenreise von Johannes Paul II.; Zusammenstöße von Jugendlichen mit der Polizei am Brandenburger Tor in Ost-Berlin, die einem Rockkonzert vor dem Reichstag in West-Berlin zuhören wollten

12.6. Anlässlich des 750jährigen Jubiläums der Gründung Berlins besucht u. a. US-Präsident Ronald Reagan Berlin. Vor dem Brandenburger Tor richtet Reagan an Gorbatschow den Appell, die Berliner Mauer niederzureißen.

1.7. Die EEA tritt in Kraft.

7.7. In einem Schreiben an DDR-Staatssekretär Honecker protestieren 20 in der DDR akkreditierte westliche Journalisten gegen »tätliche Übergriffe von Sicherheitsorganen« während der Unruhen anlässlich des Rockkonzerts und bezeichnen sie »als bislang einmaligen Verstoß gegen die Schlussakte von Helsinki«.

26.8. Besucher aus der DDR erhalten bei der Einreise in die Bundesrepublik künftig pro Person und Jahr einmal DM 100 als Begrüßungsgeld statt bisher zweimal DM 30. Bundeskanzler Kohl erklärt sich vor der Presse bereit, unter bestimmten Bedingungen auf die Pershing II-A-Raketen zu verzichten.

27.8. Das gemeinsame Papier von SPD und SED mit dem Titel »Der Streit der Ideologien und die gemeinsame Sicherheit« wird in Ost-Berlin und Bonn veröffentlicht.

7.–11.9. Offizieller Arbeitsbesuch des DDR-Staatsratsvorsitzenden Honecker in der Bundesrepublik; Abkommen über die Zusammenarbeit auf den Gebieten Wissenschaft und Technik, Umweltschutz und Strahlenschutz werden unterzeichnet. Nach Abschluss der Gespräche besucht Honecker Nordrhein-Westfalen, Rheinland-Pfalz, seine Heimat (Neunkirchen) im Saarland und Bayern.

15.10. Bundeskanzler Kohl stattet vor dem Deutschen Bundestag seinen fünften Bericht zur Lage der Nation im geteilten Deutschland ab.

21.10. Zum ersten Mal seit der Teilung Berlins treffen sich die beiden Bürgermeister: Der Regierende Bürgermeister von West-Berlin Eberhard Diepgen (CDU) und der Ost-Berliner Oberbürgermeister Erhard Krack begegnen sich anlässlich der 750-Jahr-Feiern zur Gründung der Stadt.

31.10. Treffen von Bundeskanzleramtschef Wolfgang Schäuble mit dem Leiter der KoKo Alexander Schalck-Golodkowski im Bundeskanzleramt

9.11. Auf der Grundlage des Kulturabkommens verständigen sich Vertreter der Bundesregierung und der DDR-Regierung auf rund 100 Vorhaben der kulturellen Zusammenarbeit für die Jahre 1988/89.

23.11. Treffen von Bundeskanzleramtschef Wolfgang Schäuble und Claus Jürgen Duisberg, dem Leiter des Arbeitsstabes »Deutschlandpolitik« des Bundeskanzleramtes, mit dem Leiter der KoKo Alexander Schalck-Golodkowski im Bundeskanzleramt.

25.11. Vom Staatssicherheitsdienst der DDR werden Räume der evangelischen Zions-Kirche in Ost-Berlin durchsucht. Die Stasi nimmt auch Mitglieder der DDR-Friedens- und Umweltbewegung fest. Weitere Maßnahmen gegen Dissidenten werden an den folgenden Tagen, u. a. in Dresden, Halle, Weimar und Wismar ergriffen.

8.12. Reagan und Gorbatschow unterzeichnen in Washington das INF-Abkommen zum Abbau von Mittelstrecken-Atomwaffen.

12.12. Nach DDR-Angaben wurden im Rahmen einer allgemeinen Amnestie zum 38. Jahrestag der DDR 24.621 Personen aus dem Strafvollzug entlassen.

14.12. Brief des DDR-Staatsratsvorsitzenden Honecker an Bundeskanzler Kohl

1988

11.1. Bundeskanzler Kohl veröffentlicht die von DDR-Staatsratsvorsitzenden Honecker übermittelten offiziellen Zahlen für den Reiseverkehr 1987: »Danach hat es 5.062.914 Besuche in der Bundesrepublik Deutschland einschließlich West-Berlin gegeben. Davon waren 1.286.896 Besuche von Personen unterhalb des Rentenalters«.

14.1. Treffen von Bundeskanzleramtschef Wolfgang Schäuble und Claus Jürgen Duisberg, dem Leiter des Arbeitsstabes »Deutschlandpolitik« des Bundeskanzleramtes, mit dem Leiter der KoKo Alexander Schalck-Golodkowski im Bundeskanzleramt

2.2. Der Ost-Berliner Liedermacher Stefan Krawczyk und seine Frau, die Regisseurin Freya Klier, werden aus der Haft entlassen und gegen ihren Willen veranlasst, in die Bundesrepublik auszureisen.

11.2. Der Regierende Bürgermeister von West-Berlin Diepgen (CDU) trifft sich mit dem DDR-Staatsratsvorsitzenden Honecker. Dabei werden Verbesserungen im Reise- und Besuchsverkehr angekündigt.

11./12. 2. Der Europäische Rat verabschiedet in Brüssel das »Delors-Paket« über die Reform des Finanzierungssystems, der Gemeinsamen Agrarpolitik und die Verdopplung des Strukturfonds der EG.

13.3. Treffen des Regierenden Bürgermeisters von West-Berlin Diepgen (CDU) mit dem DDR-Staatsratsvorsitzenden Honecker in Ost-Berlin

23.3. Brief von Bundeskanzler Kohl an den DDR-Staatsratsvorsitzenden Honecker

29.3. Die EG-Kommission gibt die Ergebnisse einer Studie mit dem Titel »Europa 1992 – die große Herausforderung« bekannt, die eine Gruppe von Sachverständigen in ihrem Auftrag erstellt hat, um die Vorteile des einheitlichen Binnenmarktes wissenschaftlich zu analysieren, der »Cecchini-Bericht«, benannt nach dem Italiener Paolo Cecchini, berichtet über die Kosten des Nichtzustandekommens des Binnenmarkts (»The Cost of Non-Europe«).

31.3. Unterzeichnung einer Vereinbarung über einen Gebietsaustausch zwischen Berlin (West) und der DDR

5.4. SPD, SED und die KPČ geben eine gemeinsame Erklärung ab, in der die Errichtung einer chemiewaffenfreien Zone in Zentraleuropa vorgeschlagen wird.

21.4. Treffen des Ministerpräsidenten von Rheinland-Pfalz Bernhard Vogel (CDU) mit dem DDR-Staatsratsvorsitzenden Honecker in Ost-Berlin

28.4. Treffen des Stellvertretenden Vorsitzenden der CDU/CSU-Bundestagsfraktion Volker Rühe mit DDR-Staatsratsvorsitzenden Honecker in Ost-Berlin

29.4. Treffen des SPD-Bundesvorsitzenden Hans Jochen Vogel mit dem DDR-Staatsratsvorsitzenden Erich Honecker

5.5. Treffen von Bundeskanzleramtschef Wolfgang Schäuble und Claus Jürgen Duisberg, dem Leiter des Arbeitsstabes »Deutschlandpolitik« des Bundeskanzleramtes, mit dem Leiter der KoKo Schalck-Golodkowski im BKA

16.5 Die Sowjetunion beginnt mit dem Abzug ihrer Truppen aus Afghanistan.

22.5. In Ungarn wird János Kádár, der seit der Niederschlagung des Volksaufstandes von 1956 KP-Chef war, von der Parteispitze verdrängt.

26.5. Die Evangelische Kirche in Deutschland und der Bund der Evangelischen Kirchen in der DDR veröffentlichen ein »Gemeinsames Wort« zum 50. Jahrestag des Pogroms gegen die deutschen Juden am 9. November 1938.

27.5. Treffen des Vorsitzenden der CDU/CSU-Bundestagsfraktion Alfred Dregger mit dem DDR-Staatsratsvorsitzenden Erich Honecker in Ost-Berlin

27.–29.5. Privatreise von Bundeskanzler Helmut Kohl in die DDR; Er besucht dabei die Städte Erfurt, Gotha, Weimar, Dresden (Semperoper und das Match Dynamo Dresden gegen Carl Zeiss Jena) und Saalfeld/Gera

6.6. Treffen von Bundeskanzleramtschef Wolfgang Schäuble und Claus Jürgen Duisberg, dem Leiter des Arbeitsstabes »Deutschlandpolitik« des Bundeskanzleramtes, mit dem Leiter der KoKo Schalck-Golodkowski im BKA Treffen des DDR-Staatsratsvorsitzenden Honecker mit dem Vorsitzenden des Zentralrats der Juden Heinz Galinski; die DDR erklärt sich dabei grundsätzlich dazu bereit, Juden zu entschädigen.

16.6. Treffen von Bundeskanzleramtschef Wolfgang Schäuble und dem Leiter der KoKo Alexander Schalck-Golodkowski im Bundeskanzleramt

21.6. Horst Neugebauer löst Ewald Moldt als Leiter der Ständigen Vertretung der DDR in Bonn ab.

7.7. SED-Politbüromitglied Hermann Axen und SPD-Präsidiumsmitglied Egon Bahr schlagen gemeinsam die Errichtung einer »Zone des Vertrauens und der Sicherheit in Zentraleuropa« vor.

21.7. Brief des DDR-Staatsratsvorsitzenden Erich Honecker an Bundeskanzler Helmut Kohl

6.8. Eberhard Diepgen (CDU) besucht die Ausstellung des West-Berliner Bauhausarchivs in Dessau; erstmals spricht ein Regierender Bürgermeister von Berlin (West) auf einer öffentlichen Veranstaltung in der DDR

9.8. DDR-Verteidigungsminister Heinz Kessler regt in einem Zeitungsartikel Gespräche zwischen den Verteidigungsministerien und Militärexperten der beiden deutschen Staaten an.

23.8. Treffen von Bundeskanzleramtschef Wolfgang Schäuble und dem Leiter der KoKo Schalck-Golodkowski im Bundeskanzleramt

31.8. Nach einer neuerlichen Streikwelle in Polen trifft Innenminister General Kiszczak in Danzig mit Lech Walesa zu einer Aussprache zusammen.

11.9. In der Sowjetrepublik Estland demonstrieren 300.000 Menschen für Unabhängigkeit.

14.9. Die DDR und die Bundesrepublik unterzeichnen Vereinbarung über Neuregelungen im Transitverkehr; Die Transitpauschale wird von 525 auf 860 Millionen DM jährlich erhöht (1990–1999); Treffen von Bundeskanzleramtschef Schäuble und dem Leiter der KoKo Schalck-Golodkowski im BKA

15.–16.9. Bundeskanzler Kohl, Bundesaußenminister Genscher und Bundesverteidigungsminister Rupert Scholz besuchen die UdSSR.

25.6. Unterzeichnung einer Gemeinsamen Erklärung der EG und des Rates für Gegenseitige Wirtschaftshilfe (RGW) über die Aufnahme offizieller Beziehungen

26.9. Unterzeichnung eines Handels- und Kooperationsabkommen zwischen der EG und Ungarn

29.9 Proteste in der Sowjetrepublik Litauen gegen die russischen »Besatzer«

1.10. Michail Gorbatschow wird zum Staatspräsidenten der UdSSR gewählt

5.10. Referendum in Chile; General Pinochet erhält für seine Absicht, weiter Präsident zu bleiben, im Volk keine Mehrheit.

10.10. Sicherheitskräfte halten in Ost-Berlin einen Schweigemarsch von rund 200 Menschen auf, die gegen die Zensur von Kirchenzeitungen protestiert haben. Auch westliche Fernsehkorrespondenten werden mit Gewalt an der Berichterstattung gehindert.

19.10. Brief von Bundeskanzler Kohl an den DDR-Staatsratsvorsitzenden Honecker

20.10. Im Rahmen des innerdeutschen Kulturaustausches wird in Ost-Berlin eine erste Buchausstellung der Bundesrepublik eröffnet, an der sich 413 Verlage mit rund 3.000 Publikationen beteiligen. Die Bücherschau wird anschließend in Rostock, Dresden und Weimar gezeigt.

24.–27.10. Bundeskanzler Kohl besucht die UdSSR.

28.10. Über eine bessere Zusammenarbeit zwischen den jüdischen Gemeinden beraten in Dresden Heinz Galinski, Vorsitzender des Zentralrats der Juden in Deutschland, und Siegmund Rotstein, Präsident des Verbandes der jüdischen Gemeinden in der DDR.

10.11. Grundsteinlegung für den Wiederaufbau der zerstörten Neuen Synagoge in Ost-Berlin

1.12. Bundeskanzler Kohl stattet vor dem Deutschen Bundestag seinen sechsten Bericht zur Lage der Nation im geteilten Deutschland ab.

14.12. Veröffentlichung einer Verordnung zur Regelung von »Westreisen«, die am 1. Januar 1989 in Kraft tritt. Sie sieht zwar ein Beschwerderecht für DDR-Bürger bei Ablehnung von Reiseanträgen vor, schränkt aber gleichzeitig die Reisemöglichkeiten für angeheiratete Verwandte ein. Nach Protesten aus der Bevölkerung und aus Kirchenkreisen wird die Reiseverordnung zum 1. April 1989 geändert: Personenkreis und Besuchsanlässe werden erweitert.

1989

15.1. An einer »Kampfdemonstration für Sozialismus und Frieden« in Ost-Berlin nehmen nach Angaben der DDR 250.000 Menschen teil. Gegendemonstration mit mehreren hundert Teilnehmern finden in Leipzig (mehr als 80 Festnahmen) statt; zum Abschluss der Wiener KSZE-Konferenz wird von Ost und West ein Menschenrechts- und Sicherheitsabkommen unterzeichnet

17.1. Jacques Delors, Präsident der EG-Kommission, schlägt vor dem Europäischen Parlament einen Europäischen Wirtschaftsraum (EWR) zwischen EFTA und EG vor.

19.1. Der DDR-Staatsratsvorsitzende und Generalsekretär der SED, Erich Honecker, erklärt »Die Mauer wird [...] in 50 und auch 100 Jahren noch bestehen bleiben«.

20.1. George Bush sen. folgt Ronald Reagan als US-Präsident nach.

2.2. Franz Bertele löst Hans Otto Bräutigam ab und wird als Leiter der Ständigen Vertretung der BRD in Ost-Berlin akkreditiert.

3.2. Alfredo Stroessner, seit drei Jahrzehnten Diktator von Paraguay, wird gestürzt.

6.2. In der Nacht wird der 20jährige Chris Gueffroy bei dem Versuch, von Ost- nach West-Berlin zu flüchten, von DDR-Grenzsoldaten erschossen. Er ist das letzte Opfer von »Schüssen an der Mauer«.

14./15.3. Staats- und Regierungschefs der EFTA begrüßen bei einem Gipfel in Oslo den Delors-Vorschlag zur Schaffung eines EWR.

6.2.–5.4. Volksrepublik Polen: Tagungen des Runden Tisches beginnen

10.2. Brief von DDR-Staatsratsvorsitzenden Honecker an Bundeskanzler Kohl

23.2. Treffen des Ministerpräsidenten von Baden-Württemberg Lothar Späth (CDU) mit dem DDR-Staatsratsvorsitzenden Honecker in Ost-Berlin

1.3 Treffen von Bundeskanzleramtschef Wolfgang Schäuble und dem Leiter der KoKo Schalck-Golodkowski im BKA

11.–13.3. Bundeswirtschaftsminister Helmut Hausmann und Bundesbauminister Oscar Schneider sagen ihren geplanten Besuch bei der Leipziger Frühjahrsmesse aus Protest gegen die von DDR-Grenzsoldaten zwei Tage zuvor auf flüchtende Bürger abgegebenen Schüsse ab.

16.3. Die DDR lädt Bundesumweltminister Klaus Töpfer wegen der Absagen des Bundeswirtschaftsministers Helmut Hausmann und des Bundesbauministers Oscar Schneider zur Leipziger Frühjahrsmesse wieder aus.

7.4. Treffen von Bundeskanzler Kohl mit DDR-Wirtschaftsminister Mittag in Bonn

17.4. Zulassung der »Solidarność«, halbfreie Wahlen in Polen im Sommer (65 % der Sitze für die Polnische Vereinigte Arbeiterpartei [PVAP] und die anderen prokommunistischen Parteien reserviert)

21.4. Rudolf Seiters (CDU) wird Nachfolger von Bundeskanzleramtschef Wolfgang Schäuble, der Bundesminister des Inneren wird.

27.4. Treffen des niedersächsischen Ministerpräsidenten Ernst Albrecht (CDU) mit DDR-Staatsratsvorsitzenden Honecker in Ost-Berlin

2.5. Die ungarische Regierung kündigt die Demontage des Eisernen Vorhangs an der Grenze zu Österreich an und veranlasst den Abbau der Grenzbefestigungen; Ungarn öffnet damit die Grenze zu Österreich.

7.5. In der DDR werden, wie seit 1950 üblich, Kommunalwahlen nach einer Einheitsliste durchgeführt. Erstmals wird nach Angaben der Wahlkommission die 99 Prozent-Marke nicht erreicht. In der Folge sprechen Beobachter der öffentlichen Auszählung und Bürgerrechtler von »Wahlfälschung«.

11.5. Treffen von Bundesinnenminister Wolfgang Schäuble und Rudolf Seiters, dem neuen Chef des Bundeskanzleramtes, mit dem Leiter der KoKo Schalck-Golodkowski im BKA

29./30.5. Die Teilnehmer der NATO-Gipfelkonferenz in Brüssel verabschieden ein umfassendes Abrüstungskonzept, das auch nukleare Kurzstreckenraketen mit einbezieht. In einer Erklärung tritt die Allianz für die Einheit Deutschlands, Berlins und Europas ein.

31.5. Der Präsident der Vereinigten Staaten von Amerika, George Bush, plädiert mit einer Rede in Mainz »für ein ungeteiltes Europa«.

4.6. Tian'anmen-Massaker in Peking: eine studentische Demonstration wird von Sondereinheiten der Volksbefreiungsarmee blutig niedergewalzt und damit gewaltsam unterbunden; halbfreie Parlamentswahlen finden in Polen statt

10.6. In einem Interview der »Washington Post« sagt der DDR-Staatsratsvorsitzende Erich Honecker über die »innerdeutsche Grenze«, sie bestünde so lange, bis »die Ursachen beseitigt sind, die zu dieser Grenzsicherung führten«.

12.–15.6. Staatsbesuch Michail S. Gorbatschows in Bonn. In einer gemeinsamen Erklärung nennen Kohl und der Generalsekretär der KPdSU »Verständnis, Vertrauen und Partnerschaft als Grundlagen für ein gut nachbarschaftliches Verhältnis und die Versöhnung der Völker«. Sie halten zudem fest: »Krieg darf kein Mittel der Politik mehr sein«; Gorbatschow anerkennt das allgemeingültige Recht auf Selbstbestimmung.

13.6. Verhandlungen am »Nationalen Runden Tisch« zwischen Vertretern des »Runden Tisches der Opposition« und der USAP beginnen in Ungarn

26./27.6. Der Europäische Rat beschließt in Madrid die Einsetzung einer Regierungskonferenz im Sinne des »Delors-Plans«. Die von den Gouverneuren der nationalen Notenbanken unter Leitung von Delors entwickelte Konzeption sieht die Schaffung einer WWU in drei Stufen vor.

27.6. Österreichs Außenminister Alois Mock und sein ungarischer Amtskollege Gyula Horn durchtrennen letzte Reste des Grenzzauns, um den am 2. Mai 1989 von Miklós Németh begonnenen Abbau der Überwachungsanlagen durch Ungarn zu unterstreichen.

4.7. Treffen des Chefs des Bundeskanzleramtes Rudolf Seiters (CDU) mit DDR-Staatsratsvorsitzenden Honecker in Ost-Berlin. Außerdem spricht Seiters mit dem DDR-Außenminister Oskar Fischer. Treffen von Claus Jürgen Duisberg, dem Leiter des Arbeitsstabes »Deutschlandpolitik« des Bundeskanzleramtes, mit dem Leiter der Abteilung BRD im Ministerium der DDR für auswärtige Angelegenheiten Karl Seidel

7.7. Die Mitgliedstaaten der Warschauer Vertragsorganisation (WVO = Warschauer Pakt) widerrufen durch das Schlusskommuniqué von Bukarest die Breschnew-Doktrin von 1968. Die These von der völkerrechtlich beschränkten Souveränität der sozialistischen Staaten ist damit aufgehoben.

17.7. Österreichs EG-Beitrittsantrag wird in Brüssel durch Außenminister Alois Mock dem Ratsvorsitzenden Roland Dumas übergeben.

19.7. Jaruzelski wird erneut Präsident Polens.

29.7. Mieczysław Rakowski wird neuer Chef der PVAP.

Juli/August: Immer mehr Einwohner der DDR reisen in den Urlaubsmonaten nach Ungarn, Polen und in die ČSSR, um so auf Umwegen in die Bundesrepublik zu flüchten.

2.8. Der ehemalige Innenminister General Czesław Kiszczak wird zum polnischen Ministerpräsidenten gewählt.

7.8. Walęsa spricht sich für eine Koalition der Solidarność mit den Blockparteien ZSL und SD aus.

8.8. Gespräch von Claus Jürgen Duisberg, dem Leiter des Arbeitsstabes »Deutschlandpolitik« des Bundeskanzleramtes, mit dem Geschäftsträger der Ständigen Vertretung der DDR in Bonn Lothar Glienke

9.8. Der Chef des Bundeskanzleramtes Rudolf Seiters (CDU) richtet einen Appell an ausreisewillige DDR-Bewohner, nicht den Weg über diplomatische Vertretungen der Bundesrepublik Deutschland zu gehen; Anlass für den Appell waren die in den vergangenen Monaten immer zahlreicher gewordenen Versuche von DDR-Bürgern, die Ausreise in die Bundesrepublik vor allem über die Ständigen Vertretungen in Ost-Berlin, Warschau, Budapest und Prag zu erzwingen. Die Zustände hatten sich zum Teil so zugespitzt, dass Botschaften für den Publikumsverkehr geschlossen werden mussten.

11.8. Treffen des Stellvertretenden Außenministers der DDR Kurt Nier mit Claus Jürgen Duisberg, dem Leiter des Arbeitsstabes »Deutschlandpolitik« des BKA in Bonn; der stellvertretende sowjetische Außenminister Wadim Perfilijew warnt vor einem »Staatsstreich« in Polen und wiederholt seine Warnung am 13.9.

14.8. Brief von Bundeskanzler Kohl an den DDR-Staatsratsvorsitzenden Honecker

15.8. Walęsa schlägt erneut eine Koalition mit den Blockparteien vor.

16.8. Führer von ZSL und SD für »Regierung der Nationalen Verantwortung« mit PVAP unter Führung der Solidarność

18.8. Treffen des Bundeskanzleramtschefs Seiters (CDU) mit dem Staatssekretär und ersten Stellvertreter des DDR-Außenministers Werner Krolikowski in Ost-Berlin

19.8. »Paneuropäisches Picknick« an der österreichisch-ungarischen Grenze nahe der Stadt Šopron (Ödenburg); durch ein kurzzeitig offenes Grenztor überschreiten 661 DDR-Bewohner, die in Ungarn Urlaub gemacht hatten, die Grenze nach Österreich. In den vergangenen Wochen ist noch nie an einem Tage eine derart große Zahl von Menschen aus der DDR über Ungarn nach Österreich geflüchtet und in die Bundesrepublik gereist; Rücktritt Kiszczaks; Staatspräsident Jaruzelski nominiert Tadeusz Mazowiecki als Premierminister

26.8. Veröffentlichung eines Aufrufs zur Gründung einer Sozialdemokratischen Partei in der DDR

28.8. 1.400 DDR-Bewohner warten in Budapester Auffanglagern auf ihre Ausreise

30.8. An der deutsch-österreichischen Grenze werden vier Zeltstädte als Auffanglager für Flüchtlinge aus der DDR errichtet. Brief von DDR-Staatsratsvorsitzenden Erich Honecker an Bundeskanzler Helmut Kohl

2.9. Die Zahl der ausreisewilligen DDR-Bewohner in ungarischen Auffanglagern beträgt mittlerweile mehr als 3.500

5.9. Längeres Telefonat zwischen Rakowski und Gorbatschow

7.9. In Polen ist die Regierungsbildung beendet. Die Solidarność bekommt sieben Minister, ZSL vier, SD zwei und die PVAP behält das Innenressort mit Kiszczak

9.9. In der DDR wird die Bürgerrechtsvereinigung »Neues Forum« gegründet, die vom DDR-Innenministerium daraufhin als »staatsfeindlich« eingestuft wird.

10.9. Ein »Brief aus Weimar« fordert mehr eigenständiges Handeln der Blockpartei (CDU)

11.9. Den in Ungarn befindlichen DDR-Bürgern wird die freie Ausreise ohne Reisedokumente gestattet und die ungarische Westgrenze für alle Menschen aus der DDR geöffnet. Ungarn suspendiert damit die Vorschriften des bilateralen Abkommens mit der DDR über den visafreien grenzüberschreitenden Verkehr, welches die Ausreise von Angehörigen des jeweiligen anderen Staates in westliche Länder ohne gültige Dokumente verbietet. Die Grenzöffnung führt in den folgenden Tagen zu einer Massenflucht aus der DDR.

12.9. Gründung der Bürgerrechtsbewegung »Demokratie Jetzt« (DJ) in der DDR

13.9. Neue Regierung in Polen unter dem katholischen Publizisten Tadeusz Mazowiecki; diese Ereignisse in Polen, die von Gorbatschow unterstützt werden, sind eine Vorstufe zum Fall der Berliner Mauer in Deutschland und tragen zum Niedergang des Sozialismus im östlichen Europa bei.

18.9. Übereinkunft am Nationalen Runden Tisch über Verfassungsänderungen, Einführung eines Verfassungsgerichts, eines Parteien- und eines Wahlgesetzes in Ungarn

19.9. Unterzeichnung eines Wirtschaftsabkommens zwischen der EG und Polen; Manfred Gerlach (LDPD) erklärt, »Widerspruch« sei »nicht Opposition«. Das »Neue Forum« beantragt seine Zulassung, die zwei Tage später abgelehnt wird.

20.9. Auflösung der USAP-Zellen in den Streitkräften, im Innen- und Verteidigungsministerium sowie im Obersten Gericht in Ungarn

27.9. Die ungarische Nationalversammlung verabschiedet ein neues Auswanderungsgesetz, Passgesetz sowie Änderungen des Strafrechts und verurteilt die Teilnahme ungarischer Truppen am Einmarsch in die ČSSR 1968.

30.9. Fast 7.000 DDR-Flüchtlinge, mehr als 800 in Warschau und ca. 6 000 in Prag, erhalten die Genehmigung, über die DDR in die Bundesrepublik auszureisen. Bundesaußenminister Genscher (FDP) und Kanzleramtsminister Seiters (CDU) teilen dies den Menschen, die in der Prager Botschaft Zuflucht gefunden haben, mit, die in unbändigen Jubel ausbrechen, so dass Genscher nicht mehr zu ihnen zu Ende sprechen kann.

2.10. Gründung des »Demokratischen Aufbruchs« (DA) in der DDR

3.10. Die DDR stimmt zum zweiten Mal einer Massenausreise ihrer Bürger aus Prag zu.

4.10. Gleichzeitig stoppt Ost-Berlin die freie Einreise in die ČSSR. Die offiziellen Feiern zum 40. Jahrestag der DDR-Gründung beginnen in Ost-Berlin; die DDR-Führung setzt den pass- und visafreien Reiseverkehr in die ČSSR aus.

6.10. In seiner Festrede zum 40jährigen Jubiläum der DDR sagt der Staatsratsvorsitzende Honecker, die DDR werde die Schwelle zum Jahr 2000 mit der Gewissheit überschreiten, dass dem »Sozialismus die Zukunft« gehöre. In seiner Grußansprache betont der sowjetische Staats- und Parteichef Michail Gorbatschow die bevorstehenden tiefgreifenden Änderungen, von denen kein Land verschont bleibe. Demonstrationen, die am Rande der Festlichkeiten stattfinden, werden von Ordnungskräften teilweise gewaltsam aufgelöst; beim XIV. USAP-Parteitag (bis 9.10.) wird die Auflösung der Partei und die Neugründung der Ungarischen Sozialistischen Partei (USP) beschlossen, Vorsitzender ist Rezső Nyers.

7.10. Der sowjetische Staatspräsident Michail Gorbatschow warnt den DDR-Staatsratsvorsitzenden Honecker in einem Gespräch, sich nicht notwendigen Reformen und Veränderungen zu verweigern und sagt sinngemäß die Worte »Wer zu spät kommt, den bestraft das Leben«. – Gründung der Sozialdemokratischen Partei (SDP) in der DDR anlässlich des 40. Jahrestages der DDR; Großdemonstrationen in Plauen und Dresden finden statt.

8.10. Bildung der »Gruppe der 20« in Dresden

9.10. In Leipzig kommt es zur größten Demonstration in der DDR seit dem Volksaufstand vom 17. Juni 1953; die krisenhafte Entwicklung veranlasst Bundeskanzler Kohl, sich um einen direkten Telefonkontakt mit dem DDR-Staatsratsvorsitzenden Honecker zu bemühen.

11./12.10. Auf der 15. ZK-Tagung der KPČ beurteilt Generalsekretär Miloš Jakeš die politische Lage in der Tschechoslowakei als »stabil«.

17.–20.10. Die ungarische Nationalversammlung beschließt die am Nationalen Runden Tisch ausgearbeiteten Vorschläge: die führende Rolle der USAP wird gestrichen, Ungarn wird von »Volksrepublik« in »Republik« umbenannt und ein Verfassungsgericht beschlossen.

18.10. Der DDR-Staatsratsvorsitzende Honecker tritt von seiner Funktion als Generalsekretär der SED und von seinen Ämtern im Politbüro der SED zurück. Neuer SED-Generalsekretär wird Egon Krenz.

21.10. 250.000 Menschen demonstrieren in Leipzig.

23.10. Proklamation der Republik Ungarn

24.10. Die Volkskammer der DDR tritt zu ihrer 10. Tagung zusammen. Erich Honecker wird als Vorsitzender des Staatsrates und des Nationalen Verteidigungsrates abberufen. Sein Nachfolger in beiden Funktionen wird Egon Krenz.

26.10. Telefonat von Bundeskanzler Kohl mit DDR-Staatsratsvorsitzenden Krenz

28.10. Nicht genehmigte Demonstrationen mit mehreren tausend Menschen am Wenzelsplatz in Prag finden am Staatsfeiertag anlässlich der Gründung des ersten unabhängigen tschechoslowakischen Staates 1918 statt und werden von Sicherheitskräften aufgelöst.

30.10. Gründung der Partei »Demokratischer Aufbruch« (DA). Rainer Eppelmann und Angela Merkel gehören zu den führenden Mitgliedern.

1.11. Krenz trifft Gorbatschow in Moskau. Die deutsche Vereinigung ist kein Gesprächsthema.

3.11. Im Rahmen der »54. Deutsch-französischen Konsultationen« erklärt der französische Staatspräsident François Mitterrand, er habe keine Angst vor der deutschen Einheit.

4.11. Auf einer polizeilich genehmigten Großdemonstration in Ost-Berlin, die von Funk und Fernsehen landesweit übertragen wird, fordern Künstler und Oppositionelle sofortige politische Reformen und Reisefreiheit; zur größten Massendemonstration in der Geschichte der DDR versammeln sich rund 500.000 bis zu einer Million Menschen auf dem Alexanderplatz in Ost-Berlin. Über 15.000 DDR-Flüchtlinge kommen aufgrund gelockerter Ausreisebestimmungen am Wochenende in die Bundesrepublik. Mehr als 500 Flüchtlinge, die in der bundesdeutschen Botschaft in Prag Zuflucht gesucht hatten, dürfen direkt durch die Tschechoslowakei in den Westen reisen.

6.11. Der angekündigte Regierungsentwurf eines neuen DDR-Reisegesetzes gerät aufgrund seiner restriktiven bürokratischen Vorschriften in die öffentliche Kritik. Der zuständige Volkskammerausschuss verwirft die Vorlage darauf als »unzureichend«; Das ZK der PVAP schlägt vor, das Prinzip des »demokratischen Zentralismus« zu beseitigen, die Termini »Diktatur des Proletariats« und »proletarischer Internationalismus« aus ihren Dokumenten zu streichen und die parlamentarische Demokratie als Staatsform anzustreben.

7.11. Die Regierung der DDR unter Ministerpräsident Willy Stoph tritt zurück.

8.11. In einer Erklärung zur polnischen Westgrenze verkündet der Bundestag:
»Das polnische Volk [...] soll wissen, daß sein Recht, in sicheren Grenzen zu leben, von uns Deutschen weder jetzt noch in Zukunft in Frage gestellt wird.«
In Ost-Berlin tritt zu Beginn der 10. Tagung des ZK der SED das Politbüro geschlossen zurück. Das Zentralkomitee wählt ein verkleinertes neues Politbüro.
Der Dresdner Bezirkschef Hans Modrow wird zum neuen Ministerpräsidenten vorgeschlagen. Bundeskanzler Helmut Kohl stattet vor dem Deutschen Bundestag seinen siebten Bericht zur »Lage der Nation im geteilten Deutschland« ab. Eine überwältigende Mehrheit des Deutschen Bundestages spricht sich für die Garantie der Oder-Neiße-Grenze aus. Nur 26 Abgeordnete der Union beharren auf den Grenzen von 1937; Ein »Aktionsprogramm« der SED kündigt ein Wahlgesetz und eine Koalitionsregierung an; die Anmeldung des »Neuen Forums« wird bestätigt.

9.11. Die DDR öffnet die Grenzübergänge zur Bundesrepublik und nach West-Berlin. In Berlin kommt es zu überschwänglichen Freudenszenen an den Grenzübergängen und auf der Mauer tanzen West-Berliner; Bundeskanzler Kohl weilt zeitgleich zum Staatsbesuch in Polen. Am 10. November unterbricht er zum Ärger der polnischen Gastgeber die Reise für einen Tag und fliegt zu Kundgebungen nach Berlin, anschließend nach Bonn, wo er am 11.11. eine Sitzung des Bundeskabinetts leitet.

10.11. Amtsenthebung von Todor Schiwkow in Bulgarien

11.11. Aufruf zu einem »Runden Tisch« in der DDR

12.11. Das ZK der SED beruft einen Sonderparteitag ein.

13.11. Hans Modrow wird neuer Ministerpräsident der DDR; Manfred Gerlach (LDPD) unterliegt Günther Maleuda (DBD) bei der Wahl zum Volkskammer-Vorsitz.

17.11. Modrow plädiert in seiner Regierungserklärung vor der Volkskammer für eine »Vertragsgemeinschaft« zwischen Bundesrepublik und DDR; Studentendemonstrationen anlässlich des von den Nationalsozialisten ermordeten Studenten Jan Opletal, auf der die Abschaffung der führenden Rolle der KPČ verlangt wurde, wird in Prag von Sicherheitskräften niedergeknüppelt – Gerüchte über den Tod eines Demonstranten breiten sich aus und heizen die Stimmung an.

18.11. Sondertreffen der EG-Staats- und Regierungschefs in Paris. Das Thema »deutsche Vereinigung« wird nicht aufgegriffen. Die britische Premierministerin Thatcher betont, die Frage der Grenzen stehe nicht auf der Tagesordnung. Auf ein offizielles Schlusskommuniqué wird bewusst verzichtet; Streikaufrufe der Studenten in der ČSSR, Künstler und Schriftsteller solidarisieren sich mit den Demonstranten und es entstehen Streikkomitees auch außerhalb Prags.

19.11. Das ZK der KPČ spricht für den »Dialog« aus und setzt eine Untersuchungskommission über die Geschehnisse des 17.11. ein; das »Bürgerforum« (OF) wird begründet.

20.11. 200.000 Demonstranten auf dem Prager Wenzelsplatz treten für freie Wahlen, Pluralismus und den Rücktritt des Politbüros ein.

21.11. Václav Havel spricht zum ersten Mal auf dem Wenzelsplatz. Ministerpräsident Ladislav Adamec nimmt erstmals Kontakt mit Künstlern, Studenten und Vertretern des »Bürgerforums« auf.

22.11. Das SED-Politbüro unterstützt den Vorschlag eines »Runden Tisches«.

23.11. Neuerliche Massendemonstration auf dem Wenzelsplatz. Aufruf zum Generalstreik für den 27.11; Alexander Dubček spricht vor 10.000 Menschen in Bratislava.

24.11. Jakeš und das gesamte ZK treten auf einer außerordentlichen ZK-Tagung zurück.

26.11. Premier Adamec trifft Havel und führt erstmals Gespräche mit dem »Bürgerforum«.

27.11. Tagung der Mitglieder des Warschauer Paktes in Budapest. Die deutsche Vereinigung ist kein Gesprächsthema.

28.11. Kohl stellt sein »Zehn-Punkte-Programm« zur Überwindung der Teilung Deutschlands und Europas« vor; Ziel: Über eine »Vertragsgemeinschaft« und den Aufbau »konföderativer Strukturen« soll letztlich die Vereinigung beider deutscher Staaten erreicht werden.

29.11. Premier Adamec führt Gespräche mit dem »Bürgerforum« – die föderative Versammlung der ČSSR spricht sich erstmals für eine Neubewertung der Ereignisse von 1968 aus.

30.11. Das Präsidium der KPČ spricht sich für eine Neubewertung der Ereignisse von 1968 aus.

1.12. Die KPČ publiziert ein Aktionsprogramm zur Vorbereitung eines Sonderparteitags, in dem v.a. der Einmarsch der WVO-Staaten von 1968 verurteilt wird; die 13. Tagung der Volkskammer streicht die »führende Rolle« der SED als Artikel der DDR-Verfassung und äußert ihr Bedauern über die Beteiligung der DDR am Einmarsch in der ČSSR im Jahre 1968.

2./3.12. Amerikanisch-sowjetisches Gipfeltreffen vor Malta; Gorbatschow: »Es existieren zwei deutsche Staaten, die Geschichte hat so entschieden.«

3.12. Das ZK der SED tritt geschlossen zurück. Zwölf Mitglieder u.a. Erich Honecker, Willi Stoph, Erich Mielke, Horst Sindermann und Harry Tisch werden aus der SED ausgeschlossen, vier führende SED-Funktionäre werden wegen Amtsmissbrauch verhaftet.

4.12. NATO-Gipfelkonferenz in Brüssel. Bush nennt vier Prinzipien zur deutschen Einheit: 1. Das Recht der Deutschen auf Selbstbestimmung; 2. den Fortbestand der Verpflichtungen Deutschlands gegenüber der NATO; 3. den friedlichen und stufenweisen Verlauf der Vereinigung; 4. die Gültigkeit der Prinzipien der Schlußakte von Helsinki in der Grenzfrage; Treffen der WVO-Mitgliedstaaten in Moskau: Thema sind die künftigen Entwicklungen in der DDR und zwischen den beiden deutschen Staaten; Das »Bürgerforum« und »Öffentlichkeit gegen Gewalt« in der ČSSR sind mit der Regierungsbildung nicht zufrieden und fordern Neuwahlen für den Juli 1990.

5.12. Außenminister Hans-Dietrich Genscher hält sich zu Gesprächen mit Gorbatschow und dem sowjetischen Außenminister Eduard Schewardnadse in Moskau auf. Die sowjetische Führung lehnt das Zehn-Punkte-Programm strikt ab und übt heftige Kritik an der Politik Kohls.

6.12. Krenz tritt als Staatsratsvorsitzender und Vorsitzender des Nationalen Verteidigungsrats zurück; Manfred Gerlach (LDPD) wird amtierendes Staatsoberhaupt der DDR; Gorbatschow und Mitterrand treffen in Kiew zusammen. Im Mittelpunkt der Gespräche stehen die Umwälzungen in Mittel- und Osteuropa, insbesondere aber die deutsch-deutschen Entwicklungen.

7.12. Premier Ladislav Adamec tritt zurück, Marjan Calfa wird mit der Regierungsbildung betraut; erste Sitzung des »Runden Tisches« in Berlin, Einigung auf den 6.5.1990 als Termin für freie Wahlen in der DDR unter Beteiligung der fünf Regierungsparteien SED, CDU, LDPD, NDPD und DBD sowie SDP, Neues Forum, Demokratischer Aufbruch, Demokratie Jetzt, Initiative Frieden und Menschenrechte, Grüne Partei und Vereinigte Linke; der

Parteitag der USAP beschließt, die USAP zu erhalten und nicht als Rechtsnachfolgerin anzuerkennen.

8./9.12. Der Europäische Rat in Straßburg findet vor dem Hintergrund des sich anbahnenden deutschen Einigungsprozesses in kühler Atmosphäre statt. Der spanische Ministerpräsident und Sozialist Félipe Gonzales verhält sich freundlich gegenüber Bundeskanzler Helmut Kohl. Beschlossen wird die Einberufung einer Regierungskonferenz hinsichtlich der Schaffung einer Wirtschafts- und Währungsunion (WWU). Die Gründung einer Bank für Wiederaufbau und Entwicklung »Osteuropabank« in London (14.4.1991) und die Einigung Deutschlands im Rahmen des europäischen Integrationsprozesses werden offiziell befürwortet; am 8.12. wählt der außerordentliche Parteitag Gregor Gysi zum neuen SED-Vorsitzenden.

9.12. Der »Runde Tisch« in der ČSSR beginnt mit Beratungen.

11.12. Nach 18 Jahren findet auf sowjetischen Wunsch wieder ein Treffen der Botschafter der Vier Mächte im Gebäude des Alliierten Kontrollrats in West-Berlin statt. Heftige deutsche Proteste gegen diese Demonstration der Vier-Mächte-Rechte unter Ausschluss der deutschen Regierungen sind die Folge.

12.12. Modrow trifft US-Außenminister James Baker in Potsdam. Baker betont sein Interesse an einem friedlichen Reformprozess in der DDR und bekräftigt die vier Prinzipien Bushs zur deutschen Vereinigung.

13.12. NATO-Außenministertagung in Brüssel. Im Abschlusskommuniqué werden ähnliche Bedingungen für die deutsche Vereinigung festgelegt, wie sie in den vier Prinzipien Bushs skizziert worden waren.

14.12. Führende Kommunisten der ČSSR wie Husák, Indra, Fojtik und Bilak werden ihrer Ämter enthoben.

15.–17.12. Sonderparteitag der CDU, die sich gegen den Sozialismus und für die deutsche Einheit ausspricht, Lothar de Maizière wird Vorsitzender, die SED benennt sich um in »Partei des Demokratischen Sozialismus« (SED-PDS).

16.12. Bush und Mitterrand treffen auf St. Martin zu Gipfelgesprächen zusammen.

18.12. Der EG-Ministerrat spricht sich für ein Handels- und Kooperationsabkommen mit der DDR aus. Die EG-Kommission bereitet einen Entwurf vor; der »Runde Tisch« in der DDR betont die Souveränität der beiden deutschen Staaten; die ungarische Nationalversammlung beschließt ein radikales Wirtschaftsprogramm, erklärt ihre Auflösung zum 16.3. und legt Neuwahlen auf 25.3. vor.

19.12. Der Außenminister der UdSSR Eduard Schewardnadse verdeutlicht in einer Rede vor dem Politischen Ausschuss des Europäischen Parlaments in sieben Punkten die sowjetischen Überlegungen bezüglich einer deutschen Vereinigung; Verhandlungsbeginn zwischen der EG und den EFTA-Mitgliedsländern über eine verstärkte Zusammenarbeit und die Bildung eines Europäischen Wirtschaftsraumes (EWR)

19./20.12. Kohl und Modrow treffen in Dresden zusammen. Beide plädieren für erste Schritte zu einer »Vertragsgemeinschaft«. In Dresden wird für die deutsche Einheit und in Berlin für den Erhalt der DDR demonstriert.

20.–22.12 Mitterrand ist zu einem Besuch eines Staatschefs der Westmächte in der DDR. Er mahnt, im Streben nach der Einheit bestehende Realitäten nicht außer acht zu lassen und die Grenzen zu respektieren. Die Nachbarn, insbesondere die Sicherheitslage Polens müsse berücksichtigt werden; auf dem außerordentlichen Parteitag der KPČ wird Ladislav Adamec zum Vorsitzenden und Vasil Mohorita zum Ersten Sekretär gewählt; am 22.12. legt Wirtschaftsministerin Christa Luft dem 3. »Runden Tisch« Rechenschaft über die wirtschaftliche Lage der DDR ab (Devisenpleite und Überschuldung).

22.12. Öffnung des Brandenburger Tors

24.12. Beginn des visafreien Reiseverkehrs zwischen der Bundesrepublik und der DDR

28.12. Die föderative Versammlung wählt Dubček zum Parlamentspräsidenten.

29.12. Václáv Havel wird zum Staatspräsidenten der ČSSR gewählt; Bestimmungen über »führende Rolle« der PVAP und den »sozialistischen Charakter« Polens bei einer Gegenstimme werden aus der Verfassung gestrichen, Umbenennung Polens von »Volksrepublik« in »Republik Polen«

31.12. In seiner Neujahrsansprache stellt Kohl die deutsche Einheit in den Kontext europäischer Einigungsbestrebungen und betont, dass Europa nicht »an der Elbe enden« dürfe: »Deutschland ist unser Vaterland – Europa unsere Zukunft«.

1990

4.1. Kohl und Mitterrand treffen sich. Frankreich soll für eine deutsche Vereinigung in Verbindung mit der deutschen Förderung des Integrationsprozesses gewonnen werden.

11./12.1. Die Volkskammer bestätigt als Wahltermin den 6.5. in der DDR.

15.1. Modrow muss sich am »Runden Tisch« zur Lage der DDR äußern.

17.1. EG-Kommissionspräsident Jacques Delors erklärt vor dem Europäischen Parlament in Straßburg, Ostdeutschland sei ein Sonderfall. Wenn es wolle, habe es seinen Platz in den Europäischen Gemeinschaften.

22.1. Der britische Außenminister Douglas Hurd trifft DDR-Außenminister Oskar Fischer.

28.1. Vorverlegung des Wahltermins für die DDR-Volkskammer auf den 18.3. aufgrund der gestiegenen Ausreisewelle in die Bundesrepublik (in Bonn wurde mit 2 Millionen DDR-Bürgern gerechnet).

29.1. US-Außenminister James Baker und UK-Außenminister Douglas Hurd verständigen sich auf einen Sechser-Mechanismus zur Regelung der äußeren Aspekte der deutschen Vereinigung, in dem die beiden deutschen Staaten und die Vier Mächte gleichberechtigt miteinander verhandeln sollen

30.1. Modrow trifft Gorbatschow in Moskau. Dieser erklärt vor der Presse, dass die deutsche Einheit prinzipiell nie in Zweifel gezogen worden sei.

31.1. In seiner »Tutzinger Rede« fordert Genscher: »... keine Ausdehnung der militärischen Strukturen der NATO auf das Gebiet der DDR«.

1.2. Modrow stellt Konzept »Für Deutschland, einig Vaterland« vor; In vier Stufen soll von einer »Vertragsgemeinschaft« über eine immer engere Konföderation der beiden deutschen Staaten die Vereinigung erreicht werden. Beide deutsche Staaten sollen bündnispolitisch neutral sein.

2.2. Genscher trifft Baker in Washington. Beide befürworten einen Sechser-Mechanismus (»Zwei-plus-Vier«) zur Regelung der äußeren Aspekte der deutschen Einheit.

5.2. Die »Regierung der Nationalen Verantwortung« in der DDR übernimmt acht Mitglieder des Runden Tisches als Minister ohne Geschäftsbereich; Bildung der »Allianz für Deutschland« aus CDU, DA und DSU

5.–8.2. Polens Außenminister Krzysztof Skubiszewski hält sich zu Konsultationen in Bonn auf. Er betont besonders die Notwendigkeit von Garantien für die polnische Westgrenze sowie die Einbindung des Vereinigungsprozesses in den gesamteuropäischen Rahmen.

6.2. Auf seinem Flug nach Moskau macht Baker in Shannon (Irland) Station und holt die Zustimmung des französischen Außenministers Roland Dumas zum Sechser-Mechanismus ein.

7.–9.2. Baker wirbt in der UdSSR für den Sechser-Mechanismus zur Lösung der äußeren Aspekte der deutschen Vereinigung.

10.2. Kohl trifft in Moskau mit Gorbatschow zusammen, der festhält: »Es ist Sache der Deutschen, den Zeitpunkt und den Weg der Einigung selbst zu bestimmen.«

12.2.–14.2. »Open-Sky«-Konferenz in Ottawa. Am Rande der Konferenz von 23 NATO- und WVO-Staaten wird der »Zwei-plus-Vier«-Mechanismus (beide deutsche Staaten zusammen mit den Vier Mächten) als Rahmen festgesetzt, in dem die äußeren Aspekte der deutschen Vereinigung geregelt werden sollen.

14.2. Thatcher und Genscher treffen in London zusammen. Die Premierministerin äußert sich sehr skeptisch gegenüber der Perspektive einer deutschen Vereinigung.

15.2. Modrow fordert – unterstützt vom »Runden Tisch« der DDR – bei seinem Besuch in Bonn einen »Solidarbeitrag« von 15 Milliarden DM für die DDR, was Kohl ablehnt.

16.2. Bei einem Treffen mit dem polnischen Ministerpräsidenten Tadeusz Mazowiecki in Warschau unterstützt Modrow die polnischen Sicherheitswünsche und befürwortet die Teilnahme Polens an den »Zwei-plus-Vier«-Verhandlungen.

21./29.2. Neues Forum, Initiative für Menschenrechte und Frieden und Demokratie Jetzt stellen das »Bündnis 90« vor

27.2. Mazowiecki erklärt, dass vor der Vereinigung ein deutsch-polnischer Grenzvertrag paraphiert werden müsse. Darüber hinaus solle Polen an den »Zwei-plus-Vier«-Verhandlungen zu den Themen Grenzfrage und allgemeine Sicherheitsaspekte beteiligt werden, was Genscher ablehnt.

24./25.2. Bush und Kohl treffen in Camp David zusammen. Beide stimmen überein, dass die sowjetische Zustimmung zu einer gesamtdeutschen NATO-Mitgliedschaft letztlich eine Frage des Preises sein würde.

1.3. Frankreichs Außenminister Roland Dumas erklärt in Berlin, es sei »unvernünftig«, eine Antwort auf die Frage der deutsch-polnischen Grenze bis zur Einsetzung eines gesamtdeutschen Parlaments aufzuschieben.

1./2.3. Die Politischen Direktoren der Bundesrepublik und der drei Westmächte treffen sich in London zur Vorbereitung des Gesandtentreffens im Rahmen der »Zwei-plus-Vier«-Verhandlungen.

2.3. Der westdeutsche Delegationsleiter bei den »Zwei-plus-Vier«-Verhandlungen, Dieter Kastrup, trifft den sowjetischen stellvertretenden Außenminister Anatoli Adamischin in Genf zu einem Vorbereitungsgespräch für das Beamtentreffen.

2.3. Kohl verbindet einen deutsch-polnischen Grenzvertrag mit einem Verzicht Polens auf Reparationsansprüche gegenüber Deutschland sowie der Regelung der Rechte der deutschen Minderheit in Polen.

5./6.3. Modrow trifft sich in Moskau mit Gorbatschow und bittet um Unterstützung in der Eigentumsfrage. Gorbatschow sagt dies zu; er bezeichnet die deutsche Einheit als einen natürlichen Prozess, in dem aber die Interessen aller Europäer zu berücksichtigen seien. Eine NATO-Mitgliedschaft des vereinten Deutschlands sei inakzeptabel.

8.3. Entschließung des Bundestages zur polnischen Westgrenze: »Die beiden frei gewählten deutschen Parlamente und Regierungen [sollen] möglichst bald nach den Wahlen in der DDR eine gleichlautende Erklärung abgegeben«, die den Verzicht der Deutschen auf Gebietsansprüche bestätigen würde.

9.3. Kastrup trifft den stellvertretenden Außenminister der DDR, Ernst Krabatsch, zu einem vorbereitenden Gespräch für die erste Beamtenrunde der »Zwei-plus-Vier«-Verhandlungen.

9.3. Anlässlich eines Staatsbesuchs in Paris fordert Mazowiecki eine partielle Einbeziehung Polens in den »Zwei-plus-Vier«-Prozess und die Paraphierung eines deutsch-polnischen Grenzvertrages unmittelbar nach den freien Volkskammerwahlen in der DDR. Mitterrand sagt seine Unterstützung hinsichtlich der polnischen Sicherheitsinteressen zu.

14.3. »Zwei-plus-Vier«-Beamtentreffen in Bonn; Die Politischen Direktoren diskutieren Verfahrensfragen zum »Zwei-plus-Vier«-Prozess: Übereinstimmung herrscht in der Frage der Eingrenzung der zu behandelnden Themen. Die UdSSR fordert zum Abschluss der Verhandlungen einen Friedensvertrag, der von den übrigen Delegationen abgelehnt wird. Für die DDR nimmt eine Delegation der Regierung teil.

15.3. Gorbatschow wird erster Staatspräsident der Sowjetunion

17.3. WVO-Außenministertreffen in Prag; Das Recht der Deutschen auf Selbstbestimmung wird anerkannt. Keine Einigung wird in der Frage der NATO-Mitgliedschaft des vereinten Deutschlands erreicht.

18.3. Erste freie Volkskammerwahlen in der DDR; Die »Allianz für Deutschland« (CDU, DSU, DA) erhält 48,1 Prozent, die SPD 21,8 Prozent und die PDS 16,3 %

29./30.3. Thatcher und Kohl treffen zu Gesprächen in Cambridge zusammen.

6.4. Treffen Bakers mit Schewardnadse. Schewardnadse erklärt die Sowjetunion sei weiter gegen eine gesamtdeutsche NATO-Mitgliedschaft, er könne sich aber auch andere Lösungen als ein neutrales Deutschland vorstellen, das Gorbatschow noch im Januar unter Verweis auf die Stalin-Note vom 10.3.1952 vorgeschlagen hatte.

12.4. Nach langwierigen Koalitionsverhandlungen wird Lothar de Maizière (CDU) zum neuen Ministerpräsidenten der DDR gewählt. Im Anschluss an seine Wahl bekräftigt die Volkskammer in einer Erklärung die Unverletzlichkeit der polnischen Westgrenze.

13.4. Thatcher und Bush treffen auf den Bermudas zusammen.

16.4. In einem Non-Paper an die DDR betont die sowjetische Führung im Vorfeld der Regierungserklärung von de Maizière hinsichtlich der deutschen Einheit folgende Punkte: Sicherheitsinteressen anderer Staaten müssen berücksichtigt werden, Probleme der inneren und äußeren Aspekte der Einigung sind synchron zu lösen, es besteht keine sowjetische Zustimmung zur Vereinigung nach Art. 23 Grundgesetz.

17.4. Vereidigung der neuen DDR-Regierung; Außenminister wird Markus Meckel (SPD), Abrüstungs- und Verteidigungsminister Rainer Eppelmann (DA)

19.4. Erste Regierungserklärung de Maizières; Bush und Mitterrand treffen in Key Largo/Florida zusammen.

21.4. EG-Außenministertreffen in Dublin; Verabschiedung einer Richtlinie für die Eingliederung der DDR in die EG im Zuge der deutschen Einheit

23.4. Meckel besucht Polen. Er bestätigt die »Unantastbarkeit« der Oder-Neiße-Linie als polnischer Westgrenze und befürwortet die polnische Teilnahme am »Zwei-plus-Vier«-Prozess.

24.4. De Maizière und Kohl treffen sich in Bonn und vereinbaren eine Wirtschafts-, Währungs- und Sozialunion zum 1.7.1990.

24.4. Meckel trifft Genscher in Bonn, um Absprachen zur ersten »Zwei-plus-Vier«-Konferenz der Außenminister und den »Zwei-plus-Vier«-Prozess insgesamt zu treffen.

25./26.4. Kohl und Mitterrand treffen zu den »55. Deutsch-französischen Konsultationen« zusammen.

28.4. Polens Außenminister Krzysztof Skubiszewski übermittelt an die Regierungen der Bundesrepublik und der DDR einen Vertragsentwurf über die »Grundlagen der gegenseitigen Beziehungen« mit dem vereinten Deutschland; der Schwerpunkt liegt auf der endgültigen Anerkennung der polnischen Westgrenze.

28.4. De Maizière und Meckel reisen zu Gesprächen mit Gorbatschow nach Moskau; Gorbatschow: »Ein vereintes Deutschland darf nicht Mitglied der NATO sein; am Ende des Prozesses müsse ein Friedensvertrag oder vergleichbares Dokument stehen«; beim Sondergipfel des Europäischen Rates in Dublin legen die EG-Mitglieder ein eindeutiges Bekenntnis zur deutschen Einheit ab.

29.4.–2.5. Hurd plädiert anlässlich eines Aufenthaltes in Warschau für die Mitsprache Polens in Grenzfragen.

30.4. »Zwei-plus-Vier«-Beamtentreffen in Berlin. Erstmals nimmt eine Delegation der frei gewählten DDR-Regierung teil. Im Mittelpunkt stehen die Vorbereitungen zum 1. Außenminister-Treffen in Bonn. Über Verfahrensfragen besteht Konsens. Die Frage der zu behandelnden Themen bleibt offen; die UdSSR und die DDR sind nicht bereit, auf die Diskussion militärisch-politischer Fragen zu verzichten.

3.5. Erste trilaterale Verhandlungsrunde der Bundesrepublik, der DDR und Polens zur polnischen Westgrenze in Warschau; Die westdeutsche Seite lehnt Gespräche über den polnischen Vorschlag für einen Grundlagenvertrag ab und will stattdessen lediglich über den möglichen Wortlaut einer gemeinsamen Erklärung von Bundestag und Volkskammer zur Grenze reden. Die DDR plädiert für die Aufsplittung in einen Grenzvertrag und einen Grundlagenvertrag; NATO-Außenministertagung in Brüssel; Am Rande erfolgt die Abstimmung der westlichen Positionen für die erste »Zwei-plus-Vier«-Außenministerkonferenz in Bonn

5.5. »Zwei-plus-Vier«-Außenministerkonferenz in Bonn. Der Wille der Deutschen zur Einheit wird von allen Teilnehmern anerkannt. Als Themenschwerpunkte werden vereinbart: 1. Grenzfragen, 2. politisch-militärische Fragen, 3. Berlin, 4. abschließende völkerrechtliche Regelung. Die UdSSR spricht sich gegen eine NATO-Mitgliedschaft des vereinten Deutschlands aus und plädiert für eine Entkoppelung der inneren und der äußeren Aspekte der Vereinigung. Dies wird von den anderen Außenministern im Lauf der folgenden Tage abgelehnt. Konsens besteht darüber, keinen Friedensvertrag zu schließen und Polen zum 3. Außenministertreffen hinzuzuziehen.

6.5. Baker überbringt auf seiner Polen-Visite die offizielle Einladung an die polnische Regierung, am 3. »Zwei-plus-Vier«-Außenministertreffen Paris teilzunehmen; Kommunalwahlen in der DDR

8.5. Die EG unterzeichnet mit der DDR ein Handels- und Kooperationsabkommen.

16./17.5. Kohl, Genscher und Verteidigungsminister Gerhard Stoltenberg halten sich zu Gesprächen in den USA auf.

18.5 Zweite trilaterale Verhandlungsrunde der Bundesrepublik, der DDR und Polens zur polnischen Westgrenze; Ein westdeutsches Non-Paper mit Kernelementen zur Grenzfrage wird von Polen abgelehnt.

18.5. Unterzeichnung des Vertrags über die Währungs-, Wirtschafts- und Sozialunion (Erster Staatsvertrag) zwischen den beiden deutschen Staaten in Bonn

18.5. Baker zu Gesprächen in Moskau; Er präsentiert einen Plan, mit dem der UdSSR die Zustimmung zur deutschen Einigung erleichtert werden soll.

22.5. Drittes »Zwei-plus-Vier«-Beamtentreffen in Bonn. Im Mittelpunkt steht die Struktur des abschließenden Dokuments, besonders die Präambel. Die westdeutsche Delegation berichtet über die Gespräche mit der DDR und Polen zur Frage der polnischen Westgrenze; Ministerpräsident Ungarns József Antall stellt die Regierung, bestehend aus einer Koalition von MDF, CDVP und der Partei der Kleinen Landwirte und Programm vor.

23.5. Ein Treffen Genschers mit Schewardnadse in Genf und eine Reihe von weiteren Begegnungen bereiten den Boden für die Zustimmung der UdSSR zur freien Bündniswahl der Deutschen.

25.5. Mitterrand trifft Gorbatschow in Moskau. Gorbatschow bringt eine Sonderrolle Deutschlands, ähnlich dem Status Frankreichs, in einer völlig reformierten NATO ins Spiel.

27.5. Freie Kommunalwahlen in Polen

29.5. Dritte und letzte trilaterale Verhandlungsrunde der Bundesrepublik, der DDR und Polen zur polnischen Westgrenze in Ost-Berlin mit dem Ergebnis: Ein Kompromissvorschlag der DDR wird von der westdeutschen Delegation abgelehnt.

30.5–3.6. Bush und Gorbatschow treffen zu Konsultationen in Camp David zusammen. In der Frage der Bündniszugehörigkeit des vereinten Deutschlands gibt es keine Fortschritte, dafür in der Weiterentwicklung der Ost-West-Beziehungen. Konsens besteht über die Grundelemente eines START 1-Vertrags.

5.6. Am Rande der »KSZE-Konferenz über die menschliche Dimension« in Kopenhagen kommt es zu zahlreichen Gesprächen der »Zwei-plus-Vier«-Außenminister; unter anderem treffen Genscher und Schewardnadse zusammen. Meckel stellt sein Projekt der Sicherheitszone, einem »Bündnis zwischen den Bündnissen«, vor. Die übrigen Außenminister reagieren mit Skepsis.

5.–8.6. Kohl zu Gesprächen bei Bush. Beide erklären, ein vereintes Deutschland in der NATO stelle keine Bedrohung für die UdSSR dar.

6.6.–8.6. Auf der WVO-Tagung schlägt József Antall die Auflösung des Warschauer Pakts vor.

7.6. Treffen des Politisch Beratenden Ausschusses der WVO in Moskau; Die Teilnehmer beschließen Reformen zu einem Bündnis gleicher und souveräner Staaten auf der Grundlage demokratischer Prinzipien. Sie erklären »das ideologische Feindbild für überwunden [...]. Die konfrontativen Elemente der WVO und der NATO entsprechen nicht mehr dem Zeitgeist«.

7./8.6. NATO-Außenminister-Tagung in Turnberry. Bushs »Neun-Punkte-Angebot« an die UdSSR bildet die Grundlage des abschließenden Kommuniqués. Die NATO reicht den WVO-Staaten »die Hand zur Freundschaft« und würdigt die Erklärung der WVO vom Vortag.

8.6. Thatcher trifft Gorbatschow in Moskau.

9.6. Viertes »Zwei-plus-Vier«-Beamtentreffen in Berlin. Die Ausarbeitung der »fünf Prinzipien zur Behandlung der Grenzfrage« bestimmt die Diskussion, in deren Abschluss ein Kompromissentwurf entsteht. Dieser wird unter Vorbehalt von allen Delegationen angenommen.

9.–12.6. Treffen de Maizières mit Bush in Washington; De Maizière: »Die Mitgliedschaft des vereinten Deutschlands setzt eine völlig veränderte NATO voraus«. Bush: »Die USA treten für Reformen der NATO ein.«

11.6. Treffen von Genscher und Schewardnadse in Brest

12.6. Gorbatschow berichtet vor dem Obersten Sowjet über sein Gipfeltreffen mit Bush. Er schlägt vor, Deutschland vorübergehend beiden Bündnissen zu assoziieren.

15.6. Gemeinsame Erklärung der beiden deutschen Regierungen, die Enteignungen in der SBZ zwischen 1945 und 1949 nicht antasten zu wollen

17.6. Meckel und Genscher treffen am Rande der ersten gemeinsamen Sitzung von Bundestag und Volkskammer im Schauspielhaus in Ost-Berlin zusammen.

18.6. Schewardnadse und Genscher kommen in Münster zusammen. Der Vorschlag, ein KSZE-Treffen bereits im November stattfinden zu lassen, wird diskutiert; Schewardnadse hebt die Notwendigkeit hervor, unterstützende Signale vom NATO-Gipfel zu erhalten.

18./19.6. De Maizière und Mitterrand betonen in Paris die bestehenden Gemeinsamkeiten in der Einschätzung der Grenzfrage.

20.6. Fünftes »Zwei-plus-Vier«-Beamtentreffen in Bonn. Der Kompromissentwurf der »fünf Prinzipien zur Behandlung der Grenzfrage« wird überarbeitet. Zur Struktur des abschließenden Dokuments wird eine vorläufige Gliederung erstellt, die eine allgemeine politische Erklärung in der Präambel, einen Bezug auf die »Prinzipien zur Grenzfrage« und die Ablösung der Vier-Mächte-Rechte in Berlin umfasst. Beide Vorlagen werden der Zweiten »Zwei-plus-Vier«-Außenministerkonferenz in Berlin zur Entscheidung unterbreitet.

20./21.6. Meckel besucht Hurd, der verdeutlicht, dass ein Ausbau der KSZE nur komplementär zur NATO erfolgen kann.

21.6. Bundestag und Volkskammer verabschieden eine gemeinsame Entschließung zur polnischen Westgrenze, die am folgenden Tag durch die beiden deutschen Regierungen notifiziert wird. Die polnische Regierungssprecherin begrüßt die Entschließung und tritt von der Forderung nach der Paraphierung eines Grenzvertrages vor der Vereinigung zurück.

22.6. Zweite »Zwei-plus-Vier«-Außenministerkonferenz in Berlin. Die UdSSR legt einen Gesamtentwurf für einen Friedensvertrag vor, der unter anderem eine Übergangszeit von fünf Jahren, eine Doppelmitgliedschaft Deutschlands in NATO und WVO sowie eine Gesamtstärke der Bundeswehr von 250.000 Soldaten vorsieht. Die übrigen Außenminister lehnen diese Regelungen ab. Auf der anschließenden Pressekonferenz korrigiert Schewardnadse seine Position und erklärt, dass Deutschland bis zur KSZE- Gipfelkonferenz im November 1990 seine volle Souveränität erhalten solle.

25./26.6. EG-Gipfel der Staats- und Regierungschefs in Dublin. Für Dezember 1990 wird eine Regierungskonferenz angesetzt, die über die Verwirklichung der Wirtschafts- und Währungsunion sowie der Politischen Union beraten soll.

26.6. De Maizière trifft Thatcher in London. Er mahnt Veränderungen in der NATO-Strategie an und warnt vor der Isolation der UdSSR.

1.7. Der Vertrag über die Wirtschafts-, Währungs- und Sozialunion (Erster Staatsvertrag) tritt in Kraft. Die D-Mark wird in der DDR offizielles Zahlungsmittel.

3./4.7. »Zwei-plus-Vier«-Beamtentreffen (mit polnischer Beteiligung) in Berlin. Der erste Tag wird von der Arbeit an einer »Liste der zu klärenden Fragen« bestimmt, welche die Politischen Direktoren im Auftrag der Minister erstellt haben. Sie umfasst abschließend 20 Punkte. Der zweite Tag wird von der Diskussion um die drei polnischen Ergänzungsvorschläge zur Grenzfrage dominiert. Vor allem die Verknüpfung der endgültigen Ablösung der Vier-Mächte-Rechte-Verantwortlichkeiten mit dem Inkrafttreten eines deutsch-polnischen Grenzvertrages trifft auf heftige, insbesondere bundesdeutsche Kritik.

2.–13.7. XXVIII. Parteitag der KPdSU; Gorbatschow wird am 10. Juli trotz scharfer Kritik als Generalsekretär der KPdSU bestätigt.

5./6.7. NATO-Gipfel der Staats- und Regierungschefs in London mit dem politischen Signal der Bereitschaft der NATO, mit den WVO-Staaten zusammenzuarbeiten und einen Wandel von Struktur und Strategie des Bündnisses durchzuführen. Die Idee einer »Entfeindungserklärung« zwischen den Bündnissen wird aufgenommen.

9.–11.7. Weltwirtschaftsgipfel der G7-Staaten in Houston; eine der UdSSR in Aussicht gestellte Finanzhilfe wird verweigert.

13.7. Baker betont bei einem Treffen mit Meckel in Washington, dass auch weiterhin Kernwaffen in Westdeutschland stationiert bleiben.

15./16.7. Treffen Kohls und Genschers mit Gorbatschow und Schewardnadse in Moskau und Schelesnowodsk/Kaukasus. In einer »Acht-Punkte-Erklärung« werden die wesentlichen verbliebenen Dissenspunkte des »Zwei-plus-Vier«-Prozesses geklärt: 1. Das vereinte Deutschland: Bundesrepublik, die DDR und Berlin, 2. Deutschland erhält zum Zeitpunkt der Vereinigung die volle Souveränität, 3. Deutschland kann seine Bündniszugehörigkeit frei wählen, 4. Deutschland wird einen Truppenaufenthalts- und -abzugsvertrag mit der UdSSR schließen, die einen Abzug der sowjetischen Truppen innerhalb von 3–4 Jahren vorsieht, 5. es wird keine Ausdehnung der militärischen NATO-Strukturen auf das DDR-Territorium erfolgen, 6. die Truppen der drei Westmächte bleiben in Berlin, solange sowjetische Truppen auf DDR-Gebiet sind, 7. die Bundesrepublik gibt in den Verhandlungen über Konventionelle Streitkräfte in Europa (VKSE) in Wien eine Verpflichtungserklärung zur Senkung der deutschen Streitkräfteobergrenze auf 370.000 Soldaten ab, 8. das vereinte Deutschland verzichtet auf Herstellung, Besitz und Verfügung von ABC-Waffen.

17.7. Dritte »Zwei-plus-Vier«-Außenministerkonferenz in Paris. An der Konferenz nimmt auch Skubiszewski teil. Er erklärt sein Einverständnis zu einem deutsch-polnischen Grenzvertrag nach Herstellung der Einheit. Die »fünf Prinzipien zur Grenzfrage« werden festgeschrieben. Allgemein herrscht Konsens über die Hauptaspekte der deutschen Vereinigung. Meckel kritisiert die Ergebnisse des Kaukasus-Treffens und fordert die Ablehnung der Übertragung militärischer Strukturen der NATO auf die ehemalige DDR auch nach dem Abzug der sowjetischen Truppen, den Verzicht auf Kernwaffenstationierung in Gesamtdeutschland sowie eine deutsche Streitkräfteobergrenze von 300.000 Soldaten.

19.7. Siebtes »Zwei-plus-Vier«-Beamtentreffen in Bonn. Hinsichtlich der »20-Punkte-Liste der zu klärenden Fragen« besteht nahezu kein Dissens mehr. Die Arbeit an dem abschließenden Dokument wird fortgesetzt, über die Präambel herrscht prinzipielles Einvernehmen. Die Ausarbeitung der weiteren Abschnitte wird verteilt: Frankreich erarbeitet einen Artikel zur Grenzfrage, Großbritannien einen Artikel zur Ablösung der Vier-Mächte-Rechte und -Verantwortlichkeiten, die USA einen Artikel zu Berlin. Bundesrepublik und DDR bereiten die gemeinsamen deutschen Erklärungen vor. Die UdSSR behält sich einen eigenen Gesamtentwurf vor.

24.7. Die DDR-Liberalen verlassen nach einem Streit über den gesamtdeutschen Wahlmodus und den Beitrittstermin die Regierungskoalition. In der DDR verschärft sich die Wirtschaftskrise.

2.8. Überfall des Irak auf Kuwait. Die Koalition der beiden Weltmächte USA und Sowjetunion im Vereinigungsprozess wird durch diese Entwicklung neuen Spannungen ausgesetzt.

15.8. De Maizière entlässt zwei SPD-Minister, bei zwei weiteren Demissionen stimmt er zu. Die SPD erwägt, die Koalition zu verlassen.

16./17.8. Genscher trifft Schewardnadse in Moskau und fordert die Suspendierung der Vier-Mächte-Rechte vor Ratifizierung des »Zwei-plus-Vier«-Dokuments. Es besteht Konsens, die Verhandlungen auf dem Vierten »Zwei-plus-Vier«-Außenministertreffen in Moskau abzuschließen.

20.8. Die SPD verlässt die große Koalition der DDR-Regierung. De Maizière übernimmt die Leitung des Außenministeriums und regiert mit einer Minderheitsregierung weiter.

22.6. Vierte Überprüfungskonferenz des Nicht-Verbreitungs (NV)-Vertrags. Beide deutsche Staaten geben eine Erklärung ab, die den Verzicht auf ABC-Waffen sowie die Fortgeltung der Rechte und Verpflichtungen des NV-Vertrags für das vereinte Deutschland beinhaltet.

23.8 Die Volkskammer der DDR beschließt, den Beitritt der DDR zur Bundesrepublik am 3. Oktober 1990 zu vollziehen.

30.8. KSZE-Verhandlungen in Wien. Genscher gibt eine Erklärung über die Reduzierung der deutschen Streitkräfte auf 370.000 Soldaten ab, de Maizière schließt sich für die DDR dieser Erklärung an.

31.8. Der »Vertrag über die Herstellung der Einheit Deutschlands« (Zweiter Staatsvertrag) wird in Berlin unterzeichnet.

4.–7.9. Achtes »Zwei-plus-Vier«-Beamtentreffen in Berlin. Die ausgearbeiteten Teile des abschließenden Dokuments werden diskutiert und mit den Inhalten des sowjetischen Gesamtentwurfs abgeglichen. Das Dokument wird fertiggestellt bis auf die Punkte: Bezeichnung des abschließenden Dokuments, vorzeitige Suspendierung der Vier-Mächte-Rechte und -Verantwortlichkeiten, Stationierung doppelt verwendbarer Waffenträgersysteme auf ehemaligem DDR-Territorium und Linienbegrenzung (Überschreitungsverbot der ehemals »innerdeutschen Grenze« durch NATO-Truppen oder sowjetische Streitkräfte).

8./9.9. Bush und Gorbatschow treffen in Helsinki zusammen. Themen der Gespräche sind die »Zwei-plus-Vier«-Verhandlungen, die KSZE-Konferenz in Paris und die Annexion Kuwaits.

12.9. Vierte »Zwei-plus-Vier«-Außenministerkonferenz in Moskau. 46 Jahre nach dem »Londoner Protokoll« wird endgültig die Ablösung der Vier-Mächte-Rechte und -Verantwortlichkeiten mit dem »Vertrag über die abschließende Regelung in Bezug auf Deutschland« besiegelt.

13.9. Paraphierung des Vertrags über gute Nachbarschaft, Partnerschaft und Zusammenarbeit zwischen der Bundesrepublik und der UdSSR

20.9. Der Zweite Staatsvertrag wird von Bundestag und Volkskammer ratifiziert.

24.9. Austritt der DDR aus der WVO

27./28.9. Der Deutschlandvertrag von 1952 wird per Notenwechsel suspendiert und tritt nach Inkrafttreten des »Zwei-plus-Vier«-Vertrags am 15. März 1991 außer Kraft.

1./2.10. KSZE-Außenministerkonferenz in New York. Am Rande werden die Vier-Mächte-Rechte und -Verantwortlichkeiten suspendiert. Der »Zwei-plus-Vier«-Vertrag wird den KSZE-Staaten zur Kenntnis gebracht.

2.10. Letzte Sitzung der DDR-Volkskammer

3.10. »Tag der deutschen Einheit«, Beitritt der DDR zur Bundesrepublik gemäß Art. 23 GG

5.10. Ratifizierung des »Zwei-plus-Vier«-Vertrags im Bundestag

8.10. Ratifizierung des »Zwei-plus-Vier«-Vertrags im Bundesrat

10.10. Ratifizierung des »Zwei-plus-Vier«-Vertrags im US-Senat

12.10. Der Vertrag über die Bedingungen des befristeten Aufenthalts und der Modalitäten des planmäßigen Abzugs der sowjetischen Truppen wird von Genscher und dem sowjetischen Botschafter, Wladislaw Terechow, in Bonn unterzeichnet.

14.10. Landtagswahlen in den neuen Bundesländern

9.11. Besuch Gorbatschows in Bonn und Unterzeichnung der deutsch-sowjetischen Verträge

14.11. Paraphierung des deutsch-polnischen Grenzvertrages in Warschau

16.11. Übergabe der britischen »Zwei-plus-Vier«-Ratifikationsurkunde an die Bundesregierung

19.–21.11. KSZE-Gipfeltreffen der Staats- und Regierungschefs in Paris; 34 Staaten paraphieren den KSZE-Vertrag; in der »Charta von Paris« wird die Institutionalisierung der KSZE verankert, im abschließenden Kommuniqué wird die Spaltung Europas für beendet erklärt.

27.11. Premier Mazowiecki unterliegt in der ersten Runde der Präsidentschaftswahlen gegen Waleşa und dem unbekannten Kandidaten Tyminski, Rücktritt seiner Regierung

2.12. Die Wahlen zum 1. gesamtdeutschen Bundestag führen zu einem Sieg der CDU/CSU-FDP-Koalition.

7.12. Waleşa wird im zweiten Wahlgang gegen Tyminski zum Präsidenten gewählt.

1991

12.1. Jan Krystof Bielecki wird neuer polnischer Premierminister.

17.1 Übergabe der französischen »Zwei-Plus-Vier«-Ratifikationsurkunde an die Bundesregierung

22.2. Die Mitgliedsstaaten des Warschauer Paktes beschließen, die Militärstruktur und damit auch die wechselseitigen Beistandsverpflichtungen zum 1.4.1991 aufzulösen.

4.3. Ratifizierung des »Zwei-plus-Vier«-Vertrags im Obersten Sowjet der UdSSR

15.3. Der »Vertrag über die abschließende Regelung in bezug auf Deutschland« tritt in Kraft

15.4. Eröffnung der Europäischen Bank für Wiederaufbau und Entwicklung in London

17.6. Paraphierung des deutsch-polnischen »Vertrags über gute Nachbarschaft und freundschaftliche Beziehungen«

25.6. Die Unabhängigkeitserklärungen der jugoslawischen Bundesrepubliken Slowenien und Kroatien lösen erste bewaffnete Kämpfe auf dem jugoslawischen Territorium aus.

1.7. In Prag wird ein Protokoll zur endgültigen Auflösung des Warschauer Paktes, d. h. auch der politischen Organisation, unterzeichnet; Schweden stellt den EG-Beitrittsantrag.

17.10. Ratifizierung des deutsch-polnischen Grenzvertrags sowie des Vertrags über gute Nachbarschaft und freundschaftliche Beziehungen durch den Deutschen Bundestag

18.10. Billigung des deutsch-polnischen Grenzvertrags und Nachbarschaftsvertrags durch den polnischen Sejm

21.10. Abschluss der politischen Verhandlungen zum EWR-Vertrag zwischen zwölf EG- und sieben EFTA-Staaten in Luxemburg

9.–11.12. Die Staats- und Regierungschefs der EG-Staaten einigen sich beim Gipfel in Maastricht auf den Vertrag zur Europäischen Union (EU; Wirtschafts- und Währungsunion, Politische Union, Gemeinsame Sicherheits- und Außenpolitik). Die Ablehnung der Sozialcharta durch Großbritannien führt zu einer Ausklammerung dieses Teils aus dem Vertrag und zu einem nur für die restlichen elf Mitgliedsstaaten gültigen Protokoll zur Sozialpolitik.

22.11. Assoziierungsverträge Ungarns, Polens und der Tschechoslowakei mit den Europäischen Gemeinschaften (EG) werden unterzeichnet.

14.12. Der Europäische Gerichtshof (EuGH) beeinspruchte den im EWR-Vertrag vorgesehenen EWR-Gerichtshof

16.12. Unterzeichnung der »Europa-Abkommen« mit Polen, Ungarn und der ČSFR

21.12. Elf der 15 Sowjetrepubliken beschließen im weißrussischen Minsk die Auflösung der Sowjetunion und die Bildung der Gemeinschaft Unabhängiger Staaten (GUS).

23.12. Die Bundesrepublik Deutschland anerkennt unilateral die ehemaligen jugoslawischen Republiken Slowenien und Kroatien an.

Die Angaben stammen aus folgender Literatur:

Gehler, Michael, Europa. Ideen – Institutionen – Vereinigung – Zusammenhalt, Hamburg-Reinbek 2017, erweiterte und aktualisierte Neuauflage 2010.

Grafe, Roman, Die Grenze durch Deutschland. Eine Chronik von 1945 bis 1990, Berlin 2002.

Hertle, Hans-Hermann, Chronik des Mauerfalls. Die dramatischen Ereignisse um den 9. November 1989, Berlin 11. erweiterte Auflage 2009.

Jäger, Wolfgang, Die Überwindung der Teilung. Der innerdeutsche Prozeß der Vereinigung 1989/90 (Geschichte der Deutschen Einheit in vier Bänden, Bd. 3), Stuttgart 1998.

Korte, Karl-Rudolf, Deutschlandpolitik in Helmut Kohls Kanzlerschaft. Regierungsstil und Entscheidungen 1982–1989 (Geschichte der Deutschen Einheit in vier Bänden, Bd. 1), Stuttgart 1998.

Thaysen, Uwe/Kloth, Hans Michael (Hrsg.), Wandel durch Repräsentation – Repräsentation durch Wandel. Entstehung und Ausformung der parlamentarischen Demokratie in Ungarn, Polen, der Tschechoslowakei und der ehemaligen DDR, Baden-Baden 1992.

Weidenfeld, Werner mit Wagner, Peter M. und Bruck, Elke, Außenpolitik für die deutsche Einheit. Die Entscheidungsjahre 1989/90 (Geschichte der Deutschen Einheit in vier Bänden, Bd. 4), Stuttgart 1998.

X. Ortsverzeichnis

Aachen 370, 875, 891
Altötting 112
Amsterdam 869
Andechs 111
Annaberg 89, 90, 92, 109, 110, 249, 649, 650
Arad 213
Archiz/Arkhyz 66, 501, 506, 509, 511, 513, 514, 517, 529, 531, 537, 543, 545, 564, 809
Arnsberg-Neheim 347
Arosa 712
Athen 162
Auschwitz/Oświęcim 91, 109, 117, 118, 122, 659, 660

Bad Cannstatt 544
Bad Brückenau 17
Bad Freienwalde 91
Bad Gastein 821
Bad Godesberg 636, 751, 848
Bad Homburg 161, 162
Bad Sulza 446
Bad Wiessee 887
Bagdad 537
Basel 185, 890
Belgrad 75, 149, 205, 916
Bergen-Belsen 594
Berlin
- Ost-Berlin 23, 34, 46, 59, 60, 82, 86, 94, 103, 105, 106, 107, 121, 123, 127, 137, 140, 142–144, 148, 149, 159, 163, 167, 170, 172, 174, 176, 178, 188, 190, 195, 197, 217–219, 221, 224, 226, 227, 239, 245, 253, 278, 289, 299, 301, 333, 335–340, 354, 355, 419, 426, 435, 447, 448, 472, 481, 514, 520, 526, 527, 535, 547, 564, 566, 567, 570, 571, 601, 603, 604, 625, 629, 637, 640, 652, 656, 669, 673, 678, 698, 708–710, 716, 719, 720, 724, 725, 734, 741, 752, 756, 788, 807, 839, 925–928, 930–933, 935, 936, 937–941, 945, 946
- West-Berlin 17, 18, 32, 67, 71, 88, 97, 99, 101, 103, 104, 109, 124, 127, 162, 176, 179, 180, 212, 224, 240, 245, 271, 291, 336, 337, 373, 394, 544, 570, 604, 649, 652, 653, 660, 667, 685, 710, 798, 836, 881, 889, 926, 927, 930, 932–935, 939, 941
- Berlin insgesamt 13, 19, 21, 24, 31, 32, 45, 67, 68, 72, 78, 91, 100, 102, 104–106, 110, 127–129, 146, 163, 177, 180, 182, 183, 189, 200, 203, 204, 205, 213, 222, 232, 258, 281, 290, 291, 320, 325, 334, 353, 354, 364, 389, 396, 418, 448, 463, 464, 467, 472, 481, 502, 503, 505, 507, 517, 520, 521, 523, 535, 537, 542, 543, 546, 548, 550–554, 564, 567, 572, 573, 592, 640, 648, 651–654, 666–668, 705, 711, 739, 745, 750, 776, 778, 787, 796, 797, 807, 809, 810, 816, 822, 830, 859, 875, 892, 930, 843, 944–947, 949

Bielitz 109
Birkenau/Brzezinka 109, 118, 122
Bitburg 594, 595
Bochum 369
Bonn Kanzleramt, durchgehende Seitenzahlen
Brandenburger Tor 127, 128, 144, 163, 197, 203, 204, 530, 667, 710, 711, 808, 814, 932
Braşov/Kronstadt 213
Bremen 31, 32, 145, 566, 631
Breslau 90, 109, 111, 892
Brest 411, 424, 425, 429, 430, 448
Brest-Litowsk 424
Brügge 228
Brüssel 30, 62, 67, 132, 140, 148, 166, 168, 184–186, 199, 210, 216, 269, 292, 293, 298, 316, 318, 326, 355, 382, 386, 394, 457, 485, 488, 603, 615, 672, 685, 746, 784, 864, 866, 869, 893, 904, 907, 908, 931, 933, 936, 940, 941, 944
Buckingham Palace 468
Budapest 31, 136, 137, 187, 189, 190, 192, 216, 334, 335, 458, 523, 547, 572, 609, 610, 612, 628, 629, 634, 691, 704, 715, 728, 793, 816, 840, 845, 846, 899, 901, 909, 911, 914, 921, 922, 937, 940
Bukarest 138, 205, 213, 319, 612, 626, 729, 936

Cambridge 317, 324, 943
Camp David 50, 64, 17, 132, 231, 248, 254, 266, 281–285, 287–289, 294, 298, 312, 358, 409, 604, 744, 893, 943, 945
Canossa 515
Celle 170
Checkpoint Charlie/Berlin 103, 104, 108, 449, 653
Chemnitz 140, 291
Chequers (Landsitz) 509, 703

Chicago 596, 597, 633, 884
Clausen/Pfalz 561
Cluj-Napoca/Klausenburg 213
Colombey-les-deux-Églises 600
Cottbus 140, 209, 302, 303

Dachau 854
Danzig 91, 92, 93, 934
Davos 48, 240, 241, 243, 254, 826
Dessau 264, 563, 934
Dortmund 598, 931
Dresden 46, 47, 78, 140, 172, 174, 176, 181–185, 192–195, 197–203, 213, 214, 219, 226, 237, 241, 253, 264, 557, 601, 635–637, 640, 641, 695, 699, 701, 705–710, 720, 789, 802, 933–935, 938, 941
Drewitz 926
Dublin 55, 58, 59, 62, 273, 279, 304, 305, 314, 323, 328, 331, 334, 342, 344, 347, 352, 370, 380, 439, 441, 444, 445, 449, 450, 479, 480, 482, 490, 504, 746, 747, 749, 944, 946
Düsseldorf 162, 370, 599, 604, 619, 838, 843, 885
Duisburg 932

Eisenach 179
Eisenhüttenstadt 724, 931
Elysée-Palast 53, 129, 132, 146–148, 155, 203, 222, 274, 275, 304, 328, 348, 350, 492, 582, 583, 630, 702, 708, 712, 744, 793, 834, 837, 852, 858, 895
Erfurt 279, 601, 934
Esztergom/Gran 190

Frankfurt/Main 135, 173, 310, 355, 405, 550, 565, 595, 743, 790
Frankfurt/Oder 209, 548
Frauenkirche/Dresden 46, 47, 198, 686, 200, 706, 708, 710
Fürth 698, 847
Fulda 562

Gelesno Wogsk 506
Genf 149, 156, 186, 222, 295, 318, 390, 397, 398, 615, 893, 926, 929, 543, 945
Gleiwitz 91
Glen Cove 371
Glienicker Brücke/Berlin 666, 858
Görlitz 84, 564, 649
Gorki/Nischni Nowgorod, *siehe* Nischni Nowgorod
Gotha 562, 601, 602, 934
Grosny 832
Groß-Strehlitz/Strzelce Opolskie 89
Grünes Gewölbe/Dresden 182
Gütersloh 18, 643, 682, 886, 894

Halle 85, 140, 209, 933
Hamburg 100, 145, 151, 193, 420, 545, 565, 566, 631, 651, 751, 819, 825, 843, 854, 855, 895
Hannover 332, 354, 596, 623, 927, 929
Heiligenstadt 540
Helsinki 75, 87, 149, 169, 175, 186, 196, 205, 228, 229, 253, 340, 368, 386, 406, 407, 409, 418, 435, 536, 540, 541–544, 548, 550, 551, 693, 811, 816, 902, 904–909, 913, 914, 917, 919, 920, 931, 932, 940, 948
Herreninsel/Chiemsee 290
Hildesheim 9, 12, 71, 422, 581, 915
Hirschberg 170
Hofgastein 333, 334, 338, 342
Hollywood 510, 733
Hongkong 124
Hotel Adlon/Berlin 816, 822
Houston 62, 63, 66, 276, 358, 425, 431, 441, 443–445, 454, 456, 462, 468, 472, 474, 479, 480, 486, 490, 491, 494, 504, 510, 755, 779, 946
Huntsville/Alabama 439

Jalta 84, 134, 156, 567, 674, 675, 677, 703, 704
Jasna Góra/Częstochowa, Tschenstochau 112
Jena 179, 926, 934

Kaiser-Wilhelm-Gedächtniskirche/Berlin 101, 103
Karl-Marx-Platz/Leipzig 209
Katharinensaal/Moskau 586, 729, 821, 822, 894
Katyn 94
Kaub 446
Key Largo/Florida 342, 350, 944
Kiel 164, 350, 622
Kiew 148, 163, 174, 175, 177, 205, 207, 218, 564, 565, 712, 737, 816, 828, 833, 874, 912, 940
Klantendorf/Kujavy 17, 18, 609, 689, 889
Köln 4, 57, 86, 103, 122, 221, 225, 255, 264, 336, 347, 373, 387, 480, 485, 612, 699, 929
Königsberg 819
Königswinter 324, 335
Konstanz 312
Kontrollratsgebäude/Berlin 179, 269, 703
Kopenhagen 147, 273, 406, 411, 412, 413, 945
Krakau 93, 117, 118
Kreisau 88, 90, 109–112, 115, 116, 234, 650, 656
Kreml 65, 224, 256, 257, 261, 374, 377, 379, 500, 596, 655, 708., 748, 821, 822, 827, 829, 844, 893, 894, 895
Kuala Lumpur 868

Kunzendorf 17

Langley/Virginia 126
Latché/frz. Landsitz 163, 206, 208, 677, 713
Leipzig 140, 149, 154, 163, 203, 209, 224, 304, 567, 636, 638, 663, 708, 786, 789, 926, 927, 936, 938
Leninhügel/Moskau 255, 373, 487
Leschnitz/Leśnica 89
Lissabon 168, 320, 830, 870, 878
London 45, 54, 62, 66, 123, 133, 146, 165, 198, 214, 219, 233, 240, 251, 252, 276, 290, 310, 312, 325, 342, 355, 358, 381, 404, 411, 418, 422, 423, 427, 433, 434, 439, 441, 445, 446, 448, 451, 457–459, 460, 465, 469, 470, 471, 473, 474, 476, 478–482, 488, 490, 491, 513, 548, 553, 572, 616, 670, 674, 676, 684, 716, 776, 779, 803, 812, 851, 887, 893, 941–943, 946, 948
Lublin 114, 116
Ludwigshafen 130, 135, 153, 231, 299, 319, 342, 372, 406, 409, 446, 556, 578, 687, 688, 691, 790, 835, 895
Luxemburg 168, 698, 927

Maastricht 747, 949
Madrid 75, 149, 205, 268, 293, 623, 658, 842, 854, 895, 916, 936
Magdeburg 296, 562
Mahnmal des Ghettoaufstandes in Warschau 656
Mainz 18, 26, 88, 139, 160, 328, 446, 569, 571–576, 583, 592, 606, 611, 616, 617, 618, 633, 648, 666, 688, 752, 754, 770, 771, 773, 802, 836, 838, 859, 877, 894, 936
Malta 128, 132, 148, 150, 153, 156, 165–168, 171, 180, 188, 196, 436, 940
Mannheim 312, 556
Metz 446
Miesbach 515
Mineralnyje Wody/Flughafen Region Stawropol 506, 508
Minsk 815, 829, 831, 833, 949
Moskau 13, 19, 20, 27, 28, 33, 48, 50, 51, 60, 62, 63, 65–69, 78, 89, 122, 124, 133, 145, 146, 153, 159, 169, 171, 172, 174, 178, 179, 184, 185, 188, 189, 192, 193, 198, 214, 223, 224, 232, 234, 239, 241, 242, 244, 246, 249–253, 255, 258, 262–264, 266, 267, 269, 272, 280, 281, 296, 298, 299, 304, 312, 314, 325, 340, 346, 350, 351, 353, 357, 362, 364, 365, 368, 369, 372, 373, 377, 379, 381, 383, 386, 389, 390–394, 396, 401, 404, 411–415, 418, 421–423, 426, 427, 432, 433, 436, 438, 439, 445, 451, 459, 464, 470, 472, 477, 480–482, 484, 485, 487, 494–497, 499, 502, 506, 511–514, 517, 520–523, 528, 529, 532, 534, 535, 538, 539, 541, 543, 545–547, 549, 550, 554, 556, 562, 572, 584–588, 590, 599, 602, 610, 621, 628, 532, 639, 640, 654, 655, 662, 666, 668, 669, 672, 685, 695, 97, 699, 700, 709, 712, 714, 718, 728, 729, 734, 738–742, 751, 752, 754, 760–764, 776, 780, 782, 785, 786, 796, 812, 813, 818, 820, 824, 830–832, 836, 837, 843, 844, 848, 850, 852, 853, 858, 877, 883, 885–888, 893, 894
München 19, 48, 134, 205, 242, 246, 250, 529, 553, 555, 558, 559, 576, 577, 587, 778, 818, 822, 823, 828, 830, 831, 872, 873, 891, 894
Münster 435, 437, 439, 448

Neubrandenburg 209, 224, 720
Neunkirchen 224, 933
New York 71, 334, 372, 373, 411, 517, 697, 796, 809, 810, 846, 889, 948
Nike Denkmal in Warschau 98
Nischni Nowgorod/Gorki 931
Nizza 869
Nürnberg 9

Ochsenfurt 138
Okecie/Flughafen Warschau 91
Oosterbeek 371
Oppeln 89
Oslo 935
Ottawa 51, 250, 252, 253, 264, 266, 267, 269, 272, 273, 275, 278, 280, 286, 354, 358, 404, 554, 736
Oxford 215, 219

Palais des Fürsten von Radziwill (Warschau) 94
Palais Schaumburg (Bonn) 130, 143, 211, 266, 388, 759, 841
Paris 10, 30, 47, 55, 58, 67, 116, 119, 129, 132–134, 136, 138, 139, 147, 149, 157, 163, 165, 176, 198, 203, 206, 215, 222, 233, 235, 244, 252, 268, 269, 273, 275, 279, 291, 294, 299, 301, 303, 304, 306, 310, 314, 322, 328, 344, 347–350, 355, 364, 406, 422, 445–448, 450, 463, 470, 481, 482, 486, 492, 504, 506, 511, 512, 517, 525, 532, 559, 553, 560, 564, 572, 582, 592, 600, 603, 630, 631, 640, 658, 676, 683, 677, 685, 693, 711, 713, 714, 716, 741, 743, 758, 779, 796, 814, 815, 816, 822, 834, 838, 858, 866, 893, 939, 943, 947, 948
Pearl Harbor 91
Peking 91, 124, 592, 619, 831, 936
Petersberg/Gästehaus bei Bonn 216, 556, 853, 895
Petersburg, *siehe* Sankt Petersburg

Pferdsfeld 445
Pilsen/Pizeň 569
Pisa 277
Plauen 224, 720, 789, 938
Pleskau/Pihkva, Pleskava 57
Plötzensee/Berlin 110
Posen/Poznań 93, 94
Potsdam 84, 86, 200, 254, 320
Prag 70, 138, 140, 152, 176, 188, 205, 216, 311, 340, 611, 613, 629, 634–636, 710, 819, 904, 920, 927, 937–939, 943, 948
Prypjat 486

Quedlinburg 562

Ramstein 449
Rapallo 585, 811
Ratibor 609
Rawa-Ruska 446
Reichenbach am Heuberg 446
Reims 600
Reykjavik 598, 931
Riad 590
Rom 10, 161, 162, 169, 173, 216, 233, 322, 442, 473, 474, 519, 658, 848, 854
Rostock 179, 299, 935
Roter Platz/Moskau 262
Rottach-Egern 11, 16, 569, 744, 757, 822, 833, 873
Rudniki 111
Rudolstadt-Schaala 446

Saalfeld 934
Saarbrücken 215, 218, 228, 574, 931
Saint Martin 163, 190, 941
Salzburg 9, 167, 569, 634, 816, 817, 819, 821, 910, 914, 916, 918, 924
Sankt Petersburg 122, 494, 818, 872, 890, 891
Schelesnowodsk/Kaukasus 946
Schengen 185, 582, 583, 704, 869, 876, 929
Schloss Gymnich/Bonn 629, 630
Schöneberger Rathaus/Berlin 32, 99, 101, 105, 224, 652, 653, 654
Schwante 217
Schwedt 170
Schweidnitz/Swidnica 110
Schwerin 140, 209
Seoul 143, 146, 890
Shannon/Irland 942
Singapur 152, 404
Sofia 138, 205, 214, 611, 840
Šopron/Ödenburg 973
Sotschi 19, 825, 826, 830, 870, 895
Speyer 446, 616
St. Gilgen 515, 517–519, 521
St. Goarshausen 46
St. Wendel 224
Stawropol 67, 480, 482, 495, 496, 505, 506, 554, 686
Stillwater/Oklahoma 360
Stockholm 229, 307, 313, 930
Straßburg 58, 125, 132, 133, 146, 149, 155, 160, 163, 164, 175, 176, 190, 228, 380, 685, 701, 702, 941, 942
Stuttgart 49, 245, 544, 599, 619, 753, 843, 885, 926

Tarnowitz/Tarnowskie Góry 89
Tegernsee 12, 17, 569, 570, 577, 644, 652, 670, 774, 787, 818, 854, 861, 880, 887, 889, 895
Teheran 84
Telc/Teltsch 613
Tiflis 502
Timişoara/Temeswar 213
Tokio 300
Trebnitz 111
Trutzhain 446
Tschenstochau/Częstochowa 93, 111, 112, 116
Tschernobyl 486, 487, 488, 561, 930
Turnberry 414, 416, 417, 418, 419, 470, 945
Tutzing 50, 71, 72, 235, 237, 252, 271, 763, 942

Verdun 446, 591, 594
Vichy 446

Warschau 31, 32, 55, 83, 85–90, 94, 96–98, 100, 101, 109, 112, 115, 117–119, 121, 122, 235, 392, 303, 310, 311, 320, 356, 571, 609, 629, 634, 649, 651, 652, 663, 731, 819, 820, 846, 857, 859, 893, 937, 938, 942, 944
Washington D. C. 44, 48, 55, 62, 72, 99, 104, 129, 132, 140, 148, 149, 162, 173, 198, 214, 221, 229, 231, 243, 244, 252, 253, 264, 283, 287, 302, 306, 311, 312, 315, 326, 332, 344, 353, 356, 369, 371, 381, 383, 384, 390, 402–408, 410, 411, 416, 417, 419, 431, 435, 439, 451–454, 473, 482, 491, 510, 536, 541, 571, 572, 589, 592, 593, 594, 598, 616, 617, 630, 658, 672, 679, 682, 688, 700, 716, 729, 732, 733, 754, 765, 766, 777, 779, 784, 821, 827, 836, 837, 838, 839, 890, 892, 894, 895, 933, 936, 942, 945, 946
Weimar 562, 811, 934, 934, 935, 937
Weißes Haus, Washington D. C. 105, 126, 128, 150, 153, 156, 166, 213, 243, 251, 276, 304, 326, 346, 353, 367, 382, 385, 400, 402, 409, 411, 413, 414, 416, 417, 424, 427, 451, 452, 456, 543, 571, 67, 631, 732, 733, 834, 837, 892, 893, 894
Wernigerode 540

Wieluński/Powiat 111
Wien 9, 34, 64, 75, 93, 122, 156, 168, 174, 213, 229, 230, 233, 246, 268, 281, 300, 307, 313, 314, 328, 332, 334, 349, 356, 358, 381, 382, 389, 395, 396, 398, 399, 400, 406, 407, 408, 409, 414, 417, 418, 423, 430, 452, 457, 458, 465, 467, 468, 470, 488, 503, 504, 507, 509, 526, 534, 541, 599, 602, 603, 613, 614, 634, 693, 695, 706, 724, 753, 776, 787, 788, 814, 817, 820, 840, 931, 935, 947
Wildbad Kreuth 752
Williamsburg 597, 894
Windhoek/Windhuk 316, 320, 728
Wismar 933
Wladiwostok 830, 875
Wolfgangsee 515, 788
Wolfsburg 555

Yad Vashem Gedenkstätte 671

Zauchtel/Suchdol nad Odrou 17
Zittau 170

XI. Sachverzeichnis

13.6.1989 (gemeinsame deutsch-sowjetische Erklärung) 424, 467, 602, 619, 621, 885
17. Juni 1953 (Volksaufstand in der DDR) 387, 584, 668, 902, 915, 938
13. August 1961 (Mauerbau in Berlin) 32, 81, 97, 101, 292, 653 *siehe* auch Mauer, Maueröffnung
3. Oktober (Tag der deutschen Einheit) 10, 13, 179, 521, 526, 535–537, 539, 542, 553, 563, 567, 638, 808–810, 948
40jähriges Jubiläum der Staatsgründung der DDR 253, 516, 527, 938

ABC-Waffen 57, 65, 66, 216, 274, 284, 322, 372, 389, 415, 423, 436, 484, 485, 492, 502, 507, 521, 542, 547, 564, 776, 780, 947
– chemische Waffen 168, 313, 390, 552, 561, 680, 929
– biologische Waffen 876
Abrüstungsabkommen, *siehe*
– KSE
– START
– VKSE
– VSBM
Acht Punkte des Einvernehmens/Begegnung im Kaukasus 776
Afghanistan 127, 168, 496, 874, 921, 934
Afrika 24, 130, 292, 365, 394, 450, 655
– Ägypten 534, 536, 538, 542, 556, 557
– Äthiopien 183
– Albanien 275, 309, 612, 613, 819
– Marokko 534
– Südafrika 219, 325, 386, 391, 425
Albanien 275, 309, 612, 613, 819
Allgemeines Zoll- und Handelsabkommen (GATT) 173, 472, 486, 546
Alliierte, *siehe* Vier Mächte
Alliierter Kontrollrat 45, 179, 200, 704, 941
Allunions-Vertrag 66, 494
Asia-Pacific Economic Cooperation (APEC) 868
Association of Southeast Asian Nations (ASEAN) 868
Atlantic Council 827, 828, 890, 892
Atlantikbrücke 312, 849
Aussiedler 211, 265, 303
Auswärtiges Amt/Außenministerium der Bundesrepublik 23, 24, 203, 245, 437, 580, 683, 684, 694, 747, 761, 763, 837, 846, 848
– *siehe* auch Hans-Dietrich Genscher im Personenregister
Außenministerium der DDR 15, 56, 195, 264, 337, 394, 728, 806, 899, 931
Außenministerium Frankreich 274, 346
Außenministerium Polen 55, 89, 608, 609
Außenministerium Sowjetunion 751–752
Außenministerium USA *siehe* State Departement

Baltische Staaten 325, 332, 383, 384, 407, 494, 743, 748, 754, 871, 875, 909, 910, 920, 921, 923
Banken
– Bank für Internationalen Zahlungsausgleich (BIZ) 438
– Deutsche Bank AG 60, 362, 368, 405, 666, 695, 761, 853
– Dresdner Bank AG 60, 362, 368, 405, 666, 695, 707, 761
– Europäische Bank für Wiederaufbau und Entwicklung (EBWE, EBRD) 132, 176
– Weltbank 99, 289, 451, 477, 479, 480, 486, 524, 975
Barschel-Affäre 318
Bayern 17, 26, 32, 60, 290, 519, 569, 576, 577, 613, 630, 653, 808, 823, 880, 889, 891, 892, 933
Belgien 45, 87, 185, 233, 239, 267, 446, 467, 723
Benelux-Staaten allgemein 185, 216, 290, 305, 385, 582, 624, 674, 704, 723, 815, 929
Bericht zur Lage der Nation/Bundesrepublik Deutschland 83, 104, 926, 927, 929, 930, 933, 935, 939
Bericht zur Lage der Nation/USA 238
Berlin
– Alliierte in Berlin 65, 129, 204, 567, 930
– Berlin-Ultimatum 1958 705
Berliner Mauer, *siehe* auch 13. August 1961, Mauerbau
– allgemein 526, 603, 625, 634, 640, 652, 667, 668, 669, 818, 819, 881, 932, 935
– Öffnung der Mauer 306, 365, 456, 560, 564, 592, 616, 623, 628, 646, 651, 656, 666, 670,

673, 676, 702, 711, 715, 737, 819, 858, 859, 882, 903, 904, 909, 924, 938, 939
Bermudas 342, 943
Bertelsmann-Stiftung 4, 11, 18, 642, 643, 645, 745, 786, 787, 853, 886, 887, 889, 893–895
Besatzungsmächte, *siehe* Vier Mächte
Beutekunst 872
Bilderberg-Konferenz 371–373, 697, 846
Blockparteien, *siehe* Parteien
Bonner Erklärung 13.6.1989 27, 28, 621, 623, 738, 863
Brasilien 127, 231, 445, 474, 475, 583, 874
Breschnew-Doktrin 626, 729, 935
Budapester Memorandum 1994 816
Bürgerrechtler/Dissidenten in der DDR 46, 218, 270, 615, 717, 788, 936, 937
Bulgarien 107, 136, 191, 214–216, 251, 289, 415, 485, 494, 524, 572, 592, 611, 614, 664, 715, 793, 840, 869, 892, 901, 908, 909
Bundesverband der Deutschen Industrie (BDI) 824, 825, 891
Bundesnachrichtendienst (BND) 24, 319, 589, 590, 638, 786
Bundesbank 49, 59, 203, 241, 247, 249, 265, 268, 272, 310, 321, 329, 330, 387, 388, 342–344, 441, 710, 712, 734, 743, 756
Bundesgrenzschutz 25, 82
Bundeskanzleramt 10, 13, 14, 18, 21, 22, 26, 27, 28, 34, 42, 44, 46, 51, 52, 54, 57, 61, 62, 63, 69, 72, 73, 74, 76, 77, 79, 81, 88, 94, 100, 103, 129, 133, 141, 154, 155, 176, 183, 189, 192, 221, 319, 335, 345, 346, 367, 381, 387, 409, 417, 418, 424, 430, 432, 449, 450, 455, 468, 480, 522, 531, 556, 583, 585, 586, 587, 589, 590, 599, 600, 601, 602–607, 611, 614–616, 622, 623, 625, 626, 628, 629, 632, 634, 635, 637, 638, 641, 642, 644, 647, 651, 663, 670, 677, 679, 682, 684, 685, 687, 689, 694, 697, 708, 711, 713, 714, 716, 717, 719, 720, 724, 725, 730, 733, 734, 735, 736, 739–742, 744, 746, 747, 751, 755, 756, 757, 758, 760–764, 770–774, 775, 777, 787, 791, 794, 796–799, 803, 804, 806, 805, 811, 819, 821, 822, 829, 835, 836, 837, 839–841, 845, 846, 848–851, 855, 856, 857, 858, 862, 866, 873, 874, 875, 881, 882, 884, 886, 889, 894, 901, 933, 937
Bundessicherheitsrat 25, 150, 319
Bundestag, *siehe* Deutscher Bundestag
Bundeswehr, *siehe* auch Wehrpflicht 17, 23, 27, 52, 53, 57, 63–65, 82, 145, 174, 312, 270, 271, 277, 285, 292, 301, 310, 313, 319, 322, 324, 327, 333, 345, 369, 373, 381, 398, 400, 401–403, 405, 410, 412, 415–417, 452, 458, 459–462, 481, 485, 503, 504, 505, 507, 512, 525, 529, 535, 545, 560, 567, 605, 621, 622, 683, 728, 741, 742, 745, 746, 748, 761, 764, 765, 780, 783, 785, 786, 801, 807, 851, 858, 880, 889, 932, 946

CDU, *siehe* Parteien
Center for Strategic and International Studies (CSIS) 402
Central Intelligence Agency (CIA) 126, 127, 218, 666, 667
Charta 77 899, 919
Charta von Paris 268, 682, 693, 813, 814, 822, 875, 879, 948
Chile 85, 127, 185, 231, 931, 927, 932, 935
China 91, 123, 124, 142, 143, 211, 219, 222, 287, 313, 386, 405, 475, 478, 572, 592, 612, 619, 655, 697, 789, 828, 831, 868, 870, 871, 874, 901, 906, 911, 913, 917–919, 923, 924, 928
COMECON, *siehe* Rat für gegenseitige Wirtschaftshilfe, RGW
CSU, *siehe* Parteien

Dänemark 352, 694, 749, 792, 793, 870, 925
Davos (World Economic Forum) 48, 240, 241, 243, 254, 826
D-Day 248, 595
DDR-Reisegesetz 94, 103, 121, 149, 640, 939
Delors-Plan 74, 176, 603, 623, 935, 936
Demonstrationen in der DDR 82, 85, 106, 124, 156, 165, 169, 218, 224, 592, 628, 638, 646, 663, 668, 708, 720, 789, 922, 938
Demonstrationen in Peking 124, 619, 936
Deutsche Afrika-Stiftung 365
Deutsche Bundesbank, *siehe* Bundesbank
Deutscher Bundestag 17, 18, 19, 43, 52, 54, 56, 78, 81, 85, 86, 87, 92, 95, 96, 102, 114, 117, 122, 124, 126, 129, 132, 139, 151, 154, 155, 157, 159, 161, 164, 165, 169, 170, 179, 184, 205, 212, 219, 223, 227, 228, 232, 233, 235, 239, 240, 242, 246, 247, 263, 266, 270–272, 274, 275, 288, 28, 292, 294, 295, 297, 298, 299, 300, 307, 309, 315, 317, 319, 351, 383, 391, 397, 398, 404, 410, 423, 427–429, 432, 436, 437, 438, 440, 441, 443, 444, 449, 462, 464, 484, 485, 526, 529, 530, 535, 540, 544, 561, 574, 575, 580, 581, 583, 596–598, 633, 648, 651, 657, 662, 677, 689, 732, 733, 767, 769, 787, 801, 805, 825, 829, 833, 874, 877, 878, 884, 925–929, 930, 931, 933, 935, 939, 943, 944, 946, 948
Deutsch-britische Konsultationen 229, 325
Deutsch-französischer (Freundschafts-)Vertrag 22.1.1963 560, 785
Deutsch-französische Konsultationen 558, 640, 676, 939, 944

Deutsch-spanische Konsultationen 842, 895
Deutsch-französischer Sicherheitsrat 229, 325
Deutsch-polnischer Nachbarschafts- und Friedensvertrag 809
Deutsch-sowjetischer Freundschaftsvertrag (1939) 331, 540
Deutschlandtreffen der Schlesier 595
D-Mark 48, 49, 59, 60, 61, 63, 65, 69, 70, 215, 248, 338, 354, 411, 515, 534, 557, 584, 623, 630, 665, 674, 714–716, 734–736, 739, 756, 759, 782, 789, 812, 856, 946
Duma 816, 825, 872

EG/Europäische Gemeinschaften 10, 29, 45, 55, 58, 62, 70, 71, 74, 99, 105, 116, 124, 125, 129, 131, 132, 134, 136, 138, 142, 146–149, 152–155, 157, 159, 167, 169, 170, 173, 175–177, 181–183, 185, 186, 188, 200–208, 210–212, 215–217, 219, 220, 225, 228, 229, 233, 237, 238, 244, 245, 252, 263, 267, 270, 273–275, 277–279, 284, 288, 291, 292, 301, 304–306, 308, 310, 314, 316, 317, 323, 325, 326, 328, 331, 334, 337, 342–344, 347, 350, 352, 365, 370, 371, 380, 393, 412, 419, 425, 431–433, 441, 444, 449, 450, 462, 463, 475, 478–480, 482, 486, 512, 513, 522–524, 546, 551, 557, 582, 603, 658, 662, 676, 684, 701, 712, 713, 715, 739, 740, 741, 746, 749, 753, 795, 797, 850, 854, 864, 868, 876, 904, 909, 918, 925, 927–930, 932–936, 938, 939, 941, 942, 944, 946, 948, 949
EG Beitritt
- DDR 142, 210, 228
- Österreich 936
- Portugal 830, 868
- Schweden 948
- Spanien 658, 830, 868
- Türkei 871, 932
EG Osterweiterung 813, 909
EGKS 147
East Asian Community 868
Einheitliche Europäische Akte (EEA) 147, 176, 450, 929, 930, 932
Europäische Freihandelsassoziation (EFTA) 29, 173, 176, 275, 603, 864, 914, 927, 935, 941, 949
Europäische Konföderation 205, 215
European Democrat Union (EDU) 600, 922
EG-Binnenmarkt *siehe* auch Delors-Plan 58, 74, 147, 172, 176, 210, 238, 273, 582, 603, 676, 746, 876, 918, 929, 933
Einigungsvertrag 21, 59, 298, 472, 515, 526, 528, 533, 534, 535, 540, 552, 555, 561, 800, 802, 808
Entwicklungshilfe 10, 18, 22, 24, 889
EURO 869, 874
Euromaidan 874
Europäische Politische Zusammenarbeit (EPZ) 524, 915, 930, 931
Europäische Union Christlicher Demokraten (EUCD) 277, 600
Euro-Corps 870
Europäische Gemeinschaft, *siehe* EG
Europäische Kommission
- allgemein 74, 133, 147, 164, 167, 176, 210, 211, 228, 244, 245, 265, 273, 306, 316, 317, 450, 479, 480, 486, 512, 524, 701, 741, 746, 839, 869, 908, 909, 914, 928, 929, 933, 935, 941, 959
- Präsidenten 45, 55, 74, 168, 208, 301, 342, 370, 482, 522, 603, 624, 674, 702, 740, 741, 749, 797, 858, 871, 942
Europäischer Rat
- allgemein 99, 104, 147, 164, 172, 173, 175, 177, 190, 352, 441, 450, 451, 479, 623, 701, 702, 926, 929, 933, 936, 941
- Präsidentschaften 173, 175, 450, 623, 673, 674, 749, 867
Europäisches Parlament 132–133, 146–147, 149–151, 163–164, 167, 173, 189, 199, 212, 273, 380–381, 582, 603, 685, 791, 842, 858
Europäische Union 71, 76, 99, 147, 164, 173, 185, 212, 216, 275, 277, 300, 380, 422, 450, 624, 670, 685, 702, 741, 746, 790, 808, 813, 823, 824, 830, 831, 850, 867–872, 874, 875, 876, 908, 926, 927, 949
Europäische Volkspartei (EVP) 277, 685, 965
Europäischer Wirtschaftsraum (EWR) 309, 603, 927, 935, 941, 949
Europäische Zentralbank (EZB) 173, 228, 329, 310, 559, 743

Falkland-Konflikt 925, 964
Freie Deutsche Jugend (FDJ) 17, 82, 653
FDP, *siehe* Parteien
Finnland 331, 413, 436, 540, 793, 794, 892, 930
Firmen
- BASF 688
- BMW Group 19, 777, 778, 822, 823, 825, 889, 891, 894
- Böhringer 690
- Buna Schkopau 799
- Elf Aquitaine 799
- Nestlé 691, 775, 798, 891
- VÖEST 724
Flüchtlinge/Umsiedler, *siehe* auch: Aussiedler
- allgemein 195, 569, 596
- aus der DDR 31, 82, 136, 145, 188, 189, 253, 567, 572, 610, 614, 629, 634, 635, 636, 705, 817834, 937, 938

Föderation für Deutschland 43, 44, 153, 154, 158, 166, 196, 202, 239, 626, 681, 687, 688, 857
Foreign Office 16, 221
Forum Alpbach 792
Frankreich 11, 30, 46, 54, 55, 57, 62, 72, 74, 76, 78, 86, 87, 105, 112, 113, 130, 134, 147, 155, 158, 163, 167, 177, 180–182, 185, 191, 200, 205, 206, 209, 211, 215, 216, 222, 238, 238, 239, 250, 251, 264, 269, 270, 274, 284, 291, 294, 299, 302, 304, 305, 313, 323, 324, 326, 344, 348, 349, 363, 368, 377, 394, 423, 439, 446, 447, 450, 451, 462, 463, 465, 468, 469, 470, 482, 494, 512, 526, 532, 535, 552, 554, 558–560, 564, 565, 567, 578, 582, 583, 585, 588, 592, 600, 608, 616, 622–624, 640, 648, 658, 661, 662, 674–677, 683, 684, 694, 698, 701, 703, 705, 707, 709, 711, 713, 714, 722, 731, 741, 744, 746, 747, 753, 755, 756, 758, 765, 777, 778, 779, 789, 792, 795, 815, 819, 831, 837, 850, 854, 874, 875, 876, 905, 907, 920, 929, 942, 943, 947
Friedensbewegung
– amerikanische 127
– in der DDR 589, 926
– westdeutsche 170
Friedensvertrag für Deutschland 48, 54, 57, 78, 142, 148, 244, 238, 239, 274, 280, 289, 298, 299, 301, 302, 311, 316, 317, 320, 323, 332, 335, 340, 353, 354, 363, 370, 372, 391, 420, 428, 457, 512, 675, 742, 748, 750, 943, 944, 946
Friedensvorschläge der Sowjetunion 1952, 1954, 1957 239
Friedrich-Ebert-Stiftung 654
Fußballspiele 434, 473, 474, 848
GATT 173, 472, 474, 486, 546

Gazprom PAO 401
Gemeinsames Europäisches Haus 29, 43, 157, 158, 170, 175, 271, 281, 360, 378, 398, 865, 875
Gemeinschaft Unabhängiger Staaten (GUS) 911, 921, 949
Generalvertrag zwischen der UdSSR und der BRD 65, 67, 68, 69, 517, 532, 539, 796, 811
Georgien 494, 868, 871, 874, 877
Gewaltverzicht, *siehe* auch Friedensbewegung 58, 69, 87, 178, 287, 324, 330, 331, 344, 440, 457, 459, 465, 467, 483, 486, 490, 531
Gewerkschaften
– BRD 4, 86, 108, 279, 453, 647, 722, 757, 758, 798
– DDR
– Polen 87, 93, 94, 608, 663, 980, 981
– USA 126

Ghetto-Aufstand in Warschau 1.8.–2.10.1944 87, 98, 656
Glasnost 113, 128, 325, 377, 487, 628, 669, 884, 902
Green Cross 844, 887
Grenada 927
Griechenland 367, 391, 450, 523, 750, 868
Grönland 925
Großbritannien 16, 54, 72, 116, 134, 182, 200, 213, 216, 222, 236, 239, 250, 252, 301, 313, 324, 326, 352, 363, 368, 377, 379, 404, 450, 482, 492, 509, 512, 535, 538, 552, 567, 675, 753, 789, 795, 850, 874, 875, 925, 947, 949
Grundgesetz und Wiedervereinigung nach Artikel 23 oder 146 146, 244, 245, 270, 271, 278, 290, 321, 341, 388, 400, 420, 424, 426, 428, 472, 948
– Wiedervereinigung allgemein 515–519, 521, 522, 526, 535, 540, 794, 802, 808
– Beitritt DDR zur BRD allgemein 57, 68, 101, 290, 244, 309, 514, 515, 518, 521, 759
Grundlagenvertrag von 1972 21, 87, 178
Gruppe 24 (Intergovernmental Group of Twenty-Four) 123

Hallstein-Doktrin 87, 239, 805
Hamas 872
Haus der Deutschen Industrie/Moskau 27
Haus des Ministerrates/Polen 118
Haus, »weißes«, in Ost-Berlin 23, 34, 901
Helmut Kohl-Stiftung 4, 12, 830
Herbert Quandt-Stiftung 19, 822, 823, 889, 891, 894
Hermes Bürgschaften 91, 119, 123, 125
Hitler-Stalin-Pakt 93, 325, 331, 539, 540, 810, 811, 910, 920

Indien 161, 313, 405, 534, 868, 874, 889
Interkontinental-Raketen 140, 871
Intermediate Range Nuclear Forces Treaty (INF I, II) 64, 140, 302, 598, 599, 683, 876, 908, 914, 933
Internationaler Währungsfonds (IWF) 99, 123, 131, 136, 289, 479, 486
Interparlamentarische Union (IPU) 763
Irak-Krieg/Golf-Krieg
– Erster Golfkrieg 469
– Zweiter Golfkrieg 10, 173, 516, 519–521, 523–525, 533, 534, 536–538, 540, 544, 551, 554–559, 743, 790, 795, 801, 947
Irland 58, 74, 210, 246, 323, 339, 352, 436, 450, 674, 747, 749, 932, 942
Israel 86, 87, 273, 313, 536, 550, 557, 559, 590, 595, 648, 659, 670–672, 894

Italien 162, 164, 168, 173, 216, 267, 305, 317, 340, 368, 377, 399, 434, 467, 474, 523, 585, 622, 624, 658, 723, 750, 792, 815, 874, 977

Jäger 90 209, 213, 459
Jalta 84, 134, 156, 567, 674, 675, 677, 703, 704
Japan 91, 210, 211, 236, 289, 300, 368, 371, 377, 404, 445, 456, 457, 475, 557, 655, 868, 874
Jugoslawien 87, 143, 173, 228, 436, 517, 519, 572, 592, 694, 743, 794, 795

KGB 34, 72, 350, 588, 589, 655, 836, 881, 903
Kießling-Affäre 861
Kirchen 24, 82, 86, 99, 111, 113, 120, 137, 170, 181, 184, 198, 201 (Vatikan), 394, 528, 570, 608 (Vatikan), 802, 903, 929, 933, 934
Kommerzielle Koordination (KOKO) 606, 928
Konföderation für Deutschland 42, 43, 44, 133, 142, 144, 153, 154, 158, 162, 164, 171, 178, 234, 235, 237, 239, 240, 248, 265, 626, 681, 687, 881, 942
Königswinter-Konferenz 324
Konrad-Adenauer-Haus 18, 225, 229, 343, 835
Konventionelle Streitkräfte in Europa, Vertrag (KSE),*siehe* KSE, konventionelle Waffen
Korea 142, 143, 405, 718, 870, 890
Kroatien 519, 694, 794, 795, 869, 924, 948, 949
KSE 64, 68, 157, 268, 470, 504, 599, 679, 723
KSZE-Verhandlungen 10, 28, 30, 34, 48–50, 56, 58, 62, 66, 67, 70, 75, 77, 149, 157–159, 165, 169, 170, 173, 176, 178, 183, 185, 186, 205, 213, 215, 225, 229, 230, 232, 233, 238, 242–244, 246, 249, 252, 254–256, 260, 264, 267–270, 275, 281, 284–287, 289, 291, 295, 297, 300, 301, 305, 307–309, 312–314, 316, 317, 320, 322, 325, 327, 330–335, 337, 349, 350, 351, 355, 356, 359, 363, 366, 368, 369, 371, 379, 381, 382, 384, 386, 392–397, 400, 406–408, 411, 412, 414, 415, 417, 418, 421, 423, 426, 428, 435, 442, 445, 447, 448, 450, 453, 458, 463, 465, 466, 469–472, 483, 486, 491, 502, 504, 511, 517, 526, 555, 587, 599, 602, 603, 693, 723, 738, 739, 796, 811, 814, 820, 863, 866, 875, 902, 904–907, 910–913, 916, 918–923, 931, 932, 935, 945
Kuba 168, 273, 439, 474, 475, 477, 478
Kurilen 211, 457, 477, 715
Kurzstreckenwaffen 64, 358, 455, 753
Kuwait 173, 376, 516, 525, 533, 537, 538, 557, 789, 947, 948

Lance-Rakete 64, 242, 243, 302, 732
Landsmannschaften, *siehe* auch Vertriebenenverbände 544, 928, 929
Lateinamerika 24, 127, 130, 277, 691, 845
Lebensmittellieferungen
- DDR 220
- Sowjetunion 47, 65, 209, 212, 219, 236, 237, 243, 245, 248, 252, 295, 375, 475, 483, 486, 534, 546, 714, 886

Litauen 10, 169, 209, 325, 331, 332, 340, 343, 346, 349, 350, 355, 359, 360, 373, 378, 383, 384, 403, 410, 519, 540, 748, 872, 909, 923, 935
Londoner Protokoll (1945) 45
Luxemburg 45, 185, 292, 317, 674, 698, 847, 850, 929, 930
Luxemburger Erklärung (9.4.1984) 927
Luxemburger Kompromiss 168, 698

Maastricht (Vertrag) 16, 694, 747, 822, 869, 901, 902, 949
Malta 128, 132, 148, 150, 153, 156, 165–168, 171, 180, 196, 436, 940
Meinungsforschungsinstitute und Umfragen 46, 138, 225, 263, 293, 304, 428, 566, 633, 687, 711
Meistbegünstigung 384
Menschenrechte 17, 28, 30, 43, 116, 124, 141, 149, 150, 173, 184, 205, 230, 255, 290, 309, 814, 862, 863, 866, 919, 940, 942
Mercosur 868
Militär
- Bundeswehr, *siehe* dort
- Nationale Volksarmee der DDR, s. dort

Minderheiten
- Ungarndeutsche 188, 190

Mittelstreckenwaffen 682, 931
Münchner Sicherheitskonferenz 19, 822, 825, 827, 889

NAFTA, North American Free Trade Agreement 868
Nationale Volksarmee der DDR (NVA) 59, 218, 239, 292, 314, 337, 341, 359, 398, 401, 415, 416, 481, 535, 636–638, 663, 785, 786, 807
NATO
- NATO-Beitritt
  - BRD mit DDR 427, 464
  - Mittel- und osteuropäische Staaten 72, 322
  - Spanien 658
  - Sowjetunion 322
  - Ukraine 871
  - Ungarn 729
- NATO-Doppelbeschluss 21, 576, 579, 580–582, 585, 588, 594, 604, 838, 926, 927
- NATO-Konsultationen 30, 61, 62, 66, 78, 140, 166, 167, 216, 233, 287, 292, 298, 301, 316, 342, 345, 350, 356, 358, 360, 385, 409,

411, 416, 417, 419, 420, 425, 435, 441, 442, 445, 451, 454, 456, 457, 466, 467, 469–471, 473, 747, 476, 479, 482, 483, 490, 491, 508, 511, 615, 670, 698, 712, 755, 776, 778, 779, 782, 782, 822, 854, 866, 893, 936, 940, 946
– NATO-Osterweiterung 26, 72, 271, 738, 740, 821, 822
– NATO-Russland-Grundakte 322
– NATO-Russland-Rat 322, 815, 871, 877
– NATO-Strategien 215, 314, 333, 356, 372, 422, 471, 485, 779, 946
– NATO-Truppenstatut 533, 806, 797
– NATO-Vertrag 53, 65, 323, 327, 359, 454, 503, 507
Neun Punkte-Plan von James Baker 389, 408, 414, 417, 760, 945
Neutrale Zone in Mitteleuropa 158
Neutralität/Neutralisierung für Deutschland 30, 50, 57, 189, 200, 207, 217, 226, 239, 240, 243, 244, 251, 252, 256, 258, 259, 265–267, 269, 272, 273, 278, 280, 288, 291, 294, 317, 320, 322, 325, 332, 393, 695, 705, 721, 722, 727, 737, 738, 866
Neutralität/Österreich 726, 768
Neutralität/Ukraine 833
Niederlande 185, 267, 300, 371, 396, 397, 624, 696, 870, 964
Non-Governmental Organization (NGO) 833
Normandie-Format 815
Norwegen 413, 792, 793, 794
Nuklearbewaffnung 64, 65, 156, 216, 232, 285, 302, 312, 313, 322 , 435, 436, 442, 455, 471, 503, 599, 679–683, 744, 779, 786, 876
NVA, *siehe* allgemein Nationale Volksarmee der DDR

Oberster Sowjet 10, 141, 146, 325, 401, 427, 455, 494, 522, 530, 531, 562, 806, 945, 948
Oder-Neiße-Grenze 6, 55, 84, 85, 87, 92, 95, 96, 114, 117, 161, 162, 183, 204, 208, 212, 219, 221, 222, 228, 239, 246, 264, 267, 268, 270, 272–273, 276, 278, 280–282, 284, 286–292, 294, 296, 298–304, 306, 308–312, 314, 316, 318, 320–322, 324–326, 328–330, 332, 334, 336, 338, 340, 342, 344–346, 348, 350, 398, 399, 404, 419, 420, 428, 429, 440, 449, 462, 484, 544, 552, 596, 647, 648, 655, 660, 676, 690, 728, 731, 758, 769, 857, 874, 939, 944
Öffnung der Mauer *siehe* Mauerfall
Österreich 9, 15, 31, 70, 78, 93, 136, 145, 189, 221, 239, 334, 377, 413, 424, 428, 436, 514, 526, 572, 614, 619, 623, 625, 629, 633, 634, 695, 705, 724, 725, 726, 768, 788, 792, 816, 817, 820, 835, 899, 902, 903, 906, 908, 909, 910, 911, 914–916, 918, 920, 912, 921, 922, 924, 936, 937
Organisation für Sicherheit und Zusammenarbeit in Europa (OSZE) 693, 814, 816, 875
Organization for Economic Cooperation and Development (OECD) 221, 317, 479, 486, 646
Otto-Suhr-Institut 18, 649, 881, 889

Pakistan 273, 313, 534
Palästinenser/PLO, s. auch Hamas
Panama 201, 203
Paneuropa-Picknick 19.8.1989 629
Politische Union für Europa 59, 274, 291, 292, 305, 308, 339, 352, 380, 404, 412, 445, 450, 470, 582, 583, 624, 713, 746, 747, 749, 949
Pariser Club 119, 120
Parteien
– Bundesrepublik Deutschland
  – CDU (West- und Ost-CDU) 10, 18, 20, 22, 26, 31, 32, 44, 45, 49, 85, 86, 94, 97, 101–103, 105, 106, 122, 123, 125, 126, 135, 137, 138, 140, 145, 154, 156, 159, 179, 183–185, 190, 192, 193, 201, 205, 214, 218, 223–225, 227–229, 231, 238, 240, 245–247, 251, 266, 270, 293, 297, 301, 310, 318, 328, 335, 337, 343, 351, 365, 367, 383, 387, 399, 402, 404, 405, 415, 419, 420, 424, 428, 434, 436, 487, 516, 527, 528, 536, 539, 544, 548, 561, 562, 56–567, 571–574, 576, 578, 579, 580, 583, 584, 588, 596, 598, 602, 631, 632, 634, 648, 652, 666, 678, 684, 690, 712, 713, 719, 725, 732, 734, 765, 768, 770, 799, 802, 833, 834, 836–838, 845, 848, 851, 854, 859, 860, 881, 889, 892, 894, 899, 925–928, 931–938, 940–943, 948
  – Ost-CDU 123, 135, 137, 179, 190, 193, 201, 223–225, 228, 238, 245, 301, 383, 402, 415, 548, 678, 712, 719, 768
  – FDP 10, 44, 85, 86, 94, 102, 106, 122, 123, 125, 126, 138, 152, 161, 165, 170, 174, 185, 208, 209, 212, 227, 231, 278, 289, 295, 297, 302, 308, 328, 368, 387, 388, 436, 459, 461, 487, 514, 523, 533, 536, 553, 575, 578, 579, 580, 583, 588, 627, 628, 648, 726, 757, 801, 836, 930, 931, 932, 948
  – Grüne 84, 85, 102, 125, 126, 159, 184, 227, 232, 266, 371, 926, 931, 940
  – Republikaner 21, 227, 309, 318
  – SPD 10, 18, 21, 30, 82, 84–86, 90, 97, 102, 106, 123, 125–138, 40, 145, 151, 152, 155, 159, 161, 165, 202, 212, 217, 227, 230, 231, 233, 241, 246, 263, 267, 271, 279,

280, 289, 290, 293, 294, 301, 307–311, 318, 328, 334, 336, 340, 342, 351, 365, 391, 394–396, 398, 399, 402, 415, 418, 420, 426, 436, 438, 515, 516, 518, 521, 523, 528, 530, 561, 562, 565, 568, 575, 580, 585, 588, 595, 597, 598, 617, 627, 628, 634, 648, 652–654, 656, 657, 687, 689, 730, 800, 801, 819, 836, 838, 840, 856, 881, 884, 925–932, 934, 943, 944, 947
  - Ost-SPD 231, 328, 395, 415
- DDR
  - allgemein 86, 93, 97, 108, 178, 205, 214, 224, 230, 245, 251, 278, 290, 310, 311, 315, 334, 365, 453, 535, 719
  - Allianz für Deutschland 49, 245, 246, 306, 307, 315, 615, 716, 936, 942, 943
  - DBD 939, 940
  - Demokratie jetzt (DJ) 184, 201, 231, 265, 937, 940, 942
  - Demokratischer Aufbruch 225
  - LDPD 202, 677, 938, 939, 940
  - NDPD 940
  - Neues Forum 201, 937, 940, 942
  - Ost-CDU, *siehe* CDU
  - PDS 102, 184, 208, 220, 311, 337, 351, 365, 398, 567, 711, 900, 941, 943
  - SED 13–15, 31, 34, 71, 82, 85, 93, 94, 105, 131, 137, 142, 144, 154, 163, 167, 172, 178, 184, 191, 192, 195, 201, 205, 208, 21, 214, 218, 220, 221, 223, 224, 227, 230, 239, 240, 292, 306, 337, 338, 564, 598, 601, 603, 608, 615, 619, 623, 634, 636–640, 669, 688, 706, 708, 711, 712, 720, 724, 800, 836, 899, 900, 903, 914, 919, 922, 926–932, 934, 935, 938–941
- Polen 608, 936
- Sowjetunion/KPdSU 34, 42, 47, 57, 61, 63, 78, 113, 122, 128, 133, 140, 141, 157, 172, 178, 186, 225, 358, 391, 455, 459, 460, 464, 472, 477, 480, 482, 484, 485, 486, 487, 488, 489, 493, 494, 500, 510, 587, 677, 680, 743, 755, 765, 779, 784, 825, 883, 886, 893, 894, 900, 929, 936, 946
- Tschechoslowakei 611

Perestroika 42, 60, 113, 141, 150, 157, 175, 205, 257, 259, 273, 325, 360, 375, 376–378, 389, 411, 421, 456, 460, 473, 478, 490, 496, 628, 669, 673, 880, 884, 885, 900, 901, 902, 905, 912, 916
Pershing-II-A-Raketen 599, 732, 932
Philippinen 534
Polen 10, 18, 31, 32, 34, 54, 55, 57, 69, 72, 76, 78, 83–99, 104–117, 119–126, 131, 132, 134, 135, 138, 142–147, 149, 150, 157, 160, 167, 175, 177, 178, 182–184, 207, 209, 213, 216, 220, 221, 234, 235, 239, 240, 243, 250, 251, 271, 272, 282, 284, 287, 288, 291, 293–285, 297, 299, 300, 301–306, 308–312, 315, 319, 320, 327, 330, 331, 334, 336, 356, 359, 364, 392, 397–399, 402–404, 410, 412, 413, 415, 423, 424, 429, 430, 432, 434, 437–440, 443, 444, 446, 447, 449, 459, 462, 463, 475, 479, 484, 485, 505, 506, 512, 524, 526, 527, 537, 539, 540, 544, 545, 552, 564, 567, 596, 608, 609, 613–615, 628, 646, 649, 650, 651, 656, 659, 660–664, 698, 696, 700, 715, 723, 728, 730–732, 748, 750, 751, 754, 758, 764, 769, 792, 793, 802, 809, 811, 815, 819, 833, 846, 850, 859, 870, 874, 875, 892, 893, 903, 905, 906, 908–910, 920, 923, 925, 926, 934–939, 941–945, 949
Petersburger Dialog 872, 891
Poland and Hungary Aid for the Restructuring of the Economies (PHARE) 173
Polnische Westgrenze, s. Oder-Neiße-Grenze
Portugal 146, 216, 352, 391, 523, 658, 749, 847, 892
Potsdamer Konferenz/Abkommen 84, 86, 200, 320, 420

RAF 161, 174, 563, 576, 691, 692
Rapallo-Pakt 585, 811
Rat für gegenseitige Wirtschaftshilfe (RGW) 60, 309, 314, 337, 341, 361, 366, 376, 504, 524, 657, 934
Ratspräsidentschaften, *siehe* Europäischer Rat
Regierungserklärung
- Konrad Adenauer 86, 648
- Jozsef Antall 335
- Lothar de Maizière 60, 315, 317, 321, 324, 336–338, 340, 341, 944
- Helmut Kohl 87, 122, 124, 125, 219, 220, 267, 272, 351, 370, 410, 428, 434, 437, 440, 526, 530, 533, 540, 544, 580, 584, 592, 593, 600, 636, 671, 681, 682, 687, 689, 691, 692, 786, 845, 926, 931
- Tadeusz Mazowiecki 223
- Lothar Späth 49, 245, 248

Renten 34, 59, 197, 250, 280, 308
Reparationen/Schuldenabkommen
- allgemein 278, 750
- Polen 54–56, 292, 294, 303, 330, 731, 750, 758

Ridley-Affäre 513, 791
Ring Christlich Deutscher Studenten (RCDS) 17, 18, 845, 881
Rumänien 87, 136, 203, 207, 213, 216, 228, 237, 267, 319, 415, 494, 524, 547, 572, 593, 612, 614, 792, 793, 869, 878, 903

Runder Tisch/DDR 205, 226, 230, 231, 236, 263, 264, 750, 758
Runder Tisch/Polen 184, 935
Runder Tisch/Ungarn 936

Saudi-Arabien 155, 516, 525, 537, 538, 590, 671
Schengen-Abkommen 185, 704, 582, 583, 869, 876, 929
Schweden 332, 413, 436, 792–794, 948
Schweiz 185, 243, 299, 330, 436, 446, 798, 869, 915
SDI 467, 593, 594, 914
Selbstbestimmung 28, 30, 32, 84, 102, 114, 116, 124, 125, 139, 141, 145, 147, 148, 150, 161, 168, 169, 170, 178, 179, 180, 181, 189, 199, 211, 214, 228, 243, 269, 311, 350, 353, 478, 513, 621, 623, 647, 585, 701, 794, 812, 863, 866, 936, 940, 943
Serbien 494, 519, 794
Slowenien 519, 794, 924, 948, 949
Souveränität
– Breschnew-Doktrin 626, 729, 936
– des Baltikums 332
– der DDR 163, 239, 341, 941
– der UdSSR 322
– der Ukraine 816
– Frankreichs 269
– Gesamtdeutschlands 63, 65, 552, 699, 721, 724, 738, 739, 776, 780, 781, 785, 805, 874
– Kroatiens 519, 694
Solidarność 87, 93, 94, 608, 613, 659, 663, 802, 859, 880, 903, 936, 937
Sowjetunion 14, 15, 18, 20, 27, 28, 29, 34, 43, 47, 50–54, 57, 60, 61, 64, 65, 68–71, 76, 78, 86, 87, 93, 95, 113, 129, 130, 133, 136, 140–150, 152, 153, 155–161, 163, 164, 167, 173, 175, 177, 178, 180, 182, 183, 185, 187–189, 191, 192, 196, 199, 204, 207–209, 211–214, 216–222, 224–226, 228–235, 237–239, 242–245, 247, 252, 253, 255, 256, 258, 259, 266, 267, 269–278, 280–282, 284–286, 288, 292, 295, 296, 298, 301, 302, 304–306, 308, 309, 311, 313–316, 318, 320–323, 325, 327, 330–333, 335, 337–341, 343–345, 347, 349, 353, 356, 357, 359–366, 368–379, 381–386, 389–391, 393–395, 397, 400–402, 405–407, 409–421, 423, 425, 427, 431–435, 437–441, 443, 445, 446, 448–451, 454–467, 469–480, 482–486, 488, 490, 491, 494, 495, 502–504, 506–508, 510–513, 517, 518, 520–524, 529, 531–535, 537–547, 549, 551–556, 559, 561–565, 567, 581, 585, 591–593, 603, 604, 613, 616, 617, 621, 622, 623, 629, 631, 639, 642, 645, 655, 662–664, 673, 676, 677, 679, 682, 692, 693, 695, 696, 699, 705, 707, 710, 714–720, 722, 723, 729, 738, 740, 742, 747–750, 754, 755, 760, 762, 768, 775, 776, 777, 779, 782–784, 788–790, 796–798, 800, 804, 806, 809–813, 820–822, 841, 844, 846, 850, 862–866, 870, 876, 877, 882, 883, 885, 886, 899, 901–906, 909, 913, 917, 921, 922, 925, 934, 943, 947, 949
Sozialistische Internationale (SI) 146, 217, 340
Spanien 108, 146, 216, 305, 624, 658, 792, 793, 815, 842, 868, 870, 874, 929, 930
SPD, *siehe* Parteien
Spenden-Affäre 666
Sri Lanka 583
SS-20 Raketen 587, 683
Ständige Vertretung der Bundesrepublik Deutschland bei der DDR in Ost-Berlin 195, 253, 629, 928
Ständige Vertretung der DDR bei der Bundesrepublik Deutschland in Bonn 25, 195
START 156
Staatssicherheit der DDR/Stasi 15, 208, 214, 218, 220, 221, 226, 299, 303, 337, 398, 561, 588, 589, 602, 629, 630, 663, 716, 717, 933
– HVA (Auslandsgeheimdienst der DDR) 292, 630
State Departement (United States Departement of State) 593
Stillhalte-Moratorium von 10 Jahren 189, 704, 706, 722
Strategic Defence Initiative (SDI) 467, 593–594
Stuttgarter Erklärung 582
Sudetenland 17, 26, 250, 544, 596, 608, 889, 890, 891
Swing 925, 929
Syrien 536, 874, 877

Taiwan 123, 920, 923
Taliban 874
Terrorismus 455
Thüringen 446, 566, 745
Transitverkehr
– DDR 931
– Österreich 817
Truman-Doktrin 215
Truppenabzug
– aus der BRD 61, 228, 723
– aus der DDR 63, 64, 67, 68, 491, 507, 529, 536, 543, 726, 804, 809
– aus Osteuropa 472
Tschechoslowakei 86, 239, 250, 311, 524, 567, 608, 613, 614, 628, 662, 664, 792, 919, 920, 938, 939, 949
Tschetschenien 832

Türkei 24, 215, 324, 534, 536, 538, 542, 556, 557, 871, 874, 891, 932

Übersiedler 81, 82, 85, 104, 107, 149, 203, 211, 212, 214, 216, 218, 221, 223, 227, 228, 231, 236, 245, 254, 263, 264, 289, 290, 303, 306, 311, 343, 657, 711, 719, 768
Überleitungsvertrag 68, 69, 504, 507, 517, 518, 520, 521, 522, 528, 541, 545, 550, 553, 556, 561, 796, 811, 812
Ukraine 19, 156, 250, 269, 302, 446, 486, 649, 738, 814, 816, 821, 822, 827, 828, 829, 830, 831, 833, 867, 868, 869, 871, 900, 910, 912, 924, 930
Ungarn 15, 27, 31, 85, 86, 92, 96, 97, 106, 115, 116, 124, 125, 130, 131, 135, 136, 137, 139, 142, 143, 146, 147, 149, 150, 157, 160, 167, 173, 175, 177, 182, 183, 187, 188, 189, 190, 191, 192, 213, 216, 220, 221, 228, 236, 249, 250, 272, 289, 303, 318, 320, 334, 359, 403, 412, 414, 421, 422, 424, 426, 438, 441, 475, 479, 485, 523, 524, 526, 531, 547, 567, 572, 608–611, 614, 615, 625, 628–634, 637, 661, 663, 664, 666, 680, 700, 704, 705, 716, 723, 728, 729, 737, 744, 748, 786, 792, 793, 813, 816, 819, 820, 823, 824, 840, 845, 846, 852, 862, 864, 904, 905, 906, 908, 909, 920, 921, 923, 924, 934, 936–938, 949
UNO, UN, Vereinte Nationen 28, 70, 99, 173, 178, 213, 232, 239, 292, 323, 390, 393, 408, 469, 470, 516, 525, 529, 533, 537, 557, 683, 789, 801, 809, 810, 863, 892
UN-Charta 178, 213, 393, 408, 470, 544
Uruguay-Runde
USA, *siehe* Vereinigte Staaten

Vatikan, *siehe* Kirche
Verdun (deutsch-französisches Gedenken) 591, 694
Vereinigte Staaten, USA 9, 16, 27, 29, 61, 70, 72, 76, 91, 99, 110, 126–129, 131, 134, 127–129, 138–140, 143, 148, 149, 153, 156, 158, 162, 168, 169, 182, 196, 200, 201, 205, 209, 211, 216, 221, 222, 228, 233, 236, 239, 242–244, 246, 248, 249, 251, 253, 256, 267, 269, 270, 275, 281, 284, 285, 289, 302, 311–313, 322, 323, 327, 331, 334, 343, 350, 359, 360, 362, 363, 381–388, 390, 394, 400–403, 406, 407, 410–413, 418, 419, 423, 428, 429, 436, 442, 445, 451, 461, 462, 466, 475, 478, 479, 482, 485, 490–492, 494, 510–512, 516, 520, 525, 527, 535–538, 551, 552, 555, 557, 559, 561, 567, 593, 594, 595, 597, 604, 605, 616, 618, 630, 655, 670, 672, 675, 679, 694, 696, 701, 720, 721, 738, 744, 753–755, 760, 761, 777, 783, 784, 787, 789, 790, 792, 805, 814, 816, 822, 828, 838, 862, 865, 867, 870, 871, 874, 875, 878, 884, 927, 928, 945, 947
Vereinte Nationen, *siehe* UNO
Verteidigungsministerium, Bundesministerium der Verteidigung 410, 452, 460, 461, 605, 805
Verträge, *siehe auch* APEC, ASEAN, Charta von Paris, deutsch-polnischer Nachbarschafts- und Friedensvertrag, deutsch-französischer Freundschaftsvertrag von 1963 (Elysee-Vertrag), EEA Einigungsvertrag, Friedensvertrag für Deutschland, Grundlagenvertrag von 1972, Hitler-Stalin-Pakt, KSZE Verhandlungen, Maastricht-Vertrag, NAFTA, NATO-Vertrag, Potsdamer Abkommen, Schengen-Abkommen, Überleitungsvertrag, Warschauer Pakt, Wirtschafts-, Währungs- und Sozialunion
– Vier Mächte 11, 18, 42, 45, 48, 50, 51, 55, 67, 72, 77, 79, 86, 120, 122, 127, 179, 180, 214, 221, 222, 234, 239, 242, 244, 246, 251, 252, 256, 260, 264, 269, 270, 272, 280, 285, 288, 290, 295, 299, 301, 302, 310, 312, 320, 323, 325, 332, 333, 334, 341, 345, 354, 363, 364, 367, 371, 379, 389, 397, 398, 399, 403, 418, 421, 430, 431, 447, 448, 449, 455, 458, 481, 484, 492, 503, 507, 511, 512, 521, 522, 529, 531, 533, 539, 543, 552, 553, 554, 617, 651, 656, 668, 672, 676, 682, 689, 703, 723, 724, 739, 742, 750, 803, 804, 806, 810, 812, 941, 942, 946, 947, 948
– Vertrag über Konventionelle Streitkräfte in Europa / Verhandlungen über Konventionelle Streitkräfte in Europa (VKSE) 62, 75, 156, 168, 174, 211, 213, 229, 232, 233, 237, 242, 246, 268, 271, 281, 285, 291, 292, 300, 301, 307, 310, 312, 313, 320, 327, 334, 344, 356, 363, 382, 389, 390, 395, 396, 398–400, 407–409, 416, 417, 452, 456, 457, 458, 459, 461, 466, 468, 471, 476, 485, 488, 534, 541, 555, 776, 918, 947
Völkerrecht 17, 28, 57, 95, 124, 141, 199, 239, 313, 516, 805, 811, 863, 889
Volkskammer der DDR
– Wahlen 15, 49, 55, 184, 217, 231, 236, 240, 292, 306, 365, 398, 641, 678, 716, 720, 730, 731, 788, 943
VSBM 75, 229, 268, 306, 307, 363, 470, 723

Waffen
– Konventionelle 62, 156, 174, 175, 216, 232, 238, 239, 268, 307, 313, 332, 333, 342, 356, 358, 359, 360, 371, 381, 389, 403, 412, 418, 435, 440, 442, 466, 468, 469, 470, 504, 534,

547, 599, 680, 682, 723, 724, 753, 776, 786, 856, 876, 914, 947
Waffenhandel 191, 705
Wahlen
– Ostdeutschland 208, 221, 222, 226, 229, 236, 237, 238, 242, 244, 245, 246, 247, 255, 256, 263, 265, 272, 277–280, 286, 288, 290, 291, 294, 299, 303, 306, 315, 318, 526, 716, 721, 730, 939, 943
– Ungarn 192, 523, 744, 834, 852
– Westdeutschland/Bundestagswahlen 86, 139, 151, 164, 266, 228, 232, 233, 307, 419, 436, 472, 514, 515, 518, 521, 567, 633, 732, 794
Währungs-, Wirtschafts- und Sozialunion (WWSU) 14, 15, 48, 74, 78, 210, 245, 273, 276, 277, 279, 284, 297, 308, 315, 341, 342–345, 347, 351, 366, 370, 373, 379, 380, 381, 387, 388, 393, 394, 440, 451, 453, 458, 459, 710, 735, 739, 741, 743, 756, 757, 759, 647, 944, 945, 946
Warschauer Pakt (WVO) 51, 53, 58, 62, 66, 71, 72, 88, 98, 113, 128, 134, 147, 151, 156, 157, 158, 174, 178, 188, 215, 216, 225, 235, 239, 266–268, 275, 292, 307, 311, 317, 322, 325, 340, 341, 353, 366, 389, 396, 401, 411, 412, 414–419, 421–423, 425, 427, 435, 437, 439, 442, 445, 447, 457, 466, 485, 504, 563, 572, 592, 603, 608–614, 626, 640, 641, 642, 646, 647, 657, 663, 665, 673, 674, 692, 706, 718, 728, 729, 745, 747, 765, 776, 777, 779, 786, 819, 820, 846, 864, 874, 877, 885, 886, 908, 910, 918–920, 936, 940, 942, 943, 945, 946, 966
Wehrpflicht 53, 253, 271, 292, 310, 327, 337, 411, 459, 461
Weimarer Dreieck 815
Weltwirtschaftsgipfel 59, 276, 412, 425, 431, 443, 472, 477, 478, 479, 486, 516, 561, 583, 757
WEU 216, 242, 275, 288, 317, 322

Zehn-Punkte-Rede/-Plan 44, 45, 49, 72, 78, 140, 153, 154, 157, 159–170, 172, 174, 179, 183, 184, 187, 188, 193, 196, 202, 203, 210, 217, 221, 228, 231, 234, 253, 429, 437, 509, 592, 624–626, 633, 640, 667, 676, 680, 681, 685, 686–688, 690, 698, 699, 704, 725, 733, 737, 741, 850, 853, 857, 858, 881, 882, 940
Zentralrat der Juden 86, 109, 660, 934, 935
Zwangsarbeiter (Polen, Russen) 56, 92, 330, 446, 531, 804
Zwei-plus-Vier-Beamtentreffen 764, 943–947
Zwei-plus-Vier-Gespräche/-Vertrag 15, 50–57, 60, 66–69, 71, 72, 75, 78, 84, 106, 248, 267, 398, 448, 552, 553, 682, 684, 728, 739, 746, 776, 806, 899, 942–948

XII. Personenverzeichnis mit Funktionsangaben

Abbas, Mahmud, 1980–2004 inoffizieller Stellvertreter Jassir Arafats in der PLO, 1993 Unterzeichner der Oslo-Verträge u. a. mit J. Rabin 872
Abel, Rudolf Iwanowitsch, sowjetischer Spion in den USA 127
Abramek, Rufin; Pauliner, Pfarrer, 1984–1990 Prior von Jasna Góra (Wallfahrtsort der römisch-katholischen Kirche, Tschenstochau, Paulinerkloster mit der Ikone der Schwarzen Madonna) 112
Abrassimow, Pjotr Andrejewitsch, 1962–1971 und 1975–1983 Botschafter der Sowjetunion in der DDR, beteiligt am Berliner Vier-Mächte-Abkommen 641
Acevedo, Sebastián, verbrannte sich am 11. November 1983 vor einer Kathedrale in Concepción aus Protest gegen die Inhaftierung seiner Kinder durch die Sicherheitspolizei von A. Pinochet 927
Achromejew, Sergei Fjodorowitsch, Generalstabschef und Marschall der Sowjetunion 302
Ackermann, Eduard, von 1982–1994 unter Helmut Kohl Leiter der Abteilung 5 des Bundeskanzleramts und einer von Kohls engsten Vertrauten 20, 24, 47, 81, 83, 94, 97, 105, 114, 129, 138, 151, 152, 154, 156, 160, 202, 209, 262, 307, 338, 349, 418, 488, 512, 514, 518, 519, 521, 568, 638, 651, 730, 833, 834, 841, 900
Adam-Schwätzer, Irmgard, 1987–1991 Staatsministerin im Auswärtigen Amt, 1991–1994 Bundesministerin für Raumordnung, Bauwesen und Städtebau 282
Adam, Professor, Kammersänger 199
Adamec, Ladislav, KSČ, 1988–1989 Ministerpräsident der Tschechoslowakei 613, 940, 941
Adamischin, Anatoli Leonidowitsch, russischer Diplomat, Vizeaußenminister unter Schewardnadse 943
Adenauer, Konrad, deutscher Politiker (CDU), Bundeskanzler 1949–1963, gleichzeitig 1951–1955 Bundesminister des Auswärtigen 18, 32, 86, 87, 97, 189, 202, 215, 225, 229, 238, 239, 249, 328, 343, 339, 419, 492, 582, 648, 653, 704, 705, 726, 774, 792, 800, 805, 835, 863, 866, 890, 891, 955
Akbulot, Yıldırım, 1989–1991 türkischer Ministerpräsident, (Mutterlandspartei) 468
Albrecht, Ernst, CDU-Politiker, 1976–1990 Ministerpräsident von Niedersachsen 92, 145, 300, 577, 606, 927, 936
Allen, Richard, 1981–1982 Sicherheitsberater von Ronald Reagan 221, 247, 415, 732, 834
Allende, Salvador, chilenischer Arzt und Politiker, 1970–1973 Präsident von Chile 127
Altenbourg, Gerhard, Maler 199
Altrichter, Helmut, deutscher Historiker für Osteuropäische Geschichte an der Universität Erlangen-Nürnberg 753, 899, 900, 907, 919
Alwyin Azócar, Patricio, chilenischer Christdemokrat (PDC), 1990–1994 Präsident Chiles 185
Ambroziak, Jacek, 1989–1991 polnischer Minister im Ministerpräsidentenamt 86, 90
Andreotti, Giulio, italienischer Politiker (DC), siebenmaliger italienischer Ministerpräsident, zuletzt 1992 63, 167–170, 173, 184, 233, 276, 277, 352, 442, 467, 511, 519, 534, 624, 715, 749
Andriessen, Frans, EG-Kommissar für Landwirtschaft und Fischerei in der Kommission Delors I sowie für Außenbeziehungen und Handelspolitik in der Kommission Delors II 210, 482, 741, 979
Andropow, Juri Wladimirowitsch, sowjetischer Politiker, 1967–1982 Leiter des KGB, 1983–1984 Generalsekretär des ZK der KPdSU, ab 1983 auch Vorsitzender des Präsidiums des Obersten Sowjets 196, 585–588, 590, 700, 701, 841, 883, 925, 927
Antall, József, Vorsitzender des Demokratischen Forums, Mai 1990–1993 Ministerpräsident von Ungarn 192, 289, 318, 319, 334, 335, 415, 426, 438, 441, 458, 523, 524, 728, 729, 793, 834, 915, 945
Arens, Moshe, Likud-Mitglied, 1988–1990 Außenminister Israels, anschließend bis 1992 Verteidigungsminister 273, 536, 537
Arnim, Joachim von, Gesandter an der Deutschen Botschaft in Moskau in der Politischen Abteilung, 1982–1985 sowie 1989–1991 20, 51, 52, 60, 740, 906

Arnot, französischer Journalist des Le Quotidien 236
Attali, Jacques, 1981–1991 außenpolitischer Präsidentschaftsberater von Mitterrand 54, 58, 77, 129, 132, 133, 146, 163, 232, 233, 273, 304, 305, 310, 314, 327, 334, 347, 349, 399, 445, 529, 536, 548, 550, 553, 582, 583, 630, 658, 677, 685, 702, 708, 709, 712, 743, 744, 746, 764, 834, 837, 842, 844, 851, 852, 854, 858, 895
Augstein, Rudolf, Spiegel-Journalist und Verleger 137, 138, 308
Awu Odeh, Atnan, politischer Berater des Königs von Jordanien 537
Axen, Hermann, 1970–1989 Mitglied des Politbüros des ZK der SED, Leiter der außenpolitischen Kommission 931, 934

Bacher, Gerd, österreichischer Journalist, Generalintendant des ORF, Herausgeber der Tageszeitung Die Presse 221, 329, 330, 583, 835, 867, 895
Backhaus, Michael, Journalist von Reuters 254
Badran, Mudar, dreimal Premierminister Jordaniens, letzte Amtszeit 1989–1991 537
Bahr, Egon, Berater von Willy Brandt, 1972–1974 Bundesminister für besondere Aufgaben, 1974–1976 Bundesminister für wirtschaftliche Zusammenarbeit 20, 21, 28, 87, 227, 581, 654, 655, 667, 751, 836, 840, 900, 934
Baker, James, 1989 bis 1992 US-Außenminister unter Präsident George H. W. Bush 48, 49, 50, 60, 61, 70, 71, 72, 77, 140, 148, 149, 161, 172, 182, 183, 214, 233, 237, 238, 242–244, 251, 252, 254, 255, 256, 257, 260, 263, 264, 266, 267, 272, 276, 282–287, 302, 304, 332, 356, 358–360, 362, 363, 381, 389, 392, 397, 399, 400, 406, 408, 409, 412–414, 416, 417, 419, 428, 435, 447–449, 451, 454–456, 466, 468, 475, 477, 511, 533, 534, 541, 542, 544, 553, 555–557, 615, 617, 618, 667, 675, 679, 726, 728, 729, 737, 738, 750, 758–760, 779, 783, 790, 791, 820–822, 836, 859, 893, 900, 941–946
Baker, Kenneth, britischer Politiker, Konservative Partei, 1990–1992 Innenminister von Großbritannien 404
Balcerowicz, Leszek, Wirtschaftswissenschaftler und liberaler Politiker, 1989 von 1991 und 1995 von 2000 polnischer Finanzminister und stellvertretender Ministerpräsident Polens 116, 443–445, 833, 893
Bangemann, Martin, deutscher Politiker (FDP), 1984–1988 Bundesminister für Wirtschaft und 1989–1999 EG-Kommissar für den Binnenmarkt u. a. 210, 594
Barroso, José Manuel, portugiesischer Politiker (PSD), 1985–1987 Unterstaatssekretär im Innenministerium, 1987–1992 Staatssekretär für Äußeres und Internationale Zusammenarbeit 871
Barschel, Uwe Ulrich, CDU-Politiker, 1982–1987 Ministerpräsident von Schleswig-Holstein 318
Bartholomew, Reginald Stanley, US-Diplomat, 1989–1992 Under Secretary of State for International Security Affairs (im Außenministerium für Internationale Sicherheitsangelegenheiten zuständig) 358
Barzel, Rainer Candidus, CDU-Politiker, 1971–1973 Vorsitzender der CDU, 1972 fehlgeschlagenes Misstrauensvotum gegen Willy Brandt, 1962–1963 sowie 1982–1983 Bundesminister für gesamtdeutsche Fragen bzw. für innerdeutsche Beziehungen, danach Bundestagspräsident 573, 833, 845, 928
Bauer, Friedrich, 1986–1990 Botschafter Österreichs in Bonn 724, 908
Beckenbauer, Franz, Fußballspieler beim FC Bayern München, 1984–1990 Trainer der deutschen Fußball-Nationalmannschaft, Weltmeister 1974 als Spieler und 1990 als Trainer 474
Bednarz, Klaus, ZDF-Journalist 92
Beer, Wolfgang, ehemaliges Mitglied der RAF 161
Beil, Gerhard, 1986–1990 Minister für Außenhandel der DDR 195, 197
Beining, Jörg, audiovisueller Medienbeauftragter des Instituts für Geschichte an der Stiftung Universität Hildesheim 12, 683, 732, 745, 895
Bell, Wolf, deutscher Journalist, ab 1989 freier Mitarbeiter zur Außen- und Sicherheitspolitik verschiedener Tageszeitungen 165
Ben Ali, Zine el-Abidine, 1987–2011 Präsident Tunesiens 510
Ben Shaker, Sherif Zeid / Zaid ibn Shaker, Premierminister von Jordanien 1989, 1991–1993, 1995–1996, jordanischer Feldmarschall, Berater des Königs für Nationale Sicherheit 537
Bergdoll, Udo, 1998–2000 Vorsitzender des Deutschen Presseclubs e. V., eines Forums für Journalisten 165
Berghofer, Wolfgang, 1986–1990 Oberbürgermeister von Dresden 178, 181, 198, 201, 224, 720
Bergmann-Pohl, Sabine, Ärztin und Politikerin (CDU), April-Oktober 1990 Präsidentin der

DDR-Volkskammer und amtierendes Staatsoberhaupt der DDR, 1990–1991 Bundesministerin für besondere Aufgaben 449, 530, 533
Bergsdorf, Wolfgang, deutscher Politikwissenschaftler, ab 1973 Büroleiter Helmut Kohls, ab 1982 Abteilungsleiter im Presse- und Informationsamt der Bundesregierung 20, 81, 151, 152, 209, 307, 530, 538, 568, 601, 836
Bertele, Franz, deutscher Diplomat, 1989–1990 Leiter der Ständigen Vertretung der BRD in Berlin-Ost 33, 34, 195, 935
Bevin, Ernest, britischer Arbeitsminister 1940–1945 und Außenminister 1945–1951, (Labour), Gewerkschaftsführer 200
Bilák, Vasil, tschechoslowakischer und slowakischer kommunistischer Politiker, 1989 Ausschluss aus der KSČ 941
Biya, Paul, seit 1982 Staatspräsident Kameruns 434
Bianco, Jean-Louis, 1982–1991 Generalsekretär des Elysée-Palastes 54, 203, 304, 305, 437, 349, 837
Biden, Hunter, Sohn von Joe Biden 828
Biden, Joseph Robinette, ‹Joe›, US-amerikanischer Politiker (Demokratische Partei), 1973–2009 Vertreter Delawares im Senat, 2009–2017 Vizepräsident unter Barack Obama und seit 2021 Präsident der Vereinigten Staaten 827, 828, 895
Biedenkopf, Kurt, (CDU), 1990–2002 erster Ministerpräsident des Freistaates Sachsen 21, 31, 145, 232, 562, 574, 584, 631–633, 690
Bielecki, Jan Krzysztof, liberaler polnischer Politiker (KLD), Januar-Dezember 1991 Ministerpräsident Polens 948
Biermann, Rafael, deutscher Historiker und Politikwissenschaftler, Professor und Leiter des Lehrstuhls für Internationale Beziehungen an der Friedrich-Schiller-Universität Jena 13, 75, 901
Bildt, Carl, Vorsitzender der Gemäßigten Sammlungspartei Schwedens (MSP), 1991–1994 Ministerpräsident von Schweden, 2006–2014 schwedischer Außenminister 332, 793
Binder, Heinz-Georg, deutscher evangelischer Theologe und Militärbischof, 1977–1992 Bevollmächtigter des Rates der Evangelischen Kirche in Deutschland 111, 118, 181
Biser, Eugen, römisch-katholischer Theologe, 1974–1986 Romano-Guardini-Lehrstuhlinhaber in München 875, 891
Bishop, Maurice Rupert, sozialistischer grenadischer Politiker, 1979–1983 Premierminister, nach dessen Sturz und Hinrichtung erfolgte 1983 eine Intervention der USA 927
Bismarck, Otto von, 1862–1890 preußischer Ministerpräsident, 1867–1871 Bundeskanzler des Norddeutschen Bundes, 1871–1890 Reichskanzler des Deutschen Reiches 345, 489
Bitterlich, Joachim, außen- und europapolitischer Berater Helmut Kohls, 1987–1993 Leiter des Referats 211 im Bundeskanzleramt, 1993–1998 dort Leiter der Abteilung für Außen-, Entwicklungs- und Sicherheitspolitik 23, 24, 43, 59, 305, 328, 445, 605, 704, 837, 901
Blackwill, Robert, US-amerikanischer Diplomat, ab 1982 Principal Deputy Assistant Secretary for European Affairs, 1989 persönlicher Berater von Präsident George Bush für Fragen der deutschen Vereinigung, ab 1989 Leitender Direktor für europäische und sowjetische Angelegenheiten im Nationalen Sicherheitsrat 48, 51, 242, 284, 297, 304, 315, 346, 358, 367, 385, 451, 452, 837
Blair, Tony, britischer Politiker (Labour), Parteivorsitzender 1994–2007, 1997–2007 Premierminister von Großbritannien 870
Blech, Klaus, deutscher Beamter und Diplomat, 1984–1989 Chef des Bundespräsidialamtes unter Weizsäcker und 1989–1993 Botschafter in Moskau 50, 52, 122, 185, 193, 255, 495, 502, 837
Blüm, Norbert, deutscher Politiker (CDU), 1982–1989 Bundesminister für Arbeit und Sozialordnung 31, 145, 195, 197, 236, 268, 277, 632
Blumenwitz, Dieter, Verfassungs- und Völkerrechtler der Universität Würzburg 294
Bocklet, Paul, römisch-katholischer Prälat, 1977–2000 Leiter des Kommissariats der deutschen Bischöfe in Bonn 111, 118
Boenisch, Peter, deutscher Journalist, Chefredakteur der Bild-Zeitung und Bild am Sonntag, Regierungssprecher für die Regierung Kohl 587, 596, 597, 894
Böhme, Ibrahim, deutscher Politiker (SPD, SDP), 1990 Vorsitzender der SPD in der DDR, als IM der Stasi enttarnt 217, 231, 314
Bohl, Friedrich, deutscher Politiker (CDU), 1989–1991 Parlamentarischer Geschäftsführer der CDU/CSU-Fraktion im Deutschen Bundestag, 1991–1998 Bundesminister für besondere Aufgaben und Leiter des Bundeskanzleramtes 106, 122, 123, 247, 530, 555, 837
Boidevaix, Serge, 1986–1992 französischer Botschafter in der Bundesrepublik Deutschland 160, 180, 319, 482, 539, 838

Bok, Derek, 1971–1881 Präsident und 2006–2007 Interimspräsident der Harvard Universität 413
Bolz, Lothar, Politiker in der DDR (NDPD), 1953–1965 Minister für auswärtige Angelegenheiten der DDR 222
Bondarenko, Alexander, 1971–1991 Leiter der 3. Europäischen Abteilung des sowjetischen Außenministeriums 28, 353, 354, 487, 751, 838
Bötsch, Wolfgang, deutscher Politiker (CSU), 1989–1993 Vorsitzender der CSU-Landesgruppe im Deutschen Bundestag, 1993–1997 letzter Bundesminister für Post und Telekommunikation 94, 106, 428, 429, 473
Bowkon, Jewgeni, Journalist der Iswestija 327
Brady Kiesling, John, Schriftsteller, US-Diplomat, Einsatz für multilaterales Engagement unter US-Präsident George H. W. Bush 534
Brandt, Peter, deutscher Historiker und Professor, Sohn von Willy und Ruth Brandt 829
Brandt, Willy, deutscher Politiker (SPD), 1957–1966 Regierender Bürgermeister von Berlin, 1966 -1969 Außenminister und 1969–1974 Bundeskanzler der Bundesrepublik Deutschland 18, 20, 21, 97, 98, 101, 125, 129, 132, 145, 146, 151, 155, 178, 202, 217, 231, 238, 294, 299, 308, 568, 570, 572, 573, 580, 581, 585, 609, 651–656, 661, 690, 836, 838, 859, 929
Bräutigam, Hans Otto, Leiter der Ständigen Vertretung der Bundesrepublik Deutschland bei der DDR in Ost-Berlin 1982–1989 und anschließend 1989–1990 Botschafter bei der UNO, bis 1999 Minister für Justiz, Bundes- und Europaangelegenheiten in Brandenburg 232, 601, 925, 931, 935
Breit, Ernst, 1982–1990 Vorsitzender des Deutschen Gewerkschaftsbundes (DGB) 279
Brentano, Heinrich von, deutscher Politiker (CDU), 1955–1961 Bundesminister des Auswärtigen sowie davor und danach bis 1964 Vorsitzender der CDU/CSU-Bundestagsfraktion 222
Breschnew, Leonid Iljitsch, sowjetischer Politiker, 1964–1982 Generalsekretär der KPdSU, 1960–1964 und 1977–1982 Vorsitzender des Präsidiums des Obersten Sowjets 612, 626, 659, 729, 883, 885, 925, 936
Bresser, Klaus, Journalist und Buchautor, 1988–2000 Chefredakteur des ZDF 199
Bronfman, Edgar Miles, US-amerikanischer Unternehmer, 1979–2007 Präsident des Jüdischen Weltkongresses 595
Brundtland, Gro Harlem, norwegische Politikerin der Arbeiderpartiet (Ap), im Jahr 1981 sowie 1986–1989 und 1990–1996 Ministerpräsidentin Norwegens 794
Brunner, Guido, deutscher Diplomat und Politiker (FDP) 842, 895
Buchheim, Hans, deutscher Professor für Geschichte und Politikwissenschaft an der Universität Mannheim 859
Burkert, Rudolf, verstarb im April 1983 am Grenzübergang Drewitz bei einem Verhör an einem Herzinfarkt 926
Busek, Erhard, österreichischer Politiker (ÖVP), 1991–1995 österreichischer Vizekanzler und bis 1994 gleichzeitig Bundesminister für Wissenschaft und Forschung sowie Bundesminister für Unterricht und kulturelle Angelegenheiten (1994–1995) 792, 901
Bush, George H. W., US-amerikanischer Politiker (Republikaner), 41. US-Präsident 1989–1993; 1971–1973 US-Botschafter bei der UNO, 1976–1977 Direktor der CIA, 1981–1989 Vizepräsident unter Präsident Ronald Reagan 10, 11, 30, 44, 47, 48, 50, 51, 55, 61, 63, 71, 74, 76, 77, 86, 98, 104, 106, 107, 116, 126, 127, 128, 131, 132, 135, 139, 148–150, 152–154, 156, 157, 159, 163, 165–170, 172, 183, 184, 190, 201, 204, 209, 226, 231, 233, 237, 238, 242, 244, 248, 251, 254, 264, 267, 272, 276, 281, 283–288, 291, 298, 299, 306, 311, 315, 319, 325–327, 332, 335, 342–344, 347, 350, 353, 356–360, 362, 369, 371, 372, 381–387, 390, 393, 394, 400–403, 405–411, 413, 414, 416–419, 427, 431, 436, 439, 441, 442, 445, 450, 454–456, 460, 463, 465–467, 470, 472, 474, 475, 477–480, 491, 494, 510–514, 516, 524–526, 529, 533, 536, 538–544, 546, 548, 550, 551, 554, 561, 567, 592, 599, 600, 604, 615–618, 656, 666, 670, 672, 675, 677, 679, 680, 694, 695, 698, 702, 729, 733, 744, 753, 754, 765, 766, 777, 782–784, 790, 810, 811, 820, 828, 836, 838, 843, 865, 870, 874, 876, 877, 880, 887, 893, 900, 905, 911, 913, 935, 936, 940, 941, 943–945, 948
Bush, Barbara, Ehefrau von George H. W. Bush 284, 286
Busse, Volker, deutscher Jurist, 1974–2005 Beamter im Bundeskanzleramt in Bonn 23, 25
Byrnes, James F., US-amerikanischer Politiker (Demokratische Partei), 1945–1947 Außenminister der USA 200

Čalfa, Marián, tschechoslowakischer Politiker, 1989–1992 Ministerpräsident der ČSFR nach

der Samtenen Revolution 1989 205, 380, 613, 940
Carlucci, Frank, US-amerikanischer Politiker (Republikaner), 1986–1987 Nationaler Sicherheitsberater und 1987–1989 Verteidigungsminister der Vereinigten Staaten 733
Carstens, Karl, deutscher Politiker (CDU), Jurist, Diplomat, 1979–1984 Bundespräsident der Bundesrepublik Deutschland 328, 925
Casdorff, Stephan-Andreas, deutscher Journalist, 1987–1992 im Parlamentsbüro der Süddeutschen Zeitung 20
Cavaco Silva, Aníbal António, 1985–1995 Premierminister und 2006–2016 portugiesischer Staatspräsident (PSD) 467
Ceauşescu, Elana, rumänische Politikerin (RKP, Kommunistische Partei Rumäniens), Ehefrau von N. Ceauşescu 213
Ceauçescu, Nicolae, rumänischer Politiker (RKP), 1965–1989 Generalsekretär der Rumänischen Kommunistischen Partei, 1974–1989 Staatspräsident und Vorsitzender des Staatsrates der Sozialistischen Republik Rumänien 138, 203, 213, 593, 612, 614
Cecchini, Paolo, italienischer Wirtschaftswissenschaftler, 1988 Autor des EG-Kommissionspapiers »The Cost of Non-Europe« 933
Celibidache, Sergiu, rumänischer Chefdirigent der Münchner Philharmoniker 843, 889
Che Guevara, marxistischer Revolutionär und Guerillaführer, 1967 in Bolivien von Regierungssoldaten erschossen 127
Cheney, Richard Bruce (Dick), US-amerikanischer Politiker (Republikaner), 1989–1993 US-Verteidigungsminister und 2001–2009 Vizepräsident unter George W. Bush 282, 306, 872
Chevènement, Jean-Pierre, französischer Politiker (PS, MDC, MRC), 1988–1991 französischer Verteidigungsminister 162, 306, 371
Chirac, Jacques, französischer gaullistischer Politiker (RPR, UMP), 1977–1995 Bürgermeister von Paris, 1995–2007 Staatspräsident von Frankreich 348, 600, 694, 695, 815, 880, 893
Chissano, Joaquim Alberto, 1986–2005 Präsident von Mosambik 658
Chodorkowski, Michail, russischer Oligarch, Yukos-Ölkonzern-Inhaber, 2003–2013 in Haft 831
Chong-whi Kim, außen- und sicherheitspolitischer Berater des südkoreanischen Präsidenten 146
Chrobog, Jürgen, Leiter der Presseabteilung und Sprecher des Auswärtigen Amtes 1984–1991, 1988–1991 Leiter des Ministerbüros des Auswärtigen Amtes 70, 72, 839, 901
Chruschtschow, Nikita, sowjetischer Politiker und Militär, 1953–1964 Erster Sekretär der KPdSU 189, 222, 248, 699, 705, 877
Churchill, Winston, britischer Politiker, 1940–1945 und 1951–1955 Premierminister von Großbritannien 84, 86, 200
Clark, Jo, 1979–1980 Premierminister, 1984–1991 Außenminister Kanadas 267
Clark, William Patrick, US-amerikanischer Jurist und Politiker, 1982–1983 Sicherheitsberater unter R. Reagan, 1983–1985 Innenminister 732
Clay, Lucius D., US-General, 1947–1949 Militärgouverneur der amerikanischen Besatzungszone in Deutschland, verantwortlich für die Einrichtung der Berliner Luftbrücke 200
Clinton, Bill, 1993–2001 Präsident der Vereinigten Staaten (Demokratische Partei) 248, 694, 695, 748, 784, 816, 828, 877
Clinton, Hillary, Ehefrau von Bill Clinton und 2009–2013 US-Außenministerin 693, 814
Collins, Gerard, irischer Politiker der Fianna Fáil, u. a. 1989–1992 Außenminister unter Haughey 210
Comsa, Radu A., 1990–1995 rumänischer Botschafter in der BRD 319
Corbett, Richard, 1989–1990 britischer Stadtkommandant in Berlin 128
Cossiga, Francesco, italienischer Politiker (DC), 1985–1992 italienischer Staatspräsident 854
Couve de Murville, Maurice, französischer Diplomat und Politiker (UNR, UDR, RPR), 1958–1968 Außenminister und 1968–1969 Premierminister von Frankreich 222
Cradock, Sir Percy, außenpolitischer Berater von Margaret Thatcher, zuvor befasst u. a. mit den Verhandlungen zur Wiedereingliederung Hongkongs (1997) 434, 776
Cyrankiewicz, Józef, 1947–1952 und 1954–1970 polnischer Ministerpräsident 87
Czaja, Herbert, 1953–1990 Mitglied des Deutschen Bundestages (CDU), 1970–1994 Präsident des Bundes der Vertriebenen 297, 398, 428, 429, 544, 596, 648

Daschitschew, Wjatscheslaw, russischer Politologe und Historiker, außenpolitischer Berater von Gorbatschow 253, 866
De Boissieu, Pierre Yves, Diplomat, Abteilungsleiter im französischen Außenministerium 327
De Gaulle, Charles, französischer General und Politiker, 1959–1969 erster Präsident der

Fünften Republik 106, 112, 158, 167, 168, 269, 326, 446, 492, 582, 674, 677, 698
De Klerk, Frederik Willem, 1989–1994 Staatspräsident Südafrikas 391
De Maizière, Lothar, Vorsitzender der Ost-CDU, 12. April-2. Oktober 1990 erster frei gewählter Ministerpräsident der DDR, August bis Oktober 1990 Minister für auswärtige Angelegenheiten der DDR 14, 57, 59, 60, 68, 79, 123, 135, 137, 158, 190, 204, 226, 240, 243, 254, 279, 290, 315, 317, 321, 324, 327, 328, 334–339, 343, 346, 351, 353, 355, 359, 362, 367, 373, 374, 380, 388, 389, 399, 404, 410, 412, 414–416, 419, 424, 426, 431, 434, 449, 451, 453, 454, 459, 472, 481, 509, 514, 515, 517, 518, 521, 527, 528, 533, 535, 548, 561, 566, 567, 568, 678, 679, 716, 717, 719, 721, 739, 742, 749, 759, 760, 765, 768, 777, 788, 789, 794, 799, 804, 839, 902, 906, 941, 943–947
De Michelis, Gianni, 1989–1992 italienischer Außenminister 162, 340
De Montbrial, Thierry, Gründer und Präsident des französischen Instituts der internationalen Beziehungen 222
De Montigny, Marchand, kanadischer Botschafter bei den Vereinten Nationen in Genf 331
Dehio, Ludwig, deutscher Historiker und Archivar, Herausgeber der Historischen Zeitschrift (1946–1956) 665
Delamuraz, Jean-Pascal, 1989–1996 Schweizer Bundespräsident 185
Delors, Jacques, französischer Wirtschaftswissenschaftler und Politiker (Parti Socialiste), 1985–1995 Präsident der Kommission der Europäischen Gemeinschaft 45, 54, 55, 57, 58, 74, 75, 176, 208, 210, 223, 228, 237, 263, 276, 301, 316, 317, 342, 352, 370, 391, 474, 482, 512, 522, 523, 534, 603, 623, 624, 702, 714, 740, 741, 746, 749, 797, 839, 858, 902, 928, 933, 935, 936, 942
Delp, Alfred, Jesuit, Priester, Widerstandskämpfer im Kreisauer Kreis 90
Delworth, William Thomas, 1988–1992 kanadischer Botschafter in Bonn 354
Deng Xiaoping, chinesischer Politiker und Parteiführer, leitete in China politische Reformen ein 124, 592, 619, 911
Dewitz, Gerhard, Verwaltungsjurist, Berliner CDU-Vertriebenenpolitiker, 1990 Mitglied des Deutschen Bundestages 429
Dienstbier, Jiří, 1989 Mitbegründer des Bürgerforums, 1989–1992 Außenminister der Tschechoslowakei (bis März 1990 Tschechoslowakische Sozialistische Republik, März-April 1990 Tschechoslowakische Republik, ab April 1990 Tschechische und Slowakische Föderative Republik) 9, 340
Diepgen, Eberhard, Berliner CDU-Vorsitzender, Regierender Bürgermeister von Berlin 1984–1989 sowie 1991–2001 103, 652, 932–934
Diestel, Peter-Michael, Januar-Juni 1990 Generalsekretär der DSU, 1990 Stellvertretender Vorsitzender des Ministerrates und Innenminister der DDR (Modrow) 334, 395, 548
Domes, Jürgen, deutscher Politikwissenschaftler 221
Domröse, Hans-Lothar, Oberstleutnant, 1989–1991 persönlicher Referent (Gruppe 23) des Abteilungsleiters 2 (Außen-, Sicherheits- und Entwicklungspolitik) im BKA 23, 145, 839
Dregger, Alfred, CDU-Politiker, Mitglied des Deutschen Bundestags, 1982–1991 Vorsitzender der CDU/CSU-Fraktion im Deutschen Bundestag 94, 106, 244, 247, 328, 367, 399, 410, 428, 429, 562, 934
Dreher, Klaus Rudolf, deutscher Journalist und Publizist, 1973–1992 Leiter des Bonner Redaktionsbüros der Süddeutschen Zeitung 48, 50, 580, 728
Dubček, Alexander, 1989–1992 Vorsitzender des föderalen tschechoslowakischen Parlamentes, Leitfigur des »Prager Frühlings« 152, 940, 941
Dubinin, Juri, 1986–1990 sowjetischer Botschafter in Washington 214
Duckwitz, Georg Ferdinand, deutscher Diplomat, beim Warschauer Vertrag (1970) Verhandlungsführer der Bundesrepublik Deutschland 222
Duisberg, Claus-Jürgen, 1987–1990 Leiter des Arbeitsstabes 20 im Bundeskanzleramt, 1990 auch im Bundesministerium des Inneren tätig 23, 25, 43, 152, 153, 183, 195, 203, 220, 223, 625, 626, 840, 933, 934, 936, 937
Duisenberg, Willem Frederik, »Wim«, niederländischer Politiker und Ökonom, 1998–2003 Präsident der Europäischen Zentralbank (EZB) 743
Dumas, Roland, 1988–1993 französischer Außenminister 72, 105, 122, 146, 148, 180, 181, 206, 240, 251, 267, 290, 291, 349, 350, 437, 447, 468, 530, 579, 624, 625, 730, 731, 778, 779, 840, 936, 942, 943

Eagleburger, Laurence, 1988–1992 Vizeaußenminister der USA 215, 231, 233, 237, 385, 416
Ebeling, Hans-Wilhelm, Pfarrer und Politiker (DSU, CDU), Mitglied der Volkskammer, 1990

Minister für wirtschaftliche Zusammenarbeit der DDR 201, 225, 231, 240, 254, 279, 290, 315
Eden, Robert Anthony, Diplomat; 1935–1938, 1940–1945 und 1951–1955 britischer Außenminister, (Conservative Party) 200
Ehmke, Horst, Professor und Politiker, verschiedene Ministerämter, u. a. 1969–1972 Chef des Bundeskanzleramtes 123, 255, 838
Ehrenberg, Herbert, SPD-Bundestagsabgeordneter, 1976–1982 Bundesminister für Arbeit und Sozialordnung, Berater der Ministerin für Arbeit und Soziales der DDR 518
Eisel, Stephan, CDU-Politiker, ab 1987 stellvertretender Leiter des Kanzlerbüros, 1991–1992 Referatsleiter 151, 152
Eisenhammer, John, Independent-Korrespondent 314
Eisenhower, Dwight D., US-General und 1953–1961 Präsident der USA (Republikaner) 215, 222, 242, 248
Elbe, Frank, 1987–1992 Leiter des Ministerbüros im Leitungsstab des Auswärtigen Amtes, 1991/92 Botschafter zur besonderen Verwendung 23, 51, 52, 262, 362, 728, 840, 942
Elisabeth II., 1953–2022 Königin des Vereinigten Königreichs von Großbritannien und Nordirland 468
Emminger, Otmar Erich Anton, ehemaliger Präsident der Deutschen Bundesbank 265
Engelhardt, Hans, 1982–1990 Bundesminister der Justiz 271
Eppelmann, Rainer, Pfarrer, Bürgerrechtler (Demokratischer Aufbruch), Minister für Abrüstung und Verteidigung der Regierung de Maizière 9, 179, 227, 266, 315, 412, 765, 786, 939, 944
Erb, Elisabeth 118
Erhard, Ludwig Wilhelm, CDU-Politiker, Ökonom, 1963–1966 Bundeskanzler der Bundesrepublik Deutschland, »Vater des deutschen Wirtschaftswunders« 800
Evtimov, Georgi, bulgarischer Botschafter in Bonn 214, 289, 840

Fabius, Laurent, Präsident der Assemblée Nationale 1988–1992 und 1997–2000 124, 662
Fack, Ulrich, Herausgeber der Frankfurter Allgemeinen Zeitung 228, 355
Fahd ibn Abd al-Aziz, 1982–2005 König von Saudi-Arabien 516
Falin, Valentin, Dilomat, 1988–1991 Leiter der Abteilung für internationale Beziehungen im ZK der KPdSU 34, 42, 64, 140, 141, 224, 234, 252, 260, 275, 302, 317, 318, 354, 391, 464, 656, 669, 680, 681, 737, 751, 782, 840
Fischbeck, Hans-Jürgen, Physiker und DDR-Bürgerrechtler, Bündnis 90, 1988/89 Delegierter der Ökumenischen Versammlung in der DDR 201
Fischer, Joschka, deutscher Politiker (Bündnis 90/Die Grünen), 1987–1991 Fraktionsvorsitzender im Hessischen Landtag; 1998–2005 deutscher Außenminister 232
Fischer, Oberst 244
Fischer, Oskar, 1971–1989 Mitglied im ZK der SED, 1975–1990 Außenminister der DDR 195, 196, 207, 267, 311, 625, 626, 925, 931, 936, 942
Fisher, Marc, Journalist der Washington Post, 1989–1994 Korrespondent in Deutschland 173
Fodor, Gábor, Gründungsmitglied des Fidesz, 1991–1993 Mitglied des Europarats 191
Fojtik, Jan, kommunistischer tschechoslowakischer Politiker (KSČ) 941
Foley, Tom, Speaker im US-Senat 387
Forck, Gottfried, 1981–1991 Bischof der Evangelischen Kirche in Berlin-Brandenburg – Bereich Ost/DDR 145
Ford, Gerald, 1974–1977 Präsident der USA, Republikaner 127
Francke, Klaus, CDU-Politiker, Bundestagsabgeordneter 187
Frank, Hans, Admiral, Kommandeur der Schnellbootflotille in Flensburg, 1989–1992 stellvertretender Stabsabteilungsleiter im Führungsstab der Streitkräfte III (Militärpolitik, Führung) in Bonn 400
Franklin, Bo, Foreign Editor des Economist 217
Freisler, Roland, 1942–1945 Präsident des NS-Volksgerichtshofs 880
Frey, Independent-Korrespondent 314
Fritzenkötter, Andreas, Berater im BKA 211, 841
Fülöp, Rektor der Eötvös-Loránd-Universität Budapest 187
Funke, Hans-Joachim, »Hajo«, deutscher Politikwissenschaftler, 1993–2010 Professor am Otto-Suhr-Institut der FU Berlin 829

Gablentz, Otto von der, deutscher Dipolmat, 1983–1990 Botschafter in den Niederlanden und 1990- 1993 in Israel 22
Galinski, Heinz, 1949–1992 Vorsitzender des Zentralrats der Juden in Deutschland 109, 118, 660, 934, 935
Galtieri, Leopoldo, General, 1981–1982 Präsident Argentiniens, 1986–1989 Inhaftierung wegen Missmanagements im Falklandkrieg 925

Garton Ash, Timothy, britischer Historiker 20, 27, 28, 50, 58, 70, 509, 621, 902, 910
Gates, Robert M., stellvertretender Assistant to the President for National Security Affairs und August 1989-November 1991 Assistant to the President and Deputy National Security Adviser, anschließend Direktor der CIA 77, 231, 233, 237, 400, 402, 841
Gehlen, Reinhard, Leiter der Organisation Gehlen 1947–1956 und 1956–1968 Präsident des Bundesnachrichtendienstes 126
Geiger, Michaela, CSU-Politikerin, Bundestagsabgeordnete 187
Geißler, Heiner, Jurist und Politiker, 1977–1989 Generalsekretär der CDU und 1982–1985 Bundesminister für Jugend, Familie und Gesundheit im Kabinett Kohl 18, 31, 145, 566, 573, 574, 584, 631–633, 859
Genscher, Barbara, Ehefrau von Hans-Dietrich Genscher 844, 895
Genscher, Hans-Dietrich, deutscher Außenminister 1974–1992 (FDP) 10, 26, 28, 32, 44, 45, 47–53, 55, 59, 60, 62, 63, 65–73, 76, 79, 85, 87, 88, 97, 98, 101–103, 106, 117, 132, 140, 148–150, 159, 160, 172, 177, 184, 201, 214, 215, 229–231, 233, 235, 237, 242–244, 250, 252, 254–256, 260–264, 266–273, 276–279, 287–290, 292–294, 296, 297, 301, 302, 304, 308, 310, 316–320, 322, 327, 328, 37, 342, 343, 346, 353, 362–365, 367, 368, 371, 385, 386, 390, 391, 395, 397–401, 403, 408–410, 412, 414, 419, 424, 425, 427, 429–431, 435, 437–439, 447, 448, 452, 460, 468, 470, 471, 473, 475, 481, 485, 487, 496, 498, 499–507, 511, 512, 514, 520–524, 529, 530, 532–535, 537–539, 552, 554–556, 561, 568, 574, 575, 578–581, 584–588, 593, 597, 602, 603, 608, 616, 618, 623–625, 628–630, 634–636, 649, 659, 660, 672, 679, 685, 686, 689, 694, 695, 700, 710, 723, 725–731, 736, 738, 740–742, 746, 747, 749–751, 755, 757, 759–763, 767, 769, 774, 779–782, 785, 786, 788, 796, 797, 803, 805, 807, 809, 810, 819–821, 836, 837, 840–842, 844, 846–848, 851, 856, 859, 861, 881, 882, 893–895, 902, 926, 927, 930–932, 934, 938, 940, 942–948
Gerassimow, Gennadij I., 1986–1990 Leiter der Hauptabteilung für Information im Ministerium für Auswärtige Angelegenheiten der UdSSR 105, 209, 311, 482, 637
Geremek, Bronislaw, polnischer Historiker und Dissident, Mitglied der Solidarność-Bewegung und 1989–2001 Mitglied des Sejm 93
Gerlach, Manfred, 1960–1989 stellvertretender Staatsratsvorsitzender und Dezember 1989-April 1990 letzter Staatsratsvorsitzender der DDR
Gerstenmaier, Eugen, deutscher Theologe, Widerstandskämpfer und Bundestagsabgeordneter, 1954–1968 Bundestagspräsident 90
Getler, Michael, Journalist der Washington Post 173
Ghandi, Rajiv, 1984–1989 Premierminister Indiens 161
Gibowski, Wolfgang, deutscher Politikwissenschaftler und Sozialforscher, stellvertretender Chef des Bundespresseamts 43, 151, 152, 211
Gierek, Edward, polnischer Politiker, Parteichef 1970–1980 91, 905
Gillmann, Helmut, Professor, Leibarzt von Helmut Kohl 773, 894
Glienke, Lothar, Leiter der Ständigen Vertretung der DDR in Bonn 937
Globke, Hans, Verwaltungsjurist, 1953–1963 Chef des Bundeskanzleramtes 189
Goebbels, Joseph, NS-Politiker, 1930–1945 Reichspropagandaminister 510, 596, 884
Gomulka, Władysław, polnischer Politiker, Parteichef 1956–1970 94
González, Félipe, spanischer Sozialist und Ministerpräsident 1982–1996 74, 108, 138, 288, 312, 388, 467, 514, 624, 658, 842
Gorbatschow, Michail S., 1980–1991 Mitglied des Politbüros, 1985–1991 Generalsekretär des Zentralkomitees der KPdSU und März 1990-Dezember 1991 letzter Staatspräsident der Sowjetunion 7, 8, 11, 19, 26, 27, 28, 30, 32, 33, 34, 45, 47, 48, 50, 51, 52, 58, 60, 63–67, 69, 70, 76, 86, 98, 102–108, 112, 122, 124, 127–129, 131–133, 135, 139, 141, 142, 145–148, 150, 153, 156–161, 163–169, 171, 172, 174, 175, 177, 178, 180–186, 188, 189, 191–193, 203, 207–209, 212, 213, 215, 217, 218, 220, 222, 224, 225, 228, 232–236, 242, 244, 246, 249–262, 264–267, 271, 272, 274, 276, 279–282, 284–286, 291, 296–298, 300, 304, 311, 314–316, 320, 322, 323, 325, 326, 331, 332, 334, 336, 340, 343–347, 349, 351, 353, 354, 358–362, 366, 369–373, 376–379, 382–386, 390–396, 399–402, 427, 429, 431–435, 439, 441, 442, 448, 451, 453, 455, 457–462, 464, 466, 467, 470, 472, 473, 476–486, 488–512, 514, 515, 517, 518, 520, 522, 526, 529, 531–533, 536, 537, 539–551, 553–555, 557, 558, 563–565, 567, 586, 589, 594, 596, 599, 602, 603, 609, 616–622, 629, 637, 639, 640, 643, 644, 653–656, 662, 667–670, 672, 673, 677–679, 682, 683, 685,

686, 692, 693, 695, 696, 688, 699, 702, 707–709, 712–717, 719–722, 729, 737–739, 742, 743, 748–751, 755, 756, 761–767, 779–785, 790, 794, 796, 803, 809, 811–814, 819–822, 832, 836, 842–844, 848, 853, 855, 856, 858, 862, 863, 865, 866, 875–879, 881–888, 893–895, 899–905, 907, 911, 915, 929–933, 935, 936, 938–940, 942–946, 948
Gorbatschowa, Raissa, Ehefrau von Michail Gorbatschow 498, 499, 500, 501, 507, 620, 781, 784, 844, 879, 886–888, 893, 895
Gotto, Klaus, deutscher Historiker und Politologe 24, 211, 530
Graf, Maximilian, österreichischer Zeithistoriker und Archivar im Österreichischen Staatsarchiv 9, 15, 725, 750, 899, 903, 908, 914–916, 920
Graham, Katharine, Journalistin der Washington Post und von Newsweek, Leiterin der Washington Post Company, 1973–1991 Vorsitzende des Verwaltungsrats und 1993–2001 Vorstandsvorsitzende des Unternehmens 221, 231
Gratschow, Andrej, stellvertretender Leiter der Internationalen Abteilung des ZK der KPdSU, Berater Gorbatschows 157
Grewe, Wilhelm Georg, deutscher Völkerrechtler und Berater von Bundeskanzler Konrad Adenauer 221, 222, 805
Griffith, Howard, Professor, Cambridge University 334
Gröbl, Wolfgang, Parlamentarischer Staatssekretär im Umweltschutzministerium 515
Gromyko, Andrei, 1957–1985 Außenminister der UdSSR 178, 222, 256, 586, 587, 883, 885, 893, 894
Grosser, Dieter, deutscher Politologe und Hochschullehrer 14, 59, 644, 903
Großkopf, Rudolf, Journalist für das Deutsche Allgemeine Sonntagsblatt 230
Grósz, Károly, ungarischer kommunistischer Politiker, 1987–1988 Ministerpräsident der Volksrepublik Ungarn, ab 1985 Mitglied des Politbüros des ZK der MSZMP 610, 817, 845
Grotewohl, Otto, SPD-, ab 1946 SED-Politiker, 1949–1964 Ministerpräsident der DDR 239
Gueffroy, Chris, 1989 letztes Todesopfer an der Berliner Mauer 604, 935
Guigou, Elisabeth, 1988–1990 Beraterin Mitterrands für EG-, Außenwirtschafts- und Außenhandelsfragen 54, 59, 273, 305, 327, 347, 445, 702, 844, 858
Gulbinowicz, Henryk Roman, römisch-katholischer polnischer Geistlicher, Erzbischof von Breslau 90
Gutzeit, Martin, deutscher Geistlicher und Politiker, Gründer der Sozialdemokratischen Partei in der DDR zusammen mit Markus Meckel 217
Gyöngyösi, Márton, ungarischer Politiker (Jobbik) 192
Györgyi, Kálmán, Dekan der Eötvös-Loránd-Universität Budapest 187
Gysi, Gregor, Vorsitzender der PDS, Bundestagsabgeordneter der Fraktion Die Linke 178, 220, 244, 567, 629, 941

Habeck, Robert, Politiker (Bündnis 90/Die Grünen) und Schriftsteller, seit 2021 Bundesminister für Wirtschaft und Klimaschutz 742
Habsburg, Otto von, Sohn von Kaiser Karl I., Schriftsteller, Publizist, Politiker, 1979–1999 Mitglied des Europäischen Parlaments (CSU, EVP-ED) 629
Hacke, Christian, deutscher Politikwissenschaftler und Professor an der Rheinischen Friedrich-Wilhelms-Universität Bonn 57, 221, 845
Hainetsch, Sekretär des Auswärtigen Ausschusses im polnischen Sejm 246
Halbritter, Walter, SED-Politiker, Leiter des Amtes für Preise in der DDR im Ministerrang, Dezember 1989-Februar 1990 als Staatssekretär Beauftragter des Ministerpräsidenten Hans Modrow für die Vorbereitung der Gespräche am Zentralen Runden Tisch sowie Verbindungsmann zum Amt für Nationale Sicherheit und zum MfS-Auflösungskomitee 206
Haller, Gert, Staatssekretär im Bundesministerium der Finanzen und persönlicher Beauftragter des Bundeskanzlers zur Vorbereitung der Weltwirtschaftsgipfel, 1990–1992 Leiter der Abteilung VII Geld und Kredit im Bundesministerium der Finanzen 502
Hallstein, Walter, Jurist und Politiker (CDU), 1951–1958 Staatssekretär im Auswärtigen Amt, 1958–1967 Vorsitzender der Kommission der Europäischen Gemeinschaften 87, 168, 239, 805, 954
Hanf, Theodor, deutscher Politologe und Soziologe, Afrika- und Nahost-Experte, Direktor des Arnold-Bergstraesser-Instituts in Freiburg/Breisgau 221
Hanitzsch, Dieter, Karikaturist für die Süddeutsche Zeitung 664, 727, 832, 894, 895
Hartmann, Axel, Referent für bilaterale Beziehungen zu den Warschauer-Pakt-Staaten und den KSZE-Prozess im Osteuropareferat und Mitarbeiter des Ministerialdirektors Horst Teltschik, deutscher Vertreter bei den

KSZE-Verhandlungen in Wien, 1989–1991 im Leitungsbereich des BKA als stellvertretender Leiter des Ministerbüros beim Chef des Bundeskanzleramts, Bundesminister Rudolf Seiters 300
Hartmann, Peter, stellvertretender Leiter der Abteilung 2 im BKA und Vertreter von Horst Teltschik, als Nachfolger von Hermann Freiherr von Richthofen Botschafter im Vereinigten Königreich 23, 24, 43, 54, 56, 59, 67, 142, 153, 223, 303, 328, 336, 480, 522, 605, 704, 837, 845
Hatesaul, Wolfram, Unternehmensberater in Bonn 237
Haughey, Charles, 1987–1992 Ministerpräsident der Republik Irland, 1990 amtierender Vorsitzender des Europäischen Rates 58, 323, 339, 352, 449, 450
Haussmann, Helmut, deutscher Politiker (FDP), 1988–1990 Bundesminister für Wirtschaft 63, 438, 441, 473, 475, 514, 522, 532, 533, 541, 545, 562
Havel, Václav, 1989–1992 Präsident der Tschechoslowakei (bis März 1990 Tschechoslowakische Sozialistische Republik, März-April 1990 Tschechoslowakische Republik, April 1990–1992 Tschechische und Slowakische Föderative Republik) 127, 205, 304, 394, 613, 792, 920, 940, 941
Hedwig von Andechs, Jadwiga Śląska, Herzogin von Schlesien, als Heilige verehrt 111
Heigert, Hans, 1989–1993 Präsident des Goethe-Instituts 233
Heisig, Johannes, Professor, Rektor der Kunsthochschule Dresden 199
Hempel, Johannes, Landesbischof der Evangelisch-Lutherischen Landeskirche Sachsens 198, 802
Hennig, Ottfried, Parlamentarischer Staatssekretär beim Bundesminister für innerdeutsche Beziehungen und Januar 1991-April 1992 beim Bundesminister der Verteidigung 473, 845
Hermannson, Steingrímur, 1988–1991 isländischer Ministerpräsident, (Fortschrittspartei) 467
Herrhausen, Alfred, deutscher Manager und 1985–1989 Vorstandssprecher der Deutschen Bank, Opfer eines Attentats der RAF 161, 162, 173, 174, 190, 572, 610, 666, 691, 692, 771, 793, 845, 848
Herrhausen, Waltraut 62, 771
Herter, Christian A., US-amerikanischer Politiker (Republikaner), 1959–1961 Außenminister der USA 222
Herzog, Roman, 1987–1994 Präsident des Bundesverfassungsgerichts, 1994–1999 Bundespräsident der Bundesrepublik Deutschland 213, 631
Hildebrandt, Regine, deutsche Politikerin (SPD), 1990–1999 Ministerin für Arbeit, Gesundheit, Soziales und Frauen in Brandenburg 217
Hilsberg, Stephan, deutscher Politiker, Gründungsmitglied der Sozialdemokratischen Partei der DDR (SDP) 217
Hitler, Adolf, deutscher Diktator, 1921–1945 Vorsitzender der NSDAP, 1933–1945 Reichskanzler, ab 1934 als Reichspräsident auch Staatsoberhaupt des Deutschen Reiches 90, 93, 110, 250, 325, 331, 424, 513, 539, 540, 596, 810, 811, 910, 920
Hoagland, Jim, Korrespondent der Washington Post 153
Höppner, Reinhard, deutscher Politiker (SPD), Mathematiker, Autor, 1994–2002 Ministerpräsident von Sachsen-Anhalt 217
Höynck, Wilhelm, Ministerialdirigent im Auswärtigen Amt 301, 728
Hofmann, Journalist der Mainzer Allgemeinen Zeitung 773, 894
Honiok, Franciszek, am 31. August 1939 Opfer der SS beim Überfall auf den Sender Gleiwitz 91
Hohl, Alfred, Schweizer Botschafter in Bonn 299
Holik, Josef, 1987–1995 im Rang eines deutschen Botschafters Leiter der Unterabteilung 2 A und Beauftragter der Bundesregierung für Fragen der Abrüstung und Rüstungskontrolle 233, 460
Hollande, François, 1997–2008 Vorsitzender der PS (Parti socialiste), 2012–2017 Staatspräsident Frankreichs 815
Honecker, Erich, 1976–1989 Generalsekretär des ZK der SED und Vorsitzender des Staatsrates der DDR 15, 33, 167, 176, 192, 526, 590, 591, 601, 603, 604, 606, 612, 614, 625, 636–639, 688, 708, 725, 818, 893, 899, 900, 909, 925–930–935
Hopkins, Harry, Ratgeber des US-Präsidenten F. D. Roosevelt 20
Horn, Gyula, ungarischer Reformkommunist, 1989–1994 Minister für auswärtige Angelegenheiten der Volksrepublik Ungarn bzw. der Ungarischen Republik 72, 133, 136, 146, 187, 188, 191, 192, 213, 289, 319, 340, 610, 614, 623, 625, 629, 631, 661, 715, 748, 816, 846, 936
Hornhues, Karl-Heinz, Professor, stellvertretender Fraktionsvorsitztender der CDU/CSU für Außenpolitik 122, 183

Horváth, Elke, Ehefrau von István Horváth 614
Horváth, István, 1984–1991 Botschafter der Volksrepublik Ungarn bzw. der Ungarischen Republik in Bonn 129, 135, 236, 249, 340, 426, 547, 610, 611, 614, 629, 748, 840, 846, 851
Hoxha, Enver, kommunistischer albanischer Politiker, 1944–1985 Generalsekretär des ZK der PPSH (Partei der Arbeit) 612, 613, 819
Hú Yàobāng, 1980–1987 Generalsekretär der Kommunistischen Partei Chinas 124
Humboldt, Wilhelm von, preußischer Gelehrter, Schriftsteller und Staatsmann 873
Hunter, Robert E., US-amerikanischer Diplomat, 1993 und 1998 Ständiger Vertreter der Vereinigten Staaten bei der NATO 402
Huntington, Samuel P., US-amerikanischer Politikwissenschaftler, Berater im US-Außenministerium, Autor von »Kampf der Kulturen« 828
Hurd, Douglas, Conservative Party, 1989–1990 britischer Außenminister (Secretary of State for Foreign and Commonwealth Affairs) im Kabinett Thatcher, Teilnehmer an den Zwei-plus-Vier-Verhandlungen 54, 72, 128, 246, 249, 254, 267, 278, 300, 334, 379, 380, 399, 447, 468, 509, 779, 803, 846, 942, 944, 946
Hupka, Herbert, Journalist, Schriftsteller und SPD-, ab 1972 CDU-Politiker, 1968–2000 Präsident der Landsmannschaft Schlesien 596, 648
Husák, Gustáv, slowakischer Jurist, 1969–1987 Generalsekretär der Kommunistischen Partei der Tschechoslowakei (KSČ) 613, 614, 941
Hussein el-Takriti, Saddam, irakischer Diktator, 1979–2003 Staatspräsident 468, 525, 536, 538, 540, 789, 790
Hussein II. bin Talal, 1952–1999 König des Haschimitischen Königreichs Jordanien 537, 538

Ignatenko, Vitali, Sprecher Gorbatschows 553
Iliescu, Ion, rumänischer Politiker, 1989–1996 und 2000–2004 Präsident Rumäniens 213
Indra, Alois, tschechoslowakischer Politiker (KSČ) 941
Ischinger, Wolfgang, deutscher Jurist und Diplomat, Botschafter, 2008–2022 Leiter der Münchner Sicherheitskonferenz als Nachfolger von Horst Teltschik 636
Isensee, Josef, Professor am Institut für Öffentliches Recht an der Rechts- und Staatswissenschaftlichen Fakultät der Rheinischen Friedrich-Wilhelms-Universität Bonn 294
Ivanov, Sergej Borissowitsch, 2001–2007 Verteidigungsminister der Russischen Föderation 827, 872
Ivri, israelischer Generaldirektor 536

Jahn, Gerhard, parlamentarischer Geschäftsführer der SPD 123
Jahn, Roland, 2011–2021 Bundesbeauftragter für die Unterlagen des Staatssicherheitsdienstes der ehemaligen DDR 926
Jakeš, Miloš, kommunistischer tschechoslowakischer Politiker, 1987–1989 Generalsekretär der KPČ 938, 940
Jakunin, Vladimir Iwanowitsch, 1985–1991 Mitglied der sowjetischen diplomatischen Mission bei den Vereinten Nationen 872
Jakowlew, Alexander Nikolajewitsch, sowjetischer Politiker, enger Berater Gorbatschows und Initiator der Reformpolitik (Perestroika), 1987–1990 Mitglied des Politbüros und 1988–1990 Vorsitzender der Kommission für Internationale Politik des ZK der KPdSU 250
Jansen, Michael, Leiter des Ministerbüros im Auswärtigen Amt unter Hans-Dietrich Genscher 12, 70, 71, 72, 634
Jaruzelski, Wojciech, General, 1981–1989 Erster Sekretär des ZK der PVAP, 1985 Vorsitzender des Staatsrates, 1989–1990 Präsident Polens 54, 87, 100, 112, 113, 115, 116, 282, 294, 299, 304, 651, 652, 655, 659, 925, 937
Jasow, Dimitri, 1987–1991 sowjetischer Verteidigungsminister 435J
Jelonek, Alois, Ministerialdirektor im Auswärtiges Amt 842, 895
Jeszenszky, Géza, 1990–1994 ungarischer Außenminister 547, 820
Jelzin, Boris, 1989–1991 Mitglied des Obersten Sowjets der UdSSR, ab Mai 1990 dessen Vorsitzender, 1991–1999 Präsident Russlands 485, 490, 500, 553, 694, 695, 745, 748, 784, 786, 816, 820, 831, 886, 887, 901
Jenninger, Philipp, CDU-Politiker, 1984–1988 Präsident des Deutschen Bundestages 22, 925, 928
Jochimsen, Reimut, 1985–1990 Wirtschaftsminister von Nordrhein-Westfalen 193
Joczkowicz, Menachem, polnischer Rabbiner 98, 118
Joetze, Günter, deutscher Delegationsleiter bei den Wiener VSBM-Verhandlungen 306
Johannes Paul II., 1978–2005 Papst und Bischof von Rom 113, 608, 880, 902, 925, 926, 932
Jungen, Peter, deutscher Unternehmer im Irak 790

Kabel Rudolf, Ministerialdirektor, 1989–1991 Leiter der Abteilung I im Bundeskanzleramt (Personalabteilung) 323
Kádár, János, ungarischer kommunistischer Politiker, 1956–1988 Generalsekretär der USAP 609, 610, 817, 845, 846, 851, 934
Kaestner, Uwe, 1987–1991 Leiter des Referats 212 im Bundeskanzleramt, Mitarbeiter Horst Teltschiks 23, 24, 28, 43, 44, 51, 68, 88, 90, 142, 153, 233, 260, 283, 284, 286, 358, 360, 385, 522, 532, 609, 621, 846, 893
Kaifu, Toshiki, 1989–1991 japanischer Ministerpräsident 210, 211, 276, 300, 456, 457, 479, 534
Karagezyan, Karen, Mitarbeiter und Übersetzer von Michail S. Gorbatschow 855, 886, 895
Karski, Ryszard, 1987–1990 polnischer Botschafter in Bonn 55, 56, 87, 209, 309, 399, 715
Kasel, Jean-Pierre, politischer Direktor des Außenministeriums Luxemburgs 292
Kass, Rüdiger, Ministerialrat, 1987–1990 Leiter des Referats 223 im Bundeskanzleramt 25, 43, 153
Kastrup, Dieter, Ministerialdirektor im Auswärtigen Amt unter Hans-Dietrich Genscher und Leiter der deutschen Delegation auf Beamtenebene der Zwei-plus-Vier-Gespräche der Außenminister der beiden deutschen Staaten, 1988–1991 Leiter der Abteilung 2 im Auswärtigen Amt 23, 28, 50, 53, 66, 68, 70, 71, 72, 229, 255, 262, 310, 320, 327, 362, 385, 397, 398, 400, 429, 430, 437, 452, 460, 461, 487, 495, 496, 498, 501, 502, 517, 520, 522, 531, 532, 684, 723, 803, 804, 846, 943
Katuschew, Konstantin, sowjetischer Minister für außenwirtschaftliche Beziehungen 236, 550
Kennan, George F., US-Diplomat in Moskau und Belgrad 226, 722
Kennedy, John F., 1961–1963 US-amerikanischer Präsident (Demokratische Partei) 101, 216, 442
Keresztes, Sándor, Vorsitzender der Christlich-Demokratischen Volkspartei Ungarns 192
Kerry, John, 2013–2017 US-Außenminister (Demokratische Partei) 874
Kershaw, Ian, britischer Historiker 43, 903
Kessler, Heinz, Armeegeneral und SED-Politiker, 1985–1989 DDR-Verteidigungsminister 934
Kiechle, Ignaz, 1983–1993 Bundesminister für Ernährung, Landwirtschaft und Forsten 47, 208, 212, 237, 534, 541, 714
Kielinger, Thomas, Chefredakteur der Wochenzeitung Rheinischer Merkur 232
Kielmannsegg, Graf Peter, deutscher Politikwissenschaftler 221
Kießling, Günter, deutscher General der Bundeswehr, ab 1982 bei der NATO als Deputy Allied Commander Europe, wegen falscher Anschuldigungen zeitweilige Versetzung in den einstweiligen Ruhestand 861
Kimura, Keizo, japanischer Botschafter in Bonn 183, 456
King, Martin Luther, US-amerikanischer Baptistenpastor und Bürgerrechtler 875
Kinkel, Klaus, 1982–1991 Staatssekretär im Bundesministerium der Justiz, 1991–1992 Justizminister, 1992–1998 Bundesminister des Auswärtigen 268, 481
Kirchner, Martin, Kirchenjurist und Politiker (CDU der DDR), 1989 Generalsekretär der Partei, 1990 Mitglied der Volkskammer 179, 223
Kishon, Ephraim, israelischer Schriftsteller, Theater- und Filmregisseur 187
Kissinger, Henry Alfred, Politikwissenschaftler, Republikanische Partei, US-Präsidentschaftsberater ab 1969 unter Richard Nixon und Gerald Ford, 1973–1977 US-Außenminister 20, 21, 167, 187, 371, 373, 444, 473, 592, 696, 697, 829, 846, 875, 893, 894
Kiszczak, Czesław Jan, 1981–1990 Innenminister der Volksrepublik Polen, 1989 Ministerpräsident 934, 937
Kittel, Walter, Staatssekretär im Bundesministerium für Ernährung, Landwirtschaft und Forsten 237, 245, 546
Klein, Hans, »Johnny«, 21. April-20. Dezember 1990 Leiter des Presse- und Informationsamtes der Bundesregierung und Regierungssprecher, Bundesminister für besondere Aufgaben 66, 67, 81, 104, 121, 151, 154, 171, 194, 195, 211, 253, 294, 385, 473, 475, 487, 498, 500, 501, 502, 620, 847, 893, 894
Klein, Hans Hugo, deutscher Rechtswissenschaftler und Politiker der CDU, 1983–1996 Richter am Bundesverfassungsgericht 294
Kleinmann, Reinhard, TV-Programm-Direktor 334, 335
Klemm, Peter, deutscher Verwaltungsjurist und Ministerialbeamter, 1989–1993 Staatssekretär im Bundesministerium der Finanzen 245, 268, 533
Klier, Freya, deutsche Autorin, Regisseurin und Bürgerrechtlerin 933
Knackstedt, Günter, 1989–1992 deutscher Botschafter in Warschau 85, 86, 121, 847
Koch, Dirk, Journalist im Spiegel-Büro Bonn 233, 730
Kögler, Brigitta, stellvertretende Vorsitzende des Demokratischen Aufbruchs 179

Köhler, Henning, deutscher Historiker für Moderne Geschichte am Friedrich-Meinecke-Institut der Freien Universität Berlin 43, 50, 63, 70
Köhler, Horst, 1990–1993 Staatssekretär im Bundesfinanzministerium, 2004–2010 Bundespräsident der Bundesrepublik Deutschland 69, 276, 278, 425, 438, 498, 533, 550, 556, 735, 756, 757, 797, 847
Kohl, Helmut, CDU-Politiker, 1969–1976 Ministerpräsident von Rheinland-Pfalz, 1976–1982 Oppositionsführer, 1982–1998 Bundeskanzler der Bundesrepublik Deutschland durchgehende Seitenangaben
Kohl, Hannelore, Dolmetscherin und Ehefrau von Helmut Kohl 283, 328, 578, 601, 771, 844, 894, 895
Kohl, Peter, Sohn von Hannelore und Helmut Kohl 328, 601
Kohl, Walter, Sohn von Hannelore und Helmut Kohl 328
Kolbe, Maximilian, polnischer Franziskaner-Minorit, Verleger und Publizist, ermordet im KZ Auschwitz 118
Kondraschow, Stanislav, Journalist der Iswestija 327
Kondziela, Joachim, polnischer katholischer Geistlicher und Philosoph, Vertreter der katholischen Soziallehre 114
Kopper, Hilmar, deutscher Bankmanager, 1989–1997 Vorstandssprecher der Deutschen Bank 60, 362, 368, 369, 370, 373, 376, 379, 390, 405, 436, 438, 666, 761, 848
Korfanty, Wojciech, 1873–1939, polnischer Journalist, Mitglied des Deutschen Reichstages und Abgeordneter des Sejms 89
Korionow, W., Journalist der Prawda 122
Korte, Karl-Rudolf, deutscher Politikwissenschaftler, Publizist und Hochschullehrer an der Universität Duisburg-Essen 14, 22, 23, 644, 903, 949
Kossert, Andreas, deutscher Historiker mit Schwerpunkt Ostmitteleuropa 569
Kossygin, Alexei, 1964–1980 Ministerpräsident der Sowjetunion 178
Kotschemassow, Wjatscheslaw, 1983–1990 sowjetischer Botschafter in Berlin-Ost 60, 127, 179, 180, 183, 337, 339, 703
Kozakiewicz, Mikołaj, 1989–1991 als Sejm-Marschall Leiter des polnischen Parlaments 114
Krabatsch, Ernst, Diplomat, 1990 Leiter der DDR-Delegation bei den Zwei-plus-Vier-Verhandlungen auf Beamtenebene 943
Krack, Erhard, 1974–1990 Oberbürgermeister von Ost-Berlin 197, 932, 933
Kraus, Rudolf, 1989–1992 Parlamentarischer Geschäftsführer der CDU/CSU-Bundestagsfraktion 247
Krause, Günther, Ingenieur und CDU-Politiker, 1990 mit Wolfgang Schäuble Verhandlungsführer beim Deutschen Einigungsvertrag, 1990–1991 Bundesminister für besondere Aufgaben und 1991–1993 Bundesminister für Verkehr 59, 79, 335, 337, 338, 367, 387, 424, 428, 453, 460, 472, 515, 518, 527, 533, 534, 535, 555, 561, 749, 759, 760, 777, 799, 807
Krawczyk, Stefan, Liedermacher, Schriftsteller, DDR-Dissident, 1988 mit seiner Ehefrau Freya Klier zur Ausreise in die BRD gedrängt
Kreisky, Bruno, 1970–1983 österreichischer Bundeskanzler (SPÖ) 146, 724, 835
Krenz, Egon, Nachfolger von Erich Honecker, Oktober-Dezember 1989 Generalsekretär des ZK der SED und Vorsitzender des Staatsrates der DDR 82, 85, 94, 97, 103, 104, 106, 107, 121, 123, 137, 140, 142–144, 149, 151, 167, 174, 210, 639, 657, 669, 710, 881, 938, 940
Krenzler, Horst-Günther, 1986–1996 Generaldirektor für Außenbeziehungen der EG-Kommission 211
Kreyssig, Lothar, Richter, beteiligt bei den Gründungen der Aktion Sühnezeichen und der Aktionsgemeinschaft Solidarische Welt 170
Krolikowski, Werner, deutscher Politiker (SED), seit 1971 Mitglied des Politbüros des ZK der SED, des Nationalen Verteidigungsrats der DDR und einer der beiden Ersten Stellvertreter des Vorsitzenden des Ministerrates der DDR 1976–1988 937
Kroll, Hans, deutscher Diplomat, 1958–1962 Botschafter in Moskau 189
Krupp (Herr) 368
Kuan Yew, Lee, 1959–1990 Premierminister von Singapur 404
Kucza, Ernest, Abteilungsleiter im ZK der PVAP 88, 95, 96
Küsters, Hanns Jürgen, deutscher Politikwissenschaftler und Zeithistoriker 14, 16, 22, 27, 28, 31, 34, 42–46, 48, 50–53, 55–57, 59–63, 65–70, 77, 239
Kujat, Harald, deutscher General der Luftwaffe, 2000–2002 Generalinspekteur der Bundeswehr und 2002–2005 Vorsitzender des NATO-Militärausschusses 829
Kurceja, Adalbert, Abt von Maria Laach 118
Kurpakow, Dolmetscher 502
Kutschma, Leonid, parteilos, 1992–1993 Ministerpräsident und 1994–2005 Staatspräsident der Ukraine 816

Kwizinskij, Julij A., 1986–1990 sowjetischer Botschafter in Bonn, 1990–1991 Erster Stellvertreter des Ministers für Auswärtige Angelegenheiten der UdSSR 32, 47, 60, 61, 68, 69, 77, 102, 106, 159, 160, 161, 171, 193, 207–209, 217, 219, 236, 240, 295, 315, 316, 344–346, 354, 357, 360, 361, 364, 365, 368, 369, 373, 374, 377, 379, 383, 472, 487, 496, 502, 520, 521, 531, 532, 534, 550, 585, 597, 598, 639, 653, 657, 673, 689, 699, 700, 703, 714, 721, 751, 754, 761, 776, 781, 782, 804, 848, 856, 858, 893

Lafontaine, Oskar, Politiker (SPD, PDS, WADG, Die Linke, BSW), 1985–1998 Ministerpräsident des Saarlandes, SPD-Kanzlerkandidat bei der Bundestagswahl am 2.12.1990 21, 155, 170, 202, 230–232, 294, 305, 310, 321, 349, 395, 398, 418, 473, 523, 561, 568, 656, 657, 688, 800, 801, 848

Lambrecht, Christine, SPD-Politikerin, 2021–2023 Bundesministerin der Verteidigung unter Olaf Scholz 829

Lambsdorff, Otto Graf, 1977–1984 Bundesminister für Wirtschaft, 1988–1993 FDP-Vorsitzender, Bundesfinanzminister 106, 170, 212, 247, 248, 255, 272, 277, 293, 297, 388, 553, 579, 757

Lamers, Karl Franz, CDU-Außenpolitik-Experte, 1980–2002 Mitglied des Deutschen Bundestages 184, 203, 227, 848

Landsbergis, Vytautas, 1978–1990 Professor an der Litauischen Musik- und Theaterakademie in Vilnius, Vorsitzender des provisorischen Parlaments und nach Wiedererlangung der Unabhängigkeit 1990–1992 Staatspräsident Litauens 325, 349, 350, 351

Lange, Rudolf, Kapitän zur See, 1987–1991 Leiter der Gruppe 23 im Bundeskanzleramt 23, 25, 68, 145, 328, 622

Lautenschlager, Hans-Werner, 1987–1992 Staatssekretär im Auswärtigen Amt 244, 369, 437, 848

Lee Kuan Yew, 1959–1990 Premierminister von Singapur 404, 405

Lefringhausen, Klaus, Nord-Süd-Beauftragter und Integrationsbeauftragter mehrerer Landesregierungen in Nordrhein-Westfalen 230

Lehmann, Karl, Erzbischof von Mainz 1983–2016, Vorsitzender der Deutschen Bischofskonferenz 1987–2008, Kardinalserhebung durch Papst Johannes Paul II. 2001 528, 802

Lehrer, James Charles, amerikanischer Journalist und Schriftsteller 129

Leich, Werner, Vorsitzender des Bundes der Evangelischen Kirche in der DDR 198, 802

Leisler Kiep, Walther, CDU-Politiker, 1971–1992 Bundesschatzmeister der CDU, 1984–2000 Vorsitzender des Vereins Atlantik-Brücke 232, 556, 690, 845, 848, 860

Lengl, Siegfried, CSU-Politiker, 1982–1992 Staatssekretär im Bundesministerium für wirtschaftliche Zusammenarbeit 556

Lenin, Wladimir I., russischer Politiker und kommunistischer Revolutionär, 1903–1924 Vorsitzender der Bolschewiki, 1917–1924 Regierungschef der Russischen Sozialistischen Föderativen Sowjetrepublik und 1922–1924 der Sowjetunion 122, 254, 373, 487, 494, 496, 903

Lersch, Paul, Spiegel-Korrespondent in Bonn 514

Lieberman, Joseph Isadore, »Joe«, US-amerikanischer Politiker (Demokratische Partei), 1989–2013 Senator für Connecticut 827, 892

Li Peng, 1987–1998 chinesischer Ministerpräsident 124, 563

Ligatschow, Jegor Kusmitsch, sowjetischer Politiker, 1985–1990 Mitglied des Politbüros der KPdSU und Gegner der Perestroika 208, 249, 250, 484, 485, 500, 755, 756, 886

Linares, Jose Raul Viera, Vizeaußenminister von Kuba 273

Lindemann, Beate, Programmdirektorin und 1986–2010 Geschäftsführende Stellvertretende Vorsitzende der Atlantik-Brücke in Bonn und Berlin 232, 849

Lindenberg, Klaus, außenpolitischer Mitarbeiter von Willy Brandt 145

Lindner, Christian, deutscher Politiker, seit 2013 Bundesvorsitzender der FDP, seit 2021 Bundesminister der Finanzen 742

Lintner, Eduard, CSU-Bundestagsabgeordneter, 1991–1998 Parlamentarischer Staatssekretär beim Bundesminister des Innern 227

Lloyd, Selwyn, Brigadegeneral, britischer Politiker (Konservative Partei), verschiedene Ministerämter, 1960–1962 Schatzkanzler unter Harold Macmillan 222

Löwenthal, Richard, deutscher Politikwissenschaftler, Professor an der FU Berlin 18, 572, 573, 649, 819, 836, 881, 889

Lončar, Budimir, 1988–1991 jugoslawischer Außenminister 173

Loth, Wilfried, deutscher Historiker und Politikwissenschaftler, 1986–2014 Professor an der Universität Duisburg-Essen für Neuere und Neueste Geschichte 30, 655, 904, 908, 909, 918, 919, 921

Lubbers, Ruud, niederländischer Christdemokrat und 1982–1994 Ministerpräsident der Niederlande 138, 167, 170, 185, 277, 300, 308, 468, 508, 624, 674, 701, 702, 715, 788
Ludewig, Johannes, 1989–1991 Leiter der Gruppe 42 im Bundeskanzleramt, ab 1991 Leiter der Abteilung Wirtschafts- und Finanzpolitik sowie Koordination der neuen Bundesländer, 1995–1997 Staatssekretär im Bundeswirtschaftsministerium 21, 22, 24, 58, 473, 533, 538, 568, 735, 736, 756–758, 797, 847, 849, 904
Luft, Christa, 1989–1990 Stellvertreterin des Vorsitzenden des Ministerrates der DDR und Wirtschaftsministerin der DDR 205, 210, 245, 266, 941
Lugar, Richard, Republikaner, US-Senator (Indiana) 300
Lukanow, Andrei Karlow, 1987–1989 Minister für auswärtige Wirtschaftsbeziehungen Bulgariens, bis zum 7.12.1990 als Nachfolger von Georgi Atanassow letzter Vorsitzender des Ministerrates, 1990–1991 stellvertretender Vorsitzender der BSP 289
Lukaschek, Hans, Widerstandskämpfer, 1949–1953 Bundesminister für Angelegenheiten der Vertriebenen 90

Macron, Emmanuel, seit 2017 Staatspräsident der Französischen Republik, Partei En Marche 2017, ab 2022 Renaissance (RE), 2014 -2016 Wirtschaftsminister 269, 831, 832
Major, John, britischer Politiker (Conservative Party), 1990–1997 Premierminister des Vereinigten Königreichs 816
Maleuda, Günther, deutscher Politiker, Vorsitzender der Demokratischen Bauernpartei Deutschlands (DBD) 939
Mallaby, Christopher, Diplomat, 1988–1992 britischer Botschafter in Bonn 128, 160, 180, 211, 229, 317–319, 368, 422, 454, 482, 544, 669, 670, 806, 850
Mandela, Nelson, ab 1944 Mitglied im African National Congress (ANC), 1963–1970 politischer Gefangener, 1993 Friedensnobelpreis, 1994–1999 Präsident Südafrikas 219, 326, 425
Mao Zedong/Mao Tse-tung, kommunistischer chinesischer Politiker (KPC), 1949–1976 Präsident der Volksrepublik China und deren Gründer 18, 465, 592, 612, 697, 911, 917
Marshall, George C., US-amerikanischer General, 1947–1949 US-Außenminister, 1953 Friedensnobelpreis für den Marshall-Plan (ERP) 413, 524, 813
Marshall, Tyler, US-Journalist der New York Times 334
Martens, Wilfried, belgischer Christdemokrat, 1979–1981 und 1981–1992 Ministerpräsident Belgiens 45, 74, 138, 167, 277, 467, 674
Martin Luther King, US-amerikanischer Baptistenpastor und Bürgerrechtler 875
Marwan, Kasim, Außenminister Jordaniens 537
Marx, Werner, CDU-Politiker, 1982–1985 Vorsitzender des Auswärtigen Ausschusses im Deutschen Bundestag 690, 848, 860
Maslennikow, Arkadi, sowjetischer Pressesprecher 502
Matolscy, György, ungarischer Staatssekretär und wirtschaftspolitischer Berater von József Antall 524
Matthäus-Maier, Ingrid, deutsche Juristin und Bank-Managerin, 1988–1999 stellvertretende Vorsitzende der SPD-Bundestagsfraktion 241, 247
Matthäus, Lothar, deutscher Fußballspieler und Trainer 474
Mattheuer, Wolfgang, Professor, Maler 199
Matutes, Abel, spanischer Unternehmer und Politiker EU-Kommissar 1986 und ab 1989 für Mittelmeer- und Lateinamerika-Politik unter Delors II, 1996–2000 Außenminister Spaniens 273
Maucher, Helmut Oswald, ab 1981 Delegierter des Verwaltungsrates der Nestlé AG und 1990–1997 deren Präsident 199
Maxwell, Ian Robert, tschechoslowakisch-britischer Verleger, Unternehmer und Politiker der Labour Party 236
Mayer-Vorfelder, Gerhard, Abgeordneter im Landtag von Baden-Württemberg und 1980–1991 Kultus- sowie ab 1991 Finanzminister des Landes Baden-Württemberg 245, 733, 734
Mazowiecki, Tadeusz, polnischer Publizist, Bürgerrechtler und Politiker, 1989–1991 Vorsitzender des Ministerrates 9, 31, 56, 58, 59, 83, 88, 89–92, 94–96, 98–100, 109–113, 115–121, 126, 223, 234, 282, 284, 287, 288, 293–295, 298, 299, 302–304, 306, 310, 311, 315, 319, 329, 330, 336, 363, 394, 398, 415, 443, 449, 458, 462, 481, 484, 511, 539, 544, 545, 655, 656, 662, 850, 937, 938, 942, 943, 948, 596
McCain, John Sidney, US-amerikanischer Politiker (Republikaner), 1987–2018 Vertreter von Arizona im Senat, fünfeinhalb Jahre Kriegsgefangener in Nordvietnam während des Vietnamkrieges 827, 892

McCartney, Robert, Korrespondent der Washington Post 153
McFarlane, Robert, 1983–1985 unter Ronald Reagan Nationaler Sicherheitsberater, einer der Hauptakteure der Iran-Contra-Affäre 733
Meckel, Markus, Oktober 1989 Mitbegründer der SDP, ab 1990 SPD in der DDR, April–August 1990 Außenminister der DDR 71, 72, 217, 336, 337, 359, 362, 363, 394, 395, 398, 447, 449, 481, 517, 679, 788, 789, 944–947
Medwedew, Dmitri Anatoljewitsch, russischer Politiker, 2008–2012 Staatspräsident Russlands, 2012–2020 Ministerpräsident der Russischen Föderation 816, 821, 822, 872, 875, 878
Mei Zhaorong, 1988–1997 chinesischer Botschafter in Bonn 123, 219, 563, 619
Meisch, Adrien, Diplomat und Musiker, 1983–1991 luxemburgischer Botschafter in Bonn 292
Meissner, Boris, Rechtswissenschaftler, Osteuropa-Experte, Völkerrechtler und Professor an der Universität zu Köln 57, 64, 221, 330, 699, 850, 909, 923
Merkel, Angela Dorothea, Physikerin und Politikerin (Demokratischer Aufbruch, dann CDU), 1991–1994 Bundesministerin für Frauen und Jugend sowie 1994–1998 Bundesministerin für Umwelt, Naturschutz und Reaktorsicherheit unter Helmut Kohl, 2000–2018 Bundesvorsitzende der CDU, 2005–2021 Bundeskanzlerin der Bundesrepublik Deutschland 19, 671, 672, 777, 778, 814, 815, 825, 826, 830, 832, 870, 878, 894, 939
Mertes, Michael, deutscher Jurist, CDU-Politiker, 1987–1993 Leiter des Referats 521 im Bundeskanzleramt, Redenschreiber von Bundeskanzler Helmut Kohl, beteiligt am Entwurf des »Zehn-Punkte-Programms« vom 28. November 1989 25, 43, 44, 151–153, 220, 221, 529, 686, 687, 689, 719, 850, 851, 853
Messner, Zbigniew, polnischer Politiker und Ökonom, 1985–1988 Ministerpräsident Polens unter Jaruzelski 87
Meyer, Hans Joachim, ostdeutscher Politiker (CDU), letzter DDR-Minister für Bildung und Wissenschaft und nach der deutschen Einigung 1990–2002 Staatsminister für Wissenschaft und Kunst in Sachsen, Präsident des Zentralkomitees der deutschen Katholiken 533
Meyer, Wolfgang, deutscher Journalist, Leiter der Hauptabteilung Presse und Information im Ministerium für Auswärtige Angelegenheiten der DDR, Leiter des Presseamtes beim Ministerrat sowie Regierungssprecher der DDR in der Modrow-Regierung November 1989-April 1990 195
Mielke, Erich, deutscher kommunistischer Politiker (SED), 1957–1989 Minister für Staatssicherheit der DDR
Mierendorff, Carlo, deutscher Politiker (SPD), Arbeiterführer und Widerstandskämpfer 90
Milas, Ivan, kroatischer Jurist und Politiker (HDZ, Croatian Democratic Union), Juni 1992-August 1992 Justizminister Kroatiens, Abgeordneter des kroatischen Parlaments und persönlicher Vertrauter des Präsidenten Franjo Tuđman 519, 795
Mischnick, Wolfgang, 1968–1991 Vorsitzender der FDP-Fraktion im Deutschen Bundestag 94, 106, 174, 122, 628, 819, 851
Mitchel, George, amerikanischer Politiker, Diplomat und Rechtsanwalt, führendes Mitglied der Demokratischen Partei, 1980–1995 Senator und Mehrheitsführer
Mitsotakis, Konstantinos, 1980–1981 Außenminister sowie 1990–1993 griechischer Ministerpräsident 367
Mittag, Günter, 1966–1989 Mitglied des ZK der SED, 1962–1973 und ab 1976 als ZK-Sekretär zuständig für Wirtschaftsfragen 167, 607, 925, 927, 929, 930, 932, 936
Mitterrand, François, 1981–1995 Staatspräsident der Französischen Republik (Sozialist) 11, 16, 30, 44–47, 58, 59, 86, 98, 105, 106, 116, 124, 125, 132–135, 138, 139, 146–148, 150, 155, 158, 159, 162–164, 172–177, 180, 181, 184, 185, 190, 202–210, 218, 223, 244, 254, 273–276, 281, 291, 294, 299, 303–306, 310, 314, 319, 334, 339, 342, 344, 436–350, 352, 360, 373, 380, 383, 385, 391, 394, 396, 399, 417, 439, 441, 442, 444–447, 450, 451, 463, 465, 466, 468, 469, 477, 478, 511, 514, 529, 534, 536, 539, 553–555, 559, 560, 564, 565, 579, 582, 583, 591, 592, 594, 600, 616, 624, 640, 658, 659, 673–677, 685, 694, 695, 698, 701, 702, 708–715, 725, 731–733, 737, 741, 743, 744, 746–748, 764–766, 799, 834, 837, 839, 840, 842, 851, 852, 858, 865, 866, 875, 876, 893, 895, 902, 904, 911, 916, 921, 933, 940–946
Mock, Alois, österreichischer Politiker (ÖVP), 1987–1995 Bundesminister für Auswärtige Angelegenheiten 136, 167, 600, 607, 614, 623, 625, 634, 725, 788, 816, 817, 912, 913, 924, 925, 927, 929, 932, 936
Modrow, Hans, deutscher Politiker (SED, PDS), 1973–1989 Erster Sekretär der Bezirksleitung der SED Dresden, November 1989-April

1990 Vorsitzender des Ministerrates der DDR 34, 46, 48, 49, 86, 97, 117, 130–133, 137, 140–144, 149, 151, 152, 162–164, 171, 172, 174, 176, 178, 181, 182, 184, 188, 193–199, 203, 207, 208, 210, 212, 214–216, 218–224, 226–228, 230–232, 234–243, 245, 247, 249, 250, 252–254, 257, 262–267, 269, 272, 277, 278, 293, 296, 297, 314, 564, 636, 640, 641, 673, 681, 687, 698, 705–707, 709–712, 716, 717, 719, 720, 724, 725, 737, 899, 918, 939, 941–943
Möllemann, Jürgen, deutscher Politiker 1969–2003 (FDP), 1987–1991 Bundesminister für Bildung, 1991–1993 Bundesminister für Wirtschaft 277, 459, 461, 487, 514
Mohn, Reinhard, Leiter des Verlagshauses Bertelsmann, 1977 Gründung der Bertelsmann-Stiftung 642, 643, 894
Mohorita, Vasil, tschechischer Politiker, Reformkommunist, 1990–1992 Abgeordneter im tschechoslowakischen Parlament 941
Moldt, Ewald, Politiker der DDR, 1978–1988 Leiter der Ständigen Vertretung der DDR bei der Bundesrepublik 598, 931, 934
Molotow, Wjatscheslaw 1939–1949 und 1953–1956 Außenminister der Sowjetunion 122, 200, 322, 331, 539, 540, 810, 811
Moltke, Familie 110
Moltke, Freya Gräfin von, Ehefrau von Helmut J. Graf von Moltke, deutsche Schriftstellerin, Juristin und Widerstandskämpferin 90
Moltke, Helmuth James Graf von, deutscher Jurist und Widerstandskämpfer 90, 110
Moltke, Helmuth Graf von, der Ältere, preußischer Generalfeldmarschall 90
Momper, Walter, deutscher Politiker (SPD), Politikwissenschaftler, 1989–1991 Regierender Bürgermeister von Berlin, 1988–1989 Vorsitzender der Ministerpräsidentenkonferenz 84, 99, 100–102, 126, 129, 162, 203, 240, 265, 418, 533, 652, 653
Morosow, Iwan Abramowitsch, russischer Kaufmann und Kunstsammler 489
Moskowsky, Jurij, Chef der sowjetischen Außenwirtschaftsbank 374, 376
Mueller, Wolfgang, Osteuropa-Historiker an der Universität Wien 9
Mulroney, Martin Brian, 1984–1993 Premierminister von Kanada 169, 276, 358, 467, 477
Murdoch, Rupert, US-amerikanischer Medienunternehmer, ab 1989 mit Gründung der British Sky Broadcasting im europäischen Medienmarkt 236
Nakasone, Yasuhiro, japanischer Politiker (LDP), 1982–1987 Ministerpräsident Japans 210, 283, 561
Napoleon Bonaparte, 1793 Brigadegeneral, 1799–1804 Erster Konsul der Französischen Republik, 1804–1814 und 1815 Kaiser von Frankreich 93, 487
Naumann, Klaus, Generalmajor/General, 1988–1991 Leiter der Stabsabteilung III Führungsstab der Streitkräfte im Bundesministerium der Verteidigung 53, 64, 233, 244, 246, 293, 319, 327, 334, 346, 385, 398, 410, 452, 456, 460, 461, 683, 851
Navon, Benjamin, 1988–1993 Botschafter Israels in Bonn 536, 550
Nayhauß-Cormons, Mainhardt Graf von, deutscher Journalist und Buchautor, 1981–2011 Autor politischer Kolumnen für die Bild-Zeitung 500, 773, 893, 894
Nelaskowski, Jan, Generalvikar 112
Németh, Miklós, ungarischer Politiker (MSZMP, Ungarische Sozialistische Arbeiterpartei), 1988–1990 Vorsitzender des Ministerrates 31, 53, 64, 233, 244, 246, 293, 319, 327, 334, 346, 385, 398, 410, 452, 456, 460, 461, 683, 851
Nerlich, Uwe, internationaler Sicherheitsberater, Gründungsdirektor des Zentrums für Europäische Sicherheitsstrategien (CESS) in München 232, 852
Neubauer, Horst, Botschafter, 1988–1990, letzter Leiter der Ständigen Vertretung der DDR in Bonn 195, 203
Neuer, Walter, Ministerialdirigent, 1987–1994 und ab 1996 Leiter des Kanzlerbüros im Bundeskanzleramt 89, 94, 166, 194, 261, 262, 273, 284, 349, 385, 445, 471, 488, 498, 500, 502, 530, 650, 713, 852, 893
Nier, Kurt, 1973–1989 stellvertretender Außenminister der DDR 195, 937
Nitze, Paul, US-amerikanischer Politiker, u. a. Chefunterhändler für den INF-Vertrag unter US-Präsident Reagan 675
Nixon, Richard Milhous, US-amerikanischer Politiker der Republikanischen Partei und von 1969 bis 1974 der 37. Präsident der Vereinigten Staaten 21, 248
Noriega, Manuel, 1983–1989 Machthaber in Panama, 1992 u. a. wegen Drogenhandels in den USA verurteilt 201
Nossol, Alfons, schlesischer römisch-katholischer Theologe und Bischof von Oppeln 89, 90, 110, 11, 649
Nunn, Samuel Augustus, Demokrat, 1972–1997 US-Senator von Georgia, 1991 zusammen mit

Senator Richard Luger Träger der Initiative zum Abbau von Massenvernichtungswaffen 164, 695
Nyers, Rezső, ungarischer Politiker der Ungarischen Sozialistischen Arbeiterpartei (MSZMP), in der Ära Kádár 1968–1973, »Vater« der ungarischen Wirtschaftsreformen und 1989–1990 Präsident der Ungarischen Sozialistischen Partei (MSZP), der Nachfolgerin der MSZMP 192, 938

Obama, Barack, 2009–2017 Präsident der Vereinigten Staaten (Demokratische Partei) 248, 877, 906
Obminskij, Ernest J., 1989–1991 sowjetischer stellvertretender Außenminister 437, 438
Odewald, Jens, Jura- und Betriebswirtschaftsstudium, Wirtschaftsmanager (Tschibo Holding AG, Kaufhof AG) 771
Olmert, Ehud, liberaler israelischer Politiker (Kadima), 2006–2009 Ministerpräsident Israels 872
Ondarza, Henning von, 1987–1991 Inspekteur des Heeres, Oberbefehlshaber der Allied Forces Central Europe 324
Oplatka, Andreas, ungarischer Journalist, Historiker und Hochschullehrer 15, 31, 625, 633, 634, 904, 919
Opletal, Jan, tschechoslowakischer Medizinstudent, der am 28. Oktober 1939 in Prag im Widerstand gegen den Nationalsozialismus erschossen wurde 939
Orbán, Viktor Mihály, ungarischer Politiker, Mitbegründer der Fidesz-Partei (Ungarischer Bürgerbund), 1998–2002 und seit 2010 Ministerpräsident Ungarns 822, 823
Ortleb, Rainer, ostdeutscher Politiker (LDPD), 1990–1991 Bundesminister für besondere Aufgaben und 1991–1994 Bundesminister für Bildung und Wissenschaft 533
Orzechowski, Marian, 1985–1988 Außenminister der Volksrepublik Polen 87
Osadczuk-Korab, Bohdan, Pseudonym »Berliner«, »Alexander Korab«, ukrainischer Publizist und Journalist, Professor der mittel- und osteuropäischen Geschichte, Mitglied des Rates des Jan-Nowak-Jeziorański-Osteuropa-Kollegs 88, 648, 649
Osama bin Laden, Terrorist, Hauptverantwortlicher der terroristischen Anschläge vom 11. September 2001 127
Ost, Friedhelm, 1985–1989 Leiter des Presse- und Informationsamtes der Bundesregierung und Regierungssprecher 510, 588, 596, 601, 773, 842, 847, 894, 895
Owada, Hisashi, japanischer Diplomat, 1984–1987 Chefjustiziar im japanischen Außenministerium und 1988–1989 ständiger Vertreter Japans bei der OECD, 1991–1993 stellvertretender Außenminister 300

Palme, Olof, schwedischer Politiker (Sozialdemokraten Schwedens), 1969–1976 und 1982–1986 Ministerpräsident Schwedens 112, 146, 682, 925, 930
Paye, Jean-Claude, französischer Verwaltungsjurist, Diplomat, Politiker, 1984–1996 OECD-Generalsekretär 221
Perfilijew, Wadim (Vadim Perfiliev), 1989 erster Stellvertreter in der Informationsabteilung des Sowjetischen Außenministeriums 937
Perger, Werner A., österreichischer Journalist für Die Zeit 109
Peter der Große, 1682–1721 Zar von Russland, 1721–1725 Kaiser des Russischen Reiches 112
Piaf, Édith, französische Sängerin 328
Pfahls, Ludwig-Holger, deutscher Jurist und ehemaliger politischer Beamter (CSU), 1985–1987 Präsident des Bundesamtes für Verfassungsschutz, 1987–1992 beamteter Staatssekretär im Verteidigungsministerium, verantwortlich für Rüstungskontrolle, Beschaffung und Export von Waffen 556
Pfeffer, Franz, deutscher Jurist, Verwaltungsbeamter, Diplomat, 1985–1987 Botschafter in Warschau und anschließend bis 1991 Botschafter in Paris 206, 306, 713
Pfeifer, Anton, deutscher Politiker (CDU), 1982–1991 Parlamentarischer Staatssekretär beim Bundesminister für Bildung und Wissenschaft 514, 530, 775
Pflimlin, Pierre, französischer Jurist und Politiker (Christdemokrat MRP, Centre Démocrate Sociale, CDS), 1958 kurzzeitig letzter Ministerpräsident der Vierten Republik, 1984–1987 Präsident des Europäischen Parlamentes 119
Pieroth, Elmar, CDU-Politiker, 1981–1989 und 1996–1998 Senator für Wirtschaft in Berlin, dort auch 1991–1996 Senator für Finanzen 848
Pinochet, Augusto, chilenischer General und 1974–1990 Präsident Chiles 931, 935
Platzeck, Matthias, parteiloser Vertreter der Grünen Partei in der DDR in der Regierung Hans Modrow, Volkskammerabgeordneter Fraktion Bündnis 90/Grüne, Februar–April 1990 Minister ohne Geschäftsbereich der DDR 266
Ploetz, Hans-Friedrich von, deutscher Jurist und Diplomat, 1988 stellvertretender Leiter

der deutschen NATO-Botschaft in Brüssel, 1989–1993 deutscher NATO-Botschafter und Ständiger Vertreter im Nordatlantikrat 15, 62, 435, 858, 899
Pöhl, Karl Otto, 1980–1991 Bundesbankpräsident 49, 203, 247, 249, 254, 272, 310, 317, 343, 387, 388, 710, 756
Pohl, Gerhard, Volkskammer-Abgeordneter (CDU) in der DDR, April-August 1990 Minister für Wirtschaft der DDR 210, 342
Poindexter, John, Nuklearphysiker, US-amerikanischer Admiral und Mitarbeiter im US-Verteidigungsministerium, 1985–1986 Nationaler Sicherheitsberater unter Reagan bis zur Iran-Contra-Affäre 733
Pompidou, Georges Jean Raymond, französischer Politker, Gaullist, 1969–1974 Präsident der Französischen Republik 698
Pond, Elizabeth, US-amerikanische Politikwissenschaftlerin und Journalistin, 1977–1988 für The Washington Quarterly in Bonn 128, 229
Popieluszko, Jerzy Aleksander, polnischer römisch-katholischer Priester, 1984 vom polnischen Staatssicherheitsdienst wegen Unterstützung der Solidarność ermordet 87, 928
Portugalow, Nikolai, 1978–1991 deutschlandpolitischer Berater in der Abteilung für Internationale Beziehungen beim ZK der KPdSU 34, 35, 42, 43, 45, 57, 64, 77, 133, 140–142, 144, 164, 225, 226, 228, 234, 249, 253, 269, 288, 296, 321, 322, 331, 354, 391, 680, 681, 751, 752, 852, 853, 866, 881, 893
Powell, Charles, britischer Diplomat, Politiker und Geschäftsmann, 1983–1990 Privatsekretär und Außenpolitik-Berater von Thatcher und 1990–1991 von John Major 77, 252, 253, 513, 550, 553, 670, 672, 676, 701, 703
Powell, Collin Luther, US-amerikanischer Offizier und Politiker (Republikaner), 1987–1989 Nationaler Sicherheitsberater und 1989–1993 Vorsitzender der Joint Chiefs of Staff (Vereinigter Generalstab), 2001–2005 US-Außenminister 733
Powers, Francis Gary, US-amerikanischer Pilot, 1960 über der UdSSR abgeschossen 127
Pozsgay, Imre, ungarischer Politiker, 1980–1989 Mitglied des ZK und 1988–1990 Staatsminister im Ministerium für Auswärtige Angelegenheiten, Reformkommunist, gemeinsam mit Otto von Habsburg-Lothringen Schirmherr für das zur Grenzöffnung führende Paneuropäische Picknick am 19. August 1989 bei der Grenze nahe Šopron 192, 629
Press, Friedrich, deutscher Bildhauer, Maler, Kirchenraumgestalter, bis 1990 Mitglied des Verbandes Bildender Künstler der DDR 199
Priesnitz, Walter, deutscher Jurist und Verwaltungsbeamter, ab 1985 als Ministerialdirektor und 1988–1991 als beamteter Staatssekretär im Bundesministerium für innerdeutsche Beziehungen 223
Prill, Norbert, 1987–1993 Leiter der Gruppe 52 im Bundeskanzleramt 24, 43, 81, 151–153, 211, 220, 221, 223, 529, 530, 533, 538, 568, 686, 687, 719, 853
Prohaska, Herbert, österreichischer Fußballspieler und 1993–1999 Trainer der österreichischen Fußball-Nationalmannschaft 917
Prunskiene, Kazimiera, 1990–1993 Ministerpräsidentin Litauens 373, 379, 383
Pszon, Mieczysław, polnischer Journalist und Politiker, 1989–1990 Beauftragter des Ministerrates für Beziehungen mit Deutschland 31, 89, 95, 112, 650
Puschkow, Alexei Konstantinowitsch, russischer Außenpolitiker, Redenschreiber Gorbatschows 112, 158
Putin, Wladimir Wladimirowitsch, 1975–1990 Mitarbeiter des KGB, russischer Politiker, seit 31.12.1999 Präsident der Russischen Föderation mit Ausnahme der Jahre 2008–2012 19, 156, 157, 695, 697, 715, 728, 738, 748, 815, 816, 820, 822, 824827, 830–833, 870–872, 877, 878, 888, 894, 895, 901, 906

Quandt, Herbert, deutscher Industrieller 19, 822, 823, 889, 891, 894
Quayle, Dan, amerikanischer Politiker, Republikaner, 1989–1993 US-Vizepräsident 282, 385, 416

Radunski, Peter, deutscher Politiker und Politikberater (CDU), 1981–1991 Bundesgeschäftsführer der CDU 229, 631, 848
Radzivill, Elisa, polnische Prinzessin und Liebe Kaiser Wilhelm I. 91, 94
Rakowski, Mieczysław Franciszek, polnischer kommunistischer Politiker, 1981–1985 stellvertretender Vorsitzender des Ministerrats in der Regierung von Wojciech Jaruzelski, 1988–1989 Vorsitzender des Ministerrats der Volksrepublik Polen und Mitglied des Sejm der Volksrepublik Polen, 1989–1990 Erster Sekretär der PVAP 88, 134, 608, 937
Ramstetter, Erich, römisch-katholischer Priester, Stadtdekan von Ludwigshafen, CDU-Mitglied ab 1963, enger Freund von Helmut Kohl 688

Ramstetter, Fritz, pensionierter Studiendirektor 688
Rapacki, Adam, polnischer Politiker und Ökonom, PVAP-Mitglied ab 1948, 1956–1968 polnischer Außenminister, 1957 Rapacki-Plan zur Schaffung einer atomwaffenfreien Zone in Mitteleuropa 239, 682, 922
Rau, Johannes, deutscher Politiker (SPD), 1978–1998 Ministerpräsident des Bundeslandes Nordrhein-Westfalen, 1999–2004 Bundespräsident der Bundesrepublik Deutschland 232, 265, 928
Reagan, Ronald, Schauspieler und 1981–1989 Präsident der USA, Republikaner 156, 186, 221, 510, 561, 577, 588, 589, 593–595, 598, 599, 600, 604, 618, 666, 667, 675, 677, 680, 683, 732, 733, 783, 784, 834, 876, 877, 893, 894, 900, 911, 913, 928, 929, 931–933, 935
Reed, John, Buchautor, US-amerikanischer Journalist und 1919 Begründer und Vorsitzender der ersten kommunistischen Partei der USA 493, 494
Reichenbach, Klaus, Ost-CDU Politiker, Landesverband Sachsen, seit Oktober 1990 Mitglied des Präsidiums der gesamtdeutschen CDU, März-Oktober 1990 Abgeordneter der Volkskammer und April-Oktober Minister im Amt des Ministerpräsidenten der DDR, 1990–1994 Abgeordneter des Deutschen Bundestages 335
Reichwein, Adolf, Pädagoge und Kulturpolitiker (SPD), Widerstandskämpfer im Kreisauer Kreis 90
Reinelt, Joachim Friedrich, ab 1988 römisch-katholischer Bischof von Dresden-Meißen 200
Reinhold, Otto, deutscher Wirtschaftswissenschaftler, im ZK der DDR Leiter der Abteilung Agitation und Propaganda, Direktor des Instituts für Gesellschaftswissenschaften 930, 932
Reißmüller, Johann Georg, deutscher Journalist und Mitherausgeber der Frankfurter Allgemeinen Zeitung (FAZ) 694
Renouvin, Pierre, französischer Historiker 811
Rhode, Gotthold, Professor für Osteuropäische Geschichte mit dem Schwerpunkt deutsch-polnische Beziehungen an der Johannes Gutenberg-Universität Mainz 88, 648
Rice, Condoleezza, US-amerikanische Politikerin (Demokratische Partei), 2001–2005 Nationale Sicherheitsberaterin und 2005–2009 Außenministerin der USA unter Präsident George W. Bush 23, 26, 45, 48, 49, 76, 907
Ribbentrop, Joachim von, NSDAP-Politiker, 1938–1945 Reichsminister des Auswärtigen 331, 539, 810, 811
Ridley, Nicholas, britischer Politiker (Konservative), Minister in verschiedenen Positionen, 1986–1989 Umweltminister, 1990 Rücktritt nach einem Interview in der Zeitschrift The Spectator 509, 513, 791
Riedmiller, Josef, Journalist der Süddeutschen Zeitung 262, 281
Rielly, John, Mitglied des Chicago Council on Foreign Relations 597
Riesenhuber, Heinz Friedrich Ruppert, deutscher Politiker (CDU), 1976–2017 Mitglied des Deutschen Bundestages, 1982–1993 Bundesminister für Forschung und Technologie 567
Robb, Charles Spittal, US-amerikanischer Politiker, 1982–1986 Gouverneur des Bundesstaates Virginia und 1989–2001 US-Senator 401
Rocard, Michel, französischer Politiker (PSU, PS), 1988–1991 französischer Ministerpräsident 105, 299, 347–350
Rödder, Andreas, deutscher Historiker für Neueste Geschichte an der Johannes Gutenberg-Universität Mainz 14, 26, 42, 50, 52, 53, 67, 582, 905
Röller, Wolfgang, Vorstandsmitglied der Dresdner Bank und 1985–1993 deren Vorstandssprecher, 1987–1991 Präsident des Bundesverbandes Deutscher Banken 60, 362, 368–370, 373, 376, 379, 390, 405, 438, 666, 695, 699, 761, 762, 853
Rösch, Augustin, deutscher Jesuiten-Pater, Widerstandskämpfer im Kreisauer Kreis 90
Roh Tae-woo, südkoreanischer General und Politiker, 1988–1993 Präsident 142, 143, 146
Romberg, Walter, Mathematiker und Politiker (1989 SDP, SPD), Februar-April 1990 Minister ohne Geschäftsbereich unter Modrow und April-August 1990 Minister der Finanzen der DDR unter De Maizière 217, 266, 342, 380, 388
Ronneburger, Uwe, FDP-Bundestagsabgeordneter, 1983–1990 stellvertretender Vorsitzender der FDP-Bundestagsfraktion 227
Roosevelt, Franklin Delano, US-amerikanischer Politiker (Demokrat), 1933–1945 Präsident der Vereinigten Staaten 20, 84, 248, 913
Rosenzweig, Luc, französischer Journalist für Libération und Le Monde 163, 164
Roth, William Victor, amerikanischer Rechtsanwalt und Politiker, Republikaner, 1971–2001 US-Senator von Delaware 399, 400

Roth, Wolfgang, deutscher Volkswirt, Manager und Politiker, 1976–1993 Bundestagsabgeordneter 241
Rother, Bernd, deutscher Historiker 101
Rotstein, Siegmund, ab 1988 Präsident des Verbandes der Jüdischen Gemeinden in der DDR 935
Rovan, Joseph, französischer Historiker, Förderer der deutsch-französischen Beziehungen im 20. Jahrhundert, Politikberater von Jacques Chirac und Helmut Kohl 222, 304, 755, 854
Rühe, Volker, 1989–1992 CDU-Generalsekretär, 1992–1998 Bundesminister der Verteidigung 21, 44, 84, 121, 123, 129, 145, 183, 228, 428, 566, 854, 928, 934
Ruggiero, Renato, italienischer Diplomat, 1987–1991 Außenhandelsminister, 1995–1999 Generaldirektor der WTO in Genf 793, 842, 843, 854
Ruhfus, Jürgen Fritz Werner, 1987–1992 deutscher Botschafter in Washington 385, 854
Ryschkow, Nikolai Iwanowitsch, 1985–1990 Vorsitzender des Ministerrates der UdSSR 60, 66, 67, 68, 136, 236, 362, 369, 373, 374–379, 504, 517, 549

Saakaschwili, Micheil, georgischer, später ukrainischer Politiker, 2004–2013 Staatspräsident Georgiens 871
Sacharow, Andrei Dmitrijewitsch, sowjetischer Physiker und Dissident, 1975 Friedensnobelpreisträger 931
Sachs, Jeffrey, US-amerikanischer Ökonom, ab 1985 wirtschaftlicher Berater mehrerer Staaten (IWF, Weltbank, OECD, WTO, UNDP), 1989 umstrittenes Marković-Sachs-Programm auf Drängen des IWF 401
Sagladin, Wadim Walentinowitsch, sowjetischer Politikwissenschaftler, 1988–1991 außenpolitischer Berater von Gorbatschow als Leiter der Internationalen Abteilung des ZK der KPdSU, Architekt von Glasnost und Perestroika 181, 184, 203, 223, 224, 249, 260, 354, 555, 556, 751, 854, 855, 866, 895
Salinas de Gortari, Carlos, Ökonom, mexikanischer Politiker und 1988–1994 Präsident von Mexiko 233
Santer, Jacques, luxemburgischer Politiker der Christlich Sozialen Volkspartei, 1984–1994 Ministerpräsident des Großherzogtums Luxemburg, 1995–1999 Präsident der Europäischen Kommission 45, 74, 138, 167, 396, 468, 674
Saphos, Charles, Beauftragter des State Departement für Drogen- und Bandenkriminalität 381
Sarotte, Mary Elise, US-amerikanische Historikerin mit Forschungen zur NATO-Osterweiterung 14, 16, 26, 34, 42, 45, 48, 50, 51, 52, 63–66, 69, 72, 73, 738, 740, 820, 822, 905
Saruchanow, S. E., stellvertretender Binnenhandelsminister 236
Schabowski, Günter, 1978–1985 Chefredakteur des SED-Zentralorgans Neues Deutschland und 1985–1989 Erster Sekretär der SED-Bezirksleitung von Ost-Berlin, Mitglied des ZK der SED und des SED-Politbüros 1981–1989 (bis zu seiner Auflösung), ab 6. November 1989 Sekretär für Informationswesen der DDR 94, 669, 880, 909
Shahak, Generalmajor im israelischen Geheimdienst (Mossad) 536
Schabert, Tilo, deutscher Politikwissenschaftler und Professor an der Universität Erlangen-Nürnberg 16, 76, 106, 905
Schalck-Golodkowski, Alexander, 1975–1989 Staatssekretär im Ministerium für Außenhandel der DDR, 1977–1989 Mitglied des Wirtschaftskomitees beim Politbüro des ZK der SED, Oberst im Ministerium für Staatssicherheit (MfS), Leiter des geheimen Bereichs für Kommerzielle Koordinierung (KoKo) im Ministerium für Außenhandel 103, 167, 606, 607, 615, 854, 855, 928–930, 932–936
Schäuble, Wolfgang, deutscher CDU-Politiker, 1984–1989 Bundesminister für besondere Aufgaben und Chef des Bundeskanzleramtes, 1989–1991 Bundesminister des Innern 10, 18, 22, 59, 73, 79, 82, 103, 104, 121, 149, 174, 183, 209, 211, 212, 231, 256, 268, 270, 288, 289, 294, 303, 311, 414, 416, 428, 463, 472, 481, 514, 515, 530, 533, 535, 538, 540, 553, 555, 561, 562, 567, 601, 604, 606, 607, 611, 615, 628, 629, 687, 689, 749, 796, 802, 807, 808, 840, 855, 856, 893, 928–930, 932–936
Schamir, Jitzchak, israelischer Politiker (Likud), 1977–1980 Präsident der Knesset, 1980–1986 Außenminister und 1983–1984 sowie 1986–1992 Ministerpräsident Israels 129, 130, 160, 273, 670, 671, 894
Scheel, Walter, deutscher Politiker (FDP), 1974–1979 Bundespräsident der Bundesrepublik Deutschland 87, 178
Schewardnadse, Akakij, Bruder von Eduard Schewardnadse 429, 448
Schewardnadse, Eduard, 1985–1990 Mitglied des Politbüros des ZK der KPdSU, 1985–1990

und Ende 1991 Außenminister der Sowjetunion, 1992–1995 Staatsratsvorsitzender und 2003 Präsident Georgiens 48, 50, 52, 53, 60, 68, 72, 122, 146, 162, 164, 172, 175, 199, 200, 207, 208, 209, 224, 242, 243, 249, 252, 255, 256, 260, 267, 268, 275, 278, 279, 281, 282, 288, 294, 297, 298, 300, 309, 311, 316, 320, 332, 333, 334, 340, 346, 354, 357, 360–364, 366–369, 371, 373, 374, 376, 378, 379, 386, 389, 391, 392, 395–401, 406, 408, 412–414, 417, 424, 425, 429, 430, 435–439, 451, 453, 447–449, 464, 466, 473, 481, 487–489, 496, 499, 500–507, 517, 521, 522, 529–531, 534, 546, 552, 554–557, 562, 563, 626, 668, 686, 699, 714, 728, 729, 737, 738, 741, 747, 750, 751, 754, 755, 760, 761, 763, 776, 779, 780–783, 803, 811, 820, 856, 886, 894, 940, 941, 943, 945–947
Schindler, Hans, Gesandter, 1972–1990 Stellvertreter des Leiters der Abteilung BRD im Ministerium für Auswärtige Angelegenheiten der DDR 195
Schiwkow, Todor, bulgarischer Politiker, 1954–1989 Staatschef von Bulgarien und Erster Sekretär der Bulgarischen Kommunistischen Partei, 1992 Verurteilung wegen Korruption 107, 572, 593, 611, 612, 614
Schleyer, Hanns-Martin, deutscher Manager, 1973–1977 deutscher Arbeitgeberpräsident, danach Vorsitzender des BDI, 1977 Entführung und Ermordung durch die Rote Armee Fraktion (RAF) 574, 576
Schlüter, Poul, dänischer Politiker der Konservativen Volkspartei, 1982–1993 Ministerpräsident Dänemarks 352, 749, 793
Schmidt, Helmut, deutscher Politiker (SPD), 1969–1972 Bundesminister der Verteidigung, 1972–1974 Bundesminister der Finanzen, 1974–1982 Bundeskanzler der Bundesrepublik Deutschland 20, 21, 91, 220, 574–576, 579, 580, 585, 588, 589, 590, 592, 609, 683, 838, 891
Schmidt, Loki, Ehefrau von Helmut Schmidt, Studium des Lehramtes für Volksschulen, 1940–1972 Volks-, Grund- und Realschullehrerin 91
Schmidt, Werner, Direktor des Kupferstich-Kabinetts in Dresden 199
Schmitz, Sekretärin von Horst Teltschik 261
Schmitz, Hans, Chefredakteur des Kölner Stadtanzeigers 221
Schmude, Jürgen, deutscher Politiker (SPD), 1978–1981 Bundesminister für Bildung und Wissenschaft, 1981–1982 Bundesminister der Justiz, 1982 Bundesminister des Innern, 1969–1994 Mitglied des Deutschen Bundestages 297
Schneider, Oscar, CSU-Politiker, 1982–1989 Bundesminister für Raumordnung, Bauwesen und Städtebau 935, 936
Schnur, Wolfgang, deutscher Jurist, 1990 Mitbegründer der Allianz für Deutschland, 1990 Aufdeckung der Tätigkeit als IM für das Ministerium für Staatssicherheit der DDR 179, 201, 240, 279, 290, 299, 303
Schönfelder, Gerd, Musikwissenschaftler und Theaterleiter, 1984–1990 Intendant der Semperoper Dresden 199
Schönhuber, Franz, deutscher Journalist, 1983 Mitbegründer und Bundesvorsitzender der Partei Die Republikaner, 1995 Austritt aus der Partei 212
Scholz, Olaf, deutscher Politiker (SPD), seit 2021 Bundeskanzler der Bundesrepublik Deutschland 742, 832
Scholz, Rupert, Verfassungsrechtler und 1988–1989 Bundesminister der Verteidigung 44, 183, 294, 621, 687, 688
Schomerus, Lorenz, deutscher Verwaltungsjurist und Ministerialbeamter, ab 1964 im Bundesministerium für Wirtschaft; 1982 Leiter der Abteilung für Gewerbliche Wirtschaft, Wirtschaftsförderung Berlin; 1995–1998 Staatssekretär im Bundesministerium für Wirtschaft 238
Schreckenberger, Waldemar, Jurist, CDU-Politiker und Hochschullehrer, 1982–1984 Staatssekretär und Chef des Bundeskanzleramts 18
Schröder, Gerhard, SPD-Politiker und Lobbyist, 1990–1998 Ministerpräsident von Niedersachsen, 1998–2005 Bundeskanzler der Bundesrepublik Deutschland 618, 784, 830, 871
Schröder, Richard, evangelischer Theologe, Philosoph und ostdeutscher SDP/SPD-Politiker, 1973–1977 Pfarrer, 1988–1989 Arbeit bei der Ökumenischen Versammlung für Gerechtigkeit, Frieden und Bewahrung der Schöpfung, 1990 Volkskammerabgeordneter und 3.10.1990–2.12.1990 Mitglied des Deutschen Bundestages 426
Schtscharanski, Anatoli, (Natan Scharanski), sowjetischer Dissident, Emigration 1986, israelischer Politiker und Autor, 1996–2005 Minister in mehreren Regierungen 127
Schüssel, Wolfgang, ÖVP-Politiker, 2000–2007 österreichischer Bundeskanzler 867
Schulmann, Horst, deutscher Ökonom und Ministerialbeamter, 1980–1982 Staatssekretär im Bundesministerium für Finanzen 220

Schulmeister, Paul, österreichischer Journalist 9
Schultz, Sylvia, Büroleiterin von Ministerpräsident Lothar de Maizière 336
Schulze, Franz Joseph, deutscher General, 1977–1979 Oberbefehlshaber der NATO-Streitkräfte in Mitteleuropa, danach Mitglied des Vereins Atlantik-Brücke 221
Schwan, Heribert, deutscher Journalist, Schriftsteller und Kohl-Biograf, ab 2014 Rechtsstreit mit Helmut Kohl über die Herausgabe von Tonbändern mit Arbeitsgesprächen 736, 817, 915
Schwanitz, Wolfgang, General im Ministerium für Staatssicherheit der DDR, 1986–1989 stellvertretender Minister, 1989–1990 Leiter des Amtes für Nationale Sicherheit der DDR als MfS-Nachfolgeorganisation 218, 717
Schwarz-Schilling, Christian, CDU-Politiker und Unternehmer, 1982–1992 Bundesminister für das Post- und Fernmeldewesen / Bundesminister für Post und Telekommunikation 176
Schwarz, Hans-Peter, deutscher Politikwissenschaftler, Zeithistoriker und Publizist, Professor an der Rheinischen Friedrich-Wilhelms-Universität Bonn 18, 26, 32, 43, 48, 60, 73, 176, 221, 239, 647, 856, 873, 906
Scotti, Vincenzo, italienischer Christdemokrat (DC), 1990–1992 Innenminister von Italien, Kampf gegen die Mafia-Organisation Camorra, Gründung der Direzione Investigativa Antimafia zusammen mit Giovanni Falcone und Rudy Giuliani (DIA) 399
Scowcroft, Brent, 1989–1993 Nationaler Sicherheitsberater des US-Präsidenten George H. W. Bush 45, 48, 63, 77, 105, 127, 166, 231, 242, 246, 254, 282–286, 291, 294, 382, 394, 385, 392, 400, 402, 403, 410, 416, 427, 452, 457, 475, 476, 477, 511, 513, 514, 541, 542, 615, 618, 630, 675, 732, 733, 766, 783, 784, 856, 893
Seebacher-Brandt, Brigitte, deutsche Historikerin, Journalistin und Publizistin, 1983–1992 Ehefrau von Willy Brandt, 1995 Austritt aus der SPD 151
Seeber, Eckhard, Fahrer von Helmut Kohl 498, 601
Seidel, Karl, Botschafter, 1971–1990 Leiter der Abteilung Bundesrepublik Deutschland im Außenministerium der DDR 264, 625, 626
Seiters, Rudolf, 1. Juli 1989–17. November 1991 Bundesminister für besondere Aufgaben und Chef des Bundeskanzleramtes, 1991–1993 Bundesminister des Innern, 1998–2002 Vizepräsident des Deutschen Bundestages und 2003–2017 Präsident des Deutschen Roten Kreuzes 12, 18, 21, 23, 24, 26, 43, 44, 53, 69, 79, 81, 82, 86, 94, 96, 97, 99, 103, 104, 107, 121, 123, 137, 140, 143–145, 149, 151, 152, 154, 155, 159, 171, 172, 174, 176, 181, 183, 193–195, 202, 203, 207–209, 214, 219, 221, 223, 226, 227, 236, 237, 244, 246, 250, 263, 277, 279, 289, 291, 294, 307, 310, 311, 327, 338, 351, 353, 354, 390, 414, 416, 424, 428, 430, 459, 460, 463, 473, 517, 518, 520, 521, 523, 528, 530, 533, 538, 553, 555, 568, 601, 607, 611, 615, 625, 626, 628, 635, 638, 641, 651, 698, 706–708, 710, 712, 714, 719, 720, 733, 749, 752, 773, 777, 796, 798, 802, 803, 808, 856, 857, 894, 906, 936, 937, 938
Seitz, Raymond G. H., US-Diplomat, 1989–1991 Abteilungsleiter für Europaangelegenheiten im State Department unter George H. W. Bush, 1991–1994 Botschafter in Großbritannien 358, 543
Selbourne, David, britischer Schriftsteller, Bühnenautor, Journalist u. a. der britischen Zeitung The Times 289
Semjonow, Wladimir Semjonowitsch, sowjetischer Politiker, 1969–1978 Leiter der sowjetischen Delegation bei den SALT I-Verhandlungen, 1978–1986 Botschafter in der Bundesrepublik Deutschland 586, 894
Shamir, Yitzhak, *siehe* Schamir, Jitzchak
Sharaf, Sherif Fawaz, 1981–1995 Botschafter Jordaniens in Bonn 463
Shares, US-Journalist von Business Weekly 334
Siddique, Tony Kemal, 1986–1993 Botschafter von Singapur in Bonn 152, 153
Siebourg, Gisela, Dolmetscherin 274, 275
Siedler, Wolf Jobst, deutscher Verleger und Schriftsteller 642
Sikorski, Radosław Tomasz, polnischer Journalist und Politiker, 1986–1989 Auslandskorrespondent für britische Zeitungen, nach dem Systemwechsel ebenso für den Sunday Telegraph in Polen und Berater von Rupert Murdoch, 2005–2007 Verteidigungsminister und 2007–2014 Außenminister Polens 877
Silajew, Iwan S., 1985–1990 Stellvertreter des Vorsitzenden des Ministerrates der UdSSR 160, 161
Sindermann, Horst, SED-Politiker, 1976–1989 Präsident der Volkskammer der DDR, Politbüromitglied 930, 940
Singer, Israel, US-amerikanischer Politikwissenschaftler, 2001–2007 Generalsekretär des Jüdischen Weltkongresses (WJC) 595
Sitarjan, Stepan, 1989–1991 Stellvertreter des Vorsitzenden des Ministerrates der UdSSR und Vorsitzender der Kommission für Außen-

wirtschaft 68, 374, 376, 379, 487, 501, 502, 504, 522, 528, 540, 541, 545, 548
Skubiszewski, Krzysztof, 1989–1993 Außenminister Polens 83, 282, 309, 317, 544, 650, 857, 942, 944, 947
Smirnow, Andrej A., sowjetischer Politiker und Diplomat, 1956–1966 Botschafter der UdSSR in Bonn 189, 704, 705
Solarz, Stephen J., US-amerikanischer Kongressabgeordneter der Demokratischen Partei, 1975–1993 Vertreter des Bundesstaates New York im Repräsentantenhaus 218, 718, 719
Späth, Lothar, CDU-Politiker und Manager, 1978–1991 Ministerpräsident von Baden-Württemberg 31, 49, 145, 245, 248, 254, 606, 632, 733, 734, 935
Spinelli, Altiero, italienischer Politiker (PCI), 1984 Spinelli-Entwurf für das Europäische Parlament 582, 627, 927
Spörl, Gerhard, 1988–1990 Korrespondent für die Wochenzeitung Die Zeit, 1990–2001 Journalist beim Der Spiegel 236
Stalin, Josef, kommunistischer Politiker, 1922–1953 Generalsekretär des ZK der KPdSU 84, 91, 93, 200, 239, 240, 322, 325, 331, 424, 524, 539, 540, 675, 810, 811, 850, 900, 906, 910, 920, 943
Stauffenberg, Claus Schenk Graf von, Berufsoffizier, Widerstandskämpfer 90
Stavenhagen, Lutz, deutscher Politiker (CDU), 1985–1987 Staatsminister im Auswärtigen Amt und 1987–1991 Staatsminister im Bundeskanzleramt 24, 81, 857
Steinbach, Thilo, außenpolitischer Mitarbeiter von Lothar de Maizière 337, 351, 414, 544, 899, 917
Stelmachowski, Andrzej, polnischer Rechtswissenschaftler und Politiker, seit 1980 Berater der Solidarność, 1989–1991 Senatsmarschall des Sejm 115
Sterling, Claire, Autorin des Bestsellers Die Mafia 381
Stern, Ernst, Ministerialdirigent 23, 25
Stern, Fritz, US-amerikanischer Historiker deutscher Herkunft 509, 791
Stern, Klaus, Verfassungsrechtler, 1976–2000 vom Landtag gewählter Richter des Verfassungsgerichtshofs für Nordrhein-Westfalen, Berater bei den Verhandlungen über die Vereinigung Deutschlands 294
Sterzinsky, Georg, römisch-katholischer Geistlicher, 1994 erster Erzbischof von Berlin und Metropolit der Berliner Kirchenprovinz 200, 201
Stiner, Carl, US-amerikanischer Viersterne-General, Kommandeur des XVIII. Luftlandekorps während der Invasion in Panama 201
Stingl, Josef, Politiker der CDU und der CSU, 1968–1984 Präsident der Bundesanstalt für Arbeit 396
Stoffaes, Brigitte, Dolmetscherin, 1979 Eintritt in den Quai d'Orsay 274
Stolpe, Manfred, evangelischer Kirchenjurist und SPD-Politiker, 1990–2002 Ministerpräsident von Brandenburg 562
Stoltenberg, Gerhard, CDU-Politiker, 1989–1992 Bundesminister der Verteidigung 10, 52, 62, 64, 73, 149, 213, 232, 233, 246, 270, 271, 276, 277, 292, 301, 302, 310, 323, 324, 327, 347, 353, 385, 386, 398, 400, 401, 452, 456, 459–461, 505, 523, 597, 710, 734, 735, 741, 767, 768, 857, 894, 945
Stoph, Willy, SED-Politiker, 1964–1973 Vorsitzender des Ministerrates der DDR, 1973–1976 Staatsratsvorsitzender, 1976–1989 Vorsitzender der Ministerrates 640, 939, 940
Straßmeir, Günter, deutscher Politiker (CDU), Oktober 1989-Dezember 1990 Parlamentarischer Staatssekretär beim Bundeskanzler und Bevollmächtigter der Bundesregierung in Berlin 24, 100
Strauß, Franz Josef, CSU-Politiker, 1978–1988 bayerischer Ministerpräsident 134, 576–578, 584, 585, 592, 598, 606, 732, 752, 854, 866, 876, 926, 927, 931, 932
Streibl, Max, CSU-Politiker, 1988–1993 bayerischer Ministerpräsident 265
Stroessner, Alfredo, 1954–1989 Präsident Paraguays 935
Štrougal, Lubomír, kommunistischer Politiker der ČSSR, 1970–1988 Ministerpräsident 613
Stürmer, Michael, 1973–2003 Professor für Mittlere und Neuere Geschichte an der Universität Erlangen-Nürnberg 855
Sudhoff, Jürgen, deutscher Diplomat, 1985–1991 Staatssekretär des Auswärtigen Amts 183, 520, 533
Süssmuth, Rita, deutsche Politikerin (CDU), 1985–1988 Bundesministerin für Jugend, Familie, Frauen und Gesundheit, 1988–1998 Präsidentin des Deutschen Bundestages 31, 124, 145, 235, 514, 631, 632, 662, 690
Sulek, Jerzy, 1988–1990 Stellvertreter des Direktors der IV. Abteilung Europa West im polnischen Außenministerium 55, 88, 309, 310
Sununu, John Henry, US-amerikanischer Politiker, Republikaner, 1983–1989 Gouverneur von New Hampshire und 1989–1991 Stabschef des Weißen Hauses 166, 893

Suppan, Arnold, österreichischer Ost- und Südosteuropa-Historiker an der Universität Wien und Österreichischen Akademie der Wissenschaften 9
Syse, Jan Peder, norwegischer konservativer Politiker (Høyre), 1989–1990 norwegischer Ministerpräsident 468
Szűrös, Mátyás, 1989–1990 ungarischer Staatspräsident und gleichzeitig Präsident der Nationalversammlung 191, 192, 289

Tae-woo, Roh, Absolvent der Militärakademie, 1988–1993 Präsident Südkoreas 142, 143
Taylor, Maxwell D., US-General und Diplomat, Mitbegründer der Flexible Response Strategy 216, 442
Teller, Edward, ungarisch-US-amerikanischer Physiker, Mitarbeiter am Manhattan-Projekt und Vater der Wasserstoffbombe, Befürworter der Strategic Defense Initiative (SDI) 593
Teltschik, Anna Katharina, Tochter von Horst Teltschik 406, 771, 833
Teltschik, Gerhild, Ehefrau von Horst Teltschik 9, 12, 73, 432, 769, 770, 835, 855, 879, 890, 894, 895
Teltschik, Richard, Sohn von Horst Teltschik 204, 406, 771
Tempelman, US-Journalist von Business Weekly 334
Terechow, Wladislaw, russischer Diplomat, 1990–1997 Botschafter der UdSSR in der Bundesrepublik Deutschland 70, 420, 421, 422, 426, 432, 433, 462, 487, 532, 534, 540, 541, 542, 556, 557, 561, 563, 565, 858, 948
Thatcher, Margaret, 1979–1990 Premierministerin des Vereinigten Königreichs, Conservative Party 11, 16, 45, 68, 75, 86, 98, 103, 104, 106, 116, 123, 128, 129, 138, 140, 147, 153, 158, 159, 168, 170, 176, 177, 180, 219, 228, 229, 233, 244, 246, 248, 249, 251–254, 270, 276, 283, 285, 297, 299, 308, 317, 318, 319, 324–327, 333, 335, 342, 350, 385, 391, 394, 404, 413, 418, 422, 423, 425, 434, 435, 442, 451, 454, 465, 467, 477, 509–511, 513, 529, 534, 550, 592, 600, 616, 624, 662, 669, 670, 672, 674–676, 701–703, 709, 715, 722, 723, 733, 753, 766, 776, 777, 791, 846, 850, 881, 925, 939, 942, 943, 945, 946
Thierse, Wolfgang, deutscher Politiker (SPD), Oktober 1989 Beitritt zum Neuen Forum, 1990 zur SDP/SPD, März-Oktober 1990 Volkskammer-Abgeordneter der DDR, ab 3. Oktober 1990 Mitglied des Deutschen Bundestages, 1998–2005 dessen Präsident; während der CDU-Spendenaffäre verantwortlich für die Einhaltung des Parteiengesetzes 18, 217, 880, 892
Thurman, Maxwell R., US-amerikanischer General, 1989–1990 Befehlshaber des United States Southern Command während der Invasion in Panama 201
Tichonow, Nikolai Alexandrowitsch, sowjetischer Politiker, 1980–1985 Vorsitzender des Ministerrates der UdSSR, 1966–1989 ZK-Mitglied 586, 894
Tiedge, Hansjoachim, ab 1979 im Bundesamt für Verfassungsschutz für Spionageabwehr gegen die DDR zuständig, 1985 dorthin übergelaufen 929
Tiessler, Frank, deutscher Ethnologe und Politiker (DSU), Mai-Oktober 1990 Parlamentarischer Staatssekretär im DDR-Außenministerium, danach bis Dezember 1990 Mitglied des Deutschen Bundestages 395
Tietmeyer, Hans, Volkswirt, 1982–1989 Staatssekretär im Bundesministerium der Finanzen, seit 1990 Mitglied des Bundesbank-Direktoriums, April-Juni 1990 persönlicher Beauftragter Helmut Kohls für die Verhandlungen zur Wirtschafts-, Währungs- und Sozialunion, 1993–1999 Präsident der Deutschen Bundesbank 59, 342, 354, 579, 597, 712, 735, 743, 757, 894
Tisch, Harry, SED-Politiker, Vorsitzender des Freien Deutschen Gewerkschaftsbundes (FDGB), ab 1975 Mitglied des Politbüros 940
Tito, Josip Broz, jugoslawischer kommunistischer Politiker, Widerstandskämpfer, 1945–1980 Regierungschef von Jugoslawien 572, 592
Tőkés, László, evangelisch-reformierter Geistlicher, Bischof, Gegner des kommunistischen Regimes in Rumänien 213, 906
Töpfer, Klaus, CDU-Politiker, 1987–1994 Bundesminister für Umwelt, Naturschutz und Reaktorsicherheit 176, 231, 936
Trojan, Carlo, Jurist, 1981–1987 Kabinettschef des niederländischen EU-Kommissars Frans Andriessen, 1987–1997 Generalsekretär der Europäischen Kommission 741
Trotha, Carl Dietrich von, Jurist, Ökonom, Widerstandskämpfer im Kreisauer Kreis 90
Trott zu Solz, Adam von, Jurist, Diplomat, Widerstandskämpfer im Kreisauer Kreis 90
Trotzki, Leo (Lew Dawidowitsch Bronstein), russischer Revolutionär und Politiker, bis 1925 Volkskommissar für das Kriegswesen, Gründer der Roten Armee, 1940 auf Veranlassung Stalins ermordet 122

Truman, Harry S., 1935–1945 Senator von Missouri, 1945–1953 Präsident der USA (Demokratische Partei) 200, 215, 442, 906
Trump, Donald John, Unternehmer und Politiker (Republikaner), 2017–2021 Präsident der USA 269, 590, 815
Truss, Mary Elizabeth, »Liz«, britische Politikerin (Konservative), 6. September 2022–24. Oktober 2022 Premierministerin von Großbritannien und Parteivorsitzende 831
Tschernajew, Anatolij S., 1986–1991 außenpolitischer Berater von Präsident und Generalsekretär Michail S. Gorbatschow 858, 885, 893
Tschernenko, Konstantin U., 13.Februar 1984–10. März 1985 KPdSU-Generalsekretär und Vorsitzender des Präsidiums des Obersten Sowjets 112, 196, 586, 587, 883, 894, 927, 929
Tschitscherin, Georgi Wassiljewitsch, 1918–1930 Volkskommissar für Auswärtige Angelegenheiten der RSFSR / Sowjetunion, Unterzeichner des Vertrags von Rapallo 1922 489
Tschurkin, Witali I., russischer Diplomat, ab 1987 Tätigkeiten in der außenpolitischen Abteilung des ZK der KPdSU, sowjetischer Delegationsleiter in Ottawa, 2006–2017 Ständiger Vertreter Russlands bei den Vereinten Nationen 267
Tuđman, Franjo, kroatischer Offizier, Historiker und Politiker, 1990–1999 Staatspräsident Kroatiens 519, 795
Tutwiler, Margaret, Pressesprecherin des US-Außenministers James Baker, 1981–1987 verschiedene Positionen im Außenministerium der USA 358
Tymiński, Stanisław, polnisch-kanadischer Geschäftsmann, Kandidat bei der Präsidentenwahl in Polen 1990 948

Uhlig, Max, deutscher Maler und 1995–2002 Professor in Dresden 199
Ulbricht, Walter, 1950–1971 Erster Sekretär des Zentralkomitees der SED der DDR 181, 192, 239
Ullmann, Wolfgang, deutscher Theologe und Politiker (Bündnis90/Die Grünen), 1989 Gründer der Bürgerbewegung Demokratie Jetzt, 1990 Minister ohne Geschäftsbereich unter Modrow 265
Ussytschenko, Leonid G., Botschaftsrat der Botschaft der UdSSR in Bonn 247, 391, 392, 553, 556
Ustinow, Dmitri Fjodorowitsch, Marschall der Sowjetunion, 1976–1984 sowjetischer Verteidigungsminister 586, 894

Van der Tas, Jan G., 1986–1993 Botschafter der Niederlande (Ruud Lubbers) 314
Védrine, Hubert, französischer sozialistischer Politiker, außenpolitischer Berater Mitterrands, 1988–1991 dessen Pressesprecher und Generalsekretär des Präsidentenamtes, 1997–2002 Außenminister im Kabinett Lionel Jospin 105, 327, 445, 463, 539, 702, 744
Vogel, Bernhard, Bruder von Hans-Jochen Vogel, CDU-Politiker, 1976–1988 Ministerpräsident von Rheinland-Pfalz und 1992–2003 von Thüringen 328, 573, 574, 934
Vogel, Hans-Jochen, deutscher Politiker (SPD), u. a. 1960–1972 Oberbürgermeister von München, 1974–1981 Bundesminister der Justiz, 1983–1991 Vorsitzender der SPD-Bundestagsfraktion, 1987–1991 Vorsitzender der SPD 30, 84, 94, 105, 145, 157, 202, 217, 255, 263, 271, 272, 282, 523, 535, 539, 628, 656, 801, 810, 926, 927, 929, 930, 932, 934
Vogel, Heinrich, Ökonom und Sowjetexperte, 1976–2000 Direktor und Professor am Bundesinstitut für ostwissenschaftliche und internationale Studien in Köln 225
Vogel, Wolfgang, Rechtsanwalt in der DDR, 1965–1990 Beauftragter der Regierung der DDR für die Regelung humanitärer Fragen (Freikauf politischer Gefangener) 127, 928
Voigt, Karsten, SPD-Außenpolitik-Experte, 1976–1998 Mitglied des Deutschen Bundestages, 1977–1998 Mitglied der Parlamentarischen Versammlung der NATO 82, 159, 165, 396, 438, 634, 858
Vollmer, Antje, deutsche evangelische Theologin, Politikerin für Bündnis90/Die Grünen und 1994–2005 Vizepräsidentin des Deutschen Bundestages 227
Von Braunmühl, Gerold (Gero), Hermann Johannes Edler, ab 1966 Diplomat im Auswärtigen Dienst, am 10.10.1986 von zwei RAF-Terroristen ermordet 636, 692
Von Dönhoff, Marion Gräfin, Journalistin und Mitherausgeberin der Wochenzeitung Die Zeit 751, 819
Von Dohnanyi, Klaus, SPD-Politiker, 1981–1988 Erster Bürgermeister von Hamburg, sein Vater, der Widerstandskämpfer Hans von Dohnanyi, wurde hingerichtet 151
Von Ondarza, Henning, Inspekteur der Bundeswehr 1987–1991 324

Von Ploetz, Hans-Friedrich, Jurist und Diplomat, 1989–1993 deutscher NATO-Botschafter und Ständiger Vertreter im Nordatlantikrat 15, 62, 435, 858, 899
Von Preußen, Louis Ferdinand, 1951–1994 Chef des Hauses Hohenzollern, zweitältester Sohn des Kronprinzen Wilhelm und der Herzogin Cecilie zu Mecklenburg-Schwerin 509
Von Wrangel, Olaf Baron, deutscher Journalist und Politiker (CDU), 1982–1988 Programmdirektor des Hörfunks beim NDR 981
Von Würzen, Dieter, Verwaltungsjurist, 1979–1995 Staatssekretär im Bundesministerium für Wirtschaft 194, 268, 718
Vörös, Vince, 1989–1990 Vorsitzender der Kleinen Landwirtepartei Ungarns (FKgP) 192
Voscherau, Henning, Jurist, 1988–1997 Präsident des Senats und Erster Bürgermeister der Freien und Hansestadt Hamburg 825
Vranitzky, Franz, österreichischer Sozialist und Sozialdemokrat (SPÖ), 1986–1997 Bundeskanzler, 1988–1997 Bundesparteivorsitzender der SPÖ 230, 514, 625, 634, 724, 725, 788, 915, 917

Wagner, Baldur, CDU-Politiker, Ministerialdirektor, 1982–1991 Leiter der Abteilung 3 (Wirtschaft) im Bundeskanzleramt 81, 151, 220
Wagner, Herbert, Bürgerrechtler 46
Waigel, Theo, 1988–1999 CSU-Vorsitzender, 1989–1998 Bundesminister der Finanzen 59, 63, 68, 103, 104, 236, 237, 241, 246, 247, 266, 296, 297, 315, 317, 328, 343, 369, 387, 388, 393, 410, 427, 438, 441, 470, 473, 475, 484, 485, 487, 498, 500–502, 504, 518, 528, 532, 533, 540, 548, 553, 556, 565, 567, 710, 734, 735, 743, 757, 782, 783, 797, 893
Waldegrave, William, britischer Politiker (Konservative), 1988–1990 Staatsminister im Foreign and Commonwealth Office 371
Wałęsa, Lech, polnischer Oppositionspolitiker, 1980–1990 Führer der Gewerkschaftsbewegung Solidarność, 1990–1995 Staatspräsident Polens, Friedensnobelpreisträger 934, 937, 948
Wallmann, Walter, CDU-Politiker, 1986–1987 Bundesminister für Umwelt, Naturschutz und Reaktorsicherheit, 1987–1991 Ministerpräsident des Landes Hessen 86, 92, 567
Walters, Vernon A., 1972–1976 stellvertretender Direktor der CIA, 1985–1989 Botschafter bei der UN, 1989–1991 US-Botschafter in Bonn 49, 77, 100, 126–128, 160, 180, 226, 244, 281, 358, 385, 482, 533, 556, 557, 666, 667, 688, 689, 721, 722, 726, 754, 806, 810, 858, 859
Ward, George F., 1989–1992 stellvertretender Leiter der amerikanischen Botschaft in Bonn (deputy chief) 314, 333
Warnke, Jürgen, CSU-Politiker, 1982–1987 sowie 1989–1991 Bundesminister für wirtschaftliche Zusammenarbeit und 1987–1989 Bundesminister für Verkehr 223, 224, 577
Wartenburg, Ludwig Graf Yorck von, Unterzeichner der Konvention von Tauroggen am 30.12.1812 90
Wartenburg, Peter Graf Yorck von, Jurist, Widerstandskämpfer, Mitglied des Kreisauer Kreises, am 8. August 1944 hingerichtet 90
Weber, Juliane, 1965–1998 Büroleiterin von Helmut Kohl 94, 117, 151, 194, 209, 262, 307, 369, 473, 488, 514, 533, 538, 568, 576, 583
Weber, Marianne 650
Wehner, Herbert, deutscher Politiker (KPD, SPD ab 1946), 1966–1969 Bundesminister für gesamtdeutsche Fragen, danach bis 1983 Vorsitzender der SPD-Bundestagsfraktion
Weidenfeld, Werner, deutscher Politikwissenschaftler, Hochschullehrer und Politikberater, 1987–1999 Koordinator der Bundesregierung für die deutsch-amerikanische Zusammenarbeit 14, 183, 221, 644, 859, 907, 949
Weinberger, Caspar Willard, US-amerikanischer Politiker (Republikaner), 1981–1987 Verteidigungsminister der Vereinigten Staaten 465
Weizsäcker, Richard von, CDU-Politiker, 1981–1984 Regierender Bürgermeister von Berlin, 1984–1994 Bundespräsident der Bundesrepublik Deutschland 44, 139, 155, 193, 232, 235, 282, 328, 346, 474, 518, 530, 533, 539, 543, 595, 602, 642, 689–691, 769, 802, 810, 859, 860, 926, 928, 929
Wellershoff, Dieter, Admiral, 1986–1991 Generalinspekteur der Bundeswehr 174, 350, 400
Westdickenberg, Gerhard, Jurist, deutscher Diplomat, Mitarbeiter Horst Teltschiks im Bundeskanzleramt in Bonn, für Außenpolitik zuständig 62, 522, 860
Wettig, Gerhard, Historiker und Politologe, 1966–1999 zuletzt Forschungsbereichsleiter für die sowjetische Außen- und Sicherheitspolitik am Bundesinstitut für ostwissenschaftliche und internationale Studien in Köln 221
Weymouth, Lally, Journalistin der Washington Post 231
Wickert, Ulrich, Fernsehjournalist und Autor, 1991–2006 Moderator der Tagesthemen 135
Wieck, Hans-Georg, deutscher Diplomat, 1985–1990 Präsident des Bundesnachrichtendienstes 590

Wielgus, Stanislaw, Erzbischof von Warschau und Professor für mittelalterliche Philosophie an der Katholischen Universität Lublin und 1989–1998 deren Rektor 114
Wiesenthal, Simon, österreichisch-jüdischer Architekt, Überlebender des Holocausts, Publizist und Schriftsteller, Gründer von Dokumentationszentren für Jüdische Verfolgte 509, 787
Wilhem I., 1861–1888 König von Preußen, 1871–1888 Deutscher Kaiser 91
Wilms, Dorothee, deutsche Politikerin (CDU), 1982–1987 Bundesministerin für Bildung und Wissenschaft, 1987–1991 letzte Bundesministerin für innerdeutsche Beziehungen 104, 183, 194, 195, 197, 36, 720, 860
Wilz, Bernd, Rechtsanwalt, CDU-Politiker, 1992–1998 Parlamentarischer Staatssekretär beim Bundesministerium der Verteidigung 247, 404
Wirtgen, Klaus, seit 1969 Reporter des Nachrichtenmagazins Der Spiegel, Korrespondent in Bonn 232, 524
Wohlrabe, Jürgen, CDU-Politiker und Filmproduzent, 1989–1991 Präsident des Berliner Abgeordnetenhauses 101
Wolfgramm, Torsten, FDP-Politiker, 1970–1994 Mitglied im Vorstand der FDP Niedersachsen, 1988–1991 Mitglied im FDP-Bundesvorstand, 1982–1991 stellvertretender Vorsitzender der Friedrich-Naumann-Stiftung 247
Wolfram, Gerhard, 1982–1990 Intendant des Staatsschauspielhauses Dresden 199
Worms, Bernhard, ab 1969 Oberpostrat im Bundesministerium für das, 1970–1990 Minister für Post- und Fernmeldewesen sowie CDU-Landespolitiker in Nordrhein-Westfalen, Landtagsmitglied; 1991–1995 beamteter Staatssekretär im Bundesministerium für Arbeit und Sozialordnung 193
Wörner, Manfred, 1982–1988 Bundesminister der Verteidigung und 1988–1994 NATO-Generalsekretär und Vorsitzender des Nordatlantikrats 199, 292, 298, 342, 358, 385, 386, 411, 425, 442, 452, 465, 467–469, 471, 476, 481, 482, 488, 579, 617, 767, 860, 861
Wössner, Mark Matthias, deutscher Manager, 1983–1998 Vorstandsvorsitzender des Bertelsmann-Konzerns 643, 894
Wulff, Otto, CDU-Politiker, 1969–1990 Bundestagsabgeordneter, 1980–1991 Präsident der Deutschen Parlamentarischen Gesellschaft 187
Wyszyński, Stefan, am 12. Januar 1953 zum Kardinal ernannt, 1953–1956 Inhaftierung, Vermittler zwischen dem kommunistischen Regime und der Gewerkschaftsbewegung Solidarność 91

Yanez, Antonio, Berater von Félipe Gonzalez 288, 842
Yelzin, Boris, *siehe* Jelzin, Boris

Zaid ibn Shaker, Premierminister von Jordanien 1989, 1991–1993, 1995–1996; jordanischer Feldmarschall, Berater des Königs für Nationale Sicherheit 537
Zapewalow, Walentin, Korrespondent der Literaturnaja Gaseta 181
Zelikow, Philip, US-amerikanischer Diplomat, Executive Director bei Erstellung des 9/11 Commission Reports 23, 26, 45, 48, 49, 76, 907, 981
Zhao Ziyang, 1980–1987 Premierminister der Volksrepublik China und 1987–1989 Generalsekretär der Kommunistischen Partei Chinas 124
Zhaorong, Mei, 1988–1997 chinesischer Botschafter in Bonn 123, 219, 619, 563
Ziebura, Gilbert, deutscher Politikwissenschaftler und Frankreich-Experte an der FU Berlin 572, 819
Zilk, Helmut, SPÖ-Politiker, 1983–1984 Unterrichtsminister und 1984–1994 Bürgermeister von Wien 634
Zimmermann, Friedrich, CSU-Politiker, 1982–1989 Bundesminister des Innern und 1989–1991 Bundesminister für Verkehr 176, 512, 586, 587
Zimmermann, Horst, Generaldirektor der Staatlichen Kunstsammlung Dresden 199
Zimmermann, Udo, Komponist, Dirigent und Intendant 199
Zoellick, Robert, US-amerikanischer Politiker (Republikaner), US-Chefunterhändler bei den Zwei-Plus-Vier-Verhandlungen, 1989–1992 Abteilungsleiter für wirtschaftliche und landwirtschaftliche Angelegenheiten im US-Außenministerium und Berater von James Baker 358, 861